中国改革开放新时期
年　鉴

2009 年

中国民主法制出版社
2014 · 北京

图书在版编目（CIP）数据

中国改革开放新时期年鉴 . 2009 年 / 王振川主编 . — 北京 : 中国民主法制出版社 , 2014.12

ISBN 978-7-5162-0678-2

Ⅰ . ①中…　Ⅱ . ①王…　Ⅲ . ①改革开放—中国—2009—年鉴 Ⅳ . ① D616-54

中国版本图书馆 CIP 数据核字（2014）第 274408 号

图书出品人：肖启明
图 书 策 划：刘海涛
责 任 编 辑：石　松　董　理

书　名 / 中国改革开放新时期年鉴（2009 年）
作　者 / 王振川　主编

出　版 · 发　行 / 中国民主法制出版社
地　址 / 北京市丰台区玉林里 7 号（100069）
电　话 / 63055259（总编室）　63057714（发行部）
传　真 / 63055259
http: //www.npcpub.com
E-mail: mzfz@ npcpub.com
经　销 / 新华书店
开　本 / 16 开　787 毫米 ×1092 毫米
印　张 / 68.25　**字数** / 2044 千字
版　本 / 2014 年 12 月第 1 版　2014 年 12 月第 1 次印刷
印　刷 / 涿州市星河印刷有限公司印刷

书　号 / ISBN 978-7-5162-0678-2
定　价 / 900.00 元

《中国改革开放新时期年鉴》编委会

日期索引

【一月】

【二月】

【五月】

【六月】

【七月】

【八月】

【九月】

【十月】

【十一月】

【十二月】

1月1日

《求是》杂志发表胡锦涛总书记重要文章《努力把贯彻落实科学发展观提高到新水平》

为了把学习实践活动开展好，中央根据以往在全党开展学习实践活动的成功做法，首先部署开展了试点工作。今年2月至8月，江苏省、江西省、四川省、中组部、财政部、国土资源部等23个单位进行了为期半年的试点。各试点单位认真学习贯彻中央关于试点工作的指示精神，坚持理论联系实际，坚持突出实践特色，坚持围绕科学发展解放思想，坚持领导班子和党员领导干部带头，坚持群众路线，认真查找并着力解决贯彻落实科学发展观方面存在的突出问题，有力推动了各项工作，为在全党开展深入学习实践科学发展观活动积累了重要经验、探索了有益做法。这些经验和做法，对全党搞好学习实践活动很有启发，我们要认真借鉴。

我看了有关试点工作的材料，感到试点单位查找出来的突出问题，有一定的普遍性，值得我们认真研究和分析。主要有以下四个方面：一是一些党员、干部贯彻落实科学发展观的自觉性还不高，对科学发展观理解还不够深入。有的对科学发展观学习不够扎实、领会不够全面，存在一些片面理解和模糊认识；有的在发展观念上存在重"显绩"轻"潜绩"、重当前轻长远、见物不见人、甚至制造虚假政绩等问题。二是一些领导干部的思想、作风、能力素质与推动科学发展的要求还不适应。有的思想不够解放，改革创新意识不强，因循守旧，封闭保守；有的缺乏推动科学发展必备的知识，缺乏进行战略思维、辩证思维、系统思维、创新思维的能力；有的发展思路不清、信心不足；有的在关心群众疾苦、解决民生问题方面作风飘浮、工作不实，存在搞形式主义、做表面文章、敷衍塞责等问题。三是一些影响和制约科学发展的问题还比较突出。有的地方经济发展结构性矛盾突出，粗放型发展方式尚未明显转变，发展质量和效益不高，安全事故频发，甚至存在单纯追求增长速度、以牺牲资源环境为代价换取经济一时增长的现象，发展的全面性、协调性、可持续性不强；有的地方和部门在缩小城乡、区域发展差距和促进经济社会协调发展方面工作力度不大，在统筹兼顾各方面利益方面做得不够。四是保障科学发展的体制机制还不够健全。一些地方和部门决策科学化、民主化做得不够，工作的系统性和协调性不强，体现科学发展观和正确政绩观要求的干部考核评价体系尚不健全，促进科学发展的监督体系不完善。这些问题反映了当前一些地方和部门工作和思想作风方面的真实情况。这些问题如不及时解决，我们就无法应对新形势下党所面临的新挑战，就难以肩负起带领人民继续全面建设小康社会、加快推进社会主义现代化的崇高使命。为了切实解决这些问题，我们在开展学习实践活动中要着重从以下几方面作出不懈努力。

第一，进一步深刻理解贯彻落实科学发展观的重大意义。党的十七大强调，科学发展观，是对党的三代中央领导集体关于发展的重要思想的继承和发展，是马克思主义关于发展的世界观和方法论的集中体现，是同马克思列宁主义、毛泽东思想、邓小平理论和"三个代表"重要思想既一脉相承又与时俱进的科学理论，是我国经济社会发展的重要指导方针，是发展中国特色社会主义必须坚持和贯彻的重大战略思想。要把学习贯彻党的十七大精神继续引向深入，要把党的十七大提出的重大理论观点、重大战略思想、重大工作部署落到实处，就要把加强理论武装摆在突出位置。要进一步组织广大党员、干部深入学习贯彻党的十七大精神，认真学习领会毛泽东、邓小平、江泽民同志关于科学发展的重要思想和党的十六大以来我们党关于科学发展的一系列重要观点，认真总结和学习我国改革开放30年的经验，系统掌握科学发展观所体现的马克思主义立场、观点、方法。我们要着力推动广大党员、干部深刻理解和全面把握科学发展观的科学内涵、精神实质、根本要求，增强高举中国特色社会主义伟大旗帜的自觉性和坚定性，增强贯彻落实科学发展观的自觉性和坚定性，坚定不移地把科学发展观贯彻落实到经济社会发展各个方面。

第二，进一步抓好发展这个党执政兴国的第一要务。科学发展观第一要义是发展。离开了发展，科学发展观就成了无源之水、无本之木。邓小平同志曾经指出，社会主义的根本任务是发展生产力，发展才是硬道理；在社会主义国家，一个真正的马克思主义政党在执政以后，一定要致力于发展生产力，并在这个基础上逐步提高人民的生活水平。发展是解决中国一切问题的"总钥匙"，发展对于全面建设小康社会、加快推进社会主义现代化，对于开创中国特色社会主义事业新局面、实现中华民族伟大复兴，具有决定性意义。我们必须牢记，尽管我们取得了举世瞩目的发展成就，但我国仍处于并将长期处于社会主义初级阶段，仍然是世界上最大的发展中国家，人口多、底子薄、发展很不平衡，我们在发展中遇到的矛盾和问题，无论是规模还是复杂性，都是世所罕见的。我们要建成惠及十几亿人口的更高水平的小康社会，要实现社会主义现代化、实现全体人民共同富裕，还有很长的路要走。我们要有效应对来自国际国内的各种困难和风险，要不断提高我国的综合国力和抵御风险能力，要不断巩固和扩大党执政的群众基础，都必须坚持不懈地抓好发展这个党执政兴国的第一要务，任何时候任何情况下都不能动摇、不能放松。同时，发展必须是以人为本、全面协调可持续的科学发展，必须是实现各方面事业有机统一、社会成员团结和睦的和谐发展，必须是实现既通过维护世界和平发展自己、又通过自身发展维护世界和平的和平发展。我们要着力增强广大党员、干部贯彻党的基本理论、基本路线、基本纲领的自觉性和坚定性，使全党同志更加自觉、更加坚定地牢牢扭住经济建设这个中心，团结带领人民继续聚精会神搞建设、一心一意谋发展，不断为发展中国特色社会主义打下更为坚实的基础。

第三，进一步实现好、维护好、发展好最广大人民的根本利益。科学发展观核心是以人为本。我们党的一切奋斗和工作都是为了造福人民。我们推动科学发展，根本目的就是要坚持尊重社会发展规律与尊重人民历史主体地位的一致性，坚持为崇高理想奋斗与为最广大人民谋利益的一致性，坚持完成党的各项工作与实现人民利益的一致性，坚持保障人民权益与促进人的全面发展的一致性，做到发展为了人民、发展依靠人民、发展成果由人民共享。我们要着力把最广大人民的根本利益作为贯彻落实科学发展观的根本出发点和落脚点，尊重人民主体地位，发挥人民首创精神，保障人民各项权益，努力兴办人民群众希望办的实事好事，使贯彻落实科学发展观的过程成为不断为民造福的过程，成为不断提高人民生活质量和水平的过程，成为不断提高人民思想道德素质、科学文化素质和健康素质的过程，成为不断保障人民经济、政治、文化、社会权益的过程，让发展成果惠及广大人民群众。只有这样，实现科学发展才能具有最广泛最深厚的群众基础，我们也才能把广大人民群众组织起来共同为全面建设小康社会、进而基本实现现代化而奋斗。

第四，进一步坚持解放思想、改革创新。解放思想是研究新情况、解决新问题、开拓新局面的重要前提。改革创新是推动各项事业发展的根本动力。改革开放以来，我们党在实践上的每一个发展、理论上的每一个创新、工作上的每一个进步，都是坚持解放思想、不断改革创新的结果。总结我国改革开放的历程，我们得出了一个不可动摇的结论，这就是：改革开放是决定当代中国命运的关键抉择，是发展中国特色社会主义、实现中华民族伟大复兴的必由之路；只有社会主义才能救中国，只有改革开放才能发展中国、发展社会主义、发展马克思主义。我国过去30年的快速发展靠的是改革开放，我国未来的发展也必须靠改革开放。解放思想必须一以贯之，改革创新也必须一以贯之。实现科学发展，必然要求我们以解放思想为先导、以改革创新为动力，在新的思想高度上形成深化改革开放的共识、找到解决问题的突破口，在发展理念、发展思路、发展方式、发展体制上都来一个深刻转变，特别是要努力转变影响和制约科学发展的思想观念、方式方法、体制机制，确立起符合科学发展观要求的思想观念、方式方法、体制机制。我们要着力坚持解放思想、实事求是、与时俱进，深刻把握我国经济社会发展趋势和规律，继续坚定不移地把改革创新精神贯彻到治国理政各个环节，加快重要领域和关键环节改革步伐，推进各方面改革创新，着力构建充满活力、富有效率、更加开放、有利于科学发展的体制机制。要通过制度创新不断增强应对全球综合国力激烈竞争的能力、增强解决我国发展面对的深层次矛盾和问题的能力、增强解决党内存在的突出问题的能力，为发展中国特色社会主义提供强大动力和体制保障。要坚持把解放思想、改革创新贯彻到科技领域。提高自主创新能力，建设创新型国家，是国家发展战略的核心，是提高综合国力的关键，是实现又好又快发展的重要途径，是贯彻落实科学发展观的必然要求。要始终把增强自主创新能力作为调整产业结构和转变发展方式的中心环节，大力推进原始创新、集成创新和引进消化吸收再创新，着力突破制约经济社会发展的关键技术，更加自觉、更加坚定地走中国特色自主创新道路。

第五，进一步提高党员干部队伍素质。党员干部是贯彻落实科学发展观的骨干力量，领导班子和领导干部是贯彻落实科学发展观的关键所在。毛泽东同志曾经指出："中国共产党是在一个几万万人的大民族中领导伟大革命斗争的党，没有多数才德兼备的领导干部，是不能完成其历史任务的。""政治路线确定之后，干部就是决定的因素。因此，有计划地培养大批的新干部，就是我们的战斗任务。"中央的路线方针政策要靠广大党员、干部组织带领人民群众去落实，中央和各地区各部门各单位确定的发展目标任务要靠广大党员、干部组织带领人民群众去实施，全面建设小康社会的宏伟目标要靠广大党员、干部组织带领人民群众去实现。党员干部特别是领导干部都负有一定的领导责任，掌握着一个地区、一个部门或一个单位的决策权，具体组织和指挥本地区本部门本单位各项工作的开展，对本地区本部门本单位的工作思路、工作安排、工作进展、工作成效具有重要影响。他们有没有牢固树立科学发展的理念，是不是具备谋划和推动科学发展的能力，在很大程度上决定着本地区本部门本单位贯彻落实科学发展观的成效。贯彻落实科学发展观，需要造就一支自觉实践科学发展观、有能力推动科学发展的党员干部队伍，需要党员干部特别是领导干部都坚持正确政绩观，老老实实按客观规律办事，兢兢业业干好本职工作，作出经得起实践、人民、历史检验的实绩。我们要着力提高各级党组织、领导班子和领导干部贯彻落实科学发展观的本领，努力把各级党组织建设成为贯彻落实科学发展观的坚强堡垒、把干部队伍建设成为贯彻落实科学发展观的骨干力量，为推动科学发展提供坚强组织保证。

第六，进一步动员广大人民群众投身科学发展的伟大实践。人民是历史的创造者，群众是真正的英雄。人民群众是推动科学发展的主体。科学发展取得了多大成效、是否真正实现了，人民群众感受最真切、判断最准确。推动科学发展，必须紧紧依靠人民群众，做到谋划发展思路向人民群众问计，查找发展中的问题听人民群众意见，改进发展措施向人民群众请教，落实发展任务靠人民群众努力，衡量发展成效由人民群众评判。我们要着力把科学发展观普及到人民群众中去，使人民群众真正明白科学发展观的要求是什么、贯彻落实科学发展观能带来什么、推动科学发展应该做什么，使人民群众从内心深处更加拥护科学发展、更加主动投身科学发展，从而最大限度地凝聚人民群众的智慧和力量，最大限度地把全社会的发展积极性引导到科学发展上来，形成推动科学发展的强大合力。

全国政协在政协礼堂举行新年茶话会

胡锦涛、吴邦国、温家宝、贾庆林、李长春、习近平、李克强、贺国强等党和国家领导人同各民主党派中央、全国工商联负责人和无党派人士代表、中央和国家机关有关方面负责人以及首都各族各界人士代表欢聚一堂，共庆2009年元旦。

中共中央总书记、国家主席、中央军委主席胡锦涛在茶话会上发表重要讲话。

茶话会由中共中央政治局常委、全国政协主席贾庆林主持。

农工党中央主席桑国卫代表各民主党派中央、全国工商联和无党派人士讲话。

王刚、王兆国、王岐山、回良玉、刘淇、刘云山、刘延东、张德江、何勇、令计划、乌云其木格、韩启德、华建敏、陈至立、周铁农、李建国、司马义·铁力瓦尔地、蒋树声、陈昌智、严隽琪、梁光烈、马凯、孟建柱、戴秉国、王胜俊、曹建明、廖晖、杜青林、白立忱、陈奎元、阿不来提·阿不都热西提、李兆焯、黄孟复、张梅颖、张榕明、钱运录、孙家正、郑万通、万钢、林文漪、厉无畏、罗富和、陈宗兴、王志珍和司马义·艾买提、何鲁丽、杨汝岱、钱正英、孙孚凌、万国权、王文元、王忠禹、李贵鲜、罗豪才、张克辉、郝建秀、徐匡迪、张怀西、李蒙，以及中央军委委员陈炳德、李继耐、廖锡龙、常万全、靖志远、吴胜利等出席茶话会。

中共中央总书记胡锦涛在全国政协新年茶话会上发表讲话

同志们，朋友们：

今天是2009年元旦。在这辞旧迎新的美好时刻，我们欢聚一堂，共庆佳节，畅叙友情，展望未来，感到格外高兴。首先，我代表中共中央、国务院和中央军委，向各民主党派、工商联和无党派人士、各人民团体，向全国广大工人、农民、知识分子、干部和各界人士，向人民解放军指战员、武警官兵和公安民警，向香港特别行政区同胞、澳门特别行政区同胞、台湾同胞和海外侨胞，向关心和支持中国现代化建设的国际友人，致以节日的祝福！祝大家新年好！

刚刚过去的2008年，是我国实行改革开放30周年，也是党和国家事业发展进程中很不寻常、很不平凡的一年。我们积极应对国际国内多方面严峻挑战，同心同德，顽强拼搏，成功抗击南方部分地区严重低温雨雪冰冻灾害和四川汶川特大地震灾害，成功举办北京奥运会、残奥会，成功完成“神舟”七号载人航天飞行任务，制定推进农村改革发展若干重大问题的决定，隆重纪念改革开放三十周年，沉着应对国际金融危机冲击，我国经济呈现增长较快、价格回稳、结构优化、民生改善的良好格局，地震灾区灾后恢复重建取得重要进展，社会主义政治建设、文化建设、社会建设以及生态文明建设和党的建设取得新的显著成就，人民群众得到更多实惠，社会大局保持稳定。我们积极推进中国特色军事变革，人民军队有效履行新世纪新阶段历史使命能力继续增强。我们坚持“一国两制”、“港人治港”、“澳人治澳”、高度自治的方针，促进香港、澳门长期繁荣稳定。我们积极推动两岸关系和平发展，推动海协会和海基会恢复协商，两岸全面直接双向“三通”迈出历史性步伐，增进了两岸同胞福祉。我们坚持统筹国内国际两个大局，推进全方位外交，在应对国际金融危机、推动解决国际热点难点问题中发挥积极作用，为我国发展争取了有利国际环境，为世界和平与发展作出了新的贡献。

过去一年取得的显著成绩，是在改革开放三十年伟大成就的基础上取得的，是全党全国各族人民团结奋斗的结果。在完成重大任务、应对重大事件的实践中，我们党、我们人民、我们军队经受住了严峻考验，我们伟大的民族精神进一步升华，我国社会主义制度进一步巩固，我国国际地位和国际影响力进一步提高。这一切，为我们继续推进全面建设小康社会进程、加快推进社会主义现代化奠定了更加坚实的基础。

同志们、朋友们！

2009年，我们将迎来新中国成立六十周年，做好党和国家各项工作十分紧要。当前，国际金融危机仍在快速扩散和蔓延，对我国经济发展的影响也更加明显。我们既要充分看到保持我国经济社会发展良好势头的扎实基础和有利条件，又要增强忧患意识，统筹好国内国际两个大局，扎实做好工作，迎接各种挑战，奋力渡过难关，努力夺取经济社会发展新胜利。我们要全面贯彻党的十七大和十七届三中全会精神，高举中国特色社会主义伟大旗帜，以邓小平理论和“三个代表”重要思想为指导，深入贯彻落实科学发展观，立足扩大内需保持经济平稳较快增长，加快发展方式转变和结构调整提高可持续发展能力，深化改革开放增强经济社会发展活力和动力，加强社会建设加快解决涉及群众利益的难点热点问题，全面推进社会主义经济建设、政治建设、文化建设、社会建设以及生态文明建设，全面推进党的建设新的伟大工程，以优异成绩迎接新中国成立六十周年。

在新的一年里，我们要牢牢坚持发展是硬道理的战略思想，把保持经济平稳较快发展作为经济工作的首要任务，着力在保增长上下功夫，把保增长、扩内需、调结构更好地结合起来，推动经济又好又快发展。我们要坚持党的领导、人民当家做主、依法治国有机统一，推进政治体制改革，发展社会主义民主，建设社会主义法治国家，转变政府职能，深化司法体制和工作机制改革，巩固和发展民主团结、生动活泼、安定和谐的政治局面。我们要坚持社会主义先进文化前进方向，加强社会主义核心价值体系建设，推进文化体制改革，发展文化事业和文化产业，完善公共文化服务体系，繁荣文化市场，更好保障人民基本文化权益，更好满足人民群众日益增长的精神文化需求。我们要坚持以改善民生为重点加强社会建设，解决好人民最关心最直接最现实的利益问题，实施更加积极的就业政策，加快完善城乡社会保障体系，切实保障农村贫困家庭、城镇困难家庭、离退休职工、在校贫困大学生的基本生活，保持社会和谐稳定。我们要坚持站在国家安全和发展战略全局的高度，扎实推进中国特色军事变革，树立当代革命军人核心价值观，不断提高军队全面履行新世纪新阶段历史使命能力。我们要坚持抓好深入学习实践科学发展观活动，加强党的执政能力建设和先进性建设，全面推进党的建设新的伟大工程，把党的政治优势和组织优势转化为推动经济社会又好又快发展的强大力量。

在新的一年里，我们要坚定不移地贯彻“一国两制”、“港人治港”、“澳人治澳”、高度自治的方针，严格按照特别行政区基本法办事，全力支持特别行政区政府依法施政，加强内地与香港、澳门交流合作，采取有力政策措施支持香港、澳门抵御国际金融危机冲击、促进经济发展，同香港同胞、澳门同胞一道，促进香港、澳门长期繁荣稳定。

在新的一年里，我们要坚持“和平统一、一国两制”的方针和现阶段发展两岸关系、推进祖国和平统一进程的八项主张，牢牢把握两岸关系和平发展的主题，牢牢抓住两岸关系改善的历史机遇，推进两岸交流合作，继续为两岸同胞谋福祉、为台海地区谋和平，不断开创两岸关系和平发展新局面。

在新的一年里，我们要继续高举和平、发展、合作旗帜，坚持独立自主的和平外交政策，始终不渝走和平发展道路，始终不渝奉行互利共赢的开放战略，在和平共处五项原则的基础上同所有国家发展友好合作，积极参与国际社会应对国际金融危机、促进世界经济发展的努力，为推动建设持久和平、共同繁荣的和谐世界作出新的贡献。

要胜利完成今年的各项任务，必须大力弘扬伟大抗震救灾精神、北京奥运精神、载人航天精神，迎难而上，锐意改革，共克时艰。迎难而上，就是要始终保持对中国特色社会主义、对中华民族伟大复兴的坚定信念，增强战胜一切艰难险阻的必胜信心，勇于战胜一切风险挑战，全力做好各项工作。锐意改革，就是要继续解放思想、坚持改革开放，不断完善社会主义市场经济体制，着力构建充满活力、富有效率、更加开放、有利于科学发展的体制机制，为经济社会发展提供强大动力。共克时艰，就是要加强团结、顾全大局，自觉维护全党的团结统一，保持党同人民群众的血肉联系，巩固全国各族人民的大团结，加强海内外中华儿女的大团结，团结一切可以团结的力量，调动一切积极因素，汇聚起攻坚克难的强大力量。

同志们、朋友们！

在过去的一年里，人民政协高举爱国主义、社会主义旗帜，牢牢把握团结和民主两大主题，坚持中国特色社会主义政治发展道路，坚持围绕中心、服务大局，加强思想理论建设，推进履行职能制度化、规范化、程序化，加强对改革发展稳定重大问题的调查研究，建有据之言，献务实之策，为全面建设小康社会、加快推进社会主义现代化、促进祖国和平统一大业作出了重要贡献。

统一战线历来是我们党克服困难、赢得胜利的一大法宝。面对艰巨繁重的改革发展稳定任务，我们一定要把最广泛的爱国统一战线巩固好、发展好，把中国共产党领导的多党合作和政治协商制度坚持好、完善好，把人民政协的独特优势运用好、发挥好，不断为党和国家事业发展凝聚人心、增添力量。

在新的一年里，人民政协要继续保持和发扬优良传统，组织动员参加政协的各党派团体和各族各界人士把思想认识统一到中央对国内外经济形势的分析判断和决策部署上来，把各方面的积极性、主动性、创造性引导到推动科学发展、促进社会和谐上来，更好发挥人民政协协调关系、汇聚力量、建言献策、服务大局的重要作用，把人民政协事业不断推向前进。

同志们、朋友们！

机遇和挑战考验着我们，事业和使命召唤着我们。让我们更加紧密地团结起来，高举中国特色社会主义伟大旗帜，坚持解放思想、实事求是、与时俱进，大力弘扬求真务实精神，大兴求真务实之风，迎难而上，锐意改革，共克时艰，万众一心为夺取全面建设小康社会新胜利、谱写人民美好生活新篇章而继续奋斗！

国家主席胡锦涛与美国总统布什互致贺电庆祝两国建交30周年

中共中央总书记胡锦涛就古巴革命胜利50周年致电古巴共产党中央委员会第一书记菲德尔·卡斯特罗

中共中央总书记胡锦涛和朝鲜劳动党总书记金正日就“中朝友好年”正式开始互致贺电

国务院总理温家宝在山东慰问并鼓励干部群众

1月1日至2日，温家宝在山东省委书记姜异康、省长姜大明等陪同下，进车间、到超市、入社区、下乡村，看望慰问广大干部群众，鼓励大家在新的一年里坚定信心，迎难而上，创造新业绩，谱写新辉煌。

国务院总理温家宝就古巴革命胜利50周年致电古巴国务委员会主席兼部长会议主席劳尔·卡斯特罗

1月2日

胜利 大庆两大油田2008年产量持续攀升

2008年，胜利油田生产原油2774万吨，比2007年增加4万吨，连续10年保持产量攀升。胜利油田1964年正式投入勘探开发，1991年原油产量达到3355万吨，此后自然递减加快，1999年降至2665万吨，勘探开发难度不断加大。油田依靠科技进步提升勘探开发水平，科技成果转化率达90%以上，每年科技增油300万吨以上，迄今已为国家贡献9.35亿吨原油，占全国同期产量1/5以上。

截至2008年12月31日，大庆油田全年生产原油4020多万吨，生产天然气27.6多亿立方米，原油持续稳产目标首战告捷。已开发近50年的大庆油田，是中国目前最重要的石油工业基地。针对国际石油市场动荡、国内需求增长的形势，大庆油田调整生产计划，于2008年年初提出原油持续稳产4000万吨的新目标。

中国福彩2008年筹集公益金近200亿元

据中国福利彩票发行管理中心披露数据显示：2008年中国福利彩票销售603.47亿元，连续第二次登上600亿元台阶。全年共筹集公益金近200亿元。其中，电脑福利彩票年销量首次突破500亿元，达到505.88亿元，占福利彩票总销量的83.83%，较上年增长9.05%。

中国政府向泰国政府提供50万美元火灾救援

1月3日

国务院副总理回良玉在广西考察

回良玉1月3日至6日先后来到广西壮族自治区崇左、钦州等地，考察农业生产和水利建设情况。他深入田间地头、养殖基地、边境口岸，实地察看作物苗情、海水养殖、动物防疫体系和农产品流通设施，要求在稳定发展粮食的基础上，发挥资源优势、突出区域特色，积极推进农业结构战略性调整。在贫困村屯，他详细了解农民收入、灾后重建和危房改造进展情况，听取基层干部和农民群众的意见和建议，要求把农村危房改造作为扩大内需、改善农民生活条件的重要措施抓紧抓好。在病险水库、防洪堤坝、大型灌区改造施工现场，他详细询问目前设施运行状态、工程进展情况，要求加快工作步伐，确保工程质量，如期完成改造任务。他还考察了沿海堤防和防护林工程，强调要进一步做好工程规划和设计，加大建设力度，提高防灾减灾能力。考察期间，回良玉听取了广西壮族自治区的汇报，对广西近年来“三农”工作和经济社会发展取得的成绩给予充分肯定。

回良玉强调，要采取有效措施，切实做好当前农业农村各项工作。一要抓紧抓好强农惠农政策的落实，该出台的政策要尽早出台，该细化的措施要尽量细化，进一步调动农民积极性。二要切实抓好冬春农业生产，加强越冬作物田间管理，抓好高致病性禽流感等重大动物疫病防控和森林草原防火工作，积极开展造林绿化、提高造林质量。三要大力加强水利基础设施和高标准基本农田建设，加快小型农田水利、农村饮水安全等工程进度，冬旱严重的地区要采取有效措施减轻干旱造成的损失。四要全面加强农产品质量监管和购销调运工作，严格农产品和食品例行监测，落实鲜活农产品运销绿色通道政策，搞好农产品市场信息服务。五要积极扩大农村劳动力就业，当前要尽全力安置好农民工，帮助他们解决就业和生计问题，强化农村劳动力技能培训。六要妥善安排群众生产生活，做好扶贫、低保和救灾救济工作，广泛开展送温暖献爱心活动，帮助农村困难群众解决好吃、穿、住和过冬保暖等实际问题，让人民群众过一个欢乐、祥和、平安的节日。

广西壮族自治区党委书记郭声琨、自治区政府主席马飚和国务院有关部门负责人一同参加了考察。

全国妇联主席陈至立在福建 四川开展送温暖活动并召开妇女工作座谈会

陈至立1月3日至6日在福建、四川开展送温暖活动并召开妇女工作座谈会。她强调，妇女工作要以科学发展观为指导，把广大妇女最关心、最急需的问题摆在妇女工作的首要位置，把维护妇女权益工作摆在更加突出的位置，推动妇女工作创新发展。

陈至立认真听取了福建省妇女工作汇报和四川省妇联关于抗震救灾的汇报，对两省各级党委、政府高度重视和支持妇女工作，对妇联工作的卓有成效给予了充分肯定。她指出，各级妇联要切实发挥组织引导妇女的作用，围绕妇女最关心、最迫切需要解决的问题开展工作。当前，面对世界金融危机的挑战，首先要关注妇女的生存和发展问题，想方设法帮助妇女克服就业和创业的困难，进一步加强对妇女的教育培训，关注妇女健康，发挥妇女的优势，促进家庭和睦，为构建和谐社会打下坚实基础。

陈至立强调，各级妇联组织要把依法维护妇女权益工作放在更加突出的位置，从制度、政策和机制入手，在工作方法上大胆创新，力争取得突破，努力构建社会化维权协调机制。要进一步提高广大妇女参政议政的意识，推动基层女干部的选拔和培养；要通过各种方式，主动让妇女的声音进入决策层、立法层，进入大众，进入民心，让全社会都能了解、理解和支持妇女工作；要加强妇女理论研究，继承发展、创新丰富马克思主义妇女理论，建设中国特色妇女发展的理论体系。

闽江口南岸最大的综合性码头——福建鑫通码头正式投入运营

该码头有6个2万吨级兼靠3万吨海轮多用途泊位，年货物吞吐量达百万吨，总投资5.2亿元人民币。

2009建发厦门国际马拉松赛在厦门举行

本届厦门国际马拉松赛由中国田径协会和厦门市政府联合主办，厦门市体育局等相关单位承办。共有3.3万人报名参加，分别来自37个国家和地区，规模为历届之最。中国选手陈荣以2小时29分52秒的成绩获得女子组冠军。

1月4日

中央军委主席胡锦涛会见武警部队党委一届六次全体会议人员

胡锦涛代表党中央、国务院、中央军委，向出席会议的全体同志并向武警部队广大官兵致以诚挚的问候。他说，过去的一年，武警部队党委坚决贯彻党中央、国务院、中央军委的决策指示，带领广大官兵顽强拼搏，开拓进取，部队全面建设取得新的进步，圆满完成了党和人民赋予的各项任务，特别是在完成急难险重任务中发挥了重要作用，作出了突出贡献。党、政府和人民感谢你们。

胡锦涛指出，2009年是党和国家事业发展进程中十分关键的一年。我们既面临发展机遇，又面临严峻挑战，任务繁重而又艰巨。武警部队要加强思想政治建设，坚持用中国特色社会主义理论体系武装官兵，大力培育当代革命军人核心价值观，始终保持部队建设的正确政治方向。要大抓军事训练，增强遂行执勤、处突、反恐等多样化任务的能力，以实际行动捍卫国家安全统一、维护社会和谐稳定、保障人民安居乐业。要坚持依法治警、从严治警，扎实做好抓基层打基础工作，不断提高部队管理教育水平。要加强党组织能力建设和先进性建设，充分发挥党的政治优势和组织优势，带领广大官兵，为夺取全面建设小康社会新胜利作出更大贡献。

全国宣传部长会议在北京举行

全国宣传部长会议1月4日至5日在北京举行。中共中央政治局常委李长春出席会议并讲话。

李长春指出，党的十七大特别是去年以来，国内国际形势发生新的复杂变化。今年宣传思想文化工作最重要的任务，就是要更好地为党和国家工作大局服务，维护好经济发展的大局，维护好深化改革的大局，维护好社会稳定的大局。要认真学习宣传贯彻胡锦涛总书记在纪念党的十一届三中全会召开30周年大会上重要讲话精神，不断增强继续奋勇推进改革开放的信心和决心；坚持不懈地用中国特色社会主义理论体系武装全党、教育人民，不断增强贯彻落实科学发展观的自觉性和坚定性；坚持围绕中心、服务大局，为保持经济社会平稳较快发展提供强大精神动力和良好舆论环境；大力加强社会主义核心价值体系建设，不断增强社会主义意识形态吸引力和凝聚力；着力提高舆论引导水平，不断巩固壮大积极健康向上的主流舆论、大力促进社会稳定；深入扎实开展思想政治工作，继续保持团结和谐安定的良好局面；切实做好庆祝新中国成立60周年宣传工作,大力唱响共产党好、社会主义好、改革开放好、伟大祖国好的时代主旋律;以科学发展观统领文化建设,大力推动改革创新,促进社会主义文化大发展大繁荣;努力增强文化软实力,进一步提升我国家形象。各级党委要按照中央要求,不断增强做好意识形态工作的责任感使命感,不断提高领导宣传思想文化建设的能力和水平,切实抓好宣传思想文化战线领导班子和人才队伍建设,确保今年各项任务落实到实处。

中宣部部长刘云山对2009年宣传思想文化工作作出具体部署。

国务委员刘延东,全国政协副主席陈奎元出席了会议。

全国对外宣传工作会议在北京召开

这次会议的会期是4日至6日。会议贯彻党的十七大和十七届三中全会精神,贯彻中央关于外宣工作重要指示精神,总结2008年外宣工作,分析国际舆论形势,对深入贯彻落实科学发展观、做好今年的对外宣传工作作了部署。

中央对外宣传办公室主任王晨发表讲话。

会议提出,做好今年的对外宣传工作,首先要加大我国经济社会发展情况的对外宣传力度,积极介绍我国为应对国际金融危机所采取的各项方针政策和成效。精心组织对外文化交流和文化外宣活动,提升国家文化软实力。进一步做好政府新闻发布工作,完善制度,提高新闻发布的质量。认真贯彻落实国务院第537号令,做好境外媒体采访管理服务工作。着力建设语种多、受众广、信息量大、影响力强、覆盖全球的国际一流媒体,构建覆盖广泛、技术先进的现代传播体系,形成与我国经济社会发展水平和国际地位相称的国际传播能力。加强互联网文化建设和管理,努力把握网上舆论主导权。围绕新中国成立60周年这一主题,积极介绍新中国的发展历史、伟大成就及其宝贵经验。积极开展对外新闻交流与合作,加强重大国际活动的公关宣传。积极推动体制、机制改革,勇于面对新情况、研究新问题、探索新方法,推动外宣工作新发展。大力加强外宣干部队伍建设和人才培养,着力提高思想政治素质,弘扬开拓进取、甘于奉献的精神。

国务院副总理李克强就第二次全国经济普查进行调研考察

李克强来到国家统计局数据管理中心、中国电力投资集团公司经济普查数据填报点等单位,就第二次全国经济普查进行调研考察。他强调,统计是经济社会管理和宏观调控的重要基础性工作,要认真贯彻党中央、国务院的决策部署,深入贯彻落实科学发展观,求真务实,服务大局,扎扎实实地做好经济普查,全面准确及时地掌握客观情况,为经济决策提供可靠依据,为科学发展做好统计服务。

李克强说,这次全国经济普查是一次重大的国情国力调查,对于加强经济调节、调整产业结构、规划长远发展,都具有重要意义。当前,国际金融危机尚未见底,对世界实体经济的冲击进一步加深,对我国的不利影响日益显现。保持经济平稳较快发展,需要及时掌握实际情况,科学分析发展趋势,正确谋划应对举措,经济普查和统计工作尤为重要。

全国总工会主席王兆国在陕西考察工作

王兆国1月4日到6日在陕西考察了西安飞机制造公司、西安市总工会困难职工援助中心、铜川市一中新校区建设工地、中国航天科技集团第六研究院,慰问了部分劳模、困难职工和农民工,看望了陕西省人大常委会机关干部。他强调,各级工会要认清形势、振奋精神,大力开展工会与企业、职工间的"共同约定行动",维护职工权益,维护企业利益,积极动员广大职工与企业同舟共济、共谋发展,更好地为推动经济平稳较快发展做贡献。

王兆国在与陕西党政领导、工会干部座谈时指出,各级工会要切实把思想认识统一到中央的判断和部署上来,既要看到挑战、积极应对,又要看到机遇、迎难而上,进一步坚定战胜困难的信心和决心。他强调,工人阶级是推动我国经济社会发展的根本力量。企业是经济社会发展的重要基础,办好企业要全心全意依靠职工群众。全总提出的"共同约定行动",是适应当前国际金融危机给企业和职工带来困难情况下的一种富有特色的行动,也是工会起主导作用的行动。各级工会要坚持依法推进、互利共赢、共同协商、因地制宜的原则,围绕解决重点难点问题开展好"共同约定行动",当前尤其要重视在困难企业开展这一行动,组织动员职工帮助企业摆脱困境,企业努力保障职工权益,推动形成企业关爱职工、职工关心企业、共谋企业发展和职工权益实现的良好氛围。

王兆国充分肯定了陕西经济社会发展取得的可喜成就和陕西工会工作所取得的丰硕成果。他指出,当前各级工会要以保岗位、保工资为重点,切实维护职工合法权益,进一步加强困难职工帮扶工作,把送温暖活动开展得更深入、更细致、更有效。要畅通信息渠道,及时化解矛盾,以高度的政治意识、责任意识维护职工队伍和社会稳定,把工会建设成为名副其实的"职工之家",在党和国家工作大局中更好地发挥作用。

海关总署公布海关缉私警察组建10年来侦破的十大典型案件

这十大典型案件是：宁波、上海海关侦破珍贵动物猎隼走私案，广州海关侦破“0306”走私金属镍案，大连海关侦破“803”镁砂走私案，北京、乌鲁木齐侦破地毯藏毒走私案，杭州海关侦破手表系列走私案，深圳海关侦破白银走私案，天津海关侦破汽车走私案，杭州海关侦破古生物化石走私出境案，广州侦破“0202”成品油走私案，拱北海关侦破盗版光盘走私案。

范瑾逝世

北京市政协原主席范瑾同志，因病医治无效，于1月4日在北京逝世，享年89岁。

范瑾1919年出生于浙江绍兴。她于1936年参加革命工作，1937年任延安抗日军政大学四期五队区队长，1938年参加八路军总政治部前线记者团，1939年任冀中导报编委会主任和社长，1940年兼任新华社冀中分社社长。1943年起，先后任中共冀鲁豫区党委及中共北方局分局宣传部宣传科科长、晋察冀财经办事处主任秘书、晋察冀日报社编委。1948年后，历任天津日报社编委、副总编辑、总编辑，天津市委宣传部副部长，北京日报社社长，北京市委宣传部副部长、市委常委、北京市副市长等职。改革开放后，历任北京市人大常委会副主任、市政协主席、中共北京市顾问委员会副主任等职。

范瑾是第一、二、三届全国人大代表，中共八大代表。

《强国之路——纪念改革开放30周年重点书系》出版

1月5日

全国制止公款出国(境)旅游专项工作电视电话会议在北京召开

会议要求，要进一步提高认识，增强制止公款出国(境)旅游专项工作的主动性。要突出重点，深入推进制止公款出国(境)旅游专项工作。要狠抓各项规章制度的执行，将2009年作为因公出国(境)各项规章制度的执行年，特别是要按照有关规定的要求，对因公出国(境)经费实行先行审核，从经费上严格约束。要加大对顶风违纪行为的惩处力度。重点查处虚报出国(境)任务，通过购买邀请函骗取批准，擅自延长国(境)外停留时间，擅自增加出访国家和地区等案件。要进一步完善因公出国(境)管理制度，切实做到有章可循、有法可依。各级领导干部要明确责任，带头严格执行外事管理的规章制度，以身作则、严格自律。

会议强调，制止公款出国(境)旅游专项工作政策性强，涉及面广，需要各地区各部门共同努力。各级外事和财政部门在因公出国(境)任务和经费审核审批过程中，要严格把关，对于不符合规定的申请，坚决不予放行。各级外事部门要加强对所属外事服务中心的监管。各级旅游管理部门要加强对旅行社的监督管理，坚决打击旅行社为公款出国(境)团组编造虚假日程、购买邀请函等违规行为。各级纪检监察和审计机关要加强对因公出国(境)活动的监督检查，严肃查处违规违纪案件，严肃追究有关人员的纪律责任。

会议由中组部副部长李建华主持。中央纪委常委、监察部副部长、国家预防腐败局副局长屈万祥通报制止公款出国(境)旅游专项工作进展情况以及有关地方和部门查处的顶风违纪公款出国(境)旅游典型案件。外交部副部长吕国增，财政部副部长李勇，审计署副审计长董大胜作了发言。中联部副部长李进军，国家外专局副局长孙照华等出席会议。

国务院副总理王岐山在河南调研

王岐山1月5日至6日在河南省伊川县和偃师、新郑两市深入村镇、企业和农户调研，了解农村市场和农村金融发展情况。他指出，扩大内需的最大潜力在农村，要做好开拓农村市场这篇大文章，继续推进农村金融改革发展，更好地服务“三农”。

考察期间，王岐山还分别与村镇干部、村民代表和河南省负责同志进行座谈。在听取大家的发言后，他说，在当前国际金融危机仍在扩散和蔓延，对我国经济负面影响不断加深的形势下，尤其要高度重视开拓农村市场，加快农村发展。最重要的是认真贯彻党的十七大和十七届三中全会、中央经济工作会议精神，落实好中央的支农政策，努力推动农村经济社会发展。要坚定信心，认真落实中央保增长、扩内需、调结构的部署，找准开拓农村市场和支农服务的着力点。有关部门要寓管理于服务之中，深入调查研究，把工作做实做细，确保收到实效。

2009年中国人民银行工作会议在北京召开

这次会议的会期是1月5日至6日。会议提出，2009年要把促进经济平稳较快发展作为金融宏观调控的首要任务，实施适度宽松的货币政策，加大金融支持力度。

会议认为，2009年央行要重点把握处理好4个方面工作。

第一，着力货币信贷的总量调控和政策引导，保持货币信贷合理平稳增长。2009年以高于GDP增长与物价上涨之和约3至4个百分点的增长幅度作为全年货币供应总量目标，争取广义货币供应量(M2)增长17%左右。要合理把握信贷投放进度，均衡摆布信贷资金，避免出现大起大落，影响经济的稳定运行。

第二，加强货币政策、财政政策和产业政策的协调配合，充分发挥政策合力。

第三，发挥信贷投放、直接融资和民间金融的作用，多渠道增加资金供给能力。要大力支持资本市场发展，稳定股票市场运行，扩大债券发行规模，鼓励股本性投资，有效拓展直接融资渠道。

第四，支持经济发展与维护金融稳定并重，促进经济与金融协调健康发展。

会议提出，2009年要鼓励银行业金融机构对基本面和信用记录较好、有竞争力、有市场、有订单，但暂时出现经营或财务困难的企业给予信贷支持。鼓励合理发展消费信贷，落实和制定有关信贷政策措施，有针对性地培育和巩固消费信贷增长点，支持居民解决和改善住房条件。

国务委员刘延东在北京会见以陈镇仁为团长的香港工业总会访京团一行

外交部部长杨洁篪同美国国务卿赖斯通电话

杨洁篪表示，中美建交30年来，两国关系总的方向是不断向前发展，取得了丰硕成果。过去8年来，两国各领域交流合作得到进一步深化和拓展。我们对布什总统和赖斯国务卿为发展中美关系所作的努力给予积极评价。

赖斯对不能按原计划访华并出席美中建交30周年纪念活动表示遗憾。她说，美中关系处于很好的时期，相信今后将继续取得良好发展。

解放军总政治部发出通知要求全军和武警部队广泛开展培育当代革命军人核心价值观主题教育活动

通知说，胡主席在2008年年底召开的一次重要会议上强调指出，要围绕强化官兵精神支柱，大力培育当代革命军人核心价值观。明确提出，当代革命军人核心价值观集中体现为“忠诚于党，热爱人民，报效国家，献身使命，崇尚荣誉”。在全军广泛开展培育当代革命军人核心价值观主题教育活动，是贯彻落实党的十七大精神和胡主席重要指示，加强新形势下军队思想政治建设的重要举措，对于始终保持我军性质、本色和作风，促进官兵全面发展和履行使命，具有十分重要的意义。

通知指出，开展主题教育活动，必须坚持以中国特色社会主义理论体系为指导，紧贴时代发展、紧贴使命任务、紧贴官兵实际，深入学习领会党的三代领导核心关于革命军人价值观的重要论述，学习胡主席有关重要指示精神，全面准确地理解和把握当代革命军人核心价值观的重大意义、科学内涵和基本要求，在坚定理想信念、端正价值追求、纯洁思想道德等方面狠下功夫，切实使当代革命军人核心价值观为官兵普遍理解认同、自觉培养践行。要把主题教育活动与深入学习实践科学发展观活动结合起来，与深化我军历史使命、理想信念、战斗精神和社会主义荣辱观教育结合起来，与发扬我军听党指挥、服务人民、英勇善战的优良传统结合起来，与庆祝新中国成立60周年活动结合起来，与做好深化国防和军队改革各项工作结合起来。要切实用当代革命军人核心价值观引领官兵的思想和行为，从思想上、政治上、组织上确保我军始终成为党绝对领导下的人民军队、确保国防和军队建设科学发展、确保有效履行新世纪新阶段我军历史使命。

通知强调，开展主题教育活动，要以学习领会胡主席关于培育当代革命军人核心价值观的一系列重要论述为主要内容，着力在引导官兵深刻理解和自觉践行当代革命军人核心价值观上下功夫。要把培育当代革命军人核心价值观，作为思想政治建设的重要基础工程抓紧抓好，使我军听党指挥、服务人民、英勇善战的优良传统得到传承和发扬，为官兵全面发展和履行使命提供强大精神力量。要全面准确理解当代革命军人核心价值观的科学内涵，坚持真诚信奉当代革命军人核心价值观，坚持从点滴做起践行当代革命军人核心价值观，坚持把本职岗位作为践行当代革命军人核心价值观的基本平台，坚持把培育当代革命军人核心价值观的成效落实体现到提高有效履行我军历史使命能力上，不断提高思想政治素质、科学文化素质、军事专业素质和身体心理素质，高标准完成党和人民赋予的各项任务。

通知指出，开展培育当代革命军人核心价值观主题教育活动，是今年全军政治工作的一件大事。各级党委和政治机关要切实把主题教育活动摆上重要位置来抓，确保取得扎实成效。要精心谋划指导教育活动，突出抓好理论灌输和行为引导，搞好与深入学习实践科学发展观活动的有机结合，紧贴形势任务推动主题教育活动深入发展，严格按照思想政治教育大纲组织实施，保证主题教育活动有效落实、扎实推进。

远望号测量船队凯旋

1月5日14时30分，随着一声汽笛长鸣，历时117天，总航程23000余海里的远望五号测量船顺利抵达中国卫星海上测控部港口。至此，顺利完成“神舟”七号海上测控任务的5艘远望号测量船全部胜利返回祖国,我国航天远洋测控史上最大规模的行动圆满结束。

自2008年8月18日起,远望一号、二号、三号、五号、六号,新老5艘远望号测量船相继出征,布阵大西洋、太平洋预定海域,联袂执行“神舟”七号海上测控任务。任务中,远望号测量船队圆满完成了飞船入轨段、运行段和返回段共45个圈次63个弧段的测控通信任务,约占测控系统总覆盖量的43%,为飞船太阳帆板展开、工况处理、变轨控制、轨道维持、返回制动控制及航天员出舱活动等事件提供了重要的测控通信支持。

首届造型艺术新人展在中国美术馆举办

由中国文学艺术界联合会、中国文学艺术基金会、中国美术家协会主办的“2008造型艺术新人展”1月5日至13日在北京中国美术馆举办。

展出的46幅优秀作品和70幅入围作品,涵盖了中国画、油画、版画、雕塑、水彩、漆画等艺术种类。作品围绕本届展览的主题:“探索·创新——造型艺术在现代社会中的民族性和地域性”,从不同的艺术视角表达了对于社会、人生、自然的关注,以及对于民族艺术的继承和思考。

1月6日

中共中央政治局常委习近平参加学习实践科学发展观活动座谈会并讲话

全国妇联、工业和信息化部、人力资源和社会保障部、住房和城乡建设部、中国农业银行5个单位学习实践活动领导小组的负责同志和办公室主任参加的座谈会。中组部部长、中央学习实践活动领导小组副组长李源潮出席座谈会。

在听取5个单位负责同志的汇报后,习近平对中央和国家机关、中管金融机构做好整改落实阶段的工作提出明确要求。第一,要把学习理论贯穿活动始终,不仅要组织党员、干部认认真真地学习规定书目,而且要紧密联系当前国际国内形势的发展变化深入学习领会胡锦涛同志最近一系列重要讲话,把思想统一到中央精神上来,在应对国际金融危机、保持经济平稳较快发展等各项工作中充分发挥应有的作用。第二,要立足于更好地履行部门和单位职责,保障和促进科学发展,制订切实可行的整改落实方案,做到整改落实项目明确、整改落实目标和时限要求明确、整改落实措施明确、整改落实责任明确,向党员和群众作出公开承诺。第三,要围绕服务基层和促进科学发展,紧密结合工作和思想实际,切实解决突出问题,特别要紧扣当前经济形势,把保发展、保民生、保稳定、保中央方针政策的贯彻落到实处。第四,要从实际需要和真正体现群众意愿出发,按照落实科学发展观的要求,针对制度缺失和制度障碍的突出问题,积极稳妥地推进保障科学发展的体制机制建设。第五,要加强组织领导,统筹兼顾,合理安排,使学习实践活动与业务工作紧密结合、相互促进。

国务院副总理李克强出席全国财政工作座谈会并发表讲话

李克强说,当前国际金融危机还在蔓延,对实体经济的冲击还在加深,对我国经济的不利影响日益显现,今年保持经济平稳较快发展任务繁重。实施积极的财政政策,对扩内需保增长具有重要作用,也直接关系社会稳定。近年来,我国经济持续快速发展,财政实力大幅提升,这为实施积极的财政政策打下了坚实基础。要充分发挥财政职能作用,认真做好财税调控和收支管理的各项工作,服务于经济社会发展大局。

李克强强调,当前实施积极的财政政策,既要扩大政府公共投资,也要实行结构性减税,进一步优化财政支出结构,坚持促进经济增长与调整结构并举、扩大投资与刺激消费并举。要提高公共投资的经济效益、社会效益,尽可能多地采取能够激发社会投资、带动最终消费的措施,实现一举多得。稳步推进国民收入分配格局调整,着力保障和改善民生,加大对低收入家庭的补贴和救助力度,提高居民消费能力,下大力气扩大居民消费。运用多种财政政策工具促进结构调整,积极支持“三农”,支持节能减排和环境保护,支持企业技术改造和自主创新,支持有利于增强经济发展后劲的城乡基础设施建设。落实好税收减免措施,帮助企业克服困难,拓展市场和发展空间。

李克强指出,要更加重视用改革的办法解决前进中的问题,以改革保增长、促发展。要全面推进增值税转型改革,减轻企业负担,为企业生产经营和转型升级创造良好环境。扎实推进成品油价格和税费改革,公平税负,促进结构调整和节能减排,更好地发挥市场在资源配置中的基础性作用。加大对教育、医疗卫生、社会保障等领域改革的支持力度,为群众提供基本保障,增强消费者信心,扩大即期消费。推进财税体制改革,进一步完善公共财政体系,积极探索既服务于当前扩大内需、又服务于长远发展的财税改革措施,努力构建有利于科学发展的财税制度。

李克强最后说,当前财政面临较大的压力,要切实加强财政资金使用的管理与监督,公开操作,科学安排,确保资金规范透明、安全高效使用。要严格控制一般性支出,特别是强化公务支出管理,降低行政成本,坚决反对大手大脚花钱和铺张浪费行为。

国务院副总理回良玉在全国水利工作会议上发表讲话

1月6日至7日，全国水利工作会议在广西南宁召开，国务院副总理回良玉出席会议并讲话。

回良玉在会议上强调，在我国现代化进程中水利始终是必须抓紧抓好的关键领域，当前和今后一个时期是水利改革发展不断深入、传统水利向现代水利和可持续发展水利加快转变的关键阶段。必须清醒地看到水利面临的深层次矛盾并没有根本解决，人多水少、水资源时空分布不均、水土资源和生产力布局不相匹配，依然是现阶段我国的基本国情和突出水情。中央把加强水利基础设施建设作为应对国际金融危机、扩大国内需求的重要举措，水利肩负着新的重大使命，既要为落实积极财政政策、扩大投资需求担当重任，又要为改善城乡居民用水条件、促进消费需求提供保障。一要加快水利基础设施建设步伐，抓好重点防洪工程和重点水源工程建设，加强中小河流和水土流失治理，进一步提高水利保障能力。二要着力解决好涉及民生的水利问题，加快农村饮水安全、病险水库除险加固、大型灌区续建配套和节水改造等民生水利工程建设进度。三要加强水资源管理，强化规划的指导和约束作用，全面推进节水型社会建设，抓好水功能区管理和依法治水，促进水资源集约开发、节约利用、科学管理和有效保护。四要加大水利改革力度，建立、健全流域与区域相结合、城市与农村相统筹、开发利用与节约保护相协调的水资源综合管理体制。

国务院副总理张德江在北京出席全国民航工作会议并发表讲话

张德江在讲话中充分肯定了2008年民航系统取得的新成绩。并且他强调，保障运输安全始终是民航工作的头等大事。民航系统要牢固树立安全发展的理念，增强责任感、使命感和紧迫感，警钟长鸣，常抓不懈，及时消除各类安全隐患，加强薄弱环节建设，切实保障飞行和空防安全。要认真执行安全生产法律、法规和规章规程，推进安全生产责任考核体系建设，全面落实安全生产责任制度。进一步加大安全生产监督管理的力度，严格安全准入审核，完善联合执法机制，切实提高监管水平。要切实加强安全基础建设，不断提高安全保障能力。要通过全系统、全行业的共同努力，确保民航运输持续安全。

张德江指出，针对国际金融危机对我国民航业造成严重冲击的新情况，要采取更加有力的措施，努力促进民航运输平稳较快发展。大力开拓航空市场，继续发展干线运输，更加重视发展支线运输、国际运输、航空货邮运输和通用航空。加强和改进服务工作，以优质服务开拓市场，特别要注重保证航班正点率。加强经营管理，加强成本核算，千方百计提高经济效益。着力加强机场、空管等基础设施建设，增强民航运输保障能力。

张德江强调，要深化民航改革，坚定只有改革才能发展的信念，不断完善体制机制，促进民航科学发展、安全发展。要进一步深化民航行政管理体制改革，制定并落实好民航局“三定”规定。要进一步深化民航企业改革，加快健全现代企业制度，完善公司治理结构，切实转换经营机制，增强企业活力。要进一步深化机场管理体制、空管体制和民航机场公安管理体制改革。

交通运输部部长李盛霖出席会议，民航局局长李家祥主持会议。中央有关部门和民航地区管理局、安全监督管理办公室、民航企业负责人等参加了会议。

中国海军护航舰艇编队抵达索马里海域开始护航

中国首个特高压输电工程——1000千伏晋东南—南阳—荆门特高压交流试验示范工程正式投入运行

该工程是目前世界上运行电压最高、输送能力最大、代表国际输变电技术最高水平的特高压交流输变电工程，它的建成在我国乃至世界电力发展史上都具有重要意义，它标志着我国在远距离、大容量、低损耗的特高压（UHV）核心技术和设备国产化上取得重大突破，对优化能源资源配置，保障国家能源安全和电力可靠供应具有重要意义。

我国首次启动公众知识产权素养调查

16岁小将刘佳宇在哈尔滨举行的全国单板U型场地滑雪锦标赛首日摘得两金

1月7日

国务院总理温家宝在北京主持召开国务院常务会议部署做好高校毕业生就业工作

会议研究确定了加强高校毕业生就业工作的7项措施。（一）鼓励和引导毕业生到城乡基层就业。要大力开发基层管理和服务岗位，对到农村基层和城市社区工作的毕业生，给予薪酬或生活补贴，并按规定参加社会保险；对到中西部和艰苦边远地区县以下农村基层就业，并履行一定服务期限的毕业生，实施相应学费和助学贷款代偿；对应征人伍服义务兵役的高校毕业生实行学费补偿和助学贷款代偿。扩大中央有关部门实施的面向基层就业项目规模。(二)鼓励毕业生到中小企业和非公有制企业就业。对企业招用非本地户籍普通高校专科以上毕业生，直辖市以外的各地城市要取消落户限制。企业吸纳登记失业高校毕业生，可享受相关就业扶持政策。(三)鼓励骨干企业和科研项目吸纳和稳定高校毕业生就业。鼓励国有大中型企业特别是创新型企业更多吸纳高校毕业生，支持困难企业保留大学生技术骨干。承担国家和地方重大科研项目的单位要积极聘用优秀毕业生，高校的科研专项可吸收毕业生参与研究，其劳务性费用和有关社会保险费从项目经费中列支。(四)鼓励和支持毕业生自主创业。高校要积极开展创业教育和实践活动，建设完善一批大学生创业园和创业孵化基地，为高校毕业生创业提供“一条龙”服务。对高校毕业生从事个体经营符合条件的，免收行政事业性收费，落实税收优惠、小额担保贷款及贴息等扶持政策。(五)强化毕业生就业服务。高校及教育、人力资源社会保障部门要采取多种方式为毕业生提供免费就业信息和各类就业服务。(六)提升毕业生就业能力。所有高校都要确保毕业生在离校前都能参加学习实践活动。完善离校未就业毕业生见习制度，从2009年起，用三年时间组织100万未就业高校毕业生开展见习。在高等职业院校实施毕业证书和职业资格证书“双证书”制度。(七)建立和完善困难毕业生援助制度。积极为离校后未就业回原籍的高校毕业生提供就业服务，将登记失业的高校毕业生纳入当地失业人员扶持政策体系，对就业困难和困难家庭毕业生给予重点帮扶。

会议要求，各地区、各有关部门要加强对高校毕业生就业工作的组织领导，强化协调配合，共同推动工作。要做好宣传教育工作，引导大学生树立正确就业观和成才观。要深化高等教育改革，调整人才培养结构，改进教学方法和课程设置，切实解决学科专业结构设置与就业市场需求脱节的问题，着力提高学生的创新意识和实践能力，提高毕业生就业能力，使高等教育进一步适应国民经济和社会发展需要。

全国政协主席贾庆林在北京会见参加全国宗教工作会议代表并讲话

贾庆林会见与会代表并发表重要讲话。

贾庆林对做好2009年宗教工作提出了四点要求：第一，深入贯彻落实科学发展观，为保持经济平稳较快发展贡献力量。要结合开展深入学习实践科学发展观活动，认真总结宗教工作的宝贵经验，不断推动宗教工作的理论创新、制度创新和实践创新。要认真贯彻中央的决策部署，组织和支持广大信教群众积极发展生产、改善生活、勤劳致富，共同为夺取全面建设小康社会新胜利而奋斗。第二，加强对宗教界人士和信教群众的教育引导，自觉维护社会和谐稳定。要深入开展爱国主义、社会主义的教育活动，培养和造就一支政治上靠得住、宗教造诣好、人品能服众的宗教界代表人士队伍。充分发挥宗教界和宗教团体的作用，确保宗教领域和谐稳定，维护社会安定团结。第三，认真落实宗教事务条例，不断提高宗教事务管理的能力和水平。要把保障公民宗教信仰自由与确保宗教活动规范有序结合起来，把发挥宗教界人士和信教群众在促进经济社会发展中的积极作用与抵御境外利用宗教进行渗透活动结合起来，把依法管理宗教事务与健全宗教自身各种规章制度结合起来，进一步推进宗教事务管理的法制化、科学化和现代化。第四，强化基层宗教工作，进一步夯实宗教工作的基础。要充分了解和掌握基层宗教工作的基本情况和面临的主要问题，更有针对性地加强对基层宗教工作的指导，着力解决宗教领域的一些重点、难点问题。要加强对基层党政领导干部的培训，推动基层建立和完善宗教工作机制、工作网络和工作队伍。各级党委和政府要切实加强对宗教管理部门的领导，帮助他们解决工作和生活等方面的实际问题。

国务院副总理回良玉，全国政协副主席、中央统战部部长杜青林参加会见并出席会议。

中共中央书记处书记何勇在中央扩大内需促进经济增长政策落实检查工作领导小组会议上发表讲话

何勇在讲话中提出要求当前要重点做好五个方面的工作：第一，要规划安排好2009年的监督检查工作。搞好前段监督检查工作的总结，进一步理清监督检查工作的思路，安排好中央检查组今年春天开展的第二轮检查工作。同时，要及时掌握中央纪委监察部有关派驻机构和地方纪检监察机关开展监督检查的动态情况，加强工作指导。第二，要提高监督检查工作的针对性。当前要督促各地区、国务院有关部门和中央企业抓紧项目实施的进度，在保证依法合规的前提下尽快开工，尽早形成实物工作量；对已经发现的问题要督促有关地方和部门采取有效措施，不折不扣地整改到位，不留隐患。第三，要进一步加强调查研究。对检查中发现的政策性、倾向性、苗头性问题，要及时转交有关部门解决。第四，要严格执行纪律。坚决维护政治纪律，切实纠正有令不行、有禁不止的行为。要紧紧盯住工程施工、物资采购和资金管理使用等腐败行为易发高发领域和重点环节，对违纪违法行为发现一起就要快查严办重处一起。第五，要建立、健全监督检查的长效机制。要督促各地区各部门完善责任体系，充分发挥各个监管部门的作用，保证每个项目、每笔资金都有部门、单位和人员负责；要把公开透明原则贯穿于项目实施和资金管理使用的全过程，主动接受各方面的监督；要健全中央检查组、中央行业主管部门、地方监督监管机构的协调配合机制，加强信息沟通和协作配合，形成监督合力。

全国台联在北京举行会徽发布仪式

成立于1981年的中华全国台湾同胞联谊会简称全国台联，是台湾各族同胞的爱国民众团体。

全国台联八届二次理事会通过的会徽为圆形，圆内交握的双手形成“台”字形象，意蕴全国台联联谊、服务、团结广大台湾同胞，是“台胞之家”，是党和政府联系广大台胞的桥梁和纽带。

海口综合保税区批准设立

据《人民日报》报道：国务院近日正式批复海南省政府，同意海口保税区区位调整至海南老城经济开发区内并设立海口综合保税区。这是我国继苏州工业园综合保税区、天津滨海新区综合保税区、北京天竺综合保税区之后的第四个综合保税区。

中国正式发放3G牌照

工业和信息化部今天宣布，批准中国移动、中国电信、中国联通增加3G业务经营许可。这意味着我国3G牌照已正式发放。

国务委员戴秉国在钓鱼台国宾馆会见美国常务副国务卿内格罗蓬特

外交部部长杨洁篪与欧盟轮值主席国捷克外长施瓦岑贝格通电话

施瓦岑贝格表示，欧中关系的重要性超出双边范畴，具有全球意义。欧方高度重视并积极致力于发展欧中全面战略伙伴关系。当前，欧中面临着广泛的全球性问题，双方有责任加强合作，共同应对。捷克作为欧盟轮值主席国，愿与欧盟所有成员国一道，同中方密切合作，推动欧中关系在新的一年里取得积极进展。

杨洁篪表示，中方一贯重视欧盟在国际事务中的作用，积极致力于发展中欧全面战略伙伴关系。经过30多年的发展，中欧已形成全方位、宽领域、多层次的合作局面。当前国际政治经济形势复杂多变，中欧共同面临国际金融危机、气候变化、非传统安全等全球性问题的挑战，加强对话、合作与协调，不仅符合双方的根本利益，也有利于促进世界的和平与发展。中方愿与欧盟及各成员国共同努力，从战略高度和长远角度看待和把握中欧关系，本着相互尊重、平等互利、合作共赢的精神，加强互信，深化合作，推动中欧关系不断向前发展。

中国首个南极内陆科考站——昆仑站在冰穹A地区开始动工建设

中国艺术研究院电影电视艺术研究所主办的“改革开放30年中国电影艺术成就研讨会”在北京举行

全国花样滑冰锦标赛暨第十一届全国运动会花样滑冰预赛在北京首都体育馆开赛

1月8日

国家主席胡锦涛与吉布提共和国总统伊斯梅尔·奥马尔·盖莱互致贺电庆祝两国建交30周年

纪念黄镇同志诞辰100周年座谈会在人民大会堂举行

中共中央政治局常委李长春出席座谈会。

黄镇是中国共产党的优秀党员，久经考验的忠诚的共产主义战士，无产阶级革命家，杰出的外交家，我党我军优秀的政治工作者和文化工作领导者。

国务委员刘延东主持座谈会并讲话。刘延东高度评价了黄镇革命、战斗、无私奉献的一生。她说，我们缅怀黄镇同志的光辉业绩，就是要学习和弘扬他的高尚精神和道德风范。要学习他信念坚定、矢志不移的高贵品质，学习他光明磊落、坚持真理的革命情操，学习他不畏艰难、勇于开拓的精神，学习他对革命工作高度负责的精神。要继承和弘扬老一辈无产阶级革命家的优良传统和作风，更加紧密地团结在以胡锦涛同志为总书记的党中央周围，高举中国特色社会主义伟大旗帜，以邓小平理论和“三个代表”重要思想为指导，深入贯彻落实科学发展观，继续解放思想，坚持改革开放，推动科学发展，促进社会和谐，全面推进社会主义经济建设、政治建设、文化建设、社会建设，为中华民族的伟大复兴而努力奋斗。

刘云山、李源潮和刘复之、杨白冰出席座谈会。中央党史研究室副主任李忠杰、外交部部长杨洁篪、中央宣传部副部长翟卫华、文化部部长蔡武、安徽省委副书记王明方先后在座谈会上发言。

出席座谈会的还有有关部门和单位负责同志、机关干部和黄镇同志的亲属、生前友好等。

中国侨联七届六次全委会议在北京召开

全国林业厅局长会议在北京召开

国务院副总理回良玉出席会议并讲话。回良玉对林业工作提出明确要求,他指出,在极不平凡的2008年,我国林业建设取得了很不寻常的成绩,林业改革取得重大突破,生态建设取得重大进展,抗灾救灾和恢复重建取得重要成果,产业发展扎实推进,现代林业建设迈出了坚实步伐。他强调,在新的一年里,各级林业部门要认真落实党中央、国务院的各项部署,按照发展现代林业、建设生态文明、促进科学发展的总体要求,解放思想,深化改革,扎实工作,为经济社会全局作出新的更大贡献。

国家副主席习近平在人民大会堂会见美国常务副国务卿内格罗蓬特

习近平在会见时强调,一个不断发展的中美关系符合两国人民的共同愿望,顺应历史发展的潮流。当前,中美关系处在承前启后、继往开来的重要时期,面临进一步发展的重要机遇。我们愿与美方一道,坚持建设性合作关系的大方向,尊重和照顾彼此的利益和关切,加强对话、协调与合作,妥善处理分歧和敏感问题,推动中美关系在新的历史时期取得更大发展,更好地造福两国人民和世界人民。

内格罗蓬特说,美中关系在过去30年不断取得积极进展。美方认为,没有比美中关系更为重要的双边关系。美中两国在广泛的双边领域和重大国际地区问题上进行了有效交流、协调与合作,给两国和两国人民带来了巨大利益,共同维护世界和亚太地区的和平与稳定。美中两国在面对国际金融危机挑战中也肩负着特殊责任,双方为恢复国际社会的信心加强合作,作出了贡献。内格罗蓬特表示,美国历届政府均奉行积极的对华接触政策,相信新一届政府会延续这一政策,推动美中关系持续健康发展。

国务委员刘延东会见美国宾夕法尼亚大学校长埃米·古德曼一行

"百万管理者培育工程"在北京启动

作为"温暖工程"和"双百工程"的重要延续,由中华职业教育社职业指导中心主办的"百万管理者培育工程"日前在京启动。在全球金融危机对实体经济影响日益加深、企业压力不断加大的背景下,该工程将为企业管理者、客户、供应商提供整体解决方案。

全国高山滑雪锦标赛李光旭摘得第二金

全国高山滑雪锦标赛8日在亚布力滑雪场结束全部比赛,在最后一天的比赛中,黑龙江雪上训练中心的李光旭以领先第二名9秒多的绝对优势获得男子回转冠军,成绩为1分33秒08,这也是他在本次全国锦标赛上获得的第二枚金牌。

古力九段在中国棋院进行的第四届丰田杯世界围棋王座战三番棋决赛中以2∶0击败朴文垚五段夺得个人的第四个世界棋战冠军头衔

1月9日

中共中央国务院在人民大会堂举行国家科学技术奖励大会

党和国家领导人胡锦涛、温家宝、李长春、习近平、李克强出席大会并为获奖代表颁奖。

中共中央总书记、国家主席、中央军委主席胡锦涛首先向获得2008年度国家最高科学技术奖的中国工程院院士、北京市神经外科研究所所长、北京天坛医院名誉院长王忠诚,中国科学院院士、北京大学教授徐光宪颁发奖励证书。胡锦涛等党和国家领导人向获得国家科学技术进步奖特等奖、国家自然科学奖、国家技术发明奖以及其他国家科学技术进步奖的代表颁奖。

国务院总理温家宝发表讲话。

国务院副总理李克强主持大会。

国务委员刘延东在会上宣读了《国务院关于2008年度国家科学技术奖励的决定》。

会上,颁布了2008年度国家科学技术奖励获奖人选和项目。2008年度国家自然科学奖二等奖授奖项目34项;国家技术发明奖授奖项目55项,其中一等奖3项、二等奖52项;国家科学技术进步奖授奖项目254项,其中特等奖3项、一等奖26项、二等奖225项;授予3名外籍科学家中华人民共和国国际科学技术合作奖。

国务院总理温家宝在国家科学技术奖励大会上发表讲话

同志们:

今天,我们在这里隆重召开国家科学技术奖励大会,表彰为我国科技事业和现代化建设作出突出贡献的科技工作者。我代表党中央、国务院向2008年度国家科学技术奖获得者表示热烈祝贺,向全国广大科技工作者表示诚挚问候和崇高敬意!

1978年召开的党的十一届三中全会,开启了我国改革开放的历史新时期。也是在这一年,我们召开了全国科学大会,迎来了科学的春天。30年来,伴随改革开放的伟大历程,我国科学技术取得了历史性发展。科学技术是第一生产力思想深入人心,科技投入大幅度增加,科技队伍发展壮大,创新体系建设取得重要进展。基础研究和应用开发得到加强,高新技术及其产业快速发展,自主创新能力明显提升。科技事业的发展为我国全面建设小康社会提供了有力支撑。

科技实力决定国家命运。一部社会发展史,也是一部科技进步史。在科学技术迅猛发展的今天,谁不重视科技,谁就要被淘汰。一个13亿人口的中国正在进行的现代化建设,是人类历史上最波澜壮阔的事业,必须充分依靠科学技术,支撑发展和引领未来。要坚持科教兴国战略,把提高自主创新能力、建设创新型国家作为国家发展战略的核心。只有这样,才能把发展的主动权牢牢掌握在自己手中,我国的现代化事业才有光明的前景。

当前,一场历史罕见的金融危机正在蔓延加剧,给全球金融体系和实体经济带来很大冲击。历史表明,每一次大的危机常常伴随着一场新的科技革命;每一次经济的复苏,都离不开技术创新。通过科学技术的重大突破,创造新的社会需求,催生新一轮的经济繁荣。

知识和科技是可持续发展的重要因素,是克服经济困难的根本力量。在应对这场金融危机中,我们已经出台了一系列扩内需、保增长的政策措施,但更要重视知识和科技的力量。这更带有根本性和长远意义,是我们的信心和力量所在。广大科技工作者要急国家之所急、想国家之所想,承担起历史赋予的重任。要深入到企业、农村中去,深入到经济建设第一线去,推动科技成果加快向现实生产力转化,帮助企业改善管理、开发产品、创新技术、解决困难。要把加快组织实施《国家中长期科学和技术发展规划纲要》,特别是16个重大专项与当前扩内需、保增长结合起来,突破制约经济社会发展的关键技术,培育新型产业和拥有自主知识产权的产品,做到人无我有、人有我优,推动发展方式转变和产业结构升级。要扶持科技型企业发展,促进科技创业,带动社会就业,开辟新的经济增长点,为经济平稳较快发展作出贡献。

坚持科学精神,是一个民族的希望所在,是我们应对危机、减少风险、正确抉择的思想基础。科学精神是人类文明的精华,指引着人类前进的方向。越是在困难的时候,越要坚持科学精神,这是一个民族成熟的表现。要用科学精神激励人民,坚定信心,团结一致,共克时艰;在全社会弘扬追求真理、大胆探索、开拓创新的科学品质;倡导遵循规律、尊重实践、实事求是的科学态度。我们要有宽广的胸怀和长远的眼光,真正让知识和科技在应对当前金融危机,推动我国现代化建设的伟大事业中大显身手。

同志们,我们相信,在以胡锦涛同志为总书记的党中央领导下,高举中国特色社会主义伟大旗帜,坚持以邓小平理论和"三个代表"重要思想为指导,深入贯彻落实科学发展观,解放思想,开拓创新,充分运用知识和科技的力量,一定能够战胜国际金融危机给我们带来的困难和挑战,我国的科学技术事业也一定能够取得新的更大发展。

全国人大常委会委员长吴邦国在人民大会堂会见哥伦比亚国会主席兼参议长安德拉德

中央财政紧急拨付城乡困难群众及优抚对象一次性生活补贴资金90余亿元

此次发放一次性生活补贴的对象范围为全国城乡低保对象、农村五保对象、享受国家抚恤补助的优抚对象等共7400多万人。补贴标准分别为:农村低保对象和农村五保对象每人100元,城市低保对象每人150元,享受国家抚恤补助的优抚对象、新中国成立前入党的农村老党员和新中国成立前入党未享受离退休待遇的城镇老党员每人180元。

外交部副部长王光亚与日本外务省次官薮中三十二在东京举行第九次战略对话

中国互联网协会 互联网新闻研究中心联合在北京召开全国网络媒体座谈会

这次座谈会主要对深入开展整治互联网低俗之风进行讨论。人民网、新华网、中国网、央视国际、新浪网、搜狐网、百度网等16家网络媒体,中国电信、中国移动、中国联通等3家电信运营企业代表以及专家学者参加座谈会。国务院新闻办公室、工业和信息化部有关部门负责人出席了座谈会。

由中国电影家协会电影文学创作委员会主办的"改革开放30年优秀电影剧本推选活动"推选结果在北京揭晓

推选活动以1978年至2007年间生产的5000余部国产影片为推选对象,最终产生了《芙蓉镇》《人到中年》《天云山传奇》《老井》《城南旧事》《霸王别姬》《野山》《人·鬼·情》《巴山夜雨》《秋菊打官司》《被爱情遗忘的角落》《离开雷锋的日子》《红高粱》《黑炮事件》《张思德》《集结号》《那人那山那狗》《开国大典》《血战台儿庄》《天狗》《牧马人》《归心似箭》《我的1919》《周恩来》《东京审判》《我的法兰西岁月》等

30个剧本被授予优秀电影剧本。组委会还特别推荐了《我的长征》《大决战》《夕照街》《十八个手印》《法官老张轶事》《随风而去》6部优秀电影剧本。

国家人口计生委“三下乡”活动在湖南省韶山市启动

1月10日

国家副主席习近平在澳门特别行政区政府欢迎晚宴上发表讲话

同胞们，朋友们：

2009年新年伊始和牛年新春前夕，我们来到澳门特别行政区，看望广大澳门同胞，为同胞们齐心协力应对国际金融危机鼓劲加油，对澳门即将迎来回归祖国十周年表示热烈祝贺。首先，我代表中央政府，代表胡锦涛主席，向在座各位并通过你们向全体澳门市民致以新春的问候和良好的祝愿！

刚刚过去的2008年，是很不寻常、很不平凡的一年。中央政府团结带领全国各族人民，成功夺取抗击南方部分地区严重低温雨雪冰冻灾害和四川汶川特大地震灾害的重大胜利，成功举办北京奥运会、残奥会，成功完成“神舟”七号载人航天飞行任务，隆重纪念改革开放三十周年，沉着应对国际金融危机冲击，各项事业取得新的显著成就。

在内地奋勇抗击严重低温雨雪冰冻灾害和特大地震灾害中，澳门同胞倾力相助；在北京奥运火炬传递和两个奥运举办期间，澳门同胞激情参与；在奥运金牌选手和航天英雄访问澳门时，澳门同胞共庆胜利。这些都充分体现了澳门同胞心系祖国、血浓于水的爱国情怀。在这里，我代表中央政府，向澳门特别行政区政府和澳门同胞表示衷心感谢！

今年是澳门回归祖国十周年。澳门回归以来，在行政长官何厚铧先生和特别行政区政府领导下，经济发展，民生改善，社会安定。去年以来，澳门特别行政区又按照基本法规定，妥善处理政制发展问题和基本法第二十三条立法问题；及时采取有力有效的政策措施，沉着应对国际金融危机的冲击，使澳门各项事业取得新的进步。事实充分表明，“一国两制”、“澳人治澳”、高度自治方针是完全正确的，勤劳智慧的澳门同胞完全能够把澳门管理好、建设好！

当前，国际金融危机还在扩散蔓延。中央政府高度重视国际金融危机对澳门的影响。去年年底，何厚铧先生到北京述职时，胡锦涛主席和温家宝总理都表明了中央政府全力支持澳门妥善应对国际金融危机的鲜明态度，中央政府还宣布了支持澳门经济稳定发展的九项政策措施。前天刚刚发布的《珠江三角洲地区改革发展规划纲要（2008—2020年）》把与港澳紧密合作的相关内容纳入规划，从推进重大基础设施对接、加强产业合作、共建优质生活圈和创新合作方式四个方面提出了具体的措施。澳门各界人士要抓住机遇、奋发进取，为巩固发展澳门繁荣稳定的局面而团结奋斗。

第一，要坚定信心，迎难而上。在严峻的形势面前，必须坚定必胜信心，既要看到国际金融危机带来的困难和挑战，更要看到克服困难、战胜挑战的积极因素和有利条件。澳门特别行政区执政团队要带头进一步坚定信心，同时要引导广大市民充分认识到，只要巩固原有的发展基础，把握未来的发展机遇，澳门就一定能够经受住这场风浪的考验。

第二，要同舟共济，共克时艰。特别行政区政府要秉持以人为本的施政理念，在前一阶段已经出台的各项经济措施和民生政策基础上，进一步采取切实有效的刺激经济的政策措施，积极稳定金融、扶持企业、扩大就业，努力催生新的经济增长点。同时，要更加关心民生，尽最大努力做好纾解民困工作。澳门社会各界要同舟共济、共克时艰，形成全力支持特别行政区政府依法施政的强大合力。

第三，要着眼长远，化危为机。机遇永远只垂青有准备的头脑。2006年年初，中央政府在第十一个五年规划纲要中就提出，要促进澳门经济适度多元发展。澳门社会各界从此次国际金融危机的冲击和影响中也更加深刻地认识到，澳门经济要实现全面协调可持续发展，必须走适度多元发展之路。因此，澳门各界应当化压力为动力、变挑战为机遇，奋力开拓澳门经济社会发展新局面。

第四，要排除干扰，维护稳定。在爱国爱澳旗帜下不断促进澳门社会和谐稳定，是确保澳门经济发展、市民安居乐业的前提。在当前形势下，只有千方百计维护社会稳定，澳门社会各界才能集中精力应对和战胜国际金融危机挑战，才能顺利推进澳门已经和将要进行的各项重要工作。特别行政区政府和社会各界要同心同德，坚决反对外部势力干预澳门事务，共同维护澳门社会的和谐稳定。

同胞们、朋友们！

今年澳门将进行行政长官和立法会换届选举，还将隆重举办澳门回归祖国十周年庆典活动。中央政府相信，澳门特别行政区政府和社会各界一定能办好这些关系澳门长远发展和澳门居民福祉的大事、喜事，一定能以新的业绩迎接澳门回归祖国十周年！

最后，让我们共同祝愿澳门特别行政区的明天更加美好！共同祝愿我们伟大祖国的明天更加美好！

谢谢大家！

广西凭祥综合保税区批准设立

《人民日报》报道：国务院近日正式批准设立广西凭祥综合保税区。这是我国继苏州工业园综合保税区、天津滨海新区综合保税区、北京天竺综合保税区和海口综合保税区之后的第五个综合保税区。

凭祥综合保税区是广西继钦州保税港区之后，再获国家批准设立的开放层次最高、优惠政策最多、功能最齐全、手续最便捷的特殊经济开放区域。凭祥综合保税区规划控制面积8.5平方公里。目前，保税区总体规划已完成评审，控制性详细规划初步完成，招商推介工作已启动。

海协会与海基会在南京举办台商座谈会

上午，海协会与海基会在南京共同举办长三角地区台商座谈会，了解当前台资企业的生产经营情况，听取台商关于应对当前国际金融危机、加强两岸经济交流合作的意见和建议。海协会常务副会长郑立中、海基会董事长江丙坤等出席座谈会。

来自全国台湾同胞投资企业联谊会以及江苏、上海、浙江等地的台资企业协会会长、台商代表50余人参加了座谈会。国家和江苏省有关部门及中国工商银行、中国银行、国家开发银行的有关负责人出席了座谈会，并就台商所关心的融资、税务、土地、劳动用工等问题进行了政策说明和解答。

第六届中国文化产业新年论坛在北京大学举行

第三届“我最喜爱的十大人民警察”评选揭晓

由公安部和中央电视台联合举办的第三届“我最喜爱的十大人民警察”评选结果10日揭晓，获得这一殊荣的民警是：辽宁省丹东市公安局看守所管教员工晶，黑龙江省佳木斯市公安局郊区分局四丰派出所民警王江，上海市公安局公交分局三大队民警陈峥，江苏省苏州市公安局交巡警支队平江大队民警郭晓红，浙江省高速公路交警总队嘉兴支队直属大队民警占立明，福建省福州市公安局原党委副书记、纪委书记、督察长盖起章，四川省绵阳市公安局监管支队政委李跃进，贵州省天柱县公安局指挥中心民警张秀昊，云南省保山市施甸县公安局副局长段松，河南省公安消防总队郑州市支队特勤大队副大队长李隆。

1月11日

国家副主席习近平在澳门特别行政区考察访问

习近平11日在澳门会见了中央驻澳机构和主要中资机构负责人。习近平充分肯定了中央驻澳机构和中资机构多年来为贯彻实施“一国两制”方针和基本法、维护澳门的繁荣稳定所付出的辛劳和努力，充分肯定了他们在去年为内地办好一系列大事喜事难事所做的大量工作。他代表党中央、国务院对中央驻澳机构和中资机构的同志们表示诚挚问候和新春祝福。

习近平指出，在新的一年里，中央驻澳机构和各中资机构的首要任务是落实好中央经济工作会议精神和中央关于支持促进澳门经济社会发展的各项政策措施，同澳门特别行政区政府和社会各界一道，千方百计保持澳门繁荣稳定。他希望中央驻澳机构和中资机构继续全力支持澳门特别行政区政府依法施政，广交朋友、深交朋友，深入学习、提高水平，把握全局、严守纪律，把各项工作做得更好，以优异成绩迎接新中国成立60周年和澳门回归祖国10周年。

习近平11日下午在实地考察珠澳跨境工业区时指出，在“一国两制”条件下创办珠澳跨境工业区是个创举，对保持澳门经济繁荣稳定意义重大。澳门特别行政区应当沿着经济适度多元发展的正确方向坚定不移走下去。习近平勉励工业区用好中央给予的相关支持政策，把跨境工业区建设得更好。他强调，在当前形势下，办好跨境工业区，也是应对国际金融危机冲击、扩大澳门社会就业的重要途径。

全国政协副主席、国务院港澳事务办公室主任廖晖等一同考察。

外交部部长杨洁篪与联合国秘书长潘基文通话

关于巴以局势，杨洁篪说，日前安理会通过了第1860号决议，这再次表明国际社会对立即停火、缓解加沙人道危机、促进地区和平与稳定的强烈愿望。当务之急是有关方面切实遵守决议，一要立即实现停火，以军从加沙地带撤离。二要尽快缓解加沙人道危机，特别是确保对加沙人道救援不受干扰，联合国机构人员安全得到切实保障。中方将继续为缓和加沙局势、缓解人道危机、推动停火复谈作出自己的努力。潘基文对此表示完全赞同，并表示他即将访问加沙地带，希望此行能为促进局势缓和，缓解人道危机，确保安理会第1860号决议得到执行发挥积极作用。

双方还就缅甸、苏丹达尔富尔等国际和地区问题交换了意见。

中国法学会法制文学研究会在北京成立

1月12日

国家主席胡锦涛在人民大会堂会见美国前总统卡特一行

国家主席胡锦涛和美国总统布什为纪念中美建交30周年图片展致贺词

“30年后再回首——纪念中美建交30周年图片展”开幕式在京举行。国家主席胡锦涛和美国总统布什分别为图片展致贺词。

胡锦涛指出,中美建交30年来,两国关系走过了不平凡的历程,取得了丰硕成果,给两国人民带来了巨大利益,有力地促进了亚太地区乃至世界的和平、稳定与发展。此次图片展如同一幅生动的历史画卷,展现了30年来中美关系取得的重要成就,给予我们深刻启示。

胡锦涛强调,在新的历史时期,只要中美双方坚持从战略高度和长远角度看待和把握两国关系,坚持建设性合作关系的大方向,不断加强对话、增进互信、扩大合作,中美关系就一定能取得新的更大发展,更好地造福两国人民和世界人民。

布什祝贺美中建交30周年。他说,我本人亲眼目睹了中国在过去30年里的巨大变化。1975年,我看到了一个刚刚开始现代化进程的中国。2008年,我骄傲地看到中国成功地举办了一届激动人心的奥运会。在过去30年里,美中关系不断加强,两国贸易往来日益密切,在事关两国人民福祉的重要问题上保持合作,开诚布公地讨论分歧。未来30年里美中两国人民的关系将更加密切。

国家主席胡锦涛就印尼发生海难事故向印尼总统苏西洛致慰问电

中美建交30周年纪念晚宴在人民大会堂举行

国家副主席习近平、专程来华出席纪念活动的美国前总统卡特、前国务卿基辛格、前总统国家安全事务助理布热津斯基和斯考克罗夫特等共同出席。

习近平在晚宴上发表了题为《携手共创中美关系更加美好的明天》的讲话。

习近平代表中国政府向长期以来为促进中美关系作出积极贡献的两国各界人士致以崇高敬意。

习近平说,上个世纪70年代,中美两国领导人从两国人民和各国人民的根本利益出发,以长远的战略眼光、非凡的政治智慧,勇于超越意识形态和社会制度的差异,一举打破导致中美两国多年相互隔绝的坚冰,随后又经过不懈努力,在1979年1月1日正式建交,实现了中美关系正常化,从此掀开了两国关系发展新的历史篇章。30年来,中美关系虽然也遇到过风雨和波折,但在两国几代领导人亲自推动和各界人士共同努力下,两国建设性合作取得了丰硕成果,既深刻影响了中美两国,也积极影响了整个世界。

中美由昔日的相互对立和隔绝成为今天的利益攸关方和建设性合作者,两国关系更趋成熟稳健,两国人民相互了解不断增加,相互信任不断加深。

双边贸易额从建交当年不足25亿美元发展到2007年的3000多亿美元,增长120多倍;两国政府间合作由建交前的一片空白到现在政府间合作协议已超过30个,并建立了60多个对话机制;双方在广泛领域的互利合作不断扩大和深化。

两国在共同应对国际金融危机等全球性挑战以及重大国际和地区问题上保持着有效沟通和协调,两国关系的战略内涵不断丰富,全球影响持续上升。中美民间友好交往取得长足发展,文化交流不断加深。近年来,中美两国每年往来人员总数超过200万人次,平均每天有超过5000人往返于太平洋两岸。在地震、飓风等严重自然灾害面前,中美两国人民相互同情、相互支持、相互帮助。

事实充分证明,中美关系已成为当今世界最富生机活力、最具重要影响的双边关系之一,不仅为两国人民带来巨大福祉,也有力促进了世界和平与发展。

习近平说,就在中美建交前夕,中国人民勇敢地迈上了改革开放的伟大历史征程,30年来取得了举世瞩目的发展成就,中国的面貌、中国人民的面貌发生了历史性变化。

习近平说,就在中美建交同一天,中国全国人民代表大会常务委员会发表了《告台湾同胞书》,郑重宣示了争取祖国和平统一的大政方针。在纪念《告台湾同胞书》发表30周年座谈会上,胡锦涛主席就推动两岸关系和平发展提出6点意见,进一步打开了为两岸同胞谋福祉、为台海地区谋和平的广阔空间。

习近平表示,30年来,当代中国同世界的关系发生了历史性变化,中国同世界的互联互动日益紧密。中国坚定奉行独立自主的和平外交政策,始终不渝走和平发展道路,始终不渝奉行互利共赢的开放战略,同世界各国一道推动建设持久和平、共同繁荣的和谐世界,为人类和平与发展的崇高事业作出了重要贡献。

习近平强调,30年来,中国改革开放的历史性成就同中美关系的长足发展并行不悖不是偶然的,这充分表明,中国是维护世界和平的坚定力量,中美关系对双方都至关重要,中美两国是合作伙伴而不是战略对手,中美关系是互利共赢关系而不是零和竞争关系。中美合作有利于两国,有利于亚太,有利于世界。

习近平指出,中美关系正处在承前启后的重要时刻。在当今世界继续发生深刻复杂变化特别是国际金融危机仍在快速扩散和蔓延的新形势下,中美两国都应该以更广阔的全球视野和与时俱进的思维方式,审视和处理两国关系。要始终从战略高度和全局角度把握中美关系,坚持建设性合作关系的大方向不动摇;要保持两国高层和各级别交往势头,坚持和完善各种对话合作机制,不断增进相互了解和信任;要积极拓展互利合作,共同应对全球性问题和挑战,扩大两国共同利益,为促进世界和平与发展作出更大贡献;要恪守中美三个联合公报,尊重和照顾彼此的核心利益。维护好、发展好中美关系大局;要加强两国民间友好交流,不断夯实中美友好的社会基础。

习近平说,值此中美关系处在新的历史起点的重要时刻,让我们携起手来,继续高扬友谊和合作的风帆,推动中美两国人民友谊和中美关系的航船沿着建设性合作的方向驶向更加美好的明天。

卡特在致辞中愉快地回忆起30年前他任美国总统期间美中建交以及邓小平访美的情景,他说,30年来,美中关系取得了长足进展,两国各领域交流合作成果丰硕。美中关系已成为当今世界上最为重要的双边关系。与此同时,中国改革开放取得了巨大成就,中国在国际上发挥着重要作用。历史已经证明,美中关系正常化和发展符合两国和世界的利益。美中应相互尊重,克服分歧,增进互信,加强合作。

卡特强调,世界上只有一个中国、台湾是中国的一部分。最近两岸关系得到改善,令人高兴。

卡特表示,美国政府即将换届,美中两国应继续坚持相互尊重的原则以及30年来两国培育起来的相互理解、耐心和坚持不懈的精神,携手应对气候变化、贫困、疾病、恐怖主义、核扩散和国际金融危机等全球性挑战和全球热点问题。美中加强合作对两国、对世界都非常重要。

全国政协副主席董建华以及两国各界人士共500多人出席了宴会。

中央纪委书记贺国强在十七届中纪委三次全体会议上作题为《深入贯彻落实科学发展观 以完善惩治和预防腐败体系为重点 扎实推进党风廉政建设和反腐败斗争》的工作报告

我代表中央纪律检查委员会常务委员会向第三次全体会议作工作报告,请予审议。

这次会议的主要任务是:全面贯彻党的十七大和十七届三中全会精神,高举中国特色社会主义伟大旗帜,以邓小平理论和"三个代表"重要思想为指导,深入贯彻落实科学发展观,学习贯彻胡锦涛同志关于纪检监察工作的重要指示,总结党的十七大以来党风廉政建设和反腐败工作,研究部署2009年的任务。党中央对这次会议十分重视,中央政治局和中央政治局常委会专门审议了这个报告,在京中央政治局、中央书记处的同志将出席会议,胡锦涛同志将发表重要讲话,我们要认真学习领会,坚决贯彻落实。

一、一年来党风廉政建设和反腐败工作的回顾

党的十七大以来,以胡锦涛同志为总书记的党中央高举中国特色社会主义伟大旗帜,团结带领全党全军全国各族人民,战胜历史罕见的特大自然灾害,成功举办北京奥运会和残奥会,成功完成"神舟"七号载人航天飞行任务,成功举办第七届亚欧首脑会议,果断处置拉萨"3·14"打砸抢烧严重暴力犯罪事件,妥善应对国际金融危机的影响,保持经济平稳较快发展,党和国家各项事业都取得了新的成就,社会安定团结大局进一步巩固和发展。党中央、国务院高度重视党风廉政建设和反腐败工作。中央政治局会议、中央政治局常委会议多次进行专题研究。胡锦涛同志在第十七届中央纪委第二次全体会议上作了重要讲话;在纪念党的十一届三中全会召开30周年大会上的重要讲话中再次强调,要坚持党要管党、从严治党,深入开展党风廉政建设和反腐败斗争;最近,又专门听取中央纪委工作汇报,就党风廉政建设和反腐败工作作出重要指示,提出明确要求。党中央印发了《建立、健全惩治和预防腐败体系2008—2012年工作规划》(以下简称《工作规划》)。国务院新一届政府召开了第一次廉政工作会议,温家宝同志作了重要讲话。在党中央、国务院坚强有力的领导下,各级党委、政府和纪检监察机关深入学习贯彻党的十七大精神,以改革创新精神全面推进党风廉政建设和反腐败斗争,取得了新的成绩。

(一)深入学习贯彻党的十七大精神,用中国特色社会主义理论体系武装头脑。中央纪委监察部把学习贯彻党的十七大精神作为首要政治任务,及时向纪检监察系统作出部署。举办中央纪委委员学习贯彻党的十七大精神专题研讨班,在纪检监察系统广泛开展专题培训、理论研讨、宣讲辅导、党课教育等活动,增强了广大纪检监察干部学习贯彻中国特色社会主义理论体系的自觉性和坚定性。坚持以党的十七大精神指导纪检监察工作实践,反腐倡廉建设方向更加明确、思路更加清晰。

(二)贯彻落实《工作规划》,惩治和预防腐败体系建设扎实推进。中央纪委监察部组织起草了《工作规划》,经中央审议后以中央文件形式下发,并召开全国电视电话会议进行动员和部署。各地区各部门将《工作规划》纳入党委(党组)理论学习中心组的学习内容,列入领导干部培训计划,引导党员干部深刻领会《工作规划》的基本要求和主要任务。各省(自治区、直辖市)、中央和国家机关各部门制定了贯彻落实《工作规划》的实施办法,分解任务,细化措施,并加强对工作落实情况的监督检查。教育、制度、监督、改革、纠风、惩治等方面工作呈现整体推进的态势,全党动手抓

反腐倡廉建设的良好局面进一步巩固和发展。

(三)坚决维护党的纪律,开展对中央关于推动科学发展重大决策部署落实情况的监督检查。各级纪检监察机关把严肃政治纪律、维护中央权威、确保中央政令畅通作为重要政治职责,加强监督检查,督促各级党组织和广大党员干部坚决贯彻中央的路线方针政策。为推动中央关于科学发展重大决策部署的贯彻落实,配合有关部门重点就市场价格调控、节能减排、固定资产投资、节约集约用地、房地产市场调控5个方面政策措施的执行情况开展了监督检查。全国共查处54916起土地违法违规案件,共对3006起环保违纪违法典型案件进行了挂牌督办。会同有关部门加强对中央强农惠农政策落实情况的监督检查,开展了对中央关于扩大内需、促进经济增长决策部署落实情况的监督检查。

(四)切实履行职责,加强对抗灾救灾和举办北京奥运会等重点工作的监督检查。南方部分地区严重低温雨雪冰冻灾害和四川汶川特大地震发生后,从救灾工作一展开,就实施全过程监督检查。经中央同意,成立抗震救灾资金物资监督检查领导小组,制定一批加强救灾资金物资监管的制度规定,组成检查组赴灾区和有关单位进行检查,严肃查处并及时通报了一批贪污、截留、挪用救灾款物的违纪违法案件。按照中央"节俭办奥运、廉洁办奥运"的要求,会同有关部门加强对中央关于筹办北京奥运会决策部署落实情况及场馆建设、市场开发、资金使用的监督检查,为北京奥运会、残奥会的成功举办作出了应有贡献。会同有关方面开展对中央关于深化行政管理体制改革决策部署贯彻执行情况的监督检查,确保国务院机构改革方案顺利实施。

(五)坚持教育与管理相结合,领导干部廉洁自律工作取得新进展。加强党风廉政教育,积极开展廉政文化建设,领导干部廉洁从政的自觉性进一步增强。配合有关部门开展治理公款出国(境)旅游工作,全国共压缩出国(境)团组5189个,减少出国(境)人员18416人。开展规范公务员津贴补贴工作。加强对地方人大、政府、政协领导班子换届工作的监督检查,整治用人上的不正之风。严肃查处了一批领导干部违规收受现金和干股、参与赌博、违规集资建房等案件。全国共有26041名领导干部上缴违反规定收受的现金、有价证券和支付凭证。制定国有企业领导人员违反廉洁自律"七项要求"的党纪处分规定,坚决纠正违纪违规行为。

(六)贯彻从严治党方针,查办违纪违法案件工作深入开展。2008年,各级纪检监察机关共立案128516件,结案129949件,给予党纪政纪处分133951人,其中涉嫌犯罪被移送司法机关处理4518人。严肃查处了一批大案要案。全国共查办商业贿赂案件19506件,涉案金额39.9亿元。开通全国统一的纪检监察系统举报电话"12388",制定违反信访工作纪律的党纪政纪处分规定。召开全国纪检监察机关查办案件工作会议,制定下发关于进一步加强和规范办案工作的意见,案件突破能力和依纪依法、安全文明办案的能力进一步增强。加强案件监督管理和审理工作,加大组织处理力度。查办案件的治本功能进一步发挥。

(七)着力解决突出问题,纠正损害群众利益不正之风工作取得新成效。按照中央的要求,从2008年秋季学期开始全面免除城乡义务教育学杂费,基本完成义务教育阶段改制学校收费清理规范工作。21个省(自治区、直辖市)约1.4万家医疗机构实行了网上药品集中采购,总金额达1091.4亿元。纠正涉农乱收费、乱罚款和各种集资摊派问题,减轻农民负担15亿多元。配合有关部门规范社保基金的征缴、支付、管理和使用,住房公积金缴存使用管理逐步完善,查处违纪违规使用扶贫、救灾资金的问题1315起,涉及金额2.03亿元。评比达标表彰项目大幅度减少,基层、企业及群众负担明显减轻。各省(自治区、直辖市)全部开通了政风行风热线,市(地)一级的开通率达到94%。纪检监察机关还积极协助党委、政府妥善处理群体性事件,严肃查处事件背后的失职渎职和腐败问题,维护了社会稳定。

(八)深化改革和创新制度,从源头上防治腐败工作持续深入。行政管理体制改革步伐加快,国务院各部门、各省(自治区、直辖市)继续减少了一批行政审批事项。干部人事制度、司法体制和工作机制、财政管理制度、投资体制改革取得积极进展。反洗钱合作机制的作用进一步发挥。工程建设项目招标投标监督机制逐步完善。建立中央企业产权转让信息联合发布制度和披露备案制度。政府采购范围和规模进一步扩大。发挥国家预防腐败机构的职能作用,建立预防腐败工作联席会议制度。

(九)落实各项监督制度和措施,对党员领导干部的监督得到加强。认真落实党内监督条例,领导干部述职述廉、诫勉谈话等制度普遍实行。经济责任审计工作深入开展,查出各类违法违规资金598亿元。中央纪委、中组部制定加强和改进巡视工作的意见,召开全国巡视工作会议,开展了新一轮巡视。各省(自治区、直辖市)开展对所辖地区和单位的巡视,巡视监督的作用进一步增强。按照国务院机构改革方案对纪检监察派驻机构进行了调整,健全对驻在部门领导班子和主要领导干部进行监督的制度和措施。政务公开、厂务公开、村务公开和公共企事业单位办事公开制度进一步完善，党务公开稳步推进。召开全国落实党风廉政建设责任制电视电话会议，认真学习贯彻胡锦涛同志重要指示精神，总结党风廉政建设责任制实施10年来的经验，有力地推动党风廉政建设责任制的落实。行政监察工作得到加强，执法监察、廉政监察、效能监察作用进一步发挥。加大行政问责力度，对三鹿奶粉事件和山西襄汾尾矿库特别重大溃坝事故等进行深入调查，严肃处理了有关责任人员。

（十）开展深入学习实践科学发展观活动和“做党的忠诚卫士、当群众的贴心人”主题实践活动，促进了纪检监察机关自身建设。在深入学习实践科学发展观活动中，着力解决纪检监察干部与科学发展观要求不适应、不符合的突出问题。继2008年年初在中央纪委监察部机关和有关试点单位开展“做党的忠诚卫士、当群众的贴心人”主题实践活动取得初步成效后，又在全国纪检监察系统开展这一活动，并以此作为深入学习实践科学发展观活动的载体，切实加强纪检监察机关自身建设。开展党的纪律检查机关恢复重建30周年纪念活动，对反腐倡廉建设规律的认识更加全面深刻。

一年来，纪检监察机关坚持围绕中心、服务大局，始终把纪检监察工作放到党和国家工作大局中谋划；坚持从严治党，坚决惩治腐败分子和消极腐败现象；坚持以人为本，着力解决群众最关心、最直接、最现实的利益问题，坚决纠正损害群众利益的不正之风，切实保护党员干部的合法权益；坚持改革创新，推进工作的科学化、规范化、制度化；坚持统筹兼顾、突出重点，狠抓任务落实；坚持把加强自身建设作为永恒主题，不断增强政治业务素质，为全面履行职责提供了有力保证。

在肯定党风廉政建设和反腐败工作取得明显成效的同时，必须清醒地看到，当前工程建设、房地产开发、土地管理和矿产资源开发、金融、司法等领域腐败现象仍然易发多发；一些党员干部违纪违法问题仍然比较严重，有的案件涉案金额巨大，影响恶劣；损害群众利益的问题仍然比较突出，尤其是食品药品质量安全、生产安全、生态环境保护、征地拆迁等方面存在的问题群众反映强烈；领导干部作风方面存在一些突出问题。纪检监察工作还存在一些薄弱环节。反腐倡廉建设面临不少新情况新问题，反腐败斗争形势仍然严峻。我们必须坚持反腐倡廉常抓不懈、拒腐防变警钟长鸣，进一步加大工作力度，把党风廉政建设和反腐败斗争不断引向深入。

二、2009年党风廉政建设和反腐败工作的主要任务

2009年是新中国成立60周年，是深入学习实践科学发展观、积极应对国内外严峻经济形势影响、保持经济平稳较快发展的关键一年，也是贯彻落实《工作规划》推进惩治和预防腐败体系建设的重要一年。我们要全面贯彻党的十七大和十七届三中全会精神，高举中国特色社会主义伟大旗帜，以邓小平理论和“三个代表”重要思想为指导，深入贯彻落实科学发展观，坚持标本兼治、综合治理、惩防并举、注重预防的方针，以完善惩治和预防腐败体系为重点加强反腐倡廉建设，以改革创新精神抓好《工作规划》的落实，严格执行党风廉政建设责任制，加强对中央关于推动科学发展、保持经济平稳较快发展政策措施执行情况的监督检查，着力解决党员干部在党性党风党纪方面存在的突出问题，以党风廉政建设和反腐败斗争的新成效取信于民，为改革发展稳定提供坚强保证。

（一）严明党的政治纪律，推动科学发展重大决策部署的贯彻落实

政治纪律是我们党最重要的纪律。严明政治纪律对于维护党的团结统一、保持党的先进性和提高党的执政能力、妥善应对各种风险和挑战至关重要。各级党委要高度重视政治纪律，深入开展政治纪律教育和宣传，促使广大党员干部增强政治意识、政权意识、责任意识、忧患意识，坚持党的基本路线，始终同以胡锦涛同志为总书记的党中央保持高度一致。各级纪委要加强对政治纪律执行情况的监督检查。严禁公开发表同中央的决定和党的路线方针政策相违背的言论，决不允许编造、传播政治谣言，决不允许参与各种非法组织和非法活动，严肃查处反对四项基本原则和改革开放等违反政治纪律的行为，维护党的团结统一。对违反政治纪律的，视情节轻重给予批评教育或组织处理；对造成严重后果的，要依纪依法予以惩处。

深入贯彻落实科学发展观是全党的重大政治任务。各级纪检监察机关要加强对贯彻落实科学发展观情况的监督检查。当前，要会同有关部门着重抓好以下工作：(1)开展对中央应对国际金融危机、加强宏观调控特别是扩大内需保持经济平稳较快增长政策措施执行情况的检查，督促各地区各部门严格执行中央政策和各项要求，加强对中央及地方投资和国债资金的监管，增强公开透明度，严肃查处各类违法违规行为，坚决防止高耗能、高污染、低水平重复建设，防止搞劳民伤财的“形象工程”和脱离实际的“政绩工程”。(2)开展对耕地保护和节约用地政策规定执行情况的检查，坚决纠正破坏、浪费土地资源以及落实耕地保护政策中弄虚作假的问题，严肃处理违反土地承包经营权流转政策的行为。(3)开展对资源节约和环境保护政策措施落实情况的检查，严肃处理违反国家能源管理和环境保护法律、法规的行为。(4)开展对灾后恢复重建资金物资管理使用情况的检查，强化对大额度资

金调拨使用、大宗物资采购、重大项目招标投标情况的监管，认真落实受灾群众灾后安置和恢复重建等政策措施。要建立、健全落实科学发展观的纪律保障机制，加大对违法违规行为的查处力度，坚决纠正有令不行、有禁不止的现象，确保中央政令畅通。

(二)切实加强领导干部作风建设，进一步密切党群干群关系

坚强的党性和优良的作风是深入贯彻落实科学发展观的重要保证。要加强领导干部党性修养，树立和弘扬良好作风，进一步推进领导干部思想作风、学风、工作作风、领导作风和生活作风建设。认真落实“八个坚持、八个反对”的要求，大力倡导八个方面的良好风气，切实做到为民、务实、清廉。

把改进领导干部作风作为促进科学发展的重要切入点，督促领导干部加强党性修养和党性锻炼。要树立宗旨意识，增强立党为公、执政为民的自觉性和坚定性，倾听群众的意见和呼声，关心群众生产生活，真心实意地为群众办好事、办实事，认真解决对群众疾苦漠不关心、对群众利益麻木不仁的问题。要坚持理论联系实际，切实用党的科学理论指导工作实践，不断提高干事创业的能力，增强应对复杂局面的能力，认真解决理论和实际脱节的问题。要发扬求真务实精神，着力强化责任意识，兢兢业业抓好职责范围内的事情，认真解决作风飘浮、不负责任、弄虚作假等问题。大力发扬艰苦奋斗精神，勤俭办一切事业，认真执行中央有关厉行节约、反对铺张浪费的规定，规范公务接待，严禁用公款大吃大喝、出国(境)旅游和进行高消费娱乐活动，认真解决讲排场、比阔气、奢侈浪费的问题。

加强对领导干部作风状况的监督检查，及时发现和解决领导干部在作风方面的苗头性、倾向性问题。积极推行党政领导干部问责制，把不作为、乱作为和严重损害群众利益等行为作为问责重点，严肃追究给国家利益、公共利益和公民合法权益造成严重损害的行为。认真落实党风廉政建设责任制，抓好责任分解、责任考核、责任追究，促使各级领导干部特别是主要领导干部对所管辖范围内的党风廉政建设切实负起领导责任。

(三)加强党风廉政教育，认真抓好领导干部廉洁自律工作

结合深入学习实践科学发展观活动，加强中国特色社会主义理论体系教育和党性党风党纪教育，引导党员干部认真学习并严格遵守党章，坚定理想信念，树立正确政绩观和利益观，做到讲党性、重品行、作表率。开展示范教育、警示教育和岗位廉政教育，提高党员干部拒腐防变的意识和能力。加大培训工作力度，把反腐倡廉教育列入干部教育培训规划，同领导干部的培养、选拔、管理、使用结合起来。深入推进廉政文化建设。加强反腐倡廉宣传教育工作，做好对外宣传，树立我们党和政府清正廉明的良好形象。

认真抓好领导干部廉洁自律各项规定的贯彻落实，严格禁止领导干部利用职务上的便利谋取不正当利益。着重抓好以下工作：(1)严禁领导干部违反规定收送现金、有价证券、支付凭证和收受干股等行为。(2)落实领导干部配偶和子女从业、投资入股、到国(境)外定居等规定和有关事项报告制度，严禁发生与公共利益冲突的行为。(3)治理违规组织集资合作建房、超标准建房、在风景名胜或公园区建房等问题；纠正领导干部违反规定发放住房补贴、多占住房、以明显低于市场价格购置住房或以劣换优、以借为名占用住房等问题。(4)严禁领导干部利用和操纵招商引资项目、资产重组项目，为本人或特定关系人谋取私利。(5)严禁领导干部相互请托，违反规定为对方的特定关系人在就业、投资入股、经商办企业等方面提供便利，谋取不正当利益。

配合有关部门继续开展治理“小金库”和规范公务员津贴补贴工作。严格控制新建楼堂馆所，纠正超预算超标准装修办公用房、超标准超编制配备使用小汽车的问题。压缩因公出国(境)经费、团组数量和规模，从严控制在国(境)外停留时间。抓紧修订《中国共产党党员领导干部廉洁从政若干准则(试行)》。各地区各部门要紧密联系实际，把严格执纪与组织处理结合起来，切实解决领导干部在廉洁从政方面存在的突出问题。

(四)加大查办案件工作力度，维护党纪国法的严肃性

以查办发生在领导机关和领导干部中滥用职权、贪污贿赂、腐化堕落、失职渎职的案件为重点，严肃查办官商勾结、权钱交易的案件，利用人事权、司法权、行政执法权、行政审批权索贿受贿、徇私舞弊的案件。严肃查办领导干部干预招标投标获取非法利益的案件，非法批地、低价出让土地或擅自变更规划获取非法利益的案件，违法审批探矿权和采矿权、违法入股矿产开发的案件，环境执法和环保项目审批评审中谋取非法利益的案件，金融领域违规授信、内幕交易、挪用保险资金、违规核销贷款和资产处理的案件，国有企业重组改制中隐匿、侵占、转移国有资产以及企业领导人员搞同业经营、关联交易的案件。严肃查办严重违反政治纪律的案件，买官卖官等严重违反组织人事纪律的案件。严肃查办严重侵害群众利益的案件，为黄赌毒等社会丑恶现象和黑恶势力充当“保护伞”的案件。加大对违纪违法人员及其亲属和特定关系人非法所得的追缴力度。坚持党纪国法面前人人平等，严格执纪，决不让腐败分子逃脱党纪国法的惩处。

建立、健全查办案件工作组织协调机制。坚持和完善执纪执法机关移送案件线索和协作配合制度，健全跨区域及境外协作办案和防逃、追逃、追赃机制。认真执行关于严格依纪依法办案的规定，保障被调查人的合法权益。强化案件监督和管理，进一步改进案件审理和信访举报工作。完善重大案件通报制度，加强案件剖析，认真研究案发规律，充分发挥查办案件的治本功能。

深入开展治理商业贿赂专项工作。巩固和扩大自查自纠成果，认真做好对突出问题的整改工作。重点查处工程建设、土地出让、产权交易、医药购销、政府采购、资源开发和经销等领域以及银行信贷、证券期货、商业保险等方面的商业贿赂案件。加强市场诚信体系建设，逐步建立全国统一的市场诚信信息平台，健全失信惩戒和守信激励制度，建立和完善商业贿赂犯罪档案查询系统。

（五）坚决纠正损害群众利益的不正之风，着力解决群众反映强烈的突出问题

会同有关部门加强监督检查，着重解决社会关注程度高、群众反映强烈的突出问题：(1)开展食品药品安全整治工作，严肃查处食品药品安全事故，严格责任追究，确保群众饮食用药安全。(2)开展对安全生产法律、法规和安全生产责任制落实情况的监督检查，进一步加大责任事故调查处理力度，坚决查处失职渎职问题和事故背后的腐败行为。(3)集中整治饮用水源地环境违法违规等突出问题，强化对环境行政审批权、评审权、执法权的监督。(4)认真治理征地拆迁中损害群众利益的问题，严肃处理不履行征地审批手续、征地补偿不到位，甚至采取暴力手段强行侵占农民土地等行为。(5)加强对社保基金、住房公积金、扶贫资金和救灾救济资金的监管，严肃处理违纪违规问题。

会同有关部门加强对实施成品油价格和税费改革有关政策落实情况的监督检查，严肃查处变相新增收费项目、乱收费等行为。继续治理教育收费、医药购销和医疗服务、涉农负担中的突出问题。继续治理公共服务行业侵害群众消费权益等问题。切实加强对行业协会、市场中介组织的监管，实行与行政主管部门脱钩，规范其服务和收费行为。认真查处侵害农民和进城务工人员合法权益的问题，注意维护破产企业职工的权益。继续清理规范评比达标表彰活动。建立、健全民主评议、政风行风热线、互联网站相结合的行风建设监督体系。健全维护群众利益的相关制度，积极预防和化解矛盾，维护社会稳定。

（六）推进重点领域和关键环节改革，深化治本抓源头工作

加大改革和制度创新力度，会同有关部门把规范权力运行、健全市场机制、强化监管惩处结合起来，力争在重点领域和关键环节取得新的突破：(1)认真治理工程建设领域的突出问题。制定落实招标投标法实施条例，完善工程建设项目招标投标举报投诉处理机制，推行招标投标违法行为记录公告制度，加强对政府投资工程招标投标的监管。(2)认真治理房地产开发领域的突出问题。加强对规划许可、施工许可、开发建设等环节的监督检查，严肃处理违规行为。(3)认真治理土地管理和矿产资源开发领域的突出问题。完善国有土地使用权招标拍卖挂牌出让制度，严格执行探矿权、采矿权招标拍卖挂牌出让规定，严肃处理土地管理和矿产资源开发违纪违法行为。(4)认真治理金融领域的突出问题。加强金融监管协调，建立、健全内幕信息知情人管理制度，完善反洗钱合作机制，维护国家金融安全。(5)认真治理司法领域的突出问题。积极推进司法公开，规范司法人员自由裁量权行使。加强对诉讼活动的法律监督，提高司法公信力。

继续配合有关部门深化各项改革，努力从源头上防治腐败。完善符合科学发展观要求的干部综合考核评价制度，加强对干部选拔任用工作的监督；进一步减少行政审批事项，加强对已取消审批事项的后续监管；深化财税、投资体制改革，增强预算管理透明度，加快将预算外管理的非税收入纳入预算管理，实行非经营性政府投资项目代建制、公示制度，制定政府采购法实施细则，加大监督检查力度；深化国有企业改革，进一步健全企业经营业绩考核、企业重大决策失误追究制度；深化现代市场体系建设及相关改革，加强产权交易市场建设，健全企业国有产权和上市公司国有股权交易监管制度。

充分发挥国家预防腐败局的作用。健全预防腐败联席会议制度，总结基层预防腐败工作经验，推进社会领域防治腐败工作，加快建立预防腐败信息系统和信息共享机制，进一步加强预防腐败国际交流与合作。

（七）切实加强对领导干部特别是主要领导干部的监督，确保权力正确行使

发展党内民主，健全民主集中制。认真贯彻执行党内监督条例，加强对民主生活会、述职述廉、诫勉谈话和函询等制度执行情况的检查。严格执行党员领导干部报告个人有关事项的规定。认真落实地方党委委员、纪委委员开展党内询问和质询的制度。开展地方党委委员、纪委委员提出罢免或撤换要求及处理的试点工作。继续积极稳妥推进党政领导干部经济责任审计工作，促使领导干部忠于职守、廉洁奉公。积极探索监督关口前移的方式和途径。

深入推进巡视工作。以各省（自治区、直辖市）领导班子和领导干部特别是主要领导干部为重点，加强

对省(自治区、直辖市)的巡视;有选择地开展对中央金融机构和国有重要骨干企业的巡视;继续开展对中央国家机关的巡视试点;逐步开展对国家重点工程项目的巡视。各省(自治区、直辖市)党委要加强对市(地、州、盟)的巡视,并延伸到县(市、区、旗),逐步开展对所属国有企业、高等学校和直属机关的巡视。中央和国家机关,中央金融机构、国有重要骨干企业可结合实际开展巡视。创新巡视工作方式方法,健全巡视成果运用机制。抓紧制定《中国共产党巡视工作条例(试行)》,不断提高巡视工作的制度化、规范化水平。

加强纪检监察机关对派驻机构的统一管理。继续完善派驻机构工作制度。严格执行派驻机构直接向派出纪检监察机关报告重要情况的规定,加强对驻在部门领导班子和领导干部的监督。加强派驻机构领导班子建设。继续深化各地派驻机构统一管理工作。健全非派驻单位纪检监察机构的职责,充分发挥其职能作用。

深入推进党务公开,贯彻落实中央关于党务公开有关要求,全面推行党的基层组织党务公开。深化政务公开、厂务公开、村务公开,加强对政府信息公开条例实施情况的监督检查,积极推进行政权力公开透明运行。加大乡镇政务公开力度,不断拓展公共企事业单位办事公开工作领域。

积极发挥行政监察职能作用,促进政府廉政勤政、依法行政。加大执法监察力度,督促行政机关及其工作人员严格按照法定权限和程序履行职责。加强廉政监察,督促政府机关建立、健全监督制度,强化对重要领域和关键环节权力运行的监督。积极开展效能监察,推动政府机关改善行政管理,提高行政效能和服务水平。

(八)加强基层党风廉政建设,促进社会和谐稳定

加强农村党风廉政建设。认真贯彻党的十七届三中全会精神,落实关于加强农村党风廉政建设的意见,为深化农村综合改革和建设社会主义新农村提供保证。加强对农村党员干部的教育和监督,认真解决少数农村党员干部作风不实、简单粗暴、办事不公等突出问题。加强对中央关于推进农村改革发展重大原则、各项制度和强农惠农政策落实情况的监督检查,保证党的农村政策落到实处。加强对农村集体资金、资产、资源的管理,开展对农村土地承包、土地征用、村级组织选举等情况的监督检查,坚决查处和纠正侵害农民物质利益、民主权利的突出问题。完善基层站所管理制度,规范执法和收费行为,强化服务功能,提高工作效率。做好信访工作,畅通诉求渠道,健全处理群体性事件工作机制,注重从源头上预防矛盾纠纷的发生。

加强国有企业(含金融机构)党风建设和反腐倡廉工作。严格执行《国有企业领导人员廉洁从业若干规定(试行)》,认真落实国有企业领导人员廉洁自律的“七项要求”。制定推进企业贯彻落实“三重一大”决策制度的指导意见。加强对企业改制、资产评估、资产转让等重大事项的监督,防止国有资产流失。进一步规范企业领导人员薪酬管理。完善以职工代表大会为基本形式的企业民主管理制度,加强厂务公开建设,切实维护职工民主权利。适时开展对国(境)外国有资产的审计。所有国有企业均要健全党组织和纪检监察机构,配强班子,充实人员。

认真贯彻执行《关于加强高等学校反腐倡廉工作的意见》,加强对高校招生、基建、采购、财务、科研经费、校办企业、后勤服务中心的审计和监督。

加强城市社区党风廉政建设,开展对公共资源营业性收入、公共建设投入等资金使用情况的监督检查,建立、健全民主议事决策制度和公开制度。

三、突出纪检监察机关实践特色,扎实开展深入学习实践科学发展观活动

各级纪检监察机关要充分认识在全党开展深入学习实践科学发展观活动的重大意义,按照中央的部署和要求,以“做党的忠诚卫士、当群众的贴心人”主题实践活动为载体,认真组织,精心安排,切实抓好学习实践活动,努力取得实实在在的成效。

(一)全面履行纪检监察职责,为贯彻落实科学发展观提供有力保证。要深刻领会中央出台的一系列加强和改善宏观调控、促进科学发展的重大方针政策,进一步增强贯彻落实科学发展观的自觉性和坚定性。要通过认真履行纪检监察职责,切实解决影响和制约科学发展的突出问题,保证中央各项政策措施的落实;切实解决群众反映强烈的突出问题,建立、健全维护群众利益的长效机制;切实解决党员干部党性党风党纪方面违背科学发展观要求的突出问题,及时发现和纠正党性不强、作风不正、执纪不严以及其他党风政风方面的问题,更好地服务科学发展、保障科学发展、推动科学发展。

(二)切实体现科学发展观的要求,不断提高纪检监察工作的能力和水平。要在学习实践活动中,深刻领会科学发展观的科学内涵、精神实质和根本要求,着力运用科学发展观所体现的马克思主义的立场、观点、方法来指导和推进纪检监察工作。要着眼于发展这个党执政兴国的第一要务,紧紧围绕保障和促进科学发展来谋划反腐倡廉工作、制定反腐倡廉政策、出台反腐倡廉举措。要切实把以人为本的理念贯穿到纪检监察工作中,更加关注民生,维护群众利益,不断拓宽人民群众参与反腐倡廉建设的渠道;把处理人与教育人、挽救人有机结合起来,既要严肃执行纪律,又要重视保护党员干部的合法权益。要按照全面协调可持续的要求和统筹兼顾的方法开展纪检监察工作,加强统筹协调,

整体推进反腐倡廉建设,认真研究解决反腐倡廉建设面临的新情况新问题,不断推进纪检监察工作理念思路、体制机制和方式方法的创新,不断提高惩治和预防腐败的能力,提高服务和保障贯彻落实科学发展观的能力。

(三)以开展深入学习实践科学发展观活动为契机,以"做党的忠诚卫士、当群众的贴心人"主题实践活动为载体,进一步加强纪检监察机关自身建设。在全国纪检监察系统开展"做党的忠诚卫士、当群众的贴心人"主题实践活动,是深入学习实践科学发展观、加强纪检监察机关自身建设的一个重要举措,对于促使广大纪检监察干部真正做到对党和国家无限忠诚,对腐败分子和消极腐败现象坚决斗争,对广大干部和群众关心爱护,对自己和亲属严格要求,具有重要意义。各级纪检监察机关要在深入学习实践科学发展观活动中,同步开展主题实践活动。要进一步增强高举中国特色社会主义伟大旗帜、坚持走中国特色社会主义道路、坚持中国特色社会主义理论体系的自觉性和坚定性,增强政治鉴别力和政治敏锐性,在思想上、政治上、行动上与以胡锦涛同志为总书记的党中央保持高度一致。要加大对纪检监察干部的教育培训力度,改善知识结构,拓宽工作视野,努力提高工作的专业化水平。要加强教育、管理和监督,使广大纪检监察干部始终保持谦虚谨慎、奋发有为的精神状态和恪尽职守、秉公执纪的职业操守,严格执行领导干部廉洁从政各项规定,严格遵守各项纪律特别是办案纪律和保密纪律。对不适合从事纪检监察工作的要坚决调离,对违纪违法的干部要严肃处理,切实维护纪检监察机关的良好形象。要加强干部的交流、轮岗。严格执行办案回避制度,不断完善内部监督制约机制。要进一步加强县级及基层纪检监察机关建设,创新基层纪委的领导体制和工作机制,整合基层监督资源,建立、健全经费和装备设施保障制度,夯实反腐倡廉工作基础。在严格要求的同时,要从政治上、工作上、生活上关心爱护纪检监察干部。

扎实推进惩治和预防腐败体系建设,完成好今年的各项工作任务,责任重大,使命光荣。让我们更加紧密地团结在以胡锦涛同志为总书记的党中央周围,与时俱进,开拓创新,奋发努力,真抓实干,不断开创党风廉政建设和反腐败斗争新局面,为深入贯彻落实科学发展观、夺取全面建设小康社会新胜利作出新的更大贡献。

中共中央政治局常委李长春主持中央精神文明建设指导委员会全体会议并发表讲话

李长春在讲话中指出,今年精神文明建设工作要突出重点,整体推进。要坚持围绕中心、服务大局,紧紧围绕促进经济社会平稳较快发展开展工作,着力统一思想、增强信心,为应对挑战、克服困难提供重要保证。要围绕开展深入学习实践科学发展观活动,把科学发展观的要求贯穿到精神文明建设全过程,不断增强贯彻落实科学发展观的自觉性坚定性。要围绕庆祝新中国成立60周年,广泛开展"迎国庆、讲文明、树新风"活动。要精心组织全国道德模范评选表彰和学习宣传,切实加强公民道德建设。要强力净化社会文化环境,着力解决网络、网吧、荧屏声频、出版物市场和校园周边环境存在的问题,促进未成年人健康成长。要大力宣传全国文明城市、文明村镇、文明单位的经验,深化拓展群众性精神文明创建活动。要积极推动文化大发展大繁荣,为精神文明建设创造良好的文化环境。要促进红色旅游持续健康发展,更好地发挥红色旅游的教育功能。

李长春强调,精神文明建设在中国特色社会主义事业总体布局中具有十分重要的地位和作用,加强精神文明建设是全社会的共同责任。要把精神文明建设摆上更加突出的位置,加强组织领导,加强统筹协调,形成齐抓共管的生动局面。要弘扬求真务实的精神,真抓实干,把工作往深里做、往实里做,确保精神文明建设各项任务落到实处。

书记处书记、中央文明委副主任刘云山,国务委员、中央文明委副主任刘延东出席会议。中央文明委成员单位负责同志出席会议。

国务院副总理回良玉在国务院防震减灾工作联席会议上发表讲话

回良玉在讲话中指出,2008年,在党中央、国务院和中央军委的坚强领导下,在国务院抗震救灾总指挥部的直接指挥下,全党全军全国各族人民众志成城、迎难而上,奋勇夺取了汶川特大地震抗震救灾的伟大胜利,并及时应对处置了新疆、西藏、云南等地破坏性地震灾害,最大程度地减轻了灾害损失。同时,全国防震减灾工作也取得显著成效,地震监测能力建设扎实推进,防震减灾基础不断强化,应急保障能力得到了进一步提高。

回良玉要求,各地区、各部门要进一步加大工作力度,细化工作措施,扎实做好2009年防震减灾工作。一要扎实推动地震灾区恢复重建工作,全面落实恢复重建规划提出的各项目标任务,在资金、技术、政策等方面给予大力支持。二要坚持不懈地做好地震监测预报工作,加快地震台网现代化建设,发挥群测群防作用,强化重点地区、重大活动和重要时段的地震安全保障工作。三要全面提高地震灾害防御能力,强化重大工程和公共建筑工程的地震安全性评价，严格设防标准管理，大力推进农村民居地震安全工程实施，大力推进城市安全社区示范工作。四要继续健全完善地震应急救援体系，从完善预案体系、强化基础能力、加强队伍建设和做好应急物资储备等方面做好防震减灾各项准备工作。五要大力推进《防震减灾法》和防震减灾规划的实施，抓好修订后的《防震减灾法》宣传贯彻和配套法规规章的研究制定，做好国家防震减灾规划指标和任务分解工作，确保规划落到实处。六要广泛开展防震减灾宣传教育，努力构建专业教育、培训与科普教育相结合的城乡建设抗震防灾科普宣传教育体系。

国务院副总理张德江在北京检查春运工作

张德江在检查中强调，要把确保安全作为春运工作的首要任务，精心组织，科学调度，充分发挥和提高客运综合效能；要坚持以人为本，为旅客提供便利、温馨、优质服务；要制订和完善应急预案，做好应对恶劣天气和突发事件的各项准备，确保人民群众平安出行、满意出行。

铁道部、安监总局、和交通运输部、国务院有关部门及北京市的负责同志参加了检查。

国务委员刘延东出席全国新闻出版(版权)局长暨党风廉政建设工作会议并致辞

刘延东充分肯定了新闻出版系统2008年所做的不平凡的贡献。她指出，新闻出版在创新中前进，为经济社会发展提供了强有力的精神动力和舆论支持。2008年，全国新闻出版系统的同志们认真贯彻党的十七大精神和中央的决策部署，始终坚持正确的出版导向，突出了贯彻十七大精神、抗震救灾、举办奥运、应对国际金融危机、纪念改革开放30周年等重大主题宣传和主题出版物生产，切实服务党和国家工作大局，为人民群众提供了丰富的精神食粮。尤其在体制改革、产业发展、服务基层、行业管理、“走出去”等方面都有了新的明显进展。

刘延东要求，新闻出版系统要解放思想，实事求是，力求在新闻出版体制改革、组织精品力作出版、加快出版产业发展、推进公共文化服务体系建设、提高依法行政能力等方面取得新突破，促进新闻出版业大发展大繁荣。

全国台联组团赴沪苏调研台资企业

全国人大常委、中华全国台湾同胞联谊会会长梁国扬率领全国人大台湾团代表、全国政协台联组委员一行十余人，1月12日至14日在上海、江苏两地调研台资企业经营情况。

内蒙古自治区第十一届人民代表大会第二次会议选举巴特尔(蒙古族)为自治区主席

河北省第十一届人民代表大会第二次会议选举胡春华为省长

全国人大常委会副委员长周铁农率团出席在老挝万象开幕的亚太议会论坛第十七届年会

国务院副总理王岐山在中南海紫光阁会见加中贸易理事会名誉主席安德烈·戴马雷

中国海军护航编队第二次护航

中国海军护航编队为包括台湾商船“宇善”号在内的4艘船舶组织实施护航。这是海军护航编队抵达亚丁湾后的第二次护航行动。被护航的商船是：“振华13”号、“振华14”号、“宇善”号和“SAGAHORIZON”号。其中，“振华13”号、“振华14”号来自上海，“宇善”号来自台湾，“SAGAHORIZON”号是在中国注册的菲律宾商船。

中国科协第七届全国委员会第四次会议在北京举行

全国人大常委会副委员长王兆国出席会议并讲话。他强调，各级科协和广大科技工作者要坚定信心、迎难而上，发挥专业优势、立足科协特色，为实现经济平稳较快发展提供强有力的科技支撑。中国科协常务副主席、书记处第一书记邓楠主持会议，中国科协第七届全国委员会委员出席会议，全国学会和地方科协主要负责同志列席会议。

王兆国强调，各级党委和政府要从战略的高度，进一步加强和改善对科协工作的领导，解决科协工作遇到的实际困难和问题，为科协开展工作创造更好的环境和条件。科协要通过开展深入学习实践科学发展观活动，切实加强自身建设，进一步扩大组织覆盖面和社会影响力，不断开创科协工作的新局面。

全国人大常委会副委员长、中国科协主席韩启德作了题为“围绕中心、服务大局，为保持国民经济平稳较快发展、促进社会和谐稳定作出新贡献”的常委会工作报告。全国人大常委会副委员长、农工党中央主席桑国卫出席会议。

中科院宣布正式启动太阳能行动计划

该计划分2015年分布式利用、2025年替代利用、2035年规模利用三个阶段，力争到2050年前后使太阳能成为我国的重要能源。

据悉，中科院将举全院之力，并联合全国相关科技力量，建设若干太阳能技术公共平台和研究中心，瞄准光伏、光热、光化学、光生物等太阳能转化利用的关键科技问题，力争在新原理、新方法、新材料、新工艺上实现突破；同时，通过产学研结合，一体化推进核心技术研发、应用示范和转移转化，最终形成从基础、应用到市场的太阳能利用科技创新价值链，使太阳能早日成为可以大规模利用的新能源。

体坛风云人物年度评选提名奖获奖名单在京揭晓

北京奥运会羽毛球男单冠军林丹、乒乓球男单冠军马琳等5人获得了年度最佳男运动员的提名，郭晶晶、刘子歌和张怡宁等获得了年度最佳女运动员的提名。获得年度最佳教练提名的有体操的黄玉斌、曲棍球的金昶伯、乒乓球的刘国梁、举重的马文辉和射击的王义夫。

中国男子乒乓球队、男子体操队、乒乓球女队、女子曲棍球队和女子体操队获得年度最佳团队奖提名。

1月13日

中共中央总书记胡锦涛在中国共产党第十七届中央纪律检查委员会第三次全体会议上发表讲话

中共中央政治局常委吴邦国、温家宝、贾庆林、李长春、习近平、李克强等出席会议，中共中央政治局常委、中央纪律检查委员会书记贺国强主持会议。

胡锦涛在讲话中强调，党的十七大以来，各级党委、政府和纪检监察机关围绕中心、服务大局，坚决维护党的纪律，保证中央大政方针贯彻落实，深入推进惩治和预防腐败体系建设，保持惩治腐败强劲势头，坚决纠正损害群众利益的突出问题，坚持深化改革和创新制度，党风廉政建设和反腐败斗争呈现良好发展态势。要充分认识反腐败斗争的长期性、复杂性、艰巨性，毫不动摇地加强党风廉政建设和反腐败斗争，坚持标本兼治、综合治理、惩防并举、注重预防的方针，以党风廉政建设和反腐败斗争的新成效取信于民，为改革发展稳定提供坚强保证。

胡锦涛指出，当前，要重点抓好以下几方面工作。第一，认真履行监督检查职责，推动科学发展重大决策部署的贯彻落实。要开展对中央扩大内需、促进经济增长政策措施执行情况的检查，保证中央政策措施落实到位。第二，加强对领导干部的教育和监督，保证权力正确行使。要增强领导干部廉洁自律意识，抓好领导干部廉洁自律各项规定的贯彻落实。要加强党内监督，增强党内监督实效。第三，加大查办案件工作力度，着力解决重点领域的腐败问题。要严肃查处领导机关和领导干部中滥用职权、贪污贿赂、腐化堕落、失职渎职的案件，决不让腐败分子逃脱党纪国法的惩处。要加大预防腐败力度，切实提高监管水平。第四，切实解决群众反映强烈的突出问题，坚决维护群众切身利益。要重点解决群众反映强烈的问题，既要深入开展纠风专项治理，又要形成防治不正之风的长效机制。

胡锦涛强调，面对复杂多变的国际局势和艰巨繁重的国内改革发展任务，要保持经济平稳较快发展，保持社会和谐稳定，各级领导干部一定要树立和弘扬良好作风。领导干部作风问题，说到底是党性问题。党性纯洁则作风端正，党性不纯则作风不正。要坚持以邓小平理论和“三个代表”重要思想为指导，深入贯彻落实科学发展观，自觉遵行社会主义核心价值体系，坚持理论和实践相统一，坚持继承光荣传统和弘扬时代精神相统一，坚持改造客观世界和改造主观世界相统一，坚持加强个人修养和接受教育监督相统一，努力使各级领导干部成为政治坚定、作风优良、纪律严明、勤政为民、恪尽职守、清正廉洁的领导干部，充分发挥模范带头作用。

胡锦涛指出，当前，要突出抓好以下六个方面的工作。一是着力增强宗旨观念，切实做到立党为公、执政为民。要坚持以人为本，坚持问政于民、问需于民、问计于民，多办顺民意、解民忧、增民利的实事，努力把为群众排忧解难的工作落到实处。二是着力提高实践能力，切实用党的科学理论指导工作实践。要牢固树立马克思主义的实践观点，把党的科学理论与改革发展稳定实践紧密结合起来，认真研究解决实际问题，不断提高干事创业能力，不断增强应对复杂局面能力。三是着力强化责任意识，切实履行党和人民赋予的职责。要牢记党和人民的重托，强化责任意识，把功夫下到抓落实上，兢兢业业完成组织上交付的工作任务。四是着力树立正确政绩观，切实按照客观规律谋划发展。要求真务实、埋头苦干，察实情、讲实话，鼓实劲、出实招，办实事、求实效，努力作出经得起实践、人民、历史检验的实绩。五是着力树立正确利益观，切实把人民利益放在首位。要以人民利益为重，坚持把实现个人追求与实现党的奋斗目标、人民利益紧密联系起来，不为私心所扰，不为名利所累，不为物欲所惑，努力实践共产党人高尚的人生价值。六是着力增强党的纪律观念，切实维护党的团结统一。要严格遵守党的纪律，坚持民主集中制，自觉同党中央在思想上、政治上、行动上保持高度一致，保证中央政令畅通。在当前形势下，坚持艰苦奋斗具有十分重要的现实意义。各级领导干部要大力发扬艰苦奋斗精神，牢固树立过紧日子的观念，勤俭办一切事业，求真务实、真抓实干。

胡锦涛强调，各级党委要把加强领导干部党性修养、树立和弘扬优良作风作为重大政治任务抓紧抓好，把加强领导干部党性修养作为重要内容纳入深入学习实践科学发展观活动。各级党组织要把加强领导干部党性修养和作风养成落实到党要管党、从严治党的工作和措施上。

胡锦涛指出，纪检监察机关肩负着反腐倡廉重任，肩负着党和人民重托。纪检监察干部应该具有坚强党性和良好作风，敢于同各种不正之风和违法乱纪行为作坚决斗争，做到忠于职守。各级党委要加强对党风廉政建设和反腐败工作的领导，支持纪检监察机关工作，推动落实反腐倡廉各项任务。

王刚、王兆国、王岐山、回良玉、刘淇、刘云山、刘延东、李源潮、张德江、何勇、令计划、王沪宁、陈至立、梁光烈、马凯、孟建柱、戴秉国、王胜俊、曹建明、钱运录、万钢等出席了会议。中央军委委员陈炳德、李继耐、廖锡龙、常万全、靖志远、吴胜利、许其亮和中央纪律检查委员会委员，中直机关、中央国家机关各部门的主要负责同志，解放军驻京各大单位及武警部队、在京中央骨干企业的负责同志，列席中国共产党第十七届中央纪律检查委员会第三次全体会议的代表，出席全军纪律检查工作会议的全体同志参加了会议。

中国共产党第十七届中央纪律检查委员会第三次全体会议于1月12日在北京开幕。中央纪律检查委员会常务委员会主持了会议。贺国强代表中央纪律检查委员会常务委员会作了题为《深入贯彻落实科学发展观，以完善惩治和预防腐败体系为重点，扎实推进党风廉政建设和反腐败斗争》的工作报告。中央纪律检查委员会委员123人出席了会议。

全国人大常委会委员长吴邦国在人民大会堂会见以多诺霍为团长的美国商会代表团

国务院总理温家宝 中央军委主席胡锦涛签署第547号令发布《军服管理条例》

《军服管理条例》(以下简称《条例》)要求，军服承制企业的工作人员不得泄露军服专用材料生产技术，不得泄露军服、军服专用材料生产数量、接收单位等涉及国家秘密的信息。

《条例》规定，现役军人以及依照法律、法规和军队有关规定可以穿着军服的人员，应当依照有关规定穿着军服。

根据《条例》，影视制作和文艺演出单位的演艺人员因扮演军人角色需要穿着军服的，应当遵守军队关于军服穿着的规定，不得损害军队和军人形象。非拍摄、演出时不得穿着军服。

《条例》还要求，禁止买卖、出租或者擅自出借、赠送军服。《条例》自2009年3月1日起施行。

国务院总理温家宝在中南海紫光阁会见美国前总统卡特一行

国家发改委 财政部 中央人民银行相关负责人向港澳全国人大代表报告工作情况

全国人大常委会13日在深圳举办报告会，请国务院有关部委向香港、澳门全国人大代表报告工作情况，为港澳代表出席十一届全国人大二次会议做准备。

在会上，国家发改委副主任彭森报告了2008年国民经济和社会发展计划执行情况；财政部副部长廖晓军报告了2008年中央财政预算执行情况；中央人民银行行长周小川报告了全球金融危机的最新进展及其对中国的影响。港澳地区全国政协委员也参加了报告会。

全国人大常委会副委员长、秘书长李建国出席报告会并讲话。他向与会人员介绍了2008年全国人大常委会的主要工作和2009年的工作思路，介绍了十一届全国人大二次会议的准备工作。他指出，胡锦涛主席去年两会期间在北京会见大家时，提出“集中精力发展经济，切实有效改善民生，循序渐进推进民主，包容共济促进和谐”的四句话总要求，这四句话对港澳工作具有全面、长远的指导意义。前两天习近平副主席在澳门视察访问时，对澳门当前的工作提出了重要指导意见。

李建国说，对胡主席和习副主席的重要讲话港澳全国人大代表要深刻领会，带头坚定信心，带头加强团结，带头谋划长远，共同维护“一国两制”方针和基本法，为港澳地区长期繁荣稳定做贡献。

报告会由全国人大常委会副秘书长乔晓阳主持。全国政协副秘书长杨崇汇等出席了报告会。

全国测绘局长会议在北京召开

国家测绘局局长徐德明在会上透露，2008年我国查处测绘违法案件约800件。徐德明说，截至去年12月29日，28个省(区、市)测绘部门共开展测绘执法检查3923次，开展重大专项执法行动646项，作出行政处罚69件。

据介绍，2008年我国测绘法制建设、依法行政和统一监管工作取得显著成效，《基础测绘条例》已报国务院审批，修订了《测绘资质管理规定》和《测绘资质分级标准》；完成测绘资质年度注册，强化了测绘资质审批和日常监管。

中国加入泛美开发银行集团签字仪式在美国首都华盛顿泛美开发银行总部举行

中国驻美大使周文重出席签字仪式，并代表中国政府签署、交存了相关法律文件。泛美开发银行行长莫雷诺、美洲国家组织秘书长因苏尔萨以及有关来宾共200余人参加了签字仪式。

国务委员兼国防部部长梁光烈在八一大楼与来访的乌克兰国防部部长叶哈努罗夫举行会谈

国务委员戴秉国出席纪念中美建交30周年午餐研讨会并发表讲话

戴秉国说，和30年前相比，我们共同生活的世界是一个各国利益日益交融、相互依存更加紧密的世界。在新的历史时期，中美肩负的共同责任增加了，而不是减少了；合作基础拓宽了，而不是变窄了。双方应该始终本着对两国人民和世界人民负责的精神，与时俱进，继往开来，抓住机遇，努力推动中美关系长期健康稳定发展。

午餐研讨会是由中国人民外交学会主办的“纪念中美建交30周年研讨会”的一部分。美国前国务卿基辛格、前总统国家安全事务助理布热津斯基和斯考克罗夫特、美国驻华大使雷德以及中外嘉宾200多人出席了上述活动。

中联部部长王家瑞在北京会见蒙古人民革命党领导委员会人力资源部部长扎丹巴率领的人革党干部考察团

商务部与美国商务部的代表在北京签署《中美关于经验证最终用户现场访问问题的换函》

中国常驻联合国代表张业遂在安理会召开的加沙局势讨论会上表示中国政府正积极推动加沙局势走向缓和

中国互联网普及率首超全球平均水平

中国互联网络信息中心（CNNIC）在北京发布了《第二十三次中国互联网络发展状况统计报告》。报告显示，截至2008年年底，我国互联网普及率以22.6%的比例首次超过21.9%的全球平均水平。同时，我国网民数达到2.98亿，宽带网民数达到2.7亿，国家CN域名数达1357.2万，三项指标继续稳居世界排名第一，显示出中国互联网的规模价值正在日益放大。

2008年中国六大考古新发现揭晓

这六大考古新发现是：陕西高陵县杨官寨新石器时代遗址、甘肃临潭县陈旗磨沟齐家文化墓地、云南剑川县海门口史前遗址、河南安阳市殷墟刘家庄北地遗址、安徽蚌埠市双墩一号春秋墓葬和内蒙古巴林左旗辽代祖陵陵园遗址。

国务院正式批准每年8月8日为“全民健身日”

1月14日

中国共产党第十七届中央纪律检查委员会第三次全体会议公报

中国共产党第十七届中央纪律检查委员会第三次全体会议，于2009年1月12日至14日在北京举行。出席会议的中央纪委委员123人，列席299人。

中央纪委常委会主持了会议。会议全面贯彻党的十七大和十七届三中全会精神，高举中国特色社会主义伟大旗帜，以邓小平理论和“三个代表”重要思想为指导，深入贯彻落实科学发展观，总结了党的十七大以来党风廉政建设和反腐败工作，研究部署了2009年的任务。全会审议通过了中央纪委书记贺国强代表中央纪委常委会所作的《深入贯彻落实科学发展观，以完善惩治和预防腐败体系为重点，扎实推进党风廉政建设和反腐败斗争》的工作报告。

中国共产党中央委员会总书记胡锦涛出席全会第二次大会并发表了重要讲话。吴邦国、温家宝、贾庆林、李长春、习近平、李克强、贺国强等党和国家领导人出席了会议。有关方面的负责同志参加了会议。

全会认真学习了胡锦涛同志的重要讲话，一致认为，讲话从党和国家事业发展全局和战略的高度，全面分析了当前的反腐倡廉形势，明确提出了深入推进党风廉政建设和反腐败斗争的总体要求和主要任务；深刻阐述了新时期加强领导干部党性修养、树立和弘扬良好作风的重要性和紧迫性以及基本要求和工作重点，强调各级领导干部要自觉遵行社会主义核心价值体系，坚持理论和实践相统一、继承光荣传统和弘扬时代精神相统一、改造客观世界和改造主观世界相统一、加强个人修养和接受教育监督相统一，着力增强宗旨观念、提高实践能力、强化责任意识、树立正确政绩观、树立正确利益观、增强党的纪律观念，努力做到政治坚定、作风优良、纪律严明、勤政为民、恪尽职守、清正廉洁，充分发挥模范带头作用；号召全党要把加强领导干部党性修养、树立和弘扬良好作风作为重大政治任务抓紧抓好，以坚强的党性和优良的作风保证科学发展观的贯彻落实。胡锦涛同志的重要讲话，是指导当前和今后一个时期党的作风建设和反腐倡廉建设的纲领性文献，对于深入开展党风廉政建设和反腐败斗争，全面推进党的建设新的伟大工程，具有重大而深远的意义。全党同志和广大纪检监察干部一定要认真学习领会，坚决贯彻落实。

全会认为，党的十七大以来，在党中央、国务院坚强有力的领导下，各级党委、政府和纪检监察机关深入学习贯彻党的十七大精神，以改革创新精神全面推进党风廉政建设和反腐败斗争，取得了新的成绩，反腐倡廉建设方向更加明确、思路更加清晰。全会提出，2009年，全党要全面贯彻党的十七大和十七届三中全会精神，高举中国特色社会主义伟大旗帜，以邓小平理论和"三个代表"重要思想为指导，深入贯彻落实科学发展观，坚持标本兼治、综合治理、惩防并举、注重预防的方针，以完善惩治和预防腐败体系为重点加强反腐倡廉建设，以改革创新精神抓好《建立、健全惩治和预防腐败体系 2008—2012 年工作规划》的落实，严格执行党风廉政建设责任制，加强对中央关于推动科学发展、保持经济平稳较快发展政策措施执行情况的监督检查，着力解决党员干部在党性党风党纪方面存在的突出问题，以党风廉政建设和反腐败斗争的新成效取信于民，为改革发展稳定提供坚强保证。

第一，严明党的政治纪律，推动科学发展重大决策部署的贯彻落实。要高度重视政治纪律，加强对政治纪律执行情况的监督检查，严肃查处违反政治纪律的行为，保证全党始终同以胡锦涛同志为总书记的党中央保持高度一致。加强对贯彻落实科学发展观情况的监督检查，促进中央关于扩大内需保持经济平稳较快增长、耕地保护和节约用地、资源节约和环境保护、灾后重建资金物资管理使用等政策措施的贯彻落实，坚决纠正有令不行、有禁不止的现象，确保中央政令畅通。

第二，切实加强领导干部作风建设，进一步密切党群干群关系。把改进领导干部作风作为促进科学发展的重要切入点，开展对领导干部作风状况的监督检查，促进领导干部加强党性修养，树立和弘扬良好作风，增强立党为公、执政为民的自觉性和坚定性，认真解决理论脱离实际、作风飘浮、弄虚作假、对群众疾苦漠不关心等问题。大力发扬艰苦奋斗精神，勤俭办一切事业，认真执行中央有关厉行节约、反对铺张浪费的规定。积极推行党政领导干部问责制，严肃追究给国家利益、公共利益和公民合法权益造成严重损害的行为。

第三，加强党风廉政教育，认真抓好领导干部廉洁自律工作。深入开展中国特色社会主义理论体系教育和党性党风党纪教育，把反腐倡廉教育列入干部教育培训规划。认真抓好领导干部廉洁自律各项规定的贯彻落实，严禁领导干部违反规定收送现金、有价证券、支付凭证和收受干股等行为；落实领导干部配偶和子女从业、投资入股、到国(境)外定居等规定和有关事项报告登记制度；治理违规建房、超标准建房等问题；严禁领导干部利用和操纵招商引资项目、资产重组项目，为本人或特定关系人谋取私利；严禁领导干部相互请托，违反规定为对方的特定关系人谋取不正当利益。会同有关部门继续开展治理公款出国(境)旅游工作，压缩出国(境)经费、团组数量和规模，从严控制在国(境)外停留时间。严格控制新建楼堂馆所，纠正超预算超标准装修办公用房、超标准超编制配备使用小汽车的问题。

第四，加大查办案件工作力度，维护党纪国法的严肃性。以查办发生在领导机关和领导干部中的案件为重点，严肃查办官商勾结、权钱交易和利用人事权、司法权、行政执法权、行政审批权索贿受贿、徇私舞弊的案件。严肃查办工程建设、土地管理、矿产资源开发、环境保护、金融和国有企业等领域的案件。深入开展治理商业贿赂专项工作，加强市场诚信体系建设。坚持党纪国法面前人人平等，严格执纪，决不让腐败分子逃脱党纪国法的惩处。

第五，坚决纠正损害群众利益的不正之风，着力解决群众反映强烈的突出问题。加强监督检查，重点解决食品药品安全、安全生产、生态环境保护、征地拆迁、专项基金和资金监管等方面群众反映强烈的问题。加强对实施成品油价格和税费改革有关政策落实情况的监督检查。继续治理教育收费、医药购销和医疗服务、涉农负担中的突出问题。

第六，推进重点领域和关键环节改革，深化治本抓源头工作。加大改革和制度创新力度，把规范权力运行、健全市场机制、强化监管惩处结合起来，力争在治理重点领域的突出问题方面取得新突破。完善符合科学发展观要求的干部综合考核评价制度，进一步减少行政审批事项，深化财税、投资体制、国有企业改革，深化现代市场体系建设及相关改革。充分发挥国家预防腐败局的作用。

第七，切实加强对领导干部特别是主要领导干部的监督，确保权力正确行使。认真贯彻执行党内监督条例，加强对民主生活会、述职述廉、诫勉谈话和函询等制度执行情况的检查。深入推进巡视工作。加强纪检监察机关对派驻机构的统一管理，健全非派驻单位纪检监察机构的职责。深入推进党务公开。深化政务公开、厂务公开、村务公开。积极探索监督关口前移的方式和途径。充分发挥行政监察职能作用，加强执法监察、廉政监察、效能监察。

第八，加强基层党风廉政建设，促进社会和谐稳定。认真贯彻落实关于加强农村党风廉政建设的意见。加强国有企业(含金融机构)党风建设和反腐倡廉工作。推进高等学校和城市社区党风廉政建设。

全会要求，各级纪检监察机关要讲政治、顾大局、抓落实、作表率，把学习贯彻这次全会精神，与学习贯彻胡锦涛同志在纪念党的十一届三中全会召开30周年大会上的重要讲话精神结合起来，进一步增强高举中国特色社会主义伟大旗帜的自觉性和坚定性；与学习贯彻中央经济工作会议精神结合起来，为促进经济平稳较快发展提供积极服务和有力保证；与认真研究部署和努力完成好今年的纪检监察工作任务结合起来，努力开创党风廉政建设和反腐败工作新局面；与开展深入学习实践科学发展观活动结合起来，在加强党性修养、树立和弘扬良好作风方面发挥模范带头作用。

全会号召，全党同志要更加紧密地团结在以胡锦涛同志为总书记的党中央周围，高举中国特色社会主义伟大旗帜，深入贯彻落实科学发展观，以昂扬的精神状态和扎实的工作作风，深入推进党风廉政建设和反腐败斗争，为夺取全面建设小康社会新胜利、开创中国特色社会主义事业新局面作出新的更大贡献！

国务院总理温家宝主持召开国务院常务会议审议并原则通过汽车产业和钢铁产业调整振兴规划

会议认为，汽车、钢铁产业是国民经济重要支柱产业，涉及面广、关联度高、消费拉动大。制定实施汽车和钢铁产业调整振兴规划，对于推进汽车、钢铁产业结构优化升级，增强企业素质和国际竞争力，促进相关产业和国民经济平稳较快发展，都具有重要意义。

会议强调，加快汽车产业调整和振兴，必须实施积极的消费政策，稳定和扩大汽车消费需求，以结构调整为主线，推进企业联合重组，以新能源汽车为突破口，加强自主创新，形成新的竞争优势。一要培育汽车消费市场。从2009年1月20日至12月31日，对1.6升及以下排量乘用车减按5%征收车辆购置税。从2009年3月1日至12月31日，国家安排50亿元，对农民报废三轮汽车和低速货车换购轻型载货车以及购买1.3升以下排量的微型客车，给予一次性财政补贴。增加老旧汽车报废更新补贴资金，并清理取消限购汽车的不合理规定。二要推进汽车产业重组。支持大型汽车企业集团进行兼并重组，支持汽车零部件骨干企业通过兼并重组扩大规模。三要支持企业自主创新和技术改造。今后3年中央安排100亿元专项资金，重点支持企业技术创新、技术改造和新能源汽车及零部件发展。四要实施新能源汽车战略。推动电动汽车及其关键零部件产业化。中央财政安排补贴资金，支持节能和新能源汽车在大中城市示范推广。五要支持汽车生产企业发展自主品牌，加快汽车及零部件出口基地建设，发展现代汽车服务业，完善汽车消费信贷。

会议指出，加快钢铁产业调整和振兴，必须以控制总量、淘汰落后、联合重组、技术改造、优化布局为重点，推动钢铁产业由大变强。一要统筹国内外两个市场。落实扩大内需措施，拉动国内钢材消费。实施适度灵活的出口税收政策，稳定国际市场份额。二要严格控制钢铁总量，淘汰落后产能，不得再上单纯扩大产能的钢铁项目。三要发挥大集团的带动作用，推进企业联合重组，培育具有国际竞争力的大型和特大型钢铁集团，优化产业布局，提高集中度。四要加大技术改造、研发和引进力度，在中央预算内基建投资中列支专项资金，推动钢铁产业技术进步，调整品种结构，提升钢材质量。五要整顿铁矿石进口市场秩序，规范钢材销售制度，建立产销风险共担机制。

全国政协主席贾庆林在人民大会堂会见乌克兰国防部长叶哈努罗夫一行

贾庆林说，中乌关系持续稳步健康发展，双方在重大问题上相互理解与支持，各领域合作不断加强。2008年5月中国四川汶川发生特大地震后，乌克兰政府和军队第一时间向中国灾区运送了大量救灾物资，充分体现了乌克兰人民和军队对中国人民的友好情意，我们对此深表感谢。

贾庆林指出，目前国际局势正经历着深刻而复杂的变化，国际金融危机对世界经济造成严重冲击，能源、粮食等安全问题日益突出。我们将充分利用国际国内的有利条件，坚定不移地推进改革开放，保持国民经济平稳较快发展和社会和谐稳定。

叶哈努罗夫说，乌方愿与中方共同努力，不断推进双方各领域友好合作关系务实深入发展。

国务院副总理李克强在中南海紫光阁会见第四届黄汲清青年地质科技奖获奖者

这次获奖人员来自地质勘探、科研和教学第一线，在理论探索和找矿实践中取得了优异成绩，是当代青年地质工作者的杰出代表。李克强首先代表党中央、国务院向获奖者表示祝贺。他说，你们继承和发扬黄汲清等老一辈地质学家严谨治学、重视实践、服务社会的精神，不畏艰难，勇攀高峰，在平凡的岗位上创造了不平凡的业绩，国家和人民感谢你们。

黄汲清是新中国地质事业的重要开拓者和奠基人之一。黄汲清青年地质科技奖设立于2001年，前三届共有39人获奖。本届有13位地质勘查、科研和教学领域的青年工作者获此殊荣。

国土资源部部长徐绍史陪同参加了会见。

国务院副总理回良玉在云南地震灾区和贫困地区考察

1月14日至17日，回良玉深入云南地震灾区和贫困地区，先后来到石林、陆良、麒麟、马龙等县(区)，深入少数民族村寨，慰问各族干部群众。他强调，要切实加大对民族地区的支持力度，促进民族地区经济平稳较快增长，着力保障和改善民生，努力促进各民族和睦相处、和衷共济、和谐发展。回良玉指出，云南贫困人口较多，尤其是少数民族整体贫困现象比较突出。要认真落实中央扶贫开发工作新的战略部署，坚持开发式扶贫方针，加大扶贫资金投入，不断创新整村推进、产业化扶贫、劳动力转移培训和社会帮扶等扶贫工作机制，尽快稳定解决扶贫对象温饱并实现脱贫致富，重点提高贫困人口和贫困地区的自我发展能力。

考察期间，回良玉还对当前的农业农村工作提出了要求。他强调，云南具有独特的地理气候条件和丰富的农业资源，要在稳定粮食生产的基础上，充分发挥资源优势，大力发展核桃、油茶等木本油料，扶持壮大龙头企业，做大做强特色优势产业。要紧紧抓住国家扩大内需的机遇，大力加强农田水利等农业基础设施和民生工程建设，不断改善农村生产生活条件。要认真贯彻中央农村工作会议精神，落实各项惠农政策，搞好越冬农作物田间管理，加强高致病性禽流感等重大动物疫病的防控，积极扩大农村劳动力就业，努力促进农业稳定发展农民持续增收。

中组部学习胡锦涛在十七届中央纪委三次全会上的重要讲话

中组部召开部机关处以上干部会议，学习胡锦涛同志在十七届中央纪委三次全会上的重要讲话，强调中组部和全国组织系统要认真学习贯彻胡锦涛同志重要讲话，把加强领导干部党性修养、树立和弘扬优良作风作为一项重大政治任务，坚持德才兼备、以德为先标准选人用人，使各级领导干部以坚强党性和优良作风，团结带领广大党员、群众迎难而上、共克时艰。

中组部机关干部一致认为，胡锦涛同志的重要讲话，深刻阐述了加强反腐倡廉建设、加强领导干部党性修养、树立和弘扬优良作风的重要性、紧迫性，对组织工作具有很强的针对性、指导性。组织部门要深刻认识加强领导干部党性修养、树立和弘扬良好作风是党必须始终抓好的重大政治任务，是当前应对国际金融危机、保持经济平稳较快发展的重要保证，切实增强组织工作围绕中心、服务大局的主动性。

中组部部务会要求，组织部门和组工干部要带头加强党性修养，树立和弘扬优良作风。要按照建设"模范部门"、打造"过硬队伍"的要求，进一步深化拓展"讲党性、重品行、作表率"活动，教育引导组工干部加强党性锻炼和作风养成，忠于职守、秉公办事，艰苦奋斗、清正廉洁，以身作则、一身正气，进一步树立公道正派的良好形象。

国家工商行政管理总局周伯华签署第39号令公布《股权出资登记管理办法》

《股权出资登记管理办法》已经国家工商行政管理总局局务会议审议通过，现予公布，自2009年3月1日起施行。

局长　周伯华

2009年1月14日

股权出资登记管理办法

第一条　为规范股权出资登记，根据《公司法》《公司登记管理条例》等法律、法规的规定，制定本办法。

第二条　投资人以其持有的在中国境内设立的有限责任公司或者股份有限公司(以下统称股权公司)的股权作为出资，投资于境内其他有限责任公司或者股份有限公司(以下统称被投资公司)的登记管理，适用本办法。

第三条　用作出资的股权应当权属清楚、权能完整、依法可以转让。

具有下列情形的股权不得用作出资：

(一)股权公司的注册资本尚未缴足；

(二)已被设立质权；

(三)已被依法冻结；

(四)股权公司章程约定不得转让；

(五)法律、行政法规或者国务院决定规定，股权公司股东转让股权应当报经批准而未经批准；

(六)法律、行政法规或者国务院决定规定不得转让的其他情形。

第四条　全体股东以股权作价出资金额和其他非货币财产作价出资金额之和不得高于被投资公司注册资本的70%。

第五条　用作出资的股权应当经依法设立的评估机构评估。

第六条　公司设立时，投资人以股权出资的，自被投资公司成立之日起1年内，投资人应当实际缴纳，被投资公司应当办理实收资本变更登记。

公司增加注册资本时，投资人以股权出资的，应当在被投资公司申请办理增加注册资本变更登记前实际缴纳。

第七条　投资人以持有的有限责任公司股权实际缴纳出资的，股权公司应当向公司登记机关申请办理将该股权的持有人变更为被投资公司的变更登记。

投资人以持有的股份有限公司股权实际缴纳出资，出资股权在证券登记结算机构登记的，应当按照规定经证券交易所和证券登记结算机构办理股份转让和过户登记手续；其他股权依照法定方式转让给被投资公司。

法律、行政法规或者国务院决定规定股权公司股东转让股权必须报经批准的，还应当依法经过批准。

第八条　股权出资实际缴纳后，应当经依法设立的验资机构验资并出具验资证明。

验资证明应当包括下列内容：

(一)以有限责任公司股权出资的，相关股权依照本办法第七条规定办理股东变更登记情况；

(二)以股份有限公司股权出资的，相关股权依照本办法第七条规定转让给被投资公司情况；

(三)股权的评估情况，包括评估机构的名称、评估报告的文号、评估基准日、评估值等；

(四)股权出资依法须经批准的，其批准情况。

第九条　投资人在公司设立时，依法以股权出资的，被投资公司应当在申请办理设立登记时办理股权认缴出资的出资人姓名或者名称，以及出资额、出资方式和出资时间登记。投资人实际缴纳股权出资后，被投资公司应当申请办理实收资本变更登记，被投资公司属于有限责任公司或者以发起设立方式设立的股份有限公司的，还应当申请办理有关投资人实际缴纳出资额、出资时间等的变更登记。

投资人在公司增加注册资本时，以股权实际缴纳出资的，被投资公司应当申请办理注册资本和实收资本变更登记。被投资公司属于有限责任公司的，还应当申请办理有关投资人姓名或者名称，以及认缴和实际缴纳的出资额、出资时间等的变更登记。

第十条　股权公司依照本办法第七条规定申请办理有关登记提交的材料，按照《公司登记管理条例》和国家工商行政管理总局有关企业登记提交材料的规定执行。

第十一条　被投资公司依照本办法第九条规定申请办理有关登记手续，除按照《公司登记管理条例》和国家工商行政管理总局有关企业登记提交材料的规定执行外，还应当提交以下材料：

(一)以股权出资的投资人签署的股权认缴出资承诺书。有关投资人应当对所认缴出资的股权符合本办法第三条第一款规定，且不具有该条第二款规定情形等作出承诺。

(二)股权公司营业执照复印件(需加盖股权公司印章)。

第十二条　投资人、被投资公司的股权出资行为违反《公司法》《公司登记管理条例》以及本办法规定的，验资机构、资产评估机构出具虚假证明文件或者因过失提供有重大遗漏的报告的，公司登记机关依照《公司法》《公司登记管理条例》等有关规定予以查处。

第十三条　本办法规定事项，法律、行政法规或者国务院决定另有规定的，从其规定。

第十四条　本办法自2009年3月1日起实施。

中国中东问题特使孙必干在耶路撒冷会见以色列总统佩雷斯就当前加沙局势交换看法

孙必干阐述了中国政府关于当前中东局势的五点主张。孙必干强调，当务之急是立即实现停火，缓解加沙人道主义危机，不能继续伤及无辜，然后在停火基础上各方就长期停火、监督机制、人道救援等问题寻求长效解决办法。以巴双方应通过政治谈判解决巴独立建国问题，实现“两个国家”和平共处。国际社会有关各方应在缓解危机、稳定局势的同时，以更积极的态度促进中东和平进程。

孙必干表示，我们理解以色列对自身安全的关切，但历史已经证明，武力无法带来绝对安全。希望以方积极回应国际社会的促和努力，使局势尽快缓和下来，为中东和平进程重回政治解决轨道创造条件。

佩雷斯表示，以方赞赏中国为缓和当前中东局势所作出的努力，重视中方有关立场，愿与中方保持密切沟通。

国务委员刘延东在全国文化厅局长座谈会上发表讲话

刘延东在讲话中充分肯定了各级文化部门和广大文化工作者在文艺创作生产、公共文化服务、文化产业改革发展、文化遗产保护、文化“走出去”等方面取得的成绩和为经济社会发展所做的积极贡献。她指出，党和政府历来十分重视文化发展和建设，改革开放的伟大时代造就了文化的繁荣发展，文化建设也为改革和现代化建设事业提供了强大精神动力，作出了不可替代的重大贡献。要推动文化工作实现科学发展，必须正确认识和处理文化发展的重要关系。一要正确处理发展与改革的关系，坚持以改革为动力推进文化大发展大繁荣；二要正确处理主导与多样的关系，坚持在包容多样、尊重差异中推进社会主义核心价值体系建设；三要正确处理引导教育人民与满足群众需求之间的关系，坚持把服务人民群众作为文化工作的根本出发点；四要正确处理政府办文化事业与运用市场机制发展文化产业的关系，坚持政府在发展公益性文化事业的主导作用和市场在文化资源配置中的基础性作用；五要正确处理城乡、区域文化发展的关系，坚持统筹兼顾，从薄弱环节入手推进文化建设协调均衡发展；

六要正确处理硬件与软件的关系,坚持提高文化建设的持续发展能力;七要正确处理传统形式与现代技术的关系,坚持依靠科技进步创造新的文化增长点;八要正确处理传播中华文化与吸收外来优秀文化的关系,不断提高国家文化软实力。

刘延东要求,文化部门要围绕中心、服务大局,深入扎实地做好2009年的各项工作。一是组织好庆祝新中国成立60周年系列活动,唱响时代主旋律;二是积极应对金融危机,加快培育文化产业,扩大文化消费,增进社会和谐;三是推进体制机制创新,推动文化体制改革取得明显进展;四是加强文化部门自身建设,提高履行职责的能力和水平。

文化部部长蔡武主持了座谈会。

中宣部部长刘云山在中央宣传文化单位负责人会议上发表讲话

刘云山在会议上指出,要切实做好关心人民群众生活、维护社会和谐稳定的宣传,大力宣传党中央、国务院关于保民生、惠民生的一系列重大决策。要加强思想政治工作,加强形势政策教育,紧紧抓住涉及人民群众切身利益的问题,把中央方针政策讲清楚,把群众利益安排讲明白,进一步坚定应对挑战、战胜困难的信心。要充分报道各地区各部门认真贯彻中央部署,稳定农民工就业、帮助农民工返乡创业、促进大学生就业的政策措施和实际成效,及时反映加快完善城乡社会保障体系、开展农村社会养老保险试点、制定农民工养老保险办法、落实保障性住房政策等的进展情况,使中央的决策部署和政策措施更好地为干部群众所理解、所掌握。要认真做好地震灾区恢复重建、共建美好家园的宣传报道,做好拥军优属、拥政爱民、军民团结的宣传报道,做好春运、节日市场供应的宣传报道,做好产品质量、安全生产的宣传报道,做好加强社会治安综合治理、维护社会和谐稳定的宣传报道。

刘云山指出,文化活动历来是人民群众欢度春节必不可少的重要内容,丰富群众节日文化生活是宣传文化工作者应尽的职责。要精心安排好优秀电影、电视剧和广播电视文艺节目的播映,选择一批体现社会主义核心价值体系要求、弘扬中华民族传统美德的优秀影视剧在电视台播放,选择一批主题好、艺术质量高、深受广大群众喜爱的国产电影在主流院线和偏远农村放映。要广泛开展"三下乡"、"心连心"、"送戏下乡"、"送欢乐下基层"等活动,组织广大文艺工作者、组织各种文艺小分队,在春节期间深入一线,深入企业、农村、社区、军营,深入四川、甘肃、陕西等地震灾区,把多姿多彩的戏曲、歌舞节目送到基层,为群众送去欢乐,送去党和政府的关怀。要广泛开展形式多样、健康向上的群众性文化娱乐活动,让广大群众在参与中度过一个心情舒畅、欢乐祥和的春节。

1月15日

国家主席胡锦涛在人民大会堂接受10国新任驻华大使递交的国书

这10位大使分别是:巴基斯坦驻华大使马苏德、巴西驻华大使乌格内、瑞士驻华大使顾博礼、克罗地亚驻华大使西莫尼奇、亚美尼亚驻华大使萨尔基相、肯尼亚驻华大使松库利、牙买加驻华大使拉特雷、黑山首任驻华大使托什科维奇、摩洛哥驻华大使哈基姆、拉脱维亚驻华大使莱夫伦采。

中共中央政治局常委温家宝在人民大会堂会见出席中央国家机关第二十三次党的工作会议暨第二十一次纪检工作会议的代表

温家宝指出,当前,世界正在经历着一场历史罕见的金融危机,给我国经济带来了严重冲击。面对这场危机,必须有坚定的信心和敢于战胜困难的勇气,凝聚全国人民的智慧和力量,实现经济社会平稳较快发展。国家机关及其工作人员,特别是党员干部,要用良好的精神状态和模范的实际行动,带领广大人民群众迎难而上,共克时艰。

温家宝强调,这场金融危机,对我们的党、我们的国家是一场严峻的考验。每一个共产党员特别是领导干部,要在应对金融危机,保持经济增长中发挥模范作用。

第一,要做工作的模范。"天下兴亡,匹夫有责。"党员干部要有强烈的责任感和使命感,高标准、严要求,兢兢业业地在各自的岗位上做好本职工作,圆满完成党和国家的各项任务。要增强政治意识、大局意识、忧患意识和责任意识,真抓实干,开拓进取,努力创造新的业绩。

第二,要做团结的模范。党员干部要满腔热情地为增强信心、重振经济多做工作。用科学的精神和实事求是的态度鼓舞人心,激励斗志,引导人们看到主流、看到机遇、看到希望,自觉地为应对危机贡献力量;引导人们把思想统一到中央对当前国内国际经济形势的分析判断上来,统一到中央的决策和部署上来,统一到科学发展观的要求上来;团结广大群众认真贯彻落实中央应对金融危机的各项政策措施。

第三,要做廉洁的模范。榜样的力量是无穷的。在困难面前,只有和人民同甘苦、共命运,才能赢得人民的信任，才能产生号召力和影响力，人民才会跟你走。党员干部要一身正气、两袖清风，不以权谋私、不搞特殊化，做到政治坚定、作风优良、纪律严明、勤政为民、恪尽职守、清正廉洁，做合格的人民公仆。

国务委员兼国务院秘书长、中央国家机关工委书记马凯出席会议并讲话。

中央国家机关各部门党组(党委)书记、机关党委书记、机关党委常务副书记和机关纪委书记等共300多人出席会议。

国务院副总理李克强在甘肃考察

1月15日至17日，李克强在甘肃省委书记陆浩、省长徐守盛等陪同下，先后来到天水、陇南、兰州等地，深入地震灾区看望慰问群众，走进城乡居民家庭、社区医院、工厂车间，着重就灾区群众安全过冬、恢复重建和经济运行情况进行考察调研。

李克强在甘肃考察时强调，要认真贯彻党中央、国务院的决策部署，深入贯彻落实科学发展观，把改善民生作为扩大内需促进经济增长的重点工作，把灾区家园建设好，把群众生活安排好，把基本民生保障好，保持经济平稳较快发展。

考察期间，李克强听取了甘肃省委省政府的工作汇报，充分肯定甘肃抗震救灾和经济社会发展取得的成就。他希望甘肃广大干部群众抓紧灾后恢复重建，落实扩大内需措施，深入推进西部大开发，实现经济社会又好又快发展，不断谱写全面建设小康社会新篇章。

国务院副总理张德江在北京召开的全国安全生产电视电话会议上发表讲话

张德江要求，当前，国际国内的形势变化给安全生产工作带来了新挑战，提出了新要求。创造良好的安全生产环境，是各地区、各部门和各单位的一项重要任务和重要职责。要认真落实胡锦涛总书记、温家宝总理关于加强安全生产的一系列重要指示精神，把2009年作为“安全生产年”，深入开展“三项行动”，切实加强“三项建设”，促进安全生产形势稳定好转。要深入开展安全生产执法行动，严厉打击非法违法、违规违章生产行为；深入开展安全生产治理行动，突出抓好重点行业和领域的专项整治；深入开展安全生产宣传教育行动，提高安全生产意识和安全防范能力。加强安全生产法制体制机制建设，促进政府安全监管责任和企业安全生产主体责任的落实；加强安全生产保障能力建设，推进应急救援和安全生产科技进步；加强安全生产监管队伍建设，坚持反腐倡廉，切实履行职责，提高监管能力和执法水平。

张德江强调，春节临近，各地区、各部门和各单位要高度重视，切实把安全生产工作抓实抓细，做好“春运”和各类人员密集场所的安全防范工作，确保人民群众过一个安全、祥和、喜庆的节日。

公安部部长孟建柱在湖北参加爱民实践活动

孟建柱1月15日至17日先后在湖北宜昌、荆州、武汉等地参加公安民警大走访爱民实践活动，深入企业车间、车站社区、政府机关、基层所队，与各界干部、群众亲切交谈，看望和慰问战斗在维护国家安全和社会稳定第一线的公安民警，征求各级党委政府和人民群众对公安工作的意见、建议。他强调，广大公安民警要始终着眼于从小事做起，从老百姓最关心的事情做起，在解决群众实际问题上下功夫，确保“大走访”爱民实践活动取得实实在在的成效。

孟建柱指出，要大力加强公安信息化建设，深入推进执法规范化建设，积极构建和谐警民关系，进一步打牢公安工作的根基。各级公安机关特别是领导干部要把加强党性修养、树立和弘扬优良警风作为重大政治任务抓紧抓好，加强公安队伍内部监督，在公安队伍中努力营造风清气正的环境。

首都各民族人士迎春茶话会在人民大会堂举行

中央统战部、全国人大民族委员会、国家民族事务委员会、全国政协民族和宗教委员会、北京市人民政府今天在人民大会堂隆重举行首都各民族人士迎春茶话会。

茶话会由全国人大常委会副委员长司马义·铁力瓦尔地主持，全国政协副主席、中共中央统战部部长杜青林讲话。

杜青林说，2009年是新中国成立60周年。在新的一年里，应对国际金融危机影响、推动经济平稳较快发展、维护社会和谐稳定的任务十分艰巨。我们要始终坚持高举中国特色社会主义伟大旗帜，坚持各民族共同团结奋斗、共同繁荣发展的主题，深入贯彻落实科学发展观，积极应对国际金融危机的影响，推动少数民族事业和兴边富民行动“十一五”规划深入实施，促进少数民族和民族地区经济平稳较快发展。

全国人大常委会副委员长乌云其木格，全国政协副主席白立忱、阿不来提·阿不都热西提、李兆焯和布赫、铁木尔·达瓦买提、司马义·艾买提、热地及在京的少数民族全国人大代表、全国政协委员，从事民族工作的有关部门负责人和老同志也出席了茶话会。

在京的十一届全国人大代表在人民大会堂听取国务院有关部委的工作汇报

全国人大常委会副委员长、秘书长李建国主持报告会。国家发展和改革委员会主任张平、财政部部长谢旭人、农业部部长孙政才分别汇报了2008年国民经济和社会发展计划执行情况、中央预算执行和财政工作情况和农村工作及农民增收情况。

教育部、人力资源和社会保障部、商务部、卫生部、中国人民银行和最高人民法院、最高人民检察院分别作了书面汇报。

全国人大常委会副秘书长何晔晖、国务院副秘书长焦焕成出席了报告会。

在京全国人大代表听取有关国家机关工作汇报是全国人大常委会多年来一直坚持的好做法。每年全国人民代表大会之前，都由全国人大常委会办公厅举行报告会，邀请国务院有关部委和最高人民法院、最高人民检察院报告有关工作情况，有助于代表知情、知政，为参加全国人大会议做准备。

全国交通运输工作会议在北京召开

国务院副总理张德江出席会议并讲话。

交通运输快速发展、科学发展、安全发展、协调发展，为全国经济平稳较快发展作出新的更大贡献。

张德江充分肯定了2008年交通运输改革发展取得的显著成绩。他指出，交通运输系统面对重大挑战和严峻考验，积极应对，开拓进取，生产持续快速增长，改革不断深化，交通基础设施建设取得新的进展，为抗击严重自然灾害和成功举办奥运作出了重要贡献，交通安全监管、依法行政、救助能力建设和队伍自身建设等方面也都取得了新的成绩。

张德江指出，2009年是交通运输改革发展关键的一年。既要正视面临的严重困难，增强忧患意识，又要看到有利条件和积极因素，努力化挑战为机遇，实现交通运输新的发展。要切实加强交通基础设施建设，科学规划，加大投入，加强质量监管，促进交通运输快速发展；积极推进综合交通运输体系建设，加快形成便捷、通畅、高效、安全的综合运输体系，促进交通运输科学发展；全面加强安全生产工作，落实安全管理责任，促进交通运输安全发展；加快发展农村交通运输，统筹城乡交通发展，促进交通运输协调发展；继续深化改革，不断完善体制机制，增强交通运输发展的动力和活力；大力加强领导班子和干部队伍建设，增强宗旨观念，加强党风廉政建设，为交通运输改革发展提供有力保障。

张德江要求，当前，春运工作已经开始，要精心组织，安排好车船运力，加强安全措施，落实安全责任，提高服务质量，保证人民群众安全方便出行。

交通运输部部长李盛霖作了工作报告，中央有关部门、各省(区、市)交通部门的负责同志参加了会议。

两岸经贸合作与交流研讨会在台北举行

来自海峡两岸的专家、学者今天云集台北国际会议中心，举行两岸经贸合作与交流研讨会，与会专家就两岸经贸合作架构、内容与进程做了深入细致的探讨。与会专家、学者一致认为，实现两岸经贸关系正常化，当务之急是建立两岸经贸合作的一些制度化安排。

台湾海峡交流基金会董事长江丙坤出席研讨会，并颁发“江丙坤两岸交流贡献奖”。大陆海峡两岸经贸交流协会常务副会长唐炜在研讨会上作了专题演讲。

山西省第十一届人民代表大会第二次会议选举王君为省长

政协山西省第十届委员会第二次全体会议选举薛延忠为省政协主席

中国政府和美国政府签署有关文物保护谅解备忘录

中华人民共和国国务院授权中华人民共和国驻美利坚合众国大使周文重，与美国国务院助理国务卿戈利·阿玛利女士在美国国务院签署了《中华人民共和国政府和美利坚合众国政府对旧石器时代到唐末的归类考古材料以及至少250年以上的古迹雕塑和壁上艺术实施进口限制的谅解备忘录》。

国务院中央军委在人民大会堂举行首届全国国防动员建设年度人物颁奖仪式

来自全国国防动员系统的10名先进个人当选“2008年全国国防动员建设年度人物”，32人获得“2008年全国国防动员建设年度人物”提名奖。中央军委委员、国务委员兼国防部部长梁光烈，国务委员兼国务院秘书长马凯出席颁奖仪式。

首届当选的10大年度人物是：黑龙江省省长、省国动委主任栗战书，河北省沧州市人民防空办公室主任周廷君，山西省吕梁市市长、市国动委主任董洪运，甘肃省交通厅厅长、省交通战备办公室主任杨咏中，济南军区司令部动员部部长邢建华，浙江省政府副秘书长、省国动委综合办公室主任俞仲达，广东省汕头市市委书记、市国动委第一主任黄志光，四川省阿坝藏族自治州州委书记、州国动委第一主任侍俊，云南省曲靖市市委书记、市国动委第一主任赵立雄，海军国动委交通战备办公室专职副主任赵彦敏。

国防部在八一大楼举行2009年新春招待会

来自84个国家的272位外国驻华武官和夫人应邀出席。

中央军委委员、国务委员兼国防部部长梁光烈，中央军委委员陈炳德、李继耐、廖锡龙、常万全、靖志远、吴胜利、许其亮，解放军四总部、驻京各大单位的领导和夫人出席了招待会。

由大众科技报社和中国公众科技网共同主办的2008年十大科普事件评选在京揭晓

这十大事件分别是：中国科协举办成立50周年系列纪念活动，胡锦涛总书记讲话深刻阐述科普工作重要意义；华南冰雪灾害警示气候变化关系千家万户；改革开放30年纪念活动从纪念科学的春天30周年开始；抗震救灾及灾后重建中的地震科普潮；科技助奥运火炬登顶珠峰，公众体验享受科技奥运精彩和实惠；“三聚氰胺”深深刺激公众食品安全意识；“神七”航天员舱外活动激发国人科学热情；《科普基础设施发展规划》颁布；公众科学素质提高，迷信现象仍然存在；“科学松鼠会”人气蹿红，网络博客成为科普新生力量。

中共中央政治局委员李源潮到北京生命科学研究所调研并讲话

李源潮指出，推动科学发展、建设创新型国家，为海外人才回国创新创业提供了广阔发展空间。要认真落实引进海外高层次人才的“千人计划”，创新有利于引进和用好海外人才的体制机制，为他们施展才华提供机会和舞台。

李源潮说，生命所创办以来，用全球视野、国际化方法招聘尖端人才，建立符合国际惯例、具有中国特色的科研管理新体制，探索了一条引进海外高层次人才、推动科技自主创新的新路。这充分说明把中国特色社会主义制度优势与国际先进科研管理经验相结合，探索建立新的引才模式和科研体制的改革方向是完全正确的。

李源潮指出，科学发展要靠科技，科技发展要靠人才，人才发挥作用要靠充满活力和效率的体制机制。引进海外高层次人才，是国家现代化建设的需要，也是海外人才寻求发展机遇、实现理想抱负的需要。要把这两种需要结合起来，以更宽的眼界、更宽的思路、更宽的胸襟吸引海外人才，把对外开放提升到新水平、新层次。要遵循科研规律，借鉴国际经验，实行国际通行的科学研究和科技开发、科技创业机制，使留学回国人才不仅能够继续像在海外一样发挥聪明才智，而且能够干得更好。

李源潮希望，生命所要按照出人才、出机制、出成果的要求，制定好整体发展规划，进一步创新体制机制，大力吸引和凝聚国际尖端人才，更多地关注国家发展的需求，不仅在生命科学基础研究领域多出原创性成果，而且向科技研发、科研成果转化方面延伸，努力建设成为国际一流的科研机构，为引进海外高层次人才、建设创新型国家作出特殊贡献。有关部门要继续关心、支持生命所的发展，帮助科研人员解决工作、生活中的困难。

1月16日

国务院总理温家宝在中南海紫光阁同国务院参事和中央文史馆馆员座谈

新聘国务院参事、中央文史馆馆员聘书颁发仪式在北京举行。国务院总理温家宝出席仪式，向新聘国务院参事、中央文史馆馆员颁发聘书，并与部分参事、馆员座谈。

温家宝结合当前形势，就进一步发挥参事室、文史馆的作用提出三点要求：第一，提高建言献策的质量和水平。在当前应对全球金融危机的重要关头，经济形势瞬息万变，国务院的科学决策非常需要来自基层、来自实际、来自群众的真实信息，需要各方面提供咨询和决策依据，需要及时了解各项决策部署的贯彻落实情况。希望大家围绕国务院的中心工作，组织开展一些重大问题的调研，多提一些有分量的意见和建议，努力当好国务院工作的参谋和助手。第二，发挥好民主监督的作用。参事、馆员来自社会各个方面，了解基层实际情况和群众呼声，了解政府工作的缺点和不足。希望大家本着知无不言、言无不尽的态度，对政府工作提出意见、建议和批评。这是对政府的信任和监督，也是对国家事业的关心和支持。第三，在推进国家文化建设中发挥独特优势。“文以载道。”文化更具有永久性。文化的力量熔铸在民族的生命力、创造力和凝聚力之中。化解人与自然、人与人、人与社会等种种矛盾，必须依靠文化的熏陶、教化和激励作用，通过有说服力的、贴近民众的方式，将真诚、公平、正义等理念，潜移默化地植入民众的心田。只有这样，社会才能健康、有序、和谐和可持续发展。

温家宝强调，金融危机给文化的发展带来了新的机遇。应对危机最重要的是信心，而信心的增强，源自文化底蕴和科学精神。中华文化博大精深，蕴涵着巨大的精神力量。《周易》上说：“天行健，君子以自强不息。”这是中国人做人的信条，也是中国人于危难之际不畏惧、不退缩的文化源泉。有了这种精神，我们会对未来抱乐观态度，坚定战胜金融危机的信心；有了这种信念，我们会永不言败，坚韧前行。

温家宝最后要求有关部门要为参事、馆员履行职责、发挥作用创造良好条件，对他们政治上关心、工作上支持、生活上照顾。参事室机关要加强自身建设，切实做好为参事、馆员服务的各项工作。

国务委员兼国务院秘书长马凯，全国政协副主席、中央统战部部长杜青林出席座谈会。

《求是》杂志发表贾庆林文章《高举中国特色社会主义伟大旗帜 把人民政协事业不断推向前进》

今年是中华人民共和国成立60周年，也是人民政协60华诞。60年来，在以毛泽东、邓小平、江泽民同志为核心的党的三代中央领导集体和以胡锦涛同志为总书记的党中央正确领导下，人民政协与全国人民一道前进，与共和国一道成长，走过了光辉的历程，创造了不平凡的业绩，为推进中国革命、建设和改革事业作出了重要贡献。在全党全国人民隆重纪念改革开放30周年，即将迎来人民共和国和人民政协成立60周年的重要历史时刻，认真回顾党的三代中央领导集体和以胡锦涛同志为总书记的党中央创建和发展人民政协事业的伟大历程和重大贡献，深刻总结人民政协所取得的重大成就和宝贵经验，对于我们在中国特色社会主义政治发展道路上把人民政协事业不断推向前进，具有重大而深远的意义。

一

中国人民政治协商会议，是以毛泽东同志为代表的中国共产党人团结带领中国人民，在反帝反封建、追求民族独立和人民解放的历史进程中，与各民主党派、人民团体和各族各界爱国人士共同创立的。

20世纪上半叶，中国仍处于半封建半殖民地的特殊历史阶段。当时的中国社会是一个两头小中间大的社会，无产阶级和大地主大资产阶级都只占少数，最广大的人民是农民、城市小资产阶级、爱国知识分子及其他中间阶级。毛泽东同志在科学分析中国特殊国情的基础上，深刻指出："中国新民主主义的革命要胜利，没有一个包括全民族绝大多数人口的最广泛的统一战线，是不可能的。不但如此，这个统一战线还必须是在中国共产党的坚强的领导之下。没有中国共产党的坚强的领导，任何革命统一战线也是不能胜利的。"在毛泽东同志的正确领导下，中国共产党同各民主党派、人民团体和各族各界人士建立了广泛的统一战线，经过28年艰苦卓绝的革命斗争，取得了推翻国民党独裁统治的决定性胜利。1948年4月30日，中国共产党发布著名的"五一"口号，号召"各民主党派、各人民团体、各社会贤达迅速召开政治协商会议，讨论并实现召集人民代表大会，成立民主联合政府"，立即得到了各民主党派、各人民团体和各族各界人士的热烈响应。1949年9月21日至30日，中国人民政治协商会议第一届全体会议在北平召开，标志着中国人民不仅在思想上政治上而且在组织上形成了坚强的团结，标志着中国共产党领导的多党合作和政治协商制度的正式确立。这次会议代表了全国人民的意志，代行全国人民代表大会职权，选举产生了中华人民共和国中央人民政府委员会和中国人民政治协商会议全国委员会，宣告了中华人民共和国的成立；通过了具有临时宪法性质的《中国人民政治协商会议共同纲领》《中国人民政治协商会议组织法》《中华人民共和国中央人民政府组织法》；作出了关于中华人民共和国国都、国旗、国歌、纪年四个重要决议，胜利完成了创建新中国的历史使命，实现了我国从几千年的封建专制向人民民主制度的历史性跨越，开辟了中国历史的新纪元。新中国成立后，人民政协为恢复和发展我国的国民经济，巩固新生的人民政权，推动各项社会改革，促进社会主义革命和建设，作出了重大贡献。1954年，第一届全国人民代表大会召开后，作为代行全国人大职权的第一届人民政协圆满完成了历史使命。人民政协是否有必要继续存在，在国家政治生活中究竟起什么作用，党内外一些同志产生了困惑。1954年12月，在政协二届一次会议开幕前，毛泽东同志召集了有共产党、各民主党派和无党派人士参加的座谈会，发表了《关于政协的性质和任务》的谈话，明确指出："人民代表大会是权力机关，有了人大，并不妨碍我们成立政协进行政治协商。各党派、各民族、各团体的领导人物一起来协商新中国的大事非常重要。宪法草案就是经过协商讨论使得它更为完备的。人大的代表性当然很大，但它不能包括所有的方面，所以政协仍有存在的必要。"他强调，"政协不能搞成国家机关"，"政协不仅是人民团体，而且是各党派的协商机关，是党派性的机关"。协商国际问题、协商候选名单、提意见、调整关系、学习是人民政协的五大任务。这篇谈话指出了人民代表大会成立后人民政协存在的必要性及其在国家政治生活中的地位和作用，为人民政协事业的发展定下了基调。周恩来同志也曾指出，现在有党的系统、有政权的系统，再加上政协的系统，这就更能反映各个方面的意见，并有利于决议的贯彻执行。1956年，毛泽东同志总结中国共产党与各民主党派长期合作的历史经验，吸取国际共产主义运动的经验教训，提出了中国共产党与各民主党派、无党派人士"长期共存、互相监督"的合作方针，从根本上解决了民主党派的发展前途问题，确立了社会主义条件下我国多党合作的基本格局。此后，这项方针也成为人民政协工作的一项基本方针。

毛泽东同志作为第一届全国政协主席和第二、三、四届名誉主席，在创建人民政协和领导人民政协开展工作的过程中，就人民政协的共同政治基础，党对人民政协的领导，人民政协性质、任务、工作方针以及人民政协存在的必要性和重要作用等重大问题，提出了一系列独创性的重要思想，形成了毛泽东关于人民政协的思想，成为毛泽东思想的重要组成部分，有力指导了人民政协事业的创立和发展。1954年，全国政协二届一次会议制定了第一部政协章程，为各级政协设立组织、开展工作提供了基本依据。人民政协的组织建设也得到很大发展，各级政协组织从1949年的9个发展到“文革”前夕的1000多个，到1964年年底各级政协委员共19万多人。这一时期，人民政协在完成对生产资料私有制的社会主义改造、推动各种社会力量实现党和国家的总任务、活跃国家政治生活、调整统一战线内部关系，以及扩大国际活动等方面发挥了重要作用。

二

新时期的人民政协事业，是以邓小平同志为核心的党的第二代中央领导集体在领导全党全国各族人民探索建设中国特色社会主义道路、进行改革开放和社会主义现代化建设的新的伟大征程中开创的。邓小平同志作为我国社会主义改革开放和现代化建设的总设计师、新时期统一战线和人民政协事业的奠基人，领导人民政协结束了其组织长达13年的瘫痪状态，重新恢复工作，并实现了思想路线和指导方针上的拨乱反正，全面开创了人民政协事业发展的新局面。

邓小平同志是第五届全国政协主席，在推进人民政协的政治建设、思想建设、组织建设的历程中，做了大量奠基性的工作。1979年6月，邓小平同志在全国政协五届二次会议上发表具有重要历史意义的讲话，科学分析了我国社会阶级状况发生的重大变化和统一战线内部结构的变化，明确提出新时期统一战线和人民政协的任务，成为新时期统一战线和人民政协工作的纲领性文献。邓小平同志亲自主持修订了《中国人民政治协商会议章程》，在总结人民政协成立以来正反两方面经验基础上，对人民政协的性质、任务、职能以及工作总则、组织总则等基本问题作出了明确规定，为新时期人民政协事业的发展确立了科学的制度规范。这是一部比较完备的章程，其确定的总体框架和基本内容一直沿用至今。1982年，在邓小平同志推动下，人民政协的性质、作用被庄严载入宪法，为人民政协履行职能、开展工作提供了坚实的宪法保障。他还指示要制定民主党派成员参政和履行监督职责的方案，有力地推动了中国共产党领导的多党合作和人民政协工作的深入发展。

在此过程中，邓小平同志创造性地提出了一系列关于人民政协的重要思想和观点，创立了邓小平关于人民政协的理论，成为邓小平理论的重要组成部分，对人民政协的恢复和发展发挥了重大指导作用。其主要内容包括：(1)明确人民政协的性质，是巩固和扩大我国爱国统一战线的重要组织，是在共产党领导下实现各党派和无党派人士团结合作的重要机构，也是我国政治体制中发扬社会主义民主和实行互相监督的重要形式。(2)阐明人民政协存在与发展的历史依据，强调人民政协任务光荣，前程远大，大有可为。(3)丰富了多党合作的方针，指出实行共产党领导的多党合作和政治协商制度，是我国政治制度的一个特点和优点，中国共产党同各民主党派实行“长期共存、互相监督、肝胆相照、荣辱与共”的方针。(4)明确新时期统一战线和人民政协的任务，就是要调动一切积极因素，努力化消极因素为积极因素，团结一切可以团结的力量，同心同德，群策群力，维护和发展安定团结的政治局面，为把我国建设成为现代化的社会主义强国而奋斗。(5)明确人民政协的主要职能是政治协商、民主监督。(6)明确四项基本原则是参加人民政协的各党派团体和各族各界代表人士团结合作的政治基础。(7)明确在社会主义和爱国主义旗帜下实行“大团结、大统一、囊括一切代表人物”的方针是人民政协的组成原则。

新的历史时期揭开了人民政协事业发展的新篇章。人民政协坚持以经济建设为中心，在协助党和政府拨乱反正、清除“左”的影响，落实统一战线政策、调整统一战线内部关系，实现“一国两制”构想，开展人民外交，恢复和建立人民政协的工作制度、推进政协工作规范化和制度化等方面，开展了大量工作。1978年全国政协五届一次会议共有委员1988名，比上届人数增加1/3。政协组织开始向县级延伸，组织总数到1989年已增至2900多个。新时期人民政协事业的大发展，为巩固和发展爱国统一战线，发展安定团结、生动活泼的政治局面，推进改革开放和现代化建设，发挥了重要作用。

三

以江泽民同志为核心的党的第三代中央领导集体，在领导人民高举中国特色社会主义旗帜、开创改革开放新局面的历史进程中，卓有成效地运用统一战线和人民政协为继续推进社会主义现代化建设事业服务，把人民政协事业成功推向21世纪。

十三届四中全会到十六大的13年，以江泽民同志为核心的党的第三代中央领导集体，立足国内外形势的变化和建设中国特色社会主义实践的发展，着眼于党和国家事业发展的全局，对人民政协工作作出一系列重要部署，提出一系列重要论述。1989年年底，制定和颁发《中共中央关于坚持和完善中国共产党领导的多党合作和政治协商制度的意见》，明确提出中国共产党领导的多党合作和政治协商制度是我国的一项基本政治制度，人民政协是共产党领导的多党合作和政治协商的一种重要组织形式。1993年3月，八届全国人大一次会议把“中国共产党领导的多党合作和政治协商制度将长期存在和发展”载入宪法，为人民政协的长期存在和发展提供了坚实的法律依据。1995年年初，中共中央转发《政协全国委员会关于政治协商、民主监督、参政议政的规定》，对人民政协履行职能的规范化、制度化作了全面阐述。党的十五大把坚持和完善中国共产党领导的多党合作和政治协商制度载入党在社会主义初级阶段的基本纲领。1999年，江泽民同志在庆祝中国人民政治协商会议成立50周年大会上发表重要讲话，全面回顾了人民政协50年来不平凡的发展历程，科学阐述了人民政协工作的宝贵经验和优良传统，对人民政协提出了明确要求，有力推动了人民政协事业的蓬勃发展。

以江泽民同志为核心的党的第三代中央领导集体关于人民政协的新思想、新观点、新论断，成为“三个代表”重要思想的重要组成部分。其主要内容包括：(1)突出了人民政协在我国政治体制中的重要地位和作用。指出人民政协在我国政治生活中具有不可替代的作用，它同人大、政府互为补充，相辅相成。在我们这个幅员辽阔、人口众多的多民族、多党派的社会主义国家里，关系国计民生的重大问题，要通过人民政协进行协商，广泛听取各民主党派、各人民团体以及各族各界代表人士的意见，由人民代表大会行使国家权力进行决策，由人民政府执行实施。这样一种政治体制，集中体现了我国广泛的人民民主。(2)明确了人民政协这种民主形式的特点和优势。指出人民政协是我国社会主义民主政治的重要形式，它人才聚集，联系广泛，具有广泛的代表性和包容性，实行以协商讨论和批评建议为主要形式的民主监督，具有自己独特的优势和作用。坚持并不断完善这种民主形式，是发展社会主义民主政治的必然要求和重要内容。(3)把团结和民主确定为人民政协的两大主题。提出在中国共产党的领导下实行团结和民主，是人民政协性质的集中体现，是人民政协产生和发展的历史根据，是人民政协继往开来的方向和使命。(4)发展了人民政协的性质。在明确人民政协是中国人民爱国统一战线的组织基础上，确立人民政协是中国共产党领导的多党合作和政治协商的重要机构，明确了人民政协与我国基本政治制度之间的关系。(5)拓展了人民政协的主要职能。把参政议政与政治协商、民主监督并列为人民政协的主要职能，丰富了人民政协履行职能的内容和形式。(6)明确围绕中心、服务大局是人民政协履行职能必须遵循的原则，是政协工作不断开创新局面的基础。要求人民政协在协调关系、化解矛盾方面进一步发挥积极作用，努力维护安定团结的社会政治局面。

在以江泽民同志为核心的党的第三代中央领导集体正确领导下，人民政协事业取得重要进展。以全国政协关于人民政协履行职能的《规定》颁发为标志，人民政协履行职能由经常化向规范化迈进，各项工作逐步走上制度化、规范化和程序化轨道。适时调整界别设置，将人民政协的界别发展到34个，爱国统一战线进一步巩固和壮大。在这一历史时期，人民政协在推进改革开放、推进现代化建设和推进祖国统一大业的完成，增进同各国人民的相互了解和交流合作等方面作出了重要贡献。

四

党的十六大以来，在全面建设小康社会的伟大进程中，以胡锦涛同志为总书记的党中央团结带领全党全国各族人民，坚持以马克思列宁主义、毛泽东思想、邓小平理论和“三个代表”重要思想为指导，深入贯彻落实科学发展观，把人民政协工作纳入中国特色社会主义事业总体布局，作出一系列重要部署，在新的历史起点上，把人民政协事业继续推向前进。

2004年，胡锦涛总书记在庆祝中国人民政治协商会议成立55周年大会上发表重要讲话，系统阐述了党中央对人民政协工作的一系列重大理论观点，高度评价了人民政协在我国革命、建设和改革各个历史时期所作的贡献，科学总结了推进人民政协事业必须坚持的宝贵经验，对人民政协工作提出了新的要求。同年，中共中央办公厅专门下发通知，要求全党全社会认真学习贯彻修订后的政协章程。2005年以来，中共中央先后颁发了三个与人民政协事业发展密切相关的重要文件，即《关于进一步加强中国共产党领导的多党合作和政治协商制度建设的意见》《关于加强人民政协工作的意见》《关于巩固和壮大新世纪新阶段统一战线的意见》。其中，《关于加强人民政协工作的意见》，是人民政协成立以来中共中央第一次专门就人民政协工作颁发的文件，为新世纪新阶段人民政协事业的发展提供了理论基础、政策依据和制度保障，成为指导人民政协事业发展的纲领性文件。党的十七大和十七届二中全会从发展社会主义民主政治的战略高度，对加强和改进人民政协工作提出了明确要求，作出了战略部署。

在推进中国特色社会主义事业的伟大进程中，以胡锦涛同志为总书记的党中央提出了一系列关于人民政协工作的重大思想。主要有：(1)明确了人民政协事业是中国特色社会主义事业的重要组成部分。人民政协是中国共产党把马克思列宁主义统一战线理论、政党理论和民主政治理论同中国具体实践相结合的伟大创造，是中国共产党同各民主党派、人民团体和各族各界人士风雨同舟、团结奋斗的伟大成果。发展社会主义民主政治，建设社会主义政治文明，要善于运用人民政协这一政治组织和民主形式。(2)明确了社会主义民主的两种形式。人民通过选举、投票行使权利和人民内部各方面在重大决策之前进行充分协商，尽可能就共同性问题取得一致意见，是我国社会主义民主的两种重要形式。坚持和完善人民政协这种民主形式，既符合社会主义民主政治的本质要求，又体现了中华民族兼容并蓄的优秀文化传统，具有鲜明的中国特色。(3)明确了人民政协与社会主义和谐社会的关系。人民政协的基本属性、主要职能、组织构成、工作原则和活动方式，与构建社会主义和谐社会的要求是完全一致的，同构建社会主义和谐社会的各项工作是紧密相连的。人民政协在促进政党关系、民族关系、宗教关系、阶层关系、海内外同胞关系的和谐方面，能够发挥重要作用。(4)明确了新世纪新阶段人民政协的任务。人民政协要把全体社会主义劳动者、社会主义事业的建设者、拥护社会主义的爱国者和拥护祖国统一的爱国者都团结起来，为推进社会主义经济建设、政治建设、文化建设、社会建设，为实现祖国完全统一，为维护世界和平、促进共同发展而奋斗。(5)明确了人民政协必须坚持的七项工作原则。人民政协必须坚持以马克思列宁主义、毛泽东思想、邓小平理论和“三个代表”重要思想为指导，坚持中国共产党的领导，坚持在宪法和法律范围内开展工作，坚持社会主义初级阶段的基本路线、基本纲领、基本经验，坚持团结和民主两大主题，坚持科学发展观、把促进发展作为人民政协履行职能的第一要务，坚持把实现和维护最广大人民的根本利益作为人民政协工作的出发点和落脚点。(6)明确了人民政协履行政治协商、民主监督、参政议政三项主要职能的性质、作用、内容、形式和相关程序。(7)明确了人民政协自身建设的内涵。要以促进党派合作、突出界别特色、发挥委员主体作用、加强机关建设为重点，切实搞好人民政协的自身建设。(8)明确了要加强和改善党对人民政协的领导。要按照党总览全局、协调各方的原则，进一步加强和改善党对人民政协的领导，并把各级党委是否重视人民政协工作、能否发挥人民政协的作用，作为检验领导水平和执政能力的一项重要内容。要发挥中共党组在政协组织中的领导核心作用和政协组织中共产党员的先锋模范作用。要大力加强人民政协的制度建设和理论研究、宣传教育工作，形成有利于人民政协事业发展的良好氛围。上述新观点、新论断、新要求，丰富和发展了人民政协的思想和理论，为新世纪新阶段人民政协事业的发展指明了方向。

在以胡锦涛同志为总书记的党中央高度重视和大力支持下，人民政协坚持理论创新，不断推动制度创新和工作创新，各项工作呈现出蓬勃发展的良好局面。一是理论建设取得重大进展。初步确立人民政协理论的思想体系和基本框架，人民政协工作的思想政治基础更加巩固。成立了中国人民政协理论研究会，人民政协理论研究工作不断加强。二是制度建设深入推进。全国政协十届二次会议修订了《中国人民政治协商会议章程》，对人民政协的性质、职能、政协委员的基本条件和要求等进行了规范，修订和制定了《人民政协全国委员会全体会议工作规则》等与政协章程相配套的八项制度，建立、健全了学习制度。三是经常性工作活跃有效。积极探索政协提案、委员视察、专题调研、反映社情民意信息、新闻宣传、文史资料等工作的特点和规律，创新协商形式，围绕制定“十一五”规划、推进农村改革发展等事关党和国家事业发展全局的重大问题，召开了七次专题协商会，扩大了人民政协的社会影响。四是对外交流与合作更加积极务实。已与122个国家的213个机构和12个国际或区域性组织建立联系并开展友好交往。中国经社理事会和中国宗教界和平委员会在相关领域的对外交往中发挥了重要作用。五是与地方政协的联系协作更为紧密。通过开展联合专题调研、召开座谈会、举办培训班等形式，加强了交流和协作，形成了工作合力。人民政协为推动科学发展、促进社会和谐、推进“一国两制”实践和祖国和平统一大业作出了重要贡献。

五

新中国成立以来特别是改革开放30年来，随着党和国家事业的蓬勃发展，人民政协事业也不断得到发展和壮大。全国政协已经发展成为涵盖8个民主党派和无党派人士、各主要人民团体、56个民族、5大宗教、34个界别以及2000多名政协委员的政治组织。全国、省、市、县四级政协组织3161个，各级政协委员60余万。人民政协在党和国家政治生活中的地位越来越重要，作用越来越突出。当前，我们国家的发展已经站在了新的历史起点上，人民政协事业面临难得的机遇和广阔的空间。我们要全面贯彻党的十七大和十七届三中全会精神，高举中国特色社会主义伟大旗帜，以邓小平理论和“三个代表”重要思想为指导，深入贯彻落实科学发展观，继承和发扬人民政协的优良传统和宝贵经验，牢牢把握团结和民主两大主题，围绕党和国家的工作大局，认真履行政治协商、民主监督、参政议政的职能，充分发挥协调关系、汇聚力量、建言献策、服务大局的重要作用，在发展中国特色社会主义的伟大事业中把人民政协事业不断推向前进。

一是要始终坚持正确的政治方向，坚定不移地走中国特色社会主义政治发展道路。人民政协是具有中国特色的政治组织和民主形式，必须始终坚持中国共产党的领导、人民当家做主、依法治国的有机统一，坚定不移地走中国特色社会主义政治发展道路。这是人民政协存在和发展的首要政治前提。坚持中国共产党对人民政协的领导，是坚持党对社会主义事业领导核心地位的必然要求，也是人民政协在实现党和国家奋斗目标的宏伟事业中真正有所作为的根本保证。要把这一原则贯穿于履行职能的各个方面，坚定不移地贯彻党的基本理论、基本路线、基本纲领、基本经验，坚定不移地贯彻执行党关于人民政协的方针政策，在思想和行动上始终同以胡锦涛同志为总书记的党中央保持高度一致；坚持围绕党的重大决策部署履行职能、开展工作，使党的主张和重大决策部署成为参加人民政协的各民主党派、人民团体和各族各界人士的共识和自觉行动；充分发挥政协党组在政协组织中的领导核心作用，自觉遵守党的政治纪律，坚决维护党的集中统一，坚决维护中央的权威。要精心组织各种会议和活动，广泛吸收各党派、各团体、各民族、各阶层、各方面人士参与国事，进一步巩固中国共产党领导的多党合作的政治格局。要把思想理论建设摆在人民政协各项建设的首位，加强委员学习培训工作，大力推进人民政协理论研究，以理论上的清醒保证政治上的坚定，进一步夯实参加人民政协的各党派团体各族各界人士在正确道路上团结奋斗的共同思想基础，筑牢抵御西方两党制、多党制、两院制和三权鼎立等各种错误思想干扰的防线，不断增强走中国特色社会主义政治发展道路的自觉性和坚定性。

二是要始终坚持围绕中心、服务大局，为推动科学发展、促进社会和谐贡献智慧和力量。自觉服从和服务于党和国家事业发展的总体目标，把政协工作放到党和国家事业发展的大局中来思考和谋划，是人民政协履行职能必须遵循的原则。人民政协只有始终坚持围绕中心、服务大局，在推动科学发展、促进社会和谐中不断创造新业绩，才能承担起在发展中国特色社会主义伟大事业中的光荣使命，体现人民政协在全面建设小康社会伟大进程中的重要作用。我们要紧扣关系党和国家事业发展全局的重大问题，选择党和政府重视、人民群众关心、政协有条件做好的课题，以专门委员会为依托，以政协委员为主体，多层次开展专题调研和协商议政活动，向党和政府建有据之言，献务实之策，为党分忧，解民所忧。在当前国际形势深刻变化特别是国际金融危机不断扩散和蔓延的情况下，我们要更加自觉、更加坚定地深入贯彻落实科学发展观，更加自觉、更加坚定地牢牢扭住经济建设这个中心，紧紧围绕应对国际金融危机、保持经济平稳较快发展，围绕扩大内需、转变发展方式和调整结构、保障和改善民生等重大问题，认真开展调查研究，积极献计出力、发挥作用。

三是要始终坚持大团结大联合，为发展中国特色社会主义凝聚力量。团结是克服困难、赢得胜利的强大力量，是凝聚人心、成就伟业的重要保证。人民政协是中国共产党领导的各党派、各团体、各民族、各阶层大团结大联合的组织，是中华民族强大凝聚力的重要实现形式，是党和政府联系群众、团结各界的重要桥梁和纽带。要继续高举大团结大联合的旗帜，把加强团结贯穿于履行职能的各个环节，努力促进各方面关系的和谐，促进社会大局稳定。要加强参加人民政协的各党派团体和各族各界人士的沟通交流，营造增进理解、和谐议政的合作氛围。要认真贯彻党的民族、宗教政策，充分发挥民族、宗教界代表人士在人民政协中的作用，巩固和发展平等团结互助和谐的社会主义民族关系，促进信教群众与不信教群众、信仰不同宗教群众的团结，发挥宗教在促进社会和谐方面的积极作用。要重视发挥香港、澳门两个特别行政区的政协委员在港澳社会生活中的作用，探索相关机制，支持港澳委员为维护港澳繁荣稳定做贡献。积极拓展同台湾岛内有关党派团体和各界人士的联系，推动两岸人员往来和经济文化交流。通过邀请海外侨胞代表列席政协全体会议，组织他们回国参观考察，增进海外华侨华人特别是新一代华侨华人对祖国的了解和认同。通过深入扎实的工作，调动一切积极因素，团结一切可以团结的力量，形成推动科学发展、促进社会和谐的强大合力。

回顾过去，我们备受鼓舞；展望未来，我们信心满怀。人民政协的各级组织、各参加单位和广大委员，一定要紧密团结在以胡锦涛同志为总书记的中共中央周围，深入贯彻落实科学发展观，紧紧围绕党和国家事业发展的全局，开拓创新，扎实工作，为全面建设小康社会、坚持和发展中国特色社会主义作出新的更大贡献。

全国政协举行新春茶话会

全国政协主席贾庆林出席茶话会。全国政协副主席王刚出席并讲话。

出席茶话会的已故党外全国政协委员、知名人士夫人有：王定国(谢觉哉夫人)、王新兰(肖华夫人)、许克坤(李沛瑶夫人)、殷森(方毅夫人)、陈邦织(赵朴初夫人)、吕琳(杨静仁夫人)、师剑英(马文瑞夫人)、毕玲(吴学谦夫人)、张素我(周嘉彬夫人)、廖静文(徐悲鸿夫人)、马存真(马坚夫人)、廖望月(熊克武夫人)、赵恕之(陈劭先夫人)、文洁若(萧乾夫人)、李玲虹(蔡子民夫人)、黄浣碧(爱泼斯坦夫人)、徐桂芬(彭清源夫人)。

全国政协副主席杜青林、白立忱、陈奎元、阿不来提·阿不都热西提和孙孚凌及有关单位负责人出席茶话会。茶话会由全国政协副主席兼秘书长钱运录主持。

会上,文艺工作者表演了精彩的节目。

中组部 解放军总政治部 中共北京市委举行在京老同志迎春茶话会

国家副主席习近平在会上代表党中央、国务院讲话,他向出席茶话会的老同志致以节日祝贺,向全国离退休老干部、老同志致以亲切问候和崇高敬意,号召老同志紧密团结在以胡锦涛同志为总书记的党中央周围,进一步增强同舟共济、共克时艰的决心和信心,为夺取全面建设小康社会新胜利建言献策、贡献力量。

习近平要求各级党委和政府要把老干部工作作为党的干部工作的重要内容,作为构建社会主义和谐社会的重要方面,在新的一年里继续以满腔热情、深厚感情和创新精神做好老干部工作。要坚持政治上多关心、思想上多沟通、生活上多照顾、精神上多关怀。要按照发展为了人民、发展依靠人民、发展成果由人民共享的原则,全面落实老同志政治待遇、生活待遇,健全和完善离休干部离休费保障机制、医药费保障机制和财政支持机制,落实好提高离休干部护理费、企业退休人员基本养老金和国有企业离休干部医药费保障机制等政策。要更加关注困难地区、困难行业、困难单位的老同志和有特殊困难的老同志,为他们雪中送炭、排忧解难。要大力表彰和宣传老同志中为发扬党的优良传统作风、关心教育下一代,为推动科学发展、促进社会和谐作出贡献的先进典型。

茶话会由中组部部长李源潮主持。

出席茶话会的有刘淇、令计划、司马义·铁力瓦尔地、马凯、李兆焯和杨白冰、张万年、曹刚川、倪志福、布赫、铁木尔·达瓦买提、司马义·艾买提、何鲁丽、成思危、蒋正华、顾秀莲、热地、肖扬、贾春旺、万国权、陈锦华、王文元、李贵鲜、张克辉、李蒙。

第二十二次全国"扫黄"、"打非"电视电话会议在北京召开

中宣部部长刘云山出席会议并讲话。

刘云山强调,"扫黄"、"打非"事关党和国家工作大局、事关推进中国特色社会主义事业顺利发展、事关维护社会稳定和国家长治久安。要进一步加深对"扫黄"、"打非"斗争重要性、长期性、复杂性的认识,进一步增强责任感、紧迫感、使命感,自觉把"扫黄"、"打非"工作放到党和国家工作全局中去谋划和推进,坚持用维护和实现广大人民群众根本利益来衡量工作成效。

刘云山强调,要按照科学发展观的要求,准确把握党和国家对"扫黄"、"打非"工作的新要求,认真研究经济社会和科技发展对文化市场管理提出的新课题,积极适应人民群众对积极健康向上精神文化生活的新期待,既要毫不动摇、毫不懈怠地推进"扫黄"、"打非"工作,又要以改革创新精神推进"扫黄"、"打非"工作更加科学地开展。要坚持统筹兼顾、综合治理,把打击与预防、惩治与教育、治标与治本结合起来,把思想教育、行政管理、依法打击、行业自律、群众参与、技术支撑结合起来,构筑"扫黄"、"打非"工作新格局。要把"扫黄"、"打非"作为文化市场综合执法的首要任务,坚持把"扫黄"、"打非"工作与群众性精神文明创建活动、城市社区和新农村建设、社会治安综合治理结合起来,使文化市场管理的任务落实到基层。要全方位、多角度地开展保护知识产权的宣传教育,进一步推动社会主义核心价值体系的建设。

会议表彰了2008年"扫黄"、"打非"工作先进集体、先进个人和有功集体、有功个人。全国"扫黄"、"打非"工作小组成员单位和中央有关部门负责同志出席了会议。各省、自治区、直辖市党委和政府分管领导及有关部门负责人在分会场参加了会议。

全国侨办主任会议在北京召开

国务委员戴秉国出席会议并讲话。他希望侨务工作紧贴和服务国家工作大局。在当前形势下,要注重发挥侨务工作的独特优势,为中国经济实现平稳较快增长服务。要用心服务,涵养资源。各级侨办要牢固树立服务意识,饱含热情开展工作,切实实现好、维护好、发展好海外侨胞和归侨侨眷的根本利益,激励他们更好地为中华民族的伟大复兴贡献力量。

国务院侨务办公室主任李海峰向大会作了工作报告。

全国人大华侨委员会、全国政协港澳台侨委员会、致公党中央、中国侨联等有关方面负责人出席了会议。

银监会召开2009年第一次经济金融形势通报会

中国银监会主席刘明康强调,在宏观经济下行的大背景下,2009年银行业要做到"三个相结合":保增长和防风险相结合,当前与长远相结合,治标与治本相结合。在审慎风险管理、风险可控的前提下,创新融资方式,拓宽融资渠道,满足合理的资金需求,以坚定的决心和实际行动加强改进信贷服务,加大对经济支持力度,促进国民经济平稳较快发展。

刘明康认为,目前美欧银行间市场的流动性虽然略有好转,但金融危机仍未见底,不确定因素还很多。2009年,银行业金融机构必须继续严格控制不良贷款余额和比率,要求银行拨备覆盖率至少要达到130%以上。风险较高的银行应更加注重创造条件,进一步将拨备覆盖率提高到150%以上。同时要积极拓宽资本金募集渠道,确保资本始终充足。

中国农业银行股份有限公司在京召开成立大会

这不仅标志着农业银行股份制改革取得了决定性成果,也表明我国国有独资商业银行股份制改革进入了"收官"阶段。中国农业银行股份有限公司将承继原中国农业银行全部资产、负债、业务、机构网点和员工,注册资本为2600亿元。财政部和中央汇金投资有限责任公司分别持有中国农业银行股份有限公司50%的股权,依法行使中国农业银行股份有限公司发起人的权利和义务。经过规定的程序批准,项俊波任中国农业银行股份有限公司董事长,张云任副董事长、行长,车迎新任监事长。

中国银联与美国环汇公司在环汇加拿大公司总部多伦多正式签署中国银联卡在加拿大开通协议

中国与印度第三次财金对话会议在新德里举行

中国赴刚果(金)维和医疗分队在刚果(金)东部布卡武维和任务区内与多国维和分队举行联合卫勤演练

六部委举办文艺演出慰问专家学者

中组部、中宣部、中央统战部、人力资源和社会保障部、科技部、国家广电总局六部委在中央电视台举行春节慰问专家学者文艺演出活动。来自20余个国家部委及所属科研院所、高等学校的500多位在京"两院"院士和著名专家学者观看了演出。

《中国湿地百科全书》首发仪式在北京举行

2009年世界湿地日庆典活动暨《中国湿地百科全书》首发仪式在北京举行。

《中国湿地百科全书》是我国第一部湿地百科全书,由湿地国际、北京科学技术出版社联合出版,北京晁田文化发展有限公司投资、策划。该书为1卷本,共设置条目1000余条,设湿地科学、省市湿地、主要湿地、湿地保护区、湿地生物、湿地文化、湿地保护7个编写分支。全书有4000余个索引,图片1100余幅,约180万字。该书由国家新闻出版总署推荐参加2009年德国法兰克福国际书展,入选2009年"北京出版工程"。

第六届中华人口奖颁奖仪式在北京举行

华建敏等出席了颁奖仪式。中国计划生育协会会长姜春云、第十届全国政协副主席王忠禹荣获第六届中华人口奖"特别荣誉奖";原河南省副省长王菊梅、原浙江省副省长盛昌黎、广东省人口计生委主任张枫、原江苏省人口计生委主任张肖敏、青岛市人口计生委主任李淑华、沈阳市大东区永丰社区计生协副会长李金萍荣获"工作奖";北京协和医院妇产科主任医师乌毓明、中国福利会国际和平妇幼保健院主任医师庄留琪、南开大学经济学院人口与发展研究所教授李建民、北京大学中国经济研究中心教授曾毅荣获"科学技术奖"。

1月17日

中共中央政治局委员李源潮在陕西省延安市和安塞县看望慰问老红军老八路老战士老党员

李源潮说,艰苦奋斗是延安精神的重要组成部分,是革命前辈留给我们的宝贵精神财富。我国还处于社会主义初级阶段,领导干部不能带头享乐,而要带头艰苦奋斗,艰苦奋斗的延安精神和作风永远不能丢。

李源潮还在安塞召开座谈会,传达胡锦涛总书记最近对安塞县学习实践活动的重要指示精神。他充分肯定陕西省、延安市和安塞县学习实践活动取得的成效,要求认真贯彻落实胡锦涛总书记指示精神,紧密联系当前经济形势继续深入学习科学发展观,求真务实地制定好整改落实方案,集中力量解决群众反映强烈的突出问题,努力建立落实科学发展观的长效机制,确保学习实践活动取得让人民群众满意的实效。

河南省第十一届人民代表大会第二次会议选举郭庚茂为省长

政协辽宁省第十届委员会第二次全体会议选举岳福洪为省政协主席

2009年首都侨界新春茶话会在北京举行

全国人大华侨委员会、国务院侨务办公室、全国政协港澳台侨委员会、中国致公党中央委员会、中华全国归国华侨联合会在北京举行2009年首都侨界新春茶话会。国务委员戴秉国出席并讲话。

戴秉国强调,希望各涉侨部门和单位深入贯彻落实科学发展观,牢牢把握以人为本、为侨服务的宗旨,把维护海外侨胞和归侨侨眷的根本利益作为工作的出发点和落脚点,进一步探索侨务工作的规律,统筹规划、协调合作,与时俱进、奋发进取,扎实做好侨务各项工作,为确保经济平稳较快发展,维护社会稳定大局作出新的贡献。希望广大归侨侨眷、海外侨胞发挥优势,积极投身改革开放伟大实践,争做中国特色社会主义事业的参与者、祖国统一大业的促进者、中国人民与世界各国人民友好交往的推动者。

司马义·铁力瓦尔地、陈昌智、阿不来提·阿不都热西提和在京的部分海外侨胞、归侨侨眷、华人朋友以及侨务工作者、社会各界知名人士等千余人出席了茶话会。茶话会由全国政协副主席、致公党中央主席万钢主持。

中国科学院中国现代化研究中心发布《中国现代化报告2009——文化现代化研究》

“艺术与和平”国际学术研讨会在北京举行

中国国际问题研究基金会理事长、原外交部副部长张德广和上海合作组织副秘书长扎哈洛夫为研讨会致辞。原全国人大常委会副委员长司马义·艾买提、全国人大外事委员会主任委员李肇星、中国人民对外友好协会会长陈昊苏、柬埔寨王国前副首相诺罗敦·斯力武亲王等参加了研讨会。

1月18日

国家副主席习近平在天津调研

1月18日至19日，习近平在天津市委书记张高丽和市长黄兴国等陪同下，深入企业、港口、农村、学校、社区和农贸市场，看望慰问基层干部群众，实地调研经济社会发展和党的建设情况。

调研期间，习近平召开天津市党政领导干部座谈会，听取市委、市政府的工作汇报。他对天津近年来经济社会发展取得的新进步给予充分肯定。他强调，各级领导干部要认真学习贯彻胡锦涛同志在中央纪委三次全会上的重要讲话精神，大力弘扬密切联系群众的作风，始终牢记党的根本宗旨，坚持以人民利益为重、以人民期盼为念，努力为群众多办好事、多办实事；要大力弘扬调查研究的作风，倾听民意、关注民生、沟通民心，坚持到基层和群众中发现存在的问题、寻找解决的办法；要大力弘扬艰苦奋斗的作风，牢记“两个务必”，坚持吃苦在前、享受在后，坚持勤俭办一切事业，坚决反对铺张浪费和大手大脚；要大力弘扬清正廉洁的作风，始终坚持为民、务实、清廉，保持共产党人的蓬勃朝气、昂扬锐气、浩然正气，不断提高拒腐防变能力。

中组部部长李源潮参加了天津市党政领导干部座谈会。

第七届中国十大女杰评选活动在北京揭晓

荣获本届中国十大女杰荣誉称号的是：锐意开拓的全国最大苯胺企业吉林康乃尔集团董事长宋治平；勇于攻克医学难关的眼科专家武警河南省总队医院副院长刘苏冰；中国播音主持界领军人物的中央电视台新闻播音组组长李瑞英；被誉为“中国花布大王”的江苏亚萍集团董事长陆亚萍；坚强奋战在抗震救灾第一线的抗震救灾英雄四川省彭州市公安局教导员蒋敏；为我国航天事业作出突出贡献的载人航天工程唯一女总指挥中国科学院光电研究院副院长高铭；德艺双馨的著名表演艺术家上海电影集团一级演员秦怡；为建设社会主义新农村作出卓越贡献的山西省昔阳县大寨村党总支书记郭凤莲；产后带伤复出并成功卫冕北京奥运会冠军的广东省柔道运动员冼东妹；真情传播党的理论成果的中国人民解放军某部一期士官努尔比亚·依明。

中航商用飞机发动机公司在上海成立

中航商用飞机发动机公司的成立是我国航空发动机领域又一次体制机制的创新，也标志着我国在建设航空工业强国的征程中又迈出了坚实的一步。

2008年中国十大科技进展新闻揭晓

由中国科学院院士工作局、中国工程院学部工作局和科学时报社共同主办，552名中国科学院院士和中国工程院院士投票评选出的2008年中国十大科技进展新闻揭晓。

评选出的2008年中国十大科技进展新闻是：“神舟”七号发射成功，中国迈出太空行走第一步；下一代互联网研究与产业化获得重大突破；首条国际一流水平的高速铁路在京津两大城市间开通；首个中国人基因组序列研究成果发表；北京正负电子对撞机重大改造工程建设任务圆满完成；曙光5000 A跻身世界超级计算机前十；光谱获取率最高望远镜落成；自主研制的支线飞机首飞成功；量子中继器实验完美实现；转基因抗虫棉使北方农作物免受虫害。

王北星夺得国际滑联速度滑冰短距离世界锦标赛女子全能冠军

黄河壶口瀑布景区出现百年不遇的特大凌汛

1月19日

国务院总理温家宝主持召开国务院全体会议讨论《政府工作报告(征求意见稿)》

温家宝主持召开国务院第2次全体会议，讨论即将提请十一届全国人大二次会议审议的《政府工作报告(征求意见稿)》。会议决定，将此稿发往各省、自治区、直辖市和中央有关部门、单位征求意见。

温家宝在会上发表了讲话。他说，今年在应对国际金融危机的特殊情况下，政府工作报告备受国内外关注，人民群众寄予厚望。一定要以对党和国家事业、对人民群众高度负责的精神，认真写好这个报告。要把报告稿征求意见和修改的过程，作为统一认识、增强信心的过程，作为应对危机、克服困难的过程，作为集思广益、科学决策的过程，作为完善措施、狠抓落实的过程。

温家宝指出，过去的一年，是极不寻常、极不平凡的一年。我们全面夺取抗击两场突如其来特大自然灾害的重大胜利，积极应对历史罕见国际金融危机的严重冲击，克服国际市场初级产品价格剧烈波动的不利影响，保持了国民经济平稳较快发展和物价基本稳定。我们正确把握宏观调控的方向、重点、力度和节奏，根据经济形势的变化，适时对宏观经济政策作出重大调整。特别是下半年，针对国际金融危机对我国经济的不利影响，我们果断提出灵活审慎的宏观经济政策，将宏观调控的重点转向保持经济平稳较快增长，明确提出实施积极的财政政策和适度宽松的货币政策，迅速推出扩大内需、促进经济平稳较快增长的十项措施。实践证明，中央采取的一系列宏观调控政策是及时的、正确的、有效的，使我们在应对国际金融危机中赢得了时间，争取了主动，稳定了局势。

温家宝指出，今年是我国进入新世纪以来经济发展最困难的一年。做好一季度经济工作，将为完成全年国民经济和社会发展各项任务赢得主动，奠定基础，也可起到振奋精神、坚定信心、鼓舞士气的作用。要全力做好一季度经济工作，尽快扭转经济增速下滑趋势，千方百计实现今年经济工作的良好开局。(一)抓紧落实近期出台的扩大内需、促进经济增长的一揽子计划，加快制定和实施重点产业调整振兴规划。做到尽早完善政策规划和科技支撑规划，尽早核准项目计划，尽早安排财政资金，尽早下达银行贷款，尽早落实各项措施。(二)抓好冬春农业生产。要抓紧落实各项强农惠农政策，特别是粮食直补、良种补贴、农资综合补贴和农机具购置补贴政策要及早兑现到户。搞好越冬农作物管理，大力加强冬春农田水利和高标准农田建设，提前做好春耕备耕工作。(三)促进工业平稳较快发展。要引导企业调整产品结构，加强内部管理，降低经营成本，积极开拓市场，稳定就业岗位。亏损企业要尽快实现扭亏增盈。落实调整振兴产业各项规划。大力扶持中小企业发展。(四)搞好春节商品供应和服务，扩大城乡居民消费。认真落实“家电下乡”、“汽车下乡”、农机补贴等政策。(五)努力保持对外贸易稳定增长。要继续实施以质取胜和市场多元化战略，积极开拓新兴市场，努力提高出口产品质量。落实国务院保持外贸稳定增长的政策措施。(六)维护金融稳定和金融安全。要妥善应对国际金融危机的变化，既要严密防范外来冲击，也要加强防范和化解内部风险，始终保持我国银行业稳健运行。

温家宝指出，我们的政府是人民的政府，必须始终坚持以人为本的执政理念。越是困难的时候，越要重视民意、体察民情、关注民生，维护社会和谐稳定。各地区、各部门要坚决落实中央关于保障和改善民生的一系列部署，着力解决关系人民群众切身利益的热点难点问题。一是高度重视做好就业工作。今年就业形势十分严峻，各地区、各部门要逐项落实国务院加强高校毕业生就业工作的七项措施和做好当前农民工工作的六项措施。二是关心困难群众生产生活。各级领导同志要经常深入灾区、贫困地区和困难企业，认真解决群众面临的各种实际问题，确保他们吃饱穿暖、安全过冬。认真落实中央确定的对灾区扶持政策，积极做好对口支援工作。三是抓好安全生产和社会稳定。全面开展安全生产隐患排查治理，加强公共聚集地的安全防范，抓好重点行业和重点企业的安全管理。强化社会治安综合治理，积极化解各类社会矛盾。各地方要精心组织丰富多彩、健康向上的群众文化活动，深入开展科技、文化、卫生“三下乡”活动，确保全国人民过一个欢乐、祥和、平安的春节。

温家宝最后说，今年政府工作艰巨而又繁重。我们要在以胡锦涛同志为总书记的党中央领导下，紧紧依靠全国人民，抓住机遇，迎接挑战，克服困难，以经济社会又好又快发展的新成绩迎接新中国成立60周年！

国务院全体会议组成人员出席了会议，有关部门、单位负责人列席了会议。

国办发出《关于加强普通高等学校毕业生就业工作的通知》

各省、自治区、直辖市人民政府，国务院各部委、各直属机构：

普通高等学校毕业生(以下简称高校毕业生)是我国宝贵的人力资源。当前，受国际金融危机影响，我国就业形势十分严峻，高校毕业生就业压力加大。各地区、各有关部门要把高校毕业生就业摆在当前就业工作的首位，采取切实有效措施，拓宽就业门路，鼓励高校毕业生到城乡基层、中西部地区和中小企业就业，鼓励自主创业，鼓励骨干企业和科研项目单位吸纳和稳定高校毕业生就业。为进一步加强高校毕业生就业工作，经国务院同意，现就有关问题通知如下：

一、鼓励和引导高校毕业生到城乡基层就业。鼓励高校毕业生积极参加社会主义新农村建设、城市社区建设和应征入伍。围绕基层面向群众的社会管理、公共服务、生产服务、生活服务、救助服务等领域，大力开发适合高校毕业生就业的基层社会管理和公共服务岗位，引导高校毕业生到基层就业。对到农村基层和城市社区从事社会管理和公共服务工作的高校毕业生，符合公益性岗位就业条件并在公益性岗位就业的，按照国家现行促进就业政策的规定，给予社会保险补贴和公益性岗位补贴，所需资金从就业专项资金列支；对到农村基层和城市社区其他社会管理和公共服务岗位就业的，给予薪酬或生活补贴，所需资金按现行渠道解决，同时按规定参加有关社会保险。对到中西部地区和艰苦边远地区县以下农村基层单位就业、并履行一定服务期限的高校毕业生，以及应征入伍服义务兵役的高校毕业生，按规定实施相应的学费和助学贷款代偿。对具有基层工作经历的高校毕业生，在研究生招录和事业单位选聘时实行优先，在地市级以上党政机关考录公务员时也要进一步扩大招考录用的比例。

继续实施和完善面向基层就业的专门项目，扩大项目范围。相关项目由各有关部门继续加强组织领导，省级人民政府负责做好各类基层就业项目之间的政策衔接。2009年，中央有关部门继续组织实施“选聘高校毕业生到村任职”、“三支一扶”（支教、支农、支医和扶贫）、“大学生志愿服务西部计划”、“农村义务教育阶段学校教师特设岗位计划”等项目，各地也要因地制宜开展地方项目，鼓励和引导更多的高校毕业生报名参加。鼓励高校毕业生在项目结束后留在当地就业，今后相对应的自然减员空岗全部聘用服务期满的高校毕业生。对参加项目的高校毕业生给予生活补贴，所需资金按现行资金渠道解决，同时按规定参加有关社会保险。各专门项目相关待遇政策的衔接办法，由人力资源社会保障部、财政部、教育部、中组部、共青团中央等有关部门另行研究制定。

二、鼓励高校毕业生到中小企业和非公有制企业就业。各类中小企业和非公有制企业是高校毕业生就业的主要渠道。要进一步清理影响高校毕业生就业的制度性障碍和限制，为他们提供档案管理、人事代理、社会保险办理和接续、职称评定以及权益保障等方面的服务，形成有利于高校毕业生到企业就业的社会环境。对企业招用非本地户籍的普通高校专科以上毕业生，各地城市应取消落户限制（直辖市按有关规定执行）。企业招用符合条件的高校毕业生，可按规定享受相关就业扶持政策。劳动密集型小企业招用登记失业高校毕业生等城镇登记失业人员达到规定比例的，可按规定享受最高为200万元的小额担保贷款扶持。

三、鼓励骨干企业和科研项目单位积极吸纳和稳定高校毕业生就业。鼓励国有大中型企业特别是创新型企业创造条件，更多地吸纳有技术专长的高校毕业生就业。充分发挥高新技术开发区、经济技术开发区和高科技企业集中吸纳高校毕业生就业的作用，加强人才培养使用和储备。各地在实施支持困难企业稳定员工队伍的工作中，要引导企业不裁员或少裁员，更多地保留高校毕业生技术骨干，对符合条件的困难企业可按规定在2009年内给予6个月以内的社会保险补贴或岗位补贴，由失业保险基金支付；困难企业开展在岗培训的，按规定给予资金补助。承担国家和地方重大科研项目的单位要积极聘用优秀高校毕业生参与研究，其劳务性费用和有关社会保险费补助按规定从项目经费中列支，具体办法由科技、教育、财政等部门研究制定。高校毕业生参与项目研究期间，其户口、档案可存放在项目单位所在地或入学前家庭所在地人才交流中心。聘用期满，根据工作需要可以续聘或到其他岗位就业，就业后工龄与参与项目研究期间的工作时间合并计算，社会保险缴费年限连续计算。

四、鼓励和支持高校毕业生自主创业。鼓励高校积极开展创业教育和实践活动。对高校毕业生从事个体经营符合条件的，免收行政事业性收费，落实鼓励残疾人就业、下岗失业人员再就业以及中小企业、高新技术企业发展等现行税收优惠政策和创业经营场所安排等扶持政策。在当地公共就业服务机构登记失业的自主创业高校毕业生，自筹资金不足的，可申请不超过5万元的小额担保贷款；对合伙经营和组织起来就业的，可按规定适当扩大贷款规模；从事当地政府规定微利项目的，可按规定享受贴息扶持。有创业意愿的高校毕业生参加创业培训的，按规定给予职业培训补贴。强化高校毕业生创业指导服务，提供政策咨询、项目开发、创业培训、创业孵化、小额贷款、开业指导、跟踪辅导的“一条龙”服务。各地要建设完善一批投资小、见效快的大学生创业园和创业孵化基地，并给予相关政策扶持。鼓励支持高校毕业生通过多种形式灵活就业，并保障其合法权益，符合规定的，可享受社会保险补贴政策。

五、强化高校毕业生就业服务和就业指导。充分发挥人力资源市场配置资源的作用，强化公共就业服务的功能。人力资源社会保障、教育等部门及高校要加强协作，采取网络招聘、专场招聘、供求洽谈会和用人单位进校园等多种方式，大力开展面向高校毕业生的就业服务系列活动，为应届高校毕业生提供更多、更快、更好的免费就业信息和各类就业服务。高校要强化对大学生的就业指导，开设就业指导课并作为必修课程，重点帮助毕业生了解就业政策，提高求职技巧，调整就业预期。加强高校就业指导服务机构建设，落实人员、场地和经费。加强人力资源市场管理,严厉打击违法违规行为,加强招聘活动安全保障,维护高校毕业生就业权益。

六、提升高校毕业生就业能力。大力组织以促进就业为目的的实习实践,确保高校毕业生在离校前都能参加实习实践活动。完善离校未就业高校毕业生见习制度,鼓励见习单位优先录用见习高校毕业生。见习期间由见习单位和地方政府提供基本生活补助。拓展一批社会责任感强、管理规范的用人单位作为高校毕业生实习见习基地。从2009年起,用3年时间组织100万未就业的高校毕业生参加见习。加强高等职业院校学生的技能培训,实施毕业证书和职业资格证书"双证书"制度,努力使相关专业符合条件的应届毕业生通过职业技能鉴定获得相应职业资格证书。人力资源社会保障部门根据高校毕业生需要,提供专场或其他形式的职业技能鉴定服务,教育部门及高校要给予积极配合。对符合就业困难人员条件的高校毕业生,按规定给予鉴定补贴。

七、强化对困难高校毕业生的就业援助。对困难家庭的高校毕业生,高校可根据实际情况给予适当的求职补贴。各级机关考录公务员、事业单位招聘工作人员时,免收困难家庭高校毕业生的报名费和体检费。对离校后未就业回到原籍的高校毕业生,各地公共就业服务机构要摸清底数,免费提供政策咨询、职业指导、职业介绍和人事档案托管等服务,并组织他们参加就业见习、职业技能培训等促进就业的活动。对登记失业的高校毕业生,各地要将他们纳入当地失业人员扶持政策体系。对就业困难的高校毕业生和零就业家庭的高校毕业生,实施一对一职业指导、向用人单位重点推荐、公益性岗位安置等帮扶措施,按规定落实社会保险补贴、公益性岗位补贴等就业援助政策。

八、加强领导,明确责任。各地要加强对高校毕业生就业工作的组织领导,将高校毕业生就业纳入当地就业总体规划,统筹安排,确定目标任务,实行目标责任制,加强工作考核和督查。各有关部门要切实发挥职能,落实工作责任。各级人力资源社会保障部门要牵头制定和实施高校毕业生就业政策,并做好高校毕业生离校后的就业指导和就业服务工作。教育部门要指导高校大力加强在校生的就业指导和服务工作,并继续深化高等教育改革。财政部门要根据高校毕业生就业形势和实际需要,统筹安排资金用于促进高校毕业生就业。其他有关部门要认真履行职责,加强协调配合,共同推动工作。要大力开展高校毕业生就业工作的宣传,引导高校毕业生树立正确的就业观和成才观,形成全社会共同促进高校毕业生多渠道就业的良好舆论环境。各地要按照本通知要求,结合本地实际,制定切实有效的政策措施,创造性地开展工作,千方百计促进高校毕业生就业。

国务院办公厅

2009年1月19日

中共中央政治局常委习近平在深入学习实践科学发展观活动座谈会上发表讲话

中央深入学习实践科学发展观活动领导小组于在天津召开有天津、河北、山西、内蒙古、黑龙江、山东、重庆、甘肃8个省、自治区、直辖市学习实践活动领导小组负责人和办公室主任参加的座谈会。

习近平在讲话中指出,各地在分析检查阶段紧跟中央精神深化学习,进一步提高广大党员、干部贯彻落实科学发展观的自觉性和坚定性;紧扣主题召开领导班子专题民主生活会,进一步明确推动科学发展的努力方向;集思广益撰写分析检查报告,努力形成推动科学发展的高质量指导性文件;扎扎实实搞好群众评议,进一步吸取意见、扩大共识;坚持学习实践活动与推动各项工作相结合,进一步突出实践特色。总的看,各地把学习实践活动同积极应对国际金融危机带来的不利影响、保持经济平稳较快发展紧密结合起来,努力做到相互促进,取得了新的阶段性成效。各地要继续保持良好的精神状态,再接再厉、乘势而为,扎扎实实抓好整改落实阶段的工作。

习近平指出,解决突出问题是学习实践活动突出实践特色的集中体现,整改落实方案是群众衡量学习实践活动是否取得实效的对照表。各地区各部门各单位要以形成的分析检查报告为依据,制定出针对性和可操作性强的整改落实方案,切实做到整改落实项目明确、整改落实目标和时限要求明确、整改落实措施明确、整改落实责任明确,并向党员和群众作出公开承诺。在解决突出问题的同时,要针对体制障碍,制定和完善保障科学发展的体制机制,建立、健全推动科学发展的政策法规和符合科学发展要求的规章制度,完善落实制度的工作机制和配套措施,确保各项制度行得通、管得住、用得好、可持续。

习近平强调,现在正值岁末年初,工作头绪多,任务繁重。参加第一批学习实践活动的单位都要把扎实开展学习实践活动与做好当前各项工作紧密结合起来,进一步拓展工作思路,搞好统筹协调,认真贯彻落实中央关于保持经济平稳较快发展的各项政策措施,以抓好学习实践活动的实际成果来推动当前各项工作。

中组部部长、中央深入学习实践科学发展观活动领导小组副组长李源潮出席座谈会并作了讲话,天津市委书记、市学习实践活动领导小组组长张高丽等出席座谈会。座谈会上，8个省、自治区、直辖市学习实践活动领导小组负责人分别介绍了学习实践活动分析检查阶段的特点、成效和整改落实阶段的安排打算。

国务院副总理张德江在安徽检查安全生产工作

张德江1月19日至20日在安徽检查安全生产工作时强调，要充分认识做好安全生产工作的极端重要性，深入贯彻落实科学发展观，扎实开展"安全生产年"活动，全面加强安全生产各项工作，标本兼治，狠抓落实，着力抓好重点行业和重点企业的安全管理，促进安全生产形势稳定好转，确保人民群众生命财产安全。

安徽省委书记王金山、省长王三运、国家安监总局局长骆琳以及国务院有关部门负责同志陪同检查。

国务委员刘延东看望中国艺术研究院专家学者

刘延东在看望时强调，要解放思想，深化改革，勇于创新，科学管理，充分发挥广大文化工作者的聪明才智，努力把我国的艺术研究、艺术创作和艺术教育提高到一个新的水平。一是坚持以中国特色社会主义理论为指导，坚持"为人民服务、为社会主义服务"的正确方向，贯彻"百花齐放、百家争鸣"的方针，使艺术研究真正为建设社会主义核心价值体系服务，为建设中华民族共有精神家园服务，为全面建设小康社会服务。二是坚持贴近实际、贴近生活、贴近群众，注重思想性、科学性、艺术性、观赏性的统一，繁荣艺术创作，努力生产出更多体现时代要求、人民群众喜闻乐见、能够长久流传的精品力作。三是坚持弘扬传统，努力开拓发展，充分发挥艺术研究和艺术创作在文化生产、文化传播和文化传承中的重要作用，把继承民族优秀文化遗产与焕发时代文化活力有机地结合起来。四是坚持理论创新、方法创新、教学创新，不断完善体制机制，推动艺术研究、艺术创作和艺术教学相结合，努力培养造就更多更好的优秀艺术专业人才。

国务院参事中央文史研究馆馆员迎春招待会在北京举行

全国人大常委会副委员长周铁农，国务委员兼国务院秘书长马凯，全国政协副主席杜青林、全国政协副主席白立忱出席招待会。

马凯在招待会上致辞。他说，2008年各位国务院参事认真履行参政议政、建言献策、咨询国是、统战联谊职责，紧紧围绕党和政府中心工作和人民群众关心的热点、难点问题，深入基层开展调研，提出了许多有重要参考价值的建议，为国务院科学民主决策发挥了参谋助手作用。各位中央文史研究馆馆员发挥独特优势，积极开展文史研究、艺术创作、文化交流和社会性文化咨询等工作，着力推动海内外文化交流，积极参与社会公益活动，为促进中华文化的繁荣与发展贡献了力量。

马凯强调，2009年将迎来新中国成立60周年，做好党和国家各项工作十分紧要。希望各位参事为保增长、扩内需、调结构，促进国民经济平稳较快发展积极建言献策；各位馆员在推动社会主义文化大发展、大繁荣，传承、弘扬和创新优秀民族文化等方面充分发挥作用。各级参事室、文史研究馆要深入学习实践科学发展观，认真贯彻党中央、国务院的部署和要求，积极组织参事、馆员开展参政咨询和文化活动，为全面建设小康社会、加快推进中国特色社会主义伟大事业作出新的贡献。

41位国务院参事、25位中央文史研究馆馆员出席招待会。

西藏自治区九届人大二次会议表决通过3月28日为"西藏百万农奴解放纪念日"

中美签署PPP援助恢复重建谅解备忘录

美国公共—私营部门合作伙伴(Public-Private Partnership, PPP)援助汶川地震灾区恢复重建谅解备忘录签署生效。商务部副部长易小准与美国国际发展署署长福尔、美国商业圆桌会议常务董事拉里·伯顿分别代表中美两国政府和私营部门签署了谅解备忘录。

根据谅解备忘录，美方将采取公共—私营部门合作伙伴方式，即美国国际发展署牵头协调，美国企业和非政府组织出资的方式提供援助，支持汶川地震灾区恢复重建。援助将集中在医疗卫生、教育、基础设施、能源和灾害应对等领域。其中，医疗卫生领域由强生和默克公司牵头，教育领域由宝洁和思科公司牵头，基础设施领域由霍尼韦尔公司牵头，能源领域由雪佛龙公司牵头，灾害应对领域由美国国际发展署牵头。

1月20日

中国法学会第六次全国会员代表大会在人民大会堂开幕

中共中央总书记、国家主席、中央军委主席胡锦涛，全国人大常委会委员长吴邦国，国务院总理温家宝，国家副主席习近平等出席开幕会。

出席开幕会的领导同志还有李源潮、令计划、李建国、孟建柱、王胜俊、曹建明、张榕明。

开幕会由第五届中国法学会会长韩杼滨主持。

这次会议的主要任务是全面贯彻党的十七大和十七届三中全会精神，高举中国特色社会主义伟大旗帜，以邓小平理论和"三个代表"重要思想为指导，深入贯彻落实科学发展观，认真总结法学会过去5年的工作，明确今后5年的主要任务，选举产生中国法学会新一届理事会和领导机构。

大会于1月21日闭幕。通过了关于《中国法学会章程(修改)》的决议和中国法学会第五届理事会工作报告的决议。通过大会选举，韩杼滨再次当选为中国法学会会长，刘飏再次被推举为中国法学会常务副会长。大会通过了大会还选举产生了中国法学会副会长、秘书长、常务理事、理事，聘任了学术委员会主任、副主任、委员。

国务院总理温家宝在人民大会堂会见外国专家代表及其亲属

温家宝强调，中国的改革开放和现代化建设离不开世界。我们将永远坚持对外开放的方针，不断引进外国的先进技术和管理经验，引进大批优秀的专门人才。人才是知识和科技的载体。要靠高素质的人才，创造高质量的业绩，为有效应对当前国际金融危机、保持经济平稳较快发展，提供强有力的智力支持。

温家宝说，外国专家到中国来工作，是对中国的前途充满信心的表现。我们欢迎更多的外国专家到中国创业和发展，愿意和大家一起真诚合作，共克时艰。中国政府将努力提高管理和服务水平，为外国专家创造良好的生活和工作环境，使新老外国专家在华心情舒畅，生活愉快，工作顺利，事业有成。

参加会见的还有中组部部长李源潮，国务院副总理张德江，国务委员兼国务院秘书长马凯，国务委员戴秉国等。

国务院总理温家宝在人民大会堂会见来华出席第三次中俄财长对话的俄罗斯副总理兼财长库德林

全国政协主席贾庆林在中南海与全国性宗教团体负责人举行迎春座谈会

贾庆林强调，2009年是新中国成立60周年，也是推进"十一五"规划顺利实施的关键一年。做好今年的宗教工作，具有十分重要的意义。宗教界和各宗教团体要认真学习贯彻党的十七大和十七届三中全会精神，深入贯彻落实科学发展观，坚持党的宗教工作基本方针，正确认识和把握宗教工作面临的新情况、新问题，围绕中心促发展，服务大局保稳定，着眼长远强基础，与党和政府一道共同应对各种挑战，以优异的成绩迎接新中国成立60周年。

贾庆林在讲话中对宗教界和各宗教团体提出了三点希望：要更加自觉地继承和弘扬优良传统，坚定不移地走中国特色社会主义道路；要更加积极地服从服务于党和国家工作大局，为保持经济平稳较快发展和维护社会和谐稳定贡献力量；要更加扎实地推进爱国宗教团体和宗教教职人员队伍建设，切实保证宗教组织领导权牢牢掌握在爱国爱教人士手中。

贾庆林最后指出，各级党委、政府要进一步加强和改善对宗教工作的领导，高度重视和充分发挥宗教团体的积极作用，帮助和指导他们增强自养能力，依法依章搞好自我管理，切实维护宗教界合法权益。统战、宗教部门要经常深入基层、加强调研，及时发现、妥善解决影响宗教关系和谐的突出问题。要注意了解和解决宗教团体的困难，关心信教群众特别是灾区、贫困地区信教群众的生产生活，使广大信教群众都过上欢乐祥和的节日。

国务院副总理回良玉，全国政协副主席、中央统战部部长杜青林等出席座谈会。应邀出席座谈会的全国性宗教团体负责人有：中国佛教协会会长一诚、中国道教协会会长任法融、中国伊斯兰教协会副会长余振贵、中国天主教爱国会副主席刘柏年、中国基督教三自爱国运动委员会主席傅先伟等。

全国政协主席贾庆林在人民大会堂会见马来西亚华人公会总会长运输部长翁诗杰率领的马华公会代表团

全国精神文明建设工作表彰大会在北京举行

中共中央政治局常委、中央文明委主任李长春出席并讲话。他强调，精神文明建设要深入贯彻落实科学发展观，着力推动社会主义核心价值体系建设，提高公民文明素质和社会文明程度，促进社会主义文化大发展大繁荣，为应对国际金融危机、保持经济平稳较快发展，夺取全面建设小康社会新胜利提供强大精神动力、营造良好社会环境。

大会由中宣部部长、中央文明委副主任刘云山主持。国务委员、中央文明委副主任刘延东宣读了表彰决定，授予14个全国文明城市(区)、672个全国文明村镇、1343个全国文明单位、100名全国精神文明建设先进工作者、80个全国创建工作先进城市(区)荣誉称号，继续保留10个城市(区)的全国文明城市(区)荣誉称号。

中央精神文明建设指导委员会关于表彰第二批全国文明城市(区)文明村镇文明单位精神文明建设先进工作者和第四批全国创建工作先进城市(区)的决定

2005年中央文明委表彰首批全国文明城市等创

建工作先进典型以来，在以胡锦涛同志为总书记的党中央领导下，各地各部门高举中国特色社会主义伟大旗帜，以建设社会主义核心价值体系为根本，广泛开展创建文明城市、文明村镇、文明行业活动，社会主义精神文明建设取得巨大进展和显著成绩，城乡文明程度和公民文明素质不断提高，在促进经济社会全面进步、推动中国特色社会主义事业不断发展中发挥了重要作用，涌现出一批成绩突出、影响广泛的先进典型。

为充分展示精神文明创建活动的丰硕成果，进一步调动全社会参与创建活动的积极性，推动精神文明建设深入发展，中央文明委决定：授予成都市等14个城市(区)全国文明城市(区)称号、北京市朝阳区南磨房乡等672个村镇全国文明村镇称号、北京市东城区民政局等1343个单位全国文明单位称号；授予朱晓芳等100名同志全国精神文明建设先进工作者称号；授予北京市朝阳区等80个城市(区)全国创建文明城市工作先进城市(区)称号。中央文明委组织对首批全国文明城市(区)进行复查确认，决定继续保留张家港等10个城市(区)的全国文明城市(区)荣誉称号。

希望受表彰的单位和个人珍惜荣誉，发扬成绩，再接再厉，在推进社会主义经济建设、政治建设、文化建设、社会建设以及生态文明建设和党的建设中，在促进经济社会全面进步和人的全面发展中，更好地发挥示范带头作用。各地各部门要全面贯彻落实党的十七大和十七届三中全会精神，以邓小平理论和“三个代表”重要思想为指导，深入贯彻落实科学发展观，大力推进社会主义核心价值体系建设，更加广泛、深入、扎实地开展群众性精神文明创建活动，为夺取全面建设小康社会新胜利、开创中国特色社会主义事业新局面作出新贡献。

附：1.《第二批全国文明城市(区)、文明村镇、文明单位、精神文明建设先进工作者和第四批全国创建工作先进城市(区)名单》(略)

2.《复查确认继续保留荣誉称号的首批全国文明城市(区)名单》(略)

中央精神文明建设指导委员会

2009年1月20日

国务院副总理李克强慰问中国极地和大洋科考队队员

在国家海洋局会议室，李克强通过视频和电话连线，与中国第二十五次南极考察队、“雪龙”船，南极长城站、中山站、内陆队，北极黄河站，第二十航次大洋考察队人员进行了对话。他说，你们远离祖国和亲人，克服重重困难，取得了丰硕的科考成果，我代表党中央、国务院向大家表示慰问，祖国和人民感谢你们。李克强关切地询问考察现场温度、风力等情况。他叮嘱大家，冰面和海上环境复杂，生存条件恶劣，请同志们务必坚持安全第一，注意保重身体。

在听取前方考察人员介绍后，李克强指出，改革开放以来，我国极地与大洋考察从无到有、从小到大，迅速跻身世界前列，这凝聚着考察队员和海洋工作者的心血和智慧。他强调，海洋日益成为人类经济社会活动的重要空间和资源宝库。海洋事业关系我国发展的全局，在现代化建设中具有重要的战略地位。开展海洋和极地考察，对于探索地球科学规律、应对全球气候变化、推动可持续发展、开发和保护海洋资源、造福人类社会，都有重要意义。要以高度的责任感和使命感，深入开展极地与大洋科考，加强海洋战略研究，统筹海洋资源环境，扩大国际交流合作，加快发展极地和海洋事业，在经济社会发展中促进人与自然和谐相处。

在与部分考察队员交谈时，李克强勉励他们继续弘扬爱国、求实、创新、拼搏的极地精神，不负重托，勇攀高峰，挑战极限，再创佳绩。他仔细询问考察和研究具体情况，要求有关方面利用好科考成果，提供良好工作条件，照顾好考察队员及其家属的生活。

国务院副总理回良玉在北京出席全国双拥工作领导小组全体会议并发表讲话

回良玉指出，要按照科学发展观的要求和方法，扎实抓好双拥各项工作任务的落实。要围绕实现富国和强军的统一，科学整合社会资源加大拥军工作力度，服务军队改革建设和军事斗争准备；广泛动员社会力量，支持军队遂行非战争军事行动任务，形成军地共同准备、协调行动的工作格局；服从服务于国家建设发展大局，充分发挥军队优势参加和支援国家建设，以实际行动为国兴利、为民造福。要进一步解放思想、改革创新，拓展双拥工作领域范围，改进双拥工作方法手段，创新双拥工作体制机制，不断提高双拥工作的质量和水平。

国务院副总理王岐山在河北廊坊调研

王岐山深入商场、农贸市场调研，了解春节市场供应情况。

考察期间，王岐山还与河北省、国务院有关部门负责同志进行了座谈。在充分肯定河北省在保障节日供应和加强商品质量安全等方面工作后，他强调，要结合本地区本部门的实际，深入贯彻落实科学发展观，把中央保增长、扩内需、调结构的政策措施落到实处。抓住春节旺销时机，认真做好扩大消费需求这篇大文章，进一步开拓和繁荣市场。有关部门要寓监管于服务之中，加强节日监管，排查各类问题隐患，严厉打击各种坑蒙拐骗的不法行为。加强与卫生防疫、物价等部门的协调配合，维护和规范市场秩序，保护消费者合法权益。要落实市场主体责任、监管责任、领导责任。在全社会加强质量安全教育和宣传，增强消费者质量安全意识，营造良好的消费环境。

台盟中央主席林文漪走访慰问在京台资企业代表

国务院新闻办公室发表《2008年中国的国防》白皮书

白皮书分为前言、正文和附录三部分，正文约3万字，共14章。国防白皮书分析了国际安全形势，阐述了国防政策，介绍了国防和军队各领域建设情况。

辽宁省获得2013年第十二届全运会承办权

截至2008年年底全国21890万人参加养老保险

《人民日报》报道：2008年五项社会保险基金总收入13808亿元，比上年增加2996亿元，增长27.7%。截至2008年年底，全国参加城镇基本养老、基本医疗、失业、工伤、生育保险人数分别达到21890万人、31698万人、12400万人、13810万人和9181万人，分别比上年年底增加1753万人、9387万人、755万人、1637万人和1406万人。全国企业退休人员月人均基本养老金达到1080元，比上年提高110元，全国基本养老金无历史拖欠的省份达到20个。

1月21日

2009年军民迎新春文艺晚会在北京中国剧院举行

党和国家领导人胡锦涛、吴邦国、温家宝、贾庆林、李长春、习近平、李克强、贺国强等出席晚会。

王刚、王兆国、王岐山、回良玉、刘淇、刘云山、刘延东、李源潮、张德江、何勇、李建国、梁光烈、马凯、白立忱和中央军委委员陈炳德、李继耐、廖锡龙、常万全、吴胜利等观看了演出。

观看演出的还有中央和国家机关有关部门、全国双拥工作领导小组成员单位、北京市和解放军四总部、驻京部队各大单位、武警部队、军委办公厅的负责同志，以及全国双拥模范城(县)、双拥模范单位和个人及驻京部队官兵代表。

国务院总理温家宝主持召开国务院常务会议

会议审议并原则通过《关于深化医药卫生体制改革的意见》(以下简称《意见》)和《2009—2011年深化医药卫生体制改革实施方案》。

会议指出，根据国务院部署，去年9月《意见》再次向社会公开征求意见，引起各方面积极反响。有关部门认真吸纳各方面的建议，对《意见》做了修改完善，重点围绕群众关心的问题，明确了今后3年的阶段性工作目标：到2011年，基本医疗保障制度全面覆盖城乡居民，基本医疗卫生可及性和服务水平明显提高，居民就医费用负担明显减轻，“看病难、看病贵”问题明显缓解。会议决定，从2009年到2011年，重点抓好基本医疗保障制度等五项改革。一是加快推进基本医疗保障制度建设。3年内使城镇职工和居民基本医疗保险及新型农村合作医疗参保率提高到90%以上。2010年，对城镇居民医保和新农合的补助标准提高到每人每年120元，并适当提高个人缴费标准，提高报销比例和支付限额。二是初步建立国家基本药物制度。建立科学合理的基本药物目录遴选调整管理机制和供应保障体系。将基本药物全部纳入医保药品报销目录。三是健全基层医疗卫生服务体系。重点加强县级医院(含中医院)、乡镇卫生院、边远地区村卫生室和困难地区城市社区卫生服务中心建设。四是促进基本公共卫生服务逐步均等化。制定并实施国家基本公共卫生服务项目，从2009年开始，逐步在全国建立统一的居民健康档案。增加公共卫生服务项目，提高经费标准。充分发挥中医药作用。五是推进公立医院改革。今年开始试点，2011年逐步推开。改革公立医院管理体制和运行、监管机制，提高公立医疗机构服务水平。推进公立医院补偿机制改革。加快形成多元化办医格局。初步测算，为保障上述五项改革，3年内各级政府预计投入8500亿元。

会议指出，推进五项改革，旨在落实医疗卫生事业的公益性质，把基本医疗卫生制度作为公共产品向全民提供，努力实现人人享有基本医疗卫生服务，并为全面实现《意见》确定的目标创造条件，奠定基础。会议强调，医药卫生体制改革涉及面广，情况复杂，政策性强，一些重大改革要先行试点，稳步推进，在实践中积累经验。

会议指出，为加强对旅行社的管理，保障旅游者和旅行社合法权益，维护旅游市场秩序，促进旅游业健康发展，有必要对现行《旅行社管理条例》进行全面修订。《旅行社条例(草案)》统一了国内旅游和入境旅游业务的准入条件和程序，严格了经营出境旅游业务的条件，完善了质量保证金制度，放宽了外商投资旅行社的限制，并对旅行社的经营行为做了进一步规范。会议决定，该草案经进一步修改后，由国务院公布施行。

会议批准了2008年享受政府特殊津贴人员名单。

纪念陈再道同志诞辰100周年座谈会在人民大会堂举行

陈再道同志是中国共产党的优秀党员，久经考验的忠诚的共产主义战士，无产阶级革命家、军事家，原中顾委委员、中央军委顾问，政协第六届全国委员会副主席，1955年被授予上将军衔。

中共中央政治局常委、全国政协主席贾庆林出席会议。

张万年以及中央军委委员廖锡龙、常万全、吴胜利出席座谈会。座谈会由中央军委委员、总政治部主任李继耐主持。

座谈会上，全国政协副秘书长杨崇汇、湖北省委副书记杨松、南京军区原司令员向守志先后发言。

解放军四总部，驻京部队大单位、武警部队和军委办公厅负责人，中央和国家机关有关部门及湖北省负责人，老同志代表、有关专家、陈再道同志亲属及生前友好等出席了座谈会。

中央深入学习实践科学发展观活动指导检查组组长座谈会在北京召开

李源潮在会上要求，要指导联系单位以求真务实的精神制定和组织实施整改落实方案，把解决问题、完善制度的工作目标化、具体化、责任化。要把解决党员、干部党性党风党纪方面的突出问题，作为整改落实的重要内容。要真抓实干，集中力量解决群众反映强烈的突出问题，真正让群众看得见、感受得到学习实践活动的成效。在当前经济生产、群众生活困难增多的情况下，一定要切实改进领导作风和工作作风，认真解决各种民生问题，把为群众排忧解难的工作落到实处。要充分认识体制机制对保障科学发展的重要意义，以改革创新精神建立、健全有利于科学发展的体制机制，注意把学习实践活动中创造的实行有效、群众欢迎的好做法上升为制度规范，形成推动和保障科学发展的长效机制。

中央深入学习实践科学发展观活动领导小组副组长、各指导检查组组长参加会议。

全国信访局长会议在北京召开

这次会议的会期是21日至22日。国务委员兼国务院秘书长马凯出席会议并讲话。

马凯强调，在新的一年，各级信访部门要认真学习领会中央领导同志有关信访工作的重要批示和重要讲话精神，高度重视金融危机给信访工作带来的新情况和新问题，紧紧围绕“保增长、保民生、保稳定”这个工作大局，切实加强对全局问题的研究，积极探索信访工作规律，进一步增强工作的自觉性和主动性，扎扎实实做好各项信访工作。要进一步畅通信访渠道，依法规范信访秩序，坚持依法按政策办事，认真解决合理诉求，切实维护群众合法权益。要大力推动涉及民生问题政策的落实，并不断加以完善，切实从源头上预防和减少信访问题。要充分运用信访信息资源，认真开展调查研究，及时提出解决信访突出问题的政策建议，努力为党委和政府当好参谋助手。要进一步加强信访干部队伍建设，继续完善信访工作体制机制，创新工作思路和方法，不断提高信访工作水平。

马凯要求，各地区各有关部门要切实加强对信访工作的领导，严格按照“属地管理、分级负责，谁主管、谁负责”的信访工作原则，加强协调配合，进一步形成各司其职、各负其责、齐抓共管、协调联动的工作格局。要切实转变工作作风，深入基层、深入群众，切实解决好广大群众最关心、最直接、最现实的利益问题。

国务院副秘书长、国家信访局局长王学军主持会议。各省、区、市和新疆生产建设兵团信访局(办)局长(主任)，中央和国家机关信访工作机构负责人参加了会议。

中联部部长王家瑞率中联部代表团出访朝鲜

我国自主研发并拥有自主知识产权的红光高清NVD播放机和光盘产品在武汉正式上市

中国科学院知识产权网在北京开通运营

1月22日

中共中央在中南海举行党外人士迎春座谈会

座谈会由中共中央政治局常委、全国政协主席贾庆林主持。

中共中央总书记、国家主席、中央军委主席胡锦涛发表重要讲话。他在回顾了2008年党和国家工作后说，在过去的一年中，各民主党派中央、全国工商联和无党派人士紧紧围绕党和国家中心工作和人民群众关心的实际问题深入调查研究、积极建言献策，积极投身应对重大自然灾害的斗争，热心关注奥运、支持奥运、奉献奥运，为推动经济发展、促进社会和谐稳定作出了重要贡献。胡锦涛代表中共中央向大家表示衷心的感谢。

胡锦涛强调，2009年，是新中国成立60周年，是推进“十一五”规划顺利实施的关键一年，做好今年各项工作具有十分重要的意义。我们要全面贯彻中共十七大、十七届三中全会和中央经济工作会议精神，以邓小平理论和“三个代表”重要思想为指导，深入贯彻落实科学发展观，紧紧围绕保持经济平稳较快发展这一经济工作的首要任务，切实做好保增长、保民生、保稳定工作。

胡锦涛指出，当前，发挥好参政党作用，最主要的是要为保增长、保民生、保稳定作出积极贡献。面对来自国际国内的严峻挑战，保持经济平稳较快发展，是对中国共产党执政能力的重大考验，也是对各民主党派参政能力的重大考验。希望同志们自觉把服务科学发展作为工作着力点，充分发挥自身优势，多建推动科学发展之言，多谋推动科学发展之策，多尽推动科学发展之力，为保持经济平稳较快发展作出新的更大的贡献。

胡锦涛指出，今年，我们将迎来人民政协成立和中国共产党领导的多党合作和政治协商制度确立60周年。60年的实践充分证明，中国共产党领导的多党合作和政治协商制度，体现了社会主义民主政治的本质要求，显示出巨大优越性和强大生命力。我们要从建设社会主义政治文明的高度，认真总结中国共产党同各民主党派团结合作60年的宝贵经验，着眼于适应新形势、完成新任务，继续把中国共产党领导的多党合作和政治协商制度坚持好、完善好、发展好。

胡锦涛指出，在政治上形成广泛共识，是各民主党派、无党派人士同中国共产党亲密合作的基础。希望同志们把思想建设作为政治交接和自身建设的核心，深入开展多党合作历史和光荣传统教育，加深广大成员和所联系的群众对多党合作历史和优良传统的认识，不断提高思想政治素质，增强接受中国共产党领导的自觉性和坚定性，坚定不移地走中国特色社会主义政治发展道路。

中共中央政治局常委、书记处书记、国家副主席习近平，中共中央政治局常委、国务院副总理李克强，中共中央办公厅主任令计划，全国政协副主席、中央统战部部长杜青林出席。

座谈会上，民革中央主席周铁农、民盟中央主席蒋树声、民建中央主席陈昌智、民进中央主席严隽琪、农工党中央主席桑国卫、致公党中央主席万钢、九三学社中央主席韩启德、台盟中央主席林文漪、全国工商联主席黄孟复、无党派人士代表陈竺等先后发言。

2008年我国GDP增长9%

据国家统计局公布2008年国民经济统计数据，初步核算，全年国内生产总值300670亿元，比上年增长9.0%。分季度看，一季度增长10.6%，二季度增长10.1%，三季度增长9.0%，四季度增长6.8%。分产业看，第一产业增加值34000亿元，增长5.5%；第二产业增加值146183亿元，增长9.3%；第三产业增加值120487亿元，增长9.5%。

中组部 国务院国资委召开公开招聘央企高管集体谈话会

中组部部长李源潮指出，要坚定不移地推进国有企业领导人聘用制度改革，希望聘任人员努力做具有全球视野、现代理念，勇于改革创新的国有企业经营管理者，向党和人民、向企业职工交上满意的答卷。

李源潮指出，这次公开招聘中央企业高级经营管理者，是贯彻落实党的十七大精神、推进国有企业人事制度改革的新的探索和成功实践，在转变国有企业用人观念上又前进了一步，体现了解放思想、广揽天下人才的开放思想，体现了民主、公开、竞争、择优的改革原则，提高了选人用人的公信度。

李源潮勉励聘任人员，要牢记为国家、为社会、为企业服务的责任，既要有市场意识，又要有国家意识、社会意识、公众意识，认真贯彻执行党和国家的方针政策，努力把企业做强做大。要以科学发展观为指导，开阔眼界、开阔思路、开阔胸襟，培养全球视野和战略思维，树立现代经营管理理念，增强改革开放意识，不断提高推动国有企业科学发展的开拓创新能力。要把国有企业集体领导、民主决策的制度优势和组织优势转化为企业的竞争优势，严格自律、廉洁从业，树立正确的权力观、地位观、利益观，清清白白做人、干干净净做事，让党和人民放心，让职工群众满意。

李源潮指出，要进一步深化国有企业人事制度改革，把党管干部原则与市场化选聘机制结合起来，推进国有企业经营管理人才职业化、市场化、国际化；建立符合科学发展观要求的全面反映企业经济责任、政治责任、社会责任以及企业领导人员履职表现、廉洁从业情况的综合考核评价机制；健全国有企业领导人员管理监督机制，努力建设一支业务精通、品德优秀、清正廉洁、群众公认的优秀国有企业经营管理者队伍。

国务院国资委主任、党委书记李荣融主持会议。15位聘任人员，公开招聘工作领导小组成员参加会议。

全国电话用户总数达9.82亿户

来自工业和信息化部的消息，截至2008年12月底，全国电话用户总数达9.82亿户，其中移动电话用户6.41亿户，互联网网民2.98亿户，网络与用户规模均居世界首位。

中共中央政治局常委李长春看望文化界知名人士

走访看望中，李长春指出，今年是新中国成立60

周年,希望文化界知名人士团结带领广大文化工作者,以深入学习实践科学发展观为强大动力,进一步解放思想、实事求是、与时俱进,贴近实际、贴近生活、贴近群众,努力推出一批精品力作,充分展示新中国成立以来特别是改革开放以来取得的巨大成就,充分展示历史和人民是怎样选择了马克思主义、选择了中国共产党、选择了社会主义道路、选择了改革开放,激励广大干部群众为开创中国特色社会主义事业新局面、实现中华民族伟大复兴而努力奋斗。

首都春节联欢文艺晚会在人民大会堂举行

全国体育局长会议在北京召开

国务委员刘延东出席会议并讲话。刘延东向为我国体育事业发展进步无私奉献的运动员、教练员和广大体育工作者致以敬意和问候。她充分肯定了各级体育部门和广大体育工作者在竞技体育、群众体育、体育产业、体育改革,特别是成功举办北京奥运会等方面取得的成绩和为经济社会发展所做的贡献。

刘延东要求,体育系统要认真贯彻落实党的十七大和胡锦涛总书记在北京奥运会、残奥会总结表彰大会上的重要讲话精神,在解放思想中开拓中国特色体育事业发展新路子,在新的起点和高度上创造体育事业发展的新辉煌。一是以科学发展观为指导,坚持为人民服务的根本宗旨,坚持竞技体育与群众体育协调发展,坚持体育事业与体育产业相互促进,进一步改革创新、夯实基础,推进体育事业又好又快发展。二是大力发展群众体育事业。全面小康必须全民健康,要强化政府提供基本体育公共服务的职责,培育群众体育健身意识,重视和做好青少年体育工作,努力提升全民族健康素质,让群众充分享受体育带来的健康和快乐。三是提高运动技术水平,推动竞技体育内部各门类均衡发展,坚持和完善举国体制,不断加强运动员保障、文化教育工作和思想作风建设,切实增强我国竞技体育综合实力。四是积极探索体育产业发展模式,把应对国际金融危机转化为发展体育产业的契机,壮大体育产业的整体实力,引导体育产业更好地服务经济社会发展,不断满足广大群众的体育消费需求,促进体育产业健康发展。

韩晓鹏摘得都灵冬奥会男子空中技巧冠军

梁羽生逝世

新派著名武侠小说梁羽生1月22日因病医治无效病逝于澳大利亚悉尼。

梁羽生本名陈文统,1924年生于广西壮族自治区蒙山县,抗日战争胜利后,进广州岭南大学读书。毕业后,任香港《大公报》副刊编辑。1954年,署笔名"梁羽生"发表小说《龙虎斗京华》,成为新派武侠小说的开风气之作。先后共创作35部武侠小说,包括《七剑下天山》《白发魔女传》《侠骨丹心》《冰河洗剑录》等。

1月23日

中共中央总书记胡锦涛主持中共中央政治局第十一次集体学习并发表讲话

胡锦涛强调,必须从全面建设小康社会、发展中国特色社会主义的战略高度,全面贯彻党的十七届三中全会精神,坚持把解决好农业、农村、农民问题作为全党工作重中之重,坚定不移走中国特色农业现代化道路,加快推进社会主义新农村建设,更加扎实地做好农业、农村、农民工作。

中共中央政治局这次集体学习安排的内容是中国特色农业现代化道路研究。中国农业大学何秀荣教授、国务院发展研究中心韩俊研究员就这个问题进行讲解,并谈了他们对推进农村改革发展的意见和建议。

中共中央政治局各位同志认真听取了他们的讲解,并就有关问题进行了讨论。

胡锦涛在主持学习时发表了讲话。他指出,走中国特色农业现代化道路,是顺应世界农业发展普遍规律、立足我国国情的必然选择,是统筹城乡发展、协调推进工业化和城镇化的必然要求,是建设社会主义新农村、促进农业可持续发展的必由之路。各级党委和政府要按照党的十七届三中全会确立的新形势下推进农村改革发展的总体思路,把建设社会主义新农村作为战略任务,把走中国特色农业现代化道路作为基本方向,把加快形成城乡经济社会发展一体化新格局作为根本要求,坚持工业反哺农业、城市支持农村和多予少取放活方针,推动农村经济社会又好又快发展。

胡锦涛强调,在当前形势下,保持农业农村经济持续稳定发展,对于党和国家工作全局具有更为重大的意义。保增长的基础支撑在农业,扩内需的最大潜力在农村,保民生的重点难点在农民。尤其要抓好以下三项工作。一是要大力保障国家粮食安全和主要农产品供给。落实最严格的耕地保护制度和最严格的节约用地制度,稳定粮食种植面积,继续提高单产,保护和提高粮食生产能力。较大幅度增加对农业的补贴,继续提高粮食最低收购价格,加快落实国家扶持油料、生猪、奶业生产的各项政策措施。严格农产品质量安全全程监控,确保食品质量安全。二是要大力加强农村基础设施建设和社会事业发展,改善农民生活。抓住国家实施积极财政政策的时机，大幅度增加对农村基础设施建设和社会事业发展的投入，大力推进农村文化惠民工程，巩固农村义务教育普及成果，巩固和发展新型农村合作医疗，加强县乡村医疗卫生公共服务体系建设。农村最低生活保障要做到应保尽保，并逐步提高低保标准和补助水平。对农村尚未解决温饱的贫困人口、低收入人口全面实施扶贫政策，帮助他们尽快稳定解决温饱并实现脱贫致富。三是要大力促进农民增收，开拓农村市场。积极谋划促进农民增收的新思路，最大限度拓展农村内部增收空间。加快完善农村消费品流通网络，改善农村消费环境，大力推进家用电器和汽车、摩托车下乡工作。发展先进适用、安全可靠、节能环保的各类农业机械，加强农机技术培训和售后服务。严厉查处坑农害农行为，严禁假冒伪劣商品流向农村市场。

胡锦涛强调，要采取有力措施，统筹城乡劳动就业，努力扩大农民就业空间。引导企业履行社会责任，支持企业多留用农民工。配合中央扩大内需项目的实施，尽量多安排农民工参与城乡基础设施建设和新农村建设项目。大规模开展针对性、实用性强的农民工技能培训，增强农民创业就业技能。落实农民工返乡创业扶持政策，支持农民工返乡创业。

胡锦涛指出，各级党委和政府要按照中央统一部署，立足当前、着眼长远，统筹兼顾、综合规划，认真抓好党在农村各项政策的落实。要结合深入学习实践科学发展观活动，全面分析农业农村经济发展的阶段性特征和面临的新形势新问题，充分估计农业农村经济发展面临的严峻挑战和复杂局面，深入实际，把握动态，摸清实情，找准对策，切实解决影响农业农村经济发展的突出矛盾和问题，积极主动做好农村改革发展稳定各项工作。

中共中央政治局召开会议听取中央政治局常委参加深入学习实践科学发展观活动专题民主生活会情况的通报

中共中央总书记胡锦涛主持会议。

会议认为，在全党开展深入学习实践科学发展观活动，是用中国特色社会主义理论体系武装全党的重大举措，是深入推进改革开放、推动经济社会又好又快发展、促进社会和谐稳定的迫切需要，是提高党的执政能力、保持和发展党的先进性的必然要求。在民主生活会上，常委同志紧紧围绕贯彻落实科学发展观，认真回顾中央政治局常委会工作和自身建设情况，既肯定成绩、总结经验，又正视问题、查找不足，进一步明确了今后的工作思路和努力方向。

会议指出，党的十六届一中全会以后，中央政治局常委会围绕全面建设小康社会，继续推进中国特色社会主义事业。在工作中，中央政治局常委会继承和发展党的三代中央领导集体关于发展的重要思想，集中全党智慧，总结我国发展实践，借鉴国外发展经验，适应新世纪新阶段我国发展呈现的一系列新的阶段性特征和新的发展要求，提出了以人为本、全面协调可持续发展的科学发展观。中央政治局常委会以邓小平理论和“三个代表”重要思想为指导，深入贯彻落实科学发展观，紧紧抓住重要战略机遇期，全面推进社会主义经济建设、政治建设、文化建设、社会建设以及生态文明建设和党的建设，团结带领全党全国各族人民经受住各种困难和风险的考验，夺取了改革开放和社会主义现代化建设的新胜利。我们始终把保持经济平稳较快发展、防止出现大的起落作为促进科学发展的首要目标，不断发现和解决经济运行中的突出矛盾，增强宏观调控的预见性、针对性、有效性，着力转变发展方式、调整经济结构，努力保障和改善民生。

会议强调，在看到成绩的同时，必须清醒地看到，我国经济社会发展还面临着一些突出矛盾和问题。从当前看，主要是受国际金融危机快速蔓延和世界经济增长明显减速的影响，我国经济下行压力加大，企业经营困难，就业问题突出。从长期看，发展方式粗放和结构性矛盾仍然突出，产业结构不合理，自主创新能力不强，保持农业稳定发展、农民持续增收难度加大，经济增长的资源环境代价过大，安全生产和食品药品质量安全形势严峻，关系群众切身利益的问题需要加大解决力度。这些矛盾和问题，必须引起高度重视，并努力加以解决。

会议指出，贯彻落实科学发展观，关键是要把科学发展观转化为自觉行动，转化为推动科学发展的坚强意志、谋划科学发展的正确思路、领导科学发展的实际能力、促进科学发展的政策措施，落实到实际工作中去，在推动经济社会又好又快发展上不断见到实实在在的成效，不断让广大人民群众得到实实在在的利益。

会议强调，当前，贯彻落实科学发展观，最重要的就是要进一步抓好保持经济平稳较快发展的首要任务，着力在保增长上下功夫，切实做好应对国际金融危机冲击工作。要坚定信心、迎难而上、狠抓落实，把中央关于扩大内需、促进经济增长的一系列政策措施落到实处，把压力转化为动力、变挑战为机遇，切实把保增长、保民生、保稳定各项任务落到实处。

会议指出，办好中国的事情，关键在党，关键在各级领导班子和领导干部。要按照党的十七大对党的建设作出的总体部署，以改革创新精神全面推进党的建设新的伟大工程，坚持党要管党、从严治党，不断提高党的执政能力、保持和发展党的先进性，把党的政治优势和组织优势转化为推动经济社会又好又快发展的强大力量。要切实抓好深入学习实践科学发展观活动，增强广大党员、干部贯彻落实科学发展观的自觉性和坚定性，突出实践特色，注重把学习实践活动同应对国际金融危机冲击、克服经济发展困难更加紧密地结合起来，着力提高各级领导班子和领导干部推动科学发展、促进社会和谐的能力，真正达到党员干部受教育、科学发展上水平、人民群众得实惠的目标，努力把各级党组织建设成为贯彻落实科学发展观的坚强堡垒、把干部队伍建设成为贯彻落实科学发展观的骨干力量。

国办发出《关于治理商品过度包装工作的通知》

各省、自治区、直辖市人民政府，国务院各部委、各直属机构：

为减少商品包装中的资源消耗，加快建设资源节约型和环境友好型社会，经国务院同意，现就治理商品过度包装工作有关事项通知如下：

一、充分认识治理商品过度包装的重要意义

近年来，随着人民生活水平的逐步提高和社会零售商品种类的日益丰富，企业在努力提高商品内在品质的同时，积极改进商品包装，对于进一步体现商品价值、增强商品市场竞争力发挥了重要作用。但是，也有部分企业为提高产品价格，片面在商品包装上做文章，主要表现为包装层次过多、包装空隙过大、选材用料失当、包装物难以回收利用、包装成本过高，甚至搭售贵重物品等。特别是近几年来，月饼、茶叶、酒类、化妆品、保健食品等商品过度包装之风愈演愈烈，引起了社会各界的广泛关注。有关部门对月饼等过度包装问题进行了初步整治，取得了积极成效，但少数商品过度包装问题仍比较突出。商品过度包装不仅浪费资源、污染环境，而且导致商品价格虚高，损害消费者利益，扰乱市场秩序，助长奢侈腐败现象，不符合建设资源节约型、环境友好型社会的要求，与学习实践科学发展观、建设社会主义精神文明相违背，必须采取有力措施从根本上加以治理。各地区、各部门要充分认识治理商品过度包装的重要性和紧迫性，加大工作力度，切实抓紧抓好，抓出成效。

二、抓紧制定完善标准、法规和政策，禁止生产、销售过度包装商品

治理商品过度包装要从源头抓起。对直接关系人民群众生活和切身利益的商品，要在满足保护、保质、标识、装饰等基本功能的前提下，按照减量化、再利用、资源化的原则，从包装层数、包装用材、包装有效容积、包装成本比重、包装物的回收利用等方面，对商品包装进行规范，引导企业在包装设计和生产环节中减少资源消耗，降低废弃物产生，方便包装物回收再利用。质检总局要按照上述要求，加强组织领导，加快工作进度，尽快制定出台《限制商品过度包装要求　食品和化妆品》国家标准。法制办要会同有关部门抓紧起草限制商品过度包装条例，为治理商品过度包装提供法制保障。价格部门要研究完善遏制过度包装的价格政策，财税部门要研究完善促进包装物回收利用的税收政策。

企业要严格执行商品包装国家标准和法规，做到生产企业不生产过度包装商品，流通企业不采购、不销售过度包装商品。有关行业协会要充分发挥职能作用，引导企业严格自律，端正生产经营态度，自觉履行社会责任。要加强包装领域的技术创新，积极开发新材料、新工艺、新设备，减少材料用量、减少污染，提高包装物的回收利用率，促进包装业健康发展。

三、加大宣传教育力度，动员全社会抵制过度包装

商品过度包装的根源在于不健康的消费理念和消费习惯。要充分发挥新闻媒体的舆论导向和监督作用，广泛宣传过度包装的危害性，大力倡导健康文明、节约环保的消费理念和社会风尚，动员全社会自觉抵制过度包装和奢侈浪费之风。对于月饼等传统节日食品，要在商场、社区、学校等重点场所开展形式多样的宣传教育活动，提倡选择经济实惠、简洁包装产品，不购买过度包装产品。各级行政机关、社会团体、事业单位、国有企业要带头自觉抵制过度包装商品。

四、加强组织领导，强化监督检查

地方各级人民政府负责本地区治理商品过度包装工作，要将治理过度包装作为节约资源保护环境工作的重要内容，高度重视，加强领导，周密部署，精心组织，务求取得实效。发展改革委要切实负起牵头责任，加强组织协调和督促指导，监察、财政、商务、质检、工商、价格、宣传等部门要充分发挥职能作用，密切配合，结合实际制定具体实施办法，共同做好治理商品过度包装工作。质检部门要将商品包装有关国家标准执行情况纳入日常监督检查内容。工商部门要重点加强对商场、超市等场所执行商品包装有关规定的监督检查。对违反有关规定生产、销售过度包装商品的，有关部门要依法予以查处。鼓励广大群众对过度包装商品进行举报，质检、工商、价格等部门要认真做好举报电话的值守工作，及时处理群众反映的问题。发展改革委要会同有关部门适时开展专项检查，推动各项措施的落实。

国务院办公厅

2009年1月23日

外交部部长杨洁篪同美国新任国务卿希拉里通电话

杨洁篪祝贺希拉里出任美国国务卿,对她高度重视中美关系、愿与中国建立积极的合作关系表示赞赏,并代表中国政府再次向奥巴马总统及美国新一届政府正式就职表示祝贺。

希拉里对此表示感谢,表示期待着与中方加强在双边及国际问题上的合作与磋商,为促进美中两国以及世界的发展和进步而努力。

杨洁篪指出,中美关系是世界上最重要的双边关系之一。在新的时期,中方愿与美方一道,坚持从战略高度和长远角度审视和处理两国关系,牢牢把握中美建设性合作关系的大方向,保持高层交往,不断加强对话、交流与合作,尊重和照顾彼此核心利益,妥善处理分歧和敏感问题,推动中美关系进一步向前发展,更好地造福两国人民和世界人民。

希拉里表示,美中双方应继续保持高层往来,加强战略性对话及各领域合作,共同积极应对国际金融危机等挑战。

双方同意加强沟通,推进中美关系向前发展。

1月24日

中共中央国务院在人民大会堂举行春节团拜会

党和国家领导人胡锦涛、吴邦国、温家宝、贾庆林、李长春、习近平、李克强、贺国强等参加团拜会。

中共中央总书记、国家主席、中央军委主席胡锦涛主持团拜会。

国务院总理温家宝在团拜会上讲话。

王刚、王兆国、王岐山、回良玉、刘淇、刘云山、刘延东、李源潮、张德江、何勇、令计划、路甬祥、乌云其木格、韩启德、华建敏、陈至立、周铁农、李建国、司马义·铁力瓦尔地、蒋树声、陈昌智、严隽琪、桑国卫、梁光烈、马凯、孟建柱、王胜俊、曹建明、杜青林、白立忱、阿不来提·阿不都热西提、黄孟复、董建华、张梅颖、张榕明、钱运录、李金华、郑万通、万钢、林文漪、厉无畏、罗富和、陈宗兴、王志珍、刘复之、杨白冰、张万年、王汉斌、倪志福、布赫、铁木尔·达瓦买提、彭珮云、司马义·艾买提、何鲁丽、成思危、许嘉璐、蒋正华、顾秀莲、盛华仁、肖扬、韩杼滨、贾春旺、孙孚凌、万国权、赵南起、王文元、李贵鲜、罗豪才、张克辉、张怀西、李蒙,中央军委委员陈炳德、李继耐、廖锡龙、常万全、吴胜利、许其亮,以及王克等出席了团拜会。

国务院总理温家宝在春节团拜会上发表讲话

同志们,朋友们:

今天,我们欢聚一堂,辞旧迎新,共贺新春。我向大家致以节日的良好祝愿!向全国各族人民拜年!

刚刚过去的一年,是极不寻常、极不平凡的一年。我们全面夺取抗击特大自然灾害的重大胜利;成功举办北京奥运会和残奥会;圆满完成"神舟"七号载人航天飞行;积极应对国际金融危机,继续保持经济平稳较快发展和社会和谐稳定。这一切充分证明,任何困难都难不倒伟大的中国人民,中国特色社会主义道路必将越走越宽广!

同志们,朋友们:

新的一年,我们将迎来新中国成立60周年。综观国际国内形势,挑战与机遇并存。我们要把保持经济平稳较快发展作为经济工作的首要任务,加强和改善宏观调控,实施积极的财政政策和适度宽松的货币政策,着力扩大国内需求特别是消费需求,着力加快经济结构战略性调整、转变发展方式,着力深化改革提高对外开放水平,着力保障改善民生、促进社会和谐稳定,全面推进社会主义经济建设、政治建设、文化建设、社会建设和生态文明建设。我们完全有信心、有能力克服各种困难,实现新的发展。

"民惟邦本,本固邦宁。"我们所做的一切都是为了最大限度地满足人民日益增长的物质文化需要。要把促进经济发展与改善民生结合起来,集中力量办一些关系人民群众切身利益的大事实事。千方百计扩大就业,加快完善社会保障体系,让人民群众生活得更有信心;办好人民满意的教育,决不让一个孩子因家庭经济困难而失学;推进医药卫生事业改革发展,努力实现人人享有基本医疗卫生服务;大力发展文化事业,让人民群众共享文化发展成果;加大保障性住房建设力度,尽力解决城乡困难群众的住房问题,满足多层次的住房需求;扎实做好灾后重建工作,把灾区建设得更美好,让灾区人民过上安康的生活。只要我们坚持以人为本的执政理念,让人民共同创造、共同享有,我们的事业就会更加兴旺发达。

让我们在以胡锦涛同志为总书记的党中央领导下,齐心协力,共克时艰,继续谱写改革开放和现代化建设的新篇章!

在这举国欢庆、万家团圆的时刻,我们衷心祝愿香港同胞、澳门同胞、台湾同胞、海外侨胞生活更加幸福美好!

祝大家新春愉快,身体健康!祝全国各族人民阖家欢乐,幸福吉祥!

国务院发布修改后的《特种设备安全监察条例》

第一章 总 则

第一条 为了加强特种设备的安全监察,防止和减少事故,保障人民群众生命和财产安全,促进经济发展,制定本条例。

第二条　本条例所称特种设备是指涉及生命安全、危险性较大的锅炉、压力容器(含气瓶,下同)、压力管道、电梯、起重机械、客运索道、大型游乐设施和场(厂)内专用机动车辆。

前款特种设备的目录由国务院负责特种设备安全监督管理的部门(以下简称国务院特种设备安全监督管理部门)制定,报国务院批准后执行。

第三条　特种设备的生产(含设计、制造、安装、改造、维修,下同)、使用、检验检测及其监督检查,应当遵守本条例,但本条例另有规定的除外。

军事装备、核设施、航空航天器、铁路机车、海上设施和船舶以及矿山井下使用的特种设备、民用机场专用设备的安全监察不适用本条例。

房屋建筑工地和市政工程工地用起重机械、场(厂)内专用机动车辆的安装、使用的监督管理,由建设行政主管部门依照有关法律、法规的规定执行。

第四条　国务院特种设备安全监督管理部门负责全国特种设备的安全监察工作,县以上地方负责特种设备安全监督管理的部门对本行政区域内特种设备实施安全监察(以下统称特种设备安全监督管理部门)。

第五条　特种设备生产、使用单位应当建立、健全特种设备安全、节能管理制度和岗位安全、节能责任制度。

特种设备生产、使用单位的主要负责人应当对本单位特种设备的安全和节能全面负责。

特种设备生产、使用单位和特种设备检验检测机构,应当接受特种设备安全监督管理部门依法进行的特种设备安全监察。

第六条　特种设备检验检测机构,应当依照本条例规定,进行检验检测工作,对其检验检测结果、鉴定结论承担法律责任。

第七条　县级以上地方人民政府应当督促、支持特种设备安全监督管理部门依法履行安全监察职责,对特种设备安全监察中存在的重大问题及时予以协调、解决。

第八条　国家鼓励推行科学的管理方法,采用先进技术,提高特种设备安全性能和管理水平,增强特种设备生产、使用单位防范事故的能力,对取得显著成绩的单位和个人,给予奖励。

国家鼓励特种设备节能技术的研究、开发、示范和推广,促进特种设备节能技术创新和应用。

特种设备生产、使用单位和特种设备检验检测机构,应当保证必要的安全和节能投入。

国家鼓励实行特种设备责任保险制度,提高事故赔付能力。

第九条　任何单位和个人对违反本条例规定的行为,有权向特种设备安全监督管理部门和行政监察等有关部门举报。

特种设备安全监督管理部门应当建立特种设备安全监察举报制度,公布举报电话、信箱或者电子邮件地址,受理对特种设备生产、使用和检验检测违法行为的举报,并及时予以处理。

特种设备安全监督管理部门和行政监察等有关部门应当为举报人保密,并按照国家有关规定给予奖励。

第二章　特种设备的生产

第十条　特种设备生产单位,应当依照本条例规定以及国务院特种设备安全监督管理部门制订并公布的安全技术规范(以下简称安全技术规范)的要求,进行生产活动。

特种设备生产单位对其生产的特种设备的安全性能和能效指标负责,不得生产不符合安全性能要求和能效指标的特种设备,不得生产国家产业政策明令淘汰的特种设备。

第十一条　压力容器的设计单位应当经国务院特种设备安全监督管理部门许可,方可从事压力容器的设计活动。

压力容器的设计单位应当具备下列条件:

(一)有与压力容器设计相适应的设计人员、设计审核人员;

(二)有与压力容器设计相适应的场所和设备;

(三)有与压力容器设计相适应的健全的管理制度和责任制度。

第十二条　锅炉、压力容器中的气瓶(以下简称气瓶)、氧舱和客运索道、大型游乐设施以及高耗能特种设备的设计文件,应当经国务院特种设备安全监督管理部门核准的检验检测机构鉴定,方可用于制造。

第十三条　按照安全技术规范的要求,应当进行型式试验的特种设备产品、部件或者试制特种设备新产品、新部件、新材料,必须进行型式试验和能效测试。

第十四条　锅炉、压力容器、电梯、起重机械、客运索道、大型游乐设施及其安全附件、安全保护装置的制造、安装、改造单位,以及压力管道用管子、管件、阀门、法兰、补偿器、安全保护装置等(以下简称压力管道元件)的制造单位和场(厂)内专用机动车辆的制造、改造单位,应当经国务院特种设备安全监督管理部门许可,方可从事相应的活动。

前款特种设备的制造、安装、改造单位应当具备下列条件:

(一)有与特种设备制造、安装、改造相适应的专业技术人员和技术工人;

(二)有与特种设备制造、安装、改造相适应的生产条件和检测手段;

(三)有健全的质量管理制度和责任制度。

第十五条 特种设备出厂时,应当附有安全技术规范要求的设计文件、产品质量合格证明、安装及使用维修说明、监督检验证明等文件。

第十六条 锅炉、压力容器、电梯、起重机械、客运索道、大型游乐设施、场(厂)内专用机动车辆的维修单位,应当有与特种设备维修相适应的专业技术人员和技术工人以及必要的检测手段,并经省、自治区、直辖市特种设备安全监督管理部门许可,方可从事相应的维修活动。

第十七条 锅炉、压力容器、起重机械、客运索道、大型游乐设施的安装、改造、维修以及场(厂)内专用机动车辆的改造、维修,必须由依照本条例取得许可的单位进行。

电梯的安装、改造、维修,必须由电梯制造单位或者其通过合同委托、同意的依照本条例取得许可的单位进行。电梯制造单位对电梯质量以及安全运行涉及的质量问题负责。

特种设备安装、改造、维修的施工单位应当在施工前将拟进行的特种设备安装、改造、维修情况书面告知直辖市或者设区的市的特种设备安全监督管理部门,告知后即可施工。

第十八条 电梯井道的土建工程必须符合建筑工程质量要求。电梯安装施工过程中,电梯安装单位应当遵守施工现场的安全生产要求,落实现场安全防护措施。电梯安装施工过程中,施工现场的安全生产监督,由有关部门依照有关法律、行政法规的规定执行。

电梯安装施工过程中,电梯安装单位应当服从建筑施工总承包单位对施工现场的安全生产管理,并订立合同,明确各自的安全责任。

第十九条 电梯的制造、安装、改造和维修活动,必须严格遵守安全技术规范的要求。电梯制造单位委托或者同意其他单位进行电梯安装、改造、维修活动的,应当对其安装、改造、维修活动进行安全指导和监控。电梯的安装、改造、维修活动结束后,电梯制造单位应当按照安全技术规范的要求对电梯进行校验和调试,并对校验和调试的结果负责。

第二十条 锅炉、压力容器、电梯、起重机械、客运索道、大型游乐设施的安装、改造、维修以及场(厂)内专用机动车辆的改造、维修竣工后,安装、改造、维修的施工单位应当在验收后30日内将有关技术资料移交使用单位,高耗能特种设备还应当按照安全技术规范的要求提交能效测试报告。使用单位应当将其存入该特种设备的安全技术档案。

第二十一条 锅炉、压力容器、压力管道元件、起重机械、大型游乐设施的制造过程和锅炉、压力容器、电梯、起重机械、客运索道、大型游乐设施的安装、改造、重大维修过程,必须经国务院特种设备安全监督管理部门核准的检验检测机构按照安全技术规范的要求进行监督检验;未经监督检验合格的不得出厂或者交付使用。

第二十二条 移动式压力容器、气瓶充装单位应当经省、自治区、直辖市的特种设备安全监督管理部门许可,方可从事充装活动。

充装单位应当具备下列条件:

(一)有与充装和管理相适应的管理人员和技术人员;

(二)有与充装和管理相适应的充装设备、检测手段、场地厂房、器具、安全设施;

(三)有健全的充装管理制度、责任制度、紧急处理措施。

气瓶充装单位应当向气体使用者提供符合安全技术规范要求的气瓶,对使用者进行气瓶安全使用指导,并按照安全技术规范的要求办理气瓶使用登记,提出气瓶的定期检验要求。

第三章 特种设备的使用

第二十三条 特种设备使用单位,应当严格执行本条例和有关安全生产的法律、行政法规的规定,保证特种设备的安全使用。

第二十四条 特种设备使用单位应当使用符合安全技术规范要求的特种设备。特种设备投入使用前,使用单位应当核对其是否附有本条例第十五条规定的相关文件。

第二十五条 特种设备在投入使用前或者投入使用后30日内,特种设备使用单位应当向直辖市或者设区的市的特种设备安全监督管理部门登记。登记标志应当置于或者附着于该特种设备的显著位置。

第二十六条 特种设备使用单位应当建立特种设备安全技术档案。安全技术档案应当包括以下内容:

(一)特种设备的设计文件、制造单位、产品质量合格证明、使用维护说明等文件以及安装技术文件和资料;

(二)特种设备的定期检验和定期自行检查的记录;

(三)特种设备的日常使用状况记录;

(四)特种设备及其安全附件、安全保护装置、测量调控装置及有关附属仪器仪表的日常维护保养记录;

(五)特种设备运行故障和事故记录;

(六)高耗能特种设备的能效测试报告、能耗状况记录以及节能改造技术资料。

第二十七条　特种设备使用单位应当对在用特种设备进行经常性日常维护保养，并定期自行检查。

特种设备使用单位对在用特种设备应当至少每月进行一次自行检查，并作出记录。特种设备使用单位在对在用特种设备进行自行检查和日常维护保养时发现异常情况的，应当及时处理。

特种设备使用单位应当对在用特种设备的安全附件、安全保护装置、测量调控装置及有关附属仪器仪表进行定期校验、检修，并作出记录。

锅炉使用单位应当按照安全技术规范的要求进行锅炉水（介）质处理，并接受特种设备检验检测机构实施的水（介）质处理定期检验。

从事锅炉清洗的单位，应当按照安全技术规范的要求进行锅炉清洗，并接受特种设备检验检测机构实施的锅炉清洗过程监督检验。

第二十八条　特种设备使用单位应当按照安全技术规范的定期检验要求，在安全检验合格有效期届满前1个月向特种设备检验检测机构提出定期检验要求。

检验检测机构接到定期检验要求后，应当按照安全技术规范的要求及时进行安全性能检验和能效测试。

未经定期检验或者检验不合格的特种设备，不得继续使用。

第二十九条　特种设备出现故障或者发生异常情况，使用单位应当对其进行全面检查，消除事故隐患后，方可重新投入使用。

特种设备不符合能效指标的，特种设备使用单位应当采取相应措施进行整改。

第三十条　特种设备存在严重事故隐患，无改造、维修价值，或者超过安全技术规范规定使用年限，特种设备使用单位应当及时予以报废，并应当向原登记的特种设备安全监督管理部门办理注销。

第三十一条　电梯的日常维护保养必须由依照本条例取得许可的安装、改造、维修单位或者电梯制造单位进行。

电梯应当至少每15日进行一次清洁、润滑、调整和检查。

第三十二条　电梯的日常维护保养单位应当在维护保养中严格执行国家安全技术规范的要求，保证其维护保养的电梯的安全技术性能，并负责落实现场安全防护措施，保证施工安全。

电梯的日常维护保养单位，应当对其维护保养的电梯的安全性能负责。接到故障通知后，应当立即赶赴现场，并采取必要的应急救援措施。

第三十三条　电梯、客运索道、大型游乐设施等为公众提供服务的特种设备运营使用单位，应当设置特种设备安全管理机构或者配备专职的安全管理人员；其他特种设备使用单位，应当根据情况设置特种设备安全管理机构或者配备专职、兼职的安全管理人员。

特种设备的安全管理人员应当对特种设备使用状况进行经常性检查，发现问题的应当立即处理；情况紧急时，可以决定停止使用特种设备并及时报告本单位有关负责人。

第三十四条　客运索道、大型游乐设施的运营使用单位在客运索道、大型游乐设施每日投入使用前，应当进行试运行和例行安全检查，并对安全装置进行检查确认。

电梯、客运索道、大型游乐设施的运营使用单位应当将电梯、客运索道、大型游乐设施的安全注意事项和警示标志置于易于为乘客注意的显著位置。

第三十五条　客运索道、大型游乐设施的运营使用单位的主要负责人应当熟悉客运索道、大型游乐设施的相关安全知识，并全面负责客运索道、大型游乐设施的安全使用。

客运索道、大型游乐设施的运营使用单位的主要负责人至少应当每月召开一次会议，督促、检查客运索道、大型游乐设施的安全使用工作。

客运索道、大型游乐设施的运营使用单位，应当结合本单位的实际情况，配备相应数量的营救装备和急救物品。

第三十六条　电梯、客运索道、大型游乐设施的乘客应当遵守使用安全注意事项的要求，服从有关工作人员的指挥。

第三十七条　电梯投入使用后，电梯制造单位应当对其制造的电梯的安全运行情况进行跟踪调查和了解，对电梯的日常维护保养单位或者电梯的使用单位在安全运行方面存在的问题，提出改进建议，并提供必要的技术帮助。发现电梯存在严重事故隐患的，应当及时向特种设备安全监督管理部门报告。电梯制造单位对调查和了解的情况，应当作出记录。

第三十八条　锅炉、压力容器、电梯、起重机械、客运索道、大型游乐设施、场（厂）内专用机动车辆的作业人员及其相关管理人员（以下统称特种设备作业人员），应当按照国家有关规定经特种设备安全监督管理部门考核合格，取得国家统一格式的特种作业人员证书，方可从事相应的作业或者管理工作。

第三十九条　特种设备使用单位应当对特种设备作业人员进行特种设备安全、节能教育和培训，保证特种设备作业人员具备必要的特种设备安全、节能知识。

特种设备作业人员在作业中应当严格执行特种设备的操作规程和有关的安全规章制度。

第四十条 特种设备作业人员在作业过程中发现事故隐患或者其他不安全因素,应当立即向现场安全管理人员和单位有关负责人报告。

第四章 检验检测

第四十一条 从事本条例规定的监督检验、定期检验、型式试验以及专门为特种设备生产、使用、检验检测提供无损检测服务的特种设备检验检测机构,应当经国务院特种设备安全监督管理部门核准。

特种设备使用单位设立的特种设备检验检测机构,经国务院特种设备安全监督管理部门核准,负责本单位核准范围内的特种设备定期检验工作。

第四十二条 特种设备检验检测机构,应当具备下列条件:

(一)有与所从事的检验检测工作相适应的检验检测人员;

(二)有与所从事的检验检测工作相适应的检验检测仪器和设备;

(三)有健全的检验检测管理制度、检验检测责任制度。

第四十三条 特种设备的监督检验、定期检验、型式试验和无损检测应当由依照本条例经核准的特种设备检验检测机构进行。

特种设备检验检测工作应当符合安全技术规范的要求。

第四十四条 从事本条例规定的监督检验、定期检验、型式试验和无损检测的特种设备检验检测人员应当经国务院特种设备安全监督管理部门组织考核合格,取得检验检测人员证书,方可从事检验检测工作。

检验检测人员从事检验检测工作,必须在特种设备检验检测机构执业,但不得同时在两个以上检验检测机构中执业。

第四十五条 特种设备检验检测机构和检验检测人员进行特种设备检验检测,应当遵循诚信原则和方便企业的原则,为特种设备生产、使用单位提供可靠、便捷的检验检测服务。

特种设备检验检测机构和检验检测人员对涉及的被检验检测单位的商业秘密,负有保密义务。

第四十六条 特种设备检验检测机构和检验检测人员应当客观、公正、及时地出具检验检测结果、鉴定结论。检验检测结果、鉴定结论经检验检测人员签字后,由检验检测机构负责人签署。

特种设备检验检测机构和检验检测人员对检验检测结果、鉴定结论负责。

国务院特种设备安全监督管理部门应当组织对特种设备检验检测机构的检验检测结果、鉴定结论进行监督抽查。县以上地方负责特种设备安全监督管理的部门在本行政区域内也可以组织监督抽查,但是要防止重复抽查。监督抽查结果应当向社会公布。

第四十七条 特种设备检验检测机构和检验检测人员不得从事特种设备的生产、销售,不得以其名义推荐或者监制、监销特种设备。

第四十八条 特种设备检验检测机构进行特种设备检验检测,发现严重事故隐患或者能耗严重超标的,应当及时告知特种设备使用单位,并立即向特种设备安全监督管理部门报告。

第四十九条 特种设备检验检测机构和检验检测人员利用检验检测工作故意刁难特种设备生产、使用单位,特种设备生产、使用单位有权向特种设备安全监督管理部门投诉,接到投诉的特种设备安全监督管理部门应当及时进行调查处理。

第五章 监督检查

第五十条 特种设备安全监督管理部门依照本条例规定,对特种设备生产、使用单位和检验检测机构实施安全监察。

对学校、幼儿园以及车站、客运码头、商场、体育场馆、展览馆、公园等公众聚集场所的特种设备,特种设备安全监督管理部门应当实施重点安全监察。

第五十一条 特种设备安全监督管理部门根据举报或者取得的涉嫌违法证据,对涉嫌违反本条例规定的行为进行查处时,可以行使下列职权:

(一)向特种设备生产、使用单位和检验检测机构的法定代表人、主要负责人和其他有关人员调查、了解与涉嫌从事违反本条例的生产、使用、检验检测有关的情况;

(二)查阅、复制特种设备生产、使用单位和检验检测机构的有关合同、发票、账簿以及其他有关资料;

(三)对有证据表明不符合安全技术规范要求的或者有其他严重事故隐患、能耗严重超标的特种设备,予以查封或者扣押。

第五十二条 依照本条例规定实施许可、核准、登记的特种设备安全监督管理部门,应当严格依照本条例规定条件和安全技术规范要求对有关事项进行审查;不符合本条例规定条件和安全技术规范要求的,不得许可、核准、登记;在申请办理许可、核准期间,特种设备安全监督管理部门发现申请人未经许可从事特种设备相应活动或者伪造许可、核准证书的,不予受理或者不予许可、核准,并在1年内不再受理其新的许可、核准申请。

未依法取得许可、核准、登记的单位擅自从事特种设备的生产、使用或者检验检测活动的,特种设备安全监督管理部门应当依法予以处理。

违反本条例规定,被依法撤销许可的,自撤销许可之日起3年内,特种设备安全监督管理部门不予受理其新的许可申请。

第五十三条　特种设备安全监督管理部门在办理本条例规定的有关行政审批事项时,其受理、审查、许可、核准的程序必须公开,并应当自受理申请之日起30日内,作出许可、核准或者不予许可、核准的决定;不予许可、核准的,应当书面向申请人说明理由。

第五十四条　地方各级特种设备安全监督管理部门不得以任何形式进行地方保护和地区封锁,不得对已经依照本条例规定在其他地方取得许可的特种设备生产单位重复进行许可,也不得要求对依照本条例规定在其他地方检验检测合格的特种设备,重复进行检验检测。

第五十五条　特种设备安全监督管理部门的安全监察人员(以下简称特种设备安全监察人员)应当熟悉相关法律、法规、规章和安全技术规范,具有相应的专业知识和工作经验,并经国务院特种设备安全监督管理部门考核,取得特种设备安全监察人员证书。

特种设备安全监察人员应当忠于职守、坚持原则、秉公执法。

第五十六条　特种设备安全监督管理部门对特种设备生产、使用单位和检验检测机构实施安全监察时,应当有两名以上特种设备安全监察人员参加,并出示有效的特种设备安全监察人员证件。

第五十七条　特种设备安全监督管理部门对特种设备生产、使用单位和检验检测机构实施安全监察,应当对每次安全监察的内容、发现的问题及处理情况,作出记录,并由参加安全监察的特种设备安全监察人员和被检查单位的有关负责人签字后归档。被检查单位的有关负责人拒绝签字的,特种设备安全监察人员应当将情况记录在案。

第五十八条　特种设备安全监督管理部门对特种设备生产、使用单位和检验检测机构进行安全监察时,发现有违反本条例规定和安全技术规范要求的行为或者在用的特种设备存在事故隐患、不符合能效指标的,应当以书面形式发出特种设备安全监察指令,责令有关单位及时采取措施,予以改正或者消除事故隐患。紧急情况下需要采取紧急处置措施的,应当随后补发书面通知。

第五十九条　特种设备安全监督管理部门对特种设备生产、使用单位和检验检测机构进行安全监察,发现重大违法行为或者严重事故隐患时,应当在采取必要措施的同时,及时向上级特种设备安全监督管理部门报告。接到报告的特种设备安全监督管理部门应当采取必要措施,及时予以处理。

对违法行为、严重事故隐患或者不符合能效指标的处理需要当地人民政府和有关部门的支持、配合时,特种设备安全监督管理部门应当报告当地人民政府,并通知其他有关部门。当地人民政府和其他有关部门应当采取必要措施,及时予以处理。

第六十条　国务院特种设备安全监督管理部门和省、自治区、直辖市特种设备安全监督管理部门应当定期向社会公布特种设备安全以及能效状况。

公布特种设备安全以及能效状况,应当包括下列内容:

(一)特种设备质量安全状况;

(二)特种设备事故的情况、特点、原因分析、防范对策;

(三)特种设备能效状况;

(四)其他需要公布的情况。

第六章　事故预防和调查处理

第六十一条　有下列情形之一的,为特别重大事故:

(一)特种设备事故造成30人以上死亡,或者100人以上重伤(包括急性工业中毒,下同),或者1亿元以上直接经济损失的;

(二)600兆瓦以上锅炉爆炸的;

(三)压力容器、压力管道有毒介质泄漏,造成15万人以上转移的;

(四)客运索道、大型游乐设施高空滞留100人以上并且时间在48小时以上的。

第六十二条　有下列情形之一的,为重大事故:

(一)特种设备事故造成10人以上30人以下死亡,或者50人以上100人以下重伤,或者5000万元以上1亿元以下直接经济损失的;

(二)600兆瓦以上锅炉因安全故障中断运行240小时以上的;

(三)压力容器、压力管道有毒介质泄漏,造成5万人以上15万人以下转移的;

(四)客运索道、大型游乐设施高空滞留100人以上并且时间在24小时以上48小时以下的。

第六十三条　有下列情形之一的,为较大事故:

(一)特种设备事故造成3人以上10人以下死亡,或者10人以上50人以下重伤,或者1000万元以上5000万元以下直接经济损失的;

(二)锅炉、压力容器、压力管道爆炸的;

(三)压力容器、压力管道有毒介质泄漏,造成1万人以上5万人以下转移的;

(四)起重机械整体倾覆的;

(五)客运索道、大型游乐设施高空滞留人员12小时以上的。

第六十四条　有下列情形之一的,为一般事故:

(一)特种设备事故造成3人以下死亡,或者10人以下重伤,或者1万元以上1000万元以下直接经济损失的;

(二)压力容器、压力管道有毒介质泄漏,造成500人以上1万人以下转移的;

(三)电梯轿厢滞留人员2小时以上的;

(四)起重机械主要受力结构件折断或者起升机构坠落的;

(五)客运索道高空滞留人员3.5小时以上12小时以下的;

(六)大型游乐设施高空滞留人员1小时以上12小时以下的。

除前款规定外,国务院特种设备安全监督管理部门可以对一般事故的其他情形作出补充规定。

第六十五条 特种设备安全监督管理部门应当制定特种设备应急预案。特种设备使用单位应当制定事故应急专项预案,并定期进行事故应急演练。

压力容器、压力管道发生爆炸或者泄漏,在抢险救援时应当区分介质特性,严格按照相关预案规定程序处理,防止二次爆炸。

第六十六条 特种设备事故发生后,事故发生单位应当立即启动事故应急预案,组织抢救,防止事故扩大,减少人员伤亡和财产损失,并及时向事故发生地县以上特种设备安全监督管理部门和有关部门报告。

县以上特种设备安全监督管理部门接到事故报告,应当尽快核实有关情况,立即向所在地人民政府报告,并逐级上报事故情况。必要时,特种设备安全监督管理部门可以越级上报事故情况。对特别重大事故、重大事故,国务院特种设备安全监督管理部门应当立即报告国务院并通报国务院安全生产监督管理部门等有关部门。

第六十七条 特别重大事故由国务院或者国务院授权有关部门组织事故调查组进行调查。

重大事故由国务院特种设备安全监督管理部门会同有关部门组织事故调查组进行调查。

较大事故由省、自治区、直辖市特种设备安全监督管理部门会同有关部门组织事故调查组进行调查。

一般事故由设区的市的特种设备安全监督管理部门会同有关部门组织事故调查组进行调查。

第六十八条 事故调查报告应当由负责组织事故调查的特种设备安全监督管理部门的所在地人民政府批复,并报上一级特种设备安全监督管理部门备案。

有关机关应当按照批复,依照法律、行政法规规定的权限和程序,对事故责任单位和有关人员进行行政处罚,对负有事故责任的国家工作人员进行处分。

第六十九条 特种设备安全监督管理部门应当在有关地方人民政府的领导下,组织开展特种设备事故调查处理工作。

有关地方人民政府应当支持、配合上级人民政府或者特种设备安全监督管理部门的事故调查处理工作,并提供必要的便利条件。

第七十条 特种设备安全监督管理部门应当对发生事故的原因进行分析,并根据特种设备的管理和技术特点、事故情况对相关安全技术规范进行评估;需要制定或者修订相关安全技术规范的,应当及时制定或者修订。

第七十一条 本章所称的“以上”包括本数,所称的“以下”不包括本数。

第七章 法律责任

第七十二条 未经许可,擅自从事压力容器设计活动的,由特种设备安全监督管理部门予以取缔,处5万元以上20万元以下罚款;有违法所得的,没收违法所得;触犯刑律的,对负有责任的主管人员和其他直接责任人员依照刑法关于非法经营罪或者其他罪的规定,依法追究刑事责任。

第七十三条 锅炉、气瓶、氧舱和客运索道、大型游乐设施以及高耗能特种设备的设计文件,未经国务院特种设备安全监督管理部门核准的检验检测机构鉴定,擅自用于制造的,由特种设备安全监督管理部门责令改正,没收非法制造的产品,处5万元以上20万元以下罚款;触犯刑律的,对负有责任的主管人员和其他直接责任人员依照刑法关于生产、销售伪劣产品罪、非法经营罪或者其他罪的规定,依法追究刑事责任。

第七十四条 按照安全技术规范的要求应当进行型式试验的特种设备产品、部件或者试制特种设备新产品、新部件,未进行整机或者部件型式试验的,由特种设备安全监督管理部门责令限期改正;逾期未改正的,处2万元以上10万元以下罚款。

第七十五条 未经许可,擅自从事锅炉、压力容器、电梯、起重机械、客运索道、大型游乐设施、场(厂)内专用机动车辆及其安全附件、安全保护装置的制造、安装、改造以及压力管道元件的制造活动的,由特种设备安全监督管理部门予以取缔,没收非法制造的产品,已经实施安装、改造的,责令恢复原状或者责令限期由取得许可的单位重新安装、改造,处10万元以上50万元以下罚款;触犯刑律的,对负有责任的主管人员和其他直接责任人员依照刑法关于生产、销售伪劣产品罪、非法经营罪、重大责任事故罪或者其他罪的规定,依法追究刑事责任。

第七十六条 特种设备出厂时,未按照安全技术规范的要求附有设计文件、产品质量合格证明、安装及使用维修说明、监督检验证明等文件的,由特种设备安全监督管理部门责令改正；情节严重的，责令停止生产、销售，处违法生产、销售货值金额30%以下罚款；有违法所得的，没收违法所得。

第七十七条　未经许可，擅自从事锅炉、压力容器、电梯、起重机械、客运索道、大型游乐设施、场(厂)内专用机动车辆的维修或者日常维护保养的，由特种设备安全监督管理部门予以取缔，处1万元以上5万元以下罚款；有违法所得的，没收违法所得；触犯刑律的，对负有责任的主管人员和其他直接责任人员依照刑法关于非法经营罪、重大责任事故罪或者其他罪的规定，依法追究刑事责任。

第七十八条　锅炉、压力容器、电梯、起重机械、客运索道、大型游乐设施的安装、改造、维修的施工单位以及场(厂)内专用机动车辆的改造、维修单位，在施工前未将拟进行的特种设备安装、改造、维修情况书面告知直辖市或者设区的市的特种设备安全监督管理部门即行施工的，或者在验收后30日内未将有关技术资料移交锅炉、压力容器、电梯、起重机械、客运索道、大型游乐设施的使用单位的，由特种设备安全监督管理部门责令限期改正；逾期未改正的，处2000元以上1万元以下罚款。

第七十九条　锅炉、压力容器、压力管道元件、起重机械、大型游乐设施的制造过程和锅炉、压力容器、电梯、起重机械、客运索道、大型游乐设施的安装、改造、重大维修过程，以及锅炉清洗过程，未经国务院特种设备安全监督管理部门核准的检验检测机构按照安全技术规范的要求进行监督检验的，由特种设备安全监督管理部门责令改正，已经出厂的，没收违法生产、销售的产品，已经实施安装、改造、重大维修或者清洗的，责令限期进行监督检验，处5万元以上20万元以下罚款；有违法所得的，没收违法所得；情节严重的，撤销制造、安装、改造或者维修单位已经取得的许可，并由工商行政管理部门吊销其营业执照；触犯刑律的，对负有责任的主管人员和其他直接责任人员依照刑法关于生产、销售伪劣产品罪或者其他罪的规定，依法追究刑事责任。

第八十条　未经许可，擅自从事移动式压力容器或者气瓶充装活动的，由特种设备安全监督管理部门予以取缔，没收违法充装的气瓶，处10万元以上50万元以下罚款；有违法所得的，没收违法所得；触犯刑律的，对负有责任的主管人员和其他直接责任人员依照刑法关于非法经营罪或者其他罪的规定，依法追究刑事责任。

移动式压力容器、气瓶充装单位未按照安全技术规范的要求进行充装活动的，由特种设备安全监督管理部门责令改正，处2万元以上10万元以下罚款；情节严重的，撤销其充装资格。

第八十一条　电梯制造单位有下列情形之一的，由特种设备安全监督管理部门责令限期改正；逾期未改正的，予以通报批评：

（一）未依照本条例第十九条的规定对电梯进行校验、调试的；

（二）对电梯的安全运行情况进行跟踪调查和了解时，发现存在严重事故隐患，未及时向特种设备安全监督管理部门报告的。

第八十二条　已经取得许可、核准的特种设备生产单位、检验检测机构有下列行为之一的，由特种设备安全监督管理部门责令改正，处2万元以上10万元以下罚款；情节严重的，撤销其相应资格：

（一）未按照安全技术规范的要求办理许可证变更手续的；

（二）不再符合本条例规定或者安全技术规范要求的条件，继续从事特种设备生产、检验检测的；

（三）未依照本条例规定或者安全技术规范要求进行特种设备生产、检验检测的；

（四）伪造、变造、出租、出借、转让许可证书或者监督检验报告的。

第八十三条　特种设备使用单位有下列情形之一的，由特种设备安全监督管理部门责令限期改正；逾期未改正的，处2000元以上2万元以下罚款；情节严重的，责令停止使用或者停产停业整顿：

（一）特种设备投入使用前或者投入使用后30日内，未向特种设备安全监督管理部门登记，擅自将其投入使用的；

（二）未依照本条例第二十六条的规定，建立特种设备安全技术档案的；

（三）未依照本条例第二十七条的规定，对在用特种设备进行经常性日常维护保养和定期自行检查的，或者对在用特种设备的安全附件、安全保护装置、测量调控装置及有关附属仪器仪表进行定期校验、检修，并作出记录的；

（四）未按照安全技术规范的定期检验要求，在安全检验合格有效期届满前1个月向特种设备检验检测机构提出定期检验要求的；

（五）使用未经定期检验或者检验不合格的特种设备的；

（六）特种设备出现故障或者发生异常情况，未对其进行全面检查、消除事故隐患，继续投入使用的；

（七）未制定特种设备事故应急专项预案的；

（八）未依照本条例第三十一条第二款的规定，对电梯进行清洁、润滑、调整和检查的；

（九）未按照安全技术规范要求进行锅炉水(介)质

处理的；

（十）特种设备不符合能效指标，未及时采取相应措施进行整改的。

特种设备使用单位使用未取得生产许可的单位生产的特种设备或者将非承压锅炉、非压力容器作为承压锅炉、压力容器使用的，由特种设备安全监督管理部门责令停止使用，予以没收，处 2 万元以上 10 万元以下罚款。

第八十四条　特种设备存在严重事故隐患，无改造、维修价值，或者超过安全技术规范规定的使用年限，特种设备使用单位未予以报废，并向原登记的特种设备安全监督管理部门办理注销的，由特种设备安全监督管理部门责令限期改正；逾期未改正的，处 5 万元以上 20 万元以下罚款。

第八十五条　电梯、客运索道、大型游乐设施的运营使用单位有下列情形之一的，由特种设备安全监督管理部门责令限期改正；逾期未改正的，责令停止使用或者停产停业整顿，处 1 万元以上 5 万元以下罚款：

（一）客运索道、大型游乐设施每日投入使用前，未进行试运行和例行安全检查，并对安全装置进行检查确认的；

（二）未将电梯、客运索道、大型游乐设施的安全注意事项和警示标志置于易于为乘客注意的显著位置的。

第八十六条　特种设备使用单位有下列情形之一的，由特种设备安全监督管理部门责令限期改正；逾期未改正的，责令停止使用或者停产停业整顿，处 2000 元以上 2 万元以下罚款：

（一）未依照本条例规定设置特种设备安全管理机构或者配备专职、兼职的安全管理人员的；

（二）从事特种设备作业的人员，未取得相应特种作业人员证书，上岗作业的；

（三）未对特种设备作业人员进行特种设备安全教育和培训的。

第八十七条　发生特种设备事故，有下列情形之一的，对单位，由特种设备安全监督管理部门处 5 万元以上 20 万元以下罚款；对主要负责人，由特种设备安全监督管理部门处 4000 元以上 2 万元以下罚款；属于国家工作人员的，依法给予处分；触犯刑律的，依照刑法关于重大责任事故罪或者其他罪的规定，依法追究刑事责任：

（一）特种设备使用单位的主要负责人在本单位发生特种设备事故时，不立即组织抢救或者在事故调查处理期间擅离职守或者逃匿的；

（二）特种设备使用单位的主要负责人对特种设备事故隐瞒不报、谎报或者拖延不报的。

第八十八条　对事故发生负有责任的单位，由特种设备安全监督管理部门依照下列规定处以罚款：

（一）发生一般事故的，处 10 万元以上 20 万元以下罚款；

（二）发生较大事故的，处 20 万元以上 50 万元以下罚款；

（三）发生重大事故的，处 50 万元以上 200 万元以下罚款。

第八十九条　对事故发生负有责任的单位的主要负责人未依法履行职责，导致事故发生的，由特种设备安全监督管理部门依照下列规定处以罚款；属于国家工作人员的，并依法给予处分；触犯刑律的，依照刑法关于重大责任事故罪或者其他罪的规定，依法追究刑事责任：

（一）发生一般事故的，处上一年年收入 30% 的罚款；

（二）发生较大事故的，处上一年年收入 40% 的罚款；

（三）发生重大事故的，处上一年年收入 60% 的罚款。

第九十条　特种设备作业人员违反特种设备的操作规程和有关的安全规章制度操作，或者在作业过程中发现事故隐患或者其他不安全因素，未立即向现场安全管理人员和单位有关负责人报告的，由特种设备使用单位给予批评教育、处分；情节严重的，撤销特种设备作业人员资格；触犯刑律的，依照刑法关于重大责任事故罪或者其他罪的规定，依法追究刑事责任。

第九十一条　未经核准，擅自从事本条例所规定的监督检验、定期检验、型式试验以及无损检测等检验检测活动的，由特种设备安全监督管理部门予以取缔，处 5 万元以上 20 万元以下罚款；有违法所得的，没收违法所得；触犯刑律的，对负有责任的主管人员和其他直接责任人员依照刑法关于非法经营罪或者其他罪的规定，依法追究刑事责任。

第九十二条　特种设备检验检测机构，有下列情形之一的，由特种设备安全监督管理部门处 2 万元以上 10 万元以下罚款；情节严重的，撤销其检验检测资格：

（一）聘用未经特种设备安全监督管理部门组织考核合格并取得检验检测人员证书的人员，从事相关检验检测工作的；

（二）在进行特种设备检验检测中，发现严重事故隐患或者能耗严重超标，未及时告知特种设备使用单位，并立即向特种设备安全监督管理部门报告的。

第九十三条　特种设备检验检测机构和检验检测人员，出具虚假的检验检测结果、鉴定结论或者检验检测结果、鉴定结论严重失实的，由特种设备安全监督管理部门对检验检测机构没收违法所得，处5万元以上20万元以下罚款，情节严重的，撤销其检验检测资格；对检验检测人员处5000元以上5万元以下罚款，情节严重的，撤销其检验检测资格，触犯刑律的，依照刑法关于中介组织人员提供虚假证明文件罪、中介组织人员出具证明文件重大失实罪或者其他罪的规定，依法追究刑事责任。

特种设备检验检测机构和检验检测人员，出具虚假的检验检测结果、鉴定结论或者检验检测结果、鉴定结论严重失实，造成损害的，应当承担赔偿责任。

第九十四条　特种设备检验检测机构或者检验检测人员从事特种设备的生产、销售，或者以其名义推荐或者监制、监销特种设备的，由特种设备安全监督管理部门撤销特种设备检验检测机构和检验检测人员的资格，处5万元以上20万元以下罚款；有违法所得的，没收违法所得。

第九十五条　特种设备检验检测机构和检验检测人员利用检验检测工作故意刁难特种设备生产、使用单位，由特种设备安全监督管理部门责令改正；拒不改正的，撤销其检验检测资格。

第九十六条　检验检测人员，从事检验检测工作，不在特种设备检验检测机构执业或者同时在两个以上检验检测机构中执业的，由特种设备安全监督管理部门责令改正，情节严重的，给予停止执业6个月以上2年以下的处罚；有违法所得的，没收违法所得。

第九十七条　特种设备安全监督管理部门及其特种设备安全监察人员，有下列违法行为之一的，对直接负责的主管人员和其他直接责任人员，依法给予降级或者撤职的处分；触犯刑律的，依照刑法关于受贿罪、滥用职权罪、玩忽职守罪或者其他罪的规定，依法追究刑事责任：

（一）不按照本条例规定的条件和安全技术规范要求，实施许可、核准、登记的；

（二）发现未经许可、核准、登记擅自从事特种设备的生产、使用或者检验检测活动不予取缔或者不依法予以处理的；

（三）发现特种设备生产、使用单位不再具备本条例规定的条件而不撤销其原许可，或者发现特种设备生产、使用违法行为不予查处的；

（四）发现特种设备检验检测机构不再具备本条例规定的条件而不撤销其原核准，或者对其出具虚假的检验检测结果、鉴定结论或者检验检测结果、鉴定结论严重失实的行为不予查处的；

（五）对依照本条例规定在其他地方取得许可的特种设备生产单位重复进行许可，或者对依照本条例规定在其他地方检验检测合格的特种设备，重复进行检验检测的；

（六）发现有违反本条例和安全技术规范的行为或者在用的特种设备存在严重事故隐患，不立即处理的；

（七）发现重大的违法行为或者严重事故隐患，未及时向上级特种设备安全监督管理部门报告，或者接到报告的特种设备安全监督管理部门不立即处理的；

（八）迟报、漏报、瞒报或者谎报事故的；

（九）妨碍事故救援或者事故调查处理的。

第九十八条　特种设备的生产、使用单位或者检验检测机构，拒不接受特种设备安全监督管理部门依法实施的安全监察的，由特种设备安全监督管理部门责令限期改正；逾期未改正的，责令停产停业整顿，处2万元以上10万元以下罚款；触犯刑律的，依照刑法关于妨害公务罪或者其他罪的规定，依法追究刑事责任。

特种设备生产、使用单位擅自动用、调换、转移、损毁被查封、扣押的特种设备或者其主要部件的，由特种设备安全监督管理部门责令改正，处5万元以上20万元以下罚款；情节严重的，撤销其相应资格。

第八章　附　则

第九十九条　本条例下列用语的含义是：

（一）锅炉，是指利用各种燃料、电或者其他能源，将所盛装的液体加热到一定的参数，并对外输出热能的设备，其范围规定为容积大于或者等于30L承压蒸汽锅炉；出口水压大于或者等于0.1MPa且额定功率大于或者等于0.1MV压热水锅炉；有机热载体锅炉。

（二）压力容器，是指盛装气体或者液体，承载一定压力的密闭设备，其范围规定为最高工作压力大于或者等于0.1MPa），且压力与容积的乘积大于或者等于2.5MPa·L气体、液化气体和最高工作温度高于或者等于标准沸点的液体的固定式容器和移动式容器；盛装公称工作压力大于或者等于0.2MPa（表压），且压力与容积的乘积大于或者等于1.0MPa·L的气体、液化气体和标准沸点等于或者低于60℃液体的气瓶；氧舱等。

（三）压力管道，是指利用一定的压力，用于输送气体或者液体的管状设备，其范围规定为最高工作压力大于或者等于0.1MPa（表压）的气体、液化气体、蒸汽介质或者可燃、易爆、有毒、有腐蚀性、最高工作温度高于或者等于标准沸点的液体介质，且公称直径大于25mm的管道。

（四）电梯，是指动力驱动，利用沿刚性导轨运行的箱体或者沿固定线路运行的梯级（踏步），进行升降或者平行运送人、货物的机电设备，包括载人（货）电梯、自动扶梯、自动人行道等。

（五）起重机械，是指用于垂直升降或者垂直升降并水平移动重物的机电设备，其范围规定为额定起重量大于或者等于0.5t的升降机；额定起重量大于或者等于1t，且提升高度大于或者等于2m的起重机和承重形式固定的电动葫芦等。

（六）客运索道，是指动力驱动，利用柔性绳索牵引箱体等运载工具运送人员的机电设备，包括客运架空索道、客运缆车、客运拖牵索道等。

（七）大型游乐设施，是指用于经营目的，承载乘客游乐的设施，其范围规定为设计最大运行线速度大于或者等于2m/s，或者运行高度距地面高于或者等于2m的载人大型游乐设施。

（八）场（厂）内专用机动车辆，是指除道路交通、农用车辆以外仅在工厂厂区、旅游景区、游乐场所等特定区域使用的专用机动车辆。

特种设备包括其所用的材料、附属的安全附件、安全保护装置和与安全保护装置相关的设施。

第一百条　压力管道设计、安装、使用的安全监督管理办法由国务院另行制定。

第一百零一条　国务院特种设备安全监督管理部门可以授权省、自治区、直辖市特种设备安全监督管理部门负责本条例规定的特种设备行政许可工作，具体办法由国务院特种设备安全监督管理部门制定。

第一百零二条　备行政许可、检验检测，应当按照国家有关规定收取费用。

第一百零三条　本条例自2003年6月1日起施行。1982年2月6日国务院发布的《锅炉压力容器安全监察暂行条例》同时废止。

中华人民共和国全国人民代表大会成为美洲议会联盟观察员

商务部新闻发言人姚坚就印度对我产品进行贸易救济调查发表谈话

姚坚发表谈话说，1月14日印度商工部决定对中国输印亚硝酸钠进行反补贴调查，1月16日印度财政部决定对中国输印纯碱发起特殊保障措施调查。对此，中国政府表示严重关切。

姚坚表示，对于印度对纯碱发起特别保障措施调查，中国政府对此表示坚决反对。中方认为，中国加入WTO议定书中的特别保障措施条款是在特定历史条件下形成的，是专门针对中国产品的进口而采取的限制措施，由于该条款缺乏客观标准和公正性，在程序上缺乏透明度，中国政府早已公开表达对个别国家援引此条款开展特保调查的严重关注。援引并实施该条款不但伤害中国产业界的正当权益，也会给两国稳定发展的经贸关系带来消极影响。

姚坚说，中方认为，当前国际金融危机已给各国经济造成严重影响，各国需要加强合作，共同应对。去年年底在华盛顿召开的二十国集团领导人会议和APEC第十六次领导人非正式会议上，各国领导人均一再重申需共同反对贸易保护主义。在世界经济贸易面临严峻挑战的情况下，采取贸易保护主义只会进一步加剧各国的困难，中方希望印方审慎克制使用贸易救济措施。

1月25日

公安部部长孟建柱慰问节日期间坚守岗位的首都公安民警和武警官兵

孟建柱先后来到北京市公安局天安门东交通值勤岗、天安门分局巡逻车组执勤点、武警北京总队十四支队、北京市公安局指挥中心，慰问正在这里值勤的公安民警和备勤的武警官兵，详细了解公安机关和武警部队值勤备勤情况，并向他们表示新春的祝福和诚挚的慰问。孟建柱要求北京公安民警和武警官兵确保首都重要目标、公共场所和大型活动的安全，确保群众春节燃放烟花爆竹的安全，让人民群众过一个欢乐、祥和、平安的春节。

中组部部长李源潮到江苏扬州仪征山区看望慰问大学生村官

新闻出版总署发出通知安排部署春节期间活跃农村文化生活繁荣农村出版物市场活动

通知指出，春节期间，各级新闻出版行政部门要以农家书屋为阵地，把先进文化送到农村，更好地为农民生产生活服务。要大力宣传农家书屋，让更多农民群众了解并走进农家书屋。要加强农家书屋管理，保证农家书屋在节假日期间的正常开放，有条件的地方可以适当延长开放时间，满足当地农民群众的阅读需求；要针对农村地区不同人群，特别是春节返乡民工、放假学生和农村留守儿童，开展形式多样的文体活动，引导农民多读书、读好书。要把农家书屋与新型农民培训、科技培训、法律下乡、医疗卫生下乡“三下乡”活动结合起来，实现资源互补，优势共享，共同推动农村社会文化事业的发展。

通知还要求各出版发行单位，特别是全国新华书店系统的县级店和农村发行网点，针对节假日期间群众需要，积极组织货源，开展优惠流动售书活动，把农村最需要的出版物以最实惠的价格送到农民群众手中。

1月26日

中共中央总书记胡锦涛在江西省南昌市看望慰问干部群众

胡锦涛希望江西广大干部群众高举中国特色社会主义伟大旗帜，以邓小平理论和“三个代表”重要思想为指导，深入贯彻落实科学发展观，紧紧抓住国家大力促进中部地区崛起的宝贵机遇，以昂扬向上的斗志、坚韧不拔的毅力、求真务实的作风，全力以赴保增长，千方百计保民生，加大力度保稳定，不断迈出富民兴赣新步伐，以优异成绩迎接新中国成立60周年。

胡锦涛要求各级干部特别是领导干部着力加强作风建设，尤其要增强宗旨观念，始终同广大人民群众同甘苦、共患难；强化责任意识，努力作出经得起实践、人民、历史检验的实绩；焕发进取精神，时刻保持那么一种越是困难越向前的气概和攻坚克难促发展的劲头；做到廉洁自律，不为私心所扰，不为名利所累，不为物欲所惑，真正让党放心、让群众满意。

中共中央办公厅主任令计划，中共中央政策研究室主任王沪宁一同看望慰问。

《人民日报》刊发杜青林题为《爱国主义的典范　维护祖国统一的楷模——纪念第十世班禅额尔德尼·确吉坚赞圆寂20周年》的文章

今年1月28日，是原全国人大常委会副委员长、中国佛教协会名誉会长、第十世班禅额尔德尼·确吉坚赞圆寂20周年的纪念日。我们怀着崇敬的心情，缅怀这位伟大的爱国主义者、著名的国务活动家、中国共产党的忠诚朋友、藏传佛教杰出的领袖，纪念他一生为祖国统一、民族团结、西藏的民主改革和改革开放以及藏传佛教与社会主义社会相适应所建立的不朽业绩。我们要学习和继承他的爱国主义精神，立场坚定、旗帜鲜明，始终站在反分裂斗争前沿，坚决维护祖国统一，加强民族团结，认真做好西藏的发展稳定工作，把小康西藏、平安西藏、和谐西藏的建设事业不断推向前进。

第十世班禅，1938年2月3日出生在青海省循化县文都乡玛日村。1943年在他5岁时，经班禅堪布会议厅寻访，被认定为第九世班禅额尔德尼·曲吉尼玛的转世灵童。1949年6月3日，国民政府依历史定制批准其为第九世班禅的转世灵童正身，特准免予金瓶掣签。1949年8月10日，由国民政府特派专使关吉玉在塔尔寺主持坐床典礼，正式继任为第十世班禅额尔德尼。

第十世班禅是一位伟大的爱国主义者

第十世班禅继承藏传佛教在祖国统一进程中形成的优良爱国主义传统，顺应历史的要求和时代的发展，始终高举爱国主义伟大旗帜，在西藏和平解放、民主改革和改革开放等历史阶段，不断发扬历世班禅爱国精神，坚持不懈地反对分裂，维护祖国统一和民族团结，拥护共产党的领导，拥护社会主义道路。他生前多次讲道：“西藏只有统一在中国共产党领导下的社会主义祖国大家庭中，才有光辉灿烂的前途，才有民族的兴旺发达；西藏人民只有维护祖国统一，加强汉藏民族之间以及祖国各民族之间的大团结，在共产党的领导下，坚定地走社会主义道路，才有真正幸福美满的未来。因此，我们一定要像保护自己的眼珠那样，来维护祖国统一和民族团结。”第十世班禅一生践行了他爱国主义的誓言。

1949年，第十世班禅在了解党的民族和宗教政策后，毅然拒绝赴台，留下来同共产党合作，并在新中国成立的当天，致电毛泽东主席和朱德总司令，表示竭诚拥护中央人民政府，称颂“今后人民之康乐可期，国家之复兴有望”，表明了拥护中央政府的鲜明态度。1950年年初，中央人民政府命令中国人民解放军进军西藏，并宣布了和平解放西藏的方针。但在帝国主义的唆使、怂恿和策动下，西藏少数分裂主义势力企图阻挠解放军解放西藏，分裂活动十分猖獗。1950年年底，他们违背西藏广大人民群众的意愿，派遣非法的“亲善代表团”去美英等国寻求所谓的“西藏独立”，乞求帝国主义的政治支持和军事援助，图谋把西藏从祖国分裂出去。1951年1月30日，第十世班禅指示他领导的堪布会议厅致电中共中央，严厉谴责这种分裂行径，揭露其实质是“企图勾结帝国主义，反抗人民政府，以达其脱离祖国，出卖西藏的阴谋”，“实为破坏国家领土主权完整，违背西藏人民意志”。这是第十世班禅第一次旗帜鲜明地公开表明维护祖国统一、反对分裂的爱国主义立场和态度。

1951年4月26日，中央人民政府全权代表同西藏地方政府全权代表开始在北京就和平解放西藏事宜举行谈判。中央同时邀请第十世班禅来京，听取他的愿望和建议，共谋和平解放西藏之策。第十世班禅抵京后鼎力协助谈判，向中央反映西藏的有关情况，提出了许多好的建议，对和谈的成功发挥了积极作用。1951年5月23日《中央人民政府和西藏地方政府关于和平解放西藏办法的协议》(以下简称《十七条协议》)签订后，第十世班禅发表声明，《十七条协议》完全符合中华各族人民特别是西藏人民的利益，宣告帝国主义侵略西藏的失败，藏族与全国各族人民团结起来了，进一步表明了坚决拥护协议，为维护祖国统一和民族团结努力奋斗的坚定态度。1952年6月，第十世班禅按照《十七条协议》的明文规定，率班禅堪布会议厅回到西藏日喀则历世班禅驻锡的扎什伦布寺。

1956年是释迦牟尼涅槃2500周年。第十世班禅应邀在印度参加纪念活动期间,针对少数分裂主义分子乘机策划"西藏独立"的阴谋,他一方面严厉要求随行人员坚决与分裂分子划清界限,不做任何有损祖国统一和民族团结的事,一方面利用各种场合宣传中印两国人民的传统友谊,介绍西藏和平解放以来的进步和成就。他旗帜鲜明地拒绝了一些人别有用心邀他同去噶伦堡的要求,并严格按照出国计划回到西藏,以实际行动表明了光明磊落的爱国立场和维护祖国统一的坚定态度。经过这场斗争,第十世班禅主动维护祖国统一和民族团结的思想更加明确,立场更加坚定。

第十世班禅思想进步,顺应社会发展要求,逐步接受马克思主义的民族发展观,赞同一个民族内部社会制度的改革是这个民族发展进步的必由之路,并积极推动这种改革。1956年4月22日,在西藏自治区筹备委员会成立大会上,他积极主张民主改革,提出要带头在他所属的春堆庄园首先进行试点,为如何改革封建农奴制度,解放农奴和奴隶摸索经验。1959年3月,当西藏上层反动集团公然背叛《十七条协议》,在拉萨全面发动武装叛乱后,第十世班禅于3月19日致电西藏工委和军区,愤怒谴责分裂主义分子的叛国叛乱罪行,表示要确保日喀则城区的安全,坚决支持和配合解放军平息叛乱,正气凛然地站在祖国和人民的一边。当时在他领导和控制下的地区及寺庙,绝大多数没有叛乱。3月28日,周恩来总理发布命令,解散原西藏地方政府,责成西藏自治区筹备委员会行使地方政府职权,任命第十世班禅为自治区筹委会代理主任委员。他当即致电中央,坚决拥护国务院解散西藏地方政府和平息叛乱的决定。第十世班禅主持筹委会工作后,积极拥护中央关于在平叛斗争中必须放手发动群众、实行民主改革、彻底解放藏族人民、引导西藏走上社会主义道路的重要指示。1959年4月,他在出席全国两会时郑重声明:"我们西藏永远是中国的西藏,我们永远不允许外国人干涉我们西藏和我们中国的事情!""逐步进行改革,走民主和社会主义的道路,这是我们西藏人民繁荣幸福的唯一的康庄大道。西藏的旧制度,残酷地压迫着广大的劳动人民,如果不改革,西藏地区贫困落后的面貌就不可能改变。西藏人民早已积极要求改革,很大一部分上层人士为了西藏的发展前途,也赞成进行改革。西藏自治区筹备委员会应该通过同各阶层爱国人士的协商,逐步实现改革的任务,努力建设民主的进步的新西藏。"根据中央和西藏工委的指示,第十世班禅于1959年6月28日主持召开西藏自治区筹备委员会第一次全体会议,讨论了边平叛边改革等有关实行民主改革的具体政策和措施,通过了《关于进行民主改革的决定》,并开始在西藏各地贯彻、实施。在这次会议上,他响亮地提出"宪法进庙",寺庙实行民主管理的主张,受到与会人员的赞同和支持。经过两年多的努力,到1961年春,全区完成了民主改革,彻底摧毁了政教合一的封建农奴制,废除了寺庙的封建特权和剥削压迫制度,解放了农奴和奴隶,解放和发展了社会生产力,为西藏人民走向社会主义道路、为1965年西藏自治区的成立奠定了基础。今年正值西藏民主改革50年,我们要永远铭记第十世班禅在西藏这场伟大的社会变革中所作的重要贡献,缅怀他在西藏民主改革中所表现出的爱国主义精神。

1980年,邓小平同志在亲切会见第十世班禅时,曾赞誉他是"我们国家一个最好的爱国者","是爱国的,是维护国家统一的。"这是党和国家对他一生爱国主义业绩的高度评价,使他受到了很大鼓舞,爱国立场更坚定,爱国思想更明确,爱国活动更主动自觉。1987年至1988年,西藏少数分裂分子与境外分裂势力勾结,在拉萨制造了多起骚乱事件。第十世班禅多次发表讲话,坚决谴责这种分裂祖国、破坏西藏人民根本利益的行径,严正声明:"我维护祖国统一的立场是坚定不移的,对于分裂祖国的行径,我过去反对,现在反对,将来也反对,我愿为维护祖国统一的伟大事业作出最大的牺牲。"

在历次的反分裂斗争中,第十世班禅正是这样旗帜鲜明、立场坚定地维护祖国的统一,表现出了一个伟大的爱国主义者的气魄和本色。他的爱国主义精神是藏传佛教爱国主义传统的继续,是历世班禅爱国爱教传统的继续,我们要坚决继承和大力弘扬。

第十世班禅是中国共产党的忠诚朋友

第十世班禅从11岁开始同中国共产党合作,16岁成为一位国家领导人,到51岁时圆寂,在40多年的政治生涯中,他同毛泽东、周恩来、邓小平等党和国家领导人以及各级党政军负责同志广泛接触,建立了深厚友谊,对中国共产党的感情也由最初的感恩到衷心的热爱和完全的信赖。在西藏革命和改革开放的各个时期,他始终拥护党的领导,与党肝胆相照,荣辱与共。第十世班禅曾说,"没有共产党就不会有我班禅的今天,也就不会有藏族人民的团结、进步和发展。因此,我热爱共产党,这决不是一句空话,而是我发自内心的声音,我要把它铭记在心里,落实在行动中。"几十年来,他正是怀着对党的赤诚之心去工作、去学习、去生活的。他多次去藏区视察,足迹遍及藏族地区,为《民族区域自治法》的制定和贯彻,藏语文的学习、使用和发展,藏族干部的培养和使用,藏传佛教的健康发展,提出了积极的意见和建议。他支持和拥护中央政府为西藏工作制定的各项政策,鼓励各族各界爱国人士要听党的话,跟党走,自觉接受党的领导。他重视和强调维护各民族之间的团结,强调藏族离不开汉族,汉族也离不开藏族,为维护和加强民族团结作出了重要贡献。十一届三中全会后,他坚决拥护党的路线、方针和政策,拥护改革开放,反复强调国家的进步离不开改革开放,西藏的繁荣同样离不开改革开放,为加快西藏改革开放的步伐发挥了重要作用。

1954年,第十世班禅在第一届全国人民代表大会第一次全体会议上当选为常务委员会委员,同年当选为全国政协第一届委员会副主席,此后历任全国政协副主席、全国人大常委会副委员长等职务。作为国家领导人,他曾多次率团出国访问和在国内接待外宾,热情地向外国友人介绍我国的国情和各项方针政策,特别是民族和宗教政策,用大量生动、真实的故事和数据介绍西藏改革开放的成就,用广博的历史知识描述祖国与西藏的统一关系,为世界各国人民了解和认识西藏的发展进步做了大量的工作,为增进中国人民和世界各国人民的友谊作出不懈努力。他每次在祖国内地和西藏及其他藏区视察工作时,无论是同各方面人士座谈,还是向信教群众讲经传法,都表现出了高度的政治责任感和孜孜不倦的工作热情,坦诚和真诚地宣传党的统战、民族和宗教政策,并以亲身的体验证明这些政策的正确性,号召人们热爱中国共产党,认真执行党的方针政策,始终把为国效力、恪尽职守与关心西藏的发展进步有机地结合在一起。

第十世班禅是藏传佛教的杰出领袖

第十世班禅一生潜心钻研佛学。1956年,他被印度婆罗奈斯佛教大学授予荣誉佛学博士学位,1958年在扎什伦布寺考取最高“噶钦”(善知识)学位。他既是佛位很高的活佛,更是佛学造诣很深的高僧,著有《菩提道次第广论简释》《喜金刚生圆次第》等佛学著作。第十世班禅在为祖国统一、民族团结和西藏的发展进步建立了丰功伟绩的同时,在弘扬佛法、阐释教义上也颇有建树,并致力推动藏传佛教的改革,努力使之与社会主义社会相适应。在西藏民主改革时期,他赞同和主张对宗教制度的改革,提出了“宪法进寺庙”的主张,受到僧俗的支持,得到中央的采纳,成为指导寺庙民主改革、废除寺庙封建特权的总方针。1961年,他提出放弃剥削、实行民主管理、执行政府法令、参与劳动生产、赡养老弱僧徒的五条寺庙改革主张,为废除寺庙的封建特权、封建压迫和剥削制度以及寺庙内部等级森严的封建管理制度,实行民主管理制度作出了杰出贡献。他多次强调,寺庙不在多,而在于真正能够满足信教群众宗教生活的需要,成为弘扬佛法、弃恶扬善的场所;僧尼不在多,而在于素质高,真正能够把释迦牟尼的精神继承下来,发扬光大。第十世班禅非常重视僧人教育,积极主张培养一批爱国守法、拥护共产党领导和社会主义制度、宗教上有一定造诣的佛教高僧。他和时任中国佛教协会会长赵朴初一起创办了中国藏语系高级佛学院,并担任院长。为推动藏传佛教走上与社会主义社会相适应的道路,第十世班禅还在扎什伦布寺进行社会主义条件下寺庙民主管理办法的试点,从教义的阐释到教规教法修习辩经、寺庙管理、以寺养寺等方面都进行了有益尝试,并取得了重要经验。

1989年1月28日,第十世班禅额尔德尼·确吉坚赞圆寂。1995年,按照历史定制、宗教仪轨,经过金瓶掣签,第十世班禅转世灵童的寻访、认定及坐床圆满完成。目前,第十一世班禅健康成长,佛学精进,得到藏传佛教界的普遍拥戴和信仰。2007年国家宗教事务局颁布《藏传佛教活佛转世管理办法》,标志着政府将活佛的转世与管理纳入法制轨道,藏传佛教的活佛转世制度得以传承和净化。

今年是我国历史上具有特殊意义的一年,我们将迎来新中国成立60周年,迎来西藏民主改革50周年。在纪念第十世班禅圆寂20周年的时候,我们要大力弘扬他的爱国主义精神,坚定不移地维护祖国统一,增强民族团结,深入揭批达赖集团分裂祖国、搞“西藏独立”的反动行径;我们要全面、正确贯彻党的宗教信仰自由政策,依法加强对宗教事务和活佛转世工作的管理,深入开展寺庙法制宣传教育工作,建立藏传佛教正常秩序,积极引导宗教与社会主义社会相适应;我们要深入贯彻落实党中央关于西藏工作的一系列方针政策,推动西藏经济社会又好又快发展,切实保障和改善民生,全力维护西藏的社会和谐稳定,为实现西藏跨越式发展和长治久安而努力奋斗。

商务部新闻发言人姚坚就中美知识产权WTO争端案专家组报告发表谈话

中美知识产权WTO争端案专家组报告向WTO各成员公布,对三项争议措施分别作出了裁决。商务部新闻发言人姚坚对此发表谈话。

姚坚表示,在报告中,专家组裁定美国没能证明中国在知识产权犯罪的刑事门槛方面违反WTO《与贸易有关的知识产权协定》,中方对此表示欢迎。但同时,专家组在关于海关措施、《著作权法》的部分裁决中未支持中方主张,中方对此表示遗憾。目前,中方正在对专家组报告做进一步评估。

姚坚强调,中国政府一直高度重视知识产权保护,改革开放30年来在知识产权立法、执法、司法、宣传教育和国际合作交流等各领域均取得了显著成就。

当前,知识产权保护是一个全球性问题,中方一贯主张,加强对话与合作应成为世界知识产权保护的潮流。2008年,中国制定了《国家知识产权战略纲要》。我们将在不断加强国内知识产权工作的同时,继续推进知识产权国际交流与合作,促进国际经贸关系的健康发展。

1月27日

中共中央总书记 国家主席胡锦涛致电祝贺中国南极昆仑站胜利建成

胡锦涛在贺电中指出,中国南极昆仑站的建成,必将拓展我国南极科学考察研究的领域和深度。这是我国为人类探索南极奥秘作出的又一个重大贡献。

胡锦涛希望考察队员们再接再厉、连续作战,深入推进考察活动,积极开展国际合作,努力取得更多考察研究成果,不断谱写我国南极科考事业新篇章,为人类揭开南极奥秘、和平利用南极作出新的更大贡献。

国务院总理温家宝赴欧洲四国和欧盟总部进行访问

应瑞士联邦主席默茨、德国总理默克尔、西班牙首相萨帕特罗、英国首相布朗、欧盟委员会主席巴罗佐和世界经济论坛主席施瓦布邀请,国务院总理温家宝于27日上午乘专机离开北京,赴上述四国和欧盟总部进行正式访问,并出席在瑞士达沃斯举行的世界经济论坛2009年年会。

1月28日

国务院总理温家宝在瑞士达沃斯会见世界经济论坛主席施瓦布

温家宝说,本届冬季论坛年会在国际金融危机的严寒中举办,为全世界所瞩目。会议将"重塑危机后的世界"作为主题,富有远见,我们不仅要积极应对金融危机,也要思考危机后如何促进世界经济健康增长。希望国际社会坚定信心,加强合作,战胜危机。中国希望给这次年会带来友谊、希望和信心。达沃斯的冬天是美丽的,达沃斯的春天会更美丽。

施瓦布说,中国在国际上有着重要的经济影响和政治责任,中国正采取积极负责任的措施应对国际金融危机。世界关注中国经济的走向,重视中国在带动世界走出危机中发挥的作用,期待着中国在本届论坛年会上发出积极的信息。世界经济论坛高度重视同中国的合作,将尽全力使夏季达沃斯论坛在中国取得同样成功。

国务院总理温家宝在瑞士达沃斯分别会见世界贸易组织总干事拉米和世界卫生组织总干事陈冯富珍

在会见拉米时,温家宝说,面对当前国际金融危机,反对和遏制贸易保护主义至关重要。贸易保护主义看似保护一国经济,实际上会拖累世界经济复苏,对谁都不利。在反对贸易保护主义方面,不能说一套做一套。

温家宝强调,中国一贯支持多边贸易体制健康稳定发展,希望有一个公正、自由、便利的贸易环境。中国坚持奉行互利共赢的开放战略,严格履行入世承诺,不刻意追求贸易顺差,中国坚持开放市场,也希望其他国家更多向中国开放市场。中方愿支持和配合世贸组织为推动多哈回合谈判早日成功所做的努力,希望在各方共同努力下,谈判早日达成全面、平衡的结果,这对世界有利,对中国有利。

拉米说,反对贸易保护主义是成功应对国际金融危机的关键。在此方面,各国不应从已作的承诺中倒退。世贸组织将继续致力于推动多哈回合谈判重回正确轨道,尽早取得成果。世贸组织赞赏中国奉行开放贸易、反对贸易保护主义的立场,愿加强同中国的合作,希望中国在即将举行的20国集团峰会上继续发挥建设性作用。

在会见陈冯富珍时,温家宝说,国际金融危机给公共卫生安全带来新的复杂挑战,世卫组织的责任更加艰巨。中国政府将继续全力支持世卫组织和总干事的工作。温家宝指出,中国政府坚持"以人为本"的执政理念。我们出台的应对国际金融危机的政策措施把促进经济发展与改善民生结合起来,大力推进医药卫生事业,努力实现人人享有基本医疗卫生服务。我们还将加强食品安全工作。中方愿同世卫组织加强在这些方面的合作。

陈冯富珍说,世卫组织赞赏中国政府将改善民生、推进医药卫生改革作为应对金融危机的重要举措,这体现了中国政府执政为民的作风,为其他国家树立了很好的表率。世卫组织愿继续加强同中国的交流合作。

国务院总理温家宝在瑞士达沃斯世界经济论坛2009年年会上发表题为《坚定信心 加强合作 推动世界经济新一轮增长》的特别致辞

尊敬的施瓦布主席,女士们,先生们:

很高兴出席世界经济论坛2009年年会,并发表特别致辞。首先,我要感谢施瓦布主席的盛情邀请和周到安排。本届年会意义特殊,在历史罕见的国际金融危机之中,各国政要、企业家和专家学者聚集在这里,围绕"重塑危机后的世界"这一主题,共同探讨维护国际金融稳定、促进世界经济增长的举措,探索全球综合治理之道，既有重要的现实意义，也体现了会议举办者的远见卓识。各方面热切期盼从这里听到富有智慧的声音，凝聚战胜危机的力量。我们有责任向世界传递信心、勇气和希望。我预祝本届年会取得成功！

我们正在经历的这场国际金融危机，使世界经济陷入上世纪大萧条以来最困难的境地。各国和国际社会纷纷采取积极应对措施，对提振信心、缓解危机、防止金融体系崩溃和世界经济深度衰退起到了重要作用。这场危机的原因是多方面的。主要是：有关经济体宏观经济政策不当、长期低储蓄高消费的发展模式难以为继；金融机构片面追逐利润而过度扩张；金融及评级机构缺乏自律，导致风险信息和资产定价失真；金融监管能力与金融创新不匹配，金融衍生品风险不断积聚和扩散。“吃一堑，长一智”。我们必须从中认真吸取教训，正确处理储蓄与消费的关系，金融创新与金融监管的关系，虚拟经济与实体经济的关系，从根本上找到化解危机之策。

坦率地说，这场危机对中国经济也造成较大冲击，我们正面临严峻挑战。主要是：外部需求明显收缩，部分行业产能过剩，企业生产经营困难，城镇失业人员增多，经济增长下行的压力明显加大。

中国作为一个负责任的大国，在危机中采取了积极负责的态度。我们把扩大国内有效需求特别是消费需求作为促进经济增长的基本立足点。及时调整宏观经济政策取向，果断实施积极的财政政策和适度宽松的货币政策，迅速出台扩大国内需求的十项措施，陆续制定和实施一系列政策，形成了系统完整的促进经济平稳较快发展的一揽子计划。一是大规模增加政府支出和实施结构性减税。中国政府推出了总额达4万亿元的两年计划，规模相当于2007年中国GDP的16%，主要投向保障性安居工程、农村民生工程、铁路交通等基础设施、生态环保等方面的建设和地震灾后恢复重建，既有“十一五”规划内加快实施的项目，也有根据发展需要新增的项目。这个计划经过了科学论证，在资金保证上作了周密安排，其中中央政府计划投资1.18万亿元，并带动地方和社会资金参与建设。中国政府还推出了大规模的减税计划，主要是全面实施增值税转型，出台中小企业、房地产交易相关税收优惠政策等措施，取消和停征100项行政事业性收费，一年可减轻企业和居民负担约5000亿元。二是大频度降息和增加银行体系流动性。中央银行连续五次下调金融机构存贷款利率，其中一年期存、贷款基准利率累计分别下调1.89和2.16个百分点，大幅度减轻企业财务负担。连续四次下调存款准备金率，大型金融机构累计下调2个百分点，中小型金融机构累计下调4个百分点，共释放流动性约8000亿元，使商业银行可用资金大幅增加。出台一系列金融促进经济增长的政策措施，扩大贷款总量，优化信贷结构，加大对“三农”、中小企业等方面的金融支持。三是大范围实施产业调整振兴规划。我们抓住机遇全面推进产业结构调整和优化升级，制定汽车、钢铁等重点产业的调整和振兴规划，既着眼于解决企业当前存在的困难，又致力于产业的长远发展。采取有力措施，推进企业兼并重组，淘汰落后产能，发展先进生产力，提高产业集中度和资源配置效率。我们鼓励企业技术进步和技术改造，支持企业广泛应用新技术、新工艺、新设备、新材料，调整产品结构，开发适销对路产品，提高生产经营水平。我们不断完善和落实金融支持政策，健全信用担保体系，放宽市场准入，支持中小企业发展。四是大力推进科技创新和技术改造。加快实施国家中长期科学和技术发展规划，特别是16个重大专项，突破一批核心技术和关键共性技术，为中国经济在更高水平上实现可持续发展提供科技支撑。推动发展高新技术产业群，创造新的社会需求，培育新的经济增长点。五是大幅度提高社会保障水平。我们加快完善社会保障体系，继续提高企业退休人员基本养老金，提高失业保险金和工伤保险金标准，提高城乡低保、农村五保等保障水平，提高优抚对象抚恤和生活补助标准。今年中央财政用于社会保障和就业的资金投入增幅将大大高于财政收入增速。我们积极推进医药卫生体制改革，力争用三年时间基本建成覆盖全国城乡的基本医疗卫生制度，初步实现人人享有基本医疗卫生服务，预计三年内各级政府将为此投入8500亿元。我们坚持优先发展教育，正在制定《国家中长期教育改革和发展规划纲要》，今年将进一步提高农村义务教育公用经费标准，加大对家庭经济困难学生的资助，提高中小学教师待遇，继续促进教育公平和优化教育结构。我们实施更加积极的就业政策，特别是出台了促进高校毕业生和农民工就业的各项政策措施，进一步开辟公益性就业岗位，千方百计减缓金融危机对就业的影响。总的看，这些重大政策措施，注重标本兼治、远近结合，综合协调、相互促进，把扩大国内需求、调整振兴产业、推进科技创新、加强社会保障结合起来，把增加投资和刺激消费结合起来，把克服当前困难和促进长远发展结合起来，把拉动经济增长和改善民生结合起来，对于动员全社会力量共同应对危机，起到了关键性作用。

当前中国经济形势总体上是好的。经过努力，在战胜两场突如其来的特大自然灾害的同时，2008年中国经济保持了平稳较快发展。国内生产总值增长9%，居民消费价格基本稳定；粮食连续五年丰收，总产量达到5.28亿吨；城镇新增就业1113万人，城乡居民收入持续增加；金融体系稳健运行，银行体系流动性和信贷资产质量保持在较好水平。作为一个发展中大国，中国把自己的事情办好，有利于提振对世界经济增长的信心，有利于减缓国际金融危机扩散蔓延趋势，有利于增加中国的进口和对外投资，拉动世界经济增长，给其他国家提供更多发展机遇和就业机会。中国经济保持平稳较快发展，对维护国际金融稳定和促进世界经济增长作出了重要贡献。

女士们，先生们：

中国经济能不能继续保持平稳较快发展？有些人可能会有疑虑。我可以给大家一个肯定的回答：我们对此充满信心。我们的信心来自哪里？信心来自中国经济发展的基本面没有改变。由于我们正确判断形势、及时果断调整宏观经济政策，中国经济仍然保持了平稳较快发展。我们制定并实施的既应对当前困难又着眼长远发展的一揽子计划，开始见到效果，今年将发挥更大作用。信心来自中国经济发展的长期趋势没有改变。我们仍处于重要战略机遇期，在工业化和城镇化快速推进中，基础设施建设、产业结构和消费结构升级、环境保护和生态建设、社会事业发展，蕴藏着巨大的需求和增长潜力，它将有力支撑中国经济在较长时间内继续保持较高速度增长。信心来自中国经济发展的优势没有改变。经过30年改革开放，我们建立了良好的物质、技术和体制基础。劳动力资源丰富、素质较高、成本较低；国家财政收支状况良好，金融体系稳健，社会资金充裕；我们有集中力量办大事的制度优势、和谐安定的社会环境。更为重要的是，我们树立了以人为本、全面协调可持续发展的科学发展理念，始终坚持改革开放，始终奉行互利共赢的开放战略，找到了一条符合中国国情、顺应时代潮流的正确发展道路；我们的人民拥有坚忍不拔、自强不息、百折不挠的精神与意志，正是这些优秀品质，使历史悠久的中国在逆境中焕发更加强劲的生命力。同时，中国经济发展的外部环境没有根本改变，求和平、谋发展、促合作是当今世界发展不可阻挡的潮流，国际分工格局调整中蕴藏着新的机遇。我们完全有信心、有条件、有能力继续保持经济平稳较快发展，继续为世界经济发展作出积极贡献。

女士们，先生们：

国际金融危机是一场全球性的挑战，战胜这场危机要靠信心、合作和责任。坚定信心是战胜危机的力量源泉。信念的力量，远比想象的更为强大。国际社会和各国的当务之急，是继续采取一切必要的措施，尽快恢复市场信心。在经济困难面前，各国对世界经济发展的前景有信心，国家领导人和各国人民对自己的国家有信心，企业对投资有信心，个人对消费有信心，比什么都重要。务实合作是战胜危机的有效途径。在经济全球化条件下，大家的命运已紧紧联系在一起，谁也离不开谁。金融危机检验着国际社会加强合作的诚意和水平，考验着我们的智慧。只有加强合作，携手努力，同舟共济，才能有效应对危机。承担责任是战胜危机不可或缺的重要基础。各国政府坚定、勇敢、负责地承担起责任，对于稳定金融秩序、防止危机对实体经济影响加深，十分重要。政治家要有远见卓识，既要对自己的国家和人民负责，也要对国际社会负责。当前，应当抓紧落实20国集团领导人金融市场和世界经济峰会以来达成的广泛共识，不仅要采取更加积极有效的措施渡过当前难关，而且要努力推动建立公正、合理、健康、稳定的世界经济新秩序。为此，我提出以下意见。

一是深化国际经贸合作，推进多边贸易体制健康发展。历史经验告诉我们，越是危机关头越要坚持开放与合作。贸易保护主义不仅会加大危机的严重程度，还会使危机持续更长时间，是损人不利己的行为。要积极推进贸易投资自由化便利化。中国坚定地支持推动多哈回合谈判早日达成平衡的结果，建立公平、开放的多边贸易体制。作为多边贸易体制的重要补充，积极推进区域经济一体化进程。

二是推动国际金融体系改革，加快建立国际金融新秩序。这场危机充分暴露了现有国际金融体系和治理结构的缺陷。要加快主要国际金融组织治理结构改革，建立合理的全球金融救助机制，增强履行职责的能力。增加发展中国家在国际金融组织中的发言权和代表性，积极发挥其在维护国际和地区金融稳定等方面的作用。鼓励区域货币金融合作，充分发挥地区资金救助机制作用。稳步推进国际货币体系多元化。

三是加强国际金融监管合作，防范金融风险积聚和扩散。各国金融当局应加强信息交流与沟通，加大对全球资本流动的监测力度，防范金融风险跨境传递。扩大国际金融体系监管的覆盖面，特别要增强对主要储备货币国家的监督，建立及时高效的危机早期预警系统。制定合理有效的金融监管标准，完善会计准则、资本充足要求等各类监督制度。加强对金融机构和中介组织的监管，增强金融市场和各类金融产品透明度。

四是切实保护发展中国家利益，促进世界经济共同发展。国际社会特别是发达国家要承担应尽的责任和义务，尽量减少国际金融危机对发展中国家造成的损害，帮助发展中国家保持金融稳定和经济增长。国际金融组织应该通过放宽贷款条件等措施，及时救助有需要的发展中国家。积极推进国际减贫进程，特别要加大对最不发达国家和地区的援助力度，增强他们的自我发展能力。

五是协同应对全球性问题挑战，建设人类共有的美好家园。面对气候变暖、环境恶化、疫病和自然灾害、能源资源和粮食安全、恐怖主义蔓延等关系人类生存和发展的问题，任何国家都无法置身事外，也难以单独应对,国际社会必须加强合作,共同应对这些挑战。

这里,我再次重申,中国将始终不渝地谋求和平的发展、开放的发展、合作的发展。中国愿意继续与国际社会一道,积极维护国际金融稳定、促进世界经济发展,积极应对各种全球性风险和挑战,为实现世界的和谐与可持续发展贡献自己的力量!

女士们,先生们!严冬终将过去,春天就要来临。让我们坚定信心,加强合作,共同推动世界经济新一轮增长!

谢谢大家!

方克逝世

原红旗杂志社副总编辑方克同志(部长级医疗待遇),于1月28日在北京病逝,享年91岁。

方克1918年1月出生于湖南省桃江县。1937年进入延安抗日军政大学学习,1938年加入中国共产党,曾任抗大政治教育干事。1939年7月后,随抗大分校挺进敌后,为抗日游击战争培训干部,历任晋察冀抗大总校政治教员、总校第三团研究室副主任,新四军军部抗大政治教员,新四军某部副科长、副处长。解放战争期间,历任山东华东军政大学资料研究室主任,新华社华东总分社研究员,河南豫西日报社社委委员兼研究部主任等职。新中国成立后,先后任湖南人民革命大学教务处处长、副教育长,湖南省行政学院副院长。1955年,调任湖南省委宣传部副部长。1961年后,先后任湖南省委宣传部副部长,中南局理论小组副秘书长,湖南省委党校副校长。1978年7月,调任红旗杂志社副总编辑。1982年离休。

1月29日

国务院总理温家宝在柏林与德国总理默克尔举行会谈

两国总理表示,要保持高层密切交往,尊重彼此重大关切,坚定互利共赢的信念,不断充实中德具有全球责任的伙伴关系,更多地造福于两国和世界人民。为此,双方同意在以下方面共同作出努力:

一、推动双边贸易投资稳定增长。加强在金融、电信、物流等领域合作。中方决定尽快派采购团赴德,增加进口德国商品、技术和设备。同时希望德国推动欧盟对华扩大开放市场,德方表示将为此作出努力。德方愿积极参与中国铁路等基础设施建设,加大对中国中西部的投入。双方将共同努力,争取今年双边贸易额在去年基础上实现新的增长。

二、支持中小企业加强合作。尽快建立"中德标准信息平台",加快"中德合资合同示范条款"的谈判,积极考虑合作建立一批"中德企业合作基地",使中小企业在两国经济活动和互利合作中发挥更大作用。

三、加强科技领域合作。重点在信息、生物、新材料、新能源等领域拓展合作。双方将举办中德科教年,促进科技交流,带动相关产业合作。德方鼓励本国企业在自愿的基础上对华转让技术,中方将继续加强知识产权保护。

四、深化节能环保合作。加强在节能技术、低碳技术、可再生能源等领域合作,共同应对气候变化的挑战,培育两国经济技术合作新的增长点。

五、加强宏观经济政策沟通与协调。共同反对贸易保护主义,推动多哈回合谈判早日结束,推动国际金融体制改革取得积极进展,引导20国集团伦敦峰会取得实质成果。

六、密切在国际事务中的协调与配合,积极就共同关心的全球性问题开展对话和交流,促进世界和谐和可持续发展。

会谈后,两国总理共同见证了电力、汽车、机械制造、铁路交通、生态环保、文化等领域多项双边合作文件的签署,并会见了记者。双方还发表了《中德关于共同努力稳定世界经济形势的联合声明》。

中德关于共同努力稳定世界经济形势的联合声明

在中华人民共和国国务院总理温家宝2009年1月29日正式访问德国期间,温家宝总理同德意志联邦共和国总理安格拉·默克尔积极评价中德关系的良好发展,并重申愿进一步加强各领域的合作。

双方强调愿携手推动中欧关系继续快速发展,并一致认为中德作为两个主要经济体和出口大国,在应对当前经济金融危机方面有着特殊的影响,中德合作具有特殊意义。

为此,双方商定:

一、加强经贸、货币、财政政策交流。为对重振世界经济作出贡献,两国政府均出台了稳定金融和非金融领域经济形势内容广泛的一揽子方案。双方愿在可能的范围内,支持对方根据自身情况为促进增长所采取的举措。

二、将在现有基础上寻求新的合作领域,为经济增长注入新的活力。尤其是扩大在气候变化、能源、环境技术和循环经济、医药和生物技术、基础设施、交通和物流、金融服务、信息和通信技术领域的合作。双方将继续发挥中德经济合作联委会和中德经济技术合作论坛等机制的作用,加强符合双方利益的互利合作,特别是在创新技术领域的合作。

三、将采取切实措施保持和促进双边贸易平衡发展。支持两国企业参加对方技术和产品展览会,保障和落实知识产权保护，并尽可能为两国商务人员往来提供便利。双方一致认为，作为合作的重要工具，技术转让应遵循自愿原则并应予鼓励。加强在服务贸易统计方面的交流，研究扩大服务贸易的举措。

四、鼓励并支持两国企业加强双向投资，通过加强投资带动双边经济关系。两国政府将按照WTO规则以及双边关于促进和相互保护投资的协定，公正、平等对待国内外企业。

五、支持两国中小企业加强合作，并对其在投资、融资、税收、贸易等方面提供便利和支持。密切双方在标准领域的合作。

六、两国旅游主管部门将致力于加强在投资、培训、宣传推广方面的旅游经济合作，尽可能为本国公民赴对方国家旅游继续提供便利。

七、主张减少贸易限制，反对各种形式的贸易和投资保护主义。两国政府将致力于推动世贸组织多哈回合谈判早日结束，并取得全面、有雄心、平衡的成果，以实现发展回合的目标。

八、在充分协商的基础上，落实G20华盛顿峰会共识，推动国际金融体系改革，并为推动G20伦敦峰会取得实质成果作出积极贡献。

2009年1月29日于柏林

国务院总理温家宝在柏林分别会见德国总统克勒和副总理兼外长施泰因迈尔

第五届中德经济技术合作论坛在柏林举行

国务院总理温家宝和德国总理默克尔共同出席。温家宝发表了题为《增强信心　深化合作　共克时艰》的演讲。

温家宝说，在国际金融危机对世界经济造成严重冲击的形势下，中德两国经济科技界人士聚集在一起，共商合作与发展大计，充分表达了增强信心、深化合作、共克时艰的共同愿望。

温家宝说，中德两国都是世界上具有重要影响的国家。加强中德合作对促进两国经济发展、增进两国人民福祉有利，对推动中欧关系健康发展有利，对世界和平、稳定和繁荣有利。

温家宝说，密切的经济关系一直是中德双边关系的一个核心支柱。近年来中德经济技术合作又实现了新的跨越。贸易规模迈上新台阶。中德互为各自地区最大贸易伙伴。2008年双边贸易额突破千亿美元；投资合作达到新水平。德国企业累计在华投资150亿美元，中国企业赴德投资方兴未艾；技术合作取得新进展。德国是中国引进技术最多的国家之一；友好省州和城市合作展现新成果。2008年两国友好省州和城市已发展到59对，促进了经贸交流合作。

温家宝说，面对国际金融危机的严峻挑战，中国政府陆续出台了一系列政策措施，形成了扩大内需、调整振兴产业、科技支撑相结合的一揽子计划，通过扩内需、调结构、抓改革、惠民生，使我国经济保持平稳较快发展，人民生活水平有新的提高。一是扩大消费需求特别是居民消费需求。二是采取最主动、最直接、最有力的措施大规模增加公共投资。三是推进经济结构战略性调整。四是保障和改善民生。

温家宝指出，中国政府采取的扩大内需的政策措施，也一定为外国企业提供更多的投资机会和更大的市场空间。中德两国互利共赢合作的基础坚实、前景广阔，我们要始终从战略高度和长远角度看待和发展双边关系。面对当前的国际金融危机，加强中德合作具有重要战略意义。我们要向世界传递战胜危机的坚定信念，向市场发出积极信号，提振信心。要加强经济技术合作，推动两国经济实现更大发展。第一，进一步扩大贸易投资规模。第二，进一步加强高科技领域合作。第三，进一步深化节能环保合作。第四，进一步推动中小企业合作。第五，进一步密切在国际事务中的配合与协调。

温家宝强调，中国将始终坚持走和平发展道路，坚持奉行独立自主的和平外交政策，坚持推进互利共赢的开放战略。我们愿继续深入推进中德在各个领域的务实合作。希望两国经济科技界人士为此作出新的贡献。

默克尔说，德中互为重要合作伙伴，双方经济相互依存度越来越高，保持同中国密切的合作关系对德国至关重要。国际金融危机是全球性挑战，需要各国协同行动，合作应对。中国采取了扩大内需的一揽子措施，努力保持经济平稳较快发展，这大大提振了国际社会的信心，是对促进世界经济早日复苏的重要贡献，为带动德国出口提供了新的机遇。默克尔表示，德国主张自由贸易，反对贸易保护主义，将继续致力于加强德中在经贸、科技、能源、气候变化等领域的合作，促进欧中贸易健康发展。德方希望在改革国际金融体系等方面同中方加强沟通协调。

两国经济科技界人士共300多人出席了论坛。论坛由中国国家发改委和德国经济部共同举办。

国务院总理温家宝签署第548号令公布《国务院关于修改〈国务院对确需保留的行政审批项目设定行政许可的决定〉的决定》

现公布《国务院关于修改〈国务院对确需保留的行政审批项目设定行政许可的决定〉的决定》，自公布之日起施行。

总理　温家宝

2009年1月29日

国务院关于修改《国务院对确需保留的行政审批项目设定行政许可的决定》的决定

国务院决定对《国务院对确需保留的行政审批项目设定行政许可的决定》附件《国务院决定对确需保留的行政审批项目设定行政许可的目录》中的部分项目做如下修改:

一、将第12项的项目名称,由"跨省区或规模较大的中小企业信用担保机构设立与变更审批"修改为"融资性担保机构的设立与变更审批";将实施机关,由国家发展改革委改为省、自治区、直辖市人民政府确定的部门。

二、将第373项的项目名称,由"外国通讯社及其所属信息机构在中国境内开展经济信息业务审批",修改为"外国机构在中国境内提供金融信息的服务业务审批";将实施机关,由新华社改为国务院新闻办公室。

三、将第374项的项目名称,由"外国通讯社在中国境内发布新闻信息业务的审批",修改为"外国通讯社在中国境内提供新闻的服务业务审批";将实施机关,由新华社改为国务院新闻办公室。

本决定自公布之日起施行。

《人民日报》发表评论员文章《和平利用南极的新篇章》

新春伊始,英雄的极地工作者向祖国和人民献上了一份厚礼:在南极内陆冰盖最高点冰穹A地区,我国第一个南极内陆科学考察站——南极昆仑站诞生了。

昆仑站是南极大陆海拔最高的科考站,也是我国继长城站、中山站之后的第三座南极科考站。昆仑站的成功建设,是我国在迈向极地考察强国道路上跨出的坚实一步,标志着我国南极考察从大陆边缘向内陆腹地的跨越,揭开了人类和平利用南极的新篇章。在此,谨向南极昆仑站的建设者们致以热烈的祝贺和崇高的敬意!

位于内陆冰盖核心地带的昆仑站,占据着南极内陆科学研究的制高点:在这里钻取的古老深冰芯,将恢复上百万年的地球气候记录,揭示全球气候变化规律;冰穹A地区的天文站将是地球上最好的天文站之一,成为人类探索宇宙奥秘的新窗口;最低气温超过零下80摄氏度,将可能刷新地球最冷纪录,为极端环境科学研究提供得天独厚的场所。

大科学工程与一个国家的综合国力密切相关。在党中央、国务院的亲切关怀和前瞻决策下,我国极地工作者们依靠自主能力,积极开展冰穹A地区科学研究潜力调查和内陆站选址工作,精心准备、科学组织、周密实施,依靠成熟的软、硬件条件,成功实施了昆仑站建设。昆仑站的成功建设,彰显了我国综合国力和科技创新能力的日益提升。

"钢铁昆仑"由钢铁意志铸就,昆仑站牢牢打上了"爱国、求实、创新、拼搏"的南极精神烙印。2005年,我国南极内陆考察队首次成功登顶冰穹A地区,创下人类由地面抵达"不可到达之极"的纪录。今年1月初,南极内陆队携带超过运输极限的500多吨建站科考物资,经过1250多公里的艰难跋涉,第三次成功登顶冰穹A地区。随后,他们忍受着零下40摄氏度的低温,呼吸着含氧量只有平常一半多的空气,仅用20多天就把昆仑站奇迹般矗立在冰雪之巅,充分展现了我国极地工作者们无私奉献的精神风貌。

昆仑站的建成,使我国的极地考察站上了新的历史起点。一批又一批科学家们将以"昆仑"为家,探索南极奥秘,揭示地球科学规律,引领南极重大科学问题研究潮流,为提升我国南极考察总体水平、为人类和平利用南极,作出中华民族的新贡献!

张岩在世界青少年冬季两项锦标赛中获得金牌

新华社报道,在加拿大坎莫尔举行的世界青少年冬季两项锦标赛中,来自解放军的中国17岁小将张岩技压群芳,勇夺女子10公里项目的金牌。

1月30日

国家主席胡锦涛同美国总统奥巴马通电话

胡锦涛首先对奥巴马就任美国总统表示祝贺,向他致以新春佳节的问候和良好的祝愿,并对近日美国中部部分地区遭受冰雪灾害表示慰问。胡锦涛强调,在新的历史时期,中方愿同美方一道,牢牢把握两国关系发展的大方向,加强对话,增进互信,扩大合作,尊重和照顾彼此核心利益,共同应对各种全球性挑战,推动中美关系持续稳定发展。

奥巴马表示,美国政府愿同中方共同努力,发展更加积极、更富有建设性的中美关系。对中美两国而言,没有比两国关系更为重要的双边关系。双方有着许多共同利益。中美两国加强建设性对话和合作不仅有利于两国,而且有利于世界。美方期待着在重大国际和地区问题上同中方加强合作。

胡锦涛对奥巴马表示重视并致力于发展更加积极、更富有建设性的中美关系予以赞赏。

胡锦涛表示,当前,国际金融危机仍在扩散和蔓延,给世界各国经济发展和人民生活带来严重影响。国际社会应该进一步加强协调、密切合作,共同应对这一全球性挑战。胡锦涛指出,我们积极评价美方为稳定金融、刺激经济所做的努力,愿同美方进一步加强宏观经济政策的沟通和协调,坚决反对贸易和投资保护主义,共同推动伦敦20国集团金融峰会取得积极成果,促进世界经济金融健康稳定发展。

奥巴马表示,作为世界上两个最重要的经济体,中美两国加强合作至关重要。美方期待着同中方在双边和多边场合进行合作,努力稳定世界经济,应对国际金融危机,反对贸易保护主义。

胡锦涛邀请奥巴马在双方方便的时候尽早访华,奥巴马表示期待着早日访问中国,也期待着胡锦涛访问美国。双方同意今年4月在伦敦20国集团金融峰会期间会见。

双方还就朝鲜半岛核问题、伊朗核问题及应对气候变化问题等交换了意见。

国务院总理温家宝在布鲁塞尔欧盟总部同欧盟委员会主席巴罗佐举行会谈

温家宝强调,进一步发展中欧全面战略伙伴关系是中国整体外交的战略重点,这一大方向不会因一时一事而改变。面对金融危机,加强合作、共克时艰应该成为当前中欧关系的中心任务。双方领导人要加强对话和交往,各种机制要紧紧围绕中心任务开展工作。实现上述目标,最重要的是相互信任、相互尊重、平等互利,特别是彼此照顾重大关切,不提出、不挑起争端和矛盾,避免中欧关系大局受到损害。中欧社会制度不同,但完全可以和谐相处,求同存异,和而不同,双方要相互借鉴、相互促进、共同发展。

巴罗佐表示,欧中关系紧密、深入、富有成果。欧盟和中国是国际上两支重要力量,许多重大全球性问题的解决离不开欧中合作。良好的欧中关系符合双方的利益,也有利于世界。欧盟愿本着相互尊重、友好坦诚的精神同中国加强对话合作,推动欧中全面战略伙伴关系达到更高水平。

为携手应对国际金融危机,中欧双方就加强务实合作达成以下共识:

一、加大财政、央行及金融监管部门的信息交流,共同提高防范风险的能力。推动实现中欧审计准则等效。

二、扩大贸易投资规模。推进贸易投资便利化和自由化,鼓励相互投资。中方将继续稳步、稳妥地开放市场,增加从欧盟进口,欢迎欧方参与中国促进经济增长计划,希望欧方对华扩大开放市场。欧方认为中国在推进市场经济方面取得令人瞩目的进展。双方将加快中欧伙伴合作协定谈判。

三、支持中小企业合作。适时在华举行第二次中欧中小企业政策磋商。中方支持欧盟在华设立中小企业中心。

四、促进科技创新合作。重点在节能减排、生命科学、医疗卫生等领域深化合作。中方欢迎欧方参与中国产业结构调整和优化升级。

五、积极应对气候变化。加强在新能源、新节能环保技术、低碳经济等方面的合作,将环保产业作为拉动经济的新增长点。

六、密切宏观经济政策协调,共同反对贸易保护主义。推动国际金融体系改革取得积极进展,继续致力于推动实现联合国千年发展目标,促进世界和谐和可持续发展。

会谈后,双方发表了联合声明,温家宝与巴罗佐还共同出席了中欧在航空、安全生产、清洁能源、知识产权保护等领域多项合作文件的签字仪式,并一起会见了记者。

中欧联合声明

应欧盟委员会主席若泽·曼努埃尔·巴罗佐的邀请,中华人民共和国国务院总理温家宝于2009年1月30日对欧盟总部进行了正式访问。访问增进了互信,促进了双边合作,取得了圆满成功。

双方领导人回顾了中欧关系发展历程并对双边合作取得的进展表示满意。领导人强调,中欧关系不仅有力地促进了中国和欧盟各自的发展,也为世界的和平与繁荣作出了重要贡献。

双方强调,在全球化和国际格局快速变化的背景下,中欧关系已超越双边范畴,具有日益重要的全球战略意义。双方一致认为,进一步加强中欧全面战略伙伴关系尤为必要,也是双方的共同愿望和根本利益所在。

双方重申,将致力于进一步发展中欧全面战略伙伴关系,加强对话以增进互相理解,妥善处理分歧,在平等、互信和互相尊重的原则基础上,扩大和深化各领域的合作。

双方表示,将采取积极措施,加强宏观经济政策协调,努力克服金融危机,进一步推进贸易和投资便利化与自由化,强调开放、自由和公平的贸易和投资环境及创造商机是应对全球金融和经济危机的重要手段。在此背景下,双方领导人期待欧盟委员会和中国国务院(于4月)举行第二次中欧经贸高层对话,从战略性、前瞻性和规划性的角度并通过双方具体步骤进一步推进中欧经贸关系。

双方承诺将共同应对气候变化、能源、粮食安全等全球性挑战,推动哥本哈根会议取得积极成果。双方同意加强在应急管理方面的合作,落实联合国千年发展目标，促进世界的可持续发展。

双方还承诺加强在国际和地区问题上的协调与合作，加强联合国在国际事务中的主导作用，通过对话协商解决国际争端。

2009年1月30日于布鲁塞尔

国务院总理温家宝在布鲁塞尔会见欧盟轮值国主席捷克总理托波拉内克

国务院总理温家宝在马德里会见西班牙国王卡洛斯

温家宝表示，国际金融危机给中西两国经济带来严重冲击，我此访不仅带来了友谊，也带来了合作和共克时艰的信心。我们欢迎西班牙企业积极参与中国的经济建设，特别是到中国中西部地区投资兴业。中方将采取措施增加从西班牙进口，促进双边贸易平衡发展。

卡洛斯说，在金融危机不断加剧和蔓延的背景下，温家宝总理带着友谊、合作和信心来到西班牙访问，具有特殊重要的意义。西班牙愿在业已良好的基础上进一步加强同中国在经贸、文化等各领域的交流与合作。西班牙企业家希望进一步开拓中国市场。西班牙将积极参加2010年上海世博会。相信在双方共同努力下，中西友好一定会取得更大发展。

国务院总理温家宝在马德里同西班牙首相萨帕特罗举行会谈

温家宝说，西班牙是中国在欧盟可以信赖的好朋友、好伙伴。中西建交35年来，不管国际风云如何变幻，两国始终相互尊重，相互支持，尤其是照顾彼此重大关切，两国关系平稳发展，务实合作不断深化。我们高度赞赏西班牙在涉台、涉藏等问题上给予中方的理解和支持。可以说，中西关系是不同社会制度国家间和谐相处、互利共赢的典范。中方愿与西方共同努力，推动两国全面战略伙伴关系迈向更高水平。当前，两国要把携手应对金融危机、促进经济增长作为两国关系的首要任务，以此为契机，全面加强互利合作。

萨帕特罗说，中国具有重要的国际影响，在事关世界和平与发展的重大问题上，中国的作用不可或缺。西中关系对西班牙是最重要的双边关系之一。西班牙将一如既往奉行一个中国政策，致力于同中国加强合作，特别是在应对金融危机过程中密切协调配合。萨帕特罗表示，西班牙将继续积极推动中欧关系向前发展。

双方就两国合作交流广泛交换了意见，表示将在以下方面作出努力：

第一，保持密切高层接触，及时交换看法，增进相互信任，加强宏观经济政策对话与协调，扩大财政金融合作。

第二，促进贸易平衡增长。争取在2011年实现双边贸易额达到400亿美元的目标。为此，中方愿扩大从西进口产品和设备，中方将派采购团赴西班牙。西班牙表示将向中方推介有竞争力的产品。

第三，扩大双向投资，重点加强电信、基础设施建设、汽车工业、物流等领域的战略合作，中方欢迎西班牙企业到中国中西部开辟市场，西方欢迎中国企业到西班牙投资。扶持中小企业合作。

第四，加强科技合作，探讨可再生能源、生态环境、循环经济等领域的联合研发，培育新的经济增长点。

第五，推动文明对话，充分发挥孔子学院和塞万提斯学院的作用，开展形式多样的文化交流，互办“语言年”。中国将尽快在西设立中国文化中心。西班牙将积极参加上海世博会。

第六，加强在多边领域的协调配合，共同反对贸易保护主义，为建立公平、公正、包容、有序的国际金融体制共同努力，推动如期实现千年发展目标，积极应对气候变化等挑战。

会谈后，两国领导人共同出席了双方多项合作文件签字仪式，涉及金融、航空、能源、电信、地方企业合作等领域。两国政府还发表了关于进一步深化两国全面战略伙伴关系的联合声明。

温家宝和萨帕特罗还共同会见了两国企业家代表。温家宝勉励企业家为两国经济发展、为应对金融危机、为促进中西友好合做贡献力量。

中华人民共和国政府和西班牙王国政府关于进一步深化两国全面战略伙伴关系的联合声明

一、应西班牙工国政府首相何塞·路易斯·罗德里格斯·萨帕特罗邀请，中华人民共和国国务院总理温家宝于2009年1月30日至31日对西班牙进行正式访问。访问期间，温家宝总理会见了胡安·卡洛斯一世国王，同萨帕特罗首相举行了会谈。双方就双边关系、中欧关系、国际金融危机等共同关心的问题广泛深入交换了看法。

二、双方一致认为，两国2005年11月建立全面战略伙伴关系以来，高层交往频繁，各领域交流积极开展，合作日益密切，两国关系处于历史最好时期。两国同意在中西全面战略伙伴关系的框架下，进一步巩固双边关系的政治基础，加强经贸往来，促进文化交流，扩大国际合作。

双方重申，将遵循国际法和联合国有关决议所确定的相互尊重主权和领土完整的原则。西班牙重申坚持一个中国的原则，支持台海两岸关系和平发展和中国和平统一。

三、双方一致认为,国际金融危机造成了严重影响。作为世界重要经济体,中西两国将加强相互合作,共同应对挑战,为世界经济平稳健康发展作出贡献。为此,中西两国将在以下方面作出努力:

——支持两国主管部门和机构在重要的经济领域和政策方面加强对话与合作。

——鼓励两国企业加强交流,探索新的合作领域和方式。中国愿与西班牙共同办好2009年中国国际中小企业博览会,将此作为两国中小企业加强合作的平台。西班牙全力支持中国办好2010年上海世博会。

——着力发展双边贸易,采取切实措施,促进贸易发展,改善贸易结构。

——努力扩大双向投资,加强工业、电信、金融、交通、铁路等基础设施、可再生能源、环保、旅游等重点领域合作,扩大科技创新交流,鼓励在第三方市场开展合作。

——鼓励航空运输企业在互利的前提下扩大直航规模,促进旅游和经济交流,密切两国旅游部门的合作。

双方认为,在两国政府首脑见证下签署的金融、航空、能源、电视、技术、空中交通管理、电信及地方企业合作等领域的协议具有重要意义。

四、双方积极评价"西班牙年"和"中国艺术节"的成功举办,决定进一步开展丰富多彩的文化交流活动。支持北京西班牙文化中心——北京塞万提斯学院的西班牙语教学和文化推广活动,中方将尽快在西班牙设立中国文化中心。同时,双方将为在西班牙开办中国文化中心以及在中国开办塞万提斯学院提供协助,并对其为履行使命而进行的正常运作提供便利。充分发挥孔子学院在西班牙推动汉语教学方面的示范作用。双方将互办"语言年"活动。双方承诺加强科研机构、学术机构和新闻媒体的往来。中方积极欢迎西班牙作为主宾国参加2009年北京国际图书博览会。双方将密切配合开好中西论坛成都第五次会议。

五、双方一致认为,当前中欧全面战略伙伴关系正处于重要发展阶段。因此,两国愿以西班牙即将担任欧盟轮值主席国为契机,通过现有机制加强合作,推动中欧关系发展。为此,双方将保持密切协调和定期接触。双方支持在平等和相互尊重的基础上继续推动中欧人权对话。

六、双方一致希望加强在联合国这一开展有效多边主义的重要场合,以及世贸组织、亚欧会议等多边组织和论坛的合作。密切在联合国,尤其是安理会改革和千年发展目标等问题上的磋商与协调。中西两国作为"文明联盟"之友小组的成员国将积极参加"文明联盟"活动,并根据1995年在北京举行的联合国第四次世界妇女大会结论以及《北京宣言》和《行动纲领》推动实施更为积极有效的性别政策。双方一致认为,应坚决应对恐怖主义、气候变化等全球挑战。双方将共同努力,推动今年年底的哥本哈根会议取得成果。同时,双方表示愿就金融危机、能源安全并根据最近举行的世界粮食安全马德里会议内容就粮食安全加强对话与合作。双方承诺继续努力促进世界经济增长,推进国际金融体系改革,并在国际金融改革的设计中发挥稳定和重要的作用。根据2008年11月多哈会议最终文件,深化新型发展筹资模式。中西两国将为建立公平、公正、包容、有序的国际金融新秩序而共同努力。

2009年1月30日于马德里

1月31日

国务院总理温家宝同西班牙文化界人士青年学生座谈时发表谈话

院长女士,各位老师、各位同学,女士们、先生们、朋友们:

很高兴来到久负盛名的塞万提斯学院与大家见面。中国和西班牙都是世界上具有悠久历史文化的大国,今天的座谈会以文化为主题很有意义。贵国著名剧作家哈辛托·贝纳文特曾说过:"文化是理解与沟通的良师。"文化交流对增进我们的相互了解、促进两国友好合作必将起到有益的作用。

中国5000年的文明史,博大精深,从未间断。在此,我想谈谈中国传统文化的一些主要精神及其现实意义:

一是自强不息、刚健有为的进取精神。中国古代文化经典《周易》上说:"天行健,君子以自强不息。"就是提倡人应效法日月星辰刚健运行那样奋斗不息、积极进取,坚持独立意志、人格尊严和做人原则。自强不息是中国传统文化思想的主旋律,也是中华民族历经磨难而不倒,中华文明历经浩劫而传承的重要因素。这种精神铸就了中国人民百折不挠、愈挫愈奋的民族品格。

二是以和为贵、和而不同的和谐精神。早在2000多年前,中国古代思想家就提出"和实生物"、"和而不同"等思想。主张国家之间、民族之间、人与人之间和谐共处;不同文明之间和谐共存;人与自然和谐共生。"和"是中华文化的精髓,是中国人民奉行的崇高价值,在中国历史上曾经起了促进民族团结,增强民族凝聚力,实现睦邻友好的积极作用。

三是民为邦本、民贵君轻的民本思想。成书于殷商时期的《尚书》中就有“民惟邦本，本固邦宁”的思想。我们提出的“以人为本”，是对“民本”思想的继承和发扬。就是通过改革开放，解放和发展生产力，满足人们日益增长的物质文化需求；就是要在平等、自由的条件下实现人的全面发展。

四是天人合一、民胞物与的人与自然相统一的思想。中国宋代哲学家张载明确提出“天人合一，民胞物与”的思想。就是说，天地犹如父母，人与万物都是天地所生，人民都是我的兄弟，万物都是我的朋友。这充分肯定了人与自然界的统一。人是自然界所产生的，是自然界的一部分，人可以认识自然并加以改变调整，但不应破坏自然。如果破坏了自然，人类迟早会受到自然界的惩罚。

中国传统文化塑造了中华民族醇厚中和、刚健自强的人文品格和道德标准，不仅对中国的经济和社会发展发挥着巨大影响，也为中国人的世界观和行为方式的形成奠定了基础。它的影响一直延续至今。

中国和欧洲的文化都源远流长，共同为人类文明进步作出了重大贡献。早在1000多年前，中国的商品和文化就通过丝绸之路传播到了南欧国家。公元13世纪，意大利著名旅行家马可·波罗就来到中国。16世纪末，西班牙人门多萨写的《中华大帝国史》一书，是西方第一本全面介绍中国历史、文化、宗教以及政治、经济概况的著作，在欧洲引起轰动。《周易》《老子》《论语》等中国传统文化经典，翻译介绍到欧洲，形成了历史上著名的“东学西渐”。18世纪，欧洲近代的先进科学文化成果传播到中国，掀起“西学东渐”的热潮，对中国文化产生了积极影响。

西班牙文明是欧洲文明的重要组成部分。西班牙文学、绘画、歌舞、体育等在世界上享有很高声誉，文学巨匠塞万提斯、画家毕加索、男高音歌唱家多明戈都为世人耳熟能详。我年轻时就读过塞万提斯的名著《堂吉诃德》，其深邃的思想至今仍给人以智慧和启迪。我经常在思考，一个民族要兴旺发达，就不仅要有人脚踏实地，埋头苦干，更要有人遥望星空，坚守精神家园。这样的民族才有希望，才能克服前进道路上的艰难险阻，才能有光明的未来。

文明的多样性是人类社会发展的基本取向。不同文明的相互交流，推动了人类的相互学习和共同进步。中西两国文化交流从未中断，近年来更趋活跃，形式不断丰富。双方举办了一系列重要的文化活动。不久前，互办“中国文化节”和“西班牙年”，分别向两国人民展示了精彩纷呈的传统和现代文化。中西两国在教育领域的交流与合作也广泛进行。在华学习的西班牙学生有近千名，中国有16所大学开设西班牙语教学。2005年，两国还举办了“中西大学校长论坛”。2006年，塞万提斯学院在北京开设分院，成为促进中国和西班牙文化交流的重要窗口。这些都进一步加深了两国人民之间的了解和友谊。希望两国的文化工作者特别是青年学生继续携手努力，不断密切两国文化交流，为中西友好世代相传作出新的贡献。

国务院总理温家宝在伦敦会见英国48家集团俱乐部主席佩里和“青年破冰者”代表

福州市所属的长乐市一酒吧发生火灾造成15人因窒息死亡

2月1日

中央军委深入学习实践科学发展观活动专题民主生活会在北京召开

会议由中央军委主席胡锦涛主持。

大家认为,党的十六届四中全会以来,国防和军队建设所处的国际国内环境发生了新的复杂变化。随着国防和军队现代化建设深入发展以及军事斗争准备的不断推进,迫切要求加快中国特色军事变革步伐。面对新的形势和任务,军委坚持以邓小平理论和"三个代表"重要思想为指导,深入贯彻落实科学发展观,着眼国家安全和发展战略全局,科学筹划指导新世纪新阶段国防和军队建设以及军事斗争准备,提出了一系列重大指导方针,作出了一系列重要决策部署。主要有:把科学发展观作为国防和军队建设的重要指导方针,贯彻到部队军事、政治、后勤、装备建设的方方面面,对新形势下国防和军队建设发挥了重要指导作用。科学概括新世纪新阶段我军历史使命,紧紧围绕有效履行使命推进部队全面建设和军事斗争准备,开创了国防和军队现代化建设的新局面。提出以增强打赢信息化条件下局部战争能力为核心,全面提高应对多种安全威胁、完成多样化军事任务能力的战略思想,使我军应对多种安全威胁、完成多样化军事任务的能力不断提高,经受住了各种急难险重任务的考验。适应新的形势和任务加强思想政治建设,保证了军队建设的正确政治方向和各项任务的胜利完成。深入扎实做好军事斗争准备,取得一批重要成果。积极推进机械化条件下军事训练向信息化条件下军事训练转变,有力地促进了部队战斗力全面提升,带动了部队建设全面加强。加快推进全面建设现代后勤,有力保障了军队现代化建设和遂行多样化军事任务的需要。下大气力加强武器装备建设,为我军应对多种安全威胁、完成多样化军事任务奠定了坚实的物质技术基础。不断深化国防和军队改革,加快了中国特色军事变革,推动了军队建设又好又快发展。进一步加大从严治军力度,不断提高部队正规化建设水平。积极开展军事外交工作,为加速推进我军现代化建设和军事斗争准备发挥了重要作用。这些成就来之不易,我们要珍惜所取得的成绩,认真总结实践经验,努力把当前国防和军队建设的良好发展势头保持下去。

大家认为,在肯定成绩的同时,也要清醒地看到工作中存在的问题和不足。主要是:对新形势下军队建设特点规律的认识还需要进一步深化,有些情况了解得还不是很全面,有些问题认识还不是很深入;贯彻从严治军方针的力度还需进一步加大,治军不严的问题在一些部队仍不同程度地存在;在有些工作的科学统筹上还需要进一步加强。对这些问题,必须高度重视,在今后的工作中认真加以解决。

大家指出,深入学习实践科学发展观,关键是要突出实践特色,要同推动军队建设和改革的实际工作结合起来。用当代革命军人核心价值观激励官兵,把全军官兵的思想进一步统一到中央的决策部署上来,确保部队在任何时候任何情况下都坚决听从党中央、中央军委指挥。始终保持部队安全稳定和高度集中统一。坚持以军事斗争准备为龙头牵引军队现代化建设。认真抓好深化国防和军队改革的论证和实施工作。以改革创新精神全面加强军队党的建设,使党的政治优势和组织优势转化为推动军队建设科学发展的强大力量。

大家表示,新世纪新阶段,军队肩负的使命任务发生重大变化,对军委工作提出了新的更高的要求。军委班子要肩负起领导国防和军队建设的重大历史责任,就必须在加强自身建设上下更大的气力,不断提高领导国防和军队建设科学发展的能力,以高度的责任感和百倍的努力把国防和军队建设推向前进。军委成员要在继续解放思想上下功夫,认真学习马克思主义基本理论特别是中国特色社会主义理论体系,自觉把科学发展观作为推进国防和军队建设的重要指导方针和有力思想武器。要加强对战略问题的研究,逐步形成经常化、制度化的战略研究机制,始终保持战略头脑和眼光。要进一步提高战略管理能力,提高军队建设的整体质量效益。要不断改进工作指导方式,发扬求真务实的作风,真正使工作指导体现时代性、把握规律性、富于创造性。

国务院总理温家宝在伦敦分别会见英国前首相布莱尔和保守党领袖卡梅伦

温家宝在会见布莱尔时说,当前国际金融危机仍在加剧蔓延,我此时访问英国,就是要传递坚定中英合作、共克时艰的信心。双方要进一步挖掘合作潜力,扩大合作领域,尤其要反对和抵制贸易保护主义。中方欢迎英国企业到中国投资,希望增加从英国进口商品、技术和设备。中方愿与英方配合,推动二十国集团峰会取得积极成果。

布莱尔表示,在应对金融危机中,各国高度重视中国的主张和作用。温总理在达沃斯世界经济论坛年会上的讲话非常重要,传递了加强合作、克服困难的信心,这正是当前国际社会最为需要的。英国主张自由贸易、反对贸易保护主义。英国企业希望同中国深化合作,实现互利双赢。

温家宝说,保守党是英国政坛一支重要力量,为发展中英关系作出过历史性贡献。中方高度重视发展同保守党的关系，愿进一步加强党际交流，增进相互了解与合作。温家宝介绍了中国在应对金融危机方面的政策措施，指出中英有着广泛的共同利益和许多重要共识。在当前形势下，一要坚持公平开放的贸易，二要着手解决国际金融体系中存在的问题。中英加强合作对双方有利，对世界有利。

卡梅伦说，英国保守党及我本人坚持一个中国原则，坚定支持发展对华关系，将继续致力于加强同中国的交流与合作。卡梅伦说，中国在应对金融危机方面采取了负责任的态度。中国扩大内需、保持市场开放对英国和世界有利，英国市场也同样对中国开放。希望英中双方在双边和多边加强协调合作，携手应对金融危机。

国务院总理温家宝在伦敦就中国应对国际金融危机保持经济平衡较快发展及其他问题接受英国《金融时报》主编巴伯的专访

全国妇联主席陈至立在福建召开妇女座谈会

全国人大常委会副委员长、全国妇联主席陈至立在福建厦门分别召开女村支书、女村委会主任座谈会及妇幼保健专家座谈会。

陈至立在女村支书、女村委会主任座谈会上说，目前，我国农村劳动力中妇女已占65%。农村妇女是农村改革发展和新农村建设中的主力军，农村妇女的发展关系着农村的发展、农业的发展。因此，要大力推动更多妇女进入村两委班子工作，为加强妇女参政议政工作打下坚实基础。要鼓励更多农村女能人挺身而出、勇挑重担，争取担任村级领导，带领村民致富。各级妇联要依靠各级党组织为她们进入两委班子积极创造条件，使女村支书和女村委会主任的比例有一个较大的提高。

陈至立强调，要本着“实惠、普惠、长惠”的原则扎实开展妇女工作，造福妇女群众，使广大妇女得到更多实惠并长期受益。当前要狠抓促进妇女就业和创业的工作。要拓宽促进就业创业的资金渠道，把扶持妇女发展的项目做大做强。要加强教育培训，提高妇女的综合素质、创业能力和领导能力。

在妇幼保健专家座谈会上，陈至立充分肯定了福建省和厦门市在为流动妇女和经济困难妇女免费进行乳腺癌、子宫颈癌普查和防治方面所做的卓有成效的工作。她强调，要从坚持以人为本、为亿万妇女谋利益和子孙后代健康的高度认识妇科疾病普查和防治的重要性。妇联要积极主动会同卫生等部门大力推动落实和实施这件涉及亿万妇女切身利益的大事。

国务院副总理回良玉在安徽考察

回良玉先后来到安徽合肥、安庆、芜湖等地，深入田间地头、企业农户，考察农业和农村经济发展情况，仔细了解农民群众的生产生活情况。

考察期间，回良玉对安徽近年来改革开放和经济社会发展取得的成绩给予充分肯定。他强调，做好今年农业农村工作，对于保持经济平稳较快发展的大局具有特殊重要的意义。要抓紧落实强农惠农政策，进一步调动农民积极性；大力加强农田水利等农业基础设施和民生工程建设，不断改善农村生产生活条件；加强免疫工作，抓好应急处置，搞好高致病性禽流感、口蹄疫等重大动物疫病防控；早动员、早部署，做好春耕备耕各项工作，力争今年农业有个好收成。要依靠科学发展、合力发展、创新发展、特色发展和苦干实干精神，努力促进农业和农村工作新跨越。

安徽省委书记王金山、省长王三运参加考察。

世界最大单口径射电望远镜在贵州奠基

《人民日报》报道：世界上口径最大、功能最强的单口径射电望远镜——500米口径球面射电望远镜（FAST）工程，近日在贵州省黔南布依族苗族自治州平塘县大窝凼洼地举行奠基仪式。

2月2日

《人民日报》发表社论《越是面临困难越要重视农业》

春回大地，万物复苏。今天，本报全文发表《中共中央国务院关于2009年促进农业稳定发展农民持续增收的若干意见》，这是2004年以来中央连续第六年制定指导“三农”工作的一号文件，是党中央送给亿万农民的新春贺礼。

过去的一年，在党中央的坚强领导下，全国人民团结一心，战胜了重大自然灾害，克服了多种困难，农业农村继续保持了良好的发展局面。农业生产实现了近40年来首次“五连增”，粮食总产再创新高，农民收入较快增长，农村各项公共事业加快发展，农村党群干群关系继续改善。农业农村的好形势，为国民经济平稳较快发展和社会和谐稳定作出了重大贡献。

刚刚到来的牛年，可能是新世纪以来我国经济发展最为困难的一年，也是巩固发展农业农村好形势极为重要的一年。国际金融危机持续蔓延，世界经济增长明显减速，对我国经济的负面影响日益加深，对农业农村发展的冲击不断显现，保持粮食稳定发展的任务更加繁重，保持农产品价格合理水平的难度更加凸显，保持农产品质量进一步提升和规避经营风险的要求更加迫切,保持农民收入较快增长的制约更加突出。在这样的大背景下,做好今年的农业农村工作,关系到国民经济全局和全社会的稳定和谐,具有特殊重要的意义。

越是经济发展遇到困难的时候,越要重视农业。扩大内需,最大潜力在农村;经济平稳较快发展,基础支撑在农业;保障和改善民生,重点难点在农民。今年中央一号文件,对促进农业稳定发展、农民持续增收作了全面部署,明确提出要把保持农业农村经济平稳较快发展作为首要任务,围绕稳粮、增收、强基础、重民生,进一步强化惠农政策,增强科技支撑,加大投入力度,优化产业结构,推进改革创新,千方百计保证国家粮食安全和主要农产品有效供给,千方百计促进农民收入持续增长,为经济社会又好又快发展继续提供有力保障。

越是经济发展遇到困难的时候,越要夯实农业基础。农业是国民经济的基础。盖房子,要先打牢地基,同样道理,要渡过难关,保持国民经济平稳较快发展,首先要把农业这个基础打牢固。经济发展有了根基,才能站稳脚跟,才能稳步前进。在困难面前,如果忽视了农业这个基础,就必然会事倍功半。

《中共中央国务院关于2009年促进农业稳定发展农民持续增收的若干意见》,是对党的十七届三中全会《决定》的细化,是指导今年农业农村工作的纲领性文件,各地区各部门一定要认真学习,深刻领会,创造性地开展工作,把中央出台的各项政策措施切实落实到位。

今年的农业农村工作任务艰巨,工作繁重。各级领导干部对此要有清醒的认识,一定要充分估计困难,紧紧抓住机遇,绷紧"三农"这根弦,深入贯彻落实科学发展观,发扬"老黄牛精神",脚踏实地,埋头苦干,夺取今年"三农"工作的新胜利。

国务院总理温家宝在伦敦唐宁街10号首相府与英国首相布朗举行会谈

温家宝说,中英关系站在新的历史起点上,一是两国之间已不存在任何历史遗留问题,这使双方能以更高的境界、更广的视野面向未来。二是中英的战略共识得到提升,中英关系已超越双边范畴,正对世界产生重要的影响。三是中英将以应对这场百年罕见的金融危机为契机,全面深化各领域的交流与合作,推动两国关系达到更高水平。

布朗说,中国是英国重要的战略伙伴,在全球应对金融危机中发挥着重要作用。在当前形势下,加强英中合作对坚持公平、开放的世界贸易环境、促进世界经济早日复苏具有重要意义。温家宝总理的到访给英国带来了信心与合作的机遇。英方将继续致力于推进同中国的友好合作关系。

双方就合作应对金融危机达成以下共识:

一、充分利用财金对话、双边关系互动小组等机制,加强经济金融政策沟通与协调,密切两国央行和金融监管机构的联系和协作。尽快举行第二次中英经济财金对话。

二、扩大双边贸易规模,共同反对贸易和投资保护主义。确保2010年实现双边贸易额达到600亿美元的目标。中方愿继续增加从英进口,将尽快派采购团赴英。英方决心在今后18个月将对华出口增加一倍,鼓励英国企业扩大对华投资。英方表示将进一步对华开放市场,并推动欧盟采取积极行动。

三、加强科技合作,落实好"中英创新合作"等计划,在创新产业、医药卫生、生态环境等领域拓展新的合作。

四、重视人文交流,促进双方在文化、教育、旅游、奥运、世博会等领域的合作。

关于国际金融体系改革,温家宝说,中方愿积极参与二十国集团伦敦峰会,与英方加强协调。中方有以下建议:一是推动各国加强宏观经济政策沟通与协调,提振市场信心,减少金融危机对实体经济的影响,抑制贸易和投资保护主义,推动多哈回合谈判;二是推动国际社会继续关注发展问题,保障发展资源,避免金融危机影响千年发展目标的如期实现,解决发展中国家的突出关切;三是本着全面性、均衡性、渐进性、实效性的原则推动建立公平、公正、包容、有序的国际金融体系。重点是增加发展中国家的发言权和代表性,加强对主要储备货币发行国宏观经济政策的监督;四是推动改革和完善国际金融监管体系,加强复杂金融产品的信息披露,加强审慎监管和问责,加强跨境金融监管合作。

布朗介绍了英方有关立场和主张,表示国际金融体系需要重建,加强监管和预警,避免重蹈金融危机的覆辙,英方重视中国在这方面的重要作用,愿与中方加强沟通协调,共同推动二十国集团伦敦峰会达到预期目标。英方支持中国加入金融稳定论坛。

会谈后,双方发表了《中英关于加强合作积极应对国际金融危机的联合声明》。两国领导人还共同见证了经贸投资、电力通信、知识产权、城市发展等领域多项双边合作文件的签署。

中英关于加强合作积极应对国际金融危机的联合声明

一、中华人民共和国国务院总理温家宝于2009年1月31日至2月2日正式访问英国期间,与大不列颠及北爱尔兰联合王国首相戈登·布朗在伦敦举行会晤。

二、双方欢迎两国关系的强劲发展，认为中英作为世界两大主要经济体，在应对当前不稳定的世界经济中扮演着至关重要的角色。双方重申愿在相互尊重、平等互利的原则基础上，进一步发展中英全面战略伙伴关系，以促进两国经济增长、繁荣和稳定，应对面临的国际挑战，推动全球经济从当前危机中复苏，实现可持续与和谐发展。

三、双方一致认为，在当前复杂的全球政治经济形势下，中欧间保持关系稳定发展具有重要意义。双方愿共同努力，推动中欧全面战略伙伴关系发展。

四、双方认为世界经济在遭受一系列金融冲击后，正经历数十年来最为严重的一次全球经济危机。全球性危机只有通过全球合作才能有效应对。双方重申将落实华盛顿金融市场和世界经济峰会宣言。即将召开的二十国集团伦敦金融峰会是各国不容错过的关键机会。两国领导人讨论了如何与其他各国领导人一道，共同努力确保伦敦峰会取得成果，以稳定世界经济，保持开放，确定可持续复苏路线，确保本国和全球范围内的经济增长及就业。

五、双方重申将采取必要政策措施，促进全球经济持续增长，提供就业机会。双方一致认为，危机十分严重，需要各国采取有效、协调的宏观经济政策，以重振全球信心，缓解衰退，构建恢复经济增长的坚实基础。双方讨论了两国的经济刺激计划，交流了各自采取措施刺激本国内需方面的经验。

六、双方同意继续加强在金融监管、金融透明度和金融市场诚信方面的密切合作，增强金融体系的稳健性，维护金融市场稳定。双方支持各国采取的恢复金融市场运作的果断行动，这使全球投资获得足够的资金。

七、双方均对国际贸易和投资前景深表关注，重申将致力于开放市场和自由贸易，认为实行贸易和投资壁垒或货币竞相贬值等狭隘的短期保护主义政策只会加剧全球经济衰退。双方将致力于推动多哈发展回合谈判早日取得全面、平衡成果。双方承认主权财富基金在稳定世界经济、拉动全球需求方面发挥的建设性作用。双方继续致力于开放包括对主权财富基金在内的投资市场。

八、双方一致认为国际金融机构应更有效、更具代表性和可信度，这样这些机构才能更紧密地与国际社会合作，促进全球经济的活力、稳定和繁荣。这些机构既要有合适的贷款工具，又要有充足的资金应对当前危机和经济下行，为未来可持续的繁荣奠定基础。新兴经济体和发展中国家应在这些机构中获得更多的发言权和代表性。

九、双方一致认为，世界需要建立有效的多边监督和早期预警机制，以防范今后再次发生危机，并帮助那些丧失国际资本来源的国家。为满足这一需要，双方同意推动国际货币基金组织继续改革其贷款工具，以保证这些贷款工具更好满足成员国需求。双方均支持国际货币基金组织扩大融资，以便有足够资金进一步扩充这些贷款工具。

十、双方认识到，必须尽快采取切实措施，减少金融危机对发展中国家的严重影响。双方敦促多边发展银行调整规则，更多、更快、更好地提供资金，并鼓励地区发展银行大幅增加放贷。双方强调加强国际发展机构十分重要，可以帮助减轻发展中国家所面临的风险，确保继续实现联合国千年发展目标。

十一、双方认为，国际社会应在所有利益攸关方充分协商的基础上对国际金融体系进行有效和全面的改革。基于对新兴经济体和发展中国家在全球经济分量不断增加的认识，双方同意在2008年达成一致的基础上继续对世界银行和国际货币基金组织的份额和包括投票权在内的治理结构进行改革，加强和改进两机构的合法性，确保两机构的治理结构更加透明和有代表性，并加强问责。主要新兴经济体更多参与国际金融机构对这些机构的成功至关重要。

十二、双方重申金融稳定论坛应迅速落实华盛顿峰会成果，在伦敦金融峰会前吸收包括中国在内的新兴经济体成员加入。

十三、目前的经济困难进一步突出了双方努力推进双向贸易和投资的重要性。科技和创新合作对两国共同应对金融危机具有重要意义。双方同意进一步加强旅游合作，扩大人员交往。双方重申致力于应对气候变化的挑战，将进一步加强两国在该领域的对话和务实合作。

十四、中英加强上述合作的一个重要途径是由王岐山副总理和阿利斯泰尔·达林财政大臣主持的中英经济财金对话。双方一致同意在2009年双方商定的时间举行第二次中英经济财金对话。双方将继续充分利用这一机制，在广泛经济、金融政策领域加强合作，这对全球金融稳定和可持续经济增长具有重要意义。

国务院总理温家宝在英国剑桥大学发表题为《用发展的眼光看中国》的演讲

国务委员马凯在中央国家机关部分部门学习实践活动座谈会上发表讲话

马凯强调，当前中央国家机关各部门学习实践活动已全面转入整改落实阶段，各部门要按照中央要求，认真抓好整改落实阶段的工作。一是要紧密联系当前经济形势和工作任务，最重要的就是切实做好应对国际金融危机冲击工作，把保增长、保民生、保稳定作为整改落实阶段最大的实践、最重要的实际、最需要取得的实效，真正使保增长、扩内需、调结构的一系列政策措施落到实处，保持经济平稳较快发展。二是要着眼于解决突出问题，制订出针对性和可操作性强的整改落实方案，集中力量解决宏观政策层面和本部门职能范围内影响制约科学发展的突出问题和关系人民群众切身利益的热点难点问题，使人民群众真正感受到学习实践活动带来的新变化新气象。三是要着力建立、健全保障和促进科学发展的体制机制，确保各项制度行得通、管得住、用得好、可持续，为深入贯彻落实科学发展观创造良好的政策制度环境。四是要强化党性修养和作风建设，把解决党员干部党性党风党纪方面的突出问题作为整改落实的重要内容，以优良作风带领广大党员群众迎难而上，锐意改革，共克时艰。

中央国家机关工委常务副书记杨衍银主持座谈会。中央学习实践活动领导小组办公室和国务院12个部门的负责同志参加了会议。

最高人民法院执行考勤着装和行政管理三新规

为进一步加强机关管理，改进工作作风，最高人民法院从今天起执行《最高人民法院机关工作人员考勤暂行规定》、《最高人民法院机关工作人员着装暂行规定》和《最高人民法院机关行政管理若干规定》，以全面落实"从严治院、公信立院、科技强院"的工作方针。

就最高人民法院机关制定出台三个新规定，最高人民法院常务副院长沈德咏指出，在开展深入学习实践科学发展观活动过程中，最高人民法院党组针对机关工作实际，决定大力加强院风院纪整顿工作。

沈德咏强调，整顿院风院纪是一项长期任务，必须坚持不懈地抓紧抓好。他要求重点抓好三个环节，第一，要切实加强制度建设。第二，要切实加强纪律监督。第三，要切实加强个人自律。最高人民法院机关各部门要认真组织、狠抓落实，确保院风院纪整顿工作取得实效。

最高人民检察院召开机关落实党风廉政建设责任制大会

高检院党组书记、检察长曹建明与高检院副检察长、政治部主任、中央纪委驻高检院纪检组组长一一签订《党风廉政建设责任书》。曹建明强调，无论是院党组和院领导同志，还是各厅局领导班子和领导同志，都要切实承担起抓党风廉政建设的领导责任，真正做到"一岗双责"，真正做到两手都要抓，两手都要硬。

曹建明就深入贯彻十七届中央纪委三次全会和全国落实党风廉政建设责任制电视电话会议精神，加强高检院机关反腐倡廉建设提出要求。党风廉政建设责任制是深入推进党风廉政建设的一项基础性制度。我们召开高检院机关落实党风廉政建设责任制大会并签订责任书，就是按照党中央的要求，深入扎实地抓好党风廉政建设责任制的落实，促使各级领导干部特别是主要领导干部对所管辖范围的党风廉政建设切实负起责任。

高检院领导分别与分管部门负责人签订了《党风廉政建设责任书》。反贪总局等6个单位交流了学习胡锦涛总书记重要讲话，抓好本部门党风廉政建设的体会和打算。

国务院副总理王岐山在南京主持召开服务外包工作座谈会

王岐山指出，我国发展服务外包产业具有难得机遇和独特优势，前景广阔，要把发展服务外包产业作为落实科学发展观的具体实践，集中力量办好服务外包示范城市，充分发挥其集聚、示范和带动效应。

在认真听取有关部门、省、市和企业负责同志发言后，王岐山说，批准设立20个服务外包示范城市，加快发展服务外包产业，是国务院作出的重要决策。发展好这个专业技能密集型产业，对当前保增长，促进就业特别是高校毕业生就业，调整和优化产业结构，具有重要意义。要从财政、税收、工时制度、人才培训、融资、电信服务等方面，加大政策支持力度。建立严格的考核、淘汰制度，加强督促检查。各示范城市要强化责任，狠抓落实，因地制宜，大胆探索，确保尽快见到成效。

王岐山强调，经济全球化深入发展和当前形势变化，给我国承接国际服务外包业务、引进外包人才、扩大市场份额带来机遇。要充分发挥市场机制的作用，支持企业做大做强，培育"中国服务"的国际品牌。各级政府和有关部门要强化开放意识、市场意识，密切配合，形成合力，努力破除制约服务外包产业发展的体制、机制障碍。寓管理于服务之中，加强基础工作，营造良好的市场环境、法制环境、诚信环境。

江苏省委书记梁保华、省长罗志军及国务院有关部门负责同志参加座谈会。

我国科学家成功克隆出人类囊胚

继美国科研人员去年首次宣布由人体细胞成功克隆人体胚胎后，我国科研人员利用不同来源的人类成体细胞成功克隆出5枚符合国际公认技术鉴定指标的人类囊胚。

2月3日

国务院印发《关于做好当前经济形势下就业工作的通知》

各省、自治区、直辖市人民政府,国务院各部委、各直属机构:

当前,国际金融危机的影响进一步蔓延,新增就业难度加大,劳动者失业风险增加。实施更加积极的就业政策,全方位促进就业增长,稳定就业局势,对维护社会稳定,保持经济平稳较快发展,具有十分重要的意义。现就做好当前经济形势下的就业工作通知如下:

一、紧密结合实施扩大内需促进经济增长的措施,千方百计扩大就业

(一)切实把就业工作摆在更加突出的重要位置,努力确保就业形势基本稳定。坚持劳动者自主择业、市场调节就业、政府促进就业的方针,实施更加积极的就业政策,调动企业、劳动者和社会各方面的力量促进就业再就业。加强财政政策、货币政策、产业政策与就业政策的协调配合,在实施宏观经济调控、经济结构调整以及安排主要产业布局和重大项目时,优先考虑对扩大就业的影响。将扩大内需促进经济发展与扩大就业相结合,将帮扶困难企业与稳定就业岗位相结合,着重做好企业职工稳定就业、高校毕业生就业、失业人员再就业、农民工流动就业和复员转业军人安置就业工作。

(二)发挥好政府投资和重大建设项目带动就业的作用。在落实中央扩大内需重大决策,安排政府投资和重大建设项目时,要把就业岗位增加和人力资源配置作为其重要内容。项目实施方案中,要明确扩大就业的具体安排,积极吸纳高校毕业生、失业人员和农民工等群体就业,并按规定落实相关就业扶持政策。项目开工建设时,同步启动对从业人员的职业技能培训。在国家公共基础设施建设中,尽可能吸纳农村劳动者就地就近就业。鼓励农林水利、国土整治、生态环保等工程建设实行以工代赈。

(三)推进产业结构升级与扶持就业创业相协调。在制定发展战略和产业政策时,既要注重发展资本技术和知识密集型产业,又要积极支持发展劳动密集型产业,大力发展第三产业,构建多元化多层次的产业结构体系。完善鼓励发展轻工、纺织、建筑等劳动密集型产业的财税、金融等扶持政策,在加快发展方式转变和结构调整中形成新的经济增长点和竞争优势,创造更多就业机会。

(四)大力发展中小企业,保护和提高中小企业吸纳就业的能力。落实鼓励中小企业发展的各项扶持政策,加强融资和担保服务,建立、健全中小企业服务体系,为企业发展提供政策、信息、技术咨询等专项服务,着力帮助企业解决生产经营中的突出问题,切实发挥中小企业吸纳就业的主体作用。

(五)充分发挥服务业吸纳就业的优势。大力发展具有增长潜力的社会管理、公共服务、生产服务、生活服务、救助服务等服务业新领域和新门路,重点开发养老服务、医护服务、残疾人居家服务、物业服务、廉租房配套服务等社区服务岗位,引导和支持动漫、创意、租赁、家政和农业技术推广、农用生产资料连锁经营等服务业发展。充分利用新建产业开发区、工业园区、产业集群等的配套服务扩大就业。着力突破制约服务业发展的体制障碍,放宽服务业准入,加大政策支持力度,使服务业在扩大就业中发挥更大作用。

(六)最大限度拓展农村劳动力就业渠道。结合社会主义新农村建设,加大农村基础设施建设、农房建设和危房改造力度,大力发展县域经济,调整农业产业结构,扶持农产品精深加工和销售,支持农村中小企业发展,鼓励农民联合创办经济实体,拓展农村劳动力就地就近就业空间。

二、采取积极措施减轻企业负担,鼓励企业稳定就业岗位

(七)各地要根据实际情况制定减轻企业负担稳定就业局势的措施办法,通过缓缴社会保险费,阶段性降低城镇职工基本医疗保险、失业保险、工伤保险、生育保险费率,运用失业保险基金结余引导困难企业不裁员或少裁员等措施,稳定就业岗位。

(八)引导国有企业稳定并增加就业。进一步深化国有企业改革,推动国有企业做强做大,承担相应的社会责任,通过企业发展提供更多就业机会,尽可能不裁员或少裁员。做好已批准企业的主辅分离辅业改制实施工作,落实相关扶持政策。鼓励国有企业通过多种稳妥方式分流安置富余人员。

(九)规范企业裁员行为,切实保障劳动者合法权益。企业需要裁减人员20人以上,或者裁减不足20人但占企业职工总数10%以上,需提前30日向工会或者全体职工说明情况,听取工会或者职工意见后,向当地人力资源社会保障行政部门报告裁减人员方案。加大劳动监察工作力度,加强对企业的监管,积极防范和严肃查处少数企业主欠薪、拖欠社会保险费后转移资金、关厂逃匿等行为,妥善处理因此类问题引发的职工群体性事件,努力保护劳动者合法权益。

三、进一步加大政策扶持力度,鼓励劳动者多渠道就业

(十)鼓励劳动者自谋职业、自主创业。认真落实《国务院办公厅转发人力资源社会保障部等部门关于

促进以创业带动就业工作指导意见的通知》(国办发〔2008〕111号),进一步宽松创业和投资环境,完善落实市场准入、场地安排、税费减免、小额担保贷款、免费就业服务和职业培训补贴等扶持政策。延续鼓励下岗失业人员创业的税收扶持政策,对持《再就业优惠证》人员从事个体经营的,按规定在限额内依次减免营业税、城市维护建设税、教育费附加和个人所得税,审批期限延长至2009年年底。

(十一)鼓励企业吸纳就业。切实落实鼓励企业吸纳就业困难人员的社会保险补贴政策。延续鼓励企业吸纳下岗失业人员的税收扶持政策,对符合条件的企业在新增加的岗位中,当年新招用持《再就业优惠证》人员,与其签订1年以上期限劳动合同并缴纳社会保险费的,按规定在相应期限内定额依次减免营业税、城市维护建设税、教育费附加和企业所得税,审批期限延长至2009年年底。

(十二)帮扶就业困难人员再就业,促进零就业家庭至少一人就业。采取有效手段,进一步开发公益性岗位,落实社会保险补贴政策,并适当提高岗位补贴标准。

(十三)提高灵活就业的稳定性。对2009年享受社会保险补贴政策期满、仍未能实现稳定就业的灵活就业人员,可根据实际情况将其享受社会保险补贴的期限一次性延长,期限最长不超过1年。

四、切实做好重点人群的就业工作,强化公共就业服务

(十四)把大学生就业放在就业工作的首位。认真落实《国务院办公厅关于加强普通高等学校毕业生就业工作的通知》(国办发〔2009〕3号),积极拓宽就业渠道,完善落实各项扶持政策,鼓励高校毕业生到城乡基层、中西部地区、非公有制企业和中小企业就业,鼓励自主创业,鼓励骨干企业吸纳和稳定高校毕业生就业,鼓励承担国家和地方重大科研项目的单位积极聘用优秀高校毕业生参与研究,延长其学习与科研相结合的时间。组织开展高校毕业生就业服务系列活动,以未就业特别是家庭困难的高校毕业生为重点,强化就业指导,提供就业信息,加强就业服务的针对性、有效性,增加见习机会,维护就业权益。落实对登记失业高校毕业生的相关就业扶持政策。

(十五)强化对就业困难人员的就业援助。采取更有力的措施,特别是组织开展就业援助系列活动,强化对就业困难人员、零就业家庭以及关停企业失业人员的就业援助,集中开展上门服务和“一对一”的援助服务,开发更多的公益性岗位,并把各项扶持政策落到实处。进一步加大对灾区劳动者的就业援助。

(十六)切实做好农民工就业工作。认真落实《国务院办公厅关于切实做好当前农民工工作的通知》(国办发〔2008〕130号),采取多种措施,促进农民工就业。落实企业减负稳岗措施,稳定一批农民工就业。加强就业服务和职业培训,促进一批农民工在城镇再就业。强化政策扶持和引导,支持一批农民工返乡创业和投身新农村建设。做好农民工社会保障和公共服务工作,切实保障返乡农民工土地承包权益。组织开展“春风行动”系列活动,重点做好对新失去工作的农民工和被征地农民的就业服务和职业培训。加强农村劳动力转移就业服务信息网络建设,做好城市和县乡公共就业服务机构间的信息对接,建立全国联网的用工信息发布制度,及时提供有效岗位信息。大力发展劳务经济,加强劳务协作,引导农民工流动就业。

(十七)积极推进复员转业军人安置就业工作。采取有力措施,拓宽安置渠道,落实自主择业政策,积极鼓励自主创业。加强就业服务和职业培训,鼓励复员转业军人到基层一线和经济社会发展最需要的地方工作。

(十八)健全公共就业服务体系,培育和完善统一开放、竞争有序的人力资源市场。不断提高县、乡镇(街道)、社区基层公共就业服务能力,发挥公共就业服务的示范、指导作用。鼓励社会资本投资人力资源服务领域,建立人力资源市场监管体系,加强市场监管,维护市场各类主体合法权益。加强区域合作。

五、实施特别职业培训计划,帮助更多的劳动者提高职业技能

(十九)组织实施特别职业培训计划。指导生产经营困难企业组织待岗人员开展技能提升或转业转岗培训,为企业生产发展做准备;支持失去工作的农民工参加实用技能培训和创业培训,帮助其寻找新的就业机会;帮助失业人员参加再就业培训,提升其再就业能力;组织引导退役士兵免费参加相关职业技能培训,培养技能型人才;组织农村应届初高中毕业生参加劳动预备制培训,加强技能劳动者储备。加强农村职业教育和农村劳动力就业能力培训,培育一批掌握一定技能的村镇建筑工匠、基层技术人员和农村基础设施管理、养护、维修人员等专业人才。

(二十)加快技能人才培养。把提高劳动者素质和适应市场竞争能力作为解决推进结构升级与扶持就业创业矛盾的关键环节,通过提升人力资源质量推进产业结构优化。通过校企合作、订单式培训等多种模式,加快培养重大项目实施及企业发展和产业升级中急需的技术工人。

(二十一)落实职业培训补贴政策,强化政府购买培训成果的机制,广泛发动各级各类职业培训机构和

职业院校开展多层次、多形式的职业技能培训，引导他们根据就业市场的需求，充实培训内容，采取长短班、送教上门等多种形式和手段，突出培训的针对性、实用性和有效性，提高培训质量和培训后的就业率。采取技工院校等中等职业院校扩招措施，推进特别职业培训计划的实施。

六、强化政府促进就业责任，广泛动员全社会共同做好就业工作

(二十二)强化目标责任制度。各地要在制定国民经济和社会发展规划中，把扩大就业和稳定就业作为重要目标，把新增就业人数和控制失业率作为政府政绩考核的重要内容，完善落实目标责任制度。优化财政支出结构，根据就业工作的需要，继续加大就业资金投入，努力提高就业资金使用效益。认真做好就业与失业调查统计等基础工作，实行就业数据快速调查和报告制度，跟踪掌握就业形势变化，及时制定实施应对措施。

(二十三)统一领导、分工协作。强化就业工作联席会议统筹协调机制，充分发挥部门职能，完善落实政策，及时解决工作中存在的问题，确保工作进展。进一步发挥工会、共青团、妇联、残联以及其他社会组织的积极性，共同做好就业促进工作。支持和动员社会团体开办的就业服务和职业培训机构积极为劳动者提供就业服务，按规定落实好职业介绍补贴、职业培训补贴政策。

(二十四)各地要积极落实就业促进法。实施更加积极的就业政策，提高政策的针对性和扶持力度，运用好现行政策妥善应对金融危机对就业的影响。进一步加强对法律实施和政策落实情况的监督检查，确保取得实效。

(二十五)加强失业调控和失业预警。建立失业动态监测制度。对重点行业、重点企业岗位流失情况实施动态监测，及时制定应对规模失业的工作预案。建立、健全企业空岗信息报告制度。加强失业保险金发放工作，对符合条件的失业人员及时足额发放失业保险金，切实保障其基本生活。

(二十六)发挥市场机制对促进就业的积极作用。引导劳动者树立正确的就业观，鼓励支持劳动者不等不靠，通过自身努力，实现就业再就业。坚持正确的舆论导向，及时做好就业形势和就业政策宣传工作，增强信心，团结互助，共同克服暂时的就业困难。

各地区、各有关部门要按照本通知精神，在不涉及税收政策、不影响中央非税收入的前提下，制定完善应对金融危机扩大就业的政策措施和具体实施办法，切实抓好贯彻落实。

国务院

2009年2月3日

中央书记处书记习近平主持召开中央学习实践活动领导小组第四次会议并作重要讲话

习近平指出，在党中央和各级党委的正确领导下，进入整改落实阶段后各地区各部门各单位普遍在继续深化学习、提高认识上下功夫，切实增强抓好整改落实的自觉性；普遍以领导班子分析检查报告为依据制订整改落实方案，努力做到“四明确一公开”；普遍集中力量解决突出问题，办了一些群众普遍期待办的实事好事；普遍对现有的各类政策措施、规章制度进行系统清理，着力建立、健全有利于科学发展的体制机制；普遍把抓好整改落实同做好当前工作紧密结合起来，全力保发展、保民生、保稳定，推动经济平稳较快发展和群众生活安定。总的看，整改落实阶段前一段的工作进展顺利，取得了新的阶段性成果。

习近平强调，第一批学习实践活动到本月底将基本结束。各地区各部门各单位要再接再厉，抓紧时间，集中搞好整改，防止虎头蛇尾，确保学习实践活动在解决突出问题上见实效。要坚持以科学发展观为指导，积极推进体制机制创新，深入调查调研，广泛征求意见，加强沟通协调，确保制定的政策规定、意见办法、规章制度经得起实践的检验，在推动科学发展中发挥应有的作用。

习近平指出，开展群众满意度测评是搞好学习实践活动的一个重要环节。各地区各部门各单位要按照中央的有关要求，紧密结合各自实际，把满意度测评内容具体化，为群众提供易于理解、便于掌握的测评指标。测评结果要以适当方式向群众公布，并根据测评情况，进一步完善整改落实措施，确保学习实践活动中尚未解决的问题继续得到有效解决。

习近平强调，根据中央的部署，第二批学习实践活动将在三月初启动。各省区市确定的试点市、县、国有企业、高等院校要突出特色、抓住重点，系统总结对开展第二批学习实践活动具有普遍指导意义的好经验，为推动科学发展观的深入贯彻落实提出有针对性、前瞻性、创新性的意见和建议。

习近平在讲话中还对中央学习实践活动领导小组和办公室下一步工作提出了明确要求。

中组部部长、中央深入学习实践科学发展观活动领导小组副组长李源潮出席了会议。中央深入学习实践科学发展观活动领导小组成员参加了会议，23个中央指导检查组组长列席了会议。

全国政协副主席王刚出席2009年关注森林活动启动仪式并讲话

王刚在讲话中强调，要坚持活动宗旨，进一步增强责任意识，充分发挥林业巨大的生态功能、经济功能和

社会功能，继续把“动员全社会力量关心林业、支持林业、发展林业”的宗旨贯彻好、落实好。要坚持服务大局，进一步突出活动主题，深入开展生态宣传教育，广泛普及生态知识，大力弘扬生态文化，推动各级政府牢固树立人与自然和谐相处的发展理念，增强社会公众参与植树造林活动和保护生态环境的自觉意识，在全社会形成爱护森林、关注林业、保护生态的良好风尚。要坚持开拓创新，进一步提高工作实效，善于以创新的思维谋划工作，以创新的精神开展工作，以创新的举措推动工作，不断扩大关注森林活动的影响力，努力使关注森林活动办出特色、创出品牌。要坚持密切协作，进一步形成工作合力，各参加单位既要认真履行职责，充分发挥优势，又要增强全局意识，搞好相互协作，努力形成密切配合、齐抓共管的工作格局。

关注森林活动是由全国政协人口资源环境委员会、全国绿化委员会、国家林业局、国家广播电影电视总局、中华全国新闻工作者协会、中国绿化基金会6个部门1999年联合发起的。

全国政协副主席兼秘书长钱运录、组委会成员单位和有关新闻单位的负责同志参加了启动仪式。

澳门特区第三任行政长官选举管理委员会委员在特区政府总部宣誓就职

老舍先生诞辰110周年纪念会在北京举行

中国体育代表团在北京召开出征世界冬季特奥会动员大会

中残联副主席吕世明看望了代表团成员，他鼓励代表团要乐观进取、争取胜利，要加强交流、增进友谊，展示中国特奥健儿良好的竞技水平和精神风貌。

中国特奥代表团由86人组成，其中运动员62人，他们将参加花样滑冰、速度滑冰、地板曲棍球、越野滑雪、雪鞋5个项目的比赛。团长由中残联党组成员、中国特奥委员会执行主席贾勇担任。代表团将于4日启程赴美。

2月4日

国家主席胡锦涛与苏丹共和国总统巴希尔互致贺电庆祝两国建交50周年

胡锦涛在贺电中说，建交50年来，在和平共处五项原则基础上，中苏关系经受了国际风云变幻的考验，一直顺利发展。双方相互依赖、真诚友好，各领域合作全面展开、成果显著。在中非合作论坛、解决地区热点问题等多边事务中也保持良好的沟通与协调。

中苏都是发展中国家，进一步发展平等互利、真诚友好的双边关系，对于深化南南合作，谋求共同发展，促进地区和平稳定，以及中非新型战略伙伴关系、中国同阿拉伯国家关系的发展都具有重要意义。中方尊重苏丹的主权和领土完整，支持苏丹为实现民族和解，推进和平进程，发展国民经济，改善人民生活所做的努力。我们愿同苏方一道，秉承传统友谊，加强务实合作，推动中苏友好合作关系不断迈上新台阶。

巴希尔在贺电中说，苏中关系历久弥坚，苏丹是最早与中华人民共和国建交的非洲和阿拉伯国家之一。苏丹政府和人民对建交50年来苏中关系在各领域所取得的发展和进步表示满意，愿继续巩固和加强苏中友好合作关系，挖掘双方合作的潜力，以实现友好的两国人民的共同利益。

国务院总理温家宝主持召开国务院常务会议审议并原则通过纺织工业和装备制造业调整振兴规划

会议认为，纺织工业是我国国民经济传统支柱产业和重要的民生产业，也是国际竞争优势明显的产业，在繁荣市场、扩大出口、吸纳就业、增加农民收入、促进城镇化发展等方面发挥着重要作用。加快振兴纺织工业，必须以自主创新、技术改造、淘汰落后、优化布局为重点，推进结构调整和产业升级，巩固和加强对就业和惠农的支撑地位，推进我国纺织工业由大到强的转变。一要统筹国际国内两个市场。积极扩大国内消费，开发新产品，开拓农村市场，促进产业用纺织品的应用。拓展多元化出口市场，稳定国际市场份额。二要加强技术改造和自主品牌建设。在新增中央投资中设立专项，重点支持纺纱织造、印染、化纤等行业技术进步，推进高新技术纤维产业化，提高纺织装备自主化水平，培育具有国际影响力的自主知名品牌。三要加快淘汰落后产能。制定和完善准入条件，淘汰能耗高、污染重等落后生产工艺和设备。对优势骨干企业兼并重组困难企业给予优惠支持。四要优化区域布局。东部沿海地区要重点发展技术含量高、附加值高、资源消耗低的纺织产品。推动和引导纺织服装加工企业向中西部转移，建设新疆优质棉纱、棉布和棉纺织品生产基地。五要加大财税金融支持。将纺织品服装出口退税率由14%提高至15%，对基本面较好但暂时出现经营和财务困难的企业给予信贷支持。加大中小纺织企业扶持力度，鼓励担保机构提供信用担保和融资服务，减轻纺织企业负担。中央、地方和企业都要加大棉花和厂丝收购力度。

会议指出，装备制造业是为国民经济各行业提供技术装备的战略性产业，关联度高、吸纳就业能力强、技术资金密集，是产业升级、技术进步的重要保障和国家综合实力的集中体现。加快振兴装备制造业，必须依托国家重点建设工程，大规模开展重大技术装备自主化工作；通过加大技术改造投入，增强企业自主创新能力，大幅度提高基础配套件和基础工艺水平；加快企业兼并重组和产品更新换代，促进产业结构优化升级，全面提升产业竞争力。一要依托高效清洁发电、特高压输变电、煤矿与金属矿采掘、天然气管道输送和液化储运、高速铁路、城市轨道交通等领域的重点工程，有针对性地实现重点产品国内制造。二要结合钢铁、汽车、纺织等大产业的重点项目，推进装备自主化。三要提升大型铸锻件、基础部件、加工辅具、特种原材料等配套产品的技术水平，夯实产业发展基础。四要推进结构调整，转变产业增长方式。支持装备制造骨干企业进行联合重组，发展具有工程总承包、系统集成、国际贸易和融资能力的大型企业集团。加快完善产品标准体系，发展现代制造服务业。会议要求，充分利用增值税转型政策，推动企业技术进步；在新增中央投资中安排产业振兴和技术改造专项；建立使用国产首台(套)装备风险补偿机制；增加出口信贷额度，支持装备产品出口；鼓励开展引进消化吸收再创新，对部分确有必要进口的关键部件及原材料，免征关税和进口环节增值税；加强企业管理和职工培训，改进生产组织方式，提高生产效率和产品质量；推进以企业为主体的产学研结合，鼓励科研院所走进企业，支持企业培养壮大研发队伍。

中宣部 国家民委联合下发《关于党和国家民族政策宣传教育提纲》

搞好民族关系，加强民族团结，事关实现全面建设小康社会的奋斗目标，事关建设中国特色社会主义事业全局，事关国家的长治久安。为帮助广大干部群众正确理解执行党和国家的民族政策，切实维护民族团结、祖国统一和社会稳定，特编写本宣传教育提纲。

一、民族团结是关系国家前途命运的重大问题

1. 我国是各族人民共同缔造的统一的多民族国家。各民族的前途命运与祖国的前途命运始终紧密联系在一起。尽管中国历史上也曾出现过若干次分裂的局面，但都是短暂的，最后总是归于统一。国家统一始终是中国历史发展的主流，符合各族人民的根本利益，得到各族人民的衷心拥护。在我们这个多民族的大家庭，少数民族有一亿多人口，占全国总人口百分之八以上，分布在全国各地；民族自治地方占国土总面积的百分之六十四左右，西部和边疆绝大部分地区都是少数民族聚居区；有三十多个少数民族与境外的同一民族毗邻而居。这一基本国情，决定了民族问题始终是我们建设中国特色社会主义必须认真处理好的一个重大问题，决定了民族工作始终是关系党和人民事业发展全局的一项重大工作，决定了加强民族团结始终是关系祖国统一、领土完整、边防巩固的一项重大任务。

2. 我们党始终高度重视搞好民族关系，高度重视维护民族团结。新中国的建立和社会主义制度的确立，开辟了民族团结的新纪元。毛泽东同志深刻指出：“人民的团结，国内各民族的团结，是我们的事业必定要胜利的基本保证。”并发出了“中华人民共和国各民族团结起来”的伟大号召。邓小平同志指出，我国现阶段的民族关系是各族劳动人民之间的关系。江泽民同志提出，汉族离不开少数民族，少数民族离不开汉族，各少数民族之间也相互离不开。胡锦涛同志指出，各民族共同团结奋斗、共同繁荣发展是新世纪新阶段民族工作的主题。强调民族关系是我们这个多民族国家至关重要的政治和社会关系。强调民族团结是国家长治久安、兴旺发达的保证，促进民族团结、实现共同进步是民族工作的根本任务，无论在什么情况下，都要坚定不移地维护民族团结，大力宣传民族团结的先进典型，进一步构建平等团结互助和谐的民族关系。党的十七大要求，牢牢把握各民族共同团结奋斗、共同繁荣发展的主题，不断巩固和发展全国各族人民的大团结，壮大爱国统一战线，增强中华民族的凝聚力。新中国成立近六十年来特别是改革开放三十年来，少数民族的面貌，民族关系的面貌，民族团结进步事业的面貌发生了历史性的巨大变化，为发展中国特色社会主义伟大事业奠定了坚实基础。

3. 我国正处于并将长期处于社会主义初级阶段，工业化、信息化、城镇化、市场化、国际化趋势深入发展，正确处理民族问题涉及我国现代化建设的各个方面，切实维护民族团结的任务繁重而艰巨。各民族在社会主义制度下当家作主，在政治上完全平等，但历史上民族歧视和民族隔阂所遗留的一些影响并没有彻底消除，一有条件还会表现出来；各民族的根本利益是一致的，但在不少具体权益方面，尤其是经济文化发展水平上存在较大差距，民族之间仍会发生一些矛盾和摩擦；各民族相互关爱、情同手足，共同性不断增多，但由于在风俗习惯、语言文字、宗教信仰等方面相互了解不够，加上地区、城乡、民族之间人员流动加快，误会、纠纷不时出现；民族法制建设不断加强，但由于有些人法制观念淡薄、执行政策片面偏颇等原因，伤害民族感情、损害民族团结的事情时有发生；和平、发展、合作是当今世界的主题，但国际敌对势力对我国实行西化和分化的政治图谋一刻也没有放松，与国内民族分裂势力遥相呼应，处心积虑地利用所谓民族、宗教、人权等问题，加紧对我进行渗透、分裂、破坏和颠覆活动。2008年发生的拉萨“3·14”事件再次给我们敲响了警钟。

二、党的民族政策是民族团结的生命线

4. 我们党以马克思主义民族理论为指导，制定和实施正确的民族政策，开创了适合中国国情、具有中国特色的解决民族问题的正确道路。我们建立了新中国，彻底结束了旧中国四分五裂的局面，实现了国家的高度统一和各民族的翻身解放；引导各族人民共同走上社会主义道路，实现了中华民族发展史上最广泛最深刻的社会变革；确认五十六个民族成分，实现了各族人民共同当家作主、管理国家事务；建立、巩固和发展社会主义民族关系，实现了空前的民族大团结；实行民族区域自治，实现了民族自治地方在国家统一领导下自主管理本地区内部事务的权利；支持和帮助民族地区发展生产力，实现了少数民族群众生产方式和生活水平的历史性飞跃；大力发展民族地区社会文化事业，实现了少数民族群众思想道德素质、科学文化素质和健康素质的全面提高；大力培养少数民族干部和人才，密切了党同少数民族群众的联系。新中国成立近六十年来，不管面对什么样的风险和考验，我国始终保持了民族团结、政治安定、社会稳定。

5. 党的民族政策，既全面考虑了我们这个多民族的统一国家走上社会主义道路的基本事实，又全面考虑了我国五十六个民族在发展水平和文化风俗上存在多样性与差异性的基本事实；既深刻总结了我国历史上处理民族问题的经验教训，也积极借鉴了世界上一些国家处理民族问题的经验教训；既保持基本原则、基本理念的稳定性、一贯性，又随着工作重心的转移和实践的发展而不断充实、不断更新、不断完善，因而具有历史和现实的科学依据，具有强大生命力和感召力。我们党的民族政策，凝聚了几代中国共产党人处理民族问题的智慧和心血，是党的基本理论、基本路线、基本纲领、基本经验的重要组成部分，是党和国家民族工作最可宝贵的精神财富，是我们不断推进民族团结进步事业发展的根本保证。

6. 严格执行民族政策，直接关系到党在少数民族群众中的威信和形象，直接影响到党的民族工作的成败，直接决定着民族之间的信任和团结。历史经验证明，我国的民族关系和民族团结，只有在全面贯彻执行党和国家民族政策的前提下，才能得以真正搞好和切实加强；党和国家的民族政策，也只有在搞好民族关系、加强民族团结的基础上，才能得到真正的贯彻执行。凡是民族政策执行得好的时候，民族关系就健康发展，民族团结就不断巩固；凡是民族政策执行得不好的时候，民族关系就遭遇波折，民族团结就受到破坏。

三、全面理解、准确把握党和国家民族政策的基本内容

7. 民族平等、民族团结、民族区域自治和各民族共同繁荣，是《中华人民共和国宪法》和《中国共产党章程》明确规定的处理我国民族问题的基本原则。这些基本原则，体现了马克思主义的基本原理，体现了社会主义的本质要求，体现了党的根本宗旨。我们党坚持这些基本原则，走出了一条中国特色解决民族问题的正确道路。

8. 民族平等，是党的民族政策的基石。在我国，民族平等是指，各民族不论人口多少，居住地域大小，经济发展程度如何，语言文字和宗教信仰、风俗习惯是否相同，社会地位一律平等，享受相同的权利，承担相同的义务。汉族和少数民族一律平等，各少数民族之间也一律平等；任何民族都没有特权，任何民族的权利也没有被限制；民族平等不仅包括政治、法律上的平等，而且包括经济、文化各个方面的平等。

宪法、民族区域自治法和有关法律、法规，对民族平等作出了明确规定。各民族都有平等参与国家事务管理的权利。各少数民族在全国人民代表大会中都有适当名额的代表，至少有代表一人。各民族都有使用和发展本民族语言文字的权利。中国共产党全国代表大会、全国人民代表大会、中国人民政治协商会议等重要会议，都提供有关民族语言文字的文件或语言翻译。少数民族有权用本民族语言文字进行诉讼和辩护。国家保障少数民族公民在受教育、就业等方面的平等权利。各少数民族都有保持或改革风俗习惯的自由。

为照顾少数民族在饮食、丧葬等方面的特殊需求，国家专门作出了相关的规定。为防止发生侵犯少数民族风俗习惯的问题，党和政府对新闻、出版、文艺、学术研究等有关单位和从业人员提出明确的要求。刑法专门设有“非法侵犯少数民族风俗习惯罪”，对侵犯少数民族风俗习惯的行为可以进行刑事处罚。为保障少数民族欢度本民族节日的权利，民族自治地方人民政府可以按照有关少数民族的习惯规定放假办法；少数民族职工参加本民族重大节日活动，可以按照国家有关规定放假，并照发工资。国家尊重和保障少数民族公民宗教信仰自由的权利。任何国家机关、社会团体和个人不得强制公民信仰宗教或者不信仰宗教，不得歧视信仰宗教的公民或不信仰宗教的公民。

需要特别指出的是，尊重少数民族风俗习惯，对于保障民族平等具有特殊的重要意义。风俗习惯是构成民族特点和民族差异的重要标志，尊重民族风俗习惯，就是尊重民族感情；尊重民族感情，必须尊重民族风俗习惯。风俗习惯的保持或改革，都应该由本民族成员自己去决定，别的民族和个人不得干预，更不能以行政命令强迫改革。

9. 民族团结，是解决我国民族问题的重大原则。加强民族团结，就是要搞好民族关系，促进各民族和睦

相处、和衷共济、和谐发展，增强中华民族的凝聚力。党和国家采取各种有力措施，不断加强各民族的大团结。要大力加强“三个离不开”的宣传教育，全面促进民族团结进步。依法保障城市和散居少数民族群众的正当权益，加强对城市少数民族流动人员的服务和管理。充分发挥少数民族干部、民族宗教界代表人士在协调民族关系、维护民族团结和社会稳定中的重要作用。

坚持维护人民利益、维护法律尊严、维护民族团结、维护国家统一的原则，妥善处理影响民族团结的问题。我国现阶段民族之间的矛盾和影响民族团结的问题基本上属于人民内部矛盾，处理这类矛盾和问题，必须讲原则、讲法制、讲政策、讲策略。坚持具体问题具体分析，是什么问题就按什么问题处理。建立、健全处理影响民族团结问题的长效机制，努力把各类突发事件解决在当地、解决在基层、解决在萌芽状态。维护民族团结和祖国统一，必须旗帜鲜明地反对和抵制国际敌对势力打着“民族”、“宗教”、“人权”等旗号对我国进行的西化、分化活动，必须严密防范和坚决打击民族分裂势力、宗教极端势力、暴力恐怖势力通过各种手段对我国进行的渗透、破坏活动。

10. 民族区域自治，是解决我国民族问题的基本政策，是我国的一项基本政治制度。我国的民族区域自治，是在国家集中统一领导下，在少数民族聚居的地区，建立自治地方，设立自治机关，行使自治权。目前，我国已建立一百五十五个民族自治地方，包括五个自治区、三十个自治州、一百二十个自治县。此外，还建立了一千一百七十三个民族乡，作为民族区域自治的重要补充形式。

坚持和完善民族区域自治，必须保证民族自治地方依法行使自治权。中央和国家机关各部门、地方各级党委和政府，在制定有关决议、决定、命令时，要适合民族自治地方的实际，照顾民族自治地方的特点和需要；要充分尊重民族自治地方的变通执行或停止执行的权利，并给予积极的指导和帮助；要按照民族区域自治法的要求，制定配套的法律、法规、具体措施和办法。与此同时，民族自治地方既要保证党和国家的大政方针在本地的贯彻执行，又要从实际出发，切实行使好宪法和民族区域自治法赋予的自治权。

11. 实现各民族共同繁荣，是我们党在民族政策上的根本立场。要牢固树立和全面落实科学发展观，切实抓好发展这个党执政兴国的第一要务，千方百计加快少数民族和民族地区经济社会发展，既要投入更多的资金，又要给予更优惠的政策；既要帮助他们把经济搞上去，又要帮助他们发展各项社会事业；既要继续发挥中央政府的主导作用，又要坚持抓好各地区各部门的对口支援。通过各方面的努力，不断提高各族群众的生活水平，不断提高各民族的整体素质。

为促进各民族共同繁荣，党和国家制定出台了一系列重大政策措施。国家在基础设施建设上对民族地区倾斜。中央财政性建设资金、其他专项建设资金和政策性银行贷款适当增加用于民族地区基础设施建设的比重。国家安排的基础设施建设项目，需要民族地区承担配套资金的，适当降低配套资金比例；对民族地区的国家扶贫开发工作重点县，免除配套资金。国家在财政、金融政策上对民族地区倾斜。上级财政支持民族地区财政保证党政机关正常运转、财政供养人员工资按时足额发放和基础教育正常经费支出。对民族贸易和民族特需商品定点生产企业实行流动资金贷款优惠利率、技术改造贷款财政贴息和税收减免等三项照顾政策。

国家建立保障民族地区合理利益的生态建设和环境保护补偿机制。对在建立自然保护区、重要生态功能保护区和生态环境建设等方面作出贡献的民族地区给予合理补偿。在民族地区开发资源时，给予配套产业、社会服务业、劳动用工等方面的照顾。国家在扶贫政策上对民族地区给予倾斜。优先把特困民族地区贫困村纳入国家整村推进的扶贫开发规划，对缺乏基本生存条件地区贫困民族群众实施易地搬迁。国家实施扶持人口较少民族发展、兴边富民行动、少数民族事业等加快少数民族和民族地区发展的专项规划。

国家支持少数民族和民族地区教育事业发展，兴办民族院校和民族中小学，开展“双语”教学，在内地举办各种民族班、预科班，实施少数民族高层次骨干人才培训计划。国家支持少数民族和民族地区文化事业发展，设立专门的民族文化工作机构，对民族地区文化基础设施建设投资和文化事业实行经费单列，实施“广播电视村村通工程”、“万里边疆文化长廊建设工程”、“文化资源共享工程”、“农村电影放映工程”、“万村书库”等，扶持传统通用的民族语文信息化和新闻出版、广播影视、翻译，保护少数民族文化遗产，整理、出版少数民族古籍。

国家支持少数民族和民族地区医疗卫生事业的发展，对民族地区地方病和传染病的防治经费投入予以倾斜，在自治区和一些少数民族较多的省举办医学院校或开办民族班，组织对民族地区卫生骨干队伍的对口支援培训，扶持民族医药的基地建设、队伍建设和开发利用。国家在执行计划生育政策时对少数民族适当放宽要求，民族自治地方的自治机关可以根据法律规定，结合本地的实际情况，制定实行计划生育的办法。

12. 少数民族干部是党和国家干部队伍的重要组成部分，是党和政府联系少数民族群众的重要桥梁和纽带。培养选拔少数民族干部，是解决民族问题的关键，是管根本、管长远的大事。对少数民族干部，要大力培养、大胆选拔，充分信任、放手使用。要加强对少数民族干部的培养和管理，选拔大批优秀少数民族干部担任各级领导职务。要在民族地区广大干部中深入进行爱国主义教育，使爱国主义牢牢扎根在各族干部心中，引导他们树立正确的世界观、人生观、价值观，不断增强维护祖国统一、民族团结的自觉性和坚定性。对于在艰苦边远地区和条件困难地区工作的各族干部，给予更多的关心，注意培养通晓本地民族语言文字的汉族干部。民族地区各族干部都要相互学习、彼此尊重、充分信任、密切合作，共同为加快民族地区经济社会发展做贡献。

四、把党和国家的民族政策落到实处

13. 贯彻落实党和国家的民族政策，维护民族团结和社会稳定，是一项政治性、政策性、群众性很强，涉及全局、关系长远的重要工作。要广泛深入地开展中国特色社会主义教育，开展党和国家民族政策的宣传教育，既要教育少数民族，更要教育汉族；既要教育群众，更要教育干部；既要教育一般干部，更要教育领导干部。各级领导干部和广大群众要认真学习中国特色社会主义理论体系，认真学习党和国家民族理论、民族基本知识，掌握民族政策、民族法律、法规，不断增强法律政策观念，不断增强贯彻执行党和国家民族政策的自觉性，不断增强维护民族团结的责任感。

14. 党和国家的民族政策，体现在经济、政治、文化、社会等各个方面，社会各行各业都要严格执行党和国家的民族政策。各类生产经营者，交通、宾馆、饭店、商店等窗口服务行业，以及教育、医疗卫生、劳动就业、城市管理等与群众生活密切相关的部门，要遵守法律、法规有关保障民族平等的规定，对各民族一律平等、一视同仁，不得生产经营含有歧视、侮辱少数民族的产品，不得拒载、拒住、拒餐、拒售，不得针对少数民族学生增加录取条件、提高录取标准，不得歧视少数民族群众，防止出现伤害民族感情、损害民族团结的情况。

15. 要为贯彻执行党和国家的民族政策营造良好氛围。要充分发挥大众传媒的作用，宣传党和国家的民族政策和有关法律、法规，宣传党和国家对民族地区经济社会发展和少数民族生产生活的关怀，宣传维护祖国统一、民族团结的先进典型及其感人事迹，运用各种方式在全社会大力倡导各民族相互信任、紧密团结、互帮互学、共同发展进步的良好风尚，不断巩固和发展全国各族人民的大团结。

全国党史研究室主任会议在北京召开

国家副主席习近平在会前会见了出席会议的代表。

习近平代表党中央向受到表彰的全国党史部门先进集体和先进工作者表示祝贺，向全国广大党史工作者表示慰问。他指出，过去的一年是党和国家历史上很不平凡的一年。在以胡锦涛同志为总书记的党中央坚强领导下，经过全党全国各族人民团结奋斗，我们办成了大事，办好了要事，缓解了难事，党和国家各项事业取得新的重大进展。全国党史部门和广大党史工作者围绕中心、服务大局，锐意进取、开拓创新，认真履行职能，各项工作取得新的重要成绩。

习近平强调，2009年是新中国成立60周年，也是党史部门更好发挥作用的一年。党史部门的同志要按照中央的部署和要求，扎扎实实地开展深入学习实践科学发展观活动，牢固树立政治意识、大局意识、责任意识和服务意识，坚持党的基本理论、基本路线、基本纲领和基本经验，以深化党史研究为重点，全面推进党史领域的各项工作，进一步发挥党史工作咨政育人的功能，为提高党的执政能力、巩固党的执政地位，为全面建设小康社会、发展中国特色社会主义作出新的更大贡献。

中央党史研究室主任欧阳淞在会上作了工作报告。中央党史研究室和各省、自治区、直辖市及副省级城市、新疆生产建设兵团党委党史部门的负责同志等出席会议。

国务院副总理李克强在全国能源工作座谈会上发表讲话

李克强指出，加强能源基础设施建设，有利于扩内需保增长，也有利于增强发展后劲。要针对当前能源领域存在的突出矛盾和问题，加大投入力度，重点推进农村和城镇电网改造、节能减排改造、西电东送、西气东输、大型煤炭基地、石油化工基地、大型核电等工程建设，更好地保障人民生活和经济社会发展。

李克强强调，国内国际能源供需矛盾的缓解，为解决能源领域深层次矛盾提供了有利时机。必须把促进增长与调整结构有机结合起来，大力推进能源结构战略性调整，加快转变能源发展方式。要着力推动科技创新，积极开发水电、风电、太阳能等清洁能源、可再生能源，加快发展循环经济和节能环保产业，培育现代能源产业，形成新的经济增长点。

李克强说，改革是发展的动力。加快能源结构调整步伐，促进能源产业可持续发展，必须深化能源领域各项改革。要积极稳妥地推进能源产品价格改革，理顺能源资源价格关系，加快能源市场体系建设进程，不断探索和改进新形势下政府能源管理体制，促进能源产业转入科学发展的轨道。加强战略规划，完善政策法规，创新工作方式，充分利用国际国内两个市场两种资源，提高能源领域对外开放水平，实现互利共赢。

座谈会由国家能源局局长张国宝主持。国家发展改革委主任张平在会上讲了话。有关省(区、市)政府和国务院有关部门负责同志，大型能源企业负责人，全国能源工作会议部分代表参加了会议。

国务院副总理王岐山在中南海紫光阁会见美洲开发银行行长莫雷诺

工商银行发布存量个人住房贷款优惠利率实施细则

细则规定，对2008年10月27日前发放的执行基准利率0.85倍的个人住房贷款，如借款人在近2年内没有连续2期(含)以上违约记录、在工行其他贷款无不良记录，可自2009年2月10日起享受0.7倍的优惠利率。

国家开发银行原副行长王益严重违纪违法被开除党籍和公职

《人民日报》报道，日前，中共中央纪委、监察部对国家开发银行原副行长、党委委员王益严重违纪违法问题进行了立案检查。经查，王益利用职务上的便利为他人牟取利益，收受巨额钱款；利用职务上的便利为其亲属经营活动牟取利益。

王益的上述行为严重违纪，其中有的问题已涉嫌犯罪。根据《中国共产党纪律处分条例》《行政机关公务员处分条例》的有关规定，经中央纪委常委会、监察部审议并报中共中央、国务院批准，决定给予王益开除党籍、开除公职处分；收缴其违纪所得；将其涉嫌犯罪问题移送司法机关依法处理。

2月5日

全国人大常委会委员长吴邦国在浙江调研

2月5日至9日，吴邦国和随行的全国人大常委会副委员长兼秘书长李建国，在浙江省委书记、省人大常委会主任赵洪祝，省长吕祖善等陪同下，先后来到宁波、嘉兴、金华和杭州等地，就贯彻落实中央经济工作会议精神进行专题调研，并向广大干部群众致以新春的祝福。在企业车间，他与工人和管理、技术人员亲切交谈，详细了解国际金融危机的影响和企业的应对措施，勉励他们坚定信心、做好工作；在商品市场，他与摊主们热情攀谈，询问商品销售情况，希望他们改善销售服务，开拓新的市场；在港区码头，他认真听取规划建设情况汇报，要求在做好港口建设管理基础上，着力发展现代物流、金融服务、现代商务等临港经济；在跨海大桥，他仔细听取工程建设介绍，对大桥建设取得的创新成果给予充分肯定；在农村社区，他来到农户家中，与农民朋友促膝交谈，关切询问生产生活情形，为他们通过辛勤劳动过上富裕生活感到由衷高兴。

考察期间，吴邦国听取了浙江省工作汇报，对浙江的工作给予了充分肯定。他说，这些年来，浙江各级党委和政府认真贯彻落实中央方针政策，结合实际创造性开展工作，广大干部群众以扎实肯干的精神投身于改革开放和现代化建设，全省经济持续快速发展，连续跨上新台阶，商品市场繁荣，县域经济发达，经济充满活力，城乡经济社会协调发展，基础设施不断改善，人民生活明显提高，社会保持和谐稳定，全面建设小康社会走在全国前列，并孕育了强大的发展后劲。

考察期间，吴邦国还专程到省人大常委会看望了机关工作人员。

国务院任免国家工作人员

任命崔丽(女)为国家人口和计划生育委员会副主任；

任命杨树安为国家体育总局副局长；

任命骆琳为国家安全生产监督管理总局局长；

任命李正东为常驻联合国粮农机构代表。

免去潘贵玉(女)的国家人口和计划生育委员会副主任职务；

免去胡家燕(女)的国家体育总局副局长职务；

免去李冰的国务院新闻办公室副主任职务；

免去车迎新的国有重点金融机构监事会主席职务；

免去孙广运、曹光佑的国有重点大型企业监事会主席职务；

免去马有祥的常驻联合国粮农机构代表职务。

国务院副总理回良玉主持召开专题会议对农业抗旱保苗及森林草原防火等工作作出进一步安排部署

回良玉在会上强调，各有关地区和部门特别是受旱区各级领导一定要从全局和战略的高度，充分认识当前旱情的严峻性和做好抗旱工作的重要性，进一步增强责任感、紧迫感，切实把抗大旱、促春管、夺丰收作为当前“三农”工作最紧迫的任务，作为贯彻中央一号文件精神、稳粮增收强基础重民生最重要的举措，作为保增长、促进国民经济平稳较快发展最基础的工作，紧紧抓住立春后小麦苗情转化和产量形成的关键期，紧急行动起来，迅速掀起以抗旱为中心的春季田间管理热潮，千方百计减轻旱灾损失，力争夏季粮油有个好收成，努力实现今年农业稳定发展。

会议要求，各有关地区和部门要在前一阶段工作的基础上，对农业抗旱各项工作进行再动员、再部署、再落实,切实抓紧抓实抓细抓好。一要进一步强化抗旱工作指导,按程序启动抗旱一级应急响应,在有关部门派出工作组的基础上,国务院即日向8个重旱区派出工作组,深入旱区第一线,研究应对措施,帮助旱区解决实际问题。二要进一步强化抗旱资金投入,在中央财政已经紧急拨付1亿元特大抗旱补助资金的基础上,再次增加安排3亿元特大抗旱补助经费和农业生产救灾资金;做好农机购置补贴安排,支持旱区购买抗旱机械;提前预拨部分农资综合补贴资金,用于农民抗旱投入;加大农村信贷支持,帮助农民解决抗旱资金需求。三要进一步强化小麦田间管理,通过技术指导、物资保障、资金补贴等,引导和推动农民抗旱保苗,扩大麦田灌溉,早浇返青水、早施返青肥,促进苗情转化。四要进一步强化水资源科学调度,千方百计增加抗旱水源,加快控制性水源工程和应急水源工程建设,积极开展人工增雨作业,确保城乡居民生活用水安全,妥善解决好农村人畜饮水问题。五要进一步强化春荒救济工作,尽快下拨中央春荒救济资金,并尽速落实到村、户和人,确保农村困难群众的基本口粮,帮助困难群众解决春耕生产所需资金和物资。六要进一步强化森林、草原防火工作,全面加强火情监测,及时消除火灾隐患,提高应急处置能力,确保不发生重大森林草原火灾,确保不造成重大人员伤亡。七要进一步强化春耕备耕各项工作,注意防范"倒春寒"、动植物病虫害等其他灾害,切实保障抗旱用油、用电,以及化肥、农药、种子等农业生产资料供应,加强高致病性禽流感等重大动物疫病防控,多渠道促进农村劳动力就业,努力促进农业稳定发展、农民持续增收。

商务部部长陈德铭与国家质检总局局长王勇在北京签署贸检协作备案录

双方商定合推八项惠及广大外贸企业的政策措施,改善贸易便利化环境,力保出口稳定增长。

这八项措施包括:逐步建立法检目录的动态调整机制;积极促进农产品、食品、机电产品国际互认工作;调整监管重点,优化监管模式,扩大出口免验范围,提高通关效率;共同开展进出口产品质量安全培训;协作发布《国别贸易投资环境报告》,及时向企业提示相关风险,加强对企业的信息服务;共同加强壁垒应对和宣传工作,营造有利的外部舆论环境;共同加强外派劳务人员的健康管理工作;鼓励地方商务主管部门与出入境检验检疫部门借鉴建立贸检协作机制。

中金岭南控股澳大利亚PEM公司

随着澳大利亚PERILYA LIMITED(以下简称PEM公司)股东大会的结束,深圳市中金岭南有色金属股份有限公司收购PEM公司50.1%的股权获得通过,PEM公司将以定向增发的方式向中金岭南公司出售约1.98亿股的股份。此举意味着中金岭南成功收购拥有优质矿产资源的PEM公司,并成为中国有色金属行业首家控股收购发达国家矿业公司的企业。

柳传志重任联想董事局主席

联想集团今天公布的2008/2009财年第三季度(2008年10月1日—12月31日)业绩显示,集团全球个人电脑销量同比下降5%,净亏损9700万美元。随即,联想董事会宣布调整公司管理层,柳传志重新担任公司董事局主席,杨元庆重新担任CEO(首席执行官),罗里·里德(Rory Read)被任命为新设立的总裁兼首席运营官。

辽宁衡业队在全国女篮联赛(WCBA)总决赛第四场比赛中以79:64击败卫冕冠军八一广博队第三次夺得联赛桂冠

夏淑琴诉日本右翼侵害名誉案在日本胜诉

2月6日

国务院总理温家宝在中南海主持召开座谈会征求对政府工作报告的意见

2月6日至13日,国务院总理温家宝在中南海主持召开五次座谈会,征求对即将提请十一届全国人大二次会议审议的《政府工作报告(征求意见稿)》的意见。各民主党派中央、全国工商联负责人和无党派人士,经济、社会领域专家学者,科技、教育、卫生、文化、体育界代表,企业界代表和工人、农民等基层群众代表,分别出席了座谈会。

国务院副总理李克强、回良玉、张德江、王岐山,国务委员刘延东、梁光烈、马凯、孟建柱、戴秉国,全国政协副主席、中共中央统战部部长杜青林和有关部门负责同志分别参加了座谈会。

政协第十一届全国委员会第十一次主席会议在北京召开

全国政协主席贾庆林主持会议并讲话。

会议审议通过了政协第十一届全国委员会第二次会议议程(草案)和日程(草案)、政协全国委员会常务委员会工作报告(草案)和关于政协十一届一次会议以来提案工作情况的报告(草案);书面审议了政协全国委员会2008年度对外交往工作总结(稿)、政协全国委员会办公厅关于2008年委员视察考察工作情况的报告(草案)和政协全国委员会专门委员会2008年度工作情况总结(稿)。会议决定将上述有关草案提请政协全国委员会常务委员会第四次会议审议。会议还通报了中共政协全国委员会党组2009年度工作要点。全国政协副主席兼秘书长钱运录、全国政协提案委员会主任李铁林分别就有关议题作了说明。

会议推举全国政协副主席张榕明在政协十一届二次会议上代表常委会作提案工作情况的报告。

会议指出,今年是新中国成立60周年,也是人民政协成立、中国共产党领导的多党合作和政治协商制度确立60周年。做好今年的政协工作具有特别重要的意义。要认真学习贯彻胡锦涛总书记在全国政协新年茶话会和党外人士迎春座谈会上的重要讲话精神,组织动员参加政协的各党派团体和各族各界人士把思想认识统一到中央对国内外经济形势的分析判断和决策部署上来,把各方面的积极性、主动性、创造性引导到推动科学发展、促进社会和谐上来,更好发挥人民政协协调关系、汇聚力量、建言献策、服务大局的重要作用,把人民政协事业不断推向前进。

会议要求,第一,要紧紧围绕保持经济平稳较快发展这一首要任务献计出力。人民政协要认真贯彻落实中央的决策部署,把保持经济平稳较快发展作为履行职能的首要任务,广泛凝聚各方面的智慧和力量,形成万众一心保增长的强大合力。要进一步增强围绕中心、服务大局的自觉性,坚定战胜困难的信心和决心。要密切关注国际经济形势变化和国内经济运行的新情况,深入调查研究,多建推动科学发展之言,多谋推动科学发展之策,多尽推动科学发展之力。第二,要为促进社会和谐稳定大局贡献力量。人民政协作为大团结大联合的组织,是党和政府联系各界群众的重要桥梁,是促进社会和谐稳定的重要力量。要充分认识保持社会和谐稳定的极端重要性,把促进社会和谐稳定作为人民政协义不容辞的责任,摆在履行职能的突出位置,落实到开展工作的各个环节。要坚持正确的政治方向,妥善处理好统一战线内部各方面的关系,积极宣传党和国家的方针政策,多做增进共识、凝聚人心的工作,巩固和发展民主团结、生动活泼、安定和谐的政治局面。要坚持以人为本,履职为民,关注民生,反映社情民意,为正确处理人民内部矛盾、促进社会和谐稳定贡献力量。

全国政协副主席王刚、杜青林、白立忱、陈奎元、阿不来提·阿不都热西提、李兆焯、黄孟复、董建华、张梅颖、张榕明、李金华、郑万通、邓朴方、万钢、林文漪、厉无畏、罗富和、陈宗兴、王志珍出席会议。

对台工作座谈会在北京举行

全国政协主席贾庆林出席会议并作重要报告。

会议指出,2008年是对台工作很不寻常、很不平凡的一年。台湾局势发生重大变化,两岸关系形势出现重大转折,两岸关系发展取得重大突破。当前,两岸关系展现出和平发展的前景,同时也面临新情况、新问题,对加强新形势下的对台工作提出了新的更高要求。

会议强调,当前和今后一个时期对台工作的重要任务,就是全面贯彻胡锦涛总书记重要讲话,切实用讲话精神指导对台工作实践、推动两岸关系发展。要继续按照先易后难、先经济后政治、循序渐进的步骤,扎实推进两岸关系发展和两岸协商进程。要巩固两岸双方共同反对"台独"、坚持"九二共识"的政治基础,保持两岸关系改善和发展的势头。要大力加强两岸经济交流合作,全面落实两岸直接"三通",努力推动两岸经济关系正常化,促进经济合作制度化。要积极主动采取有力措施,帮助大陆台资企业解决生产经营遇到的困难,切实落实一系列惠及台湾同胞的政策措施,加强两岸合作,应对国际金融危机。要大力推动两岸全方位交流,着力促进文化教育交流,不断拓展交流领域,让更多的台湾民众参与到两岸交流中来,共享两岸关系和平发展的成果。要通过推动两岸大交流、大合作,促进两岸关系大发展,不断开创两岸关系和平发展新局面。各地各部门要高度重视对台工作,切实加强领导,把中央决策和部署落到实处,推动对台工作取得新进展、新成效。

国务委员戴秉国主持会议并讲话。中共中央台湾工作办公室主任王毅作工作报告。中央党政军各有关部门、人民团体和各省、自治区、直辖市、副省级城市、新疆生产建设兵团负责同志以及各地各有关部门对台工作机构负责人约300人出席会议,就做好新形势下的对台工作进行了交流。

国务院副总理李克强在广东考察

2月6日至9日,李克强在广东省省委书记汪洋,广东省省长黄华华等陪同下,出席西气东输二线东段工程开工仪式后,先后来到深圳、东莞、广州等地,就经济发展和企业运行情况进行调研考察。

考察期间,李克强听取了广东省委省政府的工作汇报,充分肯定近年来广东改革开放和经济社会发展取得的成就。他希望广东广大干部群众攻坚克难、开拓创新,进一步增强珠三角地区的发展带动能力,在全面建设小康社会中继续走在前面。

李克强强调,要认真贯彻党中央、国务院的决策部署,按照科学发展观的要求,深挖潜力扩大内需,利用好两个市场,促进就业保障民生,推进结构调整和改革开放，增强发展能力，保持经济平稳较快发展。

国务院副总理张德江在河北调研

2月6日至9日，张德江先后到石家庄市和唐山市，考察了钢铁、纺织、机械、高新技术、港口、制药等企业，充分肯定了河北省近年来工业改革发展取得的显著成绩。

张德江在调研时强调，要立足当前，着眼长远，正确处理好工业发展量和质的关系，既要狠抓落实保增长，又要提高质量促发展，努力提高工业企业经济效益。

河北省委书记张云川、省长胡春华，国务院国资委主任李荣融及国务院有关部门负责同志陪同考察。

中宣部部长刘云山出席在北京召开的整治互联网低俗之风专项行动工作会议并发表讲话

会议对专项整治行动下一步工作作了部署，强调要进一步加大工作力度，做到依法关闭淫秽色情网站不动摇，依法打击网络犯罪不手软。要对前一段整治情况进行一次检查，对整治不力、无动于衷的坚决曝光，对变换网址、改头换面重新开张的要严厉打击。要将手机网站、视频网站会员专区、聊天室、即时通讯群组、视频下载服务等纳入整治范围，最大限度地挤压淫秽色情和低俗内容的网上传播空间。要强化网络接入服务商的监管责任，电信运营企业和网络接入服务商要有专门的部门和人员负责监管，及时处理公众举报。要斩断淫秽色情网站赖以生存的利益链，全面清查和规范手机、固定电话为网站的代收费服务。要规范网上广告经营行为，对为淫秽色情网站提供广告、链接等推介服务的要严厉查处。

刘云山在讲话中指出，网上淫秽色情和低俗内容泛滥不仅阻碍我国互联网的健康发展，而且严重侵蚀人们的心灵，败坏社会风气，危害未成年人的健康成长。整治网上低俗之风、净化网络文化环境是中央作出的重大部署，是广大人民群众的强烈愿望。一定要以对党、对国家、对人民高度负责的态度，充分认识专项整治行动的重大意义，充分认识清理整治网上淫秽色情和低俗内容的长期性、复杂性、艰巨性，既增强做好工作的信心，又做好打持久战的准备，强化责任意识，完善长效机制，下大力气把这项民心工程、基础工程持之以恒地抓下去，一抓到底、抓出成效，防止“一阵风”。

刘云山指出，整治互联网低俗之风是全社会的共同责任。各地各有关部门要按照谁主管谁负责和属地管理的原则，切实负起责任，主动做好工作，加强协调配合，形成强大工作合力。要进一步强化群众监督、社会监督，充分发挥公众举报的作用，调动社会各方面参与整治行动的积极性。要加强新闻宣传和舆论监督，大力倡导文明办网、文明上网，大兴网络文明之风，在全社会形成抵制网上低俗之风的良好氛围。

国务院港澳事务办公室发布《香港澳门记者在内地采访办法》

第一条　为了便于香港和澳门记者在内地依法采访报道，制定本办法。

第二条　本办法所称香港和澳门记者必须是香港或者澳门居民，并在香港或者澳门依法注册的，香港或者澳门特区政府核准出版、发行、经营的时事类报纸、刊物以及电台、电视台、通讯社等新闻机构从事新闻报道工作的职业记者。

第三条　香港和澳门记者应当遵守国家法律、法规和规章，遵守新闻职业道德，客观、公正地进行采访报道，不得进行与其机构性质或者记者身份不符的活动。

第四条　香港和澳门新闻机构在内地设立常驻记者站及派遣常驻记者事宜，按照现行办法办理。

第五条　香港和澳门记者来内地采访，需向中央人民政府驻香港特别行政区联络办公室或中央人民政府驻澳门特别行政区联络办公室领取由中华全国新闻工作者协会制发的港澳记者采访证。

第六条　香港和澳门记者在内地采访，需征得被采访单位和个人的同意，采访时应当携带并出示港澳新闻机构常驻内地记者证或港澳记者采访证。

第七条　港澳记者可以通过有关部门指定的服务单位聘用内地居民从事辅助工作。

第八条　香港和澳门记者因采访报道需要，在依法履行报批手续后，可以临时进口、设置和使用无线电通信设备。

第九条　本办法由国务院港澳事务办公室负责解释。

第十条　本办法自公布之日起实施。

国家主席胡锦涛根据全国人大常委会的决定任免驻外大使

一、免去张九桓的中华人民共和国驻泰王国特命全权大使职务；任命管木为中华人民共和国驻泰王国特命全权大使。

二、免去邱小琪的中华人民共和国驻西班牙王国特命全权大使兼驻安道尔公国特命全权大使职务；任命朱邦造为中华人民共和国驻西班牙王国特命全权大使兼驻安道尔公国特命全权大使。

三、免去叶大波的中华人民共和国驻斯里兰卡民主社会主义共和国特命全权大使兼驻马尔代夫共和国特命全权大使职务；任命杨秀萍(女)为中华人民共和国驻斯里兰卡民主社会主义共和国特命全权大使兼驻马尔代夫共和国特命全权大使。

四、免去管木的中华人民共和国驻缅甸联邦特命全权大使职务；任命叶大波为中华人民共和国驻缅甸联邦特命全权大使。

纪念中葡建交30周年档案史料展在北京开幕

外交部部长助理吴红波出席开幕式并致词，葡萄牙驻华大使桑托斯发表讲话。此次展览展出了包括中葡建交公报、重要双边协定等近50件珍贵历史文献和图片。

2月7日

国务院总理温家宝在河南检查指导抗旱工作

温家宝2月7日至8日在河南检查指导抗旱工作时指出，在当前应对国际金融危机、保持经济平稳较快发展的关键时期，促进粮食稳定增长、农民持续增收，事关经济全局，意义重大。抗旱救灾工作不仅关系粮食安全，而且关系扩大内需政策的实施。旱区要把抗旱工作作为当前经济工作的重中之重，认真贯彻落实中央提出的各项政策措施，切实抓紧抓好。

《人民日报》发表评论员文章《把整治低俗之风引向深入》

整治网络低俗之风，是党和人民的一致决心。2月6日召开的整治互联网低俗之风专项行动工作会议，再次强调要以更坚定的信心、更有力的措施，坚持不懈地把整治互联网低俗之风专项行动引向深入，巩固和扩大已有成果，努力把互联网建设成为传播社会主义先进文化的前沿阵地、提供公共文化服务的有效平台、促进人们精神文化生活健康发展的广阔空间。

自1月5日开始，国务院新闻办、工业和信息化部、公安部等七部门联手启动全国整治互联网低俗之风的专项行动。一个月来，各个部门积极行动，社会各界大力支持，曝光、关闭了一大批违法违规的网站，查处了一大批网络淫秽色情违法案件，收效十分显著。

此次整治互联网低俗之风的行动，动真格，出重拳，决心之坚，力度之大，措施之猛，是前所未有的，受到人民群众的热烈拥护和高度评价。网民积极参与，建言献策，有效推动了整治行动的深入开展。

互联网低俗之风泛滥，是腐蚀心灵和毁坏社会文明的鸦片，对青少年毒害极大，在任何国家都是不能容许的。一些网站为了赚取点击率，增加流量，牟取利益，背弃社会公德，对有关法律、法规置若罔闻，理应受到严厉制裁。

我们必须清醒地看到，专项整治行动的任务十分艰巨，工作十分繁琐，不是一朝一夕能完成的。一些被关闭的网站正在改换服务器，更换域名，变换收费渠道，企图死灰复燃，逃避监管。这就要求我们不能有丝毫的麻痹和松懈，应继续对相关网站频道和栏目进行全面清理，不放过任何一个环节，不留下任何死角。

遏制网上低俗之风，最重要的是不给淫秽色情和低俗网站生存空间，斩断其赖以生存的利益链。这就要求任何企业不得给低俗网站提供接入服务和收费渠道。对那些容易出现问题又不容易被发现的环节，如手机网站、视频会员区、聊天室等，要采取有效的技术手段进行监管，确保专项行动取得更大成效。

我们只有反复抓，抓反复，建立长效机制，才能真正遏制网络低俗之风，建设健康文明的网络环境。

国务院副总理李克强在深圳观澜镇出席西气东输二线东段工程开工仪式

广东省委书记汪洋，香港特别行政区行政长官曾荫权参加开工仪式。

李克强说，西气东输二线，是新中国成立以来投资规模最大的能源项目，是我国第一条通过陆上利用境外天然气资源的战略性工程，也是世界上距离最长的天然气管道工程。建设好这一能源大动脉，对于保障能源安全、促进区域协调发展、深化内地与香港合作，对于拉动当前经济增长、调整和优化经济结构，都具有重大意义。要统筹规划，加强协作，精心组织、精心施工，确保如期完成建设任务，努力建成质量安全、技术水平、运行效率一流的工程。

在听取工程情况汇报时，李克强说，西气东输二线既是一个重大能源项目，又是一项重大民生工程。管道通达14个省份和香港特别行政区，可使数亿居民直接获益，用上清洁、高效、方便的天然气，减少污染排放，提高生活水平和质量。要合理开发用气市场，完善城市管网设施，优先保证人民生活、公共服务等用气需要，把天然气送进千家万户，造福广大群众。

李克强强调，推进工程建设，促进经济发展，最终目的是改善民生。增加政府公共投资要向民生领域倾斜，以投资带消费、惠民生，实现一举多得。在推进投资和消费有机结合的过程中，进一步扩大消费尤其是居民消费，为保持经济平稳较快发展提供支撑。

西气东输二线工程沿线有关省(区、市)政府负责人、有关中央国家机关负责人、有关企业和建设单位代表共约1300人参加开工仪式。

欧盟终止对中国最大反倾销案调查

欧盟决定终止对中国出口热浸镀锌板的反倾销调查程序，这是欧盟自1979年开始对华反倾销以来的最大案件。今天，商务部新闻发言人姚坚说，欧方的这一决定基于客观事实，中方对此表示欢迎和赞赏。

"全国台联2009年台胞青年冬令营"在北京开营

来自台湾60多所高校的238名学生和大陆100多名大学生参加了开营仪式。

本次冬令营以"文化、友情、冰雪之旅"为主题，营员们将游览故宫、长城等名胜古迹，参观首都医科大学、首都师范大学、中央民族大学等，还将和大陆的少数民族同学切磋歌舞技艺。随后，营员们将分赴东北三省参观交流，体验"冰雪之旅"。

2月8日

国家主席胡锦涛与葡萄牙共和国总统阿尼巴尔·卡瓦科·席尔瓦互致贺电庆祝两国建交30周年

国务院副总理回良玉在安徽考察

回良玉先后来到安徽合肥、安庆、芜湖等地，深入田间地头、企业农户，考察农业和农村经济发展情况，仔细了解农民群众的生产生活情况。

考察期间，回良玉对安徽近年来改革开放和经济社会发展取得的成绩给予充分肯定。他强调，做好今年农业农村工作，对于保持经济平稳较快发展的大局具有特殊重要的意义。要抓紧落实强农惠农政策，进一步调动农民积极性；大力加强农田水利等农业基础设施和民生工程建设，不断改善农村生产生活条件；加强免疫工作，抓好应急处置，搞好高致病性禽流感、口蹄疫等重大动物疫病防控；早动员、早部署，做好春耕备耕各项工作，力争今年农业有个好收成。要依靠科学发展、合力发展、创新发展、特色发展和苦干实干精神，努力促进农业和农村工作新跨越。

安徽省委书记王金山、省长王三运参加考察。

第二届张培刚发展经济学研究优秀成果奖颁奖典礼暨中国经济发展论坛在北京举行

颁奖典礼和论坛由华中科技大学和张培刚发展经济学研究基金会主办。全国人大常委会副委员长陈昌智出席颁奖典礼。谭崇台、吴敬琏、刘遵义、蔡昉、姚洋、胡必亮6位学者因专著或论文获"张培刚发展经济学研究优秀成果奖"。

全国31个省区市都有"211"大学

《人民日报》报道，日前，经国家批准，青海大学、海南大学、宁夏大学、西藏大学和石河子大学进入"211工程"序列。至此，全国31个省、区、市都有了国家重点建设的大学。国家重点建设的大学主要集中在中东部地区的状况进一步得到改变。

2月9日

中共中央在人民大会堂举行元宵节联欢晚会

胡锦涛、吴邦国、温家宝、贾庆林、李长春、李克强、贺国强等党和国家领导人同首都知识界代表欢聚一堂，共庆佳节。

联欢晚会由中共中央政治局常委李长春主持。

出席联欢晚会的领导同志还有：王刚、王兆国、王岐山、刘淇、刘云山、刘延东、李源潮、张德江、何勇、令计划、李建国、蒋树声、陈昌智、梁光烈、马凯、孟建柱、戴秉国、杜青林、陈奎元、钱运录、万钢和中央军委委员陈炳德、李继耐、廖锡龙、常万全、靖志远、吴胜利、许其亮等。

国务院总理温家宝就澳大利亚山火造成重大人员伤亡和财产损失致电澳大利亚联邦总理陆克文表示慰问

《人民日报》发表评论员文章《加强领导干部党性修养，大力树立弘扬优良作风》

一个有7400多万党员、360多万个基层组织的大党，如何才能始终保持旺盛的生机活力，在时代的挑战和考验中，切实践行立党为公、执政为民的宗旨？

一个在和平环境长期执政的大党，面对复杂多变的国际形势和艰巨繁重的国内改革发展任务，靠什么凝聚亿万人民群众的思想和力量，保证经济平稳较快发展和社会和谐稳定？

岁末年初，胡锦涛总书记在中国共产党第十七届中央纪律检查委员会第三次全体会议上发表的重要讲话，从党和国家事业发展全局和战略的高度，明确提出深入推进党风廉政建设和反腐败斗争的总体要求和主要任务，突出强调必须坚持不懈地加强领导干部党性修养，使各级领导干部始终保持共产党人的政治本色，发扬党的光荣传统和优良作风，树立和坚持正确的事业观、工作观、政绩观，以良好的作风带领广大党员、群众迎难而上、锐意改革、共克时艰。

这是我们党关于党的建设、执政规律的新的理论思考，是指导党的作风建设和反腐倡廉建设的纲领性文献，是党中央向全党提出的一项重大而紧迫的政治任务。

中国共产党的党性，是党的世界观、政治理想和人生理念的集中体现。在深入开展党风廉政建设和反腐败斗争中，在积极应对国内外各种困难挑战时，突出强调党性修养，不仅是坚定理想信念的需要，更有着眼新的形势要求、立足领导干部队伍现状的鲜明针对性。

党的十六大以来，党中央大力推进以保持党同人民群众的血肉联系为重点的作风建设，党的光荣传统得到继承和发扬，党的优良作风不断被赋予新的内涵。但是，我们也要清醒地看到，一些领导干部作风不正问题依然突出，给党和国家工作、给人民群众生产生活带来了不良影响。这两年发生的一系列生产安全事故、食品药品安全事件、重大群体性事件，突出反映了一些领导干部作风不正问题相当严重。这些问题，主要反映在六个方面，宗旨意识不强，理论和实际脱节，责任心和事业心不强，政绩观不正确，个人主义严重，纪律观念淡薄。

这些问题的存在，损害了党和政府的形象，影响了社会的和谐发展。如果不能得到有效解决，党的十七大作出的部署就难以贯彻落实，全面建设小康社会的奋斗目标就难以实现，党的先进性和战斗力就难以保证。

领导干部作风问题，说到底是党性问题。党性是作风的内在根据，作风是党性的外在表现。党性纯洁则作风端正，党性不纯则作风不正。执政党的党风关系党的生死存亡，因此我们党始终强调通过加强党性修养来树立和弘扬良好作风，使党始终保持旺盛的生机活力。这是党的执政能力建设和先进性建设的重要内容，是贯彻科学发展观的重要保证，是每个领导干部改造主观世界的终生课题。

在中国共产党 88 年的历史上，强调党性是 个历久弥新的问题。每一次对党性问题的突出强调，都紧随着迎接新的重大战略任务的时代和现实背景。当前，加强领导干部党性修养、树立和弘扬优良作风，是我们上下一心、共克时艰的政治保证。各级领导干部一定要着力增强宗旨观念、提高实践能力、强化责任意识、树立正确政绩观、树立正确利益观、增强党的纪律观念，以坚强的党性和优良的作风，带领亿万人民群众战胜面临的困难，把中国特色社会主义伟大事业不断推向前进。

国家副主席习近平在斐济楠迪分别会见斐济总统伊洛伊洛和临时政府总理姆拜尼马拉马

在会见伊洛伊洛时，习近平首先转达了胡锦涛主席对伊洛伊洛总统的诚挚问候和良好祝愿，对斐济不久前遭受特大暴雨灾害表示慰问，祝愿灾区人民早日战胜灾害，重建家园。习近平说，中斐两国人民的友谊源远流长。1975 年中斐建交以来，双方始终相互尊重，平等相待，真诚合作。2006 年 4 月，温家宝总理成功访问斐济，两国领导人决定建立中斐重要合作伙伴关系，推动两国关系迈上了新台阶。近年来，在双方共同努力下，两国关系保持良好发展势头。斐济政府坚持一个中国政策，中方对此高度赞赏。中国政府愿不断巩固中斐传统友谊，推进友好交流与务实合作，推动两国关系取得新进展。

在会见姆拜尼马拉马时，习近平说，斐济是最早同中国建交的太平洋岛国。中国政府始终高度重视发展中斐关系，珍视与斐济人民的传统友谊。中斐建交以来，高层交往频繁，友好合作深入发展，在许多重大国际和地区问题上密切配合、相互支持。中斐在广泛领域的友好合作不仅符合两国人民的共同利益，也有利于亚太地区的稳定和发展。中斐同为发展中国家，两国关系发展前景广阔。中方愿同斐方一道，进一步加强文化、教育、卫生、旅游等领域的交流合作，共同推动中斐关系不断向前发展。

伊洛伊洛和姆拜尼马拉马热情欢迎尊贵的中国客人，希望转达对中国领导人的诚挚问候和良好祝愿，表示习近平副主席来到斐济是两国建交 30 多年来友好合作关系不断发展的体现。斐济政府和人民热烈祝贺中国去年成功举办北京奥运会和战胜四川汶川地震等特大自然灾害，感谢中国政府和人民对斐济前不久遭遇特大暴雨灾害给予的无私帮助。伊洛伊洛和姆拜尼马拉马最后重申，斐济政府将坚定奉行一个中国政策。

会见后，习近平和姆拜尼马拉马共同出席了中国政府向斐济政府提供经济技术援助等协议的签字仪式。

国务院副总理回良玉在阿根廷首都布宜诺斯艾利斯与阿根廷内阁首席部长马萨举行会谈

国务院副总理王岐山应约与美国财政部长盖特纳通话

双方强调，中美经济关系是两国关系的重要组成部分。当前形势下，两国加强宏观经济政策协调和共同应对国际金融危机合作，对于维护两国和世界经济金融稳定十分重要，也有利于推动中美关系进一步向前发展。

中国与澳大利亚第十二次人权对话在堪培拉举行

对话由中国外交部部长助理刘结一与澳大利亚外交贸易部副秘书长伯德共同主持。

中澳双方在对话中介绍了各自在人权领域取得的

新成就，围绕社会与文化权利保障、少数民族与妇女儿童权利保护、国际人权合作等议题深入坦诚地交换了意见。

全国科技工作会议在北京召开

刘延东出席会议并指出，科技要在应对国际金融危机中发挥重要作用，作出更大贡献。

刘延东强调，要以提升自主创新能力为核心，以建设技术创新体系为突破口，以完善政策保障为关键，推动《国家中长期科学和技术发展规划纲要(2006—2020 年)》的贯彻落实。要深入落实规划纲要配套政策，全面推进重大科技专项的组织实施，推进国家创新体系建设，完善人才评价、奖励、流动、使用机制，培养造就更多高水平创新型人才。要做好“十一五”科技规划执行情况检查和“十二五”科技规划前瞻性研究。

全国政协副主席、科技部部长万钢，国务院有关部门负责同志，各省区市、副省级城市科技厅(委、局)，国家高新区，以及部分高校、科研院所、创新型企业和行业协会的负责人出席会议。

中国非物质文化遗产传统技艺大展系列活动在中国农业展览馆开幕

活动由文化部、国家发改委、教育部、科技部等 14 个非物质文化遗产保护工作部际联席会议成员单位和北京市共同举办，活动将持续到 2 月 23 日结束。

由中国登山协会主办的 2009 年全国滑雪登山比赛在吉林北大湖雪场举行

来自北京、黑龙江、吉林、辽宁等省区市的 50 余名选手参赛。本次比赛分为男、女个人赛两个项目，比赛线路分为 4 个赛段，海拔高差近 500 米，赛道长约 7 公里。经过激烈角逐，男子组前三名分别被新疆奥索克代表队罗彪、北京探路者代表队周楚燕和沈阳体育学院代表队刘博宇获得，沈阳体育学院代表队吕春娇、吉林百瑞拓展代表队田羽和吉林巅峰代表队栗文婧分获女子组前三名。

中星 6B 卫星故障导致卫视节目中断

9 日 10 时 59 分 56 秒，中星 6B 卫星发生故障，导致在该卫星上传输的中央电视台、中国教育电视台和 23 个省的卫视等共 150 套电视节目全部中断，卫星故障时间共 47 分钟。从 11 时 47 分 03 秒至 13 时 11 分 17 秒，中断的 150 套电视节目陆续全部恢复播出。

央视新址园区在建的附属文化中心工地发生火灾

2 月 10 日

国家主席胡锦涛应邀对亚非五国进行国事访问

应沙特阿拉伯国王阿卜杜拉·本·阿卜杜勒—阿齐兹，马里总统阿马杜·图马尼·杜尔，塞内加尔总统阿卜杜拉耶·瓦德，坦桑尼亚总统贾卡亚·姆里绍·基奎特，毛里求斯总统阿内罗德·贾格纳特、总理纳文钱德拉·拉姆古兰的邀请，国家主席胡锦涛于 10 日上午乘专机离开北京，前往上述五国进行国事访问。

陪同胡锦涛主席出访的有：中央办公厅主任令计划，中央政策研究室主任王沪宁，国务委员戴秉国，外交部部长杨洁篪，国家发展和改革委员会主任张平，商务部部长陈德铭，胡主席办公室主任陈世炬和外交部部长助理翟隽等。

国务院总理温家宝在中南海紫光阁会见法国前总理拉法兰率领的法中友好代表团

全国政协主席贾庆林在重庆调研

2 月 10 日至 14 日，贾庆林在重庆市委市政府有关人员的陪同下，深入工业园区、高等院校、农村乡镇进行调查研究。调研期间，贾庆林听取了重庆市委、市政府的工作汇报，对重庆近年来经济社会发展取得的显著成就给予充分肯定，希望重庆市迎难而上，锐意改革，共克时艰，努力在西部地区率先实现全面建设小康社会的目标。

全国政协副主席、中央统战部部长杜青林，全国政协副主席郑万通以及民革、民盟、民建、九三学社中央领导人等陪同调研。

中共中央政治局常委李长春在四川考察

2 月 10 日至 14 日，李长春在四川省委书记刘奇葆、省长蒋巨峰陪同下，先后到绵阳、德阳、阿坝、成都等地，深入企业、农村、社区、学校、受灾群众安置点和基层文化单位，就推进灾后恢复重建、促进经济平稳较快发展、加快灾区文化重建等进行调研，听取四川省委省政府工作汇报，对四川经济社会发展和灾后恢复重建取得的成绩给予充分肯定。他希望四川认真贯彻落实胡锦涛总书记新年前夕到四川考察时的重要讲话精神，努力把深入学习实践科学发展观的成果转化为加快重建美好家园的坚定意志，转化为保增长、扩内需、调结构、促改革、惠民生的有效措施，奋力夺取灾后恢复重建和经济社会发展的新胜利。宣传思想战线要积极宣传四川恢复重建取得的新进展新经验，宣传灾区人民自强不息、团结奋进的精神风貌，为推动四川经济社会又好又快发展提供有力的舆论支持。

全国政协副主席厉无畏会见以陈长风为团长的台湾高校杰出青年大陆参访团

中央综治委学校及周边治安综合治理工作领导小组2009年第一次全体会议在北京召开

会议提出，要充分利用社会治安综合治理的大平台，发挥体制和机制优势，把学校及周边治安综合治理工作提高到一个新水平，努力创造师生满意的、良好的治安环境。全国人大常委会副委员长、中央综治委副主任李建国出席会议并讲话。

李建国指出，要进一步落实学校及周边治安综合治理工作领导责任制、部门目标管理责任制、责任追究制。完善齐抓共管工作机制，加强综合协调，密切沟通联系，一级抓一级、层层抓落实。要强化督促检查，及时掌握工作情况，协调解决重大问题。

中央综治委副主任、中央政法委副秘书长、中央综治办主任陈冀平主持会议并讲话。

国家副主席习近平在墨西哥城出席中墨企业家午餐会并发表讲话

习近平在墨西哥城出席中国国际贸易促进委员会和墨西哥贸易投资促进署共同主办的中墨企业家午餐会并发表题为《携手前进　共同发展》的讲话。

习近平表示，很高兴能在访问美丽的墨西哥期间有机会同中墨两国企业家共进午餐，愿借此机会向长期以来为推进中墨友好合作作出重要贡献的两国企业界人士致以诚挚问候和良好祝愿。习近平说，中墨经贸合作的广度、深度和发展速度超过了以往任何一个时期，不仅在两国关系发展中发挥了重要作用，也为两国人民带来了实实在在的利益。中墨不是竞争对手，而是友好的合作伙伴和相互可信赖的朋友。在新形势下，中墨两国应继续加强合作，妥善应对挑战，维护两国经贸合作积极发展的良好势头。建议今后双方重点在以下五个方面作出努力：

第一，从战略高度看待和推动经贸合作。中墨都是发展中大国，在国际经济、贸易、金融等事务中有着重要影响。双方应充分认识加强经贸合作对促进两国自身发展和维护发展中国家共同利益的重要意义，坚定推动两国经贸合作健康发展。进一步挖掘两国经贸合作潜力，丰富合作内容和方式，开辟新的合作渠道和领域，推动两国经贸合作不断迈上新台阶。

第二，进一步提高政府服务水平。两国政府应该更加积极地致力于推动双方贸易和投资发展，提高贸易和投资便利化程度。双方应充分发挥两国常设委员会、高层工作组等合作机制的作用，在海关、质检、简化人员签证手续等方面加强沟通，达成新的共识。中国政府愿同墨西哥政府一道，通过提供优质服务，营造有利于投资和贸易的环境，为两国企业开展合作多办实事好事。

第三，积极推进重点领域合作。中国政府鼓励和支持有实力的中国企业积极参与墨西哥能源、港口、公路、水电站等基础设施建设，支持两国企业在矿产、加工组装、通信、农业、渔业等领域开展互利合作，鼓励双方在包括新能源和可再生能源在内的能源领域开展实质性合作，不断培育新的贸易和投资增长点。

第四，充分发挥企业主体作用。中墨两国企业界都有加强互利合作、在经济全球化环境中共谋利益的真诚愿望，是推动中墨经贸合作不断深化的主力军。希望双方企业界积极行动起来，继续扩大接触，增进相互了解，挖掘合作潜力，加强战略性合作，进一步实现优势互补。

第五，努力扩大在国际经济事务中的合作。随着经济全球化深入发展，中墨两国在全球和地区经济事务中的协调和合作日益增多。当前，双方可以在应对国际金融危机、改革国际金融体系、世贸组织多哈回合谈判以及参与各自区域一体化等方面加强探讨、拓展合作，共同维护发展中国家正当权益。

习近平说，相信在双方共同努力下，中墨互利友好合作一定会结出更加丰硕的成果，为两国人民带来更多实实在在的利益。习近平还回答了与会企业家提出的三个问题。

午餐会前，双方有关部门签署了经济、金融、通讯、文化、卫生等领域的合作文件。

习近平副主席的陪同人员和中国卫生部副部长王国强、贸促会会长万季飞、墨西哥外长埃斯皮诺萨、经济部长鲁伊斯、交通和运输部长特列斯、贸易投资促进署署长费拉里，以及中墨两国企业家200多人出席了午餐会。

全国人大常委会副委员长司马义·铁力瓦尔地在人民大会堂会见以主席卡齐·侯赛因·艾哈迈德为团长的巴基斯坦伊斯兰促进会代表团

中法建交45周年图片展在法国国民议会开幕

法国国民议会议长阿克耶、中国驻法大使孔泉等出席开幕式。本次图片展以“友好合作”为主题，精选了45张图片，从政治、经济、科技以及地方合作领域展示了中法两国建交45周年来的广泛交流合作和累累硕果。

公安部消防局发出通知要求全力遏制火灾高发势头

公安部消防局10日通报了武汉市汉正街批发市场火灾及中央电视台新址在建大楼火灾情况，要求各地公安消防部门要立即行动起来，采取强力措施，全力做好当前各项火灾防控工作，全力遏制火灾高发的势头。

通知要求，各地要迅速组织开展消防安全大检查，针对薄弱环节采取超常规措施。各级公安消防机关要报请当地政府迅速开展以商场、市场、在建工程施工工地、文物古建筑等为重点的消防安全大检查，对排查发现的火灾隐患坚决依法督促整改。要及时对全国两会期间的消防安全保卫工作作出部署，北京要将两会会场、住地、新闻中心和代表委员集中活动场所以及周边200米范围作为重中之重，开展全面、深入、细致的监督检查，“环京”护城河地区要加大对供电、供油、供气、供水以及交通、通讯枢纽等要害部位的消防安全检查，对检查发现的火灾隐患务必在两会召开前督促整改完毕。

各地公安消防部门要与教育、文化、交通、卫生、工商等部门联合，在火灾危险性较大的公共娱乐场所、餐饮住宿场所、车站码头机场、商场、市场和医院、学校等场所，组织开展以“提示公众所在场所火灾危险性；提示公众所在场所安全逃生路线、安全出口的具体位置，遇到火灾等紧急情况如何正确逃生、自救；提示公众所在场所内灭火器、逃生设备器材具体放置位置和使用方法”为主要内容的“三提示”主题宣传活动。

首都机场集团公司原总经理董事长李培英因受贿罪被判死刑

新华社报道，2月10日，山东省济南市中级人民法院对首都机场集团公司原总经理、董事长李培英案一审宣判，认定李培英犯受贿罪和贪污罪，其中受贿2661万余元，贪污8250万元，两罪并罚，决定执行死刑，剥夺政治权利终身，没收个人全部财产。

一审宣判后，李培英不服判决，上诉到山东省高级人民法院。山东省高级人民法院对此案公开宣判，维持一审判决。

2月11日

国务院总理温家宝在北京主持召开国务院常务会议

会议审议并原则通过船舶工业调整振兴规划和《中华人民共和国抗旱条例(草案)》，听取2010年上海世界博览会筹办情况汇报。

会议认为，船舶工业是为水上交通、海洋开发及国防建设提供技术装备的现代综合性产业，对钢铁、化工、轻纺、装备制造、电子信息等重点产业发展具有较强的带动作用。当前，我国船舶工业正处在由大到强转变的关键时期，制定和实施船舶工业调整和振兴规划，对于巩固和提升我国船舶工业的国际地位，促进国民经济平稳较快发展，具有重要战略意义。

会议强调，加快船舶工业调整和振兴，必须采取积极的支持措施，稳定造船订单，化解经营风险，确保产业平稳较快发展；控制新增造船能力，推进产业结构调整，提高大型企业综合实力，形成新的竞争优势；加快自主创新，开发高技术高附加值船舶，发展海洋工程装备，培育新的经济增长点。一要稳定船舶企业生产。加大信贷融资支持力度，支持大型船舶企业和航运企业按期履行造船合同，采取鼓励措施支持购买弃船。指导船舶企业合理安排生产计划，保持生产连续性。二要扩大船舶市场需求。加快老旧船舶报废更新和单壳油轮淘汰，积极发展远洋渔船、特种船、工程船、工作船等专用船舶。努力开拓国际市场，扩大高技术高附加值船舶、海洋工程装备国际市场份额。三要发展海洋工程装备。支持造船企业研究开发新型自升式钻井平台等海洋工程装备，鼓励开发海洋工程动力及传动系统等关键系统和配套设备。四要积极发展修船业务。鼓励造船企业利用现有造船设施开展修船业务，增强大型船舶、特种船舶、海洋工程装备修理和改装能力。规范发展拆船业。五要支持企业兼并重组。鼓励骨干船舶制造企业实施兼并重组，推动大型船舶企业与上下游企业组成战略联盟，引导中小船舶企业调整业务结构。六要加强技术改造，提高自主创新能力。对散货船、油船、集装箱船三大主流船型进行优化升级，提升高技术高附加值船舶设计开发能力，支持填补国内空白、节能环保效果显著及产能不能满足市场需求的船舶、海洋工程装备和配套产品研发。会议决定，鼓励金融机构加大船舶出口买方信贷资金投放；将现行内销远洋船财政金融支持政策延长到2012年；抓紧研究出台鼓励老旧船舶报废更新和单壳油轮强制淘汰政策；今后3年暂停现有船舶生产企业新上船坞、船台扩建项目；在新增中央投资中安排产业振兴和技术改造专项，支持高技术新型船舶、海洋工程装备及重点配套设备研发。

会议指出，干旱灾害是我国的主要自然灾害之一。近年来，随着气候变化、经济发展和用水需求增长，我国干旱缺水问题日益突出。为预防和减轻干旱灾害及其造成的损失，保障生活用水，协调生产、生态用水，促进经济社会全面、协调、可持续发展，有必要根据《中华人民共和国水法》，制定抗旱条例。《中华人民共和国抗旱条例(草案)》从旱灾预防、加强农田水利基础设施建设、抗旱减灾和灾后恢复等方面,规定了各级人民政府、有关部门和单位的职责,明确了不同等级旱灾发生时的抗旱措施,规范了水量调度,并设定了相应的法律责任。会议决定,该草案经进一步修改后,由国务院公布施行。

会议指出,经过上海市和全国各省(区、市)、中央有关部门的共同努力,上海世博会各项筹办工作有力、有序推进。目前已有185个国家和46个国际组织确认参展。办好世博会,对于提振市场信心,推进世界各国经济、技术和文化交流与合作,共同应对金融危机,促进可持续发展,具有重要意义。今年是上海世博会筹办的关键之年,必须坚持科学办博、勤俭办博、廉洁办博、安全办博,举全国之力,集世界智慧,做深、做细、做实每项工作,为世博会会期运营做好充分准备。一要加强促展和参展服务。为国际参展方建馆、布展提供全面、高效服务,力争按时布展、按时开馆。组织和服务好各省(区、市)和港澳台地区的展览等工作。二要加快场馆及配套设施建设进度,确保安全和质量,深化展览展示设计,及时启动布展。三要全面开展运营准备工作。今年要基本搭建好运营组织架构,做好安保、交通组织、通信服务等各项准备工作。四要加快推进世博科技各项工作,加强最新科技成果在世博会建设、运营和展览展示中的应用,加大对参展者、组织者等的知识产权保护力度。会议要求,各省(区、市)和有关部门要全力以赴,继续扎实推进各项筹办工作,努力办好一届成功、精彩、难忘的世博会。

全国政协主席贾庆林在重庆会见统一战线各方面人士并进行座谈

贾庆林在重庆市委和市政府有关领导的陪同下,参观了重庆特园中国民主党派历史陈列馆,会见了重庆市统一战线各方面人士并进行座谈。

贾庆林对重庆市统一战线和人民政协近年来为推动改革开放和现代化建设作出的贡献给予充分肯定。他强调,统一战线历来是我们党克服困难、赢得胜利的一大法宝。面对当前国际金融危机的影响,我们要认真贯彻落实胡锦涛总书记在全国政协新年茶话会和党外人士迎春座谈会上的重要讲话精神,积极引导广大统一战线成员、政协委员及其所联系的群众,认清形势,坚定信心,把思想和行动统一到中共中央的重大决策和部署上来,同心同德,共克时艰,为保增长、保民生、保稳定作出贡献。统一战线和人民政协要充分发挥人才荟萃、智力密集、联系广泛的优势,把促进经济平稳较快发展作为服务大局的首要任务,紧紧围绕我国经济运行中存在的突出问题和人民群众普遍关心、迫切需要解决的热点难点问题,深入调查研究,积极建言献策,努力形成群策群力谋发展、和衷共济渡难关的强大合力。要充分发挥协调关系、化解矛盾、理顺情绪的作用,积极反映社情民意,引导广大成员和所联系群众正确看待改革发展中的困难和问题,帮助党和政府多做稳人心、得人心、暖人心、聚人心的好事实事,为经济平稳较快发展、维护社会和谐稳定创造良好环境。

全国政协副主席、中央统战部部长杜青林,全国政协副主席郑万通,以及民革、民盟、民建、九三学社中央领导人等陪同参观并座谈。

全国基层检察院建设工作会议在北京举行

最高人民检察院检察长曹建明在回顾过去5年基层检察院建设工作时说,检察机关认真落实《中共中央关于进一步加强人民法院、人民检察院工作的决定》,始终把基层检察院建设作为检察事业发展的基础性、战略性、全局性任务来抓,紧紧围绕党和国家中心工作,坚持业务建设、队伍建设、保障建设并举,法律监督成效明显,队伍建设不断加强,检察管理逐步规范,执法保障得到改善,基层检察院各项工作取得了新的进展。

会议提出,要立足基层实际和特点,充分发挥基层检察院法律监督职能作用。一要发挥好服务大局的基础前沿作用。基层检察院要更加自觉地把检察工作放在党和国家工作大局中谋划和推进,关注经济社会发展中的新情况、新动向,努力提高服务科学发展大局的能力和水平。二要发挥好执法为民的一线平台作用。要紧贴人民群众的司法需求,始终把各项工作的着力点放在促进解决人民群众最关心、最直接、最现实的利益问题上。三要发挥好维护稳定的第一防线作用。按照把问题解决在基层、把矛盾消除在萌芽状态的要求,高度关注、及时掌握基层热点敏感问题,切实增强涉检信访工作的实效。

《人民日报》发表评论员文章《切实加强对国有企业领导人员的监督》

首都机场集团公司原董事长李培英,因贪污、受贿罪被人民法院一审判处死刑(此前已被开除党籍、开除公职)。李培英身为国有大型企业的领导人员,本应以发展国有企业为己任,忠于职守,廉洁从业,但他却无视党纪国法,大肆贪污受贿,数额特别巨大,受到党纪国法的严惩,完全是咎由自取。其影响十分恶劣,其教训极其深刻。

党员领导干部要切实加强党性修养,树立和弘扬优良作风。随着职务的升迁,李培英放弃世界观改造,把一名共产党员应有的责任和义务完全抛在脑后,追求低级趣味，热衷于赌博，大肆贪污受贿，最终落得个身败名裂的下场。李培英案件再一次告诫我们，每一个党员领导干部只有加强党性修养，具备良好的道德品质，才能正确对待和行使权力，才能抵御各种错误思想的侵蚀。党员领导干部要牢固树立马克思主义的世界观、人生观、价值观，树立正确的权力观、地位观、利益观，以对党和人民负责的态度认真履行职责；要培养健康的生活情趣，保持高尚的精神追求，明辨是非，克己慎行；要自重、自省、自警、自励，自觉接受党组织、党员和群众的监督，始终保持共产党员的政治本色，始终忠诚于人民的利益，忠诚于党的事业。

国有企业领导人员要严格执行各项规章制度。李培英违反组织原则，滥用职权，擅自决定对外投资、借贷、担保等重大事项，随意调拨资金，违规投资，非法拆借，数额巨大，给国家和企业造成重大损失。李培英案件充分表明，国有企业领导班子和领导人员必须切实增强执行制度的自觉性，严格按规章制度办事。要坚决执行民主集中制，按照议事规则进行决策，特别是涉及企业生产经营的重大决策、重大项目安排、重要人事任免、大额度资金运作等事项，必须由企业领导班子集体研究决定，决不允许个人专断。要加强对制度执行情况的监督检查，对有章不循的，要按照有关规定严肃处理，违者必究。要根据形势的发展变化，进一步完善现有规章制度，切实把制度建设作为国有企业有效防治腐败的根本途径。

要加强国有企业党风建设和反腐倡廉工作。李培英案件的发生，一定程度上暴露出对国有企业领导人员监督还存在着漏洞和薄弱环节。要坚持党对国有企业的政治领导，按照建立现代企业制度的要求，继续探索充分发挥企业党组织政治核心作用的方法和途径。国有企业领导人员要自觉接受党组织和职工群众的监督。要加强国有企业纪检监察工作，严格执行《国有企业领导人员廉洁从业若干规定(试行)》，认真落实国有企业领导人员廉洁自律的“七项要求”。要切实加强对企业国有资产的监管，强化对企业产权交易、资本运营、财务管理、营销采购、工程项目等企业经营管理关键环节的监督检查，加强高风险投资业务的监管和预警防范，加强对担保、借贷等方面的风险管理。要深入开展企业效能监察，强化企业风险管理，加强对经营管理者履职行为的过程监督。要根据国有企业发展中出现的新情况新问题，把强化资金管理作为重点，加强对股票、期货、期权、委托理财等投资行为的监管，加强现金流和资金链管理，严格控制资金流向，防止国有资产流失。要严格执行党风廉政建设责任制，加强监督检查，对党风廉政建设和反腐败工作方面的失职行为，要严肃追究责任。

国家副主席习近平对牙买加进行正式访问

国务委员刘延东在中南海紫光阁会见丹麦马士基集团副总裁苏恩深

中国接受国别人权审查报告在联合国人权理事会上获顺利通过

联合国人权理事会宣布顺利通过中国接受国别人权审查报告。报告结论采纳了广大发展中国家客观、中肯、赞赏的意见，对中国的《国家人权报告》及人权状况给予了积极的评价。中国代表团团长、中国常驻联合国日内瓦办事处代表李保东大使感谢人权理事会秘书处本着独立、公正、透明的原则撰写了该审查报告。

“中泰妇女参与发展”研讨会在曼谷举行

研讨会由中国全国妇联与泰国诗琳通公主办公室主办，中国国务院妇女儿童工作委员会副主任、全国妇联副主席、书记处第一书记黄晴宜女士等中泰嘉宾、妇女问题专家约300人参加，就妇女在扶贫和环保工作中的作用进行了交流与探讨。诗琳通公主主持会议。

“中国国粹油画艺术精品展”在香港展览中心开幕

2009年亚洲滑雪登山锦标赛在吉林北大湖雪场落下帷幕

日本队获得冠军，中国队和韩国队分获第二、第三名。本届亚锦赛为期3天，由亚洲滑雪登山联合会、中国登山协会主办，吉林北大湖体育旅游经济开发区承办。

李懋之逝世

第二炮兵原副司令员李懋之同志，因病医治无效，于2月11日在北京逝世，享年102岁。

李懋之是山西省襄垣县人，1938年参加革命，1943年加入中国共产党。抗日战争时期，他历任参谋、副大队长、副营长、代营长、旅参谋主任、团参谋长、抗日军政大学太岳分校参谋长等职，参加了耿壁奇袭战、百团大战、围困沁源等战役战斗。解放战争时期，他历任处长、豫陕鄂军区参谋长、豫西军区参谋长、河南军区副参谋长等职，参加了同蒲、临浮、吕梁、晋南、保卫延安、豫西剿匪等战役战斗。新中国成立后，他历任兵团副参谋长，军事工程学院副教育长、物资保障部部长、教育长、副院长，第二炮兵副司令员等职，参加了抗美援朝，为部队革命化、现代化、正规化作出了贡献。

李懋之1955年被授予大校军衔，1961年晋升少将军衔；曾荣获二级独立自由勋章、一级解放勋章和独立功勋荣誉章。

2月12日

国家主席胡锦涛在巴马科同马里总统杜尔举行会谈

胡锦涛指出，当前，国际形势正发生复杂深刻的变化，中非关系处于重要发展阶段。面对国际金融危机的严峻挑战，加强中非团结合作意义更加重大。胡锦涛代表中国政府郑重承诺：中方将认真落实中非合作论坛北京峰会确定的各项援非举措，在力所能及的范围内继续增加对非援助、减免非洲国家债务、扩大对非贸易和投资、加强中非务实合作。

胡锦涛指出，明年将迎来中马建交50周年，标志着两国关系进入新的发展时期。中方珍视中马传统友谊，愿同马方以此为契机，继往开来，共同努力，不断开创中马关系新局面。胡锦涛就中马关系发展提出4点建议。一、密切友好交往，深化传统友谊。继续保持两国高层交往势头，扩大两国政府、议会、军队、民间组织交流合作，增强政治互信。二、加强务实合作，促进共同发展。双方密切配合，做好两国政府间合作项目。中国政府愿本着互利双赢、优势互补的原则，继续鼓励和支持有实力的中国企业赴马里投资，加强双方电信、农业、基础设施建设等领域合作。成立双边经济贸易和技术联合委员会，加强统筹、规划、协调，全面提高双边合作水平。三、扩大人文交流，丰富合作内涵。中方欢迎马方参加2010年上海世博会，展示马里文明和艺术。中方愿继续帮助马方培训人员，向马方提供抗疟药品和医疗设备。四、加强协调配合，维护共同利益。中方愿同马方在国际事务中加强协调和配合，共同呼吁国际社会更多关注非洲发展，为帮助非洲大陆实现联合国千年发展目标提供更多支持和援助。

杜尔总统代表马里政府和人民热烈欢迎胡锦涛访问马里。他说，马里人民今天以最友好最热烈的方式欢迎胡主席来访。马中友谊是真诚、持续、永恒的。马里人民十分珍视同中国人民的友谊，并为此感到自豪和骄傲。马里人民感谢中方长期以来对马方提供的无私援助，这些援助对促进马里经济社会发展和人民生活改善发挥了重要作用。马方将坚持马中团结，加强同中方的友好合作。马方始终坚持一个中国政策，永远不会动摇。

胡锦涛指出，2006年中非合作论坛北京峰会召开以来，在双方共同努力下，中非政治关系更加密切，务实合作深入发展。中国政府宣布的加强对非务实合作、支持非洲国家发展的8项政策措施落实工作取得积极进展。2008年中非贸易额首次突破1000亿美元。中方愿同包括马里在内的非洲国家一道努力，积极筹备论坛第四届部长级会议，扎实推进中非新型战略伙伴关系，造福中非人民。

胡锦涛强调，当前国际金融危机对非洲的负面影响已经显现，中国十分重视非洲朋友的困难和关切，愿同包括马里在内的非洲国家在应对国际金融危机方面加强交流和沟通，同非洲朋友共渡难关。

杜尔总统同意胡锦涛的意见，并介绍了马里国内及非洲地区局势，感谢中国政府对非洲一体化进程以及非盟的支持。胡锦涛对马方奉行睦邻友好政策、积极推动非洲一体化进程、维护地区和平稳定表示赞赏，衷心祝愿马里人民在国家发展道路上不断迈出更大步伐。

国务院总理温家宝应约与俄罗斯总理普京通电话

温家宝说，当前这场罕见的金融危机正在深刻影响着世界经济和政治格局，也给中俄各自发展带来困难。作为战略协作伙伴，中俄加强磋商与合作对双方乃至整个世界具有重要意义。

温家宝表示，中俄政治互信牢固，经贸、能源、科技领域合作潜力巨大，在国际金融体系改革等诸多重大问题上有着广泛共识。只要我们坚定信心，积极应对，就一定能战胜危机。中方愿以两国建交60周年为契机，与俄方密切高层交往，积极推进重大项目的合作，办好“语言年”等文化交流活动，加强在国际事务中的协调与配合，推动中俄战略协作伙伴关系达到更高水平。

普京表示，俄方始终高度重视俄中战略协作伙伴关系。在当前形势下，俄方愿与中方加强高层联系和沟通，推动经贸、能源等领域合作取得新进展。俄方将与中方共同努力，确保庆祝两国建交60周年、互办“语言年”等活动获得成功，促进俄中关系进一步发展。

中央纪委书记贺国强在部分中央企业调研

2月12日至13日，在中央书记处书记、中央纪委副书记何勇，以及工业和信息化部部长李毅中，国务院国资委主任李荣融等陪同下，贺国强深入中石化、中石油、中海油、中国化工集团等中央企业的工厂车间、科研院所、生产指挥中心和应急指挥中心，了解企业生产经营管理情况，看望企业干部职工。

贺国强在与国有企业负责人座谈时强调，要充分认识加强国有企业党风建设和反腐倡廉工作的重要性和紧迫性，按照十七届中央纪委第二次、第三次全会的部署，以科学发展观为指导，以贯彻落实《建立、健全惩治和预防腐败体系2008—2012年工作规划》为重点，切实把国有企业党风建设和反腐倡廉工作摆上重要位置，从教育、制度、监督、改革、纠风、惩治等方面整体推进，把惩防体系植于企业内部控制和风险管理制度之内、融入企业经营管理体系之中，切实为国有企业改革发展提供有力保证。要抓住加强党性修养、树立良好作风这个根本基础，教育引导国有企业广大党员干部严格遵守党的政治纪律，坚持理论联系实际，发扬求真务实、密切联系群众、艰苦奋斗作风，切实推动企业走上科学发展轨道；要抓住企业领导人员廉洁从业这个工作重点，认真落实国有企业领导人员廉洁从业有关规定，推进企业廉洁文化建设，督促企业领导人员慎用手中权力，坚决杜决不廉洁行为发生；要抓住查办违纪违法案件这个重要手段，重点查办企业领导人员和关键岗位人员滥用职权、贪污贿赂、腐化堕落、失职渎职的案件，深入开展企业治理商业贿赂专项工作，严惩腐败分子；要抓住完善制度这个重要保障，进一步健全国有资产监管制度、企业权力运行制衡机制和企业决策、经营、管理制度，积极探索与现代企业制度相适应的纪检监察工作机制，进一步增强监督实效。

中央纪委监察部、工业和信息化部、国务院国资委、中央企业有关负责同志等参加了调研。

中共中央政治局委员李源潮在福建考察调研

2月12日至14日，李源潮先后到厦门、泉州、福州等地，深入企业、高校、重点工程现场，与企业负责人、科研人员和员工亲切交谈，详细了解企业生产经营、科技研发、人才引进等方面的情况，与他们共同探讨克服当前国际金融危机带来的困难，促进经济又好又快发展的思路和办法。他还召开座谈会，听取福建省、市、县负责同志有关开展学习实践活动和做好人才工作的建议。

李源潮指出，人才是科学发展的第一资源。改革开放以来，我们主要依靠自然资源、环境资源和低成本体力劳动力资源参与全球产业分工，现在进一步发展的自然资源尤其是土地资源已受到瓶颈约束、环境资源已严重超支、低成本体力劳动资源的比较优势也正在逐步弱化，而相对低成本的智力劳动资源开始成为我国最具潜力的发展资源优势。要确立人才优先发展的战略布局，加大人力资本投入力度和人才资源开发力度，加快实现经济发展方式由主要依靠物质资源消耗向主要依靠科技进步和人才资源开发转变。要围绕国家发展战略和经济社会发展需要，以更宽的眼界、更宽的思路、更宽的胸襟吸引创新创业人才，把引进海外高层次人才“千人计划”落到实处。要进一步加大人才培养力度，尤其要注意发挥企业在人才培养中的重要作用，鼓励和支持各类企业运用灵活的机制培养人才、引进人才、用好人才。

福建省委书记卢展工、省长黄小晶等一同参加调研。

人民法院反腐倡廉建设工作会议在北京召开

最高人民法院党组书记、院长王胜俊在会上指出，当前司法廉洁面临着前所未有的严峻考验，能不能严格落实好各项规章制度特别是“五个严禁”，不仅直接关系人民法院工作的健康顺利发展，也直接关系人民群众对司法工作的信心和信任。法官处理案件往往遇到权力、金钱、美色等各方面的考验。如何在挑战和考验越来越多、诱惑和干扰越来越多的新形势下做好法院工作，是新时期面临的重大课题。加强反腐倡廉建设，已经成为人民法院一项十分重要、非常紧迫的任务。

王胜俊强调，各级法院要以更大的决心和力度，切实抓好反腐倡廉建设。一是进一步完善公开审判制度，拓展审判、执行公开的广度和深度，努力确保司法权在阳光下运行。二是进一步规范裁判权的行使，减少和预防自由裁量中的违纪违法行为。三是完善巡视制度，充分发挥上级法院对下级法院的监督职能。四是完善廉政监察员制度，加强对审判、执行活动的经常性监督。

中央纪委 监察部通报要求严肃查处领导干部在住房上以权谋私

通报指出，信阳市国土资源局、景德镇市民政局的领导干部利用职权违规建房，问题严重，影响极坏。各级党组织和党员领导干部一定要从这两起案件中吸取教训，引以为戒。

通报强调，各级领导干部一定要带头遵守国家住房制度有关政策规定，带头遵守领导干部廉洁自律有关规定，坚决做到不超标准建房、多占住房；不违规组织建设和购买经济适用房等政策性住房；不违规参加和组织集资合作建房；不利用职权和职务影响，在商品房买卖置换中以明显低于市场价格购置或以劣换优、以借为名占用他人住房；不为配偶、子女、亲友在建房购房上谋取不正当利益。

通报要求，有关职能部门不得利用本部门职权便利，在住房上谋取不正当利益。

通报强调，要加强对住房政策和廉洁自律规定执行情况的监督检查，加大对领导干部在住房上以权谋私问题的专项治理力度，对无视规定、顶风违纪的，发现一起、查处一起，依纪依规严肃处理，典型案件要公开曝光。

“2009经济全球化与工会”国际论坛在北京开幕

全国人大常委会副委员长、中华全国总工会主席王兆国出席并讲话，他强调，各国工会应把维护职工的就业权利作为应对国际金融危机的首要任务，积极促进扩大就业、引导创业；要充分认识促进经济平稳较快发展是保障就业的基础，工会和劳动者要为促进经济发展而努力，为更多的劳动者稳定岗位、为新增劳动力增加就业岗位创造条件；要共同促进实现体面劳动，让更多的劳动者分享经济社会发展成果；要积极加强协调配合，努力推动建立、健全包括三方协商、集体谈判、职工参与民主管理等机制，共商企业摆脱困境重获发展的良策；要不断增进国际间的相互理解与尊重，努力扩大包容性、民主性，促进国际工运民主和谐、共赢发展，为推动建设持久和平、共同繁荣的和谐世界而努力。

会议期间，王兆国在人民大会堂分别会见了参加此次论坛的世界工联总书记马瑞克斯、非工统主席坎杜里、非工统总书记松莫努、阿拉伯工联副总书记马吐克等。

来自世界工会联合会、非洲工会统一组织、阿拉伯工会联合会、亚非拉等25个国家37个工会组织的50位领导人应邀参加了本次论坛。

本次论坛于13日闭幕。

2009亚太国家生物经济大会在黑龙江省哈尔滨市亚布力国际会展中心召开

来自中国、俄罗斯、加拿大、日本、韩国、澳大利亚、美国、以色列等10多个国家和地区的代表共同研讨亚太生物经济。全国政协副主席、科技部部长万钢出席会议并讲话。

本次大会由科技部、中国科协、中国科学院、黑龙江省政府以及哈尔滨市政府联合主办，由科技日报社、科技部火炬高技术产业开发中心、黑龙江省科技厅等联合承办。会上，中科院、中国生物工程学会、海外学人以及黑龙江省有关企业和高校、科研院所共带来了508项生物技术成果。

石家庄市中级人民法院发出民事裁定书正式宣布三鹿集团股份有限公司破产

上午，三鹿集团破产清算案第一次债权人会议召开。会上，石家庄市中级人民法院宣读了三鹿集团破产的有关法律文书，发出了三鹿集团破产民事裁定书。

国家副主席习近平在金斯敦同牙买加总理戈尔丁举行会谈

习近平首先转达了胡锦涛主席和温家宝总理的亲切问候和良好祝愿。他说，这是我首次访问牙买加，访问中深切感受到牙买加政府和人民对中国人民的友好情谊。他说，中方一贯重视发展中牙关系，两国建立共同发展友好伙伴关系以来，双方关系呈现出全面发展的良好势头。戈尔丁总理积极奉行对华友好政策，为推动两国关系发展做了大量工作。在涉台、涉藏等问题上，牙买加政府一贯坚持一个中国政策，中方对此表示高度赞赏。

会谈后，习近平与戈尔丁共同出席了经济技术、金融、文化、供水等领域双边合作文件的签字仪式。

中葡建交30周年招待会在北京举行

全国政协副主席白立忱，外交部部长助理吴红波出席了招待会。白立忱还代表中方向葡萄牙驻华大使桑托斯赠送了中葡建交30周年纪念封。中国人民对外友好协会会长陈昊苏与桑托斯大使分别在招待会上致贺词。

第二十四届世界大学生冬季运动会中国体育代表团在黑龙江省哈尔滨市正式成立

作为东道主，中国将派出359人组成历史上规模最大的代表团，来自国内13所高校的193名大学生运动员，将参加大冬会12个大项81个小项中69个小项的比赛，无论参赛规模还是参赛人数均超过以往。

2月13日

国家主席胡锦涛在达喀尔同塞内加尔总统瓦德举行会谈

胡锦涛指出，中方珍视同塞内加尔的友好合作关系，视塞内加尔为中国在非洲的重要合作伙伴。我们愿同塞方一道，加强各领域务实合作，为两国人民谋求更多实实在在的利益。胡锦涛就发展两国关系提出四点建议。一、继续保持高层交往，增强政治互信。两国领导人继续保持密切接触，加强两国政府、立法机构、执政党、地方交流合作，夯实两国关系政治基础。二、扎实推进经贸合作，实现优势互补。建议双方成立双边经贸混委会，对两国经贸合作进行规划和指导。中方愿为塞方企业在华参加贸促活动、扩大对华出口提供便利。中国政府鼓励中国企业和中非发展基金同塞方企业探讨开展互利合作。三、大力加强人文交流，深化中塞友好。扩大民间和非政府组织友好往来，推动双方青年和妇女组织、新闻媒体、学术机构开展形式多样的合作，增进两国人民相互了解。四、密切多边事务合作，维护共同利益。中方重视塞内加尔在非洲和国际事务中发挥的积极作用,愿同塞方在联合国、世界贸易组织等国际和地区组织中加强磋商和协调,共同维护广大发展中国家正当权益,携手促进南南合作和南北对话。

胡锦涛强调,当前,国际金融危机仍在扩散和蔓延。尽管中国经济发展也面临一些困难,但中国政府将按时保质落实好中非合作论坛北京峰会各项后续行动,不会因为应对金融危机而减少对非援助。中方继续呼吁国际社会切实关注这场金融危机给非洲造成的困难,保持对非援助投入,增加非洲在国际金融体系改革问题上的代表性和发言权。中方愿加强同包括塞内加尔在内的非洲国家的沟通和协调,携手合作,共渡难关。

瓦德总统真诚感谢胡锦涛来访,表示塞中建交以来,中国完全履行承诺,援建项目进展顺利,塞方对同中方的合作感到十分满意。塞方感谢中方在基础设施、农业、文化、教育、卫生等各领域提供大力帮助。中非合作论坛北京峰会对非洲大陆发展具有十分重要的意义。中国为促进非洲经济社会发展作出了重大贡献,非洲国家对此表示感谢。塞方对塞中双方在国际和地区问题上的合作感到满意。

会谈结束后,胡锦涛和瓦德总统出席了双方有关合作文件签字仪式。

国家主席胡锦涛在巴马科会见马里国民议会议长特拉奥雷

全国人大常委会委员长吴邦国在人民大会堂会见来华出席"2009经济全球化与工会"国际论坛的外国工会组织领导人

吴邦国说,此次论坛以"科学发展、体面劳动、职工权益"为主题进行深入探讨,对于在国际金融危机影响不断加深的情况下,更好地维护广大劳动者权益具有重要意义。他应询介绍了中国的经济形势、中国政府为保持国民经济平稳较快发展、推进经济结构调整、保障和改善民生所采取的一系列重大决策措施。他表示,中国党和政府高度重视工会组织的地位和作用,支持中国工会与国际工会组织和各国工会组织加强交流与合作,发展互相尊重、友好合作、民主和谐的国际工会关系,更好地维护职工权益。

外国工会组织领导人代表、非洲工会统一组织主席坎杜里高度赞赏中国在保护劳动者合法权益方面所做的工作,积极评价中国政府为应对国际金融危机采取的政策措施,认为这充分体现了中国党和政府以人为本、科学发展的执政理念,值得学习借鉴。

国务院副总理回良玉在厄瓜多尔首都基多总统府会见厄瓜多尔总统科雷亚

国务院副总理王岐山在中南海紫光阁会见英国首相特使 贸易与投资国务大臣戴维斯

王岐山介绍了中国应对金融危机的举措,表示中国将继续与国际社会携手合作,共度时艰。王岐山强调,中国保持经济平稳较快发展是对国际社会应对金融危机的最大贡献。中国将继续坚持中国特色社会主义道路,坚持改革开放,这是13亿人民的共同选择。

王岐山表示,今年4月在伦敦将举行二十国集团第二次金融峰会,国际社会应加强合作,就应对金融危机和经济衰退对外释放积极信号,在进一步关注全球发展问题、反对贸易保护主义、加强金融监管、稳定金融市场、改革国际金融体系等方面作出积极努力,力争取得更多的共识和成果。

戴维斯表示,英方高度赞赏中方应对金融危机的举措及在国际合作中发挥的建设性作用,愿与中方加强合作,共同推动伦敦峰会取得积极和务实成果。英方支持中方在伦敦峰会前成为金融稳定论坛正式成员。戴维斯重申,英方反对贸易和金融保护主义,致力于维护全球市场的开放性,进一步加强与中方的经贸关系。

中国新支线飞机开始批量生产

据了解,ARJ21—700飞机的订单总数达到208架,我国新支线飞机已进入批量生产阶段。ARJ21飞机已有7架处于试飞、总装及部件装配阶段。根据飞机生产和适航取证的计划,我国计划于2010年开始向用户交付首架飞机,至2012年共向国内用户交付30架飞机。

2月14日

国家主席胡锦涛电贺齐勒·拉赫曼就任孟加拉国总统

国家主席胡锦涛在达喀尔分别会见塞内加尔参议院议长迪奥普和国民议会议长塞克

国家副主席习近平出席牙买蒙特哥贝会展中心项目开工仪式

国务院副总理回良玉在厄瓜多尔首都基多总统府同厄瓜多尔副总统莫雷诺举行会谈

双方一致认为,中厄同为发展中国家,都致力于发展经济、改善民生、维护稳定。应继续切实落实两国领导人达成的重要共识，共同努力，推动两国互利合作关系不断深入发展，促进双边贸易平衡发展。两国政府积极支持双方企业开展多种形式的合作，欢迎对方企业积极开拓本国市场。深挖在能源领域的合作潜力，稳步推进基础设施建设领域合作项目，加强农业合作，扩大文化、教育、旅游等人文和社会领域交流。在当前国际金融危机蔓延形势下，两国应进一步加强合作，共同应对挑战。

会谈后，回良玉与莫雷诺共同出席了两国经济技术合作协定等文件的签字仪式。

中联部部长王家瑞率中共代表团访问新西兰 日本并出席中日执政党交流机制第四次会议

全国整治互联网低俗之风专项行动办公室在北京召开网站负责人座谈会

人民网、新华网、央视网、中青网、新浪网、搜狐网、中华网、百度、腾讯、网易等14家网站负责人参加座谈会，探讨建立、健全整治互联网低俗之风长效机制。

中国龙珠女队在日本横滨举行的NEC杯桥牌赛决赛中以130∶122战胜日本国家男队捧得冠军奖杯

2月15日

国家主席胡锦涛在达累斯萨拉姆同坦桑尼亚总统基奎特举行会谈

胡锦涛就发展中坦关系提出三项建议。一、落实两国领导人达成的共识，加强政治交往，增强政治互信，深化经贸、文化、教育、卫生等领域合作。二、加紧落实已商定的合作项目，确保中非合作论坛北京峰会有关举措按时保质完成，早日造福坦桑尼亚人民。中方愿同坦方分享在经济开发区建设方面的经验，继续支持有实力的中国企业赴坦投资。三、加强青年交往，中国政府邀请坦桑尼亚青年学生今年访华，并向坦方提供更多政府奖学金名额。

胡锦涛指出，当前，各国经济不同程度受到国际金融危机的冲击。中方愿同包括坦桑尼亚在内的非洲国家加强沟通和协调，最大限度减轻危机给各自国家发展带来的影响。中国将履行承诺，决不会减少对非援助，同时还将积极敦促国际社会切实履行对非援助承诺。中方主张按照全面性、均衡性、渐进性、实效性的原则，对国际金融体系进行改革，增加包括非洲国家在内的发展中国家在国际金融体系改革问题上的代表性和发言权。

胡锦涛表示，近年来，非洲地区和平与安全局势不断朝着积极方向发展，经济持续较快增长，区域一体化进程加快推进，非洲自主解决本大陆问题能力日益增强，但地区热点问题仍时有起伏。中方愿同包括坦方在内的国际社会一道努力，继续为促进非洲和平与安全发挥建设性作用。

基奎特热烈欢迎胡锦涛来访，完全同意胡锦涛对两国关系的评价和关于发展两国关系的意见。基奎特表示，坦中关系是特殊关系，是两国老一辈领导人缔造的。坦桑尼亚把中国视为伟大的朋友、最好的朋友，坦桑尼亚将继承前辈传统，始终坚持对华友好。对中国改革开放30年取得的巨大成就，坦桑尼亚表示钦佩和祝贺，非洲也引以为豪。中国的成功使非洲增强了走自己的道路来摆脱贫困、实现发展的信心。坦方感谢中方长期以来向坦方提供无私援助和大力支持，愿同中方加强新形势下贸易、投资、金融、农业、教育、卫生、基础设施建设等领域合作。坦方始终坚持一个中国政策，坚定支持中方维护国家主权和领土完整。

基奎特表示，国际金融危机和世界经济衰退也使坦桑尼亚和非洲国家面临困难。坦桑尼亚正在采取措施努力克服困难，愿同中方加强合作，共同应对这场金融危机带来的冲击。

会谈结束后，胡锦涛和基奎特出席两国有关合作文件签字仪式。

国家主席胡锦涛在达累斯萨拉姆会见桑给巴尔总统卡鲁姆

国务院总理温家宝在天津考察经济运行情况

2月15日至16日，温家宝在天津市委书记张高丽，天津市市长黄兴国等陪同下在天津就经济运行情况进行调查研究。

国务委员刘延东在江苏调研

刘延东来到科研院所、国家高新区和高新技术企业，了解科研和生产情况。她强调，要全面推进国家科技重大专项的实施，创新体制机制，整合科技资源，着力突破核心技术，推动产业升级和产品更新，促进形成新的消费需求。要组织科技人员深入企业，帮助企业创新技术、开发产品、战胜困难。要发挥国家高新区示范和辐射作用，推动高新技术产业集聚和特色产业基地发展，加快区域创新体系建设，促进区域产业结构优化。

国务委员孟建柱在辽宁省调研

孟建柱在调研时强调，各级公安机关要进一步深化“大走访”爱民实践活动，要在帮助群众解决实际困难的过程中，坚持问计于民、听取民意，通过人民群众的眼睛发现公安机关自身的不足和当前维护社会稳定工作中存在的薄弱环节，采取有针对性的措施着力加以解决。特别是要从维护社会稳定的大局着眼，在走访帮助一个家庭、一家企业、一个社区解决实际困难的基础上，由点到面着力解决一些社会影响面广、带有根本性的治安和稳定问题，进一步改进和加强公安工作。要合理调整民警绩效统计办法和考核机制，将扶危济困、救助群众所取得的成绩作为考核基层公安民警的重要指标，把增加了多少社会和谐因素、减少了多少不和谐因素作为考察一个地方公安工作的关键要素。

全国各省(区 市)"扫黄打非"办公室主任会议在广州召开

国家副主席习近平在卡塔赫纳会见哥伦比亚总统乌里韦

中联部副部长张志军率中共友好代表团出访德国英国欧洲议会并出席社会党国际"可持续世界社会委员会"会议

短道速滑世界杯德国站中国队获男子5000米接力冠军

2月16日

国家主席胡锦涛在达累斯萨拉姆各界欢迎大会上发表题为《共同谱写中非友谊新篇章》的演讲

尊敬的基奎特总统，女士们，先生们，朋友们，

今天，在访问美丽的坦桑尼亚之际，有机会在这里同达累斯萨拉姆各界朋友见面，我感到十分高兴。首先，我谨向在座的朋友们，向兄弟的坦桑尼亚人民，转达13亿中国人民的诚挚问候和良好祝愿！我还要感谢基奎特总统和坦桑尼亚政府为我这次访问所做的精心安排和热情款待。

坦桑尼亚是人类发源地之一。坦桑尼亚人民有着光荣传统，为非洲人民赢得争取民族独立、反对种族隔离斗争的胜利作出了重要贡献。近年来，在基奎特总统领导下，坦桑尼亚以"新热情、新活力、新速度"努力发展经济、改善民生，国家政局保持稳定，建设事业蒸蒸日上，在非洲和国际事务中发挥了重要作用，被誉为非洲的"和平绿洲"。我们为坦桑尼亚取得的成就感到由衷的高兴，衷心祝愿兄弟的坦桑尼亚人民不断取得新的更大的成就。

中国有句古语："志合者，不以山海为远。"中国和坦桑尼亚虽然远隔重洋，但从上个世纪60年代起，两国领导人和两国人民就进行友好交往，并在非洲争取民族解放的斗争中结下深厚友谊。中坦建交45年来，双方都高度重视发展两国关系，中坦高层往来密切，政治互信不断加深，各领域务实合作不断扩大，堪称中非合作和南南合作的典范。昨天，我和基奎特总统就发展两国关系深入交换意见，达成广泛共识，签署了两国经济技术合作协定等合作文件。我高兴地出席了坦桑尼亚国家体育场竣工仪式。这座由中国政府帮助建设的大型综合性体育设施将成为中坦友谊新的象征。

昨天，我前往中国援助坦桑尼亚专家公墓凭吊。那里长眠着69位为帮助坦桑尼亚国家建设特别是修建坦赞铁路而牺牲的中国专家和技术人员，他们中年龄最小的只有22岁。中国政府和人民永远缅怀他们，永远不会忘记他们为中坦友好所作的贡献。

女士们、先生们、朋友们！

这是我第六次踏上非洲土地。每次访问非洲，我都有回家的感觉。每次同非洲朋友进行交流，倾听你们对中国、对中非关系、对世界的看法，都有新的收获和感受。

从上世纪五六十年代起，中非人民为非洲大陆反对殖民统治、实现民族解放而并肩战斗，此后我们在平等互利的基础上开展形式多样的合作，现在进入新世纪我们为实现联合国千年发展目标、实现中国和非洲发展振兴而携手同行，中非友谊已经走过半个多世纪的光辉历程。相似的历史遭遇，共同的目标追求，使中非人民的命运紧紧相连，使中非关系经受住了时间和国际风云变幻的考验。在这里，我愿重申，过去、现在、将来，中国人民都珍视同非洲的传统友谊，始终视非洲人民为完全可以信赖和依靠的全天候朋友，同非洲人民永做好兄弟、好伙伴！

在2006年召开的中非合作论坛北京峰会上，中非领导人共同确立发展政治上平等互信、经济上合作共赢、文化上交流互鉴的中非新型战略伙伴关系，揭开了中非关系史上新的一页。峰会结束两年多来，在双方共同努力下，中非政治交往更加密切，战略互信进一步增强，在各自关切的重大问题上相互理解、相互支持；经贸等领域合作不断深化，一大批重要合作项目相继上马或竣工，双边贸易额去年首次突破1000亿美元；人文领域交流蓬勃开展，文化、教育、青年、旅游、民间往来日益频繁。

我感到欣慰的是，我代表中国政府在那次峰会上宣布的加强对非务实合作、支持非洲国家发展的8项政策措施正在非洲得到落实。中国大幅度增加了对非援助，对非免关税举措得到落实，对非免债工作基本完成，中非发展基金已启动运作，中国援建的非盟会议中

心正式开工,援建医院、疟疾防治中心、农业技术示范中心、农村学校等工作进展顺利,中国派赴非洲的青年志愿者和高级农业技术专家陆续到位。这些举措的落实,给非洲人民带来了实实在在的利益,为中非合作开辟了更加美好的前景。

刚刚过去的2008年对中国来说是很不寻常、很不平凡的一年。我们不会忘记,中国四川汶川特大地震灾害发生后,非洲朋友们第一时间向中国政府和人民表示慰问,很多国家不顾自身困难慷慨支援中国抗震救灾,增添了中国人民战胜自然灾害的信心和勇气。我们不会忘记,北京奥运会火炬在"和平之城"达累斯萨拉姆顺利传递,弘扬了崇高纯洁的奥林匹克精神。我们同样不会忘记,非洲朋友在台湾、涉藏等涉及中国主权和核心利益的重大问题上始终给予我们坚定支持。这些都是中非人民风雨同舟、患难与共的生动写照。在这里,我代表中国政府和人民,再次向兄弟的非洲人民表示衷心的感谢!

女士们、先生们、朋友们!

当今世界正处在大变革大调整之中。世界多极化、经济全球化深入发展,求和平、谋发展、促合作成为时代潮流,国际形势总体保持稳定。同时,世界政治、经济等领域不稳定不确定因素明显增多。特别是由次贷危机引发的国际金融危机愈演愈烈,迅速从局部发展到全球,从发达国家传导到新兴市场国家和发展中国家,从金融领域扩散到实体经济领域,酿成了一场历史罕见、冲击力强、涉及范围广的国际金融危机。国际金融危机对各国经济的影响正在进一步加深,其严重后果还会进一步显现。在这场国际金融危机中,发展中国家的处境尤为不利。不少非洲朋友担心,面对国际金融危机的严峻挑战,国际合作伙伴可能会减少对非援助、减债和投资。去年11月,在华盛顿举行的二十国集团领导人金融市场和世界经济峰会上,我代表中国政府呼吁,国际社会在应对这场金融危机时,尤其要关注和尽量减少危机对发展中国家特别是最不发达国家造成的损害;国际社会特别是发达国家应该承担应尽的责任和义务,继续履行援助、减债等承诺,切实保持和增加对发展中国家的援助,切实帮助发展中国家保持金融稳定和经济增长,切实帮助发展中国家特别是非洲国家克服困难,为改善这些国家发展的外部环境创造条件。

中国和非洲国家同属发展中国家,双方互为重要战略伙伴。我们十分理解非洲国家的愿望和诉求,全力支持非洲谋求和平稳定、尽早实现联合国千年发展目标。越是在困难的时候,中非越要相互支持、通力合作、共克时艰。我们愿同非洲国家一道,重点从以下几方面作出努力。

第一,团结互助,携手应对国际金融危机挑战。我们深知自身面临的困难,也深知非洲朋友面临的困难。在这里,我代表中国政府郑重承诺:中方将认真落实中非合作论坛北京峰会确定的各项援非举措,在力所能及范围内继续增加对非援助、减免非洲国家债务,扩大对非贸易和投资、加强中非务实合作。我们还愿同非洲国家就防范金融风险加强交流合作。

第二,增进互信,巩固中非传统友好政治基础。中国愿同非洲国家密切高层往来,充分利用不同层次和渠道的磋商机制,同非洲国家加强战略对话和沟通,增进相互理解和信任。中国坚定支持非洲国家和非洲联盟等地区组织维护国家主权、自主解决本大陆问题的努力,将继续积极参与联合国在非洲的维和行动,为解决非洲地区冲突和热点问题、维护非洲和平与安全发挥建设性作用。

第三,互惠互利,提升中非经贸务实合作水平。中国愿继续推动中非贸易往来,尽量照顾非洲关切,采取优惠措施扩大从非洲进口。中国政府鼓励和支持更多有实力的中国企业赴非洲投资,为非洲创造更多就业机会,增加对非洲的技术转让,并鼓励中国企业在当地承担更多社会责任,同当地人民和睦相处。对双方合作中出现的问题,我们愿同非洲朋友通过平等协商,妥善处理,共同维护中非友好合作大局。

第四,扩大交流,深化中非人文领域合作。发展中非关系的宗旨是为了中非人民,合作成果理应由中非人民共享。我们愿同非洲国家加强文化、教育、卫生、体育、旅游等领域交流,密切青年、妇女、民间团体、新闻媒体、学术机构的联系,加强人力资源合作,让中非友好更加深入人心。

第五,紧密配合,加强在国际事务中的协调。我们愿同非洲国家密切在联合国、世界贸易组织等多边机构中的合作,共同应对气候变化、粮食安全、减贫、发展等全球性挑战。我们还愿同非洲国家一道参与国际经济、金融、贸易规则制定,推动国际经济秩序朝着更加公正合理的方向发展。中国理解非洲希望增加在国际金融体系改革问题上代表性和发言权的要求,支持非洲联盟参加二十国集团领导人金融峰会。

第六,加强协作,共同推进中非合作论坛建设。我们愿加强中非合作论坛机制建设,充分发挥论坛对中非关系的政治引领作用。我们将继续同非洲国家通力协作,全面落实论坛北京峰会各项后续行动。我们还愿同非方一道,筹办好今年第四季度将在埃及召开的论坛第四届部长级会议,确保会议取得成功!

女士们、先生们、朋友们!

2008年是中国改革开放30周年。30年来,中国成功实现了从高度集中的计划经济体制到充满活力的社会主义市场经济体制、从封闭半封闭到全方位开放的伟大历史转折。中国经济持续快速发展,各项社会事业显著进步,人民生活总体达到小康水平。对一个拥有13亿人口的发展中大国来说,中国改革开放取得的成就是对世界和平与发展的重大贡献。同时,我们清醒地认识到,中国仍是世界上最大的发展中国家,人口多、底子薄、发展很不平衡仍是基本国情。我们在发展进程中遇到的矛盾和问题,无论是规模还是复杂性都是世所罕见的。中国要全面建成惠及十几亿人口的更高水平的小康社会,进而基本实现现代化,实现全体人民共同富裕,还有很长的路要走,还需要持之以恒艰苦奋斗。

去年以来,受国际金融危机冲击和世界经济增长明显减速的影响,中国经济发展面临的困难明显增多。为应对国际金融危机冲击,中国加强宏观调控,及时调整政策,把保持经济平稳较快发展作为当前经济工作的首要任务,采取了一系列扩大内需、促进经济增长的政策措施。这不仅将有力推动中国经济发展,也有利于促进世界经济增长。中国将继续采取有效措施,努力保持经济平稳较快发展,为促进世界经济稳定和发展继续发挥建设性作用。

女士们、先生们、朋友们!

今天,在座的有许多青年朋友。我曾经多年从事青年工作,对青年人有着特殊的感情。我和基奎特总统都高度重视加强中坦和中非青年交流合作。中非友好的今天是中非几代人共同努力的结果,中非友好的明天要靠中非青年去开创。中非年轻一代不仅是双方发展的希望,也承载着中非友好的未来。

近年来,中非青年交往日益密切。越来越多的非洲青年渴望了解中国,走进中国,迄今已有两万多人次非洲青年学生享受中国政府奖学金赴华学习,他们中很多人已成为非洲国家建设的栋梁。一批批中国青年来到非洲,同当地民众朝夕相处、同甘共苦,参与非洲经济社会发展,成为中非友好的使者。我2007年访问非洲时,曾邀请500名非洲青年访华。包括坦桑尼亚青年在内的非洲青年和中国青年通过这项活动增进了相互了解和友谊。这次,我很高兴地宣布,中国政府决定邀请50名坦桑尼亚青年学生年内到中国访问交流。今后,我们将同非洲国家一道,继续积极推动并大力支持中非青年开展交流合作。青出于蓝而胜于蓝。我相信,中非友好事业一定能够在中非年轻一代手中薪火相传、发扬光大。

女士们、先生们、朋友们!

巩固中非友好,加强中非合作,是历史赋予我们的光荣使命。让我们携手合作、继往开来,为推进中非新型战略伙伴关系而不懈努力,共同谱写中非友谊新篇章。

谢谢大家。

国家主席胡锦涛对毛里求斯进行国事访问

全国人大常委会副委员长王兆国在全国青联十届五次常委(扩大)会议上发表讲话

王兆国强调,各级青联组织要以纪念全国青联成立60周年为契机,总结历史经验,发扬优良传统,创新工作思路,加强自身建设,立足青联的组织优势和人才优势,积极开展符合时代要求、切合青年企盼的有影响、有实效的活动,推动青联事业不断焕发新的生机活力。各级党委和政府要高度重视青联工作,认真研究青联工作中的重要问题,帮助青联解决遇到的实际困难,为青联事业的长远发展创造良好的条件。

团中央书记处第一书记陆昊参加会见、颁奖活动并讲话。

全国青联十届五次常委(扩大)会议选举团中央书记处常务书记王晓为全国青联主席,选举团中央书记处书记贺军科、卢雍政为全国青联副主席。

国家副主席习近平在波哥大会见哥伦比亚国会主席兼参议长安德拉德和众议长巴龙

国家副主席习近平在波哥大同哥伦比亚副总统桑托斯举行会谈

习近平说,中哥关系发展的显著特点一是两国交往源远流长,人民友好深入人心;二是两国政府和领导人高度重视发展双边关系,有加强合作的坚定意愿;三是双方理解和照顾彼此关切,及时就双边合作和共同关心的重大问题交换意见。他说,在台湾、涉藏问题上,哥方坚持一个中国立场,中方对此表示高度赞赏。

习近平说,此访切实感受到哥各界加强对华合作的热情和良好愿望。他说,中国政府高度重视中哥合作,鼓励和支持有实力、讲诚信的中国企业到哥进行经贸、投资活动。中国商务部、中国国家开发银行等有关部门将与哥方相关单位签署合作文件,相信这将给两国企业开展合作提供便利。他说,2010年上海世博会是继2008年北京奥运后在中国举办的又一国际盛会,希望哥方把上海世博会作为增进中哥友谊与合作的重要平台,中方愿为哥方积极参展提供便利。

桑托斯说,当前中哥关系良好。去年胡锦涛主席和温家宝总理与乌里韦总统分别会晤,现在我们又迎来习近平副主席访问,这充分体现了我们两国日益友好的关系。他说,哥高度重视对华关系,重视中国在全球的经济地位和影响,对哥中合作充满期待。哥经济发展和大规模基础设施建设为双方互利合作提供了巨大机会，哥热忱欢迎中国企业家来哥开展互利合作，推动哥中友好合作关系取得丰硕成果。他重申，哥坚定奉行一个中国政策，承认中华人民共和国是代表全中国的唯一合法政府。

会谈后，习近平与桑托斯副总统共同出席了《中华人民共和国政府和哥伦比亚政府经济技术合作协定》《中国国家开发银行和哥伦比亚外贸银行合作协议》等文件的签字仪式。

国家副主席习近平出席中哥企业家早餐会并发表题为《开创中哥互利合作的美好未来》的讲话

习近平在讲话中积极评价两国工商界朋友和企业家在推动两国互利合作、促进共同发展进程中作出的重要贡献。他说，经贸合作是中哥友好合作的重要内容，也是双边关系持续深入发展的重要动力。近年来，在双方共同努力下，两国经贸合作显著发展，卓有成效，成为中哥关系发展中的突出亮点，为两国人民带来了实实在在的利益。

习近平说，中哥在资源、资金、技术和市场等方面各有优势，互补性强，也具备扩大合作内在动力。两国间良好的政治关系和人民友好，为双方开展合作提供了难得的社会政治基础和人文环境条件，中哥经贸合作大有可为、前景广阔。在当前国际经济金融环境复杂多变的形势下，中哥双方更应加强合作，维护两国经贸关系良好势头，共同应对危机挑战。为此，今后一个时期双方一要继续优化贸易结构，保持双边贸易稳步发展；二要拓宽合作领域，加强投资合作；三要进一步完善合作机制，提高政府服务水平，推动两国经贸合作再上新的台阶。

习近平指出，当前，国际金融危机仍在扩散和蔓延。面对这场危机的冲击和影响，中国政府加强同国际社会合作，共同维护世界经济形势稳定。中方特别强调，国际社会在应对金融危机时，尤其要关注和尽量减少危机对发展中国家造成的损害。要切实帮助发展中国家保持金融稳定和经济增长，切实落实联合国千年发展目标，切实保持和增加对发展中国家的援助，提高发展中国家在国际金融机构中的代表性和发言权。我们相信，在包括中国和哥伦比亚在内的国际社会共同努力下，我们一定能共克时艰、共渡难关。

习近平最后表示，全面推进中哥友好合作关系，扩大两国经贸互利合作，符合两国人民的共同心愿和根本利益。希望双方企业界携起手来，加强互利合作，促进共同发展，开创中哥关系更加美好的未来。

桑托斯在讲话中感谢哥中两国企业家为促进两国合作、拉近双方关系发挥的作用，盛赞中国经济发展的巨大成就。他说，哥矿产、森林、油气等资源能源丰富，开发潜力巨大。哥中两国相互信任，人民友好。去年两国签署了投资保护协定，这为双方经济、企业界人士拓展合作提供了良好政治法律条件。他说，中国在当今世界经济发展和应对国际金融危机中的影响都举足轻重，哥方真诚欢迎中国企业家来哥进行贸易投资活动，积极参加哥的经济和基础设施建设，这不仅将帮助哥增强国际竞争力，也有利于中国拓展拉美和亚太地区市场。哥中经贸合作前景广阔，大有可为。

习近平副主席的陪同人员、中国国际贸易促进委员会会长万季飞，哥伦比亚全国企业家协会会长比耶加斯及中哥两国企业家共200多人出席了早餐会。

国务院副总理回良玉在布里奇顿与巴巴多斯总理汤普森举行会谈

双方就增进两国人民的相互了解和友谊，推动务实合作，促进两国关系全面深入发展达成重要共识。

双方一致同意，密切两国政治交往，进一步增强互信。深化经济合作，鼓励两国企业赴对方国家投资兴业。开展农业领域技术合作，发展文化、旅游等方面交流。加强国际和多边等事务的交流与协作，特别是在当前形势下，加强在应对国际金融危机和气候变化方面的合作。中方欢迎巴方参加2010年上海世博会。

回良玉说，中方高度重视同加勒比国家的友好合作关系，愿进一步加强同加勒比各国的友好往来，不断扩大各领域的互利合作。汤普森对中国支持加勒比一体化进程并积极推进与加勒比国家合作表示感谢。

会谈后，回良玉和汤普森出席了两国经济技术、农业等合作项目的签字仪式。

财政部公布全国1月份财政收入6131.61亿元

1月份，全国财政收入比去年同月减少1265.03亿元，下降17.1%。其中，中央本级收入2964.82亿元，下降28.4%；地方本级收入3166.79亿元，下降2.7%。

第二批指定经营大陆居民赴台游旅行社名单公布

海峡两岸旅游交流协会发布公告称，依据《大陆居民赴台湾地区旅游管理办法》和《旅行社管理条例》的相关规定，现公布北京凯撒国际旅行社有限责任公司等113家旅行社为第二批指定经营大陆居民赴台旅游业务旅行社，并自公布之日起执行。

国务委员刘延东在教育部直属高校工作咨询委员会第十九次全体会议上发表讲话

刘延东在讲话中强调，2009年高校要按照中央的部署和安排，认真组织开展深入学习实践科学发展观活动，以重大纪念活动为契机加强师生思想政治教育，发挥优势为应对金融危机、促进经济平稳较快增长做贡献，认真做好高校毕业生就业工作，切实维护社会稳定。她要求高校深刻理解、准确把握制定《国家中长期教育改革和发展规划纲要》的时代背景、指导思想和总体要求，立足实际，发挥优势，积极参与，建言献策。

《人民日报》发表评论员文章《把高校毕业生就业摆在就业工作的首位》

2009年，我国高校毕业生总量达到610万，是近年来的最高值，占城镇新成长劳动力总量的一半以上。而一场突如其来的国际金融危机，又使许多企业减少了新增的岗位，甚至放弃了每年例行的校园招聘。一增一减，高校毕业生就业压力不断加大。

高校毕业生是国家宝贵的人力资源财富，是我国现代化建设中一支高素质的生力军。同时，以独生子女为主的高校毕业生，又是父母含辛茹苦的希望。做好高校毕业生就业工作，关系国家的人才战略与和谐发展，关系千千万万个家庭的切身利益和幸福平安，意义重大。

国务院办公厅发出的《关于加强普通高等学校毕业生就业工作的通知》(以下简称《通知》)，要求把高校毕业生就业摆在当前就业工作的首位，采取有效措施，拓宽就业门路，鼓励高校毕业生到城乡基层、中西部地区和中小企业就业，鼓励自主创业，鼓励骨干企业和科研项目单位吸纳和稳定高校毕业生就业。

海阔凭鱼跃，天高任鸟飞。《通知》提出的思路，为高校毕业生施展才华提供了更广阔的天地。比如，为了鼓励和引导毕业生到城乡基层就业，《通知》提出学费和助学贷款代偿、社保补贴等政策，为高校毕业生和他们的家庭消除了许多后顾之忧。再如鼓励毕业生到中小企业、非公有制企业就业。目前虽然有70%以上的大学生在中小企业和非公有制企业就业，但人们注意到，这一渠道还不够通畅，相关制度仍需完善。《通知》提出清理高校毕业生就业的制度性障碍、取消城市落户限制等要求。这将畅通高校毕业生到各类企业就业的渠道，鼓励更多毕业生到经济建设的第一线去创造财富，鼓励和支持高校毕业生自主创业。尽管目前应届毕业生中自主创业的比例仅为0.3%，但创业的潜力很大。《通知》提出了创业教育与培训、创业扶持政策、创业服务等政策措施，努力使更多毕业生成为创业者，促进以创业带动就业。

把国务院《通知》提出的思路变成实实在在的岗位，就要有完备的配套政策，需要各级政府和全社会做更多的实事。如强化就业服务、提升毕业生就业能力、组织实习见习和培训、对困难家庭毕业生给予就业援助等，需要各地制定切实有效的政策措施，创造性地开展工作。要转变大学生的就业观念，需要政府在给政策、给出路的同时，开展各种形式的宣传教育，以引导他们树立合理的就业观和成才观。

把高校毕业生就业摆在就业工作的首位，国务院提出的政策框架，表明了党和政府的坚定决心和高度关注。随着相关措施进一步落实，我们相信，会有越来越多的高校毕业生满怀希望走出校门，走向社会。

广电总局等5部门联合下发《关于进一步加强广播电视医疗和药品广告监管工作的通知》

国家广电总局、国家工商总局、卫生部、国家食品药品监管局、国家中医药管理局联合下发通知，禁止聘请不具备执业资质的人士担当医疗、健康类节目的嘉宾，严禁演员和社会名人主持医疗、健康类节目。

通知还重申了广播电视媒体发布医疗、药品广告的四个不准，即：凡审批证明不符合要求，或擅自篡改审批内容的一律不得播放；凡以专家、患者形象作疗效证明的一律不得播放；凡含有宣传治愈率、有效率及医生与患者进行现场或热线沟通交流内容的一律不得播放；凡由药品生产、经销企业或医疗机构制作的医疗、健康类资讯服务节目一律不得播放。通知要求各级广播电视播出机构对上述违规广告和医疗健康节目立即清理。

中国运动员在第九届世界冬季特奥会上获得33枚金牌

中国代表团于美国爱达荷举行的本届冬季特奥会上参加了7个大项中的越野滑雪、速度滑冰、花样滑冰、雪鞋走、地板曲棍球等5项比赛，夺得了33枚金牌、34枚银牌、27枚铜牌。

2月17日

国家主席胡锦涛在路易港分别同毛里求斯总理拉姆古兰 总统贾格纳特举行会谈

全国人大常委会委员长吴邦国主持召开第十八次委员长会议

十一届全国人大常委会第十八次委员长会议在人民大会堂举行。会议决定，十一届全国人大常委会第七次会议2月25日至28日在北京举行。

根据委员长会议建议的议程，十一届全国人大常委会第七次会议将继续审议食品安全法草案、刑法修正案(七)草案、保险法修订草案；审议国务院关于提请审议批准《中华人民共和国和秘鲁共和国关于民事和商事司法协助的条约》的议案、关于提请审议批准《中华人民共和国和墨西哥合众国引渡条约》的议案、关于提请审议批准《中华人民共和国和日本国领事协定》的议案；审议全国人大常委会代表资格审查委员会关于个别代表的代表资格的报告；审议有关任免案等。

十一届全国人大常委会第七次会议的一项重要任务是为即将举行的十一届全国人大二次会议做准备工作。为此，本次常委会会议还将审议全国人大常委会工作报告稿，审议十一届全国人大二次会议议程草案、主席团和秘书长名单草案、列席人员名单草案。

委员长会议上，全国人大常委会副委员长兼秘书长李建国就本次常委会议程草案、日程安排意见和十一届全国人大二次会议议程草案、日程草案等作了汇报。全国人大有关专门委员会、全国人大常委会代表资格审查委员会及常委会有关方面负责人就十一届全国人大常委会第七次会议其他议程和十一届全国人大二次会议表决议案办法草案作了汇报。

委员长会议还讨论并同意印发《关于法律配套法规制定的工作程序》，听取了关于《国务院关于安排发行2009年地方政府债券的报告》有关情况的汇报。

全国人大常委会副委员长王兆国、路甬祥、乌云其木格、韩启德、华建敏、陈至立、周铁农、司马义·铁力瓦尔地、蒋树声、陈昌智、桑国卫等出席会议。

国务院总理温家宝在中南海紫光阁会见俄罗斯副总理谢钦

温家宝说，此次双方就中俄原油管道、长期原油贸易、贷款等一揽子合作项目达成广泛共识，并签署了多项重要文件。这不仅是两国友好合作的成果，也是中俄战略协作的结晶，对应对金融危机和促进双边关系发展具有重要意义。中俄能源合作是长期的、全面的和可持续的，希望两国有关部门抓紧落实好各项协议。

温家宝表示，中俄在贸易、投资、高科技等领域有很大的合作潜力。中方愿在战略互信、平等互利基础上，按照市场运作原则，与俄方一道开辟更广阔的合作前景，实现共同发展。

谢钦表示很高兴在双方的共同努力下，去年两国总理会晤达成的共识得以落实。此次取得的成果充分体现了中俄战略协作伙伴关系的高水平，也为两国深化在其他领域的合作注入了新的动力。俄方愿与中方共同努力，以更丰硕的成果向两国建交60周年献礼。

全国政协主席贾庆林在北京调研

2月17日至18日，贾庆林和随行的全国政协副主席兼秘书长钱运录，在北京市委书记刘淇和市长郭金龙等陪同下，先后来到怀柔区、朝阳区、海淀区，深入产业园区、建筑工地、企业车间，就贯彻落实中央经济工作会议精神，保持经济平稳较快发展与社会和谐稳定进行调研。调研期间，贾庆林充分肯定北京经济社会发展取得的成就，希望他们认真实施“人文北京、科技北京、绿色北京”的战略设想，努力实现保增长、保民生、保稳定的目标。

国家副主席习近平在加拉加斯同委内瑞拉副总统卡里萨莱斯举行会谈

习近平说，中委经济各具优势，互补性强，互利合作潜力巨大。中方愿以中委建交35周年为契机，与委方共同努力，推动双方互利合作继续向深度和广度发展：(一)在能源领域，积极创造条件，挖掘合作潜力，使双方成为长期稳定的能源合作伙伴。(二)在农业领域，加大合作力度，加强双方农业主管部门的协调，更好地指导两国农业合作。(三)在基础设施领域，中方将继续鼓励和支持有实力、讲信誉的企业参与委基建等领域的合作项目，促进委经济和社会发展。(四)在经贸领域，继续积极支持中国企业按照平等、互利、共赢的原则与委企业开展多种形式的合作。中方还愿同委方继续扩大在文化、教育、科技和人文社会领域的交流与合作。

卡里萨莱斯说，委内瑞拉政府高度重视对华关系，视中国为重要的合作伙伴。双方在能源、通信、基础设施建设和农业领域合作潜力巨大。委方愿与中方扩大合作，实现互利互惠。委方也愿学习借鉴中国扶贫工作经验。卡里萨莱斯表示，委在台湾、涉藏等问题上继续坚定奉行一个中国原则。

国家副主席习近平在中委企业家研讨会开幕式上发表题为《加强全面合作　实现共同发展》主旨演讲

国务院副总理回良玉在拿骚会见巴哈马总督汉纳并与总理英格拉哈姆举行会谈

国务院副总理王岐山在人民大会堂同俄罗斯副总理谢钦举行中俄能源谈判代表第三次会晤

王岐山指出，能源合作是中俄战略协作伙伴关系的重要组成部分。在当前世界金融危机和经济衰退的严峻形势下，进一步加强中俄能源全面长期合作，有助于应对国际金融危机冲击，促进两国经济稳定发展，符合彼此发展利益。希望双方立足战略高度和长远利益，充分发挥两国元首倡议建立的能源谈判机制的作用，本着互利共赢的原则，推动能源合作取得实质性成果。

谢钦表示，中俄能源合作应坚持全面长期的原则，进一步加强在石油、核能、电力、煤炭等能源和金融领域的合作。希望双方共同努力,确保已谈成的所有项目按照商定的路线图和时间表顺利实施。

双方一致认为,为落实两国总理去年10月第十三次定期会晤达成的共识,在两国能源谈判机制的领导和推动下,中俄能源合作迈出了实质性步伐。在本次能源谈判代表会晤中,双方就修建中俄原油管道、长期原油贸易、贷款等一揽子合作项目深入交换了意见,达成广泛共识。会后,王岐山和谢钦签署了《中华人民共和国政府与俄罗斯联邦政府能源谈判机制会谈纪要》,共同出席了关于修建中俄原油管道、长期原油贸易、贷款等一揽子合作项目协议签字仪式。

中共中央书记处书记何勇在湖南省检查调研

2月17日至19日,何勇等一行先后到长沙、湘潭、株洲等地,参观考察了京珠复线、株洲电力机车厂、长沙武广高速客运站等建设项目和企业,听取了湖南省委、省政府有关工作情况的汇报。

何勇强调,深入开展中央扩大内需促进经济增长政策落实检查工作,一要突出监督检查重点,了解掌握中央政策措施是否落实到位、项目建设是否符合中央规定的投向、工程建设是否依法合规、资金管理使用是否规范合理有效、工程建设是否安全合格;二要严肃查处违纪违法问题,严格追究贯彻落实中央政策措施不力、违反中央规定安排投资项目、在项目申报和审批过程中弄虚作假和随意变通、失职渎职造成工程质量低劣或重大安全事故等严重后果的相关人员的责任,从严查处领导干部违反规定插手工程建设项目招标投标和政府采购,以及在项目实施和资金分配使用中索贿受贿、贪污私分、截留克扣、挪用挤占等行为;三要有效整合监督力量,充分发挥有关监管监督部门的专业优势,统筹协调中央检查组、各省(区、市)纪检监察机关、中央纪委监察部派驻机构三个方面的监督力量;四要把监督检查与预防腐败、调查研究、政务公开等工作结合起来,督促有关部门把公开透明原则贯穿于项目实施和资金管理使用的全过程。

全国工商联访台代表团抵达台北参加海峡两岸和香港澳门经贸合作研讨会

本次研讨会的主题是"新格局、新趋势、新机会"。来自海峡两岸和香港、澳门的工商界人士将就台湾经济发展愿景、大陆经济形势及政策走向、两岸及港澳地区经贸合作的新契机与香港的角色、澳门经济现状和发展新趋势、大陆产业竞争优势等展开研讨与交流。

此次来台参会并做交流考察的全国工商联代表团是迄今为止两岸交流活动中大陆工商企业界赴台规格最高的一次。代表团一行31人由工商企业界人士和专家学者组成,以大陆民营企业家为主体,行业涉及房地产、水利、机械、橡胶、旅游、文化创意、食品、农业、纺织品、能源、IT、水产品、珠宝首饰、酒店餐饮、工业投资管理、生物制品、商业贸易、国际物流、金融投资、体育产品开发等方面。

中国篮协严肃赛风赛纪处罚多个赛区

中国篮协今天对联赛近几轮出现的问题作出处罚,取消了2月15日第三十六轮天津荣钢和广东东莞银行队比赛技术代表陆坪本赛季的工作资格。同时,对赛场秩序欠佳的山西、天津、陕西赛区予以警告并罚款。

2月18日

全国人大常委会委员长吴邦国在人民大会堂会见智利众议长恩西纳

吴邦国积极评价了中智关系取得的新进展。他说,近年来,两国政党、立法机构和政府间的高层交往更加频繁,政治互信不断加深,双边经贸关系提升到了新的水平,在国际事务中保持密切协调与配合。吴邦国指出,中智之间不存在任何悬而未决的问题,发展中智关系符合两国和两国人民的根本利益。面对国际金融危机,双方应进一步发挥两国经济互补优势,继续保持贸易增长势头,努力培育新的贸易增长点,积极扩大相互投资,携手应对困难与挑战,共同推动两国全面合作伙伴关系迈上新台阶。中国全国人大愿与智利议会一道,为加深人民友谊、增进政治互信、扩大互利合作,促进双边关系的深入发展作出新的贡献。

恩西纳说,他此次率领智利各党派议员代表访华充分体现了智利各政党和社会各界对积极发展对华关系的强烈愿望。他强调,议会交往是国家关系重要组成部分,智利议会希望与中国全国人大加强对话与交流,加深了解与信任。他重申,智利政府和议会坚定奉行一个中国政策。

国务院总理温家宝主持召开国务院常务会议审议并原则通过电子信息产业调整振兴规划和西藏生态安全屏障保护与建设规划

会议认为,电子信息产业是国民经济战略性、基础性和先导性支柱产业。在当前国际市场需求急剧下降、全球电子信息产业深度调整的形势下,振兴我国电子信息产业,必须强化自主创新,完善产业发展环境,加快信息化与工业化融合,着力以重大工程带动技术突破,以新的应用推动产业发展。会议确定了今后3年电子信息产业的三大重点任务：一是完善产业体系，确保骨干产业稳定增长，着重增强计算机产业竞争力，加快电子元器件产品升级，推进视听产业数字化转型。二是立足自主创新，突破关键技术，着重建立自主可控的集成电路产业体系，突破新型显示产业发展瓶颈，提高软件产业自主发展能力。三是以应用带发展，大力推动业务创新和服务模式创新，强化信息技术在经济社会各领域的运用，着重在通信设备、信息服务和信息技术应用等领域培育新的增长点。为此，一要落实内需带动，拓展电子信息产品应用和产业发展空间。二要加大投入，集中力量实施集成电路升级、新型显示和彩电工业转型、第三代移动通信产业新跨越、数字电视推广、计算机提升和下一代互联网应用、软件及信息服务培育六大工程，鼓励引导社会资金投向电子信息产业。三要强化自主创新能力建设。加快实施相关国家科技重大专项，支持优势企业兼并重组，完善公共技术服务平台。四要促进发展服务外包，支持企业"走出去"建立研发、生产基地和营销网络。五要加强政策扶持。加大鼓励软件和集成电路产业发展政策实施力度。落实数字电视产业政策，推进"三网融合"。调整高新技术企业认定目录和标准。继续保持电子信息产品出口退税力度，进一步发挥出口信贷和信用保险的支持作用。扩大中小企业集合发债试点。

会议指出，西藏是青藏高原的主体，是众多河流的发源地，生态系统独特多样，生态地位十分重要。中央和西藏自治区政府高度重视高原生态环境保护和建设，生态保护取得积极进展。但是，由于全球气候变化的影响，生态环境保护和建设任务繁重。要坚持生态环境保护优先，重视自然恢复，通过必要的保护和建设措施，实现西藏生态系统的良性循环，保障国家生态安全，改善农牧区生产生活条件，促进农牧民增收。会议强调，推进西藏生态环境保护和建设要科学规划，合理布局，突出重点，分步实施。继续开展退牧还草工程，加大防沙治沙工作力度，促进天然草地恢复；加强自然保护区、湿地和防护林体系建设，强化森林防火、有害生物防治和野生动植物保护，提高森林覆盖率；推进小流域综合治理，改善重点治理区生态系统；推进农牧区传统能源替代工程，积极实施小水电代燃料、农村沼气和太阳能建设；积极推广先进适用技术，加强监测体系和能力建设，提高生态治理的科学性。会议要求，西藏自治区政府要加强领导，做好规划组织实施，国务院有关部门要加强指导协调，共同推进西藏生态环境建设。

全国政协主席贾庆林主持召开政协第十一届全国委员会第十二次主席会议

会议审议通过了政协第十一届全国委员会第二次会议各次全体会议执行主席和主持人名单、政协第十一届全国委员会委员调整界别名单、政协第十一届全国委员会专门委员会委员增补和调整名单。会议听取了政协第十一届全国委员会第二次会议和常务委员会第四次会议筹备工作情况的汇报。全国政协副主席兼秘书长钱运录就上述议题作了说明。

会议指出，即将召开的全国政协十一届二次会议是在国内外经济形势发生重大而深刻变化的背景下召开的，要按照中共中央的要求和部署，再接再厉，把会议的各项筹备工作做得更加扎实深入，确保开成一个民主求实、团结鼓劲的大会，充分展示人民政协围绕中心履行职能服务大局推进工作的能力和水平，展示人民政协在国家政治生活中的优势和作用，展示中国特色社会主义民主政治的生机和活力。

全国政协副主席王刚、杜青林、白立忱、陈奎元、阿不来提·阿不都热西提、李兆焯、张梅颖、张榕明、李金华、郑万通、邓朴方、林文漪、厉无畏、罗富和、陈宗兴、王志珍出席会议。

全国行政复议工作经验交流暨"双先""双优"表彰大会在北京召开

国务委员兼国务院秘书长马凯在会上强调，政府法制工作要坚持以科学发展观为指导，自觉服从并服务于党和国家工作大局，为经济平稳较快发展和社会和谐稳定发挥积极作用，提供法律服务和制度保障。

马凯指出，政府法制工作是政府工作的重要组成部分，关系到国家权威和形象，关系到政权的稳固，关系到依法治国基本方略和党的各项路线方针政策的落实。当前，政府法制工作要紧紧围绕保持经济平稳较快发展这个首要任务，增强运用法律手段应对经济社会发展中出现的重大问题的前瞻性、针对性，为促进经济平稳较快发展服务；加快推进各项改善民生方面的制度建设，为改善民生服务；注重运用法律手段妥善解决问题、化解矛盾，为维护社会稳定服务，努力在实现"保增长、保民生、保稳定"的过程中发挥作用。

在谈到行政复议工作时，马凯指出，行政复议是把解决群众利益诉求纳入制度化、规范化、法制化轨道的重要制度，在有效解决行政争议、推动法治政府建设、促进社会公平正义等方面具有重要作用。特别是应对当前经济社会发展面临的严峻挑战，更需要通过行政复议妥善处理有关方面利益关系，维护人民群众的根本利益，促进社会和谐，为保证经济平稳较快发展营造良好的外部环境。他要求，各地区、各部门进一步加强领导，畅通行政复议渠道，提高案件办理质量和效率，努力创新行政复议制度体制机制，大力加强行政复议能力建设，切实做好行政复议各项工作。

会议总结交流了近年来行政复议工作取得的经验，研究部署了下一阶段的行政复议工作，对行政复议工作中作出突出贡献的32个集体和80名个人进行了表彰。

公安部部长孟建柱在北京出席全国县级公安局长“学习实践科学发展观 推动公安工作上新水平”专题培训班开学典礼并发表讲话

孟建柱要求，要积极构建和谐的警民关系，着力提高群众工作能力，用真心、动真情，把事关群众切身利益的小事做细、实事做实、好事做好，做人民群众的贴心人。要大力加强执法规范化建设，着力提高理性、平和、文明、规范执法能力，努力实现法律效果和社会效果的有机统一，维护社会公平，促进社会公正。要深入推进公安信息化建设，着力提高基层实战能力，加快推进动态社会环境下社会治安防控体系建设，实现由传统警务模式向现代警务模式的转型。要妥善处置各种突发事件，着力提高驾驭复杂局势能力。要进一步加强和改进舆论引导工作，实现公安机关与媒体的良好合作。

孟建柱指出，县级公安局长要勤于学习、善于思考，不断提高理论水平、政策水平和知识水平；要开拓进取、真抓实干，始终保持蓬勃向上的朝气、开拓进取的锐气、不畏艰险的勇气；要善于管理、带好队伍，下大力气抓好本地区、本单位的公安队伍建设；要严于律己、廉洁为民，老老实实做人，干干净净做事，兢兢业业工作，努力营造出风清气正的工作氛围。

山东省第十一届人民代表大会第二次会议选举姜异康为省人大常委会主任

国家副主席习近平在加拉加斯会见委内瑞拉总统查韦斯

习近平表示，今年是中委建交35周年，双方应以此为契机，切实落实两国元首达成的重要共识，全面推进双边各领域交流与合作：(一)立足当前，着眼长远，建立长期稳定的能源合作伙伴关系，不断提升两国能源合作水平。(二)扩大中委联合融资基金规模，充分发挥其作用，为推动两国互利合作和各自发展作出新的贡献。(三)推动两国农业合作取得实效。中方愿同委方分享农业发展经验，提升两国农业合作水平。(四)加强两国在基础设施建设领域的合作。中方在这方面有成熟技术、先进设备和丰富经验，双方开展合作潜力巨大，前景广阔。(五)不断挖掘潜力，扩大双方在高科技领域的交流与合作，造福广大民众。

习近平说，当前国际金融危机给世界各国经济发展和人民生活带来严重影响。我们主张，国际社会应该加强协调，密切合作，共同应对这一全球性挑战，坚决遏制危机造成的冲击和影响。中委同为发展中国家，在当前形势下，双方应加强合作，携手并肩，积极化危为机，维护发展中国家利益，促进共同发展。

查韦斯说，他对中国人民和中国领导人始终怀有敬佩之情，真诚感谢中方长期以来的无私帮助。他说，中国的发展成就、创造的成功模式，以及在治国理政方面的战略眼光和长远考虑，都值得委内瑞拉深入思考和借鉴。委在经济发展、减贫、改善民众生活等方面任重道远，愿进一步加强与中国关系，深化双方在能源、经贸、农业、扶贫以及治国理政方面的交流合作。相信习副主席此访将有力加强两国合作，进一步巩固双方共同发展的战略伙伴关系。

会见后，习近平和查韦斯共同出席了经贸、金融、能源、农业等领域双边合作文件的签字仪式。

国家副主席习近平在加拉加斯会见委内瑞拉全国代表大会主席弗洛雷斯

全国人大常委会副委员长乌云其木格在北京会见智利众议长恩西纳一行

国务委员刘延东在黑龙江省哈尔滨市会见国际大学生体育联合会主席基里安一行

外交部就菲律宾国会通过“领海基线法案”发表声明

全文如下：

中华人民共和国外交部声明

2009年2月17日，菲律宾国会通过“领海基线法案”。该法案将中国的黄岩岛和南沙群岛部分岛礁划为菲律宾领土。中国政府在此重申：黄岩岛和南沙群岛历来都是中国领土的一部分。中华人民共和国对这些岛屿及其附近海域拥有无可争辩的主权。任何其他国家对黄岩岛和南沙群岛的岛屿提出领土主权要求，都是非法的，无效的。

2009年2月18日

外交部副部长王光亚紧急召见菲律宾驻华临时代办巴伯就菲通过“领海基线法案”提出严正抗议

王光亚说，菲律宾国会昨天通过“领海基线法案”，将中国的黄岩岛和南沙群岛部分岛礁划为菲律宾领土。中国政府对菲律宾政府不顾中方严重关切和多次交涉，执意通过侵犯中国主权的法案表示强烈不满和严正抗议。

王光亚指出，黄岩岛和南沙群岛历来都是中国领土的一部分。中华人民共和国对这些岛屿及其附近海域拥有无可争辩的主权。任何其他国家对黄岩岛和南沙群岛的岛屿提出领土主权要求，都是非法的，无效的。

王光亚强调，中方希望菲方以两国关系大局和两国人民利益为重，以南海地区的和平与稳定为重，采取切实有效措施，停止一切侵犯中国主权的行为，以实际行动维护南海稳定，确保两国关系健康发展。

中共中央政治局常委李长春在北京农业展览馆参观中国非物质文化遗产传统技艺大展

李长春强调，要按照“保护为主、抢救第一、合理利用、传承发展”的方针，高度重视并切实做好传统技艺的保护和传承工作。要进一步创新传承方式，鼓励具有产业和市场潜力的传统技艺开发文化产品，拓展服务项目，开拓旅游文化市场，在与产业和市场的结合中更好地实现传承和可持续发展，在参与创造物质财富和精神财富的实践中焕发出新的生机和活力。对面向市场的非物质文化遗产要作为文化产业予以支持。要积极运用现代科学技术研究发掘传统技艺，再现传统生产技术和工艺流程，把非物质文化遗产的保护和传承提高到新水平。要广泛深入发掘非物质文化遗产的代表性人物，支持他们以各种方式培养传承人，完善对他们的激励机制。要加强宣传教育，普及非物质文化遗产知识，增强全社会保护意识，营造有利于非物质文化遗产保护、传承和发展的良好氛围。

书记处书记、中宣部部长刘云山一同参观展览。

中国作协第七届全国委员会第四次全体会议在北京召开

中国河南告成观星台名列九大神秘古观象台第二名

《人民日报》2月19日消息，英国《新科学家》杂志近日盘点了世界九大神秘古观象台，中国河南告成观星台列第二位。这九大神秘古观象台分别为：1. 秘鲁马丘比丘古城天文台；2. 中国河南告成观星台；3. 韩国庆州瞻星台；4. 墨西哥奇琴伊察天文台；5. 墨西哥卡斯蒂略金字塔；6. 美国怀俄明州古天文台；7. 秘鲁查基洛天文台遗址；8. 英国巨石阵；9. 爱尔兰纽格莱奇墓。

第二十四届世界大学生冬季运动会在哈尔滨开幕

这是我国首次举办世界综合性冬季运动会，也是继北京奥运会、残奥会之后举办的第一个高水平的国际综合性运动会。中共中央政治局委员、国务委员刘延东出席开幕式并宣布运动会开幕。

2月19日

国务院总理温家宝主持召开国务院常务会议

会议认为，轻工业是丰富人民物质文化生活的重要产业，承担着繁荣市场、扩大就业、服务“三农”的重要任务。振兴轻工业，必须采取综合措施，努力扩大城乡市场需求，巩固和开拓国际市场；加快自主创新，推动结构调整和产业升级，走绿色生态、质量安全和循环经济的新型发展之路。一要积极扩大城乡消费，增加国内有效供给。改善外贸服务，保持出口市场份额。二要加快技术进步。重点推进装备自主化和关键技术产业化，加快造纸、家电、塑料等行业的技术改造。建立产业退出机制，推进节能减排和环境保护。三要强化食品安全。整顿食品加工行业，提高准入门槛，健全召回和退市制度，加大对制售假冒伪劣产品违法行为的惩处力度。四要加强自主品牌建设，支持优势品牌企业跨地区兼并重组，提高产业集中度。五要加强产业政策引导，推动产业转移，培育发展轻工业特色区域和产业集群。六要加强企业管理，全面提高轻工产品质量。会议决定，对部分劳动密集型和技术含量高、节能环保的产品取消加工贸易限制。进一步提高部分轻工产品出口退税率。加大对中小轻工企业的财税和信贷支持。进一步扩大“家电下乡”补贴品种，将微波炉、电磁炉两类产品纳入补贴范围，并将每类产品每户只能购买一台的限制放宽到两台，中央财政加大对民族地区和地震重灾区的支持力度。

会议指出，石化产业资源资金技术密集，产业关联度高，经济总量大，对促进相关产业升级和拉动经济增长具有举足轻重的作用。振兴石化产业，必须在稳定石化产品市场的同时，加快结构调整，优化产业布局，着力提高创新能力和管理水平，不断增强产业竞争力。一要保持产业平稳运行。落实国家扩大内需、振兴重点产业和粮食增产等综合措施，拉动石化产品消费。加强进出口监管，完善能源产品价格形成机制。二要提高农资保障能力。调整化肥农药生产结构，优化资源配置，降低成本，增加供给。完善化肥淡储制度，加强农用柴油供应网络建设。三要统筹重大项目布局，大力推进技术改造。抓紧组织实施在建炼油、乙烯重大项目，增强产业发展后劲。推广资源综合利用和废弃物资源化技术，发展循环经济。四要控制总量，淘汰落后产能。停止审批单纯扩大产能的焦炭、电石等煤化工项目，坚决遏制煤化工盲目发展势头。五要加大政策扶持。抓紧落实成品油储备，完善税收政策，增加技改投入,加大对石化企业的信贷支持。六要完善公司治理结构,加强科学决策,增强风险防控能力,提高石化企业管理水平。

会议审议通过了部分国务院组成部门、直属机构、办事机构和部委管理国家局的主要职责、内设机构和人员编制规定。

全国政协主席贾庆林在人民大会堂会见全国机械工业先进集体代表劳动模范和先进工作者并讲话

贾庆林首先向受到表彰的全国机械工业先进集体代表、劳动模范和先进工作者表示热烈的祝贺。他指出,全国机械工业先进集体、劳动模范和先进工作者是机械产业大军的杰出代表,继承了机械工业的优良传统,发扬了时代风尚,在平凡的工作岗位上,作出了不平凡的业绩。新中国成立以来,特别是改革开放30年来,我国机械工业蓬勃发展,取得了举世瞩目的重大成就,对国民经济的贡献率日渐提高,重大技术装备国产化水平显著提升,机械工业产品的国际竞争力进一步增强。特别是在去年发生的南方部分地区严重低温雨雪冰冻灾害和四川汶川特大地震灾害面前,机械工业战线以国家和人民利益为重,危难当头彰显英雄本色,为夺取抗灾救灾胜利和灾后重建提供了有力保障。

贾庆林强调,去年爆发的国际金融危机给我国经济带来了严重的冲击,也为我们推动产业结构优化升级提供了广阔空间。机械工业发展挑战与机遇并存,困难和希望同在。要认真贯彻落实党中央的决策部署,紧密结合我国振兴装备制造业的一系列政策、规划,坚定信心,扎实工作,推动机械工业实现又好又快发展。要进一步加大投入,大力增强原始创新、集成创新和引进消化吸收再创新的能力,着力突破制约产业转型升级的关键技术,加快推动我国机械工业由技术模仿、技术跟踪向技术创新、技术集成转变,由局限于中低档装备向高档、顶尖技术装备进军。要鼓励企业创新产品、创新工艺,制造出更多高大精尖的机械设备,不断提高重大技术装备成套化、高技术化和国产化水平。要加大扶持力度,推动企业联合重组、做强做大,推动企业积极“走出去”,真正形成一批实力雄厚、竞争力强的大企业、大集团。

路甬祥、万钢和徐匡迪、李蒙参加了上述会见活动。

表彰大会由人力资源和社会保障部、中国机械工业联合会共同举办。全国机械工业先进集体、劳动模范和先进工作者评选活动从去年4月开始,评选重点面向基层、面向一线职工,共评选出全国机械工业先进集体99个,劳动模范和先进工作者530名,一线职工的评选比例达到60%。

全国人力资源和社会保障工作会议在北京召开

国务院副总理张德江出席会议并讲话。

张德江首先对2008年人力资源和社会保障工作给予充分肯定。他说,人力资源和社会保障系统认真落实中央的各项决策部署,紧紧围绕党和国家工作大局,做了大量艰苦细致的工作,超额完成了全年就业再就业的各项目标任务,社会保障体系建设取得新突破,人事人才工作取得新进展,维护劳动者合法权益取得新成效。

张德江指出,面对国际金融危机的影响,各地区、各有关部门要统一思想,提高认识,把就业工作摆在更加突出的位置,进一步加强组织领导,增加资金投入,加大工作力度,全力以赴抓好这项关系民生、关系社会和谐稳定的大事,确保就业形势基本稳定。

人力资源和社会保障部部长尹蔚民作了工作报告。部分省、自治区、直辖市和中央有关部门的负责同志,各省、自治区、直辖市人力资源和社会保障系统的负责同志参加了会议。

国家副主席习近平在巴西利亚同生病住院的巴西副总统阿伦卡尔指定的特别代表 巴西外交部部长阿莫林举行会谈

习近平说,作为两个重要的新兴大国,中巴加强合作既符合两国根本利益,也有利于世界和地区的和平、合作与发展。双方应抓住机遇,引导两国关系继续朝着团结合作、共同发展的方向前进:(一)密切高层往来,加强对话,增进互信,从政治上把握好两国关系的发展方向。(二)扩大两国经贸、科技等领域的合作,开辟合作的新渠道和新领域,促进两国长远发展。(三)加强两国人文领域交流,支持和鼓励双方社会各界加强交往,夯实中巴友好社会基础。(四)密切两国在多边领域的协调与合作,加强相互理解和相互支持,提高南南合作水平,促进世界和平、合作与发展。

习近平还介绍了中国对当前国际金融危机的看法,表示中方愿同巴方加强在应对危机、防止全球经济衰退以及推动国际金融体系改革方面的沟通协调,共同维护广大发展中国家的利益。

阿莫林说,习近平副主席访问巴西是巴中战略伙伴关系日益密切的重要体现。他说,近年来巴中在经济、贸易、科技等领域的互利合作取得丰硕成果,双方在联合研制地球资源卫星方面的合作为南南合作树立了典范。在当前国际金融危机背景下,两国应加强合作,推动巴中战略伙伴关系向更高水平发展。

会谈后,双方共同出席了中国国家发展改革委员会、中国国家开发银行、中国石油总公司、中国石油化工总公司同巴西有关部门合作文件的签字仪式。

国家副主席习近平在巴西利亚分别会见巴西参议长萨尔内和众议长特梅尔

国务委员兼国防部部长梁光烈在八一大楼与来访的马尔代夫国防与国家安全部长费萨尔一行举行会谈

周洋获得第二十四届世界大学生冬季运动会短道速滑比赛女子1500米冠军

2月20日

全国政协主席贾庆林在北京会见柬埔寨国王诺罗敦·西哈莫尼

国务院总理温家宝签署第550号令发布《旅行社条例》

《旅行社条例》已经2009年1月21日国务院第47次常务会议通过,现予公布,自2009年5月1日起施行。

总理 温家宝

2009年2月20日

旅行社条例

第一章 总 则

第一条 为了加强对旅行社的管理,保障旅游者和旅行社的合法权益,维护旅游市场秩序,促进旅游业的健康发展,制定本条例。

第二条 本条例适用于中华人民共和国境内旅行社的设立及经营活动。

本条例所称旅行社,是指从事招徕、组织、接待旅游者等活动,为旅游者提供相关旅游服务,开展国内旅游业务、入境旅游业务或者出境旅游业务的企业法人。

第三条 国务院旅游行政主管部门负责全国旅行社的监督管理工作。

县级以上地方人民政府管理旅游工作的部门按照职责负责本行政区域内旅行社的监督管理工作。

县级以上各级人民政府工商、价格、商务、外汇等有关部门,应当按照职责分工,依法对旅行社进行监督管理。

第四条 旅行社在经营活动中应当遵循自愿、平等、公平、诚信的原则,提高服务质量,维护旅游者的合法权益。

第五条 旅行社行业组织应当按照章程为旅行社提供服务,发挥协调和自律作用,引导旅行社合法、公平竞争和诚信经营。

第二章 旅行社的设立

第六条 申请设立旅行社,经营国内旅游业务和入境旅游业务的,应当具备下列条件:

(一)有固定的经营场所;

(二)有必要的营业设施;

(三)有不少于30万元的注册资本。

第七条 申请设立旅行社,经营国内旅游业务和入境旅游业务的,应当向所在地省、自治区、直辖市旅游行政管理部门或者其委托的设区的市级旅游行政管理部门提出申请,并提交符合本条例第六条规定的相关证明文件。受理申请的旅游行政管理部门应当自受理申请之日起20个工作日内作出许可或者不予许可的决定。予以许可的,向申请人颁发旅行社业务经营许可证,申请人持旅行社业务经营许可证向工商行政管理部门办理设立登记;不予许可的,书面通知申请人并说明理由。

第八条 旅行社取得经营许可满两年,且未因侵害旅游者合法权益受到行政机关罚款以上处罚的,可以申请经营出境旅游业务。

第九条 申请经营出境旅游业务的,应当向国务院旅游行政主管部门或者其委托的省、自治区、直辖市旅游行政管理部门提出申请,受理申请的旅游行政管理部门应当自受理申请之日起20个工作日内作出许可或者不予许可的决定。予以许可的,向申请人换发旅行社业务经营许可证,旅行社应当持换发的旅行社业务经营许可证到工商行政管理部门办理变更登记;不予许可的,书面通知申请人并说明理由。

第十条 旅行社设立分社的,应当持旅行社业务经营许可证副本向分社所在地的工商行政管理部门办理设立登记,并自设立登记之日起3个工作日内向分社所在地的旅游行政管理部门备案。

旅行社分社的设立不受地域限制。分社的经营范围不得超出设立分社的旅行社的经营范围。

第十一条 旅行社设立专门招徕旅游者、提供旅游咨询的服务网点(以下简称旅行社服务网点)应当依法向工商行政管理部门办理设立登记手续,并向所在地的旅游行政管理部门备案。

旅行社服务网点应当接受旅行社的统一管理,不得从事招徕、咨询以外的活动。

第十二条 旅行社变更名称、经营场所、法定代表人等登记事项或者终止经营的,应当到工商行政管理部门办理相应的变更登记或者注销登记,并在登记办理完毕之日起10个工作日内,向原许可的旅游行政管理部门备案,换领或者交回旅行社业务经营许可证。

第十三条 旅行社应当自取得旅行社业务经营许可证之日起3个工作日内,在国务院旅游行政主管部门指定的银行开设专门的质量保证金账户,存入质量保证金,或者向作出许可的旅游行政管理部门提交依法取得的担保额度不低于相应质量保证金数额的银行担保。

经营国内旅游业务和入境旅游业务的旅行社，应当存入质量保证金20万元；经营出境旅游业务的旅行社，应当增存质量保证金120万元。

质量保证金的利息属于旅行社所有。

第十四条　旅行社每设立一个经营国内旅游业务和入境旅游业务的分社，应当向其质量保证金账户增存5万元；每设立一个经营出境旅游业务的分社，应当向其质量保证金账户增存30万元。

第十五条　有下列情形之一的，旅游行政管理部门可以使用旅行社的质量保证金：

(一)旅行社违反旅游合同约定，侵害旅游者合法权益，经旅游行政管理部门查证属实的；

(二)旅行社因解散、破产或者其他原因造成旅游者预交旅游费用损失的。

第十六条　人民法院判决、裁定及其他生效法律文书认定旅行社损害旅游者合法权益，旅行社拒绝或者无力赔偿的，人民法院可以从旅行社的质量保证金账户上划拨赔偿款。

第十七条　旅行社自交纳或者补足质量保证金之日起三年内未因侵害旅游者合法权益受到行政机关罚款以上处罚的，旅游行政管理部门应当将旅行社质量保证金的交存数额降低50%，并向社会公告。旅行社可凭省、自治区、直辖市旅游行政管理部门出具的凭证减少其质量保证金。

第十八条　旅行社在旅游行政管理部门使用质量保证金赔偿旅游者的损失，或者依法减少质量保证金后，因侵害旅游者合法权益受到行政机关罚款以上处罚的，应当在收到旅游行政管理部门补交质量保证金的通知之日起5个工作日内补足质量保证金。

第十九条　旅行社不再从事旅游业务的，凭旅游行政管理部门出具的凭证，向银行取回质量保证金。

第二十条　质量保证金存缴、使用的具体管理办法由国务院旅游行政主管部门和国务院财政部门会同有关部门另行制定。

第三章　外商投资旅行社

第二十一条　外商投资旅行社适用本章规定；本章没有规定的，适用本条例其他有关规定。

前款所称外商投资旅行社，包括中外合资经营旅行社、中外合作经营旅行社和外资旅行社。

第二十二条　设立外商投资旅行社，由投资者向国务院旅游行政主管部门提出申请，并提交符合本条例第六条规定条件的相关证明文件。国务院旅游行政主管部门应当自受理申请之日起30个工作日内审查完毕。同意设立的，出具外商投资旅行社业务许可审定意见书；不同意设立的，书面通知申请人并说明理由。

申请人持外商投资旅行社业务许可审定意见书、章程，合资、合作双方签订的合同向国务院商务主管部门提出设立外商投资企业的申请。国务院商务主管部门应当依照有关法律、法规的规定，作出批准或者不予批准的决定。予以批准的，颁发外商投资企业批准证书，并通知申请人向国务院旅游行政主管部门领取旅行社业务经营许可证，申请人持旅行社业务经营许可证和外商投资企业批准证书向工商行政管理部门办理设立登记；不予批准的，书面通知申请人并说明理由。

第二十三条　外商投资旅行社不得经营中国内地居民出国旅游业务以及赴香港特别行政区、澳门特别行政区和台湾地区旅游的业务，但是国务院决定或者我国签署的自由贸易协定和内地与香港、澳门关于建立更紧密经贸关系的安排另有规定的除外。

第四章　旅行社经营

第二十四条　旅行社向旅游者提供的旅游服务信息必须真实可靠，不得作虚假宣传。

第二十五条　经营出境旅游业务的旅行社不得组织旅游者到国务院旅游行政主管部门公布的中国公民出境旅游目的地之外的国家和地区旅游。

第二十六条　旅行社为旅游者安排或者介绍的旅游活动不得含有违反有关法律、法规规定的内容。

第二十七条　旅行社不得以低于旅游成本的报价招徕旅游者。未经旅游者同意，旅行社不得在旅游合同约定之外提供其他有偿服务。

第二十八条　旅行社为旅游者提供服务，应当与旅游者签订旅游合同并载明下列事项：

(一)旅行社的名称及其经营范围、地址、联系电话和旅行社业务经营许可证编号；

(二)旅行社经办人的姓名、联系电话；

(三)签约地点和日期；

(四)旅游行程的出发地、途经地和目的地；

(五)旅游行程中交通、住宿、餐饮服务安排及其标准；

(六)旅行社统一安排的游览项目的具体内容及时间；

(七)旅游者自由活动的时间和次数；

(八)旅游者应当交纳的旅游费用及交纳方式；

(九)旅行社安排的购物次数、停留时间及购物场所的名称；

(十)需要旅游者另行付费的游览项目及价格；

(十一)解除或者变更合同的条件和提前通知的期限；

(十二)违反合同的纠纷解决机制及应当承担的

责任；

（十三）旅游服务监督、投诉电话；

（十四）双方协商一致的其他内容。

第二十九条　旅行社在与旅游者签订旅游合同时，应当对旅游合同的具体内容作出真实、准确、完整的说明。

旅行社和旅游者签订的旅游合同约定不明确或者对格式条款的理解发生争议的，应当按照通常理解予以解释；对格式条款有两种以上解释的，应当作出有利于旅游者的解释；格式条款和非格式条款不一致的，应当采用非格式条款。

第三十条　旅行社组织中国内地居民出境旅游的，应当为旅游团队安排领队全程陪同。

第三十一条　旅行社为接待旅游者委派的导游人员或者为组织旅游者出境旅游委派的领队人员，应当持有国家规定的导游证、领队证。

第三十二条　旅行社聘用导游人员、领队人员应当依法签订劳动合同，并向其支付不低于当地最低工资标准的报酬。

第三十三条　旅行社及其委派的导游人员和领队人员不得有下列行为：

（一）拒绝履行旅游合同约定的义务；

（二）非因不可抗力改变旅游合同安排的行程；

（三）欺骗、胁迫旅游者购物或者参加需要另行付费的游览项目。

第三十四条　旅行社不得要求导游人员和领队人员接待不支付接待和服务费用或者支付的费用低于接待和服务成本的旅游团队，不得要求导游人员和领队人员承担接待旅游团队的相关费用。

第三十五条　旅行社违反旅游合同约定，造成旅游者合法权益受到损害的，应当采取必要的补救措施，并及时报告旅游行政管理部门。

第三十六条　旅行社需要对旅游业务作出委托的，应当委托给具有相应资质的旅行社，征得旅游者的同意，并与接受委托的旅行社就接待旅游者的事宜签订委托合同，确定接待旅游者的各项服务安排及其标准，约定双方的权利、义务。

第三十七条　旅行社将旅游业务委托给其他旅行社的，应当向接受委托的旅行社支付不低于接待和服务成本的费用；接受委托的旅行社不得接待不支付或者不足额支付接待和服务费用的旅游团队。

接受委托的旅行社违约，造成旅游者合法权益受到损害的，作出委托的旅行社应当承担相应的赔偿责任。作出委托的旅行社赔偿后，可以向接受委托的旅行社追偿。

接受委托的旅行社故意或者重大过失造成旅游者合法权益损害的，应当承担连带责任。

第三十八条　旅行社应当投保旅行社责任险。旅行社责任险的具体方案由国务院旅游行政主管部门会同国务院保险监督管理机构另行制定。

第三十九条　旅行社对可能危及旅游者人身、财产安全的事项，应当向旅游者作出真实的说明和明确的警示，并采取防止危害发生的必要措施。

发生危及旅游者人身安全的情形的，旅行社及其委派的导游人员、领队人员应当采取必要的处置措施并及时报告旅游行政管理部门；在境外发生的，还应当及时报告中华人民共和国驻该国使领馆、相关驻外机构、当地警方。

第四十条　旅游者在境外滞留不归的，旅行社委派的领队人员应当及时向旅行社和中华人民共和国驻该国使领馆、相关驻外机构报告。旅行社接到报告后应当及时向旅游行政管理部门和公安机关报告，并协助提供非法滞留者的信息。

旅行社接待入境旅游发生旅游者非法滞留我国境内的，应当及时向旅游行政管理部门、公安机关和外事部门报告，并协助提供非法滞留者的信息。

第五章　监督检查

第四十一条　旅游、工商、价格、商务、外汇等有关部门应当依法加强对旅行社的监督管理，发现违法行为，应当及时予以处理。

第四十二条　旅游、工商、价格等行政管理部门应当及时向社会公告监督检查的情况。公告的内容包括旅行社业务经营许可证的颁发、变更、吊销、注销情况，旅行社的违法经营行为以及旅行社的诚信记录、旅游者投诉信息等。

第四十三条　旅行社损害旅游者合法权益的，旅游者可以向旅游行政管理部门、工商行政管理部门、价格主管部门、商务主管部门或者外汇管理部门投诉，接到投诉的部门应当按照其职责权限及时调查处理，并将调查处理的有关情况告知旅游者。

第四十四条　旅行社及其分社应当接受旅游行政管理部门对其旅游合同、服务质量、旅游安全、财务账簿等情况的监督检查，并按照国家有关规定向旅游行政管理部门报送经营和财务信息等统计资料。

第四十五条　旅游、工商、价格、商务、外汇等有关部门工作人员不得接受旅行社的任何馈赠，不得参加由旅行社支付费用的购物活动或者游览项目，不得通过旅行社为自己、亲友或者其他个人、组织牟取私利。

第六章　法律责任

第四十六条　违反本条例的规定，有下列情形之一的，由旅游行政管理部门或者工商行政管理部门责令改正，没收违法所得，违法所得10万元以上的，并处

违法所得1倍以上5倍以下的罚款;违法所得不足10万元或者没有违法所得的,并处10万元以上50万元以下的罚款:

(一)未取得相应的旅行社业务经营许可,经营国内旅游业务、入境旅游业务、出境旅游业务的;

(二)分社的经营范围超出设立分社的旅行社的经营范围的;

(三)旅行社服务网点从事招徕、咨询以外的活动的。

第四十七条 旅行社转让、出租、出借旅行社业务经营许可证的,由旅游行政管理部门责令停业整顿1个月至3个月,并没收违法所得;情节严重的,吊销旅行社业务经营许可证。受让或者租借旅行社业务经营许可证的,由旅游行政管理部门或者工商行政管理部门责令停止非法经营,没收违法所得,并处10万元以上50万元以下的罚款。

第四十八条 违反本条例的规定,旅行社未在规定期限内向其质量保证金账户存入、增存、补足质量保证金或者提交相应的银行担保的,由旅游行政管理部门责令改正;拒不改正的,吊销旅行社业务经营许可证。

第四十九条 违反本条例的规定,旅行社不投保旅行社责任险的,由旅游行政管理部门责令改正;拒不改正的,吊销旅行社业务经营许可证。

第五十条 违反本条例的规定,旅行社有下列情形之一的,由旅游行政管理部门责令改正;拒不改正的,处1万元以下的罚款:

(一)变更名称、经营场所、法定代表人等登记事项或者终止经营,未在规定期限内向原许可的旅游行政管理部门备案,换领或者交回旅行社业务经营许可证的;

(二)设立分社未在规定期限内向分社所在地旅游行政管理部门备案的;

(三)不按照国家有关规定向旅游行政管理部门报送经营和财务信息等统计资料的。

第五十一条 违反本条例的规定,外商投资旅行社经营中国内地居民出国旅游业务以及赴香港特别行政区、澳门特别行政区和台湾地区旅游业务,或者经营出境旅游业务的旅行社组织旅游者到国务院旅游行政主管部门公布的中国公民出境旅游目的地之外的国家和地区旅游的,由旅游行政管理部门责令改正,没收违法所得,违法所得10万元以上的,并处违法所得1倍以上5倍以下的罚款;违法所得不足10万元或者没有违法所得的,并处10万元以上50万元以下的罚款;情节严重的,吊销旅行社业务经营许可证。

第五十二条 违反本条例的规定,旅行社为旅游者安排或者介绍的旅游活动含有违反有关法律、法规规定的内容的,由旅游行政管理部门责令改正,没收违法所得,并处2万元以上10万元以下的罚款;情节严重的,吊销旅行社业务经营许可证。

第五十三条 违反本条例的规定,旅行社向旅游者提供的旅游服务信息含有虚假内容或者作虚假宣传的,由工商行政管理部门依法给予处罚。

违反本条例的规定,旅行社以低于旅游成本的报价招徕旅游者的,由价格主管部门依法给予处罚。

第五十四条 违反本条例的规定,旅行社未经旅游者同意在旅游合同约定之外提供其他有偿服务的,由旅游行政管理部门责令改正,处1万元以上5万元以下的罚款。

第五十五条 违反本条例的规定,旅行社有下列情形之一的,由旅游行政管理部门责令改正,处2万元以上10万元以下的罚款;情节严重的,责令停业整顿1个月至3个月:

(一)未与旅游者签订旅游合同;

(二)与旅游者签订的旅游合同未载明本条例第二十八条规定的事项;

(三)未取得旅游者同意,将旅游业务委托给其他旅行社;

(四)将旅游业务委托给不具有相应资质的旅行社;

(五)未与接受委托的旅行社就接待旅游者的事宜签订委托合同。

第五十六条 违反本条例的规定,旅行社组织中国内地居民出境旅游,不为旅游团队安排领队全程陪同的,由旅游行政管理部门责令改正,处1万元以上5万元以下的罚款;拒不改正的,责令停业整顿1个月至3个月。

第五十七条 违反本条例的规定,旅行社委派的导游人员和领队人员未持有国家规定的导游证或者领队证的,由旅游行政管理部门责令改正,对旅行社处2万元以上10万元以下的罚款。

第五十八条 违反本条例的规定,旅行社不向其聘用的导游人员、领队人员支付报酬,或者所支付的报酬低于当地最低工资标准的,按照《中华人民共和国劳动合同法》的有关规定处理。

第五十九条 违反本条例的规定,有下列情形之一的,对旅行社,由旅游行政管理部门或者工商行政管理部门责令改正,处10万元以上50万元以下的罚款;对导游人员、领队人员,由旅游行政管理部门责令改正,处1万元以上5万元以下的罚款;情节严重的,吊销旅行社业务经营许可证、导游证或者领队证:

(一)拒不履行旅游合同约定的义务的;

(二)非因不可抗力改变旅游合同安排的行程的;

(三)欺骗、胁迫旅游者购物或者参加需要另行付费的游览项目的。

第六十条　违反本条例的规定,旅行社要求导游人员和领队人员接待不支付接待和服务费用、支付的费用低于接待和服务成本的旅游团队,或者要求导游人员和领队人员承担接待旅游团队的相关费用的,由旅游行政管理部门责令改正,处2万元以上10万元以下的罚款。

第六十一条　旅行社违反旅游合同约定,造成旅游者合法权益受到损害,不采取必要的补救措施的,由旅游行政管理部门或者工商行政管理部门责令改正,处1万元以上5万元以下的罚款;情节严重的,由旅游行政管理部门吊销旅行社业务经营许可证。

第六十二条　违反本条例的规定,有下列情形之一的,由旅游行政管理部门责令改正,停业整顿1个月至3个月;情节严重的,吊销旅行社业务经营许可证:

(一)旅行社不向接受委托的旅行社支付接待和服务费用的;

(二)旅行社向接受委托的旅行社支付的费用低于接待和服务成本的;

(三)接受委托的旅行社接待不支付或者不足额支付接待和服务费用的旅游团队的。

第六十三条　违反本条例的规定,旅行社及其委派的导游人员、领队人员有下列情形之一的,由旅游行政管理部门责令改正,对旅行社处2万元以上10万元以下的罚款;对导游人员、领队人员处4000元以上2万元以下的罚款;情节严重的,责令旅行社停业整顿1个月至3个月,或者吊销旅行社业务经营许可证、导游证、领队证:

(一)发生危及旅游者人身安全的情形,未采取必要的处置措施并及时报告的;

(二)旅行社组织出境旅游的旅游者非法滞留境外,旅行社未及时报告并协助提供非法滞留者信息的;

(三)旅行社接待入境旅游的旅游者非法滞留境内,旅行社未及时报告并协助提供非法滞留者信息的。

第六十四条　因妨害国(边)境管理受到刑事处罚的,在刑罚执行完毕之日起五年内不得从事旅行社业务经营活动;旅行社被吊销旅行社业务经营许可的,其主要负责人在旅行社业务经营许可被吊销之日起五年内不得担任任何旅行社的主要负责人。

第六十五条　旅行社违反本条例的规定,损害旅游者合法权益的,应当承担相应的民事责任;构成犯罪的,依法追究刑事责任。

第六十六条　违反本条例的规定,旅游行政管理部门或者其他有关部门及其工作人员有下列情形之一的,对直接负责的主管人员和其他直接责任人员依法给予处分:

(一)发现违法行为不及时予以处理的;

(二)未及时公告对旅行社的监督检查情况的;

(三)未及时处理旅游者投诉并将调查处理的有关情况告知旅游者的;

(四)接受旅行社的馈赠的;

(五)参加由旅行社支付费用的购物活动或者游览项目的;

(六)通过旅行社为自己、亲友或者其他个人、组织牟取私利的。

第七章　附　则

第六十七条　香港特别行政区、澳门特别行政区和台湾地区的投资者在内地投资设立的旅行社,参照适用本条例。

第六十八条　本条例自2009年5月1日起施行。1996年10月15日国务院发布的《旅行社管理条例》同时废止。

国务院副总理王岐山在广州和深圳分别主持召开外贸外商投资企业和金融座谈会

在20日和21日的座谈会上。王岐山强调,认真贯彻党的十七大精神,深入贯彻落实科学发展观,把中央关于保增长、扩内需、调结构的政策措施落到实处,强化大局意识、忧患意识、责任意识、服务意识,全力以赴稳定外贸增长,积极利用外资,加大金融支持经济发展的力度。

中共中央政治局委员、广东省委书记汪洋出席有关座谈会。

在外商投资企业座谈会上,王岐山希望外商投资企业坚定对中国发展的信心。他说,追求富裕与文明、促进和平与发展是人类社会的共识,拥有13亿人口的中国正处于工业化、城镇化加速发展的时期,国内市场需求潜力巨大,这些都是我们应对国际金融、经济危机的信心之源。中国将进一步推进改革开放,加快组织制度创新,完善社会主义市场经济体制,努力营造公平竞争的市场环境、公开透明的法治环境和稳定可预见的政策环境。越来越开放的中国将为外商投资企业提供更多的发展机遇。在当前形势下,特别要反对任何形式的保护主义,共同促进全球经济稳定发展。

金融是经济发展的重要环节。王岐山在听取部分金融机构代表发言后指出,金融系统要认真落实金融支持经济发展30条政策措施,努力满足合理资金需求。同时,必须牢记防范风险是金融业的永恒主题,坚决守住不发生系统性风险的底线,实现经济与金融良性互动。各类金融机构要深入了解情况,帮助有市场、有效益的企业解决资金困难,提供优质服务。要抓好班子和队伍建设，确保各项政策落实到位。

王岐山对广东省经济社会发展特别是外贸、外资和金融工作取得的成绩，给予充分肯定。

广东省和国务院有关部门负责同志参加座谈会。

2008年全国税收54219.62亿元

财政部今天公布：2008年全国税收总收入完成54219.62亿元，较上年增长18.8%，同比增收8597.65亿元。与2007年税收收入增长33.7%相比，增速回落了14.9个百分点。

2008年，国内增值税增长16.3%，增收2526.67亿元，占税收收入总增收额8597.65亿元的29.4%。企业所得税增长27.3%，增收2393.8亿元，占增收总额的27.8%。进口环节税收增长20.1%，增收1237.66亿元，占增收总额的14.4%。营业税增长15.9%，增收1044.16亿元，占增收总额的12.1%。证券交易印花税同比下降51.2%，成为全年总体减收的唯一税种。

国家副主席习近平在巴西利亚会见巴西总统卢拉

国务委员兼国防部部长梁光烈在北京会见埃及空军司令里达·哈菲兹一行

全国净化社会文化环境工作会议在北京举行

这次会议的会期是2月20日至21日。中共中央政治局常委李长春对会议作出重要批示。

李长春在批示中指出，净化社会文化环境、促进未成年人健康成长，是党中央从党和国家事业长远发展出发作出的重大决策部署。党的十六大以来特别是《中共中央国务院关于进一步加强和改进未成年人思想道德建设的若干意见》下发以来，各地各部门认真贯彻中央决策部署，大力实施文化环保工程，组织开展专项行动，强力净化社会文化环境，取得明显成效。但现在情况依然不容乐观，迫切需要进一步加大工作力度，以更坚定的决心、更有效的措施，切实解决群众反映强烈的突出问题。

中央文明委成员单位，各省(区、市)和新疆生产建设兵团党委宣传部、文明办负责同志参加会议。

刘秋宏在大冬会短道速滑女子500米比赛中以44秒862的成绩获得冠军

江苏盐城市区由于水厂受酚类化合物污染造成大面积停水

新疆柯坪县发生5.2级地震

2月21日

国家主席胡锦涛在人民大会堂会见美国国务卿希拉里·克林顿

胡锦涛说，中美两国都是世界上有重要影响的国家。两国在事关世界和平与发展的重大问题上，具有广泛的共同利益，都肩负着重要责任。21世纪中美关系是世界上最重要的双边关系之一。在当前国际金融危机不断扩散和蔓延、各种全球性挑战日益突出的背景下，进一步深化和发展中美关系比以往任何时候都更为重要。中国政府始终从战略高度和长远角度看待中美关系，愿同美方一道，抓住机遇，共迎挑战，推动中美关系进一步向前发展。

胡锦涛说，我热情邀请并欢迎奥巴马总统方便时尽早访华，期待着同他就双边关系和共同关心的问题深入交换意见，也期待着4月初在伦敦与他会晤。胡锦涛表示，中方愿与美方进一步加强在经贸、反恐、执法、科教、文卫、能源、环保等领域的交流与合作，以及在重大国际和地区问题上的磋商与协调，共同抵御国际金融危机冲击，有效应对气候变化等全球性挑战，推动两国关系健康顺利发展。

希拉里·克林顿说，美中关系开启了积极合作的新时代，双方在众多领域和全球性问题上拥有广泛共同利益，美方愿进一步加强同中方在各领域合作。

国务院总理温家宝在中南海紫光阁会见美国国务卿希拉里·克林顿

温家宝说，中美建交30年来的历史证明，合作共赢是唯一正确的道路。面对复杂多变的国际政治、经济形势，中美不仅要同舟共济，还要携手共进。双方要从战略高度和长远角度出发，照顾彼此核心利益，不断丰富建设性合作关系内涵，使两国关系在新的起点上向前迈进。这符合双方的根本利益，也有利于增强国际社会战胜挑战、共创未来的力量和信心。中国政府愿与美国政府一道，为此作出积极努力。

温家宝指出，应对金融危机为中美加强互信与合作提供了契机。两国要完善和发挥双边机制的作用，加强在多边领域的磋商与协调，坚决反对各种形式的贸易和投资保护主义；采取积极措施克服目前的经济困难，同时着眼发展全面的、长期的、稳定的合作关系；把促进经济增长同应对气候变化、能源安全、环境保护问题和实现千年发展目标结合起来，推动世界的和谐与可持续发展。

希拉里·克林顿表示，奥巴马政府愿同各方合作应对金融危机，反对贸易保护主义。她介绍了奥巴马政府经济刺激方案，对中国为推动经济增长所做努力和采取的举措表示赞赏。表示美方愿同中方共同努力，应对包括发展问题在内的各种挑战。

国务院副总理李克强在江苏考察

2月21日至22日，李克强在江苏省委书记梁保华、省长罗志军等陪同下，先后来到苏北和苏南地区，深入企业车间，走进居民家庭，着重就经济运行和重点民生问题进行调研考察。

李克强来到南京、苏州、常州等地，考察了机械、新能源、电子、家电、服装、电气等多家企业，了解企业应对国际市场需求变化采取的措施，共商发展之计。李克强说，面对当前严峻形势，要坚定克服困难的信心，认真贯彻中央关于扩大内需促进经济增长的政策措施，加大对企业的支持力度，依靠技术进步和改革创新，推进结构调整，不断增强开拓市场的能力，保持经济平稳较快发展。要通过保增长来促进就业，保障和改善民生，保持社会和谐稳定。

成都至兰州铁路在四川省阿坝藏族羌族自治州松潘县开工建设

国家副主席习近平在瓦莱塔分别会见马耳他代总统希兹勒和议长加莱亚

国务委员戴秉国在武汉会见正在湖北进行友好访问的巴基斯坦总统扎尔达里

戴秉国代表胡锦涛主席和中国政府，热烈欢迎扎尔达里访华。扎尔达里积极评价巴中关系发展。他说，巴中建交50多年来，两国传统友谊日益巩固，各领域合作不断深化。巴方感谢中国政府和人民对巴经济社会发展给予的支持和帮助。巴基斯坦政府将继续坚持对华友好政策，与中方共同努力，不断深化两国在经贸、能源、农业、金融等领域的互利合作，造福于两国人民。

会见结束后，两国有关部门签署了《中国一巴基斯坦自由贸易区服务贸易协定》。

《人民日报》发表评论员文章《净化环境促进未成年人健康成长》

全国净化社会文化环境工作会议再次强调，要进一步增强责任感、使命感和紧迫感，以对党负责、对人民负责、对子孙后代负责的精神，把净化社会文化环境工作抓紧抓实、抓出成效。

党中央、国务院高度重视社会文化环境与青少年健康成长问题。党的十六大以来，特别是《中共中央国务院关于进一步加强和改进未成年人思想道德建设的若干意见》下发以来，各地各部门展开一系列专项行动，净化社会文化环境，取得明显成效。但目前情况依然不容乐观，迫切需要以更有效的措施，切实解决群众反映强烈的突出问题。

未成年人求知欲强而辨别力弱，社会文化环境对于未成年人的成长有着重大的影响。进一步净化社会文化环境，是社会主义精神文明建设以及加强和改进未成年人思想道德建设的基础工程，是实现亿万家庭最大希望和切身利益的民心工程，是确保中国特色社会主义事业后继有人的希望工程。我们一定要从战略和全局的高度，充分认识未成年人思想道德建设的重大意义，采取切实有效措施，扎实推进净化社会文化环境的各项工作。

要坚持标本兼治、综合治理，把依法打击与教育引导结合起来，把开展专项行动与加强日常管理结合起来，把加强行业自律与强化社会监督结合起来，把加强监管力量与提高技术防范能力结合起来。教育、文化、公安、新闻出版、广播电视、工商行政管理等各有关部门应齐心协力，整治互联网低俗之风，坚决取缔“黑网吧”；荧屏声频要传递真善美，出版物要引人健康向上；保证网吧、台球室、棋牌室、录像厅、歌舞厅、电子游戏厅等营业性场所远离校园，给校园周边一块净土。

净化社会文化环境重在建设。要一手抓管理，一手抓繁荣，努力满足未成年人的精神文化需求。建设应追求精品力作，广大文化工作者在深入了解未成年人内心世界、精神需求的基础上，创作出益德益智的精品。建设应重视新兴媒体，努力推动适合未成年人的优秀文化作品数字化、网络化传播。建设应重视阵地，在免费开放各类教育基地和公益性文化设施基础上，开辟更加丰富的校外活动场所。建设应有针对性，无论歌曲、动漫，还是影视片、出版物，都要注重贴近未成年人健康成长的特点。

未成年人是祖国的明天。各部门要各负其责，密切合作，并动员社会各方面力量共同参与，给未成年人健康成长撑起一片蓝天，为培养中国特色社会主义事业合格建设者和可靠接班人作出积极贡献。

付春艳在大冬会女子速滑3000米比赛中以4分15秒73的成绩夺得冠军

2008安踏CCTV体坛风云人物颁奖盛典在北京举行

杨威和张怡宁分别获得最佳男女运动员奖，最受关注的评委会特别奖则授予北京奥运会开闭幕式总导演张艺谋。

2月22日

国家副主席习近平在瓦莱塔同马耳他总理贡齐举行会谈

习近平首先转达了胡锦涛主席和温家宝总理的诚挚问候。他说，不久前，两国迎来了建交37周年。多年来，不管国际风云如何变幻，两国关系一直健康顺利发展，两国合作堪称典范。根本原因一是政治上双方始终相互理解、相互尊重、平等相待；二是经济上一贯坚持优势互补，积极寻求互利互惠，努力实现合作共赢；三是在国际事务中相互支持，相互配合，共同致力于促进世界和平与发展。中马友谊经受住了时间的考验。习近平说，马方坚持一个中国原则，坚定支持中国的统一大业，中方对此表示高度赞赏。

习近平说，中方高度重视中马关系，此次访问目的是巩固中马传统友好，推进双方各领域交流合作。在当前国际金融危机扩散和蔓延形势下，中国愿与马方共同努力，推动两国合作不断取得新成果，用实际行动应对国际金融危机的挑战。为此，中方建议：第一，深化中马传统友好关系，加强两国政府、议会、政党交往，在各个级别上增加交流与磋商，增进理解和互信。第二，挖掘经贸合作潜力，本着积极务实、平等互利的原则，不断探索两国经贸合作的新领域，提高互利合作水平。2010年上海世博会规模空前，是重要合作平台，中方欢迎马积极参展。第三，扩大文化、教育、医疗、旅游等领域交往，夯实两国关系的社会基础。第四，推动中欧关系健康稳定发展。马耳他是中国在欧盟内的好朋友、好伙伴，希望马方在推动中欧关系发展方面继续发挥积极作用。

贡齐说，马中建交以来尤其是近年来，两国在政治、外交、经济以及文化、教育等领域的合作取得显著进展。两国将要签署的投资保护协定显示了双方关系的新发展。当前国际金融危机使每个国家都面临挑战，在此背景下，马中加强合作比过去任何时候都更加重要。马感谢中方邀请马参加上海世博会，将充分利用这一平台向世界展示宣传马耳他。马欢迎更多的中国企业、游客、学生来马，愿为此提供签证等方面的便利。他说，马高度重视欧中关系，愿为此发挥建设性作用。马坚定奉行一个中国政策。

会谈后，双方共同出席了经济、文化、司法等双边合作文件的签字仪式。

2007—2008学年度国家奖学金颁奖大会在北京召开

国务委员刘延东为国家奖学金获奖学生代表颁奖时强调，促进教育公平是一项长期艰巨的任务。受国际金融危机影响，这项工作难度进一步加大，但无论遇到多么大的困难，国家促进教育公平的决心不会改变，扶助经济困难学生的政策措施不会改变，保障每一个孩子不因家庭经济困难而失学的承诺不会改变。各级政府、各有关部门要把建立、健全资助政策体系作为履行政府公共财政职能的重要内容，努力做到家庭经济困难学生“应助尽助”。要确保资助经费落实到位，扎实推进生源地信用助学贷款，关心特殊困难学生群体，落实好汶川地震重灾区困难学生特别资助政策。

刘延东指出，每年奖励5万名特别优秀高校学生的国家奖学金制度激发了广大高校学生积极进取、全面发展的热情。她希望青年学生深切感受党和国家的关怀和温暖，勉励青年学生坚定理想信念，树立远大志向，在建设中国特色社会主义中奉献才智；勤奋刻苦学习，掌握扎实本领，在建设创新型国家中勇挑重担；塑造人文情怀，培育宽广胸襟，在弘扬中华优秀文化中贡献力量；坚持深入基层，开展社会实践，在服务经济社会发展中创造业绩；磨砺精神品质，锤炼道德修养，在战胜困难和考验中成长成才，做社会主义事业的合格建设者和可靠接班人。

中央和各省(区、市)教育、财政部门及部分高校有关负责人，2007—2008学年度国家奖学金获奖学生代表以及部分在京高校师生代表约700人参加会议。

李妮娜在大冬会自由式滑雪女子空中技巧比赛中获得冠军

张丹 张昊在大冬会花样滑冰双人自由滑的比赛中以总成绩195.32分获得冠军

山西省焦煤集团屯兰煤矿发生特别重大瓦斯爆炸事故

2月23日

中共中央总书记胡锦涛在主持政治局第十二次集体学习时发表讲话

胡锦涛指出，当前，世界经济形势严峻复杂，国际金融危机尚未见底，我国经济增长下行压力加大。越是困难的时候，越是要坚定信心。要全面分析形势，准确把握和充分运用我国经济发展的有利条件。一是我国经济发展的基本态势没有发生根本变化，中央及时采取积极的财政政策和适度宽松的货币政策，果断出台一系列应对国际金融危机冲击的有针对性的政策措施，我国经济在世界各国经济增长中仍然处在前列。

二是我国经济发展的优势条件没有发生根本变化，我国社会主义市场经济体制已基本建立，改革开放30年的持续快速发展为我国打下了应对各种风险和挑战的坚实物质基础。三是我国工业化、城镇化加快发展的趋势没有发生根本变化，我国经济发展的内在动力依然强劲。四是我国发展的外部环境没有发生根本变化，和平、发展、合作仍然是当今世界的潮流，全球经济面临的调整和重组也为我国经济发展带来了新的机遇。党的坚强领导，社会主义制度的优越性，全国各族人民的团结奋斗，是我们众志成城、共克时艰、抵御国际金融危机冲击的强大力量。

胡锦涛强调，关于今年的经济工作，中央已经作出全面部署，要抓住关键、突出重点、统筹兼顾、全面落实。要坚持扩大内需为主和稳定外需相结合，采取更强有力的措施扩大国内需求特别是扩大消费需求，以拉动经济增长。要坚持保增长和调结构、增效益相统一，把保增长建立在提高质量、优化结构、增加效益、降低消耗、保护环境的基础之上，努力形成新的经济增长点和竞争优势。要坚持把改革开放作为保增长的强大动力，抓住时机、掌握节奏、把握力度，积极推进重点领域和关键环节改革，加快形成充满活力、富有效率、更加开放、有利于科学发展的体制机制，通过改革创新增强应对国际金融危机冲击能力、增强解决我国发展深层次矛盾和问题能力。要坚持把改善民生作为保增长的出发点和落脚点，注重把保增长、扩内需同改善民生紧密结合起来，急群众所急，解群众所难，进一步解决好人民最关心、最直接、最现实的利益问题，切实维护社会稳定。

胡锦涛强调，完成保持经济平稳较快发展的首要任务，关键在领导。各级党委和政府要深入贯彻落实科学发展观，坚持一切从实际出发，创造性地贯彻落实中央的决策部署，把宏观调控政策措施的积极效应充分发挥出来。要认真分析国际金融危机走势及其影响，增强工作的预见性、主动性、创造性，既要为当前保持经济平稳较快发展积极采取措施，又要为今后实现经济又好又快发展创造条件，提高驾驭复杂局面能力。要坚持问政于民、问需于民、问计于民，使保增长、保民生、保稳定的政策措施和工作部署更加符合实际、更加符合群众要求。要坚持艰苦奋斗、勤俭节约，切实转变作风，坚持重实际、鼓实劲、求实效，不断开创经济社会又好又快发展新局面。

中共中央政治局召开会议讨论国务院拟提请第十一届全国人民代表大会第二次会议审议的《政府工作报告》稿

会议由中共中央总书记胡锦涛主持会议。

会议指出，2008年是极不平凡的一年。我国经济社会发展经受住了历史罕见的重大挑战和考验，改革开放和社会主义现代化建设取得新的重大成就。我们及时果断调整宏观经济政策，积极应对国际金融危机的严重冲击，国民经济继续保持平稳较快发展，改革开放深入推进，社会事业加快发展，人民生活进一步改善，全面夺取抗击特大自然灾害的重大胜利，成功举办北京奥运会、残奥会，圆满完成“神舟”七号载人航天飞行。这些成就，标志着我们在中国特色社会主义道路上迈出新的坚实步伐，极大地增强了全国各族人民战胜困难的勇气和力量。过去一年的成就来之不易，是党中央统揽全局、正确领导的结果，是全党全军全国各族人民同心同德、团结奋斗的结果。国务院和地方各级政府认真履行职责，积极进取，攻坚克难，做了大量卓有成效的工作。

会议强调，2009年是实施“十一五”规划的关键之年，也是进入新世纪以来我国经济发展最为困难的一年，改革发展稳定的任务十分繁重。我们一定要深刻认识国际国内经济形势的严峻性和复杂性，增强危机意识和忧患意识，充分利用有利条件，积极应对各种挑战，振奋精神，共克时艰，努力做好工作。各级党委和政府要按照中央的部署和要求，高举中国特色社会主义伟大旗帜，以邓小平理论和“三个代表”重要思想为指导，深入贯彻落实科学发展观，把保持经济平稳较快发展作为经济工作的首要任务，加强和改善宏观调控，着力扩大国内需求特别是消费需求，着力转变发展方式、加快经济结构战略性调整，着力深化改革、提高对外开放水平，着力改善民生、促进社会和谐，全面推进社会主义经济建设、政治建设、文化建设、社会建设以及生态文明建设，以新的优异成绩迎接中华人民共和国成立60周年。

会议指出，做好今年的政府工作，必须把握好扩内需、保增长，调结构、上水平，抓改革、增活力，重民生、促和谐的原则。要以应对国际金融危机、促进经济平稳较快发展为主线，统筹兼顾，突出重点，全面实施促进经济平稳较快发展的一揽子计划，大规模增加政府投资，大范围实施调整振兴产业规划，大力推进自主创新，大幅度提高社会保障水平。要加强和改善宏观调控，保持经济平稳较快发展；积极扩大国内需求特别是消费需求，增强内需对经济增长的拉动作用；巩固和加强农业基础地位，促进农业稳定发展和农民持续增收；加快转变发展方式，大力推进经济结构战略性调整；继续深化改革开放，进一步完善有利于科学发展的体制机制；大力发展社会事业，着力保障和改善民生，维护社会和谐稳定；推进政府自身建设，提高驾驭经济社会发展全局的能力。全党全国要在党中央领导下，坚定必胜信心，勇敢面对挑战，齐心协力，扎实工作，锐意进取，奋力把改革开放和社会主义现代化建设推向前进。

全国人大常委会副委员长陈至立在全国文明家庭及小公民道德建设活动协调小组会议上发表讲话

陈至立强调，要认真学习贯彻中央关于家庭建设的一系列重要指示精神，充分认识家庭建设在国家经济社会发展全局中的重要作用，以“和谐家庭创建行动”和小公民道德建设暨“双合格”家庭教育宣传实践活动为载体，推动文明和谐家庭建设，促进少年儿童健康成长及社会和谐稳定。

陈至立强调，今年是新中国成立60周年，要服从服务于改革发展稳定的大局，围绕“迎国庆、讲文明、树新风”活动，推动文明家庭创建及未成年人道德实践活动深入开展。一要充分发挥“五好文明家庭”的品牌效应，深化活动内涵、提升载体质量，使这项工作更富有时代特色、更富有实际成效。二要依托学校、社区和未成年人校外活动阵地，充分发挥现代传媒的作用，广泛开展适应未成年人身心特点、主题鲜明、内容丰富的道德实践活动。三要继续大力实施关爱农村留守流动儿童行动，以政策推动为重点，进一步加强部门协作，为农村留守儿童和进城务工人员子女的健康成长积极创造条件。四要进一步形成强大的工作合力，使家庭建设工作的整体功能更强、成效更实、社会影响更大。

《人民日报》发表评论员文章《树立正确的政绩观》

怎样看待政绩，秉持什么样的政绩观，这是领导干部党性修养的重要体现，是衡量领导干部能否正确对待群众、正确对待组织、正确对待自己的试金石。

“为官一任，造福一方”。对领导干部来说，发展经济，造福百姓，应该也必须干出成绩。通过扎实勤奋的工作，为党和人民作出突出贡献、建立突出政绩，这是奋发有为的领导干部的应有追求。这里的关键是要搞清楚、弄明白，什么是真正对党和人民有益的实事？什么是中看不中用的花拳绣腿？不树立正确的政绩观，不仅科学发展无从谈起，而且还会急功近利、欺上瞒下，热衷于“形象工程”、“政绩工程”、“面子工程”，劳民伤财、贻害子孙。有的干部说话办事不怕群众不满意，就怕领导不注意；不怕群众不高兴，就怕领导不开心。还有一些干部，只抓那些容易出成果的“显绩”，不啃“硬骨头”；只关注局部利益，不顾及全局得失。他们树“政绩”的目的，是给自己留名，为自己邀官。这样的干部，不仅办不好事业，还损害了党的形象；这样的“政绩”，不仅对百姓没有益处，还会妨碍国家发展大局。

共产党人的政绩，说到底就是实现最广大人民的根本利益。当代共产党人的政绩，就是做得人心、暖人心、稳人心的好事实事，就是解决群众最关心、最迫切需要解决的问题，就是全面建设小康社会，促进人的全面发展。

正确的政绩观和科学发展观紧密相连。科学发展观引导着正确的政绩观，正确的政绩观实践着科学的发展观。科学发展观所要求的政绩，是以人为本的政绩，是全面协调可持续发展的政绩，是资源节约、环境友好的政绩。事实证明，在发展观上出现盲区，往往会在政绩观上陷入误区；缺乏正确的政绩观，往往会在实践中偏离科学的发展观。

树立正确政绩观，必须坚持一切从实际出发，实事求是。要尊重客观规律，提高领导水平，立足当前、着眼长远，积极进取、量力而行，不搞主观臆断和违背客观规律的“拍脑袋”决策，不追求脱离实际的盲目攀比，不提哗众取宠的空洞口号，不搞虚报浮夸和报喜不报忧。

政绩最终都要用实践、群众和历史这三把尺子加以检验。经济和社会发展好与不好，应该是实践说了算，应该是群众说了算，还要经得起历史检验。我们的领导干部一定要求真务实、埋头苦干，察实情、讲实话，鼓实劲、出实招，办实事、求实效，把全部精力用在推动经济社会又好又快发展上、用在保障和改善民生上、用在促进社会和谐稳定上。以这样的眼光看待政绩，以这样的尺度检验政绩，以这样的精神追求政绩，才能创造出无愧于党和人民的政绩。

我国水电装机容量1.7亿千瓦

《人民日报》报道：我国水电目前装机容量达1.7亿千瓦，年发电量5600亿千瓦时，在建规模约7000万千瓦，居世界首位。水电已占全国电力总装机的21.6%，为经济社会发展提供了大量清洁电力。小水电资源技术可开发量达1.28亿千瓦，同样居世界首位。

中越双方在广西凭祥友谊关口岸举行仪式共同庆祝陆地边界勘界立碑圆满结束

国务委员戴秉国和越南副总理兼外长范家谦分别代表两国政府出席仪式并致辞。两国外交、国防、公安、测绘、经济部门和边境地方政府代表400余人参加了庆祝活动。

国务委员梁光烈在八一大楼分别会见芬兰国防军总参谋长阿里·普海洛伊宁一行和泰国陆军司令阿努蓬·保津达一行

教育部举行教育规划纲要征求意见第一次座谈会

座谈会由中央教科所所长袁振国主持。教育部邀请来的专家、校长、老师、家长、网友等社会各界代表纷纷就如何减轻中小学生课业负担建言献策。大家认为，学生负担过重不仅是教育问题，也是社会问题。造成学生负担过重的原因是多方面的，有教育制度问题、管理问题，也有家庭问题，还有教师素质和考试制度的问题，需要综合治理。大家建议，要深入教育改革，对各类学生所要接受的知识、结构、内容进一步研究。对于教材中过于难、偏、繁的内容进行删减或者调整，更加合理地安排各学段的内容和课时标准。

中国体育代表团在大冬会获得四块金牌

中国选手刘秋宏获得短道速滑女子1000米金牌；在短道速滑项目最精彩的女子3000米接力和男子5000米接力的比赛中，中国男女接力队发挥出色，双双夺魁；贾宗洋在大冬会自由式滑雪男子空中技巧比赛中以总分239.411分获得冠军；在男子5000米接力比赛中中国选手王洪洋、陈鑫、张志强和高鸣获得冠军。

2月24日

国家主席胡锦涛同正在上海进行访问的巴基斯坦总统扎尔达里通电话

国务院总理温家宝在中南海紫光阁会见韩国外交通商部长官柳明桓一行

中央书记处书记习近平主持召开中央深入学习实践科学发展观活动领导小组第五次会议

习近平强调，在党中央的正确领导下，在各地区各部门各单位的共同努力下，第一批学习实践活动扎实推进，进展顺利，取得实际成效，到本月底总体上将基本告一段落。参加第一批学习实践活动的单位，要继续抓好整改落实方案的实施，抓好群众满意度测评，抓好突出问题的解决，抓好体制机制的建立、健全，抓好学习实践活动的总结，确保第一批学习实践活动善始善终，达到中央提出的目标要求。要充分宣传第一批学习实践活动的做法、经验和成效，为第二批学习实践活动顺利启动营造良好氛围。

习近平指出，第二批学习实践活动主要在市县机关、国有企业、高等学校开展。参加这一批学习实践活动的党员干部大多数处于改革、发展、稳定的第一线，他们直接面对基层、面对群众，承担着推进改革、促进发展、维护稳定的重要任务。扎实搞好第二批学习实践活动，有利于进一步用中国特色社会主义理论体系武装市县机关、国有企业、高等学校广大党员干部头脑，进一步增强贯彻落实科学发展观的自觉性和坚定性；有利于充分发挥市县机关、国有企业、高等学校在科学发展全局中的重要作用，推动这些单位更加自觉地坚持以科学发展观为指导，完成保增长、保民生、保稳定的各项任务；有利于教育引导这些单位的广大党员干部增强党性、改进作风，密切党同人民群众的血肉联系。

习近平强调，参加第二批学习实践活动的单位多、人数多、领域多、范围广，党员的从业状况、职业构成、活动方式和思想状况差异比较大，加强工作指导的难度相对也大一些。各地区各部门各单位要充分认识搞好第二批学习实践活动的艰巨性，按照中央的要求抓紧做好调查摸底、组建工作机构、开展舆论宣传、制订实施方案等准备工作，确保第二批学习实践活动顺利启动、开局良好。

习近平在讲话中还对中央学习实践活动领导小组及其办公室下一步的工作提出了明确要求。

中央书记处书记、中组部部长、中央深入学习实践科学发展观活动领导小组副组长李源潮出席了会议。中央深入学习实践科学发展观活动领导小组成员参加了会议，23个中央指导检查组组长列席了会议。

中组部追授王瑛“全国优秀共产党员”称号

中央综治委预防青少年违法犯罪工作领导小组全体会议在北京召开

会议系统总结了2008年全国预防青少年违法犯罪工作，对2009年预防青少年违法犯罪工作作出部署，审议了新修订的《中央综治委预防青少年违法犯罪工作领导小组成员单位职责》和《2009年中央综治委预防青少年违法犯罪工作领导小组工作要点》。全国人大常委会副委员长兼秘书长、中央综治委副主任、中央综治委预防青少年违法犯罪工作领导小组组长李建国出席会议并讲话。

李建国强调，预防青少年违法犯罪工作关系千万家庭的安宁与幸福，关系社会的和谐与稳定，关系民族的未来和可持续发展。当前，青少年违法犯罪增长的势头还没有得到有效遏制。预防青少年违法犯罪工作面临一些新情况、新问题、新挑战，就业形势和重点群体工作压力明显加大，净化社会文化环境工作任务十分艰巨，青少年群体的新特点需要高度注意。各部门各地要牢固树立科学发展观，坚持以人为本、执政为民，认真贯彻落实中央的决策部署，扎实推进预防青少年违法犯罪工作。

李建国要求，各地区、各部门要明确任务，突出重点，狠抓落实，不断增强预防青少年违法犯罪工作的针对性和实效性。要以建设社会主义核心价值体系为根本，大力推进青少年的思想道德教育。要抓住重点问题和重点人群，健全完善工作长效机制，提高工作的科学性、针对性和前瞻性。要强化基层基础建设，关口前置，重心下移，把工作措施落实到基层。要积极引导社会广泛参与，加大宣传力度，让全社会都来关注和支持预防青少年违法犯罪工作。

共青团中央书记处第一书记、中央综治委预防青少年违法犯罪工作领导小组副组长陆昊主持会议。

最高人民法院在北京召开深入学习实践科学发展观活动总结大会

最高人民法院党组书记、院长王胜俊强调，当前和今后一个时期，人民法院要以党的十七大精神为指导，深入贯彻落实科学发展观，坚持“三个至上”指导思想，坚持“从严治院、公信立院、科技强院”工作方针，着眼服务科学发展和自身科学发展，确保人民法院理念正确、审判公正、执行高效、队伍廉洁，更好地为大局服务、为人民司法。深入抓好各项整改任务落实，进一步从体制机制层面解决影响法院工作科学发展的矛盾问题，进一步提高人民法院司法公信力，为实现经济社会又好又快发展、促进社会和谐稳定提供强有力的司法保障。

中央第十三指导检查组组长项宗西出席会议并讲话，最高人民法院党组副书记、常务副院长沈德咏主持会议。

“西藏民主改革50年大型展览”在北京举行

书记处书记、中宣部部长刘云山出席开幕式并宣布展览开幕。

刘云山在致辞中指出，在西藏民主改革50周年到来之际，举办“西藏民主改革50年大型展览”具有特殊的重要意义。展览通过大量的文献资料，有力说明了西藏自古以来是中国不可分割一部分，全面揭露了旧西藏政教合一封建农奴制的黑暗和达赖集团1959年武装叛乱的历史真相，集中展示了西藏民主改革的历史进程和50年来西藏发生的翻天覆地的变化。这个展览，是一部对广大干部群众进行爱国主义教育的生动教材，也有助于让世人更好地了解一个真实的西藏、发展变化的西藏。

刘云山指出，所有真正了解西藏、关心西藏的人都不会否认这样一个事实，这就是：西藏民主改革50年来，在中央的关怀和全国人民的支援下，西藏各族人民以主人翁的姿态迸发出建设新社会、创造新生活的巨大热情，在现代化建设中创造了一个又一个奇迹。

刘云山强调，历史雄辩地证明，没有民主改革，就没有西藏广大劳动人民的翻身解放，就没有西藏社会的跨越式发展，就没有西藏各族人民今天的美好生活。只有坚持中国共产党领导、坚持中国特色社会主义道路、坚持民族区域自治制度，才能建设一个团结富裕民主文明的新西藏。

全国政协副主席、中央统战部部长杜青林出席了开幕式。

台盟中央 全国台联在北京召开座谈会纪念“二·二八”起义62周年

全国政协副主席、台盟中央主席林文漪，台盟中央常务副主席汪毅夫，全国台联会长梁国扬出席座谈会。

全国台联副会长纪斌在座谈会上发表讲话时说，只有走两岸同胞共谋和平发展的正确道路，台湾同胞才能真正抚平历史的伤痕，获得更大的利益和福祉；只有海峡两岸共同发展繁荣，才能实现真正意义上的全民族的伟大复兴，两岸同胞才能共享伟大祖国带给我们的尊严和荣耀，这是今天纪念“二·二八”起义的现实意义所在。

座谈会上，“二·二八”起义亲历者、老台胞黄幸等先后发言。部分在京的“二·二八”起义亲历者和台盟中央、全国台联有关人士与会。

全国重点流域治理完成投资510亿元

截至2008年9月，淮河、海河、辽河、巢湖、滇池、松花江、三峡库区及其上游、黄河中上游8个流域规划安排的2712个治理项目完成投资510亿元，好于“十五”同期进展水平。丹江口库区及上游水污染防治和水土保持规划项目建成或在建151个，完成投资22亿元；南水北调东线工程治污规划2008年安排污染治理项目开工率和资金到位率分别达到84.3%和54.8%。

全国人大常委会副委员长陈至立在人民大会堂会见以伊朗外交部人权和国际妇女事务总司长纳扎里为团长的伊朗妇女代表团

外交部部长杨洁篪在钓鱼台国宾馆与韩国外交通商部长官柳明桓举行会谈

对外友协和苏丹驻华大使馆在北京举行招待会庆祝中国与苏丹建交50周年

董飞飞在大冬会速度滑冰女子5000米比赛中以7分19秒76的成绩夺得冠军

2月25日

十一届全国人大常委会第七次会议在人民大会堂举行第一次全体会议

吴邦国委员长主持会议。

会议审议了全国人大常委会工作报告稿、十一届全国人大二次会议议程草案、主席团和秘书长名单草案、列席人员名单草案。同时,会议继续审议食品安全法草案、刑法修正案(七)草案、保险法修订草案。

食品安全关系公众身体健康和生命安全,全国人大常委会高度重视食品安全法的制定工作。2007年,十届全国人大常委会对食品安全法草案进行初次审议,之后向社会公布草案全文,广泛征求意见,对草案进行修改完善。2008年8月,十一届全国人大常委会第四次会议对草案进行了第二次审议。在三鹿牌婴幼儿奶粉事件发生后,全国人大法律委员会、常委会法制工作委员会着重就法律制度上如何预防和处置这类重大食品安全事故问题进行了认真研究,对草案作出了有针对性的修改;10月,十一届全国人大常委会第五次会议对草案进行了第三次审议,并就食品安全监管体制等重大问题进一步征求意见,进行相应修改完善。本次常委会会议是第四次审议。全国人大法律委员会副主任委员刘锡荣向今天的全体会议作了关于食品安全法草案审议结果的报告,汇报了草案关于食品安全监管体制、加强保健食品监管、强化食品安全全程监管、加强食品广告管理、减轻食品生产经营者负担、明确民事赔偿责任优先原则等方面的修改情况。法律委员会认为,目前草案已比较成熟,建议本次常委会会议审议通过。

会议听取了全国人大法律委员会副主任委员李适时、孙安民分别作的关于刑法修正案(七)草案审议结果的报告、关于保险法修订草案审议结果的报告。法律委员会认为,这两部法律草案已经比较成熟,建议本次常委会会议审议通过。

会议审议了国务院关于提请审议批准《中华人民共和国和秘鲁共和国关于民事和商事司法协助的条约》的议案、关于提请审议批准《中华人民共和国和墨西哥合众国引渡条约》的议案、关于提请审议批准《中华人民共和国和日本国领事协定》的议案。受国务院委托,外交部部长杨洁篪就上述议案作了说明。

会议还听取了全国人大常委会代表资格审查委员会主任委员黄镇东作的关于个别代表的代表资格的报告,审议了有关任免案等。

全国人大常委会副委员长王兆国、路甬祥、乌云其木格、韩启德、华建敏、陈至立、周铁农、李建国、司马义·铁力瓦尔地、蒋树声、陈昌智、严隽琪、桑国卫出席会议。国务委员兼国务院秘书长马凯、最高人民法院院长王胜俊、最高人民检察院检察长曹建明等列席会议。

国务院总理温家宝主持召开国务院常务会议

会议审议并原则通过有色金属产业和物流业调整振兴规划,研究部署发挥科技支撑作用,促进经济平稳较快发展。

会议认为,有色金属产品种类多,应用领域广,关联度大,在经济社会发展中发挥着重要作用。推进有色金属产业调整和振兴,要以控制总量、淘汰落后、技术改造、企业重组为重点,推动产业结构调整和优化升级。一要稳定和扩大国内市场,改善出口环境。调整产品结构,满足电力、交通、建筑、机械、轻工等行业需求。支持技术含量和附加值高的深加工产品出口。二要严格控制总量,加快淘汰落后产能。三要加大技术改造和研发力度,推动技术进步。开发前沿共性技术,提高装备工艺水平和关键材料加工能力。四要促进企业重组,优化产业布局,加强企业管理和安全监管,提高产业竞争力。五要充分利用国内外两种资源,增强资源保障能力。六要加快建设覆盖全社会的有色金属再生利用体系,发展循环经济,提高资源综合利用水平。会议决定,国家安排贷款贴息支持企业技术改造,抓紧建立国家收储机制,调整产品出口退税率结构。

会议指出,物流业是融合运输、仓储、货运代理和信息等行业的复合型服务产业,涉及领域广,吸纳就业人数多,促进生产、拉动消费作用大。但是我国物流业总体水平落后,严重制约国民经济效益的提高。必须加快发展现代物流,建立现代物流服务体系,以物流服务促进其他产业发展。一要积极扩大物流市场需求,促进物流企业与生产、商贸企业互动发展,推进物流服务社会化和专业化。二要加快企业兼并重组,培育一批服务水平高、国际竞争力强的大型现代物流企业。三要推动能源、矿产、汽车、农产品、医药等重点领域物流发展,加快发展国际物流和保税物流。四要加强物流基础设施建设,提高物流标准化程度和信息化水平。会议确定了振兴物流业的九大重点工程,包括多式联运和转运设施、物流园区、城市配送、大宗商品和农村物流、制造业和物流业联动发展、物流标准和技术推广、物流公共信息平台、物流科技攻关及应急物流等。会议要求,各地区、各有关部门要加强组织协调,深化物流管理体制改革,完善政策法规体系,多渠道增加投入,加快物流人才培养,促进我国物流业平稳较快发展。

会议指出,加强科技创新,充分发挥科学技术的支撑作用,对于应对国际金融危机、增强发展后劲,具有重要意义。当前要着力抓好以下工作:(一)抓紧实施与扩内需、保增长紧密相关的科技重大专项。优先安排对当前产业发展和扩大内需具有直接作用、已有较好基础、可以尽快形成具有市场竞争力产品的攻关任务,加快实施进度,尽快取得一批重大成果。(二)加快研发制约重点产业发展的关键技术,为产业振兴提供强有力的科技支撑。对成熟的技术和产品要加大产业化、商业化和规模化应用力度。(三)大力支持企业提高自主创新能力。鼓励骨干企业承担国家重大科技攻关任务,建立面向企业开放共享的技术创新服务平台,加快先进技术向中小企业转移。(四)加快发展高新技术产业集群。发挥国家高新技术产业开发区作用,大力支持新能源、生物、新材料、信息等战略性高新技术产业,积极发展创意、动漫、游戏、应用软件等新兴产业,培育新的经济增长点。(五)动员科研院所和高等院校科技力量主动服务企业。支持科研院所与企业联合研发技术、开发产品,促进人才向企业流动。鼓励科研院所为企业提供检测、标准等服务。加强科技人才的引进和培养。会议决定,调整优化科技重大专项和国家科技计划财政投入结构,今明两年中央和地方财政集中1000亿元,加大对实施上述任务的投入;支持自主创新产品推广应用,鼓励使用国产首台(套)装备;加大对科技创新的金融支持力度,推进多层次资本市场建设。

国务院总理温家宝签署第551号令发布《废弃电器电子产品回收处理管理条例》

《废弃电器电子产品回收处理管理条例》已经2008年8月20日国务院第23次常务会议通过,现予公布,自2011年1月1日起施行。

总理　温家宝

2009年2月25日

废弃电器电子产品回收处理管理条例

第一章　总　则

第一条　为了规范废弃电器电子产品的回收处理活动,促进资源综合利用和循环经济发展,保护环境,保障人体健康,根据《中华人民共和国清洁生产促进法》和《中华人民共和国固体废物污染环境防治法》的有关规定,制定本条例。

第二条　本条例所称废弃电器电子产品的处理活动,是指将废弃电器电子产品进行拆解,从中提取物质作为原材料或者燃料,用改变废弃电器电子产品物理、化学特性的方法减少已产生的废弃电器电子产品数量,减少或者消除其危害成分,以及将其最终置于符合环境保护要求的填埋场的活动,不包括产品维修、翻新以及经维修、翻新后作为旧货再使用的活动。

第三条　列入《废弃电器电子产品处理目录》(以下简称《目录》)的废弃电器电子产品的回收处理及相关活动,适用本条例。

国务院资源综合利用主管部门会同国务院环境保护、工业信息产业等主管部门制定和调整《目录》,报国务院批准后实施。

第四条　国务院环境保护主管部门会同国务院资源综合利用、工业信息产业主管部门负责组织拟定废弃电器电子产品回收处理的政策措施并协调实施,负责废弃电器电子产品处理的监督管理工作。国务院商务主管部门负责废弃电器电子产品回收的管理工作。国务院财政、工商、质量监督、税务、海关等主管部门在各自职责范围内负责相关管理工作。

第五条　国家对废弃电器电子产品实行多渠道回收和集中处理制度。

第六条　国家对废弃电器电子产品处理实行资格许可制度。设区的市级人民政府环境保护主管部门审批废弃电器电子产品处理企业(以下简称处理企业)资格。

第七条　国家建立废弃电器电子产品处理基金,用于废弃电器电子产品回收处理费用的补贴。电器电子产品生产者、进口电器电子产品的收货人或者其代理人应当按照规定履行废弃电器电子产品处理基金的缴纳义务。

废弃电器电子产品处理基金应当纳入预算管理,其征收、使用、管理的具体办法由国务院财政部门会同国务院环境保护、资源综合利用、工业信息产业主管部门制订,报国务院批准后施行。

制订废弃电器电子产品处理基金的征收标准和补贴标准,应当充分听取电器电子产品生产企业、处理企业、有关行业协会及专家的意见。

第八条　国家鼓励和支持废弃电器电子产品处理的科学研究、技术开发、相关技术标准的研究以及新技术、新工艺、新设备的示范、推广和应用。

第九条　属于国家禁止进口的废弃电器电子产品,不得进口。

第二章　相关方责任

第十条　电器电子产品生产者、进口电器电子产品的收货人或者其代理人生产、进口的电器电子产品应当符合国家有关电器电子产品污染控制的规定,采用有利于资源综合利用和无害化处理的设计方案,使用无毒无害或者低毒低害以及便于回收利用的材料。

电器电子产品上或者产品说明书中应当按照规定提供有关有毒有害物质含量、回收处理提示性说明等信息。

第十一条　国家鼓励电器电子产品生产者自行或

者委托销售者、维修机构、售后服务机构、废弃电器电子产品回收经营者回收废弃电器电子产品。电器电子产品销售者、维修机构、售后服务机构应当在其营业场所显著位置标注废弃电器电子产品回收处理提示性信息。

回收的废弃电器电子产品应当由有废弃电器电子产品处理资格的处理企业处理。

第十二条 废弃电器电子产品回收经营者应当采取多种方式为电器电子产品使用者提供方便、快捷的回收服务。

废弃电器电子产品回收经营者对回收的废弃电器电子产品进行处理，应当依照本条例规定取得废弃电器电子产品处理资格；未取得处理资格的，应当将回收的废弃电器电子产品交有废弃电器电子产品处理资格的处理企业处理。

回收的电器电子产品经过修复后销售的，必须符合保障人体健康和人身、财产安全等国家技术规范的强制性要求，并在显著位置标识为旧货。具体管理办法由国务院商务主管部门制定。

第十三条 机关、团体、企事业单位将废弃电器电子产品交有废弃电器电子产品处理资格的处理企业处理的，依照国家有关规定办理资产核销手续。

处理涉及国家秘密的废弃电器电子产品，依照国家保密规定办理。

第十四条 国家鼓励处理企业与相关电器电子产品生产者、销售者以及废弃电器电子产品回收经营者等建立长期合作关系，回收处理废弃电器电子产品。

第十五条 处理废弃电器电子产品，应当符合国家有关资源综合利用、环境保护、劳动安全和保障人体健康的要求。

禁止采用国家明令淘汰的技术和工艺处理废弃电器电子产品。

第十六条 处理企业应当建立废弃电器电子产品处理的日常环境监测制度。

第十七条 处理企业应当建立废弃电器电子产品的数据信息管理系统，向所在地的设区的市级人民政府环境保护主管部门报送废弃电器电子产品处理的基本数据和有关情况。废弃电器电子产品处理的基本数据的保存期限不得少于3年。

第十八条 处理企业处理废弃电器电子产品，依照国家有关规定享受税收优惠。

第十九条 回收、储存、运输、处理废弃电器电子产品的单位和个人，应当遵守国家有关环境保护和环境卫生管理的规定。

第三章 监督管理

第二十条 国务院资源综合利用、质量监督、环境保护、工业信息产业等主管部门，依照规定的职责制定废弃电器电子产品处理的相关政策和技术规范。

第二十一条 省级人民政府环境保护主管部门会同同级资源综合利用、商务、工业信息产业主管部门编制本地区废弃电器电子产品处理发展规划，报国务院环境保护主管部门备案。

地方人民政府应当将废弃电器电子产品回收处理基础设施建设纳入城乡规划。

第二十二条 取得废弃电器电子产品处理资格，依照《中华人民共和国公司登记管理条例》等规定办理登记并在其经营范围中注明废弃电器电子产品处理的企业，方可从事废弃电器电子产品处理活动。

除本条例第三十四条规定外，禁止未取得废弃电器电子产品处理资格的单位和个人处理废弃电器电子产品。

第二十三条 申请废弃电器电子产品处理资格，应当具备下列条件：

（一）具备完善的废弃电器电子产品处理设施；

（二）具有对不能完全处理的废弃电器电子产品的妥善利用或者处置方案；

（三）具有与所处理的废弃电器电子产品相适应的分拣、包装以及其他设备；

（四）具有相关安全、质量和环境保护的专业技术人员。

第二十四条 申请废弃电器电子产品处理资格，应当向所在地的设区的市级人民政府环境保护主管部门提交书面申请，并提供相关证明材料。受理申请的环境保护主管部门应当自收到完整的申请材料之日起60日内完成审查，作出准予许可或者不予许可的决定。

第二十五条 县级以上地方人民政府环境保护主管部门应当通过书面核查和实地检查等方式，加强对废弃电器电子产品处理活动的监督检查。

第二十六条 任何单位和个人都有权对违反本条例规定的行为向有关部门检举。有关部门应当为检举人保密，并依法及时处理。

第四章 法律责任

第二十七条 违反本条例规定，电器电子产品生产者、进口电器电子产品的收货人或者其代理人生产、进口的电器电子产品上或者产品说明书中未按照规定提供有关有毒有害物质含量、回收处理提示性说明等信息的，由县级以上地方人民政府产品质量监督部门责令限期改正，处5万元以下的罚款。

第二十八条 违反本条例规定，未取得废弃电器电子产品处理资格擅自从事废弃电器电子产品处理活动的，由工商行政管理机关依照《无照经营查处取缔办法》的规定予以处罚。

环境保护主管部门查出的,由县级以上人民政府环境保护主管部门责令停业、关闭,没收违法所得,并处5万元以上50万元以下的罚款。

第二十九条　违反本条例规定,采用国家明令淘汰的技术和工艺处理废弃电器电子产品的,由县级以上人民政府环境保护主管部门责令限期改正;情节严重的,由设区的市级人民政府环境保护主管部门依法暂停直至撤销其废弃电器电子产品处理资格。

第三十条　处理废弃电器电子产品造成环境污染的,由县级以上人民政府环境保护主管部门按照固体废物污染环境防治的有关规定予以处罚。

第三十一条　违反本条例规定,处理企业未建立废弃电器电子产品的数据信息管理系统,未按规定报送基本数据和有关情况或者报送基本数据、有关情况不真实,或者未按规定期限保存基本数据的,由所在地的设区的市级人民政府环境保护主管部门责令限期改正,可以处5万元以下的罚款。

第三十二条　违反本条例规定,处理企业未建立日常环境监测制度或者未开展日常环境监测的,由县级以上人民政府环境保护主管部门责令限期改正,可以处5万元以下的罚款。

第三十三条　违反本条例规定,有关行政主管部门的工作人员滥用职权、玩忽职守、徇私舞弊,构成犯罪的,依法追究刑事责任;尚不构成犯罪的,依法给予处分。

第五章　附　则

第三十四条　经省级人民政府批准,可以设立废弃电器电子产品集中处理场。废弃电器电子产品集中处理场应当具有完善的污染物集中处理设施,确保符合国家或者地方制定的污染物排放标准和固体废物污染环境防治技术标准,并应当遵守本条例的有关规定。

废弃电器电子产品集中处理场应当符合国家和当地工业区设置规划,与当地土地利用规划和城乡规划相协调,并应当加快实现产业升级。

第三十五条　本条例自2011年1月1日起施行。

政协第十一届全国委员会常务委员会第四次会议在北京召开

全国政协主席贾庆林主持开幕会。

本次常委会议为期三天,主要议程有:审议通过关于召开政协第十一届全国委员会第二次会议的决定;审议通过政协第十一届全国委员会第二次会议议程(草案)和日程;审议通过提交政协第十一届全国委员会第二次会议审议的常务委员会工作报告和关于政协十一届一次会议以来提案工作情况的报告;审议通过政协第十一届全国委员会第二次会议秘书长、副秘书长名单;审议通过有关人事事项;听取各专门委员会关于2008年度工作情况的汇报;审议有关工作总结、视察考察和出访情况的书面报告。

全国政协副主席王刚、廖晖、帕巴拉·格列朗杰、白立忱、陈奎元、阿不来提·阿不都热西提、李兆焯、黄孟复、董建华、张梅颖、张榕明、孙家正、李金华、郑万通、邓朴方、林文漪、厉无畏、罗富和、陈宗兴、王志珍出席会议。

全国政协主席贾庆林在人民大会堂会见由党中央科学教育部部长李光濠率领的朝鲜劳动党代表团

国务院副总理张德江在河南调研

2月25日至28日,张德江到河南就工业运行和就业工作进行调研,先后考察了郑州、新乡、洛阳的部分企业和劳动力市场,并召开座谈会。他指出,要把促进工业增长作为保持经济平稳较快发展的关键,认真落实扩内需、促增长的政策措施,加强对企业的分类指导和服务,支持和鼓励企业开拓国内外市场,大力调整优化产业结构,加快自主创新和技术改造步伐,切实加强和完善企业管理,培养、关心和爱护企业家,大力发展非公有制经济和县域经济,开拓创新,扎实工作,确保实现全年经济增长目标。

工业和信息化部部长李毅中、人力资源和社会保障部部长尹蔚民,河南省有关负责同志陪同调研。

中办 国办发出《关于创新群众工作方法解决信访突出问题的意见》

近年来,各地区各部门认真贯彻落实中央决策部署,解决了大量群众生产生活中遇到的困难和问题,赢得了群众拥护,凝聚了党心民心。同时应当看到,一些地方和部门还不同程度地存在损害群众利益、伤害群众感情的现象,引发了大量信访问题,尤其是在征地拆迁、劳动和社会保障、教育医疗、企业改制、环境保护等方面的信访问题比较突出,群众反映强烈。为深入贯彻落实党的十八大和十八届三中全会精神,推动信访工作制度改革,解决好人民群众最关心最直接最现实的利益问题,进一步密切党同人民群众的血肉联系,巩固和扩大党的群众路线教育实践活动成果,夯实党执政的群众基础,促进社会和谐稳定,现就创新群众工作方法、解决信访突出问题提出如下意见。

一、着力从源头上预防和减少信访问题发生

(一)加大保障和改善民生力度。将保障和改善民生作为预防和化解矛盾纠纷的基础性工作,更加注重落实好各项民生政策,优先保障民生支出。针对土地征用、房屋拆迁、劳动和社会保障等方面的突出问题,加强顶层设计，完善相关政策，全力推动落实。

（二）提高科学民主决策水平。完善决策机制和程序，增强决策透明度和公众参与度。建立、健全人民建议征集制度，鼓励和引导人民群众对党和政府工作献计献策。对与人民群众利益密切相关的决策事项，要通过举行座谈会、听证会、论证会等形式广泛听取意见，充分考虑大多数人的利益。健全重大决策社会稳定风险评估机制，把社会稳定风险评估作为重大决策出台的前置程序和刚性门槛，对决策可能引发的各种风险进行科学预测、综合研判，确定风险等级并制定相应的化解处置预案。在评估中要充分听取信访、维稳、综治等部门的意见。健全决策纠错改正机制，实时跟踪决策实施情况，及时了解利益相关方和社会公众对决策实施的意见和建议，全面评估决策执行效果，适时决定是否对决策予以调整或者停止执行。落实决策责任追究制度，对违反决策规定、出现重大决策失误而造成重大损失或者恶劣影响的，按照谁决策、谁负责的原则，严肃追究决策者的党纪政纪责任，触犯法律的依法追究其法律责任。

（三）坚持依法办事。各级国家机关及其工作人员要严格按照法定权限和程序行使权力、履行职责。强化各级干部带头学法遵法守法用法意识，提高依法办事能力。依法保障人民群众参与社会治理和公共事务，坚决纠正限制和干涉群众正常信访活动的错误做法。注重运用法治思维和法治方式化解矛盾纠纷，防止以闹求解决、以访谋私利、无理缠访闹访等现象发生。严格落实行政执法责任制，对于不作为、乱作为的，依法追究责任。深化司法体制改革，确保司法公平公正。建立、健全冤假错案责任追究制度，实行法官、检察官、人民警察对办案质量终身负责制，严肃查处刑讯逼供、暴力取证、隐匿伪造证据等违法行为，不断提高司法公信力。

（四）改进工作作风。发扬求真务实、真抓实干、密切联系群众的优良作风，深入基层调查研究，解决突出问题。总结推广干部进村入户、送政策送温暖送服务、记民情日记、建民情档案等做法，坚持与群众共同分析研究解决实际问题。坚决反对形式主义、官僚主义、享乐主义和奢靡之风，做到联系群众而不脱离群众、服务群众而不损害群众、解决问题而不引发问题，进一步密切党群干群关系。

二、进一步畅通和规范群众诉求表达渠道

（五）健全公开透明的诉求表达和办理方式。完善民生热线、视频接访、绿色邮政、信访代理等做法，更加重视群众来信尤其是初次来信办理，引导群众更多以书信、电话、传真、视频、电子邮件等形式表达诉求，树立通过上述形式也能有效解决问题的导向。实行网上受理信访制度，大力推行阳光信访，全面推进信访信息化建设，建立网下办理、网上流转的群众信访事项办理程序，实现办理过程和结果可查询、可跟踪、可督办、可评价，增强透明度和公正性；逐步推行信访事项办理群众满意度评价，把办理工作置于群众监督之下，提高信访公信力。

（六）突出领导干部接访下访重点。把领导干部接访下访作为党员干部直接联系群众的一项重要制度，与下基层调查研究、深入联系点、扶贫帮困等结合起来，提高工作实效性。省级领导干部每半年至少1天、市厅级领导干部每季度至少1天、县（市、区、旗）领导干部每月至少1天、乡镇（街道）领导干部每周至少1天到信访接待场所，按照属地管理、分级负责的原则接待群众来访，省、市及其工作部门领导干部一般不接待越级上访。在坚持定点接访的同时，更多采取重点约访、专题接访、带案下访、下基层接访、领导包案等方式，把行政资源集中用于解决重大疑难复杂问题、检验施政得失、完善政策措施、加强督查问效上。

（七）完善联合接访运行方式。按照一站式接待、一条龙办理、一揽子解决的要求，在市、县两级全部实行联合接访，减少群众信访成本，提高工作效率。加强对进驻联合接访场所责任部门的动态管理，做到信访问题突出的责任部门及时进驻，信访问题明显减少的责任部门有序退出；推行律师参与接访、心理咨询疏导和专业社会工作服务等第三方介入的方法，促进问题解决。

（八）引导群众依法逐级反映诉求。深入学习宣传贯彻《信访条例》，加快推进信访工作法治化建设。严格落实《信访条例》关于"属地管理、分级负责，谁主管、谁负责，依法、及时、就地解决问题与疏导教育相结合"的原则，健全依法及时就地解决群众合理诉求机制，进一步强化属地责任，积极引导群众以理性合法方式逐级表达诉求，不支持、不受理越级上访。中央和国家机关来访接待部门对应到而未到省级职能部门反映诉求的，或者省级职能部门正在处理且未超出法定处理期限的，或者信访事项已经依法终结的，不予受理。各地可结合实际制定具体实施办法。依法维护信访秩序，对信访活动中的违法犯罪行为，由公安机关依法处理。

（九）充分发挥法定诉求表达渠道作用。按照涉法涉诉信访工作机制改革的总体要求，严格实行诉讼与信访分离，把涉法涉诉信访纳入法治轨道解决，建立涉法涉诉信访依法终结制度。各级政府信访部门对涉法涉诉事项不予受理，引导信访人依照规定程序向有关政法机关提出，或者及时转同级政法机关依法办理。完善法院、检察院、公安、司法行政机关信访事项受理办理制度，落实便民利民措施，为群众提供便捷高效热情服务。完善诉讼、仲裁、行政复议等法定诉求表达方式，使合理合法诉求通过法律程序得到解决。加强司法能力建设，不断满足人民群众日益增长的司法需求，让人民群众在每一个司法案件中都感受到公平正义。

三、健全解决信访突出问题工作机制

（十）完善信访联席会议制度。强化各级信访联席会议综合协调、组织推动、督导落实等职能作用，形成整合资源、解决信访突出问题的工作合力。根据实际需要，及时调整成员单位组成和专项工作小组设置，进一步明确各自职责任务，建立、健全相关工作制度，特别注重从政策层面研究解决带有倾向性、普遍性和合理性的突出问题。

（十一）健全解决特殊疑难信访问题工作机制。综合运用法律、政策、经济、行政等手段和教育、协商、调解、疏导等办法，认真解决特殊疑难信访问题，做到诉求合理的解决问题到位，诉求无理的思想教育到位，生活困难的帮扶救助到位，行为违法的依法处理。建立信访听证制度，对疑难复杂信访问题进行公开听证，促进息诉息访；规范信访事项复查复核工作，对已审核认定办结的信访事项不再受理；健全信访事项协商会办等制度，明确相关责任，加大化解"三跨三分离"信访事项力度。

（十二）健全统筹督查督办信访事项工作机制。建立、健全党委和政府统一领导、信访联席会议组织实施、相关职能部门共同参与的督查督办工作机制，进一步加大解决和化解信访突出问题的力度。对久拖不决、涉及面广、群众反映强烈、社会关注度高的重大疑难信访突出问题，列入党委和政府督查机构督查范围；采取有针对性的方法，加强对重点地区、重点领域、重点问题的跟踪督查和问效。各级党委和政府要支持信访部门开展督查，重视信访部门提出的改进工作、完善政策、给予处分等建议。

（十三）健全科学合理的信访工作考核评价体系。改进和完善考核方式，综合考虑各地区经济社会发展情况、人口数量、地域特点、信访总量、诉求构成、解决问题的质量和效率等因素，合理设置考核项目和指标，不简单以信访数量多少为标准进行考评，推动各地区把工作重点放在预防和解决问题上。坚持量化考核和综合评议、上级评议和群众评议、平时考核和阶段性考核相结合，提高考核的科学性、客观性和可信度。

（十四）健全经常性教育疏导机制。认真研究把握新形势下思想政治工作特点和规律，教育和引导群众正确认识发展中存在的问题，正确处理个人利益和集体利益、局部利益和全局利益、当前利益和长远利益的关系，确立与当前经济社会发展阶段相适应的心理预期，自觉维护改革发展稳定大局。充分运用现代科技手段，通过建立政务微博、民生微信、民情QQ群等方式，搭建联系群众、体察民情、回应民意的新平台，提高互联网时代做好群众思想政治工作的能力和水平。

四、全面夯实基层基础

（十五）健全基层组织网络。进一步强化基层基础工作，把更多人力物力财力投向基层，把问题解决在基层，把矛盾化解在基层。创新党组织设置，推动党的组织和工作全覆盖。加强基层服务型党组织建设，提升基层党组织服务群众、做群众工作的能力和水平。建立、健全基层民主管理机制，落实党务公开、政务公开、厂务公开、村务公开制度，充分调动群众民主参与、民主管理、民主监督的积极性。进一步加强乡镇（街道）、村（社区）、机关、企事业单位、社会组织党组织建设，建立、健全解决问题、化解矛盾的基层综合服务管理平台。

（十六）组织动员社会力量参与。完善党代表、人大代表、政协委员联系群众制度，组织老干部、老党员、老模范、老教师、老军人等参与解决和化解信访突出问题相关工作。发挥工会、共青团、妇联等人民团体优势，做好组织引导服务群众和维护群众权益工作。制定扶持引导政策，通过政府购买服务、提供办公场所等形式，发挥好社会组织的积极作用。建立、健全群众参与机制和激励机制，把群众工作触角延伸到家家户户；引导村（社区）制定符合国家法律的村规民约，运用道德、习俗、伦理的力量调节关系、化解纠纷。

（十七）加大社会矛盾纠纷排查化解工作力度。把矛盾纠纷排查化解工作的重心从事后处理转移到事前预防上来，做到发现得早、化解得了、控制得住、处理得好。健全矛盾纠纷预警机制，加强信息汇集分析研判；推行民情分析会、民情恳谈会等做法，充分发挥村（社区）、企事业单位信息员、调解员的作用。全面推行网格化管理模式，完善信访和人民调解、行政调解、司法调解联动工作体系，实现小事不出村、大事不出乡、矛盾不上交。

五、切实加强组织领导

（十八）严格落实信访工作责任。各级党委和政府要把信访工作作为党的群众工作的重要组成部分和送上门来的群众工作，把创新群众工作方法、解决信访突出问题列入重要议事日程，定期研究部署，认真组织推动。落实主要领导负总责、分管领导具体负责、其他领导一岗双责，一级抓一级、层层抓落实的领导体制，为解决和化解信访突出问题提供组织保障。加大问责力度，对损害群众利益、造成信访突出问题的，对群众反映的问题推诿扯皮、不认真解决造成不良影响的，严肃追究责任。

（十九）强化舆论引导。各级党委宣传部门和新闻媒体要高度重视对创新群众工作方法、解决信访突出问题的正面宣传和舆论引导，大力宣传党委和政府为保障和改善民生所付出的艰苦努力、取得的巨大成绩，大力推广解决群众合理诉求、维护群众合法权益的典型经验和做法，发出主流声音，树立正确导向；选择典型案例，向社会曝光无理缠访闹访、违法聚集滋事而依法受到处理的行为。

（二十）加强信访干部队伍建设。各级党委和政府要重视和加强信访干部队伍建设，根据形势任务需要，不断充实信访工作力量。完善后备干部、新提拔干部和中青年干部到信访部门、信访干部到基层一线挂职锻炼制度；选拔群众工作经验丰富的干部到信访部门工作，重视信访干部的使用，深入开展信访干部交流工作，增强信访干部队伍活力，不断提高做好新形势下群众工作、解决信访突出问题的能力。

各地区各部门要按照中央要求，深入研究和准确把握新形势下群众工作的新特点新规律新要求，进一步转变工作作风，努力提高带着责任和感情做好群众工作的能力、提高解决信访突出问题的能力、提高从源头上预防和化解矛盾纠纷的能力，维护群众合法权益，维护社会公平正义，维护社会和谐稳定。

中共文献研究会在北京召开成立大会

国家副主席习近平出席大会并作重要讲话。

习近平对文献研究会提出三点希望：第一，充分发挥党的文献研究的优势，在用中国特色社会主义理论体系武装全党的工作中作出应有贡献。文献研究会要组织力量，对有关中国特色社会主义理论体系的文献和著作进行研究、阐发和宣传，帮助广大党员干部全面系统准确地学习和把握这一理论体系，深刻理解这一理论体系的思想渊源、科学内涵、精神实质和重大意义。文献研究会还要把丰富的文献编辑和研究成果转化为宣传成果，通过多种手段对广大干部、群众和青年进行理论教育，广泛地宣传中国特色社会主义理论体系。第二，对党的文献进行深入系统的研究，通过总结历史经验为党和国家工作大局服务。文献研究会要发扬理论联系实际的学风，深入系统地研究党的指导思想和党的历史经验，研究老一辈无产阶级革命家的思想理论和精神风范，研究我们党带领全国各族人民在实践和理论上的不断探索与历史性贡献，为建设社会主义核心价值体系服务。第三，加强与有关部门的联系，凝聚各方面研究力量，共同推动党的文献事业不断发展。文献研究会要开展多种形式的学术活动，活跃学术气氛，提高理论研究水平，多出高质量的研究成果。

中宣部部长刘云山，中组部部长李源潮出席成立大会。

中央纪委书记贺国强在人民大会堂会见王瑛同志先进事迹报告会成员

贺国强说，胡锦涛总书记的重要指示，对王瑛同志给予了高度评价，充分体现了对广大基层干部特别是纪检监察干部的关爱，对树立先进典型、弘扬新风正气具有重要指导意义，我们要认真学习贯彻。

贺国强说，王瑛同志坚持党性原则，热爱纪检工作，排除干扰，坚决查处违纪违法案件，认真开展监督检查工作，为基层反腐倡廉工作作出了突出贡献；她心系群众、热爱人民，以实际行动诠释了党与人民群众的血肉联系；她严于律己、廉洁简朴，多次拒绝他人要其利用职权办事的请托；她热爱生活，热爱亲人，在与疾病顽强斗争的日子里，仍不忘照顾老人、疼爱丈夫、教育孩子。我们为有这样的好党员而深感骄傲、为有这样的纪检监察干部而深感自豪。

贺国强指出，每一位共产党员特别是党员领导干部都应当以王瑛同志为榜样，学习她对党和国家无限忠诚的政治品质，学习她对腐败分子和消极腐败现象坚决斗争的职业操守，学习她对广大干部群众关心爱护的公仆情怀，学习她对自己和亲属严格要求的高尚情操，学习她求真务实、真抓实干的优良作风。要以王瑛同志为镜子，认真对照自己，查找差距和不足，像王瑛同志那样，加强党性修养，树立和弘扬良好作风，做到为民、务实、清廉，努力成为党的好干部、人民群众的贴心人。

刘云山、李源潮、何勇等参加了会见。

中央和国家机关贯彻落实2009年反腐倡廉工作任务分工会议在北京召开

中央纪委副书记何勇出席会议并讲话。

何勇指出，中央和国家机关要采取有力措施，抓好《关于中央和国家机关贯彻落实2009年反腐倡廉工作任务的分工意见》的落实。深入开展政治纪律教育和宣传，加强对政治纪律执行情况的监督检查，督促各级党组织和党员干部坚决贯彻中央的路线方针政策。加强对中央有关扩大内需、促进经济增长政策措施执行情况的监督检查，对项目实施和资金管理使用实行全方位、全过程监督检查。加强对领导干部作风状况的监督检查，推行党政领导干部问责制，把加强领导干部党性修养、树立和弘扬优良作风作为重大政治任务抓紧抓好。加强反腐倡廉宣传教育，严格执行领导干部廉洁自律有关规定。正确把握办案工作指导思想，围绕经济建设这个中心，坚持从严治党、坚决惩治腐败、促进经济平稳较快发展、维护社会和谐稳定。扎实推进纠风工作，认真解决群众反映强烈的突出问题。坚持一手抓惩治、一手抓预防，在解决重点领域腐败问题方面取得突破。认真抓好基层党风廉政建设。

会议由中央纪委副书记张惠新主持，中央纪委副书记干以胜宣读分工意见。

国务委员刘延东在中南海紫光阁会见英国怡和集团主席亨利·凯瑟克先生

中联部部长王家瑞在北京分别会见由党中央科学教育部部长李光濠率领的朝鲜劳动党代表团和韩国外交通商部部长官柳明桓

刘佳宇 孙志峰 徐晨在大冬会单板滑雪U型池的比赛中包揽女子项目的前三名

金佩钰在大冬会速度滑冰女子1000米比赛中以1分16秒83的成绩夺得冠军并改写大冬会的纪录

中国棋手古力九段在韩国江原道举行的第十三届LG杯世界棋王决战中获得冠军

2月26日

国务院总理温家宝签署第552号令发布《中华人民共和国抗旱条例》

《中华人民共和国抗旱条例》已经2009年2月11日国务院第49次常务会议通过，现予公布，自公布之日起施行。

总理　温家宝

2009年2月26日

中华人民共和国抗旱条例

第一章　总　则

第一条　为了预防和减轻干旱灾害及其造成的损失，保障生活用水，协调生产、生态用水，促进经济社会全面、协调、可持续发展，根据《中华人民共和国水法》，制定本条例。

第二条　在中华人民共和国境内从事预防和减轻干旱灾害的活动，应当遵守本条例。

本条例所称干旱灾害，是指由于降水减少、水工程供水不足引起的用水短缺，并对生活、生产和生态造成危害的事件。

第三条　抗旱工作坚持以人为本、预防为主、防抗结合和因地制宜、统筹兼顾、局部利益服从全局利益的原则。

第四条　县级以上人民政府应当将抗旱工作纳入本级国民经济和社会发展规划，所需经费纳入本级财政预算，保障抗旱工作的正常开展。

第五条　抗旱工作实行各级人民政府行政首长负责制，统一指挥、部门协作、分级负责。

第六条　国家防汛抗旱总指挥部负责组织、领导全国的抗旱工作。

国务院水行政主管部门负责全国抗旱的指导、监督、管理工作，承担国家防汛抗旱总指挥部的具体工作。国家防汛抗旱总指挥部的其他成员单位按照各自职责，负责有关抗旱工作。

第七条　国家确定的重要江河、湖泊的防汛抗旱指挥机构，由有关省、自治区、直辖市人民政府和该江河、湖泊的流域管理机构组成，负责协调所辖范围内的抗旱工作；流域管理机构承担流域防汛抗旱指挥机构的具体工作。

第八条　县级以上地方人民政府防汛抗旱指挥机构，在上级防汛抗旱指挥机构和本级人民政府的领导下，负责组织、指挥本行政区域内的抗旱工作。

县级以上地方人民政府水行政主管部门负责本行政区域内抗旱的指导、监督、管理工作，承担本级人民政府防汛抗旱指挥机构的具体工作。县级以上地方人民政府防汛抗旱指挥机构的其他成员单位按照各自职责，负责有关抗旱工作。

第九条　县级以上人民政府应当加强水利基础设施建设，完善抗旱工程体系，提高抗旱减灾能力。

第十条　各级人民政府、有关部门应当开展抗旱宣传教育活动，增强全社会抗旱减灾意识，鼓励和支持各种抗旱科学技术研究及其成果的推广应用。

第十一条　任何单位和个人都有保护抗旱设施和依法参加抗旱的义务。

第十二条　对在抗旱工作中作出突出贡献的单位和个人，按照国家有关规定给予表彰和奖励。

第二章　旱灾预防

第十三条　县级以上地方人民政府水行政主管部门会同同级有关部门编制本行政区域的抗旱规划，报本级人民政府批准后实施，并抄送上一级人民政府水行政主管部门。

第十四条　编制抗旱规划应当充分考虑本行政区域的国民经济和社会发展水平、水资源综合开发利用情况、干旱规律和特点、可供水资源量和抗旱能力以及城乡居民生活用水、工农业生产和生态用水的需求。

抗旱规划应当与水资源开发利用等规划相衔接。

下级抗旱规划应当与上一级的抗旱规划相协调。

第十五条　抗旱规划应当主要包括抗旱组织体系建设、抗旱应急水源建设、抗旱应急设施建设、抗旱物资储备、抗旱服务组织建设、旱情监测网络建设以及保障措施等。

第十六条 县级以上人民政府应当加强农田水利基础设施建设和农村饮水工程建设，组织做好抗旱应急工程及其配套设施建设和节水改造，提高抗旱供水能力和水资源利用效率。

县级以上人民政府水行政主管部门应当组织做好农田水利基础设施和农村饮水工程的管理和维护，确保其正常运行。

干旱缺水地区的地方人民政府及有关集体经济组织应当因地制宜修建中小微型蓄水、引水、提水工程和雨水集蓄利用工程。

第十七条 国家鼓励和扶持研发、使用抗旱节水机械和装备，推广农田节水技术，支持旱作地区修建抗旱设施，发展旱作节水农业。

国家鼓励、引导、扶持社会组织和个人建设、经营抗旱设施，并保护其合法权益。

第十八条 县级以上地方人民政府应当做好干旱期城乡居民生活供水的应急水源贮备保障工作。

第十九条 干旱灾害频繁发生地区的县级以上地方人民政府，应当根据抗旱工作需要储备必要的抗旱物资，并加强日常管理。

第二十条 县级以上人民政府应当根据水资源和水环境的承载能力，调整、优化经济结构和产业布局，合理配置水资源。

第二十一条 各级人民政府应当开展节约用水宣传教育，推行节约用水措施，推广节约用水新技术、新工艺，建设节水型社会。

第二十二条 县级以上人民政府水行政主管部门应当做好水资源的分配、调度和保护工作，组织建设抗旱应急水源工程和集雨设施。

县级以上人民政府水行政主管部门和其他有关部门应当及时向人民政府防汛抗旱指挥机构提供水情、雨情和墒情信息。

第二十三条 各级气象主管机构应当加强气象科学技术研究，提高气象监测和预报水平，及时向人民政府防汛抗旱指挥机构提供气象干旱及其他与抗旱有关的气象信息。

第二十四条 县级以上人民政府农业主管部门应当做好农用抗旱物资的储备和管理工作，指导干旱地区农业种植结构的调整，培育和推广应用耐旱品种，及时向人民政府防汛抗旱指挥机构提供农业旱情信息。

第二十五条 供水管理部门应当组织有关单位，加强供水管网的建设和维护，提高供水能力，保障居民生活用水，及时向人民政府防汛抗旱指挥机构提供供水、用水信息。

第二十六条 县级以上人民政府应当组织有关部门，充分利用现有资源，建设完善旱情监测网络，加强对干旱灾害的监测。

县级以上人民政府防汛抗旱指挥机构应当组织完善抗旱信息系统，实现成员单位之间的信息共享，为抗旱指挥决策提供依据。

第二十七条 国家防汛抗旱总指挥部组织其成员单位编制国家防汛抗旱预案，经国务院批准后实施。

县级以上地方人民政府防汛抗旱指挥机构组织其成员单位编制抗旱预案，经上一级人民政府防汛抗旱指挥机构审查同意，报本级人民政府批准后实施。

经批准的抗旱预案，有关部门和单位必须执行。修改抗旱预案，应当按照原批准程序报原批准机关批准。

第二十八条 抗旱预案应当包括预案的执行机构以及有关部门的职责、干旱灾害预警、干旱等级划分和按不同等级采取的应急措施、旱情紧急情况下水量调度预案和保障措施等内容。

干旱灾害按照区域耕地和作物受旱的面积与程度以及因干旱导致饮水困难人口的数量，分为轻度干旱、中度干旱、严重干旱、特大干旱四级。

第二十九条 县级人民政府和乡镇人民政府根据抗旱工作的需要，加强抗旱服务组织的建设。县级以上地方各级人民政府应当加强对抗旱服务组织的扶持。

国家鼓励社会组织和个人兴办抗旱服务组织。

第三十条 各级人民政府应当对抗旱责任制落实、抗旱预案编制、抗旱设施建设和维护、抗旱物资储备等情况加强监督检查，发现问题应当及时处理或者责成有关部门和单位限期处理。

第三十一条 水工程管理单位应当定期对管护范围内的抗旱设施进行检查和维护。

第三十二条 禁止非法引水、截水和侵占、破坏、污染水源。

禁止破坏、侵占、毁损抗旱设施。

第三章 抗旱减灾

第三十三条 发生干旱灾害，县级以上人民政府防汛抗旱指挥机构应当按照抗旱预案规定的权限，启动抗旱预案，组织开展抗旱减灾工作。

第三十四条 发生轻度干旱和中度干旱，县级以上地方人民政府防汛抗旱指挥机构应当按照抗旱预案的规定，采取下列措施：

（一）启用应急备用水源或者应急打井、挖泉；

（二）设置临时抽水泵站，开挖输水渠道或者临时在江河沟渠内截水；

（三）使用再生水、微咸水、海水等非常规水源，组织实施人工增雨；

（四）组织向人畜饮水困难地区送水。

采取前款规定的措施，涉及其他行政区域的，应当报共同的上一级人民政府防汛抗旱指挥机构或者流域防汛抗旱指挥机构批准；涉及其他有关部门的，应当提前通知有关部门。旱情解除后，应当及时拆除临时取水和截水设施，并及时通报有关部门。

第三十五条　发生严重干旱和特大干旱，国家防汛抗旱总指挥部应当启动国家防汛抗旱预案，总指挥部各成员单位应当按照防汛抗旱预案的分工，做好相关工作。

严重干旱和特大干旱发生地的县级以上地方人民政府在防汛抗旱指挥机构采取本条例第三十四条规定的措施外，还可以采取下列措施：

（一）压减供水指标；

（二）限制或者暂停高耗水行业用水；

（三）限制或者暂停排放工业污水；

（四）缩小农业供水范围或者减少农业供水量；

（五）限时或者限量供应城镇居民生活用水。

第三十六条　发生干旱灾害，县级以上地方人民政府应当按照统一调度、保证重点、兼顾一般的原则对水源进行调配，优先保障城乡居民生活用水，合理安排生产和生态用水。

第三十七条　发生干旱灾害，县级以上人民政府防汛抗旱指挥机构或者流域防汛抗旱指挥机构可以按照批准的抗旱预案，制订应急水量调度实施方案，统一调度辖区内的水库、水电站、闸坝、湖泊等所蓄的水量。有关地方人民政府、单位和个人必须服从统一调度和指挥，严格执行调度指令。

第三十八条　发生干旱灾害，县级以上地方人民政府防汛抗旱指挥机构应当及时组织抗旱服务组织，解决农村人畜饮水困难，提供抗旱技术咨询等方面的服务。

第三十九条　发生干旱灾害，各级气象主管机构应当做好气象干旱监测和预报工作，并适时实施人工增雨作业。

第四十条　发生干旱灾害，县级以上人民政府卫生主管部门应当做好干旱灾害发生地区疾病预防控制、医疗救护和卫生监督执法工作，监督、检测饮用水水源卫生状况，确保饮水卫生安全，防止干旱灾害导致重大传染病疫情的发生。

第四十一条　发生干旱灾害，县级以上人民政府民政部门应当做好干旱灾害的救助工作，妥善安排受灾地区群众基本生活。

第四十二条　干旱灾害发生地区的乡镇人民政府、街道办事处、村民委员会、居民委员会应当组织力量，向村民、居民宣传节水抗旱知识，协助做好抗旱措施的落实工作。

第四十三条　发生干旱灾害，供水企事业单位应当加强对供水、水源和抗旱设施的管理与维护，按要求启用应急备用水源，确保城乡供水安全。

第四十四条　干旱灾害发生地区的单位和个人应当自觉节约用水，服从当地人民政府发布的决定，配合落实人民政府采取的抗旱措施，积极参加抗旱减灾活动。

第四十五条　发生特大干旱，严重危及城乡居民生活、生产用水安全，可能影响社会稳定的，有关省、自治区、直辖市人民政府防汛抗旱指挥机构经本级人民政府批准，可以宣布本辖区内的相关行政区域进入紧急抗旱期，并及时报告国家防汛抗旱总指挥部。

特大干旱旱情缓解后，有关省、自治区、直辖市人民政府防汛抗旱指挥机构应当宣布结束紧急抗旱期，并及时报告国家防汛抗旱总指挥部。

第四十六条　在紧急抗旱期，有关地方人民政府防汛抗旱指挥机构应当组织动员本行政区域内各有关单位和个人投入抗旱工作。所有单位和个人必须服从指挥，承担人民政府防汛抗旱指挥机构分配的抗旱工作任务。

第四十七条　在紧急抗旱期，有关地方人民政府防汛抗旱指挥机构根据抗旱工作的需要，有权在其管辖范围内征用物资、设备、交通运输工具。

第四十八条　县级以上地方人民政府防汛抗旱指挥机构应当组织有关部门，按照干旱灾害统计报表的要求，及时核实和统计所管辖范围内的旱情、干旱灾害和抗旱情况等信息，报上一级人民政府防汛抗旱指挥机构和本级人民政府。

第四十九条　国家建立抗旱信息统一发布制度。旱情由县级以上人民政府防汛抗旱指挥机构统一审核、发布；旱灾由县级以上人民政府水行政主管部门会同同级民政部门审核、发布；农业灾情由县级以上人民政府农业主管部门发布；与抗旱有关的气象信息由气象主管机构发布。

报刊、广播、电视和互联网等媒体，应当及时刊播抗旱信息并标明发布机构名称和发布时间。

第五十条　各级人民政府应当建立和完善与经济社会发展水平以及抗旱减灾要求相适应的资金投入机制，在本级财政预算中安排必要的资金，保障抗旱减灾投入。

第五十一条　因抗旱发生的水事纠纷，依照《中华人民共和国水法》的有关规定处理。

第四章　灾后恢复

第五十二条　旱情缓解后，各级人民政府、有关主管部门应当帮助受灾群众恢复生产和灾后自救。

第五十三条　旱情缓解后，县级以上人民政府水行政主管部门应当对水利工程进行检查评估，并及时组织修复遭受干旱灾害损坏的水利工程；县级以上人民政府有关主管部门应当将遭受干旱灾害损坏的水利工程，优先列入年度修复建设计划。

第五十四条　旱情缓解后，有关地方人民政府防汛抗旱指挥机构应当及时归还紧急抗旱期征用的物资、设备、交通运输工具等，并按照有关法律规定给予补偿。

第五十五条　旱情缓解后，县级以上人民政府防汛抗旱指挥机构应当及时组织有关部门对干旱灾害影响、损失情况以及抗旱工作效果进行分析和评估；有关部门和单位应当予以配合，主动向本级人民政府防汛抗旱指挥机构报告相关情况，不得虚报、瞒报。

县级以上人民政府防汛抗旱指挥机构也可以委托具有灾害评估专业资质的单位进行分析和评估。

第五十六条　抗旱经费和抗旱物资必须专项使用，任何单位和个人不得截留、挤占、挪用和私分。

各级财政和审计部门应当加强对抗旱经费和物资管理的监督、检查和审计。

第五十七条　国家鼓励在易旱地区逐步建立和推行旱灾保险制度。

第五章　法律责任

第五十八条　违反本条例规定，有下列行为之一的，由所在单位或者上级主管机关、监察机关责令改正；对直接负责的主管人员和其他直接责任人员依法给予处分；构成犯罪的，依法追究刑事责任：

（一）拒不承担抗旱救灾任务的；

（二）擅自向社会发布抗旱信息的；

（三）虚报、瞒报旱情、灾情的；

（四）拒不执行抗旱预案或者旱情紧急情况下的水量调度预案以及应急水量调度实施方案的；

（五）旱情解除后，拒不拆除临时取水和截水设施的；

（六）滥用职权、徇私舞弊、玩忽职守的其他行为。

第五十九条　截留、挤占、挪用、私分抗旱经费的，依照有关财政违法行为处罚处分等法律、行政法规的规定处罚；构成犯罪的，依法追究刑事责任。

第六十条　违反本条例规定，水库、水电站、拦河闸坝等工程的管理单位以及其他经营工程设施的经营者拒不服从统一调度和指挥的，由县级以上人民政府水行政主管部门或者流域管理机构责令改正，给予警告；拒不改正的，强制执行，处1万元以上5万元以下的罚款。

第六十一条　违反本条例规定，侵占、破坏水源和抗旱设施的，由县级以上人民政府水行政主管部门或者流域管理机构责令停止违法行为，采取补救措施，处1万元以上5万元以下的罚款；造成损坏的，依法承担民事责任；构成违反治安管理行为的，依照《中华人民共和国治安管理处罚法》的规定处罚；构成犯罪的，依法追究刑事责任。

第六十二条　违反本条例规定，抢水、非法引水、截水或者哄抢抗旱物资的，由县级以上人民政府水行政主管部门或者流域管理机构责令停止违法行为，予以警告；构成违反治安管理行为的，依照《中华人民共和国治安管理处罚法》的规定处罚；构成犯罪的，依法追究刑事责任。

第六十三条　违反本条例规定，阻碍、威胁防汛抗旱指挥机构、水行政主管部门或者流域管理机构的工作人员依法执行职务的，由县级以上人民政府水行政主管部门或者流域管理机构责令改正，予以警告；构成违反治安管理行为的，依照《中华人民共和国治安管理处罚法》的规定处罚；构成犯罪的，依法追究刑事责任。

第六章　附　则

第六十四条　中国人民解放军和中国人民武装警察部队参加抗旱救灾，依照《军队参加抢险救灾条例》的有关规定执行。

第六十五条　本条例自公布之日起施行。

国务院副总理回良玉主持召开国家减灾委员会全体会议

在总结2008年以来的减灾工作时，回良玉指出，2008年是我国减灾救灾史上极不平凡的一年，自然灾害之重、灾发之频、受灾之广、损失之大、救灾之难均为历史罕见。在党中央、国务院、中央军委坚强领导下，各地区、各部门和解放军、武警部队以及社会各界团结一致、艰苦奋战，夺取了抗灾救灾斗争的重大胜利，遇险群众安全得到了有力保障，受灾群众得到了妥善安置，灾后重建得到了及时开展，灾区秩序得到了迅速恢复，综合减灾能力得到了稳步提升。前一段时间，我国小麦主产区发生了严重旱情，国家防总、农业部及时启动一级响应，各有关地区全力以赴抗旱夺丰收，取得了重要阶段性胜利。

回良玉强调，今年我国各类自然灾害的形势仍然不容乐观，防灾抗灾减灾救灾工作任务依然十分繁重。受全球气候变化影响，极端天气事件多发频发的势头短期内不会改变。小麦主产区发生的大旱虽有所缓解，但仍未根本解除，一些地方的旱情仍在持续发展。汶川地震救灾和重建仍处在攻坚阶段，大量受灾群众特别是困难群众的基本生活安置、就业教育救助等方面工作任务还很繁重。

回良玉要求，各地区、各有关部门要以对人民高度负责的精神，坚持以人为本、服务大局，坚持以防为主、科学应对，坚持夯实基础、强化能力，坚持统筹兼顾、整合资源，有力有序有效地做好当前和今后一个时期的防灾抗灾减灾救灾工作。一要继续抓好汶川地震受灾群众救助工作，全面落实好各项救助安置政策。二要加快推进城乡倒房重建，确保帮扶政策及时到位，确保重建房屋质量安全，确保重建任务按期完成。三要全面做好各类灾害的应急准备，在应急预案、资金物资、队伍装备、工程基础等各方面都要予以强化。四要加快实施国家综合减灾规划，力争使我国综合减灾能力进一步较快提升。五要深入推进减灾科技创新和成果转化，为减灾救灾工作提供有力支撑。六要强化宣传教育培训，组织好5·12首个全国防灾减灾日活动，全面增强公众防灾减灾意识和能力。

国家统计局发布《中华人民共和国2008年国民经济和社会发展统计公报》

2008年，全国各族人民在党中央、国务院的领导下，以邓小平理论和“三个代表”重要思想为指导，深入贯彻落实科学发展观，万众一心，顽强拼搏，努力克服历史罕见的特大自然灾害和国际金融危机冲击的不利影响，国民经济保持较快发展，各项社会事业取得新的进步。

一、综合

初步核算，全年国内生产总值300670亿元，比上年增长9.0%。分产业看，第一产业增加值34000亿元，增长5.5%；第二产业增加值146183亿元，增长9.3%；第三产业增加值120487亿元，增长9.5%。第一产业增加值占国内生产总值的比重为11.3%，比上年上升0.2个百分点；第二产业增加值比重为48.6%，上升0.1个百分点；第三产业增加值比重为40.1%，下降0.3个百分点。

居民消费价格比上年上涨5.9%，其中食品价格上涨14.3%。固定资产投资价格上涨8.9%。工业品出厂价格上涨6.9%，其中生产资料价格上涨7.7%，生活资料价格上涨4.1%。原材料、燃料、动力购进价格上涨10.5%。农产品生产价格上涨14.1%。农业生产资料价格上涨20.3%。70个大中城市房屋销售价格上涨6.5%，其中新建住宅价格上涨7.1%，二手住宅价格上涨6.2%；房屋租赁价格上涨1.4%。

年末全国就业人员77480万人，比上年末增加490万人。其中城镇就业人员30210万人，净增加860万人，新增加1113万人。年末城镇登记失业率为4.2%，比上年末上升0.2个百分点。

年末国家外汇储备19460亿美元，比上年末增加4178亿美元。年末人民币汇率为1美元兑6.8346元人民币，比上年末升值6.9%。

全年税收收入57862亿元(不包括关税、耕地占用税和契税)，比上年增加8413亿元，增长17.0%。

二、农业

全年粮食种植面积10670万公顷，比上年增加106万公顷；棉花种植面积576万公顷，减少17万公顷；油料种植面积1271万公顷，增加139万公顷；糖料种植面积193万公顷，增加13万公顷。

全年粮食产量52850万吨，比上年增加2690万吨，增产5.4%。其中，夏粮产量12041万吨，增产2.6%；早稻产量3158万吨，与上年基本持平；秋粮产量37651万吨，增产6.7%。

全年棉花产量750万吨，比上年减产1.6%。油料产量2950万吨，增产14.8%。糖料产量13000万吨，增产6.7%。烤烟产量260万吨，增产19.6%。茶叶产量124万吨，增产6.4%。

全年肉类总产量7269万吨，比上年增长5.9%。其中，猪肉产量4615万吨，增长7.6%；牛肉产量610万吨，下降0.5%；羊肉产量376万吨，下降1.8%。生猪年末存栏46264万头，增长5.2%；生猪出栏60960万头，增长7.9%。牛奶产量3651万吨，增长3.6%；禽蛋产量2638万吨，增长4.3%。

全年水产品产量4895万吨，增长3.1%。其中，养殖水产品产量3426万吨，增长4.5%；捕捞水产品产量1469万吨，与上年持平。

全年木材产量7894万立方米，增长13.2%。

全年新增有效灌溉面积117.9万公顷，新增节水灌溉面积139.0万公顷。

三、工业和建筑业

全年全部工业增加值129112亿元，比上年增长9.5%。规模以上工业增加值增长12.9%，其中国有及国有控股企业增长9.1%；集体企业增长8.1%，股份制企业增长15.0%，外商及港澳台商投资企业增长9.9%；私营企业增长20.4%。分轻重工业看，轻工业增长12.3%，重工业增长13.2%。

全年规模以上工业中，煤炭开采和洗选业增加值比上年增长19.1%，石油和天然气开采业增长6.1%，文教体育用品制造业增长18.2%，燃气生产和供应业增长26.8%，农副食品加工业增长15.0%，通用设备制造业增长16.9%，交通运输设备制造业增长15.2%，通信设备、计算机及其他电子设备制造业增长12.0%，电气机械及器材制造业增长18.1%，化学纤维制造业增长2.2%。6大高耗能行业比上年增长10.0%，其中，非金属矿物制品业增长16.9%，黑色金属冶炼及压延加工业增长8.2%，化学原料及化学制品制造业增长

10.0%，有色金属冶炼及压延加工业增长12.3%，电力热力的生产和供应业增长8.6%，石油加工炼焦及核燃料加工业增长4.3%。高技术制造业增加值比上年增长14.0%。

1—11月全国规模以上工业企业累计实现利润24066亿元，比上年同期增长4.9%。

全年全社会建筑业实现增加值17071亿元，比上年增长7.1%。全国具有资质等级的总承包和专业承包建筑业企业实现利润1756亿元，增长12.5%，其中国有及国有控股企业509亿元，增长21.8%；上缴税金2058亿元，增长20.0%，其中国有及国有控股企业771亿元，增长24.7%。

四、固定资产投资

全年全社会固定资产投资172291亿元，比上年增长25.5%。分城乡看，城镇投资148167亿元，增长26.1%；农村投资24124亿元，增长21.5%。分地区看，东部地区投资87412亿元，比上年增长20.9%；中部地区投资45384亿元，增长32.6%；西部地区投资35839亿元，增长26.9%。

在城镇投资中，第一产业投资2256亿元，比上年增长54.5%；第二产业投资65036亿元，增长28.0%；第三产业投资80875亿元，增长24.1%。

全年房地产开发投资30580亿元，比上年增长20.9%。其中，东部地区18325亿元，增长17.1%；中部地区6287亿元，增长31.7%；西部地区5967亿元，增长22.7%。按工程用途分，商品住宅投资22081亿元，增长22.6%；办公楼投资1112亿元，增长7.4%；商业营业用房投资3200亿元，增长14.9%。

五、国内贸易

全年社会消费品零售总额108488亿元，比上年增长21.6%。分地域看，城市消费品零售额73735亿元，增长22.1%；县及县以下消费品零售额34753亿元，增长20.7%。分行业看，批发和零售业零售额91199亿元，增长21.5%；住宿和餐饮业零售额15404亿元，增长24.7%；其他行业零售额1885亿元，增长3.7%。

在限额以上批发和零售业零售额中，粮油类零售额比上年增长22.7%，肉禽蛋类增长22.3%，服装类增长25.9%，汽车类增长25.3%，石油及制品类增长39.9%，日用品类增长17.1%，文化办公用品类增长17.9%，通讯器材类增长1.4%，家用电器和音像器材类增长14.2%，建筑及装潢材料类下降12.0%，家具类增长22.6%，化妆品类增长22.1%，金银珠宝类增长38.6%，中西药品类增长14.8%。

六、对外经济

全年货物进出口总额25616亿美元，比上年增长17.8%。其中，货物出口14285亿美元，增长17.2%；货物进口11331亿美元，增长18.5%。进出口差额(出口减进口)2955亿美元，比上年增加328亿美元。

全年非金融领域新批外商直接投资企业27514家，比上年减少27.3%。实际使用外商直接投资金额924亿美元，增长23.6%。其中，制造业占54.0%；房地产业占20.1%；租赁和商务服务业占5.5%；批发和零售业占4.8%；交通运输、仓储和邮政业占3.1%。

全年非金融领域对外直接投资额407亿美元，比上年增长63.6%。

全年对外承包工程完成营业额566亿美元，比上年增长39.4%；对外劳务合作完成营业额81亿美元，增长19.1%。

七、交通、邮电和旅游

全年交通运输、仓储和邮政业增加值16590亿元，比上年增长7.6%。

全年规模以上港口完成货物吞吐量58.7亿吨，比上年增长11.5%，其中外贸货物吞吐量19.2亿吨，增长7.0%。港口集装箱吞吐量12835万标准箱，增长12.2%。

年末全国民用汽车保有量达到6467万辆(包括三轮汽车和低速货车1492万辆)，比上年末增长13.5%，其中私人汽车保有量4173万辆，增长18.1%。民用轿车保有量2438万辆，增长24.5%，其中私人轿车1947万辆，增长28.0%。

全年完成邮电业务总量23841亿元，比上年增长20.7%。其中，邮政业务总量1402亿元，增长15.5%；电信业务总量22440亿元，增长21.0%。全年减少局用交换机156万门，总容量5.1亿门。固定电话年末用户34081万户。其中，城市电话用户23200万户，农村电话用户10881万户。新增移动电话用户9392万户，年末达到64123万户。年末全国固定及移动电话用户总数达到98204万户，比上年末增加6909万户。电话普及率达到74.3部/百人。互联网上网人数3.0亿人，其中宽带上网人数2.7亿人。

全年入境旅游人数13003万人次，比上年下降1.4%。其中，外国人2433万人次，下降6.8%；香港、澳门和台湾同胞10570万人次，下降0.1%。在入境旅游者中，过夜旅游者5305万人次，下降3.1%。国际旅游外汇收入408亿美元，下降2.6%。国内居民出境人数达4584万人次，增长11.9%。其中因私出境4013万人次，增长14.9%，占出境人数的87.5%。国内出游人数达17.1亿人次，增长6.3%；国内旅游收入8749亿元，增长12.6%。

八、金融

年末广义货币供应量(M2)余额为47.5万亿元，比上年末增长17.8%；狭义货币供应量(M1)余额为16.6

万亿元，增长9.1%；流通中现金(M0)余额为3.4万亿元，增长12.7%。年末全部金融机构本外币各项存款余额47.8万亿元，增长19.3%；全部金融机构本外币各项贷款余额32.0万亿元，增长17.9%。

全年农村金融合作机构(农村信用社、农村合作银行、农村商业银行)人民币贷款余额3.7万亿元，比年初增加5908亿元。全部金融机构人民币消费贷款余额3.7万亿元，增加4609亿元。其中个人短期消费贷款余额0.4万亿元，增加1035亿元；个人中长期消费贷款余额3.3万亿元，增加3575亿元。

全年上市公司通过境内市场累计筹资3396亿元，比上年减少3947亿元。其中，首次公开发行A股75支，筹资1066亿元，减少3487亿元；A股再筹资(包括配股、公开增发、非公开增发、认股权证)筹资1332亿元，减少1046亿元；上市公司通过发行可转债、可分离债、公司债筹资998亿元，增加587亿元。

全年企业共发行债券20520亿元，比上年增加3437亿元。其中，金融债券11797亿元，减少116亿元；企业(公司)债券2655亿元，增加834亿元；短期融资券4332亿元，增加982亿元；中期票据1737亿元，增加1737亿元。

全年保险公司原保险保费收入9784亿元，比上年增长39.1%，其中寿险业务原保险保费收入6658亿元；健康险和意外伤害险业务原保险保费收入789亿元；财产险业务原保险保费收入2337亿元。支付各类赔款及给付2971亿元，其中寿险业务给付1315亿元；健康险和意外伤害险赔款及给付238亿元；财产险业务赔款1418亿元。

九、教育和科学技术

全年研究生教育招生44.6万人，在学研究生128.3万人，毕业生34.5万人。普通高等教育招生607.7万人，在校生2021.0万人，毕业生512.0万人。各类中等职业教育招生810.0万人，在校生2056.3万人，毕业生570.6万人。全国普通高中招生837.0万人，在校生2476.3万人，毕业生836.1万人。全国初中招生1856.2万人，在校生5574.2万人，毕业生1862.9万人。普通小学招生1695.7万人，在校生10331.5万人，毕业生1865.0万人。特殊教育招生6.2万人，在校生41.7万人。幼儿园在园幼儿2475.0万人。

全年研究与试验发展(R & D)经费支出4570亿元，比上年增长23.2%，占国内生产总值的1.52%，其中基础研究经费200亿元。全年国家安排了922项科技支撑计划课题，1205项“863”计划课题。新建国家工程研究中心7个，国家工程实验室51个。国家认定企业技术中心达到575家。省级企业技术中心达到4886家。全年受理国内外专利申请82.8万件，其中国内申请71.7万件，占86.6%。受理国内外发明专利申请29.0万件，其中国内申请19.5万件，占67.1%。全年授予专利权41.2万件，其中国内授权35.2万件，占85.5%。授予发明专利权9.4万件，其中国内授权4.7万件，占49.7%。截至2008年年底，有效专利119.5万件，其中国内有效专利92.5万件，占77.4%；有效发明专利33.7万件，其中国内有效发明专利12.8万件，占37.9%。全年共签订技术合同22.6万项，技术合同成交金额2665亿元，比上年增长19.7%。全年成功发射卫星11次，“神舟”七号载人航天飞行圆满成功。

年末全国共有产品检测实验室24300个，其中国家检测中心376个。全国现有产品质量、体系认证机构170个，已累计完成对3.8万个企业的产品认证。全国共有法定计量技术机构3701个，全年强制检定计量器具4190万台(件)。全年制定、修订国家标准6373项，其中新制定2714项。全国共有地震台站1314个，地震遥测台网31个。全国共有海洋观测站67个、海洋监测站位9200多个。测绘部门公开出版地图1834种，测绘图书309种。

十、文化、卫生和体育

年末全国共有艺术表演团体2575个，文化馆3171个，公共图书馆2825个，博物馆1798个。广播电台257座，电视台277座，广播电视台2069座，教育台45个。有线电视用户16342万户，有线数字电视用户4503万户。年末广播节目综合人口覆盖率为96.0%；电视节目综合人口覆盖率为97.0%。全年生产故事影片406部，科教、纪录、动画和特种影片73部。出版各类报纸445亿份，各类期刊30亿册，图书69亿册(张)。年末全国共有档案馆3987个，已开放各类档案7267万卷(件)。

年末全国共有卫生机构30.0万个，其中医院、卫生院6.0万个，社区卫生服务中心(站)2.8万个，妇幼保健院(所、站)3020个，专科疾病防治院(所、站)1344个，疾病预防控制中心(防疫站)3560个，卫生监督所(中心)2591个。卫生技术人员492万人，其中执业医师和执业助理医师205万人，注册护士162万人。医院和卫生院床位369万张。乡镇卫生院3.9万个，床位82万张，卫生技术人员87.4万人。全年甲、乙类法定报告传染病发病人数354.1万例，报告死亡12433人；报告传染病发病率268.01/10万，死亡率0.94/10万。

全年运动健儿在24个项目中共获得了120个世界冠军，11人2队16次创16项世界纪录。在北京奥运会上，我国运动员共获得51枚金牌，21枚银牌，28枚铜牌，奖牌总数100枚，位列奥运会金牌榜第一，奖牌榜第二。在北京残奥会上，我国运动员共获得89枚金牌，70枚银牌，52枚铜牌，蝉联金牌榜和奖牌榜的第一位。群众体育运动蓬勃开展。

十一、人口、人民生活和社会保障

年末全国总人口为132802万人，比上年末增加673万人。全年出生人口1608万人，出生率为12.14‰。死亡人口935万人，死亡率为7.06‰。自然增长率为5.08‰。出生人口性别比为120.56。

全年农村居民人均纯收入4761元，扣除价格上涨因素，比上年实际增长8.0%；城镇居民人均可支配收入15781元，实际增长8.4%。农村居民家庭食品消费支出占家庭消费总支出的比重为43.7%，城镇居民家庭为37.9%。按2008年农村贫困标准1196元测算，年末农村贫困人口为4007万人。

年末全国参加城镇基本养老保险人数为21890万人，比上年末增加1753万人。其中参保职工16597万人，参保离退休人员5293万人。参加城镇基本医疗保险的人数31698万人，增加9387万人。其中，参加城镇职工基本医疗保险人数20048万人，参加城镇居民基本医疗保险人数11650万人。参加城镇医疗保险的农民工4249万人，增加1118万人。参加失业保险的人数12400万人，增加755万人。参加工伤保险的人数13810万人，增加1637万人。其中参加工伤保险农民工4976万人，增加996万人。参加生育保险的人数9181万人，增加1406万人。2729个县(市、区)开展了新型农村合作医疗工作，新型农村合作医疗参合率91.5%。新型农村合作医疗基金累计支出总额为429亿元，累积受益3.7亿人次。全年城市医疗救助513万人次，比上年增长16.0%。农村医疗救助936万人次，增长148.0%。民政部门资助农村合作医疗的人数达2780万人次。

年末全国领取失业保险金人数为261万人。全年2334万城市居民得到政府最低生活保障，比上年增加62万人；4291万农村居民得到政府最低生活保障，增加725万人。

年末全国各类收养性社会福利单位床位235万张，收养各类人员189万人。城镇建立各种社区服务设施10.9万个，社区服务中心9871个。全年销售社会福利彩票604亿元，筹集福利彩票公益金211亿元，直接接收社会捐赠款482亿元。

十二、资源、环境和安全生产

全年建设占用耕地19.16万公顷。灾毁耕地2.48万公顷。生态退耕0.76万公顷。因农业结构调整减少耕地2.49万公顷。土地整理复垦开发补充耕地22.96万公顷。当年净减少耕地1.93万公顷。

全年水资源总量27127亿立方米，比上年增加7.4%；人均水资源2048立方米，增加6.9%。全年平均降水量659毫米，增加8.0%。年末全国大型水库蓄水总量1962亿立方米，比上年末多蓄水93亿立方米。全年总用水量5840亿立方米，比上年增长0.4%。其中，生活用水增长0.6%，工业用水增长1.8%，农业用水减少0.2%，生态补水减少0.7%。万元国内生产总值用水量231.8立方米，比上年下降7.9%。万元工业增加值用水量130.3立方米，下降7.0%。人均用水量440.9立方米，下降0.1%。

国土资源调查及地质勘查新发现大中型矿产地209处，其中，能源矿产地38处，金属矿产地90处，非金属矿产地79处，水气矿产地2处。有57种矿产新增查明资源储量，其中，石油13.4亿吨，天然气6472亿立方米，原煤231.1亿吨。

全年完成造林面积477万公顷，其中人工造林329万公顷。林业重点工程完成造林面积312万公顷，占全部造林面积的65.4%。全民义务植树23.1亿株。截至2008年年底，自然保护区达到2538个，其中国家级自然保护区303个。新增综合治理水土流失面积4.7万平方公里，新增实施水土流失地区封育保护面积2.6万平方公里。

初步测算，全年能源消费总量28.5亿吨标准煤，比上年增长4.0%。煤炭消费量27.4亿吨，增长3.0%；原油消费量3.6亿吨，增长5.1%；天然气消费量807亿立方米，增长10.1%；电力消费量34502亿千瓦小时，增长5.6%。全国万元国内生产总值能耗下降4.59%。主要原材料消费中，钢材消费量5.4亿吨，增长4.2%；精炼铜消费量538万吨，增长6.9%；电解铝消费量1260万吨，增长4.3%；乙烯消费量998万吨，下降2.9%；水泥消费量13.7亿吨，增长3.5%。

七大水系的409个水质监测断面中，Ⅰ—Ⅲ类水质断面比例占55.0%，比上年提高5.1个百分点；劣Ⅴ类水质断面比例占20.8%，比上年下降2.8个百分点。七大水系水质总体上持续好转，部分流域污染仍然严重。

近岸海域301个海水水质监测点中，达到国家一、二类海水水质标准的监测点占70.4%，比上年上升7.6个百分点；三类海水占11.3%，下降0.5个百分点；四类、劣四类海水占18.3%，下降7.0个百分点。全国海域未达到清洁海域水质标准的海域面积13.7万平方公里，比上年减少0.8万平方公里，其中，严重污染海域面积为2.5万平方公里。渤海严重污染海域面积0.3万平方公里。

在监测的519个城市中，有399个城市空气质量达到二级以上(含二级)标准，占监测城市数的76.9%；有113个城市为三级，占21.8%；有7个城市为劣三级，占1.3%。在监测的392个城市中，城市区域声环境质量好的城市占7.9%，较好的占63.8%，轻度污染的占

27.0%,中度污染的占1.3%。

全年平均气温为9.6℃,比上年低0.5℃。全年共有10个台风在我国登陆,增加2个。

年末城市污水处理厂日处理能力达8295万立方米,比上年末增长16.1%;城市污水处理率达到65.3%,提高2.4个百分点;集中供热面积32.1亿平方米,增长6.6%;建成区绿地率达到31.6%,提高0.3个百分点。

全年各类自然灾害造成直接经济损失11752亿元,比上年增加4.0倍。全年农作物受灾面积3999万公顷,下降18.4%。其中,绝收403万公顷,下降29.8%。全年共发生森林火灾1.3万起,上升45.2%。全年因洪涝灾害造成直接经济损失635亿元,下降23.1%;死亡686人,下降41.3%。全年因旱灾造成直接经济损失307亿元,下降60.9%。全年因海洋灾害造成直接经济损失206亿元,增加1.3倍。全年累计发生赤潮面积13738平方公里,增加18.3%。全年低温冷冻和雪灾造成直接经济损失1595亿元,死亡162人。全年实际发生各类地质灾害2.7万起,直接经济损失183.7亿元,死亡656人。全年大陆地区共发生5级以上地震87次,成灾17次,造成直接经济损失8523亿元,死亡近7万人。其中,四川汶川地震震级达8.0级,造成直接经济损失8451亿元。

全年生产安全事故死亡91172人,比上年下降10.2%。亿元国内生产总值生产安全事故死亡人数为0.312人,下降24.5%;工矿商贸企业就业人员10万人生产安全事故死亡人数为2.82人,下降7.5%;煤矿百万吨死亡人数为1.182人,下降20.4%。全年共发生道路交通事故26.5万起,造成7.3万人死亡,30.5万人受伤,直接财产损失10.1亿元;道路交通万车死亡人数为4.3人,减少0.8人。

注:

1. 本公报中数据均为初步统计数。

2. 各项统计数据均未包括香港特别行政区、澳门特别行政区和台湾省。

3. 部分数据因四舍五入的原因,存在着与分项合计不等的情况。

4. 国内生产总值、各产业增加值绝对数按现价计算,增长速度按不变价格计算。

5. 6大高耗能行业分别为:化学原料及化学制品制造业、非金属矿物制品业、黑色金属冶炼及压延加工业、有色金属冶炼及压延加工业、石油加工炼焦及核燃料加工业、电力热力的生产和供应业。

6. 钢材产量及消费量数据中均含部分使用钢材加工成其他钢材的重复计算因素。

7. 固定资产投资按东部、中部、西部地区计算的合计数据小于全国数据,是因为有部分跨地区的投资未计算在地区数据中。

8. 房地产业投资除房地产开发投资外,还包括建设单位自建房屋以及物业管理、中介服务和其他房地产投资。

9. 原保险保费收入是指保险企业确认的原保险合同保费收入。

10. 城镇职工基本医疗保险人数包括参保职工和参保退休人员。城镇居民基本医疗保险的参保对象是不属于城镇职工基本医疗保险覆盖范围的城镇非从业人员。

11. 农村贫困人口是根据新修订的农村贫困标准统计的,与历史数据不完全可比。

12. 万元国内生产总值用水量按2005年不变价格计算,邮电业务总量按2000年不变价格计算。

"万国禁烟会"百年纪念活动在上海国际会议中心举行并通过《上海宣言》

外交部部长杨洁篪在钓鱼台国宾馆同来访的第六十三届联合国大会主席米格尔·德斯科托·布罗克曼举行会谈

外交部发言人马朝旭就日本领导人关于钓鱼岛问题的言论答记者问

马朝旭说:钓鱼岛及其附属岛屿自古就是中国的固有领土,中国对此拥有无可争辩的主权。日方任何试图改变这一事实的言行都是徒劳的,中方坚决反对。

他说,中日双方在钓鱼岛主权归属问题上存在争议,我们一贯主张通过谈判妥善解决问题。日方应认清这一问题的高度敏感性,从中日关系和地区稳定大局出发谨言慎行。

外交部发言人马朝旭主持例行记者会回答中外记者的提问

在回答美国《2008年度国别人权报告》的有关问题时,马朝旭说,中国政府高度重视保护和促进人权,中国宪法和法律尊重和保障人权。改革开放30年来,中国经济持续发展,民主法制建设不断推进,文化事业日益繁荣,宗教自由得到了充分保障,中国各族人民日益享有广泛的自由和权利,世人对此是有目共睹的。

马朝旭表示,中方愿意在平等和相互尊重的基础上,与各国就人权问题开展对话和交流,以增进了解,扩大共识,减少分歧,但是坚决反对任何国家以任何方式借人权问题干涉中国内政。我们奉劝美方多反省自己的人权问题,不要再以"人权卫士"自居,停止借发表国别人权报告干涉别国内政。

第五届海峡两岸信息产业技术标准论坛在重庆开幕

《中国出版通史》出版座谈会在国家新闻出版总署召开

大冬会速度滑冰女子团体赛中国队以3分07秒38的成绩获得冠军

2月27日

十一届全国人大常委会第七次会议分组审议常委会工作报告稿

吴邦国委员长参加审议。

分组会上，常委会组成人员结合审议常委会工作报告稿，充分肯定了十一届全国人大常委会的工作成效。常委会组成人员在回顾过去一年的工作时指出，四川汶川特大地震发生后，全国人大常委会紧急行动，认真落实中央部署，全力支持抗震救灾和灾后恢复重建，充分发挥了社会主义制度集中力量办大事的政治优势；积极推动经济又好又快发展，抓住经济社会发展中的突出问题，综合运用多种监督形式，加强跟踪监督，推动改进工作，完善法律制度，使人大工作更有深度、更具活力；着力解决民生问题，把立法和监督结合起来，在推动改进工作的同时注重制定和完善法律，在加强立法的同时注重强化执法检查和工作监督，使人大工作更贴近民生、更具实效；充分发挥代表作用和专门委员会作用等方面都取得新成绩；常委会高度重视、切实加强自身建设，把思想政治建设摆在首位，并以此引领人大各项工作。

常委会组成人员还就进一步修改完善常委会工作报告稿、做好新一年的工作提出了具体建议。

国办转发环境保护部等部门《关于实行“以奖促治”加快解决突出的农村环境问题实施方案》并发出通知

各省、自治区、直辖市人民政府，国务院各部委、各直属机构：

环境保护部、财政部、发展改革委《关于实行“以奖促治”加快解决突出的农村环境问题的实施方案》已经国务院同意，现转发给你们，请认真贯彻执行。

国务院办公厅

2009年2月27日

关于实行“以奖促治”加快解决突出的农村环境问题的实施方案

根据全国农村环境保护工作电视电话会议精神，自2008年下半年以来，对采取有力措施使严重危害农村居民健康、群众反映强烈的突出污染问题得到解决的村镇，国家实行了“以奖促治”政策，以激励和促进地方人民政府及社会各界加大农村环境保护投入，稳步推进农村环境综合整治。为进一步落实“以奖促治”政策，加快解决突出的农村环境问题，制订本实施方案。

一、总体要求、基本原则和工作目标

（一）总体要求。以科学发展观为指导，统筹规划、突出重点，因地制宜、分类指导，通过“以奖促治”，推动污染防治的重点流域、区域和问题严重地区开展农村环境集中整治，着力解决危害群众身体健康、威胁城乡居民食品安全、影响农村可持续发展的突出环境问题。

（二）基本原则。注重实效，农民受益。有针对性地实施农村环境综合整治，切实改善农民的生产和生活环境，保证农民得到实惠。政府引导，多元投入。充分发挥财政资金的引导作用，促进地方各级人民政府加大投入，吸引社会资金，鼓励农民出资出劳。规范管理，公开透明。整治项目的确定、成效考核和奖励资金的使用要向社会公布，尊重群众意愿，接受群众监督。

（三）工作目标。到2010年，集中整治一批环境问题最为突出、当地群众反映最为强烈的村庄，使危害群众健康的环境污染得到有效控制，环境监管能力得到加强，环保意识得到增强。到2015年，环境问题突出、严重危害群众健康的村镇基本得到治理，环境监管能力明显加强，环保意识明显增强。

二、实施范围、整治内容和成效要求

（一）实施范围。“以奖促治”政策的实施，原则上以建制村为基本治理单元。优先治理淮河、海河、辽河、太湖、巢湖、滇池、松花江、三峡库区及其上游、南水北调水源地及沿线等水污染防治重点流域、区域，以及国家扶贫开发工作重点县范围内，群众反映强烈、环境问题突出的村庄。在重点整治的基础上，可逐步扩大治理范围。

（二）整治内容。“以奖促治”政策重点支持农村饮用水水源地保护、生活污水和垃圾处理、畜禽养殖污染和历史遗留的农村工矿污染治理、农业面源污染和土壤污染防治等与村庄环境质量改善密切相关的整治措施。

（三）成效要求。农村集中式饮用水水源地划定了水源保护区，在分散式饮用水水源地建设了截污设施，水质监测得到加强，依法取缔了保护区内的排污口，无污染事件发生。采取集中和分散相结合的方式，妥善处理了农村生活垃圾和生活污水，并确保治理设施长期稳定运行和达标排放。通过生产有机肥、还田等方式,有效治理了规模化畜禽养殖污染,对分散养殖户进行人畜分离,养殖废弃物得到集中处理;对历史遗留农村工矿污染采取工程治理措施,消除了隐患。推广化肥、农药污染小的生产方式,建立了有机食品基地;在污灌区、基本农田等区域,开展了污染土壤修复示范工程,保障食品安全。

三、实施程序和监督考核

(一)申报程序。每年上半年,由环境保护部、财政部根据有关规划和年度预算安排原则及重点,发布年度"以奖促治"资金申报指南,提出具体要求。"以奖促治"资金由县级人民政府申请,经市(地)级环境保护、财政部门审核,省级环境保护、财政部门审查汇总后,联合报送环境保护部和财政部。环境保护部会同财政部组织审查。已有投资渠道的农村环境治理项目,按现行工作程序进行。

(二)资金管理。"以奖促治"资金是财政奖励资金,专项用于农村环境综合整治。省级财政部门应在中央财政下达资金的20个工作日内,及时下达资金预算。资金使用实行县级财政报账制,县级财政、环境保护部门要加强资金审核和管理,确保专款专用、专项核算,不得截留、挤占和挪用。资金使用和整治进展情况要在当地张榜公布,实行村务公开。财政部会同环境保护部对资金使用情况进行监督检查。对违反规定,截留、挤占和挪用资金或有其他违规行为的,将相应扣减或取消安排下一年度资金,并按规定追究相关人员责任。

(三)监督考核。省级环境保护、财政部门要加强"以奖促治"政策实施进展和成效、资金使用、污染治理设施运行、群众满意程度等情况的考核验收,于每年2月底之前将上年度实施情况报送环境保护部和财政部。2008年已安排的"以奖促治"项目应于2009年6月底前完成,省级环境保护、财政部门要于2009年8月底前将实施情况报送环境保护部和财政部。环境保护部会同财政部对"以奖促治"政策的落实情况进行抽查并考核,考核的重点是"以奖促治"工作机制、责任制落实、治理目标完成、资金管理等情况。对按时完成治理目标、考核情况较好的地区,优先安排"以奖促治"资金;对未按时完成治理目标,考核情况较差的地区,将通报批评并取消申报资格、停止资金安排或追缴已拨付资金。

四、组织领导

(一)地方责任。各省、自治区、直辖市人民政府要切实加强农村环境保护"以奖促治"政策实施工作的组织领导,合理规划本行政区域综合整治的目标和任务,建立工作制度,完善政策措施,制订具体实施方案,逐级明确责任,层层抓好落实。县级人民政府作为政策落实的责任主体,要抓紧建立农村环境综合整治目标责任制,通过签订责任书等形式,明确具体承担单位的任务和要求,并确保污染治理设施稳定达标排放。地方各级人民政府要参照国家"以奖促治"政策,结合当地实际,安排本级农村环境保护专项补助资金。

(二)部门分工。环境保护部要做好"以奖促治"政策实施的统筹规划,加强对治理工作的指导、协调、监督和考核,会同有关部门尽快编制全国农村环境综合整治规划,确定"以奖促治"政策支持的范围、目标、内容和资金需求,为年度资金安排提供依据。财政部要制定有关政策措施,加大资金投入,会同环境保护部抓紧制定出台"以奖促治"资金管理办法。发展改革委要制定综合性政策措施,加大解决农村环境问题的支持力度。其他有关部门要按照职能分工,加强协调配合,形成工作合力。

政协十一届常委会第四次会议在北京闭幕

全国政协主席贾庆林出席并讲话。

全国政协副主席王刚主持闭幕会。

会议审议通过了关于召开政协第十一届全国委员会第二次会议的决定,通过了政协第十一届全国委员会第二次会议议程(草案)和日程、原则通过了政协常务委员会工作报告和政协十一届一次会议以来提案工作情况的报告,通过了政协第十一届全国委员会第二次会议秘书长、副秘书长名单。决定增补蒋效愚为政协第十一届全国委员会教科文卫体委员会副主任。

贾庆林在讲话中指出,2009年是应对国际国内环境重大挑战、推动党和国家事业实现新发展的关键一年。人民政协要围绕保增长、保民生、保稳定的工作大局,发挥独特优势,继续为改革开放和社会主义现代化建设贡献智慧、凝聚人心、增添力量,以优异的成绩迎接新中国成立60周年和人民政协成立60周年。要紧紧围绕保持经济平稳较快发展这一首要任务,深入进行调研,增强建言献策的针对性和有效性,为党和政府的决策提供参考和依据。要为维护和促进社会和谐稳定贡献力量,坚持以人为本,履职为民,更加关注、持续跟踪民生问题,提出有价值的意见和建议。

依据政协章程的有关规定,会议通过表决方式,同意忻伟明辞去政协第十一届全国委员会委员。

全国政协副主席廖晖、杜青林、帕巴拉·格列朗杰、白立忱、陈奎元、阿不来提·阿不都热西提、李兆焯、黄孟复、董建华、张梅颖、张榕明、钱运录、孙家正、李金华、郑万通、邓朴方、万钢、林文漪、厉无畏、罗富和、陈宗兴、王志珍出席闭幕会。

政协第十一届全国委员会常务委员会第四次会议通过中国人民政治协商会议第十一届全国委员会第二次会议秘书长 副秘书长名单

秘书长：钱运录

副秘书长：

杨崇汇 蒋作君 孙怀山 潘贵玉(女) 陈抗甫
卢昌华 王胜洪 仝广成 陈喜庆 修福金 张宝文
马培华 刘晓峰 王钦敏 黄志贤 宋北杉
林智敏(女) 赵启正 王京清 尤兰田(女)
李 勇

政协十一届全国委员会常务委员会在北京举办第三次学习讲座

全国政协主席贾庆林主持并讲话。

全国政协委员、中国社科院学部委员、经济学部副主任刘树成同志作了题为《国内外经济走势分析》的专题报告，报告介绍了2008年我国经济形势的特点，分析了2009年国内外经济走势，阐述了宏观调控重大政策措施的主要内容，并提出了需要进一步研究和处理好的几个问题。

贾庆林在讲话中指出，即将召开的全国两会是在我国积极应对国际金融危机冲击、努力保持经济平稳较快发展的形势下召开的。广大政协委员要以对国家和人民高度负责的精神，满腔热情地履行委员职责，认真分析当前国内外经济形势，针对经济社会发展存在的一些问题和今年各项任务的落实，积极建言献策，反映社情民意，坚定信心保增长、凝聚人心促和谐、万众一心渡难关，为实现我国经济平稳较快发展和社会和谐稳定贡献智慧和力量。

全国政协副主席王刚、廖晖、杜青林、白立忱、阿不来提·阿不都热西提、李兆焯、黄孟复、张梅颖、张榕明、钱运录、孙家正、李金华、郑万通、邓朴方、罗富和、陈宗兴、王志珍出席了讲座。

深入学习实践科学发展观活动第一批总结暨第二批动员会议在北京召开

潘作良同志先进事迹首场报告会在人民大会堂举行

报告会由中宣部、辽宁省委、国家信访局联合举办。

国务院副总理李克强在北京出席国土资源战略研究专家座谈会

在认真听取专家发言后，李克强说，土地、能源、矿产、海洋等资源是经济社会发展的重要物质基础，事关民生福祉，事关长远大局。当前，应对国际金融危机挑战、保持经济平稳较快发展的任务十分繁重。要密切跟踪全球能源资源市场动态，深入分析国际环境变化趋势及其对我国经济发展的影响，综合考虑对策措施。统筹国土资源开发与保护，把科学利用和规范管理结合起来，提出促进增长与调整结构、推动发展与深化改革并举的政策建议。认真研究保持资金投入规模、加大资源勘探力度、增强资源保障能力的方法，探索提高资源使用效率、推进资源综合利用、发展循环经济、拓展技术服务领域的途径，积极培育新的经济增长点。

李克强最后说，科学决策离不开民主决策，集中各方面专家开展国土资源重大战略问题研究，对推进国土资源事业改革发展具有重要意义。要立足我国基本国情，树立世界眼光，服务经济社会发展大局，深入调查研究，创新工作方式，努力形成高水平研究成果，及时运用到实践之中，为促进经济增长、推动科学发展贡献才智与力量。

中国工程院院长徐匡迪参加了会议。国土资源部部长徐绍史和部分专家在会上发了言。

全国村务公开和民主管理"难点村"治理工作电视电话会议在北京召开

中共中央书记处书记何勇出席会议并讲话。

何勇要求，要准确把握"难点村"治理工作的总体要求和主要任务，以解决农民群众最关心、最直接、最现实的利益问题为切入点，着力发展农村经济和社会事业，着力加强村级组织建设，着力健全农村民主管理制度，着力推进农村党风廉政建设。要强化党委统一领导、党政齐抓共管、村务公开领导(协调)机构组织协调、有关部门各负其责的领导体制和工作机制。要与开展深入学习实践科学发展观活动结合起来，加大督查督办力度，严格落实责任制。要针对征地拆迁、农村城镇化、土地承包、民主选举、村务公开和民主管理等方面出现的损害农民群众利益的问题，完善有关制度，建立"难点村"治理工作的长效机制。

民政部部长、全国村务公开协调小组组长李学举主持会议。会议对第二批全国村务公开民主管理示范县(市、区)进行了表彰。

第一期全国基层检察院检察长轮训班在北京国家检察官学院开班

国家副主席习近平在人民大会堂会见第六十三届联合国大会主席米格尔·德斯科托·布罗克曼

国家体育总局副局长蔡振华当选新一届中国乒协主席

中国女子冰壶队在大冬会上击败加拿大队获得冠军

2月28日

全国人大常委会第七次会议在人民大会堂闭幕

会议经表决，通过了食品安全法、刑法修正案(七)和修订后的保险法，国家主席胡锦涛分别签署第9号、第10号、第11号主席令予以公布。

吴邦国委员长主持会议。

会议表决通过了全国人大常委会关于批准《中华人民共和国和秘鲁共和国关于民事和商事司法协助的条约》的决定、关于批准《中华人民共和国和墨西哥合众国引渡条约》的决定、关于批准《中华人民共和国和日本国领事协定》的决定，批准了上述条约。

会议表决通过了全国人大常委会工作报告稿。会后根据常委会组成人员提出的意见进一步修改完善后，提请十一届全国人大二次会议审议。根据委员长会议的建议，吴邦国将代表常委会向十一届全国人大二次会议作全国人大常委会工作报告。

会议表决通过了全国人大常委会代表资格审查委员会关于个别代表资格的报告。根据全国人大常委会发表的公告，十一届全国人大代表现在实有2985人。

会议表决通过了十一届全国人大二次会议议程草案，提请十一届全国人大二次会议预备会议审议；表决通过了十一届全国人大二次会议主席团和秘书长名单草案，提请十一届全国人大二次会议预备会议选举；表决通过了十一届全国人大二次会议列席人员名单。

会议经表决，任命高强为全国人大财政经济委员会副主任委员、全国人大常委会预算工作委员会主任。会议还表决通过了其他任免案。

完成各项议程后，吴邦国发表讲话。他说，本次常委会会议的主要任务，是为即将召开的十一届全国人大二次会议做准备。会议期间，常委会组成人员、专门委员会组成人员和列席会议的同志，结合审议常委会工作报告稿，回顾了2008年的工作，赞成2009年的工作部署。大家一致认为，过去的一年，十一届全国人大及其常委会认真贯彻党的十七大和十七届三中全会精神，以邓小平理论和“三个代表”重要思想为指导，深入贯彻落实科学发展观，牢牢把握人大工作正确的政治方向，坚持党的领导、人民当家做主、依法治国有机统一，紧紧围绕党和国家工作大局依法行使职权、积极开展工作，全力支持抗震救灾和灾后重建，积极推动经济又好又快发展，着力促进解决民生问题，切实加强自身建设，充分发挥了国家权力机关的作用，为社会主义经济建设、政治建设、文化建设、社会建设作出了新的贡献。

吴邦国指出，今年是实施“十一五”规划的关键一年，也是应对国际金融危机的冲击、保持经济平稳较快发展与社会和谐稳定的关键一年，改革发展稳定的任务十分繁重。开好十一届全国人大二次会议，对于全面贯彻落实中央重大决策部署，积极应对国际国内环境变化重大挑战、推动国家各项事业实现新发展具有十分重要的意义。为此，他提出三点要求。一要充分发扬民主，严格依法办事。要充分尊重和保障代表的民主权利，坚持讲大局、议大事，提倡重实际、求实效，充分反映民意，广泛集中民智。我们要同全体代表一道，认真贯彻党的十七大、十七届三中全会和中央经济工作会议精神，把思想和行动统一到中央对形势的分析判断和对工作的决策部署上来，把这次大会开成一个民主、团结、求实、奋进的大会，进一步动员和团结全国各族人民坚定信心、艰苦奋斗、扎实工作，以优异的成绩迎接新中国成立60周年。二要虚心听取意见，自觉接受监督。大会期间，常委会要向代表大会报告工作，这是常委会接受代表大会监督的重要内容。我们要认真参加会议审议，虚心听取代表意见，自觉接受人民监督，不断加强和改进常委会工作，更好地行使宪法和法律赋予的职权，不辜负人民的重托。三要加强团结协作，精心搞好服务。一个多月来，各有关方面按照明确分工、落实责任、集中精力、精心组织、统筹安排的要求，做了大量扎实细致的工作，大会各项筹备工作已经基本就绪。会议期间，服务保障任务会更加繁重，各有关方面要精诚团结、密切合作，精益求精地做好各项服务工作，确保大会顺利进行。

全国人大常委会副委员长王兆国、路甬祥、乌云其木格、韩启德、华建敏、陈至立、周铁农、李建国、司马义·铁力瓦尔地、蒋树声、陈昌智、严隽琪、桑国卫出席会议。国务委员孟建柱、最高人民法院院长王胜俊、最高人民检察院检察长曹建明等列席会议。

第十一届全国人大常务委员会公告

山西省人大常委会补选王君为第十一届全国人民代表大会代表，辽宁省人大常委会补选王文权、王阳、孙国相、赵连生、高军为第十一届全国人民代表大会代表，浙江省人大常委会补选高强为第十一届全国人民代表大会代表，广西壮族自治区人大常委会补选章远新为第十一届全国人民代表大会代表，新疆维吾尔自治区人大常委会补选苏胜新为第十一届全国人民代表大会代表。全国人民代表大会常务委员会同意代表资格审查委员会的审查报告，确认王君、王文权、王阳、孙国相、赵连生、高军、高强、章远新、苏胜新的代表资格有效。

辽宁省人大常委会接受了刘志强、刘强、陈铁新、陈淑珍、赵化明提出的辞去第十一届全国人民代表大会代表职务的请求,依照代表法的有关规定,刘志强、刘强、陈铁新、陈淑珍、赵化明的代表资格终止。

吉林省人大常委会罢免了米凤君的第十一届全国人民代表大会代表职务。依照代表法的有关规定,米凤君的代表资格终止。

现在,第十一届全国人民代表大会实有代表2985人。

特此公告。

全国人民代表大会常务委员会

2009年2月28日

第十一届全国人大常务委员会第七次会议通过任免名单

任命高强为第十一届全国人民代表大会财政经济委员会副主任委员、全国人民代表大会常务委员会预算工作委员会主任。

免去李克的最高人民法院审判委员会委员、审判员职务。

免去李祥民、吴庆宝、陈百灵(女)的最高人民法院审判员职务。

免去魏夫俊的最高人民检察院检察员职务。

十一届全国人大常委会在人民大会堂举行第八讲专题讲座

吴邦国委员长主持讲座。

吴邦国强调,在人大工作的同志要带头学习宪法,模范遵守宪法,深入领会宪法精神,牢固树立宪法意识,在重大原则问题上保持清醒头脑,增强政治敏锐性和政治鉴别力,从巩固党的执政地位、保障最广大人民根本利益、实现国家长治久安的高度,旗帜鲜明地维护宪法的尊严和权威。

此次专题讲座的主讲人是全国人大常委会委员、全国人大法律委员会主任委员胡康生,讲座题目是《学习宪法 忠于宪法 维护宪法权威》。他从宪法确定的基本原则,我国的根本政治制度,社会主义初级阶段的基本经济制度,国家尊重和保障人权以及保障宪法实施、维护宪法权威五个方面做了详细讲解。

胡康生说,坚持中国共产党的领导是宪法确定的一项基本原则。中国共产党的领导地位是历史形成的,中国特色政党制度是由中国国情决定的,中国共产党的领导是发展中国特色社会主义事业的政治保证。宪法规定的人民代表大会制度是我国的根本政治制度,是中国人民当家做主的根本途径和最高实现形式。实践证明,人民代表大会制度是符合我国国情的,必须坚定不移地坚持它并在实践中完善它。

胡康生还就保障宪法实施、维护宪法权威提出了三点建议:必须保持宪法稳定;深入学习宪法,增强政治鉴别力;切实保障宪法实施,推进依法治国。

全国人大常委会副委员长王兆国、路甬祥、乌云其木格、韩启德、华建敏、陈至立、周铁农、李建国、司马义·铁力瓦尔地、蒋树声、陈昌智、严隽琪、桑国卫等听取讲座。

国家主席胡锦涛签署第9号令发布《中华人民共和国食品安全法》

《中华人民共和国食品安全法》已由中华人民共和国第十一届全国人民代表大会常务委员会第七次会议于2009年2月28日通过,现予公布,自2009年6月1日起施行。

中华人民共和国主席 胡锦涛

2009年2月28日

中华人民共和国食品安全法

第一章 总 则

第一条 为保证食品安全,保障公众身体健康和生命安全,制定本法。

第二条 在中华人民共和国境内从事下列活动,应当遵守本法:

(一)食品生产和加工(以下称食品生产),食品流通和餐饮服务(以下称食品经营);

(二)食品添加剂的生产经营;

(三)用于食品的包装材料、容器、洗涤剂、消毒剂和用于食品生产经营的工具、设备(以下称食品相关产品)的生产经营,

(四)食品生产经营者使用食品添加剂、食品相关产品;

(五)对食品、食品添加剂和食品相关产品的安全管理。

供食用的源于农业的初级产品(以下称食用农产品)的质量安全管理,遵守《中华人民共和国农产品质量安全法》的规定。但是,制定有关食用农产品的质量安全标准、公布食用农产品安全有关信息,应当遵守本法的有关规定。

第三条 食品生产经营者应当依照法律、法规和食品安全标准从事生产经营活动,对社会和公众负责,保证食品安全,接受社会监督,承担社会责任。

第四条 国务院设立食品安全委员会,其工作职责由国务院规定。

国务院卫生行政部门承担食品安全综合协调职

责，负责食品安全风险评估、食品安全标准制定、食品安全信息公布、食品检验机构的资质认定条件和检验规范的制定，组织查处食品安全重大事故。

国务院质量监督、工商行政管理和国家食品药品监督管理部门依照本法和国务院规定的职责，分别对食品生产、食品流通、餐饮服务活动实施监督管理。

第五条 县级以上地方人民政府统一负责、领导、组织、协调本行政区域的食品安全监督管理工作，建立、健全食品安全全程监督管理的工作机制；统一领导、指挥食品安全突发事件应对工作；完善、落实食品安全监督管理责任制，对食品安全监督管理部门进行评议、考核。

县级以上地方人民政府依照本法和国务院的规定确定本级卫生行政、农业行政、质量监督、工商行政管理、食品药品监督管理部门的食品安全监督管理职责。有关部门在各自职责范围内负责本行政区域的食品安全监督管理工作。

上级人民政府所属部门在下级行政区域设置的机构应当在所在地人民政府的统一组织、协调下，依法做好食品安全监督管理工作。

第六条 县级以上卫生行政、农业行政、质量监督、工商行政管理、食品药品监督管理部门应当加强沟通、密切配合，按照各自职责分工，依法行使职权，承担责任。

第七条 食品行业协会应当加强行业自律，引导食品生产经营者依法生产经营，推动行业诚信建设，宣传、普及食品安全知识。

第八条 国家鼓励社会团体、基层群众性自治组织开展食品安全法律、法规以及食品安全标准和知识的普及工作，倡导健康的饮食方式，增强消费者食品安全意识和自我保护能力。

新闻媒体应当开展食品安全法律、法规以及食品安全标准和知识的公益宣传，并对违反本法的行为进行舆论监督。

第九条 国家鼓励和支持开展与食品安全有关的基础研究和应用研究，鼓励和支持食品生产经营者为提高食品安全水平采用先进技术和先进管理规范。

第十条 任何组织或者个人有权举报食品生产经营中违反本法的行为，有权向有关部门了解食品安全信息，对食品安全监督管理工作提出意见和建议。

第二章 食品安全风险监测和评估

第十一条 国家建立食品安全风险监测制度，对食源性疾病、食品污染以及食品中的有害因素进行监测。

国务院卫生行政部门会同国务院有关部门制定、实施国家食品安全风险监测计划。省、自治区、直辖市人民政府卫生行政部门根据国家食品安全风险监测计划，结合本行政区域的具体情况，组织制定、实施本行政区域的食品安全风险监测方案。

第十二条 国务院农业行政、质量监督、工商行政管理和国家食品药品监督管理等有关部门获知有关食品安全风险信息后，应当立即向国务院卫生行政部门通报。国务院卫生行政部门会同有关部门对信息核实后，应当及时调整食品安全风险监测计划。

第十三条 国家建立食品安全风险评估制度，对食品、食品添加剂中生物性、化学性和物理性危害进行风险评估。

国务院卫生行政部门负责组织食品安全风险评估工作，成立由医学、农业、食品、营养等方面的专家组成的食品安全风险评估专家委员会进行食品安全风险评估。

对农药、肥料、生长调节剂、兽药、饲料和饲料添加剂等的安全性评估，应当有食品安全风险评估专家委员会的专家参加。

食品安全风险评估应当运用科学方法，根据食品安全风险监测信息、科学数据以及其他有关信息进行。

第十四条 国务院卫生行政部门通过食品安全风险监测或者接到举报发现食品可能存在安全隐患的，应当立即组织进行检验和食品安全风险评估。

第十五条 国务院农业行政、质量监督、工商行政管理和国家食品药品监督管理等有关部门应当向国务院卫生行政部门提出食品安全风险评估的建议，并提供有关信息和资料。

国务院卫生行政部门应当及时向国务院有关部门通报食品安全风险评估的结果。

第十六条 食品安全风险评估结果是制定、修订食品安全标准和对食品安全实施监督管理的科学依据。

食品安全风险评估结果得出食品不安全结论的，国务院质量监督、工商行政管理和国家食品药品监督管理部门应当依据各自职责立即采取相应措施，确保该食品停止生产经营，并告知消费者停止食用；需要制定、修订相关食品安全国家标准的，国务院卫生行政部门应当立即制定、修订。

第十七条 国务院卫生行政部门应当会同国务院有关部门，根据食品安全风险评估结果、食品安全监督管理信息，对食品安全状况进行综合分析。对经综合分析表明可能具有较高程度安全风险的食品，国务院卫生行政部门应当及时提出食品安全风险警示，并予以公布。

第三章 食品安全标准

第十八条 制定食品安全标准，应当以保障公众身体健康为宗旨,做到科学合理、安全可靠。

第十九条　食品安全标准是强制执行的标准。除食品安全标准外,不得制定其他的食品强制性标准。

第二十条　食品安全标准应当包括下列内容:

(一)食品、食品相关产品中的致病性微生物、农药残留、兽药残留、重金属、污染物质以及其他危害人体健康物质的限量规定;

(二)食品添加剂的品种、使用范围、用量;

(三)专供婴幼儿和其他特定人群的主辅食品的营养成分要求;

(四)对与食品安全、营养有关的标签、标识、说明书的要求;

(五)食品生产经营过程的卫生要求;

(六)与食品安全有关的质量要求;

(七)食品检验方法与规程;

(八)其他需要制定为食品安全标准的内容。

第二十一条　食品安全国家标准由国务院卫生行政部门负责制定、公布,国务院标准化行政部门提供国家标准编号。

食品中农药残留、兽药残留的限量规定及其检验方法与规程由国务院卫生行政部门、国务院农业行政部门制定。

屠宰畜、禽的检验规程由国务院有关主管部门会同国务院卫生行政部门制定。

有关产品国家标准涉及食品安全国家标准规定内容的,应当与食品安全国家标准相一致。

第二十二条　国务院卫生行政部门应当对现行的食用农产品质量安全标准、食品卫生标准、食品质量标准和有关食品的行业标准中强制执行的标准予以整合,统一公布为食品安全国家标准。

本法规定的食品安全国家标准公布前,食品生产经营者应当按照现行食用农产品质量安全标准、食品卫生标准、食品质量标准和有关食品的行业标准生产经营食品。

第二十三条　食品安全国家标准应当经食品安全国家标准审评委员会审查通过。食品安全国家标准审评委员会由医学、农业、食品、营养等方面的专家以及国务院有关部门的代表组成。

制定食品安全国家标准,应当依据食品安全风险评估结果并充分考虑食用农产品质量安全风险评估结果,参照相关的国际标准和国际食品安全风险评估结果,并广泛听取食品生产经营者和消费者的意见。

第二十四条　没有食品安全国家标准的,可以制定食品安全地方标准。

省、自治区、直辖市人民政府卫生行政部门组织制定食品安全地方标准,应当参照执行本法有关食品安全国家标准制定的规定,并报国务院卫生行政部门备案。

第二十五条　企业生产的食品没有食品安全国家标准或者地方标准的,应当制定企业标准,作为组织生产的依据。国家鼓励食品生产企业制定严于食品安全国家标准或者地方标准的企业标准。企业标准应当报省级卫生行政部门备案,在本企业内部适用。

第二十六条　食品安全标准应当供公众免费查阅。

第四章　食品生产经营

第二十七条　食品生产经营应当符合食品安全标准,并符合下列要求:

(一)具有与生产经营的食品品种、数量相适应的食品原料处理和食品加工、包装、贮存等场所,保持该场所环境整洁,并与有毒、有害场所以及其他污染源保持规定的距离;

(二)具有与生产经营的食品品种、数量相适应的生产经营设备或者设施,有相应的消毒、更衣、盥洗、采光、照明、通风、防腐、防尘、防蝇、防鼠、防虫、洗涤以及处理废水、存放垃圾和废弃物的设备或者设施;

(三)有食品安全专业技术人员、管理人员和保证食品安全的规章制度;

(四)具有合理的设备布局和工艺流程,防止待加工食品与直接入口食品、原料与成品交叉污染,避免食品接触有毒物、不洁物;

(五)餐具、饮具和盛放直接入口食品的容器,使用前应当洗净、消毒,炊具、用具用后应当洗净,保持清洁;

(六)贮存、运输和装卸食品的容器、工具和设备应当安全、无害,保持清洁,防止食品污染,并符合保证食品安全所需的温度等特殊要求,不得将食品与有毒、有害物品一同运输;

(七)直接入口的食品应当有小包装或者使用无毒、清洁的包装材料、餐具;

(八)食品生产经营人员应当保持个人卫生,生产经营食品时,应当将手洗净,穿戴清洁的工作衣、帽;销售无包装的直接入口食品时,应当使用无毒、清洁的售货工具;

(九)用水应当符合国家规定的生活饮用水卫生标准;

(十)使用的洗涤剂、消毒剂应当对人体安全、无害;

(十一)法律、法规规定的其他要求。

第二十八条　禁止生产经营下列食品:

(一)用非食品原料生产的食品或者添加食品添加剂以外的化学物质和其他可能危害人体健康物质的食

品,或者用回收食品作为原料生产的食品;

(二)致病性微生物、农药残留、兽药残留、重金属、污染物质以及其他危害人体健康的物质含量超过食品安全标准限量的食品;

(三)营养成分不符合食品安全标准的专供婴幼儿和其他特定人群的主辅食品;

(四)腐败变质、油脂酸败、霉变生虫、污秽不洁、混有异物、掺假掺杂或者感官性状异常的食品;

(五)病死、毒死或者死因不明的禽、畜、兽、水产动物肉类及其制品;

(六)未经动物卫生监督机构检疫或者检疫不合格的肉类,或者未经检验或者检验不合格的肉类制品;

(七)被包装材料、容器、运输工具等污染的食品;

(八)超过保质期的食品;

(九)无标签的预包装食品;

(十)国家为防病等特殊需要明令禁止生产经营的食品;

(十一)其他不符合食品安全标准或者要求的食品。

第二十九条　国家对食品生产经营实行许可制度。从事食品生产、食品流通、餐饮服务,应当依法取得食品生产许可、食品流通许可、餐饮服务许可。

取得食品生产许可的食品生产者在其生产场所销售其生产的食品,不需要取得食品流通的许可;取得餐饮服务许可的餐饮服务提供者在其餐饮服务场所出售其制作加工的食品,不需要取得食品生产和流通的许可;农民个人销售其自产的食用农产品,不需要取得食品流通的许可。

食品生产加工小作坊和食品摊贩从事食品生产经营活动,应当符合本法规定的与其生产经营规模、条件相适应的食品安全要求,保证所生产经营的食品卫生、无毒、无害,有关部门应当对其加强监督管理,具体管理办法由省、自治区、直辖市人民代表大会常务委员会依照本法制定。

第三十条　县级以上地方人民政府鼓励食品生产加工小作坊改进生产条件;鼓励食品摊贩进入集中交易市场、店铺等固定场所经营。

第三十一条　县级以上质量监督、工商行政管理、食品药品监督管理部门应当依照《中华人民共和国行政许可法》的规定,审核申请人提交的本法第二十七条第一项至第四项规定要求的相关资料,必要时对申请人的生产经营场所进行现场核查;对符合规定条件的,决定准予许可;对不符合规定条件的,决定不予许可并书面说明理由。

第三十二条　食品生产经营企业应当建立、健全本单位的食品安全管理制度,加强对职工食品安全知识的培训,配备专职或者兼职食品安全管理人员,做好对所生产经营食品的检验工作,依法从事食品生产经营活动。

第三十三条　国家鼓励食品生产经营企业符合良好生产规范要求,实施危害分析与关键控制点体系,提高食品安全管理水平。

对通过良好生产规范、危害分析与关键控制点体系认证的食品生产经营企业,认证机构应当依法实施跟踪调查;对不再符合认证要求的企业,应当依法撤销认证,及时向有关质量监督、工商行政管理、食品药品监督管理部门通报,并向社会公布。认证机构实施跟踪调查不收取任何费用。

第三十四条　食品生产经营者应当建立并执行从业人员健康管理制度。患有痢疾、伤寒、病毒性肝炎等消化道传染病的人员,以及患有活动性肺结核、化脓性或者渗出性皮肤病等有碍食品安全的疾病的人员,不得从事接触直接入口食品的工作。

食品生产经营人员每年应当进行健康检查,取得健康证明后方可参加工作。

第三十五条　食用农产品生产者应当依照食品安全标准和国家有关规定使用农药、肥料、生长调节剂、兽药、饲料和饲料添加剂等农业投入品。食用农产品的生产企业和农民专业合作经济组织应当建立食用农产品生产记录制度。

县级以上农业行政部门应当加强对农业投入品使用的管理和指导,建立、健全农业投入品的安全使用制度。

第三十六条　食品生产者采购食品原料、食品添加剂、食品相关产品,应当查验供货者的许可证和产品合格证明文件;对无法提供合格证明文件的食品原料,应当依照食品安全标准进行检验;不得采购或者使用不符合食品安全标准的食品原料、食品添加剂、食品相关产品。

食品生产企业应当建立食品原料、食品添加剂、食品相关产品进货查验记录制度,如实记录食品原料、食品添加剂、食品相关产品的名称、规格、数量、供货者名称及联系方式、进货日期等内容。

食品原料、食品添加剂、食品相关产品进货查验记录应当真实,保存期限不得少于二年。

第三十七条　食品生产企业应当建立食品出厂检验记录制度,查验出厂食品的检验合格证和安全状况,并如实记录食品的名称、规格、数量、生产日期、生产批号、检验合格证号、购货者名称及联系方式、销售日期等内容。

食品出厂检验记录应当真实,保存期限不得少于二年。

第三十八条　食品、食品添加剂和食品相关产品的生产者，应当依照食品安全标准对所生产的食品、食品添加剂和食品相关产品进行检验，检验合格后方可出厂或者销售。

第三十九条　食品经营者采购食品，应当查验供货者的许可证和食品合格的证明文件。

食品经营企业应当建立食品进货查验记录制度，如实记录食品的名称、规格、数量、生产批号、保质期、供货者名称及联系方式、进货日期等内容。

食品进货查验记录应当真实，保存期限不得少于二年。

实行统一配送经营方式的食品经营企业，可以由企业总部统一查验供货者的许可证和食品合格的证明文件，进行食品进货查验记录。

第四十条　食品经营者应当按照保证食品安全的要求贮存食品，定期检查库存食品，及时清理变质或者超过保质期的食品。

第四十一条　食品经营者贮存散装食品，应当在贮存位置标明食品的名称、生产日期、保质期、生产者名称及联系方式等内容。

食品经营者销售散装食品，应当在散装食品的容器、外包装上标明食品的名称、生产日期、保质期、生产经营者名称及联系方式等内容。

第四十二条　预包装食品的包装上应当有标签。标签应当标明下列事项：

（一）名称、规格、净含量、生产日期；

（二）成分或者配料表；

（三）生产者的名称、地址、联系方式；

（四）保质期；

（五）产品标准代号；

（六）贮存条件；

（七）所使用的食品添加剂在国家标准中的通用名称；

（八）生产许可证编号；

（九）法律、法规或者食品安全标准规定必须标明的其他事项。

专供婴幼儿和其他特定人群的主辅食品，其标签还应当标明主要营养成分及其含量。

第四十三条　国家对食品添加剂的生产实行许可制度。申请食品添加剂生产许可的条件、程序，按照国家有关工业产品生产许可证管理的规定执行。

第四十四条　申请利用新的食品原料从事食品生产或者从事食品添加剂新品种、食品相关产品新品种生产活动的单位或者个人，应当向国务院卫生行政部门提交相关产品的安全性评估材料。国务院卫生行政部门应当自收到申请之日起六十日内组织对相关产品的安全性评估材料进行审查；对符合食品安全要求的，依法决定准予许可并予以公布；对不符合食品安全要求的，决定不予许可并书面说明理由。

第四十五条　食品添加剂应当在技术上确有必要且经过风险评估证明安全可靠，方可列入允许使用的范围。国务院卫生行政部门应当根据技术必要性和食品安全风险评估结果，及时对食品添加剂的品种、使用范围、用量的标准进行修订。

第四十六条　食品生产者应当依照食品安全标准关于食品添加剂的品种、使用范围、用量的规定使用食品添加剂；不得在食品生产中使用食品添加剂以外的化学物质和其他可能危害人体健康的物质。

第四十七条　食品添加剂应当有标签、说明书和包装。标签、说明书应当载明本法第四十二条第一款第一项至第六项、第八项、第九项规定的事项，以及食品添加剂的使用范围、用量、使用方法，并在标签上载明“食品添加剂”字样。

第四十八条　食品和食品添加剂的标签、说明书，不得含有虚假、夸大的内容，不得涉及疾病预防、治疗功能。生产者对标签、说明书上所载明的内容负责。

食品和食品添加剂的标签、说明书应当清楚、明显，容易辨识。

食品和食品添加剂与其标签、说明书所载明的内容不符的，不得上市销售。

第四十九条　食品经营者应当按照食品标签标示的警示标志、警示说明或者注意事项的要求，销售预包装食品。

第五十条　生产经营的食品中不得添加药品，但是可以添加按照传统既是食品又是中药材的物质。按照传统既是食品又是中药材的物质的目录由国务院卫生行政部门制定、公布。

第五十一条　国家对声称具有特定保健功能的食品实行严格监管。有关监督管理部门应当依法履职，承担责任。具体管理办法由国务院规定。

声称具有特定保健功能的食品不得对人体产生急性、亚急性或者慢性危害，其标签、说明书不得涉及疾病预防、治疗功能，内容必须真实，应当载明适宜人群、不适宜人群、功效成分或者标志性成分及其含量等；产品的功能和成分必须与标签、说明书相一致。

第五十二条　集中交易市场的开办者、柜台出租者和展销会举办者，应当审查入场食品经营者的许可证，明确入场食品经营者的食品安全管理责任，定期对入场食品经营者的经营环境和条件进行检查，发现食品经营者有违反本法规定的行为的，应当及时制止并立即报告所在地县级工商行政管理部门或者食品药品监督管理部门。

集中交易市场的开办者、柜台出租者和展销会举办者未履行前款规定义务,本市场发生食品安全事故的,应当承担连带责任。

第五十三条 国家建立食品召回制度。食品生产者发现其生产的食品不符合食品安全标准,应当立即停止生产,召回已经上市销售的食品,通知相关生产经营者和消费者,并记录召回和通知情况。

食品经营者发现其经营的食品不符合食品安全标准,应当立即停止经营,通知相关生产经营者和消费者,并记录停止经营和通知情况。食品生产者认为应当召回的,应当立即召回。

食品生产者应当对召回的食品采取补救、无害化处理、销毁等措施,并将食品召回和处理情况向县级以上质量监督部门报告。

食品生产经营者未依照本条规定召回或者停止经营不符合食品安全标准的食品的,县级以上质量监督、工商行政管理、食品药品监督管理部门可以责令其召回或者停止经营。

第五十四条 食品广告的内容应当真实合法,不得含有虚假、夸大的内容,不得涉及疾病预防、治疗功能。

食品安全监督管理部门或者承担食品检验职责的机构、食品行业协会、消费者协会不得以广告或者其他形式向消费者推荐食品。

第五十五条 社会团体或者其他组织、个人在虚假广告中向消费者推荐食品,使消费者的合法权益受到损害的,与食品生产经营者承担连带责任。

第五十六条 地方各级人民政府鼓励食品规模化生产和连锁经营、配送。

第五章 食品检验

第五十七条 食品检验机构按照国家有关认证认可的规定取得资质认定后,方可从事食品检验活动。但是,法律另有规定的除外。

食品检验机构的资质认定条件和检验规范,由国务院卫生行政部门规定。

本法施行前经国务院有关主管部门批准设立或者经依法认定的食品检验机构,可以依照本法继续从事食品检验活动。

第五十八条 食品检验由食品检验机构指定的检验人独立进行。

检验人应当依照有关法律、法规的规定,并依照食品安全标准和检验规范对食品进行检验,尊重科学,恪守职业道德,保证出具的检验数据和结论客观、公正,不得出具虚假的检验报告。

第五十九条 食品检验实行食品检验机构与检验人负责制。食品检验报告应当加盖食品检验机构公章,并有检验人的签名或者盖章。食品检验机构和检验人对出具的食品检验报告负责。

第六十条 食品安全监督管理部门对食品不得实施免检。

县级以上质量监督、工商行政管理、食品药品监督管理部门应当对食品进行定期或者不定期的抽样检验。进行抽样检验,应当购买抽取的样品,不收取检验费和其他任何费用。

县级以上质量监督、工商行政管理、食品药品监督管理部门在执法工作中需要对食品进行检验的,应当委托符合本法规定的食品检验机构进行,并支付相关费用。对检验结论有异议的,可以依法进行复检。

第六十一条 食品生产经营企业可以自行对所生产的食品进行检验,也可以委托符合本法规定的食品检验机构进行检验。

食品行业协会等组织、消费者需要委托食品检验机构对食品进行检验的,应当委托符合本法规定的食品检验机构进行。

第六章 食品进出口

第六十二条 进口的食品、食品添加剂以及食品相关产品应当符合我国食品安全国家标准。

进口的食品应当经出入境检验检疫机构检验合格后,海关凭出入境检验检疫机构签发的通关证明放行。

第六十三条 进口尚无食品安全国家标准的食品,或者首次进口食品添加剂新品种、食品相关产品新品种,进口商应当向国务院卫生行政部门提出申请并提交相关的安全性评估材料。国务院卫生行政部门依照本法第四十四条的规定作出是否准予许可的决定,并及时制定相应的食品安全国家标准。

第六十四条 境外发生的食品安全事件可能对我国境内造成影响,或者在进口食品中发现严重食品安全问题的,国家出入境检验检疫部门应当及时采取风险预警或者控制措施,并向国务院卫生行政、农业行政、工商行政管理和国家食品药品监督管理部门通报。接到通报的部门应当及时采取相应措施。

第六十五条 向我国境内出口食品的出口商或者代理商应当向国家出入境检验检疫部门备案。向我国境内出口食品的境外食品生产企业应当经国家出入境检验检疫部门注册。

国家出入境检验检疫部门应当定期公布已经备案的出口商、代理商和已经注册的境外食品生产企业名单。

第六十六条 进口的预包装食品应当有中文标签、中文说明书。标签、说明书应当符合本法以及我国其他有关法律、行政法规的规定和食品安全国家标准的要求,载明食品的原产地以及境内代理商的名称、地址、联系方式。预包装食品没有中文标签、中文说明书或者标签、说明书不符合本条规定的,不得进口。

第六十七条　进口商应当建立食品进口和销售记录制度,如实记录食品的名称、规格、数量、生产日期、生产或者进口批号、保质期、出口商和购货者名称及联系方式、交货日期等内容。

食品进口和销售记录应当真实,保存期限不得少于二年。

第六十八条　出口的食品由出入境检验检疫机构进行监督、抽检,海关凭出入境检验检疫机构签发的通关证明放行。

出口食品生产企业和出口食品原料种植、养殖场应当向国家出入境检验检疫部门备案。

第六十九条　国家出入境检验检疫部门应当收集、汇总进出口食品安全信息,并及时通报相关部门、机构和企业。

国家出入境检验检疫部门应当建立进出口食品的进口商、出口商和出口食品生产企业的信誉记录,并予以公布。对有不良记录的进口商、出口商和出口食品生产企业,应当加强对其进出口食品的检验检疫。

第七章　食品安全事故处置

第七十条　国务院组织制定国家食品安全事故应急预案。

县级以上地方人民政府应当根据有关法律、法规的规定和上级人民政府的食品安全事故应急预案以及本地区的实际情况,制定本行政区域的食品安全事故应急预案,并报上一级人民政府备案。

食品生产经营企业应当制定食品安全事故处置方案,定期检查本企业各项食品安全防范措施的落实情况,及时消除食品安全事故隐患。

第七十一条　发生食品安全事故的单位应当立即予以处置,防止事故扩大。事故发生单位和接收病人进行治疗的单位应当及时向事故发生地县级卫生行政部门报告。

农业行政、质量监督、工商行政管理、食品药品监督管理部门在日常监督管理中发现食品安全事故,或者接到有关食品安全事故的举报,应当立即向卫生行政部门通报。

发生重大食品安全事故的,接到报告的县级卫生行政部门应当按照规定向本级人民政府和上级人民政府卫生行政部门报告。县级人民政府和上级人民政府卫生行政部门应当按照规定上报。

任何单位或者个人不得对食品安全事故隐瞒、谎报、缓报,不得毁灭有关证据。

第七十二条　县级以上卫生行政部门接到食品安全事故的报告后,应当立即会同有关农业行政、质量监督、工商行政管理、食品药品监督管理部门进行调查处理,并采取下列措施,防止或者减轻社会危害:

(一)开展应急救援工作,对因食品安全事故导致人身伤害的人员,卫生行政部门应当立即组织救治;

(二)封存可能导致食品安全事故的食品及其原料,并立即进行检验;对确认属于被污染的食品及其原料,责令食品生产经营者依照本法第五十三条的规定予以召回、停止经营并销毁;

(三)封存被污染的食品用工具及用具,并责令进行清洗消毒;

(四)做好信息发布工作,依法对食品安全事故及其处理情况进行发布,并对可能产生的危害加以解释、说明。

发生重大食品安全事故的,县级以上人民政府应当立即成立食品安全事故处置指挥机构,启动应急预案,依照前款规定进行处置。

第七十三条　发生重大食品安全事故,设区的市级以上人民政府卫生行政部门应当立即会同有关部门进行事故责任调查,督促有关部门履行职责,向本级人民政府提出事故责任调查处理报告。

重大食品安全事故涉及两个以上省、自治区、直辖市的,由国务院卫生行政部门依照前款规定组织事故责任调查。

第七十四条　发生食品安全事故,县级以上疾病预防控制机构应当协助卫生行政部门和有关部门对事故现场进行卫生处理,并对与食品安全事故有关的因素开展流行病学调查。

第七十五条　调查食品安全事故,除了查明事故单位的责任,还应当查明负有监督管理和认证职责的监督管理部门、认证机构的工作人员失职、渎职情况。

第八章　监督管理

第七十六条　县级以上地方人民政府组织本级卫生行政、农业行政、质量监督、工商行政管理、食品药品监督管理部门制定本行政区域的食品安全年度监督管理计划,并按照年度计划组织开展工作。

第七十七条　县级以上质量监督、工商行政管理、食品药品监督管理部门履行各自食品安全监督管理职责,有权采取下列措施:

(一)进入生产经营场所实施现场检查;

(二)对生产经营的食品进行抽样检验;

(三)查阅、复制有关合同、票据、账簿以及其他有关资料;

(四)查封、扣押有证据证明不符合食品安全标准的食品,违法使用的食品原料、食品添加剂、食品相关产品,以及用于违法生产经营或者被污染的工具、设备;

(五)查封违法从事食品生产经营活动的场所。

县级以上农业行政部门应当依照《中华人民共和国农产品质量安全法》规定的职责,对食用农产品进行监督管理。

第七十八条 县级以上质量监督、工商行政管理、食品药品监督管理部门对食品生产经营者进行监督检查,应当记录监督检查的情况和处理结果。监督检查记录经监督检查人员和食品生产经营者签字后归档。

第七十九条 县级以上质量监督、工商行政管理、食品药品监督管理部门应当建立食品生产经营者食品安全信用档案,记录许可颁发、日常监督检查结果、违法行为查处等情况;根据食品安全信用档案的记录,对有不良信用记录的食品生产经营者增加监督检查频次。

第八十条 县级以上卫生行政、质量监督、工商行政管理、食品药品监督管理部门接到咨询、投诉、举报,对属于本部门职责的,应当受理,并及时进行答复、核实、处理;对不属于本部门职责的,应当书面通知并移交有权处理的部门处理。有权处理的部门应当及时处理,不得推诿;属于食品安全事故的,依照本法第七章有关规定进行处置。

第八十一条 县级以上卫生行政、质量监督、工商行政管理、食品药品监督管理部门应当按照法定权限和程序履行食品安全监督管理职责;对生产经营者的同一违法行为,不得给予二次以上罚款的行政处罚;涉嫌犯罪的,应当依法向公安机关移送。

第八十二条 国家建立食品安全信息统一公布制度。下列信息由国务院卫生行政部门统一公布:

(一)国家食品安全总体情况;

(二)食品安全风险评估信息和食品安全风险警示信息;

(三)重大食品安全事故及其处理信息;

(四)其他重要的食品安全信息和国务院确定的需要统一公布的信息。

前款第二项、第三项规定的信息,其影响限于特定区域的,也可以由有关省、自治区、直辖市人民政府卫生行政部门公布。县级以上农业行政、质量监督、工商行政管理、食品药品监督管理部门依据各自职责公布食品安全日常监督管理信息。

食品安全监督管理部门公布信息,应当做到准确、及时、客观。

第八十三条 县级以上地方卫生行政、农业行政、质量监督、工商行政管理、食品药品监督管理部门获知本法第八十二条第一款规定的需要统一公布的信息,应当向上级主管部门报告,由上级主管部门立即报告国务院卫生行政部门;必要时,可以直接向国务院卫生行政部门报告。

县级以上卫生行政、农业行政、质量监督、工商行政管理、食品药品监督管理部门应当相互通报获知的食品安全信息。

第九章 法律责任

第八十四条 违反本法规定,未经许可从事食品生产经营活动,或者未经许可生产食品添加剂的,由有关主管部门按照各自职责分工,没收违法所得、违法生产经营的食品、食品添加剂和用于违法生产经营的工具、设备、原料等物品;违法生产经营的食品、食品添加剂货值金额不足一万元的,并处二千元以上五万元以下罚款;货值金额一万元以上的,并处货值金额五倍以上十倍以下罚款。

第八十五条 违反本法规定,有下列情形之一的,由有关主管部门按照各自职责分工,没收违法所得、违法生产经营的食品和用于违法生产经营的工具、设备、原料等物品;违法生产经营的食品货值金额不足一万元的,并处二千元以上五万元以下罚款;货值金额一万元以上的,并处货值金额五倍以上十倍以下罚款;情节严重的,吊销许可证:

(一)用非食品原料生产食品或者在食品中添加食品添加剂以外的化学物质和其他可能危害人体健康的物质,或者用回收食品作为原料生产食品;

(二)生产经营致病性微生物、农药残留、兽药残留、重金属、污染物质以及其他危害人体健康的物质含量超过食品安全标准限量的食品;

(三)生产经营营养成分不符合食品安全标准的专供婴幼儿和其他特定人群的主辅食品;

(四)经营腐败变质、油脂酸败、霉变生虫、污秽不洁、混有异物、掺假掺杂或者感官性状异常的食品;

(五)经营病死、毒死或者死因不明的禽、畜、兽、水产动物肉类,或者生产经营病死、毒死或者死因不明的禽、畜、兽、水产动物肉类的制品;

(六)经营未经动物卫生监督机构检疫或者检疫不合格的肉类,或者生产经营未经检验或者检验不合格的肉类制品;

(七)经营超过保质期的食品;

(八)生产经营国家为防病等特殊需要明令禁止生产经营的食品;

(九)利用新的食品原料从事食品生产或者从事食品添加剂新品种、食品相关产品新品种生产,未经过安全性评估;

(十)食品生产经营者在有关主管部门责令其召回或者停止经营不符合食品安全标准的食品后,仍拒不召回或者停止经营的。

第八十六条 违反本法规定,有下列情形之一的,由有关主管部门按照各自职责分工，没收违法所得、违法生产经营的食品和用于违法生产经营的工具、设备、原料等物品；违法生产经营的食品货值金额不足一万元的，并处二千元以上五万元以下罚款；货值金额一万元以上的，并处货值金额二倍以上五倍以下罚款；情节严重的，责令停产停业，直至吊销许可证：

（一）经营被包装材料、容器、运输工具等污染的食品；

（二）生产经营无标签的预包装食品、食品添加剂或者标签、说明书不符合本法规定的食品、食品添加剂；

（三）食品生产者采购、使用不符合食品安全标准的食品原料、食品添加剂、食品相关产品；

（四）食品生产经营者在食品中添加药品。

第八十七条　违反本法规定，有下列情形之一的，由有关主管部门按照各自职责分工，责令改正，给予警告；拒不改正的，处二千元以上二万元以下罚款；情节严重的，责令停产停业，直至吊销许可证：

（一）未对采购的食品原料和生产的食品、食品添加剂、食品相关产品进行检验；

（二）未建立并遵守查验记录制度、出厂检验记录制度；

（三）制定食品安全企业标准未依照本法规定备案；

（四）未按规定要求贮存、销售食品或者清理库存食品；

（五）进货时未查验许可证和相关证明文件；

（六）生产的食品、食品添加剂的标签、说明书涉及疾病预防、治疗功能；

（七）安排患有本法第三十四条所列疾病的人员从事接触直接入口食品的工作。

第八十八条　违反本法规定，事故单位在发生食品安全事故后未进行处置、报告的，由有关主管部门按照各自职责分工，责令改正，给予警告；毁灭有关证据的，责令停产停业，并处二千元以上十万元以下罚款；造成严重后果的，由原发证部门吊销许可证。

第八十九条　违反本法规定，有下列情形之一的，依照本法第八十五条的规定给予处罚：

（一）进口不符合我国食品安全国家标准的食品；

（二）进口尚无食品安全国家标准的食品，或者首次进口食品添加剂新品种、食品相关产品新品种，未经过安全性评估；

（三）出口商未遵守本法的规定出口食品。

违反本法规定，进口商未建立并遵守食品进口和销售记录制度的，依照本法第八十七条的规定给予处罚。

第九十条　违反本法规定，集中交易市场的开办者、柜台出租者、展销会的举办者允许未取得许可的食品经营者进入市场销售食品，或者未履行检查、报告等义务的，由有关主管部门按照各自职责分工，处二千元以上五万元以下罚款；造成严重后果的，责令停业，由原发证部门吊销许可证。

第九十一条　违反本法规定，未按照要求进行食品运输的，由有关主管部门按照各自职责分工，责令改正，给予警告；拒不改正的，责令停产停业，并处二千元以上五万元以下罚款；情节严重的，由原发证部门吊销许可证。

第九十二条　被吊销食品生产、流通或者餐饮服务许可证的单位，其直接负责的主管人员自处罚决定作出之日起五年内不得从事食品生产经营管理工作。

食品生产经营者聘用不得从事食品生产经营管理工作的人员从事管理工作的，由原发证部门吊销许可证。

第九十三条　违反本法规定，食品检验机构、食品检验人员出具虚假检验报告的，由授予其资质的主管部门或者机构撤销该检验机构的检验资格；依法对检验机构直接负责的主管人员和食品检验人员给予撤职或者开除的处分。

违反本法规定，受到刑事处罚或者开除处分的食品检验机构人员，自刑罚执行完毕或者处分决定作出之日起十年内不得从事食品检验工作。食品检验机构聘用不得从事食品检验工作的人员的，由授予其资质的主管部门或者机构撤销该检验机构的检验资格。

第九十四条　违反本法规定，在广告中对食品质量作虚假宣传，欺骗消费者的，依照《中华人民共和国广告法》的规定给予处罚。

违反本法规定，食品安全监督管理部门或者承担食品检验职责的机构、食品行业协会、消费者协会以广告或者其他形式向消费者推荐食品的，由有关主管部门没收违法所得，依法对直接负责的主管人员和其他直接责任人员给予记大过、降级或者撤职的处分。

第九十五条　违反本法规定，县级以上地方人民政府在食品安全监督管理中未履行职责，本行政区域出现重大食品安全事故、造成严重社会影响的，依法对直接负责的主管人员和其他直接责任人员给予记大过、降级、撤职或者开除的处分。

违反本法规定，县级以上卫生行政、农业行政、质量监督、工商行政管理、食品药品监督管理部门或者其他有关行政部门不履行本法规定的职责或者滥用职权、玩忽职守、徇私舞弊的，依法对直接负责的主管人员和其他直接责任人员给予记大过或者降级的处分；造成严重后果的，给予撤职或者开除的处分；其主要负责人应当引咎辞职。

第九十六条 违反本法规定,造成人身、财产或者其他损害的,依法承担赔偿责任。

生产不符合食品安全标准的食品或者销售明知是不符合食品安全标准的食品,消费者除要求赔偿损失外,还可以向生产者或者销售者要求支付价款十倍的赔偿金。

第九十七条 违反本法规定,应当承担民事赔偿责任和缴纳罚款、罚金,其财产不足以同时支付时,先承担民事赔偿责任。

第九十八条 违反本法规定,构成犯罪的,依法追究刑事责任。

第十章 附 则

第九十九条 本法下列用语的含义:

食品,指各种供人食用或者饮用的成品和原料以及按照传统既是食品又是药品的物品,但是不包括以治疗为目的的物品。

食品安全,指食品无毒、无害,符合应当有的营养要求,对人体健康不造成任何急性、亚急性或者慢性危害。

预包装食品,指预先定量包装或者制作在包装材料和容器中的食品。

食品添加剂,指为改善食品品质和色、香、味以及为防腐、保鲜和加工工艺的需要而加入食品中的人工合成或者天然物质。

用于食品的包装材料和容器,指包装、盛放食品或者食品添加剂用的纸、竹、木、金属、搪瓷、陶瓷、塑料、橡胶、天然纤维、化学纤维、玻璃等制品和直接接触食品或者食品添加剂的涂料。

用于食品生产经营的工具、设备,指在食品或者食品添加剂生产、流通、使用过程中直接接触食品或者食品添加剂的机械、管道、传送带、容器、用具、餐具等。

用于食品的洗涤剂、消毒剂,指直接用于洗涤或者消毒食品、餐饮具以及直接接触食品的工具、设备或者食品包装材料和容器的物质。

保质期,指预包装食品在标签指明的贮存条件下保持品质的期限。

食源性疾病,指食品中致病因素进入人体引起的感染性、中毒性等疾病。

食物中毒,指食用了被有毒有害物质污染的食品或者食用了含有有毒有害物质的食品后出现的急性、亚急性疾病。

食品安全事故,指食物中毒、食源性疾病、食品污染等源于食品,对人体健康有危害或者可能有危害的事故。

第一百条 食品生产经营者在本法施行前已经取得相应许可证的,该许可证继续有效。

第一百零一条 乳品、转基因食品、生猪屠宰、酒类和食盐的食品安全管理,适用本法;法律、行政法规另有规定的,依照其规定。

第一百零二条 铁路运营中食品安全的管理办法由国务院卫生行政部门会同国务院有关部门依照本法制定。

军队专用食品和自供食品的食品安全管理办法由中央军事委员会依照本法制定。

第一百零三条 国务院根据实际需要,可以对食品安全监督管理体制作出调整。

第一百零四条 本法自2009年6月1日起施行。《中华人民共和国食品卫生法》同时废止。

国家主席胡锦涛签署第10号令发布《中华人民共和国刑法修正案(七)》

《中华人民共和国刑法修正案(七)》已由中华人民共和国第十一届全国人民代表大会常务委员会第七次会议于2009年2月28日通过,现予公布,自公布之日起施行。

中华人民共和国主席 胡锦涛

2009年2月28日

中华人民共和国刑法修正案(七)

一、将刑法第一百五十一条第三款修改为:"走私珍稀植物及其制品等国家禁止进出口的其他货物、物品的,处五年以下有期徒刑或者拘役,并处或者单处罚金;情节严重的,处五年以上有期徒刑,并处罚金。"

二、将刑法第一百八十条第一款修改为:"证券、期货交易内幕信息的知情人员或者非法获取证券、期货交易内幕信息的人员,在涉及证券的发行,证券、期货交易或者其他对证券、期货交易价格有重大影响的信息尚未公开前,买入或者卖出该证券,或者从事与该内幕信息有关的期货交易,或者泄露该信息,或者明示、暗示他人从事上述交易活动,情节严重的,处五年以下有期徒刑或者拘役,并处或者单处违法所得一倍以上五倍以下罚金;情节特别严重的,处五年以上十年以下有期徒刑,并处违法所得一倍以上五倍以下罚金。"

增加一款作为第四款:"证券交易所、期货交易所、证券公司、期货经纪公司、基金管理公司、商业银行、保险公司等金融机构的从业人员以及有关监管部门或者行业协会的工作人员,利用因职务便利获取的内幕信息以外的其他未公开的信息,违反规定,从事与该信息相关的证券、期货交易活动,或者明示、暗示他人从事相关交易活动,情节严重的,依照第一款的规定处罚。"

三、将刑法第二百零一条修改为:"纳税人采取欺骗、隐瞒手段进行虚假纳税申报或者不申报,逃避缴纳税款数额较大并且占应纳税额百分之十以上的，处三年以下有期徒刑或者拘役，并处罚金；数额巨大并且占应纳税额百分之三十以上的，处三年以上七年以下有期徒刑，并处罚金。

“扣缴义务人采取前款所列手段，不缴或者少缴已扣、已收税款，数额较大的，依照前款的规定处罚。

“对多次实施前两款行为，未经处理的，按照累计数额计算。

“有第一款行为，经税务机关依法下达追缴通知后，补缴应纳税款，缴纳滞纳金，已受行政处罚的，不予追究刑事责任；但是，五年内因逃避缴纳税款受过刑事处罚或者被税务机关给予二次以上行政处罚的除外。”

四、在刑法第二百二十四条后增加一条，作为第二百二十四条之一：“组织、领导以推销商品、提供服务等经营活动为名，要求参加者以缴纳费用或者购买商品、服务等方式获得加入资格，并按照一定顺序组成层级，直接或者间接以发展人员的数量作为计酬或者返利依据，引诱、胁迫参加者继续发展他人参加，骗取财物，扰乱经济社会秩序的传销活动的，处五年以下有期徒刑或者拘役，并处罚金；情节严重的，处五年以上有期徒刑，并处罚金。”

五、将刑法第二百二十五条第三项修改为：“未经国家有关主管部门批准非法经营证券、期货、保险业务的，或者非法从事资金支付结算业务的。”

六、将刑法第二百三十九条修改为：“以勒索财物为目的绑架他人的，或者绑架他人作为人质的，处十年以上有期徒刑或者无期徒刑，并处罚金或者没收财产；情节较轻的，处五年以上十年以下有期徒刑，并处罚金。

“犯前款罪，致使被绑架人死亡或者杀害被绑架人的，处死刑，并处没收财产。

“以勒索财物为目的偷盗婴幼儿的，依照前两款的规定处罚。”

七、在刑法第二百五十三条后增加一条，作为第二百五十三条之一：“国家机关或者金融、电信、交通、教育、医疗等单位的工作人员，违反国家规定，将本单位在履行职责或者提供服务过程中获得的公民个人信息，出售或者非法提供给他人，情节严重的，处三年以下有期徒刑或者拘役，并处或者单处罚金。

“窃取或者以其他方法非法获取上述信息，情节严重的，依照前款的规定处罚。

“单位犯前两款罪的，对单位判处罚金，并对其直接负责的主管人员和其他直接责任人员，依照各该款的规定处罚。”

八、在刑法第二百六十二条之一后增加一条，作为第二百六十二条之二：“组织未成年人进行盗窃、诈骗、抢夺、敲诈勒索等违反治安管理活动的，处三年以下有期徒刑或者拘役，并处罚金；情节严重的，处三年以上七年以下有期徒刑，并处罚金。”

九、在刑法第二百八十五条中增加两款作为第二款、第三款：“违反国家规定，侵入前款规定以外的计算机信息系统或者采用其他技术手段，获取该计算机信息系统中存储、处理或者传输的数据，或者对该计算机信息系统实施非法控制，情节严重的，处三年以下有期徒刑或者拘役，并处或者单处罚金；情节特别严重的，处三年以上七年以下有期徒刑，并处罚金。

“提供专门用于侵入、非法控制计算机信息系统的程序、工具，或者明知他人实施侵入、非法控制计算机信息系统的违法犯罪行为而为其提供程序、工具，情节严重的，依照前款的规定处罚。”

十、在刑法第三百一十二条中增加一款作为第二款：“单位犯前款罪的，对单位判处罚金，并对其直接负责的主管人员和其他直接责任人员，依照前款的规定处罚。”

十一、将刑法第三百三十七条第一款修改为：“违反有关动植物防疫、检疫的国家规定，引起重大动植物疫情的，或者有引起重大动植物疫情危险，情节严重的，处三年以下有期徒刑或者拘役，并处或者单处罚金。”

十二、将刑法第三百七十五条第二款修改为：“非法生产、买卖武装部队制式服装，情节严重的，处三年以下有期徒刑、拘役或者管制，并处或者单处罚金。”

增加一款作为第三款：“伪造、盗窃、买卖或者非法提供、使用武装部队车辆号牌等专用标志，情节严重的，处三年以下有期徒刑、拘役或者管制，并处或者单处罚金；情节特别严重的，处三年以上七年以下有期徒刑，并处罚金。”

原第三款作为第四款，修改为：“单位犯第二款、第三款罪的，对单位判处罚金，并对其直接负责的主管人员和其他直接责任人员，依照各该款的规定处罚。”

十三、在刑法第三百八十八条后增加一条作为第三百八十八条之一：“国家工作人员的近亲属或者其他与该国家工作人员关系密切的人，通过该国家工作人员职务上的行为，或者利用该国家工作人员职权或者地位形成的便利条件，通过其他国家工作人员职务上的行为，为请托人谋取不正当利益，索取请托人财物或者收受请托人财物，数额较大或者有其他较重情节的，处三年以下有期徒刑或者拘役，并处罚金；数额巨大或者有其他严重情节的，处三年以上七年以下有期徒刑，并处罚金；数额特别巨大或者有其他特别严重情节的，处七年以上有期徒刑，并处罚金或者没收财产。

“离职的国家工作人员或者其近亲属以及其他与

其关系密切的人，利用该离职的国家工作人员原职权或者地位形成的便利条件实施前款行为的，依照前款的规定定罪处罚。”

十四、将刑法第三百九十五条第一款修改为：“国家工作人员的财产、支出明显超过合法收入，差额巨大的，可以责令该国家工作人员说明来源，不能说明来源的，差额部分以非法所得论，处五年以下有期徒刑或者拘役；差额特别巨大的，处五年以上十年以下有期徒刑。财产的差额部分予以追缴。”

十五、本修正案自公布之日起施行。

国家主席胡锦涛签署第11号令发布《中华人民共和国保险法》

《中华人民共和国保险法》已由中华人民共和国第十一届全国人民代表大会常务委员会第七次会议于2009年2月28日修订通过，现将修订后的《中华人民共和国保险法》公布，自2009年10月1日起施行。

中华人民共和国主席　胡锦涛

2009年2月28日

中华人民共和国保险法

第一章　总　则

第一条　为了规范保险活动，保护保险活动当事人的合法权益，加强对保险业的监督管理，维护社会经济秩序和社会公共利益，促进保险事业的健康发展，制定本法。

第二条　本法所称保险，是指投保人根据合同约定，向保险人支付保险费，保险人对于合同约定的可能发生的事故因其发生所造成的财产损失承担赔偿保险金责任，或者当被保险人死亡、伤残、疾病或者达到合同约定的年龄、期限等条件时承担给付保险金责任的商业保险行为。

第三条　在中华人民共和国境内从事保险活动，适用本法。

第四条　从事保险活动必须遵守法律、行政法规，尊重社会公德，不得损害社会公共利益。

第五条　保险活动当事人行使权利、履行义务应当遵循诚实信用原则。

第六条　保险业务由依照本法设立的保险公司以及法律、行政法规规定的其他保险组织经营，其他单位和个人不得经营保险业务。

第七条　在中华人民共和国境内的法人和其他组织需要办理境内保险的，应当向中华人民共和国境内的保险公司投保。

第八条　保险业和银行业、证券业、信托业实行分业经营、分业管理，保险公司与银行、证券、信托业务机构分别设立。国家另有规定的除外。

第九条　国务院保险监督管理机构依法对保险业实施监督管理。

国务院保险监督管理机构根据履行职责的需要设立派出机构。派出机构按照国务院保险监督管理机构的授权履行监督管理职责。

第二章　保险合同

第一节　一般规定

第十条　保险合同是投保人与保险人约定保险权利义务关系的协议。

投保人是指与保险人订立保险合同，并按照合同约定负有支付保险费义务的人。

保险人是指与投保人订立保险合同，并按照合同约定承担赔偿或者给付保险金责任的保险公司。

第十一条　订立保险合同，应当协商一致，遵循公平原则确定各方的权利和义务。

除法律、行政法规规定必须保险的外，保险合同自愿订立。

第十二条　人身保险的投保人在保险合同订立时，对被保险人应当具有保险利益。

财产保险的被保险人在保险事故发生时，对保险标的应当具有保险利益。

人身保险是以人的寿命和身体为保险标的的保险。

财产保险是以财产及其有关利益为保险标的的保险。

被保险人是指其财产或者人身受保险合同保障，享有保险金请求权的人。投保人可以为被保险人。

保险利益是指投保人或者被保险人对保险标的具有的法律上承认的利益。

第十三条　投保人提出保险要求，经保险人同意承保，保险合同成立。保险人应当及时向投保人签发保险单或者其他保险凭证。

保险单或者其他保险凭证应当载明当事人双方约定的合同内容。当事人也可以约定采用其他书面形式载明合同内容。

依法成立的保险合同，自成立时生效。投保人和保险人可以对合同的效力约定附条件或者附期限。

第十四条　保险合同成立后，投保人按照约定交付保险费，保险人按照约定的时间开始承担保险责任。

第十五条　除本法另有规定或者保险合同另有约定外，保险合同成立后，投保人可以解除合同，保险人不得解除合同。

第十六条　订立保险合同，保险人就保险标的或者被保险人的有关情况提出询问的，投保人应当如实告知。

投保人故意或者因重大过失未履行前款规定的如

实告知义务,足以影响保险人决定是否同意承保或者提高保险费率的,保险人有权解除合同。

前款规定的合同解除权,自保险人知道有解除事由之日起,超过三十日不行使而消灭。自合同成立之日起超过二年的,保险人不得解除合同;发生保险事故的,保险人应当承担赔偿或者给付保险金的责任。

投保人故意不履行如实告知义务的,保险人对于合同解除前发生的保险事故,不承担赔偿或者给付保险金的责任,并不退还保险费。

投保人因重大过失未履行如实告知义务,对保险事故的发生有严重影响的,保险人对于合同解除前发生的保险事故,不承担赔偿或者给付保险金的责任,但应当退还保险费。

保险人在合同订立时已经知道投保人未如实告知的情况的,保险人不得解除合同;发生保险事故的,保险人应当承担赔偿或者给付保险金的责任。

保险事故是指保险合同约定的保险责任范围内的事故。

第十七条　订立保险合同,采用保险人提供的格式条款的,保险人向投保人提供的投保单应当附格式条款,保险人应当向投保人说明合同的内容。

对保险合同中免除保险人责任的条款,保险人在订立合同时应当在投保单、保险单或者其他保险凭证上作出足以引起投保人注意的提示,并对该条款的内容以书面或者口头形式向投保人作出明确说明;未作提示或者明确说明的,该条款不产生效力。

第十八条　保险合同应当包括下列事项:

(一)保险人的名称和住所;

(二)投保人、被保险人的姓名或者名称、住所,以及人身保险的受益人的姓名或者名称、住所;

(三)保险标的;

(四)保险责任和责任免除;

(五)保险期间和保险责任开始时间;

(六)保险金额;

(七)保险费以及支付办法;

(八)保险金赔偿或者给付办法;

(九)违约责任和争议处理;

(十)订立合同的年、月、日。

投保人和保险人可以约定与保险有关的其他事项。

受益人是指人身保险合同中由被保险人或者投保人指定的享有保险金请求权的人。投保人、被保险人可以为受益人。

保险金额是指保险人承担赔偿或者给付保险金责任的最高限额。

第十九条　采用保险人提供的格式条款订立的保险合同中的下列条款无效:

(一)免除保险人依法应承担的义务或者加重投保人、被保险人责任的;

(二)排除投保人、被保险人或者受益人依法享有的权利的。

第二十条　投保人和保险人可以协商变更合同内容。

变更保险合同的,应当由保险人在保险单或者其他保险凭证上批注或者附贴批单,或者由投保人和保险人订立变更的书面协议。

第二十一条　投保人、被保险人或者受益人知道保险事故发生后,应当及时通知保险人。故意或者因重大过失未及时通知,致使保险事故的性质、原因、损失程度等难以确定的,保险人对无法确定的部分,不承担赔偿或者给付保险金的责任,但保险人通过其他途径已经及时知道或者应当及时知道保险事故发生的除外。

第二十二条　保险事故发生后,按照保险合同请求保险人赔偿或者给付保险金时,投保人、被保险人或者受益人应当向保险人提供其所能提供的与确认保险事故的性质、原因、损失程度等有关的证明和资料。

保险人按照合同的约定,认为有关的证明和资料不完整的,应当及时一次性通知投保人、被保险人或者受益人补充提供。

第二十三条　保险人收到被保险人或者受益人的赔偿或者给付保险金的请求后,应当及时作出核定;情形复杂的,应当在三十日内作出核定,但合同另有约定的除外。保险人应当将核定结果通知被保险人或者受益人;对属于保险责任的,在与被保险人或者受益人达成赔偿或者给付保险金的协议后十日内,履行赔偿或者给付保险金义务。保险合同对赔偿或者给付保险金的期限有约定的,保险人应当按照约定履行赔偿或者给付保险金义务。

保险人未及时履行前款规定义务的,除支付保险金外,应当赔偿被保险人或者受益人因此受到的损失。

任何单位和个人不得非法干预保险人履行赔偿或者给付保险金的义务,也不得限制被保险人或者受益人取得保险金的权利。

第二十四条　保险人依照本法第二十三条的规定作出核定后,对不属于保险责任的,应当自作出核定之日起三日内向被保险人或者受益人发出拒绝赔偿或者拒绝给付保险金通知书,并说明理由。

第二十五条　保险人自收到赔偿或者给付保险金的请求和有关证明、资料之日起六十日内,对其赔偿或者给付保险金的数额不能确定的,应当根据已有证明和资料可以确定的数额先予支付;保险人最终确定赔偿或者给付保险金的数额后，应当支付相应的差额。

第二十六条　人寿保险以外的其他保险的被保险人或者受益人，向保险人请求赔偿或者给付保险金的诉讼时效期间为二年，自其知道或者应当知道保险事故发生之日起计算。

人寿保险的被保险人或者受益人向保险人请求给付保险金的诉讼时效期间为五年，自其知道或者应当知道保险事故发生之日起计算。

第二十七条　未发生保险事故，被保险人或者受益人谎称发生了保险事故，向保险人提出赔偿或者给付保险金请求的，保险人有权解除合同，并不退还保险费。

投保人、被保险人故意制造保险事故的，保险人有权解除合同，不承担赔偿或者给付保险金的责任；除本法第四十三条规定外，不退还保险费。

保险事故发生后，投保人、被保险人或者受益人以伪造、变造的有关证明、资料或者其他证据，编造虚假的事故原因或者夸大损失程度的，保险人对其虚报的部分不承担赔偿或者给付保险金的责任。

投保人、被保险人或者受益人有前三款规定行为之一，致使保险人支付保险金或者支出费用的，应当退回或者赔偿。

第二十八条　保险人将其承担的保险业务，以分保形式部分转移给其他保险人的，为再保险。

应再保险接受人的要求，再保险分出人应当将其自负责任及原保险的有关情况书面告知再保险接受人。

第二十九条　再保险接受人不得向原保险的投保人要求支付保险费。

原保险的被保险人或者受益人不得向再保险接受人提出赔偿或者给付保险金的请求。

再保险分出人不得以再保险接受人未履行再保险责任为由，拒绝履行或者迟延履行其原保险责任。

第三十条　采用保险人提供的格式条款订立的保险合同，保险人与投保人、被保险人或者受益人对合同条款有争议的，应当按照通常理解予以解释。对合同条款有两种以上解释的，人民法院或者仲裁机构应当作出有利于被保险人和受益人的解释。

第二节　人身保险合同

第三十一条　投保人对下列人员具有保险利益：

（一）本人；

（二）配偶、子女、父母；

（三）前项以外与投保人有抚养、赡养或者扶养关系的家庭其他成员、近亲属；

（四）与投保人有劳动关系的劳动者。

除前款规定外，被保险人同意投保人为其订立合同的，视为投保人对被保险人具有保险利益。

订立合同时，投保人对被保险人不具有保险利益的，合同无效。

第三十二条　投保人申报的被保险人年龄不真实，并且其真实年龄不符合合同约定的年龄限制的，保险人可以解除合同，并按照合同约定退还保险单的现金价值。保险人行使合同解除权，适用本法第十六条第三款、第六款的规定。

投保人申报的被保险人年龄不真实，致使投保人支付的保险费少于应付保险费的，保险人有权更正并要求投保人补交保险费，或者在给付保险金时按照实付保险费与应付保险费的比例支付。

投保人申报的被保险人年龄不真实，致使投保人支付的保险费多于应付保险费的，保险人应当将多收的保险费退还投保人。

第三十三条　投保人不得为无民事行为能力人投保以死亡为给付保险金条件的人身保险，保险人也不得承保。

父母为其未成年子女投保的人身保险，不受前款规定限制。但是，因被保险人死亡给付的保险金总和不得超过国务院保险监督管理机构规定的限额。

第三十四条　以死亡为给付保险金条件的合同，未经被保险人同意并认可保险金额的，合同无效。

按照以死亡为给付保险金条件的合同所签发的保险单，未经被保险人书面同意，不得转让或者质押。

父母为其未成年子女投保的人身保险，不受本条第一款规定限制。

第三十五条　投保人可以按照合同约定向保险人一次支付全部保险费或者分期支付保险费。

第三十六条　合同约定分期支付保险费，投保人支付首期保险费后，除合同另有约定外，投保人自保险人催告之日起超过三十日未支付当期保险费，或者超过约定的期限六十日未支付当期保险费的，合同效力中止，或者由保险人按照合同约定的条件减少保险金额。

被保险人在前款规定期限内发生保险事故的，保险人应当按照合同约定给付保险金，但可以扣减欠交的保险费。

第三十七条　合同效力依照本法第三十六条规定中止的，经保险人与投保人协商并达成协议，在投保人补交保险费后，合同效力恢复。但是，自合同效力中止之日起满二年双方未达成协议的，保险人有权解除合同。

保险人依照前款规定解除合同的，应当按照合同约定退还保险单的现金价值。

第三十八条　保险人对人寿保险的保险费，不得用诉讼方式要求投保人支付。

第三十九条　人身保险的受益人由被保险人或者投保人指定。

投保人指定受益人时须经被保险人同意。投保人为与其有劳动关系的劳动者投保人身保险，不得指定被保险人及其近亲属以外的人为受益人。

被保险人为无民事行为能力人或者限制民事行为能力人的，可以由其监护人指定受益人。

第四十条　被保险人或者投保人可以指定一人或者数人为受益人。

受益人为数人的，被保险人或者投保人可以确定受益顺序和受益份额；未确定受益份额的，受益人按照相等份额享有受益权。

第四十一条　被保险人或者投保人可以变更受益人并书面通知保险人。保险人收到变更受益人的书面通知后，应当在保险单或者其他保险凭证上批注或者附贴批单。

投保人变更受益人时须经被保险人同意。

第四十二条　被保险人死亡后，有下列情形之一的，保险金作为被保险人的遗产，由保险人依照《中华人民共和国继承法》的规定履行给付保险金的义务：

（一）没有指定受益人，或者受益人指定不明无法确定的；

（二）受益人先于被保险人死亡，没有其他受益人的；

（三）受益人依法丧失受益权或者放弃受益权，没有其他受益人的。

受益人与被保险人在同一事件中死亡，且不能确定死亡先后顺序的，推定受益人死亡在先。

第四十三条　投保人故意造成被保险人死亡、伤残或者疾病的，保险人不承担给付保险金的责任。投保人已交足二年以上保险费的，保险人应当按照合同约定向其他权利人退还保险单的现金价值。

受益人故意造成被保险人死亡、伤残、疾病的，或者故意杀害被保险人未遂的，该受益人丧失受益权。

第四十四条　以被保险人死亡为给付保险金条件的合同，自合同成立或者合同效力恢复之日起二年内，被保险人自杀的，保险人不承担给付保险金的责任，但被保险人自杀时为无民事行为能力人的除外。

保险人依照前款规定不承担给付保险金责任的，应当按照合同约定退还保险单的现金价值。

第四十五条　因被保险人故意犯罪或者抗拒依法采取的刑事强制措施导致其伤残或者死亡的，保险人不承担给付保险金的责任。投保人已交足二年以上保险费的，保险人应当按照合同约定退还保险单的现金价值。

第四十六条　被保险人因第三者的行为而发生死亡、伤残或者疾病等保险事故的，保险人向被保险人或者受益人给付保险金后，不享有向第三者追偿的权利，但被保险人或者受益人仍有权向第三者请求赔偿。

第四十七条　投保人解除合同的，保险人应当自收到解除合同通知之日起三十日内，按照合同约定退还保险单的现金价值。

第三节　财产保险合同

第四十八条　保险事故发生时，被保险人对保险标的不具有保险利益的，不得向保险人请求赔偿保险金。

第四十九条　保险标的转让的，保险标的的受让人承继被保险人的权利和义务。

保险标的转让的，被保险人或者受让人应当及时通知保险人，但货物运输保险合同和另有约定的合同除外。

因保险标的转让导致危险程度显著增加的，保险人自收到前款规定的通知之日起三十日内，可以按照合同约定增加保险费或者解除合同。保险人解除合同的，应当将已收取的保险费，按照合同约定扣除自保险责任开始之日起至合同解除之日止应收的部分后，退还投保人。

被保险人、受让人未履行本条第二款规定的通知义务的，因转让导致保险标的危险程度显著增加而发生的保险事故，保险人不承担赔偿保险金的责任。

第五十条　货物运输保险合同和运输工具航程保险合同，保险责任开始后，合同当事人不得解除合同。

第五十一条　被保险人应当遵守国家有关消防、安全、生产操作、劳动保护等方面的规定，维护保险标的的安全。

保险人可以按照合同约定对保险标的的安全状况进行检查，及时向投保人、被保险人提出消除不安全因素和隐患的书面建议。

投保人、被保险人未按照约定履行其对保险标的的安全应尽责任的，保险人有权要求增加保险费或者解除合同。

保险人为维护保险标的的安全，经被保险人同意，可以采取安全预防措施。

第五十二条　在合同有效期内，保险标的的危险程度显著增加的，被保险人应当按照合同约定及时通知保险人，保险人可以按照合同约定增加保险费或者解除合同。保险人解除合同的，应当将已收取的保险费，按照合同约定扣除自保险责任开始之日起至合同解除之日止应收的部分后，退还投保人。

被保险人未履行前款规定的通知义务的，因保险标的的危险程度显著增加而发生的保险事故，保险人不承担赔偿保险金的责任。

第五十三条 有下列情形之一的，除合同另有约定外，保险人应当降低保险费，并按日计算退还相应的保险费：

(一)据以确定保险费率的有关情况发生变化，保险标的的危险程度明显减少的；

(二)保险标的的保险价值明显减少的。

第五十四条 保险责任开始前，投保人要求解除合同的，应当按照合同约定向保险人支付手续费，保险人应当退还保险费。保险责任开始后，投保人要求解除合同的，保险人应当将已收取的保险费，按照合同约定扣除自保险责任开始之日起至合同解除之日止应收的部分后，退还投保人。

第五十五条 投保人和保险人约定保险标的的保险价值并在合同中载明的，保险标的发生损失时，以约定的保险价值为赔偿计算标准。

投保人和保险人未约定保险标的的保险价值的，保险标的发生损失时，以保险事故发生时保险标的的实际价值为赔偿计算标准。

保险金额不得超过保险价值。超过保险价值的，超过部分无效，保险人应当退还相应的保险费。

保险金额低于保险价值的，除合同另有约定外，保险人按照保险金额与保险价值的比例承担赔偿保险金的责任。

第五十六条 重复保险的投保人应当将重复保险的有关情况通知各保险人。

重复保险的各保险人赔偿保险金的总和不得超过保险价值。除合同另有约定外，各保险人按照其保险金额与保险金额总和的比例承担赔偿保险金的责任。

重复保险的投保人可以就保险金额总和超过保险价值的部分，请求各保险人按比例返还保险费。

重复保险是指投保人对同一保险标的、同一保险利益、同一保险事故分别与两个以上保险人订立保险合同，且保险金额总和超过保险价值的保险。

第五十七条 保险事故发生时，被保险人应当尽力采取必要的措施，防止或者减少损失。

保险事故发生后，被保险人为防止或者减少保险标的的损失所支付的必要的、合理的费用，由保险人承担；保险人所承担的费用数额在保险标的损失赔偿金额以外另行计算，最高不超过保险金额的数额。

第五十八条 保险标的发生部分损失的，自保险人赔偿之日起三十日内，投保人可以解除合同；除合同另有约定外，保险人也可以解除合同，但应当提前十五日通知投保人。

合同解除的，保险人应当将保险标的未受损失部分的保险费，按照合同约定扣除自保险责任开始之日起至合同解除之日止应收的部分后，退还投保人。

第五十九条 保险事故发生后，保险人已支付了全部保险金额，并且保险金额等于保险价值的，受损保险标的的全部权利归于保险人；保险金额低于保险价值的，保险人按照保险金额与保险价值的比例取得受损保险标的的部分权利。

第六十条 因第三者对保险标的的损害而造成保险事故的，保险人自向被保险人赔偿保险金之日起，在赔偿金额范围内代位行使被保险人对第三者请求赔偿的权利。

前款规定的保险事故发生后，被保险人已经从第三者取得损害赔偿的，保险人赔偿保险金时，可以相应扣减被保险人从第三者已取得的赔偿金额。

保险人依照本条第一款规定行使代位请求赔偿的权利，不影响被保险人就未取得赔偿的部分向第三者请求赔偿的权利。

第六十一条 保险事故发生后，保险人未赔偿保险金之前，被保险人放弃对第三者请求赔偿的权利的，保险人不承担赔偿保险金的责任。

保险人向被保险人赔偿保险金后，被保险人未经保险人同意放弃对第三者请求赔偿的权利的，该行为无效。

被保险人故意或者因重大过失致使保险人不能行使代位请求赔偿的权利的，保险人可以扣减或者要求返还相应的保险金。

第六十二条 除被保险人的家庭成员或者其组成人员故意造成本法第六十条第一款规定的保险事故外，保险人不得对被保险人的家庭成员或者其组成人员行使代位请求赔偿的权利。

第六十三条 保险人向第三者行使代位请求赔偿的权利时，被保险人应当向保险人提供必要的文件和所知道的有关情况。

第六十四条 保险人、被保险人为查明和确定保险事故的性质、原因和保险标的的损失程度所支付的必要的、合理的费用，由保险人承担。

第六十五条 保险人对责任保险的被保险人给第三者造成的损害，可以依照法律的规定或者合同的约定，直接向该第三者赔偿保险金。

责任保险的被保险人给第三者造成损害，被保险人对第三者应负的赔偿责任确定的，根据被保险人的请求，保险人应当直接向该第三者赔偿保险金。被保险人怠于请求的，第三者有权就其应获赔偿部分直接向保险人请求赔偿保险金。

责任保险的被保险人给第三者造成损害，被保险人未向该第三者赔偿的，保险人不得向被保险人赔偿保险金。

责任保险是指以被保险人对第三者依法应负的赔偿责任为保险标的的保险。

第六十六条　责任保险的被保险人因给第三者造成损害的保险事故而被提起仲裁或者诉讼的，被保险人支付的仲裁或者诉讼费用以及其他必要的、合理的费用，除合同另有约定外，由保险人承担。

第三章　保险公司

第六十七条　设立保险公司应当经国务院保险监督管理机构批准。

国务院保险监督管理机构审查保险公司的设立申请时，应当考虑保险业的发展和公平竞争的需要。

第六十八条　设立保险公司应当具备下列条件：

(一)主要股东具有持续盈利能力，信誉良好，最近三年内无重大违法违规记录，净资产不低于人民币二亿元；

(二)有符合本法和《中华人民共和国公司法》规定的章程；

(三)有符合本法规定的注册资本；

(四)有具备任职专业知识和业务工作经验的董事、监事和高级管理人员；

(五)有健全的组织机构和管理制度；

(六)有符合要求的营业场所和与经营业务有关的其他设施；

(七)法律、行政法规和国务院保险监督管理机构规定的其他条件。

第六十九条　设立保险公司，其注册资本的最低限额为人民币二亿元。

国务院保险监督管理机构根据保险公司的业务范围、经营规模，可以调整其注册资本的最低限额，但不得低于本条第一款规定的限额。

保险公司的注册资本必须为实缴货币资本。

第七十条　申请设立保险公司，应当向国务院保险监督管理机构提出书面申请，并提交下列材料：

(一)设立申请书，申请书应当载明拟设立的保险公司的名称、注册资本、业务范围等；

(二)可行性研究报告；

(三)筹建方案；

(四)投资人的营业执照或者其他背景资料，经会计师事务所审计的上一年度财务会计报告；

(五)投资人认可的筹备组负责人和拟任董事长、经理名单及本人认可证明；

(六)国务院保险监督管理机构规定的其他材料。

第七十一条　国务院保险监督管理机构应当对设立保险公司的申请进行审查，自受理之日起六个月内作出批准或者不批准筹建的决定，并书面通知申请人。决定不批准的，应当书面说明理由。

第七十二条　申请人应当自收到批准筹建通知之日起一年内完成筹建工作；筹建期间不得从事保险经营活动。

第七十三条　筹建工作完成后，申请人具备本法第六十八条规定的设立条件的，可以向国务院保险监督管理机构提出开业申请。

国务院保险监督管理机构应当自受理开业申请之日起六十日内，作出批准或者不批准开业的决定。决定批准的，颁发经营保险业务许可证；决定不批准的，应当书面通知申请人并说明理由。

第七十四条　保险公司在中华人民共和国境内设立分支机构，应当经保险监督管理机构批准。

保险公司分支机构不具有法人资格，其民事责任由保险公司承担。

第七十五条　保险公司申请设立分支机构，应当向保险监督管理机构提出书面申请，并提交下列材料：

(一)设立申请书；

(二)拟设机构三年业务发展规划和市场分析材料；

(三)拟任高级管理人员的简历及相关证明材料；

(四)国务院保险监督管理机构规定的其他材料。

第七十六条　保险监督管理机构应当对保险公司设立分支机构的申请进行审查，自受理之日起六十日内作出批准或者不批准的决定。决定批准的，颁发分支机构经营保险业务许可证；决定不批准的，应当书面通知申请人并说明理由。

第七十七条　经批准设立的保险公司及其分支机构，凭经营保险业务许可证向工商行政管理机关办理登记，领取营业执照。

第七十八条　保险公司及其分支机构自取得经营保险业务许可证之日起六个月内，无正当理由未向工商行政管理机关办理登记的，其经营保险业务许可证失效。

第七十九条　保险公司在中华人民共和国境外设立子公司、分支机构、代表机构，应当经国务院保险监督管理机构批准。

第八十条　外国保险机构在中华人民共和国境内设立代表机构，应当经国务院保险监督管理机构批准。代表机构不得从事保险经营活动。

第八十一条　保险公司的董事、监事和高级管理人员，应当品行良好，熟悉与保险相关的法律、行政法规，具有履行职责所需的经营管理能力，并在任职前取得保险监督管理机构核准的任职资格。

保险公司高级管理人员的范围由国务院保险监督管理机构规定。

第八十二条　有《中华人民共和国公司法》第

一百四十七条规定的情形或者下列情形之一的，不得担任保险公司的董事、监事、高级管理人员：

（一）因违法行为或者违纪行为被金融监督管理机构取消任职资格的金融机构的董事、监事、高级管理人员，自被取消任职资格之日起未逾五年的；

（二）因违法行为或者违纪行为被吊销执业资格的律师、注册会计师或者资产评估机构、验证机构等机构的专业人员，自被吊销执业资格之日起未逾五年的。

第八十三条 保险公司的董事、监事、高级管理人员执行公司职务时违反法律、行政法规或者公司章程的规定，给公司造成损失的，应当承担赔偿责任。

第八十四条 保险公司有下列情形之一的，应当经保险监督管理机构批准：

（一）变更名称；

（二）变更注册资本；

（三）变更公司或者分支机构的营业场所；

（四）撤销分支机构；

（五）公司分立或者合并；

（六）修改公司章程；

（七）变更出资额占有限责任公司资本总额百分之五以上的股东，或者变更持有股份有限公司股份百分之五以上的股东；

（八）国务院保险监督管理机构规定的其他情形。

第八十五条 保险公司应当聘用经国务院保险监督管理机构认可的精算专业人员，建立精算报告制度。

保险公司应当聘用专业人员，建立合规报告制度。

第八十六条 保险公司应当按照保险监督管理机构的规定，报送有关报告、报表、文件和资料。

保险公司的偿付能力报告、财务会计报告、精算报告、合规报告及其他有关报告、报表、文件和资料必须如实记录保险业务事项，不得有虚假记载、误导性陈述和重大遗漏。

第八十七条 保险公司应当按照国务院保险监督管理机构的规定妥善保管业务经营活动的完整账簿、原始凭证和有关资料。

前款规定的账簿、原始凭证和有关资料的保管期限，自保险合同终止之日起计算，保险期间在一年以下的不得少于五年，保险期间超过一年的不得少于十年。

第八十八条 保险公司聘请或者解聘会计师事务所、资产评估机构、资信评级机构等中介服务机构，应当向保险监督管理机构报告；解聘会计师事务所、资产评估机构、资信评级机构等中介服务机构，应当说明理由。

第八十九条 保险公司因分立、合并需要解散，或者股东会、股东大会决议解散，或者公司章程规定的解散事由出现，经国务院保险监督管理机构批准后解散。

经营有人寿保险业务的保险公司，除因分立、合并或者被依法撤销外，不得解散。

保险公司解散，应当依法成立清算组进行清算。

第九十条 保险公司有《中华人民共和国企业破产法》第二条规定情形的，经国务院保险监督管理机构同意，保险公司或者其债权人可以依法向人民法院申请重整、和解或者破产清算；国务院保险监督管理机构也可以依法向人民法院申请对该保险公司进行重整或者破产清算。

第九十一条 破产财产在优先清偿破产费用和共益债务后，按照下列顺序清偿：

（一）所欠职工工资和医疗、伤残补助、抚恤费用，所欠应当划入职工个人账户的基本养老保险、基本医疗保险费用，以及法律、行政法规规定应当支付给职工的补偿金；

（二）赔偿或者给付保险金；

（三）保险公司欠缴的除第（一）项规定以外的社会保险费用和所欠税款；

（四）普通破产债权。

破产财产不足以清偿同一顺序的清偿要求的，按照比例分配。

破产保险公司的董事、监事和高级管理人员的工资，按照该公司职工的平均工资计算。

第九十二条 经营有人寿保险业务的保险公司被依法撤销或者被依法宣告破产的，其持有的人寿保险合同及责任准备金，必须转让给其他经营有人寿保险业务的保险公司；不能同其他保险公司达成转让协议的，由国务院保险监督管理机构指定经营有人寿保险业务的保险公司接受转让。

转让或者由国务院保险监督管理机构指定接受转让前款规定的人寿保险合同及责任准备金的，应当维护被保险人、受益人的合法权益。

第九十三条 保险公司依法终止其业务活动，应当注销其经营保险业务许可证。

第九十四条 保险公司，除本法另有规定外，适用《中华人民共和国公司法》的规定。

第四章 保险经营规则

第九十五条 保险公司的业务范围：

（一）人身保险业务，包括人寿保险、健康保险、意外伤害保险等保险业务；

（二）财产保险业务，包括财产损失保险、责任保险、信用保险、保证保险等保险业务；

（三）国务院保险监督管理机构批准的与保险有关的其他业务。

保险人不得兼营人身保险业务和财产保险业务。但是，经营财产保险业务的保险公司经国务院保险监督管理机构批准，可以经营短期健康保险业务和意外伤害保险业务。

保险公司应当在国务院保险监督管理机构依法批准的业务范围内从事保险经营活动。

第九十六条　经国务院保险监督管理机构批准，保险公司可以经营本法第九十五条规定的保险业务的下列再保险业务：

（一）分出保险；

（二）分入保险。

第九十七条　保险公司应当按照其注册资本总额的百分之二十提取保证金，存入国务院保险监督管理机构指定的银行，除公司清算时用于清偿债务外，不得动用。

第九十八条　保险公司应当根据保障被保险人利益、保证偿付能力的原则，提取各项责任准备金。

保险公司提取和结转责任准备金的具体办法，由国务院保险监督管理机构制定。

第九十九条　保险公司应当依法提取公积金。

第一百条　保险公司应当缴纳保险保障基金。

保险保障基金应当集中管理，并在下列情形下统筹使用：

（一）在保险公司被撤销或者被宣告破产时，向投保人、被保险人或者受益人提供救济；

（二）在保险公司被撤销或者被宣告破产时，向依法接受其人寿保险合同的保险公司提供救济；

（三）国务院规定的其他情形。

保险保障基金筹集、管理和使用的具体办法，由国务院制定。

第一百零一条　保险公司应当具有与其业务规模和风险程度相适应的最低偿付能力。保险公司的认可资产减去认可负债的差额不得低于国务院保险监督管理机构规定的数额；低于规定数额的，应当按照国务院保险监督管理机构的要求采取相应措施达到规定的数额。

第一百零二条　经营财产保险业务的保险公司当年自留保险费，不得超过其实有资本金加公积金总和的四倍。

第一百零三条　保险公司对每一危险单位，即对一次保险事故可能造成的最大损失范围所承担的责任，不得超过其实有资本金加公积金总和的百分之十；超过的部分应当办理再保险。

保险公司对危险单位的划分应当符合国务院保险监督管理机构的规定。

第一百零四条　保险公司对危险单位的划分方法和巨灾风险安排方案，应当报国务院保险监督管理机构备案。

第一百零五条　保险公司应当按照国务院保险监督管理机构的规定办理再保险，并审慎选择再保险接受人。

第一百零六条　保险公司的资金运用必须稳健，遵循安全性原则。

保险公司的资金运用限于下列形式：

（一）银行存款；

（二）买卖债券、股票、证券投资基金份额等有价证券；

（三）投资不动产；

（四）国务院规定的其他资金运用形式。

保险公司资金运用的具体管理办法，由国务院保险监督管理机构依照前两款的规定制定。

第一百零七条　经国务院保险监督管理机构会同国务院证券监督管理机构批准，保险公司可以设立保险资产管理公司。

保险资产管理公司从事证券投资活动，应当遵守《中华人民共和国证券法》等法律、行政法规的规定。

保险资产管理公司的管理办法，由国务院保险监督管理机构会同国务院有关部门制定。

第一百零八条　保险公司应当按照国务院保险监督管理机构的规定，建立对关联交易的管理和信息披露制度。

第一百零九条　保险公司的控股股东、实际控制人、董事、监事、高级管理人员不得利用关联交易损害公司的利益。

第一百一十条　保险公司应当按照国务院保险监督管理机构的规定，真实、准确、完整地披露财务会计报告、风险管理状况、保险产品经营情况等重大事项。

第一百一十一条　保险公司从事保险销售的人员应当符合国务院保险监督管理机构规定的资格条件，取得保险监督管理机构颁发的资格证书。

前款规定的保险销售人员的范围和管理办法，由国务院保险监督管理机构规定。

第一百一十二条　保险公司应当建立保险代理人登记管理制度，加强对保险代理人的培训和管理，不得唆使、诱导保险代理人进行违背诚信义务的活动。

第一百一十三条　保险公司及其分支机构应当依法使用经营保险业务许可证，不得转让、出租、出借经营保险业务许可证。

第一百一十四条　保险公司应当按照国务院保险监督管理机构的规定，公平、合理拟订保险条款和保险费率，不得损害投保人、被保险人和受益人的合法权益。

保险公司应当按照合同约定和本法规定，及时履行赔偿或者给付保险金义务。

第一百一十五条　保险公司开展业务，应当遵循公平竞争的原则，不得从事不正当竞争。

第一百一十六条　保险公司及其工作人员在保险业务活动中不得有下列行为：

(一)欺骗投保人、被保险人或者受益人；

(二)对投保人隐瞒与保险合同有关的重要情况；

(三)阻碍投保人履行本法规定的如实告知义务，或者诱导其不履行本法规定的如实告知义务；

(四)给予或者承诺给予投保人、被保险人、受益人保险合同约定以外的保险费回扣或者其他利益；

(五)拒不依法履行保险合同约定的赔偿或者给付保险金义务；

(六)故意编造未曾发生的保险事故、虚构保险合同或者故意夸大已经发生的保险事故的损失程度进行虚假理赔，骗取保险金或者牟取其他不正当利益；

(七)挪用、截留、侵占保险费；

(八)委托未取得合法资格的机构或者个人从事保险销售活动；

(九)利用开展保险业务为其他机构或者个人牟取不正当利益；

(十)利用保险代理人、保险经纪人或者保险评估机构，从事以虚构保险中介业务或者编造退保等方式套取费用等违法活动；

(十一)以捏造、散布虚假事实等方式损害竞争对手的商业信誉，或者以其他不正当竞争行为扰乱保险市场秩序；

(十二)泄露在业务活动中知悉的投保人、被保险人的商业秘密；

(十三)违反法律、行政法规和国务院保险监督管理机构规定的其他行为。

第五章　保险代理人和保险经纪人

第一百一十七条　保险代理人是根据保险人的委托，向保险人收取佣金，并在保险人授权的范围内代为办理保险业务的机构或者个人。

保险代理机构包括专门从事保险代理业务的保险专业代理机构和兼营保险代理业务的保险兼业代理机构。

第一百一十八条　保险经纪人是基于投保人的利益，为投保人与保险人订立保险合同提供中介服务，并依法收取佣金的机构。

第一百一十九条　保险代理机构、保险经纪人应当具备国务院保险监督管理机构规定的条件，取得保险监督管理机构颁发的经营保险代理业务许可证、保险经纪业务许可证。

保险专业代理机构、保险经纪人凭保险监督管理机构颁发的许可证向工商行政管理机关办理登记，领取营业执照。

保险兼业代理机构凭保险监督管理机构颁发的许可证，向工商行政管理机关办理变更登记。

第一百二十条　以公司形式设立保险专业代理机构、保险经纪人，其注册资本最低限额适用《中华人民共和国公司法》的规定。

国务院保险监督管理机构根据保险专业代理机构、保险经纪人的业务范围和经营规模，可以调整其注册资本的最低限额，但不得低于《中华人民共和国公司法》规定的限额。

保险专业代理机构、保险经纪人的注册资本或者出资额必须为实缴货币资本。

第一百二十一条　保险专业代理机构、保险经纪人的高级管理人员，应当品行良好，熟悉保险法律、行政法规，具有履行职责所需的经营管理能力，并在任职前取得保险监督管理机构核准的任职资格。

第一百二十二条　个人保险代理人、保险代理机构的代理从业人员、保险经纪人的经纪从业人员，应当具备国务院保险监督管理机构规定的资格条件，取得保险监督管理机构颁发的资格证书。

第一百二十三条　保险代理机构、保险经纪人应当有自己的经营场所，设立专门账簿记载保险代理业务、经纪业务的收支情况。

第一百二十四条　保险代理机构、保险经纪人应当按照国务院保险监督管理机构的规定缴存保证金或者投保职业责任保险。未经保险监督管理机构批准，保险代理机构、保险经纪人不得动用保证金。

第一百二十五条　个人保险代理人在代为办理人寿保险业务时，不得同时接受两个以上保险人的委托。

第一百二十六条　保险人委托保险代理人代为办理保险业务，应当与保险代理人签订委托代理协议，依法约定双方的权利和义务。

第一百二十七条　保险代理人根据保险人的授权代为办理保险业务的行为，由保险人承担责任。

保险代理人没有代理权、超越代理权或者代理权终止后以保险人名义订立合同，使投保人有理由相信其有代理权的，该代理行为有效。保险人可以依法追究越权的保险代理人的责任。

第一百二十八条　保险经纪人因过错给投保人、被保险人造成损失的，依法承担赔偿责任。

第一百二十九条　保险活动当事人可以委托保险公估机构等依法设立的独立评估机构或者具有相关专业知识的人员，对保险事故进行评估和鉴定。

接受委托对保险事故进行评估和鉴定的机构和人员，应当依法、独立、客观、公正地进行评估和鉴定，任何单位和个人不得干涉。

前款规定的机构和人员，因故意或者过失给保险人或者被保险人造成损失的，依法承担赔偿责任。

第一百三十条　保险佣金只限于向具有合法资格的保险代理人、保险经纪人支付，不得向其他人支付。

第一百三十一条　保险代理人、保险经纪人及其从业人员在办理保险业务活动中不得有下列行为：

（一）欺骗保险人、投保人、被保险人或者受益人；

（二）隐瞒与保险合同有关的重要情况；

（三）阻碍投保人履行本法规定的如实告知义务，或者诱导其不履行本法规定的如实告知义务；

（四）给予或者承诺给予投保人、被保险人或者受益人保险合同约定以外的利益；

（五）利用行政权力、职务或者职业便利以及其他不正当手段强迫、引诱或者限制投保人订立保险合同；

（六）伪造、擅自变更保险合同，或者为保险合同当事人提供虚假证明材料；

（七）挪用、截留、侵占保险费或者保险金；

（八）利用业务便利为其他机构或者个人牟取不正当利益；

（九）串通投保人、被保险人或者受益人，骗取保险金；

（十）泄露在业务活动中知悉的保险人、投保人、被保险人的商业秘密。

第一百三十二条　保险专业代理机构、保险经纪人分立、合并、变更组织形式、设立分支机构或者解散的，应当经保险监督管理机构批准。

第一百三十三条　本法第八十六条第一款、第一百一十三条的规定，适用于保险代理机构和保险经纪人。

第六章　保险业监督管理

第一百三十四条　保险监督管理机构依照本法和国务院规定的职责，遵循依法、公开、公正的原则，对保险业实施监督管理，维护保险市场秩序，保护投保人、被保险人和受益人的合法权益。

第一百三十五条　国务院保险监督管理机构依照法律、行政法规制定并发布有关保险业监督管理的规章。

第一百三十六条　关系社会公众利益的保险险种、依法实行强制保险的险种和新开发的人寿保险险种等的保险条款和保险费率，应当报国务院保险监督管理机构批准。国务院保险监督管理机构审批时，应当遵循保护社会公众利益和防止不正当竞争的原则。其他保险险种的保险条款和保险费率，应当报保险监督管理机构备案。

保险条款和保险费率审批、备案的具体办法，由国务院保险监督管理机构依照前款规定制定。

第一百三十七条　保险公司使用的保险条款和保险费率违反法律、行政法规或者国务院保险监督管理机构的有关规定的，由保险监督管理机构责令停止使用，限期修改；情节严重的，可以在一定期限内禁止申报新的保险条款和保险费率。

第一百三十八条　国务院保险监督管理机构应当建立、健全保险公司偿付能力监管体系，对保险公司的偿付能力实施监控。

第一百三十九条　对偿付能力不足的保险公司，国务院保险监督管理机构应当将其列为重点监管对象，并可以根据具体情况采取下列措施：

（一）责令增加资本金、办理再保险；

（二）限制业务范围；

（三）限制向股东分红；

（四）限制固定资产购置或者经营费用规模；

（五）限制资金运用的形式、比例；

（六）限制增设分支机构；

（七）责令拍卖不良资产、转让保险业务；

（八）限制董事、监事、高级管理人员的薪酬水平；

（九）限制商业性广告；

（十）责令停止接受新业务。

第一百四十条　保险公司未依照本法规定提取或者结转各项责任准备金，或者未依照本法规定办理再保险，或者严重违反本法关于资金运用的规定的，由保险监督管理机构责令限期改正，并可以责令调整负责人及有关管理人员。

第一百四十一条　保险监督管理机构依照本法第一百四十条的规定作出限期改正的决定后，保险公司逾期未改正的，国务院保险监督管理机构可以决定选派保险专业人员和指定该保险公司的有关人员组成整顿组，对公司进行整顿。

整顿决定应当载明被整顿公司的名称、整顿理由、整顿组成员和整顿期限，并予以公告。

第一百四十二条　整顿组有权监督被整顿保险公司的日常业务。被整顿公司的负责人及有关管理人员应当在整顿组的监督下行使职权。

第一百四十三条　整顿过程中，被整顿保险公司的原有业务继续进行。但是，国务院保险监督管理机构可以责令被整顿公司停止部分原有业务、停止接受新业务，调整资金运用。

第一百四十四条　被整顿保险公司经整顿已纠正其违反本法规定的行为，恢复正常经营状况的，由整顿组提出报告，经国务院保险监督管理机构批准，结束整顿，并由国务院保险监督管理机构予以公告。

第一百四十五条　保险公司有下列情形之一的，国务院保险监督管理机构可以对其实行接管：

(一)公司的偿付能力严重不足的;

(二)违反本法规定,损害社会公共利益,可能严重危及或者已经严重危及公司的偿付能力的。

被接管的保险公司的债权债务关系不因接管而变化。

第一百四十六条 接管组的组成和接管的实施办法,由国务院保险监督管理机构决定,并予以公告。

第一百四十七条 接管期限届满,国务院保险监督管理机构可以决定延长接管期限,但接管期限最长不得超过二年。

第一百四十八条 接管期限届满,被接管的保险公司已恢复正常经营能力的,由国务院保险监督管理机构决定终止接管,并予以公告。

第一百四十九条 被整顿、被接管的保险公司有《中华人民共和国企业破产法》第二条规定情形的,国务院保险监督管理机构可以依法向人民法院申请对该保险公司进行重整或者破产清算。

第一百五十条 保险公司因违法经营被依法吊销经营保险业务许可证的,或者偿付能力低于国务院保险监督管理机构规定标准,不予撤销将严重危害保险市场秩序、损害公共利益的,由国务院保险监督管理机构予以撤销并公告,依法及时组织清算组进行清算。

第一百五十一条 国务院保险监督管理机构有权要求保险公司股东、实际控制人在指定的期限内提供有关信息和资料。

第一百五十二条 保险公司的股东利用关联交易严重损害公司利益,危及公司偿付能力的,由国务院保险监督管理机构责令改正。在按照要求改正前,国务院保险监督管理机构可以限制其股东权利;拒不改正的,可以责令其转让所持的保险公司股权。

第一百五十三条 保险监督管理机构根据履行监督管理职责的需要,可以与保险公司董事、监事和高级管理人员进行监督管理谈话,要求其就公司的业务活动和风险管理的重大事项作出说明。

第一百五十四条 保险公司在整顿、接管、撤销清算期间,或者出现重大风险时,国务院保险监督管理机构可以对该公司直接负责的董事、监事、高级管理人员和其他直接责任人员采取以下措施:

(一)通知出境管理机关依法阻止其出境;

(二)申请司法机关禁止其转移、转让或者以其他方式处分财产,或者在财产上设定其他权利。

第一百五十五条 保险监督管理机构依法履行职责,可以采取下列措施:

(一)对保险公司、保险代理人、保险经纪人、保险资产管理公司、外国保险机构的代表机构进行现场检查;

(二)进入涉嫌违法行为发生场所调查取证;

(三)询问当事人及与被调查事件有关的单位和个人,要求其对与被调查事件有关的事项作出说明;

(四)查阅、复制与被调查事件有关的财产权登记等资料;

(五)查阅、复制保险公司、保险代理人、保险经纪人、保险资产管理公司、外国保险机构的代表机构以及与被调查事件有关的单位和个人的财务会计资料及其他相关文件和资料;对可能被转移、隐匿或者毁损的文件和资料予以封存;

(六)查询涉嫌违法经营的保险公司、保险代理人、保险经纪人、保险资产管理公司、外国保险机构的代表机构以及与涉嫌违法事项有关的单位和个人的银行账户;

(七)对有证据证明已经或者可能转移、隐匿违法资金等涉案财产或者隐匿、伪造、毁损重要证据的,经保险监督管理机构主要负责人批准,申请人民法院予以冻结或者查封。

保险监督管理机构采取前款第(一)项、第(二)项、第(五)项措施的,应当经保险监督管理机构负责人批准;采取第(六)项措施的,应当经国务院保险监督管理机构负责人批准。

保险监督管理机构依法进行监督检查或者调查,其监督检查、调查的人员不得少于二人,并应当出示合法证件和监督检查、调查通知书;监督检查、调查的人员少于二人或者未出示合法证件和监督检查、调查通知书的,被检查、调查的单位和个人有权拒绝。

第一百五十六条 保险监督管理机构依法履行职责,被检查、调查的单位和个人应当配合。

第一百五十七条 保险监督管理机构工作人员应当忠于职守,依法办事,公正廉洁,不得利用职务便利牟取不正当利益,不得泄露所知悉的有关单位和个人的商业秘密。

第一百五十八条 国务院保险监督管理机构应当与中国人民银行、国务院其他金融监督管理机构建立监督管理信息共享机制。

保险监督管理机构依法履行职责,进行监督检查、调查时,有关部门应当予以配合。

第七章 法律责任

第一百五十九条 违反本法规定,擅自设立保险公司、保险资产管理公司或者非法经营商业保险业务的,由保险监督管理机构予以取缔,没收违法所得,并处违法所得一倍以上五倍以下的罚款;没有违法所得或者违法所得不足二十万元的,处二十万元以上一百万元以下的罚款。

第一百六十条 违反本法规定,擅自设立保险专业代理机构、保险经纪人,或者未取得经营保险代理业务许可证、保险经纪业务许可证从事保险代理业务、保险经纪业务的,由保险监督管理机构予以取缔,没收违法所得,并处违法所得一倍以上五倍以下的罚款;没有违法所得或者违法所得不足五万元的,处五万元以上三十万元以下的罚款。

第一百六十一条　保险公司违反本法规定,超出批准的业务范围经营的,由保险监督管理机构责令限期改正,没收违法所得,并处违法所得一倍以上五倍以下的罚款;没有违法所得或者违法所得不足十万元的,处十万元以上五十万元以下的罚款。逾期不改正或者造成严重后果的,责令停业整顿或者吊销业务许可证。

第一百六十二条　保险公司有本法第一百一十六条规定行为之一的,由保险监督管理机构责令改正,处五万元以上三十万元以下的罚款;情节严重的,限制其业务范围、责令停止接受新业务或者吊销业务许可证。

第一百六十三条　保险公司违反本法第八十四条规定的,由保险监督管理机构责令改正,处一万元以上十万元以下的罚款。

第一百六十四条　保险公司违反本法规定,有下列行为之一的,由保险监督管理机构责令改正,处五万元以上三十万元以下的罚款:

(一)超额承保,情节严重的;

(二)为无民事行为能力人承保以死亡为给付保险金条件的保险的。

第一百六十五条　违反本法规定,有下列行为之一的,由保险监督管理机构责令改正,处五万元以上三十万元以下的罚款;情节严重的,可以限制其业务范围、责令停止接受新业务或者吊销业务许可证:

(一)未按照规定提存保证金或者违反规定动用保证金的;

(二)未按照规定提取或者结转各项责任准备金的;

(三)未按照规定缴纳保险保障基金或者提取公积金的;

(四)未按照规定办理再保险的;

(五)未按照规定运用保险公司资金的;

(六)未经批准设立分支机构或者代表机构的;

(七)未按照规定申请批准保险条款、保险费率的。

第一百六十六条　保险代理机构、保险经纪人有本法第一百三十一条规定行为之一的,由保险监督管理机构责令改正,处五万元以上三十万元以下的罚款;情节严重的,吊销业务许可证。

第一百六十七条　保险代理机构、保险经纪人违反本法规定,有下列行为之一的,由保险监督管理机构责令改正,处二万元以上十万元以下的罚款;情节严重的,责令停业整顿或者吊销业务许可证:

(一)未按照规定缴存保证金或者投保职业责任保险的;

(二)未按照规定设立专门账簿记载业务收支情况的。

第一百六十八条　保险专业代理机构、保险经纪人违反本法规定,未经批准设立分支机构或者变更组织形式的,由保险监督管理机构责令改正,处一万元以上五万元以下的罚款。

第一百六十九条　违反本法规定,聘任不具有任职资格、从业资格的人员的,由保险监督管理机构责令改正,处二万元以上十万元以下的罚款。

第一百七十条　违反本法规定,转让、出租、出借业务许可证的,由保险监督管理机构处一万元以上十万元以下的罚款;情节严重的,责令停业整顿或者吊销业务许可证。

第一百七十一条　违反本法规定,有下列行为之一的,由保险监督管理机构责令限期改正;逾期不改正的,处一万元以上十万元以下的罚款:

(一)未按照规定报送或者保管报告、报表、文件、资料的,或者未按照规定提供有关信息、资料的;

(二)未按照规定报送保险条款、保险费率备案的;

(三)未按照规定披露信息的。

第一百七十二条　违反本法规定,有下列行为之一的,由保险监督管理机构责令改正,处十万元以上五十万元以下的罚款;情节严重的,可以限制其业务范围、责令停止接受新业务或者吊销业务许可证:

(一)编制或者提供虚假的报告、报表、文件、资料的;

(二)拒绝或者妨碍依法监督检查的;

(三)未按照规定使用经批准或者备案的保险条款、保险费率的。

第一百七十三条　保险公司、保险资产管理公司、保险专业代理机构、保险经纪人违反本法规定的,保险监督管理机构除分别依照本法第一百六十一条至第一百七十二条的规定对该单位给予处罚外,对其直接负责的主管人员和其他直接责任人员给予警告,并处一万元以上十万元以下的罚款;情节严重的,撤销任职资格或者从业资格。

第一百七十四条　个人保险代理人违反本法规定的,由保险监督管理机构给予警告,可以并处二万元以下的罚款;情节严重的,处二万元以上十万元以下的罚款,并可以吊销其资格证书。

未取得合法资格的人员从事个人保险代理活动的,由保险监督管理机构给予警告,可以并处二万元以下的罚款;情节严重的,处二万元以上十万元以下的罚款。

第一百七十五条 外国保险机构未经国务院保险监督管理机构批准,擅自在中华人民共和国境内设立代表机构的,由国务院保险监督管理机构予以取缔,处五万元以上三十万元以下的罚款。

外国保险机构在中华人民共和国境内设立的代表机构从事保险经营活动的,由保险监督管理机构责令改正,没收违法所得,并处违法所得一倍以上五倍以下的罚款;没有违法所得或者违法所得不足二十万元的,处二十万元以上一百万元以下的罚款;对其首席代表可以责令撤换;情节严重的,撤销其代表机构。

第一百七十六条 投保人、被保险人或者受益人有下列行为之一,进行保险诈骗活动,尚不构成犯罪的,依法给予行政处罚:

(一)投保人故意虚构保险标的,骗取保险金的;

(二)编造未曾发生的保险事故,或者编造虚假的事故原因或者夸大损失程度,骗取保险金的;

(三)故意造成保险事故,骗取保险金的。

保险事故的鉴定人、评估人、证明人故意提供虚假的证明文件,为投保人、被保险人或者受益人进行保险诈骗提供条件的,依照前款规定给予处罚。

第一百七十七条 违反本法规定,给他人造成损害的,依法承担民事责任。

第一百七十八条 拒绝、阻碍保险监督管理机构及其工作人员依法行使监督检查、调查职权,未使用暴力、威胁方法的,依法给予治安管理处罚。

第一百七十九条 违反法律、行政法规的规定,情节严重的,国务院保险监督管理机构可以禁止有关责任人员一定期限直至终身进入保险业。

第一百八十条 保险监督管理机构从事监督管理工作的人员有下列情形之一的,依法给予处分:

(一)违反规定批准机构的设立的;

(二)违反规定进行保险条款、保险费率审批的;

(三)违反规定进行现场检查的;

(四)违反规定查询账户或者冻结资金的;

(五)泄露其知悉的有关单位和个人的商业秘密的;

(六)违反规定实施行政处罚的;

(七)滥用职权、玩忽职守的其他行为。

第一百八十一条 违反本法规定,构成犯罪的,依法追究刑事责任。

第八章 附 则

第一百八十二条 保险公司应当加入保险行业协会。保险代理人、保险经纪人、保险公估机构可以加入保险行业协会。

保险行业协会是保险业的自律性组织,是社会团体法人。

第一百八十三条 保险公司以外的其他依法设立的保险组织经营的商业保险业务,适用本法。

第一百八十四条 海上保险适用《中华人民共和国海商法》的有关规定;《中华人民共和国海商法》未规定的,适用本法的有关规定。

第一百八十五条 中外合资保险公司、外资独资保险公司、外国保险公司分公司适用本法规定;法律、行政法规另有规定的,适用其规定。

第一百八十六条 国家支持发展为农业生产服务的保险事业。农业保险由法律、行政法规另行规定。

强制保险,法律、行政法规另有规定的,适用其规定。

第一百八十七条 本法自2009年10月1日起施行。

中央深入学习实践科学发展观活动中央指导检查组总结暨巡回检查组培训会议在北京召开

外交部部长杨洁篪与日本外相中曾根弘文举行会谈

双方就中日关系和共同关心的国际和地区问题坦率深入地交换了意见。

双方认为,应进一步落实两国领导人达成的一系列重要共识,推动中日关系继续保持稳定发展。在当前国际金融危机背景下,两国应加强在双边、地区和国际层面的合作。这符合两国人民共同利益,也有利于世界的和平、稳定与发展。

关于钓鱼岛问题,杨洁篪全面阐述了中方的严正立场,要求日方谨言慎行。

我国最大装备最先进的3000吨级海事巡视船“海巡11”建成下水

3月1日

国务院总理温家宝在中南海紫光阁会见日本外相中曾根弘文

中央党校校长习近平出席中央党校春季学期开学典礼并作重要讲话

习近平强调，坚强的党性，是成为高素质领导干部的首要条件。各级领导干部要加强理论修养，真正掌握马克思主义的立场观点方法，坚持以与时俱进的态度学习和运用马克思主义理论；要加强政治修养，增强政治信念的坚定性、政治立场的原则性、政治鉴别的敏锐性、政治忠诚的可靠性；要加强道德修养，不断提高道德认识、陶冶道德情操、锤炼道德意志、提升道德境界；要加强纪律修养，增强纪律观念，自觉在思想上政治上行动上同党中央保持高度一致，确保政令畅通；要加强作风修养，做到执政为民有新举措、求真务实有新要求、廉洁从政有新成效。

习近平指出，提高领导干部推动科学发展的能力，是当前干部队伍建设的一项根本任务。各级领导干部要努力提高以下六个方面的能力。一要提高统筹兼顾的能力，善于运用唯物辩证法认识和处理问题，既统揽全局、统筹规划，又在重点突破中推动工作协调发展。二要提高开拓创新的能力，善于根据事物发展的客观规律推动思维创新、方法创新、实践创新、制度创新，创造性地开展工作。三要提高知人善任的能力，善于发现人才，正确识别人才，科学评价人才，合理使用人才，把各方面优秀人才汇聚到党和国家事业中来。四要提高应对风险的能力，善于对各种可能出现的风险进行科学预判和超前准备，增强临机处置能力，化风险为机遇，化被动为主动。五要提高维护稳定的能力，善于见微知著，增强维护稳定的果断性，及时化解矛盾纠纷，妥善处理群体性事件。六要提高同媒体打交道的能力，尊重新闻舆论的传播规律，正确引导社会舆论，要与媒体保持密切联系，自觉接受舆论监督。

中组部部长李源潮，中央纪委副书记何勇出席了今天的开学典礼。

中央党校常务副校长李景田主持开学典礼。中央有关部门负责人、中央党校负责人以及2009年春季学期全体学员、党校教职员工，共1500多人参加了开学典礼。

中直机关党的工作会议在北京召开

会议于3月1日至2日召开。中共中央办公厅主任、中央直属机关工委书记令计划出席会议并讲话。中直机关工委常务副书记孙晓群在会上作了工作报告。中直机关工委副书记、纪工委书记，中直机关各单位机关党委书记和部分专职副书记等参加了会议。

“国际民防日”宣传活动首次在北京举行

活动由民政部、国家人防办和北京市政府共同组织，国务委员兼国防部部长梁光烈出席活动并讲话。

梁光烈说，做好民防工作是抵御灾害、维护稳定和保护人民群众生命财产安全的战略性举措。党中央、国务院对此历来高度重视，出台了一系列法律、法规，加快发展公共安全基础设施，大力提高政府和社会预防、应对灾害事故能力，取得了显著成效。加强民防建设，持久深入地做好经常性民防工作，关系国计民生、社会和谐，是各级党委和政府必须始终关注的大事，也是全社会共同的责任。

“嫦娥一号”成功受控撞月

16时13分10秒，“嫦娥一号”卫星在北京航天飞行控制中心科技人员的精确控制下，准确受控撞击在月球东经52.36度、南纬1.50度的月球丰富海区域，为我国探月一期工程画上圆满的句号。

3月2日

全国政协十一届二次会议在人民大会堂举行新闻发布会

大会发言人赵启正发布新闻并回答中外记者的提问。赵启正宣布，全国政协十一届二次会议定于3月3日下午3时在人民大会堂开幕，3月12日上午闭幕。

目前，大会各项筹备工作已全部就绪。截至2日中午12时，在2235名委员中，已经有1198名到大会秘书处报到，秘书处已收到大会提案265件，大会发言稿307份。

国务院新闻办发表《西藏民主改革50年》白皮书

前言

西藏自古以来就是中国不可分割的一部分。和平解放西藏、驱逐帝国主义侵略势力出西藏，实行民主改革、废除西藏政教合一的封建农奴制度，是近代以来中国人民反帝反封建的民族民主革命的重要组成部分，也是中华人民共和国成立后中国政府面临的重大历史任务。

1959年之前的西藏是一个比欧洲中世纪还要黑暗、落后的政教合一的封建农奴制社会。十四世达赖喇嘛作为藏传佛教格鲁派首领，也是西藏地方政府首脑，集政教大权于一身，是西藏封建农奴主阶级的总代表。占西藏总人口不足5%的农奴主占有着西藏绝大部分生产资料，垄断着西藏的物质精神财富，而占人口95%以上的农奴和奴隶没有生产资料和人身自由，遭受着极其残酷的压迫和剥削，挣扎在极端贫困的悲惨境地中，根本谈不上做人的权利。长期政教合一的封建农奴制统治窒息了西藏社会的生机和活力，使西藏社会日益走向没落和衰败。

1951年，中央人民政府与西藏地方政府签订《关于和平解放西藏办法的协议》(简称《十七条协议》)，西藏摆脱了帝国主义侵略势力的羁绊，实现和平解放，为西藏与全国一起实现共同进步与发展创造了基本前提。

《十七条协议》肯定了改革西藏社会制度的必要性，强调“西藏地方政府应自动进行改革”，但是，考虑到西藏的特殊情况，中央人民政府对改革采取了十分慎重的态度，以极大的耐心、宽容和诚意，劝说、等待西藏地方上层统治集团主动进行改革。但是，在帝国主义势力策动支持下，西藏上层统治集团的一些人面对人民日益高涨的民主改革要求，根本反对改革，顽固坚持“长期不改，永远不改”，企图永远保持政教合一的封建农奴制度，于1959年3月10日公开撕毁《十七条协议》，悍然发动了全面武装叛乱。在这种情况下，为维护国家的统一和西藏人民的根本利益，中央人民政府与西藏人民一道坚决平息了武装叛乱。与此同时，在西藏掀起了一场轰轰烈烈的群众性民主改革运动，废除了政教合一的封建农奴制度，解放了百万农奴和奴隶，开创了西藏人民当家做主的新时代。这是西藏发展史上最广泛、最深刻、最伟大的社会变革，是西藏社会发展和人权进步的划时代的重大历史事件，也是人类文明发展史和世界人权史上具有重大意义的巨大进步。

半个世纪以来，获得解放的西藏各族人民在中央人民政府的关心和全国人民的支援下，以主人翁的姿态和空前的热情投身建设新社会、创造新生活的伟大进程，创造了一个又一个西藏历史上亘古未有的奇迹。西藏的社会制度实现了跨越式发展，现代化建设日新月异、突飞猛进，社会面貌发生了翻天覆地的历史性变化，人权事业取得了举世瞩目的重大进展。

今年是西藏实行民主改革50周年。回顾西藏实行民主改革这一波澜壮阔的历史进程和50年来西藏广泛深刻的历史巨变，揭示西藏社会发展的规律，用事实揭穿达赖集团在“西藏问题”上散布的各种谎言和十四世达赖喇嘛的本来面目，有助于澄清历史是非，让世人更好地了解一个真实的西藏、发展变化的西藏。

一、旧西藏政教合一的封建农奴制社会

1959年民主改革前，西藏处于政教合一的封建农奴制统治之下，由官家、贵族和寺院上层僧侣三大领主组成的农奴主阶级对广大农奴和奴隶进行极其残酷的政治压迫和经济剥削，西藏人民灾难深重、生存维艰，西藏社会陷入极度贫穷落后和封闭萎缩的状态。

——政教合一的中世纪式社会形态。关于旧西藏的社会形态，1904年到过拉萨的英国随军记者埃德蒙·坎德勒在《拉萨真面目》中有详细的记载。他说，当时的西藏，“人民还停留在中世纪的年代，不仅仅是在他们的政体、宗教方面，在他们的严厉惩罚、巫术、灵童转世以及要经受烈火与沸油的折磨方面是如此，而且在他们日常生活的所有方面也都不例外”。(注①)旧西藏社会制度的最显著特征是政教合一，宗教上层和寺庙势力庞大，既是西藏的主要政治统治者，也是最大的农奴主之一，拥有众多的政治、经济特权，支配着人们的物质和精神生活。埃德蒙·坎德勒在《拉萨真面目》中说，“这个地方实行的是封建制度。喇嘛是太上皇，农民是他们的奴隶”。“强大的僧侣势力掌管一切。即使是佛陀本人，没有僧侣也无能为力”。(注②)据统计，民主改革前，西藏共有寺庙2676座，僧众114925人，其中大小活佛等上层僧侣约500人，掌握经济实权的僧侣共4000余人。当时西藏大约有四分之一的男子出家为僧。哲蚌、色拉、甘丹三大寺僧人人数一度超过1.6万人，共占有庄园321个、土地14.7万多克(1克相当于1亩)、牧场450个、牲畜11万头，占有农牧奴6万多人。宗教势力在政教合一制度下得到恶性膨胀，消耗了西藏大量人力资源和绝大部分物质财富，禁锢着人们的思想，成为妨碍生产力发展的沉重枷锁。20世纪20年代曾作为英国商务代表留驻拉萨多年的查尔斯·贝尔在《十三世达赖喇嘛传》中说，达赖喇嘛之所以能随心所欲地进行赏罚，就在于他的政教合一地位，他既掌握着农奴今生的生杀予夺大权，又掌握着他们“来世”的命运，并以此作要挟。(注③)美国藏学家梅·戈尔斯坦深刻地指出，“在西藏，社会和政府奠基于宗教目标与行为凌驾一切的价值系统之上”。“宗教的权力和特权及大寺院在阻挠进步方面扮演了主要角色”。还说，宗教和寺院集团是“西藏社会进步的沉重桎梏”，“正是由于全民族信教和宗教首领执掌政教大权这一因素，导致西藏丧失了适应不断变化的环境和形势的能力”。(注④)

——三大领主占有绝大部分生产资料。旧西藏的全部耕地、牧场、森林、山川、河流、河滩以及大部分牲畜，都由约占人口5%的官家、贵族、寺庙上层僧侣三大领主及其代理人占有。占西藏人口90%左右的“差巴”(领种份地，向农奴主支差役的人)、“堆穷”(意为冒烟的小户)是农奴，他们没有生产资料和人身自由，靠耕种份地维持生计。另有约5%的“朗生”是世代奴隶，被当成“会说话的工具”。据17世纪清朝初年

统计,当时西藏约有耕地300万克,其中30.9%为封建地方政府占有,29.6%为贵族占有,39.5%为寺院和上层僧侣占有。此后,三大领主垄断生产资料的状况基本没有改变。据统计,民主改革前,十四世达赖喇嘛家族在西藏占有27座庄园、30个牧场,拥有农牧奴6000多人。每年在农奴身上榨取的青稞33000多克(1克相当于14公斤),酥油2500多克,藏银200多万两,牛羊300头,氆氇175卷。1959年,十四世达赖喇嘛本人手上有黄金16万两,白银9500万两,珠宝玉器2万多件,有各种绸缎、珍贵裘皮衣服1万多件,其中价值数万元的镶有珍珠宝石的斗篷100多件。

——三大领主占有农奴的人身。旧西藏地方政府规定,农奴只能固定在所属领主的庄园土地上,不得擅自离开,绝对禁止逃亡。农奴世世代代依附领主,被束缚在庄园的土地上。凡是人力和畜力能种地的,一律得种差地,并支乌拉差役。农奴一旦丧失劳动能力,就被收回牲畜、农具、差地,沦落为奴隶。农奴主占有农奴的人身,把农奴当作自己的私有财产支配,可随意用于赌博、买卖、转让、赠送、抵债和交换。1943年,大贵族车门·罗布旺杰把100名农奴卖给止贡地区噶珠康萨的僧官洛桑楚成,每个农奴的价钱是60两藏银(15两藏银约合一块银元),另外,他还把400名农奴送给功德林寺,抵3000品藏银(1品约合50两藏银)债。农奴主掌握着农奴的生、死、婚、嫁大权。正如当时的民谚所说:"生命虽由父母所生,身体却为官家占有。纵有生命和身体,却没有做主的权利。"农奴的婚姻必须取得领主的同意,不同领主的农奴婚嫁要缴纳"赎身费"。农奴生小孩要到领主那里缴纳出生税,登记入册,农奴的子女一出生就注定了终身为农奴的命运。

——森严的等级制度。旧西藏通行了几百年的《十三法典》和《十六法典》,将人分成三等九级,明确规定人们在法律上的地位不平等。《法典》规定:"人分上中下三等,每一等人又分上中下三级。此上中下三等,系就其血统贵贱、职位高低而定"。上等人是为数极少的大贵族、大活佛和高级官员;中等人是一般僧俗官员、下级军官以及三大领主的代理人;下等人是占西藏总人口95%的农奴和奴隶。《法典》杀人赔偿命价律中规定:"人有等级之分,因此命价也有高低。"上等上级的人如王子、大活佛,其命价为与其尸体等重的黄金;而下等下级的人如妇女、屠夫、猎户、匠人等,其命价仅为草绳一根。西藏自治区档案馆保存的《不准收留铁匠后裔的报告》记载:1953年,堆龙德庆县一个铁匠的后裔在十四世达赖喇嘛身边做事。当十四世达赖喇嘛发现他是铁匠的后代后立即将其赶走,并命令凡是出身金银铁匠、屠夫等家庭的人均是下等下级人,不能在政府里做事,不能和其他等级家庭通婚。美国纽约州立大学藏学家谭·戈伦夫在《现代西藏的诞生》中指出,人类平等是佛教教义中的一个要素。但是,不幸的是这未能阻止西藏人建立自己的等级制度。

——残酷的政治压迫和刑罚。当时的西藏地方法典规定:农奴如果"触犯"了三大领主的利益,"按其情节不同挖其眼睛,削其腿肉,割舌,截手,推坠悬崖,抛入水中,或杀戮之,惩戒将来,以儆效尤"。农奴"向王宫喊冤,不合体统,应逮捕械击之;不受主人约束者拘捕之;侦探主人要事者拘捕之;百姓碰撞官长者拘捕之"。不同等级的人触犯同一刑律,其量刑标准和处置方法也大不相同。当时西藏的法典规定:凡仆人反抗主人,而主人受伤较重的,要砍掉仆人手和脚;如果主人打伤仆人,医疗即可;如打伤活佛,则犯了重罪,要挖眼、剁脚、断手或处以各种各样的极刑。20世纪初到过拉萨的俄国人崔比科夫在《佛教香客在圣地西藏》一书中写道:"在拉萨,每天都可以看到因贪图别人的财产而受到惩罚的人,他们被割掉了手指和鼻子,更多的是弄瞎了眼睛的、从事乞讨的盲人。其次,西藏还习惯于让罪犯终生脖套圆形小木枷,脚戴镣铐,流放到边远地区和送给贵族或各宗长官为奴。最重的处罚自然是死刑,办法是将人沉入河中淹死(在拉萨如此)或从悬崖上抛下去(在日喀则如此)"。(注⑤)英国人大卫·麦唐纳在《西藏之写真》中写道,"西藏最严重的刑罚为死刑,而喇嘛复造灵魂不能转生之臆说,于是最重之死刑外,又加之以解体干颅之惨状。其最普通的刑法,凡遇死罪,将犯人缝于皮袋之内,而掷于河中,以俟其死而下沉,皮袋在河面之上,约5分钟开始下降,后视其犹有生息,则再掷沉之,迨其已死,于是将其尸体由皮袋取出而肢解之,以四肢和躯体投之河中,随流而去……断肢之外,又有一种剜眼之凶刑,或用凹形之煨铁,置于眼内,或用滚油,或开水,倒于眼内,均足使具眼球失去视力,然后将其眼球用铁钩攫出"。(注⑥)

寺庙和贵族都有监狱或私牢,可以自备刑具,私设公堂,惩罚农奴和奴隶,甘丹寺就有许多手铐、脚镣、棍棒和用来剜目、抽筋等残酷的刑具。十四世达赖喇嘛的副经师赤江在德庆宗设立的私人寺庙管理机构赤江拉让就曾经打死打伤农奴和贫苦僧人500多人,有121人被关进监狱,89人被流放,538人被逼迫当奴隶,1025人被逼迫逃亡,有72人被拆散婚姻,484名妇女被强奸。

现存的20世纪50年代初西藏地方政府有关部门致热布典头目的一封信件内称:"为达赖喇嘛念经祝寿,下密院全体人员需要念忿怒十五施食回遮法。为切实完成此次佛事,需于当日抛食,急需湿肠一副、头颅两个、多种血、人皮一整张,望立即送来。"为达赖念经做法事要用人血、人头骨和人皮,旧西藏政教合一封建农奴制度的残忍和血腥由此可见一斑。

——沉重的赋税和乌拉剥削。农奴主对农奴剥削的主要形式是包括徭役、赋税、地(畜)租在内的乌拉差役。仅西藏地方政府征收的差税就达200多种。农奴为地方政府和庄园领主所支的差,一般要占农奴户劳动量的50%以上,有的高达70%至80%。在封建庄园内,农奴主将土地分成两个部分:一大部分相对肥沃的土地,留作庄园的自营地;另一部分贫瘠的、边远的土地则是以奴役性的条件分给农奴使用的份地,农奴为了使用份地,必须自带农具、口粮,在庄园的自营地上进行无偿劳动,剩余的时间才能在自己的份地上劳动。在农忙或农奴主有事时,还要出人畜力无偿地为农奴主搬运物资、修建房屋,或做其他杂役劳动。除了庄园内差外,农奴还得给西藏地方政府及其下属机构支差,其中负担最重的是运输差,西藏地广人稀,交通不便,各种物资的运输全靠人背畜驮。

据民主改革前调查,属于十四世达赖的摄政达扎的达隆绛庄园共有土地1445克,全劳力和半劳力农奴81人,全年共支差21266天,折合劳动量为67.3人全年服劳役,即83%的农奴全年无偿地为农奴主支差服役。位于山南地区乃东县雅砻河畔的克松庄园,是大贵族索康·旺清格勒的庄园之一。民主改革前,该庄园有农奴59户302人,土地1200克。每年庄园主索康及其代理人摊派的税收18项、差役14项,占劳动日26800天;西藏地方政府摊派的税收9项,差役10项,占劳动日2700多天;热乌曲林寺摊派的税收7项、差役3项,占劳动日900多天;平均每个劳动力每年要给三大领主服210多天的无偿劳役,提供和缴纳1600多斤粮食、100两藏银。

——惊人的高利贷盘剥。历代达赖喇嘛设有专管自己放债的机构"孜布"和"孜穷",把每年对达赖的部分"供养"收入作为高利贷放给群众,牟取暴利。据1950年这两个放债机构账本的不完全记载,共放高利贷藏银3038581两,年收利息303858两。西藏各级地方政府设有为数不少的放债机构,放债、收息成为各级官员的行政职责。根据1959年的调查,拉萨哲蚌寺、色拉寺、甘丹寺三大寺共放债粮45451644斤,年收利息798728斤;放藏银57105895两,年收利息1402380两。高利贷盘剥的收入占三大寺总收入的25%至30%。贵族绝大多数也放高利贷,债息在其家庭收入中一般要占15%至20%。农奴为了活命不得不举债,欠债的农奴占农奴总户数的90%以上。法国旅行家亚历山大·达维·尼尔在《古老的西藏面对新生的中国》中说:"在西藏,所有农民都是终身负债的农奴,在他们中间很难找到一个已经还清了债务的人。" 农奴所负的债务有新债、子孙债、连保债、集体摊派债等等,其中三分之一以上是祖祖辈辈欠下的、永远还不清的子孙债。墨竹工卡县仁庆里乡农奴次仁贡布的祖父曾向色拉寺借粮债50克,祖父、父亲和他三代人还利息达77年,共付利息粮3000多克,可是债主说他还欠10万克粮食。东嘎宗农奴丹增1941年借了农奴主1克青稞,到1951年,农奴主要他还600克。丹增还不起债,只得逃往他乡,妻子被逼死,7岁的儿子被抓去抵债。

——社会停滞不前、濒临崩溃。政教合一的封建农奴制度的残酷压迫和剥削,严重窒息了社会的生机和活力,使得西藏长期处于停滞状态。直到20世纪中叶,西藏社会仍然处于极度封闭落后的状态,现代工商业和现代科技、教育、文化、卫生事业几乎是空白,农业生产长期采用原始的耕作方式,牧业生产基本采取自然游牧方式,农牧品种单一退化,劳动工具得不到改进,生产力水平和整个社会的发展水平极其低下。广大农奴饥寒交迫,生存维艰,因饥寒贫病而死者不计其数。拉萨、日喀则、昌都、那曲等城镇中,乞丐成群,到处可见满街要饭的老人、妇女和儿童。美国藏学家谭·戈伦夫指出,虽然有人声称1959年以前一般西藏人的生活中有喝不完的奶茶、大量的肉食和各种蔬菜,但是1940年对藏东地区的一项调查表明:38%的家庭从来没有茶喝,51%的家庭吃不起酥油,75%的家庭有时不得不吃和牛骨头一起煮的、与燕麦面或豆面掺和在一起的野草。"没有证据证明西藏是一个乌托邦理想的世外桃源"。

大量事实证明,到20世纪中叶,政教合一的封建农奴制度在西藏已经走到了尽头。西藏社会矛盾重重、危机四伏,广大农奴为摆脱绝境不断发动请愿、逃亡、抗租抗差和武装反抗。曾任旧西藏地方政府噶伦的阿沛·阿旺晋美曾指出:"大家均认为照老样子下去,用不了多久,农奴死光了,贵族也活不成,整个社会就得毁灭。"(注⑦)

二、波澜壮阔的西藏民主改革

实行民主改革,废除政教合一的封建农奴制度,是人类社会进步发展的必然要求,是中国共产党领导的人民民主革命的重要任务,更是西藏社会发展的唯一出路和广大西藏人民的迫切愿望。1959年,中央人民政府在西藏实行民主改革,废除了极端腐朽、黑暗的封建农奴制度,完成了西藏历史上划时代的伟大变革,深刻地改变了西藏人民的命运。

1949年,在中国人民解放战争取得决定性胜利的背景下,中华人民共和国宣告成立,北平、湖南、云南、新疆、西康等省市在此前后相继以和平方式实现解放。中央人民政府根据西藏的实际情况,决定对西藏也采取和平解放的方针,并于1950年1月正式通知西藏地方当局“派出代表到北京谈判西藏和平解放”。1951年2月，十四世达赖喇嘛任命阿沛·阿旺晋美为首席全权代表，凯墨·索安旺堆、土丹旦达、土登列门和桑颇·登增顿珠等四人为代表，赴北京全权处理和中央人民政府谈判事宜。1951年5月23日，中央人民政府和西藏地方政府的代表签订了关于和平解放西藏办法的《十七条协议》，西藏实现和平解放。和平解放使西藏摆脱了帝国主义侵略势力的羁绊，打破了西藏社会长期封闭、停滞的局面，为西藏的民主改革和发展进步创造了条件。

《十七条协议》得到西藏各族人民的赞成和拥护。1951年9月26日至29日，西藏地方政府召开有全体僧俗官员、三大寺代表参加的大会，对《十七条协议》进行专门讨论，认为该协议“对于达赖之宏业，西藏之佛法、政治、经济诸方面，大有裨益，无与伦比，理当遵照执行”。十四世达赖喇嘛于10月24日致电毛泽东主席，表示“双方代表在友好基础上，已于1951年5月23日签订了关于和平解放西藏办法的协议。西藏地方政府及藏族僧俗人民一致拥护，并在毛主席及中央人民政府的领导下，积极协助人民解放军进藏部队，巩固国防，驱逐帝国主义势力出西藏，保护祖国领土主权的统一”。1954年，十四世达赖、十世班禅联袂赴北京参加第一届全国人民代表大会，并分别当选为全国人大常委会副委员长和全国人大常委会委员。十四世达赖喇嘛在会上发言，充分肯定三年多来执行《十七条协议》取得的成绩，对民族区域自治的原则和规定表示热烈拥护。1956年4月22日，十四世达赖喇嘛就任西藏自治区筹备委员会主任委员，他在筹委会成立大会上致辞时再次肯定《十七条协议》使西藏人民“充分享受到民族平等的一切权利，开始走上了自由幸福的光明大道”。

改革西藏社会制度是贯彻执行《十七条协议》的应有之义。《十七条协议》第十一条明确规定：“有关西藏的各项改革事宜，中央不加强迫；西藏地方政府应自动进行改革，人民提出改革要求时，得采取与西藏领导人员协商的方法解决之。”西藏和平解放后，西藏广大人民要求改革的呼声日益高涨，西藏许多上中层的开明人士也认识到，如不改革旧制度，西藏民族断无繁荣昌盛的可能。但是，考虑到西藏历史和现实的特殊情况，中央人民政府对西藏社会制度的改革采取了十分慎重的态度和极为宽容的政策，耐心劝说和等待西藏地方上层统治集团主动进行改革，并给他们以充分的时间。1956年，中央人民政府根据西藏实际，又作出“六年不改”的决定，等待西藏上层的觉悟。1957年1月，国务院总理周恩来访问印度期间向达赖、班禅及随行的西藏地方政府主要官员转交了毛泽东主席的信，传达了中央的决定，强调六年不改，六年之后是否改革，仍然由西藏根据那时的情况和条件决定。1957年2月27日，毛泽东在《关于正确处理人民内部矛盾的问题》中进一步明确指出：“按照中央和西藏地方政府的十七条协议，社会制度的改革必须实行，但是何时实行，要待西藏大多数人民群众和领袖人物认为可行的时候，才能作出决定，不能性急。现在已决定在第二个五年计划(1958—1962年)期间不进行改革。在第三个五年计划(1963—1967年)期内是否进行改革，要到那时看情况才能决定。”可以说，中央人民政府对西藏上层统治集团仁至义尽，作出了最大让步。

但是，西藏上层统治集团中的一些人为维护农奴主阶级的既得利益和特权，根本反对改革，企图永远保持封建农奴制。他们蓄意违背和破坏《十七条协议》，变本加厉地策划了一系列分裂祖国的活动，直至发动武装叛乱。1952年三四月间，西藏地方政府的司曹鲁康娃和洛桑扎西暗中支持非法组织“人民会议”在拉萨骚乱闹事，公开反对《十七条协议》，要求人民解放军“撤出西藏”。1955年5月，十四世达赖由内地返藏途经四川省，随行的西藏地方政府噶伦索康、达赖副经师赤江借口佛事活动，分别走北路经甘孜、德格，走南路经乡城、理塘，沿途会见当地土司和寺院住持，策动武力对抗民主改革。西藏“人民会议”领导人阿乐群则一行5人以迎接达赖回藏为名，专程赴西康省雅安、康定等地，协同赤江，与理塘寺住持、反动头人及长期潜伏在理塘寺的国民党特务歃血盟誓，组织策划武装叛乱。1957年，洛桑三旦(达赖的三哥)授意昌都江达宗头人齐美贡布按“达赖的指令”，纠合叛乱武装发动局部叛乱。1957年5月在西藏地方政府噶伦柳霞·土登塔巴、先喀·居美多吉的支持下，成立了“四水六岗”叛乱组织，稍后又成立号称“卫教军”的叛乱武装，公开打出“西藏独立”和反对改革的口号，叛乱活动愈演愈烈。武装叛乱分子窜扰昌都、丁青、黑河、山南等地区，破坏交通，袭击中央派驻当地的机关、部队，到处抢掠财物，杀戮干部，残害人民，奸淫妇女。

对此，中央人民政府一再严正责成西藏地方政府负责惩办叛乱分子，维护社会治安。但是，西藏上层反动集团错误判断形势，把中央的耐心等待和忍让看作是软弱可欺。他们宣称：“九年来，汉人动也不敢动我们最美妙最神圣的制度；我们打他们，他们只有招架之功，并无还手之力；只要我们从外地调一大批武装到拉萨，一打汉人准跑；如果不跑，我们就把达赖佛爷逼往山南，聚集力量，举行反攻，夺回拉萨；最后不行，就跑印度。”

在国外反华势力的支持下，1959年3月10日，西藏上层反动集团在拉萨经过精心策划，挑起了全面武装叛乱。2月7日,十四世达赖喇嘛主动向西藏军区副司令员邓少东等提出:“听说西藏军区文工团在内地学习回来后演出的节目很好,我想看一次,请你们给安排一下。”邓少东等当即表示欢迎,并请达赖确定演出时间、地点,同时将达赖的这一愿望告诉了西藏地方政府的索康等噶伦和达赖的副官长帕拉·土登为登等人。3月8日,达赖确定3月10日下午3时到西藏军区礼堂看演出。3月9日晚,拉萨米本(管理拉萨老城区治安的官员,相当于现在拉萨市城关区公安局长)却煽动市民说:达赖喇嘛明天要去军区赴宴、看戏,汉人准备了飞机,要把达赖喇嘛劫往北京;每家都要派人到达赖喇嘛驻地罗布林卡请愿,请求他不要去军区看戏。次日晨,叛乱分子胁迫2000多人去罗布林卡,散布“军区要毒死达赖喇嘛”的谣言,呼喊“西藏独立”、“赶走汉人”的口号。叛乱分子还打伤西藏地方政府卸任噶伦、时任西藏军区副司令员的桑颇·才旺仁增,用石头将爱国进步人士、自治区筹委会委员堪穷帕巴拉·索朗降措活活打死,并拴在马尾上拖尸到市中心示众。随后,叛乱头目连续召开所谓“人民代表会议”、“西藏独立国人民会议”,公开撕毁《十七条协议》,宣布“西藏独立”,全面发动武装叛乱。

虽然罗布林卡受到叛乱分子控制,同达赖喇嘛的联系十分困难,中央驻西藏代理代表谭冠三仍设法通过爱国人士先后于3月10日、11日和15日给达赖喇嘛三封信。谭冠三在信中表示体谅达赖喇嘛的处境,关心他的安全,并指出叛乱分子猖獗地进行军事挑衅,要求西藏地方政府立即予以制止。达赖喇嘛亦于3月11日、12日和16日先后给谭冠三复信三封。信中说:“反动的坏分子们正借口保护我的安全而进行危害我的活动,对此我正设法平息。”“反动集团的违法行为,使我无限忧伤……以保护我的安全为名而制造的严重离间中央与地方关系的事件,我正尽一切可能设法处理。”在16日的信中,他还表示,已对地方政府官员等进行了“教育”和“严厉地指责”,并表示几天后还可能到军区去。但是,3月17日夜,达赖喇嘛与噶伦索康、柳霞、夏苏等叛乱头目一起逃离拉萨,前往叛乱武装的“根据地”山南。叛乱失败后,又逃往印度。

达赖喇嘛离开拉萨后,叛乱分子调集约7000人,于3月20日凌晨向在拉萨的党政军机关发动全面进攻。人民解放军驻拉萨部队在忍无可忍、让无可让的情况下,于当日上午10时奉命进行反击。在西藏各族人民的支持下,只有1000余人的解放军,仅用两天时间,便一举歼灭了集结在拉萨地区的叛乱武装,平息了拉萨的叛乱。之后,又继续迅速平息了西藏其他地区的叛乱活动。

正如毛泽东主席指出的:“达赖要叛乱的阴谋从1955年由北京回去后就开始了。1957年年初他从印度回来,到1958年布置了两年。”1959年逃亡国外后,十四世达赖及其政治集团更是公然成立所谓“西藏流亡政府”,公开宣布“西藏独立”,重新组建叛乱武装,在中国边境进行多年的军事袭扰,在国际上长期从事反华活动,在西藏和其他藏区策动多起骚乱事件,在分裂祖国的道路上越走越远。

西藏的武装叛乱,从一开始就得到国外反华势力的支持。据西方某媒体1971年1月26日报道,1957年2月,某国情报机构在太平洋某岛训练了“四水六岗”叛乱分子。从1956年到1957年,该情报机构先后遴选了170多名叛乱分子到该国的“康巴游击队员训练基地”受训。接受训练后的数百名藏人被空投回西藏,随身配备了手提机枪,脖子上还挂着装有达赖相片的小金盒。该情报机构共训练了2000名西藏人游击队。1958年7月和1959年2月,该情报机构向“四水六岗”叛乱武装进行了两次武器空投,包括403支步枪、20挺轻机枪和60箱手榴弹,以及几口袋印度卢比。1958年11月,该情报机构通过所谓“麦克马洪线”以南印度占领区,向山南叛军运送了226驮武器装备。次年1月,又通过尼泊尔运入40驮物资,经协噶尔运给山南叛乱武装。该情报机构先后对康区叛军进行了30多次空投,投下的物资多达250吨,包括近万支M-1步枪、冲锋枪等枪械以及轻便的57无后坐力炮和高射机枪。据另一西方媒体1999年8月16日的文章说:1957年至1960年,西方某国给西藏游击队空投了400多吨物资。该国“每年在西藏行动中共花费资金高达170万美元”。

在达赖出逃途中,上述情报机构改装一架飞机沿途空投物资,以无线电与叛乱武装及附近各情报站联络,并将全部逃亡过程记录在案。香港一媒体1974年2月11日的报道透露:据参与这次行动的人员说,达赖喇嘛离开他的首府是西方某情报机构策划的。该国的间谍飞机曾飞入西藏数百英里,对达赖集团进行空中掩护,空投食品、地图、收音机和金钱,还扫射中国的阵地,并为这次行动拍摄了影片。

鉴于西藏上层反动统治集团已经完全走上叛国的道路,1959年3月28日,周恩来总理发布国务院命令,决定解散西藏地方政府,由西藏自治区筹备委员会行使地方政府职权,由十世班禅额尔德尼代理主任委员职务。与此同时,中央人民政府提出“边平叛边改革”的方针,领导西藏人民掀起了波澜壮阔的民主改革运动,彻底摧毁了政教合一的封建农奴制度,实现了百万农奴和奴隶梦寐以求的当家做主的权利。

——废除封建农奴制的压迫和剥削,解放百万农奴和奴隶。1959年中央政府下令平息西藏叛乱后,立即解散了压迫西藏人民数百年的噶厦政权及其所属的军队、法庭和监狱，废止了旧西藏法典及其野蛮刑罚。紧接着，有计划、有步骤地在农区开展了反对叛乱、反对乌拉差役制度、反对奴役和进行减租减息的“三反双减”运动，在牧区开展了反叛乱、反乌拉、反奴役和牧工牧主两利的“三反两利”运动，在寺庙开展了反叛乱、反封建特权、反封建剥削和算政治迫害账、算等级压迫账、算经济剥削账的“三反三算”运动，在城镇开展了反叛乱、反封建制度、反封建剥削、反封建特权和减租减息的“四反双减”运动，并分期分批地对边境地区进行民主改革，彻底废除了农奴、奴隶对农奴主的人身依附关系，废除了封建制度、封建剥削和封建特权，废除了乌拉差役和高利贷债务。

西藏百万农奴和奴隶从此获得翻身解放，成为国家的主人和西藏的主人。他们的生命安全和人身自由从此获得中华人民共和国宪法和法律的保障，不再遭受农奴主的政治压迫、强迫劳动和非人待遇，不再遭受沉重的差税和高利贷剥削。在民主改革中当选为西藏第一个农民协会主任的尼玛次仁，曾经是西藏地方政府噶伦索康·旺青格勒溪卡的农奴。旺青格勒曾说：“尼玛次仁是我的财产，我愿意把他揉成团装在口袋里，随我；我高兴把他拉成条围在腰上也由我。”民主改革后，尼玛次仁说：“现在有法律保障我的人身自由，我再也不是谁的私人财产，活得心里真敞亮。”次仁拉姆曾做过30多年的农奴，1959年民主改革以后，她在山南地区乃东县结巴乡组织了第一个“朗生互助组”，后来她担任了西藏自治区人大常委会副主任。

——实行土地改革，废除封建农奴主的土地所有制，使农奴和奴隶成为土地的主人。1959年9月21日，西藏自治区筹备委员会通过《关于废除封建农奴主土地所有制实行农民的土地所有制的决议》，决定对参加叛乱的农奴主的土地和其他生产资料一律没收，分配给农奴和奴隶；对未参加叛乱的农奴主的土地和其他生产资料由国家出钱赎买后，分配给农奴和奴隶。据统计，在民主改革中，国家共支付4500多万元对1300多户未参加叛乱的农奴主和代理人的90万亩土地和82万多头牲畜进行赎买。共没收和赎买农奴主土地280多万亩，分给20万户、80万农奴和奴隶，农奴和奴隶人均分得土地3.5亩多。世代为奴的劳动人民站在属于自己的土地上彻夜狂欢，他们欢呼：“达赖的太阳照在贵族身上，毛主席的太阳照在我们穷人的身上。现在达赖的太阳下山了，我们的太阳升起来了。”

西藏百万农奴和奴隶第一次成为土地和其他生产资料的主人，焕发出了空前的生产和生活热情，迅速改变了西藏的社会面貌和生活条件。据统计，土改基本完成的1960年，西藏全区的粮食总产比1959年增长12.6%，比土改前的1958年增长17.5%。牲畜存栏头数1960年比1959年增长10%。在民主改革中，西藏建立起第一个供销社、第一个农村信用社、第一所民办小学、第一所夜校、第一个识字班、第一个电影放映队、第一个医疗卫生机构。1959年年底，拉萨市区建立居民委员会28个，先后安置8700多名贫苦游民和乞丐就业，救济8500多名生活困难的贫民，收容120多名孤、老、病、残者。1960年，纳金水电站建成发电，拉萨普通市民首次用上了电灯。1959年至1960年两年内，西藏建立起几十个现代化小型工厂，培养了2万多名藏族工人。90%的县通了公路，公路全长达到1.25万多公里。

——废除政教合一制度，实行政教分离和宗教信仰自由。民主改革对参加叛乱的寺庙的土地、耕畜等生产资料一律没收，对没有参加叛乱的寺庙的生产资料实行赎买政策。在民主改革中，一方面，明令规定切实保护宗教信仰自由和爱国守法的寺庙，保护人民有当僧尼的自由和僧尼还俗的自由，保护正常的宗教活动不受干涉，保护有历史意义的寺庙和文物古迹。另一方面，实行“政治统一，信教自由，政教分离”的方针，废除寺庙在经济、政治上的一切封建特权，废除寺庙的封建占有、封建剥削、人身奴役以及寺庙内部的封建管理和等级制度，保障各教派在政治上一律平等；寺庙内的公共资金和财产实行民主管理，作为生产基金和供给寺内僧尼的生活与正常宗教活动之用；寺庙的僧尼按劳动力情况分得的土地，由寺庙管理委员会统一管理，组织生产；寺庙内收入不够正当开支时，由政府予以补助。通过民主改革，西藏所有寺庙均选出了管理委员会，实行民主管理。民主改革去掉了宗教被封建农奴制玷污了的东西，恢复了宗教的本来面目，有效保障了西藏人民宗教信仰的自由，也为西藏实行人民民主的政治制度奠定了基础。

——建立人民民主政权，保障人民行使当家做主的权利。废除封建农奴制度后，翻身解放的西藏各族人民建立起人民民主政权。到1960年年底，西藏成立了1009个乡级政权、283个区级政权，78个县(包括县级区)和8个专区(市)建立了人民政权。藏族和其他少数民族干部达到1万多人，其中乡级干部全是藏族，区级干部90%以上是藏族，300多名藏族干部担任了县以上领导职务。4400多名翻身农奴和奴隶成长为基层干部。1961年，西藏各地开始实行普选。昔日的农奴和奴隶破天荒第一次获得当家做主的权利。百万翻身农奴和奴隶穿着节日盛装，手捧哈达，兴高采烈地参加投票，以极大的政治热情和高度负责的精神行使民主权利，选举产生了基层各级权力机关和政府。1965年8月，西藏乡县选举工作完成，有1359个乡、镇进行了基层选举，有567个乡、镇召开了人民代表会议，西藏约92%的地方建立了以翻身农奴和奴隶为主的乡人民政权，54个县召开了第一届人民代表会议，选出了正副县长，建立了县人民委员会。1965年9月，西藏自治区第一届人民代表大会成功召开，西藏自治区正式宣告成立。出席大会的301名代表中，藏族和其他少数民族代表占80%以上，西藏上层爱国人士和宗教界人士占11%多，藏族代表中绝大多数是翻身农奴和奴隶。人民民主政权的建立为西藏人民行使当家做主的权利提供了有力的政治保障。

通过波澜壮阔的民主改革，仅用了短短几年的时间，就消灭了在西藏延续数个世纪的封建农奴制度，迅速荡涤了旧社会遗留下来的污泥浊水，使百万农奴和奴隶在政治、经济和社会生活各方面获得了解放，使西藏社会的面貌焕然一新，开创了西藏发展的新纪元。这是西藏社会进步和人权发展史上划时代的重大变革，为西藏社会的跨越式发展确立了崭新的起点。

三、半个世纪西藏的历史性巨变

民主改革50年来，在中央人民政府的关怀和全国人民的支援下，西藏各族人民以主人翁的姿态迸发出创造美好生活的巨大热情，推动西藏经济社会实现了跨越式发展，各项事业取得了举世瞩目的历史性成就。

——社会制度实现了历史性跨越，西藏人民当家做主权利有了制度保障。1965年，西藏自治区成立，标志着民族区域自治制度在西藏全面确立，实现了西藏社会制度从政教合一的封建农奴制度向人民民主的社会主义制度的历史性跨越，西藏人民从此进入了当家做主的新时代。昔日的农奴和奴隶从此享有了平等参与管理国家事务和自主管理本地区和本民族事务的政治权利。西藏人民与全国各族人民一样，享有了国家宪法和法律规定的所有权利。他们依法直接选举县、区、乡、镇人民代表大会代表，并由这些代表选举出席全国和自治区、市人民代表大会的代表，依法通过各级人民代表大会行使参与管理国家和地方事务的权力。2007年，在西藏的自治区、地(市)、县、乡(镇)四级换届选举中，参选率达到96.4%，有些地方参选率达到100%。经过直接和间接选举产生的34000多名四级人大代表中，藏族和其他少数民族占94%以上。目前，在全国人大代表中，西藏自治区有20名代表，其中12名为藏族公民，门巴族、珞巴族公民各1名。

西藏人民自主管理本民族本地区事务的权利受到保障。1965年以来，西藏自治区历任人民代表大会常务委员会主任和人民政府主席都由藏族公民担任，各级人大常委会和政府的主要领导都是藏族公民。西藏自治区各级检察院和法院的主要负责人也均由藏族公民担任。目前，在自治区、地(市)、县三级国家机关组成人员中，藏族和其他少数民族公民占77.97%。

西藏自治区不仅享有省级国家机关制定地方性法规的权力，而且有权根据本地的政治、经济和文化的特点，决定本地的事务，制定自治条例和单行条例；上级国家机关的决议、决定、命令、指示，如有不适合西藏地方实际情况的，西藏自治机关可以报请批准变通执行或停止执行。据统计，自治区人大常委会自1965年以来，共制定了250余件地方性法规和具有法规性质的决议、决定，内容涉及政权建设、经济发展、文化教育、语言文字、司法、文物保护、野生动植物和自然资源保护等许多方面，有效地维护了西藏人民在政治、经济和社会生活各方面的特殊权益，促进了西藏各项事业的发展。

——经济建设实现跨越式发展，社会面貌日新月异。50年来，中央政府为促进西藏经济社会发展，对西藏实施了一系列优惠政策，在财力、物力、人力等方面给予强有力的支持。据统计，仅在基础设施建设方面，1951年至2008年，国家就累计投入1000多亿元。1959年至2008年，中央财政向西藏的财政转移支付累计达到2019多亿元，年均增长近12%。其中，2001年至2008年累计达1541多亿元。1994年以来，中央先后安排60多个中央国家机关、全国18个省市和17个中央企业对口支援西藏经济建设，截至2008年年底，已累计投入对口援藏资金达111.28亿元，安排6056个对口援藏项目，选派3747名援藏干部进藏工作。在中央的关怀和全国的支援下，西藏经济社会发展突飞猛进。据统计，1959年至2008年，西藏生产总值由1.74亿元增长到395.91亿元，按可比价格计算，增长65倍，年均增长8.9%。1994年以来，西藏生产总值年均增长达到12.8%，高于全国同期年均增长水平。1959年至2008年，西藏人均生产总值由142元提高到13861元，增加13719元。

旧西藏没有一条公路，如今，以公路建设为重点，航空、铁路、管道运输协调发展，形成了以拉萨为中心的四通八达的交通运输网络。2008年，西藏基本实现了县县通公路，公路通车里程达到5.13万公里，比1959年的0.73万公里增加4.4万公里；客运量比1959年增加近107倍；货运量比1959年增加11倍以上。以水电为主，地热、风能、太阳能等多能互补、点多面广的能源体系逐步建成。1959年至2008年，西藏发电量年均增长16.8%，目前已有近210万人用上了电，占总人口的73%。在农村推广清洁能源，4.3万户农牧民用上了沼气。通讯事业快速发展，基本实现了县县通光缆、乡乡通电话。固定及移动电话用户总数达到156.2万户，电话普及率达到每百人55部。

旧西藏农牧业基本靠天吃饭、靠天养畜，而今，农牧业现代化程度大幅提高,防灾抗灾能力显著增强,科技贡献率达到36%。粮食产量由1959年的18.29万吨增加到2008年的95万吨;粮食平均亩产由1959年的91公斤提高到2008年的近370公斤;年末牲畜存栏数由1959年的956万头(只)增加到2008年的2400余万头(只)。旧西藏没有现代工业,如今,西藏已初步形成了以优势矿产业、建材业、民族手工业、藏医药业为支柱,包括电力、农畜产品加工、饮食品加工制造等在内的富有西藏特色的现代工业体系。2008年,西藏工业增加值已从1959年的0.15亿元增加到29.68亿元。现代商业、旅游、饮食服务、文化娱乐等在旧西藏闻所未闻的新兴产业飞速发展,成为西藏第一大产业。

——人民生活水平大幅度提高,生存和发展状况得到极大改善。民主改革前,西藏农牧民没有生产资料,几乎终身负债,根本谈不上纯收入,2008年西藏农牧民人均纯收入达到3176元,1978年以来年均增长10.1%,2003年以来年均增长达到13.1%。2008年,西藏城镇居民人均可支配收入达到12482元,比1978年的565元增长21倍。民主改革前,西藏90%以上的人没有自己的住房,农牧民居住条件极差,城镇居民人均不足3平方米。当时的拉萨城区仅有2万人,而城周围居住在破烂帐篷里的贫民和乞丐就有近千户人。而今,西藏人民的居住条件得到了巨大改善。通过推进新农村建设、实施安居工程,已有20万户、百万农牧民住进了安全适用的新房。2008年,农村居民人均居住面积达到22.83平方米,城镇居民人均居住面积达到33.00平方米。目前,从城市到农村都已初步建立起社会保障体系。2008年西藏"五保户"的供养标准达到1600元。2006年西藏人均收入低于800元的农牧民全部纳入最低生活保障,在全国率先建立了农牧区最低生活保障制度。

和平解放前,西藏没有一所现代医疗卫生机构,只有3所设备简陋、规模很小的官办藏医机构和少量私人诊所,从医人员不足百人,加上农牧区的近300名民间藏医,全区平均每千人不到0.4名医务人员。天花、霍乱、性病、斑疹伤寒、猩红热、破伤风等疾病时常流行。和平解放后特别是民主改革后,中国政府采取各种措施预防疾病,很快就使一些严重危害人民健康的疾病基本得到控制。从20世纪60年代开始,西藏消灭了天花,各类传染病、地方病发病率大幅度下降。现在,西藏在全国率先实现了城镇居民医疗保险全覆盖,并逐步建立了以免费医疗为基础的农牧区医疗制度,农牧民免费医疗补助人均达到140元。2008年,西藏共有卫生机构1339个,比1959年增加1277个;实有病床床位7127张,比1959年增加6647张;卫生技术人员9098人,比1959年增加8307人;每千人病床数和卫生技术人员数分别达到了2.50张和3.05人,比1959年分别增加2.11张和2.41人。随着医疗卫生条件的改善,西藏的人均预期寿命由和平解放时的35.5岁增加到67岁。据2000年第五次全国人口普查,西藏有80岁至99岁的老人13581人、百岁以上的老人62人,是中国人均百岁老人最多的省区之一。西藏总人口由1959年的122.8万人增加到2008年的287.08万人,其中藏族和其他少数民族人口占95%以上。近50年是几个世纪以来西藏人口增长最快的时期。

——传统民族文化得到保护和弘扬,宗教信仰自由受到充分尊重。政府采取有力措施,促进藏语文的学习、使用和发展。西藏实行藏、汉语文并重,以藏语文为主。目前,所有农牧区和部分城镇小学实行藏汉文同步教学,主要课程用藏语授课。中学阶段也同时实行用藏语和汉语授课,并坚持在内地西藏中学开设藏语文课。在高校和中等专业学校的招生考试中,藏语文作为考试科目,成绩计入总分。西藏自治区成立以来,各级人民代表大会通过的决议、法规,西藏各级政府包括政府所属部门下达的正式文件和发布的公告都使用藏、汉两种文字。在司法诉讼程序中,对藏族诉讼参与人,都使用藏语文审理案件,法律文书也使用藏文。各单位的公章、证件、标识以及机关、厂矿、学校、车站、机场、商店、宾馆、餐馆、剧场、旅游景点和体育场馆、图书馆等的标牌和街道、交通路标等均使用藏、汉两种文字。西藏人民广播电台自1959年建台以来,始终以办好藏语广播为重点,目前共开办有42个藏语(包括康巴语)节目(栏目),藏语新闻综合频率每天播音达21小时15分钟,康巴语广播频率每天播音17小时50分钟。西藏电视台卫视频道开播后,专门开设藏语频道。2007年10月1日藏语卫视实现了24小时滚动播出。目前,西藏有14种藏文杂志、10种藏文报纸。藏文于1984年实现了信息化处理,并开发出与汉英兼容的藏文软件操作系统。藏文编码国际标准于1997年获得通过,成为中国少数民族文字中第一个具有国际标准的文字。

传统民族文化遗产得到有效保护、传承和发展。国家组织编辑出版了中国戏曲志、中国民间歌谣集成、民族民间舞蹈集成、谚语集成、曲艺集成、民族民间歌曲集成、戏曲音乐集成、民间故事集成等十大文艺集成志书西藏卷,及时抢救和有效保护了西藏大量重要文化遗产。国家将整理出版大型口头说唱英雄史诗《格萨尔王传》作为重点科研项目予以资助,现已搜集300余部,整理出版藏文版62部、汉译本20多部,并有多部被译成英、日、法文出版。民主改革后,布达拉宫、大昭寺、哲蚌寺、色拉寺、甘丹寺、扎什伦布寺、萨迦寺等均被列为国家级重点文物保护单位。20世纪80年代以来,中央和西藏地方财政先后安排7亿多元,用于修复开放一批国家级文物保护单位和各教派的重点寺庙。1989年到1994年,国家拨出5500万元和大量黄金、白银等珍贵物资对布达拉宫进行了一次大的维修。2001年起,又拨专款3.3亿元,用于维修布达拉宫、罗布林卡、萨迦寺三大文物古迹。2007年,中央政府再次拨出5.7亿元,用于"十一五"时期(2006—2010年)对西藏22处重点文物保护单位进行全面维修保护。这在中国文物保护史上是空前的。

西藏人民的宗教信仰自由和正常的宗教活动受到保护。目前,西藏共有1700多处各类宗教活动场所,住寺僧尼约4.6万人,充分满足了信教群众的需求。寺庙学经、辩经、受戒、灌顶、修行等传统宗教活动和寺庙学经考核晋升学位活动正常进行。据不完全统计,西藏现有60余座学经班,学经僧人约6000人。活佛转世作为藏传佛教特有的传承方式得到国家的尊重。西藏的宗教活动多种多样,宗教节日频繁举行。20世纪80年代以来,西藏陆续恢复了各教派各类型宗教节日40余个。僧俗信教群众每年都组织和参加萨噶达瓦节、雪顿节等各种各样的宗教和传统活动。

——现代教育和新闻文化事业全面发展,人民的文化教育水平不断提高。旧西藏没有一所现代意义上的学校,适龄儿童入学率不足2%,文盲率高达95%。50年来,国家投入大量资金发展西藏教育事业,使西藏在全国率先实现了城乡免费义务教育。从1985年开始,在农牧区实行以寄宿制为主的中小学校办学模式,并对义务教育阶段的农牧民子女实行包吃、包住、包学习费用的"三包"政策。2008年,西藏73个县(市、区)已全部实现普及六年义务教育和基本扫除文盲,其中70个县完成普及九年义务教育,文盲率下降到2.4%。小学学龄儿童入学率达到98.5%,初中入学率达到92.2%,高中入学率达到51.2%。据统计,西藏现有小学884所、普通中学117所、教学点1237个。2008年,西藏人均受教育年限已达6.3年。2008年,西藏有本专科院校6所,在校学生近3万人,高等教育入学率已达19.7%。还有中等专(职)业学校10所,在校生2.1万人。20多年来,全国先后有20个省、直辖市的28所学校开办内地西藏班(校),有53所内地重点高中、90多所高等学校招收西藏班学生,累计招收初中生36727人,高中(中专)生30370人,高校本专科生1.2万余人,为西藏培养输送了1.8万余名各级各类建设人才。目前,内地西藏班在校生总数18640人。现代科学技术迅速发展,科技队伍不断壮大,2007年各类专业技术人员达到46508人,其中,以藏族为主的少数民族技术人员达31487人。一批博士、硕士、科学家、工程师等高级人才脱颖而出,成为推动西藏发展的生力军。

现代新闻文化事业从无到有,迅速发展。西藏现有2家图书出版社、2家音像出版社,有各类印刷厂35个,有公开发行的报纸23种、期刊34种,全区7个地市都有藏汉两种文字的报纸。西藏有广播电视台9座,中波广播转播台39座,县级以上调频广播转播台76座,县级以上(含口岸)电视转播台80座,有线电视转播台76座,乡(镇)广播电视"村村通"站9111座。广播、电视人口综合覆盖率分别从1978年的18%和2%上升到2008年的88.8%和89.9%,实现了全区乡(镇)、行政村通广播电视的目标。西藏现有电影放映机构564个,管理机构82个,农牧区放映队478个,放映点7697个,电影放映已覆盖到98%的行政村,全区农牧民每月人均看电影1.64场。目前,西藏共有各级群众艺术馆、文化馆(站)257个,各类专业文艺演出团体10个,民间艺术团18个,群众性业余演出团体660个。新闻文化事业的发展为人民群众了解新闻、获取信息和休闲娱乐创造了条件,丰富了西藏人民的精神文化生活。

结束语

50年沧桑巨变,西藏经历了从黑暗走向光明、从落后走向进步、从贫穷走向富裕、从专制走向民主、从封闭走向开放的光辉历程。当前,西藏经济发展、社会进步、文化繁荣、民生改善、民族团结、政通人和,正处于历史上最好的发展时期。

历史雄辩地证明,在120多万平方公里的土地上实行民主改革,废除延续了几个世纪的政教合一的封建农奴制,使百万农奴和奴隶站起来,这不仅是中国人权发展史上一个十分重要的篇章,而且在国际禁奴史上写下了浓墨重彩的一笔,无疑是人类走向文明进步的历程中彪炳千秋的一个伟大壮举。没有民主改革,就没有占西藏人口95%的广大劳动人民的翻身解放,就没有西藏社会的跨越式发展,就没有西藏人权事业的发展进步,就没有西藏各族人民今天的美好生活。

历史雄辩地证明,十四世达赖及其政治集团是旧西藏政教合一的封建农奴制度和极少数农奴主阶级的总代表,是旧西藏政治、经济和文化资源的垄断者和既得利益者。他们与占西藏人口绝大多数的广大劳动人民存在着根本的利害冲突,与西藏社会发展进步的要求和人类社会的发展规律存在着不可调和的深刻矛盾。这就决定了达赖集团顽固反对民主改革的必然性,决定了他们决不会自动退出历史舞台,决不会自动放弃自己的特权,也决不会甘心自己的失败。50年前,为了维护政教合一的封建农奴制及其特权"永远不改",达赖集团不惜发动以分裂祖国为目的的武装叛乱。叛逃国外50年来，他们也从来没有放弃过恢复政教合一的封建农奴制的图谋。他们在境外建立和维持着以十四世达赖为政教首脑的政教合一的所谓“西藏流亡政府”，在西方反华势力的支持下，一刻也没有停止过破坏西藏发展稳定和分裂国家的活动。他们在国际上颠倒黑白，大造舆论，把自己装扮成“西藏人民”的代言人，把旧西藏政教合一的封建农奴制社会美化为天堂式的“香格里拉”，把实行民主改革、推动西藏发展进步指责为“灭绝文化”、“毁灭宗教”、“侵犯人权”。这说明，十四世达赖及其政治集团是多么不愿意看到政教合一封建农奴制的覆灭和西藏各族人民在人民民主的社会主义制度下实现当家做主，多么不愿意看到农奴主阶级特权的丧失和西藏各族人民过上幸福安康的生活，又是多么希望复辟已被扫进历史垃圾堆的政教合一的封建农奴制度，多么希望恢复他们失去的封建农奴主阶级统治的“天堂”。这也说明，我们与达赖集团之间分歧和斗争的实质，根本不是自治与不自治的问题，而始终是进步与倒退、统一与分裂的斗争。

历史雄辩地证明，废除农奴制、解放农奴和奴隶，维护国家统一、反对民族分裂，是维护人权和国家主权的进步与正义的事业。历史上，美国政府曾经为了反南部分裂主义和奴隶制度，解放黑奴，不惜发动长达4年之久的大规模国内战争，耗费150多亿美元的战争费用，造成110多万人员伤亡和不可估量的各种损失。领导这场战争的林肯总统因此而名垂青史，至今仍为美国人民和世界人民所称颂。达赖集团为维护政教合一的封建农奴制，悍然发动分裂祖国的大规模武装叛乱，中国政府采取措施平息叛乱，维护国家统一，解放百万农奴和奴隶，其在人类历史上的进步意义与美国国内战争和解放黑奴相比毫不逊色。然而，一些西方反华势力却无视客观事实，颠倒是非，将政教合一的封建农奴制度的总代表、西藏封建农奴主的总代表十四世达赖吹捧为“人权卫士”、“和平使者”、“精神领袖”，而将废除封建农奴制、解放百万农奴和奴隶的中国政府指责为“侵犯人权”。这是十分荒谬的，也是发人深思的。事实上，所谓“西藏问题”从一开始就是帝国主义妄图瓜分中国的产物，是近代帝国主义列强妄图变中国为其殖民地、半殖民地图谋的一部分。1959年，达赖集团发动分裂国家的武装叛乱就是在帝国主义势力支持和策动下发生的。达赖集团叛逃国外以后，西方反华势力也从来没有停止过对达赖集团“藏独”分裂活动的怂恿、支持和训练。这说明，所谓“西藏问题”根本不是什么民族问题、宗教问题和人权问题，而是西方反华势力企图遏制中国、分裂中国、妖魔化中国的问题。

历史也雄辩地证明，复辟没有出路，分裂没有前途。时代要前进，社会要进步，这是不可阻挡的历史潮流。包括西藏人民在内的中国各族人民维护国家统一和主权的意志不可动摇，坚持中国共产党领导、坚持中国特色社会主义道路、坚持民族区域自治制度的意志不可动摇，推动西藏实现现代化、建设团结民主富裕文明和谐的新西藏的意志不可动摇。达赖集团搞“西藏独立”没有出路，打着“高度自治”旗号谋求半独立、变相独立也没有出路。达赖集团不论以什么借口，妄图在西藏开历史倒车，恢复封建农奴制统治，这是饱尝封建农奴制之苦、亲历新西藏之福的西藏各族人民坚决不会答应的，也是注定要失败的。十四世达赖喇嘛只有真正放弃“西藏独立”的主张，放弃任何复辟旧制度的图谋，承认西藏是中国不可分割的一部分，解散所谓“西藏流亡政府”，停止一切分裂国家的活动，才是唯一的出路。十四世达赖喇嘛必须对自己的政治主张和行为进行彻底的反思和根本的改正。中央政府对十四世达赖喇嘛回到爱国立场的大门始终是敞开的，今后也是敞开的。

注解：

①埃德蒙·坎德勒:《拉萨真面目》(尹建新、苏平译，西藏人民出版社，1989年)。

②埃德蒙·坎德勒:《拉萨真面目》(尹建新、苏平译，西藏人民出版社，1989年)。

③查尔斯·贝尔:《十三世达赖喇嘛传》(冯其友等译，西藏社会科学院印，1985年)。

④梅·戈尔斯坦:《西藏现代史(1913—1951)——喇嘛王国的覆灭》(杜永彬译，时事出版社，1995年8月第3次印刷)。

⑤崔比科夫:《佛教香客在圣地西藏》(王献军译，西藏人民出版社，1993年)。

⑥大卫·麦唐纳:《西藏之写真》(郑宝善译，南京:作者自刊，1935年)。

⑦阿沛·阿旺晋美:《西藏历史发展的伟大转折》，载《中国藏学》1991年第1期。

中宣部等七部门在人民大会堂举行宪法学习报告会

中宣部、全国人大法工委、中直机关工委、中央国家机关工委、教育部、解放军总政治部、中共北京市委在人民大会堂联合举行宪法学习报告会。全国人大法律委员会主任委员胡康生作了题为《学习宪法，忠于宪法，维护宪法权威》的报告。

报告会由中宣部副部长翟卫华主持，在京党政军机关800余人听取了报告。

中央纪委监察部机关召开深入学习实践科学发展观活动总结大会

中纪委书记贺国强出席，中纪委副书记何勇出席会议并讲话。会议指出，中央纪委监察部机关按照中央的部署，作为第一批参加学习实践活动的单位，圆满完成了学习实践活动各项任务，达到了提高思想认识、解决突出问题、创新体制机制、促进科学发展的目的。下一步要按照中央的要求，扎实做好收尾和后续工作，巩固和扩大学习实践活动成果。

中央纪委副书记张惠新主持会议。

最高人民法院和全国妇联联合召开大会表彰法院系统“全国巾帼文明岗”“巾帼建功”标兵和“优秀女法官”

共有40个集体和18位女法官荣获“全国巾帼文明岗”、全国“巾帼建功”标兵荣誉称号，广东省中山市中级人民法院执行局局长崔燕光荣当选十佳全国“巾帼建功”标兵。姜春玲等34位同志被授予全国“优秀女法官”荣誉称号。

《求是》杂志刊发特约评论员文章《保持经济平稳较快发展是当前最大的科学发展实践》

目前，第一批深入学习实践科学发展观活动基本完成，第二批即将开始。面对当前复杂的经济形势，各级党委要认真贯彻党的十七大、十七届三中全会和中央经济工作会议、十七届中央纪委三次全会精神，紧紧围绕保持经济平稳较快发展这个当前最大的科学发展实践，扎实深入地开展学习实践活动，全力以赴做好保发展、保民生、保稳定、保中央方针政策贯彻落实的各项工作，把党的政治优势转化为推动科学发展的强大力量。

突出实践特色，是这次学习实践活动最鲜明的特征。在学习实践活动启动之初，中央就强调，要紧密联系改革发展实际，着力解决影响和制约科学发展的突出问题，推动经济社会又好又快发展。国际金融危机发生后，中央及时把确保经济平稳较快发展作为党和国家工作的头等大事，把贯彻落实扩大内需、促进经济增长的一系列政策措施作为学习实践活动联系实际、解决问题、务求实效的重要内容。当前，国际金融危机愈演愈烈，我国经济发展面临前所未有的严峻挑战。能否从变化的形势中捕捉难得的发展机遇，在逆境中发现和利用有利因素，变压力为动力、化挑战为机遇，保持经济平稳较快发展，关系到我国经济社会长远发展的大局，关系到亿万百姓的福祉，在一定意义上也关系到学习实践活动的成败。学习实践活动要更好地突出实践特色、成为群众满意工程，理所当然要把应对危机、化解风险、渡过难关，保持经济平稳较快发展，作为当前联系实际最主要的内容、解决问题最紧迫的任务、务求实效最需要取得的实效，摆在最重要的位置来抓。离开了这个最大实践，学习实践活动与实际工作就容易形成“两张皮”，整个活动的目的就会落空。

保持经济平稳较快发展，需要以科学理论作指导。科学发展观是指导发展的科学理论，是应对危机的有力武器。要指导各级党组织和广大党员干部把开展学习实践活动与克服困难、破解难题紧密结合起来，运用科学发展观寻找应对之策，坚持走科学发展之路渡过难关。要进一步深化学习，加深对科学发展观精神实质和现实指导意义的理解，切实增强贯彻落实科学发展观的自觉性和坚定性。要科学分析形势，增强必胜信心，把国际金融危机带来的压力转化为推动科学发展的动力，从实际出发创造性地贯彻落实中央保增长、扩内需、调结构的方针政策，着力解决经济运行中的突出问题，把国际金融危机带来的损失降低到最低程度。要以科学发展观为指导，努力把国际金融危机带来的风险转化为科学发展的机遇，在调整产业结构、提高自主创新能力、提高企业管理水平、提高产品质量和安全标准、提高资源节约和环境保护水平上加快步伐、实现突破。要引导各级干部坚持以人为本，越是困难时刻，越要高度关注民生，越要高度关心困难群体，越要高度重视维护社会稳定，在返乡农民工就业创业、大学生就业、上学、看病、住房、社会保障和部分群众生产生活困难等方面，多办群众普遍期待的实事好事。

在世界金融危机中保持经济平稳较快发展，是对党的执政能力的重大考验，更是对各级党委应对复杂局面能力的现实考验。各级党委要切实增强政治意识、大局意识、忧患意识，自觉为中央分忧、为基层解难，组织动员各级党组织和广大党员干部知难而进、锐意改革、共克时艰，努力开创经济社会又好又快发展的新局面。

中组部在北京召开全国组织系统深化拓展“讲党性 重品行 作表率”活动视频会议

中国—加拿大公务员考核评价研讨会在北京召开

中组部部长李源潮出席研讨会开幕式并致辞。

李源潮说，公务员制度是现代政府管理制度的重要基础。世界各国都十分重视探索建立适应时代要求、符合本国国情的公务员制度。这次国际金融危机的爆发，对各国改革行政管理体制、提高公务员管理能力提出了新任务新课题。

李源潮说，中国现代意义上的公务员考核评价制度，是在中国共产党干部考核制度的基础上建立和发展起来的。党的十七大提出要推进民主、公开、竞争、择优的干部人事制度改革，提高选人用人公信度。我们将按照这一要求，加快推进公务员考核评价的科学化、民主化、制度化，促进建设人民满意政府。

中组部常务副部长沈跃跃和加拿大公务员委员会主席芭拉多斯在研讨会上作主旨发言，分别介绍了中国公务员考核评价和加拿大公务员制度的有关情况。加拿大驻华公使南杰瑞出席开幕式并致辞。来自中加两国的官员学者60余人出席开幕式。

据了解，近年来中国和加拿大在高级公务员管理领域的交流合作不断加强。2007年，中组部与加拿大公务员委员会签署了合作谅解备忘录，双方的交流合作进入机制化轨道。此次为期两天的中加公务员考核评价研讨会，是落实双方合作机制的一个重要举措。

国家副主席习近平在人民大会堂会见瑞典外交大臣卡尔·比尔特

培育当代革命军人核心价值观研讨会在南京政治学院上海分院召开

经中央军委、总政领导批准，总政宣传部委托南京政治学院、南京军区空军政治部和南京军区某集团军联合举办培育当代革命军人核心价值观研讨会。

会上，来自全军部队、院校的70余位领导和理论工作者，深入学习领会胡主席有关重要论述，对大力培育当代革命军人核心价值观从理论与实践的结合上进行了深入探讨。

国家林业局青海省在北京举行三江源建国家生态保护综合试验区签字仪式

双方的合作主要包括四个领域：一是推进三江源自然保护区、青海湖流域、海西柴达木地区、祁连山水源涵养区等地区生态保护与建设。二是实施好退耕还林工程、三北防护林体系建设工程、天然林资源保护工程等林业重点生态工程。三是落实森林生态效益补偿政策，国家林业局将符合规定的未纳入补偿范围的重点公益林纳入兑现政策，并逐步提高补偿标准，支持建立三江源国家生态保护综合试验区。四是加强林业基础保障能力建设。

国内首款万亿次桌面超级计算机面世

《党和国家民族政策宣传教育提纲》发行

由中共中央宣传部、国家民族事务委员会联合发布的《党和国家民族政策宣传教育提纲》的蒙古文、藏文、维吾尔文、哈萨克文、朝鲜文、汉文六种文版单行本由民族出版社出版，即日起向全国公开发行。

3月3日

全国政协十一届二次会议在人民大会堂开幕

全国政协主席贾庆林，全国政协副主席王刚、廖晖、杜青林、帕巴拉·格列朗杰、白立忱、陈奎元、阿不来提·阿不都热西提、李兆焯、黄孟复、董建华、张梅颖、张榕明、钱运录、孙家正、李金华、郑万通、邓朴方、万钢、林文漪、厉无畏、罗富和、陈宗兴、王志珍在主席台前排就座。

党和国家领导人胡锦涛、吴邦国、温家宝、李长春、习近平、李克强、贺国强等在主席台就座，祝贺大会召开。

全国政协十一届二次会议应出席委员2235人，实到2160人，符合法定人数。

大会首先审议通过了政协第十一届全国委员会第二次会议议程。

贾庆林代表政协第十一届全国委员会常务委员会，向大会报告工作。

张榕明代表政协第十一届全国委员会常务委员会，向大会报告政协十一届一次会议以来的提案工作情况。

在主席台就座的领导同志还有：王乐泉、王兆国、王岐山、回良玉、刘淇、刘云山、刘延东、李源潮、汪洋、张高丽、张德江、俞正声、何勇、令计划、王沪宁、路甬祥、乌云其木格、韩启德、华建敏、陈至立、周铁农、李建国、司马义·铁力瓦尔地、蒋树声、陈昌智、严隽琪、桑国卫、梁光烈、马凯、孟建柱、戴秉国、王胜俊、曹建明等。

中共中央、国务院有关部门负责人应邀列席开幕大会。各国驻华使节应邀旁听开幕大会。

全国政协第十一届全国委员会第二次会议议程

（2009年3月3日政协第十一届全国委员会第二次会议通过）

一、听取和审议政协全国委员会常务委员会工作报告

二、听取和审议政协全国委员会常务委员会关于政协十一届一次会议以来提案工作情况的报告

三、列席第十一届全国人民代表大会第二次会议，听取并讨论政府工作报告及其他有关报告

四、审议通过政协第十一届全国委员会第二次会议政治决议

五、审议通过政协第十一届全国委员会第二次会议关于常务委员会工作报告的决议

六、审议通过政协第十一届全国委员会提案委员

会关于政协十一届二次会议提案审查情况的报告

全国政协主席贾庆林在全国政协十一届二次会议开幕式上作《中国人民政治协商会议全国委员会常务委员会工作报告》

各位委员：

我代表中国人民政治协商会议第十一届全国委员会常务委员会，向大会报告工作，请予审议。

一、2008年工作回顾

2008年，是党和国家事业发展进程中很不寻常、很不平凡的一年。以胡锦涛同志为总书记的中共中央团结带领全国各族人民，积极应对国际国内多方面严峻挑战，同心同德、顽强拼搏，成功抗击南方部分地区严重低温雨雪冰冻灾害和四川汶川特大地震灾害，成功举办北京奥运会、残奥会，成功完成"神舟"七号载人航天飞行任务，隆重纪念改革开放30周年，沉着应对国际金融危机冲击，社会主义经济建设、政治建设、文化建设、社会建设以及生态文明建设和党的建设取得新的显著成就。

2008年，也是十一届全国政协的开局之年。人民政协高举爱国主义、社会主义旗帜，牢牢把握团结和民主两大主题，坚持中国特色社会主义政治发展道路，充分发挥协调关系、汇聚力量、建言献策、服务大局的重要作用，与祖国和人民同呼吸、共命运，众志成城、共克时艰，经受了一场又一场重大考验和精神洗礼，为全面建设小康社会、加快推进社会主义现代化、促进祖国和平统一大业作出了重要贡献，实现了本届政协的良好开局。

（一）深入学习贯彻中共十七大精神，巩固团结合作的共同思想政治基础

学习贯彻中共十七大精神，是本届政协的首要政治任务，也是贯穿各项工作的一条主线。我们组织开展形式多样的学习贯彻活动，全面准确领会十七大提出的一系列新的战略思想和决策部署，增强了高举中国特色社会主义伟大旗帜、坚持中国特色社会主义道路、坚持中国特色社会主义理论体系的信心和决心，进一步明确了人民政协履行职能、发挥优势的着力点。我们按照中共中央的统一安排，结合政协实际，扎实推进深入学习实践科学发展观活动，认真学习领会毛泽东、邓小平、江泽民同志关于科学发展的重要思想，认真学习领会以胡锦涛同志为总书记的中共中央关于科学发展的一系列重要论述，进一步增强贯彻落实科学发展观的自觉性和坚定性，着力把科学发展观的要求贯穿于履行职能的各个领域和各个环节，加强制度建设，不断提高服务科学发展的能力和水平。

我们认真学习贯彻中共十七届二中全会关于发展社会主义民主政治的战略思想，推进履行职能的制度化、规范化、程序化，积极发挥人民政协在我国社会主义民主政治建设中的重要作用。尊重和保障各民主党派、工商联和无党派人士在人民政协中的民主权利，鼓励和支持他们通过政协全体会议、常委会议、专题协商会等议政平台，积极发表见解和主张。各民主党派中央、全国工商联提出提案226件，提交社情民意信息3966篇，都得到充分反映和重点办理。我们召开常委会议学习贯彻中共十七届三中全会精神，深刻认识新形势下推进农村改革发展的指导思想、目标任务、重大原则和战略部署，进一步明确了人民政协为推进农村改革发展服务的重点，积极为加强农村制度建设、发展现代农业、加快发展农村公共事业建言献策。认真学习胡锦涛同志在纪念党的十一届三中全会召开30周年大会上的重要讲话精神，举办纪念改革开放30周年活动，引导广大委员深刻认识改革开放的重大意义、伟大成就和宝贵经验，坚定不移地支持改革开放、推动人民政协事业实现新发展。

我们把学习贯彻中共十七大精神同加强人民政协的理论武装结合起来，大力推进思想理论建设。坚持常委会组成人员集体学习和在京委员学习报告会制度，围绕奥林匹克运动及其人文精神、"西藏问题"的历史由来和现状、当前台海局势、国内外经济走势分析等课题，举办学习讲座。加强对政协委员特别是新委员的学习培训，举办两期委员学习研讨班，573名委员参加学习培训，为完成届内全员培训的目标打下了坚实基础。推动人民政协理论研究逐步纳入马克思主义理论研究和建设工程、全国哲学社会科学发展规划，建立政协理论研究基地，召开以"社会主义民主政治建设与人民政协"为主题的座谈会，进一步推进人民政协的理论建设。

（二）紧紧围绕经济社会发展中的重大问题建言献策，促进党和政府科学民主依法决策

过去的一年，国际经济形势错综复杂，我国经济发展经受了严峻挑战。一年来，我们密切关注和追踪经济发展态势，先后组织有关专门委员会召开9次专题座谈会、协商会，研究分析国际经济环境的新变化和我国经济形势的新情况，针对经济发展的不同阶段，及时提出实施从紧货币政策应保持适当弹性，既要防止物价上涨过快又要防止经济出现大起大落，实行积极的财政政策和适度宽松的货币政策，应对国际金融危机应当多措并举、拉动内需、提升信心等建议，为党和政府适时调整宏观经济政策，发挥了积极作用。

我们围绕经济社会发展不同领域的重要问题积极议政建言。一年来，开展专题调研55项，组织常委、委员参加的视察、考察团13个，立案并交办提案4738件。

委员们就统筹城乡发展，推进国家粮食基地建设，推动国家重大科技专项实施，发挥高等院校在国家创新体系中的重要作用，制定和完善国家主体功能区规划，创新流动人口计划生育服务管理体制，建立三江源生态补偿机制实验区，加快辽宁沿海“五点一线”经济带建设，启动长吉图开发开放先导区建设，加快三峡物流中心建设，推进云南“兴边富民”工程实施，推进海南国际旅游岛建设等问题，提出了许多专项建议，为党和政府有关决策提供了重要参考。

我们始终高度关注事关人民群众切身利益的民生问题。着重就加快农村社会养老保险试点和农村卫生工作，建立国家基本药物制度，搞好地方病防治，发展职业教育，建立完善多元化纠纷解决机制，推进劳动合同法实施等问题进行调研，既反映了社情民意，又推动了一些重点难点问题的解决。

我们十分关注民族地区经济社会发展。重点围绕边境地区少数民族群众收听广播和收看电视，加强宗教活动场所管理，发挥宗教界人士和信教群众在促进经济社会发展中的积极作用等问题深入调研，为增进民族团结和宗教和睦发挥了作用。我们旗帜鲜明地支持党和政府依法处置西藏拉萨等地发生的打砸抢烧严重暴力犯罪事件，组织调研组赴西藏、青海、云南等地进行调研，就维护国家安全、维护西藏和其他藏区稳定提出意见建议。

(三)踊跃投身抗震救灾和灾后恢复重建，汇聚起万众一心、共克时艰的强大力量

2008年5月12日，四川汶川发生特大地震，山崩地裂，百姓蒙难，举世震惊。人民政协坚决贯彻执行中共中央关于抗震救灾的各项决策，积极行动起来，及时调整工作部署，在震后第一时间就把参与抗震救灾确定为最重要最紧迫的任务，全力以赴投身抗震救灾斗争。全国政协领导同志和各民主党派中央、全国工商联负责人、无党派代表人士及时赶赴灾区，慰问干部群众。各级政协组织、广大政协委员和政协机关干部心系灾区、情牵灾民，积极伸援手、献爱心、送温暖，为灾区人民捐款捐物近60亿元。全国各级政协委员紧急行动起来，以多种形式参与抗震救灾斗争。有的舍生忘死、勇往直前，争分夺秒抢救被困人员，想方设法安置受灾群众；有的组织救灾突击队，星夜兼程奔赴灾区，成为打开生命通道的重要力量；有的搭起“粥棚”，为灾区群众提供饮食服务；有的发挥自身专长，积极开展义诊、疫情防处、科技减灾、综合咨询等活动，解决灾区群众所需，赢得了人民群众的高度赞誉。

我们围绕抗震救灾和灾后恢复重建，召开主席会议进行专题协商，就《国家汶川地震灾后恢复重建总体规划》开展研究讨论，组织委员深入灾区调研视察，提出许多很有价值的意见和建议。其中将灾区恢复重建与城乡一体化综合改革相结合、加强灾后心理救援、完善应急机制等，引起国务院的高度重视。鼓励委员中的企业界人士到灾区兴办企业，开展文化、科技、卫生“三下乡”活动，积极宣传党和政府有关政策措施，协助维护灾区社会稳定，为恢复灾区生产生活秩序、加快重建步伐发挥了积极作用。

在这场伟大的抗震救灾斗争中，各级政协组织和广大政协委员与全国人民风雨同舟、患难与共，共同谱写了感天动地、气壮山河的英雄凯歌。

(四)热情支持和参与北京奥运会、残奥会，同海内外中华儿女共襄盛举

举办奥运会是中华民族的百年期盼，也是参加人民政协的各党派团体和各族各界人士的共同心愿。我们把成功举办一届有特色、高水平的奥运会、残奥会作为神圣使命，动员和组织广大政协委员积极主动支持奥运，全力以赴服务奥运。全国政协多位领导同志带队，对奥运设施建设、场馆运行、食品安全、环境改善等进行实地考察。举办“同心协力迎奥运”座谈会，围绕实现“绿色奥运、科技奥运、人文奥运”目标，为进一步做好奥运筹办工作，提出意见和建议。两会期间，举办专场记者招待会，邀请参与奥运筹办工作的政协委员，就社会各界共同关心的问题介绍情况，宣传北京奥运精神和理念。广大政协委员积极参加“迎奥运、讲文明、树新风”活动，以志愿者、组织者等身份服务奥运，做了大量卓有成效的工作。直接参与奥运筹备、组织和服务工作的政协委员们，恪尽职守、不辱使命，出色地完成了所承担的任务。我们积极鼓励和支持香港同胞、澳门同胞、台湾同胞和海外华侨华人捐资建设奥运场馆，挺身护卫北京奥运会火炬境外传递，在奥运史上留下了光辉的一页。

北京奥运会、残奥会的成功举办，是以胡锦涛同志为总书记的中共中央坚强领导、全党全军全国各族人民共同努力、国际社会支持参与的结果，其中也凝结了全国各级政协组织和广大政协委员的智慧和心血，体现了各党派团体和各族各界人士戮力同心、共创伟业的时代风采，彰显了统一战线和人民政协的强大凝聚力和感召力。

(五)广泛开展海外联谊工作，增进同港澳台侨同胞的大团结

人民政协是大团结大联合的象征，是密切海内外同胞关系的桥梁和纽带。我们积极宣传党和政府对香港、澳门的方针政策，加强与港澳政团、社团及代表人士的联系，发展壮大爱国爱港、爱国爱澳力量。及时向港澳委员通报国家方针政策、经济社会发展情况和政协工作情况，组织100多位港澳委员在中西部省份和

地震灾区进行视察、调研,增进港澳委员对内地经济社会发展情况的了解,进一步推进港澳与内地的密切合作。围绕港澳人士对内地改革开放的贡献开展专题调研,就进一步发挥港澳人士的作用提出建议。加强港澳文史资料工作,启动港澳知名人士音像史料、《香港与共和国同行》专题文史资料征集工作。召开地方政协港澳台侨工作研讨会,总结工作经验,探索工作规律,完善工作机制。

我们抓住台湾局势发生重大变化和两岸关系发展面临的难得历史机遇,积极加强同台湾岛内有关党派团体和各界人士的联系。组织赴台考察活动,邀请台湾嘉宾出席北京奥运会开幕式和闭幕式,邀请世界知名台商参观访问,接待台湾各类访问团 500 多人次,首次以“中国河洛文化研究会”名义赴台访问,拓宽了政协对台交流的渠道,推动了两岸人员往来和经济文化交流。

我们着眼凝聚侨心、汇聚侨智、发挥侨力、维护侨益,积极开展与海外侨胞的联谊工作。邀请侨胞代表列席政协全体会议,组织侨胞回国参观考察,举办“中国心·中华情”中美华人合唱音乐会,在海外华侨华人专家学者中就进一步扩大开放征集建议性意见,进一步增强了海外侨胞对祖国的了解,提高了他们参与祖国改革开放和现代化建设的积极性和主动性。

(六)不断扩大对外友好交往,努力营造良好的外部环境

人民政协的对外友好交往,是我国总体外交的重要组成部分。我们积极配合国家外交工作的总体部署,充分发挥自身优势,加强同世界各国有关机构和国际组织的友好往来,不断拓展人民政协对外交往的工作领域。继续推动以高层互访为重点的双边往来,巩固传统友谊,增进政治互信,扩大务实合作,促进人文交流。一年来,全国政协共组织 21 个团组,赴 33 个国家访问或出席国际会议,共接待来自 11 个国家、2 个区域性组织的 14 个代表团访华。在对外交往中,我们着力介绍我国现代化建设的巨大成就和国家的各项方针政策,促进国际社会对中国的了解;介绍中国共产党领导的多党合作和政治协商制度,促进全国政协同各国相关机构的交流,增进中国人民同世界各国人民的友谊。

我们以相关组织为平台,积极参与国际多边活动。中国经济社会理事会继续发挥在经济社会理事会和类似组织国际协会中的建设性作用,积极开展同各成员组织的务实交流合作,推动与欧盟经社委员会的圆桌会议机制取得新进展,围绕中欧贸易投资、企业社会责任、发展循环产业等召开两次会议,取得广泛共识。中国宗教界和平委员会出席亚洲宗教和平会议第七届大会,积极宣传我国宗教政策和宗教信仰自由的真实情况,妥善处理涉台、涉藏问题,维护了国家利益和尊严,树立了我国的良好形象。

各位委员!

过去一年全国政协工作取得的成绩和良好开局,是以胡锦涛同志为总书记的中共中央坚强领导的结果,是人民政协各参加单位、各级组织和广大政协委员团结奋斗的结果,是各级党委、政府和全社会大力支持的结果。在这里,我代表全国政协常委会,向大家表示衷心的感谢!

总结一年来的生动实践,我们深刻体会到,推进人民政协事业发展,必须把中国特色社会主义作为共同理想信念,积极引导各党派团体和各族各界人士,在中国特色社会主义伟大旗帜的指引下,心往一块想,智往一起聚,力往一处使,共同致力于实现全面建设小康社会的宏伟目标。必须把人民政协工作放在党和国家工作大局中谋划和开展,自觉与党和政府目标上同向,工作上合拍,行动上一致,在关键时刻顶得上去、帮得上忙、管得上用,为促进科学发展、保障改善民生、维护社会稳定作出积极贡献。必须把以人为本贯穿于履行职能的各个方面,始终以人民利益为重,以群众疾苦为念,多建顺民意的真言,多献遂民愿的良策,多办得民心的实事,切实做到人民政协为人民。必须把广泛团结作为攻坚克难的不竭动力,充分发挥人民政协代表性广和包容性强的优势,在应对挑战中增进共识,在共襄盛举中凝聚力量,巩固发展和衷共济、共同奋斗的生动局面。必须把发挥委员主体作用作为政协工作的重要基础,尊重委员首创精神,维护委员民主权利,用事业凝聚委员,用实践锻炼委员,用机制激励委员,真正使广大委员人尽其才、才尽其用、用尽其能。

我们也清醒地看到,与科学发展观的要求相比,与新形势下人民政协承担的任务相比,我们的工作中还存在一些亟待加强和改进的方面。主要是:履行职能的质量、实效和形式有待提高和完善,专门委员会和界别在政协工作中的基础性作用发挥不够充分,人民政协的制度化建设还需要进一步加强,等等。对这些问题,我们要认真研究,并在今后工作中切实加以改进。

二、2009 年工作部署

2009 年,是新中国成立 60 周年,是人民政协成立 60 周年,也是妥善应对国际金融危机冲击、推动党和国家事业实现新发展的关键一年。人民政协工作的总体思路是:全面贯彻中共十七大和十七届二中、三中全会精神,高举中国特色社会主义伟大旗帜,以邓小平理论和“三个代表”重要思想为指导,深入贯彻落实科学发展观,切实贯彻《中共中央关于加强人民政协工作的意见》,系统总结人民政协成立 60 年的宝贵经验,把保持经济平稳较快发展作为首要任务,把维护社会和

谐稳定作为重要责任，认真履行政治协商、民主监督、参政议政职能，坚定信心、迎难克艰，为继续全面建设小康社会、加快推进社会主义现代化凝聚强大力量，作出积极贡献。

(一)着力用科学发展观指导推动工作

科学发展观是我国经济社会发展的重要指导方针，也是人民政协服务科学发展、实现自身科学发展的强大思想武器。在新的历史起点上，我们要夺取全面建设小康社会新胜利，就必须用科学发展观武装头脑、指导实践、推动工作；在新的历史条件下，我们要开创人民政协事业新局面，同样必须用科学发展观审视过去、引领当前、筹划未来。要继续扎实开展深入学习实践科学发展观活动，进一步加深对科学发展观的科学内涵、精神实质、根本要求的认识，真正把科学发展观转化为人民政协服务科学发展的坚强信念、谋划科学发展的正确思路、促进科学发展的实际能力，自觉贯穿到履行职能、开展工作的全过程。要着眼于人民政协事业的科学发展，真正把思想认识从那些不符合科学发展要求的观念和做法中解放出来，着力研究解决履行职能中的重大理论和实践问题，构建有利于服务科学发展的体制机制，在促进科学发展中实现人民政协事业的新发展。

(二)着力推动经济平稳较快发展

保持经济平稳较快发展是今年经济工作的首要任务，也是人民政协履行职能、服务大局的主攻方向。要认真学习贯彻中共中央一系列决策部署，切实把思想和行动统一到中央精神上来，坚定信心、迎难而上，形成共渡难关、共促发展的强大合力。要密切关注国际金融危机的发展态势，深入跟踪国家促进经济增长政策措施的实际效果，抓住趋势性、苗头性问题，多做前瞻性、预见性研究。比如，如何实现投资较快增长，着力扩大消费，保持进出口贸易稳定；如何巩固和加强农业基础地位，发展现代农业，促进农民持续增收；如何深化重点领域和关键环节改革，扶持中小企业发展，实施积极的就业政策；如何促进产业结构优化升级，有效实施十大产业振兴规划，全面落实科技支撑措施；如何推进节能减排，应对气候变化，实现资源能源的合理开发与利用；如何推动区域协调发展，搞好扶贫开发，加快灾区恢复重建，以及积极筹办世博会，等等。要围绕这些问题，组织委员开展专题调研和视察，及时反映情况，提出对策建议。要选择“扩大国内需求，保持经济平稳较快发展”、“加快发展方式转变和结构调整，提高可持续发展能力”等问题，开展专题协商议政活动，为党和政府有效应对国际金融危机提供决策参考。

(三)着力促进民生改善与社会和谐稳定

为政之要首在利民，为治之道重在安民。面对复杂严峻的经济形势，千方百计解决好民生问题，促进社会和谐稳定，尤为重要。要始终重视民生、时刻关注民生，紧紧围绕劳动就业、社会保障、医疗卫生、教育文化、环境保护、生产和食品药品安全等热点难点问题议政建言，协助党和政府做好问政于民、问需于民、问计于民的工作，解决好关系群众切身利益的问题，努力使全体人民学有所教、劳有所得、病有所医、老有所养、住有所居。要鼓励政协委员中的非公有制经济人士积极承担社会责任，努力做到企业不裁员、不减薪、不欠薪，构建和谐劳动关系。要广辟信息来源，畅通信息渠道，及时反映社情民意，加强思想政治引导，做好协调关系、化解矛盾、理顺情绪的工作，维护改革发展稳定的大局。注重发挥民族、宗教界委员的独特作用，宣传和协助贯彻执行党和国家的民族、宗教政策，选择少数民族和民族地区经济社会发展的重大问题以及宗教工作中的突出问题深入调研，巩固和发展民族团结、宗教和睦的良好局面。

(四)着力加强同港澳台侨同胞的大团结大联合

实现中华民族伟大复兴，离不开香港、澳门长期繁荣稳定，离不开两岸关系和平发展，离不开海外侨胞广泛支持。要坚定不移地贯彻“一国两制”、“港人治港”、“澳人治澳”、高度自治的方针，拓宽与港澳各界人士的沟通渠道，密切与港澳委员的联系，完善发挥港澳委员作用的工作机制，支持港澳委员在香港、澳门社会政治事务中发挥积极作用。及时向港澳委员通报国家经济社会发展情况和政协常委会议精神，结合港澳委员关注的问题，组织好在内地的考察、视察活动，鼓励他们为国家发展、社会稳定献计出力。坚决贯彻中共中央关于对台工作的大政方针，认真学习宣传胡锦涛同志在纪念《告台湾同胞书》发表30周年座谈会上的重要讲话精神，牢牢把握两岸关系和平发展的主题，充分发挥人民政协的自身优势，不断扩大和深化两岸各领域交流合作与人员往来，就发展两岸关系进行深入研究并提出建议。要高举爱国主义旗帜，广泛团结海外侨胞，密切与归侨侨眷的联系，继续组织侨胞代表回国参观考察，支持海外留学人员回国工作、回国创业或为国服务。

(五)着力拓展人民政协的对外友好交往

开展人民政协的对外友好交往，对于加强我国与世界各国的交流合作具有重要意义。我们要高举和平、发展、合作的旗帜，有计划、有重点、多层次、多领域地开展对外交流活动，有针对性地做好各专门委员会的对外交流。继续支持中国经社理事会开展友好交往活动，切实做好“21世纪论坛”2010年会议的筹备工作。加强中国宗教界和平委员会与世界宗教和平组织的联系与交往，广泛宣传我国宗教信仰自由政策和宗教信仰自由状况。进一步做好对外宣传工作，增进国际社会对我国政治制度和政党制度的了解和理解。

（六）着力加强人民政协的自身建设

自身建设的力度和成效，决定着履行职能的质量和水平。要加强中国共产党同民主党派和无党派人士的合作共事，建立、健全民主党派和无党派人士在人民政协履行职能的工作机制，组织他们围绕国家重大方针政策开展协商议政，发挥民主监督作用。突出界别特色，创新活动方式，完善工作制度，推动委员广泛联系本界别群众，了解和反映社会不同阶层的愿望和要求。加强委员队伍建设，重视思想政治工作，组织委员全员学习培训，办好有利于委员知情明政的报告会、情况通报会，建立委员履职情况的统计制度。加强专委会的工作和建设，适时召开专委会工作座谈会，总结经验，规范程序，提高工作实效。密切同地方政协的联系，交流经验，研究问题，推动工作。加强政协机关建设，完善体制机制，努力创建"学习型、服务型、创新型、和谐型"政协机关，促进机关工作协调统一、规范有序、灵活高效运转，为履行职能、开展工作提供有力保障。

2009年，我们将按照中共中央的统一部署和安排，协助组织好庆祝新中国成立60周年和人民政协成立60周年活动。通过举办纪念会、座谈会、研讨会等活动，热情讴歌社会主义新中国翻天覆地的巨大变化，全面回顾人民政协同共和国同经风雨、共铸辉煌的伟大历程，认真总结坚持和完善中国共产党领导的多党合作和政治协商制度的宝贵经验，进一步探索新形势下人民政协工作的特点和规律，在中国特色社会主义政治发展道路上把人民政协事业不断推向前进。

各位委员！

改革发展的责任和使命，激发我们的智慧和力量；前进征途的风险和挑战，考验我们的信心和勇气。让我们紧密团结在以胡锦涛同志为总书记的中共中央周围，高举中国特色社会主义伟大旗帜，以邓小平理论和"三个代表"重要思想为指导，深入贯彻落实科学发展观，团结海内和海外的一切积极力量，调动直接和间接的一切积极因素，携手同心，开拓奋进，夺取全面建设小康社会新胜利，共同谱写中华民族伟大复兴新篇章！

全国政协副主席张榕明在全国政协十一届二次会议上作《中国人民政治协商会议全国委员会常务委员会关于政协十一届一次会议以来提案工作情况的报告》

各位委员：

我代表中国人民政治协商会议全国委员会常务委员会，向大会报告政协十一届一次会议以来的提案工作，请予审议。

一

政协十一届一次会议以来，政协委员、政协各参加单位、政协各专门委员会，在中共十七大精神的指引下，高举中国特色社会主义伟大旗帜，深入贯彻落实科学发展观，面对复杂多变的国际国内形势，紧紧围绕党和国家的中心工作，结合经济社会发展中的重大问题以及难点、热点问题，积极通过提案建言献策。一年来，共提交提案5056件，其中，大会提案4772件，平时提案284件。经审查，立案4738件，其中，委员提案4452件，八个民主党派中央和全国工商联提案226件，政协专门委员会提案5件，有关人民团体提案4件，界别、小组提案51件。总体来看，提案内容丰富，反映情况真实，研究分析深入，所提建议有较强的针对性和建设性，体现出政协特色和时代气息。提案经153个承办单位办理，产生了明显成效，为推动科学发展、促进社会和谐作出了重要贡献。

在经济建设方面，围绕加强和改善宏观调控、推动区域经济社会协调发展、控制物价上涨、保持经济平稳较快增长、促进农业农村发展、增加农民收入、推进财税体制改革、加快保障性住房建设、应对国际金融危机等问题，委员们纷纷建言，一些提案的建议已体现在国家有关政策和工作中。如：针对完善农村金融体系的提案，中国人民银行会同中国银监会出台了《关于村镇银行、贷款公司、农村资金互助组、农村小额贷款组织有关金融政策的通知》和《关于小额贷款公司试点的指导意见》。结合有关完善证券交易印花税政策的提案，财政部报经国务院批准，将印花税改为单边征收。结合建立政策性农业保险制度的提案，中国保监会积极开展试点工作，起草了《政策性农业保险条例（草案）》。针对加强国家储备粮监管的提案，国家粮食局提出了加强粮食库存监管的措施意见。针对支持煤矿棚户区改造和廉租住房建设的提案，国家发改委把加快建设保障性安居工程作为进一步扩大内需促进经济增长的十项措施之一，通过增加相关投资，逐步改善低收入群体居住条件。

在政治建设方面，围绕推进社会主义民主政治建设、深化司法体制改革、加强民族宗教工作、贯彻落实"一国两制"方针和侨务政策、促进祖国和平统一等问题，委员们提出了许多意见建议，承办单位认真研究吸纳。如：根据对造成重大信访事件单位（主要领导）问责提案的建议，中央纪委会同有关单位制定印发了《关于违反信访工作纪律处分暂行规定》等文件。针对建立中国特色判例制度的提案，最高人民法院起草了《关于加强和完善案例指导制度的意见（稿）》。针对在第六次全国人口普查中增加侨情项目的提案，国家统计局在试点工作中予以吸纳。针对适度批准非福建籍大陆居民“金马澎”游的提案，国务院台办等部门把有关建议列入大陆方面便利两岸同胞交往五项新政策措施的内容。针对利用奥运契机加强与台湾青少年交流的提案，奥组委等部门通过组织台湾青少年参与志愿者工作、来京观看比赛等方式，增进他们的民族自豪感和对祖国大陆的认同感。

在文化建设方面，围绕教育、科技、文化体制改革以及文化产业发展等方面的问题，委员们从不同角度提出建议，为有关部门决策提供了参考。如：针对解决高校贷款问题、促进城乡师资均衡发展、完善民办教育法制体系等提案，教育部会同有关部门正在积极进行相关政策措施的研究。针对建立知识产权法律援助机制的提案，国家知识产权局制定了有关工作指导意见，批准设立了44家知识产权维权援助中心。关于发展我国动漫产业的提案，文化部在相关重点工作、计划安排中予以吸纳。

在社会建设方面，对灾后恢复重建、深化医药卫生体制改革、食品安全、就业、社会保障等诸多民生问题，委员们格外关注，相关提案受到了党和政府的高度重视，促进了一些重点、难点问题的解决。如：针对2008年我国出现的特大灾害，委员们在灾害防范、应急救助、灾后恢复重建等方面，提出了近百件提案，有关部门十分重视，采取一系列措施推进相关工作。根据有关促进就业、完善城镇居民医疗保险、建立新型农村养老保险制度的提案，人力资源和社会保障部会同有关部门研究提出了多项意见措施。关于加强对湖北省四湖流域实施血吸虫病防治综合治理的提案，全国政协作为重点提案组织实地调研，贾庆林主席和两位副总理分别对调研报告作出批示，湖北省政府、卫生部、农业部等启动了省部联合防治行动，进一步增加经费投入，加快工作进程。针对依法促进我国无障碍建设的提案，住房和城乡建设部、中国残联等有关部门共同启动了《无障碍建设条例》制定工作，并已申报国务院立法计划项目。

在生态文明建设方面，委员们就生态建设、环境保护、节能减排、发展可再生能源、建设节约型社会等方面提出的提案，为国家有关部门制定和完善相关政策措施开阔了思路。如：关于加强我国农村环境污染防治和建立生态补偿机制的若干建议，环境保护部积极予以采纳。关于大小兴安岭生态建设和保护的提案，国家林业局等进行了重点办理，积极推动相关工作。关于政府机构节能的提案，经国务院机关事务管理局认真办理，提案建议已体现在《公共机构节能条例》中。

中共中央、国务院高度重视政协提案，有关领导同志批示30多次。各承办单位结合深入学习实践科学发展观活动，在形势变化快，工作任务重的情况下，统筹兼顾，推动提案办理工作取得了新进展。如：住房和城乡建设部、交通运输部、铁道部等，收到有关救灾赈灾的紧急提案后，建立提案办理应急程序，急事急办，取得了良好效果。公安部、北京市政府等，健全了领导逐级负责制，主要负责同志亲自部署办理工作、督办重点提案、审改办理复文。安监总局、国务院法制办等，通过多种方式与每一位提案者沟通联系，加强协商。卫生部、全国人大法工委等，主要负责同志亲自带队走访民主党派中央，听取意见建议。科技部、水利部等，积极邀请有关部门和提案者进行实地调研，推动重点提案办理落实。

截至2009年2月20日，99.03%的提案已经办复。从整体办理情况看，已经解决或采纳的占19.74%，列入计划拟解决或拟采纳的占68.46%。对一些前瞻性较强的提案，承办单位深入研究，积极推进办理工作。对一些难以采纳落实的提案，承办单位实事求是地向提案者说明了情况。为使委员们更多地了解办理情况，本报告选择了六个单位2008年办理政协提案工作概况作为附件，供参阅。

二

一年来，常委会深入贯彻落实科学发展观，按照“围绕中心、服务大局、提高质量、讲求实效”的提案工作方针，切实加强和改进提案工作，使十一届政协的提案工作实现了良好开局。

（一）健全办理机制，着力增强办理实效。在提案数量持续增加的情况下，坚持分层办理机制，推动整体办理质量的提高。一是加强重点提案促办工作。一年来，围绕劳动合同法贯彻实施情况、加快发展内河航运、新农村文化建设等方面的提案，组织开展重点调研5次。中央领导同志对4个调研报告作了批示。围绕促进我国农村信息化服务发展、大力发展县域经济促进城乡协调发展等方面的提案，召开办理协商会10次。二是加强《重要提案摘报》报送工作。一年来共报送59期，中央领导同志对其中“建立、健全我国农业风险管理机制”、“环渤海区域经济与生态环境协调发展”等20期作了批示。三是推动承办单位与提案者加强沟通协商。通过组织走访、座谈等方式，进一步提高承办单位对提案办理工作重要性的认识，引导提案者全面看待办理成效，增进理解和共识。

（二）加强知情服务，努力提高提案质量。为拓宽委员知情明政渠道，进一步增强提案的针对性，夯实提案工作基础，采取了一系列举措。如：向国家有关部委征集工作重点、难点，据此整理出提案选题参考题目，连同优秀提案及办理复文选、提案检索光盘等发送全体委员。邀请国家有关部委在政协大会前夕向委员们通报工作重点和难点。定期召开各民主党派中央和全国工商联提案工作会议，加强沟通协调，充分发挥民主党派和工商联高质量提案的示范带动作用。

（三）广泛交流宣传，不断提升工作水平。以纪念改革开放30周年为契机，全面总结交流提案工作经验，宣传提案作用。组织召开政协委员、党派团体、承办单位等不同范围的提案工作会议，及时通报情况，研讨问题，总结经验。通过“走出去”、“请进来”等方式，以及《提案工作通讯》等渠道，与地方政协、承办单位等加强联系交流。通过邀请新闻媒体参加有关活动、召开通气会、增加公开提案全文数量等办法，进一步扩大提案工作的社会影响。

三

提案工作在取得进展的同时，也存在一些有待深入研究解决的问题。如何进一步提高提案质量和办理成效，如何加强平时提案工作，如何更好地发挥政协专委会和界别在提案工作中的作用等，都要求我们结合实际，统筹谋划，不断改进和提高。新的一年里，常委会将按照科学发展观的要求，把解决当前突出问题与建立长效机制紧密结合起来，继续发扬改革创新精神，扎实有序地推进提案工作：

——狠抓提案质量。进一步强化质量意识，既注重提案数量，更注重提案质量。进一步规范提案审查程序，严把提案质量关。加大公开提案全文的力度，使提案工作既扩大社会影响，又接受社会监督。

——注重平时提案。加强平时提案的征集和办理工作。视情将政协会议发言、调研报告等转化为提案。

——增强办理实效。加强重点提案办理工作，加大提案跟踪办理、督促办理力度，推动承办单位之间、承办单位与提案者之间的沟通协商，促进提案的采纳和落实。探索改进提案答复办法，探索改进提案者对办理情况的反馈办法，提高办理效率和质量。

——完善工作机制。加强组织领导，充分发挥政协专委会及相关界别的作用，促进提案工作与委员视察、专题调研、大会发言、反映社情民意等工作的有机结合，增强提案工作合力，切实体现提案工作的全局性，进一步健全提案工作的长效机制。

——加强制度建设。适时修改提案工作条例，研究完善提案质量评价标准、重点提案筛选和办理程序等规定，促进提案工作的制度化、规范化、程序化。完善提案管理系统，逐步实现网上查询、提交、交办、办复提案，不断提高办公自动化水平。

各位委员：

在发展中国特色社会主义的伟大进程中，人民政协事业前景广阔，人民政协提案工作大有可为。让我们在以胡锦涛同志为总书记的中共中央的坚强领导下，围绕中心，服务大局，充分运用提案这一人民政协履行职能最广泛、最直接、最有效的方式，多建有据之言，多献务实之策，为促进人民政协事业的新发展，为夺取全面建设小康社会的新胜利，作出更大贡献！

《人民日报》发表社论《风雨同舟昌国运　和衷共济谱新篇》

肩负着时代赋予的使命，今天，来自各党派团体、各族各界的全国政协委员齐聚北京，出席全国政协十一届二次会议。我们对大会的召开表示热烈的祝贺！

2009年是新中国成立60周年，也是人民政协成立和中国共产党领导的多党合作和政治协商制度确立60周年。60年来，人民政协伴随共和国一起成长进步，为国家富强、人民幸福、祖国统一作出了巨大贡献，取得了光辉业绩。抚今追昔，畅想未来，令人心潮澎湃。

刚刚过去的2008年，是党和国家事业发展进程中很不平凡的一年。全国各族人民在以胡锦涛同志为总书记的中共中央领导下，积极应对国际国内各方面的严峻挑战，社会主义经济建设、政治建设、文化建设、社会建设以及生态文明建设和党的建设取得新的显著成就。

在这不同寻常的一年里，人民政协始终与祖国和人民同呼吸、共命运，围绕经济社会发展的重大问题建言献策，为抗震救灾和灾后重建贡献智慧和力量，热情参与和支持北京奥运会、残奥会，举办纪念改革开放30周年活动，广泛开展港澳台侨人士团结联谊工作，积极开展对外友好交往，充分发挥协调关系、汇聚力量、建言献策、服务大局的重要作用，与全国人民一道经受考验，共克时艰，共襄盛举，以卓有成效的工作，实现了本届政协的良好开局。

风雨同舟、和衷共济是人民政协的光荣传统。60年来，作为中国人民爱国统一战线的组织、中国共产党领导的多党合作和政治协商的重要机构、我国政治生活中发扬社会主义民主的重要形式，人民政协牢牢把握团结和民主两大主题，充分履行政治协商、民主监督、参政议政职能，在国家政治生活和社会生活中发挥着越来越重要的作用。实践充分证明，中国共产党领导的多党合作和政治协商制度是适合我国国情、具有中国特色的一项基本政治制度。我们一定要全面总结人民政协60年的宝贵经验，把最广泛的爱国统一战线巩固好、发展好，把中国共产党领导的多党合作和政治协商制度坚持好、完善好，把人民政协的独特优势运用好、发挥好，不断为党和国家事业发展凝聚人心、增添力量。

今年是应对国际国内环境重大挑战、推动党和国家事业实现新发展的关键一年。我国改革发展的新形势,对人民政协工作提出了新要求;在前进道路上迎难克艰的新任务,为政协委员提供了贡献才智的新机遇。人民政协要紧紧围绕党和国家的中心工作,充分发挥人才荟萃、智力密集的特点和优势,深入学习实践科学发展观,把保持经济平稳较快发展作为履行职能的首要任务,把促进社会和谐稳定作为义不容辞的责任,把人民政协各党派团体和各族各界人士的思想和行动统一到中共中央的决策部署上来,为战胜各种挑战,奋力渡过难关,开创中国特色社会主义事业新局面作出应有的贡献。

风雨同舟昌国运,和衷共济谱新篇。60年来,各民主党派和无党派人士同中国共产党肝胆相照、荣辱与共;60年来,中国共产党领导的多党合作和政治协商制度不断巩固、日益完善。今天,机遇和挑战考验着我们,事业和使命召唤着我们。让我们紧密团结在以胡锦涛同志为总书记的中共中央周围,在中国特色社会主义政治发展道路上把人民政协事业不断推向前进,坚定信心,同心同德,锐意进取,埋头苦干,为夺取全面建设小康社会新胜利、谱写人民美好生活新篇章而继续奋斗。

预祝大会圆满成功。

由共青团中央建立的第二批2131个"青年就业创业见习基地"向社会公布

商务部强烈反对加拿大对中国铝挤压材倾销和补贴终裁

《人民日报》报道,加拿大边境服务署近日对铝挤压材反倾销反补贴案作出终裁,认为中国铝挤压材行业不属于市场导向行业,并裁定了高额反倾销税和反补贴税。中国商务部新闻发言人姚坚表示,中国政府和产业界对此裁定表示强烈反对。

姚坚指出,中国铝挤压材行业是以民营企业为主体,竞争激烈的行业,其产品价格的形成完全是市场竞争的结果。加方关于该行业不属于市场导向行业的认定是完全错误的。其次,加方在使用替代数据计算倾销幅度的同时,又征收反补贴税,明显存在WTO规则和加国内法所不允许的重复计算问题。加方在调查程序上也存在诸多错误,严重侵害了中国政府和企业的合法权益。

中国参展企业知识产权服务站在德国汉诺威信息及通信技术博览会上正式启动

这是中国商务部首次在海外展会上设立官方服务站,旨在为中国参展企业的知识产权侵权纠纷提供咨询和调解服务。该服务站邀请多位中欧法律界专业人士,现场为需要帮助的中国参展商提供免费服务,积极解决参展的中欧企业间可能出现的专利、商标以及外观设计等方面的侵权纠纷。

3月4日

党和国家领导人分别看望出席全国政协十一届二次会议委员并参加讨论共商国是

4日上午,贾庆林参加了宗教界委员小组会。在听取学诚、黄信阳、陈广元等委员的发言后,贾庆林指出,过去一年,广大宗教界政协委员认真贯彻中共中央的各项决策部署,怀爱国爱教之心,尽利国利民之力,做了大量卓有成效的工作。贾庆林强调,2009年是党和国家事业发展进程中十分关键的一年,宗教界政协委员要全面贯彻党的宗教工作基本方针,坚持正确的政治方向,坚决维护国家的根本利益,引导宗教界人士和广大信教群众紧密团结在党和政府周围,共同促进经济平稳较快发展与社会和谐稳定。一是贯彻中央决策部署,积极为促进经济平稳较快发展建言献策,协助党和政府解决好宗教教职人员和信教群众工作和生活中遇到的困难,鼓励和支持他们积极发展生产、改善生活、勤劳致富。二是努力巩固和谐宗教关系,不断探索宗教与社会主义社会相适应的新的有效途径,切实维护祖国统一、民族团结、社会安定,推动宗教与社会和谐相处,各宗教和谐相处,信教群众和不信教群众、信仰不同宗教群众和谐相处。三是认真落实《宗教事务条例》,加强宗教团体自身建设,抓好宗教人才培养,切实把那些政治上靠得住、宗教造诣高、道德人品好并具有广泛群众基础的中青年教职人员,充实到各级爱国宗教团体中去,不断增强内部凝聚力和在信教群众中的影响力。

4日下午,胡锦涛参加了民盟、民进界委员联组会。会上,吴正德、史贻云、潘贵玉、梁晓声等12位委员先后发言。在听取委员们发言后,胡锦涛就确保粮食安全、加强农村教育、发展新能源汽车等话题同大家交流看法,并作了重要讲话。他指出,今年是新中国成立60周年,是应对国际金融危机冲击、保持我国经济平稳较快发展的关键一年。切实做好保增长、保民生、保稳定各项工作,对于维护改革发展稳定大局,推进全面建设小康社会进程,具有十分重要的意义。全国各党派、各团体、各民族、各阶层、各界人士要把思想和行动统一到中央对经济形势的分析判断上来、统一到中央的决策部署上来,发扬伟大民族精神,坚定信心、同心同德,迎难而上、共克时艰。胡锦涛希望各民主党派、工商联和无党派人士紧紧围绕党和国家工作大局,为完成保持经济平稳较快发展的首要任务作出新贡献；紧紧围绕深入实施科教兴国战略，为推进建设创新型国家进程作出新贡献；紧紧围绕推动社会主义文化大发展大繁荣，为提高全民族思想道德素质和科学文化素质作出新贡献。胡锦涛强调，中国共产党领导的多党合作和政治协商制度确立60年来的实践充分证明，坚持和完善这一制度，符合全国各族人民的根本利益，体现了社会主义民主政治的本质要求。要在深入总结这一制度60年来伟大实践和宝贵经验的基础上，进一步把各民主党派参政议政、民主监督职能履行好、发挥好，进一步把中国共产党领导的多党合作和政治协商制度巩固好、发展好。贾庆林参加了看望和讨论。

4日下午，吴邦国参加了中共界委员联组会。吴邦国认真听取王国发、蒋以任、王巨禄等委员发言后发表了意见，希望委员们积极履行政治协商、民主监督、参政议政职能，不断提高建言献策水平，继续为改革开放和社会主义现代化建设贡献智慧和力量。他强调：一要增强大局观念。在当前国际金融危机尚未见底，对实体经济影响进一步加深的情况下，大家一方面要坚定发展信心，积极为国家经济社会发展建言献策；另一方面要充分发挥共产党员模范带头作用，坚持讲大局、议大事，提倡重实际、求实效，把思想和行动统一到中央对形势的分析判断和对工作的决策部署上来。二要增强群众观念。越是在困难的时候，越是要高度关注民生。希望大家围绕扩大就业再就业、办好人民满意的教育、改进医疗卫生服务、深化社会体制改革等民生问题，深入开展调查研究，充分反映社情民意，积极提出意见建议，努力推动和谐社会建设。三要增强政治观念。我国实行的中国共产党领导的多党合作和政治协商制度，充分体现了合作、参与、协商的特点，深刻蕴含着团结、民主、和谐的精神。大家要增强政治敏锐性和政治鉴别力，在重大原则问题上保持清醒头脑，以实际行动把中国共产党领导的多党合作和政治协商制度坚持好、完善好、发展好。

4日下午，温家宝参加了经济、农业界委员联组会。马蔚华、王建宙、瞿振元等分别就扩大内需、经济转型、"三农"工作等提出意见和建议。温家宝边听边记，一一回应。他说，广泛听取各方面意见，进行科学民主决策，是我们正确决策的前提。正确的决策来自对形势的正确判断，正确判断形势必须掌握第一手资料。越是困难的时候，越要集思广益，越要听取基层、地方、企业和专家学者的意见。政协经济界和农业界集中了一批经济专家、领导干部和企业家，大家了解实际情况，对当前经济形势有深切认识。希望大家积极建言献策，为政府决策发挥建设性的作用。当前我们面临的最大困难是国际金融危机的冲击。应对金融危机必须有大规模的政府投入，同时要重视引导社会资金、民间资金投入；必须加强政府的宏观调控，同时要充分发挥市场机制的作用；必须及时果断决策，同时要依法按程序办事。政府的每一项重大投资计划都必须科学论证，都要让人民知道，给人民讲清楚，让人民来监督。总的看，我国经济的基本面和长期发展趋势没有改变，中央出台的一系列扩大内需、促进经济增长的政策措施正在发挥作用，经济运行中出现一些好的迹象。但我们要保持清醒头脑，增强忧患意识，宁可把形势估计得严峻一些，把困难考虑得充分一些，做好应对更大困难的长期思想准备。在困难面前，精神的消沉比经济的萧条更可怕。我们相信，通过振奋精神、开动脑筋、沉着应对和坚忍不拔的努力，我们完全有可能从困难中走上光明之路。

4日下午，李长春参加了社科、新闻出版界委员联组会。李长春认真听取宋林飞、马胜荣、张倩红等委员发言后，同大家一起讨论。他说，哲学社会科学和新闻出版工作是社会主义文化建设的重要载体和阵地，在宣传科学理论、传播先进文化、塑造美好心灵、弘扬社会正气、提高国家文化软实力等方面具有十分重要的作用。李长春希望社科界和新闻出版界委员认真贯彻落实中共十七大和十七届三中全会精神，坚持高举旗帜、围绕大局、服务人民、改革创新，多做统一思想、坚定信心的工作，多做解疑释惑、化解矛盾的工作，不断巩固全党全国各族人民团结奋斗的共同思想基础。要大力建设社会主义核心价值体系，积极探索用社会主义核心价值体系引领社会思潮的有效途径，推动全社会形成统一的指导思想、共同的理想信念、强大的精神力量和基本的道德规范。要紧紧围绕保增长、保民生、保稳定，加强对改革开放和社会主义现代化建设实际问题的研究，做好新闻宣传和热点引导工作，努力回答干部群众关心的重大理论和现实问题，积极为党和国家工作建言献策。李长春说，今年是新中国成立60周年，广大哲学社会科学和新闻出版工作者要充分发挥积极性、主动性，运用各种生动有效的形式，广泛开展爱国主义教育、理想信念教育、改革开放教育，引导干部群众进一步增强坚持中国共产党领导、走中国特色社会主义道路、实现中华民族伟大复兴的信念和信心。

4日下午，习近平参加了港澳地区全国政协委员联组会。在听取方方、梁华、杨钊等委员的发言后，习近平说，来参加政协联组讨论，一是代表中共中央看望大家；二是认真听取大家意见和建议；三是同大家共商同舟共济应对国际金融危机冲击的大计。习近平说，过去一年，面对国际金融危机冲击，香港、澳门两个特别行政区政府着力稳定金融、扶助企业，增加就业、纾缓民困，保持了香港、澳门大局稳定和人心安定。习近平强调,当前和今后一个时期,港澳地区的首要任务是在应对国际金融危机挑战中保持繁荣稳定。他希望港澳地区全国政协委员运用各自知识、智慧和经验,积极为应对国际金融危机挑战建言献策,继续为保持港澳繁荣稳定建功立业,同时为全国保增长、保民生、保稳定多做贡献。要增强信心、迎难而上,充分发挥优势,释放创造活力,挖掘各种潜力,全力战胜这场危机的挑战;要坚持识大体、顾大局,在同舟共济上形成最大共识,取得应对和战胜这场危机的最佳效果;要谋划长远、化危为机,从反思这场危机的教训中,找准影响港澳发展的深层次矛盾和问题,进一步理清和完善发展思路。习近平表示相信,有伟大祖国作坚强后盾,依靠特别行政区政府和社会各界顽强拼搏,香港、澳门一定能够战胜这场国际金融危机的挑战,一定能够保持长期繁荣稳定。

4日下午,李克强参加了教育界委员联组会。会上,朱清时、程天权、葛剑雄等委员就培养创新人才、提升国家文化软实力、制定国家中长期教育改革和发展规划等问题发言,李克强边听边记,并与大家互动讨论。他说,教育在我国社会主义现代化建设中处于战略性、全局性和基础性、先导性地位,实现经济社会发展目标,必须充分发挥人力资源的支撑作用,增强创新能力和国际竞争力,促进经济社会又好又快发展。李克强强调,要切实把教育放在优先发展的战略地位,从规划上重点安排、投入上加大力度、政策上加强支持、工作上狠抓落实,完善公共服务,加强薄弱环节,着力提高教育事业发展水平和质量,为现代化建设提供人才保障和智力支持。李克强指出,教育是加强社会建设的重点领域,也是支持经济发展的重要方面。发展教育事业,既有利于保障和改善民生,促进人的全面发展,又有利于扩大投资和消费,促进产业升级、结构调整和自主创新。要立足当前,着眼长远,围绕应对国际金融危机、保持经济平稳较快发展的首要任务,继续完善现代国民教育体系,不断提高全民受教育程度和创新人才培养水平,努力把人口多的压力转化为人力资源的优势,把我国建成人力资源强国。

4日下午,贺国强参加了民建、工商联界委员联组会。在认真听取冯军、李仁、黄泽民等委员的发言后,贺国强高度评价了民建、工商联在国家政治生活和经济社会发展中的重要作用。他指出,在当前严峻经济形势面前,要统一思想、坚定信心,迎难而上、扎实工作,更加自觉、更加坚定地深入贯彻落实科学发展观,坚决贯彻执行中央的决策部署,把保持经济平稳较快发展作为经济工作的首要任务,确保实现今年经济发展目标。广大非公有制企业要主动适应市场变化、努力转变发展方式、积极承担社会责任,为推动经济社会又好又快发展作出应有贡献。各级党委、政府要继续采取有效措施,鼓励、支持和引导非公有制经济健康发展。贺国强还介绍了当前的反腐倡廉工作情况,强调要认真学习贯彻胡锦涛同志在十七届中央纪委三次全会上的重要讲话精神,切实加强领导干部党性修养和作风建设,加强对中央推动科学发展重大决策部署落实情况的监督检查,以完善惩治和预防腐败体系为重点,坚决查处一批大案要案,严肃纠正一批损害群众利益的不正之风,认真解决一批涉及领导干部廉洁自律的突出问题,抓紧制定一批法规制度,扎实推进一批改革措施,整体推进反腐倡廉建设,为改革发展稳定提供坚强保证。贺国强希望各民主党派、工商联和无党派人士一如既往地关心支持反腐倡廉工作,为推进党风廉政建设和反腐败斗争贡献力量。

王刚、蒋树声、陈昌智、严隽琪、廖晖、杜青林、帕巴拉·格列朗杰、白立忱、陈奎元、阿不来提·阿不都热西提、李兆焯、黄孟复、董建华、张梅颖、张榕明、钱运录、孙家正、李金华、郑万通、邓朴方、万钢、林文漪、厉无畏、罗富和、陈宗兴、王志珍等分别参加了以上各组的讨论。

十一届全国人大二次会议在人民大会堂举行预备会议

全国人大常委会委员长吴邦国主持会议,他宣布:十一届全国人大二次会议于3月5日召开,会议的各项准备工作目前已经全部就绪。

吴邦国在讲话中指出,十一届全国人大二次会议的指导思想是:全面贯彻党的十七大、十七届三中全会和中央经济工作会议精神,高举中国特色社会主义伟大旗帜,以邓小平理论和"三个代表"重要思想为指导,深入贯彻落实科学发展观,认真履行宪法和法律赋予全国人大的职权,以对人民高度负责的态度,完成好大会的各项任务,开成一个民主、团结、求实、奋进的大会,动员全国各族人民在以胡锦涛同志为总书记的党中央领导下,团结一致、坚定信心、克服困难、开拓进取,为促进经济社会又好又快发展、夺取全面建设小康社会新胜利而奋斗。

十一届全国人大代表共2985人。截至3月3日,已经报到的代表2968人。出席预备会议的代表2793人,符合法定人数。

预备会议经表决,选举产生了十一届全国人大二次会议主席团和秘书长,通过了十一届全国人大二次会议议程。大会主席团由171人组成,王兆国为大会秘书长。

根据表决通过的会议议程,十一届全国人大二次会议将听取和审议政府工作报告;审查和批准2008年国民经济和社会发展计划执行情况与2009年国民经济和社会发展计划草案的报告,批准2009年国民经济和社会发展计划;审查和批准2008年中央和地方预算执行情况与2009年中央和地方预算草案的报告,批准2009年中央预算;听取和审议全国人大常委会工作报告;听取和审议最高人民法院工作报告;听取和审议最高人民检察院工作报告。

全国人大常委会副委员长王兆国、路甬祥、乌云其木格、韩启德、华建敏、陈至立、周铁农、李建国、司马义·铁力瓦尔地、蒋树声、陈昌智、严隽琪、桑国卫出席会议。

十一届全国人大二次会议主席团在人民大会堂举行第一次会议

全国人大常委会委员长吴邦国主持会议。

出席会议的162名主席团成员首先推选了十一届全国人大二次会议主席团常务主席。主席团常务主席由十一届全国人大常委会委员长、副委员长、秘书长担任。

会议通过了十一届全国人大二次会议日程。根据会议日程,这次大会定于3月5日上午开幕,3月13日上午闭幕,会期8天半。

根据全国人大议事规则的规定,主席团第一次会议推选主席团成员若干人分别担任每次大会全体会议的执行主席。经过表决,会议推选了大会全体会议执行主席。会议经过表决,决定李建国、王万宾、李肇星、赵胜轩、尤权为大会副秘书长。李肇星兼任大会发言人。

会议经表决,决定了十一届全国人大二次会议表决议案办法。会议决定,代表提出议案的截止时间为3月9日18时。

第十一届全国人民代表大会第二次会议议程

(2009年3月4日第十一届全国人民代表大会第二次会议预备会议通过)

一、听取和审议国务院总理温家宝关于政府工作的报告

二、审查和批准2008年国民经济和社会发展计划执行情况与2009年国民经济和社会发展计划草案的报告

批准2009年国民经济和社会发展计划

三、审查和批准2008年中央和地方预算执行情况与2009年中央和地方预算草案的报告

批准2009年中央预算

四、听取和审议全国人民代表大会常务委员会委员长吴邦国关于全国人民代表大会常务委员会工作的报告

五、听取和审议最高人民法院院长王胜俊关于最高人民法院工作的报告

六、听取和审议最高人民检察院检察长曹建明关于最高人民检察院工作的报告

第十一届全国人民代表大会第二次会议主席团常务主席名单

(2009年3月4日第十一届全国人民代表大会第二次会议主席团第一次会议推定)

吴邦国　王兆国　路甬祥　乌云其木格(女,蒙古族)
韩启德　华建敏　陈至立(女)　周铁农　李建国
司马义·铁力瓦尔地(维吾尔族)　蒋树声　陈昌智
严隽琪(女)　桑国卫

第十一届全国人民代表大会第二次会议主席团和秘书长名单

(2009年3月4日第十一届全国人民代表大会第二次会议预备会议通过)

主席团(171人,按姓名笔画为序)

丁晓兵　卫留成　习近平　马启智(回族)
马　飚(壮族)　王万宾　王云龙　王正伟(回族)
王乐泉　王宁生　王　刚　王兆国　王佐书　王沪宁
王金山　王　珉　王树国　王晓东(满族)
王维俊(女)　乌云其木格(女,蒙古族)　方　明
巴特尔(蒙古族)　邓崎琳
艾力更·依明巴海(维吾尔族)　石秀诗
石宗源(回族)　龙　刚(苗族)　卢展工　白志健
白克明　白恩培　令计划　冯长根
司马义·铁力瓦尔地(维吾尔族)　吉炳轩
达列力汗·马米汗(哈萨克族)　列　确(藏族)
朱国萍(女)　乔传秀(女)　乔晓阳　华建敏
刘云山　刘云耕　刘长瑜(女)　刘志华(女)
刘奇葆　刘绍勇　刘胜玉　刘　淇　刘焯华　刘德培
齐续春(满族)　汤小泉(女)　许其亮　许振超
许智宏　孙安民　严隽琪(女)　苏　荣　杜德印
李长春　李东生　李　牧　李建华　李建国　李适时
李重庵　李继耐　李欲晞　李登海　李源潮　李慎明
李肇星　杨　扬(女)　杨　岳　杨贵新(女,侗族)
杨　剑　杨继钢　吴邦国　吴华夏　吴胜利
吴晓灵(女)　何　勇　汪光焘　汪　洋　汪毅夫
张云川　张支铁(彝族)　张文岳　张庆黎　张伯礼
张宝顺　张春贤　张美兰(女,哈尼族)　张高丽
陆　浩　陈至立(女)　陈光国　陈先岩
陈秀榕(女)　陈昌智　陈建国　陈炳德　努健敏
范徐丽泰(女)　林毅夫　欧广源　罗清泉　金炳华

金硕仁(朝鲜族) 周永康 周先旺(土家族) 周铁农
赵乐际 赵季平 赵胜轩 赵洪祝 胡康生 胡锦涛
钟南山 俞正声 姜异康 贺一诚 贺国强 贺 铿
袁 武 袁 驷 贾庆林 顾逸东 钱运录 徐才厚
徐光春 徐建一 徐 强 高祀仁 高 洪(白族)
高 强 郭凤莲(女) 郭声琨 郭伯雄
唐世礼(女,布依族) 娘毛先(女,藏族) 桑国卫
黄建华 黄跃金 黄镇东 常万全 符桂花(女,黎族)
梁国扬 梁保华 梁慧星 彭先觉 彭祖意(瑶族)
彭清华 蒋树声 韩启德 程贻举 程津培 储 波
谢木兰(女) 强 卫 蒙兰凤(女,侗族) 路甬祥
靖志远 褚君浩
嘉木样·洛桑久美·图丹却吉尼玛(藏族)
赫冀成(满族) 管国芳(女,傣族) 廖锡龙 谭永华
薄熙来
秘书长:王兆国

第十一届全国人民代表大会第二次会议副秘书长名单

(2009年3月4日第十一届全国人民代表大会第二次会议主席团第一次会议决定)

李建国 王万宾 李肇星 赵胜轩 尤 权

十一届全国人大二次会议举行新闻发布会

大会发言人李肇星介绍了本次会议的有关情况,并回答中外记者提问。

大会5日上午开幕 会期8天半

李肇星说,十一届全国人大二次会议将于3月5日上午开幕,13日上午闭幕,会期8天半。这次会期比较短,是由会议议程决定的。

十一届全国人大二次会议的开幕会、闭幕会和其他各次全体会议将向中外记者开放,还有一大批代表团的团组会议也将向记者开放。大会期间将举行若干场记者会,邀请国务院有关部门主要负责人分别就应对国际金融危机、保持经济平稳较快发展,外交政策和对外关系,扩内需、促就业、保增长等问题回答记者提问。

3月13日会议闭幕后,国务院总理温家宝将与中外记者见面,并回答大家关心的问题。大会新闻中心将组织若干场人大代表和有关部门负责人的集体采访,联系和安排记者的个别采访。

中央财政投资资金要列入年度预算

在回答关于4万亿元经济刺激方案有关问题时,李肇星说,为应对国际金融危机带来的不利影响,中国政府去年年底提出了4万亿元投资经济刺激方案。4万亿元投资是指拟于两年内由中央财政投资1.18万亿元,带动地方政府和社会投资共约4万亿元。中央政府拟安排的投资需要列入年度中央预算,报经全国人大批准。

在4万亿元投资中,为了从源头上防止出现重复建设和低水平投资问题,国家采取了以下措施:一、突出重点,科学确定投资方向;二、严格管理,按建设程序选准、选好项目;三、加强监督检查,确保中央新投资的有效合理使用。十一届全国人大二次会议将认真审查2009年中央预算,并在今年全国人大常委会的监督工作中加强监督。

李肇星说,2009年中央财政将进一步加大对民生领域的投入,主要包括推动教育优先发展、加快发展医疗卫生事业、促进就业再就业、完善社会保障制度和支持实施保障性安居工程。

今年国防费较上年增加14.9% 不存在“隐性军费”

李肇星说,2009年中国国防预算为4806.86亿元人民币,比上年预算执行数增加624.82亿元人民币,增长率14.9%,国防费预算占当年全国财政支出预算的6.3%,与前几年相比比重略有下降。

新增的国防预算主要用于提高军队官兵的生活待遇。此外,还要加大军队信息化建设的投入;适当增加装备及其配套设施建设的经费,提高军队在信息化条件下的防卫能力;加强军队抢险救灾、反恐维稳等非战争军事行动的应急能力建设;支持驻四川汶川地震灾区受灾部队基础设施恢复重建。

他说,中国国防投入占国内生产总值的比重在世界各国中相对比较低。中国有限的军事力量是为了维护国家主权和领土完整,不会对任何国家造成威胁。中国从2007年开始正式参加联合国军费透明制度,每年向联合国提交军费开支报告。中国不存在所谓“隐性军费”问题。

中国政治体制总体上适应经济社会发展要求

李肇星说,改革开放30年来,全国人大坚持科学立法、民主立法。到今年1月底,现行有效的法律达231件,行政法规600多件,地方性法规7000多件,自治条例和单行条例600多件,中国特色社会主义法律体系已基本形成。

在回答政治体制改革方面的提问时,李肇星说,改革开放30年来,政治体制改革取得了明显成效。中国经济长期持续快速发展和社会和谐稳定的事实说明,中国政治体制是符合国情的,总体上适应经济社会发展要求。

他说,中国的改革是社会主义制度的自我完善、自我发展。同我国经济社会发展的新形势相比,同保障人民民主权利、维护社会公平正义的新要求相比,我国

政治体制还需要进一步完善,我们将继续扩大人民民主,发展基层民主,扩大和壮大爱国统一战线,全面落实依法治国的基本方略,加快行政管理体制改革,完善制约和监督机制,深化政治体制改革。

不断完善代表联系群众的方式

李肇星说,人民群众与人大代表的联系渠道是畅通的。我们还将根据实际情况的发展,不断完善代表联系群众的方式。

李肇星说,近年来,为了进一步发挥代表作用,全国人大常委会及各省级人大常委会,每年都要组织全国人大代表开展专题调研和集中视察,走访基层群众。他说,十一届全国人大一次会议以来,各地按便于组织和开展活动的原则,按地区分布和代表职业,一共建立了近260个代表小组,制订了相应的活动计划,并设有召集人和联络员。代表小组通过座谈会、电子信箱等形式,为代表开展调研和就近联系群众提供方便。

李肇星还就中国加大对发展中国家援助、劳动合同法实施情况和有关圆明园兽首拍卖事件及其对中法关系影响等问题回答了记者提问。

国办发出《关于认真贯彻实施食品安全法的通知》

各省、自治区、直辖市人民政府,国务院各部委、各直属机构:

《中华人民共和国食品安全法》(以下简称食品安全法)已于2009年2月28日经第十一届全国人大常委会第七次会议通过,将于2009年6月1日起施行。食品安全直接关系广大人民群众的身体健康和生命安全,关系国家经济健康发展和社会和谐稳定。食品安全法的公布施行,对规范食品生产经营活动,防范食品安全事故发生,增强食品安全监管工作的规范性、科学性和有效性,提高我国食品安全整体水平,具有重要意义。为确保这部法律各项规定得到严格执行,经国务院批准,现就有关工作安排通知如下:

一、充分认识食品安全法的重要意义,认真做好学习、宣传和培训工作

食品安全法体现了预防为主、科学管理、明确责任、综合治理的食品安全工作指导思想,确立了食品安全风险监测和风险评估制度、食品安全标准制度、食品生产经营行为的基本准则、索证索票制度、不安全食品召回制度、食品安全信息发布制度,明确了分工负责与统一协调相结合的食品安全监管体制,为全面加强和改进食品安全工作,实现全程监管、科学监管,提高监管成效、提升食品安全水平,提供了法律制度保障。食品安全法的公布施行,对于保证食品安全,保障公众身体健康和生命安全,具有重要意义。

各地区、各有关部门特别是各级领导干部,要从深入贯彻落实科学发展观、全面推进依法行政和建设责任政府的高度,从维护人民群众根本利益出发,充分认识食品安全法实施的重要意义,要把学习、宣传食品安全法作为一项重要工作列入议事日程,把实施食品安全法作为一项长期工作抓紧抓好、抓出成效。县级以上地方人民政府要对食品安全法的宣传工作作出具体安排,广电、新闻出版等部门要充分发挥广播、电视、报刊、网络等媒体的作用,采取多种形式,广泛宣传食品安全法的立法宗旨和主要内容,做到家喻户晓,增强人民群众的食品安全法律意识和监督意识,为法律的贯彻实施营造良好的舆论氛围和社会环境。卫生、农业、质量监督、工商行政管理、食品药品监督管理等部门要开展食品安全法的学习培训,特别要加强执法队伍的法律知识和专业技术培训,确保执法人员准确理解、全面掌握食品安全法的主要内容,提高执法人员依法行政意识和执法水平。食品生产经营者要加强食品安全法学习,熟练掌握食品安全法律知识,自觉守法经营;食品行业组织要加强行业自律,指导、监督食品生产经营者加强诚信建设;食品行业管理部门要加强对食品生产经营者、食品行业组织学习食品安全法的指导。

二、依法履行食品安全监管职责,严格实行责任追究制

食品安全法规定了县级以上地方人民政府的食品安全责任,以及县级以上各级卫生、农业、质量监督、工商行政管理、食品药品监督管理等部门的具体职责,明确了分工负责与统一协调相结合的食品安全监管体制。县级以上地方人民政府要依照食品安全法和国务院的规定,确定本级卫生、农业、质量监督、工商行政管理、食品药品监督管理部门的食品安全监督管理职责,既要避免职责交叉,又要防止监管空白,确保监管工作统一、协调、有效。

县级以上地方人民政府、各有关部门要强化责任意识,严格履行食品安全法规定的各项职责,切实承担起食品安全监管责任。县级以上地方人民政府统一负责、领导、组织、协调本地区的食品安全监督管理工作,要结合本地实际,采取措施加强食品安全监管能力建设,建立、健全食品安全全程监管工作机制,形成监管合力;要统筹规划,建立、完善食品安全信息网络,实现食品安全信息、食品检验资源等的整合、共享;要建立并执行严格的食品安全监管责任追究制度,督促有关监管部门依法履职,严肃查处食品安全监管工作中的失职、渎职行为。各级卫生、农业、质量监督、工商行政管理、食品药品监督管理等部门要依照食品安全法的规定,依据各自职责,严格执行各项食品安全法律制

度，采取有力措施，督促食品生产经营者切实承担起食品安全第一责任人的责任，严肃查处违法食品生产经营行为。

县级以上地方人民政府要根据本地区实际，建立、健全各食品安全监管部门的沟通协调机制，统一组织、协调有关部门依法开展食品安全监管工作；要明确、细化各监管环节的衔接措施，保证食品安全监管工作的整体性和有效性；对不履行沟通协作责任、造成食品安全事故等后果的监管部门，要依法严肃追究其直接负责的主管人员和其他直接责任人员的责任。各级卫生、农业、质量监督、工商行政管理、食品药品监督管理等部门要依照食品安全法及其配套法规、规章、规范性文件的规定，积极履行部门间的信息通报等责任，加强主动沟通和相互协作，努力实现各监管环节的无缝衔接。

食品安全法实施一段时间后，县级以上地方各级人民政府、各有关部门要及时总结法律执行情况，适时组织开展本地区、本系统执法情况检查，研究、解决法律执行中的问题，及时改进执法工作。

三、抓紧制定、修订食品安全标准，为食品安全监管提供统一、科学依据

食品安全标准是强制执行的标准，是食品安全监管的技术依据。卫生部要依照食品安全法的规定，抓紧整合现行的食用农产品质量安全标准、食品卫生标准、食品质量标准和有关食品的行业标准中强制执行的标准，统一公布为食品安全国家标准。要尽快完成乳品质量安全国家标准制定、修订工作，优先制定、修订食品中致病性微生物、农药残留、兽药残留、重金属、污染物质等的限量标准以及食品添加剂使用标准。食品安全风险评估结果表明需要制定、修订食品安全国家标准的，卫生部要立即依法组织开展相关标准的制定、修订工作，有关监管部门要密切配合。卫生部及省级人民政府卫生部门组织制定、修订食品安全标准，要严格遵循食品安全法规定的程序，确保标准内容科学、合理。食品安全标准应当公开，供公众免费查阅。各级卫生、农业、质量监督、工商行政管理、食品药品监督管理等部门要做好食品安全标准的宣传贯彻工作。各监管部门依据统一的食品安全标准实施食品安全监管。

四、抓紧制定、完善有关行政法规和规章，确保食品安全法律制度的一致性

国务院将根据实施食品安全法的需要，制定食品安全法实施条例，与食品安全法同时施行；食品安全法授权国务院制定的其他行政法规，国务院有关部门要抓紧研究，及时提出有关制度设计的建议。国务院各有关部门和各省(区、市)人民政府要依照食品安全法的规定，依据各自职责，根据食品安全监管工作的实际需要，制定配套的部门规章、地方政府规章，确保食品安全法律制度得到切实执行。

国务院各有关部门和各省(区、市)人民政府要依照食品安全法及其配套行政法规的规定，对现行与食品安全监管有关的部门规章、地方性法规和地方政府规章进行清理，及时废止与食品安全法及其配套行政法规不一致的规章或者修订、废止其中与食品安全法及其配套行政法规不一致的内容，及时提出废止或者修订与食品安全法及其配套行政法规不一致的地方性法规的建议。国务院有关部门和各省(区、市)人民政府起草法规草案、制定规章，应当严格遵守《中华人民共和国立法法》《行政法规制定程序条例》《规章制定程序条例》规定的程序，确保食品安全法律制度的一致性。

五、加强食品安全监管能力建设，提高监管的有效性和公信力

食品安全法确立了食品安全风险监测和风险评估制度，规定了食品安全监管部门实施抽样检验应当购买样品并不得收取检验费用及其他任何费用。县级以上地方人民政府要对本地区执行食品安全法确立的各项制度给予经费保障，对增强食品检验能力、提高执法队伍的专业技术水平等食品安全监管能力建设给予必要的支持。要坚决杜绝监管部门通过实施食品安全监管向管理相对人违法收取费用的现象。各监管部门要严格依法实行“收支两条线”管理；对通过实施食品安全监管违法收取费用的，要依法严肃处理，追究直接责任人和负责人的责任。

六、以贯彻实施食品安全法为契机，扎实做好食品安全整顿工作

目前，我国食品安全问题仍然比较突出，食品安全事件时有发生，人民群众对食品安全反映强烈。为切实解决我国食品安全突出问题，国务院已作出部署，用两年左右时间，在全国集中开展食品安全整顿工作。地方各级人民政府、各有关部门要以贯彻实施食品安全法为契机，下大决心、花大力气，从严格落实食品安全法各项制度入手，加强监督和诚信建设，系统、有序地解决食品安全突出问题。地方各级人民政府对本地区的食品安全整顿工作要负总责，按照《国务院办公厅关于印发食品安全整顿工作方案的通知》(国办发〔2009〕8号)要求，加强对食品安全整顿工作的组织领导，制订切实可行的工作方案，抓好督促检查和指导工作，逐级落实整顿工作任务和责任。各级卫生、农业、质量监督、工商行政管理、食品药品监督管理等部门要按照国务院的要求，继续做好违法添加非食品用物质和滥用食品添加剂、食用农产品质量安全、食品生产和进出口、食品流通、餐饮消费、畜禽屠宰和声称具有特

定保健功能的食品的集中整顿。要通过集中整顿,使食品安全监管各环节监管责任进一步落实,食品安全标准更加完善,食品行业自律显著加强,食品安全水平明显提高,人民群众食品安全得到切实保障。

各地区、各有关部门要按照本通知精神,结合本地区、本部门的实际,制订具体方案和措施。对食品安全法实施中的有关重要情况和问题,要及时报告国务院。

国务院办公厅

2009 年 3 月 4 日

8 件珍贵青铜器以借藏方式在京正式移交中国文字博物馆收藏

这批青铜文物包括伯梁其盨、善夫吉父鬲、善夫吉父鄘、环带纹铜壶等 8 件,保存完好,形文俱佳,造型时代特征明显。各件文物均有铭文,最多者达 70 字,是西周时期青铜器中的珍品。

3 月 5 日

第十一届全国人民代表大会第二次会议在人民大会堂开幕

会议由大会主席团常务主席、执行主席吴邦国主持。大会主席团常务主席、执行主席王兆国、路甬祥、乌云其木格、韩启德、华建敏、陈至立、周铁农、李建国、司马义·铁力瓦尔地、蒋树声、陈昌智、严隽琪、桑国卫在主席台执行主席席就座。

胡锦涛、温家宝、贾庆林、李长春、习近平、李克强、贺国强等和大会主席团成员在主席台就座。

温家宝代表国务院向大会作政府工作报告。

根据会议议程,大会印发了国务院关于 2008 年国民经济和社会发展计划执行情况与 2009 年国民经济和社会发展计划草案的报告、关于 2008 年中央和地方预算执行情况与 2009 年中央和地方预算草案的报告,提请审查批准。

在主席台就座的还有:王刚、王乐泉、王岐山、回良玉、刘淇、刘云山、刘延东、李源潮、汪洋、张高丽、张德江、俞正声、何勇、令计划、王沪宁、梁光烈、马凯、孟建柱、戴秉国、王胜俊、曹建明、廖晖、杜青林、白立忱、陈奎元、阿不来提·阿不都热西提、李兆焯、黄孟复、董建华、张梅颖、张榕明、钱运录、孙家正、李金华、郑万通、邓朴方、万钢、林文漪、厉无畏、罗富和、陈宗兴、王志珍和徐匡迪,以及中央军委委员陈炳德、李继耐、廖锡龙、常万全、靖志远、吴胜利、许其亮等。

香港特别行政区行政长官曾荫权、澳门特别行政区行政长官何厚铧列席会议并在主席台就座。

出席全国政协十一届二次会议的政协委员列席大会。

中央和国家机关有关部门、解放军及武警部队、各人民团体的有关负责人列席或旁听了大会。

各国驻华使节旁听了大会。

国务院总理温家宝在十一届全国人大二次会议上作《政府工作报告》

各位代表:

现在,我代表国务院,向大会作政府工作报告,请予审议,并请全国政协各位委员提出意见。

一、2008 年工作回顾

2008 年是极不平凡的一年。我国经济社会发展经受住了历史罕见的重大挑战和考验。在中国共产党领导下,全国各族人民迎难而上,奋力拼搏,战胜各种艰难险阻,改革开放和社会主义现代化建设取得新的重大成就。

——国民经济继续保持平稳较快增长。国内生产总值超过 30 万亿元,比上年增长 9%;物价总水平涨幅得到控制;财政收入 6.13 万亿元,增长 19.5%;粮食连续五年增产,总产量 10570 亿斤,创历史最高水平。

——改革开放深入推进。财税、金融、价格、行政管理等重点领域和关键环节的改革取得新突破。进出口贸易总额 2.56 万亿美元,增长 17.8%。实际利用外商直接投资 924 亿美元。

——社会事业加快发展,人民生活进一步改善。城镇新增就业 1113 万人;城镇居民人均可支配收入 15781 元,农村居民人均纯收入 4761 元,实际增长 8.4% 和 8%。

——全面夺取抗击特大自然灾害的重大胜利。成功举办北京奥运会、残奥会。圆满完成神舟七号载人航天飞行。

这些成就,标志着我们在中国特色社会主义道路上迈出新的坚实步伐,极大地增强了全国各族人民战胜困难的勇气和力量,必将激励我们在新的历史征程上继续奋勇前进。

一年来,我们做了以下主要工作:

(一)及时果断调整宏观经济政策,全力保持经济平稳较快发展

我们正确把握宏观调控的方向、重点、力度和节奏,采取一系列促进经济平稳较快发展的政策措施,在复杂多变的形势下,积极应对国际金融危机的严重冲击,努力增强调控的预见性、针对性和有效性。年中,在国际能源和粮食价格处于高位、世界经济增长放缓的情况下,针对沿海地区出现出口和经济增速下滑苗头,及时把宏观调控的首要任务调整为“保持经济平稳较快发展,控制物价过快上涨”,并采取了一些有针

对性的财税金融措施。9月后，国际经济形势急转直下，对我国的不利影响明显加重，我们又果断地把宏观调控的着力点转到防止经济增速过快下滑上来，实施积极的财政政策和适度宽松的货币政策，三次提高出口退税率，五次下调金融机构存贷款基准利率，四次下调存款准备金率，暂免储蓄存款利息个人所得税，下调证券交易印花税，降低住房交易税费，加大对中小企业信贷支持。按照出手要快、出拳要重、措施要准、工作要实的要求，迅速推出进一步扩大内需、促进经济增长的十项措施，争分夺秒地加以落实；接连出台金融支持经济发展、促进轻纺工业健康发展、促进房地产市场健康发展、搞活流通扩大消费和保持对外贸易稳定增长、稳定就业等政策措施，加快制定重点产业调整振兴规划。这些措施对缓解经济运行中的突出矛盾、增强信心、稳定预期、保持经济平稳较快发展，发挥了至关重要的作用。

毫不放松地加强“三农”工作。全年中央财政用于“三农”的投入5955亿元，比上年增加1637亿元，增长37.9%，其中粮食直补、农资综合补贴、良种补贴、农机具购置补贴资金达1030亿元，比上年增长一倍。三次较大幅度提高粮食最低收购价，提价幅度超过20%。实施主要农产品临时收储政策。加强耕地保护和农田水利建设，提高农业综合生产能力。扶持生猪、油料、奶业发展。这些政策措施在保护和调动农民积极性、保障重要农产品供给、增加农民收入方面发挥了重要作用，为稳定经济社会发展全局提供了有力支撑。

坚定不移地推进自主创新和经济结构调整。实施16个国家重大科技专项。在信息、生物、环保等领域新建一批国家工程中心、重点实验室和企业技术中心。成功研发支线飞机、新能源汽车、高速铁路等一批关键技术和重大装备。中央财政科技投入1163亿元，增长16.4%。电信、航空等行业重组迈出重要步伐。继续淘汰落后产能，全年关停小火电1669万千瓦，关闭小煤矿1054处。加大基础设施和基础产业投资力度，在能源、交通、水利等方面建成和开工一批重大项目。扎实推进区域发展总体战略，区域经济发展协调性增强。

坚持不懈地推动节能减排和生态环境保护。中央财政安排423亿元资金，支持十大重点节能工程和环保设施等项目建设。全国新增城市污水日处理能力1149万吨，新增燃煤脱硫机组容量9712万千瓦。单位国内生产总值能耗比上年下降4.59%，化学需氧量、二氧化硫排放量分别减少4.42%和5.95%。近三年累计，单位国内生产总值能耗下降10.08%，化学需氧量、二氧化硫排放量分别减少6.61%和8.95%。巩固退耕还林还草成果，推进天然林、青海三江源等生态保护和建设工程。实施重点流域、区域水污染防治规划。发布了《中国应对气候变化的政策与行动》白皮书。

（二）统筹经济社会发展，全面加强以改善民生为重点的社会建设

就业和社会保障工作进一步加强。完善促进就业、以创业带动就业的政策，落实最低工资制度。各项社会保险覆盖面继续扩大。城镇职工基本养老保险、基本医疗保险参保人数分别增加1753万和2028万，失业、工伤、生育保险参保人数继续增加。企业退休人员养老金人均每月新增110元。启动事业单位基本养老保险制度改革试点。积极探索建立新型农村社会养老保险制度，农民工、被征地农民社会保障工作稳步推进。全面加强城乡居民最低生活保障制度建设，救助人数达到6619万人。及时增加对低收入群体和大学生的生活补贴。大幅度提高重点优抚对象的抚恤优待标准。加大保障性住房建设和棚户区改造力度，低收入群众住房困难问题得到一定程度缓解。解决4800多万农村人口的饮水安全问题。

促进教育公平取得新进展。全面实行城乡免费义务教育，对所有农村义务教育阶段学生免费提供教科书。提高中西部地区校舍维修标准，国家财政安排32.5亿元帮助解决北方农村中小学取暖问题。职业教育加快发展。国家助学制度进一步完善，中央财政投入223亿元，地方财政也加大投入，资助学生超过2000万人；向中等职业学校中来自城市经济困难家庭和农村的学生提供助学金，每人每年1500元，惠及90%的在校生。

医药卫生改革发展稳步推进。参加新型农村合作医疗的人口8.14亿，参合率91.5%。城镇居民基本医疗保险试点城市由上年的88个增加到317个，参保人数增加7359万，总计达到1.17亿。城市社区卫生服务体系建设取得重大进展。农村计划生育家庭奖励扶助制度和少生快富工程实施范围继续扩大。

文化体育事业加快发展。公共文化基础设施建设得到加强，文化产业快速发展，文化体制改革不断深化。全力举办了有特色、高水平的北京奥运会、残奥会，实现了中华民族的百年梦想；中国运动员顽强拼搏，取得优异成绩，这极大地激发了全国人民的爱国热情，增强了民族凝聚力。

民主法制建设继续加强。基层民主制度进一步健全。依法行政深入推进。国务院提请全国人大常委会审议了社会保险法、防震减灾法等8件法律议案，制定或修订了30件行政法规。全面实施政府信息公开条例。加强社会治安防控体系建设，开展反分裂、反恐怖斗争，维护了国家安全和社会稳定。民族、宗教、侨务工作进一步加强。

（三）积极推进改革开放，为经济社会发展注入新

的活力和动力

国务院机构改革基本完成,地方机构改革稳步推进。农村综合改革继续深化,集体林权制度改革全面推开。国有企业改革不断深化。中国农业银行和国家开发银行股份制改革顺利进行。实施新的企业所得税法,统一内外资企业和个人房地产税收制度。酝酿多年的成品油价格和税费改革顺利推出。制定医药卫生体制改革方案并公开征求意见。体制机制创新为长远发展奠定了坚实基础。

对外开放水平继续提高。大力实施以质取胜和出口市场多元化战略。加强科技兴贸创新基地和服务外包基地建设,支持自主品牌和自主知识产权产品出口。完善加工贸易政策体系。稳步扩大服务业对外开放,加强对外商投资方向的引导。整合建立新的对外经济技术合作专项资金,发布对外承包工程管理条例,理顺对外劳务合作管理体制。积极推进境外能源资源合作,企业"走出去"步伐加快,对外援助进一步扩大。自由贸易区建设、与主要经贸伙伴的经济对话、同发展中国家的互利合作取得新进展。

各位代表!

去年5月12日,我国发生震惊世界的汶川特大地震。在党中央、国务院坚强领导下,全国各族人民特别是灾区人民万众一心、众志成城,人民子弟兵舍生忘死、冲锋在前,展开了我国历史上救援速度最快、动员范围最广、投入力量最大的抗震救灾斗争。我们坚持把抢救人的生命放在第一位,从废墟中抢救生还者8.4万人。迅速抢修基础设施,果断处置唐家山堰塞湖,避免严重次生灾害发生;全力开展防疫工作,实现了大灾之后无大疫。中央财政安排384亿元救灾款和740亿元恢复重建资金,迅速出台一系列支援灾区的政策措施。积极开展对口支援。社会各界踊跃捐助款物,广大香港同胞、澳门同胞、台湾同胞以及海外华侨华人奉献爱心,国际社会伸出援手,汇成了齐心协力抗击灾害的磅礴力量。这场艰苦卓绝的抗震救灾斗争,涌现出无数感天动地、可歌可泣的英雄事迹,充分展现了中国人民不屈不挠、自强不息的伟大民族精神,谱写了气壮山河的壮丽篇章。

过去一年的成就来之不易。这是以胡锦涛同志为总书记的党中央统揽全局、正确领导的结果,是全党全军全国各族人民同心同德、团结奋斗的结果。在这里,我代表国务院,向全国各族人民,向各民主党派、各人民团体和各界人士,表示诚挚的感谢!向香港特别行政区同胞、澳门特别行政区同胞、台湾同胞和海外侨胞,表示诚挚的感谢!向关心和支持中国现代化建设的各国政府、国际组织和各国朋友,表示诚挚的感谢!

在肯定成绩的同时,也要清醒地看到,我们正面临前所未有的困难和挑战。一是国际金融危机还在蔓延、仍未见底。国际市场需求继续萎缩,全球通货紧缩趋势明显,贸易保护主义抬头,外部经济环境更加严峻,不确定因素显著增多。二是受国际金融危机影响,经济增速持续下滑,已成为影响全局的主要矛盾。一些行业产能过剩,部分企业经营困难,就业形势十分严峻,财政减收增支因素增多,农业稳定发展、农民持续增收难度加大。三是长期制约我国经济健康发展的体制性、结构性矛盾依然存在,有的还很突出。消费需求不足,第三产业发展滞后,自主创新能力不强,能源资源消耗多,环境污染重,城乡、区域发展差距仍在扩大。四是一些涉及人民群众切身利益的问题没有根本缓解,社会保障、教育、医疗、收入分配、社会治安等方面存在不少亟待解决的问题。五是市场秩序不规范,市场监管和执法不到位,社会诚信体系不健全。食品安全事件和安全生产重特大事故接连发生,给人民群众生命财产造成重大损失,教训十分深刻。

我们一定要深刻认识国际国内经济形势的严峻性和复杂性,增强危机意识和忧患意识,充分利用有利条件,积极应对各种挑战,努力做好各项工作,决不辜负人民的期望和重托。

二、2009年工作总体部署

今年是实施"十一五"规划的关键之年,也是进入新世纪以来我国经济发展最为困难的一年,改革发展稳定的任务十分繁重。

综观国际国内形势,我国仍处于重要战略机遇期。挑战与机遇并存,困难与希望同在。我国经济社会发展的基本面和长期向好的趋势没有改变。我们完全有信心、有条件、有能力克服困难,战胜挑战。我们的信心和力量,来自中央对形势的科学判断和准确把握;来自已经制定并实施的应对挑战、着眼长远的一系列政策举措;来自工业化、城镇化快速推进中的基础设施建设、产业结构和消费结构升级、环境保护、生态建设和社会事业发展等方面的巨大需求;来自充裕的资金、丰富的劳动力资源等要素支撑;来自运行稳健的金融体系、活力增强的各类企业和富于弹性的宏观调控政策;来自改革开放30年建立的物质、科技基础和体制条件;来自集中力量办大事的政治和制度优势、和谐安定的社会环境以及全国上下促进科学发展的积极性、创造性;来自中华民族坚忍不拔、发愤图强的伟大精神力量。只要我们紧紧依靠党的领导和全国各族人民,就没有克服不了的困难,就一定能够把国际金融危机的不利影响降到最低程度,就一定能够推动经济社会又好又快发展。

做好今年的政府工作,要高举中国特色社会主义伟大旗帜，以邓小平理论和“三个代表”重要思想为指导，深入贯彻落实科学发展观，把保持经济平稳较快发展作为经济工作的首要任务，加强和改善宏观调控，着力扩大国内需求特别是消费需求，着力转变发展方式、加快经济结构战略性调整，着力深化改革、提高对外开放水平，着力改善民生促进社会和谐，全面推进社会主义经济建设、政治建设、文化建设、社会建设以及生态文明建设。

今年国民经济和社会发展的主要预期目标是：国内生产总值增长8%左右，经济结构进一步优化；城镇新增就业900万人以上，城镇登记失业率4.6%以内；城乡居民收入稳定增长；居民消费价格总水平涨幅4%左右；国际收支状况继续改善。这里要着重说明，提出8%左右的国内生产总值增长目标，综合考虑了发展的需要和可能。在我们这样一个13亿人口的发展中国家，要扩大城乡就业，增加居民收入，维护社会稳定，就必须保持一定的经济增长速度。只要政策对头，措施得当，落实有力，就有可能实现这一目标。

做好今年政府工作，必须把握好以下原则：一是扩内需、保增长。坚持把扭转经济增速下滑趋势作为宏观调控最重要的目标，把扩大国内需求作为促进经济增长的长期战略方针和根本着力点，增加有效需求，加强薄弱环节，充分发挥内需特别是消费需求拉动经济增长的主导作用。二是调结构、上水平。坚持把推进经济结构调整和自主创新作为转变发展方式的主攻方向，变压力为动力，坚定不移地保护和发展先进生产力，淘汰落后产能，整合生产要素，拓展发展空间，实现保增长和调结构、增效益相统一，增强国民经济整体素质和发展后劲。三是抓改革、增活力。坚持把深化改革开放作为促进科学发展的根本动力，进一步解放思想，加大重点领域和关键环节改革力度，消除体制机制障碍，激发创造活力。四是重民生、促和谐。越是困难的时候，越要关注民生，越要促进社会和谐稳定。坚持把保障和改善民生作为经济工作的出发点和落脚点，实行更加积极的就业政策，把促进增长与扩大就业、改善民生紧密结合起来，让人民群众共享改革发展的成果。

三、2009年主要任务

今年的政府工作，要以应对国际金融危机、促进经济平稳较快发展为主线，统筹兼顾，突出重点，全面实施促进经济平稳较快发展的一揽子计划。大规模增加政府投资，实施总额4万亿元的两年投资计划，其中中央政府拟新增1.18万亿元，实行结构性减税，扩大国内需求；大范围实施调整振兴产业规划，提高国民经济整体竞争力；大力推进自主创新，加强科技支撑，增强发展后劲；大幅度提高社会保障水平，扩大城乡就业，促进社会事业发展。以实施一揽子计划为重点，今年要着力抓好以下七方面工作：

（一）加强和改善宏观调控，保持经济平稳较快发展

要坚持灵活审慎的调控方针，提高宏观调控的应变能力和实际效果，尽快扭转经济增速下滑趋势，保持经济平稳较快发展。

实施积极的财政政策。一是大幅度增加政府支出，这是扩大内需最主动、最直接、最有效的措施。今年财政收支紧张的矛盾十分突出。一方面，经济增速放缓、减轻企业和居民税负必然会使财政收入增速下降；另一方面，为刺激经济增长、改善民生和深化改革，又需要大幅度增加投资和政府支出。为弥补财政减收增支形成的缺口，拟安排中央财政赤字7500亿元，比上年增加5700亿元，同时国务院同意地方发行2000亿元债券，由财政部代理发行，列入省级预算管理。全国财政赤字合计9500亿元，占国内生产总值比重在3%以内，虽然当年赤字增加较多，但由于前几年连续减少赤字，发债空间较大。累计国债余额占国内生产总值比重20%左右，这是我国综合国力可以承受的，总体上也是安全的。二是实行结构性减税和推进税费改革。采取减税、退税或抵免税等多种方式减轻企业和居民税负，促进企业投资和居民消费，增强微观经济活力。初步测算，今年全面实施增值税转型，落实已出台的中小企业、房地产和证券交易相关税收优惠以及出口退税等方面政策，加上取消和停征100项行政事业性收费，可减轻企业和居民负担约5000亿元。三是优化财政支出结构。继续加大对重点领域投入，严格控制一般性开支，努力降低行政成本。

实施适度宽松的货币政策。货币政策要在促进经济增长方面发挥更加积极的作用。一是改善金融调控。保证货币信贷总量满足经济发展需求，广义货币增长17%左右，新增贷款5万亿元以上。二是优化信贷结构。加强对信贷投向的监测和指导，加大对“三农”、中小企业等薄弱环节的金融支持，切实解决一些企业融资难问题。严格控制对高耗能、高污染和产能过剩行业企业的贷款。三是进一步理顺货币政策传导机制，保证资金渠道畅通。充分发挥各类金融机构的优势和特点，创新和改进金融服务，满足合理资金需求，形成金融促进经济发展的合力。四是加强和改进金融监管。各类金融企业都要加强风险管理，增强抵御风险能力。处理好金融创新、金融开放与金融监管的关系。加强跨境资本流动监测和管理，维护金融稳定和安全。

要加强产业、贸易、土地、投资、就业政策与财政、货币政策的一致性和协调性，形成调控合力。

（二）积极扩大国内需求特别是消费需求，增强内

需对经济增长的拉动作用

一是扩大消费尤其是居民消费。继续调整收入分配格局,提高劳动报酬占国民收入的比重,增加政府支出用于改善民生、扩大消费的比重,增加对城镇低收入群众和农民的补贴。要培育消费热点,拓展消费空间。完善汽车消费政策,加快发展二手车市场和汽车租赁市场,引导和促进汽车合理消费。大力发展社区商业、物业、家政等便民消费,加快发展旅游休闲消费,扩大文化娱乐、体育健身等服务消费,积极发展网络动漫等新型消费。完善消费政策,优化消费环境。加快建设"万村千乡"市场工程,推进连锁经营向农村延伸。要加强城乡消费设施和服务体系建设.规范市场秩序,维护消费者合法权益。抓紧研究出台鼓励消费的政策措施,积极发展消费信贷。做好"家电下乡"、"农机下乡"、"汽车、摩托车下乡"等工作,把中央财政的400亿元补贴资金用好用活,使企业增加销售、农民得到实惠。

二是保持投资较快增长和优化投资结构。今年中央政府投资总额9080亿元,主要用于保障性住房、教育、卫生、文化等民生工程建设,节能环保和生态建设,技术改造与科技创新,铁路、高速公路、农田水利等重点基础设施建设和地震灾后恢复重建。政府投资必须用在应对危机最关键的地方,用在经济社会发展的薄弱环节。绝不能用于一般加工工业。要抓紧研究出台鼓励引导社会投资的优惠政策。通过发布信息、加强引导,支持社会资本投向符合国家产业政策的领域,鼓励企业增加研发和技改投资。我们的每一分钱都来自人民,必须对人民负责。所有工程建设都要坚持百年大计、质量第一,给子孙后代留下宝贵财富。

三是促进房地产市场稳定健康发展。采取更加积极有效的政策措施,稳定市场信心和预期,稳定房地产投资,推动房地产业平稳有序发展。加快落实和完善促进保障性住房建设的政策措施,争取用三年时间,解决750万户城市低收入住房困难家庭和240万户林区、垦区、煤矿等棚户区居民的住房问题。中央财政将加大对廉租房建设和棚户区改造的投资支持力度,适当提高中西部地区补助标准;今年拟安排430亿元,用于补助低保住房困难家庭的实物廉租房建设。选择一些有条件的地区进行试点,把部分住房公积金闲置资金补充用于经济适用住房建设。积极发展公共租赁住房。落实好支持居民购买自住性和改善性住房的信贷、税收和其他政策。对符合条件的第二套普通自住房购买者,比照执行首次贷款购买普通自住房的优惠政策;对住房转让环节营业税,按不同年限实行有区别的税收减免政策。促进普通商品住房消费和供给,加大对中小套型、中低价位普通商品房建设的信贷支持。加快发展二手房市场和住房租赁市场。鼓励引导各地因地制宜稳定和发展房地产市场,加强住房市场分类管理。继续整顿房地产市场秩序,规范交易行为。帮助进城农民工解决住房困难问题。扩大农村危房改造试点范围。深化城镇住房制度改革,满足居民多层次住房需求,努力实现居者有其屋的目标。

四是加快推进地震灾区恢复重建。抓紧全面实施灾后恢复重建总体规划,中央财政今年再安排1300亿元灾后重建资金。加快灾区城乡居民住房恢复重建,实行维修加固与新建相结合。基本完成因灾倒塌和严重损毁农房重建任务,保证受灾群众在今年年底前住进新房。加快地震灾区学校恢复建设,确保今年年底95%以上的学生都能在永久性校舍中学习。继续推进交通、通信、能源、水利等基础设施恢复重建。搞好地质灾害防治、生态修复、环境整治和灾毁耕地复耕。结合实施重点产业调整振兴规划,加快灾区产业重建与发展。继续搞好对口支援和专项援助,管好用好灾后重建资金和物资。灾后重建要加大力度,加快进度,力争在两年内基本完成原定三年的目标任务,让灾区人民早日过上更加幸福美好的生活。

(三)巩固和加强农业基础地位,促进农业稳定发展和农民持续增收

今年重点抓好五件事:一是稳定发展粮食生产。切实稳定种植面积,着力提高单产,优化品种结构,推进全国新增千亿斤粮食生产能力建设。二是以市场需求为导向调整农业结构。支持重要紧缺农产品生产,提高农产品质量、效益和竞争力。加快实施新一轮优势农产品区域布局规划,支持优势产区发展油料等经济作物,稳定生猪生产,实施奶业振兴规划,推进畜牧水产规模化标准化健康养殖。加强重大动植物疫病防控。三是加强农业基础设施和农村民生工程建设。大规模开展土地整治,实行田、水、路、林综合治理,推进中低产田改造,建设高标准农田。加快大中型和重点小型病险水库除险加固进度,加强灌区改造和小型农田水利建设。到明年年底,基本实现全国乡镇和东中部地区具备条件的建制村道路硬化,西部地区具备条件的建制村通公路。再解决6000万人安全饮水问题,增加500万沼气用户,继续加强农村电网、邮政通信和社会事业等基础建设。四是多渠道促进农民增收。大力发展特色现代农业,扶持农产品精深加工和销售,发展农村二三产业,加快小城镇建设,壮大县域经济。五是加大扶贫开发力度。今年将实行新的扶贫标准,对农村低收入人口全面实施扶贫政策。新标准提高到人均1196元,扶贫对象覆盖4007万人,这标志着我国扶贫开发进入一个新阶段。要完善国家扶贫战略和政策,加大扶贫资金投入,坚持开发式扶贫,重点抓好整村推

进、劳动力转移培训、产业化扶贫和移民扶贫，稳定解决扶贫对象温饱问题并努力实现脱贫致富。

全面加强“三农”工作要采取以下措施：一要大幅度增加农业农村投入。今年中央财政拟安排“三农”投入7161亿元，比上年增加1206亿元。大幅度增加对中西部地区农村公益性建设项目投入，取消县及县以下相关资金配套要求。支持粮食生产的政策措施向主产区倾斜，加大对产粮大县一般性转移支付、财政奖励和粮食产业建设项目的扶持力度。二要较大幅度提高粮食最低收购价，保持农产品价格合理水平，提高种粮农民积极性。今年小麦、稻谷最低收购价平均每斤分别提高0.11元和0.13元。适时启动主要农产品临时收储政策，增加粮食、棉花、食用植物油和猪肉储备，加强农产品市场调控。三要进一步增加农业补贴。中央财政拟安排补贴资金1230亿元，比上年增加200亿元。继续增加粮食直补。加大良种补贴力度，提高补贴标准，实现水稻、小麦、玉米、棉花全覆盖，扩大油菜和大豆良种补贴范围，实施油茶良种补贴。农机具购置补贴覆盖到全国所有农牧业县(场)，中央财政拟安排资金130亿元，比上年增加90亿元。根据农资价格上涨幅度和农作物播种面积，及时增加农资综合补贴。四要加快新型农业社会化服务体系建设。加大农业科技投入，加强农业科技创新成果推广和服务能力建设。健全基层农业技术推广、动植物疫病防控、农产品质量监管等公共服务机构，支持供销合作社、农民专业合作社、龙头企业等提供多种形式的生产经营服务。五要稳定完善农村基本经营制度。现有土地承包关系要保持稳定并长久不变，赋予农民包括离乡农民工更加充分而有保障的土地承包经营权。土地承包经营权流转必须坚持依法自愿有偿的原则。坚持和落实最严格的耕地保护制度和最严格的节约用地制度，严守18亿亩耕地红线不动摇。推进集体林权制度改革。深化农村综合改革。加快乡镇机构改革。积极稳妥化解乡村债务。

(四)加快转变发展方式，大力推进经济结构战略性调整

今年要围绕保增长、促升级，重点抓好工业结构调整。一是认真实施汽车、钢铁、造船、石化、轻工、纺织、有色金属、装备制造、电子信息、现代物流等重点产业调整和振兴规划。着力解决这些行业发展中存在的突出矛盾和问题，推进结构调整和优化升级。二是大力推进企业组织结构调整和兼并重组，支持优势企业并购落后企业和困难企业，鼓励强强联合和上下游一体化经营，提高产业集中度和资源配置效率。三是采取更加有力的措施扶持中小企业发展。抓紧落实金融支持政策，健全融资担保体系，简化贷款程序，增加贷款规模。中央财政中小企业发展资金从39亿元增加到96亿元。继续实行鼓励中小企业科技创新、技术改造、增加就业的税收优惠政策。健全中小企业社会化服务体系。四是积极支持企业加快技术改造，建设创新型企业。中央财政拟安排200亿元专项资金，主要用贴息方式支持企业技术改造。鼓励企业应用新技术、新工艺、新设备、新材料，适应市场变化，开发适销对路产品，推进产品创新，提高产品质量和生产经营水平。五是加快发展现代服务业。促进金融保险、现代物流、信息咨询、软件和创意产业发展，拓展新兴服务领域。提升传统服务业。

大力推进科技创新。科技创新要与扩内需、促增长，调结构、上水平紧密结合起来。今年中央财政科技投入1461亿元，增长25.6%。一要加快实施国家中长期科技发展规划纲要，特别是科技重大专项。选择一些带动力强、影响面大、见效快的项目抓紧开展工作，争取尽快突破一批核心技术和关键共性技术，带动产业转型和技术升级，支撑产业振兴和经济长远发展。二要深化科技体制改革，发挥企业在技术创新中的主体作用。动员更多科技人员投身经济建设第一线，推广技术、研发产品、创办科技型企业。推进产学研结合，加快科技成果向现实生产力转化。三要做强做大装备制造业。落实自主研发重大装备国内依托工程和政府采购制度，着力发展重大成套设备、高技术装备和高技术产业所需装备，提高装备制造业集成创新和国产化水平。四要支持和推进新能源、生物、医药、第E-代移动通信、三网融合、节能环保等技术研发和产业化，发展高新技术产业群，创造新的社会需求。五要继续实施科教兴国战略、人才强国战略和知识产权战略。继续推进国家创新体系建设，加强基础科学和前沿技术研究，加快重大科技基础设施和公用平台建设。积极引进海外高层次人才和智力，加强各类人才队伍建设。提高知识产权创造、运用、保护和管理水平。

毫不松懈地加强节能减排和生态环保工作。一是突出抓好工业、交通、建筑三大领域节能，继续推进十大重点节能工程建设，落实电机、锅炉、汽车、空调、照明等方面的节能措施。二是大力发展循环经济和清洁能源。坚持节能节水节地。积极发展核电、风电、太阳能发电等清洁能源。推进洁净煤技术产业化。严格执行能耗和环保国家标准，加大节能技术和产品推广应用力度，加强资源综合利用。三是健全节能环保各项政策，按照节能减排指标体系、考核体系、监测体系。狠抓落实。四是开展全民节能减排行动，国家机关、公共企事业单位要发挥表率作用。五是继续强化重点流域、区域污染防治，加强石漠化、荒漠化治理，实施重点防护林、天然林保护和京津风沙源治理等生态建设工

程，保护水、森林、草原、湿地等生态环境。推进农村环境综合整治。整顿规范矿产资源开发秩序。合理开发利用海洋资源。六是实施应对气候变化国家方案，提高应对气候变化能力。加强气象、地震、防灾减灾、测绘基础研究和能力建设。

全面提高产品质量和安全生产水平。今年要在全国开展整顿和规范市场秩序专项行动以及"质量和安全年"活动，各行各业都要加强全员、全过程、全方位质量和安全管理。进一步强化重点行业安全生产监管，坚决遏制重特大安全事故发生。深入开展食品药品安全专项整治，健全并严格执行产品质量安全标准。实行严格的市场准入制度和产品质量追溯制度、召回制度。要让人民群众买得放心、吃得安心、用得舒心。

继续实施西部大开发、东北地区等老工业基地振兴、中部地区崛起、东部地区率先发展的区域发展总体战略，促进区域协调发展。鼓励各地从实际出发，充分发挥自身优势，在应对外部冲击中闯出发展新路。东部地区要大力开拓国际市场，稳定出口，着力发展先进制造业、现代服务业和高新技术产业，加快产业升级和体制创新，培育新的经济增长点，形成参与国际合作竞争新优势，增强更高水平上的可持续发展能力。经济特区、上海浦东新区、天津滨海新区要继续当好改革开放排头兵。进一步支持中西部和东北地区加强薄弱环节，以消除瓶颈制约为重点，加大基础设施、生态建设和环境保护投资力度，新开工一批交通、水利重点工程，加快建设一批粮食、能源原材料、装备制造等优势产业基地和特色产业基地，加快重点地区优先开发，促进矿产资源枯竭型城市经济转型。抓紧研究制定中西部地区承接产业转移的具体政策。制定和实施全国主体功能区规划。大力扶持革命老区、民族地区、边疆地区和贫困地区发展。

(五)继续深化改革开放，进一步完善有利于科学发展的体制机制

改革开放是经济社会发展的不竭动力。我们将坚持改革开放不动摇，通过深化改革破解发展难题，在扩大开放中赢得发展机遇。

推进资源性产品价格改革。继续深化电价改革，逐步完善上网电价、输配电价和销售电价形成机制，适时理顺煤电价格关系。积极推进水价改革，逐步提高水利工程供非农业用水价格，完善水资源费征收管理体制。加快建立、健全矿产资源有偿使用制度和生态补偿机制，积极开展排污权交易试点。

推进财税体制改革。全面实施增值税转型改革。统一内外资企业和个人城建税和教育费附加等制度。改革完善资源税制度。研究推进房地产税制改革。继续清理行政事业性收费和政府性基金，加强规范管理。深化预算制度改革，实现政府公共预算、国有资本经营预算、政府性基金预算和社会保障预算的有机衔接，积极推进预算公开。完善财政转移支付制度。推进省直管县财政管理方式改革。

推进金融体制改革。深化国有金融机构改革。稳步发展多种所有制中小金融企业和新型农村金融机构。积极引导民间融资健康发展。推进资本市场改革，维护股票市场稳定。发展和规范债券市场。稳步发展期货市场。深化保险业改革，积极发挥保险保障和融资功能。推进利率市场化改革。完善人民币汇率形成机制，保持人民币汇率在合理均衡水平上的基本稳定。健全金融监管协调机制。

推进国有企业改革和支持非公有制经济发展。深化国有大型企业公司制、股份制改革，建立、健全现代企业制度。加快铁路、电力、盐业等行业改革。完善民航、电信管理体制，制定出台电信体制改革配套监管政策。鼓励、支持和引导非公有制经济发展。落实放宽市场准入的各项政策，积极支持民间资本参与国有企业改革，进入基础设施、公用事业、金融服务和社会事业等领域。

加快地方政府机构改革，推进事业单位改革。

努力保持对外贸易稳定增长。我们强调扩大内需，绝不能放松出口。面对外部需求急剧萎缩、国际贸易保护主义抬头的严峻形势，要加大对进出口工作的支持力度，清理和调整外贸政策，改善贸易条件。要坚持出口市场多元化和以质取胜战略，巩固传统出口市场，大力开拓新兴市场。一是充分运用国际通行的财税政策支持出口；适度扩大外贸发展基金规模，重点支持中小企业开拓国际市场和培育出口品牌。二是改善对进出口的金融服务。扩大出口信用保险覆盖面；鼓励金融机构发展出口信贷；创新出口企业融资担保方式。三是稳步推进加工贸易转型升级。改善加工贸易发展环境，调整加工贸易禁止类和限制类目录；鼓励出口加工业向中西部地区转移。四是抓紧完善鼓励服务贸易的政策措施；大力发展国际服务外包。五是努力扩大进口。重点引进先进技术装备，增加关键零部件元器件、重要能源资源和原材料进口。六是提高贸易便利化水平。优化海关、质检、外汇等方面监管和服务；加强边境口岸建设。七是营造良好的国际经贸环境。积极推动多哈回合谈判；加快实施自由贸易区战略；妥善应对贸易摩擦。

推动利用外资和对外投资协调发展。稳定利用外资规模，引导外资投向高新技术产业、先进制造业、节能环保产业和现代服务业。进一步清理和规范涉及外商投资的行政收费和检查事项。提升中西部国家级开发区发展水平和沿边开放水平。继续实施"走出去"

战略。支持各类有条件的企业对外投资和开展跨国并购，充分发挥大型企业在“走出去”中的主力军作用。积极推进境外经贸合作区建设。发展境外资源合作开发、工程承包和劳务合作。加强企业对外投资合作的金融支持，拓宽对外投资渠道。扩大境外投资备案登记制范围。加强企业对外投资的风险控制和监管。

（六）大力发展社会事业，着力保障和改善民生

今年要集中力量办一些经济社会发展急需、关系人民群众切身利益的大事实事，让人民群众得到更多实惠。

千方百计促进就业。充分发挥服务业、劳动密集型产业、中小企业、非公有制经济在吸纳就业中的作用。实施更加积极的就业政策，中央财政拟投入420亿元资金。一是把促进高校毕业生就业放在突出位置。高校毕业生到城乡基层社会管理和公共服务岗位就业，给予社会保险和岗位补贴；到农村基层服务和参军入伍，给予学费补偿和代偿助学贷款。鼓励承担重点科研项目的高校、科研院所和企业吸纳符合条件的毕业生从事科研工作。企业吸纳符合条件的高校毕业生就业，可按规定享受相关就业扶持政策。加快建设一批投资少、见效快的大学生创业园或创业孵化基地。二是广开农民工就业门路和稳定现有就业岗位。要发挥政府投资和重大项目建设带动农民工就业的作用。鼓励和支持困难企业与员工协商薪酬，采取灵活用工、弹性工时、技能培训等办法，尽量不裁员。加强有组织的劳务输出，引导农民工有序流动。组织返乡农民工参与农村公共设施建设。三是帮助城镇就业困难人员、零就业家庭和灾区劳动力就业。进一步开辟公益性就业岗位。四是大力支持自主创业、自谋职业，促进以创业带动就业。在市场准入、财税金融、经营用地等方面提供便利和优惠，鼓励更多劳动者成为创业者。对自主创业、农民工返乡创业要进一步降低门槛，给予更大支持。五是进一步改善对就业的公共服务。加强就业信息发布、职业介绍和就业指导工作。大力开展职业培训。加大对就业困难人员和农民工职业技能培训的政策扶持。

加快完善社会保障体系。一是推进制度建设。完善基本养老保险制度，继续开展做实个人账户试点，全面推进省级统筹。制定实施农民工养老保险办法。新型农村社会养老保险试点要覆盖全国10%左右的县(市)。出台养老保险关系转移接续办法。完善失业、工伤、生育保险制度。健全城乡社会救助制度。二是扩大社会保障覆盖范围。重点做好非公有制经济从业人员、农民工、被征地农民、灵活就业人员和自由职业者参保工作。农村低保要做到应保尽保。切实加强社会保障基金监管，保证基金安全。三是提高社会保障待遇。今明两年继续提高企业退休人员基本养老金，人均每年增长10%左右。继续提高失业保险金和工伤保险金标准。进一步提高城乡低保、农村五保等保障水平，提高优抚对象抚恤和生活补助标准。大力发展社会福利事业和慈善事业。多渠道增加全国社会保障基金。中央财政拟投入社会保障资金2930亿元，比上年预计数增加439亿元，增长17.6%。地方财政也要加大投入。

坚持优先发展教育事业。今年要研究制定国家中长期教育改革和发展规划纲要，对2020年前我国教育改革发展作出全面部署。年内要重点抓好五个方面。一是促进教育公平。落实好城乡免费义务教育政策。提高农村义务教育公用经费标准，把小学、初中学生人均公用经费分别提高到300元和500元。逐步解决农民工子女在输入地免费接受义务教育问题。增加农村义务教育阶段家庭经济困难寄宿生的生活补助。争取三年内基本解决农村“普九”债务问题。完善国家助学制度，加大对中等职业学校和高等院校家庭经济困难学生的资助。使人人享有平等的受教育机会，不让一个孩子因家庭经济困难而失学。二是优化教育结构。大力发展职业教育，特别要重点支持农村中等职业教育。逐步实行中等职业教育免费，今年先从农村家庭经济困难学生和涉农专业做起。继续提高高等教育质量，推进高水平大学和重点学科建设，引导高等学校调整专业和课程设置，适应市场和经济社会发展需求。三是加强教师队伍建设。对义务教育阶段教师实行绩效工资制度，提高1200万中小学教师待遇，中央财政为此将投入120亿元，地方财政也要增加投入。全面加强教师特别是农村教师培训，鼓励大学生、师范生到基层、农村任教。四是推进素质教育。各级各类教育都要着眼于促进人的全面发展，加快课程、教材、教育方法和考试评价制度改革，把中小学生从过重的课业负担中解放出来，让学生有更多的时间思考、实践、创造。五是实施全国中小学校舍安全工程，推进农村中小学标准化建设。要把学校建成最安全、家长最放心的地方。

推进医药卫生事业改革发展。要坚持公共医疗卫生的公益性质，充分调动广大医务人员的积极性。努力建成覆盖全国城乡的基本医疗卫生制度，初步实现人人享有基本医疗卫生服务。从今年开始，重点抓好以下五项工作。一是推进基本医疗保障制度建设。将全国城乡居民分别纳入城镇职工基本医疗保险、城镇居民基本医疗保险和新型农村合作医疗制度覆盖范围，三年内参保率均提高到90%以上。中央财政对困难地区关闭破产国有企业退休人员参保给予适当补助。继续提高城镇居民医保和新农合筹资标准和财政补助标准，适当扩大报销范围，提高报销比例。完善城

乡医疗救助制度，提高救助水平。二是建立国家基本药物制度。今年要统一制定和发布国家基本药物目录，出台基本药物生产、流通、定价、使用和医保报销政策，减轻群众看病就医基本用药费用负担。三是健全基层医疗卫生服务体系。今年要全面完成规划支持的2.9万所乡镇卫生院建设任务。今后三年内中央财政再支持5000所中心乡镇卫生院、2000所县级医院和2400所城市社区卫生服务中心建设。支持边远地区村卫生室建设，实现全国每个行政村都有卫生室。四是促进基本公共卫生服务逐步均等化。扩大免费公共卫生服务范围，城乡居民人均公共卫生服务经费不低于15元，以后逐步提高。增加重大传染病、慢性病和职业病、地方病防治的专项投入。五是推进公立医院改革试点。重点改革管理体制、运行机制和监管机制。鼓励各地探索政事分开、管办分开、医药分开、营利性和非营利性分开的有效形式。逐步取消以药补医机制，推进公立医院补偿机制改革。鼓励各地探索建立医疗服务由利益相关方参与协商的定价机制，建立由有关机构、群众代表和专家参与的质量监管和评价制度。要充分发挥中医药和民族医药在防病治病中的重要作用。今后三年各级政府拟投入8500亿元，其中中央财政投入3318亿元，以保证医疗卫生体制改革的顺利推进。医疗卫生体制改革事关人民群众的健康权益，我们要加强领导、精心设计、认真组织，积极稳妥地推进，切实解决看病贵、看病难问题，为人民群众提供安全、有效、方便、价廉的医疗卫生服务。

做好人口和计划生育工作，稳定低生育水平。从今年开始，在全国农村实行住院分娩补助政策，定期为孕产妇做产前检查和产后访视，为3岁以下婴幼儿做生长发育检查。加强出生缺陷预防工作。将农村部分计划生育家庭奖励扶助标准由人均600元提高到720元。加强流动人口服务和管理。保护妇女和未成年人权益。在农村妇女中开展妇科疾病定期检查。支持残疾人事业加快发展。继续加强老龄工作。

大力发展文化体育事业。促进文化发展和繁荣，既可以拓展消费领域，也有利于丰富人们的精神文化生活。积极发展公益性文化事业，加快完善公共文化服务体系，加强重点文化设施、城乡基层文化设施特别是广播电视"村村通"和乡镇综合文化站、农家书屋建设，努力推进文化惠民工程。支持文化产业加快发展，完善扶持政策，培育骨干文化企业。繁荣哲学社会科学，积极发展文学艺术、广播影视、新闻出版事业。加强网络文化建设和管理。做好文物和非物质文化遗产保护。推进公益性文化事业单位管理体制、运行机制改革和经营性文化单位转企改制。加强基层公共体育设施建设，大力开展群众性体育活动，提高竞技体育水平，发展体育产业。

加强民主法制建设。积极稳妥地推进政治体制改革，发展社会主义民主政治。要健全民主制度，丰富民主形式，拓宽民主渠道．依法实行民主选举、民主决策、民主管理、民主监督。要健全基层群众自治机制，扩大基层群众自治范围，完善基层民主管理制度，保障人民群众依法直接行使民主权利、管理基层公共事务和公共事业。深入开展法制宣传教育，加强公民意识教育，树立社会主义民主法治、自由平等、公平正义理念。统筹推进城乡社区建设，促进社会组织健康发展。加强政府法制工作，提高政府立法透明度和公众参与度，做到规范、公正、文明执法。

加强社会管理，维护社会和谐安定。要特别重视维护群众合法权益，正确处理人民内部矛盾，及时合理解决群众反映的问题，坚决纠正各种损害群众利益的行为。健全社会矛盾纠纷调处化解机制，引导群众以理性合法的方式表达利益诉求。坚持领导干部特别是主要领导干部处理群众来信和接待群众来访制度，服务群众，化解矛盾。健全社会稳定预警机制，积极预防和妥善处置各类群体性事件。深入开展平安创建活动，加强社会治安综合治理。严密防范、依法严厉打击各类违法犯罪活动，维护国家安全和社会稳定。

（七）推进政府自身建设，提高驾驭经济社会发展全局的能力

过去一年，政府自身改革和建设取得了新的成绩，但与人民的期待仍有不小差距。政府职能转变还不到位，行政效率有待提高，形式主义、官僚主义比较突出，腐败现象在一些地方、部门和领域比较严重。这些问题必须下大气力解决。要紧紧围绕保增长、保民生、保稳定这个大局，加强政府自身建设。

坚持依法行政。规范行政行为，做到合法行政、合理行政、程序正当、高效便民、诚实守信、权责统一。深入贯彻行政许可法，继续推进行政审批制度改革，减少行政许可和审批事项，特别要减少投资审批、项目核准，落实企业的投资主体地位。促进公平竞争，消除地区封锁，打破行业垄断，组织调动各种社会资源，促进经济增长。通过全面正确履行政府职能，创造良好发展环境，增强企业投资的信心，增强社会消费的信心，增强人民群众对国家发展的信心。

实行科学民主决策。各项决策都要做到程序依法规范、过程民主公开、结果科学公正。政府重大决策的形成和执行都要加强调查研究，做到察民情、听民意、聚民智，尊重客观规律，提高决策的预见性、科学性和有效性。要推进政务公开，增加透明度，保障人民群众的知情权、参与权、表达权、监督权，让人民群众知道政府在想什么、做什么，赢得人民群众的充分理解、广泛

支持和积极参与。今年政府投资力度大、新上项目多，要确保监管到位，绝不能搞劳民伤财的“形象工程”和脱离实际的“政绩工程”，绝不允许利用扩大公共投资为单位和个人谋取私利。各级政府都要自觉接受人大监督和政协民主监督，强化监察、审计等专门监督，高度重视人民群众监督和新闻舆论监督，做到行政权力运行到哪里，监督就落实到哪里，财政资金运用到哪里，审计就跟进到哪里。

切实转变工作作风。各级政府要坚定地贯彻中央的决策部署，紧密结合实际，创造性地开展工作，使中央的各项政策落到实处，收到实效。领导干部要深入调查研究，及时发现问题，解决问题；密切联系群众，关心群众疾苦，倾听群众呼声，为群众排忧解难。政府工作人员要始终保持昂扬向上、奋发有为的精神状态，和广大人民群众一道知难而进，开拓进取，艰苦奋斗，共克时艰。

加强廉政建设和反腐败工作。以规范制度和制约权力为核心，针对腐败现象易发多发的领域和环节，从源头上防治腐败。坚决查处腐败案件，依法惩处腐败分子。我们一定要勤勉尽责，以实际行动和工作业绩，建设为民、务实、廉洁、高效的政府，让人民放心，让人民满意。

各位代表！

促进各民族共同团结奋斗、共同繁荣发展，是各族人民的根本利益所在。要全面贯彻民族区域自治法，确保中央支持少数民族和民族地区经济社会发展的政策措施落到实处。继续加大对人口较少民族的扶持力度。推进兴边富民行动覆盖所有边境县和新疆生产建设兵团边境团场。支持牧区和少数民族聚居山区加快发展。坚定不移地维护民族团结，进一步构建平等、团结、互助、和谐的社会主义民族关系。

全面贯彻党的宗教工作基本方针，发挥宗教界人士和信教群众在促进经济社会发展中的积极作用。

认真贯彻党的侨务政策，支持海外侨胞、归侨侨眷关心和参与祖国现代化建设与和平统一大业。

过去的一年，国防和军队现代化建设取得重要进展。人民解放军为维护国家主权、安全和领土完整，支持国家现代化建设，完成急难险重任务，发挥了重要作用。在新的一年，要着眼全面履行新世纪新阶段军队历史使命，推进军队革命化、现代化、正规化建设。扎实推进机械化条件下军事训练向信息化条件下军事训练转变，不断提高应对多种安全威胁、完成多样化军事任务的能力。全面提高武器装备和后勤保障的现代化水平。完善军民结合、寓军于民的国防科研和武器装备生产体系、军队人才培养体系和军队保障体系。积极稳妥地推进军队改革，增强军队建设的生机与活力。加强人民武装警察部队建设，增强执勤、处置突发事件、反恐、维稳能力。加强国防动员和后备力量建设。巩固发展军政军民团结。

各位代表！

我们将坚定不移地贯彻“一国两制”、“港人治港”、“澳人治澳”、高度自治的方针，全力支持香港、澳门两个特别行政区积极应对国际金融危机，保持繁荣稳定。进一步加强内地与港澳的合作，巩固香港国际金融中心地位，促进澳门经济适度多元发展。加快推进与港澳地区货物贸易的人民币结算试点。不断拓展粤港澳三地合作的深度和广度。加快推动港珠澳大桥、港深机场铁路、广深港高速铁路等基础设施建设。扩大内地服务业对港澳的开放。采取有效措施支持港澳在内地企业特别是中小企业发展，缓解经营困难。伟大祖国永远是香港、澳门的坚强后盾。我们坚信，香港、澳门同胞一定能够克服面临的困难，开创更加美好的明天！

过去的一年，对台工作取得重要进展，台湾局势发生积极变化，两岸关系取得重大突破。两岸协商在“九二共识”基础上得到恢复，全面直接双向“三通”已经实现。两岸同胞往来更频繁、经济联系更密切、文化交流更活跃、共同利益更广泛，两岸关系开始步入和平发展轨道。新的一年里，我们要继续坚持发展两岸关系、促进祖国和平统一的大政方针，牢牢把握两岸关系和平发展的主题，积极构建两岸关系和平发展框架，努力开创两岸关系和平发展新局面。我们要继续全面加强两岸经济合作，共同应对金融危机。积极推进两岸金融合作，支持在大陆的台资企业发展，对符合条件的提供融资服务，鼓励企业自主创新和转型升级。加强两岸双向投资和产业合作，拓展和深化农业合作。支持海峡西岸和其他台商投资相对集中地区的经济发展。加快推进两岸经济关系正常化，推动签订综合性经济合作协议，逐步建立具有两岸特色的经济合作机制。要加强两岸人员往来，扩大社会各界交流，大力弘扬中华文化，巩固两岸精神纽带。要在一个中国原则的基础上，努力增强两岸双方政治互信。在此基础上，我们愿意通过协商对台湾参与国际组织活动问题作出合情合理安排，探讨两岸政治、军事问题，为结束敌对状态、达成和平协议创造条件。我们坚信，有两岸中华儿女团结奋斗，就一定能够实现祖国的完全统一，实现中华民族的伟大复兴！

各位代表！

过去的一年，外交工作取得显著成就。我们与国际社会携手应对金融危机。成功举办亚欧首脑会议，增进亚欧国家间的政治互信与务实合作。积极推进双边、多边外交，在全球和地区热点问题上发挥建设性作用。坚定维护国家的主权、安全和发展利益,保障我国公民和法人在海外的合法权益。全方位外交取得新的重大进展,国际地位和影响空前提高。新的一年,我们将继续高举和平、发展、合作的旗帜,坚持走和平发展道路,坚持奉行独立自主的和平外交政策,坚持推进互利共赢的开放战略。加强与世界各国的友好交往,为国内经济平稳较快发展创造有利的外部环境。我们将继续深化与各方的务实合作,共同遏制国际金融危机蔓延,推动国际金融体系改革,反对贸易和投资保护主义,促进世界经济尽快复苏。我们将继续从中国人民和世界各国人民的根本利益出发,为妥善解决热点问题和全球性问题作出新的贡献。中国政府和人民愿同各国政府和人民一道,共同应对风险挑战,共同分享发展机遇,努力建设持久和平、共同繁荣的和谐世界。

各位代表!

我们面临的任务艰巨而繁重,我们肩负的责任重大而光荣。让我们在以胡锦涛同志为总书记的党中央领导下,坚定必胜信心,勇敢面对挑战,扎实工作,锐意进取,创造无愧于时代、无愧于历史、无愧于人民的新业绩,奋力把改革开放和现代化建设伟大事业推向前进,迎接中华人民共和国成立60周年!

《人民日报》发表社论《肩负起人民的重托》

承载着13亿人民的重托,第十一届全国人大二次会议今天在北京隆重开幕。这是在全党全国各族人民积极应对国际金融危机冲击、努力保持经济平稳较快发展的形势下召开的一次十分重要的会议,是全国人民政治生活中的一件大事,我们对会议的召开表示热烈祝贺!

2008年是极不平凡的一年。在这一年里,我国经济社会发展经受住了难以预料、历史罕见的严峻挑战和考验。在以胡锦涛同志为总书记的党中央领导下,全国各族人民同心同德、顽强拼搏,全面夺取抗击特大自然灾害的重大胜利,成功举办北京奥运会、残奥会,圆满完成"神舟"七号载人航天飞行任务,中国特色社会主义建设迈出新的坚实步伐。

在这一年里,新一届全国人大及其常委会坚持正确的政治方向,紧紧围绕党和国家工作大局,充分发挥国家权力机关的作用,依法行使职权,积极开展工作。全力支持抗震救灾和灾后恢复重建,充分发挥了社会主义制度集中力量办大事的政治优势;积极推动经济又好又快发展,抓住经济社会发展中的突出问题,综合运用多种监督形式,加强跟踪监督,推动改进工作,完善法律制度,使人大工作更有深度、更具活力;着力解决民生问题,把立法和监督结合起来,在推动改进工作的同时注重制定和完善法律,在加强立法的同时注重强化执法检查和工作监督,使人大工作更贴近民生、更具实效;充分发挥代表作用和专门委员会作用等方面都取得新成绩;高度重视、切实加强自身建设,把思想政治建设摆在首位,并以此引领人大各项工作。全国人大及其常委会卓有成效的工作,充分显示了我国人民代表大会制度的巨大优越性和强大生命力。

人民当家做主是社会主义民主政治的本质和核心。作为我国的根本政治制度,人民代表大会制度是中国人民当家做主的根本途径和最高实现形式,也是党在国家政权中充分发扬民主、贯彻群众路线的最好实现形式。实践证明,这一制度体现了国家一切权力属于人民,体现了中国共产党的领导地位和执政地位,体现了中国社会主义国家性质。我们一定要充分认识人民代表大会制度在国家社会政治生活中的重要地位和作用,充分认识坚持好、完善好这一根本政治制度的重大而深远的意义,坚持党的领导、人民当家做主、依法治国的有机统一,把人民代表大会制度坚持好、完善好,把依法治国基本方略贯彻好、落实好,把最广大人民的根本利益实现好、维护好。

2009年是全面贯彻党的十七大精神、推进"十一五"规划顺利实施的关键一年,也是应对国际金融危机冲击、保持我国经济平稳较快发展的关键一年,改革发展稳定的任务十分繁重。"积力之所举,则无不胜也;众智之所为,则无不成也"。这次大会将紧紧围绕应对国际金融危机、保持经济平稳较快发展这个主题,深入贯彻落实科学发展观,充分反映广大人民的根本利益,充分调动广大人民的积极性,形成推动经济社会发展和维护社会稳定的强大力量,把保增长、保民生、保稳定的各项工作落到实处,以优异成绩迎接新中国成立60周年。

东风何时至,已绿湖上山。回望过去我们会更清晰地看到,人民极大地推动着时代的进步,人民代表大会这一制度丰富和发展着中国特色社会主义道路的内涵。历史给予我们信心,人民给予我们信心。我们坚信,在以胡锦涛同志为总书记的党中央坚强领导下,出席十一届全国人大二次会议的全体代表,一定会忠实履行宪法和法律赋予的职权,无愧于人民的信任,不负人民的重托,为推动历史的发展和社会的进步作出新的贡献。

预祝大会圆满成功。

国家主席胡锦涛参加江苏代表团审议政府工作报告

胡锦涛在发言中说,当前的国际国内形势可以用两句话来概括。一句话是:挑战确实严峻,特别是国际金融危机仍在扩散和蔓延,世界经济增长明显下滑,我国经济发展也面临很大困难。再一句话是:机遇依然存在，改革开放30年取得的成果为我国进一步发展奠定了坚实基础，我国经济发展的基本态势和长期向好趋势没有改变，我国发展的重要战略机遇期没有改变。胡锦涛强调，面对挑战和机遇并存的形势，我们必须增强忧患意识，坚定必胜信念，抓住机遇，应对挑战，迎难而上，开拓进取，最大限度地减轻国际金融危机带来的不利影响，推动经济社会又好又快发展。

在谈到保持经济平稳较快发展时，胡锦涛强调，要进一步落实中央宏观调控政策措施，坚持扩大内需与稳定外需相结合，加快发展方式转变和结构调整，积极统筹城乡发展，做好节能减排和生态保护工作，不断深化改革开放，在应对挑战中开创新局面，在克服困难中实现新发展。

在谈到保障和改善民生时，胡锦涛指出，民生连着民心，民心凝聚民力。在经济发展遇到困难的情况下，更要加大改善民生工作力度，多渠道扩大就业，加快完善社会保障体系，不断提高教育和医疗服务水平，切实解决好人民最关心最直接最现实的利益问题，全力维护社会和谐稳定。

胡锦涛强调，我们的干部只有同广大人民群众同甘苦、共患难，才能赢得民心、集中民智、凝聚民力，从而形成无坚不克、无往不胜的强大力量。他希望各级干部特别是领导干部大力弘扬优良作风，时刻把人民群众的安危冷暖放在心上，多办顺民意、解民忧、增民利的实事好事，认真纠正损害群众利益的突出问题；发扬艰苦奋斗精神，模范执行中央关于党政机关厉行节约的规定，坚决反对讲排场、比阔气、铺张浪费和奢靡之风，把资金真正用在促进经济社会发展、改善群众生活急需的地方；牢固树立和坚持正确的事业观、工作观、政绩观，认认真真学习、老老实实做人、干干净净做事，始终保持高尚的精神追求和道德情操。

中组部部长李源潮参加了审议。

全国人大常委会委员长吴邦国参加安徽代表团审议政府工作报告

吴邦国表示完全赞同政府工作报告。吴邦国说，这个报告充分体现了科学发展观的本质要求，全面贯彻了党的十七大、十七届三中全会和中央经济工作会议精神，对做好今年的经济社会发展工作做了具体部署，下一步关键是要在狠抓落实上下功夫。

吴邦国在充分肯定安徽省这些年的工作后指出，今年是推进“十一五”规划顺利实施的关键一年，也是进入新世纪以来我国经济发展最为困难的一年，做好今年的各项工作任务繁重、意义重大。安徽省要认真贯彻党的十七大、十七届三中全会和中央经济工作会议精神，深入贯彻落实科学发展观，按照中央决策部署，结合本地实际创造性地开展工作，把保持经济平稳较快发展作为首要任务，着力转变经济发展方式和调整经济结构，着力保障改善民生和维护社会和谐稳定，促进经济社会全面协调可持续发展。吴邦国在发言中着重强调了三点：

一要把思想和行动统一到中央对经济形势的分析判断和对工作的决策部署上来，既要充分估计和高度重视面临的困难与挑战，增强忧患意识，又要充分认识我国经济社会发展的有利条件和积极因素，坚定发展信心，通过扎扎实实的工作，把保增长、调结构、重民生的政策措施落到实处、见到实效。

二要把解决当前困难与推动长远发展结合起来，在保持经济平稳较快发展的同时，将转变经济发展方式和调整经济结构作为主攻方向，化严峻挑战为发展机遇，变市场压力为调整动力。大型龙头企业要向产业链高端调整、向利润高端调整，大力发展研发、成套、市场营销、物流等生产服务业；中小企业和中小企业集群要加强品牌与设计、物流与销售两方面工作，掌握发展主动权，增强企业抗风险能力。

三要把皖北发展作为统筹安徽区域协调发展的重点，紧紧抓住国家实施促进中部地区崛起战略和泛长三角区域发展分工合作等重要机遇，充分发挥皖北及沿淮地区后发优势，尤其是煤电、农副产品、劳动力等方面的比较优势，做好建设工业园区、承接产业转移、培育优势产业、发展现代农业等几篇大文章，提升自我发展能力。同时要加快皖江城市带承接产业转移示范区建设，大力推进跨江联动发展，把区位、资源和市场组合优势转化为经济优势，加快推进安徽的区域、城乡协调发展。

全国政协主席贾庆林参加北京代表团审议政府工作报告

贾庆林指出，2008年，是党和国家事业发展进程中极不平凡的一年，也是首都人民经受重大考验、取得经济社会发展显著成就的一年。在党中央的坚强领导下，我们成功举办了一届有特色、高水平的北京奥运会、残奥会，首都经济实现了历史性突破，各项社会事业取得了新的重大进展。

贾庆林强调，今年是新中国成立60周年，做好首都的各项工作，具有十分重要的意义。要认真贯彻中央的决策部署，紧紧围绕建设“人文北京、科技北京、绿色北京”的战略构想，努力保持首都经济平稳较快发展与社会和谐稳定，以优异的成绩迎接新中国成立60周年。

贾庆林指出，当前，我们面临的主要挑战是世界经济形势急剧变化，肩负的首要任务是保持经济平稳较快发展。只要我们同心同德、扎实工作，完全有条件、有能力把国际金融危机带来的不利影响降到最低程度，继续推动经济平稳较快发展。对于北京来说，保持首都经济平稳较快发展，要充分发挥总部优势，大力发展总部经济；发挥科技优势，大力发展高新技术产业；发挥文化优势，大力发展文化产业；发挥开放优势，大力发展开放型经济。要把保增长、保民生、保稳定结合起来，下大气力解决人民群众最关心最直接最现实的利益问题，千方百计创造更多就业岗位，为解决就业问题特别是高校毕业生和农民工就业问题做贡献；加大保障性住房建设力度，切实解决群众住房困难，真正使城市低收入家庭安居乐业；加快城市轨道交通建设，改善市民出行条件。

贾庆林强调，隆重举行新中国成立60周年庆祝活动，是全党全国各族人民政治生活中的一件大事。北京作为首都，在庆祝活动中承担着光荣而艰巨的任务。要认真贯彻中央要求，高质量、高水平地完成各项筹办任务。要认真总结运用举办北京奥运会、残奥会的成功经验，借鉴以往举办重大活动的好做法，推进首都城市环境整治，努力营造欢乐祥和气氛，确保庆祝活动圆满成功。

北京市委书记刘淇参加了审议。

中共中央政治局常委李长春参加四川代表团审议政府工作报告

李长春强调，当前，中央为保持经济平稳较快发展，制定实施了一系列重大战略部署和政策措施，这既对文化建设提出了新的更高要求，也为文化发展带来了新的机遇。我们要进一步增强加快文化发展的责任感和紧迫感，把推进文化建设与贯彻落实中央保持经济平稳较快发展的重大措施结合起来，把构建公共文化服务体系与建设社会主义新农村结合起来，把深化文化体制改革与促进文化创新结合起来，把加快文化发展与运用现代科技结合起来，把促进文化繁荣与加强管理结合起来，破解发展难题，转变发展方式，不断解放和发展文化生产力，推动社会主义文化大发展大繁荣。李长春希望四川积极探索文化发展的新途径新方式，培育一批骨干文化企业，打造一批有自主知识产权和市场影响力的文化品牌，切实把四川丰富的历史文化、民族文化、革命文化等文化资源和旅游资源转化为发展优势，增强竞争力和影响力，在建设西部文化强省的进程中迈出新步伐。

国家副主席习近平参加上海代表团审议政府工作报告

习近平在发言中表示，完全赞成温家宝总理所作的政府工作报告，报告关于保增长、保民生、保稳定的各项关键举措暖人心、稳人心，有利于鼓实劲、求实效。习近平说，过去一年，上海经济保持平稳较快发展，发展方式转变取得新进展，城乡建设和管理取得新进步，人民生活得到新改善，干部队伍精神面貌发生新变化，党的建设得到新加强。习近平还对上海积极支援抗震救灾和灾后恢复重建工作，全力以赴协办和参与北京奥运会、残奥会，扎扎实实筹办上海世博会等方面的成绩，给予高度评价。

习近平指出，今年是关键之年、困难之年，做好今年各项工作，必须立足当前、着眼长远。对上海来说，立足当前，就是要迎难而上，坚决贯彻中央提出的“四个着力”的决策部署，着力扩大国内需求特别是消费需求，着力转变发展方式，加快经济结构战略性调整，着力深化改革、提高对外开放水平，着力改善民生、促进社会和谐；同时坚决贯彻市委提出的“四个确保”的要求，确保经济平稳较快发展，确保民生持续得到改善，确保社会和谐稳定，确保世博会筹办有序进行。着眼长远，就是要坚定信心，扎实推进中共上海市九次党代会提出的“四个率先”和“四个中心”的战略目标，做到率先转变经济增长方式、率先提高自主创新能力、率先推进改革开放、率先构建社会主义和谐社会，建设国际经济、金融、贸易、航运中心和社会主义现代化国际大都市。贯彻落实“四个着力”和“四个确保”越坚决，上海“四个率先”和“四个中心”建设的步子就会迈得越扎实。

习近平还结合上海实际，提出了五个方面的工作建议。一是要勇于面对危机、化危为机，在坚决实现经济平稳较快发展的同时加快发展方式转变和经济结构调整，努力形成以服务经济为主的产业结构、以创新驱动为主的发展方式。二是要勇于直面国际金融危机背景下凸显的涉及群众切身利益的各种问题，着力保障和改善民生，进一步解决好人民群众最关心最直接最现实的利益问题。三是要勇于和善于正确处理新形势下的人民内部矛盾和各类群体性事件，尽最大努力把影响社会稳定的问题解决在基层、消除在萌芽状态。四是要勇于担负重任，举全市之力，高标准、高水平做好上海世博会各项筹办工作。五是要勇于继续解放思想、坚持改革开放，进一步增强上海经济社会发展的活力和动力，以解放思想的新境界、改革创新的新优势，开创上海社会主义现代化国际大都市建设新局面。

上海市委书记俞正声，全国人大常委会副委员长严隽琪参加了审议。

国家发改委作《关于2008年国民经济和社会发展计划执行情况与2009年国民经济和社会发展计划草案的报告》

各位代表：

受国务院委托，现将2008年国民经济和社会发展计划执行情况与2009年国民经济和社会发展计划草案提请十一届全国人大二次会议审议，并请全国政协各位委员提出意见。

一、2008年国民经济和社会发展计划执行情况

过去的一年，是很不寻常、很不平凡的一年，我国经济社会发展经历了多方面难以预料、历史罕见的重大挑战和严峻考验。全国各族人民在中国共产党的领导下，深入贯彻落实科学发展观，按照十一届全国人大一次会议审议批准的国民经济和社会发展计划，克服重重困难，排除各种突发事件的干扰，全面夺取抗击南方部分地区严重低温雨雪冰冻灾害和四川汶川特大地震灾害斗争重大胜利；成功举办北京奥运会、残奥会，成功完成神舟七号载人航天飞行任务；特别是积极应对国际金融危机冲击，保持了经济平稳较快发展和社会和谐稳定。计划执行情况总体是好的。

（一）经济平稳较快增长

全年国内生产总值超过30万亿元，增长9.0%，比世界经济平均增长率高出5个多百分点。规模以上工业增加值比上年增长12.9%，轻、重工业分别增长12.3%和13.2%。全年社会消费品零售总额达到10.85万亿元，增长21.6%，增速比上年加快4.8个百分点；全社会固定资产投资总额17.23万亿元，增长25.5%，国内需求特别是消费需求对经济增长的拉动作用增强。

经济效益继续保持增长。国家财政收入6.13万亿元，增长19.5%。单位国内生产总值能耗进一步降低，全年降幅为4.59%；二氧化硫、化学需氧量排放量减少的势头得到巩固，全年分别下降5.95%和4.42%。万元工业增加值用水量下降7.0%。节约集约用地工作力度加大，土地利用效率继续提高。

（二）价格涨幅逐步回落

针对上半年国内食品价格上涨过快和国际市场粮食、油料价格急剧上涨对稳定物价带来的巨大压力，采取了综合性政策措施。一方面，努力保障供给。制定并组织实施扶持政策，促进粮食、生猪、油料、奶业、蛋鸡等生产发展；加强重要农副产品的紧急调运和产销衔接，缓解东北粮食、部分地区特别是灾区农产品卖难和流通不畅问题；采取财税支持、控制出口、鼓励进口、国家储备吞吐调节等综合措施，保障粮食、成品油、化肥等重要商品的市场供应和价格稳定。另一方面，加强市场监管。对粮食、食用植物油等重要商品实施临时价格干预措施。组织开展农资价格、成品油价格、医药价格和涉农收费、涉企收费、教育收费等专项检查，积极引导经营者价格自律，严厉打击囤积居奇、哄抬价格、串通涨价等违法行为。与此同时，两次提高低保补助水平，确保低收入群体的基本生活不会因物价上涨受到明显影响。进入四季度后，通货膨胀压力明显减弱，全年居民消费价格上涨5.9%；生产资料和农资价格涨幅也迅速回落，12月份生产资料出厂价格同比下降1.9%，农资价格涨幅比最高时的7月份回落12.4个百分点。

（三）"三农"工作进一步加强

强农惠农政策力度不断加大。耕地保护工作继续加强。研究制定了进一步扶持农业和粮食生产的10项措施，组织编制了《全国新增1000亿斤粮食生产能力规划（2009—2020年）》。在粮食收购价格、涉农补贴和主要农产品收储方面，进一步加大工作力度。三次大幅度提高粮食最低收购价，提价幅度超过20%；中央财政用于粮食直补、农资综合补贴、良种补贴、农机具购置补贴的资金达1030亿元，比上年增长1倍；实施主要农产品临时收储政策，共收购稻谷1178万吨、玉米852万吨、棉花131万吨、油料67万吨。

支农资金投入继续增加。全年中央财政用于"三农"资金达5955.5亿元，增长37.9%。粮食、油料、糖料、棉花生产基地和旱作农业示范基地建设步伐加快，动植物疫病防控体系、标准化规模养殖小区、种养业良种繁育基地、农产品质量安全检验检测体系、农产品批发市场、粮油仓储及现代物流设施建设进展顺利。

主要农副产品产量大幅增长。粮食连续5年丰收，全年总产量达到52850万吨，增长5.4%，总产和单产均创历史新高。棉花产量750万吨，油料、糖料产量分别达到2950万吨和13000万吨，增长14.8%和6.7%；生猪生产恢复较快，肉类总产量7269万吨，增长5.9%，奶业生产逐步恢复，全年牛奶产量增长3.6%；水产品产量4895万吨，增长3.1%。优质高产高效农业取得新进展，无公害农产品、绿色食品、有机食品和农业标准化生产加快发展，优质小麦和优质水稻所占比重分别达到68%和74%，比上年提高6.3个和1.9个百分点。

农村生产生活条件进一步改善。病险水库除险加固、大型灌区续建配套与节水改造工程加快实施，中部大型排涝泵站更新改造规划提前完成，开工建设了一批骨干水利工程。继续加强农村水电气路建设，饮水安全工程使4824万农民受益，新增沼气用户500万户，新建、改建农村公路39.1万公里。"万村千乡"、"双百"市场工程进展顺利。

（四）结构调整取得重要进展

自主创新能力继续增强。新修订的科技进步法公布实施，国家中长期科学和技术发展规划纲要实施顺利，配套政策进一步完善。科技创新投入大幅增加，中央财政科技投入1163亿元，增长16.4%。大型油气田、极大规模集成电路等16个国家重大科技专项全面进入

实施阶段,国家科技支撑、“863”、“973”等科技计划进展顺利,知识创新三期工程建设全面启动,大天区望远镜、重离子加速器等国家重大科技基础设施建成投入使用,在信息、生物和环保等领域新建了18个国家工程中心,新认定了76家国家级企业技术中心,支持了90家企业技术中心创新能力建设。自主研发了百万亿次超级计算机,新支线飞机ARJ21-700首飞成功。

高技术产业和装备制造业发展加快。生物医药、卫星应用等13个高技术产业化专项实施顺利,在信息、生物、新能源、新材料、民用航空航天等领域新认定了37个高技术产业基地,发放了3张第三代移动通信牌照。2008年,54个国家高新区工业增加值增长18.6%。振兴装备制造业的政策体系不断完善,一批重大装备和关键设备研制成功。空客A320天津总装线正式投入运营,1000千伏交流特高压输电试验示范线路的关键设备研制成功,兆瓦级风电设备开始批量生产。同时,继续依法淘汰落后生产能力,全年关停小火电1669万千瓦、小煤矿1054处,水泥、钢铁、电解铝等行业落后产能淘汰工作进展顺利。高耗能、高排放行业生产增幅明显放缓,钢铁、煤炭、建材等行业优势企业兼并重组步伐加快。

基础设施和基础产业稳定发展。新增公路通车里程近10万公里,其中高速公路6433公里;新建铁路投产里程1719公里,增建铁路复线投产里程1935公里,电气化铁路投产里程1955公里,武汉—合肥铁路全面建成,京沪高速铁路、北京—石家庄—武汉客运专线和兰渝、贵广等西部干线及其他一批重大铁路项目开工建设;港口万吨级码头泊位新增吞吐能力3.3亿吨;港珠澳大桥前期工作取得实质性进展;新建康定、榆林、长白山等8个民用机场。福建宁德、福清与广东阳江、浙江方家山4个核电项目开工建设,两淮煤炭基地竣工验收,国家石油储备一期工程交付使用。全年原煤产量27.9亿吨,增长4.1%,新增发电装机9051万千瓦。

服务业发展态势良好。支持服务业加快发展的政策体系不断完善,新农村综合信息服务、基础教育信息资源开发与服务、中小企业电子商务服务等信息化试点示范工程启动实施。运用服务业发展引导资金,重点支持了先进制造业服务体系、农业生产配套服务体系建设。第三产业增加值达到12.05万亿元,比上年增长9.5%,2003年以来增幅首次超过第二产业。

区域发展协调性增强。新开工了10项西部大开发重点工程,投资总规模达4361亿元,落实退耕还林后续政策,巩固退耕还林成果,实施退牧还草523万公顷。东北地区等老工业基地振兴步伐加快,确定了全国首批12个资源枯竭城市,东北中小企业信用再担保机构正式成立。中部地区26个城市比照实施振兴东北地区等老工业基地有关政策、243个县(市、区)比照实施西部大开发有关政策逐步落实,中部城市群发展势头强劲,“三个基地、一个枢纽”建设取得积极进展。东部地区在转变发展方式、调整经济结构、推动体制创新等方面继续走在全国前列,出台了推进长江三角洲地区改革开放和经济社会发展指导意见以及珠江三角洲地区改革发展规划纲要,经济特区、上海浦东新区、天津滨海新区开发开放继续向纵深发展。制定和实施了一批扶持老少边穷地区发展的政策性文件,区域合作和对口支援不断拓展,东部产业向中西部地区转移呈良好态势。

(五)改革开放迈出新的步伐

经济体制改革继续深化。农村综合改革继续深化,集体林权制度改革全面推开。公司制股份制改革和国有独资公司董事会试点稳步推进,17家试点中央企业董事会中的外部董事都已超过半数。国有资本经营预算制度改革试点范围扩大,电信企业资产和业务重组基本完成,初步形成了新移动、新电信和新联通三足鼎立的竞争格局;航空工业体制改革取得重大进展,中航一、二集团合并重组为中国航空工业集团公司。鼓励支持和引导非公有制经济发展的配套措施不断完善。新的企业所得税法得到较好落实,研究制定并发布实施了增值税转型改革方案。中国农业银行和国家开发银行改革取得重大进展,银行业的资本实力、资产质量和防风险能力有了新的提高。资源性产品价格改革稳步推进,酝酿多年的成品油价格和税费改革方案顺利实施。修改完成了深化医药卫生体制改革的意见,研究制订了2009—2011年改革实施方案。综合配套改革试点工作也取得了新的进展。

开放型经济继续发展。对外贸易较快增长。全年进出口总额25616亿美元,比上年增长17.8%。进出口商品结构继续改善,机电产品、高新技术产品出口分别增长17.3%和13.1%。服务贸易快速发展。利用外资质量和水平进一步提升。完善了外商投资、借用国外贷款管理。全年吸收外商直接投资(不含银行、证券、保险领域)924亿美元,比上年增长23.6%,其中,服务贸易领域实际使用外资增长24.2%,西部和中部地区实际使用外资分别增长79.8%和36.4%。安排借用国外贷款230亿美元,比上年增长5.4%。国家外汇储备达到1.95万亿美元。企业对外投资合作步伐加快,全年对外直接投资(非金融部分)406.5亿美元,比上年增长63.6%,对外工程承包和劳务合作保持较快发展。

(六)民生工作和社会事业得到加强

城乡居民收入继续增加、实惠增多。全年农村居民人均纯收入和城镇居民人均可支配收入分别达到

4761元和15781元，实际增长8.0%和8.4%。促进就业、以创业带动就业的政策进一步完善，城镇新增就业1113万人，年末城镇登记失业率4.2%。社会保障覆盖面继续扩大，全国参加城镇基本养老、城镇基本医疗、失业、工伤、生育保险人数分别新增1753万、9387万、755万、1637万和1406万。企业退休人员基本养老金人均每月新增110元，城镇居民基本医疗保险试点城市新增229个，新型农村合作医疗制度实现全覆盖(以县为单位)。被征地农民社会保障制度建设取得新进展。新建城镇廉租住房63万套，通过实物配租和发放租赁补贴，又解决了190万户城市低收入家庭的住房困难。社区服务体系、儿童福利设施、流浪未成年人救助保护设施以及残疾人综合服务设施建设积极推进。扶贫开发力度加大、扶贫标准进一步提高，利用国家以工代赈资金建设了基本农田7.2万公顷，解决了贫困地区190万人、110万头牲畜饮水困难。安排西部地区易地扶贫搬迁人口32万人。

各项社会事业建设得到加强。城乡免费义务教育全面实施，职业教育加快发展，家庭经济困难学生资助制度逐步完善。农村义务教育办学条件进一步改善，在3519所农村初中学校新建689万平方米学生生活设施，支持722所中等职业学校和县级职教中心加强基础能力建设；新建改扩建182所特殊教育学校。启动实施高等教育“211工程”三期建设。高中阶段教育毛入学率比上年提高8个百分点，普通高校招生数增加42万人，研究生增加2.7万人。基层医疗服务和计划生育设施建设加快，支持了2万余所乡镇卫生院、430个县医院、209个县中医院和369个县妇幼保健机构的建设；安排专门资金，支持159个地市级以上重点中医院、1231个县级和乡镇中心计划生育服务站建设，对重大传染病、地方病多发的边远地区8800多个村卫生室给予了支持。人口自然增长率5.08‰。广播电视村村通、乡镇综合文化站、文化和自然遗产地保护、旅游等方面的支持力度明显加大。新闻出版、文学艺术、哲学社会科学等事业繁荣发展。城乡公共体育设施建设得到加强。

(七)资源节约型和环境友好型社会建设加快

节能减排工作力度加大。全年累计安排423亿元中央财政资金，支持十大重点节能工程建设、循环经济发展、城镇污水垃圾处理设施及配套管网改造、重点流域水污染治理和节能环保能力建设等。推广节能灯6000多万只，限产限售限用塑料购物袋取得明显成效。发布了国家重点节能技术推广目录，建筑、交通运输、公共机构节能取得新进展。实施节能减排科技专项行动，攻克了一批重点行业的重大节能减排技术，在重点领域和行业进行了大规模示范和推广应用。第二批国家循环经济示范试点顺利实施，启动了14家汽车零部件再制造试点。经济政策的激励作用进一步强化，发布实施了节能节水环保设备所得税优惠政策，调整了不同排量乘用车的消费税税率，完善了资源综合利用税收优惠政策，出台了可再生能源电价补贴和配额交易方案。开展了省级政府2007年节能减排目标完成情况、节能减排措施落实情况的评价考核，公布了2007年度千家重点耗能企业节能目标责任评价考核结果，重点耗能企业能效水平对标活动进展顺利。组织开展了节能减排专项督察和环保专项执法行动。节能减排全民行动等宣传活动收到了良好社会效果。

生态环境保护取得新进展。塔里木河治理、黑河治理、首都水资源保护工程积极推进，石羊河流域重点治理工程全面启动；在继续推进天然林资源保护、防护林体系建设、京津风沙源治理等重点生态保护工程的同时，启动了岩溶地区石漠化综合治理。太湖水环境综合治理和松花江、淮河、辽河等重点流域水污染防治工作积极推进。三峡库区三期地质灾害防治工程顺利实施。农村环保全面启动。全国新增城市污水日处理能力1149万吨，城市污水处理率和城市生活垃圾无害化处理率分别达到65%和64%，均比上年提高2个百分点左右。燃煤电厂脱硫改造进一步推进，又有近1亿千瓦火电机组安装了脱硫设施，已占火电装机总量的60%左右。

应对气候变化国家方案得到较好落实。发布《中国应对气候变化的政策与行动》白皮书，推动通过《应对气候变化技术开发与转让北京宣言》，清洁发展机制项目合作积极开展。

(八)抗击特大自然灾害取得重大胜利

年初，为应对南方部分地区严重低温雨雪冰冻灾害，按照中央的统一部署，各地区各部门迅速启动应急机制，全力保交通、保供电、保民生，迅速恢复了工农业生产和因灾损毁的基础设施。“5·12”四川汶川特大地震发生后，全国上下紧急动员，人民解放军、武警部队、民兵预备役人员、公安民警和医疗卫生人员、新闻工作者、科技工作者、教育工作者、志愿者等各方面力量迅速行动，港澳台同胞及海外华人华侨慷慨解囊，国际社会积极施援，奋勇夺取抗震救灾斗争重大胜利，谱写了感天动地的英雄凯歌。从废墟中抢救出生还者8.4万人，及时收治伤病人员296万人次，累计救助受灾困难群众1058.4万人。为积极有效开展恢复重建工作，出台了汶川地震灾后恢复重建条例，经全国人大常委会批准，设立了灾后恢复重建基金，在较短时间内编制完成灾后恢复重建总体规划和10个专项规划，建立了“一省帮一重灾县”的对口支援机制。目前，灾后恢复重建各项规划正在抓紧实施，8400多个重建项目已开工建设,灾区群众生产生活正逐步恢复正常。

在世界经济金融形势发生急剧变化、国内各种突发性困难明显增多的情况下,2008年经济社会发展取得显著成绩,来之不易。这是党中央、国务院坚强领导、科学决策的结果,是各地区各部门密切配合、扎实工作的结果,是全国各族人民众志成城、共克时艰的结果。

在充分肯定成绩的同时,我们也清醒地看到,当前国际国内经济形势十分严峻复杂,保持经济平稳较快发展任务更加繁重。国际金融危机扩散蔓延,已严重冲击全球经济,波及范围之广、影响程度之深、冲击强度之大超出人们预料,主要发达经济体可能全面衰退,新兴市场经济体和发展中国家增速放缓,世界经济将会经历一个较长的低迷和调整时期,同时,全球通货紧缩压力加大,贸易保护主义抬头,不确定不稳定性因素显著增多。受国际金融危机冲击的影响,加上我国自主创新能力不强、产业结构不合理、内需外需不均衡、资源环境代价过大,以及投资消费比例关系、经济社会发展和城乡区域发展不协调等发展方式粗放的问题与体制性、结构性矛盾依然存在,经济运行困难急剧增加。特别是2008年第四季度以来,经济增速下滑已经成为经济运行中的突出问题。一是工业生产显著放缓,10—12月,全国规模以上工业增加值增幅同比分别回落9.7个、11.9个和11.7个百分点;能源、原材料和运输需求缩减,钢材、电解铝等产品市场价格下降,产能过剩问题明显暴露。二是一些消费热点降温,全年全国商品房销售面积下降19.7%,汽车销量增幅回落15.1个百分点,近年来消费增长较快的其他商品需求也出现了不同程度的下降。三是对外贸易急剧下滑,去年11、12月份出口额分别下降2.2%和2.8%。四是部分企业经营困难,企业订单减少、销售不畅、利润缩减状况从沿海向内地、从中小企业向大企业、从外向型行业向其他行业蔓延,亏损企业增加较多。

与此同时,就业、"三农"、节能减排、金融等方面也存在一些突出矛盾和问题。就业再就业压力加大。全国企业用工需求明显下滑,10—12月城镇新增就业人数逐月下降,当月新增就业人数分别为84万、55万和38万,高校毕业生、城镇就业困难人员和农民工就业形势更趋严峻。促进农业增产、农民增收的制约因素较多。农业基础设施依然薄弱,连续5年丰收后继续保持粮食生产稳定发展更加困难,农产品价格下行压力较大,在农民工返乡较多、稳定就业难度加大的情况下,保持农民收入持续增长的制约进一步突出。推进节能减排的任务更加艰巨。由于发展阶段的客观因素,节能技术服务产业发展滞后,加上目前企业经营困难加大、开工不足,导致能源利用效率和治污设施正常运营水平下降、技术改造和污染治理投入减少,"十一五"后两年节能减排的压力仍然很大。金融市场潜在风险不容忽视,资本市场信心亟待增强。部分领域市场经济秩序混乱,生产安全和食品安全重特大事故频繁发生,给人民群众生命财产造成了重大损害。针对上述问题,我们将积极采取措施,加快解决突出矛盾,努力把各种不利影响降到最低程度。

二、2009年经济社会发展的总体要求和主要目标

2009年的经济社会发展工作,要全面贯彻党的十七大和十七届三中全会精神,以邓小平理论和"三个代表"重要思想为指导,深入贯彻落实科学发展观,立足扩大内需保持经济平稳较快增长,加快发展方式转变和结构调整提高可持续发展能力,深化改革开放增强经济社会发展活力和动力,加强社会建设加快解决涉及群众利益的难点热点问题,促进经济社会又好又快发展。

按照上述要求,围绕保持经济平稳较快发展的首要任务,考虑速度与质量结构效益相统一、内部经济与外部经济相均衡、经济发展与社会发展相协调的需要,并与"十一五"规划《纲要》相衔接,提出的2009年经济社会发展的主要目标是:

——经济保持平稳较快增长,国内生产总值增长8%左右。继续提出8%左右的经济增长目标,主要是为了防止增速下滑过多,是维护党和国家工作大局、广大人民群众切身利益的客观需要,有利于稳定社会预期、增强发展信心,有利于扩大城乡就业、增加居民收入、保持社会稳定。同时,在世界经济增长减速、外部环境复杂多变、国内矛盾明显增多的形势下,这一目标也是不低的,需要强有力的宏观政策支撑和扎实有效的工作。当然,我们所追求的是讲求质量和效益的发展,是以人为本、全面协调可持续的发展。

——经济结构进一步优化。自主创新力度加大,第三产业比重有所提高,产业集中度得到提升,落后产能进一步被淘汰,区域发展更趋协调,单位国内生产总值能耗、二氧化硫、化学需氧量排放量降幅进一步扩大。在国际金融危机不断蔓延、国内存在诸多矛盾和问题的大背景下,只有化挑战为机遇,变压力为动力,把保增长、扩内需、调结构有机结合起来,加快经济结构优化和企业转型升级,淘汰落后产能,整合生产要素,才能不断提高发展的质量和效益,增强产业竞争力和可持续发展能力。提出这个组合目标,就是为了引导各方面在保持经济平稳较快增长的同时,着力转变发展方式,加快调整经济结构,强化节能减排工作,努力促进企业转型升级,增强应变能力,实现又好又快发展。

——民生得到较好保障。城镇新增就业900万人,实际工作中力争更多一些,城镇登记失业率不高于

4.6%。农民人均纯收入和城镇居民人均可支配收入均实际增长6%。减少农村贫困人口200万人以上。人口自然增长率控制在7‰以内。主要考虑是：越是困难的时候，越要高度关注民生，这无论是对于扩大内需、促进增长，还是增强全社会战胜困难的信心和决心，都是非常重要的。虽然当前部分企业经营困难，新增劳动力持续增加，特别是今年大学毕业生人数继续增加，就业形势非常严峻，但通过实施更加积极的就业政策，全方位增加就业岗位，加强就业服务和培训，城镇新增就业目标是可以实现的。受国内外经济环境变化的影响，农民务工难度加大，制约了现金收入的增加，生猪、棉花、大豆等主要农产品价格也存在一些不确定因素，今年城乡居民特别是农民增收形势不容乐观。但是，随着国民收入分配格局调整力度的加大，促进居民收入提高政策措施的逐步落实，农村劳动力就业渠道和农村内部增收空间的不断拓展，城乡居民收入增长的预期目标也是可以实现的。

——居民消费价格总水平涨幅控制在4%左右。提出这一目标，既估计了总需求增长放缓，供过于求矛盾加大，短期价格下行压力增大的因素，也考虑了稳步推进价格改革、劳动力和资源环境成本刚性上升等因素，同时也考虑了引导市场预期和稳定市场信心的需要。

——国际收支状况继续改善。出口保持稳定增长，进口进一步扩大，服务贸易发展加快，有效配置全球资源的能力和水平有所提高，国际竞争新优势得到加强。外贸进出口总额增长8%。利用外资的区域结构和产业结构改善，对外投资稳步增加。实现这一目标，既是保增长、保就业的现实需要，也是调结构、增效益的重要条件。尽管当前国际经济环境严峻，国际市场收缩，贸易保护主义抬头，但是，我国劳动力资源丰富、素质不断提高，技术进步加快，企业应对市场变化的能力逐步提升，在国际竞争中仍具有明显的比较优势，只要我们抓住国际分工调整的有利时机，坚持扩大对外开放，转变对外经济发展方式，走以质取胜、集约化、多元化的发展路子，就能够不断提高我国经济的国际竞争力和抗风险能力，稳定并扩大国际市场份额。

三、2009年经济社会发展的主要任务和措施

今年是新中国成立60周年，也是应对国际金融危机冲击、保持国内经济平稳较快发展和社会和谐稳定、实现“十一五”规划目标的关键一年。要着力在保增长上下功夫，把扩大内需作为保增长的根本途径，把加快发展方式转变和结构调整作为保增长的主攻方向，把深化重点领域和关键环节改革、提高对外开放水平作为保增长的强大动力，把改善民生作为保增长的出发点和落脚点，积极应对挑战，化解突出矛盾，促进经济社会又好又快发展。

（一）实施积极的财政政策和适度宽松的货币政策，进一步加强和改善宏观调控。把扭转经济增速下滑趋势作为宏观调控的最重要目标，进一步增强宏观调控的前瞻性、应变能力和实际效果，全力支持经济增长。

扩大财政支出与结构性减税相结合。(1)增加中央财政赤字和国债发行规模。2009年拟安排中央财政赤字预算7500亿元，比上年预算增加5700亿元；相应增加国债发行规模。(2)减轻企业和居民税费负担。落实已出台的中小企业、房地产交易相关税收优惠和出口退税等方面政策，统一取消和停征100项行政事业性收费。(3)优化财政支出结构。继续加大对改善民生、基础设施、灾后重建等领域的支持力度，严格控制一般性支出，压缩公务购车用车、会议经费、公务接待费、出国(境)经费等支出。严格控制党政机关楼堂馆所建设。

更好地发挥货币政策在促进经济增长方面的积极作用。(1)促进货币信贷供应总量合理增长。积极运用各种货币政策工具保持银行体系流动性充足。引导商业银行合理增加信贷投放，引导民间金融健康发展。(2)优化信贷结构。坚持区别对待、有保有压，加大对民生工程、“三农”、重大基础设施建设、中小企业、自主创新、技术改造和兼并重组、节能减排、区域协调发展、扩大消费、灾后恢复重建等方面的信贷支持。支持房地产开发企业合理的融资需求。(3)保持资本市场稳定健康发展。完善资本市场基础性制度，增强投资者信心。(4)加强和改进金融监管。提高金融机构风险管理水平，推进金融体系安全网建设，防范系统性金融风险。(5)保持人民币汇率基本稳定。2009年，广义货币供应量(M2)预期增长17%左右。

保持固定资产投资较快增长。(1)加大政府投资力度。从2008年四季度到2010年年底，中央政府拟新增投资1.18万亿元，加上地方配套和社会投资，可形成约4万亿元的投资规模，重点用于加快保障性住房、农村民生工程、基础设施、社会事业、环境保护、结构调整和技术改造等方面建设和灾后恢复重建。2009年，在上年末增加保障性住房、灾后恢复重建等中央政府公共投资1040亿元的基础上，中央政府公共投资安排9080亿元，比上年增加4875亿元。为增强地方安排配套资金和扩大政府投资的能力，国务院同意地方发行2000亿元债券，由财政部代理发行，列入省级预算管理。(2)发挥政府投资的引导作用。拓宽民间投资渠道和领域，扩大企业债券发行规模，支持民间资本投向符合国家产业政策的领域，吸引更多的社会资金参与政府鼓励项目特别是灾后重建中的基础设施项目

建设。(3)加强投资项目和资金管理。严格执行建设程序,坚决防止新一轮高耗能、高污染、低水平重复建设。进一步加强对政府投资项目的全过程监督检查,确保项目工程质量,严禁截留挪用、滞留不用和浪费建设资金,努力提高投资效益。2009年,全社会固定资产投资总规模预期增长20%。

着力扩大消费尤其是居民消费。(1)千方百计增加居民收入,提高消费能力。继续提高农资综合直补、良种补贴、农机具补贴等标准并扩大规模,提高企业退休人员基本养老金水平,提高城乡居民最低生活保障标准,提高优抚对象等人员抚恤和生活补助标准,增加居民财产性收入。(2)培育消费热点,拓展消费空间。鼓励普通商品住房消费,支持居民购买用于自住的住房,规范发展二手房市场和住房租赁市场。落实车购税减征和下乡补贴政策,稳定扩大汽车、摩托车消费。大力发展社区商业、物业、家政等服务性消费,积极开发与节假日调整相适应的旅游、文化、体育健身和网络、动漫等热点消费。加快发展电子商务。(3)完善消费政策,优化消费环境。增加消费信贷,加强城乡消费设施和服务体系建设,在全国推广"家电下乡"政策,增加热水器、计算机、空调、微波炉、电磁炉等补贴品种,加快建设"万村千乡"市场工程,推进连锁经营向农村延伸。改善城市社区便民服务设施。加强涉农、涉企、交通、教育、医药、房地产等价格收费的监督检查,维护消费者合法权益。(4)改善居民消费预期,增强消费意愿。努力消除制约消费的制度和政策障碍,适时增加对生活困难群众和家庭经济困难学生补助,减少居民扩大消费的后顾之忧,扩大即期消费。2009年,社会消费品零售总额预期增长14%。这一指标既考虑了近年来社会消费品零售总额持续较快增长,扩大消费政策的力度不断加大、效果逐步显现;又考虑了今年物价涨幅将比上年明显回落,以及就业压力和居民收入增长难度加大等因素对消费需求的影响。

搞好经济运行调节。充分发挥煤电油气运保障工作协调机制的作用。及时解决居民生活、发电和供热等重点用煤以及运输问题,做好电量安排、跨省区电能交易和优化调度,搞好成品油总量平衡和产运需衔接,确保民生、公交及公共事业等重点需求。保障灾区等重点地区和重点时段煤电油气运供应。完善应急机制和预案,增加应急物资储备,切实加强应急体系建设。

(二)巩固和发展农业农村的好形势,保障农产品有效供给、促进农民持续增收。认真落实党的十七届三中全会精神,坚持把"三农"工作作为全部工作的重中之重,把提高农民收入、夯实农业基础作为扩大内需的重要内容。(1)加大投入力度。大幅度增加国家对农村基础设施建设和社会事业发展的投入,大幅度提高政府土地出让收益、耕地占用税新增收入用于农业的比例,大幅度增加对中西部地区农村公益性建设项目的投入,新增国债也要向农村倾斜。2009年,中央财政拟安排"三农"投入7161亿元,比上年增加1206亿元。同时,创新投入激励机制,鼓励和引导社会各方面资金投向农业农村。建成一批大中型水利骨干工程,完成一批大中型病险水库除险加固任务,加快推进大型灌区节水改造和续建配套、水源工程等重点项目建设。切实办好水、电、路、气、房五件实事,推进农村饮水安全工程建设,再解决6000万人口的安全饮水问题,新增农村沼气用户500万户,加快农村电网改造,积极推进农村公路改扩建工程,扩大游牧民定居工程和农村危房改造试点。建立粮食主产区利益补偿制度,加大对产粮大县一般性转移支付、财政奖励和粮食产业建设项目的扶持力度,完善粮食风险基金政策。(2)稳定发展粮食和农业生产。落实最严格的耕地保护和最严格的节约用地制度,确保粮食播种面积不少于上年。实施新增千亿斤粮食生产能力规划,加快建设国家商品粮生产基地,实施优质粮食产业工程。支持粮油高产技术大面积集成示范。强化支持粮食、油料、生猪等生产发展的各项政策,继续抓好奶业整顿和振兴工作。加强化肥价格监管。发展畜牧水产规模化标准化健康养殖,加快建设动植物疫病防控体系、农产品质量安全检验检测体系、种养业良种繁育体系、农产品批发市场、粮油仓储及现代物流设施。2009年,力争粮食产量稳定在5亿吨水平。(3)促进农民增收。大力发展特色现代农业,发展农村二、三产业特别是农产品加工业。加快乡镇企业发展和小城镇建设,继续实施经济综合开发示范镇项目,壮大县域经济。加强农村职业教育和劳动力转移就业培训。落实国家保护农民工权益的各项政策,积极支持返乡农民工就业创业。(4)稳定农产品价格。运用提高最低收购价、储备吞吐、临时收储、跨区调运、进出口等多种调控手段,稳定粮食、食用植物油、棉花、食糖、生猪等主要农产品价格。2009年,小麦、稻谷最低收购价平均每斤分别提高0.11元和0.13元。(5)深化农村综合改革。着力增强乡镇政府社会管理和公共服务职能,建立、健全村级公益事业建设"一事一议"财政奖补机制。全面推进集体林权制度改革。加强土地承包经营权流转管理和服务。统筹做好国有农场体制改革和农村其他各项改革。

(三)加快自主创新和产业升级,进一步增强经济竞争优势。(1)组织实施重点产业调整和振兴规划。坚持标本兼治、远近结合,加强企业技术改造、推动兼并重组、淘汰落后产能、开发重大产品、创新重大技术、布局重大项目等多种措施的统筹组合,保护和发展好钢铁、汽车、船舶、石化、纺织、轻工、有色金属、装备制造、电子信息等重点产业、骨干企业、重要品牌和重要的市场份额。(2)增强自主创新能力。制定生物、软件和集成电路等产业政策。加大国有资本经营预算资金和中央政府投资力度,支持企业在生物医药、第三代移动通信、节能环保汽车等方面开展研发和推进产业化。抓紧组织实施国家重大科技专项,攻克一批具有全局性、带动性的关键共性技术。加快科技基础平台建设,推进大型天文望远镜、海洋科学考察船等重大科技基础设施建设和知识创新三期工程。继续组织建设一批工程中心、国家工程实验室和企业技术中心。大力推进企业技术改造,拟安排专项技改资金200亿元。形成一批技术创新服务平台,加快推广应用自主创新技术和产品。加大知识产权保护力度。2009年,研究与试验发展经费支出占国内生产总值比例力争达到1.58%。(3)加快发展高技术产业和装备制造业。实施好信息、生物、新材料、新能源、民用航空航天等领域高技术产业化专项,集中力量推动下一代互联网、数字电视等重大高技术产业工程建设。进一步加强国家高技术产业基地和产业链建设。研究设立高技术产业创业投资引导基金。做大做强先进装备制造业。实施重大技术装备国内依托工程,落实购买和使用国产首台(套)重大技术装备的优惠政策。增强国产支线飞机自主设计与规模生产能力,推动大型核电、风电装备和高速列车等重大装备本地化。(4)促进服务业改革与发展。加强对现代服务业的支持,规范提升传统服务业。促进现代物流、信息、金融、咨询等服务业与现代制造业有机融合、互动发展。发展就业吸纳能力强和市场需求大的生活性服务业。(5)大力推进企业重组。鼓励行业龙头企业、优势企业兼并落后企业、困难企业,鼓励优势企业强强联合,鼓励关联企业、上下游企业联合重组,形成一批实力雄厚、竞争力强的大企业和企业集团。(6)采取更有力措施支持中小企业发展。落实融资担保、贴息等扶持政策,增加财政性专项资金规模,中央财政中小企业发展资金从39亿元增加到96亿元,健全社会化服务体系,扩大中小企业市场准入范围。(7)着力解决交通运输"卡脖子"路段,进一步优化能源结构。提高西煤东运下海和新疆煤外运能力,加强铁路客运专线、进出关通道和"三西"煤炭直达华中铁路建设。加快国家高速公路网和中西部机场建设。推进大型煤炭基地、西气东输、西电东送和城市电网改造工程建设。

(四)继续推动区域经济协调发展,缩小区域差距、优化生产力布局。(1)继续实施西部大开发战略,新开工一批重点基础设施建设项目,巩固退耕还林、退牧还草等重点生态工程建设成果。加大沿海对口支援西部力度,推动东西部共建产业园区和东部向西部产业转移。落实好支持青海等省藏区、重庆、西藏、宁夏、新疆等地区经济社会发展的政策措施。促进重点经济区域加快发展。加快提升沿边开放水平。(2)继续推动东北地区等老工业基地深化改革、扩大开放,加快传统产业技术改造和优化升级,推进粮食和农牧业生产基地建设,振兴装备制造业,发展优势特色产业,加强交通基础设施建设。完成第二批资源枯竭城市界定工作,实施资源型城市吸纳就业、资源综合利用和发展接续替代产业专项。(3)加大对中部地区优化结构和深化改革的支持力度,落实国家已经出台的政策,加快粮食、能源原材料、现代装备制造及高技术产业基地和综合交通运输枢纽体系建设。(4)推动东部地区加快经济转型、产业升级和体制创新,优先发展现代服务业、先进装备制造业、高新技术产业,注重发展海洋经济,形成新的竞争优势。(5)大力扶持革命老区、民族地区、边疆地区和贫困地区的发展,使这些地区的人民群众共享改革发展成果。(6)促进区域间生产要素合理流动和梯度转移,加快区域经济一体化进程。支持各地从实际出发,在应对外部冲击中积极发展各具特色的优势产业,培育新的经济增长点。(7)制定和实施全国主体功能区规划,明确分类调控的区域政策、各有侧重的绩效评价考核办法。

(五)坚定不移地深化改革扩大开放,完善有利于科学发展的体制机制。(1)稳步推进价格改革。落实好成品油价格和税费改革各项政策,完善配套措施,建立有利于科学发展的成品油价格和税收机制。继续深化电价改革,逐步完善上网电价、输配电价和销售电价形成机制。适时理顺煤电、天然气价格。推进水价改革,继续推行非居民用水超定额累进加价制度,逐步提高水利工程供非农业用水价格。(2)深化投资体制改革。健全政府投资管理体制,加快推行代建制。建立和推行投资项目后评价、重点项目公示和责任追究制度。进一步改革项目审批制度,规范核准和备案管理办法,缩减核准范围,科学界定核准权限,严格规范核准程序。(3)加大财税体制改革力度。贯彻实施新修订的增值税以及营业税、消费税暂行条例,全面实施增值税转型改革。加快推进资源税费改革,统一内外资企业和个人城建税、教育费附加制度。深化预算制度改革,推进省直管县财政管理方式改革。(4)稳步推进金融体制改革。加快中国农业银行股份制改革,大力发展新型农村金融机构,继续推进政策性银行改革。发展多层次资本市场,积极稳妥推出创业板,进一步完善创业投资、股权投资和债券融资的市场制度和环境,健全市场化发行机制和发债主体自我约束机制。(5)推进医药卫生体制改革。加快建设基本医疗保障制度,建立国家基本药物制度,进一步健全基层医疗卫生服务体系，完善公共卫生机构补助政策，实施公立医院改革试点，促进基本公共卫生服务均等化。与此同时，抓紧研究制定中长期改革规划，协调推进全国和省级综合配套改革试点。继续深化国有企业、垄断行业、行政管理体制等领域的改革，支持非公有制经济适应市场变化，克服当前发展面临的困难。

千方百计促进外向型经济稳定发展。(1)走以质取胜、集约化、多元化的发展路子，努力保持进出口稳定增长。及时完善政策措施，切实缓解外向型企业面临的突出困难；在巩固传统市场的同时，加快开拓前景广阔的新兴市场；积极推动与有关国家和地区的自贸区建设；稳步推进加工贸易转型升级，鼓励加工贸易企业延伸产业链条和向中西部地区转移；大力发展服务贸易，抓紧落实鼓励承接国际服务外包的政策措施，积极化解国际经贸摩擦。扩大先进技术装备、关键零部件、元器件和重要能源原材料进口，增加国家战略物资和应急物资储备。(2)积极有效利用外资，提高利用外资质量。进一步改善投资环境，创新利用外资方式，引导外资投向高技术产业、先进制造业、节能环保产业和现代服务业。支持中西部地区发挥成本和资源优势承接外资转移。严格限制外商投资高耗能、高污染产业。完善国外贷款管理。2009年，借用国外贷款安排258亿美元，外商直接投资预期924亿美元。(3)加强境外投资的规划和政策引导，积极稳妥地推进企业对外投资合作。完善与重点国家的投资合作机制，加强国际能源资源互利合作。切实防范和化解境外资产风险。综合考虑扩大境外投资的有利条件，国际金融危机对直接投资的负面影响和国内企业生产经营困难增加等因素，2009年我国对外直接投资预期增长13.2%。

(六)打好节能减排攻坚战，扎实推进资源节约型环境友好型社会建设。(1)加强重点工程建设。加大对十大重点节能工程、千家企业节能行动和循环经济的支持力度。强化“三河三湖”、渤海、松花江、丹江口库区及上游、三峡库区及上游、黄河中上游等重点流域、区域水污染防治，支持城镇污水处理、垃圾处理、流域综合治理等设施建设和重大环保技术示范。2009年，城市污水处理率、城市生活垃圾无害化处理率分别达到69%和67%。加快北方地区供热计量改革，积极发展绿色建筑，大力推进建筑节能。加强生态建设和环境保护，稳步实施重点防护林、天然林保护、京津风沙源治理、退牧还草、岩溶地区石漠化综合治理等重点生态建设工程。(2)加快淘汰落后生产能力。严格执行产业政策，完善落后产能退出机制，建立淘汰落后产能企业名单公告制度，落实限制类和淘汰类企业实施差别电价的政策，支持中西部地区加快淘汰落后产能。2009年，再淘汰炼铁、炼钢、造纸、电力落后生产能力1000万吨、600万吨、50万吨和1500万千瓦。(3)大力发展循环经济。完善循环经济促进法相关配套法规。组织编制循环经济发展规划。研究制定鼓励余热余压上网发电经济政策，研究建立循环经济发展专项资金。建立、健全科学的循环经济统计制度。深化第二批国家循环经济示范试点和汽车零部件再制造试点，支持建设一批循环经济重点项目。推进灾区建筑废弃物等资源化。加强资源综合利用，全面推行清洁生产。万元工业增加值用水量预期下降5.6%，工业固体废物综合利用率达到65.9%。(4)完善法规政策。出台《固定资产投资项目节能评估和审查条例》，加快制定或修订高耗能产品能耗限额强制性国家标准和主要用能产品强制性能效标准。研究提出支持高效节能空调、节能电机、节能环保型汽车推广和促进节能服务产业发展的经济政策。扩大能效标识范围和节能节水产品政府采购范围。落实企业购买节能节水环保设备所得税和节能环保小排量汽车消费税优惠政策。组织开展节能管理师试点。继续加强脱硫电价监管，完善需求侧电价管理制度。继续开展排污权有偿使用和交易试点。(5)严格考核监管。进一步完善节能减排目标责任考核办法。组织开展省级政府和千家企业2008年节能目标完成和措施落实情况考核。加强节能监察能力建设。强化环境保护与管理。以保障群众饮水安全为重点，依法查处各类环境违法行为。促进燃煤电厂脱硫和城市污水处理厂等治污设施正常运营。继续开展节能减排全民行动。(6)全面实施应对气候变化国家方案。积极推进中央和省级应对气候变化能力建设，建立、健全各级管理机构。编制与实施省级应对气候变化方案，组织开展低碳经济试点，推动清洁发展机制项目的国际合作，加强减缓和适应气候变化技术研发。

(七)加大改善民生力度，着力解决涉及群众利益的热点难点问题。(1)实施更加积极的就业政策。充分发挥服务业、劳动密集型产业、中小企业、非公有制经济吸纳就业的重要作用。把促进发展、扩大内需与千方百计增加就业结合起来，在安排投资和确定重大建设项目时，注重发挥对就业的带动作用；大力支持自主创业、自谋职业，促进以创业带动就业；通过灵活的就业机制缓解高校毕业生就业压力，鼓励高等院校运用科研专项吸收毕业生参与研究，鼓励高校毕业生到城乡基层社会管理、公共服务岗位就业和参军入伍，到民营企业和中小企业就业；进一步开发公益性就业岗位，重点做好就业困难群众、零就业家庭和受灾地区劳动力就业援助工作；切实处理好节能减排、淘汰落后生产能力中涉及的职工安置问题。加强人力资源服务体系、职业培训体系和创业服务体系建设，继续做好农村劳动力转移就业服务基础设施建设试点工作；积极扶持农民工返乡创业；关注宏观经济变化对就业的影响，做好失业动态重点监测工作。(2)加快完善城乡社会保障体系。扩大城镇基本养老保险、基本医疗保险以及失业、工伤和生育保险覆盖面，推进基本养老保险省级统筹，加快扩大做实个人账户试点，制定全国统一的养老保险关系转续办法和农民工参加基本养老保险办法。巩固和完善新型农村合作医疗制度。加强社保公共服务设施建设。提高城市和农村低保补助水平，调整优抚对象等人员的抚恤和生活补助标准，推动建立城乡居民最低生活保障等与物价变动相适应的动态调整机制。2009年，城镇参加基本养老保险人数预期增长4.2%。(3)加快实施城乡保障性安居工程。大规模开展廉租住房建设，在配套资金、土地供应等方面予以保证，中央政府今年拟安排财政资金430亿元，用于补助低保住房困难家庭的实物廉租住房建设。积极发展公共租赁住房。加快城市棚户区和国有林区、垦区、煤矿棚户区改造工程，完成搬迁维修采煤沉陷区民房任务。在中西部地区扩大农村危房改造试点，加快游牧民定居工程实施进度，改善农村人居环境。(4)加强收入分配调节。建立、健全企业职工工资正常增长机制和支付保障机制，推进国有企业收入分配制度改革，强化垄断行业工资分配的调控，加快收入分配监测体系建设。(5)整顿和规范市场经济秩序。抓好与民生密切相关的各类价格和收费监管，严厉打击各种违法违规生产经营行为；深入开展食品安全专项整治，健全并严格执行产品质量安全标准；建立权责利相对应的法律追究惩治体系。(6)全力维护社会稳定。加强社会管理和安全生产工作。着力抓好城乡一体化进程中的社会管理；健全针对巨灾和突发公共事件的应急预案和政策措施；强化流动人口服务和管理工作。落实生产安全责任制，坚决遏制重特大安全事故发生。加强社会治安综合治理。(7)继续做好扶贫开发工作，扩大易地扶贫搬迁、以工代赈规模。实行新的扶贫标准，对农村低收入人口全面实施扶贫政策。

(八)加强社会事业建设，努力增强经济与社会发展的协调性。(1)优先发展教育。实施全国中小学校舍安全工程，推进农村中小学标准化建设。继续实施中西部农村初中校舍改造工程，加强中西部地区中小学教师培训，完善进城务工人员子女教育的相关政策措施，推进义务教育均衡发展。加快发展中等职业教育，特别要重点支持农村中等职业教育，2009年起对中等职业学校农村家庭经济困难学生和涉农专业学生实行免费。继续推进县级职教中心、中等职业学校基础能力建设和中西部地区特殊教育学校建设。实施高等教育“211工程”三期和“985工程”。2009年，高中阶段教育毛入学率预期达到77%，普通高校计划招收本专科生629万人，研究生47.5万人。(2)着力加强公共医疗卫生。进一步完善公共卫生服务体系，增强重大疾病防治能力以及突发公共卫生事件预测预警和处置能力。健全城乡基层医疗卫生服务体系，继续支持农村三级卫生服务网络和基层计划生育服务体系建设，推进城市社区卫生服务机构建设。加强重点中医院和中医临床研究基地建设。将农村部分计划生育家庭奖励扶助标准由人均600元提高到720元，全面推进“少生快富”试点工作，在全国农村实施孕产妇住院分娩补助政策和出生缺陷早期干预措施，对农村妇女开展妇科疾病定期检查。(3)大力发展文化、广播影视、新闻出版、体育等事业和旅游业。加强公共文化服务体系特别是基层公共文化设施建设。推进乡镇综合文化站建设，继续实施广播电视“村村通”、“西新工程”和农村电影放映等工程。繁荣发展哲学社会科学。加强文化和自然遗产地保护，做好公共博物馆、纪念馆免费开放工作并完善相关机制。积极发展新兴文化产业。继续实施农民体育健身工程，促进基层体育事业健康发展。加强旅游基础设施建设，完成红色旅游重点景区建设任务。

(九)扎实推进灾后恢复重建工作，为灾区群众安居乐业打好基础。(1)全面推进民生工程恢复重建。按照民生优先、统筹安排、保证重点的原则，加快城乡住房和教育、卫生等民生工程的恢复重建。优先保障灾区群众的住房建设，到年底基本完成农村居民住房重建任务，全面启动城镇住房重建工作。安排好学校、医院等公共服务设施的恢复重建，确保今年底95%以上的学生都能在永久性校舍中学习。严格执行强制性标准规范，既确保建成安全、牢固、群众放心的建筑，又避免超标准铺张浪费。(2)加快交通、通信、能源、水利、流通等基础设施恢复重建。全力做好灾区公路的保通工作，优先安排干线公路和通县公路的恢复重建，抓好乡村公路建设。加快电网和供电设施恢复重建。加强地质灾害防治和生态修复，搞好受损堤防、水库的除险加固和堰塞湖治理。(3)结合群众就业推进产业重建。把安排群众就业与恢复重建结合起来，尽可能多地吸纳灾区劳动力参与到恢复重建工作中。重点支持就业容量大的企业恢复生产和重新建设。(4)加强组织协调，推动灾后恢复重建规划的顺利实施，进一步做好对口支援工作，优化对口支援方案，及时研究解决恢复重建中的重大问题。

继续加强内地与香港、澳门两个特别行政区在经贸、科技、教育、文化、卫生、体育等领域的交流合作，加快推进与港澳地区货物贸易的人民币结算试点，采取有力措施支持香港、澳门抵御国际金融危机冲击、促进经济发展。抓住两岸关系改善的历史机遇，建立具有两岸特色的经济合作机制，开展经济合作，扩大两岸直接“三通”，支持海峡西岸和其他台商投资相对集中地区的经济社会发展。

各位代表，做好2009年经济社会发展各项工作，任务艰巨，意义重大。我们将更加紧密地团结在以胡锦涛同志为总书记的党中央周围，高举中国特色社会主义伟大旗帜，坚持以邓小平理论和“三个代表”重要思想为指导，深入贯彻落实科学发展观，认真接受全国人大的指导和监督，虚心听取全国政协的意见和建议，开拓进取，扎实工作，为实现经济社会发展目标，促进又好又快发展而努力奋斗！

财政部作《关于2008年中央和地方预算执行情况与2009年中央和地方预算草案的报告》

各位代表：

受国务院委托，向大会报告2008年中央和地方预算执行情况，提出2009年中央和地方预算草案，请予审议，并请全国政协各位委员提出意见。

一、2008年中央和地方预算执行情况

2008年，面对国内外严峻复杂的形势，在中国共产党的正确领导下，全国各族人民坚持以邓小平理论和“三个代表”重要思想为指导，深入贯彻落实科学发展观，全面落实中央各项方针政策和十一届全国人大一次会议有关决定决议，改革开放和社会主义现代化建设取得新的重大成就。中央和地方预算执行情况较好，财政改革与发展也有新进展。

全国财政收入61316.9亿元，比2007年(下同)增加9995.12亿元，增长19.5%，完成预算的104.8%。其中：中央本级收入32671.99亿元，地方本级收入28644.91亿元。加上调入中央预算稳定调节基金1100亿元，安排使用的收入总量62416.9亿元。全国财政支出62427.03亿元，增加12645.68亿元，增长25.4%，完成预算的101.7%。其中：中央本级支出13374.31亿元，地方本级支出49052.72亿元。加上安排中央预算稳定调节基金192亿元，支出总量合计62619.03亿元。

中央财政收入33611.92亿元，增加4999.97亿元，增长17.5%，完成预算的103.3%。其中：中央本级收入32671.99亿元，地方上解收入939.93亿元。加上调入中央预算稳定调节基金1100亿元，安排使用的收入总量34711.92亿元。中央财政支出36319.92亿元，增加6739.97亿元，增长22.8%，完成预算的102.5%。其中：中央本级支出13374.31亿元，对地方税收返还和转移支付支出22945.61亿元。安排中央预算稳定调节基金192亿元以备以后使用。支出总量合计36511.92亿元。收支相抵，中央财政赤字1800亿元，控制在十一届全国人大一次会议批准的数额之内。2008年末中央财政国债余额53270.76亿元，控制在年度预算限额55185.85亿元以内。

中央财政对地方税收返还和转移支付情况。2008年中央对地方税收返还和转移支付22945.61亿元，增加4807.72亿元，增长26.5%，完成预算的106.1%。包括：税收返还4282.19亿元，增长3.9%。财力性(含一般性)转移支付8696.49亿元，增长22%。专项转移支付9966.93亿元，增长44.6%，增幅高主要是增加了补助地方教育、医疗卫生等重点事业发展支出。中央对地方税收返还和转移支付相应形成地方财政收入，并由地方安排财政支出。地方支出平均38%的资金来源于中央财政转移支付，其中中西部地区支出平均54.4%的资金来源于中央财政转移支付。

地方财政收入51590.52亿元，增加9880.01亿元，增长23.7%，完成预算的106.4%。其中：地方本级收入28644.91亿元，来自中央税收返还和转移支付收入22945.61亿元。地方财政支出49992.65亿元，增加10790.57亿元，增长27.5%，完成预算的103.1%。其中：地方本级支出49052.72亿元，上解中央支出939.93亿元。地方财政收支相抵，结转和结余1597.87亿元，主要是中央和地方财政用超收收入安排的部分尚未执行完需结转的项目和结余资金。

此外，全国政府性基金收入15636.35亿元，增加4467.2亿元，增长40%。全国政府性基金支出14984.7亿元，增加5300.26亿元，增长54.7%。

中央政府性基金收入2525.66亿元，增长78%，增幅高主要是彩票公益金收入纳入预算管理及中央财政外汇经营基金财务收入增加较多。其中：三峡工程建设基金收入202.59亿元，铁路建设基金收入555.04亿元，民航机场管理建设费收入96.21亿元，港口建设费收入91.48亿元，大中型水库移民后期扶持基金收入148.70亿元，彩票公益金收入348.14亿元，中央财政外汇经营基金财务收入684.91亿元。加上上年结转收入559.87亿元，可安排使用的收入总量3085.53亿元。中央政府性基金本级支出2056.72亿元，增长94.5%。其中：三峡工程建设基金支出204.56亿元，铁路建设基金支出621亿元，民航机场管理建设费支出53.13亿元，港口建设费支出101.85亿元，彩票公益金用于社会福利、体育、教育等社会公益事业支出205.47亿元，中央财政外汇经营基金财务支出682.87亿元。加上补助地方的大中型水库移民后期扶持基金等支出464.89亿元，以及结转下年支出563.92亿元，支出总量合计3085.53亿元。

地方政府性基金收入13110.69亿元，增长34.5%，增幅高主要是土地出让收入全额纳入预算管理。其中：土地出让及新增建设用地土地有偿使用费收入10375.28亿元，养路费收入1184.88亿元。地方政府性基金支出12927.98亿元，增长49.9%。其中：土地相关支出10172.5亿元，包括征地、拆迁补偿以及补助征地农民支出3778.15亿元(增长113%，增长多主要是各地普遍提高了对失地农民的征地补偿标准)，土地开发和耕地保护支出1286.22亿元，廉租住房支出141.65亿元，农村基础设施建设、基本农田建设和保护支出369.88亿元，城市建设支出3035.32亿元，破产或改制国有企业土地收入用于职工安置等支出1561.28亿元。养路费支出1173.44亿元。

政府性基金收入按规定专款专用。政府性基金当年收入与支出不完全相等，主要原因是根据有关资金管理办法，部分收入结转下年使用。

2008年预算具体执行及财政主要工作如下：

(一)财政收入增长及超收使用情况

2008年，在经济发展的基础上，税务、海关、财政等部门依法加强收入征管，财政收入总体保持较快增长，但增幅明显前高后低。上半年，经济增长快，企业效益比较好，同时受2007年企业利润大幅增长、汇算清缴企业所得税入库较多以及税收政策调整翘尾增收等特殊因素影响，全国财政收入增长33.3%。下半年，这些特殊因素没有了，尤其是受国际金融危机影响，经济增幅下降，企业利润减少，2008年企业所得税税率大幅下调后，为加强和改善财政宏观调控、促进经济平稳较快发展，又出台了一系列税费减免政策，全国财政收入增幅逐步回落。下半年，全国财政收入增长5.2%，其中中央本级收入下降0.9%。

中央财政主要收入项目。国内增值税13497.42亿元，增长16.3%，完成预算的100.7%。国内消费税2567.8亿元，增长16.4%，完成预算的104%。进口货物增值税、消费税7391.07亿元，增长20.1%，完成预算的107.8%。出口货物退增值税、消费税5865.9亿元，增长4.1%，完成预算的102%(账务上作冲减收入处理)。营业税232.1亿元，增长14.5%，完成预算的103.2%。企业所得税7173.4亿元，增长27%，完成预算的111.6%，主要原因是汇算清缴2007年企业所得税增加较多。个人所得税2234.18亿元，增长16.9%，完成预算的110.1%，超预算较多主要是城镇居民人均可支配收入增加和征管加强。证券交易印花税949.68亿元，下降51.2%，完成预算的48.8%，未完成预算主要是股市低迷、降低证券交易印花税税率并改为单边征收导致大幅减收。关税1769.95亿元，增长23.6%，完成预算的110.6%，主要原因是一般贸易进口增长较快。非税收入1704.51亿元，增长23.6%，完成预算的118.4%，超预算较多主要是推进资源有偿使用制度改革，探矿权、采矿权使用费及价款收入和矿产资源补偿费收入增加较多。

超收收入使用。全国财政收入比预算超收2830.9亿元，其中，中央财政超收1080.2亿元。超收形成的原因主要是工商业增加值、全社会固定资产投资额、外贸进出口总额、社会消费品零售总额等与税收直接相关的经济指标实际增长高于预期，同时2007年企业利润大幅增长、2008年汇算清缴2007年企业所得税等因素增加了较多收入。根据有关法律、法规和十一届全国人大一次会议有关决定决议要求，中央财政超收收入安排使用具体情况是：增加对地方税收返还和转移支付支出185亿元；增加教育支出20亿元，主要是对地震灾区学生给予临时特别资助等；增加科学技术支出5亿元，用于重大科研装备自主研制等；车辆购置税超收40亿元，通过车辆购置税支出划转到中央地震灾后恢复重建基金，用于公路灾后恢复重建；因6月份成品油提价，增加对农业、渔业、林业等行业补助291亿元；增加救灾及应对突发公共事件支出47亿元，用于需追加的特大自然灾害救济、抗震救灾及应对婴幼儿奶粉事件等支出；为应对国际金融危机，进一步扩大内需，增加中央政府公共投资300亿元，主要用于保障性安居工程、重大基础设施等建设；安排中央预算稳定调节基金192亿元，转到以后年度经预算安排使用。2008年中央财政超收收入安排情况，国务院已向十一届全国人大常委会报告。

(二)中央财政主要支出项目执行情况

2008年，在年初预算安排时，落实中央有关决策部署，优化支出结构，加大对“三农”、教育、社会保障、医疗卫生、住房保障、自主创新、能源资源节约、生态环境保护等重点领域的投入力度，各项重点支出得到较好保障。预算执行中，根据经济社会发展的客观需要，超收收入和预备费也主要用于增加农业、教育、救灾等民生方面的支出(各项主要支出包括中央本级支出和对地方转移支付)。

1. 农林水事务支出1821.74亿元，增长43.6%，完成预算的125.6%，超预算较多主要是预算执行中加大农业补贴等投入。增加良种补贴和农机具购置补贴，水稻良种补贴实现全覆盖，晚稻良种补贴标准提高1倍多，小麦、玉米良种补贴面积分别增加1倍、5.7倍，农机具购置补贴范围扩大到所有农业县，共支出163.4亿元。加强农业基础设施建设支出1137.6亿元，重点用于大中型水库建设、大江大河治理，对2505座大中型和重点小型病险水库除险加固，解决4800多万农村人口的饮水安全问题等。农业综合开发支出127亿元，支持改造中低产田2500万亩，增加粮食综合生产能力286.6万吨。测土配方施肥从1200个县扩大到1861

个县。种植业保险保费补贴试点省份由6个扩大到16个,累计参保农户达到7500万户。加强财政扶贫开发,支出167.3亿元,重点用于农村贫困地区基础设施建设、产业发展和农村贫困劳动力培训等。中央财政森林生态效益补偿基金支持的重点公益林扩大到7亿亩。

2. 教育支出1598.54亿元,增长48.5%,完成预算的102.4%。全面实行城乡免费义务教育,支出618.1亿元,从秋季学期起免除城市义务教育阶段学生学杂费,提高农村义务教育经费保障水平,免费提供农村义务教育阶段国家课程教科书,增加北方农村中小学取暖费。加强新农村卫生新校园和中西部地区初中校舍建设,改善中西部地区农村学校附属生活设施,支出建设资金53.1亿元。资助普通本科高校、高等和中等职业学校家庭经济困难学生支出223亿元。向中等职业学校中来自城市经济困难家庭和农村的学生提供助学金,每人每年1500元,惠及90%的在校生。支持三批共100所国家级示范性高等职业院校建设,提高师资水平,改善办学条件。促进提高高等教育质量,全面启动"211工程"三期建设,中央财政高等教育支出432.43亿元。

3. 医疗卫生支出826.8亿元,增长24.5%,完成预算的99.4%。全面建立新型农村合作医疗制度,参合人数达到8亿多;城镇居民基本医疗保险制度试点城市由88个增加到317个,参保人数由4291万人增加到1亿人以上;中央财政对中西部地区补助标准提高到每人每年40元,并给予东部地区适当补助,共支出278.68亿元。将所有地方政策性关闭破产国有企业退休人员全部纳入当地城镇职工基本医疗保险范围,支出80亿元。加大重大疾病预防控制等公共卫生、食品药品监管及中医药事业发展的保障力度,加强突发公共事件医疗救治和卫生防疫工作,为食用含三聚氰胺奶粉的婴幼儿进行免费筛查,共支出126.14亿元。加大城乡医疗救助力度,支出34亿元,资助城乡低保对象、五保户等困难人群参保,减轻医疗负担。加强县乡基层医疗卫生服务设施建设,配备基本医疗设备,支出66亿元。将农村孕产妇住院分娩补助政策覆盖范围扩展到中西部所有地区,中、西部地区中央财政补助标准分别提高到每人300元、400元。

4. 社会保障和就业支出2743.59亿元,增长19.2%,完成预算的99.3%。全面加强城乡居民最低生活保障制度建设,中央财政分别于2008年1月1日和7月1日两次按月人均城市15元、农村10元的标准提高城乡低保对象补助水平,补助支出达到363.1亿元。继续提高企业退休人员基本养老金水平,人均每月增加110元,中央财政养老保险专项补助支出1127.43亿元,并向中西部地区和东北地区等老工业基地倾斜。支持80户国有企业实施政策性关闭破产,支出200亿元,安置职工32万人。实施针对就业困难群体的社会保险补贴、公益性岗位补贴等就业扶持政策,支出252.08亿元。完善收费、小额担保贷款政策,促进创业带动就业。

5. 保障性安居工程支出181.9亿元,增长114.3%。加大廉租住房实物配租力度,扩大廉租住房租赁补贴范围。稳步推进棚户区(危旧房)改造。全国共有295万户城市低收入住房困难家庭享受廉租住房保障,其中,租赁住房补贴229万户,实物配租26万户,租金核减34万户。

6. 文化支出252.81亿元,增长20%,完成预算的99.9%。全国1007个博物馆、纪念馆向全社会免费开放。支持实施全国文化信息资源共享工程,部分省市提前实现县级全覆盖。农村电影放映补贴扩大到中西部所有行政村。支持中西部地区46434个行政村配备农村适用图书,并对东部地区农家书屋工程开展好的省份给予奖励。

7. 科学技术支出1163.29亿元,增长16.4%,完成预算的102.6%。支持加强基础研究和应用研究,支出903.91亿元。全面启动实施16个国家重大科技专项,支出60亿元。支持国家重点实验室开放运行、仪器设备研制更新和自主创新研究。全面启动50个主要农产品的现代农业产业技术体系建设。

8. 环境保护支出1040.3亿元,增长33%,完成预算的101.2%。促进十大重点节能工程建设、循环经济发展、重点流域水污染治理等,完善中西部地区城镇管网配套设施,支出423亿元。支持实施天然林保护工程,继续落实退耕还林、退牧还草政策,支出499.6亿元。开展太湖流域和天津滨海新区排污权有偿取得和交易试点。推动资源综合利用和新能源、可再生能源发展。

9. 工业商业金融等事务支出3871.35亿元,增长59.4%,完成预算的114.8%。粮食直补、农资综合补贴867亿元,增长103%,惠及7.28亿农民。支持三次较大幅度提高粮食最低收购价,提价幅度超过20%,并实施主要农产品临时收储政策,粮油储备等支出461.69亿元。对受成品油调价影响较大的渔业等五大行业补贴365.38亿元。"家电下乡"试点扩大到12个省份,补贴20亿元。支持金融体制改革,支出895亿元。促进产业升级和结构调整,加快高新技术产业化,支出建设资金369.69亿元。

10. 公共安全支出875.77亿元,增长9.3%,完成预算的102.1%。加强政法机关经费保障,重点满足开展主要业务工作经费需要,强化基础建设。积极保障实施诉讼收费办法改革。支持重点地区应对处置突发事件。

11. 国防支出 4099.43 亿元，增长 17.7%，完成预算的 100%。

12. 交通运输支出 1290.77 亿元，增长 3.4%(如扣除 2007 年用铁路运输企业出售国有资产变现收入安排的铁路建设一次性支出，增长 22.6%)，完成预算的 122.4%，超预算较多主要是执行中增加了车辆购置税支出和公路、铁路等交通运输设施建设支出。加强高速公路网、铁路、内河航道、机场等交通基础设施建设，支出建设资金 495 亿元。加大对农村公路建设的支持力度，支出 492 亿元，新建、改建 39.1 万公里农村公路。

13. 一般公共服务支出 2522.99 亿元，增长 8.7%，完成预算的 95%。其中：用于机关运行等基本公共管理与服务方面的支出 1272.33 亿元，下降 4.3%，完成预算的 89.6%，原因是年初预算含工商部门停征两费转移支付，执行中调整到财力性转移支付，以及压缩中央国家机关公用经费用于抗震救灾；国债利息支出 1250.66 亿元，增长 26.2%，完成预算的 101.2%。

汇总以上各科目，中央财政用在与人民群众生活直接相关的教育、医疗卫生、社会保障、就业、保障性住房、文化方面的民生支出合计 5603.64 亿元，增长 29.2%。中央财政用于“三农”的支出合计 5955.5 亿元，增加 1637 亿元，增长 37.9%。其中：支持农业生产方面的支出 2260.1 亿元；对农民的四项补贴(粮食直补、农资综合补贴、良种补贴、农机具购置补贴)支出 1030.4 亿元，比上年增长一倍；促进教育、医疗卫生、社会保障、就业、保障性住房、文化等农村社会事业发展方面的支出 2072.8 亿元；主要农产品储备费用和利息等支出 576.2 亿元。中央财政对地方的税收返还和财力性转移支付 12559.32 亿元(扣除已列入上述具体支出科目的专项转移支付和财力性转移支付部分项目后的金额)，大部分也用于民生和“三农”支出。

此外，全国政府性基金收入 15636.35 亿元，增加 4467.2 亿元，增长 40%。全国政府性基金支出 14984.7 亿元，增加 5300.26 亿元，增长 54.7%。

中央政府性基金收入 2525.66 亿元，增长 78%，增幅高主要是彩票公益金收入纳入预算管理及中央财政外汇经营基金财务收入增加较多。其中：三峡工程建设基金收入 202.59 亿元，铁路建设基金收入 555.04 亿元，民航机场管理建设费收入 96.21 亿元，港口建设费收入 91.48 亿元，大中型水库移民后期扶持基金收入 148.70 亿元，彩票公益金收入 348.14 亿元，中央财政外汇经营基金财务收入 684.91 亿元。加上上年结转收入 559.87 亿元，可安排使用的收入总量 3085.53 亿元。中央政府性基金本级支出 2056.72 亿元，增长 94.5%。其中：三峡工程建设基金支出 204.56 亿元，铁路建设基金支出 621 亿元，民航机场管理建设费支出 53.13 亿元，港口建设费支出 101.85 亿元，彩票公益金用于社会福利、体育、教育等社会公益事业支出 205.47 亿元，中央财政外汇经营基金财务支出 682.87 亿元。加上补助地方的大中型水库移民后期扶持基金等支出 464.89 亿元，以及结转下年支出 563.92 亿元，支出总量合计 3085.53 亿元。

地方政府性基金收入 13110.69 亿元，增长 34.5%，增幅高主要是土地出让收入全额纳入预算管理。其中：土地出让及新增建设用地土地有偿使用费收入 10375.28 亿元，养路费收入 1184.88 亿元。地方政府性基金支出 12927.98 亿元，增长 49.9%。其中：土地相关支出 10172.5 亿元，包括征地、拆迁补偿以及补助征地农民支出 3778.15 亿元(增长 113%，增长多主要是各地普遍提高了对失地农民的征地补偿标准)，土地开发和耕地保护支出 1286.22 亿元，廉租住房支出 141.65 亿元，农村基础设施建设、基本农田建设和保护支出 369.88 亿元，城市建设支出 3035.32 亿元，破产或改制国有企业土地收入用于职工安置等支出 1561.28 亿元。养路费支出 1173.44 亿元。

政府性基金收入按规定专款专用。政府性基金当年收入与支出不完全相等，主要原因是根据有关资金管理办法，部分收入结转下年使用。

(三)财政宏观调控积极有效

根据国内外经济形势发展变化，中央对宏观调控导向作了两次重大调整。年中，适时把宏观调控的首要任务，从防经济过热、防明显通胀，调整为“保持经济平稳较快发展、控制物价过快上涨”。9 月份，又果断地把宏观调控的着力点转到防止经济增速过快下滑上来。根据中央宏观调控导向，年中在实施稳健财政政策过程中，采取了一些更为积极的财税政策措施，10 月份后进一步明确实施了积极的财政政策，适当减免税费，多次提高出口退税率，增加中央政府公共投资和重点支出，对促进经济平稳较快发展发挥了重要作用。

保持中央政府公共投资适度增长。年初适当减少中央财政赤字和国债项目资金，同时增加中央基建投资。预算执行中，根据抗震救灾需要，调整支出规模和结构，建立中央地震灾后恢复重建基金，大力支持灾区恢复重建。第四季度，为应对国际金融危机的影响，积极筹措资金，新增中央政府公共投资 1040 亿元，用于加快灾区恢复重建、实施保障性安居工程等民生工程和农业基础设施建设。

促进稳定物价和缓解价格矛盾。大幅度增加农资综合补贴和良种补贴。三次较大幅度提高粮食最低收购价，扩大国内紧缺农产品和重要原材料等进口，严格控制粮食、化肥等出口,加强重要商品储备调控。对受成品油调价影响较大的渔业等五大行业实施补贴。积极扶持一些价格矛盾短期内难以理顺的资源性产品生产企业。及时提高低收入群体的补助水平。对普通高校全日制在校本专科学生和研究生给予临时伙食补贴。

减轻企业和居民负担。实施企业所得税新税法,降低企业税负。提高个人所得税工薪所得减除费用标准,暂免征收储蓄存款和证券交易结算资金利息个人所得税。实施促进廉租住房、经济适用房建设和住房租赁市场发展的财税扶持政策。降低住房交易环节税收负担。下调证券交易印花税税率并改为单边征收。调整汽车消费税政策。允许困难企业阶段性缓缴社会保险费、降低四项社会保险费率等。初步统计,2008年各项税费减免政策共减轻企业和居民负担约2800亿元。

扶持中小企业发展。中央和省级财政支出286.4亿元,促进中小企业技术创新、产品升级和国际市场开拓。推动创业投资试点。完善中小企业担保体系,对开展中小企业担保业务给予奖励和补贴。扩大小额担保贷款覆盖范围,提高小额担保贷款中央财政贴息标准,建立贷款奖励和风险分担与补偿机制。积极落实促进中小企业发展的税收优惠政策。

支持稳定出口。四次调高了纺织、服装等劳动密集型产品、附加值和技术含量较高产品的出口退税率。取消部分钢材、化工品和粮食的出口关税,降低部分化肥出口关税并调整征税方式。

(四)抗灾救灾保障有力

年初,努力保障抗击南方部分地区低温雨雪冰冻灾害,全国财政拨付救灾资金479.1亿元。加大对受灾群众临时生活困难救助力度,着力保障受灾群众基本生活。大力支持恢复农业生产、重建倒塌民房,以及修复电网、交通、教育等方面的基础设施。“5·12”汶川特大地震发生后,迅速启动财政应急保障预案,积极采取有效措施,及时安排和切实保障抗震救灾资金。中央财政拨付抢险救灾资金384.37亿元,地方财政也投入抗震救灾资金243.28亿元。安排中央地震灾后恢复重建基金740亿元,支出698.70亿元,其中:用于城乡住房重建380亿元,基础设施重建97.49亿元,产业重建48亿元,防灾减灾能力建设24.36亿元。压缩中央国家机关公用经费5%,节省的资金专项用于抗震救灾。19个省市按每年不低于地方财政一般预算收入1%安排资金,开展对口支援。实施支持抗震救灾和灾后恢复重建的财税政策。严格救灾款物的监督管理,促进有效使用。

(五)财税改革稳步推进

统一内外资企业所得税制度。增值税转型改革试点范围从东北三省及中部26个老工业基地城市,扩大到内蒙古东部地区和汶川地震受灾严重地区,并发布2009年1月1日起在全国范围内实施的方案。执行新的耕地占用税暂行条例及其实施细则。统一内外资企业和个人的房产税收制度。研究提出了成品油税费改革方案。按照建立、健全财力与事权相匹配的财政体制的要求,研究提出建立县级基本财力保障机制的初步方案。推进省直管县和乡财县管财政管理方式改革。实施国有农场税费改革。支持14个试点省份清理化解农村义务教育“普九”债务。扩大基本支出定员定额和实物费用定额试点。报送全国人大审议的部门预算由2007年的40个增加到50个。所有中央部门及所属1.2万多个基层预算单位,28万多个地方基层预算单位实施国库集中支付制度改革。大部分中央部门及所有省本级推进了非税收入收缴制度改革。扩大政府采购范围和规模。实施国有资本经营预算制度试点,全面试行中央国有资本经营预算。

(六)财政管理不断加强

根据十一届全国人大一次会议有关决定决议及其财政经济委员会的有关意见,在加强收入征管、调整支出结构、深化财税体制改革的同时,进一步强化财政预算管理。提前向地方告知中央财政财力性转移支付和专项转移支付预计数,增强地方预算编报的完整性。细化预算编制,提高年初预算到位率。建立通报和督查制度,加强预算执行。推进公务卡管理试点。预算支出绩效考评试点从2007年的4个部门6个项目扩大到74个部门108个项目。全面清理收费、基金,在全国范围内统一停征工商两费。研究提出进一步加强非税收入管理的意见,制订了到2011年将非税收入纳入预算管理的计划。加大对抗灾救灾和涉及民生的资金以及重大财税政策执行情况的监督检查力度。财政政务公开工作取得新进展。

2008年预算执行总体情况较好,有力地促进了经济平稳较快发展和社会和谐稳定。这是党中央、国务院坚强领导、科学决策的结果,是各地区、各部门特别是税务、海关等部门大力支持、密切配合的结果。同时我们也清醒地认识到预算执行和财政工作中存在的问题:经济下行对财政的影响加大,财政减收增支因素增多,财政收支紧张的矛盾突出;财政支出结构仍需优化,对经济社会发展薄弱环节的支持力度需进一步加大;税费结构不尽合理,税收制度不够健全,政府参与国民收入分配的秩序有待规范;转移支付制度还不完善,省以下财政体制尚不健全,一些县乡公共财政保障能力比较弱;预算编制需进一步细化,预算执行均衡性尚待提高;损失浪费、挤占挪用财政资金等现象依然存在,监督管理仍需加强。我们高度重视这些问题,将继续采取有效措施，努力加以解决。

二、2009年中央和地方预算草案

(一)当前我国经济财政形势

2009年我国经济发展既面临严峻挑战，也蕴含重大机遇。国际金融危机仍在蔓延，全球经济增长减速与国内经济周期性调整叠加在一起，短期困难与长期矛盾相互交织，保持经济平稳较快发展的难度加大。财政是国民经济运行的综合反映。2009年财政将十分困难，收支紧张的矛盾非常突出。从收入看，受经济增长减速等因素影响，我国经济发展困难增多，企业效益下降，财政收入来源明显减少。同时，为保持经济平稳较快发展，要实施积极的财政政策，实行结构性减税。近几年财政收入增长快有特殊因素，这些因素2009年减少或没有了，也加大了财政增收的难度。从支出看，增加政府公共投资规模，保障和改善民生，加强“三农”、教育、社会保障和就业、医疗卫生、节能减排等经济社会发展重点领域，缓解部分行业和企业经营困难，支持灾后恢复重建等，都需要财政加大投入力度。财政支出基数较大、刚性很强，也增加财政支出压力。在看到困难的同时，也要看到我国正处于重要战略机遇期，经济社会发展的基本面和长期向好的趋势没有改变。改革开放三十年建立了良好的物质、技术和体制基础。工业化、城镇化快速推进，形成巨大的需求潜力。社会资金充裕，劳动力资源丰富。中央扩大内需的一系列政策措施，已经并将继续有力促进经济平稳较快发展，从而为财政收入增长打下坚实的基础。

(二)财政预算编制和财政工作总体要求

根据国内外经济形势的发展变化，中央提出2009年要把保持经济平稳较快发展作为经济工作的首要任务，围绕扩内需、保增长，调结构、上水平，抓改革、增活力，重民生、促和谐的要求，实施积极的财政政策。2009年财政预算编制和财政工作的指导思想是：全面贯彻党的十七大、十七届三中全会和中央经济工作会议精神，以邓小平理论和“三个代表”重要思想为指导，深入贯彻落实科学发展观，实施积极的财政政策，扩大政府公共投资，实行结构性减税，调整国民收入分配格局，优化财政支出结构，切实保障和改善民生，推进财税制度改革，支持科技创新和节能减排，促进经济增长、结构调整和区域协调发展；加强财政科学管理，提高财政资金绩效，积极发挥财政职能作用，推动经济社会又好又快发展。

实施积极的财政政策，主要体现在以下五个方面：

一是扩大政府公共投资，着力加强重点建设。这是进一步扩大内需、保持经济平稳较快发展的重要措施。在2008年年末增加安排保障性住房、灾后恢复重建等中央政府公共投资1040亿元的基础上，2009年中央政府公共投资安排9080亿元，增加4875亿元，其中：农业基础设施及农村民生工程建设2081亿元，保障性住房建设493亿元，教育、医疗卫生等社会事业建设713亿元，地震灾后恢复重建基金1300亿元，节能减排和生态建设680亿元，支持企业自主创新、技术改造及服务业发展452亿元，铁路、公路、机场和港口等基础设施建设2317亿元。

二是推进税费改革，实行结构性减税。结合改革和优化税制，实行结构性减税，减轻企业和居民税收负担，扩大企业投资，增强居民消费能力。全面实施消费型增值税，减轻企业税负，促进企业增加自主创新和技术改造投入。实施成品油税费改革，公平税费负担，推动节能减排。取消和停征100项行政事业性收费。继续执行2008年已实施的提高个人所得税工薪所得减除费用标准、调高部分产品出口退税率、取消和降低部分产品出口关税、降低证券交易印花税税率并改为单边征收、暂免征收储蓄存款和证券交易结算资金利息个人所得税、降低住房交易税收等一系列税费减免政策。预计2009年将减轻企业和居民负担约5000亿元。

三是提高低收入群体收入，大力促进消费需求。调整国民收入分配格局，提高居民收入在国民收入分配中的比重和劳动报酬在初次分配中的比重，增强居民消费能力，扩大消费对经济增长的拉动效应。充分发挥财税政策作用，增加财政补助规模，重点增加中低收入者收入。进一步增加对农民的补贴，2009年中央财政安排粮食直补、农资综合补贴、良种补贴、农机具购置补贴四项补贴1230.8亿元，增加200.4亿元，增长19.4%，支持较大幅度提高粮食最低收购价，增加农民收入。提高城乡低保补助水平，春节前向城乡低保等困难家庭发放一次性补助，增加企业退休人员基本养老金，提高优抚对象等人员抚恤补贴和生活补助标准，安排资金2208.33亿元。推进事业单位收入分配制度改革。同时，增加财政投入，带动和引导消费需求，实施家电和汽车下乡补贴政策，增加粮食、石油、有色金属、特种钢材等重要物资储备，安排资金1033.41亿元。

四是进一步优化财政支出结构，保障和改善民生。支持农村改革与发展，中央财政用于“三农”支出安排7161.4亿元，增加1205.9亿元，增长20.2%。着力保障和改善民生，中央财政用于教育、医疗卫生、社会保障、就业、保障性住房、文化方面与人民群众生活直接相关的民生支出安排7284.63亿元，按可比口径增加1653.34亿元，增长29.4%。严格控制一般性支出，进一步降低行政成本。

五是大力支持科技创新和节能减排，推动经济结构调整和发展方式转变。加大科技投入，中央财政安排科学技术支出1461.03亿元，增加297.74亿元，增长

25.6%。促进企业加快技术改造和技术进步,安排200亿元技改贴息资金,引导增加银行贷款,重点支持行业振兴规划项目等。增加节能减排投入,安排资金495亿元,支持节能技术改造、淘汰落后产能等方面。稳步推进资源有偿使用制度和生态环境补偿机制改革。改革完善资源税制度,促进资源合理利用。扶持中小企业发展,安排资金96亿元。加快产业结构优化升级,提高自主创新能力,推动经济发展方式转变。

2009年预算收支总量和财政赤字安排。根据2009年国内生产总值增长8%左右等经济发展预期指标,考虑实施积极财政政策,实行增值税转型改革、增加出口退税等结构性税费减免政策,扩大政府公共投资规模,加大促进消费需求和改善民生的支出等减收增支因素,以及成品油税费改革后养路费等收费改为消费税等情况,对中央财政各项收支进行具体分析测算,2009年预算主要指标拟安排如下:中央财政收入35860亿元,比2008年执行数(下同)增加3188.01亿元(包括成品油税费改革后增加的消费税等收入),增长9.8%。从中央预算稳定调节基金中调入505亿元。合计收入总量为36365亿元。中央财政支出43865亿元,增加8485.01亿元,增长24%。其中:中央本级支出14976亿元,增加1601.69亿元,增长12%;对地方税收返还和转移支付支出28889亿元,增加6883.32亿元,增长31.3%。中央财政收支相抵,赤字7500亿元。相应增加国债发行规模,中央财政国债余额限额62708.35亿元。地方本级收入30370亿元,增长6%,加上中央税收返还和转移支付收入28889亿元,地方财政收入59259亿元,增加8608.41亿元,增长17%。地方财政支出61259亿元,增加12206.28亿元,增长24.9%。地方财政收支差额,国务院同意地方发行2000亿元债券,由财政部代理发行,列入省级预算管理。汇总中央和地方预算初步安排,全国财政收入66230亿元(不含从中央预算稳定调节基金调入的505亿元),增长8%;全国财政支出76235亿元,增长22.1%。全国财政收支差额9500亿元通过发债弥补。

2009年增加财政赤字和国债规模,是主动应对国际金融危机的一项重大特殊举措,是必要的。一方面,经济增速放缓、减轻企业和居民税负必然会使财政收入增速下降;另一方面,要积极发挥财政职能作用,大幅度增加政府投资和支出,促进经济平稳较快发展,保障和改善民生,推动深化改革。为弥补财政减收增支形成的缺口,需较大幅度扩大财政赤字并相应增加国债发行规模。前些年财政赤字逐年减少,虽然2009年财政赤字增加多一些,但财政赤字占GDP的比重预计在3%以内,国债余额占GDP的比重在20%左右,我国综合国力可以承受,总体上是安全的。

需要说明的是:上述中央财政预算收支总量安排中,如扣除成品油税费改革以后取代养路费等收费需转移给地方的消费税等收入2200亿元,中央财政收入33660亿元,比2008年增加988.01亿元,增长3%。如不包括成品油税费改革相应增支以及划转地震灾后恢复重建支出和拉动内需特别增加的政府公共投资,中央财政经常性支出增长10.4%。

中央预算稳定调节基金情况。2008年用超收收入安排192亿元后,余额为624亿元,2009年预算调入使用505亿元后还剩119亿元,以备预算执行中不时之需。

(三)中央财政主要收入项目安排

国内增值税14563亿元,增加1065.58亿元,增长7.9%。主要依据增值税与工商业增加值增长弹性系数,并考虑增值税转型改革后要减收1000亿元左右因素进行测算。

国内消费税4434亿元,增加1866.2亿元,增长72.7%。主要依据实施成品油税费改革、提高成品油消费税单位税额、取代养路费等收费后增加的消费税收入,以及卷烟、酒、汽车等商品预计销售情况进行测算。

进口税收9895亿元,增加733.98亿元,增长8%。主要依据进口税收与一般贸易进口增长弹性系数,并考虑大宗商品价格下降因素进行测算。

企业所得税7605亿元,增加431.6亿元,增长6%。主要考虑:2008年企业实现利润增幅下滑,2009年上半年汇算清缴企业所得税会减少;同时,预计2009年企业实现利润增长明显下降,当年预缴企业所得税增幅也将相应降低。

个人所得税2390亿元,增加155.82亿元,增长7%。主要考虑:2008年3月1日提高个人所得税工薪所得减除费用标准、10月9日起对储蓄存款和证券交易结算资金利息所得暂免征收个人所得税等政策翘尾减收因素,以及城镇居民人均可支配收入预计增长情况。

证券交易印花税245亿元,减少704.68亿元,下降74.2%。主要依据股票预计日均交易额以及2008年大幅度调低证券交易印花税税率并改为单边征收等减收因素进行测算。

出口退税6708亿元,增加842.1亿元,增长14.4%,相应减少财政收入。主要依据一般贸易出口预计增长情况,以及2008年下半年以来连续几次提高部分产品出口退税率导致2009年出口退税大幅增加等因素进行测算。

车辆购置税970亿元,减少19.75亿元,下降2%。主要依据汽车销售预计增长情况以及1.6升及以下排量乘用车减按5%征收车辆购置税进行测算。

(四)中央财政主要支出项目安排

按照中央扩内需、保增长、调结构、重民生的方针，进一步调整支出结构，统筹兼顾，有保有压，重点安排农业、教育、医疗卫生、社会保障、就业、保障性安居工程、科学技术、环境保护、地震灾后恢复重建等方面支出。主要支出项目拟安排如下：

1. 农林水事务支出3446.59亿元，增加744.39亿元，增长27.5%。稳定发展粮食生产，增加农民收入。农资综合补贴安排756亿元，增长5.6%。大幅增加农机具购置补贴，安排130亿元，增长2.25倍，补贴种类由9大类扩大到12大类，覆盖到全国所有农牧业县。增加农作物良种补贴资金规模，在已实现水稻良种补贴全覆盖的基础上，进一步扩大小麦、玉米等良种补贴范围，安排154.8亿元，增长25.4%。支持有计划分步骤推进全国新增千亿斤粮食生产能力建设。实行新的扶贫标准，对农村低收入人口全面实施新的扶贫政策，安排扶贫经费197.3亿元，增长17.9%。推动农业结构调整，现代农业生产发展资金安排65亿元，增长20.4%，扶持各地发展优势特色、安全高效农业。完善贷款贴息和补助等扶持方式，促进农业产业化发展。安排农业综合开发资金147亿元，增长15.7%，以粮食主产区为重点，加快中低产田改造，增强农业综合生产能力。在稳定现行农业保险保费补贴政策的基础上，研究适当提高种植业补贴比例，稳步增加补贴品种，安排79.8亿元，增长31.9%。加强农业基础设施建设安排1295.1亿元，大力支持加快大中型和重点小型病险水库除险加固进度，强化灌区改造和小型农田水利建设。加大农村饮水安全工程和沼气工程投入，再解决6000万人饮水安全问题，增加500万农村沼气用户。

2. 教育支出1980.62亿元，增加382.08亿元，增长23.9%。进一步提高农村义务教育经费保障水平，安排662.5亿元，增长16.1%，在实施农村免学杂费、免教科书费、补助贫困寄宿生生活费政策的基础上，中小学生均公用经费标准达到中央出台的基准定额，即小学300元、初中500元。实施农村义务教育阶段中小学校舍安全工程。免除城市义务教育阶段学生学杂费，安排补助资金57.7亿元，增长44.9%，支持解决农民工随迁子女的就学问题。实施义务教育教师绩效工资，中央财政补助120亿元。加强县级职教中心和示范性中等职业学校建设，加快中西部农村初中校舍改造，改善农村寄宿制学校附属设施条件，安排建设资金137亿元。继续支持国家级示范性高等职业院校、职业教育实训基地建设，并逐步对农村中等职业教育实行免费，安排补助资金45亿元，增长115.3%。安排家庭经济困难学生资助及国家助学贷款补贴经费240亿元。继续推进高水平大学和重点学科建设，安排高等教育支出502.55亿元。

3. 医疗卫生支出1180.56亿元，增加326.11亿元，增长38.2%。深化医药卫生体制改革，从2009年起，用三年时间推进基本医疗保障制度建设等五项重点工作。完善新型农村合作医疗制度，全面建立城镇居民基本医疗保险制度，中央和地方财政补助标准全部达到人均80元，中央财政安排补助资金304亿元。中央财政在支持解决地方政策性关闭破产国有企业退休人员参加城镇职工基本医疗保险的基础上，进一步支持解决中央和中央下放政策性关闭破产国有企业及地方依法破产国有企业退休人员参保问题。加大城乡医疗救助力度，安排补助资金64.5亿元。初步建立国家基本药物制度，努力为患者提供放心药、便宜药。安排建设和设备购置补助资金165.3亿元，健全基层医疗卫生服务体系，重点支持建设2.9万所乡镇卫生院和改扩建5000所中心乡镇卫生院，支持城市社区卫生服务机构、乡镇卫生院配备医疗设备。安排补助资金246亿元，强化重大传染病防治等公共卫生工作，支持地方按项目为城乡居民免费提供基本公共卫生服务。促进公立医院改革试点。

4. 社会保障和就业支出3350.69亿元，增加607.1亿元，增长22.1%。加强社会保障是改善民生的重要基础，也是应对当前困难、扩大消费需求的重要举措。安排社会保障支出2930.49亿元，增加438.98亿元，增长17.6%。分别按月人均15元、10元的标准提高城乡低保水平，安排补助资金540.8亿元，增长48.9%。对全国城乡低保对象、农村五保户等7570多万困难群众，春节前发放一次性生活补贴安排资金100亿元。按2008年企业退休人员月人均基本养老金的10%左右，继续提高企业退休人员基本养老金水平，并向特殊调整对象倾斜，中央财政对中西部地区和东北地区等老工业基地给予适当补助，企业职工基本养老保险基金补助资金共安排1392.41亿元。适时提高部分优抚对象抚恤补助标准，包括调标补助在内安排抚恤和生活补助资金175.12亿元。继续支持做好国有企业政策性关闭破产工作，推进东北、中部地区及部分中央企业厂办大集体改革试点，支持解决库区移民的生产生活问题。

支持实施更加积极的就业政策，安排就业资金420.2亿元，增加168.12亿元，增长66.7%。发挥政府公共投资和重大项目建设带动农民工就业的作用，在农林水利等政府公共投资工程建设中，积极推行以工代赈。加大就业援助，重点帮扶就业困难人群、零就业家庭和受灾地区劳动力就业，对返乡创业的农民工给予政策扶持。实施促进大学生到城乡基层、中西部地区、中小企业就业的优惠政策。支持加大对下岗失业人员和农民工的职业技能培训力度，实施好特别培训计划，鼓励企业在岗培训。运用税费减免、小额担保贷款贴息、社会保险补贴、公益性岗位补贴、职业培训补贴等财税政策，支持中小企业和服务业吸纳就业，促进自主创业、自谋职业。

5. 保障性安居工程资金 493.01 亿元，增加 311.11 亿元，增长 171%。加大对廉租住房建设和棚户区改造的投入，对中西部地区适当提高补助标准。主要以实物方式，结合发放租赁补贴，解决 260 万户城市低收入住房困难家庭的住房问题，以及 80 万户林区、垦区、煤矿等棚户区居民住房的搬迁维修改造问题。加强农村危房改造，实施少数民族地区游牧民定居工程。

6. 文化支出 279.75 亿元，增加 26.94 亿元，增长 10.7%。大力发展公益性文化事业，拓展消费领域。支持免费开放全国各级文化文物部门归口管理的公共博物馆、纪念馆和全国爱国主义教育示范基地。推动实施大遗址保护工程，加强国家重点文物保护。支持推进农村中央广播电视节目无线覆盖、全国文化信息资源共享、农村电影数字化放映、农家书屋等文化惠民工程。推动文化体制改革，促进经营性文化事业单位转制为企业，发展文化产业。

7. 粮油物资储备等事务支出 1780.45 亿元，增加 675.35 亿元，增长 61.1%。粮食直补安排 190 亿元，增长 25.8%。增加粮油以及石油、有色金属、特种钢材等重要物资储备，加强储备设施建设，安排 783.41 亿元，促进拉动内需。支持较大幅度提高粮食最低收购价，及时足额安排收储费用和利息资金。在全国范围内对农民购买彩电、冰箱、洗衣机、手机、电脑、热水器和空调等家电产品以及摩托车，给予销售价格 13% 的财政补贴，安排家电下乡补贴 200 亿元，增长 9 倍；对农民报废三轮汽车和低速货车换购轻型载货车以及购买 1.3 升及以下排量的微型客车，给予一次性财政补贴，安排补贴资金 50 亿元。加强农村物流体系建设，促进现代服务业发展，安排 74 亿元。

8. 科学技术支出 1461.03 亿元，增加 297.74 亿元，增长 25.6%。加快科技进步和自主创新，推动经济结构战略性调整。加大基础研究和应用研究投入力度，安排经费 938.01 亿元。保障科技重大专项实施，安排 328 亿元。支持国家(重点)实验室以及科研机构、大学科研条件和能力建设。促进企业技术改造和自主创新，加快高新技术产业和装备制造业发展，推动高新技术成果产业化。支持中小企业发展和技术创新。推动区域科技创新体系建设，促进产学研有机结合。

9. 环境保护支出 1236.62 亿元，增加 196.32 亿元，增长 18.9%。节能减排资金安排 495 亿元，增长 17%，支持节能技术改造，淘汰落后产能，推广高效节能产品和新能源汽车，“三河三湖”及松花江流域水污染防治，中西部城镇污水、垃圾处理设施配套管网及重大减排工程。健全煤炭等矿产资源有偿使用制度和生态环境补偿机制。促进发展新能源和可再生能源。加强天然林保护、退耕还林、退牧还草等重点工程建设，安排 520.96 亿元。

10. 公共安全支出 1161.31 亿元，增加 285.54 亿元，增长 32.6%。实施政法经费保障体制改革，落实政法部门经费分类保障政策，增加对地方特别是中西部地区基层政法经费补助，建立公用经费正常增长机制，以及加强公安、武警队伍和信息化建设。

11. 地震灾后恢复重建资金 1080 亿元。另外，国有资本经营收益安排 140 亿元，彩票公益金安排 50 亿元，中央分成的新增建设用地有偿使用费安排 30 亿元。以上合计，中央地震灾后恢复重建基金安排 1300 亿元，按照规划用于灾区城乡住房、基础设施、产业重建、生态环境等方面。

12. 国防支出 4728.67 亿元，增加 627.26 亿元，增长 15.3%。用于改善军队官兵生活待遇，加强军队信息化建设，适当增加装备及配套设施，提高军队抢险救灾等应急能力，支持汶川地震灾区部队基础设施恢复重建等方面。

13. 交通运输支出 1887.2 亿元，增加 286.91 亿元，增长 17.9%。加快京沪高速和资源开发性西部干线铁路、内河航道以及中西部支线机场建设，安排资金 548.6 亿元。加大对农村公路建设的投入力度，提高少、边、穷地区补助标准，安排建设资金 548 亿元，计划新建、改建 30 万公里农村公路。继续对城市公交、农村道路客运、出租车行业给予补贴，安排补贴资金 168.42 亿元。2009 年实施成品油税费改革，逐步有序取消政府还贷二级公路收费。原由这项收费中安排的还贷等支出改革后由中央财政通过预算给予专项资金补助，相应增加交通运输支出。

14. 一般公共服务支出 1313.61 亿元，增加 96.96 亿元，增长 8%。严格控制一般性支出，统筹使用结余资金，中央本级支出 1013.86 亿元，减少 46.29 亿元，下降 4.4%。在落实自主择业军转干部退役金、防治特大型地质灾害、加强地质矿产资源调查与保护等方面，补助地方 299.75 亿元，增加 143.25 亿元，增长 91.5%。

15. 国债利息支出 1371.85 亿元，增加 93.16 亿元，增长 7.3%。

汇总以上各科目，2009 年中央财政用在与人民群众生活直接相关的教育、医疗卫生、社会保障和就业、保障性安居工程、文化方面的民生支出安排合计 7284.63 亿元，按可比口径增加 1653.34 亿元，增长 29.4%。中央财政用于“三农”方面的支出安排合计

7161.4亿元，增加1205.9亿元，增长20.2%。其中：用于农业生产方面的支出2642.2亿元；对农民的四项补贴（粮食直补、农资综合补贴、良种补贴、农机具购置补贴）支出1230.8亿元；支持教育、医疗卫生、社会保障和就业、保障性安居工程、文化等农村社会事业发展方面的支出2693.2亿元；主要农产品储备费用和利息等支出576.2亿元。中央财政对地方的税收返还和一般性转移支付13788.69亿元（扣除已列入上述具体支出科目的专项转移支付和一般性转移支付部分项目后的金额），大部分也将用于民生和“三农”支出。

（五）中央对地方税收返还和转移支付支出安排

进一步完善财政转移支付制度，加大转移支付力度，落实促进区域协调发展的财税优惠政策，推进地区间基本公共服务均等化。将中央对地方的转移性支出，简化为税收返还、一般性转移支付、专项转移支付三类。将地方上解与中央对地方税收返还作对冲处理，相应取消地方上解中央收入科目，简化中央与地方财政结算关系。2009年中央对地方税收返还和转移支付28889亿元，增加6883.32亿元，增长31.3%。其中：税收返还4934.19亿元，增加1591.93亿元，增加数额主要是实施成品油税费改革后，中央财政增加的成品油消费税等收入相应返还给地方，用于公路和航道养护等支出。一般性转移支付11374.93亿元，增加2678.44亿元，增长30.8%，占转移支付总量的47.5%。主要是将补助数额相对稳定、原列入专项转移支付的教育、社会保障和就业、公共安全、一般公共服务等支出共2101.07亿元，改为一般性转移支付。专项转移支付12579.88亿元，增加2612.95亿元，增长26.2%，占转移支付总量的52.5%。增长快主要是中央政府增加公共投资和拉动消费支出中的大部分资金，通过专项转移支付补助给地方。在一般性转移支付中，安排550亿元，增长25.5%，支持逐步建立县级基本财力保障机制，进一步缓解县乡财政困难。结合三江源保护等重大生态保护规划，通过提高转移支付补助比例的方式，增强禁止开发与限制开发区域政府提供公共服务的财政保障能力。安排505亿元，增加对民族地区、粮食主产区和边境地区转移支付。支持化解资源枯竭城市历史遗留的社会负担，安排补助经费50亿元，增长100%。对工商部门停征两费补助80亿元。

此外，中央政府性基金预算收入2880.92亿元（含上年结转收入），其中：三峡工程建设基金收入160亿元，铁路建设基金收入582亿元，民航机场管理建设费收入103.7亿元，港口建设费收入87.3亿元，大中型水库移民后期扶持基金收入136亿元，彩票公益金收入158亿元，中央财政外汇经营基金财务收入682.83亿元。中央政府性基金预算支出2880.92亿元（含中央本级支出和补助地方支出），其中：三峡工程建设基金支出198.15亿元，铁路建设基金支出582.01亿元，民航机场管理建设费支出148.02亿元，港口建设费支出103.35亿元，大中型水库移民后期扶持基金支出197.79亿元，彩票公益金用于社会福利、体育、教育等社会公益事业支出229.13亿元，中央财政外汇经营基金财务支出682.87亿元。

三、坚持依法理财，强化科学管理，确保完成2009年预算

坚持依法理财、科学理财、民主理财，深入推进财政科学化、精细化管理，提高财政资金使用效益。重点做好以下工作：

（一）加强和改善财政宏观调控。努力提高执行力，贯彻落实积极财政政策的各项具体措施。加强对经济运行情况的监测分析，密切跟踪积极财政政策的实施情况，及时完善相关政策措施，加强与货币政策等的协调配合，提高财政宏观调控的预见性、针对性、实效性。

（二）深化财税制度改革。研究建立公共财政预算、国有资本经营预算、政府性基金预算和社会保障预算有机衔接的国家财政预算体系。将部门预算改革拓展到基层预算单位，健全现代财政国库管理制度，将所有预算单位实有资金账户逐步纳入国库单一账户体系管理。深化国库集中收付和政府采购制度改革。全面推行国有资本经营预算试点。在保持分税制财政体制基本稳定的前提下，围绕推进基本公共服务均等化和主体功能区建设，健全中央和地方财力与事权相匹配的体制。逐步建立县级基本财力保障机制，提高基层政府提供公共服务的能力。完善财政转移支付制度，规范专项转移支付配套政策。进一步理顺省以下政府间分配关系，研究适当统一省以下主要事权和支出责任划分。继续推进省直管县财政管理方式改革。全面实施增值税转型改革和成品油税费改革。改革完善资源税制度。调整和完善消费税制度。统一内外资企业和个人的城建税、教育费附加等制度。推进农村综合改革。大力支持国有企业、金融体制和资源性产品价格等其他改革。

（三）切实加强财政管理和监督。重点推动修订预算法，配合做好注册会计师法（修正案）、政府采购法实施条例的立法工作。加快财政转移支付管理条例等的立法进程。规范财政行政执法，完善财政行政审批程序。将经批准设立的全国性及中央部门和单位的所有行政事业性收费，全部纳入预算管理。建立、健全机构编制与经费预算衔接机制，完善行政开支定员定额标准。构建重大项目支出预算事前评审机制。严格执行预算编报、批复时限和程序规定，提高年初批复预算的到位率。加强预算执行管理，采取预拨、加强督查等措施，继续提

高预算执行的均衡性和效率,健全预算拨款结余管理制度,促进结余资金管理与预算编制有机结合。健全覆盖各级财政的预算执行动态监控机制。扩大绩效考评试点范围。增强风险意识,完善相关制度,严格债务管理,努力防范财政风险。健全覆盖所有政府性资金和财政运行全过程的财政监督机制,重点加强对政府公共投资的监督检查和投资评审,防止重复建设和挤占挪用,切实提高资金使用效益。积极推进财政政务公开,自觉接受人大、政协和社会各方面监督。

(四)狠抓增收节支。大力支持税务、海关等部门依法加强税收征管,坚决制止和纠正越权减免税收,严厉打击偷骗税违法活动。对于各项税收和非税收入,都要依法征收,应收尽收,确保财政收入稳定增长。切实保障重点支出需要,严格控制一般性支出,压缩公务购车用车、会议经费、公务接待费、出国(境)经费等支出。严格控制党政机关楼堂馆所建设,严禁超面积、超标准建设和装修。强化公务支出管理,深化公务卡管理改革。牢记"两个务必",牢固树立过紧日子的思想,勤俭办一切事业,严肃财经纪律,坚决反对大手大脚花钱和铺张浪费的行为。

完成2009年预算和各项财政工作任务意义重大。我们要在以胡锦涛同志为总书记的党中央领导下,高举中国特色社会主义伟大旗帜,坚持以邓小平理论和"三个代表"重要思想为指导,深入贯彻落实科学发展观,坚定信心,迎难而上,开拓进取,扎实工作,实施好积极的财政政策,确保完成预算,为促进经济社会又好又快发展作出积极贡献!

参加"和平—2009"海上多国联合军事演习的中国海军"广州"号驱逐舰抵达巴基斯坦南部的卡拉奇港

本次军事演习由巴基斯坦海军倡导并举办,中国、美国、英国、法国、日本和土耳其等11国海军派舰艇、飞机或特种作战分队参加,俄罗斯、德国、澳大利亚、埃及、印尼等20多国派军事观察员观摩。

3月6日

全国人大常委会委员长吴邦国参加重庆代表团审议政府工作报告

吴邦国指出,重庆市直辖以来,各项事业取得新的重大进展,这一时期是重庆经济社会发展最好的时期、是城乡面貌和基础设施变化最大的时期,也是老百姓得实惠最多的时期。当前,重庆发展正站在新的历史起点上。希望重庆抓住机遇,进一步解放思想,结合自身实际,创造性开展工作。一要增强发展信心,认真贯彻落实中央决策部署,努力保持经济平稳较快发展。二要推动结构调整,把解决当前困难与促进长远发展结合起来,严格把握政策和投资导向,在实现产业优化升级上下功夫。三要着力保障和改善民生,在经济发展的基础上,加快推进社会建设,在西部地区率先实现全面建设小康社会目标。

国务院总理温家宝参加甘肃代表团审议政府工作报告

温家宝说,政府工作报告的形成过程是一个集中民智、集思广益的过程,报告的贯彻落实也要靠各级干部和广大人民群众共同努力。全国人民代表大会审议政府工作报告,不仅是形式上的民主,而且也是实质上的民主。要虚心听取每个代表的意见,吸收大家的建议,使报告提出的任务和措施变为全国人民的意志和自觉行动,激发出战胜困难的巨大力量。始终坚定信心,始终依靠人民,是我们应对国际金融危机最重要的力量源泉。我希望各地按照中央的决策部署,结合本地实际创造性地开展工作。

全国政协主席贾庆林参加政协无党派人士界委员小组讨论

贾庆林指出,无党派人士是爱国统一战线的重要组成部分,是我国政治生活中的一支重要力量。在过去的一年,无党派人士自觉承担责任,倾情奉献社会,得到了党和政府的充分肯定,也赢得了人民群众的普遍赞誉。他希望无党派人士界委员继续发扬优良传统,切实增强大局意识、责任意识和忧患意识,着力提高履行职责的能力和水平,团结一心促进发展,汇聚力量改善民生,在全面建设小康社会伟大进程中不断创造出新的优异成绩。要坚定不移地走中国特色社会主义政治发展道路,以庆祝新中国成立60周年和人民政协成立60周年为契机,把中国共产党领导的多党合作和政治协商制度坚持好、完善好、发展好,不断巩固各党派团体、各族各界人士团结合作的共同思想政治基础。要紧紧围绕保持经济平稳较快发展和促进社会和谐稳定建言献策,促进党和政府决策的科学化、民主化,多做了解民情、反映民意、理顺情绪、化解矛盾的工作,努力维护社会和谐稳定大局。要切实为实施科教兴国战略和人才强国战略贡献力量,围绕重大科技问题,开展战略性、前瞻性、综合性的调查研究和决策咨询,出主意、献良策、谋大计,为提高自主创新能力、建设创新型国家作出新的贡献。

中共中央政治局常委李长春参加吉林代表团审议政府工作报告

李长春说,以胡锦涛同志为总书记的党中央高度重视文化建设，当前中央保持经济平稳较快发展的一系列重大措施为文化发展提供了更多机遇和更大空间，文化建设的春天已经到来。要以开拓创新精神积极推进公共文化服务体系建设，更好地满足人民群众基本文化需求。要继续深化文化体制改革，进一步解放和发展文化生产力，促进文化大发展大繁荣。要加大对文化产业的支持力度，在实施产业振兴战略时把发展文化产业列入规划，着力扩大文化消费。要打造一批文化领域的骨干企业，推出更多有自主知识产权和影响力的文化产品，繁荣文化市场，推动中华文化走出去。要大力建设创业文化，弘扬创业精神，宣传一批创业典型特别是高校毕业生和农民工创业典型，在全社会形成鼓励创业、崇尚创业、创业光荣、奋发有为的良好氛围，激励人们迎难而上、共克时艰。

国家副主席习近平参加福建代表团审议政府工作报告

习近平在听取刘赐贵、谢华安、丁世忠等代表发言后，习近平就全面把握中央对今年经济工作总体要求、在实现保增长目标中坚决做到“五个结合”作了专题发言。他强调，我们党执政兴国的第一要务是发展，科学发展观的第一要义是发展，战胜国际金融危机严重冲击关键也取决于发展。必须牢牢扭住经济建设这个中心不动摇，坚决完成经济平稳较快发展这个首要任务不懈怠，切实把保增长、保民生、保稳定的要求落到实处。他希望福建在今年经济工作中，把扩大内需为主同稳定外需结合起来，把扩内需、保增长同调结构、上水平结合起来，把推进结构升级同扶持就业创业结合起来，把加强政府宏观调控同抓改革、增活力结合起来，把抓好当前同谋划长远结合起来，不断开创改革开放和社会主义现代化建设新局面。

国务院副总理李克强参加辽宁代表团审议政府工作报告

李克强强调，在保持增长的基础上调整结构，是解决经济生活中深层次矛盾、促进经济又好又快发展的客观要求。做好今年经济工作，要深入贯彻落实科学发展观，立足当前、着眼长远，把保增长与调结构更好地结合起来，积极扩大国内需求尤其是居民消费需求，加大投资力度、优化投资结构，加快推进技术创新和产业升级，努力培育新的经济增长点、形成新的竞争优势。

李克强说，改革开放是经济发展的动力，保持经济平稳较快增长、推动实现科学发展，必须依靠改革开放。要坚持用改革的办法解决前进中的矛盾和问题，加大重点领域和关键环节改革力度，不断激发创新活力。抓住世界经济调整和重组的时机，继续提高对外开放水平，更好地利用国际国内两个市场、两种资源。

李克强充分肯定辽宁老工业基地改造振兴已经取得的成就。他希望辽宁省广大干部群众再接再厉、乘势而上，继续推进沿海经济带等区域开发建设，加快结构调整和产业振兴步伐，进一步加强农业基础，做强做大装备制造业，积极发展高新技术产业和现代服务业，实施好重点民生工程，在全面振兴老工业基地中迈出更大的步伐。

中央纪委书记贺国强参加湖南代表团审议政府工作报告

贺国强充分肯定了湖南去年的工作。他强调，在当前严峻经济形势面前，要统一思想、坚定信心，迎难而上、奋力拼搏，努力保持经济平稳较快发展。要着力发挥投资和消费对扩大内需、促进经济增长的双拉动作用，抓紧落实各项投资举措，千方百计扩大消费；着力抓好调整经济结构和转变发展方式这项根本战略任务，推进新型工业化进程，促进产业结构优化升级，增强自主创新能力；着力抓好深化改革开放、增强经济社会发展活力和动力这项关键举措，特别是要抓住国家设立长株潭城市群资源节约型和环境友好型社会建设综合配套改革试验区的机遇，以科学发展观为指导，认真搞好规划，加快推进重点项目建设，全面启动综合配套改革，发挥核心增长极作用；着力抓好保障和改善民生这个根本出发点和落脚点，坚持不懈为民办实事办好事，切实把促进经济增长的过程作为改善民生、惠及民利、赢得民心的过程；着力抓好维护社会和谐稳定这个基本保障，加强矛盾纠纷排查调处和社会治安综合治理，坚决防止重特大安全事故和群体性事件发生。

贺国强介绍了当前的党风廉政建设和反腐败工作情况。他指出，要认真贯彻落实胡锦涛总书记在十七届中央纪委第三次全会上的重要讲话精神，坚持标本兼治、综合治理、惩防并举、注重预防的方针，以贯彻落实《建立、健全惩治和预防腐败体系 2008—2012 年工作规划》为重点整体推进反腐倡廉建设。要继续推进“五个一批”工作，坚决查处一批大案要案，严肃纠正一批损害群众利益的不正之风，认真解决一批涉及领导干部廉洁自律的突出问题，抓紧制定一批反腐倡廉法规制度，扎实推进一批改革措施。贺国强强调，根据今年党和国家的中心工作，要着力抓好两项重点任务，一是加强对中央关于扩大内需、促进经济增长政策措施落实情况的监督检查，坚决维护中央政令畅通；二是加强领导干部党性修养和作风建设，切实解决党员干部在党性党风党纪方面存在的突出问题，以党风廉政建设和反腐败斗争的新成效取信于民，为改革发展稳定提供有力保证。

十一届全国人大二次会议举行记者会

国家发展和改革委员会主任张平、财政部部长谢旭人、中国人民银行行长周小川，就4万亿元投资、积极的财政政策、货币政策等热点问题答记者问。

四万亿审查与监管“两个严格” 检查组常驻地方对中央负责

谈到4万亿元的去向，张平说，在扩大投资方面，中央政府一开始提出的投资方向和重点就非常明确，这一次扩大投资一定不去搞一般的加工工业，不去搞重复建设，重点锁定民生、“三农”，搞好基础设施建设，加强生态环境保护，做好节能减排工作，同时，要加快调整经济结构、转变经济发展方式。

在回答记者关于怎样花好4万亿元时，张平特别介绍了审查和监管的具体措施，以“两个严格”作为回答。

两个严格，即严格审查和严格监管。严格审查就是要按照规划、按照产业政策、按照准入标准来审定这些项目。在这同时，我们还有财政部门的审查，还有信贷部门的审查，还有土地部门的审查，还有环保部门的审查。所以，按规定的程序来办，严格审查。

严格监管，就是说对这些资金的使用，对这些项目的安排，一定要加强监管。除了要求各个相关的部门监管之外，为落实中央扩大内需、促进经济平稳较快增长政策，中央成立了24个检查组，中央纪委、监察部和审计署牵头，参与部门包括了发改委、财政部等。

他补充说，整个落实扩大内需、保持经济平稳较快增长的政策过程中，检查组要常驻地方，对中央负责。通过这样一系列的举措来保证投资安全、合理、有效地使用，避免重复建设，避免“两高一资”，避免这些资金被截留挪用。

人民币贸易结算可顺利出台 人民币运用的领域会扩大

谈及香港和内地有关人民币结算问题，周小川说，从2003年年末开始，香港已经开始开展个人人民币业务的试点。在这个基础上，两边有密切的合作，这个合作正在正常进行。估计不用建立什么新的机制，在这个框架下进一步合作就能解决这个问题。当然需要有一些扩展，因为人民币运用的领域会扩大。

周小川谈到，涉及关于人民币贸易结算的问题，应该说也没有太大的困难。实际上，各家商业银行的工作系统，包括计算机系统，本来就是有多种货币可以去运用，所以再增加一种货币，运用上也比较容易。另外这些年也积累了一些经验，包括边贸过程中也有很多都是用人民币结算的。当然，这里面确实涉及有些个别的业务系统和有些政策需要做一些微调。估计可以顺利出台，时间也不会拖得太久。

赤字总量总体上安全 赤字财政主要确保民生

在回答财政赤字和国债规模的迅速扩大是否安全可控时，谢旭人说，今年我国实施积极的财政政策，扩大政府公共投资；实行结构性减税；提高低收入群体的收入；优化财政支出结构，大力保障和改善民生；大力支持科技创新、节能减排。一方面，财政收入减少，另一方面，政府公共投资和政府重点支出增加，所以财政赤字会大幅扩大，预算赤字将达到9500亿，中央财政国债余额限额将是62708亿。但财政赤字占GDP的比重预计还是控制在3%之内，国债余额占GDP比重大约在20%，是我国综合国力可以承受的，总体上也是安全的。

谢旭人说，今年保障和改善民生是国家财政安排的重点，也是保增长的出发点和落脚点，预计支出达到7285亿元，比上年增加1653亿元，增长29.4%。主要包括教育、医疗卫生、社会保障、就业、保障性安居工程、文化等方面。第一，推动教育优先发展。今年中央财政安排教育支出1981亿元，在去年增长48.5%的基础上，今年又进一步增长23.9%。进一步提高农村义务教育经费保障水平，今年预算安排240亿元用于全面落实对家庭经济困难学生的资助政策。第二，加快发展医疗卫生事业。今年中央预算安排医疗卫生的支出1181亿元，比上年增长38.2%。第三，进一步完善社会保障制度。今年中央财政安排社会保障支出达到2930亿元，增长17.6%。第四，大力支持实施积极的就业政策。今年中央财政安排就业扶持资金420亿元，比去年增长66.7%。要加大就业援助，重点帮扶就业困难的人群、零就业家庭以及受灾地区劳动力就业。对返乡创业的农民工给予政策扶持。第五，今年要大力支持保障性安居工程的实施。今年中央财政安排保障性安居工程建设资金以及补助资金493亿元，比上年增长171%，翻了一番多。第六，积极推进文化事业发展。今年中央财政安排文化支出280亿元，大力发展公益性文化事业，加强国家重点文物保护，推进农村中央广播、电视节目无线覆盖，实施全国文化资源共享等文化惠民的工程。

贷款多增情况还要继续观察 货币政策是否合适要看最终目标

有记者问，今年年初国家确定了5万亿新增贷款的目标，但今年1、2月已经实现了这个目标的一半，下半年企业贷款是否会比较难？

周小川说，温家宝总理报告中讲的新增贷款是5万亿以上，“以上”这两个字很重要。其次，经过这么多年的经济体制改革，关于广义货币供应量、狭义货币供应量、新增贷款总额都不再是指令性计划，不再是那个必须要求准确达到的数字，而是一种指导性、预测性的数字。另外，从经济和金融学的角度来讲，应该说，上述指标都称为中介目标。所谓中介目标，就是说你有一个最终目标，若要实现这个最终目标，你得估计这个中介目标达到什么范围比较好，所以货币政策掌握的合适不合适要看最终目标。在当前这样一种新的情况下，执行适度宽松的货币政策还需要有灵活性，不能完全拿以往的经验来套用。总的来说，对1、2月份贷款多增的情况，还要动态地看，有些情况还要继续观察。

全国政协十一届二次会议在人民大会堂新闻发布厅举行记者会

五位全国政协委员就扩大内需、农民工返乡、粮食生产等问题回答中外记者提问，为促进经济平稳较快发展积极建言献策。

中国没有发生金融危机，8%目标可以实现

“中国根本没有发生什么金融危机。”全国政协经济委员会副主任、国家统计局原局长李德水说，中国经济并没有也不会进入衰退，只是受到了国际金融危机的冲击和影响，放缓一些速度而已。根据我国现阶段经济发展情况，8%这个目标是比较合理的潜在增长率。今年国际经济环境不好，我们遇到很多困难，但根据我们的需要和潜在的经济增长力，只要我们做好了工作，努力去奋斗，8%是可以实现的。

针对有外国媒体报道“中国人大开幕，未承诺新刺激方案”，以及中国将有8万亿、10万亿新刺激方案的传闻，李德水予以否定。他说，温家宝总理作的政府工作报告，提到了全面实施促进经济平稳较快发展的一揽子计划，内涵非常丰富。报告有着很大的杠杆效应，实行起来会产生数倍的乘数效应，有四两拨千斤的作用和意义。传闻说新的刺激方案就是指8万亿、10万亿，这是一个误解，没有这个概念。从我们目前的情况来看，没有必要搞那么大的投资，我们的刺激经济方案是推动经济的增长，保持增长。

三方面着手拉动内需，消费券发放要公平

全国政协常委、全国政协经济委员会副主任厉以宁说，扩大内需主要是从三个方面着手：第一，积极扩大就业，其中包括帮助农民工创业，帮助城市失业人员就业，帮助大学毕业生就业。第二，增加低收入家庭的收入。第三，加快社会保障的城乡统筹。这可以解除很多人的后顾之忧，也可以扩大内需。厉以宁还说，发放消费券是有利于扩大内需的，但关键问题在于怎样使消费券的发放更公平，即让真正需要帮助的人得到帮助。

李德水说，影响中国今年经济下行压力的主要原因就是外需不足，我们要把国内需求扩大，来弥补外需的损失和不足。

农民工继续返乡现象没有出现

全国政协经济委员会副主任、中央财经领导小组办公室副主任、中央农村工作领导小组办公室主任陈锡文说，今年春节前，由于失去工作或者外出没找到工作回乡的农民工总数大约是2000万左右。从目前各有关部门调研的数据看，基本差不多或者略多一点。农民外出就业收入、工资性收入在收入比重中是不断提高的。如果不能很好地解决农民就业问题，对居民收入、市场扩大都会有一定影响。当然，如果外出就业农民工返乡过多，他们中间有一部分已经不是很适应农村的生活，不熟悉农业生产，如果在家乡没有事情做，对社会的稳定也会产生一定影响。

情况是不断发生变化的。目前各地普遍反映，春节之后城市工厂就业需求陆续开始恢复，有一部分农民返乡之后，通过各种途径，在自己的家乡创业或者就业。总体来看，没有出现新的农民工继续返乡的现象。

旱情对全年粮食供给没有明显影响

陈锡文说，今年的旱情是中国北方地区30年来最严重的旱情，对于冬小麦的主产区是50年来最严重的旱情。各地采取了多种措施来抵御旱情。旱情目前已得到缓解，对生产尽管有影响，但已经不太明显。中国的粮食主要是秋粮，冬小麦在整个粮食总产量中大概占1/5多一点。从总体上看，今年的旱情对全年的粮食供给不会产生太明显的影响。

我国粮食生产过去保持了连续5年稳定增产，实际上已经让人看到了保障农业稳定增长的长效机制。一是要有合理的价格机制，让农民愿意种粮。二是改善农业的设施和技术装备，使生产能力确实有所提高。三是不断推进科技进步，让先进的农业技术能够转化为农户的生产力。四是着力培养有文化、懂技术、会经营的新型农民。

应对危机，民企需“三救”

民营企业作为国民经济的重要组成部分，所创造的GDP已经占到全国的50%以上，社会就业率已经达到70%以上。全国工商联副主席、亿利资源集团董事局主席王文彪说，民营企业，包括中小企业，要通过“自救、互救、他救”来应对危机。自救，就是敢于面对困难和现实，强化管理、开拓市场、压缩成本、调整结构，提升企业的核心竞争能力。互救，就是广大民营企业要弘扬中华民族传统美德，共渡难关。他救，就是希望国家和各级地方政府，为民营企业创造更加宽松的发展环境，制定更为有利的发展政策。

中国企业“走出去”要有战略思考

提到中国企业的海外并购，摩根大通中国首席执行官方方说，资本的特性永远是在风险和回报之间寻找平衡，追求收益的最大化。中国企业要想在海外并购，在“走出去”过程中取得成功，首先要有很清晰的战略思考，一定要有一个战略，否则风险会非常大。第二要有人才储备，有很好的企业管理方面的准备，有管理架构上的一些准备。第三，中国企业要善用各类专业机构，壮大自己的阵营，一起去完成自己的使命。

中外妇女招待会在人民大会堂举行

中华全国妇女联合会在人民大会堂举行中外妇女招待会，庆祝“三八”国际劳动妇女节99周年。

全国人大常委会副委员长、全国妇联主席陈至立在招待会上向中国各族各界妇女以及世界各国妇女朋友们致以节日的祝贺和美好的祝愿。她在致辞中说，中国妇女和妇联组织将进一步推动男女平等基本国策的贯彻落实，推动妇女儿童最关心、最迫切、最直接问题的解决有新的突破。

刘延东、乌云其木格、戴秉国、张榕明、王志珍和彭珮云、何鲁丽、顾秀莲、郝建秀等以及各界妇女代表和各国驻华大使、使节夫人、女外交官、外国女专家、专家夫人等近1500人出席了招待会。

全国人大常委会副委员长陈昌智前往几内亚比绍驻华使馆吊唁维埃拉总统

外交部发言人秦刚就马来西亚总理对南沙群岛弹丸礁宣示主权答记者问

秦刚说，中方对南沙群岛及其附近海域拥有无可争辩的主权。中方愿通过协商妥善解决有关争议。我们希望有关各方切实遵守《南海各方行为宣言》，不要采取可能使争议复杂化、扩大化的行动，共同维护南海地区的和平与稳定。

纪念西藏民主改革50周年演出周活动在京演出大型风情歌舞《天上西藏》

3月7日

胡锦涛 吴邦国 温家宝 贾庆林 李长春 习近平 李克强 贺国强等分别参加十一届全国人大二次会议和全国政协十一届二次会议一些团组的审议和讨论

胡锦涛参加了广东代表团审议。代表们围绕会议议题踊跃发言，热烈讨论。胡锦涛认真倾听大家发言，并不时插话询问有关情况。黄华华、宁远喜、李毓全、张思民等8位代表发言后，胡锦涛指出，挑战和机遇从来都是并存的，在一定条件下也是可以相互转化的。这场国际金融危机在给我们带来严峻挑战的同时，也带来加快发展方式转变和结构调整的机遇，带来发挥自身优势、消除发展瓶颈的机遇，带来立足新起点、形成新优势的机遇。一定要坚定信心，以时不我待的精神，创造性地贯彻落实中央决策部署，既为当前保持经济平稳较快发展积极努力，又为今后实现经济又好又快发展创造条件，使应对国际金融危机冲击的过程成为推动发展上水平的过程、成为为更长时期发展打基础的过程。胡锦涛希望广东争当实践科学发展观的排头兵，下大气力保增长、保民生、保稳定，努力战胜前进道路上的艰难险阻，在新的起点上再创改革开放和社会主义现代化建设新的辉煌。

吴邦国参加了山东代表团审议。姜大明、夏耕、马纯济等代表先后发言。吴邦国边听边记，同大家展开讨论。吴邦国说，山东省认真贯彻中央方针政策，结合实际创造性开展工作，经济跃上新台阶，基础设施更为改善，社会事业全面发展，人民生活水平不断提高，全省面貌发生了深刻变化。他强调，要认真贯彻党的十七大精神，以科学发展观为指导，满怀信心地做好今年的各项工作，把保增长作为首要任务，从改革分配体制、完善消费政策、改善消费环境等方面培育和发展新型消费需求，确保实现全年经济发展目标。要坚持科学发展，标本兼治，把解决当前困难与实现长远发展结合起来，在结构调整和产业升级上下真功夫，大型优势企业要向产业链和利润的高端调整，中小企业集群要向品牌与设计、物流与销售两方面调整，从而掌握发展主导权，增强企业竞争力和抗御风险能力。

温家宝参加了湖北代表团审议。会上，阮成发、邓崎琳、徐平等代表踊跃发言。温家宝就代表们提出的产业振兴、粮食安全等问题同大家进行探讨。温家宝说，应对国际金融危机，保持经济平稳较快发展，是我国经济工作的首要任务，也是各级政府工作的中心。做好这项工作，关系国家经济社会发展全局，关系广大人民群众的切身利益，关系巩固30年改革开放的成果，关系社会主义现代化事业的长远发展。各级政府一定要紧紧围绕这个中心开展工作，咬定青山不放松，进一步提高驾驭复杂局面的能力，提高科学民主决策的能力，提高依法行政的能力，提高密切联系群众的能力，提高政府的执行力和公信力。要把保持经济平稳较快发展与关注和改善民生结合起来，集中力量办一些人民群众期盼的大事实事，让人民群众得到更多实惠，促进社会和谐安定。

贾庆林参加了政协工会、共青团、青联、妇联界委员联组讨论。委员们畅所欲言，气氛活跃。贾庆林在认真听取罗梅、张鸣起、甄砚等委员的发言后强调，实现目标和任务需要共同奋斗，战胜困难和挑战需要群策群力。工会、共青团、青联、妇联界政协委员要牢记历史使命，切实发挥工人阶级的主力军作用、青年的突击队作用和妇女的“半边天”作用，真正把各方面的积极性和主动性调动起来，把全社会的创业热情和创造活力激发出来，积极投身保持经济平稳较快发展的主战场。要多办顺民意、解民忧、增民利的实事，多做协调关系、化解矛盾、理顺情绪的工作，维护好广大职工、青少年和妇女儿童的合法权益，积极帮助困难职工、青年和妇女就业，帮助高校毕业生转变就业观念、拓宽就业门路、增强创业能力，促进青少年健康成长，着力维护社会和谐稳定的大局。要更加主动地推动社会主义文化大发展大繁荣，用社会主义核心价值体系鼓舞斗志、引领风尚、凝聚力量，大力发展公益性文化事业和文化产业，积极推进文化创新，加强对外文化传播和交流。要加强理论学习，提高思想政治素质，增强政协委员意识，把做好本职工作同做好政协工作结合起来，不断提高履行委员职责的能力和水平。

李长春参加了宁夏代表团审议。代表们积极发言，讨论热烈。李长春仔细倾听，认真记录，不时询问有关情况。在听取王正伟、王儒贵、吴海鹰等代表发言后，李长春说，保增长、保民生、保稳定是今年全党全国工作的大局。宣传思想工作围绕中心、服务大局，就要切实服务这个大局、促进这个大局，为应对国际金融危机、保持经济平稳较快发展提供强大思想保证、精神动力和舆论支持。要紧紧抓住增强信心这一主线，大力宣传中央关于保增长、扩内需、调结构、促改革、惠民生的总体要求和政策措施，引导干部群众把思想和行动统一到中央对经济形势的分析判断上来，统一到中央的决策部署上来。要大力宣传我国经济发展的基本态势和长期向好趋势没有改变，宣传各地区各部门深入贯彻落实科学发展观、破解发展难题、促进经济社会又好又快发展的新进展新经验新典型，增强干部群众迎难而上、共克时艰的信心和勇气，以优异成绩迎接新中国成立60周年。

习近平分别参加了香港代表团、澳门代表团审议。在香港代表团，习近平在认真听取范徐丽泰、谭惠珠、陈智思等代表发言后说，面对国际金融危机冲击，香港特别行政区政府沉着应对、快速反应，着力稳定金融、扶助企业，增加就业、纾缓民困。中央政府及时制定并出台14项相关政策措施。目前香港大局稳定、人心安定。希望香港地区全国人大代表和香港各界要继续全力支持特别行政区行政长官和政府依法施政，团结一致维护香港社会和谐稳定，并为谋划香港长远发展积极献计出力。在澳门代表团，习近平在认真听取刘艺良、陆波、姚鸿明等代表发言后说，澳门特别行政区政府应对国际金融危机冲击有力有序有效，已推出的93项公共工程，总预算约51亿澳门元，预计可创造9000个就业岗位。中央政府也及时出台9项重要政策措施，促进粤澳深化经济合作，支持澳门经济适度多元发展。他希望澳门地区全国人大代表在维护澳门大局稳定、促进社会和谐方面发挥表率作用，在完成澳门今年几项重要任务中发挥关键作用，在推动澳门经济适度多元发展方面发挥促进作用。习近平还指出，香港、澳门回归祖国以后，中央高度重视并充分发挥港澳地区全国人大代表在国家政治生活中的积极作用。港澳地区全国人大代表不辱使命、不负众托，认真履行职责，为促进国家改革开放和现代化建设、推进港澳与内地交流合作作出重要贡献。他希望代表们进一步发挥熟悉内地情况、社会联系面广、视野开阔等优势，充分行使职权、积极开展工作，当前尤其要把促进经济平稳较快发展、维护社会和谐稳定作为对“一府两院”监督工作的重点，确保今年经济社会发展各项目标任务顺利完成。

李克强参加了新疆代表团审议。代表们积极发言，会场上气氛热烈。李克强不时插话，与大家共同讨论。在认真听取努尔·白克力、袁泽、赵峡等代表发言后，李克强作了发言。他说，我国地域辽阔，区域之间互补性强，经济发展回旋余地大。要变挑战为机遇，深入推进西部大开发，发挥比较优势，开拓市场空间，加快产业结构调整步伐，培育新的经济增长点，保持经济平稳较快发展。李克强强调，新疆在我国发展和稳定大局中具有特殊重要的战略地位。要深入贯彻落实科学发展观，大力实施稳疆兴疆、富民固边战略，紧紧抓住和用好重要战略机遇期，继续加强基础设施建设，合理开发利用和保护资源，做大做强优势产业，扩大对内对外开放，切实保障和改善民生，维护民族团结和社会稳定，推动经济社会又好又快发展，谱写各族人民美好生活新篇章。

贺国强参加了河北代表团审议。代表们围绕会议议题先后发言，结合实际提出意见建议。在认真听取胡春华、沈小平、蔡德宽等代表发言后，贺国强指出，面对当前经济困难，要统一思想、坚定信心，团结一致、共克时艰，认真贯彻落实中央一系列决策部署，把扩大投资规模与增加消费需求结合起来，把扩大内需与稳定对外经贸结合起来，把促进经济增长与调整经济结构、转变发展方式结合起来，把做好“三农”工作与统筹城乡发展结合起来，把保障改善民生与维护社会和谐稳定结合起来，努力实现今年经济社会发展目标。他强调，要把加强领导干部党性修养和作风建设作为一项紧迫任务来抓，加强教育、完善制度、强化监督，促使各级领导干部加强理论学习、注重实践锻炼、自觉接受监督，真正做到讲党性、重品行、作表率，为深入贯彻落实科学发展观、保持经济平稳较快发展提供有力保证。

王刚、王乐泉、王岐山、汪洋、张高丽、路甬祥、陈至立、周铁农、李建国、司马义·铁力瓦尔地、陈昌智、曹建明、廖晖、李兆焯、张榕明、钱运录、郑万通、邓朴方、罗富和分别参加了以上团组的审议和讨论。

全国政协十一届二次会议在人民大会堂举行第二次全体会议

16位政协委员围绕增加居民消费、加强农业基础地位等问题作大会发言。全国政协主席贾庆林出席会议。

大会的执行主席是王刚、帕巴拉·格列朗杰、陈奎元、黄孟复、董建华、钱运录、厉无畏。会议由黄孟复主持。

国务院副总理王岐山和中共中央、国务院有关部门的负责同志到会听取发言。

许善达委员在代表全国政协经济委员会发言时建议,把增加居民消费列为增加内需最终的目标并把它提升为最优先的目标之一,制订并实施增加居民消费的中长期战略。

王少阶委员代表民建中央发言,他说,当前形势下,要进一步加强农业的基础地位,把农业作为保增长的基础支撑,把农村作为扩内需的重要市场,把农民作为保民生的重点。

吴光正委员在发言中说,现在要抓住百年罕见的机遇,积极推动改革开放的"第二浪",利用天时地利人和的条件,我国可在下一个30年内实现全面现代化。

厉无畏委员代表民革中央在发言中建议,大力发展创意产业,并以创意产业的思维逻辑和发展模式,来改造传统产业的发展模式,实现产业的创新和发展方式的转变。

贾康委员说,我们要理性考虑政策操作、政府介入的合理方案和得当的具体政策措施,防止"政府万能"的幻觉,应该通过政府的扩张来拉动社会资金、民间资本跟进。

杨岐委员在代表无党派人士发言时指出,在应对金融危机、拉动内需、灾后重建中,发挥先进适用技术的作用尤显重要。他建议建立、健全法律、法规,建立产学研结合技术创新体系和国家级节能减排项目示范区。

陈明义委员在发言中说,要像抓航天事业那样,大力推进海洋的探测与开发,做大做强海洋产业,努力建设海洋强国。

沈建国委员代表全国工商联发言指出,当前,解决小企业贷款难比任何时候都更为重要。建议加快建立中小金融机构,破解小企业信贷难关。

欧阳明高代表民盟发言,他说,经过改革开放30年的高速发展,我国已成为全球第二大汽车市场和第三大汽车制造基地。巨大的市场需求与严峻的能源环境约束之间的矛盾异常尖锐。发展节能环保汽车,实现能源转型与产业振兴势在必行。

李说委员代表民建中央在发言中指出,保持经济平稳较快发展,解决中小企业经营困难是当务之急。

张桃林委员代表九三学社发言,他说,必须在大力推进农业科技自主创新、增加技术源头供应的同时,更加注重成果转化和应用推广,做到"两手抓、两促进"。

黄少良委员代表侨联发言说,我国企业应借此重新洗牌之机,增强自主创新意识、调整产业结构、调整发展战略、调整市场份额,变金融危机的破坏性因素为建设性因素,变压力为动力,变"灾难"为"契机",强我自身,为战胜金融危机作出贡献。

张国宝委员在发言中建议,高度重视新能源发展,密切跟踪世界新一轮新能源发展方向,加强新能源技术研发,增加对新能源产业发展投资,认真把新能源发展放在一个战略位置上加以重视。

陈清华委员在发言中说,长江是中国第一大河,水资源总量占全国的35%,流域面积约占全国的1/5,人口占全国的1/3。保护好长江水资源和长江流域的生态环境意义重大。

陈经纬委员在发言中说,无论从当前积极应对金融危机,还是从保障经济社会持续科学发展看,都必须大力加强我国的信用风险管理体系建设。

叶金生委员在发言中表示,随着环境资源对经济社会发展的制约日益增强,转变发展方式、构建绿色工业体系、加快"两型社会"建设十分必要。构建绿色工业体系是加快资源节约型和环境友好型建设的当务之急。

全国政协副主席廖晖、杜青林、白立忱、阿不来提·阿不都热西提、李兆焯、张梅颖、张榕明、孙家正、李金华、郑万通、林文漪、罗富和、陈宗兴、王志珍出席会议。

中共中央政治局委员王刚会见列席全国政协十一届二次会议的海外侨胞

外交部部长杨洁篪在十一届全国人大二次会议举行的记者招待会上就中国外交政策和对外关系答中外记者问

中央电视台记者:新年以来,国家领导人高层出访频繁,被媒体称为"正月外交"。今年中国外交有哪些思路和规划?另外,2008年是中国外交不平凡的一年,您认为有哪些亮点可以总结?

杨洁篪：今年年初，胡锦涛主席的“友好合作之旅”和温家宝总理的“信心之旅”极大地推进了中国同非洲、中东国家、欧洲国家的关系。

去年这一年对中国来讲，是不平凡的一年，对中国外交来讲同样如此。去年这一年对中国的外交来讲，可以讲是“闯关之年”、“开拓之年”、“丰收之年”。所谓“闯关之年”，就是从抗击汶川大地震等自然灾害到排除各种干扰举办奥运会，再到应对国际金融危机的冲击，我们的国家、我们的外交所受到的挑战之多、冲击之大、程度之严重是多年罕见的，我们闯过一道道难关，实属不易。

在党中央、国务院坚强领导下，在全国人民积极支持下，在各部门、各地区通力协作下，我们努力贯彻落实科学发展观，外交工作取得了重大成绩。在许多方面确实有开拓创新，比如说我们努力丰富和发展中国特色的外交理论，紧紧抓住统筹兼顾这个外交工作的根本途径，就是要统筹好国内和国际两个大局，统筹好双边和多边关系。

我这里要特别提一下，一年多来，我们努力统筹地理区域外交和具体领域的外交。地理区域外交大家都很清楚，比如说大国外交、周边外交、与广大发展中国家外交，乃至于相当程度的多边外交。具体领域的外交，我们现在更需要重视，比如经济外交、安全外交、人文外交、公共外交等等。去年我们举行的北京奥运会，应该讲是一个文化的盛会，也是一场人文外交。去年年初的时候，我和一些同事就谈到，如果把奥运会搞好，把人文外交搞好，2008年的中国外交就成功了至少一半。同时，我们也加强了外交工作体制和机制的完善。一年来，中国的国际地位、作用、影响显著提高，我们为世界和地区的和平、稳定、发展作出了重要贡献。去年这一年，有多达180多位的国家元首、政府首脑和其他政要纷纷来到中国进行正式访问，或者参加奥运会、残奥会的开闭幕式和其他活动，或者参加亚欧首脑会议。来访的国家元首、政府首脑、其他政要人数之多、之重要，在中国外交史上是空前的。

大家都很关心今年的中国外交。当今世界正在发生冷战结束以来最深刻、最复杂的变化，国际金融危机还没有见底，中国的外部环境更趋复杂。

对中国今年的外交工作，我想可以讲四点：第一，“一条主线”。就是要全力为确保国内经济平稳较快发展服务。第二，“两大重点”。一是积极应对国际金融危机，要为“保增长、保民生、保稳定”服务好；二是做好中国国家领导人参加重大的国际多边会议活动的准备工作，如即将在伦敦举行的20国集团领导人金融峰会，7月在意大利举行的八国集团与发展中国家领导人对话会，此前的上海合作组织峰会，此后要举行的上合组织总理会晤，11月份要举行的亚太经合组织领导人非正式会议等等。中国要通过参加这些活动，推动国际秩序朝着更加公正合理的方向发展。第三，“三项工作”。一是搞好安全外交，切实维护中国的主权、领土完整和安全利益。二是要加强人文外交，进一步增进中国人民和世界各国人民的友谊和合作。三是继续抓好领事保护工作，切实维护中国公民和企业在海外的合法权益。现在中国的国民出国越来越多，中国企业同其他国家的合作越来越多，这方面的领事保护工作我们一定要做得更好。第四，“四个方向”。就是要促进我们同大国的关系稳定发展，进一步搞好同周边国家的睦邻友好关系，进一步加强同广大发展中国家的团结与合作，要更加积极地参加有关全球性和地区热点问题的妥善解决。

我相信，通过努力，中华人民共和国成立60周年将成为中国外交又一灿烂辉煌的一年。

美联社记者：随着金融危机的爆发，国际社会日益关注中国同美国的关系。您是否认为中国现在面临的一些问题从某种程度上讲是由于美国规划不当以及不负责任的行为所造成的呢？也有人认为正是美国的所作所为才使中国陷于被迫不得不一直购买美国国债和支持美国政策的处境，您认为美国在多大程度上应该对这次危机负责？您认为美国应该采取什么措施才能重新获得中国政府和人民的信心？

杨洁篪：关于这次金融危机的起因，我想人们自有公论，有关教训应该汲取。当务之急是各国应该携手共进，开好伦敦金融峰会，使得这次金融峰会能够为提振人们的信心，为加强各国宏观经济政策的协调，为稳定金融市场，为推进必要的国际金融体系和金融监管体系的改革，为促进广大发展中国家的发展、实现“千年发展目标”而努力。在这方面，我们愿意同美国、同世界其他国家一起，在国际金融危机的惊涛骇浪中同舟共济，携手共进。

中国使用外汇资产所遵循的原则是“安全、流动、增值”，中国将继续遵循这些原则来使用中国的外汇资产。

自从奥巴马新政府上台以后，中国和美国新政府之间的关系开局是好的。胡锦涛主席与奥巴马总统通了电话，进行了很好的交谈，为共同推进中美关系达成了许多重要的共识。希拉里·克林顿国务卿访华之际，中方也同她进行了会见、会谈，双方都表示了进一步推进中美关系的真诚愿望。在当前的国际形势下，中美之间存在着日益广泛的共同利益，我们愿意同美国新政府共同努力，不断地推进中美关系，希望双方都能够照顾彼此的核心利益，并且进一步加强交流与合作。

我们相信,通过双方的努力,中美关系一定会继续沿着健康稳定的轨道向前发展。

英国《泰晤士报》记者:4月份20国集团金融峰会将在伦敦召开,胡锦涛主席会不会与会?胡锦涛主席如果与会,将会代表中方提出什么样的建议?具体讲,中方对于这次金融峰会有什么样的期待?面对现在的国际金融危机,您是否认为它使世界权力的天平或者世界力量的天平向中方倾斜?

杨洁篪:胡锦涛主席将会出席伦敦金融峰会,在此期间,他将会见一些国家的领导人。最近我将应希拉里·克林顿国务卿的邀请到美国去访问,就是为胡锦涛主席和奥巴马总统在伦敦进行会晤作必要的准备工作,并且将同美方一起进一步规划今年的中美关系的具体工作。在伦敦,胡锦涛主席也会会见布朗首相。我们对英国为筹备这次金融会议所作的许多准备工作表示赞赏。中国经济继续保持平稳较快发展,这本身就是对应对金融危机的最大贡献。中国继续向广大发展中国家,特别是非洲国家提供、增加援助,并且呼吁世界各国都要兑现自己的承诺,这本身也是中国对应对国际金融危机的重大贡献。中国商务部部长陈德铭亲自率领"中国贸易投资促进团"访问欧洲,有关的公司同英国、德国等方面洽谈业务,达成的有关协议和合同多达150亿美元。这本身也是中国对应对国际金融危机的重大贡献。中国是最早表示要出席华盛顿金融峰会的国家之一,中国也是积极地同东道主英国合作,努力要共同举办好这次伦敦峰会的国家之一。我们相信在各方共同努力下,这次伦敦峰会会取得积极成果。

至于经过这场金融危机到底对谁有利,我看应该讲是理智占了上风,广大人民群众的正当要求占了上风。各国政府都应该以人为本,踏踏实实地为本国经济发展、社会进步,为世界公平正义服务。

俄罗斯国际文传电讯社记者:今年是俄罗斯和中国建交60周年,请问杨部长,您认为我们两国关系再继续发展有什么潜力?另外俄罗斯和中国在国际组织、"金砖四国"框架内合作还有什么空间?

杨洁篪:中俄战略协作伙伴关系已经建立13年了。13年来,两国关系取得了巨大的发展,特别是近年来的发展更是令人瞩目。今年,我们要做好如下四个方面的工作:第一,要进一步加强双边的高层交往、互访和各个层次的接触,以进一步增进互信,加强合作。第二,我们需要大力地开展在各个领域的务实合作,特别是在能源、科技等各个方面的合作。最近,两国举行了中俄能源谈判代表第三次会晤,双方就修建原油输送管道、贷款、长期供油等达成了重要的协议,这是互利双赢的结果。第三,要全面地推进两国人文交流。今年恰逢中俄建交60周年,中国将举办"俄语年",我们一定要扎扎实实地搞好各方面的活动,以进一步增进两国人民的相互了解和友谊,进一步巩固两国关系发展的民意基础。第四,中俄两国都是世界上的大国,是联合国安理会常任理事国,我们要进一步加强在重大国际问题上的合作,推动世界多极化、国际关系民主化,要为维护地区和世界的和平稳定和发展作出更大的贡献。

中国、俄罗斯、巴西、印度都是在世界上有重要影响的国家,被称为"新兴大国"。我们在很多方面面临着相同的挑战,也有着共同的发展机遇。四个国家的国家领导人和外长进行过会晤,也交流过不少意见,我觉得继续这种做法是十分有益的,有利于推进四国的合作,也有利于有关地区乃至世界的和平稳定和发展。

《人民日报》记者:当今世界,气候变化成了一个非常重要的问题,中国将如何应对气候变化带来的挑战?另外,今年年底联合国将在哥本哈根召开气候变化会议,请问您对这次会议有怎样的预期?

杨洁篪:今年年底将在哥本哈根举行的应对气候变化会议是十分重要的。我们希望有关各方共同努力,按照"巴厘路线图",实现哥本哈根会议的既定目标。在这方面应继续遵循"共同但有区别的责任"原则,发达国家、发展中国家各自要作出应有的努力,并且携手合作,这对于取得这次会议的成功是至关重要的。中国将一如既往地按照国家制定的应对气候变化方案,在各方面采取积极措施,兑现自己诺言,为这次会议成功作出应有贡献。

日本朝日电视台记者:我有两个问题。第一,关于中日关系,"毒饺子"事件在日本和中国都产生了受害者,过了一年多还没解决,日本消费者对中国食品的疑虑也没消除,解决这件事情困难的原因在哪里?关于东海油气田中日双方达到了共识,但是为什么不能正式开始缔结协议的磋商?另外,中方是否认为"天外天"不属于协议的对象?第二个问题,东亚地区去年在日本召开了第一届中日韩三国领导人会议,今年将在中国召开第二届。在当前金融危机的形势下,中方如何考虑加强中日韩之间的协作?

杨洁篪:首先,中国政府及各有关部门十分重视产品质量和食品安全。你讲到的"饺子事件"是一起刑事案件,中国有关部门正在继续进行调查、侦查,努力在破案。我们也一直表示中日双方要继续来合作调查。我想问一下,日本有没有食品案件经过相当一段时间的艰苦侦查至今还没有破案的案子?我想日本警方是不会放弃努力,会继续追踪到底,哪怕需要更多的时间也要把它破案,这也是中方的决心。我想这一点日方应该理解,而且应该继续同中方合作。我还认为,双方应该就食品安全问题建立长久的合作机制,这有什么不好啊？我还想讲一句，希望记者们不要错误解释，中国的食品安全不是百分之百的，但我是经常吃了中国的速冻饺子去出席外交活动、去出席记者会的。

关于东海问题，双方达成的原则共识是两国关系改善和发展的一个重要体现。我想，双方都应该遵守原则共识的精神，要为原则共识的落实创造必要的条件。“天外天”油气田位于中国专属经济区，同中日双方达成的东海问题原则共识没有关系。

我们认为，去年在日本举行的中日韩三国领导人的首次单独会晤十分成功，我们也赞赏东道主日本方面为此所作出的努力。同事们告诉我，中日韩三国的贸易额超过了英法德三国的贸易额。我们三国是近邻，我们三国在文化方面有很多的历史渊源。我们三国理应在当前国际金融危机的背景下进一步加强交流与合作，为我们三个国家共同战胜金融危机，使亚洲早日走出金融危机的阴影作出应有的贡献。中国作为东道国，今年一定要当好东道国，办好这次会议，相信我们也会得到日本和韩国同事们的支持。

韩国《中央日报》记者：我想提三个问题。一、美国奥巴马政府上台后，中国的对外政策，特别是包括朝鲜半岛在内的东北亚政策是否会有调整？二、如果朝鲜强行发射导弹的话，中方会有什么样的反应和看法？朝鲜导弹问题对六方会谈会有什么影响？三、金融危机发生后，中韩贸易额有所减少，有专家建议，为了两国贸易的继续扩大，尽早推进中韩自由贸易协定协商，对此您有什么样的看法？

杨洁篪：中国方面已经多次重申了自己的外交政策，简单地说，就是我们坚持走和平发展的道路，坚持奉行独立自主的和平外交政策，坚持奉行互利共赢的开放战略。我们的外交政策没有任何改变。我们高兴地看到，奥巴马新政府已经表示，高度重视朝核问题六方会谈，并且愿意为推进这一会谈与其他各方共同努力。

六方会谈已经取得了重要进展，这是值得珍惜的。目前遇到一些困难，就这样复杂的问题进行谈判，过程中出现一些困难是自然的。重要的是，各方都应该按照2005年9月19日达成的协议行事，要尽快地相向而行，完成第二阶段的行动，使会谈进入第三阶段。中国作为东道主，将继续为会谈取得进展作出自己独特的、建设性的努力。我们注意到，朝鲜方面宣布要发射试验通讯卫星，我们也注意到各国的反应，我们对有关的事态表示关注。我们认为，维护朝鲜半岛的和平稳定符合各方的利益，我们希望有关各方多做对此有利的事情。

中韩之间就建立自贸区启动了官产学联合研究。积极地推进这种研究、讨论，乃至于早日启动谈判，建成自贸区，对于中韩双方都有着十分积极的意义，希望双方相向而行。我想，中日韩三国都应该成为反对投资保护主义和贸易保护主义的表率。中日去年贸易额超过2000亿美元，中韩贸易额接近2000亿美元。我们之间相互进一步开拓市场，有利于提振亚洲人民应对金融危机的信心，也符合我们之间和亚洲人民的利益。

《中国日报》记者：我们注意到，中国领导人在很多场合都表示过“外交要为经济建设服务”。请问杨外长，在金融危机继续扩散和蔓延的时候，中国外交应当怎样发挥作用，以应对危机并且支持国内保增长？

杨洁篪：对中国外交部和中国驻外外交机构来讲，为国内经济发展服务，为推进中国同有关国家经贸合作服务，已经成为我们最重要的任务之一。我们有的大使回国就告诉我，说他计算了一下，在他的工作时间里，至少30%乃至50%是用于抓经济方面的事情。我们的驻外使领馆，为促成很多大的项目，为解决很多经济方面的纠纷做了很多事。

关于下一步这方面的工作我想谈几点：第一，我们将继续深入分析国际经济金融形势走向，并且向党中央、国务院提出我们的意见和建议。第二，我们要继续为保持乃至于提高中国同有关国家的经贸合作水平作出应有贡献。第三，我们要为中国企业走出去服务，并提供指导。第四，我们要进一步做好保护海外中国公民和企业合法权益的工作。

香港无线电视记者：请问杨外长，法国佳士得拍卖行早前强行拍卖了中国圆明园兽首铜像，之前大会发言人表示，这样的行为伤害了中国人民的感情。法国总统去年年底，不顾中国反对，一意孤行接见达赖。您能形容一下现在中法之间的关系吗？还有一个关于香港方面的问题，外交部如何维护香港在外国的权益，如何支持香港特区政府开展对外交往？

杨洁篪：中国政府反对有关公司拍卖两只圆明园兽首，因为这些兽首是被窃掠的中国流失文物，中国有权追索这些文物。这种雪上加霜的行为是很不道德的。

我们外交部全力为香港的繁荣稳定创造外部条件做工作。我们吸纳了香港特区政府的代表参加华盛顿峰会，这次我们也将吸纳香港特区政府的代表参团参加伦敦金融峰会。我们一直积极推动有关国际组织在召开国际会议的时候，多想着点香港、澳门，到那里去举行，我们也为香港和澳门的政府官员和同胞们出去参加各种多边国际活动、会议创造条件。就香港而言，外交部关注和处理了600多起、涉及2000多香港同胞的领事保护案件。我们相信，在香港、澳门特区政府的领导下，香港和澳门同胞一定能够战胜金融危机。在中央政府的强有力支持下，香港和澳门一定会保持繁荣稳定。

刚才你问到中法关系,中法建交45年来,两国关系有了很大的发展,给两国人民带来了实实在在的利益。中方一直高度重视推进中法关系并为此作出了重大努力。当前,中法关系发生的问题,责任不在中方。我们希望法方对中方的重大关切作出正面的、积极的回应。最后我想强调,我本人对中法关系的长远发展是抱有信心的,因为这符合双方的共同利益,也是两国人民的呼声。

德新社记者:中国和欧盟的合作,涵盖了很多领域,包括共同应对国际金融危机,还有应对气候变化等问题。去年,欧洲一些老百姓感到不解的是,中国因为法国总统即将会见达赖而取消了本该在12月举行的中欧领导人会晤。在欧洲其实有些人不是特别了解,是否每次一些欧洲国家领导人接见达赖,即便是随便交谈或者是喝杯茶,都会威胁到中国和欧盟之间的合作呢?最近欧盟新的轮值主席国捷克共和国提出召开新一轮中欧领导人会晤,中方是否会积极回应?是否参加?具体日期有没有确定?

杨洁篪:去年,原定年底举行的中欧领导人会晤不得不推迟,其原因不在中方。人们都很清楚事情的经过。欧洲人有希腊古典哲学文化的基础,我想他们的逻辑应该是很严密的。达赖方面提出要在中国四分之一的土地上建立他的所谓"大藏区",要赶走驻扎在那里守卫中国国土的中国军队,要赶走世世代代在那里生活的其他民族的中国人。这样的人是一个宗教人士吗?德国、法国,其他的国家,愿不愿意自己四分之一的领土被分割出去?请记住,中国是一直支持德国的统一大业的。因此,达赖绝对不仅仅是一个什么宗教人士,而是一个政治流亡者。我们同他之间的矛盾也不是什么宗教问题、人权问题、民族问题、文化问题,而是要不要保持中国的统一,要不要允许把西藏从中国的版图上分裂出去的问题。世界上任何国家在处理对华关系当中,不允许达赖窜访,不允许达赖利用他们这些国家的国土从事分裂活动,这是国际关系准则的应有之义。这并不是对中国的什么照顾,我们只不过是希望各国都按照自己对外宣称的标准来行事,那就是尊重国际关系准则,尊重国际法,尊重中国宪法,尊重中国民族区域自治法。

我想说明,关于即将举行中欧领导人会晤的建议不是捷克方面一家提出的。这次会晤是由温家宝总理今年早些时候访问欧盟总部时,同欧洲方面共同商定在今年上半年举行。确定具体的举办时间在哪个月、在哪天,这不应该是什么大问题。

中国国际广播电台记者:请问外长,中国是如何定位自己在亚洲地区的作用和影响力?在金融危机形势下,中国如何推进亚洲的区域合作?

杨洁篪:中国是亚洲大家庭的一员。我们的外交政策就是"与邻为善、以邻为伴"。所谓"善",就是希望邻居社会稳定,经济发展,民生改善。所谓"伴",就是我们要同我们的邻居建立和发展互利共赢的伙伴关系。只要环视一下周围就会发现,我们许多重要的贸易伙伴就在亚洲。同印度,我们的贸易额也已经超过了500亿美元。中国经济对世界经济的增长,去年贡献率是20%,我想对亚洲经济的贡献恐怕要超过这个数。我觉得在当前国际金融危机背景下,中国和亚洲各国都需要开动脑筋、开拓创新,以便使亚洲的经济能够率先走出金融危机的阴影。具体讲,我们要进一步推进10 + 1、10 + 3合作;我们要进一步推进"清迈倡议"多边化进程,建立亚洲资本市场;要加快建立10 + 3的区域外汇储备库;我们要进一步推进大湄公河次区域合作的发展;中国要进一步地加强同南盟国家的合作等等。除了经贸方面,我们同亚洲国家有着长久的友好交往历史,双方关系有着深厚基础。交友贵在交心,古语说"以利合者,利尽则散"。我们同很多亚洲国家的关系不仅仅是一个经济、贸易方面的互利关系,我们是君子之交,是道义之交。我相信,亚洲的明天会比今天更加美好。

摩洛哥通讯社记者:面对现在的国际金融危机,您对中非关系的发展有何展望?第二,中国如何更加积极地参与苏丹达尔富尔问题以及撒哈拉以北一些冲突问题的解决?

杨洁篪:中国同非洲国家有着传统的友谊。今天,中非合作又登上了一个更高的台阶。2006年,中国举行了中非合作论坛峰会,胡锦涛主席代表中国政府宣布了支持非洲发展的八项举措,现在这些举措有的正在顺利进行,有的已经完成。我们也感谢非洲朋友们、兄弟们在台湾问题、涉藏问题、支持北京举办奥运会、抗震救灾等方面所给予我们的巨大支持。有的国家元首跟我们国家领导人讲,我们国家太穷了,我们没有什么可以给你们的,我们给的就是我们的心。我们很受感动,我们是心心相印的朋友、兄弟。胡锦涛主席前不久对非洲国家进行访问时就表示,中国将一如既往地支持非洲的发展,一如既往地支持提高非洲国家和非洲地区在国际和地区事务中的发言权和代表性。我想讲一下,中国不是嫌贫爱富之辈,中国也不是嫌贫爱"油"之辈,可以问问非洲那些没有石油的国家、没有天然气的国家,他们对中国的评价高还是对其他国家评价高。即使我们同非洲国家发展能源方面的合作,也是互利共赢的合作。非洲朋友们、兄弟们,要把他们潜在的优势变成现实的优势已经等了几百年了,还要让他们等下去吗?有人还要劝告他们等下去,这种劝告是道德的吗？他们有资格作出这样的劝告吗？中非的合作是互利共赢的。我相信，今后这种合作还要发展。再说，同非洲国家发展互利合作的不单单是中国这个新兴大国，其他的新兴国家都在发展，做何解释？

至于撒哈拉有关问题，我们希望有关各方通过协商对话使这个问题能够得到妥善解决。

关于达尔富尔问题，我们的立场是劝和促谈。我们希望关于达尔富尔的维和行动和政治谈判进程能够继续取得进展。我们继续支持非盟、联合国和苏丹政府这三方作为主渠道发挥主要的推进作用。我们向苏丹人民、向达尔富尔人民提供了很多援助，包括向达尔富尔人民提供了1.4亿元人民币的援助，我们还向非盟特派团和联合国信托基金提供了援助，我们在苏丹当地的公司也参与了打井、提供学校必要设备等等，更不要提我们已经率先派出了多功能的工兵团去达尔富尔地区。我们希望达尔富尔问题早日得到解决，我们也希望各方多做对此有益的事，而不是相反。

新华社记者：我的问题是关于杨洁篪部长你自己的。我们知道，自新中国成立以来，历届外长都在出色完成历史使命的同时，以自己的个人魅力赢得了世界的赞赏。请问，你担任外长以来有什么样的体会？在与各国外长打交道的过程中有什么难忘的回忆？能否借此介绍一下你个人的外交理念以及当前中国在复杂形势下的外交理念？

杨洁篪：这一年多来，我自己还是感触挺多的。我对自己有机会为国效力感到非常幸福。我觉得中国外交当前一个特点就是同发展密不可分。外交要为中国的经济发展服务，要为中国的社会进步服务。

我们国家现在一个中心任务是发展经济。现在中国的外交不单单是为国家的经济发展创造一个良好的外部环境问题，我们在相当程度上是要直接地为中国经济发展服务。所谓"直接"，就是对一些大的项目、两国经贸关系当中一些大的事件，我们都要高度关注，都要建言献策。现在每遇到一个问题，我脑子里是会有连锁反应的。遇到一个国际问题，我就会想这对我们国内会产生什么样的影响，是正面的还是负面的？外交部应该做什么事情？我们的驻外使领馆应该朝哪方面努力？国内发生一些事，我们就会想到如何妥善处理好它在国外所产生的影响，或者利用好它在国外会产生的影响。恐怕是要眼观六路、耳听八方、胸怀大局、处置得当。

这一年多来，我接触了很多别国的外长，他们都有很多长处值得我学习。我发现他们大多数人有一个特点，就是除了外交以外，他们自己还有特别的嗜好。有位外长在我刚当外长的时候跟我讲，他说我干了这么多年的外长，靠的就是网球拍子，因为我打网球，这样能够保持我身体健康，有充沛的精力去干外交。我喜欢打乒乓球，前两天赢了一个比我水平高的，赢了几盘，我今天情绪特别高。可以告诉大家，我是好胜心很强、不服输的人，我觉得这对我在外交上是有用的，当然对形势要客观分析。现在的世界，外交不应该是"零和"游戏，应该是互利共赢的局面。中国外交一直秉承的是中华民族一脉相承的和谐合作互利共赢的理念。我认为，以人为本、外交为民应该解释为，为中国人民和世界人民的根本利益去努力工作，做好服务。谢谢大家！

非常感谢大家。明天是"三八"妇女节，我向所有的女记者们、女听众们、观众们致以节日的热烈祝贺。

上海瑞金医院施静艺因在白血病研究方面表现突出成为第二位荣获"世界青年女科学家奖学金"的中国女性

三峡电站发电近3千亿千瓦时

截至3月7日23时，三峡电站已累计发电2969.55亿千瓦时，清洁能源惠及约半个中国。通过三峡坝区的货运总量累计已达2.9098亿吨，超过三峡水库蓄水前葛洲坝船闸通航22年过闸货运量的总和。三峡工程使长江防洪的标准，由十年一遇提高到了百年一遇。中国水电装备的水平，因三峡工程实现了跨越发展。

王濛在奥地利维也纳举行的2009年短道速滑世锦赛女子500米比赛中摘得金牌

3月8日

全国政协十一届二次会议在人民大会堂举行第三次全体会议

6位政协委员围绕办好上海世博会、深化科技奖励制度改革、大力促进就业创业、解决村医基本待遇等问题作大会发言。全国政协主席贾庆林出席会议。

本次大会的执行主席是：廖晖、白立忱、阿不来提·阿不都热西提、张梅颖、孙家正、罗富和、王志珍。会议由白立忱主持。

书记处书记刘云山，国务委员刘延东，以及中共中央、国务院有关部门的负责人到会听取发言。

赵启正委员在发言中说，应当发扬光大北京奥运会的成功经验，努力办好上海世博会。他建议各类传媒，包括报纸、杂志、广播电台、互联网和电视台要加强关于上海世博会的报道。他倡议，各级政协组织和广大政协委员，把筹备和参与上海世博会作为人民政协履行职能、参政议政的一项重要课题和重要内容。

魏迎宁委员在发言时建议建立巨灾保险制度。他说，应加快立法脚步，建议有关部门加快制定专门的巨灾保险条例，推进巨灾保险立法进程。

马大龙委员建议，通过适当延长科技奖励评奖周期、调整科技奖项设置、完善评审机制等途径，深化我国科技奖励制度改革，维护科技奖励的尊严。

徐振寰委员代表全国总工会发言，建议大力发展服务业，鼓励和支持劳动密集型产业、中小企业、非公有制经济发展，更多吸纳城乡就业。大力支持农民工返乡创业和投身新农村建设，最大限度吸纳农民工就地就近转移就业。

郧贺铨委员代表全国政协教科文卫体委员会发言。针对目前重大科技专项组织管理体系层次多、效率低，致使一些重大科技专项的组织和政策落实过程缓慢的问题，他建议借鉴“两弹一星”和北京奥运的成功经验，建立举国体制，成立专门办事机构。

刘晓峰委员在代表农工党中央发言时说，为妥善解决百万村医基本待遇和养老问题，建议尽快研究解决村医基本待遇问题，由卫生部、财政部、国家发改委等部门共同研究制定“全国农村基本医疗卫生服务项目及政府补助标准”。同时他建议加快建立村医社会养老保险制度。

王晓委员代表共青团中央发言。他建议在当前就业岗位需求大于供给的情况下，政府应制定可产生短期、弹性、灵活就业机会的就业促进政策，通过政府购买具有公共品性质的城乡社区公益性岗位来增加就业机会。同时，继续做好大学生村官、大学生志愿服务西部计划等项目和就业缓冲平台。

邵鸿委员就高校行政化趋向发言。他建议淡化行政权力对高等院校的约束和干预，改变政府对学校统得过多、过死的弊端，使高校成为相对独立的办学实体。依照国家法律明确高等院校的行政级别，改变大学校长的产生方式。

杨多良等四位委员联合发言，建议以办好上海世博会为契机推动泛长三角区域联动发展，加快区域基础设施体系建设的步伐，着力推进区域产业分工和布局优化，深化区域科技、文化、城乡一体化建设等重点领域的合作和交流。

严慧英委员在发言中建议，构建完善的食品安全法律体系，在此基础上建立统一、高效、权威的食品安全监管体制，同时建立有作为的行业自律体系和健全食品安全社会监督体系。

洪天慧委员代表全国妇联发言，建议加快服务业发展，拓展妇女创业、就业领域。她建议政府应将服务业作为保增长、扩内需、调结构、惠民生的优势领域，尽快研究出台扶持服务业发展的政策举措，使服务业企业享受税费减免、信贷优惠、注册登记便捷的政策支持。

李扬委员在发言中说，应尽快成立国家最高级别的、代表中国动漫行业的领军旗舰性质的企业——中国动漫集团。同时，他建议建立几个类似于迪斯尼的中国动漫乐园，这样不但保护了民族文化，还能将荒废多年的动漫基地的土地资源合理利用起来。

李东东委员在发言中建议，将新闻出版业发展纳入国家“保增长”政策措施中。她说，应加快建设新闻出版民生工程，试行新闻出版产品消费财政补贴或发放消费券制度，设立国家“读书节”，在全社会营造热爱读书、鼓励读书的文化氛围，提升国民素质。

张帆委员代表民进中央发言，建议安排专项资金，启动水库清淤工程，开展专项调研，摸清淤积情况，探索因地制宜的清淤模式，鼓励清淤工作与水库运行维护工作相结合，建立长效机制。

苏士澍委员认为加强青少年汉字书写教育刻不容缓。他介绍，全国推动中小学书法教育政策的实施情况并不乐观，百分之九十以上的中小学没有书法课，有的中小学虽设有书法课，但名存实亡，书法教育有淡出教育体制的危险。

单霁翔委员在发言中说，文化遗产与当地经济社会发展，特别是与当地人民群众现实生活有着日益密切的联系，要充分尊重这种联系，将其提升和转化为文化遗产保护和传承的动力，使文化遗产保护的成果惠及广大人民群众。

全国政协副主席王刚、杜青林、帕巴拉·格列朗杰、陈奎元、李兆焯、黄孟复、张榕明、钱运录、李金华、郑万通、邓朴方、林文漪、厉无畏、陈宗兴出席会议。

全国政协十一届二次会议在人民大会堂新闻发布厅举行记者会

全国政协常委、中国贸促会会长、上海世博会执委会副主任万季飞委员，全国政协常委、上海世博会执委会副主任周汉民委员，宁波市副市长成岳冲委员，阳光媒体集团董事长杨澜委员等介绍了上海世博会最新筹办进展情况，并就金融危机对上海世博会筹办的影响、世博会对拉动中国经济增长的作用以及世博会的宣传推广等问题回答记者的提问。

金融危机影响有限　没有参展方提出退展

在回答金融危机对各参展国的影响时，万季飞表示，金融危机影响有限。从各个国家参展的情况来看，大多数国家参展未受金融危机的影响，但是由于财政投入的减少、经费筹措有困难，可能影响到有的参展国展馆的建设规模，也可能影响展馆开工的时间。但到目前为止，还没有任何一个参展国和参展方提出退展。

由于种种原因，即便是有退展的，也表示理解。

185个主权国家46个国际组织确认参展

周汉民委员说，到今天为止，已经有185个主权国家和46个国际组织正式确认参展上海世博会，创下158年世博史的最高纪录。与此同时，在本届世博会场馆内，有50余个最佳城市实践案例共同展出，16个企业馆已经有15个“名花有主”。

财政预算286亿元　至少做到收支相抵

周汉民委员在回答记者关于上海世博会财政来源的提问时表示，上海世博会的财政预算为286亿元，分别来自政府财政投入、发行建设债券和市场营运。财政预算分为两大部分，第一是场馆基础设施建设和永久性场馆建设，总投资是180亿元；第二是上海世博会的运营资金，总投资106亿元。

市场营运一分为二，一是世博会全球合作伙伴高级赞助商和项目赞助商，二是门票发售收入，估计发售全票价160元人民币的门票6200万张。周汉民表示，这届世博会至少做到收支相抵。

将对中国经济产生五方面拉动作用

在被问及对中国经济的拉动作用时，周汉民委员认为，上海世博会将对中国经济产生五方面拉动作用。

首先是投资拉动。世博园区5.28平方公里的土地，基础设施的建设总投资是180亿元。第二是消费拉动。7000万人次到访，不仅仅是来看世博会，衣食住行游玩，这6项的消费将是无可估量的。第三个拉动是辐射拉动。世博会对泛长三角地区的基础设施的现代化以及其他旅游设施的建设是一个大的拉动。第四是全国共同的拉动。世博会期间各省市自治区都将有自己的独特展区，举行“省周”活动将成为焦点。除了直接拉动，还有更重要的间接拉动，其中信心拉动尤为重要。

促进长三角地区融合发展

“在这样一个长三角地区融合发展的关键时期，上海世博会即将举办是一个助推器，可以进一步促进长三角地区的融合发展。”成岳冲委员说，因为世博会需要巨大的有形资源和无形资源的支撑，需要中国各地特别是举办地周边城市的有力配合。

预计观众7000万人次

“我们的任务就是一定要让参展方高兴而来，满意而归。”周汉民委员表示，没有一个国家退展，是各国艰苦努力的结果，我们必须加倍努力才行。中国作为主办国，将提供相关的支持和协助，帮助缩减成本，提高效率。

上海世博会估计有7000万观众。展期长、观众数量庞大，要求运营保障方面十分和谐。如何做好参观者的服务，如何建立交通保障，如何实现万无一失的安保措施，都要付出努力。

1亿美元专项资金援助发展中国家参展

“早在2001年就得到中央政府的全面承诺和财政担保，这是赢得世博会的一项重要条件。”周汉民委员介绍，组织者设立了1亿美元专项资金用于发展中国家参展，这项经费早在2002年12月3日赢得举办权以后就已经划拨，目前有120个发展中国家受到这一援助项目的援助。周汉民委员说，虽然可能是杯水车薪，但这样的援助就是希望这一届世博会没有一个国家是由于贫穷而被边际化，这也就是联合国96%的成员国中绝大多数发展中国家能够确认和参展上海世博会的原因。

在天安门广场设立倒计时牌

在回答如何让上海世博会成为全国性盛会的提问时，周汉民委员说，中国2010年上海世博会的申办早在2001年，在2002年12月3日正式赢得举办权。当时，全国有一个焦点，就是要力保奥运会的成功举办。现在奥运已经成功举办，我们开始加大世博会的宣传力度。

万季飞委员介绍说，上海世博会将于明年5月1日开幕，世博会的宣传推动工作也在逐步升温：组委会将于今年5月1日在位于天安门广场的国家博物馆西门前竖立上海世博会倒计时牌；今年7月5日至15日，将在首都博物馆举办“走进世博会”大型巡展。

全国政协十一届二次会议收到提案5571件

3月8日14时是全国政协十一届二次会议提案截止时间。到截止时间大会提案组共收到提案5571件。

大会提案组办公室介绍，在这次大会收到的提案中，经济类提案占50%左右；非经济类提案中涉及教育、科技、文化、卫生、体育等内容的提案占20%以上，政治法律和社会保障方面的提案也占20%以上。

国务委员刘延东在人民大会堂会见美国乔治敦大学校长约翰·德吉奥亚一行

外交部部长杨洁篪应约同联合国秘书长潘基文通电话就苏丹达尔富尔等问题交换意见

3集专题纪录片《西藏民主改革50年》在中央电视台综合频道播出

中国选手在全英羽毛球公开赛上包揽5个单项金牌

上海港货物吞吐量连续四年保持世界第一

《人民日报》报道，2008年上海港货物吞吐量完成5.82亿吨,同比增长3.6%,连续四年保持世界第一。集装箱吞吐量完成2800.6万标准箱,同比增长7.1%,仍位列世界第二,其中洋山深水港完成822.7万标准箱。上海港全年引领各类中外船舶6.19万艘次,同比增加0.21万艘次。

3月9日

十一届全国人大二次会议在人民大会堂举行第二次全体会议

受全国人大常委会委托,吴邦国委员长向大会作工作报告。

胡锦涛、温家宝、贾庆林、李长春、习近平、李克强、贺国强等出席会议。

大会主席团常务主席、执行主席王兆国主持会议。大会执行主席卫留成、马启智、王云龙、王金山、王珉、艾力更·依明巴海、石秀诗、卢展工、白克明、刘云耕、刘胜玉、刘焯华、李肇星、张云川、张庆黎、罗清泉、梁保华等在主席台执行主席席就座。

全国人大常委会委员长吴邦国在十一届全国人大二次会议上作常委会工作报告

各位代表:

我受全国人大常委会委托,向大会报告工作,请予审议。

过去一年的主要工作

2008年,面对重大困难和严峻挑战,以胡锦涛同志为总书记的党中央团结带领全国各族人民同心同德、顽强拼搏,全面夺取抗灾救灾斗争重大胜利,成功举办北京奥运会、残奥会,圆满完成神舟七号载人航天飞行任务,隆重纪念改革开放30周年,经济保持较快增长,民生得到进一步改善,社会大局保持稳定,国际地位进一步提高,中国特色社会主义事业取得了新的伟大成就。

过去的一年,是十一届全国人大常委会依法履职的第一年。我们全面贯彻党的十七大和十七届三中全会精神,以邓小平理论和"三个代表"重要思想为指导,深入贯彻落实科学发展观,坚持党的领导、人民当家做主、依法治国有机统一,紧紧围绕党和国家工作大局、紧紧抓住经济社会发展中的突出问题,依法行使职权,积极开展工作,充分发挥了国家权力机关的作用。一年来,共审议15件法律案,通过9件,听取审议国务院、最高人民法院、最高人民检察院13个工作报告,作出3项决议,检查5部法律的实施情况,决定批准我国与外国缔结的条约、协定以及加入的国际公约20件,还决定和批准任免一批国家机关工作人员,为社会主义经济建设、政治建设、文化建设、社会建设作出了新的贡献。

一、全力支持抗震救灾和灾后恢复重建

去年5月12日发生的四川汶川特大地震,给灾区人民生命财产造成极大损失,也给国家经济社会发展带来严重影响。灾情牵动着全国各族人民的心。全国人大常委会紧急行动,认真落实中央部署,从人大工作自身特点出发,加强监督和立法工作,全力支持抗震救灾和灾后恢复重建,充分发挥了社会主义制度集中力量办大事的政治优势。

一是及时调整工作计划。去年5月22日,专门召开委员长会议,专题听取国务院汇报,为突出工作重点,支持国务院集中精力抓好抗震救灾工作,决定调整常委会工作计划,将听取审议国务院关于抗震救灾和灾后恢复重建工作报告,以及2008年中央预算调整方案列入6月份常委会会议议程;决定将按惯例在6月份会议审议的中央决算和审计工作报告、审查批准2007年中央决算等议程调整到8月份的会议。为有充分时间把这次抗震救灾、过渡性安置和灾后恢复重建积累的有益经验吸收到相关法律中,决定将原计划6月份会议审议的防震减灾法修订草案调整到10月份的会议审议。

二是坚决落实党中央关于集中财力投入抗震救灾的决策。为确保抗震救灾和灾后恢复重建资金需要,5月22日委员长会议明确,要以保障灾区人民生活为根本,一切从抗震救灾实际情况出发,根据特事特办的原则,建议从中央预算稳定调节基金中调用大部分,建立灾后恢复重建基金,按基金实际收支情况列入和调整中央预算,依法报全国人大常委会审查批准;在预算调整方案批准之前,所需资金可先从中央国库库款中调拨,以确保抗震救灾和灾后恢复重建资金及时拨付到位。同时要求加强资金使用情况的审计和监督,并建议对下一步所需资金早做安排。6月份的常委会会议,审查批准了2008年中央预算调整方案,同意建立灾后恢复重建基金,为抗震救灾和灾后恢复重建工作顺利推进提供了资金保障。还建议有关方面尽快制订灾后恢复重建规划和具体实施方案,明确相关政策,多方位支持灾后重建和生产自救。

三是在全力投入抗震救灾的情况下,强调一手抓抗震救灾,一手抓经济社会发展,以确保全年任务的完成。6月26日,常委会专门作出决议,积极评价抗震救灾工作取得的显著成效,充分肯定国务院、地方政府和各方面的工作,要求继续全力抢救伤员、妥善安置受灾群众、扎实推进灾后恢复重建。审议中,常委会组成人员指出,四川汶川特大地震和年初南方部分地区严重低温雨雪冰冻灾害,给做好全年经济工作带来很大困难。在困难的形势下，更要按照中央的决策部署，一手抓抗震救灾，一手抓经济社会发展，高度重视、及时研究、切实解决经济运行中出现的突出矛盾，努力夺取抗震救灾和经济社会发展双胜利。同时要精心做好北京奥运会各项筹办工作，排除干扰，确保把北京奥运会办成一届有特色、高水平的奥运会。

四是全面修订《防震减灾法》。《防震减灾法修订草案》在10月份的常委会会议初审后，即通过主要新闻媒体向社会全文公布征求意见，共收到意见建议7300多件。有关专门委员会及时组织精干人员到灾区实地调研，充分听取抗震救灾一线干部群众的意见。根据各方面的意见，常委会对防震减灾法作了较大修改，提高了建设工程尤其是学校、医院等公用设施的抗震设防标准，完善了地震应急救援体系，加强了灾后过渡性安置和灾后恢复重建的制度措施。

二、积极推动经济又好又快发展

深入贯彻落实科学发展观，推动经济又好又快发展，是常委会工作的一个重点。工作中，我们抓住经济社会发展中的突出问题，综合运用多种监督形式，加强跟踪监督，推动改进工作，完善法律制度，使人大工作更有深度、更具活力。

一是推动中央宏观调控重大决策部署的贯彻落实。去年以来，面对复杂多变的国际经济形势和国内经济运行中的突出矛盾和问题，党中央审时度势，及时把宏观调控的首要任务从年初的“两防”，即防止经济增长由偏快转为过热、防止价格由结构性上涨演变为明显通货膨胀，调整为年中的“一保一控”，即保持经济平稳较快增长、控制物价过快上涨。为应对国际金融危机快速蔓延，11月份又果断调整为积极的财政政策和适度宽松的货币政策，并采取了一系列扩大内需、促进经济增长的政策措施。

为了确保中央重大决策部署的贯彻落实，常委会除按计划听取审议加强金融宏观调控、稳定物价工作等报告外，面对国际金融危机新形势，12月份的常委会会议专题安排听取审议国务院关于应对国际金融危机、确保国民经济平稳较快发展情况的报告。审议中，常委会组成人员对国务院的工作给予充分肯定。同时指出，当前国际金融危机继续蔓延和对我国实体经济的影响不断加深，我国发展的外部经济环境日趋严峻。在有效需求不足的情况下，我国经济社会发展中的一些深层次矛盾和问题也会更加凸显。要切实增强忧患意识，把思想和行动统一到中央对形势的分析判断和对工作的总体部署上来，全面贯彻中央经济工作会议精神，化严峻挑战为发展机遇，变市场压力为调整动力，在保持经济平稳较快发展的同时，切实把加快经济发展方式转变和结构调整作为主攻方向。大家强调，在许多行业产能过剩的情况下，贯彻落实积极的财政政策和适度宽松的货币政策，最重要的是严格把握政策和投资导向，防止低水平重复建设，防止新一轮城市盲目扩张。

为了保证积极的财政政策顺利实施，根据预算法有关规定，建议2008年新增投资从当年中央预算超收收入中列支，并依法向全国人大常委会报告；同意在全国人民代表大会批准2009年中央预算前，预拨一定比例的资金，保证重点建设项目的资金需要，预算批准后按批准的预算执行；建议经国务院批准由财政部代理发行的2009年地方政府债券纳入地方财政预算，报经同级人民代表大会或其常委会批准。

二是推动转变经济发展方式。加快转变经济发展方式，推动产业结构优化升级，是关系国民经济全局紧迫而重大的战略任务。12月份的常委会会议专题听取审议国务院关于“十一五”规划纲要实施中期情况的报告。审议中，常委会组成人员充分肯定成绩，客观分析问题，提出中肯建议并指出，从评估情况看，纲要确定的大多数指标达到预期进度要求，实施情况总体上是好的。但反映经济结构的4个指标中，服务业增加值、服务业就业、研发经费3个指标没有达到预期进度要求；单位国内生产总值能源消耗、主要污染物排放总量等两个主要约束性指标与规划目标差距较大。这在很大程度上表明，我国经济发展方式尚未根本转变，产业结构仍以工业为主导，需求结构仍以出口和投资为主导，资源环境压力加重、扩大就业难度加大、消费不足等问题依然突出。建议国务院及有关部门要高度重视存在的问题，按照党的十七大精神，加快推进经济发展方式的“三个转变”，加大工作力度，努力实现“十一五”规划纲要确定的目标任务。常委会还通过制定循环经济促进法、修改专利法，听取审议国务院关于水污染防治工作情况报告、开展环境影响评价法执法检查等方式，推动各级政府和有关方面落实科学发展观，转变经济发展方式。

三是推动农村改革发展。做好农业、农村、农民工作，事关党和国家事业发展全局。上一届常委会连续5年对“三农”问题进行跟踪监督，取得明显成效。去年，常委会在听取审议国务院关于促进农民稳定增收情况报告和相关报告中，都对做好“三农”工作提出重要建议。常委会在开展农民专业合作社法执法检查中，深入了解各类农民专业合作社的发展及存在的主要问题，要求全面落实法律规定的各项扶持政策，使农民专业合作社在提高农民的组织化程度、引领农民参与国内外市场竞争等方面发挥更大作用。通过人大的监督工作，有力地促进了社会主义新农村建设，经过国务院、地方各级政府和广大农民群众共同努力，农村居民人均纯收入在连续4年增量超过300元、增幅超过6%的基础上,2008年增幅达到8%,粮食总产和单产再创历史新高。截至2008年年底,全国农民专业合作社超过11万个,登记成员140多万户,加入合作社的农户成员年收入比非成员农户高出20%以上。在充分肯定成绩的同时,常委会组成人员指出,要高度重视农民收入总体水平仍然不高、城乡居民收入差距继续拉大、农业比较效益还在下降、农业基础设施落后、农民务工面临新困难等问题,扎实推进农村改革,大幅增加"三农"投入,严格保护耕地,逐步理顺粮食等农产品价格,不断改善强农惠农的金融和科技服务,支持和引导民营经济发展和农民多渠道转移就业,保持农业稳定发展、促进农民持续增收。

三、着力促进解决民生问题

坚持以人为本,促进解决民生问题,是常委会工作的又一重点。工作中,我们注意把立法和监督结合起来,在推动改进工作的同时注重制定和完善法律,在加强立法的同时注重强化执法检查和工作监督,使人大工作更贴近民生、更具实效。

食品安全事关人民群众身体健康和生命安全,人大代表和社会各界高度关注。针对"三鹿问题奶粉"等重大食品安全事件暴露出的突出问题,常委会在深入调查研究、广泛征求意见的基础上,对食品安全法草案作了进一步修改。一是,为切实加强食品安全监管工作,在确立各有关主管部门按照各自职责分段监管的基础上,国务院设立食品安全委员会,协调、指导食品安全工作;同时规定,县级以上地方人民政府统一负责、领导、组织、协调本行政区域食品安全监督管理工作。二是,为解决食品生产滥用添加剂等问题,本着不用、慎用、少用原则,明确规定只有在技术上确有必要、经过风险评估证明安全可靠的食品添加剂,才能允许使用;确需使用食品添加剂的,必须严格执行食品安全标准规定的品种、范围和用量;不得使用食品添加剂以外的化学物质或其他可能危害人体健康的物质。三是,目前社会上名目繁多的保健品年销售额超过1000亿元,而监管不到位,产品真假难辨,老百姓无所适从。为解决这一问题,明确要求国务院抓紧研究制定相关规定,规范生产活动,整顿销售市场,加强监督管理,让消费者放心。

在上一届工作的基础上,去年常委会又对修改后的义务教育法、未成年人保护法开展新一轮执法检查,并对新颁布实施的劳动合同法进行执法检查。这三项执法检查,直接关系1.7亿中小学生、3.6亿未成年人的健康成长和亿万劳动者的切身利益,涉及的问题都是人大代表和人民群众普遍关注的。我们深入实际、深入基层,弄清法律实施中的突出问题,提出落实义务教育经费保障机制、增加义务教育投入,净化未成年人网络文化环境,重视解决拖欠职工工资尤其是农民工工资等重要建议。国务院及有关部门认真研究我们提出的意见和建议,使法律得到更好实施、工作得到进一步改进。一是,义务教育经费保障机制依法得到落实,义务教育经费大幅增加,全国小学生、初中生的生均预算内公用经费支出同比明显增长,中央财政还提高了中西部地区校舍维修改造资金标准。二是,国务院有关部门联合开展了整治互联网低俗之风专项行动,加强互联网管理,严厉打击毒害青少年的违法犯罪行为,网络文化环境有所改善,得到社会各界好评。三是,劳动合同法颁布实施以来,全社会劳动合同意识普遍提高,劳动合同签订率明显上升,全国规模以上企业劳动合同签订率达93%,新签劳动合同的平均期限有所延长,就业再就业工作力度进一步加大,企业职工尤其是农民工权益保障工作得到加强。针对劳动就业面临的新情况新问题,审议中,常委会组成人员指出,要大力支持中小企业发展和转型升级,千方百计稳定和扩大就业,防止拖欠职工工资和大规模裁员,着力解决服务业和建筑业以及中小企业和私营企业劳动合同签订率低等问题,切实维护劳动者合法权益,努力构建和谐劳动关系。

为健全社会保险制度,解除职工群众后顾之忧,常委会在上一届初审的基础上,对社会保险法草案进行了较大修改,将养老、医疗、工伤、失业、生育等五个险种分章作出具体规定,对职工群众最关心的转移接续基本养老保险关系、提高基本养老保险基金统筹层次、加强社会保险基金监管等问题作出明确规定,引起社会广泛反响,目前正根据各方面意见修改完善。常委会还修改了残疾人保障法,充实了禁止歧视残疾人的规定,并从康复、教育、劳动就业、社会保障和无障碍环境建设等方面强化残疾人权利保障。

四、努力做好经常性工作

过去的一年,我们紧紧围绕党和国家工作重点,依照人大工作特点做好以上工作的同时,努力做好人大经常性工作,在立法、监督、发挥代表和专门委员会作用、开展对外交往等方面取得新成效,提高了常委会工作的整体质量和水平。

在立法工作方面,一是编制五年立法规划,召开立法工作会议,统筹部署立法工作。二是制定了企业国有资产法、食品安全法、刑法修正案(七)、循环经济促进法,修改了防震减灾法、残疾人保障法、消防法、保险法、专利法。针对企业国有资产管理和监督中的突出问题,企业国有资产法确立了国有资产出资人制度的基本原则,对关系出资人权益的重大事项,包括企业改制、关联交易、资产评估转让等容易造成国有资产流失的环节，规定了必须遵循的基本规则和严格的监管程序。三是为确保法律的有效实施，督促有关方面加强法律配套法规的制定工作，制定有关工作程序，要求在确定立法项目、起草法律草案的同时，统筹安排制定配套法规，力争与法律同步实施。四是积极推进科学立法、民主立法，扩大公民对立法的有序参与。委员长会议决定，凡是常委会审议的法律草案，原则上都在中国人大网上公布，重要法律草案还要在全国主要新闻媒体上公布，广泛征求意见，使法律草案公布工作常态化。我们还就法律草案中涉及的重大问题，深入调查研究，并通过座谈会、论证会等形式与有关方面充分沟通协商，共同研究解决办法，完善法律草案。

在监督工作方面，4月份的常委会会议，根据代表们的意见，增加安排听取审议国务院关于抗击南方部分地区严重低温雨雪冰冻灾害及灾后恢复重建工作情况的报告，要求有关方面认真总结经验，完善应急机制，切实提高防灾减灾能力。8月份的会议，集中听取审议中央决算、审计工作和计划执行情况的报告，审查批准了2007年中央决算，提出建立县级基本财力保障机制、2009年全面实施增值税转型改革、规范财政转移支付等重要建议。10月份的会议，听取审议最高人民法院关于加强刑事审判工作情况的报告、最高人民检察院关于加强刑事审判法律监督工作情况的报告，要求法院和检察院正确执行法律和宽严相济的刑事政策，保证刑事审判和法律监督的公正高效，不断提高司法工作水平。一年来，行政法规、地方性法规、司法解释等规范性文件备案审查工作进一步加强，共接收报送备案规范性文件475件，受理公民、组织提出审查建议86件。

在发挥代表作用方面，一是认真办理代表议案，上次大会主席团交付有关专门委员会审议的462件代表议案，已经全部办理完毕，其中，26件议案涉及的8件法律已经常委会审议通过，50件议案涉及的4件法律草案正在审议，126件议案涉及的38个立法项目已经列入立法规划。二是扩大代表知情知政渠道，组织代表开展集中视察和专题调研，通过多种形式及时向代表通报情况，继续邀请代表列席常委会会议和参加执法检查等活动。列席会议和参加活动的代表事先认真准备，会上积极发言，充分反映人民群众呼声，为提高常委会工作质量发挥了重要作用。三是认真处理代表建议，上次大会期间代表提出的6279件建议，所提问题已解决或计划解决的有4489件，占代表建议总数的71.5%。

在开展对外交往方面，继续巩固全国人大与外国议会定期交流机制，分别与英国、法国、日本、韩国、埃及等国议会以及欧洲议会开展多种形式的对话。针对国外有的议会在台湾、涉藏等问题上挑起的事端，我们通过外事委员会负责人发表谈话等形式进行针锋相对的斗争，捍卫国家核心利益。委员长会议组成人员、专门委员会和友好小组通过请进来、走出去等形式，与有关国家议会领导人、议员和议员助手加强交流，增信释疑，推动互利合作，促进国家关系全面发展。积极参与国际和地区议会组织的活动，成功举办第五届亚欧议会伙伴会议。

全国人大各专门委员会人才荟萃、知识密集，具有经常性开展工作的特点。常委会注重发挥专门委员会作用，换届后及时与各专门委员会负责同志进行座谈，就加强和改进人大工作特别是专门委员会工作深入交换意见，统一思想认识。各专门委员会围绕全国人大及其常委会的中心任务，在提高立法质量、增强监督实效、发挥代表作用、开展对外交往等方面做了大量卓有成效的工作，有力地促进了常委会工作整体水平的提高。

五、切实加强自身建设

自身建设，事关人大及其常委会职权的正确行使和作用的充分发挥。本届全国人大常委会高度重视自身建设，把思想政治建设摆在首位，坚持正确政治方向，并以此引领人大各项工作。

去年3月19日，十一届全国人大一次会议胜利闭幕的第二天，常委会即召开第一次会议，着重就把握人大工作正确政治方向等问题提出明确要求。之后，又专门安排时间，认真学习党的十七大精神和胡锦涛总书记有关重要讲话，进一步统一思想，提高认识。常委会组成人员、专门委员会组成人员一致认为，人大及其常委会是国家权力机关，是十分重要的政治机关。坚持正确政治方向是做好人大工作的根本。人大工作坚持正确政治方向，最根本的是坚持党的领导、人民当家做主、依法治国有机统一，核心是坚持党的领导。人大及其常委会依法集体行使职权、集体决定问题，坚持正确政治方向要靠大家共同来把握。在人大工作，坚持中国特色社会主义道路，坚持和完善人民代表大会制度，必须进一步认识我国人民代表大会制度与西方资本主义国家政体的本质区别。

一要充分认识人民代表大会与西方议会的本质区别。我国的政党制度，是中国共产党领导的多党合作和政治协商制度，不是西方的多党制。中国共产党是领导核心，是执政党，各民主党派是参政党。县乡人大代表是按选区直接选举产生的。县级以上人大的代表由下一级人民代表大会选举产生，并按照选举单位组成代表团参加代表大会。我们的人民代表大会中没有议会党团，也不以界别开展活动。无论是代表大会，还是常委会或专门委员会，都不按党派分配席位。我们的人大代表、常委会组成人员、专门委员会组成人员，无论是共产党员，还是民主党派成员或者无党派人士，肩负的都是人民的重托，都在中国共产党领导下依法履行职责，为人民服务，根本利益是一致的。

二要充分认识人大和“一府两院”的关系与西方国家国家机关间关系的本质区别。我国是由人民代表大会统一行使国家权力，“一府两院”由人大产生，对人大负责，受人大监督。各国家机关分工不同、职责不同，都在中国共产党领导下、在各自职权范围内贯彻落实党的路线方针政策和宪法法律，为建设和发展中国特色社会主义服务，不是西方的“三权分立”。人大根据党的主张和人民的意愿，通过制定法律、作出决议，决定国家大政方针，并监督和支持“一府两院”依法行政、公正司法，保障各国家机关协调有效地开展工作，把人民赋予的权力真正用来为人民谋利益。

三要充分认识人大代表与西方议员的本质区别。我们的全国人大代表，来自各地区、各民族、各方面，人口再少的民族也至少有一名代表，具有广泛的代表性，不像西方议员是某党某派的代表。我们的人大代表，生活在人民中间，同人民群众保持密切联系。我们的人大代表，有各自的工作岗位，对党和国家的方针政策、宪法法律的贯彻实施情况体会最深刻，对现实生活中的实际问题了解最深入。我们的人大代表，是通过会议的方式依法集体行使职权，而不是每个代表个人直接去处理问题，各级人大常委会办事机构是代表的集体参谋助手和服务班子。

大家强调，坚持人大工作正确政治方向，核心是坚持党的领导。中国共产党是中国特色社会主义事业的领导核心。党的领导只能加强，不能削弱。通过深入学习讨论，大家更深刻地领会了邓小平同志所指出的“在中国这样一个大国，没有共产党的领导，必然四分五裂，一事无成”“中国由共产党领导，中国的社会主义现代化建设事业由共产党领导，这个原则是不能动摇的；动摇了中国就要倒退到分裂和混乱，就不可能实现现代化”等重要论断，进一步增强了坚持党的领导的自觉性和坚定性，增强了坚持走中国特色社会主义道路的自觉性和坚定性，增强了坚持和完善人民代表大会制度的自觉性和坚定性。要通过人大工作，确保党的主张经过法定程序成为国家意志，确保党组织推荐的人选经过法定程序成为国家政权机关的领导人员。人大各项工作，都要有利于加强和改善党的领导，有利于巩固党的执政地位，有利于保证党领导人民有效治理国家。

大家指出，中国特色社会主义政治发展道路，是中国共产党领导中国人民选择的符合我国国情的唯一正确道路，是我国发展社会主义民主政治的唯一正确道路。我们深化政治体制改革，是不断推进包括人民代表大会制度在内的社会主义政治制度的自我完善和发展。要积极借鉴人类社会创造的文明成果包括政治文明的有益成果，但决不照搬西方那一套，绝不搞多党轮流执政、“三权分立”、两院制。

一年来，我们在着重加强思想政治建设的同时，还抓了能力、作风和制度建设。一是加强履职培训。组织常委会和专门委员会组成人员，集中学习人大的组织、职权、议事规则以及立法、监督工作的必备知识。每次常委会会议后都结合议程举办专题讲座，取得良好效果。在组织代表初任学习的基础上，重点开展了代表履职培训，先后举办8期培训班，1300多名代表参加培训。二是转变工作方式。本届常委会和专门委员会组成人员大部分长期在党政机关工作，到人大工作后很快进入角色，依法履行职责，花更多的时间、用更多的精力深入实际、深入群众、深入基层，加强调查研究，并形成了一批有分量的调研成果，提高了审议质量，也为党和国家重大决策提供有益参考。三是完善工作制度。在认真总结实践经验的基础上，修改完善了委员长会议议事规则等4个工作文件，并着手研究修改全国人大组织法、选举法以及常委会议事规则。

全国人大机关积极开展深入学习实践科学发展观活动，以服务科学发展、努力提高集体参谋助手和服务保障水平为载体，认真解决存在的突出问题，建立、健全改进工作的长效机制，以素质能力建设为重点全面加强机关干部队伍建设，努力创建学习型机关、和谐机关，充分调动干部职工的积极性、主动性、创造性，机关面貌发生了可喜变化。

各位代表！

过去一年全国人大常委会取得的成绩，是在以胡锦涛同志为总书记的党中央正确领导下，全国人大代表、常委会组成人员、各专门委员会组成人员以及全国人大机关工作人员辛勤工作的结果，是国务院、最高人民法院、最高人民检察院协同工作的结果，是地方各级人大及其常委会和广大人民群众大力支持的结果。在此，我代表全国人大常委会表示衷心感谢！

我们也清醒地认识到，工作中还存在不少需要改进的地方。一是如何进一步突出重点、抓住关键问题开展工作，提高人大工作的质量和针对性；二是如何进一步督促有关方面抓紧制定法律配套法规，切实解决因法律配套法规的缺失影响法律有效实施的问题；三是如何进一步提高服务保障水平，更好地发挥代表作用；四是如何进一步协调专门委员会工作，更好地发挥专门委员会作用；五是如何进一步加强人大宣传工作，增强国家机关依法办事的自觉性，增强全社会的法律意识和法制观念。我们将自觉接受人民监督，虚心听取代表意见，认真研究民主法制建设进程中的新情况新问题，不断加强和改进常委会工作，更好地行使宪法和法律赋予的职权。

今后一年的主要任务

2009年是新中国成立60周年，是应对国际国内环境变化重大挑战、推动国家各项事业实现新发展的关键一年。常委会工作的总体要求是：全面贯彻党的十七大、十七届三中全会和中央经济工作会议精神，以邓小平理论和"三个代表"重要思想为指导，深入贯彻落实科学发展观，坚持党的领导、人民当家做主、依法治国有机统一，紧紧围绕党和国家工作大局行使职权，着力加强中国特色社会主义法律体系建设，着力促进经济平稳较快发展与社会和谐稳定，着力保障宪法和法律有效实施，努力把人大工作提高到一个新水平。

一、在形成中国特色社会主义法律体系上迈出决定性步伐

党中央明确提出，到2010年形成中国特色社会主义法律体系。今年是实现这个目标的关键一年。我们要按照党的十七大精神，在提高立法质量的前提下，一手抓法律制定，一手抓法律清理，努力在形成中国特色社会主义法律体系上迈出决定性步伐。

一要抓紧制定和修改在法律体系中起支架作用的重要法律，着力加强社会领域立法，继续完善经济、政治、文化领域立法。今年计划安排的立法项目主要有：制定社会保险法、社会救助法、侵权责任法、行政强制法、农村土地承包经营纠纷仲裁法、精神卫生法、国防动员法等法律，修改国家赔偿法、保守国家秘密法、选举法、村民委员会组织法、土地管理法、邮政法、统计法等法律。要加强立法工作的组织协调，积极推进科学立法、民主立法，扩大公民对立法的有序参与，加强立法调研和科学论证，广泛凝聚共识，提高立法质量。要继续督促有关方面抓紧制定法律配套法规，保证法律有效实施。

二要完成法律清理工作。我国现行有效的231件法律中，有的法律也存在一些需要完善的地方。这当中大体分三种情况：一是有的法律是上世纪八十年代或九十年代初制定的，现在看来，有些规定已经明显不适应发展社会主义市场经济的需要；二是由于法律制定的时间有先有后，有的后法与前法的一些规定有不尽一致或不够衔接的地方；三是有的法律操作性不强，难以用国家强制力来保证实施。针对这些情况，去年常委会组织部署了对现行法律的清理工作，今年要完成这项工作。要认真研究和全面分析有关方面提出的清理意见，区分轻重缓急，采取修改、废止、解释、配套等方式进行分类处理，促进法律体系的科学、统一与和谐。

改革开放以来，经过各方面共同努力，到十届全国人大任期届满，以宪法为核心，以涵盖7个法律部门的法律为主干，由法律、行政法规、地方性法规3个层次法律规范构成的中国特色社会主义法律体系已经基本形成，国家经济、政治、文化、社会生活各个方面基本做到有法可依，有力地保障和推动了中国特色社会主义事业的发展。同时，我们也清醒地看到，经济社会的快速发展，社会主义民主政治的不断推进，文化生活的丰富多彩，和谐社会的积极构建，体制机制的改革创新，经济全球化的深入发展，对立法工作提出了新课题新要求，立法任务依然繁重。

这里需要强调的是，我们的法律体系是中国特色社会主义法律体系，在形成并完善法律体系过程中，必须把握好以下四点：一是不能用西方的法律体系来套我们的法律体系。外国法律体系中有的法律，不符合我国国情和实际的，我们不搞；外国法律体系中没有的法律，但我国现实生活需要的，要及时制定。二是行政法规和地方性法规都是法律体系的重要组成部分。对用法律来规范尚不具备条件的，可依法制定行政法规和地方性法规，待取得经验、条件成熟时再制定法律；对一些地方事务和具有民族地区特点的事项，可依法制定地方性法规或自治条例、单行条例进行规范。三是要区分法律手段和其他调整手段的关系，需要用法律调整的才通过立法来规范，以更好地发挥法制的功能和作用。四是我们的法律体系是动态的、开放的、发展的，本身就有一个与时俱进的问题，需要适应客观形势的发展变化，不断加以完善。

二、把推动中央重大决策部署贯彻落实作为监督工作的重点

今年是进入新世纪以来我国经济发展最为困难的一年，既面临严峻挑战，也蕴含重大机遇，改革发展稳定任务十分繁重。为了做好全年工作，党中央明确提出，要立足扩大内需保持经济平稳较快增长，加快发展方式转变和结构调整提高可持续发展能力，深化改革开放增强经济社会发展活力和动力，加强社会建设加快解决涉及群众利益的难点热点问题，促进经济社会又好又快发展与社会和谐稳定，并作出了一系列重大决策部署，号召全党全国各族人民坚定信心、迎难而上，团结一心、埋头苦干，不断把中国特色社会主义事业推向前进。全国人大常委会要把推动中央重大决策部署贯彻落实作为人大监督工作的重中之重，全面贯彻实施监督法，综合运用多种监督形式，督促和支持"一府两院"按照各自工作报告提出的目标任务做好工作，确保中央重大决策部署的贯彻落实，确保全年经济社会发展任务的顺利完成。

一要加强对经济工作的监督。计划听取审议国务

院关于转变经济发展方式、促进中小企业发展、大气污染防治工作情况等专项工作报告,听取审议国务院关于中央决算、审计工作和计划执行情况的报告,审查批准2008年中央决算,努力促进经济平稳较快发展,大力推进经济发展方式转变。

二要加强对解决民生问题的监督。计划听取审议国务院关于农村社会保障体系建设、促进就业再就业、四川汶川特大地震灾后恢复重建、职业教育发展等专项工作报告,听取审议最高人民法院、最高人民检察院有关加强民事执行工作、加强渎职侵权案件检察工作的报告,检查工会法、食品安全法、畜牧法等法律的实施情况,着力保障和改善民生,努力促进社会和谐稳定。

考虑到今年经济形势不确定因素较多,为增强人大监督工作的针对性和实效性,我们要着重加强两方面的工作:一是加强调查研究,深入了解实际,抓住主要矛盾和矛盾的主要方面,提出好的意见和建议。二是综合运用多种监督形式,加强跟踪监督,抓住代表普遍关注的重点难点问题,推动有关方面切实改进工作,建立、健全解决重点难点问题的长效机制。

这些年来,我们在加强和改进人大监督工作方面做了大量工作,取得了明显成效,并形成了一套行之有效的工作机制和方法,十届全国人大常委会制定的监督法将其以法律形式固定下来,使各级人大常委会的监督工作更加规范化、程序化。监督法实施两年多来的实践证明,这是一部从我国国情出发、符合人大工作实际的好法律。为了更好地贯彻实施监督法,提高人大监督工作实效,这里需要强调三点:一是,监督权是宪法法律赋予人大的重要职权,人大监督是代表国家和人民进行的具有法律效力的监督,是不可替代的。人大监督包括法律监督和工作监督,内容非常丰富,任务相当繁重,是大有可为的。二是,人大监督与"一府两院"的工作,目标是完全一致的,不是相互掣肘,不是唱"对台戏"。人大依法搞好监督,有利于推动"一府两院"改进工作;"一府两院"依法自觉接受人大监督,有利于依法行政和公正司法。三是,做好人大监督工作关键在于突出重点、增强实效。一部法律的规定有很多,但群众最关注的往往就那么几条;工作中需要解决的矛盾和问题会不少,实际上关键的问题往往就那么几个。抓住这些要害,人大监督工作就能以点带面、举一反三,取得实实在在的效果。

三、在发挥代表作用、开展对外交往、加强自身建设等方面取得新进展

我们要继续深入贯彻落实中央9号文件精神,从坚持和完善人民代表大会制度出发,坚持尊重代表主体地位,坚持为代表服务的思想,加强服务保障,扩大代表对常委会、专门委员会工作的参与,认真听取代表的批评意见,提高代表议案办理质量,拓宽代表知情知政渠道,开展代表专题培训,努力把代表依法履职的积极性保护好、引导好、发挥好。

我们要继续加强和改进人大对外交往,巩固和完善全国人大与外国议会定期交流机制,认真筹办与有关国家议会的机制交流活动,广泛开展与外国议会友好往来,更好地发挥人大对外交往的独特作用。

我们要加强和改进人大宣传工作,充分利用广播电视、报纸杂志和网络媒体,深入宣传中国特色社会主义政治发展道路和人民代表大会制度,加强人大立法和监督工作的宣传报道,普及法律知识,增强全社会法律意识。

我们要继续加强自身建设,牢牢把握人大工作正确政治方向,牢固树立党的观念、政治观念、大局观念、群众观念和法治观念。深入学习宪法,增强宪法意识,维护宪法权威。坚持依法按程序办事,完善常委会议事程序和工作规则,改进工作作风,加强调查研究,办好专题讲座。加强专门委员会工作协调,进一步提高整体工作质量和水平。加强与地方人大联系,共同推动社会主义民主法制建设。全国人大机关要巩固深入学习实践科学发展观活动成果,不断完善工作体制机制,全面提高干部队伍素质能力,搞好服务保障,当好集体参谋助手。

各位代表,责任和使命激励着我们,困难和挑战考验着我们。让我们紧密团结在以胡锦涛同志为总书记的党中央周围,高举中国特色社会主义伟大旗帜,深入贯彻落实科学发展观,万众一心,艰苦奋斗,扎实工作,以优异成绩迎接新中国成立60周年,沿着中国特色社会主义道路奋勇前进!

胡锦涛 吴邦国 温家宝 李克强 贺国强等分别参加十一届全国人大二次会议一些代表团的审议

在西藏代表团,胡锦涛同代表们一起审议。代表们围绕会议议题,结合西藏实际,展开了热烈讨论。在听取张庆黎、向巴平措、嘎玛仁青、格桑卓嘎等代表发言后,胡锦涛作了发言。他首先表示完全赞同全国人大常委会工作报告。胡锦涛强调,西藏要认真落实中央关于西藏工作的一系列方针政策,紧紧抓住发展和稳定两件大事,确保经济社会跨越式发展,确保国家安全和西藏社会稳定,确保各族群众生活水平不断提高,在建设团结、民主、富强、和谐的社会主义新西藏的征途上迈出新步伐。在谈到推动西藏经济发展时,胡锦涛说,要坚持走有中国特色、西藏特点的发展路子,大力推进社会主义新农村建设,大力发展特色优势产业,大力加强生态环境保护,不断夯实建设社会主义新西藏的物质基础。在谈到保障和改善民生时,胡锦涛希

望西藏多搞一些能够直接改善群众特别是农牧民群众生产生活条件的项目,多解决一些群众迫切需要解决的问题,使各族群众共享改革发展成果。在谈到维护西藏社会和谐稳定时,胡锦涛强调,要把思想上的弦绷得紧而又紧、把各项工作做得实而又实,同时谋长久之策、行固本之举,筑牢反对分裂、维护祖国统一的坚固长城,推进西藏从基本稳定走向长治久安。胡锦涛要求西藏各族干部发扬光大"老西藏精神",团结带领各族群众把西藏的事情办得更好。

在陕西代表团,吴邦国同代表们一起审议。赵乐际、袁纯清、张锦秋等代表就保持经济平稳较快发展、发挥人大代表作用、加强法律文化建设等问题积极发言,大家表示完全赞同全国人大常委会工作报告。吴邦国认真听取代表们发表的意见,同大家一起讨论。吴邦国在发言中首先感谢各位代表对全国人大常委会工作的支持,表示要虚心接受代表和人民的监督,努力把人大工作提高到一个新水平。他强调,做好新形势下的人大工作,必须从人大工作自身特点出发,一要突出工作重点,紧紧围绕改革发展稳定的重大问题和人民群众普遍关心的热点难点问题,依法行使职权,积极开展工作;二要完善工作方式,把立法与监督有机结合起来,在加强立法的同时注重强化执法检查和工作监督,在推动改进工作的同时注重制定和完善法律;三要改进工作作风,深入基层、深入实际,加强调查研究,提出真知灼见,推动国家各项事业实现新发展。

在浙江代表团,温家宝同代表们一起审议。鲁冠球、赵林中、方青等代表就推动民营经济发展、加大对企业扶持力度、促进义务教育发展等问题积极发表意见。温家宝说,个体私营等非公有制经济,是我国社会主义市场经济的重要组成部分,是国民经济的重要增长点,是提供就业岗位的主渠道。我们应对国际金融危机的冲击,离不开民营经济和民间资本的重要作用。国家出台的一揽子保增长的措施能不能见到实效,真正起到"四两拨千斤"的作用,关键看市场机制的作用发挥得如何,看带动社会资金和民间资金投入多少。要进一步提高对民营企业和民间资本的认识,消除观念上的偏见和歧视。不管是国有企业,还是民营企业,能繁荣经济、解决就业的都要大力支持。要进一步破除各种体制障碍,切实扩大市场准入,特别要着力解决中小企业融资难的问题,使非公有制经济真正享有公平竞争的市场环境。民营企业要深化改革,大胆创新,勇于开发新技术和新产品,提高市场竞争力,为保持经济平稳较快发展作出应有的贡献。

在江西代表团,李克强同代表们一起审议。会场上气氛热烈,代表们踊跃发言,就促进经济平稳较快发展、进一步做好人大和政府工作等提出意见和建议。在认真听取吴新雄、姚木根等代表发言后,李克强说,完全赞同吴邦国委员长所作的全国人大常委会工作报告。一年来,全国人大常委会在立法、监督和发挥代表作用等方面,做了大量卓有成效的工作。李克强指出,全力做好保增长、保民生、保稳定各项工作,是当前保持经济平稳较快发展的总体要求。我们扩大内需、促进增长、调整结构、推动改革,目的都是为了改善民生。要全面贯彻落实中央的决策部署,切实加大公共投入力度,大力调整振兴重点产业,实施更加积极的就业政策,突出解决好住房、教育、医疗、环保等重点民生问题,促进社会和谐稳定。江西在中部崛起中地位重要,要坚持走科学发展、加快崛起、富民兴赣的路子,继续扩大投资,着力增加消费,优化产业结构,深化改革开放,切实抓紧抓好返乡农民工就业创业工作,在全面建设小康社会中迈出新步伐。

在贵州代表团,贺国强同代表们一起审议。在听取龚贤永、杨贵新、龙刚等代表发言后,贺国强表示,完全拥护吴邦国委员长所作的全国人大常委会工作报告。他指出,应对国际金融危机要统一思想、坚定信心,抢抓机遇、奋力拼搏,从贵州实际出发,紧紧抓住和用好国家深入推进西部大开发和扩大内需、促进经济增长的一系列政策措施,努力保持经济平稳较快发展。越是经济形势严峻,越是要高度重视保障和改善民生,切实把保增长、扩内需同惠民生、促稳定紧密结合起来。要加大对社会事业的投入,千方百计扩大就业,加快社会保障体系建设,加快发展基层的教育文化卫生事业;要着力解决损害群众利益的突出问题,严肃处理损害群众利益的违纪违规行为,建立、健全维护群众利益的长效机制;要切实做好维护社会稳定工作,及时化解矛盾,严厉打击违法犯罪活动,坚决防范重特大安全事故;要大力加强领导干部党性修养和作风建设,保持党同人民群众的血肉联系,促进党风政风和社会风气进一步好转。

王兆国、刘云山、张德江、令计划、王沪宁、韩启德、李建国、桑国卫、王胜俊分别参加了以上代表团的审议。

十一届全国人大二次会议主席团在人民大会堂举行第二次会议

会议经过表决,决定将十一届全国人大二次会议关于政府工作报告、计划报告、预算报告的决议草案提请各代表团审议。

主席团常务主席吴邦国主持会议。

3月5日至6日,各代表团认真审议了政府工作报告。代表们对政府工作报告给予了高度评价。一致认为,政府工作报告全面贯彻了党的十七大、十七届三中全会和中央经济工作会议精神，充分体现了科学发展观的要求，总结工作简明扼要、实事求是，部署工作统筹兼顾、措施得力，是一篇坚定信心、鼓舞斗志、求真务实的报告。代表们对国务院过去一年的工作给予充分肯定，对报告提出的今年政府工作的指导思想、预期目标、原则和主要任务表示赞同。审议中，代表们提出了一些具体意见和建议。国务院根据代表们的意见，对政府工作报告认真进行了修改，共修改17处，其中比较重要的修改有7处。会议经过表决，决定将十一届全国人大二次会议关于政府工作报告的决议草案提请各代表团审议。

全国人大财政经济委员会主任委员石秀诗向会议作了财政经济委员会关于2008年国民经济和社会发展计划执行情况与2009年国民经济和社会发展计划草案的审查结果报告。财政经济委员会认为，计划执行总体情况是好的，2009年国民经济和社会发展计划报告和计划草案主要目标和总体安排可行，建议批准国务院提出的《关于2008年国民经济和社会发展计划执行情况与2009年国民经济和社会发展计划草案的报告》，批准2009年国民经济和社会发展计划。

全国人大财政经济委员会副主任委员高强向会议作了财政经济委员会关于2008年中央和地方预算执行情况与2009年中央和地方预算草案的审查结果报告。财政经济委员会认为，2008年预算执行总体情况是好的，2009年中央预算草案是可行的，建议批准国务院提出的《关于2008年中央和地方预算执行情况与2009年中央和地方预算草案的报告》，批准2009年中央预算草案。

会议经过表决，通过了这两个审查结果报告。

3月7日，各代表团认真审查了计划报告、计划草案和预算报告、预算草案。会议经过表决，决定将关于2008年国民经济和社会发展计划执行情况与2009年国民经济和社会发展计划的决议草案、关于2008年中央和地方预算执行情况与2009年中央和地方预算的决议草案，提请各代表团审议。

主席团常务主席王兆国、路甬祥、乌云其木格、韩启德、华建敏、陈至立、周铁农、李建国、司马义·铁力瓦尔地、蒋树声、陈昌智、严隽琪、桑国卫出席会议。

第十一届全国人民代表大会财政经济委员会关于2008年国民经济和社会发展计划执行情况与2009年国民经济和社会发展计划草案的审查结果报告

（2009年3月9日第十一届全国人民代表大会第二次会议主席团第二次会议通过）

十一届全国人大二次会议主席团：

第十一届全国人民代表大会第二次会议审查了国务院提出的《关于2008年国民经济和社会发展计划执行情况与2009年国民经济和社会发展计划草案的报告》以及2009年国民经济和社会发展计划草案。全国人民代表大会财政经济委员会在对计划报告和计划草案初步审查的基础上，根据各代表团和有关专门委员会的审查意见，又做了进一步审查。国务院根据审查意见对计划报告做了修改。现将审查结果报告如下。

一、财政经济委员会认为，2008年是极不平凡的一年，面对复杂多变的国内外环境，国务院和地方各级人民政府认真落实中共中央确定的方针政策和十一届全国人大一次会议的决议，深入贯彻落实科学发展观，加强和改善宏观调控，沉着应对国际金融危机的冲击，努力保持经济平稳较快发展和社会和谐稳定，计划执行总体情况是好的。国民经济保持平稳较快增长，粮食连续五年增产，节能减排取得新进展，改革开放稳步推进，民生和各项社会事业得到加强。这些成绩来之不易。同时，经济社会发展还存在一些突出的矛盾和问题，特别是受国际金融危机的影响，加之我国经济发展中存在的深层次体制性、机制性、结构性矛盾，经济运行困难急剧增加，部分行业产能过剩，一些企业特别是中小企业生产经营困难，农业稳定发展和农民持续增收难度加大，就业形势更加严峻，食品药品安全和安全生产等领域存在不少问题，需要采取有效措施积极应对。

二、财政经济委员会认为，2009年国民经济和社会发展计划报告和计划草案体现了党的十七大、十七届三中全会和中央经济工作会议精神，符合“十一五”规划纲要的总体要求，指导思想明确，主要目标和总体安排可行。

财政经济委员会建议，批准国务院提出的《关于2008年国民经济和社会发展计划执行情况与2009年国民经济和社会发展计划草案的报告》，批准2009年国民经济和社会发展计划。

三、财政经济委员会认为，2009年国际国内经济形势十分复杂严峻。完成全年经济和社会发展计划，要坚持以科学发展观为指导，全面贯彻落实中央的各项部署，实施好促进经济平稳较快发展的各项计划，坚定信心，锐意进取，着重做好以下工作。

（一）着力扩大内需，保持经济平稳较快发展。把扩大内需作为我国经济发展的长期战略方针和根本着力点，处理好速度、结构、质量和效益的关系，尽快扭转经济增速下滑趋势。千方百计增加居民收入，努力提高中低收入群体的收入水平，改善消费预期，着力扩大居民消费。积极开拓农村消费市场，努力提高农民消费水平。稳定传统消费，培育和发展新兴消费热点。促进房地产和汽车等行业稳定健康发展。在优化结构的基础上扩大投资,拓宽民间投资渠道和领域,着力缓解和消除发展的瓶颈制约。加强对政府投资项目的科学论证和监督检查,防止低水平重复建设和过剩产能进一步扩张。提高政府投资的效益,增强对就业和社会投资的带动效应。进一步加强和改善宏观调控,切实增强宏观调控的前瞻性、针对性和有效性,促进经济平稳较快发展。

(二)加快结构调整,切实转变经济发展方式。把推进经济结构战略性调整和发展方式根本性转变作为应对国际金融危机和增强经济可持续发展能力的主攻方向。着力调整收入分配结构,处理好政府、企业和个人之间的分配关系,扭转城乡居民收入差距继续扩大的势头,让广大人民群众共享改革发展的成果。合理调整投资消费比例关系,提高最终消费率,增强消费需求拉动经济增长的主导作用。大力调整和优化产业结构,加快发展服务业特别是现代服务业,规范提升传统服务业,提高服务业的增加值和就业比重。支持重点行业调整结构、优化升级,鼓励企业兼并重组,加快淘汰落后产能。提高自主创新能力,加快发展高新技术产业,大力振兴装备制造业,增强工业核心竞争力。高度重视资源环境对经济长远发展的制约,大力发展节能环保产业和循环经济,坚持节能减排工作不放松,逐步形成有利于资源节约和环境保护的产业结构和经济发展方式。优化进出口结构,推动加工贸易转型升级,大力开拓新兴市场,继续有效利用外资。务求通过本轮调整,使经济发展方式转变取得实质性进展,为实现国民经济在更长时间内、更高水平上的健康可持续发展奠定坚实基础。

(三)巩固农业基础地位,全力促进农业稳定发展和农民持续增收。抓住实施积极财政政策的契机,大幅度增加对农村基础设施建设和农村社会事业的投入。加强农田水利设施建设,开展大规模土地整治和中低产田改造,不断提高农业综合生产能力和抵御重大自然灾害的能力。坚持和落实最严格的耕地保护制度和节约用地制度。推进新增千亿斤粮食生产能力建设,继续稳定、完善和强化各项支农惠农政策,进一步健全农业补贴制度,提高务农和种粮比较收益,保护农民种粮积极性。稳定农村基本经营制度,按照依法自愿有偿的原则,搞好土地承包经营权流转,切实保障农民土地承包权益。大力推进农业产业化,发展多种形式的适度规模经营。积极推进小城镇建设,完善基础设施,发展壮大县域经济。支持涉农龙头企业、中小企业和农民专业合作社发展,支持农产品精深加工和开拓市场。进一步加大扶贫开发工作力度,尽快改善农村尚未解决温饱的贫困人口、低收入人口的生活条件。

(四)保障和改善民生,促进各项社会事业全面发展。把促进就业作为宏观调控的重要目标,实施更加积极的就业政策,创新工作思路,拓宽就业渠道,全方位促进就业增长。大力发展服务业、劳动密集型产业特别是中小企业,通过结构性减税、清理整顿乱收费、加强信贷服务、完善担保等方式,为企业发展创造更好的条件,提高就业吸纳能力。鼓励高校毕业生到基层就业和自主创业,推动以创业带动就业。加强对农民工就业和创业的引导与服务,切实保护农民工合法权益。加快完善城乡社会保障体系,扩大社会保障覆盖面,不断提高社会保障水平。全面推进城镇职工基本养老保险省级统筹,尽快出台全国统一的养老保险关系转续办法,积极开展新型农村社会养老保险试点。加大城乡最低生活保障力度,切实做到应保尽保。坚持优先发展教育,促进各级各类教育协调发展。加大政府科技投入。大力发展文化体育事业,进一步完善公共文化服务体系。加强公共医疗卫生,提高医疗保险统筹层次,尽快建立覆盖城乡的基本医疗卫生制度,提高基层医疗卫生服务水平。认真实施食品药品和安全生产法律、法规,建立、健全相关标准,强化行政问责,加强信息发布和舆论监督,坚决遏制重特大安全事故发生,确保人民群众生命财产安全。加快推进灾后恢复重建工作。加强和完善社会管理,积极化解各类社会矛盾,维护社会和谐稳定。

(五)继续深化改革,完善有利于科学发展的体制机制。坚持标本兼治,把应对当前国际金融危机与促进经济可持续发展更好地结合起来,加大改革攻坚力度,力争重点领域和关键环节改革取得新的突破性进展,增强经济发展的活力和后劲。积极推进政府职能转变,改善政府管理经济方式,充分发挥市场在配置资源中的基础性作用。抓住时机推进价格改革,完善要素价格市场形成机制,使价格充分反映要素稀缺程度、市场供求关系和环境损害成本。继续深化投资体制改革,提高政府投资项目透明度,建立决策责任追究制。加大财税体制改革力度,更好地发挥财税政策对调整经济结构和转变发展方式的重要作用。稳步推进金融体制改革,处理好金融稳定发展、开放创新与加强监管之间的关系,防范金融风险,维护国家金融安全。改善金融服务,稳定和发展股票、债券等资本市场,提高直接融资比重。拓宽企业融资渠道,采取综合措施切实解决中小企业融资难问题。推进事业单位改革。加快垄断行业和市政公用事业改革步伐,放宽市场准入,鼓励、支持和引导非公有制经济发展,形成更加充分的竞争性市场格局。

以上报告,请予审议。

全国人民代表大会财政经济委员会

2009年3月9日

第十一届全国人民代表大会财政经济委员会关于2008年中央和地方预算执行情况与2009年中央和地方预算草案的审查结果报告

(2009年3月9日第十一届全国人民代表大会第二次会议主席团第二次会议通过)

十一届全国人大二次会议主席团:

第十一届全国人民代表大会第二次会议审查了国务院提出的《关于2008年中央和地方预算执行情况与2009年中央和地方预算草案的报告》以及2009年中央和地方预算草案。全国人民代表大会财政经济委员会在对预算报告和预算草案进行初步审查的基础上,根据各代表团和有关专门委员会的审查意见,又做了进一步审查。国务院根据审查意见对预算报告做了修改。现将审查结果报告如下。

一、财政经济委员会认为,2008年预算执行总体情况是好的。2008年,全国财政收入61316亿元,超过预算2830亿元,完成预算的104.8%;全国财政支出62427亿元,超过调整预算1041亿元,完成预算的101.7%。中央财政收入33611亿元,超过预算1080亿元,完成预算的103.3%;中央财政支出36319亿元,超过调整预算888亿元,完成预算的102.5%,另有192亿元列作中央预算稳定调节基金。中央财政赤字1800亿元,与十一届全国人大一次会议批准的数额持平。2008年末,中央财政国债余额实际数为53270.76亿元,控制在全国人大批准的55185.85亿元限额之内。地方财政收支相抵,结转或结余1597.87亿元。

2008年12月,国务院向全国人大常委会报告了中央财政超收收入安排使用情况。中央财政超收收入除按规定用于增加对地方税收返还、转移支付和"三农"、教育、科技等项支出外,主要用于抗灾救灾、扩大政府公共投资、增加中央预算稳定调节基金等。

财政经济委员会认为,2008年我国经济社会发展经受住了多方面的重大挑战和考验。国务院和地方各级人民政府认真落实中共中央确定的方针政策和十一届全国人大一次会议提出的各项要求,深入贯彻落实科学发展观,针对各种新情况、新问题,及时调整宏观政策,切实加强收入征管,大力支持抗灾救灾,沉着应对国际金融危机,取得了显著成绩。财政收入保持了较快增长,重点支出得到了较好保障,财税改革稳步推进,国家财政在促进经济社会平稳较快发展和改善民生等方面发挥了重要作用。同时,预算执行和财政运行中还存在一些不容忽视的问题,主要是:预算编制的准确性和透明度还不够高,预算执行中追加较多;财政体制不够完善,结构不尽合理,一些市、县公共财政保障能力较弱;一些财政资金下达拨付较晚,支出进度不够均衡,年终结转或结余资金较多;财政管理不够严格,跟踪问效制度不够健全,存在不少损失和铺张浪费现象。这些问题应在今后工作中切实加以解决。

二、国务院提出的2009年预算草案,全国财政收入66230亿元,增长8%;全国财政支出76235亿元,增长22.1%。其中,中央财政收入35860亿元,比上年预算执行数增加3188亿元,增长9.8%。另外,从中央预算稳定调节基金中调入505亿元纳入预算安排。中央财政支出43865亿元,比上年预算执行数增加8485亿元,增长24%;其中,中央对地方税收返还和转移支付增加6883亿元,增长31.3%。中央财政收支相抵,赤字7500亿元。2009年,中央财政国债余额限额62708. 35亿元。同时,由财政部代理发行地方政府债券2000亿元,纳入地方预算统筹安排。全国财政赤字合计9500亿元。

财政经济委员会认为,2009年中央预算草案,贯彻了党的十七大、十七届三中全会和中央经济工作会议精神,实施积极的财政政策,较大幅度增加公共支出,通过结构性减税减轻企业和居民负担,优化财政支出结构,切实保障公共投资、"三农"、就业、教育、科技、医疗卫生、社会保障、地震灾后恢复重建、保障性住房等重点支出,努力改善人民生活,这样的预算安排是可行的。2009年的财政赤字虽然增加较多,但对于促进经济平稳较快增长是必要的。

财政经济委员会建议,批准国务院提出的《关于2008年中央和地方预算执行情况与2009年中央和地方预算草案的报告》,批准2009年中央预算草案。地方各级政府预算由本级人民代表大会审查批准。

三、财政经济委员会认为,2009年我国经济社会发展和改革开放的任务非常繁重,财政收支矛盾十分突出。为了圆满完成2009年预算,促进经济社会平稳较快发展,财政经济委员会提出以下建议。

(一)认真执行税费改革政策。全面实施消费型增值税,切实做好成品油税费改革工作,落实中小企业、房地产交易税收优惠和出口退税政策,促进企业扩大有效投资和技术创新,拉动居民消费。要研究调整国民收入分配格局,进一步推进税费改革,优化税制。继续研究建立分类与综合相结合的个人所得税制度,推进资源有偿使用制度和生态环境补偿机制改革,完善资源税制度。

(二)进一步加强收入征管。进一步加强税收和非税收入征管,严禁违规减免税,确保财政收入稳定增长。要进一步理顺税费关系,继续清理和规范行政事业性收费和政府性基金,2010年向全国人大提交地方政府性基金收支预算。

(三)落实惠农政策用好财政支农资金。把"三农"作为增加财政支出的重点,认真落实各项强农惠农政策。以稳定粮食生产和增加农民收入为主要目标，大幅度增加农村基础设施和社会事业发展投入，加大对农田水利工程建设的补助，改进对农业的补贴办法，提高粮食最低收购价格，积极支持返乡农民工就业创业，夯实农业基础，巩固和发展农业农村好形势。整合使用财政支农资金，统筹兼顾，合理安排，加强监管，注重资金使用效益。财政支农资金的使用情况要向全国人大常委会报告。

（四）着力保障和改善民生。支持实施积极就业政策，完善人力资源市场，支持中小企业生产经营，努力开发公益性就业岗位，保持就业形势基本稳定。加大对社会保障体系建设的投入，扩大社会保险覆盖面，提高基本养老保险和基本医疗保险统筹层次，增加对低收入家庭和困难群众的补助，加大城乡低保支持力度，增加扶贫资金投入。支持保障性安居工程建设。进一步健全义务教育经费保障机制，落实在全国城乡实行免费义务教育的各项政策。推进事业单位收入分配制度改革。积极推进医药卫生体制改革，落实政府投入政策，逐步建立覆盖城乡的基本医疗卫生制度，为人民群众提供安全、有效、方便、价廉的基本医疗卫生服务。切实加强食品药品质量安全和生产安全管理，提高监管水平，强化技术手段，严厉打击各种违法违规行为。

（五）加强监管提高政府投资效益。确保政府主导的公共投资用于重大民生工程、经济社会发展薄弱环节、关系全局和长远发展的重大基础设施，支持高新技术产业发展，鼓励企业自主创新，防止低水平重复建设和盲目扩张，有效发挥引导带动社会投资的作用。研究制定鼓励引导社会投资的优惠政策，拓宽民间投资渠道和领域。加强对政府投资的监管，规范政府投资行为，保证工程质量，提高投资效益，防止因决策失误造成的损失浪费。进一步完善中央补助地方投资的方式，按规定及时拨付项目资金。深入推进政府投资体制改革，健全、落实政府投资项目决策程序和责任追究制度。提高项目管理的规范性和透明度，向全国人大提交中央政府公共投资安排情况表。政府重大公共投资和实施情况，要向全国人大常委会报告。

（六）推进公共财政体制改革。积极推进财政体制改革，进一步完善分税制财政体制。围绕推进基本公共服务均等化和主体功能区建设，提高一般性转移支付规模和比例，整合规范专项转移支付，增强地方政府公共服务能力，健全中央政府和地方政府财力与事权相匹配的体制。中央和省级财政要加大支持力度，抓紧建立县级基本财力保障机制。深化预算制度改革，建立和完善政府公共预算、国有资本经营预算、政府性基金预算和社会保障预算有机衔接的政府预算体系，建立、健全预算编制、执行、监督相互协调、相互制衡的机制，推进预算公开。进一步完善政府收支分类体系，推进按经济分类编制预算的工作，明确反映行政管理、公共服务、基本建设等支出情况。2010年向全国人大提交中央国有资本经营预算，试编社会保险基金预算。

（七）强化预算管理和监督。加快预算法修订工作，完善预算法制体系，依法规范预算编制与执行，努力提高政府预算和部门预算的科学性、准确性和透明度。要严格按照批准的预算执行，及时下达财政资金，保证支出进度均衡。加快建立预算支出绩效评价制度，切实提高财政资金使用效益。加强对国债规模的控制，加强对政府债务的监管，保持国债的合理规模和结构，防范和化解债务风险。加强行政事业单位国有资产管理，压缩出国（境）经费、车辆购置及运行费用和公务接待费用等行政开支，严格控制党政机关楼堂馆所建设和建设标准，推进公务用车制度改革，反对铺张浪费。加强对汶川地震灾后恢复重建资金和政府投资资金使用的审计监督，严肃查处挤占、挪用、滞留资金，超标准、超面积建设和损失浪费等违法违规行为。审计情况依法向全国人大常委会作出报告。

以上报告，请予审议。

全国人民代表大会财政经济委员会

2009年3月9日

全国政协十一届二次会议在人民大会堂举行第四次全体会议

15位政协委员围绕构建“海峡经济区”、加快推进征地制度改革等问题作大会发言。全国政协主席贾庆林出席会议。

本次大会执行主席是杜青林、李兆焯、张榕明、李金华、郑力通、林文漪、陈宗兴。大会由杜青林主持。

书记处书记李源潮，以及中共中央、国务院有关部门负责人到会听取发言。

杨健委员代表台盟中央、全国台联发言。他建议探索建立具有两岸特色的经济合作机制，构建“海峡经济区”（包括台湾和海峡西岸地区），在区内实现政策协调、资源整合、产业对接。

甄贞委员代表全国政协社会和法制委员会发言。她建议，打破法院、检察院目前单一的行政管理体制，实行分类管理，促进法官、检察官队伍建设，实行不同的准入制度，制定不同的考核制度和职务职级晋升办法。

李冬玉委员建议加快推进征地制度改革，制定缩小征地范围的政策措施，强化利用规划、计划在土地管理中的作用，尽快完善征地程序等相关法律、法规，做好征地制度改革的配套工作。

包俊臣委员和王占委员联合发言，建议尽快研究制定推进草原保护建设规划，明确政策措施，统一指导实施，将草原地区发展纳入农业改革发展总体布局。

王孝询委员代表致公党中央发言。他建议加强中心镇的规划、建设、管理，创造良好环境引导人才返乡创业，积极引导返乡农民落户中心镇，鼓励农户向中心镇集中。

卫小春委员建议构建和完善矿业权和矿产资源有偿取得制度，明确矿产资源所有权人的义务，维护国家资源所有权益和社会公共利益。

温思美委员代表民盟中央发言时建议：依托县级职教中心、乡镇成人教育学校、农业广播电视学校和普通中学构建农村职业教育培训网络，加快农民教育信息化建设。

孙永福委员建议：成立国家应急管理委员会，建立政策性巨灾保险和突发事件应对基金，建立完善的应急物资储备体系，建立应急物资保障综合协调机制。

张维庆委员代表全国政协人口资源环境委员会发言。他建议：中央适度给海南放权，鼓励海南先行先试，赋予更加灵活的融资政策和更加开放的旅游相关产业发展政策。

巴桑顿珠委员建议：进一步加大科技援藏力度，建立与西藏的援藏联席会议制度，建设适合西藏自然资源特点和经济社会发展需要的研究基地、科技示范工程和推广应用项目；运用法律手段建立和维护正常的宗教秩序。

澳门青年联合会副理事长兼秘书长李佳鸣委员建议：通过有效的区域合作，突破城市间的空间距离，形成思维的创新、制度的创新和管理模式的创新。

林兆枢委员代表全国政协港澳台侨委员会发言，建议积极扶持在金融危机冲击下的侨资企业特别是中小侨资企业，鼓励他们克服困难、渡过难关。

马庆生委员代表全国政协民族和宗教委员会发言。他建议：通过建立有线、无线、卫星多种形式相结合的有效传输覆盖网络，以及加强少数民族语言广播电视节目的制作和播出等办法，解决好边境少数民族群众收听广播、收看电视问题。

陈昊苏委员代表全国政协外事委员会发言。他建议：建立统一的公共外交领导机构，并为民间团体和社会组织开辟更大的参与空间，提供更多的支持和帮助。

蒋洪委员就提高财政透明度，保障人民的知情权发言。他建议尽快贯彻落实《政府信息公开条例》，以最便捷的方式，完整、系统、详细、及时地披露政府财政信息。

全国政协副主席王刚、白立忱、陈奎元、阿不来提·阿不都热西提、黄孟复、董建华、张梅颖、钱运录、孙家正、万钢、厉无畏、罗富和、王志珍出席会议。

我国首个以西藏人权为主题的网站——西藏人权网开通

3月10日

十一届全国人大二次会议在人民大会堂举行第三次全体会议

会议听取和审议最高人民法院工作报告和最高人民检察院工作报告。

胡锦涛、吴邦国、温家宝、贾庆林、李长春、习近平、李克强、贺国强等出席会议。

最高人民法院院长王胜俊作最高人民法院工作报告。

最高人民检察院检察长曹建明作最高人民检察院工作报告。

大会主席团常务主席、执行主席周铁农主持会议。大会执行主席石宗源、吉炳轩、杜德印、汪光焘、张文岳、张宝顺、张春贤、陈光国、陈建国、欧广源、赵乐际、赵洪祝、胡康生、姜异康、袁武、徐光春、高祀仁、郭声琨、黄镇东、梁国扬、储波、强卫在主席台执行主席席就座。

最高人民法院院长王胜俊向十一届全国人大二次会议作最高人民法院工作报告

各位代表：

现在，我代表最高人民法院向大会报告工作，请予审议，并请全国政协各位委员提出意见。

2008年是极不平凡的一年。最高人民法院在以胡锦涛同志为总书记的党中央坚强领导下，在全国人大及其常委会的有力监督下，认真贯彻党的十七大和十一届全国人大一次会议精神，深入贯彻落实科学发展观，坚持"党的事业至上、人民利益至上、宪法法律至上"的工作指导思想，坚持为大局服务、为人民司法，及时把握国内外经济社会发展的新变化，努力满足人民群众维护合法权益的新要求，切实履行宪法和法律赋予的职责，各项工作取得新进展。去年，最高人民法院受理案件10553件，审结7725件，同比分别上升29.53%和24.20%；全国各级法院受理案件10711275件，审结、执结9839358件，同比分别上升10.91%和11.17%。

一、坚持服务大局，依法保障经济社会又好又快发展

一年来，最高人民法院更加注重推动科学发展、维护社会稳定、促进社会和谐，监督和指导地方各级法院积极为经济社会又好又快发展提供司法服务。

努力为落实宏观经济政策提供司法保障。密切关

注国内外经济环境和宏观经济政策出现的新变化，及时出台司法解释和指导性文件，化解影响经济发展的各种不利因素。针对公司解散和清算案件中的法律适用问题，制定关于适用公司法的司法解释，规范企业法人退出机制，维护公平竞争的市场经济秩序。认真贯彻实施反不正当竞争法和反垄断法，加大对中小投资者利益的司法保护力度，确保各种所有制经济平等竞争、相互促进。针对医疗购销、招标投标、政府采购等活动中存在的商业贿赂问题，最高人民法院会同有关部门制定关于办理此类案件的法律适用标准。加强涉外及海事海商审判工作，制定相关司法解释，平等保护中外当事人的合法权益。为确保国家应对国际金融危机冲击所采取的各项政策措施的落实，及时出台关于为维护国家金融安全和经济平稳较快发展提供司法保障的规定，从保障金融债权、制裁金融违法行为、规范和促进企业健康发展等 8 个方面提出司法指导意见。各级法院慎用查封、扣押、冻结等强制措施，及时提出司法建议，帮助困难企业渡过难关，积极发挥审判工作为国家宏观调控政策服务的作用。一年来，全国各级法院共审结金融纠纷、房地产纠纷、企业改制、股权转让、涉外及海事海商等案件 1136430 件，标的额 4773.17 亿元，同比分别上升 15.24% 和 13.18%。依法严惩集资诈骗、非法吸收公众存款、制售伪劣食品药品等严重破坏市场经济秩序的犯罪，共审结此类案件 21674 件，同比上升 13.48%。

努力为农业、农村、农民工作提供司法保障。全面贯彻党的十七届三中全会精神，针对农村改革发展中出现的涉农案件新特点，及时制定关于为农村改革发展提供司法保障的若干意见。加强对农民工特别是返乡农民工维权案件的审判工作，实行优先立案、优先审理、优先执行，切实维护其合法权益。严厉打击制售假农药、假化肥、假种子等坑农害农行为，维护农村市场经济秩序。认真总结涉农案件审判经验，重视发挥乡村善良风俗习惯在化解社会矛盾中的积极作用，为农村改革发展创造良好法治环境。一年来，全国各级法院共审结土地承包经营权、农产品和农业生产资料供给等涉农案件 232615 件，标的额 45.28 亿元，同比分别上升 35.81% 和 29.04%。

努力为自主创新提供司法保障。认真贯彻《国家知识产权战略纲要》，扎实开展以“司法护权、激励创新”为主题的知识产权保护活动，展示了我国重视知识产权司法保护的良好形象。完善涉及驰名商标案件的管辖制度，规范注册商标、企业名称纠纷案件的受理条件，依法惩治侵犯知识产权的犯罪行为，进一步拓展知识产权司法保护范围，加大保护力度。完善知识产权审判机制，充实审判力量，将管辖知识产权案件的中级、基层法院从 109 个增加到 133 个，并积极探索建立综合保护知识产权的新模式。一年来，全国各级法院审结知识产权案件 27876 件，同比上升 32.58%。

努力维护国家安全和社会稳定。正确适用法律和宽严相济刑事政策，认真做好刑事案件审判工作，更加审慎地做好死刑复核工作。依法严惩危害国家安全犯罪、严重危害社会治安的暴力犯罪、黑恶势力犯罪、毒品犯罪和多发性侵财犯罪，不断增强人民群众的社会安全感。依法审结拉萨“3·14”打砸抢烧严重暴力犯罪案件，有力打击了分裂势力和暴力犯罪分子。积极参与打黑除恶、禁赌禁毒等专项斗争，净化社会环境。全国各级法院共审结刑事案件 768130 件，判处罪犯 1007304 人，其中，判处五年以上有期徒刑至死刑的罪犯 159020 人。对情节轻微的初犯、偶犯和过失犯罪，依法从轻、减轻或免除处罚。继续加大对经济犯罪、商业贿赂和职务犯罪的打击力度，共审结此类案件 55959 件，同比上升 11.66%。积极参与社会治安综合治理，推进刑事被害人救助工作，加大未成年人犯罪预防力度，维护社会稳定。

努力应对突发公共事件，积极参与奥运安保工作。针对南方部分地区严重低温雨雪冰冻灾害、“5·12”四川汶川特大地震灾害和“婴幼儿奶粉”等突发公共事件，及时制定司法应对措施，向有关部门提出司法建议，主动配合做好救灾、灾后恢复重建和事件处理工作。全国各级法院齐心协力，支援抗震救灾。地震灾区法院克服困难，一手抓救灾抢险，保护群众生命财产安全，一手抓审判工作，及时惩罚犯罪、调处纠纷，为灾区恢复重建、保持社会稳定发挥了积极作用。各级法院积极参与“平安奥运行动”，依法审理涉及奥运的各类案件，配合有关部门加强矛盾纠纷排查化解工作，为北京奥运会、残奥会的成功举办营造良好法治环境。

努力推进内地与港澳地区、大陆与台湾地区的司法合作。针对内地与港澳地区、大陆与台湾地区经贸交往密切、人员往来频繁对司法工作提出的新要求，最高人民法院及时制定《关于涉台民事诉讼文书送达的若干规定》，签署《关于内地与香港特别行政区法院相互认可和执行当事人协议管辖的民商事案件判决的安排》等文件，加快形成内地与港澳地区、大陆与台湾地区司法协助的制度框架。加强涉港澳台案件审判工作，全国各级法院共审结此类案件 10621 件。

二、坚持以人为本，依法维护人民权益

一年来，全国各级法院牢固树立司法为民理念，始终把维护人民权益作为人民法院工作的根本出发点和落脚点，进一步把司法为民的要求落到实处。

高度重视审理涉及民生的案件。认真执行劳动合同法，审结劳动争议案件 286221 件，同比上升

93.93%。着力化解涉及群众切身利益的重点难点问题，审结涉及医疗、住房、消费者权益保护等案件576013件，同比上升45.08%。依法保护公民人身财产权益，审结人身损害、宅基地纠纷、相邻关系、财产权属确认等案件1154946件，标的额2181.86亿元。依法保护妇女、儿童、老年人的合法权益，促进家庭和睦，审结婚姻、赡养、抚养、继承等案件1320636件。发挥审判职能作用，依法维护国防利益和军人、军属合法权益。制定司法解释，加大对非法行医和非法采供血液刑事犯罪的惩处力度，保护人民群众的身体健康和生命安全。

高度重视破解执行难问题。全面排查执行积案，集中开展清理执行积案专项活动。针对执行难的诸多原因，进一步加大执行力度，完善提级执行、委托执行、异地执行等措施，会同公安、工商等部门，实行部门联动和地区联动，依法查处拒不执行、暴力抗拒执行等行为。完善信息管理系统，采取公开被执行人失信记录、强制申报财产、限制被执行人出境等措施，敦促被执行人履行义务。进一步规范执行秩序，制定司法解释，对执行管辖、强制措施等予以规范。健全高级人民法院统一管理、统一协调的执行工作管理体制，强化执行环节之间的监督制约，确保执行公正。全国各级法院去年执结案件2225419件，执结率为87.15%，执结标的额同比上升33.31%。

高度重视解决涉诉信访问题。进一步落实信访工作责任制，坚持一手抓办案质量，从源头上预防涉诉信访的发生；一手抓涉诉信访的处理，在“事要解决、息诉罢访”上下功夫。最高人民法院成立14个督导组，分赴各地督促指导，实行领导包案、带案下访、督促考核等制度，共排查处理重点信访案件36727件。建立信访案件监督协调机制，完善判后答疑制度，推行申诉听证制度，有效疏通申诉上访渠道，引导群众理性表达诉求。充分运用教育、协调、救济等手段，解决涉诉信访难题。经过各级法院的共同努力和全社会的广泛支持，涉诉信访同比下降49.74%。

高度重视推进司法便民工作。继承和发扬“马锡五审判方式”，深入基层，巡回审判，就地办案，方便群众诉讼，减轻群众负担。最高人民法院推出17条新的便民措施，不断完善司法为民工作机制。地方各级法院改进案件受理工作，建立诉讼服务中心，为群众提供导诉、答疑、调解等“一站式”服务。采取上门立案、预约开庭、减免诉讼费等措施，为老年人、残疾人提供方便。设立案件查询系统，为当事人提供便捷服务。调整由基层法院集中立案的规定，推行人民法庭直接受理案件，有条件的实现了网上预约立案、电子签章。全国人民法庭共审结各类案件2183722件，标的额779.51亿元，同比分别上升13.23%和31.47%。

高度重视运用调解手段化解矛盾纠纷。着眼于促进社会和谐，转变审判观念，坚持“调解优先、调判结合”原则，把调解贯穿于立案、审判、执行的全过程。全面推进民商事案件调解工作，探索建立轻微刑事案件调解制度，加大刑事附带民事案件调解力度，充分发挥行政案件协调机制的作用。创新调解方式，加强审判工作与人民调解、行政调解、仲裁等方式的衔接，合力化解矛盾纠纷。发挥行业协会、专业部门、社团组织等社会力量化解矛盾纠纷的作用，完善多元纠纷解决机制。加强对人民调解组织的工作指导，依法确认人民调解协议的效力。各级法院经调解结案的民事案件3167107件，占全部民事案件的58.86%。

三、坚持从严治院，加强人民法院自身建设

一年来，各级法院更加重视思想政治、司法能力、纪律作风和反腐倡廉建设，涌现出创新管理、公正司法的山东东营中院，秉公办案、一心为民的辽宁义县法院法官单玉石，抗震救灾中舍生忘死的四川北川羌族自治县法院副院长李芝军等一大批先进单位和先进个人。全国各级法院共有646个集体和694名个人受到省部级以上表彰奖励。

切实加强社会主义法治理念教育，重点增强法官政治意识、大局意识、为民意识和国情意识。按照党的十七大精神和胡锦涛总书记对大法官、大检察官提出的要求，最高人民法院将“党的事业至上、人民利益至上、宪法法律至上”确立为新时期人民法院工作的指导思想，组织开展“大学习、大讨论”和深入学习实践科学发展观活动，举办全国大法官专题研讨班，组织宣讲团巡回宣传，指导地方各级法院开展不同类型、不同层次的研讨培训活动，不断深化广大法官对中国特色社会主义道路、中国特色社会主义理论体系和中国特色社会主义司法制度等重大战略思想、重大理论观点和重大政治原则的认识，自觉坚持党的领导、人民当家做主、依法治国的有机统一。

切实整顿和转变司法作风，重点解决脱离实际、脱离群众的问题。最高人民法院组成13个专题调研组，分赴全国各地，采取多种方式，广泛听取各方意见，查找司法作风方面存在的突出问题，并提出整改措施。开展大法官下基层活动，开辟网络专栏，广泛听取基层法官和群众意见。狠抓院风院纪整顿，着力加强最高人民法院自身建设。各级法院分别从法官的职业道德、庭审规范、信访接待等多方面制定整改措施，进一步密切同人民群众的联系。基层法官走出法庭，深入社区村寨企业，体察民情，送法上门，努力为群众排忧解难，树立亲民爱民的良好形象。

切实加强司法能力建设，重点提高法官做群众工作、化解矛盾纠纷的能力。一些"案结事难了"问题，主要因为有的法官不善于做群众工作、不善于化解矛盾纠纷。各级法院组织有经验的法官通过多种方式进行传帮带活动，加强对青年法官的培养。通过上下级法院法官交流、新录用人员到基层工作等办法，提高法官熟悉基层、把握全局的综合素质。建立法官走访、联系群众制度，了解社情民意，增强为民意识。调整法官业绩评价标准，既要考核办案质量和效率，又要考核是否化解了矛盾纠纷。针对新的法律、法规不断出台、新问题越来越多的情况，最高人民法院派出讲师团到基层法院巡讲。各级法院及时组织各种专题培训、岗位培训，扩大培训范围，共培训法官15万余人次。

切实加强基层建设，重点解决法官短缺、队伍不稳、保障不力问题。坚持面向基层、服务基层、建设基层，最高人民法院会同有关部门改进司法考试办法，完善相关政策，缓解中西部地区法官"断层"问题。争取相关部门增加编制，缓解东部地区和大中城市案多人少矛盾。制定基层法院经费保障标准，积极争取中央财政和地方财政支持，缓解经费保障不足。地方各级法院在当地党委、人大和政府支持下，努力解决基层审判一线法官的职级、职数问题，不断改善基层法院和人民法庭的办案条件。

切实加强反腐倡廉建设，重点解决司法不廉、司法不公问题。针对法院队伍中发生的严重违纪违法案件，最高人民法院首先在机关内部认真排查、重点整治容易滋生腐败的岗位和环节，要求各级法院结合典型案例开展司法廉洁大讨论和警示教育，下大气力解决司法廉洁方面存在的突出问题。制定《关于进一步加强人民法院反腐倡廉建设的意见》《人民法院监察工作条例》和《人民法院纪律处分条例》，提出解决影响司法廉洁问题的工作措施。建立巡视制度，开展巡视工作，重点加强对领导班子的监督。在审判、执行等部门建立廉政监察制度，强化对审判、执行权的直接监督。针对影响司法公正和廉洁的突出问题，公布"五个严禁"和举报电话，对违反规定的人员，一律调离岗位，严格依纪依法追究责任。去年以来，各级法院以更大决心、更大力度查处违纪违法案件，决不姑息迁就，共查处违纪违法人员712人，其中追究刑事责任105人。

四、坚持改革创新，完善司法体制和工作机制

坚持从国情出发，不断深化司法体制和工作机制改革，是最高人民法院的坚定态度。一年来，根据中央统一部署，制定了关于深化人民法院司法改革工作的意见和措施，在继续深化死刑核准制度、审判委员会工作机制、未成年人审判制度、审判监督程序及执行工作机制改革的基础上，着眼建立公正高效权威的社会主义司法制度，着力解决影响和制约司法公正的突出问题，努力保障社会公平正义。

更加注重完善司法公开制度。实现司法公正必须推进司法公开。进一步深化审判公开改革，推行立案公开、庭审公开、判决理由和结果公开，保障当事人的诉讼权利和实体权利。试行庭审网络直播，推进裁判文书网上公开制度。进一步推进执行公开改革，公开查封、扣押、拍卖等执行措施，对执行争议事项公开听证。坚持扩大司法民主，认真落实人民陪审员制度，全国共有55681名人民陪审员参与审理案件505412件，参与审理案件数量上升34.05%。

更加注重规范法官裁量权。这是实现司法公正的重要保证。最高人民法院切实加强监督指导和统一法律适用标准工作，共制定司法解释18件，司法指导性文件43件。建立审判质量与效率评估体系，加强对案件的考核评查。强化审判管理环节对法官行使裁量权的约束和规范机制。完善改判和发回重审案件定期通报和分析制度，及时总结审判经验。强化审级监督，加强二审和再审工作，纠正确有错误的裁判，明确同一类型案件的裁判尺度。推行案例指导制度，开展量刑规范试点，统一裁判标准。依法保障律师的代理权和辩护权，充分听取各方当事人的意见，正确行使裁量权。

更加注重加强司法管理。这是保障司法公正高效的关键举措。大力加强司法业务管理，完善审判流程管理机制，强化对审判、执行各环节的监督制约；完善案件繁简分流机制，提高审判效率。大力加强司法人事管理，完善公开招考法官和法官逐级选任等制度，把好队伍进口；建立法官业绩档案，完善业绩评价体系，改进选人用人工作机制。大力加强司法政务管理，强化综合协调和后勤保障，确保审判、执行工作顺利开展。通过加强司法管理，提高工作绩效，法定审限内结案率达98.41%，生效裁判改判率为0.19%。

五、坚持接受监督，切实维护司法公正

接受监督是维护司法公正、树立司法权威的重要保障。

自觉接受人大监督。认真贯彻实施监督法，切实增强接受监督的自觉性。本届全国人大一次会议闭幕后，最高人民法院及时召开院务会和全国法院电视电话会，专题研究部署贯彻这次人大会议精神，全面梳理人大代表提出的意见和建议，制定改进工作措施。坚持向全国人大常委会定期报告专项工作，认真落实本届全国人大常委会第五次会议对最高人民法院关于刑事审判工作报告的审议意见。积极配合全国人大常委会开展未成年人保护法、劳动合同法执法检查，认真落实常委会审议意见。人大在监督中给予大力支持，推动解决审判、执行工作和法院自身建设中的困难和问

题。积极配合做好法官任免工作,主动做好司法解释报送备案审查工作,确保人大监督工作顺利进行。

认真办理人大代表建议和政协委员提案。不断完善对建议和提案的受理、办理、反馈等流程管理,建立代表建议、委员提案督查督办制度,做到件件有结果,事事有反馈,确保办理质量和效率。最高人民法院全年共办理全国人大代表建议152件、全国政协委员提案65件。完善人大代表、政协委员联络机制,通过邀请视察工作、旁听庭审、定期通报工作、反馈整改措施以及个别走访等,加强与人大代表、政协委员的经常性沟通。去年,最高人民法院共召开全国人大代表、政协委员座谈会34次,以问卷、座谈、走访等形式征求全国人大代表、政协委员意见6329人次。

依法接受检察机关及各方面监督。严格依法审理各类抗诉案件,全国各级法院去年共审结检察机关对生效裁判提起的再审抗诉案件9604件。其中,原判正确予以维持的3569件,改判2273件,发回重审440件,以调解、撤诉等方式结案的3322件。认真听取检察机关提出的检察建议,及时检查和纠正案件审判中存在的问题。接受政协民主监督,重视听取各民主党派、工商联和无党派人士的意见,最高人民法院负责人分别走访各民主党派中央和全国工商联,多次召开座谈会,听取意见,改进工作。加强与新闻媒体的沟通,接受舆论监督。建立与基层群众的联系工作机制,接受群众监督。

各位代表,过去的一年,最高人民法院和地方各级人民法院工作取得新进展、新成效,是党的领导、人大监督和政府、政协及社会各界关心支持的结果。各位人大代表和政协委员为促进法院工作提出了许多很好的意见和建议,帮助我们解决了许多困难和问题。在此,我代表全国各级法院向各位人大代表、政协委员表示衷心的感谢!

我们清醒地认识到,人民法院的工作与党和人民的要求还存在较大差距,工作中还存在不少问题。一是有的法官对坚持中国特色社会主义司法制度、践行社会主义法治理念认识不足,在服务大局、保障科学发展上自觉性不高。二是有的法官司法能力不强,适应新情况、解决新问题的办法不多,一些案件审判程序不规范、适用法律不准确,不注重办案法律效果和社会效果的统一,案件审判质量和效率不高。三是有的法官司法为民意识不强,对人民群众感情不深,工作不负责任,官僚主义、衙门作风以及对群众诉求冷漠、推诿拖拉现象仍然存在。四是有的法官职业道德素质不高,司法不公,司法不廉,极少数人徇私舞弊,贪赃枉法,腐化堕落,严重损害司法公信力,造成恶劣的社会影响。五是司法体制和工作机制不能适应人民群众日益增长的司法需求,涉诉信访和执行难等问题还需要花大气力予以解决。同时,随着形势任务的发展变化,法院工作也遇到了一些新挑战和实际困难。2008年全国各级法院审结案件数是1978年的19.5倍,在数量大幅增长的同时,案件类型更加多样,处理难度越来越大,但人员数量仅增加了1.68倍,案多人少的矛盾日趋突出;一些法院特别是中西部地区基层法院办案经费短缺、人才流失、法官断层等现象依然存在。对这些问题和困难,我们将在各方面的关心支持下,切实采取措施,努力加以解决。

2009年,是全面贯彻党的十七大精神,推进"十一五"规划顺利实施的关键一年,也是应对国际金融危机冲击、保持我国经济平稳较快发展的关键一年。我们将高度关注国内外经济环境的新变化,高度关注国际金融危机影响下企业生产经营的新情况,高度关注人民群众日益增长的新需求,高度关注影响社会和谐稳定的新问题,紧紧围绕中央确定的保增长、保民生、保稳定的战略决策,继续坚持为大局服务、为人民司法,着力做好以下五个方面的工作:

一是着力服务大局,为保持经济平稳较快发展提供司法保障。审慎处理因国际金融危机和国内外经济社会发展变化引发的各类案件,及时提出预防和解决相关问题的司法建议。依法审理涉及资源、环境保护方面的案件,促进生态文明建设。依法处理涉及农村基本经营制度、土地管理制度、农村公共事业建设以及农民权益保护等方面的案件,为农业、农村、农民工作提供司法保障。进一步强化措施,加大对知识产权的司法保护力度。认真研究解决两岸直接"三通"后出现的司法问题,审理好涉台案件。积极推进同港澳地区、台湾地区的司法协助。继续加强国际司法协助与合作。

二是着力维护社会和谐稳定,为经济社会发展创造良好法治环境。牢牢把握国家安全和社会治安形势,依法严厉打击黑恶势力犯罪、严重暴力犯罪、恐怖犯罪和毒品犯罪以及盗窃、抢劫、抢夺等多发性犯罪,严惩贪污贿赂、重大安全责任事故、制售伪劣食品药品、网络犯罪以及集资诈骗等犯罪。妥善处理各类民事、行政和国家赔偿案件,有效化解各类矛盾纠纷。加强法制宣传,弘扬法治精神。积极参与社会治安综合治理和平安创建活动,维护社会持续和谐稳定。

三是着力保障民生,重视解决事关群众切身利益的重点难点问题。紧紧把握人民群众对司法工作的新要求,积极稳妥地处理劳动就业、社会保障等涉及民生的案件,继续加大执行力度,保障群众合法权益。进一步加强涉诉信访工作,妥善解决群众反映的突出问题。坚持群众路线,改进司法作风,完善便民措施,体现司法为民。

四是着力深化司法体制和工作机制改革，保障社会公平正义。切实贯彻中央关于深化司法体制和工作机制改革的部署，进一步优化审判和执行职权配置，规范上级法院对下级法院监督指导的范围和程序，确保依法独立公正行使审判权。落实宽严相济刑事政策，确保定罪准确、量刑适当。推动建立刑事被害人救助制度。稳步推进法院人员分类管理制度改革，加快专门法院体制改革。健全完善多元纠纷解决机制。完善审判流程管理和案件质量评查制度，健全监督制约机制，加强司法民主，推进司法公开，促进审判公正、执行高效。

五是着力加强队伍建设，不断提高政治业务素质。深入开展社会主义法治理念教育，坚定"党的事业至上、人民利益至上、宪法法律至上"的工作指导思想，确保广大法官忠于党、忠于国家、忠于人民、忠于法律。要以解决司法不公、司法不廉为重点，强化法官职业道德教育，完善惩戒制度，严格执行"五个严禁"，严明审判工作纪律，严肃查处违纪违法人员。全面推行巡视制度和廉政监察制度，进一步加强对领导干部、重点岗位和关键环节的监督。加强队伍管理，完善法官招录、遴选制度，确保新录用人员的素质。要以基层为重点，加强法官培训工作，切实提高司法能力，夯实法院工作基础。

各位代表，面对国内外形势的新变化，面对服务科学发展的新要求，面对自身建设的新任务，人民法院使命光荣、责任重大。我们将更加紧密地团结在以胡锦涛同志为总书记的党中央周围，高举中国特色社会主义伟大旗帜，以邓小平理论和"三个代表"重要思想为指导，深入贯彻落实科学发展观，认真贯彻落实本次大会决议，更加自觉地履行宪法和法律赋予的职责，更加自觉地接受人大及各方面的监督，开拓奋进，扎实工作，为夺取全面建设小康社会新胜利作出新贡献，以优异成绩迎接新中国成立60周年！

最高人民检察院检察长曹建明向十一届全国人大二次会议作最高人民检察院工作报告

各位代表：

现在，我代表最高人民检察院向大会报告工作，请予审议，并请全国政协各位委员提出意见。

2008年检察工作的主要情况

2008年，在以胡锦涛同志为总书记的党中央坚强领导下，在全国人大及其常委会的有力监督下，全国检察机关认真贯彻党的十七大、十七届三中全会和十一届全国人大一次会议精神，深入贯彻落实科学发展观，坚持"强化法律监督，维护公平正义"的工作主题，紧紧围绕经济社会发展全局，忠实履行宪法和法律赋予的职责，各项检察工作取得新进展。

一、充分发挥打击刑事犯罪等职能作用，维护国家安全与社会和谐稳定

针对国家安全面临的新形势、刑事犯罪的新情况和社会矛盾的新特点，全国检察机关认真贯彻宽严相济的刑事政策，依法履行批准逮捕、提起公诉等职责，妥善化解矛盾纠纷，有力地维护了国家安全，维护了社会稳定，促进了社会和谐。

坚持依法打击刑事犯罪。把确保北京奥运会、残奥会安全顺利举办作为重中之重的任务，积极参与平安奥运行动，依法打击各类刑事犯罪，认真落实社会治安综合治理措施，全力维护北京奥运会、残奥会期间社会治安大局稳定。积极参加反分裂、反恐怖斗争，坚决打击危害国家安全犯罪。依法妥善处理发生在拉萨等地的打砸抢烧严重暴力犯罪案件。与有关部门密切配合，深化打黑除恶等专项斗争，突出打击黑恶势力犯罪、严重暴力犯罪、多发性侵财犯罪和毒品犯罪，依法严惩走私、集资诈骗、非法吸收公众存款等严重经济犯罪。全年共批准逮捕各类刑事犯罪嫌疑人952583人，提起公诉1143897人，分别比上年增加3.5%和5.7%。

坚持对轻微犯罪落实依法从宽政策。着眼于加强教育转化、促进社会和谐，对涉嫌犯罪但无逮捕必要的，依法决定不批准逮捕；对犯罪情节轻微，依照刑法规定不需要判处刑罚或者免除刑罚的，依法决定不起诉。对轻微刑事案件快速办理，并建议人民法院适用简易程序或简化审理程序。对因家庭或邻里纠纷引发、当事人达成和解的轻微刑事案件，依法予以从宽处理。对未成年人犯罪案件，贯彻"教育、感化、挽救"的方针，采取适合未成年人身心特点的办案方式，依法保障未成年人权益。

坚持把妥善化解矛盾贯穿于执法办案的始终。进一步畅通控告申诉渠道，完善信访工作机制，办理群众信访418633件次。深入开展排查化解涉检重信重访工作，加大督查力度，通过依法处理、教育疏导、救助救济，千方百计解决群众的合法合理诉求，努力实现案结事了、息诉罢访。共排查重点案件2013件，已办结息诉1832件。最高人民检察院派出工作组对214件重大疑难信访案件进行督办，就地联合接访、组织复查，已办结息诉208件；对60件反映司法不公的重点信访案件进行责任倒查，分别对有关责任人员依法追究刑事责任或建议有关部门依法作出处理。加强涉检信访分析、研判和排查，努力从源头上减少信访问题的发生，最大限度促进社会和谐稳定。

二、深入查办和预防职务犯罪，保障经济社会又好又快发展

认真贯彻党中央关于党风廉政建设和反腐败工作

的总体部署,把查办和预防职务犯罪摆在突出位置,促进反腐倡廉建设,为经济社会又好又快发展提供司法保障。

着力查办职务犯罪大案要案。坚持"一要坚决、二要慎重、务必搞准"的原则,完善案件线索管理机制和侦查指挥协作机制,加强与执法执纪部门的配合,提高发现犯罪、侦破案件的能力。全年共立案侦查贪污贿赂、渎职侵权犯罪案件33546件41179人,已侦结提起公诉26684件33953人,人数分别比上年增加1%和10.1%。其中,立案侦查贪污贿赂大案17594件,重特大渎职侵权案件3211件;查办涉嫌犯罪的县处级以上国家工作人员2687人,其中厅局级181人、省部级4人。会同有关部门加强境内外追逃工作,抓获在逃职务犯罪嫌疑人1200名。

着力服务于经济社会科学发展。一是以集中查办城镇建设领域商业贿赂犯罪为重点,深化治理商业贿赂工作。最高人民检察院会同最高人民法院制定《关于办理商业贿赂刑事案件适用法律若干问题的意见》。立案侦查涉及国家工作人员的商业贿赂犯罪案件10315件,涉案金额21亿余元。二是为保障社会主义新农村建设、促进农村改革发展,开展查办涉农职务犯罪专项工作。立案侦查发生在农村基础设施建设、支农惠农资金管理等领域和环节的职务犯罪案件11712件。三是为促进生态文明建设,开展查办危害能源资源和生态环境渎职犯罪专项工作。立案侦查非法批准征用土地、违法发放林木采伐许可证、环境监管失职等国家机关工作人员渎职犯罪案件2637件。四是紧紧围绕中央应对国际金融危机冲击的决策部署,最高人民检察院制定了《关于充分发挥检察职能为经济平稳较快发展服务的意见》,明确检察工作的着力点,积极主动做好服务经济建设的各项工作。

着力加强预防职务犯罪工作。落实中央关于建立、健全惩治和预防腐败体系的要求,立足检察职能,重点围绕事关国计民生的重大建设项目以及职务犯罪多发行业和领域开展预防,分析职务犯罪发案原因、特点和规律,及时建议有关单位和部门堵塞漏洞、健全制度,共提出预防建议8239件。最高人民检察院就做好新增中央预算内投资项目的预防职务犯罪工作,向有关部门提出建议。广泛开展预防宣传和咨询,加强职务犯罪典型案例剖析,对国家工作人员进行警示教育。完善和推行行贿犯罪档案查询,共向工程招标单位、建设主管部门等提供查询27630次。

三、强化对诉讼活动的法律监督,维护司法公正和法制统一

坚持检察机关的宪法定位,认真履行对诉讼活动的法律监督职责,抓住群众反映强烈的执法不严、司法不公问题,加大监督力度,增强监督实效。

加强刑事诉讼法律监督,重点解决有罪不究、违法办案、侵犯人权的问题。推动完善和落实行政执法与刑事司法相衔接的机制,督促行政执法机关向司法机关移送涉嫌犯罪案件3864件,比上年增加4%。对侦查机关应当立案而不立案的刑事案件,督促立案20198件;对侦查机关不应当立案而立案的,督促撤案6774件,分别增加15.9%和42.2%。对应当逮捕而未提请逮捕、应当起诉而未移送起诉的,决定追加逮捕20703人、追加起诉16679人,分别增加28.5%和28.8%。对不符合法定逮捕、起诉条件的,决定不批准逮捕107815人、不起诉29871人,分别增加7.1%和6.7%。对侦查活动中滥用强制措施等违法情况提出纠正意见22050件次,增加43.8%。把有罪判无罪、量刑畸轻畸重,以及因徇私枉法和严重违反法定程序影响公正审判的案件作为刑事审判法律监督的重点,对认为确有错误的刑事判决、裁定提出抗诉3248件,对刑事审判活动中的程序违法情况提出纠正意见2995件次,分别增加6.4%和14.5%。加强死刑第二审案件审查和出庭工作,探索开展死刑复核法律监督。

积极开展民事审判和行政诉讼法律监督,重点解决裁判不公的问题。适应民事诉讼法的修改,探索上下级检察院协调办案等机制,强化抗诉书说理,提高办案效率和质量。对认为确有错误的民事、行政判决和裁定提出抗诉11459件,比上年减少3%;提出再审检察建议5222件,比上年减少12.9%。对裁判正确的,重视做好申诉人的服判息诉工作。依法加强对损害国家利益、公共利益、案外人利益的虚假诉讼的法律监督。对造成国有资产严重流失等涉及公共利益的民事案件,通过检察建议督促有关单位及时提起诉讼。

强化刑罚执行和监管活动法律监督,重点解决超期羁押和减刑、假释不当等问题。为切实防止罪犯逃避刑罚执行,维护被监管人合法权益,最高人民检察院制定关于监狱检察、看守所检察等四个规范性文件,加强和改进相关法律监督工作。着力纠正和防止超期羁押,落实羁押期限届满提示、超期羁押责任追究等制度,对超期羁押提出纠正意见181人次,比上年增加112.9%。探索刑罚变更执行同步监督,依法监督纠正减刑、假释、暂予监外执行不当4990人,增加34.6%;对侵犯被监管人合法权益等问题提出纠正意见11660件次,增加85.6%。

严肃查处司法工作人员职务犯罪,重点解决司法领域中的腐败问题。把监督纠正违法与查办职务犯罪结合起来,注意在诉讼监督中发现执法不严、司法不公背后的职务犯罪线索,依法查处涉嫌贪赃枉法、徇私舞

弊等犯罪的司法工作人员2620人。

四、坚持执法为民,切实维护人民群众合法权益

努力践行执法为民宗旨,把维护人民群众合法权益作为检察工作的根本出发点和落脚点,关注民生,服务群众,不断从人民群众的新要求新期待出发改进检察工作。

注重保障抗震救灾和灾后恢复重建。四川汶川特大地震发生后,最高人民检察院坚决落实中央部署,组织全国检察机关全力投入抗震救灾。灾区检察机关和广大检察人员在自身受灾十分严重的情况下,千方百计救助受灾群众,克服困难尽快恢复正常工作秩序,依法打击抢劫、盗窃和故意编造、散布谣言等危害抗震救灾及受灾群众利益的刑事犯罪,严肃查处和积极预防救灾款物管理、恢复重建工程建设中的职务犯罪,保障抗震救灾和灾后恢复重建顺利进行。

注重服务和保障民生。积极参加以改善民生为重点的社会建设,抓住关系民生的突出问题加大法律监督力度。依法严厉打击危害人民群众生命财产安全的制假售假犯罪,起诉制售伪劣食品、药品等犯罪嫌疑人3320人,比上年增加21.4%。依法介入重大安全生产事故、重大食品安全事件调查,立案侦查严重失职渎职造成国家和人民利益重大损失的国家机关工作人员918人。最高人民检察院直接介入14起重特大事故调查,已立案侦查123人。加强对人权的司法保障,立案侦查涉嫌利用职权实施非法拘禁、报复陷害、破坏选举等犯罪的国家机关工作人员555人。

注重完善和落实便民利民措施。开设网上举报、申诉和信息查询系统,在一些重点乡镇设置联系点,推行下访巡访、预约接待,方便群众举报、控告和申诉。一些地方检察院设立民生服务热线,听取群众意见,提供法律咨询。扩大司法救助范围,对被害人因无法获得犯罪人经济赔偿造成生活困难的,积极协调有关方面给予救助,体现司法人文关怀。

五、加强对自身执法活动的监督制约,保障检察权依法正确行使

增强正人先正己、监督者必须接受监督的观念,不断完善内外部监督制约机制,保障检察机关执法办案活动严格依法进行。

自觉接受人大监督。十一届全国人大一次会议闭幕后,最高人民检察院及时召开电视电话会议,对全国检察机关认真学习贯彻会议精神、加强和改进检察工作作出全面部署。逐条研究全国人大代表提出的建议、批评和意见,认真对照查找检察工作存在的问题,梳理出8个方面30项任务,逐项研究和落实。各级检察机关认真贯彻监督法,主动向人大及其常委会报告工作,积极配合人大常委会组织的专题调研和执法检查,严格执行接受人大监督的各项制度。最高人民检察院就加强刑事审判法律监督工作情况向全国人大常委会作了专项工作报告,并根据常委会审议意见认真研究、落实整改措施;制定的司法解释均及时报送全国人大常委会备案;认真听取人大代表、政协委员的意见和建议。全国人大代表、全国政协委员提出的68件建议和提案,已在规定期限内办结。

自觉接受民主监督和社会监督。最高人民检察院制定了与各民主党派中央、全国工商联和无党派人士联络工作办法,两次召开座谈会听取对检察工作的意见和建议。坚持和完善特约检察员、专家咨询委员制度,在检察决策和执法办案过程中充分听取意见,接受监督。推进人民监督员制度改革,进一步规范监督程序,明确监督重点,增强监督实效。人民监督员监督职务犯罪案件中拟作撤案、不起诉处理和犯罪嫌疑人不服逮捕决定的"三类案件"5291件。深化检务公开,加强网上信息发布,及时向社会公布检察工作重大部署和重大案件办理情况,继续探索实行公开审查等办案机制,增加检察工作透明度,保障人民群众的知情权、参与权和监督权。认真执行修订后的律师法,完善和落实保障律师执业权利的措施,注意听取律师意见,促进自身公正执法。

自觉加强内部监督。最高人民检察院更加注重加强执法规范化建设,重视对办案的流程管理和动态监督,着力解决执法不规范等问题。颁布《人民检察院执法办案内部监督暂行规定》,加强对检察人员执法办案活动的监督。重点加强办理职务犯罪案件内部监督,严格执行立案、逮捕报上一级检察院备案和撤案、不起诉报上一级检察院批准制度。完善讯问职务犯罪嫌疑人全程同步录音录像制度。落实执法过错责任追究条例,对检察人员违法违规或者严重不负责任,导致案件处理错误的,严肃追究责任。全面推行检务督察制度,省级以上检察院均开展了督察工作,通过明察暗访等形式,对检察机关和检察人员履行职责、遵章守纪、检风检容等情况进行监督检查。最高人民检察院对5个省份的61个检察院进行了集中督察。

六、大力加强检察队伍建设,提高整体素质和法律监督能力

按照党的十七大关于严格、公正、文明执法的要求,最高人民检察院着力强化对检察人员的教育、管理和监督,努力造就高素质检察队伍。

坚持把思想政治建设放在首位。在全国检察机关深入学习贯彻党的十七大精神和胡锦涛总书记在全国政法工作会议代表和全国大法官、大检察官座谈会上的重要讲话,认真开展"大学习、大讨论"活动,深入开展社会主义法治理念教育,引导广大检察人员坚定政

治方向,统一执法思想,牢固树立推动科学发展、促进社会和谐的大局观,以人为本、执法为民的执法观,办案力度、质量、效率、效果相统一的政绩观,监督者更要接受监督的权力观。按照中央统一部署,省级以上检察院扎实开展深入学习实践科学发展观活动。最高人民检察院在深入学习调研的基础上,广泛征求全国人大代表、全国政协委员和社会各界意见,针对贯彻落实科学发展观存在的问题认真整改,进一步明确检察工作服务经济社会科学发展和实现自身科学发展的思路及措施。

突出抓好领导班子建设。最高人民检察院进一步加强领导干部思想教育和素质能力培训,对地市级检察长普遍进行了轮训,对部分省级检察院领导班子成员和新任基层检察长进行了培训。认真落实述职述廉、个人有关事项报告、任前廉政谈话等制度,对新任省级检察长普遍进行了任前廉政谈话。加强对领导班子的巡视工作,最高人民检察院对3个省级检察院进行了巡视,并对已巡视的省级检察院落实巡视建议的情况进行了检查;各省级检察院共派出136个巡视组,对312个市县(区)检察院领导班子进行了巡视。

推进队伍专业化建设。最高人民检察院认真执行检察官法,严格职业准入,坚持凡进必考;规范初任检察官选拔工作,与有关部门联合下发了公开选拔初任检察官人选办法;加强与高等院校的人才培养协作;选任法学专家、学者到检察机关挂职;开展检察业务专家评审工作;分类建立检察人才库;注重引进和培养高层次人才。各级检察院以执法一线检察官为重点,加大业务培训力度,共举办各类培训班2878期,培训检察人员10万余人次。广泛开展岗位练兵、业务竞赛活动,鼓励在职人员参加继续教育,提高检察人员执法能力和水平。

狠抓纪律作风建设和自身反腐倡廉建设。最高人民检察院认真落实中央《建立、健全惩治和预防腐败体系2008—2012年工作规划》,制定检察机关实施办法。严格执行党风廉政建设责任制,积极探索落实责任分解、责任考核、责任追究机制。注重运用正反两方面的典型,加强反腐倡廉教育。最高人民检察院深入剖析10起检察人员违纪违法案例,通报各级检察院进行警示教育。紧紧抓住群众反映强烈的执法不严、不公、不廉的问题,加大专项治理力度,开展规范安全文明执法专项检查。强化纪律要求,坚持从严治检,严肃查处违纪违法的检察人员258人,其中追究刑事责任24人。

加强基层检察院建设。坚持把检察工作和队伍建设的重心放在基层,推进基层检察院业务、队伍、保障和信息化相结合的管理机制建设。完善和落实上级检察院领导联系基层等制度,最高人民检察院领导带头下基层蹲点调研,认真研究解决影响基层检察工作的突出困难和问题。积极争取有关部门支持,补充政法专项编制重点充实基层,选派业务骨干到基层锻炼,缓解基层检察院办案力量不足、人才短缺等困难。加大对中西部和贫困地区检察院经费保障、装备建设的支持力度,推动落实县级检察院公用经费保障标准,基层执法条件得到改善。推行统一招录基层检察人员制度,注重提高基层检察队伍的思想政治素质、业务素质和职业道德素质,不断优化队伍年龄、知识结构,增强公正执法、为民执法的自觉性。一年来,全国基层检察院共有801个集体和5256名个人受到省级以上表彰,涌现出一批一心为民、秉公执法的先进典型。

一年来检察工作的成绩,是在党的领导、人大监督和政府、政协以及社会各界的关心、支持下取得的。在此,我代表最高人民检察院表示衷心的感谢!

各位代表,2008年是检察机关恢复重建30周年。胡锦涛总书记等中央领导同志作出重要指示,充分肯定了30年来检察工作取得的成绩,对进一步做好新时期检察工作提出了更高要求。我们清醒地认识到,与党和人民的要求相比,检察工作还存在不少问题和不足:一是一些检察机关法律监督意识和能力不强,存在不敢监督、不善监督、监督不到位等现象,对民事审判、行政诉讼的法律监督仍然比较薄弱。二是一些检察机关和检察人员贯彻落实科学发展观、践行社会主义法治理念的自觉性不强,不能正确处理监督与配合、打击与保护、实体公正与程序公正、法律效果与社会效果等关系。三是少数检察人员宗旨意识淡薄,对群众态度生硬、作风霸道,滥用检察权损害群众利益,甚至执法犯法、贪赃枉法。四是检察工作中的一些体制性、机制性、保障性障碍还没有从根本上消除,法律监督制度、队伍管理机制、经费保障体制还不完善,执法规范化体系和自身监督制约机制还不健全。一些基层检察院办案力量不足、检察官断档等问题仍然突出。对这些问题,最高人民检察院高度重视,将继续采取积极有效措施,认真加以解决。

2009年检察工作的主要安排

2009年是党和国家事业发展进程中十分关键的一年。检察机关要全面贯彻党的十七大、十七届三中全会和本次全国人大会议精神,认真落实胡锦涛总书记等中央领导同志对检察工作的一系列重要指示,牢固树立社会主义法治理念,坚持党的事业至上、人民利益至上、宪法法律至上,紧紧围绕保增长、保民生、保稳定这一全国工作大局,坚持科学发展,强化法律监督,维护公平正义,促进社会和谐稳定。

第一,着力保障经济平稳较快发展。增强大局意识，充分发挥打击、预防、监督、保护等职能作用，为我国经济平稳较快发展提供司法保障。积极参与整顿和规范市场秩序专项行动，深化治理商业贿赂工作，依法打击金融、证券、房地产等领域的犯罪活动。严肃查处和积极预防民生工程、基础设施、灾后恢复重建等建设项目审批和资金管理使用中的职务犯罪。依法打击造成重大环境污染、严重破坏生态环境的犯罪，继续深入查办危害能源资源和生态环境渎职犯罪。加强对知识产权的司法保护，依法打击侵犯知识产权犯罪。依法妥善处理涉及企业特别是广大中小企业的案件，平等保护各类市场主体的合法权益。依法打击制售假冒伪劣农资等坑农害农的犯罪，加大查办和预防涉农职务犯罪力度，强化涉农法律监督工作，维护农民权益，保障农业生产，服务农村改革发展。

第二，切实维护社会和谐稳定。严格执法，准确把握宽严相济的刑事政策，坚持该严则严，当宽则宽，做到既有力打击犯罪，又促进社会和谐。坚决打击危害国家安全犯罪，严惩黑恶势力犯罪、严重暴力犯罪、多发性侵财犯罪、涉众型经济犯罪和毒品犯罪，维护国家安全和社会稳定。正确把握逮捕、起诉条件，对具有从轻、减轻、免除处罚情节的犯罪嫌疑人落实依法从宽处理的政策。完善未成年人犯罪、老年人犯罪及其他轻微刑事案件办案方式，积极探索有利于化解矛盾纠纷、修复社会关系的工作机制。加强检察环节的社会治安综合治理工作，结合办案做好法制宣传。进一步加强涉检信访工作，建立信访督察专员制度，加大责任倒查和责任追究力度。妥善处理人民内部矛盾，依法及时解决群众的合理诉求，促进社会和谐稳定。

第三，更加关注和保障民生。积极参与食品药品安全专项整治以及“质量和安全年”活动，严厉打击制售有毒有害食品、药品等犯罪，依法查办重大安全生产事故、重大食品安全事件背后的渎职犯罪。严肃查办社会保障、劳动就业、征地拆迁、移民补偿、抢险救灾、医疗卫生、招生考试等领域的职务犯罪案件。强化对涉及劳动争议、保险纠纷、补贴救助等民事审判和行政诉讼活动的法律监督。依法维护军人军属、归侨侨眷的合法权益，加强对妇女、儿童、残疾人、农民工、下岗职工权益的司法保护。对生活确有困难的刑事被害人实行救助。逐步开通全国统一的12309举报电话，深化文明接待室创建活动，进一步完善和落实便民利民措施，体现司法为民。

第四，全面加强对诉讼活动的法律监督。进一步提高监督水平，努力做到敢于监督、善于监督、依法监督、规范监督，维护和促进司法公正。坚持打击犯罪与保障人权并重，加强对有罪不究、以罚代刑、刑讯逼供以及违法动用刑事手段插手民事经济纠纷等问题的监督，开展刑事审判法律监督工作专项检查，防止放纵犯罪和冤枉无辜。进一步加大对民事审判、行政诉讼的法律监督力度，探索开展对民事执行活动的监督，切实纠正裁判不公等问题。加强对超期羁押和减刑、假释、暂予监外执行不当的监督，促进刑罚执行和监管活动依法进行。严肃查处司法工作人员职务犯罪，纯洁司法队伍，维护司法廉洁。

第五，深化检察体制和工作机制改革。全面落实中央关于深化司法体制和工作机制改革的部署，从满足人民的司法需求出发，以强化法律监督和加强对自身执法活动的监督制约为重点，推进检察体制和工作机制改革。完善对民事、行政诉讼实施法律监督的范围、程序和方式。建立、健全对适用搜查、扣押、冻结等侦查措施以及刑事立案、死刑复核、刑罚变更执行的法律监督机制。继续完善人民监督员制度。健全对重点执法岗位和环节特别是职务犯罪侦查的监督制约机制。进一步完善各项检察业务工作流程和执法行为规范。健全对人民群众举报、控告、投诉、申诉的办理、督察、反馈机制。深化检务公开，不断提高检察机关执法的透明度和公信力。

第六，加强高素质检察队伍建设。扎实开展深入学习实践科学发展观活动，深化社会主义法治理念教育。切实加强检察机关领导干部党性修养，树立和弘扬优良作风。开展全员教育培训，加强检察专门人才培养，提高检察队伍整体素质。制定实施检察官职业道德准则，强化职业道德约束。毫不放松地抓好自身反腐倡廉建设，建立领导干部廉政档案和检察人员执法档案制度，集中整治队伍中的违纪违法突出问题，坚决纠正损害群众利益的行为，保障严格、公正、文明、廉洁执法，切实维护社会公平正义。以执法规范化、队伍专业化、管理科学化、保障现代化为目标，深入推进基层检察院建设，加大对中西部和贫困地区基层检察院的支持力度，推动东西部地区检察机关互派干部挂职，认真解决基层面临的突出问题和困难，提高基层检察工作和队伍建设水平，筑牢执法为民的一线平台。

各位代表，接受监督是检察工作健康发展的重要保证。我们将更加自觉地接受人大及其常委会的监督，接受人民政协和民主党派、工商联、无党派人士的民主监督，接受人民群众监督和新闻舆论监督，不断加强和改进检察工作。

在新的一年里，全国检察机关将更加紧密地团结在以胡锦涛同志为总书记的党中央周围，高举中国特色社会主义伟大旗帜，以邓小平理论和“三个代表”重要思想为指导，深入贯彻落实科学发展观，振奋精神，扎实工作，以优异成绩迎接新中国成立60周年！

温家宝 贾庆林 李长春 习近平 李克强 贺国强等分别参加十一届全国人大二次会议一些代表团的审议

温家宝参加了内蒙古代表团审议。代表们围绕应对国际金融危机、发展民族教育、保护草原生态等问题展开热烈讨论。在认真听取杜梓、缪文民、色音图等代表的发言后,温家宝作了发言。他首先表示完全赞同全国人大常委会工作报告,强调各级政府要自觉接受人大的监督。温家宝指出,改革开放是决定当代中国命运的关键抉择,也是应对当前国际金融危机的强大武器。只有深化改革,才能不断完善社会主义制度,充分调动和发挥广大人民群众的积极性和创造性,为经济发展和社会进步注入新的动力和活力。只有扩大开放,才能学习和借鉴人类社会创造的一切优秀文明成果,更好地利用国际国内两个市场、两种资源。温家宝强调,越是在困难的时候,越要坚持改革开放不动摇。必须把改革创新精神贯彻到治国理政的各个环节,不断完善适合我国国情的发展道路和发展模式,为发展提供强大动力和体制保障。必须坚持对外开放的基本国策,通过扩大开放形成参与国际经济合作和竞争的新优势。

贾庆林参加了台湾代表团审议。会场上,代表们先后发言,深入讨论。大家对全国人大常委会工作报告表示赞同,并就加强两岸青少年交流、推动两岸教育合作、帮助台资企业渡过难关等问题发表看法。在陈耀中、陈蔚文、魏丽惠等代表发言后,贾庆林强调,要深入学习贯彻胡锦涛总书记在纪念《告台湾同胞书》发表30周年座谈会上的重要讲话精神,大力加强两岸经济合作,积极推进两岸全方位交流,着力推动以弘扬中华文化为主线的两岸文化教育交流,在增强两岸双方政治互信基础上保持两岸关系改善和发展的势头。贾庆林指出,面对国际金融危机的冲击,两岸同胞应当相互扶助,携手共渡难关。推动签订综合性经济合作协议,无论就当前而言,还是就长远来看,都对台湾有利。台湾一些人把经济问题政治化,以政治因素干扰两岸经济交流合作,不利于台湾经济发展,不符合台湾同胞的切身利益。

李长春参加了广西代表团审议。代表们踊跃发言,李长春认真倾听,不时询问有关情况。在听取郭声琨、马飚、杨盛川等代表发言后,李长春表示,完全赞同吴邦国委员长所作的全国人大常委会工作报告。李长春强调,不断提高公民思想道德素质和社会现代文明程度,对于推进经济社会又好又快发展具有重要意义。要按照科学发展观的要求,加强以提高全社会现代文明程度为重点的软环境建设,努力营造廉洁高效的政务环境、民主公正的法治环境、公平诚信的市场环境、安全稳定的社会环境、舒适便利的生活环境、健康向上的人文环境、可持续发展的生态环境和有利于未成年人健康成长的社会文化环境,为保持经济平稳较快发展创造良好条件。要本着对人民负责、对青少年负责、对国家和民族负责的精神,高度重视社会文化环境建设,切实加强对互联网、荧屏声频、出版物市场和校园周边环境的管理,敢抓敢管,坚决遏制腐朽落后低俗文化的传播,坚持一手抓管理、一手抓繁荣的方针,努力提供更多愉悦身心、丰富多彩的精神食粮,为青少年健康成长提供有力保证。

习近平参加了山西代表团审议。代表们发言积极,习近平不时插话,同大家互动交流。在认真听取张宝顺、王君、谢克昌等代表发言后,习近平表示完全赞同吴邦国委员长所作的全国人大常委会工作报告,并围绕在实现保增长中深入贯彻落实科学发展观,全面推动山西转型发展、安全发展、和谐发展谈了体会和意见。习近平在肯定山西去年改革发展稳定工作取得的成绩后强调,山西作为资源大省,做好保增长、保民生、保稳定各项工作,全面加强党的建设、开展深入学习实践科学发展观活动,都要突出转型发展、安全发展、和谐发展这一实践特色。要在加大转型发展、和谐发展力度的同时,着力抓好安全发展。安全发展关系人民群众生命健康,坚持科学发展首先要实现安全发展。习近平希望山西各级干部认真贯彻中央有关部署和省委关于加强领导干部党性修养、大力树立和弘扬良好作风的意见精神,进一步转变作风,狠抓落实,巩固发展安全生产专项整治成果,完善安全监管体制机制,努力探索走出一条转型发展、安全发展、和谐发展的新路子。

李克强参加了云南代表团审议。代表们纷纷发言,围绕加强民主法制建设、推动边疆民族地区经济社会发展等问题提出意见和建议。在认真听取秦光荣、杨明、丁秀花等代表发言后,李克强说,推进民生工程建设,是扩大政府投资的重点方向,也是改善人民生活、引导居民消费的重要举措。要按照中央决策部署,把各项措施落到实处,着力解决经济社会发展急需、关系群众切身利益的重点民生问题,使广大群众得到更多实惠。李克强说,云南地处西南边陲,发展经济和改善民生,事关区域协调发展,事关社会和谐稳定。要把保增长、调结构、抓改革与惠民生有机结合起来,通过发展促进民生改善、通过改革保障群众福祉,千方百计增加就业,扎实推进保障性住房、农村公共设施、生态环保等社会事业建设,实施好兴边富民行动,不断提高各族人民生活水平,实现新时期云南经济发展新跨越。

贺国强参加了海南代表团审议。代表们围绕会议议题畅所欲言,话题涉及进一步深化改革开放、加快国际旅游岛建设、切实做好人大工作等。在听取卫留成、罗保铭、吴昌元等代表发言后，贺国强指出，要在过去21年特区建设取得巨大成就的基础上，充分发挥我国最大经济特区和唯一省级经济特区的优势，把保持经济平稳较快发展作为首要任务，把调整优化经济结构作为促进经济发展的主攻方向，把创新体制机制作为改革的重点，把加快洋浦保税港区开发开放作为重要突破口，切实做好发展这篇大文章；要紧紧围绕建设海南国际旅游岛的奋斗目标，制定好旅游发展规划，坚定不移地走保护与开发并重、突出保护的路子，大力改善软硬环境，争取各方面工作与政策的支持，加快旅游业发展和提升旅游业国际化水平，切实做好保护这篇大文章，走出一条经济发展与生态保护双赢的可持续发展之路，真正成为新时期我国改革开放的排头兵。

回良玉、何勇、乌云其木格、蒋树声、马凯、戴秉国分别参加了以上代表团的审议。

《人民日报》发表评论员文章《根本的政治制度　民主的重要载体》

一个国家选择什么样的政治发展道路，必须与这个国家的国情和性质相适应。

中国特色社会主义政治发展道路是中国共产党带领全国各族人民，经过长期奋斗和实践找到的正确道路。这条道路最鲜明的特点，就是在政治制度上，实行人民代表大会制度。半个世纪以来的实践证明，这一根本政治制度，是中国共产党把马克思主义基本原理同中国具体实际相结合的伟大创造，是近代以来中国社会发展的必然选择，它不仅反映了全国各族人民的共同利益和共同愿望，也是社会主义政治文明的重要制度载体，集中体现了中国特色社会主义民主政治的特点和优势。

人民当家做主是社会主义民主政治的本质和核心。人民代表大会制度作为国家的政权组织形式，决定了人民采取什么样的形式去组织自己的政权机关，实现管理国家事务的目的。根据我国宪法，全国人民代表人会和地方各级人民代表大会由民主选举产生，对人民负责，受人民监督；国家行政机关、审判机关、检察机关由人民代表大会产生，对它负责，受它监督。因此，人民代表大会制度不仅体现了我国“一切权力属于人民”的社会主义民主实质，更是人民当家做主的重要途径和最高实现形式，是人民把国家、民族和自己的命运最终掌握在自己手中，维护人民根本利益的可靠保证。

衡量一个政治制度是不是民主、是不是优越，关键要看最广大人民的意愿是否得到充分反映，最广大人民当家做主的权利是否得到充分实现，最广大人民的合法权益是否得到充分保障。在50多年的实践中，人民代表大会制度极大地保障了人民当家做主，动员了全体人民以国家主人翁的地位投身社会主义建设，保证了国家机关协调高效运转，维护了国家统一和民族团结，最大程度地把全国人民的力量凝聚起来，在中国共产党领导下，同心同德、高效有序地朝着国家发展目标前进。事实证明，这一根本政治制度不仅是实现好、维护好和发展好最广大人民根本利益的可靠保证，也是我们国家经受住各种风险考验、克服各种困难的可靠保证。

民主制度具有普遍性和特殊性。人民代表大会制度符合中国国情，体现中国社会主义国家性质，是能保证中国人民当家做主的根本政治制度，也是我们党在国家政权中充分发扬民主、贯彻群众路线的最好实现形式，同国家和人民的命运息息相关。这个制度健康发展，人民当家做主就有保障，党和国家的事业就顺利发展；这个制度受到破坏，人民当家做主就无法保证，党和国家的事业就会遭受损失。

现实的发展是历史的继续。人民代表大会制度，之所以是最适合中国国情的根本政治制度，之所以能把13亿人民的意志和力量凝聚起来，就在于它植根于中华民族赖以生存和发展的广阔沃土，产生于中国共产党和中国人民为争取民族独立和国家富强而进行的伟大实践，来自于广大人民群众实现民主权利的自觉选择。始终不渝地坚持和与时俱进地完善，人民代表大会制度的优越性和强大的生命力必将越来越充分地展现出来。

十一届全国人大二次会议举行记者会

邀请工业和信息化部部长李毅中、人力资源和社会保障部部长尹蔚民、商务部部长陈德铭就扩内需、促就业、保增长等问题答中外记者提问。

支持企业加快技术改造

在回答有关加快企业技术改造问题时，李毅中说，中央对技术改造非常重视，国家设立了200亿元专项技术改造资金。工信部和发改委一起将从三个方面推动企业技术改造：第一，建立工作机制。研究制定“重点产业振兴和技术改造专项资金实施管理办法”。第二，尽快发布“投资指南”和九个工业行业技术改造目录。支持国家鼓励类的项目，支持大企业、龙头企业，支持那些有困难但是有市场、有基础的中小企业，以及“专、精、特、新”这四类中小企业。第三，充分发挥企业和地方的作用。

工业经济形势依然严峻

在回答当前工业经济形势的问题时，李毅中说，对于目前的经济形势还是两分法。当前，工业经济出现了一些积极迹象。除了用电下降的幅度在减小外，钢铁的生产能力正在恢复;轻纺工业的出口退税政策见到了效果;汽车1、2月份的产量降幅已大幅缩小;化工和建材的开工率有所上升;1月份电信业务量增长。但现在形势依然严峻,工业仍处在最困难时期。

五大措施缓解中小企业融资难题

在回答如何缓解中小企业融资难的问题时,李毅中说,金融危机中中小企业受创伤最重,反映最强烈的问题是资金短缺。国家已经从担保入手,逐步采取措施解决中小企业贷款难的问题。第一个措施是,中央财政拿出10亿元,加上地方自筹资金,加快建立中小企业担保机构,同时对担保机构免征三年营业税。第二个措施是,各地政府为地县担保机构建立再担保机构。第三个措施是,开拓其他融资方式。第四个措施是,增加中小企业发展专项资金。第五个措施是,为中小企业在技术咨询、管理咨询、培训、开拓市场方面搭建平台。

就业形势严峻 措施初见成效

在回答关于今年就业形势问题时,尹蔚民说,当前就业形势非常严峻。主要表现在几个方面:

第一,城镇新增就业人数出现大幅下滑,城镇登记失业率上升,为近3年来的最高水平。第二,农民工失去工作情况比较严重。第三,企业岗位流失情况比较严重,据推算,全国工作岗位净减约300万。

尹蔚民说,政府采取了一系列措施,初见成效。

实施劳动合同法 向困难企业提供帮助

尹蔚民在回答有关劳动合同法实施问题时说,劳动合同法开始实施以来,总的情况是好的:劳动合同的签订率上升、各项社会保险参保人数上升,短期劳动合同数量下降。

"在国际金融危机对我国实体经济、企业的影响下,劳动合同法的实施又遇到了一些新情况和新问题。"尹蔚民说,一方面要认真、平稳地贯彻实施劳动合同法;另一方面,要针对企业目前存在的困难向企业提供帮助。

支持外贸发展 调控政策不是"句号"

在回答当前外贸形势问题时,陈德铭说,全球经济进入了衰退,中国和其他国家一样受到严重冲击。但应对中国经济发展和世界经济复苏抱有信心。

针对如何应对贸易保护主义问题,陈德铭说,贸易保护主义无益经济复苏,无益各国经济发展,对此中国的态度旗帜鲜明。

关于出口退税问题,陈德铭说,我国的宏观调控政策到今天还是"逗号",不是"句号"。我们要随着形势的变化,进一步制定支持出口发展的政策。

希望两岸建立正常化经贸关系

在回答关于两岸经贸关系问题时,陈德铭说,受国际金融危机影响,台湾的经济也遇到了比较严重的打击。我们总的想法是,海峡两岸建立正常、紧密的经贸关系,并使之制度化。尽快建立这个协议,有利于两岸共同应对当前的金融危机,更快地走出低谷,发展起来。

他说,香港和内地之间更加紧密的经贸关系应该能经受住金融危机的考验。内地市场、内地人民和中央政府永远是港澳的坚强后盾。

消费增长潜力巨大

在回答如何扩大消费的问题时,陈德铭说,目前国内消费增长总体平稳,我国经济基本面和经济趋好的态势没有发生变化,说明现在政府搞活流通、扩大消费的政策措施已经和正在起到作用。

陈德铭说,我国存在着巨大的消费潜力,国家在促进消费的时候对改善人们的消费预期进行了充分考虑。首先是进一步完善城乡社会保障体系,其次是增加人们的就业和收入。相信我们的消费还会有较大幅度增长。

国务院印发《物流业调整和振兴规划》并发出通知

各省、自治区、直辖市人民政府,国务院各部委、各直属机构:

现将《物流业调整和振兴规划》(以下简称《规划》)印发给你们,请结合本地区、本部门实际,认真贯彻执行。

当前,国际金融危机对我国实体经济造成了较大冲击,物流业作为重要的服务产业,也受到较为严重的影响。制定实施物流业调整和振兴规划,不仅是促进物流业自身平稳较快发展和产业调整升级的需要,也是服务和支撑其他产业的调整与发展、扩大消费和吸收就业的需要,对于促进产业结构调整、转变经济发展方式和增强国民经济竞争力具有重要意义。

各地区、各部门要把思想和行动统一到党中央、国务院的决策部署上来,以邓小平理论和"三个代表"重要思想为指导,深入贯彻落实科学发展观,进一步增强大局意识、责任意识,加强领导,密切配合,切实按照《规划》要求,做好统筹协调、改革体制、完善政策、企业重组、优化布局、工程建设等各项工作,确保《规划》目标的实现,促进物流业健康发展。

各地区要按照《规划》确定的目标、任务和政策措施,结合当地实际抓紧制定具体工作方案,切实抓好组织实施,确保取得实效。国务院各有关部门要根据《规划》明确的任务分工和工作要求,做到责任到位、措施到位,加强调查研究,尽快制定和完善各项配套政策措施,切实加强对《规划》实施的指导和支持。

国务院

2009年3月10日

物流业调整和振兴规划(略)

外交部部长杨洁篪应约同俄罗斯外长拉夫罗夫通电话

双方表示,要以中俄建交60周年为契机,共同努力,加强各领域交流与合作,进一步推动中俄战略协作伙伴关系向前发展。双方还就朝鲜半岛局势交换了意见,希望有关各方保持有益接触,相向而行,为维护半岛和平与稳定共同作出努力。

中联部部长王家瑞在布宜诺斯艾利斯总统府与阿根廷总统克里斯蒂娜举行会谈

3月11日

全国政协十一届常委会第五次会议在北京举行

全国政协主席贾庆林主持会议。

会议通过了政协第十一届全国委员会第二次会议关于常务委员会工作报告的决议(草案)、政协第十一届全国委员会提案委员会关于政协十一届二次会议提案审查情况的报告(草案)、政协第十一届全国委员会第二次会议政治决议(草案)。会议决定将上述文件草案提交3月12日上午举行的政协十一届二次会议闭幕会审议。

在上午举行的全国政协第十四次主席会议上,钱运录副主席兼秘书长作了关于政协十一届二次会议情况的综合报告。

全国政协副主席王刚、廖晖、杜青林、帕巴拉·格列朗杰、白立忱、陈奎元、阿不来提·阿不都热西提、李兆焯、黄孟复、董建华、张梅颖、张榕明、孙家正、李金华、郑万通、邓朴方、万钢、林文漪、厉无畏、罗富和、陈宗兴、王志珍出席会议。

中央军委主席胡锦涛出席十一届全国人大二次会议解放军代表团全体会议

喻林祥、刘伟伟、张德顺、韩延林、李长顺、朱法臣、李光金、贾永生8位代表就加强国防和军队建设的有关问题发表了意见。

胡锦涛认真听取代表们的发言后发表了重要讲话。他在深刻分析国际国内形势后指出,要充分认清国家安全形势的新发展新变化,进一步增强政治意识、大局意识、忧患意识、使命意识,大力推进国防和军队现代化建设,坚决捍卫国家主权、安全、领土完整,为维护国家发展利益和社会大局稳定提供强大力量支撑和保证。

胡锦涛强调,要着眼有效履行新世纪、新阶段我军历史使命,努力推进国防和军队建设科学发展。必须始终坚持把思想政治建设摆在军队各项建设的首位,坚持不懈地用中国特色社会主义理论体系武装全军,扎实抓好深入学习实践科学发展观活动,大力倡导和培育"忠诚于党,热爱人民,报效国家,献身使命,崇尚荣誉"的当代革命军人核心价值观,深化我军历史使命教育、理想信念教育、战斗精神教育和社会主义荣辱观教育,从思想上、政治上、组织上确保我军始终成为党绝对领导下的人民军队,确保国防和军队建设科学发展,确保有效履行新世纪新阶段我军历史使命。必须坚持以军事斗争准备为龙头带动军队现代化建设,重点加强核心军事能力建设,同时统筹抓好非战争军事行动能力建设,兴起大抓军事训练热潮。要切实把依法治军、从严治军贯彻到军队建设的各个领域和全部实践,狠抓条令条例和规章制度贯彻落实,在抓基层、打基础上下更大功夫。必须积极稳妥地推进国防和军队改革,为推进国防和军队建设科学发展提供强大动力和体制机制保障。

胡锦涛指出,军队要自觉服从服务于党和国家工作大局,积极为促进经济发展、维护社会稳定贡献力量。要在圆满完成以军事斗争准备为龙头的各项任务前提下,积极参加支援国家经济建设和社会事业发展;大力弘扬伟大抗震救灾精神,勇于承担并积极完成抢险救灾等急难险重任务;坚持勤俭建军,勤俭办一切事业。军队要大力发扬拥政爱民的光荣传统,始终与人民群众心连心、同呼吸、共命运。地方各级党委和政府要积极关心、支持国防和军队建设,为国防和军队建设提供强大后盾。

《人民日报》发表评论员文章《加强党的领导 坚持正确方向》

一个国家的政治制度,只有坚持正确的方向,才能有效发挥作用,保持生机和活力。

作为我国根本政治制度,人民代表大会制度是中国人民当家做主的根本途径和最高实现形式。人大工作坚持正确政治方向,最根本的是坚持党的领导、人民当家做主、依法治国的有机统一,核心是坚持党的领导。

中国共产党的领导地位,是在长期斗争的实践中逐步形成的,是人民的选择,历史的必然,也是明确载入我国宪法的。近代中国以来,各个阶级、阶层和社会势力,围绕中国由谁领导,走什么道路,在中国建立什么样的政治制度和政权组织形式,提出了种种主张。历史对此作出了明确回答:中国只能由中国共产党领导,只能走社会主义道路,国家政权组织形式只能是民主集中制的人民代表大会制度。

人民代表大会制度是中国共产党带领全国各族人民经过长期奋斗和实践探索而建立和发展起来的,体现了国家一切权力属于人民,体现了中国共产党的领导地位和执政地位,体现了我国社会主义国家性质。没有党的领导,人民代表大会制度就不复存在;没有党的领导,人民代表大会制度的优势就无从谈起。在这个重大原则问题上,我们的头脑要清醒,立场要坚定,旗帜要鲜明,决不能有丝毫动摇。

中国共产党是中国特色社会主义事业的领导核心,党的领导只能加强不能削弱。中国是一个有56个民族的发展中大国,经济要发展,政治要稳定,文化要繁荣,社会要和谐,民族要团结,老百姓要过上好日子,没有一个坚强的领导核心是不行的。在这个问题上,小平同志讲得很明确也很透彻。他说:"中国由共产党领导,中国的社会主义现代化建设事业由共产党领导,这个原则是不能动摇的;动摇了中国就要倒退到分裂和混乱,就不可能实现现代化。"这一重要论断,进一步增强了我们坚持党的领导的自觉性和坚定性,增强了坚持走中国特色社会主义政治道路的自觉性和坚定性,增强了坚持和完善人民代表大会制度的自觉性和坚定性。

坚持正确政治方向,是做好人大工作的根本。各级人民代表大会及其常务委员会都要自觉接受党的领导,把党的领导贯穿于人大依法履职整个过程、落实到人大工作各个方面。要通过人大工作,确保党的主张经过法定程序成为国家意志,确保党组织推荐的人选经过法定程序成为国家政权机关的领导人员。人大工作,无论是立法工作、监督工作,还是决定重大事项,都要有利于加强和改善党的领导,有利于巩固党的执政地位,有利于保证党领导人民有效治理国家。

党的领导是人民当家做主和依法治国的根本保证,也是坚持和完善人民代表大会制度、做好新形势下人大工作的根本保证。坚持发挥党总览全局、协调各方的领导核心作用,人民代表大会制度的优越性和生命力才能更好地体现,社会主义民主政治才能健康发展。

2009年前两个月城镇固定资产投资增26.5%

据国家统计局今天发布的信息,1—2月,城镇固定资产投资10276亿元,同比增长26.5%。其中,国有及国有控股完成投资4486亿元,增长35.6%;房地产开发完成投资2398亿元,增长1.0%。

从项目隶属关系看,中央项目投资1070亿元,同比增长40.3%;地方项目投资9206亿元,增长25.1%。从产业看,第一、二、三产业分别完成投资108亿元、4182亿元和5985亿元,同比分别增长100.3%、24.8%和26.9%。从施工和新开工项目情况看,累计施工项目78696个,同比增加11306个;施工项目计划总投资163546亿元,同比增长25.4%;新开工项目18533个,同比增加4056个;新开工项目计划总投资7437亿元,同比增长87.5%。

全国政协副主席阿不来提·阿不都热西提在政协礼堂会见马里领土管理和地方机构部长卡富古纳·科内一行

外交部部长杨洁篪在华盛顿同美国国务卿希拉里·克林顿举行会谈

双方就中美关系和共同关心的国际与地区问题深入交换了意见,达成多项共识。

双方同意进一步拓展经贸、反恐、防扩散、执法、能源、环境、气候变化、科教文卫等广泛领域的交流合作,继续促进两军交往,并于年内举行新一轮中美反恐磋商、中美司局级军控与防扩散磋商以及中美副部级战略安全、多边军控与防扩散磋商,并在平等和相互尊重基础上尽早举行新一轮人权对话。

杨洁篪就美国海军监测船日前在中国专属经济区活动事阐明了中方原则立场和关切。

双方就朝鲜半岛局势交换了看法。杨洁篪强调,希望各方保持冷静和克制,共同推进六方会谈进程、维护半岛和平与稳定。克林顿表示,半岛无核化的目标不能放弃,美方希望六方会谈进程继续向前推进。

国家工商总局公安部公布十大传销案例

国家工商总局直销监管局、公安部经济犯罪侦查局今天公布近期查处的10起传销违法犯罪案件:广西北海"307"高额加盟传销案;EFT公司传销案;浙江衢州五老七日用品公司传销案;安徽"麦罗国际"网络传销案件;浙江杭州太竹公司传销案;广东清远盈草堂科技发展有限公司传销案;"716"江西、湖北传销案;江苏南京铠鼎商贸有限公司诱骗学生传销案;北京顺兴鸿运科技发展有限责任公司传销案;陕西渭南××宾馆为传销活动提供场所案。

中国成为森林资源增长最快国家

《人民日报》报道,我国已成为全球森林资源增长最快的国家。自全民义务植树运动开展以来至2008年年底,全国共有115.2亿人次参加义务植树,植树538.5亿株。我国的全民义务植树造林运动,已成为世界上规模最大、参与人数最多、成效最显著的植树运动。

3月12日

十一届全国人大二次会议主席团在人民大会堂举行第四次会议

主席团常务主席吴邦国主持会议。

3月9日下午和10日上午，各代表团认真审议了全国人大常委会工作报告。代表们对全国人大常委会过去一年的工作给予充分肯定和高度评价，一致认为，全国人大常委会坚持党的领导、人民当家做主和依法治国的有机统一，紧紧围绕党和国家工作大局，紧紧抓住经济社会发展中的突出问题，依法行使职权，全力支持抗震救灾和灾后恢复重建，积极推动经济又好又快发展，着力促进解决民生问题，努力做好经常性工作，切实加强自身建设，坚持正确的政治方向，各项工作都取得了新的成效。代表们普遍认为，全国人大常委会工作报告对过去一年的工作总结实事求是，对今后一年工作的主要安排切实可行，报告从内容到写法都有新意，一致同意批准这个报告。根据代表们提出的意见和建议，报告进行了11处修改，其中比较重要的修改有6处。

会议经过表决，决定将关于全国人大常委会工作报告的决议草案提请各代表团审议。

会议经过表决，决定将关于最高人民法院工作报告的决议草案、关于最高人民检察院工作报告的决议草案提请各代表团审议。

十一届全国人大二次会议副秘书长王万宾向主席团会议作了关于代表提出议案处理意见的报告。

王万宾说，到大会规定的议案截止时间，共提出议案518件，其中由30名以上代表联名提出的议案509件，由代表团提出的议案9件。本次大会代表提出议案有三个特点：一是议案的准备比较充分；二是议案的范围有所扩展；三是议案的内容重点突出。大会秘书处建议将代表议案分别交由全国人大有关专门委员会进行审议。各专门委员会审议后，依法分别向全国人大常委会提出代表议案审议结果的报告。代表议案的审议结果和处理情况，经由全国人大常委会审议通过后，将在十一届全国人大三次会议上向代表作出报告。王万宾还在报告中就认真处理代表提出的议案提出四点建议。主席团会议经过表决，通过了这个报告。

主席团第四次会议分别表决通过，决定将关于政府工作报告的决议草案、关于2008年国民经济和社会发展计划执行情况与2009年国民经济和社会发展计划的决议草案、关于2008年中央和地方预算执行情况与2009年中央和地方预算的决议草案，提请大会全体会议表决。

会议分别表决通过，决定将关于全国人大常委会工作报告的决议草案、关于最高人民法院工作报告的决议草案、关于最高人民检察院工作报告的决议草案，提请大会全体会议表决。

主席团常务主席王兆国、路甬祥、乌云其木格、韩启德、华建敏、陈至立、周铁农、李建国、司马义·铁力瓦尔地、蒋树声、陈昌智、严隽琪、桑国卫出席会议。

十一届全国人大二次会议副秘书长王万宾作关于第十一届全国人民代表大会第二次会议代表提出议案处理意见的报告

（2009年3月12日第十一届全国人民代表大会第二次会议主席团第三次会议通过）

十一届全国人大二次会议主席团：

受大会秘书处的委托，我向大会主席团就本次大会上代表所提议案的处理意见报告如下。

全国人大代表依法向全国人民代表大会提出议案，是反映人民意愿、行使代表职权的重要途径。到3月9日大会规定的议案截止时间，在本次大会上代表共提出议案518件。其中，由30名以上代表联名提出的议案509件，由代表团提出的议案9件。

会议期间，代表们以邓小平理论和“三个代表”重要思想为指导，深入贯彻落实科学发展观，围绕全面贯彻党的十七大、十七届三中全会和中央经济工作会议精神，着眼于应对国际金融危机冲击、保持经济平稳较快发展，着眼于保障和改善民生、维护社会和谐稳定，以对人民高度负责的精神和求真务实的态度，积极向大会提出议案。主要有以下特点：一是议案的准备比较充分。一次大会以来，代表们积极参加视察、调研和代表小组等活动，深入了解社情民意，注重了解实际情况，掌握了大量第一手资料。本次大会召开之前，代表们通过参加集中学习，进一步了解提出议案需要把握的基本要求。大会期间，代表们认真修改完善议案文本；对以代表团名义提出的议案和代表联名提出的重要议案，各代表团组织代表认真讨论研究。总的看，本次大会上代表所提议案，文本较为规范，案由、案据明确具体，议案的质量比较高，有55%的法律案提供了法律草案的文本。二是议案的范围有所扩展。代表提出的议案中，除了大量的法律案外，还形成了一些要求依法加强人大监督工作等方面的议案。本次大会共提出法律案508件，监督工作等方面的议案10件。在提出的508件法律案中，属于修改完善现行法律的占59%；属于制定新法律的占41%。三是议案的内容重点突出。代表所提议案涉及经济、政治、文化、社会以及生态建设各个领域，其中属于经济法类、行政法类和社会法类的议案有318件，占议案总数的61%。这些议案中，要求保持经济平稳较快发展、继续改善民生、进一步完善社会保障体系等方面的议案比较集中，反映了代表对保增长、保民生、保稳定的关切，对解决好关系人民群众切身利益重大问题的愿望和要求。

根据全国人大组织法第十条和全国人大议事规则第二十一条的规定，大会秘书处与全国人大各专门委员会及时对代表所提议案逐件进行了分析研究，认为没有需要列入本次大会审议的议案。大会秘书处建议将代表议案分别交由全国人大有关专门委员会进行审议。其中，交由法律委员会审议152件，财政经济委员会审议99件，内务司法委员会审议98件，教育科学文化卫生委员会审议86件，环境与资源保护委员会审议53件，农业与农村委员会审议29件，外事委员会审议1件。上述议案由各有关专门委员会审议后，依法分别向全国人大常委会提出代表议案审议结果的报告。

认真处理代表提出的议案，对于保障代表依法行使职权，坚持和完善人民代表大会制度具有重要意义。为此提出四点建议：

一、建议全国人大各专门委员会审议代表议案时邀请提出议案的代表特别是领衔代表参加；同时采取多种形式加强与代表的联系和沟通，充分听取代表的意见。

二、建议把处理代表议案与实施立法和监督工作计划更好地结合起来，积极地采纳代表议案，对于具备条件的议案及时补充列入年度立法工作计划或监督工作计划。

三、建议全国人大各专门委员会、全国人大常委会各工作委员会在起草、修改法律案时邀请提出相关议案的代表参加座谈和调研，尽可能地吸收代表议案的内容和代表的意见，积极形成更多的以文本质量比较高的代表议案为基础的法律草案。

四、建议全国人大常委会召开会议时邀请提出相关议案的代表列席；组织执法检查时，邀请有关代表参加。

十一届全国人大二次会议代表所提议案的审议结果和处理情况，经由全国人大常委会审议通过后，建议在十一届全国人大三次会议上向代表作出报告。

以上报告，请审议。

政协第十一届全国委员会第二次会议关于常务委员会工作报告的决议

（2009年3月12日政协第十一届全国委员会第二次会议通过）

中国人民政治协商会议第十一届全国委员会第二次会议，批准贾庆林主席代表政协第十一届全国委员会常务委员会所作的工作报告。

政协第十一届全国委员会提案委员会关于政协十一届二次会议提案审查情况的报告

（2009年3月12日政协第十一届全国委员会第二次会议通过）

政协第十一届全国委员会第二次会议期间，政协委员、政协参加单位、政协专门委员会，认真贯彻本次会议的指导思想，紧紧围绕“保发展、保民生、保稳定”这个大局，积极通过提案履行职责。截至2009年3月8日下午2时，共收到提案5571件，参与提案的委员1987人，占委员总数的88.9%。经审查，立案5035件；作为委员来信转送有关部门研究处理的262件；与提案者磋商后并案、撤案的274件。在立案的提案中，委员提案4755件，八个民主党派中央和全国工商联提案235件，有关人民团体提案8件，界别、小组提案29件，政协专门委员会提案8件。

本次会议提案内容丰富、针对性强。绝大多数提案选题准确、情况真实、建议具体、格式规范，质量普遍较高。民主党派中央和全国工商联、有关人民团体、政协专门委员会的提案，凝聚着集体智慧，体现了各自特点。

本次会议提案反映的热点、难点问题相对集中。据统计，关于“保增长、扩内需、调结构”方面的提案551件，“三农”方面的提案603件，就业方面的提案632件，社会保障方面的提案301件，教育方面的提案657件，医疗卫生方面的提案426件，食品安全方面的提案146件，民主法制建设方面的提案294件。

在经济建设方面，围绕应对国际金融危机、促进经济平稳较快发展等问题，提案提出的主要意见建议有：深化经济体制改革，建立、健全扩大内需、拉动经济增长的长效机制；加快自主创新和产业结构优化升级，有效实施十大产业调整振兴规划；推进国有企业改革，鼓励、支持和引导非公有制经济健康发展；完善金融监管体制，防范和化解金融风险；加强农村基础设施和新型农业社会化服务体系建设，促进农业稳定发展和农民持续增收；规范农村土地使用和承包经营权流转，完善农村土地管理制度；统筹城乡、区域协调发展，实现优势互补、共同富裕；加快新能源、可再生能源开发利用，加强国家能源资源战略储备；采取积极有效的政策措施，促进房地产市场稳定健康发展。

在政治建设方面，围绕加强政府自身建设、民主法制建设、反腐倡廉、贯彻落实民族宗教政策和“一国两制”方针等问题，提案提出的主要意见建议有：加大政府投资监管力度，防止“形象工程”和“政绩工程”；建立、健全惩治和预防腐败体系，加强廉政建设和反腐败工作；加强社会治安综合治理，维护社会和谐稳定；贯彻落实民族宗教政策，促进民族团结和宗教和睦；加强内地与香港、澳门的合作，保持香港、澳门长期繁荣稳定；全面加强两岸交流，积极推进两岸关系和平发展。

在文化建设方面，围绕推进社会主义核心价值体系建设、推动社会主义文化大发展大繁荣、提高国家软实力建设等问题，提案提出的主要意见建议有：加强青少年优秀传统文化教育，大力弘扬民族精神；加强基层文化设施建设，加快建立覆盖全社会的公共文化服务体系；支持民间文艺表演团体发展，丰富人民群众精神文化生活；加强网络文化建设和管理，促进网络文化健康发展；统筹规划和实施文化精品工程，大力发展文化事业和文化产业。

在社会建设方面，围绕就业、收入分配、社会保障、教育、医疗卫生、食品药品安全等问题，提案提出的主要意见建议有：加大政策、资金、信贷等支持力度，促进高校毕业生和农民工就业创业；深化分配制度改革，解决行业收入悬殊问题；加快建设保障性安居工程，改善低收入家庭住房条件；扩大社会保障覆盖范围，完善社会保险制度；加强农村基础教育师资建设，促进义务教育均衡发展；优化教育结构，大力发展职业教育；加快医药卫生体制改革，切实解决群众看病贵、看病难问题；进一步完善食品药品安全、生产安全监管机制，坚决遏制重特大事故发生。

在生态文明建设方面，围绕建设资源节约型和环境友好型社会等问题，提案提出的主要意见建议有：建立资源有偿使用和生态补偿机制，促进资源可持续利用；加强节能减排和环保工作，大力发展循环经济；实施农村清洁工程，改善农村公共卫生环境；加大草原治理力度，促进草原地区经济建设与生态保护协调发展。

会议期间，提案委员会就“关于支持返乡农民工创业就业问题”、“关于积极扩大内需促进经济平稳较快发展问题”，召开了两次提案办理协商会。五位全国政协副主席出席会议。国家发改委、教育部、科技部、工业和信息化部、财政部、人力资源和社会保障部、住房和城乡建设部、农业部、商务部、国家税务总局、国家工商总局等部委的负责同志，与提出提案的民主党派中央、政协委员直接沟通协商，增进共识，促进提案的办理。

大会闭幕后，定于3月24日召开全国政协十一届二次会议提案交办会，将大会提案送交168个承办单位办理。本次大会提案截止日期以后收到的提案，将及时审查立案，送交有关单位办理。

政协第十一届全国委员会第二次会议政治决议

（2009年3月12日政协第十一届全国委员会第二次会议通过）

中国人民政治协商会议第十一届全国委员会第二次会议，于2009年3月3日至12日在北京举行。

会议听取并赞同温家宝总理所作的《政府工作报告》，赞同最高人民法院工作报告、最高人民检察院工作报告以及其他报告。会议批准贾庆林主席代表政协第十一届全国委员会常务委员会所作的工作报告和张榕明副主席代表政协第十一届全国委员会常务委员会所作的提案工作情况的报告。

会议认为，2008年是极不平凡的一年。以胡锦涛同志为总书记的中共中央团结带领全国各族人民，迎难而上，顽强拼搏，经受住了历史罕见的重大挑战和考验，取得了社会主义经济建设、政治建设、文化建设、社会建设以及生态文明建设新的显著成就。政协第十一届全国委员会及其常务委员会，深入学习贯彻中共十七大和十七届二中、三中全会精神，高举爱国主义、社会主义旗帜，牢牢把握团结和民主两大主题，充分发挥协调关系、汇聚力量、建言献策、服务大局的重要作用，为推动科学发展、促进社会和谐、推进祖国和平统一大业作出了重要贡献，实现了十一届政协的良好开局。

会议强调，科学发展观是我国经济社会发展的重要指导方针，也是人民政协服务科学发展、实现自身科学发展的强大思想武器。要坚持以科学发展观指导和推动人民政协工作，真正把科学发展观转化为服务科学发展的坚强意志、谋划科学发展的正确思路、促进科学发展的实际能力，切实转变不符合科学发展要求的观念和做法，着力研究解决履行职能中的重大理论和实践问题，构建有利于服务科学发展的体制机制，在促进科学发展中实现人民政协事业的新发展。

会议指出，保持经济平稳较快发展是今年经济工作的首要任务，也是人民政协履行职能、服务大局的主攻方向。要全面分析形势，坚定必胜信心，切实把思想和行动统一到中共中央对经济形势的分析判断上来，统一到中共中央的决策部署上来，变压力为动力，化挑战为机遇，努力把国际金融危机带来的不利影响降到最低程度，继续推动经济平稳较快发展。委员们就经济社会发展中的重大问题进行了协商讨论，强调要加强和改善宏观调控，实施好积极的财政政策和适度宽松的货币政策。扩大国内需求要注重扩大消费需求，注重优化投资结构，注重扶持重点产业，注重发挥科技支撑作用，注重扶持中小企业发展。要加大强农惠农政策实施力度，保障农产品有效供给和粮食安全，促进农业稳定发展和农民持续增收。加快发展方式转变和经济结构战略性调整，增强自主创新能力，加强节能减排和生态环保工作，全面提高产品质量和安全生产水平。继续推进国有企业改革，鼓励、支持和引导非公有制经济发展。坚持出口市场多元化和以质取胜战略，巩固传统市场，开拓新兴市场，努力保持对外贸易稳定增长。推动社会主义文化大发展大繁荣，深化文化体制改革，大力发展公益性文化事业和文化产业，积极保护和开发利用传统文化资源，加快发展文化创意、动漫等新兴文化产业。制定和落实国家中长期教育改革和发展规划纲要，促进义务教育均衡发展，大力发展职业教育，提高高等教育质量。推进医药卫生事业改革发展，加快城镇职工、城镇居民医疗保险和新型农村合作医疗制度建设，促进城乡医疗保障体系稳定持续发展。人民政协要继续围绕这些问题，组织委员深入开展专题调研和视察，为党和政府决策提供重要参考和依据。

会议指出，人民政协要把维护社会和谐稳定作为重要责任，摆在突出位置，贯穿于履行职能的各个方面，落实到开展工作的各个环节。委员们强调，要把促进增长与扩大就业、改善民生紧密结合起来，实施更加积极的就业政策，千方百计做好高校毕业生和农民工就业工作，妥善解决教育发展、医疗卫生、食品药品安全、收入分配、社会保障、居民住房、灾后恢复重建等民生问题，努力使全体人民学有所教、劳有所得、病有所医、老有所养、住有所居。要密切联系各界群众，及时反映社情民意，加强思想政治引导，做好协调关系、化解矛盾、理顺情绪、增进团结的工作，维护改革发展稳定的大局。要注重发挥民族、宗教界委员的独特作用，深入宣传党和国家的民族、宗教政策，协助推进少数民族和民族地区经济社会发展，引导信教群众发展生产、改善生活，增进民族团结、宗教和睦。

会议认为，过去的一年，对台工作取得重要进展，两岸关系取得重大突破。人民政协要认真学习贯彻胡锦涛总书记在纪念《告台湾同胞书》发表 30 周年座谈会上的重要讲话精神，继续坚持发展两岸关系、促进祖国和平统一的大政方针，牢牢把握两岸关系和平发展的主题，积极构建两岸关系和平发展框架，继续全面加强两岸经济合作，扩大两岸人员往来与文化交流，努力开创两岸关系和平发展新局面。

会议认为，过去的一年，香港、澳门总体保持了比较好的发展局面。人民政协要坚定不移地贯彻“一国两制”、“港人治港”、“澳人治澳”、高度自治的方针，全力支持香港、澳门特别行政区政府积极应对国际金融危机，进一步推动内地与港澳的交流与合作，拓宽与港澳各界人士的沟通渠道，密切与港澳委员的联系，完善发挥港澳委员作用的工作机制，支持港澳委员在香港、澳门社会政治事务中发挥积极作用，鼓励他们为国家发展、社会稳定献计出力。

会议指出，今年是中华人民共和国成立 60 周年，也是人民政协成立和中国共产党领导的多党合作和政治协商制度确立 60 周年。要全面回顾人民政协同共和国同经风雨、共铸辉煌的伟大历程，认真总结坚持和完善中国共产党领导的多党合作和政治协商制度的宝贵经验，生动展示中国特色社会主义政党制度的巨大优越性，深刻把握新形势下人民政协工作的特点和规律，把最广泛的爱国统一战线巩固好、发展好，把中国共产党领导的多党合作和政治协商制度坚持好、完善好，把人民政协这一政治组织和民主形式的独特优势运用好、发挥好，在中国特色社会主义政治发展道路上把人民政协事业不断推向前进。

会议号召，人民政协的各级组织、各参加单位和广大政协委员，紧密团结在以胡锦涛同志为总书记的中共中央周围，高举中国特色社会主义伟大旗帜，以邓小平理论和“三个代表”重要思想为指导，深入贯彻落实科学发展观，以坚定的信心担负起责任和使命，以昂扬的斗志应对困难和挑战，以扎实的工作完成目标和任务，为夺取改革开放和社会主义现代化建设新的伟大胜利而奋斗。

全国政协十一届二次会议在人民大会堂闭幕

全国政协主席贾庆林主持闭幕会。全国政协副主席王刚、廖晖、杜青林、帕巴拉·格列朗杰、白立忱、陈奎元、阿不来提·阿不都热西提、李兆焯、黄孟复、董建华、张梅颖、张榕明、钱运录、孙家正、李金华、郑万通、邓朴方、万钢、林文漪、厉无畏、罗富和、陈宗兴、王志珍在主席台前排就座。

胡锦涛、吴邦国、温家宝、李长春、习近平、李克强、贺国强等在主席台就座。

贾庆林宣布，中国人民政治协商会议第十一届全国委员会第二次会议应出席委员 2235 人，实到 2103 人，符合法定人数。

会议通过了政协第十一届全国委员会第二次会议关于常务委员会工作报告的决议、政协第十一届全国委员会提案委员会关于政协十一届二次会议提案审查情况的报告、政协第十一届全国委员会第二次会议政治决议。

出席闭幕会的领导同志还有：王乐泉、王兆国、王岐山、回良玉、刘淇、刘云山、刘延东、李源潮、汪洋、张高丽、张德江、俞正声、何勇、令计划、王沪宁、路甬祥、乌云其木格、韩启德、华建敏、陈至立、周铁农、李建国、司马义·铁力瓦尔地、蒋树声、陈昌智、严隽琪、桑国卫、梁光烈、马凯、孟建柱、戴秉国、王胜俊、曹建明等。

中共中央、国务院有关部门负责人列席闭幕会。各国驻华使节应邀旁听闭幕会。

全国政协主席贾庆林在全国政协十一届二次会议闭幕会上发表讲话

各位委员：

刚才，我们表决通过了政协十一届二次会议关于常务委员会工作报告的决议、关于政协十一届二次会议提案审查情况的报告和政协十一届二次会议政治决议。至此，中国人民政治协商会议第十一届全国委员会第二次会议，已经圆满完成了预定的各项议程。

政协第十一届全国委员会第二次会议，是在全党全国各族人民积极应对国际金融危机冲击、努力保持经济平稳较快发展的形势下召开的。在中共中央、全国人大常委会、国务院的高度重视和有关部门的大力支持下，经过全体委员的共同努力，这次大会开得圆满成功，取得了丰硕成果，是一次坚定信心谋发展、群策群力促和谐的大会，是一次发扬民主聚共识、加强团结鼓实劲的大会。

会议期间，胡锦涛、吴邦国、温家宝、李长春、习近平、李克强、贺国强等同志，以及党和国家其他领导同志，出席大会开幕会和闭幕会，参加小组讨论，与委员共商国是、共议大计。胡锦涛同志在参加民盟、民进界委员联组会时发表重要讲话，明确提出了各民主党派、工商联和无党派人士围绕中心、服务大局的方向和重点，提出了坚持和完善中国共产党领导的多党合作和政治协商制度、坚持和完善人民政协这一民主形式的具体要求，对于我们更好地履行职能、发挥作用具有重要指导意义。中共中央和国务院有关部门负责人听取大会发言、参加小组讨论，最高人民法院、最高人民检察院负责人听取委员对“两高”报告的意见，都对政协工作给予了大力支持。让我们以热烈的掌声，对他们表示衷心的感谢！

会议期间，广大政协委员以对国家和人民高度负责的精神，自觉肩负神圣使命，庄严履行崇高职责，围绕保持经济平稳较快发展这一首要任务，围绕维护社会和谐稳定这一大局，紧密联系实际，积极协商讨论，提出了许多真知灼见，为党和政府决策提供了重要参考和依据。大会期间，委员共提交大会发言769篇，提交提案5571件、立案5035件，反映社情民意信息900余篇，还通过参加记者会、接受专访等形式议政建言，呈现出民主、和谐、振奋、活跃的生动局面。

各位委员！

今年是应对国际国内环境重大挑战、推动党和国家事业实现新发展的关键一年。完成目标和任务需要同心同德，战胜困难和挑战需要群策群力。人民政协的各级组织、各参加单位和广大政协委员要认真学习、宣传和贯彻全国两会精神，切实把思想和行动统一到中共中央对经济形势的分析判断上来、统一到中共中央的决策部署上来，铭记人民重托，勇挑时代重任，为实现今年经济社会发展的各项目标作出积极贡献。要不断夯实团结合作的共同思想政治基础，坚定不移地把中国特色社会主义作为共同理想信念、共同前进方向、共同奋斗目标，确保人民政协事业始终沿着正确方向前进。要紧紧围绕保持经济平稳较快发展履行职能，精心选择课题，深入调查研究，搞好协商议政，增强建言献策的预见性、针对性和有效性。要坚持以人为本、履职为民，始终重视民生，时刻关注民生，协助党和政府协调好、解决好涉及群众切身利益的重大问题，努力维护社会和谐稳定。要切实发挥政协委员的主体作用，尊重委员首创精神，维护委员民主权利，积极探索新形势下委员发挥作用的新思路、新载体和新机制，引导广大委员深入实际、走向基层、贴近群众，在报效国家、服务人民的伟大实践中施展才华、建功立业。

各位委员！

今年，我们将迎来中华人民共和国60华诞，也将迎来人民政协成立60周年。六十年风雨，一甲子辉煌。60年来，人民政协与祖国和人民风雨同舟、甘苦与共，在共和国史册上写下了光辉的篇章。展望未来，伟大祖国前程似锦，人民政协前景广阔。让我们紧密团结在以胡锦涛同志为总书记的中共中央周围，高举中国特色社会主义伟大旗帜，以邓小平理论和“三个代表”重要思想为指导，深入贯彻落实科学发展观，坚定信心、振奋精神，凝聚力量、迎难而上，为全面建设小康社会、实现中华民族伟大复兴共同奋斗！

《人民日报》发表评论员文章《认识本质区别　坚持政治特色》

作为人类政治文明的发展成果，民主无疑具有普遍性的一面，但每个国家实现民主的过程都是独特的，实现民主的途径因而也是多样的。

人民代表大会制度是中国共产党带领全国各族人民经过长期奋斗和实践探索而建立发展起来的。作为中国的根本政治制度，它植根于中国特殊的国情，契合社会主义国家性质，符合广大人民群众的共同利益，体现了国家一切权力属于人民，是中国人民实现民主权利的重要途径，构成了中国特色社会主义民主政治最为鲜明的特点，也从根本上与西方资本主义国家政体区别开来。

我们要充分认识人民代表大会与西方议会的本质区别。我国的政党制度，是中国共产党领导的多党合作和政治协商制度，不是西方的多党制。中国共产党是领导核心，是执政党，各民主党派是参政党。我们的人大代表、常委会组成人员、专门委员会组成人员，无论是共产党员，还是民主党派成员或者无党派人士，肩负的都是人民的重托，都在中国共产党领导下依法履行职责，为人民服务，根本利益是一致的。

我们要充分认识人大和“一府两院”的关系与西方国家国家机关间关系的本质区别。我国是由人民代表大会统一行使国家权力,“一府两院”由人大产生,对人大负责,受人大监督。各国家机关分工不同、职责不同,都在中国共产党领导下、在各自职权范围内贯彻落实党的路线方针政策和宪法法律,为建设和发展中国特色社会主义服务,不是西方的“三权分立”。人民代表大会根据党的主张和人民的意愿,通过制定法律、作出决议,决定国家大政方针,并监督和支持“一府两院”依法行政、公正司法,保障各国家机关协调有效地开展工作,把人民赋予的权力真正用来为人民谋利益。

我们要充分认识人大代表与西方议员的本质区别。我们的全国人大代表,来自各地区、各民族、各方面,人口再少的民族也至少有一名代表,具有广泛的代表性,不像西方议员是某党某派的代表。我们的人大代表,生活在人民中间,同人民群众保持密切联系,能深入了解现实生活的实际问题,深刻体会党和国家方针政策、宪法法律的贯彻情况,因而能更全面地反映人民群众的意见、愿望和呼声。

纵观人类发展的历史,政治文明始终处于不断演进之中,并始终与一定的国家形态相联系。在借鉴人类一切有益成果的同时,我们必须保证政治文明的中国特色,坚持从我国国情出发,绝不能照搬西方政治制度的模式。要看到人民代表大会制度之所以与西方资本主义国家政体有“三个本质区别”,根本原因是制度产生的历史背景不同、理论基础不同。充分认识“三个本质区别”,发扬我们的政治特色,我们才能在重大原则问题上始终保持清醒的头脑,才能在实践中将人民代表大会制度坚持好、完善好,才能让中国式民主显示更为强大的生命力和巨大优越性。

孙中山先生逝世84周年纪念仪式在中山公园中山堂举行

全国人大外事委员会负责人就美国会众议院通过涉藏反华决议案发表谈话

3月11日,美国会众议院不顾中方的严正立场,通过了一项涉藏反华决议案。该议案歪曲西藏民主改革的历史真相,极力美化和吹捧长期从事分裂祖国活动的达赖,诬蔑中国政府的民族宗教政策,该议案严重违背了国际关系基本准则,粗暴干涉中国内政,伤害中国人民感情,我们表示强烈不满和坚决反对。

西藏是中国领土神圣不可分割的一部分,西藏事务纯属中国内政,涉藏问题攸关中国主权和领土完整,是中方的核心利益所在。中国全国人大和中国人民一贯坚决反对任何国家、任何人利用达赖和涉藏问题干涉中国内政。

西藏民主改革50年来,在中央政府和全国人民的关心支持下,西藏自治区各方面取得了有目共睹的巨大成就,西藏各族人民得到了实实在在的利益,西藏各族人民的各种权利得到了《中华人民共和国宪法》和民族区域自治法等法律的切实保障,中央政府的西藏政策得到了西藏各族人民的衷心拥护。达赖在国际上把自己装扮成“西藏人民”的代言人,利用各种借口,多次挑起事端,变本加厉从事分裂祖国的活动,妄图在西藏复辟政教合一的封建农奴制度。事实充分证明,我们与达赖集团之间的分歧和矛盾不是民族矛盾,不是宗教问题,也不是人权问题,更不是自治与不自治的问题,而是统一与分裂、进步与倒退的重大原则斗争。

美国会少数议员提出上述涉藏反华决议案,并不是真正关心西藏的社会发展和西藏各族人民的福祉,而是企图利用达赖和涉藏问题搞乱人心,破坏西藏稳定,损害中国主权和领土完整,他们的图谋是决不会得逞的。

我们严正要求美国会有关议员遵守国际关系基本准则,恪守美国政府承认西藏是中国领土一部分、反对“西藏独立”的承诺,尊重事实,摒弃偏见,纠正错误,停止利用涉藏问题干涉中国内政和破坏中美关系的错误行径。

外交部部长杨洁篪在华盛顿美国战略与国际问题研究中心就如何推进21世纪中美关系的发展发表演讲

3月13日

十一届全国人大二次会议在人民大会堂闭幕

第十一届全国人民代表大会第二次会议在批准政府工作报告、全国人大常委会工作报告及其他重要报告,圆满完成各项议程后,在人民大会堂闭幕。

2898名代表出席闭幕会,符合法定人数。

闭幕会由大会主席团常务主席、执行主席吴邦国主持。

胡锦涛、温家宝、贾庆林、李长春、习近平、李克强、贺国强等和大会主席团成员在主席台就座。

大会主席团常务主席、执行主席王兆国、路甬祥、乌云其木格、韩启德、华建敏、陈至立、周铁农、李建国、司马义·铁力瓦尔地、蒋树声、陈昌智、严隽琪、桑国卫等在执行主席席就座。

会议表决通过了关于政府工作报告的决议。决议指出,会议充分肯定国务院过去一年的工作,同意报告提出的2009年工作总体部署和主要任务,决定批准这个报告。

会议表决通过了关于2008年国民经济和社会发展计划执行情况与2009年国民经济和社会发展计划

的决议,决定批准关于2008年国民经济和社会发展计划执行情况与2009年国民经济和社会发展计划草案的报告,批准2009年国民经济和社会发展计划;表决通过了关于2008年中央和地方预算执行情况与2009年中央和地方预算的决议,决定批准关于2008年中央和地方预算执行情况与2009年中央和地方预算草案的报告,批准2009年中央预算。

会议表决通过了关于全国人大常委会工作报告的决议。决议指出,会议高度评价全国人大常委会过去一年的工作,同意报告提出的今后一年的主要任务,决定批准这个报告。

会议表决通过了关于最高人民法院工作报告的决议、关于最高人民检察院工作报告的决议,决定批准这两个报告。

大会完成各项议程后,吴邦国发表讲话。他说,十一届全国人大二次会议在全体代表的共同努力下,圆满完成了各项预定任务。会议充分发扬民主,严格依法办事,开得很成功,是全面贯彻落实党的十七大和十七届三中全会精神,高举中国特色社会主义伟大旗帜,深入贯彻落实科学发展观的大会,是团结、民主、求实、奋进的大会。

吴邦国说,会议期间,代表们肩负全国各族人民的重托,以高度主人翁责任感和历史使命感,围绕会议主题,依法履行职责,认真审议报告,积极提出建议,讲大局、议大事,重实际、求实效,使会议作出的决议和批准的报告,充分体现了党的主张和人民意志的统一,充分反映了全国各族人民的共同意愿。这次大会必将进一步激励和动员全国各族人民满怀豪情地投身建设和发展中国特色社会主义伟大事业。

吴邦国最后说,责任和使命激励着我们,困难和挑战考验着我们。让我们紧密团结在以胡锦涛同志为总书记的党中央周围,高举中国特色社会主义伟大旗帜,以邓小平理论和"三个代表"重要思想为指导,深入贯彻落实科学发展观,万众一心,艰苦奋斗,扎实工作,以优异的成绩迎接新中国成立60周年,为夺取全面建设小康社会新胜利而努力奋斗。

在主席台就座的还有:王刚、王乐泉、王岐山、回良玉、刘淇、刘云山、刘延东、李源潮、汪洋、张高丽、张德江、俞正声、何勇、令计划、王沪宁、梁光烈、马凯、孟建柱、戴秉国、王胜俊、曹建明、廖晖、杜青林、帕巴拉·格列朗杰、白立忱、陈奎元、阿不来提·阿不都热西提、李兆焯、黄孟复、张梅颖、张榕明、钱运录、孙家正、李金华、郑万通、邓朴方、万钢、林文漪、厉无畏、罗富和、陈宗兴、王志珍和徐匡迪,以及中央军委委员陈炳德、李继耐、廖锡龙、常万全、靖志远、吴胜利、许其亮等。

中央党政军群机关负责人,各民主党派中央、全国工商联和无党派代表人士列席了大会。

各国驻华使节旁听了大会。

第十一届全国人民代表大会第二次会议决议

(2009年3月13日通过)

关于政府工作报告的决议

第十一届全国人民代表大会第二次会议听取和审议了国务院总理温家宝所作的政府工作报告。会议充分肯定国务院过去一年的工作,同意报告提出的2009年工作总体部署和主要任务,决定批准这个报告。

会议号召,全国各族人民在以胡锦涛同志为总书记的党中央领导下,全面贯彻党的十七大和十七届三中全会精神,高举中国特色社会主义伟大旗帜,以邓小平理论和"三个代表"重要思想为指导,深入贯彻落实科学发展观,坚定信心,团结一致,迎难而上,扎实工作,全面推进社会主义经济建设、政治建设、文化建设、社会建设以及生态文明建设,以优异的成绩迎接中华人民共和国成立60周年!

关于2008年国民经济和社会发展计划执行情况与2009年国民经济和社会发展计划的决议

第十一届全国人民代表大会第二次会议审查了国务院提出的《关于2008年国民经济和社会发展计划执行情况与2009年国民经济和社会发展计划草案的报告》及2009年国民经济和社会发展计划草案,同意全国人民代表大会财政经济委员会的审查结果报告。会议决定,批准《关于2008年国民经济和社会发展计划执行情况与2009年国民经济和社会发展计划草案的报告》,批准2009年国民经济和社会发展计划。

关于最高人民法院工作报告的决议

第十一届全国人民代表大会第二次会议听取和审议了王胜俊院长所作的最高人民法院工作报告。会议对最高人民法院过去一年的工作表示满意,同意报告提出的2009年的工作安排,决定批准这个报告。

会议要求,最高人民法院要高举中国特色社会主义伟大旗帜,以邓小平理论和"三个代表"重要思想为指导,深入贯彻落实科学发展观,切实履行宪法和法律赋予的职责,坚持围绕中心、服务大局,公正司法、一心为民,深化司法改革,完善工作机制,规范司法行为,加强队伍建设,充分发挥审判机关的职能作用,为保持经济平稳较快发展、维护社会公平正义、促进社会和谐稳定,为夺取全面建设小康社会新胜利提供有力的司法保障。

关于全国人民代表大会常务委员会工作报告的决议

第十一届全国人民代表大会第二次会议听取和审议了吴邦国委员长受全国人大常委会委托所作的工作

报告。会议高度评价全国人大常委会过去一年的工作，同意报告提出的今后一年的主要任务，决定批准这个报告。

会议要求，全国人大常委会要高举中国特色社会主义伟大旗帜，以邓小平理论和“三个代表”重要思想为指导，深入贯彻落实科学发展观，坚持党的领导、人民当家做主、依法治国有机统一，紧紧围绕党和国家工作大局行使职权，着力加强中国特色社会主义法律体系建设，着力促进经济平稳较快发展与社会和谐稳定，着力保障宪法和法律有效实施，努力把人大各项工作提高到一个新水平，为夺取全面建设小康社会新胜利作出新的更大的贡献。

关于2008年中央和地方预算执行情况与2009年中央和地方预算的决议

第十一届全国人民代表大会第二次会议审查了国务院提出的《关于2008年中央和地方预算执行情况与2009年中央和地方预算草案的报告》及2009年中央和地方预算草案，同意全国人民代表大会财政经济委员会的审查结果报告。会议决定，批准《关于2008年中央和地方预算执行情况与2009年中央和地方预算草案的报告》，批准2009年中央预算。

第十一届全国人民代表大会第二次会议听取和审议了曹建明检察长所作的最高人民检察院工作报告。会议对最高人民检察院过去一年的工作表示满意，同意报告提出的2009年的工作安排，决定批准这个报告。

关于最高人民检察院工作报告的决议

会议要求，最高人民检察院要高举中国特色社会主义伟大旗帜，以邓小平理论和“三个代表”重要思想为指导，深入贯彻落实科学发展观，切实履行宪法和法律赋予的职责，坚持围绕中心、服务大局，公正执法、一心为民，深化司法改革，完善工作机制，规范执法行为，加强队伍建设，充分发挥检察机关的职能作用，为保持经济平稳较快发展、维护社会公平正义、促进社会和谐稳定，为夺取全面建设小康社会新胜利提供有力的司法保障。

国务院总理温家宝在十一届全国人大二次会议记者会上答中外记者问

13日上午在人民大会堂举行记者会，国务院总理温家宝应大会发言人李肇星的邀请会见中外记者，并回答记者提问。

记者会开始时，温家宝说，记者朋友们，早上好。今年的两会是在应对国际金融危机的关键时刻召开的。人民代表大会通过了政府工作报告，也批准了政府应对金融危机的一揽子计划。我的心情很不平静。我记得去年9月24日，我在纽约讲过一句话，就是“信心比黄金和货币更重要”。那时，世界还是一片迷惘，我们对于金融危机的发展前景也看不清楚。

现在，时间过去不到半年，我们已经提出了一揽子应对计划。实现这个计划，我依然认为，首要的还是要坚定信心。只有信心才能产生勇气和力量，只有勇气和力量才能战胜困难。我希望这次记者会能够开成一个提振信心和传播信心的会。这应该是每位记者的良知和责任，也是人们的期望。莫道今年春将尽，明年春色倍还人。我期待着明年中国和世界都会变得更好。谢谢大家。

《中国日报》记者：请问总理，为应对国际金融危机，政府推出了4万亿元经济刺激计划。但是我们注意到，您的报告中并没有像我们预期那样推出一些新的刺激计划，这是否意味着这一轮措施运作良好？未来还会推出新的经济刺激方案吗？此外，这4万亿元中只有1.18万亿元来自中央政府投资，如何保证其余资金的来源？这4万亿元里面有多少是原计划投资，又有多少是新增投资？

温家宝：你的问题很重要。就是一个传言和误解，造成了世界股市的大幅波动。其实，一些人没有读懂中国所采取的一揽子计划的全部内涵，我需要借这个机会再扼要地向大家介绍一下。

第一，经过半年的努力，我们形成的一揽子计划包括四项内容，就是大规模增加政府投入、大范围实施调整振兴产业规划、大力度的科技支撑和大幅度地提高社会保障水平。这四项是互相联系、不可分割的整体，它体现了我们计划的远近结合和标本兼治。

第二，大规模的政府投入是最直接、最有力、最见效的措施。两年4万亿的投资计划，包括中央政府直接投资1.18万亿元。也包括通过投资项目的实施，吸引社会投资和民间投资，以及银行的信贷。我可以明确地告诉大家，这1.18万亿元完全是新增的。今年，在我们的预算中已经落实5915亿元。

第三，中央政府投入的1.18万亿元主要用于民生工程、技术改造、生态环境保护、重大基础设施建设和地震灾后恢复重建。其他若干方面都不在这两年4万亿元的计划当中。比如我们减免税费实际将超过5000亿元，达到近6000亿元；我们提高企业退休人员养老金的标准；对1200万义务教育阶段的教师实行绩效工资，提高他们的工资水平；增加农民的收入，扩大补贴范围，提高补贴标准；我们将在三年内投入8500亿元实行医药卫生体制改革。所有这些资金都不在4万亿元当中。

第四，我们新增的两年4万亿元投资，有些项目确实是原来“十一五”规划当中的项目，比如公路和铁路等基础设施建设。这些项目是经过充分论证的，是有准备的，要加快速度推进。这样，我们才能在这么短的时间内，确定这么多的基础设施建设项目。有些项目是新安排的，比如保障性安居工程建设，我们计划三年要解决750万户困难群众的住房问题、240万户棚户区改造问题。所有这些项目都是经过论证的，而且将会全部公开，全过程接受监督。

第五，面对这场金融危机，我们做了长期应对困难的准备，预留了政策空间。也就是说，我们已经准备了应对更大困难的方案，并且储备了充足的“弹药”，根据形势变化，随时都可以提出新的刺激经济的政策。

美国《华尔街日报》记者：总理您好。我有两个问题：中国现在已经成为美国最大的债权国，您怎么评价美国政府应对国际金融危机所采取的措施？有些人认为，美国巨额的债务会导致美元贬值，您是否担心中国在美国的投资呢？如果担心的话，中国分散投资风险的策略是什么呢？第二，您能不能保证中国不会让人民币贬值，至少在短期内不会让它贬值？中国会不会向国际货币基金组织提供资金支持？

温家宝：你的中文讲得真好，而且你一连就提了三个问题。中国确实是美国最大的债权国，美国又是世界上最大的经济体，我们十分关注美国经济的发展。奥巴马总统的新政府采取了一系列应对金融危机的措施，我们对这些措施的效果予以期待。我们把巨额资金借给美国，当然关心我们资产的安全。说句老实话，我确实有些担心。因而我想通过你再次重申要求美国保持信用，信守承诺，保证中国资产的安全。

众所周知，经过多年的改革和建设，我们积累了巨额的外汇，这显示了中国的经济实力。在外汇储备这个问题上，我们第一位的是维护国家的利益。始终坚持外汇“安全、流动和保值”的原则，防范风险，并且实行多元化的战略。同时，我们也要考虑国际金融市场的稳定。因为这两者是相互联系的。

至于你提到人民币贬值，这不符合实际情况。从2005年7月份我们实行汇率改革以来，人民币相对美元升值21%。虽然最近人民币对美元升值的幅度并不那么大，但是由于欧洲货币、亚洲货币大幅贬值，人民币实际上也处在升值的状况。这对我们外贸出口带来了压力。我们的目标是在合理、均衡的水平上保持人民币币值的基本稳定。但是，这是由市场和我们自己决定的，任何国家不能对人民币升值或贬值施加压力。

我们十分关注国际货币基金组织的增资问题，而且认为这个问题十分复杂。我想提出几点原则。第一，要改革国际货币基金组织的内部治理结构，防范融资及投资的风险，贯彻权利与义务对等的原则，更多地关注发展中国家的利益。第二，国际货币基金组织的增资不是一个国家的事情，我们主张组织内的各成员国依照份额共同承担责任。第三，其他国际金融机构也要采取多种融资方式进行融资。第四，任何国家对国际货币基金组织的增资都应从本国实际出发，本着自愿的原则。

港珠澳大桥融资问题已经解决，年内一定开工；CEPA补充议定书，将扩大对香港服务业的开放

香港亚洲电视台记者：在您的政府工作报告里提到，中央会全力支持巩固香港国际金融中心的地位，同时也会促进澳门经济适度多元发展。我们也注意到，在去年年底的时候，中央政府也推出了珠三角改革发展规划纲要，港澳各界对中央的这些举措都有很大的期待。同时我们也看到，正如您所说的，这场金融危机还在蔓延，还没有见到底，港澳作为开放型的经济体，受到的冲击也越来越呈现出来。中央在支持港澳抵御这场金融危机方面是否还有更新一步的计划呢？

温家宝：中央十分关注港澳地区在这场金融危机中所遇到的困难，我在报告中已经提出了若干措施。我想再清晰地表达几点。香港是国际金融中心，应对金融危机最重要的是要保持金融的稳定，维护国际金融中心的地位。为此，第一，要加强内地与香港的金融合作。我可以告诉你，关于实行人民币贸易结算试点的方案，中央有关部门已经完成制定工作，经国务院批准以后，将尽早实施。第二，加快推进内地涉及港澳的基础设施建设。在这里我也想清楚地表明，港珠澳大桥融资问题已经解决，各项准备工作加紧进行，年内一定开工。第三，在今年内将会签署CEPA的补充议定书，主要是扩大对香港服务业的开放。第四，中央已经批准珠三角改革和发展的长远规划。这个规划将有利于发挥三地的优势，加强合作，优势互补。第五，支持澳门经济适度多元发展，中央准备采取新的举措。

香港、澳门有应对亚洲金融危机的经验。我们完全相信，在特区政府的领导下，两地的人民有能力应对这场金融危机，克服困难，继续保持繁荣和稳定。最后，我想再次表示，祖国永远是港澳的坚强后盾，我们会鼎力支持香港和澳门的经济发展。

《人民日报》记者：总理好，面对国际金融危机的冲击，您在多个场合，包括刚才都强调信心比黄金更重要。请问总理，您的信心从何而来？还有，在政府工作报告中，您提出国内生产总值增长8%左右的目标。对此，国内、国外都有人对实现“保八”的目标持怀疑态度。请问总理您怎么看这个问题？

温家宝：大家十分关注今年是否能够实现GDP增长8%左右的目标。我认为实现这个目标确实有难度，但是，经过努力也是有可能的。我想，对于8%左右的经济发展目标，可以从三个方面来认识。第一，要考

虑它的需要和可能；第二，这是政府的承诺和责任；第三，表明我们的信心和希望。发展目标，就像一艘航船的罗盘一样，如果没有罗盘，船就不知道朝什么方向航行，什么时间到达。有一句谚语：这样的船只有逆风而不会有顺风。

关于实现8%左右这个目标的可能性，我在报告中已经阐述了。我想再强调三点：第一，中国正处在工业化、市场化和城镇化加快发展的时期，也处在消费扩大和结构升级的时期。中国13亿人口中有8亿农民。如果你到农村去看，我以为，有多少投资都不算多。中国的市场无论从人口和面积来说，都比欧美的市场更大。第二，中国有充裕的劳动力资源，众多的人才优势。虽然当前就业存在困难，但从长远看，这是发展的重要条件。第三，经过30年的改革开放，特别是近10年多的改革，中国的金融体系基本是健康和稳定的，这对经济发展提供了强有力的支持。我可以做一个比喻，如果说美国、欧洲是在金融领域和实体经济两条战线上作战的话，那么中国只是防范金融风险，没有拿财政的钱去补金融的窟窿。相反，在这个时候，金融为经济建设提供了大量的贷款。这些数字你们都知道：去年11月份贷款4700亿元，12月份7700亿元，今年1月份1.62万亿元，2月份1.07万亿元。

其实，最为重要的就是经过几个月的努力，中国人的心开始暖起来了。我以为，心暖则经济暖。我深知在这场金融危机中，任何国家都不可能独善其身，克服困难也不能脱离国际经济的影响。但是我们懂得一个道理，那就是"乞火莫若取燧"，就是说向人借火不如得到燧石；"寄汲莫若凿井"，就是说你想从别人那里得到水不如自己去凿井。因此，我希望全体中国人都以自己的暖心来暖中国的经济。

英国《金融时报》记者：刚才您在回答提问的时候就提到，中国实际上在农村地区有很大的投资需求，请问，鉴于中国有近2万亿美元的外汇储备，现在还把钱去借给那些富裕的国家，这是否说得通？第二个问题是有关西藏的。就西藏而言，尤其是从上周以来，在西藏地区以及包括西藏自治区以外的其他藏区，安全措施得到了空前的加强。有鉴于此，这是否意味着中国在该地区所实施的政策存在着严重的问题？

温家宝：关于第一个问题，其实我在英国回答《金融时报》记者问题时已经谈到了，但是我还想说明一下。中国的外汇储备是中国人民通过辛勤劳动而创造的，它提高了中国对外支付的能力，也增强了中国经济的实力。但是，外汇储备资金实际上是人民银行的外汇资产，也是人民币负债，不是财政资金。外汇资金的使用主要还得用于对外投资和对外贸易。我们已经采取了外汇储备多元化的经营方针。从现在看，我们外汇总体上是安全的。我们将进一步扩大开放，利用两个市场和两种资源，充分发挥外汇储备的作用，使外汇储备既能做到"安全、流动和保值"，又能支持国家建设和改善人民生活。

西藏的总体形势是安定的，西藏人民希望安居乐业。宪法和民族区域自治法保障了西藏人民的自由和权利，包括宗教信仰自由。国家这些年也加大对西藏的财政投入，加快西藏经济建设的步伐，努力改善农牧民的生活。我们在西藏将坚定不移地实行对外开放的方针，这是西藏自身发展的需要。同你所说的恰恰相反，西藏的安定和西藏的继续进步，说明我们政策的正确。

我们真诚希望两岸能够通过适当方式抓紧商议和签署协议，建立有利于两岸的合作机制。我真心希望能有机会到台湾去走一走、看一看。

台湾中央社记者：温总理您好。我的问题是有关两岸经济合作协议的问题。这个问题两岸都很关切，我想请问总理，今年之内是否有可能完成签署，以及完成签署后是不是意味台湾可以顺利参与东盟"10+1"机制。二是关于台湾参加世界卫生大会的问题，总理在政府工作报告中曾经提到会通过协商作出合情合理的安排。在这里想请总理进一步为台湾民众分析台湾今年参加世界卫生大会的可能性。另外一个是比较个人的问题，总理知道台湾观光资源很丰富，也很多元，如果您有机会到台湾走一走的话，不知道您会想去哪儿看一看？

温家宝：我想先说明一个事实，台湾与大陆的经济联系十分紧密，可以说到了不可分割的地步。就拿去年来说，尽管遇到国际金融危机，双边的贸易额还接近1300亿美元。其中，台湾的顺差是778亿美元，台湾在内地已经落户经营的工厂多达3万多家，落实的投资资金已经达到470亿美元。在这样紧密联系的情况下，我们应该加强合作，共同应对危机。我在报告里提出要加快推进两岸经济关系正常化，推动签订综合性经济合作协议，逐步建立具有两岸特色的经济合作机制。我讲的这个协议和这个机制如果深一步来讲，应该包括"三个适应"。第一就是要适应两岸关系发展的进程；第二就是要适应两岸经贸交流的需求；第三就是要适应两岸经济结构的特点。总的就是要实现互利共赢。我们真诚希望两岸能够通过适当方式抓紧商议和签署协议，建立有利于两岸的合作机制。

台湾是祖国的宝岛，是我一直向往的地方。我真心希望能有机会到台湾去走一走、看一看。我想到阿里山，想到日月潭，想到台湾各地去走、去接触台湾同胞。虽然我今年已经67岁了，但是如果有这种可能，到那时即使走不动，就是爬我也愿意去。

我在政府工作报告中已经明确谈到，对于台湾参与涉及台湾同胞利益的一些国际组织活动问题，比如像世界卫生组织，我们会作出合情合理的安排。我们愿意就此进行协商。

俄通—塔斯社记者：总理先生，您好。今年在北京召开上海合作组织总理会议，中国作为这次会议的东道主，您认为哪些问题是最迫切的？最热点的问题是什么？您认为本组织各成员国在发展经济合作，特别是在共同抵御金融危机方面可以采取哪些措施？另外，"危机"这个词在中文里不仅有"危险"的含义，还有"机遇"的意思。您认为中国在当前国际金融危机中面临哪些机遇？中国在走出危机的同时，能否在世界经济体系中占据更重要的位置？

温家宝：我们注意到在这次国际金融危机当中，上合组织各国也都受到了不同程度的冲击。上合组织各国应该通过加强合作，共同应对危机。我们具有地域毗邻、优势互补的条件，完全可以通过合作来度过当前的困难。为了说明这个问题，我想举两个例子。第一个例子，前不久我们同俄罗斯签署了石油、金融一揽子合作协定，解决了我们在石油合作方面的各种问题。第二，我们同哈萨克斯坦也签订了加强金融、能源和资源合作的意向，我们希望在年内能够签署协定。上海合作组织国家有的资源、能源丰富；有的科技实力强、高新技术发达；有的发展还比较滞后，需要得到帮助。我想我们可以在能源、资源、交通等基础设施和农业、高新技术等方面加强合作。

你对"机遇"的理解和我们是一致的。我们认为我国经济面临巨大的挑战，也面临着发展机遇。如果真正把握得好，措施得当，而且实施及时、果断、有力，中国的经济经历一场困难的考验后，将会显示出更强大的生命力。我真希望中国经济能早一天回升。有些事情正像你所说的，山重水复疑无路，柳暗花明又一村。要行动，而不能坐等。

中国新闻社记者：总理您好。中国今年预算赤字达到创纪录的9500亿元，其中地方预算也首次出现了2000亿元的赤字。但事实上中国地方政府存在大量的隐形债务。请问财政风险是否可控？

温家宝：我想回答你三点。第一，我们的财政赤字还在可控的范围内，债务也是安全的。这同我们这几年来不断削减赤字有关。2003年的时候，当年的财政赤字是3198亿元，占GDP的2.6%，而到2008年我们的赤字降到1800亿元，占GDP的0.6%。2003年我们当年发行国债1400亿元，2008年仅发行300亿元。这几年经济发展，财政增收，这就给赤字和债务拓展了空间。第二，我们要深刻理解积极财政政策的重要性。在当前应对金融危机最直接、最有力、最有效的办法就是加大财政的投入，而且越快越好。事情还有另一个方面，防止经济下滑，随着经济好转，财政收入也会增加。这就是辩证地看待财政赤字的问题。第三，我们在财政投入上必须把握两点：一是要把财政投入用在解决金融危机最重要、最关键、最紧迫的环节；二是要通过财政的投入给我们的子孙后代留下宝贵的财富。在整个财政运行当中，我们一定要加强监管，包括你讲的中央财政和地方财政，我们都将会实行全程监管，并且向人民公开。

日本广播协会记者：您好，总理。我首先请教一个有关中国稳定的问题。在金融危机的影响下，中国失业状况十分严峻，尤其是有很多的农民工和大学生无法找到工作。请问，总理您如何看待今年的就业形势？在这样的情况下，您如何有信心保持国家的稳定？第二个是有关本地区稳定的问题。朝鲜准备在下月早些时候发射弹道导弹，您如何看待朝鲜准备发射导弹？另外，在与即将访华的朝鲜总理金英日的会谈中，您将谈什么话题？

温家宝：失业问题是我们面临的一个十分严重的问题。我们之所以采取一揽子计划，加大财政投入，就是从根本上促进经济的发展，而解决失业问题最重要的是，要大力扶持中小企业的发展，因为中小企业吸纳就业达90%。关于解决大学生就业和农民工就业的问题，我们都已经制定了具体的政策，要狠抓落实。我可以告诉这位记者朋友，在去年下半年和今年头两个月，在失业人数增加，大批农民工返乡的情况下，我们社会总体还是安定的。我们将把扩大就业作为经济社会发展的一项重要任务，继续采取有力措施。我讲过一句话，无论大学生还是农民工，就业不仅关系他们的生计，还关系他们的尊严。对这个问题，政府将百倍重视，不可掉以轻心。

关于朝鲜半岛形势，我以为当前最重要的还是要积极推进六方会谈，解决影响六方会谈的关键性问题，推动实现半岛的无核化。只有这样，才能保证半岛的安全和稳定，从而也能保证东北亚地区的安全和稳定。我们希望参加六方会谈的各个国家要增进共识，从大局出发，妥善处理分歧，不要做激化矛盾的事情。中国政府将积极同各方保持联系，加强磋商，继续推进六方会谈朝着健康的方向发展。朝鲜是中国的友好邻邦，中朝之间有着传统友谊。金英日总理应我的邀请，最近将访问中国，我们将就进一步发展中朝两国的友好合作和共同关心的地区与国际问题充分交换意见。

法国《费加罗报》记者：总理您好。首先想请教一个有关西藏的问题。在西藏，现在的安全措施进一步得到加强，而美国的国会、奥巴马政府还有欧洲议会都进一步敦促中方与达赖恢复接谈。中方强调这属于中国内政。请问总理在这个问题上持何立场？您是否认为中方愿意与达赖恢复接谈？中方会就达赖实现所谓的“大藏区真正自治”的问题上做一些什么事情？是否会满足他的要求？另外一个问题是有关中法关系，从去年9月至今的几个月，中法关系相当的“冷淡”，您如何看待中法关系未来的走向？您是否预期在伦敦即将举行的20国集团金融峰会期间，胡锦涛主席和法国总统萨科齐会进行一次非常亲切的会面？总理，您曾多次表示，对中法关系现状，法方应该承担责任，法方也应该来修补中法之间的关系，中方到底具体期待法方做些什么事情？

温家宝：西藏是中国领土不可分割的一部分，涉藏问题纯属中国的内政，不容外国干涉，这是我们的原则立场。我们对待达赖喇嘛的政策是一贯的、明确的，只要他放弃分裂活动，我们就愿意同他的代表进行接谈，这个大门始终是敞开的。去年，在十分困难的情况下，应达赖方面的要求，我们进行了三次接谈。这种接谈还可以继续进行下去，关键在于达赖喇嘛要有诚意，使接谈取得实质性的成果。我们说达赖喇嘛不是一般的宗教人士，而是一个政治流亡者，是有充分依据的。他们设立在达兰萨拉的“流亡政府”实际上是政教合一的，由达赖喇嘛直接操纵的非法“政府”。达赖喇嘛在世界各国到处奔跑，颇能迷惑一些政界人士，西方一些国家也利用他。我们看待达赖喇嘛，不仅要看他说些什么，而且要看他做些什么。我在这里只举一个例子来说明。就在前两天，达赖喇嘛在所谓反驳杨洁篪部长的答记者问当中，提出他从来没有说过让中国的军队从西藏撤出去，让汉人从西藏撤出去。这确实是蛊惑人心的。如果大家查一查1987年达赖喇嘛在美国发表的“西藏五点和平计划”和1988年在法国斯特拉斯堡发表的“七点新建议”，那里都明确讲到，要中国军队和军事设施撤离西藏，要立即制止汉人迁入藏区，已经进入的要撤离。白纸黑字，达赖喇嘛要纠正是可以的，但是要赖是赖不掉的。

中法建交45年，尽管有过曲折，但是两国关系总体是向前发展的。这次中法之间出现的问题主要是法国领导人高调会见达赖喇嘛，这不仅涉及中国的核心利益，也伤害了中国人民的感情。我们希望法方能够在涉藏问题上表明明确的态度，促进中法关系尽快得以恢复。这不仅符合中法两国的利益，也符合中欧的利益。

中央电视台记者：总理，您好。我们平时采访的时候其实特别怕听到一句话，就是对我们说这是一个体制性的问题，这句话等于说这个问题是目前解决不了的事情。在本届两会上，我们听到很多代表委员表示这样的担心，因为现在从中央政府到地方政府都把精力放到了扩大内需保增长方面，这是否会减缓改革的步伐，中央政府在深化改革，突破一些体制性障碍方面有什么样的考虑？

温家宝：应对金融危机不仅不能减缓改革，而且要加快改革，因为只有解决机制和体制上的问题，才能保证各项措施的落实。我们要继续推进经济体制改革，主要是要进一步完善社会主义市场经济体制。具体说来，就是不仅要有强有力的宏观调控，而且要充分发挥市场配置资源的基础性作用；不仅要有国家大规模的财政投入，而且要鼓励民营企业的发展和民间资本的投入；不仅要有调整和振兴产业规划，而且要尤为重视激发企业的活力和动力。我们要积极推进政治体制改革。我以为在当前最重要的是三个方面：一是要发展社会主义民主政治，保障人民的自由和权利；二是推进司法体制改革，促进社会公平正义；三是加强各方面的监督，使政府的行政运转依法进行，并置于监督之下。

南非广播公司记者：谢谢总理。请问，我们如何能够在20国金融峰会上为发展中国家创造更多的机会？如何能够利用这样的机会进一步推动发展中国家之间的合作？另外，应采取什么样的步骤来确保发展中国家在应对金融危机的时候能够有更大的发言权？

温家宝：在应对金融危机当中，发展中国家遇到的困难最大，也最容易被忽视。20国集团金融峰会一定要把关心和帮助发展中国家，特别是最不发达国家作为重要议题。千年发展目标不能改变。我曾经在主持亚欧首脑会议的时候听到一位发展中国家领导人的发言，他说，一些发达国家数千亿美元的投资很容易通过，但是支持发展中国家千年发展目标的资金至今得不到落实。因此我特别强调，千年发展目标一定不要改变。发达国家尤其要重视对发展中国家的资金援助和政策支持。

中国是最大的发展中国家。在2008年以前，我们尽了自己的义务，免除了46个最不发达国家的债务，多达400多亿元人民币，并且提供发展中国家的援助超过2000亿元。去年在联大会议上，我又代表中国政府郑重地承诺，要继续免除截止到2008年年底最不发达国家没有偿还的全部中国债务，并且对他们出口到中国的95%的货物实行零关税。我们还是第一批向世界粮农组织捐赠3000万美元投资发展基金的国家。我们要增加对非洲援建医院和学校的数量，增加非洲到中国留学生的数量，并且增派医务人员、教员到非洲最不发达国家进行援助。我希望在这场百年罕见的金融危机中，最不发达国家千万不能成为被遗忘的角落，因为他们的贫穷不仅是他们的痛苦，也是发达国家的不安和世界的不稳定。

谢谢。

《人民日报》发表社论《共谋发展大计　开创美好未来——热烈祝贺全国政协十一届二次会议胜利闭幕》

全国政协十一届二次会议完成各项预定议程，在北京胜利闭幕。

这次大会是在国际国内形势发生深刻变化的背景下召开的。会议高举中国特色社会主义伟大旗帜，牢牢把握团结和民主两大主题，畅所欲言议国是，群策群力谋发展。全体委员认真听取和审议了贾庆林主席代表政协第十一届全国委员会常务委员会所作的工作报告，听取和审议了提案工作情况报告，审议和通过了政协十一届二次会议政治决议和提案审查情况的报告；列席十一届人大二次会议，听取和讨论了《政府工作报告》和其他重要报告。委员们讲大局、谋大计，建有据之言、献务实之策，充分展现了心系国是、情牵民生的责任感和使命感，展现了人民政协这一政治组织和民主形式的生机与活力。

会议一致认为，温家宝总理所作的《政府工作报告》，紧紧围绕保增长、保民生、保稳定的主题，深刻分析了形势，明确提出了目标，全面部署了任务，体现了迎接挑战、战胜困难的坚强决心，体现了科学发展、和谐稳定的时代要求，体现了以人为本、民生优先的政策导向，是一个求真务实、提振信心、催人奋进的报告。

今年是新中国成立60周年，是应对国际金融危机冲击、保持我国经济平稳较快发展的关键一年。切实做好保发展、保民生、保稳定各项工作，对于维护改革发展稳定大局，推进全面建设小康社会进程，具有十分重要的意义。我们要把思想和行动统一到中央对经济形势的分析判断上来，统一到中央的决策部署上来。改革开放30年的经验证明，现代化建设道路不会一帆风顺，面对困难和挑战，只要坚定信心、同心同德、迎难而上，就一定能够共克时艰，把改革开放伟大事业不断推向前进。

今年是中国共产党领导的多党合作和政治协商制度确立60周年。人民政协制度是扎根中国大地、符合中国国情、具有中国特色的政治制度，有利于促进社会生产力的持续发展和社会全面进步，有利于实现和发展人民民主，有利于保持国家政局的稳定和社会的安定团结，有利于实现和维护最广大人民的根本利益。这一制度体现了我们的政治优势，是我国社会主义民主政治的一大特点和优点。不管什么时候，不管遇到什么情况，中国共产党都将坚定不移地坚持多党合作和政治协商制度，充分发挥民主党派的参政党作用，充分发挥政协组织的作用。要在深入总结60年伟大实践和宝贵经验的基础上，进一步把中国共产党领导的多党合作和政治协商制度坚持好、完善好、发展好，不断巩固各党派团体、各族各界人士团结合作的共同思想政治基础，坚定不移地走中国特色社会主义政治发展道路。

在新的一年里，人民政协要以庆祝新中国成立60周年和人民政协成立60周年为契机，切实增强政治意识、大局意识、责任意识和忧患意识，着力提高履行职责的能力和水平，深入学习实践科学发展观，增强以科学发展观统领政协工作的自觉性和坚定性。围绕中心，服务大局，为保持经济平稳较快发展建言献策，努力维护社会和谐稳定大局。围绕重大问题开展战略性、前瞻性、综合性的调查研究和决策咨询，为建设创新型国家建功立业。推动社会主义文化大发展、大繁荣，用社会主义核心价值体系鼓舞斗志、引领风尚、凝聚力量。

同心同德共谋发展大计，群策群力开创美好未来。让我们紧密团结在以胡锦涛同志为总书记的中共中央周围，全面贯彻党的十七大和十七届二中、三中全会精神，高举中国特色社会主义伟大旗帜，以邓小平理论和“三个代表”重要思想为指导，深入贯彻落实科学发展观，团结一心，同舟共济，奋勇拼搏，埋头苦干，以改革开放和社会主义现代化建设的新成就迎接新中国成立60周年。

全国人大外事委员会负责人就欧洲议会通过涉藏决议发表谈话

3月12日，在少数议员的鼓动下，欧洲议会不顾中方的多次严正交涉，执意通过涉藏决议，严重歪曲事实，再次为达赖分裂祖国的活动张目，企图将涉藏问题国际化。我们对这种干涉中国内政、损害中欧关系、伤害中国人民感情的行径，表示强烈愤慨和反对。

西藏是中国领土不可分割的一部分，西藏事务纯属中国内政，任何外国政府和组织无权干涉。西藏民主改革50年来，经济发展、民族团结、社会和谐、人民安居乐业。过去几年，中国中央政府以极大的耐心和诚意与达赖的私人代表进行了多次接触商谈，但达赖口是心非，致使接触商谈未能取得实质性进展。他提出的所谓《为全体藏人获得真正自治的备忘录》，表面上要求“自治”，实质上是要求“政治独立”，违反了中国宪法相关规定，必将遭到全中国人民的坚决反对。

达赖声称不寻求“西藏独立”，只要求“高度自治”、“真正自治”，坚持“非暴力”。但其所谓“真正自治”是想在西藏恢复政教合一的统治，建立面积占中国领土近1/4、历史上从未存在的“大藏区”，并要求中央政府从“大藏区”撤军，要把所有非藏族人从“大藏区”迁走。这些主张的实质就是搞“西藏独立”或变相“西藏独立”。达赖喇嘛声称“非暴力”，但去年发生在拉萨的打砸抢烧严重暴力犯罪事件再次说明，他们从来就没有停止过暴力活动。达赖这些主张不过是掩盖其“西藏独立”的分裂立场和暴力犯罪活动、骗取国际社会同情和支持的包装而已。

我们与达赖的矛盾不是民族问题,不是宗教问题,不是人权问题,而是事关中国主权和领土完整的重大原则问题。中国中央政府对达赖喇嘛的政策是一贯的、明确的,接触商谈的大门始终是敞开的。接触商谈能否取得积极进展,关键在于达赖喇嘛能否放弃错误立场和分裂主义行为,对自己的政治主张进行彻底反思,作出对国家、对人民、对历史、对自己有益的选择。

加强平等互利合作符合中欧双方共同利益。一段时期以来,欧洲议会少数对华存有偏见的议员,反复在涉藏问题上动辄抛出毫无事实根据、刻意诋毁中国形象的决议,向达赖集团发出错误信号,助长“藏独”分子暴力犯罪活动气焰。应该正告这些人,认清形势,尊重事实,任何干涉中国内政的图谋都是注定要失败的。中国全国人大重视同欧洲议会的关系,要求欧洲议会以中欧关系大局为重,摒弃意识形态偏见,采取公正客观立场,多做有益于中欧全面战略伙伴关系健康发展的事。

3月14日

《人民日报》发表社论《发挥制度优势 推动科学发展——热烈祝贺十一届全国人大二次会议胜利闭幕》

在雄壮的国歌声中,十一届全国人大二次会议完成各项议程,胜利闭幕了。

这次大会,是在全国人民积极应对国际金融危机的冲击,努力保持经济平稳较快发展的形势下召开的。近3000名全国人大代表,以高度的责任感和使命感,围绕改革发展主题,郑重履行神圣职责,共谋国家发展大计,圆满地完成了会议的各项任务。

大会认真审议并批准了《政府工作报告》和其他各项重要报告。代表们一致认为,《政府工作报告》总结工作简明扼要、实事求是,部署工作统筹兼顾、措施得力,是一篇坚定信心、鼓舞斗志、求真务实的报告。一致认为,在过去一年里,新一届全国人大常委会以邓小平理论和“三个代表”重要思想为指导,深入贯彻落实科学发展观,全面贯彻党的十七大和十七届三中全会精神,围绕党和国家工作大局,紧紧抓住经济社会发展中的突出问题,依法行使职权,积极开展工作,充分发挥了国家权力机关的作用。

人大工作的实践,使我们更加深切地体会到,人民代表大会制度是我国的根本政治制度,是人民当家做主的根本途径和最高实现形式,是人民把国家的、民族的和自己的命运牢牢掌握在自己手中,维护人民根本利益的可靠制度保证。坚持和完善人民代表大会制度,是发展社会主义民主政治、建设社会主义政治文明的必然要求,是依法治国、建设社会主义法治国家的必然要求,也是保证人民当家做主、实现党和国家长治久安的必然要求。

人大工作的实践,使我们更加深切地体会到,坚持和完善人民代表大会制度,必须充分认识人民代表大会与西方议会的本质区别,充分认识人大和“一府两院”关系与西方国家国家机关间关系的本质区别,充分认识人大代表与西方议员的本质区别。我们深化政治体制改革,是不断推进包括人民代表大会制度在内的社会主义政治制度的自我完善和发展。要积极借鉴人类社会创造的文明成果包括政治文明的有益成果,但决不照搬西方的那一套,决不搞多党轮流执政、“三权分立”、两院制。

人大工作的实践,使我们更加深切地体会到,人大工作坚持正确政治方向,最根本的是坚持党的领导、人民当家做主、依法治国的有机统一,核心是坚持党的领导。中国共产党是中国特色社会主义事业的领导核心。党的领导只能加强,不能削弱。我们要从维护宪法权威、保证宪法实施的高度,进一步增强坚持党的领导的自觉性和坚定性,进一步增强坚持走中国特色社会主义道路的自觉性和坚定性,进一步增强坚持和完善人民代表大会制度的自觉性和坚定性。

今年是新中国成立60周年,是应对国际国内环境变化重大挑战、推动国家各项事业实现新发展的关键一年。随着党和国家事业的不断发展,人大在国家政治生活中的作用越来越重要,人大工作任务也越来越繁重,我们要坚定不移坚持和完善人民代表大会制度,切实做好新形势下的人大工作,充分发挥我国社会主义制度的特点和优势,紧紧围绕党和国家工作大局行使职权,着力加强中国特色社会主义法律体系建设,着力促进经济平稳较快发展与社会和谐稳定,着力保障宪法和法律有效实施,努力把人大工作提高到一个新水平,为推动科学发展和促进社会和谐作出更大的贡献。

千磨万击还坚劲,任尔东西南北风。在建设中国特色社会主义的道路上,困难和挑战考验着我们,责任和使命激励着我们。让我们紧密团结在以胡锦涛同志为总书记的党中央周围,高举中国特色社会主义伟大旗帜,深入贯彻落实科学发展观,万众一心,艰苦奋斗,扎实工作,以优异成绩迎接新中国成立60周年。

财政部部长谢旭人 中国人民银行行长周小川在英国南部霍舍姆出席二十国集团财长和中央银行行长会议

河北唐山曹妃甸新区成立

曹妃甸新区辖曹妃甸工业区、南堡经济开发区、唐海县和曹妃甸新城，规划面积1943平方公里，陆域海岸线约80公里，目前常住人口22万。

3月15日

《人民日报》发表评论员文章《完善中国特色社会主义法律体系》

立法是全国人民代表大会的重要职能。目前，我国生效的法律共231部，其中223部是党的十一届三中全会以后制定的。这说明，改革开放30年是我国社会主义法律制度发展的黄金时期，我们用30年的时间完成了其他国家需要几百年才能完成的立法任务，立法速度之快为世界所罕见，堪称世界立法史上的奇迹。

法律体系的形成是一个国家法律制度成熟的标志。200多部法律的颁行，表明中国特色社会主义法律体系基本形成，这是我国改革开放30年所取得的重大成就的重要组成部分，是中国特色社会主义伟大成就的重要标志，也是全国人大作为立法机构所取得的重大成果。

这项重大成果的来之不易，不仅在于立法的数量，更在于这些法律的中国特色。中国特色的法律体系是以中国国情为出发点和落脚点的。中国共产党的领导和社会主义初级阶段这两大基本国情，决定了我国的法律体系在内容和作用上都不同于西方，我们不能用西方的法律体系来套中国的法律。外国法律体系中没有的法律，只要我们需要就及时制定；反之，外国法律体系中有的法律，如果不符合我国的国情和需要，我们就不搞。中国的法律体系是由法律、行政法规和地方性法规组成的。有些事项，用法律来规范尚不具备条件，可先依法制定行政法规和地方性法规，待条件成熟后再制定法律，这是中国特色。法律是调整社会关系的重要手段，但并非唯一手段。在中国特色法律体系形成过程中，我们还充分运用伦理道德、习惯规则、行业自律、市场机制来调整社会关系，以便集中立法资源，更好地发挥法律的作用，这也是中国特色。

提高立法质量是全国人民代表大会的自觉追求，而科学立法、民主立法是提高立法质量的内在要求，必须贯穿于立法工作的全过程。对事关人民群众切身利益的重要法律草案，要向社会全文公布，广泛征求意见。对法律草案中专业性强、各方面意见分歧比较大的问题，要通过立法论证会、听证会等形式，深入研究论证。在集思广益的基础上，使制定的法律更加切实可行，充分体现人民群众的共同意愿。

中国特色社会主义法律体系是动态的、开放的、发展的，需要与时俱进，需要适应客观条件的发展变化而不断加以完善。随着经济社会的发展，民生问题日益突出、社会建设日益重要。根据党的十六届六中全会和十七大的精神，全国人大在继续完善经济立法的同时，更加突出了立法为民的理念，着力加强社会领域、民生领域的立法，这意味着中国立法正以关注民生的视角，开始了由经济立法向社会立法、民生立法的重要转型。

当前，我国已进入改革发展的关键时期，经济体制深刻变革，社会结构深刻变动，利益格局深刻调整，思想观念深刻变化。这种空前的社会变革，给我国发展进步带来巨大活力，也必然带来这样那样的矛盾和问题。我们要以完善中国特色社会主义法律体系为目标，从我国基本国情出发，坚持以人为本，坚持实事求是，坚持走群众路线，抓紧制定在法律体系中起支架作用的法律，及时修改与经济社会发展不相适应的法律规定，督促有关方面尽快制定和修改与法律相配套的法规，确保到2010年形成中国特色社会主义法律体系，为构建社会主义和谐社会提供有力的法律保障。

国务院副总理李克强在陕西考察

3月15日至17日，在陕西省省委书记赵乐际、省长袁纯清的分别陪同下，李克强来到延安、西安，着重就经济运行和结构调整进行考察调研。李克强先后考察了重型汽车、重型机械、支线客机、机械零部件等装备制造企业，新材料、新能源、信息通信等高技术企业，家电下乡销售情况等。

考察期间，李克强专程来到延安八一敬老院看望慰问老红军、老八路，并瞻仰了杨家岭革命旧址。他还听取了陕西省委省政府的工作汇报，充分肯定近年来陕西经济社会发展取得的成就，希望陕西广大干部群众继续发扬延安精神，锐意改革创新，推动开发开放，在西部大开发中再上新台阶，不断谱写全面建设小康社会新篇章。

国务委员刘延东在四川绵阳考察

刘延东于15日至16日在绵阳考察期间，深入工业园区、科技产业园、北川县城、乡镇村寨、大中学校，考察科技教育，察看灾后重建，看望师生，慰问科研工作者和受灾群众。她充分肯定四川省和绵阳市在灾后重建和经济社会发展中取得的重大成就。

刘延东指出，建设绵阳科技城是中央作出的重大决策。8年来，绵阳科技城在军民结合、自主创新、产业发展、城市建设等方面取得了显著成就。她希望绵阳科技城突出军民结合特色，坚持科学重建，用创新驱动发展，用科技提升城市发展内涵，用政策聚集人力资源。要把应对国际金融危机同提高企业核心竞争力结合起来，培育一批创新能力强、创新效益好的高科技企业；要坚持实施灾后恢复重建与优化产业布局相结合，重点发展科技含量高、资源消耗低、环境污染少的产业；要深化体制机制改革，加速科研成果向现实生产力转化；要认真总结经验，开展战略研究，精心谋划和部署科技城全面、协调、可持续的科学发展。刘延东强调，各部门要继续加大支持力度，群策群力推动绵阳科技城建设迈上新台阶、取得新突破，为实施西部大开发战略、促进区域协调发展和国家现代化建设作出新的贡献。

全国政协副主席、科技部部长万钢，四川省委书记刘奇葆、省长蒋巨峰，国务院有关部门负责同志出席会议。

全国短道速度滑冰青少年锦标赛暨第十一届全运会短道速度滑冰测试赛在青岛落幕

3月16日

全国政协主席贾庆林在人民大会堂会见越共中央政治局委员 河内市委书记范光毅

贾庆林充分肯定中越两党在社会主义建设理论和实践经验交流方面取得的重要进展，并对中越陆地边界勘界立碑工作圆满完成给予高度评价。

贾庆林简要介绍了不久前召开的我国两会情况，并对越南革新事业取得的一系列重要成果表示祝贺。他指出，当前形势下，发展中越全面战略合作伙伴关系面临新的有利条件，希望双方一道努力，丰富、充实和深化各领域和地方之间的合作，为中越传统友谊不断注入新活力。

范光毅表示坚信中国人民在中国共产党的领导下，一定能成功克服全球金融危机的影响，胜利完成两会确定的各项任务。范光毅强调，越南党和人民始终认为，发展的中国是维护世界和平和促进人类进步事业的重要力量，高度重视在革新事业中借鉴中国同志的发展经验。河内作为越南的首都，将永远走在为发展越中睦邻传统友好关系的前列。

国务院副总理回良玉在全国春季农业生产工作会议上发表讲话

3月16日至17日，国务院在山东省淄博市召开全国春季农业生产工作会议。

回良玉强调，当前要扎实抓好春季农业生产，迅速掀起春耕备耕热潮。一是大力加强春季田间管理，搞好分类指导，强化病虫害防控。二是大力加强农业生产结构调整，稳定粮食播种面积，增加重要紧缺农产品生产，推进优势农产品区域化布局。三是大力加强农业科技服务，推进粮棉油高产创建，实施农业科技入户工程，发挥农机作用。四是大力加强畜牧业生产和动物疫病防控，稳定发展生猪生产，加快奶业振兴，加大春季动物疫病集中免疫力度。五是大力加强农资供应和市场监管，稳定农资价格，坚决打击生产、经营假冒伪劣农资的违法行为。

回良玉要求，要统筹兼顾，全面做好农业农村各项工作。一要着力推进水利发展，加快农田水利设施建设、病险水库除险加固、农村饮水工程建设和水土流失治理。二要着力推进林业建设，深化集体林权制度改革，大力开展植树造林，加强森林草原防火，发展木本油料，推进林业产业化。三要着力推进气象服务和防灾减灾，做好灾害性天气及其他自然灾害的监测预报，加强防灾减灾基础设施建设。四要着力推进扶贫开发，抓住提高扶贫标准、扶贫开发进入新阶段的机遇，加大投入力度，搞好整村推进、劳动力转移、产业化扶贫等。五要着力推进农村流通体系建设，扎实做好家电、农机、汽车下乡等工作。六要着力推进农民工就业，千方百计稳定和增加就业岗位，在基础设施建设和新增公益性就业岗位中尽量多吸纳农民工，加强对农民外出务工服务，落实支持农民工返乡创业各项政策。回良玉强调，当前尤其要增强信心、共克时艰、强化领导，以真抓创业绩、以实干求发展，努力开创农业农村工作新局面。

各省、自治区、直辖市人民政府及新疆生产建设兵团、计划单列市人民政府负责人，中央有关部门负责人参加了会议。山东、黑龙江、安徽、河南、湖南、广西、甘肃七省(区)在会上作交流发言。

《求是》杂志发表署名秋石的文章《为什么必须坚持马克思主义在意识形态领域的指导地位而不能搞指导思想的多元化》(摘要)

文章指出，马克思主义在中国的指导地位，不是个别人也不是一个党的主观意志决定的，而是历史的选择、人民的选择。我国革命、建设、改革的历史充分证明，没有马克思主义，就没有新中国；没有马克思主义及其在中国的新发展，就没有中国特色社会主义。在任何时候任何情况下，都要坚持马克思主义的指导地位。

文章认为，坚持马克思主义的指导地位与推进马克思主义中国化是统一的。马克思主义的指导地位只有在与实践的结合中、在指导实践发展的同时而又不断发展自身中，才能真正实现。在当代中国，坚持科学发展观在意识形态领域的指导地位，就是坚持中国特色社会主义理论体系在意识形态领域的指导地位，就是坚持马克思主义在意识形态领域的指导地位。

文章强调，在以胡锦涛同志为总书记的党中央领导下，只要我们在继续推进改革开放和现代化建设的历史进程中，既坚持马克思主义的基本原理和原则，又不断进行理论创新和实践创新，马克思主义就能在中国大地上焕发出更加蓬勃的生机与活力，马克思主义在意识形态领域的指导地位就会坚如磐石，任何力量都不能把它动摇！

全国人大常委会副委员长蒋树声在北京会见加拿大加中议会协会共同主席戴伊参议员和克兰普众议员一行

北京铁路局与中国北车唐山轨道客车有限责任公司和中国北车长春轨道客车股份有限公司签署了100列新一代高速动车组采购合同

内地香港支付互通安排运行

两地支付互通安排首先开通港元、美元、欧元和英镑4个币种的跨境支付业务，然后再根据市场需求决定是否开通其他币种的跨境支付业务。

孙凤武出任中国女篮主教练

3月17日

中共中央国务院发布《关于深化医药卫生体制改革的意见》

按照党的十七大精神，为建立中国特色医药卫生体制，逐步实现人人享有基本医疗卫生服务的目标，提高全民健康水平，现就深化医药卫生体制改革提出如下意见。

一、充分认识深化医药卫生体制改革的重要性、紧迫性和艰巨性

医药卫生事业关系亿万人民的健康，关系千家万户的幸福，是重大民生问题。深化医药卫生体制改革，加快医药卫生事业发展，适应人民群众日益增长的医药卫生需求，不断提高人民群众健康素质，是贯彻落实科学发展观、促进经济社会全面协调可持续发展的必然要求，是维护社会公平正义、提高人民生活质量的重要举措，是全面建设小康社会和构建社会主义和谐社会的一项重大任务。

新中国成立以来，特别是改革开放以来，我国医药卫生事业取得了显著成就，覆盖城乡的医药卫生服务体系基本形成，疾病防治能力不断增强，医疗保障覆盖人口逐步扩大，卫生科技水平迅速提高，人民群众健康水平明显改善，居民主要健康指标处于发展中国家前列。尤其是抗击“非典”取得重大胜利以来，各级政府投入加大，公共卫生、农村医疗卫生和城市社区卫生发展加快，新型农村合作医疗和城镇居民基本医疗保险取得突破性进展，为深化医药卫生体制改革打下了良好基础。同时，也应该看到，当前我国医药卫生事业发展水平与人民群众健康需求及经济社会协调发展要求不适应的矛盾还比较突出。城乡和区域医疗卫生事业发展不平衡，资源配置不合理，公共卫生和农村、社区医疗卫生工作比较薄弱，医疗保障制度不健全，药品生产流通秩序不规范，医院管理体制和运行机制不完善，政府卫生投入不足，医药费用上涨过快，个人负担过重，对此，人民群众反映强烈。

从现在到2020年，是我国全面建设小康社会的关键时期，医药卫生工作任务繁重。随着经济的发展和人民生活水平的提高，群众对改善医药卫生服务将会有更高的要求。工业化、城镇化、人口老龄化、疾病谱变化和生态环境变化等，都给医药卫生工作带来一系列新的严峻挑战。深化医药卫生体制改革，是加快医药卫生事业发展的战略选择，是实现人民共享改革发展成果的重要途径，是广大人民群众的迫切愿望。

深化医药卫生体制改革是一项涉及面广、难度大的社会系统工程。我国人口多，人均收入水平低，城乡、区域差距大，长期处于社会主义初级阶段的基本国情，决定了深化医药卫生体制改革是一项十分复杂艰巨的任务，是一个渐进的过程，需要在明确方向和框架的基础上，经过长期艰苦努力和坚持不懈的探索，才能逐步建立符合我国国情的医药卫生体制。因此，对深化医药卫生体制改革，既要坚定决心、抓紧推进，又要精心组织、稳步实施，确保改革顺利进行，达到预期目标。

二、深化医药卫生体制改革的指导思想、基本原则和总体目标

（一）深化医药卫生体制改革的指导思想。以邓小平理论和“三个代表”重要思想为指导，深入贯彻落实科学发展观，从我国国情出发，借鉴国际有益经验，着眼于实现人人享有基本医疗卫生服务的目标，着力解决人民群众最关心、最直接、最现实的利益问题。坚持公共医疗卫生的公益性质，坚持预防为主、以农村为重点、中西医并重的方针，实行政事分开、管办分开、医药分开、营利性和非营利性分开，强化政府责任和投入，完善国民健康政策，健全制度体系，加强监督管理，创新体制机制，鼓励社会参与，建设覆盖城乡居民的基本医疗卫生制度，不断提高全民健康水平，促进社会和谐。

（二）深化医药卫生体制改革的基本原则。医药卫生体制改革必须立足国情，一切从实际出发，坚持正确

的改革原则。

——坚持以人为本，把维护人民健康权益放在第一位。坚持医药卫生事业为人民健康服务的宗旨，以保障人民健康为中心，以人人享有基本医疗卫生服务为根本出发点和落脚点，从改革方案设计、卫生制度建立到服务体系建设都要遵循公益性的原则，把基本医疗卫生制度作为公共产品向全民提供，着力解决群众反映强烈的突出问题，努力实现全体人民病有所医。

——坚持立足国情，建立中国特色医药卫生体制。坚持从基本国情出发，实事求是地总结医药卫生事业改革发展的实践经验，准确把握医药卫生发展规律和主要矛盾；坚持基本医疗卫生服务水平与经济社会发展相协调、与人民群众的承受能力相适应；充分发挥中医药(民族医药)作用；坚持因地制宜、分类指导，发挥地方积极性，探索建立符合国情的基本医疗卫生制度。

——坚持公平与效率统一，政府主导与发挥市场机制作用相结合。强化政府在基本医疗卫生制度中的责任，加强政府在制度、规划、筹资、服务、监管等方面的职责，维护公共医疗卫生的公益性，促进公平公正。同时，注重发挥市场机制作用，动员社会力量参与，促进有序竞争机制的形成，提高医疗卫生运行效率、服务水平和质量，满足人民群众多层次、多样化的医疗卫生需求。

——坚持统筹兼顾，把解决当前突出问题与完善制度体系结合起来。从全局出发，统筹城乡、区域发展，兼顾供给方和需求方等各方利益，注重预防、治疗、康复三者的结合，正确处理政府、卫生机构、医药企业、医务人员和人民群众之间的关系。既着眼长远，创新体制机制，又立足当前，着力解决医药卫生事业中存在的突出问题。既注重整体设计，明确总体改革方向目标和基本框架，又突出重点，分步实施，积极稳妥地推进改革。

(三)深化医药卫生体制改革的总体目标。建立、健全覆盖城乡居民的基本医疗卫生制度，为群众提供安全、有效、方便、价廉的医疗卫生服务。

到2011年，基本医疗保障制度全面覆盖城乡居民，基本药物制度初步建立，城乡基层医疗卫生服务体系进一步健全，基本公共卫生服务得到普及，公立医院改革试点取得突破，明显提高基本医疗卫生服务可及性，有效减轻居民就医费用负担，切实缓解"看病难、看病贵"问题。

到2020年，覆盖城乡居民的基本医疗卫生制度基本建立。普遍建立比较完善的公共卫生服务体系和医疗服务体系，比较健全的医疗保障体系，比较规范的药品供应保障体系，比较科学的医疗卫生机构管理体制和运行机制，形成多元办医格局，人人享有基本医疗卫生服务，基本适应人民群众多层次的医疗卫生需求，人民群众健康水平进一步提高。

三、完善医药卫生四大体系，建立覆盖城乡居民的基本医疗卫生制度

建设覆盖城乡居民的公共卫生服务体系、医疗服务体系、医疗保障体系、药品供应保障体系，形成四位一体的基本医疗卫生制度。四大体系相辅相成，配套建设，协调发展。

(四)全面加强公共卫生服务体系建设。建立、健全疾病预防控制、健康教育、妇幼保健、精神卫生、应急救治、采供血、卫生监督和计划生育等专业公共卫生服务网络，完善以基层医疗卫生服务网络为基础的医疗服务体系的公共卫生服务功能，建立分工明确、信息互通、资源共享、协调互动的公共卫生服务体系，提高公共卫生服务和突发公共卫生事件应急处置能力，促进城乡居民逐步享有均等化的基本公共卫生服务。

确定公共卫生服务范围。明确国家基本公共卫生服务项目，逐步增加服务内容。鼓励地方政府根据当地经济发展水平和突出的公共卫生问题，在中央规定服务项目的基础上增加公共卫生服务内容。

完善公共卫生服务体系。进一步明确公共卫生服务体系的职能、目标和任务，优化人员和设备配置，探索整合公共卫生服务资源的有效形式。完善重大疾病防控体系和突发公共卫生事件应急机制，加强对严重威胁人民健康的传染病、慢性病、地方病、职业病和出生缺陷等疾病的监测与预防控制。加强城乡急救体系建设。

加强健康促进与教育。医疗卫生机构及机关、学校、社区、企业等要大力开展健康教育，充分利用各种媒体，加强健康、医药卫生知识的传播，倡导健康文明的生活方式，促进公众合理营养，提高群众的健康意识和自我保健能力。

深入开展爱国卫生运动。将农村环境卫生与环境污染治理纳入社会主义新农村建设规划，推动卫生城市和文明村镇建设，不断改善城乡居民生活、工作等方面的卫生环境。

加强卫生监督服务。大力促进环境卫生、食品卫生、职业卫生、学校卫生，以及农民工等流动人口卫生工作。

(五)进一步完善医疗服务体系。坚持非营利性医疗机构为主体、营利性医疗机构为补充，公立医疗机构为主导、非公立医疗机构共同发展的办医原则，建设结构合理、覆盖城乡的医疗服务体系。

大力发展农村医疗卫生服务体系。进一步健全以县级医院为龙头、乡镇卫生院和村卫生室为基础的农村医疗卫生服务网络。县级医院作为县域内的医疗卫生中心，主要负责基本医疗服务及危重急症病人的抢

救，并承担对乡镇卫生院、村卫生室的业务技术指导和卫生人员的进修培训；乡镇卫生院负责提供公共卫生服务和常见病、多发病的诊疗等综合服务，并承担对村卫生室的业务管理和技术指导；村卫生室承担行政村的公共卫生服务及一般疾病的诊治等工作。有条件的农村实行乡村一体化管理。积极推进农村医疗卫生基础设施和能力建设，政府重点办好县级医院，并在每个乡镇办好一所卫生院，采取多种形式支持村卫生室建设，使每个行政村都有一所村卫生室，大力改善农村医疗卫生条件，提高服务质量。

完善以社区卫生服务为基础的新型城市医疗卫生服务体系。加快建设以社区卫生服务中心为主体的城市社区卫生服务网络，完善服务功能，以维护社区居民健康为中心，提供疾病预防控制等公共卫生服务、一般常见病及多发病的初级诊疗服务、慢性病管理和康复服务。转变社区卫生服务模式，不断提高服务水平，坚持主动服务、上门服务，逐步承担起居民健康“守门人”的职责。

健全各类医院的功能和职责。优化布局和结构，充分发挥城市医院在危重急症和疑难病症的诊疗、医学教育和科研、指导和培训基层卫生人员等方面的骨干作用。有条件的大医院按照区域卫生规划要求，可以通过托管、重组等方式促进医疗资源合理流动。

建立城市医院与社区卫生服务机构的分工协作机制。城市医院通过技术支持、人员培训等方式，带动社区卫生服务持续发展。同时，采取增强服务能力、降低收费标准、提高报销比例等综合措施，引导一般诊疗下沉到基层，逐步实现社区首诊、分级医疗和双向转诊。整合城市卫生资源，充分利用城市现有一、二级医院及国有企事业单位所属医疗机构和社会力量举办的医疗机构等资源，发展和完善社区卫生服务网络。

充分发挥中医药(民族医药)在疾病预防控制、应对突发公共卫生事件、医疗服务中的作用。加强中医临床研究基地和中医院建设，组织开展中医药防治疑难疾病的联合攻关。在基层医疗卫生服务中，大力推广中医药适宜技术。采取扶持中医药发展政策，促进中医药继承和创新。

建立城市医院对口支援农村医疗卫生工作的制度。发达地区要加强对口支援贫困地区和少数民族地区发展医疗卫生事业。城市大医院要与县级医院建立长期稳定的对口支援和合作制度，采取临床服务、人员培训、技术指导、设备支援等方式，帮助其提高医疗水平和服务能力。

(六)加快建设医疗保障体系。加快建立和完善以基本医疗保障为主体，其他多种形式补充医疗保险和商业健康保险为补充，覆盖城乡居民的多层次医疗保障体系。

建立覆盖城乡居民的基本医疗保障体系。城镇职工基本医疗保险、城镇居民基本医疗保险、新型农村合作医疗和城乡医疗救助共同组成基本医疗保障体系，分别覆盖城镇就业人口、城镇非就业人口、农村人口和城乡困难人群。坚持广覆盖、保基本、可持续的原则，从重点保障大病起步，逐步向门诊小病延伸，不断提高保障水平。建立国家、单位、家庭和个人责任明确、分担合理的多渠道筹资机制，实现社会互助共济。随着经济社会发展，逐步提高筹资水平和统筹层次，缩小保障水平差距，最终实现制度框架的基本统一。进一步完善城镇职工基本医疗保险制度，加快覆盖就业人口，重点解决国有关闭破产企业、困难企业等职工和退休人员，以及非公有制经济组织从业人员和灵活就业人员的基本医疗保险问题；2009 年全面推开城镇居民基本医疗保险，重视解决老人、残疾人和儿童的基本医疗保险问题；全面实施新型农村合作医疗制度，逐步提高政府补助水平，适当增加农民缴费，提高保障能力；完善城乡医疗救助制度，对困难人群参保及其难以负担的医疗费用提供补助，筑牢医疗保障底线。探索建立城乡一体化的基本医疗保障管理制度。

鼓励工会等社会团体开展多种形式的医疗互助活动。鼓励和引导各类组织和个人发展社会慈善医疗救助。

做好城镇职工基本医疗保险制度、城镇居民基本医疗保险制度、新型农村合作医疗制度和城乡医疗救助制度之间的衔接。以城乡流动的农民工为重点积极做好基本医疗保险关系转移接续，以异地安置的退休人员为重点改进异地就医结算服务。妥善解决农民工基本医疗保险问题。签订劳动合同并与企业建立稳定劳动关系的农民工，要按照国家规定明确用人单位缴费责任，将其纳入城镇职工基本医疗保险制度；其他农民工根据实际情况，参加户籍所在地新型农村合作医疗或务工所在地城镇居民基本医疗保险。

积极发展商业健康保险。鼓励商业保险机构开发适应不同需要的健康保险产品，简化理赔手续，方便群众，满足多样化的健康需求。鼓励企业和个人通过参加商业保险及多种形式的补充保险解决基本医疗保障之外的需求。在确保基金安全和有效监管的前提下，积极提倡以政府购买医疗保障服务的方式，探索委托具有资质的商业保险机构经办各类医疗保障管理服务。

(七)建立、健全药品供应保障体系。加快建立以国家基本药物制度为基础的药品供应保障体系，保障人民群众安全用药。

建立国家基本药物制度。中央政府统一制定和发布国家基本药物目录，按照防治必需、安全有效、价格合理、使用方便、中西药并重的原则，结合我国用药特点，参照国际经验，合理确定品种和数量。建立基本药物的生产供应保障体系，在政府宏观调控下充分发挥市场机制的作用，基本药物实行公开招标采购，统一配送，减少中间环节，保障群众基本用药。国家制定基本药物零售指导价格，在指导价格内，由省级人民政府根据招标情况确定本地区的统一采购价格。规范基本药物使用，制定基本药物临床应用指南和基本药物处方集。城乡基层医疗卫生机构应全部配备、使用基本药物，其他各类医疗机构也要将基本药物作为首选药物并确定使用比例。基本药物全部纳入基本医疗保障药物报销目录，报销比例明显高于非基本药物。

规范药品生产流通。完善医药产业发展政策和行业发展规划，严格市场准入和药品注册审批，大力规范和整顿生产流通秩序，推动医药企业提高自主创新能力和医药产业结构优化升级，发展药品现代物流和连锁经营，促进药品生产、流通企业的整合。建立便民惠农的农村药品供应网。完善药品储备制度。支持用量小的特殊用药、急救用药生产。规范药品采购，坚决治理医药购销中的商业贿赂。加强药品不良反应监测，建立药品安全预警和应急处置机制。

四、完善体制机制，保障医药卫生体系有效规范运转

完善医药卫生的管理、运行、投入、价格、监管体制机制，加强科技与人才、信息、法制建设，保障医药卫生体系有效规范运转。

（八）建立协调统一的医药卫生管理体制。实施属地化和全行业管理。所有医疗卫生机构，不论所有制、投资主体、隶属关系和经营性质，均由所在地卫生行政部门实行统一规划、统一准入、统一监管。中央、省级可以设置少量承担医学科研、教学功能的医学中心或区域医疗中心，以及承担全国或区域性疑难病症诊治的专科医院等医疗机构；县（市）主要负责举办县级医院、乡村卫生和社区卫生服务机构；其余公立医院由市负责举办。

强化区域卫生规划。省级人民政府制定卫生资源配置标准，组织编制区域卫生规划和医疗机构设置规划，明确医疗机构的数量、规模、布局和功能。科学制定乡镇卫生院（村卫生室）、社区卫生服务中心（站）等基层医疗卫生机构和各级医院建设与设备配置标准。充分利用和优化配置现有医疗卫生资源，对不符合规划要求的医疗机构要逐步进行整合，严格控制大型医疗设备配置，鼓励共建共享，提高医疗卫生资源利用效率。新增卫生资源必须符合区域卫生规划，重点投向农村和社区卫生等薄弱环节。加强区域卫生规划与城乡规划、土地利用总体规划等的衔接。建立区域卫生规划和资源配置监督评价机制。

推进公立医院管理体制改革。从有利于强化公立医院公益性和政府有效监管出发，积极探索政事分开、管办分开的多种实现形式。进一步转变政府职能，卫生行政部门主要承担卫生发展规划、资格准入、规范标准、服务监管等行业管理职能，其他有关部门按照各自职能进行管理和提供服务。落实公立医院独立法人地位。

进一步完善基本医疗保险管理体制。中央统一制定基本医疗保险制度框架和政策，地方政府负责组织实施管理，创造条件逐步提高统筹层次。有效整合基本医疗保险经办资源，逐步实现城乡基本医疗保险行政管理的统一。

（九）建立高效规范的医药卫生机构运行机制。公共卫生机构收支全部纳入预算管理。按照承担的职责任务，由政府合理确定人员编制、工资水平和经费标准，明确各类人员岗位职责，严格人员准入，加强绩效考核，建立能进能出的用人制度，提高工作效率和服务质量。

转变基层医疗卫生机构运行机制。政府举办的城市社区卫生服务中心（站）和乡镇卫生院等基层医疗卫生机构，要严格界定服务功能，明确规定使用适宜技术、适宜设备和基本药物，为广大群众提供低成本服务，维护公益性质。要严格核定人员编制，实行人员聘用制，建立能进能出和激励有效的人力资源管理制度。要明确收支范围和标准，实行核定任务、核定收支、绩效考核补助的财务管理办法，并探索实行收支两条线、公共卫生和医疗保障经费的总额预付等多种行之有效的管理办法，严格收支预算管理，提高资金使用效益。要改革药品加成政策，实行药品零差率销售。加强和完善内部管理，建立以服务质量为核心、以岗位责任与绩效为基础的考核和激励制度，形成保障公平效率的长效机制。

建立规范的公立医院运行机制。公立医院要遵循公益性质和社会效益原则，坚持以病人为中心，优化服务流程，规范用药、检查和医疗行为。深化运行机制改革，建立和完善医院法人治理结构，明确所有者和管理者的责权，形成决策、执行、监督相互制衡，有责任、有激励、有约束、有竞争、有活力的机制。推进医药分开，积极探索多种有效方式逐步改革以药补医机制。通过实行药品购销差别加价、设立药事服务费等多种方式逐步改革或取消药品加成政策，同时采取适当调整医疗服务价格、增加政府投入、改革支付方式等措施完善公立医院补偿机制。进一步完善财务、会计管理制度，严格预算管理，加强财务监管和运行监督。地方可结

合本地实际，对有条件的医院开展“核定收支、以收抵支、超收上缴、差额补助、奖惩分明”等多种管理办法的试点。改革人事制度，完善分配激励机制，推行聘用制度和岗位管理制度，严格工资总额管理，实行以服务质量及岗位工作量为主的综合绩效考核和岗位绩效工资制度，有效调动医务人员的积极性。

健全医疗保险经办机构运行机制。完善内部治理结构，建立合理的用人机制和分配制度，完善激励约束机制，提高医疗保险经办管理能力和管理效率。

（十）建立政府主导的多元卫生投入机制。明确政府、社会与个人的卫生投入责任。确立政府在提供公共卫生和基本医疗服务中的主导地位。公共卫生服务主要通过政府筹资，向城乡居民均等化提供。基本医疗服务由政府、社会和个人三方合理分担费用。特需医疗服务由个人直接付费或通过商业健康保险支付。

建立和完善政府卫生投入机制。中央政府和地方政府都要增加对卫生的投入，并兼顾供给方和需求方。逐步提高政府卫生投入占卫生总费用的比重，使居民个人基本医疗卫生费用负担有效减轻；政府卫生投入增长幅度要高于经常性财政支出的增长幅度，使政府卫生投入占经常性财政支出的比重逐步提高。新增政府卫生投入重点用于支持公共卫生、农村卫生、城市社区卫生和基本医疗保障。

按照分级负担的原则合理划分中央和地方各级政府卫生投入责任。地方政府承担主要责任，中央政府主要对国家免疫规划、跨地区的重大传染疾病预防控制等公共卫生、城乡居民的基本医疗保障以及有关公立医疗卫生机构建设等给予补助。加大中央、省级财政对困难地区的专项转移支付力度。

完善政府对公共卫生的投入机制。专业公共卫生服务机构的人员经费、发展建设和业务经费由政府全额安排，按照规定取得的服务收入上缴财政专户或纳入预算管理。逐步提高人均公共卫生经费，健全公共卫生服务经费保障机制。

完善政府对城乡基层医疗卫生机构的投入机制。政府负责其举办的乡镇卫生院、城市社区卫生服务中心（站）按国家规定核定的基本建设经费、设备购置经费、人员经费和其承担公共卫生服务的业务经费，使其正常运行。对包括社会力量举办的所有乡镇卫生院和城市社区卫生服务机构，各地都可采取购买服务等方式核定政府补助。支持村卫生室建设，对乡村医生承担的公共卫生服务等任务给予合理补助。

落实公立医院政府补助政策。逐步加大政府投入，主要用于基本建设和设备购置、扶持重点学科发展、符合国家规定的离退休人员费用和补贴政策性亏损等，对承担的公共卫生服务等任务给予专项补助，形成规范合理的公立医院政府投入机制。对中医院（民族医院）、传染病院、精神病院、职业病防治院、妇产医院和儿童医院等在投入政策上予以倾斜。严格控制公立医院建设规模、标准和贷款行为。

完善政府对基本医疗保障的投入机制。政府提供必要的资金支持新型农村合作医疗、城镇居民基本医疗保险、城镇职工基本医疗保险和城乡医疗救助制度的建立和完善。保证相关经办机构正常经费。

鼓励和引导社会资本发展医疗卫生事业。积极促进非公立医疗卫生机构发展，形成投资主体多元化、投资方式多样化的办医体制。抓紧制定和完善有关政策法规，规范社会资本包括境外资本办医疗机构的准入条件，完善公平公正的行业管理政策。鼓励社会资本依法兴办非营利性医疗机构。国家制定公立医院改制的指导性意见，积极引导社会资本以多种方式参与包括国有企业所办医院在内的部分公立医院改制重组。稳步推进公立医院改制的试点，适度降低公立医疗机构比重，形成公立医院与非公立医院相互促进、共同发展的格局。支持有资质人员依法开业，方便群众就医。完善医疗机构分类管理政策和税收优惠政策。依法加强对社会力量办医的监管。

大力发展医疗慈善事业。制定相关优惠政策，鼓励社会力量兴办慈善医疗机构，或向医疗救助、医疗机构等慈善捐赠。

（十一）建立科学合理的医药价格形成机制。规范医疗服务价格管理。对非营利性医疗机构提供的基本医疗服务，实行政府指导价，其余由医疗机构自主定价。中央政府负责制定医疗服务价格政策及项目、定价原则及方法；省或市级价格主管部门会同卫生、人力资源社会保障部门核定基本医疗服务指导价格。基本医疗服务价格按照扣除财政补助的服务成本制定，体现医疗服务合理成本和技术劳务价值。不同级别的医疗机构和医生提供的服务，实行分级定价。规范公立医疗机构收费项目和标准，研究探索按病种收费等收费方式改革。建立医用设备仪器价格监测、检查治疗服务成本监审及其价格定期调整制度。

改革药品价格形成机制。合理调整政府定价范围，改进定价方法，提高透明度，利用价格杠杆鼓励企业自主创新，促进国家基本药物的生产和使用。对新药和专利药品逐步实行定价前药物经济性评价制度。对仿制药品实行后上市价格从低定价制度，抑制低水平重复建设。严格控制药品流通环节差价率。对医院销售药品开展差别加价、收取药事服务费等试点，引导医院合理用药。加强医用耗材及植（介）入类医疗器械流通和使用环节价格的控制和管理。健全医药价格监测体系，规范企业自主定价行为。

积极探索建立医疗保险经办机构与医疗机构、药品供应商的谈判机制，发挥医疗保障对医疗服务和药品费用的制约作用。

（十二）建立严格有效的医药卫生监管体制。强化医疗卫生监管。健全卫生监督执法体系，加强城乡卫生监督机构能力建设。强化医疗卫生服务行为和质量监管，完善医疗卫生服务标准和质量评价体系，规范管理制度和工作流程，加快制定统一的疾病诊疗规范，健全医疗卫生服务质量监测网络。加强医疗卫生机构的准入和运行监管。加强对生活饮用水安全、职业危害防治、食品安全、医疗废弃物处置等社会公共卫生的监管。依法严厉打击各种危害人民群众身体健康和生命安全的违法行为。

完善医疗保障监管。加强对医疗保险经办、基金管理和使用等环节的监管，建立医疗保险基金有效使用和风险防范机制。强化医疗保障对医疗服务的监控作用，完善支付制度，积极探索实行按人头付费、按病种付费、总额预付等方式，建立激励与惩戒并重的有效约束机制。加强商业健康保险监管，促进规范发展。

加强药品监管。强化政府监管责任，完善监管体系建设，严格药品研究、生产、流通、使用、价格和广告的监管。落实药品生产质量管理规范，加强对高风险品种生产的监管。严格实施药品经营管理规范，探索建立药品经营许可分类、分级的管理模式，加大重点品种的监督抽验力度。建立农村药品监督网。加强政府对药品价格的监管，有效抑制虚高定价。规范药品临床使用，发挥执业药师指导合理用药与药品质量管理方面的作用。

建立信息公开、社会多方参与的监管制度。鼓励行业协会等社会组织和个人对政府部门、医药机构和相关体系的运行绩效进行独立评价和监督。加强行业自律。

（十三）建立可持续发展的医药卫生科技创新机制和人才保障机制。推进医药卫生科技进步。把医药卫生科技创新作为国家科技发展的重点，努力攻克医药科技难关，为人民群众健康提供技术保障。加大医学科研投入，深化医药卫生科技体制和机构改革，整合优势医学科研资源，加快实施医药科技重大专项，鼓励自主创新，加强对重大疾病防治技术和新药研制关键技术等的研究，在医学基础和应用研究、高技术研究、中医和中西医结合研究等方面力求新的突破。开发生产适合我国国情的医疗器械。广泛开展国际卫生科技合作交流。

加强医药卫生人才队伍建设。制定和实施人才队伍建设规划，重点加强公共卫生、农村卫生、城市社区卫生专业技术人员和护理人员的培养培训。制定优惠政策，鼓励优秀卫生人才到农村、城市社区和中西部地区服务。对长期在城乡基层工作的卫生技术人员在职称晋升、业务培训、待遇政策等方面给予适当倾斜。完善全科医师任职资格制度，健全农村和城市社区卫生人员在岗培训制度，鼓励参加学历教育，促进乡村医生执业规范化，尽快实现基层医疗卫生机构都有合格的全科医生。加强高层次科研、医疗、卫生管理等人才队伍建设。建立住院医师规范化培训制度，强化继续医学教育。加强护理队伍建设，逐步解决护理人员比例过低的问题。培育壮大中医药人才队伍。稳步推动医务人员的合理流动，促进不同医疗机构之间人才的纵向和横向交流，研究探索注册医师多点执业。规范医院管理者的任职条件，逐步形成一支职业化、专业化的医疗机构管理队伍。

调整高等医学教育结构和规模。加强全科医学教育，完善标准化、规范化的临床医学教育，提高医学教育质量。加大医学教育投入，大力发展面向农村、社区的高等医学本专科教育，采取定向免费培养等多种方式，为贫困地区农村培养实用的医疗卫生人才，造就大批扎根农村、服务农民的合格医生。

构建健康和谐的医患关系。加强医德医风建设，重视医务人员人文素养培养和职业素质教育，大力弘扬救死扶伤精神。优化医务人员执业环境和条件，保护医务人员的合法权益，调动医务人员改善服务和提高效率的积极性。完善医疗执业保险，开展医务社会工作，完善医疗纠纷处理机制，增进医患沟通。在全社会形成尊重医学科学、尊重医疗卫生工作者、尊重患者的良好风气。

（十四）建立实用共享的医药卫生信息系统。大力推进医药卫生信息化建设。以推进公共卫生、医疗、医保、药品、财务监管信息化建设为着力点，整合资源，加强信息标准化和公共服务信息平台建设，逐步实现统一高效、互联互通。

加快医疗卫生信息系统建设。完善以疾病控制网络为主体的公共卫生信息系统，提高预测预警和分析报告能力；以建立居民健康档案为重点，构建乡村和社区卫生信息网络平台；以医院管理和电子病历为重点，推进医院信息化建设；利用网络信息技术，促进城市医院与社区卫生服务机构的合作。积极发展面向农村及边远地区的远程医疗。

建立和完善医疗保障信息系统。加快基金管理、费用结算与控制、医疗行为管理与监督、参保单位和个人管理服务等具有复合功能的医疗保障信息系统建设。加强城镇职工基本医疗保险、城镇居民基本医疗保险、新型农村合作医疗和医疗救助信息系统建设，实现与医疗机构信息系统的对接，积极推广“一卡通”

等办法,方便参保(合)人员就医,增加医疗服务的透明度。

建立和完善国家、省、市三级药品监管、药品检验检测、药品不良反应监测信息网络。建立基本药物供求信息系统。

(十五)建立、健全医药卫生法律制度。完善卫生法律、法规。加快推进基本医疗卫生立法,明确政府、社会和居民在促进健康方面的权利和义务,保障人人享有基本医疗卫生服务。建立、健全卫生标准体系,做好相关法律、法规的衔接与协调。加快中医药立法工作。完善药品监管法律、法规。逐步建立、健全与基本医疗卫生制度相适应、比较完整的卫生法律制度。

推进依法行政。严格、规范执法,切实提高各级政府运用法律手段发展和管理医药卫生事业的能力。加强医药卫生普法工作,努力创造有利于人民群众健康的法治环境。

五、着力抓好五项重点改革,力争近期取得明显成效

为使改革尽快取得成效,落实医疗卫生服务的公益性质,着力保障广大群众看病就医的基本需求,按照让群众得到实惠,让医务人员受到鼓舞,让监管人员易于掌握的要求,2009—2011年着力抓好五项重点改革。

(十六)加快推进基本医疗保障制度建设。基本医疗保障制度全面覆盖城乡居民,3年内城镇职工基本医疗保险、城镇居民基本医疗保险和新型农村合作医疗参保(合)率均达到90%以上;城乡医疗救助制度覆盖到全国所有困难家庭。以提高住院和门诊大病保障为重点,逐步提高筹资和保障水平,2010年各级财政对城镇居民基本医疗保险和新型农村合作医疗的补助标准提高到每人每年120元。做好医疗保险关系转移接续和异地就医结算服务。完善医疗保障管理体制机制。有效减轻城乡居民个人医药费用负担。

(十七)初步建立国家基本药物制度。建立比较完整的基本药物遴选、生产供应、使用和医疗保险报销的体系。2009年,公布国家基本药物目录;规范基本药物采购和配送;合理确定基本药物的价格。从2009年起,政府举办的基层医疗卫生机构全部配备和使用基本药物,其他各类医疗机构也都必须按规定使用基本药物,所有零售药店均应配备和销售基本药物;完善基本药物的医保报销政策。保证群众基本用药的可及性、安全性和有效性,减轻群众基本用药费用负担。

(十八)健全基层医疗卫生服务体系。加快农村三级医疗卫生服务网络和城市社区卫生服务机构建设,发挥县级医院的龙头作用,用3年时间建成比较完善的基层医疗卫生服务体系。加强基层医疗卫生人才队伍建设,特别是全科医生的培养培训,着力提高基层医疗卫生机构服务水平和质量。转变基层医疗卫生机构运行机制和服务模式,完善补偿机制。逐步建立分级诊疗和双向转诊制度,为群众提供便捷、低成本的基本医疗卫生服务。

(十九)促进基本公共卫生服务逐步均等化。国家制定基本公共卫生服务项目,从2009年起,逐步向城乡居民统一提供疾病预防控制、妇幼保健、健康教育等基本公共卫生服务。实施国家重大公共卫生服务项目,有效预防控制重大疾病及其危险因素,进一步提高突发重大公共卫生事件处置能力。健全城乡公共卫生服务体系,完善公共卫生服务经费保障机制,2009年人均基本公共卫生服务经费标准不低于15元,到2011年不低于20元。加强绩效考核,提高服务效率和质量。逐步缩小城乡居民基本公共卫生服务差距,力争让群众少生病。

(二十)推进公立医院改革试点。改革公立医院管理体制、运行机制和监管机制,积极探索政事分开、管办分开的有效形式。完善医院法人治理结构。推进公立医院补偿机制改革,加大政府投入,完善公立医院经济补偿政策,逐步解决"以药补医"问题。加快形成多元化办医格局,鼓励民营资本举办非营利性医院。大力改进公立医院内部管理,优化服务流程,规范诊疗行为,调动医务人员的积极性,提高服务质量和效率,明显缩短病人等候时间,实现同级医疗机构检查结果互认,努力让群众看好病。

六、积极稳妥推进医药卫生体制改革

(二十一)提高认识,加强领导。各级党委和政府要充分认识深化医药卫生体制改革的重要性、紧迫性和艰巨性,提高认识、坚定信心,切实加强组织领导,把解决群众看病就医问题作为改善民生、扩大内需的重点摆上重要议事日程,明确任务分工,落实政府的公共医疗卫生责任。成立国务院深化医药卫生体制改革领导小组,统筹组织实施深化医药卫生体制改革。国务院有关部门要认真履行职责,密切配合,形成合力,加强监督考核。地方政府要按照本意见和实施方案的要求,因地制宜制订具体实施方案和有效措施,精心组织,有序推进改革进程,确保改革成果惠及全体人民群众。

(二十二)突出重点,分步实施。建立覆盖城乡居民的基本医疗卫生制度是一项长期任务,要坚持远近结合,从基础和基层起步,近期重点抓好基本医疗保障制度、国家基本药物制度、基层医疗卫生服务体系、基本公共卫生服务均等化和公立医院改革试点五项改革。要抓紧制定操作性文件和具体方案,进一步深化、细化政策措施,明确实施步骤,做好配套衔接,协调推

进各项改革。

(二十三)先行试点,逐步推开。医药卫生体制改革涉及面广、情况复杂、政策性强,一些重大改革要先行试点。国务院深化医药卫生体制改革领导小组负责制定试点原则和政策框架,统筹协调、指导各地试点工作。各省区市制定具体试点方案并组织实施。鼓励地方结合当地实际,开展多种形式的试点,积极探索有效的实现途径,并及时总结经验,逐步推开。

(二十四)加强宣传,正确引导。深化医药卫生体制改革需要社会各界和广大群众的理解、支持和参与。要坚持正确的舆论导向,广泛宣传改革的重大意义和主要政策措施,积极引导社会预期,增强群众信心,使这项惠及广大人民群众的重大改革深入人心,为深化改革营造良好的舆论环境。

2009年中华环保世纪行宣传活动启动仪式在北京举行

2009年中华环保世纪行宣传活动主题为"让人民呼吸清新的空气",将以围绕全国人大常委会今年大气污染防治等环境资源立法和监督工作为重点,大力宣传我国环境资源法律、法规实施进展情况以及取得的积极成效和典型,报道"十一五"规划确定的节能减排目标完成情况,进一步提高全社会珍惜资源保护环境的意识和法制观念。

顾金池逝世

中共辽宁省委原书记顾金池同志于3月17日在北京病逝,享年77岁。

顾金池是河北雄县人,1949年10月加入中国共产党,历任中共甘肃省委书记,中共辽宁省委书记等职。他是中共第十三届、十四届中央委员,中共十五大代表,第八届全国人大代表,第九届全国人大常委会委员、内务司法委员会副主任委员。

3月18日

国务院总理温家宝主持召开国务院常务会议

会议审议并原则通过《落实〈政府工作报告〉重点工作部门分工意见》和《全国森林防火中长期发展规划》,讨论并原则通过《中华人民共和国人民武装警察法(草案)》。

会议指出,十一届全国人大二次会议审议通过《政府工作报告》后,落实报告提出的各项任务,就成为国务院及所属部门的重要职责。为此国务院制定了重点工作部门分工意见,对今年政府工作主要任务进行逐项分解,明确相关牵头和负责部门。会议强调,做好今年政府工作,要以应对国际金融危机、促进经济平稳较快发展为主线,统筹兼顾,突出重点,全面实施促进经济增长的一揽子计划。要把应对危机的各项工作抓早、抓紧、抓实、抓出成效,不可贻误时机。这直接关系到我国在应对危机中能否占据主动地位,关系到能否防止经济下滑,关系到巩固改革开放的成果、把现代化建设事业继续推向前进。国务院各部门、各单位要认真履行职责,充分发挥主动性、积极性和创造性,抓紧制订本部门、本单位落实重点工作的实施方案,并在执行过程中进一步细化、实化;要加强配合,及时沟通协调,形成合力;要强化督促检查,严格落实责任,不折不扣地把各项政策措施落到实处。会议讨论了当前国内外经济形势,一致认为国际金融危机仍在蔓延加深,我国部分地区和行业经济出现企稳回升迹象,但面临的矛盾和困难仍然很大。要加强监测预警机制建设,密切跟踪分析形势,及时发现问题,果断采取措施,促进经济平稳较快发展,努力实现今年国民经济和社会发展预期目标。

会议指出,我国是森林火灾多发的国家之一。编制和实施《全国森林防火中长期发展规划》,对于全面提升我国森林防火综合能力,消除森林火灾隐患,巩固生态建设成果,保护人民群众生命财产安全,具有重要意义。各地和有关部门要认真做好《全国森林防火中长期发展规划》的组织实施工作。

会议认为,为保障人民武装警察部队依法执行国家赋予的安全保卫任务,维护国家安全和社会稳定,保护公民、法人和其他组织的合法权益,有必要制定人民武装警察法。会议决定,《中华人民共和国人民武装警察法(草案)》经进一步修改后,由国务院、中央军委提请全国人大常委会审议。

国务院总理温家宝在人民大会堂与朝鲜总理金英日举行会谈

国务院印发《医药卫生体制改革近期重点实施方案(2009—2011年)》并发出通知

各省、自治区、直辖市人民政府,国务院各部委、各直属机构:

现将《医药卫生体制改革近期重点实施方案(2009—2011年)》印发给你们,请结合本地区、本部门实际,认真贯彻执行。

国务院

2009年3月18日

医药卫生体制改革近期重点实施方案(2009—2011年)

根据《中共中央　国务院关于深化医药卫生体制

改革的意见》(中发〔2009〕6号,以下简称《意见》),2009—2011年重点抓好五项改革:一是加快推进基本医疗保障制度建设,二是初步建立国家基本药物制度,三是健全基层医疗卫生服务体系,四是促进基本公共卫生服务逐步均等化,五是推进公立医院改革试点。

推进五项重点改革,旨在着力解决群众反映较多的"看病难、看病贵"问题。推进基本医疗保障制度建设,将全体城乡居民纳入基本医疗保障制度,切实减轻群众个人支付的医药费用负担。建立国家基本药物制度,完善基层医疗卫生服务体系,方便群众就医,充分发挥中医药作用,降低医疗服务和药品价格。促进基本公共卫生服务逐步均等化,使全体城乡居民都能享受基本公共卫生服务,最大限度地预防疾病。推进公立医院改革试点,提高公立医疗机构服务水平,努力解决群众"看好病"问题。

推进五项重点改革,旨在落实医疗卫生事业的公益性质,具有改革阶段性的鲜明特征。把基本医疗卫生制度作为公共产品向全民提供,实现人人享有基本医疗卫生服务,这是我国医疗卫生事业发展从理念到体制的重大变革,是贯彻落实科学发展观的本质要求。医药卫生体制改革是艰巨而长期的任务,需要分阶段有重点地推进。要处理好公平与效率的关系,在改革初期首先着力解决公平问题,保障广大群众看病就医的基本需求,并随着经济社会发展逐步提高保障水平。逐步解决城镇职工基本医疗保险、城镇居民基本医疗保险、新型农村合作医疗制度之间的衔接问题。鼓励社会资本投入,发展多层次、多样化的医疗卫生服务,统筹利用全社会的医疗卫生资源,提高服务效率和质量,满足人民群众多样化的医疗卫生需求。

推进五项重点改革,旨在增强改革的可操作性,突出重点,带动医药卫生体制全面改革。建立基本医疗卫生制度是一项重大制度创新,是医药卫生体制全面改革的关键环节。五项重点改革涉及医疗保障制度建设、药品供应保障、医药价格形成机制、基层医疗卫生机构建设、公立医疗机构改革、医疗卫生投入机制、医务人员队伍建设、医药卫生管理体制等关键环节和重要领域。抓好这五项改革,目的是从根本上改变部分城乡居民没有医疗保障和公共医疗卫生服务长期薄弱的状况,扭转公立医疗机构趋利行为,使其真正回归公益性,有效解决当前医药卫生领域的突出问题,为全面实现医药卫生体制改革的长远目标奠定坚实基础。

一、加快推进基本医疗保障制度建设

(一)扩大基本医疗保障覆盖面。三年内,城镇职工基本医疗保险(以下简称城镇职工医保)、城镇居民基本医疗保险(以下简称城镇居民医保)和新型农村合作医疗(以下简称新农合)覆盖城乡全体居民,参保率均提高到90%以上。用两年左右时间,将关闭破产企业退休人员和困难企业职工纳入城镇职工医保,确有困难的,经省级人民政府批准后,参加城镇居民医保。关闭破产企业退休人员实现医疗保险待遇与企业缴费脱钩。中央财政对困难地区的国有关闭破产企业退休人员参保给予适当补助。2009年全面推开城镇居民医保制度,将在校大学生全部纳入城镇居民医保范围。积极推进城镇非公有制经济组织从业人员、灵活就业人员和农民工参加城镇职工医保。政府对符合就业促进法规定的就业困难人员参加城镇职工医保的参保费用给予补贴。灵活就业人员自愿选择参加城镇职工医保或城镇居民医保。参加城镇职工医保有困难的农民工,可以自愿选择参加城镇居民医保或户籍所在地的新农合。

(二)提高基本医疗保障水平。逐步提高城镇居民医保和新农合筹资标准和保障水平。2010年,各级财政对城镇居民医保和新农合的补助标准提高到每人每年120元,并适当提高个人缴费标准,具体缴费标准由省级人民政府制定。城镇职工医保、城镇居民医保和新农合对政策范围内的住院费用报销比例逐步提高。逐步扩大和提高门诊费用报销范围和比例。将城镇职工医保、城镇居民医保最高支付限额分别提高到当地职工年平均工资和居民可支配收入的6倍左右,新农合最高支付限额提高到当地农民人均纯收入的6倍以上。

(三)规范基本医疗保障基金管理。各类医保基金要坚持以收定支、收支平衡、略有结余的原则。合理控制城镇职工医保基金、城镇居民医保基金的年度结余和累计结余,结余过多的地方要采取提高保障水平等办法,把结余逐步降到合理水平。新农合统筹基金当年结余率原则上控制在15%以内,累计结余不超过当年统筹基金的25%。建立基本医疗保险基金风险调剂金制度。基金收支情况要定期向社会公布。提高基金统筹层次,2011年城镇职工医保、城镇居民医保基本实现市(地)级统筹。

(四)完善城乡医疗救助制度。有效使用救助资金,简化救助资金审批发放程序,资助城乡低保家庭成员、五保户参加城镇居民医保或新农合,逐步提高对经济困难家庭成员自负医疗费用的补助标准。

(五)提高基本医疗保障管理服务水平。鼓励地方积极探索建立医保经办机构与医药服务提供方的谈判机制和付费方式改革,合理确定药品、医疗服务和医用材料支付标准,控制成本费用。改进医疗保障服务,推广参保人员就医"一卡通",实现医保经办机构与定点医疗机构直接结算。允许参加新农合的农民在统筹区域内自主选择定点医疗机构就医,简化到县域外就医的转诊手续。建立异地就医结算机制,探索异地安置的退休人员就地就医、就地结算办法。制定基本医疗保险关系转移接续办法,解决农民工等流动就业人员基本医疗保障关系跨制度、跨地区转移接续问题。做好城镇职工医保、城镇居民医保、新农合、城乡医疗救助之间的衔接。探索建立城乡一体化的基本医疗保障管理制度,并逐步整合基本医疗保障经办管理资源。在确保基金安全和有效监管的前提下,积极提倡以政府购买医疗保障服务的方式,探索委托具有资质的商业保险机构经办各类医疗保障管理服务。

二、初步建立国家基本药物制度

(六)建立国家基本药物目录遴选调整管理机制。制订国家基本药物遴选和管理办法。基本药物目录定期调整和更新。2009年年初,公布国家基本药物目录。

(七)初步建立基本药物供应保障体系。充分发挥市场机制作用,推动药品生产流通企业兼并重组,发展统一配送,实现规模经营;鼓励零售药店发展连锁经营。完善执业药师制度,零售药店必须按规定配备执业药师为患者提供购药咨询和指导。政府举办的医疗卫生机构使用的基本药物,由省级人民政府指定的机构公开招标采购,并由招标选择的配送企业统一配送。参与投标的生产企业和配送企业应具备相应的资格条件。招标采购药品和选择配送企业,要坚持全国统一市场,不同地区、不同所有制企业平等参与、公平竞争。药品购销双方要根据招标采购结果签订合同并严格履约。用量较少的基本药物,可以采用招标方式定点生产。完善基本药物国家储备制度。加强药品质量监管,对药品定期进行质量抽检,并向社会公布抽检结果。

国家制定基本药物零售指导价格。省级人民政府根据招标情况在国家指导价格规定的幅度内确定本地区基本药物统一采购价格,其中包含配送费用。政府举办的基层医疗卫生机构按购进价格实行零差率销售。鼓励各地探索进一步降低基本药物价格的采购方式。

(八)建立基本药物优先选择和合理使用制度。所有零售药店和医疗机构均应配备和销售国家基本药物,满足患者需要。不同层级医疗卫生机构基本药物使用率由卫生行政部门规定。从2009年起,政府举办的基层医疗卫生机构全部配备和使用基本药物,其他各类医疗机构也都必须按规定使用基本药物。卫生行政部门制订临床基本药物应用指南和基本药物处方集,加强用药指导和监管。允许患者凭处方到零售药店购买药物。基本药物全部纳入基本医疗保障药品报销目录,报销比例明显高于非基本药物。

三、健全基层医疗卫生服务体系

(九)加强基层医疗卫生机构建设。完善农村三级医疗卫生服务网络。发挥县级医院的龙头作用,三年内中央重点支持2000所左右县级医院(含中医院)建设,使每个县至少有1所县级医院基本达到标准化水平。完善乡镇卫生院、社区卫生服务中心建设标准。2009年,全面完成中央规划支持的2.9万所乡镇卫生院建设任务,再支持改扩建5000所中心乡镇卫生院,每个县1—3所。支持边远地区村卫生室建设,三年内实现全国每个行政村都有卫生室。三年内新建、改造3700所城市社区卫生服务中心和1.1万个社区卫生服务站。中央支持困难地区2400所城市社区卫生服务中心建设。公立医院资源过剩地区,要进行医疗资源重组,充实和加强基层医疗卫生机构。对社会力量举办基层医疗卫生机构提供的公共卫生服务,采取政府购买服务等方式给予补偿;对其提供的基本医疗服务,通过签订医疗保险定点合同等方式,由基本医疗保障基金等渠道补偿。鼓励有资质的人员开办诊所或个体行医。

(十)加强基层医疗卫生队伍建设。制定并实施免费为农村定向培养全科医生和招聘执业医师计划。用三年时间,分别为乡镇卫生院、城市社区卫生服务机构和村卫生室培训医疗卫生人员36万人次、16万人次和137万人次。完善城市医院对口支援农村制度。每所城市三级医院要与3所左右县级医院(包括有条件的乡镇卫生院)建立长期对口协作关系。继续实施“万名医师支援农村卫生工程”。采取到城市大医院进修、参加住院医师规范化培训等方式,提高县级医院医生水平。

落实好城市医院和疾病预防控制机构医生晋升中高级职称前到农村服务一年以上的政策。鼓励高校医学毕业生到基层医疗机构工作。从2009年起,对志愿去中西部地区乡镇卫生院工作三年以上的高校医学毕业生,由国家代偿学费和助学贷款。

(十一)改革基层医疗卫生机构补偿机制。基层医疗卫生机构运行成本通过服务收费和政府补助补偿。政府负责其举办的乡镇卫生院、城市社区卫生服务中心和服务站按国家规定核定的基本建设、设备购置、人员经费及所承担公共卫生服务的业务经费,按定额定项和购买服务等方式补助。医务人员的工资水平,要与当地事业单位工作人员平均工资水平相衔接。基层医疗卫生机构提供的医疗服务价格,按扣除政府补助后的成本制定。实行药品零差率销售后,药品收入不再作为基层医疗卫生机构经费的补偿渠道,不得接受药品折扣。探索对基层医疗卫生机构实行收支两条线等管理方式。

政府对乡村医生承担的公共卫生服务等任务给予合理补助,补助标准由地方人民政府规定。

（十二）转变基层医疗卫生机构运行机制。基层医疗卫生机构要使用适宜技术、适宜设备和基本药物，大力推广包括民族医药在内的中医药，为城乡居民提供安全有效和低成本服务。乡镇卫生院要转变服务方式，组织医务人员在乡村开展巡回医疗；城市社区卫生服务中心和服务站对行动不便的患者要实行上门服务、主动服务。鼓励地方制定分级诊疗标准，开展社区首诊制试点，建立基层医疗机构与上级医院双向转诊制度。全面实行人员聘用制，建立能进能出的人力资源管理制度。完善收入分配制度，建立以服务质量和服务数量为核心、以岗位责任与绩效为基础的考核和激励制度。

四、促进基本公共卫生服务逐步均等化

（十三）基本公共卫生服务覆盖城乡居民。制定基本公共卫生服务项目，明确服务内容。从2009年开始，逐步在全国统一建立居民健康档案，并实施规范管理。定期为65岁以上老年人做健康检查、为3岁以下婴幼儿做生长发育检查、为孕产妇做产前检查和产后访视，为高血压、糖尿病、精神疾病、艾滋病、结核病等人群提供防治指导服务。普及健康知识，2009年开设中央电视台健康频道，中央和地方媒体均应加强健康知识宣传教育。

（十四）增加国家重大公共卫生服务项目。继续实施结核病、艾滋病等重大疾病防控和国家免疫规划、农村妇女住院分娩等重大公共卫生项目。从2009年开始开展以下项目：为15岁以下人群补种乙肝疫苗；消除燃煤型氟中毒危害；农村妇女孕前和孕早期补服叶酸等，预防出生缺陷；贫困白内障患者复明；农村改水改厕等。

（十五）加强公共卫生服务能力建设。重点改善精神卫生、妇幼卫生、卫生监督、计划生育等专业公共卫生机构的设施条件。加强重大疾病以及突发公共卫生事件预测预警和处置能力。积极推广和应用中医药预防保健方法和技术。落实传染病医院、鼠防机构、血防机构和其他疾病预防控制机构从事高风险岗位工作人员的待遇政策。

（十六）保障公共卫生服务所需经费。专业公共卫生机构人员经费、发展建设经费、公用经费和业务经费由政府预算全额安排，服务性收入上缴财政专户或纳入预算管理。按项目为城乡居民免费提供基本公共卫生服务。提高公共卫生服务经费标准。2009年人均基本公共卫生服务经费标准不低于15元，2011年不低于20元。中央财政通过转移支付对困难地区给予补助。

五、推进公立医院改革试点

（十七）改革公立医院管理体制、运行机制和监管机制。公立医院要坚持维护公益性和社会效益原则，以病人为中心。鼓励各地积极探索政事分开、管办分开的有效形式。界定公立医院所有者和管理者的责权。完善医院法人治理结构。推进人事制度改革，明确院长选拔任用和岗位规范，完善医务人员职称评定制度，实行岗位绩效工资制度。建立住院医师规范化培训制度。鼓励地方探索注册医师多点执业的办法和形式。强化医疗服务质量管理。规范公立医院临床检查、诊断、治疗、使用药物和植（介）入类医疗器械行为，优先使用基本药物和适宜技术，实行同级医疗机构检查结果互认。

探索建立由卫生行政部门、医疗保险机构、社会评估机构、群众代表和专家参与的公立医院质量监管和评价制度。严格医院预算和收支管理，加强成本核算与控制。全面推行医院信息公开制度，接受社会监督。

（十八）推进公立医院补偿机制改革。逐步将公立医院补偿由服务收费、药品加成收入和财政补助三个渠道改为服务收费和财政补助两个渠道。政府负责公立医院基本建设和大型设备购置、重点学科发展、符合国家规定的离退休人员费用和政策性亏损补偿等，对公立医院承担的公共卫生任务给予专项补助，保障政府指定的紧急救治、援外、支农、支边等公共服务经费，对中医院（民族医院）、传染病医院、职业病防治院、精神病医院、妇产医院和儿童医院等在投入政策上予以倾斜。严格控制公立医院建设规模、标准和贷款行为。推进医药分开，逐步取消药品加成，不得接受药品折扣。医院由此减少的收入或形成的亏损通过增设药事服务费、调整部分技术服务收费标准和增加政府投入等途径解决。药事服务费纳入基本医疗保险报销范围。积极探索医药分开的多种有效途径。适当提高医疗技术服务价格，降低药品、医用耗材和大型设备检查价格。定期开展医疗服务成本测算，科学考评医疗服务效率。

公立医院提供特需服务的比例不超过全部医疗服务的10%。鼓励各地探索建立医疗服务定价由利益相关方参与协商的机制。

（十九）加快形成多元办医格局。省级卫生行政部门会同有关部门，按照区域卫生规划，明确辖区内公立医院的设置数量、布局、床位规模、大型医疗设备配置和主要功能。要积极稳妥地把部分公立医院转制为民营医疗机构。制定公立医院转制政策措施，确保国有资产保值和职工合法权益。

鼓励民营资本举办非营利性医院。民营医院在医保定点、科研立项、职称评定和继续教育等方面，与公立医院享受同等待遇；对其在服务准入、监督管理等方面一视同仁。落实非营利性医院税收优惠政策，完善营利性医院税收政策。

公立医院改革2009年开始试点，2011年逐步推开。

六、保障措施

（二十）加强组织领导。国务院深化医药卫生体制改革领导小组统筹组织和协调改革工作。国务院有关部门要抓紧研究制定相关配套文件。各级政府要切实加强领导，抓好组织落实，加快推进各项重点改革。

（二十一）加强财力保障。各级政府要认真落实《意见》提出的各项卫生投入政策，调整支出结构，转变投入机制，改革补偿办法，切实保障改革所需资金，提高财政资金使用效益。为了实现改革的目标，经初步测算，2009—2011年各级政府需要投入8500亿元，其中中央政府投入3318亿元。

（二十二）鼓励各地试点。医药卫生体制改革涉及面广，情况复杂，政策性强，一些重大改革要先行试点，逐步推开。各地情况差别很大，要鼓励地方因地制宜制订具体实施方案，开展多种形式的试点，进行探索创新。国务院深化医药卫生体制改革领导小组负责统筹协调、指导各地试点工作。要注意总结和积累经验，不断深入推进改革。

（二十三）加强宣传引导。坚持正确的舆论导向，制订分步骤、分阶段的宣传方案；采取通俗易懂、生动形象的方式，广泛宣传实施方案的目标、任务和主要措施，解答群众关心的问题；及时总结、宣传改革经验，为深化改革营造良好的社会和舆论环境。

全国政协主席贾庆林在北京会见以董赵洪娉女士为团长的香港群力资源中心访京团一行

贾庆林向客人介绍了内地经济社会发展形势和刚刚闭幕的十一届全国人大二次会议和全国政协十一届二次会议的有关情况。贾庆林强调，祖国内地永远是香港的坚强后盾。相信在中央政府的支持下，在特区政府带领下，通过广大香港同胞的共同努力，一定能够继续保持香港繁荣稳定、和谐发展的局面。他希望香港群力资源中心继续高举爱国爱港旗帜，坚决贯彻“一国两制”方针和基本法；积极参与香港社会事务，支持特区政府依法施政；做好香港青少年的爱国主义教育工作，为香港的长期繁荣稳定和社会和谐作出新的贡献。

全国人大常委会副委员长陈至立在广东省调研大气污染防治工作

3月18日至20日，陈至立在广州、佛山、珠海等地实地考察了企业和环境监测站等单位，并召开了大气防治工作座谈会。对广东省大气污染防治工作给予了高度肯定。她指出，广东省通过积极调整产业结构，加强区域和部门协作，完善地方性法规，控制污染源等措施，大气污染防治工作取得了积极进展。

陈至立强调，要把大气污染防治问题放在更加突出的位置，切实加强防治工作，重点加大对火电、水泥、钢铁等高耗能、高排放行业的治理力度。要注重防治二氧化硫等重点污染源和防治新污染物并重，加强对各种污染物的协同控制；注重管理手段、经济手段与科技手段并重，运用综合办法推动污染治理；注重末端控制和强化前端和中端减排并重，实施全过程减排；注重重点领域、重点行业和区域防治并重，实现区域联合控制。

全国人大环资委主任委员汪光焘等陪同调研。

“中朝友好年”开幕式在北京国家大剧院举行

国务院副总理李克强在北京会见美国杜邦公司董事长贺利得

李克强指出，中国政府实施重点产业调整和振兴规划，促进产业升级和技术进步，给国内外企业带来了新的商机。希望杜邦公司等跨国企业抓住机遇、发挥优势，继续扩大在华投资，积极拓展新能源等合作领域，实现互利共赢。

贺利得表示，杜邦公司对中国经济和该公司在华业务发展充满信心，将继续扩大在华投资与合作。

全国人大西藏代表团在纽约与侨界学界和藏族同胞举行座谈

国务委员戴秉国率团赴越南进行正式访问

中联部部长王家瑞在北京会见由中央委员巴拉特·莫汉·阿迪卡里率领的尼泊尔共产党（联合马列）代表团

3月19日

国家主席胡锦涛在人民大会堂会见朝鲜总理金英日

胡锦涛说，建交60年来，由两国老一辈领导人亲自缔造和精心培育的中朝友谊，经历了国际风云变幻和各自国内情况变化的考验，不断巩固和发展，已成为我们两国和两国人民共同的宝贵财富。中国党和政府高度重视中朝关系，我们愿同朝方一道，继续本着“继承传统、面向未来、睦邻友好、加强合作”的精神，以两国建交60周年暨“中朝友好年”为契机，弘扬传统友谊，加强友好交往，深化战略沟通，推进务实合作，携手共创中朝睦邻友好合作关系更加美好的明天。

在谈到半岛核问题时,胡锦涛说,如何克服当前的困难,早日恢复六方会谈,是有关各方共同面临的课题。我们希望有关各方从大局出发,妥善解决存在的分歧,推动六方会谈继续向前迈进。中方愿同朝方及有关各方共同为此作出努力。

金英日说,朝中传统友谊有深厚的历史根基。近年来,在两国领导人的亲自关心下,朝中各领域合作发展良好。他说,不断发展朝中传统友好合作关系,让两国传统友谊世代相传是朝鲜党和政府坚定不移的方针,朝方将一如既往地为巩固发展朝中友好合作关系作出不懈努力。金英日还表示,朝鲜人民为中国人民在经济建设和社会发展方面取得的巨大成就感到由衷高兴。

全国人大常委会委员长吴邦国在人民大会堂会见朝鲜总理金英日

吴邦国在会见时表示,中国全国人大和朝鲜最高人民会议之间有着传统交往关系。新时期新形势下,中国全国人大愿与朝鲜最高人民会议加强交流与合作,为两国关系全面发展注入新的活力。

金英日说,中国人民在国家建设中取得的一切成就,证明了以胡锦涛同志为总书记的中国共产党制定的路线的正确性和生命力。他说,不断巩固发展朝中关系是朝鲜党和政府坚定不移的立场。朝中传统友谊过去、现在、将来都是两国人民的宝贵财富。朝方愿同中方共同努力,办好"朝中友好年"活动,使朝中友谊世代相传,推动两国友好合作关系不断向前发展。

全国人大常委会副委员长陈至立在广东省妇女工作座谈会上发表讲话

陈至立对广东省委、省政府高度重视妇女工作、推动妇女工作不断取得新成绩给予充分肯定。她强调,各级妇联组织要把思想和行动统一到中央精神上来,围绕"保增长、保民生、保稳定"大局,扎实做好促进妇女就业创业工作。一要为妇女就业提供有效服务,特别是为妇女就业提供政策咨询、信息传递和牵线搭桥。二要通过提供小额贷款等多种方式,对妇女创业给予有力支持,以创业带动就业,加大力度为妇女创业争取政策、资金和项目支持。三要特别关注经济困难妇女的就业问题,给她们提供特殊就业帮助。还要防止企业出现大量裁减女员工及其他损害妇女劳动权益的违法现象。

陈至立指出,要坚持"一手抓发展、一手抓维权",扎扎实实为妇女群众做好事、办实事、解难事。要把解决妇女群众最关心、最直接、最现实利益问题的工作具体化、实事化。她特别强调,今年的《政府工作报告》中提出的"在农村妇女中开展妇科疾病定期检查",是一项惠及亿万农村妇女和家庭的民心工程,意义重大、影响深远,充分体现了党和国家对妇女的亲切关怀,各级妇联组织要积极配合卫生部门落实这项工作。要进一步推进妇女进村"两委"工作,加强宣传和教育培训,提高妇女素质。坚决反对家庭暴力,促进和谐家庭建设和社会稳定。

陈至立要求各级妇联组织和干部切实提高贯彻落实科学发展观的能力,进一步改进工作作风,以服务妇女为宗旨,使妇联工作不断取得新的成效。

国务院副总理张德江考察部分在京中央企业

3月19日至20日,张德江考察了6家在京中央企业,并召开了部分在京中央企业负责人座谈会。张德江强调,中央企业作为国民经济的骨干和中坚,越是在困难时候,越是在关键时刻,越要发挥对经济发展的支撑和带动作用。要贯彻落实中央扩大内需、促进经济增长的一系列政策措施,认真实施重点产业调整和振兴规划,发挥中央企业的优势,积极参与重大项目建设,促进企业发展。要以市场需求为导向,调整产品结构,大力开拓国内外市场,确保生产经营增长。要大力推进经济结构战略性调整,着力加快科技创新和技术改造步伐,切实加强和改善企业管理,提高中央企业的整体素质和竞争力,推动发展方式转变。要认真履行各项社会责任,努力稳定和扩大就业岗位,努力维护社会和谐稳定。要认真开展深入学习实践科学发展观活动,把贯彻落实科学发展观提高到新的水平,努力实现中央企业又好又快发展。

国资委主任李荣融陪同考察。

国务院副总理李克强在中南海紫光阁会见印尼经济统筹部长斯莉·穆莉娅妮女士一行

李克强指出,中国高度重视同印尼等周边发展中国家开展合作,愿意与其分享基础设施、产业发展等方面的适用技术和管理经验。希望双方进一步发挥各自优势,深化能源、建设、融资等领域互利合作,携手应对挑战,实现共同发展。

斯莉·穆莉娅妮表示,愿在能源和其他领域加强与中国务实合作,推动两国经贸关系向前发展。

国务委员戴秉国在河内分别与越南国家主席阮明哲和政府总理阮晋勇举行会谈

中越双边合作指导委员会第三次会议在河内举行

委员会中方主席、中国国务委员戴秉国和委员会越方主席、越南政府副总理兼外长范家谦主持会议。

双方就下一步两国关系发展和各领域合作达成以下共识：一、保持高层交往，增进政治互信。以明年两国建交60周年为契机，通过举办“中越友好年”活动推进双边关系深入发展。二、携手应对金融危机，实现互利共赢。充分发挥现有经贸合作机制作用，抓紧商签并落实《中越经贸合作五年发展规划》，积极推进“两廊一圈”合作。大力推动重点领域合作，开拓新的贸易增长点。三、妥善处理边界领土问题，维护边境地区稳定和安宁。四、扩大农业、文教、科技、旅游、体育等领域合作，加强边境省份合作，实现优势互补。扎实开展形式多样的青年友好交流活动。五、密切多边领域合作，维护共同利益。

戴秉国强调，在当前全球经济金融危机背景下，中方愿与越方一道，在“长期稳定、面向未来、睦邻友好、全面合作”十六字方针和“好邻居、好朋友、好同志、好伙伴”精神指引下，同舟共济，携手并进，加强合作，共克时艰，推动中越全面战略合作伙伴关系不断向前发展。

中方外交、中联、国防、公安、安全、发改委、商务、财政等部门及广西、云南省区负责人，以及越方党、政及地方有关部门负责人出席了会议。

2009中国国际节能减排与新能源科技博览会在北京展览馆开幕

此次博览会设立了政府综合展区、企业展区、技术交易服务展区和全民节能减排科普展区4个展区。此次博览会为期5天，由科技部、国家发改委等13个单位联合举办。

3月20日

全国人大常委会委员长吴邦国在人民大会堂会见日本防卫大臣浜田靖一

吴邦国说，中日建交以来，两国关系虽经历了一些波折，但在双方共同努力下，各领域合作取得了长足发展。特别是去年5月国家主席胡锦涛成功访日，全面规划了中日关系，为两国关系发展指明了方向。中日互为近邻，是亚太地区的重要国家，发展中日关系符合两国的共同利益，也有利于地区和世界的和平、稳定与发展。特别是在国际金融危机不断蔓延的情况下，中日更有必要加强合作，共同应对挑战。中方愿与日方一道，积极落实两国元首达成的共识，妥善解决两国关系中存在的敏感问题，不断巩固两国关系的政治基础，扩大人员交往，增进国民感情，加强包括防务在内的各领域交流与合作，推动中日关系长期、健康、稳定向前发展。

浜田靖一表示，中国是世界上有重要影响力的国家。日本重视发展与中国的友好合作关系。在当前国际和地区形势复杂多变的情况下，日方愿进一步加强与中方的合作，携手并肩，不断深化日中战略互惠关系。

全国政协主席贾庆林在广西调研

3月20日至25日，贾庆林和随行的全国政协副主席兼秘书长钱运录等，在自治区党委书记郭声琨、自治区主席马飚分别陪同下，先后来到桂林、柳州、来宾、南宁等地，深入企业车间、农村乡镇、壮乡瑶寨进行调查研究，同各族干部群众亲切交谈，共商经济社会发展大计，共谋民族团结进步良策。调研期间，贾庆林听取了广西壮族自治区党委和政府的工作汇报，对广西近年来取得的成绩给予充分肯定。

调研期间，贾庆林专程看望了广西壮族自治区各民主党派、工商联、无党派人士和统战、政协、民族、宗教工作干部。他指出，各级政协组织和统战部门要认真学习贯彻全国两会精神，自觉把思想和行动统一到中央对经济形势的分析判断上来、统一到中央的决策部署上来，把保持经济平稳较快发展、维护社会和谐稳定作为首要职责，积极为促进民族团结、实现共同进步发挥作用，把中国共产党领导的多党合作事业和人民政协事业不断推向前进。各级党委要进一步加强对统一战线和人民政协工作的领导，多给他们出题目、压担子，帮助他们解决实际问题，为他们更好地发挥作用创造条件。

谭东同志先进事迹报告会在人民大会堂举行

报告会由中宣部、中央政法委、人力资源和社会保障部、公安部、四川省委联合举办。

中国国际经济交流中心在北京召开第一次会员大会暨第一届理事会

藏族非物质文化遗产精粹展在澳门综艺馆开幕

全国人大常委会副委员长热地在藏族非物质文化遗产精粹展开幕式上发表讲话(摘要)

热地指出，藏民族在对自然、社会和自身的认知、适应、改造和发展的漫长历史进程中，在与内地各民族文化和外来文明的交流融合和相互借鉴中，创造了内容丰富、特色鲜明、形态多样的文化，其中包括语言文字、哲学宗教、藏医藏药、音乐舞蹈、建筑美学、雕塑绘画等。

热地说，1959年3月10日，以十四世达赖为首的西藏上层反动集团为了维持政教合一的封建农奴制“永远不改”，在帝国主义的支持和怂恿下，发动全面武装叛乱。3月28日，周恩来总理签署国务院令，宣布解散西藏地方政府，由西藏自治区筹备委员会行使西藏地方政府职权，领导西藏各族人民一边平叛，一边进行民主改革。这是西藏推翻旧制度、建立新政权的一个分水岭，是西藏百万农奴由当牛做马、备受压迫到翻身解放、当家做主的分水岭，也是西藏文化从没落、衰败到充满活力、欣欣向荣的分水岭。为了隆重纪念和永远铭记这个伟大日子，今年1月，西藏自治区九届人大二次会议决定把每年3月28日定为“西藏百万农奴解放纪念日”，其意义十分重大而深远。

热地说，民主改革是西藏历史上最为广泛、最为深刻、最为波澜壮阔的社会变革。它在政治上彻底推翻了政教合一的封建农奴制度，解放了百万农奴和奴隶，建立了人民当家做主的民主政权，实现了社会制度的历史性跨越和人民命运的根本性转变；在经济上彻底废除了封建农奴制的生产关系，广大农奴和奴隶成为土地和生产资料的主人，极大地解放了社会生产力，实现了社会发展的伟大转折；在思想上结束了极少数封建农奴主的文化统治，广大农奴和奴隶摆脱了封建农奴制腐朽思想的精神枷锁，开创了西藏文化发展的新纪元。

热地指出，西藏民主改革50年来，国家在推动西藏经济社会实现跨越式发展的同时，制定专门的法律、法规，投入巨大的人力、财力和物力，采取了各种行之有效的措施，进行了不懈的努力，西藏的物质文化遗产和非物质文化遗产的保护和发展都取得了举世瞩目的巨大成就：

一是彻底改变了旧西藏极少数封建农奴主垄断西藏文化的局面，西藏各族人民成为继承、保护、发展和分享西藏文化的主体。

二是西藏优秀传统文化得到广泛继承和发扬。民族语言文字得到普及和广泛学习使用，信教群众的宗教信仰得到尊重和保护，在旧社会不被重视、面临失传的一些民间文化，包括民俗、民间文学、民间艺术、民间技艺等等，得到高度重视和抢救保护。其中，历史悠久、内容丰富的《格萨尔王传》的搜集整理工作，受到中外文化大家的高度称赞。同时，一些与封建农奴制社会相伴随的腐朽、落后的文化、观念和风俗习惯逐渐被人民所抛弃。

三是随着时代的进步、人民物质文化生活水平的提高，社会主义新文化蓬勃兴起，掀起了新文化建设的高潮。科学精神得到弘扬，现代文明得到广泛传播，反映人民群众新生活和社会发展进步的、人民大众喜闻乐见的先进文化成为时代的主旋律。

四是在文化传播方式上，除了传统的传播工具之外，现代教育、广播电视、图书报刊、互联网、移动通讯等现代传播工具在古老的雪域高原上大显身手，为藏族优秀文化的传播和现代文明的普及提供了前所未有的机会和载体。

五是西藏文化的发展打破了旧西藏封闭的状态，形成了面向现代化、面向世界的开放态势，对外交流日益活跃。

热地说，事实证明，没有民主改革，就没有今天的社会主义新西藏，也就没有西藏文化的繁荣和发展。只有坚持中国共产党的领导，坚持有中国特色社会主义道路，坚持民族区域自治制度，坚持改革开放，西藏才有美好的明天，藏民族文化才能大发展、大繁荣。

事实证明，达赖集团是旧西藏政教合一封建农奴制的代表，是西藏落后文化的维护者，他们打着“文化保护”的幌子，大肆叫嚷“西藏文化灭绝”，其实质是图谋搞乱西藏，分裂祖国，恢复政教合一的反动统治。这是包括西藏人民在内的全国各族人民决不会答应的，也是不可能得逞的。

3月21日

中共中央政治局常委李长春在堪培拉会见澳大利亚总理陆克文

李长春在会见时简要介绍了对当前国际金融危机的看法和中国的应对举措，并就进一步加强双边关系提出四点建议：一、保持高层互访势头，落实两国领导人互访机制。欢迎陆克文总理和澳方其他领导人访华。二、在互利共赢的基础上拓展经贸合作，提升合作水平。从两国发展的根本利益出发积极促进两国能源资源企业建立长期战略合作关系；本着积极、务实、平衡、互利的原则，稳步推动自贸协定谈判进程，争取早日达成协议；深化环保节能和应对气候变化等领域的合作，培育双方互利合作的新亮点。三、进一步扩大人文交流，加强在文化、教育、新闻、旅游等领域的交流与合作，增进两国人民的了解与友谊。欢迎澳方参加2010年上海世博会。四、加强在多边领域的协调配合，在包括应对国际金融危机和气候变化等重大国际和地区问题上保持密切磋商与协调，携手推进世界和谐与可持续发展。

陆克文表示由衷期待与胡锦涛主席在二十国集团伦敦峰会期间再次会面，并赞同李长春对发展双边关系的建议。他说，两国领导人的密切接触与沟通极大地带动了新时期双边关系的发展，不断扩大的共同利益也为双方各领域的友好合作开辟了广阔前景。澳方对推进建立澳中战略伙伴关系持积极态度,并建议双方以富有创意的方式加快自贸协定的谈判进程。

陆克文高度评价中国为应对金融危机所采取的一系列重要措施。他表示,同中方一样,澳方认为解决当前的国际金融经济问题应坚持标本兼治的原则。在凝聚国际社会共识及协调各国立场上,应充分发挥二十国集团的作用。在国际金融体系改革上,应充分反映国际经济结构发生的变化并增加新兴国家的发言权和参与决策权。

"新的国际环境中的俄罗斯与中国"学术研讨会在莫斯科举行

3月21日至22日召开的此次研讨会是由中国国际战略学会和俄罗斯外交与国防政策理事会联合举办的。会议就世界经济和政治走向、中亚与"大中东地区"局势、上海合作组织的发展前景等议题进行了研讨。

双方与会人员认为,目前全球和地区形势的不确定性增加,未来世界多极化趋势将继续深入发展,国际形势虽然仍将面临新的复杂因素,但总体上可望继续保持缓和的基本态势。维护中亚地区安全稳定既符合中俄双方的共同战略利益,又是深化两国战略协作的必然要求,是中俄应尽的国际责任。作为新型的地区安全合作组织,上海合作组织的健康发展不仅符合包括中俄在内的各成员国的根本利益,也有利于地区和世界的和平稳定。中俄双方应加强理解、信任和协作,以保证上合组织健康发展。

孙晶岩的长篇报告文学《五环旗下的中国》研讨会在北京召开

冯征逝世

总参谋部政治部原主任(副兵团职)冯征同志,因病医治无效,于3月21日在北京逝世,享年89岁。

冯征是河北邯郸人,1938年加入中国共产党。抗日战争和解放战争时期,他历任政治助教、干事、代理教导员、火线剧社社长,冀晋子弟兵报副主编、主编,科长、团政治处主任、前卫报主编、纵队政治部宣传部副部长、纵队宣传部部长、军宣传部部长、代师政治部主任、华北军区政治部编辑科长等职,参加了绥包、正定、清风店、石家庄、正太、冀东、安阳、新乡等战役战斗。新中国成立后,他历任华北解放军报社社长、科长、副处长、处长、解放军报社政治工作宣传处主编、解放军报副总编辑、福州军区政治部副主任、总参政治部副主任兼总参军事法院院长等职,参加了抗美援朝,为部队革命化、现代化、正规化建设作出了贡献。

冯征是第六届全国人民代表大会代表,曾被授予中国人民解放军独立功勋荣誉章。

3月22日

国务院印发《关于落实〈政府工作报告〉重点工作部门分工的意见》

国务院各部委、各直属机构:

根据党中央关于2009年工作部署和十一届全国人大二次会议通过的《政府工作报告》,今年国务院工作总的要求是:高举中国特色社会主义伟大旗帜,以邓小平理论和"三个代表"重要思想为指导,深入贯彻落实科学发展观,把保持经济平稳较快发展作为经济工作的首要任务,加强和改善宏观调控,着力扩大国内需求特别是消费需求,着力转变发展方式、加快经济结构战略性调整,着力深化改革、提高对外开放水平,着力改善民生促进社会和谐,全面推进社会主义经济建设、政治建设、文化建设、社会建设以及生态文明建设。做好今年的政府工作,要以应对国际金融危机、促进经济平稳较快发展为主线,统筹兼顾,突出重点,全面实施促进经济平稳较快发展的一揽子计划,努力实现今年国民经济和社会发展的预期目标。现就《政府工作报告》明确的重点工作提出部门分工意见如下:

一、加强和改善宏观调控,保持经济平稳较快发展

(一)积极做好宏观调控工作。坚持灵活审慎的调控方针,提高宏观调控的应变能力和实际效果,抓好进一步扩大内需促进经济增长各项措施的贯彻落实,保持经济平稳较快发展。努力实现国内生产总值增长8%左右,经济结构进一步优化;城镇新增就业900万人以上,城镇登记失业率4.6%以内;城乡居民收入稳定增长;居民消费价格总水平涨幅4%左右;国际收支状况继续改善等预期目标。(发展改革委牵头)

(二)建立国民经济监测预警机制。密切跟踪、科学分析国内外经济形势,加强全球化和信息化背景下的经济运行和发展规律的研究。做好重要经济信息和数据的采集、分析,建立及时、准确、全面的监测预警体系。建立统一协调的工作机制,及时果断地提出国民经济趋势判断和应对的政策措施,努力增强宏观调控的预见性、针对性和有效性。(发展改革委会同有关部门负责)

(三)实施积极的财政政策。抓紧落实十一届全国人大二次会议批准的安排中央财政赤字7500亿元、代地方发行2000亿元债券的决定。实行结构性减税和推进税费改革,减轻企业和居民税负,促进企业投资和居民消费。优化财政支出结构,继续加大对重点领域

投入，严格控制一般性开支，努力降低行政成本。（财政部、发展改革委、税务总局负责）

（四）实施适度宽松的货币政策。组织实施《国务院办公厅关于当前金融促进经济发展的若干意见》（国办发〔2008〕126号）。改善金融宏观调控，促进货币信贷总量合理稳定增长。优化信贷结构，加强对信贷投向的监测和指导，加大对“三农”、中小企业、自主创新、节能减排、扩大消费等方面的金融支持，切实解决中小企业融资难问题。严格控制对高耗能、高污染和产能过剩行业企业的贷款。进一步理顺货币政策传导机制，保证资金渠道畅通。加强和改进金融监管，维护金融稳定和安全。（人民银行、金融监管部门负责）

二、积极扩大国内需求特别是消费需求，增强内需对经济增长的拉动作用

（五）扩大消费尤其是居民消费。组织实施《国务院办公厅关于搞活流通扩大消费的意见》（国办发〔2008〕134号）。继续调整收入分配格局，增加政府支出用于改善民生、扩大消费的比重，增加对城镇低收入群众和农民的补贴。培育消费热点，拓展消费空间。完善消费政策；加强城乡消费设施和服务体系建设；积极发展消费信贷。做好“家电下乡”、“农机下乡”、“汽车、摩托车下乡”等工作，制定实施细则。（发展改革委、工业和信息化部、财政部、农业部、商务部等负责）

（六）保持投资较快增长和优化投资结构。按照政府工作报告确定的投资方向和范围，抓紧下达政府投资计划。抓紧研究出台鼓励引导社会投资的优惠政策。通过发布信息、加强引导，支持社会资本投向符合国家产业政策的领域，鼓励企业增加研发和技改投资。（发展改革委、财政部、工业和信息化部等负责）

（七）促进房地产市场稳定健康发展。继续抓好《国务院办公厅关于促进房地产市场健康发展的若干意见》（国办发〔2008〕131号）的全面实施工作，加快落实和完善促进保障性住房投资建设的政策措施。增加中央财政对廉租房建设和棚户区改造的投入。落实支持居民购买自住性和改善性住房的信贷、税收等政策，加大对中小套型、中低价位普通商品房建设的信贷支持。积极发展公共租赁住房，加快发展二手房市场和住房租赁市场。继续整顿和规范房地产市场秩序。帮助进城农民工解决住房困难问题。（住房城乡建设部牵头）

（八）加快推进地震灾区恢复重建。继续组织实施《汶川地震灾后恢复重建总体规划》（国发〔2008〕31号），落实好1300亿元灾后重建资金项目。加快灾区城乡居民住房恢复重建，基本完成因灾倒塌和严重损毁农房重建任务，保证受灾群众在今年年底前住进新房。加快地震灾区学校恢复建设，确保今年年底95%以上的学生都能在永久性校舍中学习。继续推进交通、通信、能源、水利等基础设施恢复重建。搞好地质灾害防治、生态修复、环境整治和灾毁耕地复耕。加快灾区产业重建与发展。继续做好对口支援和专项援助。（发展改革委牵头）

三、巩固和加强农业基础地位，促进农业稳定发展和农民持续增收

（九）稳定发展粮食生产和调整农业结构。稳定粮食种植面积，着力提高单产，优化品种结构。抓紧制定实施全国新增1000亿斤粮食生产能力规划。加快实施新一轮优势农产品区域布局规划，支持优势产区发展油料等经济作物，稳定生猪生产，抓好奶业振兴规划实施，推进畜牧水产规模化标准化健康养殖。加强重大动植物疫病防控。大力发展特色现代农业，扶持农产品精深加工和销售，发展农村二、三产业，加快小城镇建设，壮大县域经济，多渠道促进农民增收。（农业部、发展改革委、财政部等负责）

（十）完善农业支持政策。大幅度增加农业农村投入，抓紧落实中央财政“三农”投入7161亿元。大幅度增加对中西部地区农村公益性建设项目投入，取消县及县以下相关资金配套要求。加大对产粮大县一般性转移支付、财政奖励和粮食产业建设项目的扶持力度。组织好提高粮食最低收购价政策的实施工作。适时启动主要农产品临时收储政策，增加粮食、棉花、食用植物油和猪肉储备，加强农产品市场调控。抓紧落实增加农业补贴的各项政策措施。（财政部、发展改革委、农业部等负责）

（十一）加强农业基础设施和农村民生工程建设。大规模开展土地整治，推进中低产田改造，建设高标准农田。加快大中型和重点小型病险水库除险加固进度，加强灌区改造和小型农田水利建设。今年再解决6000万人安全饮水问题，增加500万沼气用户。继续加强农村公路、电网、邮政通信和社会事业等基础建设。（发展改革委、财政部、国土资源部、水利部、农业部、交通运输部等负责）

（十二）加大扶贫开发力度。切实做好农村扶贫标准提高后的扶贫开发各项工作。完善国家扶贫战略和政策，加大扶贫资金投入，重点抓好整村推进、劳动力转移培训、产业化扶贫和移民扶贫。（扶贫办、财政部、发展改革委负责）

（十三）加快新型农业社会化服务体系建设。加大农业科技投入，加强农业科技创新成果推广和服务能力建设。健全基层农业技术推广、动植物疫病防控、农产品质量监管等公共服务机构，支持供销合作社、农民专业合作社、龙头企业等提供多种形式的生产经营服务。（农业部、科技部等负责）

（十四）稳定完善农村基本经营制度。抓紧修订完善相关法律、法规和政策，稳定土地承包关系，赋予农民包括离乡农民工更加充分而有保障的土地承包经营权。坚持依法自愿有偿的原则，规范土地承包经营权流转。坚持和落实最严格的耕地保护制度和最严格的节约用地制度。继续推进集体林权制度改革。深化农村综合改革，加快乡镇机构改革，积极稳妥化解乡村债务。（农业部、国土资源部、法制办、林业局、国务院农村综合改革工作小组等负责）

四、加快转变发展方式，大力推进经济结构战略性调整

（十五）重点抓好工业结构调整。切实组织好汽车、钢铁、船舶、石化、轻工、纺织、有色金属、装备制造、电子信息、物流业等重点产业调整和振兴规划的实施工作，推进企业组织结构调整和兼并重组。充分发挥国家专项资金的作用，支持企业技术改造。加快发展现代服务业，促进金融保险、现代物流、信息咨询、软件和创意产业发展，拓展新兴服务领域。提升传统服务业。（发展改革委、科技部、工业和信息化部、财政部、国资委等负责）

（十六）大力推进科技创新。组织实施《国务院关于发挥科技支撑作用促进经济平稳较快发展的意见》。落实中央财政科技投入1461亿元。加快实施国家科技重大专项，抓紧选择一些带动力强、影响面大、见效快的项目，尽快突破一批核心技术和关键共性技术。积极引进海外高层次人才和智力，加强各类人才队伍建设。继续推进国家创新体系建设，加强基础科学和前沿技术研究，加快重大科技基础设施和公共平台建设。（科技部、发展改革委、工业和信息化部、财政部、人力资源社会保障部、国资委负责）

（十七）深化科技体制改革。发挥企业在技术创新中的主体作用。动员更多科技人员投身经济建设第一线，推广技术、研发产品、创办科技型企业。推进产学研结合，加快科技成果向现实生产力转化。（科技部牵头）

（十八）做强做大装备制造业。落实自主研发重大装备国内依托工程和政府采购制度，制订鼓励加强创新的重大技术装备目录，以着力发展重大成套设备、高技术装备和高技术产业所需装备，提高装备制造业集成创新和国产化水平。（工业和信息化部、科技部、发展改革委、财政部、国资委负责）

（十九）加快发展高新技术产业群。支持和推进新能源、生物、医药、第三代移动通信、三网融合、节能环保等技术研发和产业化，创造新的社会需求。（发展改革委、科技部、工业和信息化部负责）

（二十）继续实施知识产权战略。完善知识产权法律、法规体系。加强知识产权公共服务体系建设，提高知识产权审查质量和效率。继续开展保护知识产权专项行动。加大知识产权宣传教育力度。推进知识产权对外交流与合作，加强对外贸易和国内市场知识产权预警及维权工作。（知识产权局牵头）

（二十一）加强节能减排和生态环保工作。继续抓好国家《节能减排综合性工作方案》的实施工作。突出抓好工业、交通、建筑三大领域节能，继续推进十大重点节能工程建设，落实电机、锅炉、汽车、空调、照明等方面的节能措施。积极发展核电、风电、太阳能发电等清洁能源，推进洁净煤技术产业化。认真落实生态环保的各项政策措施。继续强化重点流域、区域污染防治，加强石漠化、荒漠化治理，实施重点防护林、天然林保护和京津风沙源治理等生态建设工程。推进农村环境综合整治。整顿规范矿产资源开发秩序。合理开发利用海洋资源。继续做好应对气候变化国家方案的实施工作。加强气象、地震、防灾减灾、测绘基础研究和能力建设。（发展改革委、环境保护部、科技部、工业和信息化部、国土资源部、建设部、交通运输部、铁道部、水利部、林业局、气象局、地震局等负责）

（二十二）全面提高产品质量和安全生产水平。开展整顿和规范市场秩序专项行动以及“质量和安全年”活动。进一步强化重点行业安全生产监管，坚决遏制重特大安全事故发生。宣传实施食品安全法，深入开展食品药品安全专项整治。健全并严格执行产品质量安全标准，实行严格的市场准入制度和产品质量追溯制度、召回制度。（质检总局、卫生部、农业部、商务部、工商总局、工业和信息化部、安全监管总局等负责）

（二十三）促进区域协调发展。继续抓好区域发展总体战略的实施工作。东部地区要大力开拓国际市场，稳定出口，着力发展先进制造业、现代服务业和高新技术产业，加快产业升级和体制创新，培育新的经济增长点，形成参与国际合作竞争新优势。经济特区、上海浦东新区、天津滨海新区要继续当好改革开放排头兵。进一步支持中西部和东北地区加强薄弱环节，加大基础设施、生态建设和环境保护投资力度，新开工一批交通、水利重点工程，加快建设一批粮食、能源原材料、装备制造等优势产业基地和特色产业基地，加快重点地区优先开发，促进资源枯竭型城市经济转型和可持续发展。抓紧研究制定中西部地区承接产业转移的具体政策。制定和实施全国主体功能区规划。大力扶持革命老区、民族地区、边疆地区和贫困地区发展。（发展改革委、财政部、扶贫办等负责）

五、继续深化改革开放，进一步完善有利于科学发展的体制机制

（二十四）推进资源性产品价格改革。继续深化电

价改革，逐步完善上网电价、输配电价和销售电价形成机制，适时理顺煤电价格关系。积极推进水价改革，逐步提高水利工程供非农业用水价格，完善水资源费征收管理体制。加快建立、健全矿产资源有偿使用制度和生态补偿机制，积极开展排污权交易试点。（发展改革委、财政部、环境保护部、电监会负责）

（二十五）推进财税体制改革。切实抓好增值税转型改革的实施工作。统一内外资企业和个人的城建税、教育费附加等制度。改革完善资源税制度。研究推进房地产税制改革。深化预算制度改革，实现政府公共预算、国有资本经营预算、政府性基金预算和社会保障预算的有机衔接。积极推进预算公开。完善财政转移支付制度。推进省直管县财政管理方式改革。（财政部牵头）

（二十六）推进金融体制改革。深化国有金融机构改革。稳步发展多种所有制中小金融企业和新型农村金融机构。积极引导民间融资健康发展。推进资本市场改革，维护股票市场稳定。发展和规范债券市场。稳步发展期货市场。深化保险业改革，积极发挥保险保障和融资功能。推进利率市场化改革。完善人民币汇率形成机制，保持人民币汇率在合理均衡水平上的基本稳定。健全金融监管协调机制。（人民银行、金融监管机构、发展改革委、财政部负责）

（二十七）推进国有企业改革和支持非公有制经济、中小企业发展。深化国有大型企业公司制、股份制改革，建立、健全现代企业制度。加快铁路、电力、盐业等行业改革。完善民航、电信管理体制，制定出台电信体制改革配套监管政策。鼓励、支持和引导非公有制经济和中小企业发展。落实放宽市场准入的各项政策，积极支持民间资本进入基础设施、公用事业、金融服务和社会事业等领域，参与国有企业改革。抓紧落实中小企业金融政策，扩大中央财政中小企业发展专项资金规模，继续实行鼓励中小企业科技创新、技术改造、增加就业的税收优惠政策，健全中小企业社会化服务体系。（发展改革委、国资委、财政部、工业和信息化部、交通运输部、铁道部、人民银行、电监会等负责）

（二十八）努力保持对外贸易稳定增长。组织实施《国务院办公厅关于保持对外贸易稳定增长的意见》（国办发〔2008〕135号），加大对进出口工作的支持力度。充分运用国际通行的财税政策支持出口。落实适度扩大外贸发展基金规模的要求，重点支持中小企业开拓国际市场和培育出口品牌。改善对进出口的金融服务，扩大出口信用保险覆盖面，鼓励金融机构发展出口信贷，创新出口企业融资担保方式。稳步推进加工贸易转型升级，改善加工贸易发展环境，调整加工贸易禁止类和限制类目录。抓紧落实和完善鼓励服务贸易的政策措施，促进国际服务外包的发展。努力扩大进口，重点引进先进技术装备，增加关键零部件元器件、重要能源资源和原材料进口。积极推动多哈回合谈判，加快实施自由贸易区战略，妥善应对贸易摩擦。（商务部、财政部、发展改革委、海关总署、质检总局、外汇局等负责）

（二十九）推动利用外资和对外投资协调发展。稳定利用外资规模，引导外资投向高新技术产业、先进制造业、节能环保产业和现代服务业。提升中西部国家级开发区发展水平和沿边开放水平。继续实施“走出去”战略，支持各类有条件的企业对外投资和开展跨国并购。积极推进境外经贸合作区建设。发展境外资源合作开发、工程承包和劳务合作。加强企业对外投资合作的金融支持。加强企业对外投资的风险控制和监管。（商务部、发展改革委、人民银行等负责）

六、大力发展社会事业，着力保障和改善民生

（三十）千方百计促进就业。组织实施《国务院关于做好当前经济形势下就业工作的通知》（国发〔2009〕4号）等一系列促进就业的政策措施。把促进高校毕业生就业放在突出位置，加快建设一批投资少、见效快的大学生创业园或创业孵化基地。广开农民工就业门路和稳定现有就业岗位，加强有组织的劳务输出，组织返乡农民工参与农村公共设施建设。帮助城镇就业困难人员、零就业家庭和灾区劳动力就业。进一步开辟公益性就业岗位，进一步改善对就业的公共服务，大力开展职业培训。（人力资源社会保障部、财政部、农业部、教育部负责）

（三十一）加快完善社会保障体系。完善基本养老保险制度，继续开展做实个人账户试点，全面推进省级统筹；制定实施农民工养老保险办法；新型农村社会养老保险试点覆盖全国10%左右的县(市)；出台养老保险关系转移接续办法。完善失业、工伤、生育保险制度。扩大社会保障覆盖范围，提高社会保障待遇。多渠道增加全国社会保障基金，加大社会保障资金投入。加强社会保障基金监管，保证基金安全。（人力资源社会保障部、财政部等负责）

（三十二）健全社会救助体系。进一步提高城乡低保、农村五保等保障水平，提高优抚对象抚恤和生活补助标准，做到农村低保应保尽保。大力发展社会福利事业和慈善事业。支持残疾人事业加快发展。继续加强老龄工作。（民政部、中国残联、财政部负责）

（三十三）坚持优先发展教育事业。研究制定国家中长期教育改革和发展规划纲要，对2020年前我国教育改革发展作出全面部署。落实城乡免费义务教育政策。三年内基本解决农村“普九”债务问题。完善国家助学制度，加大对中等职业学校和高等院校家庭经

济困难学生的资助。推进素质教育,加快课程、教材、教育方法和考试评价制度改革,切实减轻中小学生课业负担。(教育部、财政部负责)

(三十四)优化教育结构。大力发展职业教育,重点支持农村中等职业教育。逐步实行中等职业教育免费,今年先从农村家庭经济困难学生和涉农专业做起。继续提高高等教育质量,推进高水平大学和重点学科建设,引导高等学校调整专业和课程设置,适应市场和经济社会发展需求。(教育部、发展改革委、财政部、人力资源社会保障部负责)

(三十五)加强教师队伍建设。实施义务教育阶段教师绩效工资制度,落实中央财政投入120亿元,督促地方财政增加投入,提高中小学教师待遇。全面加强教师特别是农村教师培训,鼓励大学生、师范生到基层、农村任教。(教育部、财政部、人力资源社会保障部负责)

(三十六)实施全国中小学校舍安全工程,推进农村中小学校舍标准化建设。(教育部、住房城乡建设部、发展改革委、财政部等负责)

(三十七)推进基本医疗保障制度建设。扩大城镇职工基本医疗保险、城镇居民基本医疗保险和新型农村合作医疗制度覆盖范围。逐步提高城镇居民医保和新农合筹资标准及财政补助标准,适当扩大报销范围,提高报销比例。完善城乡医疗救助制度,提高救助水平。(人力资源社会保障部、卫生部、民政部、财政部负责)

(三十八)建立国家基本药物制度。统一制定和发布国家基本药物目录,出台基本药物生产、流通、定价、使用和医保报销政策,减轻群众看病就医基本用药费用负担。(卫生部、发展改革委、人力资源社会保障部、工业和信息化部负责)

(三十九)健全基层医疗卫生服务体系。全面完成规划支持的乡镇卫生院建设任务。中央财政支持中心乡镇卫生院、县级医院和城市社区卫生服务中心建设,支持农村卫生室建设。(发展改革委、卫生部牵头)

(四十)促进基本公共卫生服务逐步均等化。扩大免费公共卫生服务范围,增加重大传染病、慢性病和职业病、地方病防治的专项投入。(卫生部、财政部负责)

(四十一)推进公立医院改革试点。探索政事分开、管办分开、医药分开、营利性和非营利性分开的有效形式。逐步取消以药补医机制,推进公立医院补偿机制改革。探索建立医疗服务由利益相关方参与协商的定价机制,建立由有关机构、群众代表和专家参与的质量监管和评价制度。充分发挥中医药和民族医药在防病治病中的重要作用。(卫生部、发展改革委、财政部负责)

(四十二)做好人口和计划生育工作,稳定低生育水平。在全国农村实行住院分娩补助政策,定期为孕产妇做产前检查和产后访视,为3岁以下婴幼儿做生长发育检查。全面开展出生缺陷预防工作。提高农村部分计划生育家庭奖励扶助标准。在农村妇女中开展妇科疾病定期检查。加强流动人口服务和管理。(人口计生委、卫生部、财政部、中国残联负责)

(四十三)大力发展文化体育事业。积极发展公益性文化事业,加快完善公共文化服务体系。落实支持文化产业加快发展的扶持政策,培育骨干文化企业。繁荣哲学社会科学,积极发展文学艺术、广播影视、新闻出版事业。加强网络文化建设和管理。做好文物和非物质文化遗产保护。推进公益性文化事业单位管理体制、运行机制改革和经营性文化单位转企改制。加强基层公共体育设施建设,大力开展群众性体育活动,提高竞技体育水平,发展体育产业。(文化部、广电总局、新闻出版总署、体育总局负责)

(四十四)加强民主法制建设。发展社会主义民主政治。健全民主制度,丰富民主形式,拓宽民主渠道,依法实行民主选举、民主决策、民主管理、民主监督。健全基层群众自治机制,扩大基层群众自治范围,完善基层民主管理制度。深入开展法制宣传教育,加强公民意识教育。统筹推进城乡社区建设,促进社会组织健康发展。加强政府法制工作,提高政府立法透明度和公众参与度。(民政部、司法部、法制办负责)

(四十五)加强社会管理,维护社会和谐安定。维护群众合法权益,及时合理解决群众反映的问题,坚决纠正各种损害群众利益的行为。健全社会矛盾纠纷调处化解机制,坚持领导干部特别是主要领导干部处理群众来信和接待群众来访制度。健全社会稳定预警机制,积极预防和妥善处置各类群体性事件。深入开展平安创建活动,落实社会治安综合治理各项工作措施。严密防范、严厉打击各类违法犯罪活动,切实做好新中国成立60周年庆祝活动安全保卫工作。(公安部、安全部、信访局负责)

七、推进政府自身建设,提高驾驭经济社会发展全局的能力

(四十六)坚持依法行政。规范行政行为,继续推进行政审批制度改革,减少行政许可和审批事项,特别要减少投资审批、项目核准,落实企业的投资主体地位。促进公平竞争,消除地区封锁,打破行业垄断。加快地方政府机构改革,推进事业单位改革。(法制办、监察部、中央编办、发展改革委等负责)

(四十七)实行科学民主决策。各项决策都要做到程序依法规范、过程民主公开、结果科学公正。加强对政府重大决策形成和执行的调查研究,推进政务公开。加强

对行政权力运行的监督和财政资金运用的审计,确保对政府投资、新上项目监管到位。(监察部、审计署负责)

(四十八)切实转变工作作风。坚定地贯彻中央的决策部署,紧密结合实际,创造性地开展工作。深入开展调查研究,及时发现问题,解决问题。密切联系群众,关心群众疾苦,倾听群众呼声,为群众排忧解难。(监察部、人力资源社会保障部牵头)

(四十九)加强应急管理能力建设。进一步完善应急管理体制机制,修订完善国家总体应急预案,制定完善应急管理配套法规规章和综合性配套政策措施。加快应急救援基地、装备建设,大力建设专业化与社会化相结合的应急救援队伍,健全应急物资储备和调运体系,完善应急保障资金投入和拨付制度,强化防疫防护和医疗救治措施。完善对口支援、社会捐赠、志愿服务等社会动员机制。(国务院办公厅牵头)

(五十)加强廉政建设和反腐败工作。以规范制度和制约权力为核心,针对腐败现象易发多发的领域和环节,从源头上防治腐败。坚决查处腐败案件,依法惩处腐败分子。努力建设为民、务实、廉洁、高效的政府。(监察部牵头)

八、加强民族宗教侨务、港澳台、国防、外交工作

(五十一)进一步做好民族、宗教、侨务工作。落实中央支持少数民族和民族地区经济社会发展的政策措施。全面贯彻党的宗教工作基本方针,发挥宗教界人士和信教群众在促进经济社会发展中的积极作用。认真贯彻党的侨务政策,支持海外侨胞、归侨侨眷关心和参与祖国现代化建设与和平统一大业。(国家民委、宗教局、侨办负责)

(五十二)积极支持国防和军队建设。全面提高武器装备和后勤保障现代化水平。完善军民结合、寓军于民的国防科研和武器装备生产体系,积极支持军队人才培养体系和军队保障体系建设。加强人民武装警察部队建设。加强国防动员和后备力量建设。巩固发展军政军民团结。(工业和信息化部、民政部、公安部、财政部、国家国防动员委员会负责)

(五十三)加强港澳工作。进一步加强内地与港澳的合作,巩固香港国际金融中心地位,促进澳门经济适度多元发展。不断拓展粤港澳三地合作的深度和广度。加快推动港珠澳大桥、港深机场铁路、广深港高速铁路等基础设施建设。扩大内地服务业对港澳的开放。(港澳办、发展改革委、商务部、人民银行等负责)

(五十四)推进祖国和平统一进程。积极构建两岸关系和平发展框架,努力开创两岸关系和平发展新局面。继续全面加强两岸经济合作,共同应对金融危机。支持在大陆的台资企业发展,支持海峡西岸和其他台商投资相对集中地区的经济发展。逐步建立具有两岸特色的经济合作机制。(台办牵头)

(五十五)继续推进全方位外交。加强与世界各国的友好互利合作关系,为国内经济平稳较快发展创造有利的外部环境。(外交部会同有关部门负责)

各部门和各单位要认真履行职责,充分发挥主动性、积极性和创造性,抓紧制订本部门、本单位落实重点工作的实施方案,并在落实过程中进一步细化、实化;要加强相互配合,及时做好沟通和协调,牵头部门应主动会同有关部门,有关部门应予积极配合;要加强督促检查,对各项工作要明确责任、周密部署,做到有布置、有督促、有检查,不折不扣地把各项政策措施落到实处;要根据形势的变化和督查中发现的问题,不断完善有关政策措施,促进经济平稳较快发展。

国务院

2009 年 3 月 22 日

中共中央政治局委员李源潮在江西调研

李源潮时指出,以科学发展观为指导,保增长、保民生、保稳定,是第二批学习实践活动最大的实践主题。各地的学习实践活动都要成为当地“三保”的有力政治保证。

在江西九江,李源潮召开了学习实践科学发展观活动座谈会。李源潮充分肯定江西学习实践活动取得的成绩。他说,各级学习实践活动的组织者要很好地把握和贯彻“党员干部受教育、科学发展上水平、人民群众得实惠”这个总体要求,结合形势、因地制宜地展开学习实践活动。学习实践活动要联系实际,突出实践特色,教育引导广大党员干部以科学发展观为指导,正确认识当前形势,增强克服困难、化危为机的信心和力量。学习实践活动的实效要落在保增长、保民生、保稳定上,落在推动科学发展上,落在解决群众反映强烈的突出问题上,落在让人民群众得到实惠上。

中国发展高层论坛 2009 年会开幕式在钓鱼台国宾馆举行

国务院副总理李克强出席论坛并致辞。

李克强在致辞中指出,增加有效需求对保持经济平稳较快发展至关重要。中国将在稳定和开拓外部市场的同时,着力扩大国内需求;在增加政府公共支出的同时,实行结构性减税政策;在加大投资力度的同时,刺激居民消费这个最终需求。他强调,保障和改善民生是发展经济的出发点和落脚点。中国将加快推进重点民生工程建设,着力解决就业、教育、医疗、住房、环保等关系群众切身利益的实际问题,大幅度提高社会保障水平,加快建立覆盖城乡居民的社会保障体系,逐步完善社会安全网,保障人民基本生活。这有利于调

整收入分配关系，提高居民消费能力，增加市场即期消费，更好地促进经济发展。

李克强说，危机意味着调整、蕴藏着机遇。中国将大力推进经济结构战略性调整，组织实施重点产业调整和振兴规划、国家科技重大专项，着力支持企业技术改造和创新，推进企业组织结构调整和兼并重组，培育新的经济增长点，形成新的竞争优势。他强调指出，破解当前发展难题离不开改革开放。中国将加大重点领域和关键环节改革力度，推进价格、财税、金融、企业等方面改革，实施好增值税转型改革、成品油价格和税费改革、医药卫生体制改革等方案，致力于消除发展的体制机制障碍。同时，坚持实施互利共赢的开放战略，稳定进出口贸易和利用外资规模，不断提高对外开放水平，充分利用国际国内两个市场、两种资源。

李克强说，展望未来，危机终将过去，繁荣必会到来。我们真诚地希望，危机留下的不应只是共克时艰的一段记忆，还应带来关于世界经济发展和人类前途命运的深度思考。历史上发生的一些危机，曾引起人们观念的转变和思想的深化。针对这场国际金融危机，各国有识之士应深刻认识危机产生的根源，深入研究避免危机重演的根本途径。只有这样，人类才能不断进步，全球经济也才有可能走上稳定繁荣和可持续发展的轨道。

李克强最后表示，中国在努力办好自己事情的同时，愿意与各国一道，在应对金融危机的国际合作中发挥积极作用。他强调，在全球范围内各国应共同采取行动，努力推动世界经济在未来实现新的增长。他希望与会代表深刻思考危机产生的原因，探讨防范危机扩大的有效措施，为促进中国改革发展和世界经济增长研究提出更多有益的成果。

中国发展高层论坛2009年会的主题是“国际金融动荡中的中国改革和发展”。来自国内外的专家学者、企业家、政府官员和国际组织代表400多人参加了开幕式。

中共中央政治局常委李长春在悉尼会见澳大利亚代总督新南威尔士州州督玛利·巴希尔

敦煌新发现汉代烽燧遗址

新发现的汉代烽燧遗址，位于敦煌市小方盘城遗址西南65公里处。烽燧倒塌成由北向南的斜坡形，残高1.8米，基础东西宽4米、南北长4.5米，地面有大量汉代灰陶片。

中国队获得在太原举行的2009年女子摔跤世界杯赛冠军

中国跳水队包揽国际泳联跳水系列赛多哈站全部8枚金牌

3月23日

国家主席胡锦涛在人民大会堂与乌拉圭总统巴斯克斯举行会谈

胡锦涛在会谈时就进一步加强中乌各领域交流合作，提出四点建议：一、深化政治关系，增进互相信任。中方愿与乌方保持高层交往，加强各级别对话交流。中方支持两国立法机构开展多种形式的友好往来。中国共产党愿同乌拉圭各政党发展良好的党际关系。二、拓展经贸合作，谋求共同发展。双方要继续扩大双边贸易，促进双向投资，开展科技合作。中方愿与乌方加强在农牧渔业、质检，以及软件、工程技术咨询等服务贸易领域的合作，努力培育新的贸易增长点。中国政府鼓励中方企业到乌拉圭投资兴业。中方愿与乌方加强在能源、信息产业、生物技术、农业科技研发等领域的合作，使中乌科技合作成为新的亮点。三、丰富人文交流，增进人民友谊。中方愿与乌方进一步拓展文教、体育、新闻、广电、旅游等领域的合作，把两国人文交流提高到新的水平。中方欢迎乌方参加2010年上海世博会。四、密切协调配合，加强多边合作。中方愿与包括乌方在内的广大发展中国家加强团结合作，共同应对国际金融危机等各种全球性挑战，维护和促进世界的和平、稳定与发展。中方支持南方共同市场一体化建设，愿进一步发展中国同南方共同市场国家的友好合作关系。

巴斯克斯表示完全赞同胡锦涛关于进一步加强双边关系的建议，希望进一步加强两国在双边和多边广泛领域的合作与交流。巴斯克斯表示，目前世界面临经济和金融危机等挑战，有必要建立新的国际金融秩序，希望即将召开的伦敦20国集团金融峰会取得积极成果，缓解金融危机对发展中国家的影响。乌方愿就此同中方深入交换意见，共同应对全球性挑战。

会谈后，两国元首共同出席了《中华人民共和国政府和乌拉圭东岸共和国政府关于贸易和投资合作谅解备忘录》等合作文件的签字仪式。

国家主席胡锦涛和多米尼克总统尼古拉斯·利物浦互致贺电庆祝两国建交5周年

全国人大常委会委员长吴邦国在人民大会堂会见塞舌尔国民议会议长赫米尼耶

国务院总理温家宝在人民大会堂会见出席中国发

展高层论坛2009年会的外方代表

温家宝听取了他们关于世界经济形势，尤其是中国应对国际金融危机政策措施等方面的意见和建议，并回答了相关问题。

温家宝表示，中国正在全面实施扩内需、促增长的一揽子计划，力争实现预定的发展目标。经过一段时间的努力，在一些地方和行业出现企稳回升的迹象。温家宝强调，中国的发展离不开世界。只有各国共同采取有效刺激措施，世界经济才能走出困境，真正实现复苏。中国希望向世界传递信心，世界也应该对中国抱有信心。

中共中央政治局常委贺国强在部分中央金融机构调研

3月23日至25日，在中央纪委副书记何勇，以及中国人民银行行长周小川、中国银监会主席刘明康等陪同下，贺国强深入中国投资有限责任公司、国家开发银行、中国工商银行、中国农业银行、中国银行、中国建设银行和中国反洗钱监测分析中心等中央金融机构调研，看望金融机构干部职工，听取了中国人民银行、银监会、证监会、保监会的工作汇报。

贺国强在与中央金融机构负责人座谈时强调，要认真贯彻落实十七届中央纪委第三次全会和国务院第二次廉政工作会议精神，坚持标本兼治、综合治理、惩防并举、注重预防，以完善惩治和预防腐败体系为重点整体推进金融机构党风建设和反腐倡廉工作，为金融稳定健康发展提供有力保证。要认真落实党风廉政建设责任制，坚持“一岗双责”，做到业务工作和反腐倡廉工作“两手抓、两手都要硬”，切实发挥好金融机构党组织的政治核心作用，努力把党的领导的政治优势转化为金融企业的经营管理优势和核心竞争力；要以发生在金融机构领导人员和关键岗位人员中滥用职权、贪污贿赂、腐化堕落、失职渎职的案件为重点，严肃查办金融领域违纪违法案件；要加快完善金融机构反腐倡廉法规制度，认真执行民主集中制，切实做到用制度管权、管事、管人；要加强金融机构领导干部作风建设和廉洁自律工作，督促党员干部加强党性修养、树立和弘扬良好作风，求真务实，艰苦奋斗，勤俭办事，廉洁从业；要把纪检监察工作有机融入金融业务和监管体系之中，紧紧围绕金融经营管理开展工作，完善监督机制，整合监督资源，形成监管合力；要加强金融系统纪检监察机构自身建设，进一步配强班子、充实人员、健全组织、强化职能、提高素质，为推进党风建设和反腐倡廉工作提供坚强组织保证。

中央纪委监察部和部分中央金融机构负责同志参加了调研。

国务院任免国家工作人员

任命肖亚庆为国务院副秘书长；任命刘宁为水利部副部长；任命张茅为卫生部副部长；任命刘怡、李克、寻寰中、董树奎、李东序、杨坚、刘东生、熊志军、武保忠、王寿君、罗汉为国有重点大型企业监事会主席。

免去张茅的国家发展和改革委员会副主任职务；免去高强的卫生部副部长职务；免去韩修国、孔令鉴、钱桂敬的国有重点大型企业监事会主席职务。

中共中央政治局常委李长春在悉尼会见澳大利亚自由党领袖特恩布尔及澳大利亚环境 遗产与艺术部长加勒特

国家副主席习近平在人民大会堂会见保加利亚副总理兼外交部部长伊瓦伊洛·卡尔芬

国务院副总理李克强在中南海紫光阁会见亚洲开发银行行长黑田东彦一行

李克强向客人介绍了中国当前经济形势和应对金融危机的措施。双方就当前国际经济形势及加强合作事宜交换了看法。李克强指出，亚行作为亚太地区最大的多边开发机构，在维护本地区金融稳定和促进区域经济发展方面发挥着积极作用。中国政府愿意在环保、能源、基础设施等领域扩大与亚行的合作。亚太各经济体之间也应加强协调与合作，共同应对国际金融危机带来的挑战，实现共同发展。

黑田东彦对中国政府支持亚行扩大业务表示感谢，愿意继续增进与中国的合作。愿意与亚太各经济体一道，共同维护地区金融与经济稳定。

中国人民银行在雅加达与印度尼西亚央行签署规模为1000亿元人民币的双边本币互换协议

中亚区域合作机制国际研讨会在北京举行

外交部部长杨洁篪与保加利亚副总理兼外长伊瓦伊洛·卡尔芬举行会谈

蔡斌当选新一届中国女排主教练

3月24日

全国人大常委会委员长吴邦国和国务院总理温家宝在北京分别会见乌拉圭总统巴斯克斯

国务院召开第二次廉政工作会议

国务院总理温家宝出席会议并发表讲话。

国务院副总理李克强、回良玉、张德江、王岐山,国务委员刘延东、孟建柱、戴秉国出席会议。国务委员兼国务院秘书长马凯主持会议。

中纪委书记贺国强,中共中央书记处书记何勇应邀出席会议。

温家宝指出,过去的一年,国务院各部门和地方各级政府着力加强对行政权力的监督制约,全面推进廉政建设和反腐败工作,取得新的明显成效。但是,当前一些领域腐败现象仍然易发多发,一些损害群众利益的问题仍然突出,一些领导干部作风漂浮,严重影响政府形象和干群关系。在当前应对国际金融危机的形势下,必须高度重视、认真解决这些问题。要重点抓好四个方面工作:

(一)正确履行政府职能,创造良好发展环境。一是加强对中央出台的扩内需、促发展各项政策措施落实情况的监督检查,确保政令畅通。对水利、交通、铁路、城建等投资规模大、建设项目多的重点领域、重点部门,以及关系民生、影响面大的重点项目,要集中力量加强监督检查。二是进一步深化改革,简政放权,激发经济社会发展活力。深化行政审批制度改革,进一步集中清理行政审批事项,再取消一批审批项目,强化对审批全过程的监控。加快投资体制改革,最大限度地缩小投资审批、核准范围。加强政府投资管理,完善重大投资责任追究制度。三是维护良好的市场秩序,促进公平竞争。放宽市场准入,打破行业垄断和地区封锁。强化市场监管和执法,落实"家电下乡"、"农机下乡"、"汽车、摩托车下乡"等各项政策,使农民真正得到实惠。在全国开展"质量和安全年"活动,维护群众身体健康和生命安全。

(二)落实改善民生政策措施,有效维护群众利益。严肃查处涉农乱收费、乱罚款、集资摊派以及哄抬农资价格、制售假劣农资坑农害农等问题。把中央关于扩大就业、加强社会保障、解决困难群众生活、灾后重建等政策落实好,把资金使用好,把服务提供好。切实改善征地拆迁管理,严格依法办事。继续整顿房地产市场秩序。坚决查处学校各种名目的乱收费。坚决查处医疗服务机构乱加价、乱收费和开单提成等行为。将所有行政事业性收费纳入预算管理。

(三)强化对行政权力的制约监督,确保权力不被滥用。特别要防止利用扩大公共投资的机会为本部门、本单位和个人谋取私利。一是坚持科学民主决策,提高决策质量,注重实际效果。严禁领导干部个人决定大额度资金使用、重大项目安排,干预工程建设招投标和政府采购等行为。二是深入推进政务公开,要把公开透明原则贯穿于落实扩内需、保增长政策的全过程,最大限度地减少发生腐败行为的机会。三是推进行政问责制度和绩效管理制度。重点开展对执行中央重大决策不力、公共资金使用管理不当和发生重特大安全事故3个方面的行政问责。

(四)政府要带头勤俭节约,确保资金用到最急需的地方。严格控制楼堂馆所建设。从现在起到2010年底,各级党政机关一律不得新建办公楼,不得建设培训中心、宾馆、招待所等楼堂馆所。严格控制公务接待、公车使用和公款出国(境)。今年各级党政机关公务接待费用支出要在2008年基础上削减10%,车辆购置及运行费用要在近3年平均数基础上降低15%,因公出国(境)经费支出要在近3年平均数基础上压缩20%。严格控制乱发津贴补贴。严格控制会议、文件、庆典和评比达标表彰活动。

温家宝强调,查办案件是反腐败的最重要最直接最有效手段。按照中央的部署,今年要重点查办发生在领导机关和领导干部中的腐败案件。要始终保持对腐败分子严厉打击的高压态势,坚决查处利用行政审批权、行政执法权等搞官商勾结、权钱交易的腐败案件。加大查办商业贿赂案件的力度。

温家宝强调,加强反腐倡廉,领导是关键。要认真落实反腐倡廉责任制,做到分工明确、考核到位、追究有力。所有政府工作人员特别是领导干部要严格要求自己,从严治政,勤勉尽责,做廉洁奉公的表率。要切实转变工作作风,求真务实,解决实际问题,坚决反对官僚主义、形式主义。各部门都要扎实抓好基础工作,努力实现信息共享,牢固树立大局观念,主动加强协调配合。要解放思想,开拓创新,不断适应形势变化,提高驾驭复杂局面的能力。

监察部、发展改革委、交通运输部和山东省、湖北省等部门和省政府主要负责同志在会上发言。

国务院各部委、各直属机构、办事机构、直属事业单位、部委管理的国家局、金融机构及有关单位主要负责人在主会场出席会议。中共中央有关部门、全国人大常委会办公厅和法工委、全国政协办公厅、中央军委办公厅,最高人民法院、最高人民检察院负责人,各人民团体、各民主党派中央、全国工商联负责人和无党派人士应邀出席了会议。

各省、自治区、直辖市政府,计划单列市和新疆生产建设兵团,市(地)、县(市)主要负责人和分管廉政建设的负责人在分会场参加会议。

国务院总理温家宝在中南海紫光阁会见英国前首相布莱尔

全国政协在北京举行十一届二次会议提案交办会

全国政协副主席王刚出席会议并讲话。

王刚指出，政协提案凝结了广大政协委员的智慧和汗水，承载着广大人民群众的愿望和呼声，必须认真办理、郑重答复，做到件件有回音、事事有着落。

王刚强调，要充分认识到做好提案办理工作有利于调动各党派团体和广大政协委员参政议政的积极性和主动性，有利于扩大公民有序的政治参与，也有利于及时发现实际工作中存在的问题，促进党和政府不断提高履行职能的水平。要坚持区分轻重缓急、分层办理，善于统筹兼顾、抓住重点、以点带面，在认真研究办理每一件提案的同时，集中优势资源，指定专人负责，着力办好重点提案。要主动加强沟通联系，实现“提”、“办”双方的良性互动，做到在沟通中增进理解、在协商中达成共识，争取让提案委员更加满意。要把提案办理作为改进工作的契机，更好地与履行自身职能、完善相关政策和改进机关作风结合起来，积极采纳各种合理化建议，做到既办好相关提案，又解决实际问题。要充分利用各种宣传平台，着力加大重点提案、典型提案的宣传力度，使提案办理工作既接受社会监督，又扩大社会影响。

全国政协十一届二次会议共收到提案 5571 件，经审查立案 5035 件。全国政协办公厅制定了有关提案办理的实施意见，要求各承办单位在今年 8 月底前将这些提案办复完毕。

民革中央主席周铁农在北京会见以许历农为团长的台湾新同盟会 台湾海峡两岸和平统一促进会“中国统一联盟”北京联合参访团

中央扩大内需促进经济增长政策落实检查工作领导小组召开第二轮检查培训动员会

中共中央纪委副书记、中央扩大内需促进经济增长政策落实检查工作领导小组组长何勇出席并讲话。

何勇在讲话中强调，中央检查组要在地方党委、政府和有关部门的支持配合下，加强对中央各项政策措施落实情况，尤其是 1300 亿元新增中央投资落实情况的监督检查。一要充分发挥各监督主体的作用，形成工作合力。落实层级监督和分工负责制度，构建条块结合、上下联动、纵向到底、横向到边的监督网络；完善沟通协调机制，既要防止监督检查工作不到位，出现死角和盲区，又要避免在一段时间，重复到一个地方、对一个项目进行检查。二要突出监督检查重点，增强工作针对性。抓住政策措施落实涉及的重点领域、重点部门、重点地区，以及投资规模大、工作难度高、影响面广的重点项目，集中开展监督检查；高度重视对资金管理使用安全和效益的监督检查，确保资金用在应对危机最关键的地方，用在经济社会发展的薄弱环节，坚决防止用于高耗能高污染行业、低水平重复建设和产能过剩行业项目，用于党政机关办公楼等楼堂馆所项目。三要坚持效率和质量相统一，提高监督检查的实际效果。既要加强对建设效率的检查，督促地方加快进度，尽快形成实物工作量，拉动经济增长；又要加强对项目建设质量的检查，督促有关部门严格履行国家有关项目审批、核准、备案等程序，认真执行项目法人责任制、招标投标制、工程监理制、合同管理制等制度，认真执行土地、环评、节能等标准，确保工程质量。四要与贯彻落实《建立、健全惩治和预防腐败体系 2008—2012 年工作规划》相融合，建立、健全监督检查的长效机制。督促地方认真查找项目建设和资金管理使用中的廉政风险点，完善监督检查工作领导机制，把公开透明贯穿于投资项目实施和资金管理使用的全过程，紧紧盯住腐败行为易发高发领域和重点环节，坚决查处违纪违法问题。

何勇要求，中央检查组要加强学习，进一步提高把握政策和执行纪律的能力和水平；要善于从政治和全局的高度思考和处理问题，积极探索工作规律，创新工作方法，增强综合效应；要加强作风建设，发扬艰苦奋斗的精神，保持深入细致的工作态度，严格遵守廉洁自律各项规定；要完善检查组内部管理，认真执行组长负责制和分工负责制，做好计划安排，细化实施步骤，增强检查工作的规范性。

中央纪委副书记、监察部部长马馼主持会议。24 个中央检查组全体成员、中央纪委部分派驻机构负责人、中央国家机关有关部门纪委书记等参加会议。

全国人大常委会副委员长陈昌智在北京会见由帕特里克·赫米尼耶议长率领的塞舌尔国民议会代表团

国务院副总理王岐山在中南海分别会见美国前国防部长科恩和前总统国家安全事务助理斯考克罗夫特

国务委员马凯在中南海紫光阁会见德国应急管理代表团并出席中德应急管理合作项目签字仪式

第十四届国际泳联世界锦标赛会徽吉祥物在上海发布

3 月 25 日

国务院总理温家宝主持召开国务院常务会议

会议审议并原则通过关于推进上海加快发展现代

服务业和先进制造业、建设国际金融中心和国际航运中心的意见,决定提高部分产品出口退税率。

会议认为,改革开放30年来,上海经济社会发展取得了重大成就,目前正处于经济发展转型的关键时期。在应对国际金融危机的形势下,推进上海加快发展现代服务业和先进制造业,建设国际金融中心和航运中心,对于发挥上海的比较优势和示范带动作用,更好地服务长三角地区、服务长江流域、服务全国,具有重要意义。

会议提出,到2020年,将上海基本建成与我国经济实力和人民币国际地位相适应的国际金融中心、具有全球航运资源配置能力的国际航运中心。主要任务是:(一)建设比较发达的多功能、多层次金融市场体系。加强金融机构和业务体系建设,稳步推进金融服务业对外开放。完善金融服务设施和布局规划,提升金融服务水平。健全金融法制,加强金融监管,维护金融稳定和安全。(二)优化现代航运集疏运体系,实现多种运输方式一体化发展。整合长三角港口资源,完善航运服务布局。探索建立国际航运发展综合试验区,积极稳妥发展航运金融服务和多种融资方式,促进和规范邮轮产业发展。(三)发挥先进制造业优势,为服务业发展提供有力支撑,以服务业发展带动先进制造业的更大发展。(四)坚持以改革促发展,以改革解难题,以改革建制度。推进企业改革和改组,特别要加快政府职能转变和管理创新,为经济和社会发展营造良好环境。(五)加强上海与长三角地区以及国内其他中心城市的相互协作和支持,加强与香港的优势互补和战略合作,形成分工合理、相互促进、共同发展的格局。

会议认为,为落实应对国际金融危机、促进经济增长的一揽子计划,全面实施十大产业调整和振兴规划,有必要再适当提高部分产品出口退税率。会议决定,从2009年4月1日起,提高部分纺织服装、轻工、钢铁、有色金属、石化和电子信息产品的出口退税率。

国家副主席习近平在北京调研

习近平在北京市委书记刘淇陪同下,先后到房山区长阳镇、韩村河镇调研,详细了解贯彻落实科学发展观、加强基层党建工作的情况。

调研期间,习近平召开各级干部座谈会,同他们共同探讨如何搞好第二批学习实践活动和基层党建工作。习近平强调,开展学习实践活动,搞好思想发动是先导、是基础。参加第二批学习实践活动的单位目前正处于学习调研阶段,要坚持把理论学习、提高认识放在首位,采取多种形式组织广大党员干部认真学习中央规定书目,围绕科学发展主题深化解放思想讨论,开阔眼界、开阔思路、开阔胸襟,自觉把思想认识从那些违背科学发展观要求的观念、做法和体制机制的束缚中解放出来,不满足现状,不因循守旧,与时俱进地推动经济社会又好又快发展。

国务院副总理李克强在北京出席全国粮食清仓查库工作电视电话会议并讲话

李克强强调,全面准确是清仓查库的基本要求。要明确清查的范围和内容,做到有仓必到、有粮必查、有账必核、查必彻底,拿出一本实实在在的明白账,确保粮食库存数量真实、质量良好、储存安全,确保政府决策建立在可靠依据的基础上,确保储备粮在国家需要时调得动、用得上。

李克强指出,科学清查是保障工作质量的重要前提。要坚持依法清查、严格清查、公开清查,遵循清查规定和程序,落实本地回避、交叉检查制度,加强全程监督,提高清查工作的透明度和公信力,向人民群众交上一份满意的答卷。

李克强最后说,粮食清仓查库任务重,要求高。各地区、各有关部门和单位要切实加强领导和协调,落实责任制度,精心组织,周密部署,把清仓查库抓实抓好,更好地服务于改革、发展、稳定的大局。

国家发展改革委和吉林、福建、河南省负责同志在会上发了言。党中央、国务院、全国人大、全国政协有关部门以及部分中央企业的负责人在北京主会场参加了会议。省(区、市)、市(地)、县(市)政府负责人和粮食清仓查库工作人员在各地分会场参加了会议。

国务院副总理王岐山在中南海紫光阁分别会见英国前首相布莱尔和英国首相特使贸易与投资国务大臣戴维斯

中国摄影师邹森拍摄的《母爱·地震》在第五届国际新闻摄影比赛(华赛)中获得2008年度新闻照片奖

3月26日

国务院残疾人工作委员会在北京召开全体会议

国务院副总理、国务院残工委主任回良玉在会上强调,要进一步贯彻落实《中共中央国务院关于促进残疾人事业发展的意见》,加快推进残疾人社会保障体系和服务体系建设,这是帮助残疾人改善基本生存发展条件、促进残疾人全面发展、实现残疾人共享经济社会发展成果的根本举措,是关系残疾人事业长远发展和残疾人根本利益的战略任务。我们要带着深厚的感情做好残疾人工作,尽心竭力为残疾人办实事、解难事,不断提高残疾人社会保障水平和为残疾人服务的能力，推动我国残疾人事业再上新台阶。

回良玉要求，各级政府和有关部门要切实加强领导，及时研究解决残疾人工作中遇到的困难和问题，把残疾人的冷暖安危时刻记在心上，想残疾人之所想，急残疾人之所急。要强化创新意识，抢抓发展机遇，在改进工作方法手段上下功夫，在完善残疾人工作体制机制上求成效。要真抓实干，以求真务实的作风合力为残疾人办实事、解难事，使残疾人得到实实在在的利益。

全国政协副主席、国务院残工委副主任、中国残联名誉主席邓朴方在讲话中分析了残疾人工作面临的形势，就促进残疾人事业与经济社会协调发展提出了要求。国务院残工委各成员单位负责同志出席了会议。

国务院副总理张德江在中国国际展览中心新馆参观第十七届中国国际服装服饰博览会

张德江在参观时指出，纺织工业是我国传统支柱产业和重要的民生产业，也是国际竞争优势明显的产业。要按照保增长、扩内需、调结构的总体要求，认真实施《纺织工业调整和振兴规划》，确保纺织工业持续健康发展。一要统筹国际国内两个市场，积极扩大国内消费，开拓农村市场，拓宽出口市场，稳定市场份额。二要加强自主创新和技术改造，加快淘汰落后产能，提高产品质量和档次，改善产品结构。三要大力培育自主知名品牌，提高我国纺织品市场竞争力。四要支持优势骨干企业发挥技术、品牌优势，通过兼并重组做大做强，进一步优化结构布局。五要加大对纺织服装企业的扶持力度，改善对中小企业的公共服务，鼓励、支持企业吸纳更多的劳动力就业。六要充分发挥行业协会的桥梁纽带作用，加强行业自律，促进行业有序发展。张德江还希望中国纺织工业协会总结经验，努力把博览会办出特色、办出水平，使其成为中外纺织服装企业交流合作的重要平台。

国务院副总理张德江在浙江调研

3月26日至31日，张德江先后到温州、台州、宁波、绍兴和杭州，深入轻工、纺织、机械、汽车、化工、电子、信息等20多家企业调研，分别在台州、绍兴召开部分中小企业座谈会，了解企业应对危机和生产经营情况。

张德江在座谈时强调，在当前经济形势下，促进中小企业持续健康发展，对保增长、保就业、保民生、保稳定具有重要意义。地方各级政府要引导企业增强信心，加强和改善对企业的服务，重点扶持骨干企业、龙头企业、品牌企业，推进产业结构调整和企业兼并重组，鼓励支持技术创新、技术改造和产品创新，加快培育新的经济增长点，帮助和引领企业走出困境。广大企业要立足于自身努力，化危机为机遇，调整营销策略，千方百计巩固和扩大市场；大力推进体制机制创新，建立现代企业制度；加强和改善管理，提高经营效益；全面提高企业素质，提升竞争能力和抗风险能力，努力实现新发展、新跨越。

中共中央政治局常委李长春在内比都分别会见缅甸政府总理登盛 和平与发展委员会主席丹瑞和第一秘书长丁昂敏乌

国务院副总理张德江在中南海紫光阁会见美国戴尔公司董事长迈克尔·戴尔先生一行

全军军史资料丛书和高级将领传编撰工作总结表彰会议在北京召开

动员广大科技人员服务企业工作视频会议在北京召开

刘延东在会议上指出，科技人员是国家宝贵的智力财富，要弘扬为国奉献的优良传统，迅速行动起来，深入基层，帮助和支持企业、农村和社区创新技术、开发产品、改善管理、增强核心竞争力，构建产学研用合作的有效模式和长效机制。各级政府和有关部门要完善激励科技人员服务基层的政策环境，科研院所、高等院校和学术团体要做好保障，为科技人员解除后顾之忧。她强调，要把科技人员服务企业作为科技体制创新的重要探索，大胆改革，努力突破长期难以解决的体制性障碍。

全国政协副主席、科技部部长万钢，国务院有关部门负责同志，部分科研院所、高等院校和企业代表在主会场出席会议。

中国科学家发现超级稻高产奥秘

我国科学家最新的研究成果发现，一种名为DEP1的功能基因在超级稻增产中起到了关键作用。研究发现，DEP1基因发生突变后，能促进细胞分裂，使稻穗变密、枝梗数增加、每穗籽粒数增多，从而促进水稻增产。

中共中央文献研究室在北京召开大型电视文献片《中国1978—2008》座谈会

3月27日

国家主席胡锦涛接受7国新任驻华大使递交的国书

这7位大使分别是：格林纳达驻华大使玛塞·盖里、土库曼斯坦驻华大使穆拉德·纳扎罗夫、希腊驻华大使塞德罗斯·耶奥卡凯罗斯、汤加驻华大使马赫乌里乌里·桑德赫斯特·图普尼瓦、叙利亚驻华大使哈勒夫·穆罕默德·杰拉德、格鲁吉亚驻华大使卡罗·西哈鲁利泽和土耳其驻华大使穆拉特·萨利姆·埃森利。

全国人大常委会委员长吴邦国在人民大会堂会见俄罗斯联邦委员会副主席梅津采夫

国务院总理温家宝在中南海紫光阁会见俄罗斯副总理茹科夫

温家宝说,近年来中俄在各级别、各领域加强沟通与合作,取得扎实成果,有力推进了战略协作伙伴关系。这为两国携手应对国际金融危机等严峻挑战打下了良好基础。当前一要抓紧落实能源、金融、基础设施建设等领域的重大合作项目,保持双边贸易额增长态势,为两国经济长远发展创造条件。二要办好庆祝建交60周年和"语言年"活动,增进两国人民之间的了解和友谊。三要密切在国际事务中的协调与配合,维护共同利益和世界和平。

茹科夫说,在双方的共同努力下,俄中务实合作和战略协作正在迈向新的广度和深度,特别是两国能源合作取得了新的重要进展。在成功举办持续两年的俄中"国家年"之后,双方今天将举行"俄语年"开幕式,正式拉开俄中"语言年"序幕,这将为庆祝俄中建交60周年增添新的光彩。我相信,俄中"语言年"定会取得圆满成功,为增进两国人民的相互了解和传统友谊,提升俄中战略协作伙伴关系整体水平发挥重要作用。

国办转发国务院纠正行业不正之风办公室《关于2009年纠风工作实施意见》的通知

各省、自治区、直辖市人民政府,国务院各部委、各直属机构:

国务院纠正行业不正之风办公室《关于2009年纠风工作的实施意见》已经国务院同意,现转发给你们,请结合实际,认真贯彻执行。

国务院办公厅

2009年3月27日

关于2009年纠风工作的实施意见

为贯彻落实第十七届中央纪委第三次全会和国务院第二次廉政工作会议关于纠风工作的部署和要求,现提出2009年纠风工作实施意见。

一、总体要求

2009年的纠风工作,要以邓小平理论和"三个代表"重要思想为指导,深入贯彻落实科学发展观,围绕保增长、保民生、保稳定这条主线,坚持标本兼治、纠建并举、突出重点、统筹推进,坚决纠正损害群众利益的不正之风,为落实中央扩大内需、促进经济平稳较快发展政策措施提供坚强保证。

二、主要任务

(一)落实强农惠农政策,坚决纠正损害农民利益的突出问题。

督促各地严格落实中央强农惠农政策,进一步完善补贴资金发放办法,严肃查处截留、挪用、克扣强农惠农补贴资金和乱收费、乱罚款、乱摊派等违法违纪行为;切实保障农民土地承包经营权益,坚决纠正和查处农村土地承包、流转、征收中的违法违纪行为;加强涉农价格和收费监督检查,巩固清理整顿成果,防止出现反弹。做好"家电下乡"、"农机下乡"、"汽车、摩托车下乡"工作,督促用好中央财政补助资金,确保农民得到实惠。做好农资打假工作,严肃查处制售假劣农资行为,对区域性制假、售假及造成农民减产绝收、影响人畜安全等问题实行行政问责。维护农民工合法权益,加强对农民工培训经费的监管,依法保障返乡农民工土地承包权益。

(二)落实监管责任,确保食品药品安全。

督促地方各级政府和有关部门依照《中华人民共和国食品安全法》《中华人民共和国药品管理法》明确分工,落实监管责任,逐步建立、健全食品药品安全责任体系和预警、处置体系,加强对食品药品全过程的监管;强化行政监督和技术监督,完善食品药品质量管理规范,实行严格的市场准入制度和产品质量追溯制度、召回制度,严把产品质量关,防范安全风险;深入开展食品药品安全专项整治,严厉打击制售假冒伪劣食品药品行为,严肃查处食品药品安全事故,切实保障人民群众生命健康安全。

(三)推行药品集中采购,进一步纠正医药购销和医疗服务中的不正之风。

继续推行以政府为主导、以省(区、市)为单位的网上药品集中采购办法,积极推进医疗器械集中采购,加强对集中采购全过程的监督。推进建立国家基本药物制度,基本药物实行集中采购和统一配送,政府举办的基层卫生机构按购进价格实行零差率销售。加强对新型农村合作医疗资金和城镇职工医保资金、城镇居民医保资金的监管,确保资金安全,提高资金使用效率;规范诊疗服务行为,在保证质量和安全的前提下,推行辅助检查结果互认和单病种限价措施;加强医药价格监管,坚决纠正和制止各种乱加价、乱收费行为;加强医德医风建设,制定医疗卫生系统违法违纪行为处分规定。严厉打击虚假违法医药广告,严肃查处医药购销和医疗服务中的各种违法违纪案件。

(四)完善义务教育经费保障机制,继续治理教育乱收费。

督促地方各级政府和有关部门切实履行投入和监管责任,完善教育经费拨付、学校经费收入和使用情况的经常性审计监督制度,确保国家免费义务教育各项措施落实。积极推动区域内义务教育均衡发展,认真解决义务教育阶段择校问题,切实维护群众公平受教育的权利。规范学校办学收费行为,严肃查处违规设立收费项目或提高收费标准、以合作办学或改制为名乱收费高收费、统一征订教辅材料、开办有偿补习班、义务教育阶段学校收取与入学挂钩的赞助费、公办普通高中招收择校生违反"三限"(限分数、限人数、限钱数)政策等问题。

(五)建立、健全长效机制,继续加强对社保基金、住房公积金和扶贫、救灾专项资金的监管。

加强社保基金监管。对基金管理、运行中的风险隐患进行全面排查和防范,抓好重点抽查和督察,严肃查处贪污、截留、挤占、挪用、骗取社保基金等违法违纪行为。

加强住房公积金监管。完善公积金管理机构内控机制,实现对大额资金的实时监控;加大对各类违规资金的清理回收力度,坚决纠正和查处挤占、截留、挪用住房公积金等违法违纪问题;扩大住房公积金制度覆盖面,提高使用效率,充分发挥住房公积金在住房保障中的重要作用。

加强救灾、扶贫资金监管。督促各地强化对各类救灾救济、扶贫等专项资金的审计和财政监督,规范资金管理和运行,坚决纠正滞留、浪费、违规使用资金等问题,严肃查处贪污、挤占、挪用、骗取救灾、扶贫资金等行为,严格实行责任追究。加快建立救灾、扶贫资金监管体系,确保资金安全、及时、公平、有效发放。

(六)落实成品油价格和税费改革政策,加大治理公路"三乱"工作力度。

督促各地和有关部门落实成品油价格和税费改革政策,清理审核涉及交通和车辆的行政事业性收费,全面取消公路养路费等收费项目,逐步有序取消政府还贷二级公路收费,及时向社会公布撤销收费站点名录和时间表,严禁违反规定新设涉路、涉车收费项目;完善鲜活农产品运输"绿色通道"政策并及时进行公示,确保通道畅通,确保车辆通行费免缴政策落实;加大对超限超载的源头治理力度,强化运输装载环节的监管;规范上路执法人员的执法行为,规范道路交通标识和电子执法设备的设置、使用和管理,严肃查处各种名目的公路"三乱"问题。

(七)查处乱收费、高收费等问题,进一步规范行业协会、市场中介组织、公共服务行业的服务和收费行为。

督促各地和有关部门做好扩内需、保增长,减轻企业负担措施的落实,严肃查处违反规定向企业乱收费、乱罚款和各种摊派行为。坚持行业自律与外部监督相结合,加强对行业协会、市场中介组织和公共服务行业的监管,规范服务和收费行为,坚决纠正指定服务、强制服务以及乱收费、高收费、价格欺诈等企业和群众反映强烈的问题,严肃查处典型案件。有关部门和各省(区、市)要在调查研究、摸清底数的基础上,积极开展行业协会与行政主管部门在职能、机构、人员、财务等方面脱钩的试点。

(八)开展基层站所民主评议,加强部门和行业作风建设。

普遍开展对基层站所和学校、医院的民主评议活动,积极开展评议省直机关作风活动,引导各部门、各行业整改突出问题,努力为群众办实事、办好事。建立民主评议结果逐级报告和向社会公开制度,并纳入党风廉政建设责任制和部门绩效考核内容。深化政风行风热线工作,创新形式,提高质量,力求解决问题更加有效、人民群众更加满意。

进一步加强部门和行业作风建设。各部门、各行业要坚持"谁主管,谁负责"和"管行业必须管行风"的原则,把以人为本、服务群众作为政风行风建设的重要内容,采取多种方式强化对本系统行风建设的指导。要教育和引导广大干部增强宗旨意识和纪律观念,大力弘扬优良作风;以群众满意为标准,坚决纠正损害群众利益的不正之风;坚持把制度创新贯穿于行风建设全过程,进一步完善行为准则和职业道德规范;继续开展创建文明行业和人民满意的政府部门活动,促进各部门、各行业切实转变作风、改进服务。

此外,继续清理规范评比达标表彰活动,着力解决过多过滥问题,加快建立规范评比达标表彰活动的长效机制。严格控制党政机关举办庆典等活动,纠正各种铺张浪费和增加基层及群众负担的违规行为。各地区、各部门要针对存在的突出问题开展专项治理工作。

三、工作要求

(一)认真落实责任制。各地区、各部门要进一步健全纠风工作责任制,切实加强对纠风工作的领导。要充分发挥纠风工作联席会议制度的作用,做到协调行动、综合治理。纠风专项治理工作的牵头部门要积极协调有关方面抓好各项措施的落实;相关责任部门要努力完成所承担的纠风工作任务;各部门、各行业都要结合实际探索加强政风行风建设的新举措;各级纠风工作机构要切实履行组织协调和监督检查职责,确保各项任务落到实处。

(二)切实加强监督检查。要把推动中央决策部署和改革措施的落实摆在监督检查的首要位置,着力解决"上有政策、下有对策"的问题,确保政令畅通。对有令不行、有禁不止、顶风违纪的典型案(事)件,要严肃查处、公开曝光。要增强监督检查的针对性和时效性,针对群众来信来访、网上举报、热线投诉等多种渠道反映的问题,建立查处不正之风的快速反应机制。要注重发挥查处案件的治本功能,努力实现解决问题、教育警示、加强监管、完善机制的目的。

(三)全面加强基层纠风工作。各地区、各部门及各级纠风工作机构要坚持工作重心下移,切实加强对基层纠风工作的领导,明确工作任务和目标要求,统筹安排,统一部署,加强检查,确保各项任务落实到基层。市(地)纠风工作机构要抓好任务分解,加强具体指导,注意发挥基层纠风工作先进典型的示范带动作用;要督促和帮助县(市、区)创新方法、抓好落实,积极主动开展工作。

(四)努力从源头上防治不正之风。要以国家各项重大改革为契机,加强源头治理,不断铲除滋生不正之风的土壤。专项治理工作要加大改革力度,确保中央已经明确的改革任务和出台的改革措施不折不扣地执行到位,努力解决导致不正之风滋生蔓延的深层次问题。政风行风建设工作要与创新管理体制和工作机制相结合,在健全制度、规范行为、加强监督上下功夫,努力向广度和深度推进。

纪念西藏百万农奴解放50周年座谈会在人民大会堂举行

全国政协主席贾庆林出席并讲话。

全国人大常委会原副委员长热地,西藏自治区党委原第一书记阴法唐,西藏自治区党委副书记、人大常委会主任列确,解放军总政治部副主任刘振起,第十一世班禅额尔德尼·确吉杰布,西藏翻身农奴代表益西洛追,北京西藏中学学生代表次仁顿珠等在座谈会上发言。

回良玉、马凯、孟建柱、帕巴拉·格列朗杰、陈奎元出席座谈会。全国政协副主席、中央统战部部长杜青林主持座谈会。

座谈会由中央统战部、全国人大民委、国家民委、全国政协民宗委、西藏自治区党委和人民政府联合举办。中央和国家机关、解放军有关部门负责同志,在西藏工作过的老领导及有关同志,中国藏学研究中心、中国藏语系高级佛学院、中央民族大学代表,中央党校西藏班学员和北京西藏中学学生代表等参加了座谈会。

全国政协主席贾庆林在纪念西藏百万农奴解放50周年座谈会上发表讲话

同志们,朋友们:

今天,在"西藏百万农奴解放纪念日"来临之际,我们在庄严的北京人民大会堂召开座谈会,与西藏各族人民一起隆重庆祝西藏平息叛乱、实行民主改革50周年。首先,我代表党中央、国务院,向50年来为捍卫西藏民主改革成果、维护西藏稳定和国家统一、建设社会主义新西藏作出贡献的西藏各族工人、农牧民、知识分子、干部和各界人士,以及人民解放军驻藏部队指战员、武警西藏部队官兵和公安干警,表示崇高的敬意和亲切的问候!向长期以来关心西藏、热爱西藏、支持西藏发展进步的全国各族人民和海外侨胞、国际友人,表示衷心的感谢!

50年前的3月28日,中华人民共和国国务院颁布命令,宣布解散原西藏地方政府,由西藏自治区筹备委员会行使西藏地方政府职权,号召西藏人民为建设民主和社会主义的新西藏而奋斗。由此西藏掀起了轰轰烈烈的农奴解放运动,西藏的历史翻开了崭新的一页。今天,在西藏实行民主改革50周年之际,设立"西藏百万农奴解放纪念日",是为了让包括藏族群众在内的全国各族人民,更加深刻地牢记这一标志新旧西藏分水岭的伟大历史事件,更加充分地认清旧西藏封建农奴制的残酷与黑暗,更加清醒地认识达赖集团分裂祖国的反动本质,更加自觉地珍惜今天西藏来之不易的新变化新生活,更加努力地创造社会主义新西藏的美好明天。

废除旧西藏政教合一的封建农奴制,是西藏历史上最广泛、最深刻、最伟大的社会变革,开创了西藏历史新纪元。旧西藏封建农奴制是以封建土地所有制和农奴对农奴主的依附关系为基础的社会制度。在这一黑暗制度下,只占西藏人口5%的农奴主阶级(即官府、贵族、僧侣上层),占有西藏全部资源及生产资料,广大农奴和奴隶命如草芥。旧西藏经济社会长期停滞不前,陷入极度贫穷落后和封闭萎缩、濒于崩溃的状态。1951年,中央人民政府与西藏地方政府签订《关于和平解放西藏办法的协议》,西藏实现和平解放。但在帝国主义势力策动支持下,1959年西藏上层统治集团公开撕毁《协议》,悍然发动武装叛乱。中央政府在坚决平叛的同时,在西藏掀起了一场轰轰烈烈的群众性民主改革运动,彻底废除旧西藏封建农奴制,中国的土地上不再有农奴和农奴制度。百万农奴和奴隶获得了人身自由,第一次拥有土地和其他生产资料,成为新西藏的主人和国家的主人。民主改革为西藏实现从封建农奴制跨入人民民主的社会主义制度创造了条件,西藏各族人民焕发出前所未有的生产和生活热情,极大改变了西藏的社会面貌和生活条件。

废除旧西藏政教合一的封建农奴制,是中国人民对世界人权事业的重大贡献,打开了西藏民主政治发展道路。旧西藏占人口95%的农奴和奴隶,处在社会最底层,没有丝毫做人的权利和尊严。农奴主制定残酷的法律来维护等级制度,残害人民身心,造成大量骇人听闻的违反人类生存规律和泯灭人性的丑恶现象。通过民主改革,砸碎了压迫西藏各族人民数百年的噶厦政权及其暴力工具,废止了旧西藏法典及其野蛮刑罚,彻底废除了农奴和奴隶对农奴主的人身依附关系,废除了封建剥削和封建特权。从此,百万农奴和奴隶不再遭受农奴主的政治压迫和非人统治,生命安全和人身自由得到国家宪法和法律的保障和保护,获得了做人的权利和尊严,获得了公民的各项权利。

废除旧西藏政教合一的封建农奴制,是国际废奴运动的重要里程碑,推动了人类文明进步。废除农奴制是人类历史上最激动人心的伟大运动之一。从1814年《巴黎条约》提出禁止贩卖黑奴以来,世界范围内引发了此起彼伏的废奴运动。到20世纪中叶,农奴制在世界上大多数国家和地区早已成为历史,反映了人类文明进步的必然趋势。旧西藏实行的封建农奴制,比中世纪西欧的农奴制度还要黑暗和残酷,延续长达700年之久。1959年西藏民主改革彻底废除了这一野蛮制度。这是人类社会废奴运动的继续,标志着世界上最后一个最大的封建农奴制堡垒被攻破,成为人类文明史上值得永远纪念的光辉一页。

同志们、朋友们!

从废除旧西藏政教合一的封建农奴制、实现百万农奴解放到今天,西藏发展走过了50年的光辉历程。50年来,党中央始终高度重视和深切关注西藏的发展。以毛泽东同志为核心的党的第一代中央领导集体,带领西藏各族人民进行民主改革,使西藏从野蛮落后的封建农奴制社会直接跨入社会主义社会。以邓小平同志为核心的党的第二代中央领导集体,加大西藏改革开放和社会主义现代化建设力度,使西藏进入了改革开放和全面发展的新时代。以江泽民同志为核心的党的第三代中央领导集体,制定了一整套符合西藏实际、代表西藏各族人民根本利益的政策措施,进一步开创了西藏改革开放和社会主义现代化建设的新局面。以胡锦涛同志为总书记的党中央,着眼西藏各族人民过上幸福生活的新期待,明确了新世纪新阶段西藏经济社会发展的战略目标、具体任务和政策措施,使西藏经济社会发展呈现出更加美好的前景。在中央正确领导下,西藏自治区党委和人民政府带领全区各族人民,团结奋斗,开拓进取,各项事业都取得了举世瞩目的辉煌成就,创造了人间奇迹,西藏面貌焕然一新。

——在政治建设方面,真正实现了西藏各族人民当家做主。随着平息叛乱和民主改革的完成,1965年成立西藏自治区,西藏人民获得了依法享有管理本地区和本民族事务的自治权、参与管理国家事务的政治权。根据宪法和民族区域自治法赋予的自治和自主权,西藏迄今先后制定了250余件地方性法规和单行条例。50年来,大批翻身农奴走上领导岗位,有的成为国家领导人。目前,在自治区、地(市)、县三级国家机关工作人员中,藏族和其他少数民族公民占77.97%。坚持中国共产党的领导,坚持中国特色社会主义道路,坚持民族区域自治制度,成为西藏各族人民的共识。西藏各族人民共同团结奋斗、共同繁荣发展,形成了平等团结互助和谐的社会主义民族关系。

——在经济建设方面,走上了跨越式发展道路。从上世纪50年代开始,国家就拉开了支援西藏建设的序幕。特别是改革开放以来,中央先后召开四次西藏工作座谈会,集全国之力加快西藏发展。在中央关心、全国支援之下,经过西藏各族人民努力奋斗,西藏现代工业从无到有,能源、交通基础产业蓬勃兴起,农牧民生产条件显著改善。2008年全区总产值395.91亿元,已连续16年保持两位数增长,按可比价格计算,比1959年增长了65倍;农牧民人均纯收入达到3176元,连续6年保持了两位数增长。重视和加大生态环境保护和建设,促进了经济社会和生态环境协调发展。举世瞩目的青藏铁路全线贯通,结束了西藏没有铁路的历史,极大地促进了西藏各项建设和农牧民生产生活的改善,为西藏插上了腾飞的翅膀。

——在文化建设方面,民族优秀传统文化得到保护和弘扬。西藏优秀的民间文化艺术遗产得到大规模的系统收集、整理和出版,大批珍贵文物得到保护。藏语文得到广泛的学习、使用,成为中国第一个具有国际标准的少数民族文字。涌现出一大批题材新颖、民族特色突出、时代气息浓厚的文学艺术作品,极大地丰富和活跃了西藏各族群众的文化生活。独具民族特色的藏医藏药已走向全国和世界。藏族人民的传统风俗习惯包括藏历新年、望果节、雪顿节等传统节庆活动得到很好的保留和继承,形成了在传承中创新、在保护中发展的良好局面。

——在社会建设方面,教育、卫生、社会保障等事业取得长足进步。旧西藏没有一所现代意义上的学校,如今现代教育已经得到广泛普及,在全国率先实现了城乡免费义务教育,对义务教育阶段的农牧民子女实行"三包"(包吃、包住、包学习费用),"普九"人口覆盖率达到95.6%以上。城镇居民医疗保险全覆盖,农牧民全部享有以免费医疗为基础的医疗保障,社会保障体系基本建成。西藏人口由1953年的100万人增加到2008年的287.05万人,人均寿命由和平解放时的35.5岁提高到现在的67岁。

——在宗教生活方面,宗教信仰自由得到充分尊重。各宗教、各教派一律平等。国家依法保护内容丰富、形式多样的宗教活动，寺庙学经、辩经、晋升学位等传统宗教活动正常举行。国家投入巨额资金对西藏的宗教场所进行保护和修缮。活佛转世这一藏传佛教特有的传承方式得到充分尊重。目前，全区共有1700多处藏传佛教活动场所，住寺僧尼约4.6万人，信教群众的宗教信仰需求依法得到尊重和保护。

五十年伟大实践，半世纪沧桑巨变。事实雄辩地证明，实行民主改革，是顺应历史发展潮流、造福西藏各族人民的伟大变革，是西藏从黑暗走向光明、从贫穷走向富裕、从落后走向进步、从专制走向民主、从封闭走向开放的必由之路。只有实行民主改革，坚持中国共产党领导，坚持中国特色社会主义道路，坚持民族区域自治制度，才能拯救西藏，才能发展西藏，才能繁荣西藏。

同志们、朋友们！

当前，西藏经济社会发展正站在一个新的历史起点上。今年全国“两会”期间，胡锦涛总书记就做好新形势下的西藏工作发表重要讲话，提出要认真落实中央关于西藏工作的一系列方针政策，紧紧抓住发展和稳定两件大事，确保西藏经济社会跨越式发展，确保国家安全和西藏社会稳定，确保各族群众生活水平不断提高，在建设团结、民主、富强、和谐的社会主义新西藏的征途上迈出新步伐。这既是对50年西藏发展宝贵经验的科学总结，也是新形势下建设社会主义新西藏必须把握的目标要求。我们一定要认真学习领会，坚决贯彻落实。

第一，大力推动西藏经济跨越式发展。发展是解决西藏所有问题的基础。当前西藏正处于从加快发展到跨越式发展的关键阶段。要深入贯彻落实科学发展观，进一步转变发展观念，创新发展模式，提高发展质量，坚持走中国特色、西藏特点的发展路子。坚定不移地贯彻“中央关心、全国支持、对口援藏”方针不动摇，落实好中央对西藏的各项优惠政策和建设项目，继续加大对西藏的支持力度。大力推进社会主义新农村建设，着力发展现代农牧业，切实把改善农牧民生产生活条件作为援藏工作的重点。充分发挥青藏铁路的强大辐射作用，发展既有地方特色又有比较优势和市场竞争力的产业，促进西藏融入全国大市场的步伐。大力加强生态环境保护和建设，实施最严格的环境评价制度，保护好雪域高原的碧水蓝天。

第二，切实保障和改善民生。民生是事关西藏发展稳定的根本。要以解决人民最关心最直接最现实的利益问题为切入点，不断提高生活水平和质量，使西藏各族群众共享改革发展成果。加快发展教育事业，全面普及九年义务教育，大力推广职业技术教育，使适龄青少年都能进学校上学。大力发展医疗卫生事业，着力改善基层医疗卫生条件，开展疾病专项防治，促进藏医药继承和创新。认真做好促进就业再就业、完善社会保障体系等方面的工作，在国家经济建设项目中，注意充分吸收当地农牧民参与，加强劳动技能培训，建立农牧民增收的长效机制。大力弘扬民族优秀传统文化，加大文化事业投入，推动西藏文化大发展、大繁荣，不断满足各族群众的文化需求。

第三，坚决维护西藏社会和谐稳定。保持和谐稳定是西藏各族干部群众的共同心愿，也是西藏实现经济发展和社会进步的前提。要大力宣传民主改革的伟大意义，巩固民主改革的各项成果，深入开展新西藏、新发展、新变化、新生活思想教育，唱响共产党好、社会主义好、改革开放好、人民军队好、各族群众好、伟大祖国好的主旋律。高举维护社会稳定、维护社会主义法制、维护人民群众根本利益的旗帜，坚决打击各种危害社会稳定和破坏祖国统一的违法犯罪活动。加强基层党组织和政权建设，教育引导各族干部群众深刻认识“团结稳定是福、分裂动乱是祸”的道理，深刻认识达赖集团的反动本质，更加珍爱今天和谐稳定的美好生活。

第四，全面贯彻落实党的民族、宗教政策。西藏是一个地理环境、人文、历史等方面具有很大特殊性的边疆民族地区。要牢牢把握各民族共同团结奋斗、共同繁荣发展的主题，坚持民族区域自治制度，贯彻民族区域自治法，维护西藏各族人民的合法权益，大力培养少数民族干部，不断巩固和发展平等团结互助和谐的社会主义民族关系。保护群众的宗教信仰自由和正常的宗教活动，依法管理宗教事务，推动宗教界努力弘扬教规教义中有利于社会发展进步的积极因素，引导藏传佛教与社会主义社会相适应。坚持政治上团结合作、信仰上互相尊重，帮助寺庙和僧尼解决实际困难，广泛团结宗教界人士和信教群众，充分发挥他们在促进经济社会发展中的积极作用。

同志们、朋友们！

西藏各族人民在旧西藏曾经饱受苦难，如今，发自内心的热爱欣欣向荣的新西藏，倍加珍惜来之不易的幸福生活，倍加珍惜安定团结的社会局面，坚决维护社会稳定、民族团结和祖国统一。但是，达赖集团置民心于不顾，长期从事分裂祖国、谋求“西藏独立”的活动，企图重拾昔日的“荣耀”。他们美化旧西藏政教合一的封建农奴制，把1959年的武装叛乱说成是“和平抗暴”，公然否认并妄图洗刷他们的历史罪恶。他们攻击中央政府的西藏政策，否定西藏民主改革50年来取得的巨大成就，诬蔑西藏文化“濒临灭绝”，妄图欺骗舆论、混淆视听。他们把自己装扮成“西藏人民的代言人”，向中央提出“大藏区”、“高度自治”等变相独立、半独立的政治主张，最近又打着遵守中国宪法和民族区域自治法的幌子，提出所谓“为全体藏人获得真正自治的备忘录”，对其分裂主张进行包装，妄图骗取更多的同情和支持，恢复他们在西藏的统治。

历史事实不可改变，时代潮流不可阻挡。无论达赖集团如何伪装和狡辩，无论达赖集团如何煽动和破坏，都无法改变西藏自古是中国不可分割一部分的客观事实，无法抹杀西藏民主改革50年的巨大成就，无法动摇包括藏族同胞在内的全体中国人民维护国家统一的坚定决心，无法阻挡西藏在祖国大家庭中繁荣发展进步的坚实步伐。

同志们、朋友们！

西藏民主改革的伟大成就已经载入史册，西藏更加辉煌的美好明天需要我们共同创造。让我们更加紧密地团结在以胡锦涛同志为总书记的党中央周围，高举中国特色社会主义伟大旗帜，以邓小平理论和“三个代表”重要思想为指导，深入贯彻落实科学发展观，团结一心，锐意进取，为建设团结、民主、富强、和谐的社会主义新西藏而努力奋斗！

西藏民主改革50年大型展览在北京民族文化宫举行

“西藏民主改革50年大型展览”是由国务院新闻办、中央统战部、国家民委、西藏自治区、中央档案馆、新华社共同主办的。展览共分为“和平解放西藏”、“平息武装叛乱”、“西藏的民主改革”、“50年来统一与分裂、进步与倒退的斗争”、“经济社会发展和人权事业的巨大成就”5个部分，通过大量珍贵史料，深刻揭露了旧西藏封建农奴制的落后黑暗，生动再现了西藏百万农奴翻身得解放的历史进程，集中展示了50年来西藏各项事业取得的巨大成就。

《人民日报》发表“西藏民主改革第一村”克松居委会居民向全区百万翻身农奴发出的公开信

百万翻身农奴们：

在西藏民主改革50周年来临之际，自治区人大将每年3月28日确定为“西藏百万农奴解放纪念日”，这完全符合我们百万翻身农奴的心愿。作为民主改革第一村的居民，此时此刻，我们感慨万千。

我们无法忘记，50年前的旧西藏，“农奴身上三把刀，差多、租重、利钱高；农奴面前三条路，逃荒、为奴和乞讨”。农奴“生命虽由父母所生，身体却为官家占有；纵有生命和身体，却没有做主的权利。”而50年来的新西藏，“共产党来了苦变甜”，百万翻身农奴“自己的事自己说了算”。“尽管乌鸦在叫，骏马照样奔跑！”我们在党的富民政策指引下，家家户户住楼房、穿新衣、吃美食、有存款。我们的日子比蜜还甜！

百万翻身农奴们，这样的日子，也只有在中国共产党的领导下，在社会主义大家庭中，我们才能拥有啊！而以十四世达赖喇嘛为首的达赖集团，不但不为我们做一件有意义的事情，而且还不停地来干扰和破坏我们和谐幸福的新生活，他想的就是要把我们拉回到50年前的旧西藏。对此，我们能答应吗？

我们是被中国共产党拯救出来的西藏百万翻身农奴，我们永远不愿意回到达赖统治下黑暗落后、惨无人道的封建农奴制社会。我们要像珍惜自己的眼睛一样珍惜现在的生活。

百万翻身农奴及其后辈们，让我们紧密团结在党的周围，排除达赖集团对我们幸福生活的干扰，拥护社会主义制度，建设好我们和谐稳定的社会主义新家园，让我们的生活一年更比一年好！我们相信，我们西藏的天永远是艳阳天！

西藏民主改革第一村、乃东县
克松村居委会居民代表
2009年3月26日

全国政协主席贾庆林在无锡分别会见参加第二届世界佛教论坛的中国大陆和港澳台地区代表及外国代表

在会见中国两岸四地佛教界代表时，贾庆林指出，举办世界佛教论坛，是佛教界的一件盛事。三年前，首届世界佛教论坛在浙江杭州和舟山成功举办，在国际社会产生了积极影响。三年来，两岸四地佛教界发扬爱国爱教的优良传统，发挥同根同源、一脉相承的独特优势，开展各种形式的文化交流，为推动祖国现代化建设、保持港澳繁荣稳定、促进两岸关系和平发展作出了积极贡献。去年四川汶川特大地震发生后，两岸四地佛教界都在第一时间作出反应，或捐款捐物，或组织救护队、医疗队奔赴灾区进行救助，或举行多种形式的祈福消灾活动，充分体现了两岸四地佛教界血浓于水的深厚感情。贾庆林强调，宗教界人士和信教群众在促进经济社会发展中具有积极作用。他向两岸四地佛教界提出了四点希望：一是团结信教群众，坚定信心、迎难克艰，共同应对国际金融危机的冲击，努力为推动经济发展做贡献；二是发挥自身优势，多做安抚人心、理顺情绪、化解矛盾的工作，努力为促进社会和谐做贡献；三是加强交流合作，拓展交流渠道，创新合作方式，努力为促进两岸关系和平发展做贡献；四是适应新形势新任务的要求，切实加强自身建设，努力培养一批信仰纯正、道风严谨、品德高尚的佛教界代表人士。

在会见外国佛教界代表时，贾庆林首先介绍了中国应对国际金融危机、保持经济平稳较快发展的情况与中国宗教的基本情况和宗教政策。他指出，中国是个多宗教的国家。中国实行宗教信仰自由政策，是维护人民利益、尊重和保护人权的重要体现。在中国，信教群众是建设中国特色社会主义的积极力量。中国政府鼓励和支持宗教界在独立自主、平等友好、相互尊重的基础上，积极与世界各国宗教界进行友好交往和学术文化交流活动。贾庆林强调，佛教是世界三大宗教之一，在促进人类和平与发展的崇高事业中，应该而且能够发挥积极的作用。中国政府将一如既往地支持中国佛教界利用世界佛教论坛等形式，与世界各国佛教界加强交往，共同促进人类文明进步，维护世界和平，增进人类福祉。

国务院副总理回良玉，全国政协副主席、中央统战部部长杜青林等陪同会见。

来自中国大陆、香港、澳门、台湾地区和世界各地三大语系佛教的领袖，主要国际佛教组织负责人等100多人参加了会见。

世界佛教论坛是由中国两岸四地佛教界共同发起成立的，旨在为世界佛教界搭建一个平等、多元、开放的高层次对话平台。第二届世界佛教论坛主题是“和谐世界，众缘和合”，将于3月28日在无锡开幕，4月1日在台北闭幕。来自中国大陆和港澳台地区、世界近50个国家的高僧大德、著名学者以及其他各界知名人士等1300多名代表已抵达无锡。

全国政协主席贾庆林在江苏无锡调研

3月27日至28日，贾庆林和回良玉来到无锡的产业园区、企业车间和农村乡镇，就贯彻落实全国两会精神，促进经济社会又好又快发展进行调研。调研期间，贾庆林充分肯定江苏省近年来改革发展取得的显著成绩，勉励他们努力在科学发展道路上迈出更加坚实的步伐，继续当好深化改革开放的排头兵，朝着率先全面建成小康社会、率先基本实现现代化的目标奋勇前进，把江苏的明天建设得更加美好。

调研途中，贾庆林向江苏省和无锡市的负责同志仔细了解当地经济运行状况。他指出，受国际金融危机影响，今年是进入新世纪以来我国经济发展最为困难的一年。越是困难的时候，我们越是要坚定信心，充分认识我国经济发展的基本面和长期向好的趋势没有改变，凝聚各方面力量保增长、保民生、保稳定，全面实施促进经济平稳较快发展的一揽子计划，把中央确定的经济社会发展的目标任务落到实处。

中国“俄语年”开幕式在人民大会堂举行

温家宝总理和普京总理专门为开幕式发来贺电，刘延东国务委员和茹科夫副总理分别发表了热情洋溢的致辞。

第五届中俄投资促进会议在钓鱼台国宾馆举行

国务院副总理李克强在会上致辞时强调，当前形势下，中俄作为战略协作伙伴，应坚定信心，挖掘潜力，携手努力，开拓创新，进一步密切投资合作等经贸合作关系，促进两国经济稳定发展，实现互利共赢。

李克强指出，投资合作是两国经贸合作的重点领域。两国应抓紧实施合作规划，突出合作重点，着力推动装备制造、能源资源、基础设施、高新技术、金融保险、地区发展等领域的合作。完善合作机制，创新合作方式，搭建发展平台，发挥重大项目的龙头作用，落实好已签约项目，启动一批新的投资项目，促进双方投资合作深入发展。

俄罗斯联邦政府副总理茹科夫在会议致辞中表示，俄方高度重视与中国的关系，愿与中方一道，落实投资合作事项，继续深化经贸等各领域合作，携手应对金融危机，推动两国关系迈上新台阶。

会前，李克强与茹科夫进行了小范围会谈。两国领导人在会上共同见证了两国有关部门负责人签署文件。中国国家发展和改革委员会主任张平、俄罗斯经济发展部部长纳比乌林娜签署了《关于完善中俄投资促进会议机制的备忘录》。两国有关部门负责人还签署了《关于完成中俄投资合作规划纲要研究拟定工作的纪要》。双方有关企业签署了一批投资项目合作文件。

中俄投资促进会议已连续举办五届。来自两国政府部门、企业界、金融界等有关方面代表300多人参加了本届会议。

国家副主席习近平在人民大会堂分别会见澳大利亚外长史密斯和苏丹总统特使贾兹

外交部部长杨洁篪在外交部与澳大利亚外长斯蒂芬·史密斯举行会谈

中国藏学家代表团访问意大利与瑞士

中国藏学家代表团3月27日至30日访问意大利，与意政界、学术界和新闻界人士进行深入交流和探讨。代表团27日与意专家学者举行座谈会时，新闻报道的客观公正问题成为双方探讨的热点。意学者表示，一些西方媒体对西藏歪曲报道的现象不容忽视。

中国藏学研究中心研究员张云、藏族学者扎洛和藏族学者德吉卓玛在与意专家学者交流时分别介绍了西藏在政治、经济、文化、社会等方面的发展成果，并回答了与会者的提问。

中国藏学家代表团团长、中国藏学研究中心宗教所所长郑堆27日在伯尔尼举行的媒体座谈会上表示，希望瑞士媒体“把真实的西藏告诉受众”，国外有人把西藏“神秘化”，但西藏“不是‘天堂’，更不是‘地狱’”。

在回答瑞士《时报》记者关于达赖称西藏是“地狱”的问题时，郑堆指出，在西藏文化中，地狱的概念非常恐怖，远远超过当今世界任何地方的冲突和灾难，如果把西藏比作“地狱”，那这个“地狱”也太幸福了！

座谈会上，中国藏学研究中心经济所副所长旦增伦珠用拉萨3次抽样调查结果，对西藏外来人口流动、民族通婚等随经济、旅游业发展而出现的变化作了分析，藏学研究中心副研究员达瓦才仁在回答记者关于活佛转世问题时进行了深入浅出的介绍，《中国藏学》总编辑马丽华列举了藏族群众生活水平提高、对现代生活新追求的具体事例。

沪昆高速江西段发生30多人死伤的特大交通事故

3月28日

由中央统战部 全国政协办公厅 中央电视台共同主办的庆祝西藏百万农奴解放50周年文艺晚会在北京举行

《人民日报》发表社论《伟大的变革　光辉的节日——热烈庆祝“西藏百万农奴解放纪念日”》

喜马拉雅山起舞，雅鲁藏布江歌唱——今天是个好日子！

今年1月19日，西藏自治区九届人大二次会议一致通过决议，将每年3月28日设为“西藏百万农奴解放纪念日”，以纪念50年前在西藏进行的民主改革。这是西藏百万农奴翻身解放后设立的首个法定节日，反映了西藏各族人民的心声，表达了全国各族人民的愿望，具有重大的历史意义和现实意义。在此，我们向西藏各族人民表示热烈的祝贺！

1959年3月28日，在以达赖为首的西藏反动上层发动武装叛乱后，中华人民共和国国务院颁布命令，宣布解散原西藏地方政府，由西藏自治区筹备委员会行使西藏地方政府职权，号召西藏人民为建设民主和社会主义的新西藏而奋斗。由此，在中国共产党领导下，西藏各族人民进行了平叛和民主改革，彻底废除了政教合一的封建农奴制度，掀开了西藏历史崭新的一页。

民主改革是西藏历史上最广泛、最深刻、最伟大的社会变革。经历了千百年之久的西藏封建农奴制，严重阻碍西藏的发展，给西藏各族人民带来了无尽的苦难。民主改革彻底废除了封建农奴制的土地所有权，将土地和其他生产资料归还给农奴和奴隶，使百万农奴和奴隶获得了彻底的解放，成为新西藏和国家的主人。从这一天开始，西藏的社会制度实现了巨大的跨越，西藏各族人民改变了自己的命运，过上了幸福的生活，同全国人民一道在社会主义的道路上奋进。

民主改革是新中国对世界人权事业的又一重大贡献。旧西藏的黑暗和残酷是对人性和人的尊严的无情摧残，对农奴和奴隶剜眼、断筋、剁脚等等残暴行为令人不寒而栗。民主改革破除了将人分为三等九级的制度，废止了旧西藏的法典及其野蛮刑罚，把百万农奴和奴隶从非人的压迫下解放出来，以国家宪法和法律保障公民的尊严和权利。人民民主政治制度从此在西藏确立，阻碍民主政治发展的桎梏被彻底铲除。

民主改革是国际废奴运动的重要里程碑。在二三百年来一些国家的奴隶制和农奴制堡垒被相继攻破之后，西藏的民主改革彻底解放了长期生活在痛苦和屈辱中的百万农奴群体，并使他们迅速开始了现代化建设进程，其伟大意义和深远影响绝不亚于发生在世界任何国家和地区的废奴运动，有力地推动了人类文明的进步。

50年来，西藏各族人民在中央人民政府的关怀下，在全国各族人民的支援下，高举爱国主义和民族团结旗帜，牢牢把握各民族共同团结奋斗、共同繁荣发展的主题，坚持中国共产党的领导，坚持民族区域自治制度，坚持中国特色社会主义道路，各项事业取得了举世瞩目的辉煌成就。今日西藏，经济发展、社会进步、民族团结、边防巩固，处处呈现出欣欣向荣的美好景象。

然而，达赖集团叛逃国外后，在国际反华势力支持下，长期从事分裂祖国的破坏活动。他们极力美化政教合一封建农奴制下的旧西藏，攻击诬蔑西藏的民主改革，千方百计把自己打扮成“西藏人民的代言人”，煞有介事地向中央提出所谓“大藏区”、“高度自治”等变相独立、半独立的政治要求，企图在“自治”的幌子下恢复他们对西藏人民的统治，恢复旧西藏社会、政治制度。达赖集团分裂祖国、复辟旧制度的图谋，西藏和全国各族人民看得非常清楚，也是决不会答应的。

经历过寒冬的人，格外珍惜春天的温暖。西藏各族人民最懂得维护祖国统一和主权的重要，最感念祖国大家庭的温暖，最认同建设团结、民主、富强、和谐新西藏的目标。站在经济社会发展历史新起点上的西藏，将进一步落实党和国家关于西藏的一系列方针政策，紧紧抓住发展和稳定两件大事，确保西藏经济社会跨越式发展，确保国家安全和西藏社会稳定，确保各族群众生活水平不断提高。

第二届世界佛教论坛在无锡开幕

全国政协副主席、中央统战部部长杜青林应邀出席开幕式。

中国佛教协会会长一诚、国际佛光会创办人星云、香港佛教联合会会长觉光先后在论坛上致辞。

第十一世班禅额尔德尼·确吉杰布出席论坛并作了大会发言。他说,论坛在我的祖国——中国举办,充分证明现今中国社会和谐稳定、宗教信仰自由,标志着中国是一个维护和促进世界和平的国家。

来自中国大陆、香港、澳门、台湾地区和世界各地三大语系佛教的领袖,主要国际佛教组织负责人,以及世界宗教领袖联盟秘书长巴瓦·简恩、越南宗教事务委员会主任阮世营等出席了开幕式。 根据国际惯例和佛教仪轨,论坛将采取大会发言和开放论坛相结合的形式。本届论坛由中国佛教协会、国际佛光会、香港佛教联合会和中华宗教文化交流协会共同主办,为期5天。论坛是我国首次以民间形式跨两岸举办国际性宗教论坛。

论坛将于4月1日在台北闭幕。3月30日,部分与会代表将乘坐包机由南京直航台北。

各地参与“地球一小时”活动

北京时间3月28日晚上8时30分,随着位于北京的国家体育馆、位于上海的东方明珠等标志性建筑陆续关灯,标志着由全球近4000座城市、约10亿人参与的“地球一小时”关灯接力活动进入中国。我国北京、上海、香港等十余座城市参加了此次活动。

3月29日

国务院总理温家宝在湖北考察

3月29日至31日,温家宝深入湖北的乡村、企业和社区进行调研。他指出,在应对国际金融危机中,要坚定不移地实施中部地区崛起战略,发挥优势,挖掘潜力,调整结构,提高效益,促进经济又好又快发展。

国务院副总理李克强在湖南调研

3月29日至31日,李克强先后来到长沙、韶山、湘潭等地,深入工厂车间、科研机构和居民家庭进行考察调研,与湖南干部群众共商应对挑战之策,共谋改革发展之计。

李克强强调,要认真贯彻落实中央的决策部署,坚定信心,迎难而上,保持增长、调整结构,大力推动技术进步和体制机制创新,增强经济发展动力与活力,在改革创新中促进产业升级,在应对挑战中实现新的发展。

考察期间,李克强专程前往韶山瞻仰了毛泽东同志故居,并向毛泽东铜像敬献了花篮,缅怀老一辈革命家建立新中国的丰功伟绩。

在听取湖南省委、省政府的工作汇报时,李克强充分肯定湖南近年来经济社会发展取得的成绩和当前保增长、保民生、保稳定所作出的努力,希望湖南广大干部群众再接再厉,锐意进取,为实现中部崛起、促进经济社会又好又快发展作出新贡献。

中共中央政治局常委贺国强在福建考察

3月29日至4月4日,贺国强深入龙岩、厦门、泉州、福州等地,访老区、下田间、进社区、走企业,看望干部群众、考察经济社会发展和党风廉政建设情况。

调研期间,他瞻仰古田会议会址,并深入一些国有、民营以及台资侨资外资企业,同干部职工亲切交谈,了解生产经营情况,并嘱咐当地干部要认真解决重点行业和企业面临的突出困难,特别是要关心和帮助台港澳侨资企业,使他们感受到祖国大家庭的温暖、坚定在大陆投资兴业的信心。他在福州接见了著名侨领林文镜。在一些困难群众家里,他和乡亲们围坐在一起叙家常、谈发展,鼓励大家保持坚强乐观的心态,勇敢地面对生活。他强调,只要我们认真贯彻落实中央的决策部署,坚定信心、迎难而上,团结一致、共克时艰,就一定能够渡过当前经济难关、保持经济平稳较快发展。

在听取福建省委、省政府和省纪委的工作汇报,贺国强充分肯定了近年来福建经济社会发展以及党风廉政建设和反腐败工作取得的成绩,强调支持海峡西岸和其他台商投资相对集中地区发展,是党中央从全局和战略高度作出的重大决策。

中阿签署货币互换框架协议

中国人民银行和阿根廷中央银行29日在哥伦比亚第二大城市麦德林签署了700亿元等值人民币的货币互换框架协议,这是迄今中国和拉美国家历史上最大规模的金融交易。

协议由参加美洲开发银行50届年会的中国人民银行行长周小川和阿根廷中央银行行长马丁·雷德拉多共同签署。根据该框架协议,阿根廷从中国进口商品时可以使用人民币,不必再使用美元作为交易的中介货币。

国务院副总理李克强在钓鱼台国宾馆会见欧盟委员会对外关系委员贝妮塔·费雷罗一瓦尔德纳一行

李克强指出,中欧建交30多年来,政治互信不断加深,合作水平不断提高。面向未来,双方应继续坚定不移地发展全面战略伙伴关系,把各领域交流与合作推向更高水平,造福双方人民。在当前金融危机背景下,双方应加强合作,良性互动,化危机为机遇,推动中欧经济更好发展。

李克强还介绍了中国当前经济形势和所采取的应对措施。他说,受国际金融危机的影响,中国经济也面临较大困难,但中国经济发展的基本面和长期向好趋势没有改变。我们出台的一系列政策措施,致力于扩大内需、调整结构和改善民生。我们有信心也有条件保持经济平稳较快发展。

瓦尔德纳表示,欧盟重视发展对华关系,愿与中方继续加强合作,携手应对国际金融危机等全球性挑战,推动中欧关系不断发展。

《李岚清中国近现代音乐笔谈》首发式暨2009年高雅艺术进校园活动开幕式在国家大剧院举行

中国女子冰壶队在韩国江陵举行的2009年世界女子冰壶锦标赛中获得冠军

高扬逝世

原中顾委委员、中央党校原校长高扬同志,于3月29日在北京病逝,享年100岁。

高扬是辽宁省辽阳县人。1936年12月加入中国共产党,后任东北民众救亡会党支部书记,冀西地委书记兼军分区政委,豫北地委书记兼军分区政委等。1945年11月后,任中共辽宁省分委员会委员,安东省委常委、民运部部长,沈阳市委第一副书记等。1950年2月至1954年12月,任辽东省人民政府主席,辽东省委书记等,这期间曾任中共东北局常委、组织部部长,中共中央东北地区工作部副部长等。1955年1月后,任中央书记处第三办公室副主任,中央工业交通工作部副部长,化工部部长。"文革"期间受到迫害。1978年1月后,任吉林省委书记(当时设有第一书记),农垦部部长,河北省委第一书记兼省军区第一政委,中央党校校长等。中共十二大、十三大当选为中顾委委员。

高扬是中共第八、十二、十三大代表,中共第十四、十五、十六大列席代表,第一、二、三届全国人大代表。

3月30日

国办发出《关于进一步推进安全生产"三项行动"的通知》

各省、自治区、直辖市人民政府,国务院各部委、各直属机构:

今年以来,在党中央、国务院的正确领导下,通过各地区、各部门、各单位的共同努力,全国安全生产保持了总体稳定、趋于好转的发展态势,但形势依然严峻,重特大事故时有发生,事故总量仍然较大。为认真贯彻全国"质量和安全年"工作的各项部署及全国安全生产电视电话会议精神,深入开展"安全生产年"活动,促进安全生产形势的持续稳定好转,经国务院同意,现就进一步推进安全生产执法行动、治理行动、宣传教育行动(以下简称"三项行动")的有关事项通知如下:

一、工作目标

扎实开展安全生产"三项行动",加强安全生产全员、全过程、全方位管理,推进"安全生产年"目标任务落实。加大安全生产执法力度,严厉打击非法违法生产经营行为,建立规范的安全生产法治秩序;深化安全生产专项治理,促进安全生产责任制落实,强化安全生产监管监察,治理纠正违规违章行为,狠抓隐患排查治理,切实加强和解决安全生产薄弱环节和突出问题;加强安全教育,牢固树立安全发展理念,增强全社会安全意识,提高广大从业人员的安全生产技能素质。通过开展安全生产"三项行动",强化安全生产基层和基础管理,构建安全生产长效机制,坚决遏制重特大生产安全事故发生,促进全国安全生产形势持续稳定好转。

二、重点范围和内容

(一)安全生产"三项行动"的对象范围是,各地区、各行业(领域)、各生产经营单位。主要包括:

1. 煤矿、金属和非金属矿山、尾矿库、化工、烟花爆竹、建筑施工、民爆物品、冶金、有色、石油、电力等工矿企业;

2. 道路交通、水运、铁路、民航等交通运输企业和渔业船舶、农机、水利等企业单位;

3. 商(市)场、公共娱乐场所、旅游景点、学校、医院、宾馆、网吧、公园等人员密集场所;

4. 锅炉、压力容器、电梯、起重机械、客运索道、大型游乐设施、厂(场)内机动车辆等特种设备;

5. 建设工程项目及设施;

6. 易受自然灾害影响的企业、单位、居民区和场所;

7. 2008年隐患排查治理不到位的企业、单位;

8. 近年来发生较大以上事故的单位。

(二)安全生产"三项行动"重点内容。

1. 执法行动。对下列行为依法进行打击或查处:

(1)无证或证照不全从事生产、经营、建设的;

(2)关闭取缔后又擅自生产、经营、建设的,小煤矿应关未关或关闭计划不落实的;

(3)私采滥挖、超层越界开采、尾矿库违规排放的;

(4)违反建设项目安全设施“三同时”规定,违法违规进行项目建设的;

(5)瞒报事故的;

(6)重大隐患隐瞒不报或不按规定期限予以整治的;

(7)不按规定进行安全培训或无证上岗的;

(8)拒不执行安全监管监察指令、抗拒安全执法的;

(9)其他非法违法生产、经营、建设行为。

2. 治理行动。对以下行为进行严格治理:

(1)安全生产工艺系统、技术装备、监控设施、作业环境、劳动防护用品配备不符合规定要求的;

(2)危险性较大的特种设备和危险物品的存储容器、运输工具完好率不达标及不按规定进行检测检验的;

(3)受自然灾害威胁而未落实防范措施的;

(4)隐患排查治理制度不健全、责任不明确、措施不落实、整改不到位的;

(5)应急救援队伍、装备不健全,应急预案制订修订演练不及时,以及自救装备配备不足、使用培训不够的;

(6)高危行业安全生产费用提取使用、安全生产风险抵押金交纳等经济政策落实不到位的;

(7)重大基础设施建设安全制度不完善、管理措施落实不到位的;

(8)违章指挥、违章作业、违反劳动纪律的;

(9)地方各级人民政府对有关地区、行业(领域)和企业单位的安全监管责任不落实,安全管理机构不健全,有关部门监督检查不到位,安全许可制度执行不严格的;

(10)有关地区和行业主管部门确定的行业(领域)及企业、单位安全隐患治理不到位的。

3. 宣传教育行动。着力开展以下宣传教育活动:

(1)宣传安全生产法律、法规、规章制度,增强安全法制意识;

(2)宣传安全发展的理念,推进安全文化建设;

(3)宣传推广安全生产工作的典型经验和做法,推进安全生产示范企业建设;

(4)完善安全生产信息发布制度,公布生产安全事故企业“黑名单”、事故查处情况,加强安全生产舆论监督;

(5)深入开展“安全生产月”、“安全生产万里行”、“安全生产科技周”等集中宣传教育活动;

(6)改革企业相关招用工制度,推广实行“变招工为招生”,加大委托学校定向培养工作力度;

(7)严格教育培训机构监管,加强师资力量、培训装备建设,提高培训质量;

(8)加强企业主要负责人、安全管理人员和特种作业人员培训,抓好新进人员安全教育,强化全员安全技能培训。

三、重点时段

“三项行动”要贯穿各地区、各行业(领域)、各单位全年安全生产工作始终,同步部署、同步实施、同步检查推进。同时要结合安全生产规律特点,统筹兼顾,突出重点,有计划、有步骤、有针对性地组织开展。

(一)进一步细化方案,开展自查自纠(4月底以前)。

1. 各地区、各有关部门根据全国安全生产电视电话会议部署和本通知要求,结合2008年“隐患治理年”发现的突出问题,进一步细化本地区、本行业(领域)“三项行动”工作方案。国务院安全生产委员会办公室制定“三项行动”实施方案。省级人民政府、国务院各有关部门的“三项行动”具体实施方案报国务院安全生产委员会办公室。

2. 各地区、各有关部门、各企业和单位要按照“三项行动”内容要求,抓好组织发动,提高思想认识,认真开展自查自纠,针对存在的问题和薄弱环节,制定整改计划,落实整改措施,严防事故发生。

(二)加强督促检查,全面推进各项工作(5月至9月)。

1. 针对煤矿、金属和非金属矿山、道路交通、烟花爆竹、化工、建筑施工、民爆物品、消防等重点行业(领域)存在的非法违法行为,落实地方政府安全监管责任,组织有关部门联合执法,严厉打击各类非法违法生产、经营、建设行为。

2. 进一步强化煤矿瓦斯治理和整顿关闭、尾矿库安全整治、化工企业规范生产运营、危险化学品安全运输、道路交通超员超载超速超限治理、人员密集场所火灾隐患治理、建筑施工防坍塌坠落、砂石运输船和施工船安全管理等专项整治措施,切实防范遏制重特大事故发生。

3. 落实汛期防洪、防透水、防坍塌、防泥石流、防雷电等措施,严密防范因台风、暴雨、洪水等自然灾害引发生产安全事故。

4. 认真组织开展安全生产月等宣传活动,进一步抓好安全生产方针政策和各项任务措施的宣传贯彻落实;加强岗前培训,推进职业安全教育,促进提高广大从业人员安全素质。

5. 各地区、各部门在9月份组织开展全国安全生产大检查,国务院安全生产委员会组织开展专项督查,为国庆60周年创造安全稳定环境。

(三)深化“三项行动”,巩固扩大成果(10月至

12月)。

1. 针对四季度工作的特点,进一步完善执法措施,提高执法效能,坚决查处和打击超能力、超强度、超定员生产,超员、超载、超速、超限运输等违法违规行为,以及非法生产、贮存、销售烟花爆竹、火工品等行为;认真落实防火、防爆、防尘、防静电、防寒风大潮、防冰雪灾害、防冻裂泄漏,以及交通运输安全防范等各项措施,切实消除事故隐患。

2. 地方各级人民政府对"三项行动"开展情况进行督查,并进行全面总结。省级人民政府和国务院有关部门将"三项行动"开展情况于12月上旬报国务院安全生产委员会办公室。同时,国务院安全生产委员会组织开展综合督查,于12月底前将全国开展"三项行动"情况报国务院。

四、工作要求

(一)加强组织领导。地方各级人民政府统一组织实施"三项行动",层层落实责任,对影响安全生产的重大问题要抓住不放,组织安全监管、国土资源、工业和信息化、公安、住房城乡建设、工商等部门,明确牵头单位,加强联合执法和督促检查。国务院有关部门要对本行业(领域)开展"三项行动"加强督促指导,国务院安全生产委员会办公室做好综合协调。落实企业安全生产主体责任,企业法定代表人要针对"三项行动"内容,强化各项措施,确保安全生产。

(二)抓好协调推进。着重做好"三个结合":一是安全执法与安全治理相结合,重点打击非法违法生产、经营、建设行为,同时对安全治理过程中的重大隐患和问题,要及时组织联合执法、专项执法督促解决;二是"三项行动"与"三项建设"(安全生产法制体制机制、保障能力和监管监察队伍建设)相结合,研究把握安全生产规律,完善和落实治本之策,推进建立安全生产长效机制;三是"三项行动"与安全生产日常工作相结合,严格安全生产许可,推进安全生产标准化建设,加强安全监管监察,务求实效。

(三)突出工作重点。立足于治大隐患、防大事故,依法严厉打击非法违法行为、治理违规违章现象,对不具备安全生产条件且难以整改到位的单位,该关闭的坚决关闭、该取缔的坚决取缔;狠抓重点行业(领域)和企业的规范化建设,进一步加大安全投入,加快安全技术改造,淘汰落后生产能力,提高安全基础保障水平;组织开展职业安全健康检查,促进企业改善安全生产和劳动保障条件;加大"五一"、汛期、"十一"、第四季度等重点时段和关键节点的安全防范工作,坚决遏制重特大事故发生。

(四)严格责任追究。要协调执法行动,严格行政执法,触犯刑律的要移交司法部门,依法追究刑事责任。要健全完善和落实重大隐患公告公示、挂牌督办、跟踪治理和逐项整改销号等制度,对因隐患排查治理工作不力而引发事故的,依法严厉查处。要充分发挥生产安全事故处理协调机制的作用,严肃追究责任,坚决惩处生产安全事故涉及的瞒报事故、失职、渎职以及事故背后的腐败行为,公开查处结果,接受社会监督。

(五)强化监督检查。地方各级人民政府及负有安全监管、行业管理职责的各部门要切实加强对"三项行动"的监督检查和指导,及时研究、协调解决行动中出现的突出问题。建立"三项行动"工作督查通报制度,国务院安全生产委员会办公室和国务院有关部门要加强工作督查,及时掌握各地区、各部门和本行业(领域)工作进展情况,通报重大问题执法解决情况、重大事故隐患治理情况和安全教育培训情况,并定期发布。省级人民政府和国务院有关部门每月要将"三项行动"开展情况报送国务院安全生产委员会办公室。

(六)加强舆论引导。各地区、各有关部门要充分利用广播、电视、网络、报纸等各种媒体,大力宣传"三项行动"的目标、范围、重点和要求,广泛发动群众,增强推进"三项行动"的积极性、主动性。总结宣传安全生产的典型事例,鼓励群众举报非法违法生产、经营、建设行为和事故隐患,对"三项行动"实施不力、走过场的单位公开曝光。进一步加强安全生产法制教育,宣传普及安全生产基本知识,增强安全意识,在全社会营造安全发展的良好氛围。

国务院办公厅

2009年3月30日

《人民日报》刊登中国藏学研究中心的文章《西藏经济社会发展报告》

我国专门从事藏学研究的学术机构——中国藏学研究中心表示,发布这一报告的目的是为关心西藏发展的人士提供一个全面认识、了解当代西藏经济社会发展状况的蓝本;为政策制定者提供促进西藏经济进一步发展的决策依据;在西藏民主改革50周年之际,对西藏的经济发展进行一次回顾和总结。

这一报告指出,当前西藏经济不仅总量(GDP)突飞猛进,固有的产业结构也在发生深刻改变。通过对与西藏人类发展指数等相关问题的研究发现,伴随着地方经济的高增长,西藏居民,尤其是西藏藏族居民的人口增长、人均GDP、人均预期寿命、人均受教育程度等重要人类发展指数也发生了革命性的变化。

国家副主席习近平出席全国培养选拔年轻干部工作座谈会并发表讲话

习近平在讲话中强调,做好培养选拔年轻干部工作,要把理想信念教育作为一项根本任务抓实抓好。要按照中央关于大规模培训干部的要求,加强年轻干部的理论学习培训,全面提高他们的马克思主义理论素养,打牢理想信念的根基。要把理想信念教育与国情、党情教育和中共党史教育结合起来,引导和帮助年轻干部深刻理解我们党领导人民艰苦卓绝的奋斗历史和优良传统,坚定对中国特色社会主义的信念。

习近平指出,做好培养选拔年轻干部工作,必须加强年轻干部的党性修养。要加强年轻干部的道德修养,引导他们珍重人格、珍爱声誉、珍惜形象,增强道德责任感,常修为政之德,积小德养大德,努力成为思想纯洁、品行端正的示范者,爱岗敬业、敢于负责的力行者,明礼诚信、遵纪守法的先行者,生活正派、情趣健康的引领者。要引导年轻干部树立良好作风,正确对待权力、地位和利益,正确对待组织、群众和自己,克服浮躁情绪,脚踏实地干事,在服务祖国、服务人民、服务科学发展中建功立业。各级党委要进一步加强对年轻干部的党性教育,特别要加强政治忠诚教育、道德情操教育、优良作风教育、党的纪律教育和拒腐防变教育,坚持严格要求、严格管理,保证年轻干部健康成长。

习近平强调,在实践中锻炼、考验和提高干部,始终是培养年轻干部的一个基本途径。越是有培养前途的年轻干部,越要放到艰苦环境中去,越要派到改革和发展的第一线去,让他们在实践锻炼中增强党性、改进作风、磨炼意志、陶冶情操、提升境界、增长才干。要坚持多岗位培养锻炼年轻干部,尤其要注重在基层一线的实践中培训锻炼年轻干部。一方面,要鼓励更多的年轻干部到基层、到生产一线和艰苦地方去经受考验、成长成才;另一方面,要注重选拔基层中善于做群众工作、能妥善应对复杂局面、有处理实际问题能力的优秀年轻干部充实党政领导机关,改善优化机关干部队伍结构。

中组部部长李源潮主持会议。

中央和国家机关各部委、各人民团体分管负责同志,各省、自治区、直辖市有关负责同志,解放军总政治部、武警总部有关同志等参加会议。

全国保障性安居工程工作会议在湖南长沙召开

国务院副总理李克强出席会议并讲话。

李克强说,住房是民生之要,住宅建设产业链长、关联度高。在当前形势下,推进保障性住房建设,既能增加各方投资、带动相关产业,又能刺激居民消费、促进民生改善,是应对国际金融危机、保持经济平稳较快发展的重要举措。必须从经济社会发展的大局出发,把保障性安居工程建设好。

李克强指出,保障低收入住房困难群众基本住房是政府的重要职责。要加快廉租住房建设,加大对城市和林区、垦区、煤矿等棚户区改造力度,扩大农村危房改造试点。要科学规划,加大资金投入,落实土地供应、税费减免、信贷支持等政策措施,公正、公平、公开地确定保障对象,加强全过程监督检查,确保工程质量和资金安全,把保障性安居工程真正建成民生工程、德政工程、阳光工程。

李克强说,保障性住房主要是为低收入住房困难群众提供基本住房。要科学界定保障性住房供应范围,切实让低收入住房困难群众得实惠。要进一步促进普通商品住房合理消费和供给。要采取多种方式,满足不同收入群体的住房需求。通过努力,形成多层次住房供应体系,使全体人民住有所居,促进房地产市场平稳健康发展,发挥好房地产业在国民经济中的支柱产业作用。

李克强最后要求,各地区各有关部门要加强领导,密切配合,开拓创新,扎实工作,实施好保障性安居工程,为全面建设小康社会作出新贡献。

会议确定,在国家支持下,三年内解决750万户城市低收入家庭、240万户林区垦区煤矿等棚户区居民的住房困难。2009年,这两块分别完成260万户和80万户。同时,扩大农村危房改造试点,今年安排近80万户。

国务院召开全国森林草原防火工作电视电话会议

国务院副总理回良玉在会上强调,今年以来我国部分地方森林草原火险等级持续偏高,火灾呈多发态势,目前全国各地陆续进入春季森林草原防火的关键时期。各地区、各有关部门要充分认识森林草原防火工作的严峻形势,立足于"早防范、早处置、早扑灭",明确防控责任,加强火险预警,落实防控措施,强化野外火源管理,确保思想不松懈、工作不松劲。清明即至,各地要按照"文明祭扫、平安清明"的要求,切实做好相关工作,严防重大森林草原火灾发生。

回良玉强调,要认真落实各项措施,全力防控重特大森林草原火灾。一是防范要从严从细。进一步加强森林草原火险预警,及时发布火险预报,落实火灾防范措施。认真做好火灾隐患排查和风险化解,采取疏、导、堵相结合的办法管好野外火源,做到严格管控重点部位,严格管控敏感时段,严格管控相关人员,防患于未然。二是扑救要速战速决。立足于实战,加强预案修订和演练。一旦发生森林草原火灾,要立即启动预案快速处置,在最短时间内做到组织领导到位、技术指导到位、资金物资到位、扑救人员到位,确保"打早、打小、打了",防止小火酿成大灾。三是保障要高效有力。各地区、各有关部门和单位,要全面建立与所承担任务相匹配的森林草原防火人、财、物保障体系。要以实施《全国森林防火中长期发展规划》为契机，进一步加快森林草原防火能力建设，努力提升森林草原火灾整体防控水平。四是责任要落实到位。要认真落实森林草原防火行政首长负责制，层层签订责任状。要加大森林草原防火绩效评估、责任追究和奖惩力度，对领导到位、责任落实、业绩突出、保障有力的地方、单位和个人，要给予表彰奖励；对因失职、渎职或者责任制不落实引发森林草原火灾并造成重大损失的，要依法依纪追究有关人员的责任。

吉林省、四川省政府负责同志在会上发言。国家森林防火指挥部成员、中央有关部门负责人在主会场参加会议，各省、自治区、直辖市政府和计划单列市、新疆生产建设兵团负责人及森林防火指挥部成员在分会场参加会议。

全国政务公开领导小组第九次会议在北京召开

中共中央纪委副书记、全国政务公开领导小组组长何勇出席会议并讲话。

何勇指出，2008年，在党中央、国务院的坚强领导下，在全国政务公开领导小组的指导下，经过各地区各部门的共同努力，政务公开工作取得新的明显成效。2009年，要把公开透明原则贯穿于落实扩内需、保增长政策的全过程，扎实做好“保增长、保民生、保稳定”政策措施落实过程中的政务公开工作。要推动行政权力公开透明运行工作深入开展，把握好清权确权、流程规范、透明运行、动态监督四个环节，确保权力规范运行。要进一步完善政府信息主动公开工作机制、依申请公开受理机制、发布信息保密审查机制、监督保障机制和考核评价机制，促进《政府信息公开条例》的贯彻落实。要实行科学决策、民主决策，进一步完善信息公开指南和目录规范文本，积极推进中央国家机关政务公开。要把政务公开工作作为推进惩治和预防腐败体系建设的重要内容，与反腐倡廉其他工作统筹安排、协调推进。要坚持不懈地推进政务公开创新，加强对政务公开工作的调查研究，不断提高政务公开的质量和水平。

中央纪委副书记、监察部部长、国家预防腐败局局长马馼主持会议。全国政务公开领导小组成员，中组部、民政部、农业部有关负责同志参加会议。

中共中央政治局常委李长春在东京会见日本自民党总裁 政府首相麻生太郎

国家副主席习近平在人民大会堂会见哈萨克斯坦外长塔任

习近平表示，中哈关系健康快速发展。双方政治上高度互信，经济上互利共赢，文化上相互借鉴，在国际事务中密切协作。不断深化中哈战略伙伴关系，扩大各领域互利合作，对促进中哈两国和本地区稳定与发展具有重要意义。中方愿与哈方共同努力，进一步增进两国睦邻友好，推动双边关系取得更大发展。

塔任表示，哈萨克斯坦政府高度重视发展对华关系，视为本国外交优先方向之一。哈方对近年来双边关系取得成果表示满意，希望与中方继续保持密切高层交往，全面深化各领域务实合作。

国务院副总理王岐山在北京会见由主任马克伊率领的白俄罗斯总统办公厅代表团

王岐山表示，中国政府高度重视发展同白俄罗斯的友好合作关系，我们一直视白俄罗斯为真诚朋友和可靠伙伴。建交以来，双方一直互相尊重、平等相待，政治互信不断加强，各领域的交流与合作持续扩大，在国际事务中密切协作。中方感谢白方在台湾、涉藏、人权等问题上对中方的支持，愿同白方共同努力，推动中白关系不断迈上新台阶，造福两国人民。王岐山还应询向客人简要介绍了中国国内形势及应对金融危机的举措。

马克伊请王岐山转交卢卡申科总统致胡锦涛主席的亲笔信，强调与中国发展友好合作关系是白俄罗斯对外交往的优先方向。他感谢前不久中方与白方签署了货币互换协议，表示愿进一步密切与中方各领域的互利合作，将两国关系提升到新水平。

世界知识产权组织跨区域知识产权高级论坛在北京开幕

国务院副总理王岐山、世界知识产权组织总干事弗朗西斯·高锐出席开幕式并致辞。

王岐山说，改革开放以来，中国知识产权发展取得了巨大成就。为了深入贯彻落实科学发展观和建设创新型国家，中国政府将继续全面实施知识产权战略，完善知识产权法律、法规和各项制度，加大执法力度，营造保护知识产权的法制、市场和文化环境。中国保护知识产权的立场是坚定不移的。这不仅是对国际社会的承诺，更是提高自主创新能力、加快转变发展方式的自身需要。

王岐山指出，大力提升知识产权创造、运用、保护和管理能力，推动建立平衡有效的知识产权制度，已成为世界各国共同关注的重大课题。为此，应当深化对知识产权制度的理解，把激励创新、推动发展作为制度建设的目的；尊重各国国情，兼顾各方特别是发展中国家的利益；在平等互利的基础上加强对话与合作，增进共识，共同营造有利于激励创新、促进技术合作与贸易的环境。

王岐山表示，中国作为发展中大国和世界知识产权组织的一员，愿继续与各国一道，推动建立平衡有效的知识产权制度，促进全球共同发展和人类文明不断进步。

来自27个国家和6个国际组织的代表以及国务院有关部门负责同志参加论坛。

中国女排集训大名单公布

参加首次集训的中国女排16人名单是：主攻：楚金玲、李娟、惠若琪、赵燕妮；副攻：薛明、马蕴雯、徐云丽、尹萌、罗瑜；二传：魏秋月、沈静思；接应二传：王一梅、张磊、曾春蕾；自由人：张娴、王茜。

3月31日

国家主席胡锦涛就出席二十国集团领导人第二次金融峰会有关问题接受采访

胡锦涛就本次金融峰会意义、应对国际金融危机、推动恢复世界经济增长、当前中国经济形势等问题回答了记者提问，阐述了对这些问题的立场和主张。

在回答记者关于二十国集团领导人第二次峰会的意义时，胡锦涛强调，二十国集团领导人峰会是国际社会共同应对国际经济金融危机的重要有效平台。继去年11月二十国集团领导人华盛顿峰会后，二十国集团领导人再次相聚伦敦，共商应对国际金融危机之策，对于提振民众和企业信心、稳定国际金融市场、推动恢复世界经济增长具有重要意义。中方将本着负责任的态度，同出席会议的有关各方一道，努力使这次峰会取得积极务实的成果。

在回答关于对当前国际金融危机形势的判断、国际社会应该如何更有效地应对国际金融危机、推动恢复世界经济增长的提问时，胡锦涛指出，当前，国际金融危机仍在蔓延和深化，国际金融市场仍处于动荡之中，全球实体经济受到的影响越来越明显。应对国际金融危机、推动恢复世界经济增长已成为当前国际社会共同面临的严峻挑战。面对当前复杂多变的国际经济形势，当务之急：一是要尽快稳定国际金融市场，切实发挥金融对实体经济的促进作用，提振民众和企业信心；二是要采取符合各自国情的经济刺激举措，加强各国宏观经济政策协调，共同实现保发展、保就业、保民生；三是要努力抑制贸易和投资保护主义，减少危机对世界各国、特别是对发展中国家造成的损害；四是要按照全面性、均衡性、渐进性、实效性的原则，推动对国际金融体系进行必要改革，避免类似危机重演。

胡锦涛表示，中国作为国际社会负责任的成员，始终积极参与应对国际金融危机的国际合作。中国将继续同国际社会加强宏观经济政策协调，推动国际金融体系改革，积极维护多边贸易体制稳定，为推动恢复世界经济增长作出应有贡献。

在回答关于当前我国经济形势的提问时，胡锦涛指出，当前，由于受国际金融危机和世界经济增长明显减速影响，中国经济运行困难明显增加，主要表现为进出口下滑，工业生产放缓，部分企业生产经营困难，就业难度加大，等等。为保持经济平稳较快发展，我们及时调整宏观经济政策，果断实施积极的财政政策和适度宽松的货币政策，形成了进一步扩大内需、促进经济增长的一揽子计划。现在，这些措施已取得初步成效、呈现出积极迹象。我们有信心、有条件、有能力继续保持中国经济平稳较快发展。我们愿为世界经济发展继续作出积极贡献。

胡锦涛指出，面对国际金融危机冲击，中国将继续坚持对外开放的基本国策，始终不渝奉行互利共赢的开放战略。一个充满活力、更加开放的中国，不仅有利于保持中国经济平稳较快发展势头，而且有利于国际社会共同应对国际金融危机、促进世界和平与发展。

全国人大常委会委员长吴邦国在湖北调研

3月31日至4月3日，吴邦国在武汉深入企业车间、高等院校、科研院所和居民社区，就保增长、调结构、重民生问题进行专题调研。他与企业职工、高校师生、科研人员和居民群众亲切交谈，关切询问他们的工作、学习和生活情况，并分别主持召开了大型企业、中小企业和民生就业三个座谈会，同企业、院校、区(县)和有关部门负责同志面对面交流，全面了解钢铁、汽车、造船、航运、化工、信息技术、建筑、房地产、家电、纺织服装、医药、旅游、商贸流通等企业受国际金融危机的影响及其应对措施，共同探讨就业、社保、教育、医疗等民生问题的解决举措。

调研期间，吴邦国还听取了湖北省工作汇报，对湖北的工作给予充分肯定。他说，湖北省委省政府团结带领全省人民，认真贯彻落实中央方针政策，全省经济进入快速发展新阶段，结构调整成绩显著，农业持续发展，基础设施和城乡面貌大为改观，人民生活水平不断提高，社会保持和谐稳定，特别是面对国际金融危机的冲击，湖北积极应对、措施得力，取得初步成效，增强了发展信心。希望湖北抓住发展机遇，发挥比较优势，继续开拓创新，积极推进“武汉城市圈、鄂西生态文化旅游圈及湖北长江经济带”建设，加快构建促进中部地区崛起的主要战略支点。

吴邦国指出，国际金融危机仍在继续蔓延和深化，对我国经济的影响不断加深，再加上我国经济发展方式粗放、部分行业产能过剩等矛盾和问题凸显，当前和今后一个时期改革发展稳定的任务十分繁重。对此，我们要有清醒的认识，真正把思想和行动统一到中央对形势的分析判断和决策部署上来，满怀信心、扎扎实实地做好各项工作。为此，吴邦国强调了三点：

一要做好实施积极的财政政策和适度宽松的货币政策这篇大文章。在当前我国许多行业产能过剩的情况下，一定要严格把握投资和政策导向，优化投资结构，防止重复建设和城市盲目扩张，政府投资要实事求是、量力而行，经济增长要注重质量和效益，防止片面追求速度。

二要做好结构调整和产业优化升级这篇大文章。结构调整和产业优化升级是贯彻落实科学发展观、转变经济发展方式、实现可持续发展的内在要求，也是摆脱当前困境的根本出路。在当前形势下，要变市场压力为结构调整的动力，坚持标本兼治、长短结合，把解决当前困难与实现可持续发展结合起来，在结构调整和产业优化升级上迈出重要步伐。

三要做好促进就业、改善民生这篇大文章。促进就业、改善民生是当前的重要工作，关系经济较快发展和社会稳定。中央历来高度重视民生问题，采取了一系列政策措施促进就业和改善民生。要结合实际，把这些政策措施落到实处。要大力促进普通高校毕业生尤其是困难家庭毕业生就业、返乡农民工多渠道转移就业、困难家庭职工就业再就业。要加强社会保障体系建设，关心低收入家庭的生活，推进医疗卫生等社会事业改革发展，着力解决群众在社保、医疗、子女上学等方面的实际困难。要加强基层党组织建设，做深入细致的思想工作，把矛盾和问题化解在基层、解决在萌芽状态，促进社会和谐稳定。

考察期间，吴邦国还专程到湖北省人大常委会亲切看望了机关工作人员。

国家副主席习近平在河南调研

3月31日至4月3日，习近平先后来到洛阳、开封、郑州、新乡等地，深入企业、农村、高校、开发区和社区进行实地调研。习近平在调研时强调，在第二批学习实践科学发展观活动中，要认真贯彻中央的部署要求，加强领导，精心组织，确保活动健康发展、取得明显成效，为做好保增长、保民生、保稳定工作提供强大动力。

调研期间，习近平专程前往兰考县焦裕禄纪念园，瞻仰了焦裕禄事迹展室，向焦裕禄陵墓敬献了花篮，看望了焦裕禄同志的亲属，与兰考县的干部群众进行了座谈，在焦裕禄当年种下的泡桐树旁栽种了一棵泡桐树。习近平说，焦裕禄同志用自己的实际行动，塑造了一个优秀共产党员和优秀县委书记的光辉形象，铸就了亲民爱民、艰苦奋斗、科学求实、迎难而上、无私奉献的焦裕禄精神。无论过去、现在还是将来，焦裕禄精神都是鼓舞我们艰苦奋斗、执政为民的强大思想动力，都是激励我们求真务实、开拓进取的宝贵精神财富，永远不会过时。各级党组织和广大党员干部要结合新的实际深入学习焦裕禄精神，大兴服务群众之风、艰苦奋斗之风、求真务实之风、知难而进之风、敬业奉献之风，与时俱进地保持和发展党的先进性，不断提高党的执政能力，更好地履行执政兴国、执政为民的历史使命。

调研结束时，习近平主持召开了河南省干部座谈会。

中央社会治安综合治理委员会2009年第一次全体会议在北京举行

民政部和全国妇联在河北省石家庄市联合举行全国推动农村妇女参与村民自治实践经验交流会

中国证券监督管理委员会主席尚福林签署第61号令公布《首次公开发行股票并在创业板上市管理暂行办法》

《首次公开发行股票并在创业板上市管理暂行办法》已经2009年1月21日中国证券监督管理委员会第249次主席办公会议审议通过，现予公布，自2009年5月1日起施行。

中国证券监督管理委员会主席　尚福林

2009年3月31日

首次公开发行股票并在创业板上市管理暂行办法

第一章　总　则

第一条　为了规范首次公开发行股票并在创业板上市的行为，促进自主创新企业及其他成长型创业企业的发展，保护投资者的合法权益，维护社会公共利益，根据《证券法》《公司法》，制定本办法。

第二条　在中华人民共和国境内首次公开发行股票并在创业板上市，适用本办法。

第三条　发行人申请首次公开发行股票并在创业板上市，应当符合《证券法》《公司法》和本办法规定的发行条件。

第四条　发行人依法披露的信息，必须真实、准确、完整，不得有虚假记载、误导性陈述或者重大遗漏。

第五条　保荐人及其保荐代表人应当勤勉尽责，诚实守信，认真履行审慎核查和辅导义务，并对其所出具文件的真实性、准确性和完整性负责。

第六条　为证券发行出具文件的证券服务机构和人员，应当按照本行业公认的业务标准和道德规范，严格履行法定职责，并对其所出具文件的真实性、准确性和完整性负责。

第七条 创业板市场应当建立与投资者风险承受能力相适应的投资者准入制度,向投资者充分提示投资风险。

第八条 中国证券监督管理委员会(以下简称中国证监会)依法核准发行人的首次公开发行股票申请,对发行人股票发行进行监督管理。

证券交易所依法制定业务规则,创造公开、公平、公正的市场环境,保障创业板市场的正常运行。

第九条 中国证监会依据发行人提供的申请文件对发行人首次公开发行股票的核准,不表明其对该股票的投资价值或者对投资者的收益作出实质性判断或者保证。股票依法发行后,因发行人经营与收益的变化引致的投资风险,由投资者自行负责。

第二章 发行条件

第十条 发行人申请首次公开发行股票应当符合下列条件:

(一)发行人是依法设立且持续经营三年以上的股份有限公司。

有限责任公司按原账面净资产值折股整体变更为股份有限公司的,持续经营时间可以从有限责任公司成立之日起计算。

(二)最近两年连续盈利,最近两年净利润累计不少于一千万元,且持续增长;或者最近一年盈利,且净利润不少于五百万元,最近一年营业收入不少于五千万元,最近两年营业收入增长率均不低于百分之三十。净利润以扣除非经常性损益前后孰低者为计算依据。

(三)最近一期末净资产不少于两千万元,且不存在未弥补亏损。

(四)发行后股本总额不少于三千万元。

第十一条 发行人的注册资本已足额缴纳,发起人或者股东用作出资的资产的财产权转移手续已办理完毕。发行人的主要资产不存在重大权属纠纷。

第十二条 发行人应当主要经营一种业务,其生产经营活动符合法律、行政法规和公司章程的规定,符合国家产业政策及环境保护政策。

第十三条 发行人最近两年内主营业务和董事、高级管理人员均没有发生重大变化,实际控制人没有发生变更。

第十四条 发行人应当具有持续盈利能力,不存在下列情形:

(一)发行人的经营模式、产品或服务的品种结构已经或者将发生重大变化,并对发行人的持续盈利能力构成重大不利影响;

(二)发行人的行业地位或发行人所处行业的经营环境已经或者将发生重大变化,并对发行人的持续盈利能力构成重大不利影响;

(三)发行人在用的商标、专利、专有技术、特许经营权等重要资产或者技术的取得或者使用存在重大不利变化的风险;

(四)发行人最近一年的营业收入或净利润对关联方或者有重大不确定性的客户存在重大依赖;

(五)发行人最近一年的净利润主要来自合并财务报表范围以外的投资收益;

(六)其他可能对发行人持续盈利能力构成重大不利影响的情形。

第十五条 发行人依法纳税,享受的各项税收优惠符合相关法律、法规的规定。发行人的经营成果对税收优惠不存在严重依赖。

第十六条 发行人不存在重大偿债风险,不存在影响持续经营的担保、诉讼以及仲裁等重大或有事项。

第十七条 发行人的股权清晰,控股股东和受控股股东、实际控制人支配的股东所持发行人的股份不存在重大权属纠纷。

第十八条 发行人资产完整,业务及人员、财务、机构独立,具有完整的业务体系和直接面向市场独立经营的能力。与控股股东、实际控制人及其控制的其他企业间不存在同业竞争,以及严重影响公司独立性或者显失公允的关联交易。

第十九条 发行人具有完善的公司治理结构,依法建立、健全股东大会、董事会、监事会以及独立董事、董事会秘书、审计委员会制度,相关机构和人员能够依法履行职责。

第二十条 发行人会计基础工作规范,财务报表的编制符合企业会计准则和相关会计制度的规定,在所有重大方面公允地反映了发行人的财务状况、经营成果和现金流量,并由注册会计师出具无保留意见的审计报告。

第二十一条 发行人内部控制制度健全且被有效执行,能够合理保证公司财务报告的可靠性、生产经营的合法性、营运的效率与效果,并由注册会计师出具无保留结论的内部控制鉴证报告。

第二十二条 发行人具有严格的资金管理制度,不存在资金被控股股东、实际控制人及其控制的其他企业以借款、代偿债务、代垫款项或者其他方式占用的情形。

第二十三条 发行人的公司章程已明确对外担保的审批权限和审议程序,不存在为控股股东、实际控制人及其控制的其他企业进行违规担保的情形。

第二十四条 发行人的董事、监事和高级管理人员了解股票发行上市相关法律、法规,知悉上市公司及其董事、监事和高级管理人员的法定义务和责任。

第二十五条 发行人的董事、监事和高级管理人员应当忠实、勤勉，具备法律、行政法规和规章规定的资格，且不存在下列情形：

(一)被中国证监会采取证券市场禁入措施尚在禁入期的；

(二)最近三年内受到中国证监会行政处罚，或者最近一年内受到证券交易所公开谴责的；

(三)因涉嫌犯罪被司法机关立案侦查或者涉嫌违法违规被中国证监会立案调查，尚未有明确结论意见的。

第二十六条 发行人及其控股股东、实际控制人最近三年内不存在损害投资者合法权益和社会公共利益的重大违法行为。

发行人及其控股股东、实际控制人最近三年内不存在未经法定机关核准，擅自公开或者变相公开发行证券，或者有关违法行为虽然发生在三年前，但目前仍处于持续状态的情形。

第二十七条 发行人募集资金应当用于主营业务，并有明确的用途。募集资金数额和投资项目应当与发行人现有生产经营规模、财务状况、技术水平和管理能力等相适应。

第二十八条 发行人应当建立募集资金专项存储制度，募集资金应当存放于董事会决定的专项账户。

第三章 发行程序

第二十九条 发行人董事会应当依法就本次股票发行的具体方案、本次募集资金使用的可行性及其他必须明确的事项作出决议，并提请股东大会批准。

第三十条 发行人股东大会应当就本次发行股票作出决议，决议至少应当包括下列事项：

(一)股票的种类和数量；

(二)发行对象；

(三)价格区间或者定价方式；

(四)募集资金用途；

(五)发行前滚存利润的分配方案；

(六)决议的有效期；

(七)对董事会办理本次发行具体事宜的授权；

(八)其他必须明确的事项。

第三十一条 发行人应当按照中国证监会有关规定制作申请文件，由保荐人保荐并向中国证监会申报。

第三十二条 保荐人保荐发行人发行股票并在创业板上市，应当对发行人的成长性进行尽职调查和审慎判断并出具专项意见。发行人为自主创新企业的，还应当在专项意见中说明发行人的自主创新能力。

第三十三条 中国证监会收到申请文件后，在五个工作日内作出是否受理的决定。

第三十四条 中国证监会受理申请文件后，由相关职能部门对发行人的申请文件进行初审，并由创业板发行审核委员会审核。

第三十五条 中国证监会依法对发行人的发行申请作出予以核准或者不予核准的决定，并出具相关文件。

发行人应当自中国证监会核准之日起六个月内发行股票；超过六个月未发行的，核准文件失效，须重新经中国证监会核准后方可发行。

第三十六条 发行申请核准后至股票发行结束前发生重大事项的，发行人应当暂缓或者暂停发行，并及时报告中国证监会，同时履行信息披露义务。出现不符合发行条件事项的，中国证监会撤回核准决定。

第三十七条 股票发行申请未获核准的，发行人可自中国证监会作出不予核准决定之日起六个月后再次提出股票发行申请。

第四章 信息披露

第三十八条 发行人应当按照中国证监会的有关规定编制和披露招股说明书。

第三十九条 中国证监会制定的创业板招股说明书内容与格式准则是信息披露的最低要求。不论准则是否有明确规定，凡是对投资者作出投资决策有重大影响的信息，均应当予以披露。

第四十条 发行人应当在招股说明书显要位置作如下提示：“本次股票发行后拟在创业板市场上市，该市场具有较高的投资风险。创业板公司具有业绩不稳定、经营风险高、退市风险大等特点，投资者面临较大的市场风险。投资者应充分了解创业板市场的投资风险及本公司所披露的风险因素，审慎作出投资决定。”

第四十一条 发行人及其全体董事、监事和高级管理人员应当在招股说明书上签名、盖章，保证招股说明书内容真实、准确、完整。保荐人及其保荐代表人应当对招股说明书的真实性、准确性、完整性进行核查，并在核查意见上签名、盖章。

发行人的控股股东、实际控制人应当对招股说明书出具确认意见，并签名、盖章。

第四十二条 招股说明书引用的财务报表在其最近一期截止日后六个月内有效。特别情况下发行人可申请适当延长，但至多不超过一个月。财务报表应当以年度末、半年度末或者季度末为截止日。

第四十三条 招股说明书的有效期为六个月，自中国证监会核准前招股说明书最后一次签署之日起计算。

第四十四条 申请文件受理后、发行审核委员会审核前，发行人应当在中国证监会网站预先披露招股说明书(申报稿)。发行人可在公司网站刊登招股说明书(申报稿),所披露的内容应当一致,且不得早于在中国证监会网站披露的时间。

第四十五条　预先披露的招股说明书(申报稿)不能含有股票发行价格信息。

发行人应当在预先披露的招股说明书(申报稿)的显要位置声明:“本公司的发行申请尚未得到中国证监会核准。本招股说明书(申报稿)不具有据以发行股票的法律效力,仅供预先披露之用。投资者应当以正式公告的招股说明书作为投资决定的依据。”

第四十六条　发行人及其全体董事、监事和高级管理人员应当保证预先披露的招股说明书(申报稿)的内容真实、准确、完整。

第四十七条　发行人股票发行前应当在中国证监会指定网站全文刊登招股说明书,同时在中国证监会指定报刊刊登提示性公告,告知投资者网上刊登的地址及获取文件的途径。

发行人应当将招股说明书披露于公司网站,时间不得早于前款规定的刊登时间。

第四十八条　保荐人出具的发行保荐书、证券服务机构出具的文件及其他与发行有关的重要文件应当作为招股说明书备查文件,在中国证监会指定网站和公司网站披露。

第四十九条　发行人应当将招股说明书及备查文件置备于发行人、拟上市证券交易所、保荐人、主承销商和其他承销机构的住所,以备公众查阅。

第五十条　申请文件受理后至发行人发行申请经中国证监会核准、依法刊登招股说明书前,发行人及与本次发行有关的当事人不得以广告、说明会等方式为公开发行股票进行宣传。

第五章　监督管理和法律责任

第五十一条　证券交易所应当建立适合创业板特点的上市、交易、退市等制度,督促保荐人履行持续督导义务,对违反有关法律、法规以及交易所业务规则的行为,采取相应的监管措施。

第五十二条　证券交易所应当建立适合创业板特点的市场风险警示及投资者持续教育的制度,督促发行人建立、健全维护投资者权益的制度以及防范和纠正违法违规行为的内部控制体系。

第五十三条　发行人向中国证监会报送的发行申请文件有虚假记载、误导性陈述或者重大遗漏的,发行人不符合发行条件以欺骗手段骗取发行核准的,发行人以不正当手段干扰中国证监会及其发行审核委员会审核工作的,发行人或其董事、监事、高级管理人员、控股股东、实际控制人的签名、盖章系伪造或者变造的,发行人及与本次发行有关的当事人违反本办法规定为公开发行股票进行宣传的,中国证监会将采取终止审核并在三十六个月内不受理发行人的股票发行申请的监管措施,并依照《证券法》的有关规定进行处罚。

第五十四条　保荐人出具有虚假记载、误导性陈述或者重大遗漏的发行保荐书的,保荐人以不正当手段干扰中国证监会及其发行审核委员会审核工作的,保荐人或其相关签名人员的签名、盖章系伪造或变造的,或者不履行其他法定职责的,依照《证券法》和保荐制度的有关规定处理。

第五十五条　证券服务机构未勤勉尽责,所制作、出具的文件有虚假记载、误导性陈述或者重大遗漏的,中国证监会将采取十二个月内不接受相关机构出具的证券发行专项文件,三十六个月内不接受相关签名人员出具的证券发行专项文件的监管措施,并依照《证券法》及其他相关法律、行政法规和规章的规定进行处罚。

第五十六条　发行人、保荐人或证券服务机构制作或者出具文件不符合要求,擅自改动已提交文件的,或者拒绝答复中国证监会审核提出的相关问题的,中国证监会将视情节轻重,对相关机构和责任人员采取监管谈话、责令改正等监管措施,记入诚信档案并公布;情节特别严重的,给予警告。

第五十七条　发行人披露盈利预测的,利润实现数如未达到盈利预测的百分之八十,除因不可抗力外,其法定代表人、盈利预测审核报告签名注册会计师应当在股东大会及中国证监会指定网站、报刊上公开作出解释并道歉;中国证监会可以对法定代表人处以警告。

利润实现数未达到盈利预测的百分之五十的,除因不可抗力外,中国证监会在三十六个月内不受理该公司的公开发行证券申请。

第六章　附　则

第五十八条　本办法自2009年5月1日起施行。

中欧签署海运协定修改议定书

中国与欧盟在布鲁塞尔签署了关于《中欧海运协定》适用于保加利亚和罗马尼亚的修改议定书。这一议定书的签署标志着《中欧海运协定》欧盟一方的适用范围扩大到全部27个成员国。

中共中央政治局常委李长春与日本自民党干事长细田博之 公明党干事长北侧一雄共同出席《中日执政党进一步加强交流与合作备忘录》的签字仪式

李长春在签字仪式结束后的讲话中指出,政党交流、特别是执政党交流是中日关系的一大特色和重要组成部分,长期以来为推动两国关系健康稳定发展,增进两国人民之间的相互理解与信任发挥了重要作用。

当前,国际金融危机持续蔓延,国际与地区形势复杂变化,中日关系已经进入到了全面落实和推进两国战略互惠关系的重要时期。

李长春说,历史经验表明,越是在两国关系发展的关键时期,越能体现政党交流的独特和重要作用。中日政党交流走向机制化,为两国政党和政治家进行政治对话和政策沟通提供了一条稳定便捷的通道,也为筹划、推动两国各领域的合作架起了一座坚实而重要的桥梁。

细田和北侧高度评价李长春此访取得的重要成果。他们表示,两国执政党对推进两国关系不断向前发展负有特殊的责任。日本执政两党愿意与中国共产党共同努力,积极支持和推动两国民间组织之间各种形式的友好交流,积极支持和协助两国政府相关部门落实两国领导人达成的重要共识,努力开拓两国互利合作的新领域,大力为日中关系的全面提升营造良好的政治和社会环境。

全国人大常委会副委员长韩启德在人民大会堂会见以韩国民主党国会议员禹济昌为团长的韩国青年政治家代表团一行

全国政协副主席王刚在北京会见罗马尼亚中小企业 贸易和商业环境部部长尼策一行

王刚在会见时说,中罗关系长期友好,两国人民友谊深厚。2004年中罗确定全面友好合作伙伴关系以来,双边关系进入新的发展阶段,两国高层互访频繁,各领域交流不断深化,特别是经贸合作发展迅速,相互投资规模不断扩大,双边贸易大幅增长,罗已成为中国在欧洲的真挚朋友和重要伙伴。中方高度重视中罗关系,珍视中罗传统友谊,愿以两国建交60周年为契机,与罗方共同推动两国关系迈上新的台阶。

王刚还向客人介绍了当前中国经济社会发展和应对国际金融危机的有关情况。

“2008年度十大考古新发现”在北京揭晓

由国家文物局主办的“2008年度全国十大考古新发现”在北京揭晓,它们是:陕西高陵杨官寨遗址、甘肃临潭磨沟齐家文化墓地、山东寿光双王城盐业遗址群、陕西岐山周公庙遗址、云南剑川海门口遗址、河南荥阳娘娘寨遗址、江苏无锡阖闾城遗址、安徽蚌埠双墩一号春秋墓、河南新郑胡庄墓地、四川成都江南馆街唐宋街坊遗址。

4月1日

国家主席胡锦涛在伦敦会见美国总统奥巴马

胡锦涛表示，总统先生就职以来，在双方共同努力下，中美关系取得良好开局。胡锦涛指出，新时期中美关系应该具有以下特点。第一，应该是积极的关系。虽然两国社会制度、历史背景、文化传统、发展阶段不同，但双方都应该以积极的眼光看待对方，用积极的行动推进各领域对话和合作。第二，应该是合作的关系。双方应该携手应对21世纪人类社会面临的各种复杂棘手的挑战和问题，实现互利合作、共同发展。第三，应该是全面的关系。双方不仅应该深化经济、反恐、防扩散、执法、能源、气候变化、科技、教育、文化、卫生等领域交流合作，推动两军交往，还要加强在国际和地区事务以及全球性问题上的沟通和协调，不断充实两国关系战略内涵。

奥巴马表示，美中关系是世界上最重要的双边关系。中国作为一个大国在令人瞩目地向前发展。美中两国不仅有着非常紧密的经济关系，而且在重大国际和地区问题上有着许多共同利益。很高兴双方建立了战略与经济对话机制，希望通过加强接触和对话，在双方关心的重大问题上取得进展。美方对两国关系在现有坚实基础上继续向前发展的前景感到乐观，赞同使两国关系变得更加积极、合作、全面。双方要相互尊重彼此核心利益，妥善处理分歧，使两国关系不断向前发展。

两国元首一致同意建立中美战略与经济对话机制。王岐山副总理和戴秉国国务委员将作为中国国家元首特别代表分别负责经济对话和战略对话。希拉里·克林顿国务卿和蒂莫西·盖特纳财政部长将作为美国国家元首特别代表分别负责战略对话和经济对话。双方将于今年夏季在华盛顿举行首轮对话。同时，双方将继续通过中美商贸联委会机制，促进两国经贸领域互利合作。

两国元首同意进一步深化广泛领域的互利合作，加强能源、环境以及气候变化领域的政策对话和务实合作，恢复和扩大防扩散和其他安全问题磋商。两国元首对两国立法机构、地方、学术、青年等社会各界交往继续扩大表示欢迎，同意早日恢复人权对话。两国元首表示将致力于发展两军关系，推动两军关系继续改善和发展。

两国元首强调，中美作为两个主要经济体，将同各国一道努力推动世界经济恢复强劲增长，稳定国际金融体系，避免再度发生如此重大的危机。两国元首认为，中美两国采取的财政刺激措施已起到促进全球经济稳定的作用。两国元首一致认为，强有力的金融体系对于恢复经济增长至关重要，同意增加国际金融机构资源，以帮助新兴市场国家和发展中国家应对资金短缺，两国将同有关各方为此作出努力。双方一致表示坚定支持惠及各方的全球贸易和投资流动，承诺抵制保护主义，维护健康稳定的中美贸易关系。

胡锦涛指出，尊重和照顾彼此核心利益，是确保中美关系健康稳定发展的关键。台湾问题是中美关系中最重要、最敏感的核心问题。当前，台海局势继续缓和改善，两岸关系步入和平发展轨道。无论台海局势如何变化，我们都坚定不移地坚持一个中国原则，坚决反对"台独"、反对"一中一台"和"两个中国"。中方赞赏美方多次重申支持一个中国政策、遵守中美三个联合公报、反对"台独"，反对台湾加入仅限主权国家参加的国际组织。希望美方恪守承诺，妥善处理台湾问题，支持两岸关系和平发展。西藏自古以来就是中国领土不可分割的一部分。中国在西藏实行民族区域自治制度，依法保护公民的人权和宗教信仰自由，致力于保护西藏优秀传统文化。希望美方恪守西藏是中国领土不可分割的一部分、反对"西藏独立"的承诺，充分理解并尊重中方立场。

奥巴马表示，美国政府坚定承诺奉行一个中国政策，坚持中美三个联合公报，这一立场不会变化。美方欢迎并支持两岸改善关系，并希望取得更大进展。西藏是中国领土的一部分，美国不支持"西藏独立"。

两国元首同意保持密切沟通和协调，共同推动解决冲突，减缓引发地区和全球不稳定的紧张因素，包括共同促进朝鲜半岛核问题、伊朗核问题、苏丹人道主义援助、南亚局势等问题的妥善解决。

胡锦涛邀请奥巴马于今年下半年访华，奥巴马愉快接受了邀请。

国家主席胡锦涛在伦敦会见俄罗斯总统梅德韦杰夫

胡锦涛表示，今年是中俄建交60周年，也是中国"俄语年"。今年中俄关系呈现出全面、加速发展的态势。在当前国际形势复杂多变、国际金融危机不断蔓延和深化的背景下，加强中俄关系尤其显得紧迫和重要，建议双方重点在以下几个方面作出努力：第一，搞好今年两国高层交往，确保每次会晤都成为两国关系发展的重要推动力。第二，切实落实业已达成的协议，尽早签署中俄石油领域合作政府间协议，深化科技、军技等领域合作，加强有关应对国际金融危机的协调。第三，精心办好中俄建交60周年庆祝活动和中国"俄语年"，尤其要办好一些大型重点活动，推动两国人文合作。第四，加强在国际事务中的相互支持和战略协作。

梅德韦杰夫完全同意胡锦涛主席关于两国关系的评价，表示俄中双方高层互访频繁，对推动双边关系发展发挥了重要作用。俄方期待着胡锦涛主席6月出席上海合作组织峰会并对俄罗斯进行国事访问。为推进俄中战略协作伙伴关系，俄方愿同中方一道努力，搞好俄中建交60周年庆祝活动，进一步加强两国经贸能源等领域合作，共同应对国际金融危机，加强在国际和地区问题上的合作。

国家主席胡锦涛在伦敦会见英国首相布朗

胡锦涛表示，继去年11月二十国集团领导人金融市场和世界经济峰会后，二十国集团领导人再次相聚伦敦，共商应对国际金融危机之策，对于提振民众和企业信心、稳定国际金融市场、推动恢复世界经济增长具有重要意义。

胡锦涛指出，面对当前复杂多变的国际经济形势，当务之急：一是要尽快稳定国际金融市场，切实发挥金融对实体经济的促进作用，提振民众和企业信心；二是要采取符合各自国情的经济刺激举措，加强各国宏观经济政策协调，共同实现保发展、保就业、保民生；三是要努力抑制贸易和投资保护主义，减少危机对世界各国、特别是对发展中国家造成的损害；四是要按照全面性、均衡性、渐进性、实效性的原则，推动对国际金融体系进行必要改革，避免类似危机重演。中方赞赏和支持英方为应对国际金融危机所采取积极措施，将继续本着负责任的态度，同包括英国在内的与会各方一道，努力使这次峰会取得积极成果。

布朗表示，希望本次峰会能够增强国际社会的信心，推动解决世界经济中存在的问题，为实现全球经济复苏发挥作用。相信在英中两国和与会各国共同努力下，峰会将在稳定国际金融市场、刺激世界经济增长、改革国际金融机构、帮助新兴经济体和发展中国家等方面取得实质性进展。英方支持增加国际货币基金组织资源，扩大资金流动性，改革国际金融机构治理结构。

国务院总理温家宝主持召开国务院常务会议

会议决定正式启动全国中小学校舍安全工程，听取对中央企业监督检查及国有企业监事会工作情况的汇报，讨论并原则通过《中华人民共和国保守国家秘密法(修订草案)》，审议并原则通过《民用机场管理条例(草案)》。

会议指出，校舍安全直接关系广大师生的生命安全，关系社会和谐稳定。会议决定正式启动全国中小学校舍安全工程。从今年起，用3年时间，对地震重点监视防御区、七度以上地震高烈度区、洪涝灾害易发地区、山体滑坡和泥石流等地质灾害易发地区的各级各类城乡中小学存在安全隐患的校舍进行抗震加固、迁移避险，提高综合防灾能力，使学校校舍达到重点设防类抗震设防标准，并符合其他防灾避险安全要求；其他地区按抗震加固、综合防灾要求，集中重建整体出现险情的危房、改造加固局部出现险情的校舍，消除安全隐患。资金安排实行省级统筹，市县负责，中央财政补助。2009年中央新增专项资金80亿元，重点支持中西部地震重点监视防御区及其他地质灾害易发区的校舍安全工程。会议要求各地切实加大对中小学校舍安全工程的投入，列入财政预算，确保资金及时到位，防止学校出现新的债务。要在对校舍全面排查鉴定的基础上，科学制定规划和方案，突出重点，分步实施。要严格工程质量安全管理，建立、健全所有中小学校、所有校舍的安全档案。会议强调，全国中小学校舍安全工程要实行全过程社会监督，技术标准、实施方案、工程进展和实施结果等向社会公布，所有项目公开招投标，建设和验收接受新闻媒体和社会监督，确保将学校建成最安全、家长最放心的地方。

会议指出，2008年是国务院外派监事会制度建立10周年。监事会围绕国有资产监管中心任务，加强对中央企业的监督检查。总的看，中央企业管理水平进一步提升，会计信息质量明显提高，重大资产损失大幅减少，改革改制稳步推进，主业竞争力显著增强，积极履行社会责任，领导班子总体胜任。在经济形势复杂多变的情况下，成绩来之不易。同时也要看到，中央企业还存在一些影响持续发展和涉及国有资产安全的问题：部分企业效益增长基础不稳固，存在一定财务风险，部分企业集团管控能力有待加强，少数企业违法违规问题时有发生。会议要求，中央企业要积极应对国际金融危机，克服各种困难，认真落实重点产业调整和振兴规划，深化企业改革，推进结构调整，加强自主创新，努力提高竞争力，更好地发挥对国民经济发展的支撑带动作用。会议强调，外派监事会制度是符合我国国情、行之有效的国有企业监督制度。要进一步加强制度建设，形成保障当期监督有效运行的制度体系，推进监事会工作规范化、程序化和标准化；将国有资本权益和国有资产安全，以及出资人关注的重要事项作为监督重点；在应对金融危机中特别要强化企业风险预警，加大督促整改力度，提高监督质量和效率。

会议认为，《中华人民共和国保守国家秘密法》自1989年施行以来，对于保守国家秘密、维护国家安全和利益，发挥了重要作用。随着我国经济社会发展，特别是信息化的发展以及电子政务的建设和应用，有必要对现行保密法进行修订。《中华人民共和国保守国家秘密法(修订草案)》增加了针对涉密信息系统的保密措施,加强了涉密机关、单位和涉密人员的保密管理,完善了国家秘密确定、变更和解除制度,明确了保密行政管理部门的职能,强化了保密法律责任。会议决定,该修订草案经进一步修改后,由国务院提请全国人大常委会审议。

会议指出,为规范民用机场建设和管理,保障民用机场安全和有序运营,维护有关当事人的合法权益,有必要依据《中华人民共和国民用航空法》,制定民用机场管理条例。会议决定,《民用机场管理条例(草案)》经进一步修改后,由国务院公布施行。

国务院总理温家宝在中南海紫光阁分别会见世界知识产权组织总干事弗朗西斯·高锐和美国比尔及梅琳达·盖茨基金会主席比尔·盖茨

中国扶贫基金会成立20周年纪念表彰大会在北京召开

全国政协主席贾庆林出席会议并发表讲话。

贾庆林对进一步发展扶贫公益事业提出四点希望。一是要进一步发扬人道主义精神,继承中华民族扶贫济困、乐善好施的传统美德,牢固树立"人人可公益"的现代公益理念,努力营造捐赠光荣、奉献可敬的良好社会氛围。二是要充分利用现代通讯手段、金融工具和网络,积极搭建现代化的公益管理服务平台,使捐赠者既有方便、快捷的捐赠渠道,又能随时查询捐款去向,了解善款用途,还能利用自身专长参与和监督项目实施,获得参与扶贫公益事业的自豪感和成就感。三是要落实好社会募捐和捐赠税收优惠等方面的政策,引导好、保护好社会各界参与扶贫公益事业的积极性,大力宣传为扶贫公益事业作出贡献的先进集体和先进个人,动员更多的人和更多的社会资源参与到扶贫公益事业中来。四是要切实加强中国扶贫基金会自身建设,继续发扬艰苦创业的精神,切实加强组织建设和管理,完善治理结构和行政、项目管理制度,建立、健全完善的信息披露制度,维护良好的社会形象,不断提高自身的社会公信力。

国务院副总理回良玉,全国人大常委会副委员长、中国扶贫基金会名誉会长周铁农,中国扶贫基金会名誉会长成思危等参加了会见。

纪念大会表彰了中国扶贫基金会成立20年以来的20位特殊贡献者,启动了"扶贫中国行"全民公益行动。中国扶贫基金会还与多家单位签订了共建现代化公益管理服务平台的协议。来自政府有关部门和社会各界的代表共700余人出席大会。

国务院副总理李克强在北京出席耐多药和广泛耐药结核病高负担国家部长级会议并发表讲话

李克强在致辞中介绍,中国今年将开始实施医药卫生体制改革,坚持公共医疗卫生的公益性质,把基本医疗卫生制度作为公共产品向全民提供,逐步实现人人享有基本医疗卫生服务。重点是推进基本医疗保障制度改革,将全体居民纳入基本医疗保障制度;建立国家基本药物制度,减轻基本用药费用负担;健全基层医疗卫生服务体系,方便群众看病就医;促进基本公共卫生服务逐步均等化,最大限度地预防疾病;推进公立医院改革试点,提高公立医疗机构服务水平。我们将扩大免费公共卫生服务范围,增加城乡居民人均公共卫生服务经费,增加重大公共卫生专项投入。

李克强指出,有史以来,人类从未停止过对疾病的抗击,并取得了一个又一个胜利。面对耐多药和广泛耐药结核病这个全球性严峻挑战,中国政府将全面强化防治工作,进一步落实防治措施,维护广大人民群众的健康权益。我们愿继续与国际社会积极合作,共同应对包括结核病在内的公共卫生问题,促进世界卫生事业发展。

开幕式由萨帕奥主持。陈冯富珍、比尔·盖茨参加开幕式并分别致辞。

中法两国外交部共同发布《中法新闻公报》

经过多次磋商,中华人民共和国外交部与法兰西共和国外交部达成以下共识:

双方重申高度重视中法关系,愿以战略和长远眼光、在相互尊重和重视彼此根本利益的基础上,以纪念中法建交45周年为契机,加强全面战略伙伴关系。中法两国重申坚持《联合国宪章》规定的不干涉内政的原则,同意本着相互信任的精神就涉及双方根本利益的事宜加强协商。

法国充分认识到西藏问题的重要性和敏感性,重申坚持一个中国政策,坚持西藏是中国领土不可分割的一部分。这一由戴高乐将军作出的决定没有也不会改变。本着这一精神,并根据不干涉内政的原则,法国拒绝支持任何形式的"西藏独立"。

双方认为,在当前国际政治、经济形势发生深刻变化的背景下,中法作为联合国安理会常任理事国,在维护世界和平和促进发展方面负有重要责任。双方愿加强沟通与协调,共同应对国际金融危机等全球性挑战。

本着这一精神,双方决定适时举行高层接触与战略对话,促进双边各领域合作,推动中法关系和谐稳定发展。

中央统战部等在北京民族文化宫举办"西藏民主改革50年大型展览"

第二届全国孤独症儿童绘画作品展开幕式在北京举行

4月2日是第二个世界孤独症日。由中国残联精神残疾人及亲友协会主办的第二届全国孤独症儿童绘画作品展在北京举行。原全国人大常委会副委员长、中国关心下一代工作委员会主任顾秀莲出席。

此次画展共收到24个省区市残联(精协)和有关社会机构选送的300余幅作品。

中国举重协会主席马文广当选国际举联秘书长

奥运特许商品退市

《澳门知识丛书》在澳门出版并举行发行仪式

为系统而全面地挖掘、整理和普及澳门乡土知识，弘扬澳门乡土文化，由澳门基金会与澳门历史教育学会联合策划和出版的这套丛书共分4个系列主题：综合论述、历史文化、文学艺术、乡土风物。今天出版的首批5种图书包括《澳门土生葡人》《澳门水彩画》《澳门地理》《澳门半岛石景》及《澳门步行径》。

《剑桥世界古代史》《新编剑桥中世纪史》翻译工程启动仪式在北京举行

4月2日

国家主席胡锦涛在二十国集团领导人第二次金融峰会上发表题为《携手合作　同舟共济》的讲话

尊敬的布朗首相，各位同事：

很高兴在春暖花开的时节来到伦敦，同各位同事共商应对国际金融危机、恢复世界经济增长之策。首先，我对布朗首相的盛情邀请和周到安排表示衷心的感谢！

4个多月前，我们在华盛顿出席金融市场和世界经济峰会，就合作应对国际金融危机、加强金融监管、推进国际金融体系改革等问题达成一系列共识。华盛顿峰会以来，各国纷纷推出稳定金融、刺激经济的政策举措并取得初步成效，国际金融体系改革前期工作正在展开。当前，国际金融危机仍在蔓延和深化，对全球实体经济的冲击日益显现，世界经济金融形势依然复杂严峻，不少国家经济陷入衰退、社会稳定面临巨大挑战。

当前，最紧迫的任务是全力恢复世界经济增长，防止其陷入严重衰退；反对各种形式的保护主义，维护开放自由的贸易投资环境；加快推进相关改革，重建国际金融秩序。我们应该进一步落实国际社会达成的共识，树立更坚定的信心，采取更有效的措施，开展更广泛的合作，实施更合理的改革，努力取得实质性成果。

第一，进一步坚定信心。经过长期发展，世界经济形成了坚实的物质技术基础，我们具备应对国际金融危机的客观条件。各国宏观调控工具明显增多，调控的针对性和有效性大为增强，我们具备应对国际金融危机的政策手段。国际社会愿意加强协调和合作，我们具备应对国际金融危机的共同意愿。只要我们坚定信心、共同努力，就一定能渡过难关，实现我们共同确定的目标。

第二，进一步加强合作。这场国际金融危机是在经济全球化深入发展、国与国相互依存日益紧密的大背景下发生的，任何国家都不可能独善其身，合作应对是正确抉择。我们应该认清形势、加强沟通、相互支持、携手合作、共克时艰。我们应该保持宏观经济政策导向总体上的一致性、时效性、前瞻性。作为具有广泛代表性的二十国集团，是国际社会共同应对国际经济金融危机的重要有效平台。我们应该大力开展各项实质性合作，加快结构调整，稳定市场，促进增长，增加就业，改善民生，千方百计减轻国际金融危机对实体经济的冲击和影响。我们应该大力开展贸易和投资等实体经济合作，为恢复世界经济增长提供坚实支撑。我们应该大力加强贸易融资合作，尤其应该加大对发展中国家的融资投入。我们应该大力加强中小企业合作，帮助它们尽快摆脱经营困境。我们应该大力推动国际新兴产业合作尤其是节能减排、环保、新能源等领域合作，积极培育世界经济新的增长点。我们应该大力加强国际科技合作，充分依靠科技进步的力量，不断增强世界经济增长的内在动力。

第三，进一步推进改革。我们应该抓紧落实华盛顿峰会达成的重要共识，坚持全面性、均衡性、渐进性、实效性的原则，推动国际金融秩序不断朝着公平、公正、包容、有序的方向发展。尤其要在以下方面作出努力。一是加强金融监管合作，尽快制定普遍接受的国际金融监管标准和规范，完善评级机构行为准则和监管制度，建立覆盖全球特别是主要国际金融中心的早期预警机制，提高早期应对能力。二是国际金融机构应该增强对发展中国家的救助，有关国际和地区金融机构应该积极拓宽融资渠道，通过多种方式筹集资源。中方支持国际货币基金组织增资，愿同各方积极探讨并作出应有贡献。同时，我们认为，注资应该坚持权利和义务平衡、分摊和自愿相结合的原则，新增资金应该确保优先用于欠发达国家；应该建立快速反应、行之有效的国际金融救援机制，对借款国采取客观、科学、全面的评估标准。三是金融稳定论坛应该发挥更大作用。论坛不久前已成功实现扩员，应该尽快理顺机制，制定规划，着手工作，及时就稳定金融市场、加强金融监管提出更多可行性建议，并同其他国际金融机构加强协调，共同推动国际金融体系改革早日取得积极进展。四是国际货币基金组织应该加强和改善对各方特别是主要储备货币发行经济体宏观经济政策的监督，尤其应该加强对货币发行政策的监督。五是改进国际货币基金组织和世界银行治理结构，提高发展中国家代表性和发言权。六是完善国际货币体系，健全储备货币发行调控机制，保持主要储备货币汇率相对稳定，促进国际货币体系多元化、合理化。下一阶段，各方应该在充分协商的基础上制定出可供操作的时间表和路线图，扎扎实实推进改革，创造有利于世界经济健康发展的制度环境。

第四，进一步反对保护主义。近来，贸易保护主义和其他形式的保护主义明显抬头，这不符合我们在华盛顿峰会上达成的反对保护主义、避免政策内顾的共识。上世纪二三十年代经济大萧条时期，保护主义曾盛行一时，带来了严重后果。历史的教训一定要汲取。当前，任何国家和地区都不应借刺激经济之名、行保护主义之实。我们应该共同反对以保护本国就业为由对外国劳务人员采取歧视性做法。我们应该共同反对任何形式的贸易保护主义，反对以各种借口提高市场准入门槛和各种以邻为壑的投资保护主义行为，共同反对滥用贸易救济措施。我们希望有关国家放宽对发展中国家不合理的出口限制，努力扩大双边贸易规模。多哈回合谈判事关全球贸易自由化进程。我们应该共同坚守2008年7月有关各方达成的共识，在现有框架基础上继续前进，推动谈判早日取得全面、均衡的成果。

第五，进一步支持发展中国家。当前，一些发展中国家经济金融形势恶化，社会政治动荡加剧，值得我们高度重视。虽然国际金融危机给各国造成了很大困难，但我们不能因此中断联合国千年发展目标进程。继续推进这一进程，也有利于恢复世界经济增长。我再次呼吁，国际社会应该高度关注和尽量减少国际金融危机对发展中国家特别是最不发达国家造成的损害；国际社会特别是发达国家应该承担应尽的责任和义务，继续履行援助、减债等承诺，切实保持和增加对发展中国家援助，切实帮助发展中国家维护金融稳定、促进经济增长，切实帮助发展中国家特别是非洲国家克服困难，不断改善这些国家发展的外部环境。

各位同事！

国际金融危机给中国带来了前所未有的困难和挑战。主要表现在：经济下行压力明显加大，进出口继续下滑，工业生产明显放缓，部分企业生产经营困难，就业难度加大。这场国际金融危机与中国发展方式转变、经济结构调整的关键时期不期而遇，新的挑战与既有矛盾相互交织，加大了我们解决问题的难度。

为应对国际金融危机冲击、保持经济平稳较快发展，中国及时调整宏观经济政策，果断实施积极的财政政策和适度宽松的货币政策，形成了进一步扩大内需、促进经济增长的一揽子计划。我们大规模增加政府支出，实施总额4万亿元人民币的两年投资计划，实行结构性减税政策，多次降息和增加银行休系流动性，大范围实施产业调整振兴规划，大力推进科技创新和技术改造，大力加强节能减排和生态环境保护，继续调整国民收入分配格局，大力拓展国内市场特别是农村市场，大幅度提高社会保障水平。现在，这些措施已取得初步成效、呈现出积极迹象，国内消费需求比较旺盛，投资需求稳步提高，社会大局保持稳定。这表明中国的应对思路是符合实际的，政策是积极有效的。中国为应对国际金融危机冲击采取的一系列举措不仅对本国经济、而且对区域经济乃至世界经济都将产生积极影响。

虽然国际金融危机对中国实体经济的不利影响继续显现，但中国经济发展的基本态势和长期向好趋势没有发生根本变化，支撑中国经济持续较快发展的根基没有动摇。经过改革开放30年持续快速发展，中国积累了较为雄厚的物质基础，体制环境进一步完善，基础设施建设、产业优化升级、科技进步和创新、生态环境保护、居民消费、社会事业等方面有巨大发展空间，扩大内需潜力巨大，人力资源丰富，金融体系总体稳健，宏观经济政策调整有较大余地。中国正在努力变压力为动力、化挑战为机遇，把国际金融危机带来的不利影响降到最低程度，继续保持经济平稳较快发展。

面对国际金融危机冲击，我们将继续坚持对外开放的基本国策，始终不渝奉行互利共赢的开放战略。我们坚信，一个充满活力、更加开放的中国，不仅有利于保持中国经济平稳较快发展势头，而且有利于国际社会共同应对国际金融危机、促进世界和平与发展。

各位同事！

中国作为国际社会负责任的成员，始终积极参与应对国际金融危机的国际合作。

中国在面临巨大困难的形势下，保持了人民币汇率基本稳定。

中国积极参与国际金融公司贸易融资计划，并决定提供首批15亿美元的融资支持。我们支持地区性开发银行开展融资业务，愿继续同国际金融机构和有关国家协作，进一步加强多边、区域和双边贸易融资合作。

中国尽最大努力向有关国家提供支持和帮助，同有关国家和地区签署了总额达6500亿元人民币的双边货币互换协议，还将根据需要签署更多双边货币互换协议。我们积极参与清迈倡议多边化项下的货币储备库建设，维护地区经济金融形势稳定，促进地区金融合作和贸易发展。

中国组织了大型采购团赴海外采购，显示了中国坚持对外开放、推动恢复世界经济增长的坚定态度。

中国明确承诺，将认真落实中非合作论坛北京峰会确定的各项援非举措，在力所能及范围内继续增加对非援助、减免非洲国家债务，扩大对非贸易和投资、加强中非务实合作。中国将在南南合作框架内，继续向其他发展中国家提供力所能及的援助，包括无偿援助、债务减免、贸促援助。

中国将继续同国际社会加强宏观经济政策协调，推动国际金融体系改革，积极维护多边贸易体制稳定，为推动恢复世界经济增长作出应有贡献。

各位同事！

寒冬过后必将迎来万物复苏、万象更新的春天。只要我们增强信心、携手合作，就一定能克服这场国际金融危机的严峻挑战，创造更加美好的未来。

谢谢各位。

国家主席胡锦涛在伦敦会见巴西总统卢拉

胡锦涛表示，在双方共同努力下，中巴关系发展开局良好。双方在石油、基础设施建设、金融等领域合作取得新突破，在包括应对国际金融危机的国际事务中进行了良好沟通和协调。当前，国际形势正在发生深刻复杂变化，中巴关系越来越具有全球性影响。双方肩负的共同责任更加重大，拥有的合作空间更加广阔。我们愿同巴方一道把握机遇，继续抓紧落实双方有关共识，着重从以下三个方面推进两国战略伙伴关系发展：第一，做好高层交往相关工作。中方欢迎卢拉总统下月再次来华进行国事访问，希望双方密切配合，确保访问顺利成功。中方愿同巴方一道努力，尽早启动制订“共同行动计划”的工作，使之成为两国各领域合作的指南。第二，扎实推进经贸务实合作，这对当前应对国际金融危机具有重要意义。双方要继续做好天然气管道、火电站、支线飞机等重大合作项目，在能源领域建立战略合作关系。同时，双方要继续挖掘潜力，拓展合作新领域，培育合作新亮点，促进经贸关系持续健康稳定发展。第三，密切多边合作。中方愿同巴方在“金砖四国”、发展中五国、二十国集团等框架内加强沟通和协调，就应对国际金融危机、应对气候变化、实现联合国千年发展目标等重大而紧迫的问题开展战略合作。

卢拉表示热切期待着访问中国，相信这次访问将成为推动巴中关系特别是贸易关系发展的良好契机。卢拉表示，中方为这次伦敦金融峰会的成功作出重大贡献。在这次会议上，发达国家和发展中国家平等与会，与会各国领导人同意共同推动多哈回合谈判，反对贸易保护主义，这向国际社会发出了积极信号。巴中两国为克服危机作出了巨大努力，都采取了刺激经济增长措施。巴西赞赏中国为保持经济增长作出的重大努力。现在国际金融危机仍在蔓延，巴中应该共同促进两国扩大经贸合作，推动世界经济早日复苏。

国家主席胡锦涛在伦敦会见法国总统萨科齐

胡锦涛指出，今年是中法建交45周年。回顾中法关系45年的发展历程，我们可以得出许多重要而深刻的启示，其中最重要的有三点。第一，发展长期稳定友好的中法关系符合两国和两国人民根本利益，也有利于世界和平、稳定、繁荣。应该坚持从战略高度和长远角度审视和处理中法关系，牢牢把握中法关系发展的大方向。第二，中法两国社会制度、历史文化、经济水平不同，在一些问题上存在分歧是正常的。双方应该遵循相互尊重、平等相待、互不干涉内政的原则，在相互尊重核心利益的基础上，妥善处理分歧和敏感问题。第三，中法两国作为联合国安理会常任理事国，应该加强沟通、扩大合作，在应对全球性挑战方面发挥重要作用，共同为促进世界和平与发展作出积极贡献。

胡锦涛强调，前一段时间，中法关系出现了严重困难，这是我们所不愿意看到的。最近，法方重申，坚持一个中国政策，西藏是中国领土不可分割的一部分，拒绝支持任何形式的“西藏独立”。中方对此表示赞赏，并对中法关系得以恢复感到高兴。在当前国际形势复杂多变、国际金融危机不断蔓延和深化的背景下，双方应该坚持两国关系发展的正确方向，排除干扰，携手努力，推动两国关系向前发展。两国应该加强高层交往及各领域合作，就应对国际金融危机加强沟通和协调。

萨科齐表示，无论法中关系如何变化，我坚持认为只有一个中国，台湾和西藏都是中国领土不可分割的一部分。很高兴法中两国恢复了全面战略伙伴关系，重启战略对话。希望今后双方关系在政治、经济、外交等各领域稳定和谐地发展。中国在国际经济体系中发挥着越来越重要的作用，法方愿同中方携手合作，共同推进国际金融机构改革。

国家主席胡锦涛在伦敦会见日本首相麻生太郎

胡锦涛表示，当前中日关系总体保持良好发展势头。去年,我对日本进行国事访问,两国领导人签署第四个政治文件,这标志着中日战略互惠关系进入了一个新的发展时期。当前,国际形势正在发生深刻变化,特别是国际金融危机给各国带来严重影响。在这样的形势下,中日两国加强合作、齐心协力、共克时艰更加重要。为此,建议从以下几个方面进一步推进中日关系,确保两国关系健康稳定发展。一是保持两国高层交往势头。继续落实双方达成的两国领导人隔年互访共识。两国领导人还可以利用多边场合保持频繁接触,及时就两国关系和其他有关重大问题交换意见。二是进一步推动经贸合作。中日互为重要经贸伙伴。今年以来,受国际金融危机影响,两国贸易出现下滑。双方应该采取措施,克服困难,挖掘潜力,拓宽渠道,力争今年双边贸易额保持稳定。双方还应该主动调整贸易结构,加强信息、环保、高技术等领域合作,培育新的增长点。三是持之以恒开展各领域交流。要继续深入开展两国政党、立法机构、军方交流和对话,增进两国安全互信。加强两国人员交往特别是青少年交往,加大投入,创新形式,丰富内容,争取经过一段时间努力,使两国友好社会基础得到进一步增强。四是加强两国在国际事务中特别是在亚洲的合作。共同支持本地区有关国家应对国际金融危机冲击,推动东亚自由贸易区建设,扩大区域共同市场,推动区域经济金融合作。五是妥善处理敏感问题,维护好两国关系大局。中日关系目前的发展局面来之不易,是两国领导人和各界人士共同努力的结果,值得我们倍加珍惜。希望双方根据中日四个政治文件原则和有关谅解妥善处理有关敏感问题,特别是要防止这些问题干扰两国关系大局。中日两国经济上相互依存,在反对贸易和投资保护主义、维护区域经济金融稳定方面立场相近、诉求相同。我们愿继续加强同日方在双边及国际和地区层面政策、信息的沟通和合作。

麻生表示,期待着即将对中国进行访问,很高兴今年将在中国举办日中韩三国首脑会议。日中双方应该加强两国战略互惠关系,扩大两国各领域沟通和合作,共同应对国际金融危机。日中两国在开放的国际经济体系中受益最大。在当前国际金融危机蔓延的形势下,双方要努力避免出现关税壁垒,反对贸易保护主义,推动恢复世界经济增长。希望保持和扩大两国青少年交流。双方要从共同利益出发作出努力,避免有些问题影响两国关系大局。

国家主席胡锦涛在伦敦会见澳大利亚总理陆克文

胡锦涛表示,近来,中澳关系继续保持全面发展的良好势头。两国高层交往频繁,政治互信加深,各领域互利合作富有成效。两国能源资源、环保、科技、教育、文化等方面交流合作取得新进展,双方在国际和地区事务中的沟通和协调也有新的加强。

胡锦涛指出,在当前复杂多变的国际形势下,加强中澳关系,不仅具有现实意义,而且具有战略意义。为进一步加强两国关系,中方提出以下建议:第一,加强两国领导人交往,不断增强共识和战略互信。第二,深化经贸合作。国际金融危机给两国贸易关系带来困难。我们愿同澳方加强合作,克服困难。要加快推进双边自由贸易协定谈判步伐,扩大能源资源、环保、科技、教育等领域互利合作。第三,协同应对国际金融危机。第四,扩大多边领域合作。双方可以继续在区域合作、气候变化等共同关心的国际和地区问题上加强对话和磋商,努力促进本地区乃至世界和平、稳定、繁荣。

陆克文表示,澳大利亚人民十分感激中国人民在澳大利亚发生火灾时表达的同情。中国积极参加了二十国集团伦敦峰会的磋商谈判,为确保峰会成功作出了重要贡献。二十国集团机制对于加强双方合作、促进世界经济增长十分重要,为澳中加强合作应对挑战提供了机会。澳方愿同中方密切合作,开好下次金融峰会。澳方对澳中关系未来非常乐观。希望进一步加强两国领导人交往,克服国际金融危机带来的两国贸易额短期下滑,尽早缔结自由贸易协定,加强在二十国集团框架内协调以及在气候变化等领域合作。

胡锦涛指出,二十国集团领导人峰会是国际社会共同应对国际经济金融危机的重要有效平台。这次峰会是在比较困难的情况下召开的。令人高兴的是,峰会就如何应对国际金融危机、推动恢复世界经济增长提出应对之策,取得积极成果。布朗首相和英国方面为筹备这次峰会做了大量工作。这次峰会的成果来之不易,值得我们倍加珍惜,更重要的是把峰会成果落实好。中方愿同各方一道努力,积极推动将峰会成果落到实处。

国家主席胡锦涛在伦敦会见英国王储查尔斯王子

国务院在北京召开全国普通高校毕业生就业工作电视电话会议

国务院副总理张德江出席会议并讲话。

国务委员刘延东主持会议。

张德江在讲话中强调,现在到2009年高校毕业生离校只有3个多月时间,这既是高校毕业生求职择业的关键时期,也是促进高校毕业生就业的攻坚阶段。各地区、各有关部门要开拓渠道,落实政策,搞好服务,扎扎实实做好高校毕业生就业工作。一要全方位开拓就业渠道。国家机关、事业单位和国有企业要发挥带头作用,力争招聘人数不低于去年。要鼓励和引导重大科研项目单位和中小企业、非公有制企业，聘用或吸纳高校毕业生。要鼓励更多的高校毕业生到基层特别是中西部地区工作，鼓励高校毕业生自主创业和应征入伍报效国家。二要全面落实高校毕业生就业政策。各地区、各有关部门要抓紧制定有关配套政策和具体实施办法，力争在4月份全部出台，确保各项政策具有可操作性，使高校毕业生真正享受到政策的实惠。三要全面开展就业指导和就业服务。高等院校要做好应届毕业生的就业指导和就业服务，政府有关部门要不断完善公共就业服务。要加快实施毕业生见习计划，认真做好困难高校毕业生的就业援助工作。要加强人力资源市场管理，严厉打击以职业介绍为名对高校毕业生进行欺诈、传销等各类违法违规行为，为高校毕业生就业创造良好条件和环境。

教育部、人力资源和社会保障部、财政部负责人在会上发言。国务院就业工作部际联席会议成员单位，中央和国家机关其他有关部门及总参谋部、总政治部、总装备部负责人，部委直属在京高校负责人在主会场参加会议。各省、自治区、直辖市、计划单列市人民政府和新疆生产建设兵团有关负责人，相关部门负责人和当地高校负责人在分会场参加会议。

最高人民法院和中国法学会在北京联合举行纪念《中华人民共和国行政诉讼法》颁布20周年座谈会

国务院副总理王岐山在伦敦会见美国财政部长盖特纳

王岐山表示，胡锦涛主席与奥巴马总统成功会晤，达成了一系列重要共识，为中美关系发展指明了方向。中美战略与经济对话机制是双方促进新时期中美关系发展的重大举措。作为两国元首的特别代表，双方应共同努力，推动两国经济对话取得互利共赢的成果，为建立21世纪积极合作全面的中美关系作出贡献。

王岐山说，中方愿与包括美方在内的各方一道，加强沟通合作，积极落实二十国集团伦敦金融峰会有关后续工作。

盖特纳表示，美中双方在应对金融危机方面有着许多相同的主张，并都在积极行动，美方愿与中方继续保持密切的对话与合作。美中经济对话有利于双方加强沟通，促进合作，推动美中关系向前发展。美方将与中方一道，做好美中经济对话相关工作，推动对话取得积极成果。

海军第二批护航编队起航赴亚丁湾索马里海域执行接替护航任务

4月3日

国家主席胡锦涛在伦敦会见韩国总统李明博

胡锦涛指出，当前，国际金融危机仍在蔓延和深化，对各国人民生活带来影响。今年以来，两国贸易额出现下降，这是在国际金融危机形势下出现的情况。双方应该看到危机中存在机遇，鼓励两国企业发挥潜力、加强合作，共同保持两国经贸稳定。这对促进两国经济增长和推动恢复世界经济增长都有积极意义。希望两国经贸部门加强沟通和协调。

胡锦涛指出，通过这次金融峰会，各方表达了共同应对国际金融危机的决心，也提出了应对之策。现在，信心和团结比什么都重要。在应对国际金融危机的过程中，我们愿同广大发展中国家加强协调和合作。

李明博表示，很高兴在伦敦同胡主席见面。在面临国际金融危机的形势下，中国采取多方面有效措施，保持经济增长势头。这不仅有利于中国本身发展，而且对恢复世界经济增长十分重要。韩中两国经贸关系密切，希望继续保持贸易增长的良好势头，加强东亚地区合作，共同应对国际金融危机。

双方还就朝鲜半岛局势、气候变化等问题交换了意见。

全国政协主席贾庆林在人民大会堂会见奥地利联邦议会议长哈拉德·莱森贝格率领的奥中友好协会高级代表团

贾庆林积极评价了两国关系。他表示，中奥建交38年来，双边关系发展顺利，双方在许多重大国际问题上有看相同的看法。两国在各领域的互利合作不断深化。中方愿同奥方共同努力，推动中奥关系向更高层次发展。希望全国政协与奥地利联邦议会之间的良好合作关系上升到新的水平。

莱森贝格表示，奥地利十分重视对华关系，奉行一个中国政策。两国人民相互理解，奥中民间友好合作为两国关系的发展打下了良好的基础。

莱森贝格一行是应中国人民对外友好协会的邀请来华访问的。全国政协副秘书长杨崇汇、全国友协会长陈昊苏等会见时在座。

中国经济社会理事会三届一次会议在北京举行

全国政协主席贾庆林会见出席会议的代表并讲话。全国政协副主席王刚参加会见。在中国经济社会理事会三届一次会议上，王刚当选为新一届理事会主席。

贾庆林代表全国政协对对第二届中国经济社会理

事会的工作给予充分肯定。

贾庆林对中国经济社会理事会的工作提出三点要求。一是坚持服务大局，为保持经济平稳较快发展建言献策。要充分调动和发挥全体理事的积极性，广泛团结联合经济社会界人士，密切关注国际经济形势变化和国内经济运行的新情况，深入开展调查研究，为党和政府决策提供依据和参考，为保增长、保民生、保稳定作出积极贡献。二是充分发挥优势，为营造我国改革开放和现代化建设良好外部环境贡献力量。要围绕国家总体外交大局，充分利用国际协会这一多边舞台，努力拓展人民政协对外交往的渠道，积极推动我国同各国扩大经济技术合作，为提高我国开放型经济水平发挥积极作用。三是加强自身建设，不断提高履行职责的能力。要把加强自身建设放在更加突出的位置，切实加强制度建设。进一步密切与党政有关部门、政协专门委员会的联系和合作，为理事会开展工作营造良好的环境和条件。

全国政协副主席兼秘书长钱运录，第二届中国经济社会理事会主席王忠禹参加会见。全国政协副秘书长杨崇汇主持会议。

经济社会理事会和类似组织国际协会主席和秘书长，法国经济社会环境理事会主席分别发来了贺信。中国经济社会理事会成立于2001年7月，是全国性的经济社会研究咨询服务组织，为经济社会理事会和类似组织国际协会正式会员，也是其领导机构管理委员会成员。

首届中国—新加坡“领导人才选拔与培养”论坛在中国浦东干部学院举办

中组部部长李源潮出席论坛开幕式并致辞。

李源潮指出，人才是科学发展的第一资源。领导人才的选拔培养，关系到国家的兴衰和政党的存亡。我国改革开放和现代化建设的发展，对选拔培养领导人才提出了新的要求。我们要坚持党管干部原则，坚持“民主、公开、竞争、择优”方针，坚持德才兼备、以德为先的干部标准，积极推进领导人才选拔培养的改革创新，把真心实意为国家发展和人民幸福服务、为人民群众公认的优秀干部选拔到重要领导岗位上。要选派优秀年轻干部到基层和艰苦地区锻炼，增强干部培训的针对性、实效性，提高干部思想政治素质和领导科学发展能力。在我国经济日益国际化的今天，尤其要注意培养领导人才的国际化知识、国际化眼光、国际化胸怀。

新加坡副总理张志贤出席论坛开幕式并致辞。新加坡教育部长黄永宏、驻华大使陈燮荣出席开幕式。中组部副部长王尔乘、新加坡总理公署公共服务署常任秘书林素芬在论坛上作主旨发言。中共上海市委副书记殷一璀主持开幕式。来自中新两国的代表和专家学者70余人出席开幕式。

国务委员兼国防部部长梁光烈在八一大楼会见英国国防副参谋长格兰维尔·查普曼

第十一届全国运动会短道速滑比赛在山东青岛拉开帷幕

4月4日

中共中央政治局常委李长春抵达济州出席汉拿大学孔子学院揭牌仪式并致辞

海内外华人在陕西黄陵县桥山轩辕殿前广场公祭轩辕黄帝

来自海内外的8000多名中华儿女聚集在黄帝陵前，共同祭拜中华民族的“人文始祖”轩辕黄帝，缅怀大家的共同先祖。

全国人大常委会副委员长周铁农、全国政协副主席黄孟复、中国国民党名誉主席连战、中共陕西省委书记赵乐际等参加公祭典礼并向轩辕黄帝敬献花篮。来自中央政府各部委和各省、市、自治区的代表，以及台湾同胞、港澳同胞、海外侨胞和陕西省各界的代表，也依次向轩辕黄帝敬献了花篮。陕西省省长袁纯清恭读了祭文。全体公祭人员满怀对黄帝的敬仰，向黄帝像行三鞠躬礼。

来自四川、陕西、甘肃地震灾区的儿童代表高声朗读“祈福中华赋”，向始祖轩辕黄帝敬献“祈福中华匾”，表达人们祈求国泰民安的良好愿望。

王濛在青岛市举行的第十一届全国运动会短道速滑比赛女子500米比赛中摘得金牌

4月5日

党和国家领导人胡锦涛 吴邦国 温家宝 贾庆林等到北京永定河森林公园参加首都义务植树活动

国务院副总理回良玉在全国绿化委员会全体会议上发表讲话

回良玉强调，今年，受国际金融危机、经济下行和持续高温、干旱、大风等极端天气频发的影响，国土绿化工作面对的挑战明显增多。对此，必须保持清醒的头脑，对生态建设面临的艰巨任务不能低估，对气候变化给植树造林带来的不利影响不能低估，对国际金融危机给林业产业造成的困难不能低估，对当前工作遇到的突出问题不能低估。我国依然是一个缺林少绿的国家，局部地区生态恶化的趋势还没有得到根本扭转，生态产品短缺的状况没有根本改善，经济社会发展对资源、环境和生态的压力没有根本改变。要主动迎接新挑战，牢牢把握新机遇，大力植树造林，加快美化家园，切实推进国土绿化进程，维护国家生态安全。

回良玉要求，必须采取有效措施，全面提升国土绿化水平。要大力弘扬生态文明观念，大力发展生态文化，大力普及生态知识，大力倡导生态道德，切实转变人们的思想观念和发展理念。要深入推进全民义务植树运动，优化国土绿化布局，尽快建立起以森林植被为主体、林草结合的国土生态安全体系。要加快转变林业发展方式，增强造林科技支撑，重视森林经营和管护，加强沙化、石漠化等生态脆弱地区的治理，加快雨雪冰冻和汶川地震灾后生态恢复。要继续推进集体林权制度改革和国有林场、重点国有林区改革试点，积极发展油茶、核桃等木本油料，严格保护林地、湿地以及森林和野生动植物资源，加强林业有害生物防治，加快林业棚户区和林场危旧房改造。要强化目标责任，加强协调配合，形成国土绿化工作的合力。

会议表彰了2008年度全国绿化奖章获得者。首都绿化委、解放军绿化委、教育部和河南省负责人在会上作了交流发言，全国绿化委员会副主任、国家林业局局长贾治邦在会上作了工作报告。

省属国有企业学习实践活动研讨会在北京召开

中组部部长李源潮指出，国有企业学习实践活动，要以企业领导班子和党员领导干部为重点，充分调动广大党员、职工参与的积极性。企业的党员领导干部要带头艰苦奋斗，以坚强党性、良好作风带领职工同心同德、共渡难关。要力戒形式主义，讲成本、重实效，不做表面文章，努力把企业学习实践活动办成党内党外都赞成、干部职工都满意的活动。

国务院国资委主任、中央企业学习实践活动领导小组组长李荣融发言。中海油总公司、国电集团公司、新兴铸管集团公司负责人在会上发言。中央学习实践活动领导小组成员及办公室负责同志、中央企业学习实践活动领导小组成员及办公室负责同志、各省区市学习实践活动领导小组办公室分管负责人、国有企业学习实践活动领导小组组长参加会议。

中共中央政治局委员刘云山在云南调研

调研中，刘云山深入村寨、农家，与民族地区干部群众亲切交谈，了解生产生活情况和对精神文化生活的要求、愿望。他强调，实现各民族共同繁荣进步，必须高度重视民族地区文化建设。宣传文化部门要始终面向基层、服务群众，坚持工作重心下移，文化资源向乡村社区倾斜、向边疆民族地区倾斜，认真实施文化惠民工程，加强边疆文化长廊建设，切实解决群众看书看报难、看电影电视难问题，让人们共享文化发展成果。要深化文化体制改革，把挖掘优秀民族民间文化传统与积极创新结合起来，把发展文化事业与发展文化产业结合起来，把推动文化繁荣与促进经济发展结合起来，努力实现边疆民族地区文化发展的新跨越。

外交部部长杨洁篪分别与美俄日韩外长通话

杨洁篪分别与美国国务卿希拉里·克林顿、俄罗斯外长拉夫罗夫、日本外相中曾根弘文、韩国外交通商部长官柳明桓通电话，就朝鲜宣布发射试验通信卫星事等交换意见。

杨洁篪说，中方注意到朝鲜宣布发射了试验通信卫星，也注意到有关方面对此表达的关切。作为朝鲜半岛的近邻，中方一贯致力于维护朝鲜半岛和东北亚地区的和平稳定，坚持通过对话协商解决问题，不赞成任何可能加剧局势复杂和紧张的行动。一段时间以来，中方多次向有关各方表明了这一立场。

杨洁篪表示，中方始终认为，继续推进六方会谈进程，实现朝鲜半岛无核化，维护半岛和东北亚地区和平稳定符合有关各方共同利益，也是国际社会的普遍愿望。有关各方应着眼大局和长远，保持冷静克制，避免采取可能导致局势进一步紧张的行动。中方将本着建设性和负责任的态度应对当前事态，为妥善解决有关问题作出努力，中方愿就此与有关各方保持沟通。中方将与各方一道，共同维护六方会谈进程和朝鲜半岛的和平稳定。

美、俄、日、韩外长阐述了各自立场，表示愿就有关问题与中方继续保持沟通和协商。

“纪念汶川地震一周年感恩书法长卷创作捐赠活动”在北京举行

此次活动是由中国残疾人福利基金会和北兰亭艺术中心联合主办的。张海、刘艺、谢云、张飚、申万胜、邵秉仁、聂成文等100余位书法名家共同创作51.2米感恩书法长卷，并当场捐献给中国残疾人福利基金会。此艺术长卷拍卖所得善款，全部用于汶川地震致残者的康复医疗救助。

王濛在青岛市举行的第十一届全国运动会短道速滑比赛中摘得女子全能金牌

纪念容国团首获世界冠军50周年大会在珠海举行

4月6日

中共中央政治局常委李长春在首尔会见韩国总统李明博和总理韩升洙

全国人大常委会副委员长乌云其木格在亚的斯亚贝巴举行的各国议会联盟(议联)第一百二十届大会上呼吁国际社会采取措施共同应对金融危机

中非科技政策交流会在北京举行

中国21世纪议程管理中心副主任周元、非洲联盟委员会官员阿姆巴里分别代表中非双方在交流会开幕式上发表致辞。中国科学技术发展战略研究院研究员赵刚主持了开幕式。出席开幕式的还有来自21个非洲国家和非洲联盟委员会的官员和专家,以及中方其他有关人士等近80人。交流会为期3天,由中国科学技术发展战略研究院主办。

为纪念中美建交30周年举办的中国电影节在好莱坞拉开帷幕

中国驻洛杉矶总领事张云、中国国家广播电影电视总局电影局局长童刚、中国电影代表团、美国电影协会高级副总裁弗雷泽以及洛杉矶影视文艺界人士百余人出席了活动。中国电影节分别在华盛顿和洛杉矶举办,将在当地主流影院展映14部优秀中国影片,其中包括《梅兰芳》《叶问》《愚公移山》《集结号》《胡同里的阳光》等。

周嘉威在浙江省绍兴市举行的2009全国游泳冠军赛暨全运会预选赛男子50米蝶泳比赛中以23秒43的成绩夺冠并打破亚洲纪录

焦刘洋在浙江省绍兴市举行的2009全国游泳冠军赛暨全运会预选赛女子100米蝶泳比赛中以57秒16的成绩夺冠并打破亚洲纪录

4月7日

国家主席胡锦涛就意大利发生严重地震灾害向意大利总统纳波利塔诺致慰问电

胡锦涛代表中国政府和人民并以个人名义,向纳波利塔诺总统并通过他向灾区人民和遇难者亲属致以诚挚慰问,对遇难者表示沉痛哀悼。胡锦涛表示相信,在纳波利塔诺总统和意大利政府的领导下,意大利人民一定能够克服困难,早日恢复灾区正常生产生活秩序,重建美好家园。

全国人大常委会委员长吴邦国 国务院总理温家宝就意大利发生严重地震灾害分别向意大利参议长斯基法尼 众议长菲尼和总理贝卢斯科尼致慰问电

中央深入学习实践科学发展观活动巡回检查组组长座谈会在北京召开

会议听取了各巡回检查组的情况汇报,认为第二批学习实践活动开局良好、进展顺利,各巡回检查组发挥了重要促进作用。李源潮指出,参加第二批学习实践活动的单位数量多、战线长,情况千差万别,又面临着应对国际金融危机严峻挑战的艰巨任务。要指导联系单位牢牢把握“党员干部受教育、科学发展上水平、人民群众得实惠”的总要求,紧密联系当前形势开展学习实践活动,把应对国际金融危机、保持经济平稳较快发展作为学习实践活动的最大实践主题,以学习实践活动为动力保增长、保民生、保稳定。要始终把活动重点放在各级领导班子和党员领导干部上,注意区分机关、国有企业、高等学校的不同特点,加强分类指导,把务求实效贯穿于学习实践活动全过程。要把握学习实践活动的正确方向,力戒形式主义,确保不走过场、不出偏差。要及时发现总结活动中好的做法和经验,积极宣传、推广先进典型,营造良好舆论氛围。各巡回检查组要深入开展学习实践活动的单位调查研究,掌握第一手材料和真实情况,促进学习实践活动健康深入开展。

中组部部长李源潮,中央学习实践活动领导小组副组长及部分成员、中央巡回检查组各组组长参加会议。

中共中央政治局常委李长春在首尔分别会见韩国国会议长金炯旿 大国家党党首朴熺太和民主党党首丁世均

国家副主席习近平在人民大会堂分别会见尼泊尔外交部部长乌彭德拉·亚达夫和吉尔吉斯斯坦外交部部长萨尔巴耶夫

习近平在会见亚达夫时说,中国政府一贯从战略高度和长远角度看待和处理中尼关系,赞赏尼方在涉藏问题上一贯支持中方立场,愿与尼方共同努力,加强交往与沟通,深化各领域合作,推动两国关系迈上新台阶。

亚达夫重申,尼泊尔坚定奉行一个中国政策,决不允许任何势力利用尼泊尔领土从事反华活动。尼泊尔高度重视发展对华关系，愿同中方一道，加强各领域互利合作，不断增进尼中传统友好关系。

习近平在会见萨尔巴耶夫时表示，建交17年来，中吉关系稳步健康发展。双方政治互信不断加深，各领域务实合作全面展开，取得显著成果。不断深化中吉睦邻友好合作关系，密切两国在联合国、上海合作组织等多边框架内的协作与配合，对促进中吉两国和本地区和平、稳定和发展具有重要意义。中方愿与吉方共同努力，进一步巩固两国传统友谊，推动双边关系取得更大发展。

萨尔巴耶夫表示，吉尔吉斯斯坦政府高度重视发展对华关系，视其为本国外交优先方向之一。吉方对近年来双边关系发展取得的成果表示满意，希望与中方继续保持密切高层交往，全面深化各领域互利合作，共同打击“东突”等“三股势力”，致力于维护地区安全与稳定。

国务院副总理李克强在中南海紫光阁会见来华出席第十五届中法经济研讨会的法国前总理拉法兰

李克强首先对拉法兰率法国企业界人士来华访问表示欢迎，对拉法兰长期以来积极推动中法关系发展表示赞赏。李克强还向客人介绍了中国当前经济形势。他说，中国在应对国际金融危机中，果断采取了一系列促进增长的政策措施，正在取得初步成效，我们有信心也有条件保持经济平稳较快发展。在致力于扩大内需的同时，我们十分重视发展包括与法国在内的对外经贸合作，推动经济全球化继续向前发展。

拉法兰对中国经济社会发展成就以及在应对全球金融危机中所采取的果断举措表示钦佩，对法中关系回暖表示由衷高兴。愿意与中方一起共同努力，增进法中人民友谊，深化各领域合作，促进全面战略伙伴关系的发展。

全国人大常委会副委员长乌云其木格在亚的斯亚贝巴分别会见埃塞俄比亚议会联邦院议长德格菲·布拉和人民代表院议长特肖梅·托加

国务委员刘延东在北京会见塞尔维亚政府副总理兼科技发展部长博日达尔·杰利奇一行

中国“敦煌花雨文化展”在德国柏林中国文化中心开幕

中国驻德国大使马灿荣、德国亚洲艺术博物馆副馆长布茨出席并祝贺展览举办，100多名德中各界人士参观了展览。展览展出了莫高窟第275窟和榆林窟第25窟的复制品及包括中国已故著名画家、敦煌学专家常书鸿在内的艺术家临摹敦煌壁画作品20件。这些艺术品是第一次在德国展出。

这是柏林中国文化中心自2008年5月正式开放以来举行的最大规模的文化活动。

《人民日报》发表社论《逐步实现人人享有基本医疗卫生服务》

《中共中央国务院关于深化医药卫生体制改革的意见》(以下简称《医改意见》)正式发布了。

深化医药卫生体制改革，逐步实现人人享有基本医疗卫生服务的目标，是涉及13亿人的重大民生工程。在党中央国务院领导下，有关部门经过两年多的制定修改完善，通过各种形式向全社会公开征求意见，广泛吸纳各个方面尤其是普通群众的建议，最终定稿。这一意见汇集众人智慧，反映群众意愿，体现了我国医疗卫生事业发展从理念到体制的重大变革，是科学发展观在医疗卫生领域的具体实践，标志着十七大提出的努力使全体人民“病有所医”迈出了历史性的关键一步。

健康是人全面发展的基础。党和国家始终重视全民健康，新中国成立以来特别是改革开放以来，我国医疗卫生事业取得了显著成就。但我们也应该看到，与经济社会协调发展要求和人民群众健康需求相比，当前我国医疗卫生事业发展的水平还不相适应，还存在一些突出矛盾和问题。缓解和克服“看病难、看病贵”，依然是人民群众最关心、最希望解决的现实问题之一。

深化医药卫生体制改革，是从我国国情和现阶段发展水平出发，借鉴国际经验，走中国特色医药卫生体制改革发展道路的有益尝试。《医改意见》确立了我国医药卫生体制改革的方向、框架和长远目标，绘出了我国医疗卫生事业的宏伟蓝图，明确了今后三年的中心任务，就是要抓好五项重点改革，解决群众“看病难、看病贵”问题。通过加快推进基本医疗保障制度、建立国家基本药物制度和健全基层医疗卫生服务体系，努力使群众“看得起病”；通过促进基本公共卫生服务逐步均等化，缩小城乡居民享有基本公共卫生服务的差距，最大限度地预防疾病，努力使群众“少生病”；通过推进公立医院改革试点，促进公立医院提高服务质量和效率，努力使群众“看好病”。

推进五项重点改革的核心，是要落实医疗卫生事业的公益性质，明确把基本医疗卫生服务作为公共产品向全民提供，实现人人享有基本医疗卫生服务的目标，保障广大群众看病就医的基本需求。这不仅是人民生活质量改善、社会保障水平提高的重要标志，也是人民共享改革发展成果、社会公平正义的重要体现。

在当前经济困难的形势下实行医药卫生体制改

革，是解决重大民生问题的重要举措，也是扩大内需的有效途径。实现人人享有基本医疗卫生服务，有利于提高人民健康水平和生活质量，有利于促进人的全面发展，也有利于增强消费信心、扩大产业投资、激发市场需求，促进经济平稳较快发展。

医疗卫生事业是造福人民的事业，关系人民群众的切身利益，关系千家万户的幸福安康，也关系经济社会协调发展，关系国家和民族的未来。各级党委政府都应当高度重视，要把医疗卫生工作作为关心群众、促进社会和谐的大事，摆上重要议事日程，不断加强和改善领导；要强化政府对发展医疗卫生事业的保障责任，随着经济发展逐步加大投入，建立稳定的经费保障机制；要认真用好广大医务人员这支医改的积极力量，努力构建健康和谐的医患关系；要加强对医疗卫生改革发展的统筹协调，确定各有关部门的职能，建立责任制，密切配合，形成合力。

民生连着民心，民生凝聚民力。深化医疗卫生体制改革是一项涉及面广、难度大的社会系统工程，需要全社会共同努力，积极支持医药卫生体制改革，积极推动医疗卫生事业与经济社会建设协调发展，为提高全民族的健康水平而努力奋斗。

北京首次举行“世界卫生日”全球启动仪式

世界卫生组织 7 日在北京地坛医院举行 2009 年世界卫生日全球启动仪式，呼吁各国关注卫生设施的安全性，以及紧急情况下医卫人员救治工作的应变能力。这是世界卫生日全球启动仪式首次在中国举办，今年的主题是“拯救生命——加强医院应对紧急情况的能力”。

4 月 8 日

国家主席胡锦涛在人民大会堂会见委内瑞拉总统查韦斯

胡锦涛表示，中委两国都处在重要发展阶段，在当前复杂多变的国际形势下，进一步加强两国各领域务实合作，不仅对双方应对国际金融危机冲击具有现实意义，而且为中委关系的长远发展打下更加坚实的基础。中方高度重视中委关系，愿与委方携手努力，本着积极推进、务实求效、互利双赢、共同发展的精神，进一步落实好双方达成的共识，深化和扩大双方在能源、农业、基础设施、高科技等重点领域的互利合作，推动中委共同发展的战略伙伴关系又好又快向前发展。

查韦斯表示，委中两国人民之间充满友好情谊。当前两国关系迅速发展，在能源、农业、工业、科技等各个领域取得新进展。特别是“委内瑞拉一号”通信卫星成功发射并在轨交付使用，委内瑞拉人民欢欣鼓舞。目前，世界秩序正在发生重大变化，经济危机扩散和蔓延。中国为世界摆脱危机发挥了重要的积极作用。委方愿同中方在新的形势下加强合作，共同应对金融危机的挑战。

全国人大常委会委员长吴邦国在人民大会堂会见美国国会参议院军事委员会首席成员麦凯恩一行

吴邦国说，中方愿与美方一道，认真落实两国元首达成的共识，坚持从战略高度和长远角度出发，加强对话、交流与合作，尊重和照顾彼此核心利益，妥善处理分歧与敏感问题，推动中美关系进一步健康稳定地向前发展。同时继续加强宏观经济政策协调，共同反对贸易和投资保护主义，共同维护国际金融稳定，为促进世界经济复苏发挥应有作用。

麦凯恩说，中国发展的成功是世界历史上最伟大的成功。美中关系的发展符合两国和两国人民的利益，有利于世界的和平与发展。我们将鼓励和推动美国国会议员更多与中国同行进行对话与交流，促进美中各领域的合作不断深化。

国家副主席习近平主持召开中央深入学习实践科学发展观活动领导小组第六次会议并讲话

公安部部长孟建柱在全国公安机关进一步深化“大走访”爱民实践活动电视电话会议上发表讲话

孟建柱强调，走访联系群众是公安工作的永恒主题，要把“大走访”中的一些成功经验、做法提炼上升为长期管用的制度，积极构建长效机制，把走访群众、联系群众、服务群众变成广大民警的自觉行为。要建立、健全公安机关联系群众工作制度，进一步推动走访群众工作常态化、制度化；要积极推行案件回访和执法告知制度，进一步增强公安工作的透明度；要健全完善群众工作教育培训制度，进一步提高基层民警做好新形势下群众工作的本领；要建立、健全群众工作绩效考评机制，进一步树立正确的工作导向；要建立、健全爱民实践典型培养表彰机制，进一步营造警民和谐的良好氛围。

全国妇联举行纪念中华全国妇女联合会成立 60 周年座谈会

全国人大常委会副委员长、全国妇联主席陈至立出席并强调，各级妇联组织在新的历史时期要深入贯彻落实科学发展观，围绕党中央、国务院各项战略部署，服务“保增长、保民生、保稳定”大局，一手抓发展，一手抓维权，从妇女群众“最关心、最直接、最现实”的问题入手，为妇女办好事、办实事，使妇女真正“得实惠、普受惠、长受惠”。要进一步改进妇联组织和干部工作作风，以服务妇女为宗旨，努力推动妇女事业再上新的台阶，不断取得新的成效。她希望各级党委和政府切实贯彻男女平等基本国策，更加关心妇女发展、重视妇联工作。

全国集中清理执行积案领导小组第二次电视电话会议在北京召开

最高人民法院副院长江必新在会上通报督查情况时指出，当前清理执行积案工作存在的问题主要集中在六个方面：一是个别地方领导机构作用发挥不够；二是有的地方执行联动机制建设裹足不前；三是重点难点案件执行力度不够，不敢碰硬；四是跨地区督办机制建设不够；五是对新情况、新问题研究不够；六是案件数据不准确，结案不严格，不规范。

针对上述问题，王胜俊强调，各地务必在以下几个方面做好工作，以确保清理执行积案活动向纵深发展：一、在组织协调上下功夫，各级党委应加强组织协调，排除集中清理执行积案活动中遇到的阻力、干扰。二、进一步加强政法部门之间的沟通配合，建立和完善协作机制，加大对拒不执行法院判决、裁定和暴力抗拒法院执行等违法犯罪行为的打击力度。三、对拒绝报告或虚假报告财产的被执行人、有履行能力而拒不执行的被执行人，要依法追究法律责任；对拒不履行协助执行义务情节严重的单位或个人，要依法采取罚款、拘留等强制措施。

第十三届海峡两岸机械电子商品交易会暨厦门对台进出口商品交易会在厦门国际会展中心举行

第十五届中法经济研讨会在北京开幕

此次研讨会以“挑战与机遇——开启中法新合作”为议题的全国人大常委会副委员长陈至立出席开幕式并致辞。

陈至立在致辞中指出，保持中法经贸合作持续发展符合两国企业的利益，也符合两国人民的利益。排除一切干扰，维护良好的政治关系和政治互信，对推进中法双方各领域务实合作十分重要，希望两国企业界、经贸界人士能够共同努力，为双边关系健康发展创造有利条件，造福两国和两国人民。

法国前总理拉法兰在致辞中说，法中两国合作前景广阔，在双边关系回暖之际，两国企业界应以此为契机，进一步加强投资合作，促进贸易平衡，并从技术、法律、金融层面为巩固企业间合作提供保障。

由贸促会、国务院发展研究中心和法中委员会共同举办的本届中法经济研讨会为期两天。

国家副主席习近平在人民大会堂会见泰国公主诗琳通

国务院副总理李克强在中南海紫光阁会见美国英特尔公司董事长贝瑞特博士一行

李克强向客人介绍了中国政府为应对国际金融危机冲击所采取的一系列政策措施。他说，在当前全球经济明显减速、不少国家经济陷入衰退的背景下，中国经济保持平稳较快增长格局，无疑为外国企业在华发展提供了有利环境。中国政府近期出台的十大重点产业调整和振兴规划，也为包括外资企业在内的相关企业提供了难得机遇。希望包括英特尔在内的跨国企业抓住时机，继续扩大在华投资合作，实现优势互补，互利共赢。

贝瑞特表示，英特尔对在华业务发展充满信心，将继续实施既定对华投资承诺，并希望通过发挥其技术优势，积极参与中国应对金融危机、促进产业调整与振兴的有关行动。

国务委员兼国防部部长梁光烈在北京分别会见美国参议院军委会共和党首席成员麦凯恩一行和越南国防部副部长阮文得一行

外交部部长杨洁篪在北京与尼泊尔外长乌彭德拉·亚达夫举行会谈

外交部部长杨洁篪在北京会见摩洛哥国王特使进步和社会主义党总书记伊斯梅尔·阿拉维

中联部部长王家瑞在北京分别会见尼泊尔外长马迪西人民权利论坛主席乌彭德拉·亚达夫和蒙古人民革命党书记政府副总理米耶贡布·恩赫包勒德

4月9日

全国政协主席贾庆林在北京会见王文杉率领的台湾联合报系访问团一行

贾庆林在会见时表示，两岸关系和平发展已迈出可喜步伐。我们真诚希望两岸双方继续秉持“建立互信、搁置争议、求同存异、共创双赢”的精神，保持两岸关系改善和发展势头。按照先易后难、先经济后政治的步骤，循序渐进地推进两岸协商谈判进程。当前，尤其要注重加强和深化两岸经济交流合作，早日实现两岸经济关系正常化，加快推进两岸经济合作制度化，逐步探索建立具有两岸特色的经济合作机制，以最大限度实现两岸经济优势互补，互惠互利。要大力开展两岸文化、教育交流，加强两岸民众尤其是青少年、基层民众的交流，通过两岸大交流、大合作，促进两岸关系大发展。

贾庆林对联合报系主张改善和发展两岸关系、积极推动两岸交流合作表示高度赞赏。他希望两岸媒体加强交流合作，努力在两岸同胞间架起沟通的桥梁，为两岸交流合作营造有利舆论环境，激励两岸同胞为实现两岸关系和平发展而共同努力。

王文杉一行是应新华社邀请来大陆访问的。

国务院副总理张德江在河南考察农村公路建设

张德江赴河南省伊川县、汝阳县考察了农村公路建设养护情况和连霍高速公路郑州至洛阳段改扩建工程建设情况，听取了河南省交通运输基础设施建设情况的汇报。张德江充分肯定了河南省农村公路等交通基础设施建设取得的成绩，并指出，加强农村公路建设是党中央、国务院作出的重要决策，有利于扩大国内需求，有利于促进“三农”问题解决。只有路通、车通，农民才能富裕，农业才能发展。要认真落实好中央的决策部署，充分调动各方积极性，加快农村公路建设步伐，使农村公路成为农民的致富之路、小康之路和幸福之路。要坚持因地制宜，按客观规律办事，尽力而为，量力而行，真正把惠及农民群众的好事办好。要科学规划，精心施工，确保农村公路建设质量。要完善公路管理养护体制，切实落实责任、人员和资金，全面提升道路通行保障能力。

国家主席胡锦涛根据全国人大常委会的决定任免驻外大使

一、免去陈笃庆的中华人民共和国驻巴西联邦共和国特命全权大使职务；任命邱小琪为中华人民共和国驻巴西联邦共和国特命全权大使。

二、免去郑清典的中华人民共和国驻孟加拉人民共和国特命全权大使职务；任命张宪一为中华人民共和国驻孟加拉人民共和国特命全权大使。

三、免去杨厚兰的中华人民共和国驻阿富汗伊斯兰共和国特命全权大使职务；任命郑清典为中华人民共和国驻阿富汗伊斯兰共和国特命全权大使。

四、免去宋涛的中华人民共和国驻菲律宾共和国特命全权大使职务；任命刘建超为中华人民共和国驻菲律宾共和国特命全权大使。

五、免去张延年的中华人民共和国驻吉尔吉斯共和国特命全权大使职务；任命王开文为中华人民共和国驻吉尔吉斯共和国特命全权大使。

六、免去张海舟的中华人民共和国驻阿塞拜疆共和国特命全权大使职务；任命张延年为中华人民共和国驻阿塞拜疆共和国特命全权大使。

国家副主席习近平在钓鱼台国宾馆会见委内瑞拉总统查韦斯

全国政协副主席王刚在北京会见斯里兰卡自由党总书记西里塞纳为团长的自由党代表团一行

王刚在会见时说，中斯两国既是传统友好的邻邦，又是休戚与共的朋友。长期以来，中国共产党与斯里兰卡自由党之间的友好关系不断发展，为促进中斯两国关系健康、稳定发展发挥了重要作用。加强两党交往与合作、相互学习借鉴治国理政经验，对于推动两党自身建设和两国共同发展具有重要的现实意义。王刚表示，我们愿在党际交往四项原则的基础上，继续与斯里兰卡自由党开展多层次、多渠道的友好交流，不断深化和丰富合作内涵，为推动中斯全面合作伙伴关系发展作出积极努力。

中国国际战略学会成立30周年庆祝活动在北京举行

中央军委委员、中国人民解放军总参谋长陈炳德，战略学会会长熊光楷等出席。

陈炳德等在致辞中对战略学会成立30周年表示祝贺并对战略学会多年来工作所取得的成绩给予充分肯定，认为战略学会的工作有力地配合了国家和军队的总体外交，发挥了积极的智囊作用。

熊光楷在讲话中说，作为专门研究国际战略问题的全国性民间学术团体，战略学会迄今已与世界上50多个国家的100多个国际战略机构建立并保持了学者互访和学术交流关系，成为在国内外享有较高知名度的学术研究机构。在30年的发展进程中，战略学会积极配合我国总体外交，广泛开展国际交流活动，达到了促进了解、增强互信、深化友谊的目的。

中国2009世界集邮展览在河南省洛阳市开幕

国务院副总理张德江出席并宣布开幕，全国政协副主席白立忱出席开幕式。

开幕式以“邮传万家，花和天下”为主题，通过《驿路》《心路》《花路》《未来之路》4个篇章，集中表现了邮政对人类社会的影响和集邮文化的独特魅力，充分展现了千年帝都、牡丹花城的亮丽风采和华夏儿女笑迎宾朋的开放胸襟。开幕式晚会以国际集邮文化发展和河南、洛阳发展为背景，以世界邮展和牡丹花会为载体，借助多种艺术形式，把世界邮展的国际性、包容性和古都洛阳的地域特色、文化魅力有机结合起来，充分展现了改革开放的河南以及洛阳厚重、包容、开放、自信的新形象。

本次邮展共有110多个国家和地区参加，展出的3200框展品，荟萃了最高水平的中国邮票和世界珍稀邮票。本次邮展还安排了国际集邮高峰论坛、大型珍邮拍卖等活动。

第十一届全国运动会花样滑冰比赛在青岛拉开帷幕

《人民日报》发表评论员文章《着力提高造林绿化质量》

春回大地，万物复苏，又是植树造林、绿化祖国的大好时节。党和国家领导人、共和国部长将军、广大干部群众纷纷投入到义务植树的浩荡队伍中，为绿化祖国、美化家园履行公民义务，造林绿化的热潮在神州大地处处涌动。

在全民义务植树运动的大力推动下，在全社会的积极参与和共同努力下，近年来，我国的国土绿化工作取得了重要进展，生态状况有了很大改善。目前，我国森林覆盖率达到18.21%，人工林保存面积占世界人工林面积的40%，已成为全球森林资源增长最快、人工林吸收二氧化碳最多的国家。

成绩固然可喜，但总体来看，我国依然是一个缺林少绿、生态脆弱的国家。与建设生态文明、构建和谐社会、实现科学发展的要求相比，差距依然很大。去冬今春的大旱全国有1.18亿亩林地受灾，去年的低温雨雪冰冻灾害和汶川特大地震灾害，更是造成我国森林覆盖率下降了0.29个百分点。同时，一些地方对国土绿化工作重视不够，一些部门绿化和义务植树尽责率低，有的地区造林质量不高、成活率偏低。要实现胡锦涛主席在第十五次APEC会议上向世界作出的庄严承诺——到2010年森林覆盖率达到20%的目标，形势十分紧迫，任务非常艰巨。提高造林质量刻不容缓。

近日，国务院召开了全国造林绿化和森林草原防火工作电视电话会议，会议对提高造林绿化质量作出了明确部署，提出了具体要求，强调确保种一棵、活一棵、成材一棵。

提高造林绿化质量，提升国土绿化水平，是解决当前造林绿化工作突出问题的必然要求，是推进现代林业又好又快发展、建设生态文明的必然要求，是贯彻落实科学发展观的重要实践。

提高造林绿化质量要落实责任，创新机制。各级政府要把加快国土绿化步伐、提高造林绿化质量作为重要职责，加强领导，精心组织，抓紧抓好抓实。创新多元化的造林绿化机制，既要广泛宣传发动，深化全民义务植树运动的开展，有计划有步骤地推进身边增绿活动；又要有经济手段，深入推进集体林权制度改革，充分调动广大农民和各种社会主体参与造林绿化的积极性。

提高造林绿化质量要尊重自然规律，加强科技支撑。坚持适地适树，宜乔则乔、宜灌则灌，改善树种结构，构建稳定的森林群落。坚持因地制宜，宜造则造、宜封则封，充分发挥自然力对森林植被的修复作用，提高造林绿化的成效。坚持良种壮苗，从源头提高造林绿化质量。坚持精细作业，科学整地、合理施肥，努力提高造林绿化的成活率和保存率。

提高造林绿化质量要加强管护，推进森林经营。加强林木保护管理，认真搞好病虫害防治、森林防火和防乱砍滥伐工作，切实巩固造林绿化成果。及时开展中幼林抚育和残次林改造。

一年之计在于春。让我们在春天里多种树、多播绿，用实际行动为祖国大地增添绿色的生机！

4月10日

国家主席胡锦涛致电朝鲜最高领导人金正日祝贺他再次被推举为朝鲜国防委员会委员长

国务院总理温家宝启程赴泰国出席东亚领导人系列会议

这次东亚领导人系列会议的主题是“共同行动应对全球挑战”。在当前国际金融危机对亚洲经济造成严重冲击的背景下，东亚各国领导人将就加强区域合作、携手应对危机等重大问题深入交换看法，并发表联合声明。温家宝总理将在会上发表重要讲话，全面阐述中国政府有关立场和主张，提出一系列具体倡议和措施，强调中国愿与东亚国家一道，坚定信心、密切协作、共克时艰。温家宝总理还将会见与会国家和国际组织领导人，同他们就共同关心的问题交换看法。

国务院任免国家工作人员

任命鲁昕(女)、郝平为教育部副部长；免去章新胜、赵沁平的教育部副部长职务。

免去赵维绥的文化部副部长职务。

任命袁曙宏为国务院法制办公室副主任，免去其国家行政学院副院长职务；任命周文彰为国家行政学院副院长。

任命刘新华为中国证券监督管理委员会副主席；免去范福春的中国证券监督管理委员会副主席职务。

免去吴天林的国有重点大型企业监事会主席

职务。

深化医药卫生体制改革工作会议在北京召开

国务院副总理、深化医药卫生体制改革领导小组组长李克强出席会议并讲话。

李克强说，今后3年，要以缓解群众看病难、看病贵的问题为重点，着力推进五项改革。一是加快推进基本医疗保障制度建设，做到广覆盖、保基本、可持续，把全体城乡居民纳入基本医疗保障。二是初步建立国家基本药物制度，减轻群众基本用药费用负担，满足群众基本用药需求。三是健全基层医疗卫生服务体系，加强服务网络建设，方便群众看病就医。四是促进基本公共卫生服务逐步均等化。实施重大公共卫生项目，最大限度地预防疾病。五是推进公立医院改革，试点优化资源配置，改革管理体制、运行机制和监管机制，提高医疗卫生服务的质量和水平。

国办印发《关于进一步加强政府采购管理工作的意见》

各省、自治区、直辖市人民政府，国务院各部委、各直属机构：

近年来，各地区、各部门认真贯彻落实《中华人民共和国政府采购法》(以下简称《政府采购法》)，不断加强制度建设、规范采购行为，政府采购在提高资金使用效益，维护国家和社会公益，以及防范腐败、支持节能环保和促进自主创新等方面取得了显著成效。但是，个别单位规避政府采购，操作执行环节不规范，运行机制不完善，监督处罚不到位，部分政府采购效率低价格高等问题仍然比较突出，一些违反法纪、贪污腐败的现象时有发生，造成财政资金损失浪费。为切实解决这些问题，全面深化政府采购制度改革，经国务院同意，现就进一步加强政府采购管理工作提出以下意见：

一、坚持应采尽采，进一步强化和实现依法采购

财政部门要依据政府采购需要和集中采购机构能力，研究完善政府集中采购目录和产品分类。各地区、各部门要加大推进政府采购工作的力度，扩大政府采购管理实施范围，对列入政府采购的项目应全部依法实施政府采购。尤其是要加强对部门和单位使用纳入财政管理的其他资金或使用以财政性资金作为还款来源的借(贷)款进行采购的管理；要加强工程项目的政府采购管理，政府采购工程项目除招标投标外均按《政府采购法》规定执行。

各部门、各单位要认真执行政府采购法律制度规定的工作程序和操作标准，合理确定采购需求，及时签订合同、履约验收和支付资金，不得以任何方式干预和影响采购活动。属政府集中采购目录项目要委托集中采购机构实施；达到公开招标限额标准的采购项目，未经财政部门批准不得采取其他采购方式，并严格按规定向社会公开发布采购信息，实现采购活动的公开透明。

二、坚持管采分离，进一步完善监管和运行机制

加强政府采购监督管理与操作执行相分离的体制建设，进一步完善财政部门监督管理和集中采购机构独立操作运行的机制。

财政部门要严格采购文件编制、信息公告、采购评审、采购合同格式和产品验收等环节的具体标准和程序要求；要建立统一的专家库、供应商产品信息库，逐步实现动态管理和加强违规行为的处罚；要会同国家保密部门制定保密项目采购的具体标准、范围和工作要求，防止借采购项目保密而逃避或简化政府采购的行为。

集中采购机构要严格按照《政府采购法》规定组织采购活动，规范集中采购操作行为，增强集中采购目录执行的严肃性、科学性和有效性。在组织实施中不得违反国家规定收取采购代理费用和其他费用，也不得将采购单位委托的集中采购项目再委托给社会代理机构组织实施采购。要建立、健全内部监督管理制度，实现采购活动不同环节之间权责明确、岗位分离。要重视和加强专业化建设，优化集中采购实施方式和内部操作程序，实现采购价格低于市场平均价格、采购效率更高、采购质量优良和服务良好。

在集中采购业务代理活动中要适当引入竞争机制，打破现有集中采购机构完全按行政隶属关系接受委托业务的格局，允许采购单位在所在区域内择优选择集中采购机构，实现集中采购活动的良性竞争。

三、坚持预算约束，进一步提高政府采购效率和质量

各部门、各单位要按照《政府采购法》的规定和财政部门预算管理的要求，将政府采购项目全部编入部门预算，做好政府采购预算和采购计划编报的相互衔接工作，确保采购计划严格按政府采购预算的项目和数额执行。

要采取有效措施，加强监管部门、采购单位和采购代理机构间的相互衔接，通过改进管理水平和操作执行质量，不断提高采购效率。财政部门要改进管理方式，提高审批效率，整合优化采购环节，制定标准化工作程序，建立各种采购方式下的政府采购价格监测机制和采购结果社会公开披露制度，实现对采购活动及采购结果的有效监控。集中采购机构要提高业务技能和专业化操作水平，通过优化采购组织形式，科学制定价格参数和评价标准，完善评审程序，缩短采购操作时

间，建立政府采购价格与市场价格的联动机制，实现采购价格和采购质量最优。

四、坚持政策功能，进一步服务好经济和社会发展大局

政府采购应当有助于实现国家的经济和社会发展政策目标。强化政府采购的政策功能作用，是建立科学政府采购制度的客观要求。各地区、各部门要从政府采购政策功能上支持国家宏观调控，贯彻好扩大内需、调整结构等经济政策，认真落实节能环保、自主创新、进口产品审核等政府采购政策；进一步扩大政府采购政策功能范围，积极研究支持促进中小企业发展等政府采购政策。加大强制采购节能产品和优先购买环保产品的力度，凡采购产品涉及节能环保和自主创新产品的，必须执行财政部会同有关部门发布的节能环保和自主创新产品政府采购清单(目录)。要严格审核进口产品的采购，凡国内产品能够满足需求的都要采购国内产品。财政部门要加强政策实施的监督，跟踪政策实施情况，建立采购效果评价体系，保证政策规定落到实处。

五、坚持依法处罚，进一步严肃法律制度约束

各级财政、监察、审计、预防腐败部门要加强对政府采购的监督管理，严格执法检查，对违法违规行为要依法追究责任并以适当方式向社会公布，对情节严重的要依法予以处罚。

要通过动态监控体系及时发现、纠正和处理采购单位逃避政府采购和其他违反政府采购制度规定的行为，追究相关单位及人员的责任。要完善评审专家责任处罚办法，对评审专家违反政府采购制度规定、评审程序和评审标准，以及在评审工作中敷衍塞责或故意影响评标结果等行为，要严肃处理。要加快供应商诚信体系建设，对供应商围标、串标和欺诈等行为依法予以处罚并向社会公布。要加快建立对采购单位、评审专家、供应商、集中采购机构和社会代理机构的考核评价制度和不良行为公告制度，引入公开评议和社会监督机制。严格对集中采购机构的考核，考核结果要向同级人民政府报告。加强对集中采购机构整改情况的跟踪监管，对集中采购机构的违法违规行为，要严格按照法律规定予以处理。

六、坚持体系建设，进一步推进电子化政府采购

加强政府采购信息化建设，是深化政府采购制度改革的重要内容，也是实现政府采购科学化、精细化管理的手段。各地区要积极推进政府采购信息化建设，利用现代电子信息技术，实现政府采购管理和操作执行各个环节的协调联动。财政部门要切实加强对政府采购信息化建设工作的统一领导和组织，科学制订电子化政府采购体系发展建设规划，以管理功能完善、交易公开透明、操作规范统一、网络安全可靠为目标，建设全国统一的电子化政府采购管理交易平台，逐步实现政府采购业务交易信息共享和全流程电子化操作。要抓好信息系统推广运行的组织工作，制定由点到面、协调推进的实施计划。

七、坚持考核培训，进一步加强政府采购队伍建设

各地区、各部门要继续加强政府采购从业人员的职业教育、法制教育和技能培训，增强政府采购从业人员依法行政和依法采购的观念，建立系统的教育培训制度。财政部要会同有关部门研究建立政府采购从业人员执业资格制度，对采购单位、集中采购机构、社会代理机构和评审专家等从业人员实行持证上岗和执业考核，推动政府采购从业人员职业化的进程。集中采购机构要建立内部岗位标准和考核办法，形成优胜劣汰的良性机制，不断提高集中采购机构专业化操作水平。

各地区、各部门要全面把握新时期、新形势下完善政府采购制度的新要求，进一步提高对深化政府采购制度改革重要性的认识，切实加大推进政府采购管理工作的力度，加强对政府采购工作的组织领导，着力协调和解决政府采购管理中存在的突出问题，推进政府采购工作健康发展。

国务院办公厅

2009 年 4 月 10 日

国务院副总理回良玉在中南海紫光阁会见瑞士联邦委员莫里茨·洛伊恩贝格尔

洛伊恩贝格尔是应水利部邀请前来出席第三届长江论坛并签署中瑞水利合作协议的。水利部部长陈雷和瑞士驻华人使顾博礼等会见时在座。

国务院副总理王岐山在中南海紫光阁会见参加中蒙经贸联委会第十一次会议的蒙古国副总理恩赫包勒德

王岐山说，中蒙建交 60 年来，政治互信不断加深，高层交往频繁，经贸、投资、金融等领域合作日益密切。两国经济互补性强，合作前景广阔，双方不仅要立足当前，携手应对国际金融危机的冲击，更要着眼长远，继续深化能源资源、基础设施等合作，为企业投资和贸易创造更好环境，推动两国关系不断向前发展。

恩赫包勒德表示，蒙方在涉及台湾、西藏问题上坚定奉行一个中国政策，并希望进一步加强双方经贸合作。

张丹 张昊在青岛举行的第十一届全国运动会花样滑冰双人滑自由滑比赛中摘得金牌

4月11日

国务院总理温家宝在泰国帕塔亚会见日本首相麻生太郎

温家宝在会见时说,当前,国际金融危机仍在蔓延和深化。中日两国面临的共同利益和共同责任都在增加。双方要以高度的责任感和使命感,加强合作,携手应对挑战,推进战略互惠关系,为亚洲和世界的和平与发展作出贡献。温家宝表示,中日保持密切高层交往,有利于加深政治互信。我欢迎麻生首相近期访华,也期待着年内在中国举行第二次中日韩领导人会议。中方愿同日方共同努力,按照中日四个政治文件原则精神和有关谅解,妥善处理两国关系中的敏感问题,增进两国人民之间的友好感情,确保中日关系健康稳定发展。

麻生表示,日中关系不断改善和加强,日方予以积极评价。日方高度重视对华关系,我期待着不久访华,同中方共同探讨加强交流与合作,共同应对国际金融危机,进一步推动两国关系向前发展。麻生还就朝鲜近期发射问题表达了日方的立场。

国务院总理温家宝在泰国帕塔亚会见韩国总统李明博

温家宝说,中韩在促进地区稳定、合作和发展方面有着共同利益,两国友好合作关系不断加深。当前,国际金融危机仍在深化和蔓延,给包括中韩在内的亚洲国家带来严重冲击。中韩应加强各领域交流与合作,不断推进中韩战略合作伙伴关系,共克时艰。一是努力保持双边贸易平衡增长,避免出现大幅下滑,共同反对贸易和投资保护主义;二是加强金融合作,落实好双边货币互换协议,推进清迈倡议多边化,扩大外汇储备库规模;三是加强在二十国集团框架内的合作,共同推动国际金融货币体系改革,增加发展中国家和新兴市场国家的代表性和发言权。

李明博表示,韩中关系发展很好,两国高层交往密切,政治互信增强。金融危机是韩中两国当前面临的共同挑战。韩方高度赞赏中方应对危机采取的果断有效措施,中国经济持续发展对韩国、对世界都很重要,韩中双边货币互换安排有助于维护韩国金融稳定。韩方愿与中方携手合作,加强经贸合作,就国际金融体系改革保持沟通协调,共同克服金融危机的挑战。

国务院总理温家宝会见泰国总理阿披实

阿披实对此次东亚领导人系列会议未能如期举行再次深表歉意,对中方的耐心、诚心和理解表示由衷感谢。阿披实说,泰国将继续为促进东盟与中国合作作出积极努力。

温家宝说,中方高度重视此次东亚领导人系列会议,与其他有关各方一道,为会议做了充分准备,希望通过会议,增强信心,共同应对国际金融危机,推动东亚合作。我对会议不能如期举行感到遗憾,对泰国政府的决定表示理解。作为友好邻邦,中国衷心希望泰国局势稳定早日恢复。中方将一如既往地推动中泰及中国与东盟的睦邻友好合作关系不断发展。

阿披实表示,泰中一家亲,两国关系发展良好,泰国珍视与中国的传统友谊,将坚定致力于双方的友好合作。中国经济保持良好发展给了泰国和本地区以希望,这对战胜国际金融危机,实现经济早日复苏至关重要。

国务院总理温家宝在泰国帕塔亚向港澳记者介绍国内经济形势并回答有关提问

为了应对国际金融危机,中国全面实施了促进经济平稳较快发展的一揽子计划。这些政策措施的效果如何,社会各界十分关心。温家宝告诉大家,在一系列政策措施的刺激下,一季度中国经济已经出现了积极的变化,比预料的要好。一是国内需求持续提升,固定资产投资快速增长,消费需求稳定较快增长。进出口虽然同比下降,但环比逐月提高。这表明一些行业和企业生产正在逐步恢复。二是规模以上工业增速逐月回升。前两个月同比增长3.8%,3月同比增长8.3%。三是制造业采购经理指数和企业家信心指数攀升,表明中国经济在一些领域开始企稳回升。四是市场信心提振,经济活跃程度提高。股市、房地产市场交易量扩大。这些经济领域的积极表现,说明中央制定的方针政策是及时的、正确的,而且初显成效。

在回答记者提出的是否会有进一步刺激经济政策出台时,温家宝说,当前,我们要抓紧落实一揽子计划的各项政策措施,落实得越早,就越有利、越主动。一是尽快下达列人预算追加的刺激经济投资。二是尽快出台十大行业调整和振兴规划实施细则。三是加快推进社会保障体系建设。最近推出的医药卫生体制改革引起世界关注,要抓紧落实。同时密切跟踪国内外经济形势变化,制订新的应对方案。要以完善社会保障、改善民生、加强生态环境保护为主,重点通过改善人民生活为扩大内需创造有利条件。我们宁可把困难估计得重一些,影响的时间估计得长一些,把工作准备得充分些。

在回答一位香港记者提出的跨境贸易人民币结算试点有关问题时,温家宝说,最近中央政府决定在上海和广东四个城市广州、深圳、东莞、珠海实行跨境贸易人民币结算试点。这个试点包括香港和澳门两个特区,国外首先是东盟国家。试点方案有关规范性文件在比较短的时间内就可以出台。实行跨境贸易人民币结算试点将会促进香港贸易发展,使香港企业包括香港在珠三角和内地的企业规避汇率风险,进一步活跃香港金融业,加强香港国际金融中心地位。

一位香港记者问道,上海建立国际金融中心会不会影响香港的金融地位?温家宝说,中央政府十分关心香港金融业的发展。中央决定上海建设国际金融中心后,我看到香港媒体的一些反应,总的是支持,但也有担心。事实上,国际金融中心的地位不是靠政府确定,而是靠市场竞争。几年前我就曾说过,香港国际金融中心地位不可替代,因为香港有区位优势、长期金融经营的历史、金融经营的广泛渠道、完备的法制、众多的金融人才。但香港国际金融中心地位也面临竞争,用得上中国的一句老话:不进则退。当务之急是,要加强监管,保持金融稳定健康持续发展,保证对香港经济的支持。当然,香港在发展金融业的同时,还要努力探寻新的经济增长点,比如贸易物流、旅游观光、医疗卫生、科技教育、高新技术产业等,为经济持续发展奠定基础。

在回答记者提出的中信泰富被查有关问题时,温家宝说,对中信泰富发生的问题,第一,要根据香港特别行政区的法律和金融监管法规进行处理,内地和其他各个方面都不要干预。第二,在弄清事实作出处理后,要认真吸取教训。包括经营理念、经营方向、管理水平和加强监管等方面,都有不少教训值得吸取。

谈到澳门经济发展时,温家宝说,澳门经济具有特殊性,以博彩业为主。要在推进澳门博彩业的同时,从实际出发推进经济适度多元化。澳门区域狭小,发展受到一定局限。中央正在研究珠三角长期发展规划,加强广东和澳门之间的经济合作,采取措施支持澳门的发展。

由于泰国国内局势的原因,第十二次中国和东盟领导人会议推迟举行。温家宝说,这次到泰国出席东亚领导人系列会议,是本着加强中国与东盟的友好合作关系,携手应对国际金融危机而来的。泰国现在的局势大家都很清楚。出发前我也知道一些信息,但还是坚持来,这体现了诚意。

国务院副总理回良玉在全国农业展览馆参观全国社会主义新农村建设图片展

回良玉在参观时指出,建设社会主义新农村是党中央、国务院作出的重大决策部署,必须按照生产发展、生活宽裕、乡风文明、村容整洁、管理民主的总要求,常抓不懈,扎实推进。当前,国际金融危机仍在蔓延,给我国经济发展带来很大影响。加快推进社会主义新农村建设,大力发展农业生产,积极开拓农村市场,对应对国际金融危机、保增长扩内需、促进经济平稳较快发展具有十分重要的意义。各地区各有关部门要把保持农业农村经济平稳较快发展作为首要任务,着眼于稳粮、增收、强基础、重民生,狠抓各项措施落实,千方百计保障主要农产品有效供给,千方百计增加农民收入,千方百计改善农村民生,努力开创社会主义新农村建设新局面,不断巩固和发展农业农村发展的好势头,继续为稳定经济社会发展大局提供有力支撑。

展览通过近900张图片,系统介绍了社会主义新农村建设的理论依据、历史背景和主要内容,集中展示了各地区社会主义新农村建设的做法和特点,生动反映了新农村建设的成就、经验和典型。

2009年大学生志愿服务西部计划全面启动

红塔杯2009年全国桥牌协会锦标赛在昆明开赛

4月12日

全国人大常委会副委员长蒋树声在山西考察

4月12日至14日,民盟中央主席蒋树声在山西考察,并出席在太原举行的中国民主同盟参政议政工作会议。蒋树声指出,参政议政是参政党的第一要务,面对新的形势和任务,做好今年的参政议政工作意义更为重要。他希望大家"用全心建有具之言,尽全力献有计之策",用创新精神努力提高民盟参政议政水平。

蒋树声说,今年是新中国成立60周年,是实施"十一五"规划的关键之年,也是进入新世纪以来我国经济发展最为困难的一年,改革、发展、稳定的任务十分繁重。民盟必须以高度的使命感和责任感,做好今年的参政议政工作。

蒋树声对此提出了五点意见:坚定信念,增强信心,与执政党和全国人民同心同德、共克时艰、同舟共济、共创未来;围绕中心,服务大局,把推动科学发展作为参政议政的着力点;继承优良传统,用好传家宝,深入基层,调查研究;发挥自身优势,以创新的精神开创新的工作局面;强化上下互动,多方合作,集中智慧,凝聚力量。

国务院副总理回良玉在山西农村考察并召开农村形势分析座谈会

4月12日至14日,回良玉先后来到太原、榆次、太谷等地,深入田间地头,走访乡村农户,实地察看小麦长势和畜牧业生产,了解强农惠农政策落实和农民增收情况。他强调,要不折不扣落实各项农业补贴政策，激发广大农民春耕备耕积极性。因地制宜加强春季田间管理，深入开展粮油高产示范活动。着力发展特色效益农业，稳定发展畜牧业生产，精心组织春季动物疫病集中免疫。大力加强农资供应和市场监管，坚决打击坑农害农行为。

在农村形势分析座谈会上，回良玉在听取部分省政府负责人的发言后说，当前，农业农村形势总的是好的，但国际金融危机对“三农”的影响不可低估，特别是农民增收形势异常严峻。要落实提高粮食最低收购价政策，扩大主要农产品国家储备，调节农产品进出口，保持农产品价格合理水平。积极调整农业结构，全面推进集体林权制度改革，充分挖掘农业内部增收潜力。采取措施稳定和增加就业岗位，强化对农民工的就业服务和技能培训。加大“以工代赈”力度，引导农民兴修水利、整治土地、修桥筑路，加快改善农村生产生活条件。

国务委员刘延东在纽约会见美国前国务卿基辛格

中共中央政治局委员刘云山在宣传文化系统“四个一批”经营管理人才和专门技术人才研修班上发表讲话

刘云山指出，推动社会主义文化大发展大繁荣，增强我国文化的总体实力和竞争力，必须高度重视文化单位的经营管理，加大文化领域科技应用力度。要遵循精神文明建设规律和市场经济要求，在文化产品的创作生产、市场营销、品牌培育等方面狠下功夫，不断扩大优秀精神文化产品的市场份额，实现经济效益和社会效益双丰收。要不断创新体制机制，完善法人治理结构，强化内部管理，扩大投融资渠道，培育合格市场主体，打造一批有活力、有实力的文化企业和企业集团。要从战略高度审视科学技术在文化发展中的重要地位和作用，积极推动文化与科技的融合，推进文化产品的数字化网络化传播，不断提高文化发展科技含量，提高文化产品的表现力感染力，更好地用先进技术建设先进文化、传播先进文化。要密切关注现代信息技术发展新成果，不断提高自主创新能力，充分运用先进技术创新文化生产方式，积极培育新兴文化业态，延伸产业链条、促进产业升级。

刘云山强调，文化繁荣发展关键是人才。各级宣传文化部门要牢固树立人才资源是第一资源的观念，改进培养方式，拓宽培养渠道，完善人才选拔使用机制，在培养理论、新闻、文艺、出版各门类拔尖业务人才的同时，培养一大批优秀经营管理人才和专门技术人才。宣传文化系统经营管理人才和专门技术人才要有崇高的理想追求，确立正确的人生坐标，把个人的理想同国家的前途紧密联系在一起，把个人的追求同事业的发展紧密结合在一起，真正做到对人民负责、对社会负责、对未来负责。要有强烈的创新精神，解放思想、实事求是、与时俱进，以新观念看待新事物，以新思维研究新情况，以新办法解决新问题，积极探索符合中国国情的文化经营管理模式和技术发展道路，不断提高文化领域的经营管理和科技创新水平。要有过硬的业务本领，树立终身学习意识，认真学习党和国家方针政策，广泛涉猎各方面专业知识，进一步优化知识结构，成为经营管理和专门技术领域的行家里手。要有良好的工作作风，秉持高尚的职业精神，恪守良好的职业道德，脚踏实地、兢兢业业、甘于奉献，珍惜党和人民给予的荣誉，珍惜时代和社会创造的条件，为推动文化大发展大繁荣作出应有贡献。

来自全国各省区市和中央宣传文化单位的139位经营管理人才和专门技术人才参加了学习研修。中央宣传文化部门负责同志和省区市党委宣传部副部长研修班学员参加了座谈会。

2009北京国际长跑节在天安门广场鸣枪起跑

4月13日

十一届全国人大常委会第二十二次委员长会议在人民大会堂举行

会议决定，十一届全国人大常委会第八次会议4月20日至24日在北京举行。

吴邦国委员长主持会议。

委员长会议建议，十一届全国人大常委会第八次会议继续审议邮政法修订草案、农村土地承包经营纠纷仲裁法草案；首次审议全国人大常委会议事规则修正案草案，审议国防动员法草案、人民武装警察法草案。

根据委员长会议建议的议程，本次常委会会议还将审议国务院关于提请审议批准《中华人民共和国和大韩民国关于移管被判刑人的条约》的议案、关于提请审议批准《中华人民共和国和澳大利亚关于移管被判刑人的条约》的议案、关于提请审议批准《中华人民共和国和委内瑞拉玻利瓦尔共和国关于刑事司法协助的条约》的议案；审议国务院关于农村社会保障体系建设情况的报告、关于职业教育发展情况的报告、关于大气污染防治工作进展情况的报告；审议全国人大常委会代表资格审查委员会关于个别代表的代表资格的报告；审议有关任免案。

委员长会议上，全国人大常委会副委员长兼秘书长李建国就本次常委会会议议程草案、日程安排意见作了汇报。全国人大有关专门委员会、全国人大常委会有关工作委员会、全国人大常委会代表资格审查委员会就本次常委会会议相关议程作了汇报。

全国人大常委会副委员长王兆国、路甬祥、韩启德、华建敏、陈至立、周铁农、司马义·铁力瓦尔地、陈昌智、严隽琪、桑国卫出席会议。

国务院总理温家宝签署第553号令发布《民用机场管理条例》

《民用机场管理条例》(以下简称《条例》)在2009年4月1日国务院第55次常务会议通过。《条例》首次正式明确了机场的公共基础设施定位,将对机场的建设、运营、管理、改革、发展产生重要影响。

《条例》主要明确了七个方面的管理制度:一是运输机场建设管理制度;二是运输机场使用许可管理制度;三是运输机场安全运营管理制度;四是通用机场管理制度;五是民用机场净空保护制度;六是民用机场电磁环境保护制度;七是民用机场环境保护制度。

《条例》的颁布,解决了我国缺乏民用机场管理行政法规的问题,进一步完善了民用机场管理法律、法规规章体系,满足了新的机场管理体制建立后机场建设和发展的需要,为维护广大旅客和货主的合法权益、促进民用机场的建设和发展,奠定了良好的法制环境。

《条例》自2009年7月1日起施行。

国新办发布《国家人权行动计划(2009—2010年)》(摘要)

经国务院授权,国务院新闻办公室发布《国家人权行动计划(2009—2010年)》(以下简称行动计划)。这是我国第一次制定的以人权为主题的国家规划,行动计划明确了未来两年中国政府在促进和保护人权方面的工作目标和具体措施。

行动计划全文约22000字,分为导言,经济、社会和文化权利保障,公民权利与政治权利保障,少数民族、妇女、儿童、老年人和残疾人的权利保障,人权教育和国际人权义务的履行及国际人权领域交流与合作六部分。

行动计划表示,从2009年到2010年,国家将采取积极有效的措施,努力克服国际金融危机带来的消极影响,切实保障全体社会成员的经济、社会和文化权利。

行动计划说,国家将继续加强民主法治建设,健全民主制度,丰富民主形式,拓宽民主渠道,强化行政执法和司法中的人权保障,提高公民权利与政治权利的保障水平。

行动计划指出,国家将采取措施,进一步保障少数民族、妇女、儿童、老年人和残疾人的权益。

行动计划说,2009年至2010年期间,国家将结合普法活动,积极依托现有的义务教育、中等教育、高等教育、职业教育体系和国家机关内的培训机构以及广播、电视、报刊、网络等多种媒体,有计划地开展形式多样的人权教育,普及和传播法律知识和人权知识。

在此期间,国家将继续认真履行已参加的国际人权条约规定的义务,倡导并积极参与国际人权领域的交流与合作。

行动计划指出,实现充分的人权是人类长期追求的理想,也是中国人民和中国政府长期为之奋斗的目标。中华人民共和国成立以来,特别是改革开放以来,中国把尊重和保障人权作为治国理政的重要原则,庄严载入《中华人民共和国宪法》,采取切实有效的措施促进人权事业发展,使中国人民的物质文化生活水平得到大幅提高,政治、经济、文化、社会权利得到切实保障,谱写了中国人权事业发展的新篇章。

行动计划说,中国是一个拥有13亿人口、人均资源占有率很低、生产力欠发达、经济文化发展不平衡的发展中国家。当前,中国正处于全面建设小康社会、加快推进社会主义现代化的新阶段,改革发展稳定的任务十分繁重。中国政府坚持以人为本,落实"国家尊重和保障人权"的宪法原则,既尊重人权普遍性原则,又从基本国情出发,切实把保障人民的生存权、发展权放在保障人权的首要位置,在推动经济社会又好又快发展的基础上,依法保证全体社会成员平等参与、平等发展的权利。

行动计划强调,中国政府在治国理政中坚持发展为了人民,发展依靠人民,发展成果由人民共享,着力解决好人民最关心、最直接、最现实的利益问题,促进社会公平正义,努力使全体人民学有所教、劳有所得、病有所医、老有所养、住有所居;坚持以保证人民当家做主为根本,从各个层次、各个领域扩大公民有序政治参与,健全民主制度,丰富民主形式,拓宽民主渠道,依法实行民主选举、民主决策、民主管理、民主监督,着力保障人民的知情权、参与权、表达权、监督权。

与此同时,中国政府主张加强国际人权交流、对话与合作,同世界各国一道,共同致力于推动世界人权事业健康发展,为建设持久和平、共同繁荣的和谐世界作出应有的贡献。

行动计划是在中国政府各有关部门和社会各界广泛参与下制订的。为制订好本行动计划,中国政府专门设立了国家人权行动计划联席会议机制。联席会议机制的牵头单位为国务院新闻办公室和外交部。

全国人大常委会副委员长王兆国在海南考察

4月13日至17日,王兆国深入农场、工厂,慰问劳动模范、困难职工。他在与海南省党政领导和工会干部座谈时指出,当前,国际金融危机还在蔓延和深化,各级工会要团结引导广大职工认清形势、振奋精神,进一步坚定走中国特色社会主义道路的决心和信心。要坚持全心全意依靠工人阶级的方针,把动员广大职工与企业同舟共济、共谋发展作为工会工作的重要任务,广泛开展"同舟共济保增长、建功立业促发展"竞赛活动和"共同约定行动",激发广大职工的劳动热情和创造活力,促进企业战胜困难、发展壮大。

王兆国充分肯定了海南经济社会发展取得的显著成就和各级工会工作取得的成绩。他强调,高度关注和改善民生,涉及广大职工的切身利益,各级工会一定要把保增长、扩内需、调结构同重民生、促和谐结合起来,促进解决就业问题,尤其要高度关注和积极帮助困难职工子女特别是大学生就业,坚定不移地推动《中华人民共和国劳动合同法》贯彻实施,促进劳动关系和谐,维护社会稳定,在应对国际金融危机、实现经济平稳较快发展中更好地发挥作用。

王兆国还看望了海南省人大机关干部,希望大家认真学习贯彻十一届全国人大二次会议精神,坚持和完善人民代表大会制度,进一步做好立法、监督等工作,为形成并完善中国特色社会主义法律体系作出更大贡献。

国务委员马凯在北京出席全国纠风工作电视电话会议并发表讲话

马凯强调,要认真贯彻国务院第二次廉政工作会议精神,全面落实2009年纠风工作实施意见,务求重点领域纠风工作取得新成效。一是加强对保增长政策落实的监督检查,推动中央决策部署的贯彻落实,确保政令畅通。二是推动中央强农惠农政策落实,加强对惠农补贴资金的监督检查,进一步规范涉农价格和收费行为,切实维护农民土地权益,加强对农资市场的监管。三是深入开展食品药品安全专项整治,落实监管责任,强化问责制。四是规范行业协会、市场中介组织服务和收费行为,稳步推开行业协会改革试点工作。五是以落实燃油税改革政策为重点,加大力度治理公路"三乱"。对明令取消的收费项目要坚决取消,决不允许继续收取或变相收取。六是以公共服务部门和行业为重点,加强行风建设。同时,要继续做好涉及医疗卫生、教育、公共基金等其他领域的纠风工作。

马凯要求,各地区各部门要切实加强领导,把纠风工作摆上重要位置,进一步健全和完善纠风工作领导体制,认真落实责任制。要把监督检查作为推动纠风工作的重要手段,落实到日常工作中。坚持以查案促纠风,对有令不行、有禁不止、顶风违纪的典型案例要公开曝光,严肃处理,追究责任。要以深化各项改革为契机,加强源头治理,建立和完善防范不正之风的长效机制。

《人民日报》发表评论员文章《着力提高应对金融危机的能力》

坚持从实际出发,加强分类指导,是中央对第二批学习实践活动提出的一项基本要求。国有企业作为参加这一批次学习实践活动的重点单位,应紧扣自身特点,紧密联系当前经济形势实际,切实把提高应对金融危机的能力、实现企业科学发展作为重要着力点。

国有企业是国民经济的重要支柱。国有企业能否科学发展,直接关系我国经济发展的质量和水平,关系国计民生和国家战略安全,关系我们党执政的经济基础。当前,国际金融危机正在继续扩散和蔓延,涉及范围之广、影响程度之深、冲击力度之大超出人们预料。应对金融危机,不断增强企业实力是首要任务。能否化解危机、渡过难关,是对国有企业领导班子领导科学发展能力的一次重大考验。提高科学发展能力,当前首先要提高化解风险、应对金融危机的能力。这既是企业生存发展的需要,也是增强学习实践活动针对性和实效性的要求。

提高应对金融危机的能力从何入手?首先要从企业领导班子抓起,善于以这次金融危机为生动课堂和实践平台,引导班子成员议形势、查根源、看趋势、谋对策,统一思想,形成应对危机、科学发展的共识与合力。要分析原因,明确思路,找出对策,解决问题,推动企业发展上水平,在应对危机的过程中建立新的竞争优势。企业的学习实践活动不走过场,关键是领导干部参加活动不能走过场。要紧密联系实际,切实找准并认真解决领导班子和党员干部在深入贯彻落实科学发展观方面存在的突出问题以及党员干部党性党风党纪方面群众反映强烈的突出问题,不断增强班子成员的政治意识、大局意识、忧患意识和责任意识,以更加开阔的眼界、思路和胸襟,更加敏锐的洞察力和决断力,更加务实的作风,带领职工群众团结一心、共克时艰,为在新的历史条件下实现科学发展提供强大动力和可靠保证。

在学习实践活动中,要从企业的实际情况出发,确定实践主题、完善活动方案、创新活动方式,提升科学发展的新思路,形成市场竞争的新优势;要把握企业特点,务求实效,力戒形式主义,讲成本、重实效,不做表面文章;要立足岗位开展活动,正确处理工学矛盾,做到两不误、两促进,努力把企业的学习实践活动搞成党内党外都赞成、干部职工都满意的活动,以活动的实际效果,保障企业应对金融危机。

"沧海横流方显英雄本色"，要善于在逆势时形成发展新优势，增强企业核心竞争力。要进一步细化应对危机的措施，按照"改革、调整、创新、提高"的总体思路，优化企业发展战略、管理构架、业务流程、资源配置，推动企业决策、管理、技术、队伍上水平；积极推进企业理念、文化、技术、管理和机制创新，大力培育自主创新的核心竞争力；健全完善风险预测、危机应对、科学决策、高效执行、竞争激励、管理监督等制度机制，为迎接更高层次、更高水平和更为激烈的国际竞争做好准备。

学习实践活动为国有企业应对金融危机、解决深层次问题，提供了理清工作思路的难得契机。金融危机是"绊脚石"，也是"磨刀石"。只要我们善于化"危"为"机"，用好这块"磨刀石"，国有企业领导班子和党员干部领导科学发展、应对各种风险挑战的能力一定会在化解金融危机的实践中大大提高，学习实践活动必将成为推动国有企业科学发展的强大动力。

国务院副总理李克强在人民大会堂会见韩国首尔特别市市长吴世勋一行

国务院副总理王岐山在中南海紫光阁会见芝加哥商品交易所集团终身荣誉主席梅拉梅德

全国人大常委会副委员长周铁农在北京会见加拿大联邦众议员 加中议会协会副主席德里克·李和安德鲁·萨克斯顿一行

全国人大常委会副委员长乌云其木格在希腊会见希腊议会议长西乌法斯

双方就两国关系、议会交往及其他共同关心的问题交换了意见，达成广泛共识。乌云其木格说，中希两国同为文明古国，两国人民对彼此文化心怀友好和敬重之情。两国在政治、经贸、文化和科技等领域的合作与交流发展态势良好。她表示，中国全国人大希望在立法、监督等领域加强与希腊议会的交流与探讨。

最高人民法院院长王胜俊在人民大会堂会见来访的保加利亚最高上诉法院院长格鲁埃夫一行

全国政协副主席李金华在平壤会见朝鲜祖国统一民主主义战线中央委员会书记局局长金完洙

李金华在会见时说，非常高兴在中朝建交60周年之际率领中国全国政协代表团访问朝鲜。此次访问不仅是"中朝友好年"的重要活动之一，而且恰逢朝鲜第十二届最高人民会议第一次会议闭幕。他代表中国全国政协向金正日同志再次当选国防委员会委员长表示祝贺。

金完洙说，朝中友谊有着深厚的历史根基。近年来，在两国领导人的关心下，朝中友谊进一步发展。朝鲜祖国战线愿进一步加强与中国全国政协的交流与合作，为推动朝中友谊不断发展作出更大贡献。

中联部部长王家瑞在北京会见以德国联邦议院联盟党议会党团主席福尔克尔·考德尔为团长的德国基督教民主联盟代表团

外交部部长杨洁篪在外交部会见巴布亚新几内亚外长塞缪尔·阿巴尔

会见后，阿巴尔转交了巴新政府为支持四川地震灾区重建向中国政府捐赠的53.13万美元支票。杨洁篪对此表示感谢。

新一届中国男排名单公布

国家体育总局排球运动管理中心今天公布了新一届中国男排18人大名单。这份名单是为了备战2012年伦敦奥运会、完成2009年世界男排联赛及其他国际比赛任务，经国家男排队委会研究产生的。原队长沈琼再次入选，成为入选国家队次数最多、时间最长的老将。戴卿尧、陈平、丁慧、李润铭、高祺和张晨6位在全国联赛中涌现出来的年轻选手首次入选。新一届中国男排名单如下：领队李士平(排管中心)，主教练周建安(四川)，教练谢国臣(河南)、王贺兵(浙江)。队员有：梁春龙、沈琼、方颖超、任琦、戴卿尧、陈平、张晨、边洪敏、丁慧、于人伟、李润铭、焦帅、崔建军、古喆、高祺、姜坤、郭鹏、仲为君。

杨卫群逝世

空军指挥学院原院长、正兵团职离休干部杨卫群同志，因病医治无效，于4月13日在北京逝世，享年87岁。

杨卫群是辽宁海城人，1937年参加革命，1938年加入中国共产党。抗日战争时期，他历任学员、队长、干事、参谋、副科长等职，参加了百团大战、反"扫荡"等战役战斗。解放战争时期，他历任科长等职，参加了热河、宁城、隆化、朝阳、绥中、塔山阻击战、延庆、宜昌、荆门、热河、滦东等战役战斗。新中国成立后，他历任空军第一航空学校副参谋长、参谋长、第一副校长、校长，空军学院训练部副部长、空军军训部副部长、第一轻工业部军代表、冶金工业部革委会副主任、沈阳军区空军参谋长、空军学院院长等职，为部队革命化、现代化、正规化建设作出了贡献。

杨卫群是党的十三大代表，曾荣获独立自由勋章、解放勋章和独立功勋荣誉章。

4月14日

国家主席胡锦涛在人民大会堂会见巴布亚新几内亚总理索马雷

胡锦涛表示，巴新是太平洋岛国地区重要国家，在地区事务中发挥着重要影响。中国一贯重视中巴新关系，视巴新为中国在太平洋岛国地区的好朋友、好伙伴。我们愿与巴新方保持高层交往，深化务实合作，扩大人文交流，加强在多边事务中的协调与配合，共同推动中巴新关系长期健康稳定发展。胡锦涛指出，中巴新经济互补性强，合作前景广阔。中国政府鼓励和支持中方企业赴巴新投资兴业，愿加强双方在经贸、农林渔业、电信、交通、资源、能源等重点领域的互利合作，以更好地造福两国和两国人民。

索马雷表示，中国是巴新真诚、可靠的发展伙伴，巴新珍视并高度重视同中国的友好合作关系，尊重中国的主权和领土完整，恪守一个中国政策。自1976年两国建交以来，巴新同中国之间的关系不断拓展深化。两国高层互访频繁，经贸关系发展迅速，各层次往来密切。巴新方感谢中国多年来提供的无私援助，愿进一步扩大双方在经贸、能源、资源、建筑等领域的合作。

全国政协主席贾庆林出席各民主党派中央全国工商联参与毕节试验区建设座谈会并讲话

贾庆林在讲话中指出，建立毕节试验区，是一个具有全局意义和长远眼光的重大创举。20多年来，毕节试验区坚持开发与扶贫并举、生态恢复与建设并进、人口数量控制与质量提高并重，取得了经济社会发展的重大成就。各民主党派中央、全国工商联充分发挥优势，积极参与毕节试验区建设，为促进毕节的经济社会发展作出了重要贡献，同时也积累了许多有益经验，这就是要坚持把参与试验区建设作为围绕中心、服务大局的重要载体，作为拓展参政议政领域的重要实践，作为发挥整体优势的重要平台，作为加强自身建设的重要途径。

贾庆林强调，当前，毕节试验区已经站在实现跨越式发展的新起点，迈向全面建设小康社会的新征程。谋划试验区的未来发展，必须坚持以邓小平理论和“三个代表”重要思想为指导，深入贯彻落实科学发展观，牢牢把握“开发扶贫、生态建设、人口控制”三大主题，积极探索试验区发展新路子，推动试验区从资源大区向经济强区转变、从石漠化严重地区向生态环境优美地区转变、从人口大区向人力资源大区转变、从欠开放地区向全方位开放地区转变，努力实现经济社会的跨越式发展，把毕节建设成为经济快速发展、生态不断改善、社会和谐稳定、人民安居乐业的试验区。他希望各民主党派中央、全国工商联认真总结经验，继续发挥政治优势、智力优势、联系广泛优势，推动毕节试验区建设和发展跃上一个新水平。

座谈会上，民革中央主席周铁农、民盟中央常务副主席张宝文、民建中央主席陈昌智、民进中央主席严隽琪、农工党中央主席桑国卫、致公党中央主席万钢、九三学社中央主席韩启德、台盟中央主席林文漪、全国工商联主席黄孟复和农业部部长孙政才、贵州省委书记石宗源、毕节试验区专家顾问组组长厉以宁等分别发言。

座谈会由全国政协副主席、中央统战部部长杜青林主持。

各民主党派中央、全国工商联、国务院有关部委、毕节试验区专家顾问组、贵州省及毕节地区有关同志参加座谈会。

国家副主席习近平在北京出席中央企业学习实践活动座谈会并发表讲话

习近平指出，深入学习、提高认识是搞好学习实践活动的前提和基础。企业党员干部平时难于集中时间系统学习理论，要利用开展学习实践活动的机会认真学习，努力提高思想政治素质和理论素养，在本企业是不是科学发展、愿不愿科学发展、会不会科学发展等重大问题上进一步形成共识，着力把科学发展观转变为谋划企业科学发展的正确思路、领导企业科学发展的实际能力、促进企业科学发展的办法措施。企业领导班子和领导干部要带头学习，力争多学一些、学深一些、学精一些。

习近平强调，突出实践特色，是这次学习实践活动的重要要求。国有企业学习实践活动突出实践特色，重在立足企业实践，认真查找发展战略、深化改革、企业管理、技术创新、安全生产以及加强领导班子建设、维护职工合法权益等方面存在的突出问题，明确解决的思路和措施并抓好落实。特别要把保增长、保民生、保稳定作为科学发展最大的实践，贯穿于学习实践活动全过程。

中组部部长、中央学习实践活动领导小组副组长李源潮出席了座谈会。国务院国资委主任李荣融汇报了中央企业学习实践活动总体情况，中国石油天然气集团公司、中国核工业集团公司、神华集团有限责任公司、中国五矿集团公司、中国铁路工程总公司的负责同志发了言。

中宣部 中央文明办 解放军总政治部 全国总工会 共青团中央 全国妇联联合发出《关于评选表彰第二届全国道德模范的通知》

各省、自治区、直辖市党委宣传部、文明办、总工会、团委、妇联,各军区、各军兵种、各总部、军事科学院、国防大学、国防科学技术大学、武警部队政治部,中央文明委各成员单位:

2007年9月,中央文明办、全国总工会、共青团中央、全国妇联评选表彰首届全国道德模范,产生了广泛的社会影响。两年来,在以胡锦涛同志为总书记的党中央坚强领导下,各地各部门认真贯彻落实党的十七大关于加强公民道德建设的部署,以建设社会主义核心价值体系为根本,大力推进公民道德建设,践行社会主义荣辱观,涌现出了一大批体现社会主义道德要求的先进人物,形成了学习道德模范、崇尚道德模范、争当道德模范的热潮。

今年是新中国成立60周年,是我国《公民道德建设实施纲要》颁布实施8周年。为集中展示公民道德建设的丰硕成果,广泛动员人民群众支持和参与道德建设,推动社会主义核心价值体系建设,为庆祝新中国成立60周年营造文明和谐的社会氛围,中央文明委决定今年评选表彰第二届全国道德模范。现就评选表彰的有关事项通知如下。

一、指导思想

评选表彰全国道德模范活动,要高举中国特色社会主义伟大旗帜,以邓小平理论和“三个代表”重要思想为指导,深入贯彻落实科学发展观,以建设社会主义核心价值体系为根本,树立社会主义荣辱观,大力弘扬爱国主义、集体主义、社会主义思想,充分展示公民道德建设的丰硕成果,推动公民道德建设深入发展,为迎接新中国成立60周年营造喜庆热烈、文明和谐的社会氛围。

二、主办单位

中央宣传部、中央文明办、总政治部、全国总工会、共青团中央、全国妇联。

三、奖项设立和表彰数量

按照公民基本道德规范的要求,结合当前社会生活实际,第二届全国道德模范分为“助人为乐模范”、“见义勇为模范”、“诚实守信模范”、“敬业奉献模范”和“孝老爱亲模范”五类,每类表彰10余名,共表彰约50名。

四、实施步骤

1.推荐阶段。各地要按照中央文明委《关于进一步做好评选表彰全国道德模范工作的决定》中规定的评选标准和推荐程序,广泛发动群众推荐候选人。各省(区、市)和总政治部推荐名额为每类人选1—2名,五类奖项的推荐人选合计不超过10名。各地和军队活动组委会对候选人情况审核把关后进行集中公示,认真组织撰写候选人事迹材料,分别经省(区、市)文明委、总政治部审定,于5月中旬前报送全国活动组委会办公室。各地要把推荐工作与去年以来开展的“我推荐我评议身边好人”活动紧密结合起来,将活动中群众评选出来的“身边好人”,特别是入选“中国好人榜”的人物优先推荐。

2.投票评选阶段。6月至7月,全国活动组委会在中央主要新闻单位和重点网站公示候选人情况,组织公众投票,同时组织评选委员会进行无记名投票评选,并按照公众投票支持率占60%和评委投票支持率占40%的比重,得出每位候选人的总支持率,提出全国道德模范及提名奖获得者建议名单。

3.审批表彰阶段。中央文明委审定建议名单后,作出表彰第二届全国道德模范的决定,在9月20日“全国公民道德宣传日”举行颁奖仪式。

五、工作要求

1.加强组织领导,重在推动工作。各地要充分认识评选表彰道德模范的重要意义,加强组织领导,作出周密部署,把开展道德模范评选表彰活动作为加强公民道德建设的有效抓手,把组织评选表彰的过程变成弘扬社会主义核心价值体系、大力推进精神文明建设的过程。

2.坚持面向基层,重在群众参与。评选表彰工作要充分体现群众性,立足社区、企业、村镇、学校、连队、机关等基层单位,做到群众评、评群众,群众学、学群众,着重推选群众身边看得见、过得硬、学得到的先进人物,确保评选出的道德模范可敬、可信、可亲、可学,使群众在参与中受到教育、得到提高。

3.加大宣传力度,重在发挥示范引领作用。要把宣传工作贯穿评选表彰活动始终,大力宣传各地公民道德建设的进展和经验,大力宣传候选人事迹,努力扩大活动影响,营造全社会关注、支持、参与道德建设的浓厚氛围。

4.完善激励机制,重在树立正确价值导向。各地、各单位要切实做好对生活困难全国道德模范的帮扶工作,在深入调查研究的基础上,提出行之有效的具体办法,充分体现党和政府对道德模范的关爱,充分体现道德模范享有崇高社会地位、广受社会尊崇。

中央综治委流动人口治安管理工作领导小组在北京召开2009年第一次全体会议

“中国—东盟国家工会领导人研讨会”在三亚开幕

全国人大常委会副委员长、中华全国总工会主席王兆国出席“中国—东盟国家工会领导人研讨会”开幕式。

王兆国在开幕式上指出，在应对国际金融危机中，中国工会和东盟各国工会既要努力动员职工积极参与国家经济发展、推进企业发展，又要在促进发展中维护好劳动者权益，推动改善广大劳动者的劳动条件和生活质量；进一步加强社会协商沟通，发展和谐劳动关系，努力实现劳资互利共赢，促进社会和谐。

王兆国表示，各国政治制度不同，经济发展水平各异，决定了各国工会模式具有多样性。各国工会应本着独立、平等、相互尊重、互不干涉内部事务的原则，增进理解，求同存异，加深友谊。在经济全球化深入发展的形势下，中国工会愿进一步加强与东盟各国工会的对话交流，提高交往层次，拓展交往内容，为更好地推动亚洲工会运动的和谐发展而共同努力。

开幕式后，王兆国会见了出席研讨会的东盟国家工会领导人。

中华全国总工会副主席、书记处第一书记孙春兰主持开幕式。

美国国务卿希拉里·克林顿在华盛顿会见国务委员刘延东

刘延东就深化新时期中美人文领域交流与合作提出五点建议：一、本着相互尊重、求同存异、文明互鉴、共同进步原则，开展两国人文领域交流与合作。二、将加强人文领域交流与合作作为建设21世纪积极合作全面的中美关系的重要环节，以长远战略眼光进行规划部署。三、保持两国政府部门间密切交往，发挥各领域磋商机制作用。四、推动中美民间往来，深化双方务实合作。五、促进两国青少年交流，为中美关系奠定社会基础。

刘延东强调，中美双方应把教育和科技摆在两国人文交流与合作优先位置，相互借鉴在教育等方面有益经验，切实推进在基础科学、清洁能源、节能减排等广泛领域的科技合作。

希拉里·克林顿说，美中建交30年来，两国关系快速发展，中国发展也取得了巨大成就。美中之间不是竞争关系，而是合作关系。两国拥有广泛共同利益，应以积极务实态度加强在各领域的交流与合作。希拉里·克林顿赞同刘延东有关两国人文交流与合作的建议，表示美方愿采取积极行动，落实两国元首伦敦会晤达成的共识，进一步加强同中方在教育、科技、文化等人文领域的交流与合作。

国务院副总理王岐山在中南海紫光阁会见下妻博与野村明雄为共同团长的日本关西经济界代表团

国务院副总理李克强在北京出席全国爱卫会全体会议并发表讲话

李克强指出，新形势下开展爱国卫生运动，要按照深化医药卫生体制改革的要求，健全城乡基层医疗卫生服务体系，完善基层医疗卫生机构的服务功能，促进基本公共卫生服务逐步均等化。要发挥爱国卫生运动的传统，广泛发动群众、依靠群众、服务群众和造福群众，进一步开展健康教育和健康促进工作。搞好城乡环境卫生综合整治，加快农村改水改厕进程，加大农村污水、垃圾处理力度，加强城市和村镇卫生文明建设，改善人居环境。

李克强要求，要进一步提高对爱国卫生工作重要性的认识，各地区各有关部门切实加强对爱国卫生运动的组织领导和工作指导，完善工作机制，充分发挥城乡基层组织的作用，使疾病防控和城乡环境卫生工作更好地落到基层、落到实处，取得实效。

本次会议的主要内容是，部署夏季爱国卫生和传染病防控工作，进一步推动全国爱国卫生工作深入开展。全国爱国卫生运动委员会成员等出席了会议。会上卫生部部长、全国爱国卫生运动委员会副主任陈竺汇报了近期爱国卫生和传染病防治工作情况，有关部门负责同志发了言。

4月15日

国务院总理温家宝主持召开国务院常务会议

会议分析一季度经济形势，研究部署下一阶段经济工作。

会议指出，扩大内需、促进经济平稳较快发展的一揽子计划已初见成效，经济运行出现积极变化，形势比预料的好。投资增速加快，消费较快增长，国内需求稳步提高；工业生产逐步企稳，农业形势总体稳定；结构调整积极推进，区域发展协调性增强；银行体系流动性充裕，金融市场平稳运行；城镇就业增加，居民收入提高；社会信心提振，市场预期改善。这表明，中央关于今年经济工作的方针和部署是完全正确的，去年下半年以来出台的一系列宏观调控措施是及时、有力、有效的，各地区、各部门贯彻中央的决策和部署是得力的。同时也要清醒地看到，我国经济回升的基础还不稳固，内外部环境还十分严峻。国际金融危机还在蔓延，对我国经济的影响还在加深，主要是：外部需求持续萎缩，出口下降幅度较大；一些行业产能过剩，工业增长回升乏力，经济效益继续下滑，民间投资意愿偏低，农业稳定发展、农民持续增收难度加大，财政收入下降，就业压力很大。我们既要看到经济社会发展的有利条件和积极因素，坚定做好各项工作的信心；又要充分估计面临形势的复杂性和严峻性，决不能盲目乐观，掉以轻心；宁可把困难和风险看得重一些，把应对危机的时间估计得长一些，把政策举措准备得充分一些，扎实工作，毫不松懈，努力实现经济社会发展的各项目标。

会议强调，要坚定不移地贯彻执行积极的财政政策和适度宽松的货币政策，全面实施应对危机的一揽子计划。当前要重点抓好以下工作：(一)认真落实扩大投资的各项政策措施。抓紧推进前两批已下达项目投资建设，立即下达第三批中央投资。做好发行地方政府债券工作，扩大企业债券发行规模。尽快修订政府投资项目核准目录，出台鼓励民间投资的措施。继续开展中央投资项目建设全过程监督检查。研究制定稳定和扩大利用外资政策。(二)着力扩大消费特别是居民消费。进一步完善"家电下乡"政策。积极扩大文化、旅游、信息等服务性消费，稳定住房、汽车等大宗消费。清理各领域特别是公共事业领域损害消费者权益的规定和收费。(三)千方百计稳定外贸进出口。清理限制出口的政策。充分利用外贸发展基金和信贷等手段，加大对高新技术产品和劳动密集型产品出口的支持。加大出口信贷支持力度。适当增加重要能源、短缺原材料、关键技术和先进设备进口。支持有条件、有实力的企业"走出去"。(四)保持农业稳定发展。全面落实强农惠农政策。抓好农作物田间管理，保障农资供应和价格平稳。启动实施全国新增1000亿斤粮食生产能力规划。加强农产品市场调控。支持农产品加工。(五)加快推动重点产业调整振兴。抓紧出台重点产业调整和振兴规划配套实施方案。尽快下达新增中央投资中"重点产业振兴和技术改造"专项资金。抓紧出台鼓励兼并重组特别是跨地区兼并重组的政策措施。清理废止部分地方和企业在招标中设定的歧视国内产品的不合理规定。完善落实支持自主创新和高技术产业相关政策，在新能源、节能环保、生物制药、信息通讯、现代服务等方面培育新的增长点。(六)深入细致抓好改善民生的各项工作。尽快制订完善医药卫生体制改革实施方案和配套文件。强化对农民工转移就业的公共服务，强化对零就业家庭、就业困难人员的就业援助。切实加强高校毕业生就业指导服务工作。检查督促地方做好义务教育阶段教师绩效工资制度改革工作。加快推进社会保障体系建设。加大保障性安居工程、农村危房改造的建设力度。(七)继续做好金融支持经济发展的工作。灵活运用多种货币政策工具，调节市场资金供求。优化信贷投向，使资金真正落实到支持实体经济运行上，加大对中小企业贷款的支持。探索多种形式的中小企业债券融资方式。加快推进创业板市场建设。进一步强化金融监管，防范金融风险。(八)努力做好财政增收节支工作。加强税收征管和稽查，切实做到依法征收，应收尽收。严格控制一切不必要的开支。

会议要求，各地区、各部门要密切跟踪分析形势，特别要加强对关系经济全局的重大问题以及倾向性、苗头性问题的深入分析，正确把握宏观经济的走势。根据经济运行情况和政策实施效果，不断完善一揽子计划和政策措施。提高政策的针对性，加快制定已出台政策的实施细则，做好各项政策之间的衔接。要加强储备性政策的研究，做好预案，以有效应对经济形势的新变化。要全面贯彻中央的决策部署，紧密结合实际，创造性地开展工作，把各项政策落到实处，促进国民经济平稳较快发展。

国务院总理温家宝在人民大会堂同巴布亚新几内亚总理索马雷举行会谈

温家宝表示，中国愿与巴新保持高层交往和政党交流，深化政治互信，永远做好邻居、好伙伴、好朋友。中国为巴新经济社会发展感到高兴，愿继续提供力所能及的援助。中国政府支持有实力的中国企业赴巴新投资兴业，发挥各自优势，在平等互利的基础上开展务实合作。

温家宝强调，中国支持巴新等太平洋岛国在可持续发展、气候变化等问题上的合理诉求，支持岛国平等参与国际事务。国际金融危机使包括岛国在内的欠发达国家面临更加困难的处境，中国将切实履行有关落实联合国千年发展目标的承诺，加强同有关国家的协作，帮助他们克服困难，实现可持续发展。

索马雷说，自从1976年两国建交以来，巴新同中国的关系不断发展，两国高层往来频繁，相互了解日益加深，经贸等领域合作稳步扩大。巴新政府和人民感谢中国长期以来为巴新经济社会发展提供的支持和帮助，将中国视为真诚的发展合作伙伴。巴新高度重视对华关系，将继续恪守两国建交公报的原则，坚定奉行一个中国政策。

索马雷表示，巴新和中国经济互补性强，两国合作潜力很大。巴新欢迎中国公司到巴新投资，在经贸、能源、基础设施建设等领域拓展合作，希望中方继续支持巴新教育、卫生等事业的发展。

会谈后，两国总理共同出席了两国政府经济技术合作协定等双边合作文件的签字仪式。

国务院总理温家宝在人民大会堂同新西兰总理约翰·基举行会谈

温家宝说，目前中新关系处于历史最好时期。中新自由贸易协定自去年10月正式实施以来，有力推动了双边经贸等各领域合作,给两国人民带来更多实实在在的利益。面对这场罕见的国际金融危机冲击,中新要携起手来,全面深化合作,共克时艰。这对双方有利、对本地区有利。

温家宝建议,一要保持高层交往,增强政治互信。希望新方在涉台、涉藏等问题上继续给予中方理解和支持。二要把应对国际金融危机作为合作重点,努力扩大贸易规模,提升合作水平。尤其要充分利用双边自贸协定的有利条件,挖掘在农、林、畜牧业等传统领域的合作潜力,拓展在节能环保、清洁能源、矿产资源开发、食品安全等领域的合作,更好地实现互利共赢。三要深化人文和青年交流,推动人才培养和科研合作。四要密切在国际组织中的协调配合,维护共同利益,为亚太地区和世界的和谐、发展作出积极努力。

约翰·基说,虽然新中国情差异很大,两国合作潜力巨大、机遇很多。新中关系非常好,新西兰在发展对华关系方面走在许多国家前列,我们为此感到自豪。新西兰致力于加强同中国的友好合作关系,希望同中方保持高层往来和政治对话,愿以实施新中自贸协定为契机,进一步扩大两国经贸、农畜牧业、科技等领域的合作。新方鼓励两国民间交往,欢迎更多中国公民到新旅游、学习。新方愿在东亚峰会等多边场合同中方进行沟通合作。面对国际金融危机,新中两国应更加坚定地反对贸易和投资保护主义,推动世界贸易组织多哈回合谈判取得成功。

会谈后,两国总理共同出席了信息、旅游等领域双边合作文件的签字仪式。

全国政协副主席王刚率全国政协常委视察团在江西视察调研

4月15日至21日,王刚一行到吉安、新余、南昌等地实地考察企业、乡村和工业园区,参观了井冈山革命旧址和革命博物馆。王刚十分关注中央关于保增长、扩内需、调结构有关政策措施的落实情况,每到一地都向有关方面同志了解情况、听取意见。王刚指出,当前,我们面临的主要挑战是世界经济形势的急剧变化,肩负的首要任务是保持经济平稳较快发展。要全力以赴保持经济平稳较快发展,下大力气推进农村改革发展,坚定不移深化改革开放,尽心竭力保障和改善民生,确保实现经济社会发展的目标。

视察期间,视察团成员与江西省有关部门的同志进行了座谈,对江西经济社会发展取得的成绩给予充分肯定,并就进一步做好经济社会发展工作提出意见和建议。

《人民日报》发表评论员文章《让爱国主义焕发时代的光芒》

为庆祝新中国成立60周年,我们将在全国范围内深入开展群众性爱国主义教育活动。中宣部召开电视电话会议进行动员部署,标志着这项活动拉开序幕。

在五千年的历史长河中,作为民族精神的核心,爱国主义始终是中华民族团结统一的精神纽带,始终是凝聚力和向心力的基本源泉,始终是推动中国社会发展进步的巨大力量。这种精神,寄托着对民族命运的拳拳之心,倾注了对中华大地的兹兹之念,凝聚了对国家富强的殷殷之望。国家强盛,百姓幸福,这是爱国主义最为朴素的价值指向,也是无数仁人志士孜孜以求的奋斗目标。

从这个目标看,中国共产党领导中国人民经过长期浴血奋战,实现了民族独立和人民解放,建立了新中国,结束了国家四分五裂、民族蒙受屈辱、人民灾难深重的局面。中国人民从此站起来,中国从此走上了独立、民主、统一的道路,中华民族从此开启了新的历史纪元。这场中国历史上最广泛最深刻的社会变革,奏响了爱国主义最为雄浑激荡的伟大乐章。

从这个目标看,新中国成立60年特别是改革开放30年来,中国社会取得了巨大进步,综合国力大幅提升、人民生活不断改善、国际地位显著提高。中国人民的面貌、社会主义中国的面貌、中国共产党的面貌发生了历史性变化。60年来特别是改革开放30年中国取得的伟大成就,本身就是爱国主义最生动的教材。这一中华民族发展史上的巨大跨越,书写了爱国主义最为壮丽辉煌的历史篇章。

今天我们弘扬爱国主义,就是要从历史的财富中寻找源头,从社会的进步中汲取力量,从一代又一代人的奋斗中获得启示。没有共产党就没有新中国,就没有国家的富强和民族的振兴;只有社会主义才能救中国,只有改革开放才能发展中国。这是我们理解爱国主义的历史基点,也是我们弘扬爱国主义的现实依据。爱国从来就不是抽象的。爱国主义,是爱国、爱党、爱社会主义的统一,是社会主义核心价值体系与中国特色社会主义道路的统一,是民族精神与时代精神的统一。这是当代爱国主义精神最本质、最重要的表现。

爱国主义既有历史的继承性,又有鲜明的时代性。我们所面临的时代,是经济全球化趋势日益深入的时代,是国与国之间的综合国力竞争日趋激烈的时代,也是中华民族的伟大复兴展现出灿烂前景的时代。

在这样的时代,我们需要增强民族文化的认同感和归属感,让爱国主义的当代价值更加凸显。一个民族只有保持特性,才能在国际交流中保持独立的自我,才能在现代化进程中找到精神支柱。我们弘扬爱国主义，就要进一步增强民族自尊心、自信心和自豪感，以民族精神的传承和弘扬，奠定我们走向世界走向未来的基础。

在这样的时代，我们需要拥有一个大国所应有的精神高度，让爱国主义的时代内涵更加丰富。正在走向复兴的中华民族，其前途和命运已经融入世界格局。30多年改革开放的伟大实践，使中国人民有了开阔的国际视野。我们弘扬爱国主义，就要以宽广的胸怀融入世界，让理性、开放、包容，成为我们的主动选择和自觉心态。

在这样的时代，我们需要强化社会责任感和历史使命感，让爱国主义的实践特性更加鲜明。爱国主义作为情感、理智和行动三者交融的有机整体，是爱国之情、强国之志和报国之行的统一。在国际竞争日趋激烈的今天，爱国主义的现实要求更加强烈。我们弘扬爱国主义，就要把个人的行动融入推动国家发展、民族振兴的时代洪流中去，使爱国主义成为促进社会进步的巨大力量。

在漫长的历史演进中，中华民族屡经挫折而不屈，屡遭坎坷而不衰，外来势力冲不散，帝国主义打不垮，成为世界历史上唯一文明不曾中断的伟大民族。其重要原因就在于，千百年来爱国主义传统已深深融入我们的民族意识中。在历史的诸多重要关口，在社会进步的漫漫征程上，我们都能看到爱国主义迸发的精神力量，是如何挺立起一个民族的脊梁，铸就了一个国家的尊严，壮大着五千年中华薪火相传的文明血脉。

我们相信，在新中国成立60周年之际，在全国范围内深入开展群众性爱国主义教育活动，必将激发爱国热情，振奋民族精神，使爱国主义转化为迎接挑战、战胜困难的坚定信心，转化为推动科学发展、促进社会和谐的实际行动，转化为全面建设小康社会、实现中华民族伟大复兴的强大精神力量。

心系民族命运，心系国家发展，心系人民福祉。让爱国主义旗帜高高飘扬，焕发新的时代光芒！

国家副主席习近平在钓鱼台国宾馆会见蒙古总理巴亚尔

习近平说，今年是中蒙建交60周年。60年的发展历程给我们留下许多宝贵经验。一是相互尊重独立、主权和领土完整，尊重各自选择的发展道路，这是两国关系发展的重要基础；二是双方都本着与时俱进的精神，致力于拓展双边关系，这是两国关系生机勃勃的源泉所在；三是双方都视对方发展为重要机遇，充分利用地缘优势，大力推进互利合作，这是两国关系发展的持久动力。新形势下，中方愿同蒙方一道，以中蒙建交60周年为契机，推动中蒙关系向更高水平发展，更好造福两国人民。

巴亚尔愉快回忆起习副主席去年对蒙古的成功访问，表示蒙方高度重视发展对华关系，对近年来蒙中关系的发展感到满意，真诚感谢中方迄今对蒙古提供的援助和支持。他说，中国政府积极应对国际金融危机的举措给世界留下深刻印象，也增强了蒙方克服困难的信心。蒙方愿与中方加强合作，共同应对挑战，推动两国关系进一步向前发展。

全国人大常委会副委员长乌云其木格出席在布鲁塞尔举行的中欧议会定期交流机制会议

为期两天的中国全国人大与欧洲议会交流机制第28次会议在布鲁塞尔开幕。乌云其木格在开幕式上发表讲话时指出，面对国际金融危机等全球性挑战，加强中欧合作，进一步深化中欧全面战略伙伴关系，具有特殊重要的意义。

会议期间，乌云其木格还分别会见了欧洲议会议长珀特林和副议长鲁尔。

国务委员刘延东在耶鲁大学发表题为《深化人文交流与合作　开辟中美关系的新境界》的演讲

刘延东在演讲中说，加强中美人文领域交流与合作，一要提升层次，将其作为两国战略关系的重要组成部分；二要突出重点，深化和拓展教育、科技、文化等领域的交流与合作；三要官民并举，积极推动中美人文领域民间交流；四要面向未来，积极促进青少年交流。两国应从战略高度和长远角度出发，重视和加强人文交流与合作，拓展新形式，丰富新内容，推动中美关系在新时期取得更大发展。

刘延东在演讲中还就正确理解认识发展变化中的中国作了深入阐述。

全国政协副主席孙家正与蒙古国总理桑吉·巴亚尔共同出席在中国美术馆举行的蒙古国艺术作品展开幕式

中联部部长王家瑞在北京会见由共产主义者党中央委员会主席伊·马萨利耶夫率领的吉尔吉斯斯坦共产主义者党代表团

《中国大百科全书(第二版)》出版发行

由国务院批准立项的《中国大百科全书(第二版)》，已由中国大百科全书出版社出版，在全国发行。《中国大百科全书(第二版)》总卷数为32卷，共收条目约6万个，约6000万字，插图3万幅，地图约1000幅。全书准确性、权威性、可读性强，深入浅出、检索便捷，既是全面系统反映国家科学文化发展最新水平，尤其是充分反映在建设中国特色社会主义事业过程中取得重要成果的新一代百科全书，也是一套适合大众阅读使用、服务经济社会发展的实用工具书。

中国戏剧梅花奖首次举行大赛

中国戏剧表演艺术最高奖——梅花奖大赛北方赛区今天在河南平顶山市拉开比赛大幕。大赛南方赛区的比赛将于5月6日在杭州上演。这是梅花奖自1983年创立以来首次走出京城，以大赛的方式进行评选。进入此次终评的50位演员，来自26个省、市、自治区，香港特别行政区，以及部队、中直院团，涉及京剧、昆曲等21个剧种。大赛每天演出两场，将于5月18日在杭州闭幕。

“中国十大社会公益之星”评选活动在北京启动

该评选以“兴公益、泽社会、促和谐”为主题，在中国境内开展公益活动、从事公益事业的各界人士，包括港、澳、台及海外华人均可参选。该活动每两年举办一届，已成功举办过三届。

4月16日

国家主席胡锦涛在人民大会堂同哈萨克斯坦总统纳扎尔巴耶夫举行会谈

胡锦涛表示，中国政府始终把发展中哈战略伙伴关系作为中国外交的优先方向之一，愿与哈方一道努力，从以下方面，推动中哈战略伙伴关系取得更大进展：一、加强高层交往，完善双边合作机制，深化两国政治关系。两国领导人要保持密切联系。两国政府要充分发挥中哈合作委员会机制的作用，加强沟通与协调。两国议会和政党可采取多种方式，开展治国理政经验交流。二、发挥互补优势，深化经贸、能源、资源、非资源、金融合作，促进共同发展。双方要进一步优化贸易结构，扩大双边贸易。要建设好能源、资源重点合作项目，抓紧实施非资源合作项目。要加快边境口岸基础设施建设，为两国企业扩大合作创造更多有利条件。三、促进人文合作，夯实中哈友好基础。中方愿与哈方继续深化文化、教育、卫生、旅游、体育合作，鼓励两国社会团体、新闻媒体和青少年组织扩大交往，增进友谊。四、深化安全合作，共同应对各种挑战。中方愿与哈方继续加强在联合国、上海合作组织、亚信等多边框架内的协调与配合。共同防范和严厉打击“三股势力”和跨国有组织犯罪，维护两国及本地区的和平、稳定与安全。

纳扎尔巴耶夫完全同意胡锦涛提出的关于发展双边关系的建议，强调在新的形势下，哈方愿进一步加强哈中战略伙伴关系，扩大在贸易、能源、交通运输、农业、金融、通信等领域合作，继续加强在多边领域、特别是联合国、上合组织和亚信等框架内的合作，共同打击“三股势力”，维护地区和世界的和平稳定。哈方支持中方在台湾和涉藏问题上的立场，支持中方维护国家主权和领土完整。

会谈后，两国元首签署了中哈联合声明，并出席了有关合作文件的签字仪式。

全国人大常委会委员长吴邦国在人民大会堂会见哈萨克斯坦总统纳扎尔巴耶夫

吴邦国说，中哈关系正处在历史上最好的时期，双方政治上相互尊重、平等互信，经济上互利互惠、合作规模持续扩大、领域不断拓展，在国际和地区事务中保持真诚密切合作。在新的国际形势下，中方愿与哈方继续携手努力，加强两国能源、交通、矿产开发、基础设施建设等领域的合作，不断深化中哈战略伙伴关系。他指出，近年来，中国全国人大和哈萨克斯坦议会交往日益密切。希望双方一道，充分发挥议会交往的特点和优势，加强各层次、多渠道的交流与合作，为增进两国人民相互了解和友谊，巩固和扩大双方的政治互信，推动经贸等领域务实合作，作出新的贡献。

纳扎尔巴耶夫说，加强同中国的战略合作对于哈萨克斯坦具有重大意义。哈中两国在政治和经济等领域的合作与交流进展顺利、前景广阔。中国全国人大为促进两国关系的发展发挥了重要作用。哈方愿同中方进一步加强合作，共同应对国际金融危机。哈方重申坚持一个中国政策，坚定支持中国在台湾、涉藏以及打击“三股势力”问题上的立场。

中华人民共和国和哈萨克斯坦共和国联合声明

应中华人民共和国主席胡锦涛邀请，哈萨克斯坦共和国总统努尔苏丹·纳扎尔巴耶夫于2009年4月15日至19日对中华人民共和国进行国事访问。访问期间，纳扎尔巴耶夫总统出席博鳌亚洲论坛2009年年会。

中国国家主席胡锦涛和哈萨克斯坦总统纳扎尔巴耶夫在北京举行正式会谈。访问期间，中国全国人民代表大会常务委员会委员长吴邦国和中国国务院总理温家宝分别同纳扎尔巴耶夫总统举行会见。双方在友好务实的气氛中就中哈关系、应对国际金融危机以及共同关心的国际和地区问题深入交换意见，达成广泛共识。

双方全面回顾并高度评价双边关系发展成果，一致认为，中哈建立并发展战略伙伴关系有利于促进两国和本地区的和平、稳定和发展。

双方重申，遵循2002年12月23日签订的《中华人民共和国和哈萨克斯坦共和国睦邻友好合作条约》2005年7月4日签订的《中华人民共和国和哈萨克斯坦共和国关于建立和发展战略伙伴关系的联合声明》和2006年12月20日签订的《中华人民共和国和哈萨克斯坦共和国21世纪合作战略》所规定的内容。

基于全面发展中哈战略伙伴关系的共同愿望，双方声明如下：

一、双方重申，进一步深化中哈战略伙伴关系是两国对外政策的优先方向，符合两国和两国人民的根本利益。双方将保持并加强高层和高级别政治对话，扩大经贸、能源、交通、科技、人文等领域合作。

二、哈方重申，台湾是中国不可分割的一部分，中华人民共和国政府是代表全中国的唯一合法政府。哈方反对任何形式的“台湾独立”，支持中国和平统一大业。中方对哈方立场表示高度赞赏。

三、双方认为，当前，两国经贸合作进入新的重要发展时期。双方应进一步提高合作效率，优化贸易结构，完善合作机制。双方将采取积极措施，确保双边贸易继续稳步增长，将双边贸易额提到更高水平。中国支持哈萨克斯坦加入世界贸易组织。

四、双方表示，将及时落实2007年8月18日签订的《中华人民共和国政府和哈萨克斯坦共和国政府非资源经济领域合作规划》以及2008年4月9日签订的《中华人民共和国政府和哈萨克斯坦共和国政府非资源经济领域合作规划落实措施计划》。双方商定，将推动落实机械制造、交通基础设施、电站建设、石油化工、加工业、医药等领域具体合作项目。

双方表示，科技对促进两国经济可持续发展具有重要意义。哈方希中方积极研究参与对哈技术转让。双方对霍尔果斯国际边境合作中心即将建成并投入运营表示欢迎，将为双方企业入园开展生产合作创造便利条件。双方将推动两国企业就海关检测设备等项目开展合作。

五、双方将进一步改善投资环境，积极支持对方企业在本国境内，包括在边境地区进行经营活动。双方将采取有效措施保护对方公民、法人在本国境内的安全及合法权益。

六、双方表示，两国能源领域合作正步入全新发展阶段。双方将为保障中哈天然气管道、中哈原油管道二期工程（肯基亚克—库姆科尔段）等能源合作项目按期完工和投入运营给予全力支持并创造必要条件。哈方欢迎中方参与哈里海大陆架油气开发项目。双方将加快推进实施达尔汗项目，并尽早签署原则协议。

七、双方强调，将全面发掘两国铁路、公路和航空过境运输合作潜力。哈方欢迎中方企业参与“欧洲西部—中国西部”国际公路运输走廊建设项目。

八、双方积极评价两国在跨界河流合理利用和保护方面取得的成果，对中哈跨界河流利用和保护联合委员会纳入中哈合作委员会表示欢迎。双方将继续本着高度负责的态度，遵循互利原则，积极协商解决涉及跨界河流利用和保护的相关问题。

九、双方指出，发展人文领域合作具有重要意义，重申将深化文化、教育、卫生、艺术、旅游、体育、新闻等领域的交流和合作。

十、双方一致认为，国际金融危机给世界各国经济发展和人民生活带来严重影响。为遏制国际金融危机继续扩散和蔓延，国际社会应通力合作，加强国际金融监管合作；推动国际金融组织改革，提高发展中国家在国际金融组织中的代表性和发言权；鼓励区域金融合作；改善国际货币体系。

双方高度评价中哈两国政府为应对国际金融危机所采取的及时、有效措施，商定将继续密切金融领域合作，加强金融监管，相互交流经验和信息，提高抵御金融风险的能力，通过积极推进落实双边经贸、能源等领域具体合作项目促进两国经济平稳、较快发展，为维护世界金融形势稳定作出应有贡献。

十一、双方将在国际和地区事务中继续深化战略协作，为两国发展创造良好的国际环境。双方将进一步加强在联合国、上海合作组织、亚洲相互协作与信任措施会议等多边框架内的协调与配合，致力于共同促进本地区和世界的和平、稳定和发展。

双方重申，联合国在维护世界和平与稳定、促进共同发展方面发挥着重要作用。双方一致认为，联合国改革应注重扩大发展中国家的代表性，注重保障中小国家和发展中国家参与联合国决策过程的权利。

十二、双方强调，将深化两国在双边及多边框架内合作，严厉打击“三股势力”以及跨国有组织犯罪、毒品走私等活动，共同应对国际和地区安全威胁与挑战。中方乐见位于阿拉木图的中亚地区打击非法贩运毒品、精神药物及其前体信息协调中心发挥积极作用。

十三、双方高度评价上海合作组织的快速发展，认为这是加强成员国互利合作、促进地区稳定和发展的重要因素。双方视上海合作组织的发展为本国对外政策的重要战略组成部分，愿继续在该组织框架内密切协调立场。双方支持亚洲相互协作与信任措施会议秘书处和上海合作组织秘书处签订谅解备忘录。中方将认真研究哈方关于在哈建立上海合作组织紧急情况救灾中心的建议。

十四、双方认为，阿富汗面临的众多挑战相互关联，国际社会应共同协助阿富汗巩固国家政权、加强法制、实现战后经济重建，向该国人民提供人道主义援助，使阿富汗恢复和平。

十五、基于两国传统友好关系，中方理解哈方希望加入东盟地区论坛的愿望。哈方高度评价中方这一立场。

中方积极评价哈方定期举行世界和传统宗教领袖大会的倡议，愿积极研究派团参加2009年7月在阿斯塔纳召开的第三届世界和传统宗教领袖大会。

十六、哈方对中方给予哈萨克斯坦代表团的热情友好接待表示感谢。哈萨克斯坦共和国总统纳扎尔巴耶夫邀请中华人民共和国主席胡锦涛在双方方便的时候对哈萨克斯坦进行国事访问。胡锦涛主席愉快地接受了邀请。

中华人民共和国主席　哈萨克斯坦共和国总统
胡锦涛　努·纳扎尔巴耶夫
2009年4月16日于北京

《人民日报》发表刘云山文章《围绕庆祝新中国成立60周年深入进行爱国主义教育　激发爱国热情　振奋民族精神　凝聚人民力量》

《求是》杂志发表署名秋石的文章《为什么必须坚持中国共产党领导的多党合作和政治协商制度　而不能搞西方的多党制》(摘要)

文章指出，中国共产党领导的多党合作和政治协商制度，是我们党把马克思主义政党学说和统一战线理论与中国具体实际相结合的伟大创造，是我们党同各民主党派、无党派人士长期团结奋斗的重大理论成果和实践成果，具有历史的必然性、伟大的独创性和巨大的优越性。

文章指出，中国共产党领导的多党合作制度以其独特的结构功能和运行机制，体现了社会主义民主的本质要求，保障人民民主权利的充分行使，是实现社会主义民主的重要形式。在政治参与、利益表达、社会整合、民主监督、维护稳定等方面体现了民主价值和功能；创立了崭新的政党合作关系、执政方式、民主实现形式，是世界政党制度发展中的伟大创造。

文章指出，中国近现代史已证明，中国民主政治建设，必须从中国的基本国情出发，盲目照搬别国政治制度和政党制度模式，是不可能成功的。

文章强调，我们要继续推进中国特色社会主义现代化事业，必须坚定不移地走中国特色社会主义政治发展道路，把已经走过了60年光辉历程的中国共产党领导的多党合作和政治协商制度坚持好、完善好、落实好。在这个问题上，决不能动摇、不能懈怠，更不能折腾。

中宣部中央文明办等9部门召开视频会议部署开展"迎国庆讲文明树新风"志愿服务活动

中宣部、中央文明办、教育部、民政部、全国总工会、共青团中央、全国妇联、中国红十字总会、全国老龄办召开视频会议，研究部署"迎国庆讲文明树新风"志愿服务活动。

会议提出，要按照"迎国庆讲文明树新风"活动的总体要求，从解决群众最关心的突出问题入手，紧紧围绕普及文明风尚、维护公共秩序、提高服务水平、改善城乡环境等目标任务，扎实有效地推进各项志愿服务活动，为庆祝新中国成立60周年营造热烈喜庆、文明和谐的社会环境。要在抓重点任务上着力，大力开展文明礼仪宣讲志愿服务、便民利民志愿服务、维护公共环境秩序志愿服务、应急救助志愿服务、文化进社区志愿服务和"迎世博"志愿服务，用人民群众感受得到的文明新风迎接新中国成立60周年。要在加强组织引导上着力，做好具体任务摸底、志愿者招募培训和志愿服务情况登记，使志愿者有热情也有事干，有活动也有效果。要在营造浓厚氛围上着力，充分运用新闻宣传、网上舆论、公益广告、文艺作品等方式，大力宣传志愿服务活动的进展情况和志愿者的感人事迹，在全社会积极培育志愿文化，使志愿服务成为人们的自觉行动和生活方式。

会议强调，要把开展"迎国庆讲文明树新风"志愿服务活动，作为精神文明创建活动的一项重要内容，作为深化创建文明城市活动的重要载体，摆上突出位置和重要议事日程，切实抓紧抓好。要把爱国主义教育贯穿"迎国庆讲文明树新风"志愿服务活动的始终，引导人们在做好事、献爱心的过程中增进爱国情感、树立报国之志。各级宣传部、文明办要切实负起牵头责任，认真做好组织协调工作，把各方面力量组织动员起来。各有关部门要各负其责、各展所长，切实履行好相关职责，推动各项任务落实。

国务院副总理回良玉主持召开国家防汛抗旱总指挥部全体会议

会议研究分析今年汛情、旱情形势，进一步安排部署防汛抗旱救灾工作。回良玉强调，要深入贯彻落实科学发展观，坚持以人为本、依法防控、科学防控、群防群控，坚持防汛抗旱并举，强化监测预报、指挥调度、应急处置和责任落实，确保大江大河、大型和重点中型水库的防洪安全，努力保证中小河流和一般中型、小型水库安全度汛，切实保障城乡居民生活用水安全，千方百计满足生产和生态用水需求，为经济社会平稳较快发展提供有力保障。

回良玉强调,今年我国气象年景预测总体偏差,防汛形势不容乐观,抗旱减灾任务十分繁重。各地区、各部门要进一步增强紧迫感、责任感,立足于防大汛、抗大旱、救大灾,有力有序有效地做好各项工作。一要加强监测预警,努力做到监测到位、预报准确、预警及时;二要切实保证工程安全,抓紧抢修病险和震损、冻损、水毁水利工程,狠抓病险水库除险加固,确保安全度汛;三要进一步抓好抗旱工作,加强水源建设、水量调度和节约用水,统筹安排生活生产生态用水;四要全面提升应急能力,强化预案、队伍、物资、资金准备,确保及时转移、妥善安置受灾群众;五是认真开展防汛检查,发现问题,堵塞漏洞,确保不留隐患,不留死角。

国务院副总理张德江考察中国移动北京公司

张德江在中国移动北京公司考察了TD宏基站机房、网管监控中心,参观了3G展示区,并听取了TD建设和经营工作的汇报。张德江说,自3G牌照发放以来,中国移动及时公布TD发展规划,全面加速TD网络建设和市场营销,不断丰富和完善业务和产品,积极推动产业链发展,取得了重要进展。

张德江在考察时强调,中国移动要发扬"勇于拼搏、开拓进取、追求卓越"企业传统,坚定信心,迎难而上,始终将TD发展放在工作首位,进一步扩大网络建设规模,切实做好网络优化;要不断开发各种特色业务,推进行业应用,着力提高TD产业化水平;要充分发挥市场运营优势,进一步加强TD市场营销和业务应用推广,使TD在3G市场站住脚、扎下根,并占有重要市场份额。

第二届中国侨商论坛在人民大会堂举行

论坛由中国侨联主办,中国侨商联合会承办。全国人大常委会副委员长华建敏、周铁农在论坛开始前亲切接见与会全体代表并合影。华建敏在接见时说,党中央、国务院应对金融危机采取的一系列重要举措成效显现,中国经济已出现一系列的积极变化。他对广大侨商为我国经济建设和对外开放作出的巨大贡献给予充分肯定,对广大侨商如何应对金融危机提出殷切希望,对侨联维护好侨商合法权益提出要求。

华建敏希望广大侨商在这次危机中勇担责任,迎难而上,加强与政府和员工的合作,共克时艰,形成抵御危机的有效合力,共同战胜这次金融危机,各级侨联要切实关心生产经营困难的侨商侨资企业,倾听他们的心声,反映他们的意愿,热情为他们服务,充分调动广大侨商的积极性,共同为促进我国经济社会又好又快发展作出不懈努力。

中国侨联主席林军在论坛开幕式上致辞。国家发展改革委副主任张晓强、中国银监会副主席蔡鄂生及亚洲开发银行高级经济学家庄健博士在论坛上先后发表主旨演讲,并与侨商面对面探讨交流。

来自28个国家和地区的130多位侨商企业家、华商社团领袖和知名华侨华人出席了论坛。

中央书记处书记何勇在北京会见由委员会常委办公厅主任武进战率领的越南中央防治腐败指导委员会代表团

全国人大常委会副委员长路甬祥在北京会见由吉尔吉斯斯坦共产主义者党主席马萨利耶夫率领的吉尔吉斯斯坦共产主义者党代表团

国务院副总理王岐山与哈萨克斯坦总统纳扎尔巴耶夫在北京共同会见中哈企业家代表

第四届亚洲太平洋国际教育协会年会在中国人民大学正式开幕

这是该协会首次在中国举办年会。全国人大常委会副委员长蒋树声出席开幕式并致辞。

本次年会的主题是"金融危机下的亚太高等教育:发展领导能力与增进和谐",来自亚洲、欧洲、美洲、大洋洲的200多所大学和机构的300多位外国代表和近200位中国代表参会。年会主要由两部分组成:高校教育展及高教研讨会。本次年会的一大特色是大学校长圆桌会议,著名高校的校长参加会议,将深入探讨国际金融危机背景下高等教育的发展趋势和应对策略。

本届年会首次开设了学生论坛,来自不同国家的学生代表将就"学生在国际交流中的需求和问题"等话题展开讨论。

中国奥委会在钓鱼台国宾馆向哈萨克斯坦总统努尔苏丹·纳扎尔巴耶夫颁发中国奥委会最高荣誉勋章

2009全国花样游泳冠军赛暨第十一届全国运动会花样游泳预赛在北京奥体中心英东游泳馆揭幕

4月17日

中央军委主席胡锦涛在北京会见第十五次武官工作会议代表

胡锦涛首先代表党中央、中央军委向各位代表和奋战在武官工作战线上的全体同志,致以诚挚的问候。

他指出，驻外武官肩负着党和人民的重托。新中国成立以来，特别是改革开放以来，广大武官坚决贯彻党中央、中央军委的决策指示，忠于职守，辛勤工作，无私奉献，为维护国家主权、安全和发展利益、推进国防和军队现代化建设作出了重要贡献。

胡锦涛强调，当前，国际形势正在发生深刻复杂的变化，国际金融危机仍在深化和蔓延。我们面临前所未有的机遇，也面临前所未有的挑战。在新形势下，武官工作的任务更加艰巨、责任更加重大。要坚持弘扬我党我军的优良传统，大力培育当代革命军人核心价值观，确保武官队伍政治坚定和思想道德纯洁。要不断探索新形势下武官工作的特点规律，切实提高工作质量，努力造就一支对党忠诚、文武兼备、甘于奉献、严守纪律的高素质武官队伍。

国务院总理温家宝在海南三亚分别会见出席博鳌亚洲论坛2009年年会的外国领导人

温家宝会见的外国领导人有越南总理阮晋勇、伊朗第一副总统达乌迪、缅甸总理登盛、蒙古国总理巴亚尔、哈萨克斯坦总统纳扎尔巴耶夫、巴基斯坦总统扎尔达里。

温家宝对上述外国领导人出席博鳌亚洲论坛2009年年会表示欢迎，相信在各方共同努力下，本届年会一定会达到凝聚共识、提振信心、深化合作、共克时艰的目的。各国领导人一致表示，在当前国际金融危机的背景下，今年论坛年会具有特别重要的意义。相信会议将取得成功，增进相互了解与合作，增强共同战胜金融危机的信心。

温家宝就双边关系以及重大国际和地区问题同各位领导人深入、坦诚交换了意见。

全国政协主席贾庆林在北京参加省部级领导干部宗教工作专题研讨班结业式并发表讲话

省部级领导干部宗教工作专题研讨班由中组部、统战部、国家宗教局和国家行政学院共同举办。

贾庆林充分肯定了研讨班举办的意义和取得的积极成果。他指出，随着国际国内形势的发展变化，我国宗教领域出现了一些值得注意的新情况新动向，给做好新形势下的宗教工作带来了新挑战、新考验，必须引起高度重视，妥善应对。

贾庆林强调，各级党委和政府要从全局和战略的高度，充分认识做好新形势下宗教工作的特殊重要性，切实加强党对宗教工作的领导。要加强对宗教现状的调查研究、加强基层宗教工作、加强支持爱国宗教团体建设的力量。要充分调动和发挥爱国宗教团体和宗教人士的积极性和主动性，发挥宗教团体作为政府和信教群众之间的桥梁纽带的作用，切实维护宗教领域的和谐稳定。

国务院副总理回良玉出席结业式。

全国政协主席贾庆林在河南调研

4月17日至23日，贾庆林和随行的全国政协副主席兼秘书长钱运录等，先后来到南阳、信阳、漯河、许昌、郑州、安阳等地，深入工厂企业、农村乡镇、城市社区、科研院校，与干部群众共商经济社会发展大计。调研期间，贾庆林听取了河南省委、省政府的工作汇报，对河南近年来经济社会发展取得的成绩给予充分肯定，希望河南紧紧抓住国家大力促进中部地区崛起的历史机遇，努力建设农业先进、工业发达、政治民主、文化繁荣、环境优美、社会和谐、人民富裕的新河南。

调研期间，贾庆林专程看望了河南省政协、统战部机关干部和各民主党派、工商联、无党派人士。他指出，统一战线是克服困难、赢得胜利的重要法宝，是凝聚人心、成就伟业的重要保证。统一战线和人民政协要自觉服从党和国家工作大局，切实为保增长保民生保稳定作出贡献。各级党委和政府要进一步加强和改善对统一战线和人民政协工作的领导，更加注重发挥统一战线和人民政协的优势和作用，更加注重研究解决统一战线和人民政协工作中的实际问题，更加注重维护统一战线成员和政协委员的合法权益，更好地发挥统一战线这一重要法宝的作用，更好地运用人民政协这一政治组织和民主形式，为实现党的总任务、总目标服务，为中国特色社会主义伟大事业提供强大的力量支持。

中台办 国台办主任王毅在海南博鳌举行酒会欢迎台湾两岸共同市场基金会代表团

王毅说，博鳌亚洲论坛成立以来，为两岸经济界提供了一个相互沟通、彼此了解、探讨合作的重要平台。与往年相比，今年两岸经济界人士的聚会具有不同寻常的意义。一是国际金融危机的发生和蔓延正在给两岸各自经济发展带来严峻挑战，二是两岸关系的明显改善和发展为两岸深化互利合作提供了难得机遇。重要的是我们如何化解挑战，把握机遇。希望两岸经济界人士精诚合作，把今年的圆桌会议开好，开成功，通过论坛这一平台，向世界发出两岸携手应对金融危机的强烈信号，展现两岸致力于共同发展繁荣的坚定信心。

基金会代表团最高顾问钱复在致辞中表示，感谢中共中央台办、国务院台办的热情欢迎和招待。当前两岸都面临国际金融危机带来的挑战，两岸各界特别是经济界人士应充分发挥智慧，积极加强合作，努力把危机化为转机。相信两岸经济界人士在本届论坛及金融圆桌会议期间将就加强两岸金融、贸易等领域合作进行良好沟通,开展有益探讨,取得丰硕成果。

纪念王鹤寿同志诞辰100周年座谈会在人民大会堂举行

中央纪委书记贺国强出席座谈会。

王鹤寿同志是久经考验的忠诚的共产主义战士、无产阶级革命家,中国共产党纪律检查工作和我国冶金工业战线的杰出领导人。

中央纪委副书记何勇出席座谈会并讲话。何勇高度评价了王鹤寿同志革命、战斗、无私奉献的一生。他说,王鹤寿同志把毕生精力奉献给了中国人民的解放事业和社会主义建设事业,为中国革命和建设作出了卓越贡献,永远值得我们怀念。

中央党史研究室主任欧阳淞,中央纪委原常委祁培文,离休老同志代表李继伟,河北省委常委、纪委书记臧胜业先后在座谈会上发言。

出席座谈会的还有中央纪委监察部及有关部门和单位负责同志、机关干部和王鹤寿同志的亲属、生前友好等。

《人民日报》发表评论员文章《毫不松懈 狠抓落实》

15日召开的国务院常务会议,分析研究了一季度经济形势,部署下一阶段经济工作。总的看来,一季度我国经济运行出现了积极变化,形势比预料的好。这表明,中央自去年下半年以来出台的一系列宏观调控措施是及时、有力和有效的,各地区、各部门贯彻中央的决策和部署是得力的。

在当前国际金融危机仍不断蔓延的背景下,我国经济能取得这一成绩实属来之不易。这更加坚定了我们做好各项工作、战胜挑战的信心和决心。但我们应清醒地看到,国际金融危机对我国的影响还在加深,保增长、保民生、保稳定的任务十分艰巨和繁重。因此,我们不能盲目乐观,掉以轻心,一定要把困难和风险看得重一些,把应对危机的时间估计得长一些,把应对危机的政策举措准备得更充分一些,毫不松懈,狠抓落实。

首先要密切跟踪分析经济走势和变化。一季度仅是全年的开局,有些问题特别是国际经济走势还需要进一步观察。各地区、各部门要加强调查研究,跟踪分析国际国内形势,及时掌握新情况、新问题,特别要加强对关系经济全局的重大问题以及倾向性、苗头性问题的深入分析研究。这是我们及时有效应对危机的前提。

其次要狠抓政策落实,完善政策措施。认真落实中央出台的扩大内需、促进经济增长的一揽子计划,直接关系到当前应对危机的效果,关系到我国经济当前稳定和长远发展。各地区、各部门要坚持贯彻执行积极的财政政策和适度宽松的货币政策,抓紧把各项政策落到实处。当前和今后一个时期,要认真贯彻和积极落实国务院常务会议确定的八项重点工作。同时要加快推进对调整经济结构、转变发展方式有关键意义的改革,促进经济持续回升。

最后要积极做好各项应对预案。当前,国际经济形势十分复杂,不确定、不稳定的因素和潜在风险还很多,国内经济虽出现回暖迹象,但基础还不稳固,走势还不稳定。必须加强储备性政策的研究,准备好应对国际金融危机挑战的充足弹药。尤其要进一步研究在加强民生、完善社保、节能环保、必要基础设施等方面加大投入的预案,以有效应对经济形势的新变化,防止国际金融危机新的冲击。总之,只要我们坚定信心,群策群力,扎实工作,就一定能够战胜困难,全力实现今年经济社会发展的各项目标。

中国阿拉伯友好协会和巴林驻华大使馆在北京举行招待会庆祝中国与巴林建交20周年

全国人大常委会副委员长司马义·铁力瓦尔地、中国阿拉伯友好协会会长铁木尔·达瓦买提、中国人民对外友好协会会长陈昊苏、外交部部长助理翟隽,以及巴林战略研究中心代表团、阿拉伯国家驻华使节和阿盟驻华代表等约110人出席了招待会。陈昊苏和巴林驻华大使贝碧·阿拉维分别在招待会上致辞。

4月18日

国家主席胡锦涛同巴林王国国王哈马德·本·伊萨·阿勒哈利法互致贺电庆祝两国建交20周年

博鳌亚洲论坛2009年年会在海南博鳌开幕

国务院总理温家宝出席开幕式并发表演讲。

哈萨克斯坦总统纳扎尔巴耶夫、巴基斯坦总统扎尔达里、越南总理阮晋勇、蒙古国总理巴亚尔、新西兰总理约翰·基和伊朗第一副总统帕尔维兹·达乌迪等国家元首和政府首脑也先后在开幕式上发表演讲。

与会领导人表示,温家宝总理的演讲描绘了亚洲未来发展的美好前景,增强了人们的信心。单独应对国际金融危机不是一个好的选择,大家团结起来共同努力才能有效应对危机带来的不利影响。

博鳌亚洲论坛秘书长龙永图主持年会开幕式。论坛理事长拉莫斯等也在开幕式上致辞。

缅甸总理登盛、阿尔巴尼亚总理贝里沙、巴布亚新几内亚总理索马雷以及香港特别行政区行政长官曾荫权、澳门特别行政区行政长官何厚铧、台湾两岸共同市场基金会最高顾问钱复等来自不同国家和地区的1600多名政界、工商界人士和专家学者等出席开幕式。

国务院总理温家宝在博鳌亚洲论坛2009年年会上发表题为《增强信心　深化合作　实现共赢》的主旨演讲

尊敬的各位来宾，女士们，先生们，朋友们：

很高兴参加博鳌亚洲论坛2009年年会。首先，我谨代表中国政府对年会的召开表示热烈的祝贺！对各位来宾表示诚挚的欢迎！本届年会把“经济危机与亚洲：挑战和展望”作为主题，对于凝聚共识、增强信心、深化合作、战胜危机，具有十分重要的意义。我衷心祝愿本届年会取得圆满成功！

2008年9月以来，世界经济遭受了上世纪大萧条以来最为严峻的挑战。各国纷纷采取措施，应对国际金融危机的严重冲击。中国政府及时果断调整宏观经济政策，实施积极的财政政策和适度宽松的货币政策，迅速出台促进经济平稳较快发展的一揽子计划，对缓解经济运行中的突出矛盾、增强信心、稳定预期，发挥了重要作用。这个一揽子计划最直接、最重要的目标，是扭转经济增速下滑趋势、保持经济平稳较快增长，并力求解决制约中国经济发展的结构性问题，加快转变发展方式，全面提升各种生产要素的质量和水平，为中国经济长远发展打下更加牢固的基础。

一是全面扩大内需，增强消费需求对经济增长的拉动力，推动中国经济均衡发展。这场百年一遇的国际金融危机对中国的冲击，主要是外部需求的急剧收缩，导致经济减速、企业生产经营困难、失业增加，结构性矛盾进一步凸显。我们把政策的着力点放在全面扩大国内需求上，努力保持投资较快增长和刺激消费，着力调整内需外需结构，加快形成内需为主和积极利用外需共同拉动经济增长的格局，使中国经济向更加均衡的发展方式转变。

二是全面加强基础设施建设，推动中国经济协调发展。城乡、区域发展不平衡，既是中国经济社会发展中的突出矛盾，也是经济增长的巨大潜力所在。我们把应对国际金融危机和解决这些矛盾有机结合起来，在新增投资计划中，重点加强农村建设和中西部基础设施建设。着眼于巩固农业基础地位，加快农田水利重大工程建设，增强农业稳定增产、农民持续增收的能力。加快修建农村道路，改造农村电网，推进农村中小学标准化建设，改善农民生活条件。着眼于促进生产要素跨区域流动，加快重大交通基础设施建设，完善综合运输体系，特别是围绕发挥中西部地区优势，建设煤运通道、西部干线铁路和机场。着眼于扶持落后地区，帮助困难群众，积极支持保障性安居工程建设，重点解决城市低收入家庭、林区、垦区、煤矿等棚户区居民的住房问题，扩大农村危房改造试点范围，实施少数民族地区游牧民定居工程等。这些措施的逐步落实，必将使发展的薄弱环节得到加强，使广大中西部地区和农村发展环境得以改善，对我国经济协调发展产生巨大推动力。

三是全面提升产业竞争力和自主创新能力，推动中国经济可持续发展。推动产业结构优化升级，是关系经济全局紧迫而重大的战略任务。我们制定实施十大重点产业调整振兴规划，推动企业兼并重组，积极支持企业加快技术改造，淘汰落后产能，发展先进生产力，努力提高产业集中度和资源配置效率。我们加快实施国家中长期科学和技术发展规划纲要，选择那些带动力强、影响面大、见效快的项目，集中力量攻关，突破一批核心技术和关键共性技术，为经济发展提供科技支撑，推动我国经济尽快走上创新驱动的轨道。我们把投资的重点放在节能环保和生态建设上，加大对重点防护林和天然林资源保护工程、城镇污水、垃圾处理设施、重点节能减排工程建设的投入，推动中国经济的可持续发展。

四是全面提高人的素质，推动中国经济集约发展。全面提高人的素质是中国经济增长的优势和活力源泉，是长远发展的战略重点。在实施扩大内需的计划中，我们把公共资源配置向教育、医疗卫生和社会保障领域倾斜。制定实施国家中长期教育规划，大幅度增加教育投入，加强基础教育，发展职业教育，提高高等教育，增强全民族的文化素质。我们积极推进医药卫生体制改革，建设基本医疗保障制度，建立国家基本药物制度，健全基层医疗卫生服务体系，推进公立医院改革试点，促进基本公共卫生服务逐步均等化。我们加快完善社会保障体系，扩大社会保障覆盖范围，提高社会保障水平。我们千方百计扩大就业，特别是大学生和农民工就业。所有这些都有利于扩大国内即期需求，增强消费者信心，同时也有力推动经济增长由主要依靠物质资源消耗的粗放型增长，向主要依靠科技进步、劳动者素质提高、体制创新的集约型增长转变。

总之，我们制定实施一揽子计划，是标本兼治、远近结合的，既是保增长、保民生、保稳定的应急之举，也是推动中国经济实现科学发展、和谐发展的长远之策。我国正处在工业化和城镇化快速推进阶段，蕴藏着巨大需求和增长潜力，有改革开放30年建立的物质、科技和体制基础，有充裕的资金、丰富的劳动力等要素支撑，有集中力量办大事的制度优势、和谐安定的社会环境。只要我们不懈努力，在战胜危机的同时，一定能够使我国经济发展的体制性、结构性矛盾明显缓解，国民经济的整体素质和竞争力明显提升。中国经济发展的潜力必将进一步释放,在改善本国人民福祉的同时,为世界各国提供更多的贸易投资机会。

女士们,先生们,朋友们:

中国实施的一揽子计划已初见成效,经济运行出现积极变化,形势比预料的好。主要表现:一是投资增速加快,消费较快增长,国内需求持续提高。一季度国内生产总值增长6.1%。全社会固定资产投资增长28.8%,比去年同期和四季度分别提高4.2个百分点和6.4个百分点;城镇新开工项目计划总投资增长87.7%。社会消费品零售总额实际增长15.9%,增幅同比提高3.6个百分点。在"家电下乡"和小排量汽车减税等政策带动下,家电、农机等行业产销大幅增长,汽车销售创历史新高。商品房销售面积增长8.2%,初步扭转一年多来的下降局面。二是工业生产逐步企稳,农业形势总体稳定。3月份,规模以上工业增加值同比增长8.3%,增幅比前两个月提高4.5个百分点;消费品工业呈现回升态势,装备制造业和部分原材料工业出现转机。强农惠农政策加快落实,产生积极效果。粮食播种面积增加,夏粮长势较好;农资供应充足,春耕备耕进展顺利。三是结构调整积极推进,区域发展协调性增强,产业升级加快。中西部地区固定资产投资、工业增加值、社会消费品零售总额增长,都明显高于全国平均水平。沿海地区工业总体增速虽然较低,但恢复加快。高新技术产业增势较强,生物生化制品、通信交换设备、医疗设备及器械制造业等增速明显超过工业平均增速。四是城镇就业增加,居民收入提高。一季度城镇新增就业268万人,城镇居民人均可支配收入和农民人均现金收入同比实际分别增长11.2%和8.6%。五是银行体系流动性充裕,金融市场平稳运行,社会信心提振,市场预期改善。

应该看到,国际金融危机还在扩散蔓延,世界经济衰退的基本态势没有改变,金融体系存在的问题没有解决,实体经济恶化超出预期,全球经济复苏可能经历较长和曲折的过程。受国际金融危机的影响,我国经济社会发展面临的困难很大,主要是:外部需求持续萎缩,出口下降幅度较大;农业稳定生产、农民持续增收难度加大;一些行业产能过剩,工业增长回升乏力,经济效益继续下滑,财政收入减少,就业形势十分严峻。

在错综复杂的国内外形势下,我们既要看到经济社会发展的有利条件和积极因素,坚定战胜困难的决心和信心;又要充分估计形势的不确定性、不稳定性,保持清醒头脑,增强忧患意识,宁可把形势估计得严峻一些,把困难考虑得充分一些,做好应对更大困难的长期准备。我们要坚定不移地贯彻执行积极的财政政策和适度宽松的货币政策,毫不放松地全面实施应对危机的一揽子计划,努力把金融危机的影响降到最低限度,促进中国经济平稳较快发展。

女士们,先生们,朋友们:

在经济全球化条件下,世界各国的命运已紧紧联系在一起,没有一个国家可以在国际金融危机中独善其身,没有一个国家能够以一己之力战胜这场危机。亚洲是全球经济最具活力和潜力的地区之一。人口约占全球总人口的60%,经济总量、贸易总额约占全球的1/4和1/3。虽然各国国情不同,但维护国家主权、加快经济发展、弘扬公平正义、增进国民福祉的目标是相同的;应对国际金融危机,打击恐怖主义和跨国犯罪,遏制疫病蔓延、环境恶化等方面面临的挑战是相似的;深化双边多边合作、实现互利共赢的意愿是一致的。目前亚洲地区各种合作机制相继建立并取得积极成效,经济、科技、人文等领域交流与合作不断深化,合作的基础日益牢固。有效应对这场金融危机,亚洲各国不仅要把本国的事情办好,而且要进一步加强合作,携手努力,同舟共济,推动亚洲共赢发展,成为世界经济复苏的重要引擎。

中国是亚洲合作的积极参与者与建设者,坚定不移地奉行与邻为善、以邻为伴的周边外交方针和睦邻、安邻、富邻的周边外交政策。特别是近些年来,我们与亚洲多个国家和地区签署了双多边自贸协定,推进了贸易和投资的发展。我们还与一些国家和地区签署了6份总额为235亿美元双边货币互换协议,6份总额为6500亿元人民币的双边本币货币互换协议,丰富了区域金融合作的内容和形式,增强了地区资金救助机制的作用。拥有19亿人口、GDP近6万亿美元的中国—东盟自贸区将于2010年全面建成。我很高兴地看到,2003年10月我在第七次东盟与中日韩领导人会议上提出的"推动清迈倡议多边化"的设想,正在成为区域财金合作的重点,已经迈出实质性步伐。

面对国际金融危机肆虐,中国愿意继续同亚洲国家一道,积极应对挑战,全面加强合作,使各领域合作更加充实和富有活力,促进地区和平与繁荣。为此,我提出如下主张:

一是密切经贸合作,坚决反对贸易保护主义。更加重视促进自由贸易,扩大区内贸易规模。在海关、检验检疫、物流和商务人员流动等方面采取有效措施,以实际行动降低贸易壁垒,避免设置新的贸易障碍。积极推进自由贸易区建设,充分利用多双边自由贸易安排,发挥各国经济互补优势。中国决定在上海市和广东省4个城市开展跨境贸易人民币结算试点,这一举措对促进与周边国家和地区的经贸关系必将产生积极作用。

二是加强财金合作,努力维护区域金融稳定。充分发挥双边货币互换协议作用,研究扩大互换额度和签约国范围。去年"10+3"国家决定建立800亿美元外汇储备库,最近又将其规模扩大到1200亿美元,显示了本地区加强金融合作的迫切需要和强烈意愿。希望加快清迈倡议多边化进程,最大限度照顾彼此关切,尽早达成共识,建成区域外汇储备库,增强本地区抵御金融风险能力。推进亚洲债券市场建设,更好地利用区内资金,促进亚洲经济发展。

三是深化投资合作,发挥投资在区域经济增长中的拉动作用。加快区域和次区域交通、电力、通讯领域建设步伐,逐步实现基础设施的互联互通和网络化。中国决定设立总规模为100亿美元的"中国—东盟投资合作基金",支持区域基础设施建设。各国扩大投资都要秉承开放精神,允许其他国家企业公平参与。鼓励各国企业在区域内相互投资,加强劳务合作,避免大规模遣返外国劳工。

四是推动"绿色"合作,促进亚洲经济可持续发展。积极有效地协调政策和行动,加强亚洲国家在节能环保、开发利用新能源和可再生能源等领域的合作,培育亚洲经济新的增长点。坚持"共同但有区别的责任"和公平原则,在《联合国气候变化框架公约》下,深化对话与交流,积极开展务实合作,为全球应对气候变化作出力所能及的贡献。

五是加强在国际事务中的配合与协调,促进世界和平稳定繁荣。通过APEC、亚欧会议和东亚—拉美合作论坛、亚洲—中东对话等平台,加强与其他地区的合作,提高合作效率和质量。落实二十国集团领导人伦敦金融峰会共识,加强宏观经济政策协调;推进国际金融体系改革,提高新兴市场和发展中国家的代表性和发言权,加强对主要储备货币发行经济体宏观经济政策的监督,推进多元化国际货币体系建设;推动多哈回合谈判取得全面、平衡的结果,特别要加强对发展中国家的贸易支持;认真落实联合国千年发展目标,推进国际减贫进程,避免因金融危机减少对发展中国家的援助。

这里,我还想强调一点,工商界要在应对国际金融危机、促进亚洲地区发展方面发挥积极作用。企业家要注重社会责任,妥善处理各种风险和隐患,要善于把握世界经济调整时机,不断开拓创新,寻找新的发展机遇。亚洲发展潜力巨大,区内各类企业特别是跨国企业,只要坚守在这块土地上,尽量少关闭工厂、少裁员,加强各国企业在生产经营、技术研发等方面合作,一定能够在应对危机中实现新的跨越。

女士们、先生们!我曾经说过,信心比黄金和货币更重要。今天,我还要讲一句话,希望像一盏永不熄灭的明灯,给各国、各企业和世界人民照亮方向。让我们坚定信心,满怀希望,携手合作,共同开创亚洲更加美好的未来!

谢谢大家!

国务院总理温家宝在博鳌会见台湾两岸共同市场基金会最高顾问钱复一行

温家宝指出,在当前严峻的国际经济形势下,两岸同胞要牢牢把握两岸关系和平发展的主题,面向未来,捐弃前嫌,密切合作,携手并进。

温家宝说,我们已就全面加强两岸经济合作,共同应对金融危机采取积极主动行动,陆续出台了一系列实实在在的政策举措。下一步,我们将从五个方面作出努力:一是推动大陆企业赴台投资;二是扩大对台产品采购;三是鼓励台资企业到大陆开拓市场;四是增加大陆游客赴台旅游;五是协商建立符合两岸经济发展需要、具有两岸特色的经济合作机制。我们希望台方为大陆企业到台投资提供便利条件,为大陆商品入岛开放市场。

钱复对温总理拨冗会见表示感谢。钱复说,他完全赞成两岸关系和平发展的主张,相信台湾绝大多数民众对此持欢迎的态度。两岸同胞手足相连,一定要和平相处、共谋发展。钱复还对温总理宣布的五项措施表示感谢。

国务院总理温家宝在博鳌分别会见香港特别行政区行政长官曾荫权和澳门特别行政区行政长官何厚铧

在分别听取了曾荫权和何厚铧关于香港、澳门当前形势和特区政府近期工作的报告后,温家宝指出,香港、澳门两个特别行政区政府为应对国际金融危机所做的工作是积极、有效的,应予充分肯定。我们相信只要港澳特区政府和社会各界坚定信心,和衷共济,奋力开拓,就一定能够克服各种困难。

温家宝表示,中央政府十分关心国际金融危机对港澳的影响,已经采取了一系列支持港澳经济稳定发展的政策措施。中央有关部门和地方将与香港、澳门两个特别行政区政府进一步加强合作,继续把中央已出台的有关政策落实好。中央将因应形势的发展,适时采取一些新的政策措施,全力支持香港、澳门保持经济发展和社会稳定。

国务院总理温家宝在博鳌分别会见美国前总统乔治·沃克·布什和日本前首相福田康夫

温家宝在会见布什时积极评价他为发展中美建设性合作关系作出的贡献,欢迎他多来中国看看,继续为促进两国关系发展发挥积极作用。温家宝说,奥巴马总统就职以来,中美关系开局良好,两国共同致力于建设21世纪积极合作全面的中美关系。在当前国际金融危机加深和蔓延、各种全球性挑战增多的背景下，中美拥有更加广泛的共同利益，双方要增进互信、加强协作、共克时艰，造福于两国和世界人民。我们希望美国经济尽快好转，这对世界有利。

布什表示，很高兴出席博鳌亚洲论坛，中国政府和人民给予我热情的接待，使我感受到两国人民之间真挚的友谊。美中关系继续得到发展令人高兴。美中都是重要国家，双方应保持密切沟通与合作。我愿继续为促进美中关系作出贡献。布什说，中国经济发展态势良好，说明中国政府采取的应对国际金融危机的各项政策举措取得了成效，令人印象深刻。美国也正在采取刺激经济的措施。美中两国经济保持增长对带动世界经济早日复苏至关重要，双方应加强协调与合作。

温家宝在会见福田康夫时赞赏他为改善和发展中日友好关系作出的贡献。温家宝说，当前两国关系总体保持良好，双方要着眼长远，增进政治互信，加深两国人民之间的相互了解，维护中日战略互惠关系大局。温家宝指出，国际金融危机对亚洲既是挑战，也是加快区域合作的重要契机。中日双方要从两国长远发展和亚洲整体利益出发，加强协调和全方位合作，共同推动区域经济金融合作，为东亚共同体建设和亚洲振兴作出更大贡献。

福田康夫说，日中关系得到明显改善，我对此感到高兴。不断增进两国人民的友好感情对日中关系的长期发展非常重要，我愿继续为促进两国友好合作而努力。福田说，中国在应对国际金融危机中发挥着非常重要的关键作用，日中两国应加强合作，共同克服挑战。

国家文物局和国家测绘局共同发布明长城调查成果

由国家文物局和国家测绘局合作开展的明长城资源调查最新数据显示，明长城东起辽宁虎山(东经124°30′56.70″，北纬40°13′19.10″)，西至甘肃嘉峪关，从东向西行经辽宁、河北、天津、北京、山西、内蒙古、陕西、宁夏、甘肃、青海10个省(自治区、直辖市)的156个县域，总长度为8851.8千米，其中人工墙体的长度为6259.6千米；壕堑长度为359.7千米；天然险的长度为2232.5千米。调查结果还显示，明长城现存敌台7062座，马面3357座，烽火台5723座，关堡1176座，相关遗存1026处。通过本次调查还新发现了与长城有关的各类历史遗迹498处。

4月19日

国务院副总理李克强出席浙江三门核电一期工程开工仪式

李克强在开工仪式上强调，新能源产业正孕育着新的经济增长点，也是新一轮国际竞争的战略制高点，当前国际金融危机为新能源产业发展带来了机遇，要把发展新能源作为应对危机的重要举措。要以企业为主体，以市场为导向，加强政策引导扶持，促进风能、太阳能、生物质能发展，推动新能源汽车、节能建筑和产品的广泛应用，加快用新能源和节能环保技术改造传统产业，推进能源乃至整个产业结构的调整。

在核电技术展示板前，李克强驻足详细询问。他指出，推进核电建设，确保安全是前提，技术创新是关键。要坚持核电自主化发展方向，瞄准新一代先进核电技术，依托重大项目，增强体制机制活力，推动引进消化吸收再创新，不断提高我国核电自主化建设能力。

在施工现场，李克强与工程一线建设者亲切交谈。他嘱咐说，三门核电站是我国首个第三代核电自主化依托项目。建设这一工程，责任重大，使命光荣。要始终坚持安全第一、质量第一，不断总结经验，培养人才，加强成本核算和资金监管，努力建成一流工程。

有关省(区、市)政府负责人、国务院有关部门负责人、有关企业和建设单位代表约1000人参加了开工仪式。

国务院副总理李克强在广西考察

4月19日至21日，李克强先后来到柳州、来宾、南宁等地，走进企业车间、田间地头、建设工地、基层医院和城乡居民家庭，着重就经济发展和民生工作进行考察调研。其间，他听取了广西壮族自治区党委政府的工作汇报，充分肯定近年来广西各项建设取得的成绩。李克强强调，要贯彻落实党中央、国务院的决策部署，把扩内需、保增长与调结构、惠民生更好地结合起来，培育新的经济增长点，切实保障基本民生，在改革创新中实现新的发展。

国务委员刘延东在西雅图考察微软公司和波音公司

刘延东听取了公司负责人有关科技创新战略、在华合作项目等情况介绍，赞赏两公司在国际金融危机背景下加大科技创新投入的战略举措。

刘延东说，《中美科技协定》签署30年来，两国政府在多个领域开展了卓有成效的科技合作，两国企业、大学、科研机构进行了领域广泛、形式多样的合作研发，促进了两国科技创新和经济发展。多年来，微软公司和波音公司与中方开展了富有成果的合作。中国政府将坚持对外开放，扩大多种形式的对外科技交流与合作，欢迎美科技企业进一步扩大与中方合作，提升双方科技合作层次和水平。

刘延东强调，中美两国及世界各国应携手应对当前的金融危机。中国政府愿在双方共同感兴趣的优先领域与美方建立联合研究计划,在保护和尊重知识产权基础上,支持两国大学、科研机构和企业成立联合研究中心和实验室,开展联合研发,推进科研成果的产业化。

对方表示,作为本行业的领先企业,微软公司和波音公司与中方开展了长期良好合作。当前国际金融危机波及全球,但微软和波音对中国未来发展及与中方合作前景充满信心,将进一步密切与中方合作,为增进美中互利共赢合作关系,促进两国经济发展和世界经济复苏作出贡献。

第八届中国国际核电工业展览会在北京中国国际展览中心拉开帷幕

共有来自亚洲、欧洲、美洲的15个国家及地区的200多家核电工业企业、科研院所参加了本届展会。此次展览场馆总面积达到10000平方米,展会规模和参展商数量都创历史最好水平。

在展览举办的同时,“面向二十一世纪核能部长级国际大会”也将于20日在北京举行。中国国际核电工业展览会已成为世界核电企业展示成就、彰显实力、推介产品、交流经验、促进合作的重要平台。

4月20日

国家主席胡锦涛在人民大会堂会见阿尔巴尼亚总理萨利·贝里沙

胡锦涛说,中方重视两国经贸合作。希望双方更好地发挥两国经贸混委会的作用,加强政府主管部门的磋商与协调,积极探索扩大合作的新领域、新方式、新途径。中方鼓励和支持中国企业到阿投资发展,也欢迎阿方企业以更加进取的姿态开拓中国市场。希望双方共同努力,挖掘潜力,把两国经贸合作提高到新水平。

贝里沙感谢胡锦涛主席亲切会见,表示能在阿中建交60周年之际访华倍感荣幸。阿中建交60年也是两国人民结好的60年。阿方高度重视发展对华关系,珍视与中国人民的传统友谊,真诚感谢中方的无私援助。他说,每次访华都能感到中国更加发展、强大,对中国取得的成就感到鼓舞。

贝里沙表示,完全赞同胡锦涛主席有关加强两国互利合作的主张,欢迎并愿为中国企业在阿发展提供帮助,愿与中方一道,推动两国友好合作关系迈上新的台阶,造福两国人民。

国家主席胡锦涛在人民大会堂会见芬兰总理马蒂·万哈宁

胡锦涛表示,中芬两国在维护世界和平、促进共同发展方面有相同或相似的看法和广泛的共同利益。芬兰视中国的发展为机遇,主张全面加强对华合作。中国始终将芬兰看作是可信赖的好朋友、好伙伴。中方愿与芬方一道,在相互尊重、平等互利、共同发展的基础上,保持两国高层交往,加强政治对话磋商,深化各领域务实合作,妥善应对各种全球性挑战,共同推动中芬可信赖的友好合作伙伴关系向更高层次、更广泛领域发展。

万哈宁说,芬中政治关系良好,高层交往和民间交流活跃,在经济、科技、文化和教育等领域合作成果显著。两国始终相互学习、相互借鉴。芬方高度赞赏中方在联合国发挥的重要作用,积极评价中国在振兴世界经济、克服国际金融危机影响方面作出的贡献,感谢中方对北欧国家积极参与国际事务的支持。芬方愿以明年芬中建交60周年为契机,全面加强对华合作,进一步提升芬中友好合作关系水平。

十一届全国人大常委会第八次会议在人民大会堂举行

本次会议为期5天、共有13项议程,今天举行第一次全体会议,继续审议邮政法修订草案、农村土地承包经营纠纷仲裁法草案,首次审议全国人大常委会议事规则修正案草案、国防动员法草案、人民武装警察法草案等。

吴邦国委员长主持会议。

根据通过的议程,会议首先听取了全国人大法律委员会副主任委员乔晓阳作的关于邮政法修订草案修改情况的汇报。法律委员会建议本次常委会会议继续审议;如果审议意见比较一致,也可以考虑本次常委会会议审议通过。

会议听取了全国人大法律委员会副主任委员李重庵作的关于农村土地承包经营纠纷仲裁法草案修改情况的汇报。法律委员会建议本次常委会会议继续审议。

全国人大常委会议事规则颁布施行20多年来,对规范议事程序,提高议事效率,保障全国人大常委会依法履行职权,发挥了重要的作用。随着人民代表大会制度的不断发展完善,需要总结多年来的实践经验,对全国人大常委会议事规则进行适当的修改和完善。受委员长会议委托,全国人大常委会法制工作委员会副主任李飞就修改常委会议事规则的必要性、修正案草案起草情况以及这次修改的指导思想、工作思路、主要内容等作了说明。

为了加强国防动员建设,健全国防动员制度,完善国防动员体系,维护国家安全和发展,国务院有关部门和军队有关单位以国防法为依据,总结我国国防动员实践经验并借鉴世界主要国家的国防动员立法经验,拟订了国防动员法草案。受国务院、中央军委的委托，国务委员、中央军委委员、国防部部长梁光烈向会议作了关于国防动员法草案的说明，介绍了制定国防动员法的必要性、草案起草的简要经过，并就草案中国防动员的组织领导体制、经济建设的国防要求、预备役人员的储备与征召、物资动员、公民和组织的国防义务与权利、特别措施等主要问题作了解释。

为保障人民武装警察部队依法执行国家赋予的安全保卫任务，维护国家安全和社会稳定，保护公民、法人和其他组织的合法权益，武警总部在总结武警部队执行安全保卫任务的实践经验基础上，拟定了人民武装警察法草案。受国务院、中央军委的委托，中国人民武装警察部队司令员吴双战就人民武装警察法草案规定的领导指挥体制、任务范围、职权、义务和权利、保障措施、监督检查以及法律责任等作了说明。

受国务院委托，司法部部长吴爱英向会议作了关于提请审议批准《中华人民共和国和大韩民国关于移管被判刑人的条约》的议案的说明、关于提请审议批准《中华人民共和国和澳大利亚关于移管被判刑人的条约》的议案的说明，外交部副部长李金章作了关于提请审议批准《中华人民共和国和委内瑞拉玻利瓦尔共和国关于刑事司法协助的条约》的议案的说明。

会议还听取了全国人大常委会代表资格审查委员会主任委员黄镇东作的关于个别代表的代表资格的报告，审议了有关任免案等。

全国人大常委会副委员长王兆国、路甬祥、乌云其木格、韩启德、华建敏、陈至立、周铁农、李建国、司马义·铁力瓦尔地、蒋树声、陈昌智、严隽琪、桑国卫出席会议。最高人民法院院长王胜俊以及最高人民检察院负责人等列席会议。

全国人大常委会委员长吴邦国在人民大会堂与法国国民议会议长阿克耶举行会谈

在谈到议会交往时，吴邦国说，中法友好归根结底是两国人民间的友好。议员来自人民，议会反映民意，议会交往是国家关系的重要组成部分。近年来，两国议会各层次交往密切，为增进两国人民的了解与友谊发挥了积极作用。希望双方保持领导人、专门委员会、友好小组间的友好交往，加强信息交流，拓展合作形式，推动经贸、科技、社保等领域的互利合作，深化在国际议会组织中的协调与配合，为中法关系的发展增添新的内容、注入新的活力。

在谈到中欧关系时，吴邦国说，目前，中欧关系处于重要发展阶段，增强战略互信至关重要。希望法方在欧盟中继续发挥建设性作用，推动欧盟坚持从战略高度和长远角度看待中欧关系，照顾中方重大关切，在相互尊重、平等相待的原则基础上加强对话，推进合作。中方愿同包括法国在内的欧盟各方共同努力，推动中欧关系健康稳定发展。

阿克耶赞同吴邦国对两国关系、两国议会关系和欧中关系的评价与建议。他说，法方高度重视发展对华关系，愿与中方开展各领域的互利合作，使法中全面战略伙伴关系在新的基础上得到长足发展。他表示，法国国民议会愿通过定期交流机制等形式，深化双方的友好交往，为促进两国关系全面发展发挥积极作用。

会谈后，吴邦国与阿克耶共同签署了《中华人民共和国全国人民代表大会与法兰西共和国国民议会建立定期交流机制的谅解备忘录》，标志着两国议会交往进入了新阶段。

国家副主席习近平在江苏调研

4月20日至23日，习近平轻车简从，先后来到连云港、宿迁、淮安、南京等地，深入农村、企业、社区、港口和开发区进行调研。当他了解到苏北地区这几年经济发展取得明显成效，主要经济指标增速全面超过苏南和全省平均水平后十分高兴，勉励江苏的同志再接再厉、乘势而进，更好地把苏北、苏中、苏南的发展统筹起来，在更高层次上推动区域联动，通过各展所长、优势互补，实现全省共同协调发展。

在淮安调研时，习近平瞻仰了周恩来故居和周恩来纪念馆，向周恩来塑像敬献了花篮。习近平充满深情地说，周恩来同志是共产党员特别是领导干部的楷模，我们要坚持学习他的崇高风范、高尚品德和伟大精神，自觉加强党性修养，注重品行锻炼，弘扬良好作风，以优良的党风促政风带民风。

调研结束时，习近平召开会议，同江苏省各级干部代表进行了座谈。

全国纪检监察案件审理工作会议在江西南昌召开

最高人民法院正式启动全国法院开展知识产权审判“优化自主创新司法环境”年度主题活动

这项活动的目标之一，是为了增强企业的创新能力、市场竞争力和抗风险能力，为克服金融危机和经济工作大局提供有力的司法保障。同时也是对《国家知识产权战略》中“发挥司法保护知识产权的主导作用”的具体落实。本次年度主题活动包括做好专利案件审理工作，商标案件的审理工作，以及垄断案件和不正当竞争案件审理工作等8项内容。

最高人民法院拟在近期选定一些条件较好的高、中级法院和基层法院开展相关试点和探索，计划于今年6月召开专门座谈会，研究如何完善知识产权审判机制和优化审判资源配置问题，并拟在年内出台有关实施意见。

中共中央政治局常委李长春在北京会见由党主席贾拉·纳特·卡纳尔率领的尼泊尔共产党(联合马列)代表团

面向21世纪核能部长级国际大会在北京开幕

国务院副总理张德江出席开幕式并致辞。他指出，中国将坚持实施积极推进能源节约和优化能源结构的能源发展战略，加快发展核电，提高核电等清洁能源的比重，加强与世界各国及国际机构的交流合作，共同推动世界核能和平利用事业新发展。

张德江指出，在当前国际金融危机的背景下，召开面向二十一世纪核能部长级国际大会，给国际核能界交流核能发展经验、探讨未来核能发展战略、共商核能可持续发展大计提供了一次难得机会。他希望与会各方进行深入交流，增进了解，消除分歧，取得共识，为推动世界核能事业发展作出重要贡献。

开幕式前，张德江会见了国际原子能机构总干事巴拉迪，表示中国政府高度重视国际原子能机构在和平利用核能和防止核扩散方面的作用，愿意继续加强和扩大合作，并对国际原子能机构给予的帮助表示感谢。

我国首套每秒千万亿次超级计算系统研制成功

中科院副院长李静海宣布：我国第一套单精度峰值超过每秒1000万亿次浮点运算的超级计算系统，日前由中科院过程工程研究所研制成功并投入使用。

全国知识产权宣传周在北京奥林匹克公园庆典广场举行启动仪式

宣传周组委会主任、国家知识产权局局长田力普致辞，世界知识产权组织(WIPO)总干事弗朗西斯·高锐通过视频祝贺。

田力普在致辞中说，今年开展的一系列主题为“文化、战略、发展”的知识产权宣传活动，将有力地促进全社会知识产权意识的提高，进一步推进以“尊重知识、崇尚创新、诚信守法”为核心的知识产权文化建设，为国家知识产权战略实施营造良好的舆论氛围；还将再一次向国际社会展示我国政府和人民履行对国际公约庄严承诺的坚定信心，以及为恪守国际贸易准则所作出的不懈努力。

弗朗西斯·高锐在视频致辞中说，中国在这么短的时间，在知识产权领域所取得的成就，使全世界都备受鼓舞。他说，现在我们所面临的是一个充满挑战的时代，我们面临着气候变化、环境恶化、传染病的传播以及全球化的发展，在这种状况下，我们也期待中国能够创新、创新再创新。

今年的宣传周是由国家知识产权局、中宣部等24个部门联合主办的。在4月20日至4月26日宣传周期间，全国将开展一系列形式多样、内容丰富的宣传活动。

启动仪式结束后，国家知识产权局开展了现场咨询活动。由北京市知识产权局组织的近20家参与首都知识产权“百千对接工程”的重点知识产权服务机构，为现场公众提供了相关知识产权知识与法律咨询服务。

由全国妇联和联合国国际减灾战略秘书处联合主办的性别与减灾国际会议在北京开幕

全国人大常委会副委员长、全国妇联主席陈至立向会议发来书面致辞。

国务院妇女儿童工作委员会副主任、全国妇联副主席、书记处第一书记黄晴宜作了题为《加强性别意识，推动减灾进程》的主旨发言。

按照会议日程，本次会议将持续至22日。其间，与会代表将回顾国际社会在将性别问题纳入减灾活动主流方面取得的进展以及面临的障碍，并就性别视角纳入减灾决策，性别与扶贫、气候变暖以及男女平等参与社区减灾等议题进行深入的交流与探讨。

会议还将通过旨在提高救灾协调中妇女的参与、保证男女两性平等获得救灾援助的《北京倡议》，并将此倡议提交给今年6月在日内瓦召开的国际减灾平台大会。

来自43个国家及联合国系统负责妇女事务和灾害管理部门的部长、副部长、国会议员、高级别官员以及国际非政府组织、学术团体的260多名中外代表出席会议。

中国光彩事业促进会三届四次理事会议在北京召开

全国政协副主席、中央统战部部长、中国光彩事业促进会会长杜青林在会上讲话。

杜青林指出，当前和今后一个时期，实施光彩事业要坚持围绕“开发式扶贫”的主题，大力弘扬“光彩精神”，着力突出“抓发展、抓扶贫、抓服务”三个重点，为加快我国扶贫开发进程、实现共同富裕的目标作出积极贡献。

据介绍，截至2008年年底，光彩事业已在全国兴办有一定规模的项目19188个，到位资金1864.68亿元，培训人员442.29万人，吸纳就业540.39万人，带动1012.86万人脱贫，各类公益捐赠总额达到1383.95亿元。

会上，35名企业家和10个单位获得了“光彩事业突出贡献奖”和“光彩事业组织奖”，10位光彩事业发起人获得了“光彩事业发起人荣誉证书”。会议增选陈喜庆、宋北杉、孙安民、王永庆、南存辉、陈志列、苏寿堂为中国光彩会副会长，调整、增补22名理事。

钱令希逝世

中共党员、中国科学院院士、大连理工大学原校长、著名力学家、教育家钱令希同志因病医治无效，于4月20日在大连逝世，享年93岁。

钱令希出生于江苏省无锡市。1938年在比利时自由大学获得“最优等工程师”称号后，回国参加叙昆铁路建设。1954年，他入选中国科学院第一批学部委员。20世纪60年代初，钱令希承担了潜艇结构锥、柱结合壳在静水压力下的稳定分析任务。80年代初，由中国力学学会第一届理事长钱学森推荐，钱令希被选举为中国力学学会第二届理事长。钱令希创办了《计算结构力学及其应用》杂志，并成为国际计算力学协会的发起人之一。

钱令希是杰出的教育家。他培养了胡海昌、潘家铮、钟万勰、程耿东等国内外著名的力学与水利工程大师。钱令希曾担任中国高等教育学会副会长。由他担任名誉理事长的“钱令希力学奖励基金会”自1993年成立以来，已奖励了600多名优秀的青年力学人才，有力地推动了力学学科的持续发展。

4月21日

中共中央总书记胡锦涛在山东考察工作

4月21日至22日，胡锦涛来到山东省济南、青岛等地，深入企业、港口、社区，就做好保增长、保民生、保稳定工作进行考察。

考察期间，胡锦涛还听取了山东省委和省政府的工作汇报。他强调，当前，我国正处在应对国际金融危机冲击、保持经济平稳较快发展的关键时刻。各级党委和政府务必进一步坚定信心、迎难而上，进一步挖掘潜力、促进发展，进一步求真务实、真抓实干，紧紧围绕保持经济平稳较快发展的首要任务，全力做好保增长、保民生、保稳定各项工作，以优异成绩迎接新中国成立60周年。

中央办公厅主任令计划，中央政策研究室主任王沪宁一同考察。

国务院总理温家宝在人民大会堂与芬兰总理万哈宁举行会谈

温家宝表示，中国政府愿同芬兰政府一道，为双方企业扩大贸易和相互投资提供更多便利条件。希望芬方着眼长远，加大在华投资和研发力度，并同中方在创新领域开展合作，培育新的经济增长点。两国在节能、环保、生态建设等领域有互补优势，要加强相互学习与合作，共同促进可持续发展。

万哈宁说，芬中一直保持良好关系，在广泛领域和许多重大国际与地区问题上有着很好的合作与沟通。芬中经济互补，合作潜力巨大，尤其在节能环保、生态建设和应对气候变化、科技创新等领域有着广阔的合作空间。芬兰政府欢迎中国企业到芬兰投资创业，愿为此提供便利，也全力支持芬兰企业积极参加上海世博会。在当前国际金融和经济危机背景下，各国加强合作，对推动世界经济恢复增长具有重要意义。芬方愿与中方一道，为此作出不懈努力。

国务院总理温家宝在人民大会堂同阿尔巴尼亚总理贝里沙举行会谈

温家宝在会谈时提出以下建议：第一，以中阿建交60周年为契机，加强各级别往来和民间交流，巩固两国关系的政治和民意基础。第二，在平等互利基础上开展务实合作，把信息产业、能源、基础设施建设、矿产开发作为合作重点。中国政府支持本国企业向阿方提供高新技术产品并扩大对阿投资，愿继续向阿方提供力所能及的援助。第三，扩展文化、卫生、农业、旅游等领域的交流合作，丰富双边关系内涵。第四，加强在联合国等国际组织中的沟通与协调，共同维护发展中国家利益和联合国团结。

贝里沙表示，完全赞同温家宝总理关于发展两国关系的建议。愿以阿中建交60周年为契机，深化传统友谊，扩大两国在经济、能源资源、文化等各领域合作，加强双方在联合国等国际组织的沟通协调，推动阿中传统友好合作关系进一步向前发展。

会谈后，双方共同发表了《中阿关于深化传统友好关系的联合声明》，并出席了文化、卫生等领域双边合作文件的签字仪式。

中华人民共和国和阿尔巴尼亚共和国关于深化传统友好关系的联合声明

应中华人民共和国国务院总理温家宝的邀请，阿尔巴尼亚共和国总理萨利·贝里沙于2009年4月17日至21日对中华人民共和国进行正式访问。

中华人民共和国主席胡锦涛会见了贝里沙总理，温家宝总理和贝里沙总理举行了正式会谈。双方领导人回顾了两国建交60年来双边关系的发展历程,就进一步加强和深化中阿各领域的互利合作及共同关心的国际和地区问题深入交换意见,并达成广泛共识。

一、阿方高度评价中华人民共和国成立60年来取得的发展成就,赞赏中国为促进世界和平与发展作出的贡献。中方真诚感谢阿方在各领域对中华人民共和国的支持。

二、双方高度评价两国建交60年来各领域互利合作取得的丰硕成果,强调中阿传统友谊是两国人民共同创造的宝贵财富,是进一步发展两国关系的坚实基础。双方指出,两国关系60年的经验证明,历史背景、社会制度、意识形态、发展模式的差异不会成为发展国家关系的障碍。双方商定将举行一系列活动纪念两国建交60周年。

三、双方认为,深化两国传统友好关系有着坚实的民意基础,符合两国的共同利益。双方同意将继续根据和平共处五项原则及其他公认的国际关系准则,在各领域开展更具战略性的互利合作,全面推进两国关系。

四、双方表示,愿继续加强和充实包括两国高层在内的各级别对话,增进政府、议会、政党间的交往与合作,加深相互理解,扩大共识,增进互信。

五、双方强调,将全力推动两国经贸合作,扩大相互投资,在发展中尽快实现双边贸易平衡。双方将本着平等互利、互惠双赢的原则,充分发挥两国政府职能部门及中阿政府经贸混委会的宏观指导作用,支持双方企业增加往来,探索新的合作领域和方式。中方将支持有实力的本国企业赴阿投资,参与阿基础设施建设、能源和矿产开发,欢迎更多的阿产品进入中国市场。

阿方高度评价中国政府为阿经济发展提供的援助。

六、双方愿继续扩大在文化、教育、广电领域的传统合作,重点拓展旅游、农业、卫生、科技等各领域的交流,认真落实各项合作协议,同时鼓励两国地方和民间团体扩大友好交往。

七、阿方重申坚定奉行一个中国政策,承认世界上只有一个中国,中华人民共和国政府是代表全中国的唯一合法政府,台湾是中国不可分割的一部分,不与台湾当局建立官方关系和进行官方往来,反对台湾加入只有主权国家才能参加的国际组织,反对任何形式的“台独”分裂活动,尊重中国为实现国家统一所做的努力。

中方高度赞赏阿方上述立场。

八、中方尊重阿尔巴尼亚人民根据本国国情选择的发展道路,理解阿方为融入欧洲一体化进程所做的努力,赞赏阿方奉行睦邻友好政策,促进巴尔干地区的稳定与发展,积极推动区域合作。

九、双方表示,将遵守《联合国宪章》的宗旨和原则,支持联合国在维护国际和平与安全、促进各国共同发展、和平解决国际争端、解决人类所共同面临的问题方面发挥主导作用,主张加强联合国及其安理会的作用与权威,尊重世界文明多样性和发展模式多样化。

双方愿继续加强在联合国及其他国际组织中的合作,及时就共同关心的问题进行沟通与磋商,共同推动建立持久和平、共同繁荣的和谐世界。

十、双方强调,恐怖主义是威胁人类共同安全的国际公害。国际社会应本着遵守《联合国宪章》和其他公认的国际法和国际关系准则的精神,开展国际反恐合作。双方将认真履行安理会有关决议,尊重彼此在安全领域的关切。

十一、双方认为,当前国际金融危机持续蔓延,给世界各国经济发展和人民生活带来严重影响。国际社会应进一步加强宏观经济政策协调,反对贸易保护主义,深化金融监管合作,遏制金融危机扩散和蔓延,尽量减少危机对发展中国家造成的损害,共同应对这一全球性挑战。

2009年4月21日于北京

国务院任免国家工作人员

任命孙绍骋为民政部副部长。

全国政协副主席郑万通率全国政协视察团视察长株潭城市群

4月21日至25日期间,郑万通带领全国政协视察团在湖南长沙、株洲和湘潭视察,为长株潭城市群建设资源节约型和环境友好型社会相关改革试验建言献策。

视察团先后实地视察位于长株潭地区的株冶集团、清水塘排污口、南车时代电动汽车公司等,召开座谈会与湖南政府官员、学者专家和企业界人士交换意见。

郑万通建议湖南加强对“两型社会”的战略研究,明确和完善长株潭城市群建设目标;立足本地区特点和优势,明确产业发展方向,以优化的产业结构作为支撑;注重统筹城乡发展,大力推进社会主义新农村建设;实施重点项目倾斜;依靠人才和科技进步。

最高人民法院公布2008年中国知识产权司法保护十大案件

其中包括保时捷股份公司诉北京泰赫雅特汽车销售服务有限公司侵犯著作财产权纠纷上诉案等民事案件7件;济宁无压锅炉厂诉国家知识产权局专利复审

委员会、第三人舒学章发明专利无效纠纷提审案行政案件1件；徐楚风、姜海宇侵犯著作权案等刑事案件2件。

国务院副总理李克强在中南海紫光阁会见俄罗斯副总理谢钦

李克强说，当前，中俄战略协作伙伴关系呈现全面、加速发展的良好态势。今年是中俄建交60周年，中国“俄语年”也已成功启动，中俄战略协作伙伴关系进入了新的发展阶段。中方愿与俄方一道，抓住机遇，迎接挑战，推动中俄战略协作伙伴关系在高水平上长期稳定健康发展，造福两国和两国人民。

李克强表示，此次双方正式签署中俄石油领域合作政府间协议，是两国能源合作进程中具有里程碑意义的大事，为双方在该领域开展全面、长期、稳定的合作奠定了坚实基础。希望两国有关部门认真落实好各项协议，确保中俄原油管道如期建成，充分发挥中俄能源谈判机制作用，推动石油、天然气、核能、电力等领域合作取得更多实际成果。

谢钦表示，在双方的共同努力下，俄中战略协作伙伴关系显示出巨大的活力，不断迈上新的台阶。双方在能源领域合作取得的丰硕成果充实了两国战略协作伙伴关系的内涵，提高了两国务实合作的水平。俄方愿与中方一道，全面落实此次双方签署的协议和达成的各项共识，扩大和深化俄中在油气、电力、核能等领域的合作，推动俄中务实合作取得更多实际成果。

国务院副总理王岐山在人民大会堂同俄罗斯副总理谢钦举行中俄能源谈判代表第四次会晤

双方共同签署了《中俄石油领域合作政府间协议》，双方管道建设、原油贸易、贷款等一揽子合作协议随即生效。

王岐山说，能源合作是中俄战略协作伙伴关系的重要组成部分，受到两国领导人的高度重视和两国人民的坚定支持。自去年温家宝总理与普京总理举行中俄总理第十三次定期会晤以来，在双方政府、企业、银行的共同努力下，中俄能源合作取得实质性进展。双方签署中俄石油领域合作政府间协议，标志着两国能源合作实现重大突破。这在当前国际金融危机持续蔓延的背景下具有特别重要的意义，充分体现了双方加强合作、共克时艰的意愿和决心，为两国在该领域开展全面、长期、稳定的合作奠定了坚实基础。中方愿以此为契机，与俄方加强沟通和协商，继续扎实推进两国能源领域全面和实质性合作。

谢钦说，俄中签署石油领域合作政府间协议，推动两国能源合作迈上了新台阶，体现了俄中高度政治互信和两国战略协作的高水平，对促进两国各领域合作，共同应对国际金融危机非常重要。俄中能源合作是系统、全面和长期的，符合各自的根本利益。俄方将认真落实两国领导人达成的共识和双方有关协议，搞好俄中能源谈判机制，使两国能源合作取得更多实质成果。

双方还探讨了天然气、核能、电力和煤炭等领域合作，一致同意本着互信、互利、共赢的原则，积极推进能源领域大型合作项目，推动中俄战略协作伙伴关系全面深入发展。

国务院副总理王岐山在中南海会见德国戴姆勒公司董事长蔡澈

中阿合作论坛企业家大会暨投资研讨会在杭州举行

全国政协副主席阿不来提·阿不都热西提出席了此次研讨会并发表了题为《携手同迎挑战、合作共谋发展》的主旨演讲。

阿不来提·阿不都热西提表示，在双方共同努力下，中阿经贸合作迅猛发展，领域不断拓宽。在历史罕见、冲击力强、涉及范围广的国际金融危机面前，双方携手同迎挑战，合作共谋发展，具有特别重要的意义。“中阿合作论坛第三届企业家大会暨投资研讨会”在此刻举行恰逢其时。为此，他提出以下建议：一、坚持互利互惠，扩大双边贸易；二、加强投资合作，拓宽经贸领域；三、调动企业积极性，创新合作方式；四、完善合作机制，提升合作水平。

中阿企业家大会暨投资研讨会是中阿合作论坛框架下的一个重要内容。大会两年一届，在中国与阿拉伯国家间轮流召开。本次会议由中国贸促会与杭州市人民政府共同主办，近千名中阿政府、商协会以及企业界代表出席。

全国人大常委会副委员长陈至立在人民大会堂分别会见非洲政党与妇女组织干部研修班的学员和智利女议员代表团

中联部部长王家瑞在北京会见由日本共产党中央政治局常委 社会科学研究所所长不破哲三率领的日共理论交流代表团

外交部部长杨洁篪在开罗同埃及外长盖特举行会谈

双方就双边关系以及共同关心的问题交换了看法，达成了广泛共识。

杨洁篪说，埃及是中国在发展中国家的重要合作伙伴，中方高度重视发展同埃及的关系。双方应继续保持高层互访,广泛开展各层次、各领域人员往来,深化各领域务实合作,共同开好中非合作论坛第四届部长级会议,加强在国际和地区事务中的协调配合。

盖特表示,埃中战略合作关系发展良好,各领域务实合作发展顺利。中非合作论坛第四届部长级会议即将在埃及召开,希望双方继续密切沟通合作,确保会议取得成功。埃方愿同中方共同推进中东和平进程。埃方完全支持中国在台湾和涉藏问题上的立场。

国务委员兼国防部部长梁光烈分别会见土耳其韩国 美国客人

梁光烈上将在青岛分别会见应邀来华参加海军成立60周年庆典活动的土耳其海军司令阿塔奇上将、韩国海军参谋总长丁玉根上将、美国海军作战部长加里·拉夫黑德上将。

"和谐海洋"多国海军高层研讨会在青岛召开

作为庆祝中国人民解放军海军成立60周年多国海军活动的一项重要内容,主题为"和谐海洋"的多国海军高层研讨会在青岛举行。

中央军委委员、中国人民解放军海军司令员吴胜利上将在研讨会上作主旨发言。他指出,21世纪是海洋世纪,海洋和谐是世界各国人民共同的价值理念和美好追求。当前,海洋形势总体趋于和平,但也面临严峻挑战,新的安全威胁因素不断出现。构建和谐海洋,离不开各国海军的共同参与。人民海军愿与世界同行携手合作,共同维护海洋持久和平与安全。

吴胜利为此提出五点倡议:坚持联合国主导,建设公正合理的海洋;坚持平等协商,建设自由有序的海洋;坚持标本兼治,建设和平安宁的海洋;坚持交流合作,建设和谐共处的海洋;坚持敬海爱海,建设天人合一的海洋。吴胜利表示,中国海军将继续秉承"开放、务实、合作"的精神,坚定不移地高举和平、发展、合作的旗帜,同各国海军一起,为维护海洋安全、构建和谐海洋作出应有的贡献。

来自29个国家的海军代表团团长出席研讨会并分别作了发言。

中国数学会2009学术年会在厦门大学举行

中科院院士、北京大学教授张恭庆与中科院院士、中科院数学与系统科学研究院研究员李邦河荣获我国最高数学奖——第九届华罗庚数学奖;北京大学教授张继平、中国科技大学教授沈维孝荣获第十二届陈省身数学奖。另有袁巍、尹万科、葛灏和金春花4人荣获第九届钟家庆数学奖优秀博士论文奖。

国务院印发《关于扶持和促进中医药事业发展的若干意见》

各省、自治区、直辖市人民政府,国务院各部委、各直属机构:

中医药(民族医药)是我国各族人民在几千年生产生活实践和与疾病作斗争中逐步形成并不断丰富发展的医学科学,为中华民族繁衍昌盛作出了重要贡献,对世界文明进步产生了积极影响。新中国成立特别是改革开放以来,党中央、国务院高度重视中医药工作,中医药事业取得了显著成就。但也要清醒地看到,当前中医药事业发展还面临不少问题,不能适应人民群众日益增长的健康需求。《中共中央、国务院关于深化医药卫生体制改革的意见》(中发〔2009〕6号)提出,要坚持中西医并重的方针,充分发挥中医药作用。为进一步扶持和促进中医药事业发展,落实医药卫生体制改革任务,现提出以下意见:

一、充分认识扶持和促进中医药事业发展的重要性和紧迫性

长期以来,中医药和西医药互相补充、协调发展,共同担负着维护和增进人民健康的任务,这是我国医药卫生事业的重要特征和显著优势。中医药临床疗效确切、预防保健作用独特、治疗方式灵活、费用比较低廉,特别是随着健康观念变化和医学模式转变,中医药越来越显示出独特优势。中医药作为中华民族的瑰宝,蕴含着丰富的哲学思想和人文精神,是我国文化软实力的重要体现。扶持和促进中医药事业发展,对于深化医药卫生体制改革、提高人民群众健康水平、弘扬中华文化、促进经济发展和社会和谐,都具有十分重要的意义。

随着经济全球化、科技进步和现代医学的快速发展,我国中医药发展环境发生了深刻变化,面临许多新情况、新问题。中医药特色优势逐渐淡化,服务领域趋于萎缩;老中医药专家很多学术思想和经验得不到传承,一些特色诊疗技术、方法濒临失传,中医药理论和技术方法创新不足;中医中药发展不协调,野生中药资源破坏严重;中医药发展基础条件差,人才匮乏。各地区、各有关部门要充分认识扶持和促进中医药事业发展的重要性和紧迫性,采取有效措施,全面加强中医药工作,开创中医药事业持续健康发展新局面。

二、发展中医药事业的指导思想和基本原则

(一)指导思想。坚持以邓小平理论和"三个代表"重要思想为指导,全面贯彻落实科学发展观,把满足人民群众对中医药服务的需求作为中医药工作的出发点。遵循中医药发展规律,保持和发扬中医药特色优势,推动继承与创新,丰富和发展中医药理论与实践,促进中医中药协调发展,为提高全民健康水平服务。

（二）基本原则。坚持中西医并重，把中医药与西医药摆在同等重要的位置；坚持继承与创新的辩证统一，既要保持特色优势又要积极利用现代科技；坚持中医与西医相互取长补短、发挥各自优势，促进中西医结合；坚持统筹兼顾，推进中医药医疗、保健、科研、教育、产业、文化全面发展；坚持发挥政府扶持作用，动员各方面力量共同促进中医药事业发展。

三、发展中医医疗和预防保健服务

（一）加强中医医疗服务体系建设。县级以上地方人民政府要在区域卫生规划中合理规划和配置中医医疗机构（包括中西医结合和民族医医疗机构）。大力加强综合医院、乡镇卫生院和社区卫生服务中心的中医科室建设，积极发展社区卫生服务站、村卫生室的中医药服务。在其他医疗卫生机构中积极推广使用中医药适宜技术。通过中央和地方共同努力，进一步加大公立中医医院的改造建设力度，有条件的县以上综合医院和乡镇卫生院、社区卫生服务中心都要设置中医科和中药房，配备中医药专业技术人员、基本中医诊疗设备和必备中药，基本实现每个社区卫生服务站、村卫生室都能够提供中医药服务。加强中医医疗机构服务能力建设，研究制定中医诊疗常规、出入院标准、用药指南、临床诊疗路径、医疗服务质量评价标准等技术标准和规范，促进中医医疗机构因病施治、规范诊疗、合理用药，提高医疗服务质量。培育、培养一批名院、名科、名医。推动中医药进乡村、进社区、进家庭。

积极促进非公立中医医疗机构发展，形成投资主体多元化、投资方式多样化的办医格局。鼓励有资质的中医专业技术人员特别是名老中医开办中医诊所或个体行医，允许符合条件的药品零售企业举办中医坐堂医诊所。非公立中医医疗机构在医保定点、科研立项、职称评定和继续教育等方面，与公立中医医疗机构享受同等待遇，对其在服务准入、监督管理等方面一视同仁。

（二）积极发展中医预防保健服务。充分发挥中医预防保健特色优势，将中医药服务纳入公共卫生服务项目，在疾病预防与控制中积极运用中医药方法和技术。推动中医医院和基层医疗卫生机构开展中医预防保健服务。鼓励社会力量投资兴办中医预防保健服务机构。制定中医预防保健服务机构、人员准入条件和服务规范，加强引导和管理。

四、推进中医药继承与创新

（一）做好中医药继承工作。开展中医药古籍普查登记，建立综合信息数据库和珍贵古籍名录，加强整理、出版、研究和利用。整理历代医家医案，研究其学术思想、技术方法和诊疗经验，总结中医药学重大学术创新规律。依托现有中医药机构设立一批当代名老中医药专家学术研究室，系统研究其学术思想、临证经验和技术专长。整理研究传统中药制药技术和经验，形成技术规范。挖掘整理民间医药知识和技术，加以总结和利用。

（二）加快中医药科技进步与创新。建立符合中医药特点的科技创新体系、评价体系和管理体制，改革和创新项目组织管理模式，整合中医药科技资源。推进中医药科研基地特别是国家和省级中医临床研究基地建设。支持中医药科技创新，开展中医药基础理论、诊疗技术、疗效评价等系统研究，推动中药新药和中医诊疗仪器、设备的研制开发，加强重大疾病的联合攻关和常见病、多发病、慢性病的中医药防治研究。推行中医药科研课题立项、科技成果评审同行评议制度。

五、加强中医药人才队伍建设

（一）改革中医药院校教育。根据经济社会发展和中医药事业需要，规划发展中医药院校教育。调整中医药高等教育结构和规模，坚持以中医药专业为主体，按照中医药人才成长规律施教，强化中医药基础理论教学和基本实践技能培养。选择部分高等中医药院校进行中医临床类本科生招生与培养改革试点。加强中医药职业教育，加快技能型人才培养。国家支持建设一批中医药重点学科、专业和课程，重点建设一批中医临床教学基地。

（二）完善中医药师承和继续教育制度。总结中医药师承教育经验，制定师承教育标准和相关政策措施，探索不同层次、不同类型的师承教育模式，丰富中医药人才培养方式和途径。落实名老中医药专家学术经验继承人培养与专业学位授予相衔接的政策。妥善解决取得执业资格的师承人员在职称评定和岗位聘用等方面的相关问题。完善中医药继续教育制度，健全继续教育网络。

（三）加快中医药基层人才和技术骨干的培养。制订切实可行的实施方案，积极探索定向为农村培养中医药人才的措施。鼓励基层中医药人员参加学历教育以及符合条件的中医执业医师带徒培训。探索中医执业医师多点执业的办法和形式。将农村具有中医药一技之长的人员纳入乡村医生管理。制订实施中医药学科带头人和技术骨干培养计划，造就新一代中医药领军人才和一大批中青年名中医。鼓励西医师学习中医，培养一批中西医结合人才。开展面向基层医生的中医药基本知识与适宜技术培训。

（四）完善中医药人才考核评价制度。制定体现中医药特点的中医药专业技术人员水平能力评价标准，改进和完善卫生专业技术人员资格考试中的中医药专业考试方法和标准。建立国家中医药专业人员职业资格证书制度，开展中医药行业特有工种技能鉴定工作。

建立政府表彰和社会褒奖相结合的中医药人才激励机制。

六、提升中药产业发展水平

(一)促进中药资源可持续利用。加强对中药资源的保护、研究开发和合理利用。开展全国中药资源普查,加强中药资源监测和信息网络建设。保护药用野生动植物资源,加快种质资源库建设,在药用野生动植物资源集中分布区建设保护区,建立一批繁育基地,加强珍稀濒危品种保护、繁育和替代品研究,促进资源恢复与增长。结合农业结构调整,建设道地药材良种繁育体系和中药材种植规范化、规模化生产基地,开展技术培训和示范推广。合理调控、依法监管中药原材料出口。

(二)建设现代中药工业和商业体系。加强中药产业发展的统筹规划,制定有利于中药产业发展的优惠政策。组织实施现代中药高技术产业化项目,加大支持力度。鼓励中药企业优势资源整合,建设现代中药产业制造基地、物流基地,打造一批知名中药生产、流通企业。加大对中药行业驰名商标、著名商标的扶持与保护力度。优化中药产品出口结构,提高中药出口产品附加值,扶持中药企业开拓国际市场。

(三)加强中药管理。完善中药注册管理,充分体现中药特点,着力提高中药新药的质量和临床疗效。推进实施中药材生产质量管理规范,加强对中药饮片生产质量和中药材、中药饮片流通监管。加强对医疗机构使用中药饮片和配制中药制剂的管理,鼓励和支持医疗机构研制和应用特色中药制剂。

七、加快民族医药发展

加强民族医医疗机构服务能力建设,改善就医条件,满足民族医药服务需求。加强民族医药教育,重视人才队伍建设,提高民族医药人员素质。完善民族医药从业人员准入制度。加强民族医药继承和科研工作,支持重要民族医药文献的校勘、注释和出版,开展民族医特色诊疗技术、单验方等整理研究,筛选推广一批民族医药适宜技术。建设民族药研发基地,促进民族医药产业发展。

八、繁荣发展中医药文化

将中医药文化建设纳入国家文化发展规划。加强中医药文物、古迹保护,做好中医药非物质文化遗产保护传承工作,加大对列入国家级非物质文化遗产名录项目的保护力度,为国家级非物质文化遗产中医药项目代表性传承人创造良好传习条件。推进中医药机构文化建设,弘扬行业传统职业道德。开展中医药科学文化普及教育,加强宣传教育基地建设。加强中医药文化资源开发利用,打造中医药文化品牌。加强舆论引导,营造全社会尊重、保护中医药传统知识和关心、支持中医药事业发展的良好氛围。

九、推动中医药走向世界

积极参与相关国际组织开展的传统医药活动,进一步开展与外国政府间的中医药交流合作,扶持有条件的中医药企业、医疗机构、科研院所和高等院校开展对外交流合作。完善相关政策,积极拓展中医药服务贸易。在我国对外援助、政府合作项目中增加中医药项目。加强中医药知识和文化对外宣传,促进国际传播。

十、完善中医药事业发展保障措施

(一)加强对中医药工作的组织领导。根据国民经济和社会发展总体规划和医疗卫生事业、医药产业发展要求,编制实施国家中医药中长期发展专项规划。充分发挥中医药工作部际协调机制作用,加强对中医药工作的统筹协调。地方各级人民政府要切实加强对中医药工作的领导,及时研究解决中医药事业发展中的问题,认真落实各项政策措施。

(二)加大对中医药事业投入。各级政府要逐步增加投入,重点支持开展中医药特色服务、公立中医医院基础设施建设、重点学科和重点专科建设以及中医药人才培养。落实政府对公立中医医院投入倾斜政策,研究制定有利于公立中医医院发挥中医药特色优势的具体补助办法。完善相关财政补助政策,鼓励基层医疗卫生机构提供中医药适宜技术与服务。制定优惠政策,鼓励企事业单位、社会团体和个人捐资支持中医药事业。合理确定中医医疗服务收费项目和价格,充分体现服务成本和技术劳务价值。

(三)医疗保障政策和基本药物政策要鼓励中医药服务的提供和使用。将符合条件的中医医疗机构纳入城镇职工基本医疗保险、城镇居民基本医疗保险和新型农村合作医疗的定点机构范围,将符合条件的中医诊疗项目、中药品种和医疗机构中药制剂纳入报销范围。按照中西药并重原则,合理确定国家基本药物目录中的中药品种,基本药物的供应保障、价格制定、临床应用、报销比例要充分考虑中药特点,鼓励使用中药。

(四)加强中医药法制建设和知识产权保护。积极推进中医药立法进程,完善法律、法规。加强中医药知识产权保护和利用,完善中医药专利审查标准和中药品种保护制度,研究制定中医药传统知识保护名录,逐步建立中医药传统知识专门保护制度。加强中药道地药材原产地保护工作,将道地药材优势转化为知识产权优势。

(五)加强中医药行业管理。加强中医药行业统一规划,按照中医药自身特点和规律管理中医药。推进中医药信息化建设,建立、健全综合统计制度。推进中医药标准化建设，建立标准体系，推动我国中医药标准向国际标准转化。严格中医药执法监督，严厉打击假冒中医名义非法行医、发布虚假违法中医中药广告以及制售假冒伪劣中药行为。加强地方中医药管理机构建设，强化管理职能，提高管理水平。

国务院

2009年4月21日

全国松材线虫病防治工作会议在安徽黄山市召开

国务院副总理回良玉就此作出批示。他强调，松材线虫病扩散的速度很快，给林业造成的损失巨大，对一些林区、风景名胜区和三峡库区的生态安全构成严重威胁，务必采取有效措施，认真对待。要落实防治责任，创新防治机制，加大执法和投入力度，实施科学防治，坚决遏制松材线虫病扩散蔓延的势头，切实保护好森林资源和国土生态安全。

全国松材线虫病防治工作会议提出，要加大松材线虫病防治力度，力争到2030年，全面控制疫情，发生面积大幅度减少，病死树率万分之三以下的发生面积占90%以上，疫点总数量下降60%，建立起健康稳定的森林生态系统。

4月22日

十一届全国人大常委会第八次会议在人民大会堂举行第二次全体会议

会议听取和审议国务院关于农村社会保障体系建设情况的报告、关于职业教育改革与发展情况的报告、关于大气污染防治工作进展情况的报告等。吴邦国委员长出席会议。

会议由周铁农副委员长主持。

受国务院委托，民政部部长李学举向会议报告了农村社会保障体系建设情况。他说，目前以农村最低生活保障制度、新型农村合作医疗制度、农村医疗救助制度、农村五保供养制度、自然灾害生活救助制度等为主要内容的农村社会保障体系初步形成，被征地农民、农民工社会保障工作取得了长足进展，一些地方还探索开展了农村养老保险试点，初步保障了农村群众基本生活。但现阶段我国农村社会保障体系还不够健全，存在一些需要认真研究解决的问题。今后一段时间，需要按照广覆盖、保基本、多层次、可持续的原则，以解决制度缺失问题为重点，继续健全和规范各项保障制度，逐步扩大覆盖面，不断提高保障水平，着力从体系层面进行衔接配套，增强推进合力。他还从健全法律、法规、加大资金投入、加强协调协作、注重统筹平衡、强化基层管理和服务等方面报告了加强农村社会保障体系建设的具体措施。

受国务院委托，教育部部长周济向会议报告了我国职业教育改革与发展情况。他说，近年来我国职业教育的改革发展取得了重大进展，实现了历史性突破：职业教育特别是中等职业教育规模迅速扩大，具备了大规模培养高素质劳动者和技能型人才的能力；职业教育办学思想更加明确，改革发展思路更加清晰；加大投入，职业教育基础能力建设得到加强；建立、健全职业教育学生资助政策体系，有效促进了教育发展和社会公平。同时，职业教育仍然是我国教育事业的薄弱环节，与经济社会发展和人民群众的需要还有差距。周济说，在研究制定《国家中长期教育改革和发展规划纲要》过程中，将进一步明确职业教育改革发展的指导思想和目标任务，认真研究和吸收社会各界的意见和建议，加快职业教育改革创新步伐，实现职业教育质量、结构、规模、效益的协调发展。他还从九个方面报告了进一步推进职业教育改革与发展的主要政策措施以及关于修改职业教育法的工作进展情况。

受国务院委托，环境保护部部长周生贤向会议报告了大气污染防治工作进展情况。他说，目前我国大气污染防治工作取得积极进展：主要大气污染物排放总量得到有效控制；城市大气环境综合整治不断加强；积极探索大气污染区域联防新机制；产业结构调整力度进一步加大；清洁能源利用和节能工作扎实推进；大气污染防治法制建设和执法工作不断深入；污染防治基础能力建设力度不断加大。他说，随着国民经济的持续快速发展，能源消费的不断攀升，发达国家历经近百年出现的环境问题在我国近二三十年集中出现，呈现区域性和复合型特征，存在发生大气严重污染事件的隐忧，大气环境形势非常严峻。他还介绍了下一步的工作设想：确保实现主要大气污染物减排目标；建立和完善区域、城市大气联防联控机制；进一步加大产业结构调整力度；大力推进机动车污染防治工作；进一步完善大气污染防治监管和保障体系；强化大气污染防治的科技支撑。

会议还听取了全国人大法律委员会主任委员胡康生作的关于邮政法修订草案、全国人大常委会议事规则修正案草案审议结果的报告。法律委员会建议本次常委会会议审议通过这两部法律案。

全国人大常委会副委员长王兆国、路甬祥、乌云其木格、韩启德、华建敏、陈至立、李建国、司马义·铁力瓦尔地、蒋树声、陈昌智、严隽琪、桑国卫出席会议。国务委员戴秉国、最高人民法院院长王胜俊、最高人民检察院检察长曹建明等列席会议。

全国人大常委会委员长吴邦国在人民大会堂会见巴基斯坦国民议会议长米尔扎

吴邦国强调，中方始终从战略高度和长远角度看待和发展中巴关系，愿与巴方一道，加强中巴全天候友谊和全方位合作，推动中巴更加紧密的战略合作伙伴关系迈上新台阶，为两国人民谋福祉，为地区和平与发展做贡献。

在谈到议会交往时，吴邦国说，中国全国人大与巴基斯坦国民议会多年来积极开展友好交流，为中巴关系注入了新的活力。希望双方继续发扬友好合作的传统，加强多层次、多渠道的交流与合作，为增进两国人民的了解和友谊、推动双边各领域务实合作发挥更大作用。

米尔扎说，巴中友谊比山高、比海深，巴中关系是巴基斯坦最重要的双边关系。巴方希望进一步加强双方在交通、能源、自贸区等领域的务实合作，加强女议员与女代表之间的交流。巴基斯坦议会愿通过密切同中国全国人大的交流与合作，共同促进巴中关系全面深入发展。她重申，巴方坚持一个中国政策，支持中方在台湾、西藏等问题上的原则立场。

国务院总理温家宝主持召开国务院常务会议

会议研究部署当前应对国际金融危机、稳定农业发展促进农民增收的政策措施，审议并原则通过《彩票管理条例(草案)》。

会议指出，近年来，我国农业和农村发展形势良好，为保持国民经济平稳较快发展、维护社会和谐稳定作出了重大贡献。当前，国际金融危机持续蔓延，对我国农业和农村经济的负面影响逐步显现。国际市场主要农产品需求萎缩、价格回落，部分农产品出口受阻，加上国际金融危机造成国内经济增速放缓、内需减弱，使农产品价格下行压力较大，农业生产效益下滑，保持农业稳定发展和农民增收困难加大。

会议强调，必须进一步采取针对性更强、更有力的举措，保护农民生产积极性，稳定农业发展，促进农民增收。要按照远近结合、内外统筹、区别对待的原则，加强市场调控，扩内需、促出口、稳价格，推动农业生产调结构、上水平、增后劲，通过保就业、重民生、促增收，维护农村稳定。

会议要求，当前要重点采取以下八项措施：一是抓好粮食等大宗农产品生产。抓好春耕生产，做好化肥等农资供应保障工作。及时足额落实各项补贴资金，兑现到户。启动实施马铃薯原种补贴，中央财政对马铃薯原种生产给予每亩补贴100元。继续加大中央预算内投资，用于农业生产能力建设。二是促进畜牧业稳定发展。中央安排30亿元建设投资，支持生猪和奶牛标准化规模养殖小区建设。加强动物疫病防控。适时启动调控措施，防止生猪价格过度下跌。扩大奶粉收储规模，将原料奶收购贷款贴息政策延长至2009年12月底。三是做好大宗农产品收储。落实粮食最低收购价政策，将临时存储大豆收购截止期延长至6月底，继续在主产区对油菜籽按略高于市场价格实行国家临时收储，做好棉花收储预案。加强大宗农产品仓储、物流设施建设。从今年起安排中央补助投资建设资金，实施农户科学储粮专项，为主产区农户改善储粮条件。四是支持农产品加工和龙头企业发展。安排中央预算内投资，支持农产品深加工企业技术进步。加大信贷支持力度，现有支持中小企业发展的专项资金(基金)向农产品加工企业倾斜。由财政给予适当贴息补助，鼓励纺织加工骨干企业增加厂丝储存。完善政策，提高玉米深加工企业开工率。五是促进农产品流通发展。对农产品流通环节收费进行专项清理，推进在全国范围内免收整车合法装载鲜活农产品的车辆通行费。加快培育大型农产品流通企业和农产品经纪人。六是加强农产品进出口调控和农产品质量安全体系建设。七是采取有力措施促进农民工就业。研究制定对中小企业吸纳农村劳动力转移就业的扶持政策，加强农民工再就业技能培训。发挥政府投资项目对农民工就业的吸纳、引导作用，对自主创业的农民工给予小额担保贷款等扶持。八是加强农村民生工程和基础设施建设。今年新增中央投资中，安排650亿元用于农村教育、卫生等基础设施建设，改善农村水、电、交通、通信等基础设施条件。把支持农民建房、改善居住条件作为今后一段时期扩大农村消费的重要着力点。

会议指出，我国自1987年开始发行彩票以来，彩票发行规模稳步扩大，对促进社会公益事业发展发挥了积极作用。为加强彩票管理，规范彩票发展，维护彩票市场秩序，保护彩票参与者的合法权益，有必要在总结经验的基础上制定《彩票管理条例》。《彩票管理条例(草案)》对彩票管理体制、彩票发行和销售、开奖兑奖和资金管理以及彩票违法行为的法律责任等作了明确规定。会议决定，该条例草案经进一步修改后，由国务院公布施行。

国务院任免国家工作人员

任命陈元丰为国务院台湾事务办公室副主任。

国务院副总理回良玉在中南海紫光阁会见联合国副秘书长霍姆斯

国务院副总理张德江在中南海会见俄罗斯联邦总统助理马尔科夫

外交部部长杨洁篪在开罗与埃及总统穆巴拉克举行会谈

穆巴拉克说，从1976年第一次访华起，他就坚定主张大力发展对华关系。在当前国际形势下，埃方愿进一步加强与中国的友好互利合作，共同在国际和地区事务中发挥积极作用，推进中东和平进程。

杨洁篪说，今年是中埃建立战略合作关系10周年。10年来，两国政治互信不断增强，经贸合作日益扩大，人文交流丰富多样，战略合作关系内涵不断丰富。中方愿与埃方以建立战略合作关系10周年为新起点，共同努力，推动中埃战略合作关系取得新成果。中方高度赞赏和支持埃方为实现中东和平作出的积极努力，愿与埃方一道，为实现中东全面、公正、持久的和平继续发挥建设性作用。

外交部部长杨洁篪在约旦河西岸城市拉姆安拉与巴勒斯坦民族权力机构主席阿巴斯举行会谈

阿巴斯表示，中国是巴勒斯坦的友好国家和真诚朋友，双方在许多领域保持沟通与协调。巴方高度赞赏中国在中东问题上发挥更积极作用，愿同中方共同努力推进中东和平进程。

杨洁篪说，中方高度重视中巴传统友好关系，将一如既往地坚定支持巴勒斯坦人民恢复合法民族权利的正义事业，进一步加强双方各层次、各领域交流和合作，推动中巴友好事业不断发展。关于中东问题，杨洁篪表示，面对当前复杂的地区局势，要坚持和平进程的大方向，坚持“两国方案”，全面落实第1860号决议。国际社会应持续关注中东问题，继续加强协调与配合，为巴以和谈以及巴经济发展提供有力支持。作为安理会常任理事国和巴勒斯坦人民的真诚朋友，中方将继续同国际社会一道，为帮助巴人民早日实现建国目标，推动中东和平进程而不懈努力。

国务委员兼国防部部长梁光烈在青岛会见印度参委会主席兼海军参谋长苏里什·梅赫塔海军上将一行和美国二战名将史迪威的后代

中联部部长王家瑞在北京会见以农业省党委书记陈今哲为团长的朝鲜劳动党农业干部考察团

“中国遥感卫星六号”在太原卫星发射中心成功发射

4月23日

中央军委主席胡锦涛在青岛出席庆祝人民海军成立60周年海上阅兵活动

中央军委主席胡锦涛在青岛会见应邀前来参加中国人民解放军海军成立60周年庆典活动的29国海军代表团团长

胡锦涛代表中国政府和军队向参加庆典活动的各国海军官兵表示热烈欢迎。

中央军委委员、国务委员兼国防部部长梁光烈，中央军委委员、总参谋长陈炳德，中央军委委员、海军司令员吴胜利等陪同会见。

胡锦涛说，这次多国海军活动以“和谐海洋”为主题。推动建设和谐海洋，是建设持久和平、共同繁荣的和谐世界的重要组成部分，是世界各国人民的美好愿望和共同追求。加强各国海军之间的交流，开展国际海上安全合作，对建设和谐海洋具有重要意义。改革开放以来，中国人民解放军海军积极开展与世界各国海军之间各种形式的交流与合作，增进了与各国海军之间的相互了解和友谊。今后，中国人民解放军海军将本着更加开放、务实、合作的精神，积极参与国际海上安全合作，为实现和谐海洋这一崇高目标而不懈努力。我们开展国际海上安全合作，始终坚持遵循《联合国宪章》《联合国海洋法公约》以及其他公认的国际关系准则，坚持谋求共同安全和共同发展，坚持尊重沿海国的主权和权益，坚持共同应对海上传统安全威胁和非传统安全威胁，努力寻求基于和平的多种途径和手段，维护海上安全。

胡锦涛表示，中国将坚定不移地走和平发展道路，这是中国政府和人民秉承中华民族优秀文化传统和一贯的以和为贵的和平理念、根据时代发展潮流和自身根本利益作出的战略抉择。这条发展道路决定了中国必然坚持防御性的国防政策。不论现在还是将来，不论发展到什么程度，中国都永远不称霸，不搞军事扩张和军备竞赛，不会对任何国家构成军事威胁。包括中国人民解放军海军在内的中国军队，永远是维护世界和平、促进共同发展的重要力量。

外国海军代表团代表、巴西海军司令莫拉上将对胡锦涛的会见表示感谢，对中国人民解放军海军成立60周年表示祝贺，对中国政府和军队为建设和谐海洋作出的不懈努力表示赞赏。

国务院总理温家宝到商务印书馆和国家图书馆参加“世界读书日”活动

全国政协主席贾庆林在人民大会堂会见巴基斯坦国民议会议长米尔扎

贾庆林说，自上个世纪50年代以来，在两国几代领导人的精心培育和两国人民的支持推动下，中巴友谊之树根深叶茂，茁壮成长。在新的历史时期，中巴关系保持着良好发展势头，前景十分广阔。双方政治互信不断巩固，经贸合作日益深化，教育、人文、科技等领域的合作不断拓展。贾庆林指出，人文领域是中巴全方位合作的重要组成部分，希望双方积极推进教育合作，继续加大人力资源培训，加强民间、人文、青年等领域交流，提高合作水平。

贾庆林表示，中巴友好符合两国的根本利益。发展中巴友好是中国坚定不移的方针。中国全国政协愿与巴基斯坦有关方面一道，为推动中巴战略合作伙伴关系深入发展作出不懈努力。贾庆林还对巴方长期以来在涉台、涉藏等涉及中国核心利益问题上给予的坚定支持表示赞赏和感谢。

米尔扎表示，巴基斯坦高度重视发展对华关系。我首次出访就来到中国，就是为了进一步加强两国各领域交往，促进双边务实合作的发展。在新的国际形势下，巴方愿与中方一道，加强协调与合作，共同应对挑战，为地区乃至世界的和平稳定作出更大贡献。

中共中央政治局常委习近平在江苏出席部分省市学习实践活动调研座谈会并发表讲话

习近平在江苏召开的部分省市深入学习实践科学发展观活动调研座谈会上强调，认真查找和解决突出问题是检验学习实践活动是否取得实效的重要标志。各地各单位要根据不同领域、不同单位的情况，坚持什么问题突出就集中解决什么问题。市县应当重点围绕发展经济、改善民生、维护稳定，着力解决在思想观念、体制机制、工作作风、领导能力等方面存在的突出问题；国有企业应当重点围绕调整产品结构、转变发展方式、提高自主创新能力，着力解决在防范风险、经营管理、技术创新、节能降耗等方面存在的突出问题；高等学校应当重点围绕培养和造就合格的中国特色社会主义建设者和接班人，着力解决在办学质量、创新能力、科研水平、服务经济社会发展等方面存在的突出问题。对已经查找出来的突出问题要及早考虑整改落实措施。当前，要认真抓好中央一系列决策部署的贯彻落实，办几件群众普遍期待的实事好事，真正让群众看到各级领导班子推动问题解决的决心，看到学习实践活动带来的实实在在变化。

习近平指出，解决党员干部党性党风党纪方面群众反映强烈的突出问题，是这次学习实践活动的一个重要目的。各地各单位要引导党员干部特别是领导干部切实加强理论修养、政治修养、道德修养、纪律修养和作风修养，大力弘扬亲民爱民、密切联系群众的优良作风，把人民群众的愿望和要求作为决策的根本依据，把解决人民群众最关心、最直接、最现实的利益问题放在工作首位，做到对上负责与对下负责相统一；大力弘扬求真务实、真抓实干的优良作风，坚持深入实际、深入基层、深入群众，问政于民、问需于民、问计于民，扑下身子抓落实，集中精力解难题；大力弘扬艰苦奋斗、勤俭办事的优良作风，牢固树立过紧日子的观念，坚持在建设中精打细算，真正把有限的资金和资源用在刀刃上；大力弘扬清正廉洁、甘于奉献的优良作风，做到自重、自省、自警、自励，耐得住寂寞、守得住清贫、抵得住诱惑、经得住考验；大力弘扬埋头苦干、不计名利的优良作风，以人民利益为重，正确看待个人得失，不为名利地位所累，努力实现共产党人高尚的人生追求。

习近平指出，参加第二批学习实践活动的市县机关、国有企业和高等学校各具特色，情况差异较大，要坚持学习实践活动的总体要求，更加注重分类指导。上级机关要以身作则、率先垂范，充分发挥以上带下、以上促下的作用。要坚持典型引路，善于用身边事教育身边人。

中组部部长、中央学习实践活动领导小组副组长李源潮出席会议。北京、辽宁、吉林、上海、江苏、浙江、江西、海南8个省市学习实践活动领导小组负责同志在会上发言。

国务院法制办全文公布《政府参事工作条例(征求意见稿)》征求社会各界意见

征求意见稿规定了政府参事的遴选范围、条件、程序、任职年龄和期限，政府参事的权利和义务，有关人民政府、政府部门和单位保障政府参事工作顺利开展的责任等。

参事工作的主要任务，是通过调查研究，向政府提供高水平的建议。参事的选聘，不仅要考虑统战工作的需要，更要考虑政府工作的需要。征求意见稿规定，政府参事除了应当主要从民主党派成员、无党派人士以及其他社会知名人士中选聘，也可以从中共党员专家、学者中选聘。同时，将参事任职最高年龄从现行的75周岁降至70周岁，并规定政府参事每届任期为5年。

征求意见稿规定：政府参事可以直接向本级政府领导反映情况、提出意见和建议，根据履行职责的需要可以向有关部门和单位了解情况，按照有关规定旁听人民代表大会、列席人民政协的有关会议。政府参事受聘期间不办理退休手续，工龄连续计算，享受人事关系所在单位同职级在岗人员同等待遇。

中国和平统一促进会第八届海外统促会会长会在北京举行

会议时间为4月23日至25日，来自68个国家和地区的122位海外统促会会长及有关人士与会。

会议期间，与会代表听取了中央统战部和国台办有关负责同志所作的台情报告和涉藏情况报告，学习了中央对台及涉藏方针政策，探讨了新形势下推动反“独”促统运动深入发展的思路和举措。

中央企业劳动模范和先进集体表彰大会在北京召开

国务院副总理张德江在讲话中强调，中央企业要深入贯彻落实科学发展观，大力弘扬劳模精神，积极应对国际金融危机，促进中央企业又好又快发展，努力做强做大中央企业，为保持国民经济平稳较快发展作出更大贡献。

张德江在讲话中充分肯定了先进集体和劳动模范对中央企业改革发展和国家现代化建设作出的突出贡献，高度评价了在改革开放和现代化建设实践中形成的具有时代特点的劳模精神。他指出，中央企业和广大职工要以先进集体和劳动模范为榜样，大力弘扬劳模精神，脚踏实地，勇挑重担，甘于奉献，争创一流，为中央企业发展壮大而不懈努力。

张德江强调，要认真贯彻落实中央保增长、扩内需、调结构的政策措施，把保持企业平稳较快发展和提高质量效益作为中心任务，化危机为机遇，加强管理，调整结构，降本增效，拓展市场，全面完成今年中央企业的各项任务。要进一步加快提高中央企业素质和竞争力，做强做大中央企业，培育和形成更多世界一流的大公司大企业集团，打造国民经济的“航空母舰”。要坚定不移地贯彻全心全意依靠工人阶级的方针，切实维护职工的合法权益，充分发挥职工民主管理、民主监督、民主决策、民主评议的作用。要大力实施“人才强企”战略，推进职工素质工程建设，着力培育一支素质优良、结构合理、开拓创新的一流职工队伍。

这次表彰大会是人力资源和社会保障部与国资委联合召开的，500个先进集体和798名中央企业劳动模范受到了表彰。国资委主任李荣融等参加了会议。

2010年上海世界博览会组织委员会第七次会议暨国内参展工作会议在北京召开

国务院副总理、上海世博会组委会主任委员王岐山，上海市委书记、上海世博会组委会第一副主任委员俞正声出席会议并讲话。会议强调，各地区、各部门要认真贯彻党中央、国务院关于办好上海世博会的决策和部署，认清形势，增强紧迫感和责任感，知难而进，举全国之力，集世界之智，把上海世博会办成一届成功、精彩、难忘的盛会，促进世界各国经济、科技、文化交流，传播人类文明发展理念，展示新中国建设的伟大成就，特别是改革开放30年来巨大变化和中华民族文明进步开放的形象。

上海世博会组委会成员和有关单位负责人、各省(区、市)人民政府及参展国有企业负责人参加会议。

国务院副总理李克强考察循环经济试点示范企业并出席循环经济院士专家座谈会

李克强来到神华集团公司所属企业，深入车间考察循环经济试点示范工作，详细了解冷热电联供、烟气脱硫、石膏制板等节能环保技术应用情况。

在考察现场，李克强参加循环经济座谈会，认真听取院士、专家的意见和建议。他指出，发展循环经济，要按照减量化、再利用、资源化的原则，推动企业集中布局、产业集聚发展、废弃物集中处理和循环利用，加快构建高效、节约、环保的现代产业体系。通过产业链的衔接，把上游废物变成下游原料，做到物尽其用。要全面推行清洁生产，采用先进的工艺和设备，加强和改善企业管理，尽可能把投入的资源“吃干榨尽”，最大限度地减少对原生资源的消耗，最大限度地降低污染和废弃物最终排放量，直至实现“零排放”。还要有序推进废旧物资和机电产品的再利用、再制造，努力变废为宝、化害为利，提高资源综合利用效率。

李克强说，发展循环经济是对传统发展方式从理念到实践、从规划到政策的重大创新，是一项开创性、挑战性很强的事业，需要积极探索新思路、新举措、新办法。要推动技术进步和创新，选择关系循环经济发展的关键技术和共性技术组织开展研发攻关，实施重点行业、重点企业的重大技术推广工程，广泛推广成熟适用技术。要推动体制机制创新，健全政策法规，加大投入力度，形成激励与约束机制，发展技术、咨询、管理等服务，为循环经济发展提供保障。

李克强要求各有关部门和单位，坚持政府推动、市场引导、企业实施、公众参与，搞好统筹规划，深化试点示范，充分发挥专家智慧和力量，以循环经济专家院士行为契机，调动社会各方面和人民群众的积极性，促进循环经济发展水平不断提高。

全国政协副主席、科技部部长万钢，中国工程院院长徐匡迪参加考察并出席座谈会。国务院有关部门和单位负责人，北京市政府负责人，有关科研机构和企业的院士、专家陪同考察并参加座谈会。

国务院副总理王岐山在中南海紫光阁会见澳大利亚前总理鲍勃·霍克一行

全国人大常委会副委员长陈至立在北京会见米尔扎议长率领的巴基斯坦国民议会代表团

外交部发言人姜瑜就日本首相向靖国神社献祭品事答记者问

姜瑜表示，中方已通过外交渠道向日方表明严重关切和不满，要求日方务必谨言慎行，妥善处理。

姜瑜说，日本政府正确认识并妥善处理历史问题是中日关系的政治基础。日方应恪守承诺，言行一致，以负责任的态度维护中日关系大局。中方已通过外交渠道向日方表明严重关切和不满，强调历史问题高度敏感，日方任何错误举动，都将对两国关系带来严重消极影响，要求日方务必谨言慎行，妥善处理。

中国和裁会第八届会员团体联席会议在北京召开

会议听取了协会5年来的工作报告，一致认为，和裁会作为中国最大的民间和平组织，积极发挥自身的民间性、广泛性、灵活性、协调性的特点和优势，请进来，走出去，广交深交朋友，展示了中国人民热爱和平的良好国际形象，成为活跃在国际民间外交舞台上的主力军。

会议还对协会章程进行了修改，产生了和裁会新一届领导机构。原全国人大常委会副委员长何鲁丽担任名誉会长，全国人大常委会副委员长韩启德担任会长，全国人大常委会副委员长严隽琪、全国政协副主席厉无畏等担任副会长。

中国研制成功世界首个幽门螺杆菌疫苗

第六届“奉献者风采——大学生志愿服务西部计划优秀志愿者事迹报告团”座谈会在北京举行

这次座谈会是由中组部、中宣部、团中央、教育部、财政部、人力资源和社会保障部等联合举办的。

全国人大常委会副委员长王兆国在会见报告团成员时强调，党中央、国务院高度重视高校毕业生的创业就业和成长成才工作。希望广大高校毕业生始终坚定理想信念，把握人生方向，把个人的远大理想同国家的前途命运紧密结合，把个人的成长进步融入到与人民共同奋斗的事业之中。要清醒地认识到坚强意志是事业成功的保证，艰苦条件是磨炼品格的途径，自觉树立迎难而上的勇气，深入基层、经受考验、锻炼成长。要在火热生动的实践中发挥才智、增强本领，把自己在学校掌握的科学文化知识付诸实践、奉献社会，把自身蕴藏的创造活力最大限度地发挥出来，在西部广阔的舞台上建功立业。各级党委、政府和有关部门、共青团组织，要发挥“西部计划”的示范导向作用，切实引导高校毕业生面向基层施展才华，为他们创业就业和成长成才创造更好的条件。

座谈会上，内蒙古达茂旗旗委干部陈允广、新疆生产建设兵团农三师四十八团“四木王果业有限公司”销售部经理岳海斌、四川省雅安市选调生蒋银凤、江苏省盐城市射阳县四明镇新南村党总支副书记郭碧玉、贵州省遵义市绥阳县黄杨镇计生办干部黄贵军、甘肃省陇南市文县尖山乡老爷庙村党支部副书记李洪讲述了他们奉献青春、服务人民的感人事迹。

共青团中央书记处第一书记陆昊和中组部、中宣部等部门负责同志及北京大学等高校学生代表出席座谈会。

电影《铁人》全国首映式在北京举行

电影《铁人》由中华全国总工会、北京市委宣传部、北京紫禁城影业公司、上海电影集团公司、金桔海文化投资有限公司联合制作出品。影片采用时空转换的手法，通过讲述两代劳模为祖国能源事业的发展创业拼搏的故事，歌颂了以“铁人”王进喜为代表的中国工人阶级艰苦奋斗、无私奉献、忘我拼搏的崇高精神，展现了一代劳模为国家分忧、为民族争光的爱国情怀。

历时13天的红塔杯2009年全国桥牌协会锦标赛落幕

北京（中国石油）队、北京（华远）队双双夺得公开、女子甲级冠军。中建体协和上海（旗忠）队获得公开甲级二、三名，夺得女子甲级二、三名的分别是浙江（华门）和上海（汽车）队。

第二十四届中国国际体育用品博览会在北京新国际展览中心开幕

4月24日

国家主席胡锦涛在人民大会堂会见法国国民议会议长阿克耶

胡锦涛在会见时表示，中国政府一贯高度重视中法关系，我们愿同法方一道，认真吸取两国关系发展的历史经验，共同落实好双方达成的有关共识，推动中法全面战略伙伴关系健康稳定发展。

胡锦涛还表示，中国政府支持两国立法机构加强交流，发展友谊，促进合作。我们欢迎更多法国议员朋友投身中法友好事业，为中法全面战略伙伴关系的进一步发展作出贡献。

阿克耶说，法方高度重视发展对华关系，两国元首不久前在二十国集团领导人伦敦金融峰会期间举行会晤，翻开了两国关系的新篇章。法方愿在新的基础上加强与中方在各领域的务实合作，巩固两国全面战略伙伴关系。法国国民议会希望通过与中国全国人大的定期交流机制等形式，促进两国友好关系持久发展。

中央军委主席胡锦涛在北京亲切会见海军老同志和英模代表

胡锦涛代表党中央、中央军委，向为海军建设和发展作出重要贡献的老领导、老专家、老同志和英模代表致以崇高敬意，向海军全体官兵致以诚挚问候。

胡锦涛说，人民海军已经走过了60年不平凡的历程。在党中央、中央军委的坚强领导下，在全国人民的大力支持下，经过一代又一代海军官兵的艰苦奋斗和不懈努力，海军建设和发展取得了辉煌成就，已初步发展成为一支多兵种合成的现代海上防御力量。人民海军为捍卫国家主权、安全、领土完整，为推进改革开放和社会主义现代化建设，为维护世界和平与发展，作出了重要贡献。

胡锦涛指出，当前，海军建设和发展已经站在新的历史起点上。希望海军官兵高举中国特色社会主义伟大旗帜，坚持以邓小平理论和“三个代表”重要思想为指导，深入贯彻落实科学发展观，大力弘扬我军听党指挥、服务人民、英勇善战的优良传统，深入研究新形势下海军建设的特点规律，借鉴吸收各国海军建设的有益经验，全面推进海军现代化建设，不断提高履行新世纪、新阶段我军历史使命的能力。希望各位老同志一如既往地关心支持海军建设和发展，继续贡献自己的智慧和力量。希望各位英模更好地发挥模范带头作用，为人民再立新功。祝海军建设事业兴旺发达，不断取得新的更大的成就。

国家主席胡锦涛签署第12号令发布《中华人民共和国邮政法》

《中华人民共和国邮政法》已由中华人民共和国第十一届全国人民代表大会常务委员会第八次会议于2009年4月24日修订通过，现将修订后的《中华人民共和国邮政法》公布，自2009年10月1日起施行。

中华人民共和国主席　胡锦涛

2009年4月24日

中华人民共和国邮政法

第一章　总　则

第一条　为了保障邮政普遍服务，加强对邮政市场的监督管理，维护邮政通信与信息安全，保护通信自由和通信秘密，保护用户合法权益，促进邮政业健康发展，适应经济社会发展和人民生活需要，制定本法。

第二条　国家保障中华人民共和国境内的邮政普遍服务。

邮政企业按照国家规定承担提供邮政普遍服务的义务。

国务院和地方各级人民政府及其有关部门应当采取措施，支持邮政企业提供邮政普遍服务。

本法所称邮政普遍服务，是指按照国家规定的业务范围、服务标准和资费标准，为中华人民共和国境内所有用户持续提供的邮政服务。

第三条　公民的通信自由和通信秘密受法律保护。除因国家安全或者追查刑事犯罪的需要，由公安机关、国家安全机关或者检察机关依照法律规定的程序对通信进行检查外，任何组织或者个人不得以任何理由侵犯公民的通信自由和通信秘密。

除法律另有规定外，任何组织或者个人不得检查、扣留邮件、汇款。

第四条　国务院邮政管理部门负责全国的邮政普遍服务和邮政市场的监督管理工作。

省、自治区、直辖市邮政管理机构在国务院邮政管理部门的领导下，负责本行政区域的邮政普遍服务和邮政市场的监督管理工作。

国务院邮政管理部门和省、自治区、直辖市邮政管理机构(以下统称邮政管理部门)对邮政市场实施监督管理，应当遵循公开、公平、公正以及鼓励竞争、促进发展的原则。

第五条　国务院规定范围内的信件寄递业务，由邮政企业专营。

第六条　邮政企业应当加强服务质量管理，完善安全保障措施，为用户提供迅速、准确、安全、方便的服务。

第七条　邮政管理部门、公安机关、国家安全机关和海关应当相互配合，建立、健全安全保障机制，加强对邮政通信与信息安全的监督管理，确保邮政通信与信息安全。

第二章　邮政设施

第八条　邮政设施的布局和建设应当满足保障邮政普遍服务的需要。

地方各级人民政府应当将邮政设施的布局和建设纳入城乡规划，对提供邮政普遍服务的邮政设施的建设给予支持，重点扶持农村边远地区邮政设施的建设。

建设城市新区、独立工矿区、开发区、住宅区或者对旧城区进行改建，应当同时建设配套的提供邮政普遍服务的邮政设施。

提供邮政普遍服务的邮政设施等组成的邮政网络是国家重要的通信基础设施。

第九条　邮政设施应当按照国家规定的标准设置。

较大的车站、机场、港口、高等院校和宾馆应当设置提供邮政普遍服务的邮政营业场所。

邮政企业设置、撤销邮政营业场所，应当事先书面告知邮政管理部门；撤销提供邮政普遍服务的邮政营业场所，应当经邮政管理部门批准并予以公告。

第十条　机关、企业事业单位应当设置接收邮件的场所。农村地区应当逐步设置村邮站或者其他接收邮件的场所。

建设城镇居民楼应当设置接收邮件的信报箱，并按照国家规定的标准验收。建设单位未按照国家规定的标准设置信报箱的，由邮政管理部门责令限期改正；逾期未改正的，由邮政管理部门指定其他单位设置信报箱，所需费用由该居民楼的建设单位承担。

第十一条　邮件处理场所的设计和建设，应当符合国家安全机关和海关依法履行职责的要求。

第十二条　征收邮政营业场所或者邮件处理场所的，城乡规划主管部门应当根据保障邮政普遍服务的要求，对邮政营业场所或者邮件处理场所的重新设置作出妥善安排；未作出妥善安排前，不得征收。

邮政营业场所或者邮件处理场所重新设置前，邮政企业应当采取措施，保证邮政普遍服务的正常进行。

第十三条　邮政企业应当对其设置的邮政设施进行经常性维护，保证邮政设施的正常使用。

任何单位和个人不得损毁邮政设施或者影响邮政设施的正常使用。

第三章　邮政服务

第十四条　邮政企业经营下列业务：

(一)邮件寄递；

(二)邮政汇兑、邮政储蓄；

(三)邮票发行以及集邮票品制作、销售；

(四)国内报刊、图书等出版物发行；

(五)国家规定的其他业务。

第十五条　邮政企业应当对信件、单件重量不超过五千克的印刷品、单件重量不超过十千克的包裹的寄递以及邮政汇兑提供邮政普遍服务。

邮政企业按照国家规定办理机要通信、国家规定报刊的发行，以及义务兵平常信函、盲人读物和革命烈士遗物的免费寄递等特殊服务业务。

未经邮政管理部门批准，邮政企业不得停止办理或者限制办理前两款规定的业务；因不可抗力或者其他特殊原因暂时停止办理或者限制办理的，邮政企业应当及时公告，采取相应的补救措施，并向邮政管理部门报告。

邮政普遍服务标准，由国务院邮政管理部门会同国务院有关部门制定；邮政普遍服务监督管理的具体办法，由国务院邮政管理部门制定。

第十六条　国家对邮政企业提供邮政普遍服务、特殊服务给予补贴，并加强对补贴资金使用的监督。

第十七条　国家设立邮政普遍服务基金。邮政普遍服务基金征收、使用和监督管理的具体办法由国务院财政部门会同国务院有关部门制定，报国务院批准后公布施行。

第十八条　邮政企业的邮政普遍服务业务与竞争性业务应当分业经营。

第十九条　邮政企业在城市每周的营业时间应当不少于六天，投递邮件每天至少一次；在乡、镇人民政府所在地每周的营业时间应当不少于五天，投递邮件每周至少五次。

邮政企业在交通不便的边远地区和乡、镇其他地区每周的营业时间以及投递邮件的频次，国务院邮政管理部门可以另行规定。

第二十条　邮政企业寄递邮件，应当符合国务院邮政管理部门规定的寄递时限和服务规范。

第二十一条　邮政企业应当在其营业场所公示或者以其他方式公布其服务种类、营业时间、资费标准、邮件和汇款的查询及损失赔偿办法以及用户对其服务质量的投诉办法。

第二十二条　邮政企业采用其提供的格式条款确定与用户的权利义务的，该格式条款适用《中华人民共和国合同法》关于合同格式条款的规定。

第二十三条　用户交寄邮件，应当清楚、准确地填写收件人姓名、地址和邮政编码。邮政企业应当在邮政营业场所免费为用户提供邮政编码查询服务。

邮政编码由邮政企业根据国务院邮政管理部门制定的编制规则编制。邮政管理部门依法对邮政编码的编制和使用实施监督。

第二十四条　邮政企业收寄邮件和用户交寄邮件，应当遵守法律、行政法规以及国务院和国务院有关部门关于禁止寄递或者限制寄递物品的规定。

第二十五条　邮政企业应当依法建立并执行邮件收寄验视制度。

对用户交寄的信件，必要时邮政企业可以要求用户开拆，进行验视，但不得检查信件内容。用户拒绝开拆的，邮政企业不予收寄。

对信件以外的邮件，邮政企业收寄时应当当场验视内件。用户拒绝验视的，邮政企业不予收寄。

第二十六条　邮政企业发现邮件内夹带禁止寄递或者限制寄递的物品的，应当按照国家有关规定处理。

进出境邮件中夹带国家禁止进出境或者限制进出境的物品的，由海关依法处理。

第二十七条　对提供邮政普遍服务的邮政企业交运的邮件，铁路、公路、水路、航空等运输企业应当优先安排运输，车站、港口、机场应当安排装卸场所和出入通道。

第二十八条　带有邮政专用标志的车船进出港口、通过渡口时，应当优先放行。

带有邮政专用标志的车辆运递邮件，确需通过公安机关交通管理部门划定的禁行路段或者确需在禁止停车的地点停车的，经公安机关交通管理部门同意，在确保安全的前提下，可以通行或者停车。

邮政企业不得利用带有邮政专用标志的车船从事邮件运递以外的经营性活动，不得以出租等方式允许其他单位或者个人使用带有邮政专用标志的车船。

第二十九条　邮件通过海上运输时，不参与分摊共同海损。

第三十条　海关依照《中华人民共和国海关法》的规定，对进出境的国际邮袋、邮件集装箱和国际邮递物品实施监管。

第三十一条　进出境邮件的检疫，由进出境检验检疫机构依法实施。

第三十二条　邮政企业采取按址投递、用户领取或者与用户协商的其他方式投递邮件。

机关、企业事业单位、住宅小区管理单位等应当为邮政企业投递邮件提供便利。单位用户地址变更的，应当及时通知邮政企业。

第三十三条　邮政企业对无法投递的邮件，应当退回寄件人。

无法投递又无法退回的信件，自邮政企业确认无法退回之日起超过六个月无人认领的，由邮政企业在邮政管理部门的监督下销毁。无法投递又无法退回的其他邮件，按照国务院邮政管理部门的规定处理；其中无法投递又无法退回的进境国际邮递物品，由海关依照《中华人民共和国海关法》的规定处理。

第三十四条　邮政汇款的收款人应当自收到汇款通知之日起六十日内，凭有效身份证件到邮政企业兑领汇款。

收款人逾期未兑领的汇款，由邮政企业退回汇款人。自兑领汇款期限届满之日起一年内无法退回汇款人，或者汇款人自收到退汇通知之日起一年内未领取的汇款，由邮政企业上缴国库。

第三十五条　任何单位和个人不得私自开拆、隐匿、毁弃他人邮件。

除法律另有规定外，邮政企业及其从业人员不得向任何单位或者个人泄露用户使用邮政服务的信息。

第三十六条　因国家安全或者追查刑事犯罪的需要，公安机关、国家安全机关或者检察机关可以依法检查、扣留有关邮件，并可以要求邮政企业提供相关用户使用邮政服务的信息。邮政企业和有关单位应当配合，并对有关情况予以保密。

第三十七条　任何单位和个人不得利用邮件寄递含有下列内容的物品：

（一）煽动颠覆国家政权、推翻社会主义制度或者分裂国家、破坏国家统一，危害国家安全的；

（二）泄露国家秘密的；

（三）散布谣言扰乱社会秩序，破坏社会稳定的；

（四）煽动民族仇恨、民族歧视，破坏民族团结的；

（五）宣扬邪教或者迷信的；

（六）散布淫秽、赌博、恐怖信息或者教唆犯罪的；

（七）法律、行政法规禁止的其他内容。

第三十八条　任何单位和个人不得有下列行为：

（一）扰乱邮政营业场所正常秩序；

（二）阻碍邮政企业从业人员投递邮件；

（三）非法拦截、强登、扒乘带有邮政专用标志的车辆；

（四）冒用邮政企业名义或者邮政专用标志；

（五）伪造邮政专用品或者倒卖伪造的邮政专用品。

第四章　邮政资费

第三十九条　邮政普遍服务业务资费、邮政企业专营业务资费、机要通信资费以及国家规定报刊的发行资费实行政府定价，资费标准由国务院价格主管部门会同国务院财政部门、国务院邮政管理部门制定。

邮政企业的其他业务资费实行市场调节价，资费标准由邮政企业自主确定。

第四十条　制定邮政普遍服务业务资费标准和邮政企业专营业务资费标准，应当听取邮政企业、用户和其他有关方面的意见。

邮政企业应当根据国务院价格主管部门、国务院财政部门和国务院邮政管理部门的要求，提供准确、完备的业务成本数据和其他有关资料。

第四十一条　邮件资费的交付，以邮资凭证、证明邮资已付的戳记以及有关业务单据等表示。

邮资凭证包括邮票、邮资符志、邮资信封、邮资明信片、邮资邮简、邮资信卡等。

任何单位和个人不得伪造邮资凭证或者倒卖伪造的邮资凭证，不得擅自仿印邮票和邮资图案。

第四十二条　普通邮票发行数量由邮政企业按照市场需要确定，报国务院邮政管理部门备案；纪念邮票和特种邮票发行计划由邮政企业根据市场需要提出，报国务院邮政管理部门审定。国务院邮政管理部门负责纪念邮票的选题和图案审查。

邮政管理部门依法对邮票的印制、销售实施监督。

第四十三条　邮资凭证售出后，邮资凭证持有人不得要求邮政企业兑换现金。

停止使用邮资凭证，应当经国务院邮政管理部门批准，并在停止使用九十日前予以公告，停止销售。邮资凭证持有人可以自公告之日起一年内，向邮政企业换取等值的邮资凭证。

第四十四条 下列邮资凭证不得使用：

（一）经国务院邮政管理部门批准停止使用的；

（二）盖销或者划销的；

（三）污损、残缺或者褪色、变色，难以辨认的。

从邮资信封、邮资明信片、邮资邮简、邮资信卡上剪下的邮资图案，不得作为邮资凭证使用。

第五章 损失赔偿

第四十五条 邮政普遍服务业务范围内的邮件和汇款的损失赔偿，适用本章规定。

邮政普遍服务业务范围以外的邮件的损失赔偿，适用有关民事法律的规定。

邮件的损失，是指邮件丢失、损毁或者内件短少。

第四十六条 邮政企业对平常邮件的损失不承担赔偿责任。但是，邮政企业因故意或者重大过失造成平常邮件损失的除外。

第四十七条 邮政企业对给据邮件的损失依照下列规定赔偿：

（一）保价的给据邮件丢失或者全部损毁的，按照保价额赔偿；部分损毁或者内件短少的，按照保价额与邮件全部价值的比例对邮件的实际损失予以赔偿。

（二）未保价的给据邮件丢失、损毁或者内件短少的，按照实际损失赔偿，但最高赔偿额不超过所收取资费的三倍；挂号信件丢失、损毁的，按照所收取资费的三倍予以赔偿。

邮政企业应当在营业场所的告示中和提供给用户的给据邮件单据上，以足以引起用户注意的方式载明前款规定。

邮政企业因故意或者重大过失造成给据邮件损失，或者未履行前款规定义务的，无权援用本条第一款的规定限制赔偿责任。

第四十八条 因下列原因之一造成的给据邮件损失，邮政企业不承担赔偿责任：

（一）不可抗力，但因不可抗力造成的保价的给据邮件的损失除外；

（二）所寄物品本身的自然性质或者合理损耗；

（三）寄件人、收件人的过错。

第四十九条 用户交寄给据邮件后，对国内邮件可以自交寄之日起一年内持收据向邮政企业查询，对国际邮件可以自交寄之日起一百八十日内持收据向邮政企业查询。

查询国际邮件或者查询国务院邮政管理部门规定的边远地区的邮件的，邮政企业应当自用户查询之日起六十日内将查询结果告知用户；查询其他邮件的，邮政企业应当自用户查询之日起三十日内将查询结果告知用户。查复期满未查到邮件的，邮政企业应当依照本法第四十七条的规定予以赔偿。

用户在本条第一款规定的查询期限内未向邮政企业查询又未提出赔偿要求的，邮政企业不再承担赔偿责任。

第五十条 邮政汇款的汇款人自汇款之日起一年内，可以持收据向邮政企业查询。邮政企业应当自用户查询之日起二十日内将查询结果告知汇款人。查复期满未查到汇款的，邮政企业应当向汇款人退还汇款和汇款费用。

第六章 快递业务

第五十一条 经营快递业务，应当依照本法规定取得快递业务经营许可；未经许可，任何单位和个人不得经营快递业务。

外商不得投资经营信件的国内快递业务。

国内快递业务，是指从收寄到投递的全过程均发生在中华人民共和国境内的快递业务。

第五十二条 申请快递业务经营许可，应当具备下列条件：

（一）符合企业法人条件；

（二）在省、自治区、直辖市范围内经营的，注册资本不低于人民币五十万元，跨省、自治区、直辖市经营的，注册资本不低于人民币一百万元，经营国际快递业务的，注册资本不低于人民币二百万元；

（三）有与申请经营的地域范围相适应的服务能力；

（四）有严格的服务质量管理制度和完备的业务操作规范；

（五）有健全的安全保障制度和措施；

（六）法律、行政法规规定的其他条件。

第五十三条 申请快递业务经营许可，在省、自治区、直辖市范围内经营的，应当向所在地的省、自治区、直辖市邮政管理机构提出申请，跨省、自治区、直辖市经营或者经营国际快递业务的，应当向国务院邮政管理部门提出申请；申请时应当提交申请书和有关申请材料。

受理申请的邮政管理部门应当自受理申请之日起四十五日内进行审查，作出批准或者不予批准的决定。予以批准的，颁发快递业务经营许可证；不予批准的，书面通知申请人并说明理由。

邮政管理部门审查快递业务经营许可的申请，应当考虑国家安全等因素，并征求有关部门的意见。

申请人凭快递业务经营许可证向工商行政管理部门依法办理登记后，方可经营快递业务。

第五十四条　邮政企业以外的经营快递业务的企业(以下称快递企业)设立分支机构或者合并、分立的，应当向邮政管理部门备案。

第五十五条　快递企业不得经营由邮政企业专营的信件寄递业务，不得寄递国家机关公文。

第五十六条　快递企业经营邮政企业专营业务范围以外的信件快递业务，应当在信件封套的显著位置标注信件字样。

快递企业不得将信件打包后作为包裹寄递。

第五十七条　经营国际快递业务应当接受邮政管理部门和有关部门依法实施的监管。邮政管理部门和有关部门可以要求经营国际快递业务的企业提供报关数据。

第五十八条　快递企业停止经营快递业务的，应当书面告知邮政管理部门，交回快递业务经营许可证，并对尚未投递的快件按照国务院邮政管理部门的规定妥善处理。

第五十九条　本法第六条、第二十一条、第二十二条、第二十四条、第二十五条、第二十六条第一款、第三十五条第二款、第三十六条关于邮政企业及其从业人员的规定，适用于快递企业及其从业人员；第十一条关于邮件处理场所的规定，适用于快件处理场所；第三条第二款、第二十六条第二款、第三十五条第一款、第三十六条、第三十七条关于邮件的规定，适用于快件；第四十五条第二款关于邮件的损失赔偿的规定，适用于快件的损失赔偿。

第六十条　经营快递业务的企业依法成立的行业协会，依照法律、行政法规及其章程规定，制定快递行业规范，加强行业自律，为企业提供信息、培训等方面的服务，促进快递行业的健康发展。

经营快递业务的企业应当对其从业人员加强法制教育、职业道德教育和业务技能培训。

第七章　监督检查

第六十一条　邮政管理部门依法履行监督管理职责，可以采取下列监督检查措施：

(一)进入邮政企业、快递企业或者涉嫌发生违反本法活动的其他场所实施现场检查；

(二)向有关单位和个人了解情况；

(三)查阅、复制有关文件、资料、凭证；

(四)经邮政管理部门负责人批准，查封与违反本法活动有关的场所，扣押用于违反本法活动的运输工具以及相关物品，对信件以外的涉嫌夹带禁止寄递或者限制寄递物品的邮件、快件开拆检查。

第六十二条　邮政管理部门根据履行监督管理职责的需要，可以要求邮政企业和快递企业报告有关经营情况。

第六十三条　邮政管理部门进行监督检查时，监督检查人员不得少于二人，并应当出示执法证件。对邮政管理部门依法进行的监督检查，有关单位和个人应当配合，不得拒绝、阻碍。

第六十四条　邮政管理部门工作人员对监督检查中知悉的商业秘密，负有保密义务。

第六十五条　邮政企业和快递企业应当及时、妥善处理用户对服务质量提出的异议。用户对处理结果不满意的，可以向邮政管理部门申诉，邮政管理部门应当及时依法处理，并自接到申诉之日起三十日内作出答复。

第六十六条　任何单位和个人对违反本法规定的行为，有权向邮政管理部门举报。邮政管理部门接到举报后，应当及时依法处理。

第八章　法律责任

第六十七条　邮政企业提供邮政普遍服务不符合邮政普遍服务标准的，由邮政管理部门责令改正，可以处一万元以下的罚款；情节严重的，处一万元以上五万元以下的罚款；对直接负责的主管人员和其他直接责任人员给予处分。

第六十八条　邮政企业未经邮政管理部门批准，停止办理或者限制办理邮政普遍服务业务和特殊服务业务，或者撤销提供邮政普遍服务的邮政营业场所的，由邮政管理部门责令改正，可以处二万元以下的罚款；情节严重的，处二万元以上十万元以下的罚款；对直接负责的主管人员和其他直接责任人员给予处分。

第六十九条　邮政企业利用带有邮政专用标志的车船从事邮件运递以外的经营性活动，或者以出租等方式允许其他单位或者个人使用带有邮政专用标志的车船的，由邮政管理部门责令改正，没收违法所得，可以并处二万元以下的罚款；情节严重的，并处二万元以上十万元以下的罚款；对直接负责的主管人员和其他直接责任人员给予处分。

邮政企业从业人员利用带有邮政专用标志的车船从事邮件运递以外的活动的，由邮政企业责令改正，给予处分。

第七十条　邮政企业从业人员故意延误投递邮件的，由邮政企业给予处分。

第七十一条　冒领、私自开拆、隐匿、毁弃或者非法检查他人邮件、快件，尚不构成犯罪的，依法给予治安管理处罚。

第七十二条　未取得快递业务经营许可经营快递业务，或者邮政企业以外的单位或者个人经营由邮政企业专营的信件寄递业务或者寄递国家机关公文的，由邮政管理部门或者工商行政管理部门责令改正，没收违法所得，并处五万元以上十万元以下的罚款；情节严重的，并处十万元以上二十万元以下的罚款；对快递企业，还可以责令停业整顿直至吊销其快递业务经营许可证。

违反本法第五十一条第二款的规定，经营信件的国内快递业务的，依照前款规定处罚。

第七十三条 快递企业有下列行为之一的，由邮政管理部门责令改正，可以处一万元以下的罚款；情节严重的，处一万元以上五万元以下的罚款，并可以责令停业整顿：

（一）设立分支机构、合并、分立，未向邮政管理部门备案的；

（二）未在信件封套的显著位置标注信件字样的；

（三）将信件打包后作为包裹寄递的；

（四）停止经营快递业务，未书面告知邮政管理部门并交回快递业务经营许可证，或者未按照国务院邮政管理部门的规定妥善处理尚未投递的快件的。

第七十四条 邮政企业、快递企业未按照规定向用户明示其业务资费标准，或者有其他价格违法行为的，由政府价格主管部门依照《中华人民共和国价格法》的规定处罚。

第七十五条 邮政企业、快递企业不建立或者不执行收件验视制度，或者违反法律、行政法规以及国务院和国务院有关部门关于禁止寄递或者限制寄递物品的规定收寄邮件、快件的，对邮政企业直接负责的主管人员和其他直接责任人员给予处分；对快递企业，邮政管理部门可以责令停业整顿直至吊销其快递业务经营许可证。

用户在邮件、快件中夹带禁止寄递或者限制寄递的物品，尚不构成犯罪的，依法给予治安管理处罚。

有前两款规定的违法行为，造成人身伤害或者财产损失的，依法承担赔偿责任。

邮政企业、快递企业经营国际寄递业务，以及用户交寄国际邮递物品，违反《中华人民共和国海关法》及其他有关法律、行政法规的规定的，依照有关法律、行政法规的规定处罚。

第七十六条 邮政企业、快递企业违法提供用户使用邮政服务或者快递服务的信息，尚不构成犯罪的，由邮政管理部门责令改正，没收违法所得，并处一万元以上五万元以下的罚款；对邮政企业直接负责的主管人员和其他直接责任人员给予处分；对快递企业，邮政管理部门还可以责令停业整顿直至吊销其快递业务经营许可证。

邮政企业、快递企业从业人员有前款规定的违法行为，尚不构成犯罪的，由邮政管理部门责令改正，没收违法所得，并处五千元以上一万元以下的罚款。

第七十七条 邮政企业、快递企业拒绝、阻碍依法实施的监督检查，尚不构成犯罪的，依法给予治安管理处罚；对快递企业，邮政管理部门还可以责令停业整顿直至吊销其快递业务经营许可证。

第七十八条 邮政企业及其从业人员、快递企业及其从业人员在经营活动中有危害国家安全行为的，依法追究法律责任；对快递企业，并由邮政管理部门吊销其快递业务经营许可证。

第七十九条 冒用邮政企业名义或者邮政专用标志，或者伪造邮政专用品或者倒卖伪造的邮政专用品的，由邮政管理部门责令改正，没收伪造的邮政专用品以及违法所得，并处一万元以上五万元以下的罚款。

第八十条 有下列行为之一，尚不构成犯罪的，依法给予治安管理处罚：

（一）盗窃、损毁邮政设施或者影响邮政设施正常使用的；

（二）伪造邮资凭证或者倒卖伪造的邮资凭证的；

（三）扰乱邮政营业场所、快递企业营业场所正常秩序的；

（四）非法拦截、强登、扒乘运送邮件、快件的车辆的。

第八十一条 违反本法规定被吊销快递业务经营许可证的，自快递业务经营许可证被吊销之日起三年内，不得申请经营快递业务。

快递企业被吊销快递业务经营许可证的，应当依法向工商行政管理部门办理变更登记或者注销登记。

第八十二条 违反本法规定，构成犯罪的，依法追究刑事责任。

第八十三条 邮政管理部门工作人员在监督管理工作中滥用职权、玩忽职守、徇私舞弊，构成犯罪的，依法追究刑事责任；尚不构成犯罪的，依法给予处分。

第九章 附 则

第八十四条 本法下列用语的含义：

邮政企业，是指中国邮政集团公司及其提供邮政服务的全资企业、控股企业。

寄递，是指将信件、包裹、印刷品等物品按照封装上的名址递送给特定个人或者单位的活动，包括收寄、分拣、运输、投递等环节。

快递，是指在承诺的时限内快速完成的寄递活动。

邮件，是指邮政企业寄递的信件、包裹、汇款通知、报刊和其他印刷品等。

快件，是指快递企业递送的信件、包裹、印刷品等。

信件，是指信函、明信片。信函是指以套封形式按照名址递送给特定个人或者单位的缄封的信息载体，不包括书籍、报纸、期刊等。

包裹，是指按照封装上的名址递送给特定个人或者单位的独立封装的物品，其重量不超过五十千克，任何一边的尺寸不超过一百五十厘米，长、宽、高合计不超过三百厘米。

平常邮件，是指邮政企业在收寄时不出具收据，投递时不要求收件人签收的邮件。

给据邮件，是指邮政企业在收寄时向寄件人出具收据，投递时由收件人签收的邮件。

邮政设施，是指用于提供邮政服务的邮政营业场所、邮件处理场所、邮筒（箱）、邮政报刊亭、信报箱等。

邮件处理场所，是指邮政企业专门用于邮件分拣、封发、储存、交换、转运、投递等活动的场所。

国际邮递物品，是指中华人民共和国境内的用户与其他国家或者地区的用户相互寄递的包裹和印刷品等。

邮政专用品，是指邮政日戳、邮资机、邮政业务单据、邮政夹钳、邮袋和其他邮件专用容器。

第八十五条　本法公布前按照国家有关规定，经国务院对外贸易主管部门批准或者备案，并向工商行政管理部门依法办理登记后经营国际快递业务的国际货物运输代理企业，凭批准或者备案文件以及营业执照，到国务院邮政管理部门领取快递业务经营许可证。国务院邮政管理部门应当将企业领取快递业务经营许可证的情况向其原办理登记的工商行政管理部门通报。

除前款规定的企业外，本法公布前依法向工商行政管理部门办理登记后经营快递业务的企业，不具备本法规定的经营快递业务的条件的，应当在国务院邮政管理部门规定的期限内达到本法规定的条件，逾期达不到本法规定的条件的，不得继续经营快递业务。

第八十六条　省、自治区、直辖市应当根据本地区的实际情况，制定支持邮政企业提供邮政普遍服务的具体办法。

第八十七条　本法自2009年10月1日起施行。

全国人大常委会委员长吴邦国在人民大会堂会见叙利亚人民议会议长阿卜拉什

吴邦国在会见阿卜拉什时说，中叙建交半个多世纪以来，友好合作关系顺利发展，在涉及对方核心关切的问题上相互理解和支持，已成为政治上相互信任、经济上互利合作、文化上交流互鉴、国际上良好协调的好朋友。中方愿同叙方继续保持高层往来，广泛开展政府、政党、议会以及民间等各领域的友好交往，相互交流改革开放和治国理政经验，不断加强贸易、投资、技术和大项目的合作，推动两国友好合作关系深入发展。

吴邦国还积极评价了中国全国人大与叙利亚人民议会的友好交往。他表示，中国全国人大愿与叙利亚人民议会继续开展多层次、多形式的往来，为中叙关系发展增添活力。

阿卜拉什表示，叙利亚致力于推动叙中全面友好关系的发展。叙利亚人民议会希望进一步加强同中国全国人大的友好交流与合作。他重申，叙利亚将一如既往地坚持一个中国政策。

全国政协主席贾庆林在人民大会堂会见叙利亚人民议会议长阿卜拉什

贾庆林在会见阿卜拉什时说，中叙友谊源远流长，古代丝绸之路见证了两国人民两千多年的友好交往。中叙同属发展中国家，都是文明古国，有相似的历史遭遇，都面临着发展国民经济、促进地区和平稳定的历史性任务。中方愿与叙方进一步充实双边关系的内涵，造福两国和两国人民。

贾庆林表示，中国全国政协愿与叙利亚全国进步阵线继续加强联系，为继续增进两国人民之间的了解与友谊作出更大贡献。

阿卜拉什说，他相信叙中友好关系将会长期稳定发展，希望通过此访推动叙利亚全国进步阵线与中国全国政协的交流与合作。

十一届全国人大常委会第八次会议在人民大会堂闭幕

会议经表决，通过了修订后的邮政法和关于修改全国人大常委会议事规则的决定，国家主席胡锦涛分别签署第12号、第13号主席令予以公布。

吴邦国委员长主持会议。

会议表决通过了全国人大常委会关于批准《中华人民共和国和大韩民国关于移管被判刑人的条约》的决定、关于批准《中华人民共和国和澳大利亚关于移管被判刑人的条约》的决定、关于批准《中华人民共和国和委内瑞拉玻利瓦尔共和国关于刑事司法协助的条约》的决定，批准了上述条约。

会议表决通过了全国人大常委会代表资格审查委员会关于个别代表的代表资格的报告。根据全国人大常委会发表的公告，十一届全国人大代表现在实有2984人。

会议还表决通过了有关任免案。

完成各项议程后，吴邦国发表讲话。

全国人大常委会副委员长王兆国、路甬祥、乌云其木格、韩启德、华建敏、陈至立、周铁农、李建国、司马义·铁力瓦尔地、蒋树声、陈昌智、严隽琪、桑国卫出席会议。国务院副总理王岐山、最高人民法院院长王胜俊、最高人民检察院检察长曹建明等列席会议。

全国人大常委会委员长吴邦国在十一届全国人大常委会第八次会议闭幕会上发表重要讲话（摘要）

吴邦国说，针对我国经济发展面临的严峻形势和艰巨任务，今年的常委会工作报告明确提出，要把推动中央重大决策部署贯彻落实作为人大监督工作的重中之重，着力加强对经济工作和解决民生问题的监督，督促和支持“一府两院”按照各自工作报告提出的目标任务做好工作，确保中央重大决策部署的贯彻落实，确保全年经济社会发展任务的顺利完成。为此，吴邦国强调了三点：

一要加强调查研究。没有调查研究就没有发言权。这些年来，我们在人大工作中，无论是立法工作还是监督工作，都形成了积极开展调查研究的好做法。调查研究既是我们做好人大工作的内在需要，其本身也可以起到推动有关方面改进工作的作用。搞好调查研究，首先需要结合人大工作重点选择好调研题目。根据委员长会议精神，全国人大有关专门委员会已就监督9080亿元中央政府投资计划的实施问题，选择保障性住房建设等五个题目，准备主动开展专题调研，常委会会议还将安排听取和审议有关专题调研的报告。希望通过专题调研，提出有分量的意见和建议，以点带面，推动改进工作，督促各地区各部门严格把握政府投资和政策导向，坚持政府投资量力而行，防止重复建设和城市盲目扩张，确保中央保增长、调结构、重民生的一系列决策部署落到实处。

二要搞好跟踪监督。跟踪监督是这些年我们推动解决重点难点问题的一个好办法。这是因为，人大确定的重点监督事项，都是一些事关全局而又长期得不到解决的问题，这就需要我们抓住这些重点难点问题，综合运用听取审议专项工作报告、开展执法检查等多种形式，深入开展跟踪监督，督促有关方面抓紧整改，力争取得实实在在的效果。前些年通过人大监督推动解决的拖欠出口退税、拖欠农民工工资和超期羁押等问题，都是经过几年的跟踪检查，最后取得了满意的结果。今年，我们确定的一些重点监督事项，也要采取这一做法，有的要在下半年通过调研等形式进行跟踪检查，有的要在明年继续作为重点监督事项，安排听取审议专项工作报告或开展执法检查等。

三要增加人大监督工作的透明度。监督权是宪法和法律赋予人大及其常委会的一项重要职权，人大监督是代表国家和人民进行的具有法律效力的监督，是不可替代的。增加人大监督工作的透明度，既是常委会自觉接受人大代表和人民群众监督的内在需要，也有利于更好地推动有关方面改进工作。一是按照监督法的规定，将执法检查报告、专项工作报告及审议意见等，及时向社会公开，并注意收集和认真研究各方面的意见和建议。二是加强跟踪报道，对一些重大监督事项，从方案出台到调研、从审议到反馈，要进行全程的、有重点的持续性报道。三是加强新闻宣传的组织与策划，把握舆论导向。应尽量减少程序性的内容，多报道实质性内容，将人大工作的新闻宣传向深度拓展。要充分利用电视广播、报纸杂志以及网络等新媒体，灵活运用各种报道形式，使人大工作宣传报道既准确深入、又生动活泼。

全国人大常委会公告

（十一届）第九号

湖南省人大常委会接受了吴艺珍提出的辞去第十一届全国人民代表大会代表职务的请求。依照代表法的有关规定，吴艺珍的代表资格终止。

现在，第十一届全国人民代表大会实有代表2984人。

特此公告。

全国人民代表大会常务委员会

2009年4月24日

全国人大常委会关于批准《中华人民共和国和大韩民国关于移管被判刑人的条约》的决定

（2009年4月24日第十一届全国人民代表大会常务委员会第八次会议通过）

第十一届全国人民代表大会常务委员会第八次会议决定：批准2008年5月27日由外交部部长杨洁篪代表中华人民共和国在北京签署的《中华人民共和国和大韩民国关于移管被判刑人的条约》。

全国人大常委会关于批准《中华人民共和国和委内瑞拉玻利瓦尔共和国关于刑事司法协助的条约》的决定

（2009年4月24日第十一届全国人民代表大会常务委员会第八次会议通过）

第十一届全国人民代表大会常务委员会第八次会议决定：批准2008年9月24日由外交部副部长李金章代表中华人民共和国在北京签署的《中华人民共和国和委内瑞拉玻利瓦尔共和国关于刑事司法协助的条约》。

全国人大常委会关于批准《中华人民共和国和澳大利亚关于移管被判刑人的条约》的决定

（2009年4月24日第十一届全国人民代表大会常务委员会第八次会议通过）

第十一届全国人民代表大会常务委员会第八次会议决定：批准2007年9月6日由外交部部长杨洁篪代表中华人民共和国在悉尼签署的《中华人民共和国和澳大利亚关于移管被判刑人的条约》。

国家主席胡锦涛签署第13号令公布《全国人民代表大会常务委员会关于修改〈中华人民共和国全国人民代表大会常务委员会议事规则〉的决定》

《全国人民代表大会常务委员会关于修改〈中华人民共和国全国人民代表大会常务委员会议事规则〉的决定》已由中华人民共和国第十一届全国人民代表大会常务委员会第八次会议于2009年4月24日通过，现予公布，自公布之日起施行。

中华人民共和国主席　胡锦涛

2009年4月24日

全国人民代表大会常务委员会关于修改《中华人民共和国全国人民代表大会常务委员会议事规则》的决定

（2009年4月24日第十一届全国人民代表大会常务委员会第八次会议通过）

第十一届全国人民代表大会常务委员会第八次会议决定对《中华人民共和国全国人民代表大会常务委员会议事规则》做如下修改：

一、第五条增加一款，作为第二款："常务委员会举行会议期间，需要调整议程的，由委员长会议提出，经常务委员会全体会议同意。"

二、将第六条修改为："常务委员会举行会议，应当在会议举行七日以前，将开会日期、建议会议讨论的主要事项，通知常务委员会组成人员和列席会议的人员；临时召集的会议，可以临时通知。"

三、将第七条第二款修改为："不是常务委员会组成人员的全国人民代表大会专门委员会主任委员、副主任委员、委员，常务委员会副秘书长、工作委员会主任、副主任，有关部门负责人，列席会议。"

四、将第八条修改为："常务委员会举行会议的时候，各省、自治区、直辖市的人民代表大会常务委员会主任或者副主任一人列席会议，并可以邀请有关的全国人民代表大会代表列席会议。"

五、第九条增加一款，作为第二款："常务委员会分组会议由委员长会议确定若干名召集人，轮流主持会议。分组名单由常务委员会办事机构拟订，报秘书长审定，并定期调整。"

增加一款，作为第三款："常务委员会举行联组会议，由委员长主持。委员长可以委托副委员长主持会议。"

六、将第十三条改为第十二条，修改为："委员长会议根据工作需要，可以委托常务委员会的工作委员会、办公厅起草议案草案，并向常务委员会会议作说明。"

七、将第十四条改为第十三条，第二款修改为："任免案应当附有拟任免人员的基本情况和任免理由；必要的时候，有关负责人应当到会回答询问。"

八、增加一条，作为第十六条："提请批准决算和预算调整方案的议案，交财政经济委员会审议，也可以同时交其他有关专门委员会审议，由财政经济委员会向常务委员会会议提出审查结果的报告。

"提请批准条约和协定的议案，交外事委员会审议，也可以同时交其他有关专门委员会审议，由外事委员会向常务委员会会议提出审核结果的报告。"

九、将第二十条修改为："拟提请常务委员会全体会议表决的议案，在审议中有重大问题需要进一步研究的，经委员长或者委员长会议提出，联组会议或者全体会议同意，可以暂不付表决，交有关专门委员会进一步审议，提出审议报告。"

十、将第二十二条修改为："常务委员会全体会议听取国务院、最高人民法院、最高人民检察院的专项工作报告，听取国民经济和社会发展计划、预算执行情况报告，听取决算报告和审计工作报告，听取常务委员会执法检查组提出的执法检查报告，听取其他报告。"

十一、将第二十五条改为第二十六条，修改为："在常务委员会会议期间，常务委员会组成人员十人以上联名，可以向常务委员会书面提出对国务院及国务院各部门和最高人民法院、最高人民检察院的质询案。"

十二、增加一条，作为第三十条："常务委员会组成人员在全体会议、联组会议和分组会议上发言，应当围绕会议确定的议题进行。

"常务委员会全体会议或者联组会议安排对有关议题进行审议的时候，常务委员会组成人员要求发言的，应当在会前由本人向常务委员会办事机构提出，由会议主持人安排，按顺序发言。在全体会议和联组会议上临时要求发言的，经会议主持人同意，始得发言。在分组会议上要求发言的，经会议主持人同意，即可发言。

"列席会议的人员的发言，适用本章有关规定。"

十三、将第二十九条改为第三十一条，修改为："在全体会议上的发言，不超过十分钟；在联组会议和分组会议上，第一次发言不超过十五分钟，第二次对同一问题的发言不超过十分钟。事先提出要求，经会议主持人同意的，可以延长发言时间。"

增加一款，作为第二款："在常务委员会会议上的发言，由常务委员会办事机构工作人员记录，经发言人核对签字后，编印会议简报和存档。"

此外，补充"总则"和"附则"章名，将原第四章的章名修改为"询问和质询"，对章的序号作相应调整；将原第十条改为第二十五条，对条文顺序作相应调整。

本决定自公布之日起施行。

《中华人民共和国全国人民代表大会常务委员会议事规则》根据本决定做相应修改，重新公布。

中华人民共和国全国人民代表大会常务委员会议事规则

第一章 总 则

第一条 根据宪法、全国人民代表大会组织法和全国人民代表大会常务委员会工作的实践经验，制定本规则。

第二条 全国人民代表大会常务委员会审议议案、决定问题，应当充分发扬民主，实行民主集中制的原则。

第二章 会议的召开

第三条 全国人民代表大会常务委员会会议一般每两个月举行一次；有特殊需要的时候，可以临时召集会议。

常务委员会会议由委员长召集并主持。委员长可以委托副委员长主持会议。

第四条 常务委员会会议必须有常务委员会全体组成人员的过半数出席，才能举行。

第五条 委员长会议拟订常务委员会会议议程草案，提请常务委员会全体会议决定。

常务委员会举行会议期间，需要调整议程的，由委员长会议提出，经常务委员会全体会议同意。

第六条 常务委员会举行会议，应当在会议举行七日以前，将开会日期、建议会议讨论的主要事项，通知常务委员会组成人员和列席会议的人员；临时召集的会议，可以临时通知。

第七条 常务委员会举行会议的时候，国务院、中央军事委员会、最高人民法院、最高人民检察院的负责人列席会议。

不是常务委员会组成人员的全国人民代表大会专门委员会主任委员、副主任委员、委员，常务委员会副秘书长、工作委员会主任、副主任，有关部门负责人，列席会议。

第八条 常务委员会举行会议的时候，各省、自治区、直辖市的人民代表大会常务委员会主任或者副主任一人列席会议，并可以邀请有关的全国人民代表大会代表列席会议。

第九条 常务委员会举行会议的时候，召开全体会议，并召开分组会议和联组会议。

常务委员会分组会议由委员长会议确定若干名召集人，轮流主持会议。分组名单由常务委员会办事机构拟订，报秘书长审定，并定期调整。

常务委员会举行联组会议，由委员长主持。委员长可以委托副委员长主持会议。

第十条 常务委员会举行会议的时候，常务委员会组成人员除因病或者其他特殊原因请假的以外，应当出席会议。

第三章 议案的提出和审议

第十一条 委员长会议可以向常务委员会提出属于常务委员会职权范围内的议案，由常务委员会会议审议。

国务院，中央军事委员会，最高人民法院，最高人民检察院，全国人民代表大会各专门委员会，可以向常务委员会提出属于常务委员会职权范围内的议案，由委员长会议决定提请常务委员会会议审议，或者先交有关的专门委员会审议、提出报告，再决定提请常务委员会会议审议。

常务委员会组成人员十人以上联名，可以向常务委员会提出属于常务委员会职权范围内的议案，由委员长会议决定提请常务委员会会议审议，或者先交有关的专门委员会审议、提出报告，再决定是否提请常务委员会会议审议；不提请常务委员会会议审议的，应当向常务委员会会议报告或者向提案人说明。

第十二条 委员长会议根据工作需要，可以委托常务委员会的工作委员会、办公厅起草议案草案，并向常务委员会会议作说明。

第十三条 对列入常务委员会会议议程的议案，提议案的机关、有关的专门委员会、常务委员会有关工作部门应当提供有关的资料。

任免案应当附有拟任免人员的基本情况和任免理由；必要的时候，有关负责人应当到会回答询问。

第十四条 常务委员会全体会议听取关于议案的说明。

常务委员会全体会议听取议案说明后，由分组会议进行审议，并由有关的专门委员会进行审议。

第十五条 列入会议议程的法律草案，常务委员会听取说明并初步审议后，交有关专门委员会审议和法律委员会统一审议，由法律委员会向下次或者以后的常务委员会会议提出审议结果的报告，并将其他有关专门委员会的审议意见印发常务委员会会议。

有关法律问题的决定的议案和修改法律的议案，法律委员会审议后，可以向本次常务委员会会议提出审议结果的报告，也可以向下次或者以后的常务委员会会议提出审议结果的报告。

第十六条 提请批准决算和预算调整方案的议案，交财政经济委员会审议，也可以同时交其他有关专门委员会审议，由财政经济委员会向常务委员会会议提出审查结果的报告。

提请批准条约和协定的议案，交外事委员会审议，也可以同时交其他有关专门委员会审议，由外事委员会向常务委员会会议提出审核结果的报告。

第十七条 常务委员会联组会议可以听取和审议专门委员会对议案审议意见的汇报，对会议议题进行讨论。

第十八条 提议案的机关的负责人可以在常务委员会全体会议、联组会议上对议案作补充说明。

第十九条 列入常务委员会会议议程的议案，在交付表决前，提案人要求撤回的，经委员长会议同意，对该议案的审议即行终止。

第二十条 拟提请常务委员会全体会议表决的议案，在审议中有重大问题需要进一步研究的，经委员长或者委员长会议提出，联组会议或者全体会议同意，可以暂不付表决，交有关专门委员会进一步审议，提出审议报告。

第二十一条 常务委员会认为必要的时候，可以组织关于特定问题的调查委员会，并且根据调查委员会的报告，作出相应的决议。

第四章 听取和审议工作报告

第二十二条 常务委员会全体会议听取国务院、最高人民法院、最高人民检察院的专项工作报告，听取国民经济和社会发展计划、预算执行情况报告，听取决算报告和审计工作报告，听取常务委员会执法检查组提出的执法检查报告，听取其他报告。

第二十三条 常务委员会全体会议听取工作报告后，可以由分组会议和联组会议进行审议。

委员长会议可以决定将工作报告交有关的专门委员会审议，提出意见。

第二十四条 常务委员会认为必要的时候，可以对工作报告作出决议。

第五章 询问和质询

第二十五条 常务委员会分组会议对议案或者有关的工作报告进行审议的时候，应当通知有关部门派人到会，听取意见，回答询问。

常务委员会联组会议对议案或者有关的工作报告进行审议的时候，应当通知有关负责人到会，听取意见，回答询问。

第二十六条 在常务委员会会议期间，常务委员会组成人员十人以上联名，可以向常务委员会书面提出对国务院及国务院各部门和最高人民法院、最高人民检察院的质询案。

第二十七条 质询案必须写明质询对象、质询的问题和内容。

第二十八条 质询案由委员长会议决定交由有关的专门委员会审议或者提请常务委员会会议审议。

第二十九条 质询案由委员长会议决定，由受质询机关的负责人在常务委员会会议上或者有关的专门委员会会议上口头答复，或者由受质询机关书面答复。在专门委员会会议上答复的，专门委员会应当向常务委员会或者委员长会议提出报告。

质询案以书面答复的，应当由被质询机关负责人签署，并印发常务委员会组成人员和有关的专门委员会。

专门委员会审议质询案的时候，提质询案的常务委员会组成人员可以出席会议，发表意见。

第六章 发言和表决

第三十条 常务委员会组成人员在全体会议、联组会议和分组会议上发言，应当围绕会议确定的议题进行。

常务委员会全体会议或者联组会议安排对有关议题进行审议的时候，常务委员会组成人员要求发言的，应当在会前由本人向常务委员会办事机构提出，由会议主持人安排，按顺序发言。在全体会议和联组会议上临时要求发言的，经会议主持人同意，始得发言。在分组会议上要求发言的，经会议主持人同意，即可发言。

列席会议的人员的发言，适用本章有关规定。

第三十一条 在全体会议上的发言，不超过十分钟；在联组会议和分组会议上，第一次发言不超过十五分钟，第二次对同一问题的发言不超过十分钟。事先提出要求，经会议主持人同意的，可以延长发言时间。

在常务委员会会议上的发言，由常务委员会办事机构工作人员记录，经发言人核对签字后，编印会议简报和存档。

第三十二条 表决议案由常务委员会全体组成人员的过半数通过。

表决结果由会议主持人当场宣布。

第三十三条 交付表决的议案，有修正案的，先表决修正案。

第三十四条 任免案逐人表决，根据情况也可以合并表决。

第三十五条 常务委员会表决议案，采用无记名方式、举手方式或者其他方式。

第七章 附 则

第三十六条 本规则自公布之日起施行。

全国人大常委会办公厅举行新闻发布会介绍邮政法等修改情况

提供邮政普遍服务是保障公民通信权利的基本措施，保障和规范邮政普遍服务，是邮政法的核心内容。为此，修订后的邮政法明确了邮政普遍服务义务的承担主体和业务范围，规范邮政企业提供邮政普遍服务的行为，对国家保障、支持邮政普遍服务的措施作了规定。同时，针对近年来快递市场在发展过程中出现的一些不规范的、损害用户权益的行为，修订后的邮政法在规范和促进快递市场发展方面做了相应规定。

“邮政法修订没有设置新的投资和贸易壁垒。”全国人大常委会法工委经济法室巡视员何永坚在回答记者提问时表示，2001 年我国加入世贸组织时，快递业对外开放的承诺是对外开放快递服务，但“现由中国邮政部门依法专营的服务除外”。依据我国相关法律规定，我国信件的国内快递业务不对外资开放。修订后的邮政法关于“外商不得投资经营信件的国内快递业务”的规定，与我国入世承诺是一致的。同时他表示，外商投资的快递企业在我国依法从事快递经营活动，将继续受到我国法律的保护。

国家邮政局副局长王渝次表示，国务院邮政管理部门将本着“以人为本、监管为民、提升服务、促进发展”的理念，贯彻好修订后的邮政法，强化公共服务和社会管理职能，依法行政、加强市场监管。

全国人大教科文卫委员会在人民大会堂听取教育部有关落实全国人大常委会执法检查组对义务教育法实施情况意见和建议的汇报

全国人大常委会副委员长路甬祥出席并讲话。

路甬祥在讲话中充分肯定了教育部的整改工作，并指出要继续把基础教育放在重中之重的战略地位，把巩固义务教育成果、提高教育质量作为当前和今后相当一段时期内的主要任务。

“从全国整体上看，入学率保持了较高水平，但巩固率和完成率还有待提高，素质教育还有待进一步落实。”路甬祥说。

路甬祥指出，要深入开展以素质教育为导向的教育教学改革，努力提高教育质量。要重视培养学生的社会责任感、创新精神和实践能力，也要针对中小学普遍存在的“三多三少”，即作业多、补课多、考试多，睡觉少、体育活动少、社会实践少等现象减轻课业负担。

路甬祥指出，义务教育公平公正的理念是制定公共教育政策的基本出发点，也是今后义务教育发展的主要取向。教育行政部门要完善相关政策、均衡资源配置，严格依法办事，加强监督检查。

路甬祥还强调，校舍安全是关系师生生命安全、社会和谐稳定的大事，要对工程实行全过程监督，技术标准、实施方案、工程进展和实施结果都要向社会公布，接受媒体和社会监督。据悉，国家有关部门从去年 11 月起对全国中小学校舍进行了安全排查，今年国务院又启动了中小学校舍安全工程，要求各地对不符合要求的校舍尽快组织维修、加固和改造，确保校舍安全。

全国人大教科文卫委主任委员白克明主持了会议。

十一届全国人大常委会在人民大会堂举行题为《关于加强社会领域立法的若干问题》的专题讲座

为了使常委会组成人员更好地了解社会领域立法的有关问题，全国人大常委会特地安排了这次专题讲座。

讲座主讲人沈春耀说，加强社会领域立法，是推进社会建设与经济建设、政治建设、文化建设协调发展的客观需要，是正确处理利益关系、妥善解决利益矛盾、促进社会和谐的内在要求，是全面落实依法治国基本方略、加快建设社会主义法治国家的新要求。社会领域立法应当把握好三点：坚持以人为本，始终把实现好、维护好、发展好最广大人民的根本利益作为立法工作的出发点和落脚点；以解决人民群众最关心、最直接、最现实的利益问题为重点，以实现社会公平正义为目标，着力加强制度建设；从我国基本国情出发，量力而行、尽力而为，有重点、有步骤地向前推进。加强社会领域立法，应当从社会建设的特点出发，遵循和体现五项原则，即普遍保障原则、保障弱者原则、基本保障原则、国家保障原则和公益性、非营利性原则。

沈春耀说，我国社会领域法制建设已经取得显著进步，但与全面建设小康社会的要求相比，与人民群众的期待相比，差距还比较大。建议从深入贯彻落实科学发展观的全局出发，作出统筹规划和安排，从健全社会保障、发展社会事业、保障群众基本生活、完善对特殊群体合法权益保护、规范社会组织、加强社会管理六个方面，着力推进社会领域的立法工作。近期应当着重抓紧制定社会保险法、社会救助法和基本医疗卫生保健法，力争在加强社会领域立法方面取得新的重要进展。

专题讲座由全国人大常委会副委员长王兆国主持。副委员长路甬祥、乌云其木格、韩启德、华建敏、陈至立、周铁农、李建国、司马义·铁力瓦尔地、蒋树声、陈昌智、严隽琪、桑国卫听取讲座。

全国政协主席贾庆林在北京会见出席中国和平统一促进会第八届海外会长会议的全体代表

贾庆林在会见时强调，在推进两岸关系和平发展的进程中，全球反“独”促统组织肩负着重要责任，应该而且能够继续发挥独特的重要作用。他希望全球反“独”促统组织要深入领会胡锦涛总书记重要讲话精神，着力落实推动两岸关系和平发展的六点意见。要反对任何形式的分裂活动，为两岸关系和平发展创造条件。要自觉抵制“藏独”势力的渗透，高度警惕和坚决反对达赖集团分裂中国的图谋。要坚持团结包容，为两岸关系和平发展凝聚力量。对于那些曾经主张过、从事过、追随过“台独”的人，也要热诚欢迎他们回到推动两岸关系和平发展的方向上来。

中国和平统一促进会执行副会长杜青林，中国和平统一促进会副会长韩启德、何鲁丽、蒋正华、罗豪才、张克辉及有关方面负责人参加了会见。

中国和平统一促进会第八届海外会长会议于22日至25日在京召开，来自68个国家和地区的反“独”促统组织的120余位负责人出席会议。

中办 国办发出《关于加强和改进村民委员会选举工作的通知》

近年来，村民委员会选举工作在全国各地农村深入开展，对保障村民实行自治、发展农村基层民主发挥了重要作用。但也应看到，有的地方村民委员会选举竞争行为不规范、贿选现象严重，影响了选举的公正性；有的地方没有严格执行村民委员会选举的法律、法规和相关政策，影响了村民的参与热情；有的地方对村民委员会选举中产生的矛盾纠纷化解不及时，影响了农村社会稳定。为进一步做好当前和今后一个时期的村民委员会选举工作，保障村民委员会选举的公正有序，保障村民享有更多更切实的民主权利，推动农村经济平稳较快发展，确保农村社会和谐稳定，经党中央、国务院同意，现就加强和改进村民委员会选举工作通知如下。

一、充分认识加强和改进村民委员会选举工作的重要意义

村民委员会选举，是我国社会主义民主在农村最广泛的实践形式之一。当前，我国农村正在发生新的变革，农村社会结构快速变动，社会利益格局和农民思想观念深刻变化。适应农村改革发展的新形势，不断加强和改进村民委员会选举工作，进一步完善选举各项程序，做深做细做实选举各个环节工作，有利于保障村民依法直接行使民主权利，发展农村基层民主；有利于密切党群干群关系，维护农村社会和谐稳定；有利于调动亿万农民群众建设社会主义新农村的积极性、主动性和创造性，推动农村全面建设小康社会进程。

各地区各部门要高举中国特色社会主义伟大旗帜，以邓小平理论和“三个代表”重要思想为指导，深入贯彻落实科学发展观，按照党的十七大关于坚持和完善基层群众自治制度和党的十七届三中全会关于健全农村民主管理制度的要求，充分认识加强和改进村民委员会选举工作的重要意义，认真研究解决目前选举工作中存在的问题，把以直接选举、公正有序为基本要求的村民委员会选举实践进一步推向深入。

二、切实加强村民委员会选举前的各项准备工作

加强选举领导机构和工作机构。凡举行村民委员会换届选举的地方，省、市、县、乡各级都要成立专门的领导机构和工作机构，保证必要的工作人员和经费，推动选举工作有组织、有步骤、有秩序地开展。要积极指导依法推选村民选举委员会，组织好村民委员会选举工作。

加强选举教育和培训工作。各地区各部门要在农民群众中广泛深入地开展社会主义民主法制教育，激发他们参与村民委员会选举的热情，了解村民委员会选举的基本程序，珍惜民主权利，真正把办事公道、廉洁奉公、遵纪守法、热心为村民服务的人选进村民委员会。县级党委和政府要重点做好对县乡两级负责村民委员会选举工作的党政干部的培训工作，使他们牢固掌握法律、法规和相关政策，不断提高指导选举工作的能力和水平。乡级党委和政府要重点做好对包村干部、村民选举委员会成员的培训工作，使他们熟悉村民委员会选举程序和方法步骤，不断提高实际操作的规范化水平。凡不掌握村民委员会选举法律、法规和相关政策的县乡干部以及在选举培训中不合格的县乡干部，不得派到村里指导选举工作。

加强选举方案制订工作。县乡两级要围绕组建村民委员会选举领导机构和工作机构、选举教育和培训、选举工作各个阶段的基本要求、选举工作进展安排等制订工作方案。积极开展调查研究，摸清本地区社会结构变化、人口流动、基层干部群众思想状况等社情民意，增强选举方案的指导性和针对性。加强与外出务工经商人员联络沟通，妥善解决他们依法行使选举权和被选举权问题。重点关注村情复杂、干群矛盾突出以及历次选举中问题较多的村，并制定工作预案，加强工作力量，加大指导力度。未经县(市、区)委批准，无故取消或拖延村民委员会换届选举的，要依法追究乡(镇、街道)党委(工委)、政府和村党组织、村民委员会主要负责人的责任。

加强村级财务审计工作。乡级党委和政府要认真组织开展对现任村民委员会成员的民主评议，做好村级财务清理和村民委员会成员任期届满审计工作。村集体财务收支情况、集体财产管理使用情况、生产经营和建设项目的发包和管理情况、土地补偿分配和使用情况、村级债权债务情况，以及农民群众反映集中、强烈要求审计的其他内容，要列入审计范围，并及时将审计结果公之于众。

三、依法规范村民委员会选举程序

规范村民选举委员会产生程序。村民选举委员会成员必须依法推选产生，任何组织或个人不得任意指定、撤换。提倡按照民主程序将村党组织负责人推选为村民选举委员会主任，主持村民选举委员会工作，发挥村党组织的领导核心作用。村民选举委员会成员依法被确定为村民委员会成员候选人的，应当退出村民选举委员会，所缺名额从原推选结果中依次递补。村

民选举委员会成员不履行职责的，经村民会议、村民代表会议或者村民小组讨论同意，按照原推选结果依次递补或者另行推选。

规范村民委员会成员候选人提名方式。村民委员会主任、副主任和委员候选人由本村有选举权的村民直接提名产生，候选人的名额应当多于应选名额。在符合法律、法规规定的前提下，各地要对村民委员会成员候选人的资格条件作出规定，引导村民把办事公道、廉洁奉公、遵纪守法、热心为村民服务的人提名为候选人。鼓励农村致富能手、复转军人、外出务工经商返乡农民、回乡大中专毕业生、大学生"村官"、县乡机关和企事业单位提前离岗或退休干部职工通过法定程序积极参与选举村民委员会成员的竞争。提倡村党组织成员和村民委员会成员交叉任职，但要从实际出发，不搞"一刀切"。适应中国特色社会主义新农村建设需要，提倡把更多女性村民特别是村妇代会主任提名为村民委员会成员候选人。

规范候选人的竞争行为。村民选举委员会应积极主动、客观公正地向村民介绍正式候选人的情况。有条件的地方，提倡组织候选人同村民见面，介绍治村设想或竞职承诺，回答村民提出的问题，禁止候选人或候选人指使的人私下拉票。要加强对候选人治村设想或竞职承诺的审核把关工作，治村设想或竞职承诺不得有与宪法、法律、法规和国家政策相抵触的内容，不得有侵犯其他村民人身权利、民主权利和合法财产权利的内容，不得有对竞争对手进行人身攻击的内容。要引导候选人着力围绕发展经济、完善管理、改进服务提出方案和措施，防止出现为当选进行个人捐助村内公益事业财物比拼加码的现象。对候选人承诺捐助村集体的资金或物资，不应由候选人在选举前或选举后私自决定分配方案，而应交由依法选举产生的村民委员会组织召开村民会议或村民代表会议民主讨论决定。

规范投票行为。全面设立秘密划票处，普遍实行秘密写票制度，保障村民在无干扰的情况下自主表达选举意愿。严格规范委托投票，限定选民接受委托投票的人次，禁止投票现场临时委托。严格控制流动票箱的使用，确有必要使用流动票箱的，其对象和人数应由村民代表会议讨论决定，并张榜公布。切实维护选举大会的现场秩序，禁止任何人实施向选民展示钱物等扰乱选举现场秩序、影响选民投票意向的行为。投票结束后，应当公开唱票、计票，当场公布选举结果。

四、扎实做好村民委员会选举后续工作

扎实做好新老村民委员会交接工作。新老村民委员会的交接工作，由乡级政府负责主持，村党组织参与。原村民委员会应依法在规定期限内将印章、办公场所、办公用具、集体财务账目、固定资产、工作档案、债权债务及其他遗留问题等，及时移交给新一届村民委员会。已经完成选举的地方，要认真检查验收。对拒绝移交或者无故拖延移交的，乡级党委和政府、村党组织应当给予批评教育，督促其改正。要耐心做好落选人员思想工作，引导他们积极支持新当选的村民委员会成员开展工作。选举工作结束后，要及时统计、汇总、上报选举结果，建立、健全村民委员会选举工作档案。

扎实做好新当选村民委员会成员培训工作。选举结束后，各地区应根据当地实际，制定规划，广泛培训新当选的村民委员会成员，组织他们学习党的路线方针政策，深入学习实践科学发展观，学习法律、法规和实用技术，增强村民委员会成员坚持党的领导的信念，增强正确执行政策、坚持依法办事、善于做群众工作的能力，增强带领广大农民群众建设社会主义新农村的本领。

扎实做好村务公开和民主管理制度健全工作。加强对村民委员会成员履行选举期间竞职承诺的监督，防止其利用职权谋取不正当利益。理顺村级各类组织的关系，抓好以村党组织为核心的村级组织配套建设，领导和支持村民委员会等村级组织依照法律、法规和章程开展工作。进一步健全完善村党组织领导的充满活力的村民自治机制，深入开展以村民会议、村民代表会议、村民议事为主要形式的民主决策实践，以自我教育、自我管理、自我服务为主要目的的民主管理实践，以村务公开、财务监督、群众评议为主要内容的民主监督实践，全面推进村民自治制度化、规范化、程序化。凡未经村民会议或者村民代表会议讨论决定，任何组织或个人擅自以集体名义借贷，变更和处置村集体的土地、企业、设备、设施等，均为无效，村民有权拒绝，造成的损失由相关责任人承担，构成违纪的给予其党纪政纪处分，涉嫌犯罪的移送司法机关依法处理。对无正当理由拒不履行为村民服务职责或拒不协助乡(镇)政府开展工作的村民委员会成员，村党组织和乡(镇)党委、政府应对其进行批评教育，对拒不改正的应依法启动罢免程序。

扎实做好村民委员会成员合法权益保障工作。妥善解决村干部的报酬和养老保险等问题，帮助他们解决工作和生活中的实际困难，解除他们的后顾之忧。按规定渠道，切实解决村民委员会的活动场所问题，及时拨付工作运行经费；乡级政府需要委托村民委员会承办的事项，应按照"权随责走、费随事转"的原则妥善解决。对于一心为民、工作成绩突出的村民委员会成员，应及时给予宣传表彰。

五、坚决查处村民委员会选举中的贿选等违法违纪行为

坚决制止和查处贿选行为。在村民委员会选举的

过程中,候选人及其亲友直接或指使他人用财物或者其他利益收买本村选民、选举工作人员或者其他候选人,影响或左右选民意愿的,都是贿选。各地要结合实际,进一步明确贿选的界限,加强监督,加大查处力度。对参与或指使他人以暴力、威胁、欺骗、贿赂、伪造选票、虚报选举票数等违法手段破坏选举或者妨碍村民依法行使选举权和被选举权的,以及对控告、检举选举违法行为的人进行打击、报复的,要发现一起坚决查处一起。对选举中的违法违纪行为,村民有权向乡、民族乡、镇的人民代表大会和人民政府或者县级人民代表大会常务委员会和人民政府及其有关主管部门举报,有关机关应当负责调查并依法处理。对参与或指使他人以暴力、威胁、欺骗、贿赂、伪造选票、虚报选举票数等违法手段参选的,一经发现即取消其参选资格,已经当选的,其当选无效;违反治安管理规定的,依法给予治安管理处罚;构成犯罪的,依法追究刑事责任。

加大对选举工作人员违法违纪行为的查处力度。村民选举委员会成员在村民委员会选举中有违法违纪行为的,要及时终止其资格。对伪造选举文件、篡改选举结果或者以威胁、贿赂、欺骗等手段,妨害村民依法行使选举权、被选举权的农村党员干部,要给予撤销党内职务、留党察看或者开除党籍处分。农村党员和国家公务员有参与或者怂恿村民委员会选举中违法违纪行为的,要分别给予党纪或者政纪处分。对假借选举之名,打着宗教旗号从事非法活动、民族分裂活动和刑事犯罪活动的,要坚决依法予以打击。

六、加强对村民委员会选举工作的组织领导

健全和落实领导责任制。各级党委、人大、政府要把加强和改进村民委员会选举工作列入重要议事日程,形成党委领导、人大监督、政府实施、各有关部门密切配合的工作体制和运行机制。县级党委书记要认真履行“第一责任人”的职责,乡级党委书记要认真履行“直接责任人”的职责,村党组织要在村民委员会选举中充分发挥领导核心作用。地方各级人大和县级以上地方各级人大常委会在本行政区域内要切实保证村民委员会组织法的实施,保障村民依法行使选举权利。各级党委组织部门要统筹协调村级党组织选举工作和村民委员会选举工作,加强指导。各级民政部门要充分发挥职能作用,认真抓好村民委员会选举工作的指导和监督检查。各级财政部门要落实相关工作经费,保证选举工作顺利进行。各级纪检监察、宣传、信访、公安、司法、综合治理、妇联等部门,各级人民法院、人民检察院,要积极参与、配合村民委员会选举工作。要建立、健全工作责任追究制度,对因领导和指导工作不力、敷衍应付、处置不当引发较大规模群体性事件的,要追究相关领导和有关人员的责任。

认真做好群众来信来访工作。县乡两级村民委员会换届选举工作领导机构和工作机构要向社会公布办公地址和工作电话,提供咨询服务。对有关村民委员会选举的来信来访,要及时调查研究,妥善答复,切实维护群众合法权益。对群众反映的问题,如果属实或基本属实的,要及时纠正解决;对与实际情况有出入的,要本着有什么问题就解决什么问题的原则进行完善;对与实际情况完全不符的,要尽快说明情况,争取群众的认可;对群众听信谣传、上当受骗的,要及时予以揭露,澄清事实,消除群众误解。县乡村三级都要建立、健全村民委员会选举工作信息报告制度,全面掌握选举动态,及时上报选举引发的重大事件。在选情复杂的地方,县乡两级要建立应急处置工作机制,制定应急处置预案,加强对突发事件的防范和处置。

加大对村民委员会选举工作的监督力度。要充分发挥党委、人大、政府及其职能部门的监督作用,同时结合实际,发挥村民选举委员会、村民对选举全过程的监督作用。要积极探索舆论监督以及各级党代表、人大代表、政协委员担任选举监督员等形式,加强社会力量对选举工作的监督。

加强对村民委员会选举工作的舆论引导。各地区各部门要充分发挥新闻媒体的积极作用,大力宣传党的十七大和十七届三中全会精神,宣传村民委员会选举的法律、法规和相关政策,宣传选举中涌现的好经验好做法,形成正面引导的强大声势。县乡村三级都要把宣传教育和舆论引导贯穿于选举工作全过程,把依法办事贯穿于选举实践全过程,把为什么举行村民委员会选举、应该选举什么样的人进村民委员会、什么样的选举行为为法律、法规所允许等问题,通过多种方式清清楚楚地告诉广大村民,引导他们行使好自己的民主权利,引导候选人坚持社会主义荣辱观,正确对待自己、其他候选人和村民,正确对待困难、挫折和荣誉,促进理性公平竞争,努力形成和谐选举的良好局面。

各地区各部门要将本通知精神尽快传达贯彻到农村干部群众中,村民委员会选举工作中遇到的重大问题请及时报告中央。

中共中央办公厅
国务院办公厅
2009年4月24日

国务院法制办关于公布《中华人民共和国食品安全法实施条例(草案)》公开征求意见的通知

为了进一步增强政府立法工作的透明度,提高行政法规草案质量,国务院法制办公室将《中华人民共和国食品安全法实施条例(草案)》(以下简称草案)全

文公布,征求社会各界意见。现将有关事项通知如下:

一、起草草案的总体思路

一是进一步明确企业作为食品安全第一责任人的责任,强化事先预防和生产经营过程控制。二是进一步明确各部门在食品安全监管方面的职责,完善分段监管工作中的协调、衔接与配合。三是将食品安全法确定的较为原则的制度加以具体化,增强制度的可操作性。此外,对食品安全法已经作出具体规定的内容,实施条例不再重复规定。

二、草案的主要内容

草案共57条,主要有以下三方面内容:

(一)明确企业的食品安全管理责任。

为了落实企业作为食品安全第一责任人的责任,草案从加强企业内部管理、确保食品生产经营过程安全可控的角度,进一步强化了企业的食品安全管理责任。一是明确食品生产企业的安全管理责任:(1)明确企业内部安全管理制度的内容;(2)制定食品生产过程的安全管理措施;(3)建立食品生产过程安全管理记录制度。二是建立食品批发企业的销售记录制度。三是规定餐饮服务者的安全管理责任:(1)制定并实施原料采购控制措施,确保所购食品、食品原料等符合食品安全标准;(2)认真检查待加工的食品及食品原料,发现有腐败变质或者其他感官性状异常的,不得加工或者使用;(3)定期维护食品加工、贮存等设施、设备;定期清洗、校验保温设施及冷藏、冷冻设施。

(二)强化食品安全分段监管工作中的协调、衔接与配合。

为了促使地方各级政府和政府有关部门切实承担起食品安全监管责任,有效执行食品安全法确立的统一协调与分工负责相结合的食品安全监管体制,草案进一步细化了食品安全法的有关职责规定,强化了食品安全分段监管工作中的协调、衔接与配合。一是强化了地方政府完善食品安全监管工作协调配合机制的责任。二是明确了食品安全风险监测计划、标准规划的制定等工作的负责部门。三是强化了各部门在食品安全监管工作中的协调与配合。

(三)细化食品安全法的有关法律制度。

为了确保食品安全法得到全面、有效、准确执行,草案对食品安全法中较为原则的制度做了具体规定,以增强制度的可操作性。一是规定了应当启动食品安全风险评估工作的情形。二是细化了召回食品的处理制度。三是规定了食品复检制度。四是细化了境外食品生产企业的注册制度。五是明确了食品安全日常监管信息的内容。

此外,草案还对食品安全事故处置等方面的制度作了具体规定。

三、征求意见的有关事项

(一)《中华人民共和国食品安全法实施条例(草案)》全文,请到"中国政府法制信息网"查找,网址:http://www.chinalaw.gov.cn。欢迎有关单位和各界人士于2009年5月4日前登录网站首页左侧的《法规规章草案意见征集系统》,就《中华人民共和国食品安全法实施条例(草案)》提出修改意见。

(二)修改意见也可以于2009年5月4日前,通过信函或者电子邮件方式发送国务院法制办公室。以信函方式邮寄的,请在信封上注明"食品安全法实施条例草案征求意见"字样。

国务院法制办公室通讯地址:北京市1750信箱

邮政编码:100017

电子邮件:spaq@chinalaw.gov.cn

2009年4月24日

全国人大常委会副委员长陈至立在人民大会堂会见由萨利赫·卡普苏兹率领的土耳其大国民议会土中友好小组代表团

全国人大常委会副委员长兼秘书长李建国在北京会见由法国国民议会议长贝尔纳·阿克耶率领的法国国民议会代表团

全国人大常委会副委员长司马义·铁力瓦尔地在北京会见由马哈茂德·阿卜拉什率领的叙利亚人民议会代表团

国务委员刘延东在新加坡总统府与新加坡总理李显龙举行会谈

"2009中国慈善排行榜"在北京揭晓

此次入榜慈善家121位,共计捐赠18.84亿元;入榜慈善企业899家,共计捐赠117.95亿元(含物品捐赠)。江苏黄埔再生资源利用有限公司董事长陈光标获中国慈善排行榜最高奖项"最具号召力的中国慈善家"称号,世纪金源集团黄如论、黄涛父子因现金捐赠第一名而获得"中国首善"称号。

4月25日

监察部 人力资源和社会保障部 国家统计局联合公布《统计违法违纪行为处分规定》

《统计违法违纪行为处分规定》已经监察部2009年2月9日第一次部长办公会议、人力资源和社会保障部2008年12月30日第十六次部务会议、国家统计局2008年11月6日第十八次局务会议审议通过。现予公布,自2009年5月1日起施行。

监察部部长　马馼

人力资源和社会保障部部长　尹蔚民

国家统计局局长　马建堂

2009年3月25日

统计违法违纪行为处分规定

第一条　为了加强统计工作,提高统计数据的准确性和及时性,惩处和预防统计违法违纪行为,促进统计法律、法规的贯彻实施,根据《中华人民共和国统计法》《中华人民共和国行政监察法》《中华人民共和国公务员法》《行政机关公务员处分条例》及其他有关法律、行政法规,制定本规定。

第二条　有统计违法违纪行为的单位中负有责任的领导人员和直接责任人员,以及有统计违法违纪行为的个人,应当承担纪律责任。属于下列人员的(以下统称有关责任人员),由任免机关或者监察机关按照管理权限依法给予处分:

(一)行政机关公务员;

(二)法律、法规授权的具有公共事务管理职能的事业单位中经批准参照《中华人民共和国公务员法》管理的工作人员;

(三)行政机关依法委托的组织中除工勤人员以外的工作人员;

(四)企业、事业单位、社会团体中由行政机关任命的人员。

法律、行政法规、国务院决定和国务院监察机关、国务院人力资源和社会保障部门制定的处分规章对统计违法违纪行为的处分另有规定的,从其规定。

第三条　地方、部门以及企业、事业单位、社会团体的领导人员有下列行为之一的,给予记过或者记大过处分;情节较重的,给予降级或者撤职处分;情节严重的,给予开除处分:

(一)自行修改统计资料、编造虚假数据的;

(二)强令、授意本地区、本部门、本单位统计机构、统计人员或者其他有关机构、人员拒报、虚报、瞒报或者篡改统计资料、编造虚假数据的;

(三)对拒绝、抵制篡改统计资料或者对拒绝、抵制编造虚假数据的人员进行打击报复的;

(四)对揭发、检举统计违法违纪行为的人员进行打击报复的。

有前款第(三)项、第(四)项规定行为的,应当从重处分。

第四条　地方、部门以及企业、事业单位、社会团体的领导人员,对本地区、本部门、本单位严重失实的统计数据,应当发现而未发现或者发现后不予纠正,造成不良后果的,给予警告或者记过处分;造成严重后果的,给予记大过或者降级处分;造成特别严重后果的,给予撤职或者开除处分。

第五条　各级人民政府统计机构、有关部门及其工作人员在实施统计调查活动中,有下列行为之一的,对有关责任人员,给予记过或者记大过处分;情节较重的,给予降级或者撤职处分;情节严重的,给予开除处分:

(一)强令、授意统计调查对象虚报、瞒报或者伪造、篡改统计资料的;

(二)参与篡改统计资料、编造虚假数据的。

第六条　各级人民政府统计机构、有关部门及其工作人员在实施统计调查活动中,有下列行为之一的,对有关责任人员,给予警告、记过或者记大过处分;情节较重的,给予降级处分;情节严重的,给予撤职处分:

(一)故意拖延或者拒报统计资料的;

(二)明知统计数据不实,不履行职责调查核实,造成不良后果的。

第七条　统计调查对象中的单位有下列行为之一,情节较重的,对有关责任人员,给予警告、记过或者记大过处分;情节严重的,给予降级或者撤职处分;情节特别严重的,给予开除处分:

(一)虚报、瞒报统计资料的;

(二)伪造、篡改统计资料的;

(三)拒报或者屡次迟报统计资料的;

(四)拒绝提供情况、提供虚假情况或者转移、隐匿、毁弃原始统计记录、统计台账、统计报表以及与统计有关的其他资料的。

第八条　违反国家规定的权限和程序公布统计资料,造成不良后果的,对有关责任人员,给予警告或者记过处分;情节较重的,给予记大过或者降级处分;情节严重的,给予撤职处分。

第九条　有下列行为之一,造成不良后果的,对有关责任人员,给予警告、记过或者记大过处分;情节较重的,给予降级或者撤职处分;情节严重的,给予开除处分:

(一)泄露属于国家秘密的统计资料的;

(二)未经本人同意,泄露统计调查对象个人、家庭资料的;

(三)泄露统计调查中知悉的统计调查对象商业秘密的。

第十条　包庇、纵容统计违法违纪行为的,对有关责任人员,给予记过或者记大过处分;情节较重的,给予降级或者撤职处分;情节严重的,给予开除处分。

第十一条　受到处分的人员对处分决定不服的,依照《中华人民共和国行政监察法》《中华人民共和国公务员法》《行政机关公务员处分条例》等有关规定，可以申请复核或者申诉。

第十二条　任免机关、监察机关和人民政府统计机构建立案件移送制度。

任免机关、监察机关查处统计违法违纪案件，认为应当由人民政府统计机构给予行政处罚的，应当将有关案件材料移送人民政府统计机构。人民政府统计机构应当依法及时查处，并将处理结果书面告知任免机关、监察机关。

人民政府统计机构查处统计行政违法案件，认为应当由任免机关或者监察机关给予处分的，应当及时将有关案件材料移送任免机关或者监察机关。任免机关或者监察机关应当依法及时查处，并将处理结果书面告知人民政府统计机构。

第十三条　有统计违法违纪行为，应当给予党纪处分的，移送党的纪律检查机关处理。涉嫌犯罪的，移送司法机关依法追究刑事责任。

第十四条　本规定由监察部、人力资源和社会保障部、国家统计局负责解释。

第十五条　本规定自2009年5月1日起施行。

国务委员刘延东在新加坡总统府会见新加坡内阁资政李光耀

刘延东说，中新关系发展迅速，各领域合作成果丰硕。两国友好互利合作具有前瞻性，并注重与时俱进。苏州工业园区已成为中外经济技术互利合作的成功典范。去年开工的天津生态城掀开两国在可持续发展和环保领域合作的新篇章。中新自由贸易协定今年生效，标志着两国经贸关系进入新阶段。

刘延东强调，中新关系的全面发展惠及两国人民，也促进了本地区的繁荣与稳定。李光耀资政是中新关系的重要奠基人，长期致力于中新友好。中方高度重视同新加坡的关系，愿与新方共同推动两国全方位、多层次合作不断迈上新台阶。

李光耀说，新中两国加强合作有利于两国和两国人民。新方希望看到中国不断繁荣发展，愿与中方一道不断推进两国关系。

全国政协副主席李金华在大马士革与叙利亚全国进步阵线副主席卡达哈举行会谈

中国人民解放军海军成立60周年庆祝大会在北京举行

第十九届全国图书交易博览会在济南开幕

本届书博会由国家新闻出版总署和山东省政府主办，以“齐鲁文脉　华夏书香”为主题，围绕迎接新中国成立60周年、应对国际金融危机挑战促进出版业改革发展、彰显齐鲁文化特色和拉动内需四个方面。

新中国成立60周年优秀图书展是本届书博会的最大亮点。600多平方米的展区内设三大板块，“岁时流光——新中国图书出版回顾图文展”板块，全景展示我国出版业发展的历程，收录各个时期的代表图书，以及一批影响了几代人的优秀图书；“书卷飘香——60年优秀图书选展”板块，选出图书展品近3000种，包含历届国家级奖项部分获奖图书：“五个一”工程奖、国家图书奖、中华优秀出版物奖、中国图书奖、中国出版政府奖获奖图书；“丹青溢彩——新中国宣传画藏品选展”板块，展示精选出的80余件宣传画。

专门设立民营书业展厅，是本届书博会的另一大亮点。共有1120家民营书业单位参展本届书博会。

《尚书》失传两千多年后现身

在25日举行的清华大学出土文献研究与保护中心成立仪式上，清华大学宣布，经过几个月的清理保护、初步释读及研究工作，最终确定清华简共为2388枚(包括少数残片)，年代测定为公元前305正负30年，即相当于战国中期偏晚。在这批清华简中发现多篇前所未见的《尚书》佚篇，自秦焚书后失传的《尚书》有望现出庐山真面目。

国家质检总局发出紧急公告要求各口岸采取有力措施防止猪流感传播

紧急公告要求各口岸检验检疫机构加强对来自人感染猪流感流行地区入境人员的体温检测、医学巡查等工作，对主动申报或现场查验发现有流感症状的人员仔细排查，对受染人或受染嫌疑人采取公共卫生观察、隔离、送指定医院诊治等检疫措施，防止人感染猪流感疫情传入我国。

4月26日

国务院总理温家宝给都江堰市全市中小学生回信

孩子们：

你们签名赠给我的画集《美丽的花朵》收到了，非常感谢。当我看到你们精心创作的作品时，我的心被深深地震撼了。这不是一般的画作，是你们在那场悲壮的抗震救灾中亲身经历的真实写照。你们敢于面对灾难，充满战胜困难的信心和勇气；你们在废墟中站立起来，挺起不屈的脊梁；你们把痛苦和大爱深深埋在心里，化作前进的力量。你们幼小的心灵经过磨难，变得更纯洁、更庄严、更坚强、更美好。你们已经懂得要以坚忍不拔的意志努力做一个有用的人，去帮助人们过上更好的生活。你们就是在这片灾难的土地上绽放出的最美丽的花朵，就是国家和民族的未来和希望。

在汶川大地震一周年纪念日到来的时候，我们纪念那些遇难的人们特别是孩子们，最好的行动就是把灾后恢复重建工作做好，建设美好家园。我们国家的灾难频仍而深重，唯有科学的态度、求实的精神和不懈地奋斗才能战胜它，从而使人们首先是孩子们生活安宁、和谐幸福。你们在画中表达了对我的想念，我也想念你们，想念灾区所有的孩子们。

我深深地爱着你们！

温家宝

2009 年 4 月 26 日

中共中央台办 国台办主任王毅在南京会见台湾海基会董事长江丙坤一行

海协会会长陈云林与海基会董事长江丙坤在南京紫金山庄举行第三次会谈

双方就两岸空中定期航班、两岸金融合作、两岸共同打击犯罪及司法互助等议题进行了商谈，就大陆资本赴台投资事宜交换意见，并讨论了下半年两会协商议题规划、加强会务联系与交流合作等事宜。

双方首先回顾了两会所签协议的执行情况。陈云林表示，两会恢复协商以来，两会领导人在北京和台北两度会谈，签署 6 项协议，解决了大陆居民赴台旅游、两岸直接通航、通邮等一系列两岸交往与合作中急需解决的问题。两岸有关方面积极落实两会协议。目前，各项协议执行情况越来越好，两岸业界和民众普遍受益，有力地推动两岸经济合作和两岸同胞往来。

双方在解决两岸空中定期航班、金融合作、共同打击犯罪及司法互助问题方面取得共识。

双方同意将两岸常态化包机转换为空中定期航班，实现两岸航空运输业务正常化。

双方同意加强两岸金融领域广泛合作，相互协助履行金融监管与货币管理职责，共同维护金融稳定。

两岸同意在民事、刑事领域开展互助，采取措施共同打击双方均认为涉嫌犯罪的行为。

双方一致认为，应秉持优势互补、互利双赢的原则，积极鼓励并推动大陆企业赴台考察、投资，以利加强和深化两岸产业合作，实现两岸经贸关系正常化和制度化。希望两岸业务主管部门以适当方式建立沟通机制，共同推动大陆企业赴台投资。

陈云林和江丙坤责成两会会务人员依据上述共识整理协议文本，尽快签署《海峡两岸空运补充协议》《海峡两岸金融合作协议》《海峡两岸共同打击犯罪及司法互助协议》3 项协议，并公布双方关于大陆企业赴台投资事宜达成的共识。

双方还就两会下半年协商议题规划、两会会务联系与交流等事宜交换了意见。双方原则同意于下半年适当时候在台湾举行第四次会谈，同意在去年台北会谈中讨论过的相关议题中选择第四次会谈的议题。陈云林建议优先商谈两岸渔工劳务合作问题，两岸农产品检验检疫合作问题，两岸标准、计量、认证认可和市场监督合作问题，避免双重征税问题。本次会谈结束后择时沟通，确定相关议题安排。双方同意进一步加强两会交流，组织海协会理事与海基会董、监事交流互访。

海协会与海基会在南京签署 3 项协议

海峡两岸关系协会会长陈云林与台湾海峡交流基金会董事长江丙坤，今天下午在这里签署《海峡两岸金融合作协议》《海峡两岸空运补充协议》《海峡两岸共同打击犯罪及司法互助协议》3 项协议。

《海峡两岸金融合作协议》共包括金融合作、交换资讯、保密义务、互设机构等 12 大项内容。根据这一《协议》，双方同意相互协助履行金融监督管理与货币管理职责，加强金融领域广泛合作，共同维护金融稳定。双方同意由两岸金融监督管理机构就两岸银行业、证券及期货业、保险业分别建立监督管理合作机制，确保对互设机构实施有效监管。双方同意先由商业银行等适当机构，通过适当方式办理现钞兑换、供应及回流业务，并在现钞防伪技术等方面开展合作，逐步建立两岸货币清算机制。双方同意就两岸金融机构准入及开展业务等事宜进行磋商。

根据《海峡两岸空运补充协议》，双方同意在台湾海峡北线航路的基础上开通南线和第二条北线双向直达航路，并继续磋商开通其他更便捷的新航路。双方同意可各自指定两岸资本在两岸登记注册的航空公司，在本协议及附件规定的航点上经营分别或混合载运旅客、行李、货物及邮件的定期和不定期航空运输业务。双方同意在互惠的基础上，磋商对两岸航空公司与经营活动有关的设备和物品，相互免征关税、检验费和其他类似税费。根据这一《协议》及附件，大陆方面同意在原有 21 个客运航点基础上，新增合肥、哈尔滨、南昌、贵阳、宁波、济南 6 个客运航点，上述 27 个航点可经营客运定期航班。台湾方面同意桃园与高雄航点可经营客运定期航班。双方同意客运定期班机和包机班次总量从每周 108 个往返班次增长为每周 270 个往返班次。大陆方面同意上海(浦东)、广州航点可经营货运定期航班，台湾方面同意桃园、高雄航点可经营货运定期航班。双方同意相互开放客运定期航班腹舱载货。

根据《海峡两岸共同打击犯罪及司法互助协议》，两岸同意在民事、刑事领域开展协助，采取措施共同打击双方均认为涉嫌犯罪的行为，重点打击涉及绑架、枪械、毒品、人口贩运及跨境有组织犯罪等重大犯罪，以及侵占、背信、诈骗、洗钱、伪造或变造货币及有价证券等经济犯罪。相互协助送达司法文书、调查取证、罪赃移交，认可及执行民事裁判与仲裁裁决，移管被判刑人。

海协会与海基会就陆资赴台投资事宜达成共识

海峡两岸关系协会会长陈云林与海峡交流基金会董事长江丙坤在南京举行会谈。会谈中，双方就大陆资本赴台投资事宜交换了意见，达成原则共识。全文如下：

双方一致认为，目前两岸关系面临难得的历史机遇，为促进两岸双向直接投资创造了良好的环境，尤其是面对国际金融危机对两岸经济的影响和冲击，双方应秉持优势互补、互利双赢的原则，积极鼓励并推动大陆企业赴台考察、投资，以利于加强和深化两岸产业合作，实现两岸经贸关系正常化和制度化。

双方希望两岸业务主管部门以适当方式建立沟通机制，共同推动大陆企业赴台投资。

海基会表示：台湾方面诚挚地欢迎陆资来台投资。将尽速发布相关规定及配套措施，并循序渐进扩大开放投资领域，持续推动相关工作，协助解决投资所衍生之问题，以利陆资来台投资。

海协会表示：大陆方面将积极支持大陆企业赴台投资。鼓励有条件的大陆企业赴台考察，了解投资环境，寻找投资机会。根据颁布的有关规定，为大陆有实力的企业赴台投资提供便利。

第四届中国中部投资贸易博览会在安徽合肥开幕

第四届中部博览会以“创新、合作、共赢、崛起”为主题，将举办中部六省与跨国公司午餐会、服务外包政策研讨会、搞活流通扩大消费政策说明会等12场重大活动。

中共中央政治局委员、国务院副总理王岐山出席开幕式及高峰论坛，并发表演讲。

王岐山强调，促进中部地区崛起，推动区域协调发展，是中国的长期发展战略。总的看，中国仍处于重要的战略机遇期，工业化、城镇化正在加快推进。中部地区人文历史积淀厚重，能源资源丰富，制造业基础较强，承接产业转移具有人力资源充裕、市场广阔、交通便利等优势，发展潜力很大。

王岐山指出，中部地区要全面推动科学发展。当务之急要坚定信心，迎难而上，化“危”为“机”，认真落实中央的政策措施。加快中部地区粮食、能源原材料、装备制造业基地和综合交通运输枢纽建设，千方百计开拓市场特别是农村市场，扩大消费，稳定出口。注重发展的质量和结构，提高自主创新能力，实现产业升级。现代化的核心是人的现代化，要坚持以人为本，促进人的全面发展。

王岐山强调，中部地区要加快推进改革开放。坚持推进体制改革和组织制度创新，充分体现市场配置资源的基础性作用。加强政策集成、产业配套和基础设施配套，积极承接国际和东部沿海地区的产业和出口加工企业向中部转移。

全国政协副主席李金华在大马士革会见叙利亚第二副总统阿塔尔

外交部部长杨洁篪在大马士革与叙利亚总统巴沙尔举行会谈

巴沙尔表示，叙中关系发展良好。叙方感谢中方在戈兰高地问题上所持公正立场，并坚定支持中方在台湾问题上的立场。在国际金融危机的形势下，希望双方进一步加强在经贸、旅游等各领域的合作，推动两国关系进一步发展。

杨洁篪说，当前国际金融危机仍在持续蔓延，中东局势在酝酿重要变化。在新的形势下，中方愿与叙方广泛开展友好交流与合作，继续扩大双边贸易，加强投资与技术合作，特别是推进能源、机电、通信、旅游等领域的务实合作，在国际和地区事务中加强沟通协调，为实现中东全面、公正、持久的和平发挥建设性作用。

外交部部长杨洁篪在大马士革接受新华社记者专访时就推动中东和平进程提出五点主张

杨洁篪刚刚结束对埃及、巴勒斯坦、以色列和叙利亚四国的访问。杨洁篪说，中方一直密切关注中东局势，此次中东之行中，他同有关各方就中东问题深入交换了看法。前不久发生的加沙冲突造成重大伤亡，导致地区局势动荡，再次表明中东问题不得到根本解决，中东地区的和平与安全就得不到保障。当前，国际社会更加重视中东问题，以色列成立了新政府，巴勒斯坦两大派组织正在为实现和解进行谈判。

杨洁篪说，在这种形势下，中方主张从以下五个方面着力推进中东和平进程：一、有关各方应坚持和谈的大方向，以联合国有关决议、“土地换和平”原则、“路线图”计划、“阿拉伯和平倡议”为基础，坚定推进和谈进程。二、各方应采取积极措施，尽快恢复局势稳定，不断积累互信，为和平进程向前发展创造条件。三、要坚持“两国方案”,早日建立独立的巴勒斯坦国,实现巴以“两个国家”和睦相处。这是巴勒斯坦问题的最终出路,也是中东和平与安全的根本保障。四、国际社会应持续关注中东问题,为各线和谈以及巴内部团结和经济发展提供有力支持。五、巴以、叙以、黎以等各线谈判应协调推进,以实现中东地区的全面和平。作为联合国安理会常任理事国,中方将继续同有关各方保持密切沟通、协调,为推动中东问题的全面、公正、持久解决发挥建设性作用。

由中国科协和中国科学院主办的2009国际天文年纪念大会在北京召开

为纪念伽利略首次使用望远镜进行天文观测400周年,联合国大会将2009年正式确定为国际天文年,并将其主题定为“探索我们的宇宙”,我国天文机构将在今年开展一系列纪念活动、学术交流及科普宣传活动。

中国科学院国家天文台陈建生院士在大会主题报告中说:进入21世纪,我国天文事业取得了巨大的成绩,但与国际先进水平的差距越来越大,特别是天文人才在质和量方面远不能满足需要。我国天文队伍数量严重不足,目前只有极少数大学设有天文学科,要逐步、坚定地扩大我国大学天文科研与教育规模,根本解决我国天文人才严重匮乏的问题。

4月27日

中共中央政治局委员李源潮参加在北京举行的纪念《党建研究》创刊20周年座谈会上发表讲话

李源潮充分肯定《党建研究》20年来取得的成绩。他说,坚持以改革创新精神加强党建理论研究,是新形势下加强和改进党的建设的迫切需要。党建理论研究要着眼于新的实践,着力回答党的建设的重大理论和实际问题,为做好新形势下党建工作提供理论支持。要大力弘扬马克思主义学风,坚持理论联系实际,在服务实践、指导实践中实现理论价值,在接受实践检验、汲取实践营养中实现理论的新发展。他希望《党建研究》坚持正确政治方向,进一步活跃思想、改进文风,办得更有思想活力,在指导实际工作中更有针对性和影响力,努力成为加强党建理论研究和指导党建工作的一面旗帜。

宋平出席座谈会。

中组部常务副部长沈跃跃主持会议,中央宣传部、国家新闻出版总署、全国党建研究会、《求是》杂志社和部分省(区、市)党委组织部门的负责同志,以及作者、读者代表等参加座谈会。

中纪委 中组部 中宣部 中央深入学习实践科学发展观活动领导小组在北京召开深入学习王瑛同志先进事迹座谈会

中组部追授王瑛同志为“全国优秀共产党员”。

会议指出,前段时间各地区各部门认真贯彻中央精神,认真学习宣传王瑛同志先进事迹,取得明显成效。集中宣传报道取得良好社会效果,组织王瑛同志先进事迹报告团巡回报告获得圆满成功,形式多样的学习宣传活动在各地区各部门普遍展开,王瑛同志的先进事迹更为广泛地传播,更为广大党员干部群众所信服和感动。

会议强调,要进一步理解和把握王瑛同志先进事迹的精神内涵,学习她优秀的政治品质、崇高的思想境界、真挚的公仆情怀、高尚的道德操守。王瑛同志无限忠诚,始终满怀激情地为党和人民的事业顽强拼搏、不懈奋斗,体现了当代共产党人的坚定理想信念;心系群众,真心诚意地为群众办实事、解难事、做好事,体现了我们党全心全意为人民服务的根本宗旨;热爱事业,模范践行“做党的忠诚卫士、当群众的贴心人”的庄严承诺,体现了新时期纪检监察干部的优良品质;真抓实干,坚持深入一线了解情况、指导工作,体现了领导干部良好的工作作风;廉洁自律,坚持清清白白做人、干干净净做事,体现了领导干部的崇高境界。广大党员干部要学习王瑛同志忠诚党的事业、心系人民群众、甘于无私奉献、始终严以律己的时代精神,真正做到为民、务实、清廉,永葆共产党人的本色和气节。

会议要求,各地区各部门要按照中纪委、中组部、中宣部、中央深入学习实践科学发展观活动领导小组《关于开展向王瑛同志学习活动的通知》精神,进一步把向王瑛同志学习活动引向深入。要把学习活动与党和国家的中心工作紧密结合起来,落实好中央提出的保增长、保民生、保稳定各项政策措施和工作部署,完成好各地区各部门提出的工作任务,促进经济平稳较快发展。要把学习活动融入深入学习实践科学发展观活动之中,认真解决党员干部党性党风党纪方面存在的突出问题。要以学习活动为契机,扎实做好反腐倡廉的各项工作,以反腐倡廉建设的新成效取信于民。

国务委员孟建柱在全国消防工作会议上发表讲话

孟建柱强调,各级公安机关特别是广大公安消防官兵要以全面贯彻实施新修订的《中华人民共和国消防法》为契机,进一步提高科学防范火灾水平、火灾扑救水平、应急救援和管理服务水平,为促进经济社会发展、保障人民安居乐业创造良好的消防安全环境。

孟建柱充分肯定了近年全国公安消防工作特别是在去年四川汶川特大地震救援战斗、奥运安保工作中取得的成绩。他要求,各级公安消防部队要进一步提高科学防范火灾水平,牢固树立防范重于救灾的工作理念,坚决遏制重特大火灾事故的发生。要进一步提高火灾扑救水平,最大限度地保护人民群众生命财产安全,最大限度地避免和减少官兵伤亡。要进一步提高应急救援和管理服务水平,加强专业应急救援力量建设,切实改进消防管理工作,不断满足人民群众的新期待、新要求。

孟建柱强调,要大力加强消防执法规范化建设,不断提升消防执法水平。要针对人民群众反映强烈的突出执法问题,针对消防监督执法中容易发生问题的薄弱环节,按照公开、透明、规范的原则,制定具体、便于操作的执法标准和细则,进一步公开消防执法依据、程序,公开消防行政审批范围、时限,着力提高执法透明度和公信力。

孟建柱要求,各级公安消防部队要进一步提高队伍管理水平,始终坚持政治建警、从严治警的方针,大力弘扬忠诚可靠、赴汤蹈火、服务人民的新时期公安消防精神,始终保持共产党人的政治本色和人民警察的高尚情操,营造风清气正的优良警风。

"改革开放30周年30个最受关注的城市 乡镇"颁奖典礼在广东省惠州市举行

国务院副总理张德江在中南海紫光阁会见芬兰诺基亚公司总裁兼首席执行官康培凯一行

全国人大常委会副委员长陈至立在人民大会堂会见来华参加中国—西班牙论坛第五次会议的西班牙平等大臣比维安娜·艾多

全国政协副主席李金华在大马士革会见叙利亚第一副总统沙雷

外交部部长杨洁篪在莫斯科与俄罗斯总统梅德韦杰夫举行会谈

梅德韦杰夫说,俄中战略协作伙伴关系发展很好,俄方对此非常满意和高兴。我同胡锦涛主席在二十国集团伦敦峰会期间进行了成功会晤,我期待着胡锦涛主席即将对俄罗斯进行国事访问。今年是俄中建交60周年,双方应以此为契机,回顾两国关系取得的成果,展望两国关系未来发展。在当前国际金融危机形势下,俄方愿与中方进一步加强高层交往,扩大经贸、人文等各领域合作,在应对国际金融危机以及在国际和地区问题上进行密切协作。

杨洁篪说,胡锦涛主席即将对俄罗斯进行的国事访问,对于新形势下进一步加强中俄战略协作伙伴关系意义重大。当前中俄战略协作伙伴关系全面、快速发展。在国际形势深刻复杂变化,国际经济金融危机持续蔓延的形势下,中方愿与俄方共同努力,全面落实两国元首达成的共识,进一步加强战略协作,深化各领域务实合作,推动中俄战略协作伙伴关系全面深入向前发展。

4月28日

国家主席胡锦涛就墨西哥部分地区暴发猪流感疫情向墨西哥总统卡尔德龙致慰问电

近日墨西哥部分地区暴发猪流感疫情,一些受感染者死亡。胡锦涛就此致电墨西哥总统卡尔德龙,代表中国政府和人民并以个人名义,向卡尔德龙总统、墨西哥政府和人民表示诚挚的慰问。

胡锦涛在慰问电中说,在此艰难时刻,中国人民感同身受。中方愿同墨方加强合作,并提供必要帮助,共同应对人类公共卫生安全挑战。我相信,在总统先生和墨西哥政府的领导下,墨西哥人民一定能够战胜这场疫情灾害,早日恢复正常生产生活秩序。

国家主席胡锦涛在钓鱼台会见法国前总统希拉克

胡锦涛说,希拉克先生是中国人民尊敬的老朋友、好朋友,无论是在担任总统期间,还是卸任以后,一直致力于中法友好,为加深两国人民了解和友谊,促进两国关系发展作出了突出贡献。中国人民对此是不会忘记的。

胡锦涛表示,在当前复杂多变的国际形势和国际金融危机持续蔓延的背景下,继续推进中法关系向前发展,加强两国务实合作,既是双方共同应对国际金融危机等全球性挑战的现实需要,也对推动建设持久和平、共同繁荣的和谐世界具有深远意义。希望中法两国社会各界携手努力,巩固和深化两国关系,共同开创中法全面战略伙伴关系的新局面。

希拉克说,中国历史文化悠久,发展充满活力,面貌日新月异,在世界舞台上发挥着越来越重要的作用。中国的发展对世界来说是个积极因素。希拉克表示,中国通过自身的努力已进入世界强国之列。中国是个一贯热爱和平的国家,中国的和平发展有利于世界的稳定和进步,我们对中国的发展充满信心。

国务院总理温家宝在北京主持召开国务院常务会议

会议听取卫生部等部门关于一些国家发生人感染猪流感疫情的报告,研究部署我国加强人感染猪流感预防控制工作。

会议强调，当前要按照“高度重视、积极应对、联防联控、依法科学处置”的原则，重点抓好以下工作：(一)密切跟踪境外疫情发展情况，加强国际合作，加强同港澳台地区的合作，做好疫情研判和对我国的风险评估工作。(二)建立卫生部、质检总局、农业部及其他有关部门参加的应对人感染猪流感联防联控机制，分工负责、协调配合，做好预案准备，确保各项防控措施落到实处，提高防控效能。(三)严格做好出入境检验检疫工作，特别是要加强对来自疫区入境人员的医学排查和处置，加强对来自疫区交通运输工具的检疫查验和消毒处理，采取多种有效措施，严防境外疫情传入我国。(四)根据境外疫情发展情况，及时发布旅行卫生安全提示。(五)加强人感染猪流感疫情监测，特别是要加强不明原因肺炎病例和流感样病例监测。建立疫情直报制度，切实做到早发现、早报告、早诊断、早隔离、早治疗。在我国境内一旦发现疑似病例就要及时公布。(六)加强猪的流感疫情监测，严格活猪及其产品的检疫监管。对近期有活猪及其产品进口地区、生猪养殖密集区和养猪场、屠宰场、活猪交易市场等地，集中开展猪流感疫情监测和调查，及时发现问题、排除隐患。(七)增加防护防疫用品、有效抗病毒药品和临床救治器具等储备，以应急需。加强人感染猪流感传播模式和疫苗、快速诊断、临床治疗方法等防治技术研究，提升科学防治能力和水平。(八)做好人感染猪流感防治知识宣传普及工作。让人民群众广泛了解人感染猪流感是可防、可控、可治的，提高群众自我保护意识和防病能力，搞好群防群控。要及时准确地发布疫情信息，为公众解疑释惑，正确引导社会舆论。

会议要求，各地区、各部门要按照党中央、国务院的部署和要求，把防控人感染猪流感作为当前的一项重点工作，以对人民高度负责的精神，认真落实各项防控措施，坚决防止疫情传入和扩散，确保人民生命安全和健康。

农业部紧急部署防控猪流感六举措

会议强调，农业部门要着力抓好六方面工作：一是成立猪流感监测预防专家组。密切跟踪境外疫情态势，定期会商疫情形势，研究防控措施，提出政策建议。二是做好应急准备。进一步完善应急预案，增强预案的可操作性。组建农业部和各省应急预备队，随时准备处理突发情况。三是加强监测。加强猪流感监测和流行病学调查。重点对去年和今年以来进口种猪进行跟踪调查和抗体监测，加强口岸进口生猪及其产品跟踪调查和监管。同时，加强生猪生产和市场价格监测，搞好生产调度，促进生猪产业稳定发展。四是加强猪流感研究工作。组织有关科研院所，加强对H1N1流感病毒变异情况的研究，分析其演化规律及趋势，提出措施建议，做好应对猪流感疫情的诊断、疫苗和治疗等技术准备。五是促进生猪生产稳定发展。坚持一手抓疫病防控，一手抓生猪生产。加强生猪生产和市场价格监测，搞好生产调度。六是科学引导舆论。重点宣传普及科学预防猪流感的知识和方法，正确引导消费，减少不必要的恐慌。

庆祝“五一”国际劳动节暨保增长促发展劳动竞赛推进大会在人民大会堂举行

国家副主席习近平出席大会并发表重要讲话。

习近平说，正在全国广大职工中开展的“同舟共济保增长、建功立业促发展”劳动竞赛活动感召力强、吸引力大，是近几年来各级工会组织开展的“当好主力军、建功‘十一五’、和谐奔小康”主题竞赛活动的重要内容。他要求劳动竞赛活动以科学发展观为指导，动员广大职工群众进一步坚定信心、迎难而上，突出重点、扎实工作，为保增长、保民生、保稳定做贡献，为实现经济平稳较快发展建功立业。他要求把劳动竞赛活动同深入贯彻落实中国工会十五大精神、当好时代先锋和行动楷模结合起来，同提高职工队伍整体素质、培养造就一大批知识型技术型创新型高素质职工结合起来，同发扬光大劳模精神、保持工人阶级昂扬向上、奋发进取的精神状态结合起来，使竞赛更生动活泼、扎实有效。

习近平充分肯定新中国成立60年来工会组织在围绕中心、服务大局，全面履行各项职能中所发挥的重要作用，希望工会组织把维护职工群众具体利益同维护全国人民根本利益紧密结合起来，更加自觉、更加积极地维护职工队伍稳定和社会稳定。习近平要求各级党委切实加强和改善对工会工作的领导，及时研究解决工会工作中的重大问题，为工会履行职责提供更好的环境和条件，在健全党和政府主导的维护职工权益机制过程中，充分发挥各级工会的作用。

会上，习近平等领导同志为全国“五一”劳动奖状、全国“五一”劳动奖章获得者和全国“工人先锋号”代表颁奖。会前，习近平等还亲切会见了全国劳动模范、先进集体代表和这次获奖者代表。

大会由全国人大常委会副委员长、中华全国总工会主席王兆国主持，中华全国总工会副主席、书记处第一书记孙春兰宣读了表彰决定。上海市总工会主席陈豪，大庆钻探工程公司钻井二公司1205钻井队队长胡志强，中国中铁一局电务工程公司高级技师窦铁成，中国长城铝业公司建设公司高级技师杨红雷先后发言。

出席大会的还有：刘云山、李源潮、张德江、何勇、令计划、王沪宁、李建国、司马义·铁力瓦尔地、陈昌智、杜青林、黄孟复、张榕明和倪志福。

中央和国家机关有关部门，各人民团体，解放军和武警部队，各民主党派中央、全国工商联和北京市负责同志，新中国不同时期全国劳动模范和先进集体代表，香港、澳门工会“五一”代表团成员，以及首都各界职工群众约3000人也参加了大会。

国家副主席习近平在人民大会堂与秘鲁第一副总统詹彼得里举行会谈

习近平说，中秘自贸协定是中国同拉美国家签订的第一个一揽子自贸协定。协定的签署将成为两国经贸关系发展新的里程碑，不仅有利于深化两国经贸合作，而且有利于各自国家的经济发展。

习近平说，受国际金融危机和世界经济增长明显减速影响，中国经济运行困难明显增加。我们有信心推动中国经济平稳较快发展，为世界经济金融的复苏稳定和健康发展作出贡献。中方愿与秘方加强合作，携手努力，共克时艰。

詹彼得里首先转达了秘鲁总统加西亚对胡锦涛主席和中国人民兄弟般的问候。他表示完全赞同习近平对双边关系的评价。他说，秘中建立战略伙伴关系为两国深化各领域合作开辟了广阔前景。秘中自由贸易协定的签署将为两国经贸关系发展注入新的动力。秘方期待更多中国企业赴秘投资，希望双方加强在矿业、基础设施建设、文化、教育等领域的合作。

詹彼得里感谢中方提供无私援助，支持秘鲁经济社会事业发展，并表示愿与中方一道，继续加强两国在各领域的务实合作，共同应对国际金融危机，不断深化秘中战略伙伴关系。

会谈后，习近平同詹彼得里共同出席了《中国—秘鲁自由贸易协定》签字仪式。

国务院副总理李克强在中南海紫光阁会见科威特石油大臣兼石油公司总裁艾哈迈德·阿卜杜拉·艾哈迈德·萨巴赫一行

李克强说，科威特油气资源丰富，中国油气消费需求潜力巨大，两国在油气能源资源领域合作具有较强互补优势，前景广阔。近年来，两国经贸和其他领域的友好合作发展顺利。在当前国际金融危机对实体经济的冲击还在加大、包括石油在内的国际市场能源需求不足的形势下，中科双方继续加大力度开展能源领域合作，无疑是具有长远战略眼光的明智之举，也符合两国及两国人民的共同利益。希望双方在石油勘探开发、炼油、加工、石油贸易等领域进一步扩大与深化合作，实现互利共赢，促进两国务实、友好合作关系不断向前发展。

艾哈迈德表示愿意加强与中国在能源领域的广泛合作，争取在重大合作项目上早日取得实质进展。

中共中央政治局委员王刚在北京会见世界宗教和平会议秘书长温德利一行

王刚说，世界宗教和平会议(简称“世宗和”)作为具有全球影响的跨宗教组织，在倡导不同宗教信仰互相尊重、促进跨宗教沟通与理解、推动世界和平事业等方面发挥了重要作用。2006年，“世宗和”与中国宗教界和平委员会签署了《会谈纪要》，表达了“世宗和”在涉台、涉藏等重大问题上尊重中国主权和尊严的立场。王刚表示，我们希望并相信，在涉及中国核心利益的重大问题上会继续得到“世宗和”的理解和支持。

王刚指出，中国是一个有多种宗教的国家，尊重和保护公民宗教信仰自由是中国的基本政策。中国政府鼓励宗教界人士和广大信教群众在促进经济发展、构建和谐社会中发挥积极作用。

王刚还向客人介绍了当前中国经济社会发展、中国政协的有关情况。

全国政协副主席阿不来提·阿不都热西提在亚的斯亚贝巴会见埃塞议会联邦院议长德格菲·布拉

国务院副总理回良玉就当前和节日期间森林防火工作提出明确要求

针对近日黑龙江、四川等地发生森林火灾，回良玉作出批示，他指出，近期全国多数地方气温较高，风大物燥，森林火险等级攀升，再加上节日将至，人员活动频繁，火源管理难度增大，森林防火压力加大。务必高度重视，进一步作出部署安排，强化各项防火举措的落实，并抓好督促检查。对目前黑龙江和四川省的火场要调集足够力量，尽快予以控制和扑灭。

火灾发生后，国家森林防火指挥部、国家林业局高度重视，国家森林防火指挥部总指挥、国家林业局局长贾治邦多次进行部署。国家森林防火指挥部28日连夜发出紧急通知，传达贯彻落实回良玉副总理重要批示精神，要求黑龙江、四川两省采取坚决有效措施，加强领导，科学指挥，组织精兵强将，尽快将火扑灭，最大限度减少火灾损失。要求各地对当前森林防火工作加大督察力度，严格管控火源，强化预警措施，严防发生新的森林火灾。

第九届“相约北京”联欢活动开幕演出在国家大剧院举行

“相约北京”联欢活动是由文化部、国家广电总局和北京市人民政府共同主办的综合性大型国际艺术节。本届联欢活动以“创意欢乐分享，艺术温暖生活”

为主题，将集中展示新中国成立60年来文化繁荣发展取得的显著成就，展示中外艺术家互动交流的盛况。在持续一个月的时间内，来自20多个国家和地区50多个中外艺术团的近600名艺术家，将通过大规模公益演出、广场联欢、文化讲座和工作坊等丰富多彩的形式，与广大群众近距离联欢。

第五届中国国际动漫节在杭州萧山开幕

第五届中国国际动漫节包括开幕式晚会暨“美猴奖”颁奖晚会、动漫产业博览会、“美猴奖”大赛、动漫高峰论坛、2009国际动画片交易会等20余项活动，展示面积达6万平方米。38个国家和地区参与本届动漫节，参展企业、机构322家，参观者预计达70万人次。

2009中国国际动漫“美猴奖”的7个“美猴奖”单项大奖分别被《月亮大马戏团》《莫非》《葫芦兄弟》《功夫熊猫》《牡丹亭》《九段》《郑和下西洋》摘得。

4月29日

国务院总理温家宝主持召开国务院常务会议

会议指出，去年以来，我国先后启动一些酝酿多年的改革，对提振市场信心和扩大内需发挥了积极作用，有力促进了经济社会发展。今年是实施“十一五”规划的关键之年，也是进入新世纪以来我国经济社会发展最为困难的一年，改革发展稳定的任务十分繁重。必须把应对危机作为深化改革的契机，加大改革力度，既立足扩内需、保增长、调结构、惠民生，又着眼长远可持续发展，解决经济社会发展中的突出矛盾和问题，切实推进重点领域和关键环节改革，进一步推动形成有利于科学发展与社会和谐的体制机制，促进经济社会又好又快发展。

会议确定了今年重点推进的改革任务。一是转变政府经济管理职能，继续削减和调整行政审批事项，激发市场投资活力。深化垄断行业改革，拓宽民间投资领域和渠道。二是深化国有企业改革，进一步优化所有制结构，推动非公有制经济和中小企业发展。三是深化农村综合改革，完善农村土地承包经营，全面推进集体林权制度改革。四是推进资源性产品价格改革，进一步发挥市场配置资源的基础性作用。完善节能减排的体制机制，促进资源节约和环境保护。五是推进服务业体制改革，放宽市场准入，提高服务业比重和水平。六是加快就业和收入分配制度改革，提高城乡居民收入水平和消费能力。加快推进医药卫生、教育、文化、社会保障、住房等民生领域改革，改善居民支出预期和消费意愿。七是推进科技体制改革，促进科技更好地为经济发展服务。八是加快推进财税体制改革，建立有利于科学发展的财税体制。九是深化金融体制改革，构建结构合理、功能完备、高效安全的现代金融体系。十是深化涉外经济体制改革，构建互利共赢的开放型经济体系。会议要求，各地区、各部门要加强沟通协作，制定具体实施方案，细化措施，认真督促落实，确保顺利完成今年改革发展的各项任务和“十一五”规划确定的各项目标。

为应对国际金融危机，调动社会和企业的投资积极性，扩大投资需求，调整和优化投资结构，会议决定，对现行固定资产投资项目资本金比例进行调整，降低城市轨道交通、煤炭、机场、港口、沿海及内河航运、铁路、公路、商品住房、邮政、信息产业、钾肥等项目资本金比例，同时适当提高属于“两高一资”的电石、铁合金、烧碱、焦炭、黄磷项目以及电解铝、玉米深加工项目的资本金比例。会议要求，金融机构要认真评估项目，在提供信贷支持和服务的同时，切实防范金融风险。

会议指出，为加强流动人口计划生育工作，寓管理于服务，维护流动人口的合法权益，稳定低生育水平，有必要根据《中华人民共和国人口与计划生育法》，制定《流动人口计划生育工作条例》。《流动人口计划生育工作条例(草案)》规定了流动人口户籍所在地和现居住地乡(镇)人民政府、街道办事处的计划生育工作职责，改革和完善了流动人口计划生育管理方式，强化了流动人口计划生育信息沟通，明确了流动人口在现居住地享有的计划生育服务和奖励优待。会议决定，该条例草案经进一步修改后，由国务院公布施行。

国务院总理温家宝在人民大会堂与日本首相麻生太郎举行会谈

温家宝在会见时强调，面对国际金融危机的严重冲击，中日加强合作有助于共同克服困难，带动地区经济增长。当前要努力稳定双边贸易和相互投资，积极拓展在节能环保、信息通信、绿色经济、高科技等领域的合作，培育新的经济增长点；要扩大同东盟国家的务实合作，充实中、日、韩三国合作，推动“清边倡议”多边化和亚洲债券市场建设，使地区一体化进程迈出新步伐；要坚决反对贸易保护主义，强化国际金融监管，推动国际金融体系改革取得积极成果。

温家宝表示，全球性挑战需要各国携手应对，中方愿为此继续发挥积极的建设性作用。近日在一些国家发生猪流感疫情，中国政府已及时建立防控机制，将与国际社会加强信息交流和协作，确保民众健康和生命安全。

麻生说，日、中两国对亚洲和世界的和平稳定与发展具有重要责任和影响。日本愿与中方共同努力，进一步扩大互利合作，拓展在节能环保、气候变化等领域的合作。麻生说，在当前国际金融危机背景下，日中应加强协调，携手合作，共同为亚洲和世界经济的恢复发展作出贡献，进一步充实日中战略互惠关系。麻生还表示，日方愿与中方共同合作，防止猪流感疫情的进一步蔓延。

温家宝表示，中国坚持走和平发展的道路，奉行互利共赢的开放战略，愿意同日方加强在地区和国际事务中的沟通与协调，促进亚洲和世界的和平、和谐与繁荣。温家宝还重申了中方在东海问题上的立场和主张。

全国政协主席贾庆林在人民大会堂会见马来西亚前总理马哈蒂尔

贾庆林欢迎马哈蒂尔访华，高度评价他任总理期间为发展中马关系作出的积极贡献。贾庆林表示，中马都是发展中国家，两国在维护世界和平、促进共同发展方面有着广泛共识。中方高度重视发展与马来西亚的友好合作关系，愿与马方共同努力，推动中马关系不断迈上新台阶。

马哈蒂尔感谢贾庆林主席拨冗会见，对中国近年来取得的社会发展与经济成就表示钦佩，对中国为抗击全球金融危机所采取的措施表示赞赏。

贯彻实施防震减灾法座谈会在北京举行

全国人大常委会副委员长兼秘书长李建国就贯彻实施防震减灾法、推进防震减灾工作，提出五点要求。一是充分认识依法做好防震减灾工作的重要意义。要认真领会胡锦涛总书记2008年6月在两院院士大会上的讲话精神，依法做好防震减灾工作。二是坚持预防为主、防御和救助相结合的方针。当前，要抓紧启动并落实国务院已部署的全国中小学校舍安全工程建设。三是坚持依法防震减灾。要加强执法，依法开展灾后重建工作，抓紧制定或修改与防震减灾法相配套的行政法规、地方性法规和规章。四是依法加强监督检查。各级人大常委会应当依法加强对防震减灾法实施情况的监督检查。五是做好法律的学习宣传工作。要以贯彻实施修订后的防震减灾法和开展首个全国“防灾减灾日”活动为契机，提高全社会风险防范意识、知识水平和避险自救能力。

座谈会由全国人大法律委员会、教科文卫委员会、全国人大常委会法工委、国务院法制办、中国地震局等单位联合举行。

国务委员孟建柱在北京出席国家禁毒委员会全体会议并讲话

孟建柱在讲话中充分肯定了去年以来各地区、各有关部门深入推进禁毒人民战争所取得的成绩。他指出，当前，我国面临的禁毒斗争形势依然错综复杂，禁毒工作任务十分繁重、艰巨。禁毒工作必须紧紧围绕党和国家工作中心，服从服务于经济社会发展大局，把以人为本的理念贯穿到禁毒工作的各个方面，把预防为主的理念体现到禁毒工作的各个环节。在依法严厉打击严重毒品犯罪活动的同时，体现宽严相济的刑事司法政策，把禁毒工作的成效更多更直接地体现在促进和谐稳定上。

孟建柱指出，检验缉毒执法的效果，不仅要看破了多少案、抓获了多少犯罪分子，更要看毒品形势是否好转，毒品来源是否减少。抓获一名贩毒人员是成绩，防范一名涉毒人员滋生也是成绩。减少一个吸毒人员，就是减少了一份不和谐因素，增加了一份和谐因素；挽救一名吸毒人员，就是挽救了一个家庭，增添了一份社会和谐因素。

孟建柱强调，各地区、各有关部门要紧紧抓住禁毒预防宣传教育这一治本之策，着力减少新涉毒人员滋生；紧紧抓住教育挽救吸毒人员这一关键环节，深入推进戒毒康复场所建设，认真总结社区戒毒、社区康复工作成功经验，着力减少毒品社会危害。要广泛动员社会各方面力量，进一步加强禁毒基础建设，努力形成齐抓共管、综合治理的禁毒工作格局。

国务院副总理回良玉在湖北农村考察

4月29日至5月1日，回良玉先后来到咸宁、赤壁等地，深入田间地头察看农业生产和农田水利建设情况。回良玉强调，当前应对国际金融危机和防范此次新流感疫情，对农业生产、畜牧业发展、农产品市场供应等提出了更高的要求。各地、各有关部门要全面贯彻党中央、国务院的决策部署，认真落实强农惠农政策措施，切实抓好粮食等大宗农产品生产，切实加强重大动物疫病防控，切实保障农产品市场供给安全，促进畜牧业稳定健康发展，促进农民就业增收，巩固和发展农业农村好形势。回良玉指出，今年国家较大幅度地提高了粮食最低收购价水平，一定要把支持粮食生产的政策宣传好、落实好，鼓励和引导农民积极发展粮食生产，同时要积极推进农业结构调整，搞活农产品流通，加强进出口调控，扶持农业产业化龙头企业发展。

国务委员兼国防部部长梁光烈上将在克里姆林宫与俄罗斯总统梅德韦杰夫举行会谈

总投资约12亿元的我国迄今最大的科学装置——“上海同步辐射光源”在上海张江高科技园区正式竣工并面向国内外用户开放

庆祝"五一"节文艺晚会在北京举行

全国人大常委会副委员长、中华全国总工会主席王兆国和全国人大常委会副委员长司马义·铁力瓦尔地，全国政协副主席、九三学社中央副主席王志珍，全国人大常委会原副委员长、中华全国总工会原主席倪志福等出席晚会并观看演出，与新中国成立以来不同时期的劳动模范和先进工作者、先进集体的代表以及首都各界劳动群众代表，一起欢庆这个劳动者的节日。

中华全国总工会副主席、书记处第一书记孙春兰等出席了晚会。

全国优秀廉政公益广告展播活动启动

"扬正气·促和谐"全国优秀廉政公益广告展播活动正式启动。本次展播活动由中央纪委宣传教育室、中央宣传部宣传教育局、国家工商总局广告监管司、国家广电总局传媒机构管理司、新闻出版总署新闻报刊司联合举办。

国务院副总理李克强到首都国际机场和中国疾控中心考察人感染猪流感防控工作

在北京市委书记刘淇的陪同下，李克强到北京首都国际机场、中国疾病预防控制中心进行考察。他强调，各地区各部门要认真贯彻落实胡锦涛总书记、温家宝总理指示和国务院常务会议精神，把防控人感染猪流感作为当前的一项重点工作，高度重视，积极应对，联防联控，依法科学处置，严防境外疫情传入和扩散，保障人民群众身体健康、生命安全和出行安全，维护社会生产生活正常秩序。

4月30日

国家主席胡锦涛在人民大会堂会见日本首相麻生太郎

胡锦涛在会见时指出，作为重要经贸合作伙伴，在当前国际金融危机持续蔓延、两国贸易明显下滑的形势下，双方要加强信息沟通和政策协调，拓宽合作思路，深挖合作潜力，搞好节能环保、信息通信、高科技等重点领域的合作，采取有效措施，尽早恢复双边贸易和投资稳定增长。人文交流对两国关系发展具有重要深远影响。双方要充分发挥已有交流机制的作用，多管齐下，多方并举，把两国人文交流特别是青少年、中青年干部交流提高到新水平。在多边领域，双方要把促进东亚区域合作、共同应对国际金融危机等全球性挑战作为合作重点，进一步加强在"10 + 3"、东亚峰会和中日韩等区域机制中的协调与配合，共同促进亚洲和世界的和平、稳定与发展。

麻生表示，去年5月胡锦涛主席对日本进行成功访问，达成的各项合作项目取得很大进展。日中两国领导人之间保持高层往来，密切沟通，在双边和多边场合多次见面，就双边关系和共同关心的问题交换意见，日方对此给予高度评价。日中两国地理上是永恒的邻居，政治、经济等各领域合作良好，日中战略互惠关系不断发展，为两国关系的未来打下好的基础。这次访问富有成果。衷心希望双方从两国关系的大局出发，保持高层密切沟通，加强广泛领域的合作，就应对国际金融和经济危机加强协调，增进两国青年之间的交流，推动两国关系向前发展。

麻生说，关于历史问题，日本政府在1995年和2005年日本首相发表的正式谈话中表明立场，即正视历史，面向未来，日方这一立场没有改变，今后也不会改变。

全国政协主席贾庆林在人民大会堂会见越南政府副总理兼教育和培训部长阮善仁

贾庆林强调，在国际金融危机深化蔓延的形势下，加强中越团结合作具有更为重要的现实意义。希望双方以明年共同举办"中越友好年"为契机，增进友谊，扩大合作，推动中越全面战略合作伙伴关系取得更大发展。

贾庆林充分肯定两国人文教育领域合作成果，希望双方做好合作规划，拓展合作内容，为推进中越全面战略合作伙伴关系作出积极贡献。

阮善仁表示，越方高度重视发展对华关系，在革新事业中重视借鉴中国的发展经验，愿进一步加强两国在教育、文化、科技等领域的交流与合作，丰富越中全面战略合作伙伴关系内涵。

国新办 商务部 工商总局联合发布《外国机构在中国境内提供金融信息服务管理规定》

《外国机构在中国境内提供金融信息服务管理规定》现予公布，自2009年6月1日起施行。

国务院新闻办公室主任　王　晨

商务部部长　陈德铭

工商总局局长　周伯华

2009年4月30日

外国机构在中国境内提供金融信息服务管理规定

第一章　总　则

第一条　为便于外国机构在中国境内依法提供金融信息服务，满足国内用户对金融信息的需求，促进金融信息服务业健康、有序发展，根据《国务院关于修改〈国务院对确需保留的行政审批项目设定行政许可的决定〉的决定》(国务院第548号令)，制定本规定。

第二条 外国机构在中国境内提供金融信息服务,适用本规定。

本规定所称外国机构,是指外国金融信息服务提供者。

本规定所称金融信息服务,是指向从事金融分析、金融交易、金融决策或者其他金融活动的用户提供可能影响金融市场的信息和/或者金融数据的服务。该服务不同于通讯社服务。

第三条 中国依法保障外国机构在中国境内提供金融信息服务的合法权益,为其依法提供金融信息服务提供便利。

外国机构在中国境内提供金融信息服务,应当遵守中国法律、法规和规章。

第二章 审 批

第四条 国务院新闻办公室为外国机构在中国境内提供金融信息服务的监督管理机关。外国机构在中国境内提供金融信息服务,必须经国务院新闻办公室批准。

未经国务院新闻办公室批准的外国机构,不得在中国境内提供金融信息服务。

第五条 外国机构申请在中国境内提供金融信息服务,应当具备以下条件:

(一)在所在国家(地区)有相应的合法资质;

(二)在金融信息服务领域有良好信誉;

(三)有确定的金融信息服务业务;

(四)有良好的传播手段和技术服务;

(五)中国法律、法规规定的其他条件。

第六条 外国机构在中国境内提供金融信息服务,需向国务院新闻办公室申请,提交下列材料:

(一)该机构主要负责人签署的书面申请;

(二)该机构情况介绍;

(三)该机构在所在国家(地区)设立的证明文本副本;

(四)拟提供金融信息服务的产品、栏目、说明、信息来源和样品的概述;

(五)传播手段及技术服务说明材料。

第七条 国务院新闻办公室应当自受理申请之日起20个工作日内作出批准或者不批准决定。予以批准的,发给批准文件;不予批准的,书面通知申请人并说明理由。

第八条 外国机构在中国境内提供金融信息服务,应当与用户签订书面合同。

外国机构应当在首次收到本规定第七条所述批准文件后30日内,就获得批准文件前与国内用户签订的任何合同,向国务院新闻办公室备案。获得批准的外国机构与国内用户签订、终止任何合同,应当在该合同签订、终止后30日内,向国务院新闻办公室备案。备案内容包括:合同所涉信息产品、提供方式、用户相关身份信息、合同期限等。已备案内容发生变更的,外国机构应当在变更后30日内向国务院新闻办公室变更备案。

第九条 外国机构在中国境内提供金融信息服务,拟变更机构名称、产品种类或者传播手段的,应当至少提前30日向国务院新闻办公室办理变更手续。

第十条 外国机构拟终止在中国境内提供金融信息服务的,应当在终止业务前书面告知国务院新闻办公室,并自终止业务之日起7日内到国务院新闻办公室办理注销手续。

第十一条 外国机构在中国境内提供金融信息服务批准文件有效期为2年。批准文件到期并拟继续提供服务的,应当在批准文件到期前至少30日,持原批准文件和本规定第六条所述材料向国务院新闻办公室申请更新批准文件。国务院新闻办公室将依照本规定第七条的规定办理。

第十二条 国务院新闻办公室依法保护外国机构依照本规定提交材料中包含的具有商业价值的信息,上述信息将仅用于监管。

第三章 投资设立企业

第十三条 外国机构在中国境内投资设立金融信息服务企业,应当依照中国有关法律向国务院商务主管部门提出申请,并提交下列材料:

(一)国务院新闻办公室的批准文件;

(二)该机构主要负责人签署的在中国境内投资设立金融信息服务企业的书面申请;

(三)由各方投资者法定代表人或者其授权的代表签署的金融信息服务企业的合同、章程;

(四)拟投资设立金融信息服务企业的董事会成员名单及证明文件;

(五)工商行政管理部门出具的企业名称预先核准通知书;

(六)中国法律、法规规定的其他文件。

第十四条 国务院商务主管部门应当自受理申请之日起30个工作日内作出批准或者不批准决定。予以批准的,发给《外商投资企业批准证书》;不予批准的,书面通知申请人并说明理由。

第十五条 获得批准投资设立金融信息服务企业的外国机构应当自收到《外商投资企业批准证书》之日起30日内,依法向工商行政管理部门申请设立登记。

外商投资的金融信息服务企业变更登记事项或者终止的,应当依法办理变更登记或者注销登记。

第四章 监督管理

第十六条 外国机构应当严格按照批准的经营范

围提供金融信息服务。国务院新闻办公室对外国机构提供金融信息服务进行监督检查，外国机构应当予以配合。

第十七条 外国机构在中国境内向用户提供的金融信息，不得含有下列内容：

（一）违反中华人民共和国宪法基本原则的；

（二）破坏中国国家统一、主权和领土完整的；

（三）危害中国国家安全和损害国家利益的；

（四）违反中国的民族、宗教政策，破坏民族团结，宣扬邪教的；

（五）散布虚假金融信息，扰乱经济秩序，破坏经济、金融、资本市场和社会稳定的；

（六）宣扬淫秽、色情、暴力、恐怖或者教唆犯罪的；

（七）侮辱或者诽谤他人，侵害他人合法权益的；

（八）中国法律、法规和规章禁止的其他内容。

第十八条 国务院新闻办公室对外国机构在中国境内提供的金融信息进行同步审视，发现含有本规定第十七条所列内容的，予以调查、处理。外国机构应当向国务院新闻办公室无偿提供同步审视其所提供金融信息的必要条件。

第十九条 在中国境内设立的外商投资金融信息服务企业应当严格按照登记注册的经营范围从事业务活动，不得开展新闻采集业务，不得从事通讯社业务。

第二十条 国内金融信息用户发现外国机构提供的金融信息中含有本规定第十七条所列内容的，应当向国务院新闻办公室举报，并不得使用和传播。

第五章 法律责任

第二十一条 外国机构在中国境内提供金融信息服务违反本规定的，由国务院新闻办公室和有关部门责令改正，给予警告，并处罚款。违反其他法律、法规的，由相关行政、司法机关依法处理。

第二十二条 国内金融信息用户向社会传播外国机构提供的金融信息中含有本规定第十七条所列内容的，由国务院新闻办公室和有关部门依法处罚。

第二十三条 国务院新闻办公室工作人员，因玩忽职守、滥用职权、徇私舞弊或者收受贿赂，造成严重后果并构成犯罪的，依法追究刑事责任；尚不构成犯罪的，依法给予处分。

第六章 附 则

第二十四条 香港特别行政区、澳门特别行政区、台湾地区有关机构，在内地提供金融信息服务，参照适用本规定。

第二十五条 本规定自2009年6月1日起施行。本规定发布前，有关部门发布的关于金融信息服务的规定与本规定不一致的，以本规定为准。

本规定施行前已获得批准在中国境内提供金融信息服务的外国机构，拟继续在中国境内提供金融信息服务的，应当在本规定施行之日起30日内持本规定第六条所述材料向国务院新闻办公室提出申请。在国务院新闻办公室根据本规定第七条作出决定之日前，允许其继续提供该服务。

《人民日报》发表评论员文章《在应对国际金融危机中推进改革》

29日召开的国务院常务会议讨论并通过了《关于2009年深化经济体制改革工作的意见》，确定了今年重点推进的十项改革任务。我们要把应对国际金融危机作为深化改革的契机，加大改革力度，进一步推动形成有利于科学发展和社会和谐的体制机制。

当前，我们面临着严峻的国际经济环境，国内发展面临着前所未有的困难，长期积累的体制机制矛盾更加突出。这就要求我们必须统一思想，充分认识到进一步深化改革的重要性和紧迫性，毫不动摇地继续深化改革，破解发展难题，赢得发展机遇，确保扩内需、保增长、调结构各项任务的顺利完成。

去年，我国一些重点领域和关键环节的改革取得新进展，有力地促进了经济社会发展。尤其是去年下半年以来，为应对国际金融危机，一些酝酿多年的改革先后启动。航空、电信等行业实现重组，成品油价格和燃油税费改革、增值税转型改革先后实施，新的企业所得税法全面实施，国有金融企业股份制改革稳步推进，城乡免费义务教育制度全面实行，医药卫生体制改革方案面向社会公开征求意见并于近期正式对外发布等。这些改革措施对提振市场信心和扩大内需发挥了积极作用。

从国务院常务会议的有关部署看，今年重点推进的十项改革任务十分繁重。在应对危机中不断深化改革，我们要把立足当前与着眼长远结合起来，既要应对金融危机，保持经济平稳较快发展，又要抓住时机，消除制约经济社会发展的突出矛盾和影响长远发展的深层次体制机制障碍；要把加强宏观调控与发挥市场机制作用结合起来，进一步完善市场机制，提高宏观调控水平，增强经济发展的内在活力；要把整体部署与局部试点结合起来，充分调动各方和人民群众的积极性和创造性，形成全社会共同推进改革的新局面；要把应对挑战与把握机遇结合起来，统筹出台改革措施的时机、力度和节奏。

改革任务既定，关键在于落实。各地各部门要结合实际，明确各项改革任务的具体要求和实施步骤，统筹兼顾，相互配合，形成合力，让改革在应对国际金融危机中不断释放促进科学发展的充沛动力，推动经济社会又好又快发展。

国内首个政府公开信息整合服务门户——中国政府信息整合服务平台开通

中国政府信息整合服务平台(http://govinfo.nlc.gov.cn)将各级政府公开信息进行整合,建立多种专题数据库,并将互联网上的政府信息资源与国图馆藏文献资源进行有序整合,构建一个方便、快捷的政府公开信息整合服务门户。

该平台包括政府信息、政府公报和政府机构三大栏目,使用户在一个窗口、一个检索界面就可以一站式地发现并获取政府公开信息资源,并可以快速访问到各个政府站点。

汶川大地震主题雕塑展在北京举办

由中国文联、中华慈善总会、中国美术馆、中国美协主办的"礼赞生命——中国5·12大地震抗震救灾主题纪念雕塑展"于4月30日至5月8日在北京中国美术馆展出。"雕塑百家联展"同期展出。

"礼赞生命——中国5·12大地震抗震救灾主题纪念雕塑展"展出作品100件,构成了5·12抗灾周年纪念活动重要的文化组成板块。"雕塑百家",象征本次活动的多元性及"和谐文化"价值观。

5月1日

《人民日报》发表社论《劳动创造光荣和梦想——庆祝“五一”国际劳动节》

今天，我国工人阶级和广大劳动群众迎来了自己的节日——“五一”国际劳动节。我们向全国工人阶级和劳动群众致以节日的祝愿，向各条战线的劳动模范和先进工作者致以崇高的敬意！

与时代发展同步伐，与改革开放共命运。新中国成立60年来，特别是改革开放30年来，我国工人阶级肩负历史使命，挺立时代潮头，以诚实劳动创造美好生活，以辛勤工作创造辉煌业绩。60年来，在中国共产党的领导下，我国工人阶级始终站在时代前列，勇于探索、大胆实践，为新中国的发展和中华民族的振兴，作出了彪炳史册的贡献。60年来，中国工会在中国共产党的领导下，围绕中心、服务大局，与时俱进、开拓创新，逐步探索出一条符合中国国情的工会发展道路，成为中国特色社会主义的重要组成部分。

在建设中国特色社会主义事业的伟大进程中，我国工人阶级队伍日益壮大，整体素质不断提高，先进性明显增强，利益进一步实现，领导阶级地位更加巩固，主力军作用得到充分发挥。实践证明，工人阶级是我国先进生产力和生产关系的代表，是我们党最坚实最可靠的阶级基础，是社会主义中国当之无愧的领导阶级，是全面建设小康社会、发展中国特色社会主义的主力军，是推动中国经济发展和社会全面进步的根本力量。

只有融入到时代发展的历史进程中，才能成就自身的价值，实现自己的理想。三峡工程、青藏铁路、奥运工程、载人航天、月球探测等重大项目，无不凝结着广大劳动者的智慧和汗水。创新成果层出不穷，高技能人才茁壮成长，技术工人登上国家科技奖最高领奖台，充分展现了我国工人阶级的时代风采。在建设创新型国家的今天，“劳动光荣、知识崇高，人才宝贵、创造伟大”已经成为时代最强音。

工人阶级只有成为改革主力、发展动力、稳定基石，才能成为国家脊梁、社会中坚。党的十七大提出了全面建设小康社会的奋斗目标。全面建设小康社会既要造福工人阶级，又要始终依靠工人阶级。我国工人阶级一定要发扬光荣传统，不断开拓前进，成为继续解放思想、锐意改革创新的时代先锋，成为推动科学发展、促进社会和谐的行动楷模。

同舟共济保增长，建功立业促发展。在共同应对国际金融危机的今天，我国工人阶级要进一步增强走中国特色社会主义道路的信心和决心，坚定中国特色社会主义的共同信念。工人阶级要立足基本国情，树立世界眼光，顺应时代潮流，勇担推动科学发展的历史重任。工人阶级要大力弘扬劳模精神，胸怀全局，立足本职，开展劳动竞赛，争做锐意进取创新的先锋模范；工人阶级要发扬识大体、顾大局的光荣传统，成为促进和谐稳定的中流砥柱。工会组织要紧紧围绕保增长、保民生、保稳定的大局，积极促进科学发展与社会和谐，大力维护广大职工的根本利益和合法权益。

各级党委和政府要牢牢坚持全心全意依靠工人阶级的方针，尊重职工首创精神，充分发挥工人阶级主力军作用。要完善广大职工群众参与国家事务、社会事务管理和企事业民主管理的制度，认真解决广大职工群众最关心最直接最现实的利益问题，使广大职工群众共享改革发展成果。要加强和改善党对工会工作的领导，把更多资源和手段赋予工会组织，支持工会创造性地开展工作，在时代的发展中，更好地发挥广大劳动者的积极性、主动性，推动改革开放和现代化建设伟大进程。

劳动创造光荣和梦想。我们辛勤地劳动，为了增加社会财富，更为了人类的幸福和自身的完美。我们坚信，在建设中国特色社会主义的伟大进程中，英雄辈出、俊采星驰的工人阶级一定会不断创造出新的辉煌；在实现中华民族全面振兴的历史征程上，工人阶级一定会成为推动社会进步的不竭力量。

上海世博会倒计时一周年暨计时牌启动仪式在天安门广场举行

全国人大常委会委员长吴邦国出席并启动计时牌。他强调，中国政府将全力以赴做好各项筹办工作，期待着与世界各国朋友一道，在异彩纷呈的世博会上，感受文化创意，体验科技进步，交流发展理念，共享文明成果，凝聚建设和谐、幸福、美好明天的智慧与力量。

国务院副总理、上海世博会组委会主任委员王岐山，上海市委书记、上海世博会组委会第一副主任委员俞正声出席仪式。

俞正声在致辞中表示，上海世博会是我国继奥运会后举办的又一国际盛事，目前已有230多个国家和国际组织确认参展，场馆建设、展览策划、运营准备等各项工作有序推进。上海市正按照中央要求，迎难而上，高标准、高水平做好各项筹办工作；将始终坚持科学办博、勤俭办博、安全办博、廉洁办博，使之成为推动科学发展、促进社会和谐的重要契机。

上海市市长、上海世博会执委会执行主任韩正，中国贸促会会长、上海世博会执委会执行主任万季飞，北京市负责同志等，以及参与上海世博会的企业员工代表、首都高校学生代表等出席了启动仪式。

上海世博会计时牌矗立在天安门广场中国国家博物馆西门，与北京奥运会倒计时牌位置相同。它高14.4米，宽5.5米，总重量24吨。

香港确诊首宗甲型H1N1流感个案

5月2日

中共中央总书记胡锦涛与中国农业大学广大师生共迎五四青年节

胡锦涛来到中国农业大学，首先参观了学校的校史展览和科研成果综合展示。

考察结束时，胡锦涛同中国农业大学师生代表进行了座谈。学校党委书记瞿振元、校长柯炳生、教师代表李宁、大学生村官代表刘亚鹏、应届毕业生代表庹蓝兰先后发言。

胡锦涛在听取大家发言后作了重要讲话。

中宣部部长刘云山，国务委员刘延东，中央办公厅主任令计划，中央政策研究室主任王沪宁等陪同考察。

中共中央总书记胡锦涛在中国农业大学同师生代表座谈时发表讲话

老师们，同学们：

在五四青年节即将到来之际，很高兴来到中国农业大学，来到充满活力的青年朋友中间。借此机会，我代表党中央，向中国农业大学全体师生员工表示诚挚的问候！向全国各族各界青年致以节日的祝贺！

刚才，学校领导和师生代表作了很好的发言，听了以后很受启发。特别是在农村基层工作的大学生村官代表谈了自己的实践体会，即将到农村基层工作的毕业生代表谈了自己的人生选择，你们奉献祖国、服务人民的思想和行动令人十分感动。

今年是五四运动90周年。五四运动拉开了中国新民主主义革命的序幕，促进了马克思主义在中国的传播，为中国共产党的成立作了思想上和干部上的准备，在中国历史发展进程中树立了一座丰碑。五四运动以来，一代又一代有志青年和青年学生，在中国共产党领导下，在爱国、进步、民主、科学的五四精神感召下，心系民族命运，心系国家发展，心系人民福祉，用青春和热血书写了中国青年运动的壮丽篇章。在新民主主义革命时期，广大革命青年冲锋陷阵、浴血奋战，为实现民族独立和人民解放建立了不朽功勋。在社会主义建设时期，各条战线上的广大青年勇挑重担、艰苦创业，为促进经济发展和社会进步发挥了生力军和突击队作用。在改革开放历史新时期，当代青年解放思想、开拓进取，为推动改革开放和社会主义现代化建设事业作出了突出贡献。特别值得一提的是，在很不寻常、很不平凡的2008年，面对筹办北京奥运会和残奥会、抗击四川汶川特大地震等一系列大事、难事、急事，广大青年和青年学生自觉担当、奋勇向前，表现出强烈的爱国热情、高度的社会责任感、崇高的奉献精神，向祖国和人民、向全世界展示了当代中国青年崭新的精神风貌和优秀的整体形象。五四运动以来90年的历史、新中国成立以来60年的历史、改革开放以来30年的历史都充分表明，青年确实是我国社会中最积极、最活跃、最有生气的一支力量，确实是值得信赖、堪当重任、大有希望的！祖国为有这样的青年而骄傲，党和人民为有这样的青年而自豪！

当前，我国发展正站在一个新的历史起点上。从国际看，当今世界正处在大变革大调整之中，特别是当前国际金融危机不断蔓延和深化，由此带来的国际经济政治格局演变十分深刻复杂。从国内看，经过不懈努力，我国取得了举世瞩目的发展成就，综合国力大幅提升，人民生活不断改善，国际地位显著提高，但我国总体上仍处于社会主义初级阶段，前进道路上还面临不少突出矛盾和问题，尤其是受这场国际金融危机影响，我国经济发展遇到不少困难。中央在全面分析当前国际国内形势的基础上，提出了把保持经济平稳较快发展作为今年经济工作的首要任务，制定并实施了保增长、保民生、保稳定的一系列政策措施，并初步见到了成效。只要全党全国各族人民坚定信心、同心协力、攻坚克难，就一定能够化危为机、逆境奋起，推动我国经济社会发展取得新进展、迈上新台阶。

实现中华民族伟大复兴，是五四运动以来一代又一代中国青年矢志追求并为之顽强奋斗的宏伟理想。现在，实现这一宏伟理想的光明前景已经展现在我们面前。当代青年对五四运动最好的纪念、对五四先驱最好的告慰，就是要在党的领导下，以执着的信念、优良的品德、丰富的知识、过硬的本领，勇敢地担负起历史重任，同广大人民群众一道，奋力开创中国特色社会主义事业新局面，让伟大的五四精神在振兴中华新的实践中放射出更加夺目的时代光芒。

在开创祖国美好未来的征程上，青年学生责任重大、使命光荣。下面，我给农大同学和全国广大青年学生提几点希望。

第一，希望同学们把爱国主义作为始终高扬的光辉旗帜。爱国主义是民族精神的集中体现，也是五四精神的核心内容。正是因为有爱国主义这一强大精神支柱，我们中华民族才能历经磨难而生生不息。青年学生素有光荣的爱国传统，历来以爱国报国为己任，这是非常可贵的，应当继续发扬光大。在当代中国，爱国主义最鲜明的主题就是不断发展中国特色社会主义，在改革开放中加快推进社会主义现代化，全面建设小康社会，把中华民族伟大复兴的宏伟蓝图变成美好现实。希望广大青年学生把个人理想融入全民族的共同理想之中，坚定中国特色社会主义信念，积极投身改革开放和社会主义现代化建设，在为祖国、为人民的不懈奋斗中实现自己的人生价值。

第二，希望同学们把勤奋学习作为人生进步的重要阶梯。“立身百行，以学为基。”一个人能有多大发展，能为社会作出多大贡献，很大程度上取决于这个人学习抓得紧不紧、知识基础打得牢不牢。当今世界，科技进步日新月异，知识更新步伐加快，我国现代化建设呼唤大批高素质人才。因此，学习比以往任何时候都显得更加重要而紧迫。同学们不仅要刻苦钻研专业知识，而且要努力学习中国特色社会主义理论；不仅要注重学习祖国优秀传统文化，而且要广泛吸收各国优秀文明成果；不仅要认真学习知识技能，而且要注意掌握科学方法。只要大家勤于学习、敏于求知，不断积累新知识、增强新本领，就一定能奠定人生进步的根基，成为国家建设需要的有用人才。

第三，希望同学们把深入实践作为成长成才的必由之路。古人讲，既要“读万卷书”，又要“行万里路”。这在一定程度上揭示了人才成长的规律。古往今来凡成大事者，无不经过社会实践的历练和艰苦环境的考验。五四运动昭示的青年运动正确方向，就是在党的领导下，走与工农群众相结合、与中国革命实践相结合的道路。当代青年学生要健康成长、茁壮成才，仍然必须坚持这个正确方向、这条正确道路。对青年学生来说，基层一线是了解国情、增长本领的最好课堂，是磨炼意志、汲取力量的火热熔炉，是施展才华、开拓创业的广阔天地。只有深入到基层中去，深入到群众中去，才能加深对社会的认识，增进同人民群众的感情，提高解决实际问题的能力。近年来，不少高校毕业生积极响应党和政府号召，主动到基层一线去工作，作出了显著成绩，加快了成长成才步伐。希望更多同学以他们为榜样，自觉到基层一线去发挥才干，到艰苦的环境里去经受锻炼，到祖国和人民最需要的地方去建功立业，切实走好迈向社会的第一步，开辟事业发展的新天地。

第四，希望同学们把奉献社会作为不懈追求的优良品德。只有勇于担当、甘于奉献，才能真正体验到人生的快乐和幸福，成为品德高尚、精神充实的人。在我们社会主义社会里，既尊重个性、承认物质利益，更倡导互助友爱、崇尚奉献精神。一个人如果不能正确处理集体和个人、奉献和索取的关系，片面强调个人设计，过于追求个人利益，他的人生道路只会越走越窄。希望同学们自觉践行社会主义荣辱观，带头倡导社会公德、职业道德、家庭美德、个人品德，多做关心集体、热心公益、扶贫济困、见义勇为的好事，真正尽到对国家、对社会、对人民应尽的责任和义务，以自己的行动影响和带动更多的人，为发展社会主义和谐人际关系、形成文明进步的良好社会风尚贡献一份力量。

青年是祖国的未来和民族的希望，青年学生是国家的宝贵人才资源。各级党委和政府要从党和国家事业薪火相传、后继有人的战略高度，对青年和青年学生高度重视、充分信任、热情关怀、严格要求，更好地发挥青年和青年学生的积极作用，努力培养造就中国特色社会主义事业合格建设者和接班人。各级共青团组织要认真做好青年和青年学生工作，加强教育引导，主动提供服务，切实维护他们的合法权益。学校和教师要注重把教书和育人结合起来，帮助青年学生德智体美全面发展。社会各界都要关心爱护青年和青年学生，为他们健康成长营造良好社会环境。

中国农业大学是我国现代高等农业教育的发源地，有着光荣的历史和优良的传统。新中国成立以来特别是改革开放以来，中国农业大学认真贯彻党的教育方针，始终坚持社会主义办学方向，以服务“三农”为宗旨，着力提高办学水平，培养了一大批农业科技和管理人才，取得了一大批重要科研成果，在我国农业教育、科研以及技术推广等方面发挥了重要作用。希望同志们坚持以邓小平理论和“三个代表”重要思想为指导，深入贯彻落实科学发展观，继续秉承“解民生之多艰，育天下之英才”的校训，加快建设世界一流农业大学步伐，为推进社会主义新农村建设、为实现全面建设小康社会奋斗目标作出新的更大贡献。

青年朋友们、同学们，伟大的事业召唤着你们，光荣的使命激励着你们。党和人民相信你们一定会不负重托、不辱使命，高举中国特色社会主义伟大旗帜，大力弘扬伟大五四精神，在实现中华民族伟大复兴的历史征程上谱写出更加辉煌的青春乐章。

中国政府决定暂停接受墨西哥航空公司飞上海航班

由于目前甲型H1N1流感疫情不断蔓延，在墨西哥来华航班上已发现该流感的确诊病例，中国政府决定，自即日起暂停接受墨西哥航空公司飞中国上海的航班。中方已就此向墨西哥政府和有关航空公司作了通报。何时恢复要视疫情的控制情况而定。对原定乘坐5月3日墨西哥城飞上海航班的中国旅客，中国政府考虑派包机接回。

5月3日

国务院总理温家宝在清华大学与一批即将赴祖国西部和基层就业应届毕业生代表座谈

全国人大常委会副委员长陈至立在浙江考察妇女工作并召开座谈会

陈至立对浙江省委、省政府高度重视妇女工作、推动妇女工作不断取得新成绩给予充分肯定。她强调，贯彻落实中央精神，团结带领广大妇女在应对金融危机、促进经济平稳较快发展中更好地发挥“半边天”作用，是当前妇女工作的首要任务。

陈至立要求，要以“巾帼建功”和“双学双比”为重要抓手，拓宽妇女就业渠道，增加妇女收入，推进妇女创业；积极为妇女创业就业争取政策、资金和项目支持，扩大小额贴息贷款的受益面；通过开展多渠道、多门类、多层次的培训，提高农村妇女的思想道德素质、文化科技素质和经营管理素质，培养更多有文化、懂技术、会经营的新型女农民；要多渠道、多形式宣传农村妇女在新农村建设中的重要作用，宣传妇女进村两委的重要性，营造妇女参政议政的氛围，大幅度提高女性进村两委的比例；大力加强基层妇女工作，基层妇女组织要做到班子有活力、运作有机制、服务有队伍、活动有阵地、工作有成效，基层妇女干部要做到大局意识强、服务妇女能力强、学习能力强、创新能力强、组织协调能力强。各级妇联组织要提高服务经济建设、服务社会建设、服务妇女的能力，为妇女办实事、办好事、解难事，使广大妇女真正得实惠、普受惠、长受惠。

中国共青团员达7858.8万名

据团中组部公布的全国团内统计最新数据显示，截至2008年年底，全国共有共青团员7858.8万名，比2007年增加314.9万名，增长4.2%。根据国家统计局提供的青年数计算，全国团青比例为26.02%，比2007年上升1.22个百分点。

统计数据表明，全国团员中，学生4033.7万名，占51.3%；第一产业从业人员2117.1万名，占26.9%；第二产业从业人员566.8万名，占7.2%；第三产业及其他行业从业人员1141.3万名，占14.5%。与2007年相比，学生团员增加160.9万名，增长5.4%；第一产业中团员增加84.6万名，增长4.2%；第二产业中团员增加12.9万名，增长2.3%；第三产业及其他行业中团员增加56.6万名，增长5.2%。

全国团员中，女性3568.1万名，占45.4%；少数民族641.4万名，占8.2%；非公有制经济组织从业人员446.4万名，占5.7%。与2007年相比，女团员增加82.6万名，下降0.8个百分点；少数民族团员增加43.1万名，上升0.3个百分点；非公有制经济组织团员增加91.2万名，上升1个百分点。

截至2008年年底，全国共有基层团组织283.6万个。其中基层团委17.2万个，基层团工委2.8万个，团总支21.1万个，团支部242.5万个。

纪念五四运动90周年国际学术研讨会在北京举行

由中国社会科学院学部主席团主办、中国社会科学院近代史研究所承办的“纪念五四运动90周年国际学术研讨会”3日至5日举行。全国政协副主席、中国社会科学院院长陈奎元出席会议。来自国内外的近百名学者参加了研讨会。

会议认为，深入认识五四运动的伟大意义，进一步弘扬伟大的五四精神，具有十分重要的意义。专家学者们围绕几十年来五四运动史研究、五四时期的思潮、五四运动与中国传统文化、五四运动与现代中国等专题进行了深入探讨。

辽宁探明20亿吨以上超大铁矿

《人民日报》报道，辽宁探明的超大型铁矿位于地下1100米左右，目前探明的矿石深度达到900余米，是源于火山沉积变质所堆积起来的，预计资源量达到20亿吨以上。铁矿石的品位很高，可以达到34%左右，是名副其实的富矿。如此规模的矿山，未来可提供的铁矿量将可以满足辽宁的鞍钢、本钢等大型企业的生产量，开采的时间预计可在50年以上。

中国乒乓球队在第50届横滨世乒赛上获得混双项目的冠军

5月4日

纪念五四运动90周年大会在人民大会堂举行

胡锦涛、吴邦国、温家宝、贾庆林、李长春、习近平、李克强、贺国强等党和国家领导人出席大会。

中共中央政治局常委李长春在大会上讲话。

李长春在讲话中深刻阐述了五四运动的伟大历史功绩。他指出，90年前爆发的五四运动，是以一批先进青年知识分子为先锋、广大人民群众共同参与的彻底反帝反封建的伟大爱国革命运动，标志着中国新民主主义革命的开端。五四运动是一场伟大的思想解放运动和新文化运动，为中国共产党的成立提供了思想上和干部上的准备，并使社会主义思想成为五四运动后新文化运动的主流。五四运动孕育了爱国、进步、民主、科学的伟大五四精神，成为激励全体中国人民为实现中华民族伟大复兴而团结奋斗的宝贵精神财富。

李长春指出，五四运动以来90年的历史昭示我们，坚持中国共产党的领导，始终是推动我国各项事业不断前进的根本保证；坚持马克思主义基本原理同中国具体实际相结合，不断推进马克思主义中国化，是推动我国各项事业不断前进的强大动力；坚持走中国特色社会主义道路，是实现国家富强、民族振兴、人民幸福唯一正确的选择；青年始终是我国社会中最积极、最活跃、最有生气的力量，是祖国和民族的未来，是我们事业兴旺发达的希望。

李长春强调，党和国家事业发展离不开青年。在新的历史条件下，当代青年要进一步弘扬五四精神，按照胡锦涛总书记提出的要求，把爱国主义作为始终高扬的光辉旗帜，把勤奋学习作为人生进步的重要阶梯，把深入实践作为成长成才的必由之路，把奉献社会作为不懈追求的优良品德，努力成为理想远大、信念坚定的新一代，品德高尚、意志顽强的新一代，视野开阔、知识丰富的新一代，开拓进取、艰苦创业的新一代，切实肩负起时代赋予的光荣使命。李长春希望当代青年自觉用中国特色社会主义理论体系武装头脑，努力成为中国特色社会主义共同理想的坚定信仰者；积极投身全面建设小康社会伟大实践，努力成为科学发展观的忠实执行者；勤奋刻苦学习，努力成为党和国家事业的合格建设者；勇于开拓创新，努力成为建设创新型国家的积极推动者；注重道德修养，努力成为社会主义核心价值体系的模范践行者，不断谱写无愧于前辈、无愧于时代的更加辉煌的篇章。

全国人大常委会副委员长王兆国主持大会。

会上，青年学生代表、北京大学学生会主席张度，青年职工代表、上海航天局第804研究所高级技师苗俭，青年农民代表、内蒙古自治区奈曼旗白音他拉苏木满都拉呼嘎查党支部书记席宝力皋，青年知识分子代表、“星光中国芯工程”总指挥邓中翰先后发言。

出席大会的还有：刘云山、刘延东、李源潮、何勇、令计划、王沪宁、李建国、马凯、钱运录等。

大会由中宣部、教育部、共青团中央联合召开。中央和国家机关有关部门负责同志，各民主党派中央、全国工商联负责人和无党派人士代表，老同志代表，首都各界群众和青年代表等，共约3000人参加大会。

“中国青年五四奖章”颁奖仪式在人民大会堂举行

第十三届“中国青年五四奖章”暨2008年度“全国优秀共青团员”、“全国优秀共青团干部”、“全国五四红旗团委(团支部)”颁奖仪式举行。全国人大常委会副委员长王兆国为获奖集体和个人代表颁奖，他要求全国广大团员青年认真学习领会胡锦涛总书记重要讲话和李长春同志在纪念五四运动90周年大会上的讲话精神，学习先进、爱护先进、争当先进，以执着的信念、优良的品德、丰富的知识、过硬的本领，自觉担负起党和人民的时代重托。

团中央书记处第一书记陆昊主持颁奖仪式。

《人民日报》发表社论《为民族复兴奏响青春乐章——纪念五四运动90周年》

今天是五四运动90周年。胡锦涛总书记2日上午来到中国农业大学，同广大师生共迎五四青年节并发表重要讲话，对全国广大青年学生提出殷切希望，号召当代青年要把爱国主义作为始终高扬的光辉旗帜，把勤奋学习作为人生进步的重要阶梯，把深入实践作为成长成才的必由之路，把奉献社会作为不懈追求的优良品德。胡锦涛总书记提出的四条希望，指明了当代青年前进的方向，对于我们纪念五四运动，大力弘扬五四精神，把伟大事业胜利推向前进，具有极其重要的指导意义。

90年前，为“外争国权、内惩国贼”，北京青年学生奋起抗争，掀起一场声势浩大爱国运动。这场运动，拉开了中国新民主主义革命的序幕，中国历史由此迈入新的历程。

这是一场伟大的爱国革命运动。面对内忧外患、灾难深重的旧中国，仁人志士们在苦苦求索：中国向何处去？中华民族向何处去？五四先驱们率先奋起，第一次燃起彻底地不妥协地反帝反封建的火炬，为救亡图存、振兴中华而奋不顾身地奔走呼号。这场运动所体现的爱国主义精神，是中华民族百折不挠、自强不息的民族精神的生动写照。

这是一场伟大的新文化运动。面对专制主义、蒙昧主义的旧文化，五四先驱们在深刻思索：如何冲破思想的禁锢，追赶世界先进潮流，走向现代化。他们高举民主和科学两面大旗，掀起了20世纪中国的第一次思想大解放运动。这场思想启蒙运动，猛烈地冲击和荡涤着阻碍中国进步发展的旧礼教、旧道德、旧思想、旧文化，为新思想、新文化在中国的广泛传播开辟了前进的道路。

五四运动树立了一座推动中国历史进步的丰碑。它促进了马克思主义在中国的传播及其与中国工人运动相结合，为中国共产党的成立作了思想上和干部上的准备，并使社会主义思想成为五四运动后新文化运动的主流。五四运动所孕育的爱国、进步、民主、科学的伟大精神，深刻影响和推动着20世纪中国发展的历史进程。

90 年来，作为五四精神忠诚的继承者，中国共产党人团结带领全国各族人民，在革命、建设、改革的各个历史时期，把五四精神与人民群众推动社会进步的实践结合起来，为中国的发展繁荣、为中华民族的复兴开辟着前进道路。今天，古老的中国以崭新的姿态巍然屹立在世界东方，中国人民稳定地走上了富裕安康的广阔道路，中华民族大踏步赶上时代前进潮流、迎来伟大复兴的光明前景。五四先驱们追求的理想和目标，许多已经成为现实而且被大大向前推进和发展了。

"青年者，国家之魂"。90 年过去，时代环境和条件发生很大变化，但五四精神永存，依然是引领我们向前的强大力量。五四精神的核心，是爱国主义精神。五四运动以来，一代又一代有志青年和青年学生，在中国共产党领导下，在五四精神感召下，心系民族命运，心系国家发展，心系人民福祉，用青春和热血书写了中国青年运动的壮丽篇章。五四运动以来 90 年的历史、新中国成立以来 60 年的历史、改革开放以来 30 年的历史都充分表明，青年确实是我国社会中最积极、最活跃、最有生气的一支力量，确实是值得信赖、堪当重任、大有希望的！祖国为有这样的青年而骄傲，党和人民为有这样的青年而自豪！

实现中华民族伟大复兴，是五四运动以来一代又一代中国青年矢志追求并为之顽强奋斗的宏伟理想。现在，实现这一宏伟理想的光明前景已经展现在我们面前。当代青年对五四运动最好的纪念、对五四先驱最好的告慰，就是要在党的领导下，以执着的信念、优良的品德、丰富的知识、过硬的本领，勇敢地担负起历史重任，同广大人民群众一道，奋力开创中国特色社会主义事业新局面，让伟大的五四精神在振兴中华新的实践中放射出更加夺目的时代光芒。我们深信，在五四精神的激励下，当代青年必定能够在实现中华民族伟大复兴的历史征程上谱写出更加辉煌的青春乐章。

五四运动 90 周年恰逢新中国成立 60 周年，辉煌的历史照亮了希望的未来，伟大的事业展现了灿烂的前程。凝聚在中国特色社会主义伟大旗帜下，紧密团结在以胡锦涛同志为总书记的党中央周围，继承和发扬五四传统，同心共济、锐意进取、顽强奋斗，我们的国家必将更加繁荣富强，我们的民族必将实现伟大复兴。

国务院总理温家宝签署第 554 号令公布《彩票管理条例》

《彩票管理条例》已经 2009 年 4 月 22 日国务院第 58 次常务会议通过，现予公布，自 2009 年 7 月 1 日起施行。

总　理　温家宝

2009 年 5 月 4 日

彩票管理条例

第一章　总　则

第一条　为了加强彩票管理，规范彩票市场发展，维护彩票市场秩序，保护彩票参与者的合法权益，促进社会公益事业发展，制定本条例。

第二条　本条例所称彩票，是指国家为筹集社会公益资金，促进社会公益事业发展而特许发行、依法销售，自然人自愿购买，并按照特定规则获得中奖机会的凭证。

彩票不返还本金、不计付利息。

第三条　国务院特许发行福利彩票、体育彩票。未经国务院特许，禁止发行其他彩票。禁止在中华人民共和国境内发行、销售境外彩票。

第四条　彩票的发行、销售和开奖，应当遵循公开、公平、公正和诚实信用的原则。

第五条　国务院财政部门负责全国的彩票监督管理工作。国务院民政部门、体育行政部门按照各自的职责分别负责全国的福利彩票、体育彩票管理工作。

省、自治区、直辖市人民政府财政部门负责本行政区域的彩票监督管理工作。省、自治区、直辖市人民政府民政部门、体育行政部门按照各自的职责分别负责本行政区域的福利彩票、体育彩票管理工作。

县级以上各级人民政府公安机关和县级以上工商行政管理机关，在各自的职责范围内，依法查处非法彩票，维护彩票市场秩序。

第二章　彩票发行和销售管理

第六条　国务院民政部门、体育行政部门依法设立的福利彩票发行机构、体育彩票发行机构(以下简称彩票发行机构)，分别负责全国的福利彩票、体育彩票发行和组织销售工作。

省、自治区、直辖市人民政府民政部门、体育行政部门依法设立的福利彩票销售机构、体育彩票销售机构(以下简称彩票销售机构)，分别负责本行政区域的福利彩票、体育彩票销售工作。

第七条　彩票发行机构申请开设、停止福利彩票、体育彩票的具体品种(以下简称彩票品种)或者申请变更彩票品种审批事项的，应当依照本条例规定的程序报国务院财政部门批准。

国务院财政部门应当根据彩票市场健康发展的需要，按照合理规划彩票市场和彩票品种结构、严格控制彩票风险的原则，对彩票发行机构的申请进行审查。

第八条　彩票发行机构申请开设彩票品种，应当经国务院民政部门或者国务院体育行政部门审核同意，向国务院财政部门提交下列申请材料：

(一)申请书；

(二)彩票品种的规则；

（三）发行方式、发行范围；

（四）市场分析报告及技术可行性分析报告；

（五）开奖、兑奖操作规程；

（六）风险控制方案。

国务院财政部门应当自受理申请之日起90个工作日内，通过专家评审、听证会等方式对开设彩票品种听取社会意见，对申请进行审查并作出书面决定。

第九条　彩票发行机构申请变更彩票品种的规则、发行方式、发行范围等审批事项的，应当经国务院民政部门或者国务院体育行政部门审核同意，向国务院财政部门提出申请并提交与变更事项有关的材料。国务院财政部门应当自受理申请之日起45个工作日内，对申请进行审查并作出书面决定。

第十条　彩票发行机构申请停止彩票品种的，应当经国务院民政部门或者国务院体育行政部门审核同意，向国务院财政部门提出书面申请并提交与停止彩票品种有关的材料。国务院财政部门应当自受理申请之日起10个工作日内，对申请进行审查并作出书面决定。

第十一条　经批准开设、停止彩票品种或者变更彩票品种审批事项的，彩票发行机构应当在开设、变更、停止的10个自然日前，将有关信息向社会公告。

第十二条　因维护社会公共利益的需要，在紧急情况下，国务院财政部门可以采取必要措施，决定变更彩票品种审批事项或者停止彩票品种。

第十三条　彩票发行机构、彩票销售机构应当依照政府采购法律、行政法规的规定，采购符合标准的彩票设备和技术服务。

彩票设备和技术服务的标准，由国务院财政部门会同国务院民政部门、体育行政部门依照国家有关标准化法律、行政法规的规定制定。

第十四条　彩票发行机构、彩票销售机构应当建立风险管理体系和可疑资金报告制度，保障彩票发行、销售的安全。

彩票发行机构、彩票销售机构负责彩票销售系统的数据管理、开奖兑奖管理以及彩票资金的归集管理，不得委托他人管理。

第十五条　彩票发行机构、彩票销售机构可以委托单位、个人代理销售彩票。彩票发行机构、彩票销售机构应当与接受委托的彩票代销者签订彩票代销合同。福利彩票、体育彩票的代销合同示范文本分别由国务院民政部门、体育行政部门制定。

彩票代销者不得委托他人代销彩票。

第十六条　彩票销售机构应当为彩票代销者配置彩票投注专用设备。彩票投注专用设备属于彩票销售机构所有，彩票代销者不得转借、出租、出售。

第十七条　彩票销售机构应当在彩票发行机构的指导下，统筹规划彩票销售场所的布局。彩票销售场所应当按照彩票发行机构的统一要求，设置彩票销售标识，张贴警示标语。

第十八条　彩票发行机构、彩票销售机构、彩票代销者不得有下列行为：

（一）进行虚假性、误导性宣传；

（二）以诋毁同业者等手段进行不正当竞争；

（三）向未成年人销售彩票；

（四）以赊销或者信用方式销售彩票。

第十九条　需要销毁彩票的，由彩票发行机构报国务院财政部门批准后，在国务院民政部门或者国务院体育行政部门的监督下销毁。

第二十条　彩票发行机构、彩票销售机构应当及时将彩票发行、销售情况向社会全面公布，接受社会公众的监督。

第三章　彩票开奖和兑奖管理

第二十一条　彩票发行机构、彩票销售机构应当按照批准的彩票品种的规则和开奖操作规程开奖。

国务院民政部门、体育行政部门和省、自治区、直辖市人民政府民政部门、体育行政部门应当加强对彩票开奖活动的监督，确保彩票开奖的公开、公正。

第二十二条　彩票发行机构、彩票销售机构应当确保彩票销售数据的完整、准确和安全。当期彩票销售数据封存后至开奖活动结束前，不得查阅、变更或者删除销售数据。

第二十三条　彩票发行机构、彩票销售机构应当加强对开奖设备的管理，确保开奖设备正常运行，并配置备用开奖设备。

第二十四条　彩票发行机构、彩票销售机构应当在每期彩票销售结束后，及时向社会公布当期彩票的销售情况和开奖结果。

第二十五条　彩票中奖者应当自开奖之日起60个自然日内，持中奖彩票到指定的地点兑奖，彩票品种的规则规定需要出示身份证件的，还应当出示本人身份证件。逾期不兑奖的视为弃奖。

禁止使用伪造、变造的彩票兑奖。

第二十六条　彩票发行机构、彩票销售机构、彩票代销者应当按照彩票品种的规则和兑奖操作规程兑奖。

彩票中奖奖金应当以人民币现金或者现金支票形式一次性兑付。

不得向未成年人兑奖。

第二十七条　彩票发行机构、彩票销售机构、彩票代销者以及其他因职务或者业务便利知悉彩票中奖者个人信息的人员，应当对彩票中奖者个人信息予以保密。

第四章　彩票资金管理

第二十八条　彩票资金包括彩票奖金、彩票发行费和彩票公益金。彩票资金构成比例由国务院决定。

彩票品种中彩票资金的具体构成比例，由国务院财政部门按照国务院的决定确定。

随着彩票发行规模的扩大和彩票品种的增加，可以降低彩票发行费比例。

第二十九条　彩票发行机构、彩票销售机构应当按照国务院财政部门的规定开设彩票资金账户，用于核算彩票资金。

第三十条　国务院财政部门和省、自治区、直辖市人民政府财政部门应当建立彩票发行、销售和资金管理信息系统，及时掌握彩票销售和资金流动情况。

第三十一条　彩票奖金用于支付彩票中奖者。彩票单注奖金的最高限额，由国务院财政部门根据彩票市场发展情况决定。

逾期未兑奖的奖金，纳入彩票公益金。

第三十二条　彩票发行费专项用于彩票发行机构、彩票销售机构的业务费用支出以及彩票代销者的销售费用支出。

彩票发行机构、彩票销售机构的业务费实行收支两条线管理，其支出应当符合彩票发行机构、彩票销售机构财务管理制度。

第三十三条　彩票公益金专项用于社会福利、体育等社会公益事业，不用于平衡财政一般预算。

彩票公益金按照政府性基金管理办法纳入预算，实行收支两条线管理。

第三十四条　彩票发行机构、彩票销售机构应当按照国务院财政部门的规定，及时上缴彩票公益金和彩票发行费中的业务费，不得截留或者挪作他用。财政部门应当及时核拨彩票发行机构、彩票销售机构的业务费。

第三十五条　彩票公益金的分配政策，由国务院财政部门会同国务院民政、体育行政等有关部门提出方案，报国务院批准后执行。

第三十六条　彩票发行费、彩票公益金的管理、使用单位，应当依法接受财政部门、审计机关和社会公众的监督。

彩票公益金的管理、使用单位，应当每年向社会公告公益金的使用情况。

第三十七条　国务院财政部门和省、自治区、直辖市人民政府财政部门应当每年向本级人民政府报告上年度彩票公益金的筹集、分配和使用情况，并向社会公告。

第五章　法律责任

第三十八条　违反本条例规定，擅自发行、销售彩票，或者在中华人民共和国境内发行、销售境外彩票构成犯罪的，依法追究刑事责任；尚不构成犯罪的，由公安机关依法给予治安管理处罚；有违法所得的，没收违法所得。

第三十九条　彩票发行机构、彩票销售机构有下列行为之一的，由财政部门责令停业整顿；有违法所得的，没收违法所得，并处违法所得 3 倍的罚款；对直接负责的主管人员和其他直接责任人员，依法给予处分；构成犯罪的，依法追究刑事责任：

(一)未经批准开设、停止彩票品种或者未经批准变更彩票品种审批事项的；

(二)未按批准的彩票品种的规则、发行方式、发行范围、开奖兑奖操作规程发行、销售彩票或者开奖兑奖的；

(三)将彩票销售系统的数据管理、开奖兑奖管理或者彩票资金的归集管理委托他人管理的；

(四)违反规定查阅、变更、删除彩票销售数据的；

(五)以赊销或者信用方式销售彩票的；

(六)未经批准销毁彩票的；

(七)截留、挪用彩票资金的。

第四十条　彩票发行机构、彩票销售机构有下列行为之一的，由财政部门责令改正；有违法所得的，没收违法所得；对直接负责的主管人员和其他直接责任人员，依法给予处分：

(一)采购不符合标准的彩票设备或者技术服务的；

(二)进行虚假性、误导性宣传的；

(三)以诋毁同业者等手段进行不正当竞争的；

(四)向未成年人销售彩票的；

(五)泄露彩票中奖者个人信息的；

(六)未将逾期未兑奖的奖金纳入彩票公益金的；

(七)未按规定上缴彩票公益金、彩票发行费中的业务费的。

第四十一条　彩票代销者有下列行为之一的，由民政部门、体育行政部门责令改正，处 2000 元以上 1 万元以下罚款；有违法所得的，没收违法所得：

(一)委托他人代销彩票或者转借、出租、出售彩票投注专用设备的；

(二)进行虚假性、误导性宣传的；

(三)以诋毁同业者等手段进行不正当竞争的；

(四)向未成年人销售彩票的；

(五)以赊销或者信用方式销售彩票的。

彩票代销者有前款行为受到处罚的，彩票发行机构、彩票销售机构有权解除彩票代销合同。

第四十二条　伪造、变造彩票或使用伪造、变造的彩票兑奖的，依法给予治安管理处罚；构成犯罪的，依法追究刑事责任。

第四十三条　彩票公益金管理、使用单位违反彩票公益金管理、使用规定的，由财政部门责令限期改正；有违法所得的，没收违法所得；在规定期限内不改正的，没收已使用彩票公益金形成的资产，取消其彩票公益金使用资格。

第四十四条　依照本条例的规定履行彩票管理职责的财政部门、民政部门、体育行政部门的工作人员，在彩票监督管理活动中滥用职权、玩忽职守、徇私舞弊，构成犯罪的，依法追究刑事责任；尚不构成犯罪的，依法给予处分。

第六章　附　则

第四十五条　本条例自2009年7月1日起施行。

国务院发出《关于开展第六次全国人口普查的通知》

各省、自治区、直辖市人民政府，国务院各部委、各直属机构：

根据国家普查项目和周期安排的有关规定，国务院决定于2010年开展第六次全国人口普查。现将有关事项通知如下：

一、指导思想和主要目的

指导思想。以邓小平理论和"三个代表"重要思想为指导，深入贯彻落实科学发展观，科学设计、精心组织、依法实施、确保质量，全面、准确地提供基本国情国力数据，为党中央、国务院以及地方各级人民政府宏观管理和科学决策服务。

主要目的。人口普查是一项重大的国情国力调查。2000年第五次全国人口普查以来，我国的人口状况发生了很大变化。组织开展第六次全国人口普查，将查清十年来我国人口在数量、结构、分布和居住环境等方面的变化情况，为科学制定国民经济和社会发展规划，统筹安排人民的物质和文化生活，实现可持续发展战略，构建社会主义和谐社会，提供科学准确的统计信息支持。

二、内容和时间

人口普查主要调查人口和住户的基本情况，内容包括：性别、年龄、民族、受教育程度、行业、职业、迁移流动、社会保障、婚姻生育、死亡、住房情况等。

人口普查的标准时点是2010年11月1日零时。

三、组织和实施

人口普查工作是一项庞大的社会系统工程，涉及范围广、参与部门多、技术要求高、工作难度大。各地区、各部门要按照"全国统一领导、部门分工协作、地方分级负责、各方共同参与"的原则，认真做好此项重大国情国力普查的宣传动员和组织实施工作。

为加强对此项工作的组织和领导，国务院决定成立第六次全国人口普查领导小组，负责人口普查的组织和实施。普查领导小组办公室设在统计局，具体负责人口普查的日常组织和协调。国务院有关部门要充分发挥各自职能，各负其责、通力协作、密切配合。对普查工作中遇到的困难和问题，要及时采取措施，切实予以解决。

地方各级人民政府要设立相应的普查领导小组及其办公室，认真做好本地区普查工作。要充分发挥街道办事处和居民委员会、乡镇政府和村民委员会的作用，广泛动员和组织社会力量积极参与并认真配合做好普查工作。

四、经费保障

第六次全国人口普查所需经费，由中央和地方各级人民政府共同负担，并列入相应年度的财政预算，按时拨付、确保到位。

五、工作要求

坚持依法普查。各级人民政府、各有关部门要严格执行《中华人民共和国统计法》和人口普查的有关规定。人口普查取得的数据，严格限定用于普查目的，不得作为任何部门和单位对各级行政管理工作实施考核、奖惩的依据，不得作为对普查对象实施处罚的依据；各级普查机构及其工作人员，必须严格履行保密义务。

加强宣传工作。切实做好人口普查的宣传报道工作，做到家喻户晓，人人皆知。要通过报刊、广播、电视和互联网等媒体广泛深入宣传人口普查的重要意义和工作要求，引导广大普查对象依法配合普查，如实申报普查项目，为普查工作顺利实施创造良好舆论环境。

附件：国务院第六次全国人口普查领导小组组成人员名单（略）

国务院

2009年5月4日

澳门公布行政长官选举委员会成员名单

根据澳门特区《行政长官选举法》的有关规定，5月4日的《澳门特别行政区公报》刊登公布了澳门特区行政长官选举委员会300名委员的名单，这表明他们已正式成为第三任行政长官选举委员会委员。

国务委员刘延东在人民大会堂香港厅会见香港各界妇女联合协进会访问团

刘延东对香港妇协在促进香港繁荣稳定、支持祖国内地建设及妇女儿童工作方面所做工作给予肯定。她希望香港妇协继续发挥独特作用，团结各界人士，坚定信心，共克时艰，继续支持特区政府依法施政，继续加强与内地妇女界的友好往来,为香港和祖国的繁荣发展贡献力量。

最高人民法院院长王胜俊与青年法官座谈

在五四运动90周年之际,最高人民法院机关今天召开以"人民法官为人民,立足岗位献青春"为主题的青年座谈会。

王胜俊表示,青年是国家和民族发展进步的希望。大力加强青年法官和干警队伍建设,是推进人民法院工作可持续发展的重要战略任务。王胜俊对广大青年法官和干警提出了6点要求:提高政治素质,努力做中国特色社会主义的坚定信仰者;做好本职工作,努力做"为大局服务、为人民司法"的自觉实践者;提高司法能力,努力做社会公平正义的勇敢捍卫者;加强作风建设,努力做廉洁司法的身体力行者;坚持与时俱进,努力做中国特色社会主义司法制度的改革探索者;保持良好精神状态,努力做人民司法事业的积极推动者。

国务院副总理张德江在中南海紫光阁会见日本总务大臣鸠山邦夫一行

张德江说,当前中日关系总体上呈现良好发展态势,中方愿与日方共同努力,推动中日战略互惠关系健康稳定发展。张德江表示,长期以来中日双方在通信领域开展了良好的交流与合作,取得了积极成果。近年来中国通信业发展迅速,中日两国在通信领域的互补性强,进一步加强交流、务实合作,有利于促进中日两国通信业的发展,有利于应对当前国际金融危机的冲击,有利于推动亚洲地区经济社会共同进步。

全国人大常委会副委员长陈至立在北京会见以林贝聿嘉为团长的香港各界妇女联合协进会访问团

肯尼亚总理奥廷加在内罗毕会见中联部部长王家瑞及其率领的中共代表团

王家瑞表示,在当前国际金融危机持续蔓延和深化的背景下,中国党和政府愿进一步加强与包括肯尼亚在内的广大发展中国家的团结合作,共同应对风险挑战。

奥廷加强调,肯中两国友好关系有着坚实的政治基础,两国务实合作不断取得新的进展,肯方希望进一步密切与中国在各领域的交流合作,造福于两国人民。肯尼亚将始终坚持一个中国政策。

外交部发言人马朝旭就美总统发表关于"世界新闻自由日"涉华言论答记者问

马朝旭说,中国政府依法保护公民的言论自由,充分发挥新闻媒体和公民的舆论监督作用。改革开放以来,中国新闻事业蓬勃发展,新闻从业人员不断增加并依法享有充分的新闻报道自由,其各项权益得到依法保护。同时,法律面前人人平等,任何人不得以任何借口违法犯罪。

我们敦促美方尊重事实,正确看待中国的新闻自由状况,尊重中国的司法主权,停止对中国的新闻自由状况说三道四。

由中宣部 上海市委宣传部 天津市委宣传部 北京市委宣传部等部门组织创作的大型诗歌朗诵会《红色箴言》在国家大剧院举行

大型诗歌朗诵会《红色箴言》分为"启蒙"、"真爱"、"曙光"、"放歌"四个篇章,通过运用丰富的舞台艺术手段,艺术家们饱含深情地朗诵了李大钊、方志敏、杨开慧、叶挺等革命先烈的诗文遗作,充分展示了先辈们高尚的革命情操和崇高的人格情怀。朗诵会由丁建华、乔榛领衔,濮存昕、娄际成、凯丽、梅婷、佟瑞欣、王建新、吴京安等参加吟诵。整台演出深情委婉、壮怀激烈,令人荡气回肠,深深地激发了全场观众对革命先烈的崇敬之情,进一步坚定了在中国共产党领导下、走中国特色社会主义道路、实现中华民族伟大复兴的信念和信心。

李长春与首都近千名大学生及各界青年一同观看了演出。

全国人大常委会副委员长王兆国,北京市委书记刘淇,书记处书记、中宣部部长刘云山,国务委员刘延东一同观看演出。

高洪波任新一届中国男子足球队主教练

中国包揽第50届横滨世乒赛男女双打冠亚军

5月5日

国务院总理温家宝主持召开国务院常务会议研究部署甲型H1N1流感防控措施

会议强调,当前,防控甲型H1N1流感疫情处在关键时期。境外疫情已发展到20多个国家和地区,我国仍然面临传入风险,必须保持高度警惕,决不可掉以轻心。各地区各部门要按照中央的部署,继续毫不松懈地做好防控工作。

会议提出,要进一步抓好十项重点工作:(一)继续加强出入境检验检疫。这场疫情发生在境外,当前的首要工作是依法严把入境检疫关。要对来自疫病流行国家和地区的入境人员实行严格的医学排查和跟踪医学调查，对来自这些地区的交通运输工具和货物实施严格消毒等卫生检疫处理，把各项措施做细做实，不能有任何疏漏。(二)强化疫情监测报告工作。严格执行疫情零报告制度，发现疫情必须及时准确上报，决不允许缓报、瞒报和漏报。(三)抓紧做好医疗救治准备。各地都要指定专门的收治医院，确保一旦发现患者，就能及时隔离、检查、诊断和治疗。(四)搞好应急物资的生产和储备。要组织好检疫检测设备、防护防疫用品、有效抗病毒药品和临床救治器具等物资的生产和储备，以备急需。(五)积极开展防治技术的科学研究。要集中力量，加快甲型H1N1流感发病机理、监测技术、疫苗研制、临床诊治、有效抗病毒药物等方面的研究，力争尽快取得新的成果。重视发挥中医药在防治工作中的作用。(六)加强同有关国家和国际组织的合作，积极同港澳台建立协作机制，开展科学研究、防控技术、信息交流等方面的合作，为需要援助的国家和地区提供资金、物资和技术的支持。(七)搞好猪禽等动物流感疫情监测和防治。对猪禽养殖密集区和养殖场、屠宰场、交易市场等地，要集中开展动物流感疫情监测和调查，严格检疫监管。(八)为保障防控工作，中央财政安排50亿元专项资金。地方各级财政也要拨出专款。(九)加强宣传教育和信息公开。加强疫病知识科普宣传，让广大群众了解甲型H1N1流感是可防、可控、可治的，及时为群众解疑释惑。要建立严格的信息公开发布制度，在第一时间及时、准确地发布国内外最新疫情信息，增强防控工作的透明度，正确引导社会舆论。(十)开展爱国卫生运动，提倡全民健身，增强全民体质，养成良好的卫生习惯。

会议强调，各地区各部门要切实加强领导，统筹兼顾，合理安排，做好各方面工作。要全面贯彻中央关于今年经济工作的安排和部署，维护正常的社会生产生活秩序，促进经济平稳较快发展和社会和谐稳定。

中央扩大内需促进经济增长政策落实检查组第二轮检查汇报会在北京召开

贺国强出席会议并讲话。

贺国强强调，当前我国国民经济运行出现一些积极变化，但国际国内经济形势依然严峻复杂。应对严峻经济形势，最重要的是把中央确定的决策部署和进一步扩大内需、促进经济平稳较快发展的一揽子计划落实好。我们一定要从政治和全局的高度充分认识做好监督检查工作的重要性和紧迫性，进一步增强责任感和使命感，切实把中央交给的这项重要任务完成好。要把抓好整改与严格执纪结合起来，针对检查中发现的问题，把督促整改作为一项重要任务来抓，切实做到有什么问题就解决什么问题、什么问题突出就着力解决什么问题；同时要把严格执行纪律作为确保监督检查取得实效的重要手段，对各种违纪违法案件做到发现一起、查处一起，坚决快查严办，切实起到震慑和警示作用。要把集中检查与经常性检查结合起来，在巩固和发展前两轮集中监督检查成果以及筹备和组织好第三轮集中监督检查的同时，投入更大力量抓好经常性监督检查，促进监督检查工作经常化、规范化、科学化。要把解决当前问题与健全长效机制结合起来，对执行不得力、落实不到位甚至出现偏差的问题要切实做到早发现、早解决，防止小问题发展成大问题、苗头性倾向性问题蔓延成严重问题，同时注重发挥监督检查的治本功能，针对监督检查中发现的有关政策、制度、管理等方面存在的问题和漏洞，在深化改革、完善制度、强化监督上下功夫，从体制机制制度上保证中央决策部署的贯彻落实。要把总结经验与创新方式方法结合起来，解放思想、大胆创新，深入实际、调查研究，根据形势和任务的变化不断调整和充实监督检查的内容，认真总结各地各部门特别是基层在监督检查工作中创造的好做法好经验，积极探索监督检查工作的有效方法和途径，不断增强监督检查工作的科学性、实效性。

中央纪委副书记、中央扩大内需促进经济增长政策落实检查工作领导小组组长何勇在主持6日会议时强调，各地区、各有关部门要坚持和完善在前两轮检查工作中探索形成的行之有效的做法，进一步统一思想、深化认识，增强做好中央扩大内需促进经济增长政策落实监督检查工作的责任感和使命感，更加积极主动地开展工作；进一步加强组织领导，切实承担起中央政策措施落实监督检查工作的主体责任，健全更加协调有力的监督检查体系，形成工作合力；进一步理清思想、创新方法，积极探索监督检查工作的新途径、新机制，不断提高监督检查工作的能力和水平；进一步严明纪律，做好已发现问题的督促整改，严肃查处违纪违法行为。

中央扩大内需促进经济增长政策落实检查工作领导小组成员、24个中央检查组组长以及中央纪委监察部有关派驻机构的负责同志参加会议。

全国政协副主席黄孟复率团在青海考察

5月5日至8日，黄孟复率领全国工商联考察团考察青海特色优势产业。考察团一行先后视察了生物科技园区和东川工业园区，并深入青海金诃藏药股份有限公司、青海清华博众生物技术有限公司和亚洲硅业(青海)有限公司等企业的生产车间。通过座谈等形式与青海省政府领导和企业界人士交换意见。

黄孟复在考察中说，发展特色优势产业一定要把能否给农民带来收益,能否增加农民收入和是否有利于环境保护和可持续发展作为出发点,要创造真正有益于老百姓的健康产品。他强调,企业自身还应该在开拓发展思路和技术创新方面下功夫,想方设法降低成本,提升市场竞争力。

国家副主席习近平在人民大会堂会见韩国前总统金大中一行

全国人大常委会副委员长蒋树声在北京会见由伽马议长率领的葡萄牙议会代表团

外交部发言人马朝旭就美国国际宗教自由委员会发表2009年度报告涉华内容答记者问

马朝旭说,中国政府依法保护公民的宗教信仰自由。中国各民族、各地区人民依法享有充分宗教信仰自由。这一事实是有目共睹的。

马朝旭说,美国所谓的国际宗教自由委员会有关报告对中国的指责毫无事实根据、充满偏见。其借此诋毁中国的图谋决不会得逞。

中国篮协公布新一届中国男篮主教练人选和教练组成员

郭士强担任主教练,宫鲁鸣任领队,张斌、孙军担任助理教练,前澳大利亚国家男篮主教练布莱恩·戈尔为技术顾问。

王皓 张怡宁在横滨举行的第50届世界乒乓球锦标赛中摘得男女单打金牌

5月6日

国家主席胡锦涛应约同美国总统奥巴马通电话

胡锦涛表示,上月初,我们在伦敦二十国集团领导人第二次金融峰会期间举行了很好的会晤,一致同意共同努力建设21世纪积极合作全面的中美关系,并就建立中美战略与经济对话机制、共同应对国际金融危机、加强在重大国际和地区问题上的协调和合作达成广泛共识,把中美关系推向新的发展阶段。目前,两国有关方面正在认真落实我们达成的共识。中方愿同美方一道,推动中美关系健康稳定向前发展。

奥巴马表示,很高兴同胡锦涛主席在伦敦进行了很好的会晤。这次会晤十分重要,规划了美中两国合作的发展前景,是两国战略性对话的良好开端。美方对中方为推进美中关系所做努力表示赞赏。

胡锦涛对近来美国部分地区发生甲型H1N1流感表示诚挚慰问。胡锦涛表示,中国政府高度重视防范甲型H1N1流感,已迅速启动了应急机制。我们愿同世界卫生组织、美国等有关方面保持沟通、加强合作,共同应对这场人类公共卫生安全挑战。

奥巴马感谢胡锦涛的慰问,表示美方采取了有效措施应对甲型H1N1流感,并将继续密切关注事态发展。

奥巴马表示期待着在意大利举行八国集团同发展中国家领导人对话会议期间同胡锦涛见面,并期待着访问中国。

双方还就当前朝鲜半岛局势和南亚局势等问题交换了意见。

全国人大常委会委员长吴邦国 全国政协主席贾庆林在人民大会堂分别会见葡萄牙议长伽马

吴邦国积极评价了中葡关系,对伽马长期以来致力于中葡友好表示赞赏。他说,中方始终从战略高度和长远角度看待对葡关系,愿与葡方一道,以建交30周年为契机,推动两国全面战略伙伴关系迈上新台阶。一是保持高层交往势头,加强政府、议会、政党之间的友好往来,加深战略互信;二是密切经贸关系,增加相互投资,扩大企业合作;三是加强人文交流,开展文化、教育、旅游等领域的合作,增进两国关系的社会和民意基础;四是加强在国际组织中的磋商与协调,共同维护世界和平与发展。希望葡方在欧盟内继续发挥积极作用,推动中欧关系稳定健康发展。他表示中国全国人大愿与葡萄牙议会继续加强多层次友好交往,开展治国理政和立法监督等方面的交流,密切在多边议会组织中的配合,为中葡关系发展注入新的活力。

贾庆林在会见时说,中葡建交30年来,双方始终坚持在相互尊重、平等互利基础上发展各领域友好合作关系。中方赞赏葡政府和议会在台湾、涉藏问题上奉行一个中国政策,积极促进中欧关系发展。发展中葡长期稳定的友好合作关系,是中方的既定方针。中方愿与葡方携手努力,进一步密切人员往来,挖掘经贸合作潜力,促进人文领域交流,推动双边各领域务实合作深入向前发展,以造福于两国人民。他表示,中国全国政协愿加强同葡萄牙议会业已存在的友好关系,积极开展双方专门委员会等机构间的交流合作,为推动双边关系发展发挥积极作用。

伽马说,他此次率领由各党派议员组成的代表团访华,再次反映了葡朝野各界在积极发展对华关系上的共识和重视。葡方对中方在国际金融危机背景下所采取的负责任态度和有效政策表示高度赞赏,希望用中国的发展活力进一步带动葡中合作。

国务院总理温家宝主持召开国务院常务会议

会议研究企业技术改造工作，部署进一步解决关闭破产国有企业退休人员等医疗保障问题。

会议指出，加强企业技术改造，是应对国际金融危机、促进经济平稳较快增长一揽子计划的重要组成部分。前一阶段，有关部门按照中央的部署，积极推进企业技术改造工作，总体进展顺利。中央技术改造投资陆续下达到企业，对于提振市场和企业信心，扩大国内需求、推动产业升级发挥了积极作用。

会议强调，加强企业技术改造，要坚持与结构调整、转变发展方式、自主创新、企业重组和加强企业管理相结合，根据产业调整和振兴规划，对以下六个方面给予重点支持：一是支持钢铁、有色金属、石化、轻工、纺织、食品等行业加快研发共性关键技术，调整产品结构，发展循环经济。二是依托国家重点建设工程，推进重大技术装备自主化，提高基础配套件和基础工艺水平。三是发展新能源汽车，支持节能、环保、安全等关键技术开发，发展填补国内空白的关键总成产品。四是支持集成电路设计和先进生产线建设、新型显示和彩电工业转型、TD-SCDMA 等新一代移动通信设备研发生产、计算机研发能力建设和下一代互联网推广应用，支持软件及信息服务业加快发展。五是大力发展风电机组关键零部件及核电关键设备、关键组件等。六是支持物流业发展多式联运、转运设施和城乡物流配送等工程。为此，今年中央以贷款贴息为主的方式，安排 200 亿元技术改造专项资金。项目实施后预计可直接带动全社会投资 4600 亿元。会议要求，要进一步加大项目前期工作力度，保证项目质量；向社会公布技改项目目录，加强对项目实施的监督检查，改进和完善项目管理，提高资金使用效益。

会议指出，妥善解决关闭破产国有企业退休人员等医疗保障问题，是深化医药卫生体制改革、推进城镇职工和城镇居民基本医疗保险制度建设的重要举措，对于应对国际金融危机、扩大内需、刺激消费、促进增长、改善民生具有重要意义。会议要求各地采取切实有效措施，多渠道筹集所需资金，于 2009 年年底前，将关闭破产国有企业退休人员全部纳入当地城镇职工基本医疗保险。同时，统筹解决关闭破产集体企业退休人员、困难企业职工等其他城镇未参保人员的医疗保障问题。为此，中央财政新安排一次性补助资金 429 亿元。会议强调，各地区、各有关部门要严格落实责任，强化监督检查，确保按期完成任务。

会议审议并原则通过了《基础测绘条例(草案)》和《广播电台电视台播放录音制品支付报酬办法(草案)》，决定这两个草案经进一步修改后，由国务院公布施行。

上海南汇区并入浦东新区

上海市政府新闻发言人在今天举行的例行新闻发布会上介绍，国务院已于近日批复上海市《关于撤销南汇区建制将原南汇区行政区域划入浦东新区的请示》，同意撤销上海市南汇区，将其行政区域并入上海市浦东新区。

最高人民法院法官违法违纪举报中心网站开通

最高人民法院正式开通法官违法违纪举报中心网站，网址为 http://jubao.court.gov.cn。网站直接受理涉及最高人民法院监察对象的举报；网站对无权受理的其他举报，将按照有关法规规定的分级办理原则，逐级转交有关地方人民法院纪检监察部门办理。据最高人民法院相关负责人介绍，网站的开通是进一步建立民意沟通和表达机制，利用互联网进一步拓宽社会监督渠道的重要举措。

最高人民检察院追授金启和同志“全国模范检察官”荣誉称号

最高人民检察院、中共浙江省委召开大会，追授台州市路桥区检察院原检察员金启和同志“全国模范检察官”荣誉称号，并开展向金启和同志学习活动。

金启和生前为台州市路桥区检察院反贪局教导员、检委会委员、正科级检察员。在 28 年的检察工作生涯中，他始终牢记全心全意为人民服务的宗旨，忠实履行人民检察官的职责，多次被评为区检察院先进个人、区优秀共产党员、区先进工作者，荣立个人三等功一次。2008 年 5 月 2 日，金启和因病去世，年仅 57 岁。

国务院副总理回良玉在中南海紫光阁会见老挝副总理宋萨瓦·伦萨瓦一行

全国人大常委会副委员长严隽琪在人民大会堂会见莫桑比克国防部部长菲利佩·纽西一行

国务委员兼国防部部长梁光烈在北京与莫桑比克国防部部长菲利佩·纽西举行会谈

外交部发言人马朝旭就美国海军监测船进入黄海中国专属经济区活动一事答记者问

马朝旭说，关于外国船只在中国专属经济区活动问题，中国政府一贯严格按照《联合国海洋法公约》和《中华人民共和国专属经济区和大陆架法》《中华人民共和国涉外海洋科学研究管理规定》处理。实际情况是，美国海军监测船“胜利号”违反有关国际法和中国法律、法规规定，在未经中方许可情况下进入黄海中国专属经济区活动。中方对此表示关切,已要求美方采取有效措施避免再次发生类似事件。

5月7日

国家主席胡锦涛电贺祖马当选南非总统

国家副主席习近平在高校学习实践活动座谈会上发表讲话

5月6日至7日,习近平来到北京大学、北京航空航天大学、中央民族大学、首都师范大学、中国人民大学,对高校开展学习实践活动的情况进行调研。他深入研发中心、实验室、图书馆,了解高校教学、管理、科研和人才培养等情况。在阅览室、教室、学生就业指导中心和校学生会,他与大学生亲切交谈,勉励他们珍惜美好青春,刻苦学习知识,锤炼意志品质,陶冶道德情操,打下报效祖国、成长成才的坚实基础。

5月7日,中央深入学习实践科学发展观活动领导小组在中国人民大学召开高校学习实践活动座谈会,习近平作了重要讲话。

习近平在讲话中强调,突出实践特色是这次学习实践活动的最大特点。高校学习实践活动突出实践特色,要抓住科学发展上水平这个核心问题,进一步理清学校科学发展思路,完善学校科学发展规划,明确学校科学发展战略,着力解决影响和制约学校科学发展的突出问题;要围绕人才培养这个根本任务,改革教育教学制度,创新人才培养模式,着力解决与培养合格人才不相适应的观念和体制机制问题;要抓好教师队伍建设这个关键环节,进一步完善人才激励机制、竞争机制、流动机制和社会保障机制,坚持把师德建设放在首位,全面提高教师队伍整体素质,着力解决高校教师队伍建设特别是高层次创造性人才队伍建设中存在的突出问题;要找准学习实践活动与当前各项工作的结合点,加强对大学生就业的指导和服务,做好维护学校稳定的工作,通过各种形式为地方和企业应对危机、克服困难提供技术服务和智力支持。

习近平强调,各高校要把加强党员干部党性修养、大力弘扬优良作风作为学习实践活动的重要内容抓实抓好。要针对高校学风建设面临的问题,把教育、制度、监督相结合的惩治和预防学术不端行为的工作体系尽快建立起来、有效运转起来,在学术道德和学风建设方面不断取得新进展。

中组部部长、中央学习实践活动领导小组副组长李源潮出席座谈会。教育部党组书记周济介绍了部属高校开展学习实践活动前一阶段的情况和下一步的工作打算,清华大学、中国人民大学、中国农业大学、北京外国语大学、北京科技大学、北京工业大学的负责同志发了言。

国务院副总理张德江在天津调研

5月7日至8日,张德江在天津就工业经济运行进行调研,先后考察了机械、轻工、电子、石化、冶金、航空、纺织、制药、汽车等行业的13家企业,并考察了临港工业区和集装箱码头等。张德江充分肯定了天津在应对国际金融危机、促进经济社会发展特别是工业发展方面取得的成绩。

张德江在调研中强调,工业行业和广大企业要深入贯彻落实科学发展观,进一步落实中央保增长、扩内需、调结构的政策措施,抓紧落实十大重点产业调整和振兴规划,加强工业经济运行监测,千方百计开发生产适销对路产品,千方百计开拓国际国内市场,全力以赴确保工业增长,为国民经济平稳较快发展作出更大贡献。要立足当前,着眼长远,继续深化改革和扩大开放,大力调整优化产业结构,着力推进科技创新,加快技术改造步伐,抓紧培育新兴工业支柱产业,切实加强和改善企业管理,全面提升工业整体素质和水平,促进工业健康持续高效发展。

中共中央台办 国务院台办主任王毅在武汉会见中国国民党副主席蒋孝严

中共中央政治局委员王刚在杭州出席第六届中国城市森林论坛开幕式并发表讲话

王刚说,中国城市森林论坛成立六年来,积极倡导“让森林走进城市、让城市拥抱森林”的理念,大力推动“国家森林城市”创建活动,深入研究探讨城市森林建设的理论与实践问题,对改善我国城市生态环境、建设现代化都市产生了重要影响,为加快林业发展、加强生态建设发挥了重要作用。王刚希望本届论坛始终秉持宗旨,不断开拓创新,坚持指导实践,努力成为城市森林理论交流的权威平台;在推动城市森林建设中发挥更大作用。

王刚在讲话中指出,森林是人类赖以生存和发展的基础和条件,林业是建设生态文明的基础工程和重要保障。推动科学发展、促进社会和谐、实现生态良好,必须十分关注森林、加快发展林业。王刚强调,要不断提高林业对经济发展的贡献率,通过发展林业带动农民增收致富,充分发挥林业在吸收二氧化碳、应对气候变化、缓解全球变暖等生态环境建设方面的重要作用,使人民群众在生态环境的持续改善中感受自然生态之美、享受高品质生活、共创社会和谐。

王刚要求,关注森林活动组委会各成员单位和有关方面要搞好密切协作,努力形成关注森林、发展林业的强大合力，特别是各级政协组织和广大政协委员要充分发挥自身优势，继续为搞好关注森林活动尽责尽力、多做贡献。

本届论坛以“城市森林　品质生活”为主题，会期2天，由关注森林活动组委会牵头，国家林业局、全国政协人口资源环境委员会、浙江省人民政府和经济日报社共同主办。国内外89个城市市长、有关专家代表和部分国际组织代表近400人参加了本次论坛。

全国人大常委会副委员长陈至立在南宁出席人大环资委全委会并发表讲话

陈至立指出，在当前应对国际金融危机的形势下，调整经济结构，转变经济发展方式，节约资源、保护环境显得更加重要和紧迫。陈至立强调，全国人大环资委要认真贯彻落实十一届全国人大二次会议精神，围绕“保增长、保民生、保稳定”大局，加大监督工作力度，推动党和国家环境资源方针政策的贯彻落实，保障环境资源法律、法规的有效实施。一要选准环境资源方面的若干重点问题开展监督工作；二要把调查研究作为搞好监督工作的基础；三要进一步加强跟踪监督，增强监督实效；四要按照可量化可考核要求，改进和完善监督方法。

陈至立指出，制定自然保护区（域）法对形成和完善有关自然生态保护的法律体系具有重要意义。要按照十一届全国人大立法规划的要求，本着科学立法、民主立法的精神，开展调研和起草工作，注意处理好法律前瞻性与可操作性之间的关系，处理好保护与发展的关系，处理好部门之间以及部门与地方之间的关系，认真做好法律论证工作。

国务院副总理王岐山在布鲁塞尔欧盟总部出席第二次中欧经贸高层对话开幕式并发表讲话

开幕式由国务院副总理王岐山和欧盟贸易委员阿什顿共同主持。

王岐山在开幕式上发表讲话。他说，在面临国际金融危机严峻挑战的关键时刻，举办第二次中欧经贸高层对话，对于进一步加强中国与欧盟各国经贸合作，推进中欧全面战略伙伴关系发展，共同应对危机，并为即将举行的第十一次中欧领导人会晤做好准备，十分重要。

王岐山提出以下建议：（一）采取更加有力的措施，全力恢复世界经济增长。欧盟是世界第一大经济体，中国是最大的发展中国家，希望双方加强合作，为世界经济复苏作出贡献。（二）双方应站在促进全球经济发展全局的高度，坚决反对各种形式的保护主义。中国希望欧方充分考虑中方关切，采取切实行动消除贸易和投资障碍。（三）双方应着眼长远，拓展新的合作领域。欧盟的新能源、建筑节能、废物处理等技术先进，中国节能环保投资市场广阔。希望欧方放宽对华高技术出口限制，共同促进可持续发展。双方应搭建合作平台，帮助中小企业克服融资和开拓市场等方面遇到的实际困难。（四）双方应增进了解，妥善化解矛盾和分歧，以发展的眼光、合作的精神，通过对话促进合作，实现互利共赢。

阿什顿表示，欧盟和中国在国际社会协调应对全球性挑战方面发挥着重要作用。欧盟坚定地致力于进一步发展欧中全面战略伙伴关系，致力于共同解决全球发展问题，致力于共同反对贸易与投资保护主义。欧中经贸关系在双边全面战略伙伴关系中占据核心地位，双方在促进市场开放、推进多哈回合谈判等方面拥有共同利益。此次欧中经贸高层对话对促进双边关系发展、增进相互理解、共同应对国际金融危机极为重要。欧方期待与中方成功进行具有前瞻性和远见性的对话，推动全球贸易、服务、投资的发展，并使欧中双方从中受益，促进欧中各领域合作不断取得成果。

中国商务部和外交部、国家发展改革委、科技部、工业和信息化部、财政部、住房和城市建设部、交通运输部、海关总署、质检总局等部门负责人，欧盟委员会企业与工业委员、交通委员、内部市场委员、农业委员、消费者保护委员、海关委员、环境委员、信息社会委员、竞争委员等出席了对话会。

加纳代总统马哈马在阿克拉会见中联部部长王家瑞及其率领的中共代表团

“.中国”域名全国应用普及行动在北京启动

人民网、新华网、新浪网、腾讯网率先注册使用了“.中国”域名，至今已经有90%国家省部级政府机构、95%传统媒体网站、90%以上“211”工程大学、超过五成的中国百强企业、超过四成的中国500强企业都已经注册使用“.中国”域名。据预测，未来两年内，国内的主流网站都将使用“.中国”域名。

据中国互联网络信息中心负责人介绍，发展中文域名是加快互联网在中国应用普及、更好地发挥互联网对国民经济支撑推进作用、弘扬中华民族优秀文化的重要途径。我国先后在中文域名领域完成三项核心互联网国际标准制定，确保中文域名完全符合国人的传统文化和语言习惯。截至目前，主流浏览器厂商都采纳国际标准，实现了对“.中国”域名的直接支持。搜索引擎厂商谷歌和雅虎也已经支持中文域名收录和搜索。“.中国”域名的应用环境日臻完善。

国办转发教育部等部门《关于进一步加快特殊教育事业发展的意见》的通知

各省、自治区、直辖市人民政府,国务院各部委、各直属机构:

教育部、发展改革委、民政部、财政部、人力资源社会保障部、卫生部、中央编办、中国残联《关于进一步加快特殊教育事业发展的意见》已经国务院同意,现转发给你们,请认真贯彻执行。

国务院办公厅

2009年5月7日

关于进一步加快特殊教育事业发展的意见

为贯彻党的十七大精神,全面落实科学发展观,促进和谐社会建设,认真贯彻落实《中共中央国务院关于促进残疾人事业发展的意见》(中发〔2008〕7号)精神,进一步加快我国特殊教育事业发展,根据《中华人民共和国义务教育法》《中华人民共和国残疾人保障法》和《残疾人教育条例》,对当前和今后一个时期我国特殊教育事业发展提出以下意见:

一、全面提高残疾儿童少年义务教育普及水平,不断完善残疾人教育体系

1.继续提高残疾儿童少年义务教育普及水平。城市和经济发达地区,适龄视力、听力、智力残疾儿童少年(以下简称三类残疾儿童少年)入学率要基本达到当地普通儿童少年水平;已经"普九"的中西部农村地区,其三类残疾儿童少年入学率要逐年提高;未"普九"地区要将残疾儿童少年义务教育作为普及九年义务教育的重要内容,三类残疾儿童少年入学率达到70%左右。积极创造条件,以多种形式对重度肢体残疾、重度智力残疾、孤独症、脑瘫和多重残疾儿童少年等实施义务教育,保障儿童福利机构适龄残疾儿童少年接受义务教育。

2.加快发展以职业教育为主的残疾人高中阶段教育,为残疾学生就业和继续深造创造条件。具备条件的地市要举办残疾人高中阶段教育。特殊教育学校要根据需要举办残疾人高中教育部(班);残疾人中等职业学校要积极拓宽专业设置,扩大招生规模;普通高中要招收具有接受普通教育能力的残疾学生;中等职业学校要积极开展残疾人职业教育。

3.加快推进残疾人高等教育发展。进一步完善国家招收残疾考生政策,普通高校应依据有关法律和政策招收符合录取标准的残疾考生,不得因其残疾而拒绝招收。高等特殊教育学院(专业)要在保证质量的基础上,扩大招生规模,拓宽专业设置,提高办学层次。各地要为残疾人接受成人高等学历教育、自学考试、远程教育等提供更多方便,满足残疾人接受高等教育的需求。

4.因地制宜发展残疾儿童学前教育。有条件的城市和农村地区要基本满足残疾儿童接受学前教育的需求。地方各级教育、民政、卫生部门和残联要相互协作,采取多种形式,在有条件地区积极举办0—3岁残疾儿童早期干预、早期教育和康复训练机构。鼓励社会力量举办学前特殊教育机构。

5.大力开展面向成年残疾人的职业教育培训。以就业为导向,开展多种形式的残疾人技能培训,提高残疾人的就业和创业能力。

6.采取多种措施,扫除残疾青壮年文盲。将扫除残疾青壮年文盲纳入当地扫盲工作整体规划,同步推进。残疾人教育机构、各有关部门和民间组织、残疾人所在单位要积极开展扫除残疾青壮年文盲工作,使残疾青壮年文盲率显著下降。

二、完善特殊教育经费保障机制,提高特殊教育保障水平

7.全面实施残疾学生免费义务教育。对义务教育阶段残疾学生在"两免一补"基础上,针对残疾学生的特殊需要,进一步提高补助水平。各地应按照彩票公益金的使用宗旨,结合本地实际,支持残疾儿童少年特殊教育。

8.加强特殊教育学校建设。国家支持中西部地区特殊教育学校建设,在人口30万以上或残疾儿童少年相对较多,尚无特殊教育学校的县,独立建设一所特殊教育学校;不足30万人口的县,在地市范围内,统筹建设一所或几所特殊教育学校。各地要统筹规划、合理布局,坚持标准,确保质量。东部地区也要加大投入,按照本地区特殊教育规划和国家有关建设标准做好特殊教育学校建设工作。

各地要统筹安排在普通学校、儿童福利机构或者其他机构附设的特教班、高中阶段特殊教育学校(班)和高等特殊教育专业的建设。

9.做好中等教育和高等教育阶段残疾学生资助工作。普通高校全日制本专科在校生中家庭经济困难的残疾学生和中等职业学校一、二年级在校生中残疾学生要全部享受国家助学金。在特殊教育学校职业高中班(部)就读的残疾学生也应享受国家助学金。

10.加大投入,确保特殊教育学校(院)正常运转。各地要从特殊教育学校(院)人均成本高的实际出发,研究制定特殊教育学校(院)生均公用经费标准,保证学校(院)正常的教育教学需求。

中央财政将继续设立特殊教育补助专款,地方各级人民政府要继续设立特殊教育专项补助费并不断提高。中央财政加大专项补助资金投入,鼓励和支持地方办好现有的面向全国招生的高等特殊教育学院。

各地要从残疾人就业保障金中安排一定比例的资

金用于特殊教育学校(院)开展包括社会成年残疾人在内的各种职业教育与培训。

三、加强特殊教育的针对性,提高残疾学生的综合素质

11.根据残疾学生的身心特点和特殊需求,加强教育的针对性。注重学生的潜能开发和缺陷补偿,培养残疾学生乐观面对人生,全面融入社会的意识和自尊、自信、自立、自强精神。加强残疾学生的法制教育、心理健康教育和安全教育。

在课程改革中,要充分考虑残疾学生特点,注重提高其生活自理、与人交往、融入社会、劳动和就业等能力的培养。

12.全面推进随班就读工作,不断提高教育质量。重点推进县(区)级随班就读支持保障体系的建立和完善。所有实施义务教育的学校要积极创造条件,接收具有接受普通教育能力的适龄残疾儿童少年随班就读,不断扩大随班就读规模。

建立特殊教育学校定期委派教师到普通学校巡回指导随班就读工作的制度,确保随班就读的质量。

13.大力加强职业教育,促进残疾人就业。特殊教育学校要在开足开好劳动技术、综合实践活动等课程的同时,开设符合学生特点、适合当地需要的职业课程。根据市场和社会需求,加强残疾人中等职业学校骨干专业课程的建设。不断更新高等特殊教育院校教学内容,合理调整专业结构。加强学生的生产实习和社会实践,促进职业教育实训基地共建共享。做好学生的就业指导工作。鼓励和扶持各类特殊教育学校(院)、职业学校及职业培训机构,开展各种形式的残疾人职业培训。各级政府和有关部门要加大残疾人职业培训经费投入,在生产实习基地建设、职业技能鉴定、就业安置等方面制定优惠政策和具体扶持保护措施。

14.加快特殊教育信息化进程。建好国家特殊教育资源库和特教信息资源管理系统,促进优质特殊教育资源共享。地方各级人民政府要加强特殊教育信息化软硬件建设。特教学校要根据残疾学生的特点积极开展信息技术教育,大力推进信息技术在教学过程中的应用,提高残疾学生信息素养和运用信息技术的能力。

15.深入开展特殊教育研究。建设一支理论素养高、专业能力强的特殊教育科研骨干队伍,提高特殊教育科研质量和水平。各省、市(地)教育行政部门所属的教学研究部门和科学研究部门应配备专职或兼职特教教研人员,组织并指导学校开展教育教学研究。继续开展盲文、手语研究,使之更加科学、实用。

四、加强特殊教育师资队伍建设,提高教师专业化水平

16.加强特殊教育教师培养培训工作。要适应残疾儿童少年教育普及水平提高的需要,加强特殊教育师范院校专业建设。统筹规划,合理布局,加大特教师资的培养力度。鼓励和支持各级师范院校与综合性院校举办特殊教育专业或开设特殊教育课程。各地在实施师范生免费教育时,要把特教师资培养纳入培养计划。加大特殊教育或相关专业研究生培养力度。注重特殊教育专业训练,提高培养质量。鼓励优秀高校毕业生到特殊教育学校、儿童福利机构等单位任教。

各地要将特殊教育教师培训纳入教师继续教育培训计划,对在职教师实行轮训,重点抓好骨干教师特别是中青年骨干教师培训。要加强对在普通学校、儿童福利机构或其他机构中从事特殊教育工作的教师和特殊教育学校巡回指导教师的培训。要高度重视残疾人职业教育专业课教师培训。依托高等特殊教育学院、其他有关院校和专业机构建设“特殊教育教师培训基地”。

17.配齐配足教师,确保特殊教育学校正常教学和管理工作。省级有关部门要根据特殊教育学校学生少、班额小、寄宿生多、教师需求量大的特点,合理确定特殊教育学校教职工编制并保障落实。

18.要切实采取措施落实特殊教育教师待遇。《中华人民共和国义务教育法》明确规定特殊教育教师享有特殊岗位补助津贴。各地要采取措施,确保国家规定的特殊教育教师工资待遇政策得到落实。要将承担随班就读教学与管理人员的工作列入绩效考核内容。要在优秀教师和优秀教育工作者表彰中提高特教教师和校长的比例。

五、强化政府职能,全社会共同推进特殊教育事业发展

19.进一步强化政府发展特殊教育的责任。各地要把各级各类特殊教育纳入当地经济和社会发展整体规划,把特殊教育发展列入议事日程。各级人民政府要进一步明确和落实教育、发展改革、公安、民政、财政、人力资源社会保障、卫生、税务、残联等部门和社会团体发展特殊教育的职能和责任,在保障残疾孩子入学、孤残儿童抚育、新生儿疾病筛查与治疗、学校建设、经费投入、教师编制配备、工资待遇、校园周边环境治理、特教学校企业税收减免、残疾人口统计等方面通力合作,各司其职,齐抓共管,加快特殊教育事业发展。

20.全社会共同关心支持特殊教育事业。加大特殊教育宣传力度,在全社会形成关心支持特殊教育、尊重特殊教育教师和残疾人教育工作者的舆论氛围。进一步落实国家关于捐赠及免税的政策,积极鼓励个人、企业和民间组织支持特殊教育,广泛动员和鼓励社会各界捐资助学。

与香港确诊甲型H1N1流感病例有密切接触的128名AM098乘客全部解除医学观察

第十一届全运会帆板预赛在山东省日照市万平口海域开赛

5月8日

中央军委主席胡锦涛签署给孟祥斌等4名个人授予荣誉称号的命令

新华社消息，中华人民共和国中央军事委员会主席胡锦涛日前签署命令，给孟祥斌等4名个人授予荣誉称号：追授96164部队原机要参谋孟祥斌“舍己救人模范军官”荣誉称号；授予65647部队班长向南林“新一代模范士兵”荣誉称号；追授兰州军区兰州总医院原专家组成员黎秀芳“爱党为民模范护理专家”荣誉称号；授予77606部队70分队分队长江勇西绕“忠诚使命的模范军官”荣誉称号。

中央军委主席胡锦涛签署给15个单位28名个人奖励的通令

新华社消息，中华人民共和国中央军事委员会主席胡锦涛日前签署通令，给15个单位和28名个人记功。

给在抗震救灾斗争中作出突出贡献的96542部队、77208部队分别记一等功，给92057部队记二等功，给63839部队、95900部队和78098部队、78438部队分别记三等功；给广州军区武汉总医院院长兼主任医师浦金辉、77116部队部队长余志荣分别记一等功，给空军总医院皮肤科主任医师蔡瑞康记二等功。

给在部队建设中取得显著成绩的94521部队、辽宁朝阳陆军预备役给水工程团分别记一等功。

给在完成重大科学试验任务中取得显著成绩的63713部队、63798部队分别记一等功，给63698部队、63767部队分别记二等功；给63767部队副总工程师余培军记一等功。

给在科学技术研究中取得显著成绩的信息工程大学信息工程学院信息技术研究所记二等功，给61363部队记三等功；给总参谋部某研究所总工程师郑辉、某研究所总工程师于全、信息工程大学信息工程学院教授罗兴国、理工大学工程兵工程学院教授周璧华，第二军医大学基础部肿瘤研究所所长郭亚军，63983部队四室主任蒋建平，海军某工程技术管理室副主任李决龙，95899部队某研究所科技处处长刘峰，南京军区南京总医院副院长黎介寿、黎磊石，国防科学技术大学计算机学院计算机研究所副所长徐炜遐分别记一等功；给第二军医大学第一附属医院消化内科主任李兆申、第三军医大学副校长张绍祥、军械工程学院光学与电子工程系教授王永仲、国防大学校务部部长王秋生、国防科学技术大学副校长杨学军分别记二等功；给总参谋部某研究所研究员王建新、理工大学工程兵工程学院教授龚烈航、理工大学指挥自动化学院教授王元元、军事医学科学院某研究所研究员陈文亮、63821部队一室研究员张志成、海军工程大学船舶与动力学院动力工程系教授孙丰瑞分别记三等功。

给在文艺创作中取得显著成绩的沈阳军区政治部文工团创作室艺术指导胡宏伟、广州军区政治部文工团创作编导室主任唐栋分别记三等功。

国务院总理温家宝在福建考察

5月8日至10日，温家宝来到厦门、泉州、福州等地就应对国际金融危机、促进经济社会发展进行调研，和干部群众共商海峡西岸经济区发展大计。

温家宝在考察中指出，加快建设海峡西岸经济区，是中央经过长期准备出台的一项重大决策，主要是基于三个方面考虑：一是抓住当前海峡两岸和平发展的有利时机，加强两岸经济合作，促进共同发展，这从根本上有利于两岸人民的利益。二是进一步完善全国经济战略布局。从珠三角、长三角到环渤海，我国沿海地区发展战略都做了部署。福建东与台湾地区一水相隔，北承长江三角洲，南接珠江三角洲，背靠中西部地区，和港澳以及海外也有着密切联系。加快海峡西岸经济区建设，有利于进一步发挥福建比较优势，培育一个新的经济增长地带。三是有利于应对当前金融危机和国家长远发展。

温家宝强调，建设海峡西岸经济区要有一个高的起点。他先后来到9家企业调查研究，多次指出，加快建设海峡西岸经济区，为企业发展提供了新的机遇。企业要抓住机遇，加大科技投入，努力突破关键技术、研发新产品，以创新促进发展。新大陆科技集团公司是一家生产环保和电子产品的企业，温家宝饶有兴趣地参观了企业开发的各种新产品。他站在公司办公楼门前的台阶上，向围拢在身边的职工说，面对危机，企业要着眼长远，着力培养新的经济增长点。IT和环保产业是竞争的焦点，要大力发展。加快建设海峡西岸经济区，要靠改革，靠开放，靠创新。我们要解放思想，破除对人才、创新和管理的束缚，让人的创造能力竞相迸发，用良好的机制和体制促进人的全面发展和经济的协调发展。在星网锐捷通讯有限公司，温家宝勉励青年研发人员，创新赢得实力，创新赢得领先，创新赢得发展，创新赢得尊严。一个国家和民族，必须有自己的创新产品、自己的知识产权和高度的创新能力、文化素养,才能赢得全世界的尊重。安踏(中国)有限公司是一家体育用品企业。在展厅里,看到企业采用大量新科技、新工艺和新材料生产出一双双造型新颖、科技含量高的运动鞋,温家宝说,劳动密集型企业也可以是科技密集型的,安踏就把一双鞋当成了一个科技产品在做。我们不要小看劳动密集型产业,它也有科技含量、也有创造发明。要积极推动劳动密集型产业向科技密集型产业转型。

在考察中,温家宝多次强调,建设海峡西岸经济区,要贯彻以人为本的理念,加快以保障和改善民生为重点的社会建设。

温家宝还来到厦门大学附属中山医院看望医务人员,了解甲型 H1N1 流感防控和医疗改革情况。

9 日晚,温家宝在福州主持召开会议,听取福建省工作汇报,就福建省加快建设海峡西岸经济区发表了重要讲话。

国家副主席习近平在北京出席全国机关党的建设工作会议并讲话

习近平在会前会见了与会代表。他强调,机关党的建设是党的建设新的伟大工程的重要组成部分,各级党委要坚持以改革创新精神扎实推进机关党的建设,在服务大局、服务基层、服务群众的实践中不断开创机关党建工作新局面。

习近平强调,各级机关党组织要认真贯彻落实胡锦涛同志关于机关党建工作要"走在党的基层组织建设的前头"的要求,以党的执政能力建设和先进性建设为主线,以建设为民、务实、清廉机关为目标,以加强机关党员干部党性锻炼、改进机关作风为重点,坚持党要管党、从严治党,围绕中心、服务大局,改革创新、开拓进取,不断提高机关党建工作水平,引导广大机关党员、干部做高举旗帜、坚定理想信念的表率,做服务大局、推动科学发展的表率,做转变作风、服务基层群众的表率,做改革创新、保持先进本色的表率。

习近平强调,抓好深入学习实践科学发展观活动,是当前机关党的建设一项重大任务。参加第一批学习实践活动的中央和省级机关要继续抓好整改落实后续工作,巩固扩大学习实践活动成果。正在开展学习实践活动的市县机关,要按照党员干部受教育、科学发展上水平、人民群众得实惠的总要求,切实抓好学习实践活动各个阶段各个环节的工作,通过学习实践活动推动机关党的建设,以学习实践活动的成效来检验机关党的建设。

中组部部长李源潮参加会见并在会上讲话。

中共中央办公厅主任、中央直属机关工委书记令计划,国务委员兼国务院秘书长、中央国家机关工委书记马凯参加会见。中央和国家机关、各人民团体有关部门负责同志,各省区市和新疆生产建设兵团以及各副省级城市有关部门负责同志参加会议。

全国县纪委书记培训班开班式在中央党校举行

第二次中欧经贸高层对话取得重要共识

第二次中欧经贸高层对话在布鲁塞尔欧盟总部闭幕。中欧双方达成广泛共识,对话取得积极成果。

国务院副总理王岐山和欧盟委员会负责贸易事务的委员凯瑟琳·阿什顿共同主持了对话。王岐山说,成功举办此次中欧经贸高层对话对于应对国际金融危机挑战、促进中欧之间的合作具有重要意义,并为即将举行的第十一次中欧领导人会晤做了良好铺垫。

阿什顿表示,此次对话卓有成效,欧中之间相互依存,利益交融,通过战略性的对话,为双方今后合作奠定了良好基础,将双边关系推向新阶段。

通过此次对话,中欧双方达成以下重要共识:

一、面对当前国际金融危机的严峻形势,中欧应加强合作,积极落实二十国集团伦敦金融峰会共识,促进世界经济尽快复苏。

二、反对贸易和投资保护主义,锁定世界贸易组织多哈回合谈判已取得的成果,推动谈判早日取得成功。共同推进贸易和投资便利化、自由化,维护开放的贸易和投资环境。

三、加强双方投资合作,鼓励双方企业在彼此现行法律允许的领域,在平等和非歧视的基础上,参与彼此的经济振兴计划。

四、共同支持中小企业发展。今年 9 月在中国广州举行第二次中欧中小企业政策对话。

五、在能源和环境领域开展合作,共同应对全球气候变化,推动可持续发展。同时,加强双方在高新技术贸易、知识产权保护、产品质量和食品安全、海关、交通等领域的合作。

国务院副总理王岐山在爱丁堡市会见苏格兰首席部长萨蒙德

双方积极评价中国同苏格兰地区的友好关系,并表示愿加强在教育、文化、旅游、金融等领域的合作,进一步提升中英全面战略伙伴关系。

双方重点就应对国际金融危机交换了看法。王岐山说,当前应当进一步增强市场信心,尽快恢复金融市场功能。亚洲金融危机爆发后,中国采取了推进金融改革、加强金融监管、防范化解金融风险等一系列措施,保持了金融市场的稳健,经受了国际金融危机的考验。萨蒙德对中国应对国际金融危机采取的刺激经济增长的措施给予了高度评价。

全国政协副主席白立忱在拉巴特分别会见摩洛哥首相阿巴斯·法西和参议院议长本卡杜尔

中联部部长王家瑞在普拉亚分别与佛得角非洲独立党主席 政府总理内韦斯和非洲独立党副主席兼总书记拉莫斯举行会谈

外交部发言人马朝旭就越南提交南海“外大陆架划界案”答记者问

马朝旭说,中国对包括西沙群岛和南沙群岛在内的南海诸岛及其附近海域拥有无可争辩的主权,对相关海域的海床和底土拥有主权权利和管辖权。越方提交的所谓“外大陆架划界案”,严重侵犯了中国的主权、主权权利和管辖权,是非法的、无效的。中国常驻联合国代表团已按照《联合国海洋法公约》和《大陆架界限委员会议事规则》的相关规定,就上述“划界案”向联合国秘书长提交照会,阐明了中国政府的严正立场,郑重要求委员会不审议上述“划界案”。

第九届全军文艺会演在北京开幕

由总政歌舞团创作编排的这台节目,突出反映了新中国成立60年来人民军队走过的光辉历程和取得的巨大成就,真挚表达了三军将士忠诚履行新世纪新阶段我军历史使命的坚强决心,生动展现了全军官兵自觉践行当代革命军人核心价值观的时代风采。

国务委员刘延东在全国中小学校舍安全工程电视电话会上发表讲话

刘延东在讲话中强调,校舍安全工程涉及范围广,地区差异大,技术要求高,任务艰巨复杂。必须以科学发展观为指导,坚持实事求是、积极稳妥,因地制宜、科学适度,严格标准、确保质量,确保完成三年目标任务。一要全面做好排查鉴定工作,对每一栋建筑建立安全档案,形成全国中小学校舍安全信息管理系统。二要集中力量先解决好地震重点监视防御区、地震高烈度区及其他地质灾害易发区中人口稠密地区的校舍安全改造。三要全面把握抗震加固和综合防灾要求,落实各项防灾避险措施。四要结合农村中小学布局调整,统筹安排校舍安全工程和学校其他建设项目,科学制定三年总体规划、年度实施计划和具体实施方案。五要加强工程建设管理,充分发挥专业部门作用,制订好技术标准,设计好技术路线,加强技术指导和质量监督,从根本上保证每栋校舍的工程质量。

刘延东要求,各地各有关部门要加强领导,健全工作机制,建立校舍安全工程责任制,切实落实和管好用好工程资金,合理有效安排工程进度,全过程接受社会监督,确保校舍安全工程让中央放心、让群众满意。

《人民日报》发表评论员文章《开创中医药事业发展新局面》

《国务院关于扶持和促进中医药事业发展的若干意见》(以下简称《意见》)发布了。这是新时期我国中医药事业发展的一个里程碑。扶持和促进中医药事业发展,对于深化医药卫生体制改革、提高人民群众健康水平、弘扬中华文化、促进经济社会发展,具有十分重要的意义。

几千年来,中医药作为我国独具特色的医学科学和优秀传统文化,为中华民族繁衍昌盛作出了重要贡献,对世界文明进步产生了积极影响。新中国成立特别是改革开放以来,党中央、国务院高度重视中医药工作,中医药事业取得显著成就。中医药和西医药互相补充、协调发展,共同担负着维护和增进人民健康的任务,这是我国医药卫生事业的重要特征和显著优势。

随着经济全球化和现代医学的发展,中医药事业发展也面临着许多新情况、新问题。中医药特色优势逐渐淡化,服务领域趋于萎缩;老中医药专家很多学术思想和经验未能有效传承,一些特色诊疗技术、方法有的濒临失传,中医药理论和技术方法创新不足;中医中药发展不协调,野生中药资源破坏严重;中医药发展基础条件差,人才匮乏。这些问题制约着中医药事业的发展,难以适应人民群众日益增长的健康需求,影响了中医药作用的发挥。因此,我们必须充分认识扶持和促进中医药事业发展的重要性和紧迫性。

《意见》站在历史和全局的高度,明确了发展中医药事业的指导思想、基本原则和主要任务,是新时期推进我国中医药事业发展的纲领性文件,也是深化医药卫生体制改革的战略性决策。《意见》提出,遵循中医药发展规律,保持和发扬中医药特色优势,丰富和发展中医药理论与实践,促进中医中药协调发展,为提高全民健康水平服务。《意见》强调,积极发展中医医疗和预防保健服务,推进中医药继承与创新,加强中医药人才队伍建设,提升中药产业发展水平,加快民族医药发展,繁荣发展中医药文化,推动中医药走向世界,完善中医药事业发展保障措施。这既是对中医药事业发展历史经验的深刻总结,也是对当前和今后一个时期中医药事业发展的明确要求。

政府是扶持和促进中医药事业发展的主体,肩负着重大的历史责任。各级政府部门要及时研究解决中医药事业发展中的问题,逐步加大对中医药事业发展的投入,认真落实各项政策措施,为中医药事业发展创造良好的政策环境，提供有力的制度保障。

当前，我国中医药事业正处于改革发展的关键时期。扶持和促进中医药事业发展，是深化医药卫生体制改革的迫切要求，是振兴和繁荣中医药事业的必然选择，也是提高全民健康水平的重要举措。各级党委政府必须高度重视，切实采取有效措施，全面加强中医药工作，努力开创中医药事业持续健康发展的新局面。

5月9日

《人民日报》发表评论员文章《走前头　作表率》

机关党建是党的建设的重要组成部分，是党在机关全部工作和战斗力的基础。在我们党深入贯彻落实科学发展观，以改革创新精神加强自身建设，把中国特色社会主义事业不断推向前进的新时期，机关党建工作必须适应新形势新任务的要求，走在全党基层组织建设的前头。

走在前头，是对机关特殊地位和党建工作规律的准确把握。机关是党代表人民执掌政权的重要阵地，是党联系群众的桥梁、服务群众的窗口。机关职能的发挥，从根本上来说，离不开机关党建的有力保证。与其他领域相比，机关党组织具有处于领导机构的位置优势、执政骨干集中的人才优势，以及技术、信息条件较好的资源优势，只要充分发挥这些优势，机关党建工作就能够走在党的基层组织建设的前头，为其他领域党建工作作出表率，发挥示范引领作用。

走在前头，要求必须以改革创新精神加强机关党建各项工作，使机关党的建设更加符合科学发展观的要求。当前和今后一个时期，要按照党的十七大关于党的建设的总体部署，以党的执政能力建设和先进性建设为主线，以建设为民、务实、清廉机关为目标，以加强机关党员干部党性锻炼、改进机关作风为重点，以开展“讲党性、重品行、作表率”活动为载体，全面推进机关党的思想、组织、作风、制度和反腐倡廉建设，更好地为党和国家大局服务、为完成机关中心任务服务、为基层和群众服务。

走在前头，要求机关党组织和党员、干部做高举旗帜、坚定理想信念的表率，做服务大局、推动科学发展的表率，做转变作风、服务基层群众的表率，做改革创新、永葆先进本色的表率。特别是在当前应对国际金融危机、保持经济平稳较快发展的关键时刻，各级机关更要坚持在大局下行动，紧密结合中央决策部署和本单位中心任务，谋划、部署、推动党建工作，带头开展好深入学习实践科学发展观活动，组织引导机关党员、干部立足本职，争创一流，努力把科学发展观的要求转化为组织、推动、引领经济又好又快发展的强大动力，为保增长、保民生、保稳定作出应有贡献。

服务科学发展大局、推动机关中心任务完成，机关党组织是稳固的基石，机关党员、干部是可靠的力量，机关党建工作使命光荣，责任重大。各级党委、部门党组(党委)和机关党组织要紧紧抓住全国机关党的建设工作会议召开的机遇，把思想和行动统一到中央精神上来，把机关党建摆在更加突出的位置，切实增强做好工作的自觉性和坚定性，努力使机关党建始终走在全党基层组织建设的前头！

《内地与香港关于建立更紧密经贸关系的安排》补充协议六在香港签署

商务部副部长姜增伟和香港特区财政司司长曾俊华分别代表中央政府与香港特区政府在港签署《内地与香港关于建立更紧密经贸关系的安排》(CEPA)补充协议六，内地对香港进一步扩大服务贸易开放和经贸合作领域，其中“研究与开发”和“铁路运输”为新增领域。新协议将于10月1日实施。

根据CEPA补充协议六，内地同意推出29项市场开放措施，涉及20个服务领域，其中“研究与开发”和“铁路运输”为新增领域。至此，CEPA涵盖的服务领域已由目前的40个增至42个。

细胞治疗技术开创乙肝治疗新途径

《人民日报》报道，解放军第261医院采取体细胞技术治疗乙肝取得重大突破，已为众多乙肝患者成功进行了治疗。此项技术在该院已获国家首批准入。

5月10日

国家主席胡锦涛在人民大会堂同科威特埃米尔萨巴赫举行会谈

胡锦涛在会见时表示，中方愿同科方一道，从以下三个方面，推动中科友好合作关系迈上更高水平：(一)巩固政治互信，加深传统友谊。中方愿同科方保持高层交往，充分利用双边磋商机制，加强各级别对话交流。在涉及各自国家独立、主权和领土完整等重大问题上继续相互坚定支持。双方要深化文化、教育、体育、旅游等领域的合作，扩大民间友好往来，增进两国人民的了解和友谊，丰富双边关系内涵。(二)发挥互补优势，加强能源合作。中方愿进一步扩大两国原油贸易，深化石油工程技术服务合作，积极探索石油上下游领域合作的新途径、新方式，构建中科长期稳定、互利双赢的能源战略伙伴关系。(三)推进务实合作，促进共同发展。中方愿与科方继续拓展经贸、交通、电信、工程承包等领域的合作，为两国务实合作注入新的活力。中方支持有实力、信誉好的中国企业赴科威特投资兴业，也欢迎科威特企业来华开拓市场、寻找商机。

萨巴赫赞同胡锦涛关于进一步发展两国关系的建议，表示科威特高度重视科中关系，同中国的友好合作关系是科威特最重要的双边关系。科中双方在政治、经贸等各领域合作进展顺利。此次访问期间，双方将签署一系列合作协议，继续扩大两国在各个领域的务实合作，这是把科中友好合作关系推向更高水平的积极步骤。科方愿与中方共同推进建立在互信和相互理解基础上的科中友好合作关系，使两国全面合作取得更多成果。同时，继续加强在国际和地区问题上的交流与合作。

在谈到中国同海合会关系时，胡锦涛说，中国同海湾合作委员会及其成员国是重要经贸和能源合作伙伴。中方愿进一步加强和发展同海湾合作委员会及其成员国的友好关系，实现互利互惠、合作共赢、共同发展。

萨巴赫表示，愿同中方共同努力，进一步推进海湾合作委员会与中国之间的友好合作。

会谈中，双方还就中东局势等问题交换了意见。

会谈后，两国元首出席了有关合作文件的签字仪式。

国务院发出《关于当前稳定农业发展促进农民增收的意见》

各省、自治区、直辖市人民政府，国务院各部委、各直属机构：

近年来，党中央、国务院不断加强强农惠农政策，加大投入力度，保持了农业连续丰收、农民收入较快增长的好形势，为促进经济平稳较快发展、维护社会和谐稳定作出了重大贡献，也为应对国际金融危机奠定了坚实基础。今年，农业生产开局良好，但在农业连续丰收、农产品供给充裕的情况下，有的方面、有的地区对“三农”的关注度有所减弱，忽视农业的倾向有所抬头。当前，国际金融危机持续蔓延，对我国农业和农村经济的负面影响逐步显现。国际市场主要农产品需求萎缩、价格回落，部分农产品出口受阻，加上国际金融危机造成国内经济增速放缓、内需减弱，导致国内农产品价格下行压力较大，农业生产效益下滑，农民工就业数量与收入出现“双下降”，保持农业稳定发展和农民增收困难加大。农产品生产是保证市场供应的基础，也是农民就业的主要渠道、农民收入的重要来源，一旦出现滑坡，几年内难以恢复。各地区、各部门必须从全局和战略高度重视“三农”工作，当前要在落实好党中央、国务院已经出台的各项强农惠农政策措施的基础上，按照远近结合、内外统筹、区别对待的原则，进一步采取更加有针对性、更强有力的举措，加强市场调控，扩内需、促出口、稳价格，推动农业生产调结构、上水平、增后劲，保护农民生产积极性，稳定农业发展；通过保就业、重民生、促增收，维护农村稳定。现提出以下意见：

一、抓好粮食等大宗农产品生产

(一)抓好春耕春管。当前是春耕生产的关键时期，各地区和有关部门要按照全国春季农业生产工作会议的各项部署与要求，加强田间管理，做好病虫害防控、气象灾害防范和农业科技服务，做好春耕各项工作。

(二)加大补贴力度。各地区要按规定落实好粮食直补、农资综合补贴、良种补贴、农机具购置补贴等政策，对中央已经提前拨付的各项补贴资金，要及时足额落实到位、兑现到户。启动实施马铃薯原种补贴，中央财政对马铃薯原种生产每亩补贴100元，财政部要会同农业部尽快研究具体实施方案并开展试点。

(三)做好农资生产供应。做好化肥生产原料的供应保障工作，落实好扶持化肥生产流通的各项优惠政策，春耕期间继续控制化肥出口，合理安排淡季商业储备化肥出库。加强对农资市场的监督检查和化肥、农药生产企业日常生产经营情况的监测，建立产销存情况通报制度。研究建立农药淡季储备制度。

(四)加快农业结构调整和发展方式转变。在稳定粮食、油料、糖料生产的基础上，支持优势产区发展棉花生产，避免棉花种植面积大幅缩减；发展农业产业化经营，加快发展规模化、标准化生产，提高蔬菜、水果质量和市场竞争能力。

(五)加强农业生产能力建设。2009年继续增加中央预算内投资用于农业生产能力建设。加快大型灌区节水改造、排涝泵站更新改造等建设，改善农田水利设施条件。启动实施全国新增1000亿斤粮食生产能力规划，加大投入力度，加强投资整合，提高粮食综合生产能力。继续支持建设棉油糖生产基地、旱作农业示范区，推进农业结构调整。有关建设项目要早安排，中央投资计划要早下达，地方配套资金要早落实。

(六)加大金融对农业生产的支持。各类金融机构要加大对农业开发和农村基础设施建设、农业科技成果转化和产业化等项目的金融信贷支持。有关部门要进一步完善农业保险财政补贴政策，逐步扩大保险范围。

二、促进畜牧业稳定发展

(七)加大生产投入。抓紧落实已出台的生猪和奶牛良种冻精补贴、能繁母猪补贴、生猪调出大县奖励等扶持政策，今年继续安排30亿元中央建设投资支持生猪和奶牛标准化规模养殖小区建设，促进饲养方式转变,提高畜牧养殖水平。

(八)加强市场调控。认真执行国务院批准的《防止生猪价格过度下跌调控预案(暂行)》,适时启动相应的调控措施。增加部分中央建设投资支持冷链物流设施建设,扩大社会冰鲜冷冻储藏能力。继续实施奶粉临时收储政策,进一步扩大国产奶粉收储规模。将原料奶收购贷款财政贴息政策实施期限延长至2009年12月底。

(九)加强疫病防控。加强动物疫病防控工作,落实畜禽防疫经费,依法对畜禽实施强制免疫,所需经费由同级财政预算安排。严厉查处屠宰加工检疫、防疫疫苗销售以及运输中间环节的乱收费行为。

三、做好大宗农产品收储

(十)加大收储力度。继续落实好粮食最低收购价政策,及早制定并印发2009年小麦、稻谷最低收购价执行预案。将东北地区国家临时存储大豆收购期延长至2009年6月底,有关地方政府要切实采取措施引导农民降低大豆水分。按照略高于市场价格的原则,继续在主产区对油菜籽实行国家临时收储,保障农民基本收益。继续做好棉花收储预案,稳定棉农生产预期。安排好国家储备和临时存储粮油跨省移库和调运,充实销区和库存薄弱地区的库存。按照保证市场供应和不打压市场价格的原则,择机安排临时存储的粮油棉糖销售。各地区要按国家规定抓紧充实地方粮油储备。有关部门要及时研究增加天然橡胶国家收储的方案。

(十一)加强仓储设施建设。进一步加大对大宗农产品储备、物流设施建设的支持力度,缓解仓储设施不足的矛盾。今明两年要安排中央建设投资,建设粮食储备仓容1500万吨、储备油罐175万吨、中央直属食糖储备库40万吨、棉花储备库50万吨。从今年起,安排中央补助投资建设资金,实施农户科学储粮专项,为主产区农户改善储粮条件,减少粮食产后损失。地方各级政府要对马铃薯储藏设施建设给予资金补贴,支持农民联户新建标准化的储藏窖。

四、支持农产品加工和龙头企业发展

(十二)扶持壮大龙头企业。结合产业调整和振兴规划,安排中央预算内投资,支持农产品深加工企业技术进步,推动农产品加工产业结构和布局调整。现有支持中小企业发展的专项资金(基金)要向农产品加工企业适当倾斜,积极推进农业产业化经营,鼓励农产品加工和纺织企业巩固和开拓国内外市场。

(十三)加大金融支持力度。各类金融机构要对农产品加工、优势农产品出口加大信贷支持力度。在风险可控前提下,按照市场化原则,对信用记录较好、有订单但暂时出现经营或财务困难的农业产业化龙头企业和农产品加工企业,在贷款展期、续贷和项目贷款宽限期等方面继续给予支持。

(十四)完善农产品加工财税政策。财政部和税务总局要会同有关部门抓紧研究扶持政策,提高玉米深加工企业开工率;尽快研究并完善现行农产品增值税及酒精消费税征收有关政策,促进农业生产发展和农产品流通。通过中央财政给予适当贴息补助等方式,鼓励纺织加工骨干企业增加厂丝储存。

五、促进农产品流通发展

(十五)搞好农产品流通。继续支持骨干农产品批发市场进行升级改造,加快培育大型农产品流通企业,支持大型连锁超市开展"农超对接"。加快培育农产品经纪人,提高流通组织化程度,促进解决农民"卖难"问题;积极推广涉农合同示范文本,严格监管合同履行。

(十六)降低流通成本。继续落实鲜活农产品绿色通道政策,推进在全国范围内免收整车合法装载鲜活农产品的车辆通行费,逐步有序取消政府还贷二级公路收费。针对农产品流通环节检验检疫费用过多过重问题,发展改革委、财政部近期要会同有关部门进行专项清理,坚决取消地方出台的不合法、不合理的收费项目。商务部要会同有关部门采取切实措施,解决水产等鲜活农产品进大型超市费用过多过高问题。

(十七)加强消费引导。各级政府和有关部门要及时、客观、公正地向社会发布食品质量检验方面的信息,正确引导消费,提振消费信心。对一些以个别质量不安全事例进行炒作给消费者信心带来负面影响的行为,要坚决制止并向社会澄清。要严格执行对转基因大豆(油)、菜籽(油)等产品以及生产加工过程中使用复原乳的液态奶进行标识的有关规定,切实保障消费者知情权。近期,农业部、质检总局要按照部门职责分工,分别会同有关部门对标识制度的落实情况开展专项检查,严肃查处违规行为。

六、加强农产品进出口调控

(十八)合理引导农产品进出口。财政部要会同有关部门尽快出台相关措施,支持优势农产品出口。加强进出口农产品质量安全体系建设,全面提高我国检测技术和能力,严格进出口商品质量监管,确保质量安全。

七、采取有力措施促进农民工就业

(十九)落实农民工就业扶持政策。切实落实中央促进农民工就业的政策措施,积极扶持中小企业、劳动密集型产业和服务业,拓宽农民工就业的主渠道。发展改革委、人力资源社会保障部、财政部、工业和信息化部等有关部门要研究完善对中小企业吸纳农村劳动力转移就业的扶持政策。

(二十)加强农民工就业技能培训。人力资源社会保障部要会同发展改革委、财政部等有关部门研究制定加强农民工培训工作的意见,统筹规划农民工培训,增加资金投入,提高培训效益。当前,要特别加强对失去岗位的农民工再就业提供技能培训。

(二十一)多渠道促进农民工就业。要发挥政府投资项目对农民工就业的引导作用,发挥十大产业调整和振兴规划对农民工就业的吸纳作用,发挥大型企业稳定农民工就业的带头作用,发挥有能力的农民工返乡创业和新生代农民工投身新农村建设的开拓作用,发挥组织劳务输出、发展家政服务、建设劳务基地、开展国际劳务对农民工就业的支持作用。加强乡镇公共服务基层平台建设,对自主创业的农民工给予小额担保贷款等方面的扶持。

八、搞好农村民生工程和基础设施建设

(二十二)加强农村民生工程建设。2009年新增中央投资中,安排650亿元用于农村"水电路气房"、重大水利工程以及农村教育、卫生等基础设施建设。今后,要继续把农村民生工程和基础设施作为中央投资的重点。要通过相关项目的实施,改善农村水、电、交通、通信等基础设施条件,提升农村基础设施水平和公共服务能力,改善农村消费环境,降低农民消费成本。要把支持农民建房、改善居住条件作为今后一段时期扩大农村消费的重要着力点,扩大农村消费市场,拉动内需增长。

国务院

2009年5月10日

国务院任免国家工作人员

任命徐宪平为国家发展和改革委员会副主任。

任命郭允冲为住房和城乡建设部副部长。

全国人大常委会副委员长陈至立在广西考察妇女工作并召开座谈会

陈至立指出,当前,妇女创业就业和增收致富面临的最大问题就是缺乏信息、资金和技术。她强调,要为广大妇女搭建就业服务平台,提供政策信息、资源支持、就业安置等服务,促进妇女创业就业;搭建城乡小额信贷服务平台,创新小额信贷扶持模式,为妇女群众提供创业资金扶持,破解妇女创业就业的资金瓶颈;搭建教育培训平台,积极争取劳动保障、农业、教育、科技等部门的支持,开展多渠道、多门类、多层次的实用技术和技能培训,提高妇女群众依靠科技创业就业和增收致富的能力;大力发展以妇女为主体的巾帼专业村、专业乡镇和优势产业,扶持农村妇女合作生产组织,提高农村妇女生产的组织化、规模化程度和抗风险能力,扩大生产规模,为妇女群众创造更多就业岗位。

单体投资最大的援藏性质经贸项目——投资3.5亿元的华新水泥(西藏)有限公司二期在西藏山南地区开工建设

解放军总政治部发出通知要求全军和武警部队认真学习贯彻胡主席重要讲话和纪念五四运动90周年大会精神

通知指出,各级党委、政治机关和共青团组织要把学习贯彻胡主席重要讲话和中央纪念大会精神,作为部队思想政治建设的一项重要内容,教育引导官兵坚持不懈地用中国特色社会主义理论体系武装头脑,自觉培养践行当代革命军人核心价值观,切实打牢高举旗帜、听党指挥、履行使命的思想政治基础;积极投身学习成才活动,不断积累新知识、增强新本领,努力成为部队现代化建设需要的高素质青年军人;牢记革命军人神圣职责,爱军精武,爱岗敬业,勇于到基层一线和艰苦环境里发挥才干、经受锻炼,在推进中国特色军事变革、做好军事斗争准备、完成多样化军事任务的实践中发挥生力军和突击队作用;模范践行社会主义荣辱观,积极支援地方经济建设,为实现党中央确定的保增长、保民生、保稳定目标多做贡献。

通知强调,要深入搞好舆论宣传,认真抓好学习教育,真正使胡主席的指示要求在官兵头脑中打深烙印。要把学习贯彻胡主席重要讲话和中央纪念大会精神,与深入学习实践科学发展观活动、培育当代革命军人核心价值观主题教育活动和群众性爱国主义教育活动结合起来,激励广大青年官兵在本职岗位上扎实工作、开拓进取,为推动部队建设科学发展、有效履行新世纪新阶段我军历史使命贡献青春、智慧和力量。

第十一届苏迪曼杯世界羽毛球混合团体锦标赛在广州拉开战幕

四川成都发现首例甲型H1N1流感疑似病例

5月11日

国家主席胡锦涛在成都会见出席汶川特大地震一周年纪念活动的部分国家和国际组织的驻华使节和代表

胡锦涛代表中国政府和人民,再次向国际社会为中国抗震救灾和恢复重建提供的巨大支持和宝贵援助表示衷心感谢。胡锦涛说,一年前的5月12日,发生了震惊世界的汶川特大地震。面对这场巨大灾难,中国军民万众一心,众志成城,不畏艰险,团结奋斗,展开了一场气壮山河的抗震救灾斗争。在此危难时刻，国际社会纷纷伸出援手。160多个国家的政府、团体和个人以及多个国际组织通过各种途径向我们提供了大量资金物资援助，一些国家派出了救援队和医疗队奔赴灾区开展救治。国际社会的援助有力地支援了中国人民的抗震救灾和灾后重建，充分体现出崇高的人道主义精神和对中国人民的真挚情谊。

胡锦涛表示，中国的抗震救灾和灾后重建，既是中国人民抗击自然灾害的壮举，也是国际救灾合作的典范。从抗震救灾斗争中，我们得到的一条重要启示就是，在重大自然灾害面前，各国人民应相互支持，同舟共济，携手应对，共克时艰。中国政府和人民愿同国际社会一道，增进交流，加强合作，共同应对各种全球性挑战，不断推动建设持久和平、共同繁荣的和谐世界。

外国驻华使团长、多哥驻华大使阿马代表各国使节对应邀前来出席汶川特大地震一周年纪念活动表示感谢。他说，在巨大的自然灾害面前，中国政府和人民表现出的自强不息的精神、克服困难的勇气以及开展国际合作的胸怀令人敬佩。我们对灾区恢复重建取得的巨大成就感到鼓舞。国际社会愿继续向中国灾区重建提供支持和帮助。

李克强、令计划、王沪宁等参加会见。

中共中央总书记胡锦涛就我国内地出现首例输入性甲型H1N1流感病例作出重要指示

胡锦涛在批示中强调，鉴于当前甲型H1N1流感疫情仍在一些国家和地区蔓延，我国也发现首例输入性确诊病例，必须引起我们高度重视。要进一步加强领导，继续抓紧做好应急响应的各项工作，科学、有效实行卫生防范措施，全力制止疫情在我国传播，确保人民群众身体健康和生命安全。

国务院总理温家宝主持召开国务院常务会议

温家宝主持召开国务院常务会议，听取卫生部关于我国内地发现甲型H1N1流感输入病例情况和有关工作汇报，研究部署进一步加强防控措施。

会议指出，从世界范围看，目前疫情还在蔓延，确诊病例在上升，报告发现病例的国家在增加，由于国际交往频繁，我国与各国特别是疫情严重地区人员往来很多，始终面临着疫情输入的危险，决不能麻痹松懈，掉以轻心。

会议指出，面对复杂严峻的疫情防控形势，各地区各部门必须认真落实党中央、国务院已经作出的各项部署，全面做好应急工作，加大防控力度。按照“高度重视、积极应对、联防联控、依法科学处置”的原则，在继续做好口岸检疫工作的同时，加强国内疫情的监测和控制，进一步做好以下工作：

一、当前首要任务是依法严把出入境检验检疫关，加强薄弱环节，全面落实各项措施，不能有任何疏漏。要继续对来自疫病流行国家和地区入境人员实行严格的医学排查和跟踪医学调查，掌握人员去向，以备随时查询；继续对来自疫病流行国家和地区的交通运输工具和货物实施严格消毒等卫生检疫处理。

二、进一步强化疫情监测报告工作，严格执行疫情零报告制度，确保做到早发现、早报告、早隔离、早诊断、早治疗，增强防控工作透明度。加大甲型H1N1流感可防、可控、可治的宣传力度，普及科学防病知识，正确引导社会舆论。

三、密切跟踪全球疫情变化情况，加强国际交流与合作。进一步加强国内流感样病例和不明原因肺炎病例的监测，对学校、托幼机构、养老院等重点场所加强疫情监测，及时发现和分析疫情变化，充分发挥国家网络实验室的作用，积极开展病原学监测工作。及时与国际组织和有关国家沟通信息，开展技术合作。

四、加强技术和物质准备。加快我国疫苗研发和生产进度，组织现有和新增生产能力，用于疫苗生产和储备，增加抗病毒药物储备。

会议强调，做好甲型H1N1流感防控工作，直接关系广大人民群众的健康和生命安全，关系经济平稳较快发展的大局。各地区各部门要高度重视，加强领导，坚决做好甲型H1N1流感的防控工作，同时统筹兼顾，做好经济社会发展各方面工作，努力实现保增长、保民生、保稳定的各项目标。

国务院总理温家宝在中南海紫光阁会见科威特埃米尔萨巴赫

温家宝欢迎萨巴赫就任埃米尔后首次出访来到中国。温家宝说，科威特是第一个与新中国建交的海湾阿拉伯国家，两国关系政治基础牢固，互利合作富有成果。面对这场国际金融危机的严峻挑战，中方愿与科方深化在经贸、能源、基础设施、金融等领域的合作，携手克服困难，共同为推动世界经济早日复苏作出努力。

温家宝指出，中科关系发展的历程证明，只要相互尊重，平等相待，不同社会制度和文化背景的国家就能够友好相处，实现互利共赢。中国政府和人民十分珍视同阿拉伯国家的传统友谊，坚定支持阿拉伯国家维护主权、独立和民族尊严，尊重阿拉伯国家自主选择的发展道路。中国愿在和平共处五项原则基础上同中东地区所有国家建立和发展友好关系，愿为中东地区的和平与发展继续发挥建设性作用。

萨巴赫说，科中有着深厚的传统友谊，两国关系建立在相互尊重和平等互利的基础上。科威特独立后一直得到中方的真诚支持和帮助，对此表示衷心感谢。他说，此次访华表明了科威特发展两国关系的诚意。在当前国际金融危机蔓延的背景下，科方愿为发展科中友好合作竭尽全力，愿与中方共同建立长期、稳定、可持续的互利合作关系。加强双方在国际和涉及海湾和阿拉伯地区事务上的协调与合作，推动两国关系再上新的台阶。

双方还就共同应对金融危机和中东地区问题等广泛深入交换了意见。

国务院总理温家宝签署第555号令发布《流动人口计划生育工作条例》

《流动人口计划生育工作条例》已经2009年4月29日国务院第60次常务会议通过，现予公布，自2009年10月1日起施行。

总理 温家宝

2009年5月11日

流动人口计划生育工作条例

第一条 为了加强流动人口计划生育工作，寓管理于服务之中，维护流动人口的合法权益，稳定低生育水平，根据《中华人民共和国人口与计划生育法》，制定本条例。

第二条 本条例所称流动人口，是指离开户籍所在地的县、市或者市辖区，以工作、生活为目的异地居住的成年育龄人员。但是，下列人员除外：

（一）因出差、就医、上学、旅游、探亲、访友等事由异地居住、预期将返回户籍所在地居住的人员；

（二）在直辖市、设区的市行政区域内区与区之间异地居住的人员。

第三条 县级以上地方人民政府领导本行政区域内流动人口计划生育工作，将流动人口计划生育工作纳入本地经济社会发展规划，并提供必要的保障；建立、健全流动人口计划生育工作协调机制，组织协调有关部门对流动人口计划生育工作实行综合管理；实行目标管理责任制，对有关部门承担的流动人口计划生育工作进行考核、监督。

第四条 流动人口计划生育工作由流动人口户籍所在地和现居住地的人民政府共同负责，以现居住地人民政府为主，户籍所在地人民政府予以配合。

第五条 国务院人口和计划生育部门主管全国流动人口计划生育工作，制定流动人口计划生育工作规划并组织实施；建立流动人口计划生育信息管理系统，实现流动人口户籍所在地和现居住地计划生育信息共享，并与相关部门有关人口的信息管理系统实现信息共享。

县级以上地方人民政府人口和计划生育部门主管本行政区域内流动人口计划生育工作，落实本级人民政府流动人口计划生育管理和服务措施；组织实施流动人口计划生育工作检查和考核；建立流动人口计划生育信息通报制度，汇总、通报流动人口计划生育信息；受理并及时处理与流动人口计划生育工作有关的举报，保护流动人口相关权益。

县级以上人民政府公安、民政、人力资源社会保障、住房城乡建设、卫生、价格等部门和县级以上工商行政管理部门在各自职责范围内，负责有关的流动人口计划生育工作。

第六条 乡（镇）人民政府、街道办事处负责本管辖区域内流动人口计划生育工作，对流动人口实施计划生育管理，开展计划生育宣传教育；组织从事计划生育技术服务的机构指导流动人口中的育龄夫妻（以下称育龄夫妻）选择安全、有效、适宜的避孕节育措施，依法向育龄夫妻免费提供国家规定的基本项目的计划生育技术服务。

流动人口现居住地和户籍所在地的乡（镇）人民政府、街道办事处之间建立流动人口计划生育信息通报制度，及时采集流动人口计划生育信息，运用流动人口计划生育信息管理系统核实、通报流动人口计划生育信息。

第七条 流动人口中的成年育龄妇女（以下称成年育龄妇女）在离开户籍所在地前，应当凭本人居民身份证到户籍所在地的乡（镇）人民政府或者街道办事处办理婚育证明；已婚的，办理婚育证明还应当出示结婚证。婚育证明应当载明成年育龄妇女的姓名、年龄、公民身份号码、婚姻状况、配偶信息、生育状况、避孕节育情况等内容。

流动人口户籍所在地的乡（镇）人民政府、街道办事处应当及时出具婚育证明。

第八条 成年育龄妇女应当自到达现居住地之日起30日内提交婚育证明。成年育龄妇女可以向现居住地的乡（镇）人民政府或者街道办事处提交婚育证明，也可以通过村民委员会、居民委员会向现居住地的乡（镇）人民政府或者街道办事处提交婚育证明。

流动人口现居住地的乡（镇）人民政府、街道办事处应当查验婚育证明，督促未办理婚育证明的成年育龄妇女及时补办婚育证明；告知流动人口在现居住地可以享受的计划生育服务和奖励、优待，以及应当履行的计划生育相关义务。

村民委员会、居民委员会应当协助乡（镇）人民政府、街道办事处开展本条第二款规定的工作，做好流动人口婚育情况登记。

第九条 流动人口现居住地的县级人民政府公安、民政、人力资源社会保障、卫生等部门和县级工商行政管理部门应当结合部门职责,将流动人口计划生育工作纳入相关管理制度;及时向所在地同级人口和计划生育部门通报在办理有关登记和证照等工作中了解的流动人口婚育证明办理情况等计划生育信息。

接到通报的人口和计划生育部门应当及时会同乡(镇)人民政府、街道办事处落实流动人口计划生育管理和服务措施。

第十条　流动人口在现居住地享受下列计划生育服务和奖励、优待:

(一)免费参加有关人口与计划生育法律知识和生殖健康知识普及活动;

(二)依法免费获得避孕药具,免费享受国家规定的其他基本项目的计划生育技术服务;

(三)晚婚晚育或者在现居住地施行计划生育手术的,按照现居住地省、自治区、直辖市或者较大的市的规定,享受休假等;

(四)实行计划生育的,按照流动人口现居住地省、自治区、直辖市或者较大的市的规定,在生产经营等方面获得支持、优惠,在社会救济等方面享受优先照顾。

第十一条　流动人口现居住地的地方各级人民政府和县级以上地方人民政府有关部门应当采取措施,落实本条例第十条规定的流动人口计划生育服务和奖励、优待。

流动人口户籍所在地的地方各级人民政府和县级以上地方人民政府有关部门应当依法落实法律、法规和规章规定的流动人口计划生育服务和奖励、优待。

第十二条　育龄夫妻应当自觉落实计划生育避孕节育措施,接受户籍所在地和现居住地人民政府的计划生育管理。

第十三条　流动人口现居住地从事计划生育技术服务的机构应当按照所在地省、自治区、直辖市或者较大的市的规定,为已婚育龄妇女出具避孕节育情况证明。

流动人口现居住地的乡(镇)人民政府或者街道办事处应当根据已婚育龄妇女的避孕节育情况证明,及时向其户籍所在地的乡(镇)人民政府或者街道办事处通报流动人口避孕节育情况。流动人口户籍所在地的县级人民政府人口和计划生育部门、乡(镇)人民政府或者街道办事处不得要求已婚育龄妇女返回户籍所在地进行避孕节育情况检查。

第十四条　流动人口现居住地的村民委员会、居民委员会应当协助所在地的乡(镇)人民政府或者街道办事处了解本村或者本居住地区流动人口计划生育情况,及时向乡(镇)人民政府或者街道办事处通报相关信息。

房屋租赁中介机构、房屋的出租(借)人和物业服务企业等有关组织和个人在村民委员会、居民委员会了解流动人口计划生育情况时,应当如实提供相关信息。

第十五条　用人单位应当做好本单位流动人口计划生育工作,依法落实法律、法规和规章规定的流动人口计划生育奖励、优待,接受所在地的乡(镇)人民政府或者街道办事处和县级以上地方人民政府人口和计划生育部门的监督、检查。

第十六条　育龄夫妻生育第一个子女的,可以在现居住地的乡(镇)人民政府或者街道办事处办理生育服务登记。办理生育服务登记,应当提供下列证明材料:

(一)夫妻双方的居民身份证;

(二)结婚证;

(三)女方的婚育证明和男方户籍所在地的乡(镇)人民政府或者街道办事处出具的婚育情况证明材料。

育龄夫妻现居住地的乡(镇)人民政府或者街道办事处应当自收到女方的婚育证明和男方的婚育情况证明材料之日起7个工作日内,向育龄夫妻户籍所在地的乡(镇)人民政府或者街道办事处核实有关情况。育龄夫妻户籍所在地的乡(镇)人民政府或者街道办事处应当自接到核实要求之日起15个工作日内予以反馈。核查无误的,育龄夫妻现居住地的乡(镇)人民政府或者街道办事处应当在接到情况反馈后即时办理生育服务登记;情况有误、不予办理的,应当书面说明理由。

现居住地的乡(镇)人民政府或者街道办事处应当自办理生育服务登记之日起15个工作日内向育龄夫妻户籍所在地的乡(镇)人民政府或者街道办事处通报办理结果。

第十七条　出具婚育证明或者其他计划生育证明材料,不得收取任何费用。

流动人口计划生育工作所需经费,按照国家有关规定予以保障。

第十八条　地方各级人民政府和政府有关部门以及协助查验婚育证明的村民委员会、居民委员会及其工作人员,应当对涉及公民隐私的流动人口信息予以保密。

第十九条　县级以上人民政府人口和计划生育部门未依照本条例的规定履行流动人口计划生育工作职责的,由本级人民政府或者上级人民政府人口和计划生育部门责令改正,通报批评;情节严重的,对主要负责人、直接负责的主管人员和其他直接责任人员依法给予处分。

第二十条　流动人口户籍所在地的乡(镇)人民政府或者街道办事处在流动人口计划生育工作中有下列情形之一的,分别由乡(镇)人民政府的上级人民政府或者设立街道办事处的人民政府责令改正,通报批评;情节严重的,对主要负责人、直接负责的主管人员和其他直接责任人员依法给予处分:

(一)未依照本条例规定为流动人口出具计划生育证明材料,出具虚假计划生育证明材料,或者出具计划生育证明材料收取费用的;

(二)违反本条例规定,要求已婚育龄妇女返回户籍所在地进行避孕节育情况检查的;

(三)未依法落实流动人口计划生育奖励、优待的;

(四)未依照本条例规定向流动人口现居住地的乡(镇)人民政府、街道办事处反馈流动人口计划生育信息的;

(五)违反本条例规定的其他情形。

第二十一条 流动人口现居住地的乡(镇)人民政府或者街道办事处在流动人口计划生育工作中有下列情形之一的,分别由乡(镇)人民政府的上级人民政府或者设立街道办事处的人民政府责令改正,通报批评;情节严重的,对主要负责人、直接负责的主管人员和其他直接责任人员依法给予处分:

(一)未依照本条例规定向育龄夫妻免费提供国家规定的基本项目的计划生育技术服务,或者未依法落实流动人口计划生育奖励、优待的;

(二)未依照本条例规定查验婚育证明的;

(三)未依照本条例规定为育龄夫妻办理生育服务登记,或者出具虚假计划生育证明材料,或者出具计划生育证明材料收取费用的;

(四)未依照本条例规定向流动人口户籍所在地的乡(镇)人民政府、街道办事处通报流动人口计划生育信息的;

(五)违反本条例规定的其他情形。

第二十二条 流动人口现居住地的县级人民政府公安、民政、人力资源社会保障、卫生等部门和县级工商行政管理部门违反本条例第九条规定的,由本级人民政府或者上级人民政府主管部门责令改正,通报批评。

第二十三条 流动人口未依照本条例规定办理婚育证明的,现居住地的乡(镇)人民政府或者街道办事处应当通知其在3个月内补办;逾期仍不补办或者拒不提交婚育证明的,由流动人口现居住地的乡(镇)人民政府或者街道办事处予以批评教育。

第二十四条 用人单位违反本条例第十五条规定的,由所在地县级人民政府人口和计划生育部门责令改正,通报批评。

房屋租赁中介机构、房屋的出租(借)人和物业服务企业等有关组织或者个人未依照本条例规定如实提供流动人口信息的,由所在地的乡(镇)人民政府或者街道办事处责令改正,予以批评教育。

第二十五条 本条例自2009年10月1日起施行。1998年8月6日国务院批准、1998年9月22日原国家计划生育委员会发布的《流动人口计划生育工作管理办法》同时废止。

全国政协主席贾庆林会见在北京参加第二届京津冀晋蒙政协区域经济发展论坛的代表并讲话

贾庆林指出,统筹区域发展是科学发展观的基本要求,是提高我国经济发展整体质量和水平的客观需要。京津冀晋内蒙古五省区市政协共同发起成立区域经济发展论坛以来,围绕"发挥各自优势,推动区域发展"等主题,进行了广泛深入的研讨,提出了许多有价值的意见和建议,为党和政府的有关决策提供了重要的依据和参考。特别是近年来,五省区市政协针对首钢搬迁发展、曹妃甸生态工业园区建设、天津滨海新区建设、节能减排和环境保护等区域合作中的重要问题参政议政,取得了很好的成效,受到了党委和政府的高度重视和肯定,展示了政协工作的生机与活力。

贾庆林在会见时提出三点希望,一是积极建言献策,更好地为保持经济平稳较快发展服务。要密切关注国际金融危机的发展态势,密切跟踪国家实施一揽子计划的实际效果,抓住趋势性、苗头性问题,多做前瞻性、预见性研究,为保持经济平稳较快发展贡献智慧和力量。二是高度关注民生,努力维护社会和谐稳定。要注重研究推动区域经济协调发展、缩小地区发展差距、实现先富帮后富、改善和保障民生等问题,多做解疑释惑、理顺情绪、化解矛盾的工作,努力促进政党关系、民族关系、宗教关系、阶层关系、海内外同胞关系的和谐,把各党派团体和各族各界人士的爱国热情转化为保增长、保民生、保稳定的强大动力,为迎接新中国成立60周年营造安定祥和的社会环境。三是努力推动创新,不断丰富人民政协履行职能的内容和形式。牢牢把握围绕中心、服务大局的原则,突出政协组织的特点和优势,进一步在调查研究上下功夫,在营造宽松和谐的研讨气氛上下功夫,在推动成果转化上下功夫。要认真总结人民政协60年的光辉历程和宝贵经验,弘扬改革创新的精神,不断推动人民政协的理论创新、制度创新和工作创新,真正把中国共产党领导的多党合作和政治协商制度坚持好、完善好,把人民政协的优势和作用运用好、发挥好。

全国政协副主席兼秘书长钱运录参加会见。

国务院新闻办发表《中国的减灾行动》白皮书(摘要)

这是中国政府发表的第一个有关防灾减灾工作的

白皮书,全文约1.6万字,分为前言、自然灾害状况、减灾战略目标和任务、减灾法制和体制机制建设、减灾能力建设、减灾的社会参与、减灾的国际合作、结束语8个部分。

白皮书指出,中国是世界上自然灾害最为严重的国家之一。伴随着全球气候变化以及中国经济快速发展和城市化进程不断加快,中国的资源、环境和生态压力加剧,自然灾害防范应对形势更加严峻复杂。

白皮书表示,中国的自然灾害具有灾害种类多、分布地域广、发生频率高、造成损失重等主要特点。

白皮书说,中国减灾的主要任务是:加强自然灾害风险隐患和信息管理能力建设,加强自然灾害监测预警预报能力建设,加强自然灾害综合防范防御能力建设,加强国家自然灾害应急抢险救援能力建设,加强流域防洪减灾体系建设,加强巨灾综合应对能力建设,加强城乡社区减灾能力建设,加强减灾科技支撑能力建设和加强减灾科普宣传教育能力建设。

白皮书说,中国注重减灾的法制建设,颁布实施一系列减灾法律、法规,逐步把减灾工作纳入法制化轨道。中国实行政府统一领导,部门分工负责,灾害分级管理,属地管理为主的减灾救灾领导体制。在长期的减灾救灾实践中,中国建立了符合国情、具有中国特色的减灾救灾工作机制。

白皮书说,中国政府重视减灾的能力建设,在减灾工程、灾害预警、应急处置、科技支撑、人才培养和社区减灾等方面做了大量工作。

白皮书说,中国重视社会力量在防灾减灾工作中的地位和作用,积极支持和推动社会力量参与减灾事业,提高全社会防灾减灾的意识和能力。

白皮书表示,中国本着开放合作的态度,积极参与减灾领域的国际合作,建立和完善国际减灾合作机制,加强国际减灾能力建设,在重大灾害中相互援助。

白皮书强调,中国政府将始终坚持以人为本的理念,以提高全社会的综合减灾能力为核心,以提升城乡基层社区的综合减灾能力为重点,以提高全社会民众的防灾减灾意识和避灾自救水平为基础,全面提高综合防范防御自然灾害的能力和水平。

国务院任免国家工作人员

任命郝平为国家语言文字工作委员会主任。

任命何建雄为驻国际货币基金组织中国执行董事;免去葛华勇的驻国际货币基金组织中国执行董事职务。

国务院副总理李克强在成都看望甲型H1N1流感患者和医务人员并部署防控工作

正在四川考察工作的李克强受胡锦涛总书记、温家宝总理委托,代表党中央、国务院,到医院看望甲型H1N1流感患者、医务人员和接受医学观察的人员,转达胡锦涛总书记、温家宝总理的关切和问候,并听取四川省和成都市防控情况汇报,考察治疗、预防和控制工作。

在疾控中心会议室,李克强听取了省市两级甲型H1N1流感防控工作情况汇报。他说,一些国家暴发甲型H1N1流感疫情以来,中央及时决策,各部门各地区迅速行动,建立了联防联控工作机制,采取了一系列措施,各项防控工作有序进行,保障了正常的生产生活秩序。四川省的防控应对及时,措施有力。但总的看,目前的防控形势依然十分严峻。当前,要结合本地实际,按照高度重视、积极应对、联防联控、依法科学处置的原则,继续采取综合防范措施。要切实做好病人救治和医学观察工作,确保病人得到有效治疗。对于接受医学观察的人员,要关心他们的生活,做好解释和心理辅导工作。要进一步完善各项防范措施,严格出入境检验检疫,加强技术准备和物资储备,做到科学防范、有效防范。

李克强说,要公开透明地做好防控工作,保障人民群众知情权,避免产生恐慌情绪。国内外对甲型H1N1流感的研究证明,这种传染病是可防可控可治的。要重视群防群治,加大防病治病知识宣传力度,深入开展爱国卫生运动,提高群众防病能力。通过加强疾病防控,保持正常生产生活秩序,保持经济平稳较快发展,保持社会和谐稳定。

中国和平与发展研讨会在澳门召开

为庆祝中华人民共和国成立60周年暨澳门回归祖国10周年,"中国和平与发展:机遇与挑战"国际学术研讨会开幕。澳门特区行政长官何厚铧、中央政府驻澳门特别行政区联络办公室主任白志健、外交部驻澳门特区特派员公署特派员卢树民出席开幕式,包括美国前国务卿基辛格博士、中国前外交部部长李肇星在内的13个国家和地区的百余位专家学者参会。

本次研讨会由澳门理工学院主办,香港浸会大学、厦门大学、华东师范大学、北京语言大学协办。专家学者将围绕教育、人口政策、能源战略等开展10场专题研讨,深入分析研究澳门回归以来在政治、经济、社会、文化等方面的发展经验。

《〈内地与澳门关于建立更紧密经贸关系的安排〉补充协议六》在澳门签署

补充协议包括扩大开放服务贸易领域、促进贸易投资便利化以及推动专业人员资格互认三方面的内容,共有31项具体措施。根据协议文本,内地将进一步对现有已开放服务贸易领域中的 18 个领域内容作深化开放，并新增加研究和开发服务领域，服务贸易总开放领域将达 41 个，新的协议文本将于 2009 年 10 月 1 日起生效。

《人民日报》发表评论员文章《确保灾区群众早住新房》

汶川特大地震造成人民生命的巨大伤亡，也无情地摧毁了灾区群众的家园。地震发生以后，受灾群众住在哪里，什么时候才能回到新建的永久性住房里，真正开始新的生活？党中央、国务院牵挂在心，全国人民惦记在心。

时隔一年，再回到灾区，人们看到最多的就是住房建设的忙碌景象。在农村，几乎家家户户都在忙着盖新房，一大批灾区群众已经住进漂亮的新房。在城镇，许多震毁的房屋也在重建，一些居民搬回了经过修复加固的楼房。

“最关心、最重要、最优先”，三个“最”，体现了灾民住房重建在地震灾区恢复重建工作中的突出地位。有房才有家，有家最温馨。早日住进安全舒适的房屋，是灾区人民的热切期盼。对灾区住房重建，党中央、国务院迅速作出部署，灾区党委、政府积极努力，援建省市全力支持。

地震发生后不到 100 天，在各援建省市的努力下，灾区迅速建起 62 万多套活动安置房，使所有受灾群众都有了临时的住所。

随即，永久性住房的重建工作也如火如荼地展开。灾区住房重建工作量巨大，仅四川省倒塌和损坏的房屋就有 400 多万间，部分城镇几乎夷为平地；甘肃和陕西也有 70 多万间房屋倒塌和损坏。从国际经验来看，破坏力如此严重的自然灾害发生后，住房重建工作一般至少需要 3—5 年完成，有的持续长达 10 年左右。而从永久性住房重建全面铺开算起，仅仅用了 8 个多月的时间，四川、甘肃、陕西三省灾区农村住房维修加固已经全部完工，震毁重建住房开工超过 98%，完工超过 80%。城镇居民住房加固开工超过 60%，重建住房开工超过 40%，完工超过 10%，共有 3 万多套。灾区住房建设速度之快，成果之大，令人难以想象。

更令人难以想象的是灾区住房重建的困难有多大，建设者们有多么艰辛。地质条件复杂，交通不便，气候条件不利于施工，规划、选址困难，建材供应紧张，难题一个接着一个。但是，灾区干部群众和来自全国各地的建设者们迎难而上，用汗水和辛劳，用智慧和科学，加固一座座房屋，建起一座座新房。

为了让仍生活在过渡安置房里的群众早日住进永久性住房，有关部门提出了更高的要求：明年春节以前，农村住房重建工作全部完成，争取让农民在新房里过冬。到明年 9 月，城镇居民要争取全部住进新房，提前 1 年实现“家家有房住”的重建目标。要实现这样的目标，任务十分艰巨。在受到国际金融危机冲击的背景下，各援建省市仍然要保持对灾区的援建力度，并根据建设进度的需要进一步加大力度。为了让受灾群众住得安心、舒适、经济，需要多方考量，对建设项目进行更科学的规划设计，并严格把好建筑质量关。

现在还有部分群众住在临时板房里，要继续做好过渡安置工作，要更多地关心他们的生活，为他们提供更好的保障和服务，让他们在活动板房这个临时的家里同样住得方便、安全，充满希望地迎接美好的新生活。

邯钢淘汰 170 万吨落后产能

河北钢铁集团邯钢公司 2 号高炉炉顶煤气降压管被巨型吊车吊起，拉开了邯钢淘汰 4 座 300 立方米级高炉的序幕。此次邯钢一次性淘汰落后炼铁产能 170 多万吨，相当于一个中小型钢铁生产企业。

国家副主席习近平在北京会见以中央民运部部长何氏洁为团长的越南共产党代表团

习近平积极评价中越两党两国关系。他说，中越山水相连、文化相通、理想相同，双方老一辈领导人亲手缔造和精心培育的中越友谊是两国人民的共同财富。近年来，在“长期稳定、面向未来、睦邻友好、全面合作”十六字方针和“好邻居、好朋友、好同志、好伙伴”精神指引下，中越全面战略合作伙伴关系取得长足发展。两党关于社会主义建设理论和实践经验的交流不断深化，为两党关系注入了新的动力。两国成功完成陆地边界勘界立碑工作，为双边关系发展创造了新的有利条件。

习近平还简要介绍了当前中国国内经济形势以及应对国际金融危机的举措，表示中方愿与包括越南在内的国际社会共同努力，深化合作，共渡难关。

国家副主席习近平在人民大会堂会见加拿大外交部部长坎农

习近平首先就去年 5 月四川汶川地震发生后加拿大政府和人民对中国抗震救灾工作的大力支持再次表示感谢。习近平说，中国政府重视发展中加关系。中加两国同为亚太地区的重要国家，经济互补性强，双方在许多重大国际和地区问题上持有相同或相近的看法。一个良好的中加关系不仅符合两国和两国人民的根本利益，也有利于促进地区和世界的和平、稳定与发展。在当前国际形势下，中方愿与加方加强友好交流，增进政治互信，深化互利合作，妥善处理敏感问题，共同推动两国关系健康稳定地向前发展。

坎农说，加中关系对两国人民都十分重要。加拿大政府重视发展对华关系，愿继续推进双方各领域务实合作，并在应对金融危机等一系列全球性问题上同中方加强磋商与协调。坎农重申加拿大政府坚持一个中国政策。

国务院副总理王岐山在伦敦首相府会见英国首相布朗

国务院副总理王岐山在英国伦敦和英国财政大臣达林共同主持第二次中英经济财金对话

双方围绕“中英加强合作支持可持续增长”的主题，就支持经济增长和社会福利、促进金融稳定和资本市场发展、加强能源和环境合作支持绿色增长、深化贸易和投资合作等议题进行了深入讨论，取得了积极成果。经过共同努力，对话取得积极成果，双方达成以下重要共识：

一、与国际社会一道，积极落实二十国集团伦敦峰会成果，采取一切必要措施恢复市场信心，促进世界经济增长。

二、推动国际金融体系改革，确定时间表和路线图，提高新兴市场和发展中国家在国际金融体系中的发言权和代表性。

三、共同推动实现联合国千年发展目标。

四、加强两国金融监管和金融服务业的交流与合作，高度注重金融稳定，继续推动金融监管改革。

五、扩大双方在节能增效、新能源开发和利用，以及核能、海上风电开发建设、可再生能源政策等领域的务实合作和技术转让，推动可持续发展城市合作和区域城市合作。

六、加强服务和技术贸易合作。进一步扩大航空、环保、生物技术、医药、电子和先进工程等领域的双边贸易，深化创新和技术项目的合作，力争实现2010年双边贸易额达到600亿美元的目标。

七、坚决反对任何形式的贸易和投资保护主义，锁定世界贸易组织多哈回合谈判已达成的共识，共同推动多哈回合谈判早日取得全面、均衡的成果。

八、英方重申支持中国完全市场经济地位，承诺发挥建设性作用，推动欧盟尽早承认中国完全市场经济地位。

中国财政部、外交部、国家发展改革委、商务部、人民银行、银监会、证监会、保监会等部门负责人，以及英国财政部、商业、企业和制度改革部、能源和气候变化部、就业和养老金部、国际发展部、金融服务局和英格兰银行等部门负责人出席了对话会。

国务委员兼国防部部长梁光烈在八一大楼与埃及武装部队总司令国防和军工生产部部长坦塔维举行会谈

国务委员刘延东出席第四次全国特殊教育工作会议并讲话

刘延东强调，要认真贯彻党中央、国务院关于促进残疾人事业和特殊教育事业发展的精神，提高残疾儿童少年的受教育水平，大力普及残疾儿童少年义务教育，积极发展残疾儿童学前教育、康复教育，加快发展以职业教育为主的残疾人高中阶段教育，推进残疾人高等教育和成人教育发展；要发展基本覆盖所有残疾人的特殊教育网络，开展以就业为导向的技能培训，为残疾人受教育提供多样化的帮助和服务；要加快培育良好的社会氛围，宣传残疾人顽强拼搏、自强不息的先进事迹，动员社会各界力量，形成共同关心和支持特殊教育的良好局面。

刘延东要求各地各有关部门坚持特教特办，加强组织领导，完善法律、法规，加大财政投入，提高办学和残疾学生学习生活条件，加强特教教师队伍建设和保障。

全国政协副主席、中国残联名誉主席邓朴方出席会议并讲话。教育部、民政部、中国残联和各省(区、市)有关部门负责同志及部分特教先进单位代表参加会议。

《坚忍卓绝——2008五月记忆》巨幅油画在首都博物馆展览

这幅主题为“记录历史、奉献爱心、礼赞生命、讴歌时代”的重大历史题材文艺作品，由靳尚谊、詹建俊、陈丹青、章仁缘等国内80位油画家耗时数月集体创作而成。整幅作品长51.2米，高2.28米，寓意着汶川大地震的时间。作品由山崩地裂的灾难时刻、众志成城的救灾时刻、举国哀悼的悲情时刻、八方支援的重建时刻四部分构成，全景式地记录了中华民族波澜壮阔的抗震救灾斗争和灾后重建工作，以超写实的风格生动刻画出灾区人民“坚忍卓绝”的优秀品质。

庆祝5·12国际护士节暨全国卫生系统护理专业巾帼文明岗 巾帼建功标兵表彰大会在北京举行

会议由国家卫生部、全国妇联、总后勤部卫生部联合组织召开。全国人大常委会副委员长、全国妇联主席陈至立出席并讲话。

陈至立说，广大护理工作者坚持全心全意为患者服务的宗旨,发扬救死扶伤的人道主义精神,辛勤工作在临床第一线,不辞劳苦、不畏艰辛、勤勉敬业,忠诚地履行救死扶伤、为人民健康服务的责任。在去年四川汶川特大地震灾情发生后,广大护理工作者不顾个人安危,积极投身于救治地震伤员的工作中,把保护灾区人民群众的身体健康和生命安全放在第一位,恪尽职守,冲锋在前,临危不惧,舍己救人,昼夜奋战在工作岗位。他们救死扶伤,无私无畏,以实际行动和突出贡献展现了广大护士的高尚情操和崇高品德,树立了当代女性自尊、自信、自立、自强的光辉形象。

大会对全国卫生系统护理专业的132个“巾帼文明岗”先进集体、269名“巾帼建功标兵”先进个人进行表彰。

5月12日

纪念四川汶川特大地震一周年活动在四川映秀镇举行

中共中央总书记、国家主席、中央军委主席胡锦涛出席纪念活动并发表重要讲话,向在地震灾害中不幸罹难的同胞们、向为夺取抗震救灾斗争重大胜利而英勇献身的烈士们表达深切思念,号召全党全军全国各族人民大力弘扬伟大抗震救灾精神,奋力夺取抗震救灾斗争全面胜利。

国务院副总理李克强出席纪念活动。

出席纪念活动的领导同志还有:刘云山、李源潮、令计划、王沪宁、韩启德、周铁农、李建国、蒋树声、陈昌智、严隽琪、桑国卫、孟建柱、杜青林、黄孟复、钱运录、万钢、林文漪等,以及中央军委委员陈炳德。

中央和国家机关有关部门、有关人民团体负责人,各民主党派中央、全国工商联负责人和无党派人士代表,四川、陕西、甘肃省负责人和对口援建有关地方代表,当地干部群众代表,香港特别行政区、澳门特别行政区政府代表和台湾红十字组织代表,有关国家驻华使节和国际组织代表等,参加纪念活动。

纪念活动由四川省委书记刘奇葆主持。

映秀镇干部群众和师生代表约1000人在主会场对面映秀小学板房校区参加纪念活动。

中共中央总书记胡锦涛在出席纪念四川汶川特大地震一周年活动时发表讲话

同志们,朋友们:

今天,我们在这里庄严集会,纪念四川汶川特大地震一周年,向在地震灾害中不幸罹难的同胞们、向为夺取抗震救灾斗争重大胜利而英勇献身的烈士们表达我们的深切思念。

2008年5月12日14时28分,我国发生了震惊世界的四川汶川特大地震,受灾地区人民生命财产和经济社会发展蒙受巨大损失。面对空前惨烈的灾难,在党中央、国务院和中央军委坚强领导下,全党全军全国各族人民众志成城、迎难而上,以惊人的意志、勇气、力量,组织开展了我国历史上救援速度最快、动员范围最广、投入力量最大的抗震救灾斗争,最大限度地挽救了受灾群众生命,最大限度地减低了灾害造成的损失,夺取了抗震救灾斗争重大胜利,表现出泰山压顶不弯腰的大无畏气概,谱写了感天动地的英雄凯歌。

我们按照以人为本、尊重自然、统筹兼顾、科学重建的原则,科学制定灾后恢复重建规划,迅速出台一系列支援灾区的政策措施,积极开展对口支援,迅速组织开展灾后恢复重建工作。在中央大力支持、灾区广大干部群众艰苦奋斗、全国人民大力支援下,城乡居民住房重建、学校医院等公共服务设施重建、基础设施恢复重建、产业重建和结构调整、历史文化保护、生态修复等方面均取得显著成绩,灾后恢复重建取得重要阶段性成果,灾区人民正大踏步走向新生活。这一切,为夺取抗震救灾斗争全面胜利奠定了坚实基础。

在抗震救灾和灾后恢复重建中,举国上下同心协力,海内外同胞和衷共济,充分展现了中华民族团结奋斗的民族品格和风雨同舟的强大力量。抗震救灾和灾后恢复重建取得的成绩,必将鼓舞全国各族人民满怀信心地把改革开放和社会主义现代化事业继续推向前进。

在这里,我代表党中央、国务院和中央军委,向在抗震救灾和灾后恢复重建第一线英勇奋战的广大干部群众,人民解放军指战员、武警部队官兵、民兵预备役人员和公安民警,向大力支持抗震救灾和灾后恢复重建的全国各条战线的广大干部群众,各民主党派、工商联和无党派人士、各人民团体以及社会各界,向踊跃为灾区提供援助的香港同胞、澳门同胞、台湾同胞以及海外华侨华人,致以崇高的敬意!

我们的抗震救灾和灾后恢复重建得到了众多国家的领导人、政府、政党、社会团体和驻华使馆,联合国有关组织和一些国际机构、外资企业以及国际友好人士的真诚同情和宝贵支持。在这里,我代表中国政府和中国人民,再一次向他们表示衷心的感谢!

同志们、朋友们!

当前,我国正处在应对国际金融危机冲击、保持经济平稳较快发展的关键时刻。在前进道路上,我们要以邓小平理论和“三个代表”重要思想为指导,深入贯彻落实科学发展观,大力弘扬伟大抗震救灾精神,全面推进社会主义经济建设、政治建设、文化建设、社会建设以及生态文明建设和党的建设，奋力夺取抗震救灾斗争全面胜利，为实现党的十七大描绘的宏伟蓝图而团结奋斗。

我们要继续扎扎实实推动经济社会又好又快发展。改革开放以来我国不断增强的综合国力，是我们战胜四川汶川特大地震灾害的坚实物质基础，也是我们应对各种困难和挑战的坚实物质基础。我们要牢牢坚持发展是硬道理的战略思想，把保持经济平稳较快发展作为经济工作的首要任务，认真落实进一步扩大内需、促进经济平稳较快发展的一揽子计划，全力做好保增长、保民生、保稳定各项工作，努力夺取经济社会发展新胜利。

我们要继续扎扎实实推进灾后恢复重建工作。做好灾后恢复重建工作，关系灾区群众根本利益，关系灾区长远发展。当前，灾后恢复重建任务仍十分繁重。我们要全面落实中央关于灾后恢复重建的方针政策和工作部署，加大力度，加快速度，攻坚克难，力争用两年时间基本完成原定3年的目标任务。要坚持以人为本，以解决民生问题为重点，优先恢复群众基本生活条件和公共服务设施，确保受灾群众早日住上永久性住房，全面恢复和提高教育、医疗卫生、文化体育等公共服务水平，大力提高基础设施保障能力，积极促进特色优势产业发展，努力建设人民安居乐业、城乡共同繁荣、人与自然和谐相处的幸福美好新家园。要继续全力做好对口支援工作，同时要坚持自力更生、艰苦创业，引领灾区广大干部群众依靠自己的双手创造美好生活。要加强对抗震救灾和灾后恢复重建资金物资的监管，确保工程建设质量。

我们要继续扎扎实实加强防灾减灾工作。提高防灾减灾能力，是保护人民生命财产安全的必然要求，也是人类社会共同面临的重大课题。要坚持兴利除害结合、防灾减灾并重、治标治本兼顾、政府社会协同，全面提高对自然灾害的综合防范和抵御能力。要加强防灾减灾领域及国际人道主义援助等方面的国际交流合作，为人类防范和抵御自然灾害作出积极贡献。

同志们、朋友们！

抗震救灾和灾后恢复重建的伟大实践再一次告诉我们，团结就是力量，拼搏才能胜利。全党全军全国各族人民要更加紧密地团结起来，勇敢战胜前进道路上的一切困难和风险，全面做好各项工作，以优异成绩迎接新中国成立60周年。

国务院总理温家宝签署第556号令发布《基础测绘条例》

《基础测绘条例》已经2009年5月6日国务院第62次常务会议通过，现予公布，自2009年8月1日起施行。

总理　温家宝

2009年5月12日

基础测绘条例

第一章　总　则

第一条　为了加强基础测绘管理，规范基础测绘活动，保障基础测绘事业为国家经济建设、国防建设和社会发展服务，根据《中华人民共和国测绘法》，制定本条例。

第二条　在中华人民共和国领域和中华人民共和国管辖的其他海域从事基础测绘活动，适用本条例。

本条例所称基础测绘，是指建立全国统一的测绘基准和测绘系统，进行基础航空摄影，获取基础地理信息的遥感资料，测制和更新国家基本比例尺地图、影像图和数字化产品，建立、更新基础地理信息系统。

在中华人民共和国领海、中华人民共和国领海基线向陆地一侧至海岸线的海域和中华人民共和国管辖的其他海域从事海洋基础测绘活动，按照国务院、中央军事委员会的有关规定执行。

第三条　基础测绘是公益性事业。

县级以上人民政府应当加强对基础测绘工作的领导，将基础测绘纳入本级国民经济和社会发展规划及年度计划，所需经费列入本级财政预算。

国家对边远地区和少数民族地区的基础测绘给予财政支持。具体办法由财政部门会同同级测绘行政主管部门制定。

第四条　基础测绘工作应当遵循统筹规划、分级管理、定期更新、保障安全的原则。

第五条　国务院测绘行政主管部门负责全国基础测绘工作的统一监督管理。

县级以上地方人民政府负责管理测绘工作的行政部门（以下简称测绘行政主管部门）负责本行政区域基础测绘工作的统一监督管理。

第六条　国家鼓励在基础测绘活动中采用先进科学技术和先进设备，加强基础研究和信息化测绘体系建设，建立统一的基础地理信息公共服务平台，实现基础地理信息资源共享，提高基础测绘保障服务能力。

第二章　基础测绘规划

第七条　国务院测绘行政主管部门会同国务院其他有关部门、军队测绘主管部门，组织编制全国基础测绘规划，报国务院批准后组织实施。

县级以上地方人民政府测绘行政主管部门会同本级人民政府其他有关部门，根据国家和上一级人民政府的基础测绘规划和本行政区域的实际情况，组织编制本行政区域的基础测绘规划，报本级人民政府批准，并报上一级测绘行政主管部门备案后组织实施。

第八条 基础测绘规划报送审批前，组织编制机关应当组织专家进行论证，并征求有关部门和单位的意见。其中，地方的基础测绘规划，涉及军事禁区、军事管理区或者作战工程的，还应当征求军事机关的意见。

基础测绘规划报送审批文件中应当附具意见采纳情况及理由。

第九条 组织编制机关应当依法公布经批准的基础测绘规划。

经批准的基础测绘规划是开展基础测绘工作的依据，未经法定程序不得修改；确需修改的，应当按照本条例规定的原审批程序报送审批。

第十条 国务院发展改革部门会同国务院测绘行政主管部门，编制全国基础测绘年度计划。

县级以上地方人民政府发展改革部门会同同级测绘行政主管部门，编制本行政区域的基础测绘年度计划，并分别报上一级主管部门备案。

第十一条 县级以上人民政府测绘行政主管部门应当根据应对自然灾害等突发事件的需要，制定相应的基础测绘应急保障预案。

基础测绘应急保障预案的内容应当包括：应急保障组织体系，应急装备和器材配备，应急响应，基础地理信息数据的应急测制和更新等应急保障措施。

第三章 基础测绘项目的组织实施

第十二条 下列基础测绘项目，由国务院测绘行政主管部门组织实施：

(一)建立全国统一的测绘基准和测绘系统；

(二)建立和更新国家基础地理信息系统；

(三)组织实施国家基础航空摄影；

(四)获取国家基础地理信息遥感资料；

(五)测制和更新全国1：100万至1：2.5万国家基本比例尺地图、影像图和数字化产品；

(六)国家急需的其他基础测绘项目。

第十三条 下列基础测绘项目，由省、自治区、直辖市人民政府测绘行政主管部门组织实施：

(一)建立本行政区域内与国家测绘系统相统一的大地控制网和高程控制网；

(二)建立和更新地方基础地理信息系统；

(三)组织实施地方基础航空摄影；

(四)获取地方基础地理信息遥感资料；

(五)测制和更新本行政区域1：1万至1：5000国家基本比例尺地图、影像图和数字化产品。

第十四条 设区的市、县级人民政府依法组织实施1：2000至1：500比例尺地图、影像图和数字化产品的测制和更新以及地方性法规、地方政府规章确定由其组织实施的基础测绘项目。

第十五条 组织实施基础测绘项目，应当依据基础测绘规划和基础测绘年度计划，依法确定基础测绘项目承担单位。

第十六条 基础测绘项目承担单位应当具有与所承担的基础测绘项目相应等级的测绘资质，并不得超越其资质等级许可的范围从事基础测绘活动。

基础测绘项目承担单位应当具备健全的保密制度和完善的保密设施，严格执行有关保守国家秘密法律、法规的规定。

第十七条 从事基础测绘活动，应当使用全国统一的大地基准、高程基准、深度基准、重力基准，以及全国统一的大地坐标系统、平面坐标系统、高程系统、地心坐标系统、重力测量系统，执行国家规定的测绘技术规范和标准。

因建设、城市规划和科学研究的需要，确需建立相对独立的平面坐标系统的，应当与国家坐标系统相联系。

第十八条 县级以上人民政府及其有关部门应当遵循科学规划、合理布局、有效利用、兼顾当前与长远需要的原则，加强基础测绘设施建设，避免重复投资。

国家安排基础测绘设施建设资金，应当优先考虑航空摄影测量、卫星遥感、数据传输以及基础测绘应急保障的需要。

第十九条 国家依法保护基础测绘设施。

任何单位和个人不得侵占、损毁、拆除或者擅自移动基础测绘设施。基础测绘设施遭受破坏的，县级以上地方人民政府测绘行政主管部门应当及时采取措施，组织力量修复，确保基础测绘活动正常进行。

第二十条 县级以上人民政府测绘行政主管部门应当加强基础航空摄影和用于测绘的高分辨率卫星影像获取与分发的统筹协调，做好基础测绘应急保障工作，配备相应的装备和器材，组织开展培训和演练，不断提高基础测绘应急保障服务能力。

自然灾害等突发事件发生后，县级以上人民政府测绘行政主管部门应当立即启动基础测绘应急保障预案，采取有效措施，开展基础地理信息数据的应急测制和更新工作。

第四章 基础测绘成果的更新与利用

第二十一条 国家实行基础测绘成果定期更新制度。

基础测绘成果更新周期应当根据不同地区国民经济和社会发展的需要、测绘科学技术水平和测绘生产能力、基础地理信息变化情况等因素确定。其中，1：100万至1：5000国家基本比例尺地图、影像图和数字化产品至少5年更新一次；自然灾害多发地区以及国民经济、国防建设和社会发展急需的基础测绘成果应当及时更新。

基础测绘成果更新周期确定的具体办法，由国务院测绘行政主管部门会同军队测绘主管部门和国务院其他有关部门制定。

第二十二条　县级以上人民政府测绘行政主管部门应当及时收集有关行政区域界线、地名、水系、交通、居民点、植被等地理信息的变化情况，定期更新基础测绘成果。

县级以上人民政府其他有关部门和单位应当对测绘行政主管部门的信息收集工作予以支持和配合。

第二十三条　按照国家规定需要有关部门批准或者核准的测绘项目，有关部门在批准或者核准前应当书面征求同级测绘行政主管部门的意见，有适宜基础测绘成果的，应当充分利用已有的基础测绘成果，避免重复测绘。

第二十四条　县级以上人民政府测绘行政主管部门应当采取措施，加强对基础地理信息测制、加工、处理、提供的监督管理，确保基础测绘成果质量。

第二十五条　基础测绘项目承担单位应当建立、健全基础测绘成果质量管理制度，严格执行国家规定的测绘技术规范和标准，对其完成的基础测绘成果质量负责。

第二十六条　基础测绘成果的利用，按照国务院有关规定执行。

第五章　法律责任

第二十七条　违反本条例规定，县级以上人民政府测绘行政主管部门和其他有关主管部门将基础测绘项目确定由不具有测绘资质或者不具有相应等级测绘资质的单位承担的，责令限期改正，对负有直接责任的主管人员和其他直接责任人员，依法给予处分。

第二十八条　违反本条例规定，县级以上人民政府测绘行政主管部门和其他有关主管部门的工作人员利用职务上的便利收受他人财物、其他好处，或者玩忽职守，不依法履行监督管理职责，或者发现违法行为不予查处，造成严重后果，构成犯罪的，依法追究刑事责任；尚不构成犯罪的，依法给予处分。

第二十九条　违反本条例规定，未取得测绘资质证书从事基础测绘活动的，责令停止违法行为，没收违法所得和测绘成果，并处测绘约定报酬1倍以上2倍以下的罚款。

第三十条　违反本条例规定，基础测绘项目承担单位超越资质等级许可的范围从事基础测绘活动的，责令停止违法行为，没收违法所得和测绘成果，处测绘约定报酬1倍以上2倍以下的罚款，并可以责令停业整顿或者降低资质等级；情节严重的，吊销测绘资质证书。

第三十一条　违反本条例规定，实施基础测绘项目，不使用全国统一的测绘基准和测绘系统或者不执行国家规定的测绘技术规范和标准的，责令限期改正，给予警告，可以并处10万元以下罚款；对负有直接责任的主管人员和其他直接责任人员，依法给予处分。

第三十二条　违反本条例规定，侵占、损毁、拆除或者擅自移动基础测绘设施的，责令限期改正，给予警告，可以并处5万元以下罚款；造成损失的，依法承担赔偿责任；构成犯罪的，依法追究刑事责任；尚不构成犯罪的，对负有直接责任的主管人员和其他直接责任人员，依法给予处分。

第三十三条　违反本条例规定，基础测绘成果质量不合格的，责令基础测绘项目承担单位补测或者重测；情节严重的，责令停业整顿，降低资质等级直至吊销测绘资质证书；给用户造成损失的，依法承担赔偿责任。

第三十四条　本条例规定的降低资质等级、吊销测绘资质证书的行政处罚，由颁发资质证书的部门决定；其他行政处罚由县级以上人民政府测绘行政主管部门决定。

第六章　附　则

第三十五条　本条例自2009年8月1日起施行。

国家副主席习近平在北京主持召开中央深入学习实践科学发展观活动领导小组第七次会议并讲话

全国县纪委书记培训班学员代表座谈会在北京举行

中央纪委书记贺国强出席会议并讲话。

贺国强在会上强调，纪委书记作为党委领导班子的重要成员和纪委领导班子的“一把手”，岗位重要，责任重大，使命光荣。要讲政治、顾大局，坚持“党要管党、从严治党”方针，在政治上思想上行动上同以胡锦涛同志为总书记的党中央保持高度一致，自觉把纪检监察工作放到党和国家工作全局中去谋划和部署，严格遵守和自觉维护党的纪律特别是政治纪律，确保中央决策部署不折不扣落到实处；要恪尽职守、秉公执纪，坚持原则、刚正不阿，坚决查处各类违纪违法案件，严惩腐败分子，捍卫党纪国法的尊严；要牢记宗旨、以人为本，积极为人民群众办实事办好事，坚决纠正损害群众利益的不正之风，切实维护党员干部的合法权益，保护广大党员干部干事创业、改革创新的积极性，坚持依纪依法办案、安全文明办案，使查办的案件经得起历史的检验；要加强学习、注重实践，不断提高驾驭工作全局、开拓工作局面的能力，提高坚决惩治、有效预防腐败的能力,提高推动科学发展、促进社会和谐的能力;要解放思想、与时俱进,在继承和发扬纪检监察机关优良传统的基础上,不断推进纪检监察工作思路、工作方式方法以及制度创新;要严于律己、清正廉洁,带头加强党性修养、树立和弘扬良好作风,带头执行民主集中制,带头廉洁自律,自觉接受监督,模范践行"做党的忠诚卫士、当群众的贴心人"的庄严承诺。

中央纪委副书记何勇主持会议。

中华人民共和国与科威特国联合新闻公报

一、应中华人民共和国主席胡锦涛邀请,科威特国埃米尔萨巴赫·艾哈迈德·贾比尔·萨巴赫于2009年5月10日至12日对中国进行了国事访问。

访问期间,胡锦涛主席与萨巴赫埃米尔举行了会谈,国务院总理温家宝会见了萨巴赫埃米尔。两国领导人在亲切、友好、坦诚的气氛中就双边关系及共同关心的国际和地区问题深入交换意见,达成广泛共识。

二、双方一致认为,中科建交38年来,两国友好合作关系不断发展,并取得丰富成果。双方一致同意继续加强这一关系,以实现友好的两国和两国人民的共同利益。

三、萨巴赫埃米尔再次向中国四川汶川特大地震灾害遇难者表示沉痛哀悼。

四、双方对双边经贸合作的发展表示满意,强调应继续发挥互补优势,加强交通、电信、工程承包等领域合作,鼓励和促进相互投资,将中科经贸合作提高到新水平。

五、双方表示将继续加强两国在教育、文化、体育等领域的交流合作,增进两国人民相互了解,深化友谊。

六、双方一致同意继续加强两国在国际和地区组织内的沟通与协调,共同推动中国与海湾阿拉伯国家合作委员会的合作取得新发展,实现双方的共同利益。

七、双方就当前国际金融危机及其对世界经济的影响深入交换了意见。科方赞赏中方在国际社会应对金融危机挑战中所发挥的关键的建设性作用。

八、双方表示将继续开展长期稳定、互利互惠的能源合作。中方对科方为维护国际能源市场稳定所发挥的积极作用表示赞赏。

九、两国元首还见证了以下协议的签署:《中华人民共和国政府和科威特国政府高等教育合作协定》《中华人民共和国政府和科威特国政府关于公路水路交通基础设施建设合作谅解备忘录》《中华人民共和国政府与科威特国政府2009—2010年度体育交流计划》《中华人民共和国政府和科威特国政府关于在油气领域开展合作的框架协议的换文批准书》《中华人民共和国与科威特阿拉伯经济发展基金会关于博斯腾湖流域水环境保护和治理项目贷款协议》。

十、萨巴赫埃米尔对胡锦涛主席及中国政府在其访华期间给予的热情友好接待表示感谢,邀请胡锦涛主席对科威特国进行国事访问,胡锦涛主席对此表示感谢。

2009年5月12日于北京

国务院副总理王岐山在伦敦会见英国前首相布莱尔

中国再次当选联合国人权理事会成员国

第六十三届联合国大会12日举行会议,改选联合国人权理事会18个成员国,191个联合国会员国的代表出席并投票。经过一轮投票,中国以167票成功连任人权理事会成员,任期自2009年至2012年。

中共中央书记处书记何勇在人民大会堂会见由党主席热雷米·恩让达库马纳率领的布隆迪保卫民主力量代表团

全国政协副主席孙家正在人民大会堂会见约旦城镇事务大臣谢哈达·阿布·哈迪布一行

防灾减灾应急演练在北京举行

在我国首个"防灾减灾日"和四川汶川特大地震一周年之际,经国务院批准,国家减灾委、民政部、地震局和北京市人民政府在京联合举办防灾减灾应急演练。国务院副总理、国家减灾委员会主任回良玉观摩演练并召开加强防灾减灾工作座谈会。国务委员兼国务院秘书长马凯一同观摩演练并主持了座谈会。

5月13日

全国人大常委会委员长吴邦国在克里姆林宫会见俄罗斯总统梅德韦杰夫

吴邦国说,近些年来,中俄关系不断迈上新台阶,两国战略协作内涵进一步充实,各领域合作达到前所未有的高水平,中方对此表示满意。他强调,中俄互为最大的邻国和重要的战略伙伴,世代睦邻友好是两国人民的共同心愿。发展对俄关系是中国政府的既定方针。在当前国际形势下,中俄进一步深化战略协作伙伴关系显得尤为重要。中方愿与俄方一道,推动中俄关系在高水平上长期健康稳定发展。一是加强政治互信,在涉及对方核心利益的重大问题上相互理解、相互支持,在国际和地区事务中保持磋商与配合,推动世界多极化和国际关系民主化。二是加强经贸、能源、投资和地方等领域的务实合作，认真执行已签署的合作协议，积极克服前进中的困难，切实解决合作中的问题，确保今年双边贸易额不受大的影响，确保大的合作项目顺利推进。三是加强金融对话与合作，在双边和多边层面密切沟通协调，就保持各自金融市场稳定、推动国际金融体系和国际货币体系改革等问题深入交换意见，共同促进国际金融市场稳定和世界经济的恢复发展。

梅德韦杰夫表示，俄中同为安理会常任理事国，是对世界有重要影响的新兴经济体。当前形势下，俄中加强合作，不仅有利于两国各自的发展，也有利于世界经济的恢复，促进建立公正合理的国际政治经济新秩序。俄方高度重视发展对华关系，重视加强两国议会间的交往与合作，愿继续深化与中方的战略互信，加强在能源、经贸、投资、地方等各领域全方位的合作，密切在国际事务中的协作，并通过纪念俄中建交60周年和互办“语言年”等活动，进一步巩固俄中关系的社会基础，不断提升两国关系的战略水平。

吴邦国感谢俄方一贯支持中方在台湾、涉藏问题上的立场。梅德韦杰夫表示，俄方将一如既往坚持一个中国政策。

全国人大常委会委员长吴邦国与俄罗斯联邦会议联邦委员会主席米罗诺夫举行会谈

吴邦国积极评价了两国议会关系后说，当前和今后一个时期，加强互利合作，共同应对国际金融危机挑战，促进各自国内经济平稳发展和世界经济恢复增长，是中俄双方最为关注的问题，中国全国人大和俄联邦委员会的合作要以此为重点，着重加强以下三个方面的合作：一是加强相互支持，增进政治互信。在涉及对方主权、领土完整、国家安全、稳定和发展的重大问题上，给予对方坚定支持。加强在国际和地区议会组织中的战略协作，维护共同利益，努力营造有利于中俄发展的外部环境。二是推动务实合作，实现共同发展。行使议会的立法监督职权，推动和及时批准两国签署的中俄石油、天然气等重要合作协议；推动和积极督促已签署双边合作协议的落实。发挥议会联系广泛、人才荟萃、信息密集的优势，为经贸等领域的合作牵线搭桥，支持和帮助双方企业从中俄两国政府采取的刺激经济增长措施中寻找新的合作机会。三是促进地方合作，增添合作活力。积极探索地区合作的新途径、新方式，建立和完善有利于地方合作的法律基础和政策环境。

米罗诺夫完全赞同吴邦国对两国关系的评价和加强两国议会合作的建议。他说，俄中之间是名副其实的战略协作伙伴关系，推进俄中关系在高水平上持续发展，是两国人民的共同愿望。俄联邦委员会全力支持俄政府积极发展对华友好合作，愿与中国全国人大一道，充分发挥议会交往优势，及时批准双方已签署的合作协议，为合作创造良好的法律环境，积极参与俄中建交60周年及“语言年”活动，大力推动两国协调地方发展战略规划的实施，为推进俄中战略协作伙伴关系实现新发展作出更大贡献。

国务院总理温家宝在北京主持召开国务院常务会议

研究部署进一步发挥科技支撑作用、加快国家科技重大专项实施工作，讨论并原则通过《促进生物产业加快发展的若干政策》。

会议指出，发挥科学技术在扩内需、促增长、调结构、上水平、惠民生中的重要支撑作用，是应对国际金融危机、促进经济平稳较快发展一揽子计划的重要组成部分。目前，科技重大专项提前并加快实施的重点任务已经确定，对有较好基础、能够充分利用多年自主创新成果的项目；对有较好市场前景，两三年内能够实现产业化，对当前产业发展和扩大内需具有重要作用的项目；对未来经济社会发展有重大影响的重大关键技术研发和产品开发，集中安排资金。中央财政预算今年安排328亿元，2010年安排300亿元左右，同时带动企业投资，主要推动高档数控机床与基础制造装备，大型飞机，新一代宽带无线移动通信网，核心电子器件、高端通用芯片及基础软件产品，极大规模集成电路制造装备及成套工艺，大型油气田及煤层气开发，大型先进压水堆及高温气冷堆核电站，水体污染控制与治理，转基因生物新品种培育，重大新药创制，艾滋病和病毒性肝炎等重大传染病防治等11个科技重大专项的实施。同时，全面展开科技支撑经济发展、服务企业的各项工作，启动实施一批自主创新产品规模化应用示范工程，加快实施技术创新工程，培育新的经济增长点。

会议强调，加快实施科技重大专项，一要落实责任制，建立强有力的组织管理体系和监督评估体系，充分发挥市场机制的作用，科学组织，集中力量，系统推进。二要加大改革力度，以企业为主体，促进产学研用紧密结合和科技资源整合、开放与共享，加强科技人才特别是高层次人才的引进和培养。

会议认为，必须抓住世界生物科技革命和产业革命的机遇，将生物产业培育成为我国高技术领域的支柱产业。以生物医药、生物农业、生物能源、生物制造和生物环保产业为重点，大力发展现代生物产业。一要发展壮大生物企业。着力培育具有较强创新能力和国际竞争力的龙头企业，鼓励和促进中小生物企业发展，建设国家生物产业基地。二要大力促进自主创新。充分发挥企业的技术创新主体作用，加强高校和公益类科研机构等创新能力基础设施建设，促进自主创新成果创造和产业化。三要加强复合型人才培养，优化人才结构，造就高素质人才队伍。四要加大财税政策支持力度，建立财政性资金优先采购自主创新生物产品制度。五要积极拓宽融资渠道。鼓励设立和发展生物技术创业投资机构和产业投资基金，引导社会资金投向生物产业。六要创造良好市场环境。积极培育生物产品市场需求，完善生物产品市场准入政策，加强知识产权保护，规范市场竞争秩序。七要强化生物遗传资源保护和生物安全监管。会议要求，国务院有关部门要建立、健全工作机制，抓紧制定配套措施。各地要结合实际，制定具体工作方案，切实把各项政策措施落到实处。

中共中央政治局常委习近平在中央党校进修班暨专题研讨班开学典礼上发表讲话

中央党校举行2009年春季学期第二批进修班暨专题研讨班开学典礼。习近平出席开学典礼并讲话。

习近平在讲话中强调，马克思主义理论素养是领导干部领导素质的核心和灵魂，掌握马克思主义理论是领导干部的基本功。领导干部读书学习，首先要学习马克思主义理论，认真研读当代中国马克思主义最新成果，深入学习领会邓小平理论、“三个代表”重要思想和科学发展观等重大战略思想，坚持用中国特色社会主义理论体系武装头脑、指导实践、推动工作。当前正在全党开展的深入学习实践科学发展观活动，要求党员干部系统深入学习中央规定书目，就是在深刻理解基础上提高贯彻落实科学发展观的自觉性和坚定性，做到真学、真懂、真信、真用。学习实践科学发展观，领导干部要起带头和示范作用。习近平指出，领导工作综合性、系统性强，需要多方面的知识积累。领导干部要坚持干什么学什么、缺什么补什么，有针对性地学习掌握做好领导工作、履行岗位职责必备的各种知识，努力使自己真正成为行家里手、内行领导。传统文化中的许多优秀典籍蕴涵着做人做事和治国理政的道理。领导干部要通过研读优秀传统文化书籍，不断提高人文素养和精神境界。

习近平强调，领导干部读书，要坚持阅读与思考的统一，在广泛阅读的基础上开动脑筋，对现实中的疑惑进行深入思考，力求把零散的东西变为系统的、孤立的东西变为相互联系的、粗浅的东西变为精深的、感性的东西变为理性的；要坚持读书与运用相结合，联系实际，知行合一，通过理论的指导、利用知识的积累来洞察客观事物发展的规律，在读书的过程中增强运用能力，在运用的过程中提高读书水平；要锲而不舍、持之以恒，发扬挤劲、钻劲、韧劲，先易后难、由浅入深，循序渐进、水滴石穿。

习近平在讲话中希望中央党校的学员在学习期间专心致志、心无旁骛，遵守纪律、抓紧时间，科学安排读书学习计划，努力提高读书学习效果。

中组部部长李源潮，中央纪委副书记何勇，中央办公厅主任令计划出席开学典礼。

中央党校常务副校长李景田主持开学典礼。中央有关部门负责人、中央党校负责人以及2009年春季学期5月份新入学学员和在校学员参加开学典礼。

中国与印度尼西亚签署建立海洋合作联合工作组实施协议

中共中央政治局委员王刚在北京会见以苏丹全国大会党领导局成员 政治关系书记曼杜尔为团长的苏丹政党代表团

“中国荷文化之乡”花落江苏金湖

《人民日报》报道，江苏省金湖县被中国民间文艺家协会命名为“中国荷文化之乡”和“中国荷文化传承基地”。

5月14日

全国人大常委会委员长吴邦国与俄罗斯国家杜马主席格雷兹洛夫举行会谈

吴邦国在会谈时指出，近年来，中国全国人大与俄国家杜马各层次各领域交往与合作深入展开，形式更加多样，内涵日益丰富，水平不断提高。作为中俄战略协作伙伴关系的重要组成部分，议会合作应继续服从服务于两国关系发展大局，为国家关系发展不断增添活力。一是服务战略互信需要，维护共同利益。在涉及对方主权、领土完整、国家安全、稳定和发展的重大问题上，给予对方坚定支持。加强在国际和地区议会组织中的战略协作，维护共同利益，努力营造有利于中俄发展的外部环境。二是服务应对国际金融危机需要，推动务实合作。行使议会的立法监督职权，推动和及时批准两国签署的中俄石油、天然气等领域的合作协议；推动和积极督促已签署双边合作协议的落实；发挥议会联系广泛、人才荟萃、信息密集的优势，为经贸等领域的合作牵线搭桥，支持和帮助双方企业从中俄两国政府采取的刺激经济增长措施中寻找新的合作机会。三是服务世代友好需要，巩固社会基础。中国全国人大和俄国家杜马要全力支持、热情参与两国建交

60周年纪念活动，广泛宣传中俄世代友好的和平思想，巩固和深化中俄友好的社会基础和民意基础。

格雷兹洛夫完全赞同吴邦国对双边关系的评价和加强议会合作的建议。他说，俄各政党在发展对华关系上态度高度一致。俄中关系在高水平上快速发展，使双方受益，也有利于世界和平与发展。议会合作在其中发挥了重要而独特的作用。特别是俄中议会建立定期交流机制以来，已有越来越多的杜马议员投身俄中友好事业。俄国家杜马希望进一步加强与中国全国人大的友好交往，促进两国在经济、政治、人文、环境、反恐、禁毒等领域的合作，密切在国际和地区议会组织中的协调，为俄中战略协作伙伴关系发展添砖加瓦。

全国人大常委会副委员长兼秘书长李建国等中方主要陪同人员、俄国家杜马副主席梅利尼科夫等参加了上述活动。

全国政协主席贾庆林在福建调研

5月14日至18日，贾庆林和随行的全国政协副主席兼秘书长钱运录等，先后来到福州、莆田、泉州、厦门、漳州等地，深入企业车间、街道社区、港口码头、台湾农民创业园等，就加快建设海峡西岸经济区、促进经济社会又好又快发展进行调研。调研期间，贾庆林听取了福建省委、省政府的工作汇报，充分肯定了近年来福建各项事业取得的新成绩，勉励他们牢牢抓住国家支持福建省加快建设海峡西岸经济区的历史机遇，扎实做好保增长、保民生、保稳定的各项工作，努力将海峡西岸经济区建设成为经济持续发展、文化更加繁荣、综合竞争力不断增强、人民群众安居乐业的和谐区域。

调研期间，贾庆林专程看望了福建省政协、统战部机关干部和各民主党派、工商联、无党派人士。他指出，统一战线是加快建设海峡西岸经济区的重要法宝，参加人民政协的各党派团体和各族各界人士是加快建设海峡西岸经济区的重要力量。各级政协组织和统战部门要突出首要任务，积极为保持经济平稳较快发展与促进社会和谐稳定献计出力；抓住历史机遇，为推动海峡西岸经济区建设贡献力量；坚定正确方向，切实巩固中国共产党领导的多党合作的良好政治格局；发挥对台优势，开创两岸交流合作新局面。

纪念中华全国青年联合会成立60周年座谈会在北京举行

全国人大常委会副委员长王兆国，全国政协副主席、中央统战部部长杜青林出席座谈会。

王兆国在讲话中强调，在当前应对国际金融危机、推动我国经济实现平稳较快发展的过程中，青联组织要大力弘扬“爱国、团结、进步”的光荣传统，不断巩固各族各界青年团结奋斗的思想基础。要积极培养造就一支高素质的青年建设者队伍，组织引导各方面优秀青年人才争做创新先锋、争创一流业绩。要努力促进中华青年的大团结大联合，团结凝聚各族各界青年牢记使命，坚定信心，奋发有为，为夺取全面建设小康社会新胜利、开创中国特色社会主义事业新局面、实现中华民族伟大复兴作出新的更大的贡献。广大青联委员要切实发挥带头作用，进一步增强大局意识、表率意识、责任意识，以更大的作为、更加优异的成绩，带动更多青年共同成长进步，为推动经济社会发展多做贡献。各级党委和政府要继续关心支持青联工作，及时解决青联工作中存在的实际困难和问题，为青联事业的发展创造更好的条件。

国务院批准崔世安辞去澳门特区社会文化司司长职务

国务院依照《中华人民共和国澳门特别行政区基本法》的有关规定，根据澳门特别行政区行政长官何厚铧的报告，批准崔世安为参选澳门特别行政区行政长官，辞去社会文化司司长职务，从即日起离职。

《国务院关于支持福建省加快建设海峡西岸经济区的若干意见》发布（摘要）

《国务院关于支持福建省加快建设海峡西岸经济区的若干意见》（以下简称《若干意见》）共分9部分，包括“充分认识支持福建省加快建设海峡西岸经济区的战略意义，明确总体要求和发展目标”、“发挥独特的对台优势，努力构筑两岸交流合作的前沿平台”、“加快现代化基础设施建设，强化发展保障”、“增强自主创新能力，推进产业结构升级”、“统筹区域内协调发展，促进互动融合”、“全面深化改革开放，增强经济社会发展动力活力”、“加快社会事业发展，促进社会和谐”、“加快生态文明建设，实现经济社会可持续发展”、“加强组织领导，落实保障措施”。全文共32条，1万余字。

《若干意见》指出，海峡西岸经济区东与台湾地区一水相隔，北承长江三角洲，南接珠江三角洲，是我国沿海经济带的重要组成部分，在全国区域经济发展布局中处于重要位置。福建省在海峡西岸经济区中居主体地位，与台湾地区地缘相近、血缘相亲、文缘相承、商缘相连、法缘相循，具有对台交往的独特优势。

《若干意见》要求在海峡西岸经济区建设中深入贯彻落实科学发展观，从维护中华民族核心利益、促进祖国统一的大局出发，牢牢把握两岸关系和平发展的主题，着力推进两岸交流合作，促进两岸互利共赢，将海峡西岸经济区建设成为经济持续发展、文化更加繁荣、综合竞争力不断增强、人民群众安居乐业的和谐区域，为全局作出更大贡献。

根据《若干意见》确定的发展目标，到2012年，海峡西岸经济区在优化结构、提高效益、降低消耗、保护环境的基础上，人均地区生产总值接近或达到东部地区平均水平，着力科学发展先行，力争在一些领域走在全国前列；服务两岸直接“三通”的主要通道基本形成并不断完善，两岸人民交流合作的前沿平台功能更加凸显。到2020年，海峡西岸经济区率先建立充满活力、富有效率、更加开放、有利于科学发展的体制机制。闽台经济融合不断加强，促进形成两岸共同发展的新格局。

中共中央政治局常委李长春在人民大会堂会见参加中国—南亚国家广播电视论坛的外国与会代表

本次“中国—南亚国家广播电视论坛”以“加强交流合作 促进共同发展”为主题，与会代表围绕广播电视行业政策、广播电视媒体在重大灾害报道及促进多民族国家社会和谐中发挥的作用等议题进行了深入交流。

国务院副总理李克强在北京会见来华出席可持续发展问题研讨会的社会党国际主席帕潘德里欧等外方代表

李克强向客人介绍了中国当前经济形势，他指出，中国党和政府以应对国际金融危机、保持经济平稳较快发展为主线，把扩内需、促增长与调结构、惠民生有机结合，对经济结构进行战略性调整，促进可持续发展。他强调，中国共产党重视发展同社会党国际及其成员党之间的关系，愿在独立自主、完全平等、互相尊重、互不干涉内部事务的原则基础上，进一步提升合作水平，深化战略对话，为推动世界和平、发展与合作共同努力。

帕潘德里欧说，社会党国际愿在气候变化、环境保护等方面进一步加强与中方的战略对话和合作，共同推进世界可持续发展。

国务院副总理王岐山在中南海紫光阁会见澳大利亚前总理基廷等国家开发银行国际顾问委员会成员

广州亚运会体育图标发布

5月15日

国家主席胡锦涛在人民大会堂会见出席可持续发展问题研讨会的社会党国际主席帕潘德里欧等外方代表

胡锦涛在会见时表示，社会党国际是当今国际政治生活中一支重要力量。在推动世界和平与发展、促进南北合作等重大问题上，中国共产党与社会党国际有许多相同或相似的看法和主张。中国共产党重视发展同社会党国际及其成员党的良好关系，愿加强对话，增进了解，扩大合作，为应对各种全球性挑战，推动建设持久和平、共同繁荣的和谐世界而不懈努力。

帕潘德里欧说，社会党国际及其成员党高度评价中国经济社会建设所呈现出的良好势头，重视并欢迎中国在国际事务中所发挥的日益重要的作用，愿不断深化与中国共产党之间的交流与合作，共同为维护世界和平、促进可持续发展作出贡献。

全国人大常委会委员长吴邦国在奥地利总统府会见奥地利总统菲舍尔

在谈到中欧关系时，吴邦国指出，当前中欧关系正处于重要的发展时期，双方要珍惜这一来之不易的良好局面，牢牢把握住对话与合作的主流，相互尊重，平等相待，更加坚定支持彼此发展，携手应对金融危机和气候变化等全球性挑战，共同抵制贸易和投资保护主义，维护和促进经贸等领域合作的快速发展，把中欧全面战略伙伴关系不断推向深入。希望奥为推动中欧关系发展继续发挥建设性作用。

吴邦国还应询介绍了中国应对国际金融危机冲击、保持国民经济平稳较快发展的政策措施以及取得的初步成效。他还重申了中国在涉藏问题上的原则立场。

菲舍尔说，奥方积极评价中国政府在应对国际金融危机中采取的负责任立场和积极有效的措施。他指出，国际金融危机对世界各国都造成严重冲击，需要各国携手应对。菲舍尔重申，奥方将一如既往地坚持一个中国政策。这是奥地利各党派的共识，任何时候都不会改变。吴邦国对此表示感谢。

全国人大常委会委员长吴邦国在维也纳与奥国民议会议长普拉默举行会谈

吴邦国说，中方赞赏奥新一届议会和政府重视发展对华关系。我此访的目的，就是把中奥关系提高到一个新水平。为此，吴邦国提出五点建议：一是保持高层交往势头，深化政治互信。二是加强两国议会的友好交往。开展议会领导人、各专门委员会和友好小组等多层次、多渠道的交流与合作。欢迎更多的奥议员尤其是年轻议员访华。三是发挥各自优势，拓展经贸领域合作，扩大相互投资。这在当前国际金融危机持续蔓延的背景下具有更大的现实意义。中方欢迎奥企业赴华寻找更多的商机，欢迎奥方参加上海世博会。四是深化人文交流，加强旅游、地方、教育等领域的合作。五是密切在国际事务中的合作，反对各种形式的贸易保护主义，推动建立公平、公正、包容、有序的金融体系，为维护国际金融稳定和促进世界经济恢复增长做贡献。

普拉默赞同吴委员长的建议。她表示，奥地利把发展对华关系摆在对外政策的重要位置，愿进一步扩大双方人员往来，增进相互了解与信任，加强地方合作和人文交流，深化经贸领域务实合作，不断把两国关系引向深入。奥国民议会愿密切与中国全国人大的交流与合作，为奥中关系发展作出积极努力。

双方还就应对国际金融危机、尊重和保障人权等问题交换了意见。

中央纪委书记贺国强在河南考察

5月15日至19日，贺国强一行先后来到洛阳、信阳、郑州等地，深入田间地头、企业车间、居民社区、机关学校，亲切看望基层干部群众，实地了解经济社会发展和党风廉政建设情况。

贺国强在考察时强调，要深入贯彻落实科学发展观，认真落实中央扩大内需、促进经济平稳较快发展的政策措施，在应对国际金融危机中抢抓发展机遇，在落实中部崛起战略中实现中原崛起；要以完善惩治和预防腐败体系为重点推进反腐倡廉建设，以党风廉政建设实际成效为中原崛起提供有力保障。

考察期间，贺国强听取了河南省委、省政府和省纪委工作汇报，看望了省纪委监察厅机关干部，对河南近年来的工作给予充分肯定。他希望河南各级领导班子和领导干部抓住机遇，应对挑战，努力在扩内需、保增长中保持中原崛起好势头，在调整经济结构和转变发展方式中增强中原崛起新优势，在促进城乡区域协调发展中构建中原崛起增长极，在做好“三农”工作中巩固中原崛起立足点，在深化改革开放中增强中原崛起新动力，在改善民生和维护稳定中营造中原崛起好环境。他要求河南各级纪检监察机关要认真落实中央反腐倡廉决策部署，在继续推进“五个一批”工作的同时，着力抓好加强对中央关于扩大内需政策措施落实情况监督检查、加强领导干部党性修养和作风建设这两项重点任务，为改革发展稳定提供坚强保障。

中共中央政治局委员李源潮在贵州调研

5月15日至16日，李源潮在贵州调研深入学习实践科学发展观活动。

调研期间，李源潮深入贵阳、瓮安的农村、企业和城市社区了解情况。他充分肯定贵州省学习实践活动取得的成效。他指出，第二批学习实践活动正在顺利推进，要紧紧围绕党员干部受教育、科学发展上水平、人民群众得实惠的总要求，深化理论学习，理清发展思路，解决突出问题，创新体制机制，确保取得党内外都满意、干部群众都认可的成效。要继续把应对国际金融危机，保增长、保民生、保稳定作为学习实践活动最大的实践，既克服当前经济困难，又努力为长远发展打基础，建立科学发展新优势。要认真开好领导班子专题民主生活会，形成高质量的分析检查报告，凝聚科学发展共识，明确科学发展思路，找准本地本单位贯彻落实科学发展观的切入点和突破口。要切实解决党员干部特别是领导干部党性党风党纪方面的突出问题，推动干部增强党性、改进作风。要加强分类指导，在突出领导干部这个重点的同时，抓好普通党员的学习实践活动；在抓好市县机关的同时，抓好国有企业和高校的学习实践活动。要坚持突出实践特色，把解决问题贯彻学习实践活动各个阶段各个环节，以看得见摸得着的实效取信于民。

李源潮还召开座谈会，听取对加强县委书记队伍建设的意见。

行政审批制度改革工作部际联席会议召开第二次会议

会议强调深入推进行政审批制度改革，下力气再减少一批行政审批事项，切实加强对行政审批权力运行的监控，推动服务政府、责任政府、法治政府和廉洁政府建设。

全国党建研究会科研院所党建研究专业委员会在北京成立

全国人大常委会副委员长、中科院院长路甬祥和全国党建研究会会长虞云耀为之揭牌。

科研院所党建研究专业委员会由中科院、中国社科院、中国农科院、中国医科院、中国林科院、中国水科院等14个单位组成。

国家副主席习近平在人民大会堂会见埃及武装部队总司令国防和军工生产部长坦塔维一行

由中国共产党和社会党国际共同举办的可持续发展问题研讨会在北京举行

中联部部长王家瑞致开幕词。王家瑞说，可持续发展始终是中国人民不懈追求的发展模式，中国坚持走可持续发展的道路是出于对中华民族和全人类的发展负责。中国党和政府将继续坚持全面协调和可持续发展，致力于使人民在良好生态环境中生产生活，实现经济社会永续发展。

社会党国际主席、希腊泛希社运主席帕潘德里欧,社会党国际可持续世界社会委员会共同主席、智利前总统拉戈斯,社会党国际可持续世界社会委员会共同主席、瑞典前首相佩尔松等先后在研讨会上致词或发言。

外交部部长杨洁篪出席在莫斯科举行的上合组织外长会议

外交部部长杨洁篪、俄罗斯外长拉夫罗夫、哈萨克斯坦外长塔仁、吉尔吉斯斯坦外长萨尔巴耶夫、塔吉克斯坦外长扎里菲、乌兹别克斯坦外长诺罗夫及上海合作组织秘书长努尔加利耶夫出席。

杨洁篪在会上说,面对错综复杂的国际和地区形势,上海合作组织继续保持健康快速的发展势头,在地区事务中发挥了日益重要的建设性作用,成员国政治互信和战略协作进一步加强。在金融危机不断蔓延、国际政治经济形势复杂深刻变化的背景下,成员国应全面认真落实《长期睦邻友好合作条约》,继续巩固政治互信,推动务实合作向更高层次、更高水平发展,在维护成员国利益、保障地区安全稳定、构建和谐地区方面发挥更大作用。中方建议:一、加强政治磋商,提高战略协作水平。二、深化安全合作,维护地区安全稳定。三、扩大经济合作,共同应对全球金融危机。

杨洁篪表示,中方支持上海合作组织继续遵循和平、合作、开放、透明的原则,有重点、有步骤地积极开展对外交往,深化与观察员国务实合作,并根据《对话伙伴条例》规定吸收对话伙伴。

杨洁篪强调,中方将一如既往地积极参与上合组织事务,与各成员国共同努力,推动本组织不断发展,造福于本地区人民。

各国外长表示,各成员国将继续加强在安全和国际事务中的协调与合作,更好地维护上合组织的整体利益和成员国自身利益,并全面开展和加强经济合作,努力减少金融危机对成员国的负面影响。

会后,各国外长签署了叶卡捷琳堡峰会筹备工作及上合组织建设有关决议。

第五届中国(深圳)国际文化产业博览交易会在深圳开幕

深圳文博会是目前我国唯一的国家级、国际性、综合性文化产业博览交易盛会。为期4天的本届文博会由博览交易、论坛、评奖、节庆活动、网上文博会、文化产业人才交流等六大板块组成,设在深圳会展中心的主展馆分为中国文化产业项目交易馆、美术馆、数字影视与动漫游戏馆、演艺产业馆、创意设计馆、新闻出版馆、文化精品馆、工艺美术馆8大展馆,展示面积近11万平方米,同时,本届文博会还设立了30个展览交易分会场,全面展示了我国文化产业各方面的最新建设成果。

展会期间将举办文化产业投融资项目推介、招商项目签约、论坛会议、评奖、赛事、文艺演出等各类文化活动270余项,在活动规模以及所涉及领域等方面明显超过前四届。大会还邀请了来自55个国家和地区的超过1.5万名海外客商参加。

文博会由文化部、商务部、国家广电总局、国家新闻出版总署、中国贸促会、广东省政府和深圳市政府联合主办。

中国足协在北京公布各级男子国家足球队班子组成名单

国家队主教练高洪波,助理教练傅博、区楚良;国家奥林匹克队主教练刘春明,助理教练孙卫、哈威;国家青年队主教练宿茂臻,助理教练裴永久、李伟;国家少年队主教练张宁,助理教练张海涛、黄洪涛。

5月16日

全国人大常委会委员长吴邦国在维也纳会见奥地利代总理普勒尔

吴邦国说,国际金融危机对世界各国经济都造成了严重影响,对此中国政府及时作出分析判断,并采取一系列保持经济平稳较快发展的政策措施,实施一揽子计划,取得了初步成效。但我们也清醒地看到,中国经济发展方式总体上还是粗放型的,我们要把市场压力变为调整动力,把解决当前困难和长远发展结合起来,着力调整经济结构,转变经济发展方式,实现可持续发展。中奥经济互补性强,中国有巨大的市场,奥地利在许多领域拥有先进的技术,中国的发展为扩大中奥经济技术合作提供了更大的舞台。中方愿与奥方加强在节能、环保、水利、生态农业、汽车零部件、清洁能源等方面的互利合作,培育新的合作增长点,鼓励双方企业从对方国家采取的刺激经济增长的政策措施中寻找新的合作机会。希望两国政府为双方人员往来、企业合作、商务活动等创造条件、提供便利。

普勒尔代表奥政府欢迎吴委员长来访,并对吴委员长的务实建议予以积极回应。他说,当前奥地利经济受国际金融危机影响很大,奥政府正在采取措施加以应对。奥方高度重视加强与中方的经济技术合作,愿积极转让奥地利先进技术,拓展合作领域,促进大项目合作,把奥中经济互补优势转化为经贸合作成果,带动奥地利经济恢复增长,更好地造福两国人民。

全国人大常委会委员长吴邦国在维也纳会见奥地利联邦议会议长赖森贝格尔

吴邦国说，近年来，中奥高层保持密切交往，各级别对话与磋商进展顺利，经贸合作不断扩大，人文交流日益增多，加深了两国人民的友谊。两国关系呈现出的良好发展势头，需要双方倍加珍惜。访问期间，我与菲舍尔总统、普拉默议长、普勒尔代总理等奥主要领导人就共同关心的重大问题深入交换意见，达成了许多共识。访问达到了增进政治互信、促进务实合作、加强议会交往、推动两国关系深入发展的预期目的。

赖森贝格尔祝贺吴邦国委员长访奥取得圆满成功并愉快地回忆起不久前访华的情景。他说，中国经济蓬勃发展、富有活力，给包括奥地利在内的国际社会带来了生机和信心。奥方希望进一步密切同中方的友好关系，深化经贸、投资、高新技术等领域的互利合作，加强在文化、艺术、科技、教育等方面的交流。奥联邦议会议员来自各个地方，愿通过加强与中国全国人大的合作，为增进两国人民之间的友谊、促进地方交往、推动经贸合作作出新的贡献。

吴邦国表示，议会交往是国家关系重要组成部分。中国全国人大与奥议会两院保持着密切交流与合作，有力地推动了中奥友好合作关系的发展。双方要把这一好的合作传统保持下去，推动政党、地方、民间友好交往，促进各领域务实合作，为中奥关系发展增添新的活力。

首届海峡论坛在福建省厦门市开幕

以"扩大民间交流、加强两岸合作、促进共同发展"为主题，海峡论坛是为加强两岸普通民众交流而专门打造的一个新平台。论坛突出交流互动、平等参与、亲和热烈。来自台湾各界别和各县市尤其是中南部地区的总计8000多名乡亲，将参加首届海峡论坛各项活动。台湾嘉宾中包括了台湾25个县市的县市长、议长或代表、乡里长，台湾主要经贸社团负责人，台湾科技、航运、旅游、教育、农业、影视、出版、医药、体育、妇女、工会、青年和少数民族、宗亲、妈祖信众等20多个界别、行业的代表性人物和部分民意代表。

首届海峡论坛由两岸54家单位共同主办，其中大陆方面包括国务院台湾事务办公室和福建省人民政府等26家单位，台湾方面包括台湾省农会等28家单位。论坛共包含开幕式和论坛大会、海峡两岸经贸交易会、海峡文化艺术周、两岸民间交流嘉年华等四大板块18场活动，5月15日至22日分别在福建省福州、厦门、泉州、莆田等地举行。

全国人大常委会副委员长、民革中央主席周铁农，全国政协副主席兼秘书长钱运录，全国政协副主席、台盟中央主席林文漪，十届全国政协副主席罗豪才，海峡两岸关系协会会长陈云林，中共福建省委书记卢展工和来自台湾的嘉宾新党主席郁慕明、亲民党秘书长秦金生、无党团结联盟主席林炳坤、民进党前主席许信良等出席开幕式。开幕式由福建省人民政府省长黄小晶主持。

全国政协主席贾庆林在厦门海峡会议中心会见出席首届海峡论坛的两岸各界人士

贾庆林在会见时说，海峡论坛以"扩大民间交流、加强两岸合作、促进共同发展"为主题，突出交流互动、平等参与、亲和热烈，是迄今为止参加人数最多、两岸合办单位最多、场次规模最大的两岸交流活动，是台湾各界参与最广泛的一次两岸交流盛会。论坛由海峡两岸50多个部门和民间组织联合举办，台湾25个县市都有代表出席，参与论坛各项活动的台湾同胞有8000多人。这样一个盛大的两岸民间交流活动，体现了两岸各界共襄盛举的热情，彰显了两岸同胞加强交流合作的热忱，必将在两岸交流史上写下浓墨重彩的一笔。

贾庆林说，举办海峡论坛，是在两岸关系步入和平发展轨道的新形势下推动两岸民间交流的一个创举。国共两党举办的两岸经贸文化论坛是由两岸政党搭建的一个交流对话平台，侧重于政策性研讨，主要讨论两岸关系发展中的重要政策问题。而海峡论坛另有一番风貌，侧重促进两岸民间交流，体现民间性、广泛性、社会性。参加论坛的两岸民众多数来自基层，是论坛各项活动的主体和主角。论坛各项活动内容丰富，形式多样，贴近两岸同胞特别是基层民众的需求，为各界朋友广泛参与提供了广阔的空间。只要是赞成两岸加强交流合作的，不分党派、不分界别，都可以在这里平等相处、友善交流。希望两岸各界朋友坦诚相见，加强交流，献计献策，不断增强论坛的吸引力和影响力，努力把海峡论坛办成两岸各界大交流的重要平台，办成吸引广大台湾同胞积极参与的两岸交流著名品牌。

全国人大常委会副委员长、民革中央主席周铁农，全国政协副主席兼秘书长钱运录，全国政协副主席、台盟中央主席林文漪，十届全国政协副主席罗豪才，中共中央台办、国务院台办主任王毅，海峡两岸关系协会会长陈云林，中共福建省委书记卢展工，福建省省长黄小晶，以及新党主席郁慕明，亲民党秘书长秦金生，无党团结联盟主席林炳坤，民进党前主席许信良，台湾25个县市的代表，海峡论坛合办单位的代表等两岸各界人士参加会见。

中共中央政治局常委李长春在陕西调研

5月16日至20日，李长春先后来到延安、汉中、宝鸡、西安等地，深入企业、农村和文化单位，就应对国际金融危机、保持经济平稳较快发展，深化文化体制改革，发展红色旅游等进行调研，听取陕西省委省政府工作汇报，对陕西改革开放和现代化建设取得的成绩给予充分肯定。他希望陕西认真贯彻落实中央关于保增长保民生保稳定的一系列决策部署，坚定信心，变危为机，抢抓机遇，迎难而上，推动经济社会又好又快发展。

李长春强调，在文化领域学习实践科学发展观，就要紧密联系文化建设和发展的实际，以观念创新为先导，以深化改革为动力，以体制机制创新为突破口，着力转变不适应不符合文化科学发展的思想观念，着力构建有利于文化科学发展的体制机制，不断解放和发展文化生产力，推动社会主义文化大发展大繁荣。

国务院副总理回良玉考察北京市特教学校

在“全国助残日”来临之际，回良玉来到北京市第二聋人学校，看望慰问师生员工，考察特殊教育工作，向全国广大残疾人、残疾人亲属和残疾人工作者致以节日的问候和良好的祝愿。回良玉强调，教育是促进残疾人平等参与共享的基本条件，残疾人接受良好教育是教育公平的一个重要方面，是社会文明进步的重要标志。党中央、国务院高度重视残疾人事业，十分关心特殊教育工作。各地区、各有关部门要进一步采取有效措施，充分调动社会各界力量，推进特殊教育和普通教育协调发展，促进残疾人事业再上新台阶。

北京市委书记刘淇，全国政协副主席、国务院残工委副主任、中国残联名誉主席邓朴方一同慰问考察。

全国科技活动周在北京开幕

本届活动周以“携手建设创新型国家”为主题，以“基层和企业”为重心。科技界、教育界、企业界和青少年代表800余人参加了开幕式。

2009首都高校京剧论坛在首都师范大学举行

5月17日

全国人大常委会委员长吴邦国在萨尔茨堡会见萨尔茨堡州议长伊尔默

伊尔默表示，萨尔茨堡州人民热烈欢迎吴委员长来访，对能有机会接待来自远方的贵宾深感荣幸。他说，萨尔茨堡州与中国经贸关系密切，中国是萨州重要的经贸合作伙伴，相信吴委员长此访，一定能够推动双方在企业、投资、环保和旅游等领域的合作，促进萨州经济发展，提升奥中合作的质量和水平。

吴邦国说，地方合作是两国关系的重要组成部分。中方十分重视与萨尔茨堡州的友好关系。双方合作基础良好，潜力巨大，希望继续本着互利共赢的原则，充分发挥各自优势，进一步加强实体经济合作，创新合作方式，充实合作内容，促进共同发展。

国务院总理温家宝看望北京确诊首例甲型H1N1流感患者和医护人员并考察中国疾控中心

首届海峡论坛大会在厦门举行

以“扩大民间交流、加强两岸合作、促进共同发展”为主题的首届海峡论坛大会在厦门海峡会议中心举行。中共中央政治局常委、全国政协主席贾庆林出席大会并发表题为《扩大两岸民间交流　促进两岸合作发展》的致辞。

中共中央台办、国务院台办主任王毅，中共福建省委书记卢展工，中国国民党副主席、台湾桃园县县长朱立伦，台湾台中市市长胡志强也在大会上发表致辞。

海峡两岸旅游交流协会会长邵琪伟、台湾中华青年交流协会会长张昌吉、海峡两岸航运交流协会名誉理事长徐祖远、台湾妈祖联谊会会长郑铭坤、福建闽西客家联谊会会长曾耀东、台湾乡镇市民代表会联合总会秘书长刘冠雄在大会上发表演讲。

全国人大常委会副委员长、民革中央主席周铁农，全国政协副主席兼秘书长钱运录，全国政协副主席、台盟中央主席林文漪，十届全国政协副主席罗豪才，海峡两岸关系协会会长陈云林，以及新党主席郁慕明，亲民党秘书长秦金生，台湾无党团结联盟主席林炳坤，民进党前主席许信良等两岸嘉宾1700余人出席了论坛大会。

全国政协主席贾庆林在首届海峡论坛大会上发表题为《扩大两岸民间交流　促进两岸合作发展》的致辞

各位同胞、各位朋友，女士们、先生们：

大家上午好！

初夏的鹭岛，花团锦簇，生机盎然。我很高兴和来自海峡两岸的各位同胞一起，共同参加首届海峡论坛。这次论坛以“扩大民间交流、加强两岸合作、促进共同发展”为主题，顺应了两岸关系和平发展的潮流，很有意义。昨天，论坛已经隆重开幕，各项活动在福州、厦门、泉州和莆田陆续展开。受胡锦涛总书记的委托，我代表中共中央，对首届海峡论坛的举办表示热烈的祝贺！向所有前来参加论坛活动的两岸同胞特别是台湾各界乡亲，致以诚挚的问候！

今天我们所在的厦门，是一座古老而美丽的滨海城市。60年来，她见证了两岸关系经历的曲折坎坷，见证了两岸关系发生的历史变迁。曾几何时，一湾台湾海峡把两岸骨肉同胞隔绝多年。就在一年多前,海峡上空仍然笼罩着沉沉阴霾,让两岸同胞同感忧心。如今,厦门绽放出灿烂的笑容,喜迎两岸八方来宾。两岸同胞欢聚在一起,共同举办海峡论坛,参加形式多样、内容丰富的各种交流活动,到处洋溢着浓浓的同胞亲情,充满着欢乐祥和的喜庆气氛。这是两岸民间交流中的一件盛事,是当前两岸关系呈现和平发展新气象的生动写照。

各位同胞、各位朋友!

过去一年来,在两岸各界广大民众的共同努力下,两岸关系发生了历史性转折,走过了不平凡历程。今天,两岸同胞往来之频繁、经济联系之密切、文化交流之活跃、共同利益之广泛是前所未有的,两岸关系展现出和平发展的光明前景。我们为两岸关系克服重重困难、迎来难得的发展机遇深受鼓舞,为两岸关系取得重要进展、迈向和平发展的新征程倍感振奋。进一步推动两岸关系和平发展,是两岸同胞共同的愿望,也是我们大家应当共同承担的历史重任。新形势下推动两岸关系和平发展,最重要的是更加有力地推动两岸同胞大交流,促进两岸各界大合作。我们强调大交流、大合作,就是要把两岸交流合作推向最广泛的领域、推向基层,鼓励最广泛的基层民众参与到两岸交流合作中来,增加更多的直接交往,努力使两岸同胞感情更融洽、合作更深化。

两岸民间交流是促进两岸关系和平发展的重要动力。回想当年,两岸民众企盼骨肉团圆的热切努力,冲破了长期阻隔两岸交往的藩篱和坚冰。多年来,两岸经济文化等各项交流从无到有,从小到大,蓬勃发展,无不包含着两岸同胞作出的卓越贡献。今天,两岸经济文化交流已经成为两岸关系中最有活力、最有发展潜力的部分,两岸民间交流呈现出勃勃生机。展望未来,保持两岸关系改善和发展的势头,开创两岸关系和平发展新局面,仍然要靠两岸同胞团结奋斗。“涓流虽寡,浸成江河;爝火虽微,卒能燎原”。两岸关系发展的动力来自民间,来自基层,来自两岸全体同胞。只要我们每个人都作出应有努力,两岸民间交流的涓涓溪水,终将汇聚成冲破一切障碍的澎湃大潮,为两岸关系和平发展开辟更为广阔的前景。

两岸民间交流是两岸同胞增进了解、融洽感情的重要途径。两岸同胞同根同祖,有着割不断的血脉亲情。由于历史的原因,1949年以后,两岸同胞经历了长期隔绝,走过了不同的发展道路,在生活方式、思想观念上难免产生一些差异。但是,无论我们分隔了多久,两岸同胞始终是血脉相连、唇齿相依的命运共同体。只要加强往来、平等交流、善意沟通,两岸同胞之间没有什么隔阂不可以打破,没有什么误解不可以消除。20多年来,两岸同胞在交流合作过程中,彼此学习借鉴,相互扶持帮助,加深了相互了解和理解,增进了感情融合。今后,在两岸关系向前发展的道路上,两岸双方还要协商解决许多经济文化问题,乃至要逐步破解政治难题。这一过程能否顺利,能否取得实际成果,还取决于两岸民众怎么看、怎么想、怎么做。两岸交流归根到底是人与人的交流,两岸关系和平发展归根到底要靠两岸同胞共同推动。目前,还有相当数量的台湾同胞没有来过大陆,我们热诚欢迎他们来大陆走走看看。我们也欢迎民进党成员多来大陆参访交流。同时,我们将继续鼓励更多的大陆民众到台湾旅游、参访,增进对台湾的了解,结交更多的台湾朋友。我们相信,两岸民间交流不断深入发展,一定会为两岸关系和平发展打下更为扎实的民意基础,营造更为和谐的良好环境。

两岸民间交流是凝聚两岸同胞意志、共同推进中华民族伟大复兴的必然要求。中华民族是拥有灿烂历史的伟大民族。几千年来,我们的祖先为人类文明发展进步作出了不可磨灭的重大贡献。近代以来,中华民族备受外国列强欺凌,中国人民饱尝国运衰败的惨痛。一代又一代中华优秀儿女为拯救民族危亡而奋起抗争,为振兴中华民族而顽强拼搏。今天,两岸关系在新的历史起点上向前大步迈进,中华民族正迎来实现伟大复兴的重要机遇。当前,摆在两岸同胞面前的历史性任务,就是携手推动两岸关系和平发展,同心实现中华民族伟大复兴。在新的形势下,两岸民间交流应当更深入、更广泛、更持久地开展下去,以促进两岸同胞增强民族意识、凝聚共同意志,形成共谋中华民族伟大复兴的强大精神力量。我们坚信,海峡两岸中国人有能力、有智慧克服各种困难,消除各种分歧,把两岸关系的前途掌握在自己手中,共同推动两岸关系和平发展,共享中华民族伟大复兴的辉煌与荣耀。

各位同胞、各位朋友!

海峡论坛是加强两岸民间交流的一个重要平台。我们真诚希望参加论坛的两岸同胞在亲和热烈中感受真情,在交流互动中加深了解,在平等参与中增进共识。让我们牢牢把握两岸关系和平发展的主题,心连心、手牵手,为两岸关系和平发展,为中华民族繁荣昌盛,共同努力奋斗!

最后,祝愿首届海峡论坛圆满成功!

中共中央台办 国务院台办主任王毅在首届海峡论坛大会上宣布关于落实温家宝总理五项重要对台举措的具体方案

为落实温家宝总理上月在博鳌亚洲论坛期间提出的五项重要对台举措,王毅在首届海峡论坛大会上宣布了八项具体方案。

一、推动大陆企业赴台投资。商务部、国务院台办今天将正式发布《关于大陆企业赴台湾地区投资或设立非企业法人有关事项的通知》,明确大陆企业赴台湾地区投资的办理程序。大陆主管部门近期将有序组织电子、通讯、生物医药、海洋运输、公共建设、商贸流通、纺织、机械、汽车制造业等行业的骨干企业赴台投资考察,依据双方确定的优先领域,进行企业洽商与项目对接,推动赴台投资取得实际进展。我们还将鼓励和支持符合条件的大陆机构、企业单独或与台资企业合作,在台湾举办培训会、洽谈会、展览展销会、商务合作等活动。

二、扩大对台产品采购。大陆主管部门将组织农产品采购团,于今年上半年和下半年两次赴台采购水果、蔬菜、水产品及农产加工品。大陆还将由有实力的企业组成采购团,于今年5月、6月、7月三次赴台,洽商采购台湾工业消费品、日常生活用品、食品深加工产品和特色工艺商品。我们还将支持和帮助台湾在大陆举办促销活动。

三、鼓励和支持有条件的台资企业拓展大陆市场并参与大陆扩大内需的基础设施和重大工程建设。大陆各地台办将会同有关主管部门为台资企业提供协助,推荐符合资质的台资企业参与当地基础设施和重大工程建设。大陆主管部门也将尽快提出参与企业资质和台湾相关专业人士资格认定的具体办法。

四、增加大陆居民赴台旅游。本着健康有序、规范管理的原则,逐步扩大大陆居民赴台旅游规模,增加赴台旅游人数,进一步促进两岸旅游双向交流,今年内争取超过60万人次赴台。

五、推动协商建立两岸经济合作机制。大陆方面愿意以积极和开放态度,与台湾方面商谈签署符合两岸经济发展需要,具有两岸特色的经济合作框架协议。大陆方面将加快基础研究与准备程序,并愿以适当方式与台方就此进行接触交流,增进相互了解,争取尽早展开正式商谈。

六、进一步向台湾居民开放专业技术人员资格考试项目。新增统计、审计、价格鉴证师、社会工作者、国际商务、土地登记代理人、环境影响评价工程师、企业法律顾问、注册安全工程师、勘察设计领域的注册结构工程师和注册土木工程师等10类共11个项目。

七、加强两岸农业合作平台建设。大陆方面在原有批准设立11个台湾农民创业园基础上,新增设立福建莆田仙游、福建三明清流、安徽巢湖和县、江苏淮安淮阴4个台湾农民创业园。

八、许可台湾地区律师事务所在福州、厦门两地试点设立分支机构,从事涉台民事法律咨询服务。

全国人大常委会副委员长陈至立在上海考察妇女工作并召开座谈会

陈至立说,上海市委、市政府高度重视与支持妇女工作,上海市各级妇联组织全面推进思想观念、工作思路、运作模式、组织形式的整体创新,创造性地开展工作,成绩突出,各项工作走在全国前列。

陈至立强调,在工作中要正确处理为部分群体服务与为最广大妇女群众服务的关系、开展活动与实实在在为妇女办事的关系,典型示范与推广普及、加大受惠覆盖面的关系,把工作重心放在基层广大妇女上,放在办实事、办好事、解难事上,放在让妇女真正得实惠、普受惠、长受惠上。她希望上海各级妇联继续努力在推动妇女发展、维护妇女儿童权益、提高服务经济社会建设、服务妇女、服务基层的能力上为全国作出表率。

全国政府参事室主任 文史研究馆馆长培训班在北京开班

在为期9天的培训班上,"调查研究的若干办法"、"音乐与人生"、"传统文化与软实力"等将成为近百名政府参事室主任、文史研究馆馆长学习的主要内容。此次培训课程主要结合参事室、文史馆工作特点,包括统战理论、形势报告、业务交流、文艺鉴赏等内容,采取专家讲授和分组研讨相结合的方式进行。

此次培训班是国务院参事室、中央文史研究馆会同中央统战部,首次针对全国政府参事室主任和文史研究馆馆长举办的联合培训,具体由中央社会主义学院承办。

全国党委讲师团团长年会暨全国城市党委讲师团团长年会在北京召开

中共中央政治局委员王刚在北京会见欧盟经济社会委员会主席塞彼

王刚说,在当前国际形势复杂多变的情况下,中欧在应对全球挑战、促进共同发展、维护世界和平方面负有重要责任,可以发挥更大作用。2007年中欧圆桌会议机制启动以来,中国经济社会理事会与欧盟经济社会委员会的交流与合作日益广泛深入,取得许多积极成果,这个对话平台已成为中欧全面战略伙伴关系的组成部分。王刚表示,中国经济社会理事会愿进一步发展同欧盟经济社会委员会的友好合作关系,不断完善中欧圆桌会议机制,积极推动双方务实合作,努力为中欧关系发展作出新的贡献。

塞彼说,欧盟经济社会委员会愿与中方一道,为深化和发展中欧全面战略伙伴关系继续作出更大的努力。

中央军委下发《中央军委关于进一步加强军队高中级干部作风建设的意见》(摘要)

经胡锦涛主席批准,中央军委日前下发《中央军委关于进一步加强军队高中级干部作风建设的意见》(以下简称《意见》)。《意见》强调,高中级干部一定要深刻认识新形势下加强作风建设的极端重要性,自觉发扬我党我军的优良传统和作风,用自身的模范行动影响和带动部队,从思想上、政治上、组织上确保我军始终成为党绝对领导下的人民军队,确保国防和军队建设科学发展,确保有效履行新世纪、新阶段我军历史使命。

《意见》充分贯彻党的三代领导核心和胡主席关于加强作风建设的一系列重要论述,特别是胡主席在十七届中央纪委三次全会和军委深入学习实践科学发展观活动专题民主生活会等重要会议上的讲话精神,认真分析高中级干部作风建设的形势,明确提出当前和今后一个时期加强军队高中级干部作风建设的总体要求、主要任务和措施办法。颁发实施这个《意见》,是坚持以中国特色社会主义理论体系为指导,适应新的形势任务,系统部署、全面加强军队高中级干部作风建设的重要指导性文件,是全军第一批开展深入学习实践科学发展观活动的重要制度性成果,对于在新的起点上进一步加强军队高中级干部作风建设,保持我军性质、本色和作风,推动部队建设科学发展,有效履行新世纪新阶段我军历史使命,具有十分重要的意义。

《意见》指出,新的形势任务对加强高中级干部作风建设提出更高要求。面对意识形态领域斗争更加尖锐复杂的情况,高中级干部必须坚定理想信念,始终保持政治上的清醒坚定;全面履行新世纪新阶段我军历史使命,高中级干部必须带头尽职尽责,始终把心思和精力放在提高打赢信息化条件下局部战争这个核心军事能力上;按照科学发展观要求推动部队建设又好又快发展,高中级干部必须坚持求真务实,始终以良好的作风狠抓工作落实;加强军队党组织能力建设和先进性建设,高中级干部必须加强党性修养,始终保持共产党人的政治本色。

《意见》明确,加强军队高中级干部作风建设的总体要求是,高举中国特色社会主义伟大旗帜,以邓小平理论和"三个代表"重要思想为指导,深入贯彻落实科学发展观,认真学习贯彻胡主席关于加强作风建设的一系列重要指示,坚持党要管党、从严治党,着眼扎实推进军队党组织能力建设和先进性建设,大力培育"忠诚于党,热爱人民,报效国家,献身使命,崇尚荣誉"的当代革命军人核心价值观,以加强领导干部党性修养、树立和弘扬优良作风为重点,以严格执行和维护党的纪律、健全和落实制度规定为抓手,以解决党性党风党纪方面存在的突出问题为突破口,坚持标本兼治、纠建并举,努力实现高中级干部作风的进一步转变,为推动部队建设科学发展、完成以军事斗争准备为龙头的各项任务提供过硬的作风保证。

《意见》提出当前和今后一个时期加强高中级干部作风建设的主要任务是:牢记全心全意为人民服务的宗旨,着力解决个人主义严重的问题;发扬理论联系实际的学风,着力解决学习肤浅和学用脱节的问题;树立正确的事业观工作观政绩观,着力解决工作指导思想不端正和履职尽责不到位的问题;坚持依法指导和开展工作,着力解决工作指导方式不科学的问题;增强党内生活的原则性战斗性,着力解决奉行好人主义的问题;严格遵守和维护党的纪律,着力解决有令不行、有禁不止的问题;大力弘扬艰苦奋斗精神,着力解决奢侈浪费和贪图享乐的问题。

《意见》根据中央有关精神,鲜明地提出要建立和实行领导干部问责制,解决工作失职失误追究不严的问题;积极稳妥地开展巡视工作,加强对军级以上党委班子及其成员特别是主官的有效监督。强调高中级干部要落实抓基层联系点、服务基层承诺制、到部队代职、蹲点和下连当兵等制度,积极主动为部队做好事、办实事、解难事。团级以上单位每年至少对高中级干部履职尽责情况进行一次讲评。要加强对高中级干部执行党的纪律情况的检查,严肃查处各种违纪违法问题。

《意见》要求,各级党委要把加强高中级干部作风建设作为重大政治任务来抓,书记、副书记要履行好第一责任人的职责。要进一步健全完善教育、管理和监督机制,积极探索加强高中级干部教育管理的新思路新举措。要树立正确的用人导向、工作导向和舆论导向。要坚持一级抓一级,一级带一级,领导为部属作表率,机关为部队作表率,军委、总部为全军作表率。

国务院 中央军委印发《关于加强军事设施保护工作的意见》(摘要)

《关于加强军事设施保护工作的意见》(以下简称《意见》)要求切实做好军事设施保护区域划定和管理工作。军队和地方政府有关部门要从维护国家安全利益的高度出发,抓紧完成军事设施保护区域划定工作。加强对军事设施的安全管理,按规定设置障碍物和界线、警示标识,安装安全技术防范设备,综合运用传统手段与高科技手段,保证工作效果。各级政府主管部门要依据各自职责，依法查处各类违法事件，对违反规定审批建设项目危及军事设施的，要予以纠正并依法追究有关人员责任，同时责令相关责任单位或责任人采取补救措施。把保护军事设施与平安建设紧密结合起来，积极开展军警民联防联治活动，对危害军事设施安全保密和使用效能的，要依法采取果断措施，彻底消除隐患。

《意见》强调要妥善处理军事设施保护与地方经济建设的关系。各级人民政府编制经济社会发展规划、土地利用总体规划、城市总体规划等，以及安排建设项目可能影响军事设施的，要征求军事机关意见，妥善处理有关矛盾和问题。军事机关要主动向当地政府介绍情况，提出军事设施保护要求；组织军事设施建设要精打细算，节约用地，在保护军事设施基础上支持地方扩大开放、发展经济、保护环境。对因建有重要军事设施经济建设受影响较大的地区，要制定相应的扶持政策和措施，促进当地经济发展。

《意见》提出要不断完善军事设施保护法律、法规和工作机制。进一步调整充实各级军事设施保护委员会，军事设施保护委员会办公室由军事机关和地方政府指派专人共同组成，建立、健全任务部署、督促检查、业务培训、报告通报等行之有效的工作制度，实现军事设施保护工作经常化、制度化。各地要制定和完善相关配套法规，提高军事设施保护法律、法规的科学性、针对性和可操作性。把军事设施保护宣传教育作为全民国防教育、普法教育的重要方面，把军事设施保护法律、法规知识作为公务员培训、考核的重要内容，在全社会深入开展军事设施保护宣传教育，增强全民国防观念、法制观念，提高保护军事设施的自觉性。按照军地共同保障的原则，落实各级军事设施保护委员会的工作经费，保证开展工作的需要。

《意见》要求地方各级人民政府和军事机关把军事设施保护工作作为事关国家安全的重要任务，认真抓好落实。要把军事设施保护情况作为军地单位及其负责人工作绩效考评的一项重要内容，与评选双拥模范城(县)和军民共建先进单位挂钩，努力开创军事设施保护工作的新局面。

第五届建筑创作优秀奖揭晓

《人民日报》报道，中国建筑学会第五届建筑创作奖近日揭晓。国家游泳中心(水立方)等22项获建筑创作优秀奖，北京奥林匹克公园网球中心等51项获建筑创作佳作奖。

中国羽毛球队获得第十一届苏迪曼杯世界羽毛球混合团体赛冠军

5月18日

全国社会治安综合治理表彰大会在人民大会堂举行

表彰大会由中组部部长李源潮主持。会上宣读了有关表彰决定，并为获奖代表颁了奖。受到表彰的先进集体代表在会上发了言。

参加会见和表彰大会的领导同志还有：令计划、路甬祥、马凯、王胜俊、曹建明、李兆焯等。

表彰大会以电视电话会议形式召开。各省、自治区、直辖市有关负责同志在分会场参加了会议。

中央纪委 监察部在郑州召开加强纪检监察机关自身建设座谈会

中央纪委书记贺国强出席会议并讲话。

贺国强强调，加强纪检监察机关自身建设是一项长期战略任务，也是一项紧迫现实任务。各级纪检监察机关要进一步统一思想、提高认识，紧密结合国际国内形势的新变化、党和国家事业的新发展、纪检监察工作的新任务，切实加深对开展主题实践活动重要性和必要性的认识，增强搞好活动的责任感和紧迫感，做到主要负责同志重点抓、亲自抓；要进一步深化对主题实践活动内涵和要求的理解，切实把“做党的忠诚卫士、当群众的贴心人”这一主题和“对党和国家无限忠诚、对广大干部和群众关心爱护、对腐败分子和消极腐败现象坚决斗争、对自己和亲属严格要求”的基本要求转化为每个纪检监察干部的自觉追求和实际行动；要进一步把主题实践活动与深入学习实践科学发展观活动有机结合起来，在时间安排和工作部署上统一考虑、在思想内容和方式方法上统一要求、在成果运用和巩固完善上统一进行，切实做到全面之中有重点、共性之中有特色、开展活动有载体、推动工作有抓手；要进一步加大查找问题和整改落实的工作力度，拓展查找问题渠道，深入剖析问题根源，强化整改落实措施，确保达到解决问题、推动工作的目的；要进一步在巩固活动成果和建立长效机制上下功夫，既抓紧解决当前问题又注重建章立制，继承已有制度，推进制度创新，增强制度执行力，促进纪检监察机关自身建设科学化、制度化、规范化；要进一步妥善处理主题实践活动与业务工作的关系，坚持把主题实践活动纳入各级纪检监察机关整体工作中去思考、谋划和安排，把广大纪检监察干部在主题实践活动中激发出来的政治热情和进取精神转化为做好工作的内在动力，把纪检监察工作取得的成果作为衡量主题实践活动成效的标准，切实做到两不误、两促进。

河南、河北、吉林、山东、湖北、重庆、陕西7省(市)

的纪委书记在会上作了发言。

中央社会治安综合治理委员会等单位公布社会治安治理工作先进单位和个人

中央社会治安综合治理委员会、人力资源和社会保障部决定,授予110个单位“全国社会治安综合治理先进集体”荣誉称号;授予96名同志“全国社会治安综合治理先进工作者”荣誉称号。

同时,中央社会治安综合治理委员会决定,对2005年至2008年期间,在社会治安综合治理工作中成绩突出的82个优秀地市和160个全国平安建设先进县(市、区)予以表彰。对达到连续三次被表彰的19个集体、县(市、区)和地市授予“长安杯”,对已获得“长安杯”的19个集体、县(市、区)和地市,再次确认“长安杯”荣誉称号。

国务院副总理回良玉在江西南昌出席全国农业综合开发工作会议并讲话

全国农业综合开发工作会议5月18日至19日召开。

国务院副总理回良玉在会上强调,做好新时期的农业综合开发工作,要围绕提高农业综合生产能力、建设现代农业和促进农民增收,大力支持高标准农田建设,积极推进农业产业化经营,有效促进农业科技进步,切实保护和改善农业生态环境。要坚持有所为有所不为,注重发挥优势、突出重点,切实做到“两个聚焦”:一是资金安排向高标准农田建设聚焦。要把建设高标准农田作为农业发展的战略任务,摆在更加突出的位置,集中力量予以支持。高标准农田建设要按照田地平整、土壤肥沃、路渠配套、林网适宜的要求,搞好规划、统筹安排、连片推进,实行田、水、路、林、山综合治理,突出抓好水利设施建设特别是灌区骨干工程节水改造,努力实现旱涝保收、高产稳产。二是项目布局向粮食主产区聚焦。农业综合开发的各类项目要向主产区集中布局,各类增产增收增效措施要在主产区集成投入,农业产业化扶持政策要向主产区倾斜,加快国家粮食核心产区和后备产区建设,努力促进粮食增产、农民增收、财力增强相协调。

财政部部长谢旭人在会上作了工作报告,江西、河北、黑龙江、江苏、安徽、河南、湖南、云南8省作了交流发言。13个粮食主产省(区)、云南省、新疆维吾尔自治区人民政府及新疆生产建设兵团、黑龙江农垦总局负责人,中央有关部门负责人参加了会议。与会代表实地考察了南昌县国家农业综合开发示范区、万亩标准农田项目和年百万头生猪屠宰生产线。

海峡经济区高层研讨会在福州市举行

全国人大常委会副委员长、民革中央主席周铁农,全国政协副主席、台盟中央主席林文漪和新党主席郁慕明等250多位两岸来宾出席了研讨会。来自海峡两岸的7名专家在研讨会上做专题发言,探讨海峡经济区的战略定位、重大作用、现实意义,探讨其发展模式、发展阶段、发展目标,并提出政策建议。

专家们在研讨中认为,共同构建和发展海峡经济区,是海峡西岸和东岸应对全球金融危机影响、促进两岸共创双赢的必然选择。构建海峡经济区,有利于发挥海西和海东各自的比较优势,挖掘相互的合作潜力,有利于加快区域内各板块的对外开放,有利于促进区域资源优化配置、产业合理布局、基础设施协调衔接。海西、海东一旦形成发展合力,有望成为参与国际竞争的区域经济中心,成为继珠三角、长三角、环渤海等经济区之后,中国区域经济发展的又一个增长极。东西岸更紧密的合作,可以让更多台湾民众亲身参与,分享机遇,增进共识,形成推动两岸关系和平发展的强大动力。

构建和发展海峡经济区受到各方关注,研讨会共收到两岸专家学者论文82篇。此次研讨会由台盟中央、福建省政协、国务院发展研究中心、经济日报社共同主办。

第十一届海峡两岸经贸交易会在福州市展览城开幕

本届海交会将围绕“投资合作、贸易拓展”的主题,进一步展示海峡西岸、促进两岸合作、加强经贸交流、共创海峡繁荣。

台湾23个县市的32个台商团组、逾千客商参加本届海交会。中心馆开设了“台湾县市名优特产品展”,与台湾各县市联手打造和培育台湾名优特产品大陆订货会。

海交会持续5天,还将举行2009海峡两岸创意产业合作与发展高峰会议、海峡两岸创意人才培养与产业合作研讨会、台北市城市旅游推介会、第五届国际商协会领导人会议暨旅游产业双向对接会、台湾县市主题日暨两岸城市交流活动、第二届海峡两岸装备制造业项目对接洽谈会等活动,以推动两岸产业互补链接,促进两岸交流,构筑两岸沟通平台。

本届海交会由国台办、中国贸促会、海关总署、国家质检总局和福建省人民政府联合主办。

中欧圆桌会议第五次会议开幕式在天津举行

全国政协副主席、中国经济社会理事会主席王刚出席并致辞。

王刚在致辞中说,本次会议围绕"循环产业"和"中欧经济社会权利"问题开展交流和研讨,反映了中欧双方深化互利合作、实现共同发展的愿望,符合当前中欧经济社会发展的要求。

王刚强调,发展循环经济是中国经济社会发展的一项重大战略,中国将坚定不移地走科学发展的道路,进一步加强与国际社会在循环经济领域的交流与合作,认真学习发达国家先进技术和管理经验,积极借鉴世界各国的有益成果,着力推动循环产业和循环经济发展,努力实现经济持续增长、社会全面进步、资源持续利用、环境不断改善的目标。尊重和保障人权是中国的宪法原则,中国坚持不懈地推进中国人权事业,确实把保障人民生存权、发展权放在保障人权的首要位置,在推动经济社会又好又快发展的基础上,依法保证全体社会成员平等参与、平等发展的权利,努力在促进和保护人权方面取得更大进展。同时,继续加强国际人权交流、对话与合作,同世界各国一道,为推动国际人权事业健康发展作出积极贡献。

本次会议会期两天,来自中国经济社会理事会和欧盟经济社会委员会的40多位代表,将围绕会议议题进行研讨并签署联合声明。

国务院副总理李克强在北京会见日本富山县知事石井隆一

李克强指出,友好省县交流是两国地方交流的重要形式,也是中日关系的重要组成部分。推动中日关系发展的基础在民间。开展多形式、多领域的友好交流,有利于促进双方经贸合作和联系两国人民感情。当前形势下,双方应进一步加强合作,应对国际金融危机,促进两国经济发展,夯实中日关系健康稳定发展的社会基础。

石井隆一说,富山县和辽宁省缔结友好省县关系25年来,交流与合作不断取得新进展。富山县愿不断扩大合作,为日中关系发展作出新贡献。

国务委员兼国防部部长梁光烈在北京会见泰国武装部队最高司令颂吉滴一行

拉西瓦水电站首期2台机组并网发电

此举标志着这座黄河流域最大的水电工程开始正式投入运营。位于青海省贵德县与贵南县交界的黄河干流上的拉西瓦水电站是我国实施西部大开发、"西电东送"战略北通道的重要骨干电源,是"十一五"期间国家重点工程,共规划建设6台70万千瓦水轮发电机组。拉西瓦水电站另外4台机组也将于2010年年底前全部投产发电。

第一架国内总装的空客A320飞机在天津滨海国际机场试飞成功

5月19日

国家主席胡锦涛在人民大会堂与巴西总统卢拉举行会谈

胡锦涛高度评价中巴建交35周年,特别是建立战略伙伴关系以来,两国关系发展取得的重要进展。他说,进入新世纪,中巴关系全面推进。两国领导人交往频繁,政治互信增强。中巴高委会、战略对话等双边机制相继成立。经贸合作持续扩大,双边贸易额提前实现三年翻番的目标。双方在重点领域和重大项目上的合作迈出新步伐。人文交流富有特色,更加活跃。在国际和地区事务中的合作也不断加强。

胡锦涛就总结过去、规划未来,进一步开创中巴战略伙伴关系新局面,提出四点建议:(一)深化平等互信的政治关系。双方要利用双边和多边场合保持两国高层及各级别经常交往。两国高委会各组成部门和机构要密切配合,精心准备,共同制订好两国政府共同行动计划,开好中巴高委会第二次会议。(二)扩大互利双赢的务实合作。双方要继续采取措施,保持贸易增长,促进两国贸易持续平衡发展。双方要加强在基础设施、能源矿产、制造业、农业等重点领域的合作,鼓励相互投资,共同实施好有关合作项目。双方要深化科技合作,培育新的亮点。做好两国地球资源卫星合作框架下的各项工作,进一步扩大合作领域。双方要加强金融合作,拓宽业务往来,为双方经贸和经济技术合作提供更多形式的融资保障和金融服务。两国经贸混委会、企业家委员会要更好地发挥指导协调和牵线搭桥作用。(三)促进内涵丰富的人文交流。中巴两国文化多元,人文交流大有可为。双方要发挥各自特色,扩大文化、教育、新闻、旅游、体育等领域的交流与合作。(四)密切协调配合的多边合作。当前,国际形势复杂多变,各种全球性挑战明显增多。中方重视并赞赏巴西在国际和地区事务中发挥的重要作用,愿继续加强同巴方在国际组织和多边框架内的磋商与协调,继续推动区域和跨区域合作,共同应对各种风险和挑战,维护世界和平稳定、促进共同发展繁荣。

卢拉完全赞同胡锦涛提出的关于进一步发展双边关系的建议,认为这对于今后两国关系发展具有纲领性指导意义。卢拉表示,巴中建交35年来,双边关系取得长足发展、十分牢固,已经进入良性发展的轨道,这次访问将进一步推进巴中双边关系发展。中国已经成为巴西最大贸易伙伴。双方应进一步推动两国经贸合作,召开巴中高委会第二次会议,制订两国政府共同行动计划。双方签署的能源、金融等领域重要合作协议,将为两国企业间合作提供新的契机。巴方愿与中方共同努力,拓展在科技等各领域全面合作,加强在重大国际问题上的沟通与协调,将双边关系提高到新的水平。

会谈后,两国元首共同签署了联合公报,并出席了其他合作文件的签字仪式。

中华人民共和国和巴西联邦共和国关于进一步加强中巴战略伙伴关系的联合公报

一、值此中巴建交35周年之际,应中华人民共和国主席胡锦涛邀请,巴西联邦共和国总统路易斯·伊纳西奥·卢拉·达席尔瓦于2009年5月18日至20日对中华人民共和国进行国事访问。

二、访问期间,胡锦涛主席和卢拉总统在亲切友好的气氛中举行了会谈,就双边关系及共同关心的国际和地区问题交换了意见,达成重要共识。双方对访问成果给予积极评价,认为访问取得了成功并将进一步推动中巴战略伙伴关系的发展。

三、双方签署了涵盖政治、司法、农牧产品贸易、科技、空间、金融、能源、港口合作等领域的合作文件,以进一步密切中国人民和巴西人民间的关系。

四、两国元首一致认为,中巴建交35年来,双边合作友好互利,富有成果。1993年两国建立战略伙伴关系,2004年两国元首实现互访,2006年召开中巴高层协调与合作委员会(中巴高委会)第一次会议,2007年启动战略对话,2008年两国元首举行三次会晤,这表明双边对话和关系不断密切。今年,两国已在二十国集团领导人伦敦金融峰会和中华人民共和国副主席习近平访问巴西期间,数次举行重要高层会晤。两国元首表示,在当前复杂的国际形势下,中巴进一步密切两国战略伙伴关系意义更加重大。双方重申以战略和长远眼光处理中巴关系,愿在相互尊重、平等互利的原则基础上,进一步加深互信,深化合作,并不断提升合作水平。

五、卢拉总统重申,巴方坚持一个中国原则,承认中华人民共和国政府是代表全中国的唯一合法政府,台湾是中国的一部分。胡锦涛主席对巴方这一原则立场表示高度赞赏。

六、双方强调中巴高委会对指导和协调两国各领域关系发展的重要作用。双方愿保持密切高层交往,并通过战略对话、两国外交部间政治磋商、中国全国人民代表大会和巴西众议院定期交流机制等双边机制及在防务、司法等领域的交往等,加强对两国关系的战略规划,就双边关系和共同关心的重大国际和地区问题交换看法。双方表示愿进一步加强两国战略对话机制,于2009年下半年适时举行第二次战略对话。

七、两国元首决定制订一项两国政府2010—2014年共同行动计划,广泛涵盖现有的各双边合作领域。为此,两国元首指示中巴高委会各组成部门和机构尽快就其分管领域制订共同行动计划。双方还决定于2009年下半年适时在巴西利亚召开中巴高委会第二次会议并通过共同行动计划。

八、两国元首对双边经贸交流持续扩大表示满意,承诺进一步推动双边贸易结构多样化和双边贸易增长。在当前国际金融危机的形势下,双方重申将努力保持各自国家经济增长,并强调双边贸易关系对此具有重要意义。为此,双方愿深化两国海关合作,加强动植物检验检疫等质检合作,努力消除上述领域中的障碍,为双边贸易提供更多安全与便利。双方同意将积极鼓励和支持两国有关部门和企业在基础设施、能源、矿产、农业、工业,特别是高技术产业等领域开展双向投资,积极探讨和推进两国在生物能源领域的双向投资与合作。双方积极评价巴西2008年7月制定"中国议程"有关工作,并愿进一步开展研究,明确双方贸易和投资领域的合作重点。

九、双方欢迎两国有关部门和企业分别签署的涵盖采矿、矿产加工、电力、可再生能源、油气等领域的《关于能源和矿业合作议定书》和《中国国家开发银行、中国石油化工集团公司和巴西石油公司关于加强石油及融资合作的谅解备忘录》《中国国家开发银行与巴西国家开发银行贷款合作备忘录》等合作文件。双方愿积极推动上述文件的落实。

十、双方表示愿在中巴财政对话机制下加强两国宏观经济政策对话,并就共同关心的国际、区域或国内财政金融领域的有关问题加强合作。双方将进一步推动两国金融合作,加强两国央行间就货币政策、货币合作、金融稳定以及国际金融体制改革等问题的交流与对话。同时,双方将在相互信任、互惠互利的基础上,加强两国金融机构的联系,进一步扩展合作领域。

十一、两国元首均认为科技对制定两国经济发展和竞争力政策具有战略作用。强调双边合作是实现上述目标的关键。双方对签署科学技术与创新合作工作计划表示高度满意。该工作计划涉及未来五年在以下优先领域的合作:农业科学、农业能源、可再生能源、生物技术和纳米技术。为此,双方欢迎巴西农牧研究院与中国农科院合作于2010年首先在北京设立联合实验室,欢迎设立从事材料、计量和药物领域研究的中巴纳米技术研究中心的倡议,并对清华大学与里约热内卢联邦大学于近期决定合作设立中巴气候变化和创新技术中心表示祝贺。

十二、两国元首强调愿继续加强空间合作。双方认为，中巴地球资源卫星合作是发展中国家间最成功的科技合作项目之一，愿扩大并丰富该项目框架下的合作。双方对签署关于中巴地球资源卫星保持连续性、扩大合作及其应用的合作文件表示祝贺。两国元首对中巴地球资源卫星图像信息在发展中国家，特别是非洲大陆的应用表示满意。双方在空间领域合作的成功经验应成为两国在科技领域开展新合作的典范。

十三、两国元首重申愿在教育、文化、新闻、旅游和体育等领域开展密切合作。为此，双方一致同意通过两国学术界、文化界、新闻界和体育界的交往，促进两国人民之间的相互了解，巩固中巴友好的基础。双方一致认为，应进一步推动汉语和葡萄牙语教学，扩大旅游合作。双方对在中国增设葡萄牙语教学点和在巴西开设孔子学院表示欢迎。鉴于人员往来在推动中巴各领域交流中的重要性，双方愿加强双边领事合作，积极考虑相互增设领事机构，进一步提供签证便利。中方对巴方即将开设驻广州总领事馆表示欢迎。卢拉总统祝愿2010年上海世博会取得圆满成功，巴西将派团参展。

十四、双方一致认为，中巴在多边事务中的合作是两国战略伙伴关系的重要组成部分。作为发展中大国，中巴加强双边对话与合作有利于国际社会应对所面临的重大挑战。为此，中国和巴西愿在发展中五国、“金砖四国”等框架下保持密切沟通。同时，将加强与其他发展中国家的协调与沟通，推动地区和跨区域合作，增加发展中国家在重大国际事务中的参与权和发言权。

十五、两国元首认为，中巴在应对国际金融危机中均采取了重要措施，以保持各自经济增长，并为全球经济复苏作出积极贡献。两国元首主张深化国际货币基金组织和世界银行正在进行的改革，以使发展中国家拥有更多的代表性和发言权。双方主张国际金融机构应向受到危机影响的发展中国家提供更多的资源援助。双方一致认为，在国际会计准则委员会基金会等组织中，应增加发展中国家的代表性。双方呼吁发达国家积极采取措施应对危机，并希望有关措施不损及发展中国家利益。

十六、双方认为，二十国集团领导人伦敦金融峰会号召国际社会共同应对金融危机，具有重要意义。双方希望有关各国努力落实伦敦峰会成果，推动国际金融体系改革，为推动国际金融体系向更加公平、公正、包容、有序的方向发展作出积极贡献。

十七、双方反对通过加强贸易保护主义来应对国际金融危机。双方愿在世界贸易组织特别是发展中国家农业议题二十国协调组(G20)框架内加强协调与合作，共同反对各种形式的保护主义，努力推动多哈回合谈判在锁定已有成果的基础上，按照授权早日结束并取得全面、平衡的成果。为此，双方愿维护已取得的进展，以实现发展回合的目标，帮助国际社会特别是发展中国家克服危机。

十八、卢拉总统对访华期间所受到的热烈欢迎和盛情款待表示感谢，邀请胡锦涛主席在方便的时候再次访问巴西。胡锦涛主席表示感谢并愉快地接受了邀请。

中华人民共和国主席	巴西联邦共和国总统
胡锦涛	路易斯·伊纳西奥·卢拉·达席尔瓦

全国人大常委会委员长吴邦国在米兰会见伦巴第大区主席福尔米科尼

国务院总理温家宝 全国政协主席贾庆林 国家副主席习近平在北京分别会见巴西总统卢拉

温家宝指出，面对国际金融危机、气候变化、能源和粮食安全等重大挑战，发展中国家要积极应对，扩大国际合作，积极维护自身利益。发达国家要承担更多责任，对发展中国家开放市场，增加援助和转让技术。中方愿与巴方一道，推动国际社会齐心协力，共克时艰，促进世界的和谐和可持续发展。

贾庆林指出，在当前国际金融危机背景下，进一步巩固和深化双方各领域务实合作，不仅有利于两国自身发展，而且对加强南南合作、共同维护国际金融稳定、促进世界经济发展具有重要意义。贾庆林还简要介绍了中国共产党领导的多党合作和政治协商制度以及中国全国政协的情况。

习近平说，去年以来，胡锦涛主席与总统先生四次会晤，有力地推动了两国关系深入发展。今年2月我访问贵国，积极落实两国元首达成的共识，推动有关工作取得积极进展。目前两国在金融、能源、科技等领域的合作开局良好，在事关全球和平与发展的重大国际事务中密切协调、相互配合，维护了广大发展中国家的利益。习近平指出，中方高度重视中巴关系，愿与巴方共同努力，以两国建交35周年和总统此访为契机，进一步深化两国在经贸、能源、金融、科技、航天等重点领域合作，携手应对国际金融危机，实现中巴互利双赢、共同发展，以更好地造福两国人民。

卢拉表示，就任以来同胡锦涛主席等中国领导人多次会晤，留下亲切美好印象。当前巴中关系日益密切，进行了良好合作。当前国际金融危机为巴中扩大合作带来机遇。双方应以更加进取的精神，发挥各自优势，进一步加强双多边合作，把巴中战略伙伴关系推向新的更高水平。

国务院批转发展改革委《关于2009年深化经济体制改革工作的意见》并发出通知

各省、自治区、直辖市人民政府,国务院各部委、各直属机构:

国务院同意发展改革委《关于2009年深化经济体制改革工作的意见》,现转发给你们,请认真贯彻执行。

国务院

2009年5月19日

关于2009年深化经济体制改革工作的意见

今年是进入新世纪以来我国经济社会发展最为困难的一年。国际金融危机尚未见底,经济增速明显放缓,长期积累的体制机制矛盾更加突出。复杂严峻的国际国内经济形势要求我们毫不动摇地继续深化改革开放。要通过深化改革破解发展难题,通过扩大开放赢得发展机遇,确保经济平稳较快发展和"十一五"规划确定的各项目标顺利实现,加快完善社会主义市场经济体制。根据党的十七大、十七届三中全会精神和中央经济工作会议要求,按照"十一五"规划和今年政府工作报告关于经济体制改革的总体部署,结合当前的改革发展形势,现就2009年深化经济体制改革工作提出以下意见:

一、指导思想和总体要求

指导思想。以邓小平理论和"三个代表"重要思想为指导,深入贯彻落实科学发展观,全面贯彻党的十七大、十七届三中全会和中央经济工作会议精神,把应对危机作为深化改革的契机,围绕扩内需、保增长、调结构、惠民生,切实推进重点领域和关键环节改革,推动形成有利于科学发展与社会和谐的体制机制。

总体要求。把立足当前与着眼长远结合起来,抓住时机消除制约当前经济社会发展的突出矛盾和影响长远发展的深层次体制机制障碍;把加强宏观调控与发挥市场机制作用结合起来,进一步完善市场机制,提高宏观调控水平,增强经济发展的内在活力;把整体部署与局部试点结合起来,充分调动中央、地方和人民群众的积极性与创造性,形成全社会共同推进改革的新局面;把应对挑战与把握机遇结合起来,统筹出台改革措施的时机、力度和节奏。

二、加快转变政府经济管理职能,激发市场投资活力

继续削减和调整行政审批事项,切实把政府职能转到主要为市场主体服务和创造良好发展环境上来(监察部牵头)。结合地方政府机构改革,探索建立有利于促进地方政府职能转变的体制机制(中央编办牵头)。建立财政政策、货币政策、产业政策、投资政策协调配合机制,完善宏观调控政策体系(发展改革委、财政部、人民银行负责)。深入推进投资体制改革,修订出台政府核准投资项目目录,最大限度地缩减核准范围、下放核准权限;抓紧研究起草政府投资条例、企业投资项目核准和备案管理条例,进一步规范和优化投资管理程序,提高效率;健全政府投资管理机制,稳步推行非经营性政府投资项目代建制,建立和完善投资项目后评价、重大项目公示和责任追究制度;科学界定政府投资领域和范围,充分发挥政府投资对社会投资的引导和带动作用(发展改革委牵头)。

三、深化垄断行业改革,拓宽民间投资的领域和渠道

加快研究鼓励民间资本进入石油、铁路、电力、电信、市政公用设施等重要领域的相关政策,带动社会投资(发展改革委、工业和信息化部、住房城乡建设部、铁道部、商务部、电监会负责)。抓紧研究制定铁路体制改革方案,加快推进铁路投融资体制改革(铁道部、发展改革委、财政部负责)。继续深化电信体制改革,制定出台配套监管政策,加快形成有效的市场竞争格局;深化邮政体制改革,推动邮政速递物流业务重组改制(工业和信息化部、交通运输部、发展改革委、财政部负责)。落实国家相关规定,实现广电和电信企业的双向进入,推动"三网融合"取得实质性进展(工业和信息化部、广电总局、发展改革委、财政部负责)。加快推进电网企业主辅分离和农电体制改革(发展改革委、电监会、国资委、能源局、财政部、水利部负责)。制订出台盐业管理体制改革方案(发展改革委、工业和信息化部负责)。加快推进市政公用事业改革,扩大城市供水供热供气、污水处理、垃圾处理等特许经营范围(住房城乡建设部、水利部负责)。

四、大力推进资源性产品价格和节能环保体制改革,努力转变发展方式

继续深化电价改革,建立与发电环节适度竞争相适应的上网电价形成机制;推进输配电价改革;调整销售电价分类结构,减少各类用户电价间交叉补贴;适时理顺煤电价格关系;研究制定农村电力普遍服务政策(发展改革委牵头)。推进大用户直接购电和双边交易试点(电监会、发展改革委负责)。完善煤炭成本构成,反映开采、经营过程中的资源、环境和安全成本(财政部牵头)。完善天然气价格形成机制,逐步理顺与可替代能源的比价关系(发展改革委牵头)。加快建立初始水权制度;积极推进水价改革,逐步提高水利工程供非农业用水价格,完善水资源费征收管理体制(水利部、发展改革委、财政部负责)。完善节能减排目标责任评价考核体系和多元化节能环保投入机制;健全高效节能环保产品推广激励制度及落后产能退出机制;研究建立循环经济考核体系(发展改革委、财政部、环境保

护部、工业和信息化部、统计局负责)。探索建立环境法制、绿色信贷、政绩考核、公众参与等环境保护长效机制(环境保护部牵头)。加快推进污水处理、垃圾处理等收费制度改革(发展改革委、住房城乡建设部、环境保护部负责)。加快推进跨省流域生态补偿机制试点工作;扩大排污权交易试点范围,完善相关法律、法规(财政部、发展改革委、环境保护部、水利部负责)。建立资源型城市可持续发展准备金制度;推进矿产资源补偿费制度改革,建立与资源利用水平和环境治理挂钩的浮动费率机制(财政部、发展改革委、国土资源部、环境保护部负责)。

五、着力优化产业结构与所有制结构,推动服务业和非公有制经济发展

继续推进国有企业公司制股份制改革,健全公司治理结构,完善现代企业制度;继续推进国有资本结构优化和战略性调整;完善国有资产监督管理体制和制度(国资委、财政部负责)。完善鼓励支持和引导个体私营等非公有制经济发展的政策措施(工业和信息化部牵头)。抓紧完善中小企业贷款担保基金和贷款担保机构等多层次担保体系,建立、健全中小企业信用担保风险补偿机制;推进中小企业信用制度和信用担保机构评级制度建设(银监会、工业和信息化部、人民银行、财政部负责)。继续发展中小企业板市场,稳步发展中小企业集合债券,继续开展中小企业短期融资券试点(证监会、发展改革委、人民银行负责)。完善服务业发展规划体系,加快建立促进现代服务业发展的体制机制和政策体系,推动服务业发展和产业结构优化(发展改革委牵头)。进一步放宽服务业市场准入,鼓励非公有制企业参与国有服务企业改革(发展改革委、工业和信息化部、国资委负责)。深化政府机关和事业单位后勤服务社会化改革(中央编办、财政部、国管局负责)。鼓励社会力量兴办民办非企业单位,培育多元化的服务业市场主体(发展改革委、民政部负责)。

六、加快推进民生领域改革,提高居民消费能力和意愿

加强公共就业服务体系建设,加大政策支持力度,建立灵活多样的就业和创业促进机制,进一步完善以创业带动就业的政策措施(人力资源社会保障部牵头)。研究出台关于收入分配调节的指导意见(发展改革委牵头)。规范国有企业负责人薪酬管理制度,合理控制收入分配差距(人力资源社会保障部、财政部、国资委负责)。研究制定事业单位实施绩效工资的意见(人力资源社会保障部、财政部负责)。推动工资集体协商和工资支付保障制度建设,落实最低工资制度;完善基本养老保险制度,继续开展做实个人账户试点,全面推进省级统筹;出台养老保险关系转移接续办法;推进事业单位养老保险改革试点;制订实施农民工养老保险办法;出台新型农村社会养老保险指导意见;研究解决农垦职工社会保障问题(人力资源社会保障部牵头)。建立企业退休人员基本养老金和城乡最低生活保障标准正常调整机制(人力资源社会保障部、民政部、财政部负责)。健全廉租住房制度,规范经济适用住房建设与管理,建立、健全保障性住房规划建设管理体制(住房城乡建设部牵头)。推动林区棚户区房屋产权制度改革试点(林业局、住房城乡建设部、国土资源部负责)。健全食品药品安全监管体制,实行严格的食品质量安全追溯、召回、市场准入和退出制度(卫生部、农业部、质检总局、工商总局、食品药品监管局负责)。

七、深化科技、教育、文化、卫生体制改革,加快社会事业发展

以加强企业为主体、市场为导向、产学研相结合的技术创新体系建设为突破口,加快推进国家创新体系建设,促进科技资源的整合与开放共享,动员广大科技人员深入基层服务企业,大力提高企业自主创新能力,充分发挥科技创新在促进经济结构调整和发展方式转变中的重要作用(科技部、发展改革委、教育部、国资委负责)。研究制定国家中长期教育改革和发展规划纲要(教育部牵头)。进一步健全义务教育经费保障机制,推进义务教育资源配置均等化;完善家庭经济困难学生资助政策体系,制定和完善学费和助学贷款代偿政策(财政部、教育部负责)。推进中等职业教育体制改革,建立面向农村地区的免费中等职业教育制度(教育部、人力资源社会保障部、财政部负责)。加快建立进城务工人员子女平等就学制度(教育部牵头)。继续深化文化事业和文化产业体制改革(文化部、广电总局、新闻出版总署负责)。认真组织落实医药卫生体制改革近期重点实施方案(发展改革委、卫生部、人力资源社会保障部、财政部负责)。深化体育体制改革,加强体育公共服务,促进体育产业健康发展(体育总局牵头)。

八、继续深化农村改革,建立、健全统筹城乡发展的体制机制

深化农村综合改革,着力增强乡镇政府社会管理和公共服务职能(国务院农村综合改革工作小组牵头)。推进农村集体建设用地管理制度改革,研究制定流转管理办法,探索建立统一规范的城乡建设用地市场;深入推进土地有偿使用制度改革,严格限定划拨用地范围(国土资源部牵头)。开展农村土地承包经营权登记试点,建立、健全土地承包经营权流转市场,加强流转管理和服务,发展适度规模经营;推进国有农场体制改革(农业部牵头)。加快推进集体林权制度改革,完善相关配套政策;积极推进国有林区、国有林场体制

改革(林业局牵头)。完善粮食等主要农产品价格形成机制;深化国有粮食企业改革(发展改革委、粮食局负责)。完善与化肥、柴油等农资价格挂钩的农资综合补贴动态调整机制(财政部牵头)。加快推进基层农技推广体系改革,构建新型农业社会化服务体系,推进农业产业化和农民专业合作组织发展(农业部牵头)。探索建立城乡规划建设一体化管理体制(住房城乡建设部牵头)。探索建立统筹城乡的就业和社会保障政策体系(人力资源社会保障部牵头)。研究制定放宽中小城市落户条件、允许符合条件的农村居民在城市落户的相关政策;推动流动人口服务和管理体制创新(公安部牵头)。

九、加快推进财税体制改革,建立有利于科学发展的财税体制

围绕推进基本公共服务均等化和主体功能区建设,健全中央政府和地方政府财力与事权相匹配的体制;推进省直管县财政管理方式改革,逐步建立县级基本财力保障机制;提高一般性转移支付的规模和比例,加快完善统一规范透明的财政转移支付制度;健全公共财政职能,优化财政支出结构(财政部牵头)。深化预算制度改革,研究起草国有资本经营预算条例,试行社会保险预算制度,实现政府公共预算、国有资本经营预算、政府性基金预算和社会保障预算有机衔接(财政部、国资委、人力资源社会保障部负责)。研究建立全国行政事业单位国有资产统计报告制度(财政部牵头)。全面实施增值税转型改革;统一内外资企业和个人城建税、教育费附加等税收制度;研究推进综合和分类相结合的个人所得税制度;研究制定并择机出台资源税改革方案;加快理顺环境税费制度,研究开征环境税;深化房地产税制改革,研究开征物业税(财政部、税务总局、发展改革委、住房城乡建设部负责)。

十、深化金融体制改革,构建现代金融体系

深化国有控股商业银行改革;继续推进政策性银行改革(人民银行牵头)。推进金融资产管理公司改革(财政部牵头)。稳步发展各种所有制中小金融企业和新型农村金融机构;推进农村信贷担保机构发展(银监会牵头)。扩大农村有效担保范围,发展农村多种形式担保的信贷产品(人民银行、银监会负责)。出台放贷人条例,积极引导民间融资健康发展(人民银行、法制办负责)。建立、健全存款保险制度(人民银行、银监会负责)。推进利率市场化改革,完善人民币汇率形成机制(人民银行牵头)。加强资本市场基础性制度建设,建立、健全有利于资本市场稳定发展和投资者权益保护的法规体系;适时推出创业板,推进场外市场建设,完善资本市场功能(证监会牵头)。完善债券市场化发行机制、市场约束与风险分担机制,逐步建立集中统一的债券市场监管规则和标准(证监会、发展改革委、财政部、人民银行负责)。深化保险业改革,积极发挥保险保障和融资功能(保监会牵头)。加快股权投资基金制度建设,尽快出台股权投资基金管理办法(发展改革委牵头)。建立、健全金融监管协调机制和国际合作机制(人民银行、金融监管机构负责)。

十一、深化涉外经济体制改革,健全开放型经济体系

尽快建立服务贸易促进体系,研究制定服务贸易促进条例,制定并实施加快服务外包产业发展的政策措施;建立先进技术、设备和战略性资源进口的协调、管理机制;建立、健全有效应对国际贸易摩擦和争端的工作协调机制;积极稳妥实施自由贸易区战略,进一步推进区域和次区域经济合作,推进边境经济合作区建设;着力推进对外劳务合作管理体制改革,加快相关立法进程(商务部牵头)。完善国际贸易投资风险防范机制,研究建立国际经济波动对我国经济影响的信息引导和预测预警机制(商务部、发展改革委、海关总署负责)。加快建立外资并购安全审查机制;完善利用外资的管理体制和政策法规,进一步下放审批权限、简化审批程序(发展改革委、商务部、法制办负责)。研究制定境外投资条例,进一步简化对外投资管理程序,扩大境外投资备案登记范围,完善信贷、外汇、财税、人员出入境等方面支持企业"走出去"的政策措施,加快对外投资合作公共服务体系建设(发展改革委、商务部、人民银行、财政部等部门负责)。

十二、积极推进综合配套改革试点,为全国改革提供示范和借鉴

上海浦东新区、天津滨海新区等国家综合配套改革试验区要按照完善社会主义市场经济体制的方向,针对制约当地经济社会发展的体制机制问题,根据统筹城乡发展、建设资源节约型和环境友好型社会、加快开发开放、促进发展方式转变等发展战略的要求,在行政管理、财政、金融、土地等重点领域和关键环节改革方面积极探索,勇于创新。发展改革委要加强对综合配套改革试点工作的指导,健全试点工作协调推进机制,保障改革试点平稳有序推进。各部门要结合自身职能,积极支持和指导改革试点,将有关专项改革试点放在相应试验区先行先试。各地区可结合自身实际,在有效防控风险的前提下,积极开展各类综合和专项改革试点。

十三、加强统筹协调,认真落实改革任务

发展改革委要加强对重点领域改革的统筹规划和综合设计,建立、健全部门间统筹协调推进改革的工作机制,加强对经济体制改革的指导推进和综合协调,督促检查各项改革进展和落实情况,及时向国务院报告。

各地区、各部门要结合本意见，提出符合自身实际、操作性强的年度改革意见或实施办法。对年内能够完成的改革任务，要集中力量，确保完成；对跨年度的改革任务，要积极推动，尽快取得突破。各项改革的牵头负责部门要会同相关部门科学制订方案，明确实施步骤和时限要求，落实工作责任。相关部门要结合自身职能，积极配合牵头负责部门做好有关工作。

全国干部监督工作会议在北京举行

李源潮出席会议并讲话。李源潮在会上指出，要坚持民主、公开、竞争、择优方针，进一步深化干部选拔任用制度改革，加大从源头上防治用人上不正之风的力度，用制度和机制遏制“潜规则”。要强化公开监督，把选拔任用干部满意度民意调查作为提高选人用人公信度的有力杠杆，充分运用民意调查结果，有针对性地加强和改进干部工作。对干部选拔任用中的违规违纪行为，各地各部门要主动查、深入查，查实的问题要果断处理、严肃追究责任，用铁的纪律保证选人用人风清气正。对领导干部要从严教育、从严要求、从严管理、从严监督，使之不敢懈怠、不敢腐败、不敢专权、不敢失责。各级党委(党组)对整治用人上的不正之风和腐败现象负有首要责任，主要负责人要带头接受监督、带头抓好监督、带头支持监督。

中组部常务副部长沈跃跃主持会议。各省区市、副省级城市和新疆生产建设兵团党委组织部部长，中央和国家机关各部委、各人民团体干部人事司(局)长，部分国有重要骨干企业和部分高等学校党委(党组)负责同志，全国干部监督工作联席会议成员单位负责同志参加会议。

中央纪委 监察部 国务院纠风办召开中央国家机关部门和行业作风建设经验交流会

会议强调，各部门各行业要以维护人民群众利益为出发点，以队伍建设为基础，坚持纠建并举、重在建设，寓防风于成风之前，寓建设于纠正之中，在抓落实上下功夫，以部门和行业作风建设的实际成果取信于民。

会议强调，各部门各行业要深入推进纠风专项治理，在重点、难点问题上下功夫，不断取得阶段性成果；针对群众反映强烈的问题，搞好自查自纠，每年集中解决一两个重点问题。通过不懈努力，到2012年，实现齐抓共管的行风建设责任机制不断完善、职业道德规范与从业行为准则进一步健全、防治不正之风的长效机制初步形成、行风建设评价体系更加科学、解决损害群众利益突出问题的成效更加明显、广大群众对行风建设的满意度大幅提高。

会议要求，各部门各行业要按照“谁主管、谁负责”和“管行业必须管行风”的原则，进一步建立、健全的领导体制和工作机制，做到组织领导坚强有力，责任单位任务明确，派驻机构督导到位，考核办法科学有效。要重在建设，加强教育，完善制度，争创人民满意的部门和行业。要强化监督，依靠群众深入推进行风建设，在深化政务公开、民主评议和接受新闻舆论监督上取得新成效。要深化改革，把行风建设与推进行政审批制度改革、财政管理体制改革、行业协会和市场中介组织改革相结合，建立防范不正之风的长效机制。

中央纪委副书记、监察部部长、国务院纠风办主任马馼出席会议并讲话。

《人民日报》发表评论员文章《加强基层基础建设 维护社会和谐稳定》

全国社会治安综合治理表彰大会昨天在京召开。这是一次关注基层，重视人才，宣传典型的会议，110个先进集体和96名先进工作者大多来自基层。82个社会治安综合治理优秀城市和160个平安建设先进县(市、区)的经验充分表明，加强基层基础建设是落实社会治安综合治理的重要保障。只有切实加强基层基础建设，才能把社会治安综合治理的各项措施落到实处，才能筑牢维护社会和谐稳定的第一道防线，才能实现社会的长治久安。

发展是硬道理，稳定是硬任务。社会平安是极重要的民生问题，也是最基本的发展环境。当前，面对席卷全球的金融危机，国际国内形势更加复杂，维护社会稳定的工作面临更大的挑战。我们一定要下大气力加强社会治安综合治理基层基础建设。

加强社会治安综合治理，关键是要充分发挥基层党组织的重要作用。党的领导是做好社会治安综合治理工作的根本保证。各级党委要切实担负起领导责任，经常研究解决工作中的重大问题，发挥好协调各方的重要作用，努力形成抓好社会治安综合治理的整体合力。要注意用好考核、奖惩、一票否决等工作手段，严格落实领导责任制。一定要把社会治安综合治理基层基础建设与基层党组织建设结合起来，与开展深入学习实践科学发展观活动结合起来，进一步健全基层党组织，加快在新社会组织、新经济组织中建立党组织的步伐，努力扩大党的工作覆盖面，进一步明确基层党组织在综合治理工作中的责任。第三批学习实践活动主要在基层开展，要把加强社会治安综合治理基层基础建设作为重点解决的问题，切实抓好整改。

坚持重心下移，把矛盾纠纷化解在基层，才能为社会治安综合治理打下坚实基础。要继续推广“小事不出村、大事不出乡、矛盾不上交”的浙江“枫桥经验”，并赋予其新的内涵。要做好基层矛盾纠纷的排查调处工作,使各种矛盾纠纷在基层早发现、早控制、早解决。进一步完善排查工作机制,实现矛盾纠纷排查化解、治安问题和安全隐患排查整治的经常化、规范化和制度化。基层在开展矛盾纠纷排查调处时,要特别强调“依法”和“疏导”。处理各种矛盾纠纷,都要严格依法进行,都要依靠基层干部去做耐心细致的疏导教育工作,在化解矛盾的同时,理顺社会情绪,赢得群众理解和支持。

依靠人民群众,是党的优良传统。要认真贯彻打防结合、预防为主、专群结合、依靠群众的方针,更好地发挥群防群治队伍的作用。要加强基层综合治理组织建设,进一步完善乡镇、街道的相关组织,把公安、民政、信访、社保等力量组合起来,既处理好社会治安问题,又帮助群众解决实际困难。要发挥好社会治安综合治理的网络优势,确保综合治理工作在基层有人抓、有人管、管得好。要加大投入,为社会治安综合治理提供有力的物质保障。

我们相信,通过表彰奖励先进,总结推广经验,一定能够进一步形成抓基层、打基础的良好氛围,不断推动社会治安综合治理工作取得新进展,为实现党中央提出的保增长、保民生、保稳定目标提供坚实的保障。

国务委员兼公安部部长孟建柱在莫斯科同俄罗斯内务部长努尔加利耶夫举行会谈

孟建柱在会谈时希望双方边境地区公安内务部门密切合作,维护两国边境地区的安全与稳定。他还希望双方充分利用已经建立的各种工作机制,在交换情报信息、核查案件线索、相互协查办案以及人员培训等方面开展合作,充实合作内涵,提高合作效率。

努尔加利耶夫对此表示赞同。他说,俄罗斯十分重视保护在俄中国公民的安全和合法权益,愿与中方进一步加强警务执法交流与合作,认真调查涉及中国公民的案件,及时向中方通报情况,尽力保护在俄中国公民的生命财产安全。他还表示,俄方愿借鉴中方在奥运安保方面的成功经验和做法。

会谈后,双方签署了《中国公安部和俄罗斯内务部2009—2010年合作议定书》。

全国人大常委会副委员长华建敏在人民大会堂会见由主席米哈依·图多塞率领的罗马尼亚众议院经济政策 改革和私有化委员会代表团

国家国防科技工业局将“风云二号”E气象卫星在轨交付给中国气象局使用

北京正负电子对撞机重大改造工程圆满完成

第十二届中国北京国际科技产业博览会开幕

北京市委书记刘淇出席了科博会主题报告会。国务委员刘延东作了题为《科技创新引领发展》的主题报告。

国内最大的沼气发电厂——北京德青源沼气发电厂正式向华北电网并网发电

我国首部社会工作蓝皮书——《中国社会工作发展报告》(1988—2008)发布

中国社会工作协会和中国社会工作教育协会等今天在京发布《中国社会工作发展报告》(1988—2008),该书全面描述和分析了20年来中国社会工作的发展历程,是我国第一部社会工作方面的蓝皮书。作为我国第一本社会工作发展报告,对社会工作恢复和重建的过程做了比较全面的记述和分析。全书分为总报告、专题报告和专家论坛3个部分。

河北省京剧院院长裴艳玲获得第二届中国戏剧奖·梅花表演奖(第二十四届中国戏剧梅花奖)大赛梅花大奖

5月20日

全国人大常委会委员长吴邦国在总理府会见意大利总理贝卢斯科尼

为深化双边经贸关系,吴邦国提出三点建议:一是加强中小企业合作,开展贸易和相互投资。要充分发挥中意政府委员会的作用,为企业合作提供支持和便利。二是开拓新的合作领域。中国正在着力调整经济结构、促进产业升级,双方在新能源开发利用等领域有着广阔合作前景。三是密切在世博会领域的合作。上海和米兰将相继举办世博会,相信双方在这一领域的合作将成为中意新的合作亮点。

贝卢斯科尼完全赞成吴邦国委员长的建议。他说,意方对意中贸易在金融危机期间仍实现增长表示满意,愿加强双边贸易往来与企业合作,扩大双方人员交往与旅游合作,欢迎中国企业来意投资兴业。

吴邦国还全面介绍了当前的中国经济形势。他表示,中国政府完全有信心、有能力保持经济平稳较快发展。贝卢斯科尼说,我们十分钦佩中国的发展成就,认为中国的经济发展、结构调整、产业升级为扩大意中合作带来了重要机遇。

在谈到应对国际金融危机时,吴邦国说,不久前召开的二十国集团领导人伦敦金融峰会,在加强金融监管、改革国际金融机构等问题上达成重要共识,是全球经济金融治理改革的重要进展,各方应尽快将其落到实处。中国在努力保持国内经济平稳较快发展的同时,愿继续加强国际合作,共同遏制金融危机扩散和蔓延,防止各种形式的保护主义,维护国际金融市场稳定,尽可能减少危机对发展中国家尤其是最不发达国家造成的损害,促进世界经济尽快恢复增长。贝卢斯科尼说,意方高度评价中方为应对国际金融危机作出的贡献,希望同中方加强交流与合作,共同应对国际金融危机,推动解决世界经济的结构性问题和恢复增长的长期性问题。

全国人大常委会委员长吴邦国在罗马与意大利参议长斯基法尼举行会谈

吴邦国积极评价了双边关系。他说,中意建交以来,两国关系顺利发展,特别是2004年建立全面战略伙伴关系以来又加速了发展,当前中意关系正处在历史上最好的时期。一是两国领导人接触频繁,政府、议会、政党对话活跃,各级别交往密切,政治互信不断加深。中方感谢意方在事关中国核心利益问题上给予理解和支持。二是双边贸易稳步增长,双向投资日益扩大,合作领域逐渐拓展,合作的质量和水平继续提高。三是人文等领域的交流丰富多彩,人员往来日益增多,两国关系的社会基础和民意基础不断夯实。中方愿与意方携手努力,从两国经济互补性强这一特点出发,继续保持务实合作的良好势头,进一步拓展合作领域、创新合作方式,共同应对国际金融危机,推动中意全面战略伙伴关系深入发展。

在谈到议会交往时,吴邦国说,我这次访问的一个重要目的,就是要进一步密切两国议会的交流与合作,为双方关系发展注入新的动力。双方即将签署的建立定期交流机制的协议,是两国议会关系成熟的重要体现。事实表明,议会定期交流机制已成为深入对话的重要平台。中国全国人大愿与意大利参议院一道,充分利用这一平台,丰富交流形式,充实交流内容。一是保持议会高层交往,增进相互了解,深化战略互信。二是密切各专门委员会、友好小组和办事机构之间的交往,深入开展治国理政和立法监督等方面的经验交流。三是加强在国际和地区议会组织中的磋商与配合,就重大国际和地区问题交换看法、协调立场,维护共同利益。

斯基法尼完全赞同吴邦国对两国关系的评价和加强两国议会交往的建议。他表示,意大利参议院愿在各层次、各领域密切与中国全国人大的友好交往,深化政治互信,推动互利合作,为促进意中全面战略伙伴关系发展作出不懈努力。

会谈结束后,吴邦国委员长与斯基法尼参议长共同签署《中华人民共和国全国人民代表大会与意大利共和国参议院建立定期交流机制的协议》,还共同会见了记者。

国务院总理温家宝抵达布拉格出席第十一次中欧领导人会晤

温家宝在捷克首都布拉格同欧盟轮值主席国捷克总统克劳斯、欧盟委员会主席巴罗佐举行了第十一次中欧领导人会晤。双方在坦诚、务实和友好的气氛中,就进一步发展中欧全面战略伙伴关系,共同应对国际金融危机、气候变化等挑战深入交换了意见,达成重要共识。

双方商定,今年下半年在北京举行第十二次会晤。

会晤后,中欧领导人共同见证了《中欧清洁能源中心联合声明》《中欧中小企业合作共识文件》《中欧科技伙伴关系计划》的签署,并会见了记者。双方发表了联合新闻公报。

陪同温家宝总理出席会晤的有:外交部部长杨洁篪,国家发展和改革委员会主任张平,科技部部长万钢,商务部部长陈德铭,国务院研究室主任谢伏瞻,国务院副秘书长、总理办公室主任丘小雄,外交部部长助理吴红波。

第十一次中欧领导人会晤联合新闻公报

(2009年5月20日,布拉格)

一、第十一次中欧领导人会晤于2009年5月20日在布拉格举行。中华人民共和国国务院总理温家宝代表中国出席了会晤。捷克共和国总统瓦茨拉夫·克劳斯,欧盟委员会主席若泽·曼努埃尔·巴罗佐以及欧盟理事会秘书长兼欧盟共同外交与安全政策高级代表哈维尔·索拉纳代表欧盟出席了会晤。

二、双方领导人回顾了中欧关系发展历程,对自1998年首次领导人会晤以来双方全球性、战略性和互惠性伙伴关系迅速拓展并且更加深入和巩固表示满意。欧盟欢迎中国的发展,支持中国继续走和平发展道路。中方重申支持欧盟一体化进程,欢迎欧盟在国际事务中发挥建设性作用。随着中欧领导人会晤步入第二个十年,双方重申坚定不移地致力于发展中欧全面战略伙伴关系,愿以向前看的态度,本着相互尊重、平等互信、互利共赢的原则,努力推动共同发展。

三、双方强调,面对复杂多变的国际形势,中欧关系正日益超越双边范畴,具有更加重要的国际意义。双方重申积极致力于世界的和平、稳定、安全、繁荣和可持续发展,主张通过对话和平解决争端,支持有效多边主义和发挥联合国的作用。

四、会晤主要讨论了中欧关系、全球经济和金融危机、气候变化与能源安全,并就朝鲜半岛、缅甸、伊朗、斯里兰卡、阿富汗和巴基斯坦等地区问题交换了看法。中欧领导人决心加强合作,进一步携手应对金融危机、气候变化等全球性挑战,积极致力于加强在国际事务中的协调与合作。

五、双方对第二次中欧经贸高层对话于5月7日至8日在布鲁塞尔成功举行表示满意。双方将通过适当的对话和工作组机制对经贸高层对话的议题进行后续讨论。双方领导人承诺将全面执行伦敦金融峰会领导人声明,抵御和反对各种形式的保护主义,致力于多哈发展回合谈判尽早达成具有雄心的、均衡的和全面的结果。

六、会晤期间,双方签署了《中欧清洁能源中心联合声明》《中欧科技伙伴关系计划》和《中欧中小企业合作共识文件》等合作协议。

七、领导人同意于今年下半年在北京再次举行会晤。

八、领导人对捷克共和国政府和人民的热情接待及出色举办这一成功会晤表示感谢。

国务院总理温家宝与欧盟领导人共同会见记者时发表讲话

记者朋友们:

下午好!很高兴与大家见面。刚才我们成功举行了第十一次中欧领导人会晤。会晤进行了两个小时,使用的是同声传译,因此是足足谈了两个小时。双方充分交换了意见,达成广泛共识。

这是我五个月内第二次来欧洲。今年1月份中国春节期间,我访问了欧盟总部和四个欧洲国家,并出席了冬季达沃斯年会。我注意到一些媒体把那次访问称为"信心之旅",的确我讲得最多的就是在危机面前,信心比黄金和货币更重要。那次访问有一个重要成果,就是在布鲁塞尔我同欧方领导人商定尽早恢复举行中欧领导人会晤。今天早上我坐了10个小时的飞机如期与会。由于国内还有许多紧迫的事情要做,晚上就飞回北京,还需要10个小时,一共要在路上花20个小时。我刚才在会晤开始时说,我是带着诚意、责任和信心来的,这是心里话,也是实实在在的行动。中国人讲求言必信,行必果,无信不立。邦国之交,止于信。我以为,发展中欧关系也要遵守这个原则。

我要占用克劳斯总统、巴罗佐主席及在座的记者朋友们一点时间,多讲几句话,因为毕竟我为出席这次会晤要奔波20个小时。

从欧共体创立之初到今天欧盟拥有27个成员国,中国始终欢迎和支持欧洲一体化建设。几十年来,无论遇到何种困难,中方的这一立场没有改变过。6年前,中欧宣布建立全面战略伙伴关系,这是双方共同努力的结果,更是对未来和国际社会的郑重承诺。中欧关系的发展顺应历史潮流,合乎时代进步的需要,惠及中欧人民和整个国际社会。这里我要特别提及,欧盟是中国最大的贸易伙伴,去年双边贸易额达4256亿美元。近5年来,欧盟对华出口年均增幅超过20%,中国已成为欧盟在全球最重要的出口市场之一。几乎欧盟国家所有的大企业都在中国有投资,他们是中欧合作的获益者,也是中国改革开放的见证者。双方要坚定信心,深化合作,继续携手前行。

目前世界上对中国的发展前景和作用有各种议论。在此,我要负责任地阐明三点:第一,中欧关系的基础是相互尊重,平等相待,过去、现在和将来都是如此。第二,中国的发展取得了巨大成就,但仍然是一个发展中国家。中国实现现代化还需要很长时间,经过多少代人的艰苦努力。第三,中国坚持独立自主的和平外交政策,奉行互利共赢的开放战略,愿意同所有国家发展友好合作关系,决不谋求霸权。一两个国家或大国集团不可能解决全球的问题,多极化和多边主义是大势所趋,人心所向。有人说,世界将形成中美共治的格局,这是毫无根据的,也是错误的。

我在会晤中指出,中欧关系核心在战略性,内涵在全面合作,关键在与时俱进。在当前复杂多变的国际政治、经济形势下,中欧要坚持战略伙伴这一基本定位,以扩大务实合作为主线,把与时俱进作为着力点,推动双方关系全面、深入、持续发展。为此,要充分发挥中欧领导人会晤对双方关系发展的战略引领作用,重视和提高会晤的质量和效率;充分发挥经贸高层对话和各种磋商机制的保障作用,推动各领域的交流合作;充分发挥法律框架的稳定作用,尽快就商签中欧伙伴合作协定达成一致。我强调,中欧战略合作最重要的是坚持相互尊重、互不干涉内政的原则,照顾彼此重大关切,妥善处理敏感问题,使双方关系不因一时一事而受到影响。希望欧盟尽早承认中国市场经济地位,解除对华军售禁令,这对欧盟和中欧关系有利。

我重点同欧方就应对国际金融危机交换了意见。在应对危机方面,中欧利益是一致的,共识是广泛的,要齐心协力,共克时艰,为世界经济尽早复苏作出贡献。1月份我访问欧洲后,中国马上向欧洲派出了贸易投资促进团,产生了积极效果。我宣布,中国将在近期再向欧洲派出采购团,增加从欧洲的进口。中国愿同欧盟进一步促进相互投资,加强在中小企业、贸易便利化、科技、交通、邮政等领域的合作,以实际行动反对任何形式的贸易和投资保护主义。希望欧盟放宽对华高技术产品出口限制,培育中欧经贸合作新的增长点,推动中欧贸易持续增长。中方愿意加强同欧盟在宏观经济政策和财金领域的对话，密切沟通和协调，共同推动国际金融体系改革取得进展。刚才中欧签署了有关能源、科技和中小企业三个合作协议，这是中欧深化互利合作的三个重要领域，双方要密切配合，认真加以落实。

我向欧方全面介绍了中国应对气候变化的政策主张和具体措施，强调尽管受国际金融危机影响，国际社会应对气候变化的决心不能动摇，行动不能松懈。中方愿与欧方一道，坚持“共同但有区别的责任”原则，推动年底哥本哈根会议取得积极成果。我还就能源问题和一些国际问题同欧方交换了意见。

我认为这次领导人会晤是富有成效的，达到了增进互信、推动合作、深化关系的目的。中欧关系的发展体现了最大的发展中国家与最大的发达国家集团的互利合作，体现了两大古老文明的友好交流，是不同社会制度的坦诚对话。中欧实现共同发展、和谐发展，从根本上有利于世界的和谐与可持续发展。这是中欧共同的责任和使命。中国对自己的前途充满信心，对欧盟的发展抱有信心，对双方关系未来抱有信心。中方愿意与欧方做好朋友、好伙伴，以和谐促发展，以合作谋共赢，为人类的进步事业作出更大贡献。

最后，我要感谢欧盟轮值主席国捷克方面为举办这次会晤所做的大量准备工作和给予中方代表团的热情接待。我期待着年底在北京举行第十二次中欧领导人会晤。

谢谢大家！

国务院总理温家宝在布拉格分别会见捷克共和国总统克劳斯与过渡政府总理菲舍尔

在会见克劳斯时，温家宝说，捷克等中东欧国家是最早同中华人民共和国建交的国家，中捷关系有着良好的基础。建交60年来，尽管两国国内和国际形势都发生了很大变化，友好合作始终是中捷关系的主流。近年来，双方保持高层接触，经贸合作不断深化，人文等领域的交流日益扩大。中国政府高度重视发展对捷关系，珍视中捷传统友谊，愿与捷方一道，以两国建交60周年为契机，增进政治互信，扩大贸易和相互投资，加强科技、环保合作，促进民间交流，密切在国际事务中的沟通协调，推动中捷关系迈上新台阶。

克劳斯表示，捷中有着传统友好关系，我曾三次访华，每次都给我留下深刻的印象。捷克祝愿中国国家发展，人民幸福。捷克将中国视为重要合作伙伴，愿同中国加强各层次、各领域交流合作。希望有更多捷克企业到中国投资。

在会见菲舍尔时，温家宝说，在当前国际金融危机背景下，中捷加强交流与合作尤为重要，中方愿与捷方扩大贸易和相互投资，采取切实措施，促进贸易平衡，欢迎捷克企业加大开拓中国市场力度，双方可共同探讨联合开拓第三方市场，要为企业开展投资合作创造良好环境并提供必要便利。中捷合作潜力巨大，相信在双方共同努力下，中捷关系必将迈上更高台阶。

菲舍尔表示，捷方将以两国建交60周年为新的里程碑，同中方加强政治对话，促进在经贸、投资、企业、旅游、人文等领域合作，共同应对国际金融危机的挑战，推动捷中关系在新形势下取得更大发展。

国务院任免国家工作人员

任命徐宪平为国家发展和改革委员会副主任；任命孙绍骋为民政部副部长；任命郭允冲为住房和城乡建设部副部长；任命陈元丰为国务院台湾事务办公室副主任；任命郝平为国家语言文字工作委员会主任；任命焦利为中央电视台台长；任命何建雄为驻国际货币基金组织中国执行董事。

免去赵化勇的中央电视台台长职务；免去葛华勇的驻国际货币基金组织中国执行董事职务。

国务委员孟建柱出席在莫斯科举行的上海合作组织成员国第四次安全会议秘书会议并讲话

会议就进一步加强相互协作，维护上海合作组织所在地区的安全和稳定及完善组织框架内的各项安全合作机制交换了意见，并达成广泛共识。各方一致认为，现阶段的首要任务是加强磋商与沟通，完善各项安全合作机制，依靠集体的力量化解世界金融危机对国际、地区以及成员国的安全造成的消极影响，确保本地区的长治久安。会议确定将继续深化反恐、禁毒合作，共同打击“三股势力”，确保本地区的安全与稳定。

俄罗斯总统梅德韦杰夫在莫斯科会见国务委员孟建柱

外交部发言人马朝旭就媒体报道美军有关人士涉华言论答记者问

马朝旭回答说，中国坚定不移地走和平发展道路，奉行独立自主的和平外交政策和防御性的国防政策，始终是维护世界和平与地区稳定的坚定力量。中国政府这一立场是一贯和明确的。

马朝旭说，中方没有也不可能向任何人提出报道中涉及的所谓“提议”。我们已就此向美方和印方表明了立场，并要求有关方面不要听信上述不负责任的言论。

5月21日

全国人大常委会委员长吴邦国在总统府会见意大利总统纳波利塔诺

吴邦国首先转达了胡锦涛主席对纳波利塔诺总统的亲切问候。纳波利塔诺对此表示感谢，并请吴委员长转达他对胡锦涛主席的良好祝愿。

应对国际金融危机是宾主共同关心的话题。吴邦国说，中方积极评价二十国集团领导人伦敦金融峰会取得的成果，积极评价意方为即将在意大利召开的"8 + 5"对话会所做的卓有成效的工作。他强调，在国际金融危机继续蔓延的背景下，国际社会更应加强合作，抓紧落实伦敦金融峰会成果，遏止经济滑坡，反对贸易保护主义，促进世界经济尽快恢复增长。同时应坚持全面性、均衡性、渐进性、实效性的原则，推进国际金融体系改革，建设公正、合理、健康、稳定的世界经济新秩序。

纳波利塔诺赞同吴委员长的意见。他说，金融危机席卷全球表明各国经济相互关联日益密切，全球化的挑战需要一个全球化的解决方式。意方期待在"8 + 5"对话会上与包括中国在内的发展中国家加强合作，坚决反对贸易保护主义，共同应对国际金融危机。

在谈到中欧关系时，吴邦国指出，一个强大的欧洲和一个不断发展的中国符合彼此的根本利益，也有利于世界的和平与发展。中方支持欧洲一体化进程，支持欧盟在国际和地区事务中发挥积极作用。他说，中方高度重视发展中欧关系，希望双方继续深化各领域的务实合作，加强经贸往来和相互投资，在相互尊重主权、互不干涉内政的基础上，就共同关切的重大问题进行对话和磋商。纳波利塔诺表示，意大利作为欧盟的重要成员，愿在欧盟继续发挥建设性作用，推动欧中关系健康稳定发展。

全国人大常委会委员长吴邦国在众议院大厦会见意大利众议长菲尼

吴邦国说，中意建立全面战略伙伴关系的5年，是两国关系深入发展的5年，呈现以下三个特点：一是政治互信不断增强，双方在彼此关切的重大问题上相互理解、相互支持。二是务实合作成效显著，双边贸易快速增长，相互投资日益增多，企业合作方兴未艾。三是对重大国际和地区问题有着相同或相似的看法，在国际事务中保持密切沟通与协调。中意关系的全面发展，不仅给两国人民带来了实实在在的利益，也为中欧合作增添了活力。吴邦国指出，中意之间没有根本利害冲突，也不存在任何悬而未决的问题。面对新形势特别是国际金融危机的挑战，巩固和加强中意全面战略伙伴关系更加具有现实意义。

吴邦国说，我这次访问意大利的一个重要目的，就是要推动两国议会关系迈上新台阶。昨天，我与斯基法尼参议长共同签署了中国全国人大与意大利参议院建立定期交流机制的协议，今天又与众议长阁下就深化中国全国人大与意大利众议院关系达成重要共识。我们愿与意方一道，抓紧做好合作委员会第三次会议的各项筹备工作，选择共同关心的问题，深入交换意见，共同维护和促进中意关系发展的良好势头。欢迎更多的意大利议员尤其是年轻议员访问中国。

菲尼完全赞同吴邦国对两国关系的评价和深化议会交往的建议。他说，发展意中关系是意各党派的一致主张。意大利众议院高度重视发展同中国全国人大的友好关系，希望同中方共同努力，确保合作委员会第三次会议取得积极成果，继续为推动意中关系发展做贡献。

政协第十一届全国委员会第十五次主席会议在北京召开

会议决定6月16日至19日召开政协第十一届全国委员会常务委员会第六次会议，建议这次常委会议的主要议题是围绕"着力扩大国内需求，保持经济平稳较快发展"和"保障和改善民生，促进社会和谐"问题建言献策。中共中央政治局常委、全国政协主席贾庆林主持会议并讲话。

会议审议通过了第六次常委会议议程(草案)、日程和有关人事事项的决定(草案)，原则审议通过了政协全国委员会常务委员会授权主席会议对违纪违法委员及时作出处理的决定(草案)。会议决定，将上述草案提请第六次常委会议审议。全国政协副主席、中共中央统战部部长杜青林，全国政协副主席兼秘书长钱运录分别对有关议题作了说明。

会议强调，政协十一届六次常委会议，是全国政协的一次重要议政建言活动。保持经济平稳较快发展、维护社会和谐稳定，是当前党和国家的首要任务和工作大局，也是人民政协围绕中心、服务大局的主攻方向。开好这次常委会议，对于促进党和政府科学、民主决策，对于进一步团结动员人民政协的各级组织、各党派团体和各族各界人士为保增长、保民生、保稳定做贡献，具有重要的意义。

会议指出，这次常委会议议题涉及面广，要密切协作配合，充分调动和发挥各方面积极性，努力出精品，及时献良策，为党和政府决策提供重要参考。要注重成果应用，增强议政建言的建设性、针对性和可操作性，提高常委会议的质量和成效，展示人民政协履行职能的能力和水平。要以高度的政治责任感和创新精神，做好会议的筹备组织工作，改进会议服务，努力营造民主协商、平等议事的氛围和条件。

为了开好政协十一届六次常委会议，贾庆林主席，王刚等多位副主席带队到各地深入调研。全国政协各专门委员会和办公厅加强与有关部委、各民主党派中央和全国工商联及无党派人士的联系，召开形势分析座谈会，开展联合调研，形成了一批高质量的成果，筹备工作积极稳妥、富有成效。

全国政协副主席王刚、廖晖、白立忱、陈奎元、阿不来提·阿不都热西提、李兆焯、董建华、张梅颖、张榕明、孙家正、李金华、郑万通、邓朴方、万钢、林文漪、厉无畏、罗富和、陈宗兴、王志珍出席会议。

国务院副总理李克强出席财政支持新能源与节能环保等新兴产业发展工作座谈会并讲话

在听取来自地方和企业的同志发言后，李克强说，去年下半年以来，面对严峻的国际经济环境，党中央、国务院果断决策，出台了扩大内需、促进经济增长的一揽子计划。目前，这些政策措施初见成效，经济运行出现积极变化。但国际金融危机仍在扩散和蔓延，对实体经济的影响还在加深，存在很大不确定性，经济复苏过程可能是曲折和复杂的。一些发达国家为应对危机，实行被称为“绿色新政”的措施，刺激了相关产业的发展。我国人口多、资源相对不足、生态环境脆弱、经济对外依存度高，促进经济平稳较快发展，要立足于扩大国内需求，也要稳定外需，还要瞄准未来产业发展的制高点，选择那些潜在市场大、带动能力强、吸收就业多、综合效益好的产业作为新兴产业加以培育，开辟新的发展空间，增强经济发展的后劲。

李克强强调，在新的形势下，要立足当前，着眼长远，用世界眼光观察问题，从国情出发统筹谋划，加大经济结构调整力度，推动经济发展方式转变。要把政府引导与发挥市场机制作用结合起来，把科技创新与体制创新结合起来，健全和完善财税政策，推进新能源和节能环保技术产业化，加快用新能源和节能环保技术改造传统产业，大力发展循环经济和清洁生产，扩大终端消费，培育新的市场，促进新兴产业发展壮大。

李克强要求，进一步落实积极的财政政策和适度宽松的货币政策，管好用好政府支出，发挥好财税等措施在扩大内需、调整结构、改善民生中的作用，努力实现保增长、保民生、保稳定的目标。

座谈会上，有关地区和企业代表交流了新能源、节能环保等新兴产业发展情况。国务院有关部门、部分省级政府以及地级城市政府负责人、各省级财政部门负责人和部分企业负责人参加了座谈会。财政部部长谢旭人主持会议。

国务院副总理张德江出席2009特高压输电技术国际会议并讲话

张德江指出，随着我国工业化、现代化、城镇化的加快发展，对能源的需求还将长期持续增长，保障能源和电力稳定供应是我国一项长期而艰巨的任务。我国一次能源分布与生产力布局很不均衡，加快建设特高压电网，有助于促进能源布局结构调整和能源资源优化配置，有助于确保能源安全可靠供应。要抓住特高压输电发展的难得机遇，运行管理好特高压试验示范工程，确保工程安全稳定运行，并适时组织验收。要认真总结工程建设经验，不断完善特高压输电技术，加快特高压输电技术应用步伐。

张德江表示，中国政府一直倡导互利合作、多元发展、协同保障的新能源安全观，积极支持各种形式的国际交流与合作，共同推动特高压输电技术进步，促进世界电网技术不断取得新发展。

国务院副总理回良玉在中南海紫光阁会见欧盟委员会农业委员伯尔女士

中联部部长王家瑞在北京会见以中组部副部长安乔·蓬马贡为团长的老挝人民革命党中组部代表团

国务委员兼国防部部长梁光烈在八一大楼会见日本前海上自卫队参谋长古庄幸一率领的日本“中国政治经济恳谈会”代表团

中央各部门各单位出版社体制改革工作会议在北京举行

刘云山出席会议并作重要讲话。会议由刘延东主持。

刘云山在讲话中强调，中央各部门各单位经营性出版社要在2010年年底前完成转制改革任务。要推动经营性出版社全部转制为企业，按照建立现代企业制度的要求，完善法人治理结构，重塑文化市场主体。要整合出版资源、优化产业结构，充分发挥市场在资源配置中的基础作用，培育一批导向正确、主业突出、实力雄厚、核心竞争力强的大型出版集团公司，形成一批专、精、特、新的出版企业。要强化内部经营管理，建立规范的资产经营责任制，努力走内涵式发展道路。

刘云山强调，中央各部门各单位要充分认识深化中央各部门各单位出版社体制改革的极端重要性，切实加强组织领导，把工作扎扎实实向前推进。深化中央各部门各单位出版社体制改革，必须以解放思想、更新观念为先导，牢固树立新的文化发展理念，通过思想的新解放，打开改革发展的新局面。要坚持社会主义先进文化前进方向，牢牢把握正确出版导向，始终把社会效益放在首位，努力实现经济效益和社会效益有机统一。要坚持突出重点、区别对待、分类指导、稳步推开，确保改革积极稳妥推进。

刘延东在总结讲话中要求，中央各部门各单位及其所属出版社要认真学习贯彻会议精神，把思想和行动统一到中央的要求和部署上来。

中央各部门各单位出版社体制改革工作领导小组及其办公室成员，中央各部门各单位出版社主管部门的分管领导、中央各部门各单位出版社社长等参加会议。

全国体总第八次全国代表大会在北京召开

国家体育总局局长刘鹏出席会议。

本次会议审议并通过了《中华全国体育总会第八次全国代表大会工作报告》，报告系统地回顾了中华全国体育总会60年以来的光辉历程，总结了体总第七届委员会过去6年的工作，并提出了今后的主要任务和工作部署。会议审议并通过了《中华全国体育总会章程修改草案》，并选举产生了中华全国体育总会第八届委员会和新一届体总领导机构。

5月22日

中共中央总书记胡锦涛主持召开政治局会议

会议审议并通过《关于实行党政领导干部问责的暂行规定》《中国共产党巡视工作条例(试行)》《国有企业领导人员廉洁从业若干规定》。中共中央总书记胡锦涛主持会议。

会议认为，加强反腐倡廉法规制度建设，完善领导干部行为规范，健全党内监督和责任追究制度，真正形成用制度规范从政行为、按制度办事、靠制度管人的有效机制，是加强以完善惩治和预防腐败体系为重点的反腐倡廉建设的重要内容，是发展中国特色社会主义、推进党的建设新的伟大工程的必然要求。

会议认为，坚持严格要求、实事求是、权责一致、惩教结合的原则，实行党政领导干部问责，有利于加强领导干部管理和监督，增强党政领导干部责任意识和大局意识，促进深入贯彻落实科学发展观，提高党的执政能力和执政水平。各级党政领导干部要切实践行全心全意为人民服务的宗旨，牢固树立对人民负责的观念，以对党和国家高度负责的精神，履行好党和人民赋予的职责，兢兢业业完成各项工作任务。各级党委和政府要依照暂行规定严肃问责，充分发挥问责在党风廉政建设中的积极作用。

会议认为，巡视工作要以邓小平理论和“三个代表”重要思想为指导，深入贯彻落实科学发展观，坚持党要管党、从严治党的方针，维护党的纪律，坚持党的领导、分级负责、实事求是、客观公正、发扬民主、依靠群众的原则，切实加强对贯彻执行党的路线方针政策情况、执行民主集中制情况、领导班子和领导干部党风廉政建设情况、选拔任用干部情况的巡察。各级党组织及巡视工作机构要充分认识开展巡视工作的重要性，认真履行职责，充分发挥职能作用。被巡视党组织领导班子及其成员要自觉接受巡视监督，积极配合巡视工作。

会议强调，实施《国有企业领导人员廉洁从业若干规定》，对于加强国有企业反腐倡廉建设、维护国家和出资人利益、促进国有企业科学发展、保障职工群众合法权益具有重要作用。国有企业要切实将规定要求落实到生产经营活动中，努力把国有企业的政治优势转化为经营管理优势和核心竞争力，加快改革发展步伐，为应对国际金融危机冲击、促进经济平稳较快发展作出贡献。

会议要求，各级党组织要充分认识学习贯彻这三项法规制度的重要意义，把贯彻落实这三项法规制度作为加强反腐倡廉建设的重要政治任务，列入议事日程，深入学习宣传，认真组织实施。各级纪委和有关部门要协助党委抓好任务分解和组织协调，保证制度贯彻落实。

中共中央总书记胡锦涛主持中共中央政治局第十三次集体学习并发表讲话

这次集体学习安排的学习内容是世界主要国家社会保障体系和我国社会保障体系建设。中国社会科学院周弘研究员、中国劳动保障科学研究院何平研究员就这个问题进行讲解，并谈了他们对我国社会保障体系建设的意见和建议。

中共中央政治局各位同志认真听取了他们的讲解，并就有关问题进行了讨论。

胡锦涛在主持学习时发表了讲话。

胡锦涛强调，要加快健全社会保障制度体系，把人人享有基本生活保障作为优先目标，坚持效率与公平、统一性与灵活性相结合，立足当前、着眼长远，统筹城乡、整体设计，分步实施、配套推进，积极而为、量力而行，逐步将各类人员纳入社会保障覆盖范围，实现城乡统筹和应保尽保。对城镇职工基本养老保险、基本医疗保险、新型农村合作医疗、城乡最低生活保障、医疗救助以及失业、工伤、生育保险等已有的各项保障制度，要不断完善政策，扩大覆盖面。特别是要适应统筹城乡发展新形势的要求，抓住社会保障制度薄弱环节加以推进，开展新型农村养老保险制度试点，制定实施适合农民工收入低、流动性强特点的参加养老保险办法，加快解决关闭破产和困难企业职工和退休人员医疗保障问题，切实落实被征地农民社会保障政策，逐步扩大最低生活保障制度和医疗救助制度保障范围。要完善失业保险制度，保障失业人员基本生活，发挥失业保险基金预防失业、促进就业作用。要完善城乡社会救助制度，逐步提高城乡低保、农村五保、医疗救助等待遇水平，切实保障农村贫困家庭、城镇困难家庭、离退休职工、在校贫困大学生基本生活。

胡锦涛指出，要加强统筹协调和政策衔接，推进各类社会保障制度整合，抓紧制定实施全国统一的各种社会保险关系转续办法，完善社会保障公共服务管理平台。要根据经济发展水平和各方面承受能力，加大公共财政对社会保障体系建设的投入，提高社会保障程度，继续提高企业退休人员基本养老金水平，增加对城镇居民基本医疗保险、新型农村合作医疗的财政补助，逐步提高城乡最低生活保障和失业、工伤保险待遇，不断充实和壮大全国社会保障基金。要加快制定和完善社会保障法律、法规，增强社会保障的强制性、规范性、稳定性，切实维护人民群众社会保障权益。

胡锦涛强调，各级党委和政府要把社会保障工作纳入重要议事日程，加强领导、明确责任，统筹协调、抓好落实。要紧密结合实际，加强社会保障理论和实践研究，深刻把握社会保障特点和规律，增强社会保障工作系统性。要充分调动社会各方面的积极性，大力弘扬集体主义精神和中华民族尊老爱幼、扶危济困的优良传统，形成全社会共同参与社会保障事业、全体人民共享改革发展成果的良好局面。

中央军委主席胡锦涛在会见空军第十一次党代表大会代表时发表重要讲话

胡锦涛在会见空军第十一次党代表大会代表时指出，近些年来，空军党委坚决贯彻党中央、中央军委的决策指示，坚持把思想政治建设摆在部队各项建设的首位，扎实抓好以军事斗争准备为龙头的各项工作，部队全面建设取得新的进步，履行使命任务的能力明显提高，出色完成了党和人民赋予的各项任务，为维护国家安全与发展作出了重要贡献。

胡锦涛强调，空军是我国军事力量的重要组成部分，在国家安全战略全局中具有举足轻重的地位和作用。要坚持用中国特色社会主义理论体系武装官兵，大力培育当代革命军人核心价值观，不断增强高举旗帜、听党指挥、履行使命的坚定性和自觉性。要继续深化和拓展军事斗争准备，加快推进部队现代化建设，不断提高以打赢信息化条件下局部战争为核心的完成多样化军事任务的能力。要进一步加大依法治军、从严治军力度，不断提高部队正规化建设水平。要以改革创新精神全面加强部队党的建设，不断增强各级党组织的创造力、凝聚力、战斗力，团结带领广大官兵努力开创空军建设新局面，以优异成绩迎接新中国成立 60 周年。

全国人大常委会委员长吴邦国在佛罗伦萨市会见托斯卡纳大区议会议长南齐尼

国务委员兼国务院秘书长马凯出席省部级领导干部专题研讨班结业式并讲话

由中组部、国家行政学院共同举办的省部级领导干部“政府管理创新和自身建设”专题研讨班结业式在国家行政学院举行。马凯出席结业式并讲话。

马凯在结业式上强调，在应对国际金融危机的实践中，必须以科学发展观为指导，提高善于化危为机的能力。一是面对国际经济形势剧烈变动、错综复杂的特点，不断提高科学判断经济形势的能力。二是应对经济下行的巨大压力，不断提高促进经济平稳较快发展的能力。三是善用经济环境趋紧形成的市场倒逼机制，不断提高在保增长中调结构、促转型的能力。四是利用国家加强薄弱环节建设的时机，不断提高促进经济和社会协调发展的能力。五是抓住国际经济环境大变动的机遇，不断提高实施“走出去”战略的能力。六是借鉴国际金融危机爆发的教训和应对经验，不断提高运用“看得见的手”和“看不见的手”调控经济的能力。七是适应应对国际金融危机的迫切要求，不断提高以改革促发展的能力。八是发扬危机当前、共度时艰的精神，不断提高政府的行政能力和公信力。

国家行政学院党委书记、常务副院长魏礼群主持结业式。各省、自治区、直辖市政府和新疆生产建设兵团负责人，中央国家机关有关部门负责人参加了专题研讨班和结业式。

澳门特别行政区第三任行政长官选举管理委员会公布参选人须知

须知说，行政长官何厚铧已于 5 月 11 日出版的《澳门特别行政区公报》中公布本年 7 月 26 日为澳门特别行政区第三任行政长官选举日。为此，行政长官选举管理委员会早前根据《行政长官选举法》的有关规定，订定并公布行政长官选举候选人提名期为本年

6月12日至23日；同时订定5月25日起，有意参选行政长官的人士可亲自或指派代表到行政长官选举协调中心领取《行政长官选举候选人提名表》，并于上述候选人提名期(即6月12日至23日)内交回。

行政长官选管会申明，根据《行政长官选举法》的规定，符合以下条件的人士可报名参加行政长官选举：

一、澳门特别行政区永久性居民中的中国公民；

二、不具有外国居留权或承诺在就任行政长官之前放弃倘有的外国居留权；

三、至候选人提名截止日年满四十周岁；

四、至候选人提名截止日在澳门通常居住连续满二十年；

五、拥护《澳门特别行政区基本法》，效忠中华人民共和国及其澳门特别行政区；

六、已被登录于行政长官选举日期公布日前最后一个已完成展示的选民登记册，且不属于无选举资格者。

财政部在北京召开全国财政新能源与节能减排工作会议

财政部副部长张少春在会上指出，支持新能源发展和节能减排，要立足于市场机制和企业主体地位，综合运用各种政策手段，尤其是公共财政政策，给予引导和支持。张少春说，财政支持新能源发展和节能减排，是当前落实积极财政政策的重要内容。当前要着力抓好十项重点工作：

一、大力支持风电规模化发展，在做好风能资源评价和规划基础上，启动大型风电基地开发建设，建立比较完善的风电产业体系。

二、实施“金太阳”工程，采取财政补贴方式，加快启动国内光伏发电市场。

三、开展节能与新能源汽车示范推广试点，采取财政补贴方式，鼓励北京、上海等13个城市在公交、出租等领域推广使用节能与新能源汽车。

四、加快实施十大重点节能工程，支持企业节能技术改造，推进大型公共建筑和既有居住建筑节能改造，鼓励合同能源管理发展。

五、加快淘汰落后产能，实行地方政府负责制，中央财政采取专项转移支付方式，对经济欠发达地区淘汰电力、钢铁等13个行业落后产能给予奖励。

六、支持城镇污水管网建设，扩大奖励范围，积极推动污水处理产业化发展。

七、支持生态环境保护和污染治理，加大重点流域水污染治理，促进企业加强污染治理，加强农村环境保护，探索跨流域生态环境保护补偿机制。

八、实施“节能产品惠民工程”，采取间接补贴消费者方式，扩大节能环保产品使用和消费。

九、支持发展循环经济，全面推行清洁生产。

十、支持节能减排能力建设，重点是建立完善能效标准标识制度，节能统计、报告和审计制度，加强环境监管能力建设。

《人民日报》发表评论员文章《夯实根基的战略举措》

农业安，则民心安；农村稳，则社会稳；农民富，则国家富。这次乡镇机构改革，是在我国社会主义现代化建设进入新的历史时期，全面取消农业税的大背景下进行的，凸显出鲜明的时代特点。适应农村新形势新任务的要求，通过乡镇机构改革，着力推动政府职能转变，建立起新型基层行政管理体制和乡村治理结构，对于促进农村经济社会持续健康发展，意义重大而深远。

乡镇机构改革，是加强基层政权建设，巩固党的执政基础的必然要求。基础不牢，地动山摇；基础扎实，坚如磐石。乡镇政权是我国政权结构中的基础，担负着管理农村事务和服务农民的重要职责，其履行职责的能力如何，直接影响整个行政体制功能的发挥。只有通过改革，减机构、减冗员、减不必要的事务，同时也管好该管的事，搞好为农服务，才能提高乡镇党委政府的执行力和公信力，加强基层政权，巩固党的执政基础。

乡镇机构改革，是提升乡镇履职能力，建设服务型政府的迫切需要。现阶段，乡镇应围绕“促进经济发展、增加农民收入，强化公共服务、着力改善民生，加强社会管理、维护农村稳定，推进基层民主、促进农村和谐”四个方面全面履行职能。为此，必须大力推进乡镇机构改革，创新农村工作机制，切实转变政府职能，提高行政效率，建设农民满意的服务型政府。

乡镇机构改革，是实施统筹城乡发展方略，建设社会主义新农村的重要举措。当前我国已经进入以工促农、以城带乡的发展阶段。中央已明确工业反哺农业、城市支持农村的方针，提出了建设社会主义新农村的重大历史任务，出台了一系列强农惠农政策。在城乡一体化的历史进程中，农村发展必然会遇到这样或那样的矛盾和问题。乡镇党委政府能否有效解决这些矛盾和问题，能否选择符合实际和农民需要的建设内容和发展路径，不折不扣地落实好中央的方针政策，对于推进新农村建设至关重要。乡镇机构改革就是要消除农业和农村发展的体制性障碍，增强农村发展的活力。这就要求通过改革乡镇机构，切实加强乡镇党委政府组织动员能力，确保新农村建设健康推进。

乡镇机构改革，是巩固农村税费改革成果，深化农村综合改革的关键环节。农业税取消后，我国农村改革进入以乡镇机构、农村义务教育和县乡财政管理体制改革为主要内容的农村综合改革阶段。这既是巩固税费改革成果的紧迫任务，也是解决农村一系列深层次问题的必由之路。作为农村综合改革的关键环节，乡镇机构改革承担着为农村其他改革提供体制机制保障的重大责任，直接关系其他改革能否取得成效。特别是在当前应对国际金融危机的形势下，"扩内需、促增长、保稳定"的目标对乡镇机构改革提出了更高的要求。

应该看到，乡镇机构改革既是一项重大而艰巨的任务，也是一项长期而复杂的系统工程。各地在推进改革中，要结合实际，分类指导，因地制宜，稳步推进。我们坚信，到2012年乡镇机构改革任务基本完成时，我国的农业将更加全面发展，农村将更加繁荣稳定，农民将更加富裕幸福，农村基层政权将更加巩固。

中联部部长王家瑞在北京会见日本众议员 日本自民党国际局代理局长猪口邦子

首届亚洲地区教育大学校长论坛在香港举行

由香港教育学院举办的首届亚洲地区教育大学校长论坛今天在香港举行。来自中国内地、日本、韩国、新加坡、马来西亚、越南、印度尼西亚、巴基斯坦及香港等10多个国家和地区的20多所师范院校的校长、副校长或特别代表出席本次论坛。

5月23日

国办转发交通运输部等部门《关于推动农村邮政物流发展的意见》并发出通知

各省、自治区、直辖市人民政府，国务院各部委、各直属机构：

交通运输部、发展改革委、财政部、农业部、商务部、工商总局《关于推动农村邮政物流发展的意见》已经国务院同意，现转发给你们，请认真贯彻执行。

国务院办公厅

2009年5月23日

关于推动农村邮政物流发展的意见

随着邮政改革的不断深化和邮政物流专业化经营的加快推进，农村邮政物流已成为农村物流体系的重要组成部分，为促进农村经济发展、农业产业结构调整、增加就业和农民增收作出了重要贡献。但是，当前农村邮政基础设施仍然比较薄弱，邮政企业经营农药、种子等业务的资质不统一，业务种类和服务产品不够丰富，网络配送能力和农资储备能力不足，农村邮政物流发展受到严重制约。为进一步做大做强农村邮政物流，充分发挥邮政企业服务"三农"的作用，现提出以下意见：

一、充分认识发展农村邮政物流的重要意义

近年来，我国农村经济快速发展，农副产品生产与加工能力大幅提升，农民生活水平明显改善，但是由于农村物流体系尚未健全，农村流通渠道不畅、市场化程度低、流通方式落后、部分流通产品质量没有保证的问题日益凸显，成为影响农村经济发展的一个重要因素。进一步发挥邮政企业自有品牌、网络和服务优势，整合农资生产企业、农家店等社会资源，在农户与生产企业之间建立产品直通车，形成具有邮政特色的农资产品分销的"绿色"通道，促进农村地区商品的双向流通，是减少中间环节、降低流通成本，解决农民卖难、买难问题的有效途径，是扩大国内需求、活跃城乡市场、繁荣农村经济的迫切需要。邮政企业在农村积极发展邮政"三农"服务网点，有利于吸纳农村富余劳动力就业，促进农村地区的和谐稳定。邮政企业加强与农技部门合作，利用邮政"三农"服务网点平台宣传、普及、推广农业技术，引导农民科学种植，对于促进农业增产、农民增收，提高农民生活质量，具有重要意义。

二、推进农村邮政物流发展的指导思想和发展目标

指导思想：以邓小平理论和"三个代表"重要思想为指导，深入贯彻落实科学发展观，全面实施《中华人民共和国邮政法》，以服务"三农"为主线，以科技为支撑，以深化改革为动力，充分发挥邮政优势，合理规划，完善布局，加快提升农村邮政物流服务能力和水平，促进社会主义新农村建设。

发展目标：着力打造管理集约化、网络规模化、服务社会化的现代农村邮政物流综合服务平台，加强基础设施建设，加强市场监管，健全完善经营机制，到2012年，基本建成"布局合理、双向高效、种类丰富、服务便利"的农村邮政物流服务体系。

三、主要任务和政策措施

(一)推进农村邮政基础设施建设。国务院有关部门要认真贯彻《中华人民共和国邮政法》和《国务院关于印发物流业调整和振兴规划的通知》(国发〔2009〕8号)，结合邮政发展特点和农村发展需要，加快研究制定城乡邮政基础设施建设规划，完善农村邮政物流布局，切实提高农村邮政服务水平。加强邮政普遍服务的监督管理工作，建立、健全邮政局所设置备案和撤并审批制度，优化邮政网络结构和网点功能。国家对农村邮政普遍服务基础设施建设项目给予支持，力争在2012年之前全部完成邮政基础设施空白乡镇的邮政局所补建工作。各地要进一步加大投入和支持力度，切实加强村邮站的建设。

（二）支持邮政进入农资市场。邮政企业及其所属加盟连锁邮政“三农”服务网点可以经营化肥等农资产品。依据《农药管理条例》，邮政企业及其所属加盟连锁邮政“三农”服务网点可以开展农药经营活动，并直接向所在地工商行政管理部门申请办理登记手续，其中，经营属于危险化学品的农药的，应按照《危险化学品安全管理条例》规定，申请办理危险化学品经营许可证。邮政企业及其所属加盟连锁邮政“三农”服务网点经营不再分装的包装种子，或者受具有种子经营许可证的种子经营者书面委托，在有效区域内代销其种子的，可以不办理种子经营许可证；经营分装种子的，应按照《中华人民共和国种子法》及《农作物种子生产经营许可证管理办法》的有关规定，申请办理种子经营许可证。商务部、邮政局支持邮政“三农”服务网点拓展经营范围，并逐步建设成集农资、邮政、电信、报刊等多类产品经营为一体的综合性服务网点。

工商行政管理部门对经营农药、种子等农资按“许可经营项目”和“一般经营项目”分类登记经营范围。对经营属于危险化学品的农药的，按照《危险化学品经营许可证》许可的项目，在“许可经营项目”中登记经营范围；对经营其他农药的，在“一般经营项目”中登记。对经营分装种子的，按照《种子经营许可证》许可的项目，在“许可经营项目”中登记经营范围；对经营不再分装的包装种子或者受托代销种子的，在“一般经营项目”中登记为“不再分装的包装种子”。

（三）鼓励发展连锁经营。发展改革、财政部门要加大对邮政物流体系建设的支持力度，鼓励邮政企业利用网络优势，建立“连锁经营加配送到户加科技服务”的农村物流新体系，培育连锁经营龙头企业。工商行政管理部门简化连锁经营企业的登记注册手续，省级邮政企业直营门店及其所属的加盟连锁邮政“三农”服务网点，可持省级邮政企业的连锁经营相关文件和登记材料，直接到所在地工商行政管理部门申请办理登记手续，邮政企业所属的加盟连锁邮政“三农”服务网点也可由当地邮政企业代为办理登记注册手续。商务部门要支持邮政企业全面参与农村现代流通网络建设，在“万村千乡市场工程”建设中，对符合条件的邮政“三农”服务网点给予重点考虑；计划单列市邮政企业可直接向当地商务主管部门申报“万村千乡市场工程”承办企业。农资管理部门要加强工作协调，明确职责分工，强化对邮政物流配送中心的商品质量监管，避免对连锁经营企业进行多头和重复检查。

（四）完善政策扶持机制。支持将邮政企业纳入涉农企业范畴，对符合规定条件的可享受相关强农惠农政策。财政部门要支持农村邮政物流网络改造和提升配送能力，县、乡两级邮政局所改造扩建农资配送中心项目，凡符合农村物流服务体系发展专项资金支持条件的，可申请该项资金补助。发展改革、财政、农业等有关部门要完善相关规定，鼓励和支持符合条件的邮政企业申报农业产业化龙头企业，参与国家化肥淡季储备招投标。鼓励邮政储蓄银行积极为实力强、信誉好的“万村千乡市场工程”承办企业提供贷款，大力发展农村个人小额贷款，服务“三农”，促进农村物流发展。

（五）加强规划引导工作。农村邮政物流发展目前处于起步阶段，需要加强统筹规划，科学引导。各地区要把农村邮政基础设施和邮政“三农”服务网点建设，纳入新农村建设规划，给予政策支持，统筹协调推动。商务部门要支持邮政企业与有实力的大型超市、商贸企业合作，开展农产品进城等业务。支持邮政企业为“万村千乡市场工程”承办企业和农家店提供第三方物流服务，扩大和提高经营网点覆盖范围和农村商品配送能力。鼓励邮政企业与农技推广部门开展合作，农业部门要加强对邮政企业的培训和指导，普及农技知识，提高邮政科技服务“三农”的水平。交通运输部门要支持邮政企业依托交通运输平台发展农资仓储和配送业务。

四、有关要求

国务院各有关部门要按照工作分工，加强沟通协商，密切配合协作，尽快制定和完善各项配套政策，明确实施范围和进度，加强指导和监督，推进农村邮政物流加快发展。各地区要充分认识做好农村邮政物流工作的重要意义，切实加强组织领导，因地制宜出台政策措施，简化审批手续，积极扶持农村邮政物流龙头企业，确保取得实效。

邮政企业要抓住机遇，深化改革，抓紧制订具体工作方案，整合速递物流资源，完善公司治理结构，搞活经营机制，加强管理创新，全面提高竞争能力。要进一步夯实普遍服务基础，拓展服务领域，创新服务方式，增加销售品种，扩大市场份额，做大市场规模，提升服务水平，尽快成为服务当地经济发展、满足群众多元化需要的农村流通重要渠道。

《人民日报》发表评论员文章《中央企业应在推动科学发展中担当大任》

深入贯彻落实科学发展观，保持经济社会平稳较快发展，是当前摆在全党面前的首要政治任务。完成好这一任务，切实落实好中央制定的保增长、保民生、保稳定一系列政策措施，国有企业尤其是中央企业责任重大，理应担当大任。

国有企业是国民经济的重要支柱，中央企业在关系国民经济命脉的重要行业和关键领域居于主导地位，是国有经济发挥主导作用的主力军。改革开放以来，特别是党的十六大以来，中央企业改革发展取得了突破性进展，新国有资产监管体制框架基本确立，现代企业制度稳步推进，企业重组调整取得明显进展，自主创新能力和总体实力不断增强，国有经济的活力、控制力、影响力显著增强，为实现国民经济又好又快发展作出了突出贡献。中央企业在抓好自身改革发展的同时，积极履行政治责任、社会责任，在落实国家宏观政策，抗击"非典"、雨雪冰冻、四川汶川特大地震等重大灾害，保障国家安全，维护社会稳定等方面都发挥了骨干作用。

当前，受国际金融危机影响，我国经济发展遇到不少困难。在这种情况下，能否化危为机、逆境奋起，推动我国经济社会发展取得新进展、迈上新台阶？这既是对我们党的执政能力的严峻考验，也是对中央企业的重大挑战。"沧海横流方显英雄本色"。作为"共和国的长子"，中央企业在应对金融危机、推动科学发展中要敢于负起责任、勇于担当大任。要以正在开展的深入学习实践科学发展观活动为契机，带头解放思想、更新观念，带头解决影响制约科学发展的突出问题，带头创新体制机制，带头把握科学发展规律、增强科学发展意识、提高科学发展能力，带头推进科学发展上水平，带头承担起应尽的政治责任和社会责任，勇于当好推动国家经济社会科学发展的"排头兵"。

约旦首相扎哈比在安曼会见国务委员孟建柱

扎哈比在会见时说，约中两国关系非常牢固。约旦愿与中方开展经贸、能源等领域的互利合作，给两国人民带来实实在在的利益。

孟建柱表示，执法安全合作是中约双边交往的重要组成部分，中方希望不断完善双边执法安全合作机制，共同打击有组织犯罪、毒品走私、非法移民等跨国犯罪和国际恐怖主义，加强在执法能力建设和国际刑警组织等多边合作框架下的交流与合作，以维护两国和两国人民的共同利益。

纪念汶川地震一周年高层论坛在人民大会堂举办

此次论坛由人民网发起，中国红十字会总会、中国扶贫基金会、中华慈善总会、中国青少年发展基金会、人民网联合主办。人民日报社副总编辑马利出席并讲话。来自民政部、公益组织、学术机构、企业、媒体约150人参加了论坛。

全国优秀流行歌曲创作大赛在北京颁奖

5月23日是毛泽东同志《在延安文艺座谈会上的讲话》发表67周年纪念日。当晚，由中国音乐家协会、中央人民广播电台、中央电视台共同举办的全国优秀流行歌曲创作大赛颁奖晚会落幕，30首获奖作品从25000余首参赛歌曲中脱颖而出。

这次比赛历时11个月，通过网络和手机短信参与投票近一亿多人次。由专家和观众共同评选出一、二、三等奖和优秀奖作品共30首。其中《白云》《海峡之梦》《醉了丽江》三首作品获得一等奖。

5月24日

国家副主席习近平在山西调研

5月24日至26日，习近平先后来到晋城、长治、太原等地，下田间、进企业、访社区、入学校，与各级干部和基层党员群众座谈，就做好保增长保民生保稳定工作、开展学习实践活动和加强党的建设进行调研。习近平对山西近年来经济社会发展取得的成绩给予充分肯定，强调山西作为能源大省和老工业基地要进一步贯彻落实好科学发展观，在全面推进转型发展、安全发展、和谐发展上不断取得新进展。

考察期间，习近平专程瞻仰了八路军太行纪念馆。在看望八路军老战士代表时，习近平饱含深情地说，革命前辈为夺取抗日战争的胜利和新中国的成立进行了不屈不挠的斗争，作出了巨大的贡献，党和人民永远不会忘记。他强调，要结合新的实际与时俱进地大力弘扬太行精神，坚定正确的理想信念，始终保持对党对人民对事业的忠诚；坚持执政为民的政治立场，始终保持同人民群众的密切联系；锤炼坚忍不拔、百折不挠的品格，始终保持知难而进、奋发有为的精神状态；坚守党的政治本色，始终保持艰苦奋斗的优良作风，为推动经济社会又好又快发展提供强大精神动力。

国办印发《国家职业病防治规划(2009—2015年)》并发出通知

各省、自治区、直辖市人民政府，国务院各部委、各直属机构：

《国家职业病防治规划(2009—2015年)》已经国务院同意，现印发给你们，请认真贯彻执行。

国务院办公厅

2009年5月24日

国家职业病防治规划(2009—2015年)

为贯彻落实党的十七大和《中共中央　国务院关于深化医药卫生体制改革的意见》(中发〔2009〕6号)精神，进一步加强职业病防治工作，保护劳动者健康，根据职业病防治法，制定本规划。

一、职业病防治现状与问题

职业病防治事关劳动者身体健康和生命安全，事关经济发展和社会稳定的大局。党中央、国务院历来高度重视职业病防治工作。党的十七大提出贯彻落实以人为本的科学发展观，要求坚持预防为主，完善重大疾病防控体系。《中共中央　国务院关于深化医药卫生体制改革的意见》明确提出，要加强对严重威胁人民健康的职业病等疾病的监测与预防控制。职业病防治法实施以来，各地区、各有关部门加大工作力度，开展职业病危害源头治理和重点职业病专项整治，规范用人单位职业健康管理和劳动用工管理，严肃查处危害劳动者身体健康和生命安全的违法行为，全社会职业病防治意识逐步增强，大中型企业职业卫生条件有了较大改善，职业病高发势头得到一定遏制。但是，当前职业病防治形势依然严峻，突出问题是：一是职业病病人数量大。改革开放30年来，我国累计报告职业病50多万例，近年新发病例数仍呈上升趋势。由于职业病具有迟发性和隐匿性的特点，专家估计我国每年实际发生的职业病要大于报告数量。二是尘肺病、职业中毒等职业病发病率居高不下。尘肺病是我国最主要的职业病，约占职业病病人总数的80%，近年平均每年报告新发病例1万多例。三是职业病危害范围广。煤炭、冶金、化工、建材、汽车制造、医药等行业不同程度地存在职业病危害。许多中小企业工作场所劳动条件恶劣，劳动者缺乏必要的职业病防护。四是对劳动者健康损害严重。尘肺病等慢性职业病一旦发病往往难以治愈，伤残率高，严重影响劳动者身体健康甚至危及生命安全。五是群发性职业病事件时有发生。近几年发生的河北省高碑店市农民工苯中毒、福建省仙游县和安徽省凤阳县农民工矽肺病等事件，一次性造成几十人甚至上百人患病，已成为影响社会稳定的公共卫生问题。

产生上述问题的原因：一是用人单位责任不落实。一些用人单位没有真正树立以人为本思想，对职业病危害的认识不足，对劳动者健康重视不够，防治主体责任不落实，没有采取有效的综合治理措施，违法行为大量存在。二是政府监管存在薄弱环节。一些地方没有处理好经济发展与保护劳动者健康的关系，职业病防治未能纳入地方经济社会发展规划，监管机构不健全，基层监管力量薄弱，部门之间工作衔接不够，没有形成合力。部分地方和部门监管措施不到位，执法不够严格，对违法行为处理不力。三是防治工作基础比较薄弱。许多工业企业特别是中小企业生产工艺落后，设施、设备简陋，职业病防治管理水平低，投入不足。职业病防治相关法律、法规和技术标准不够完善，信息网络不健全，职业病预防、控制技术急需提高，宣传教育培训力度不够，应急救援能力有待加强。

我国长期处于社会主义初级阶段，工业生产装备水平不高和工艺技术相对落后的状况将长期存在，在煤炭、冶金、化工等职业病危害较严重的行业，改善工作环境需要一个过程。在城镇化、工业化过程中，大量农民进城就业，他们流动性大，健康保护意识不强，职业病防护技能缺乏，加大了职业病防治监管的难度。随着经济和科技的发展，新技术、新工艺、新材料广泛应用，新的职业危害风险以及职业病不断出现，防治工作面临新的挑战。

二、指导思想、基本原则和规划目标

（一）指导思想。

以邓小平理论和“三个代表”重要思想为指导，深入贯彻落实科学发展观，以保护劳动者健康为根本目的。落实用人单位责任，加强政府领导，强化行政监管，依靠科技进步，立足国情，突出重点，全面推进职业病防治工作，促进经济持续健康发展。

（二）基本原则。

1. 预防为主，防治结合。坚持标本兼治、重在治本，控制职业病危害源头，采取工程技术、个体防护和健康管理等综合治理措施，预防控制职业病危害。

2. 统筹规划，分步实施。既着眼长远，不断完善制度和监管体系，又立足当前，着力解决目前防治工作中的突出问题。

3. 宣传动员，社会参与。广泛开展职业病防治宣传教育，增强用人单位的法律意识和社会责任感，提高劳动者的自我保护意识，充分发挥社会监督作用。

（三）规划目标。

建立政府统一领导、部门协调配合、用人单位负责、行业规范管理、职工群众监督的职业病防治工作体制，显著提高综合防治能力，增强用人单位和劳动者防治意识，改善工作场所作业环境，基本遏制职业病高发势头，保障劳动者健康权益。到2015年，新发尘肺病病例年均增长率由现在的8.5%下降到5%以内，基本控制重大急性职业病危害事故的发生，硫化氢、一氧化碳、氯气等主要急性职业中毒事故较2008年下降20%，主要慢性职业中毒得到有效控制，基本消除急性职业性放射性疾病。

——到2015年，存在职业病危害的用人单位负责人、劳动者职业卫生培训率达到90%以上，用人单位职业病危害项目申报率达到80%以上，工作场所职业病危害告知率和警示标识设置率达到90%以上，工作场所职业病危害因素监测率达到70%以上，粉尘、毒物、放射性物质等主要危害因素监测合格率达到80%以上。可能产生职业病危害的建设项目预评价率达到60%以上，控制效果评价率达到65%以上。从事接触职业病危害作业劳动者的职业健康体检率达到60%以上，接触放射线工作人员个人剂量监测率达到85%

以上。

——到2015年,职业病防治监督覆盖率比2008年提高20%以上,严重职业病危害案件查处率达到100%。监管网络不断健全,监管能力不断提高,对中小企业的监管得到加强。

——依托现有资源,建立完善与职责任务相适应、规模适度的职业病防治网络,基本职业卫生服务逐步覆盖到社区、乡镇。化学中毒和核辐射医疗救治的能力建设和管理得到加强,职业病防治、应急救援能力不断提高。

——到2015年,有劳动关系的劳动者工伤保险覆盖率达到90%以上;职业病患者得到及时救治,各项权益得到有效保障。

三、主要任务

(一)落实职业病防治责任。

1. 建立、健全防治责任制。存在职业病危害的用人单位要根据相关法律规定,设置或指定职业卫生管理机构或组织、配备专职或兼职专业人员,设立职业健康监督管理人员,制订职业病防治计划和实施方案,建立、健全职业卫生管理制度,采取切实可行的管理措施。

2. 认真落实预防、控制措施。用人单位要依法如实申报职业病危害项目,优先采用有利于防治职业病和保护劳动者健康的新技术、新工艺和新材料,逐步替代危害严重的技术、工艺和材料。加强作业场所职业病危害因素监测、评价与控制,为劳动者提供符合职业卫生标准和要求的工作场所、环境和条件。产生职业病危害的用人单位要在醒目位置设置公告栏,公布有关规章制度、操作规程、事故应急救援措施和工作场所职业病危害因素检测结果;在产生严重危害的作业岗位设置警示标识和警示说明。使用有毒物品作业的用人单位要取得职业卫生安全许可证,配备应急救援人员和必要的救援器材、设备,制定应急救援预案。任何单位和个人不得将产生危害的作业转移给不具备防护条件的单位和个人。

3. 加强职业健康管理和病人救治。用人单位要对劳动者进行上岗前的职业卫生培训和在岗期间的定期培训,普及职业卫生知识。对从事接触职业病危害作业的劳动者,要依法组织其进行上岗前、在岗期间和离岗时的职业健康检查,并将检查结果如实告知本人。要为劳动者建立职业健康监护档案。对遭受或可能遭受急性职业病危害的劳动者,要及时组织救治、进行健康检查和医学观察。及时安排疑似职业病病人进行诊断,做好职业病病人的治疗、康复、定期检查和妥善安置,确保职业病病人的权益。

4. 规范用人单位的用工行为。用人单位在与劳动者签订劳动合同时要履行职业病危害告知义务,依法参加工伤保险,落实有害作业岗位津贴和女职工、未成年工特殊保护政策。在高危行业推行职业卫生专项集体合同制度。

(二)强化对重点职业病的防治。

1. 尘肺病防治。以防治煤工尘肺、矽肺、石棉肺为重点,实施粉尘危害综合治理工程,开展尘肺病防治技术和发病规律调查研究。提高生产机械化水平,推进清洁生产技术的研发和推广。逐步淘汰不符合国家产业政策的工艺、设备和材料,关闭粉尘危害严重、不具备防治条件的小矿山、小水泥厂、小冶金厂、小陶瓷厂等。

2. 重大职业中毒防治。实施硫化氢、一氧化碳、氯气、氨气、苯、重金属等重大职业中毒隐患防范治理工程,开展中毒隐患排查,对生产设施、设备、场所进行治理。加快有毒化学品生产、销售、使用行业、企业的技术改造。开展职业中毒发病规律、健康损害机理、危害因素检测、职业健康监护及防护技术研究,制定重大职业中毒防治指南。

3. 职业性放射性疾病防治。实施放射性职业病危害治理工程,开展危害控制试点,研究放射性职业病发病机理及关键防治技术和措施,降低因放射线造成的矿工肺癌等疾病发病率。加强对核技术应用行业的职业病危害评价和放射卫生监督管理,完善安全防护措施,降低作业场所的放射性危害;落实接触放射线工作人员个人剂量监测和健康监护管理制度。

(三)加强职业病防治能力建设。

1. 加强对重点职业病的监测与预警。开展对煤工尘肺、矽肺、石棉肺、铅中毒、苯中毒、镉中毒、锰中毒、汞中毒、职业性肿瘤和放射性职业病危害等的监测,及时掌握职业病在高危人群、高危行业和高危企业的发病特点和发展趋势,研究重大职业病危险源的分布情况,开展职业健康风险评估和预警。

2. 健全防治技术支撑体系。充分利用现有资源,加强专业人才队伍建设,逐步完善覆盖城乡的职业病危害因素检测和评价、职业健康检查、职业病诊断治疗等职业病防治网络。加强化学中毒和核辐射医疗救治的能力建设和管理,提高重大职业病危害事故应急处置能力。加强相关专业人才培养,重点培养与基本职业卫生服务相适应的基层专业人才。

3. 推进信息化建设。制定全国职业病防治信息采集标准和相应信息的采集、传输、管理规范,依托已有信息传输网络或国家电子政务网络,及时收集、分析相关动态信息,逐步实现职业病防治信息互联互通、数据共享和规范管理。

4. 加强监管体系建设。加强职业病防治监管队伍建设，充实人员，加强培训，配备必要的设备，创造必要的工作条件，不断提高监管能力和水平。

（四）开展科研及成果应用。

鼓励和支持职业病防治技术研究和推广应用，开展重点职业病防治科技攻关。以尘肺病、职业中毒、职业性肿瘤的预防控制关键技术为突破口，以防尘、防毒、防辐射、防噪声、防振动等防护技术为重点，加强粉尘、放射性物质、毒物、物理因素等职业病危害因素检测、防护和应急救援技术的研究及开发应用。

（五）加强培训和宣传教育。

制订职业病防治宣传教育规划和计划，健全职业病防治宣传教育体系和网络。加强对基层领导干部的职业病防治知识培训。强化对存在职业病危害的用人单位主要负责人、管理人员和劳动者的培训，积极推进作业场所健康教育。把职业病防治相关法律、法规纳入全民普法教育范围，列为健康教育和职业教育的重要内容。充分发挥新闻媒体作用，深入开展多种形式的职业病防治宣传教育活动，在全社会形成关心劳动者健康、重视职业病防治的良好氛围。发挥舆论监督和公众监督作用，鼓励群众举报职业病防治违法行为。

（六）完善工伤保险制度。

扩大工伤保险覆盖范围，保障参保职工的合法权益。完善工伤保险政策，健全工伤保险费率调整机制，逐步提高保险待遇和标准。进一步探索工伤预防在职业病控制工作中的积极作用，积极开展患职业病职工的康复工作，逐步完善适合我国国情的职业病预防、补偿和康复制度。

四、保障措施

（一）加强防治工作领导。

地方各级政府要把职业病防治工作放到更加突出的位置，将职业病防治重要指标、主要任务纳入经济社会发展计划。要制定本地区职业病防治规划，层层分解目标，明确具体措施，建立、健全责任追究制。探索建立政府部门、用人单位和劳动者三方代表组成的职业病防治工作机制。

（二）加大监管力度。

国务院职业病防治监督管理部门要按照职责分工，依法认真履行职业卫生监管职责。各地区要针对本地区职业病危害特点，加大重点行业、重点企业、重点人群的监督检查力度。严肃查处违反职业病防治法、损害劳动者健康及其相关权益的违法行为。对不履行或不认真履行工作职责的，要依法依纪追究相关责任人和负责人的责任；对因失职、渎职导致重大职业病危害事件发生，或者造成重大人员伤亡和经济损失、社会影响恶劣的，要依法追究主要负责人的责任。各地区、各有关部门要加强信息沟通，相互配合，形成监管合力。

（三）完善法律、法规和标准。

进一步健全职业病防治法配套法规、规章。制定、修订职业病危害风险评估与风险管理、工作场所职业病危害因素检测与评价、危害防护设施与个人防护用品性能评价、职业健康监护与职业病诊治等技术标准和规范，研究制定高危行业、中小企业职业病防治标准、指南和规范，完善职业病防治技术标准体系。

（四）加大经费投入。

建立多渠道的职业病防治筹资机制，鼓励和引导社会力量参与职业病防治。用人单位用于预防和治理职业病危害、工作场所卫生检测、健康监护和职业卫生培训等费用，按照国家有关规定在生产成本中据实列支。各级政府要按照有关规定落实职业病防治补助政策，保证必需的工作经费。政府对职业病防治工作的投入要与当地经济社会发展水平相适应，并随着经济发展逐步增加。

（五）积极开展国际合作。

认真履行有关职业卫生国际公约。进一步加强与其他国家、国际组织和国外民间团体的交流与合作，大力宣传我国职业病防治政策和成效，学习借鉴国外先进经验和成果。

国务院有关部门要适时开展《国家职业病防治规划（2009—2015年）》实施的督查和评价工作。

国务委员刘延东在江西调研

刘延东在深入考察文化企事业单位、科技园区和学校后指出，江西省经济运行势头好，社会事业发展快，改革开放力度大，全省上下心齐风正气顺劲足。她对江西省在文化体制改革特别是开放联合、优化结构、打造红色文化品牌、支持强手联合、发展文化产业等方面取得的成绩给予了充分肯定。

刘延东在推进文化体制改革工作座谈会上强调，要认真贯彻落实党的十七大精神，增强深化文化体制改革的责任感、紧迫感，抢抓机遇，逆势而上，实现文化发展的新跨越。要将经营性文化单位转企改制、公益性文化事业单位内部改革以及文化市场综合执法改革作为重点，细化目标任务，强化工作措施，在狠抓工作落实上下功夫。要统筹资源，加快城乡公共文化服务体系建设，逐步完善服务网络和管理运行新机制。要推进文化领域结构调整，大力推进文化产业升级，做大、做好、做强一批骨干文化企业，形成以公有制为主体、多种所有制共同发展的文化产业格局。她要求把文化体制改革纳入各地总体发展规划，加强组织领导和统筹协调，细化方案并加大督查，形成“谁改革支持谁”、“早改革早受益”的政策导向，确保各项改革任务顺利完成。

中央深入学习实践科学发展观活动领导小组发出通知要求进一步做好第一批学习实践活动单位整改落实“回头看”工作

通知要求，进一步准确把握第一批学习实践活动单位整改落实“回头看”工作的主要内容。要按照《关于做好第一批学习实践活动整改落实后续工作的通知》要求，比照整改落实方案，看党员干部特别是各级领导班子和党员领导干部的理想信念是否更加坚定，推进科学发展的决心是否更加明确；看领导班子分析检查报告和整改落实方案中确定的推进本地本单位科学发展的具体举措是否已经或正在得到落实；看影响和制约本地本单位科学发展的突出问题、群众反映强烈的突出问题是否已经或正在得到解决；看体制机制创新是否已经或正在取得重大成果。

通知强调，切实加强对“回头看”工作的组织领导。各省(区、市)、中央和国家机关各部委、各人民团体、新疆生产建设兵团、中管金融机构学习实践活动领导小组负责组织本地本单位的“回头看”工作。党委(党组)要高度重视，将其作为巩固和扩大学习实践活动成果的重要工作，切实抓紧抓好。要切实贯彻群众路线，充分发扬民主，“回头看”情况要比照对领导班子分析检查报告进行评议和就整改落实方案征求意见的范围，以适当方式向广大党员群众进行通报。要加强督促检查，6月底之前，各省(区、市)、中央和国家机关各部委、各人民团体、新疆生产建设兵团、中管金融机构学习实践活动领导小组要对本级领导班子和机关内设机构领导班子“回头看”情况组织进行自查，同时，对参加第一批学习实践活动的所属各单位“回头看”情况组织进行检查。

通知指出，中央学习实践活动领导小组将适时组织对“回头看”情况进行抽查。中央学习实践活动领导小组将委托中央巡回检查组、中央学习实践活动领导小组办公室，在第一批活动单位中随机确定抽查单位，采取查阅文件材料，实地考察，个别访谈，随机组织党员群众填写抽查测评表，召开党员群众座谈会，设置抽查热线电话等多种方式进行抽查工作，形成抽查综合报告上报中央。中央领导同志将适时召开座谈会，听取第一批学习实践活动部分单位整改落实“回头看”情况汇报。参加第一批学习实践活动各单位党委(党组)对抽查工作要高度重视，积极配合。抽查中发现的好做法好经验要及时宣传、推广，发现问题要认真纠正，限期整改。

中央有关部门联合发出通知启动“双百”人物评选活动

中央有关部门联合发出《关于组织开展“100位为新中国成立作出突出贡献的英雄模范人物和100位新中国成立以来感动中国人物”评选活动通知》，正式启动了“100位为新中国成立作出突出贡献的英雄模范人物和100位新中国成立以来感动中国人物”评选活动。

评选活动的目的是，通过深切缅怀为新中国成立作出突出贡献的英雄模范人物，热情讴歌新中国成立60年来涌现出来的先进典型，颂扬他们的感人事迹，弘扬他们的崇高精神，在全社会唱响共产党好、社会主义好、改革开放好、伟大祖国好、各族人民好的时代主旋律，推动社会主义核心价值体系建设，激励全国各族人民继续解放思想，坚持改革开放，推动科学发展，促进社会和谐，为夺取全面建设小康社会新胜利、实现中华民族伟大复兴而努力奋斗。

评选活动由中央宣传部、中组部、中央统战部、中央文献研究室、中央党史研究室、民政部、人力资源和社会保障部、全国总工会、共青团中央、全国妇联、解放军总政治部等部门共同组织。

全国妇联 中宣部等18部门联合下发通知要求组织好“六一”儿童节各项活动

通知要求，各地、各部门要紧紧抓住“六一”国际儿童节这一重要契机，大力开展各项未成年人爱国主义教育活动。要以“祖国伴我成长”为主题，围绕“迎国庆、讲文明、树新风”，精心设计和组织开展童声唱祖国、童手绘祖国、童心颂祖国等富有特色的道德实践活动，并与各地、各部门开展的“小公民道德建设计划”、“歌唱祖国庆六一队日活动”等有机结合。中央文明办、教育部、团中央、全国妇联在“六一”国际儿童节前后，组织开展“向国旗敬礼、做一个有道德的人”网上签名寄语活动。

通知强调，各地、各部门要以净化社会文化环境为切入点，努力营造儿童健康成长的良好氛围；要以维护儿童各项权益为保障，合力创造儿童欢度节日的有利条件；要以关爱特殊困境儿童为抓手，着力帮助解决儿童及困难家庭的实际问题。

5月25日

国家主席胡锦涛在人民大会堂与塞拉利昂总统科罗马举行会谈

胡锦涛说，今天是非洲人民的重要节日“非洲日”。我谨代表中国人民向塞拉利昂人民及全体非洲人民致以节日的祝贺。

胡锦涛表示，在新的历史条件下，中方愿同塞方携手努力，进一步发展两国平等互信的政治关系。两国领导人可通过多种方式保持密切联系。两国政府及相关部门对双方各领域合作要加强规划协调。两国立法机构和执政党可通过友好交流,相互借鉴治国理政经验。中方重视发展两国经贸关系,支持塞方加快经济重建,愿同塞方一道,本着互利双赢、共谋发展的精神,确保双方已商定的合作项目按期保质完成。同时创新合作思路,拓宽合作领域,积极探讨在基础设施建设、资源开发等领域开展合作的可能性,更好地造福两国人民。双方要继续精心做好教育、卫生和人力资源培训等方面的工作,为中塞传统友谊注入新的活力。中方欢迎塞拉利昂国青年来华深造学习,愿为塞方培训更多专业人才,帮助塞方发展教育、文化、医疗卫生事业。中方支持塞方和平重建进程,愿进一步加强与塞方在非洲维和、减贫和发展、共同应对全球性挑战等重大问题上的协调与配合,促进南南合作和南北对话。

科罗马说,完全赞成胡主席对发展双边关系的主张,表示塞方高度重视对华关系,愿认真学习借鉴中国发展经验,全面加强对华合作,扩大双方在经贸、农业、矿产资源、医疗卫生和基础设施等领域合作。塞方真诚欢迎中国企业来塞拉利昂投资兴业,愿为此创造良好环境和条件。塞方愿进一步加强与中国在国际和地区尤其是非洲问题上的协调合作,推动塞中、非中友好合作关系进一步向前发展。

会谈后,两国元首共同出席了中塞两国政府经济技术合作协定等文件的签字仪式。

全国政协主席贾庆林在人民大会堂会见中国国民党主席吴伯雄率领的中国国民党大陆访问团全体成员

贾庆林在会见时说,应对国际金融危机带来的挑战,是摆在两岸同胞面前的急迫任务。两岸应当进一步携手合作,同舟共济,共同克服这场危机造成的影响。不仅如此,还应当变危机为转机,加快实现两岸经济关系正常化和经济合作制度化,大力促进两岸经济交流合作向更高层次、更宽领域、更高水平迈进,以促进两岸共同繁荣,造福两岸同胞。贾庆林指出,两岸关系发展的根本动力在于两岸民众。两岸同胞最广泛地参与到两岸大交流、大合作的进程中来,就能够为两岸关系和平发展提供不竭的前进动力。最近在福建举行的首届海峡论坛,受到两岸同胞欢迎,成为推动两岸民间交流的新平台。希望国共两党共同努力,更加积极地鼓励和支持两岸的民间交流。

吴伯雄表示,一年来两岸关系大步向前迈进,证明2005年国共两党领导人发布的“两岸和平发展共同愿景”完全合乎两岸人民的需要。一年来,两党回应了两岸广大人民的心声,走了一条正确的道路。当前两岸良性互动前所未有,我们不仅珍惜,更要坚定不移地继续朝正确的目标前进。两岸人民同属炎黄子孙、同属中华民族,对振兴中华和发扬中华文化都有责任。两岸应同舟共济,相互扶持,增进互信,深化合作,开创未来。

全国推广山东邮政发展农村物流经验现场会在青岛召开

2003年以来,山东邮政拓展服务功能,积极参与农资配送服务,形成了产品、标识、配货渠道、产品价格、服务标准、经营“六统一”的管理模式,“连锁经营+配送到户+科技服务”的经营模式,“政府+邮政”的监管模式,“农民受益+企业增效+邮政发展”的战略模式,有力地支持了社会主义新农村建设,促进了邮政企业发展壮大。

国务院副总理张德江充分肯定了山东邮政的做法和经验,并指出,各地区、各部门和邮政企业要充分认识推动农村邮政物流发展的重要意义,切实使邮政物流成为我国物流业的生力军和服务“三农”的骨干力量。要认真抓好《中华人民共和国邮政法》的学习宣传和贯彻落实,把支持邮政物流发展的各项政策措施落到实处。要大力推进邮政基础网络建设,继续加大投入,提升网络服务能力,提高邮政物流信息化、机械化、自动化水平。要进一步深化邮政改革,坚持普遍服务业务与快递物流等竞争性业务的分业经营、分账核算,坚持转变企业经营机制,拓宽邮政物流领域,做大做强农村邮政物流。努力提高服务水平和质量,创新管理方式和服务方式,增强邮政企业竞争力,为“三农”提供及时、安全、便捷、廉价的物流服务。要切实加强组织领导,积极支持农村邮政物流发展,尽快制定和完善各项配套政策,加强督促、检查和指导,推进农村邮政物流加快发展。

国务院副总理王岐山在江苏苏州主持召开外贸企业座谈会

在听取江苏省外贸形势和企业经营情况汇报后,王岐山说,当前国际金融危机和世界经济衰退尚未见底,外需急剧减少对我国经济增长造成严重影响。但是,这场危机没有改变我们对中国仍处于重要战略机遇期的基本判断。要坚定信心,振奋精神,沉下心来把自己的事情办好,努力化“危”为“机”。企业作为市场主体,要加强人才培养和技术储备,不断推进科技创新,增强应对危机和把握市场机遇的能力。

在江苏期间,王岐山还对旅游工作进行调研。江苏省和国务院有关部门负责同志参加了座谈会及调研。

国务院发出《关于调整固定资产投资项目资本金比例的通知》

各省、自治区、直辖市人民政府,国务院各部委、各直属机构:

固定资产投资项目资本金制度既是宏观调控手段,也是风险约束机制。该制度自1996年建立以来,对改善宏观调控、促进结构调整、控制企业投资风险、保障金融机构稳健经营、防范金融风险发挥了积极作用。为应对国际金融危机,扩大国内需求,有保有压,促进结构调整,有效防范金融风险,保持国民经济平稳较快增长,国务院决定对固定资产投资项目资本金比例进行适当调整。现就有关事项通知如下:

一、各行业固定资产投资项目的最低资本金比例按以下规定执行:

钢铁、电解铝项目,最低资本金比例为40%。

水泥项目,最低资本金比例为35%。

煤炭、电石、铁合金、烧碱、焦炭、黄磷、玉米深加工、机场、港口、沿海及内河航运项目,最低资本金比例为30%。

铁路、公路、城市轨道交通、化肥(钾肥除外)项目,最低资本金比例为25%。

保障性住房和普通商品住房项目的最低资本金比例为20%,其他房地产开发项目的最低资本金比例为30%。

其他项目的最低资本金比例为20%。

二、经国务院批准,对个别情况特殊的国家重大建设项目,可以适当降低最低资本金比例要求。属于国家支持的中小企业自主创新、高新技术投资项目,最低资本金比例可以适当降低。外商投资项目按现行有关法规执行。

三、金融机构在提供信贷支持和服务时,要坚持独立审贷,切实防范金融风险。要根据借款主体和项目实际情况,参照国家规定的资本金比例要求,对资本金的真实性、投资收益和贷款风险进行全面审查和评估,自主决定是否发放贷款以及具体的贷款数量和比例。

四、自本通知发布之日起,凡尚未审批可行性研究报告、核准项目申请报告、办理备案手续的投资项目,以及金融机构尚未贷款的投资项目,均按照本通知执行。已经办理相关手续但尚未开工建设的投资项目,参照本通知执行。

五、国家将根据经济形势发展和宏观调控需要,适时调整固定资产投资项目最低资本金比例。

六、本通知自发布之日起执行。

国务院

2009年5月25日

最高人民检察院检察长曹建明在全国检察机关第三次预防职务犯罪工作会议上发表讲话

曹建明强调,要根据党和国家一个时期经济社会发展战略部署和重大措施,针对职务犯罪易发多发的重要领域和关键环节,紧紧围绕社会关注、群众反映强烈的问题,结合检察机关查办职务犯罪工作重点,科学确定和及时调整预防工作重点,增强预防实效。

曹建明要求全国各级检察机关,要做到"到位不越位、尽职不越权、参与不干预、帮忙不添乱、服务不代替",不能把预防工作搞成一般监督,"包打天下",防止法律监督的严肃性和权威性受到损害。

就当前和今后一个时期的预防职务犯罪工作,曹建明提出要重点做好以下四方面工作:一要围绕中央"保增长、扩内需、调结构"等政策措施的贯彻落实,配合有关部门加强民生工程、基础设施、灾后重建等重大工程建设和项目资金使用中的预防职务犯罪工作。二要围绕人民群众反映强烈的问题,着力加强民生领域职务犯罪预防工作。对发生在人民群众身边、直接侵害群众切身利益的职务犯罪,特别是发生在社会保障、劳动就业、征地拆迁、移民补偿、抢险救灾、医疗卫生、招生考试等领域的职务犯罪,在积极查办的同时,要加强警示教育和法制宣传。三要围绕职务犯罪易发多发的领域加强预防工作,注重发挥检察机关在治理商业贿赂犯罪、司法领域腐败、国有企业和金融等重点领域腐败方面的职能作用。四要围绕惩治和预防腐败体系建设,着力推进反腐倡廉教育和制度建设,着力推进权力运行的监督制约。

全国组织系统"万名组织部长下基层"活动启动

中组部部长李源潮要求组织系统要更好地把握大局、了解基层,推进改革创新,服务科学发展,在深入学习实践科学发展观活动中作表率。

李源潮指出,开展深入学习实践科学发展观活动,组织系统要作表率。要加强组织指导,扎实深入地推进"万名组织部长下基层"活动。组工干部下基层,要多做基层希望做的事。要认真听取群众呼声,了解基层和干部群众对组织工作的期盼,发现和总结基层创造的有效经验。要与干部谈心谈话,关心了解干部。要帮助困难党员解决实际问题,通过结对帮扶摸索经验,进一步建立、健全党内关怀和帮扶机制,增强党组织对党员的凝聚力。要听取来访党员、干部和群众的意见与诉求,认真解决问题、化解矛盾,以公道正派、可亲可敬的形象赢得干部群众的信任。

李源潮要求推进"万名组织部长下基层"活动要讲求实效,防止形式主义。要求每位同志都要严格自律,不给基层增加负担,真心实意地为干部群众服务,进一步树立组织部门“党员之家、干部之家、人才之家”的良好形象。

中组部常务副部长沈跃跃主持会议并作出部署。省、市、县三级党委组织部负责同志和机关干部，中央和国家机关、人民团体、在京部分重要骨干企业和中管高校组织人事部门的负责同志参加视频会议。

《人民日报》发表评论员文章《唱响爱国主义的英雄赞歌》

在新中国成立60周年之际，回首创立和建设新中国的非凡历程，辉煌的成就总与一些闪光的名字相互伴随，伟大的业绩总与爱国主义精神紧密相连。

近日，中央有关部门联合发出通知，正式启动“100位为新中国成立作出突出贡献的英雄模范人物和100位新中国成立以来感动中国人物”评选活动。这对于我们激发爱国热情、振奋民族精神、凝聚人民力量，具有重大意义。

新中国创立和建设的历史，就是爱国主义不断彰显的历史，也是英雄模范不断涌现的历史。自1921年中国共产党成立以来，无数爱国志士在党的领导下，把个人的命运与祖国的前途联系在一起，为新中国的成立作出了彪炳史册的贡献，谱写了中华民族历史上的壮丽篇章。新的历史时期，中华儿女不断地奏响爱国主义的激昂乐章，在和平年代的平凡岗位上，为国家发展、民族振兴、社会和谐、人民幸福作出了不平凡的贡献。

民族的脊梁，时代的先锋，祖国的骄傲，这些为新中国成立作出突出贡献的英雄模范人物和新中国成立60年来涌现出来的先进典型，是爱国主义教育最生动、最直接、最现实的教材。今天，我们重温他们的感人事迹，就是要弘扬他们的崇高精神，承继他们的理想信念，在新的历史起点上，凝聚起中华民族走向复兴的精神力量。

爱国主义在各个历史时期始终是中华民族走向独立和富强的不竭动力。这些英模人物和先进典型的事迹，告诉我们一个朴素的道理，作为一种热爱国家的深厚情感，一种生动的集体责任感，爱国主义从来就不是抽象的。在当代中国，热爱祖国和热爱中国共产党、热爱社会主义是有机的统一。爱国就是要心系民族命运、心系国家发展、心系人民福祉，为了国家和人民的利益而甘于奉献，用实际行动为国家发展和民族振兴贡献力量。

一个智慧的民族，总是善于从其优秀分子身上汲取力量、获得启示。我们要把评选典型与学习典型结合起来，把评选过程与教育过程结合起来，深刻理解爱国主义的丰富内涵，进一步推动社会主义核心价值体系建设，进一步增强坚持中国特色社会主义“一面旗帜、一条道路、一个理论体系”的自觉性和坚定性。

“国家有优良的公民，那么这个国家就一定会强盛起来。”在中国革命、建设和改革历史进程中，无论是战争年代的革命先烈，还是建设时期的英雄模范，都用自己的生命和汗水，谱写了爱国主义的感人篇章，成就了中国人民走向未来的辉煌历史。今天，在全国范围内开展评选活动，唱响爱国主义的英雄赞歌，必将以榜样的力量激发中华儿女的爱国热情，坚定中国特色社会主义理想信念，为实现中华民族伟大复兴而努力奋斗。

国务院副总理李克强在中南海紫光阁会见美国通用电气公司董事长兼首席执行官杰夫·伊梅尔特一行

李克强说，面对国际金融危机的冲击，中国政府立足于扩大内需，采取了促进经济平稳较快增长的一系列政策措施。与此同时，我们坚持对外开放的基本国策，始终不渝地奉行互利共赢的开放战略，反对各种形式的贸易保护主义，以开放的姿态向各国企业继续提供在华投资发展的难得机会。希望通用电气公司和其他跨国企业抓住机遇，继续积极拓展在华业务，扩大在华投资。

李克强指出，中国政府在努力促进经济增长的过程中，大力发展高技术和战略性新兴产业。通用电气公司等跨国企业在这些领域与中国方面开展合作，有着很大的拓展空间。

伊梅尔特表示，通用电气公司高度重视在华业务，将继续落实对中国的长期投资承诺，实现与中国经济的共同发展。

国务院副总理王岐山在苏州会见出席苏州工业园区开发建设15周年庆祝活动的新加坡内阁资政李光耀和副总理黄根成

澳大利亚总理陆克文会见全国人大常委会副委员长陈至立及其率领的全国人大代表团

陆克文表示，澳政府高度重视发展对华关系，将积极推动两国各方面合作关系的进一步发展。他还表示，澳政府实行积极的财政政策，刺激经济发展，将有效应对全球金融危机带来的影响。在当前形势下，两国进一步发展经济、科技、教育、人文等领域合作具有更加重要的意义。

陈至立说，中澳同为亚太地区重要国家，中方始终从战略高度和长远角度看待和发展两国关系。两国的交流合作优势互补，互利双赢。在当前国际金融危机持续蔓延的形势下，双方应深入挖掘各领域合作潜力，加强对话协调,相互尊重、互利合作、共同发展,使中澳关系进一步全面深入发展。

陈至立副委员长率领的全国人大代表团是应澳联邦议会的邀请来访的,代表团将于26日离开澳大利亚前往新西兰访问。

全国人大常委会副委员长陈至立在堪培拉议会大厦与澳大利亚联邦议会参议长霍格和众议长詹金斯举行会谈

霍格和詹金斯在会谈中表示,澳方高度重视发展对华关系。在当前国际金融和经济危机持续蔓延的情况下,澳经济走出危机离不开中国经济的繁荣和发展。澳方愿意与中方加紧推进两国自由贸易协定的谈判,继续深化在经贸、林业、环保等领域的合作,加强两国在国际和地区问题上的磋商,为亚太地区和平、稳定与发展作出贡献。

陈至立积极评价中澳关系。她说,当前中澳关系发展势头良好,高层互访和接触频繁,政治互信不断增强,经贸关系成果丰硕。两国在教育、文化、旅游等各领域的交流合作日益密切。议会交往是中澳全面合作关系的重要组成部分,中国全国人大愿在相互尊重、平等互利的基础上进一步与澳议会开展各层次、各渠道的友好交流与合作,增进相互了解和信任,巩固并扩大两国友好的民意基础,促进中澳关系继续向前发展。

外交部就朝鲜宣布进行第二次核试验发表声明

朝鲜宣布于5月25日进行第二次核试验。中华人民共和国外交部就此发表声明,全文如下:

2009年5月25日,朝鲜民主主义人民共和国无视国际社会普遍反对,再次进行核试验,中国政府对此表示坚决反对。

实现半岛无核化,反对核扩散,维护东北亚和平与稳定,是中国政府坚定不移的一贯立场。中方强烈要求朝方信守无核化承诺,停止可能导致局势进一步恶化的相关行动,重新回到六方会谈的轨道上来。

维护东北亚地区的和平稳定,符合有关各方共同利益。中国政府呼吁有关各方冷静妥善应对,坚持通过协商和对话和平解决问题。中方将为此继续作出不懈努力。

全国人大常委会副委员长周铁农在人民大会堂会见由金声远室长率领的韩国国会法制室代表团一行

中联部部长王家瑞在北京会见由参议员 秘书长巴达尔率领的巴基斯坦人民党代表团

外交部部长杨洁篪出席亚欧外长会议

杨洁篪在第九届亚欧外长会议上发表讲话,呼吁亚欧会议各方加强互信与合作,携手应对全球金融危机,抗击甲型H1N1流感。

杨洁篪说,在全球化深入发展的今天,亚欧是命运紧密相连的共同体。亚欧会议各方应进一步深化合作,加强互信,建立更紧密的亚欧新型伙伴关系。当前,国际金融危机仍未见底,亚欧各国发展普遍面临困难;甲型H1N1流感威胁着人民的健康;能源和粮食价格大幅波动,影响人民的生产和生活。

杨洁篪呼吁亚欧会议各方携起手来,致力于恢复并推动经济增长,反对任何形式的保护主义,切实帮助发展中国家维护金融稳定,共同克服国际金融危机;同时,密切沟通与协作,扩大信息交流,积极应对甲型H1N1流感等传染病威胁,将流感对国际贸易和经济活动的冲击降到最低。他还呼吁各方加大投入,在金融、贸易、援助、环境、知识产权、技术转让等领域多管齐下,共同维护世界粮食安全。

杨洁篪说,作为国际社会负责任的成员,中国始终积极参与应对金融危机的国际合作。中国将继续同亚欧各国一道,加强宏观经济政策协调,推动国际金融体系改革,积极维护多边贸易体制稳定,为推动世界经济恢复和增长作出应有贡献。

为期两天的第九届亚欧外长会议25日下午在越南首都河内国家会议中心开幕。本届会议将重点讨论加强亚欧合作,应对国际金融危机、不同文化与文明对话和亚欧会议未来发展等问题。

水资源安全研讨会在北京举行

由中国国际战略学会和香港何东舜铭国际文化基金共同举办的“水资源安全:中国与世界”国际学术研讨会5月25日至26日在北京举行,来自亚洲、欧洲和美洲10多个国家约百名政府官员和专家学者出席。

中国国际战略学会会长熊光楷和何东舜铭国际文化基金主席何东舜铭在开幕式上致辞,中国水利部前部长汪恕诚作了题为《中国水资源安全问题及对策》的演讲。与会的加拿大前总理金·坎贝尔女士高度赞赏中国政府在确保水资源安全方面作出的承诺和采取的举措。国家环境保护部部长周生贤会见了与会外方代表。

中宣部 中央文明办等10部委公布推荐100首爱国歌曲名单

《人民日报》报道,中宣部、中央文明办等10部委近日发出《关于广泛开展“爱国歌曲大家唱”群众性歌咏活动的通知》,同时,推荐了100首爱国歌曲。

为推动该活动广泛开展，中央文明办、中国文联等在主要新闻网站和商业网站开展了“网上推荐百首爱国歌曲活动”。半月之内，全国网民踊跃投票达2335万张。同时，主办单位还邀请部分著名词曲作家进行评选，并综合网民投票结果和专家评选意见，遴选出向全国推荐的100首爱国歌曲。国歌、军歌、团歌等在庄重场合的必唱歌曲，不列入推荐歌曲名单。

5月26日

中共中央总书记胡锦涛在人民大会堂与中国国民党主席吴伯雄举行会谈

胡锦涛在会见时表示，去年12月31日，我在纪念《告台湾同胞书》发表30周年座谈会上发表讲话。这次讲话在坚持我们党既定的对台大政方针和目标的基础上，重点阐述两岸关系和平发展的主张，提出了推动两岸关系和平发展的六点意见，从政治、经济、文化、社会、涉外事务等方面提出方针政策。这是我们关于与台湾方面共同发展两岸关系的基本思路，是对未来两岸关系前景的规划，同时也尽可能照顾台湾同胞的合理愿望，尽可能呼应台湾方面的积极诉求，充分展示了我们的诚意。

胡锦涛回顾了两岸关系一年来取得的一系列重要进展，并就在新的起点上进一步推动两岸关系向前发展发表了重要意见。

第一，关于增进两岸政治互信。去年5月以来，两岸双方在反对“台独”、坚持“九二共识”的基础上建立了互信，从而推动解决了两岸关系中一系列复杂问题。考虑到今后两岸关系的发展前景，包括需要逐步破解一些政治难题，巩固和增进双方的政治互信尤为重要。坚持大陆和台湾同属一个中国是关键所在。

第二，关于两岸经济合作。今后一个时期仍然要把全面加强两岸经济合作作为重点，当前最突出的任务是共同应对国际金融危机冲击。考虑到两岸同胞是一家人，我们采取了一些实际措施同你们共克时艰。今后，如果形势需要，我们还会继续这样做。签订两岸经济合作协议，关键是协议内容要有利于两岸经济共同发展、两岸同胞福祉增进，有利于建立具有两岸特色的经济合作机制。双方应该共同推进商签协议准备工作，争取今年下半年谈起来。

第三，关于加强两岸文化教育交流。新形势下，开展两岸文化教育交流，既有巨大需求和潜力，也显得更为重要。我们要比以往更加努力地开展两岸文化教育交流，共同传承和弘扬中华文化，增强中华文化认同、中华民族认同。

第四，关于涉外事务。几天前，中华台北卫生署应邀派出人员作为观察员参加了今年的世界卫生大会。这表明，两岸中国人有能力、有智慧妥善解决台湾参与国际组织活动问题，也表明我们促进两岸关系和平发展的诚意。我们希望，这有利于增进台湾同胞对大陆的了解，有利于两岸关系和平发展。

第五，关于结束两岸敌对状态、达成和平协议。促进正式结束两岸敌对状态、达成和平协议，是“两岸和平发展共同愿景”提出的目标，已经成为两岸双方的重要主张。我们提出，两岸可以就国家尚未统一的特殊情况下的政治关系问题、建立两岸军事安全互信机制问题进行务实探讨，表明了我们解决问题的积极思考。两岸协商总体上还是要先易后难、先经后政、把握节奏、循序渐进，但双方要为解决这些问题进行准备、创造条件。双方可以先由初级形式开始接触，积累经验，以逐步破解难题。

第六，关于国共两党交流对话。国共两党交流对话特别是高层交往对保持两岸关系发展势头具有不可替代的重要作用。国共论坛是一个成功的论坛，应该继续办下去，而且要越办越好。同时，两岸关系发展需要两岸广大同胞特别是基层民众参与。两岸各界举办的海峡论坛，突出了两岸民众的参与和互动。

胡锦涛强调，国共两党肩负着历史责任，应该胸怀全民族长远发展，以远大的目光、务实的思路认真思考和解决两岸关系发展中的重大问题，为不断开创两岸关系和平发展新局面作出贡献。

吴伯雄表示，一年来，两岸双方基于正视现实、开创未来，持续建立互信、搁置争议，不断求同化异、深化合作，走向和平共荣、互利双赢，两岸关系发展取得了丰硕成果。这些成果都是由于两岸具备政治互信而取得的，双方政治互信的基础就是坚持“九二共识”、反对“台独”。两岸关系和平发展符合两岸人民与国际社会的期待。胡锦涛总书记关于推动两岸关系和平发展的六点意见都是建设性的主张，受到台湾各界重视。多数台湾人民都感受到了两岸交流与协商带来的正面效应，从而更加支持两岸关系和平发展。实践证明，我们努力的方向是正确的，应当也必须坚持下去。希望两岸增进互信，化异求同，积极促进良性互动，稳妥积累破解难题之道，共创和平、共促稳定、共谋发展、共享繁荣。

吴伯雄表示，面对国际金融危机，两岸更应该同舟共济，相互扶持。签订两岸经济合作架构协议，两岸有关方面应加紧研究，尽早协商。发扬中华文化是两岸的共同责任，双方应该以此为基础，在教育、学术、科技、体育、艺术、青少年等各领域，推进交流整合的深度和广度。两岸各界可就协商文化教育交流协议展开探讨，建立共识。

会谈中,吴伯雄预祝上海世界博览会和广州亚洲运动会圆满顺利。胡锦涛对高雄市举办第八届世界运动会和台北市举办第二十一届听障奥运会表示良好祝愿。

国务院总理温家宝 全国政协主席贾庆林在北京分别会见塞拉利昂总统科罗马

温家宝说,长期以来中塞两国相互信任、相互帮助,建立了真挚的友谊。在新形势下,加强合作、共同发展符合双方的根本利益。中方将继续通过援助和优惠措施,支持塞拉利昂的经济建设,在农业、基础建设、资源开发等领域扩大对塞方的互利合作,为两国关系发展注入新的活力。

温家宝指出,应对国际金融危机尤其要重视对欠发达国家的支持,实现千年发展目标决心不能动摇,力度不能减弱。中国愿同非洲国家密切配合,抓紧落实中非合作论坛北京峰会各项后续行动,并研究制定新的合作计划,推动中非新型战略伙伴关系取得更大进展。

贾庆林说,中塞虽然相距遥远,但两国人民一直是患难与共的好朋友。建交38年来,双方始终坚持和平共处五项原则,共同致力于推动中塞友好合作关系的发展,相互尊重、平等相待、彼此支持、真诚合作已成为两国关系的重要特征。科罗马总统执政后,坚持对华友好政策,坚定奉行一个中国原则,中方对此表示高度赞赏。

贾庆林表示,中塞同属发展中国家,面临着加快发展、改善民生的相同任务。中方愿同塞方携手努力,进一步发展两国平等互信的政治关系,扎实推进务实合作,共同做好教育、卫生和人力资源培训等方面的工作,为中塞传统友谊注入新的活力,以造福两国人民。

贾庆林还简要介绍了中国共产党领导的多党合作和政治协商制度及中国全国政协情况。

科罗马感谢温家宝总理和贾庆林主席的亲切会见,表示塞中两国有良好的关系和深厚的传统友谊,塞方高度重视对华关系,此次访华表明塞拉利昂决心全面加强与伟大中国的关系。塞方衷心感谢中国长期以来提供的真诚援助,高度评价中方强调当前的金融危机不应影响对不发达国家的援助,表示中国的外交政策和近年来的发展成就激励了包括塞拉利昂在内非洲人民加强与中国的合作,加快自身发展的强烈愿望。

科罗马说,塞拉利昂矿产资源丰富,农业生产环境良好,塞中合作潜力巨大。在当前金融危机背景下,塞方希望深化拓展两国在经济、贸易、农业和能源资源领域合作,加强双方在中非合作论坛框架下的协调配合,把两国关系推向新的更高水平。科罗马重申塞拉利昂坚定奉行一个中国政策。

他还高度评价了中国全国政协在中国政治生活中发挥的作用。

全国人大常委会对部分政府重大公共投资项目实施情况的专题调研活动正式启动

针对我国经济发展面临的严峻形势和艰巨任务,今年的全国人大常委会工作报告明确提出,要把推动中央重大决策部署贯彻落实作为人大监督工作的重中之重。全国人大常委会从政府工作报告提出的今年中央政府投资的六个方面安排中,选择四个项目,组织开展专题调研。主要包括:保障性住房建设,教育、卫生等方面的民生工程,技术改造和科技创新及农田水利建设。

每个专题调研组有一位全国人大常委会副委员长带队。调研组工作主要是调查各地区、各部门是否认真贯彻了中央的总体要求,工作部署和措施是否有效落实,投资方向、资金拨付、配套资金以及实施进度、投资效果等是否符合国家规定。

全国人大常委会各专题调研组在深入调查研究的基础上,将形成四个分报告和一个总报告,有针对性地提出意见和建议,以推动改进工作,督促政府正确把握投资导向,坚持政府投资量力而行,防止重复建设和城市盲目扩张,确保中央保增长、调结构、重民生的一系列决策部署落到实处。全国人大常委会将听取和审议专题调研报告。

全国人大常委会办公厅将与国务院办公厅加强沟通协调,对调研过程中发现的重要情况和调研报告中提出的问题与建议,及时通报情况。常委会听取和审议调研报告后,由常委会办公厅将报告和审议意见送国务院办公厅研究处理。

全国人大常委会将增加专题调研工作的透明度。专题调研活动将实行跟踪报道,从调研方案出台到调研、从审议到反馈,新闻媒体将进行全过程、有重点的持续性报道。

在26日召开的专题调研组第一次全体会议上,国家发展改革委汇报了中央投资项目安排和实施情况、财政部汇报了2009年中央政府投资预算下达及管理情况。全国人大常委会副委员长华建敏在会上指出,要充分认识此次专题调研的重要意义。落实中央确定的保增长、保民生、保稳定的战略方针,人大和政府肩负着共同的责任,全国人大常委会组织开展专题调研,与国务院及其有关部门的目标是一致的,都是围绕贯彻落实中央的决策部署,确保政府公共投资有效发挥拉动经济发展和改善民生的作用,推动经济社会又好又快发展。

越南共产党中央总书记农德孟在河内会见外交部部长杨洁篪

农德孟表示,越中自去年建立全面战略合作伙伴关系以来,两国高层互访频繁,经贸合作成果喜人,治党理政经验交流进展顺利,边界领土问题的解决取得积极进展,各领域合作日益扩大。越方高度评价中方在应对国际金融危机方面采取的积极措施和取得的成绩,以及为推动地区和国际社会应对危机、共克时艰作出的重要贡献。越方高度重视两国传统友谊,愿与中方全面贯彻落实十六字方针和四好精神,推动越中全面战略合作伙伴关系在新的历史时期取得更大发展。越方将继续坚定支持中国的和平统一大业。

杨洁篪说,中越关系正处于全面发展的新阶段。中越是友好近邻,也是重要合作伙伴。进一步巩固和加强中越友好,有利于壮大社会主义力量,符合两国的根本利益和两国人民的共同愿望。在国际形势复杂多变、金融危机深入蔓延的形势下,加强中越团结合作具有更为重要的现实意义。中方一贯高度重视发展对越关系,将始终坚持从战略高度和长远角度看待和把握中越关系,不断丰富全面战略合作伙伴关系内涵,给两国人民带来更多的实实在在的利益。

全国人大常委会副委员长路甬祥在人民大会堂会见美国参议院外委会主席约翰·克里

中共中央政治局委员王刚在北京会见秘书长巴达尔率领的巴基斯坦人民党代表团

国务委员兼国防部部长梁光烈在北京与韩国国防部部长李相熹举行会谈

2009亚洲媒体高峰会在澳门举行

澳门特别行政区行政长官何厚铧、国务院新闻办公室主任王晨、亚太广播发展学会主席托伊布·穆罕默德·瓦希德和秘书长雅法德·莫塔基出席开幕式并致辞。

来自50多个国家和地区的400多名媒体高层代表、政府官员出席了高峰会。与会者围绕“金融危机:媒体如何发挥作用和新媒体改变世界秩序”这一主题进行了深入讨论。会议由亚太广播发展学会主办,澳门广播电视有限公司协办。

中国运动员在英国曼彻斯特举行的2009年残奥世界杯上获得5金5银

5月27日

国家主席胡锦涛在人民大会堂会见由众议院议长佩洛西率领的美国国会众议院访华代表团

全国人大常委会委员长吴邦国在人民大会堂与美国国会众议院议长佩洛西举行会谈

吴邦国在会见时强调,发展中美关系关键在于尊重和照顾彼此核心利益。台湾、涉藏问题是中美关系中最重要、最敏感的问题。他指出,中美之间由于历史文化、社会制度、发展阶段的不同,在一些问题上存在分歧是正常的。然而,中美之间的共同利益远远大于分歧。双方应从战略高度和长远角度看待和发展中美关系,在平等、相互尊重和互不干涉内政的前提下坦诚对话,增进了解与互信,妥善处理分歧与敏感问题,推动中美关系健康稳定向前发展。

谈到议会交往时,吴邦国说,议会交往是国家关系重要组成部分,中国全国人大与美国国会参众两院已有良好的合作基础,还有很大的发展潜力,为此,吴邦国建议:一是继续保持高层交往势头,推动议会关系取得新的更大发展;二是进一步巩固和完善双方定期交流机制,充分发挥这一直接、有效交流渠道的作用;三是加强有关专门委员会的交流与合作,在定期交流机制框架下拓展合作形式,深化合作内涵。

关于能源与气候变化问题,吴邦国指出,这是人类面临的共同挑战,应加强国际合作予以积极应对。应坚持“共同但有区别的责任”原则,发达国家应承担更多责任,在资金、技术、能力建设等方面帮助发展中国家。他强调,中方一贯高度重视应对气候变化问题,因为这不仅是我们的国际责任,更是中国实现可持续发展的内在需要。他详细介绍了中国在保护生态环境、加强节能减排、发展可再生能源等方面所做的大量工作及成效后表示,中方愿与美方在应对气候变化问题上加强政策、立法交流,联合建设示范工程,开展科研、开发、技术合作。

吴邦国还应询介绍了中国应对国际金融危机、促进经济发展的情况。他说,我们在努力保持经济平稳较快发展的同时,着力把解决当前困难与实现可持续发展结合起来,推动结构调整和产业升级。这也为深化中美经贸合作、投资合作和技术合作提供了机遇,将成为中美关系新的合作亮点。

佩洛西赞成吴邦国对两国关系的评价。她说,美中关系十分重要,她这次来访的重要目的,就是要推动美国众议院与中国全国人大关系的发展,开展能源、气候变化等领域的交流,并期望这种交流与对话能够持续深入进行，为美中关系发展不断注入新的活力。佩洛西对中方在应对国际金融危机、加强节能减排、发展可再生能源等方面所作的努力表示赞赏，认为美中在这些领域应当继续合作，这对双方都有利。

国务院总理温家宝在中南海紫光阁会见美国众议长佩洛西一行

温家宝说，中美在双边领域和全球范围拥有广泛的共同利益和坚实的合作基础，一个长期稳定、健康发展的中美关系对两国人民有利，对世界有利。双方要高瞻远瞩，携手合作，“和而不同”，推动中美关系取得新的进展。

温家宝应询介绍了中国应对气候变化的政策措施和取得的成效，指出各国要以《联合国气候变化框架公约》《京都议定书》和“巴厘路线图”为基础，坚持“共同但有区别的责任”原则，依靠科学技术，采取切实行动，共同应对这一全球性挑战。中国愿与美国加强政策对话，将应对气候变化作为合作的一个重要内容，推动哥本哈根会议取得积极成果。

佩洛西说，我和各位议员带着友谊而来，愿本着坦诚、开放的态度同中方交换看法，为发展两国关系发挥桥梁作用。美方赞赏中国在经济建设方面取得的巨大成就，以及为应对气候变化采取的积极措施，希望同中方继续加强合作。

国务院总理温家宝主持召开国务院常务会议研究部署进一步稳定外需的政策措施

会议指出，扩大内需是我国应对国际金融危机、促进经济长远发展的长期战略方针，而稳定外需对于增加就业、促进企业发展、进而拉动国内消费具有重要作用，也为调整经济结构、转变经济发展方式创造有利条件。今年以来，中央及时出台了一系列支持对外贸易发展的政策措施，对减缓国际金融危机冲击、提振出口企业信心、保持我国出口竞争力产生了积极效果。当前和今后一段时期，外部需求萎缩导致出口减少仍然是我国经济增长面临的最大困难。必须坚持扩大内需和稳定外需相结合，通过扎实细致的工作，千方百计稳定外需，努力把国际金融危机对我国外贸的影响降到最低程度。

会议强调，要进一步加大政策支持力度，转变外贸发展方式，调整出口结构，重点促进优势产品、劳动密集型产品和高新技术产品出口，努力保持我国出口产品在国际市场的份额。会议确定了进一步稳定外需的6项政策措施。(一)完善出口信用保险政策。提高出口信用保险覆盖率，2009年安排短期出口信用保险承保规模840亿美元。降低保险费率。建立和完善出口信用保险财政风险补偿机制。落实大型成套设备出口融资保险专项资金安排。(二)完善出口税收政策。继续支持具有优势的产品、劳动密集型产品、高科技产品出口，严控“两高一资”产品出口。(三)大力解决外贸企业融资难问题。中央安排资金支持担保机构扩大中小企业贸易融资担保。鼓励金融机构通过多种方式支持出口企业融资，抓紧实施货物贸易人民币结算试点。保持人民币汇率在合理、均衡水平上的基本稳定。(四)进一步减轻外贸企业负担。全面清理出口环节各项收费，严厉查处乱收费行为。适时合理调整法定检验目录，将新列入法检目录或增补监管条件商品的过渡期延长至今年年底。(五)完善加工贸易政策。完善征税和通关政策措施，便利加工贸易产品内销。对于符合一定条件、以不作价设备出资设立法人企业的，可酌情免予补缴不作价设备进口关税和进口环节增值税。(六)支持各类所有制企业“走出去”以带动出口。2009年安排优惠出口买方信贷规模100亿美元。简化优买、优贷项目和资金审批程序。会议要求各地区和有关部门加强协调配合，充分调动各方面积极性，限期落实各项政策措施。

全国人大常委会副委员长华建敏出席在北京举行的贯彻实施食品安全法座谈会并讲话

全国人大教科文卫委员会、全国人大常委会法制工作委员会、国务院法制办、卫生部联合举行贯彻实施食品安全法座谈会。

华建敏在座谈会上指出，食品安全法体现了预防为主、科学监督、严格责任、综合治理的食品安全工作指导思想，确立了食品安全风险监测和风险评估制度、食品安全标准制度、食品生产经营行为的基本规范、不安全食品召回制度、食品安全信息发布制度，确立了分工负责与统一协调相结合的食品安全监管体制，为全面加强和改进食品安全工作，实现全程监管、科学监管，提高监管成效、提升食品安全水平，提供了法律制度保障。

全国人大常委会畜牧法执法检查和农田水利建设专题调研组第一次全体会议在人民大会堂举行

国家副主席习近平在人民大会堂会见韩国国防部部长李相熹

习近平说，中韩两国毗邻而居，友好交往源远流长。建交以来，两国关系迅速发展，双方政治互信不断加深，经贸等各领域的交流与合作持续扩大，在国际和地区事务中的协调与配合日益紧密。在新的历史时期，中韩不断增进相互理解与信任，加强友好交往与合作，有利于本地区的和平、稳定与发展。

李相熹说，韩国重视发展与中国的关系，愿与中方加强在各个领域的交流，共同维护地区和平与稳定。

国家副主席习近平 国务院副总理李克强在人民大会堂分别会见美国参议院外委会主席约翰·克里

习近平在会见时表示，中国政府始终高度重视能源环境和气候变化问题，将资源节约和环境保护作为基本国策。中美作为世界上最大的能源生产国和消费国，在能源环境领域面临许多共同挑战，也存在重要合作基础。两国可在节能、新能源、可再生能源、清洁能源等领域加强合作。气候变化问题是全人类共同面临的重大挑战，需要各国合作应对，这一合作应该坚持“共同但有区别的责任”原则。中国政府已经制定了应对气候变化的目标和任务，提出了应对气候变化的国家方案。中方愿同美方及其他有关各方一道，为哥本哈根会议取得成功作出贡献。

李克强在会见时说，当前，国际形势继续发生复杂深刻变化。中美两国在应对国际金融危机冲击、推动恢复世界经济增长，处理国际和地区热点问题、维护世界和平与安全等方面，拥有广泛的共同利益与合作基础。双方应当相互尊重，平等对话，进一步加强协调与合作，努力建设21世纪积极合作全面的中美关系。

李克强说，当前，国际金融危机仍在深化和蔓延，给世界各国经济发展和人民生活带来严重影响，是中美两国和国际社会当前面对的最大挑战。各国应加强宏观经济金融政策协调，反对贸易保护主义，促进世界经济早日复苏并走上健康稳定发展的轨道。在应对国际金融危机、应对气候变化等问题上，中方愿与美方加强政策对话与务实合作，开拓两国关系发展的新领域。中方本着“共同但有区别的责任”原则，愿与有关各方一道，推动哥本哈根会议取得积极成果。

克里表示，美中关系是21世纪最重要的双边关系之一，美国政府和国会高度重视发展美中关系。当前，美中两国面临许多重要课题，需要加强合作与协调，美方愿为此作出积极努力。

新西兰总理约翰·基在惠灵顿会见全国人大常委会副委员长陈至立

陈至立说，中方始终高度重视发展同新西兰的友好合作关系。两国之间没有根本利益冲突，是互利合作的好朋友、好伙伴。当前，中新关系发展势头良好，堪称不同政治制度、不同历史文化背景国家之间开展友好合作的典范，中新双边自由贸易协定的成功签署与实施为双方深化各领域的互利合作、克服国际金融危机带来的影响创造了新的机遇。

她说，中方愿与新方一道，进一步加强高层和各级别对话，增进互信，拓展合作，推动中新互利共赢的全面合作关系深入发展。中国全国人大也希望与新议会进一步开展多渠道、多领域、全方位的友好交流与合作，为增进两国人民的友谊、夯实中新关系的民意基础作出贡献。

约翰·基对中国全国人大代表团访新表示热烈欢迎。他强调，新政府和议会高度重视对华关系，始终坚持一个中国政策。新中在许多领域都有较强的互补性，新方愿与中方进一步加强在经贸、农业、教育、旅游等领域的互利合作。

约翰·基期待着明年率团出席上海世界博览会。

全国人大常委会副委员长陈至立在惠灵顿议会大厦与新西兰议会议长史密斯举行会谈

陈至立表示，中方高度重视发展与新西兰的全面合作关系，视新为互利合作的好朋友、好伙伴。当前中新关系发展势头良好，双方高层交往频繁，各领域合作成果丰硕。中新双边自由贸易协定的成功签署和实施为双方进一步加强科技、文化、教育、旅游等广泛领域的互利合作创造了新机遇。议会交往是中新关系的重要组成部分，对加深两国人民的友谊、夯实两国全面合作的基础具有重要意义。

史密斯赞同陈至立对新中关系的积极评价，表示新政府和议会高度重视发展对华关系，认为新中关系正处于历史最好发展时期。新方愿与中方共同努力，进一步深化各领域互利合作，包括加强在人文领域的友好交流。史密斯重申新政府和议会坚定奉行一个中国政策。

国务院副总理王岐山在中南海会见阿塞拜疆共和国副总理沙里福夫

中共中央政治局委员王刚在北京会见由中央第一书记西蒙年科率领的乌克兰共产党代表团

2008年度国际科学技术合作奖颁奖仪式在北京举行

百种优秀少儿图书展示展销活动启动仪式在北京图书大厦举行

中宣部、新闻出版总署有关负责同志和各界群众参加了启动仪式。

为进一步加强未成年人思想道德建设，净化未成年人成长的社会文化环境，不断丰富我国未成年人精神文化生活，新闻出版总署决定，在前五次向青少年推荐优秀图书活动的基础上,开展第六次向全国青少年推荐百种优秀图书的活动,以进一步推动今年的全民阅读活动,引导青少年健康阅读。

5月28日

国务院副总理回良玉在在四川省成都市参加亚欧救灾能力建设合作研讨会并致辞

回良玉在致辞中指出,中国是一个自然灾害频发的国家,中国政府历来高度重视自然灾害应急管理工作,坚持以人为本,按照实现科学发展,构建和谐社会的要求,制定了国家综合减灾规划,大力加强防灾减灾抗灾救灾法制、体制和机制建设,努力提高自然灾害监测预报能力、抢险救援能力、救灾保障能力、基础设施防灾抗灾能力以及城乡社区减灾能力,统筹运用多种手段和资源,统筹加强对各类灾害的应急管理,大力倡导防灾减灾的社会参与,积极开展国际交流合作,取得了良好的防灾减灾效益。

回良玉强调,自然灾害是人类社会长期以来面临的共同挑战,加强亚欧各国在减灾救灾领域的交流合作,充分发挥亚洲国家救灾经验丰富、欧洲国家技术和管理理念先进的优势,相互借鉴,取长补短,不仅关系到亚欧各国的经济发展和人民幸福,也关系到人类社会的可持续发展。亚欧各国应进一步加强在灾害监测预报、应急救援等领域的交流与合作,建立合作机制,实现信息共享,共同促进亚欧救灾减灾能力的整体提升。

回良玉表示,中国愿和世界各国分享交流救灾、备灾、应急救援等领域的经验和做法,与世界各国一道为减轻灾害风险和灾害损失作出不懈努力。同时,中国将继续为其他发展中国家的救灾能力建设提供力所能及的帮助,希望国际社会特别是发达国家要加大对发展中国家救灾事业的支持。

此次亚欧救灾能力建设合作研讨会是第七届亚欧首脑会议的重要后续行动,也是亚欧各国在救灾合作领域召开的第一次会议。会议由民政部、外交部共同主办,亚欧首脑会议45个成员和相关国际组织的代表、国务院有关部门及地方政府有关人员、部分专家学者出席会议,就亚欧备灾与应急救援、恢复与重建、减灾与风险管理等进行深入交流。

国务委员戴秉国在莫斯科会见俄罗斯联邦安全会议秘书帕特鲁舍夫

戴秉国说,在庆祝中俄建交60周年的背景下,两国关系呈现出全面、加速发展的积极势头。胡锦涛主席即将对俄罗斯进行国事访问,并出席上海合作组织叶卡捷琳堡峰会和"金砖四国"领导人会晤。中方愿同俄方一道,坚定不移地增进政治互信,加强务实合作,深化战略协作,共同应对国际金融危机的冲击,实现共同发展和进步,推动国际秩序朝着更为公正合理的方向发展。

帕特鲁舍夫表示,俄中战略协作十分密切。在当前的复杂国际局势下,中俄两国在双边和多边领域都要加强合作,充实俄中关系的内涵,共同应对金融危机及各种挑战。俄方十分重视胡锦涛主席即将对俄罗斯的国事访问并出席有关峰会,愿与中方共同努力,确保访问及峰会取得成功。

全国政协副主席张梅颖在黑山首都波德戈里察分别会见黑山共和国总统武亚诺维奇 总理久卡诺维奇议长克里沃卡皮奇

中国狮子联会在北京举行表彰大会

对抗震救灾等社会慈善服务项目及先进服务队和会员进行表彰。会上决定对广东"抗震救灾项目"等10个服务项目、对北京希望服务队等20个服务队、对肖兴萍等31名杰出会员予以表彰。同时还颁发"发展贡献奖"和"特殊贡献奖"。全国政协副主席、中国狮子联会名誉会长邓朴方出席表彰大会。

据悉,国际狮子会是全球最大的志愿服务团体之一,经国务院批准,2005年中国狮子联会成立。

5月29日

国务院副总理李克强到中国医学科学院和疫苗研制企业进行考察

李克强到中国医学科学院和北京科兴生物制品有限公司考察甲型H1N1流感防控工作,对联防联控工作做进一步部署。他强调,要从我国实际出发,继续做好甲型H1N1流感防控工作,进一步提高科学防治水平,加快推进疫苗研制和抗病毒药物生产储备,切实维护人民群众健康与社会和谐稳定。

国务委员兼国务院秘书长马凯参加了考察。

国务委员戴秉国出席在莫斯科举行的"金砖四国"安全事务高级代表会议

戴秉国指出,当今世界正处在大变革、大调整之中。国际金融危机对国际政治、经济、安全、社会形势产生前所未有、全面而深远的影响,牵动世界格局、国际关系和国际秩序等新一轮复杂变动调整。改革国际经济和金融体系,扩大基于共同利益的国际合作,维护世界和平稳定,促进全球经济增长,共同解决全球性问题，是世界各国的强烈愿望。面对日益增多的共同威胁和挑战，无论传统大国还是新兴大国都需要认真考虑，如何使国际秩序和国际机制改革朝着有利于各国共同利益的方向发展，如何使对话合作朝着确保人类经济社会可持续发展方向演进，如何携手推动建设持久和平、共同繁荣的和谐世界。

戴秉国指出，新兴大国群体性崛起是当今世界最主要的发展趋势之一。“金砖四国”应共同努力，扩大共识和共同利益，围绕共同关心的重大国际和地区问题以及全球性问题深入交换看法，加强协调合作，推动解决问题。当前四国尤应加强应对国际金融危机的协商和合作，加强宏观经济政策协调，共同反对各类保护主义，推动加快国际金融体系改革步伐，并促进符合全球化和多极化发展需要的国际合作机制建设。

会上各方就加强合作、共同应对金融危机等全球性、战略性问题深入交换了意见，达成广泛共识。

俄罗斯总统梅德韦杰夫在克里姆林宫会见正在莫斯科出席“金砖四国”安全事务高级代表会议的国务委员戴秉国

梅德韦杰夫请戴秉国转达他对胡锦涛主席的亲切问候和良好祝愿，表示他期待着胡锦涛主席即将对俄罗斯进行国事访问并出席上海合作组织叶卡捷琳堡峰会以及“金砖四国”领导人会晤，就两国关系及双方共同关心的重大国际和地区问题深入交换看法。

戴秉国转达了胡锦涛主席对梅德韦杰夫总统的亲切问候和美好祝愿，表示胡锦涛主席即将对俄罗斯进行国事访问并出席有关多边峰会，具有十分重要的意义。中方愿同俄方共同努力，推动中俄战略协作伙伴关系向更高水平发展。

5 月 30 日

国务院副总理回良玉到黑龙江 内蒙古考察指导抗旱和森林防火工作

5 月 30 日至 6 月 1 日，回良玉先后来到黑龙江省泰来县、甘南县、龙江县和内蒙古自治区新巴尔虎右旗、海拉尔垦区，走进田间地头、牧区草场，实地查看苗情灾情和打井浇灌、移动滴灌、免耕技术使用等情况，与科技人员一起研究抗旱保苗技术，与干部群众共商减灾增产增收之策。他鼓励受灾农户想方设法补种、改种，稳定和扩大作物种植面积，减少灾害损失。

为应对严重干旱，黑龙江省首次启动了抗旱Ⅰ级响应，内蒙古自治区也采取了有效的抗旱举措。回良玉对两省区的抗旱工作给予了充分肯定。他强调，受旱地区和有关部门要把抗旱保苗摆在当前工作的突出位置，做到认识到位、责任到位、措施到位、保障到位。一要进一步强化组织领导，狠抓责任落实，各级领导干部要深入旱区一线，帮助群众解决抗旱中遇到的困难。二要切实加大抗旱投入，保障抗旱用电以及柴油等物资供应。三要千方百计增加抗旱水源，因地制宜加快修建各种蓄水、引水、提水应急工程，努力扩大灌溉面积。四要大力加强田间管理，强化农业技术指导，做好查田补种工作，多种措施促进强苗壮苗。五要继续强化抗旱应急能力，统筹安排好城乡居民生活、生产和生态用水。六要积极探索建立抗旱长效机制，加强干旱地区水利建设，推广先进适用的抗旱技术，发展旱作农业。

考察期间，回良玉对森林草原防火工作提出了明确要求，他强调要强化火险监测，严格火源管理，完善扑火预案，进一步落实森林草原防火责任制，坚决打好春防后期攻坚战，确保不发生特大森林草原火灾，不发生重大人员伤亡。

中共中央政治局委员李源潮在广西调研学习实践活动

5 月 30 日至 6 月 1 日，李源潮在广西调研深入学习实践科学发展观活动。

李源潮在调研时指出，分析检查阶段是学习实践活动理论联系实际、学习推动实践、思想见之于行动的关键阶段。参加第二批学习实践活动的单位要认真做好分析检查工作，开好领导班子专题民主生活会，形成高质量的分析检查报告。要进一步深化理论学习，结合实践加深对科学发展观的理解。要认真查找问题，深刻剖析原因，进一步明确本地区本单位科学发展的方向和思路，找准贯彻落实科学发展观的切入点和着力点。要坚持边查边改，切实解决制约科学发展的突出问题和党员干部党性党风党纪方面群众反映强烈的问题，努力取得“党员干部受教育、科学发展上水平、人民群众得实惠”的成效。要做好第一批学习实践活动“回头看”工作，巩固和拓展学习实践活动成果。

外交部发言人秦刚就丹麦政要会见达赖答记者问

秦刚说，西藏事务纯属中国内政，中方坚决反对达赖以任何身份到任何国家从事分裂中国的活动，坚决反对外国政要同达赖进行任何形式的接触。丹麦首相拉斯穆森、外交大臣默勒不顾中方多次严正交涉，执意会见赴丹麦从事分裂活动的达赖，严重损害了中国核心利益及中丹关系，破坏了中丹友好合作的气氛，中方对此表示强烈不满和抗议。

秦刚说，中方要求丹方切实尊重中方的严正立场和关切，恪守一个中国政策，以实际行动纠正在涉藏问题上的错误做法，消除负面影响，为维护中丹关系的健康稳定发展作出努力。

解放军副总参谋长马晓天在新加坡出席第八届亚洲安全大会并会见新加坡副总理兼国防部长张志贤

马晓天在会见中说，中新两军关系呈现出良好的发展局面，双方在高层交往、专业技术交流、人员培训、军事训练等领域进行了密切合作。希望双方扩大交流领域，深化务实合作，促进两军关系不断发展。

张志贤说，新中两军关系是两国关系的重要组成部分，希望两军保持高层交往的势头，进一步加强在非传统安全领域的交流合作，相互学习借鉴，共同进步。

袁牧之诞辰100周年纪念会在人民大会堂举行

5月31日

国家主席胡锦涛和马来西亚最高元首米詹互致贺电祝贺两国建交35周年

胡锦涛在贺电中说，35年前，马来西亚在东盟国家中率先同中国建交，揭开了两国关系的新篇章。35年来，中马关系全面发展，政治互信不断增强，各领域合作成效显著，在国际和地区事务中保持良好合作。中马关系的发展给两国人民带来了实实在在的利益，也为本地区的和平与发展作出了贡献。中马两国地缘相邻，经济互补，人民友好，两国关系发展潜力巨大，前景广阔。在未来的岁月里，中方愿同马方一道，积极推进两国战略合作，加强多边事务协调配合，努力把中马睦邻友好合作关系提高到新的水平。

米詹在贺电中说，马方对过去35年来两国关系在诸多领域的迅速发展感到高兴。马方坚信，马中牢固的友好关系将继续得到加强，并为本地区和更大范围的繁荣、安全与和平作出巨大贡献。

当日，国务院总理温家宝和马来西亚总理纳吉布，外交部部长杨洁篪和马来西亚外交部部长阿尼法也分别互致了贺电。

中共中央总书记胡锦涛前往北京市海淀区巨山小学和朝阳区芳草地国际学校看望中外小朋友

宋庆龄同志故居暨生平展重新开放仪式在北京举行

中共中央政治局常委、全国政协主席贾庆林出席。

贾庆林还参观了宋庆龄生平展、居所原状陈列，以及宋庆龄珍藏的孙中山历史文物展，并向宋庆龄雕像敬献鲜花。

近年来，在党和国家领导人的关心支持下，在有关方面的通力配合下，历时两年的宋庆龄同志故居文物库建设工程圆满竣工。已有300年历史的故居庭院修葺一新，馆藏文物、陈列展览全新面世。这对于更好地保护宋庆龄同志故居文物、研究宋庆龄思想和弘扬宋庆龄爱国主义精神，具有重要意义。

全国政协副主席、中央统战部部长杜青林在仪式上致辞。他相信中国宋庆龄基金会和各地孙中山、宋庆龄纪念地牢固树立友谊、团结、联合发展的共同理念，继续发挥作为孙中山、宋庆龄事业继承者及传承地的独特作用，着眼实现社会和谐发展与全面进步，继续推进社会公益事业的深入开展，继续推进两岸交流交往和合作；着眼增进中国人民与世界各国人民的友谊，继续发挥民间外交的窗口作用，牢牢把握两岸关系和平发展的主题，不断开创两岸关系和平发展的新局面。

中国宋庆龄基金会主席胡启立宣布宋庆龄同志故居暨生平展重新开放。孙中山、宋庆龄的亲属、生前友好，以及出席第二十一次海内外孙宋纪念地联席会议的代表和各有关方面负责同志100多人参加活动。

国务委员刘延东在福建调研

刘延东在福建深入文化企事业单位、科技园区和学校考察，充分肯定福建省在促进经济持续较快增长，发展社会事业和改善民生，开展闽台交流合作等方面取得的成绩。她指出，福建与台湾人民之间同根同源，骨肉相连，在地缘、血缘、法缘、商缘、文缘方面渊源深厚，具有对台交流的独特文化优势。要把握两岸关系和平发展的主题，抓住建设海峡西岸经济区的历史机遇，加强祖地文化、民间文化交流，增强闽南文化、客家文化、妈祖文化连接两岸同胞感情的文化纽带作用，为促进祖国和平统一大业作出积极贡献。

刘延东强调，文化产业是市场经济条件下发展社会主义文化的重要载体。应对当前国际金融危机，必须迎难而上，化危为机，加快发展，把文化产业培育成国民经济新的增长点。要树立新的文化发展理念，加大文化体制改革力度，通过转企改制培育市场主体。加强文化产业发展的规划指导和政策扶持，以提高产业集中度推动结构调整，以高新技术发展新兴文化业态。积极开拓国内国外文化市场，引导民营资本成为文化产业发展的积极力量。她希望福建加强海峡两岸文化产业合作，着力发展专、精、特、新文化企业，打造一批地域特色明显、展现海峡西岸风貌、在国内外具有影响力的文化品牌，切实把文化产业做大做好做强。

中共中央政治局委员李源潮在全国村“两委”换届选举工作座谈会上发表讲话

中组部、民政部在广西南宁联合召开全国村“两委”换届选举工作座谈会。李源潮指出，要认真贯彻中央办公厅和国务院办公厅《关于加强和改进村民委员会选举工作的通知》精神，扎实做好村“两委”换届选举工作，切实加强党的领导，充分发扬民主，严格依法办事，坚决制止拉票贿选行为，确保换届选举公正有序。

李源潮指出，村“两委”换届选举是党内民主和人民民主在农村的主要实现形式，要进一步拓宽民主参与渠道，积极探索农村基层民主实现形式，切实尊重和保障农村党员、群众的民主权利。要严格依法办事，完善村“两委”换届选举制度规定，严格执行村民选举委员会产生程序、村民委员会成员候选人提名办法，规范候选人竞争行为和选举人投票行为，保证换届选举在法制轨道上有序进行。党员、干部要做依法办事的表率。

李源潮强调，拉票、贿选严重干扰村“两委”换届选举的正常秩序，严重损害农村党员、群众的民主权利。各地和有关部门要依法依纪坚决查处拉票、贿选等不正当行为，严密防范、严厉打击利用宗教、宗族、黑恶势力以及境内外敌对势力干扰破坏选举的活动。要加大民主监督力度，及时发现和解决换届选举中出现的苗头性、倾向性问题。

民政部部长李学举主持会议。各省区市党委组织部、民政厅负责同志参加会议。

司法部推出10项便民措施

为进一步加大法律援助工作力度，更好地维护困难群众合法权益，司法部决定，自2009年6月至2010年6月，在全国开展“法律援助便民服务”主题活动，全面推行法律援助10项便民措施。

这10项便民措施包括：扩大法律援助覆盖面，放宽法律援助经济困难标准，降低法律援助门槛；建立、健全法律援助便民服务窗口，在方便人员来往的地点设置专门接待场所；拓宽法律援助申请渠道，在偏远地区和困难群众集中的区域设立流动工作站，对老弱病残等有特殊困难的受援对象推行电话申请、邮寄申请、上门受理等服务方式，有条件的地方开展网上受理申请；做好法律援助接待咨询工作，对来访人员免费提供法律咨询，一次性告知申请程序；简化法律援助受理审查程序，不再审查申请支付劳动报酬和工伤赔偿案件农民工的经济困难条件；引导和帮助当事人依法在义务人所在地申请法律援助，建立完善法律援助异地协作机制；建立受援人联系告知制度，告知受援人在法律援助过程中的权利与义务，并及时向受援人通报办理法律援助事项的进展情况；选择有利于受援人的服务方式；提高法律援助服务质量，实行首问负责制、服务承诺制、限时办结制；主动接受受援人和社会监督。

国务院副总理王岐山 全国人大常委会副委员长路甬祥在北京分别会见美国国会众议院美中工作小组共同主席拉森和柯克一行

全国人大常委会副委员长陈昌智在成都会见参加第二届中国成都国际非物质文化遗产节的联合国教科文组织代表以及31个国家常驻联合国教科文组织的大使

“春蕾计划”实施20周年纪念暨表彰大会在北京举行

全国人大常委会副委员长、全国妇联主席陈至立出席并讲话。

陈至立指出，由中国儿童少年基金会于1989年发起的“春蕾计划”实施20年来，在全国妇联领导下，在社会各界的大力支持和积极参与下，帮助我国贫困地区失学女童重返校园，促进了女童升学率的提高。她强调，在新的形势下，要帮助贫困家庭女童在完成义务教育阶段学习后继续高中阶段学习；要对贫困女童提供生活补助，开展对大龄女童的技术培训；要在贫困地区农村捐建幼儿园和学生宿舍，使“春蕾计划”成为妇联组织作好新时期妇女儿童工作的载体。她希望社会各界一如既往地支持“春蕾计划”，推动“春蕾计划”的创新发展。

中国儿基会理事长顾秀莲，全国妇联相关领导、各直属单位负责同志、爱心单位代表及春蕾生代表等参加会议。

“六一”国际儿童节晚会《童心如歌》在北京举行

2009年“六一”国际儿童节晚会《童心如歌》在中央电视台举行，中共中央政治局常委李长春与孩子们一起共庆佳节，向全国各族少年儿童致以节日问候，祝小朋友们健康成长、全面发展。

全国妇联、中央文明办、国务院妇女儿童工作委员会办公室、共青团中央、教育部、文化部、中国关工委、全国少工委、中央电视台等单位联合举办了这台晚会。

王兆国、刘云山、刘延东、陈至立、王志珍和顾秀莲一同观看演出。

“爱国歌曲大家唱”群众歌咏活动在北京正式启动

由中宣部、中央文明办、文化部等10部委联合开展的全国“爱国歌曲大家唱”群众歌咏活动正式启动。

此次歌咏活动是庆祝新中国成立60周年群众性爱国主义教育活动的重要内容。全国各地将组织城市社区、农村、企业、机关、学校、连队等基层单位的干部群众和部队官兵,以及新经济组织和新社会组织从业人员,广泛参与歌咏活动。据悉,6月至8月,各地将进行爱国歌曲集中展演展播,9月下旬,将在北京组织"爱国歌曲大家唱"大型演唱会。

中国首个氟喹诺酮类抗菌药研制成功

中科院副院长李家洋宣布:由中科院上海药物所自主研发的我国第一个具有自主知识产权的国家一类氟喹诺酮类(沙星类)抗菌新药——盐酸安妥沙星,目前获得国家食品药品监督管理局颁发的新药证书。这标志着我国的氟喹诺酮类药物终于打破长期依靠仿制的局面,中国百姓可以用上疗效更好、安全性更高、价钱更便宜的"中华牌"抗菌药了。

第二届"中国环境与健康宣传周"启动仪式暨"大气环境与健康"高峰论坛开幕式在人民大会堂举行

中国农工民主党中央主席桑国卫出席仪式并讲话。

桑国卫说,各主办单位要通过此次活动,不断发挥自身优势,形成合力,成功搭建一个高层宣传平台,广泛宣传党和国家的大气环境与健康政策,宣传保护大气环境对人类健康的重要意义,深入倡导人与自然和谐相处的绿色理念,努力提高国民对大气环境的保护意识,从而为我国环保事业和人民健康事业作出自己的努力和积极贡献。

本届"中国环境与健康宣传周"由中国农工民主党中央委员会、教育部、科学技术部、环境保护部等联合主办。

6月1日

国办关于转发发展改革委等部门《促进扩大内需鼓励汽车、家电“以旧换新”实施方案》的通知

各省、自治区、直辖市人民政府，国务院各部委、各直属机构：

发展改革委、财政部、商务部、工业和信息化部、环境保护部《促进扩大内需鼓励汽车、家电“以旧换新”实施方案》已经国务院同意，现转发给你们，请认真贯彻执行。

今年以来，国家结合实施重点产业调整和振兴规划，加大老旧汽车报废更新力度，出台鼓励“汽车摩托车下乡”、“家电下乡”等政策，有力地促进了农村消费，对拉动内需，稳定和扩大就业，保持经济平稳较快发展发挥了重要作用。为进一步促进扩大内需，根据我国家电、汽车产业发展和消费市场实际，有必要实施鼓励汽车、家电“以旧换新”的政策措施。这不仅有利于扩大消费需求，也有利于提高能源资源利用效率，减少环境污染，促进节能减排和循环经济发展。各有关省市人民政府和国务院有关部门要加强领导，制定明确的实施细则，认真组织实施抓好落实。

国务院办公厅

2009年6月1日

促进扩大内需鼓励汽车 家电“以旧换新”实施方案

为进一步扩大汽车、家电消费，促进扩大内需，保持经济平稳较快发展，特制定鼓励汽车、家电“以旧换新”实施方案。

一、鼓励汽车、家电“以旧换新”的重要意义

（一）拉动国内需求。随着工业化、城镇化进程加快，我国汽车、家电消费快速增长，保有量大幅增加，淘汰更新潜力较大。据预测，2009年汽车报废量将达到270万辆，家电报废量将达到近9000万台，如果加快淘汰更新，将促进汽车、家电产业稳步增长。

（二）促进节能减排。老旧汽车油耗比新车高5%—10%，特别是“黄标车”油耗比“绿标车”高30%，污染物排放量严重超标，老旧家电电耗比新家电高20%—30%。实行汽车、家电“以旧换新”，有利于提高汽车、家电能效水平，减少环境污染。

（三）有效利用资源。汽车、家电中含有大量可回收利用的钢铁、有色金属、塑料、橡胶等资源，通过“以旧换新”，加快完善汽车、家电回收拆解处理体系，可使这些资源得到充分有效利用，促进循环经济发展。

（四）稳定和扩大就业。汽车、家电生产技术含量高，产业链长，鼓励汽车、家电“以旧换新”，不仅有利于促进汽车、家电产业稳步增长，也有利于促进营销、物流、售后服务以及报废汽车、废旧家电回收拆解等劳动密集型行业的发展，安置大量人员就业。

二、基本思路

采取财政补贴方式，鼓励汽车、家电“以旧换新”，建立有效的激励机制，进一步扩大内需特别是消费需求，促进节能减排，发展循环经济。坚持与“汽车摩托车下乡”、“家电下乡”等扩大消费政策相衔接；与将于2011年施行的《废弃电器电子产品回收处理管理条例》制度设计相一致；既要确保财政资金使用的安全有效，又要做到简便易行，方便广大消费者。

三、鼓励汽车“以旧换新”的政策措施

在现有老旧汽车报废更新补贴政策的基础上，进一步扩大补贴范围，加大补贴力度，加快老旧汽车报废更新。2009年在已安排老旧汽车报废更新补贴资金10亿元的基础上，中央财政再安排40亿元。

（一）补贴范围。一是对符合一定使用年限要求的中、轻、微型载货车和部分中型载客车，适度提前一定年限报废并换购新车的，给予补贴。二是对提前报废“黄标车”并换购新车的，给予补贴。同时符合财政部、商务部公告的《2009年老旧汽车报废更新补贴资金发放范围及标准》规定的车型，只能享受一种补贴政策；提前报废“黄标车”并换购新车，新车已享受了1.6升及以下乘用车减半征收车辆购置税政策的，不再享受老旧汽车报废更新补贴政策。

（二）补贴标准。符合条件的老旧汽车报废更新单辆补贴金额，原则上不高于同型车辆的单辆车辆购置税金额，具体标准为：中型载货车6000元，轻型载货车5000元，微型载货车4000元，中型载客车5000元，轻型载客车4000元，微型载客车3000元，其他车型6000元。

中央按上述补贴标准，对地方实行补贴资金包干。地方可以根据“黄标车”的车型、年限以及城市管理等因素，调整补贴标准。

（三）资金补贴流程。按照《老旧汽车报废更新补贴资金管理暂行办法》的有关规定，车主将报废汽车交售给有资质的报废汽车回收拆解企业，回收拆解企业向车主开具报废汽车回收证明，车主凭报废汽车回收证明、注销证明、更新车辆购车发票和有效身份证明申领补贴资金。

四、鼓励家电“以旧换新”的政策措施

鉴于目前我国绝大多数地区废旧家电回收处理体系尚未建立，2009年先在废旧家电回收处理体系有一定基础的省市开展家电“以旧换新”试点，成熟后在全国推广。2011年按《废弃电器电子产品回收处理管理条例》的要求建立家电回收利用生产者责任制。2009年财政安排20亿元资金，用于家电“以旧换新”补贴。

补贴资金由中央财政和试点省市财政共同负担。

(一)试点范围。选择北京、天津、上海、江苏、浙江、山东、广东和福州、长沙9省市开展家电“以旧换新”试点。

(二)补贴范围。包括电视机、电冰箱、洗衣机、空调、电脑5类家电产品。

(三)补贴对象。一是对交售补贴范围内的旧家电并购买新家电的消费者给予补贴。二是对回收补贴范围内的旧家电并送到拆解处理企业的运输费用给予补贴。

(四)补贴标准。交旧购新补贴不超过家电销售价格的10%,并分品种确定补贴最高上限。回收运输实行定额补贴,具体标准另行制定。

(五)操作流程。

1.确定实施主体。家电销售商和家电回收企业以招标方式确定。拆解处理企业由试点省市人民政府从现有拆解处理企业中确定,试点期间,原则上每个试点省选择1—2家,试点城市选择1家。拆解处理企业要符合国家有关环保法律、法规要求。

2.收购旧家电。消费者通过网络或者电话提出交售旧家电,回收企业上门收购旧家电,并向消费者开具国家统一印制的家电以旧换新凭证。试点省市人民政府有关部门根据实际情况公布旧家电回收指导价格。

3.购买新家电。消费者凭家电以旧换新凭证,向中标的家电销售商购买新家电。家电销售商按照新家电售价减去补贴后的价格销售给消费者。财政部门根据销售商的有关记录和凭证给予补贴。家电生产企业向消费者公告“以旧换新”家电产品的规格、型号和参考价格。

4.废旧家电拆解处理。回收企业收购的旧家电交售给拆解处理企业进行拆解处理。拆解处理企业向回收企业垫付运输费用,并开具发票。财政部门根据拆解处理企业实际回收量,按照回收运输补贴标准给予运费补贴。回收后再流通的旧家电不予补贴。

(六)申领补贴资金。家电销售商凭新家电销售发票存根和对应的家电以旧换新凭证,到当地财政部门申领补贴资金。废旧家电拆解处理企业凭收购发票底单及有关记录,到当地财政部门申领运费补贴。

五、组织实施

财政部会同商务部、工业和信息化部、环境保护部等部门制定家电“以旧换新”财政补贴资金管理办法,商务部会同有关部门组织实施汽车、家电“以旧换新”工作,环境保护部负责废旧家电拆解处理的组织实施和监督管理,工商、质检等部门在各自职责范围内加强监督管理,请中央宣传部组织新闻媒体做好汽车、家电“以旧换新”政策宣传和舆论监督工作。

试点省市人民政府负责本地区家电回收和拆解处理工作的组织实施和监督管理,并定期向国务院有关部门报告。各试点地区要按照本实施方案的要求制定具体的操作细则,同时本着既保障财政资金安全,又方便群众交旧购新、享受补贴的原则,积极探索家电“以旧换新”的操作办法。

国务院副总理李克强在河北曹妃甸等地考察调研

李克强在考察中强调,要按照党中央、国务院的决策部署,在应对危机中把握发展机遇,把扩内需与稳外需、保增长与调结构有机结合起来,培育新兴产业,促进产业升级,在新的起点上推进环渤海地区开发开放,促进经济平稳较快发展。

国务院副总理张德江出席在北京召开的全国安全生产电视电话会议上发表讲话

张德江在会议上提出要求,当前和今后一个时期,各地区、各部门要全面贯彻落实中央关于“质量和安全年”的工作部署,认真查找工作差距和薄弱环节,进一步加大安全生产“三项行动”和“三项建设”等重点工作力度,促进全国安全生产形势持续稳定好转,为促进全国经济平稳较快发展、为新中国成立60周年创造良好的安全生产环境。要提高思想认识,充分认识做好安全生产工作的极端重要性,进一步增强责任感和紧迫感。要加强组织领导,完善安全生产责任制,严格安全目标考核,把安全生产纳入地方各级领导班子和领导干部政绩考核内容,健全激励约束机制。要加强联合执法,坚决打击煤矿、非煤矿山、道路交通、烟花爆竹、建筑施工、民爆物品、消防等重点行业领域存在的非法违法行为,强化隐患整治,进一步加强煤矿瓦斯治理和整顿关闭工作,加强重点督查,严防事故发生。要加强基础建设,进一步完善和落实安全生产经济政策,严格执行建设项目安全设施“三同时”制度,抓紧建立、健全安全生产应急救援体系,加强安全宣传教育,提高安全生产保障能力。要加强安全监管,强化对重点行业、地区和企业进行督促指导,实行严格的安全生产许可制度。要加强安监队伍建设,把从严要求和关心爱护结合起来,不断提高依法监管能力和执法水平。要严格事故责任追究,按照“四不放过”原则和“依法依规、实事求是、注重实效”的要求,严肃查处事故,依法严惩事故的直接责任者,依法追究相关责任人责任。

《求是》杂志发表署名秋石的文章《坚定不移地坚持社会主义核心价值体系》(摘要)

文章指出,社会主义核心价值体系是社会主义中国的精神旗帜。我们党明确提出建设社会主义核心价值体系,鲜明地展现出社会主义中国的精神旗帜,就是要昭示我国社会主义意识形态的核心部位是不能动摇的，进一步揭示和确立了我国社会主义意识形态、价值体系的基石和支柱。社会主义核心价值体系不仅作用于经济、政治、文化和社会生活的各个方面，而且对每个社会成员的世界观、人生观、价值观都施加着深刻的影响。随着世界多极化、经济全球化深入发展，世界范围内各种思想文化交流、交融、交锋更加频繁，进一步凸显了文化软实力在综合国力竞争中的战略地位，凸显了核心价值体系在社会发展中的生命线作用。建设社会主义核心价值体系，为进一步巩固和壮大社会主义意识形态提供了重要遵循，为进一步传承和弘扬优秀中华文化明确了努力方向，有利于掌握意识形态领域的主动权、主导权、话语权，有利于增强中华民族的凝聚力和创造力，扩大中华文化的影响力。

国家主席胡锦涛根据全国人大常委会的决定任免驻外大使

一、免去高玉琛的中华人民共和国驻毛里求斯共和国特命全权大使职务；任命边燕花(女)为中华人民共和国驻毛里求斯共和国特命全权大使。

二、免去刘焕兴的中华人民共和国驻巴巴多斯特命全权大使职务；任命魏强为中华人民共和国驻巴巴多斯特命全权大使。

三、免去苏健的中华人民共和国驻东帝汶民主共和国特命全权大使职务；任命傅元聪为中华人民共和国驻东帝汶民主共和国特命全权大使。

四、免去张明的中华人民共和国驻肯尼亚共和国特命全权大使职务；任命邓洪波为中华人民共和国驻肯尼亚共和国特命全权大使。

五、免去薛金维的中华人民共和国驻加蓬共和国特命全权大使职务；任命李福顺(女)为中华人民共和国驻加蓬共和国特命全权大使。

六、免去丁孝文的中华人民共和国驻博茨瓦纳共和国特命全权大使职务；任命刘焕兴为中华人民共和国驻博茨瓦纳共和国特命全权大使。

中共中央政治局常委习近平在北京会见由党主席拉斯梅率领的柬埔寨奉辛比克党代表团

习近平在会见时高度评价中柬党际交往。他表示，党际交往是发展中柬全面合作伙伴关系的重要渠道。中国共产党愿在党际关系四项原则基础上，进一步加强与奉辛比克党在各领域的交流与合作。习近平对奉辛比克党和柬埔寨政府在涉及中国核心利益的问题上给予中方的坚定支持表示赞赏和感谢。

拉斯梅对中国共产党、政府和人民一直以来对柬埔寨独立、和平与发展所提供的宝贵支持表示衷心感谢。作为西哈努克太皇创建的党，奉辛比克党愿为加强双方在各领域的交流与合作继续发挥积极作用。

国务院副总理王岐山在人民大会堂会见美国总统特别代表财政部长盖特纳

王岐山说，胡锦涛主席与奥巴马总统共同倡导建立中美战略与经济对话机制，这是新时期发展中美关系的一项重大举措。中方愿与美方共同努力，落实好两国元首的重要共识，推动对话不断取得积极成果，为建设21世纪积极合作全面的中美关系作出贡献。

王岐山表示，我将与盖特纳财长共同主持中美战略与经济对话框架下的经济对话。我们要坚持经济对话的全局性、战略性和长期性的定位，加强在重大热点经济问题上的沟通协调，通过平等对话和磋商，以理性态度和创新思维，增进战略互信，深化务实合作，实现互利共赢。当前形势下，应对国际金融危机是经济对话的重要任务，要通过对话发出中美务实合作应对危机，共克时艰的明确信号，这对于进一步提振信心，促进全球金融稳定和世界经济复苏具有重要意义。

盖特纳表示，当前世界面临诸多问题和挑战。美方从长远角度和全球视野重视发展对华关系，期待着同中方加强对话与合作，这对两国、对世界都很重要。美方愿同中方共同努力，本着平等合作的精神，搞好美中战略与经济对话，确保双方经济对话取得实际成果，妥善处理美中之间重大复杂的经济问题，共同致力于促进世界经济复苏和可持续增长，推动国际金融体系改革。

双方讨论了首轮中美战略与经济对话的有关问题，并就国际及中美两国金融和经济形势交换了看法。双方还就二十国集团第三次金融峰会交换了意见。

商务部对进口取向电工钢发起“两反”调查

商务部发布公告，对原产美国和俄罗斯的进口取向电工钢(硅钢)进行反倾销调查，对原产于美国进口取向电工钢进行反补贴调查。商务部新闻发言人姚坚在回答记者提问时表示，中国的贸易救济调查严格遵守WTO相关规则和国内贸易救济法律规定。

国家食品药品监督管理局在上海举行“餐饮服务许可证”启用发放仪式

全国政协副主席张梅颖在阿什哈巴德会见土库曼斯坦议长努尔别尔德耶娃

第二届中国成都国际非物质文化遗产节在成都开幕

本届非遗节由文化部、四川省人民政府、联合国教科文组织主办，为期13天。开幕式上，45支来自中国和世界各地的展演队组成的“天府大巡游”，为非遗节拉开了精彩序幕。非遗节期间，将展开5大类300余项节会活动，其中非物质文化遗产博览会将展示世界各地非遗项目及我国非遗保护、特别是“5·12”大地震后四川在非物质文化遗产保护、抢救和传承方面取得的成果。此外，国内外专家将在主题为“灾难与非物质文化遗产保护”的国际论坛上，探讨应对灾难的非物质文化遗产保护机制，并形成《人类非物质文化遗产保护成都共识》。

《中国能源报》正式创刊

《中国能源报》隶属人民日报社，是我国能源领域第一份综合类报纸。《中国能源报》为周报，每周一出版。

南京大学授予中国国民党主席吴伯雄法学名誉博士学位

6月2日

国家主席胡锦涛在人民大会堂会见美国总统特别代表财政部长盖特纳

胡锦涛说，中美两国作为世界上有重要影响的国家，无论是在应对国际金融危机挑战、推动世界经济复苏方面，还是在处理国际和地区热点问题、维护世界和平与安全方面，双方都有着广泛共同利益，肩负着重要责任。中方愿与美方一道，坚持从战略高度和长远角度出发，把握大局，抓住机遇，进一步加强两国各级别对话与磋商，扩大双方各领域交流与合作，推动新时期中美关系取得新的进展。

胡锦涛表示，中美战略与经济对话机制是两国加深了解、互信与合作的重要平台。目前，双方已就今年7月下旬在美国举行首轮对话达成共识。希望双方密切配合，加紧工作，精心准备，确保这次对话取得成功，并在今后的实践中，不断健全和完善这一机制，为新时期中美关系的发展作出应有的贡献。

盖特纳说，奥巴马总统承诺，美方将努力发展同中国更加强有力的合作关系。美方期待着即将在华盛顿举行的美中战略与经济对话取得积极成果，愿同中方就共同关心的重大问题进行战略性、前瞻性和长期性的对话。美中两国为稳定国际金融体系、促进全球经济复苏发挥了重要作用。美方愿同中方加强在金融、贸易等领域合作，推动国际金融体系改革，促进全球经济稳定和可持续发展。

国务院总理温家宝在中南海紫光阁会见美国总统特别代表财政部长盖特纳

温家宝说，中美关系正处在一个新的历史起点上，面临进一步向前发展的机遇。双方要坚持从战略高度和长远角度出发处理中美关系，充分发挥中美战略与经济对话的作用，不断巩固和扩大共同利益的基础，切实尊重和照顾彼此核心利益。当前，最重要的是，中美双方要加强应对国际金融危机的合作，坚决反对贸易和投资保护主义，推进国际金融体系改革，加强对国际储备货币的监管，维护中美两国和世界经济的稳定和发展。

盖特纳表示，美中之间有着许多共同利益。美方愿在相互尊重基础上，同中方建立强有力的合作关系，共同应对国际金融危机，推动恢复世界经济增长，改革国际金融体系。美方希望加强同中方在贸易、提高能效、气候变化等领域的合作，并共同致力于维护地区和世界的和平稳定。

国办印发《促进生物产业加快发展若干政策》并发出通知

各省、自治区、直辖市人民政府，国务院各部委、各直属机构：

《促进生物产业加快发展的若干政策》已经国务院同意，现印发给你们，请认真贯彻执行。

国务院办公厅

2009年6月2日

促进生物产业加快发展的若干政策

加快培育生物产业，是我国在新世纪把握新科技革命战略机遇、全面建设创新型国家的重大举措。为贯彻落实《国家中长期科学和技术发展规划纲要(2006—2020年)》和《生物产业发展“十一五”规划》，加快把生物产业培育成为高技术领域的支柱产业和国家的战略性新兴产业，特制定本政策。

一、政策目标

(一)引导技术、人才、资金等资源向生物产业集聚，促进生物技术创新与产业化，加速生物产业规模化、集聚化和国际化发展。

(二)建立以企业为主体、市场为导向、产学研相结合的产业技术创新体系，造就高素质人才队伍，增强自主创新能力，掌握一批拥有自主知识产权的重要生物技术、产品和标准。

(三)培育若干个跨国经营的大型生物企业和一大批拥有自主知识产权的创新型中小生物企业，形成若干个产业集聚度高、核心竞争力强、专业化分工特色显著的生物产业基地。

(四)加强生物技术专利保护和物种种质资源保

护，提高种质资源开发、利用水平，保障生物安全。

二、现代生物产业发展重点领域

（五）生物医药领域。重点发展预防和诊断严重威胁我国人民群众生命健康的重大传染病的新型疫苗和诊断试剂。积极研发对治疗常见病和重大疾病具有显著疗效的生物技术药物、小分子药物和现代中药。加快发展生物医学材料、组织工程和人工器官、临床诊断治疗康复设备。推进生物医药研发外包。

（六）生物农业领域。重点发展优质、高产、高效、多抗的农业、林业新品种和野生动植物繁育种源。大力发展生物农药、生物饲料及饲料添加剂、生物肥料、植物生长调节剂、动物疫苗、诊断试剂、现代兽用中药、生物兽药、生物渔药、微生物全降解农用薄膜等绿色农用生物制品，推进动植物生物反应器的产业化开发，促进高效绿色农业的发展。开发具有抗病和促进生长功能的微生物药品及其他生物制剂，保护和改善水域生态环境，发展健康养殖。

（七）生物能源领域。加快培育速生、高含油、高热值、高产专用能源植物品种，合理利用荒山荒地，推进规模化、基地化种植；积极开展以甜高粱、薯类、小桐子、黄连木、光皮树、文冠果以及植物纤维等非粮食作物为原料的液体燃料生产试点，推动生物柴油、集中式生物燃气、生物质发电、生物质致密成型燃料等生物能源的发展。

（八）生物制造领域。加快推进生物基高分子新材料、生物基绿色化学品、糖工程产品规模化发展。支持农产品精深加工和食品生物制造技术、装备、工艺流程的研发及规模化生产。开发新型酶制剂，发展生物漂白、生物制浆、生物制革和生物脱硫等清洁生产工艺，加快生物制造技术推广应用，降低物耗、能耗和污染。

（九）生物环保领域。重点发展高性能水处理絮凝剂、混凝剂、杀菌剂及生物填料等生物技术产品，鼓励废水处理、垃圾处理、生态修复生物技术产品的研究和产业化。支持荒漠化防治、盐碱地治理、水域生态修复、抗重金属污染、超富集植物等新产品的生产和使用。

三、发展壮大生物企业

（十）培育具有较强创新能力和国际竞争力的龙头企业。鼓励龙头企业加强研发能力建设，积极开展技术引进、跨国经营等活动。推动生物企业间、生物企业与科研机构间的合作与重组，扩大企业规模，增强企业实力。

（十一）鼓励和促进中小生物企业发展。对新创办的生物企业，在人员聘任、借贷融资、土地等方面给予优先支持。支持建立一批生物企业孵化器和留学生创业服务中心。加大科技型中小企业技术创新基金对符合条件的中小生物企业的支持力度。

（十二）大力推进生物产业基地发展。鼓励与生物产业相关的企业、人才、资金等向生物产业基地集聚，促进生物产业基地向专业化、特色化、集群化方向发展，形成比较完善的产业链。在基础条件好、创业环境优良的区域，逐步建立若干个国家级生物产业基地。国家在创新能力基础设施、公共服务平台建设以及实施科技计划、高技术产业计划等方面按规定给予重点支持。

（十三）积极推进国际合作。鼓励外国企业和个人来华投资生产、设立研发机构和开展委托研究。鼓励和支持具有自主知识产权的生物企业“走出去”，开展产品的国际注册和营销，到境外设立研发机构和投资兴办企业。支持国内机构参与有关国际标准的制（修）订工作，开展生物产业认证认可国际交流。

四、大力促进自主创新

（十四）充分发挥企业技术创新主体的作用。鼓励企业加大研发投入，国家通过建立、健全产学研结合机制等方式，加大对企业技术创新的支持。加强企业技术中心建设，支持企业设立海外研发中心。支持以产学研联合的方式，吸引社会资金投入，组建若干个具有国际先进水平的生物技术研发机构，提高系统集成和工程化能力。鼓励企业、高校和科研机构共建工程实验室、工程（技术）研究中心、实习实训基地等工程化平台。

（十五）加强创新能力基础设施建设。支持各类研究机构、检测机构的科研基础设施建设，在充分整合和利用现有科研基础设施的基础上，形成若干个具有国际先进水平的生物科学研究基地，加强生物科学基础研究和应用技术开发。支持生物技术工程中心、工程实验室、孵化器、产品质检中心等建设。大力推进生物科研基础设施的开放和共享。

（十六）切实做好生物技术成果转移服务等工作。加快生物技术知识产权的审查，强化生物技术科研成果的登记和转移工作，完善生物技术成果的评价体系和转让机制。建立、健全生物产品认证认可体系，规范生物产业第三方认证等中介机构的发展。

（十七）加速自主创新成果的产业化。组织实施生物技术产业化专项，大力推进拥有自主知识产权的重大生物技术成果转化，加速规模化生产和应用。积极开展生物产品相关标准的研究制（修）订与实施工作，加强生物标样的研制和产业化。

五、培养高素质人才队伍

（十八）加强生物科技人才培养。加大高校生物类学科专业建设力度，加强硕士、博士等高级专门人才的培养。在大型企业设立博士后科研工作站，鼓励科研机构、企业与高校联合建立生物技术人才培养基地，加强创新型人才和高级实用型人才培养。鼓励各类职业院校加快培养生物产业发展急需的技能型人才。

(十九)积极引进优秀生物科技人才。鼓励海外优秀人才回国(来华)创办企业、从事科研教学工作。结合实施国家自主创新战略和科技重大专项,鼓励海外回国(来华)优秀人才按规定申请和承担政府科技计划、基金项目和产业化项目。鼓励国有生物科研机构公开向海内外招聘技术负责人。加大向关键岗位和优秀人才的收入分配倾斜力度,完善技术参股、入股等产权激励机制。

六、加大财税政策支持力度

(二十)加大对生物技术研发与产业化的投入。各级政府根据财力增长情况,加大对生物技术研发及其产业化的投入,特别要加大对重要生物技术产品研发、产业化示范项目的支持。对完全可降解生物材料和经批准生产的非粮燃料乙醇、生物柴油、生物质热电等重要生物能源产品,国家给予适当支持。鼓励企业、科研机构、高校和个人申请植物新品种、专利、商标等知识产权。

(二十一)建立财政性资金优先采购自主创新生物产品制度。各级国家机关、事业单位和团体组织使用财政性资金采购生物产品的,应优先购买列入政府采购自主创新产品目录中的生物产品。

(二十二)实施税收优惠政策。生物企业为开发新技术、新工艺、新产品发生的研发费用,未形成无形资产计入当期损益的,在按照规定据实扣除的基础上,再按照研发费用的50%加计扣除;形成无形资产的,按照无形资产成本的150%摊销。对被认定为高新技术企业的生物企业,按照税法规定减按15%的税率征收企业所得税。对国家需要重点扶持和鼓励发展的生物农业、生物医药、生物能源、生物基材料等生产企业,进一步完善相关税收政策。

七、积极拓宽融资渠道

(二十三)引导社会资金投向生物产业。鼓励设立、发展生物技术创业投资机构和产业投资基金,鼓励、引导金融机构支持生物产业发展,支持信用担保机构对生物企业提供贷款担保。支持金融机构创新信贷品种,改进金融服务,对符合条件的生物产业发展项目、生物产业基地基础设施提供信贷支持。积极探索利用贴息、小额贷款等方式,加大有效信贷投入。

(二十四)支持生物企业利用资本市场融资。积极支持符合条件的中小生物企业在中小企业板和创业板上市,鼓励符合条件的生物企业在境内外上市筹资。开展生物产业基地内具备条件的生物企业进入证券公司代办系统进行股份转让试点,推进未上市生物企业股权的流通,拓宽创业投资退出渠道。支持符合条件的生物企业发行企业债券、公司债券、短期融资券和中期票据等,开展生物产业基地内企业联合发行企业债券试点。

八、创造良好市场环境

(二十五)培育生物产品市场。扩大医疗保险覆盖范围,规范药品政府采购方式,发展商业健康保险,积极拓展生物医药应用范围。对拥有自主知识产权的生物药品,按照国家有关程序进行评审,符合条件的纳入医疗保险目录。鼓励推广使用农林业良种、生物农药、生物肥料、生物饲料及饲料添加剂、完全可降解生物薄膜等。稳步推进非粮燃料乙醇应用试点,有序开展生物柴油应用试点。规范生物产品市场秩序,依法查处制假售假、商业欺诈等行为。督促指导生物企业加强环境保护,确保污染物排放达标。

(二十六)完善生物产品市场准入政策。按照生物安全审查、评价、认证认可和监管要求,积极推进转基因农产品技术研发与产业化。对生物能源生产、销售依法实行市场准入制度,由国务院有关部门制定完善相关准入条件。进一步加强生物检测实验室的资质认定工作,切实提高实验室检测能力和管理水平。依法完善生物药品审批制度。对涉及国家安全、人体健康安全、动植物安全、环境保护的生物产品和技术,由国务院有关部门依法实施市场准入制度。制定生物产品进出口管理办法,规范生物产品进出口秩序。

(二十七)加强知识产权的保护。完善生物技术知识产权保护机制,加强生物技术知识产权执法队伍建设,加大对知识产权侵权的惩处力度,依法保障知识产权所有者的权益。

九、强化生物遗传资源保护和生物安全监管

(二十八)加强生物遗传资源保护。建立、健全生物遗传资源保护法律、法规体系,建立和完善生物遗传资源获取与惠益分享制度。建立生物遗传资源信息系统,开展生物遗传资源调查、评价。加强人类遗传资源库和物种种质资源库(圃)及保护场(区)、原生境保护点、试验基地、管理体系建设。组织实施野生动植物种质资源保护工程,收集和保护濒危稀缺等重要生物资源。建立、健全生物遗传资源出入境查验体系,加强对生物遗传资源出入境的监管。

(二十九)加强生物安全管理。认真履行生物安全有关国际公约,依据有关法律、法规健全生物安全特别是转基因生物安全技术标准、安全评价、检测监测和监督管理体系,提高安全监管能力。加强防范外来有害生物入侵的防御体系建设,完善进境生物安全防范体系,防范转基因生物、微生物菌剂非法越境转移和无意越境转移。依法限制或禁止影响国家安全或公共利益的生物技术和产品进出口。建立、健全生物安全风险分析和信息交换机制，强化风险预警和应急反应机制，提高防范与应对外来有害生物入侵、生物恐怖袭击的能力。加强实验室生物安全监督管理，健全实验室生物安全体系，保护实验室工作人员和公众安全。

(三十)加强生命科学、生物技术知识和有关法律、法规的宣传普及工作。引导社会公众树立正确的生物安全意识，营造发展生物产业的良好社会环境。

(三十一)加强生物研究伦理审查。积极开展生物伦理研究，遵循国际通行的生物伦理规范，建立、健全医学、农业等领域生命科学研究伦理审查、监督制度。

十、加强组织领导

(三十二)建立、健全工作机制。建立国家促进生物产业发展部际协调机制，统筹协调生物产业发展的重大问题。成立国家生物产业发展专家咨询委员会，对产业发展重大问题开展咨询研究。积极发挥行业协会桥梁和纽带作用，推动国际交流与合作，强化行业自律。

(三十三)本政策自发布之日起实施。国务院有关部门要依据本政策制定配套政策措施，各省、自治区、直辖市人民政府要结合本地实际，制订具体方案并抓好落实。

政协十一届全国委员会第三期委员学习研讨班在北京举行开班式

全国政协主席贾庆林接见全体学员。全国政协副主席王刚出席并讲话。

王刚在讲话时强调，要十分珍惜政协委员的政治荣誉，真正想党和人民之所想、急党和政府之所急、谋党和国家之所需，以高度负责的态度履行好委员职责，努力在人民政协的工作岗位上创造新的业绩，为推进中国特色社会主义事业贡献力量，为发展人民政协事业增光添彩。要致力于服务党和国家工作大局，切实把促进经济平稳较快发展作为履行职责的首要任务，把促进社会和谐稳定作为义不容辞的责任，努力为推动科学发展建真言献良策，为促进社会和谐广泛凝聚力量，为实现我国经济社会又好又快发展作出积极贡献。要致力于推动人民政协事业发展，大力发扬主人翁精神，踊跃参加政协组织的各项活动，努力推动人民政协工作再上新水平，为开创人民政协工作新局面发挥积极作用。

王刚希望广大政协委员继承光荣传统，加大学习力度，确立更高追求，积极加强和改进学习研究，注重强化学习意识、突出学习重点、增强学习实效，不断提高履行政协委员职责的能力和水平。

全国政协副主席兼秘书长钱运录主持开班式。本期学习研讨班为期4天，有280名全国政协委员参加。

第五次全国军转表彰大会暨2009年军转安置工作会议在人民大会堂举行

习近平出席会议并发表重要讲话。

习近平强调，军队转业干部安置工作，事关党和国家工作全局，事关改革发展稳定大局。在全面贯彻党的十七大精神、不断完善社会主义市场经济体制过程中，要适应国家和军队各项改革的深化，坚持解放思想、实事求是、与时俱进，着力推进中国特色退役军官安置制度建设进程，开创军队转业干部安置工作新局面。要坚持把军转干部指令性安置同人才资源市场化配置结合起来，把军转安置制度改革同国家和军队相关制度改革结合起来，把服从服务国家经济社会发展需要同促进军队转业干部全面发展结合起来，把借鉴其他国家好的经验做法同立足我国国情军情结合起来，努力建设既承接我国军转安置工作光荣传统、又符合时代发展要求的中国特色退役军官安置制度。

习近平希望广大军队转业干部发扬人民军队优良传统，把弘扬当代革命军人核心价值观同践行社会主义核心价值体系结合起来，努力成为科学理论的信仰者、民族精神的传承者、时代精神的践行者、文明风尚的维护者。要保持忠诚于党、服从大局、珍惜荣誉、拼搏进取、无私奉献的优秀品质，做到退役不褪色，自觉服从国家经济社会发展大局需要，以实际行动与时代发展同步伐、与改革开放共命运，成为推动经济社会科学发展的重要力量、维护社会和谐稳定的坚定力量，在夺取全面建设小康社会新胜利、实现中华民族伟大复兴的历史进程中勇立新功。

会上，中组部部长李源潮宣读了《关于表彰全国模范军队转业干部、全国军队转业干部安置工作先进单位、全国先进军转工作者的决定》。

会议为受表彰的158名模范军队转业干部、150个军转安置工作先进单位和155名先进军转工作者隆重颁奖。受表彰的模范军转干部代表、先进单位代表先后发言。

中央纪委贯彻落实《中共中央纪委关于推进惩治和预防腐败体系建设的检查办法(试行)》电视电话会议在北京召开

中央纪委副书记何勇出席会议并讲话。

何勇强调，各级党委(党组)要高度重视《中共中央纪委关于推进惩治和预防腐败体系建设的检查办法(试行)》(以下简称《检查办法》)贯彻落实工作，切实加强领导，认真组织实施。各级惩防体系建设领导小组要主动负起责任，协助党委(党组)制定实施办法，加强组织协调，抓好工作落实。

何勇要求，各地区各部门要以贯彻实施《检查办法》为契机,更加准确地把握建立、健全惩治和预防腐败体系的思想基础,深刻理解党中央关于惩治和预防腐败的重要论述;更加自觉地把惩防体系建设融入经济建设、政治建设、文化建设、社会建设以及生态文明建设之中,把反腐倡廉建设与党的思想建设、组织建设、作风建设、制度建设结合起来,同步推进;更加全面地坚持标本兼治、综合治理、惩防并举、注重预防的反腐倡廉方针,提升惩治和预防腐败的综合效应;更加扎实地做好反腐倡廉基础性工作,全面落实惩防体系建设各项任务;更加有效地治理重点领域和关键环节的突出问题,不断取得反腐倡廉建设的新成效。

国家副主席习近平在北京会见由总委员会主席团书记国家杜马副主席沃洛金率领的俄罗斯统一俄罗斯党代表团

习近平说,自中俄战略协作伙伴关系建立以来,两国高层交往频繁,政治上高度互信,在经贸、科技、人文等领域的务实合作蓬勃开展,在国际和地区事务中保持了密切协调与配合。今年是中俄建交60周年,双边关系进入了新的发展阶段。在当前国际形势复杂多变,国际金融危机继续蔓延的背景下,中方愿与俄方一道,抓住机遇,迎接挑战,推动中俄战略协作伙伴关系在高水平上长期稳定健康发展,造福两国和两国人民。

习近平积极评价中国共产党与统一俄罗斯党正式启动中俄执政党对话机制,并强调指出,两党启动对话机制不仅是中俄政党交流方式的创新,也必将对提升中俄战略协作伙伴关系产生重要促进作用。

沃洛金表示,统一俄罗斯党非常重视与中国共产党的交流与合作,今天启动的两党对话机制讨论了应对金融危机,加强经济合作,促进地方以及青年之间交流等重要问题。相信俄中党际交流必将增进两国人民的相互理解,推动两国关系稳固发展。

会见后,习近平还出席了《中国共产党与俄罗斯统一俄罗斯党合作协议》的签字仪式。协议由中联部部长王家瑞和沃洛金共同签署。

国务院副总理回良玉在北京会见联合国粮食及农业组织总干事雅克·迪乌夫一行

国际数学联盟设立国际数学大奖"陈省身奖"

2009年高考报名人数减少40万人

教育部今天公布数据显示,今年全国普通高校招生报名人数约为1020万,比上年减少了3.8%,约40万人。

中国选手彭帅和中华台北的谢淑薇组成的"海峡组合"在法国网球公开赛实现大逆转闯入四强

6月3日

国家主席胡锦涛应约同美国总统奥巴马通电话

胡锦涛表示,当前中美关系保持积极发展势头。两国各级别交往频繁,各领域合作不断加强。我们在伦敦会晤时达成的各项共识正在得到认真落实。中方愿同美方共同努力,扩大交流,深化合作,推动中美关系持续深入向前发展。

奥巴马对美中关系发展感到满意,表示近期双方高层交往富有成果,美方愿继续同中方一道,就广泛的重要问题加强协调和合作,进一步推进两国关系发展。

双方还就当前朝鲜半岛局势交换了意见。

国务院总理温家宝在北京主持召开国务院常务会议

会议认为,稳定就业局势,促进就业增长,对于应对国际金融危机、保持经济平稳较快发展、维护社会稳定,具有重要意义。党中央、国务院高度重视就业工作。去年下半年以来,制定实施了一系列稳定和扩大就业的政策措施,包括扩大内需拉动就业、减轻企业负担稳定就业、政策扶持鼓励创业、加强职业培训提升就业能力等,还对高校毕业生、农民工和城镇困难群体等采取专门的促进就业措施。2009年中央财政预算安排就业资金420亿元,比去年增长66.7%。到4月底,全国城镇新增就业365万人,农民外出打工人数也有较大恢复,扭转了去年第四季度以来的下滑趋势。

会议指出,国际金融危机对我国的影响尚未见底,经济发展的不确定和不稳定因素较多,我国经济平稳回升的基础尚不稳固,这些问题与劳动力总量供大于求、结构性矛盾突出等交织在一起,就业形势依然严峻。新增就业与去年同比仍为减少,登记失业率继续上升,高校毕业生和农村劳动力就业困难较多。必须坚持积极的就业政策,进一步采取有力措施,尤其要狠抓各项政策措施落实,使之真正见到实效。(一)切实抓好各项政策措施的贯彻落实。强化督促检查,加大政策落实和工作推进力度。中央财政在预拨部分就业专项资金的基础上,尽快下拨第二批就业专项资金,并向受金融危机影响较大和其他需要加大扶持的地区适当倾斜。(二)坚持扩大就业和稳定就业"两手抓"。加快实施重点产业调整和振兴规划,通过稳定生产、稳定市场来稳定就业,开辟更多新的就业增长点。在经济结构调整中,鼓励和支持劳动密集型企业、中小企业、第三产业,特别是民营经济的发展。全面落实减轻企业负担的政策措施,切实解决中小企业融资难等问题,挖掘更多就业潜力。(三)继续抓好高校毕业生等重点群体就业。鼓励和支持各类企业和科研单位招用、聘用高校毕业生,引导和鼓励毕业生到基层就业、自主创业。多渠道转移农村劳动力就业,扶持农民工就近就地就业和返乡创业。大力开发公益性岗位,加强对困难人员和零就业家庭的就业援助。(四)加快实施特别职业培训计划。落实培训补贴政策,支持和鼓励企业开展上岗培训和技能提升培训。扩大技工院校招生规模,组织农村未升学的初、高中毕业生参加劳动预备制培训,组织各类准备创业人员特别是返乡农民工和高校毕业生参加创业培训,提高培训的针对性和有效性。(五)加强公共就业服务体系建设。建好乡镇、村和街道、社区的公共就业服务工作平台,建立、健全公共就业服务信息网络,提高服务能力和水平。会议决定,对中西部地区高校毕业生就业见习基本生活补助,由中央财政就业专项资金给予适当补助。延长东部7省(市)扩大失业保险基金支出范围试点政策。中央财政继续安排资金扶持公共就业服务信息网络建设。

会议要求,各地、各有关部门要密切跟踪经济和就业形势变化,加强协调配合,扎实工作,全面完成今年就业工作各项目标任务,保持就业局势总体稳定。

国务院总理温家宝在人民大会堂与马来西亚总理纳吉布举行会谈

温家宝说,近年来中马关系全面深入发展,各领域务实合作取得丰硕成果,马来西亚已成为中国在东盟最大的贸易伙伴。双方密切配合,共同推动东亚合作,促进了地区稳定与繁荣。

温家宝表示,在新形势下中马要坚持和平共处五项原则,照顾彼此核心利益,继续相互帮助,共同发展。中方愿同马方一道,以两国建交35周年为契机,积极落实"战略性合作共同行动计划",将中马关系提高到新的水平。温家宝建议,面对国际金融危机的严重影响,双方要同舟共济,共渡难关。一是促进贸易多元化,保持双边贸易增长;二是加强相互投资,搞好重点项目建设;三是深化财金合作,维护金融稳定;四是加强在地区事务中的协调与配合,推进区域合作深入发展。

关于南海问题,温家宝指出,《南海各方行为宣言》应得到切实遵守。中马要加强对话与合作,妥善处理有关问题,共同维护南海地区和平与稳定。

纳吉布说,很荣幸能在担任总理后将中国作为东盟以外第一个访问的国家,这充分显示了马来西亚对发展两国关系的重视。此访就是要在缅怀35年前两国先辈所做贡献的基础上,进一步加快推进马中友好合作关系的进程,推动两国合作取得更多成果。

纳吉布说,完全赞同温家宝总理对发展两国关系的主张,表示马新一届政府将致力于全面发展和提升两国关系,愿在互惠互利基础上,加强双方在经济、金融、资源、能源、基础设施建设等领域的合作,积极落实《中马战略性合作共同行动计划》,与中方携手合作应对金融危机,推动两国关系继续向前发展。纳吉布表示,马方认识到南海问题的复杂性,愿以国际法为指导,通过友好协商的方式解决问题。

会谈后,两国总理共同出席了有关合作文件的签字仪式。

国务委员兼国防部部长梁光烈在北京会见来访的利比里亚国防部部长萨缪凯一行

大力培育当代革命军人核心价值观英模代表座谈会在北京召开

来自全军各大单位的18位英模代表在座谈会上先后发言。

"全国禁毒教育(福州)基地授牌仪式暨林则徐纪念馆新馆开馆典礼"在福州市举行

王兆相逝世

原军委工程兵顾问王兆相(副大军区职)同志,因病医治无效,于6月3日在北京逝世,享年101岁。

王兆相是陕西省神木县人,1928年加入中国共产党,1932年加入中国工农红军。土地革命战争时期,他历任宣传委员、队长、连党部书记、团长、师政委、副部长、师长等职。抗日战争时期,他历任团长、支队副司令员、军分区司令员等职,参加了开辟晋绥抗日根据地、保卫黄河河防、反"扫荡"等战役战斗。解放战争时期,他历任旅长、师长、军分区司令员等职,参加了承德保卫战、三下江南、四平攻坚战、辽沈、衡宝等战役战斗。新中国成立后,他历任后方勤务学院组织指挥系副主任、主任,高级工程兵学校校长,工程兵学院副院长、院长等职,为部队革命化、正规化、现代化建设作出了贡献。

王兆相是中国共产党第七次全国代表大会代表,是第五、第六届全国政协委员。他1955年被授予少将军衔,曾荣获一级八一勋章、二级独立自由勋章、一级解放勋章和一级红星功勋荣誉章。

6月4日

国家主席胡锦涛在人民大会堂会见马来西亚总理纳吉布

胡锦涛说,中马两国是隔海相望的友好邻邦。建交35年来,双边关系顺利发展。两国高层交往频繁,政治互信不断增强。经贸合作持续扩大,能源和基础设施建设合作富有成效,人文领域合作成果喜人。双方在推进东亚区域合作、应对国际金融危机等问题上也保持了密切沟通与协调。

胡锦涛表示,中马两国是好邻居、好朋友、好伙伴。巩固和发展中马战略合作伙伴关系,是中国周边外交政策的重要组成部分。我们愿以中马建交35周年和双方签署战略性合作共同行动计划为契机,全面拓展和提升两国在双边和多边领域的务实合作,努力开创中马关系更加美好的未来。

纳吉布完全赞同胡锦涛对于双边关系的积极评价,表示马来西亚视中国为真诚朋友和合作伙伴。建交35年来,马中关系取得长足发展。双方签署的战略性合作共同行动计划,规划了政治、经济、文化、教育、科技、能源等各领域合作,为两国关系开辟了光明前景。马方愿与中方一道,推进双边关系和地区合作,共同应对国际金融危机。相信未来35年马中双边关系发展将取得更大成就。

国家副主席习近平在人民大会堂会见莱索托王国外交大臣采科阿

国务院副总理李克强在北京会见马来西亚总理纳吉布并共同出席庆祝中马建交35周年招待会

中共中央政治局常委贺国强在人民大会堂会见由韩国监察院院长金滉植率领的韩国监察院代表团

贺国强说,中韩两国建交以来,双边关系发展良好。发展中韩战略合作伙伴关系,符合两国人民的根本利益,也有利于维护本地区的和平、稳定与繁荣。中方高度重视中韩关系,愿与韩方一道,推动中韩关系健康稳定向前发展。

在谈到反腐倡廉工作时,贺国强说,中国共产党和中国政府十分重视反腐倡廉工作,坚持把党风廉政建设和反腐败斗争纳入党和国家工作大局中来谋划和部署,坚持标本兼治、综合治理、惩防并举、注重预防的方针,深入推进惩治和预防腐败体系建设。经过全党和全国人民的共同努力,反腐倡廉建设取得了新的明显的成效,在促进经济社会健康发展,维护社会公平正义等方面,发挥了重要的作用。

金滉植表示,中韩两国监察机关有着深厚的传统友谊,韩国监察院将进一步加强与中国监督机关的交流与合作,相互借鉴成功经验,促进两国关系全面、深入发展。

金滉植是应监察部的邀请来华访问的。中央纪委副书记、监察部部长、国家预防腐败局局长马馼等参加了会见。

中国与马来西亚商务论坛在北京开幕

国务院副总理回良玉与来访的马来西亚总理纳吉布共同出席了中马商务论坛开幕式。

回良玉在开幕式上发表讲话,代表中国政府对商务论坛在中马建交35周年之际召开表示祝贺。他说,中马建交35年来双边关系全面快速发展,经贸合作成为推动两国关系发展重要动力。近年来,双方合作机制不断健全,合作领域日益扩大。去年双边贸易额达534.7亿美元,提前2年实现了两国领导人制定的500亿美元目标。双方相互投资日益活跃,能源、基础设施等领域合作成效显著,在区域经济合作方面保持密切协调与配合。

回良玉强调,为应对国际金融危机,中马两国应携手合作,共克时艰,实现互利共赢。一要抓住机遇,努力提升双边经贸合作水平,鼓励双方有实力、信誉好的企业加强投资和互利合作。二要着眼未来,结合各自国家发展战略,努力寻找新的合作增长点,探索新的合作领域和途径。三要加强沟通,充分发挥现有机制作用,进一步利用好两国"经贸联委会"和"商业理事会"等平台,加强双方政府与工商界之间的联系,大力促进经贸合作。四要进一步密切人员往来,积极开展各层次交流,增进相互了解与友谊。

纳吉布表示很高兴能与回良玉副总理共同出席中马商务论坛开幕式,这充分显示了双方对发展两国合作的高度重视。他说,35年前两国老一辈领导人开创的马中友好合作关系取得丰硕成果,大大超越了当初的预期,作为新一代领导人,我们有责任承前启后,抓住机遇、扩大合作,尤其要鼓励双方企业加强往来,密切合作,将两国关系提高到新的水平。

全国政协副主席阿不来提·阿不都热西提在人民大会堂会见利比里亚国防部长萨缪凯一行

6月5日

国务院总理温家宝在西安考察调研

6月5日至7日,温家宝就大学毕业生就业、夏粮生产和企业自主创新等在西安调研。

国家应对气候变化领导小组暨国务院节能减排工作领导小组会议在北京召开

会议听取并审议了发展改革委关于2008年节能减排工作进展情况、2009年工作安排以及应对气候变化有关工作情况的汇报。国务院总理、国务院节能减排工作领导小组、国家应对气候变化领导小组组长温家宝主持会议并讲话。

会议指出,“十一五”前三年,经过全国各地各部门的共同努力,节能减排取得重要进展。全国单位GDP能耗累计下降10.1%,二氧化硫、化学需氧量(COD)排放总量累计分别下降8.95%和6.61%。今年一季度,全国单位GDP能耗同比下降2.89%,降幅提高0.27个百分点。

会议强调,虽然节能减排取得重要进展,但面临的形势依然严峻,任务相当艰巨。要坚持以科学发展观为指导,进一步增强做好节能减排工作的紧迫感和责任感,把节能减排作为调整经济结构、转变发展方式的重要抓手,作为应对国际金融危机、促进经济发展的新的增长点,全面深化改革,完善体制机制,加大工作力度,打好节能减排攻坚战。(一)严控“两高”行业盲目扩张。严格执行国家产业政策和项目管理规定,强化用地审查、节能评估、环境影响评价,从严控制“两高”行业低水平重复建设,继续控制“两高一资”产品出口。2009年,“上大压小”关停小火电机组1500万千瓦,淘汰落后炼铁产能1000万吨、炼钢产能600万吨、水泥产能5000万吨。完善淘汰落后产能退出机制。(二)突出抓好重点工程和重点领域。加大中央和地方财政对节能减排重点工程投入力度,引导社会投资。2009年,形成工程节能能力7500万吨标准煤,新增城市污水日处理能力1000万立方米,新增燃煤电厂烟气脱硫设施5000万千瓦以上。继续推进千家企业节能行动,形成2000万吨标准煤的节能能力。完善北方采暖地区既有居住建筑节能改造6000万平方米。鼓励汽车、家电“以旧换新”。(三)大力发展循环经济。建立循环经济发展专项资金,支持循环经济技术开发、示范推广、能力建设。加快再生资源回收体系建设。继续推动“限塑”、秸杆综合利用,治理商品过度包装。(四)加快高效节能产品推广。实施“节能产品惠民工程”,通过财政补贴方式推广高效节能空调、冰箱等10大类产品;支持在北京、上海、重庆等13个城市开展节能与新能源汽车示范试点,推广节能灯1.2亿只。(五)深化改革,完善政策。落实成品油价格和税费改革方案。完善天然气价格形成机制。修订高污染、高环境风险产品名录。进一步扩大用于节能减排的企业债券发行规模。推进有条件的地区开展排污权有偿使用和交易试点。制定发布固定资产投资项目节能评估和审查办法、城镇排水及污水处理条例。修订重点用能单位节能管理办法、能效标识管理办法,继续组织制订、修订高耗能产品能耗限额强制性国家标准和产品强制性能效标准。(六)加强节能减排监管,强化目标责任制。将省级政府2008年节能减排目标责任评价考核结果向社会公告,落实奖惩措施,加强督促检查,进一步强化政府的主导责任。(七)加强能力建设。加快完善节能减排统计、监测和考核体系。加强人才培养,强化科技支撑。(八)积极参与国际合作。切实加强双边、区域和多边在节能、新能源和低碳技术研发等方面的合作。

会议认为,今年年底在哥本哈根举行的联合国气候变化会议将就事关人类生存和发展的气候变化问题作出抉择,是国际社会携手合作应对挑战的重要机遇。中国将积极参与谈判,发挥建设性作用,全力推动哥本哈根会议取得积极成果。我们赞同会议把落实“巴厘路线图”作为核心任务,进一步推动和加强联合国气候变化框架公约及其京都议定书的全面、有效和持续实施;紧扣“巴厘路线图”授权,遵循公约和议定书基本框架,体现“共同但有区别的责任”原则和公平原则,坚持可持续发展原则,平衡处理减缓和适应气候变化问题;重点解决减缓、适应、技术转让、资金支持问题。中国政府高度重视气候变化问题,多年来一直采取积极应对行动,认真实施《应对气候变化国家方案》。在当前面临金融危机的形势下,我们积极应对气候变化的决心不动摇,行动不松懈。我们要把应对气候变化、降低二氧化碳排放强度纳入国民经济和社会发展规划,采取法律、经济、科技的综合措施,全面推进应对气候变化的各项工作,为国际社会合作解决气候变化问题作出积极贡献。

国务院副总理、国务院节能减排工作领导小组、国家应对气候变化领导小组副组长李克强,国务委员、领导小组副组长戴秉国出席了会议。国家应对气候变化领导小组成员、国务院节能减排工作领导小组成员参加了会议,有关部门负责人列席了会议。

国务院任免国家工作人员

任命张志军为外交部副部长;任命彭清华为中央人民政府驻香港特别行政区联络办公室主任。

免去陈伟兰(女)的国家行政学院副院长职务;免去高祀仁的中央人民政府驻香港特别行政区联络办公室主任职务;免去王凤超的中央人民政府驻香港特别行政区联络办公室副主任职务。

中共中央政治局常委李长春在浙江调研

6月5日至9日,李长春先后来到杭州、金华、嘉兴等地,下企业、走社区、访农户、看市场、入学校、进基层文化单位,就促进经济平稳较快发展、深化文化体制改革等进行调研,听取浙江省委省政府工作汇报,对浙江改革开放和现代化建设取得的成绩给予充分肯定。

他希望浙江进一步贯彻落实中央决策部署，把保增长与调结构、促转型结合起来，大力提高自主创新能力，促进产业转型升级，推动经济社会又好又快发展。

考察期间，李长春专程来到嘉兴，瞻仰南湖革命纪念馆，重温党艰苦卓绝的光辉奋斗历程。李长春说，我们党在领导人民进行革命、建设、改革各个时期留下的标志地、创造的精神财富，是开展爱国主义教育的宝贵资源。要以庆祝新中国成立60周年为契机，深入开展群众性爱国主义教育活动，引导广大干部群众深刻理解是历史和人民选择了马克思主义、选择了中国共产党、选择了社会主义、选择了改革开放，进一步坚定在中国共产党领导下、走中国特色社会主义道路、实现中华民族伟大复兴的信念和信心。

在加强反腐倡廉建设中推进一批改革措施工作座谈会在北京召开

中央纪委书记贺国强出席会议并讲话。

在认真听取中组部、国家发展改革委、监察部、财政部、住房和城乡建设部、民用航空局、铁道部、国务院国资委、国土资源部和交通运输部等10个部门发言后，贺国强充分肯定了党的十七大以来在加强反腐倡廉建设中推进一批改革措施工作取得的进展。他指出，在党中央、国务院的领导下，各级党委、政府和纪检监察机关把推进一批改革措施作为反腐倡廉治本抓源头工作的重要任务，进一步加强对权力运行的制约和监督，加强对经济运行关键领域的监管，努力遏制经济领域违纪违法问题的发生，为保证中央决策部署贯彻落实和促进经济平稳较快发展作出了积极贡献。

贺国强指出，当前和今后一段时间，在加强反腐倡廉建设中推进一批改革措施，要按照中央的总体部署，全面坚持反腐倡廉方针，认真落实《建立、健全惩治和预防腐败体系2008—2012年工作规划》和《关于2009年深化经济体制改革工作的意见》，把推进一批改革措施与反腐倡廉其他工作紧密结合起来，认真治理工程建设、房地产开发、土地管理和矿产资源开发、金融、司法等五个领域的突出问题，重点推进干部人事、行政审批、财税、投资、政府采购、国有企业改革和现代市场体系建设等七个方面的改革任务。要围绕中心、服务大局，坚持以科学发展观指导改革，坚持在党和国家工作大局中谋划改革，把握好改革时机、力度和节奏，确保改革坚持正确方向、取得应有成效；要总体规划、突出重点，既着眼长远制定总体规划和目标路径，又立足当前确定阶段性任务和具体要求，力争在重点领域和关键环节改革上取得突破；要深入调研、科学决策，不断完善改革决策的机制、规则和程序，广泛集中民智、充分研究论证、反复进行协商，提高改革决策的科学性；要统筹兼顾、协调推进，努力使各方面改革有机衔接、各项改革措施互相配套，发挥整体效应；要建章立制、巩固成果，适时把改革中形成的好做法好经验转化为法规制度，并提高制度的执行力；要加强领导、狠抓落实，坚持在党中央、国务院统一领导下推进相关改革，各地区各部门要明确工作职责、认真组织实施、积极开展工作，纪检监察机关要加强组织协调和监督检查，努力形成推进改革的整体合力。

中央纪委副书记何勇主持会议并讲话。

全国人大常委会副委员长司马义·铁力瓦尔地在河北省考察

6月5日至10日，司马义·铁力瓦尔地率全国畜牧执法检查暨专题调研组深入河北省邯郸、邢台、石家庄等地，对畜牧法贯彻执行情况进行执法检查，并围绕农田水利建设进行了专题调研。

在听取河北省政府关于贯彻实施畜牧法和开展农田水利建设等有关情况的汇报后，司马义·铁力瓦尔地指出，推动畜牧业健康发展，一要继续坚持加大宣传学习畜牧法的力度，尽快完善配套法规和规章；二要继续坚持加快畜牧业发展，坚定继续发展畜牧业的决心不动摇；三要继续坚持强化动物疫病防控体系建设，切实做好重大动物疫病防控；四要继续坚持加强畜产品质量安全监管，切实保障人民群众生命健康安全；五要继续坚持完善健全扶持政策，提高和改进畜牧业宏观调控的水平。

在考察了几个市县的农田水利生态水网、节水灌溉、集中供水站、水土保持等水利工程项目后，司马义·铁力瓦尔地强调要把农田水利建设作为现代农业建设的重要任务，进一步加大农田水利建设投入，加强粮食主产区特别是大型灌区的农田水利建设，发展节水灌溉和节水农业，并要理顺农田水利管理体制和运行机制。

国家副主席习近平在人民大会堂会见东帝汶民主共和国外交部部长科斯塔

习近平表示，中国和东帝汶建交以来，两国关系发展顺利。中方本着与邻为善、以邻为伴的方针，通过多种方式支持东帝汶国家建设。中方感谢东帝汶政府坚持奉行一个中国政策，在涉及中方核心利益的问题上给予宝贵支持。中国和东帝汶都是发展中国家，肩负着加快发展、改善民生的重任。中方愿继续向东帝汶提供力所能及的帮助，与东帝汶拓展各领域务实合作，推动双边关系不断向前发展。

科斯塔高度评价中国发展成就，感谢中方为东帝汶国家建设提供帮助，表示东帝汶重视发展对华关系，希借鉴中国发展经验，与中方共同推动在政治、经贸、人力资源开发等领域的友好互利合作。科斯塔表示，东帝汶将继续坚定奉行一个中国政策。

国务委员戴秉国和外交部部长杨洁篪在北京分别会见美国常务副国务卿斯坦伯格

全国政协副主席李兆焯在广西防城港市会见前来参加“2009中越边民大联欢”活动的越南祖国阵线主席黄担

中联部部长王家瑞在北京会见莱索托民主大会副主席外交大臣采科阿

我国首个高原生态节能建筑示范工程建成

我国首个高原生态节能建筑示范工程——“高原生态节能建筑”在西藏自治区定日县扎西宗乡拉隆村正式落成。该示范工程在保留传统藏族建筑风格的基础上，通过被动式阳光间和空气集热器，卵石太阳能炕及卧室顶上设计的大面积蓄热天窗等来实现热量的吸收、储存和释放，以达到保持室温的目的。

全国山地车锦标赛暨全国青年山地车锦标赛在合肥市肥西县紫蓬山风景名胜区开赛

探索环保新道路——六·五世界环境日特别论坛在北京召开

全国政协副主席厉无畏出席论坛并致辞，环境保护部部长周生贤作了主题演讲。

周生贤指出，积极建设生态文明，努力促进人与自然和谐，是经济社会发展全局赋予环境保护工作最重要最根本的时代重任，是推进环境保护历史性转变的目标指向，是新时期环境保护事业的灵魂所在。对于中国特色环保新道路的探索，必须正确处理好环境与经济的关系，全局与局部的关系，预防和控制的关系，成本和效果的关系，发展与保护的关系，政府主导与公众参与的关系等。

千名青年环境友好使者行动在北京大学启动

在这一行动中，北京、上海、沈阳、广州、西安、成都等6个城市首先培训1000名青年使者，之后每个青年使者再分别培训1000人。这一行动由环境保护部发起，全国人大环资委、全国政协人资环委、发展改革委、科技部、教育部、共青团中央、全国妇联共同主办。

2009年世界环境日的中国主题是“减少污染——行动起来”。

国家体育总局手曲棒垒运动管理中心宣布韩国教练金相烈为中国女曲的新任主教练人选

成都一辆满载乘客的公交车在营运途中因人纵火燃烧造成27人死亡

重庆市武隆县发生山体突然垮塌造成一个矿场和数户民居被埋

罗京逝世

中央电视台著名播音员罗京，因病医治无效，于6月5日在北京逝世，终年48岁。

罗京1961年出生于北京，1983年毕业于北京广播学院播音系，同年进入中央电视台工作，担任《新闻联播》节目主持人。历任中央电视台新闻编辑部副科长，中央电视台播音主持人业务指导委员会副秘书长，新闻采编部播音组副组长、播音指导。曾获国家语委、全国语音文学工作先进工作者，人事部杰出专业技术人才。2003年当选全国十佳岗位能手。2004年至2008年，连续5年被评为中央电视台最佳播音主持人。在长期担任《新闻联播》节目主播的工作中，罗京形成了沉稳、大方、庄重的播音风格，深受全国电视观众的喜爱，是中央电视台播音主持人队伍的领军人物之一。

罗京是中共十七大代表。

6月6日

中共中央总书记胡锦涛 国务院总理温家宝对重庆武隆“6·5”山体垮塌作出重要批示要求千方百计做好抢救工作防止次生灾害发生

国务院副总理张德江在重庆武隆山体垮塌现场指导救援工作

张德江传达并要求全面贯彻落实胡锦涛总书记、温家宝总理等中央领导同志批示精神。对进一步做好抢险救援工作，他提出七点具体要求：一、进一步核实遇险人数，全力以赴搜救幸存者。二、全力救治受伤人员，千方百计减少因伤死亡，千方百计减少因伤致残。三、认真做好死伤者家属的安抚和善后工作，切实把工作做细做实，入情入理。四、全面排查，防止再次发生垮塌伤人和堰塞湖等次生灾害。五、科学认定这次山体垮塌的性质，组织专家进行科学评估，实事求是地作出结论。六、加强宣传思想工作，坚持实事求是，及时准确客观地发布抢救的相关信息。七、加强组织领导，统筹调度安排抢救力量和物资设备,确保抢救人员安全,做到科学施救。

中共中央政治局委员李源潮在北京市调研引进海外高层次人才工作

北京市市委书记刘淇参加调研座谈会。

李源潮深入北京市留学归国人员创办的企业了解情况,并召开座谈会,听取北京市和回国海外高层次人才代表的意见。他充分肯定北京市引进海外高层次人才工作取得的成绩。他说,人才是一种战略性资源,引进人才是战略投资。要树立战略眼光,增强风险投资意识,抓住当前有利时机,加紧实施“千人计划”,更多更快地引进海外高层次人才。

李源潮指出,要加大政策创新和落实力度,注意借鉴国际经验,解决引才用才中遇到的新问题,使海外高层次人才引得进、用得好、留得住。要集中资源、优化政策,加快推进海外高层次人才创新创业基地建设,积极探索建立与国际接轨的科研、管理和创业机制,创造有利于人才充分施展才华的工作环境。要探索建立特聘专家制度,形成高层次人才的新型使用和激励制度。要充分调动用人单位等各方面的引才积极性,为引进人才创造更好的创新创业范围。要加强与海外高层次人才的情感沟通,尊重他们的爱国心、事业心和自尊心,切实做到引才引心。

第十七届中国昆明进出口商品交易会暨第二届南亚国家商品展在云南省昆明市国际会展中心开幕

全国人大常委会副委员长蒋树声出席开幕仪式并宣布开幕。老挝常务副总理宋沙瓦·凌沙瓦出席开幕仪式。本届昆交会将举办GMS经济走廊活动周系列活动以及中国—南亚商务论坛、亚太华商论坛、大湄公河次区域电子商务研讨会等活动。本届昆交会展位2200多个,其中境外企业展位612个,是历届昆交会中会期活动最丰富、展位最多的一次盛会。

西部心脑血管健康关爱计划在北京启动

大型公益活动“共铸中国‘心’——西部地区心脑血管健康关爱计划”正式启动。活动将于2009年6月至11月,邀请全国约1500名资深心脑血管病专家,分批、分次对宁夏六盘山地区的8个县进行全面的专业化免费义诊、健康咨询、药品捐助、业务培训等大型公益行动。

活动由中华中医药学会、北京市红十字会、中华医学会心血管病学分会和步长集团联合开展。全国人大环境与资源保护委员会原主任委员毛如柏,全国人大民族委员会主任委员马启智,人民日报社副总编辑陈俊宏、步长集团董事长赵步长等出席了会议并现场为各义诊代表团授旗。

2008绿色中国年度焦点人物揭晓

经过1亿多人次网络投票,“2008绿色中国年度焦点人物”和“2008中国绿色宝贝”评选揭晓。6月6日,由人民网、绿色中国杂志社、绿色中国网络电视中心主办的评选活动颁奖仪式在京举行。

广西壮族自治区党委书记郭声琨、中国野生动物保护协会会长赵学敏、著名导演张艺谋荣获2008绿色中国年度焦点人物大奖。著名经济学家厉以宁、全国政协经济委员会副主任胡德平荣获2008绿色中国年度焦点人物特殊贡献奖。同时还有8人分获2008绿色中国年度人物创新奖和公益奖,12人被评为年度焦点人物。另外18人分获2008中国绿色宝贝各个奖项。

全国环保举报热线“010-12369”开通

6月7日

国家副主席习近平在甘肃调研

6月7日至10日,习近平和同行的中组部部长李源潮先后来到庆阳、陇南、天水、兰州等地,入农户、下车间、进校园、访科研院所,与基层干部和党员群众交谈,就做好地震灾区恢复重建工作、开展深入学习实践科学发展观活动和加强党的建设进行调研。

习近平强调,我们党在长期奋斗历程中形成的优良传统和革命精神,是一笔宝贵的精神财富和丰厚的政治资源,各级领导干部要紧密结合正在全党开展的深入学习实践科学发展观活动,与时俱进地加以弘扬,牢固树立立党为公、执政为民的宗旨观,时刻摆正同人民群众的位置,做到问政于民、问需于民、问计于民;牢固树立尊重规律、求真务实的政绩观,多干打基础、利长远的事,真正干出经得起实践、人民和历史检验的政绩;牢固树立艰苦创业、勤俭办事的奋斗观,保持和发扬革命先辈那么一股革命热情、那么一种拼搏精神,以优良作风带领广大党员和干部群众迎难而上、锐意进取。

调研期间,习近平冒雨瞻仰了南梁革命纪念馆和原陕甘边区列宁小学旧址,向革命烈士纪念碑敬献了花篮。调研结束时,习近平召开了甘肃省党政干部座谈会。

第二次中日经济高层对话在东京举行

国务院副总理王岐山和日本外务大臣中曾根弘文共同主持对话。双方重点围绕经济金融形势、贸易投资合作、环境能源合作、地区及国际经济问题四大议题深入交换了意见。

王岐山就加强双方合作提出三点建议:(一)抓紧落实两国领导人达成的重要共识。去年胡锦涛主席访日期间,两国确定了70项务实交流合作项目,其中大部分涉及经贸合作。目前这些合作项目总体进展顺利。希望双方以本次对话为契机,采取更加有效的措施,继续推动这些项目的落实。能源环境问题是全球面临的共同挑战,也是两国合作的重点领域,希望双方深化交流合作,实现互利共赢。(二)促进本国及全球经济恢复增长。国际金融危机对全球经济造成严重冲击,中日作为世界两大重要经济体,需要加强宏观政策协调,切实扩大内需,刺激本国经济增长,并继续以负责任的态度,加强地区和国际合作。(三)开创中日经贸关系新局面。中日互为重要经贸合作伙伴,双方应牢牢把握两国战略互惠关系的大方向,立足全局,着眼长远,挖掘合作潜力,拓宽合作领域,不断培育新的合作增长点。

中曾根赞同王岐山提出的建议和主张。他说,去年胡锦涛主席成功访问日本以来,两国领导人5次会晤,双边关系不断改善,经济合作进一步深化。日中是对世界有重要影响的国家,两国国内生产总值目前已占全球的15%,各自经济政策对世界的发展至关重要。当前的国际金融危机是一场全球性危机,是各国面临的共同挑战。两国举行经济高层对话,就加强合作、携手应对当前挑战进行交流,意义十分重大。希望对话取得积极成果,向国际社会发出日中加强合作的强有力信息。

商务部部长陈德铭、外交部部长杨洁篪、国家发展和改革委员会主任张平以及中国人民银行、财政部、科技部、环境保护部、农业部、质检局、林业局等部门负责人出席了对话。日方出席对话的有外务大臣中曾根弘文、财务大臣与谢野馨、经济产业大臣二阶俊博、国土交通大臣金子一义、环境大臣齐藤铁夫等相关部门负责人。

我国科学家在世界上首次培育出猪干细胞

我国科学家在世界上首次把来自猪的体细胞诱导转变成多能干细胞——这种细胞就像胚胎干细胞一样,有能力发育成身体中的任何类型的细胞。这也是全世界首次使用有蹄类动物的体细胞培育出多能干细胞,可望为建立人类遗传病模型、培育供人类器官移植的转基因动物,以及开发耐受猪流感等疾病的猪开创一条道路。

该成果是中科院上海生物化学与细胞生物学研究所的肖磊博士带领干细胞研究组完成的。

首台矿用抢险探测机器人研制成功

《人民日报》报道,国内首台矿用抢险探测机器人近日在河北唐山开诚电控设备集团研制成功,这使我国成为继美国之后第二个掌握该项技术的国家。

该机器人具有防爆、越障、涉水、自定位、采集识别和传输信息等多种功能,能够代替抢险人员进入1000米范围内的事故现场,采集、传输影像和数据信息,为及时抢险救援提供重要依据和参考。此项目正式投产后,将为煤矿井下安全生产提供有效的技术保障。

中国乒乓球选手在苏州体育中心举行的2009年国际乒联巡回赛中国站获得男女单打女双三块金牌

6月8日

国务院副总理李克强在人民大会堂会见美国气候变化特使托德·斯特恩一行

李克强说,中国政府始终坚持实施可持续发展战略,坚持节约资源、保护环境的基本国策,在当前应对国际金融危机的过程中,高度重视保增长与调结构的有机结合,立足当前,着眼长远,坚定不移地推进经济结构的战略性调整,毫不松懈地开展节能减排,大力发展循环经济、新能源和节能环保等新兴产业,培育新的经济增长点,促进发展方式转变。这些都是中国政府应对气候变化的积极行动。

李克强指出,中国赞同哥本哈根会议把落实"巴厘行动计划"作为核心任务,进一步推动和加强《联合国气候变化框架公约》及其《京都议定书》的全面、有效和持续实施。中方愿意按照"共同但有区别的责任"原则,积极参与谈判,发挥建设性作用,推动哥本哈根会议取得积极成果。

李克强说,中方注意到美国政府在应对气候变化问题上的转变及开始采取的一系列积极措施。中美双方就气候变化问题加强对话与务实合作,有利于两国关系发展,也有利于国际社会应对气候变化的合作与行动。

斯特恩对中国近年来在应对气候变化方面取得的成就表示赞赏,希望美中加强在能源、环境、气候变化领域的对话与合作,共同努力推动今年年底哥本哈根会议取得成功。

中共中央书记处书记何勇到国家行政学院调研

何勇听取了国家行政学院有关负责同志关于学院建设和第三期全国县纪委书记培训班培训工作情况的汇报,并听取了学员的发言。他指出,党中央以及中央纪委监察部对这次培训高度重视。胡锦涛总书记和习近平同志作出重要批示。贺国强同志亲自确定培训主题并与学员代表座谈。中央纪委监察部多位领导同志到培训班授课。国家行政学院作为这次培训的主要承办单位,承担第一期和第三期培训任务,参训学员多,培训任务重。国家行政学院领导班子高度重视,把办好培训班作为一项重要的政治任务,做了大量卓有成效的工作。希望国家行政学院继续做好培训工作,确保培训质量,圆满完成培训任务。进一步加强学员的公仆教育和党风廉政教育,充分发挥行政学院干部的教育培训主阵地、主渠道作用。

何勇指出,县级纪检监察机关处于纪检监察系统的基础地位,是将中央关于反腐倡廉决策部署落实到基层和农村的关键环节。县级纪检监察机关一定要从党和国家事业发展全局的战略高度,充分认识深入推进党风廉政建设和反腐败斗争的极端重要性,切实增强做好工作的责任感和自觉性,以改革创新精神做好纪检监察工作。要积极协助党委加强组织协调和督促检查,切实抓好《建立、健全惩治和预防腐败体系2008—2012年工作规划》的贯彻落实。要以保持党同人民群众的血肉联系为重点加强作风建设,认真解决损害群众利益的突出问题,严肃查处基层干部违纪违法案件,以优良的党风促政风带民风。要进一步加强县级纪检监察机关自身建设,努力建设一支政治坚强、公正清廉、纪律严明、业务精通、作风优良的干部队伍。

何勇要求,参加培训的同志要珍惜机会,刻苦学习,紧密联系农村改革发展的历史与现实,紧密联系个人的思想和工作实际,深入思考推进本地区农村基层党风廉政建设的重点难点问题,深入思考如何解决本地区群众反映强烈、迫切需要解决的突出问题,认真总结好做法好经验,深入研究新情况新问题,真正做到学有所思、学有所悟、学有所获,不辜负中央的信任和重托。

《人民日报》发表评论员文章《扎实做好第一批学习实践活动整改落实“回头看”工作》

日前,中央深入学习实践科学发展观活动领导小组发出通知,要求进一步做好第一批学习实践活动单位整改落实“回头看”工作。这是确保学习实践活动真正收到实效、取信于民的重要举措,必须下功夫抓实抓好。

突出实践特色,着力解决影响和制约科学发展的突出问题以及党员干部党性党风党纪方面群众反映强烈的突出问题,确保取得实效、取信于民,是中央对深入开展学习实践活动提出的基本要求。贯彻落实这一基本要求,关键要在抓好第一批学习实践活动单位整改方案落实上狠下功夫。而进一步做好第一批学习实践活动单位整改落实后续工作和“回头看”工作,就是巩固扩大第一批学习实践活动成果、确保学习实践活动真正取得实效的重要举措。

做好第一批学习实践活动单位整改落实“回头看”工作,首先必须明确“回头看”的主要内容。要按照《关于做好第一批学习实践活动整改落实后续工作的通知》要求,比照整改落实方案,看党员干部特别是各级领导班子和党员领导干部的理想信念是否更加坚定,推进科学发展的决心是否更加明确;看领导班子分析检查报告和整改落实方案中确定的推进本地本单位科学发展的具体举措是否已经或正在得到落实;看影响和制约本地本单位科学发展的突出问题、群众反映强烈的突出问题是否已经或正在得到解决;看体制机制创新是否已经或正在取得重大成果。

扎实抓好“回头看”工作,领导重视是关键。各省(区、市)、中央和国家机关各部委、各人民团体、新疆生产建设兵团、中管金融机构学习实践活动领导小组负责组织本地本单位的“回头看”工作。党委(党组)要高度重视,将其作为巩固和扩大学习实践活动成果的重要工作,切实抓紧抓好。要切实贯彻群众路线,充分发扬民主,“回头看”情况要比照对领导班子分析检查报告进行评议和就整改落实方案征求意见的范围,以适当方式向广大党员群众进行通报。要加强督促检查,6月底之前,各省(区、市)、中央和国家机关各部委、各人民团体、新疆生产建设兵团、中管金融机构学习实践活动领导小组要对本级领导班子和机关内设机构领导班子“回头看”情况进行自查,同时,对参加第一批学习实践活动的所属各单位“回头看”情况进行检查。

中央学习实践活动领导小组将适时组织对“回头看”情况进行抽查。中央学习实践活动领导小组将委托中央巡回检查组、中央学习实践活动领导小组办公室,在第一批活动单位中随机确定抽查单位,采取查阅文件材料,实地考察,个别访谈,随机组织党员群众填写抽查测评表,召开党员群众座谈会,设置抽查热线电话等多种方式进行抽查工作,形成抽查综合报告上报中央。参加第一批学习实践活动各单位党委(党组)对抽查工作要高度重视,积极配合。抽查中发现的好做法好经验要及时宣传、推广,发现问题要认真纠正,限期整改。

中联部和浙江省人民政府共同主办的中阿中非中小企业合作论坛在宁波举行

国务院副总理王岐山在东京会见日本首相麻生太郎

王岐山在会见中说,近年来,中日关系总体保持积极发展势头，两国领导人频繁接触，政治互信不断加强，各领域合作进一步扩大。中方愿意与日方继续加强合作，共同推动两国战略互惠关系不断向前发展。

王岐山表示，中日同为世界重要经济体，在当前国际金融危机蔓延、世界经济衰退的严峻形势下，第二次中日经济高层对话成功举行，对于进一步落实去年胡锦涛主席访日成果和两国领导人达成的共识，加强中日经贸合作，促进两国乃至世界经济增长具有重要的推动作用。

王岐山指出，为了应对国际金融危机的挑战，中国政府采取了“保增长、扩内需、调结构”的一系列政策措施，目前已初见成效。中国有信心也有能力克服当前的困难，保持经济平稳较快增长。

麻生太郎对第二次中日经济高层对话的成功举办表示祝贺。他说，当前的国际金融危机是包括日中两国在内的世界面临的共同挑战，两国政府都采取了一系列积极应对措施。希望双方加强交流合作，共同应对挑战，推动世界经济尽快恢复增长。

国务委员兼国防部部长梁光烈在北京会见日本笹川日中友好基金代表团暨日本中青年军官研修团

大型交响音乐会《柏坡交响·新中国从这里走来》在国家大剧院上演

河北交响乐团大型交响音乐会《柏坡交响·新中国从这里走来》拉开了“庆祝中华人民共和国成立60周年献礼演出”活动帷幕。贾庆林与上千名观众一起观看了开幕演出。

为庆祝中华人民共和国成立60周年，由中宣部、文化部主办的献礼演出活动，将集中来自全国各地的110余台优秀舞台剧目，从6月8日起至10月底在北京各大剧场和社区、院校等基层单位连续上演近400场。丰富多彩的献礼演出活动将大力唱响共产党好、社会主义好、改革开放好、伟大祖国好、各族人民好的时代主旋律，在全社会营造热爱党、热爱祖国、热爱社会主义的良好氛围，进一步激发全国各族人民在中国共产党的领导下，为实现中华民族的伟大复兴而努力奋斗的豪情壮志和坚定信念。献礼演出活动将坚持面向社会、服务群众，在坚持低票价的同时，积极开展一系列面向外来务工人员、各行业劳动者以及大专院校师生和社区群众的慰问演出，力求使广大群众共享艺术发展的成果。

助老公益事业行动计划在北京启动

作为“中国助老公益事业行动计划”内容之一的“2009年中国长寿明星评选活动”也同时启动。该计划包括以下内容：开展助老公益有关课题的调查研究；举办全国助老公益事业高峰论坛；举办“全国长寿明星评选活动”；开展“2009年度助老公益人物”评选活动；开展“光明助老”行动等等。

6月9日

全国政协主席贾庆林在北京画院参观李可染作品展

李可染是我国20世纪美术史上著名书画家。“实者慧——邹佩珠、李小可、李珠、李庚捐赠李可染作品展”今年6月1日在北京画院开幕，展出了李可染中国画作品108幅、水彩画作品13幅。这批作品是李可染夫人邹佩珠向北京市人民政府捐赠的李可染作品的一部分，集中代表了李可染的艺术成就。据了解，正在筹建的北京美术馆内将设李可染艺术馆。

北京市市委书记刘淇，全国政协副主席兼秘书长钱运录一同参观。展览由全国政协书画室、北京画院主办，北京画院美术馆、李可染艺术基金会承办。

中共中央政治局常委贺国强在北京出席地方县级纪检监察机关建设工作电视电话会议并讲话

地方县级纪检监察机关建设工作电视电话会议由中央纪委、中组部、中央编办、监察部、财政部联合召开。

贺国强指出，长期以来，县级纪检监察机关认真履行职责，扎实开展工作，为推进基层党风廉政建设和反腐败工作、维护改革发展稳定大局作出了积极贡献。随着党和国家事业的发展特别是反腐倡廉建设的推进，县级纪检监察机关在领导班子和干部队伍建设、经费保障、装备设施等方面还存在不少困难和问题，需要进一步加强和改进。经中央领导同志同意，今年4月中央纪委、中组部、中央编办、监察部、财政部联合下发了《意见》，就加强地方县级纪检监察机关建设提出了一系列新要求新举措，对于推动基层党风廉政建设和反腐败工作具有重大而深远的意义。各地各部门要充分认识加强地方县级纪检监察机关建设的重要性和紧迫性，切实把《意见》学习好、贯彻好、落实好。

贺国强强调，加强县级纪检监察机关建设，思想政治建设是核心，组织建设是关键，作风建设是重点，经费和装备设施是保障。要切实加强思想政治建设，抓住开展深入学习实践科学发展观活动和“做党的忠诚卫士、当群众的贴心人”主题实践活动的有利时机，教育引导县级和基层纪检监察干部强化理论武装，提高政治素养，增强大局意识，自觉同以胡锦涛同志为总书记的党中央保持高度一致，坚决维护党的纪律特别是政治纪律，确保中央政令畅通。要切实加强组织建设，配强班子，加强干部交流，优化班子结构，提高班子整体素质；完善制度，贯彻执行民主集中制，认真落实加强县级纪检监察机关领导班子组织建设的有关规定；充实力量，通过调剂解决编制、规范机构设置、完善资格准入等措施切实解决基层纪检监察力量不足问题；提高能力，通过加强教育培训和实践锻炼，不断提高县级纪检监察干部队伍的整体素质和工作水平。要切实加强作风建设，使县级纪检监察干部做到牢记宗旨、秉公执纪、求真务实、艰苦奋斗、清正廉洁。要切实加强经费和装备设施保障，认真落实《关于县级纪检监察机关办公办案装备配置标准和实施办法的通知》要求，为县级纪检监察机关开展工作提供必要的物质保证。要切实加强对县级纪检监察机关建设的领导，地方各级党委、政府特别是县级党委、政府及其主要负责同志要明确职责任务，精心组织实施，狠抓工作落实；各级纪检监察机关要加强组织协调，开展监督检查，确保《意见》提出的各项任务尽快落到实处。

中央纪委副书记何勇主持会议。

中央纪委监察部有关领导同志张惠新、马馼、黄树贤、吴玉良等出席会议。

第五次全国法律援助工作会议在北京召开

国务委员孟建柱出席会议并讲话。他指出，要以维护社会和谐稳定为第一责任，切实增强责任感、使命感，不断研究新情况、新问题，以着力保障和改善民生为重点，积极开展各种形式的法律援助服务，进一步提高新形势下法律援助工作的水平，努力形成党委政府重视、有关部门支持、全社会广泛参与的良好局面，切实维护群众合法权益、维护国家长治久安。

会议还表彰了全国法律援助工作先进集体和先进个人。

“长城6号”国家反恐怖演习在内蒙古山西河北举行

此次系列演习分为处置“核脏弹”爆炸恐怖袭击、处置城市多点连环恐怖袭击、处置化工厂爆炸恐怖袭击等3个科目，将在内蒙古、山西、河北等地连续演练。“长城6号”国家反恐怖演习从实战出发，主要检验国家、地方相关反恐应急力量的应急机制、协同配合和处置能力。演习的情况设置，着眼于当前国际国内主要恐怖威胁的发展变化，涉及核和辐射、化学、爆炸、劫持、枪击等多种样式。

演习有公安、武警、军队、卫生、环保、气象等多个部门协同参与，将于6月中旬结束。

全国人大同美国国会众议院交流机制第十次会议在华盛顿举行

全国人大外事委员会主任委员李肇星与交流机制美方主席克劳利众议员共同主持会议。双方就中美关系、议会交往、国际金融危机、气候变化以及共同关心的国际和地区问题深入交换意见。

中方强调，当前中美拥有更加广泛的共同利益和合作机遇。双方应坚持从战略高度和长远角度，增进互信与合作，尊重和照顾彼此核心利益，妥善处理分歧和敏感问题，推动21世纪积极合作全面的中美关系健康稳定发展。美方强调高度重视发展对华关系，愿继续通过交流与对话，推动美中共同应对国际金融危机、气候变化、能源安全等领域的挑战。

双方一致认为，交流机制已成为最直接和最有效的沟通平台，为增进了解、扩大共识、推动合作发挥了积极作用。双方应丰富交流形式、充实对话内容。中方欢迎美众院代表团今秋访华出席第十一次定期交流。

全国人大代表团访问哈萨克斯坦

全国人大代表团团长、全国人大法律委员会副主任委员张柏林一行分别与哈议会上院副议长科佩耶夫、下院副议长卡里布扎诺夫举行会谈。双方积极评价双边关系近年来取得的成就，并着重就如何加强两国立法机构合作深入交换了意见。

国务院副总理王岐山出席上海世博会吉祥物落户日本爱知世博园仪式

王岐山在结束出席第二次中日经济高层对话活动后，专程来到日本爱知县出席上海世博会吉祥物“海宝”落户爱知世博园仪式，并考察了解日本爱知世博会有关情况，宣传介绍2010年上海世博会。

中国外交部部长杨洁篪，国家发展和改革委员会主任张平，商务部部长陈德铭，中国驻日本大使崔天凯，中国国际贸易促进委员会会长、2010年上海世博会组委会副主任委员万季飞，上海市常务副市长、2010年上海世博会执委会常务副主任杨雄以及日本驻华大使宫本雄二等陪同出席了揭幕仪式和有关活动。

国务委员刘延东在中南海紫光阁会见美国总统科技助理兼白宫科技政策办公室主任约翰·霍尔德伦和美国气候变化特使斯特恩一行

国务委员兼国防部部长梁光烈在八一大楼会见纳米比亚国防军司令沙利一行

中国海军护航编队首次进入曼德海峡成功护卫中国水产公司3艘渔船摆脱海盗船的追击

湖南6市(州)26个县(市 区)发生暴雨洪涝灾害

6月10日

国家主席胡锦涛就加蓬总统邦戈逝世向加蓬代总统罗丝·芙朗辛·罗贡贝致唁电

胡锦涛代表中国政府和人民,并以个人名义,对邦戈总统逝世表示深切哀悼,向罗贡贝、加蓬政府和人民,以及邦戈总统的亲属表示诚挚的慰问。

胡锦涛在唁电中说,邦戈总统是加蓬杰出的领导人,是非洲德高望重的政治家。他毕生为国家的稳定与发展和民族的团结与进步,为推动非洲和平发展和一体化事业作出了重要贡献。邦戈总统是中国人民的亲密朋友,生前高度重视对华关系,曾11次访华,与中国几代领导人结下了深厚的友谊,为中加友好合作关系的建立和发展作出了历史性贡献。中国人民为失去这样一位挚友深感痛惜。中国政府和人民十分珍视中加传统友谊,我深信,在双方的共同努力下,中加友好事业一定会不断巩固和发展,并进一步造福两国和两国人民。

国务院总理温家宝主持召开国务院常务会议

会议讨论并原则通过《江苏沿海地区发展规划》和《关于进一步繁荣发展少数民族文化事业的若干意见》。

会议指出,江苏沿海地区地处我国沿海、沿长江和沿陇海兰新线三大生产力布局主轴线交会区域,是长江三角洲的重要组成部分,区位优势独特,土地后备资源丰富,战略地位重要。在新形势下加快江苏沿海地区发展,对于长江三角洲地区产业优化升级和整体实力提升,完善全国沿海地区生产力布局,促进中西部地区发展,加强我国与中亚、欧洲和东北亚国家的交流与合作,具有重要意义。

会议强调,加快江苏沿海地区发展,要统筹城市与农村、陆地与海洋、经济与社会发展,坚持科学布局、合理分工、保护环境、开放合作。要充分发挥比较优势,把加快建设新亚欧大陆桥东方桥头堡和促进海域滩涂资源合理开发利用作为发展重点,着力建设我国重要的综合交通枢纽、沿海新型工业基地、重要的土地后备资源开发区和生态环境优美、人民生活富足的宜居区,将江苏沿海地区建设成为我国东部地区重要的经济增长极。为此,一要优化城镇、农村和生态空间布局,加快连云港、盐城和南通三个中心城市建设,集中布局临港产业,形成功能清晰的沿海产业和城镇带。二要重点加强沿海港口群、水利、交通和能源电网等重大基础设施建设,不断增强区域发展支撑能力。三要大力发展现代农业,稳定粮食生产,做强特色优势农业,提高现代渔业综合生产能力,加快建设农产品加工产业基地。四要推进先进制造业和生产性服务业发展,积极发展以风电和核电为主体的新能源产业。五要加快推进城乡一体化,缩小城乡和南北地区差距,促进协调发展。六要加强海域滩涂资源开发。围填海域滩涂要依法科学进行,并优先用于发展现代农业、耕地占补平衡和生态保护与建设,适度用于临港产业发展。七要实施严格的环境保护政策,强化自然保护区建设和重要湿地、饮用水源地保护;严把环境准入门槛,强化工业污染、生活污染和面源污染治理,切实加强环境监管。八要推进体制改革,加强人才队伍建设。会议要求,国务院各有关部门要抓紧制定和完善支持江苏沿海地区发展的政策措施,加强对规划实施的督促指导。江苏省及有关地区要强化组织领导,认真落实各项任务措施,确保规划目标顺利实现。

会议指出,少数民族文化是中华文化的重要组成部分,是中华民族共有的精神财富。新中国成立以来特别是改革开放以来,我国少数民族文化事业取得了历史性的重大成就,在提高各族群众文明素质、促进民族地区经济社会发展、推进民族团结进步、繁荣社会主义先进文化等方面,发挥了重要作用。要紧紧围绕共同团结奋斗、共同繁荣发展的民族工作主题,以满足各族群众日益增长的精神文化需求为出发点和落脚点,促进少数民族文化建设与全国文化建设协调发展。一要加快少数民族和民族地区公共文化基础设施建设;二要大力发展少数民族新闻出版和广播影视事业,加大对少数民族文艺院团和博物馆建设的扶持力度;三要积极开展群众性少数民族文化活动;四要加强对少数民族文化遗产的挖掘和保护,尊重、继承和弘扬少数民族优秀传统文化;五要推进少数民族文化创新,积极促进少数民族文化产业发展;六要加强边疆民族地区文化建设,推动少数民族文化的对外交流;七要加大投入,完善政策法规,深化少数民族文化事业单位体制机制改革,加强少数民族文化人才队伍建设。会议要求,各地区、各部门要切实把少数民族文化工作摆在更加重要的位置,努力推动少数民族文化事业大发展大繁荣。

中共中央政治局常委习近平在兰州召开部分省区学习实践活动座谈会并发表讲话

习近平在讲话时强调,学习实践活动能不能成为群众满意工程,关键是要以解决突出问题和完善体制机制的实际成效取信于民。各地各单位要把解决影响和制约科学发展的突出问题和解决党员干部党性党风党纪方面群众反映强烈的突出问题紧密结合起来，把解决发展问题和解决民生问题紧密结合起来，兴办一批群众普遍期待的惠民实事。当前尤其要针对国际金融危机给企业生产经营和群众生活带来的新问题，采取更加务实有效的措施，尽心尽力为企业排忧解难，进一步落实增服务、减负担的各项措施，积极主动地做好困难群众生活安排、社会矛盾纠纷排查调处、应对公共突发事件等方面工作，加强对大学毕业生就业的指导和服务。对于受客观条件限制一时不能解决的问题，要向群众做好解释工作，积极创造条件，努力推动问题解决。对需要一段时间努力才能解决的问题，要跟踪问效，确保活动结束之后有人过问、有人来抓，逐步予以落实。

习近平强调，要按照科学发展观的要求，认真清理现有的规章制度，努力构建充满活力、富有效率、更加开放、有利于科学发展的体制机制。市县机关要着重健全完善转变政府职能、改进作风、推动科学发展的政策规定；国有企业要进一步健全现代企业制度，完善规章制度，提高管理水平，增强风险控制能力；高等学校要进一步完善党委领导下的校长负责制，健全教学、科研、后勤管理制度。对涉及全局性的体制机制问题，各地各单位要积极提出建设性的改进意见。

习近平指出，在扎实开展第二批学习实践活动的同时，要注重巩固拓展第一批学习实践活动成果，及早谋划第三批学习实践活动。参加第一批学习实践活动的单位要按照中央要求，根据整改落实方案提出的任务项目、时间进度和责任人，对本单位及下属单位学习实践活动进行一次“回头看”，切实做好整改落实后续工作。各省区市要把第一批学习实践活动整改落实后续工作和第二批学习实践活动整改落实工作结合起来，通过上下联动、左右互动、整体推动，合力解决一些长期难以解决的突出问题。

新疆维吾尔自治区党委书记王乐泉，中组部部长、中央深入学习实践科学发展观活动领导小组副组长李源潮出席座谈会。新疆、甘肃、四川、云南、西藏、陕西、青海、宁夏学习实践活动领导小组负责同志在座谈会上先后发了言，这8个省区学习实践活动领导小组办公室主任参加了会议。

第五届泛珠三角区域合作与发展高层论坛在南宁举行

来自广东、广西、福建、江西、湖南、海南、四川、贵州、云南以及香港、澳门特区“9+2”的行政首长将就进一步深化泛珠三角区域合作与发展发表演讲。与会各方一致认为，当前，在泛珠三角区域合作纳入国家区域协调发展总体战略、泛珠各方共同应对国际金融危机的关键时刻，泛珠各方必须加强更加紧密合作，抱团取暖、互促互补、互帮互助，在联动中实现共赢。

与会各方在会议上达成广泛共识：第一，加快重大交通基础设施建设，构建面向东盟国家的国际大通道及适应泛珠合作发展的现代交通网络。第二，加强区域产业协作和战略合作，形成协作配套、共同发展的产业布局。第三，加快推进区域统一市场建设和信用体系建设，消除区域间市场障碍，加快建立完善统一开放、竞争有序的区域市场体系。第四，共享国家区域开发政策。第五，完善区域合作机制。第六，加强内地省区与港澳经贸合作，提高泛珠三角区域合作发展水平。

国务院副总理王岐山在中南海紫光阁分别会见美国经济复苏顾问委员会主席保罗·沃尔克和吉尔吉斯共和国第一副总理巴巴诺夫

外交部部长杨洁篪在钓鱼台国宾馆与泰国外长甲西举行会谈

国务委员兼国防部部长梁光烈在八一大楼会见喀麦隆国防部宪兵国务秘书让—巴蒂斯特·博卡姆

10条大街当选首批中国历史文化名街

由《中国文化报》、中华文化促进会等单位主办的首届“中国历史文化名街评选推介”活动于2008年7月启动，共有200多条街区报名参评。首批“中国历史文化名街”今天在北京孔庙和国子监博物馆揭晓。这10条“名街”分别是北京国子监街、平遥南大街、哈尔滨中央大街、苏州平江路、黄山市屯溪老街、福州三坊七巷、青岛八大关、青州昭德古街、海口骑楼老街、拉萨八廓街。

首届国子监文化节在北京国子监街拉开帷幕

第二届中国文化遗产动漫大赛启动

由国家文物局主办，新闻出版总署、国家宗教事务局、国家广电总局、国家中医药管理局联合支持的第二届中国文化遗产动漫大赛，今天在北京拉开帷幕。

这也是2009年“文化遗产日”的开幕项目，将历时半年，通过新闻发布、媒体宣传、作品征集、高峰论坛、校园活动、在线和专家评比、颁奖典礼和文化遗产动漫行共八大环节，完成对近亿次有效人群的信息传播。

全国青少年校园足球活动在北京回民中学启动

6月11日

国家主席胡锦涛向美国国家交响乐团访华致辞

在美国国家交响乐团访华首演之际，国家主席胡锦涛和美国总统奥巴马分别向美国国家交响乐团访华致辞。

胡锦涛主席在致辞中说，欣闻美国国家交响乐团访问中国，我谨对来自美国的艺术家们表示热烈欢迎。

胡锦涛主席指出，音乐可以帮助人们陶冶情操，促进各国人民心灵沟通。美国国家交响乐团10年前曾首次访华，给中国听众留下了美好的回忆。中美建交30周年之际，美国国家交响乐团再次来访。相信来自大洋彼岸的音乐，将促进中美两国人民相互理解，谱写中美两国人民友谊新篇章。

胡锦涛主席预祝美国国家交响乐团访华演出成功。

全国政协主席贾庆林在辽宁调研

6月11日至15日，贾庆林和随行的全国政协副主席兼秘书长钱运录等，先后来到锦州、盘锦、营口、大连、鞍山、沈阳等地，深入港口码头、工业企业、农村乡镇、城市社区，与干部群众共商经济社会发展大计。调研期间，贾庆林听取了辽宁省委、省政府的工作汇报，对辽宁近年来改革开放和现代化建设取得的显著成就给予充分肯定，希望辽宁扎实做好保增长、保民生、保稳定的各项工作，努力把辽宁建设成为新型产业基地和我国经济新的重要增长区域。

贾庆林在调研时强调，要认真贯彻中央关于经济社会发展的一系列决策和部署，充分发挥统一战线和人民政协的优势和作用，攻坚克难保增长，同心协力促和谐，为促进辽宁老工业基地振兴、加快辽宁沿海经济带开发建设贡献智慧和力量。

国家副主席习近平在人民大会堂会见到访的阿富汗外长兰金·达德法尔·斯潘塔

习近平表示，中阿是传统友好邻邦，建交54年来，两国关系健康顺利发展。中方对中阿关系发展的良好势头感到满意。中阿加强友好交往，深化互利合作，不仅符合两国和两国人民的根本利益，也有利于本地区的和平与稳定。中国政府致力于在和平共处五项原则基础上同阿富汗发展友好合作。中方始终高度重视并积极参与阿富汗经济重建，将继续支持中国企业赴阿投资兴业，以利当地发展，实现互利共赢。我们愿与阿方一道，共同推动两国全面合作伙伴关系不断迈上新的台阶。

斯潘塔说，中国是阿富汗的友好邻国。阿方感谢中国对阿富汗国家发展和经济重建所给予的帮助和支持。阿富汗政府将继续坚定奉行一个中国政策，不断致力于阿中友好合作关系向前发展。

国务院副总理李克强在人民大会堂会见泰国外长甲西

李克强表示，中方高度重视发展与泰国的友好关系，视泰国为真正的朋友和可信赖的合作伙伴，愿与泰方深化合作，共谋发展，造福两国人民，为本地区的稳定与繁荣不断作出新贡献。在当前国际金融危机仍在蔓延的形势下，中方愿与泰方携手合作，共同应对挑战，共创发展机遇，实现共同发展。

李克强还向甲西介绍了中国应对国际金融危机的情况。

甲西表示，泰国高度重视发展泰中友好关系，将继续坚定奉行一个中国政策。泰方愿与中方共同努力，进一步扩大和深化泰中战略性合作，推动两国关系不断向前发展。

全国人大常委会副委员长华建敏在人民大会堂会见俄罗斯联邦委员会副主席尼古拉耶夫一行

国务委员刘延东出席俄罗斯驻华大使拉佐夫举行的国庆招待会

刘延东在致辞中对俄罗斯国庆表示祝贺，祝愿俄罗斯人民在强国富民的发展道路上取得更大成就。她说，今年是中俄建交60周年和中国“俄语年”，是两国关系发展进程中具有特殊重要意义的一年。在双方的共同努力下，中俄战略协作伙伴关系全面、加速发展，并面临重要发展机遇。中方愿同俄方携手努力，抓住机遇，加强合作，开创中俄关系的美好未来。

拉佐夫大使致辞说，俄中关系是睦邻友好及战略合作的典范。今年两国将迎来建交60周年，俄中关系面临新的发展机遇。过几天，中国国家主席胡锦涛将访俄并出席在俄罗斯叶卡捷琳堡市举行的上海合作组织峰会和“金砖四国”领导人会晤，相信胡锦涛主席此访将有力地推动俄中战略协作伙伴关系向前发展。

国务委员兼国防部部长梁光烈在八一大楼会见玻利维亚国防部副部长何塞·普鲁登西奥

全国非物质文化遗产保护古籍保护暨文博事业杰出人物表彰颁证授牌电视电话会议在北京召开

国务委员刘延东出席会议并讲话。

会议表彰了35名全国非物质文化遗产保护先进工作者、40个先进集体和120名先进个人，并向21位为新中国文物、博物馆事业发展作出历史贡献的老一辈文物、博物馆工作者授予“中国文物、博物馆事业杰出人物”荣誉称号。会上还公布了经国务院批准的第二批4478部《国家珍贵古籍名录》和第二批62家全国古籍重点保护单位，以及第三批711名国家级非物质文化遗产项目代表性传承人，并向代表颁证、授牌。

“中韩媒体高层对话”在北京举行

由中国国务院新闻办公室和韩国文化体育观光部共同主办的“中韩媒体高层对话”举行。本次活动的主题是“加强媒体友好交流，共同应对金融危机”。来自中韩两国主流媒体的负责人和政府新闻部门官员40余人与会，围绕“中韩媒体对克服当前国际金融危机的思考与建议”、“发挥媒体的积极作用，增进中韩国民间的理解与友好”、“拓宽中韩媒体交流与合作的渠道”等议题进行了深入坦诚的交流。

国务院新闻办公室主任王晨和韩国国会文化体育观光广播通信委员会委员长高兴吉发表主题演讲，国务院新闻办公室副主任王国庆、韩国文化体育观光部次官金大棋和韩国21世纪韩中交流协会会长金汉圭分别致辞。与会者纷纷表示，希望通过这次对话形成中韩媒体沟通交流的长效机制，为推动两国国家关系的健康、长远发展发挥积极作用。

环境保护部暂停审批三大项目

环境保护部新闻发言人陶德田向媒体通报，环境保护部针对个别地区和企业严重违反国家产业政策、发展规划和环境保护准入条件进行项目建设的行为，决定从即日起在完成科学论证和各项整改措施前，暂停审批金沙江中游水电开发项目、华能集团和华电集团(除新能源及污染防治项目外)建设项目，暂停审批山东省钢铁行业建设项目环境影响评价。

6月12日

国家主席胡锦涛在人民大会堂接受4国新任驻华大使递交的国书

这4位大使分别是：吉布提驻华大使哈桑、新西兰驻华大使伍开文、阿富汗驻华大使巴辛和尼日利亚驻华大使瓦利。

国务院总理温家宝在湖南考察

6月12日至14日，温家宝先后来到浏阳、株洲、湘潭、长沙等地，深入田间地头、企业车间、人力资源市场和高等院校，就应对国际金融危机、促进就业和社会保障、实施中部地区崛起战略、保持经济平稳较快发展进行调查研究。

温家宝强调，做好下一步的经济工作，巩固和发展企稳向好的形势，关键在毫不动摇地继续实施应对国际金融危机的各项政策措施，着力加强七个方面的工作：一是进一步调整结构，重视培育和扩大国内消费需求；二是发挥科技支撑作用，加大企业研发力度，培育新的经济增长点；三是进一步发展节能环保产业，把循环经济、绿色经济放在重要位置；四是更加重视改善民生和加强社会保障体系建设；五是进一步注重城乡统筹和地区协调发展；六是重视教育事业发展和人才队伍建设；七是进一步推进改革开放，转变体制机制。

温家宝指出，近几年，我们全面实施区域发展战略，加大对中西部地区的投入和政策支持力度，使中西部地区经济社会发展取得很大进步，经济实力大大增强，为全国经济发展拓展了新空间，增加了新活力，为我们应对国际金融危机奠定了坚实的物质和技术基础。要从全局和战略的高度，深刻认识加快中西部地区发展在应对国际金融危机中的重要作用，在实施一揽子计划中注重向中西部地区倾斜，拓展经济发展的领域，培育新的经济增长地带和新的经济增长点，积极稳妥地推进城镇化进程，巩固和加强农业基础地位。要继续贯彻实施中部地区崛起战略，充分发挥中部地区承东启西的纽带作用，加快产业调整振兴步伐，提高自主创新能力。大力发展特色优势产业，努力提高装备制造水平，加快能源、原材料产业发展，着力发展电子信息、生物工程等新兴产业，加强现代综合交通运输体系、现代流通体系建设，促进科技、教育、卫生等社会事业发展，做好中部崛起这篇大文章。

国务院副总理李克强主持召开甲型H1N1流感联防联控工作会议

在听取联防联控机制有关单位汇报和专家意见后，李克强说，疫情发生以来，党中央、国务院高度重视，及时应对，作出了一系列决策部署；各地区各部门密切配合，联防联控，采取了严密的防范措施；检验检疫、医务科研等各有关方面工作者，辛勤劳作，连续奋战，为防控工作作出了突出贡献；广大人民群众包括出国留学人员等积极配合，对联防联控工作给予支持。目前我国内地发生的主要是输入性病例，大多数病症较轻且经治疗较快痊愈，甲型流感一直处于可控范围。实践证明，我们的防控工作是有力有序有效的，为应对疫情变化赢得了时间、争取了主动，保障了人民群众健康权益，最大限度减少对经济社会的影响，为发展提供了有利条件。

李克强指出，当前境外疫情还在发展，世界卫生组织将流感流行预警提升到最高级别，近日我国内地输入性病例增加较快。在这种情况下，要继续把防控工作纳入常态化和程序化，在保持现行防控措施的基础上，加强重点防控，减少二代病例，防范社区传播，提高重症病例救治能力，加快疫苗和抗病毒药物研制生产，为防范未来疫情变化做好准备。我国人口多、密度大、居住集中，基层医疗卫生设施落后，疾病防控能力薄弱，要从实际出发考虑问题，积极主动地采取防控措施。应当指出，甲型流感仍然是可防可控可治的，要本着对人民高度负责的精神，保持应有的警惕，科学应对，避免不必要的恐慌，落实早发现、早报告、早诊断、早治疗的措施，提高科学防控能力，维护社会生产生活秩序和群众正常出行。

李克强最后说，要进一步完善联防联控机制，因地制宜，分类指导，把专业防治与群防群控有机结合起来，完善出入境检验检疫措施，加快流感监测网络建设，及时准确发布信息；提高治疗水平，促进患者早日康复；妥善安排接受医学观察的人员，使他们感到舒适和温暖；发扬爱国卫生运动传统，增强群众防病意识，养成良好卫生习惯，加大公共卫生体系建设力度，不断提高全民健康素质，促进经济平稳较快发展。

国务委员兼国务院秘书长马凯出席会议。

会上，卫生部负责人代表联防联控工作机制作了关于世卫组织流感预警级别提升到6级后完善我国疫情防控措施的汇报。有关部门负责人和专家代表发了言。

第十二届中国武警十大忠诚卫士评选揭晓

刘志军、尹方、杨开飞、郑宝宝、万四海、江鹰、刘定伟、刘文宏、曹海、秦力子十人当选。

本届十大忠诚卫士中，既有执行奥运安保、汶川抗震等重大任务中，为保护国家和人民生命财产安全，临危不惧、不怕牺牲的典型；也有在执勤处突反恐、缉毒追逃、解救人质和见义勇为中英勇顽强、不畏艰险的模范；还有在本职岗位上甘于奉献、建功成才的标兵。他们中既有来自基层一线的官兵，也有团以上领导和机关干部，具有广泛的代表性和鲜明的时代性。

国家副主席习近平前往加蓬驻华使馆吊唁邦戈总统逝世

全国人大代表团对吉尔吉斯斯坦进行友好访问

应吉尔吉斯斯坦议会邀请，全国人大代表团于6月12日至14日对吉尔吉斯斯坦进行友好访问。访问期间，全国人大代表团团长、全国人大法律委员会副主任委员张柏林与吉议会副议长伊萨别科夫举行会谈。

双方高度评价近年来中吉睦邻友好合作关系的发展成就，一致认为进一步发展和深化两国各领域合作符合两国人民的根本利益。双方强调，今后将进一步加强两国立法机构的友好交流与合作，推动两国关系不断向前发展。

中韩友好论坛在北京中国人民大学举行

这是由中韩友好协会和韩国韩中亲善协会共同主办的。本次论坛的主题是“和谐共建21世纪中韩战略合作伙伴关系”。中国人民对外友好协会会长陈昊苏、韩中亲善协会会长李世基等致辞。中韩友协会长罗豪才、韩国执政党大国家党最高委员孔星镇以及中韩有关专家学者等40余人出席论坛。

全国少数民族文化工作会议在北京召开

中共中央政治局常委李长春会前会见了会议代表。

李长春在讲话中指出，少数民族文化是中华文化的重要组成部分，为中华民族的形成和发展作出了巨大贡献，是中华民族共有的宝贵精神财富。党和国家历来高度重视发展少数民族文化事业，作出了一系列重要决策和部署，推动少数民族文化事业不断繁荣发展。新中国成立以来特别是改革开放以来，我国少数民族文化事业取得了历史性的重大成就，在促进民族地区经济社会发展、提高各族群众文明素质、推进民族团结进步、繁荣社会主义先进文化等方面发挥了重要作用。

李长春强调，当前，我国少数民族文化事业正处于新的历史起点。要坚持以科学发展观指导少数民族文化工作，进一步繁荣发展少数民族文化事业，不断满足各族群众日益增长的精神文化需求。要加强少数民族地区公共文化基础设施建设，实施好广播电视“村村通”、西新工程、全国文化信息资源共享、农家书屋等重大文化惠民工程，把党中央、国务院的声音和科学文化知识传送到千家万户，丰富少数民族群众的精神文化生活。要深入发掘和展示少数民族优秀文化遗产，积极推进内容形式、体制机制和科技创新，并努力与文化产业发展相融合，使少数民族文化得到更好的弘扬和传承。要大力推动少数民族文化的国际交流，增强中华文化的竞争力和影响力。要进一步加强和改善党对少数民族文化工作的领导，努力造就一支规模宏大、素质较高的少数民族文化工作者队伍。

国务院副总理回良玉，中宣部部长刘云山，国务委员刘延东参加会见。

中央和国家机关有关部门负责同志，各省、自治区、直辖市和新疆生产建设兵团有关党政领导以及民委、文化、新闻出版、广电、文物等部门负责同志，共200多人参加会见并出席会议。

首届中国聂耳音乐(合唱)周开幕式晚会《前进颂》在人民大会堂举行

中共中央政治局常委李长春与首都各界群众一同观看演出。

经中宣部批准，由中国文联、云南省委省政府、中国音乐家协会联合主办首届中国聂耳音乐(合唱)周，以聂耳音乐作品为代表，通过人民群众喜闻乐见、广泛参与的音乐艺术形式，弘扬中华民族优秀文化，赞颂新中国成立60年来的伟大历程和辉煌成就。

刘云山、刘延东、周铁农、孙家正等一同观看演出。

中国食品安全高层论坛在北京举行

论坛由卫生部、农业部、经济日报社等6部门联合主办，主题为“食品安全：在法律和责任的道路上”。

卫生部召开全国卫生系统甲型H1N1流感防控工作视频会议

卫生部部长陈竺指出，随着疫情在全球的传播蔓延，我国输入性病例将不断增多，防控二代病例出现的压力越来越大。鉴于此次流感疫情表现出一些新的特征，特别是在气候转暖后疫情下降不明显，因此，在夏秋季节仍然存在甲型H1N1流感在我国出现大范围社区传播和局部暴发的潜在风险。

陈竺要求，地方各级卫生行政部门要牢固树立长期作战的思想准备，努力克服前阶段疫情防控工作累积下的疲劳感，杜绝麻痹懈怠心理，不遗余力地参与到疫情防控工作中。

朱志刚严重违纪违法被开除党籍公职

《人民日报》消息，中共中央纪委对全国人大常委会原委员、全国人大财经委原副主任委员、全国人大常委会预工委原主任朱志刚严重违纪违法问题进行了立案检查。

经查，朱志刚利用职务上的便利为他人谋取利益，收受巨额钱款；利用职务上的便利为其亲属经营活动谋取利益；违规低价购买和收受他人所送住房。朱志刚的上述行为严重违纪，其中有的问题已涉嫌犯罪。根据《中国共产党纪律处分条例》《中华人民共和国公务员法》的有关规定，经中央纪委常委会审议并报中共中央批准，决定给予朱志刚开除党籍、开除公职处分；收缴其违纪所得；将其涉嫌犯罪问题移送司法机关依法处理。

6月13日

全国宣传部长座谈会在北京召开

会议认为，今年以来，宣传思想文化战线认真贯彻中央部署，扎实推进各项工作，集中力量抓好重点任务。在经济发展遇到空前困难的情况下，着力提振士气、增强信心，着力统一思想、凝聚人心，有力地促进了经济平稳较快发展，有力地维护了社会和谐稳定，有力地巩固了全党全国人民团结奋斗的共同思想基础。

刘云山在讲话中指出，宣传思想战线要把做好应对国际金融危机冲击、保持经济平稳较快发展的宣传摆在突出位置，增强全社会迎难而上、共克时艰的精神力量。要突出抓好科学发展观的学习宣传，引导人们深刻理解贯彻落实科学发展观是解决当前发展面临的突出问题、克服国际金融危机影响的根本途径，推动科学发展观的学习实践向深度和广度拓展。要加大对保增长、保民生、保稳定政策措施的宣传力度，深化各项产业振兴规划的宣传，做好政策措施落实情况的跟踪宣传，更好地发挥政策的实际效应。要深入挖掘先进典型，总结成功经验，引导社会各方面为应对危机、促进发展出主意、想办法、做贡献。

刘云山强调，新中国60年奋斗历程和宝贵经验，是开展宣传教育最直接、最生动、最有说服力的教材。要生动展示新中国60年特别是改革开放30年的辉煌成就，热情讴歌中国共产党几代领导人的丰功伟绩，充分反映中国人民精神面貌发生的巨大变化，展现中国特色社会主义事业欣欣向荣的发展前景。要按照中央部署，抓住重要时间节点统筹安排，分阶段有步骤地推动各项宣传教育活动渐次展开、逐步升温，在“十一”前后形成规模、形成声势，营造隆重、热烈、喜庆的浓厚氛围。要坚持面向基层、面向群众，吸引群众广泛参与，努力把人们的爱国热情转化为做好本职工作的实际行动。

刘云山指出，宣传思想文化战线不仅要更好地服务党和国家工作大局，而且要加快自身的改革发展。要进一步加大力度，深化文化体制改革，加快推进经营性国有文化单位转企改制步伐，推动党报党刊发行体制和广播电视节目制播分离改革，着力培育自主经营、富有活力的合格市场主体。要进一步深化公益性文化单位内部劳动人事、收入分配和社会保障制度改革，加强基层公共文化设施的建设、使用和管理，拓宽投资渠道，拓展服务领域，提高服务水平。要大力推进文化领域资源整合，发挥市场在资源配置中的基础性作用，支持文化企业以资本为纽带，进行跨地区、跨领域、跨所有制兼并重组，提高产业集中度。

各省区市党委宣传部长，中央宣传文化单位负责同志出席会议。中宣部、中央外宣办、文化部、广电总局、新闻出版总署负责同志通报了有关工作。

外交部发言人秦刚就联合国安理会通过朝鲜核试验问题第1874号决议发表谈话

朝鲜无视国际社会普遍反对，于2009年5月25日再次进行核试验。2009年6月13日(北京时间)，联合国安理会一致通过朝鲜核试验问题第1874号决议。中国投了赞成票。

中国政府对朝鲜再次核试表示坚决反对。朝此举违反了安理会相关决议，损害了国际核不扩散体系的有效性，也影响了东北亚地区和平与稳定。中方支持安理会对朝鲜核试验作出适当、平衡的反应，并本着负责任和建设性的态度参与了有关讨论。安理会一致通过的决议明确表达了国际社会反对朝鲜核试的坚定立场。

中方同时认为，朝鲜作为主权国家和联合国会员国，其主权、领土完整与合理安全关切及发展利益应得到尊重，朝在重返《不扩散核武器条约》后应享有缔约国和平利用核能的权利。制裁不是安理会行动的目的，政治和外交途径是解决半岛相关问题的唯一正确途径。安理会刚刚通过的决议也向朝发出积极信号，为各方通过对话和平解决朝核问题预留了空间。

中方重申，实现半岛无核化，反对核扩散、维护半岛和东北亚地区的和平与稳定，符合有关各方共同利益。当前形势下，中方强烈呼吁有关各方保持冷静和克制，停止一切可能导致局势进一步紧张的举动，坚持通过协商与对话和平解决问题。中方将继续为此作出不懈努力。

中日韩环境部长会议在北京召开

6月13日至14日，第十一次中日韩环境部长会议召开，中国环境保护部部长周生贤率团参加，日本环境省大臣齐藤铁夫、韩国环境部部长李万仪出席会议。

本次会议的主旨是全球金融危机下的环境保护。三国环境部长分别介绍了各自的有益尝试：中国提出“扩内需、保增长、调结构”的指导方针，采取一系列措施，努力将金融危机带来的影响转变为调整经济结构、加强环境保护的重要机遇；日本出台“绿色经济和社会变革”方案，将推进环保和能源产业发展作为拉动经济发展、扩大国内就业、减少环境影响的“绿色新政”重要手段；韩国提出“低碳绿色增长战略”，通过实施“绿色工程”计划，大力建设基础设施，促进低碳技术开发，积极创建绿色工作和生活环境。

三国环境部长讨论并确定了未来5年的10个优先合作方向：提高环境意识，促进环保公众参与，环保产业合作，低碳产品认证，协同效应研究，循环经济和绿色增长，绿色城市和生态保护，化学物和危险固体废弃物跨界管理合作，区域大气污染防治，水污染防治。

“人口家庭健康”公益广告大赛在北京启动

此次大赛以广告、动漫为特色，向全社会征集贴近现实，融入青春、时尚、健康、创意等现代元素的公益作品。此次大赛由国家人口计生委等举办，参赛作品可涉及“人口、家庭、健康”，以及人口与环境、资源协调可持续发展等内容，包括人口健康、婚姻家庭、青春健康、关注流动人口及留守儿童、预防性病艾滋病等。大赛从即日起开始征集作品，11月将公布评审结果。

海峡两岸绘画联展在台北开幕

由中国文学艺术联合会与台湾文艺协会联合举办的“世纪初艺术——海峡两岸绘画联展”，在台北“国父纪念馆”开幕。此次联展精选来自两岸的60位知名艺术家的120幅优秀作品，在台北、高雄展出。13日下午，中国文联和台湾文协还共同举办了学术研讨会，邀请两岸知名美术专家、评论家和部分参展画家对话。中国文联副主席胡振民、台湾文协理事长洪庆佑(愚溪)在开幕式上致辞。陕西西安秦始皇兵马俑博物馆一号坑进行第三次发掘。

6月14日

中共中央政治局常委贺国强在开罗会见埃及总统穆巴拉克

贺国强赞赏埃方为促进中阿、中非合作论坛建设所做的努力。他指出，中方支持埃及在国际和地区事务中发挥更大作用。今年第四季度，埃及将主办中非合作论坛第四届部长级会议。作为论坛会议主席国，中埃双方应共同努力，密切配合，筹办好此次部长级会议。中方愿同埃及和论坛其他成员国加强联系与协调，共同推动中非合作再上新台阶。

贺国强还简要介绍了中国国内形势及应对国际金融危机、保持经济平稳较快发展的情况。

穆巴拉克首先请贺国强转达他对中共中央总书记、国家主席胡锦涛的良好祝愿。他说，埃中同为文明古国，两国在各个领域的友好合作有着坚实的基础。近年来，越来越多的中国企业来埃及投资兴业，为两国经贸合作注入了新的活力。穆巴拉克希望两国的合作在新的形势下不断有新的更强有力的发展。

穆巴拉克说，我非常赞赏中国成功地走出了一条符合中国国情的发展道路，两国的执政党可以相互借鉴和交流治国理政经验。我对中国和中国领导人有深厚的情谊，我曾经九次访华，还愿意有第十次和更多次的访华。

中共中央政治局常委贺国强在开罗与埃及民族民主党总书记谢里夫举行会谈

贺国强在会见时表示，中埃建交53年特别是两国建立战略合作关系10年来，中埃政治互信不断增强，经贸合作日益扩大，人文交流丰富多彩，战略合作内涵不断丰富。中方感谢埃方在台湾、涉藏、人权等问题上给予的宝贵支持。目前，中埃传统友谊面临着巩固、深化和发展的新契机。中方愿与埃方共同努力，进一步深化两国在各领域的交流与合作，推动中埃关系不断取得新成果，造福两国人民。

贺国强积极评价埃及民族民主党在维护民族独立、建设国家方面发挥的重要作用，并就进一步发展中国共产党与埃及民族民主党关系提出三点建议：一是继续保持两党高层交往，增进政治互信，促进国家关系发展。二是深化务实合作，实现两党交流合作机制化。三是丰富两党交流形式和内容，努力开拓创新。

谢里夫说，埃及民族民主党与中国共产党同为执政党，两党多层次交流与合作对推动埃中战略合作关系具有重要意义，也符合两国人民的共同利益。谢里夫完全赞同贺国强提出的积极建议，表示埃及民族民主党愿与中国共产党继续加强友好交往，并愿以签订两党交流合作备忘录为契机，努力将埃中两党关系提升到一个新高度。

会谈结束后，贺国强与谢里夫共同出席了两党交流合作备忘录的签字仪式。中联部部长王家瑞和埃及民族民主党对外关系书记阿卜杜拉赫分别在两党交流合作备忘录上签字。

中国和苏丹举行农业合作研讨会

苏丹副总统阿里·奥斯曼·穆罕默德·塔哈的代表、苏丹财政部长、苏中友好委员会主席穆罕默德·贾兹，中国农业部副部长张玉香等300余人出席开幕式。本次研讨会将就中苏双方的农业优势、农业投资机会和农业合作项目等举行交流研讨、农业展览、对口洽谈和实地考察等活动。

全国场地自行车锦标赛在北京老山自行车馆开幕

电视剧《潜伏》在第十五届上海电视节上获得最佳编剧奖 最佳男演员奖 最具分量的电视连续剧金奖三项大奖

李文卿逝世

国防大学原政治委员李文卿，因病医治无效，于6月14日在北京逝世，享年80岁。

李文卿是山东省牟平县(今烟台市牟平区)人，1945年参加革命，1947年加入中国共产党，1948年入伍。革命生涯中，他历任政工组员、副排长、区队长、排长、干事、副政治指导员、政治指导员、助理员、副主任、师副政委、师政委、军政委、沈阳军区政治部主任、沈阳军区副政委、国防大学副政委等职，参加了兖州、淮海、渡江、上海等战役战斗，参加了抗美援朝，为部队革命化、现代化、正规化建设作出了贡献。特别是任国防大学政治委员期间，他注重加强思想政治建设，注重深化教学科研改革，注重加强教研队伍建设，为培养适应高技术条件下联合作战需要的“三高”人才和军事教育事业作出了贡献。

李文卿是中共第十四届中央委员，第六、第七届全国人民代表大会代表，政协第九届全国委员会常务委员。他1988年被授予中将军衔，1994年晋升为上将军衔，曾荣获中国人民解放军独立功勋荣誉章。

6月15日

国家主席胡锦涛在叶卡捷琳堡会见巴基斯坦总统扎尔达里

胡锦涛在会见时表示，中方十分理解巴基斯坦政府在安置国内流离失所平民问题上所面临的困难和挑战。为表达中国人民对巴基斯坦人民的友好情谊，中方在第一时间向巴方提供了100万美元现汇援助和价值3000万元人民币的人道主义物资援助。中国政府决定再向巴基斯坦政府提供6000万元人民币的人道主义援助，用于安置流离失所的平民，帮助巴方应对当前挑战、维护社会稳定。中方感谢巴方在事关中国国家安全和核心利益问题上给予的有力支持和配合，愿同国际社会一道，应对恐怖主义威胁和挑战。

扎尔达里表示，完全赞同胡锦涛关于双边关系的评价，巴中两国有历史性的友好关系。巴方十分珍视这一关系，并将继续做好历史要求为发展两国关系所做的一切事情。巴中合作进展顺利，成果丰硕，巴方对两国各领域合作表示满意，感谢中方给予的大力支持和帮助，热切期望双边合作取得更大进展。巴基斯坦政府高度重视中方关切。巴基斯坦坚决反对恐怖主义，愿加强同各方的反恐合作，消除地区安全威胁，维护地区和平稳定。

国家主席胡锦涛在叶卡捷琳堡会见乌兹别克斯坦总统卡里莫夫

胡锦涛就深化中乌务实合作提出重要意见，建议双方充分发挥政府间经贸合作委员会的作用，全面推进经贸、交通、能源、电信、轻工、农业等领域合作，保持双边贸易额增长势头，促进两国经济社会发展。

胡锦涛指出，当前，国际金融危机仍在蔓延深化，给中国经济发展带来了巨大困难和挑战。为应对国际金融危机冲击、保持经济平稳较快发展，中国及时调整宏观经济政策，果断实施进一步扩大内需、促进经济平稳较快发展的一揽子计划。现在，这些措施正在进一步落实，并已取得初步成效。中方有信心克服困难，全力推动中国经济平稳较快发展，为世界经济金融复苏和健康稳定发展作出贡献。作为友好合作伙伴，中方愿同乌方加强金融领域交流合作，共同防范国际金融风险，推动两国经济金融健康稳定发展。

卡里莫夫表示，乌中关系是友好、互信、合作的关系，乌方对此高度评价。长期以来，中方向乌方提供了大量无私援助，特别是在乌兹别克斯坦面临困难时中方给予了真诚帮助和支持，乌方对此表示衷心感谢。巩固乌中关系具有十分重要的意义，乌方高度重视并将认真落实《乌中友好合作伙伴条约》。在当前国际金融危机的背景下，乌方愿同中方加强经贸、能源资源等领域合作，共同应对国际金融危机冲击。乌方愿同中方加强在上海合作组织框架内的合作，密切在国际事务中的协调。乌方坚定支持中方在台湾、涉藏等问题上的立场。

国家主席胡锦涛在叶卡捷琳堡会见吉尔吉斯斯坦总统巴基耶夫

胡锦涛表示，近年来中吉关系保持稳定发展势头。两国高层交往密切，经贸、投资、交通、通信、农业等领域合作成果显著。双方携手打击“三股势力”，促进了地区安全稳定。在联合国、上海合作组织框架内相互支持，维护了两国共同利益。

胡锦涛指出，当前，国际金融危机仍在蔓延深化，给世界各国经济社会发展和人民生活带来严重影响。同舟共济、共克时艰已成为当前国际社会的广泛共识。作为邻国和伙伴，中方愿同吉方加强交流合作，共同应对国际金融危机冲击，推动两国经济健康稳定发展。

胡锦涛表示，即将举行的上海合作组织叶卡捷琳堡峰会十分重要。特别是在面对国际金融危机冲击的背景下，开好这次会议更具有特殊重要的意义。中方希望这次会议向国际社会释放与会各方团结合作、共克时艰的强烈信号。

巴基耶夫表示，当前，吉中两国关系发展迅速，各领域合作进展顺利，在经贸领域达成的各项协议正在得到积极落实，双方在国际和地区问题上合作良好。吉方感谢中方为吉尔吉斯斯坦经济社会发展所提供的无私援助。吉方愿同中方在交通、边贸、矿产开发等领域进一步加强合作，共同应对国际金融危机挑战。吉方坚定支持中方在台湾、涉藏问题上的立场。

国家主席胡锦涛在叶卡捷琳堡会见塔吉克斯坦总统拉赫蒙

胡锦涛在会见时指出，中方视塔吉克斯坦为真诚的朋友和可信赖的伙伴，愿同塔方一道全面落实双方达成的共识和协议，深化各领域务实合作，共同应对国际金融危机冲击、推动地区经济恢复增长，加大在地区和国际事务中的协调和配合，推动中塔关系不断迈上新台阶。中方愿同塔方加强矿产、农业、大型合作项目等方面务实合作。双方应该发挥各自优势，在农业生产、加工和土壤改良方面扩大合作。中方愿帮助塔方建设农业技术示范中心，提高粮食产量，开展人才培训，促进两国农业企业和专家建立直接联系。希望双方进一步改善投资环境，保护双方企业和人员合法权益。希望两国深化在双边和上海合作组织框架内的安全合作，维护中塔两国及本地区和平稳定。

拉赫蒙表示，中国是塔吉克斯坦的好朋友、好邻居。胡锦涛主席去年对塔吉克斯坦进行的历史性访问取得显著成果。近一年来，两国合作内容不断充实，人员往来日益密切，经贸合作顺利发展，贸易额不断增长，中方援助的有关项目正在得到落实。塔方衷心感谢中方兄弟般的支持和无私援助，愿进一步加强同中方在农业、矿产、金融等领域的互利合作。塔方坚定奉行一个中国政策，将继续在打击“三股势力”等方面同中方密切合作。

国家主席胡锦涛在叶卡捷琳堡会见印度总理辛格

胡锦涛表示，印度是中国的重要邻国，也是快速发展的新兴大国。中方一直从战略高度和长远角度出发，坚定不移地推进中印睦邻友好合作。中方愿同印方一道，维护和保持中印战略合作伙伴关系的良好发展势头，落实好两国元首达成的“十项战略”，增进政治互信，深化各领域互利合作，照顾彼此关切和核心利益，加强在重大国际和地区问题上的协调和配合。

胡锦涛指出，双方应该重点从以下几个方面进一步推进中印关系。一是加强高层交往势头。中方欢迎帕蒂尔总统今年下半年访华。中国领导人也在积极考虑在双方方便时访问印度。中方原则同意建立两国总理热线。二是深化经贸互利合作。双方继续挖掘潜力，鼓励相互投资，扩大工程承包合作，努力争取如期实现2010年双边贸易额达到600亿美元的目标。三是共同应对国际金融危机冲击。中方愿同印方加强沟通和协调，在“金砖四国”、发展中五国、二十国集团等框架内保持密切配合,维护广大发展中国家共同利益,为亚洲和世界经济复苏和发展作出贡献。四是加强两国防务合作。防务合作是两国合作的重要组成部分,双方应该共同努力,加强这一领域的合作。五是加强人文友好交流。双方共同规划好明年中印建交60周年、互办"中国节"和"印度节"等一系列活动,继续办好青年百人团、官员团、新闻媒体和地方友好代表团互访,通过签证便利化和增加直航等措施推动各领域各层次友好交往,使中印友好深入人心。

辛格表示,在我担任总理的5年中,中印两国建立了战略合作伙伴关系。两国关系不断加深,双方合作超出双边关系范畴,扩展到国际和全球性问题。印度政府将把印中关系置于最优先地位,致力于在过去取得进展的基础上推进双方各领域合作。中国在世界事务中发挥着日益重要的作用,为世界和平与发展作出重要贡献。我一直认为,中国不是竞争对手,全世界有足够空间让印中两国实现发展。双方既有发展双边关系的愿望,也有在国际和地区问题上开展合作的潜力。经贸关系是两国全面关系的重要支柱,不断加强经贸合作,将为双边关系发展注入新的活力。两国军队交往稳定发展,有利于增强双方相互信任和了解。印中在全球贸易投资、气候变化、国际金融秩序等问题上有共同利益,应该就推动解决这些问题密切磋商和合作。在边界问题上,印度政府寻求公平合理、双方都接受的方案,边界问题解决之前应该确保边境地区和平安宁。印方承认西藏自治区是中华人民共和国领土的一部分,不会允许任何人在印度领土上从事反华政治活动。健康稳定的印中关系符合两国的利益,也符合地区和世界的利益。印方将同中方携起手来,继续推进两国战略合作伙伴关系。

十一届全国人大常委会第二十五次委员长会议在人民大会举行

会议决定,十一届全国人大常委会第九次会议6月22日至27日在北京举行。

吴邦国委员长主持会议。

根据委员长会议建议的议程,十一届全国人大常委会第九次会议将继续审议农村土地承包经营纠纷仲裁法草案、统计法修订草案、国家赔偿法修正案草案;首次审议保守国家秘密法修订草案、驻外外交人员法草案、海岛保护法草案。

委员长会议建议本次常委会会议的议程还有:审议全国人大常委会关于废止部分法律的决定草案、关于修改部分法律的决定草案;审议国务院关于提请审议授权澳门特别行政区对横琴岛澳门大学新校区实施管辖的议案;审议国务院关于2008年中央决算的报告,审查和批准2008年中央决算;审议国务院关于2008年度中央预算执行和其他财政收支的审计工作报告;审议国务院关于四川汶川特大地震灾后恢复重建工作情况的报告。

本次常委会会议还将审议全国人大常委会代表资格审查委员会关于个别代表的代表资格的报告;审议吴邦国委员长访问俄罗斯、奥地利和意大利三国情况的书面报告;审议有关任免案。

委员长会议上,全国人大常委会副委员长兼秘书长李建国就本次常委会会议议程草案、日程安排意见作了汇报。全国人大有关专门委员会、全国人大常委会有关工作委员会、全国人大常委会代表资格审查委员会就本次常委会会议相关议程作了汇报。

全国人大常委会副委员长王兆国、路甬祥、乌云其木格、韩启德、华建敏、陈至立、周铁农、司马义·铁力瓦尔地、蒋树声、陈昌智、严隽琪、桑国卫出席会议。

《人民日报》发表评论员文章《用爱国主义凝聚我们的精神力量》

共和国60年的奋斗历程、辉煌成就和宝贵经验,是爱国主义教育最直接、最生动、最有说服力的教材,要分阶段、有步骤地让群众性爱国主义教育活动形成规模、形成声势、形成高潮。刚刚结束的全国宣传部长座谈会强调,要扎实做好宣传思想文化工作,以优异的成绩迎接新中国成立60周年。

今年上半年,我们高举爱国主义旗帜,隆重纪念了西藏民主改革50周年、五四运动90周年,启动了"100位为新中国建立作出突出贡献的英雄模范人物和新中国成立60年来100位感动中国人物"评选活动,进一步增强了全社会同舟共济、共渡难关的信心和勇气,又一次证明爱国主义始终是推动我国社会发展进步的巨大力量。

再过100多天,我们将迎来新中国成立60周年。按照中央关于深入开展群众性爱国主义教育活动的统一部署,紧紧抓住各个重要的时间节点,紧扣主题、突出思想内涵,着眼于增强人们的精神力量,把爱党爱国爱社会主义教育、民族精神和时代精神教育、基本国情和形势政策教育融入到各项活动之中,引导人们增强高举一面旗帜、坚持一条道路和一个理论体系的自觉性坚定性,这是庆祝新中国成立60周年的一项十分重要和具有重大意义的工作。

开展群众性爱国主义教育活动,要突出爱国主义主题,深入进行中国特色社会主义宣传教育。通过形式多样的宣传阐释,使人们深刻认识到中国共产党始终是带领人民不断开创事业发展新局面的坚强领导核心;深刻认识到个人的前途命运与祖国的前途命运始终联系在一起；深刻认识到在当代中国只有中国特色社会主义旗帜能够最大限度地团结和凝聚不同阶层、不同利益群体的智慧和力量，只有中国特色社会主义道路能够指引中华民族实现伟大复兴，只有中国特色社会主义理论体系能够引领中国发展进步；深刻认识到改革开放符合党心民心、顺应时代潮流，方向和道路是完全正确的。

开展群众性爱国主义教育活动，要在隆重热烈的氛围中，充分展示新中国走向繁荣发展、民主进步、文明开放的光辉历程。多层次、多角度、多侧面地回顾党的光辉历史和共和国的伟大成就，揭示党领导各族人民建立新中国的重大历史意义，讴歌中国共产党几代领导人的丰功伟绩，展示新中国60年特别是改革开放30年的辉煌成就和宝贵经验，反映中国人民精神面貌发生的巨大变化，展现中国特色社会主义事业欣欣向荣的发展前景。

开展群众性爱国主义教育活动，要坚持面向基层、面向群众，推动人们将爱国热情转化为做好本职工作的实际行动。贴近实际、贴近生活、贴近群众，多运用群众喜闻乐见的方式，多搭建群众便于参与的平台，多开辟群众乐于接受的渠道，广泛吸引群众参与，让人们在参与中受到鼓舞、得到提高，把爱国之志转化为报国之行，特别是要落实到应对国际金融危机、推动经济又好又快发展的实际行动上来。

爱国主义是一个永恒的主题。国庆节作为国家的重大庆典，蕴含着伟大的民族精神，承载着人民的美好愿望，是爱国主义教育的重要载体。在新中国成立60周年之际，深入开展群众性爱国主义教育活动，必将激励全国人民树立共同的理想信念，以百倍的信心和昂扬的精神面貌投入到民族复兴的伟业中。

中共中央政治局常委李长春在上海调研

6月15日至19日，李长春在上海市委书记俞正声陪同下深入企业、社区和宣传文化单位，察看世博园区建设工地，就保持经济平稳较快发展、做好上海世博会宣传工作、深化文化体制改革等进行调研，听取上海市委、市政府工作汇报，对上海改革开放和现代化建设取得的成绩给予充分肯定。他希望上海抓住机遇、开拓进取，率先转变经济发展方式、率先提高自主创新能力、率先推进改革开放、率先构建社会主义和谐社会，继续当好全国改革开放的排头兵，更好地发挥带动和示范作用。

李长春在调研时强调，办好上海世博会不仅是上海的责任，也是全国的责任。宣传思想文化战线要把支持、参与、服务上海世博会作为今明两年的一项重要工作，加强领导、精心组织，整合资源、形成合力，为成功举办上海世博会营造积极向上的舆论环境、欢乐祥和的文化环境、文明和谐的社会环境、充满活力的创新环境、包容有序的开放环境。

国务院副总理王岐山在宁夏调研

6月15日至16日，王岐山在宁夏回族自治区考察农村金融工作，并与当地政府、基层农村金融机构和农户座谈。他指出，要认真贯彻党的十七大和十七届三中全会精神，深入落实科学发展观，鼓励创新，加强服务，加快推进农村金融改革发展，全力支持农村经济发展。

王岐山实地考察了沙湖村镇银行、黄河农村商业银行通贵支行等金融机构，详细了解涉农贷款、资产质量、内控制度建设等情况，并与金融机构员工、申请贷款的农户深入交谈。他说，要因地制宜，积极探索，采取多种模式推进农村金融组织和制度创新。各类农村金融机构都要增强服务意识，通过服务“三农”实现自身的发展。

在座谈会上，王岐山认真听取了宁夏回族自治区政府、部分农村金融机构负责人、基层信贷员和农户代表的发言，他对宁夏回族自治区经济社会发展和农村金融改革所作的探索给予充分肯定。王岐山强调，当前国际金融危机仍在蔓延，世界经济复苏仍存在很大不确定性，要把思想统一到中央对形势的判断和保增长、扩内需、调结构的决策部署上来，坚定信心，狠抓落实。“三农”工作事关全局，农村金融是“三农”工作的重要组成部分。破解农村金融改革发展的难题，关键是要转变政府职能，充分发挥市场配置资源的基础性作用，建立和维护健康、稳定、规范的农村金融秩序，营造有利于农村金融改革发展的环境。各级党委政府、金融监管部门要在干部群众中普及金融知识，加强对农民的教育引导和技术培训，指导创新类金融机构抓好班子和队伍建设。要牢牢把握防范金融风险这一永恒的主题，在推进金融创新的同时加强监管，寓监管于服务之中，鼓励和引导各类金融机构为“三农”提供更多更好的服务。

宁夏回族自治区和国务院有关部门负责同志参加了调研，并出席座谈会。

5月份财政收入实现今年首次正增长

5月份，全国财政收入6569.47亿元，首次实现正增长，比去年同月增加301.32亿元，增长4.8%。其中，中央本级收入4063.43亿元，同比增长5.7%；地方本级收入2506.04亿元，同比增长3.3%。

主要收入项目：国内增值税同比下降4.7%，国内消费税同比增长91.2%(剔除成品油税费改革增收因素实际增长9.1%)，营业税同比增长14%，企业所得税同比下降8.9%，个人所得税同比增长0.9%，进口货物增值税、消费税同比下降18.9%，关税同比下降36.9%，证券交易印花税同比下降39.8%，车辆购置税同比下降4.7%，外贸出口退税同比增长8.5%(相应减少财政收入)，非税收入同比增长1.3倍。

中共中央政治局常委贺国强在开罗会见埃及政府国际合作部部长纳贾

贺国强表示，中埃关系源远流长，目前正朝着更加全面、务实的方向发展，双方在各领域都进行着富有成效的合作，埃及已经成为中国在非洲的第五大贸易伙伴。当前国际金融危机仍在蔓延，两国加强互利合作有助于共同应对挑战，也有助于不断充实和丰富两国战略合作关系的内涵。

贺国强说，2010年中国上海将举办世博会，埃及已经正式确认参加。中方愿提供真诚帮助，积极支持埃方做好参展准备工作。

纳贾说，埃中关系是真正的战略合作关系，两国已经在工业、农业、交通运输、卫生、技术培训、教育等多行业、宽领域进行了多样化的合作，特别是一些大项目合作卓有成效。纳贾表示，埃中合作在阿中合作、非中合作中具有重要地位，前景广阔，埃方愿为进一步推动埃中、阿中、非中关系发展作出新贡献。

随后，贺国强出席了中埃有关经贸合作协议的签字仪式。

中央政治局常委贺国强在马德里会见西班牙国王胡安·卡洛斯一世和首相何塞·路易斯·罗德里格斯·萨帕特罗

全国人大常委会副委员长王兆国在北京会见印度青年事务与体育部国务部长阿伦·亚达夫为团长的印度百名青年代表团

亚洲最快超级计算机在上海启用

中国首台国产百万亿次超级计算机、每秒峰值计算速度超过200万亿次的曙光5000A——“魔方”在上海超级计算中心正式启用。这台造价2亿元、运算速度世界第十、亚洲第一的超级计算机的启用，标志着中国已成为继美国之后的一个研发、制造并部署百万亿次超级计算机的国家。

6月16日

国家主席胡锦涛出席在俄罗斯叶卡捷琳堡举行的上海合作组织成员国元首理事会第九次会议

上海合作组织成员国元首理事会第九次会议在俄罗斯叶卡捷琳堡举行，中国国家主席胡锦涛、哈萨克斯坦总统纳扎尔巴耶夫、吉尔吉斯斯坦总统巴基耶夫、俄罗斯总统梅德韦杰夫、塔吉克斯坦总统拉赫蒙、乌兹别克斯坦总统卡里莫夫出席会议。成员国元首共同签署了《上海合作组织成员国元首叶卡捷琳堡宣言》等重要文件，会议发表了《上海合作组织成员国元首理事会会议联合公报》。

俄罗斯总统梅德韦杰夫主持会议。

胡锦涛在会上作了题为《携手应对国际金融危机共同创造和谐美好未来》的重要讲话。

梅德韦杰夫表示，积极参与上海合作组织各领域合作是俄罗斯对外政策的重点。俄罗斯支持本组织成员增进相互信任和相互理解，有效应对威胁和挑战。俄罗斯致力于加强本组织伙伴关系，加强组织凝聚力，提高组织威望，有效应对国际金融危机等挑战。各方应该加强组织框架内相关合作，落实二十国集团领导人伦敦金融峰会达成的共识。要加强应对粮食安全、能源安全、救灾等领域合作，共同打击恐怖主义、毒品走私等活动。

纳扎尔巴耶夫表示，中亚地区仍面临严峻安全威胁。维护地区安全稳定为上海合作组织的重要关注方向。应该加强组织框架内禁毒和反恐合作，在维护地区和全球稳定安全上作出自己的贡献。组织应该加强应对国际金融危机冲击合作，加强交通网络建设，重视粮食安全、环境安全问题。

巴基耶夫表示，上海合作组织面临复杂形势，也拥有广阔发展潜力，应该共同维护和平稳定，打击“三股势力”，加强经贸合作。中方提供100亿美元信贷支持，对于落实组织合作项目具有重大意义。

拉赫蒙表示，应该加强相互信任，扩大合作，整合政治、经济资源，共同面对跨国挑战，开展互利共赢的经济合作。国际金融危机对成员国造成冲击，希望借鉴中国等成员国的成功经验，共同应对危机。为此，要加强财金等领域合作，促进成员国共同发展，在交通运输、农业等领域加强合作力度，促进区域经济增长。

卡里莫夫表示，上海合作组织基础不断扩大，为实现本组织目标迈出新步伐，在维护地区安全、应对国际金融危机等方面作用提高，在国际舞台上威望上升。上海合作组织应该坚持重点合作方向，维护地区安全稳定，努力应对国际金融危机，反对贸易保护主义，消除关税壁垒。

观察员国领导人也在会上发言。他们表示，面对全球性的威胁，上海合作组织应该加强合作，分享经验，增加往来，扩大各领域合作，共同打击恐怖主义、跨国犯罪等威胁，推动改革包括国际金融体系在内的全球治理体制，促进可持续发展。

作为主席国客人与会的阿富汗总统卡尔扎伊对上海合作组织帮助阿富汗维护和平稳定、打击恐怖主义及毒品走私表示感谢，愿同组织成员国继续合作，战胜恐怖主义等威胁，维护地区繁荣稳定。

会议结束后，6个成员国元首签署了《上海合作组织成员国元首叶卡捷琳堡宣言》，并出席了其他重要文件签字仪式。

会议发表了《上海合作组织成员国元首理事会会议联合公报》。

国家主席胡锦涛在上海合作组织成员国元首理事会第九次会议上发表题为《携手应对国际金融危机共同创造和谐美好未来》的讲话

尊敬的主席先生，各位同事：

很高兴同大家再次见面。感谢梅德韦杰夫总统和俄罗斯政府为本次峰会所作的精心准备和周到安排。俄方担任上海合作组织主席国以来，以积极、高效、务实的工作，有力推动了本组织安全、经济、对外交往等诸多领域合作，为本组织健康稳定发展创造了有利条件。中方对此高度赞赏。

经过8年发展，上海合作组织生机活力日益焕发，维护成员国和平发展权利、促进地区安全稳定、推动互利共赢合作的作用不断加强，成为欧亚地区最具影响力的建设性机制之一。过去一年，上海合作组织各领域合作齐头并进，呈现可喜发展态势。政治互信不断增强，传统友好基础得到巩固。全方位、多层次安全合作体系优势凸显，联合执法合作成果丰硕。贸易投资稳步增长。救灾、文化、卫生、旅游等人文合作逐步深化，世代友好理念深入人心。建立对话伙伴机制，成功举行阿富汗问题特别国际会议，为本组织对外交往增添了浓墨重彩的新篇章。中方对上海合作组织取得的成就感到由衷高兴。

各位同事！

当前，国际形势正在经历着前所未有的复杂深刻变化，国际格局酝酿重大调整，国与国相互依存日益紧密，世界多极化和经济全球化深入发展。同时，粮食安全、能源资源安全、公共卫生安全问题突出，恐怖主义、毒品生产走私、跨国有组织犯罪猖獗，海盗肆虐。特别是国际金融危机仍在蔓延深化，对全球经济冲击日益显现，世界经济金融形势依然严峻，不少国家经济陷入衰退、社会稳定面临巨大挑战。

在国际金融危机面前，我们应该坚定信心、相互支持、同舟共济、共克时艰，全力推进本组织政治、安全、经济、人文等领域务实合作，增强自身实力，把本组织的事情办好。只有这样，才能有效应对危机、防范风险，推动本地区实现持久和平、共同繁荣，为世界和平与发展作出更大贡献。我建议，本组织成员国继续在以下领域加强合作。

第一，增强政治互信。高度的政治互信和高水平的战略协作是本组织的独特优势。我们要继续落实好《长期睦邻友好合作条约》，充分利用本组织不同层次和渠道的会晤、磋商机制，加强战略对话，协调政策，凝聚共识，为促进各国共同发展繁荣、维护地区和平稳定、推动国际政治经济秩序朝着更加公正合理的方向发展作出努力。同时，我们应该以落实本次峰会即将批准的《应急机制条例》为契机，密切成员国在国际和地区事务中的协调和配合，提高本组织对重大国际和地区问题应急反应能力。

第二，深化经济合作。几年来，上海合作组织经贸合作虽已取得实际成果，但距成员国要求和本组织发展目标还有相当大的距离，合作潜力有待进一步挖掘。我们要携手合作，共同应对国际金融危机冲击、推动恢复世界经济增长。我们要有效利用上海合作组织这一重要平台，加强宏观经济金融政策协调，推动成员国政策性、商业性银行在流动性短缺情况下开展多种形式的合作，促进成员国经济金融稳定；加快实施能源、交通、通信领域网络型项目，扭转经济下滑势头，增加就业；积极推动新兴产业合作，培育新的经济增长点；推动贸易便利化，维护开放自由的贸易投资环境。中方建议成员国建立财金对话机制，加强货币政策协调，支持举行成员国财长和央行行长会议。中方倡议加强多边科技合作，开展清洁能源、新材料、新技术以及科技成果产业化合作，通过科技创新提高生产力，增加抵御国际金融危机冲击的手段。

第三，强化安全合作。建议以签署《反恐怖主义公约》为切入点，推动成员国开展联合缉捕、遣返嫌疑犯合作；将成员国大型国际活动安保合作模式扩大到观察员国，吸收观察员国参与相关磋商机制；同阿富汗及有关国家和国际组织密切合作，加大对毒品生产走私打击力度；研究制定打击跨国有组织犯罪框架协议，落实好成员国就反洗钱、能源运输管道安保等开展合作的共识。

第四，扩大人文交流。加强文化、教育、卫生、旅游等领域合作，为青年一代交流提供便利条件。中方已倡议开展成员国国家行政学院交流，希望成员国支持。中方欢迎各方加强救灾领域合作，就建立救灾中心等问题尽快达成共识。

第五，坚持对外开放。中方支持本组织继续全方位深化同观察员国的务实合作，吸收观察员国参加反恐、禁毒、交通、能源、救灾、文化等领域合作，共同为本地区稳定和发展作出努力。中方真诚欢迎白俄罗斯、斯里兰卡成为本组织对话伙伴。

我们对阿富汗多年来坚持参加上海合作组织框架内活动表示赞赏。中方一贯认为，解决阿富汗问题，应该采取政治、安全、经济等综合手段，实行标本兼治。我们愿同成员国一道落实好阿富汗问题特别国际会议达成的共识。

各位同事！

面对罕见的国际金融危机，中国果断实施积极的财政政策和适度宽松的货币政策，形成进一步扩大内需、促进经济平稳较快发展的一揽子计划，大力拓展国内市场特别是农村市场，大范围实施产业调整振兴规划，大力推进科技创新和技术改造，大幅度提高社会保障水平，大力加强节能减排和生态环境保护。现在，这些措施已取得初步成效，呈现出积极迹象。虽然国际金融危机对中国经济的不利影响继续显现，但中国经济发展的基本态势和长期向好趋势没有改变。中国经济保持平稳较快发展对成员国、区域经济乃至世界经济都会有积极影响。

在这里，我愿重申，中国将恪守承诺，继续支持本组织框架内的多边和双边项目合作。为此，中方将提供100亿美元的信贷支持，为上海合作组织成员国应对国际金融危机冲击作出自己的努力。此外，中方将组织贸易投资促进团赴成员国，推动同各成员国的进出口贸易和双向投资。

中国坚持走和平发展道路，将一如既往奉行独立自主的和平外交政策，坚持与邻为善、以邻为伴的周边外交方针，同各国一道应对挑战、分享机遇，为本地区乃至世界和平与发展作出更大贡献。

各位同事！

努尔加利耶夫秘书长和苏班诺夫主任任期将于年底结束。我谨代表中方对他们3年来为本组织发展所做的辛勤而出色的工作表示崇高敬意和衷心感谢。中方衷心祝贺乌兹别克斯坦担任2009年至2010年本组织轮值主席国，并将一如既往为两个常设机构提供力所能及的支持和便利。

我们愿同本地区各国一道，遵循“上海精神”，携手共进，共克时艰，为构建持久和平、共同繁荣的和谐地区而努力奋斗。

谢谢大家！

上海合作组织成员国元首叶卡捷琳堡宣言

2009年6月15日至16日，上海合作组织(以下简称“本组织”)成员国元首在叶卡捷琳堡举行元首理事会会议，并发表声明如下：

一、当前，国际局势正处于大变革之中。谋求和平、可持续发展和促进平等合作已成为时代的要求。世界多极化趋势不可逆转。地区因素对解决全球性问题的重要性正在提高。

本组织成员国重申，愿以《上海合作组织宪章》和《上海合作组织成员国长期睦邻友好合作条约》的原则和规定为基础，实现共同发展，并将保持建设性对话、深化合作和伙伴关系，利用本组织不断增长的潜力和国际威望，共同寻找解决全球和地区问题的有效途径作为首要任务。

二、本组织成员国认为，开展国际合作是应对新威胁和新挑战、克服国际金融危机、保障能源和粮食安全，以及解决气候变化等迫切问题的重要有效途径。

三、当前世界经济和金融形势要求国际社会加强国际金融监管合作，共同防范金融危机风险积聚和扩散，保持经济稳定。

本组织成员国将与国际社会共同努力，建立更加公平、公正、包容、有序、兼顾各方利益、使全球化惠及各国的国际金融秩序。

为此，应在本组织区域内就国际金融问题和应对国际金融危机问题加强合作和信息交流。

四、本组织成员国强调，在当前形势下，加强本组织框架内的经贸和投资合作日益迫切，包括利用观察员国和对话伙伴的潜力。

应加快落实大型项目，以扩大地区交通、通信能力，实现同国际市场的对接，加强基础设施建设，建立现代国际物流、贸易和旅游中心，成立新型企业，应用创新技术、节能技术和可再生能源技术。

上述项目的实施，以及完善国际交通运输走廊、对铁路和公路进行现代化改造，将加强本地区作为洲际桥梁的潜力，并为发展欧洲与亚洲之间的经济联系提供新的动力。

五、本组织成员国认为，能源对于经济发展和为提高人民生活质量创造良好条件具有重要意义，决心在平等的基础上继续推动该领域的互利合作，以保障经济、稳定、安全、清洁的能源供应。

六、本组织将在公认的国际法原则和准则，以及各国承担的国际义务的基础上，进一步巩固国际关系的法律基础。

当前的迫切任务是加强联合国在国际事务中的核心及协调作用，提高其机构在当前深刻变化的国际政治和经济条件下应对挑战的效能。联合国安理会改革应以国际社会最广泛的协商一致为基础。

本组织成员国愿在联合国及安理会改革问题上加强协调。

七、本组织成员国强调，信息安全是国际安全体系的重要组成部分，保障国际信息安全十分迫切。

八、本组织成员国重申，支持文明间对话，尊重民族间与宗教间和平和包容的价值观，支持不同种族、宗教和信仰间的相互尊重与和谐共处。反对把国际反恐斗争与反对特定宗教混为一谈。

九、世界和平只有在所有国家享有同等安全的条件下才能实现。部分国家的安全不应以损害其他国家的安全为代价。

应在平等、相互尊重、不干涉主权国家内政等原则基础上,通过政治外交途径解决国际和地区冲突。

在防务领域谋求单方面优势不是建设性的做法,不仅将破坏全球战略平衡与稳定,也不利于增进互信、削减武器和裁军。

十、本组织成员国指出,核武器扩散严重威胁世界和平与安全。

《不扩散核武器条约》(以下简称《条约》)是核不扩散体制的基石。核武器扩散的威胁可以也应该在全体缔约国无条件履行《条约》义务的基础上得以消除。本组织成员国重申坚决支持《条约》,对旨在维护《条约》的多边努力表示欢迎,决心在《条约》的三大支柱,即核不扩散、核裁军及和平利用核能的基础上不懈努力,共同提高《条约》的有效性。

本组织成员国重申,愿继续推动落实俄美两国发起的"打击核恐怖主义全球倡议",对《中亚无核武器区条约》于2009年3月21日生效表示欢迎。

十一、本组织成员国欢迎俄美启动《削减进攻性战略武器条约》谈判。

十二、本组织成员国支持恢复朝鲜半岛无核化谈判,呼吁保持克制,在此前已达成协议的基础上,继续寻找各方均能接受的解决问题的途径。

十三、国际社会面临的共同威胁——毒品走私、恐怖主义和跨境有组织犯罪问题使阿富汗局势日趋复杂,本组织成员国对此深表忧虑。

因此,本组织成员国认为,必须与本组织观察员国、阿富汗和其他有关国家,以及地区和国际组织,首先是联合国及其专门机构就此加强合作。

本组织成员国愿同其他相关国家和国际组织密切合作,在本地区建立"反毒和金融安全带"。

十四、本组织成员国对斯里兰卡结束国内武装冲突表示欢迎,希望该国在确保国家主权和领土完整,所有种族及宗教团体利益得到保证的基础上实现持久和平、安全与稳定。

十五、本组织成员国将提高在共同及时应对自然和人为灾害方面的合作成效、实施旨在减少其对经济社会影响的措施作为优先合作方向之一。

十六、本组织成员国认为,在应对高危传染病和其他传染性疾病威胁领域加强合作意义重大。为此,应利用现有资源,就防止传染病扩散开展联合工作。

十七、本组织成员国认为,本组织已成为构建亚太地区安全与合作架构的重要因素。

本组织成员国对国际社会与本组织建立联系的愿望不断加强表示满意,欢迎白俄罗斯共和国和斯里兰卡民主社会主义共和国在对话伙伴框架内与本组织开展合作。

本组织成员国愿加强与联合国、独联体、东盟、欧亚经济共同体、集体安全条约组织、经济合作组织、联合国亚太经社会以及其他国际和地区组织的务实合作,在此基础上建立广泛的伙伴网络。

本组织成员国愿与国际社会开展对话,以密切各国联系,推动建立更加公正的国际秩序,巩固全球稳定和经济发展。

哈萨克斯坦共和国总统
中华人民共和国主席
吉尔吉斯共和国总统
俄罗斯联邦总统
塔吉克斯坦共和国总统
乌兹别克斯坦共和国总统
2009年6月16日于叶卡捷琳堡

上海合作组织成员国元首理事会会议联合公报

2009年6月15日至16日,上海合作组织(以下简称本组织)成员国元首理事会例行会议在叶卡捷琳堡举行。哈萨克斯坦共和国总统纳扎尔巴耶夫、中华人民共和国主席胡锦涛、吉尔吉斯共和国总统巴基耶夫、俄罗斯联邦总统梅德韦杰夫、塔吉克斯坦共和国总统拉赫蒙、乌兹别克斯坦共和国总统卡里莫夫与会。

会议由俄罗斯联邦总统梅德韦杰夫主持。

本组织秘书长努尔加利耶夫、本组织地区反恐怖机构(以下简称地区反恐怖机构)执委会主任苏班诺夫出席。

本组织观察员国代表团团长印度共和国总理辛格、伊朗伊斯兰共和国总统艾哈迈迪—内贾德、蒙古国第一副总理阿勒坦呼亚格、巴基斯坦伊斯兰共和国总统扎尔达里,以及主席国客人阿富汗伊斯兰共和国总统卡尔扎伊、联合国负责政治事务的副秘书长帕斯科参加会议并发言。此外,独联体执委会主席列别杰夫、欧亚经济共同体秘书长曼苏罗夫、集体安全条约组织秘书长博尔久扎列席会议。

除本组织成员国元首小范围会谈和所有代表团团长参加的全体会议外,元首理事会会议期间,本组织成员国元首和观察员国领导人还首次单独举行小范围会谈。

元首们就国际和地区形势深入交换了意见。在保障安全和金融稳定的传统国际体系发生危机的情况下,本组织成员国对构建更加公正合理的国际关系架构持相同立场。这在本组织成员国元首签署的《叶卡捷琳堡宣言》中得到体现,《宣言》还确定了本组织框架内的优先合作方向。

元首们签署的《上海合作组织反恐怖主义公约》进一步加强了本组织框架内反恐合作的法律基础和能力,标志着该领域合作提高到新的水平。

批准《上海合作组织关于应对威胁本地区和平、安全与稳定事态的政治外交措施及机制条例》有助于进一步完善就国际问题进行磋商、协调立场和开展合作的机制。

本组织成员国代表签署了《上海合作组织成员国保障国际信息安全政府间合作协定》和《上海合作组织成员国反恐专业人员培训协定》。

会议期间,元首们在坦诚、友好的气氛中总结了2008年杜尚别峰会以来本组织的主要工作成果,并确定了各领域合作首要及长期的工作方向。

元首们满意地指出,自去年峰会以来,为推动和加强本组织活动、巩固其国际地位,各方采取了有针对性的措施。

元首们批准了本组织秘书长关于本组织过去一年工作的报告和地区反恐怖机构理事会关于地区反恐怖机构2008年工作的报告。

元首们强调,在国际金融危机的背景下,维护本组织所在地区的安全与稳定具有头等重要意义。

元首们指出,为讨论共同打击恐怖主义、毒品走私和有组织犯罪问题召开的本组织阿富汗问题特别国际会议(2009年3月27日,莫斯科)富有成果。

元首们对本组织成员国第七次国防部长会议(2009年4月29日,莫斯科)、首次公安内务部长会议(2009年5月18日,叶卡捷琳堡)和第四次安全会议秘书会议(2009年5月20日,莫斯科)的成果表示满意。

元首们指出,本组织成员国应提高在共同应对恐怖主义及其他安全威胁方面的协调水平。地区反恐怖机构应为此发挥核心作用。

元首们指出,2009年4月17日至19日在塔吉克斯坦境内举行的本组织成员国"诺拉克反恐—2009"首长司令部联合反恐演习取得成果,应继续定期举行联合反恐演习。

根据成员国禁毒部门领导人会议(2009年5月19日,莫斯科)上各方提出的意见,元首们责成于下次成员国元首理事会会议前就本组织禁毒合作机制问题提出协商一致的建议。

元首们指出,落实本组织成员国第四次紧急救灾部门领导人会议(2009年6月5日,哈萨克斯坦共和国阿克套)批准的《上海合作组织框架内实施救灾互助合作2009—2010年活动计划》具有重要意义。

元首们对观察员国积极参与本组织框架内共同感兴趣的领域的活动表示满意。

元首们决定,给予斯里兰卡民主社会主义共和国和白俄罗斯共和国本组织对话伙伴地位。

元首们责成专家组继续制定关于本组织吸收新成员程序的文件草案。

元首们指出,本组织经济合作已取得显著进展,经贸合作的法律基础和组织机制进一步完善。总理理事会会议(2008年10月30日,阿斯塔纳)批准的新修订的《〈上海合作组织成员国多边经贸合作纲要〉落实措施计划》正在顺利实施。

元首们认为,应采取有效措施,减少国际金融危机影响,推动本组织所在地区更加紧密的经贸和投资合作。

元首们认为,本组织实业家委员会和银联体应发挥更加重要的作用,努力实现从双边合作为主向落实多边项目过渡。

元首们认为,深化本组织框架内的人文合作、促进人民间的友谊和相互理解具有重要意义。

元首们高度评价俄罗斯联邦在担任本组织主席国期间所做的工作,对俄方在叶卡捷琳堡峰会期间给予的热情接待表示感谢。

本组织成员国元首理事会下次会议将于2010年在塔什干举行。根据《上海合作组织宪章》,本组织下任主席国由乌兹别克斯坦共和国担任。

国家主席胡锦涛在叶卡捷琳堡出席"金砖四国"领导人会晤

中国、巴西、俄罗斯、印度"金砖四国"领导人会晤在俄罗斯叶卡捷琳堡举行,中国国家主席胡锦涛、俄罗斯总统梅德韦杰夫、巴西总统卢拉、印度总理辛格出席。胡锦涛在会晤时发表重要讲话。

这是"金砖四国"领导人首次举行正式会晤。会晤在谢瓦斯季亚诺夫宫举行。

俄罗斯总统梅德韦杰夫主持会议。与会领导人重点就应对国际金融危机冲击、二十国集团峰会进程、国际金融机构改革、粮食安全、能源安全、气候变化、"金砖四国"对话未来发展等重大问题交换看法。

会议发表了《"金砖四国"领导人俄罗斯叶卡捷琳堡会晤联合声明》和关于粮食问题的声明。

"金砖四国"领导人俄罗斯叶卡捷琳堡会晤联合声明

我们,巴西联邦共和国、俄罗斯联邦、印度共和国和中华人民共和国领导人于2009年6月16日在叶卡捷琳堡举行会晤,讨论了当今全球经济形势和发展领域的紧迫问题,以及进一步加强“金砖四国”合作的前景。

我们得出以下结论:

1. 我们强调,二十国集团领导人金融峰会在应对金融危机方面发挥了中心作用,峰会有助于促进各国在国际经济和金融领域的合作、政策协调和政治对话。

2. 我们呼吁所有国家和相关国际组织积极落实2009年4月2日在伦敦召开的二十国集团领导人金融峰会共识。我们将在彼此之间并同其他伙伴开展密切合作,确保2009年9月在匹兹堡举行的二十国集团峰会在采取集体行动方面取得更多进展。我们期待2009年6月24日至26日在纽约举行的联合国“世界金融和经济危机及其对发展的影响高级别会议”取得成功。

3. 我们承诺推动国际金融机构改革,使其体现世界经济形势的变化。应提高新兴市场和发展中国家在国际金融机构中的发言权和代表性。国际金融机构负责人和高级领导层选举应遵循公开、透明、择优原则。我们强烈认为应建立一个稳定的、可预期的、更加多元化的国际货币体系。

4. 我们确信,一个改革后的金融经济体系应包含以下原则:

——国际金融机构的决策和执行过程应民主、透明;

——坚实的法律基础;

——各国监管机构和国际标准制定机构活动互不抵触;

——加强风险管理和监管实践。

5. 我们认识到国际贸易和外国直接投资对全球经济复苏的重要作用。我们呼吁各方共同努力改善国际贸易和投资环境。我们敦促各方保持多边贸易体系稳定,遏制贸易保护主义,并推动世界贸易组织多哈回合谈判取得全面、平衡的成果。

6. 最贫困国家受金融危机影响最为严重。国际社会需要加强向这些国家提供流动性支持的力度,努力将危机对发展的影响降到最低,确保实现千年发展目标。发达国家应兑现官方发展援助占其国民总收入0.7%的承诺,进一步向发展中国家增加援助、减免债务、开放市场和转让技术。

7. 实施《里约宣言》《21世纪议程》及多边环境条约中所强调的可持续发展理念,应成为改变经济发展模式的主要方向。

8. 我们支持各国,包括能源生产国、消费国和过境国,在能源领域加强协调与合作,以降低不确定性,确保能源稳定性与可持续性。我们支持能源资源供给的多元化,包括可再生能源,支持能源过境通道的安全,支持加强新能源的投资和基础设施。

9. 我们支持在能效领域开展国际合作。我们愿根据“共同但有区别责任”原则,就应对气候变化开展建设性对话,并将有关措施与落实各国经济社会发展目标的任务相结合。

10. 我们重申四国愿在关键的社会领域加强合作,增加国际人道主义援助,降低灾害风险。我们注意到今天发表的全球粮食安全声明,这是四国通过多边努力为实现上述目标作出的重要贡献。

11. 我们重申愿加强科技和教育合作,参与基础研究和研发高技术。

12. 我们强调并支持,在国际法治、平等合作、互相尊重、由各国协调行动和集体决策的基础上,建立一个更加民主和公正的多极世界。我们重申支持通过政治和外交手段和平解决国际争端。

13. 我们强烈谴责任何形式的恐怖主义,无论何人、何地,均无任何理由采取恐怖行动。我们注意到联合国大会仍在讨论《全面反恐条约》草案,呼吁尽快通过。

14. 我们致力于推动多边外交,支持联合国在应对全球性威胁和挑战方面发挥中心作用。为此,我们重申,需要对联合国进行全面改革,使其更具效率,更有效地应对当今全球性挑战。我们重申,重视印度和巴西在国际事务中的地位,理解并支持他们希望在联合国发挥更大作用的愿望。

15. 我们将以循序渐进、积极务实、开放透明的方式推动四国对话与合作。“金砖四国”对话与合作不仅符合新兴市场国家和发展中国家的共同利益,而且有利于建设一个持久和平、共同繁荣的和谐世界。

16. 俄罗斯、印度、中国欢迎巴西愿于2010年承办下一次“金砖四国”领导人会晤。

国家主席胡锦涛在“金砖四国”领导人会晤时发表重要讲话

尊敬的梅德韦杰夫总统,各位同事:

很高兴在美丽的叶卡捷琳堡同各位相聚,就共同关心的重大问题交换看法,共商加强我们四国合作和发展大计。首先,我谨对梅德韦杰夫总统和俄罗斯政府的盛情邀请和周到安排,表示衷心的感谢!

当今世界,世界多极化和经济全球化深入发展,科技进步日新月异,各国相互依存不断加深,加强对话、深化合作、实现共赢已成为处理国际事务的主旋律。然而,国际金融危机仍在蔓延深化,形形色色的保护主义抬头,世界经济陷入衰退,南北差距持续扩大。与此同时,气候变化、粮食安全、能源资源安全、公共卫生安全问题突出,恐怖主义、大规模杀伤性武器扩散、有组织跨国犯罪等全球性挑战依然严峻。

作为主要新兴市场国家，"金砖四国"人口占世界总人口的42%，国内生产总值占世界总量的14.6%，贸易额占全球贸易额的12.8%，按购买力平价计算对世界经济增长的贡献率已超过50%。我们四国国情不同，但都肩负着维护世界和平、携手应对传统和非传统安全威胁的重大使命，都承载着加快经济社会发展、提高人民生活水平的重大责任，都面临着维护发展中国家权益、推动国际金融体系改革的重大课题。

几年来，在我们共同努力下，"金砖四国"已从一个经济学概念发展成为一个新的国际合作平台，引起世人广泛关注，成为国际社会一支重要力量。在当前形势下，我们四国既面临新的发展机遇，也面临前所未有的挑战。我们应该把握历史机遇，加强团结合作，共同维护发展中国家的整体利益。对于我们四国下一步合作，我愿提出以下建议。

第一，增强政治互信。我们四国都是对全球事务具有影响力的新兴国家，都是维护地区和国际和平稳定的重要力量。我们应该充分用好现有机制，通过对话和交流加深政治互信，成为国际上相互尊重、平等协商的典范。

第二，深化经济合作。我们四国在资源、市场、劳动力、科技等方面各有优势，彼此互补性强。我们应该加大经济合作力度，丰富合作内涵，拓宽合作领域，创新合作方式，增强合作实效。除经贸合作外，还可以结合应对气候变化，建立科技合作伙伴关系，在新能源等高技术领域开展联合研发，共同培育新的经济增长点。

第三，推进人文交流。我们四国历史文化悠久、人文底蕴深厚，人民友谊源远流长。我们应该积极拓展文化、教育、卫生、旅游、体育等领域交流合作，促进人民相互了解，推动各界成为好朋友、好伙伴，为深化全方位合作打下坚实社会基础。

第四，提倡经验互鉴。我们四国都在实践中摸索出适合自身特点的发展道路，这是人类社会的共同财富。我们应该尊重各自选择的发展道路，相互交流发展经验，彼此借鉴发展模式，在自愿基础上同其他发展中国家分享。我们还应该本着开放和透明原则，加强同其他各方的对话、交流、合作。

各位同事！

目前，世界经济正经历罕见的严峻挑战。积极应对国际金融危机、推动恢复世界经济增长，是摆在我们四国和世界各国面前的重大课题。我们四国都积极参与了二十国集团领导人峰会，为峰会成功作出了重要贡献。下一步，我们应该加强协调，推动峰会成果全面有效落实。为此，我建议着重进行以下努力。

——致力于推动世界经济尽快复苏。我们要努力克服困难，争取率先从国际金融危机中复苏。这不仅是我们自身的需要，也有助于推动恢复世界经济增长。我们要结合应对国际金融危机冲击，解决自身经济发展中长期存在的结构性问题，转变发展方式，争取在推动恢复世界经济增长的同时提高经济发展质量和水平。我们要坚持开放市场，发挥互补优势，扩大经贸合作。我们还要坚决反对保护主义，共同维护国际商品、服务、人员等正常有序流动，推动多哈回合谈判早日取得全面、均衡的成果。

——致力于推动国际金融体系改革。建立公平、公正、包容、有序的国际金融新秩序，从体制机制上为世界经济持续发展提供保障，符合历史发展潮流，符合各方根本利益。我们要共同推动制订国际货币基金组织和世界银行改革方案，切实提高发展中国家代表性和发言权，以客观反映世界经济格局变化；推动完善国际金融监管机制，确保发展中国家有效参与金融稳定理事会等国际金融监管机构；推动完善国际货币体系，健全储备货币发行调控机制，稳步推进国际货币体系多元化，保持主要储备货币汇率相对稳定。

——致力于落实联合国千年发展目标。我们要继续呼吁国际社会不能因为应对国际金融危机而忽视发展问题、减少发展投入，特别要关注国际金融危机对发展中国家尤其是最不发达国家的冲击。我们要呼吁各方继续执行联合国千年发展目标，敦促发达国家兑现官方发展援助承诺，推动联合国将于本月下旬召开的金融和经济危机及其对发展问题的影响高级别会议取得积极成果，并在力所能及的范围内继续为帮助其他发展中国家有效应对挑战作出贡献。

——致力于确保粮食安全、能源资源安全、公共卫生安全。我们在全力应对国际金融危机冲击的同时，要着眼长远、统筹兼顾，妥善处理影响发展的其他突出问题，特别是气候变化、粮食安全、能源资源安全、公共卫生安全问题。这些问题关系世界各国人民的福祉和整体利益。我们要加大农业投入，发展先进技术，抑制市场投机，增加粮食援助，加强农业和粮食合作。我们要加快开发清洁能源和可再生能源，构建先进能源技术研发和推广体系，推动实现能源供应多元化。我们要加强信息沟通，交流疫情防控经验，研发和分享疫苗，开展大规模传染性疾病防控合作。

各位同事！

国际金融危机给中国带来了巨大困难和严重挑战。为应对国际金融危机冲击、保持经济平稳较快发展，中国果断实施积极的财政政策和适度宽松的货币政策，形成了进一步扩大内需、促进经济平稳较快发展的一揽子计划。现在，这些措施已取得初步成效，呈现出积极迹象。在面临巨大困难的形势下，中国保持人民币汇率基本稳定，同有关国家和地区签署总额达6500亿元人民币的双边货币互换协议，积极参与国际金融公司贸易融资计划，支持对国际货币基金组织增资。中国为应对国际金融危机冲击采取的一系列举措不仅对本国经济、而且对区域经济乃至世界经济都将产生积极影响。

各位同事！

在纷繁复杂的国际挑战面前，让我们以强烈责任感和使命感，共同努力，深化合作，致力于建设持久和平、共同繁荣的和谐世界。

谢谢大家！

国家主席胡锦涛在叶卡捷琳堡会见伊朗总统艾哈迈迪·内贾德

胡锦涛表示，近年来，在双方共同努力下，中伊关系保持良好发展势头。去年，我们就全面推动两国关系发展达成重要共识，近一年来两国关系取得新的进展。两国政治交往更加紧密，政治互信进一步增强；文化、教育、旅游等领域来往明显扩大，两国人民传统友谊加深；经贸合作广度和深度不断拓展，双边贸易额迅速增长。两国经贸科技联委会第十三次会议成功举行，为两国经贸合作进一步发展创造了良好条件。中方对近一个时期两国经贸关系取得的成果感到满意。

胡锦涛指出，当今世界正在发生复杂深刻变化，无论在面对地区乃至世界和平稳定方面，还是在应对国际金融危机冲击、推动经济发展方面，双方既面临挑战，也面临发展机遇。在这样的形势下，双方应该在现有基础上加强合作。一是保持高层接触，增进相互了解，扩大双方共识。二是继续推进经贸合作尤其是能源领域合作。三是就应对国际金融危机保持沟通，维护发展中国家共同利益。四是扩大人文领域交流，弘扬两国在长期交往中结下的深厚友谊。

艾哈迈迪·内贾德表示完全同意胡锦涛关于发展双边关系的建议。他表示，去年两国领导人在北京的会见共同规划了伊中合作前景，一年来，双方各领域合作特别是经济合作快速向前发展。伊中两国有着广泛共同利益，双边合作空间巨大。伊中关系发展不仅有利于双方，也有利于地区和世界。很高兴两国经贸科技联委会第十三次会议成功举行，希望双方着眼长远，用战略眼光看待两国经贸合作，落实两国达成的共识，加强往来和交流，化挑战为机遇，不断提高伊中经贸合作水平。

双方还就共同关心的国际问题交换了意见。

国务院总理温家宝在中南海紫光阁分别会见缅甸国家和平与发展委员会副主席貌埃以及太平洋岛国议会联合访华代表团

政协十一届全国委员会常务委员会第六次会议在北京开幕

会议的主要议题是围绕“着力扩大国内需求，保持经济平稳较快发展”、“保障和改善民生，促进社会和谐”问题建言献策。全国政协主席贾庆林主持开幕会，国务院副总理李克强到会作关于当前经济形势和我国经济社会发展有关情况的报告。

贾庆林指出，保持经济平稳较快发展、维护社会和谐稳定，是当前党和国家面临的首要任务，也是人民政协围绕中心、服务大局的主攻方向，开好这次常委会议意义重大。希望常委会组成人员围绕会议议题畅所欲言、建言献策，力争形成一批具有参考价值的意见和建议。

李克强在报告中说，去年下半年以来，面对国际金融危机的严重冲击，党中央、国务院及时果断决策，提出把保持经济平稳较快发展作为经济工作的首要任务，确定实施积极的财政政策和适度宽松的货币政策，把保增长、调结构、惠民生、促改革有机结合起来，部署了应对国际金融危机的一揽子计划。经过全国上下共同努力，应对危机已初见成效，经济运行总体企稳向好。同时，世界经济不确定不稳定因素仍然不少，复苏可能是一个复杂曲折的过程，我国经济稳定回升的基础还不稳固，要对困难有足够的估计。

在谈到下一步经济工作时，李克强说，要全面贯彻落实中共中央、国务院的决策部署，坚定不移地实施积极的财政政策和适度宽松的货币政策，全面落实一揽子计划，保持合理力度，突出重点，并根据形势变化不断丰富和完善。把解决当前突出困难与促进中长期发展结合起来，把扩大内需与稳定外需结合起来，把总量平衡与结构调整结合起来，把推动发展与深化改革结合起来，对经济结构进行战略性调整，促进发展方式转变和经济转型，实现可持续发展。着力扩大内需特别是居民消费，增强经济增长的拉动力量；加快产业结构优化升级，提高经济发展的质量和水平；积极发展新能源、节能环保、循环经济等新兴产业，培育新的经济增长点；更好地统筹城乡发展，拓展新的发展空间；更加注重深化改革开放，为发展注入新的活力；切实保障和改善民生，促进社会和谐稳定。他希望政协委员一如既往支持经济工作，积极建言献策，共同促进经济社会又好又快发展。

这次常委会议为期4天。按照议程，常委会组成人员将围绕这次会议两个议题下设的六个专题进行讨论，审议政协全国委员会常务委员会关于授权主席会议对违纪违法政协委员及时作出处理的决定及有关人事事项，审议全国政协有关视察考察情况的报告和外事出访报告。

全国政协副主席王刚、廖晖、杜青林、白立忱、陈奎元、阿不来提·阿不都热西提、李兆焯、黄孟复、董建华、张梅颖、张榕明、钱运录、孙家正、李金华、郑万通、邓朴方、万钢、林文漪、厉无畏、罗富和、陈宗兴出席会议。

中共中央和国务院有关部门负责人应邀参加会议。

全国政协常委会举行专题分组讨论

政协十一届全国委员会常务委员会第六次会议16日下午、17日上午和18日上午举行了三次专题分组讨论。常委会组成人员围绕“着力扩大国内需求，保持经济平稳较快发展”、“保障和改善民生，促进社会和谐”问题建言献策。全国政协主席贾庆林出席分组讨论，与常委们共商改革发展稳定大计。

常委们普遍反映，国务院副总理李克强同志到会作的关于当前经济形势和我国经济社会发展有关情况的报告是一个很好的报告，有助于与会人员全面了解和把握当前国际国内的经济发展形势。为了使协商讨论更加深入，这次常委会议将两个议题分设了六个专题，一是加强和改善宏观调控，有效应对国际金融危机的冲击；二是优化政府投资结构，鼓励引导扩大社会投资；三是调整分配关系，推动居民消费需求升级；四是实施更加积极的就业政策，着力改善民生；五是扩大社会保障范围，完善社会保障体系；六是健全社会矛盾纠纷调处化解机制，维护社会和谐稳定。常委会组成人员紧紧围绕会议的六个专题，抓住我国经济社会发展中敏感、突出和前瞻性的问题，积极建有据之言，献务实之策。

常委们认为，去年下半年以来，面对国际金融危机的严重冲击，党中央、国务院及时果断决策，把保增长、调结构、惠民生、促改革有机结合起来，部署了应对国际金融危机的一揽子计划。目前的经济运行和社会发展情况充分表明，去年以来党中央关于加强宏观调控的决策部署是完全正确的，进一步扩大内需、保持经济平稳较快发展的政策措施是非常及时有效的。要继续坚定信心，科学把握形势，落实好各项措施，坚持实事求是的原则，按照科学发展观的要求，灵活应对，努力实现全面协调可持续发展的目标，把国际金融危机的不利影响降到最低程度，继续推动我国经济社会又好又快发展，推进全面建设小康社会的进程。

常委们提出，虽然目前我国经济运行总体企稳向好，但国际金融危机对我国的影响仍在继续蔓延和深化，不确定因素仍然存在，必须做好应对更长时间挑战和更加严峻复杂局面的思想准备和工作准备，多管齐下，充分调动和发挥各方面积极性。要实行积极的财政政策和适度宽松的货币政策，继续增加政府投资，有效引导与推动社会投资增长，促进企业投资和居民消费增长，加大对“三农”和中小企业的金融支持，稳定市场信心和预期。还有常委提出，要进一步增加民生领域的投资，加大对贫困地区的投资力度，扶持民族地区经济发展，努力增加低收入居民的购买力，大力培育消费热点，拓展农村消费市场，推动消费需求升级。

常委们建议，要实施更加积极的就业政策，促进高校毕业生就业，广开农民工就业门路，为城镇就业困难人员开辟公益性就职岗位，改善对就业的公共服务。要扩大社会保障覆盖范围，完善基本养老保险制度，健全城乡社会救助制度，推进基本医疗保障制度建设，大力发展社会福利和慈善事业。要建立、健全社会矛盾纠纷调处化解机制，加强社会治安综合治理，深化司法体制和工作机制改革，维护社会和谐稳定。

全国政协副主席王刚、杜青林、陈奎元、阿不来提·阿不都热西提、李兆焯、黄孟复、董建华、张梅颖、张榕明、钱运录、李金华、郑万通、万钢、林文漪、厉无畏、罗富和、陈宗兴分别参加了专题分组讨论。中共中央和国务院有关部门负责人应邀到会听取意见和建议。

《求是》发表署名秋石的文章《为什么必须坚持改革开放不动摇而不能走回头路》（摘要）

文章说，改革开放是决定当代中国命运的关键抉择，是发展中国特色社会主义、实现中华民族伟大复兴的必由之路。只有社会主义才能救中国，只有改革开放才能发展中国、发展社会主义、发展马克思主义。

文章指出，实行改革开放，建设中国特色社会主义，是一项前无古人的伟大事业，也是一项空前巨大、空前复杂的社会系统工程，新情况、新问题层出不穷，我们是在不断地面对和解决各种矛盾中开拓前进的。今天，我们取得的成绩举世惊叹，但是伴随着改革开放向纵深发展，一些深层次的矛盾和问题也进一步凸显。正确认识改革开放中的矛盾和问题是为了更加坚定不移地继续推进改革开放。

文章说，能不能坚定不移地继续推进改革开放，同样决定中国的命运。走回头路，就会使中国重新回到贫穷落后、僵化封闭的状态，就会丧失来之不易的良好发展态势和宝贵发展机遇，就会窒息中国特色社会主义事业的勃勃生机，就会葬送中华民族伟大复兴的光明前景。很显然这样做人民不高兴，人民不赞成，人民不答应。

文章强调，改革开放中遇到的矛盾只能用深化改革的办法去解决，发展中的问题只能求诸更好更快的发展。胡锦涛同志在党的十七大报告中概括总结的“十个结合”，凝结了我党在改革开放中所形成的科学认识。坚持用这些重大战略思想引领和推进改革开放，就能够保证改革开放方向的正确性，把握改革开放的规律性，提高改革开放决策的科学性，增强改革开放措施的协调性，推动重要领域和关键环节的改革步入科学发展的轨道。

国家副主席习近平在人民大会堂与缅甸联邦国家和平与发展委员会副主席貌埃举行会谈

习近平说，中缅两国人民自古亲密交往，和睦相处。缅甸是最早与新中国建交的国家之一。在两国历代领导人和两国人民共同努力下，当前中缅关系发展势头良好，各领域互利合作不断深化。

习近平表示，经贸关系是两国关系的重要组成部分。近年来，中缅经贸合作取得长足发展，为两国人民带来实实在在的利益。面对国际金融危机的挑战，中缅应携手努力，加快推进重点项目合作，以此带动经济增长，为两国发展注入新的活力。

习近平强调，在和平共处五项原则基础上发展同世界各国的友好合作关系，是中国外交的基石。作为缅甸的友好邻邦，中方真诚希望缅甸政局稳定，经济发展，民族和解。相信在缅甸政府和人民的努力下，一定能够妥善应对内外挑战，克服前进道路上的问题和困难，实现国家的稳定、发展和繁荣。

貌埃说，缅中两国长期以来和睦相处，“胞波”情谊源远流长。在和平共处五项原则基础上，经过双方共同努力，缅中友好合作关系不断发展。中方长期以来对缅甸经济社会发展提供了无私帮助和支持。去年缅甸遭受严重风灾后，中方派出医疗小组并向缅甸人民提供大量物资援助，对此深表感谢。貌埃说，缅中两国明年将迎来建交60周年，缅方愿以此为契机，进一步弘扬缅中友好传统，深化两国在各领域合作，推动缅中关系再上新的台阶。貌埃重申，缅方坚定支持中国在台湾、西藏等问题上的原则立场。

会谈结束后，习近平与貌埃副主席共同出席了中缅有关合作文件签字仪式。

中共中央政治局常委贺国强在马德里分别会见西班牙人民党主席马里亚诺·拉霍伊和西班牙共产党总书记弗朗西斯科·弗鲁托斯

在会见拉霍伊时，贺国强表示，西班牙人民党是西班牙一支重要政治力量，为推动中西关系发展作出了积极贡献。中西全面战略伙伴关系之所以能有今天如此良好的局面，是与人民党执政时期的努力分不开的，中方对此表示高度赞赏。中国共产党十分重视同西班牙人民党的交流与合作，愿在党际交往四项原则基础上，进一步密切两党交往，以增进两国人民的相互了解，推动国家关系长期稳定发展。

拉霍伊对贺国强率团访西表示热烈欢迎。他说，中国是一个重要的国家，有着光明的前途。与中国共产党就共同关心的问题交流看法是非常有益的。他向贺国强介绍了刚刚结束的欧洲议会选举的情况及欧盟一体化建设的最新进展，对国际金融危机对西班牙及全球的影响进行了深入分析。

贺国强应询介绍了国际金融危机对我国经济、金融的影响，我应对举措和初步成效。

在会见弗鲁托斯时，贺国强说，西班牙共产党为推动西政治民主和社会进步、维护劳动人民权益发挥了重要作用。在国际共产主义运动中，西共为坚持社会主义方向、探索符合西班牙国情、有西班牙特色的社会主义道路进行了不懈的努力。中国共产党一贯重视同西共的关系，两党保持了长期的友好交往，对促进国家关系发展发挥了积极作用。中国共产党愿继续深化两党友好合作，造福两国和两国人民。贺国强详细介绍了中国共产党执政60年来所取得的成绩和经验，其中最重要的就是坚定地走中国特色社会主义道路。

弗鲁托斯表示，西班牙共产党与中国共产党有着共同的理想，两党经常开展思想和观点的交流，进行友好合作，这对各自党的自身建设、共同争取美好未来具有重要意义。

贺国强与弗鲁托斯就国际金融危机的根源、对各自国家及世界的影响、应对举措等进行了深入探讨。

胡锦涛主席特使国务院副总理张德江出席在加蓬首都利伯维尔举行的邦戈总统的葬礼

全国野外科技工作会议在北京召开

我国首台国产百万千瓦级核电反应堆压力容器制造成功

我国首台国产百万千瓦级核电反应堆压力容器——岭澳二期项目4#机组反应堆压力容器在广州制造成功并顺利发运，这代表我国核电关键设备国产化取得重大突破。

基诺族三十年跨越发展座谈会在北京召开

为纪念国务院确认基诺族为单一民族30周年，6月16日，由云南省西双版纳傣族自治州党委、州人民政府主办的“基诺族·跨越发展30年”系列活动在北京举行。

1979年6月6日,国务院正式公告基诺族为我国单一民族,成为祖国的第56个民族,基诺族进入了一个新的发展时期。2005年3月,国家民委宣布基诺族实现整体脱贫。

中国足协纪律委员会就2009中超联赛第十一轮北京国安队与天津泰达队中出现违规违纪情况作出处罚决定

在6月13日北京队主场对天津队的比赛进行到第九十二分钟时,天津泰达队6号球员谭望嵩在罚球区内蹬踩北京国安足球俱乐部队22号守门员杨智。纪律委员会决定给予谭望嵩停赛五场、罚款人民币25000元的处罚。该场比赛中,少数观众向场内投掷矿泉水瓶等杂物,在场内外造成不良影响,北京赛区因此受到通报批评。

6月17日

国家主席胡锦涛在莫斯科同俄罗斯总统梅德韦杰夫举行会谈

胡锦涛指出,建交60年来,中俄关系走过了不平凡的发展历程。1996年中俄建立战略协作伙伴关系以来,两国形成完备的各级别会晤和合作机制,彻底解决历史遗留的边界问题,全面深化各领域务实合作,签署《中俄睦邻友好合作条约》,共同推进世界多极化和国际关系民主化。中俄战略协作伙伴关系已成为大国关系的楷模、睦邻友好的典范。

胡锦涛强调,回顾中俄关系这60年的发展历程,我们可以得出以下重要而深刻的启示:第一,只有相互信任、坦诚相待,才能不断深化两国政治关系。第二,只有相互尊重、平等互利,才能在务实合作中实现共同发展繁荣。第三,只有相互理解、相互支持,在涉及对方核心利益的问题上互为支撑,才能有效维护各自根本利益。第四,只有求同存异、友好协商,才能保证两国关系长期健康稳定发展。

胡锦涛强调,当前,中俄战略协作伙伴关系已站在新的历史起点上。为确保两国关系未来更好更快向前发展,我们要始终把握好以下指导原则。一是讲互信。互信是两国关系的根本。中俄战略协作伙伴关系是中国外交重要优先方向,加强同俄罗斯的睦邻友好,深化同俄罗斯的战略协作,无论是过去、现在还是将来,都是中国坚定不移的方针。二是讲大局。两国关系健康稳定发展是大局。中俄两国国情不同,双方在重大问题上具有广泛共识的同时,在一些具体问题上存在某些不同看法是正常的,处理有关问题一定要从两国关系大局出发。三是讲长远。我们要大力弘扬世代友好、永不为敌的和平理念,为两国关系健康发展奠定坚实社会基础。

胡锦涛指出,当前,国际金融危机仍在蔓延深化,加强两国务实合作、促进共同发展,其重要性和紧迫性更加突出。双方应该加强经贸、能源、地方等领域合作。要积极促进双边贸易额增长,扩大机电、电信、金融、军技等领域贸易;全面落实中俄石油领域合作政府间协议,为两国开展长期全面稳定的能源合作奠定坚实基础,积极推进可再生能源、新能源等领域合作,形成两国全方位、综合性能源合作格局;推动两国地方合作,使其成为中俄战略协作伙伴关系的亮点和新的增长点。

胡锦涛指出,在中俄建交60周年和互办“语言年”的背景下,两国人文合作迎来新的机遇。今年3月,“俄语年”开幕式在北京成功举行。双方要精心办好中俄建交60周年庆祝活动,切实搞好中国“俄语年”和明年俄罗斯“汉语年”活动。中方对俄方邀请中国四川汶川特大地震灾区少年儿童赴俄罗斯疗养表示感谢。中方将邀请1000名俄罗斯中小学生明年赴华参加夏令营活动。

胡锦涛指出,当前,国际形势复杂多变,国际格局深刻调整,中俄应该加强在国际事务中的合作,继续推进世界多极化和国际关系民主化,共同推动国际金融体系改革,全面加强战略安全领域对话和合作,积极推动地区热点问题妥善解决。

梅德韦杰夫表示,两国元首频繁会晤并不断取得很好成果,充分显示出两国关系发展的良好势头,为加强俄中战略协作伙伴关系打下重要基础。目前,两国都面临着国际金融危机冲击,双方应该在双边和多边框架内加强合作,共同应对国际金融危机挑战。刚刚举行的上海合作组织峰会、“金砖四国”领导人会晤达成重要共识。双方要加强合作,尽一切努力把两国合作的良好发展势头保持下去。

梅德韦杰夫表示俄方高度重视发展对华关系,他就发展两国关系提出建议。第一,深化政治合作,加强两国民众对发展两国关系的支持,增进相互感情,坚持两国睦邻友好。第二,扩大经贸合作,加强能源、机电、科技、农业、电信、金融、军技等领域合作,带动双边贸易发展。第三,重点发展两国地方和边境地区合作,为边境地区居民创造良好工作生活环境。第四,在国际舞台上加强沟通和配合,加强在上海合作组织、“金砖四国”、二十国集团、八国集团同发展中国家领导人对话会议等场合的合作。第五,在重大国际和地区问题上加强合作,探索合作新模式,共同应对国际金融危机冲击。双方人文合作发展良好,当前尤其要共同办好“语言年”。

会谈结束后，胡锦涛和梅德韦杰夫出席了中俄有关合作文件签字仪式，随后共同会见了记者。

中俄元首莫斯科会晤联合声明

应俄罗斯联邦总统梅德韦杰夫邀请，中华人民共和国主席胡锦涛于2009年6月16日至18日对俄罗斯联邦进行国事访问。胡锦涛主席在莫斯科与梅德韦杰夫总统举行大、小范围会谈，会见了俄罗斯联邦政府总理普京和国家杜马主席格雷兹洛夫。

胡锦涛主席还于2009年6月15日至16日在叶卡捷琳堡与其他国家元首(代表)共同出席了上海合作组织元首峰会和“金砖四国”领导人会晤。

一

两国元首本着互信互谅的精神讨论了中俄战略协作伙伴关系的现状和发展前景，就重大国际和地区问题坦诚深入地交换了意见，达成广泛共识。

双方对中俄关系一年来的发展成果表示满意，认为2008年彻底完成中俄边界勘界工作，批准《〈中华人民共和国和俄罗斯联邦睦邻友好合作条约〉实施纲要(2009—2012年)》，启动两国副总理级能源谈判并签订石油领域合作的政府间协议，积极推进天然气领域合作，将“国家年”有关活动机制化，具有历史意义。双方不断完善两国总理定期会晤机制，成立了中俄合理利用和保护跨界水联合委员会，启动了中国“俄语年”(2009年)和俄罗斯“汉语年”(2010年)这一新的大型项目，为隆重庆祝中俄建交60周年营造了良好氛围。

两国元首强调，在涉及两国核心利益问题上相互支持是中俄战略协作伙伴关系的重要内容。俄方重申，台湾和西藏是中国不可分割的一部分，俄在台湾和西藏问题上的原则立场不会改变，支持台海两岸关系和平发展和中国和平统一大业。双方强调，在维护两国主权和领土完整问题上相互支持十分重要。中方表示支持俄方为维护高加索地区和平与稳定所作的努力。

双方表示，愿就筹办二战胜利65周年庆祝活动、2010年上海世博会、深圳2011年第26届和喀山2013年第27届世界大学生夏季运动会、2012年符拉迪沃斯托克亚太经合组织领导人非正式会议、索契2014年冬奥会保持密切协作，相互支持。

访问期间，双方在莫斯科签署以下文件：

——《关于一九九七年六月二十七日〈中华人民共和国政府和俄罗斯联邦政府建立中俄总理定期会晤及其组织原则的协定〉的议定书》

——《关于天然气领域合作的谅解备忘录》

——《关于煤炭领域合作的谅解备忘录》

——《中华人民共和国商务部和俄罗斯联邦经济发展部关于促进双边机电产品贸易与合作的谅解备忘录》

——《中国进出口银行与俄罗斯对外经济银行7亿美元贷款框架协议》

——《中国黄金集团公司与俄罗斯列诺瓦集团关于联合开发贵金属的合作备忘录》

二

两国元首相互详细通报了本国经济形势和各自为克服国际经济金融危机采取的措施，并对这些措施表示相互支持。双方一致认为，危机引发国际金融市场以及世界经济贸易动荡和不稳，对中俄两国经济发展构成严峻挑战。

中俄对危机产生原因的分析、对改革国际金融体系和国际金融机构的立场相近或一致。根据平等和照顾彼此利益的原则，在政治、经贸和金融领域建立最广泛国家和国际组织参与的相互协作是战胜危机的条件之一。当前危机时期，努力充分发挥各种地区机构和组织的潜力，提高金融市场的可控性具有特殊意义。两国元首一致认为，应反对国际贸易中的保护主义，危机后国际金融体系应建立在公平、公正、包容、有序原则的基础上，应按期完成国际货币基金组织新一轮份额总检查和世界银行改革方案，真正提高新兴市场和发展中国家在国际金融机构的发言权和代表性。双方强调，应就消除危机后果、改革国际金融体系加强和深化双边合作。

两国元首指出，受国际经济金融危机影响，中俄贸易额、相互投资和边境贸易呈下滑趋势，认为双方应共同努力，化解危机对中俄经贸合作的不利影响。为此，双方将采取措施促进相互贸易，为双方商品和服务进入彼此市场创造稳定有利的条件，减少并取消现有技术壁垒，增加传统出口商品、机电和高科技产品的相互供应量并扩大商品种类，推动两国金融和银行体系积极为贸易提供融资服务。

保持两国经贸合作的积极势头是应对国际经济金融危机对中俄经济产生不良影响的重要措施。当务之急是落实已商定的相互投资“示范”项目，更积极地使用金融和银行工具，做好边贸和边境地区旅游服务本币结算工作，为扩大人民币和卢布结算创造良好条件。制订和实施林业加工领域的规划，扩大地方合作。

两国元首批准了《中俄投资合作规划纲要》。双方将认真落实上述纲要，鼓励和支持两国企业在机械制造、建筑、轻工、运输、农业、通信、银行和保险业、科技开发、能源、化工、林业和矿业等领域开展务实合作。双方强调，中俄投资促进会议机制建立以来，为推进双边投资合作开展了卓有成效的工作。双方将进一步完善这一机制，推动落实重大投资合作项目，不断提高中俄投资合作的质量和水平。

协调中俄毗邻地区发展战略有助于加快两国地区经济发展速度。双方就制定中国东北地区与俄罗斯远东及东西伯利亚地区间合作规划纲要做了大量工作。通过互惠、可行的办法协调两国毗邻地区发展战略，符合中俄两国人民利益，将促进中俄两国边境地区的睦邻友好合作，有助于完善合作形式，提高合作层次。

两国元首责成两国有关部门尽快完成上述纲要的协商，以便在2009年年底前举行的元首会晤期间批准。

两国元首对中俄能源谈判机制及双方签订石油领域合作的政府间协议予以高度评价，并强调，全面推进石油、天然气、核能和电力领域合作标志着中俄战略协作伙伴关系将迈上新台阶。双方探讨了经济合作优先方向之一，即核能合作情况，并对该领域取得的进展表示满意。双方将启动田湾核电站二期和商业示范快堆的建设。

两国元首认为，双方应进一步深化两国民用航空制造领域的互利合作，积极开展符合市场需求和两国民用飞机发展规划的项目合作。

两国环保合作发展迅速，已成为中俄战略协作伙伴关系的重要组成部分。双方将继续深化在合理利用和保护跨界水领域的合作。两国元首积极评价双方在联合监测跨界水体水质、及时通报跨界突发环境事件并交流信息、保持生物多样性以及跨界自然保护区领域的合作。

两国跨界水利用和保护合作取得了积极进展，双方已签订相关政府间协定，成立了中俄跨界水联委会，并启动了该联委会工作，统筹处理中俄跨界水利用与保护问题。

双方将提高渔业领域合作效率，防止海产品非法贸易，研究商签相关合作文件，并建立在太平洋西北部预防和打击非法擅自肆意捕捞水生生物资源的合作机制。

双方表示，在中俄总理定期会晤委员会框架下即将成立的海关合作分委会，对进一步提高两国经贸合作水平、加强两国海关部门合作具有重要意义。

三

两国元首对人文合作持续发展表示满意。双方通过互办文化节、电影节，开展新闻媒体和体育交流，在卫生、旅游、档案领域共同举办活动，巩固并全面扩大了中俄战略协作伙伴关系的社会基础。双方将重点加强突发急性传染病防控方面的合作。

双方将重视扩大两国老一辈和年轻一代政治家的交往，充分利用两国关系中积累的宝贵经验，积极实践有利于巩固中俄战略协作伙伴关系的新思路。

双方指出，举办大学生艺术联欢节、大中学生交流、校长论坛和中俄高校教育展等扩大青年交往的活动意义重大。2009年和2010年举行中国“俄语年”和俄罗斯“汉语年”将有助于深化双方人文交流和相互了解。两国元首表示，相信2009年在北京举办的第三届中俄青少年运动会将取得圆满成功。

两国元首满意地指出，中俄互设文化中心的政府间协定的起草工作进展顺利，责成双方主管部门于年内早日签订该协定。

四

两国元首强调，2008年5月23日签订的《中华人民共和国和俄罗斯联邦关于重大国际问题的联合声明》具有重要现实意义。

两国元首一致认为，应巩固国际法基本原则，加强联合国核心作用。双方表示，希望国际社会为稳定世界经济采取集体行动，这将有助于提升各国互信。

两国元首表示，中俄支持“八国集团”加强与主要发展中国家的对话和合作，推动建立同发展中国家平等、互利、共赢的伙伴关系。在克服国际经济金融危机、解决巩固全球安全、打击恐怖主义和跨国犯罪、保障粮食和能源安全、消除贫穷、完善教育和卫生体系、应对气候变化等全球性问题时，应积极鼓励发展中国家的参与。

胡锦涛主席高度评价俄罗斯作为上海合作组织主席国所做的工作，并指出，2008年至2009年顺利落实了许多重要倡议和先前达成的共识，巩固了上海合作组织的法律基础。

今年6月15日至16日在叶卡捷琳堡举行的上海合作组织峰会表明，上海合作组织已成为巩固全球和地区稳定的有效因素。双方支持上海合作组织同其他有关国家、国际组织和论坛就维护世界和平与安全、开展全面的经济和人文合作进行积极对话。

双方强调，2009年3月27日在莫斯科召开的上海合作组织倡导的阿富汗问题特别国际会议表明，上海合作组织在解决阿富汗及周边问题的国际努力中发挥着日益重要的作用。双方将采取协调一致的措施，落实会议宣言、《上海合作组织成员国和阿富汗伊斯兰共和国关于打击恐怖主义、毒品走私和有组织犯罪的声明》及其《行动计划》。中俄将继续协助阿富汗政府巩固国家政权，促其独立高效地维护本国安全。

双方主张，在联合国主导下，在上海合作组织积极参与下，加强在打击恐怖主义、毒品走私和跨国有组织犯罪等领域的区域合作。

中俄两国致力于在上海合作组织地区反恐机构框架内开展密切合作，支持进一步巩固该机构的条约法律基础，切实充实反恐合作的内容。

两国元首指出，作为协调解决世界发展紧迫问题的机制，"金砖四国"和中俄印机制具有广阔前景，中俄愿在"金砖四国"和中俄印机制内就共同关心的领域加强合作。

双方认为，国际安全是相互依存、无所不包的。一国的安全不能凌驾于另一国之上，不能通过扩大军事政治同盟和部署全球和地区性导弹防御系统获得。

《不扩散核武器条约》是国际社会防止核武器扩散体系的基础。中国和俄罗斯重申坚定支持该条约，坚定支持在不分割《不扩散核武器条约》三大支柱——不扩散、裁军、和平利用核能的基础上，为加强并提高其权威性和有效性所作的多边努力。双方将努力确保2010年条约审议大会顺利举行，并通过一系列措施巩固该条约的权威性和有效性。

中俄主张和平利用外空，反对外空武器化。双方将积极推动裁谈会尽快就"防止在外空放置武器、对外空物体使用或威胁使用武力条约"草案开展实质性工作，继续密切配合，维护外空安全。

两国元首强调，所有国家均应切实履行联合国安理会第1540号决议，共同致力于防止大规模杀伤性武器及其运载工具和相关材料的扩散，特别是防止其落入恐怖组织等非国家实体的手中。

合作打击一切形式的恐怖主义，通过双边和多边渠道解决加强国际和地区安全的问题具有重要意义。双方认为，联合国应在国际反恐合作中发挥主导和协调作用。中俄将共同落实联合国全球反恐战略，执行国际反恐公约的标准，推动尽快制定"关于国际恐怖主义的全面公约"。

中俄两国将发挥实业界、媒体、非政府组织的潜力，促进不同文明、宗教和文化之间的对话。双方强调，应在双边和多边层面加强反洗钱、打击恐怖主义融资等领域的合作。

两国元首强调，应根据《联合国气候变化框架公约》《京都议定书》和"共同但有区别的责任"原则，继续通过国际合作应对全球气候变化，表示将采取必要措施落实"巴厘路线图"，确保《联合国气候变化框架公约》第十五次缔约方会议和第五次《京都议定书》缔约方会议（2009年12月7日至18日，哥本哈根）顺利举行。

双方重申将继续为实现千年发展目标和其他共同发展目标而努力，同时强调，在国际经济金融危机日益严重的背景下，发展领域的国际合作变得越来越迫切。

两国元首主张建立以多极化、平等和完整的安全体系、照顾彼此利益为关键要素的亚太地区国际关系架构，强调应在互利和非歧视的基础上，根据开放原则促进一体化进程。

双方表示，将继续在亚太经合组织、东盟地区论坛、亚洲合作对话、亚洲相互协作与信任措施会议等亚太地区多边组织框架内相互支持，加强协调。中方赞成俄方加入东亚峰会和亚欧会议，并愿对俄方申请予以支持。

两国元首表示，中亚地区的稳定、安全、经济持续发展和社会进步符合中俄以及中亚各国的长远利益。双方将同中亚国家在双边和上海合作组织框架内深化政治、经贸、安全等领域合作，严厉打击恐怖主义、分裂主义、极端主义以及毒品走私、跨国有组织犯罪。中俄对《中亚无核武器区条约》生效表示欢迎。

两国元首对朝鲜半岛局势表示严重关切，认为联合国安理会第1874号决议旨在加强通过政治外交途径解决朝鲜半岛核问题的努力，赞成尽快重启朝鲜半岛核问题六方会谈，希望会谈各方履行2005年9月19日共同声明规定的各自义务。中俄愿推动缓和东北亚紧张局势，主张有关各方应继续致力于通过对话协商，以和平方式妥善处理分歧，在建立相关多边机制的基础上维护和巩固该地区和平与安全。

双方重申，应根据公认的国际法准则，全面、持久、公正地解决中东问题，强调为此举行莫斯科中东问题国际会议十分重要。

中俄强调，伊朗核问题只能通过政治外交途径解决。应恢复国际社会对伊朗核计划和平性质的信任，继续推动早日启动与伊朗的谈判，寻求全面、持久、妥善解决伊朗核问题的办法。

五

两国元首会谈在友好、互信、相互理解和合作的气氛中举行，取得重要成果。双方对会谈成果表示满意。

中华人民共和国主席胡锦涛邀请俄罗斯联邦总统梅德韦杰夫于2010年方便的时候访华。梅德韦杰夫总统接受了邀请并表示感谢。访问具体时间将通过外交渠道另行商定。

国家主席胡锦涛在莫斯科会见俄罗斯总理普京

胡锦涛表示，今年是中俄建交60周年，是中俄关系发展进程中具有特殊重要意义的一年。今年以来，中俄关系在新的历史起点上呈现出全面加速发展的良好势头，双方高层保持密切交往。面对国际金融危机冲击，中俄积极扩大务实合作，启动石油领域一揽子合作，实现能源合作重大突破。中国"俄语年"各项活动已全面展开，谱写了两国人文合作新篇章。双方在重大国际和地区问题上进行了卓有成效的战略协作，为推动国际秩序朝着更加公正合理的方向发展发挥了积极作用。中方对两国关系发展成果表示满意。在当前复杂的国际形势下，坚定不移发展中俄战略协作伙伴关系，全面加强中俄各领域交流合作，具有十分重要的现实意义。不管国际风云如何变化，中国政府将始终把发展对俄关系作为外交优先方向。双方应该积极拓展双边务实合作、增强各自应对国际金融危机冲击能力、保持经济平稳发展，推动中俄各领域互利合作向前发展。

胡锦涛介绍了中国为应对国际金融危机冲击而采取的政策举措，双方同意加强宏观经济政策协调，在双边和多边框架内就国际金融体系改革进行沟通，增加发展中国家和新兴国家代表性和发言权。

普京表示，尽管国际金融危机对俄罗斯造成了重大影响，国际政治经济形势发生了很大变化，俄罗斯奉行俄中友好、推进俄中战略协作伙伴关系的政策没有丝毫改变。俄方愿意同中方一道，深化包括能源在内的各领域务实合作，推动两国关系进一步向前发展。

普京高度赞赏胡锦涛在出席上海合作组织峰会、“金砖四国”领导人会晤期间就加强合作、共克时艰提出的重要倡议。

国家主席胡锦涛在莫斯科出席中俄建交60周年庆祝大会

中俄建交60周年庆祝大会在俄罗斯国家大剧院隆重举行，国家主席胡锦涛和俄罗斯总统梅德韦杰夫共同出席大会并讲话。中俄两国元首在讲话中回顾了60年来中俄关系发展历程，高度评价1996年中俄战略协作伙伴关系建立以来两国关系取得的长足发展，表示两国将秉承传统友谊、坚持世代友好、深化战略协作，共创中俄关系美好未来。

胡锦涛发表题为《共创中俄关系美好未来》的讲话。

国家主席胡锦涛在中俄建交60周年庆祝大会上发表题为《共创中俄关系美好未来》的讲话

尊敬的梅德韦杰夫总统，女士们，先生们，朋友们：

今天，我们相聚在享誉世界的俄罗斯国家大剧院，隆重庆祝中俄两国人民的共同节日——中俄建交60周年。借此机会，我谨代表中国政府和人民，向在座各位并通过你们向友好的俄罗斯人民，致以诚挚的祝贺和良好的祝愿！

刚才，梅德韦杰夫总统发表了热情洋溢的讲话，对中俄关系发展成果作了概括和总结，并就两国关系未来发展提出了很好的建议。他的讲话道出了我们的共同心声。

回顾过去60年，中俄关系走过了不平凡的发展历程。这60年，是两国政治关系日益走向成熟的60年。1996年4月，两国领导人在认真总结历史经验教训的基础上，从两国人民根本利益出发，顺应时代潮流，着眼两国关系未来，建立中俄战略协作伙伴关系。经过十几年的发展，中俄战略协作伙伴关系已成为成熟、稳定、健康的国家关系，两国政治互信达到前所未有的高水平。

这60年，是两国务实合作成果日益丰富的60年。中俄积极探索互利合作途径，不断扩大双边经贸合作规模，提高合作质量和水平。近10年来，双边贸易额持续高速增长，去年达到创纪录的568亿美元，相互投资、合作生产加工等方面合作呈现新的良好发展态势，地方合作方兴未艾。

这60年，是两国人民友谊不断加深的60年。中俄两国人民有着历史凝成的战斗情谊和传统友好关系。近年来，中俄人文交流飞速发展，中俄“国家年”获得巨大成功，中俄“语言年”活动已全面展开，两国人民相互了解和友谊不断加深。去年中国四川汶川特大地震发生后，俄罗斯人民全力支援中国人民抗震救灾，梅德韦杰夫总统邀请1500名中国少年儿童到俄疗养，深深感动了中国人民，谱写了中俄友谊新篇章。

这60年，是两国在国际事务中的合作逐步推进的60年。中俄两国长期致力于维护世界和平稳定。近年来，两国在国际和地区事务中密切沟通和配合，为推动世界多极化和国际关系民主化作出了不懈努力。中俄关系已成为促进大国关系良性互动、维护地区和世界和平稳定的重要因素。

中俄关系60年的发展历程给我们留下了许多重要而深刻的启示：只有相互信任、坦诚相待，才能不断深化两国政治关系；只有相互尊重、平等互利，才能在合作中获得最大收益，实现共同发展繁荣；只有相互理解、相互支持，在涉及对方核心利益的问题上互为支撑，才能有效维护各自根本利益；只有求同存异、友好协商，才能保证两国关系长期健康稳定发展。

女士们、先生们！

当今世界正处在大变革大调整之中，世界多极化和经济全球化深入发展，国际金融危机仍在蔓延深化，新情况新挑战层出不穷。中俄作为大国、邻国、安理会常任理事国，既面临国内发展的首要任务，又肩负着促进世界和平与发展的历史使命。新形势下，中俄关系已站在新的历史起点上，面临新的发展机遇。我们要共同努力，确立中俄关系发展长远目标，推动两国关系又好又快发展。

——我们要坚持真诚互信，巩固中俄关系政治基础。我们要增进政治互信，始终把中俄战略协作伙伴关系作为两国外交优先方向，不断为两国关系注入新的推动力。

——我们要坚持互利双赢，夯实中俄关系经济基础。我们要保持并继续推进各领域务实合作的积极态势，探索合作新途径新方式，寻找更多利益契合点，深化两国经济合作，实现共同发展繁荣。

——我们要坚持世代友好，打牢中俄关系社会基础。我们要积极推动两国社会各界广泛开展交流，努力增进两国人民相互了解和友谊。我代表中国政府邀请1000名俄罗斯少年儿童明年赴华参加夏令营，为中俄友好事业培养更多接班人。

——我们要坚持紧密协作，坚定维护中俄战略安全利益。双方要加大相互支持力度，在国际和地区事务中加强磋商和合作，积极应对国际金融危机冲击，积极参与国际政治、经济、安全领域变革，同国际社会一道，为人类和平与发展崇高事业作出不懈努力。

伴随着历史前进的步伐，中俄战略协作伙伴关系正在迎来新的发展前景。让我们秉承传统友谊，坚持世代友好，深化战略协作，共创中俄关系美好未来！

谢谢大家！

全国人大常委会委员长吴邦国在人民大会堂与太平洋岛国议会代表团会谈

吴邦国与汤加、密克罗尼西亚联邦、斐济、纽埃等太平洋岛国议会代表团举行会谈。双方在热烈、友好的气氛中就中国与太平洋岛国关系、议会交往及其他共同关心的重大问题深入交换了意见，达成广泛共识。

国务院总理温家宝在人民大会堂与格林纳达总理托马斯举行会谈

温家宝说，中格复交4年来，两国关系发展顺利，互利合作富有成效。事实证明，保持中格关系健康稳定发展符合两国和两国人民的根本利益。中方愿与格方进一步密切人员交往，增进相互了解和信任，巩固两国关系的政治基础；扩大在贸易、旅游、农业等领域的务实合作；加强文化、教育交流和人力资源培训；在应对气候变化和可持续发展领域共同维护发展中国家利益。中方将继续为格林纳达的飓风灾后重建和经济社会发展提供力所能及的援助。

温家宝指出，中国从战略高度重视同包括格林纳达在内的加勒比国家的关系。面对当前国际金融危机的不利影响，中方愿与各友好国家一道，相互支持，加强协调，积极落实达成的各项合作措施，携手应对挑战，实现共同发展。

托马斯说，格林纳达非常珍视对华关系，致力于加强与中国的合作。真诚感谢中方对格林纳达经济社会发展和飓风灾后重建提供的大量帮助和支持。他说，在当前的国际金融危机不断蔓延背景下，格方希望加强与中国在经济、农业、旅游、教育、文化、人力资源开发以及应对气候变化等方面的合作，推动两国关系不断向前发展。

托马斯高度评价中国在加勒比地区发挥的重要作用，表示希望探讨建立有效机制，以吸引更多的中国投资者和游客等到加勒比地区投资兴业、观光旅游，进一步推动加勒比国家与中国的友好合作关系。

托马斯重申，格林纳达坚持奉行一个中国的政策。

会谈后，两国总理共同出席了有关合作文件的签字仪式。

政协十一届全国委员会常务委员会第六次会议举行全体会议

16位常委和委员作大会发言。全国政协主席贾庆林出席。

赖明常委代表九三学社中央作了《调整国民收入分配格局，促进经济社会健康发展》的发言，建议调整初次分配，强化政府在二次分配中的作用，积极推进三次分配。李德水委员代表全国政协常委视察团发言，提出要着力消除民间投资的体制机制障碍，进一步扩大居民消费，加快培育一批新的经济增长点，推动沿海地区产业向中西部地区有序转移。面对一些地方多元化的社会矛盾纠纷发展态势，胡永柱常委提出要建立和完善多元化的矛盾解决机制。钱克明常委提出，国际金融危机的冲击对我国农业和农村经济的影响正逐渐加深，要采取更加有力更有针对性的措施，稳定农业生产，促进农民增收。王金祥常委代表全国政协常委视察团发言，提出要把建设资源节约型和环境友好型社会放到我国经济社会发展的大局大势中加以系统性和战略性研究，把国际金融危机的压力转化为科学发展的动力。王健林常委在发言中分析了房地产业存在的主要问题，建议通过政策引导促进房地产业健康发展。厉以宁常委提出，经济转型和自主创新是经济复苏的关键，只要解决公平竞争和融资难问题，民营企业自主创新的潜力必将进一步发挥出来。王东进委员代表全国政协社会和法制委员会就返乡农民工与统筹城乡就业问题，提出要落实就业优先战略，逐步推进积极就业政策向乡镇和农村延伸。杨孙西常委在《优化投资结构、提高投资效益》的发言中提出，建议构建鼓励和支持农业投资的政策体系，尽快实现重大技术装备国产化，以投资促进产业结构优化升级。赵龙常委代表民建中央发言，提出要着力保持扩大内需政策的稳定性、有效性和持续性。张世平委员在联合发言中分析了国际金融危机对我国职工权益的影响并提出对策。刘克崮委员认为，建设中国草根金融体系是解决小企业融资难的主要途径。刘汉元常委认为，发展太阳能光伏产业新能源，在带动我国经济走出危机中具有重要作用。贺强委员针对解决扩大放贷过程中存在的风险隐患问题，提出要加强监管、合理调整银行贷款结构。周明甫委员代表全国政协民族和宗教委员会，以《推进〈民族区域自治法〉深入贯彻实施，加快民族自治州经济社会发展》为题作了发言。郑惠强常委代表民盟中央发言，指出房价的合理下调有利于刺激内需，以扩大内需来推动我国经济的可持续发展。

全国政协副主席王刚、廖晖、杜青林、白立忱、陈奎元、阿不来提·阿不都热西提、李兆焯、黄孟复、董建华、张梅颖、张榕明、钱运录、李金华、郑万通、万钢、厉无畏、罗富和、陈宗兴出席会议。全国政协副主席林文漪主持会议。

中共中央和国务院有关部门负责人应邀参加会议。

国家副主席习近平在新疆维吾尔自治区调研

6月17日至21日，习近平在新疆维吾尔自治区党委书记王乐泉的陪同下，先后来到巴音郭楞、喀什、克拉玛依、石河子、乌鲁木齐等地，深入民族乡村、田间地头、街道社区、企业学校和新疆生产建设兵团，慰问基层干部群众和公安干警，围绕促进新疆改革发展稳定和加强党的建设进行调研。习近平对新疆近年来经济社会发展取得的成绩给予充分肯定，强调新疆工作在党和国家工作大局中具有特殊重要的战略地位，要坚持贯彻稳疆兴疆、富民固边的基本方针，抓住和用好西部大开发这一历史机遇，不断推进新疆经济社会又好又快发展。

调研中，习近平反复强调，办好新疆的事情关键在党，首先在于建设一支高素质的干部队伍。要坚持把培养少数民族干部作为干部队伍建设的重中之重来抓，按照德才兼备、以德为先的标准坚持把坚定维护祖国统一，在大是大非问题上立场坚定、头脑清醒、行动坚决的优秀少数民族干部选拔到各级领导岗位。

习近平在调研时强调，提高党的执政能力，巩固党的执政地位，实现党的执政使命，做好抓基层、打基础的工作始终是战略重点。各级党组织要紧密结合正在开展的深入学习实践科学发展观活动，紧密结合新的形势和任务，以改革创新精神加强和改进基层党建工作，特别要在扩大基层党组织覆盖面、创新活动方式、有效发挥作用上下功夫，从组织上为促进民族地区繁荣发展、维护民族地区和谐稳定提供有力保证。

国务院副总理李克强在河南考察

6月17日至20日，李克强先后来到洛阳、郑州、开封、新乡等地，走进企业车间、高等院校，深入田间地头、乡村农户，着重就当前经济运行情况进行考察调研。他还听取了河南省委省政府的工作汇报，充分肯定近年来河南经济社会发展取得的成绩。

李克强在调研时强调，要认真贯彻落实党中央、国务院的决策部署，全面落实保持经济平稳较快发展的一揽子计划，加快实施中部地区崛起战略，大力调整优化产业结构，更好地统筹城乡发展，推动发展方式转变和经济转型，在改革创新中挖掘经济增长潜能，开拓发展空间。

国务院副总理李克强在洛阳参加全国节能宣传周活动及出席节能工作座谈会并讲话

在认真听取大家的意见后，李克强说，发展绿色产业，是世界产业结构调整变化的一大趋势，发展前景十分广阔。在我国推进节能减排、发展绿色经济，是当前扩内需、保增长、惠民生的重要举措之一，也是从我国国情出发，调整经济结构、增强发展后劲、化解资源环境瓶颈制约的长远之计。

针对节能减排面临的新形势，李克强指出，发展绿色产业和绿色经济，要继续抓好工业、交通、建筑等重点领域节能，扎实推进污染防治和生态建设。加快发展新能源、节能环保产业和循环经济，既重视节能环保产品生产和设备制造，又重视节能环保的管理服务，用节能环保技术改造传统产业。大力推进技术创新，广泛推广应用新技术新产品新服务。抓紧健全鼓励节能环保的政策，创新体制机制，从生产、流通、消费各个环节加以引导，逐步构建绿色的产业结构、增长方式和消费模式，拓展新的发展空间，实现节约发展、清洁发展、高效发展。

全国人大常委会副委员长王兆国在河北考察工作

6月17日至19日，王兆国深入到河北省企业、开发区、困难职工帮扶中心等，看望了劳动模范、企业职工、困难职工和农民工，并与河北省党政领导和工会干部进行了座谈。考察调研期间，王兆国对河北经济社会发展取得的成就给予充分肯定，对河北各级工会所做的工作给予高度评价。

王兆国要求各级工会以创建“工人先锋号”为载体，以重点工程竞赛、企业技术创新、发挥劳模示范带动作用为突破口，深入推进“同舟共济保增长、建功立业促发展”劳动竞赛活动，形成万众一心战胜挑战的合力。要深入开展“共同约定行动”，促进企业发展，维护职工权益，继续实施“千万农民工援助行动”，广泛开展金秋助学活动，积极做好帮助困难职工子女上学、就业工作，把党和政府保障改善民生的政策进一步落到实处。

中共中央政治局常委贺国强在马德里分别会见西班牙众议长何塞·博诺和西班牙工人社会党副总书记政府发展大臣何塞·布兰科

贺国强在会见博诺时说，中西关系稳定健康发展，离不开包括两国议会、政党等各方的共同努力。议会间的交往与合作，是中西国家关系的重要组成部分，也是两国人民加深了解、增进友谊的重要渠道。中国一贯重视中西关系，中国全国人大将一如既往地发展同西议会的友好合作。中国共产党也愿在党际交往四项原则基础上继续加强与西议会各政党的交流。

博诺说，西中两国虽然相距遥远，但是两国人民的交流越来越多，相互了解的兴趣越来越大，两国的共同利益越来越广泛。他高度评价中国的发展成就，希望西班牙能从中受益。博诺表示，西班牙议会愿继续加强与中国全国人大的友好交流与合作，为促进西中国家关系发展作出新贡献。

贺国强在会见布兰科时积极评价两国执政党之间业已存在的良好关系，对工社党致力于发展中西友好关系表示赞赏。贺国强说，双方应从战略高度看待两党交流与合作，特别是加强两党机制性交往和在重大问题上的沟通协调，通过不断深化党际交流为中西国家关系持续发展注入不竭的动力。

布兰科表示，西班牙工社党与中国共产党之间的合作关系基础好，潜力大，已进入成熟阶段，为两国关系的发展起到了巨大的推动作用，工社党愿为此继续作出积极努力。

会见后，贺国强与布兰科一道同20多位西班牙企业负责人进行了座谈。

国务院副总理王岐山在中南海紫光阁会见英国金融服务局主席特纳勋爵

全国人大常委会副委员长蒋树声作为国家主席胡锦涛的特使前往乌兰巴托出席蒙古国总统查黑亚·额勒贝格道尔吉的就职典礼

纪念黄埔军校建校85周年暨黄埔军校同学会成立25周年座谈会在人民大会堂举行

广州亚残运会确定项目设置

本届亚残运会共设置19个大项，小项不超过470个。鉴于田径、游泳、射箭、射击、轮椅击剑、举重、柔道、盲人门球、7人制足球、自行车、轮椅网球、乒乓球、坐式排球、轮椅篮球和5人制足球等是2012年伦敦残奥会的比赛项目，届时各运动员在上述15项比赛中的成绩将作为伦敦残奥会的资格积分。

天津市原市委常委滨海新区工委书记兼管委会主任皮黔生严重违纪违法被开除党籍和公职

《人民日报》报道，中共中央纪委对天津市原市委常委、滨海新区工委书记兼管委会主任皮黔生严重违纪违法问题进行了立案检查。皮黔生利用职务上的便利，为他人谋取利益，收受巨额钱款；滥用职权，造成巨额国有资产损失。

皮黔生的上述行为严重违反党纪政纪，其中有的问题已涉嫌犯罪。根据《中国共产党纪律处分条例》《中华人民共和国公务员法》的有关规定，经中央纪委常委会审议并报中共中央批准，决定给予皮黔生开除党籍、开除公职处分；收缴其违纪所得；将其涉嫌犯罪问题移送司法机关依法处理。

6月18日

国家主席胡锦涛在莫斯科会见俄罗斯国家杜马主席格雷兹洛夫

胡锦涛在会见时指出，近年来，中俄两国立法机构开展了密切交往和富有成效的合作，这对两国关系发展具有重要推动作用。两国立法机构应该继续本着为中俄关系发展大局服务的宗旨，着重做好三方面的工作：一是加强两国立法合作，为两国关系进一步发展奠定坚实法律基础。二是加强各委员会交流合作，为加强两国关系发挥更多作用。三是继续巩固和扩大中俄世代友好社会基础。中方将一如既往支持两国立法机构加强合作，通过两国立法机构多层次多形式交流增进两国人民相互了解和传统友谊，为促进中俄战略协作伙伴关系作出新贡献。

格雷兹洛夫表示，胡锦涛此次对俄罗斯的访问取得圆满成功，充分表明中俄两国建立了非常友好的战略关系。俄罗斯杜马愿为两国友好关系发展作出贡献。俄罗斯杜马同中国全国人大保持着密切接触，愿共同探讨立法机构如何为两国应对国际金融危机冲击发挥作用。两国成功举办"国家年"活动，现在又在举办"语言年"活动，两国人民交往日益密切，反映了两国关系的高水平。俄中两国地方合作尤其是俄罗斯远东地区同中国东北地区的合作十分重要，两国立法机构要在促进地方合作方面发挥重要作用。格雷兹洛夫完全赞同胡锦涛提出的关于加强两国立法领域合作的建议，表示俄罗斯议会愿为促进两国经贸合作发展作出更大贡献。

胡锦涛指出，中国"俄语年"活动已全面展开，相信明年俄罗斯"汉语年"也会同样丰富多彩。中俄两国领导人十分重视地方交流，将共同重点推进俄罗斯远东地区和中国东北地区合作。双方同意加快两个地区经济合作纲要的制定，促进两国地方经贸合作。

国家主席胡锦涛在莫斯科接受中外媒体联合采访

胡锦涛就上海合作组织发展方向、加强中俄战略协作等回答了俄罗斯俄通—塔斯社、香港凤凰卫视和中央电视台记者的提问。

胡锦涛表示，这次我应梅德韦杰夫总统邀请，出席上海合作组织峰会、“金砖四国”领导人会晤并对俄罗斯进行国事访问。

上海合作组织峰会就加强团结协作、共同应对挑战、推动上海合作组织持续稳定发展深入交换意见。会议明确要同舟共济、共同应对国际金融危机冲击，完善了上海合作组织安全合作体系、拓展了上海合作组织务实合作空间，取得重要成果。

我同卢拉总统、梅德韦杰夫总统、辛格总理共同出席了“金砖四国”领导人会晤。在国际形势复杂深刻变化、国际金融危机仍在蔓延深化的背景下，四国领导人会晤增进了战略互信、扩大了战略共识，为四国对话合作发展确定了方向。

访俄期间，我同梅德韦杰夫总统举行了坦诚友好、内容丰富的会谈，共同出席中俄建交60周年庆祝大会。我还同普京总理等俄方领导人会见。双方全面回顾和总结中俄关系60年来的发展历程，就共同应对国际金融危机冲击，加强经贸、能源、科技、人文、地方等各领域务实合作以及重大国际和地区问题深入交换意见，达成广泛共识。我相信，在双方共同努力下，我们一定能以中俄建交60周年为契机，携手推动中俄战略协作伙伴关系不断迈上新台阶。

在回答记者关于中俄关系及其发展前景的提问时，胡锦涛指出，中俄战略协作伙伴关系建立13年来，一直健康稳定发展。双方高层交往频繁，政治互信持续增强，在涉及对方主权、独立、领土完整、国家安全等核心利益问题上双方始终相互坚定支持。两国务实合作不断深化，重点领域合作成果丰硕。继两国成功互办“国家年”后，中俄“语言年”正式启动，揭开两国人文合作新篇章。双方在国际和地区事务中也保持密切协调和配合。

当前，国际形势正在发生复杂深刻变化，在这样形势下，中俄更需要加强合作。我相信，中俄战略协作伙伴关系一定会在新的历史起点上继续向前发展，取得越来越多的成果，造福两国人民。

在回答记者关于上海合作组织、“金砖四国”合作应对国际金融危机冲击的提问时，胡锦涛强调，在经济全球化深入发展、国与国相互依存日益紧密的大背景下，同舟共济、联合自强是应对国际金融危机冲击、推动恢复世界经济增长的正确途径。上海合作组织成员国地理相邻、互补性强、发展水平相近，合作潜力巨大。成员国经过协商一致同意：一是要加快实施交通、通信、能源领域多边和双边合作项目，促进成员国经济增长，努力消除国际金融危机对本地区经济造成的不利影响。二是要推进贸易投资便利化，积极推动新兴产业合作，培育新的经济增长点。三是成员国财经主管部门要加强金融货币政策协调，推动成员国建立更加紧密的经济金融联系。

胡锦涛表示，“金砖四国”领导人一致表示，一是要努力争取率先实现经济增长，为推动世界经济早日复苏作出贡献。二是要加强合作，推动和参与国际金融体系改革，提高发展中国家在国际金融机构中的代表性和发言权。三是要推动国际社会继续关注气候变化、粮食安全、能源资源安全、公共卫生安全等全球性问题，继续关注发展问题，创造良好国际发展环境，实现各国共同发展。

在回答记者关于上海合作组织今后发展方向的提问时，胡锦涛强调，上海合作组织之所以具有强大的生命力和吸引力，根本原因在于成员国始终遵循“互信、互利、平等、协商、尊重多样文明、谋求共同发展”的“上海精神”，以合作谋和平、以合作促发展。上海合作组织今后的发展应该继续牢牢把握这个大方向。上海合作组织在巩固地区安全、促进经济发展、维护成员国共同利益方面肩负的任务更加艰巨。为此，上海合作组织在政治上应该以落实《长期睦邻友好合作条约》为主线，坚持不懈地巩固成员国团结互信；安全上应该以构筑战略安全、执法安全、信息安全体系为手段，为成员国营造和平安宁的发展环境；经济上应该以深化区域经济合作为目标，推动成员国共同发展；人文上应该促进文化交流和人员往来，促进人民世代友好；对外交往中应该以平等互信、合作共赢为原则，构建持久和平、共同繁荣的和谐地区。

胡锦涛表示，上海合作组织是中国对外政策优先方向之一。我们愿同各方一道，继续推动上海合作组织全面发展，促进成员国共同繁荣。

国家主席胡锦涛在布拉迪斯拉发同斯洛伐克总统加什帕罗维奇举行会谈

胡锦涛指出，回顾过去60年，两国人民在长期友好交往中结下了深厚友谊，这是我们共同的宝贵财富，值得倍加珍惜。中斯两国没有悬而未决的历史遗留问题，也没有现实利害冲突，扩大共识、深化合作是双方的共同目标，符合两国和两国人民根本利益。希望双方以庆祝两国建交60周年为契机，继往开来，同心协力，共创中斯友好合作关系美好明天。胡锦涛就进一步发展中斯关系提出以下建议。

第一，巩固传统友谊，加深政治互信。两国领导人保持经常接触对双边关系发展具有重要意义。中方欢迎加什帕罗维奇总统再次访华。推动两国政府、立法机构、政党交流合作，夯实两国关系政治基础。

第二，深化经贸合作，共同应对危机。这是当前两国关系发展的重点。双方要加强贸易往来，推动双边贸易均衡发展；扩大相互投资，提高合作水平；拓展合作领域，实现互利双赢；共同应对危机、反对保护主义。建议双方在基础设施建设、新能源、农业、环保等领域开展不同形式的合作，为两国人民谋利益。在应对国际金融危机冲击方面加强沟通，相互交流经验，推动国际金融体系改革。

第三，扩大人文交流，丰富合作内涵。两国教育、文化、科技、卫生、体育等领域一直保持良好交往和互利合作，希望双方相互学习、取长补短、共同发展。

第四，加强国际协调，密切多边合作。加强双方在联合国等国际和地区组织中的磋商和协调，共同为维护世界和平稳定作出贡献。

加什帕罗维奇完全同意胡锦涛对双边关系的评价和发展双边关系的建议。他表示，当前，国际金融危机仍在发展。只有世界各国共同努力，才能有效应对危机冲击。拥有13亿人口的中国同斯洛伐克共同探讨合作应对国际金融危机，这本身就具有特殊重要的意义。斯方欢迎中国企业扩大对斯洛伐克投资，愿意促进双方农业、科技、能源、新能源、基础设施、机械制造、旅游等领域互利合作。

全国人大常委会委员长吴邦国在人民大会堂会见格林纳达总理托马斯

《人民日报》发表评论员文章《巩固和发展企稳向好的经济形势》

当前，我国经济运行正处于企稳回升的关键时期。17日召开的国务院常务会议，认真分析了当前经济形势，部署了下一阶段经济工作的七项重点任务，明确了三项要求。对此，我们一定要切实贯彻落实，坚定信心，统一认识，形成合力，努力巩固和发展企稳向好的经济形势。

巩固和发展企稳向好的经济形势，要全面准确客观地认识当前我国经济形势。这是统一认识、明确政策、做好下一阶段经济工作的基础。从今年前5个月我国宏观经济主要指标以及经济工作的实际来看，消费、投资增加推动经济增长的动力增强，结构和效益出现新的积极变化，社会保障水平进一步提高，民生得到进一步改善，灾后恢复重建加快推进等等。总之，当前，我国经济运行出现了积极变化，有利条件和积极因素增多，总体形势企稳向好。应当充分看到，今年以来，在极其困难的情况下，我国经济主要依靠内需实现了平稳较快的增长，就业形势保持基本稳定。这与世界其他主要经济体经济大幅下滑、失业率急剧攀升形成鲜明对比，成绩来之不易。这充分说明，中央应对国际金融危机的方针政策和一揽子计划是完全正确和及时有效的，更加坚定了我们战胜各种困难，努力实现全年经济社会发展各项目标的信心。但同时我们更应清醒地看到，当前，国内外经济环境不确定、不稳定因素仍然很多。世界经济衰退的格局尚未改变，外需严重萎缩的局面一段时间内还将持续，加之我国经济结构一些长期积累的矛盾仍很突出，出口下降、产能过剩、企业经济效益下滑、财政收支矛盾和就业困难等问题尚难根本缓解，经济回升的基础还不够稳固，实现经济稳定回升任务艰巨。我们必须做好在较长时间内应对各种困难和复杂局面的准备。

巩固和发展企稳向好的形势，要坚定不移地继续实施积极的财政政策和适度宽松的货币政策，全面贯彻落实好应对国际金融危机的一揽子计划，并根据形势变化不断丰富和完善。去年下半年以来，为应对国际金融危机、保持经济平稳较快的发展势头，中央果断实施积极的财政政策和适度宽松的货币政策，迅速推出进一步扩大内需、促进经济增长的十项措施，进而形成了系统完整的保持经济平稳较快发展的一揽子计划。近一年的实践已充分证明，这些政策措施的及时实施，为有效应对危机、提振信心、遏制经济增长过快下滑起到了至关重要的作用，保持了经济社会大局的稳定。今后一个时期，我们要保持宏观经济政策的连续性、稳定性，坚定不移地继续实施这些实践证明对应对国际金融危机有效，对促进经济长远发展有利的政策措施。

巩固和发展企稳向好的形势，要进一步明确任务，狠抓落实。要抓紧出台贯彻落实应对国际金融危机一揽子计划的相关配套政策，使之充分发挥效应。必须坚持扩大内需，必须着力调整结构和培育新的经济增长点，必须进一步加大改革开放的力度。今后一个阶段，我们重点要落实国务院常务会议提出的七项重点工作，保增长、调结构、促改革、惠民生，提升经济发展质量，努力实现又好又快发展。

第七届中国·海峡项目成果交易会在福州市开幕

海峡项目成果交易会是福建省推进科技创新、两岸合作、国际交流的重要平台，促进发展方式转变和经济结构调整的重要载体。本届海峡项目成果交易会的主办单位增至16家，参会各界嘉宾达2800多人，境内外高校和科研单位400多所。其中含台湾科技、教育、企业界及社会知名人士600多人，创历届之最。交易会为期3天，参会参观企业人员预计将超过12万人次。

中加签订卫生合作行动计划

加拿大卫生部长阿格卢卡克和中国卫生部长陈竺18日在渥太华签署了加中两国2009—2011年度卫生

合作行动计划，并表示两国将继续在共同关切的重要卫生问题上保持密切合作。

首个图书馆博士后工作站揭牌

国家图书馆博士后科研工作站揭牌，这是我国首家在图书馆设立的博士后科研工作站，也是培养图书馆专业人才的最高平台。工作站以中国古典文献学、数字图书馆、图书馆学作为重点研究领域与方向。

中国广播联盟成立成立大会在北京举行

由中央人民广播电台发起，132家电台参与的中国广播联盟成立大会在京举行。

中国广播联盟是中国广播界专业性、非营利性合作组织，首批成员台132家，包括中央台和大陆各省、自治区、直辖市的全部省级电台和部分地市县级电台。

在成立大会上，中国广播联盟向全国广播界发出倡议：净化社会文化环境，抵制低俗之风。

朱耀华逝世

原福州军区副司令员朱耀华同志，因病医治无效，于6月18日在福州逝世，享年92岁。

朱耀华是江西瑞金人，1930年参加中国工农红军，1932年加入中国共产主义青年团，次年转为中国共产党党员。土地革命战争时期，他历任干事、班长、排长、代连长等职，参加了中央苏区第一至五次反“围剿”和直罗镇、东征、西征、山城堡等战役战斗，参加了二万五千里长征。抗日战争时期，他历任连长、参谋、营长、团副参谋长、科长、团参谋长，参加了平型关、反“扫荡”等战役战斗。解放战争时期，他历任团长、师参谋长、副师长、师长等职，参加了莱芜、孟良崮、开封、济南、淮海、渡江、福州等战役战斗。新中国成立后，他历任处长、副军长兼参谋长、福建省军区司令员等职。

朱耀华是党的九大代表、第六届全国人大代表。他1955年被授予少将军衔，曾荣获三级八一勋章、二级独立自由勋章、二级解放勋章和一级红星功勋荣誉章。

6月19日

国家主席胡锦涛在布拉迪斯拉发会见斯洛伐克总理菲乔

胡锦涛在会见时表示，发展中斯友好合作特别是加强两国经贸合作，符合两国和两国人民根本利益，也有利于共同应对当前金融危机的冲击，努力恢复经济增长。要把发展经贸合作作为发展当前中斯关系的重点。由于国际金融危机的影响，两国贸易受到一些影响。中方愿意同斯方一道努力，采取切实有效措施，促进双边贸易发展。此次访问期间，双方企业家就开展合作进行了广泛接触，已取得初步成效，希望今后取得更多成果。要积极开展相互投资，中方鼓励有条件的企业来斯投资，欢迎斯洛伐克有实力的企业开拓中国市场。要积极探讨投资合作的新途径新方式，在基础设施建设、新能源、农业、林业、环保等领域开展形式多样的合作，拓展合作领域，实现互利双赢。要在应对国际金融危机冲击问题上加强沟通，加强宏观经济政策协调。

菲乔十分感谢和欢迎胡锦涛访问斯洛伐克，认为这充分体现了中方对发展中斯、中欧关系的高度重视。他热烈祝贺新中国成立60周年和斯中建交60周年，对中国发展取得的巨大成就表示钦佩。他表示，斯中有着良好战略关系，两国政治关系十分密切。斯方愿意以胡锦涛此访为契机，加强同中国的互利经贸合作。希望更多中国企业来斯投资兴业。

国家主席胡锦涛同斯洛伐克总统加什帕罗维奇在布拉迪斯拉发共同出席中斯企业家早餐会

胡锦涛在早餐会的致辞中指出，今年是中斯两国建交60周年。60年来，中斯关系经受住了各种各样的考验。尤其是斯洛伐克独立后，两国关系快速发展，两国经贸合作不断扩大。斯洛伐克已经成为中国在中东欧地区重要经贸合作伙伴。

胡锦涛指出，目前，国际金融危机仍在蔓延深化，世界经济前景严峻，推动世界经济复苏是各国的重要任务。面对这场历史罕见的国际金融危机，各国应该坚定信心、加强合作、共克时艰。胡锦涛就加强两国经贸合作提出以下建议。

第一，着眼长远，进一步深化经贸合作。双方应该加强合作的战略规划，既立足当前，又着眼长远，推动双边经贸合作不断深入发展，促进两国经贸关系综合平衡。

第二，加强沟通，进一步提高政府服务水平。两国政府特别是经贸主管部门应该加强交流、密切往来，充分发挥两国经济联委会作用，完善合作机制，营造有利环境，为双方企业合作提供优质服务。

第三，开拓进取，进一步推动重点领域合作。双方应该充分发挥各自优势，开辟新的合作渠道，探索新的合作模式，构建新的合作平台。中国政府鼓励和支持有实力的中国企业积极参与斯洛伐克能源、公路、铁路、电信等基础设施建设，鼓励双方在研发、劳务、工程承包、新能源领域开展实质性合作，不断培育新的贸易和投资增长点。

第四，互利双赢，进一步发挥企业主体作用。中斯企业界是推动两国经贸合作发展的主力军。双方企业特别是中小企业要扩大接触、加强了解，把握世界经济格局调整的有利时机，寻找新的机遇，共谋互利双赢。

第五，务实协调，进一步实现务实合作良性互动。双方应该坚持自由贸易，反对保护主义，本着坦诚、开放、务实的精神，通过对话和合作，积极深化中欧、中斯经贸关系，实现持续发展。

胡锦涛最后指出，全面推进中斯友好合作关系，扩大两国经贸互利合作，符合两国人民根本利益。希望两国企业家携起手来，共同开创双边经贸合作新局面、谱写中斯友谊新篇章。

加什帕罗维奇在致辞中对中国近30年来的蓬勃发展表示敬佩，表示中国的发展对斯洛伐克十分有利，斯洛伐克愿同中国加强互惠互利的经济合作，共同应对国际金融危机冲击。

他表示，斯洛伐克是近几年欧盟经济增长速度最快的国家之一。他希望加强两国能源、农业、医药、机械、技术、环保、旅游等领域合作，使斯洛伐克成为中国通往欧盟市场的桥梁和中国企业投资的重要目的地。他表示相信，斯中两国经济成功和两国传统友谊有助于进一步推动两国互利合作深入发展。

国家主席胡锦涛在布拉迪斯拉发会见斯洛伐克议长帕什卡

胡锦涛在会见时强调，立法机构交往是双边关系的重要组成部分。多年来，中国全国人大和斯洛伐克议会一直保持密切交流合作，为增进两国人民了解和友谊、促进两国关系发展发挥了积极作用。立法机构合作不仅有助于相互交流立法和治国理政经验，也有助于增进两国人民相互了解和友谊，推动两国各领域合作不断向前发展。我们支持两国立法机构加强开展交流合作。

帕什卡代表斯洛伐克人民热烈欢迎胡锦涛访斯，对新中国成立60周年表示祝贺。他表示，斯中两国建交以来，双方关系持续健康发展。两国不存在任何历史遗留问题，友好合作是双方共同愿望。希望双方加强经贸合作，共同应对国际金融危机冲击。斯洛伐克愿意成为中国进入欧盟的大门。

帕什卡说，斯中立法机构一直合作很好，斯议会愿意进一步加强同中国全国人大的交流，共同为促进两国关系发展作出贡献。无论形势如何变化，斯方都将坚持一个中国政策。

全国政协十一届常委会第六次会议在北京闭幕

全国政协主席贾庆林出席闭幕会并讲话。

全国政协副主席王刚主持会议。

贾庆林指出，这次常委会议是在扩大内需一揽子计划初见成效、我国经济形势总体好于预期的重要时段召开的。中共中央、国务院对这次会议十分重视，国务院副总理李克强到会作了报告。中央国家机关30个部门的负责同志与会听取意见和建议。常委会组成人员围绕“着力扩大国内需求，保持经济平稳较快发展”、“保障和改善民生，促进社会和谐”两个议题开展协商讨论，积极建言献策，体现了人民政协围绕中心、服务大局的工作原则，有利于发挥常委会议就重大问题在决策之前和决策执行过程中进行协商的重要作用。

贾庆林指出，当前，国际金融危机仍在蔓延和深化，对全球实体经济的冲击日益显现，世界经济形势依然复杂严峻。就我国来说，在中央一系列政策措施的作用下，应对国际金融危机初见成效，经济运行出现积极变化，总体形势企稳向好。但也要看到，经济运行的不稳定不确定因素仍然很多，经济发展面临的困难仍很严重。我们要充分发挥人民政协人才荟萃、智力密集的优势，密切关注国际金融危机的影响和我国经济运行的态势，坚定战胜困难的决心和信心，深入研究经济社会发展中的综合性、全局性、前瞻性问题，建睿智之言，献务实之策，为促进经济平稳较快发展作出贡献。贾庆林要求政协委员就扩大投资、扩大消费、稳定外需、加快推进小城镇建设、大力发展中小企业、加快发展社会事业、把握新一轮经济发展的突破口七个方面的问题，继续调查研究，提出对策建议。

贾庆林说，民生连着民心，民心凝聚民力。保障和改善民生，是促进经济平稳较快发展的出发点和落脚点。各级政协组织和广大政协委员要继续弘扬人民政协的优良传统，发挥人民政协优势，认真贯彻中央的决策部署，积极协助党和政府解决好涉及群众切身利益的民生问题，维护社会和谐稳定。现阶段，尤其要在千方百计扩大就业、促进农民收入持续增长、切实解决城乡居民的住房问题和灾后恢复重建中的民生问题等方面出主意、出实招。

会议经过表决，通过了《政协全国委员会常务委员会关于授权主席会议对违纪违法政协委员及时作出处理的决定》，通过了免去陈绍基政协第十一届全国委员会港澳台侨委员会副主任职务、撤销其全国政协委员资格的决定。

全国政协副主席廖晖、杜青林、白立忱、陈奎元、阿不来提·阿不都热西提、李兆焯、黄孟复、董建华、张梅颖、张榕明、钱运录、李金华、郑万通、邓朴方、万钢、林文漪、厉无畏、罗富和、陈宗兴、王志珍出席会议。

中共中央和国务院有关部门负责人应邀参加会议。

政协十一届全国委员会常务委员会在北京举办第四次学习讲座

全国政协主席贾庆林主持并讲话。

中国气象局国家气候中心研究员罗勇和清华大学低碳能源实验室教授何建坤,作了关于全球气候变化和我国加强应对气候变化能力建设的专题报告,他们在报告中介绍了全球气候变化的成因、现状、影响和未来趋势,分析了全球应对气候变化的形势以及全球气候变化给我国带来的机遇和挑战,提出了我国应对气候变化的思路与对策。

贾庆林在讲话中说,气候变化关系到人类的生存环境和社会的繁荣发展,是当今国际社会普遍关注的重大问题。做好应对气候变化工作,事关经济社会发展和人民群众切身利益,事关国家根本利益。党中央、国务院坚持把资源节约和环境保护作为基本国策,坚持把可持续发展作为国家战略,坚持共同但有区别的责任原则,始终以负责任的态度高度重视气候变化问题,制定并实施了应对气候变化国家方案,采取了一系列政策和措施,为应对全球气候变化作出了积极努力。

全国政协副主席王刚、白立忱、陈奎元、阿不来提·阿不都热西提、李兆焯、黄孟复、张梅颖、钱运录、李金华、郑万通、万钢、罗富和、陈宗兴、王志珍出席了讲座。

第二届全国道德模范评选群众投票启事

今年是新中国成立60周年,为集中展示公民道德建设的丰硕成果,发挥道德模范的榜样作用,广泛动员人民群众支持和参与道德建设,推动社会主义核心价值体系建设,为庆祝新中国成立60周年营造文明和谐的社会氛围,中央宣传部、中央文明办、总政治部、全国总工会、共青团中央、全国妇联联合举办第二届全国道德模范评选表彰活动。经全国各地群众踊跃提名,各省、自治区、直辖市和总政治部评选表彰活动组委会推荐上报,第二届全国道德模范评选表彰活动组委会确定317位全国道德模范候选人。

根据评选表彰工作程序,6月19日至7月19日,《人民日报》《光明日报》《工人日报》《中国青年报》《中国妇女报》和中国文明网、央视网、人民网、新华网、中国网、国际在线、中国日报网、中青网、中国台湾网、光明网、中国经济网、中国广播网、中新网、中国军网、中工网、中国妇女网、搜狐网、新浪网、网易网、腾讯网、悠视网同步刊登候选人的事迹,面向社会进行公示,接受群众监督,并接受群众投票。欢迎大家积极参加投票评选。对候选人若有意见,可于7月19日前向全国活动组委会办公室反映,通信地址:北京市西城区六部口北新平5号3608室,邮编:100031;电话:010-66038895、66019859;电子信箱:ddmf2009@163.com。

第二届全国道德模范评选表彰活动组委会

2009年6月19日

中朝签署《中朝海洋科学技术合作第14次会谈纪要》

中国国家海洋局代表团与朝鲜气象水文局代表团在平壤签署了《中朝海洋科学技术合作第14次会谈纪要》,商定了中朝今后两年海洋科技领域的合作计划。

中朝海洋科学技术合作第14次会议于16日在平壤召开,会议讨论了2009年至2010年海洋科技领域的合作计划。纪要的主要内容包括利用海洋卫星资料的海洋监控方法、中朝应对黄海气候变化合作研究,以及海洋长期变动预测方法的研究等。双方还商定共同关注有关黄海生态合作计划。

大学毕业生建功立业事迹报告会在清华大学举行

由中宣部、教育部、共青团中央联合组织的"大学毕业生建功立业先进事迹报告团"首场报告会在清华大学举行。报告团7位报告人结合亲身经历,讲述了各自毕业之后在工作岗位上作出的成绩,他们身上体现出的坚忍不拔、积极进取、勇于担当、乐于奉献、报效祖国、服务人民的品质深深打动了在场来自首都多所高校的1000多名学生代表。

报告团在北京做完报告之后,还将赴天津、哈尔滨、上海、武汉、广州、西安等地高校做巡回报告。

《人民日报》发表评论员文章《促进公共卫生服务逐步均等化》

近日,我国正式启动了六项重大公共卫生服务项目。这是逐步实现人人享有基本医疗卫生服务目标的重大举措,是促进基本公共卫生服务逐步均等化工作迈出的新步伐,对于改善城乡居民卫生服务的公平性、坚持公共医疗卫生的公益性,具有深远意义。

基本公共卫生服务逐步均等化,是指无论性别、年龄、种族、居住地、职业、收入,城乡居民都能平等地获得基本公共卫生服务。从保障国民健康权益的角度看,它意味着人人享有相同的权利。实现基本公共卫生服务均等化,目标是保障城乡居民获得最基本、最有效的公共卫生服务,缩小城乡居民基本公共卫生服务差距,最终使广大居民不得病、少得病、晚得病。

促进基本公共卫生服务逐步均等化,体现了以人为本的执政理念。健康权是一项基本人权,健康公平常常被看成是一个社会核心价值的体现和公平正义的象征。因此,维护国民健康公平,既是一个国家社会公平正义的基础，也是经济社会发展的重要目标。长期以来，我国城乡二元结构矛盾突出，城乡居民在公共卫生服务方面存在较大差距，严重制约了经济社会发展。促进城乡居民均等化享有基本公共卫生服务，既表明了政府对每一个人生存质量的关切，又彰显了政府维护健康公平的责任意识。

促进基本公共卫生服务逐步均等化，体现了公共医疗卫生的公益性。公共卫生问题不是个人的健康问题，而是公众和社会的健康问题。我国提出建立、健全覆盖城乡居民的基本医疗卫生制度，为群众提供安全、有效、方便、价廉的医疗卫生服务。这不仅是深化医药卫生体制改革的总体目标，而且是实现公共卫生服务均等化的制度性保证。强化政府在公共卫生中的主导地位，完善政府对公共卫生的投入机制，堪称我国公共卫生事业从理念到体制的重大变革。

促进基本公共卫生服务逐步均等化，体现了预防为主的卫生工作方针。公共卫生主要是对健康危险因素进行早期干预，从而达到预防疾病、促进健康、延长寿命的目的，是一种低投入、高效益的健康投资策略。我国人口众多，卫生资源相对匮乏，优先发展公共卫生事业，强调预防为主，将疾病预防关口前移，既体现了卫生工作的内在规律，又符合我国国情，是提高医疗卫生资源利用效率的重要举措，有利于减轻国家、社会和个人负担，改善城乡居民健康水平。

健康是人类永恒的追求。促进基本公共卫生服务逐步均等化，是一项惠及城乡居民的民生工程，关系到千家万户的健康幸福，从而也是构建社会主义和谐社会的一项重大任务。因此，各级政府应切实履行承诺，扎实推进医药卫生体制改革，为逐步实现人人享有基本医疗卫生服务创造条件。

中国拥有完全自主知识产权的最大型原油船(VLCC)“新埔洋”号在广州龙穴岛造船基地出坞

此举标志着我国超大型船舶设计迈上新台阶，同时也标志着我国三大新兴造船基地之一的珠江口龙穴岛造船基地生产能力全面形成。“新埔洋”号载重30.8万吨，是我国自主研发设计、建造并拥有独立知识产权的最大型原油船(VLCC)，全船长333米、宽60米、甲板面至船底型深29.8米，甲板面上设有直升机停降平台，服务航速可达15.7节。

6月20日

国家主席胡锦涛在萨格勒布同克罗地亚总统梅西奇举行会谈

胡锦涛在会见时强调，我们珍视同克罗地亚的传统友谊，重视发展对克关系，视克罗地亚为中国在东南欧地区值得信赖的好朋友、好伙伴。当前，中克两国均处在重要发展阶段。双方应该抓住机遇，携手努力，在相互尊重、平等互利、互不干涉内政等原则的基础上，继续推动中克全面合作伙伴关系向更高水平、更广领域发展。胡锦涛就进一步发展中克关系提出建议。

第一，加强友好往来，增强政治互信。继续保持双方高层交往，广泛开展两国政府、立法机构、政党对话和交流，理解和支持对方重大关切，巩固两国关系政治基础。

第二，深化经贸合作，促进互利双赢。从两国共同应对国际金融危机冲击的高度出发，积极拓展双方经贸合作。充分发挥政府间经贸混委会的指导作用，加强磋商和协调，探索合作新领域新方式，培育新的合作增长点。中国政府鼓励有实力的中国企业赴克投资兴业，参与克罗地亚机场、港口、电信、制药、造船等领域合作，欢迎克罗地亚企业采取更加进取的态度开拓中国市场，逐步实现双边贸易均衡发展。

第三，密切人文交流，增进人民感情。两国政府要积极支持双方加强教育、卫生、体育、旅游等领域交流合作。扩大两国地方和民间交往，增加青少年交流，中方邀请50名克青年明年访华。

第四，加强多边协作，促进和谐发展。中方愿意继续加强两国在联合国和其他多边组织内的沟通和配合，及时就联合国改革、气候变化、可持续发展、国际反恐等共同关心的重大国际问题交换看法、协调立场，共同促进世界和平、稳定、繁荣。

胡锦涛指出，发展同东南欧国家的友好合作是中国对欧政策的重要组成部分。中方一贯尊重该地区各国主权和领土完整，尊重各国人民自主选择的发展道路，理解各国融入欧洲一体化的努力。我们为克罗地亚在加入欧盟进程中取得的重大进展感到高兴。我相信，加入欧盟将给包括克罗地亚在内的东南欧各国带来新的发展机遇，也将为中国同东南欧各国关系的发展提供新的空间。

梅西奇表示，今天是克罗地亚历史性的一天。克中友好关系历史悠久。克罗地亚愿意成为中国进入东欧地区的大门。当前，克中双方都面临国际金融危机冲击影响，克方愿意在应对国际金融危机、改革国际金融体系问题上加强同中方的协调。克罗地亚希望大力加强同中国的经贸合作，特别是科技、基础设施、制药、电子、农业等领域合作。克罗地亚将积极创造条件，吸引中国企业来克投资，同中国地方建立合作关系，希望更多中国游客来克旅游。他表示，克罗地亚坚定奉行一个中国政策。

会谈结束后，胡锦涛和梅西奇出席中克有关合作

文件签字仪式

国家主席胡锦涛同克罗地亚总统梅西奇在萨格勒布共同出席中国—克罗地亚商务论坛暨企业家洽谈会开幕式

胡锦涛在开幕式上的致辞中指出，克罗地亚已成为中国在东南欧地区最大贸易伙伴。双方企业交往日趋密切，企业家代表团互访和形式多样的洽谈会、投资论坛对双方企业扩大互利合作起到了积极推动作用。

胡锦涛强调，回顾两国友好交往历史，展望双边合作美好未来，我们有必要从战略高度审视和把握中克关系，全面规划两国合作发展途径，不断推动两国互利合作迈上新台阶。为此，胡锦涛提出以下建议。

第一，增进政治互信，促进共同发展。从共同发展的战略高度出发，本着互信、互助、互惠、互利的原则，加强对话，扩大共识，增进政治互信，深化务实合作，不断丰富中克全面合作伙伴关系内涵，推动两国友好合作长期稳定全面发展。

第二，扩大贸易规模，推动平衡发展。希望两国企业家加强合作，努力挖掘符合市场需要的产品，不断扩大贸易往来。我们欢迎克罗地亚企业通过参展等各种形式宣传自身产品，扩大对华出口，促进双边贸易平衡发展。

第三，拓宽合作领域，提升合作水平。充分发挥两国经济互补性，鼓励和支持双方企业积极探讨家电、电信、物流、旅游、研发、基础设施建设、工程承包等领域合作，扩大相互投资，培育双边经贸关系新的增长点。

第四，用好合作机制，加深相互了解。双方应该更好发挥两国经贸混委会机制的宏观指导和统筹协调作用，妥善规划合作方向；两国工商会的投资贸易促进机构等中介组织要充分起到桥梁和纽带作用，帮助企业寻找更多贸易和投资机会。

胡锦涛指出，当前，国际金融危机仍在蔓延深化。中国政府愿继续同包括克罗地亚在内的国际社会一道，加强宏观经济政策协调，为推动国际金融体系改革，反对贸易和投资保护主义，推动世界经济复苏作出应有贡献。

胡锦涛最后指出，加强中克友好互利合作，符合两国人民根本利益，有利于推动两国共同发展。我坚信，在两国政府、工商界，包括在座各位朋友不懈努力下，中克经贸合作一定会结出更丰硕的果实。

梅西奇在致辞中表示，克中双方领导人高度重视并积极推动双边经贸关系。经贸合作已成为克中双边关系的重要组成部分，双方在贸易、投资、旅游、农业、技术、基础设施建设等领域合作潜力很大。他希望两国企业家增强信心，着眼长远，加大投资力度，调整贸易结构，促进双边经贸关系发展。

他表示，在当前国际金融危机的背景下，中国出台了大规模经济刺激计划，加大了对经济社会事业的投入，中国应对国际金融危机冲击的经验值得克罗地亚借鉴。

国家主席胡锦涛在萨格勒布会见克罗地亚总理萨纳德

胡锦涛在会见时强调，中克关系发展实践表明，历史文化、社会制度、发展水平的差异不是发展国家关系的障碍。只要双方都坚持相互尊重、平等相待、合作双赢的原则，充分照顾彼此重大关切，以积极态度推进互利合作，两国关系就一定能够不断向前发展。

胡锦涛指出，在当前形势下，特别是国际金融危机仍在蔓延深化的情况下，中克关系面临进一步发展的新机遇。双方应该重点从以下方面开展合作。

第一，扩大经贸合作，为两国应对国际金融危机冲击服务。保持双边贸易稳定，丰富经贸合作形式，逐步实现双边贸易均衡发展。扩大双向投资，积极发挥企业主体作用，既要重点协调两国有影响的大企业合作，也要促进中小企业合作，欢迎更多克罗地亚企业以积极进取的姿态开拓中国市场。

第二，积极开拓科技、旅游领域合作，培育务实合作新亮点。共同开好今年下半年在北京举行的中克科技合作委员会第四次例会。推动两国科技特别是高技术领域合作。充分利用克罗地亚已成为中国公民出境旅游目的地国的有利条件，吸引更多中国游客到克罗地亚观光。

第三，开展多种形式的人文交流。重点深化两国在语言教学、新闻传媒领域合作。中方欢迎克罗地亚参加上海世博会，支持尽快在克罗地亚开办孔子学院。

第四，调动地方政府合作积极性。鼓励开展友好省市交往，深化各领域互利合作，促进两国关系发展。

萨纳德表示，克罗地亚政府热烈欢迎胡锦涛来访，这充分体现了两国深厚的传统友谊，必将为双边关系发展发挥重要推动作用。克中两国虽然远隔千山万水，但双方关系却很近，长期以来保持友好合作，两国关系已经发展到较高水平。希望双方重点推进经贸合作，同时积极开展文教、科技、地方、旅游等领域合作。克罗地亚政府欢迎中国企业到克罗地亚投资，参与港口、机场等基础设施建设，在能源、木材加工、建筑、食品加工、制药等领域开展合作。同时，鼓励更多克罗地亚企业到中国投资兴业，推动两国中小企业合作。希望通过旅游合作加深双方相互了解，推动两国关系发展。克罗地亚政府正式决定参加上海世博会。

国家主席胡锦涛在萨格勒布会见克罗地亚议长贝比奇

胡锦涛指出，近年来，中国全国人大同克罗地亚议会交往密切、合作良好，双方分别成立了双边友好小组，双方外事委员会等专门委员会保持经常性接触。两国立法机构为增进两国人民了解和友谊，推动中克关系发展发挥了重要作用。希望克罗地亚立法机构和中国全国人大继续开展不同层次、不同形式的交往，交流民主法制建设经验，并加强在各国议会联盟等多边场合的协调和配合。两国立法机构交流合作必将为促进双边关系发展特别是经贸合作发挥更大作用。

贝比奇完全赞同胡锦涛关于发展克中关系的意见，认为这次历史性的访问为双边关系发展注入新的活力。他祝贺中华人民共和国成立60周年，祝贺中国经济社会发展取得巨大成就，认为这不仅造福中国人民，而且为世界发展作出重要贡献。他表示，我们要在过去的基础上为发展两国关系创造更加美好的未来。希望加强两国基础设施建设、旅游、造船等领域合作，增进两国人民相互了解。克罗地亚议会愿意加强两国立法机构的联系和协调，全力推动两国关系发展。

国家主席胡锦涛与特立尼达和多巴哥总统乔治·马克斯韦尔·理查兹互致贺电庆祝两国建交35周年

中共中央政治局常委贺国强在雅典会见希腊总理科斯塔斯·卡拉曼利斯

贺国强说，中希两国都具有悠久历史文化，现又都致力于发展本国经济，加强中希合作具有重要意义。贺国强感谢希腊政府在涉及中国核心利益问题上给予的理解和支持，并表示，中方愿与希方协调配合，深化合作，共促发展，谱写中希全面战略伙伴关系新篇章。

卡拉曼利斯说，希中两国无论在政治方面，还是在经济合作、投资合作等方面都有着非常良好的关系。卡拉曼利斯感谢贺国强出席雅典卫城新博物馆开馆仪式，认为这再次表明了希中友好关系已经发展到一个很高的水平。

由我国自主研制的20台具有自主知识产权1.5兆瓦级风电机组在内蒙古锡林郭勒盟赛汗塔拉风电场实现并网发电

6月21日

首场先进模范人物爱国奉献事迹报告会在北京航空航天大学举行

全国优秀教师一等奖及全国师德先进个人奖获得者、清华大学计算机系教授、博士生导师吴文虎，“中国青年五四奖章”获得者、“当代青年的榜样”、中国石油天然气集团公司工程技术分公司副总经理秦文贵，全国道德模范、全国劳动模范、青岛港前湾集装箱码头有限责任公司固机部经理许振超，“中国青年五四奖章”获得者、全国十佳法官、北京市海淀区人民法院知识产权庭庭长宋鱼水，“中国十大杰出青年”、“新一代模范士兵”、沈阳军区某高炮团修理连士官向南林，“北京奥运会、残奥会先进个人”、“2008全国高校辅导员年度人物”、北京交通大学辅导员孙慧环，“中国青年五四奖章标兵”获得者、全国三好学生标兵、南京航空航天大学博士生胡铃心，“全国抗震救灾模范”、“抗震救灾优秀志愿者”、成都信息工程学院学生蒙祖海在报告会上作了报告。

报告会由中宣部、教育部、团中央联合组织，团中央书记处书记周长奎主持报告会，中宣部副部长翟卫华、教育部副部长李卫红出席报告会。

国务委员兼国务院秘书长马凯在辽宁调研信访工作

马凯先后来到鞍山、沈阳等地，深入城乡社区、工业企业和信访接待大厅了解基层和企业信访工作情况，召开座谈会听取了对加强信访工作的意见和建议，看望慰问了全国优秀信访局长潘作良家属。

马凯强调，要切实把信访工作摆上重要位置，认真抓好中央关于信访工作一系列决策部署的贯彻落实；要认真解决群众合理诉求，切实维护群众的合法权益；要突出工作重点，积极主动地化解各种不稳定因素，努力为新中国成立60周年庆祝活动营造良好的社会环境。

马凯要求，对辽宁等地在信访工作实践中形成的信访风险评估、联合接待群众来访、建立基层信访工作网络等制度，要认真总结并加以推广，使之成为共同实践。

郑波 马晋在印度尼西亚羽毛球公开赛决赛中获得混双组合金牌

6月22日

国家主席胡锦涛与爱尔兰总统玛丽·麦卡利斯互致贺电庆祝两国建交30周年

十一届全国人大常委会第九次会议在人民大会堂举行

为期6天、共有15项议程的十一届全国人大常委会第九次会议开幕,继续审议农村土地承包经营纠纷仲裁法草案、统计法修订草案、国家赔偿法修正案草案;首次审议保守国家秘密法修订草案、驻外外交人员法草案、海岛保护法草案;审议全国人大常委会关于废止部分法律的决定草案、关于修改部分法律的决定草案;审议国务院关于提请审议授权澳门特别行政区对横琴岛澳门大学新校区实施管辖的议案。

吴邦国委员长主持会议。

根据通过的议程,会议首先听取了全国人大法律委员会副主任委员李重庵作的关于农村土地承包经营纠纷仲裁法草案审议结果的报告;听取了全国人大法律委员会副主任委员张柏林作的关于统计法修订草案审议结果的报告。法律委员会认为这两部法律草案已比较成熟,建议本次常委会会议审议通过。

会议还听取了全国人大法律委员会副主任委员洪虎作的关于国家赔偿法修正案草案修改情况的汇报。法律委员会建议本次常委会会议继续审议。

保守国家秘密法自1989年5月1日施行以来,对于保守国家秘密、维护国家安全和利益,发挥了重要作用。随着我国经济社会的快速发展,特别是信息化的发展和电子政务的建设与应用,保密工作中出现了一些新情况和新问题。为适应新形势下加强保密工作的需要,国家保密局起草了保守国家秘密法修订草案并已经国务院常务会议讨论通过。受国务院委托,国家保密局局长夏勇就保守国家秘密法修订草案的主要内容作了说明。

为规范驻外外交人员的管理,保障驻外外交人员的合法权益,保证驻外外交机构依法履行职责,外交部总结我国驻外外交人员管理实践经验,借鉴国外通行做法,拟订了驻外外交人员法草案并已经国务院常务会议讨论通过。受国务院委托,外交部副部长王光亚就草案中的法律适用范围,外交衔级制度,驻外外交人员的职责、条件、义务和权利,馆长负责制,驻外外交人员的工资福利制度,驻外外交人员配偶子女的合法权益等主要内容作了说明。

为了保护海岛生态系统,合理开发海岛自然资源,维护海岛及其周边海域生态平衡,促进经济社会的可持续发展,全国人大环境与资源保护委员会拟定了海岛保护法草案。全国人大环境与资源保护委员会主任委员汪光焘向会议作了关于海岛保护法草案的说明,介绍了制定海岛保护法的必要性、可行性、立法宗旨和海岛保护原则,并就草案的主要问题作了解释。

改革开放30年来,我国立法工作成绩卓著,已基本形成的中国特色社会主义法律体系总体上是科学的、统一的、和谐的。但随着经济社会发展和改革的不断深化,有些法律规定已明显不适应经济社会发展的需要,有些相互不尽一致、不够衔接,有些操作性不强,需要在提高立法质量的前提下,一手抓法律制定,一手抓法律清理。按照全国人大常委会的部署,全国人大法律委员会和全国人大常委会法制工作委员会成立了法律清理工作小组。法律清理工作小组经过广泛听取意见,反复研究论证,提出了全国人大常委会关于废止部分法律的决定草案和关于修改部分法律的决定草案。受委员长会议的委托,全国人大常委会法制工作委员会主任李适时就开展法律清理工作的必要性与经过以及法律清理工作的目标任务、工作方针和处理意见等向会议作了说明。

会议听取了国务院港澳事务办公室副主任周波受国务院委托所作的关于《国务院关于提请审议授权澳门特别行政区对横琴岛澳门大学新校区实施管辖的议案》的说明。该议案是国务院根据澳门特别行政区的请求,为支持澳门特别行政区发展教育、培养人才,促进澳门特别行政区更好更快发展而向全国人大常委会提请审议的。

会议还听取了全国人大常委会代表资格审查委员会主任委员黄镇东作的关于个别代表的代表资格的报告,审议了吴邦国委员长访问俄罗斯、奥地利和意大利三国情况的书面报告,审议了有关任免案等。

全国人大常委会副委员长王兆国、路甬祥、乌云其木格、韩启德、华建敏、陈至立、周铁农、李建国、司马义·铁力瓦尔地、蒋树声、陈昌智、严隽琪、桑国卫出席会议。国务院副总理张德江、最高人民法院院长王胜俊、最高人民检察院检察长曹建明列席会议。

全国人大常委会委员长吴邦国在人民大会堂会见阿富汗人民院议长加努尼

吴邦国说,中阿是传统友好邻邦。建交54年来,两国始终相互理解、相互信任和相互支持。近年来,双方在基础设施建设、资源开发、禁毒和反恐等领域合作取得了新的进展。他表示,中方致力于发展中阿睦邻友好,一如既往地尊重阿富汗的独立、主权和领土完整,尊重阿富汗人民的意愿和选择,积极支持和参与阿富汗经济重建,感谢阿方在台湾、涉藏、人权和打击“东突”恐怖势力等方面给予的一贯支持,愿与阿方一道进一步加强合作,共同打击恐怖主义和毒品犯罪,扩大经贸往来,造福两国人民,把中阿全面合作伙伴关系不断向前发展。

在谈到议会交往时,吴邦国说,中国全国人大重视与阿富汗议会发展友好合作关系,愿保持交往的良好势头,增进专门委员会之间的交流与合作,为双边关系的发展注入新的活力。

加努尼表示,发展对华关系是阿富汗政府和人民的共同愿望,在阿富汗对外关系中居重要位置。阿方感谢中方长期以来给予的无私帮助，愿加强在反恐、禁毒以及经贸、投资等领域的合作。阿富汗议会希望通过密切与中国全国人大的交流与合作，推动双边协议的落实，增进人民间的友谊。他重申，阿富汗坚定奉行一个中国政策，支持中国和平统一大业。

国务院总理温家宝在北京会见出席中央林业工作会议的全体代表

温家宝在讲话中首先代表党中央、国务院，向长期奋斗在林业建设一线、默默奉献的广大林业职工表示亲切的问候和良好祝愿。

温家宝说，集体林权制度改革是来自农民和基层的经验，它同土地家庭承包经营有着同等重大的历史意义。从一些地方的实践看，通过集体林权制度改革，“山定权，树定根，人定心”，大大激发了农民的生产积极性，促进了农民发展林业，拓展了农业生产的潜力和空间，对于农业和农村经济的发展，对于农民增收致富，对于改善生态环境都产生了积极的作用。《中共中央国务院关于全面推进集体林权制度改革的意见》提出，用5年左右的时间，基本完成集体林地明晰产权、承包到户的改革任务。我们要坚定不移地推进集体林权制度改革。一要明晰产权，切实给予农民平等的集体林地承包权并保持长期稳定不变；二要放活经营，切实让农民在林业经营中得到实惠；三要加强扶持，切实给农民提供良好的政策环境；四要搞好服务，切实为农民提供便捷的技术、信息、林地流转等服务。

温家宝指出，林业在贯彻可持续发展战略中具有重要地位，在生态建设中具有首要地位，在西部大开发中具有基础地位，在应对气候变化中具有特殊地位。林业发展要坚持走以生态建设为主的可持续发展道路，坚持全国动员，全民动手，全社会办林业，使林业更好地为国民经济和社会发展服务。要大力推进林业重点工程建设，继续搞好天然林保护工程，巩固退耕还林成果，加强重点地区、重点流域生态工程建设。要全面加强林业基础设施建设，改善林区生产生活条件。要大力发展林业产业，把兴林和富民紧密结合起来，在努力改善生态的同时，促进农民增收和农村发展。

温家宝指出，发展林业任务艰巨、使命光荣。我们要认真贯彻落实科学发展观，一代一代人坚持不懈地干下去，使我国的林业有更大的发展，生态环境有更大改善，祖国的大好河山更加秀美，为经济社会可持续发展提供有力保障。

国务院副总理回良玉参加会见。

这次中央林业工作会议是新中国成立以来，中央召开的首次林业工作会议。会议的主要内容是研究新形势下林业改革发展，全面部署推进集体林权制度改革工作。

全国政协主席贾庆林在北京就新能源汽车发展进行专题调研

贾庆林和随行的北京市委书记刘淇，国务委员刘延东，全国政协副主席、科技部部长万钢等一起，来到北汽福田汽车股份有限公司，就新能源汽车发展进行专题调研。调研期间，贾庆林还专门召开座谈会，听取了部分企业和国家有关部门关于新能源汽车发展情况的汇报，对近年来我国新能源汽车取得的自主创新成果给予充分肯定，对北京市和国家有关部门、各有关企业在新能源汽车研发、交通领域节能减排和绿色奥运等方面取得的成绩给予高度评价。

贾庆林指出，发展新能源汽车需要社会各方面的大力支持，形成良好的社会环境。要充分借鉴国际成功经验，加大政策支持力度和资源整合力度，把国家发展新能源汽车的各项政策、规划落到实处，积极进行组织模式和体制机制创新，最大限度地调动各方面的力量，形成目标统一、步调一致、分工明确、联合推进的新局面，力争用尽可能少的投入、尽可能短的时间，实现我国新能源汽车的跨越式发展。

全国政协主席贾庆林在钓鱼台国宾馆会见罗马尼亚参议长杰瓦讷

贾庆林在会见时表示，中国全国政协与罗马尼亚参议院在各自国家政治生活中都具有重要的地位。两机构开展交流与合作，为增进两国人民友谊，发展两国关系起到了积极推动作用。中国全国政协愿继续同罗马尼亚参议院加强交往合作，为促进中罗关系发展作出新贡献。

贾庆林还向客人介绍了当前中国经济社会发展的情况。

杰瓦讷对中国在经济社会建设方面取得的成就表示钦佩。他表示罗马尼亚期望同中方进一步扩大在经贸、投资、科技、能源、环保等领域的合作，推动罗中双边关系继续发展并取得更丰硕的成果。

财政部发布消息称1—5月国企利润降幅继续减缓

财政部统计的国有及国有控股企业包括中央企业和36个省区市、计划单列市国有及国有控股企业，不含国有金融类企业。统计显示，纳入统计范围的国有及国有控股企业1—5月累计实现营业收入77562.9亿元，同比下降7.4%，降幅比1至4月加大0.1个百分点，5月比4月环比增长2.1%；累计实现利润4254亿元，同比下降30.3%，降幅比1至4月减小2个百分点，5 月比 4 月环比下降 7.5%。

同时，1—5 月全国国有企业应交税金 7170.1 亿元，同比下降 3.4%，降幅比 1—4 月减小 1 个百分点，5 月比 4 月环比增长 7%；已交税金 7594.9 亿元，同比下降 4.5%，降幅比 1—4 月减小 4.6 个百分点，5 月比 4 月环比增长 2.3%。

1—5 月全国国有企业成本费用总额为 73535.4 亿元，同比下降 5.7%；销售利润率为 5.5%，同比下降 1.8 个百分点；成本费用利润率为 5.8%，同比下降 2 个百分点；净资产利润率为 2.9%，同比下降 1.7 个百分点。

此外，国有企业存货增幅进一步趋缓，1—5 月全国国有企业存货同比增长 11.7%，增幅比 1—4 月下降 1.4 个百分点。截至 5 月底，国有企业资产总额为 35.6 万亿元，同比增长 14.4%。资产负债率为 58.9%，同比上升 1.6 个百分点。

分行业看，1—5 月烟草、施工房地产、建材、石化等行业盈利保持增长；煤炭行业利润略有下降；石油、机械、汽车、电子、化工等行业利润降幅继续趋缓；电力行业进一步减亏；钢铁、有色、海运行业亏损增加。

中央林业工作会议在北京举行

在 6 月 22 日至 23 日召开的会议是新中国成立 60 年来中央召开的首次林业工作会议。国务院总理温家宝会见了出席会议的全体代表并发表重要讲话。国务院副总理回良玉出席会议并讲话。

会议认为，林业是一项重要的基础产业，是一项具有特殊功能的公益事业。新中国成立以来特别是改革开放以来，我国林业发展取得举世瞩目的巨大成就。森林资源明显增长，在全球森林资源减少的大背景下，我国实现了森林面积和森林蓄积“双增长”，森林覆盖率从新中国成立初期的 8.6%增加到 18.21%。局部生态明显改善，通过对生态状况脆弱、生态地位突出的重点地区进行集中治理，这些地区出现了森林植被增加、局部生态改善的良好势头。防沙治沙明显突破，总体上实现了从“沙逼人退”向“人逼沙退”的历史性转变，全国沙化面积由上世纪末的年均扩展 3430 多平方公里变为目前的年均缩减约 1280 平方公里。物种保护明显加强，全国累计建立林业自然保护区 1968 处，总面积 18.3 亿亩，占国土面积的 12.7%。供给能力明显提高，60 年累计为社会提供木材 60 多亿立方米。

会议强调，在充分肯定成绩的同时，必须清醒地看到，当前我国森林资源总量依然严重不足，森林生态系统整体功能仍然非常脆弱，与经济社会发展的需要还很不适应。我国人均森林面积不足世界平均水平的 1/4；人均活立木蓄积量只有世界平均水平的 1/7。总体上看，生态问题依然是我国可持续发展最突出的问题之一，生态产品已成为当今社会最短缺的产品之一，生态差距已构成我国与发达国家最主要的差距之一。加快林业发展、加强生态建设任重而道远。

会议指出，当前，我国正处于继续全面建设小康社会的重要战略机遇期，建设生态文明已成为我国现代化建设的战略任务，维护生态安全已成为全球面临的重大课题，林业工作肩负着更加重大的历史使命。发展林业，是实现科学发展的重大举措，是建设生态文明的首要任务，是应对气候变化的战略选择，是解决“三农”问题的重要途径。要充分认识新时期加快林业改革发展的重大意义，准确把握新时期林业在经济社会发展全局中的战略地位，切实增强紧迫感和责任感，坚定不移地推进林业改革，毫不动摇地加快林业发展。

会议强调，集体林权制度改革是农村经营制度的又一重大变革。截至 2008 年年底，全国已确权到户的林地面积 12.7 亿亩，占集体林地的 50%。实践证明，通过集体林权制度改革，实现“山定权、树定根、人定心”，充分调动了农民造林育林护林的积极性，极大地释放出林地蕴藏的巨大潜力，初步呈现出森林资源增加、农民群众增收、林业经济增长的“三增”局面。全面推进集体林权制度改革，是一项惠及亿万农民的民心工程，是发展现代林业的强大动力，是应对国际金融危机的重要举措，是促进农村和谐稳定的有力保障。必须从战略和全局高度，进一步统一思想，凝聚意志，锐意创新，把这场事关兴林富民、事关农村发展、事关生态文明建设的重大改革全面推向深入。

会议强调，全面推进集体林权制度改革，必须确保实现资源增长和农民增收两大基本目标，建立以家庭承包经营为基础的现代林业产权制度和支持林业发展的公共财政制度两项根本制度，坚持尊重农民意愿和依法办事两大重要原则，抓住勘界发证和落实责任两个关键环节，处理好改革与稳定、放活与管理两个重要关系，切实保证改革沿着正确的方向推进。

会议指出，要着力强化林业支持保护体系，切实优化林业改革发展的政策环境。在完成明晰产权、承包到户的改革任务的同时，还必须不断强化兴林富民政策，完善林业管理体制，创新林业运行机制。一要建立、健全林业支持保护制度，加强林业投入保障、生态效益补偿、林业补贴、税费扶持。二要建立、健全林业金融支撑制度，加大林业信贷投放，开发林业信贷产品，拓宽林业融资渠道，完善财政贴息政策，健全林权抵押贷款制度，建立政策性森林保险制度。三要建立、健全林木采伐管理制度，简化采伐审批程序，推行采伐限额公示制度，实行林木采伐分类管理。四要建立、健全集体林权流转制度，规范林地承包经营权、林木所有权流转，推进林业适度规模经营，优化林业要素配置。五要建立、健全林业社会化服务体系，加快构建公益性和经营性服务相结合、专业服务与综合服务相协调的新型林业社会化服务体系。

会议强调，要进一步加强对林业工作的领导，建立齐抓共管的工作机制，形成共同推进的工作格局，努力开创林业改革发展新局面。各级党委和政府要把林业工作摆上重要议事日程，层层落实工作责任制，精心组织，周密部署，各有关部门要认真履行职责，积极支持林业改革和发展。要统筹生态建设与产业发展，构建林业协调发展的科学格局；严密防控重大林业灾害，确保森林资源和人民生命财产安全；强化科技和人才支撑，提升林业建设的质量效益。

国家林业局和福建、江西、辽宁、云南、湖南、浙江等省的有关负责人在大会上发了言。

中央农村工作领导小组成员，各省、自治区、直辖市党委和政府分管林业工作的负责人，林业部门主要负责人，计划单列市、新疆生产建设兵团、黑龙江农垦总局分管林业工作的负责人，中央和国家机关及军队有关部门负责人等出席会议。

“新中国成立60周年内蒙古 广西 宁夏 新疆成就展”在北京民族文化宫举行

中共中央政治局常委贺国强在安曼会见约旦首相纳迪尔·扎哈比

贺国强首先转达了温家宝总理对扎哈比首相的亲切问候。贺国强说，中约建交32年来，两国在政治、经济、文化等各领域开展了富有成效的合作，在能源、科技、教育等领域的合作不断取得新进展。中约两国都是发展中国家，都面临着发展本国经济、改善人民生活的共同任务。保持中约关系持续、深入发展，符合两国和两国人民的共同利益。在谈到中东地区局势时，贺国强说，中国一直十分关注中东地区的局势发展并为此任命了中东问题特使。中国政府真诚地希望中东地区和平稳定、人民安居乐业，我们和国际社会一道为此不懈地进行努力。

扎哈比首先请贺国强转达他对温家宝的良好祝愿，并代表约旦政府热烈欢迎贺国强访约。他说，约中两国高层保持密切往来对巩固和发展双边关系具有重要意义，约方愿与中方共同努力，进一步密切两国各领域友好交流，特别是推动双方经贸合作不断扩大。约方赞赏中国在中东问题上的公正立场及为维护地区和世界和平稳定发挥的积极作用，始终视中国为约旦的真诚朋友。

贺国强介绍了中国应对国际金融危机的有关情况。他说，中国及时出台了以扩大内需为主要内容的一揽子政策措施，目前已收到一定效果。扎哈比也介绍了约旦相关情况。双方还就共同关心的国际和地区问题交换了意见。

中央政治局常委贺国强在安曼分别会见约旦计划与国际合作大臣苏海尔和促进投资委员会主席恩索尔

全国人大常委会副委员长司马义·铁力瓦尔地在北京会见穆罕默德·尤努斯·加努尼议长率领的阿富汗议会人民院代表团

外交部部长杨洁篪在渥太华会见加拿大参议长金塞拉并与加拿大外长坎农举行会谈

杨洁篪表示，明年将迎来中加建交40周年。中加关系面临进一步发展的重要机遇。中国政府高度重视发展中加关系，愿与加方共同努力，在新的历史起点上推动两国关系取得更大的发展。一是坚持从战略高度和长远角度牢牢把握两国关系的正确方向，充分照顾彼此利益和关切，妥善处理敏感问题，使两国关系始终沿着健康稳定的轨道发展。二是加强高层交往以及各领域的磋商，不断增进相互了解与信任。三是深化在经贸、资源能源、科技、环保等广泛领域的务实合作，把潜在优势变成现实优势，共同抵制贸易和投资保护主义。四是扩大两国立法机构和政党之间以及文化、教育、体育等各领域的友好交流，夯实两国关系的社会基础。五是深化在应对国际金融危机以及联合国改革、恐怖主义、气候变化、多哈回合谈判等问题上的合作，共同为促进全球经济早日复苏、维护世界和平、稳定与发展作出贡献。

坎农说，近来加中双方在卫生、反恐、气候变化、司法等领域进行了一系列磋商与合作，取得了积极成果。杨外长此次访问为加中关系的进一步发展注入新的动力。坎农表示，加拿大政府致力于在相互尊重、互利共赢的基础上与中国建立和发展坦率、友好、面向未来的全面关系。加方愿与中方共同努力，加强高层互访和各层次交往，深化经贸关系，促进两国企业间的交流合作，妥善处理敏感问题，推动两国关系不断取得新进展。坎农重申加政府坚定奉行一个中国政策。

双方还就共同关心的国际和地区问题交换了看法。

由中国社会科学院和俄罗斯科学院共同举办的“第三届中俄社会科学论坛”在北京开幕

这是中国社科院和俄罗斯科学院为纪念中俄两国建交60周年举行的一系列活动中的一部分。据介绍，这次论坛将设两个分论坛，主题分别为“经济分论坛暨第九届中俄经济学家学术研讨会”和“中俄关系分论坛”。俄罗斯科学院社会科学部副主任彼得拉科夫院士率领俄罗斯科学院众多院士、所长和知名学者参加这次论坛。

金冲及被俄罗斯科学院聘任为外籍院士

《人民日报》报道，俄罗斯科学院近日举行仪式，院长奥西波夫院士在该院主席团会议上授予我国著名历史学家金冲及先生外籍院士证书。金冲及先生是去年5月在俄罗斯科学院全体院士会议上被选为外籍院士的。

中国羽毛球队公布世锦赛参赛名单

2009年羽毛球世锦赛中国队参赛名单公布，中国队参赛名单为：男单：林丹、陈金、鲍春来；女单：卢兰、谢杏芳、王仪涵、王琳；男双：蔡赟/付海峰、何汉斌/沈烨、郭振东/徐晨、刘小龙/柴飚；女双：杜婧/于洋、田卿/潘攀、成淑/赵芸蕾、张亚雯/赵婷婷；混双：何汉斌/于洋、徐晨/赵芸蕾、张亚雯/谢中博、郑波/马晋。

北京师范大学队获得第十一届CUBA中国大学生联赛女篮总决赛冠军

6月23日

中共中央在人民大会堂举行纪念李先念同志诞辰100周年座谈会

中共中央总书记、国家主席、中央军委主席胡锦涛在座谈会上发表重要讲话。

党和国家领导人吴邦国、温家宝、贾庆林、李长春、习近平、李克强等出席。座谈会由贾庆林主持。

贾庆林在主持座谈会时指出，胡锦涛总书记的重要讲话，回顾了李先念同志伟大光辉的一生，高度评价了李先念同志的丰功伟绩和崇高精神，号召全党全国各族人民特别是各级领导干部努力学习李先念同志的光辉思想、崇高品德、高尚风范，对于激励全党全国各族人民继承老一辈革命家的遗志，继续开创中国特色社会主义事业新局面具有重要指导意义。

座谈会上，中央文献研究室主任冷溶，中央党史研究室主任欧阳淞，国务院副秘书长尤权，全国政协副秘书长杨崇汇，中央军委委员、解放军总政治部主任李继耐，中共湖北省委书记罗清泉先后发言。

出席座谈会的还有：王刚、王兆国、刘云山、李源潮、令计划、王沪宁、韩启德、林文漪等，以及王丙乾、顾秀莲、钱正英。

中央和国家机关有关部门、人民团体、人民解放军以及湖北省负责同志，李先念同志亲属、生前友好、原身边工作人员和家乡代表等出席座谈会。

中共中央总书记胡锦涛在纪念李先念同志诞辰100周年座谈会上的讲话

同志们，朋友们：

今天，我们怀着十分崇敬的心情在这里隆重集会，纪念敬爱的李先念同志诞辰100周年，深切缅怀他为党和人民建立的历史功勋，追思和学习他为党和人民事业不懈奋斗的崇高品德和风范，进一步激励全党全国各族人民投身改革开放和社会主义现代化建设伟大实践，同心同德，共克时艰，积极应对国际金融危机冲击、保持经济平稳较快发展，把中国特色社会主义伟大事业继续推向前进。

李先念同志是伟大的无产阶级革命家、政治家、军事家，坚定的马克思主义者，党和国家的卓越领导人。他毕生奋斗，为中华民族独立和中国人民解放，为社会主义革命、建设、改革事业，为建设富强民主文明和谐的社会主义现代化国家，作出了不可磨灭的贡献，赢得了全党全军全国各族人民的崇敬和爱戴。

1909年6月23日，李先念同志出生于湖北黄安一个贫苦农民家庭。在大革命影响下，他积极投身党领导的农民运动。大革命失败后，他毅然加入中国共产党。从此，李先念同志就把毕生精力奉献给了祖国和人民。

革命战争年代，李先念同志一直从事军事斗争，是党领导的人民军队的杰出将领。他骁勇善战，功勋卓著，在重大历史关头不怕牺牲、勇挑重担，敢于斗争、屡建奇功。

1927年，李先念同志率领农民武装参加著名的黄麻起义。随后，他随红四方面军艰苦转战，先后参与创建鄂豫皖革命根据地和川陕革命根据地，在革命战争血与火的磨炼中成长为红四方面军最年轻的军政治委员。长征途中，他受命指挥红四方面军先头部队攻占懋功，率先同红一方面军胜利会师。他向毛泽东同志详细汇报了川西北形势和红四方面军情况，为党中央确定北上战略方针提供了重要依据。他坚决支持朱德、刘伯承、徐向前同志等同张国焘的分裂主义进行斗争，率先遣军和红二方面军一道北上，为实现三大主力红军会师作出了贡献。会宁会师后，他遵照中央军委指示率部突破黄河天险，执行宁夏战役计划。随后，他担任西路军军政委员会委员，指挥红三十军在极其困难的条件下连续奋战，重创敌军，对配合河东红军战略行动、推动西安事变和平解决起了重要作用。西路军失败后，他受命于危难之际，担任西路军工作委员会委员，负责统一军事指挥，率领西路军余部翻越终年积雪的祁连山，穿过荒无人烟的戈壁滩，历尽千辛万苦到达新疆，为党和红军保存了一批骨干力量，受到党中央和毛泽东同志高度评价。

抗日战争时期，李先念同志是鄂豫边区抗日根据地和新四军第五师的主要创建者和领导人。1938 年党的六届六中全会以后，他受党中央重托，前往战略地位十分重要的中原地区，开始了创建鄂豫边区抗日根据地的艰苦历程。他发动和依靠人民群众，先后创建新四军豫鄂挺进纵队和新四军第五师，开辟并发展起鄂豫边区这块地处要冲、孤悬敌后的抗日根据地。他善于正确判断形势，不失时机发展壮大人民力量，领导创建了拥有 1000 多万人口、具有战略意义的中原抗日根据地，创建了拥有 5 万余人正规部队和 30 余万民兵的武装力量，从战略上有力配合了全国各个地区的抗日战场，在中华民族抗战史上写下光辉篇章。

抗日战争胜利后，李先念同志领导的中原军区成为国民党军发动全面进攻的首要目标。他坚决执行党中央的战略部署，沉着果敢，机智灵活，指挥 6 万中原军区部队突破 30 万国民党军队的重围，并亲自率领北路突围部队转战千里，在战略转移中创建了豫鄂陕边区根据地。中原突围拉开了解放战争的序幕，显示了他统帅大兵团同强敌作战的战略战术和指挥艺术。解放战争进入战略进攻前夕，他任新成立的中原局第二副书记、晋冀鲁豫野战军副司令员，之后又任重建的中原军区第二副司令员，参与刘邓大军重建大别山根据地斗争和淮海战役后勤保障工作，为建立新中国立下了不朽功勋。

社会主义革命和建设时期，李先念同志是党和国家财经工作的卓越领导人。他担任国务院副总理达 26 年，长期分管财政、金融、贸易等工作，为确立社会主义基本经济制度、建立独立的比较完整的工业体系和国民经济体系做了大量卓有成效的工作，为探索社会主义经济建设规律倾注了大量心血。

新中国成立初期，李先念同志主政湖北省，在建立各级人民民主政权、剿匪反霸、土地改革、抗美援朝、团结知识分子和各界人士等一系列工作中取得显著成绩。1954 年，李先念同志调到中央工作，不久担任国务院副总理兼财政部长等职务，协助周恩来、陈云同志领导经济建设。第一个五年计划时期，他强调国家财政必须保证社会主义经济建设，积极提倡增产节约、挖掘资金潜力、提高经济效益，实现财政、信贷收支平衡，确保国家重点建设资金需要。他高度重视发展城乡贸易，扩大商品流通，建议改善财政管理，调整国家和企业、中央和地方的关系，适当扩大地方财政管理权限，调动各方面积极性。党的八大前后，他支持防止急躁冒进的正确意见，强调“财政、信贷和物资三者必须统一平衡，是社会主义经济建设中必须遵循的一条客观规律”。在三年经济困难时期，他参与领导国民经济调整，为保障社会生产和人民生活做了大量工作，对扭转当时的困难局面起了重要作用。

“文化大革命”期间，李先念同志同林彪、江青反革命集团进行了坚决斗争，被诬为“二月逆流”成员受到错误批判。在非常困难的情况下，他忍辱负重、顾全大局，努力协助周恩来同志维系国民经济运转，为协助毛泽东、周恩来同志打开外交新局面做了富有成效的工作。1975 年邓小平同志主持全面整顿期间，他积极配合和协助，为努力把国民经济搞上去付出了大量心血。在粉碎江青反革命集团的斗争中，他作为主要决策人之一，为从危难中挽救党、挽救国家作出重大贡献。粉碎“四人帮”后，李先念同志主持国务院日常工作，积极领导国民经济恢复和发展。他坚决支持关于真理标准问题的讨论，倡导解放思想，恢复和确立党的实事求是的思想路线，同其他老同志一起协助邓小平同志领导全党实现伟大历史转折、开创改革开放和社会主义现代化建设新局面。

改革开放历史新时期，李先念同志先后担任党中央副主席、中央政治局常委、国家主席、全国政协主席等重要职务，是以邓小平同志为核心的党的第二代中央领导集体的重要成员。他坚持解放思想、实事求是，积极探索中国特色社会主义道路。

党的十一届三中全会以后，他积极推动拨乱反正、平反冤假错案、落实干部政策，主张充分肯定毛泽东同志的历史地位和坚决维护毛泽东思想伟大旗帜，以务实果敢的作风为实行和推进改革开放做了大量开创性工作。他坚持“一个中心、两个基本点”的基本路线，积极推动经济体制改革，提出要善于运用经济手段而不要滥用行政方式，充分和正确运用社会主义商品生产和价值规律的力量；在加强综合平衡的前提下，充分发挥部门、地方和企业的积极性；改革计划、财政、物资、内外贸易和企业管理体制，以适应社会主义现代化建设的需要；在坚持自力更生的同时，积极大胆引进外国先进技术和管理经验。他强调“一定要从自己国家的实际出发，走出一条在社会主义制度下实现现代化的中国式的道路”。他十分重视在改革开放中维护和发展人民群众利益的问题，强调“把经济的发展同群众的切身利益紧密地联系起来，使劳动者经常得到看得见的物质利益，这样才能进一步调动群众的积极性”。上世纪 80 年代，他主持中央外事工作领导小组工作，密切关注国际形势发展变化，参与制定对外政策，妥善处理国际上发生的一些重大问题。在担任国家主席期间，他经常去各地考察了解经济发展和改革开放情况并给予指导。他出访 20

多个国家，向世界阐明我国独立自主的和平外交政策，介绍改革开放的方针和社会主义现代化建设取得的成就。在担任全国政协主席期间，他坚持中国共产党领导的多党合作和政治协商制度，支持政协委员和各界人士参政议政，开展调查研究，就改革开放和社会主义现代化建设提出建议，帮助党和政府改进工作，为巩固和发展爱国统一战线，为实现香港、澳门回归祖国，为积极推动海峡两岸交往，为积极开展人民外交，作出了突出贡献。李先念同志为中国特色社会主义事业、为祖国统一大业殚精竭虑，奋斗到最后一息。

同志们、朋友们！

李先念同志的崇高思想风范是激励我们沿着中国特色社会主义道路奋勇前进的宝贵精神财富。我们缅怀李先念同志，就是要学习他的光辉思想、崇高品德、高尚风范，使之成为推进党和人民事业发展的重要精神力量。

我们要学习李先念同志信仰坚定、始终对党和人民无限忠诚的崇高品格。李先念同志对共产主义理想始终抱有必胜信念，无论遇到什么艰难险阻都毫不动摇、毫不退缩。他一生遭遇许多险境、逆境、挫折，始终坚忍不拔、乐观向上、英勇斗争。他说："革命军人要坚决与勇敢。对革命决不动摇，对敌人决不投降。头可断，真理不可丢，这是我们的美德。""要保持和发扬革命气节，富贵不能淫，贫贱不能移，威武不能屈。"他用自己的行动告诉我们，只有具有对崇高信仰的坚定性，"才能保持永久的热情和毅力，才能迸发出惊人的积极性和创造性，才能对党、对国家、对人民、对孕育和繁衍我们这个伟大民族的土地，产生无限的热爱和血肉相关的情感"。

我们要学习李先念同志勤于和善于学习、坚持群众路线、创造性开展工作的优良作风。李先念同志出身贫寒，只念过3年私塾，是在革命斗争和工作实践中成长起来的党和国家领导人。他说："我是一穷二白，一无所有，什么工作方法，指挥水平，领导艺术，都是学来的。"善于向书本学习、向实践学习、向群众学习、向一切内行的同志学习是他的鲜明特点。坚持实事求是，贯彻群众路线，深入调查研究，是他一贯坚持的工作方法。他强调："我们共产党人，任何时期都必须依靠群众，一切工作都必须将群众发动和组织起来。为此，就要深入到群众中去，同他们交朋友、谈心，了解他们的基本要求，启发他们的觉悟，解决他们的问题。"在革命战争年代，李先念同志每到一个地方，总能扎下根来，发展壮大革命队伍，创建起根据地，开创出新局面；在领导国家财政经济工作期间，总能及早发现问题，向中央提出解决问题的建议。他善于运用马克思主义的立场、观点、方法，冷静观察和正确判断形势，创造性地解决实践中的难题。他提出的关于我国经济建设的辩证法思想至今仍具有指导意义。

我们要学习李先念同志坚持党性原则、谦虚谨慎、顾全大局的优秀品质。李先念同志为党和人民事业屡建奇功，但他从不居功自傲，始终谦虚谨慎、戒骄戒躁。他说："我们一切事业的成功，是全党力量的成功，也是全体干部与群众力量的成功，决不是个人力量的成功。我们不能把成功的事业，当成自己私人的家当。"他具有极强的大局观念，强调"凡是对全局有利的事情，大家都要勇于承担义务，坚决去办，而且一定要办好。凡是对全局不利的事情，即使从局部来看是必需的、有利的，也决不能办"。他把为维护全局利益而牺牲个人和局部利益看作是党性的体现，他说这件事情"说起来容易，做起来难。但是，如果我们共产党人连这一点都做不到的话，那就不可能战胜前进道路上的困难"。李先念同志始终自觉维护团结、遵守党纪。他说："党的团结，军队的团结，干部的团结，是我们力量的源泉，是夺取胜利的重要保证。"他善于发现和珍视人才，始终坚持五湖四海、任人唯贤，反复强调"共产党是马列主义的党，不是帮派、小团体，不应该有'山头'与地区之分，也不能以个人关系分亲疏。提拔干部只能以党和人民的利益为前提，决不允许搞歪门邪道"。他作风民主，注意倾听不同意见，善于营造使人敢讲真话、畅所欲言的氛围。

我们要学习李先念同志立党为公、执政为民、全心全意为人民服务的公仆精神。李先念同志始终与人民群众同呼吸共命运，表示"一个共产党员，一个革命家，必须永远保持革命热情和奋斗精神，把为人民服务，把改造客观世界，当成自己的天职和应尽的义务"。他把艰苦奋斗、全心全意为人民服务作为自己人生座右铭，经常说"要与别人比革命工作的多少和艰苦性，不与别人计较享受的优劣，更不允许贪污腐化"。他长期担任党和国家重要领导职务，但在生活上始终保持勤俭朴素作风。他经常叮嘱家人要精打细算过日子，对子女亲属和身边工作人员要求十分严格。

同志们、朋友们！

今年是中华人民共和国成立60周年。回首过去，展望未来，我们更加缅怀毛泽东、周恩来、刘少奇、朱德、任弼时和邓小平、陈云、叶剑英、李先念同志等老一辈革命家为新中国诞生和发展建立的丰功伟绩。在新的历史条件下，全党全国各族人民一定要高举中国特色社会主义伟大旗帜，坚持以邓小平理论和"三个代表"重要思想为指导，深入贯彻落实科学发展观，同心同德、锐意进取，为把我国建设成为富强民主文明和谐的社会主义现代化国家而不懈奋斗，把老一辈革命家和革命先烈开创的伟大事业不断推向前进！

全国人大常委会委员长吴邦国在人民大会堂会见罗马尼亚参议长杰瓦讷

吴邦国在会见时指出,议会交往是国家关系重要组成部分。中国全国人大重视发展同罗马尼亚议会参、众两院的友好合作关系,愿与罗马尼亚议会继续保持高层交往,密切各专门委员会和友好小组的对口交流,加强多边场合的议会合作,为中罗关系全面发展作出新的贡献。

杰瓦讷说,罗中关系非同寻常、十分重要。发展对华关系是罗马尼亚政府、议会和各党派的一致立场。在新的国际形势下,罗方愿与中方一道努力,进一步挖掘合作潜力,着力推动经贸、投资和大项目合作,共同应对国际金融危机的挑战。罗马尼亚参议院希望通过加强与中国全国人大的交流与合作,推动两国关系深入发展。

双方还就中欧关系等共同关心的重大问题交换了意见。

国家副主席习近平在人民大会堂会见由第一副主席卡列塔耶夫率领的哈萨克斯坦"祖国之光"人民民主党代表团

习近平对中哈两党签署合作备忘录表示祝贺。他指出,这是两党关系中的一件大事,将进一步丰富中哈战略伙伴关系的内涵。两党保持机制化交往,相互交流、学习、借鉴,有助于提高两党的执政能力。

卡列塔耶夫说,中国是哈萨克斯坦的友好邻邦。哈方致力于发展同中国的战略伙伴关系,愿与中方一道,加强在包括上合组织在内的地区和国际组织中的合作。他表示,中国应对国际金融危机的经验对国际社会产生了积极影响,感谢中国政府在上合组织框架内对哈方提供的帮助。相信中哈两党签署的合作备忘录将促进党际关系进一步发展。

全国政协副主席王刚会见罗马尼亚参议长杰瓦讷一行

王刚指出,多年来中国全国政协与罗马尼亚参议院保持了密切交流与合作,为增进两国政治互信、促进两国友好合作作出了积极贡献。他表示,中国全国政协愿意与罗马尼亚参议院继续开展高层交往,加强专门委员会之间的交流,为深化中罗传统友谊、发展中罗全面友好合作伙伴关系注入新的活力。

全国人大常委会副委员长华建敏在人民大会堂会见由玻利维亚国会玻中友好小组主席卡洛斯·贝特参议员率领的玻中友好小组代表团

国务委员戴秉国在人民大会堂集体会见中阿合作论坛第六次高官会阿方代表团团长

戴秉国说,当前中阿关系面临新的发展机遇,推动建设面向和平和可持续发展的中阿新型伙伴关系是双方共同的战略选择。他说,中阿合作论坛成立5年多来,在深化中阿传统友谊,推进双方互利合作方面取得了丰硕成果。论坛框架下的各项机制性活动丰富多彩、富有活力,极大地增进了中阿双方的政治互信,促进了中阿人民的相互了解,丰富了中阿友好合作的内涵,有利于世界和平发展事业。他强调,中方高度重视中阿合作论坛建设与发展。在当前国际形势发生复杂深刻变化的情况下,中阿加强对话合作尤为重要。中方坚定支持阿拉伯国家的正义事业,愿与阿方共同努力,推动中阿友好合作向前发展。

会议阿方主席、苏丹代表团团长兼常驻阿盟代表阿卜杜勒·蒙伊姆·穆罕默德·马卜鲁克大使对阿中合作论坛成立以来所取得的成就表示赞赏。他说,阿方十分重视发展阿中关系,论坛已经成为推动阿中各领域合作的有效平台,希望论坛为推动双方各领域合作、增进阿中人民友谊继续发挥重要作用。他赞赏中方长期以来对阿拉伯国家正义事业的支持,表示阿方坚定支持中国维护领土完整和国家统一大业。

加拿大总理哈珀在渥太华国会山总理办公室会见外交部部长杨洁篪

哈珀欢迎杨洁篪访问加拿大。杨洁篪转达了胡锦涛主席和温家宝总理对哈珀的亲切问候,哈珀对此表示感谢,并请杨洁篪转达他对胡主席和温总理的亲切问候。

杨洁篪说,在双方共同努力下,近来中加关系呈现改善和发展的势头。两国高层及各级别交往日益增多,各领域交流与合作取得新进展。事实证明,中加关系的改善与发展,符合两国和两国人民的共同利益,也有利于亚太地区乃至世界的和平、稳定与繁荣。

哈珀说,加拿大政府高度重视发展加中关系。加方愿与中方共同努力,充分挖掘两国合作潜力,加强高层及各级别交往,推动两国关系取得更大发展。

哈珀表示,加方赞赏中方在应对国际金融危机方面所发挥的重要作用,愿与中方加强经贸金融领域的务实合作,共同反对贸易保护主义。加中在国际和地区问题上拥有许多共同点,应该而且能够就重大国际与地区问题保持密切磋商与合作。加方对两国关系的发展前景充满信心。

国务委员兼国防部部长梁光烈在北京会见阿联酋陆军司令阿里一行

中美国防部第十次防务磋商在八一大楼举行

双方代表团团长分别为中国人民解放军副总参谋长马晓天和美国国防部副部长米歇尔·弗卢努瓦。双方将于23日下午和24日上午,以小范围磋商和大范围会谈相结合的形式,就两军关系、国际和地区安全形势及其他共同关心的问题深入交换意见。此次磋商是美国奥巴马政府执政以来两国国防部首次举行防务磋商,旨在落实两国元首就致力于改善和发展两军关系所达成的共识。

首都高校师生座谈学习蔡一清事迹体会

中宣部、总政治部和共青团中央在北京联合召开首都高校师生代表学习蔡一清先进事迹座谈会。来自中国人民大学、北京科技大学、北京交通大学、国防大学、军事科学院、装备指挥技术学院等高校的师生代表热议蔡一清,畅谈人生、共话理想。

《李先念同志诞辰一百周年》纪念邮票首发式在湖北省黄冈市红安县举行

王键在全国残疾人举重锦标赛上以175.5公斤的成绩打破男子52公斤级全国纪录

董寅初逝世

著名的爱国侨领和社会活动家,中国致公党的卓越领导人,中国共产党的亲密朋友,中国人民政治协商会议第八届全国委员会副主席,中国致公党第九、十届中央委员会主席,第十一届中央委员会名誉主席董寅初同志,因病于6月23日在上海逝世,享年95岁。

董寅初1915年9月20日出生于安徽省合肥市的一个书香门第。先后就读于苏州东吴大学附中和上海光华大学附中,上海交通大学,1938年毕业后历任《大美晚报》翻译,香港邮政汇金局职员、并兼任香港《申报》的翻译和编辑,雅加达《天声日报》编辑,《朝报》经理兼总编辑。1942年12月被日本侵略军逮捕入狱,1945年9月因日本投降重获自由。后任印尼中华侨团总会总干事兼华侨治安总会主任。1947年担任印尼建源公司上海分公司总经理、上海中国酒精厂厂长。1949年后历任上海市国际贸易联营公司副总经理,上海溶剂厂经理,上海轻工业品进出口公司经理,上海市对外贸易促进会副主任,上海华建公司董事长兼总经理等职。1956年起,先后担任上海市归国华侨联合会委员、副主席。1976年后,历任上海市人大常委会委员,上海市政协常委、副主席,上海市归国华侨联合会副主席、主席、名誉主席,中华全国归国华侨联合会常委、顾问,致公党中央常委、副主席、常务副主席、代主席、主席、名誉主席,上海市海外联谊会名誉顾问,上海市工商业联合会顾问,中国和平统一促进会顾问等职。

董寅初同志是第七届全国人大常委会委员,政协第五届全国委员会委员、第六届全国委员会常委、第八届全国委员会副主席、全国政协台港澳侨联络委员会主任。

6月24日

十一届全国人大常委会第九次会议在人民大会堂举行第二次全体会议

会议听取国务院关于2008年中央决算的报告、国务院关于2008年度中央预算执行和其他财政收支的审计工作报告、全国人大财政经济委员会关于2008年中央决算的审查报告、国务院关于四川汶川特大地震灾后恢复重建工作情况的报告。

吴邦国委员长出席会议。会议由司马义·铁力瓦尔地副委员长主持。

受国务院委托,财政部部长谢旭人提出了2008年中央决算报告和中央决算草案。他说,2008年中央预算执行情况较好。汇总中央和地方决算,全国财政收入61330.35亿元,比2007年增加10008.57亿元,增长19.5%,完成预算的104.9%;全国财政支出62592.66亿元,增加12811.31亿元,增长25.7%,完成预算的102%。中央财政收入33626.93亿元,增加5014.98亿元,增长17.5%,完成预算的103.4%;中央财政支出36334.93亿元,增加6574.98亿元,增长22.8%,完成预算的102.5%;安排中央预算稳定调节基金192亿元以备以后使用,支出总量合计36526.93亿元。中央财政赤字1800亿元,控制在十一届全国人大一次会议批准的数额之内。

谢旭人还报告了今年前5个月预算执行情况和下一阶段财政工作安排。1月至5月累计,全国财政收入27108.67亿元,比2008年同期减少1955.7亿元,同比下降6.7%,完成预算的40.9%;全国财政支出22496.98亿元,同比增加4887.17亿元,同比增长27.8%,完成预算的29.5%。下一阶段,将认真落实各项重大财税政策措施;着力保障和改善民生;狠抓增收节支;深化财税制度改革。

受国务院委托,审计署审计长刘家义报告了2008年度中央预算执行和其他财政收支的审计情况。他说,审计结果表明,中央预算执行和其他财政收支情况总体较好,财政宏观调控和保障作用进一步增强,财政管理和改革取得新进展。各部门各单位在做好各项工作的同时,认真整改去年审计查出的问题,挤占挪用的267.73亿元资金已追回或归还原资金渠道,根据审计建议完善各项制度规定158项。审计发现的116起涉嫌违法犯罪案件线索移送纪检监察和司法机关查处后,已有30人被依法逮捕、起诉或判刑,117人受到党纪政纪处分。

刘家义报告了中央财政管理审计情况、中央部门预算执行审计情况、重大投资项目审计情况、汶川地震抗震救灾资金和物资跟踪审计情况、重点资金审计调查情况、应对国际金融危机相关审计调查情况、环境保护专项审计调查情况、金融机构审计情况、企业审计情况。他说,一年来,审计发现并向有关部门移送重大违法违规问题和经济犯罪案件线索119起,涉案人员221人。对各部门和单位的审计结果和整改情况,审计署依法予以公告。全面整改情况,国务院将在年底前向全国人大常委会专题报告。刘家义还提出加强财政管理的意见:尽快修订预算法,推进财政管理的统一完整和公开透明;进一步加强和改进预算管理,切实推进预算公开,增强预算的约束力和严肃性;进一步加强协调、指导和监督,确保中央关于保持经济平稳较快发展各项政策措施落实到位;加强金融监管协作,防范和化解系统性风险;积极推进政务公开,健全责任追究和问责机制。

会议听取了全国人大财政经济委员会副主任委员高强作的关于2008年中央决算的审查报告。财政经济委员会认为,2008年中央决算基本情况是好的,建议批准国务院提出的2008年中央决算草案。财政经济委员会同时认为,2008年中央预算执行中也存在一些亟待解决的问题,主要是部分财政资金下达拨付不够及时,支出进度不够均衡;财政管理仍需进一步加强,跟踪问效制度不够健全,仍存在不少损失浪费现象;少数投资项目审批把关不严、监督管理不够到位;转移支付还不够规范等。审查报告还提出了加快财税体制改革、切实加强收入征管、严格按预算安排支出、提高财政资金使用效益、加强和改进财政管理等建议。

受国务院委托,国家发展和改革委员会主任张平报告了四川汶川特大地震灾后恢复重建工作情况。他说,灾后恢复重建取得了重要的阶段性成果,为夺取抗震救灾的全面胜利奠定了坚实基础。据四川、甘肃、陕西三个重灾省统计数据,截至2009年4月底,三省灾后恢复重建项目已开工21000多个,完工项目9400多个,完成投资3600多亿元,占规划总投资的36%左右。城乡住房重建进展较快;公共服务设施建设顺利推进;基础设施恢复重建有序展开;产业重建和结构调整初见成效;城镇体系建设全面启动;农业生产和农村建设稳步实施;市场服务体系基本恢复;生态修复、防灾减灾和土地利用等项目积极推进。张平说,灾后恢复重建是一项艰巨复杂的系统工程,随着灾后恢复重建工作的深入推进,实际工作中还存在不少困难和问题。下一步要深入做好灾后恢复重建规划实施和政策落实工作,加快灾后恢复重建步伐。要确保所有灾区群众早日住上永久性住房;全面恢复和提升公共服务水平;大力提高基础设施保障能力;积极促进特色优势产业发展;努力推进生态文明建设;深入做好对口支援工作;全力做好各项保障工作;切实做好对灾区干部群众的心理援助工作。

全国人大常委会副委员长王兆国、路甬祥、韩启德、华建敏、陈至立、周铁农、李建国、蒋树声、陈昌智、严隽琪、桑国卫出席会议。国务院副总理回良玉、最高人民法院院长王胜俊、最高人民检察院检察长曹建明等列席会议。

国务院总理温家宝在北京主持召开国务院常务会议

会议研究部署开展新型农村社会养老保险试点,讨论并原则通过《横琴总体发展规划》。

会议指出,建立新型农村社会养老保险制度,是加快建立覆盖城乡居民的社会保障体系的重要组成部分,对确保农村居民基本生活,推动农村减贫和逐步缩小城乡差距,维护农村社会稳定意义重大,同时对改善心理预期,促进消费,拉动内需也具有重要意义。会议决定,2009年在全国10%的县(市、区)开展新型农村社会养老保险试点。

会议明确了新型农村社会养老保险制度的基本原则,即"保基本、广覆盖、有弹性、可持续"。一是从农村实际出发,低水平起步,筹资和待遇标准要与经济发展及各方面承受力相适应;二是个人、集体、政府合理分担责任,权利与义务相适应;三是政府引导和农民自愿相结合,引导农民普遍参保;四是先行试点,逐步推开。

会议确定了新型农村社会养老保险制度采取社会统筹与个人账户相结合的基本模式和个人缴费、集体补助、政府补贴相结合的筹资方式。年满16周岁、不是在校学生、未参加城镇职工基本养老保险的农村居民均可参加新型农村社会养老保险。年满60周岁、符合相关条件的参保农民可领取基本养老金。

会议要求各地根据本地实际认真选择试点地区,制订切实可行的实施方案。各有关部门要加强统筹协调和监督管理。做好新型农村社会养老保险制度与家庭养老、土地保障、社会救助等其他社会保障政策的配套衔接工作。新型农村社会养老保险基金纳入同级财政社会保障基金财政专户,实行收支两条线管理,并建立公示和信息披露制度,加强社会监督。

会议指出,珠海市横琴岛地处珠江口西岸,毗邻港澳,与澳门隔河相望。推进横琴开发,有利于推动粤港澳紧密合作、促进澳门经济适度多元化发展和维护港澳地区长期繁荣稳定。会议决定，将横琴岛纳入珠海经济特区范围，对口岸设置和通关制度实行分线管理。要通过重点发展商务服务、休闲旅游、科教研发和高新技术产业，加强生态环境保护，鼓励金融创新，实行更加开放的产业和信息化政策等，逐步把横琴建设成为"一国两制"下探索粤港澳合作新模式的示范区、深化改革开放和科技创新的先行区、促进珠江口西岸地区产业升级的新平台。会议要求国务院各有关部门和广东省加强指导和协调，明确分工，完善机制，落实责任，共同做好规划组织实施工作。

国务院总理温家宝在人民大会堂与泰国总理阿披实举行会谈

温家宝建议双方就双边关系和重大国际问题保持密切沟通与协调，维护本地区和平与稳定；认真落实《关于扩大和深化双边经济贸易合作的协定》，共同克服国际金融危机的影响。特别要采取有效措施，保持贸易稳定发展。中国政府鼓励和支持中方企业到泰国投资兴业，参与泰国的基础设施建设。双方要共同努力，早日实现昆曼公路全线贯通，促进大湄公河经济走廊物流和贸易合作。同时在现有基础上把两国文化、旅游、卫生、农业技术培训等领域的合作做得更好。

温家宝表示，推进东亚合作当务之急是扩大域内贸易和投资，深化金融合作，加强基础设施建设，增强共同抵御经济和金融风险的能力。在此基础上，扩大在社会、人文、能源、粮食安全、疾病防控等领域的合作，促进东亚共同体建设。中方将一如既往地支持东盟在东亚合作中发挥主导作用。

阿披实说，泰中友好源远流长，两国人民有着深厚传统友谊，保持着亲戚般的关系。双方保持密切往来，各层次合作不断展开，两国伙伴关系不断向前发展。泰方愿同中方密切沟通，加强各层次、各领域合作，推动双边关系发展，促进地区和平与繁荣。在当前国际金融危机情况下，泰方愿进一步深化同中方的经贸合作，特别是农业、旅游、文化、教育、检验检疫等领域合作。泰方欢迎中方扩大对泰投资，参与泰国基础设施等领域建设。阿披实对新中国成立60周年表示热烈祝贺，对中国应对国际金融危机取得的成果表示高度赞赏。他重申，泰国坚持奉行一个中国原则。

阿披实表示，泰方愿进一步推进东盟—中国合作，共同维护本地区稳定。

双方还就共同关心的国际和地区问题交换了意见。

会谈后，两国总理共同出席了中泰两国有关合作文件的签字仪式。

《人民日报》发表社论《坚定不移搞改革　促进林业大发展》

中央林业工作会议胜利闭幕了。这是新中国成立以来，中央召开的首次林业工作会议。这次会议谋划加快林业改革发展大计，部署全面推进集体林权制度改革工作，充分体现了党和国家对林业的高度重视，对改善山区林区民生的高度关注，对于进一步解放和发展农村社会生产力，发展现代林业，建设生态文明，促进科学发展，必将产生深远的影响。

新中国成立60年来，特别是改革开放以来，我国林业建设取得了辉煌成就。随着绿色在祖国大地的铺展，森林资源明显增长，局部生态明显改善，防沙治沙明显突破，物种保护明显加强，林产品供给能力明显提高，为国民经济和社会发展作出了重大贡献。但是，也必须清醒地看到，我国森林资源总量仍然严重不足，森林生态系统整体功能仍然非常脆弱，与经济社会发展的需要还很不适应。林业发展和生态建设的任务相当繁重。

随着经济社会发展和人类文明进步，林业的地位和作用越来越突出。林业在贯彻可持续发展战略中具有重要地位，在生态建设中具有首要地位，在西部大开发中具有基础地位，在应对气候变化中具有特殊地位。加快林业的改革和发展，拓展林业的内涵和外延，开发林业的多种功能，满足社会对林业的多样化需求，已经成为我国现代化建设的一项紧迫任务。

集体林权制度改革，来源于基层的探索，是农民的创造。2008年，在总结各地试点经验的基础上，党中央、国务院作出了全面推进集体林权制度改革的重大决策。这项改革，把林地的经营权和林木的所有权承包落实到农户，确立了农民的经营主体地位，实现了"还山于民、还权于民、还利于民"；明确了林地承包期70年不变，期满可以继续承包，赋予了农民长期稳定有保障的承包经营权，实现了"山定权，树定根，人定心"，极大地调动了农民造林育林护林的积极性，初步形成了森林资源增加、农民群众增收、林业经济增长的可喜局面。

我国有25亿亩集体林地，大大多于耕地面积；我国是个多山的国家，山区占国土面积的69%、人口占全国的56%，森林是山区农民生产生活的重要依靠。加快山区农村发展、农民增收，最大的潜力在山，最大的希望在林。全面推进集体林权制度改革，是农村经营制度的又一次重大变革，是农村生产力的又一次大解放，同土地家庭承包经营有着同等重大的历史意义。亿万农民的巨大潜能和25亿亩集体林地的巨大潜力相结合，拓展了农民就业增收的新空间，开辟了农村发展的新天地。实践证明，这项改革顺民意、得民心、增民利、惠民生，得到了亿万农民的衷心拥护。

集体林权制度改革事关全局，政策性强，涉及面广，操作难度大，必须加强组织领导，注意把握好几个重大原则。一要明晰产权。坚持家庭承包制度，切实做到按户分山、人人受益，真正让农民平等享有集体林地承包权并保持长期稳定不变。二要坚持生态受保护、农民得实惠。实现兴林与富民的有机统一、资源增长和农民增收的良性循环。三要切实尊重农民的意愿。把政策和办法交给农民，让农民自己说了算，切实保障农民的知情权、参与权和决策权。四要从财政、金融等方面给农民更多政策支持，建立完善的服务体系，让农民安心、舒心、放心。五要坚持积极稳妥、质量第一，严格依法办事，按规范程序和方法步骤做好改革各项工作，使改革经得起历史检验。

林业利在当代、功在千秋；发展林业，任务艰巨，使命光荣。我们要认真贯彻落实科学发展观，勇于开拓，扎实工作，坚定不移地推进林业改革，毫不动摇地加快林业发展。全国动员，全民动手，全社会支持林业，植树造林，绿化国土，一代一代坚持不懈地干下去，让祖国山河更秀丽，人民生活更美好，为经济社会可持续发展作出新贡献。

中国保监会主席吴定富在台北出席 IAIS 执行委员会会议

国家副主席习近平在人民大会堂会见罗马尼亚参议长杰瓦讷一行

习近平表示，中罗关系中不存在任何悬而未决的问题。中方高度重视发展对罗关系，并愿同罗方一道，以庆祝两国建交 60 周年为契机，增进友谊，深化合作，努力开创两国关系全面发展的新局面。

杰瓦讷说，罗方一贯坚持优先发展对华关系，愿与中方加强在国际与地区事务中的协调与沟通，共同推动世界和平与繁荣。杰瓦讷重申罗方将继续奉行一个中国政策，不断致力于推动罗中全面友好合作关系向前发展。

双方还就共同关心的国际和地区问题交换了意见。

国务院副总理李克强在阿什哈巴德会见土库曼斯坦总统别尔德穆哈梅多夫

李克强首先转达了胡锦涛主席和温家宝总理对别尔德穆哈梅多夫总统的亲切问候和良好祝愿，并与别尔德穆哈梅多夫就双边关系和共同关心的地区和国际问题广泛交换意见。他说，近年来，中土友好合作关系呈现快速发展的良好势头。两国高层互访频繁，相互理解和信任不断加深。在高层互访的有力推动下，中土各领域友好合作蓬勃发展，取得一系列可喜成果。中方视土为真诚的朋友和可信赖的伙伴，愿与土方共同努力，进一步深化双方政治互信，保持密切高层交往，不断完善双边关系的机制和法律基础，全面落实双方已达成的共识和协议，加大在地区和国际事务中相互支持力度，推动双边关系不断迈上新台阶。

关于中土能源经贸务实合作，李克强说，中土经济互补性强，合作基础牢固，开展全方位、多领域务实合作潜力巨大、前景广阔。在当前国际金融危机持续蔓延的形势下，中土加强务实合作，有利于保持两国经济平稳较快发展。中土应进一步深化能源领域合作，落实双方商定的贷款项目，加强金融合作，推进建材、化肥等经贸领域合作，丰富双边关系内涵。

李克强指出，中土天然气管道是互利双赢的战略合作项目，对促进两国和本地区国家经济社会发展具有重要意义。双方天然气合作项目，对保障未来中国—中亚天然气管道及西气东输二线稳定供气有重要意义，双方应抓紧工作，尽快落实。

李克强说，中方高度评价并感谢土方在涉台、涉藏、打击"东突"等问题上坚定支持中方立场，将一如既往地支持土方为维护国家主权、促进民族经济发展、提高本国国际地位所做的努力，支持土方奉行"永久中立"政策。中方愿与土方进一步加强安全合作，希望两国安全执法部门尽快建立联系，开展交流与合作，严厉打击"东突"等"三股势力"，共同维护两国和本地区的和平与安宁。

别尔德穆哈梅多夫感谢中国领导人的亲切问候，表示土中两国人民有着兄弟般的情谊，两国之间始终相互理解、相互尊重，彼此照顾各自利益关切，注意从长远考虑处理双边关系。近年来两国在经贸等领域合作成果显著，双方在天然气管道建设等能源领域合作是土中伙伴关系的典范，对两国具有战略意义。

别尔德穆哈梅多夫说，近年来越来越多的中国公司活跃在土经贸、农业、通信、建筑、卫生等各个领域，为土经济建设和发展作出了贡献，赢得了土库曼斯坦人民的信任和尊重，土对此深表感谢。土方希望以李副总理此次访问为契机，全面加强与中国合作，推动两国关系向新的更高水平发展。

会谈结束后，两国领导人共同出席了中土天然气合作等 7 个能源、经贸、金融合作项目的签字仪式。

中共中央政治局常委贺国强在安曼会见约旦代国王阿里亲王

国务委员戴秉国在中南海会见来华出席第十次中

日战略对话的日本常务副外长薮中三十二

外交部部长杨洁篪在联合国总部会见联合国秘书长潘基文

杨洁篪说，当前，积极应对国际金融危机、推动尽快恢复世界经济增长仍是国际社会的首要任务。国际社会不能因为应对国际金融危机而忽视发展问题，减少发展投入。联合国理应为应对国际金融危机发挥更大作用。此次高级别会议应发出积极信息，推动各国紧密合作、加大发展投入、保障发展资源、增加发展中国家在国际金融机构中的代表性和发言权。

潘基文说，中国为应对国际金融危机作出了重要贡献，特别是积极参与二十国集团的相关国际合作。希望中国在实现千年发展目标、应对气候变化等全球性挑战及解决地区热点问题上进一步发挥建设性作用，这对维护世界和平、促进共同发展具有重要意义。

双方还就重大国际和地区问题交换了看法。

外交部部长杨洁篪在纽约联合国总部会见第六十三届联合国大会主席布罗克曼和南非外长马沙巴内

国务委员兼国防部部长梁光烈在八一大楼会见来京出席第十次中美国防部防务磋商的美国国防部副部长弗卢努瓦

常昊获得在四川成都武侯祠举行的第七届春兰杯世界围棋锦标赛冠军

6月25日

国家主席胡锦涛在人民大会堂与土耳其总统阿卜杜拉·居尔举行会谈

胡锦涛在会见时说，在相互尊重、相互信任、平等互利、共同发展的基础上，发展中土更加密切的伙伴关系是中国政府的既定方针。中方愿同土方一道，从以下五个方面继续为此作出努力：(一)秉承友好传统，深化政治关系。两国领导人要保持经常交往，两国政府及相关部门要加强沟通协调，双方要认真落实达成的共识和协议，在事关对方核心利益的重大问题上相互理解和支持。两国立法机构、政党要继续开展多层次交流，加深了解、增进友谊。(二)扩大经贸合作，实现共同发展。中方愿与土方共同采取措施保持两国贸易稳定增长，积极推动双向投资，深挖合作潜力，扩大合作领域，进一步摸索新模式，构建新平台，努力培育新的增长点。(三)加强安全合作，打击“三股势力”。双方要完善有关对话机制，采取更加有力的措施，防范和打击“三股势力”和跨国有组织犯罪，维护各自国家和地区的和平与安宁。(四)促进人文交流，扩大友好往来。中方愿加强同土方在文教、旅游、传媒、卫生、体育等领域的交流合作，进一步夯实中土友好的社会基础。(五)保持多边合作，共促世界和谐。中方支持土耳其在国际和地区事务中发挥更大作用，愿同土方就中东问题、在亚丁湾和索马里海域打击海盗行动加强沟通和协调，在可持续发展、共同应对全球性挑战等问题上相互支持和配合，与国际社会一道，携手建设持久和平、共同繁荣的和谐世界。

居尔完全赞同胡锦涛关于发展两国关系的意见，表示土方愿进一步加强双边政治关系及各领域合作。土中经济贸易合作潜力巨大、前景广阔，希望进一步加强双边贸易往来，欢迎更多中国企业到土耳其投资兴业。加强金融、科技、旅游、基础设施、文化等领域合作。土中两国在国际问题上有着相同或相似的看法，希望双方加强在联合国等多边机构的协调配合。居尔表示，土方坚决反对恐怖主义，不允许任何恐怖组织在土耳其活动，愿意进一步加强同中国在反恐领域合作。

会谈后，两国元首共同出席了中土双边合作文件的签字仪式。

国务院总理温家宝应约与德国总理默克尔通电话

温家宝表示，当前中德在各领域的互利合作进展顺利。双方要坚持从战略高度和长远角度处理两国关系，保持高层交往，加强沟通和协作，推动两国关系持续健康发展。

温家宝指出，中国政府始终奉行互利共赢的开放战略，坚持维护公平竞争的市场环境，决不会采取歧视外国企业和产品的做法。中德同为世界主要经济体和贸易大国，要携手反对贸易和投资保护主义。

温家宝说，中国应对气候变化的决心是坚定的，行动是积极的，措施是有效的，愿与德国在开发新能源和可再生能源、提高能效等方面加强合作，共同培育新的经济增长点。中方将坚持以《联合国气候变化框架公约》及其《京都议定书》为主渠道和法律基础，遵循“共同但有区别的责任”原则，积极参与有关谈判，与各国一道，推动年底在哥本哈根举行的联合国气候变化会议取得积极成果。

默克尔表示，德方对德中两国关系发展表示满意，愿同中方共同努力，保持高层交往，加强经贸合作，反对贸易和投资保护主义，共同应对国际金融危机挑战，推动两国关系进一步发展。默克尔表示，希望双方加强沟通，合作应对气候变化问题。

国务院副总理回良玉赴四川地震灾区考察防汛保安和灾后重建工作

6月25日至27日，回良玉先后来到“5·12”地震中遭受严重损失的绵阳、德阳、都江堰等地，深入受灾严重的乡村，实地查看灾后重建进展情况，详细了解受灾群众的生产生活。他指出，在党中央、国务院的坚强领导和全国各地的大力支持下，四川全省上下团结奋斗，克服了重重困难，灾后重建工作取得重大阶段性胜利，经济社会发展取得显著成绩。他强调，四川灾后重建任务还十分繁重，要进一步调动各方面积极性，充分发挥对口支援机制的优势，加大工作力度，确保重建质量，力争原定的三年目标任务在两年内基本完成。

回良玉十分关心四川地震灾区的防汛保安工作。他先后考察了震损严重的安县伍家碑水库、绵竹市团结水库、沱江干流堤防、紫坪铺水库和罐滩堰塞湖，详细了解震损水库除险加固和堰塞湖排险整治情况。回良玉指出，四川地震灾区是地质灾害高发地区，目前正处于暴雨洪涝灾害集中多发季节，险情隐患数量多、分布范围广，安全度汛形势相当严峻。要进一步增强责任感和紧迫感，科学加快堰塞湖和震损水利工程整治进度，恢复提高工程防洪能力。强化极端天气的监测预警，加强防汛应急值守，加大重要部位巡查力度，及时转移受威胁地区人员。认真落实防汛抢险救灾责任制，做到职责到位、指挥到位、措施到位，有力有序有效地做好今年的防汛减灾工作。

国务院副总理张德江在江苏考察

6月25日至26日，张德江先后考察了连云港市、南京市部分企业，27日在南京市主持召开加强工业产品质量工作座谈会。

张德江在座谈会上强调，要认真贯彻落实中央关于提高产品质量的决策部署，深入开展“质量和安全年”活动，全面加强工业产品质量建设。要加大企业自主创新和技术改造力度，大力推动和支持质量共性技术攻关，积极采用新技术、新工艺、新设备、新材料，促进品种更新和质量提升。要重视质量法规建设，加快完善国家标准，主动参与国际标准的制修订，积极引导企业采用国际标准或国外先进标准。要强化企业质量主体责任，努力形成“政府指导、行业自律、社会监督、企业诚信”的质量保障长效机制。要进一步健全质量监管体制机制，严格市场准入，继续开展质量专项整治，依法打击各种质量违法违规行为。要加大质量宣传和教育培训力度，增强企业经营管理人员和职工的质量意识、质量素质，营造全社会关心、支持、提高质量的良好氛围。

国务院副总理王岐山在青海省调研

6月25日至26日，王岐山在青海省调研旅游、商务和金融工作。他指出，要努力培育新的经济增长点，加快发展旅游产业，着力扩大消费和稳定外需，创新金融服务，巩固当前经济企稳向好的发展势头。

调研期间，王岐山对青海省经济社会发展取得的成绩给予充分肯定。他强调，商务、金融、旅游等部门要贯彻落实中央关于保增长、扩内需、调结构的一系列政策措施，积极支持西部大开发，促进区域协调发展。

国务委员孟建柱在中央综治委等五部委联席会议上发表讲话

孟建柱在出席会议时强调，要抓住领导责任制这一“龙头”不放松，采取有效措施，加大工作力度，层层落实领导责任，强化责任承诺。在坚持好的经验和做法的同时，要一手抓发展，一手抓稳定，进一步解放思想，不断研究新情况，解决新问题，努力掌握新形势下推动领导责任制工作的特点和规律，抓实抓细，务求取得实效。社会治安综合治理责任书制度要强化，建立社会治安综合治理实绩档案要具体化，执行社会治安综合治理一票否决权制要深化，落实督查、督办制度要明细化，领导责任制目标考核体系要更加规范化，社会治安综合治理部委联席会议要制度化，要确保领导责任制真正落到实处。

联席会议分析了当前全国社会治安和社会稳定形势，总结了2008年各地社会治安综合治理考评工作，研究了进一步深化和落实社会治安综合治理领导责任制的措施。

中央综治委、中央纪委、中组部、监察部、人力资源和社会保障部等部门有关负责人出席联席会议。

全国统一的12336国土资源违法举报电话开通

国务院副总理李克强在赫尔辛基与芬兰总理万哈宁举行会谈

李克强首先转达了温家宝总理对万哈宁总理的问候。他高度评价中芬关系健康稳定发展，他说，中芬两国虽相距遥远，但像邻居一样保持着密切交往，中芬关系堪称不同社会制度和不同文化传统国家间平等相待、友好交往、互利合作的典范。相信未来中芬合作关系会在现有基础上更加成熟、稳定，并向着全面、纵深、可持续的方向发展。为使中芬关系迈上新台阶，应重视以下几方面工作：

一是从全局和战略高度牢牢把握中芬关系。新中国成立之初，贵国政治家远见卓识，在西方国家中率先承认并与新中国建交。经过长期友好交往与合作，中芬已把彼此视为值得信赖的伙伴和朋友。今天,我们更应从战略高度、以长远眼光看待和规划双边关系,保持经常性高层接触,不断增进相互了解,强化共识,在国际事务中加强合作。

二是进一步扩大经贸互利合作。近十年,中芬贸易额增长了7倍,已突破100亿美元。当前应继续推进双边贸易便利化,支持双向投资,扶持中小企业开展合作,加强服务贸易、劳务领域合作。在信息通讯、资源开发、节能减排、新技术应用等领域加强技术交流,促进技术产业化、产品市场化,并培育新兴产业。中国政府欢迎更多芬兰企业到华投资,也愿推动有实力、有条件和信誉好的企业赴芬投资兴业,实现共同发展。

三是积极开创人文领域合作亮点。双边关系的全面发展需要人文基础和良好舆论氛围,并通过合适的平台予以展现。明年是中芬建交60周年,上海将举办世博会,双方可以以此为契机,统筹各种资源,开展形式多样的活动,增进相互了解和友谊。中方欢迎芬兰领导人届时赴上海出席世博会,欢迎芬工商企业界通过世博会展示自己的先进技术和专长,中方将对有关访问和活动予以支持。双方还可考虑通过举办一些文化、教育和科技活动,为两国青少年提供更多的交流机会,使中芬友好世代相传。

万哈宁请李克强副总理转达他对温家宝总理的问候。他说,芬中一直有着良好关系。近年来两国关系日益密切,在经贸、科技、教育、司法和节能环保等领域开展了富有成效的合作。芬兰政府和人民热情欢迎中国大型贸易投资促进团来芬,在当前国际金融危机使芬兰经济面临冲击背景下,该团的到来使芬方深感鼓舞。万哈宁说,对华关系一直是芬兰外交最优先方向之一,芬方愿全面深化两国在各领域包括节能减排、应对气候变化方面的合作。

万哈宁表示,2010年上海世博会将是促进芬中关系的重大契机,芬兰工商企业界将积极参加。芬方愿在推动中国同欧盟关系以及尽早解除欧盟对华军售禁令等方面继续发挥建设性作用。他并重申,芬方坚定奉行一个中国原则。

会谈后,李克强与万哈宁总理出席了两国在高科技、通信等领域合作协议和商业合同的签字仪式。

中共中央政治局常委贺国强在乌兰巴托分别会见蒙古国总理人民革命党主席桑吉·巴亚尔和大呼拉尔主席达木丁·登贝尔勒

在会见巴亚尔说时,贺国强说,近年来,在两国高层领导人的推动下,双方各领域的交流与合作蓬勃发展,中蒙之间不存在任何悬而未决的重大问题,两国关系处于历史最好时期。我在中蒙建交60周年之际率团访蒙,中国内蒙古自治区、中国人民对外友好协会也在蒙举办一系列活动,目的就是要同蒙方一道,回顾过去,总结经验,展望未来,为中蒙关系持久发展奠定坚实的基础。中蒙关系60年发展历程告诉我们,两国加强政治互信,深化睦邻友好,开展互利合作,不仅符合两国人民的共同利益,而且对本地区乃至世界的和平与发展具有重要意义。

巴亚尔说,经过60年的发展,蒙中关系进入了历史最好时期,蒙中睦邻互信伙伴关系在各个领域都得到了顺利发展,蒙古国政府和人民高度重视并十分珍视同中国政府和人民的友好交往。希望以庆祝两国建交60周年为契机,进一步扩大各领域特别是经贸、矿产、能源、农牧业等领域的交流与合作,开启两国关系的新阶段。

会见后,贺国强与巴亚尔共同出席了中蒙经贸、教育等合作文件的签字仪式。

在会见登贝尔勒时,贺国强转达了吴邦国委员长对登贝尔勒主席的诚挚问候和良好祝愿,并积极评价中蒙议会交往。他指出,中蒙议会交往积极务实,是中蒙睦邻互信伙伴关系的重要组成部分,为推动两国睦邻友好、互利合作,深化两国人民友谊发挥了不可替代的作用。贺国强表示,中方愿与蒙方继续加强两国议会交流,共同为促进双边关系发展作出新贡献。

登贝尔勒请贺国强转达他对吴邦国的亲切问候。他说,蒙方高度重视两国议会之间的交流,愿同中国全国人大继续保持并不断加强业已存在的良好合作关系,为两国关系的发展发挥积极作用。

国务委员刘延东在中南海紫光阁会见美国大学理事会主席卡伯顿一行

外交部部长杨洁篪在纽约会见美国前国务卿基辛格和美国良知基金会主席施奈尔

中俄签署新闻出版合作备忘录

中国新闻出版总署与俄罗斯出版与大众传媒出版署在莫斯科签署两国新闻出版主管部门合作备忘录。中国新闻出版总署副署长李东东和俄罗斯出版与大众传媒出版署署长谢斯拉文斯基在备忘录上签字。

全军维和工作会议在北京开幕

会议认真总结了我军维和工作情况,深入分析面临的新形势新特点,部署明确当前和今后一个时期的新任务新要求,研究制定科学发展的新思路、新举措,探讨加强和改进我军维和工作的意见和措施。

本溪发现30亿吨特大铁矿

《人民日报》报道,辽宁省地质矿产勘查局近日在本溪新发现探明储量超过30亿吨的巨大铁矿。据悉,这是亚洲目前单体最大的铁矿,该矿位于桥头镇大台沟,现已查明储量超过30亿吨,远景储量预计将达76亿吨,目前正在继续勘探中。

6月26日

国家主席胡锦涛在人民大会堂会见泰国总理阿披实

胡锦涛在会见时表示,泰国是中国在东南亚值得信赖的好朋友、好伙伴,中方高度重视中泰关系,愿同泰方携手努力,推动中泰关系更加深入地向前发展。明年我们将迎来中泰建交35周年,希望双方认真规划好有关庆祝活动,使"中泰一家亲"更加深入人心。我相信,建立在传统友谊和共同利益基础上的中泰睦邻友好合作关系一定会迎来更加美好的未来。

阿披实表示,泰中两国交往密切,泰国人民珍视同中国的传统友谊,赞赏中国的发展成就。明年是两国建交35周年,泰方愿以此为契机,同中方一道,推动泰中友好关系在业已良好的基础上进一步向前发展。国际金融危机仍在蔓延,泰方感谢中国政府主张反对贸易保护主义,重视维护发展中国家的利益。泰方希望同中方携手合作,共迎挑战,特别是加强在经贸、投资、农业、旅游、基础设施建设等领域的合作,扩大人文交流。泰方愿与中方加强配合,推进东盟与中国合作,欢迎中方继续积极致力于支持泰国及本地区的稳定和发展。

中共中央总书记胡锦涛在黑龙江省考察工作

6月26日至28日,胡锦涛在黑龙江省考察工作。从油田到粮田,从企业到社区,从学校到军营,胡锦涛深入大庆、绥化、哈尔滨等地调查研究。

考察结束时,胡锦涛听取了黑龙江省委和省政府的工作汇报,希望黑龙江干部群众牢牢抓住国家实施东北地区等老工业基地振兴战略的宝贵机遇,大力弘扬大庆精神,奋力攻坚克难,紧紧围绕保持经济平稳较快发展的首要任务,扎扎实实做好保增长、保民生、保稳定各项工作,努力推动黑龙江经济社会又好又快发展,以优异成绩迎接新中国成立60周年。

胡锦涛强调,各级领导班子担负着贯彻党的理论和路线方针政策、团结带领广大干部群众推动党和国家事业发展的重大责任。只有把领导班子建设好,我们的事业才能更加顺利地向前发展。各级党委要着眼中国特色社会主义伟大事业和党的建设新的伟大工程的全局,在推动领导班子思想政治建设上狠下功夫,在提高领导班子推动科学发展、促进社会和谐能力上狠下功夫,在促进领导班子认真贯彻民主集中制上狠下功夫,在加强领导班子反腐倡廉建设上狠下功夫,努力把各级领导班子建设成为高素质领导班子。

中央办公厅主任令计划,中央政策研究室主任王沪宁一同考察。

全国人大常委会委员长吴邦国和国务院总理温家宝在北京分别会见土耳其总统居尔

吴邦国说,近年来,中土友好合作关系发展顺利,各领域合作成果丰硕。中方感谢土方在台湾、涉藏、打击"东突"等重大问题上给予的支持。中方高度重视发展与土耳其的关系,愿与土方一道,在密切政治交往的同时,努力把良好的政治关系转化为深化经贸合作的动力,加强各领域务实合作,使两国人民从中土友好中更多受益。

吴邦国表示,中国全国人大与土耳其大国民议会有很好的合作基础,为促进中土友好合作关系发展做了许多有益的工作。希望双方密切友好交往,为推动国家关系的全面发展作出贡献。

居尔表示,土方高度重视中国重要的国际地位和建设性作用,对土中合作充满期待。土方支持两国立法机构开展更为积极的合作,不断丰富双边关系的内涵。

温家宝说,中土在维护世界和平、促进不同文明对话、实现共同发展方面存在重要共识。中方愿与土方加强沟通,相互支持,深化合作,推动两国关系发展得更加牢固和富有活力。

温家宝指出,国际金融危机给中土两国经济都造成严重冲击。双方要本着互利、开放的精神,采取切实有效措施,保持贸易稳定、平衡发展,扩大合作,鼓励两国企业加大相互投资。中土都是具有重要影响的发展中国家,要加强协作,维护共同利益,提高发展中国家在国际金融组织中的代表性和发言权,推动经济全球化朝着均衡、普惠、共赢方向发展。

居尔说,土中两国在重大国际和地区问题上具有广泛共识。土耳其希望与中国共同努力,深入挖掘土中经济合作潜力并将其提高到新水平。

国家副主席习近平主持召开中央深入学习实践科学发展观活动领导小组第八次会议并讲话

国务委员刘延东在国际生物经济大会暨展览会开幕式上讲话

刘延东在2009国际生物经济大会暨展览会开幕

式上指出，应加强国际交流与合作，大力推动生物技术发展，培育新的经济增长点，为应对国际金融危机作出积极贡献。

天津市委书记张高丽参加了大会。

在天津期间，刘延东还为国际生物医药联合研究院揭牌，并考察了滨海新区生物科技企业和2009全国职业院校技能大赛比赛现场。

国务委员孟建柱在北京考察戒毒所工作并鼓励戒毒人员

6月26日是第二十二个国际禁毒日。上午，孟建柱前往北京市公安局强制隔离戒毒所，考察戒毒所建设和戒毒治疗工作，慰问戒毒所民警和医护人员，并与正在接受康复治疗的戒毒人员交流，鼓励他们树立信心，自立自强，重获新生，做一个对社会有用的人。

考察中，孟建柱看望了戒毒所民警，并向全国禁毒战线的广大民警表示崇高的敬意和亲切的慰问。他指出，禁毒事业，功在当代，利在千秋。从事戒毒工作的同志们要从维护社会和谐稳定、改善和保障民生的高度，充分认识戒毒工作的重要意义，进一步增强做好戒毒工作的责任心和使命感。要把以人为本的理念贯穿戒毒工作始终，把人文关怀体现到戒毒工作的各个方面，最大限度地教育、感化和挽救吸毒人员。要深化戒毒制度改革，坚持科学戒毒，研究建立科学合理的戒毒工作新机制，不断提高戒毒医治水平。要深入研究强制隔离戒毒与其他戒毒措施无缝衔接的有效方法，积极帮助戒毒人员早日重返社会。

国务院副总理李克强在芬兰总统府会见芬兰总统哈洛宁

李克强首先转达了胡锦涛主席对哈洛宁总统的亲切问候和良好祝愿。他说，近年来，在双方共同努力下，中芬关系取得丰硕成果。两国高层交往频繁，政治互信不断增强。总统女士去年两次赴华，万哈宁总理今年4月成功访华，这些高层访问极大地推动了双边关系的发展。两国贸易额持续增长，连续两年超过100亿美元，7倍于10年前的水平。经贸合作更加务实、多元，林业、造纸、通讯等传统合作领域不断取得丰硕成果，节能、环保、科技创新等新兴领域的合作日益成为重点和亮点。两国文化、教育、旅游等领域的交往不断推进，形式日趋多样，人文交流更为活跃。去年中国四川汶川发生特大地震灾害后，总统女士和贵国政府向中国政府和人民表达了诚挚慰问并提供宝贵援助，芬方还大力支持北京奥运会，积极参加在华举办的夏季达沃斯论坛，中国人民对此记忆犹新。我们对中芬友好互利合作关系的全面持续发展感到由衷高兴。

李克强指出，明年两国将迎来建交60周年，中国将举办上海世博会，中方愿同芬方密切配合，开展形式多样的庆祝活动，同时双方可以此为新的历史起点，共同规划两国关系未来的发展方向。中方建议继续保持两国高层交往势头，完善双边合作机制，深化政治关系；发挥双方互补优势，进一步密切和深化经贸、环境、能源等领域务实合作；促进人文交流，加强文化、教育、卫生、旅游等领域合作，夯实两国关系的社会基础；加强在国际事务中的沟通和协调，全面提升两国合作关系的水平，推动两国关系取得更大进展。

哈洛宁首先请李克强转达对胡锦涛主席的问候，并邀请胡锦涛主席在方便的时候访问芬兰。她完全同意中方对双边关系的评价。她说，芬中都重视两国关系，双方在政治、经贸、文教、社会等各领域的交流与合作进展顺利，这对双边关系的发展起到积极的促进作用。中国有悠久的历史和灿烂的文化，还具有重要的国际地位，芬兰人民对中国兴趣浓厚。希望两国进一步增进相互了解，这对两国关系的长远发展非常重要。芬兰一贯重视对华关系，愿在欧盟内在对华关系方面发出更多积极声音。哈洛宁还表达了芬政府、企业参加2010年上海世博会的积极意愿。

国务院副总理李克强出席芬兰工商界午餐会并发表演讲

中共中央政治局常委贺国强在乌兰巴托会见蒙古国总统查希亚·额勒贝格道尔吉

贺国强对额勒贝格道尔吉高度重视发展两国关系表示赞赏和感谢。贺国强说，双方应该珍惜当前两国关系处于历史最好时期的难得机遇，进一步推动中蒙关系向前发展。为此，他提出四点建议：一是继续增进双方政治互信，保持睦邻友好；二是努力扩大在经贸领域的合作，实现互利共赢；三是不断加强在人文领域的深入交流，巩固中蒙友好基础；四是保持在多边和国际领域的密切协调和沟通，切实维护共同利益。贺国强表示相信，在双方的共同努力下，中蒙睦邻互信伙伴关系一定能提升到新水平。

额勒贝格道尔吉首先请贺国强转达他对胡锦涛主席的良好祝愿，并完全赞同贺国强对进一步发展两国关系的积极建议。他表示，巩固和发展同中国的睦邻友好合作是蒙方坚定不移的方针。今年是两国建交60周年，双方共同举办的一系列庆祝活动和贺国强此次对蒙古国的成功访问，必将推动两国关系取得新的更大发展。

国务委员兼国防部部长梁光烈在八一大楼分别会

见巴布亚新几内亚国防军司令彼得·伊劳一行和巴基斯坦空军参谋长拉奥·卡马尔·苏莱曼一行

国家标准化体系建设工程领导小组会议暨第一次工作组会议在北京召开

会议提出,我国拟用3年时间建立具有系统性、协调性、适用性、前瞻性和面向国际的国家标准化体系。据透露,今后3年我国将优先安排十大重点产业调整和振兴规划相关标准以及质量安全标准的研制。此外,还将于2013年年底前完成1100多项服务业标准制修订工作。

6月27日

十一届全国人大常委会第九次会议在人民大会堂闭幕

为期6天的十一届全国人大常委会第九次会议在完成各项议程后闭幕。会议经表决,通过了农村土地承包经营纠纷调解仲裁法、修订后的统计法和全国人大常委会关于废止部分法律的决定,国家主席胡锦涛分别签署第14号、第15号、第16号主席令予以公布。

吴邦国委员长主持会议。

会议表决通过了全国人大常委会关于授权澳门特别行政区对设在横琴岛的澳门大学新校区实施管辖的决定,授权澳门特别行政区自横琴岛澳门大学新校区启用之日起,在本决定规定的期限内对该校区依照澳门特别行政区法律实施管辖。

会议表决通过了全国人大常委会关于批准2008年中央决算的决议,决定批准2008年中央决算。

会议表决通过了全国人大常委会代表资格审查委员会关于个别代表的代表资格的报告。根据全国人大常委会发表的公告,十一届全国人大代表现在实有2982人。

会议表决通过,任命南英为最高人民法院副院长、审判委员会委员、审判员,景汉朝为最高人民法院副院长;免去胡克惠、王振川的最高人民检察院副检察长、检察委员会委员职务,任命张常韧、柯汉民为最高人民检察院副检察长、检察委员会委员。会议还表决通过了其他任免案。

完成各项议程后,吴邦国发表讲话。他说,会议通过的农村土地承包经营纠纷调解仲裁法,立足我国农村实际情况,坚持从方便群众出发,充分发挥调解和仲裁两个渠道的作用,明确规定了调解仲裁的方式、程序,为及时化解农村土地承包经营纠纷、维护当事人合法权益提供了法律依据,对于巩固农村基本经营制度,稳定和完善土地承包关系,推进农村改革发展和社会和谐稳定,具有十分重要的意义。

吴邦国说,统计法的修改,主要针对统计工作中存在的某些弄虚作假行为,从防止行政干预、强化统计责任、加大处罚力度等几个方面,进一步完善相关法律规定,以确保统计数据真实可靠,更好地发挥统计在了解国情国力、服务经济社会发展中的重要作用。

吴邦国指出,本次会议的一项重要议程,是审议国务院关于提请审议的授权澳门特别行政区对横琴岛澳门大学新校区实施管辖的议案。常委会在明确授权的同时,还对用地范围、土地使用权取得方式及其使用期限等重大事项作了明确规定,为澳门特别行政区对设在横琴岛的澳门大学新校区依照澳门法律实施管辖提供了法律依据,对支持澳门特别行政区发展教育、培养人才,促进澳门更好更快发展将发挥重要作用。

吴邦国说,会议听取和审议了2008年中央决算报告和审计工作报告,审查批准了2008年中央决算。审议中,常委会组成人员和列席会议的同志充分肯定去年的财政和审计工作,同时指出,中央关于今年是进入新世纪以来我国经济发展最为困难的一年的分析判断是完全正确的。今年1月至5月,全国财政收支矛盾突出,完成全年预算任务相当艰巨。对此,国务院及其有关部门应当引起高度重视,采取更加有效的措施加以解决。一要加强收入征管,在认真落实结构性减税政策的同时,依法加强税收征管,做到应收尽收,努力扭转财政收入持续下降的局面。同时要防止收"过头税",防止增加企业不合理负担。二要提高财政资金使用效益,严格把握投资和政策导向,确保重点项目和重点支出,切实解决地方配套资金不到位等突出问题,有效发挥扩大政府公共投资对拉动经济、改善民生的作用。同时要牢固树立过紧日子的思想,坚持量力而行、勤俭办一切事业,反对铺张浪费,力戒滥铺摊子,不要做表面文章。三要积极推进财税体制改革,建立、健全中央和地方财力与事权相匹配的财政体制,规范财政转移支付制度,抓紧建立县级基本财力保障机制。同时要严格执行法律、法规和财经纪律,加大对重点财政收支领域的监管力度,规范预算编制与执行,完善跟踪问效制度。对审计查出的2008年预算执行中的问题,国务院要责成有关方面认真加以纠正,依法追究责任,并在今年年底前将整改和处理情况向全国人大常委会报告。

吴邦国说,全国人大代表和全国人大常委会组成人员一直十分关心四川汶川特大地震抗震救灾和灾后恢复重建情况,全力支持国务院集中财力投入抗震救灾和灾后恢复重建工作。去年6月专门听取审议了国务院的专项工作报告,并作出相关决议,这次会议又专门安排听取审议了国务院关于灾后恢复重建工作情况的报告。审议中，大家对前一阶段恢复重建工作给予充分肯定，对报告提出的下一阶段工作安排表示赞同。大家强调，灾后恢复重建是一项重大的民生工程和发展工程，各有关方面要充分认识这项重大工程的紧迫性、艰巨性和复杂性，深入贯彻落实科学发展观，按照中央的决策部署，坚持民生优先，立足灾区实际，着眼长远发展，确保质量效益，完善规划政策，扎实推进恢复重建工作。要着力解决城乡居民尤其是特困群众住房建设问题，进一步加强学校、医疗卫生机构等公共设施以及交通、水利等基础设施的恢复重建，尽快把灾区建设成为人民安居乐业、社会和谐繁荣的美好家园。

吴邦国还就做好立法工作、确保到2010年形成中国特色社会主义法律体系提出了明确要求。

全国人大常委会副委员长王兆国、路甬祥、乌云其木格、韩启德、华建敏、陈至立、周铁农、李建国、司马义·铁力瓦尔地、蒋树声、陈昌智、严隽琪、桑国卫出席会议。国务委员戴秉国、最高人民法院院长王胜俊、最高人民检察院检察长曹建明等列席会议。

全国人大常委会委员长吴邦国在十一届全国人大常委会第九次会议闭幕会上发表讲话

吴邦国强调，今明两年是形成中国特色社会主义法律体系的关键时期，立法工作的任务艰巨而繁重。要进一步加强和改进立法工作，确保到2010年形成中国特色社会主义法律体系。

吴邦国指出，到2010年形成中国特色社会主义法律体系，是党的十五大提出的新时期立法工作总体目标。经过各方面共同努力，到上届末，中国特色社会主义法律体系已经基本形成。本届全国人大常委会结合新形势和新任务，确定了以形成中国特色社会主义法律体系为目标、以提高立法质量为重点的立法工作思路，科学回答了形成中国特色社会主义法律体系必须坚持的若干重大原则，及时制定了五年立法规划，坚持"两手抓"，一是抓紧制定在法律体系中起支架作用的重要法律；二是集中力量开展法律清理工作，以确保到2010年形成中国特色社会主义法律体系。

吴邦国说，法律清理工作是加强和改进立法工作，保证法律体系自身科学、统一、和谐，如期实现立法目标的一项重要举措。按照常委会的工作部署，从去年开始，法律委和法工委牵头，其他专门委员会和工作机构以及国务院、中央军委、最高人民法院、最高人民检察院等有关方面，按照各自的清理范围和任务分工，对职责范围涉及的法律全面进行梳理分析，查找存在的问题，提出近2000条清理意见和建议。法律委、法工委对这些意见和建议进行了汇总、整理和分类，并在广泛听取意见、反复研究论证的基础上，区分不同情况，提出了分类处理的建议。一是废止部分法律，二是用一揽子打包方式修改一批法律规定，三是要求国务院和有关方面尽快制定现行法律的配套法规。这次会议通过了关于废止部分法律的决定，审议了修改部分法律的决定草案。下一步的工作，除继续审议需修改的部分法律外，重点是督促国务院及其有关部门抓紧法律配套法规的制定工作，力争在今年年底前取得实质性进展。今后在确定立法项目、起草法律草案的同时，要统筹安排制定配套法规，力争与法律同步实施，个别不能同步的也要抓紧出台，以保障法律的有效实施。

吴邦国强调，要在提高立法质量的前提下，再接再厉，加紧工作，努力向党和人民交上一份满意的答卷。一要按照实现立法工作目标要求，对列入立法规划和计划的立法项目，特别是那些在法律体系中起支架作用的重要立法项目，做一次认真梳理，已经提请审议的还有哪些内容需要完善，尚未提请审议的主要矛盾和困难在哪里，都要做到心中有数，有针对性地开展工作，确保计划安排的立法项目如期完成。二要根据法律清理情况，对需要统筹修改完善的法律，补充列入立法规划或年度计划，加紧进行修改。今后在制定和修改法律过程中，对可能出现与其他法律规定不一致、不衔接的问题，应当同时对相关法律规定一并作出修改，以保证法律体系的和谐统一。三要认真研究立法工作中遇到的新情况、新问题，坚持以人为本，坚持从我国国情出发，积极推进科学立法、民主立法，正确处理权力与权利、前瞻性与可操作性、稳定性与变动性的关系，确保到2010年形成中国特色社会主义法律体系。

国家主席胡锦涛签署第14号令公布《中华人民共和国农村土地承包经营纠纷调解仲裁法》

《中华人民共和国农村土地承包经营纠纷调解仲裁法》已由中华人民共和国第十一届全国人民代表大会常务委员会第九次会议于2009年6月27日通过，现予公布，自2010年1月1日起施行。

中华人民共和国主席　胡锦涛

2009年6月27日

中华人民共和国农村土地承包经营纠纷调解仲裁法

第一章　总　则

第一条　为了公正、及时解决农村土地承包经营纠纷，维护当事人的合法权益，促进农村经济发展和社会稳定，制定本法。

第二条　农村土地承包经营纠纷调解和仲裁，适用本法。

农村土地承包经营纠纷包括：

（一）因订立、履行、变更、解除和终止农村土地承包合同发生的纠纷；

（二）因农村土地承包经营权转包、出租、互换、转让、入股等流转发生的纠纷；

（三）因收回、调整承包地发生的纠纷；

（四）因确认农村土地承包经营权发生的纠纷；

（五）因侵害农村土地承包经营权发生的纠纷；

（六）法律、法规规定的其他农村土地承包经营纠纷。

因征收集体所有的土地及其补偿发生的纠纷，不属于农村土地承包仲裁委员会的受理范围，可以通过行政复议或者诉讼等方式解决。

第三条　发生农村土地承包经营纠纷的，当事人可以自行和解，也可以请求村民委员会、乡（镇）人民政府等调解。

第四条　当事人和解、调解不成或者不愿和解、调解的，可以向农村土地承包仲裁委员会申请仲裁，也可以直接向人民法院起诉。

第五条　农村土地承包经营纠纷调解和仲裁，应当公开、公平、公正，便民高效，根据事实，符合法律，尊重社会公德。

第六条　县级以上人民政府应当加强对农村土地承包经营纠纷调解和仲裁工作的指导。

县级以上人民政府农村土地承包管理部门及其他有关部门应当依照职责分工，支持有关调解组织和农村土地承包仲裁委员会依法开展工作。

第二章　调　解

第七条　村民委员会、乡（镇）人民政府应当加强农村土地承包经营纠纷的调解工作，帮助当事人达成协议解决纠纷。

第八条　当事人申请农村土地承包经营纠纷调解可以书面申请，也可以口头申请。口头申请的，由村民委员会或者乡（镇）人民政府当场记录申请人的基本情况、申请调解的纠纷事项、理由和时间。

第九条　调解农村土地承包经营纠纷，村民委员会或者乡（镇）人民政府应当充分听取当事人对事实和理由的陈述，讲解有关法律以及国家政策，耐心疏导，帮助当事人达成协议。

第十条　经调解达成协议的，村民委员会或者乡（镇）人民政府应当制作调解协议书。

调解协议书由双方当事人签名、盖章或者按指印，经调解人员签名并加盖调解组织印章后生效。

第十一条　仲裁庭对农村土地承包经营纠纷应当进行调解。调解达成协议的，仲裁庭应当制作调解书；调解不成的，应当及时作出裁决。

调解书应当写明仲裁请求和当事人协议的结果。调解书由仲裁员签名，加盖农村土地承包仲裁委员会印章，送达双方当事人。

调解书经双方当事人签收后，即发生法律效力。在调解书签收前当事人反悔的，仲裁庭应当及时作出裁决。

第三章　仲　裁

第一节　仲裁委员会和仲裁员

第十二条　农村土地承包仲裁委员会，根据解决农村土地承包经营纠纷的实际需要设立。农村土地承包仲裁委员会可以在县和不设区的市设立，也可以在设区的市或者其市辖区设立。

农村土地承包仲裁委员会在当地人民政府指导下设立。设立农村土地承包仲裁委员会的，其日常工作由当地农村土地承包管理部门承担。

第十三条　农村土地承包仲裁委员会由当地人民政府及其有关部门代表、有关人民团体代表、农村集体经济组织代表、农民代表和法律、经济等相关专业人员兼任组成，其中农民代表和法律、经济等相关专业人员不得少于组成人员的二分之一。

农村土地承包仲裁委员会设主任一人、副主任一至二人和委员若干人。主任、副主任由全体组成人员选举产生。

第十四条　农村土地承包仲裁委员会依法履行下列职责：

（一）聘任、解聘仲裁员；

（二）受理仲裁申请；

（三）监督仲裁活动。

农村土地承包仲裁委员会应当依照本法制定章程，对其组成人员的产生方式及任期、议事规则等作出规定。

第十五条　农村土地承包仲裁委员会应当从公道正派的人员中聘任仲裁员。

仲裁员应当符合下列条件之　：

（一）从事农村土地承包管理工作满五年；

（二）从事法律工作或者人民调解工作满五年；

（三）在当地威信较高，并熟悉农村土地承包法律以及国家政策的居民。

第十六条　农村土地承包仲裁委员会应当对仲裁员进行农村土地承包法律以及国家政策的培训。

省、自治区、直辖市人民政府农村土地承包管理部门应当制订仲裁员培训计划，加强对仲裁员培训工作的组织和指导。

第十七条　农村土地承包仲裁委员会组成人员、仲裁员应当依法履行职责，遵守农村土地承包仲裁委员会章程和仲裁规则，不得索贿受贿、徇私舞弊，不得侵害当事人的合法权益。

仲裁员有索贿受贿、徇私舞弊、枉法裁决以及接受当事人请客送礼等违法违纪行为的，农村土地承包仲裁委员会应当将其除名；构成犯罪的，依法追究刑事责任。

县级以上地方人民政府及有关部门应当受理对农村土地承包仲裁委员会组成人员、仲裁员违法违纪行为的投诉和举报，并依法组织查处。

第二节 申请和受理

第十八条 农村土地承包经营纠纷申请仲裁的时效期间为二年，自当事人知道或者应当知道其权利被侵害之日起计算。

第十九条 农村土地承包经营纠纷仲裁的申请人、被申请人为当事人。家庭承包的，可以由农户代表人参加仲裁。当事人一方人数众多的，可以推选代表人参加仲裁。

与案件处理结果有利害关系的，可以申请作为第三人参加仲裁，或者由农村土地承包仲裁委员会通知其参加仲裁。

当事人、第三人可以委托代理人参加仲裁。

第二十条 申请农村土地承包经营纠纷仲裁应当符合下列条件：

(一)申请人与纠纷有直接的利害关系；

(二)有明确的被申请人；

(三)有具体的仲裁请求和事实、理由；

(四)属于农村土地承包仲裁委员会的受理范围。

第二十一条 当事人申请仲裁，应当向纠纷涉及的土地所在地的农村土地承包仲裁委员会递交仲裁申请书。仲裁申请书可以邮寄或者委托他人代交。仲裁申请书应当载明申请人和被申请人的基本情况，仲裁请求和所根据的事实、理由，并提供相应的证据和证据来源。

书面申请确有困难的，可以口头申请，由农村土地承包仲裁委员会记入笔录，经申请人核实后由其签名、盖章或者按指印。

第二十二条 农村土地承包仲裁委员会应当对仲裁申请予以审查，认为符合本法第二十条规定的，应当受理。有下列情形之一的，不予受理；已受理的，终止仲裁程序：

(一)不符合申请条件；

(二)人民法院已受理该纠纷；

(三)法律规定该纠纷应当由其他机构处理；

(四)对该纠纷已有生效的判决、裁定、仲裁裁决、行政处理决定等。

第二十三条 农村土地承包仲裁委员会决定受理的，应当自收到仲裁申请之日起五个工作日内，将受理通知书、仲裁规则和仲裁员名册送达申请人；决定不予受理或者终止仲裁程序的，应当自收到仲裁申请或者发现终止仲裁程序情形之日起五个工作日内书面通知申请人，并说明理由。

第二十四条 农村土地承包仲裁委员会应当自受理仲裁申请之日起五个工作日内，将受理通知书、仲裁申请书副本、仲裁规则和仲裁员名册送达被申请人。

第二十五条 被申请人应当自收到仲裁申请书副本之日起十日内向农村土地承包仲裁委员会提交答辩书；书面答辩确有困难的，可以口头答辩，由农村土地承包仲裁委员会记入笔录，经被申请人核实后由其签名、盖章或者按指印。农村土地承包仲裁委员会应当自收到答辩书之日起五个工作日内将答辩书副本送达申请人。被申请人未答辩的，不影响仲裁程序的进行。

第二十六条 一方当事人因另一方当事人的行为或者其他原因，可能使裁决不能执行或者难以执行的，可以申请财产保全。

当事人申请财产保全的，农村土地承包仲裁委员会应当将当事人的申请提交被申请人住所地或者财产所在地的基层人民法院。

申请有错误的，申请人应当赔偿被申请人因财产保全所遭受的损失。

第三节 仲裁庭的组成

第二十七条 仲裁庭由三名仲裁员组成，首席仲裁员由当事人共同选定，其他二名仲裁员由当事人各自选定；当事人不能选定的，由农村土地承包仲裁委员会主任指定。

事实清楚、权利义务关系明确、争议不大的农村土地承包经营纠纷，经双方当事人同意，可以由一名仲裁员仲裁。仲裁员由当事人共同选定或者由农村土地承包仲裁委员会主任指定。

农村土地承包仲裁委员会应当自仲裁庭组成之日起二个工作日内将仲裁庭组成情况通知当事人。

第二十八条 仲裁员有下列情形之一的，必须回避，当事人也有权以口头或者书面方式申请其回避：

(一)是本案当事人或者当事人、代理人的近亲属；

(二)与本案有利害关系；

(三)与本案当事人、代理人有其他关系，可能影响公正仲裁；

(四)私自会见当事人、代理人，或者接受当事人、代理人的请客送礼。

当事人提出回避申请，应当说明理由，在首次开庭前提出。回避事由在首次开庭后知道的，可以在最后一次开庭终结前提出。

第二十九条 农村土地承包仲裁委员会对回避申请应当及时作出决定，以口头或者书面方式通知当事人，并说明理由。

仲裁员是否回避,由农村土地承包仲裁委员会主任决定;农村土地承包仲裁委员会主任担任仲裁员时,由农村土地承包仲裁委员会集体决定。

仲裁员因回避或者其他原因不能履行职责的,应当依照本法规定重新选定或者指定仲裁员。

第四节　开庭和裁决

第三十条　农村土地承包经营纠纷仲裁应当开庭进行。

开庭可以在纠纷涉及的土地所在地的乡(镇)或者村进行,也可以在农村土地承包仲裁委员会所在地进行。当事人双方要求在乡(镇)或者村开庭的,应当在该乡(镇)或者村开庭。

开庭应当公开,但涉及国家秘密、商业秘密和个人隐私以及当事人约定不公开的除外。

第三十一条　仲裁庭应当在开庭五个工作日前将开庭的时间、地点通知当事人和其他仲裁参与人。

当事人有正当理由的,可以向仲裁庭请求变更开庭的时间、地点。是否变更,由仲裁庭决定。

第三十二条　当事人申请仲裁后,可以自行和解。达成和解协议的,可以请求仲裁庭根据和解协议作出裁决　书,也可以撤回仲裁申请。

第三十三条　申请人可以放弃或者变更仲裁请求。被申请人可以承认或者反驳仲裁请求,有权提出反请求。

第三十四条　仲裁庭作出裁决前,申请人撤回仲裁申请的,除被申请人提出反请求的外,仲裁庭应当终止仲裁。

第三十五条　申请人经书面通知,无正当理由不到庭或者未经仲裁庭许可中途退庭的,可以视为撤回仲裁申请。

被申请人经书面通知,无正当理由不到庭或者未经仲裁庭许可中途退庭的,可以缺席裁决。

第三十六条　当事人在开庭过程中有权发表意见、陈述事实和理由、提供证据、进行质证和辩论。对不通晓当地通用语言文字的当事人,农村土地承包仲裁委员会应当为其提供翻译。

第三十七条　当事人应当对自己的主张提供证据。与纠纷有关的证据由作为当事人一方的发包方等掌握管理的,该当事人应当在仲裁庭指定的期限内提供,逾期不提供的,应当承担不利后果。

第三十八条　仲裁庭认为有必要收集的证据,可以自行收集。

第三十九条　仲裁庭对专门性问题认为需要鉴定的,可以交由当事人约定的鉴定机构鉴定;当事人没有约定的,由仲裁庭指定的鉴定机构鉴定。

根据当事人的请求或者仲裁庭的要求,鉴定机构应当派鉴定人参加开庭。当事人经仲裁庭许可,可以向鉴定人提问。

第四十条　证据应当在开庭时出示,但涉及国家秘密、商业秘密和个人隐私的证据不得在公开开庭时出示。

仲裁庭应当依照仲裁规则的规定开庭,给予双方当事人平等陈述、辩论的机会,并组织当事人进行质证。

经仲裁庭查证属实的证据,应当作为认定事实的根据。

第四十一条　在证据可能灭失或者以后难以取得的情况下,当事人可以申请证据保全。当事人申请证据保全的,农村土地承包仲裁委员会应当将当事人的申请提交证据所在地的基层人民法院。

第四十二条　对权利义务关系明确的纠纷,经当事人申请,仲裁庭可以先行裁定维持现状、恢复农业生产以及停止取土、占地等行为。

一方当事人不履行先行裁定的,另一方当事人可以向人民法院申请执行,但应当提供相应的担保。

第四十三条　仲裁庭应当将开庭情况记入笔录,由仲裁员、记录人员、当事人和其他仲裁参与人签名、盖章或者按指印。

当事人和其他仲裁参与人认为对自己陈述的记录有遗漏或者差错的,有权申请补正。如果不予补正,应当记录该申请。

第四十四条　仲裁庭应当根据认定的事实和法律以及国家政策作出裁决并制作裁决书。

裁决应当按照多数仲裁员的意见作出,少数仲裁员的不同意见可以记入笔录。仲裁庭不能形成多数意见时,裁决应当按照首席仲裁员的意见作出。

第四十五条　裁决书应当写明仲裁请求、争议事实、裁决理由、裁决结果、裁决日期以及当事人不服仲裁裁决的起诉权利、期限,由仲裁员签名,加盖农村土地承包仲裁委员会印章。

农村土地承包仲裁委员会应当在裁决作出之日起三个工作日内将裁决书送达当事人,并告知当事人不服仲裁裁决的起诉权利、期限。

第四十六条　仲裁庭依法独立履行职责,不受行政机关、社会团体和个人的干涉。

第四十七条　仲裁农村土地承包经营纠纷,应当自受理仲裁申请之日起六十日内结束;案情复杂需要延长的,经农村土地承包仲裁委员会主任批准可以延长,并书面通知当事人,但延长期限不得超过三十日。

第四十八条　当事人不服仲裁裁决的,可以自收到裁决书之日起三十日内向人民法院起诉。逾期不起诉的,裁决书即发生法律效力。

第四十九条　当事人对发生法律效力的调解书、裁决书，应当依照规定的期限履行。一方当事人逾期不履行的，另一方当事人可以向被申请人住所地或者财产所在地的基层人民法院申请执行。受理申请的人民法院应当依法执行。

第四章　附　则

第五十条　本法所称农村土地，是指农民集体所有和国家所有依法由农民集体使用的耕地、林地、草地，以及其他依法用于农业的土地。

第五十一条　农村土地承包经营纠纷仲裁规则和农村土地承包仲裁委员会示范章程，由国务院农业、林业行政主管部门依照本法规定共同制定。

第五十二条　农村土地承包经营纠纷仲裁不得向当事人收取费用，仲裁工作经费纳入财政预算予以保障。

第五十三条　本法自2010年1月1日起施行。

国家主席胡锦涛签署第15号令公布《中华人民共和国统计法》

《中华人民共和国统计法》已由中华人民共和国第十一届全国人民代表大会常务委员会第九次会议于2009年6月27日修订通过，现将修订后的《中华人民共和国统计法》公布，自2010年1月1日起施行。

中华人民共和国主席　胡锦涛

2009年6月27日

中华人民共和国统计法

第一章　总　则

第一条　为了科学、有效地组织统计工作，保障统计资料的真实性、准确性、完整性和及时性，发挥统计在了解国情国力、服务经济社会发展中的重要作用，促进社会主义现代化建设事业发展，制定本法。

第二条　本法适用于各级人民政府、县级以上人民政府统计机构和有关部门组织实施的统计活动。

统计的基本任务是对经济社会发展情况进行统计调查、统计分析，提供统计资料和统计咨询意见，实行统计监督。

第三条　国家建立集中统一的统计系统，实行统一领导、分级负责的统计管理体制。

第四条　国务院和地方各级人民政府、各有关部门应当加强对统计工作的组织领导，为统计工作提供必要的保障。

第五条　国家加强统计科学研究，健全科学的统计指标体系，不断改进统计调查方法，提高统计的科学性。

国家有计划地加强统计信息化建设，推进统计信息搜集、处理、传输、共享、存储技术和统计数据库体系的现代化。

第六条　统计机构和统计人员依照本法规定独立行使统计调查、统计报告、统计监督的职权，不受侵犯。

地方各级人民政府、政府统计机构和有关部门以及各单位的负责人，不得自行修改统计机构和统计人员依法搜集、整理的统计资料，不得以任何方式要求统计机构、统计人员及其他机构、人员伪造、篡改统计资料，不得对依法履行职责或者拒绝、抵制统计违法行为的统计人员打击报复。

第七条　国家机关、企业事业单位和其他组织以及个体工商户和个人等统计调查对象，必须依照本法和国家有关规定，真实、准确、完整、及时地提供统计调查所需的资料，不得提供不真实或者不完整的统计资料，不得迟报、拒报统计资料。

第八条　统计工作应当接受社会公众的监督。任何单位和个人有权检举统计中弄虚作假等违法行为。对检举有功的单位和个人应当给予表彰和奖励。

第九条　统计机构和统计人员对在统计工作中知悉的国家秘密、商业秘密和个人信息，应当予以保密。

第十条　任何单位和个人不得利用虚假统计资料骗取荣誉称号、物质利益或者职务晋升。

第二章　统计调查管理

第十一条　统计调查项目包括国家统计调查项目、部门统计调查项目和地方统计调查项目。

国家统计调查项目是指全国性基本情况的统计调查项目。部门统计调查项目是指国务院有关部门的专业性统计调查项目。地方统计调查项目是指县级以上地方人民政府及其部门的地方性统计调查项目。

国家统计调查项目、部门统计调查项目、地方统计调查项目应当明确分工，互相衔接，不得重复。

第十二条　国家统计调查项目由国家统计局制定，或者由国家统计局和国务院有关部门共同制定，报国务院备案；重大的国家统计调查项目报国务院审批。

部门统计调查项目由国务院有关部门制定。统计调查对象属于本部门管辖系统的，报国家统计局备案；统计调查对象超出本部门管辖系统的，报国家统计局审批。

地方统计调查项目由县级以上地方人民政府统计机构和有关部门分别制定或者共同制定。其中，由省级人民政府统计机构单独制定或者和有关部门共同制定的，报国家统计局审批；由省级以下人民政府统计机构单独制定或者和有关部门共同制定的，报省级人民政府统计机构审批；由县级以上地方人民政府有关部门制定的，报本级人民政府统计机构审批。

第十三条　统计调查项目的审批机关应当对调查项目的必要性、可行性、科学性进行审查，对符合法定条件的，作出予以批准的书面决定，并公布；对不符合法定条件的，作出不予批准的书面决定，并说明理由。

第十四条　制定统计调查项目，应当同时制定该项目的统计调查制度，并依照本法第十二条的规定一并报经审批或者备案。

统计调查制度应当对调查目的、调查内容、调查方法、调查对象、调查组织方式、调查表式、统计资料的报送和公布等作出规定。

统计调查应当按照统计调查制度组织实施。变更统计调查制度的内容，应当报经原审批机关批准或者原备案机关备案。

第十五条　统计调查表应当标明表号、制定机关、批准或者备案文号、有效期限等标志。

对未标明前款规定的标志或者超过有效期限的统计调查表，统计调查对象有权拒绝填报；县级以上人民政府统计机构应当依法责令停止有关统计调查活动。

第十六条　搜集、整理统计资料，应当以周期性普查为基础，以经常性抽样调查为主体，综合运用全面调查、重点调查等方法，并充分利用行政记录等资料。

重大国情国力普查由国务院统一领导，国务院和地方人民政府组织统计机构和有关部门共同实施。

第十七条　国家制定统一的统计标准，保障统计调查采用的指标涵义、计算方法、分类目录、调查表式和统计编码等的标准化。

国家统计标准由国家统计局制定，或者由国家统计局和国务院标准化主管部门共同制定。

国务院有关部门可以制定补充性的部门统计标准，报国家统计局审批。部门统计标准不得与国家统计标准相抵触。

第十八条　县级以上人民政府统计机构根据统计任务的需要，可以在统计调查对象中推广使用计算机网络报送统计资料。

第十九条　县级以上人民政府应当将统计工作所需经费列入财政预算。

重大国情国力普查所需经费，由国务院和地方人民政府共同负担，列入相应年度的财政预算，按时拨付，确保到位。

第三章　统计资料的管理和公布

第二十条　县级以上人民政府统计机构和有关部门以及乡、镇人民政府，应当按照国家有关规定建立统计资料的保存、管理制度，建立、健全统计信息共享机制。

第二十一条　国家机关、企业事业单位和其他组织等统计调查对象，应当按照国家有关规定设置原始记录、统计台账，建立、健全统计资料的审核、签署、交接、归档等管理制度。

统计资料的审核、签署人员应当对其审核、签署的统计资料的真实性、准确性和完整性负责。

第二十二条　县级以上人民政府有关部门应当及时向本级人民政府统计机构提供统计所需的行政记录资料和国民经济核算所需的财务资料、财政资料及其他资料，并按照统计调查制度的规定及时向本级人民政府统计机构报送其组织实施统计调查取得的有关资料。

县级以上人民政府统计机构应当及时向本级人民政府有关部门提供有关统计资料。

第二十三条　县级以上人民政府统计机构按照国家有关规定，定期公布统计资料。

国家统计数据以国家统计局公布的数据为准。

第二十四条　县级以上人民政府有关部门统计调查取得的统计资料，由本部门按照国家有关规定公布。

第二十五条　统计调查中获得的能够识别或者推断单个统计调查对象身份的资料，任何单位和个人不得对外提供、泄露，不得用于统计以外的目的。

第二十六条　县级以上人民政府统计机构和有关部门统计调查取得的统计资料，除依法应当保密的外，应当及时公开，供社会公众查询。

第四章　统计机构和统计人员

第二十七条　国务院设立国家统计局，依法组织领导和协调全国的统计工作。

国家统计局根据工作需要设立的派出调查机构，承担国家统计局布置的统计调查等任务。

县级以上地方人民政府设立独立的统计机构，乡、镇人民政府设置统计工作岗位，配备专职或者兼职统计人员，依法管理、开展统计工作，实施统计调查。

第二十八条　县级以上人民政府有关部门根据统计任务的需要设立统计机构，或者在有关机构中设置统计人员，并指定统计负责人，依法组织、管理本部门职责范围内的统计工作，实施统计调查，在统计业务上受本级人民政府统计机构的指导。

第二十九条　统计机构、统计人员应当依法履行职责，如实搜集、报送统计资料，不得伪造、篡改统计资料，不得以任何方式要求任何单位和个人提供不真实的统计资料，不得有其他违反本法规定的行为。

统计人员应当坚持实事求是，恪守职业道德，对其负责搜集、审核、录入的统计资料与统计调查对象报送的统计资料的一致性负责。

第三十条　统计人员进行统计调查时，有权就与统计有关的问题询问有关人员，要求其如实提供有关情况、资料并改正不真实、不准确的资料。

统计人员进行统计调查时，应当出示县级以上人民政府统计机构或者有关部门颁发的工作证件；未出示的，统计调查对象有权拒绝调查。

第三十一条　国家实行统计专业技术职务资格考试、评聘制度，提高统计人员的专业素质，保障统计队伍的稳定性。

统计人员应当具备与其从事的统计工作相适应的专业知识和业务能力。

县级以上人民政府统计机构和有关部门应当加强对统计人员的专业培训和职业道德教育。

第五章　监督检查

第三十二条　县级以上人民政府及其监察机关对下级人民政府、本级人民政府统计机构和有关部门执行本法的情况，实施监督。

第三十三条　国家统计局组织管理全国统计工作的监督检查，查处重大统计违法行为。

县级以上地方人民政府统计机构依法查处本行政区域内发生的统计违法行为。但是，国家统计局派出的调查机构组织实施的统计调查活动中发生的统计违法行为，由组织实施该项统计调查的调查机构负责查处。

法律、行政法规对有关部门查处统计违法行为另有规定的，从其规定。

第三十四条　县级以上人民政府有关部门应当积极协助本级人民政府统计机构查处统计违法行为，及时向本级人民政府统计机构移送有关统计违法案件材料。

第三十五条　县级以上人民政府统计机构在调查统计违法行为或者核查统计数据时，有权采取下列措施：

(一)发出统计检查查询书，向检查对象查询有关事项；

(二)要求检查对象提供有关原始记录和凭证、统计台账、统计调查表、会计资料及其他相关证明和资料；

(三)就与检查有关的事项询问有关人员；

(四)进入检查对象的业务场所和统计数据处理信息系统进行检查、核对；

(五)经本机构负责人批准，登记保存检查对象的有关原始记录和凭证、统计台账、统计调查表、会计资料及其他相关证明和资料；

(六)对与检查事项有关的情况和资料进行记录、录音、录像、照相和复制。

县级以上人民政府统计机构进行监督检查时，监督检查人员不得少于二人，并应当出示执法证件；未出示的，有关单位和个人有权拒绝检查。

第三十六条　县级以上人民政府统计机构履行监督检查职责时，有关单位和个人应当如实反映情况，提供相关证明和资料，不得拒绝、阻碍检查，不得转移、隐匿、篡改、毁弃原始记录和凭证、统计台账、统计调查表、会计资料及其他相关证明和资料。

第六章　法律责任

第三十七条　地方人民政府、政府统计机构或者有关部门、单位的负责人有下列行为之一的，由任免机关或者监察机关依法给予处分，并由县级以上人民政府统计机构予以通报：

(一)自行修改统计资料、编造虚假统计数据的；

(二)要求统计机构、统计人员或者其他机构、人员伪造、篡改统计资料的；

(三)对依法履行职责或者拒绝、抵制统计违法行为的统计人员打击报复的；

(四)对本地方、本部门、本单位发生的严重统计违法行为失察的。

第三十八条　县级以上人民政府统计机构或者有关部门在组织实施统计调查活动中有下列行为之一的，由本级人民政府、上级人民政府统计机构或者本级人民政府统计机构责令改正，予以通报；对直接负责的主管人员和其他直接责任人员，由任免机关或者监察机关依法给予处分：

(一)未经批准擅自组织实施统计调查的；

(二)未经批准擅自变更统计调查制度的内容的；

(三)伪造、篡改统计资料的；

(四)要求统计调查对象或者其他机构、人员提供不真实的统计资料的；

(五)未按照统计调查制度的规定报送有关资料的。

统计人员有前款第三项至第五项所列行为之一的，责令改正，依法给予处分。

第三十九条　县级以上人民政府统计机构或者有关部门有下列行为之一的，对直接负责的主管人员和其他直接责任人员由任免机关或者监察机关依法给予处分：

(一)违法公布统计资料的；

(二)泄露统计调查对象的商业秘密、个人信息或者提供、泄露在统计调查中获得的能够识别或者推断单个统计调查对象身份的资料的；

(三)违反国家有关规定，造成统计资料毁损、灭失的。

统计人员有前款所列行为之一的，依法给予处分。

第四十条　统计机构、统计人员泄露国家秘密的，依法追究法律责任。

第四十一条　作为统计调查对象的国家机关、企业事业单位或者其他组织有下列行为之一的，由县级以上人民政府统计机构责令改正，给予警告，可以予以通报；其直接负责的主管人员和其他直接责任人员属于国家工作人员的，由任免机关或者监察机关依法给予处分：

（一）拒绝提供统计资料或者经催报后仍未按时提供统计资料的；

（二）提供不真实或者不完整的统计资料的；

（三）拒绝答复或者不如实答复统计检查查询书的；

（四）拒绝、阻碍统计调查、统计检查的；

（五）转移、隐匿、篡改、毁弃或者拒绝提供原始记录和凭证、统计台账、统计调查表及其他相关证明和资料的。

企业事业单位或者其他组织有前款所列行为之一的，可以并处五万元以下的罚款；情节严重的，并处五万元以上二十万元以下的罚款。

个体工商户有本条第一款所列行为之一的，由县级以上人民政府统计机构责令改正，给予警告，可以并处一万元以下的罚款。

第四十二条 作为统计调查对象的国家机关、企业事业单位或者其他组织迟报统计资料，或者未按照国家有关规定设置原始记录、统计台账的，由县级以上人民政府统计机构责令改正，给予警告。

企业事业单位或者其他组织有前款所列行为之一的，可以并处一万元以下的罚款。

个体工商户迟报统计资料的，由县级以上人民政府统计机构责令改正，给予警告，可以并处一千元以下的罚款。

第四十三条 县级以上人民政府统计机构查处统计违法行为时，认为对有关国家工作人员依法应当给予处分的，应当提出给予处分的建议；该国家工作人员的任免机关或者监察机关应当依法及时作出决定，并将结果书面通知县级以上人民政府统计机构。

第四十四条 作为统计调查对象的个人在重大国情国力普查活动中拒绝、阻碍统计调查，或者提供不真实或者不完整的普查资料的，由县级以上人民政府统计机构责令改正，予以批评教育。

第四十五条 违反本法规定，利用虚假统计资料骗取荣誉称号、物质利益或者职务晋升的，除对其编造虚假统计资料或者要求他人编造虚假统计资料的行为依法追究法律责任外，由作出有关决定的单位或者其上级单位、监察机关取消其荣誉称号，追缴获得的物质利益，撤销晋升的职务。

第四十六条 当事人对县级以上人民政府统计机构作出的行政处罚决定不服的，可以依法申请行政复议或者提起行政诉讼。其中，对国家统计局在省、自治区、直辖市派出的调查机构作出的行政处罚决定不服的，向国家统计局申请行政复议；对国家统计局派出的其他调查机构作出的行政处罚决定不服的，向国家统计局在该派出机构所在的省、自治区、直辖市派出的调查机构申请行政复议。

第四十七条 违反本法规定，构成犯罪的，依法追究刑事责任。

第七章 附 则

第四十八条 本法所称县级以上人民政府统计机构，是指国家统计局及其派出的调查机构、县级以上地方人民政府统计机构。

第四十九条 民间统计调查活动的管理办法，由国务院制定。

中华人民共和国境外的组织、个人需要在中华人民共和国境内进行统计调查活动的，应当按照国务院的规定报请审批。

利用统计调查危害国家安全、损害社会公共利益或者进行欺诈活动的，依法追究法律责任。

第五十条 本法自2010年1月1日起施行。

国家主席胡锦涛签署第16号令公布《全国人民代表大会常务委员会关于废止部分法律的决定》

《全国人民代表大会常务委员会关于废止部分法律的决定》已由中华人民共和国第十一届全国人民代表大会常务委员会第九次会议于2009年6月27日通过，现予公布，自公布之日起施行。

中华人民共和国主席 胡锦涛

2009年6月27日

全国人民代表大会常务委员会关于废止部分法律的决定

（2009年6月27日第十一届全国人民代表大会常务委员会第九次会议通过）

第十一届全国人民代表大会常务委员会第九次会议决定，废止下列法律和有关法律问题的决定：

一、公安派出所组织条例（1954年12月31日第一届全国人民代表大会常务委员会第四次会议通过）

二、城市街道办事处组织条例（1954年12月31日第一届全国人民代表大会常务委员会第四次会议通过）

三、华侨申请使用国有的荒山荒地条例（1955年8月6日第一届全国人民代表大会常务委员会第二十次会议通过）

四、全国人民代表大会常务委员会批准国务院关于华侨捐资兴办学校办法的决议及华侨捐资兴办学校办法（1957年8月1日第一届全国人民代表大会常务委员会第七十八次会议批准）

五、全国人民代表大会常务委员会关于授权国务院改革工商税制发布有关税收条例草案试行的决定

(1984年9月18日第六届全国人民代表大会常务委员会第七次会议通过)

六、全国人民代表大会常务委员会关于惩治偷税、抗税犯罪的补充规定(1992年9月4日第七届全国人民代表大会常务委员会第二十七次会议通过)

七、全国人民代表大会常务委员会关于加强对法律实施情况检查监督的若干规定(1993年9月2日第八届全国人民代表大会常务委员会第三次会议通过)

八、全国人民代表大会常务委员会关于严惩组织、运送他人偷越国(边)境犯罪的补充规定(1994年3月5日第八届全国人民代表大会常务委员会第六次会议通过)

本决定自公布之日起施行。

全国人大常委会关于批准2008年中央决算的决议

(2009年6月27日第十一届全国人民代表大会常务委员会第九次会议通过)

第十一届全国人民代表大会常务委员会第九次会议,听取了财政部部长谢旭人受国务院委托作的《关于2008年中央决算的报告》和审计署审计长刘家义受国务院委托作的《关于2008年度中央预算执行和其他财政收支的审计工作报告》。会议结合审议审计工作报告,对《2008年中央决算(草案)》和中央决算的报告进行了审查,同意全国人民代表大会财政经济委员会提出的《关于2008年中央决算的审查报告》,决定批准《2008年中央决算》。

全国人大常委会关于授权澳门特别行政区对设在横琴岛的澳门大学新校区实施管辖的决定

(2009年6月27日第十一届全国人民代表大会常务委员会第九次会议通过)

第十一届全国人民代表大会常务委员会第九次会议审议了国务院关于提请审议授权澳门特别行政区对横琴岛澳门大学新校区实施管辖的议案。全国人民代表大会常务委员会决定:

一、授权澳门特别行政区自横琴岛澳门大学新校区启用之日起,在本决定第三条规定的期限内对该校区依照澳门特别行政区法律实施管辖。

横琴岛澳门大学新校区与横琴岛的其他区域隔开管理,具体方式由国务院规定。

二、横琴岛澳门大学新校区位于广东省珠海市横琴口岸南侧,横琴岛环岛东路和十字门水道西岸之间,用地面积为1.0926平方千米。具体界址由国务院确定。

在本决定第三条规定的期限内不得变更该校区土地的用途。

三、澳门特别行政区政府以租赁方式取得横琴岛澳门大学新校区的土地使用权,租赁期限自该校区启用之日起至2049年12月19日止。租赁期限届满,经全国人民代表大会常务委员会决定,可以续期。

全国人大常委会公告

(十一届)第十号

河北省人大常委会罢免了冀纯堂的第十一届全国人民代表大会代表职务,山西省人大常委会罢免了夏振贵的第十一届全国人民代表大会代表职务。依照代表法的有关规定,冀纯堂、夏振贵的代表资格终止。

现在,第十一届全国人民代表大会实有代表2982人。

特此公告。

全国人民代表大会常务委员会

2009年6月27日

全国人大常委会任免名单

(2009年6月27日第十一届全国人民代表大会常务委员会第九次会议通过)

一、任命南英为最高人民法院副院长、审判委员会委员、审判员。

二、任命景汉朝为最高人民法院副院长。

三、免去张甫旗、李军、项存奇、鲍圣庆、裴莹硕的最高人民法院审判员职务。

全国人大常委会任免名单

(2009年6月27日第十一届全国人民代表大会常务委员会第九次会议通过)

一、免去胡克惠(女)、王振川的最高人民检察院副检察长、检察委员会委员职务。

二、任命张常韧、柯汉民为最高人民检察院副检察长、检察委员会委员。

三、免去徐海法的最高人民检察院检察员职务。

十一届全国人大常委会在人民大会堂举行专题讲座

讲座的题目是《我国的侵权责任法律制度》。吴邦国委员长主持讲座。

继九届全国人大常委会初次审议作为民法草案一编的侵权责任法草案后,十一届全国人大常委会第六次会议进行了再次审议。根据全国人大常委会立法工作计划,今年还将继续审议侵权责任法草案。为了使常委会组成人员更好地修改完善这部法律案,全国人大常委会特地安排了这次专题讲座。讲座主讲人、全国人大常委会法制工作委员会副主任王胜明从侵权责任法律制度的基本问题、侵权责任法律制度的发展变化和我国的现状、完善侵权责任法律制度的思考和建议三个方面作了详细讲解。

王胜明说，侵权责任法律制度属于民事基本法律，是保障公民、法人的生命健康、人身自由、名誉权、隐私权、物权、知识产权等民事权益，维护经济秩序，构建和谐社会的基本规范。侵权责任法律制度通过保护被侵权人、减少侵权行为，从民事制度上进一步保护人民群众安居乐业，促进社会和谐稳定。

王胜明说，改革开放以来，我国十分重视侵权责任法律制度的建立和完善。除1986年制定的民法通则外，我国已有40多部单行法对相关侵权问题作出规定。但我国侵权责任法律制度也存在一些问题。为了更好地保护民事主体的合法权益，促进社会和谐稳定，制定一部较为完备的侵权责任法是必要的。

在谈到有关完善侵权责任法律制度的思考和建议时，王胜明说，完善侵权责任法律制度的重要途径是制定侵权责任法，作为解决侵权纠纷的基本法律，同时制定和修改相关法律。他还就机动车交通事故责任、产品责任、医疗损害责任、环境污染责任、死亡赔偿制度、精神损害赔偿等问题做了详细讲解。

全国人大常委会副委员长王兆国、路甬祥、乌云其木格、韩启德、华建敏、陈至立、周铁农、李建国、司马义·铁力瓦尔地、蒋树声、陈昌智、严隽琪、桑国卫等听取讲座。

国务院总理温家宝在山东考察

6月27日至28日，温家宝冒着高温酷暑来到济南、淄博、滨州等地，深入纺织、汽车、钢铁、医疗器械等行业的9家企业，了解生产经营情况，鼓励企业坚定信心，渡过难关。温总理一个月以来连续四次利用周末时间在各地调研。

温家宝在考察时强调，当前我国正处在应对国际金融危机的关键时期，经济总体形势企稳向好，但基础还不牢固，还有许多不确定因素。我们决不能有丝毫松懈，必须毫不动摇地坚持积极的财政政策和适度宽松的货币政策，继续把保持经济平稳较快发展作为当前经济工作的首要任务，正确处理经济发展与结构调整、科技创新、节能环保、城乡统筹、地区协调及改革开放等方面的关系。

全国政协主席贾庆林在北京会见参加台湾中部四县市农特产品暨观光展览会的台县市负责人

贾庆林在会见时表示，当前，国际金融危机的影响仍在持续，世界经济增长明显放缓，两岸同胞比以往任何时候都更需要、也更有条件携手合作，共克难关。我们愿尽最大努力，加强两岸合作，协助台湾战胜国际金融危机造成的困难。近年来，我们相继出台了70多项惠及台湾同胞、深化两岸交流合作的政策措施。其中一大部分都是关于扩大台湾农产品在大陆销售、加强两岸农业交流与合作的政策措施。大陆居民赴台旅游，目前也发展良好。台湾中部既是台湾农业发展的重要区域，也是风光秀美的地方。我相信，中部四县市这次来北京举办推介活动，一定会让更多的大陆同胞加深对中台湾的了解，吸引更多的大陆民众前去观光。希望两岸同胞共同开拓两岸关系和平发展的道路，共同分享两岸关系和平发展的成果，共同弘扬同根同祖的文化传承，共同致力于中华民族的伟大复兴。

台中市市长胡志强、彰化县县长卓伯源、台中县县长黄仲生、南投县代表团团长陈朝旺在各县市的展位上向贾庆林主席介绍了县市情况和展品特色，表示相信此次四县市组团到北京举办展览，一定有助于台湾中部农特产品和观光资源在大陆的推介，希望两岸能进一步在农业、观光旅游等各方面加强合作，实现共同发展。

国务院副总理李克强在塔什干与乌兹别克斯坦第一副总理阿齐莫夫举行会谈

李克强在会见时表示，近年来，中乌务实合作不断深化，成果显著。在贸易规模不断扩大的同时，两国投资、工程承包等经济技术合作也得到快速发展。双方在能源、矿产、交通、农业、电信、机械、化工等领域一批项目逐步实施，提高了务实合作的质量和水平。在此基础上，要充分利用两国经济互补性强、地缘接近等优势，保持双边贸易额继续快速增长，进一步扩大双向投资，抓紧实施能源等基础设施建设重大合作项目，加强其他产业领域合作，加快落实有关援助和贷款项目，促进两国经济互利双赢、平稳较快发展。

阿齐莫夫说，近年来乌中高层交往频繁，为两国战略关系奠定坚实基础。不久前卡里莫夫总统与胡锦涛主席进行了具有重要意义会晤。李克强副总理此访是双方落实两国领导人会晤成果，深化两国合作的重要一步。他说，乌方对当前乌中经贸等领域合作感到满意。近年来两国能源领域合作成效显著，是两国经济合作新的发展方向，有利于两国经济持续稳定发展，具有战略意义。阿齐莫夫并介绍了乌经济社会发展战略，表示乌方一直关注中国经济发展，高度评价并愿学习中国成功的经验，赞赏中国应对当前国际金融危机积极举措。他说，乌方愿以李副总理访问及此次双方签署的众多合作文件为契机，加快推进合作，推动两国关系不断向前发展。

会谈结束后，李克强与阿齐莫夫共同出席了两国在能源、经贸、旅游、医疗等领域11份合作文件的签字仪式。外交部、中国国家发展和改革委员会、商务部、国家开发银行、中国石油天然气集团公司等单位与乌有关方面负责人在协议上签字。

李先念故居纪念园开园

李先念故居纪念园在李先念同志的家乡——湖北省红安县高桥镇长丰村李家大屋开园。

纪念园由李先念故居、李先念故居纪念馆、李先念图书馆等主体建筑组成，成为湖北省革命传统教育、红色旅游、农业科技培训为一体的综合性多功能纪念园区。

全国职业院校技能大赛在天津开赛

来自全国各地的3000余位选手将在12个专业类别的35个竞赛项目中展开激烈角逐。大赛分中职学生组和高职学生组进行。全国职业院校技能大赛是我国职业教育工作中迄今规模最大、项目最多、覆盖面最广、规格最高的一次重大活动。

第二届中国国际青年艺术周在北京开幕

来自北京大学、清华大学、北京师范大学、英国剑桥大学、美国新英格兰音乐学院等国内外知名大学的艺术团队和青年艺术家，纷纷登台表演。

“中国国际青年艺术周”由中国对外文化交流协会和中国对外文化集团公司共同主办，旨在促进世界青年文化交流，推动世界青年艺术发展。本届艺术周还将上演10余场精彩演出，全部活动持续到7月14日结束。

6月28日

全国人大常委会副委员长王兆国会见中国金融工会第三届全国委员会新一届领导班子成员

王兆国指出，改革开放以来，我国金融体制不断改革创新，金融业健康快速发展，金融系统广大职工以主人翁姿态积极投身金融改革事业，有力促进了金融企业的又好又快发展。金融系统各级工会组织在保护调动发挥广大职工的积极性和创造性、推动金融改革发展稳定等方面，发挥了积极的作用。

王兆国强调，面对当前的形势任务，金融工会新一届领导班子和各位委员要引导金融系统广大职工认清形势，增强信心，在推进金融体制改革，完善现代金融体系中切实发挥工会组织的重要作用。要按照“扩内需、保增长，调结构、上水平，抓改革、增活力，重民生、促和谐”的要求，谋划思路、制定目标，团结带领广大职工深入开展具有鲜明时代特色，适合金融产业特点的建功立业活动，推动解决职工最关心、最直接、最现实的利益问题，大力发展和谐劳动关系，促进职工队伍稳定与社会和谐稳定。要深入研究金融系统职工队伍和劳动关系变化的新情况，努力探索新形势下金融工会工作的特点和规律，不断提高工会工作的水平与实效。金融系统各级党委和行政部门要高度重视和支持工会工作，进一步加强和改善对工会工作的领导，为工会开展工作创造良好的条件。

国务院副总理李克强在塔什干会见乌兹别克斯坦总统卡里莫夫

李克强表示，乌兹别克斯坦是中亚地区有重要影响的国家，在地区事务中发挥着举足轻重的作用。同乌发展友好合作伙伴关系是中国外交优先方向之一。中方愿与乌方一道，不断巩固中乌友好和政治互信，着力扩大双边各领域务实合作，积极拓展两国文化、教育、卫生、体育等人文交流领域，进一步密切两国在联合国、上海合作组织等框架内的协调与配合，推动中乌友好合作伙伴关系迈上新的台阶。

李克强在会见时指出，当前，国际金融危机尚未见底，对各国经济的影响还存在许多不稳定、不确定因素。去年下半年以来，中国政府根据形势变化，及时果断实行积极的财政政策和适度宽松的货币政策，制订并实施了应对国际金融危机的一揽子计划，增加政府投入、调整振兴重点产业、推进科技创新、提高社会保障水平，已经取得初步成效，经济运行出现积极变化。应当看到，中国经济发展的基本面和长期向好的趋势没有也不会改变，这不仅有利于支持中国经济持续平稳较快发展，而且也有利于促进亚洲和世界经济增长。中乌两国经济都不同程度受到国际金融危机的影响，但在双方共同努力下，两国2008年和今年前几个月双边贸易额增幅仍创历史新高。作为友好合作伙伴，两国有关方面可进一步密切沟通和磋商，加强在促进增长、调整结构以及宏观政策、发展战略等方面的交流，共同应对国际金融危机，推动两国经济共同发展。

卡里莫夫首先请李克强转达他对胡锦涛主席的敬意，对李克强来访表示热烈欢迎。他说，不久前我与胡锦涛主席在叶卡捷琳堡的会晤卓有成效，我把你来访视为两国高层密切交往的体现，对此访新签署的合作文件感到满意。乌方珍视与中国的关系，由衷钦佩中国的发展进步，对中方长期以来给予乌方的支持和帮助深表感谢。

卡里莫夫说，近年来乌中两国的经贸合作取得重大进展，但还有潜力进一步拓宽和深化。双方应积极研究探讨新的合作方式，制定中长期经贸合作框架，通过行之有效的合作机制和具有战略意义的合作项目，全面提升两国经贸合作水平，架设中亚与中国永久友好的桥梁。他表示,乌方将一如既往地在台湾、西藏、人权等问题上支持中国立场,愿同中方一道努力,共同维护地区和平与稳定。

中央军委印发新修订的《军队基层建设纲要》

经中央军委主席胡锦涛批准,中央军委日前印发解放军四总部新修订的《军队基层建设纲要》(以下简称《纲要》),并对抓好贯彻落实提出了要求。

《纲要》是指导和加强军队基层建设的基本准则和依据。形势任务的发展变化,对我军基层建设提出了新的更高要求。这次修订印发《纲要》,是适应党的理论创新和基层建设实践发展新形势,把党的十七大和胡主席对军队建设提出的新任务新要求落实到基层,进一步推动部队建设与时俱进、科学发展的重大举措。

中央军委要求全军和武警部队认真抓好《纲要》的学习、宣传和贯彻落实,坚持领导机关按《纲要》实施指导,基层单位按《纲要》加强建设,广大官兵按《纲要》争先创优,不断推动部队基层建设又好又快发展,努力开创基层建设新局面。

中蒙"维和使命—2009"维和联合训练开训

这次联合训练是中国与蒙古首次举行的联合训练,也是我军首次与外军举行的以维和为主题的联合训练,旨在提高中蒙两军共同执行维和任务的能力。联合训练分为理论研讨、共同训练、综合演练3个阶段。中方派出46人,蒙方派出45人参加了这次联合训练。

世界首座圆筒形超深水海洋钻探储油平台在江苏启东中远海洋工程基地建成并正式命名

中远船务工程集团有限公司参与了该平台的研发和基本设计,并承担了全部详细设计、生产设计、整体建造及所有设备安装调试工作。这标志着我国海洋工程装备设计与建造能力已跻身世界先进水平。该平台是我国在海洋工程领域首次采用100%无余量建造,填补了国内海洋工程钢结构无余量建造的空白。

中国龙珠男女队和20岁青年队分别夺得在澳门举行的太亚桥牌锦标赛循环赛公开组女子组和20岁青年组的冠军

6月29日

中共中央总书记胡锦涛主持召开中共中央政治局会议

会议审议并通过《关于建立促进科学发展的党政领导班子和领导干部考核评价机制的意见》。

会议认为,建立促进科学发展的干部考核评价机制,是深入贯彻落实党的十七大精神的重要举措,对于进一步巩固开展深入学习实践科学发展观活动成果,完善体现科学发展观和正确政绩观要求的干部考核评价体系,着力构建有利于科学发展的体制机制,具有十分重要的意义。

会议强调,建立促进科学发展的干部考核评价机制,要高举中国特色社会主义伟大旗帜,坚持以邓小平理论和"三个代表"重要思想为指导,深入贯彻落实科学发展观,立足为科学发展选干部、配班子、建队伍、聚人才,着力形成有利于科学发展的用人导向,为贯彻落实科学发展观提供坚强的政治和组织保证。要坚持服务科学发展、促进科学发展,坚持德才兼备、以德为先,坚持注重实绩、群众公认,坚持客观公正、简便易行,建立有机联系、相互配套并有效运用的干部考核评价机制,全面加强对党政领导班子和领导干部的考核工作。

会议强调,要完善考核内容,既注重考核发展速度,更注重考核发展方式、发展质量;既注重考核经济建设情况,更注重考核经济社会协调发展、维护社会稳定、保障和改善民生的实际成效。要改进考核方式,坚持以平时考核、年度考核为基础,以换届考察、任职考察为重点,合理安排,相互补充,增强考核方式的完整性和系统性。要扩大考核民主,强化党内外干部群众的参与和监督,进一步公开考核内容、考核程序、考核方法、考核结果,增强考核工作透明度,加大群众满意度在考核评价中的分量。要强化考核结果运用,把考核结果作为领导班子建设和领导干部选拔任用、培养教育、管理监督、激励约束的重要依据,着力形成注重品行、科学发展、崇尚实干、重视基层、鼓励创新、群众公认的导向。

会议要求,各级党委(党组)要把建立促进科学发展的干部考核评价机制摆上重要位置,加强组织领导,强化组织协调,抓好组织实施,坚持求实创新,注意各种考核方式的衔接,力戒形式主义,不断提高干部考核工作水平,有力推动各级领导班子建设。

中共中央总书记胡锦涛主持中共中央政治局第十四次集体学习并讲话

在中国共产党成立88周年前夕,中共中央政治局就积极推进党内民主建设问题进行第十四次集体学习。胡锦涛在主持学习时强调,在新的历史条件下,我们必须高度重视和积极推进党内民主建设,最大限度凝聚全党智慧和力量,最大限度激发全党创造活力,最大限度巩固党的团结统一,更好地坚持科学执政、民主执政、依法执政,进一步形成全党全国各族人民齐心协力推进中国特色社会主义伟大事业的强大合力。

中国人民大学李景治教授、中组部党建研究所高永中研究员就积极推进党内民主建设问题进行讲解，并谈了他们的意见和建议。

中共中央政治局各位同志认真听取了他们的讲解，并就有关问题进行了讨论。

胡锦涛在主持学习时发表了讲话。他指出，发展党内民主，是坚持党的性质和宗旨、保持和发展党的先进性的内在要求和重要体现。我们要从更加坚强有力地团结带领全国各族人民夺取全面建设小康社会新胜利、开创中国特色社会主义事业新局面的高度，把推进党内民主建设作为全面推进党的建设新的伟大工程的战略任务切实落实好。

胡锦涛指出，推进党内民主建设，要按照党的十七大关于以改革创新精神全面推进党的建设新的伟大工程的总体部署，以邓小平理论和"三个代表"重要思想为指导，深入贯彻落实科学发展观，坚持和完善民主集中制，立足当前、着眼长远，突出重点、循序渐进，积极推进党内民主理论创新、实践创新、制度创新，使党内民主建设与党的思想建设、组织建设、作风建设、制度建设和反腐倡廉建设紧密联系、相互促进，不断提高党内民主建设质量和水平，不断提高党的执政能力、保持和发展党的先进性。

胡锦涛强调，推进党内民主建设，最根本的是要认真落实党章及党员权利保障条例等党内规章赋予党员的知情权、参与权、选举权、监督权等民主权利，使党员在党内生活中真正发挥主体作用。要牢固树立党员主体意识，把激发广大党员积极性、主动性、创造性作为党内民主建设的出发点和落脚点，健全党员权利保障机制，发挥党员在党内事务中的参与、管理、监督作用。要推进党务公开，创新党务公开形式，拓宽党员参与党内事务渠道，探索和丰富党员发挥作用的途径和方式。要积极营造党内民主讨论环境，在广开言路中集中智慧、在民主讨论中凝聚共识。

胡锦涛指出，要完善党的代表大会制度和委员会工作机制，落实党的代表大会代表任期制，完善党的地方各级全委会、常委会决策和工作机制，加强领导班子制度建设，完善党内民主监督制度。要丰富党内基层民主实现形式，推进党内基层民主决策，推进党务公开，切实选好用好基层党组织领导班子成员。要扩大干部工作中的民主，坚持党管干部原则，完善体现科学发展观和正确政绩观要求的干部考核评价体系，提高选人用人公信度，促进优秀人才脱颖而出。要提高广大党员民主素质和能力，坚持在实践民主中学习民主、在学习民主中实践民主，深入开展党员权利和义务教育，教育引导各级领导干部带头发扬民主作风、严格执行民主集中制，巩固和发展党内政治生活团结和谐的良好局面。

胡锦涛强调，各级党委要按照中央的要求和统一部署，紧密结合本地区本部门实际，推动党内民主建设健康有序发展。要坚持马克思主义民主理论与国情党情相结合、发展党内民主与坚持走中国特色社会主义政治发展道路相结合、发展党内民主与维护党的团结统一相结合，始终把推进党内民主建设放到推进党领导的伟大事业和党的建设新的伟大工程的大局中来把握、来部署、来落实。要坚持实行集中指导下的民主和民主基础上的集中相结合，既充分发扬党内民主，使各级党组织和广大党员的意愿得到充分表达，又坚决维护党的团结统一，维护中央权威，保证中央政令畅通，保证全党步调一致。

全国政协副主席黄孟复在英国伦敦发表演讲

黄孟复说，在国际金融危机背景下，中国以发展保障人权。

正在英国访问的黄孟复29日在伦敦"亚洲之家"应邀发表了演讲，并与50多名英国各界代表就国际金融危机对中国经济发展的影响以及中国高度重视金融危机下人权保障问题交流了看法。

国务委员刘延东在北京会见美国前国务卿基辛格

中联部部长王家瑞在北京会见由津巴布韦国防部长姆南加古瓦率领的津巴布韦非洲民族联盟—爱国阵线代表团

外交部部长杨洁篪在北京同突尼斯外长阿卜杜勒·瓦哈卜·阿卜杜拉举行会谈

会谈结束后，两国外长共同签署了《中国和突尼斯政府经济技术合作协定》。

中国矿业大学男篮在中国大学生篮球联赛中获得男子总冠军

6月30日

国务院总理温家宝电贺非盟第十三届首脑会议召开

温家宝在贺电中对非盟在推动非洲政治联合、经济融合，维护地区和平稳定等方面取得的成绩表示赞赏，肯定非洲国家近年来在国际事务中发挥的积极作用，指出中方重视非洲国家在国际金融危机背景下面临的困难和挑战，将继续落实好各项对非援助承诺，与非洲朋友同舟共济，共克时艰。

温家宝积极评价中非合作论坛北京峰会各项后续行动取得的进展，表示今年第四季度将在埃及举行论坛第四届部长级会议，相信在中非双方的共同努力和密切配合下，这次会议必将取得成功，成为中非友好合作新的起点。

全国优秀共产党员代表座谈会在北京召开

国家副主席习近平出席会议并讲话。中央纪委书记贺国强出席座谈会。

习近平在座谈会上向广大共产党员提出五点要求。第一，坚定不移地走中国特色社会主义道路，把共产主义远大理想同实现党在现阶段的历史任务结合起来，把满腔政治热情转化为做好本职工作的强大动力，在平凡的岗位上创造第一流的工作业绩。第二，自觉实践全心全意为人民服务的根本宗旨，把对上级负责和对群众负责统一起来，爱民、为民、利民想问题，依法、公正、公平办事情，在联系群众、服务人民、造福百姓中实现自己的人生追求。第三，坚持勤奋学习、学以致用，在总结经验、把握规律中提高能力，在吸收智慧、接受教育中纯洁情感，在见贤思齐、自我改造中锤炼党性，通过学习不断提高为党和人民工作的能力和水平。第四，坚持解放思想、实事求是、与时俱进，始终保持蓬勃向上的朝气、敢闯敢试的锐气、开拓进取的勇气，直面困难、正视矛盾，敢于担当、勇于负责，在改革创新、真抓实干中不断开创工作新局面。第五，坚持不懈地加强道德修养，积极践行社会主义核心价值体系，培养高尚的道德情操、砥砺优良的道德品质、树立崇高的道德形象，坚持"八荣八耻"，以德修身、以德服众，始终保持共产党人的道德感召力。

座谈会由中组部部长李源潮主持。

中央纪委副书记何勇，中央办公厅主任令计划，中央政策研究室主任王沪宁出席座谈会。

座谈会上，四川省广元市青川县七佛乡党委书记舒云、福建省福州市鼓楼区东街街道军门社区党委书记林丹、北京军区装备部干休所副军职离休干部杨德千、鞍山钢铁公司化工总厂二炼焦作业区点检班班长李晏家、内蒙古阿巴嘎旗萨如拉图雅嘎查党支部书记廷·巴特尔、解放军92537部队部队长汪玉、中国地质科学院盐湖与热水资源研究发展中心主任郑绵平、山东省原寿光县委书记王伯祥等八位代表先后发言。

参加座谈会的有，中央党的建设工作领导小组成员，有关部门负责同志，新中国成立以来中央或中组部历次命名表彰的全国优秀共产党员代表和部分新中国成立前入党的老红军、老干部代表等。

中办 国办印发《关于实行党政领导干部问责的暂行规定》

第一章 总 则

第一条 为加强对党政领导干部的管理和监督，增强党政领导干部的责任意识和大局意识，促进深入贯彻落实科学发展观，提高党的执政能力和执政水平，根据《中国共产党章程》《党政领导干部选拔任用工作条例》等党内法规和《中华人民共和国行政监察法》《中华人民共和国公务员法》等国家法律、法规，制定本规定。

第二条 本规定适用于中共中央、国务院的工作部门及其内设机构的领导成员；县级以上地方各级党委、政府及其工作部门的领导成员，上列工作部门内设机构的领导成员。

第三条 对党政领导干部实行问责，坚持严格要求、实事求是，权责一致、惩教结合，依靠群众、依法有序的原则。

第四条 党政领导干部受到问责，同时需要追究纪律责任的，依照有关规定给予党纪政纪处分；涉嫌犯罪的，移送司法机关依法处理。

第二章 问责的情形、方式及适用

第五条 有下列情形之一的，对党政领导干部实行问责：

（一）决策严重失误，造成重大损失或者恶劣影响的；

（二）因工作失职，致使本地区、本部门、本系统或者本单位发生特别重大事故、事件、案件，或者在较短时间内连续发生重大事故、事件、案件，造成重大损失或者恶劣影响的；

（三）政府职能部门管理、监督不力，在其职责范围内发生特别重大事故、事件、案件，或者在较短时间内连续发生重大事故、事件、案件，造成重大损失或者恶劣影响的；

（四）在行政活动中滥用职权，强令、授意实施违法行政行为，或者不作为，引发群体性事件或者其他重大事件的；

（五）对群体性、突发性事件处置失当，导致事态恶化，造成恶劣影响的；

（六）违反干部选拔任用工作有关规定，导致用人失察、失误，造成恶劣影响的；

（七）其他给国家利益、人民生命财产、公共财产造成重大损失或者恶劣影响等失职行为的。

第六条 本地区、本部门、本系统或者本单位在贯彻落实党风廉政建设责任制方面出现问题的，按照《关于实行党风廉政建设责任制的规定》，追究党政领导干部的责任。

第七条 对党政领导干部实行问责的方式分为：

责令公开道歉、停职检查、引咎辞职、责令辞职、免职。

第八条　党政领导干部具有本规定第五条所列情形，并且具有下列情节之一的，应当从重问责：

（一）干扰、阻碍问责调查的；

（二）弄虚作假、隐瞒事实真相的；

（三）对检举人、控告人打击、报复、陷害的；

（四）党内法规和国家法律、法规规定的其他从重情节。

第九条　党政领导干部具有本规定第五条所列情形，并且具有下列情节之一的，可以从轻问责：

（一）主动采取措施，有效避免损失或者挽回影响的；

（二）积极配合问责调查，并且主动承担责任的。

第十条　受到问责的党政领导干部，取消当年年度考核评优和评选各类先进的资格。

引咎辞职、责令辞职、免职的党政领导干部，一年内不得重新担任与其原任职务相当的领导职务。

对引咎辞职、责令辞职、免职的党政领导干部，可以根据工作需要以及本人一贯表现、特长等情况，由党委（党组）、政府按照干部管理权限酌情安排适当岗位或者相应工作任务。

引咎辞职、责令辞职、免职的党政领导干部，一年后如果重新担任与其原任职务相当的领导职务，除应当按照干部管理权限履行审批手续外，还应当征求上一级党委组织部门的意见。

第三章　实行问责的程序

第十一条　对党政领导干部实行问责，按照干部管理权限进行。纪检监察机关、组织人事部门按照管理权限履行本规定中的有关职责。

第十二条　对党政领导干部实行问责，依照下列程序进行：

（一）对因检举、控告、处理重大事故事件、查办案件、审计或者其他方式发现的党政领导干部应当问责的线索，纪检监察机关按照权限和程序进行调查后，对需要实行问责的，按照干部管理权限向问责决定机关提出问责建议；

（二）对在干部监督工作中发现的党政领导干部应当问责的线索，组织人事部门按照权限和程序进行调查后，对需要实行问责的，按照干部管理权限向问责决定机关提出问责建议；

（三）问责决定机关可以根据纪检监察机关或者组织人事部门提出的问责建议作出问责决定；

（四）问责决定机关作出问责决定后，由组织人事部门办理相关事宜，或者由问责决定机关责成有关部门办理相关事宜。

第十三条　纪检监察机关、组织人事部门提出问责建议，应当同时向问责决定机关提供有关事实材料和情况说明，以及需要提供的其他材料。

第十四条　作出问责决定前，应当听取被问责的党政领导干部的陈述和申辩，并且记录在案；对其合理意见，应当予以采纳。

第十五条　对于事实清楚、不需要进行问责调查的，问责决定机关可以直接作出问责决定。

第十六条　问责决定机关按照干部管理权限对党政领导干部作出的问责决定，应当经领导班子集体讨论决定。

第十七条　对党政领导干部实行问责，应当制作《党政领导干部问责决定书》。《党政领导干部问责决定书》由负责调查的纪检监察机关或者组织人事部门代问责决定机关草拟。

《党政领导干部问责决定书》应当写明问责事实、问责依据、问责方式、批准机关、生效时间、当事人的申诉期限及受理机关等。作出责令公开道歉决定的，还应当写明公开道歉的方式、范围等。

第十八条　《党政领导干部问责决定书》应当送达被问责的党政领导干部本人及其所在单位。

问责决定机关作出问责决定后，应当派专人与被问责的党政领导干部谈话，做好其思想工作，督促其做好工作交接等后续工作。

第十九条　组织人事部门应当及时将被问责的党政领导干部的有关问责材料归入其个人档案，并且将执行情况报告问责决定机关，回复问责建议机关。

党政领导干部问责情况应当报上一级组织人事部门备案。

第二十条　问责决定一般应当向社会公开。

第二十一条　对经各级人民代表大会及其常务委员会选举或者决定任命的人员实行问责，按照有关法律规定的程序办理。

第二十二条　被问责的党政领导干部对问责决定不服的，可以自接到《党政领导干部问责决定书》之日起15日内，向问责决定机关提出书面申诉。问责决定机关接到书面申诉后，应当在30日内作出申诉处理决定。申诉处理决定应当以书面形式告知申诉人及其所在单位。

第二十三条　被问责的党政领导干部申诉期间，不停止问责决定的执行。

第四章　附　则

第二十四条　对乡（镇、街道）党政领导成员实行问责，适用本规定。

对县级以上党委、政府直属事业单位以及国有企业、国有金融企业领导人员实行问责，参照本规定执行。

第二十五条　本规定由中央纪委、中组部负责解释。

第二十六条　本规定自发布之日起施行。

中国青年创业就业基金会成立仪式在人民大会堂举行

全国人大常委会副委员长王兆国会见了中国青年创业就业基金会23家原始基金发起人代表,并出席启动仪式为代表们颁发了捐赠证书。

中国青年创业就业基金会23家原始基金发起人,均为行业内具有标志性和代表性的企业,其中包括国有企业、非公企业,港澳台企业和跨国企业。它们分别是:大连万达集团,上海复星高科技(集团)有限公司,中国农业银行,中国银行,天津泰达股份有限公司,内蒙古伊利实业集团股份有限公司,中粮集团有限公司,正大集团,正泰集团股份有限公司,红豆集团有限公司,华润(集团)有限公司,苏宁电器股份有限公司,凯风公益基金会,宝钢集团有限公司,宝健(中国)日用品有限公司,威盛集团,诺基亚(中国)投资有限公司,新奥集团股份有限公司,嘉里控股有限公司,嘉鑫控股(集团)有限公司,德意志银行(中国)有限公司,霍英东教育基金会,戴姆勒东北亚投资有限公司等。它们分别捐赠1000万元人民币,成为基金会的原始基金,使基金会的原始基金额达到2.3亿元人民币。

中国青年创业就业基金会是共青团中央发起的全国性公募基金会,旨在通过资金扶持、技能培训、信息服务、政策协调和社会倡导帮助青年创业就业,促进青年发展。

共青团中央书记处第一书记陆昊参加成立仪式并讲话。

全国人大常委会副委员长陈至立在北京会见百事公司董事长兼首席执行官卢英德

全国人大常委会副委员长陈昌智在人民大会堂会见由西班牙众议院第二副议长安娜·玛丽亚·帕斯托尔率领的代表团

智利总统米歇尔·巴切莱特·赫里亚在圣地亚哥会见中共中央政治局委员刘云山

刘云山转达了中国国家主席胡锦涛对巴切莱特总统的亲切问候。刘云山表示,中国共产党重视发展与智利各主要政党的友好关系,愿在独立自主、完全平等、相互尊重、互不干涉内部事务的原则基础上,与智利各主要政党进一步加强对话与合作,相互交流治国理政经验,共同为促进两国关系的发展不断作出努力。

巴切莱特请刘云山转达对胡锦涛等中国党和国家领导人的良好祝愿。她说,自1970年两国建交以来,智中关系发展顺利,在政治、经济、文化等领域的交流与合作不断加强,智利政府对此表示满意。她表示,智方高度重视发展对华关系,决定参加2010年上海世博会,以增进两国人民之间的相互了解和友谊。她强调,智利重视发展与中国的经济合作,欢迎中国企业增加在智利的投资,智利希望成为中国与其他拉美国家加强联系与合作的桥梁。

双方还就应对国际金融危机等问题交换了看法。

500千伏海南联网工程正式投入运行

亚洲第一、世界第二的超高压、长距离、较大容量跨海电力联网工程——500千伏海南联网工程正式投入运行,从此结束了长期以来海南“电力孤岛”的历史。

全国中等职业学校德育工作会议在天津召开

国务委员刘延东在给会议的信中强调,要加强领导,齐抓共管,不断创新,切实加强和改进中职学生思想道德教育工作,努力培育一大批德智体美全面发展的中国特色社会主义事业合格建设者和接班人。

会议将总结改革开放以来特别是近年来中等职业学校德育工作的主要经验,进一步明确加强和改进中等职业学校德育工作的思路和主要任务,动员各有关方面共同做好中职学生思想道德教育工作,开创新时期、新阶段中等职业学校德育工作的新局面。

会议由教育部、中宣部、中央文明办、人力资源和社会保障部、共青团中央、全国妇联联合召开。

北京文化艺术界纪念马连良从艺100周年

由北京市委宣传部、北京市文化局、中国京剧艺术基金会主办的京剧大师马连良从艺100周年纪念会今天在京举行,北京文化艺术界100余人参加会议。同时,由马连良嫡孙马龙主编的大型画册《京剧大师马连良》首发。

7月1日

《人民日报》发表社论《始终为人民执好政掌好权——热烈庆祝中国共产党成立八十八周年》

今天是我们党诞辰八十八周年，再过九十多天，我们将迎来新中国成立六十周年。

这是一段波澜壮阔的历史进程。我们党紧紧依靠和紧密团结全国各族人民，经过艰苦卓绝的斗争、坚持不懈的奋斗，开辟历史新纪元，缔造了新中国，确立了社会主义制度；开启历史新时期，引领中国人民走上了中国特色社会主义道路，迎来中华民族伟大复兴的光明前景。我们党领导的两次伟大革命，从根本上改变了中国人民的前途命运，决定了中国历史的发展方向。

这是一个值得庆祝的历史时刻。走过峥嵘岁月，一个历经风雨砥砺、焕发青春活力的拥有七千多万党员的大党更加成熟坚强，一个面向现代化、面向世界、面向未来的文明古国更加从容自信。我们伟大的党、伟大的祖国所取得的辉煌成就、积淀的宝贵经验，照亮更加光明的前程。

一部中国共产党的历史，就是一部在理论与实践中不断推进马克思主义中国化的历史。八十八年来，我们党坚持把马克思主义基本原理同中国实际相结合，推动马克思主义中国化实现了两次历史性飞跃，形成了毛泽东思想和中国特色社会主义理论体系两大成果，开辟了马克思主义在中国发展的新境界，指导着党的事业不断取得新的胜利。正在全党深入开展的学习实践科学发展观活动，就是坚持用马克思主义中国化最新成果武装全党的重大举措。面对我们的宏伟目标，只有坚定不移地高举中国特色社会主义伟大旗帜，坚持中国特色社会主义理论体系，坚持中国特色社会主义道路，更加自觉、更加坚定地深入贯彻落实科学发展观，才能不断推动我们的伟大事业取得发展进步，让当代中国马克思主义放射出更加灿烂的真理光芒。

一部中国共产党的历史，就是一部为中华民族的独立、解放、繁荣，为中国人民的自由、民主、幸福不懈奋斗的历史。在全国执政的六十年，就是我们党坚持为人民执政、靠人民执政的六十年。历史昭示未来，只有把最广大人民的根本利益作为党和国家全部工作的出发点和落脚点，坚持科学执政、民主执政、依法执政，做到发展为了人民、发展依靠人民、发展成果由人民共享，我们才能团结凝聚一切智慧和力量，共同建设富强民主文明和谐的社会主义现代化国家，我们党才能得到人民的充分信赖和拥护，不断从胜利走向新的胜利。

一部中国共产党的历史，也是一部始终坚持自我完善进步、保持发展马克思主义政党先进品质的历史。我们党历经磨难而巍然屹立、千锤百炼而更加坚强，一个重要原因，就在于始终坚持党要管党、从严治党，始终注重加强自身建设。在改革开放的历史新时期，我们党积极应对时代发展要求和环境变化，以改革创新精神全面推进党的建设新的伟大工程，不断提高党的执政能力、保持和发展党的先进性，成为战胜各种困难挑战的中流砥柱，成为中国特色社会主义事业的坚强领导核心。

站在历史与未来的交汇点上，世情、国情、党情都发生了重大变化，这是一个充满前所未有的机遇和挑战的时代。到我们党成立一百年时建成惠及十几亿人口的更高水平的小康社会，到新中国成立一百年时基本实现现代化，建成富强民主文明和谐的社会主义现代化国家。同我们的远大目标相比，我们没有任何理由骄傲自满、故步自封。在推进改革开放和社会主义现代化建设中，我们所肩负任务的艰巨性和繁重性世所罕见，我们所面临矛盾和问题的复杂性世所罕见，我们所面对的困难和风险也世所罕见。要妥善解决这些矛盾和问题、战胜这些困难和风险，全党同志务必坚持不懈地抓好发展这个党执政兴国的第一要务，不断提高驾驭复杂局面、解决复杂问题能力，务必更加兢兢业业地工作，永远保持和发扬自强不息的进取精神，永远不辜负人民的信任和期望。

时代的洪流滚滚向前，党的先进性和党的执政地位都不是一劳永逸、一成不变的。过去先进不等于现在先进，现在先进不等于永远先进；过去拥有不等于现在拥有，现在拥有不等于永远拥有。面对复杂多变的国际局势和艰巨繁重的国内改革发展任务，要保持经济平稳较快发展，保持社会和谐稳定，全党同志必须以科学发展观为指导，保持清醒头脑，增强忧患意识，坚持把人民利益放在首位，切实解决群众反映强烈的突出问题，不为私心所扰，不为名利所累，不为物欲所惑，始终为人民执好政、掌好权，更好地团结带领全国各族人民为创造幸福生活、实现中华民族伟大复兴而长期奋斗、顽强奋斗、不懈奋斗。

六十年前的西柏坡，毛泽东同志满怀自信地宣告："我们不但善于破坏一个旧世界，我们还将善于建设一个新世界。"六十年过去，江山万里如画，共和国雄姿英发。历史的接力棒已经传到我们这一代人手中，我们有充分的信心也有足够的能力，在建设中国特色社会主义的历史画卷上描绘出更新更美的图画。

国务院总理温家宝主持召开国务院常务会议

会议部署2008年度中央预算执行审计查出问题的整改工作，讨论并原则通过《辽宁沿海经济带发展规划》。

会议指出，审计监督是推动民主法治建设和维护国家经济安全的重要手段。2008年，审计署认真履行职责，依法加强审计监督，较好地发挥了审计保障国家经济社会健康运行的作用。尤其是在汶川地震抗震救灾和灾后恢复重建、北京奥运会、保持经济平稳较快发展等重大事项中，审计机关集中力量展开全过程跟踪审计，保障了中央政策措施的贯彻落实，维护了人民群众的根本利益。最近，审计署向全国人大常委会报告了中央预算执行和其他财政收支审计情况，并向社会公布了审计结果。总的看，这些年中央预算执行和管理工作有了很大改进，但审计发现的问题也暴露了许多制度和管理上的漏洞，应当引起高度重视。

会议要求，有关地区、部门和单位必须采取更加有力的措施，认真纠正审计查出的问题，切实提高依法行政、依法理财水平。一要推进制度建设。抓紧研究和修订预算法，改进和完善预算编制办法，不断提高预算的约束力和严肃性。二要加强对中央新增投资项目的跟踪审计和监督，切实提高投资效益和宏观调控效果。三要实施政务公开，加大预算公开力度，加强对重点领域和关键环节权力运行的监督，坚决纠正行政不作为和乱作为。四要健全责任追究和问责机制，对发现的腐败案件和腐败分子，要依法严肃查处。五要深化改革，着力解决体制机制方面的深层次问题，建立、健全应对重大经济、财政、金融风险的有效监控、预警和应急机制。会议确定，有关地区、部门和单位要在10月底前将整改情况报国务院，年底前国务院将向全国人大常委会报告。

会议指出，包括大连、丹东、锦州、营口、盘锦、葫芦岛等沿海城市在内的辽宁沿海经济带，地处环渤海地区重要位置和东北亚经济圈关键地带，资源禀赋优良，工业实力较强，交通体系发达。加快辽宁沿海经济带发展，对于振兴东北老工业基地，完善我国沿海经济布局，促进区域协调发展和扩大对外开放，具有重要战略意义。

会议强调，加快辽宁沿海经济带发展，要认真贯彻落实科学发展观，紧密结合应对国际金融危机的实际，充分考虑现有开发强度、资源环境承载能力和发展潜力，着力优化空间布局。一要发挥东北地区出海通道和对外开放门户的作用，全面参与东北亚及其他国际区域经济合作，提升东北地区对外开放水平。二要整合沿海港口资源，全面提高航运、物流等服务能力和水平。三要推进产业结构优化升级，淘汰落后产能，形成以先进制造业为主的现代产业体系。四要统筹城乡发展，大力发展现代农业，繁荣农村经济。五要统筹规划和完善交通、能源、水利和信息基础设施建设，加强资源节约、环境保护和生态建设，增强区域支撑能力和可持续发展能力。六要加快发展社会事业，解决好关系群众切身利益的现实问题。七要深化重点领域改革，创新体制机制。会议要求，辽宁省要强化组织领导，紧密联系实际，落实规划确定的各项任务措施，国务院各有关部门要加强对规划实施的政策支持和督促指导，确保规划目标顺利实现。

国务院总理温家宝应约与英国首相布朗通电话

温家宝表示，目前中英关系发展良好，双方在应对国际金融危机和气候变化方面开展了密切沟通与协调，在国际上发挥了积极的建设性作用。中方愿与英方保持高层交往，加强合作，推动两国关系取得更大进展，共同致力于促进世界的可持续发展。

布朗说，英方高度重视发展同中国的全面战略伙伴关系，赞赏中国政府应对国际金融危机的坚定决心和有力举措，支持中国在气候变化领域发挥重要作用，希望同中方深化在各领域的互利合作。

双方还就共同关心的国际问题交换了看法。

中办 国办印发《国有企业领导人员廉洁从业若干规定》

第一章 总 则

第一条 为规范国有企业领导人员廉洁从业行为，加强国有企业反腐倡廉建设，维护国家和出资人利益，促进国有企业科学发展，依据国家有关法律、法规和党内法规，制定本规定。

第二条 本规定适用于国有独资企业、国有控股企业(含国有独资金融企业和国有控股金融企业)及其分支机构的领导班子成员。

第三条 国有企业领导人员应当遵守国家法律、法规和企业规章制度，依法经营、开拓创新、廉洁从业、诚实守信，切实维护国家利益、企业利益和职工合法权益，努力实现国有企业又好又快发展。

第二章 廉洁从业行为规范

第四条 国有企业领导人员应当切实维护国家和出资人利益。不得有滥用职权、损害国有资产权益的下列行为：

(一)违反决策原则和程序决定企业生产经营的重大决策、重要人事任免、重大项目安排及大额度资金运作事项；

(二)违反规定办理企业改制、兼并、重组、破产、资产评估、产权交易等事项；

(三)违反规定投资、融资、担保、拆借资金、委托理财、为他人代开信用证、购销商品和服务、招标投标等；

(四)未经批准或者经批准后未办理保全国有资产的法律手续，以个人或者其他名义用企业资产在国

(境)外注册公司、投资入股、购买金融产品、购置不动产或者进行其他经营活动;

(五)授意、指使、强令财会人员进行违反国家财经纪律、企业财务制度的活动;

(六)未经履行国有资产出资人职责的机构和人事主管部门批准,决定本级领导人员的薪酬和住房补贴等福利待遇;

(七)未经企业领导班子集体研究,决定捐赠、赞助事项,或者虽经企业领导班子集体研究但未经履行国有资产出资人职责的机构批准,决定大额捐赠、赞助事项;

(八)其他滥用职权、损害国有资产权益的行为。

第五条 国有企业领导人员应当忠实履行职责。不得有利用职权谋取私利以及损害本企业利益的下列行为:

(一)个人从事营利性经营活动和有偿中介活动,或者在本企业的同类经营企业、关联企业和与本企业有业务关系的企业投资入股;

(二)在职或者离职后接受、索取本企业的关联企业、与本企业有业务关系的企业,以及管理和服务对象提供的物质性利益;

(三)以明显低于市场的价格向请托人购买或者以明显高于市场的价格向请托人出售房屋、汽车等物品,以及以其他交易形式非法收受请托人财物;

(四)委托他人投资证券、期货或者以其他委托理财名义,未实际出资而获取收益,或者虽然实际出资,但获取收益明显高于出资应得收益;

(五)利用企业上市或者上市公司并购、重组、定向增发等过程中的内幕消息、商业秘密以及企业的知识产权、业务渠道等无形资产或者资源,为本人或者配偶、子女及其他特定关系人谋取利益;

(六)未经批准兼任本企业所出资企业或者其他企业、事业单位、社会团体、中介机构的领导职务,或者经批准兼职的,擅自领取薪酬及其他收入;

(七)将企业经济往来中的折扣费、中介费、佣金、礼金,以及因企业行为受到有关部门和单位奖励的财物等据为己有或者私分;

(八)其他利用职权谋取私利以及损害本企业利益的行为。

第六条 国有企业领导人员应当正确行使经营管理权,防止可能侵害公共利益、企业利益行为的发生。不得有下列行为:

(一)本人的配偶、子女及其他特定关系人,在本企业的关联企业、与本企业有业务关系的企业投资入股;

(二)将国有资产委托、租赁、承包给配偶、子女及其他特定关系人经营;

(三)利用职权为配偶、子女及其他特定关系人从事营利性经营活动提供便利条件;

(四)利用职权相互为对方及其配偶、子女和其他特定关系人从事营利性经营活动提供便利条件;

(五)本人的配偶、子女及其他特定关系人投资或者经营的企业与本企业或者有出资关系的企业发生可能侵害公共利益、企业利益的经济业务往来;

(六)按照规定应当实行任职回避和公务回避而没有回避;

(七)离职或者退休后三年内,在与原任职企业有业务关系的私营企业、外资企业和中介机构担任职务、投资入股,或者在上述企业或者机构从事、代理与原任职企业经营业务相关的经营活动;

(八)其他可能侵害公共利益、企业利益的行为。

第七条 国有企业领导人员应当勤俭节约,依据有关规定进行职务消费。不得有下列行为:

(一)超出报履行国有资产出资人职责的机构备案的预算进行职务消费;

(二)将履行工作职责以外的费用列入职务消费;

(三)在特定关系人经营的场所进行职务消费;

(四)不按照规定公开职务消费情况;

(五)用公款旅游或者变相旅游;

(六)在企业发生非政策性亏损或者拖欠职工工资期间,购买或者更换小汽车、公务包机、装修办公室、添置高档办公设备等;

(七)使用信用卡、签单等形式进行职务消费,不提供原始凭证和相应的情况说明;

(八)其他违反规定的职务消费以及奢侈浪费行为。

第八条 国有企业领导人员应当加强作风建设,注重自身修养,增强社会责任意识,树立良好的公众形象。不得有下列行为:

(一)弄虚作假,骗取荣誉、职务、职称、待遇或者其他利益;

(二)大办婚丧喜庆事宜,造成不良影响,或者借机敛财;

(三)默许、纵容配偶、子女和身边工作人员利用本人的职权和地位从事可能造成不良影响的活动;

(四)用公款支付与公务无关的娱乐活动费用;

(五)在有正常办公和居住场所的情况下用公款长期包租宾馆;

(六)漠视职工正当要求,侵害职工合法权益;

(七)从事有悖社会公德的活动。

第三章 实施与监督

第九条 国有企业应当依据本规定制定规章制度或者将本规定的要求纳入公司章程,建立、健全监督制约机制，保证本规定的贯彻执行。

国有企业党委(党组)书记、董事长、总经理为本企业实施本规定的主要责任人。

第十条　国有企业领导人员应当将贯彻落实本规定的情况作为民主生活会对照检查、年度述职述廉和职工代表大会民主评议的重要内容，接受监督和民主评议。

第十一条　国有企业应当明确决策原则和程序，在规定期限内将生产经营的重大决策、重要人事任免、重大项目安排及大额度资金运作事项的决策情况报告履行国有资产出资人职责的机构，将涉及职工切身利益的事项向职工代表大会报告。

需经职工代表大会讨论通过的事项，应当经职工代表大会讨论通过后实施。

第十二条　国有企业应当完善以职工代表大会为基本形式的企业民主管理制度，实行厂务公开制度，并报履行国有资产出资人职责的机构备案。

第十三条　国有企业应当按照有关规定建立、健全职务消费制度，报履行国有资产出资人职责的机构备案，并将职务消费情况作为厂务公开的内容向职工公开。

第十四条　国有企业领导人员应当按年度向履行国有资产出资人职责的机构报告兼职、投资入股、国(境)外存款和购置不动产情况，配偶、子女从业和出国(境)定居及有关情况，以及本人认为应当报告的其他事项，并以适当方式在一定范围内公开。

第十五条　国有企业应当结合本规定建立领导人员从业承诺制度，规范领导人员从业行为以及离职和退休后的相关行为。

第十六条　履行国有资产出资人职责的机构和人事主管部门应当结合实际，完善国有企业领导人员的薪酬管理制度，规范和完善激励和约束机制。

第十七条　纪检监察机关、组织人事部门和履行国有资产出资人职责的机构，应当对国有企业领导人员进行经常性的教育和监督。

第十八条　履行国有资产出资人职责的机构和审计部门应当依法开展各项审计监督，严格执行国有企业领导人员任期和离任经济责任审计制度，建立、健全纪检监察和审计监督工作的协调运行机制。

第十九条　各级纪检监察机关、组织人事部门和履行国有资产出资人职责机构的纪检监察机构，应当对所管辖的国有企业领导人员执行本规定的情况进行监督检查。

国有企业的纪检监察机构应当结合年度考核，每年对所管辖的国有企业领导人员执行本规定的情况进行监督检查，并作出评估，向企业党组织和上级纪检监察机构报告。

对违反本规定行为的检举和控告，有关机构应当及时受理，并作出处理决定或者提出处理建议。

对违反本规定行为的检举和控告符合函询条件的，应当按规定进行函询。

对检举、控告违反本规定行为的职工进行打击报复的，应当追究相关责任人的责任。

第二十条　各级组织人事部门和履行国有资产出资人职责的机构，应当将廉洁从业情况作为对国有企业领导人员考察、考核的重要内容和任免的重要依据。

第二十一条　国有企业的监事会应当依照有关规定加强对国有企业领导人员廉洁从业情况的监督。

按照本规定第十一条至第十四条向履行国有资产出资人职责的机构报告、备案的事项，应当同时抄报本企业监事会。

第四章　违反规定行为的处理

第二十二条　国有企业领导人员违反本规定第二章所列行为规范的，视情节轻重，由有关机构按照管理权限分别给予警示谈话、调离岗位、降职、免职处理。

应当追究纪律责任的，除适用前款规定外，视情节轻重，依照国家有关法律、法规给予相应的处分。

对于其中的共产党员，视情节轻重，依照《中国共产党纪律处分条例》给予相应的党纪处分。

涉嫌犯罪的，依法移送司法机关处理。

第二十三条　国有企业领导人员受到警示谈话、调离岗位、降职、免职处理的，应当减发或者全部扣发当年的绩效薪金、奖金。

第二十四条　国有企业领导人员违反本规定获取的不正当经济利益，应当责令清退；给国有企业造成经济损失的，应当依据国家或者企业的有关规定承担经济赔偿责任。

第二十五条　国有企业领导人员违反本规定受到降职处理的，两年内不得担任与其原任职务相当或者高于其原任职务的职务。

受到免职处理的，两年内不得担任国有企业的领导职务；因违反国家法律，造成国有资产重大损失被免职的，五年内不得担任国有企业的领导职务。

构成犯罪被判处刑罚的，终身不得担任国有企业的领导职务。

第五章　附　则

第二十六条　国有企业领导班子成员以外的对国有资产负有经营管理责任的其他人员、国有企业所属事业单位的领导人员参照本规定执行。

国有参股企业(含国有参股金融企业)中对国有资产负有经营管理责任的人员参照本规定执行。

第二十七条　本规定所称履行国有资产出资人

职责的机构,包括作为国有资产出资人代表的各级国有资产监督管理机构、尚未实行政资分开代行出资人职责的政府主管部门和其他机构以及授权经营的母公司。

本规定所称特定关系人,是指与国有企业领导人员有近亲属以及其他共同利益关系的人。

第二十八条　国务院国资委,各省、自治区、直辖市,可以根据本规定制定实施办法,并报中央纪委、监察部备案。

中国银监会、中国证监会、中国保监会,中央管理的国有独资金融企业和国有控股金融企业,可以结合金融行业的实际,制定本规定的补充规定,并报中央纪委、监察部备案。

第二十九条　本规定由中央纪委商中组部、监察部解释。

第三十条　本规定自发布之日起施行。2004年发布的《国有企业领导人员廉洁从业若干规定(试行)》同时废止。

现行的其他有关规定,凡与本规定不一致的,依照本规定执行。

中共中央政治局常委习近平与中央党校学员座谈

参加座谈会的有来自进修部和培训部不同班次的15位学员代表。

习近平在听了学员发言后作了讲话。他指出,今天是我们党的生日,我们采取座谈讨论的方式来纪念党成立88周年,很有意义。88年来我们党带领人民不断取得革命、建设、改革胜利的伟大进程波澜壮阔,每一个共产党员都应该为之感到自豪,满怀信心地为全面建设小康社会、开创中国特色社会主义事业新局面努力奋斗。

习近平指出,继续大规模培训干部、大幅度提高干部素质,是党的十七大提出的战略任务。党校在这方面是主渠道、主阵地,要坚持把提高学员思想政治素质作为第一位的任务,把提高学员领导水平和执政本领贯穿于教育培训全过程,进一步创新培训手段、改进培训方法,不断提高教育培训的针对性和实效性。党校学员要珍惜学习培训机会,心无旁骛,认真学习。党校要加强对学员的管理,坚持以管促学、以学促管,坚持理论联系实际、学以致用,坚持教学相长、学学相长,集思广益、共同提高。

习近平对中央党校做好深入学习实践科学发展观活动整改落实后续工作提出了要求。他指出,中央党校作为第一批开展学习实践活动的单位,前一段取得了明显成效。要按照中央的部署和要求,进一步抓好整改落实后续工作,建立、健全推动党校科学发展的长效机制,全面完成整改落实任务。

习近平强调,中央党校学员大都是领导干部,肩上担子重、责任大,要通过在党校的学习培训,在党性修养、知识储备、能力提高和作风养成等方面取得新的进步。要把在党校的学习收获带回去,把在党校得到提高的学习研究能力带回去,作为进一步做好本职工作的有力支持,在促进地方和部门工作科学发展中更好地发挥作用,在学习型政党和学习型社会建设中更好地起到示范带头作用。

国务院副总理回良玉对当前抗灾救灾工作提出明确要求

回良玉强调,当前正是自然灾害多发季节,局部地区灾情严重。各有关部门和地区务必要把抗灾、减灾、救灾工作摆在突出位置,各级干部要及时深入一线指导工作,帮助灾区解决实际问题,妥善安排好受灾群众的生产生活。

国家减灾委、民政部认真贯彻落实回良玉副总理的要求,7月1日发出紧急通知,进一步部署抗灾救灾工作,要求各级民政部门强化组织领导,确保工作责任落实到位。切实加强汛期的应急值守,落实24小时值班制度,严格执行自然灾害情况统计制度,确保在灾害发生后第一时间掌握、报告灾情和救灾工作情况。加强备灾工作,确保物资装备保障有力。灾害发生后及时启动救灾应急预案,及时下拨救灾资金,及时调运发放救灾物资,确保受灾群众基本生活。同时及早安排部署,帮助受灾群众早日重建住房。

国务院副总理李克强在人民大会堂会见印度尼西亚外长哈桑

李克强说,中国和印尼是战略伙伴,经过双方共同努力,两国关系已走上成熟、快速、稳定的发展轨道,政治互信不断增强,各领域合作成效显著,在重大国际和地区事务中配合密切。

李克强指出,中国和印尼同为发展中大国,有着广泛的共同利益并各具优势,开展互利合作潜力巨大。近年来,中国和印尼在能源和基础设施建设等领域的合作取得丰硕成果,双边贸易长足发展。双方应进一步加强协调,拓展领域,增进务实合作,共同促进双边关系不断向前推进。

哈桑表示,印尼政府高度重视中国在地区发展中的建设性作用,愿与中方一起,推动两国战略伙伴关系不断走向深入。

巴西代总统阿伦卡尔在巴西利亚会见中共中央政治局委员刘云山

全国政协副主席张榕明在北京会见由越南祖国阵线中央委员会常委阮文坡率领的越南祖国阵线代表团

外交部部长杨洁篪在北京与印度尼西亚外长哈桑举行会谈

外交部就澳门特别行政区电子护照电子旅行证发布公告

中华人民共和国将自2009年9月1日启用中华人民共和国澳门特别行政区(以下简称澳门特区)电子护照和电子旅行证。

澳门特区电子护照和电子旅行证均为中华人民共和国政府颁发的旅行证件,持上述旅行证件前往世界各国和地区有效。中华人民共和国外交部请各国军政机关对持照人予以通行便利和必要协助。

根据《中华人民共和国澳门特别行政区基本法》第一百三十九条的规定,中华人民共和国中央政府授权澳门特区政府依照法律签发澳门特区电子护照和电子旅行证。

中华人民共和国外交部已通过外交途径向世界各国政府有关部门提供澳门特区电子护照和电子旅行证样本和说帖、说明书、电子证书等说明材料。中华人民共和国外交部希望各国和地区相关部门积极考虑给予澳门特区护照持有者免办签证的待遇。

2009年7月1日

我国第二架新型支线飞机首飞成功

我国第二架具有完全自主知识产权的ARJ21-700飞机在上海成功首飞。这是继去年首架飞机试飞后属于该型号支线客机的又一次成功首飞,对于进一步加快ARJ21 700飞机试飞取证工作,使飞机按期取得适航证具有重要意义。

《中国社会科学报》在北京创刊

这是新中国成立以来第一份全国性哲学社会科学专业报纸。创办《中国社会科学报》,是繁荣我国哲学社会科学的重要举措。《中国社会科学报》将坚持正确的政治方向,高举旗帜,服务大局,把报纸办成研究、传播马克思主义理论学术的坚强阵地。《中国社会科学报》由中国社会科学院主管主办,中国社会科学杂志社编辑出版。

首个国家动漫产业示范园在天津开建

7月2日

中共中央印发《中国共产党巡视工作条例(试行)》

第一章　总　则

第一条　为加强党内监督,完善巡视制度,规范巡视工作,根据《中国共产党章程》,制定本条例。

第二条　党的中央和省、自治区、直辖市委员会实行巡视制度,建立专门巡视机构对下级党组织领导班子及其成员进行巡视监督。

第三条　巡视工作以邓小平理论和"三个代表"重要思想为指导,深入贯彻落实科学发展观,坚持党要管党、从严治党的方针,维护党的纪律,保证党的路线方针政策和中央重大决策部署的贯彻执行。

第四条　巡视工作坚持党的领导、分级负责,实事求是、客观公正,发扬民主、依靠群众的原则。

第二章　机构设置

第五条　党的中央和省、自治区、直辖市委员会成立巡视工作领导小组,分别向中央和省、自治区、直辖市委员会负责并报告工作。

第六条　巡视工作领导小组下设办公室,为其日常办事机构。办公室设在同级党的纪律检查委员会。

第七条　党的中央和省、自治区、直辖市委员会设立巡视组,承担巡视任务,向巡视工作领导小组负责并报告工作。

第八条　巡视组设组长、副组长、巡视专员和其他工作职位。

巡视组实行组长负责制,副组长协助组长工作。

第九条　巡视工作领导小组的职责是:

(一)贯彻党的中央委员会,省、自治区、直辖市委员会有关巡视工作的决议、决定;

(二)研究决定巡视工作年度和阶段计划、方案;

(三)听取巡视工作汇报;

(四)研究巡视成果的运用,提出相关意见、建议;

(五)向同级党组织报告巡视工作情况;

(六)对巡视组进行管理和监督;

(七)研究处理巡视工作中的其他重要事项。

第十条　中央巡视组负责对下列党组织领导班子及其成员进行巡视:

(一)省、自治区、直辖市党委和同级政府党组领导班子及其成员;

(二)省、自治区、直辖市人大常委会、政协委员会党组领导班子及其成员;

(三)中央要求巡视的其他单位的党组织领导班子及其成员。

第十一条　省、自治区、直辖市党委巡视组负责对下列党组织领导班子及其成员进行巡视：

（一）市（地、州、盟）、县（市、区、旗）党委和同级政府党组领导班子及其成员；

（二）市（地、州、盟）、县（市、区、旗）人大常委会、政协委员会党组领导班子及其成员；

（三）省、自治区、直辖市党委要求巡视的其他单位的党组织领导班子及其成员。

第十二条 巡视组对本条例第十条、第十一条所列的党组织领导班子及其成员的下列情况进行监督：

（一）贯彻执行党的路线方针政策和决议、决定的情况，特别是贯彻落实邓小平理论、"三个代表"重要思想以及科学发展观的情况；

（二）执行民主集中制的情况；

（三）执行党风廉政建设责任制和自身廉政勤政的情况；

（四）开展作风建设的情况；

（五）选拔任用干部的情况；

（六）派出巡视组的党组织要求了解的其他事项。

第十三条 巡视工作领导小组办公室的职责是：

（一）承担综合协调、政策研究、制度建设等工作；

（二）向巡视工作领导小组报告巡视工作中的重要情况、向巡视组传达巡视工作领导小组作出的决策和部署；

（三）配合有关部门对巡视工作人员进行培训、考核、调配、任免、监督和管理；

（四）配合巡视组对派出巡视组的党组织、巡视工作领导小组决定的事项进行督办；

（五）办理巡视工作领导小组交办的其他事项。

第三章 工作程序

第十四条 对省、自治区、直辖市党委，市（地、州、盟）党委和同级人大常委会、政府、政协委员会党组领导班子及其成员的巡视，在每届任期内开展1—2次。

对县（市、区、旗）党委和同级人大常委会、政府、政协委员会党组领导班子及其成员的巡视，由省、自治区、直辖市党委确定。

第十五条 巡视组开展巡视前，应当向同级纪检监察机关和组织、人事、审计、信访等部门了解被巡视地区、单位党组织领导班子及其成员的有关情况。

第十六条 巡视组应当根据被巡视地区、单位的情况制定巡视工作方案，并报巡视工作领导小组办公室备案。

第十七条 巡视工作领导小组办公室应当提前10个工作日将巡视工作安排书面通知被巡视地区、单位，并协调安排巡视组进驻有关事宜。

第十八条 巡视组进驻被巡视地区、单位后，应当向被巡视地区、单位的党组织领导班子及其成员通报开展巡视工作的计划安排和要求，说明巡视目的和任务。

第十九条 巡视工作应当依靠被巡视地区、单位的党组织开展。被巡视地区应当通过当地主要新闻媒体公布巡视工作的监督范围、时间安排以及巡视组的联系方式等有关情况。

被巡视单位应当通过内部通报等方式公布上述情况。

第二十条 巡视组的主要工作方式为：

（一）听取被巡视地区、单位党委（党组）的工作汇报和有关部门的专题汇报；

（二）根据工作需要列席被巡视地区、单位的有关会议，列席被巡视党组织领导班子的民主生活会和述职述廉会；

（三）受理反映被巡视党组织领导班子及其成员问题的来信、来电、来访等；

（四）召开听取意见座谈会；

（五）与被巡视党组织领导班子成员和其他干部群众个别谈话；

（六）调阅、复制有关文件、档案、会议记录等资料；

（七）对被巡视党组织领导班子及其成员进行民主测评、问卷调查；

（八）以适当方式对被巡视地区、单位的下属单位或者部门进行走访调研；

（九）对专业性较强或者特别重要问题的了解，可以商请有关职能部门或者专业机构予以协助。

巡视组对反映被巡视党组织领导班子及其成员的重要问题，可以进行深入了解。

巡视组不干预被巡视地区、单位的正常工作，不查办案件。

第二十一条 巡视期间，有下列情况之一的，巡视组应当及时向巡视工作领导小组报告：

（一）被巡视党组织领导班子成员以及中央或者省、自治区、直辖市党委管理的其他干部涉嫌严重违纪违法的问题；

（二）被巡视地区、单位党政主要负责人违反民主集中制原则，严重影响工作和领导班子建设的问题；

（三）关系群众切身利益、干部群众反映强烈、影响改革发展稳定大局的重大事项；

（四）巡视组认为应当及时报告的其他事项。

特殊情况下，巡视组可以直接向派出巡视组的党组织主要领导同志汇报以上巡视情况。

第二十二条 巡视期间，发现被巡视地区、单位存在群众反映强烈、明显违反规定并且能够及时解决的问题，巡视组报经派出它的党组织同意后，应当及时向被巡视党组织或者其主要负责人提出处理意见。

第二十三条　巡视了解工作结束后，巡视组应当写出巡视报告，将巡视情况向巡视工作领导小组汇报，并且针对了解、掌握的重要情况和问题提出处理建议。

第二十四条　巡视工作领导小组根据巡视组的建议，研究提出处理意见，报派出巡视组的党组织决定。

对巡视中了解到的影响经济社会发展和党的建设方面的重大问题，或者涉及重大政策调整、体制机制改革方面的问题，应当形成专题报告，报送派出巡视组的党组织。

派出巡视组的党组织可以直接听取巡视组有关巡视工作情况的汇报。

第二十五条　巡视报告经巡视工作领导小组同意后，巡视组应当在15个工作日内向被巡视地区、单位党组织领导班子反馈巡视期间了解的情况和问题，有针对性地提出改进意见。

第二十六条　被巡视地区、单位应当自收到巡视组反馈意见之日起60个工作日内将整改方案通过巡视工作领导小组办公室报送巡视工作领导小组，并且自整改方案报送之日起12个月内报送整改情况报告。

巡视工作领导小组办公室应当将被巡视地区、单位的整改情况及时通报有关职能部门。

除特殊情况外，被巡视地区、单位应当将整改情况在一定范围内公布。

第二十七条　对派出巡视组的党组织决定的事项，依据干部管理权限和归口管理、各司其职的原则，按照以下途径移送交办：

（一）对涉及被巡视党组织执行党的路线方针政策、贯彻落实科学发展观、党风廉政建设责任制、处理改革发展稳定等方面的问题，移交被巡视党组织或者有关主管部门处理；

（二）对被巡视党组织领导班子及其成员涉嫌违纪的问题，移交纪检监察机关处理；

（三）对被巡视党组织领导班子及其成员在执行民主集中制、干部选拔任用、工作作风等方面存在的问题和巡视组提出的关于领导班子建设的建议，移交组织人事部门处理。

第二十八条　有关党组织、机关、部门收到巡视工作领导小组办公室移交的办理事项后，应当按照规定时限办理并将办理情况和结果书面反馈巡视工作领导小组办公室。

第二十九条　受派出巡视组党组织的纪检机关或者组织部门的委托，巡视组组长、副组长可以按照规定与被巡视党组织领导班子成员进行诫勉谈话。

第三十条　巡视组应当通过回访等方式了解被巡视地区、单位的整改情况并向巡视工作领导小组报告。

巡视工作领导小组也可以直接听取被巡视地区、单位有关整改情况的汇报。

第三十一条　纪检机关、组织人事部门应当把巡视结果和巡视整改情况作为干部考核评价、选拔任用、奖励惩处和对干部进行调整、免职、降职等组织处理的重要依据。

第四章　人员管理

第三十二条　巡视工作人员应当具备下列基本条件：

（一）政治坚定，同党中央保持高度一致，认真学习马克思列宁主义、毛泽东思想、邓小平理论和“三个代表”重要思想，深入贯彻落实科学发展观，坚决执行党的路线方针政策，具有履行职责所需要的政治理论水平；

（二）坚持原则，依法办事，实事求是，公道正派，联系群众，清正廉洁，组织纪律性强，严守党的秘密；

（三）有强烈的事业心和责任感，思想敏锐，有一定的工作经验，熟悉党务政务和政策法规；

（四）有较强的调查研究和文字综合能力；

（五）身体健康，能胜任工作要求。

第三十三条　巡视工作人员可以采取组织选调、公开选拔、竞争上岗、单位推荐等方式选配。

巡视工作人员应当按照规定进行轮岗交流。

对不适合从事巡视工作的人员，应当及时予以调整。

第三十四条　巡视工作人员实行公务回避、任职回避和地域回避。

第三十五条　巡视工作领导小组办公室和巡视组建立党组织，对所属党员进行教育、管理、监督和服务，严格党的组织生活，开展批评和自我批评。

第三十六条　巡视工作领导小组办公室和巡视组应当加强自身建设，建立、健全日常管理制度，严格规范工作程序，组织开展学习培训，不断提高巡视工作人员的政治、业务素质和工作水平。

第三十七条　巡视工作人员在巡视工作中成绩突出、为维护党和国家利益作出重要贡献的，应当给予表彰奖励。

第五章　纪律与责任

第三十八条　派出巡视组的党组织应当加强对巡视工作的领导，及时解决巡视工作中遇到的重大问题。

第三十九条　被巡视党组织领导班子及其成员应当自觉接受巡视监督，积极配合巡视组开展工作。

党员有义务向巡视组如实反映情况。

第四十条　巡视组应当严格执行请示报告制度，对巡视工作中的重要情况和重大问题要及时请示报告。

第四十一条　巡视组对被巡视地区、单位干部群众反映强烈、属于巡视工作职责范围内的重要问题,疏于职守,应当了解而没有了解,应当报告而没有报告的,按照有关规定追究责任人的纪律责任。

第四十二条 巡视工作人员有下列情形之一的,给予责令书面检查、通报批评或者调整、免职、降职等组织处理;构成违纪的,按照有关规定给予纪律处分;涉嫌犯罪的,移送司法机关依法处理:

(一)利用巡视工作的便利谋取私利或者为请托人谋取不正当利益的;

(二)隐瞒或者歪曲、捏造事实的;

(三)泄露、扩散巡视工作秘密的;

(四)有违反巡视工作纪律的其他行为的。

第四十三条 被巡视地区、单位及其工作人员有下列情形之一的,对该地区、单位领导班子主要负责人和其他直接责任人员,给予责令书面检查、通报批评或者调整、免职、降职等组织处理;构成违纪的,按照有关规定给予纪律处分;涉嫌犯罪的,移送司法机关依法处理:

(一)隐瞒不报或者故意向巡视组提供虚假情况的;

(二)拒绝或者不按照要求向巡视组提供相关文件材料的;

(三)无正当理由拒不纠正存在的问题或者不按照要求整改的;

(四)暗示、指使、强令有关单位或者人员干扰、阻挠巡视工作的;

(五)有其他干扰巡视工作行为的。

第四十四条 被巡视地区、单位的干部群众发现巡视工作人员有违反本条例第四十二条所列行为的,有权向巡视工作领导小组办公室或者巡视工作领导小组反映,也可以依照有关规定直接向有关部门、组织反映。

第六章 附 则

第四十五条 中央纪委、中组部可以根据本条例制定实施细则或者单项规定。

第四十六条 各省、自治区、直辖市党委可以根据本条例,结合各自实际,制定实施规定,报中央纪委、中组部备案。

第四十七条 中国人民解放军和中国人民武装警察部队的党组织开展巡视工作的规定,由中央军委参照本条例制定。

第四十八条 本条例由中央纪委商中组部解释。

第四十九条 本条例自发布之日起施行。

中共中央 国务院 中央军委致信祝贺国防科技工业集团公司成立10周年

全国人大常委会委员长吴邦国在安徽调研

7月2日至7日,吴邦国在安徽调研。他先后来到芜湖、马鞍山、铜陵、安庆、合肥等地,深入企业车间、科研院所、大专院校、农村地头,亲切看望在高温酷暑下奋战的工人、农民,直接听取基层干部群众的意见,共话应对危机之策,共商持续发展大计。

调研期间,吴邦国还来到合肥京东方TFT—LCD六代线项目建设工地、乐凯工业园、通用机械研究院、阳光电源及合肥工大高科信息技术公司等单位,了解相关高新技术研发、生产和市场开发等情况。他对安徽推进合芜蚌自主创新综合配套改革试验区建设、引进和发展高新技术产业、促进安徽产业升级的做法表示满意。

吴邦国指出,国际金融危机对世界各国经济都造成了严重影响,世界经济结构、产业结构正处在大调整、大升级之中,也就是说金融危机带来了挑战也带来了重大机遇。我们一定要认清形势,趋利避害,在保持经济平稳较快发展的同时,着力做好结构调整、产业升级这篇大文章,立足当前、着眼长远,化危机为机遇,变市场压力为调整动力,努力实现经济发展方式的转变。

调研期间,吴邦国还听取了安徽省工作汇报,对安徽工作给予了充分肯定。

全国人大常委会副委员长、秘书长李建国陪同调研。

国务院总理温家宝在中南海紫光阁会见来京出席全球智库峰会主要外方代表

温家宝会见的外方代表有:欧盟委员会前主席、意大利前总理普罗迪,美国前国务卿基辛格,世界知识产权组织总干事高锐,联合国贸易和发展会议秘书长素帕猜等外方代表。

全国人大常委会副委员长王兆国出席全国总工会第十五届执行委员会主席团第四次全体会议并讲话

王兆国在会上强调,当前中央应对国际金融危机的措施已取得初步成效,我国经济正处在企稳回升的关键时期。同时也要看到,国际金融危机还在发展,国际环境的不确定性很多。各级工会组织要在职工中广泛开展"同舟共济保增长、建功立业促发展"竞赛活动,加强学习培训,全面提高职工素质,进一步调动广大职工的积极性创造性,为促进经济社会又好又快发展作出积极贡献。要深入推进"共同约定行动",积极推动《中华人民共和国劳动合同法》的贯彻实施,切实维护好职工特别是困难职工和农民工就业、收入、保障等方面的权益。要在各级党委领导下,加强涉及职工的矛盾调处和疏导工作,积极协助政府及有关部门妥善处理劳动争议，通过构建和谐的劳动关系，促进社会主义和谐社会建设。

《预防未成年人犯罪法》颁布10周年座谈会在北京举行

全国人大内司委、中央综治办、共青团中央举行《预防未成年人犯罪法》颁布10周年座谈会。全国人大常委会副委员长兼秘书长、中央综治委副主任、中央综治委预防青少年违法犯罪工作领导小组组长李建国出席会议并讲话。

李建国指出，《预防未成年人犯罪法》的颁布实施为依法开展预防未成年人犯罪工作提供了法律保障，有效遏制了未成年人犯罪的势头，促进了齐抓共管的预防未成年人犯罪工作格局的形成，为未成年人健康成长营造了良好社会环境。李建国指出，各地各部门要切实增强做好未成年人犯罪工作的使命感和责任感，严格按照中央的要求和法律的规定，在加强和改进未成年人思想道德建设、深入开展社会主义核心价值体系教育的同时，抓紧抓好深入实施未成年人犯罪法的各项工作，保护未成年人健康成长。

中央综治委副主任、中央综治委预防青少年违法犯罪工作领导小组副组长陈冀平主持座谈会。团中央书记处第一书记、中央综治委预防青少年违法犯罪工作领导小组副组长陆昊出席会议并讲话。

第二届中国国际安全生产应急技术与装备展览在北京国际会议中心举行

本届展览会的主题为"加强应急管理，提高应急能力，促进安全发展"，17个国家或地区以及国际劳工组织、欧盟委员会的500余名代表参加了论坛，国内外70多家厂商参加了展览。

国家副主席习近平在人民大会堂会见匈牙利外交部部长鲍拉日

习近平说，匈牙利是最早与新中国建交的国家之一。建交60年来，两国关系发展顺利。特别是近年来，双边关系取得长足发展，各领域互利合作不断扩大，在国际组织中合作良好。中方高度重视同匈牙利的关系，愿与匈方共同努力，以庆祝两国建交60周年为契机，推动中匈友好合作伙伴关系再上新台阶。

鲍拉日表示，匈牙利政府高度重视发展对华关系，将继续坚定奉行一个中国政策，进一步密切同中国在各领域的务实合作，并为推动欧中关系发展发挥积极作用。匈方愿与中方共同努力，办好建交60周年庆祝活动，为匈中关系下一个辉煌的60年作出贡献。

国务院副总理李克强出席在北京举行的全球智库峰会并致辞

李克强在致辞中指出，应对国际金融危机、保持经济平稳较快发展是今年中国经济工作的首要任务，需要继续实施积极的财政政策和适度宽松的货币政策，把保增长、调结构、惠民生有机结合起来。历史经验表明，经济危机往往孕育新的机遇，催生新的产业变革和结构升级。要大力促进经济转型，依靠消费、投资、出口协调拉动经济较快增长，着力扩大内需特别是居民消费需求，提高社会保障水平；面向未来发展战略性新兴产业，加快培育新的经济增长点，开拓城乡区域新的发展空间，依靠改革开放增强发展的动力与活力。我们有信心、有条件、有能力保持经济平稳较快发展。

李克强说，当前，国际社会应共同努力推动世界经济恢复增长，反对各种形式的贸易保护主义，维护全球金融和能源资源供求关系稳定，促进千年发展目标实现，造福于各国人民。

此次峰会为期3天，主题为"全球金融危机与世界经济展望"，旨在共同探讨应对危机之策，探索世界经济复苏之路。除主论坛之外，还举办5个分论坛。约900位中外知名专家、学者和大型企业的代表齐聚峰会，其中包括全球100多个智库和国际组织的专家。

乌克兰总统尤先科与总理季莫申科在基辅分别会见中共中央政治局委员王刚率领的全国政协代表团

中共中央政治局委员王刚在基辅会见乌克兰最高苏维埃主席利特温

王刚首先转达了吴邦国委员长和贾庆林主席对利特温的亲切问候。王刚说，近年来，中乌关系持续健康稳定发展，政治互信不断加深，务实合作不断扩大，特别是在经贸、科技、军技、航天和文化五大领域合作良好、成果丰硕。王刚表示，中国全国政协愿进一步加强同乌克兰最高苏维埃的友好往来，积极开展各领域、各层次的交流与合作，巩固和扩大中乌友好的社会基础，共同为发展中乌全面友好合作关系作出新的贡献。

利特温对当前中乌关系给予高度评价，并表示乌最高苏维埃愿意全面加强与中国全国政协的交流合作，积极促进中乌关系深入发展。

中共中央政治局委员刘云山在巴西利亚分别会见巴西参议长若泽·萨尔内和众议长米歇尔·特梅尔

外交部部长杨洁篪在北京与匈牙利外交部部长鲍拉日举行会谈

国务委员兼国防部部长梁光烈在八一大楼会见尼日利亚国防部部长谢蒂马·穆斯塔法一行

第十六届亚运会首套纪念邮票正式发行

国医大师颜正华行医执教70周年庆典在北京举行

全国人大常委会副委员长陈至立出席由北京中医药大学、中华中医药学会发起主办的国医大师颜正华行医执教70周年庆典活动，并为颜正华教授颁发“中华中医药学会终身成就奖”。

今年是颜正华行医执教70周年，也是他的90大寿。颜正华教授是我国当代著名的中医临床大家，参与创建了新中国高等教育中药学科，培养了数以万计的中医药高等人才，为我国中医教育事业作出杰出贡献。颜正华教授是北京中医药大学终身教授、中华中医药学会终身理事，全国第一批名老中医经验继承指导老师，先后荣获“首都国医名师”和“国医大师”称号。

欧阳山尊逝世

中国共产党优秀党员，国家有突出贡献的话剧艺术家，享誉海内外的著名导演艺术家、戏剧活动家、戏剧教育家欧阳山尊因病于7月2日在北京逝世，享年95岁。

欧阳山尊1914年生于湖南浏阳，自幼受到父亲欧阳予倩等前辈艺术家的熏陶，在学生时代便积极投入进步戏剧活动。欧阳山尊从事革命文艺工作80多年，为繁荣发展我国话剧事业作出了突出贡献。

欧阳山尊是北京人民艺术剧院奠基人之一，为北京人艺和中央戏剧学院培养了众多的表演和导演人才。

7月3日

国务院总理温家宝主持召开国务院常务会议研究部署下一步甲型H1N1流感防控工作

会议指出，3月份以来，一些国家发生的甲型H1N1流感疫情迅速在全球蔓延。世界卫生组织连续提升全球流感预警警戒级别。针对当时境外疫情蔓延对我国产生的严重威胁，党中央、国务院审时度势，果断决策，明确防控原则，迅速建立联防联控工作机制，周密部署疫情防控工作。各地区、各部门认真贯彻落实党中央、国务院的部署，依法、科学、有序地开展防控工作，广大专业人员奋战在防控工作各条 战线，加强口岸检验检疫，追踪可疑病例，早发现、早报告、早诊断、早隔离、早治疗，全力救治患者，及时、公开、透明地公布疫情信息，加快疫苗和药物的研制和储备，广泛开展国际交流合作。两个多月来，疫情防控工作取得显著成效。有效延缓了疫情在我国的扩散速度和流行强度，减少了疫情对我国经济社会发展的影响。

会议强调，为了更积极主动、科学有效地防控甲型H1N1流感，根据引发这次疫情病毒的特点、国内外疫情发展趋势和我国的实际情况，借鉴世界多数国家普遍做法，对部分防控措施进行调整完善，并把一些有效措施常规化。要继续坚持“高度重视、积极应对、联防联控、依法科学处置”的原则，突出重点，分类指导，调整管理办法，完善政策措施。(一)加强学校、医院等公共场所的重点防控工作，防止疫情传播。(二)加强重症病例救治工作，努力降低重症患者发生率和病死率。(三)调整和完善口岸检疫检验措施。(四)抓紧做好应对疫情的物资准备。加强疫苗研发，按计划落实抗病毒药物和疫苗的生产收储任务。重视发挥中医药的作用。(五)加强并完善以监测为重点的基础性工作，建立、健全分类指导的工作机制，及时指导各地因地制宜、采取符合本地实际的防控措施。(六)制定患者的医疗救治费用管理办法。(七)加强健康教育和舆论引导。

会议要求，各地区各部门要加强组织领导，进一步明确责任，狠抓落实，全力做好下一步防控工作。

第四次全国自强模范暨扶残助残先进集体和个人表彰大会在北京举行

会前，中共中央总书记、国家主席、中央军委主席胡锦涛，国务院总理温家宝，中共中央政治局常委李长春，国家副主席习近平，国务院副总理李克强，亲切会见了全体与会代表。

国务院副总理、国务院残疾人工作委员会主任回良玉出席大会并讲话。

回良玉在讲话中强调，党和国家历来关心残疾人、重视残疾人事业，明确提出了促进残疾人事业发展的指导思想、目标任务、重大原则和战略举措。各级政府和有关部门要全面贯彻落实中央的部署和要求，加快推进残疾人社会保障体系和服务体系建设，为残疾人平等参与社会生活、促进残疾人全面发展创造更好的环境和条件；要继续在全社会广泛深入开展扶残助残活动，推动扶残助残活动向经常化、制度化、规范化和专业化方向发展；要进一步激励广大残疾人自强不息、奋发图强，在改革开放和社会主义现代化建设的伟大实践中建功立业。

中国残联主席张海迪主持大会。会上，中国残疾人联合会有关负责人介绍了全国“自强与助残”活动开展情况。有关部门负责人宣读表彰决定，授予崔述生等150名残疾人“自强模范”称号，表彰空军指挥学院十队等100个全国扶残助残先进集体、康金环等100名全国扶残助残先进个人、甘肃省白银市特殊教育学校等100个“残疾人之家”和赵国先等50名全国残联系统先进工作者。大会向获奖者代表颁发了奖章、奖牌和证书。

身残志坚、重塑自我的伤残军人梁强，不懈追求、创造辉煌业绩的盲人教师杨佳，全心全意为残疾人服务的医生雷方，做残疾人贴心人的基层干部赵自学分别作了发言。

出席会见和大会的领导同志还有：刘淇、刘延东、令计划、华建敏、马凯、张梅颖、邓朴方等。

国务院副总理李克强在北京展览馆参观全国地理信息应用成果及地图展览会

李克强在参观时强调，地理信息是战略性资源，基础地理信息是全社会宝贵的财富，要深入贯彻落实科学发展观，加快国民经济和社会信息化进程，开拓创新，强化基础，推动地理信息资源开发利用，促进全面协调可持续发展。

这次展览会由国家测绘局主办，主题为“加强地理信息应用服务，促进地理信息产业发展”，180多家地理信息产业企业参加了展览。

中国与委内瑞拉建交35周年庆祝招待会在北京举行

全国人大常委会副委员长蒋树声出席。

中国人民对外友好协会副会长李小林在致辞中说，中委建交35年来，特别是2001年中委建立共同发展的战略伙伴关系以来，两国关系全面快速发展，双方高层交往密切，政治互信加深，各领域务实合作硕果累累。在国际事务中，双方相互理解，密切合作。两国民间交往日益密切，文化、教育、旅游团组互访日益增多。

委内瑞拉驻华大使罗西奥·马内罗·冈萨雷斯说，委中建交以来，两国政府和人民相互尊重、相互支持，在各个领域的合作都取得了积极成果。双方高层互访频繁，在国际事务中密切配合，推动了双边关系的实质性进展。相信在委中两国共同努力下，两国关系会得到进一步巩固和加强。

国务院副总理李克强在人民大会堂会见斯里兰卡外长博戈拉加马

李克强说，中斯是传统友好近邻，两国人民有着两千多年的友好交往史。建交半个多世纪以来，中斯传统友好与互利合作顺利发展，堪称不同社会制度国家间友好关系的典范。中方高度重视中斯传统友谊，愿与斯方一道，将两国真诚互助、世代友好的全面合作伙伴关系不断推向新的高度。

博戈拉加马积极评价斯中双边关系发展，表示愿与中方共同努力，推动两国睦邻友好合作关系不断向前发展。

外交部部长杨洁篪在北京与斯里兰卡外长博戈拉加马举行会谈

7月4日

中国贸易投资促进团第四次赴欧开展贸易投资洽谈交流活动

中国贸易投资促进团由商务部和外交部、财政部、工信部、铁道部、环保部等政府部门，中国外贸中心，中国机电、食土、纺织、五矿、轻工等进出口商会和服务贸易协会等行业组织，以及近300名中国企业家共同组成。他们中间，既有大型企业负责人，也有众多已具备对外投资、开展国际化经营能力并对开拓海外市场兴趣浓厚的中小企业代表，愿与欧方伙伴开展投资、贸易、技术等多种形式的互利合作。

全国人大常委会副委员长周铁农会见巴西里约热内卢华侨华人代表

外交部副部长武大伟和俄罗斯外交部副部长博罗达夫金就朝核问题和东北亚局势在莫斯科进行磋商

双方在相互信任的基础上深入交换了意见，并达成以下共识：

东北亚地区形势的发展令人担忧。本地区紧张局势正在升级，可能引发军备竞赛，给地区安全造成严重后果。相关各方应最大限度保持冷静克制，不要采取任何可能进一步恶化形势的行动。有关问题可以并只能通过谈判、磋商和对话途径，以和平和外交方式解决。

中俄两国一如既往地认为，维护东北亚地区的和平与稳定符合本地区各国的利益，中俄双方将为实现这一目标作出共同努力。

中俄双方重申支持实现朝鲜半岛全面和不可逆的无核化目标。两国将认真执行联合国安理会有关决议，并期待联合国安理会有关决议的执行有助于维护半岛的和平与稳定。

双方相信，六方会谈仍是解决朝鲜半岛核问题的唯一有效机制。双方认为，只有在六方会谈框架内才能找到解决各方安全关切的办法。中俄双方愿与有关各方一道，为重启六方会谈进程作出积极努力。

首届全球智库峰会在北京闭幕

以“全球金融危机与世界经济展望”为主题的全球智库峰会在完成各项议程后今天在京闭幕。中国国际经济交流中心常务副理事长郑新立宣读了《北京倡议》。

《北京倡议》说，为了降低当前全球金融危机对各国经济的不利影响，早日实现复苏，我们提议智库应当发挥积极作用，为决策机构提供科学及公正的公共政策分析及建议，为公众提供科学及易懂的政策分析及信息，并提供客观的政策实施评估及新政策效果预演。

《北京倡议》提议，智库应针对影响全球经济和金融的重大问题开展跨国界的、为促进人类共同及长远利益为宗旨的战略研究，提供更多切实有效的全球危机预防及解决方案。为提升智库对公共政策的影响力，智库应在促进各经济体间的政策协调，引导对经济形势的合理预期等方面，发挥更好的作用。全球智库之间应展开更有效的交流与合作，通过跨国项目合作、人员信息交流、研讨会，逐步建立起全球智库之间更紧密的跨国合作机制。

全国高校学生“我爱我的祖国”主题暑期社会实践活动启动仪式在清华大学举行

7月5日

国务院发布《关于进一步繁荣发展少数民族文化事业的若干意见》

各省、自治区、直辖市人民政府，国务院各部委、各直属机构：

为全面贯彻党的十七大精神，深入贯彻落实科学发展观，进一步繁荣发展少数民族文化事业，推动社会主义文化大发展大繁荣，促进各民族共同团结奋斗、共同繁荣发展，现提出如下意见。

一、繁荣发展少数民族文化事业具有重要意义

（一）文化是民族的重要特征，是民族生命力、凝聚力和创造力的重要源泉。少数民族文化是中华文化的重要组成部分，是中华民族的共有精神财富。在长期的历史发展过程中，我国各民族创造了各具特色、丰富多彩的民族文化。各民族文化相互影响、相互交融，增强了中华文化的生命力和创造力，不断丰富和发展着中华文化的内涵，提高了中华民族的文化认同感和向心力。各民族都为中华文化的发展进步作出了自己的贡献。

（二）党和国家历来高度重视和关心少数民族文化事业。新中国成立以来特别是改革开放以来，少数民族文化事业取得了历史性的重大成就。少数民族文化工作体系不断完善，少数民族语言文字得到保护和发展，少数民族优秀传统文化得到传承和弘扬，少数民族文学艺术日益繁荣，少数民族和民族地区文化产业初具规模，文化体制改革不断深化，对外交流不断加强。少数民族文化事业的发展在提高各族群众文明素质，促进民族地区经济社会发展，推动民族团结进步事业，繁荣社会主义先进文化方面，发挥了重要作用。

（三）繁荣发展少数民族文化事业，是一项长期而重大的战略任务。在少数民族文化事业取得巨大进步的同时，也必须充分认识存在的一些亟待解决的突出困难和特殊问题。文化基础设施条件相对落后，公共文化服务体系比较薄弱，文化机构不够健全，人才相对缺乏，文化产品和服务供给能力不强，文化遗产损毁、流失、失传等现象比较突出，境外敌对势力加紧进行文化渗透等。因此，必须从贯彻落实科学发展观、巩固民族团结、兴起社会主义文化建设新高潮、推动社会主义文化大发展大繁荣的高度，深刻认识繁荣发展少数民族文化事业的特殊重要性和紧迫性，把繁荣发展少数民族文化事业作为一项重大的战略任务，采取更加切实、更加有效的政策措施，着力加以推进。

二、繁荣发展少数民族文化事业的指导思想、基本原则和目标任务

（四）指导思想。全面贯彻党的十七大精神，高举中国特色社会主义伟大旗帜，以邓小平理论和“三个代表”重要思想为指导，深入贯彻落实科学发展观，牢牢把握社会主义先进文化的前进方向，紧紧围绕共同团结奋斗、共同繁荣发展的民族工作主题，以建设社会主义核心价值体系为主线，以完善公共文化服务体系为重点，以加强基础设施建设为手段，以推动文化创新为动力，以改革体制机制为保障，以满足各族群众日益增长的精神文化需求为出发点和落脚点，促进少数民族文化建设与全国文化建设、与民族地区经济社会建设、与民族地区教育事业协调发展，促进民族团结、实现共同进步，更加自觉、更加主动地为推动社会主义文化大发展大繁荣做贡献。

（五）基本原则。坚持为人民服务、为社会主义服务的方向和百花齐放、百家争鸣的方针，尊重差异、包容多样，既要继承、保护、弘扬少数民族文化，又要推动各民族文化相互借鉴、加强交流、和谐发展。坚持面向现代化、面向世界、面向未来，把握规律性，保持民族性，体现时代性，推动少数民族文化的改革创新，不断解放和发展少数民族文化生产力。坚持贴近实际、贴近生活、贴近群众，生产更多各族群众喜闻乐见的优秀精神文化产品。坚持社会效益和经济效益相统一，把

社会效益放在首位，充分发挥政府和市场的作用，促进少数民族文化事业和文化产业协调发展。坚持基本公共服务均等化，优先发展少数民族和民族地区文化事业，保障少数民族和民族地区各族群众的基本文化权益。坚持因地制宜、分类指导，不断完善扶持少数民族文化事业发展的政策措施。

（六）目标任务。到2020年，民族地区文化基础设施相对完备，覆盖少数民族和民族地区的公共文化服务体系基本建立，主要指标接近或达到全国平均水平，少数民族群众读书看报难、收听收看广播影视难、开展文化活动难等问题得到较好解决，少数民族优秀传统文化得到有效保护、传承和弘扬。实施一批重大文化项目和工程，推出一批体现民族特色、反映时代精神、具有很高艺术水准的文化艺术精品，创作生产更多更好适应各族群众需求的优秀文化产品。文化工作体制机制创新取得重大突破，科学有效的宏观管理体制和微观服务运行机制基本形成，政策法规更臻完备，政府文化管理和服务职能显著增强。文化市场体系更加健全，以公有制为主体、多种所有制共同发展的少数民族文化产业格局更加合理。少数民族文化对外交流迈出重大步伐，国际影响力和竞争力进一步提高。

三、繁荣发展少数民族文化事业的政策措施

（七）加快少数民族和民族地区公共文化基础设施建设。大力推进民族地区县级图书馆文化馆、乡镇综合文化站和村文化室、广播电视村村通工程、农村电影放映工程、农家书屋工程、文化信息资源共享工程等建设，保障民族地区基层文化设施有效运转。地广人稀的民族地区配备流动文化服务车和相关设备，建设和完善流动服务网络。大力推进数字和网络技术等现代科技手段的应用和普及，形成实用、便捷、高效的公共文化服务体系。国家实施各项重大文化工程时，切实加大对少数民族和民族地区的倾斜力度。

（八）繁荣发展少数民族新闻出版事业。加大对民族类新闻媒体的扶持力度，加快设备和技术的更新改造，提高信息化水平和传播能力，扩大覆盖面和受益面。对涉及少数民族事务的重大宣传报道活动、少数民族文字重大出版项目，给予重点扶持。逐步实现向少数民族群众和民族地区基层单位免费赠阅宣传党和国家大政方针、传播社会主义核心价值体系、普及科学文化技术知识的图书、报刊和音像制品等出版物。加强少数民族语文翻译出版工作，逐步提高优秀汉文、外文出版物和优秀少数民族文字出版物双向翻译出版的数量和质量。扶持民族类重点新闻网站建设，支持少数民族文字网站和新兴传播载体有序发展，加强管理和引导。少数民族出版事业属公益性文化事业，中央和地方财政要加大对纳入公益性出版单位的少数民族出版社的资金投入力度，逐步增加对少数民族文字出版的财政补贴。

（九）大力发展少数民族广播影视事业。巩固广播电视村村通工程、农村电影放映工程建设成果，扩大民族地区广播影视覆盖面，对设施维护进行适当补助，确保长期通、安全通。提高少数民族语言广播影视节目制作能力，加强优秀广播影视作品少数民族语言译制工作。提高民族地区电台、电视台少数民族语言节目自办率，改善民族地区尤其是边远农牧区电影放映条件，增加播放内容和时间。推出内容更加新颖、形式更加多样、数量更加丰富的少数民族广播影视作品，更好地满足各族群众多层次、多方面、多样化精神文化需求。

（十）加大对少数民族文艺院团和博物馆建设扶持力度。重点扶持体现民族特色和国家水准的少数民族文艺院团建设，积极鼓励少数民族文艺院团发展。扶持民族自治地方重点民族博物馆或民俗博物馆建设，鼓励社会力量兴办各类民族博物馆。民族自治地方的综合博物馆要突出少数民族特色，适当设立少数民族文物展览室、陈列室。加强少数民族文物征集工作，改善馆藏少数民族文物保存条件，做好少数民族文物鉴定、定级工作，提升管理、研究和展示服务水平。

（十一）大力开展群众性少数民族文化活动。鼓励举办具有民族特色的文化展演和体育活动，支持基层开展丰富多彩的群众性少数民族传统节庆、文化活动，加强指导和管理。尊重群众首创精神，发挥各族群众在文化建设中的主体作用，努力探索保护和传承少数民族优秀传统文化的有效途径。进一步办好全国少数民族文艺会演和全国少数民族传统体育运动会。

（十二）加强对少数民族文化遗产的挖掘和保护。结合第三次全国文物普查和非物质文化遗产普查，开展少数民族文化遗产调查登记工作，对濒危少数民族重要文化遗产进行抢救性保护。加大现代科技手段运用力度，加快少数民族文化资源数字化建设进程。进一步加强人口较少民族文化遗产保护。扶持少数民族古籍抢救、搜集、保管、整理、翻译、出版和研究工作，逐步实现少数民族古籍的科学管理和有效保护。加强少数民族非物质文化遗产发掘和保护工作，对少数民族和民族地区非物质文化遗产保护予以重点倾斜，推进少数民族非物质文化遗产申报联合国教科文组织“人类非物质文化遗产代表作名录”和国家级非物质文化遗产名录，加大对列入名录的非物质文化遗产项目保护力度。积极开展少数民族文化生态保护工作，有计划地进行整体性动态保护。加强保护具有浓郁传统文化特色的少数民族建筑、村寨。

（十三）尊重、继承和弘扬少数民族优秀传统文化。加强宣传引导，营造尊重和弘扬少数民族优秀传统文化的社会氛围。国家保障各民族使用和发展本民族语言文字的自由，鼓励各民族公民互相尊重、互相学习语言文字。尊重语言文字发展规律，推进少数民族语言文字的规范化、标准化和信息处理工作。在有利于社会发展和民族进步前提下，使各民族饮食习惯、衣着服饰、建筑风格、生产方式、技术技艺、文学艺术、宗教信仰、节日风俗等，得到切实尊重、保护和传承。加强对工业化、信息化、城镇化、市场化、国际化深入发展形势下少数民族文化发展特点和规律研究，不断开辟传承和弘扬少数民族优秀传统文化的有效途径，推进和谐文化和中华民族共有精神家园建设。

（十四）大力推动少数民族文化创新。促进现代技术和手段在少数民族文化发展中的应用，鼓励具有民族特色和时代气息的优秀文化作品创作，提高少数民族文化产品数量和质量。加大对少数民族艺术精品创作扶持力度，打造一批有影响的少数民族文学、戏曲、影视、音乐等文化艺术品牌。国家舞台艺术精品工程要进一步向少数民族和民族地区倾斜。国家各级各类文化奖项，少数民族文化作品获奖应占合理比重，对优秀少数民族文化作品及有突出贡献的文化工作者给予奖励和表彰，进一步激发少数民族文化创作的积极性、主动性和创造性。

（十五）积极促进少数民族文化产业发展。把握少数民族文化发展特点和规律，建设统一、开放、竞争、有序的文化市场体系，培育文化产品市场和要素市场，形成富有效率的文化生产和服务运行机制。充分发挥少数民族文化资源优势，鼓励少数民族文化产业多样化发展，促进文化产业与教育、科技、信息、体育、旅游、休闲等领域联动发展。确定重点发展的文化产业门类，推出一批具有战略性、引导性和带动性的重大文化产业项目，建设一批少数民族文化产业园区和基地，在重点领域取得跨越式发展。

（十六）加强边疆民族地区文化建设。支持边疆地区少数民族语言文字新闻出版业发展，增加公共文化产品特别是少数民族语言文字文化产品有效供给。进一步提高边疆民族地区广播电视覆盖率和影响力。发挥边疆少数民族人文优势，加强与周边国家文化交流，促进和谐周边环境建设。加强边疆民族地区文化产品进出口市场监管，清除各类非法印刷品，加强卫星接收设施监督管理工作，防止非法盗版、接收、传播境外广播电视节目，有效防范境外敌对势力文化渗透活动，维护边疆地区文化安全。

（十七）努力推进少数民族文化对外交流。切实增加少数民族文化在国家对外文化交流中的比重。每年安排一定数量的少数民族文化活动参与中外互办文化年和在国外举办的中国文化节、文化周、艺术周、电影周、电视周、文物展、博览会以及各类演出、展览等，促进形成全方位、多层次、宽领域的对外文化交流格局。打造一批少数民族文化对外交流精品，巩固少数民族文化对外交流已有品牌，进一步提升少数民族文化国际影响力。大力推动少数民族文化与海外华人华侨、台湾同胞、港澳同胞的交流，增强中华文化的认同感，为促进国家和平统一服务。

四、完善少数民族文化事业发展的体制机制

（十八）完善少数民族文化事业发展政策法规。加强少数民族文化立法工作，适时研究制定有关少数民族文化保护和发展的法律、法规和政策措施。加快制定和完善从事少数民族文化工作的专业（技术）人员职称评定政策和资质认证、机构和团体建设等方面的相关标准和办法。研究、制定或修订有关文化事业和文化产业政策法规时，要充分考虑少数民族文化的特殊性，增加专条　专款加以明确。推动国家扶持与市场运作相结合，从制度上更好发挥市场在少数民族文化资源配置中的基础性作用，引导社会力量参与少数民族文化建设，形成有利于科学发展的宏观调控体系。

（十九）深化少数民族和民族地区文化事业单位体制机制改革。实行公益性事业与经营性业务分类管理，对公益性事业单位实行聘用制度、岗位管理制度和岗位绩效工资制度。引入竞争机制，采取政府招标、项目补贴、定向资助等形式，对重要少数民族文化产品、重大公共文化项目和公益性文化活动给予扶持。支持少数民族文化单位按照有关规定转企改制，在一定期限内给予财政、税收等方面的优惠政策，做好劳动人事、社会保障的政策衔接，按照新人新办法、老人老办法的原则制定相关政策。

（二十）加强少数民族文化事业发展经费保障，加大政府对少数民族文化事业的投入。中央和省级财政在安排促进民族地区发展和宣传文化发展相关经费时，逐步加大对少数民族文化事业的支持力度。继续实行相关税收优惠政策，鼓励和扶持少数民族和民族地区文化事业和文化产业发展。

（二十一）加大少数民族文化人才队伍建设力度。努力造就一支数量充足、素质较高的少数民族文化工作者队伍，营造有利于优秀人才脱颖而出的体制机制和社会环境，着力培养一大批艺术拔尖人才、经营管理人才、专业技术人才。积极保护和扶持少数民族优秀民间艺人和濒危文化项目传承人，对为传承非物质文化遗产作出突出贡献的传承人，按照国家有关规定给予表彰。支持高等院校和科研机构参与抢救濒危文化，推动相关学科建设，培养濒危文化传承人。

五、加强对少数民族文化工作的领导

（二十二）切实把少数民族文化工作摆上更加重要

的位置。各地区、各部门要进一步提高对少数民族文化工作重要性的认识,增强责任感和紧迫感,切实把少数民族文化工作纳入重要议事日程,纳入当地经济社会发展总体规划,纳入科学发展考评体系。加强对少数民族文化工作的调查研究,定期听取工作汇报,作出部署,狠抓落实。关心支持少数民族和民族地区文化工作部门和单位的建设,及时研究解决存在的突出困难和特殊问题,充分调动和有效保护少数民族文化工作者的积极性、主动性、创造性。

(二十三)推动形成分工协作、齐抓共管的良好局面。在党委统一领导下,建立、健全政府统筹协调、业务部门主管、有关部门密切配合、社会各界广泛参与的少数民族文化工作格局。各有关部门编制规划、部署工作,要把少数民族文化工作作为重要内容,加大支持力度,确保目标任务完成。加强舆论宣传,营造有利于少数民族文化事业发展的社会氛围。充分发挥各方面的积极作用,不断开创少数民族文化工作的新局面。

各地区、各部门要按照本意见的精神,结合实际,制定贯彻实施的具体措施和办法。有关部门要加强对本意见贯彻执行情况的督促检查。

国务院

2009年7月5日

中组部作出决定追授吴大观"全国优秀共产党员"称号

决定指出,吴大观同志是报国有成的党员专家,是知识分子的优秀代表,是广大共产党员的学习楷模。他理想信念坚定,对党忠诚,历经坎坷,但从未动摇对党的信心。他一心为国,把自己的命运与国家和民族的命运紧紧联系在一起。1947年,他毅然放弃国外优越的工作生活条件,回到内忧外患、贫困落后的祖国。他以航空报国为毕生追求,领导组建了我国第一个航空发动机设计室和试验基地,主持研制了第一个喷气发动机型号,编制了第一部航空发动机标准规范,培养了几代航空发动机技术人才,被称为"中国航空发动机之父"、"中国航空发动机的无冕之王"。他心系群众,奉献社会,先后为"希望工程"等捐款近10万元,连续46年每年多交纳党费,临终前又将10万元积蓄作为党费一次性交给党。他生活俭朴,从不追求享乐奢华,除了工作,从不向组织提出任何要求。吴大观同志的先进事迹和高尚情操,感人至深,催人奋进,充分体现了爱党与爱国的统一、理想与现实的统一、做事与做人的统一。

中组部号召广大共产党员要向吴大观同志学习,学习他信念坚定、对党忠诚、无私奉献、淡泊名利的政治品质;学习他志存高远、以才报国、育才举贤、传承事业的爱国之心;学习他开拓创新、严谨务实、刻苦钻研、勇攀高峰的科学精神;学习他牢记宗旨、心系群众、服务人民、奉献社会的高尚情怀;学习他清正廉洁、不求索取、生命不息、奋斗不止的人生境界。广大党员干部特别是各级领导干部,要向吴大观同志那样,加强党性修养,弘扬优良作风,努力实践共产党人高尚的人生价值,努力创造无愧于时代、无愧于人民的业绩。

决定指出,当前,我国改革发展进入关键阶段,实现全面建设小康社会的宏伟目标,任务艰巨而繁重。各级党组织和广大共产党员要更加紧密地团结在以胡锦涛同志为总书记的党中央周围,高举中国特色社会主义伟大旗帜,以邓小平理论和"三个代表"重要思想为指导,深入贯彻落实科学发展观,团结带领广大人民群众迎难而上、共克时艰,切实做好应对国际金融危机,保增长、保民生、保稳定和调结构、上水平、促改革的各项工作,以优异成绩迎接新中国成立60周年,为全面建设小康社会、加快推进社会主义现代化建设作出新的贡献。

国务院副总理回良玉在西藏自治区考察

7月5日至8日,回良玉先后到西藏贡嘎、桑日、乃东、堆龙德庆等县,深入田间地头、龙头企业、科研院所、福利院、农牧民家中,实地察看农牧业生产经营和农牧民安居工程建设情况,听取基层干部群众的意见和建议。他指出,因地制宜发展现代特色农牧业,是农牧民增收的有效途径,是民族地区经济发展的重要支撑。西藏要大力发展特色农畜产品,强化科技示范带动,加大基地和设施建设投入力度,积极推进规模化、标准化、产业化,把特色产业做大做强、作出品牌和效益。

回良玉强调,共同团结奋斗、共同繁荣发展是民族工作的主题,我们要采取更加有力的举措,支持民族地区经济加快发展,坚决维护社会和谐稳定。党中央、国务院历来高度重视西藏经济社会发展,制定了一系列特殊支持政策。我们要大力推进以农房改造、游牧民定居和扶贫搬迁为重点的农牧民安居工程建设,加快沼气、饮水安全、道路、电力通信等基础设施建设步伐,努力改善农牧民的生产生活条件。

考察期间,回良玉听取了西藏自治区工作汇报,对西藏经济社会发展、"三农"工作、防汛抗旱等方面取得的成绩予以充分肯定。他说,今年以来西藏水旱灾害多发,特别是前一阶段的旱情严重。当前我国进入自然灾害高发季节,南方部分地区发生了较为严重的暴雨洪涝灾害,有关部门和地区要紧急动员起来,有力有序有效开展防汛抗旱救灾工作,妥善安排好受灾群众生产生活。

乌鲁木齐发生打砸抢烧严重暴力犯罪事件

在此次事件中,共造成1700多人受伤、197人死亡。其中,无辜死亡的156人(汉族134人、回族11人、维吾尔族10人、满族1人)。被毁车辆达260余部,其中190部公交车,50多部民用车;受损门面房、民房209间,总过火面积达到56850平方米,全市共有220多处纵火点,有两栋楼房被烧毁。这起打砸抢烧严重暴力犯罪事件,是一起典型的境外指挥、境内行动,有预谋、有组织的打砸抢烧事件。

国务委员兼国防部部长梁光烈在八一大楼会见来华参加第四次中蒙国防部防务安全磋商的蒙古国国防部国务秘书鲍尔巴特尔一行

解放军总政治部发出通知要求全军和武警部队认真学习贯彻《军队基层建设纲要》

通知指出,重新修订印发《军队基层建设纲要》(以下简称《纲要》),是军委、总部深入贯彻党的十七大精神、推进部队建设又好又快发展的重大举措。抓好《纲要》的学习贯彻,对于坚持用党的创新理论建连育人,提高以打赢信息化条件下局部战争能力为核心的完成多样化军事任务能力,贯彻依法治军、从严治军方针,促进部队安全稳定,打牢部队建设科学发展的坚实基础,具有十分重要的意义。各级要按照胡主席和中央军委要求,高度重视、认真组织、扎实抓好《纲要》的学习贯彻。要把学《纲要》、用《纲要》作为开展深入学习实践科学发展观活动的重要内容突出出来,以学习实践活动促进《纲要》落实,以落实《纲要》检验学习实践活动成效。

通知强调,要扎实搞好普遍学习和重点培训,进一步增强贯彻落实《纲要》的意识和能力。各单位要安排专门时间,组织各级各类干部和基层官兵认真学习《纲要》,掌握基本内容,熟记具体规定,切实增强贯彻落实的意识和能力。要把《纲要》作为军队院校教学的基本教材,作为培养干部的必修课,使广大学员成为贯彻落实《纲要》的明白人。要以这次修订印发《纲要》为契机,在部队广泛开展学法规、用法规活动,提高按照法规抓工作搞建设的能力和水平。

通知要求着力改进工作作风和方法,确保《纲要》规定要求落到实处。各级要认真学习贯彻胡主席和军委关于加强作风建设的一系列重要指示,坚持按照《纲要》要求扎实做好抓基层打基础工作,促进基层建设全面进步、协调发展、整体提高。要根据新修订的《纲要》,调整制定抓基层、建基层的规划和措施,与时俱进地提升基层建设标准。认真落实《纲要》规定和要求,积极研究解决各种矛盾和问题。

走进世博会大型展览在北京开幕

国务院副总理、上海世博会组委会主任委员王岐山启动开幕式并参观展览。

上海市委书记、上海世博会组委会第一副主任委员、执委会主任俞正声出席开幕式并致辞。

由中国2010年上海世博会组委会主办的“走进世博会”大型展览共分4个部分,包括中国2010年上海世博会概况、中国与世博会关系回顾、国际展览局简介、世博会的历史回顾,展览集中展示了所有参展方的最新办博进展。

中国选手在贝尔格莱德举行的世界大学生运动会上获得三枚金牌

中国跳水队在男子双人三米板和女子一米板获得两枚金牌;中国队江钰源在女子体操个人全能比赛中摘取冠军。

7月6日

国家主席胡锦涛在罗马会见意大利总理贝卢斯科尼

胡锦涛表示,我们高兴地看到,中意全面战略伙伴关系正呈现良好发展势头。两国关系政治基础更加稳固,各领域沟通渠道顺畅,两国关系利益纽带更加紧密,双方投资更加活跃,在科技、环保、教育、旅游等领域合作取得丰硕成果。两国关系社会基础更加扎实,人民友好交往为两国关系发展奠定了良好基础。意大利是中国的全面战略伙伴,也是中国在欧盟值得信赖的朋友,中国高度重视中意关系,加强对意关系是中国坚定不移的方针。明年是中意建交40周年,我们愿同意方一道,牢牢把握双边关系前进方向,加强在重大国际和地区问题上的密切沟通和协调,扎实推进各领域互利合作,努力把中意全面战略伙伴关系提高到新水平。

胡锦涛就加强中意务实合作提出以下建议。

第一,以应对国际金融危机冲击为契机,深化经贸合作。两国政府主管部门应该继续为双方企业经贸往来提供支持和便利,特别是向两国中小企业合作融资和担保提供政策支持,鼓励双方扩大电信、基础设施建设、汽车工业、物流等领域战略合作。坚决反对贸易和投资保护主义,坚持通过磋商和对话妥善解决双方贸易摩擦和分歧。

第二,以推动两国经济社会发展为目标,拓宽合作领域。双方应该很好总结中意科技、环保等领域合作经验,深化节能减排、新能源方面的技术合作。同时,进一步挖掘潜力,培育影视传媒、创意设计等新的合作亮点。加强两国旅游、中医药研究、疾病防控、防灾减灾等领域的合作。

第三,以中国在意举办"中国文化年"活动为平台,密切人文交流。希望双方密切配合、精心筹备,确保2010年在意大利举办的"中国文化年"取得成功。加强世博会领域交流合作,继续办好孔子学院,密切青年学生和地方交流,不断巩固两国关系民意基础。

贝卢斯科尼表示完全同意胡锦涛对双边关系的评价和提出的建议,表示意中两国都有着古老历史和文明。很高兴看到近年来两国关系顺利发展。特别是尽管面对国际金融危机冲击,双方合作继续推进。意方愿继续同中方一道,加强旅游等各领域合作,确保建交40周年活动取得成功。他表示,中国在国际上发挥着重要作用,重大国际问题的解决都离不开中国的参与,意中在国际舞台和国际事务中有许多共识,应该加强协调和配合。意方赞赏中国关于和谐世界的主张,愿同中方在八国集团同发展中国家领导人对话会议等多边场合继续加强合作。意方赞赏中方为应对国际金融危机采取的有效举措。

会见结束后,胡锦涛和贝卢斯科尼出席中意有关合作文件签字仪式。

国家主席胡锦涛同意大利总理贝卢斯科尼在罗马共同出席中意经贸论坛暨企业洽谈会

胡锦涛在会上致辞时表示,意大利是欧洲最早同中国开展贸易往来的国家之一。两国建交后,双方贸易往来快速发展。近年来,两国各领域合作全面推进,取得丰硕成果。在双方共同努力下,双边经贸合作从过去单一的货物贸易发展到今天货物贸易、服务贸易、投资合作等全方位推进的格局。2008年,双边贸易额达到创纪录的380多亿美元,已接近两国确定的到2010年双边贸易额达到400亿美元的目标。目前,意大利已成为中国在欧盟第五大贸易伙伴和第三大技术引进来源国。

胡锦涛指出,虽然国际金融危机给中意经贸合作带来严峻挑战,但今年以来中国自意大利进口降幅远低于出口降幅,双边贸易逆差有所缩小;高新技术、节能环保、文化创意等领域合作不断拓展,投资活动趋于活跃。我高兴地得知,这次数百位中意企业家进行了很好的洽谈,并将签署一系列先进技术设备采购、双向投资、发展服务贸易的合同和协议,增强两国高新技术、信息通信、节能环保等领域合作。这些积极势头再次说明,只要我们携起手来、开拓创新,就一定能够保持双边经贸合作良好势头。

胡锦涛就新形势下深化双边经贸合作提出以下几点建议。

第一,以经贸合作为动力,全面深化中意全面战略伙伴关系。经贸合作是中意关系的重要组成部分,也是双边关系发展的重要推动力量。目前,双边贸易额在各自国家对外贸易总额中所占比重还很小,双方合作潜力很大。意大利是工业强国,拥有成熟技术、著名品牌、精湛工艺,意大利企业生产的数控机床、纺织机械、时尚产品、食品、家具等深受中国企业和消费者喜爱。我们欢迎意大利企业积极开拓中国市场。与此同时,中国政府也鼓励越来越多的中国企业到意大利投资兴业。我们期待双方携手努力,不断拓展双边经贸合作广度和深度,为中意全面战略伙伴关系发展注入新活力。

第二,以便利化为目标,营造良好贸易投资环境。在世界经济面临困难的形势下,推进贸易投资便利化更显重要。两国政府特别是经贸主管部门应该加强磋商和交流,充分发挥中意经济合作混委会等机制作用,努力消除贸易投资障碍,为对方商品、投资、服务、人员进入本国市场提供更好条件,为两国企业互利合作创造更为公平、更为开放的贸易投资环境。两国工商会和投资贸易促进机构应该发挥桥梁和纽带作用,积极为企业牵线搭桥,共同推动双边经贸关系向前发展。

第三,以结构优化为重点,推动经贸合作迈上新台阶。中意两国在高新技术、可再生能源、节能环保、基础设施建设以及文化、旅游等服务贸易领域各具优势、互补性强。双方在巩固传统领域合作的同时,应该积极拓展上述领域合作,积极培育双边经贸新的增长点。我们鼓励意大利企业积极参与中国西部大开发、东北地区等老工业基地振兴、促进中部地区崛起等区域发展战略的实施,也支持中国企业在高端制造业、节能环保、现代服务业等领域同意大利企业加强合作,并赴意大利工业园区投资兴业,不断丰富双方互利合作内涵。

第四,以中小企业为主体,夯实双边经贸合作基础。企业是市场主体,也是中意互利合作推动者。意大利素有"中小企业王国"的美誉,众多拥有先进技术、著名品牌的中小企业是意大利经济和科技的重要力量。为应对国际金融危机冲击,中国和意大利都出台了扶持中小企业的政策措施。我们应该以此为契机,搭建更有效的平台,在技术、工艺、设计、品牌推广和营销等方面加强互补、促进合作,加大两国中小企业交流力度。

第五,以开放理念为遵循,反对各种形式的保护主义。经济全球化深入发展使世界各国紧密联系在一起。在这种背景下,只有秉持开放理念、保障市场开放,才能尽早实现世界经济复苏和发展。国际金融危机发生后,中国在短短几个月时间里数次派出赴欧贸易投资促进团,正是为了促进双方乃至全球共同发展。今后,中国将继续奉行互利共赢的开放战略,维护公平竞争的市场环境。中意两国应该携手合作,以实际行动抵制贸易和投资保护主义,努力维护开放、公平、公正的全球经济贸易体系。

胡锦涛指出,新挑战蕴含新机遇。尽管国际金融危机仍在蔓延深化、世界经济前景依然严峻,但国际社会在扩大合作、共同应对挑战方面已达成许多共识,并采取了一系列举措。中国愿同世界各国一道,为应对国际金融危机冲击、推动世界经济复苏而积极努力。

胡锦涛最后表示,我衷心期望两国企业家拓展合作领域、丰富合作内涵,不断开创双边经贸合作新局面。

贝卢斯科尼在讲话中说,胡锦涛主席这次访问具有十分重要的意义。访问期间,双方领导人进行了富有成果的会晤,就加强意中友好合作达成广泛共识。意中两国都具有悠久历史和文化传统,各领域合作潜力巨大。意方愿以明年意中建交40周年为契机,加强双方互利合作,办好在意大利举办的"中国文化年",扩大人文交流,增进两国人民相互了解和友谊。他表示希望加强双方企业界合作,扩大相互贸易和投资,尽早克服国际金融危机冲击,造福两国人民。

中国商务部部长陈德铭、意大利经济发展部部长斯卡约拉、意大利工业联合会主席玛切卡利亚等在会上分别致辞。

这次会议是由中国商务部和意大利经济发展部等共同举办。两国政府官员和工商界人士500多人参加会议。

国家主席胡锦涛在罗马会见意大利众议长菲尼

胡锦涛表示,中意建立全面战略伙伴关系5年来,各领域交流合作日益深化。在国际金融危机仍在蔓延深化的背景下,发展中意互利合作具有更加重要的现实意义。双方应该携手合作,化危机为机遇,充分利用互补优势,巩固并扩大务实合作成果,加强新能源、环境保护等高技术领域合作,培育经贸合作新的增长点。中意在许多重大国际和地区问题上有着相同或相似的立场,我们愿加强同意大利在应对国际金融危机冲击、推动国际金融体系改革、共同反对贸易和投资保护主义、应对气候变化等问题上的沟通合作,共同为建设一个持久和平、共同繁荣的和谐世界而努力。

胡锦涛表示,立法机构交流是中意全面战略伙伴关系的重要组成部分。长期以来,意大利众议院同中国全国人大保持友好来往。中方重视并支持两国议会开展交流、扩大合作,愿深化中国全国人大同意大利众议院的友好关系。希望两国立法机构继续开展不同层次、不同形式的交往,加强立法、监督等方面的交流互鉴,共同为推动两国关系深入发展作出更大贡献。

菲尼代表意大利众议院热烈欢迎胡锦涛访问意大利,表示在双方共同努力下,意中全面战略伙伴关系顺利发展,相信胡锦涛此访将把两国关系推到更高水平。他表示,意中两国虽然相距遥远,但两国在文化等方面具有许多相同或相似的观点,明年在意大利举办"中国文化年"是加深两国相互了解的良好契机。两国政府交往十分重要,同时两国议会也愿为促进两国关系发展作出积极贡献。菲尼对中国为应对国际金融危机所做努力表示赞赏。

国家主席胡锦涛在罗马会见意大利参议长斯基法尼

胡锦涛表示,中意都是世界文明古国,都曾为世界文明发展作出过杰出贡献。两国人民友谊源远流长,古老的"丝绸之路"是联系亚欧大陆的纽带,马可·波罗是东西方文明交往的使者。两国自1970年建交以来,双边关系一直健康稳定发展。特别是2004年两国建立全面战略伙伴关系,揭开了双边关系新篇章。当前,两国高层交往频繁。双方政治互信稳固,相互尊重和照顾彼此重大关切。两国经贸、科技、教育、环保等领域合作富有成效,旅游、新能源、城市建设、物流等领域合作前景广阔。

胡锦涛指出,中方高度重视发展同意大利的关系。在当前国际金融危机仍在蔓延深化的背景下,加强中意友好合作不仅符合双方利益,也有利于中欧关系稳定发展。我相信,意大利参议院将一如既往地推动对华关系发展,为中意全面战略伙伴关系长期健康稳定发展作出积极贡献。

胡锦涛表示,两国立法机构交往是双边关系的重要组成部分,对增进两国传统友谊、加深两国人民了解、推动各领域务实合作具有重要意义。中国全国人大同意大利参议院建立了定期交流机制。希望双方尽快启动这一机制,开展定期交流,密切友好小组和专门委员会交往,加强在地区和国际议会组织中的协调,双方还可以就治国理政等问题深入交换经验。

斯基法尼代表意大利参议院热烈欢迎胡锦涛访问意大利,表示很高兴2004年两国建立全面战略伙伴关系以来,意大利同中国的关系日益加深,胡锦涛此访对于推动双边关系发展具有十分重要的意义。意中两国在文化领域互相尊重、互相钦佩,双方要加强文化交流,相信2010年将在意大利举办的"中国文化年"将会取得成功。他表示,意中双方在许多国际问题上有相同或相似的看法,希望双方加强在联合国改革、国际金融体系改革、气候变化、打击恐怖主义等问题上的合作,促进世界共同发展。意大利参议院愿加强同中国全国人大的交流合作，尽早启动定期交流机制。

全国政协主席贾庆林在河北省廊坊市调研

贾庆林和随行的全国政协副主席黄孟复、全国政协副主席兼秘书长钱运录等，在河北省委书记张云川等陪同下，来到位于河北省廊坊市的新奥集团股份有限公司，就民营企业在应对国际金融危机中发挥作用问题进行专题调研。调研期间，贾庆林还专门召开座谈会，听取了中央有关部门、河北省和部分民营企业的情况汇报，对民营企业坚持改革创新、攻坚克难，同党和政府共渡难关，为保增长、保民生、保稳定作出的贡献给予充分肯定，对河北省民营企业发展情况给予积极评价。

贾庆林指出，民营企业的发展需要良好的社会环境和各方面的大力支持。工商联作为党领导的中国工商界的人民团体和商会组织，要切实履行职能，加强与民营企业的联系，积极反映企业愿望；发挥行业商会自我约束、自我调节的功能，努力规范市场行为；主动协调劳资关系，鼓励和引导民营企业承担社会责任，最大限度地把民营企业和民营企业家组织起来，把商会服务工作和思想政治工作落到实处。各级党委和政府要充分认识民营企业在国民经济中的重要地位和作用，认真贯彻落实中央关于促进民营企业发展的各项方针政策，为解决民营企业准入难、融资难、引进人才难等问题出实招、出新招，切实挖掘民营企业的投资潜力，充分发挥优秀民营企业家和民营经济代表人士的示范带动作用，最大限度地把民营企业发展的积极性调动好、保护好、发挥好。

中共中央政治局常委李长春在青海调研

7月6日至8日，李长春先后来到西宁、海北等地，深入农牧区、企业、社区、爱国主义教育基地和宣传文化单位，就保持经济平稳较快发展、加强少数民族文化建设、开展群众性爱国主义教育活动等进行调研。

考察结束时，李长春听取了青海省委和省政府工作汇报，对青海经济社会发展取得的新成就给予充分肯定。他希望青海坚定不移贯彻落实中央关于保增长、保民生、保稳定的一系列决策部署，抓住实施西部大开发战略的有利机遇，进一步解放思想、迎难而上，继续保持经济平稳较快发展的良好势头，加快形成具有地区优势和民族特色的经济发展格局，以优异成绩迎接新中国成立60周年。

国家副主席习近平在辽宁调研

7月6日至8日，习近平先后来到大连、营口、鞍山、沈阳等地，深入企业车间、田间地头、街道社区、港口码头和科技园区，围绕做好保增长、保民生、保稳定工作和党的建设进行调研。

习近平在调研时反复强调，振兴东北地区等老工业基地，加强党的建设特别是建设一支思想素质高、道德品行好、执政本领强、工作作风实的干部队伍最为关键。要坚持正确的用人导向，把德才兼备、以德为先贯穿于干部工作全过程和各个环节，形成选人用人靠工作、靠实绩、靠人品、靠公认的风气，真正把忠诚党和人民事业、坚持党的理论和路线、维护党的原则，为民用权、为民谋利、为民守责，做人堂堂正正、干事干干净净的干部选拔上来，不让综合素质高的人、埋头苦干的人和老实人吃亏。

调研结束时，习近平召开了辽宁党政干部座谈会。他对国家实施振兴东北地区等老工业基地战略以来辽宁发生的巨大新变化给予充分肯定，希望辽宁的同志始终保持团结奋斗、奋发有为的精神状态，努力把辽宁的事情办得更好。

中共中央政治局委员刘云山在利马会见秘鲁总统阿兰·加西亚

全国人大常委会副委员长兼秘书长李建国在湖南进行执法检查

全国人大常委会副委员长路甬祥在山东调研

崔世安被确定为澳门特区第三任行政长官选举候选人

全军深入学习实践科学发展观活动领导小组召开第八次会议

7月7日

国家主席胡锦涛在佛罗伦萨集体会见意大利政要

胡锦涛在佛罗伦萨集体会见意大利文化部长邦迪、佛罗伦萨省督马尔蒂诺、托斯卡纳大区主席马尔蒂尼、佛罗伦萨市长兰奇、佛罗伦萨省长巴尔杜奇等政要。

胡锦涛表示，中意建交39年来，双边关系发展顺利，特别是2004年建立全面战略伙伴关系以来，两国政治、经济、文化等各领域合作深入发展。中国重视发展同意大利的关系，愿同意方扩大共识，深化各领域务实合作。

胡锦涛表示，托斯卡纳大区拥有悠久历史和灿烂文化，在这里兴起的文艺复兴运动对人类社会发展作出了卓越贡献。托斯卡纳大区经济发达，以轻工业、旅游业为龙头的产业链使整个大区在国际竞争中处于优势地位。中国许多地方都同托斯卡纳保持着密切合作。越来越多的中国游客也将托斯卡纳作为旅游目的地。我相信，在双方共同努力下，托斯卡纳大区同中国有关地区的合作一定会取得新进展。

邦迪等均对胡锦涛访问佛罗伦萨表示欢迎，表示中国是具有悠久历史的国家，他们为中国的发展感到振奋，表示希望进一步同中方加强交往，将两国地方友好关系提高到新水平。意方将积极参加上海世博会并推动“中国文化年”取得成功。

国家主席胡锦涛在威尼斯会见威尼托大区政府主席加兰

国务院总理温家宝在北京主持召开经济形势座谈会

温家宝7日和9日召开两次经济形势座谈会，分别听取经济专家和企业、行业协会负责人意见和建议。与会同志认为，当前国民经济形势企稳向好，积极因素和有利条件增多，中央应对国际金融危机的一揽子计划效果正在显现。实践证明，中央的决策和部署是完全正确的，采取的一系列政策措施是及时的、有力的、有效的。要保持宏观经济政策连续性和稳定性，密切关注经济运行的新情况、新问题，加强和改善宏观调控，巩固和发展好的经济形势。

在座谈会上，温家宝指出，经济发展正处在企稳回升的关键时期，保持经济平稳较快发展仍然是我们面临的首要任务。经济出现向好的势头，并不意味着困难时期已经过去，我们对形势要冷静观察，周密分析，作出科学和准确的判断，正确处理全局与局部、兴利与除弊、当前与长远的关系。必须看到，经济回升的基础还不稳固，国际金融危机对我国的不利影响并未减弱，外需严重萎缩的局面仍在持续，一些行业、一些企业生产经营还比较困难，就业压力短期内尚难根本缓解，产业结构调整的任务还相当艰巨，产能过剩问题凸显，财政收支矛盾突出。必须坚定不移地实施积极的财政政策和适度宽松的货币政策，全面贯彻落实应对国际金融危机的一揽子计划，并根据形势变化，丰富和完善政策，及时发现和解决苗头性问题，进一步增强宏观政策的针对性、有效性和可持续性。

温家宝强调，要积极推进结构调整，处理好保增长和调结构的关系，把握好结构调整的力度、节奏和方式。保增长和调结构是相辅相成、并行不悖的，经济平稳较快发展是结构调整的基本条件和重要保障，结构调整使增长更上层次、更有后劲、更可持续，并提高发展的质量和效益。要着力扩大国内需求特别是居民消费需求，增强最终需求对经济增长的拉动力，重点抓好十大产业调整和振兴规划的贯彻落实，加快淘汰落后产能，加大兼并重组力度，大力支持企业技术改造和自主创新，进一步推进节能减排，既促进经济增长目标的实现，又使结构优化迈出实质性步伐，为长远发展打下更加牢固的基础。

温家宝要求，必须站在全局的、战略的高度，进一步推进城乡统筹和区域协调发展，加快培育区域经济增长极，努力拓展新的发展空间。统筹城乡和区域协调发展，是我国现代化战略的重要组成部分，也是应对国际金融危机的政策着力点。要下更大的决心、花更大的气力、用更多的力量，解决好“三农”问题，切实保障粮食等主要农产品供给，促进农民持续增收，改善农村生产生活条件。要协调推进城镇化和新农村建设，加强城镇基础设施建设，发展城市轨道交通，促进房地产业健康发展，提高城镇的承载力，充分发挥城镇化带动经济增长的作用。要在继续鼓励东部地区率先发展的同时，大力推进西部大开发、东北地区等老工业基地振兴和中部崛起，政府投资和信贷资金都要进一步向“三农”倾斜，向中西部地区倾斜。

温家宝说，克服当前这场金融危机带来的影响，从根本上要靠科技创新。世界正处于科技革命的前夜，这是实现跨越式发展、占领未来经济发展制高点的有利时机。我们必须把握机遇，推动我国经济尽快走上创新驱动发展的轨道。要加快实施国家中长期科学和技术发展规划纲要，带动产业转型和技术升级，支撑重点产业振兴和经济长远发展。积极支持企业技术改造，鼓励企业应用新技术、新工艺、新设备、新材料，适应市场变化，推进产品创新。支持和推进新能源、生物医药、第三代移动通信、“三网融合”、节能环保等战略性新兴产业的技术研发和产业化，创造新的市场需求，培育新的经济增长点。

温家宝强调，有效应对国际金融危机，必须进一步深化改革开放，增强发展动力与活力。扩内需、保增长、调结构，不仅要靠强有力的、科学的宏观调控，而且要靠健全的市场经济体制；不仅要有国家大规模的财政投入和国有企业发挥骨干作用，而且要鼓励民营企业发展和民间资本投入。我们要更加注重用改革的办法解决前进中的困难，重点推进国务院已经部署的十项改革，力争尽快见到成效。特别要加快制定落实鼓励民间投资的措施，有效解决市场准入问题，消除各种隐性壁垒，打破垄断和限制，激发民间投资的活力。深化收入分配制度改革，使国民收入分配更多地向民生倾斜。要稳定出口，推动利用外资和对外投资协调发展，不断提高外向型经济水平。

温家宝表示，应对国际金融危机，根本目的是满足人民群众日益增长的物质文化需求。在实施扩大内需的计划中,要把保障和改善民生放在更加突出的重要位置,把公共资源配置进一步向教育、医疗卫生和社会保障领域倾斜。这既有利于改善人民生活,也有利于扩大国内需求,对提升我国经济竞争力具有重要意义。他强调,就业问题是扩大消费的关键,就业问题解决不好,扩大消费就会成为无源之水、无本之木,还会影响社会稳定。必须实施更加积极的就业政策,千方百计扩大就业,特别是大学生和农民工就业。

国务院副总理李克强、张德江、王岐山,国务委员兼国务院秘书长马凯出席会议。

《人民日报》发表评论员文章《严厉打击暴力犯罪 坚决维护社会稳定》

7月5日晚,乌鲁木齐市发生打砸抢烧严重暴力犯罪事件,造成140人死亡,800多人受伤,财产损失巨大。这是一起境外指挥、境内行动,有预谋、有组织的打砸抢烧事件。这种丧心病狂、令人发指的暴力行为,是决不能容忍的。我们要迅速行动起来,以强有力的措施和手段,严厉打击暴力犯罪,坚决维护社会稳定。

铁的事实证明,"7·5"事件是由境外反动势力一手策划的。其目的就是要挑起事端,制造暴力事件,搞分裂干扰我发展。这既不是民族问题,也不是宗教问题,摆在我们面前的是一场捍卫祖国统一、维护民族团结、维护社会稳定的异常激烈的斗争。我国是一个社会主义法治国家,法律的尊严不容践踏。对犯罪分子的容忍,就是对人民群众利益的伤害。对参与打砸抢烧的一小撮犯罪分子,我们一定要依法予以严惩。我国是一个多民族的国家,各民族的团结是促进经济发展、构建和谐社会的根本保证,破坏社会稳定、制造民族分裂,是不得人心的。我们一定要像爱护自己的眼睛一样珍惜民族团结,对任何企图通过制造事端分裂国家的行径,都要予以最严厉的谴责和最坚决的打击。

稳定是福,动乱是祸。经过改革开放30年,新疆经济发展、社会进步、民族团结、人民安居乐业。这是新疆各族人民共同奋斗的结果,是全国各族人民的根本利益所在。我们一定要旗帜鲜明地反对民族分裂主义,倍加珍惜团结稳定的社会局面。我们坚信,"7·5"事件阻挡不了新疆改革、建设、发展的步伐,动摇不了各族干部群众促进发展、维护稳定的坚定决心和坚强信心。这一事件只能使更多的人们擦亮眼睛,明辨是非,齐心协力巩固和发展新疆的大好局面。任何敌对势力的破坏,必将以可耻的失败而告终。

中央纪委书记贺国强在甘肃考察

7月7日至8日,贺国强深入甘肃省酒泉市、嘉峪关市等地,下农田、进车间、访社区等,考察经济社会发展和党风廉政建设情况。

在考察途中,贺国强听取了甘肃省委、省政府、省纪委的工作汇报。他充分肯定了甘肃省近年来经济社会发展以及党风廉政建设和反腐败工作取得的成绩,希望甘肃各级党委、政府和广大干部紧紧抓住国家深入推进西部大开发和扩大内需、促进经济平稳较快发展的历史机遇,充分发挥自身优势,切实把全省经济社会发展提高到一个新水平。贺国强强调,扩大内需、促进经济平稳较快发展,离不开和谐稳定的社会环境。最近新疆乌鲁木齐市发生的由境内外敌对势力精心策划和组织的打砸抢烧严重暴力犯罪事件再一次警醒我们,必须把维护社会稳定作为压倒一切的任务来抓。各级党委、政府一定要把保增长与保民生、保稳定有机统一起来,一方面要坚持以人为本、关注民生,不断夯实社会稳定的基础;另一方面要增强政治敏锐性和政治鉴别力,加强社会治安综合治理和矛盾纠纷排查调处,严密防范和坚决打击国内外各种敌对势力的干扰破坏活动,坚决维护国家统一、民族团结和社会稳定。

贺国强指出,今年时间已经过半,无论是实现全年经济社会发展目标,还是推进党风廉政建设和反腐败斗争,各项工作任务都十分繁重。各级纪检监察机关要认真总结上半年工作,切实安排好下半年工作,按照十七届中央纪委第三次全会和国务院第二次廉政工作会议的部署,集中力量抓好全年各项任务的落实,以推进党风廉政建设和反腐败工作的新成绩迎接新中国成立60周年。

全国人大常委会副委员长陈昌智在河北考察

全国妇女小额担保贷款和农村妇女"两癌"检查项目工程实施会议在北京召开

全国人大常委会副委员长、全国妇联主席陈至立出席会议并强调,要进一步统一思想、提高认识,细化实施方案,搞好试点,扎实工作,把好事办好。

陈至立说,实施妇女小额担保贷款和农村妇女"两癌"检查项目是我国妇女经济社会生活中的大事,充分体现了党和政府对广大妇女的深切关怀,体现了社会主义的优越性,也体现了广大妇女的热切期盼和要求,是实实在在让妇女普受惠、得实惠、长受惠的重要举措,也是妇联组织参与社会管理和公共服务、服务大局、服务妇女、服务基层的创新与突破。

陈至立指出,促进妇女创业发展、提高妇女健康水平,是"保增长、保民生、保稳定"工作的重要组成部分,也是最大的妇女民生问题,要进一步统一思想、提高认识,扎实工作,把好事办好。一要充分认识实施工作的复杂性和艰巨性,切实做好细化实施方案和试点工作，提高工作的预见性，充分估计到实施过程中将会遇到的一些困难和问题，不断摸索和总结经验，完善方案和细则。二要齐抓共管，充分发挥政府部门在推进两个项目实施中的职能优势。三要充分发挥各级妇联组织的组织优势，主动作为，扎实推动两个项目取得明显成效，把好事办好。

国务院副总理王岐山在中南海紫光阁会见日本丰田汽车公司名誉会长丰田章一郎和新任社长丰田章男

中共中央政治局委员王刚在辛菲罗波尔会见乌克兰克里米亚自治共和国领导人

正在乌克兰访问的王刚在乌克兰克里米亚自治共和国首府辛菲罗波尔会见了自治共和国最高苏维埃主席的全权代表、最高苏维埃第一副主席巴哈列夫和部长会议主席的全权代表、部长会议副主席格里夫科夫斯基。

王刚说，中乌建交17年来，两国关系始终健康稳定发展，友好交流与互利合作不断扩大，给两国人民带来了实实在在的利益。

他说，地方交往与合作是两国关系的重要组成部分。近年来，中乌地方间交往日趋活跃，进一步充实了两国关系内涵。我们希望双方省州共同探讨扩大互利合作的有效途径，充分利用各自丰富的旅游资源和优越的自然人文条件，不断拓宽经贸、教育、旅游等领域合作，为推动中乌全面友好合作关系不断发展作出贡献。

中国曲艺家协会庆祝成立60周年

纪念中国曲艺家协会成立60周年暨全国中青年曲艺家创作会议在京举行。来自全国各地的曲艺界代表和嘉宾300余人参加了会议。开幕式上表彰了中国曲协60年来为曲艺事业的繁荣发展作出突出贡献的曲艺家、优秀中青年曲艺家及工作者。

本次会议会期5天，将总结新中国成立60年来曲艺创作的成果和经验，研究曲艺创作中面临的困难和存在的问题，探索曲艺创作方向。

中国选手劳丽诗 陈妮在贝尔格莱德举行的第二十五届世界大学生夏季运动会女子跳水双人十米跳台比赛中夺得冠军

7月8日

中共中央总书记胡锦涛主持召开中央政治局常务委员会会议研究部署维护新疆社会稳定工作

会议听取了有关部门关于处置新疆维吾尔自治区乌鲁木齐市打砸抢烧严重暴力犯罪事件情况的汇报。会议强调，乌鲁木齐“7·5”事件有着深刻的政治背景，是境内外“三股势力”精心策划和组织的一起严重暴力犯罪事件，给各族群众生命财产造成重大损失，给当地正常秩序和社会稳定造成严重破坏。事件发生后，在党中央、国务院坚强领导下，新疆维吾尔自治区党委和政府、中央和国家机关有关部门、军队和武警部队，紧紧依靠各族干部群众，做了大量艰苦工作，发挥了重要作用。

会议指出，维护和保持新疆社会大局稳定，是当前新疆最重要、最紧迫的任务。要巩固和发展前一段工作成果，坚持维护社会稳定、维护社会主义法制、维护人民群众根本利益，依法坚决打击打砸抢烧严重违法犯罪行为，严密做好各项防范工作，严防敌对势力破坏民族团结，保障人民群众基本生活，加强舆论引导，切实维护社会稳定大局。要孤立打击极少数，团结教育争取大多数。对这起事件的策划者、组织者及骨干分子，对严重暴力犯罪分子，必须依法严厉打击。对被煽动、被蒙蔽的一般群众，要切实做好教育管理工作。对遇害者家属、受到伤害的无辜群众、财产遭受损失的群众，要开展走访慰问，认真做好善后、救治、安抚、帮扶工作，积极帮助他们解决实际困难。

会议强调，要充分发动新疆各级党政机关、农村基层组织、街道社区、企事业单位、学校等的党员干部组成工作组，深入基层开展工作，把工作做实做细，努力把党和政府有关方针政策和工作部署落实到每一个单位、每一个人。要充分发挥基层党组织的战斗堡垒作用、各级干部的模范带头作用、广大共产党员的先锋模范作用，号召广大党员、干部在关键时刻经受住考验。要坚持党的群众路线，加强群众工作，加强思想政治工作，紧紧依靠各族人民群众，形成维护社会稳定的强大力量和牢靠基础。特别是要在新疆各族干部群众中强调稳定压倒一切的思想，坚决服从维护社会稳定这个大局。

会议强调，要高举各民族大团结旗帜，大力发扬新疆各族干部群众同呼吸、共命运、心连心的优良传统，牢固树立汉族离不开少数民族、少数民族离不开汉族、各少数民族之间也相互离不开的思想，引导各族干部群众倍加珍惜各民族共同团结奋斗、共同繁荣发展的大好局面，不传谣、不信谣、不受挑拨煽动、不参与违法活动，坚决同不法分子的违法犯罪活动作斗争，自觉维护民族团结和社会稳定。

会议号召，各级党委和政府要增强政治敏锐性和政治鉴别力，切实把思想统一到中央对形势的分析判断和对工作的决策部署上来，扎扎实实做好工作。各有关部门要齐心协力、加强协调，形成做好工作的合力。各级干部特别是领导干部要增强工作责任感，团结带领群众坚决做好保增长、保民生、保稳定各项工作。

国务院总理温家宝主持召开国务院常务会议部署深化医药卫生体制改革工作

会议审议并原则通过《中华人民共和国食品安全法实施条例(草案)》。

会议指出，今年年初，党中央、国务院对深化医药卫生体制改革作出部署，明确了2009年至2011年的阶段性工作目标和五项重点改革任务。目前，一些重要的政策文件正在相继出台，一些具备条件的重大改革正在陆续实施，基本医疗保障覆盖面持续扩大，县乡基层医疗卫生机构设施建设进展顺利，对15岁以下人群补种乙肝疫苗、35岁至59岁农村妇女宫颈癌、乳腺癌检查和贫困白内障患者开展复明手术等6个重大公共卫生服务项目已经启动，医药卫生体制改革进展总体良好。

会议强调，今年是深化医药卫生体制改革的开局之年，必须突出重点任务，抓住关键环节，明确责任目标，切实抓好落实，确保开好局、起好步。要着力做好以下工作：(一)进一步扩大基本医疗保障覆盖面，今年城镇职工和居民基本医疗保险参保人数要达到3.9亿人，比上年新增7200万人；全年解决607万关闭破产国有企业退休人员参保问题。(二)提高基本医疗保障水平，适当提高最高支付限额和住院费用报销比例，加大医疗救助力度。(三)发布国家基本药物目录，年底前在30%的城市社区卫生服务机构和县(区)政府办基层医疗卫生机构实施基本药物制度。(四)加强基层医疗卫生机构建设。(五)加强以全科医生为重点的基层医疗卫生队伍建设，组织900多个三级医院与2000个县级医院建立长期对口协作关系。(六)完善政府办基层医疗卫生机构的人员和业务经费补助政策，实行基层医疗卫生服务人员绩效工资制度。(七)抓紧实施涉及面广、影响全民健康水平的公共卫生项目。启动建立居民健康档案等9类基本公共卫生服务项目。继续实施对15岁以下人群补种乙肝疫苗等重大公共卫生服务项目。落实不低于15元的人均基本公共服务经费。(八)稳步推进公立医院改革试点，调整公立医院布局和结构，改革公立医院补偿机制，探索管办分开的有效形式。会议指出，医药卫生体制改革是一项艰巨而复杂的工作，要明确方向，统筹规划，循序渐进，量力而行。国务院深化医药卫生体制改革领导小组要加强对医改工作的统筹协调，抓紧完成配套文件的制定和出台，加强对地方医改工作的指导和督促检查。各地要从本地实际出发，切实抓好组织实施工作，确保改革平稳顺利推进。

会议指出，《中华人民共和国食品安全法》已于6月1日正式施行。为配合和促进食品安全法的实施，有必要制定《中华人民共和国食品安全法实施条例》。条例草案进一步明确了企业作为食品安全第一责任人的责任，强化了企业的事先预防和生产经营过程控制要求；细化了食品安全法的有关职责规定，强化了地方政府和各监管部门的责任，并对启动食品安全风险评估工作、实行食品复检、召回制度等进一步做了具体规定。条例草案在制定过程中向社会公开征求了意见。会议决定，该条例草案经进一步修改后，由国务院公布施行。

全国政协主席贾庆林在人民大会堂会见密克罗尼西亚联邦副总统阿利克

贾庆林欢迎阿利克在中密建交20周年之际访华。贾庆林说，中国和密克罗尼西亚联邦都是亚太地区的发展中国家，双方拥有广泛共同利益。建交以来，在双方共同努力下，两国关系取得长足发展。两国高层交往频繁，经贸等领域的交流与合作稳步发展。事实证明，中密两国是可以相互信赖的好朋友、好伙伴。中密关系的发展符合两国和两国人民的共同利益，也有利于促进太平洋岛国地区的稳定与发展。中方愿同密方一道，进一步密切高层交往，加强各领域的友好交流与务实合作，以中密建交20周年为契机，在和平共处五项原则基础上将中密关系不断推向前进。

阿利克说，密克罗尼西亚联邦政府珍视密中关系，坚定奉行一个中国政策，支持中国政府维护祖国统一、领土完整和国家安全的努力。建交20年来，密中两国在广泛的双边领域及多边事务中均进行了良好合作。密方十分感谢中国政府长期以来在各个方面向密克罗尼西亚联邦人民提供了大量无私援助，有力地支持了密克罗尼西亚联邦经济社会发展。密方愿同中方一道努力，进一步加强双方友好交往与合作，推动两国关系取得更大发展。

国务委员孟建柱到乌鲁木齐市看望慰问在新疆“7·5”打砸抢烧严重暴力犯罪事件中无辜受伤的干部群众和遇害同胞家属

三峡工程名列世界十大可再生能源工程

三峡电站作为世界上最大的水电站，被世界著名科普杂志《科学美国人》列入世界十大可再生能源工程。这十大可再生能源工程分布在美国、中国、英国、法国等地，主要包括水电站、风电场、潮汐能电站、太阳能热电厂、地热田、生物能电厂、波浪能电厂等。

国务委员戴秉国在意大利拉奎拉会见南非总统祖马

戴秉国在会见时表示，中国和南非都是重要发展中国家。发展中南战略伙伴关系符合我们两国和两国人民根本利益，也有利于促进中非乃至广大发展中国家务实合作。在当前国际金融危机给世界各国经济发展和人民生活带来严重影响的情况下，两国更需要全面加强合作，携手应对危机，促进共同发展。中国愿同南方一道，从以下几个方面继续推进中南全方位务实合作。

一是密切政治交往。保持双方高层交往势头，就双边关系和彼此关心的问题加强沟通，在涉及各自重大利益的问题上继续相互支持。利用好两国政府和执政党交流合作机制，分享发展经验，促进务实合作。

二是深化经贸合作。中方赞赏南非政府应对国际金融危机冲击的相关举措，愿同南方深化合作，共克时艰，努力减轻国际金融危机对两国经济的负面影响。

三是丰富人文交流。中方愿继续促进双方文化、教育、卫生、新闻、学术、旅游等领域交流合作。

四是加强多边合作。继续利用联合国、八国集团同发展中国家领导人对话会议、二十国集团等多边框架，加强在重大国际和地区问题上的沟通和协调，共同应对全球性挑战，推动恢复世界经济增长，维护发展中国家共同利益。

祖马表示，南非十分重视发展同中国的关系，愿同中方加强两国政府和执政党交流，促进经贸特别是纺织、基础设施等领域合作，拓展两国人文交流，在国际问题上密切沟通协调，进一步深化两国友好合作关系。

国务委员兼国防部部长梁光烈在北京会见马来西亚武装部队司令阿齐兹

《共和国不会忘记·纪念新中国成立60周年知识青年上山下乡主题书画邀请展》在中国人民革命军事博物馆开展

此次在军博展出的200幅作品是组委会从全国各地征集到的数百幅作品中精选出来的。展览活动得到了全国各地书画艺术家，特别是知青书画艺术家的热忱支持和积极响应。作品内容丰富、风格各异，充分反映出广大书画艺术家强烈的使命感和知青心灵深处不了的知青情结。

7月9日

全国政协主席贾庆林在湖南调研

7月9日至12日，贾庆林和随行的全国政协副主席兼秘书长钱运录等冒着酷暑，先后来到长沙、湘潭、株洲等地，深入经济园区、工业企业、科研院所，就推进长株潭城市群资源节约型和环境友好型社会综合配套改革试验区建设，促进经济社会又好又快发展进行调研。调研期间，贾庆林充分肯定了湖南省近年来改革开放和现代化建设取得的成绩，勉励他们扎实做好保增长、保民生、保稳定的各项工作，在中部地区崛起中继续走在前列。

调研期间，贾庆林专程看望了湖南省政协、统战部机关干部和各民主党派、工商联、无党派人士，并和他们座谈。他指出，各级统战组织和广大政协委员，要围绕中心、服务大局，多做建言献策的工作，多做凝心聚力的工作，多做强基固本的工作，为推动经济平稳较快发展和维护社会和谐稳定作出更大的贡献。

《人民日报》发表评论员文章《维护法律尊严　确保社会稳定》

乌鲁木齐“7·5”事件是一起性质极其严重的暴力犯罪事件，是对国家法律的严重践踏。一些暴徒袭击无辜群众，打砸公共设施，哄抢店铺商场，破坏社会秩序，行为之恶劣、手段之残忍，令人发指。在新疆维吾尔自治区党委和政府领导下，各族干部群众谴责暴力行径，打击犯罪活动，努力维护法律尊严，恢复社会秩序，维护社会稳定。我们对这场斗争的尖锐性复杂性艰巨性，要有清醒的认识。

我国是社会主义法治国家，法律的尊严不容践踏，人民的利益不容侵害。不管是什么人，不管是哪个民族，不管出于何种动机，都必须遵纪守法，都必须在法律的框架内行动。任何人践踏国家法律、破坏社会秩序、侵害人民生命财产，都要受到法律的制裁。法律的尊严和法律面前人人平等的原则，正是法治的要义和法律的权威所在。依法打击暴力犯罪、惩处犯罪活动，是维护法律尊严、伸张公平正义的需要，是维护社会稳定、促进民族团结的需要，更是确保人民生命财产安全的需要，体现了一个法治社会对生命和人权的尊重。

列宁说：“倘若法律失去权威，则法律不过是毫无意义的空气震动罢了。”法律代表着社会所需要的秩序和正义，法律的权威和尊严必须得到维护，触犯法律、残害生命、破坏秩序必须受到法律制裁，这是国际社会普遍认同的基本价值。如果放任不法行为，不但令法律失尊严、陷社会于混乱，也是对广大人民群众根本利益的漠视，任何一个负责任的政府和努力建设法治社会的国家都不会允许这种情况的发生。

安定有序的社会秩序是广大人民群众的工作和生活所必需的。当务之急是尽快恢复和维护正常的社会秩序，然后才谈得上解决其他问题。法律是我们打击暴力犯罪、维护社会秩序的有力武器。在这场异常尖锐、错综复杂的斗争中,我们要善于运用法律这个武器,广泛发动群众,采取有力措施,周密防范、果断处置暴力犯罪活动,依法加大对事发地区的管理和控制,尽快恢复并确保社会秩序正常和稳定。

国务院副总理李克强在三峡坝区主持召开三峡工程座谈会

李克强在湖北宜昌三峡坝区主持召开三峡工程座谈会,并考察枢纽工程和坝区库区。他强调,要深入贯彻落实科学发展观,统筹三峡工程建设运行、移民安置和库区发展,如期完成三峡工程初步设计各项任务,有序推进三峡工程后续工作,发挥好工程综合效益,促进全面协调可持续发展。

座谈会上,有关地区和单位负责同志汇报了三峡工程建设运营和坝区库区发展情况。李克强在认真听取大家的发言后指出,举世瞩目的三峡工程,经过10多年的建设,枢纽工程、输变电工程已基本完成,移民搬迁安置收尾有序,规划设计的26台发电机组全部投入运行,水库运行平稳,防洪、发电、航运等综合效益正在发挥,并取得一批重大技术创新和机电设备自主化成果。当前已进入主汛期,要进一步加强三峡工程建设与管理,提高科学防洪抗汛能力,切实保障下游人民生命财产安全和生产生活秩序,保持经济平稳较快发展。

国务院副总理王岐山在内蒙古调研

王岐山在内蒙古自治区调研边境贸易、旅游工作,考察了满洲里国际公路口岸、中俄互市贸易区、新国际货场、满洲里国门、红色国际秘密交通线遗址、呼和诺尔草原旅游景区。

考察时,王岐山强调,要从战略和全局高度,认真落实中央兴边富民的政策措施,大力发展边境贸易和旅游产业,促进边疆地区经济繁荣、边境和睦、民族团结和社会稳定。

调研期间,王岐山对内蒙古自治区经济社会发展取得的成绩给予充分肯定。他强调,商务、金融、海关、质检、旅游等部门要按照中央保增长、保民生、保稳定的要求,不断完善支持边疆经济发展的各项政策,寓管理于服务当中,服务好边疆地区发展。

国家副主席习近平在人民大会堂与密克罗尼西亚联邦副总统阿利克举行会谈

习近平说,密克罗尼西亚联邦是太平洋岛国地区的重要国家。中国政府一贯重视中密关系,始终视密克罗尼西亚联邦为真诚朋友和重要合作伙伴,坚持在和平共处五项原则基础上发展同密克罗尼西亚联邦的友好合作关系。建交20年来,两国高层交往频繁,经贸等领域合作不断深化。中密关系的发展不仅给两国人民带来实实在在的利益,也促进了太平洋岛国地区的稳定和发展。中方对密克罗尼西亚联邦政府坚持一个中国政策表示赞赏。2007年12月,莫里总统对中国进行了成功的国事访问,胡锦涛主席同他就深化中密关系深入交换意见并达成重要共识,为两国关系发展指明了方向。值此中密建交20周年之际,中方愿同密方一道,保持高层交往势头,深化双边贸易及经济技术合作,扩大人文交流,加强多边事务合作,在新的起点上共同将中密友好合作关系推向前进。

阿利克赞同习近平对两国关系的评价。阿利克说,建交以来,密中两国建立和发展了真诚友好的关系。密方感谢中国为密克罗尼西亚联邦经济社会发展提供的支持和援助。密方愿进一步加强同中国在农业、渔业、旅游等领域的合作,并就重大国际和地区问题加强沟通,推动两国关系不断向前发展。阿利克说,一个中国政策是密中外交关系的基石,密方将继续坚定奉行这一政策。

阿利克说,密克罗尼西亚联邦政府谴责近日分裂主义势力在中国新疆维吾尔自治区乌鲁木齐市制造的暴力犯罪事件,对无辜受害者表示深切哀悼,坚决支持中国政府为维护稳定、恢复社会秩序、保护人民生命财产安全采取的措施。

会谈结束后,习近平与阿利克共同出席了中密两国政府有关经济技术合作协定的签字仪式。

国务委员戴秉国代表国家主席胡锦涛出席在意大利拉奎拉举行的经济大国能源安全和气候变化论坛领导人会议

国务委员戴秉国在拉奎拉会见美国总统奥巴马

戴秉国首先转达了胡锦涛主席对奥巴马的亲切问候,奥巴马对此表示感谢,并请戴秉国转达他对胡锦涛主席的亲切问候和良好祝愿。

奥巴马表示,美方重视美中关系,期待即将举行的美中战略与经济对话取得成果。美中就重大国际和全球性问题加强协调与合作至关重要。这符合两国和两国人民的共同利益。他期待着下半年对中国进行访问。

国务委员刘延东在中南海会见英国诺丁汉大学校长大卫·格林纳威一行

中国选手董俊在贝尔格莱德举行的世界大学生运动会女子跳水一米板比赛中获得冠军

云南姚安发生6.0级地震

据国家地震台网测定,7月9日19时19分,云南省楚雄彝族自治州姚安县(北纬25.6度、东经101.1度)发生6.0级地震,震中位于姚安县官屯乡,距姚安县城约16公里,震源深度约10公里。

7月10日

全国人大常委会委员长吴邦国在人民大会堂会见利比里亚副总统博阿凯

吴邦国说,近年来,中利关系发展迅速。两国高层交往频繁,政治互信不断增强,经贸合作成效显著,双方在教育、卫生、人力资源培训等领域合作取得积极进展,在多边事务中密切配合。中方赞赏利方奉行一个中国政策,重视中利友好合作,相信在双方共同努力下,中利关系将不断取得更加丰硕的成果。

吴邦国表示,中利加强议会交往有助于增进双方政治互信,巩固双边关系的社会和民意基础。中国全国人大愿同利比里亚议会开展多层次、多渠道的友好交往,加强治国理政经验交流,推动各领域务实合作,不断为两国关系发展充实新内容、注入新活力。

博阿凯赞同吴邦国对双边关系的评价。他说,利方十分钦佩中国经济发展成就,视中国为真诚的朋友,感谢中方给予的大力支持,愿同中方进一步密切友好交往,加强双方在教育、卫生、技术领域的合作,共同推动利中友好合作关系迈向新的水平。

全国政协主席贾庆林在长沙会见中国国民党主席吴伯雄和应邀出席第五届两岸经贸文化论坛的部分台湾人士

贾庆林高度评价吴伯雄为推动两岸关系改善和发展作出的宝贵贡献,并转达了胡锦涛总书记的亲切问候。

贾庆林表示,全面推动两岸关系和平发展,任重而道远。构建两岸关系和平发展框架,既要有雄厚的经济基础,还要有坚实的文化基础和有力的精神支撑,凝聚起两岸同胞的共同意志。两岸同胞同属中华民族,有责任共同传承和弘扬中华文化,通过全面加强文教交流合作,不断增强对中华文化的认同、对中华民族的认同,不断增进两岸文化、社会和人民思想感情的大融合。

吴伯雄表示,两岸关系和平发展的方向是正确的,得到了两岸人民的支持。两岸人民同文同种,同属炎黄子孙,应该加强文化交流和感情融合。由国共两党有关方面举办的论坛,已成为两岸各界交换意见的重要平台。这次来参加论坛的台湾方面代表,国民党人士只占不到四分之一,大多数是其他党派和社会各界人士,这是十分可喜的。希望论坛能够取得丰硕成果。

纪念宋任穷同志诞辰100周年座谈会在人民大会堂举行

中央政治局常委、国家副主席习近平出席座谈会并发表重要讲话。

座谈会由李源潮主持。刘延东、陈奎元等出席。座谈会上,解放军总政治部副主任刘永治、中央党史研究室主任欧阳淞、全国政协副秘书长杨崇汇、中组部常务副部长沈跃跃、中共湖南省委副书记梅克保先后发言。

出席座谈会的还有中央和国家机关有关部门、民主党派、人民团体、解放军和湖南省的负责同志,宋任穷同志的亲属、生前友好和原身边工作人员等。

国家副主席习近平在纪念宋任穷同志诞辰100周年座谈会上的讲话

同志们,朋友们:

今天,我们怀着崇敬的心情在这里举行座谈会,纪念宋任穷同志诞辰100周年,深切缅怀他为中国革命、建设、改革作出的卓越贡献,深入学习他的优秀品质,大力弘扬他的高尚风范,进一步激励全党全国各族人民同心同德、共克时艰,把中国特色社会主义伟大事业继续推向前进。

宋任穷同志是中国共产党的优秀党员,伟大的共产主义战士,杰出的无产阶级革命家,我党我军政治工作的卓越领导人。宋任穷同志的一生,是革命的一生,战斗的一生,是为党和人民事业无私奉献的一生。

宋任穷同志1909年7月出生于湖南省浏阳县一个贫苦农民家庭,从小就受到五四运动的思想启蒙和农村大革命的深刻影响,十分关心国家、民族的命运。1926年,他加入中国共产主义青年团,同年底转为中国共产党党员,从此走上为民族独立和人民幸福而奋斗的道路。他组织带领农民打土豪、分田地,经受了大革命的洗礼。大革命失败后,他参加了秋收起义并跟随毛泽东同志上井冈山,亲历了创建中国第一个农村革命根据地的斗争实践,特别是参加了中央革命根据地五次反"围剿"斗争,历任红军连、团和师的政治委员。1934年10月中央红军主力开始长征后,宋任穷同志任中央纵队干部团政治委员,与陈赓同志一起指挥干部团,先后参加了强渡乌江、激战土城、攻克遵义、四渡赤水、南渡乌江等一系列重要战斗。1935年5月,在掩护红一方面军北渡金沙江的战役行动中,他率部日夜兼程抢占金沙江重要渡口皎平渡,为打破敌人围追堵截、实施北上抗日战略作出了贡献。红军长征到达陕北后，宋任穷同志任红二十八军政治委员、军长和援西军政治部主任等职务，为保卫和发展西北革命根据地，驰骋转战在陕晋甘宁地区。

抗日战争爆发后，宋任穷同志率部挺进冀南，随后任八路军第一二九师东进纵队政治委员兼冀南军区司令员、政治委员，中共冀南区委书记，冀南行署主任等职务，与陈再道等同志一起，领导开辟了平原抗日根据地。1939年6月，宋任穷同志全面担负起领导冀南区抗战的重任。他正确贯彻执行党的抗日民族统一战线方针政策，放手发动群众，建立抗日民主政权，发展壮大武装力量，使冀南平原成为华北敌后对日伪斗争的坚强阵地。1943年后，宋任穷同志历任中共中央冀鲁豫分局委员、组织部部长、代理书记，冀鲁豫军区司令员兼代理政治委员。他组织指挥抗日军民对敌伪军展开全面大反攻，收复了大片沦陷区，解放了邯郸重镇，使太行、冀鲁豫根据地连成了一片。1945年6月，在党的七大上，宋任穷同志当选为中央委员会候补委员。在8年抗战中，宋任穷同志作为冀南地区主要领导人，以卓越的组织才能、军事才能和高超的领导艺术，领导冀南军民为夺取抗战的全面胜利作出了突出贡献。

解放战争时期，宋任穷同志历任晋冀鲁豫野战军第二纵队政治委员、中共晋冀鲁豫中央局组织部部长、豫皖苏中央分局书记兼豫皖苏军区政治委员、华东野战军第三副政治委员、中共安徽省委书记、省政府主席等职务，参加了中原地区的解放斗争和党的组织建设与组织工作，领导了中原解放区豫皖苏地区的全面建设。在淮海战役和渡江战役中，他积极部署支前工作，组织带领数十万民工日夜赶送军粮，筹集渡江船只，为战役胜利提供了重要后勤保障。1949年春，他协助刘伯承同志成功接管了国民党的统治中心南京，并担任中共南京市委副书记兼南京市军管会副主任。在新中国诞生之际，他率领中国人民解放军西南服务团云南支队，随二野大军千里挺进西南边陲。在长达20多年的革命战争中，宋任穷同志舍生忘死、南征北战，为中国人民解放事业建立了不可磨灭的历史功勋。

西南地区解放后，宋任穷同志历任中共云南省委第一书记、西南局第一副书记等职务。主政云南期间，他与省委同志们一道认真贯彻中央各项方针政策，坚决清除匪患，医治战争创伤，恢复发展生产，稳定社会局势，加强民族团结，尊重宗教信仰，为云南长期稳定和发展打下重要基础。在参加西南局领导工作中，他为大西南财政经济建设、民族地区发展和少数民族干部培养使用等，做了大量卓有成效的工作。1954年，宋任穷同志任中共中央副秘书长、中共中组部副部长、解放军总干部部第一副部长。他协助罗荣桓同志主持总干部部日常工作，选调优秀干部建立和充实解放军各总部和军兵种机关，组建军事院校，安排大批干部转业复员支援国家建设，建立和完善一整套适应我军革命化、现代化、正规化建设的干部管理制度和法规，为我军干部工作作出卓越贡献。1955年，他被授予中国人民解放军上将军衔。1956年，在党的八大上，他当选为中共中央委员。

党的八大闭幕不久，宋任穷同志任第三机械工业部(后改为第二机械工业部)部长、党组书记，是我国原子能事业大规模建设时期的主要领导者。他坚决贯彻中央方针，正确处理自力更生和争取外援的关系，研究制定原子能事业发展方针和规划，组建原子能事业领导机构，选拔使用大批优秀干部、科技专家和技术工人，为上世纪50年代末60年代初我国核工业平稳有序地实现全面自力更生奠定了良好基础，为国防工业发展作出重大贡献。1960年9月，在国民经济出现严重困难时，中央调宋任穷同志去东北工作，任中共中央东北局第一书记兼沈阳军区第一政治委员。在他主持下，东北局坚决贯彻中央调整国民经济的“八字方针”和中央对东北局提出的“工业支援全国，搞好农业，加强国防”的指示精神，率领东北三省省委精心组织、周密筹划，积极恢复生产、渡过难关，使东北地区形势一年年好转，到1965年出现了物价稳定、市场繁荣、国民经济迅速恢复和发展的良好局面。1965年1月，他当选第四届全国政协副主席。

在“文化大革命”十年内乱中，宋任穷同志遭到林彪、江青反革命集团的残酷迫害。他刚正不阿，坚持真理，进行了不屈不挠的斗争。粉碎“四人帮”后，宋任穷同志重新回到工作岗位，担任第七机械工业部部长、党组书记，并当选第五届全国政协副主席。他率领七机部党组成员制定全盘工作安排和部署，积极开展真理标准大讨论，推动拨乱反正、落实政策，同时积极恢复科研生产秩序，使七机部各项工作走上正轨，有力推动了我国航天事业迅速恢复和发展。

1978年12月，在党的十一届三中全会上，宋任穷同志被增补为中共中央委员。全会闭幕后，中央决定他接替胡耀邦同志担任中共中组部部长。他深感责任重大，自觉而坚定地贯彻中央的方针政策和工作部署，在前段工作的基础上，把进一步落实干部政策、平反冤假错案、处理历史遗留问题作为组织战线贯彻党的十一届三中全会精神首要和紧迫任务之一。他日夜操劳，亲自主持研究制定了数十份有关政策规定的文件，经党中央批准后贯彻执行；亲自参加接待工作，听取申诉和意见；亲自主持研究重大案件的平反和复查结论。在中央领导下，经过整整4年夜以继日的紧张工作和艰苦认真的努力，到1982年年底，基本完成了“文化大革命”中被立案审查的230万名干部的复查平反工作，并对涉及120多万人的历史错误结论进行了比较彻底的复查，作出了正确处理，使一大批久经考验的老干部重新走上领导岗位，一大批有专业才能的知识分子得到正确使用，调动了广大干部积极性，为从组织上保证实现党的工作重点转移作出重要贡献。宋任穷同志坚定不移地贯彻执行党中央确定的干部队伍“四化”方针，积极稳妥推进干部人事制度改革，推动建立干部离退休制度，卓有成效地推进了党的建设、干部培训、老干部工作、知识分子工作。在党的十一届五中全会和十二届一中全会上，他先后当选中共中央书记处书记、中央政治局委员。

1985年6月，宋任穷同志主动要求退出工作第一线。从1985年9月到1992年10月，他在担任中共中央顾问委员会委员、常委、副主任期间，坚决贯彻执行中央指示，为委员们履行职责、发挥作用，倾注了大量心血，对党的方针政策的制定和执行积极提出建议，协助中央处理了一些重要问题。党的十三届四中全会后，他全力支持以江泽民同志为核心的党的第三代中央领导集体的工作。他完全拥护党中央关于由顾问制过渡到退休制的决策，以自己的模范行动为废除实际存在的领导职务终身制作出了贡献。

党的十四大闭幕后，宋任穷同志从领导岗位上完全退下来了，但他仍然关心改革开放和社会主义现代化事业的发展，关心祖国统一大业，在思想上行动上始终同党中央保持高度一致。党的十六大以后，他坚决拥护以胡锦涛同志为总书记的党中央，对中国特色社会主义事业的前途充满信心，对祖国繁荣富强和完全统一寄予厚望。

同志们、朋友们！

宋任穷同志为党和人民事业英勇奋斗、无私奉献的一生，为我们树立了光辉榜样。他的崇高精神风范是激励我们继续奋勇前进的宝贵精神财富。

我们要学习宋任穷同志，始终保持坚定理想信念，永远对党和人民无限忠诚，对革命事业矢志不渝。宋任穷同志的一生，历经革命斗争艰难环境和个人命运起伏跌宕的考验，但他始终信念不改、意志弥坚。在抗日战争最困难的阶段，面对敌人疯狂“扫荡”、“铁壁合围”和严重自然灾害，他坚持领导平原游击战争，组织冀南根据地军民生产自救，以坚忍不拔的精神夺取胜利。在十年内乱中，他始终坚持原则、不屈不挠，同林彪、江青反革命集团的倒行逆施展开坚决斗争。宋任穷同志曾语重心长地说，革命战争年代，没有崇高的理想和坚定的革命意志，不能设想我们能够在人民中扎下根，并成长壮大起来；同样，在社会主义建设时期，没有崇高的理想和坚定的革命意志，也无法设想能够挑起领导祖国建设和发展的重担。共产党员只有具备坚定的理想信念，才不会为困难所压倒，才能无往而不胜。

我们要学习宋任穷同志，善于从实际出发开展工作，坚持按客观规律办事，坚持求真务实、真抓实干。宋任穷同志一生担任过许多部门、单位和地方的领导职务。每到一个新的工作岗位，每承担一项重要任务，他都注重从实际出发，从调查研究入手，摸清情况、找准问题，研究对策、狠抓落实。在东北局担任领导工作时，他每年以大量时间深入基层、深入群众，走遍了东北三省100多个县。在中组部工作期间，他反复强调，在领导机关工作，不能脱离实际情况，一定要认真处理好理论和实际关系，一定要脚踏实地解决问题。他还说过，改进干部作风，最有效的办法之一是深入到群众、深入到实际中去进行调查研究，在此基础上研究问题、总结经验，办法就会多一些，提高就会快一些。我们每个党员领导干部，都要像宋任穷同志那样，自觉坚持求真务实的工作作风，做到刻苦学习、埋头苦干，扎实有效地推进党和国家各项工作。

我们要学习宋任穷同志，牢固树立大局意识和全局观念，自觉做到想全局、顾大局，坚持在大局下行动。宋任穷同志具有坚定的党性原则，始终把党和国家前途命运放在心中最高的位置，他既善于担当重任、勇于承担责任，又善于站在大局高度、全局角度思考和解决问题。改革开放之初，他强调，干部工作要服从服务于党的工作重点转移，要管大事、抓重点。他从调查各级领导班子现状入手，有针对性地提出了组织干部工作保证党和国家工作重点转移的对策和建议。上个世纪80年代，面对我国经济快速发展中出现的资源浪费和环境污染问题，他多次口头或书面向中央提出意见建议，希望把资源管理、污染治理与加快经济发展统筹协调起来，保护生态环境、造福子孙后代。他说过，从大局意识和全局观念出发，就是真正把党和人民的利益看得高于一切。共产党人只有识大体、顾全局，才能在重大问题上分清是非，不断提高驾驭复杂局面的能力，保证各项工作始终沿着正确方向前进。

我们要学习宋任穷同志，心系百姓、热爱人民，始终坚持全心全意为人民服务的根本宗旨，坚持共产党人廉洁奉公的高尚情操。宋任穷同志时刻把人民利益放在高于一切的重要位置。他在总结革命斗争胜利经验时曾经说过，只要真正和群众在一起，真正想着群众，就什么困难都能克服。他要求到基层“蹲点”的干部，要时时刻刻想到群众，坚持与群众同吃、同住、同劳动；不搞吃喝招待；不要让群众称“官衔”。深怀爱民之心同克己慎行、廉洁奉公，在宋任穷同志身上是高度统一的。他长期担任党和国家重要领导职务，始终保持艰苦朴素、克己奉公的优秀品质。每次下基层调查研究和视察工作，他总是强调节约，决不允许铺张浪费。他对亲属和身边工作人员一贯严格要求，不允许以他的名义办任何违反原则的事情。在退居二线之前，他甚至不允许亲属给自己过生日。宋任穷同志功勋卓著、德高望重，他以清廉无私的人格力量，模范践行了我们党立党为公、执政为民的理念，赢得广大干部群众尊敬和爱戴。

同志们、朋友们！

在社会主义道路上实现中华民族伟大复兴，是宋任穷同志等老一辈无产阶级革命家的崇高奋斗目标。我们要承前启后、继往开来，全面贯彻党的十七大精神，夺取全面建设小康社会新胜利，开创中国特色社会主义事业新局面，为把我国建设成为富强民主文明和谐的社会主义现代化国家而不懈奋斗。使命在肩、任重道远。让我们更加紧密地团结在以胡锦涛同志为总书记的党中央周围，高举中国特色社会主义伟大旗帜，以邓小平理论和“三个代表”重要思想为指导，深入贯彻落实科学发展观，有效应对国际金融危机冲击，保持经济平稳较快发展，以各方面工作的优异成绩迎接新中国成立60周年！

国务院副总理李克强在重庆考察

7月10日至11日，李克强先后来到万州、江津和重庆中心城区，深入企业车间、港区码头、建设工地，走进居民社区、农业园区和群众家中，广泛接触各界干部群众，详细了解经济发展情况。他指出，重庆发展的良好局面可以进一步印证，我国应对国际金融危机的成效正在显现，经济运行总体形势企稳向好。同时要看到，国际金融危机的不利影响并未减弱，我国经济稳定回升的基础还不稳固。要保持宏观经济政策的连续性和稳定性，增强政策的针对性、有效性和可持续性，全面做好保持经济平稳较快发展的各项工作。

李克强强调，要认真贯彻党中央、国务院的决策部署，全面落实促进经济平稳较快发展的一揽子计划，深入实施西部大开发战略，推进产业结构优化升级，拓展经济增长空间，在改革开放中实现新发展。

在渝期间，李克强听取了重庆市委市政府的工作汇报，充分肯定近年来重庆经济社会发展取得的成绩，希望重庆市广大干部群众再接再厉，开拓创新，努力在西部地区率先实现全面建设小康社会的目标。

中国机构编制管理研究会在北京召开第二次会员代表大会

国务委员兼国务院秘书长马凯出席大会并讲话。

马凯指出，中国机构编制管理研究会自2004年成立以来，认真贯彻党中央、国务院的决策部署，团结党政机关、学术界等各方面力量，组织重大课题研究，广泛开展学术交流合作，积极为党和政府建言献策，取得了可喜成绩。当前我国改革发展进入关键时期，同时面临着应对国际金融危机的繁重任务，更加需要研究会发挥智囊团、思想库的作用，为建立和完善中国特色社会主义行政管理体制提供理论支撑。

马凯强调，研究会要坚持以科学发展观为指导，明确研究重点，提升研究实效，以改革创新精神进一步做好各项工作。一要坚持围绕中心、服务大局，着力研究行政管理体制和机构编制管理的重大理论与实践问题；二要发挥优势，创新方法，不断提高研究会的研究水平；三是明确定位，把握方向，切实加强研究会自身建设。

国家副主席习近平在人民大会堂同利比里亚副总统博阿凯举行会谈

习近平表示，中利友好给两国和两国人民带来了切实的利益。在当前国际金融危机持续蔓延的背景下，中利双方更应同舟共济，共克时艰，共同抵御国际金融危机冲击。中方愿与利方进一步密切友好往来，深化经贸合作，扩大人文交流，加强多边合作，推动两国关系不断发展。

习近平说，近年来，中非合作论坛北京峰会各项后续行动落实工作取得重要进展，中非新型战略伙伴关系全面、快速发展。中方愿与非洲国家紧密配合，共同办好将于今年第四季度举办的论坛第四届部长级会议，推动中非合作再上新的台阶。

博阿凯表示，利中两国人民的友谊源远流长。特别是约翰逊—瑟利夫总统执政以来，两国领导人实现互访，利中关系进入全新的发展阶段。利方感谢中方为利比里亚重建提供的帮助和支持，欢迎更多中国企业赴利比里亚投资，加强双方在矿业开发、农业、能力建设等领域的互利合作，推动利中伙伴关系不断发展。

博阿凯重申利比里亚政府坚持一个中国政策，坚定支持中国在台湾、涉藏等问题上的原则立场。

会谈结束后，习近平与博阿凯共同出席了中利两国政府经济技术合作协定等文件的签字仪式。

国务委员戴秉国代表国家主席胡锦涛出席在意大利拉奎拉举行的八国集团同发展中国家领导人对话会议粮食安全专题会议

全国人大常委会副委员长陈至立在北京会见由主席秦旺率领的柬埔寨国会外交国际合作与新闻委员会代表团

国务委员兼国防部部长梁光烈在八一大楼会见肯尼亚国防国务部长哈吉一行

第六届“全国德艺双馨电视艺术工作者”颁奖活动在浙江省嘉兴市举行

全国政协副主席、中国文联主席孙家正出席了颁奖活动并发表讲话。

“全国德艺双馨电视艺术工作者”推选活动以倡导良好的职业道德，加强行业自律，提高电视艺术从业人员的素质，加强电视艺术队伍自身建设，在全国树立德艺双馨的先进典型，建设一支政治强、业务精、作风正的电视艺术队伍，进一步提高中国电视艺术水平，促进电视艺术事业繁荣发展为宗旨。自1998年创办以来，每两年举办一次。至今，全国已有540名优秀电视艺术工作者获得此项殊荣。

获得“德艺双馨”称号的80位电视艺术工作者中，有罗京、董卿、陈建斌、孙红雷等电视主持人、演员，也有默默在幕后奉献的编剧、导演、摄像、舞美、制片人、管理者和策划人等。

中国乒乓球队在贝尔格莱德举行的世界大学生运动会男子双打与女子双打比赛中获得冠军

7月11日

第五届两岸经贸文化论坛在长沙开幕

全国政协主席贾庆林和中国国民党主席吴伯雄等海峡两岸各界人士500余人出席了开幕式。

贾庆林发表题为《大力加强两岸文化教育交流　建设两岸同胞共同精神家园》的演讲。

国民党主席吴伯雄也发表了演讲。他说，近年来，两岸双方本着互信双赢的共识，造就了一系列建设性的成果，共同见证了两岸关系朝着和平发展的大方向稳步前进。虽然过程中有波折，但是我们一直很有信心，因为我们看到两岸未来的光明前景，更因为我们坚信两岸关系通过诚信协商、寻求共识、认真落实、创造成果的方向是明智而正确的。我们要珍惜这得来不易的交流现状与协商成果，扩大沟通与合作的领域，为两岸人民共谋福利，为两岸关系的推动增添新的动力。

吴伯雄表示，本届论坛以深化与推进两岸教育文化交流合作为切入点，具有重要的历史和现实意义。经贸与文化是连接两岸的两座桥梁，缺一不可，现在该是搭起文化桥梁的时候了。要共同推动文化创意产业，创建两岸文化产业合作的平台；要加强教育交流，开放大陆学生到台湾求学，承认大陆学历，同时鼓励两岸学校与学生之间展开研究与教学合作，推动交换学生计划；要推动媒体合作，为两岸同胞搭起资讯沟通的桥梁。希望与会人士能够集思广益，为两岸文化交流的发展提出新看法、新视角、新思路。深信本届论坛必将获致丰硕且具有前瞻性的方案与计划，为中华文化的传承，为两岸人民情感的融合，再度扮演强而有力的推手角色。

本届论坛由中共中央台湾工作办公室海峡两岸关系研究中心与中国国民党国政研究基金会共同主办，以推进和深化两岸文化教育交流合作为主题，将围绕中华文化的传承与创新、推进两岸文化产业合作、拓展两岸教育交流合作三项议题展开研讨，并将举行一场两岸经贸合作座谈会。

论坛开幕式由中共中央台湾工作办公室主任王毅和中国国民党副主席林丰正共同主持。全国政协副主席兼秘书长钱运录、文化部部长蔡武、湖南省委书记张春贤、湖南省省长周强，中国国民党副主席蒋孝严、吴敦义，新党主席郁慕明，亲民党秘书长秦金生以及无党联盟主席林炳坤等出席开幕式。参加本次论坛的有两岸文化界、教育界、新闻界、经贸界等各界人士、专家学者和青年学生代表。两岸文化、教育主管部门人士和山西、安徽、江西、河南、湖北、湖南六省负责人作为特邀嘉宾、特邀专家出席了论坛。

全国政协主席贾庆林在第五届两岸经贸文化论坛开幕式上发表题为《大力加强两岸文化教育交流　建设两岸同胞共同精神家园》的演讲

尊敬的中国国民党主席吴伯雄先生、各位副主席，尊敬的新党主席郁慕明先生、亲民党秘书长秦金生先生、无党联盟主席林炳坤先生，各位嘉宾，各位朋友：

大家上午好！

仲夏的湘江之滨，万木葱茏，荷花飘香。来自海峡两岸的各界有识之士，相聚在素有“楚汉名城、屈贾之乡”美誉的长沙，隆重举办第五届两岸经贸文化论坛，共商两岸文化教育交流合作的大计，很有意义。首先，我谨代表中国共产党中央委员会，代表胡锦涛总书记，对本届论坛的举办表示热烈的祝贺，向与会各位嘉宾表示诚挚的欢迎！

举办两岸经贸文化论坛，是落实“两岸和平发展共同愿景”的重要举措。2006年4月以来，国共两党有关方面以经济议题为主，先后举办了四届论坛，达成了许多重要共识，对推动两岸关系摆脱危机，迈入和平发展轨道，直至实现历史性转折，发挥了重要作用。论坛是国共两党对话的重要平台，两党高层领导在这里发表意见，引领两岸关系发展的潮流。论坛也是两岸各界人士交流互动的重要平台，党派团体代表、业界精英、专家学者在这里直接交流，赋予论坛广泛的代表性，汇集了各方面的真知灼见。论坛还是反映民意、政策先导的重要平台，达成的共识和提出的建议很多已经化为两岸双方的政策，为两岸同胞带来了实实在在的利益。总之，论坛已经成为两岸交流的一个重要品牌。

今年5月，胡锦涛总书记与吴伯雄主席会谈时都认为，国共论坛是一个成功的论坛，应该继续办下去，而且要越办越好；都赞同要积极促进两岸文化教育交流，举办以文教交流为主题的两岸经贸文化论坛。根据双方的共识，本届论坛首次以推进和深化两岸文化教育交流合作为主题，重点研讨中华文化传承与创新、推进两岸文化产业合作、拓展两岸教育交流合作等三项议题。这样的设计顺应了新形势下推动两岸关系和平发展的需要，反映了两岸大多数民众的共同意愿。出席本届论坛的嘉宾来自两岸文化教育界和产业界，具有很强的代表性。我们希望通过本届论坛，谘诹善道，博采众知，凝聚共识，进一步推进两岸文化教育交流合作，不断开创两岸关系和平发展新局面。我相信，在大家的共同努力下，本届论坛一定能够成为促进两岸文教交流合作的盛会。

各位嘉宾，各位朋友！

文化是一个民族的灵魂，孕育着民族的生命力、凝聚力和创造力。文化与教育相伴而生，相随而长，文化给教育以社会价值，教育给文化以生机活力。纵观古今中外，文化的光大昌明莫不始于交流、基于教育。中华民族历来强调人文化育，早在两千多年前的古老经典《周易》中，就有“观乎人文，以化成天下”的论述。两岸文化教育事业的进步需要交流，两岸关系发展需要来自文教交流的动力，更需要强有力的文化认同、民族认同的支撑。开展两岸文化教育交流合作，对推动两岸关系发展具有基础性、全局性、长远性的重要作用。

去年12月31日，胡锦涛总书记在纪念《告台湾同胞书》发表30周年座谈会上发表了重要讲话。这一讲话的主旨，就是号召两岸同胞携手推动两岸关系和平发展，同心实现中华民族伟大复兴，充分体现了我们为两岸同胞谋福祉、为台海地区谋和平、为中华民族谋复兴的决心和诚意。讲话全面系统地阐述了两岸关系和平发展的思想，提出了推动两岸关系和平发展的六点意见，描绘了新形势下两岸关系发展的美好蓝图。其中，专门提出了关于弘扬中华文化、加强精神纽带的意见，号召两岸同胞共同继承和弘扬中华文化优秀传统，凝聚推动两岸关系发展的共同意志，形成共谋中华民族伟大复兴的精神力量；倡导协商两岸文化教育交流协议，推动两岸文化教育交流合作迈上范围更广、层次更高的新台阶。这是我们与台湾方面共同推动两岸文化教育交流的基本思路。

长期以来，两岸文化教育交流从无到有，从单向发展为双向，活动日渐频繁，内容丰富多彩，形式多种多样，领域愈益拓宽，规模不断扩大。据不完全统计，自1991年至2008年年底，仅大陆应邀赴台的文化交流项目就达4500多项、44000多人次。截至2008年年底，大陆298所高校与台湾108所高校签署了校际交流与合作协议，约有2万名台湾学生来大陆高校就读。两岸文化教育交流蓬勃发展，推动了中华文化在两岸的传承与创新，增进了两岸同胞的理解和感情，特别是在两岸青少年之间架起了心灵沟通的桥梁。同时也要看到，相对于两岸经济交流合作，两岸文化教育交流合作还显得滞后，两岸同胞之间仍然存在着诸多隔阂和误解。这种局面应当改变，需要两岸有识之士积极寻求解决之道。

当前，两岸同胞大交流方兴未艾，两岸各界大合作势不可挡，两岸关系大发展前景光明。全面推进和深化两岸文化教育交流合作，是两岸同胞的一致愿望，是两岸关系和平发展的迫切要求。同时，两岸关系的改善与发展，也为拓展两岸文化教育交流合作提供了更好的环境和条件。两岸同胞要抓住难得的机遇，大力加强两岸文化教育交流合作，提高层次，扩大领域，丰富内涵，增进中华文化认同、中华民族认同，建设好我们共同的精神家园，推动两岸关系和平发展，促进中华民族伟大复兴。为此，我提出以下五点意见：

第一，维护两岸共同的中华文化传承，加强两岸同胞的精神纽带。中华文化源远流长、多元一体，在五千年的历史长河中，既异彩纷呈，形成诸多各具特色的区域文化，又相互融合，构成丰厚多姿的中华文化统一体，并决定着各区域文化的发展方向。中华文化是台湾文化的根基。千百年来，随着大陆居民不断迁徙台湾，中华民族的语言、文字、价值观念、思维方式、生活习俗、节日礼仪等早已传播至整个宝岛，使中华文化深植台湾、茁壮成长。两岸同胞同属中华民族，血同缘、书同文、语同声，亘古未变。即使在日本殖民统治期间，台湾同胞仍然以各种方式顽强地延续中华文化传统，勇敢地坚守中华儿女的气节。台湾光复后，中华文化在台湾再次焕发出新的生机。中华文化在台湾根深叶茂，已深深溶入台湾同胞的血脉之中，内化为台湾同胞的精神品格。台湾人民尊崇祖先的历史传统、爱土爱乡的真挚感情、抵御外侮的壮烈情怀，闪耀着中华民族敬祖爱国精神的光芒。台湾人民筚路蓝缕，勤奋打拼，将台湾开发建设成富饶的宝岛，展示了中华民族刚健有为、自强不息的崇高精神。长期以来，台湾同胞不断吸收和借鉴外来文化元素，丰富了中华文化内涵，发扬了中华文化海纳百川、兼收并蓄的优秀传统。独具特色的台湾文化,为中华民族绚烂多姿的文化殿堂贡献了一块夺目的瑰宝。台湾同胞因近代以来特殊的历史遭遇而形成的台湾意识,反映的是爱乡爱土的炽热情怀和自己当家做主的朴素愿望,这与图谋分裂中华民族的所谓"台独"意识有着本质区别,不容歪曲和利用。历史的创伤割不断中华文化的精神血脉,人为的破坏除不去中华民族的核心价值。中华优秀文化曾经创造了五千年灿烂文明,成就了泱泱大国的历史地位,今天仍然是两岸中国人共同实现民族富强的宝贵资源和强大动力。在中华民族迈向伟大复兴的新时代,两岸同胞应当携手面向未来,踊跃投入到两岸交流合作的大潮中去,共同发扬中华文化优秀传统,共同铸造中华文化新的辉煌。

第二,推进和深化两岸文化交流合作,增强对中华文化和中华民族的认同。中华民族是具有非凡智慧和伟大创造力的民族。中华文明是世界古代文明中始终没有中断、连续五千多年发展至今的文明。中华文化是两岸同胞共同的宝贵财富,是激励海内外中华儿女团结奋进的精神源泉。诚然,由于近代以来两岸历史道路不同,社会制度、意识形态不同,两岸同胞在政治思想观念上存在某些差异。但是,我们有一个最大、最基本的共同点,就是两岸同胞都是中华文化的传人,都是中华民族大家庭的成员。新形势下,两岸同胞应该大力开展各种形式的文化交流,不断增强对中华文化的认同和对中华民族的认同,凝聚携手推动两岸关系和平发展的共同意志,形成共谋中华民族伟大复兴的精神力量。要共同继承中华文化优秀传统,挖掘和提炼有益思想价值,发扬光大中华文化的民族性和包容性,推动中华文化走向世界。要共同吸收借鉴世界各民族文化的优秀成果,创新和发展中华文化的时代内涵,提升中华文化的先进性,增强中华文化的吸引力、聚合力、亲和力。中华文化认同是中华民族认同的精神基石,两岸同胞有责任反对一切违逆中华文化核心价值、违背中华民族根本利益的行径,在共同的中华文化和中华民族认同的基础上求同存异、聚同化异,克服形形色色的偏见和误解,超越政治分歧,不断增进相互了解,融洽彼此感情,大踏步地推动两岸关系向前发展。

第三,推进两岸文化产业合作,提升中华文化的国际影响力。当今世界,文化的经济功能越来越强,经济的文化含量日益提高。经济与科技的进步也为文化的交流和传播提供了愈来愈多的机会。文化产业已成为世界经济的主流产业之一,成为软实力的重要体现。发展两岸文化产业,不仅有利于中华文化的创新和发展,而且有助于实现两岸互利双赢、增进中华民族整体利益。两岸文化产业各具特色,合作潜力巨大。大陆文化产业拥有深厚的底蕴、丰富的资源和广阔的市场,已进入快速发展的阶段,呈现出良好发展态势。台湾文化产业起步较早,在创意、研发、营销、品牌经营、资本运作等方面具有优势。同时,两岸又共同面临着发达国家文化产业的竞争压力和推进科技升级、产业升级的紧迫任务。我们要抓住机遇,迎难而上,推动文化产业合作实现优势互补,共同做强做大中华民族文化产业,大力提升在国际上的影响力和竞争力。要深入发掘中华传统文化资源,共同打造一批具有中华民族特色、风格、气派和原创性的知名文化品牌,向国际社会展示中华民族的精神风貌和中华文化的独特神韵。要积极整合两岸文化产业资源,优化资源配置和布局结构,共同打造产业链,形成产业群。要转变发展方式,大力推进两岸文化业态创新,加强文化与科技结合,发展新兴文化产业,建设现代文化产业体系。要加紧培养两岸文化产业人才,积极引导人才合理流动,建设一支规模大、素质高的从业队伍,培养一批领军人物。要共同研究制定两岸文化产业标准,健全文化市场,加强知识产权保护,为两岸文化产业发展营造良好的环境。

第四,加强两岸教育交流合作,增添两岸关系和平发展的蓬勃活力。中华民族历来有兴学重教的传统。两岸教育各具特色,互有所长。改革开放以来,大陆确立了教育优先发展的战略地位,实现了教育事业跨越式发展,基本形成了现代化的教育体系。台湾教育体系完整,教育普及率高,对教育改革做了很多探索。在两岸关系迈入和平发展轨道的时期,两岸学校、教师、学生及其家长对加强两岸教育交流合作提出了更强烈的呼吁、更高的要求。两岸要发挥各自优势,努力实现教育资源相互开放、相互共享,为两岸教育交流合作创造条件、拓宽道路。两岸各级各类学校要积极深入开展交流合作,构建多种交流合作平台。教育大计,教师为先。"师者,所以传道、授业、解惑也。"两岸教师既要严谨笃学、为人师表,更要志存高远、传扬民族精神,为两岸关系发展提供不竭的人力和智力资源,为中华民族的未来培养优秀人才。青少年是民族的希望和未来,有着蓬勃向上的生命活力和无穷的创造力。两岸年轻人应早接触、多交往,加深了解,增进友谊,携手共进,为创造中华民族的美好明天而努力奋斗。

第五,协商签订两岸文化教育交流协议,建立两岸文化教育交流合作机制。商签两岸文化教育交流协议,建立两岸文化教育交流合作机制,是推动两岸关系不断向前发展的客观需要。建立这样的机制,要考虑到两岸的实际状况,立足于两岸现实,既要适合台湾,又要适合大陆;既要面向两岸同胞、面向中华民族未来,又要面向世界。建立这样的机制,主要是订立制度规范和搭建稳固平台,商讨交流合作的重大问题,协调两岸双方之间的相关政策，以利于发挥各自优势、整合各种资源，实现两岸文化教育交流制度化、规范化、长期化。建立这样的机制，需要确立正确、长远的发展目标，规划切实可行的推进步骤。当前，两岸双方可以组织人员先就商签两岸文化教育交流协议进行研究和规划，就其具体内容、形式、步骤等问题提出建设性意见。如时机成熟，可将商签两岸文化教育交流协议纳入协商议题。我相信，两岸中国人有智慧、有能力探讨出并建立起惠及两岸同胞的文化教育交流合作机制。

各位嘉宾，各位朋友！

100多年前，孙中山先生提出了“振兴中华”的口号。经过一代又一代中华儿女不懈奋斗，中华民族伟大复兴展现出灿烂的前景。伟大的复兴需要伟大的文化，伟大的事业需要人才辈出。我们希望，两岸同胞一起高擎中华民族伟大复兴的旗帜，沿着两岸关系和平发展的正确方向，不断谱写两岸文化教育交流合作的新篇章，努力建设两岸同胞共同的精神家园！

最后，祝第五届两岸经贸文化论坛圆满成功！

谢谢各位。

全国扶持人口较少民族发展工作经验交流会在青海西宁召开

国务院副总理回良玉出席会议并讲话。

扶持人口较少民族发展规划实施4年来，国家进一步加大资金投入力度，安排各类扶持项目8000多个，640个人口较少民族聚居行政村中已有271个村提前达到了规划确定的“四通五有三达到”的目标。

会上，国家民委、发展改革委、财政部、人民银行、扶贫办和部分省（区、市）政府负责同志作了交流发言。会议期间，与会代表还将赴循化撒拉族自治县进行实地考察。

《人民日报》发表评论员文章《共同迈进小康社会百花园——祝贺全国扶持人口较少民族发展工作经验交流会召开》

全国扶持人口较少民族发展工作经验交流会的召开，对于推动人口较少民族的经济社会加快发展，实现各民族共同团结奋斗、共同繁荣发展，增强祖国大家庭的凝聚力向心力，具有重要的意义。

我国是由56个民族组成的大家庭。在55个少数民族中，有22个人口在10万以下的少数民族。由于历史、自然等方面的原因，这些人口较少民族经济社会发展相对滞后。实现各民族共同繁荣发展，是党的民族政策的根本立场，是实现中华民族伟大复兴的必然要求。2005年，党中央、国务院作出重点扶持的重大决策，制定实施《扶持人口较少民族发展规划（2005—2010年）》。4年来，这项工作取得明显成效，列入规划的640个人口较少民族聚居村，已有40%以上的村生产生活条件得到明显改善，经济社会面貌焕然一新，真正做到了“小民族”、大政策，“小民族”、大扶持，“小民族”、大发展，充分证明党中央、国务院的决策深得民心，顺应民意。

今明两年，是如期完成扶持人口较少民族发展规划目标的攻坚阶段，也是谋划“十二五”规划的关键时期。最近，胡锦涛总书记等中央领导同志作出一系列重要批示，在充分肯定成绩的同时，提出了明确要求。各级党委和有关部门一定要以此为动力，紧紧抓住中央实施扩内需、保增长、保民生的“一揽子”政策措施的有利时机，进一步坚定信心，凝聚力量，把这项工作办好、办实。

要继续搞好现有规划的组织实施，确保如期完成目标任务。现在离完成规划还有不到两年时间，任务十分繁重。要按照“缺什么，补什么”的原则，抓紧水、电、路、通讯等基础设施建设，加快优势特色产业发展。特别要对那些困难多、难度大的地区多加帮助，多加投入，使绝大多数人口较少民族聚居村在“十一五”时期都能得到有效扶持。

要进一步加大扶持力度，推动人口较少民族经济社会又好又快发展。扶持人口较少民族发展工作，是一项长期任务，必须作长远打算。既要安排更多的项目，又要给予更优惠的政策；既要帮助他们把经济搞上去，又要帮助发展各项社会事业。对已经验收达标的要继续扶持，巩固提高；还没有达标的，要加大力度，合力攻坚，决不让一个兄弟民族掉队，切实帮助人口较少民族提高自我发展能力。

要抓紧前期调研，谋划好、编制好扶持人口较少民族发展“十二五”规划。有关部门和地区要切实负起责任，注意保持政策措施的连续性和稳定性，现有的政策措施只能加强不能减弱，还要考虑推出新的举措，争取“十二五”期间，使人口较少民族聚居地区有更大发展，为实现全面建设小康社会目标奠定良好基础。

要加强和改善组织领导。做好扶持人口较少民族发展工作，关键在领导和组织协调。坚持“国家扶持，省负总责，县抓落实，整村推进”的工作方针，有关部门要进一步发挥职能作用，加强分类指导，加大资金投入，加快政策落实。有关省区各级党委、政府要进一步加强领导，精心组织，合力推进，确保政策、资金、项目及时落实到村到户。要进一步加大宣传力度，广泛动员全社会都来关心支持人口较少民族加快发展。

一枝两枝三四枝，千紫万红次第开。我们相信，在党的民族政策的光辉照耀下，通过各族人民的共同奋斗、团结合作，小康之花必将在人口较少民族聚居村寨绽放，56个民族必将共同迈进小康社会的百花园。

澳门特区第三任行政长官候选人政纲宣讲及答问大会在澳门东亚运动会体育馆举行

庆祝新中国成立60周年暨中国文联成立60周年全国文艺名家书画作品邀请展启动仪式在北京举行

本次书画展览既是艺术地展示中国文联60年奋斗历程、光辉成就和美好前景，展现全国广大文艺工作者奋发有为、昂扬向上的精神风貌的一次主题活动，也是落实中央精神，切实做好当前文艺工作和文联工作，以优异成绩迎接新中国成立60周年的重要举措。

该活动是由中国文联国内联络部和湖北省文联联合主办。本次展览邀请对象为全国文联系统著名艺术家，作品以书法和国画为主，展览规模200件左右。

季羡林逝世

中国共产党优秀党员，北京大学资深教授，国际著名东方学家、印度学家、梵语语言学家、文学翻译家、教育家季羡林因病于7月11日在北京逝世，享年98岁。

季羡林1911年生于山东省临清市。1950年加入中国民主同盟，1956年加入中国共产党。他学贯中西，汇通古今，在语言学、文化学、历史学、佛教学、印度学和比较文学等诸多领域建树卓著，堪称我国学术界的一代宗师。

任继愈逝世

中国共产党优秀党员，我国著名哲学家、宗教学家、历史学家，国家图书馆名誉馆长任继愈因病于7月11日在北京逝世，享年93岁。

任继愈1916年生于山东省平原县。1956年加入中国共产党。他长期从事中国哲学、宗教学的教学和研究，是用马克思主义立场、观点、方法研究中国哲学的优秀代表，是中国马克思主义宗教学的开创者和奠基人。他坚持以整理传统文化资料为己任，先后亲自主持多项大规模的文化工程，为我国的文化事业作出了重要贡献。

7月12日

第五届两岸经贸文化论坛在长沙闭幕

全国政协主席贾庆林和中国国民党主席吴伯雄出席闭幕式。

贾庆林在闭幕式上发表讲话，代表中共中央对本届论坛取得圆满成功表示热烈祝贺。贾庆林说，本届论坛是在两岸关系展现和平发展前景的新形势下，国共两党、两岸各界拓展和深化交流的一次盛会。论坛在归纳与会各界人士意见基础上提出的"共同建议"，立足现实、面向未来，内容丰富、操作性强，不仅汇集了与会代表的真知灼见，也回答了两岸双方为何以及怎样加强文教交流与合作的问题，对两岸有关方面下一步制定相关政策具有重要的参考作用，同时也为今后两岸协商文化教育交流协议做了很好的铺垫和准备。国共两党已连续成功举办了五届论坛。实践证明，这一交流对话平台有利于促进两岸双方和社会各界就发展两岸关系的重大问题进行交流沟通，增进了解，凝聚共识，对促进两岸关系不断向前发展，具有不可或缺的重要先导作用。

国民党主席吴伯雄在讲话中表示，经过与会人士的热烈参与和讨论，本届论坛圆满成功，获致丰硕成果。论坛首次为两岸文化与教育的代表人士建立直接沟通与对话平台，使我们对中华文化的未来，尤其是中华文化能够屹立于全球多元文化之中并发挥领导角色的愿景，更充满了信心与希望。中华民族是世界上最坚忍不拔的民族，中华文化是最具包容性的文化。两岸同文同种，血脉相连，源自同一祖先，不仅使用相同的文字、语言，更拥有相同的文化。21世纪是两岸合作共创新局的契机。期盼下次再聚首时，此次论坛的具体成效已能甜美收割。相信两岸透过畅通的对话平台，必能携手共创未来，为中华民族打造新盛世。

国民党副主席蒋孝严宣读了"第五届两岸经贸文化论坛共同建议"。

中共中央台湾工作办公室主任王毅代表主办单位作了小结。

全国政协副主席兼秘书长钱运录、文化部部长蔡武、湖南省省委书记张春贤、湖南省省长周强，中国国民党副主席林丰正、吴敦义，新党主席郁慕明，亲民党秘书长秦金生等出席闭幕式。

在为期两天的第五届两岸经贸文化论坛上，两岸各界人士围绕推进和深化两岸文化教育交流合作进行深入研讨，取得广泛共识。论坛期间还举行了两岸经贸合作座谈会，首次就金融危机挑战下如何寻求新的发展，尤其是两岸节能环保和新能源产业合作进行了有益探讨。

第五届两岸经贸文化论坛提出共同建议

（2009年7月12日）

由中共中央台湾工作办公室海峡两岸关系研究中心与中国国民党国政研究基金会共同主办的第五届两岸经贸文化论坛，于2009年7月11日至12日在湖南长沙举行。

本届论坛以推进和深化两岸文化教育交流合作为

主题。与会人士就中华文化的传承与创新、推进两岸文化产业合作、拓展两岸教育交流合作三项议题进行深入讨论，并举行了两岸经贸合作座谈会。中共中央政治局常委贾庆林和中国国民党主席吴伯雄出席论坛并发表演讲。国共两党有关方面负责人、台湾其他党派、两岸文化界、教育界、经贸界等各界人士、专家学者500余人出席。两岸文化和教育主管部门人士作为特邀嘉宾和特邀专家出席了本届论坛。

会议认为，去年5月以来，两岸关系出现历史性机遇，取得重大积极进展，步入和平发展的正轨，符合两岸人民的共同利益与期盼。在进一步密切两岸经贸关系的同时，积极加强两岸文化教育交流合作，对持续推动两岸关系和平发展具有重要深远意义。悠久灿烂的中华文化是两岸的共同财富，是维系两岸民族感情的重要纽带。新形势下，应全面推进和深化两岸文化教育交流合作，增进两岸对中华文化的认同，缔造中华民族的新时代。与会各界人士经过两天的研讨，提出以下共同建议：

一、加强两岸文化交流合作，共同传承和弘扬中华文化

——不断推进两岸在文化、艺术、宗教及民间信仰等各领域的交流合作。

——加强两岸在文化古迹和非物质文化遗产的保护、传承和利用等方面的交流合作，共同做好文化典籍整理工作，建立维护文化资产的沟通合作平台，切实保护好中华文化瑰宝。

——共同促进中华文化创新，激发创造活力，不断增强中华文化的时代性。

——鼓励两岸各地各有关机构加强文化交流，轮流举办或相互参加各种主题的文化节、艺术节等大型文化交流活动。协助台湾文艺团体参加上海世博会展演。

——支持两岸文化艺术机构、团体、院校和艺术家开展艺术教学、联合创作、互访巡演及合作演出、商业演出等交流合作。

——鼓励两岸图书馆、美术馆、博物馆、文物保护机构和文化研究机构开展多种形式交流和合作研究、联合办展等活动。

——两岸使用的汉字属于同一系统。客观认识汉字在两岸使用的历史和现状，求同存异，逐步缩小差异，达成更多共识，使两岸民众在学习和使用方面更为便利。鼓励两岸民间合作编纂中华语文工具书。

——支持两岸学者就术语和专有名词规范化、辞典编纂进行合作，推动异读词审音、电脑字库和词库、地名审音定字及繁、简字体转换软件等方面的合作。

——支持制定有利于两岸文化交流的政策，简化相关行政手续，为交流合作营造良好的环境。

——发挥双方的优势，共同推动中华文化同世界各民族文化的对话与交流，促进中华文化在全球传播。

二、深化两岸文化产业合作，增强两岸文化产业的国际竞争力

——积极整合两岸文化产业资源，优化资源配置和布局结构，培育文化市场，共同打造文化产业链，形成产业群。

——深入发掘中华传统文化资源，共同打造具有民族特色、风格、气派和原创性的知名品牌。

——共同加强推进文化与科技融合，发展新兴文化产业，建设现代文化产业体系，促进两岸文化产业发展。

——共同推动制定两岸文化产业标准，加强保护知识产权，建立沟通合作平台，优化两岸文化产业发展条件。

——加强文化创意产业合作。合办两岸文化创意产业博览会。推动成立促进两岸文化创意产业交流合作的权责单位。

——扩大及深化两岸广播电影电视领域的交流合作。在两岸影视剧合拍、影视剧及电视节目之市场准入、影视演职人员交流等方面，积极探讨扩大交流合作。

——建立两岸出版交流机制，积极扩大出版物贸易与版权贸易，加强出版合作，并共同开拓海外华文出版市场。

三、促进两岸教育交流与合作，提升两岸教育品质

——促进两岸教育发展，在教育中展现中华文化的精神与精髓，加强交流，相互切磋砥砺，培养具有文化内涵的优秀人才。

——发挥两岸各自优势，努力实现教育资源相互开放和共享，并营造有利于两岸学术交流的环境。

——支持两岸各级各类学校深入开展交流合作，构建多种合作平台，通过校际交流合作，共同提高办学水准。推动两岸院校建立学分转换承认及累积机制。

——两岸互认学历有利于推动两岸教育交流与合作向实质性阶段迈进。

——鼓励两岸学生互至对岸学习，并为此创造良好条件。

——加强两岸教师和学生互访、交流。鼓励举办两岸青少年学生大型交流活动，并逐步构建交流平台。

——鼓励两岸相关团体和学校合办以诵读和书写中华经典为主题的中小学生交流活动。

四、共同探讨协商签订两岸文化教育交流协议，建立两岸文化教育合作机制

——支持两岸相关机构和专家学者就协商两岸文

化教育交流协议进行研究规划，以利建立两岸文化教育交流合作机制，实现两岸文化教育交流制度化、规范化、长期化。

五、加强两岸新闻交流

——扩大两岸资讯交流，促进尽快实现两岸新闻媒体互设常驻机构，鼓励两岸新闻界加强交流合作。

六、支持台资企业在大陆发展壮大，推动两岸在节能环保和新能源产业领域的合作

——支持台资企业积极因应全球金融环境剧烈变动，进一步运用大陆实施中部崛起等区域发展战略和扩大内需市场的有利时机，结合自身实际情况，调整发展策略和市场布局，加快转型升级和产业转移步伐，努力实现更好更快发展。

——加强两岸节能环保、新能源产业在技术研发、产品应用、市场推广、双向投资等方面的合作，鼓励两岸企业积极研究、使用和推广节能环保产品和新能源技术，定期召开两岸研讨会，建立沟通平台，推动两岸建设节能、环保社会。

——促进两岸共同研究及合作因应气候变化；进行气象观测及预报技术和资料的交流；共同提高对暴雨、台风等灾害性天气的预报预警水平；针对环保议题，加强交流合作，建立沟通机制。

国务院副总理李克强在国务院深化医药卫生体制改革领导小组第三次会议上发表讲话

李克强说，医改方案出台后，各地区各有关部门做了大量工作，改革取得积极进展。推进医改的工作机制已经建立，改革的重点任务进一步细化，目标责任基本落实，配套政策陆续出台。关闭破产国有企业退休人员和困难企业职工已纳入医保，城镇职工、城镇居民、新农合参保人数比上年年底增加3000万人；支持建设930个县级医院、3600个中心乡镇卫生院和1200个城市社区卫生服务中心；甲型H1N1流感防治工作有力有序有效，促进了医改稳步深化。

李克强指出，加快医药卫生体制改革，有利于把保增长与惠民生、增投资与扩消费结合起来，是一项维护十几亿人民健康的重大民生工程。基本医疗保障制度、基本药物制度、公立医院等改革，涉及多方利益关系调整，涉及社会再生产全过程，是重大的体制机制创新。要充分认识改革的艰巨性复杂性，积极稳妥地向前推进。

李克强强调，今年是医改的起步阶段，要按照把基本医疗卫生制度作为公共产品向全社会提供的改革方向，着力于保基本、抓基层、打基础、可持续，突出重点，明确措施，确保医改取得实质性进展，使医改的成果群众摸得着、看得见，增强医改的信心和决心。基本医保覆盖面逐步扩大，惠及3.9亿城镇职工和居民；国家基本药物制度初步建立，在30%的地区基层医疗机构实施；加快推进6项重大公共卫生项目；在100家公立医院开展改革试点。要进一步加强领导、落实责任、积极探索、因地制宜、量力而行，确保完成今年预定的医改任务，为实现医改目标和推进明年工作打好基础。

全国政协副主席阿不来提·阿不都热西提看望驻疆全国政协委员和自治区政协机关干部

阿不来提·阿不都热西提在看望时强调，在反对民族分裂、维护稳定的关键时期，新疆各级政协组织和政协委员要充分发挥联系广泛的独特优势，紧密团结在党和政府周围，认真细致地做好各族人民群众思想工作，为新疆的长治久安打好坚实的基础。

阿不来提·阿不都热西提说，乌鲁木齐“7·5”事件是新中国成立以来造成人员伤亡最多、财产损失最严重、社会影响最大的一次暴力犯罪事件。这种丧心病狂、令人发指的暴力行为，彻底揭开了境内外民族分裂势力的丑恶嘴脸。我们要清醒地认识到这起事件既不是民族问题，也不是宗教问题，而是一场捍卫祖国统一、维护民族团结的政治斗争。

阿不来提·阿不都热西提指出，乌鲁木齐“7·5”事件发生后，中央对这一事件高度重视。8日，中共中央政治局常委会会议研究部署维护新疆社会稳定工作，体现了党中央对新疆局势和人民利益的高度关切，体现了党中央维护新疆稳定和民族团结的坚强决心。在党中央的坚强领导下，自治区党委、政府及时作出部署，采取了有效措施，通过果断处置，平息了这次暴力犯罪事件，维护了新疆的社会稳定和人民生命财产安全，目前，新疆稳定形势正在向好的方向发展。

阿不来提·阿不都热西提要求，各级政协组织和政协委员要认清形势、统一思想，切实发挥好政协人才荟萃、代表性强、联系面广的特点和优势，肩负起增进民族团结、社会稳定方面的重要职责，最广泛地团结一切可以团结的力量，同分裂破坏活动和违法犯罪行为斗争到底，促进自治区的民族团结和社会稳定。

外交部部长杨洁篪应约与土耳其外长达乌特奥卢通电话

双方就双边关系和有关问题坦率深入地交换了意见。双方认为，中土双边关系十分重要，维护两国友好合作关系的发展势头符合两国和两国人民的利益，需要双方共同努力。

关于乌鲁木齐“7·5”事件，杨洁篪表示，该事件是境内外“三股势力”精心策划和组织的一起严重暴力犯罪事件，给各族群众生命财产造成重大损失，给当地

正常秩序和社会稳定造成严重破坏。中国政府将依法处理这一事件,维护人民生命财产安全。

达乌特奥卢表示,土方尊重中国主权和领土完整,不干涉中国内政,不允许任何人在土耳其领土上从事破坏中国主权和领土完整的活动。

全国桥牌锦标赛在北京揭幕

2009年信远杯全国桥牌锦标赛揭幕,共有来自全国各地的千余名牌手参加本次比赛。比赛共设13个项目,为期10天,将于19日结束。全国桥牌锦标赛的设项是所有全国大赛中最多的,包括公开团体、女子团体、混合团体、公开双人、女子双人、混合双人、基层桥协团体、快速淘汰、瑞士双人、国际分(IMP)双人和青年团体赛等13个项目。比赛面向基层的桥牌爱好者,因为比赛形式灵活、趣味性强、单项比赛所需时间较短等特点,深受广大桥牌爱好者的喜爱。

中国代表团在贝尔格莱德举行的第二十五届世界大学生运动会上共夺得22金21银15铜

第七届世界卫生经济大会在北京开幕

大会特设了为期一天的"中国论坛",集中研讨我国医药卫生体制改革中的重点难点问题。

全国人大常委会副委员长韩启德出席开幕式,并作了题为《健康中国2020——基于中国国情的卫生经济学战略思考》的主题报告。他指出,维护和增进健康是一个社会目标,需要全社会的努力。一方面需要理念的转变,以健康为中心、以维护和改善国民健康为目标;另一方面,需要国家层面的整体设计,即推动健康事业发展的战略性考虑和总体设计。为此,卫生部提出了"健康中国2020"的理念,并已着手制定"健康中国2020"战略规划。"健康中国2020"战略是全面提高全民族健康素质的国家卫生发展战略规划,是疾病预防和健康促进的路线图,也是国民健康水平的检测器。

大会由国际卫生经济学会主办、中国卫生经济学会承办,主题是"和谐发展:卫生与经济"。

7月13日

全国人大常委会委员长吴邦国在人民大会堂会见韩国国会副议长李允盛

吴邦国积极评价了中韩关系的良好发展。他说,目前两国高层交往频繁,政治互信加深,经贸合作富有成效,人文交流日益活跃,战略沟通更加深入,在重大国际与地区问题上保持了磋商与配合。中方对此感到满意,相信在双方的共同努力下,中韩战略合作伙伴关系一定会取得更大发展。

吴邦国对中韩议会定期交流机制第四次会议在京举行表示祝贺。他说,中韩议会定期交流机制的建立与发展,对两国关系产生了新的推动。他表示,中国全国人大高度重视发展与韩国国会的关系,希望保持高层交往,完善定期交流机制,充实交流内容,在定期交流机制框架下推动专门委员会、友好小组等领域的交流与合作,为两国关系全面发展不断增添新的活力。

李允盛说,作为中国的友好邻邦,韩国为中国改革开放取得的巨大成就感到由衷高兴,对中国在国际和地区事务中发挥的建设性作用表示赞赏。韩国国会愿与中国全国人大一道加强定期交流机制建设,开展形式更加多样、内容更加丰富的交流与合作,为增进两国人民友谊,促进双方务实合作发挥更加积极的作用。

全国政协主席贾庆林在人民大会堂会见巴基斯坦参议院主席奈克

贾庆林在会见时说,中巴建交58年来,两国在和平共处五项原则基础上,建立和发展了以平等友好、互信互利为特征的战略合作伙伴关系。中巴关系已经成为不同社会制度、不同文化传统国家之间友好合作的典范。贾庆林对巴基斯坦政府和人民长期以来在台湾、涉藏、打击"东突"恐怖势力等问题上给予中国坚定的支持表示感谢。

贾庆林说,中国全国政协与巴基斯坦参议院长期保持着密切往来,双方开展了多层次、多渠道的友好交流,为促进中巴人民间的友谊发挥了积极作用。中国全国政协愿继续深化两机构间的交流与合作,为促进两国人民的友谊、推动中巴战略合作伙伴关系深入发展而不懈努力。

贾庆林还与客人就加强经贸合作,扩大人文交流等双方共同关心的话题深入交换了意见。

奈克说,巴中两国和人民有着兄弟般的友谊。巴方感谢中方一直以来提供的真诚援助,愿与中方一道努力,进一步挖掘合作潜力,巩固和发展两国关系。奈克重申巴方将继续坚持一个中国立场,坚决反对任何形式的恐怖主义,愿与中方共同维护地区和平稳定。

全国政协在政协礼堂召开专题协商会

协商会围绕"加快发展方式转变和结构调整,提高可持续发展能力"问题建言献策。全国政协主席贾庆林出席并讲话。

贾庆林在讲话中指出,加快发展方式转变和结构调整,有利于提高自主创新能力,增强我国经济的核心竞争力和抗风险能力,有效应对国际金融危机的冲击;有利于破解我国经济发展中的深层次矛盾和问题,形成速度质量效益相协调、消费投资出口相协调、人口资源环境相协调，以及城乡、区域发展相协调的良好格局；有利于走生产发展、生活宽裕、生态良好的文明发展道路，让改革发展成果更好地惠及广大人民。

贾庆林强调，第一，坚持扩大内需为主和稳定外需相结合。要着力扩大消费尤其是居民消费，继续保持投资较快增长，千方百计稳定出口。第二，着力推动产业结构优化升级。要积极发展现代农业，做大做强先进装备制造业，加快发展服务业尤其是服务外包业。第三，大力增强自主创新能力。要切实增强引进消化吸收再创新的能力，充分发挥企业在自主创新中的主体作用，重视各类创新人才的培养和引进。第四，大力发展新能源和节能环保产业。要大力发展可再生能源，强化节能减排和环境保护。

贾庆林指出，围绕转变发展方式和调整结构献计出力，是人民政协履行职能、开展工作的一项长期任务。各级政协组织和广大政协委员要继续围绕这些问题，开展深入调研，提出真知灼见，努力为促进经济社会又好又快发展作出新的贡献。

国务院副总理张德江出席专题协商会并讲话。

全国政协副主席王刚，全国政协副主席张榕明分别主持会议。

全国政协副主席黄孟复、钱运录、李金华、郑万通、陈宗兴出席会议。23位政协常委、委员和民主党派中央、全国工商联、政协专门委员会的代表作了大会发言或书面发言。国务院有关部门负责同志作了交流发言。中央国家机关有关部门负责同志，全国政协办公厅、各专门委员会的负责同志，各民主党派中央、全国工商联和无党派人士代表，部分在京全国政协常委、委员共100多人出席会议。

中共中央政治局常委习近平主持召开第一批学习实践活动整改落实抽查情况汇报会并讲话

中央纪委在北京召开全国纪委书记座谈会

贺国强出席会议并讲话。他强调，各级纪检监察机关要以学习贯彻中央最近出台的反腐倡廉法规和文件为契机，大力加强反腐倡廉法规制度建设，努力从源头上预防和解决腐败问题；要认清形势、把握大局，切实把思想和行动统一到中央关于当前形势和任务的分析判断以及作出的决策部署上来，扎扎实实做好党风廉政建设和反腐败工作，为维护改革发展稳定大局提供有力保证。

中央纪委副书记何勇主持会议并讲话。

会议期间，贺国强和与会人员一同观看了由四川省人民艺术剧院创作的大型话剧《红叶旅途》。该剧生动反映了新时期优秀纪检监察干部王瑛同志的感人事迹和崇高精神，使观众受到一次深刻的党性党风党纪教育。北京市委书记刘淇，中央宣传部部长刘云山，中组部部长李源潮，中央纪委副书记何勇一同观看。

全国各省(区、市)、新疆生产建设兵团以及副省级城市纪委书记、中央纪委派驻纪检组组长、中央和国家机关纪委书记、中央管理的国有重要骨干企业和金融机构纪检组组长(纪委书记)参加了会议。

《人民日报》发表评论员文章《高举各民族大团结的旗帜》

乌鲁木齐“7·5”事件，给人民生命财产造成了巨大损失，在各族人民心中留下了深重伤痛。但是，这起事件破坏不了社会主义民族大家庭平等、团结、互助、和谐的主旋律，动摇不了各族人民和睦相处、和衷共济、和谐发展的信心和决心。

危急关头，各族群众患难与共，手足之情感人至深。乌鲁木齐“7·5”事件中，面对突如其来的灾难，各族干部群众携手抵制不法分子的暴行、相互救助各族兄弟，医护人员夜以继日抢救各族受伤民众，广大市民踊跃献血挽救伤者生命……正像一位遇救群众所说的：“袭击我的是七八个人，但从头到尾帮助我的远远超过七八十个人。”各族群众以自己的实际行动，谱写着民族团结的动人篇章。风雨过后，各族同胞更清醒地认识到：民族团结是平安，是幸福，是生命。

新疆自古以来就是一个多民族聚居地区。各族人民荣辱与共、唇齿相依，共有的历史、相同的信念，将新疆各民族融合成一个团结和睦的大家庭，民族团结进步事业取得了辉煌成就。我国是56个民族组成的统一多民族国家。在党的领导下，各族人民同心同德，经受住国际国内各种挑战和压力的考验，保持了经济发展、政治安定、文化繁荣、社会和谐、人民幸福的良好局面。巩固民族团结，共同繁荣发展，符合全国各族人民的根本利益，是全国各族人民的共同心声。

维护和巩固民族团结，就是要高举爱国主义旗帜，反对民族分裂，维护祖国统一。祖国统一是民族繁荣进步的根本保障，民族团结是社会安定、国家昌盛的必要条件。历史和现实都表明：国家统一、民族团结，则政通人和、百业兴旺；国家分裂、民族纷争，则国破家亡、人民遭殃。各民族之间的团结，以祖国统一为基础，以国家的繁荣富强为依归。坚决反对一切破坏团结、分裂祖国的活动，坚决维护国家的利益、尊严和荣誉，是各族人民的共同心愿和光荣使命。

维护和巩固民族团结，就是要依法保障各民族的平等权益。在社会主义制度下，我国实现了各民族政治上的平等，各族人民的根本利益是一致的。在社会主义法制的框架下,充分尊重民族特点和民族差异,充分重视各民族在经济文化发展上的差距,切实保障各民族的平等权益,促进各民族互相尊重、互相学习、互相合作、互相帮助,民族团结才有坚实的基础,共建共享和谐社会的理念才能真正落实。

我们要高举各民族大团结的旗帜,大力发扬新疆各族干部群众同呼吸、共命运、心连心的优良传统,牢固树立汉族离不开少数民族、少数民族离不开汉族、各少数民族之间也相互离不开的思想,引导各族干部群众倍加珍惜各民族共同团结奋斗、共同繁荣发展的大好局面,不传谣、不信谣、不受挑拨煽动、不参与违法活动,坚决同不法分子的违法犯罪活动作斗争,自觉维护民族团结和社会稳定。

6月份全国财政收入同比增长19.6%

财政部今天公布,6月份全国财政收入6867.47亿元,比去年同月增加1123.65亿元,增长19.6%。

上半年,全国财政收入33976.14亿元,比去年同期减少832.05亿元,下降2.4%。财政收入中的税收收入29530.07亿元,同比下降6%;非税收入4446.07亿元,同比增长31.4%。

全国人大常委会副委员长司马义·铁力瓦尔地在北京会见越南国会民族委员会主任克索福一行

中韩议会定期交流机制第四次会议在北京举行

全国人大常委会副委员长陈至立与韩国国会副议长李允盛参加了会议。双方与会代表就中韩关系、议会交往、经贸合作、能源安全和气候变化等共同关心的国际和地区问题深入地交换了意见。

国务委员兼国防部部长梁光烈在八一大楼与苏丹国防部部长阿卜杜勒·拉希姆·侯赛因举行会谈

我国研制成功世界最大黑色金属垂直挤压机

我国自主研制的世界最大的3.6万吨黑色金属垂直挤压机成功完成热调试,这标志着我国大口径厚壁无缝钢管制造技术一举打破国外垄断,达到世界领先水平。

湖南在全国率先取消高中文理分科

湖南省教育厅13日出台文件《关于进一步规范普通中小学办学行为的规定》要求,各级学校要按照国家和省颁布的课程计划编排学期课程表。除农村教学点可经县级教育行政部门批准,在保证主要课程开设的前提下,适当调整课程设置外,其他任何学校不得调整、增减课程和课时,不得赶超教学进度和提前结束新课。普通高中必须确保学生完成所有必修课程和共同选修课程的学习,不得文、理分科。

7月14日

第八次全国归侨侨眷代表大会在人民大会堂开幕

胡锦涛、吴邦国、温家宝、贾庆林、李长春、习近平、李克强、贺国强等党和国家领导人到会祝贺。

全国人大常委会副委员长王兆国代表党中央发表了题为《在实现中华民族伟大复兴中充分发挥广大归侨侨眷和海外侨胞的重要作用》的祝词。

王兆国在祝词中说,新中国成立60年特别是改革开放30年来,广大归侨侨眷和海外侨胞始终与祖国同呼吸、共命运,为实现国家富强、民族振兴、人民幸福作出了突出贡献,发挥了独特作用;各级侨联认真贯彻党的侨务政策,积极开展形式多样、富有特色的活动,充分发挥了党和政府联系广大归侨侨眷和海外侨胞的桥梁纽带作用。

王兆国强调,要实现党的十七大描绘的宏伟蓝图,需要包括广大归侨侨眷和海外侨胞在内的全体中华儿女的不懈奋斗。希望广大归侨侨眷和海外侨胞继续发扬爱国爱乡光荣传统,主动投身全面建设小康社会伟大实践,在推动祖国现代化建设方面充分发挥重要作用,在推进祖国和平统一大业、维护各族人民大团结方面充分发挥积极作用,在传播中华文化方面充分发挥独特作用,在增进中国人民同各国人民相互了解和友谊方面充分发挥桥梁作用,为实现中华民族伟大复兴建立新功绩。希望各级侨联继续高举爱国主义、社会主义旗帜,紧紧围绕党和国家工作大局,进一步畅通凝聚侨心的渠道,创新汇集侨智的载体,拓展发挥侨力的平台,丰富维护侨益的手段,更好地把侨界力量团结在党和政府周围,凝聚到全面建设小康社会、发展中国特色社会主义事业中。王兆国在祝词中还要求各级党委和政府从全局和战略的高度,充分认识归侨侨眷和海外侨胞在全面建设小康社会、实现中华民族伟大复兴中的独特作用,加强和改进党对侨联工作的领导,支持侨联依照法律和章程创造性地开展工作,为侨联工作创造更好的环境和条件。

中国科协副主席、书记处第一书记邓楠代表各人民团体向大会致贺词。国务院侨务办公室主任李海峰、人力资源和社会保障部部长尹蔚民分别宣读《中国侨联、国务院侨办关于表彰全国侨界"十杰"和归侨侨眷先进个人的决定》《人力资源和社会保障部、中国侨联关于表彰全国侨联系统先进集体和先进工作者的决定》。

胡锦涛等党和国家领导人向受表彰的先进个人和集体代表颁奖。

大会主席团常务主席林军代表中国侨联第七届委员会向大会作了题为《高举中国特色社会主义伟大旗帜,团结动员归侨侨眷和海外侨胞为夺取全面建设小康社会新胜利而奋斗》的工作报告。

出席大会的领导同志还有:王刚、王岐山、刘淇、刘云山、李源潮、何勇、令计划、王沪宁、李建国、陈昌智、桑国卫、马凯、戴秉国、万钢。

这次大会将审议中国侨联第七届委员会工作报告,修改《中华全国归国华侨联合会章程》,选举中国侨联第八届委员会。

《人民日报》发表社论《谱写侨联工作科学发展新篇章——祝贺第八次全国归侨侨眷代表大会开幕》

肩负着时代赋予的使命,今天,来自全国各地的归侨侨眷代表齐聚北京,出席第八次全国归侨侨眷代表大会。我们对大会的召开表示热烈的祝贺!对辛勤工作在各条战线各个岗位的广大归侨侨眷和广大侨联工作者表示亲切的问候!对长期以来支持我国改革开放和社会主义现代化建设的海外侨胞表示衷心感谢!

第八次全国归侨侨眷代表大会,是在我国改革发展进入关键阶段,即将迎来新中国成立60周年的重要时刻召开的一次大会,是广大归侨侨眷和海外侨胞政治生活中的一件盛事。这次会议将认真总结侨联第七届委员会的工作,确立今后五年侨联工作的指导思想和主要任务。会议还将讨论通过中国侨联章程修正案,选举产生中国侨联第八届委员会。开好这次大会,对于最大限度地把归侨侨眷和海外侨胞团结起来,最大限度地把归侨侨眷和海外侨胞的积极性调动起来,最大限度地把归侨侨眷和海外侨胞的独特优势发挥出来,进一步做好侨联工作,具有重要的意义。

第七次全国归侨侨眷代表大会以来的五年,在党的坚强领导和亲切关怀下,各级侨联以凝聚侨心、汇聚侨智、发挥侨力、维护侨益为主线,团结动员广大归侨侨眷和海外侨胞积极参与国家的经济、政治、文化、社会建设,注重把工作连续性与工作开拓性结合起来,在围绕中心、服务大局方面有新探索,在维护侨益、参政议政方面有新进展,在把握两岸关系和平发展主题、加强与台湾岛内侨界社团联系方面有新建树,在弘扬中华文化、增进中国人民与各国人民友好交流方面有新举措,在自身建设方面有新加强。侨联各项事业蓬勃发展,侨联的各项工作得到了广大归侨侨眷和海外侨胞的热烈响应,侨联组织的吸引力、凝聚力和战斗力进一步增强。

站在历史的新起点上,面对世情、国情、侨情的发展变化,面对前所未有的机遇和挑战,侨联工作只有深入贯彻落实科学发展观,才能不断开创侨联工作的新局面。要围绕发展这个第一要义,坚持把发展作为侨联工作的根本任务,为促进经济社会又好又快发展献计出力,坚持为国家大局服务和为归侨服务的统一,为侨资侨智参与我国现代化建设营造环境、搭建平台。要围绕以人为本这个核心,把为侨服务、凝聚侨心作为侨联工作的出发点和落脚点,切实维护广大归侨侨眷和海外侨胞的合法权益。要按照全面协调可持续发展的基本要求和统筹兼顾的根本方法,正确处理各种关系,全面推进侨联工作。

实现祖国完全统一,是中华民族的根本利益之所在,是海内外中华儿女的共同心愿。广大归侨侨眷和海外侨胞是实现祖国和平统一的重要力量。各级侨联组织要把握两岸关系和平发展主题,稳步推进与台湾岛内侨团联系,促进侨界的融合进步,广泛团结海内外侨胞,共同推动祖国统一大业的进程。

60年风雨与共,60年赤子情怀。新中国成立60年来,广大归侨侨眷和海外侨胞为国家富强、人民幸福和祖国统一团结奋斗,写下了可歌可泣的瑰丽诗篇。当前,我们要一如既往地全面做好各项工作,以优异的成绩迎接新中国成立60周年。

成就令人鼓舞,前景催人奋进。让我们更加紧密地团结在以胡锦涛同志为总书记的党中央周围,高举中国特色社会主义伟大旗帜,以邓小平理论和“三个代表”重要思想为指导,深入贯彻落实科学发展观,团结带领全国归侨侨眷和海外侨胞,团结一心,共同奋斗,谱写夺取全面建设小康社会新胜利、实现中华民族伟大复兴的新篇章!

全国人大常委会委员长吴邦国在人民大会堂会见巴基斯坦参议院主席奈克

吴邦国在会见时说,中巴是传统友好邻邦,有着全天候友谊和全方位合作。特别是近年来,中巴战略合作伙伴关系得到新的发展。双方高层互访频繁,政治互信加深,务实合作稳步推进,在国际和地区事务中保持密切协调与沟通。巴基斯坦是中国可信赖的朋友。中方感谢巴方在台湾、人权、打击“东突”等事关中方重大利益问题上给予的坚定支持。中方始终从战略高度和长远角度看待和发展中巴关系。不管国际形势和两国国内情况如何发展,这一既定政策都不会改变。中方愿与巴方共同努力,把两国战略合作伙伴关系推向新的高度。

吴邦国说,议会交往是国家关系的重要组成部分。中国全国人大重视发展与巴基斯坦议会的友好合作关系，希望通过主席阁下此访，进一步密切两国议会全方位的友好交流与合作，加强在治国理政、民主法治建设方面的经验交流，为推动中巴战略合作伙伴关系作出新的贡献。

奈克说，巴中友谊牢不可破。巩固和发展对华友好关系是巴基斯坦政府、议会和各党派的一致立场。巴参议院愿加强与中国全国人大的交流与合作，为巩固巴中传统友谊，增强政治互信，促进务实合作作出不懈努力。

国务院发出关于同意成立保障性安居工程协调小组的批复

住房城乡建设部：

你部《关于成立保障性安居工程协调小组的请示》(建保〔2009〕113号)收悉。现批复如下：

同意成立保障性安居工程协调小组。协调小组不刻制印章，不正式行文，请按照国务院有关文件精神认真组织开展工作。

附件：保障性安居工程协调小组组建方案(略)

国务院

2009年7月14日

全国人大常委会副委员长陈昌智在甘肃调研

7月14日至20日，陈昌智率领全国人大常委会专题调研组到甘肃省，调研中央扩大内需新增投资项目中有关保障性住房建设项目的落实情况。

调研组先后到兰州市、白银市、天水市、平凉市，采取召开座谈会、实地考察等方式，考察了农村危旧房屋改造和城镇廉租住房建设等项目实施情况，主要了解中央投资项目的资金到位、工程进度、管理使用、配套政策等。

据了解，甘肃计划从今年开始，争取用3年时间，基本解决全省超过26万户现有低收入住房困难家庭的住房问题；计划用5年的时间实施200万户抗震安居房建设，每户补助5000元；甘肃还计划投资25.5亿元进行国有林区、煤矿的棚户区改造。

国务委员孟建柱在阿克苏 伊犁检查维稳工作

孟建柱在新疆阿克苏、伊犁看望慰问各族干部群众和奋战在维稳一线的部队官兵、公安民警、民兵，并与大家座谈，了解维稳工作情况，督促检查各项维稳措施是否落实到位。他强调，维护和保持社会大局稳定，是当前新疆最重要最紧迫的任务，各级党委和政府要切实把思想统一到中央对形势的分析判断和对工作的决策部署上来，把各项维稳措施和维稳责任进一步落实到区域、岗位和人员，提高兵、警、民协同能力和执勤执法水平，加强群防群治工作，努力建设横向到边、纵向到底、专群结合的防控体系，构筑打击犯罪的天罗地网，全力以赴维护新疆的社会稳定大局。

孟建柱在检查时反复强调，要认真贯彻落实中央政治局常委会会议精神和胡锦涛总书记的重要指示，充分认识到当前新疆稳定形势的严峻性、复杂性，保持高度警觉，严密做好各项防范工作，把维稳措施落实到每一个环节、每一个工作步骤，在“严、细、实”上狠下功夫，在安全防范上不留死角，在协作配合上不留空当。稳定是福，动乱是祸，各族干部群众要牢固树立稳定压倒一切的思想，高举民族团结的旗帜，自觉维护社会稳定、促进民族团结，携手共建美好和谐家园，实现新疆的长治久安。

国务委员刘延东在技术创新工程实施工作视频会议上讲话

刘延东强调，企业是国民经济的基础，是科技转化为生产力的集成环节。要支持企业提高自主创新能力，促进科技与经济有机结合，为企业渡过难关、促进经济平稳较快增长提供重要支撑。

刘延东指出，实施技术创新工程对于建设国家创新体系、推动经济发展方式转变和应对国际金融危机具有重大意义。实施技术创新工程，要突出重点，抓住关键环节，在创新主体、创新要素、创新机制和创新服务方面下功夫。一要坚持企业是技术创新主体的导向，推动企业成为技术创新需求、研发投入、创新活动及成果应用的主体。二要引导人才、科研资金、技术等要素向企业集聚，充分发挥各类创新要素的作用。三要建立科研院所、高校和企业之间长期稳定的合作关系，引导产学研用各方按照市场经济规律开展合作，鼓励用户单位积极参与，建立完善重大技术创新成果向现实生产力快速转化的畅通渠道。四要推动公共科技资源开放共享，加强技术创新服务平台的能力建设，发挥转制科研院所在产业共性关键技术攻关方面的作用，完善科技中介服务体系建设。

刘延东强调，实施技术创新工程要解放思想，深化科技体制改革，突破部门和行业局限，加强协同和联动。各级政府要提高认识，加强领导，加大投入，强化条件保障。各有关部门要完善工作机制，加快政策落实，加强舆论宣传，营造激励企业技术创新的良好环境。

公路水路完成固定资产投资4173亿元

《人民日报》报道，今年上半年，交通运输工作落实国家决策部署，进一步加快交通基础设施建设，积极推进行业重大改革和发展方式转变，交通运输经济运行总体企稳向好。据介绍,上半年公路水路交通固定资产投资完成4173亿元,同比增长40.4%,增幅提高36.9个百分点,扭转了去年下半年以来增长乏力的局面。

中联部部长王家瑞在北京会见由总书记刚果(金)国民议会议长埃瓦里斯特·博夏卜率领的刚果(金)争取重建与民主人民党代表团

国务委员兼国防部部长梁光烈在八一大楼会见日本海上自卫队参谋长赤星庆治一行

北京国家体育场“鸟巢”获得2009年度英国皇家建筑师协会卢别特金建筑奖

7月15日

胡锦涛等党和国家领导人到首都博物馆参观“走进世博会”展览

胡锦涛、吴邦国、温家宝、贾庆林、李长春、习近平、李克强、贺国强等分别来到首都博物馆,参观正在这里举行的“走进世博会——中国2010年上海世博会暨世博会历史回顾展览”。

参观过程中,胡锦涛指出,上海世博会是继北京奥运会后我国举办的又一个世界盛会。办好上海世博会,对于展示我国改革开放以来的巨大成就和文明进步形象、促进我国同世界各国各地区交流合作,具有十分重要的意义;对于妥善应对国际金融危机冲击、促进世界经济复苏,也将发挥积极作用。胡锦涛说,现在,上海世博会筹办工作已进入关键阶段。他希望组委会、上海市和各有关部门在前一段工作的基础上,举全国之力,集世界智慧,高标准、高质量、高效率做好各项筹办工作,真正把上海世博会办成一届成功、精彩、难忘的世博会。

全国人大常委会委员长吴邦国在人民大会堂会见刚果(金)争取重建与民主人民党总书记 国民议会议长博夏卜

吴邦国说,中刚建交30多年来,两国政府、议会、政党等各方面的交流积极展开,经贸、军事、教育等各领域务实合作富有成效,在国际和地区事务中配合默契。中方感谢刚果(金)在涉及中国核心利益的重大问题上给予的宝贵支持,也将一如既往地支持刚果(金)维护国家和平、社会稳定和重建国家的努力。他强调,中国党和政府高度重视中刚关系,视刚果(金)为中国在非洲的重要合作伙伴,愿与贵方共同努力,不断加强两国和两党之间的交流与合作,探索新的合作形式,充实合作内涵,全面提升合作水平,更好地造福两国人民。

在谈到议会交往时,两国领导人对中国全国人大与刚果(金)国民议会的友好合作关系表示满意,希望在保持高层互访势头的同时,加强专门委员会等各层次的对话,为国家关系增添新的内容。

博夏卜强调,发展对华关系是刚果(金)党和政府的战略选择。刚果(金)高度赞赏中方奉行的内外政策,愿学习和借鉴中方治国理政经验,深化双方在经贸、基础设施、能源资源等务实领域的合作,推动两国关系不断向前发展。

6月份全国税收实现1月以来首增

《人民日报》报道,6月份全国税收收入完成5483.56亿元,同比增长12.2%,增收595.14亿元。这是今年1月以来全国税收收入首次实现增收。1—6月份,全国税收总收入完成29530.07亿元,同比下降6%,减收1895.68亿元。今年1—5月单月税收收入均为减收,但跌幅呈现逐月收窄态势,已从1月份的-16.7%收窄到5月份的-3.2%。6月份税收收入实现增收。

我国首架支线飞机首次完成城际转场飞行

我国首架拥有自主知识产权的涡扇支线喷气客机ARJ21—700飞机101架机自去年11月28日成功首飞并经历数次检查飞行后,7月15日实现研制以来的首次城际飞行,成功从上海转场至西安阎良。

国务院副总理李克强在中南海紫光阁会见泰国国防部长巴维一行

国务委员刘延东在人民大会堂会见美国能源部长朱棣文和商务部长骆家辉一行

全国人大常委会副委员长周铁农在北京会见以会长张松声为团长的新加坡中华总商会代表团

中非合作论坛新闻研讨会在北京举行

本次研讨会主题为“加强媒体交流与合作,深化中非传统友谊”,中国主流媒体代表与来自非洲英语区27个国家的约40名第六期非洲国家政府官员研修班学员、非洲国家驻华使馆和新闻机构代表参加了研讨。

素有“作家摇篮”之称的鲁迅文学院在北京首开“网络文学作家培训班”

姚明接手上海男篮

姚之队15日晚宣布，姚明全资拥有的上海泰戈鲨客投资管理有限公司与上海东方篮球俱乐部的股东就俱乐部股权转让事项达成一致，并正式签署了俱乐部股权转让的“框架协议”，这标志着上海东方篮球俱乐部股权转让迈出了实质性的一步。

7月16日

国务院总理温家宝在中南海紫光阁会见美国能源部长朱棣文和商务部长骆家辉

温家宝说，当前中美各级别交往频繁，就应对国际金融危机、气候变化、反恐、防扩散等重大问题开展了富有成效的磋商与协调，推动了两国关系发展，也有利于加强国际合作。

温家宝表示，中美要坚定不移地维护共同利益，密切沟通与合作，妥善处理分歧，使双边关系更加稳固和富有活力。经贸和能源合作是中美关系的重要组成部分，对促进两国经济增长和可持续发展具有重要意义。希望双方发挥中美战略和经济对话等重要机制的作用，在相互尊重基础上进行平等协商，以开放、创新、共赢的精神推动合作，更好地造福两国人民和国际社会。

美方表示，美中关系是当前世界上最重要的双边关系。美方愿进一步加强同中方在经贸、能源、应对气候变化等领域合作，为促进世界可持续发展发挥重要作用。美方期待着即将举行的美中战略和经济对话取得积极成果，愿同中方一道推动双方关系不断向前发展。

国家副主席习近平在北京会见巴基斯坦国防部部长乔杜里·艾哈迈德·穆赫塔尔一行

习近平说，建交58年来，中巴两国建立了全天候友谊，开展了全方位合作。不论国际风云和各自国内形势如何变化，两国友好合作关系始终未受影响，而且发展得越来越好。中巴关系已成为中国“与邻为善、以邻为伴”周边外交方针的成功范例，也是不同社会制度国家间和睦相处的典范。中方感谢巴方在事关中国核心利益问题上给予的有力支持。在新的历史条件下，中巴全面战略合作伙伴关系值得倍加珍惜和呵护。中方愿与巴方共同努力，进一步丰富中巴全面战略合作伙伴关系的内涵，使其持续、健康、稳定地向前发展。

穆赫塔尔说，巴基斯坦珍视与中国的传统友好合作关系，愿与中方共同努力，进一步加强两国两军传统友谊，促进双方在各领域的友好合作。

国务院副总理李克强在人民大会堂会见美国能源部长朱棣文一行

李克强说，近年来，中美能源领域交流与合作取得积极成果。中国政府实行节约资源、保护环境的基本国策，大力推动节能减排，优化能源结构，积极开发利用清洁能源和可再生能源，把新能源产业作为战略性新兴产业加以支持。中方坚持共同而有区别责任的原则，采取有效举措积极应对气候变化。中美都是能源生产大国和消费大国，加强能源合作符合两国共同利益，双方应发挥各自优势和互补性，在先进清洁高效能源技术等方面开展务实合作，推动中美关系向纵深发展。

李克强向客人简要介绍了乌鲁木齐“7·5”事件情况并指出，任何法制国家都不能允许暴力犯罪行为，中国坚持维护社会稳定，高举各民族大团结的旗帜，保障人民群众根本利益，保持经济平稳较快发展。李克强还表示中方愿与美方一道，努力建设21世纪积极合作全面的中美关系，为维护世界和平、稳定与发展作出贡献。

朱棣文对中国在节能减排和发展新能源上取得的进展表示赞赏，希望在清洁能源技术研发推广等方面加强与中方合作，在多方面促进美中关系进一步发展。

国务院副总理王岐山在中南海会见美国商务部长骆家辉

王岐山说，美国新政府上任以来，中美关系开局良好。双方应当继续通过对话，深化经贸、投资等各领域合作，共同推动建设21世纪积极合作全面的中美关系。

骆家辉表示，中美关系是当今世界上最重要的双边关系之一。美方愿同中方进行更多富有成效的交流与合作。

上半年我国GDP同比增长7.1%

国家统计局新闻发言人李晓超今天在国新办举行的发布会上宣布，据初步核算，上半年我国GDP(国内生产总值)达139862亿元，按可比价格计算，同比增长7.1%，比一季度加快1.0个百分点。分季度看，一季度增长6.1%，二季度增长7.9%。李晓超还介绍了上半年其他各项经济指标。

中共中央政治局委员刘云山在人民大会堂会见第六期非洲国家政府官员新闻研修班全体成员

刘云山向研修班成员表示欢迎。他说，中非友谊源远流长，友好合作关系稳步发展。近年来，双方在中非合作论坛框架下的各项举措有力地推动了各领域的交流与合作。中国与非洲各国在新闻领域的合作与交流也进一步加强，彼此增进了了解、加深了感情。此次研修班是加强中非国家媒体交流的很好机会，也是推进中非各领域合作的具体举措。希望研修班的全体成员能将此行访华的亲身感受和中国人民的友谊转达给非洲人民。

研修班代表、来自利比里亚的弗洛莫·埃娃·玛米表示，中国的改革开放取得了举世瞩目的成就，成为世界媒体关注的焦点。研修班成员通过此行耳闻目睹了一个蓬勃发展和充满生机的中国，并与中国有关部门探讨了新闻领域合作的方法和途径。

本次研修班由国务院新闻办公室主办，共有27个非洲国家的46名政府官员和媒体负责人参加。

全国人大常委会副委员长李建国在人民大会堂会见由主席坎星·赛亚贡率领的老挝国会老中友好小组代表团

全国人大常委会副委员长严隽琪在北京会见泰国下议院第一副议长萨玛·盖米猜一行

国务委员兼国防部部长梁光烈在八一大楼与巴基斯坦国防部部长穆赫塔尔进行会谈

国务委员兼国防部部长梁光烈在八一大楼会见智利宪兵总局长爱德华多·戈登

广州发现南汉国宫殿遗址

《人民日报》报道，正在发掘的广州南越国宫署遗址工地的南汉地层近日发现了一处大型宫殿遗址，经过专家推断，为五代南汉国时期(917—971年)的宫殿遗址。

7月17日

第十一次驻外使节会议在北京召开

会议7月17日至20日在召开。中共中央总书记、国家主席、中央军委主席胡锦涛在会上发表重要讲话强调，坚持以邓小平理论和“三个代表”重要思想为指导，深入贯彻落实科学发展观，高举和平、发展、合作旗帜，坚持统筹国内国际两个大局，不断提高外交工作能力和水平，努力使我国在政治上更有影响力、经济上更有竞争力、形象上更有亲和力、道义上更有感召力，为全面建设小康社会、加快推进社会主义现代化营造良好国际环境和外部条件。

党和国家领导人吴邦国、温家宝、贾庆林、李长春、习近平、李克强、贺国强等出席会议。温家宝在会上讲话。

胡锦涛在讲话中回顾了2004年第十次驻外使节会议以来的外交工作，深入分析了当前国际形势的发展趋势和主要特点。胡锦涛指出，当前国际形势继续发生复杂深刻变化，我国正处在应对国际金融危机冲击、保持经济平稳较快发展的关键时刻，改革发展稳定面临新的重要机遇和严峻挑战。外交工作在党和国家工作全局中的地位和作用更加重要，必须更好地为巩固和发展改革发展稳定大局服务，为维护国家主权、安全、发展利益服务。

胡锦涛强调，进入新世纪新阶段以来，国际上发生一系列具有全局性和战略性影响的重大事件，对国际政治经济格局产生了重大而深远的影响。综观世界，和平与发展仍然是当今时代的主题，但综合国力竞争日趋激烈，广大发展中国家平等参与国际事务的要求日益强烈，国际上实现国际关系民主化呼声增强，国际金融危机使现行国际经济金融体系、世界经济治理结构受到严重冲击，世界多极化前景更加明朗，国际形势出现了一些值得高度重视的新特点新趋势。我们要开阔视野，审时度势，趋利避害，不断提高新形势下应对国际局势和处理国际事务的能力和水平。

胡锦涛强调，综合分析各方面情况，本世纪头20年我国发展的重要战略机遇期没有改变，同时我们面临的机遇和挑战出现了一些新的变化。我们要进一步增强机遇意识，加强和改进外交运筹，正确把握机遇和挑战的辩证关系，善于从变化的形势中把握和运用机遇，善于在严峻的挑战中捕捉和运用机遇，不断增强工作的前瞻性和主动性。我们要进一步增强忧患意识，始终居安思危，保持清醒头脑，做到未雨绸缪，充分估计前进道路上种种可以预料和难以预料的困难和风险，切实提高抓住机遇、化解挑战、驾驭复杂局面的能力，不断开创外交工作新局面。

胡锦涛指出，党的十七大提出了做好新形势下外交工作的指导思想和重要方针，要求我们坚持以邓小平理论和“三个代表”重要思想为指导，深入贯彻落实科学发展观，高举和平、发展、合作旗帜，奉行独立自主的和平外交政策，始终不渝走和平发展道路，始终不渝奉行互利共赢的开放战略，坚持在和平共处五项原则的基础上同所有国家发展友好合作，为推动建设持久和平、共同繁荣的和谐世界作出新的贡献。

胡锦涛强调，新形势下，外交工作同国家发展的关系更加紧密，必须依靠发展、服务发展、促进发展，切实维护全方位对外开放条件下我国发展利益。当前和今后一个时期，外交工作要把有效应对国际金融危机冲击、保持经济平稳较快发展，为保增长、保民生、保稳定服务作为重要任务，积极参与应对国际金融危机冲击、推动恢复世界经济增长的国际合作，积极推进我国同各国的务实合作。要坚决维护国家主权和安全，坚定不移坚持一个中国原则，维护我国周边稳定大局。要适应世界格局变化，全方位、多层次地推进外交工作，重点是要运筹好大国关系，做实做深构筑周边地缘战略依托工作，巩固发展中国家在我国外交全局中的基础地位，积极开展多边外交，大力加强各领域外交工作。要加强公共外交和人文外交，开展各种形式的对外文化交流活动，扎实传播中华优秀文化。要坚持以人为本，依法维护我国公民和法人海外合法权益，维护侨胞及香港特别行政区同胞、澳门特别行政区同胞、台湾同胞正当权益。要同世界各国一道推动建设和谐世界，致力于同世界各国相互尊重、扩大共识、和谐相处，致力于同世界各国深化合作、共同发展、互利共赢，积极倡导多边主义，促进国际关系民主化，推动国际文化交流，实现共同繁荣。

胡锦涛强调，各级领导干部一定要不断提高统筹国内国际两个大局的能力，树立宽广的世界眼光，科学把握当今世界的深刻变化及其特点，深刻认识国内大局和国际大局、内政和外交的紧密联系，主动顺应和平与发展的时代主题，正确应对世界多极化、经济全球化和科技进步的发展趋势，深化对内政外交互动规律的认识，善于从国际形势和国际条件的发展变化中把握改革发展稳定全局，把国内发展和对外开放更好统一起来，更好为推动科学发展、促进社会和谐服务。

胡锦涛强调，要适应新形势新任务，按照德才兼备、以德为先的要求，努力建设一支政治素质高、业务能力强、组织纪律严、经得起风浪考验的外交干部队伍，特别是要加快培养高素质驻外使节队伍。要加强用中国特色社会主义理论体系武装外交干部工作，教育引导外交干部特别是领导干部坚定理想信念，提高理论素养，加强知识学习，深化战略研究，增强工作本领，发扬我国外交战线优良传统和作风，始终做到忠于党、忠于国家、忠于人民、忠于职守。

温家宝在讲话中深入分析了国际国内形势。他指出，当代中国与世界的关系正在发生历史性变化，外交工作在党和国家战略全局中的地位更加突出，作用更加重要。我们要牢牢把握国际国内两个大局，不断提高外交工作的能力和水平，提高贯彻中央外交战略方针的能力和水平，提高驾驭复杂局势的能力和水平。

温家宝强调，国际金融危机使世界经济陷入深度衰退，现在还难言见底。世界经济的复苏将是一个缓慢、曲折的过程，必须做好有效应对的长期准备。面对当前严峻复杂的外部环境，我们必须坚定不移地继续实施中央确定的应对国际金融危机的方针政策和一揽子计划，用改革的办法破解发展难题。同时坚持互利共赢的对外开放战略。要把扩大内需和稳定外需结合起来，稳定提高我国出口产品的市场份额。坚持利用外资的方针，把引进外资同提高自主创新能力、优化国内产业结构、促进区域协调发展结合起来。加快实施“走出去”战略，把外汇储备运用与企业“走出去”结合起来，把对外投资与商品出口结合起来。继续完善人民币汇率形成机制改革，进一步发挥市场供求在汇率形成中的基础性作用，保持人民币汇率在合理均衡水平上的基本稳定。要广泛参与非传统安全领域的国际合作，进一步做好应对气候变化的外交工作。

出席会议的还有王岐山、刘云山、令计划、王沪宁、梁光烈、马凯。戴秉国在会上讲话。外交部部长杨洁篪、副部长王光亚在会上分别作工作报告。

我国驻外大使、总领事、驻国际组织代表，外交部和有关部委负责人、部分中央企业负责人及有关省区市外事部门负责人出席了会议。

全国人大常委会委员长吴邦国在人民大会堂会见拉美议会议长皮扎罗

吴邦国指出，中国和拉美各国同属发展中国家，在经济全球化和世界多极化的进程中，双方拥有的共同利益增多。中方一贯从战略高度看待中拉关系，致力于双方全面合作伙伴关系的深入发展，愿同拉美国家一道，进一步挖掘合作潜力，创新合作方式，共同应对挑战，把中拉关系推向新的高度。拉美议会是拉美和加勒比地区最重要、最具代表性的议会间组织。中国全国人大高度重视同拉美议会关系的发展，愿巩固和扩大双方交流与合作，为推动中拉关系全面发展作出更大贡献。

皮扎罗表示，中国在世界上的地位越来越重要，在全球金融危机背景下，这一直显得尤其明显。拉美议会是拉美地区重要的政治力量，也是该地区发展对华关系的重要力量，希望通过加强与中国全国人大的友好交往，为拉中关系的发展添砖加瓦。他重申，世界上只有一个中国，台湾是中国领土不可分割一部分，这是拉美议会的原则，永远不会改变。

中共中央政治局委员李源潮在中国科学院作人才工作报告(摘要)

李源潮指出，创新型科技人才是科学发展第一资源，实施人才强国战略、建设创新型国家，必须加快建设一支宏大的创新型科技人才队伍。

李源潮指出，人才是一种可持续开发的资源，也是一种越用越多的资源。我国人力资源丰富，人才优势是科学发展最需培育、最可依靠的优势。要树立人才优先发展的理念，确立人才在国家和地区经济社会发展中优先发展的战略布局，努力做到人才资源优先开发、人才结构优先调整、人才资本优先积累、人才制度优先创新，以人才优先发展推动经济社会又好又快发展。

李源潮指出，创新型科技人才是新知识的创造者、新技术的发明者、新学科的创建者、新产业的开拓者。要把培养造就创新型科技人才作为人才队伍建设的重点来抓，创新人才培养模式，健全有利于科技人才创新创业的评价、使用、激励机制，加强产学研结合，大力弘扬创新文化，努力造就世界一流的科学家、科技领军人才和高水平创新团队，建设宏大的创新型科技人才队伍。要进一步解放思想，开阔眼界、开阔思路、开阔胸襟，大力引进海外高层次创新型科技人才。

李源潮指出，人才只有使用才能创造价值。科学发展以人为本，人才发展以用为本。要把以用为本贯穿于人才培养、引进和使用各个环节，以用好用活人才为核心推进人才工作体制机制创新和人才发展政策创新，着力解决当前人才工作中存在的人才“不够用”、“不适用”、“不被用”等问题，努力使各类人才各得其所、用当其时、各展所长。

全国人大常委会副委员长陈至立在兰州举行的西北区域妇女发展论坛上发言

陈至立指出，在党中央、国务院的亲切关怀下，在有关部门的大力支持下，妇女小额贷款财政贴息的国家政策已经出台，农村妇女“两癌”检查的试点工作也已经启动。这是落实男女平等基本国策的重要举措，是惠及广大妇女的民心工程。她要求各级妇联抓住机遇，用好政策，大力推动妇女创业就业、增收致富；主动配合卫生部门开展“两癌”检查工作，精心做好宣传、组织工作，为提高妇女健康水平作出积极贡献，使妇女真正“得实惠、普受惠、长受惠”。

陈至立指出，国家西部大开发战略以及当前应对金融危机的一系列政策措施为西北地区提供了重大发展机遇。她强调，西北各省区妇联组织要抓住西部发展机遇，坚持服务大局、服务妇女、服务基层，加强协作、因地制宜、积极进取，努力争取政策、争取支持、争取更大作为，以求真务实的精神，发挥好西北区域妇女发展合作会议的信息平台、交流平台、服务平台和合作平台作用，创造性地开展本地妇女工作，推动西北区域妇女共同发展。

中共中央政治局委员李源潮在北京与低碳清洁能源专家座谈

李源潮会见北京低碳清洁能源研究所学术技术委员会顾问和首批通过“千人计划”引进的海外专家，并与他们座谈。李源潮指出，要充分发挥国有重要骨干企业的优势，积极引进海外高层次人才，为他们创造更有活力、更能聚精会神进行科技研发的体制机制，努力形成一流的研发团队，创造一流的研发成果，促进企业真正成为技术创新的主体，在建设创新型国家中发挥主力军作用。

李源潮指出，北京低碳清洁能源研究所这种由企业主办、企校共建的办所模式，是科研体制改革的一个创新，体现了企业要成为我国技术创新主体的要求。企业要有一流的研发机构，出一流的科技成果，就要引进和集聚一流的科技人才和科研团队。实施“千人计划”，为希望回国(来华)创新创业的海外高层次人才实现报国理想和人生抱负创造了机遇和平台，也为企业引进高层次人才提供了有力支持。国有骨干企业要积极创新体制机制，为引进人才充分施展才能提供良好的工作条件，最大限度地激发科技人员的创新活力和创造潜能。

国家发改委、科技部、国务院国资委、清华大学、神华集团负责同志参加座谈。

广东省委十届五次全会通过决议撤销陈绍基 许宗衡 刘友君十届省委委员职务

商务部公平贸易局负责人表示美国轮胎特保案裁决报告事实认定错误

中共中央政治局常委贺国强在人民大会堂会见由越南共产党中央政治局委员 中央书记处书记 中央检查委员会主任阮文芝率领的代表团

在谈到反腐倡廉工作时，贺国强说，经过不懈探索和实践，我们走出了一条中国特色反腐倡廉道路。我们将继续坚持标本兼治、综合治理、惩防并举、注重预防的方针，深入推进惩治和预防腐败体系建设，为巩固党的执政地位，促进经济社会健康发展，维护社会公平正义提供政治保证。

阮文芝表示，越南共产党愿意进一步深化与中共中央纪委的交流与合作，相互借鉴成功经验，促进两党两国关系全面、深入发展。

阮文芝是应中央纪委的邀请来华访问的。中央纪委副书记张惠新等参加了会见。

中央书记处书记何勇在钓鱼台国宾馆与越南中央检查委员会主任阮文芝率领的越共中央检查委员会代表团举行工作会谈

全国人大常委会副委员长司马义·铁力瓦尔地在

北京会见拉美议会议长若热·皮扎罗一行

纪念中国文学艺术界联合会成立60周年大会在人民大会堂召开

中共中央政治局常委李长春发来贺信，中宣部部长刘云山出席会议并讲话。

李长春在贺信中希望广大文学艺术工作者牢记时代和人民赋予的神圣使命，用德艺双馨的标准严格要求自己，积极履行人类灵魂工程师的职责，为人民而写，为时代而歌，燃起精神的火炬，吹响奋进的号角，激励全国各族人民在开创中国特色社会主义事业新局面的征程中共创幸福生活和美好未来。

刘云山在讲话中全面回顾了社会主义文艺事业60年来走过的光辉历程，系统总结了文艺工作取得的伟大成就和宝贵经验，突出强调了文艺工作在党和国家事业中的重要地位和作用，充分肯定了中国文联在增进文艺界大团结、促进文艺创作大繁荣、推动文艺事业大发展中作出的历史性贡献。

全国政协副主席、中国社科院院长陈奎元出席会议，全国政协副主席、中国文联主席孙家正出席会议并致词。

团中央书记处第一书记陆昊代表人民团体致贺词。中国文联向从事新中国文艺工作60年文艺工作者颁发了荣誉证章证书。周小燕、姜昆分别代表老中青艺术家发言。

中国文联党组书记、副主席胡振民主持大会。

中央国家机关有关部门、各人民团体、解放军总政治部负责同志，中国文联名誉主席、荣誉委员、主席团成员、全委会委员，中国文联各团体会员单位负责人、副省级城市文联负责人，老中青文艺工作者代表，中国文联各直属单位负责同志、机关干部职工和部分离退休老同志等900余人出席纪念大会。

百花赋——纪念中国文学艺术界联合会成立60周年文艺晚会在人民大会堂举行

明十三陵茂陵抢修工程开工

7月18日

中俄联合反恐军演首次举行实兵合练

参加“和平使命——2009”联合反恐军事演习的中俄双方参演陆空部队，在沈阳军区洮南某基地开始首次实兵合练。

按照演习预案，首次合练除不打实弹外，演练内容与演习内容完全相同，重点演练“联合封控、立体突破、机动歼敌、纵深围剿”四个内容。在演习场地设置上，演习采取了空间浓缩、战场位移、以少代多的方法，设置了逼真的模拟城镇、靶山等战场环境。

参演部队陆军出动坦克装甲车辆上百台次、空军部队出动战斗机、轰炸机、强击机、武装直升机30多架次。中俄两军的地面主站装备和空中主力机型，共同编组，协同作战，凸显对等、信任、协作、联合的思想。双方部队协同一致，配合默契，合练进行顺利，达到了预期效果。

《何东昌论教育》出版座谈会在北京举行

全国人大常委会副委员长陈至立出席座谈会并讲话。

由人民教育出版社出版的《何东昌论教育》一书，收录了何东昌同志自1980年6月至2008年11月间的代表性教育著述，共有报告、讲话、谈话、文章、信件、访谈录等62篇，内容涉及教育基本理论、我国教育改革发展的指导思想、教育方针政策和教育工作思路等，涵盖了基础教育、职业技术教育、高等教育、成人教育等各个方面。该书全景式地对改革开放以来我国教育改革发展的重大问题进行了深入论述，具有较强的理论意义和现实价值。

何东昌同志历任清华大学校务委员会副秘书长、工程物理系系主任、副校长、校党委副书记，1982年起任教育部部长、党组书记，国家教委副主任、党组书记，国务院学位委员会主任。

钟齐鑫与何翠莲在高雄举行的第八届世界运动会攀岩速度赛中获得男子组与女子组冠军

7月19日

国办印发《2009年节能减排工作安排》并发出通知

各省、自治区、直辖市人民政府，国务院各部委、各直属机构：

《2009年节能减排工作安排》已经国务院同意，现印发给你们，请认真贯彻执行。

国务院办公厅

2009年7月19日

2009年节能减排工作安排

“十一五”前三年，各地区、各部门认真落实党中央、国务院的部署，把节能减排作为促进科学发展的重要抓手，作为扩内需、保增长、调结构的重要内容，工作力度不断加大，节能减排取得积极进展。全国单位GDP能耗逐年逐季降低，2006年下降1.79%，2007年下降4.04%，2008年下降4.59%，三年累计下降10.1%,节能约2.9亿吨标准煤。全国二氧化硫、化学需氧量(COD)排放总量不断降低,2007年分别下降4.66%和3.14%,2008年分别下降5.95%和4.42%,“十一五”前三年累计分别下降8.95%和6.61%。

虽然节能减排取得积极进展,特别是今年以来产业结构发生了一些积极变化,但结构不合理的问题仍然突出,第三产业比重偏低,高耗能工业增速较快。国际金融危机对我国影响加剧,给节能减排工作带来新的问题和挑战。有的地方出现盲目上高耗能、高排放项目的苗头,有的地方擅自出台高耗能行业电价优惠政策;一些企业效益回落,影响节能减排重点工程实施。工作层面也还存在着认识不到位、激励政策不完善、机制不健全、监管不到位、基础工作薄弱等问题。从目前进展情况看,“十一五”节能目标完成进度仍落后于时间进度,形势严峻,任务艰巨。

2009年是实现“十一五”节能减排目标具有决定性意义的一年,各地区、各部门要进一步统一思想,充分认识节能减排工作的重要性和艰巨性,增强紧迫感和责任感,以科学发展观为指导,在保持经济平稳较快增长中坚持节能减排不动摇,继续把节能减排作为调整经济结构、转变发展方式的重要抓手,作为应对国际金融危机,扩内需、保增长、调结构的重要内容,作为减缓和适应全球气候变化、促进人类可持续发展的重要举措,全面落实各项节能减排政策措施,进一步加大工作力度,务求取得更大成效,确保节能减排目标完成进度与“十一五”规划实施进度同步。

一、加强目标责任考核。组织相关部门和专家对省级政府2008年节能减排目标完成情况进行现场评价考核,评价考核结果向社会公告,落实奖惩措施,实行严格的问责制。组织各地节能主管部门开展千家企业节能目标责任评价考核,审核汇总考核结果,向社会公告并做好考核结果的运用。发布2008年全国和各地区单位GDP能耗、主要污染物排放及工业增加值用水量指标公报,以及2009年上半年全国单位GDP能耗和主要污染物排放量指标公报。抓好军队资源节约统计与考评工作。

二、推动重点工程实施。继续加大中央预算内投资、新增中央投资、中央财政专项资金和国外优惠贷款对节能减排的支持力度,重点支持十大重点节能工程建设、循环经济发展、淘汰落后产能、城镇污水处理设施及配套管网建设、重点流域水污染治理,以及节能环保能力建设。2009年,通过实施十大重点节能工程,形成7500万吨标准煤的节能能力;实施“节能产品惠民工程”,对能效等级1级或2级以上高效节能空调、冰箱等10大类产品,通过财政补贴方式加大推广力度;推广节能灯1.2亿只;支持在北京、上海、重庆等13个城市开展节能与新能源汽车示范试点。新增城市污水日处理能力1000万立方米,全国36个大城市基本实现污水全部收集处理;新增燃煤电厂烟气脱硫设施5000万千瓦以上,新增钢铁企业烧结机烟气脱硫设施20台(套)。

三、严控高耗能、高排放行业盲目扩张。组织修订《产业结构调整目录》。在抓紧组织实施钢铁、汽车、造船、石化、轻工、纺织、有色金属、装备制造、电子信息、物流等重点产业调整振兴规划过程中,严格执行国家产业政策和项目审核管理规定,强化用地审查、节能评估审查、环境影响评价,从严控制高耗能、高排放行业盲目扩张。继续推动外商投资产业结构优化升级。加大信息技术在传统产业中的应用力度,对高耗能、高排放行业进行改造和提升。加大淘汰落后产能的力度,2009年“上大压小”关停小火电机组1500万千瓦,淘汰落后炼铁产能1000万吨、炼钢600万吨、水泥5000万吨、造纸50万吨、铁合金70万吨、焦炭600万吨。完善淘汰落后产能退出机制,公告淘汰落后产能企业名单,推广大型企业兼并重组落后企业等有效做法,落实好差别电价政策和淘汰落后产能企业职工安置政策措施。发布节能设备指导目录、落后高耗能设备淘汰目录等,推动淘汰落后高耗能设备。落实节能发电调度办法,抓紧出台配套政策。大力促进服务业和高技术产业发展,提高其在国民经济中的比重。

四、加快技术开发和推广。围绕能源、资源、环境等领域,建设和完善若干国家工程中心、国家工程实验室和国家重点实验室,在高效发电、重污染行业清洁生产、建筑节能等方面组织科研攻关,攻克一批节能减排关键和共性技术。编制工业、通信业清洁生产技术指南和重点节能技术推广专项规划。支持大型先进压水堆及高温气冷堆核电站重大科技专项。加大新技术、新产品产业化的实施力度,推动电动汽车产业化,做好“金太阳”太阳能发电、大型超超临界发电、有机废水循环利用等技术的规模化推广应用。制定半导体照明(LED)产业发展意见。推进浅层地热能开发利用。加快风能资源的评估与开发。发布农业机械节能减排技术。出台关于推行合同能源管理加快节能服务产业发展的意见,鼓励专业节能公司采用合同能源管理方式,为中小企业、公共机构实施节能改造。启动污泥处理处置示范工作。积极推进环保产业发展,继续开展烟气脱硫特许经营试点,规范城镇污水和垃圾处理特许经营,鼓励排污单位委托专业化公司承担污染治理或设施运营。发布当前国家鼓励发展的环保设备(产品)目录,编制环保装备示范工程规划。广泛开展节能减排国际合作,切实加强双边、区域和多边在节能、新能源和低碳技术研发等方面的交流,积极引进国际先进技术和管理经验。

五、着力抓好重点领域节能减排。继续大力推进千家企业节能行动，发布能源利用状况公告，开展节能管理师试点，形成2000万吨标准煤的节能能力。制定发布钢铁、建材、电子信息、军工和中小企业节能减排指导意见，深入开展重点耗能行业能效水平对标活动。扩大强制性能效标识实施范围，制定发布电风扇、微波炉、通风机、工业锅炉等6种产品能效标识实施规则。组织开展5万个锅炉房节能管理达标活动。2009年年底施工阶段执行节能强制性标准比例提高到90%以上；全面开展北方采暖地区既有居住建筑节能改造，2009年改造6000万平方米；继续推进供热按用热量计量收费；扩大可再生能源建筑应用示范规模，出台推动太阳能光电技术在建筑领域应用的实施意见，实施好新建经济适用房、廉租房、新农村农房可再生能源建筑规模化应用项目。大力发展公共交通，优化道路运输组织管理；严格执行汽车燃料消耗量限值标准，实施落后车辆淘汰制度，完善报废汽车回收机制；加快发展水路运输，推进船型标准化；加快电气化铁路建设；优化航线航路，启动机场节电工程，研究建立民航业节能减排激励约束机制；建立交通运输行业节能减排监测考核体系。安排财政资金70亿元，鼓励汽车、家电“以旧换新”。推进节约型机关、学校、科技场馆、文化场馆、医院、体育场馆等“六个100示范工程”建设，研究建立公共机构节能考核制度。开展大型公共建筑能耗统计、审计和公示工作。继续安排中央投资支持农村沼气建设；实施农村清洁工程，加大“以奖促治”工作力度，解决一批村镇存在的突出环境问题。推进零售业节能降耗。

六、大力发展循环经济。做好循环经济促进法贯彻实施工作。组织编制重点行业和重点领域循环经济发展规划，印发省市循环经济发展规划编制指南。建立循环经济发展专项资金，支持循环经济技术研发、示范推广、能力建设等。深化循环经济示范试点，开展“循环经济专家行”活动。加快实施汽车零部件再制造试点，出台促进汽车零部件再制造产业发展意见，建立汽车零部件再制造产品标识制度。组织编制实施再生金属利用规划、重大机电装备再制造产业发展规划。加快国家生态示范工业园区建设。研究建立循环经济评价指标体系和统计制度。发展矿产资源领域循环经济，推进矿产资源综合利用，加快脱硫石膏、磷石膏、农作物秸秆等资源化重点工程建设。启动第三批禁止使用实心黏土砖和第三批“禁止现场搅拌砂浆”工作。制定重点电子信息产品污染物管理目录，推动废弃电器电子产品回收利用。加快第二批再生资源回收体系建设试点，支持建设一批统一规范的社区回收站点、专业化分拣中心和区域集散市场。推进城镇污水处理再生利用。启动餐厨垃圾无害化处理试点。促进灾区建筑废弃物资源化利用。进一步加大“限塑”和秸秆综合利用工作力度。落实国务院办公厅关于治理商品过度包装的有关文件精神，抓紧制定治理商品过度包装的相关标准和政策。推动机电产品包装节材代木。推进循环农业促进行动，重点抓好10个循环农业地市建设，以及农垦制糖业、天然橡胶业的循环产业建设。

七、完善相关经济政策。继续推进资源性产品价格改革，落实成品油价格和税费改革方案。完善天然气价格形成机制。实行鼓励余热余压发电的上网和价格政策。继续推进电价改革，完善需求侧电价管理制度。继续实行促进节约用水的水价制度，鼓励使用再生水。完善老旧汽车报废更新补偿制度。出台农村老旧渡船拆解改造补偿制度。研究调整车辆购置税政策。推进环保收费改革，提高收缴率。研究建立污染物减排激励机制。修订高污染、高环境风险产品名录，继续控制高耗能、高排放和资源性产品出口。继续实施促进节能减排的政府采购政策，完善清单动态管理制度、公示制度和执行政策的奖惩制度。完善矿产资源有偿使用制度改革。逐步建立生态环境补偿机制。进一步扩大用于节能减排的企业债券发行规模，研究开展污水处理项目收益债券试点、环境污染责任保险试点。金融机构继续加大对节能减排重大项目的信贷支持。推进有条件的地区开展排污权有偿使用和交易试点工作。

八、加快法规和标准建设。完善节能减排法律、法规体系，加快节约能源法和循环经济促进法配套法规建设。落实好民用建筑节能条例、公共机构节能条例。研究起草排污许可证条例。尽快出台固定资产投资项目节能评估和审查办法、城镇排水和污水处理条例。修订重点用能单位节能管理办法、能效标识管理办法、节能产品认证管理办法，组织制订、修订电炉钢冶炼和氧化铝、尿素等高耗能产品能耗限额强制性国家标准，以及水源热泵机组、小功率电机、容积式空气压缩机、通风机、工业锅炉等用能产品强制性能效标准。进一步完善并严格执行电石、热轧带肋钢筋等高耗能和易造成环境污染产品的市场准入条件。制定电力企业节能降耗主要指标监管评价标准。

九、强化节能减排监管。加强对各地区节能减排工作的监督检查，督促各项节能减排优惠政策的落实，坚决制止和纠正擅自出台对高耗能行业实行优惠电价、违规乱上高耗能和高排放项目等行为。加强节能减排执法检查，严肃查处严重浪费能源资源、严重破坏环境、违反能源利用状况报告制度、私自排污等问题。开展能效标识、能源计量器具配备、能源计量数据及使用、高耗能特种设备等专项检查。深入开展环保执法专项行动，重点做好电力、钢铁、建材、造纸等12个高耗能、高排放行业排放总量控制和排污许可制度执行情况的监督检查。加强职工节能减排义务监督员队伍建设，强化对义务监督员的培训。发布电力企业节能减排情况通报。

十、加强监管能力建设。加快节能减排统计、监测和考核体系建设。加强资源环境、循环经济基础研究，建立体现资源节约型、环境友好型社会建设的中国资源环境统计指标体系。抓紧组建国家节能中心，健全省级节能监察机构和节能技术服务中心。结合第二次全国经济普查，组织实施第二、三产业用能单位能耗调查和主要耗能行业重点耗能设备普查。继续推进污染源普查工作，加强环境质量监测、污染源自动监控、信息传输与统计等能力建设。进一步完善城镇污水处理管理信息系统，启动建设全国城镇生活垃圾处理管理信息系统。建设电力行业节能减排监管信息平台。

十一、开展规划编制等重大问题研究。编制节能环保产业发展规划，加快培育新的经济增长点。开展"十二五"节能专项规划前期研究，研究节能重大问题，重点做好节能目标预测。对节能中长期专项规划实施情况进行评估。开展"十二五"污染物排放总量控制计划前期研究，重点对实施总量控制的污染物及排放指标等开展专题研究。做好"十二五"城镇污水、垃圾处理设施建设规划的前期研究，重点是目标、技术路线、政策机制等，特别是对垃圾处理技术路线、污泥无害化处理做专题研究，为制定"十二五"规划纲要做好前期准备。

十二、加大宣传教育工作力度。继续广泛深入开展"节能减排全民行动"，以节油节电和全民节能为重点，深入开展节能减排宣传教育，普及节能环保知识，积极倡导节约型的生产方式、消费模式和生活习惯。做好2009年全国节能宣传周、中国城市无车日、世界水日、中国水周、全国城市节水宣传周、"六·五"环境日的宣传活动。各地区要对节能减排作出突出贡献的单位和个人予以表彰，在全社会进行广泛宣传。开展"汽车节能环保驾驶"活动，大力宣传节能环保驾驶理念。新闻媒体要加大节能减排报道力度，宣传先进经验，曝光反面典型，发挥舆论的引导和监督作用。

发展改革委要加强节能减排综合协调，环境保护部要做好减排协调工作，指导、督促、检查各地区、各部门落实国务院节能减排综合性工作方案和本工作安排的各项工作，及时向国务院报告节能减排进展情况，提出意见和建议。

中国选手黄秋爽在日本千叶举行的日本杯国际体操邀请赛上以58.90分的成绩夺得女子个人全能冠军

7月20日

国务院总理温家宝签署第557号令公布《中华人民共和国食品安全法实施条例》

《中华人民共和国食品安全法实施条例》已经2009年7月8日国务院第73次常务会议通过，现予公布，自公布之日起施行。

总理 温家宝

2009年7月20日

中华人民共和国食品安全法实施条例

第一章 总 则

第一条 根据《中华人民共和国食品安全法》(以下简称食品安全法)，制定本条例。

第二条 县级以上地方人民政府应当履行食品安全法规定的职责；加强食品安全监督管理能力建设，为食品安全监督管理工作提供保障；建立、健全食品安全监督管理部门的协调配合机制，整合、完善食品安全信息网络，实现食品安全信息共享和食品检验等技术资源的共享。

第三条 食品生产经营者应当依照法律、法规和食品安全标准从事生产经营活动，建立、健全食品安全管理制度，采取有效管理措施，保证食品安全。

食品生产经营者对其生产经营的食品安全负责，对社会和公众负责，承担社会责任。

第四条 食品安全监督管理部门应当依照食品安全法和本条例的规定公布食品安全信息，为公众咨询、投诉、举报提供方便；任何组织和个人有权向有关部门了解食品安全信息。

第二章 食品安全风险监测和评估

第五条 食品安全法第十一条规定的国家食品安全风险监测计划，由国务院卫生行政部门会同国务院质量监督、工商行政管理和国家食品药品监督管理以及国务院商务、工业和信息化等部门，根据食品安全风险评估、食品安全标准制定与修订、食品安全监督管理等工作的需要制定。

第六条 省、自治区、直辖市人民政府卫生行政部门应当组织同级质量监督、工商行政管理、食品药品监督管理、商务、工业和信息化等部门，依照食品安全法第十一条的规定，制定本行政区域的食品安全风险监测方案，报国务院卫生行政部门备案。

国务院卫生行政部门应当将备案情况向国务院质量监督、工商行政管理和国家食品药品监督管理以及国务院商务、工业和信息化等部门通报。

第七条 国务院卫生行政部门会同有关部门除依

照食品安全法第十二条的规定对国家食品安全风险监测计划作出调整外，必要时，还应当依据医疗机构报告的有关疾病信息调整国家食品安全风险监测计划。

国家食品安全风险监测计划作出调整后，省、自治区、直辖市人民政府卫生行政部门应当结合本行政区域的具体情况，对本行政区域的食品安全风险监测方案作出相应调整。

第八条　医疗机构发现其接收的病人属于食源性疾病病人、食物中毒病人，或者疑似食源性疾病病人、疑似食物中毒病人的，应当及时向所在地县级人民政府卫生行政部门报告有关疾病信息。

接到报告的卫生行政部门应当汇总、分析有关疾病信息，及时向本级人民政府报告，同时报告上级卫生行政部门；必要时，可以直接向国务院卫生行政部门报告，同时报告本级人民政府和上级卫生行政部门。

第九条　食品安全风险监测工作由省级以上人民政府卫生行政部门会同同级质量监督、工商行政管理、食品药品监督管理等部门确定的技术机构承担。

承担食品安全风险监测工作的技术机构应当根据食品安全风险监测计划和监测方案开展监测工作，保证监测数据真实、准确，并按照食品安全风险监测计划和监测方案的要求，将监测数据和分析结果报送省级以上人民政府卫生行政部门和下达监测任务的部门。

食品安全风险监测工作人员采集样品、收集相关数据，可以进入相关食用农产品种植养殖、食品生产、食品流通或者餐饮服务场所。采集样品，应当按照市场价格支付费用。

第十条　食品安全风险监测分析结果表明可能存在食品安全隐患的，省、自治区、直辖市人民政府卫生行政部门应当及时将相关信息通报本行政区域设区的市级和县级人民政府及其卫生行政部门。

第十一条　国务院卫生行政部门应当收集、汇总食品安全风险监测数据和分析结果，并向国务院质量监督、工商行政管理和国家食品药品监督管理以及国务院商务、工业和信息化等部门通报。

第十二条　有下列情形之一的，国务院卫生行政部门应当组织食品安全风险评估工作：

（一）为制定或者修订食品安全国家标准提供科学依据需要进行风险评估的；

（二）为确定监督管理的重点领域、重点品种需要进行风险评估的；

（三）发现新的可能危害食品安全的因素的；

（四）需要判断某一因素是否构成食品安全隐患的；

（五）国务院卫生行政部门认为需要进行风险评估的其他情形。

第十三条　国务院农业行政、质量监督、工商行政管理和国家食品药品监督管理等有关部门依照食品安全法第十五条规定向国务院卫生行政部门提出食品安全风险评估建议，应当提供下列信息和资料：

（一）风险的来源和性质；

（二）相关检验数据和结论；

（三）风险涉及范围；

（四）其他有关信息和资料。

县级以上地方农业行政、质量监督、工商行政管理、食品药品监督管理等有关部门应当协助收集前款规定的食品安全风险评估信息和资料。

第十四条　省级以上人民政府卫生行政、农业行政部门应当及时相互通报食品安全风险监测和食用农产品质量安全风险监测的相关信息。

国务院卫生行政、农业行政部门应当及时相互通报食品安全风险评估结果和食用农产品质量安全风险评估结果等相关信息。

第三章　食品安全标准

第十五条　国务院卫生行政部门会同国务院农业行政、质量监督、工商行政管理和国家食品药品监督管理以及国务院商务、工业和信息化等部门制定食品安全国家标准规划及其实施计划。制定食品安全国家标准规划及其实施计划，应当公开征求意见。

第十六条　国务院卫生行政部门应当选择具备相应技术能力的单位起草食品安全国家标准草案。提倡由研究机构、教育机构、学术团体、行业协会等单位，共同起草食品安全国家标准草案。

国务院卫生行政部门应当将食品安全国家标准草案向社会公布，公开征求意见。

第十七条　食品安全法第二十三条规定的食品安全国家标准审评委员会由国务院卫生行政部门负责组织。

食品安全国家标准审评委员会负责审查食品安全国家标准草案的科学性和实用性等内容。

第十八条　省、自治区、直辖市人民政府卫生行政部门应当将企业依照食品安全法第二十五条规定报送备案的企业标准，向同级农业行政、质量监督、工商行政管理、食品药品监督管理、商务、工业和信息化等部门通报。

第十九条　国务院卫生行政部门和省、自治区、直辖市人民政府卫生行政部门应当会同同级农业行政、质量监督、工商行政管理、食品药品监督管理、商务、工业和信息化等部门，对食品安全国家标准和食品安全地方标准的执行情况分别进行跟踪评价，并应当根据评价结果适时组织修订食品安全标准。

国务院和省、自治区、直辖市人民政府的农业行政、质量监督、工商行政管理、食品药品监督管理、商务、工业和信息化等部门应当收集、汇总食品安全标准在执行过程中存在的问题,并及时向同级卫生行政部门通报。

食品生产经营者、食品行业协会发现食品安全标准在执行过程中存在问题的,应当立即向食品安全监督管理部门报告。

第四章 食品生产经营

第二十条 设立食品生产企业,应当预先核准企业名称,依照食品安全法的规定取得食品生产许可后,办理工商登记。县级以上质量监督管理部门依照有关法律、行政法规规定审核相关资料、核查生产场所、检验相关产品;对相关资料、场所符合规定要求以及相关产品符合食品安全标准或者要求的,应当作出准予许可的决定。

其他食品生产经营者应当在依法取得相应的食品生产许可、食品流通许可、餐饮服务许可后,办理工商登记。法律、法规对食品生产加工小作坊和食品摊贩另有规定的,依照其规定。

食品生产许可、食品流通许可和餐饮服务许可的有效期为三年。

第二十一条 食品生产经营者的生产经营条件发生变化,不符合食品生产经营要求的,食品生产经营者应当立即采取整改措施;有发生食品安全事故的潜在风险的,应当立即停止食品生产经营活动,并向所在地县级质量监督、工商行政管理或者食品药品监督管理部门报告;需要重新办理许可手续的,应当依法办理。

县级以上质量监督、工商行政管理、食品药品监督管理部门应当加强对食品生产经营者生产经营活动的日常监督检查;发现不符合食品生产经营要求情形的,应当责令立即纠正,并依法予以处理;不再符合生产经营许可条件的,应当依法撤销相关许可。

第二十二条 食品生产经营企业应当依照食品安全法第三十二条的规定组织职工参加食品安全知识培训,学习食品安全法律、法规、规章、标准和其他食品安全知识,并建立培训档案。

第二十三条 食品生产经营者应当依照食品安全法第三十四条的规定建立并执行从业人员健康检查制度和健康档案制度。从事接触直接入口食品工作的人员患有痢疾、伤寒、甲型病毒性肝炎、戊型病毒性肝炎等消化道传染病,以及患有活动性肺结核、化脓性或者渗出性皮肤病等有碍食品安全的疾病的,食品生产经营者应当将其调整到其他不影响食品安全的工作岗位。

食品生产经营人员依照食品安全法第三十四条第二款规定进行健康检查,其检查项目等事项应当符合所在地省、自治区、直辖市的规定。

第二十四条 食品生产经营企业应当依照食品安全法第三十六条第二款、第三十七条第一款、第三十九条第二款的规定建立进货查验记录制度、食品出厂检验记录制度,如实记录法律规定记录的事项,或者保留载有相关信息的进货或者销售票据。记录、票据的保存期限不得少于两年。

第二十五条 实行集中统一采购原料的集团性食品生产企业,可以由企业总部统一查验供货者的许可证和产品合格证明文件,进行进货查验记录;对无法提供合格证明文件的食品原料,应当依照食品安全标准进行检验。

第二十六条 食品生产企业应当建立并执行原料验收、生产过程安全管理、贮存管理、设备管理、不合格产品管理等食品安全管理制度,不断完善食品安全保障体系,保证食品安全。

第二十七条 食品生产企业应当就下列事项制定并实施控制要求,保证出厂的食品符合食品安全标准:

(一)原料采购、原料验收、投料等原料控制;

(二)生产工序、设备、贮存、包装等生产关键环节控制;

(三)原料检验、半成品检验、成品出厂检验等检验控制;

(四)运输、交付控制。

食品生产过程中有不符合控制要求情形的,食品生产企业应当立即查明原因并采取整改措施。

第二十八条 食品生产企业除依照食品安全法第三十六条、第三十七条规定进行进货查验记录和食品出厂检验记录外,还应当如实记录食品生产过程的安全管理情况。记录的保存期限不得少于两年。

第二十九条 从事食品批发业务的经营企业销售食品,应当如实记录批发食品的名称、规格、数量、生产批号、保质期、购货者名称及联系方式、销售日期等内容,或者保留载有相关信息的销售票据。记录、票据的保存期限不得少于两年。

第三十条 国家鼓励食品生产经营者采用先进技术手段,记录食品安全法和本条例要求记录的事项。

第三十一条 餐饮服务提供者应当制定并实施原料采购控制要求,确保所购原料符合食品安全标准。

餐饮服务提供者在制作加工过程中应当检查待加工的食品及原料,发现有腐败变质或者其他感官性状异常的,不得加工或者使用。

第三十二条 餐饮服务提供企业应当定期维护食品加工、贮存、陈列等设施、设备;定期清洗、校验保温设施及冷藏、冷冻设施。

餐饮服务提供者应当按照要求对餐具、饮具进行清洗、消毒,不得使用未经清洗和消毒的餐具、饮具。

第三十三条　对依照食品安全法第五十三条规定被召回的食品,食品生产者应当进行无害化处理或者予以销毁,防止其再次流入市场。对因标签、标识或者说明书不符合食品安全标准而被召回的食品,食品生产者在采取补救措施且能保证食品安全的情况下可以继续销售;销售时应当向消费者明示补救措施。

县级以上质量监督、工商行政管理、食品药品监督管理部门应当将食品生产者召回不符合食品安全标准的食品的情况,以及食品经营者停止经营不符合食品安全标准的食品的情况,记入食品生产经营者食品安全信用档案。

第五章　食品检验

第三十四条　申请人依照食品安全法第六十条第三款规定向承担复检工作的食品检验机构(以下称复检机构)申请复检,应当说明理由。

复检机构名录由国务院认证认可监督管理、卫生行政、农业行政等部门共同公布。复检机构出具的复检结论为最终检验结论。

复检机构由复检申请人自行选择。复检机构与初检机构不得为同一机构。

第三十五条　食品生产经营者对依照食品安全法第六十条规定进行的抽样检验结论有异议申请复检,复检结论表明食品合格的,复检费用由抽样检验的部门承担;复检结论表明食品不合格的,复检费用由食品生产经营者承担。

第六章　食品进出口

第三十六条　进口食品的进口商应当持合同、发票、装箱单、提单等必要的凭证和相关批准文件,向海关报关地的出入境检验检疫机构报检。进口食品应当经出入境检验检疫机构检验合格。海关凭出入境检验检疫机构签发的通关证明放行。

第三十七条　进口尚无食品安全国家标准的食品,或者首次进口食品添加剂新品种、食品相关产品新品种,进口商应当向出入境检验检疫机构提交依照食品安全法第六十三条规定取得的许可证明文件,出入境检验检疫机构应当按照国务院卫生行政部门的要求进行检验。

第三十八条　国家出入境检验检疫部门在进口食品中发现食品安全国家标准未规定且可能危害人体健康的物质,应当按照食品安全法第十二条的规定向国务院卫生行政部门通报。

第三十九条　向我国境内出口食品的境外食品生产企业依照食品安全法第六十五条规定进行注册,其注册有效期为4年。已经注册的境外食品生产企业提供虚假材料,或者因境外食品生产企业的原因致使相关进口食品发生重大食品安全事故的,国家出入境检验检疫部门应当撤销注册,并予以公告。

第四十条　进口的食品添加剂应当有中文标签、中文说明书。标签、说明书应当符合食品安全法和我国其他有关法律、行政法规的规定以及食品安全国家标准的要求,载明食品添加剂的原产地和境内代理商的名称、地址、联系方式。食品添加剂没有中文标签、中文说明书或者标签、说明书不符合本条规定的,不得进口。

第四十一条　出入境检验检疫机构依照食品安全法第六十二条规定对进口食品实施检验,依照食品安全法第六十八条规定对出口食品实施监督、抽检,具体办法由国家出入境检验检疫部门制定。

第四十二条　国家出入境检验检疫部门应当建立信息收集网络,依照食品安全法第六十九条的规定,收集、汇总、通报下列信息:

(一)出入境检验检疫机构对进出口食品实施检验检疫发现的食品安全信息;

(二)行业协会、消费者反映的进口食品安全信息;

(三)国际组织、境外政府机构发布的食品安全信息、风险预警信息,以及境外行业协会等组织、消费者反映的食品安全信息;

(四)其他食品安全信息。

接到通报的部门必要时应当采取相应处理措施。

食品安全监督管理部门应当及时将获知的涉及进出口食品安全的信息向国家出入境检验检疫部门通报。

第七章　食品安全事故处置

第四十三条　发生食品安全事故的单位对导致或者可能导致食品安全事故的食品及原料、工具、设备等,应当立即采取封存等控制措施,并自事故发生之时起两小时内向所在地县级人民政府卫生行政部门报告。

第四十四条　调查食品安全事故,应当坚持实事求是、尊重科学的原则,及时、准确查清事故性质和原因,认定事故责任,提出整改措施。

参与食品安全事故调查的部门应当在卫生行政部门的统一组织协调下分工协作、相互配合,提高事故调查处理的工作效率。

食品安全事故的调查处理办法由国务院卫生行政部门会同国务院有关部门制定。

第四十五条　参与食品安全事故调查的部门有权向有关单位和个人了解与事故有关的情况,并要求提供相关资料和样品。

有关单位和个人应当配合食品安全事故调查处理工作,按照要求提供相关资料和样品,不得拒绝。

第四十六条 任何单位或者个人不得阻挠、干涉食品安全事故的调查处理。

第八章 监督管理

第四十七条 县级以上地方人民政府依照食品安全法第七十六条规定制定的食品安全年度监督管理计划,应当包含食品抽样检验的内容。对专供婴幼儿、老年人、病人等特定人群的主辅食品,应当重点加强抽样检验。

县级以上农业行政、质量监督、工商行政管理、食品药品监督管理部门应当按照食品安全年度监督管理计划进行抽样检验。抽样检验购买样品所需费用和检验费等,由同级财政列支。

第四十八条 县级人民政府应当统一组织、协调本级卫生行政、农业行政、质量监督、工商行政管理、食品药品监督管理部门,依法对本行政区域内的食品生产经营者进行监督管理;对发生食品安全事故风险较高的食品生产经营者,应当重点加强监督管理。

在国务院卫生行政部门公布食品安全风险警示信息,或者接到所在地省、自治区、直辖市人民政府卫生行政部门依照本条例第十条规定通报的食品安全风险监测信息后,设区的市级和县级人民政府应当立即组织本级卫生行政、农业行政、质量监督、工商行政管理、食品药品监督管理部门采取有针对性的措施,防止发生食品安全事故。

第四十九条 国务院卫生行政部门应当根据疾病信息和监督管理信息等,对发现的添加或者可能添加到食品中的非食品用化学物质和其他可能危害人体健康的物质的名录及检测方法予以公布;国务院质量监督、工商行政管理和国家食品药品监督管理部门应当采取相应的监督管理措施。

第五十条 质量监督、工商行政管理、食品药品监督管理部门在食品安全监督管理工作中可以采用国务院质量监督、工商行政管理和国家食品药品监督管理部门认定的快速检测方法对食品进行初步筛查;对初步筛查结果表明可能不符合食品安全标准的食品,应当依照食品安全法第六十条第三款的规定进行检验。初步筛查结果不得作为执法依据。

第五十一条 食品安全法第八十二条第二款规定的食品安全日常监督管理信息包括:

(一)依照食品安全法实施行政许可的情况;

(二)责令停止生产经营的食品、食品添加剂、食品相关产品的名录;

(三)查处食品生产经营违法行为的情况;

(四)专项检查整治工作情况;

(五)法律、行政法规规定的其他食品安全日常监督管理信息。

前款规定的信息涉及两个以上食品安全监督管理部门职责的,由相关部门联合公布。

第五十二条 食品安全监督管理部门依照食品安全法第八十二条规定公布信息,应当同时对有关食品可能产生的危害进行解释、说明。

第五十三条 卫生行政、农业行政、质量监督、工商行政管理、食品药品监督管理等部门应当公布本单位的电子邮件地址或者电话,接受咨询、投诉、举报;对接到的咨询、投诉、举报,应当依照食品安全法第八十条的规定进行答复、核实、处理,并对咨询、投诉、举报和答复、核实、处理的情况予以记录、保存。

第五十四条 国务院工业和信息化、商务等部门依据职责制定食品行业的发展规划和产业政策,采取措施推进产业结构优化,加强对食品行业诚信体系建设的指导,促进食品行业健康发展。

第九章 法律责任

第五十五条 食品生产经营者的生产经营条件发生变化,未依照本条例第二十一条规定处理的,由有关主管部门责令改正,给予警告;造成严重后果的,依照食品安全法第八十五条的规定给予处罚。

第五十六条 餐饮服务提供者未依照本条例第三十一条第一款规定制定、实施原料采购控制要求的,依照食品安全法第八十六的规定给予处罚。

餐饮服务提供者未依照本条例第三十一条第二款规定检查待加工的食品及原料,或者发现有腐败变质或者其他感官性状异常仍加工、使用的,依照食品安全法第八十五条的规定给予处罚。

第五十七条 有下列情形之一的,依照食品安全法第八十七条的规定给予处罚:

(一)食品生产企业未依照本条例第二十六条规定建立、执行食品安全管理制度的;

(二)食品生产企业未依照本条例第二十七条规定制定、实施生产过程控制要求,或者食品生产过程中有不符合控制要求的情形未依照规定采取整改措施的;

(三)食品生产企业未依照本条例第二十八条规定记录食品生产过程的安全管理情况并保存相关记录的;

(四)从事食品批发业务的经营企业未依照本条例第二十九条规定记录、保存销售信息或者保留销售票据的;

(五)餐饮服务提供企业未依照本条例第三十二条第一款规定定期维护、清洗、校验设施、设备的;

(六)餐饮服务提供者未依照本条例第三十二条第二款规定对餐具、饮具进行清洗、消毒,或者使用未经清洗和消毒的餐具、饮具的。

第五十八条 进口不符合本条例第四十条规定

的食品添加剂的，由出入境检验检疫机构没收违法进口的食品添加剂；违法进口的食品添加剂货值金额不足1万元的，并处2000元以上5万元以下罚款；货值金额1万元以上的，并处货值金额2倍以上5倍以下罚款。

第五十九条　医疗机构未依照本条例第八条规定报告有关疾病信息的，由卫生行政部门责令改正，给予警告。

第六十条　发生食品安全事故的单位未依照本条例第四十三条规定采取措施并报告的，依照食品安全法第八十八条的规定给予处罚。

第六十一条　县级以上地方人民政府不履行食品安全监督管理法定职责，本行政区域出现重大食品安全事故、造成严重社会影响的，依法对直接负责的主管人员和其他直接责任人员给予记大过、降级、撤职或者开除的处分。

县级以上卫生行政、农业行政、质量监督、工商行政管理、食品药品监督管理部门或者其他有关行政部门不履行食品安全监督管理法定职责、日常监督检查不到位或者滥用职权、玩忽职守、徇私舞弊的，依法对直接负责的主管人员和其他直接责任人员给予记大过或者降级的处分；造成严重后果的，给予撤职或者开除的处分；其主要负责人应当引咎辞职。

第十章　附　则

第六十二条　本条例下列用语的含义：

食品安全风险评估，指对食品、食品添加剂中生物性、化学性和物理性危害对人体健康可能造成的不良影响所进行的科学评估，包括危害识别、危害特征描述、暴露评估、风险特征描述等。

餐饮服务，指通过即时制作加工、商业销售和服务性劳动等，向消费者提供食品和消费场所及设施的服务活动。

第六十三条　食用农产品质量安全风险监测和风险评估由县级以上人民政府农业行政部门依照《中华人民共和国农产品质量安全法》的规定进行。

国境口岸食品的监督管理由出入境检验检疫机构依照食品安全法和本条例以及有关法律、行政法规的规定实施。

食品药品监督管理部门对声称具有特定保健功能的食品实行严格监管，具体办法由国务院另行制定。

第六十四条　本条例自公布之日起施行。

“100位为新中国成立作出突出贡献的英雄模范人物和100位新中国成立以来感动中国人物”评选活动公众投票启事

为深入开展群众性爱国主义教育活动，迎接新中国成立60周年，中央有关部门联合组织开展评选“100位为新中国成立作出突出贡献的英雄模范人物和100位新中国成立以来感动中国人物”活动。在群众广泛推荐提名的基础上，经评审组认真评议，报活动组委会审定，按照正式人选1.5倍比例，确定了150名“为新中国成立作出突出贡献的英雄模范人物”候选人和150名“新中国成立以来感动中国人物”候选人，现予公布。

为便于广大干部群众了解英雄模范和先进典型的事迹，方便投票、评选，全国“双百”评选活动组委会今天在《人民日报》《解放军报》《光明日报》《经济日报》《科技日报》《中国纪检监察报》《工人日报》《中国青年报》《中国妇女报》《农民日报》《法制日报》，人民网、新华网、央视网等中央主要媒体所属新闻网站，中国网、中国文明网以及商业网站刊登候选人主要事迹。同时刊登选票和投票规则，接受公众投票。投票具体事宜见投票规则。

全国“双百”评选活动组委会办公室

2009年7月20日

中国装备制造业最大出口合同签署

上海振华重工(集团)股份有限公司与西班牙ADHK公司今天签署出口销售合同，总额为22亿美元，包括10台海上自升式钻井平台、7台陆上钻机和两艘浮吊，这是迄今为止国内装备制造业最大的出口合同，也标志着振华重工向世界海洋工程装备市场进军迈开了成功的第一步。

中央军委在北京八一大楼举行晋升上将军衔仪式

中央军委主席胡锦涛向晋升上将军衔的同志颁发命令状。

这次晋升上将军衔的高级军官是：副总参谋长马晓天、军事科学院政治委员刘源、成都军区政治委员张海阳。

中央军委委员梁光烈、陈炳德、李继耐、廖锡龙、常万全、吴胜利、许其亮出席晋衔仪式。出席晋衔仪式的还有解放军四总部、驻京各大单位和军委办公厅的领导等。

7月21日

中共中央在中南海召开党外人士座谈会

会议就当前经济形势和下半年经济工作听取各民主党派中央、全国工商联领导人和无党派人士意见和建议。中共中央总书记胡锦涛主持座谈会并发表重要讲话。

中共中央政治局常委温家宝、贾庆林、习近平、李克强出席座谈会。温家宝通报了上半年经济工作有关情况，介绍了中共中央、国务院关于做好下半年经济工作的考虑。

座谈会上，民革中央主席周铁农、民盟中央主席蒋树声、民建中央主席陈昌智、民进中央主席严隽琪、农工党中央主席桑国卫、致公党中央主席万钢、九三学社中央主席韩启德、台盟中央主席林文漪、全国工商联主席黄孟复、无党派人士陈章良先后发言。他们表示赞同中共中央、国务院对当前我国经济形势的分析和对下半年经济工作的考虑，并就加快推进结构调整、优化投资结构和方向、扩大消费需求、推动科技创新、加快发展循环经济、保障和改善民生、深化改革开放等提出了意见和建议。

在认真听取了大家的发言后，胡锦涛作了重要讲话。他说，同志们在发言中充分肯定了今年上半年以来我国应对国际金融危机冲击、保持经济平稳较快发展取得的成绩，并提出了许多很好的意见和建议。对于大家提出的意见和建议，我们将认真研究、积极采纳。

胡锦涛指出，今年以来，国际金融危机持续蔓延深化，我国经济社会发展面临重大挑战。面对严峻形势，我们及时调整宏观经济政策，提出把保持经济平稳较快发展作为经济工作的首要任务，果断实施应对国际金融危机冲击的一揽子计划，取得了明显成效，经济形势总体呈企稳向好势头。各民主党派、工商联和无党派人士围绕应对国际金融危机冲击、保持经济平稳较快发展、保持社会和谐稳定作出了积极贡献。胡锦涛代表中共中央、国务院，向大家表示衷心的感谢。

胡锦涛指出，必须看到，当前我国经济仍处在保增长的关键阶段，经济回升基础还不稳固，国际国内不稳定不确定因素仍然很多。我们必须增强忧患意识和风险意识，高度重视经济运行中存在的突出矛盾和问题。

胡锦涛强调，下半年，我们要迎来新中国成立60周年，做好经济工作至关重要。要全面贯彻中共十七大精神，继续把保持经济平稳较快发展作为经济工作的首要任务，保持宏观经济政策的连续性和稳定性，继续实施积极的财政政策和适度宽松的货币政策，全面落实和充实完善刺激经济的一揽子计划和相关政策措施，巩固经济企稳向好势头，努力实现今年经济发展预期目标。要进一步扩大内需尤其是扩大消费需求，落实好已出台的刺激消费政策，继续把握好投资方向，加强投资监管，取得良好投资效益。要进一步推动经济结构调整，更加注重质量和效益，使经济回升建立在结构优化的基础之上。要进一步增强可持续发展能力，坚定推进经济发展方式转变，增强自主创新能力，加强生态文明建设。要进一步抓好农业经济，始终重视并做好"三农"工作，继续抓好粮食生产，做好粮食等农产品收购工作和市场调控，多渠道增加农民收入。要进一步深化改革开放，积极发展外向型经济，抓住机遇实施"走出去"战略。要进一步保障和改善民生，大力实施扩大就业的发展战略和更加积极的就业政策，加大对社会保障的投入，加大对革命老区、民族地区、边疆地区、贫困地区经济社会发展支持力度，巩固民族团结。要加强对重大问题的调研、加强风险防范工作，深入分析今后一个时期国内外经济发展环境的趋势和特征，为我国经济社会中长期发展早谋对策。

胡锦涛指出，越是困难的时候，越要坚定信心。只要我们准确把握形势，善于趋利避害、化危为机，完全有信心、有能力战胜困难，把国际金融危机带来的不利影响降到最低程度，在应对挑战中创造新的发展机遇、实现更好发展。希望各民主党派、全国工商联和无党派人士充分发挥自身优势和作用，多为促进科学发展、保障和改善民生、维护社会和谐稳定献计出力。

温家宝在通报时强调，要正确估价、充分肯定应对国际金融危机取得的积极成效，进一步坚定信心和决心；又要清醒认识、高度重视面临的困难和问题，增强紧迫感和忧患意识。要全面贯彻落实中央的决策部署，正确处理当前与长远、兴利与除弊、局部与全局的关系，及时发现和解决经济运行中的新情况新问题，充实和完善一揽子计划和相关政策，不断提高政策的针对性、有效性和可持续性。把保持经济平稳较快发展与调整经济结构结合起来，把扩大内需与稳定外需结合起来，把改善民生与维护社会和谐稳定结合起来，把深化改革开放与加强科技支撑结合起来，努力提高国民经济整体素质和竞争力，促进国民经济又好又快发展。

王岐山、回良玉、张德江、令计划、王沪宁、马凯、杜青林，中央和国家机关有关部门负责人出席座谈会。

出席座谈会的党外人士还有张梅颖、张榕明、厉无畏、罗富和、陈宗兴、王志珍和张宝文、马培华、王钦敏、陈抗甫、汪毅夫、孙安民、李稻葵等。

国务院总理温家宝中央军委主席胡锦涛签署命令追授万金刚"献身使命的忠诚卫士"荣誉称号

国务院总理温家宝、中央军事委员会主席胡锦涛日前签署命令，追授武警新疆总队乌鲁木齐市支队四大队十二中队中队长万金刚同志"献身使命的忠诚卫士"荣誉称号。

命令指出，万金刚同志作为基层一线指挥员，忠诚履行使命任务，身先士卒，英勇无畏，果断指挥，为维护社会稳定献出了年轻宝贵的生命，不愧为党和人民的忠诚卫士。万金刚是在党的创新理论哺育下成长起来的新一代革命军人，是维护民族团结和社会稳定的忠诚卫士，他用自己年轻的生命模范践行了当代革命军人核心价值观。

国务院、中央军委号召广大部队官兵和公安民警，要自觉向万金刚同志学习，学习他坚决听党指挥，忠诚履行使命的坚定政治信念；学习他牢记我军宗旨，为人民利益勇于献身的崇高思想品质；学习他冲锋在前、英勇无畏的顽强战斗精神；学习他热爱边疆，自觉维护民族团结和社会稳定的强烈责任意识。要以万金刚同志为榜样，在党中央、国务院和中央军委的坚强领导下，大力弘扬听党指挥、服务人民、英勇善战的优良传统，进一步增强政治意识、大局意识、责任意识和忧患意识，忠实履行职责使命，坚决同不法分子的违法犯罪活动作斗争，为维护社会稳定、维护社会主义法制、维护人民群众根本利益，作出应有的贡献！

中共中央政治局常委习近平主持召开中央深入学习实践科学发展观活动领导小组第九次会议并讲话

习近平强调，第一批学习实践活动进入进一步巩固扩大成果的阶段，第二批学习实践活动整改落实工作正在有序推进，第三批学习实践活动不久将研究部署。各地各单位要发扬连续作战精神，把第一批、第二批、第三批学习实践活动作为整体，加强批次衔接、上下互动、左右联动，确保整个学习实践活动有序开展、扎实推进。

习近平对做好学习实践活动下一步工作提出了明确要求。他强调，最近中央政治局审议通过了《关于建立促进科学发展的党政领导班子和领导干部考核评价机制的意见》，中央政治局常委会研究部署了维护新疆社会稳定工作，这为紧密结合当前形势深入推进学习实践活动进一步指明了方向。各地各单位要组织广大党员干部认真学习贯彻中央政治局会议、中央政治局常委会议精神，紧紧围绕保持经济平稳较快发展、维护社会和谐稳定扎实推进学习实践活动。要认真做好矛盾纠纷排查调处工作，切实加强社会治安综合治理，妥善处置各类突发事件，高度重视维护民族团结，确保社会大局稳定。

中组部部长、中央深入学习实践科学发展观活动领导小组副组长李源潮出席会议。

国务院副总理李克强在北京出席环境宏观战略座谈会

在听取环境宏观战略研究成果汇报和院士专家发言后，李克强说，当前我国经济发展正处于企稳回升的关键时期，也是结构调整的重要时期。环境问题关系现代化建设全局和中华民族长远发展。在新的历史起点上加强环保工作，是一项具有开创性的事业。面对当今环境与发展问题，要以全球视野观察分析，用发展眼光把握处理，从战略层面谋划解决，积极探索中国特色环境保护道路。通过深化环境宏观战略研究，进一步明确环保工作的目标任务，健全有利于环保的政策法规，推动体制创新和科技创新，促进我国环境保护和现代化建设事业实现新的发展。

中国工程院院长徐匡迪参加了会议。环境保护部部长周生贤和部分院士、专家在会上发了言。

中国环境宏观战略研究是一项国家层面的战略研究，由中国工程院和环境保护部牵头组织实施。课题于2007年5月正式启动，经过两年多的工作，形成了一系列重要研究成果。40多位院士，300多位环境、资源、经济、社会等领域的专家学者参加了研究工作。

银行业反腐倡廉警示教育展览在北京举行首展

中央纪委书记贺国强观看展览。他强调，举办银行业反腐倡廉警示教育展览，是银监会党委深入贯彻落实中央反腐倡廉决策部署、加强银行业党风建设和反腐倡廉工作的一项重要举措。银行业金融机构要以此为契机，结合工作实际，认真开展警示教育，筑牢廉洁从业思想防线，不断提高拒腐防变能力，确保银行业安全、稳健、高效运行，为保增长、保民生、保稳定提供有力金融支持。

国务院副总理王岐山，中央纪委副书记何勇一同观看展览。

展览共分为三部分。第一部分展示了党的三代中央领导集体和以胡锦涛同志为总书记的党中央关于反腐倡廉建设的重要论述；第二部分展示了银行业从教育、制度、监督、改革、纠风和惩处6个方面推进反腐倡廉建设所取得的成绩；第三部分集中展出了近年来在银行业发生的100个违规违纪违法典型案例，图文并茂，发人深省。

国务委员孟建柱在新疆检查指导维稳工作

受中央委派，孟建柱7月21日至24日再次来到新疆，看望慰问奋战在维稳一线的干部群众、武警官兵、公安民警，并与各界干部群众座谈，检查、指导维稳工作。他强调，要认真贯彻落实最近召开的中央政治局常委会会议精神和胡锦涛总书记的重要指示，牢固树立大局意识、责任意识，把维护社会大局稳定作为当前新疆最重要最紧迫的任务，把维护民族团结落实到每一项具体工作中去，确保各族人民和睦相处、社会和谐稳定。

全国人大常委会副委员长兼秘书长李建国在人民大会堂会见由主任黎氏秋波率领的越南国会司法委员会代表团

外交部部长杨洁篪在泰国普吉会见出席东盟地区论坛外长会的菲律宾外长罗慕洛

杨洁篪说,中菲两国建立致力于和平与发展的战略合作关系以来,高层往来密切,经贸合作稳步推进,两国关系取得重要进展。中国政府鼓励和支持有实力的企业赴菲投资兴业,推动在农业、新能源等领域的合作。明年是中菲建交35周年,中方愿与菲方密切配合,设计和实施好建交35周年庆祝活动,推动中菲友好关系迈上新台阶。

罗慕洛说,菲中关系处在黄金发展时期。两国高层及各级别互访频繁,各领域友好合作顺利开展。菲方愿与中方共同努力,认真落实两国元首达成的共识,不断推动双边关系向前发展。

第六届中俄蒙科技展暨高新技术产品交易会在内蒙古满洲里市拉开帷幕

郭晶晶在罗马举行的世界游泳锦标赛中夺得女子三米板金牌

7月22日

国务院总理温家宝主持召开国务院常务会议讨论并原则通过《文化产业振兴规划》

会议指出,文化产业是市场经济条件下繁荣发展社会主义文化的重要载体。在当前应对国际金融危机的新形势下,在重视发展公益性文化的同时,加快振兴文化产业,对于满足人民群众多样化、多层次、多方面精神文化需求,扩大内需特别是居民消费,推动经济结构调整,具有重要意义。

会议强调,振兴文化产业,必须坚持把社会效益放在首位,努力实现社会效益与经济效益的统一;坚持以体制改革和科技进步为动力,增强文化产业发展活力,提升文化创新能力;坚持推动中华民族文化发展与吸收世界优秀文化相结合,走中国特色文化产业发展道路;坚持以结构调整为主线,加快推进重大工程项目,扩大产业规模,增强文化产业整体实力和竞争力。为此,要做好八项重点工作:一是加快发展文化创意、影视制作、出版发行、印刷复制、广告、演艺娱乐、文化会展、数字内容和动漫等重点文化产业。二是充分调动社会各方面力量,加快推进具有重大示范效应和产业拉动作用的重大项目。三是推动跨地区、跨行业联合或重组,培育骨干文化企业。四是统筹规划,加快建设一批产业示范基地,发展具有地域和民族特色的文化产业群。五是不断适应城乡居民消费结构新变化和审美新需求,创新文化产品和服务,扩大文化消费。六是发展文艺演出院线,推进有线电视网络、电影院线、数字电影院线和出版物发行的跨地区整合,繁荣城乡文化市场。七是积极发展移动多媒体广播电视、网络广播影视、手机广播电视等新兴文化业态,推动文化产业升级。八是落实鼓励和支持文化产品与服务出口的政策,扩大对外文化贸易。

会议指出,为确保各项任务落到实处,必须深化文化体制改革,激发全社会的文化创造活力。要降低准入门槛,积极吸收社会资本和外资进入政策允许的文化产业领域,参与国有文化企业股份制改造,形成公有制为主体、多种所有制共同发展的文化产业格局。要加大政府投入和税收、金融等政策支持,大力培养文化产业人才,完善法律体系,规范市场秩序,为规划实施和文化产业发展提供强有力的保障。

国办印发《医药卫生体制五项重点改革2009年工作安排》并发出通知

各省、自治区、直辖市人民政府,国务院各有关部门:

《医药卫生体制五项重点改革2009年工作安排》(以下简称《工作安排》)已经国务院同意,现印发给你们,请结合实际,认真组织实施。

深化医药卫生体制改革是一项艰巨而复杂的工作,要明确方向,统筹规划,循序渐进,量力而行。《工作安排》围绕医药卫生体制五项重点改革三年目标,抓住关键,突出重点,提出了2009年推进改革的10项任务,并明确了牵头部门。各地区、各有关部门要加强领导,精心组织,进一步分解工作任务,细化工作安排,切实抓好落实。国务院深化医药卫生体制改革领导小组办公室要加强对医改工作的统筹协调,指导和督促地方推进改革。年底前,国务院深化医药卫生体制改革领导小组将对《工作安排》落实情况进行全面检查。

国务院办公厅

2009年7月22日

医药卫生体制五项重点改革2009年工作安排

按照《中共中央国务院关于深化医药卫生体制改革的意见》(中发〔2009〕6号)和《国务院关于印发医药卫生体制改革近期重点实施方案(2009—2011年)的通知》(国发〔2009〕12号)精神,为切实推动改革,加强督促检查,确保开好局、起好步,现提出2009年医药卫生体制五项重点改革的工作安排。

一、加快推进基本医疗保障制度建设

(一)扩大基本医疗保障覆盖面。

主要工作目标:

1. 城镇职工基本医疗保险(以下简称城镇职工医保)、城镇居民基本医疗保险(以下简称城镇居民医保)参保人数达到3.9亿人,比2008年增加7200万人。

做好城镇非公有制经济组织从业人员、大学生、灵活就业人员和农民工的参保工作。(人力资源社会保障部负责)

2.解决607万地方政策性关闭破产和依法破产国有企业、中央和中央下放地方政策性关闭破产国有企业退休人员的参保问题。指导和督促地方解决其他破产企业退休人员和困难企业职工的参保问题。(人力资源社会保障部负责)

3.新型农村合作医疗(以下简称新农合)参保率稳定在90%以上。(卫生部负责)

(二)提高基本医疗保障水平。

主要工作目标：

1.全面落实政府对新农合和城镇居民医保人均每年80元补助。(卫生部、人力资源社会保障部分别负责)

2.城镇职工医保、城镇居民医保和新农合的统筹基金最高支付限额原则上分别提高到当地职工年平均工资、居民可支配收入和农民人均纯收入的6倍左右。已建立大额医疗费用补助的地区可于2010年达到该标准。(人力资源社会保障部、卫生部分别负责)

3.50%的统筹地区城镇职工医保、城镇居民医保和新农合住院费用报销比例比2008年分别提高5个百分点。(人力资源社会保障部、卫生部分别负责)

4.30%的统筹地区开展城镇居民医保门诊费用统筹试点，三分之一的统筹地区新农合门诊费用统筹得到巩固完善。(人力资源社会保障部、卫生部分别负责)

5.进一步完善城乡医疗救助制度，加大救助力度，资助城乡所有五保户、低保对象参保，有效使用救助资金。(民政部负责)

6.鼓励有条件的地方逐步整合基本医疗保障经办管理资源，探索委托具有资质的商业保险机构经办各类医疗保障管理服务。(人力资源社会保障部、卫生部、保监会负责)

二、初步建立国家基本药物制度

(三)国家基本药物制度取得进展。

主要工作目标：

1.发布国家基本药物目录(2009版)。(卫生部负责)

2.国家基本药物目录发布后，核定并公布基本药物零售指导价格。(国家发展改革委负责)

3.不迟于2009年12月份每个省(区、市)在30%的政府办城市社区卫生服务机构和县(基层医疗卫生机构)实施基本药物制度，包括实行省级集中网上公开招标采购、统一配送，全部配备使用基本药物并实行零差率销售。(国家发展改革委、卫生部负责)

4.2009年11月底前，完成国家基本医疗保险药品目录调整工作，将基本药物全部纳入基本医疗保险药品目录，基本药物报销比例明显高于非基本药物。(人力资源社会保障部、卫生部负责)

5.制定并出台临床基本药物应用指南和基本药物处方集。(卫生部负责)

三、健全基层医疗卫生服务体系

(四)加强基层医疗卫生机构建设。

主要工作目标：

1.制定并出台基层医疗卫生机构建设标准。(卫生部、国家发展改革委负责)

2.在全国支持986个县级医院(含中医院)、3549个中心乡镇卫生院和1154个城市社区卫生服务中心等基层医疗卫生机构建设。(国家发展改革委负责)

(五)加强以全科医生为重点的基层医疗卫生队伍建设。

主要工作目标：

1.制定以全科医生为重点的基层医疗卫生队伍建设规划，并启动实施。(国家发展改革委负责)

2.为乡镇卫生院招聘执业医师1000人，鼓励地方在此基础上自行增加招聘数量；在岗培训乡镇卫生人员12万人次、城市社区卫生服务人员5.3万人次。(卫生部负责)

3.900个三级医院与2000个县级医院建立起长期对口协作关系。(卫生部负责)

4.启动住院医师规范化培训制度试点工作。(卫生部负责)

(六)改革基层医疗卫生机构补偿机制。

主要工作目标：

1.完善政府办城乡基层医疗卫生服务机构补偿机制，落实财政补助政策，并与基本药物零差率销售政策衔接一致。在基层医疗卫生事业单位实施绩效工资(公共卫生事业单位同步实施)。探索实行政府购买服务等补助方式。(财政部、人力资源社会保障部分别负责)

2.督促地方落实对乡村医生承担的公共卫生服务等任务的补助政策。(财政部负责)

四、促进基本公共卫生服务逐步均等化

(七)重点抓好涉及面广、影响全民健康水平的公共卫生项目的实施。

主要工作目标：

1.启动建立居民健康档案、健康教育、免疫规划、传染病防治、儿童保健、孕产妇保健、老年人保健、慢性病管理、重性精神疾病患者管理等9类国家基本公共卫生服务项目。2009年年底前，城市居民健康档案规范化建档率达到30%左右，农村居民试点建档率达到5%。(卫生部负责)

2.开始对15岁以下的人群补种乙肝疫苗，2009

年补种2300万人左右,占应补种人数的31%。(卫生部负责)

3.启动35—59岁农村妇女常见病检查项目,完成宫颈癌检查200万人,乳腺癌检查40万人;对全国农村约1180万名生育妇女补服叶酸和住院分娩给予补助。(卫生部负责)

4.为20万例贫困白内障患者免费开展复明手术。(卫生部负责)

5.在燃煤污染型氟中毒病区改炉改灶87万户,炉灶维修45万户。(卫生部负责)

6.支持建设农村无害化卫生厕所411万座。(卫生部负责)

7.落实人均基本公共卫生服务经费不低于15元。(财政部负责)

五、推进公立医院改革试点

(八)调整公立医院布局和结构,完善管理体制。

主要工作目标:

1.试点地区制定公立医院区域布局和结构调整规划;鼓励社会资本投入医疗服务领域。(卫生部负责)

2.探索政事分开、管办分开的有效形式;完善医院法人治理结构,推进人事制度改革。(卫生部负责)

3.加强公立医院运行管理,建立以公益性为核心的公立医院监管制度。(卫生部负责)

(九)改革公立医院补偿机制。

主要工作目标:

研究拟定推进医药分开、逐步取消药品加成、增设药事服务费、调整医疗服务价格的政策,使试点公立医院逐步实现由服务收费和政府补助进行补偿。(卫生部、国家发展改革委、财政部负责)

(十)推行电子医疗档案和常见病临床路径。

主要工作目标:

拟定全国统一的医院电子病历标准和规范以及100种常见疾病临床路径,在50家医院开展试点。(卫生部负责)

公立医院改革按照先行试点、逐步推开的原则进行。2009年在东、中、西部地区选择12个左右具备一定条件的地级市,在100所左右公立医院进行改革试点,探索公立医院维护公益性与提高效率的具体实现形式。

纪念人民政协文史资料工作50周年座谈会在北京举行

全国政协主席贾庆林会前亲切会见了全体与会代表,参观了人民政协文史资料工作50年成果展。全国政协副主席王刚出席会议并讲话。

这次会议为期3天。中央国家机关、各民主党派中央、全国政协文史和学习委员会及地方政协有关负责同志170余人出席座谈会。

中共中央政治局委员李源潮在引进海外高层次人才工作会议上讲话

中组部和科技部召开依托国家科技重大专项引进海外高层次人才工作会议。李源潮指出,要抓住当前有利时机,加大力度、加快进度、加紧实施引进海外高层次人才"千人计划",为国家科技重大专项提供人才支持,推动我国科学技术和生产力跨越发展。

李源潮指出,海外高层次人才最看重的是事业发展空间,要坚持以用为本,充分发挥重大专项对海外高层次人才的吸引力,围绕专项引进人才、依托专项用好人才。要进一步解放思想,开阔眼界、开阔思路、开阔胸襟,拿出重大专项中的重要项目和岗位面向全球招聘人才,尤其是一流科研团队。对引进的人才要充分信任、放手使用,最大限度发挥他们的作用。要落实好"特聘专家"制度,加快建设海外高层次人才创新创业基地,建立、健全重大专项人才引进、项目实施、基地建设有机结合的新机制,形成对引进高层次人才的一种特殊使用和激励制度。重大专项的组织实施,涉及部门多、层次多,要加强统筹协调,形成引进海外人才工作合力。

全国人大常委会副委员长桑国卫出席会议。全国政协副主席、科技部部长万钢做动员部署。

全国人大常委会副委员长陈昌智在河北调研保障性住房建设

7月22日至28日,陈昌智率领全国人大常委会专题调研组先后到石家庄市、保定市、沧州市、邯郸市、邢台市,通过座谈会、实地考察、查阅资料等方式,调研农村危旧房屋改造和城镇廉租住房建设等项目实施情况,主要了解中央投资项目的资金到位及管理使用、工程进度、配套政策等。

陈昌智在调研时说,保障性住房建设是一项民生工程、民心工程,直接涉及低收入群众的切身利益,体现了党和政府以人为本的思想。要把好事做好,必须从最困难的群众着手,逐步切实改善低收入群众的住房条件;必须从实际出发,在财力、能力允许的前提下充分考虑低收入群众的要求和意愿,尽力而为,量力而行,积极稳步推进。在工作中要认真贯彻中央精神,严格把握政策导向,确保中央保增长、保民生、保稳定的重大决策部署落到实处。

中央督查组赴江西 湖南督查多党合作事业

7月22日至25日,全国政协副主席、中央统战部部长杜青林率中央督查组赴江西、湖南,对贯彻落实

《中共中央关于进一步加强中国共产党领导的多党合作和政治协商制度建设的意见》情况进行督查。杜青林分别听取两省省委及省人大、省政府、省政协有关部门的情况汇报，召开民主党派省级组织负责人、无党派人士代表座谈会，听取意见和建议。

《人民日报》发表评论员文章《民族区域自治符合各民族共同利益》

在我们这样一个统一的多民族国家，面对少数民族人口众多、分布广泛的国情，采用民族区域自治来解决我国民族问题，体现中国共产党和中国人民的政治智慧，符合各民族的共同利益，具有巨大的优越性和旺盛的生命力。

新中国作出民族区域自治这一重大历史抉择，是基于对中国国情和民族问题实际的正确把握。统一的多民族国家的长期存在，是实行民族区域自治的历史依据；近代以来在反抗外来侵略斗争中形成的爱国主义精神，是实现民族区域自治的政治依据；各民族大杂居、小聚居的人口分布格局，各地区资源条件和发展的差距，是实行民族区域自治的现实条件。新中国开启的民族区域自治制度，是尊重历史、合乎国情、顺应民心的正确选择，是社会主义政治文明在民族问题上的集中体现。

60年来，在民族区域自治制度的坚持和完善中，我国各民族地区经济发展、社会进步、民族团结、人民安居乐业，特别是在保障少数民族群众各项权利、培养少数民族干部、传承民族文化等各方面都取得了很大进步，少数民族同胞倍感祖国大家庭的温暖，各少数民族地区的发展，进入了历史上最好最快的时期。

实践表明，在国家统一领导下实行民族区域自治，既维护了少数民族的切身利益，又维护了中华民族的共同利益，既维护了民族自治地方的实际利益，又维护了国家的整体利益。这一制度，对于巩固平等、团结、互助、和谐的社会主义民族关系，促进56个民族和睦相处、和衷共济、和谐发展，推动各民族共同创造和享有幸福安康的美好生活，起到了巨大作用。这一制度，体现民族平等、民族团结和各民族共同繁荣的原则，成为各族人民的共同价值取向，赢得了各族人民的衷心拥护。

当前，我们正处在全面建设小康社会的关键时期。在我们这样一个有13亿人口、56个民族的发展中大国进行现代化建设，只有把全国各族人民的智慧和力量团结凝聚起来、形成强大合力，才能战胜前进道路上的一切困难风险。民族区域自治能够充分发挥这样的聚合作用。在未来的征程中，民族区域自治作为党解决我国民族问题的一条基本经验不容置疑，作为我国的一项基本政治制度不容动摇，作为我国社会主义的一大政治优势不容削弱。

乌鲁木齐“7·5”事件是一起严重暴力犯罪，给这片土地上的各族人民都带来了灾难，其煽动者的目的，就是要破坏民族团结、阻挠新疆发展、危害祖国统一。要挫败境内外敌对势力的图谋，就必须高举各民族大团结旗帜，坚持民族区域自治制度，推动各民族共同团结奋斗、共同繁荣发展，坚决打击境内外敌对势力的渗透、破坏和分裂活动，紧紧依靠各族干部群众维护民族团结、社会稳定和国家统一。

民族区域自治制度是中国特色社会主义的重要组成部分。坚持民族区域自治制度不动摇，进一步巩固全国各族人民的大团结，增强中华民族的凝聚力，就一定能为伟大祖国的长治久安、各族人民的幸福生活提供强有力的保证。

国务院副总理回良玉在中南海紫光阁会见世界水理事会主席卢瓦克·福雄

全国人大常委会副委员长司马义·铁力瓦尔地在人民大会堂会见由主席阿斯方达·瓦里·汗率领的巴基斯坦国民议会外委会代表团

外交部部长杨洁篪在泰国普吉出席中国—东盟外长会

外交部部长杨洁篪出席会议并发表讲话。

杨洁篪指出，中国—东盟合作具有坚实基础和巨大潜力。在当前形势下，中方愿在以下六方面进一步加强同东盟的交流与合作：

（一）坚持开放市场，发挥互补优势，反对保护主义，积极扩大双边和多边经贸合作，争取于2010年如期全面建成中国—东盟自由贸易区。促进双方在海关、质检、金融等领域合作，提高贸易便利化水平。

（二）大力推进中国—东盟公路、铁路、水路、航空、信息通讯等基础设施和网络化建设。

（三）加强大湄公河流域、东盟东部增长区、泛北部湾等次区域合作，带动中国—东盟合作整体发展。

（四）着眼可持续发展，积极转变发展模式，培育新的经济增长点。以农业科技为支撑，积极实施“中国—东盟粮食综合生产能力提升计划”，尽早完成合作开发新能源和可再生能源等，将发展循环经济作为中国与东盟合作的新领域、新亮点。

（五）加强信息分享，经验交流，共同应对非传统安全挑战。进一步加强在禁毒、打击海盗等领域的执法合作，共同防控流感及其他新发传染病。

（六）积极促进教育、文化、媒体、旅游合作，夯实战略伙伴关系的社会基础。

杨洁篪强调,中国始终坚持和平、发展、合作,愿与包括东盟国家在内的世界各国共同应对风险挑战,共同分享发展机遇,共同努力建设持久和平、共同繁荣的和谐世界。

外交部部长杨洁篪出席在泰国普吉举行的东盟与中日韩外长会

外交部部长杨洁篪在泰国普吉分别会见美国国务卿克林顿 俄罗斯外长拉夫罗夫 韩国外交通商部长官柳明桓 巴基斯坦外长库雷希

第二届中英互联网圆桌会议在北京开幕

此次论坛的主题是“面对挑战,共享机遇”。中英两国政府有关部门、学术机构、互联网行业组织和知名互联网企业的110多名代表参加。国务院新闻办公室副主任蔡名照、英国贸易投资部长戴维斯、中国互联网协会理事长胡启恒、英国驻华大使欧威廉等出席开幕式。

国际奥委会授予青岛市市长原奥帆委主席夏耕顾拜旦奖章

中国运动员在在高雄举行的第八届世界运动会上获得三项冠军

这三项分别是:技巧男子四人项目;女子大金属球准确抛击,杨迎获得冠军;女子大金属球连续抛击,程锡平夺冠。

7月23日

中共中央政治局召开会议决定召开十七届四中全会

会议决定今年9月在北京召开中国共产党第十七届中央委员会第四次全体会议,主要议程是,中共中央政治局向中央委员会报告工作,研究加强和改进新形势下党的建设问题。这次中央政治局会议还研究了当前经济形势和经济工作。中共中央总书记胡锦涛主持会议。

会议认为,党的建设是党领导的伟大事业不断取得胜利的重要法宝。新中国成立以来特别是改革开放以来,我们党根据自身历史方位和中心任务的变化,不断提高领导水平和执政水平、提高拒腐防变和抵御风险能力,取得巨大成就。在新中国成立60周年之际,认真总结党执政以来加强自身建设的宝贵经验,深入分析党的建设面临的新情况新问题,进一步研究和部署以改革创新精神推进党的建设新的伟大工程,对于全面贯彻党的十七大精神,深入贯彻落实科学发展观,有效应对国际金融危机冲击、保持经济平稳较快发展,夺取全面建设小康社会新胜利、开创中国特色社会主义事业新局面,具有重大而深远的意义。

会议强调,加强和改进新形势下党的建设,必须全面贯彻党的十七大关于党的建设总体部署,坚持以邓小平理论和“三个代表”重要思想为指导,深入贯彻落实科学发展观,着眼于继续解放思想、坚持改革开放、推动科学发展、促进社会和谐,全面推进思想建设、组织建设、作风建设、制度建设和反腐倡廉建设,不断提高党的执政能力、保持和发展党的先进性,保持党同人民群众的血肉联系,进一步把党建设成为立党为公、执政为民,求真务实、改革创新,艰苦奋斗、清正廉洁,富有活力、团结和谐的马克思主义执政党。

会议认为,今年以来,面对严峻复杂的国内外环境,在党中央、国务院坚强领导下,全党全国认真贯彻落实科学发展观,坚定信心、齐心协力、共克时艰,认真落实应对国际金融危机的一揽子计划,保增长、调结构、促改革、惠民生取得明显成效。当前,经济运行中的积极因素不断增多,企稳向好势头日趋明显。扩大内需对促进经济回升发挥了重要作用,农业农村经济稳定发展,工业生产回升加快,产业结构调整和节能减排继续推进,区域发展协调性增强,就业、社会保障等民生工作取得积极成效,重点领域改革取得新突破。在充分肯定成绩的同时,我们也要清醒地看到,当前我国经济发展正处在企稳回升的关键时期,我国经济发展面临的困难和挑战仍然很多,经济回升基础还不稳固,国际国内不稳定不确定因素仍然较多。我们必须增强忧患意识和风险意识,把困难和挑战估计得更充分一些,宏观政策取向不能改变,调控工作不能放松,调控重点更加突出。在保增长中更加注重推进结构调整,更加注重加快自主创新,更加注重加强节能环保,更加注重城乡统筹和区域协调发展,更加注重深化改革开放,更加注重保障和改善民生,在应对国际金融危机冲击中为经济社会发展积累和创造更加有利的条件。

会议指出,下半年将迎来新中国成立60周年,做好经济工作至关重要。要继续把促进经济平稳较快发展作为经济工作的首要任务,保持宏观经济政策的连续性和稳定性,继续实施积极的财政政策和适度宽松的货币政策,全面落实和充实完善刺激经济的一揽子计划和相关政策措施,巩固经济企稳回升势头,努力实现今年经济社会发展预期目标。

会议要求,各地区各部门要把思想和行动统一到中央对形势的分析判断和对工作的总体部署上来,团结一致，振奋精神，改进作风，狠抓落实，确保全年任务的完成。要保持内需较快增长，着力扩大消费需求，优化投资结构，继续发挥好投资对拉动经济和调整结构的重要作用，坚决控制盲目重复建设；加强农业农村经济，力争全年粮油生产再获好收成，推进农业结构调整和综合生产能力建设；加快科技进步和创新，积极培育一批发展潜力大、带动作用强的新兴产业；推进结构调整和节能减排，大力推动重点产业调整振兴，改善中小企业发展环境，毫不放松地抓好节能减排；努力稳定对外经济特别是外贸出口，提高利用外资质量和水平；推动城镇化和区域协调发展，积极扶持革命老区、民族地区、边疆地区、贫困地区加快发展；加大保障和改善民生工作力度，切实解决涉及群众切身利益的问题；加快推进重点领域改革，做好财政和金融工作；完善社会管理，把握舆论导向，积极预防和妥善处理群体性事件，严密防范、严厉打击敌对势力破坏活动和各类违法犯罪行为，全力维护改革发展稳定大局。

银监会发布新型农村金融机构2009—2011年工作安排

银监会发出《关于做好新型农村金融机构2009—2011年总体工作安排有关事项的通知》

各银监局，各政策性银行、国有商业银行、股份制商业银行，中国邮政储蓄银行：

经国务院同意，决定实施新型农村金融机构2009—2011年总体工作安排。为认真做好新型农村金融机构的培育和发展工作，现将有关事项通知如下：

一、全面做好三年计划实施

为顺利实施新型农村金融机构三年总体工作安排，各银监局要成立"一把手"负责的工作领导小组及办公室，抓紧制订实施方案，明确各阶段要求，落实具体措施和责任，积极加以推进。各级监管机构要积极与地方人民政府沟通，争取地方人民政府支持；要加强与当地财政、工商、税务等部门和人民银行的协调，制定落实各项扶持政策；要积极宣传相关政策，引导社会舆论，营造良好工作氛围。

二、严格落实准入挂钩措施

为确保三年总体工作安排全面完成，银行业金融机构主发起人要按照社会责任和商业利益、网点覆盖和战略布局、自主选点和监督指导有机结合的原则，首先考虑在国定贫困县和中西部地区发起设立村镇银行、贷款公司，重点解决农村地区银行业金融机构网点覆盖率低、金融服务空白、竞争不充分的问题，以实现农村金融服务全覆盖的目标。考虑到我国地区经济发展不平衡的实际情况，银监会决定实施准入挂钩措施，即主发起人在规划内的全国百强县(按上年度评比结果执行)或大中城市市辖区发起设立村镇银行的，原则上与国家扶贫开发工作重点县(以下简称国定贫困县)实行1∶1挂钩，或与中西部地区实行1∶2挂钩，主发起人在这些地区没有分支机构的可以设立分支机构；在东部地区(全国百强县、国定贫困县和大中城市市辖区除外)规划地点发起设立村镇银行的，原则上与国定贫困县实行2∶1挂钩，或与中西部地区实行1∶1挂钩，主发起人在这些地区没有分支机构的可以设立分支机构。

主发起人应按上述要求选择拟设村镇银行地点，并报经主监管机构同意后，按规定程序和要求向拟设村镇银行所在地银监局申请筹建。主监管机构是指负责主发起人法人机构日常监管的银监会或其派出机构。主监管机构是银监会的，挂钩计划经银监会合作部同意。全国百强县、大中城市及东部地区所在地银监局要认真把关，对到辖内规划地点发起设立村镇银行的主发起人，必须要求其提供主监管机构的监管意见书及有关挂钩计划批复。主监管机构要督促主发起人在6个月内落实挂钩计划。对未按规定落实挂钩计划的主发起人，主监管机构不得为其新设村镇银行出具监管意见书，全国百强县、大中城市及东部地区所在地银监局也不得受理其村镇银行筹建申请。对积极到国定贫困县和中西部地区发起设立村镇银行、贷款公司的主发起人，银行业监管机构支持其到发达地区发展，并在分支机构设立、高级管理人员任职资格审批和新业务准入方面开辟绿色通道。对落实挂钩措施不力的地区，银监会将对该地区村镇银行设立计划予以适当调整。

本通知发布前已发起设立村镇银行、贷款公司的，一并实施挂钩措施。

各级监管机构在实施准入挂钩措施过程中，要加强地区之间横向沟通，系统之间上下联动，确保信息畅通，工作有序。银监局要定期及时上报挂钩情况和机构组建进展，银监会将根据掌握的情况，适时指导和调整计划。各银监局可结合实际，制定辖内挂钩措施实施细则，并报银监会备案。

三、切实实现三年总体工作目标

在大力推进新型农村金融机构三年总体工作安排过程中，鼓励主发起人成立专司村镇银行、贷款公司管理的事业部，支持在经营规模大、服务能力强、带动农户多、运营管理好、信用记录良的农民专业合作社基础上组建农村资金互助社，允许各地在三年总体工作安排框架下经银监会同意后适当调整机构类型、区域分布、时间安排。

各级监管机构要严格准入标准，规范操作程序，严把准入关，确保机构准入质量。要加强相互联动，及时通报信息，形成工作合力。主监管机构要按照有关规定实施并表监管，并督促主发起人实施并表管理。属地监管机构要严格按照有关规定，明确股东责任，强化资本约束，加强风险监管，实现可持续发展。

银监局负责辖内新型农村金融机构准入事项和非现场数据的组织报送工作。新型农村金融机构开业当月，要通过监管信息系统及时上报相关非现场数据；本通知发布之日起，按月以电子邮件形式向银监会报送《村镇银行挂钩计划统计表》和《新型农村金融机构三年工作安排进度统计表》；年中和年末后20日内要分别向银监会提交工作报告；涉及新情况、新问题以及境外金融机构发起设立村镇银行、贷款公司等重大事项的，应事先报告银监会。

银监会将及时督促指导各地积极开展新型农村金融机构培育和发展工作，年终对全国相关工作进展情况进行通报。

请各银监局速将本通知转发至辖内银监分局和法人银行业金融机构。

附件：1. 新型农村金融机构发展计划表（略）

2. 村镇银行挂钩计划统计表（略）

3. 新型农村金融机构三年工作安排进度统计表（略）

2009年7月23日

外交部部长杨洁篪出席在印度尼西亚巴厘岛举行的东盟地区论坛外长会

外交部部长杨洁篪出席会议并发表讲话，阐述中方对亚太地区形势和东盟地区论坛未来发展方面的看法。

杨洁篪说，亚太地区形势总体缓和，充满活力、生机与希望，和平、发展与合作仍然是本地区突出特点和基本趋势。与此同时，国际金融危机持续蔓延，世界经济复苏前景仍不明朗；亚太地区形势复杂的一面令人担忧，有的地区热点出现反复，朝鲜半岛无核化进程面临严峻挑战；恐怖主义、宗教极端主义、民族分裂主义势力仍在威胁地区和平稳定。

杨洁篪说，作为亚太地区最具代表性的官方安全对话合作平台，东盟地区论坛成立15年来，为增进成员相互信任、加强安全对话合作、促进地区和平稳定发挥了重要作用。

杨洁篪强调，中国一直致力于维护亚太地区的和平与稳定，积极实践互信、互利、平等、协作的新安全观，大力支持地区各国开展多层次、多渠道的安全对话与合作，为论坛的健康发展发挥建设性作用。中国将一如既往，以平等、互利、开放、包容的态度，继续支持和参与论坛，建立信任措施和非传统安全务实合作。中方愿意与各成员一道，为推动论坛构筑和平、稳定、繁荣、和谐的地区安全环境作出积极贡献。

中国国际数码互动娱乐展览会在上海开幕

由新闻出版总署、科学技术部、工业和信息化部、国家体育总局、中国国际贸易促进委员会、国家版权局和上海市人民政府共同主办的第七届中国国际数码互动娱乐展览会（ChinaJoy）在沪开幕。

本届展会共有来自中、美、日、韩、法、俄等10余个国家的近200家知名游戏企业参展，各项活动将持续至26日。展会期间还将同期举办中国游戏开发者大会、中国游戏商务大会，以及中国“网游十年”纪念活动等系列活动。

7月24日

中共中央总书记胡锦涛主持中央政治局第十五次集体学习

在中国人民解放军建军82周年前夕，中共中央政治局就中国特色军民融合式发展路子研究进行第十五次集体学习。胡锦涛在主持学习时强调，在新的历史条件下，我们要按照党的十七大提出的要求，站在国家安全和发展战略全局的高度，坚持军民融合式发展，推动国防建设和经济建设良性互动，确保在全面建设小康社会进程中实现富国和强军的统一，确保军队有效履行新世纪新阶段历史使命。

中国人民解放军国防大学战略教研部金一南教授、国防大学经济研究中心姜鲁鸣教授就中国特色军民融合式发展路子问题进行讲解，并谈了他们的意见和建议。

中共中央政治局各位同志认真听取了他们的讲解，并就有关问题进行了讨论。

胡锦涛在主持学习时发表了讲话。他指出，党的十七大提出了统筹经济建设和国防建设、在全面建设小康社会进程中实现富国和强军的统一的战略任务，强调要走出一条中国特色军民融合式发展路子。这对加强国防和军队现代化建设，对全面建设小康社会、加快推进社会主义现代化，具有十分重要的意义。实行军民融合式发展，既有利于国防和军队现代化建设从经济建设中获得更加深厚的物质支撑和发展后劲，也有利于经济建设从国防和军队现代化建设中获得更加有力的安全保障和技术支持。

胡锦涛指出，走中国特色军民融合式发展路子，要坚持以毛泽东军事思想、邓小平新时期军队建设思想、江泽民国防和军队建设思想为指导，坚持把科学发展观作为国防和军队建设的重要指导方针，贯彻新时期军事战略方针，明确推动军民融合式发展的战略目标、战略任务、战略举措，建立和完善军民结合、寓军于民的武器装备科研生产体系、军队人才培养体系和军队保障体系，完善国防动员体系，不断开创军民融合式发展新局面。

胡锦涛强调，要进一步完善军民结合、寓军于民的武器装备科研生产体系，充分发挥市场在资源配置中的基础性作用和政府宏观调控作用，加强对国防科技和武器装备科研生产发展战略和规划的总体设计，推进国防科技和民用科技互动发展，统一军民产品和技术标准，深化武器装备采购制度改革。要进一步完善军民结合、寓军于民的军队人才培养体系，完善依托国民教育培养军队人才体制机制，拓宽利用国民教育资源和国家人才资源渠道，吸引社会高层次人才到军队工作，充分发挥各类人才献身国防和军队现代化建设的积极性、主动性、创造性。要进一步完善军民结合、寓军于民的军队保障体系，全面建设军队现代后勤，积极稳妥把保障体制向一体化推进、保障方式向社会化拓展、保障手段向信息化迈进、后勤管理向科学化转变。要进一步完善军民结合、寓军于民的国防动员体系，建立、健全国防动员组织领导制度，完善军民结合、平战一体的工作格局，加强国防动员应急功能，加强国防动员和经济社会发展的结合，形成国防动员合力。要进一步发挥国防科技工业对国民经济的促进作用，促进国防领域和民用领域科技成果、人才、资金、信息等要素交流融合，形成国民经济对国防建设的强大支撑力、国防科技对国民经济尤其是高技术产业发展的强大牵引力。

胡锦涛指出，推动军民融合式发展，建立强大的人民军队和巩固的国防，是全党全国的共同责任。各有关方面要加强领导、履行职责，扎实推动军民融合式发展目标任务的实现。要加强军地协调，调动各方面积极性，团结协作，密切配合，做到责任到位、措施到位、落实到位，协调推进军民融合式发展各项工作。要深入研究新形势下军民融合式发展的特点和规律，积极探索军民融合式发展的新思路、新办法，更好走出中国特色军民融合式发展路子。要扎实开展全民国防教育，增强全民国防观念，在全社会营造关心支持国防和军队现代化建设的良好氛围。

国家主席胡锦涛在人民大会堂会见联合国秘书长潘基文

胡锦涛说，在当前复杂多变的国际形势下，无论是在应对国际金融危机等全球性挑战，实现可持续发展方面，还是在处理国际和地区热点问题、维护世界和平与安全方面，都需要进一步加强国际多边合作，都需要更好地发挥联合国的重要作用。作为安理会常任理事国和最大的发展中国家，中国一贯维护《联合国宪章》的宗旨和原则，支持联合国和秘书长在维护安全、促进发展和保护人权三大领域所做的努力和发挥的重要作用，支持联合国通过民主协商，进行必要、合理的改革，以提高联合国的权威和效率。中国将继续以负责任和建设性的态度，全面参与联合国各领域工作，认真履行承担的责任和义务，与国际社会一道，为推动建设持久和平、共同繁荣的和谐世界而不懈努力。

潘基文感谢胡锦涛主席拨冗会见，对中华人民共和国成立60周年表示热烈祝贺。他表示，中国不仅在实现国内经济社会发展方面取得巨大成就，而且在全球和地区问题上发挥着极为重要的作用。国际社会普遍赞赏中国为应对国际金融危机、粮食危机、气候变化，以及落实联合国千年发展目标等采取的举措和作出的积极贡献。潘基文感谢中方对联合国工作提供的支持，期待着与中国进一步加强各领域合作。

国务院总理温家宝在中南海紫光阁会见联合国秘书长潘基文

温家宝说，联合国在国际体系中具有核心地位，为推动解决重大国际和地区问题，应对全球性挑战发挥着重要作用。中国将一如既往地坚持多边主义，积极支持和参与联合国各项工作，为促进世界和平与发展作出贡献。

温家宝指出，当前国际社会要密切关注国际金融危机对发展中国家的影响，高度重视发展中国家的利益和关切，以坚定有力的措施确保如期实现千年发展目标。温家宝强调，气候变化既是环境问题，也是发展问题。发达国家要切实在资金、技术、能力建设等方面加大对发展中国家的帮助，这有利于实现世界的可持续发展。中国政府支持联合国在推动气候变化国际合作方面发挥主导作用。

潘基文表示，联合国高度赞赏中国一直坚定致力于维护世界和平，促进人类共同发展，感谢中国积极支持和参与联合国的工作。联合国希望同中国加强合作，共同解决和应对国际金融危机、地区冲突、气候变化、粮食安全等问题和挑战，推动如期实现千年发展目标。潘基文积极评价中国在节能减排方面所作的努力，强调应对气候变化，关键要遵循“共同但有区别”的责任原则，充分考虑发展中国家的利益和主张。希望在各方共同努力下，年底哥本哈根气候变化国际会议取得积极成果。

小康社会领导者培训项目交流会在北京举行

中组部部长李源潮，联合国秘书长潘基文出席交流会并致辞。

“小康社会领导者培训项目”由中组部、商务部与联合国开发计划署合作举办，从2005年实施以来已举办17期专题研究班，培训中国中高级领导干部420多名。

李源潮对联合国开发计划署4年来积极推动实施“小康社会领导者培训项目”表示感谢。他说，全面建设小康社会，领导者是关键。大规模培训干部、大幅度提高干部素质，是中国推进全面小康社会和现代化建设的战略举措。实施“小康社会领导者培训项目”，符合中国全面建设小康社会实际，符合中国领导干部的学习需求。

李源潮说，中国建设小康社会，一要发展，二要和谐。中国的发展离不开世界，中国的和谐也离不开世界。希望世界上所有爱好和平的人们，理解中国人民的和谐愿望，支持中国政府争取和谐的努力。我们将与联合国开发计划署进一步加强合作，为实现联合国千年发展目标作出实际贡献。

潘基文说，“小康社会领导者培训项目”有助于帮助中国高级官员学习借鉴其他国家的先进经验和做法，也有助于世界各国就解决共同面临的气候变化等问题进行交流。他希望双方进一步加强合作，为建设一个更加美好的世界而努力。

中组部、外交部、商务部有关负责人，联合国副秘书长南威哲、林恩·帕斯科、沙祖康和联合国开发计划署驻中国代表马和励等出席交流会。部分“小康社会领导者培训项目”学员出席并交流了学习体会。

中共中央政治局委员李源潮在青海调研

7月24日至27日，李源潮在青海调研学习实践活动和农村牧区基层党组织建设。在青海调研期间，李源潮深入农村、牧区、企业和社区，了解基层组织建设和发挥作用情况，召开学习实践活动座谈会和农村牧区基层组织建设座谈会，听取意见和建议。

李源潮指出，要以“五个好”(好班子、好思路、好规划、好章程、好阵地)为目标，加强农村牧区基层党组织建设。首先要选好配强村党支部带头人。要选拔培养思想品德好、“双带”能力强、有群众工作经验、在农牧民中有威信、关键时刻能够挺身而出的优秀党员担任村党支部书记。要抓好对软弱涣散村党组织的整顿，解决党员和群众反映强烈的突出问题。要落实“一定三有”政策，激发村党支部书记的工作积极性和责任感。其次要形成一个发展富民的好思路，在发展村级经济、增加农牧民收入、保护生态环境、维护社会稳定等方面形成共识。三要制定一个建设新农村的好规划，把好思路变成群众看得见摸得着的蓝图。四要建立一套保证做好工作、完成任务的好制度。五要建设一个服务群众的好阵地，建好用好村级组织活动场所和农村党员干部现代远程教育网。

中台办主任王毅在钓鱼台国宾馆会见中国国民党荣誉主席连战一行

中办印发《2009—2013年全国党员教育培训工作规划》

中共中央办公厅近日印发了《2009—2013年全国党员教育培训工作规划》，并发出通知，要求各地区各部门结合实际情况，认真贯彻执行。《2009—2013年全国党员教育培训工作规划》全文如下：

党员教育培训工作是党的建设的一项基础性工程，是党的十七大提出的重要战略任务。为了切实做好这项工作，根据《中国共产党章程》和党内有关规定，制定本规划。

一、指导思想和基本要求

(一)指导思想

高举中国特色社会主义伟大旗帜，以邓小平理论和“三个代表”重要思想为指导，深入贯彻落实科学发展观，按照加强党的执政能力建设和先进性建设的要求，适应建设学习型政党的需要，以学习贯彻中国特色社会主义理论体系和党章为重点，围绕党的中心任务，大规模开展党员教育培训，全方位提高党员队伍素质，为构建社会主义和谐社会、全面建设小康社会、加快推进社会主义现代化提供坚强的思想政治保证和组织保证。

(二)基本要求

1. 坚持把增强党性作为第一任务，将理想信念教育与能力建设贯穿始终。坚持不懈地用中国特色社会主义理论体系武装广大党员，引导党员联系实际、学以致用，把增强党性与提高能力统一起来，讲党性、重品行、作表率，始终保持和发展共产党人的先进性。

2. 坚持以人为本，增强教育培训的针对性和实效性。尊重党员主体地位，把握党员需求，按需施教，分类施教，在服务中加强教育培训，在教育培训中体现服务，激发党员参加教育培训的主动性、积极性，使广大党员愿意学、学得懂、用得上、用得好。

3. 坚持统筹协调，做到经常性教育与集中培训并重。面向全体党员，突出重点，采取灵活多样的方式方法抓好经常性教育和集中培训，把党员享有接受教育培训的权利与履行学习的义务落到实处。

4. 坚持改革创新，探索建立大规模教育培训党员工作新机制。创新培训理念，完善培训内容，改进培训方式，整合培训资源，拓宽培训渠道，促使党员教育培训工作向科学化、制度化、规范化方向发展。

二、工作目标和主要任务

(一)工作目标

从2009年起,用5年时间,在切实加强经常性教育的基础上,对未纳入各级党委干部教育培训范围的广大基层党员普遍进行培训。通过教育培训,使广大党员的理想信念进一步坚定、党性观念进一步增强、优良作风进一步养成、工作能力进一步提高、先锋模范作用进一步发挥,不断增强党的创造力、凝聚力、战斗力。

(二)主要任务

在认真开展深入学习实践科学发展观活动和贯彻落实2006年中共中央办公厅印发的《关于加强党员经常性教育的意见》有关精神的基础上,根据不同类型、不同层次、不同岗位党员的实际需求,科学拟订计划,有步骤、有重点地组织开展党员教育培训。

党员教育培训的主要内容是:始终把中国特色社会主义理论体系教育放在首位,对广大党员进行党章和党的基本理论、党的基本知识、党的历史、党的路线方针政策和形势任务教育,法律、法规和党风党纪教育,业务知识和技术技能培训。

广大农村、城市社区党员和各级各类学校学生党员的教育培训分别由其所在地乡镇党委、街道党(工)委和学校党组织负责组织实施,新经济组织和新社会组织党员的教育培训由其上一级党组织负责组织实施,每年至少进行一次,时间一般不少于16学时,其中党组织领导班子成员及新经济组织和新社会组织党建工作指导员一般不少于24学时。

党政机关、国有企业和事业单位以及金融机构党员的教育培训,由其所在单位党组织负责组织实施,每年至少进行一次,时间一般不少于24学时,其中党组织领导班子成员一般不少于40学时。

其他各类基层党员的教育培训,均按党组织隶属关系由其上一级党组织负责组织实施。

纳入各级党委干部教育培训范围的党员领导干部,除认真执行干部教育培训的有关要求外,要带头参加所在单位的党员教育培训。

三、重点工程

——农村党组织书记培训工程。着眼于建设一支守信念、讲奉献、有本领、重品行的农村党组织带头人队伍,切实抓好农村党组织书记的培训。通过省级示范培训、市级重点培训、县级普遍培训,将农村党组织书记组织到县级及以上党校和有关培训机构进行集中培训,每年至少进行一次,时间一般不少于40学时。对新任的农村党组织书记及时进行任职培训。

——新党员培训工程。着眼于增强党员意识、发挥先锋模范作用,进一步从思想上入党,切实抓好新党员的教育培训。通过集中学习、党课教育、座谈研讨、主题活动等方式,使每名新党员在入党后一年内至少参加一次集中培训,时间一般不少于24学时,按党组织隶属关系由其上一级党组织负责组织实施。

——大学生"村官"党员培训工程。着眼于培养善于做群众工作的社会主义新农村建设带头人,切实抓好大学生"村官"党员的培训。采取在县级及以上党校集中培训、到先进村实践培训、请优秀乡村干部传授经验等多种方式,组织大学生"村官"党员在上岗前培训一次,签约期内每年至少培训一次,时间一般均不少于40学时。

——党员创业就业技能培训工程。着眼于提高党员带头奔小康、带领群众奔小康的本领,切实加强党员的创业就业技能培训。将党员创业就业技能培训纳入新型农民科技培训工程、绿色证书培训工程、农村劳动力转移培训阳光工程、成人继续教育和再就业培训工程等。各级党委组织部门与农业、科技、人力资源和社会保障等部门密切配合,重点抓好农村党员的实用技术培训和流动党员特别是农民工党员、下岗失业职工党员、退伍转业军人党员的创业就业技能培训,努力使他们掌握1门以上技术技能,切实提高创业就业本领。

四、工作措施

(一)创新方式方法,激发党员参加教育培训的内在动力

坚持和完善长期以来行之有效的党员教育培训方式方法。适应新形势、新任务的要求,积极探索更加务实管用、灵活多样的党员教育培训方法和途径。

积极组织党员参加党内集中教育活动。坚持以正面教育、自我教育为主的方针,解放思想、联系实际,解决自身存在的突出问题,使党员普遍受教育、群众长期得实惠。

建立、健全党员集中轮训制度。加强党员培训需求调研,有针对性地制订培训计划,确定培训内容,分期分批开展党员集中轮训。普遍推行农村党员春训、冬训的培训方式。推广菜单式选学等模式,采取专题辅导、案例分析、交流研讨、知识竞赛、现身说法等方式,增强党员教育培训的吸引力和感染力。

完善党员领导干部讲党课制度。组织县处级以上党员领导干部和基层党委负责同志定期为党员、入党积极分子讲党课,围绕党员普遍关注的热点、难点、疑点问题,深入浅出地作出解答,使党员思想上受到启发、理论上得到武装。

广泛开设党员"流动课堂"。组织党校教师、讲师团成员、先进典型代表、专家学者、科技人员等,进农村、进社区、进企业、进学校,流动办学、送教上门,力求做到哪里有党员,哪里就有教育课堂。"流动课堂"要

紧贴党员实际，从党员最想学到的知识、最想掌握的技术技能教起，帮助党员提高认识、丰富知识、增强能力。

开展主题党日教育培训活动。结合党员实际和工作需要，确定特色鲜明的党日主题，组织党员开展学习培训或实践活动。党员领导干部要带头参加主题党日教育培训活动。

（二）开发整合资源，构建富有活力的党员教育培训新格局

开发整合党员教育培训阵地资源。完善功能，强化服务，把村（社区）级组织活动场所、党员服务中心（站、点）和农村党员干部现代远程教育站点建设成为农村、街道社区党员教育培训的主阵地。突出党的创新理论培训这一办学特色，充分发挥各级党校在党员教育培训中的重要作用。依托高等学校、职业技术院校和科研院所、社会培训机构、科技示范基地等，开展党员业务技能培训。充分利用爱国主义教育基地、警示教育基地、廉政教育示范基地等，对党员进行党的历史、党的优良传统和作风、党的纪律等的教育培训。省（自治区、直辖市）、市（地）、县（市）要结合实际建立党员教育培训示范基地。积极推进军民共建、警民共建党员教育培训基地建设。

优化整合党员教育培训师资资源。按照数量充足、结构合理、素质优良、专兼结合的要求，优化整合党员教育培训师资队伍。省（自治区、直辖市）、市（地）、县（市）都要建立开放式党员教育培训师资库，选聘党校干校和大中专院校教师、领导干部、先进模范人物、科技人员、技术骨干、乡土人才、致富能手等担任专兼职教师。鼓励建立党员教育培训志愿者讲师队伍。完善遴选制度，探索实行师资联聘、动态管理机制，逐步实现优质师资资源共享。

加强党员教育培训教材建设。中组部会同有关部门组织编写党的基本知识简明读本、党史简明读本。地方各级党委可编写制作符合实际、各具特色、少而精的党员教育培训辅导材料。基层党组织可根据党员多样化、个性化的学习需要，为党员推荐学习书目，提供学习材料。充分发挥图书、报刊在党员教育培训中的作用，倡导创建农村、社区“党员书屋”。

（三）积极运用现代信息传播手段，努力提高党员教育培训的现代化水平

继续加强农村党员干部现代远程教育和党员电化教育。到2010年年底，实现全国农村党员干部现代远程教育乡村网络基本覆盖。积极推进党员干部现代远程教育网络进党政机关，入街道社区、企业和高等学校。坚持重在使用，努力拓展党员干部现代远程教育和党员电化教育服务的领域、对象、内容、手段、功能，不断提高教育培训的质量和效果。

充分利用电视、互联网等大众传媒开展党员教育培训工作。在中央电视台和地方电视台开办党员教育栏目。整合党员教育培训网络资源，建立全国党员教育培训网。本单位建有网站的，党组织要在网站上设立党员教育栏目。倡导建立网上党校，探索运用在线学习、“红色”短信、手机报等手段开展党员教育培训。

积极开发党员教育培训信息资源。省（自治区、直辖市）、市（地）、县（市）要建立数量充足、内容丰富、使用方便的党员教育培训信息资源库，加强对电教片、远程教育课件等现代教学资源的开发和应用，满足党员教育培训的需要。

五、组织领导

各级党委（党组）要高度重视党员教育培训工作，将其纳入党建工作责任制，列入重要议事日程，切实加强领导。要健全中央和地方各级党委党员教育培训联系会议制度，在党委统一领导下，由组织部门牵头，纪检机关、宣传部门、党校等为成员单位，负责党员教育培训工作的安排部署和督促检查。联系会议每年至少召开一次，专题研究解决党员教育培训工作中的困难和问题。各级党委组织部门、纪检机关、宣传部门和党校要健全党员教育培训职能机构，保证足够的人员编制，充实必要的工作力量。基层党委可从实际出发，配备专兼职组织员，负责党员教育培训的组织管理工作。

妥善解决党员教育培训经费。各级党委（党组）留存的党费主要用于党员教育培训。各级财政在安排培训经费预算时要统筹安排党员教育培训经费。国有企业要从按规定提取的职工教育经费中足额安排党员教育培训经费。事业单位要按规定渠道合理安排党员教育培训经费。各级安排的党员教育培训经费要向农村、街道社区和其他有困难的基层党组织倾斜。中组部代中央管理的党费要加大对革命老区、民族地区、边疆地区、贫困地区特别是遭受严重自然灾害地区党员教育培训工作的支持力度。

加强对党员教育培训工作的督促检查。建立党员教育培训登记制度，承担党员教育培训任务的单位要建立学员管理制度和学籍档案制度，将党员参加培训的情况及时向其所在党组织反馈。各级党委组织部门要切实加强对党员教育培训工作的督促检查，总结经验，查找问题，推动工作。

各地区各部门要根据本规划，结合实际制定贯彻落实的具体意见和年度工作计划。

中国人民解放军和中国人民武装警察部队的党员教育培训工作，由解放军总政治部根据本规划的精神制定实施意见。

《人民日报》发表评论员文章《共同团结奋斗　共同繁荣发展》

我国是统一的多民族国家,少数民族有1亿多人口,民族自治地方占国土面积的64%,西部和边疆绝大部分地区都是少数民族聚居区。这一基本国情,决定了民族问题始终是我们建设中国特色社会主义必须处理好的一个重大问题,也决定了民族工作始终是关系党和人民事业发展全局的一项重大工作。

促进各民族共同团结奋斗、共同繁荣发展,最终实现全国各族人民共同富裕。这是全面建设小康社会、加快推进社会主义现代化的必然要求,是党的民族政策的根本出发点和归宿,也是我们解决民族问题的根本途径。

从历史上看,各民族密切交往、和谐相处的时期,大都是社会稳定、经济发展、人民生活不断提高的时期;民族大家庭的经济越发展、社会越繁荣,越有利于促进各民族的平等、团结和进步。事实证明,只有同心同德、团结奋斗,各民族共同繁荣发展才能具有强大动力,中国的综合国力才有望不断提升。只有携手共进、共同发展,各民族共同团结奋斗才能具有坚实基础,中华民族的伟大复兴才有希望。

新中国成立60年来特别是改革开放30年来,党和国家始终坚持把加快少数民族和民族地区经济社会发展作为解决民族问题的根本途径,坚持国家帮助、发达地区支援、民族地区自力更生相结合,努力增强民族地区经济实力,促进民族地区文化繁荣,推动民族地区全面发展,少数民族群众的生产方式和生活水平发生历史性飞跃。当前,民族地区的发展正处于历史上最好的时期。中国的民族政策,在国际上得到广泛认可和好评,被称之为世界处理民族问题的"中国经验"。

但是也应看到,由于地理条件限制、发展基础薄弱,民族地区经济社会发展仍然面临着一些困难和问题。境外敌对势力始终图谋破坏民族团结、煽动民族仇恨、制造民族分裂,通过各种手段进行渗透、破坏活动。

面对错综复杂的形势,我们一定要深刻认识到,国家的统一,人民的团结,国内各民族的团结,是全体中国人民的最高利益,是实现各民族发展的根本福祉。我们一定要深刻认识到,民族平等是党的民族政策的基石,民族团结是解决我国民族问题的重大原则,民族互助是实现各民族共同发展的根本途径。我们一定要深刻认识到,努力使各民族共享改革开放的成果,不断夯实民族团结的物质基础和思想基础,才能形成中华民族的强大凝聚力和牢固向心力。

本世纪头20年,是我国发展的重要战略机遇期,也是加快少数民族和民族地区经济社会发展、实现各民族共同繁荣发展的重要战略机遇期。只要我们牢牢把握各民族共同团结奋斗、共同繁荣发展的主题,高举维护社会稳定、维护社会主义法制、维护人民群众根本利益的旗帜,不断巩固和发展全国各族人民的大团结,国家的长治久安就有牢固的基础,社会的和谐稳定就有充分的保障,经济的繁荣发展就有坚实的后盾,中华民族的伟大复兴就一定能够早日实现。

国务委员兼国务院秘书长马凯在中南海会见蒙古国家防治腐败局局长其米格·桑嘎拉格查及其率领的蒙古国家防治腐败局代表团一行

外交部部长杨洁篪在钓鱼台国宾馆与联合国秘书长潘基文举行会谈

国务委员兼国防部部长梁光烈在北京会见俄罗斯武装部队总参谋长尼古拉·马卡罗夫

庆祝中国人民解放军建军82周年文艺晚会在北京举行

由总政治部主办的庆祝中国人民解放军建军82周年文艺晚会《请祖国检阅》,在中国剧院举行。中共中央总书记、国家主席、中央军委主席胡锦涛出席观看。胡锦涛向战斗在保卫祖国、建设祖国各个岗位上的解放军指战员、武警部队官兵、预备役军人和广大民兵致以节日祝贺。

来自全军和武警部队17个专业文艺团体的800多名演员参加演出。

由长江渔业资源管理委员会与WWF(世界自然基金会)组织的长江源区水生生物资源与环境科考活动启动

2009年北京世界魔术大会在北京开幕

全国人大常委会副委员长陈至立,全国政协副主席、中国文联主席孙家正出席开幕式。

2009年北京世界魔术大会是国际魔术联盟成立60多年来第一次在发展中国家举办,大会由文化部、中国文联、北京市人民政府主办,中国杂技家协会、北京市委宣传部、北京市文化局承办。历经3年的精心筹备,截至目前,已有来自66个国家和地区的2500多人参加大会。根据国际魔术联盟的安排,本次魔术大会从7月26日至31日历时6天,将举行魔术比赛、魔术大师讲座、魔术道具展销、中国魔术图片展等活动。

7月25日

中共中央总书记胡锦涛在云南考察工作

7月25日至28日，胡锦涛来到昆明市和楚雄彝族自治州，就经济社会发展、民族工作、党的建设进行调研，并前往姚安地震灾区看望慰问受灾群众和救灾部队官兵。他勉励云南各族干部群众团结拼搏、开拓进取，奋力夺取全面建设小康社会新胜利，在七彩土地上谱写出更加壮丽的篇章。

考察结束时，胡锦涛听取了云南省委和省政府的工作汇报。他希望云南各族干部群众牢牢抓住国家加大西部大开发力度的宝贵机遇，统一意志、凝聚力量，开拓进取、扎实奋斗，进一步做好保增长、保民生、保稳定各项工作，不断开创云南改革开放和社会主义现代化建设新局面。

胡锦涛强调，应对各种困难和挑战、做好改革发展稳定各项工作，对党的建设提出了新的更高要求。要认真总结和不断探索推进党的建设的好思路、好做法，进一步加强高素质干部队伍建设，重视培养选拔少数民族干部；加强基层党组织建设，充分发挥基层党组织推动科学发展、服务各族群众、维护民族团结、促进社会和谐的重要作用；加强党的作风建设，引导党员、干部特别是领导干部大力弘扬一心为民、求真务实、艰苦奋斗、清正廉洁的优良作风，更好带领广大人民群众攻坚克难、开拓前进。

中央办公厅主任令计划，中央政策研究室主任王沪宁一同考察。

国务院总理温家宝在吉林省考察

7月25日至27日，温家宝到吉林省考察。他强调，面对复杂的国内外经济环境，必须认真贯彻落实中央政治局会议精神，继续把促进经济平稳较快发展作为首要任务，保持宏观经济政策的连续性和稳定性，全面落实和完善促进经济增长的一揽子计划，面向市场需求，加快结构调整，推进科技创新，努力增强经济增长和企业发展的内在动力和活力。

25日和26日晚，温家宝分别在吉林市和长春市召开座谈会，听取企业负责人和专家学者的意见和建议。

纪念中共中央南方局成立70周年座谈会暨学术研讨会在北京召开

由中共中央党史研究室和中共重庆市委联合举办的纪念中共中央南方局成立70周年座谈会暨学术研讨会在北京召开。

南方局老同志代表以及南方局历史资料研究编写工作小组代表在座谈会上先后发言，回顾了以周恩来等为书记的南方局代表党中央全面领导国民党统治区和部分沦陷区党的工作，在统战工作、文化工作、群众工作、军事工作和党的建设方面所取得的光辉业绩，认为进一步深化南方局历史研究和红岩精神研究，对于学习和继承党的优良传统，推进党的建设新的伟大工程和中国特色社会主义伟大事业，具有重要的现实意义。

宋平同志出席座谈会。

在京部分南方局老同志，中央和国家机关有关部门的代表，南方局相关省区市党史部门负责同志和专家代表，以及南方局老同志子女代表等130余人出席了座谈会。中共中央党史研究室主任欧阳淞也在座谈会上发了言。

追授万金刚“献身使命的忠诚卫士”命名大会在乌鲁木齐举行

国务院、中央军委追授万金刚“献身使命的忠诚卫士”荣誉称号命名大会，在乌鲁木齐市武警新疆总队大礼堂隆重举行。

国务院、公安部、解放军四总部、兰州军区、武警部队、新疆维吾尔自治区、新疆生产建设兵团有关负责人，以及驻疆武警部队官兵和各族干部群众代表共1000多人参加了大会。

中华社会救助基金会在北京正式成立

全国人大常委会副委员长严隽琪和全国人大常委会原副委员长顾秀莲出席了成立大会。全国人大常委会原副委员长许嘉璐担任中华社会救助基金会理事长。

7月26日

全国政协主席贾庆林在北京会见国际人类学与民族学联合会主席瓦格斯

贾庆林对瓦格斯一行来华出席国际人类学与民族学联合会第十六届大会表示欢迎，并感谢国际人类学与民族学联合会为促进中国人类学民族学对外交流与合作所做的努力。

他说，我国是统一的多民族国家。新中国成立后，我国政府从中国国情和各族人民的根本利益出发，制定实施了包括民族区域自治在内的一系列民族政策，不断促进各民族的平等团结和繁荣发展，开创了具有中国特色的解决民族问题的正确道路。经过不懈努力，我国民族地区的面貌发生了历史性变化，各族群众的生活水平得到了前所未有的提高，各族人民的政治、经济、文化等各方面权利得到了切实保障，平等团结互助和谐的民族关系不断巩固和发展。当前，我国各族人民正在为实现全面建设小康社会的宏伟目标而共同奋斗。

贾庆林表示，人类学民族学作为重要的学科门类，在中国具有十分广阔的发展前景。中国各族人民数千年来共同创造的辉煌灿烂、博大精深的中华文明，为人类学民族学研究提供了深厚的历史背景和丰富的文化资源。多年来，中国学者深入实际开展调查研究，取得了一批具有较高学术价值、并在国际社会具有一定影响的学术成果，为中国政府制定少数民族政策、实施民族区域自治制度提供了重要的理论参考和依据，为促进中国的民族团结进步发挥了重要作用。贾庆林说，在中国举办国际人类学与民族学联合会第十六届大会很有意义，希望大家共同努力，把本届大会办成一次“特色鲜明、内容丰富、影响广泛”的国际学术盛会。

瓦格斯对中国政府为国际人类学与民族学联合会第十六届大会筹备工作提供的支持和帮助表示感谢，相信即将召开的第十六届大会一定会成为一届圆满成功的大会。

崔世安以282票当选为澳门特区第三任行政长官人选

国务院副总理李克强出席在北京召开的全国财政工作座谈会并讲话

在听取有关省市负责同志的发言后，李克强说，当前我国经济运行中的积极因素不断增多，回稳向好的势头日趋明显，但面临的困难和挑战仍然较多。要进一步坚定信心，保持宏观经济政策的连续性和稳定性，继续实施积极的财政政策和适度宽松的货币政策，全面落实并充实完善应对国际金融危机的一揽子计划和相关政策措施，调控工作不能放松，调控重点要更加突出，在保增长中更加注重结构调整、自主创新、节能环保、城乡区域统筹、改革开放和民生改善，巩固经济企稳回升势头，促进经济长期平稳较快发展。

李克强指出，今年以来，各级财政部门按照中央的要求，在工作中注重实效，取得了显著成绩。同时也要看到，实现全年预算目标的任务仍然十分艰巨。他强调，财政是政府履行职责的重要基础，是宏观调控的重要杠杆。做好下一步财政工作，要总结经验做法，继续探索创新、把握重点，确保已经出台的各项政策尽快落实到位，加大财政对经济结构战略性调整的支持力度，着力扩大内需，促进消费投资出口协调拉动经济增长。进一步有效实施“家电下乡”、补贴节能环保产品、逐步建设社会保障安全网等一系列政策，刺激居民消费需求。采取差别性财税措施，推动技术进步和产业升级，限制和淘汰过剩产能、落后产能。推进财税领域重点改革，完善体制机制，更好地发挥财政保增长保民生保稳定的作用。

财政部部长谢旭人主持了座谈会。部分省(区、市)政府和国务院有关部门负责同志、各省(区、市)及计划单列市财政厅(局)长参加了座谈会。

最高人民法院出台《关于建立、健全诉讼与非诉讼相衔接的矛盾纠纷解决机制的若干意见》

根据《关于建立、健全诉讼与非诉讼相衔接的矛盾纠纷解决机制的若干意见》规定，经行政机关、人民调解组织、商事调解组织、行业调解组织或者其他具有调解职能的组织调解达成的具有民事合同性质的协议，经调解组织和调解员签字盖章后，当事人可以申请有管辖权的人民法院确认其效力。人民法院依法审查后，决定是否确认调解协议的效力。确认调解协议效力的决定送达双方当事人后发生法律效力，一方当事人拒绝履行的，另一方当事人可以依法申请人民法院强制执行。

全国政协副主席杜青林在四川考察调研

马英九当选中国国民党主席

台办主任王毅在钓鱼台国宾馆会见前来大陆参访的中国国民党荣誉主席连战一行

第三届优秀中国特色社会主义事业建设者评选表彰活动开展

中央统战部、工业和信息化部、人力资源和社会保障部、国家工商总局和全国工商联日前联合发出通知，在全国开展第三届优秀中国特色社会主义事业建设者评选表彰活动。5部门已组成评选委员会，并在日前召开各省、自治区、直辖市党委统战部、工商联主要负责人座谈会，部署推荐评选活动。

凡在工商局依法注册登记并从事生产经营的个人独资企业的投资人、合伙企业中的普通合伙人、私营有限责任公司和股份有限公司中的控股股东、受聘于外资企业的中方高级管理人员、个体工商户以及民办非企业单位、社会中介组织的主要自然人出资者中，为中国特色社会主义事业作出突出贡献者，均可参与评选。个体工商户等将是首次被纳入推荐评选范围。

推荐评选条件将更加科学全面。主要是坚决拥护中国共产党领导和社会主义制度，拥护党的路线、方针、政策，坚定走中国特色社会主义道路，贯彻落实科学发展观，企业管理制度完善、资产质量较高、财务状况良好，及时足额缴纳员工社会保险；党、团和工会组织健全并发挥了较好作用，做到爱国、敬业、诚信、守法、贡献，在本地区和同行业中起表率作用；特别是在积极履行社会责任、安全生产、保护环境、参与社会公益事业、抗击自然灾害方面，在应对国际金融危机中保增长、保民生、保稳定方面，在创立自主品牌和自主知识产权、新技术开发推广方面，在企业文化建设等方面要有突出表现。

本次评选表彰名额为100名。受到表彰的人员，将由5部门联合授予"优秀中国特色社会主义事业建设者"荣誉称号，颁发奖章和证书。

国家主席胡锦涛特别代表国务院副总理王岐山在华盛顿会见美国国会众议院"美中工作小组"共同主席拉森柯克等美国国会议员

王岐山说，中美建交30年来，双边关系取得了长足发展，美国历届国会发挥了重要作用。中美战略与经济对话是两国元首确定的中美政府间高层对话的重要平台，旨在推进中美21世纪积极合作全面关系。中美两国作为最大的发展中国家和最大的发达国家，拥有广泛的共同利益。当前最重要的是加强对话与合作，共同应对国际金融危机，坚决反对贸易和投资保护主义，促进世界经济尽快恢复增长。同时，着眼于应对21世纪的全球性挑战，要转变经济增长方式，推动解决能源、环境和气候变化等问题，实现全面、协调、可持续发展。

王岐山指出，中国正处于工业化和城镇化加速发展的时期。中国的发展需要吸收包括美国在内的各国先进科学技术、管理经验和优秀人才。中国的开放政策不可能改变。

拉森等美国议员表示，美方十分重视即将举行的中美战略与经济对话，把这一对话视为两国关系中关键组成部分。美国期待着与中国加强合作，促进世界经济复苏。希望双方共同努力，推动美中关系在21世纪继续向前发展。

国际人类学与民族学联合会十六届大会在云南大学开幕

全球近一百个国家和地区的四千多名学人围绕着"人类、发展与文化多样性"大会主题，热情地参与了各项专题讨论。

本届大会组委会主任、国家民委主任杨晶强调，作为本次大会最突出的成果，《昆明宣言》的通过，标志着与会各国学者围绕"人类、发展与文化多样性"的主题，就国际社会和学界广泛关注的一些重大问题达成了共识，标志着中国学界与国际学界之间的交流与合作迈上了新的台阶，开启了一个学科发展与学术交流的崭新局面。

大会决定，国际人类学与民族学联合会第十七届大会将于2013年在英国曼彻斯特举行，主题为"人类的演进，新兴的世界"。

我国艺术家邓伟首获希腊"索菲"奖

清华大学教授、我国著名摄影家邓伟日前在希腊文化圣地德尔斐获得"索菲"奖，他是第一个获此奖项的中国人。该奖旨在表彰那些运用来自不同文明的智慧，为人类幸福作出贡献的杰出人士。2008年，邓伟曾应邀到希腊进行为期16天的访问拍摄。在北京奥运会开幕前夕，首都博物馆展出了他的38幅摄影作品，题名为《爱琴海的太阳——2008邓伟看希腊》。

中国武术职业联赛在黄山市体育馆开赛

7月27日

中共中央总书记胡锦涛电贺马英九当选中国国民党主席

胡锦涛在贺电中表示："值此先生当选中国国民党主席之际，谨致祝贺。由衷期望贵我两党继续推动两岸关系和平发展，进一步深化政治互信，不断为两岸同胞谋福祉，开创中华民族的伟大复兴。"

同日上午，中国国民党主席当选人马英九复电，向中共中央总书记胡锦涛表示感谢。马英九在复电中表示："今日贺电敬悉，谨致谢忱。四年来，经过贵我两党的共同努力，当前两岸关系已在'九二共识'的基础上，走上和平发展、稳定共荣的大道，既符合两岸人民的期望，也赢得世界各国的肯定。今后，仍须双方顺应民意，继续在'正视现实、建立互信、搁置争议、共创双赢'的原则下，不断努力，以巩固海峡和平、重建区域稳定、促进两岸持续发展与繁荣。"

全国政协主席贾庆林在人民大会堂会见中国国民党荣誉主席连战一行

贾庆林强调，去年5月以来，两岸关系之所以能够不断取得积极进展，最重要的是，两岸双方在反对"台独"、坚持"九二共识"的基础上建立了政治互信，切实依循并努力落实"两岸和平发展共同愿景"。这是两岸关系发展的重要基础和正确方向。今年5月，胡锦涛总书记在与吴伯雄主席会谈时，强调了进一步巩固和增进双方政治互信的重要性。这其中，坚持大陆和台湾同属一个中国是关键所在。推动两岸关系进一步发展,需要国共两党、两岸双方继续共同努力,巩固政治基础,增进彼此互信,妥善处理问题,保持良性互动。

贾庆林表示,积极推动两岸关系和平发展,实现全民族的团结、和谐、昌盛,应当是国共两党、两岸双方、两岸同胞共同为之奋斗的目标。

连战表示,两岸关系和平发展面临历史机遇,需要在加强经济、文化交流的基础上,推动两岸关系全面发展,促进两岸同胞强化对中华民族、中华文化和历史的认同,为中华民族强盛奠定基础。我相信,历史是站在支持中华民族复兴这一边的。马英九昨天当选国民党主席后表示,将继续把"两岸和平发展共同愿景"列入国民党政纲,并表达了对国共两党沟通平台和两岸经贸文化论坛重要性的认识和肯定,值得高兴。希望国共两党、两岸双方共同努力,进一步推动两岸关系发展取得新的成就。

全国政协主席贾庆林在北京会见以郑铭坤先生为团长的台湾妈祖联谊会代表团

贾庆林主席高度评价了台湾妈祖联谊会对弘扬中华妈祖文化,促进两岸关系发展发挥的积极作用。他表示,构建两岸关系和平发展框架,不仅要有雄厚的经济基础,还要有坚实的文化支撑。妈祖文化是中华优秀传统文化的组成部分,是两岸同胞的共同财富。两岸同胞是一家人,希望两岸共同继承和弘扬妈祖文化,使中华文化薪火相传,发扬光大,为深化两岸民众的交流,为推动两岸关系和平发展,为实现中华民族伟大复兴作出积极的贡献。

十届全国政协副主席、中华妈祖文化交流协会会长张克辉,中共中央台办、国务院台办主任王毅,海峡两岸关系协会会长陈云林等参加了会见。

中共中央政治局常委贺国强看望正在北戴河培训休养的四川汶川地震灾区基层纪检监察干部

全国人大常委会副委员长司马义·铁力瓦尔地在《人民日报》发表题为《高举各民族大团结旗帜　坚定不移维护祖国统一》的文章

全国人大常委会副委员长陈至立在北京出席全国妇联座谈会并发表讲话

全国政协副主席、中科院院士王志珍,中国科协党组书记、书记处第一书记邓楠,全国妇联党组书记、副主席黄晴宜,以及部分中科院和工程院女院士等出席并发言。与会者一致认为,在党和国家的高度重视和亲切关怀下,我国女性科技人才队伍不断发展壮大。但由于种种原因,目前我国高端科技领域和重大科技工程中,女性高层次科技人员特别是女性学术带头人所占比例仍很低。后备女性拔尖科技人才成长的形势十分严峻。要从制度、政策、资源以及社会舆论等各个方面为促进更多女性拔尖科技人才脱颖而出创造条件、提供保障、搭建平台。

陈至立在座谈会上指出,女性高层次人才是妇女界的杰出代表,是带动广大妇女自强不息、艰苦奋斗、无私奉献的榜样。她们在我国社会主义现代化建设中发挥着重要作用并活跃在国际舞台上为国增光,这是我国妇女地位不断提高的重要标志之一。她强调,高度重视并积极促进女性高层次人才,尤其是女性拔尖科技人才成长是一项长远的、战略性、全局性的工作。全国妇联将切实深入调查研究,提出有针对性的政策建议,扎扎实实地帮助女性拔尖科技人才解决一些实际的具体问题。要加强宣传教育,树立女性拔尖科技人才榜样,激励广大女性科技人员勇攀高峰。

首轮中美战略与经济对话在美国华盛顿开幕

国家主席胡锦涛特别代表国务院副总理王岐山和国务委员戴秉国与美国总统奥巴马特别代表美国国务卿希拉里·克林顿和财政部长蒂莫西·盖特纳共同主持对话。

王岐山指出,当前,全球经济正处于从危机走向复苏的关键时期。在经济对话中,中美双方将围绕"凝聚信心恢复经济增长,加强中美经济合作"的主题,就进一步应对国际金融危机、建立强有力的金融体系、深化贸易投资合作、促进经济可持续发展等重大议题加强交流,进一步释放中美携手合作、共克时艰的积极信号,促进两国乃至世界经济恢复增长。从历史和哲学的角度看,人类对和平与发展、富裕与文明的追求不会改变,总是在战胜各种困难中不断前进的。相信这场危机终将会过去。

王岐山强调,中国正在加快推进工业化、城镇化,市场潜力巨大。我们将继续贯彻落实科学发展观,深化改革,扩大开放,把应对当前金融危机、保持经济平稳较快增长与推进结构调整、转变经济发展方式结合起来,努力促进国民经济又好又快发展。一个更加开放、更具活力的中国经济,将为包括美国在内的世界各国带来巨大的发展机遇。伴随着中国改革开放的进一步推进,中美经贸合作会更加紧密,中美关系必将在新的起点上不断向前发展。

戴秉国表示,今年4月胡锦涛主席与奥巴马总统在伦敦峰会期间共同决定建立的中美战略与经济对话隆重开幕,这是中美关系中一件可喜可贺的大事。中方愿本着相互尊重、平等相待、互利共赢的精神，就中美两国关系和事关人类生存、和平、发展的宏观性、战略性和前瞻性问题与美方进行坦诚深入的对话，探讨在急剧变化的21世纪如何建设积极合作全面的中美关系，寻求增进理解、深化互信、扩大共识、发展合作，把我们共同利益的蛋糕做得更大、更美，以造福于中美两国人民，造福于我们共同生活的地球家园。

戴秉国指出，我愿乐观地看待中美关系的未来。经过30年的共同努力，中美关系取得巨大发展。中美之间的沟通互动从未像今天这样频繁，中美之间的利益交融从未像今天这样紧密，中美之间的互利合作从未像今天这样广泛，中美关系发展的动力也从未像今天这样强劲。我们两个伟大的国家、伟大的人民，有千万条 理由要紧紧抓住历史机遇，不断增进战略互信，积极扩大全面合作，妥善处理分歧和敏感问题，共同开创中美关系更加美好的未来。

希拉里和盖特纳在会上致辞。希拉里表示，此次战略与经济对话是一个新的开端，标志着美中正进行前所未有的努力，为建设面向21世纪积极合作全面的美中关系奠定基础。美中面临共同的全球性挑战，需要携手努力合作应对。

希拉里说，奥巴马政府致力于同中国进行更广泛的接触，以解决区域和全球性问题。中国经济发展取得巨大成就，积极维护亚太地区和平稳定，美方对此表示欢迎。

希拉里说，此次对话主要包括以下几个领域：一是促进经济增长。双方都认为需要进一步加强经济和金融合作，这有利于全球经济复苏。二是气候变化和清洁能源。三是安全领域的挑战。美方赞赏中方在朝鲜半岛核问题六方会谈进程中发挥的重要作用。四是发展问题。为应对21世纪的共同挑战，美中需要进一步寻求共识。

盖特纳表示，共同应对国际金融危机是美中合作的一个转折点。美中采取的措施有力地重建了信心，释放了美中风雨同舟的信息。美中采取的行动将不仅有利于两国人民，还有利于全球经济复苏。本次金融危机使我们认识到需要改变经济增长模式，美中需要紧密合作，确保均衡、可持续的经济增长。全球经济从建立布雷顿森林体系到现在已经发生了根本改变，我们面临着重建全球经济体系以应对挑战的重大机遇。

全军反腐倡廉宣讲团首场报告会在北京举行

全国海洋知识夏令营在青岛开营

此次活动是“7·18全国海洋宣传日”活动的重要组成部分，旨在树立我国青少年的海洋意识，拥抱海洋、感恩海洋、善待海洋。

国务委员刘延东在中南海会见美国NBA著名篮球运动员科比·布莱恩特

全运会足球项目纪律委员会决定取消在比赛中有严重违规违纪行为的天津全运会男足甲组代表队参加全运会决赛阶段比赛的资格

7月28日

中共中央政治局委员李源潮在西藏调研

7月28日至31日，李源潮在西藏调研深入学习实践科学发展观活动和基层党建工作。在西藏调研期间，李源潮深入农村牧区、企业和街道，看望农牧民党员，了解基层组织和党员队伍建设情况。他召开县委书记座谈会、藏族年轻干部代表座谈会和学习实践活动座谈会，听取意见和建议。他指出，县一级在党和国家组织结构中处于承上启下的关键地位，加强县委书记队伍建设，是中央从党和国家事业发展全局出发作出的重要决策。县一级工作做好了，全国的发展稳定就有了可靠基础。

李源潮指出，要认真贯彻落实中央关于加强县委书记队伍建设若干规定精神，坚持德才兼备、以德为先标准，选好配强县委书记。要加大对县委书记培训力度，提高领导发展、维护稳定，特别是应急处变、驾驭复杂局面的能力。要完善考核评价机制、加强日常管理和监督，特别要重视考察在关键时候的表现。要特别关心在西藏等条件艰苦地区长期工作同志的身心健康和成长进步。

李源潮指出，县委书记要尽职尽责、造福百姓。要按照科学发展观的要求，因地制宜、发挥优势，不断改善农牧区生产生活条件，千方百计增加农牧民收入。要坚定地站在反分裂斗争第一线，切实担负起维护稳定的重任。要坚持艰苦奋斗、密切联系群众的作风，大力弘扬党的优良传统和“五个特别”的老西藏精神，树立一心为民、求真务实、清正廉洁的良好形象。要认真学习和执行党的民族政策，坚持贯彻“三个离不开”的思想，做促进民族团结的模范。

美国总统奥巴马在华盛顿会见胡锦涛主席特别代表国务院副总理王岐山和国务委员戴秉国

王岐山首先转达了胡锦涛主席致奥巴马总统的口信。胡锦涛在口信中表示，首轮中美战略与经济对话的成功举行，进一步增进了双方的了解和互信，扩大了双方的交流与合作，对中美关系的发展将产生重要影响。当前,中美关系正站在新的历史起点上,面临新的发展机遇。我愿与你一道,坚持从战略高度和长远角度把握两国关系大局,抓住机遇,共创未来,努力构建21世纪积极合作全面的中美关系。

王岐山表示,在两国元首的亲自指导下,中美双方就事关两国关系发展的战略性、全局性、长期性议题深入交换意见,达成了广泛共识,首轮中美战略与经济对话取得了成功。中方愿与美方共同努力,使中美战略与经济对话机制为建设21世纪积极合作全面的中美关系发挥重要作用。

戴秉国表示,在两国元首的激励下,此次中美战略与经济对话取得了令人鼓舞的成果。实践已经证明并将继续证明,中美战略与经济对话作为双方对话合作的重要平台,将为促进两国关系健康稳定发展发挥重要作用。胡锦涛主席期待着今年9月在匹兹堡二十国集团领导人第三次金融峰会期间与你再次见面,欢迎并期待你年内访问中国。

戴秉国指出,复杂多变的国际经济政治形势下,中美两国拥有广泛的共同利益和广阔的合作空间。中方愿与美方一道,坚持从战略高度和长远角度把握两国关系,进一步加强各领域的沟通、协调与合作,照顾彼此的利益和关切,推动中美关系朝着两国元首确定的积极合作全面的方向不断向前发展。

奥巴马表示,在此次美中战略与经济对话中,双方就广泛议题进行了深入的讨论,这有助于美中两国有效应对国际金融危机,取得经济平衡增长,相信这不仅使美中双方受益,也使世界受益。希望美中两国深化各领域合作,促进国际金融体系改革、保持全球金融稳定,共同应对发展问题,就清洁能源问题进行建设性对话。他表示,美方赞赏中方在朝鲜半岛核问题以及伊朗核问题上发挥的积极作用。

奥巴马说,中国是一个伟大的国家,美中关系是21世纪最重要的伙伴关系。他愿同胡锦涛主席一道,进一步推进美中两国关系,造福于两国人民和子孙后代。他期待着今年访问中国。

国务院副总理王岐山 国务委员戴秉国在华盛顿出席美中贸易全国委员会 美中关系全国委员会等友好团体举办的欢迎晚宴并发表演讲

王岐山说,古往今来,顺历史潮流者昌,逆历史潮流者亡。追求和平发展、富裕文明是中国人民和世界人民的共同心声,发展中美关系是中美两国人民的共同愿望和利益所在。中美两国要顺应这一大势和民心,将中美关系推进到新的更高水平。中美两国除了合作,别无选择。相信双方有足够的智慧和能力解决前进中的各种困难和问题,共同推动中美关系不断向前发展。

王岐山表示,中国上海明年将举办世博会,热忱欢迎美国各界朋友届时参与这一盛会。

戴秉国说,胡锦涛主席和奥巴马总统确立共同努力建设21世纪积极合作全面的中美关系,这一决定具有重要而深远的意义。

戴秉国指出,中美要正确看待对方,不断增进互信。中国的发展是世界发展不可或缺的一部分,是世界发展的重要推动力,更是世界发展的良好机遇。中国将始终不渝地坚持中国特色社会主义道路,与各国人民携手努力,推动建设持久和平、共同繁荣的和谐世界。中美应扩大共同利益,深化协调合作。要加强和扩展两国在双边领域和国际地区、全球性问题上的对话与合作。要相互理解尊重,平等相待,以理解和信任的心态认识对方的政策意图,本着平等和相互尊重的精神处理彼此利益和关切。

美国国务卿克林顿、财政部长盖特纳等美国政要及美国工商界人士共600余人出席晚宴。

残疾人艺术团举办"我的梦"座谈会

中国残疾人艺术团今天举办"绽放和谐艺术之花,共庆祖国六十华诞"主题座谈会,邀请人民日报社、共青团中央、中国银行等单位的青年代表就新中国成立60年来残疾人文化事业的发展、文化艺术作品在社会建设中应发挥的作用、青年人所应承担的文化使命等问题,展开了讨论。

座谈会以中国残疾人艺术团的系列节目《我的梦》为切入点,探讨了艺术团在艺术创作、团队建设等方面取得的成就。与会代表表示,作品中展现出了丰富的民族文化和人性的力量。

7月29日

国家主席胡锦涛致电祝贺巴基耶夫再次当选吉尔吉斯共和国总统

第二届津台投资合作洽谈会在天津开幕

天津市委书记张高丽,全国政协原副主席王忠禹、张克辉出席开幕式,中国国民党荣誉主席连战、副主席林丰正率团出席。

本届洽谈会以"深化合作,共克时艰,共同发展,共创双赢"为主题。

中共中央台办主任、国务院台办主任王毅出席开幕式并致辞说,短短半年多时间里,两岸关系又取得了一系列重要进展。两岸协商达成了三项新的协议和一项共识,台湾方面宣布开放大陆企业赴台投资,两岸正就金融监管合作备忘录积极沟通,争取尽快签署。这些成果,标志着两岸实现了期盼多年的全面、直接、双向“三通”,两岸经济关系日趋正常化并正在向制度化和机制化迈进。

连战在致辞时表示,国际金融危机下,天津经济仍快速成长,可钦可佩。津台两地优势互补,两岸合作1加1大于2,津台合作就是证明。海峡两岸工商界应紧密合作,创造更加亮丽的未来。

本届洽谈会进行天津滨海新区项目对接恳谈和投资项目签约。台湾工商协进会、工商建研会、海峡两岸经贸文化交流协会等36个行业公会和协会以及232家台湾企业参会。

本届洽谈会由天津市政府、国务院台湾事务办公室、海峡两岸关系协会、政协天津市委员会联合主办,历时3天。

国务委员戴秉国出席美国国会参院外委会主席克里首席成员卢格等国会议员举行的早餐会

外交部就日方允许热比娅访日召见日本驻华大使提出严正交涉

外交部副部长武大伟召见日本驻华大使宫本雄二,就日本政府允许热比娅窜访日本提出严正交涉,表示强烈不满,要求日本政府立即采取有效措施,制止热比娅在日本从事反华分裂活动。

民进全国书画展在北京开幕

由民进中央主办的“共庆辉煌——庆祝中华人民共和国成立60周年、纪念人民政协成立60周年民进全国书画展”29日在北京中国美术馆开幕。全国人大常委会副委员长、民进中央主席严隽琪,全国政协副主席、民进中央常务副主席罗富和出席仪式。

展览共展出书法和绘画作品近200幅,反映了新中国成立60年来,民进与中国共产党荣辱与共、风雨同舟,共同致力于建设中国特色社会主义伟大事业的辉煌历程。

张琳在罗马世锦赛上以7分32秒12的成绩打破男子800米自由泳世界纪录夺得冠军

卓琳逝世

中国共产党的优秀党员,久经考验的忠诚的共产主义战士,中央军委办公厅原顾问卓琳同志因病医治无效,于7月29日在北京逝世,享年93岁。

卓琳是邓小平同志的夫人,1916年4月6日出生于云南省宣威县,1937年参加革命工作,1938年4月加入中国共产党,1943年9月任中共中央北方局秘书处新闻材料室组长,1950年3月任中共中央西南局人民小学校长,1952年任中共中央秘书处机要秘书。“文化大革命”中,邓小平同志受到错误批判和斗争,她也受到牵连,1969年10月随邓小平同志到江西,在新建县拖拉机修造厂劳动。1973年任国务院办公厅机要秘书。1978年1月任中央军委办公厅顾问。

卓琳同志是第四、五届全国人大代表。1988年被授予中国人民解放军独立功勋荣誉章。

7月30日

国务委员孟建柱在全国公安机关新闻发言人培训班结业式上发表讲话

在认真听取培训班学员代表发言后,孟建柱说,在当前信息流与人流、物流、资金流高度融合和社会高度开放透明的情况下,要全面提升公安机关维护社会稳定的能力和水平,必须树立现代传播理念,注重群众的需求和感受,在加强与社会公众沟通上下功夫。在不影响侦查破案的前提下,最大限度地公开警务信息,提高警务透明度,有效保障公众知情权,推进依法行政。要进一步完善发言人制度,突发事件发生后,发言人要第一时间掌握现场情况,及时发布权威信息。新闻发言人代表着公安机关的形象,要有广博的知识储备和丰富的工作经验,要不断提升自身素养,具备透彻了解事件现场情况和较强的分析判断能力,掌握与媒体沟通的艺术,发挥好发言人的应有作用。

孟建柱指出,随着信息技术的迅猛发展,“虚拟社会”与现实社会的联系越来越紧密。各级公安机关特别是领导同志既要坚持迈开双脚走下去,把“大走访”爱民实践活动作为一种日常警务方式,长期深入开展下去;又要经常打开网络窗口走进“虚拟社会”,把上网了解社情民意、把握社会热点作为调查研究的新途径,作为制定政策、决策部署的重要依据,作为关注民生、联系群众的重要渠道,把信息化条件下公安机关维护社会稳定的各项工作做深做细做实。

孟建柱强调,要始终把政治建警放在队伍建设的首位,坚持用中国特色社会主义理论体系武装头脑,不断提高政治理论素养;要树立世界眼光、培养战略思维,善于统筹国际国内两个大局。要加强对各级公安机关领导同志的专业培训,加强自身建设,学会在研究状态下开展工作,牢牢把握工作的规律、特点,不断提高专业技能。广大一线民警要进一步规范执法执勤过程中的语言、行为,始终做到公正、理性、文明执法,以实际行动赢得社会公众的理解、支持和配合。

全国打击借"家电下乡"制售假劣产品

商务部、中宣部、国家发改委等九部委在京联合召开电视电话会议,决定从今年8月至明年2月,在全国范围内开展打击借"家电下乡"等名义制售假劣产品专项整治。

中国和平统一促进会香港总会在香港正式成立

为响应胡锦涛总书记在纪念《告台湾同胞书》发表30周年座谈会上的重要讲话,更好地发挥香港各界在国家和平统一事业中的作用,由多位香港知名人士联合发起的中国和平统一促进会香港总会今天在香港成立。全国政协主席、中国和平统一促进会会长贾庆林发来贺信,代表政协全国委员会和中国和平统一促进会表示热烈祝贺,并希望中国和平统一促进会香港总会广泛联系和团结香港各界人士,积极推动海峡两岸关系和平发展,宣传"一国两制"在香港的成功经验,努力为实现中国和平统一大业做贡献。

全国政协副主席、中央统战部部长、中华海外联谊会会长、中国和平统一促进会执行副会长杜青林出席庆典并发表讲话。他对中国和平统一促进会香港总会的成立表示热烈祝贺,对香港统促会社团多年来为促进两岸关系和平发展作出的重要贡献给予充分肯定。

香港特区行政长官曾荫权、中央政府驻港联络办主任彭清华也发表了讲话。

全国政协副主席董建华、全国政协副秘书长杨崇汇、海峡两岸关系协会会长陈云林等出席了成立庆典。

中国和平统一促进会香港总会会长高敬德致辞时表示,总会将为香港地区有志于从事促进祖国和平统一工作的人士搭建一个良好平台,宣传"一国两制"成功经验,密切港台关系,深化港台交流,确保香港长期繁荣稳定,推动两岸关系和平发展,促进早日实现祖国和平统 。

杨雨 朱倩蔚 刘京和庞佳颖在罗马举行的游泳世锦赛女子4×200米自由泳接力决赛中夺得金牌

赵菁在罗马举行的游泳世锦赛女子女子50米仰泳决赛中以27秒06的成绩打破世界纪录并夺得金牌

7月31日

乌鲁木齐"7·5"事件对外舆论工作座谈会在乌鲁木齐举行

中央对外宣传办公室、国务院新闻办公室和新疆维吾尔自治区党委宣传部、政府新闻办今日在乌鲁木齐联合举办乌鲁木齐"7·5"事件对外舆论工作座谈会。中宣部副部长、中央外宣办、国务院新闻办主任王晨在座谈会上指出,乌鲁木齐"7·5"事件发生后,在党中央、国务院坚强领导下,中央有关部门和新疆维吾尔自治区党委政府宣传部门,坚持对外开放,按照"及时准确、公开透明"的方针,迅速启动对外舆论工作应急机制,成立新闻中心,多次举办新闻发布会,第一时间发布权威信息,披露事件真相,揭露境内外"三股势力"策划、组织严重暴力犯罪事件的罪行,戳穿其谎言,积极回应国际关切,传递和表达了我国各族人民珍视民族团结、反对民族分裂的坚定意志和共同心声。

王晨指出,乌鲁木齐"7·5"事件发生后,我们坚决贯彻中央要求,对于境外记者采访,既开放又有序,努力提供服务,依法进行管理。开放源于自信,谣言止于真相,止于快速广泛传播的真相。实践证明,在舆论引导中坚持"及时准确、公开透明"的方针,顺应了改革开放和时代发展要求,体现了我们国家的民主进步、文明开放和包容自信,有利于维护改革发展稳定大局,要继续坚持、完善提高。

王晨说,当前对外舆论工作任务依然艰巨。我们要认真贯彻胡锦涛总书记在云南考察时的重要讲话精神,高举各民族大团结旗帜,切实加强民族团结的宣传教育,大力宣传民族团结是各族人民之福,民族分裂是各族人民之祸,为维护民族团结和社会稳定,实现国家长治久安营造良好的舆论环境。

座谈会由新疆维吾尔自治区党委常委、宣传部长李屹主持。自治区政府新闻办主任侯汉敏介绍了乌鲁木齐"7·5"事件对外舆论工作情况,部分中央驻疆媒体和新疆当地媒体负责人参加了座谈。

全国审计工作座谈会在杭州召开

审计署审计长刘家义在座谈会上表示,目前,审计队伍的状况同审计工作肩负的历史使命、承担的法定责任是相适应的。但与新形势、新任务的要求相比,还存在一些不相适应的方面,突出表现在五个方面:部分审计人员甚至党员理想信念不够坚定,部分审计人员审计理念不适应,部分审计人员审计能力不适应,审计队伍结构不适应,廉政建设和作风建设不适应。

为此,审计署起草制定了《关于加强地方各级审计机关领导班子建设的意见》和《关于加强审计机关公务员队伍专业化建设的意见》,对加强审计队伍建设提出了要求和标准,这两个意见将在此次会议上充分讨论、修改后下发执行。为进一步加强审计队伍专业化,审计署将完善并强化干部交流力度,培养适应审计工作的复合型人才。

外交部就澳大利亚允许热比娅去澳召见澳驻华大使提出严正交涉

外交部副部长张志军召见澳大利亚驻华大使芮捷锐，就澳方允许热比娅去澳提出严正交涉，对澳方此举表示强烈不满和坚决反对。张志军敦促澳方立即纠正错误，不允许热比娅窜访澳大利亚并利用澳大利亚领土从事反华分裂活动。

国防部在人民大会堂举行庆祝解放军建军82周年盛大招待会

中央军委委员、国务委员兼国防部部长梁光烈上将致祝酒词。中央军委委员、总参谋长陈炳德上将，中央军委委员、总政治部主任李继耐上将，中央军委委员、总后勤部部长廖锡龙上将，中央军委委员、总装备部部长常万全上将，中央军委委员、第二炮兵司令员靖志远上将，中央军委委员、海军司令员吴胜利上将，中央军委委员、空军司令员许其亮上将出席招待会。

出席招待会的还有解放军四总部、驻京各大单位、武警部队和军委办公厅负责人马晓天、孙建国、侯树森、孙忠同、刘振起、贾廷安、孙大发、李安东、刘晓江、彭小枫、刘成军、刘源、童世平、房峰辉、符廷贵、陈勇、许耀元、李买富、秦银河、牛红光、顾文根、王伟、于际训、刘继贤、郭俊波、杨建亭、黄建国、息中朝、苏士亮、刘振来、李少军、刘福连等。

中共中央、国务院有关部门和北京市、对外友协负责人王毅、杜起文、张志军、陈求发、张新枫、马建、孙绍骋、廖晓军、姜增伟、王国庆、刘敬民、李小林、郭业洲等出席了招待会。

出席招待会的还有在京的军队离退休老干部代表，部队各有关部门负责人，国庆60周年阅兵部队代表、新中国成立前后各个时期的战斗英雄和部队英模代表、原国民党起义人员代表、首都民兵代表、军烈属代表、双拥模范代表等。

外国驻华大使馆武官夫妇等也应邀出席招待会。

全运会火炬传递路线确定

第十一届全运会组委会在山东济南召开新闻发布会，宣布8月1日将在泰山之巅采集“国泰民安之火”，8月16日全运会火炬点火起跑仪式将在北京人民大会堂东门外广场举行，火炬主要经过各省会城市及香港、澳门等地，9月19日起在山东境内传递，10月15日在济南传递。

火炬传递活动路线途经各省省会、直辖市、自治区首府以及香港、澳门特别行政区所在地。总体安排如下：8月16日自北京市点火起跑，经天津、石家庄、沈阳、长春、哈尔滨，到呼和浩特、太原、西安、银川、兰州、西宁、乌鲁木齐、拉萨、昆明、成都。9月上旬自重庆起，经贵阳、南宁、长沙、武汉、郑州、合肥、南昌、广州、海口，抵达澳门和香港特别行政区。9月中旬自福州起，经杭州、上海、南京，传至山东境内。

8月1日

外交部部长杨洁篪特别代表中国中东问题特使吴思科访问伊朗

吴思科分别与伊朗代外长阿斯拉姆及伊朗外交部有关负责人会见、会谈。双方就两国关系、中国与伊斯兰世界关系及共同关心的国际和地区问题深入交换了意见。

驻澳门部队在驻军大厦举行酒会庆祝中国人民解放军建军82周年

澳门特区行政长官何厚铧,中央政府驻澳门特区联络办公室主任白志健,外交部驻澳门特区特派员公署副特派员宋彦斌,中国人民解放军驻澳门部队司令员王玉仁、政委许进林,以及澳门社会各界近200名嘉宾出席酒会。

王玉仁少将在致辞中对澳门特区政府、中央驻澳机构,澳门社会各界给予的大力支持表示衷心感谢。

何厚铧在致辞中表示,特区政府将一如既往,与驻澳部队保持紧密的联系和真诚的合作,为"一国两制"伟大实践的不断推进而共同努力。

中国队在游泳世锦赛女子4×100米混合泳接力决赛中以3分52秒19打破世界纪录

中国队的4名选手是:赵菁(仰泳)、陈慧佳(蛙泳)、焦刘洋(蝶泳)、李哲思(自由泳)。

第十一届全运会圣火在山东泰山之巅成功采集

奥运冠军王峰和张娟娟采集圣火火种,火种被称为"国泰民安之火"。

首届海峡杯帆船赛在台南外海举办两岸重型帆船场地绕标赛

中国生态文明建设高层论坛在黑龙江省漠河举办

论坛开幕式上,湖南省森林植物园、山东滕州滨湖国家湿地公园、河南省野生动物救护中心、东北林业大学、新疆维吾尔自治区野马繁殖研究中心、江西省共青城、黑龙江省北极村国家森林公园、陕西省定边县石光银英雄庄园、贵州省贵阳市黔灵山公园、江西鄱阳湖国家级自然保护区等10家单位被国家林业局、教育部、共青团中央授予"国家生态文明教育基地"称号。

8月2日

民政部等军地有关部门颁发《伤病残军人退役安置规定》

民政部、财政部和解放军总参谋部、总政治部、总后勤部等军地有关部门近日联合颁发《伤病残军人退役安置规定》(以下简称《规定》)。这是国家和军队首次以军事行政规章的形式,对伤病残军人的退役方式、安置办法、住房和医疗保障等问题作出全面系统的规范,是军地各级做好伤病残军人退役安置工作的基本遵循和依据。

《规定》共八章二十六条,明确了伤病残军人退役安置方式。规定因战、因公致残,被评定为一级至六级残疾,或者因病医疗期满后经医学鉴定为基本丧失工作能力的军官、文职干部,以及因战、因公致残被评定为一级至四级残疾,或者因病医疗期满后经医学鉴定为基本丧失工作能力的士官,可以作退休安置。伤病残军人批准退休后即审定安置去向、纳入安置计划及时移交。初级士官患精神病被评定为一级至四级残疾的,义务兵因战、因公、因病被评定为一级至四级残疾的,由国家供养终身。士官因战、因公、因病致残符合退休条件,自愿放弃退休安置的,可以选择由国家供养终身。

《规定》着眼国家经济社会发展形势,体现党和国家对伤病残军人的深情关怀和高度重视,专门建立了伤病残军人退役安置补助。明确在伤病残军人移交政府安置时,由军队根据本人伤病残情况发给一次性安置补助费,以解决个人实际困难。大幅提高了伤病残军人住房补贴标准,明确伤病残退休军人基本住房补贴不足10万元按10万元计发,安置地在高房价地区的,按照军队规定给予地区住房补贴;分散供养的一级至四级残疾的退役初级士官和义务兵的购(建)房经费保障标准,按照安置地县(市)60平方米经济适用住房价格计算确定,中央财政定额补助,不足部分由地方财政解决。中央财政对接收一级至四级残疾和重症精神病退役军人的优抚医院给予补助,用于增加床位、医疗设备及房屋维修等支出。同时规定,各级财政部门应当加大对伤病残军人医疗保障经费的投入力度。

《规定》还建立了责任追究制度,明确了在伤病残军人移交安置中违反政策规定应当受到处罚的五种情形,以及伤病残退役军人无正当理由拒绝审定安置去向或办理移交手续的处理办法。

《规定》指出,伤病残军人为国家和军队建设作出重要贡献,应当受到国家和社会的尊重、优待。妥善安置伤病残军人是地方各级政府和军队各级组织的共同政治责任,要坚持为国防和军队建设服务的方针,贯彻以人为本、妥善安置、各得其所的原则,扎实推动伤病残军人退役安置工作科学发展。

世界女排大奖赛北仑站中国队战胜俄罗斯队夺得冠军

8月3日

新疆乌鲁木齐公安检察机关通报乌鲁木齐"7·5"事件处理进展情况

乌鲁木齐"7·5"事件发生一个月来,在全社会的大力协助、支持、配合下,新疆公安机关根据获取的重要线索,已成功抓获一批重要犯罪嫌疑人,刑事拘留718人。

据新疆维吾尔自治区公安厅副厅长、乌鲁木齐市公安局局长陈壮为介绍,目前,公安机关正抓紧进行现场勘验、物证采集、DNA鉴定、指纹比对、电子物证检验及视频、照片采集、截取等工作。

乌鲁木齐市人民检察院检察长吾提库尔·阿不都热合曼在通报乌鲁木齐"7·5"事件审查逮捕情况时称,已批捕的83人涉嫌故意杀人、故意伤害、放火、抢劫、破坏交通工具、聚众扰乱社会秩序、寻衅滋事及煽动民族仇恨、民族歧视等罪名。

商务部有关负责人就美国业界反对对中国轮胎产品采取特保限制措施发表谈话

该负责人表示,中方注意到,7月10日美国轮胎产业协会公开致函美国总统奥巴马,并抄送美国贸易代表柯克,强烈要求奥巴马总统否决任何对中国轮胎采取限制措施的建议。该协会在信中表示,美国国际贸易委员会所建议的救济措施对于保护美国制造业工人就业机会毫无意义,反而会导致美国轮胎消费者在目前经济危机背景下面临更高的价格与更少的选择,从而损害美国消费者和轮胎贸易商的利益。如果美国政府采取限制措施,不但达不到救济美产业的目的,反而会引起市场扰乱。美国轮胎产业协会由遍布全美50个州的6000多家小企业组成,代表美国轮胎生产、维修、零售、批发、售后服务、翻新、回收企业以及为轮胎产业提供设备、原材料或服务的企业与个人的利益。

这位负责人强调,美国国际贸委会6月29日向美国贸易代表办公室提出的救济措施建议缺乏合理性和客观依据,中方坚决反对美国采取限制进口中国轮胎产品的歧视性特保措施,中国政府在与美国相关部门的交涉和磋商中已多次表达上述立场。对中国轮胎产品采取特保限制措施,不仅损害中国轮胎产业的利益,阻碍中美双边贸易的正常开展,而且也将损害美国的整体经济利益。

中国—东盟博览会首次涉及金融领域

针对当前国际金融危机持续蔓延和中国—东盟自由贸易区即将于2010年建成的形势,今年10月在广西南宁举行的第六届中国—东盟博览会期间,将由中国人民银行、银监会、证监会、保监会联合广西壮族自治区人民政府共同主办中国—东盟金融合作与发展领袖论坛暨金融服务展。

28个中央企业大项目落户广州

28家中央企业及国内大型企业与广州市签订战略合作协议,项目领域包含现代服务业、制造业、城市基础设施建设、文化教育等,签署项目共28个,签约资金约300多亿元,涵盖了汽车制造、造船与海洋工程、核电设备等多个领域。据介绍,目前驻穗央企有500多家(未包含金融业),2008年实现产值1200亿元,占全市工业的9%。

工商银行推出3G版手机银行

由中国文联主办的第四届中青年文艺评论家高级研究班在西宁开班

此次研究班的举行恰逢中国文联成立60周年,举办全国中青年文艺评论家高级研修班,旨在加强文艺评论队伍建设、促进文艺评论工作健康发展、推动文艺创作与文艺评论协调。以往三届研究班的举行对增强文艺评论工作的针对性、时效性,积极引导文艺创作,加快文艺评论人才培养步伐起到了很好的作用。

8月4日

国务院任免国家工作人员

任命张丕民为国家广播电影电视总局副局长;任命李扬为中国社会科学院副院长;任命易纲为国家外汇管理局局长。

免去范小建的农业部副部长职务;免去雷元亮的国家广播电影电视总局副局长职务;免去陈佳贵的中国社会科学院副院长职务;免去胡晓炼(女)的国家外汇管理局局长职务;免去解思忠的国有重点大型企业监事会主席职务。

新疆在国庆前两个月将完成公路投资54亿元

新华社报道:从8月起,新疆将在国庆前两个月内完成54亿元的公路投资建设任务，以争取全面超额完成150亿元的年度投资计划，促进新疆社会经济持续平稳发展。

2009香港动漫电玩节落幕

本届动漫电玩节以“创意激泉”为主题，设有动漫、玩具、游戏及创意产品专区，超过400个展位。电玩节开幕首日就吸引11.3万人次入场，创下历届开幕人数最高纪录；前4天共吸引55.6万人次入场参观，较去年同期增长5.1%。

国家体育总局在北京召开新闻发布会介绍全国各地庆祝“全民健身日”的准备情况

国家体育总局在新闻发布会介绍说，8月8日上午8时，国家体育总局、中华全国体育总会、中央文明办、北京市政府将在北京联合举办“全国全民健身日”的启动仪式。届时，将有3.4万名群众进行太极拳展示活动，从而拉开全国各地全民健身日活动的序幕。8月7—9日，国家奥林匹克体育中心将举行“全民健身嘉年华”系列活动。在3天时间里，奥林匹克中心全部场馆设施免费向公众开放，同时面向社会公众组织开展全民健身科学报告会、国民体质监测、乒乓球、五人足球、游泳、网球等共计32项各具特色的体育健身活动。

除北京主会场外，全国31个省(市、区)和有关单项体育协会、行业体协在8月8日组织的活动也是丰富多彩。

国家安监局 卫生部 人力资源和社会保障部 全国总工会联合下发《关于开展粉尘与高毒物品危害治理专项行动的通知》

通知指出，此次专项治理行动的目的是认真贯彻《职业病防治法》以及《尘肺病防治条例》《使用有毒物品作业场所劳动保护条例》等法律、法规，全面治理职业危害防治的薄弱环节。

此次专项行动的治理重点是矿山开采、石英砂加工、宝石加工、石材加工、冶炼、水泥制造等生产企业，特别是产生粉尘和使用高毒物品的作业场所。

8月5日

国家主席胡锦涛根据全国人大常委会的决定任免驻外大使

一、免去龚元兴的中华人民共和国驻摩洛哥王国特命全权大使职务；任命许镜湖(女)为中华人民共和国驻摩洛哥王国特命全权大使。

二、免去罗小光的中华人民共和国驻也门共和国特命全权大使职务；任命刘登林为中华人民共和国驻也门共和国特命全权大使。

三、免去舒展的中华人民共和国驻厄立特里亚国特命全权大使职务；任命李连生为中华人民共和国驻厄立特里亚国特命全权大使。

四、免去王英武的中华人民共和国驻乍得共和国特命全权大使职务；任命杨广玉为中华人民共和国驻乍得共和国特命全权大使。

五、免去吴元山的中华人民共和国驻佛得角共和国特命全权大使职务；任命李春华为中华人民共和国驻佛得角共和国特命全权大使。

六、免去袁南生的中华人民共和国驻津巴布韦共和国特命全权大使职务；任命忻顺康为中华人民共和国驻津巴布韦共和国特命全权大使。

七、免去张春祥的中华人民共和国驻匈牙利共和国特命全权大使职务；任命高建(女)为中华人民共和国驻匈牙利共和国特命全权大使。

八、免去柴玺的中华人民共和国驻马耳他共和国特命全权大使职务；任命张克远为中华人民共和国驻马耳他共和国特命全权大使。

九、免去刘菲(女)的中华人民共和国驻密克罗尼西亚联邦特命全权大使职务；任命张卫东为中华人民共和国驻密克罗尼西亚联邦特命全权大使。

十、免去高正月的中华人民共和国驻秘鲁共和国特命全权大使职务；任命赵五一为中华人民共和国驻秘鲁共和国特命全权大使。

十一、免去李长华的中华人民共和国驻哥伦比亚共和国特命全权大使职务；任命高正月为中华人民共和国驻哥伦比亚共和国特命全权大使。

中组部部长李源潮在北戴河与暑期休假专家座谈

中组部部长李源潮在北戴河召开暑期休假专家座谈会，听取专家对人才工作和人才队伍建设的意见。他指出，要进一步解放思想、推进改革、创新机制、营造环境，充分发挥人才作为科学发展第一资源的作用，努力形成人才辈出、人尽其才的生动局面。

央行将继续落实适度宽松的货币政策 灵活引导货币信贷适度增长

中国人民银行今天公布的2009年第二季度《中国货币政策执行报告》认为，当前我国价格总水平出现止跌迹象，未来价格走势尚有不确定性。

《中国货币政策执行报告》披露了下一阶段的货币政策思路，提出要坚定不移地继续落实适度宽松的货币政策，根据国内外经济走势和价格变化，注重运用市场化手段进行动态微调，把握好适度宽松货币政策的重点、力度和节奏，及时发现和解决苗头性问题，妥善处理支持经济发展与防范化解金融风险的关系，进一步增强调控的针对性、有效性和可持续性，维护金融体系的稳定，巩固企稳向好的经济形势。要灵活运用货币政策工具，引导货币信贷适度增长。合理安排公开市场工具组合、期限结构和操作力度，保持银行体系流动性及货币市场利率水平的合理适度。

国内第一单自愿碳减排交易在北京环境交易所达成

上海天平汽车保险股份有限公司成功购买奥运期间北京绿色出行活动产生的8026吨碳减排指标，用于抵消该公司自2004年成立以来至2008年年底运营过程中产生的碳排放，成为第一家通过购买自愿碳减排量实现碳中和的中国企业。据悉，交易价格约为28万元人民币。

中国海军舰艇编队访问巴基斯坦

由"黄山"号导弹护卫舰、"微山湖"号综合补给舰组成的中国海军舰艇编队，在圆满完成亚丁湾、索马里海域护航任务后，于5日应邀抵达巴基斯坦南部港口城市卡拉奇，开始对巴进行为期3天的友好访问。

山海关长城博物馆免费开放

山海关长城博物馆始建于1991年，2007年进行改扩建。新的山海关长城博物馆展览陈列分为《万里长城》和《万里长城——山海关》两大部分，包含长城历史等8个单元，共展出各类图片、图表623幅，文物1100余件(套)、雕塑艺术品36件、模型景观18组，多媒体9组、立体电动图表9组，是迄今为止国内布局规模最大、展出内容最为丰富的长城博物馆。

广州亚组委开始接受社会公众捐赠

广州亚组委5日宣布：即日起广州亚组委正式接受社会捐赠，捐赠截止时间为2010年12月31日。

广州亚组委市场开发部部长方达儿表示，广州亚组委以接受捐款为主，实物、技术及服务为辅。捐款采用银行汇款方式，实物捐赠采用定向、预约方式。捐赠以10元(人民币)为起捐金额，其他币种以10元人民币等值额度起捐。

上海开设"世博宣传第一窗口"在浦东国际机场举行启动仪式

8月6日

中共中央政治局常委李长春在河北省秦皇岛市实地考察山海关长城修复工程

李长春对山海关长城修复工程取得的进展给予充分肯定。他指出，这项工程抢救了文物，发展了旅游，改善了民生，促进了当地经济社会发展，也为大型文化遗址的抢救维修创造了新鲜经验，是一件十分有意义的事情。

国务院副总理李克强在黑龙江考察

8月6日至9日，李克强先后来到佳木斯、双鸭山、大庆、哈尔滨等地，走进企业车间，来到田间地头，认真了解经济运行情况。考察期间，他听取了黑龙江省委省政府的工作汇报，充分肯定近年来黑龙江经济社会发展取得的成绩。

全国政协副主席王刚在北京会见台湾各界知名人士访京团

王刚首先对访京团来大陆访问表示欢迎。王刚说，一年多来，在两岸同胞的共同努力下，两岸关系实现了历史性转折，取得了突破性进展。实践证明，改善和发展两岸关系是人心所向、大势所趋，两岸关系和平发展是历史前进的正确方向。我们要继续本着"建立互信、搁置争议、求同存异、共创双赢"的精神，努力开创两岸关系和平发展新局面。

王刚表示，作为促进社会各界大团结、大联合的组织，人民政协希望进一步扩大与台湾各界人士的联系与沟通，为推动两岸同胞深入交流、促进两岸关系和平发展发挥积极作用。

《人民日报》发表署名仲祖文的文章《要使干部做到"四个不敢"》

加强对领导班子和领导干部的监督，是组织部门的重要职责。组织部门必须忠实履行职责，坚持从严教育、从严要求、从严管理、从严监督，切实改变目前干部管理中存在的失之于宽、失之于软的现象，使领导干部不敢懈怠、不敢腐败、不敢专权、不敢失责。

及时调整那些不负责任、不讲原则的干部，使干部不敢懈怠。一些小事之所以会酿成大祸，与一些干部工作不负责任、得过且过、敷衍了事、形式主义、官僚主义严重有直接关系。有职者不能忠于职守，有权者不能秉公用权，是对人民的犯罪。要加强对干部的考查考核，严格执行述职述廉、诫勉谈话和函询等制度规定，做好巡视、离任审计等工作，严格警示、教育混日子的干部。对于工作懈怠、不负责任、不讲原则的干部，要运用组织手段加以调整，让逃避事责者失去权力，让玩忽职守者丢掉职位，使之对职务、权力和责任心存敬畏，不敢有丝毫懈怠。

积极配合纪检监察机关严厉查处腐败分子，使干部不敢腐败。实践证明，查处是惩治腐败最直接、最有威慑力的手段。不正之风严重、情况复杂时，要抓住典型，严肃查处，“杀鸡儆猴”，这样才能镇住歪风邪气。组织部门在反腐败斗争的大格局中处于重要地位，要认真履行职责，充分发挥自身优势，配合纪检监察机关加大对腐败分子的查处力度。要着力构筑信访举报、12380电话举报、网络举报“三位一体”的举报平台，形成渠道畅通、覆盖广泛、反应敏捷的干部监督信息网络。要坚持有案必查，发现一件查办一件、严肃处理一件，发挥查处工作的警示、震慑作用，让那些想搞腐败的人心生畏惧、自我收敛。

加强对贯彻执行民主集中制情况的监督检查，使干部不敢专权。一个干部大权独揽、独断专行，迟早要出问题；领导班子由个人说了算，事业必然会遭受损失。监督领导干部，要把目光集中到其用权行为上。要指导和督促各级领导班子完善议事规则和工作制度，形成科学规范的权力运行机制。对领导班子工作机制、集体领导和个人分工负责相结合制度、讨论决定重大问题和任用重要干部票决制等落实情况，要进行专项检查，发现问题及时纠正。对个人或少数人专断的，要严肃批评，情节严重的要进行组织处理；弄权渎职、以权谋私的，要依法依纪严肃处理。

严格执行领导干部问责制，使干部不敢失责。对于领导干部来说，有权必有责，不能只做官不负责。一些干部作风上存在严重问题，工作中出现重大偏差和失误，却不被问责、不受追究，人民群众意见很大。近年来发生的一些重大安全事故和群体性事件无不暴露出领导干部责任缺失的问题。要健全完善岗位责任制度，进一步严明领导责任，做到权责明确、权责一致。要使对领导干部的问责制度化，做到失责必究，加大失责成本。要坚持原则，动真碰硬，问题出在哪个环节就追究哪个环节的责任，出在哪个人身上就追究哪个人的责任，不姑息，不手软。

2009泛北部湾经济合作论坛在南宁开幕

全国人大常委会副委员长、民建中央主席陈昌智，全国政协副主席郑万通等出席开幕式。此次论坛由国家发展和改革委员会、广西壮族自治区人民政府、人民日报社等13个单位联合主办。泰国商务部首次参与论坛主办，既强化了泛北部湾经济合作的东盟元素和国际化色彩，也为泛北部湾经济合作注入了新的动力。

中国企业首次赴美国就轮胎特保案进行抗辩和申诉

中国橡胶工业协会轮胎分会秘书长蔡为民说，这是第一次由中国企业组织起来赴美抗辩，并邀请美国商务部前助理部长司布纳作为中方辩护律师。

国务院法制办公布《职业技能培训和鉴定条例(征求意见稿)》

征求意见稿列举了7类需要持证上岗的特殊工种。这七类工作是：(一)矿产资源开采、危险化学品和其他危险物品生产岗位的特殊工种；(二)食品、自来水、电、燃气等供应与服务岗位的特殊工种；(三)交通运输与保障、公共设施建设与维护岗位的特殊工种；(四)公共安全维护、公共财产安全保障岗位的特殊工种；(五)特种装备制造、操作与维修岗位的特殊工种；(六)人身健康服务岗位的特殊工种；(七)法律、行政法规和国务院规定的其他涉及公共安全、人身健康、生命财产安全的特殊工种。

财政部 商务部印发《中小外贸企业融资担保专项资金管理暂行办法》

财政部印发《中央管理企业灾后恢复重建贷款贴息资金管理办法》

中国常驻联合国副代表刘振民在联合国安理会维和行动辩论会上表示中国支持联合国维和行动改革

刘振民就联合国维和行动改革提出了五点意见：联合国应高度重视就预防和解决冲突制定综合战略，应同等重视部署维和行动和推动政治谈判；维和行动改革既要积极创新，又要坚持基本的原则；安理会应提高授权部署、规划和管理维和行动的水平；会员国有义务为维和行动提供充足的资源保障，同时维和行动也要提高资源利用效率；联合国应继续重视加强与区域组织在维和领域的合作，尤其要关注非洲的特殊需求。

24个省份贫困生家门口可贷助学款

据教育部有关负责人介绍，教育部要求今年全国所有的省(区、市)都要开展生源地信用助学贷款，力争覆盖所有的市县，目前已有24个省(区、市)启动生源地信用助学贷款。

据介绍，家庭经济困难学生可以持高校录取通知书和由入学前户籍所在地村(居)委会或乡镇(街道)民政部门盖章的《申请表》到当地的学生资助管理机构申请助学贷款。每人每年申请的最高额度一般不超过6000元，贷款期限原则上按全日制本专科学制加10

年确定，学生在校期间的利息由财政全额贴息支付，毕业后的利息由学生和家长共同负担。

国家广电总局发出《关于促进高清电视发展的通知》

广电总局向各省、自治区、直辖市广播影视局，新疆生产建设兵团广播电视局，中央三台，中国教育电视台发出《广电总局关于促进高清电视发展的通知》。通知说，高清电视是广播电视技术进步的必然趋势，是数字电视的重要组成部分，是发展先进文化满足人民群众精神文化需求的内在要求，也是促进民族电子工业发展和“保增长、保民生、保稳定”的客观需求。高清电视发展已列入广电总局2009年的重点工作，中央电视台和北京、上海等电视台正在积极推进，一些省市电视台也计划启动。

“中国巨变”图片展在香港举行

为期3天的“中国巨变——庆祝中华人民共和国成立60周年大型图片展”6日在香港会展中心拉开帷幕。展览由新华社亚太总分社、当代中国研究所和中国图片社共同主办，共精选近400幅珍贵图片，分民主政治、经济腾飞、农业新貌、科教兴国等10大板块共60个专题，以今昔对比的视觉冲击，展示新中国成立60年来取得的辉煌成就。

北京奥运城市发展促进会成立

大会选举北京市委书记刘淇为促进会会长，北京市市长郭金龙为执行会长。国际奥委会主席罗格为促进会的成立发来了贺信。

北京奥运城市发展促进会的宗旨是弘扬奥运精神，扩展奥运成果，促进奥林匹克事业和残奥体育事业在城市的持续发展，为建设人文北京、科技北京、绿色北京服务，推动北京现代发达城市和国际体育文化中心城市的建设。

北京奥运城市发展促进会实行会员大会制度，最高权力机构是会员大会。促进会首批会员63个，由单位会员和个人会员组成。

由北京市人民政府主办的“奥运华章献祖国——纪念北京奥运会成功举办一周年音乐会”在北京奥林匹克森林公园露天剧场举行

8月7日

国务院总理温家宝在江苏考察

8月7日至9日，温家宝先后来到无锡、南通就太湖治理、苏南经济转型、江苏沿海经济带发展等进行调研。

温家宝在江苏考察时指出，在当前我国经济发展企稳向好的形势下，中央强调要保持宏观经济政策的连续性和稳定性，坚持实施积极的财政政策和适度宽松的货币政策不动摇，这是因为我们面临的困难和挑战仍然很多，国际经济前景还不明朗，外需下滑的压力仍然很大；经济自主增长的动力还不强，一些行业、企业经营还比较困难，产能过剩的问题十分突出，结构调整的任务十分艰巨；扩大内需在短期内还受到各方面因素的制约，一些刺激经济发展的政策效应会递减，一些关系长远的政策收到成效需要时间。因此宏观经济政策的导向不能改变。要把保持经济平稳较快发展与调整经济结构结合起来，以平稳较快的经济发展为结构调整提供基础，创造条件，通过转变发展方式，调整经济结构使经济发展更具有可持续性和竞争力。

最高人民法院院长王胜俊向全国各级人民法院干警提出要真正做一心为民的“平民法官”

王胜俊强调，要大力推进法官下基层工作，深入农村、企业、社区、学校，像马锡五同志那样融入到人民群众中间，真诚地问计于民、问需于民，体察群众疾苦，倾听群众呼声，为群众排忧解难。要继承和发扬“马锡五审判方式”注重调解的优良传统，按照“调解优先、调判结合”的原则，充分运用调解、协调、和解等方式，努力实现案结事了。

商务部有关负责人就欧盟拟对我铝合金轮毂发起反倾销调查发表谈话

这位负责人表示，欧洲轮毂制造商协会(EUWA)代表欧盟6家铝合金轮毂生产商于6月底向欧委会递交了对中国铝合金轮毂产品发起反倾销调查的申诉书，日前，欧委会照会中方并称拟于近日发起调查。中方对此表示严重关切，希望欧方慎重行事。

该负责人强调，中方注意到，欧洲轮毂制造商协会递交的申诉书在申请人资格、替代国选择等方面存在问题，不符合WTO反倾销协议的有关规定，欧委会应该进行严格的审查。中国企业以高于国内市场的价格出口铝合金轮毂，并没有倾销。同时，据中国海关统计，2008年7月至2009年5月，中国对欧出口的铝合金轮毂占欧盟市场份额不足8%，不会对欧产业造成损害，对华发起反倾销调查没有必要。

泛北部湾经济合作机制化取得重大进展

泛北部湾经济合作论坛中方专家组秘书处上午在南宁揭牌成立。同时，泛北部湾经济合作联合专家组初步完成了《泛北部湾经济合作可行性报告》,将提交中国—东盟经贸部长会议审议,这标志着泛北部湾经济合作机制化建设取得了重大进展。

为进一步加强中国—东盟全面合作,中国提出了一系列强有力的措施,如建议设立规模100亿美元的"中国—东盟投资合作基金",用于双方基础设施、能源资源、信息通信等领域重大投资合作项目,大力推进中国—东盟基础设施及网络化建设;提出今后3—5年内,中国将向东盟国家提供150亿美元信贷,加强东盟一体化建设和区域合作;并表示将大力推进湄公河次区域开发、东盟东部增长区、"印尼—马来西亚—泰国成长三角"等次区域合作。

第十三次中印边界问题特别代表会晤在新德里举行

中方特别代表、国务委员戴秉国和印方特别代表、国家安全顾问纳拉亚南就解决中印边界问题深入交换意见。双方表示,将根据双方达成的解决边界问题的政治指导原则,努力推进框架谈判进程,寻求公平合理和双方都能接受的解决方案。在边界问题解决之前,双方要共同努力保持边境地区的和平与安宁。

双方还就发展中印战略合作伙伴关系和共同关心的国际地区问题交换了意见。

双方商定下一次特别代表会晤将在中国举行。

中国代表段洁龙在联合国消除种族歧视委员会审议会议上表示中国高度重视促进少数民族各项事业发展

出席联合国消除种族歧视委员会审议会议的中国代表团团长段洁龙说,禁止种族歧视是中国的一项重要宪法原则。作为一个统一的多民族国家,中国始终高度重视促进少数民族经济、政治、文化等各项事业的发展。

段洁龙还介绍了中国促进和保护少数民族权益工作的主要特点和成就。他说,中国政府将继续按照公约的要求,采取更加得力的政策和法律措施,加快少数民族和民族地区经济社会发展,逐步缩小发展差距,最终实现各族人民共同富裕,提高享受各项人权的水平。

民政部 解放军总政治部发出通知要求国庆60周年期间走访慰问移交政府安置的军队离退休干部

通知指出,移交政府安置的军队离退休干部是军队老干部队伍的重要组成部分,他们为新中国的建立,为国防现代化建设和国家经济建设、改革事业发展作出了重要贡献。他们自觉服从组织决定,愉快移交政府安置,以实际行动支持了国防和军队现代化建设。开展走访慰问活动,对于体现党中央、国务院、中央军委对他们的关心和爱护,增强他们的政治荣誉感,加深他们与党、政府和军队的感情,在全社会形成尊重军休干部、关爱军休干部的良好风尚,促进移交安置和服务管理工作,具有重要意义。

通知强调,军地各级要增强政治意识和大局意识,周密筹划安排,精心组织实施,确保走访慰问活动扎实有效。走访慰问活动主要由安置地政府民政部门和省军区系统政治机关组织实施。各级民政部门要积极争取党委、政府领导慰问看望移交安置的军队老同志,省军区系统要发挥好桥梁纽带作用,主动参与、积极协调组织当地走访慰问活动。要采取组织庆祝会、座谈会、报告会、文艺晚会、联欢会和书画展览等形式,转达各级党委、政府和部队领导的关心,丰富老同志的精神文化生活。对离休干部、年老体弱和伤病残退休干部要上门看望。各级要大力宣扬军队离退休干部的先进典型,褒扬老同志的精神和业绩。部队各单位可采取发慰问信、集中走访看望等方式,慰问移交政府安置的离退休干部。

通知要求,各级民政部门要结合走访慰问活动,对军队离退休干部待遇落实情况进行认真检查,没有落实或落实不到位的,要协商有关部门采取措施予以解决。主动了解老同志的实际需求,掌握他们的具体困难,对"空巢家庭"、"孤老家庭"要给予特殊的关爱,对家庭生活特别困难的给予救济帮扶。同时,结合开展"三先"评选表彰,在工作人员队伍中开展"讲感情、献爱心、送温暖"活动,进一步强化服务意识,改进服务作风,提高服务质量。

第四届医药生物技术论坛在大连开幕

论坛就"生物技术与医学"、"我国药物政策与基本药物制度"、"中国医药科技与产业竞争力国际比较"、"医药生物技术与适宜技术"、"新药创新研究与产学研结合模式的探讨"、"国际经济形势对中国自主创新与生物医药产业发展的影响和机遇"等业内关注的热点问题进行了经验交流与探索。

"2009全民健身嘉年华"活动在北京国家奥林匹克体育中心正式开幕

由中国银行独家冠名赞助的"全民健身嘉年华",是"全民健身日"北京主场举行的大型活动之一,在为期3天的活动中,国家奥林匹克中心所属的7个现代化场馆向大众免费开放。活动内容涵盖了竞赛参与类、展示体验类、科学指导类、游戏互动类4个主题板块、32个体育健身项目。此外,在嘉年华活动中还可以欣赏到传统体育赛事与全民健身优秀项目的汇演,享受国家体育科学研究所提供的国民体质监测服务,还可以听取著名健康专家的全民健身知识讲座等。

8月8日

第二届泛北部湾区域经济合作市长论坛在广西北海举行

论坛以“合作、交流、共赢、发展”为主题。在应对国际金融危机的背景下,发挥港口联合优势,共建港口物流基地成了泛北城市的共同选择。

来自中国、泰国、菲律宾、越南、老挝、柬埔寨6个国家的17个城市的代表及专家,围绕“构建中国—东盟自由贸易区——泛北城市交通、物流合作战略与政策措施”、“泛北部湾城市经济、文化、旅游合作的长效机制与相关政策”两个议题展开交流。论坛期间还召开了市长闭门磋商会议,并共同签署了《2009泛北部湾区域经济合作市长论坛备忘录》。

酒泉千万千瓦级风电基地开工

这是世界首个连片开发、并网运行的千万千瓦级风电基地建设项目,总投资将达1200多亿元,成为西部大开发的又一标志性工程。地处河西走廊西端的酒泉市,风能资源富集,全市可开发量在4000万千瓦以上。2006年以来,国家发改委在甘肃省开展了风电特许权项目招标,并开展千万千瓦级风电基地规划。据了解,目前酒泉地区风电装机容量已达到66万千瓦,在建装机容量70万千瓦。2010年年底一期工程建设完成时,酒泉风电基地装机容量可达到516万千瓦。

中印边界问题中方特别代表戴秉国在新德里拜会印度总理辛格

国务委员戴秉国转达了国家主席胡锦涛和国务院总理温家宝对辛格总理的问候以及温家宝致辛格的口信。温家宝在口信中指出,作为重要邻国和发展中大国,中印和平共处,共同发展,符合两国和两国人民的根本利益,对亚洲乃至世界具有深远影响。中方愿同印方继续努力,增进相互理解与信任,推动各领域互利合作,使中印战略合作伙伴关系取得新进展。

戴秉国表示,未来几年是中印关系大发展的机遇期,也是中印解决边界问题的机遇期。相信双方有决心、有智慧、有能力,根据两国领导人达成的共识,加强合作,共同努力,找到公平合理和双方都能接受的边界问题解决方案。

中组部部长李源潮在井冈山与高校党委书记校长座谈

李源潮在听取中管高校党委书记、校长对深入学习实践科学发展观、加强高校党建工作的意见后,指出,要善始善终抓好高校学习实践活动,建立、健全长效机制,加强和改进高校党的建设,为推动高校科学发展、加快向高等教育强国攀登提供强大动力。

教育部部长周济,江西省委和中组部、教育部有关负责同志,中管高校党委书记、校长等参加座谈会。

首个全国“全民健身日”启动仪式在北京奥林匹克公园内的国家游泳中心“水立方”举行

《人民日报》发表评论员文章《人人共享体育 体育造福人人——写在我国首个“全民健身日”到来之际》

今天是我国首个“全民健身日”。神州大地朝气蓬勃、龙腾虎跃,各地群众开展丰富多彩的健身活动,纪念北京奥运会成功举办一周年。经国务院批准,从今年开始,将每年的8月8日设立为“全民健身日”,这对于增强全民体育健身意识,养成良好体育锻炼习惯,在全社会形成崇尚健身、参与健身,追求健康文明生活方式的环境和氛围,有着重要意义,也充分体现了党和政府对全民健身事业的高度重视和关怀,是坚持以人为本、提高全民族健康素质的重要举措,是北京奥运人文财富社会化、全民化的重要成果。

通过“全民健身日”的广泛宣传、参与和带动,使体育锻炼成为人们生活的一部分,使人民群众真正享受体育带来的健康和快乐,让体育在构建和谐社会中发挥更加积极的作用,将有力推动群众体育事业的发展并形成长效机制,推动我国从体育大国向体育强国的目标迈进。

设立“全民健身日”,呼应了群众体育事业与国民经济和社会各项事业协调发展的需要。本世纪头20年,是我国全面建设小康社会的重要战略机遇期。到2020年,中国人均GDP将超过3000美元,人们生活更加殷实;在全面建设小康社会的过程中,我国宏观社会结构与经济结构的变化以及随之而来的生产方式和生活方式的变化,必将推动人们参与体育的意识和行为的变化。面对这样的发展形势和机遇,全民健身事业有了更高的使命和更广阔的前景。

设立“全民健身日”,有助于满足人民群众不断增长的体育文化需求。全民健身日的主题是“人人共享体育,体育造福人人”。近年来,随着“亿万群众健身”、“体育三下乡”、“体育进社区”等活动深入开展,城乡居民的体育健身意识普遍增强,“生活要小康、身体要健康”、“每天锻炼一小时、健康工作每一天、幸福生活一辈子”等观念逐步深入人心。通过建身边的场地、抓身边的组织、办身边的活动,全民健身事业有了更旺盛的生命力。

设立“全民健身日”,是为了巩固北京奥运成果,在更深更广的层面普及奥林匹克精神。2008年北京奥运会圆满成功,中国体育健儿取得了51枚金牌的辉煌战绩,极大地激发了亿万人民群众的体育热情,成为北京奥运会留下的一笔宝贵财富。竞技体育取得丰硕成果,全民健身事业也在蒸蒸日上,体育的社会功能得以加强和拓展。运动带来健康,健康助推幸福,全民健身事业有了更深厚的基础和更强劲的动力。

党和国家领导人历来高度重视群众体育工作。胡锦涛总书记在北京奥运会残奥会总结表彰大会讲话中指出,要坚持以人为本,把北京奥运会、残奥会激发的群众体育热情保持下去,增强广大人民群众特别是青少年体育健身意识,培养人民健身习惯,开展丰富多彩的群众体育活动和全民健身运动。《中共中央国务院关于进一步加强和改进新时期体育工作的意见》中强调:“开展全民健身活动,增强人民体质,是体育工作的根本任务,是利国利民、功在当代、利在千秋的事业。”明确提出“努力构建群众性的多元化体育服务体系”。

让我们投入全民健身的潮流中去,共享体育带来的健康和快乐。

由中国桥牌协会和中央国家机关工会联合会共同举办的“中国农业银行杯”桥牌邀请赛在北京国家会议中心开赛

中央财政投入716亿元在百家公立医院进行试点改革

湖南省永州市一所中学出现暴发流行甲型H1N1流感疫情

8月9日

首届亚洲能源论坛在广州开幕

大会以“能源革命:增长 绿色 合作”为主题,深入探讨亚洲经济增长与能源革命、金融危机与亚洲能源发展、能源与低碳经济等议题。

亚洲能源论坛旨在建立起亚洲能源交流对话机制,为亚洲各国各地区能源领域政界、企业界及学界的交流对话提供一个平台,探讨亚洲走向低碳经济的战略途径,促进亚洲经济增长和亚洲各国各地区能源合作。亚洲国家及其他地区的能源界政要、企业家和专家学者共约800人出席了论坛开幕式。

由文化部中国文联主办的王昆从事革命文艺工作70周年师生演唱会在国家大剧院举行

今年是我国著名歌唱家、歌剧表演艺术家和声乐教育家王昆从事革命文艺工作70周年。这次“记忆·情深——王昆从事革命文艺工作70周年师生演唱会”通过唱响红色经典,展现了王昆对民族声乐事业的贡献,弘扬她在艺术上坚持革命文艺传统和努力开拓的高尚品质,以进一步促进民族文化和民族音乐事业的发展。

整台演唱会由《卢沟烽烟》《延安岁月》《“东方”之春》《友谊之桥》和《薪火相传》五个篇章组成,讴歌了各族人民自强不息,与伟大祖国风雨同路的爱国情怀。

世界首座奥运帆船博物馆在青岛开馆

来自海峡两岸的晏紫和庄佳容摘得洛杉矶女子网球锦标赛双打冠军

8月10日

全国人大常委会委员长吴邦国在人民大会堂会见各国议会联盟主席纳米比亚议长古里拉布

吴邦国说,中纳两国具有传统友谊,建交19年来,双方在政治、经贸、教育、卫生、文化、司法、军事和国际事务等领域进行了卓有成效的合作,成为相互信赖的朋友和伙伴。中方重视同纳米比亚的关系,愿通过政府、议会和人民间的友好交往,与纳方增进政治互信,深化务实合作,进一步丰富两国友好合作的内涵,将双边关系不断推向更高水平。

吴邦国还积极评价了各国议会联盟在维护世界和平与安全、推动各国议会交流等方面发挥的重要作用。他表示,中方支持议联主办第三次世界议长大会,以加强成员国在多边框架下的沟通与合作,并将积极参与大会的筹备进程。

谈到中非关系时,吴邦国说,当前,国际金融危机仍在蔓延和深化,中国在积极应对危机的同时,加强与非洲国家的合作,共同应对挑战,使中非关系取得新的更大发展。一是积极落实中非合作论坛北京峰会各项成果;二是鼓励中方企业保持对非贸易和投资的力度;三是推动国际社会在应对金融危机过程中更加关注非洲国家的关切,帮助非洲国家的发展。

国务院总理温家宝主持召开国务院全体会议决定任命崔世安为澳门特别行政区第三任行政长官

会议决定任命崔世安为中华人民共和国澳门特别行政区第三任行政长官,任期自2009年12月20日起至2014年12月19日止。

会议审议了澳门特别行政区政府关于选举崔世安

为澳门特别行政区第三任行政长官人选的报告,听取了国务院港澳事务办公室主任廖晖关于澳门特别行政区第三任行政长官人选产生过程的汇报。

温家宝在会上作了重要讲话。他指出,澳门特别行政区第三任行政长官选举完全符合《中华人民共和国澳门特别行政区基本法》和澳门特别行政区有关法律的规定,体现了公开、公平、公正的原则。崔世安先生高票当选,充分表明了崔世安先生得到了澳门各界人士的广泛认同和支持。

依据《中华人民共和国澳门特别行政区基本法》的规定,国务院全体会议决定任命崔世安为澳门特别行政区第三任行政长官。温家宝总理当即签署了任命崔世安为中华人民共和国澳门特别行政区第三任行政长官的国务院第558号令。

国务院副总理李克强、回良玉、张德江、王岐山,国务委员刘延东、梁光烈、马凯、孟建柱、戴秉国以及国务院全体会议其他组成人员出席了会议。

国务院总理温家宝签署第558号令任命崔世安为澳门特别行政区第三任行政长官

依照《中华人民共和国澳门特别行政区基本法》的有关规定,根据澳门特别行政区第三任行政长官选举委员会选举产生的人选,任命崔世安为中华人民共和国澳门特别行政区第三任行政长官,于2009年12月20日就职。

总理 温家宝

2009年8月10日

国务院副总理李克强在哈尔滨参加棚户区改造工作座谈会

在认真听取大家的发言后,李克强指出,棚户区基本上是我国工业化初期形成的简易住宅区,房屋破旧,环境很差。住在这里的职工群众多数是产业工人,长期以来为国家建设作出了贡献,但目前收入仍然较低。推进棚户区改造,是实施保障性安居工程的重要内容,也是实现住有所居目标的重要举措,对于增投资扩消费、保增长惠民生都具有重要作用。

李克强说,对涉及近千万户居民的集中连片棚户区进行改造是一项政策性很强的工作,要从各地实际出发逐步加以推进。一是以保障群众基本住房为目的,使棚户区改造与廉租住房等建设有机结合。二是走中国特色城镇化道路,统筹规划,合理配建不同档次住房,避免贫困人口集中连片居住。三是坚持政府主导、市场运作,多渠道筹集建设资金,落实土地供应和税费支持政策,运用已有经验,不断完善办法。四是确保住房质量,精心施工,严格监管,让群众住得放心。五是量力而行、尽力而为,发挥制度和组织优势,带着感情去做,认真征询居民意见,以群众满意为标准,全过程和谐推进棚户区改造。同时,完善住房产权制度,使多数棚户区居民有恒产有恒心。

国务院副总理回良玉代表党中央国务院看望慰问奋战在抗击台风一线的广大军民

在抗击今年第8号台风"莫拉克"的关键时刻,受胡锦涛总书记、温家宝总理委派,国务院副总理、国家防汛抗旱总指挥部总指挥回良玉10日赶赴福建、浙江灾区,代表党中央、国务院看望慰问奋战在抗击台风和抢险救灾一线的广大干部群众、解放军指战员、武警官兵和公安民警,考察指导防汛抗洪抢险救灾工作。

《人民日报》发表评论员文章《光辉的历程 共同的记忆》

60年,弹指一挥间。新中国在神州大地上创造了无数奇迹:一个一穷二白的半封建半殖民地国家,从山河破碎到团结统一,从受人欺凌到备受尊重,从贫穷落后到繁荣昌盛,经济总量已跃居世界第三,人民生活已实现总体小康。

新中国成立60年来,我国经济建设、政治建设、文化建设、社会建设,以及生态文明建设和党的建设等方面的事业,蓬勃发展,蒸蒸日上。我国经济实力大幅提升,人民生活显著改善,民主法制建设不断进步,文化建设开创新局面,社会建设全面展开,国防和军队建设取得历史性成就,祖国和平统一大业迈出重大步伐,全方位外交取得重大进展,党的建设新的伟大工程扎实推进。

新中国用短短60年,走过了其他国家几百年的路。中国共产党带领中国人民,谱写出举世瞩目的华章。60年来,党领导人民经受了一次又一次严峻考验、战胜了一个又一个艰难险阻,百折不挠,破浪前行。当家做主的中国人民以崭新的精神面貌和巨大的热情建设国家,创造了可歌可泣的业绩。

60年来,特别是改革开放30年来,我们立足基本国情,解放思想、实事求是、与时俱进,不断开创社会主义现代化建设新局面,走出了一条中国特色社会主义道路。中国人民的面貌、社会主义中国的面貌、中国共产党的面貌发生了历史性变化。新中国的巨变,一切进步和成就的取得,根本原因在于开辟了中国特色社会主义道路,形成了中国特色社会主义理论体系。

今日中国,生机勃勃、充满希望;中国人民,意气风发、豪情满怀。站在60年这一特别时刻,透过"经典中国·辉煌60年"这扇窗口,我们一起重温全国各族人民团结奋斗的历史,见证新中国各条战线所取得的辉煌成就,感受中国人民精神面貌发生的变化。一篇篇报道、一幅幅照片、一张张图表,记录着共和国的光辉历程,串联起中国人民的共同记忆,让人们切身感受到共产党好、社会主义好、改革开放好、伟大祖国好。

回首是为了更好地前行。全面建设小康社会、实现国家现代化的宏伟目标,正激励着中华儿女携手并进、奋发有为,沿着中国特色社会主义道路,创造更加美好的未来。

纪念包尔汉逝世20周年座谈会在北京举行

国土资源部 监察部印发《关于进一步落实工业用地出让制度的通知》

各省、自治区、直辖市国土资源厅(国土环境资源厅、国土资源局、国土资源和房屋管理局、规划和国土资源管理局)、监察厅(局),副省级城市国土资源行政主管部门、监察局,新疆生产建设兵团国土资源局、监察局,各派驻地方的国家土地督察局:

针对当前国内经济形势和工业用地供应中存在的突出问题,为落实党中央、国务院关于保增长、扩内需、促进经济平稳较快发展的重大决策,更大程度地发挥土地政策调控作用,现就进一步完善工业用地出让制度通知如下。

一、明确政策,合理选择工业用地招标拍卖挂牌出让方式

工业项目行业门类多,对产业政策、环保标准、产业布局结构和生产技术水平要求高。各地要在坚持工业用地招标拍卖挂牌出让制度的基础上,充分考虑工业用地的特点,合理选择出让方式,进一步细化政策措施。

(一)各地要严格执行工业用地招标拍卖挂牌制度,凡属于农用地转用和土地征收审批后由政府供应的工业用地,政府收回、收购国有土地使用权后重新供应的工业用地,必须采取招标拍卖挂牌方式公开确定土地价格和土地使用权人。

(二)各市、县国土资源行政主管部门应当依据年度土地利用计划、国家产业政策、土地供应政策、本地区社会经济发展目标、土地市场状况和土地供应潜力等,科学编制土地出让计划,明确工业用地的供应规模、功能布局和供应时序,经批准的出让计划要及时向社会公布。各地要支持中小企业发展,在土地出让计划中要安排一定比例的土地用于中小企业开发利用,特别是建设多层标准厂房。

(三)为充分了解工业用地需求,合理安排出让进度和出让规模,各地要大力推进工业用地预申请制度,加快制定工业用地预申请政策措施和操作程序。对列入市、县土地出让计划的工业用地,要及时将具备出让条件地块的位置、面积、产业要求、使用年限、土地使用条件(功能分区)等信息向社会发布,接受用地申请。单位和个人对拟出让的地块有使用意向,所承诺支付的土地价格和土地使用条件符合规定的,市、县国土资源行政主管部门应适时组织挂牌或拍卖出让活动。

(四)各地在工业用地出让中,应依据供地政策、土地用途、规划限制等具体因素,选择适宜的出让方式。对具有综合目标或特定社会、公益建设条件,土地用途受严格限制、仅有少数单位或个人可能有受让意向的工业用地,可以采取招标方式,按照综合条件最佳者得的原则确定受让人。也可以设定专项条件,采取挂牌、拍卖方式,按照价高者得的原则确定受让人。采用上述方式出让工业用地的,必须严格审核把关,在签订出让合同前必须按规定时间将供地审批结果向社会公示,公示时间不少于10个工作日;供地后必须加强监管,改变用地条件的,要收回土地,追究责任。

(五)分期建设的工业项目,市、县国土资源行政主管部门可以通过竞单位面积地价的方式确定招标拍卖挂牌竞得人(中标人),一次签订国有土地使用权出让合同,支付土地出让价款,再按照土地使用标准分期供地。自出让合同签订之日起两年内,办理完供地手续。分期建设的工业项目,不得改变土地用途,不得兴建职工住房。改变土地用途用于商业、旅游、娱乐、商品住宅等经营性用途的,一律收回土地使用权重新招标拍卖挂牌出让。

二、严格限定协议范围,规范工业用地协议出让

各地要规范执行《招标拍卖挂牌出让国有建设用地使用权规定》(国土资源部令第39号)和《招标拍卖挂牌出让国有土地使用权规范》(国土资发〔2006〕114号),严格落实工业用地招标拍卖挂牌出让制度。依法不属于招标拍卖挂牌出让范围的工业用地,方可按照《协议出让国有土地使用权规范》(国土资发〔2006〕114号)规定的程序,办理协议出让。

(一)由于城市规划调整、经济形势发生变化、企业转型等原因,土地使用权人已依法取得的国有划拨工业用地补办出让、国有承租工业用地补办出让,符合规划并经依法批准,可以采取协议方式。

(二)政府实施城市规划进行旧城区改建,需要搬迁的工业项目符合国家产业政策的,经市、县国土资源行政主管部门审核并报市、县人民政府批准,收回原国有土地使用权,以协议出让或租赁方式为原土地使用权人重新安排工业用地。拟安置的工业项目用地应符合土地利用总体规划布局和城市规划功能分区要求,尽可能在确定的工业集中区安排工业用地。

(三)采矿、采石、采砂、盐田等地面生产和尾矿堆

放用地,鼓励采取租赁,也可协议方式出让。各地可在不高于法律规定的工业用地最高出让年限内,结合探矿权、采矿权出让年限,灵活确定采矿用地租赁和出让年限。

三、明确约定工业用地出让各方的权利义务,加强合同履约管理

(一)工业用地出让合同中要明确约定土地的交付时间、建设项目的开竣工时间。出让方应按照合同约定及时提供土地,督促用地者按期开工建设。受让人因非主观原因未按期开工、竣工的,应提前30日向出让人提出延建申请,经出让人同意,项目开竣工延期不得超过一年。

(二)工业用地出让期限内,受让人在符合规划、不改变土地用途的前提下增加容积率的,经核准,不再增收土地价款;需要改变土地用途的,必须取得出让人和市、县人民政府城市规划行政主管部门的同意,与出让人签订出让合同变更协议或者重新签订出让合同,由受让人按照批准改变时新土地使用条件下土地使用权市场价格与批准改变时原土地使用条件下剩余年期土地使用权市场价格的差额补缴出让金。出让合同或法律、法规、行政规定等明确改变土地用途应收回土地的,应当收回土地使用权,以招标拍卖挂牌方式重新出让。

四、强化执法监察,严格执行工业用地出让制度

(一)省级国土资源行政主管部门要继续严格落实《物权法》《国务院关于加强土地调控有关问题的通知》(国发〔2006〕31号)和《国土资源部监察部关于落实工业用地招标拍卖挂牌出让制度有关问题的通知》(国土资发〔2007〕78号)等法律政策,结合当前经济形势和土地市场供求状况,积极研究解决本地区工业用地出让中的新情况、新问题,及时总结推广工业用地出让中的好做法、好经验,加大政策指导力度。省级监察机关要把对落实工业用地出让制度的监督检查作为一项日常工作,定期作出安排部署并组织实施,保证执法监察工作的效果。

(二)各级监察机关、国土资源行政主管部门要认真履行职责,严肃查处工业用地出让和转让中的违纪违法案件。对于应当采取出让而采用划拨方式或者应当招标拍卖挂牌出让而协议出让工业用地的;对低于国家规定的工业用地出让最低价标准出让工业用地的;对工业用地出让合同签订后,擅自批准调整土地用途的;对不符合转让条件违规转让工业用地的;对不按规定及时准确地在中国土地市场网和指定的场所、媒介发布工业用地出让公告和出让结果等信息的违法违规行为,要认真纠正和查处。特别对领导干部以任何形式违反规定干预和插手工业用地招标拍卖挂牌出让的,要坚决予以查处。对领导干部在工业用地出让中违规违法造成重大损失或恶劣影响的,要实行问责。对于一些地方以扩大内需、促进经济增长为名在工业用地出让中违反供地政策、用地标准和国家产业政策,搭车用地、借机圈地的,要严肃处理。

地方各级国土资源行政主管部门、监察机关要结合工程建设领域突出问题专项治理工作,按照本《通知》要求,密切配合,认真做好工业用地出让工作,健全完善工业用地出让制度。监察部、国土资源部将根据各地的工作情况,适时组织联合检查。

国土资源部

监察部

2009年8月10日

中国银联股份有限公司与台湾联合信用卡处理中心合作开通银联卡在台湾的受理业务

联合信用卡处理中心董事长辜濂松介绍,目前银联卡特约商店主要选取大陆人士观光区域,包括机场免税商店以及阿里山、日月潭和台北、屏东、高雄等地的风景区,未来还将拓展到台北、台中、高雄市等都会区以及金门、澎湖的风景区。

中国最大合资炼化项目在湛江落户

中国石油化工集团公司10日宣布,中石化和科威特石油公司已决定选择广东省湛江市东海岛作为中科合资广东炼化一体化项目的厂址。

2009年青岛国际青少年帆船赛暨第四届青岛市帆船特色学校帆船对抗赛在青岛奥帆中心拉开帷幕

8月10日至11日,来自青岛全市帆船特色学校的共计300名小帆手和美国、德国、英国、日本等国家的15名青少年帆船爱好者,分8个组别,在OP、悦浪两个级别上展开了精彩对抗。今年青岛还首次推出了国际青少年帆船训练营活动,吸引了300多名外籍小帆手加入,与该市青少年帆船运动爱好者共同研习帆船运动知识,一起提高帆船运动实践水平。

第四届鲁迅论坛在上海举行

文化部公布《文物认定管理暂行办法》

第一条 为规范文物认定管理工作,根据《中华人民共和国文物保护法》制定本办法。

本办法所称文物认定,是指文物行政部门将具有历史、艺术、科学价值的文化资源确认为文物的行政行为。

第二条 《中华人民共和国文物保护法》第二条第一款所列各项,应当认定为文物。

乡土建筑、工业遗产、农业遗产、商业老字号、文化线路、文化景观等特殊类型文物，按照本办法认定。

第三条　认定文物，由县级以上地方文物行政部门负责。认定文物发生争议的，由省级文物行政部门作出裁定。

省级文物行政部门应当根据国务院文物行政部门的要求，认定特定的文化资源为文物。

第四条　国务院文物行政部门应当定期发布指导意见，明确文物认定工作的范围和重点。

第五条　各级文物行政部门应当定期组织开展文物普查，并由县级以上地方文物行政部门对普查中发现的文物予以认定。

各级文物行政部门应当完善制度，鼓励公民、法人和其他组织在文物普查工作中发挥作用。

第六条　所有权人或持有人书面要求认定文物的，应当向县级以上地方文物行政部门提供其姓名或者名称、住所、有效身份证件号码或者有效证照号码，以及认定对象的来源说明。县级以上地方文物行政部门应当作出决定并予以答复。

县级以上地方文物行政部门应当告知文物所有权人或持有人依法承担的文物保护责任。

县级以上地方文物行政部门应当整理并保存上述工作的文件和资料。

第七条　公民、法人和其他组织书面要求认定不可移动文物的，应当向县级以上地方文物行政部门提供其姓名或者名称、住所、有效身份证件号码或者有效证照号码。县级以上地方文物行政部门应当通过听证会等形式听取公众意见并作出决定予以答复。

第八条　县级以上地方文物行政部门认定文物，应当开展调查研究，收集相关资料，充分听取专家意见，召集专门会议研究并作出书面决定。

县级以上地方文物行政部门可以委托或设置专门机构开展认定文物的具体工作。

第九条　不可移动文物的认定，自县级以上地方文物行政部门公告之日起生效。

可移动文物的认定，自县级以上地方文物行政部门作出决定之日起生效。列入文物收藏单位藏品档案的文物，自主管的文物行政部门备案之日起生效。

第十条　各级文物行政部门应当根据《中华人民共和国文物保护法》第三条的规定，组织开展经常性的文物定级工作。

第十一条　文物收藏单位收藏文物的定级，由主管的文物行政部门备案确认。

文物行政部门应当建立民间收藏文物定级的工作机制，组织开展民间收藏文物的定级工作。定级的民间收藏文物，由主管的地方文物行政部门备案。

第十二条　公民、法人和其他组织，以及所有权人书面要求对不可移动文物进行定级的，应当向有关文物行政部门提供其姓名或者名称、住所、有效身份证件号码或者有效证照号码。有关文物行政部门应当通过听证会等形式听取公众意见并予以答复。

第十三条　对文物认定和定级决定不服的，可以依法申请行政复议。

第十四条　国家实行文物登录制度，由县级以上文物行政部门委托或设置专门机构开展相关工作。

文物登录，应当对各类文物分别制定登录指标体系。登录指标体系应当满足文物保护、研究和公众教育等需要。

根据私有文物所有权人的要求，文物登录管理机构应当对其身份予以保密。

第十五条　违反本办法规定，造成文物破坏的，对负有责任的主管人员和其他直接责任人员依法给予处分；构成犯罪的，依法追究刑事责任。

第十六条　古猿化石、古人类化石、与人类活动有关的第四纪古脊椎动物化石，以及上述化石地点和遗迹地点的认定和定级工作，按照本办法的规定执行。

历史文化名城、街区及村镇的认定和定级工作，按照有关法律、法规的规定执行。

第十七条　本办法自2009年10月1日起施行。

周口店遗址发现大量化石及文化遗迹

新发掘出的这些化石和文化遗存主要出土于堆积体的上部。其中脊椎动物化石有近千件，大多为小型啮齿类、食虫类和鸟类化石；大中型动物化石材料基本为残破的牙齿、肢骨等。经初步鉴定，出土动物化石种类包括猕猴(上颌骨1件)、熊(完整犬齿1件、臼齿1件)、鹿(上颌骨2件及零散牙齿数枚)、鬣狗(粪化石多枚)、啮齿类(上下颌及零散牙齿、肢骨等多件)，以及食虫类(上下颌及零散牙齿数件)、鸟类(上下颌及零散牙齿、肢骨等多件)等。

在石制品方面，目前已经发现人工性质明确的石核5件(锤击石核3件，砸击石核2件)、石片37件、石锤5件、刮削器5件、砍砸器2件、断块6件，以及疑似石制品118件。

8月11日

国务院总理温家宝在中南海紫光阁会见新当选并获任命的澳门特别行政区第三任行政长官崔世安

温家宝对崔世安高票当选并被任命为澳门特别行政区第三任行政长官表示祝贺。他希望崔世安在何厚铧先生带领特区政府和社会各界共同努力所取得成就的基础上，承前启后、继往开来，继续致力于发展经济、改善民生、维护稳定、促进和谐，将澳门各项建设事业推上一个新的台阶。

温家宝强调，中央政府将继续坚定不移地贯彻"一国两制"、"澳人治澳"、高度自治的方针，严格按基本法办事，全力支持行政长官和特区政府依法施政，坚决维护澳门的繁荣稳定。

国务委员兼国务院秘书长马凯宣读了任命崔世安为中华人民共和国澳门特别行政区第三任行政长官的国务院第558号令。随后，温家宝总理向崔世安颁发了国务院令。

国务院总理温家宝在中南海紫光阁会见各国议会联盟主席纳米比亚国民议会议长古里拉布

温家宝说，近年来非洲和平发展的局面得到巩固，国际地位不断提高，中方对此感到高兴。深化同非洲国家的传统友谊与团结合作是中国外交的战略选择。尽管受到国际金融危机的严重影响，中国政府仍将不折不扣地落实各项对非援助，稳定对非贸易和投资，在平等互利基础上扩大与非洲国家的务实合作。纳米比亚是中国真诚的朋友和伙伴，中方愿与纳方加强各领域交流与合作，密切在国际事务中的配合，共同推动双边关系和中非关系迈上新台阶。

古里拉布表示，中国长期以来坚定支持包括纳米比亚在内的非洲国家争取独立、实现发展的事业，是非洲人民的老朋友、好朋友。非洲人民对中国取得的巨大建设成就感到高兴。纳中、非中关系在各领域发展良好，前景广阔。新形势下，非洲国家愿同中国进一步加强团结合作。纳米比亚希望同中方保持交往，推动两国友好合作关系不断向前发展。

澳门特别行政区行政长官何厚铧向崔世安出任澳门特区第三任行政长官表示热烈祝贺

何厚铧表示，崔世安一向爱国爱澳，在出任特区政府社会文化司司长期间，工作成效卓著；自参选第三任行政长官以来，他的"传承创新、共建和谐"理念得到各界人士的充分认同。崔世安的当选，符合广大澳门居民的共同心愿。

何厚铧表示，特区政府深信，在澳门特区发展的新的历史阶段，崔世安一定能在"一国两制"方针的指引下和中央人民政府的支持下，带领新一届特区政府和广大澳门居民，弘扬特区优势，应对各种挑战，成功开创澳门繁荣稳定和发展的新局面。

何厚铧指出，在近期与崔世安的会晤中，已向崔先生重申，本届特区政府将全面配合崔世安筹组新一届政府的工作，确保政府顺利换届，并为新一届政府的有效施政创造最有利的环境和条件。

上海市检察机关以涉嫌侵犯商业秘密罪 非国家工作人员受贿罪对澳大利亚力拓公司上海办事处胡士泰等4人作出批准逮捕决定

犯罪嫌疑人胡士泰原籍中国天津，现为澳大利亚籍，系力拓公司上海办事处首席代表，另外3名犯罪嫌疑人刘才魁、葛民强、王勇为力拓公司中方雇员。侦查机关经过深入侦查，初步查明胡士泰等4人涉嫌以不正当手段获取我国钢铁企业商业秘密的犯罪事实，触犯我国刑法第219条规定的侵犯商业秘密罪，同时，胡士泰等4人还涉嫌商业贿赂犯罪，遂于近日提请检察机关批准逮捕。检察机关经审查认为，有证据证明胡士泰等4人涉嫌上述犯罪，依法对其作出批准逮捕的决定。

对于为胡士泰等人提供商业秘密的我国有关钢铁企业的涉案犯罪嫌疑人，侦查机关已于近日提请检察机关审查逮捕。

中国红十字会海峡两岸农业交流协会分别慰问遭受台风灾害的台湾同胞

中国红十字会常务副会长江亦曼今日向台湾红十字组织负责人陈长文先生致慰问信，代表中国红十字会和大陆地区的红十字会会员向台湾红十字同仁表示慰问，并由陈长文先生转达对台湾受灾同胞最诚挚的关切和慰问。

江亦曼在慰问信中表示，希望两岸红十字组织在为两岸受灾同胞提供人道救助的工作中，密切合作，相互支持。中国红十字会愿为台湾红十字组织的救援工作提供一切可能的支持和援助。

海峡两岸农业交流协会今天致函台湾省农会，向在台风中不幸遇难的台湾同胞表示深切哀悼，向遭受灾害的乡亲表示诚挚的慰问，并愿意根据对方的需求，对救灾和灾后重建提供必要的支持和援助。

国务院副总理张德江在中南海紫光阁会见越南内务部部长陈文俊一行

张德江向客人介绍了中国应对金融危机采取的就业、社会保障等政策措施，以及经济社会发展情况。他说，当前中越关系发展良好，两国各领域的合作取得了新进展。中越在人事行政领域的交流合作是双边关系中的重要组成部分，希望双方共同努力，加强合作，务实推进，为两国关系发展作出贡献。

驻华使节团在新疆了解"7·5"事件真相后呼吁国际社会加强反恐合作

正在新疆访问的26个国家和地区的驻华使节11

日参观了乌鲁木齐“7·5”事件展览，并实地走访了暴乱现场，深入了解乌鲁木齐“7·5”事件真相。使节们对暴力事件表示愤慨和谴责，对中国政府果断处置事件表示高度理解，并呼吁国际社会加强合作，共同打击恐怖势力。

新疆展览馆《平息乌鲁木齐“7·5”打砸抢烧严重暴力犯罪事件纪实图片展》，展示了乌鲁木齐“7·5”事件血腥的暴乱现场、遇难者遗体照片、分裂分子自相矛盾的言行记录、西方媒体的虚假报道。

展厅内数百支缴获的枪支、手雷、汽油燃烧瓶、化学药剂引起使节们驻足观看。许多使节认为，恐怖势力是国际社会共同面临的威胁，需要各国在共享反恐经验、信息、技术等方面加强合作，更有效地开展反恐斗争。

第八届世界大豆研究大会在北京开幕

来自世界40多个国家和地区的1000多名代表围绕大豆种质资源、遗传育种、供求与贸易政策等议题开展交流和研讨，共商振兴世界大豆大计。

本次会议的一大亮点是15位来自我国生产第一线的农民和13位县、乡以及技术指导员应邀参加了会议，与国内外著名大豆专家及政府主管部门领导面对面地交流，反映生产情况和技术需求。这是我国豆农和基层农技人员首次在国际会议讲坛上作报告。

我国著名大豆专家、东北农业大学王金陵教授成为我国首位世界大豆研究大会奖获奖人。

内地新疆高中班录取新生5500名并首次招收图瓦人子女

由北京大学全球卫生中心和日内瓦高等研究院联合主办的“全球卫生外交培训班”在北京举办

培训班课程内容包括全球卫生的重点问题和挑战，全球卫生治理和主要行为体，全球卫生外交理念和全球卫生谈判，发达国家和发展中国家在全球卫生外交中的经验以及国家全球卫生外交战略的制定等。

国家工商总局发布实施《流通环节食品安全监督管理办法》

甲型H1N1流感疫苗临床试验受试者开始接种第二针

作为我国第一个甲型H1N1流感疫苗受试者，卫生部部长陈竺8月11日下午接种了第二针。

目前，我国甲型H1N1流感疫苗临床试验工作进展顺利。在完成对受试者接种第一针甲型H1N1流感疫苗的初步安全性分析报告后，从8月12日开始，甲型H1N1流感疫苗临床试验受试者开始接种第二针，而整个临床试验预计将在9月中旬完成。

国家防总表示“莫拉克”造成934.4万人受灾

布达拉宫珍宝馆正式对公众开放

珍宝馆位于雪城一处三层建筑内，原为西藏斋康（一户贵族）的旧宅，建筑面积2000多平方米。这座具有浓厚藏民族特色的土石结构建筑在保留原样的基础上进行外部整修和内部装修后，被改造成珍宝馆。

赤峰氨气泄漏事故原因查明

导致246人接受治疗的赤峰“8·5氨泄漏”事故原因已经查明：这是一起由外埠车辆超许可范围营运、安全设施有缺陷引发的突发性液氨泄漏安全生产事故。

8月12日

国家主席胡锦涛在中南海会见新当选并获任命的澳门特别行政区第三任行政长官崔世安

胡锦涛祝贺崔世安被中央人民政府任命为澳门特别行政区第三任行政长官。他说，澳门回归祖国近10年来，在行政长官何厚铧先生及特别行政区政府领导下，“一国两制”、“澳人治澳”、高度自治的基本方针得到全面贯彻，澳门社会各界人士同心同德、团结奋斗，努力开创澳门发展的新局面。今天的澳门，社会安定，经济发展，民生改善，各项建设事业取得显著进步。实践证明，“一国两制”方针是澳门保持长期繁荣稳定的根本保证，澳门同胞完全有智慧、有能力、有办法，管理好、建设好、发展好澳门。

胡锦涛说，今天的澳门正站在一个新的历史起点上。在这一重要历史时刻，你出任澳门特别行政区第三任行政长官，责任重大、使命光荣。中央相信你一定会坚持“一国两制”方针，继承和弘扬爱国爱澳的光荣传统，团结带领澳门特别行政区新一届政府和社会各界，和衷共济、共同努力，把澳门的各项事业进一步推向前进，为“一国两制”在澳门的伟大实践谱写新的篇章。

国务院总理温家宝主持召开国务院常务会议研究部署应对气候变化有关工作审议并原则通过《规划环境影响评价条例(草案)》

国家副主席习近平在人民大会堂会见吴大观同志先进事迹报告团成员

国家副主席习近平会见报告团成员并作讲话。他强调,各级党组织要引导党员干部向吴大观同志学习,并与正在开展的深入学习实践科学发展观活动结合起来,与积极应对国际金融危机冲击、做好当前各项工作结合起来,激励广大党员干部做时代先锋,为党旗添彩。

报告会由中组部、中宣部、国务院国资委、中航工业集团公司联合举办。中央国家机关、中央国有企业和北京市机关干部,各界知识分子,以及驻京部队约700人参加报告会。

《人民日报》发表评论员文章《抓住关键期 巩固好势头》

国内生产总值增长7.1%,固定资产投资增长33.5%,社会消费品零售总额增长15%,夏粮连续第六年增产,工业增加值增长7%,城镇就业完成全年目标的63%……上半年的这一组组数据,齐声唱响了经济回暖的主旋律,使中国的经济发展成为世界经济舞台上最耀眼的一抹亮色。

上半年的好势头,源于我们坚决执行了党中央应对国际金融危机冲击的决策部署。今年以来,中央牢牢把握经济工作的主动权,实施积极的财政政策和适度宽松的货币政策,不断充实完善应对国际金融危机冲击的一揽子计划,各地区各部门奋发努力,全国人民万众一心,保增长,调结构,促改革,惠民生,顶住了来势汹汹的国际金融危机冲击,在较短时间内遏制住经济增长下滑态势,经济运行中的积极因素不断增多,企稳向好的势头日趋明显。实践证明,中央应对国际金融危机的方针和一揽子计划是完全正确和及时有效的。

经济出现向好势头,并不意味着困难时期已经过去。我们千万不能因为经济运行中积极因素增多就盲目乐观,千万不能因为各项政策和工作取得了成效就有所懈怠。应当清醒地看到,当前我国经济发展正处于企稳回升的关键时期。一方面,经济回升向好的势头还不稳定、不巩固、不平衡,拉动经济增长的"三驾马车"仍需奋力前行:虽然世界主要经济体的一些经济先行指标出现反弹,但世界经济总体仍处于衰退之中,实现复苏的进程缓慢曲折,我国外需仍将持续低迷;虽然投资需求增速加快,但政府投资带动民间投资的效果尚不明显,民间投资增长动力不足;虽然消费需求稳定增长,但消费政策的效用呈递减之势,就业形势严峻、农民增收困难等因素,很可能制约居民未来的消费支出。另一方面,我国调整经济结构和转变发展方式的压力日益加大,产能过剩的矛盾凸显,兼并重组进展不快、自主创新不足等问题突出,可持续发展能力不强。由此可见,下半年,只有把困难和挑战估计得更充分一些,继续把促进经济平稳较快发展作为经济工作的首要任务,坚定不移地实施积极的财政政策和适度宽松的货币政策,在保增长中更加突出结构调整和发展方式转变,才能不断巩固和发展好势头,真正迎来经济全面回升。如果"见好就收"、轻率地改变那些实践证明对应对危机有效、对保增长有利的宏观政策,"关键期"很可能演变为"反复期",甚至可能半途而废、前功尽弃,使经济发展的好势头发生逆转。

关键时期,事关全局,影响重大。紧紧抓住关键时期,就要坚持宏观政策不动摇,抓紧各项工作不放松。下半年,要保持宏观经济政策的连续性和稳定性,并根据形势变化不断充实和完善一揽子计划。要在保增长的过程中更加注重推进结构调整,更加注重加快自主创新,更加注重加强节能环保,更加注重城乡统筹和区域协调发展,更加注重深化改革开放,更加注重保障和改善民生。

成功在于坚持,希望在于努力。做好下半年经济工作,任务艰巨,时间紧迫。让我们坚定信心,乘势而上,坚持不懈,认真落实好各项宏观调控政策,巩固经济企稳回升的好势头,奋力实现今年经济社会发展的预期目标。

第九届新疆国际农业博览会在乌鲁木齐召开

博览会期间,农业部组织北京、广东等10个省、市、自治区18家农产品加工流通企业的53位经销商参会,与新疆当地的100多家农产品加工流通企业等进行了贸易洽谈,现场签订了一批农产品采购合同,涉及葡萄、哈密瓜、香梨、杏子、伽师瓜、核桃等20多种产品,共计64.7万吨,涉及金额21.3亿多元。同时,内地一批大型农产品加工企业和批发市场与新疆当地供应商还达成了长期购销意向,建立了购销渠道。

财政部 国家税务总局 中宣部发出《关于转制文化企业名单及认定问题的通知》

各省、自治区、直辖市、计划单列市党委宣传部、财政厅(局)、国家税务局、地方税务局,新疆生产建设兵团财务局:

根据《国务院办公厅关于印发文化体制改革中经营性文化事业单位转制为企业和支持文化企业发展两个规定的通知》(国办发〔2008〕114号)精神,以及《财政部 国家税务总局关于文化体制改革中经营性文化事业单位转制为企业的若干税收政策问题的通知》(财税〔2009〕34号)的规定,现就转制文化企业名单及认定问题通知如下：

一、2008年12月31日之前已经审核批准执行《财政部　海关总署　国家税务总局关于文化体制改革中经营性文化事业单位转制后企业的若干税收政策问题的通知》（财税〔2005〕1号）的转制文化企业，2009年1月1日至2013年12月31日期间，相关税收政策按照财税〔2009〕34号文件的规定执行。本条所称转制文化企业包括：

（一）根据《财政部　海关总署　国家税务总局关于发布第一批不在文化体制改革试点地区的文化体制改革试点单位名单的通知》（财税〔2005〕163号）、《财政部　海关总署　国家税务总局关于公布第二批不在试点地区的文化体制改革试点单位名单和新增试点地区名单的通知》（财税〔2007〕36号）和《财政部　海关总署　国家税务总局关于发布第三批不在试点地区的文化体制改革试点单位名单的通知》（财税〔2008〕25号），由财政部、海关总署、国家税务总局分批发布的不在试点地区的试点单位。

（二）由北京市、上海市、重庆市、浙江省、广东省及深圳市、沈阳市、西安市、丽江市审核发布的试点单位，包括由中央文化体制改革工作领导小组办公室提供名单，由北京市发布的中央在京转制试点单位。

（三）财税〔2007〕36号文件规定的新增试点地区审核发布的试点单位。

上述转制文化企业名称发生变更的，如果主营业务未发生变化，持原认定的文化体制改革工作领导小组办公室出具的同意更名函，到主管税务机关履行更名手续；如果主营业务发生变化，依照本通知第二条规定的条件重新认定。

二、从2009年1月1日起，需认定享受财税〔2009〕34号文件规定的相关税收优惠政策的转制文化企业应同时符合以下条件：

（一）根据相关部门的批复进行转制。中央各部门各单位出版社转制方案，由中央各部门各单位出版社体制改革工作领导小组办公室批复；中央部委所属的高校出版社和非时政类报刊社的转制方案，由新闻出版总署批复；文化部、广电总局、新闻出版总署所属文化事业单位的转制方案，由上述三个部门批复；地方所属文化事业单位的转制方案，按照登记管理权限由各级文化体制改革工作领导小组办公室批复；

（二）转制文化企业已进行企业工商注册登记；

（三）整体转制前已进行事业单位法人登记的，转制后已核销事业编制、注销事业单位法人；

（四）已同在职职工全部签订劳动合同，按企业办法参加社会保险；

（五）文化企业具体范围符合《财政部　海关总署　国家税务总局关于支持文化企业发展若干税收政策问题的通知》（财税〔2009〕31号）附件规定；

（六）转制文化企业引入非公有资本和境外资本的，须符合国家法律、法规和政策规定；变更资本结构的，需经行业主管部门和国有文化资产监管部门批准。

三、中央所属转制文化企业的认定，由中宣部会同财政部、国家税务总局确定并发布名单；地方所属转制文化企业的认定，按照登记管理权限，由各级宣传部门会同同级财政厅（局）、国家税务局和地方税务局确定和发布名单，并逐级备案。

四、经认定的转制文化企业，可向主管税务机关申请办理减免税手续，并向主管税务机关备案以下材料：

（一）转制方案批复函；

（二）企业工商营业执照；

（三）整体转制前已进行事业单位法人登记的，需提供同级机构编制管理机关核销事业编制、注销事业单位法人的证明；

（四）同在职职工签订劳动合同、按企业办法参加社会保险制度的证明；

（五）引入非公有资本和境外资本、变更资本结构的，需出具相关部门的批准函；

五、未经认定的转制文化企业或转制文化企业不符合本通知规定的，不得享受相关税收优惠政策。已享受优惠的，主管税务机关应追缴其已减免的税款。

六、本通知适用于经营性文化事业单位整体转制和剥离转制两种类型。

（一）整体转制包括：（图书、音像、电子）出版社、非时政类报刊社、新华书店、艺术院团、电影制片厂、电影（发行放映）公司、影剧院等整体转制为企业。

（二）剥离转制包括：新闻媒体中的广告、印刷、发行、传输网络部分，以及影视剧等节目制作与销售机构，从事业体制中剥离出来转制为企业。

国务委员刘延东在北京会见美国国际联合电脑公司董事会名誉主席麒麟电视董事局主席美籍华人王嘉廉

外交部部长杨洁篪在日内瓦裁军谈判会议（裁谈会）上阐述中国核裁军主张

杨洁篪表示，为推动军控、裁军和防扩散进程健康发展，国际社会应秉持互信、互利、平等、协作的新安全观，致力于营造和谐、稳定的国际和地区安全环境；应坚持多边主义，充分发挥联合国等多边机制作用，不断巩固和加强现有多边军控、裁军和防扩散体系；应维护国际战略平衡与稳定，在相互尊重和平等对待各方合理安全利益的基础上，实现各国普遍安全；应加强对话与合作,坚持以和平方式解决国际争端。

杨洁篪指出,必须消除核武器扩散的风险,进一步加强国际防扩散机制,坚持通过政治外交手段解决防扩散问题,摒弃一切双重标准做法。必须大力促进核能的和平利用及其国际合作。不能以防扩散为由剥夺《不扩散核武器条约》缔约国和平利用核能权利。

教育部印发《中小学班主任工作规定》

文化部国家文物局发出关于开展2009年全国文物工作先进县评选表彰活动的通知

中国乒乓球公开赛在天津开赛

2009年中国乒乓球公开赛在天津市人民体育馆开赛。这项比赛是仅次于奥运会、世锦赛和世界杯的世界A级赛事。国际乒联为今年本站赛事设立了17.2万美元的高额奖金,比赛设男单、女单、男双、女双和U21男、女单打共6个项目。来自26个国家和地区的184名运动员报名参赛,其中有世界排名前16名的乒坛高手。

"铁榔头"郎平正式签约广东恒大女排

中国规模最大的热气球节亮相内蒙古固阳县

以"加强民族团结,发展地区经济"为主题的首届中国·包头秦长城热气球节在内蒙古固阳县热气球公园举行,这是迄今为止在国内举办的规模最大、国际化程度最高的热气球节。

8月13日

国务院副总理李克强参加深化医药卫生体制改革领导小组会议

李克强指出,扎实有序建立国家基本药物制度,有利于保障群众用药安全、维护人民健康,有利于转变"以药补医"、减轻群众看病负担。要统筹生产、流通、定价、使用、报销等各个环节,创新体制机制,确保基本药物生产供应,调动企业积极性,保障药品质量安全和不断档不缺货;确保基本药物配备使用,落实医保报销政策,形成合理用药习惯;确保基本药物零售价格有所降低,同时对医疗机构补偿到位,保障正常运转。

李克强说,公立医院是群众看病就医的主要场所。稳步推进公立医院改革试点,要坚持公立医院的公益性质,调整布局和结构,完善法人治理制度,健全公益服务的补偿机制,加强运行管理,提高服务效率和水平。同时,探索管办分开政事分开的有效形式,引导社会资本投入医疗机构,逐步形成多元办医的格局。

李克强强调,广大医护人员是保护人民健康和生命安全的白衣天使,为国家医疗卫生事业发展作出了重要贡献,在救死扶伤、应对重大自然灾害和公共卫生突发事件中冲在第一线,也是公立医院改革的主力军。要充分发挥他们支持改革、推动改革的聪明才智和积极性创造性。

李克强最后说,建立基本药物制度、推进公立医院改革是重大的体制机制创新。要深刻认识改革的长期性艰巨性复杂性,在中央统一部署下发挥地方探索创新的主动性,调动社会各方面参与改革的能动性,使医药卫生体制改革取得实实在在的成效。

会议审议了《关于2009年实施国家基本药物制度工作方案》和《关于公立医院改革试点的指导意见》。国务院深化医药卫生体制改革领导小组全体成员及有关部门负责人出席会议。

全国维护稳定暨信访工作电视电话会议在北京召开

会议由中央办公厅主任令计划主持。全国人大常委会副委员长兼秘书长李建国,国务委员兼国务院秘书长马凯,国务委员兼公安部部长孟建柱出席会议。

中央和国家机关有关部门负责同志和各省区市、市地州、县市区党委、政府主要负责同志以及有关方面负责同志分别在主会场和各地分会场参加会议。会上,安徽省合肥市、四川省遂宁市、江苏省和辽宁省沈阳市先后介绍了做好维护稳定和信访工作的经验做法。

公安部公布《群众举报涉枪涉爆违法犯罪奖励标准》

一、根据群众举报线索,破获非法持有、私藏枪支案件,收缴军用枪、猎枪、小口径枪、火药枪、仿制枪、自制枪、改制枪1支或者气枪2支,军用子弹10发、民用子弹50发以上的,视情给予举报有功人员500元以上、2000元以下奖励。

二、根据群众举报线索,破获私藏、私存爆炸物品案件,收缴炸药500克或者黑火药、烟火剂1000克,雷管10枚,导火索、导爆索20米或者手榴弹、地雷1枚以上的,视情给予举报有功人员500元以上、2000元以下奖励。

三、根据群众举报线索,查破涉枪涉爆重大案件或取缔非法制贩枪支弹药、爆炸物品窝点的,给予举报有功人员以下奖励:

1. 查破非法制造、买卖、储存、运输等涉枪涉爆重大案件的,视情给予2000元以上、10000元以下奖励。

2. 破获持枪伤害、杀人、抢劫、绑架、强奸以及爆炸等重大犯罪案件的,视情给予5000元以上、20000元以下奖励。

3. 取缔非法制贩枪支弹药、爆炸物品窝点的,视情给予5000元以上、20000元以下奖励。

国家主席胡锦涛根据全国人大常委会的决定任免驻外大使

一、免去马灿荣的中华人民共和国驻德意志联邦共和国特命全权大使职务;任命吴红波为中华人民共和国驻德意志联邦共和国特命全权大使。

二、免去刘古昌的中华人民共和国驻俄罗斯联邦特命全权大使职务;任命李辉为中华人民共和国驻俄罗斯联邦特命全权大使。

外交部部长杨洁篪在日内瓦会见世界经济论坛主席克劳斯·施瓦布

杨洁篪高度评价过去30年来中国与世界经济论坛的良好合作及取得的丰富成果,强调中方高度重视世界经济论坛在世界经济社会发展中的地位和作用,愿继续拓展深化双方之间的合作。

杨洁篪介绍了对当前中国和世界经济形势的看法以及中国应对国际金融危机的举措。杨洁篪说,今年9月世界经济论坛将在中国大连举办以"重振增长"为主题的第三届夏季达沃斯论坛,相信在双方共同努力下,本次会议一定能取得圆满成功,向世界发出合作应对挑战、实现经济复苏的有力信息,也为双方合作30周年留下精彩的一笔。

全国人口和计划生育综合改革工作在北京召开

为加快建立统筹解决人口问题体制机制步伐,会议决定从今年起,我国将用5年时间确立100个国家人口和计划生育综合改革示范市。

据介绍,我国于2000年启动人口和计划生育改革试点,2005年全面推进综合改革,目前国家级综合改革试点单位共有42个,覆盖到所有的省、区、市。省级试点单位已覆盖80%的地市。

全国社区卫生工作会议在西安召开

会议决定今后3年内全国将新建、改造3700所城市社区卫生服务中心和1.1万个社区卫生服务站。

根据医改重点实施方案要求,3年内全国各级卫生部门将加强以全科医师为重点的社区卫生服务队伍建设,2009年到2011年将培训社区卫生服务机构医务人员16万人次。卫生部要求,在建设中要合理制订社区卫生服务设置规划,建设用地由地方政府无偿划拨。

上市药品再注册全面启动

按照国办整顿药品市场秩序的有关部署,国家食品药品监管局决定全面启动已上市药品的再注册审查审批。国家食品药品监管局有关负责人表示,要通过药品再注册,淘汰不具备生产条件、质量不能保证、安全风险高的药品品种,确保百姓用药安全。

云南省向中国科技馆赠送的3具恐龙化石到达北京

运行北京的3具恐龙化石,分别为许氏禄丰龙、中国双脊龙和阿纳川街龙。它们都是古生物化石中的精品,是云南禄丰恐龙化石群的优秀代表。

8月14日

国家主席胡锦涛在人民大会堂会见阿联酋阿布扎比酋长国王储穆罕默德·本·扎耶德·阿勒纳哈扬殿下

国务院总理温家宝等在北京会见出席第七届全国"人民满意的公务员"和"人民满意的公务员集体"表彰的部分代表

国务院总理温家宝,中共中央政治局常委李长春,国家副主席习近平会见与会部分代表。中组部部长李源潮,国务院副总理张德江,国务委员兼国务院秘书长马凯参加了会见。大会向49名"人民满意的公务员"和31个"人民满意的公务员集体"颁奖。

国务院总理温家宝在接见第七届人民满意的公务员代表时发表题为《人民的利益高于一切》的讲话(节录)

全国"人民满意的公务员"和"人民满意的公务员集体"表彰大会,表彰了49位公务员和31个集体。他们的事迹非常生动,感人肺腑,催人奋进。他们是全国600万公务员的杰出代表,也是全体公务员学习的榜样。他们以自己的实际行动,实践党和政府全心全意为人民服务的宗旨,赢得了人民满意的崇高荣誉。我代表党中央、国务院向他们表示热烈的祝贺。

"人民满意",这四个字说起来简单,但做起来非常不容易。我们党和政府始终把全心全意为人民服务作为根本宗旨,把人民满意不满意作为最高标准。受表彰的同志虽然来自不同的地区、不同的战线、不同的单位,但是都有一个共同的追求,就是全心全意为人民服务;都有一个共同的目标,就是让人民满意。让人民满意,就要对人民怀有深厚的感情,勤勤恳恳为人民工作。我们的一切工作都是为人民谋利益。"国以民为本、社稷亦为民而立"。"以人为本"的科学发展观,贯穿着一条红线,就是人民的利益高于一切。群众心里有杆秤。我们把群众的利益放在心上，群众就欢迎我们坐在台上。群众在我们心中有多重的分量，我们在群众心中就有多重的分量。只有我们做得让群众满意，群众才会对我们满意。

借这个机会，我对全国的公务员提三点希望：

第一，要做勤奋学习的模范。学习使人进步。现在国际形势变化复杂而深刻，国内各项工作任务也有不少困难和问题。应对国际金融危机、保持经济平稳较快发展，促进社会公平正义，保障和改善民生，维护社会稳定和和谐，做好这些工作不仅需要信心和勇气，而且需要我们努力学习，联系实际，调查研究，提高驾驭全局、克服困难的能力。要学习宪法和法律、法规，坚持依法行政和依法办事；学习科学发展观，自觉在行动中加以实践；学习党和政府的方针政策，创造性地贯彻执行；学习各种专业知识，提高为人民服务的本领。学习的目的完全是为了应用，要在实践中学习和锻炼，增长才干。

第二，要做努力工作的模范。公务员无论在什么岗位从事什么工作，都是为人民谋利益的。意莫高于爱民，行莫高于乐民。要带着对群众强烈的感情，深入基层，了解情况，解决问题。现在各项工作繁重而艰巨，越是困难，越要保持清醒头脑，越要有高度的责任感和兢慎的精神。要战战兢兢，如履薄冰，如临深渊，精心把改革和建设的每一件事情做好，及时为群众排忧解难。要建立、健全绩效考核和行政问责制度，严肃处理失职渎职行为，让人民放心，让人民满意。

第三，要做清正廉洁的模范。群众看公务员，其中很重要的一条就是看他们是否廉洁。如果一时工作上的失误还可以谅解的话，那么贪污腐败是决不可容忍的。每个公务员都要做到"进不失廉，退不失行"，一身正气，两袖清风，坚决同腐败现象作斗争，树立清正廉洁的良好形象。这样，我们才能赢得群众的真心拥护。在这个问题上，我们不能有丝毫的含糊。

对公务员的要求，可能还有很多，但我以为这三点最为重要。我希望受表彰的公务员继续努力，永远保持这个荣誉，永远让人民满意。全国广大公务员要向他们学习，做人民满意的公务员，这也是我们召开这次表彰会的宗旨。

国务院总理温家宝在人民大会堂会见阿联酋阿布扎比酋长国王储穆罕默德·本·扎耶德·阿勒纳哈扬殿下

温家宝说，近年来中国与阿联酋在各领域的交往日趋活跃，双边关系更加密切，阿联酋成为中国在阿拉伯世界第二大贸易伙伴和最大的出口市场。在应对国际金融危机的挑战中，两国的共同利益进一步增多，经济发展孕育着新机遇。双方要采取有效措施，充分发挥各自优势，扩大在能源、贸易、投资、金融领域的互利合作。温家宝表示，中国政府愿与海湾合作委员会积极协商，争取尽早就建立自贸区协议达成一致，推动中国同海湾国家关系发展达到新水平。

穆罕默德表示，阿方高度重视发展对华关系，积极致力于发展同中方的友好互利合作，希与中国建立特殊、长期的战略关系，扩大双方在能源、经贸、投资等领域的合作。穆罕默德还表示，在涉及中国主权、安全等重大问题上，阿方始终坚持支持中方的立场。

国务院总理温家宝在人民大会堂出席第三届中非青年联欢节开幕式暨中国援非青年志愿者出征仪式上的讲话

青年朋友们，女士们，先生们：

首先，我代表中国政府对第三届中非青年联欢节开幕表示热烈祝贺！这是中非青年的节日，也是全体中非人民的节日。在这里同大家一起分享快乐，共叙友情，非常高兴。我要对远道而来的非洲朋友们说，中非是一家，欢迎你们到家看看！祝你们与中国朋友们共同度过一段欢乐美好的时光。

举办中非青年联欢节是2003年我担任总理后，在中非合作论坛第二届部长级会议上提出的倡议。它已成为中非青年相互交流学习、共同进步的重要平台，为加深中非友谊发挥了积极作用。我祝愿联欢节越办越好，中国政府将为此继续提供支持和帮助。

中国和非洲虽然相隔万水千山，但相似的遭遇以及对民族独立、和平发展的共同追求使我们走到一起。半个多世纪以来，双方相互同情，相互支持，团结奋斗，结下深厚友谊，经受住了各种严峻考验。我常讲，中国不是近年来突然出现在非洲的。上世纪五六十年代，当中国还十分贫困的时候，就开始向非洲提供无私援助，有许多中国建设者永远长眠在了非洲。非洲国家也不是今天才支持中国的。毛泽东主席曾经形象地比喻，是非洲兄弟们把中国抬进了联合国。青年朋友们要了解和牢记这段历史，增强携手前进的信心和力量。

中非友好的核心是相互尊重、平等相待。国家之间、民族之间、人与人之间，尊重和平等都是赢得友谊和信任的基础，是通往交流与合作的桥梁。青年朋友们要懂得这个真谛，以谦虚谨慎的态度相互学习，用开放包容的心态对待差异，设身处地为他人着想，真心诚意帮助朋友，这样你们就会拥有幸福快乐，也会给别人带来幸福快乐，结交更多的好朋友、好伙伴。

中非友好需要新的内涵和活力。中国和非洲在发展，世界每天都在变化。特别是当前这场罕见的国际金融危机对国际政治、经济格局产生了深刻影响，给中非关系也带来了机遇和挑战。青年朋友们风华正茂，要面向未来，迎难而上，勇于探索，为建设中非新型战略伙伴关系贡献自己的智慧和力量。

今天在座的还有即将赴非洲工作的中国青年志愿者。你们以行动体现了中国青年志存高远、不畏艰难、乐于奉献的精神风貌和对非洲人民的深厚情谊。希望你们用所学的知识和技能为非洲人民提供真诚、周到、高质量的服务，赢得友谊和信任。同时虚心向非洲人民学习，开阔视野，陶冶情操，增长才干。我期待着你们的好消息，并借此机会向即将赴非洲和已经在非洲工作的全体中国青年志愿者们表示亲切问候和良好祝愿。

青年是国家和民族的希望，承载着中非友好的未来。希望你们肩负起历史使命，通过不懈努力，共同开创更加美好的明天！

谢谢大家！

全国政协主席贾庆林在四川调研

8月14日至18日，贾庆林和随行的全国政协副主席兼秘书长钱运录等，先后来到阿坝、绵阳、德阳、成都等地，深入牧区帐篷、工厂车间、城市社区、重建工地、受灾群众安置点，就促进灾后恢复重建和经济社会发展进行调查研究。调研期间，贾庆林听取了四川省委、省政府的工作汇报，对四川灾后恢复重建和经济社会发展取得的巨大成绩给予充分肯定。

《人民日报》发表评论员文章《危中有机　事在人为》

面对国际金融危机严重冲击，全党全国认真贯彻落实科学发展观，坚决落实应对危机冲击的一揽子计划，坚定信心，齐心协力，共克时艰，上半年经济企稳回升，总体形势向好。特别是一些地方和企业，面对危机，奋发进取，取得显著成绩。这成绩来之不易，同时也充分说明：危中有机，事在人为。困难再大也可以战胜，危机冲击再严重也可以转化为机遇，关键在人。

只要人努力，光明在眼前。国际金融危机重创全球经济，给我国经济社会发展带来严峻挑战：外需萎缩，经济出现下滑趋势，部分行业企业经营困难，就业压力巨大。关键时刻，党中央、国务院果断出台了应对冲击的一揽子计划，实施积极的财政政策和适度宽松的货币政策。许多地方和部门迎难而上，化压力为动力，既保增长，又调结构，在转危为机中交出漂亮的答卷；广大企业积极转型，勇于创新，逆势闯出一片新天地。正是全国上下一心，奋起抗冲击，全力保增长，才有了经济回暖的好势头。

当前，我国经济发展正处在企稳回升的关键时期。国际金融危机尚未平息，外部环境仍有很多不稳定、不确定因素，世界经济复苏之路缓慢曲折，对我国经济的影响仍在持续；另一方面，国内一些长久积累的矛盾依然突出，经济回升的基础还不牢固。这些问题，增加了我们应对危机冲击的风险和压力，也使下半年经济工作面临很大困难与挑战。越是关键时期，越要坚定信心，既要对困难有足够估计，做充分准备；又要辩证看待危机冲击，危中寻机，乘势而上抓住关键期，一鼓作气巩固好势头。

危机是传统模式之危，科学发展之机。国际金融危机导致外需萎缩，订单减少，这种倒逼压力，客观上为扩内需、调结构提供了强劲动力，推动我们以此为契机，增强紧迫感，更加突出结构调整和发展方式转变，力争在应对危机冲击中实现转型升级，使经济发展更具可持续性和竞争力。危机冲击也给深化改革创造了机遇。困难时期，改革不能松劲，我们要抓住经济企稳回升的有利时机，加快推进重点领域改革，为保增长注入新的动力与活力。

危中寻机，人要有为。巩固回升势头，做好经济工作，需要下更多气力，有更大作为。要把思想和行动切实统一到中央对形势的分析判断和对工作的总体部署上来，保持宏观政策的连续性和稳定性，继续实施积极的财政政策和适度宽松的货币政策，全面落实和充实一揽子计划。各地区各部门要狠下功夫，把各项工作做实做细，把中央精神和自身实际紧密结合起来，把保增长与调结构、促改革、惠民生有机对接起来，及时发现并化解经济运行中的苗头性、倾向性问题。广大企业更要乘势奋进，开拓市场敢争先，创新不止上台阶，在冲击的历练下成长壮大。

现在到年底只有几个月的时间，实现全年经济增长目标十分紧迫。让我们振奋精神，奋发有为，在应对挑战中创造机遇，在促进发展中显示身手，以丰硕成果迎接新中国成立60周年，确保全年经济平稳较快发展。

中央治理工程建设领域突出问题工作领导小组在北京召开第一次会议

国家副主席习近平在北京与阿联酋阿布扎比酋长国王储穆罕默德·本·扎耶德·阿勒纳哈扬殿下举行会谈

习近平在会谈时表示，中阿两国互利合作有诸多有利条件，双方应共同努力，构建长期稳定的友好合作关系：(一)保持高层交往，巩固政治互信，加深相互了解、互信和友谊，全面推进两国各领域的合作；(二)建立能源领域的战略伙伴关系，符合双方的长远利益，中方愿与阿方在油气田勘探开发、可再生能源研发利用等领域开展合作;(三)加强在贸易、投资、基础设施建设等领域的合作,进一步优化双边贸易结构,扩大贸易规模,鼓励更多有实力的企业开展相互投资;(四)促进中阿文化、教育合作,鼓励民间交往,加深两国人民之间的友谊;(五)进一步推动中国同海湾合作委员会关系的发展,积极推进自贸区谈判,争取尽早达成一致。

穆罕默德说,此次率高级别代表团访华,与中方就深化互利合作进行深入探讨,表明阿方对进一步发展两国关系的真诚愿望。阿中建交以来,两国各领域合作取得长足进展,双边关系基础更加牢固。当前,阿中关系站在新的历史起点,阿方希望与中方共同努力,拓展经贸、能源等领域的互利合作,扩大教育、文化交流与合作,推动两国关系不断向前发展。穆罕默德强调,阿方坚定支持中国政府维护国家统一、稳定所采取的一切措施,坚定奉行一个中国政策,支持中国统一大业。

商务部就欧盟对中国铝合金轮毂发起反倾销调查表示严重关切

8月13日,欧盟对中国铝合金轮毂发起反倾销调查,涉及中国主要企业60余家,直接影响出口3.9亿美元。8月14日,商务部新闻发言人姚坚发表谈话对此表示严重关切。

教育部 卫生部下发《关于做好学校秋季开学甲型H1N1流感防控工作的意见》(摘要)

意见指出,各地学校对今年秋季开学前一周内出现流感样症状的学生,应劝其及时就医,病愈后复课。甲流疫情严重地区,普通高等学校和中等职业学校可推迟开学时间。

意见要求,甲流疫情严重地区的教育行政部门可根据当地甲流联防联控工作机制(或防控指挥部)提出的防控意见,布置本行政区内普通高等学校和中等职业学校合理错开开学时间,必要时可推迟开学时间。疫情影响严重地区的教育行政部门要指导辖区内学校尽可能避免大班授课,合理安排小班上课,并有针对性地采取预防性服用中药措施。

由《人民日报》新华社等单位联合发起的"祝福祖国"寄语活动在人民大会堂启动

从今天起,人们可以通过邮寄明信片寄语祝福新中国60华诞。据了解,参与者可通过全国各邮政网点购买寄语卡,填写好对祖国的寄语及个人信息,于2009年10月31日前邮寄到"北京1949—2009信箱我的祖国收"。主办方将从寄语卡中选出21915条优秀寄语(寓意伟大祖国60年走过的21915天)组成寄语墙。本次活动由《人民日报》、新华社等十家单位联合发起,得到了人民网、新华网等单位的支持。

张铚秀逝世

原中顾委委员、昆明军区司令员张铚秀同志,因病医治无效,于8月14日在北京逝世,享年95岁。

张铚秀1955年被授予少将军衔,荣获二级八一勋章、二级独立自由勋章、一级解放勋章。1988年被授予中国人民解放军一级红星功勋荣誉章。他是中共九大代表、第十一届、第十二届中央委员,1985年9月中共全国代表会议、中共十三大分别增选、当选为中共中央顾问委员会委员。

8月15日

国家主席胡锦涛与巴西总统路易斯·伊纳西奥·卢拉·达席尔瓦互致贺电庆祝两国建交35周年

《人民日报》发表评论员文章《为人民服务 让人民满意》

在喜迎新中国60华诞的时候,经中央批准,中共中组部、中共中央宣传部、人力资源和社会保障部、国家公务员局隆重召开表彰大会,表彰了49名"人民满意的公务员"和31个"人民满意的公务员集体"。今天,本报刊登浙江省湖州市公安局吴兴区分局月河派出所副所长王法金等7名"人民满意的公务员"和湖南省韶山市韶山乡人民政府等3个"人民满意的公务员集体"的事迹。他们的事迹感人肺腑,催人奋进,集中展现了新时期公务员为人民服务、让人民满意的崇高精神和爱岗敬业、无私奉献的高尚品质。

公务员队伍是我国干部队伍的重要组成部分,是推动经济社会发展的骨干力量。在党中央、国务院的领导下,广大公务员以中国特色社会主义理论体系为指导,深入贯彻落实科学发展观,努力实践全心全意为人民服务的宗旨,奋发进取,努力工作,为促进经济社会发展作出了重要贡献。

人民的利益高于一切,为人民服务是公务员队伍的永恒主题。公务员的最高价值追求,公务员全部工作的出发点和落脚点,就是让人民满意。

让人民满意,就要不断增进对人民群众的感情。"乐民之乐者,民亦乐其乐;忧民之忧者,民亦忧其忧。"公务员是人民群众的公仆。人民群众在公务员心里的分量有多重,公务员在人民群众心里的分量就有多重。广大公务员都应当怀着深厚的、真挚的感情,关心人民群众的疾苦,做人民群众的知心人、贴心人。

让人民满意,就要始终保持同人民群众的密切联系。广大公务员都应当经常走到人民群众中去，直接倾听他们的呼声，了解他们的衣食住行，体察他们的安危冷暖。只有这样，才能做到想人民群众之所想，急人民群众之所急，满足人民群众之所需。

让人民满意，就要自觉坚持勤政为民、真抓实干。人民群众评价公务员的工作，不是看他怎样说的，而是看他怎么做的。政之所兴，在顺民心。关系民生的事，就是天大的事。“去民之患如除腹心之疾”，各级公务员都应当从人民群众最现实、最关心、最直接的问题抓起，扎实做好每一件事，认真解决好每一个问题，多办得人心、暖人心、稳人心的好事实事。

让人民满意，就要努力提高为人民服务的能力。面对日新月异的新形势新要求，面对日益繁重的改革发展稳定任务，广大公务员都应当进一步加强理论武装工作和业务知识学习，打好为党和人民建功立业的思想根基与知识功底；进一步加强实践锻炼，在一项项具体工作中积累经验，增长才干，提高本领，更好地推动科学发展、促进社会和谐，更好地服务广大人民群众。

让人民满意，就要始终保持清正廉洁的作风。广大公务员都应当牢固树立正确的世界观、人生观、价值观，自觉抵制各种腐朽思想的侵蚀，增强拒腐防变能力，坚决同各种腐败现象作斗争。严于律己，清正廉洁，耐得住艰苦，扛得住诱惑，顶得住歪风，做到一身正气、两袖清风，自觉维护党和政府的良好形象。

“人民满意的公务员”、“人民满意的公务员集体”，是无比光荣的称号，是党的期望，是人民群众的期待。

希望受到表彰的集体和个人珍惜荣誉，再接再厉，为人民服务的宗旨永远不丢，让人民满意的追求永远不变。

希望广大公务员以“人民满意的公务员”为榜样，锐意进取，奋发有为，不负党和人民的重托，不断作出人民满意的新业绩。

中央纪委书记贺国强在青海考察

8月15日至18日，贺国强先后来到西宁市、海北藏族自治州、玉树藏族自治州等地，深入社区、企业和农牧区，就促进经济平稳较快发展和加强反腐倡廉建设进行调研。

贺国强在考察工作时强调，要适应新形势新任务的要求，以改革创新精神推进反腐倡廉建设，为深入贯彻落实科学发展观、促进经济又好又快发展与社会和谐稳定提供有力保证。

考察期间，贺国强听取了青海省委、省政府和省纪委的工作汇报，对青海近年来的工作给予了充分肯定。他要求青海各级党委、政府紧紧抓住国家深入推进西部大开发、扩大内需促进经济平稳较快发展、支持青海等省藏区经济社会发展的历史机遇，进一步解放思想、开拓进取、真抓实干，不断开创改革开放和现代化建设新局面，努力闯出一条欠发达地区实现科学发展、跨越发展的成功之路。要把党风廉政建设和反腐败工作放在更加突出的位置来抓，在认真总结经验、继承优良传统的基础上，以改革创新精神推进反腐倡廉建设，切实把科学发展观的要求贯穿于反腐倡廉建设全过程和各方面。要推进反腐倡廉理念思路创新，树立服务大局、以人为本、依纪依法办案、统筹兼顾的理念；积极推进教育、制度、监督、改革、纠风、惩治等工作内容创新；进一步扩大党内民主和人民民主，推进党务公开，提高权力运行透明度；大力推进工作方式方法创新，使反腐倡廉建设不断适应新形势、完成新任务、开创新局面。

国办印发《关于进一步推进三北防护林体系建设的意见》

各省、自治区、直辖市人民政府，国务院各部委、各直属机构：

1978年，党中央、国务院从中华民族生存与发展的战略高度，作出了建设西北、华北、东北防护林体系(以下称三北工程)的重大决策，开创了我国生态工程建设的先河。为贯彻落实党的十七届三中全会和中央林业工作会议精神，进一步推进三北工程建设，努力开创生产发展、生活富裕、生态良好的文明发展道路，经国务院同意，现提出如下意见：

一、充分认识进一步推进三北工程建设的重大意义

(一)三北工程建设成就举世瞩目。经过30多年的建设，三北工程取得了重大阶段性成果，工程区森林覆盖率由5.05%提高到10.51%，治理沙化土地27.8万平方公里，控制水土流失面积38.6万平方公里，改善了生态环境，提高了土地承载力，促进了粮食稳产高产，开辟了农民增收新渠道，为促进区域经济社会可持续发展作出了突出贡献。

(二)三北地区生态形势依然严峻。三北地区是我国沙化和水土流失最严重的地区，区域内沙化土地面积占全国沙化土地面积的85%，水土流失面积占全国水土流失面积的67%。目前，这一地区森林覆盖率远低于全国平均水平，风沙、干旱等生态灾害发生频繁，生态环境仍然十分脆弱，不仅威胁我国的生态安全，而且制约经济社会发展。

(三)加快三北工程建设意义重大。三北地区是我国生态治理最重要、最紧迫、最艰巨的地区之一。进一步加快三北工程建设，是贯彻落实科学发展观，建设生态文明的重要举措；是改善三北地区乃至全国生态环

境，拓展中华民族生存和发展空间的战略选择；是增强应对全球气候变化能力，增强森林碳汇功能的重要载体；是提高农业生产力，增加农民收入的有效途径。

二、明确指导思想、基本原则和目标任务

（四）指导思想。以邓小平理论和“三个代表”重要思想为指导，深入贯彻落实科学发展观，按照发展现代林业、建设生态文明、促进科学发展的总体要求，遵循自然规律、经济规律和社会发展规律，围绕防沙治沙和水土保持两大任务，大力保护和扩大林草植被，建立和巩固国土生态安全体系，促进人居环境和生态状况不断改善，为区域经济社会协调发展奠定良好的生态基础。

（五）基本原则。坚持生态效益优先，生态效益、经济效益与社会效益相结合；坚持统筹规划、突出重点、分步实施，全面推进与重点治理相结合；坚持科技兴林、因地制宜、因害设防，自然修复与人工治理相结合；坚持深化改革、创新机制，国家投入与社会参与、政府主导与市场调节相结合；坚持依法治林，加强现有森林资源保护，实行保护与建设相结合。

（六）目标任务。力争到2020年，使三北地区森林覆盖率达到12%，沙化土地扩展趋势得到基本遏制，水土流失得到有效控制，建成一批区域性防护林体系。到2050年，森林覆盖率达到并稳定在15%左右，努力实现三北地区生态状况的根本好转。

三、进一步优化工程建设布局

（七）编制分期规划并落实任务。根据三北工程总体规划和经济社会发展需要，国务院林业主管部门要会同有关部门组织编制好分期规划。有关地方各级人民政府要将分期规划纳入本级政府国民经济和社会发展总体规划，认真做好规划的组织实施工作，切实将规划任务落实到建设单位，并定期对规划实施情况进行检查、评估，确保规划任务按期完成，取得实效。

（八）合理布局防护林体系建设。要根据三北工程总体规划，统筹兼顾与其他生态建设工程的关系，科学安排三北工程建设，确保目标统一，形成合力，取得最大成效。按照不同区域功能定位，科学治理，整体推进。在风沙区，以治理沙化土地为重点，通过大力开展造林、封育等措施进行全面治理，适度开发利用沙区资源，建成乔灌草相结合的防风固沙防护林体系；在西北荒漠区，以保护天然荒漠植被为重点，采取以封育保护为主的措施，加强以典型荒漠生态系统为主的自然保护区建设，切实保护好自然生态，建成以沙生灌木为主的荒漠绿洲防护林体系；在黄土高原丘陵沟壑区，以小流域治理为重点，积极发展以干鲜果品为主的水土保持兼用林，建成生态经济型防护林体系；在东北、华北平原农区，以改善农业生产条件为重点，坚持建设、改造、提高相结合，建成网带片相结合的高效农业防护林体系。

（九）加快重点区域治理。集中力量抓好科尔沁沙地、毛乌素沙地、呼伦贝尔沙地、新疆绿洲外围和河西走廊的防沙治沙。加大黄河流域、辽河流域、松花江嫩江流域、石羊河流域、黑河流域、塔里木河流域等重点地区的水土流失治理和湿地保护力度。强化阴山—狼山沿线、阿拉善高原、祁连山地区、柴达木盆地、准噶尔盆地等江河源头和风沙源的治理措施，依法划定封禁保护区，从源头上控制风沙和水土流失危害。

四、强化科学营造和依法管护

（十）优化营造林结构。要因地制宜，科学配置林种树种，不断提高工程建设成效，建立以森林植被为主体、林草结合的生态系统。实行乔灌草结合，在干旱地区以灌草为主；实行封育、飞播和人工造林结合，加大封山（沙）育林育草比重；实行多林种结合，发展生态经济兼用林；实行多树种结合，以乡土树种为主，营造混交林。加强森林经营，加大中幼林抚育力度，有计划地开展农田防护林和低效林更新改造。加强森林防火和林业有害生物防治，提高森林健康水平。

（十一）加大科技推广和服务力度。工程建设要安排一定比例资金用于科技支撑。针对工程建设难点和重点，加强防护林技术研发和集成，开展干旱沙地、瘠薄丘陵等困难立地植被建设技术的集成创新，突破技术瓶颈。加大先进适用技术和治理模式的示范推广力度，工程建设要与林业技术推广同步设计、同步实施、同步验收。全方位开展规划设计、技术指导、科技培训等服务，加强种苗基础设施建设，提高良种壮苗使用率，保证工程建设质量。

（十二）加强保护和利用管理。坚持依法治林，严厉打击乱砍滥伐、乱捕滥猎、毁林开垦、非法占用林地等违法行为，巩固工程建设成果。在有效保护森林资源和生态环境基础上，积极开展林药间作和林草间作，营造特色林果基地、灌草饲料林基地、能源林基地，发展林下经济和花卉、森林旅游等优势特色产业，加快推进农业生产方式转变，增加农牧民收入。

（十三）科学开展工程效益监测和评价。充分运用现代科技手段，建立三北工程区森林资源和建设情况动态监测与效益评价系统。国务院林业主管部门要定期组织对工程区森林资源状况和工程建设情况进行监测和评价，及时公布评价结果，作为考核各地工程建设情况和安排投资的依据。县级以上地方人民政府林业主管部门负责开展本区域森林资源和工程建设效益监测评价工作，根据监测和评价结果，充实和完善建设内容，改进和强化管理措施。

五、加大政策扶持力度

（十四）完善投入机制。加大工程建设投资规模，完善投资标准和投资结构,建立政府投入、社会参与的多元化长效投入机制。逐步加大中央投入力度,重点保证并优先安排重点治理项目建设。积极探索直接收购各种社会主体营造的非国有公益林。有关地方各级政府对三北工程建设要给予支持和投资保障,将森林防火、林业有害生物防治等方面的基础设施纳入各级政府基本建设规划。各有关部门在实施农业综合开发、农田水利基本建设、小流域综合治理、绿色通道建设和国土资源整治等项目时,要统筹考虑防护林建设。鼓励社会投资、捐赠赞助、森林认养和冠名、国际合作等形式,投入工程建设。

(十五)创新建设机制。建立宏观调控和市场配置相结合的充满活力、协调有序、互为补充的建设机制。充分发挥国家在政策法规、组织管理、协调服务、规划设计、督导检查等方面的主导作用。积极推进集体林权制度改革,赋予农民更加充分而有保障的林地承包经营权,依法登记核发林权证,保持土地承包关系长期稳定,放活经营权,落实处置权,保障收益权,激活发展动力,充分发挥农民群众在造林、经营、管护等工程建设各环节的主体作用。充分发挥专业造林队伍在标准化、规模化、集约化、规范化建设方面的骨干作用,重点建设项目逐步推行专业化造林。充分发挥社会的推动作用,采取入股、合作、承包等形式,鼓励、吸引不同经济成分依法参加防护林建设。

(十六)建立金融扶持机制。加大政策性金融对沙产业开发、山区综合开发、林业资源开发等经营活动的中长期信贷支持,林业贷款期限最长可为10年。多方面拓宽林业融资渠道,探索开发适合林业特点的信贷产品和服务方式,拓宽林业信贷担保物范围,推进林业信贷担保方式创新。金融机构要在防范风险的前提下,加大对林农小额信贷和联保贷款的扶持力度,林权抵押贷款利率一般应低于信用贷款利率;小额林农贷款,借款人实际承担利率原则上不超过人民银行规定的同期限贷款基准利率的1.3倍。

(十七)落实生态补偿机制。按照森林分类经营的原则,工程建设区营造的生态公益林,符合条件的,分别纳入中央和地方森林生态效益补偿范围。严格治理责任,在工程建设区从事矿产资源开发和利用活动的经济主体,要负责进行生态的修复和建设。

六、切实加强组织领导

(十八)加强对工程建设的组织领导。有关地方各级人民政府要把三北工程建设纳入重要议事日程,实行行政领导负责制。各有关部门要按照职能分工,各负其责,加强协调,密切配合,齐心协力搞好工程建设。有关各级林业主管部门要强化组织管理、监督指导、协调服务,加强队伍建设,制定完善工程建设标准、管理办法和技术规程,依法推进工程建设。积极开展国际合作与交流。

(十九)动员社会力量参与工程建设。大力宣传三北工程在改善生态环境、建设生态文明、构建和谐社会中的重要作用,提高全社会的生态环保意识。充分发挥人民解放军、武警部队、民兵以及工会、共青团、妇联和其他社会团体在三北工程建设中的重要作用,调动各方面积极性,形成三北工程建设的强大合力。

国务院办公厅

2009年8月15日

中国—东盟签署自贸区《投资协议》签署

第八次中国—东盟经贸部长(10 + 1)会议在泰国首都曼谷举行,中国商务部长陈德铭与东盟10国经贸部长共同签署了中国—东盟自由贸易区《投资协议》。拥有19亿人口和6万亿美元国内生产总值的中国—东盟自贸区将是由发展中国家组成的世界上最大的自贸区。

陈德铭在会上表示,中国—东盟自贸区建设有力地推动了双边贸易投资和经济合作。2003年至2007年,双边贸易额年均增长超过30%。他高度评价中国—东盟自贸区《投资协议》,指出这标志着各方已成功完成自贸区的主要谈判任务,确保中国—东盟自贸区将于2010年全面建成。

东盟秘书处副秘书长纳丹表示,东盟—中国自贸区建成必将惠及东盟和中国双方,而此次签署的《投资协议》是增加双向投资的"催化剂"。

《投资协议》致力于在中国—东盟自贸区下建立一个自由、便利、透明及公平的投资体制。协议包括27项条款,通过双方相互给予投资者国民待遇、最惠国待遇和投资公平公正待遇,提高投资相关法律、法规的透明度,为双方创造更为有利的投资条件和良好的投资环境,并为双方的投资者提供充分的法律保护,从而进一步促进双方投资便利化和逐步自由化。

中国与东盟经贸部长当天发布联合声明表示,协议的签署向外界发出了一个"积极的信号",在当前国际金融危机的背景下,这充分显示了中国和东盟各国携手抗击国际金融危机、推进贸易投资自由化、反对贸易投资保护主义、共克时艰和互利共赢的决心,将把中国—东盟战略伙伴关系提升到一个更高水平,也将为地区和全球经济的复苏与发展作出积极贡献。对于中国向东盟国家提供150亿美元信贷和建立中国—东盟投资合作基金,东盟各国经贸部长表示欢迎。

在第八次"10 + 1"经贸部长会议上,各国部长回顾了《中国—东盟全面经济合作框架协议》实施情况,讨论并通过了中国—东盟贸易谈判委员会提交的报告,充分肯定中国—东盟自贸区在国际金融危机背景下对双边贸易的促进作用,同意加快服务贸易协议第二批市场准入承诺谈判。各方还就中国—东盟知识产权合作谅解备忘录、中国—东盟关于技术法规、标准和合格评定程序谅解备忘录、中国—东盟博览会、中国对东盟150亿美元信贷和中国—东盟投资合作基金等议题交换意见。

当天,第十二次东盟—中日韩(10+3)经贸部长会议也在曼谷举行,与会部长回顾了落实第二份《东亚合作联合声明》及其《工作计划》的最新进展,讨论了东亚商务理事会提交的报告和东亚自贸区专家组第二阶段研究报告,并对"10+3"经贸合作的未来进行了广泛的探讨。

出席此次会议的陈德铭表示,在当前国际金融危机背景下,加强东亚区域经济合作,对增强本地区经济竞争力、实现东亚经济持续稳定发展有着尤为重要的意义。"10+3"各国加强经贸合作,符合各方根本利益,有助于促进贸易、投资和各国经济发展,有利于本地区经济再次走上快速发展轨道。中国高度重视与"10+3"成员的经贸合作,愿意在"平等协商、互利共赢、循序渐进、开放包容"的原则基础上,积极参与和推动东亚区域经济合作,为区域经济发展和东亚各国的共同繁荣作出贡献。

当日,陈德铭还在曼谷出席了东盟—中国、日本、韩国、澳大利亚、新西兰、印度(10+6)经贸部长非正式午餐会。与会部长就东亚全面经济伙伴关系协定(CEPEA)等议题交换了意见。

陈纳德将军铜像在贵州黄平揭幕

时值抗日战争胜利64周年之际,支援中国抗日战争的美国空军将领——"飞虎队"司令陈纳德将军铜像在贵州省黄平县揭幕。贵州省原省长王朝文和全国政协常委、陈纳德雕塑作者袁熙坤等出席揭幕仪式。

8月16日

《求是》杂志发表温家宝重要文章《高度重视林业的改革和发展》(摘要)

文章指出,我国林业正在进行一场史无前例的集体林权制度改革。这场改革是农民的创造,是基层的经验,它同土地家庭承包经营一样,具有重要而深远的历史意义。集体林权制度改革是农村生产关系的一次重大变革,也是农村生产力的又一次大解放。这场改革在国家经济建设特别是在农业发展中,在农民增收致富中,在改善生态、应对气候变化中,都将会产生无可比拟的巨大作用。我们要坚决贯彻党中央、国务院发布的《关于全面推进集体林权制度改革的意见》,毫不动摇。一要明晰产权,切实给予农民平等的集体林地承包经营权;二要放活经营,切实让农民在林地经营中得到实惠;三要加强扶持,切实给农民提供良好的政策环境;四要搞好服务,切实为农民提供便捷的技术、信息、林地承包经营权流转等服务。

文章强调,我国林业的发展,要坚持以生态建设为主的可持续发展道路。促进林业发展的方针,一要全国动员,全民动手,全社会办林业;二要大力推进林业重点工程建设;三要全面加强林业基础设施建设,改善林区生产生活条件;四要大力发展林业产业,把兴林和富民紧密结合起来。

全国电力工作会议在江西井冈山召开

第十一届全国运动会火炬传递活动点火起跑仪式在北京举行

第十届全国中学生运动会在长沙开幕

在开幕式上,"恰同学少年"、"律动——青春的脚步"、"梦想——青春的天空"、"燃烧——青春的激情"、"放飞希望"5个篇章的大型文体表演,体现着当代中学生的风采。本届全国中学生运动会是继我国2008年成功举办北京奥运会后,举办的首个全国综合性学生体育运动会,也是我国中学生运动会历史上竞赛项目和参赛学生最多的一届运动会。

本届运动会共设田径、游泳、篮球、排球、足球、乒乓球、武术、健美操8个比赛项目,其中健美操第一次进入中运会。各省、自治区、直辖市和新疆生产建设兵团,以及香港、澳门特别行政区都派出了代表团参加,参赛运动员达到2790人。本届运动会由教育部、国家体育总局、共青团中央主办,长沙市人民政府承办,中国中学生体育协会协办。

中国选手林丹获得在印度海得拉巴举行的2009世界羽毛球锦标赛男子单打冠军并成为首位夺得世锦赛三连冠的男单选手

中国乒乓球选手包揽在天津举行的乒乓球中国公开赛四项冠军

本次比赛中,中国队的运动员一路过关斩将,表现出不俗实力。王皓、刘诗雯分获男、女单打冠军,郝帅/李平和丁宁/刘诗雯分获男、女双打冠军。

中国人首次成功完成无动力帆船环球航海

16日,被誉为"中国环球航海第一人"的航海家翟墨,驾驶“日照”号无动力帆船返回出发地日照,为其环球航海画上一个圆满的句号。

翟墨2007年1月6日单人驾驶“日照”号无动力帆船开始环球之旅。“日照”号起航后,沿黄海、东海、南海出境,过雅加达、马达加斯加、好望角、巴拿马,穿越莫桑比克海峡、加勒比海等海域,横跨印度洋、大西洋、太平洋,途经40多个国家和地区,历时近两年,航程33467海里,于2008年12月12日抵达南中国海。2009年2月12日,翟墨驾“日照”号抵达三亚,经过维修调整后,踏上归航母港之旅。

南水北调中线移民搬迁正式启动

河南省南水北调丹江口库区试点移民搬迁正式启动,首批移民告别库区,搬到漂亮的新家园。河南省试点移民涉及淅川县8个乡镇、1.06万人,目前12个移民安置点房屋主体工程已经完成。

8月17日

全国人大常委会委员长吴邦国在人民大会堂会见克罗地亚议长卢卡·贝比奇

吴邦国说,中克建交17年来,双边关系持续稳步发展,两国高层交往频繁,政治互信加深,经贸合作富有成效,文化、科技、教育等领域交流日益活跃,在国际和地区重大问题上保持了良好的沟通和配合。他表示,中方高度重视发展中克关系,视克罗地亚为中国在东南欧地区值得信赖的好朋友、好伙伴,愿与克方一道,共同推进各领域的交流与合作,开创两国关系更加美好的未来。

吴邦国说,中克全面合作伙伴关系的发展离不开两国议会的交往。中国全国人大希望通过议长阁下的来访,进一步加强同克罗地亚议会的友好关系,深化专门委员会、友好小组和办事机构间的交流,密切在国际和地区议会组织中的配合,为增进两国人民的了解和友谊、巩固双边关系的政治和社会基础作出新贡献。

贝比奇说,中国是克罗地亚伟大的朋友,为中国不断取得的发展成就感到由衷高兴,认为中国积极应对国际金融危机,保持经济平稳较快发展是对世界和平与发展事业又一重大贡献。希望双方在经贸、旅游、基础设施建设等领域开展更加密切的合作,欢迎中国企业赴克罗地亚投资兴业。克罗地亚议会愿与中国全国人大共同努力,为克中全面合作伙伴关系发展发挥更大的作用。

全国人大常委会第二十八次委员长会议在人民大会堂召开

会议由全国人大常委会委员长吴邦国主持,会议决定十一届全国人大常委会第十次会议8月24日至27日在北京举行。

委员长会议建议十一届全国人大常委会第十次会议继续审议人民武装警察法草案、全国人大常委会关于修改部分法律的决定草案、行政强制法草案,首次审议可再生能源法修正案草案。

委员长会议建议本次常委会会议的议程还有:审议国务院关于今年以来国民经济和社会发展计划执行情况的报告,关于转变发展方式、调整经济结构情况的报告,关于应对气候变化工作情况的报告;审议全国人大常委会关于积极应对气候变化的决议草案、全国人大常委会执法检查组关于检查畜牧法实施情况的报告、全国人大常委会代表资格审查委员会关于个别代表的代表资格的报告;审议有关任免案等。

委员长会议上,全国人大常委会副委员长兼秘书长李建国就本次常委会会议议程草案、日程安排意见作了汇报。全国人大有关专门委员会、全国人大常委会代表资格审查委员会负责人就本次常委会会议相关议程作了汇报。

全国人大常委会副委员长王兆国、路甬祥、韩启德、华建敏、陈至立、周铁农、司马义·铁力瓦尔地、蒋树声、陈昌智、严隽琪、桑国卫出席会议。

国务院总理温家宝在北京主持振兴东北地区等老工业基地领导小组会议

国务院总理、国务院振兴东北地区等老工业基地领导小组组长温家宝主持召开领导小组会议,讨论并原则通过《关于进一步实施东北地区等老工业基地振兴战略的若干意见》。

国务院副总理、领导小组副组长李克强出席会议。

会议认为,五年多来,振兴东北地区等老工业基地取得了重要的阶段性成果。以国有企业改革为重点的体制机制创新取得重大突破,多种所有制经济蓬勃发展,经济结构进一步优化,自主创新能力显著提升,对外开放水平明显提高,基础设施条件得到改善,重点民生问题逐步解决,城乡面貌发生很大变化。实践证明,中央实施东北地区等老工业基地振兴战略的决策是及时的、正确的。但也要清醒看到,东北地区等老工业基地体制性、结构性矛盾有待进一步解决,已经取得的成果有待进一步巩固,加快发展的巨大潜力有待进一步发挥。

会议指出,在当前形势下,认真总结实践经验,进一步充实工作内涵,及时制定新的政策措施,既是应对国际金融危机、促进经济平稳较快发展的需要,也是推进东北地区等老工业基地全面振兴的需要。东北地区等老工业基地要坚定不移地贯彻落实中央关于应对国际金融危机的方针政策和一揽子计划，努力实现新的跨越，加快形成具有独特优势和竞争力的新的增长极，为全国经济发展作出更大贡献。为此，要着重抓好以下工作。

（一）优化经济结构，建立现代产业体系。进一步打破地区、行业、所有制界限，优化资源配置，推进兼并重组，淘汰落后产能，防止重复建设。推动装备制造、钢铁、石化、汽车等传统优势产业结构调整。积极培育新兴潜力型产业。扶持重点产业集聚区加快发展。研究制定物流业、旅游业发展专项规划，推进文化产业、软件和服务外包、金融业发展。

（二）推进企业技术进步，全面提升自主创新能力。充分挖掘人才优势，建立鼓励自主创新的体制机制，重点突破一批核心技术和关键共性技术，提高集成创新和引进消化吸收再创新能力。通过东北地区等老工业基地调整改造专项，支持企业技术改造和技术进步。加快设立装备制造产业投资基金。继续组织实施振兴东北老工业基地高技术产业发展专项。

（三）加快发展现代农业，不断巩固和发展农业基础地位。要围绕提高土地产出率、资源利用率和劳动生产率，抓紧研究制定加快东北地区现代农业发展的政策措施，加强东北粮食生产、运输和仓储能力建设，形成稳固的国家粮食战略基地。目前，东北和内蒙古部分地区干旱严重，要加大抗旱救灾工作力度，千方百计争取全年粮食的好收成。

（四）加强基础设施建设，为东北地区全面振兴创造条件。重点推进一批能源、交通、水利项目建设。加快客运专线、煤运专线、沿海疏港等铁路建设。加大对黑龙江、吉林和蒙东地区高速公路和"村村通"公路投资力度。统筹抓好干线和支线机场建设。开工建设一批骨干枢纽和重点水源工程。支持发展东北高寒地区热电联产项目，加快城市集中供热管网改造。进一步加强农村基础设施建设。

（五）积极推进资源型城市转型，促进可持续发展。组织实施好资源型城市吸纳就业、资源综合利用和发展接续替代产业专项。出台资源型城市可持续发展准备金制度。抓紧研究制定资源型城市接续替代产业发展规划和《资源型城市可持续发展条例》。

（六）切实保护好生态环境，大力发展绿色经济。继续实施天然林保护、退耕还林、天然草场恢复和保护、黑土区水土流失综合防治等生态工程建设。深入推进集体林权制度改革，加快发展以生态为主导的林业。开发和应用低碳技术，大力推进节能减排，积极发展循环经济。推动城市垃圾分类处理、清洁燃烧，加强大气和水体污染治理，抓好以辽河、松花江为重点的河流治理。

（七）着力解决民生问题，加快推进社会事业发展。千方百计扩大就业，重点做好大学生和"零就业"家庭就业工作。加快完善覆盖城乡的社会保障体系建设，逐步提高保障待遇和水平。积极推进医药卫生体制改革，加强公共卫生和基层医疗卫生服务体系建设。加大城镇廉租房、经济适用房建设规模和城市棚户区、国有林区棚户区、国有垦区危房、农村危房、危旧校舍改造力度。加快教育改革发展，加强职业教育实训基地、职业教育基础能力建设。

（八）深化省区协作，推动区域经济一体化发展。落实好《东北地区振兴规划》。加快推进东北三省与蒙东地区产业对接和合理分工。加强跨省区产业布局、重大基础设施项目建设与区域发展重大问题的协商协调。

（九）继续深化改革开放，增强经济社会发展活力。继续搞好国有企业改革改制，妥善安排职工生活，防止国有资产流失。大力发展非公有制经济和中小企业，着力解决融资难等问题。加快推进厂办大集体改革试点工作。全面提升东北地区对外开放水平，组织实施好《辽宁沿海经济带发展规划》，抓紧编制图们江区域开发开放规划。抓紧建设好绥芬河综合保税区。开展货物贸易人民币结算试点。

会议要求，国务院振兴东北地区等老工业基地领导小组各成员单位要结合实际，按照职能分工要求，切实落实好各项任务，研究解决重大问题，推动东北地区等老工业基地早日实现全面振兴目标。

国务院振兴东北地区等老工业基地领导小组成员，辽宁、吉林、黑龙江、内蒙古四省（区）政府主要领导同志出席了会议。

国务院总理温家宝签署第559号令公布《规划环境影响评价条例》

《规划环境影响评价条例》已经2009年8月12日国务院第76次常务会议通过，现予公布，自2009年10月1日起施行。

总理 温家宝

2009年8月17日

规划环境影响评价条例

第一章 总 则

第一条 为了加强对规划的环境影响评价工作，提高规划的科学性，从源头预防环境污染和生态破坏，促进经济、社会和环境的全面协调可持续发展，根据《中华人民共和国环境影响评价法》，制定本条例。

第二条 国务院有关部门、设区的市级以上地方人民政府及其有关部门，对其组织编制的土地利用的有关规划和区域、流域、海域的建设、开发利用规划（以下称综合性规划),以及工业、农业、畜牧业、林业、能源、水利、交通、城市建设、旅游、自然资源开发的有关专项规划(以下称专项规划),应当进行环境影响评价。

依照本条第一款规定应当进行环境影响评价的规划的具体范围,由国务院环境保护主管部门会同国务院有关部门拟订,报国务院批准后执行。

第三条　对规划进行环境影响评价,应当遵循客观、公开、公正的原则。

第四条　国家建立规划环境影响评价信息共享制度。

县级以上人民政府及其有关部门应当对规划环境影响评价所需资料实行信息共享。

第五条　规划环境影响评价所需的费用应当按照预算管理的规定纳入财政预算,严格支出管理,接受审计监督。

第六条　任何单位和个人对违反本条例规定的行为或者对规划实施过程中产生的重大不良环境影响,有权向规划审批机关、规划编制机关或者环境保护主管部门举报。有关部门接到举报后,应当依法调查处理。

第二章　评　价

第七条　规划编制机关应当在规划编制过程中对规划组织进行环境影响评价。

第八条　对规划进行环境影响评价,应当分析、预测和评估以下内容:

(一)规划实施可能对相关区域、流域、海域生态系统产生的整体影响;

(二)规划实施可能对环境和人群健康产生的长远影响;

(三)规划实施的经济效益、社会效益与环境效益之间以及当前利益与长远利益之间的关系。

第九条　对规划进行环境影响评价,应当遵守有关环境保护标准以及环境影响评价技术导则和技术规范。

规划环境影响评价技术导则由国务院环境保护主管部门会同国务院有关部门制定;规划环境影响评价技术规范由国务院有关部门根据规划环境影响评价技术导则制定,并抄送国务院环境保护主管部门备案。

第十条　编制综合性规划,应当根据规划实施后可能对环境造成的影响,编写环境影响篇章或者说明。

编制专项规划,应当在规划草案报送审批前编制环境影响报告书。编制专项规划中的指导性规划,应当依照本条第一款规定编写环境影响篇章或者说明。

本条第二款所称指导性规划是指以发展战略为主要内容的专项规划。

第十一条　环境影响篇章或者说明应当包括下列内容:

(一)规划实施对环境可能造成影响的分析、预测和评估。主要包括资源环境承载能力分析、不良环境影响的分析和预测以及与相关规划的环境协调性分析;

(二)预防或者减轻不良环境影响的对策和措施。主要包括预防或者减轻不良环境影响的政策、管理或者技术等措施。

环境影响报告书除包括上述内容外,还应当包括环境影响评价结论。主要包括规划草案的环境合理性和可行性,预防或者减轻不良环境影响的对策和措施的合理性和有效性,以及规划草案的调整建议。

第十二条　环境影响篇章或者说明、环境影响报告书(以下称环境影响评价文件),由规划编制机关编制或者组织规划环境影响评价技术机构编制。规划编制机关应当对环境影响评价文件的质量负责。

第十三条　规划编制机关对可能造成不良环境影响并直接涉及公众环境权益的专项规划,应当在规划草案报送审批前,采取调查问卷、座谈会、论证会、听证会等形式,公开征求有关单位、专家和公众对环境影响报告书的意见。但是,依法需要保密的除外。

有关单位、专家和公众的意见与环境影响评价结论有重大分歧的,规划编制机关应当采取论证会、听证会等形式进一步论证。

规划编制机关应当在报送审查的环境影响报告书中附具对公众意见采纳与不采纳情况及其理由的说明。

第十四条　对已经批准的规划在实施范围、适用期限、规模、结构和布局等方面进行重大调整或者修订的,规划编制机关应当依照本条例的规定重新或者补充进行环境影响评价。

第三章　审　查

第十五条　规划编制机关在报送审批综合性规划草案和专项规划中的指导性规划草案时,应当将环境影响篇章或者说明作为规划草案的组成部分一并报送规划审批机关。未编写环境影响篇章或者说明的,规划审批机关应当要求其补充;未补充的,规划审批机关不予审批。

第十六条　规划编制机关在报送审批专项规划草案时,应当将环境影响报告书一并附送规划审批机关审查;未附送环境影响报告书的,规划审批机关应当要求其补充;未补充的,规划审批机关不予审批。

第十七条　设区的市级以上人民政府审批的专项规划,在审批前由其环境保护主管部门召集有关部门代表和专家组成审查小组,对环境影响报告书进行审查。审查小组应当提交书面审查意见。

省级以上人民政府有关部门审批的专项规划，其环境影响报告书的审查办法，由国务院环境保护主管部门会同国务院有关部门制定。

第十八条 审查小组的专家应当从依法设立的专家库内相关专业的专家名单中随机抽取。但是，参与环境影响报告书编制的专家，不得作为该环境影响报告书审查小组的成员。

审查小组中专家人数不得少于审查小组总人数的二分之一；少于二分之一的，审查小组的审查意见无效。

第十九条 审查小组的成员应当客观、公正、独立地对环境影响报告书提出书面审查意见，规划审批机关、规划编制机关、审查小组的召集部门不得干预。

审查意见应当包括下列内容：

(一)基础资料、数据的真实性；

(二)评价方法的适当性；

(三)环境影响分析、预测和评估的可靠性；

(四)预防或者减轻不良环境影响的对策和措施的合理性和有效性；

(五)公众意见采纳与不采纳情况及其理由的说明的合理性；

(六)环境影响评价结论的科学性。

审查意见应当经审查小组四分之三以上成员签字同意。审查小组成员有不同意见的，应当如实记录和反映。

第二十条 有下列情形之一的，审查小组应当提出对环境影响报告书进行修改并重新审查的意见：

(一)基础资料、数据失实的；

(二)评价方法选择不当的；

(三)对不良环境影响的分析、预测和评估不准确、不深入，需要进一步论证的；

(四)预防或者减轻不良环境影响的对策和措施存在严重缺陷的；

(五)环境影响评价结论不明确、不合理或者错误的；

(六)未附具对公众意见采纳与不采纳情况及其理由的说明，或者不采纳公众意见的理由明显不合理的；

(七)内容存在其他重大缺陷或者遗漏的。

第二十一条 有下列情形之一的，审查小组应当提出不予通过环境影响报告书的意见：

(一)依据现有知识水平和技术条件，对规划实施可能产生的不良环境影响的程度或者范围不能作出科学判断的；

(二)规划实施可能造成重大不良环境影响，并且无法提出切实可行的预防或者减轻对策和措施的。

第二十二条 规划审批机关在审批专项规划草案时，应当将环境影响报告书结论以及审查意见作为决策的重要依据。

规划审批机关对环境影响报告书结论以及审查意见不予采纳的，应当逐项就不予采纳的理由作出书面说明，并存档备查。有关单位、专家和公众可以申请查阅；但是，依法需要保密的除外。

第二十三条 已经进行环境影响评价的规划包含具体建设项目的，规划的环境影响评价结论应当作为建设项目环境影响评价的重要依据，建设项目环境影响评价的内容可以根据规划环境影响评价的分析论证情况予以简化。

第四章 跟踪评价

第二十四条 对环境有重大影响的规划实施后，规划编制机关应当及时组织规划环境影响的跟踪评价，将评价结果报告规划审批机关，并通报环境保护等有关部门。

第二十五条 规划环境影响的跟踪评价应当包括下列内容：

(一)规划实施后实际产生的环境影响与环境影响评价文件预测可能产生的环境影响之间的比较分析和评估；

(二)规划实施中所采取的预防或者减轻不良环境影响的对策和措施有效性的分析和评估；

(三)公众对规划实施所产生的环境影响的意见；

(四)跟踪评价的结论。

第二十六条 规划编制机关对规划环境影响进行跟踪评价，应当采取调查问卷、现场走访、座谈会等形式征求有关单位、专家和公众的意见。

第二十七条 规划实施过程中产生重大不良环境影响的，规划编制机关应当及时提出改进措施，向规划审批机关报告，并通报环境保护等有关部门。

第二十八条 环境保护主管部门发现规划实施过程中产生重大不良环境影响的，应当及时进行核查。经核查属实的，向规划审批机关提出采取改进措施或者修订规划的建议。

第二十九条 规划审批机关在接到规划编制机关的报告或者环境保护主管部门的建议后，应当及时组织论证，并根据论证结果采取改进措施或者对规划进行修订。

第三十条 规划实施区域的重点污染物排放总量超过国家或者地方规定的总量控制指标的，应当暂停审批该规划实施区域内新增该重点污染物排放总量的建设项目的环境影响评价文件。

第五章 法律责任

第三十一条 规划编制机关在组织环境影响评价时弄虚作假或者有失职行为，造成环境影响评价严重失实的，对直接负责的主管人员和其他直接责任人员，依法给予处分。

第三十二条 规划审批机关有下列行为之一的，对直接负责的主管人员和其他直接责任人员，依法给予处分：

（一）对依法应当编写而未编写环境影响篇章或者说明的综合性规划草案和专项规划中的指导性规划草案，予以批准的；

（二）对依法应当附送而未附送环境影响报告书的专项规划草案，或者对环境影响报告书未经审查小组审查的专项规划草案，予以批准的。

第三十三条 审查小组的召集部门在组织环境影响报告书审查时弄虚作假或者滥用职权，造成环境影响评价严重失实的，对直接负责的主管人员和其他直接责任人员，依法给予处分。

审查小组的专家在环境影响报告书审查中弄虚作假或者有失职行为，造成环境影响评价严重失实的，由设立专家库的环境保护主管部门取消其入选专家库的资格并予以公告；审查小组的部门代表有上述行为的，依法给予处分。

第三十四条 规划环境影响评价技术机构弄虚作假或者有失职行为，造成环境影响评价文件严重失实的，由国务院环境保护主管部门予以通报，处所收费用1倍以上3倍以下的罚款；构成犯罪的，依法追究刑事责任。

第六章 附 则

第三十五条 省、自治区、直辖市人民政府可以根据本地的实际情况，要求本行政区域内的县级人民政府对其组织编制的规划进行环境影响评价。具体办法由省、自治区、直辖市参照《中华人民共和国环境影响评价法》和本条例的规定制定。

第三十六条 本条例自2009年10月1日起施行。

国家副主席习近平在北京会见全国国有企业党建工作会议代表

习近平在会见时强调，加强和改进新形势下国有企业党的建设，要坚持解放思想、实事求是、与时俱进，主动适应深化公司制股份制改革和建立现代企业制度的新要求，主动适应参与国际化竞争和扩大对外开放的新特点，主动适应企业党员职工队伍思想观念和利益诉求发生的新变化，不断提高国有企业党建工作水平，为实现国有企业科学发展提供有力保证。

习近平指出，国有企业作为第二批学习实践科学发展观活动的参加单位，前一段的学习实践活动进展顺利、扎实有效，有力地推动了企业的科学发展。下一步，要继续抓好整改落实后续工作，把巩固和发展学习实践活动成果作为国有企业党建工作一项重要任务来抓，特别要在建立、健全长效机制上多下功夫，努力把企业党组织建设成为贯彻落实科学发展观的坚强战斗堡垒。

会议由中共中组部和国务院国资委共同举办。各省区市和新疆生产建设兵团党委组织部负责人，省区市国资委负责人，中央企业主要负责人参加了会议。

国务院副总理李克强考察中国地质科学院并与部分院士座谈

在中国地质科学院，李克强仔细考察了北京离子探针实验室和大陆动力学实验室，饶有兴趣地观看了地质工作一些成果展示。

考察中，李克强不时与现场科技人员交谈，关切了解他们的工作和生活情况。他说，地质是一项科技密集程度很高的事业，我国地质勘查方兴未艾、大有可为，地质战线科技人员是国家的宝贵财富。各级政府和社会各方面要为地质工作者提供更加便利的生活生产与科研条件，为地质事业发展创造更加有利的环境。地质科学工作者要发扬光荣传统，推进自主创新，加大研发力度，探索地球奥秘，努力取得一流科技成果。各方面共同努力，不断开创我国地质勘查和资源开发利用新局面。

在与李廷栋、陈毓川、许志琴、赵文津等院士们座谈时，李克强在座谈中强调，在我们这样一个有着十几亿人口的发展中大国里解决能源资源问题，需要充分利用国际国内两个市场、两种资源，但必须坚持立足国内，增强国内能源资源的保障能力。这就需要进一步加强地质勘查，努力实现重要资源找矿的重大突破。我国地域辽阔，地质成矿条件较好，但由于地质工作程度较低，资源开发利用的潜力还没有充分挖掘出来。只要下定决心，加大投入，超前谋划，科学部署，深入持久地加以推进，就有可能取得重大进展。要突出重点区块和重点矿种，抓紧组织实施新一轮找矿计划，增加一批重要矿产资源储量，使我国资源安全保障有较大幅度提高。

国务院副总理回良玉在辽宁 内蒙古 吉林的受旱严重地区考察

8月17日至18日，国务院副总理、国家防汛抗旱总指挥部总指挥回良玉先后来到辽宁省朝阳县、义县，内蒙古乌兰浩特市，吉林省松原市、白城市等地考察。回良玉走进田间地头仔细查看大田作物受旱情况，深入农户家庭详细了解人畜饮水困难和抗旱服务队打井、供水情况。他鼓励受灾农户积极开展生产自救，粮食损失经济作物补，种植业损失养殖业补，农业损失非农业补,本地损失外出打工补,千方百计减轻灾害影响。

回良玉对三省区的抗旱工作给予了充分肯定。他强调,这次旱灾发生在重要粮食生产基地,又正值大田作物乳熟的关键期,对粮食和农业影响极大。各受旱地区和相关部门要把抗旱减灾放到当前工作的突出位置,加强组织领导,强化措施落实,合力抗旱减灾。一要千方百计保证灾区群众的生产生活用水,坚持先生活、后生产的原则,优先保障生活用水,加快实施饮水安全工程,尽快解决人畜饮水困难。二要加强抗旱应急水源设施建设,加强对骨干抗旱工程的管理和调度,合理调配水资源,科学开展人工增雨,大力节约用水、计划用水,提高水资源利用效率。三要搞好生产自救,努力扩大抗旱浇灌面积,全力促进农业丰收。多种形式发展生产,不失时机调整农业结构,多种途径增加农民收入。四要做好对灾区困难群众的救济工作,对困难户要及时发放救济粮款,特别是对缺粮群众要保证送粮到户,确保受灾群众有饭吃、有洁净的水喝,确保灾区社会稳定。五要努力建设抗旱长效机制,努力改善农业灌溉条件,大力发展节水农业、旱作农业、设施农业,加快制定和实施抗旱规划,完善抗旱预案,加强抗旱服务组织建设,全面提高抗旱减灾能力。

公安部部长孟建柱在全国公安机关做好新中国成立60周年安保工作电视电话会议上强调要全力以赴做好国庆60周年安保工作

孟建柱指出,全力做好新中国成立60周年大庆安保工作,维护国家安全和社会稳定,是党和人民赋予公安机关的重大政治责任,必须充分认识做好国庆安保工作的极端重要性,扎扎实实做好维护稳定的各项工作。要严密防范、严厉打击境内外敌对势力的捣乱破坏活动,坚决维护国家安全和社会政治稳定。要坚持把反恐斗争置于突出的位置,落实反恐防范措施,做好反恐应急准备,坚决把暴力恐怖活动摧毁在行动之前。

孟建柱要求,要坚持把人民群众安全感和满意度作为检验和衡量公安工作的根本标准,认真查找工作中存在的突出问题和薄弱环节,深入推进社会治安整治行动,大力加强社会治安防控体系建设,坚决维护社会治安大局稳定。要充分发挥专群结合的政治优势,广泛发动各种治安积极分子、治安志愿者和群防群治力量参与社会治安工作,织严织密社会面防控网络。要深入开展矛盾纠纷排查化解工作,组织民警扎实开展"大走访"活动,设身处地体谅民生疾苦,积极主动听取群众意见建议,满腔热情帮助群众解决困难,千方百计回应群众期待。

孟建柱强调,国庆安保工作的各项目标任务已经明确,关键是要抓好落实。各级公安机关要站在改革、发展、稳定的大局,进一步增强政治责任感,以昂扬的斗志、必胜的信心、过硬的作风,把国庆安保的各项措施落到实处。要进一步突出重点,坚持以面保点,以各地平安保首都平安,以各地稳定保首都稳定;要进一步严密安保措施,确保万无一失;要进一步细化职责任务,落实到每一个岗位、每一个人,确保各项工作部署落到实处,为广大人民群众欢庆新中国60华诞创造平安祥和的社会环境。

国有企业惩治和预防腐败体系建设座谈会在北京召开

中央纪委副书记何勇出席会议并讲话。

何勇指出,国有企业惩治和预防腐败体系建设是整个惩治和预防腐败体系建设的重要组成部分,是贯彻落实《建立、健全惩治和预防腐败体系2008—2012年工作规划》的重要内容,是推进国有企业改革发展的重要保证。我们一定要从政治和全局的高度,充分认识建立、健全国有企业惩治和预防腐败体系的重要性,切实增强做好工作的责任感和自觉性。

何勇要求,当前和今后一个时期,推进国有企业惩治和预防腐败体系建设,要坚持标本兼治、综合治理、惩防并举、注重预防的方针,认真落实《建立、健全惩治和预防腐败体系2008—2012年工作规划》,深化改革和创新体制,强化权力制约和监督,坚决惩治和有效预防腐败,提高反腐倡廉建设成效。要坚持与科学发展观的要求相适应、坚持与完善社会主义市场经济体制相适应、坚持与构建社会主义和谐社会相适应、坚持与加强和改进国有企业党的建设相适应。要切实加强国有企业党员领导人员党性修养和作风建设,认真落实《国有企业领导人员廉洁从业若干规定》,坚决查处国有企业违纪违法案件,积极推进国有企业制度建设和创新,切实加强对国有企业领导人员的管理和监督。

《人民日报》发表评论员文章《全力保增长 坚定谋发展》

当前经济运行积极因素不断增多,企稳向好势头日趋明显。成绩让人喜,劲头不能松。继续牢牢咬住促进经济平稳较快发展这个目标,保增长,谋发展,这要坚定不移。

强调继续全力保增长,是因为当前我国经济正处在关键时期。经济回升向好的势头还不稳定、不巩固、不平衡,经济发展的外部环境依然严峻,扩大内需面临不少困难,调整经济结构和转变发展方式的压力日益加大。这样一个关键时期的中国经济,既有上行的动力,也有下行的风险。一旦有所懈怠或在政策执行中不够坚决、出现反复，就有可能错失良机、前功尽弃。因此，我们一定要继续把促进经济平稳较快发展作为经济工作的首要任务，保持宏观经济政策的连续性和稳定性，不折不扣地落实好保增长的一揽子计划和相关政策措施。

促进经济平稳较快发展，是贯彻落实科学发展观的内在要求，是社会主义初级阶段基本国情决定的。改革开放30多年来，我国经济迅猛发展，综合国力大大提高，人民生活明显改善。但是，我国仍是一个发展中的大国，仍处于社会主义初级阶段，人口众多，总体发展水平还不够高，发展还不平衡，工业化、城市化、现代化还没有完成，全面建设小康社会任务十分艰巨。尽管我国经济总量跃居世界前列，但人均水平仍然靠后，城乡之间、地区之间发展差距较大，就业压力沉重，大量的民生问题亟待解决。科学发展观的第一要义是发展，解决中国一切问题的关键是发展，保民生、保稳定的基础是发展。贯彻落实科学发展观，必须始终坚持以经济建设为中心，聚精会神搞建设，一心一意谋发展。

保持经济平稳较快发展，就要保持一定的发展速度，避免大起大落。国际金融危机带来的最大冲击就是经济增长出现下滑态势，部分行业、企业经营困难，就业压力加大。不全力保持经济增长，多年经济平稳较快发展的进程就会被打断，更多行业、企业陷于困境，失业大量增加，人民生活水平下降。保增长不仅是一个经济问题，也是一个民生问题、政治问题。正因为如此，党中央、国务院及时果断出台了应对冲击的一揽子计划，实行积极的财政政策和适度宽松的货币政策，全国上下一心，共克时艰，才在较短时间内遏制住了经济增长下滑态势，企稳回升。当务之急就是要牢牢抓住关键期，奋力巩固好势头，确保实现全年经济增长目标。

全力保增长，并不是单纯追求速度，而是要在保增长中注重推动结构调整和发展方式转变，防止盲目重复建设和不顾条件铺新摊子；注重统筹城乡和区域协调发展，积极拓展经济发展空间；注重保障和改善民生，使城乡居民得到更多实惠。要用改革的办法解决前进中的困难，为发展注入持久动力。把保增长与调结构、促改革、惠民生有机结合起来，使增长更上层次、更有后劲、更可持续。

我们即将迎来新中国60年华诞。新中国60年的不凡历程，就是一次次战胜艰难险阻、一次次经受严峻考验的过程。知难不难，迎难而上。坚决贯彻中央的决策部署，继续全力保增长，坚定谋发展，今年的中国经济定会写下新的光辉篇章。

第二十七届国际农经大会在北京开幕

国务院副总理回良玉出席开幕式并代表中国政府致辞。

回良玉指出，当今世界农业发展既面临重大机遇，也面临严峻挑战。世界人口快速增长，农产品能源化利用加快，保障世界粮食安全特别是发展中国家食物有效供给的压力越来越大；全球气候变化加剧，耕地、水资源紧缺的矛盾越来越突出；全球一体化和贸易自由化深入发展，应对农业国际化带来的挑战，任务越来越艰巨。促进农业可持续发展，是国际社会的共同责任，也是农业经济学家的光荣使命。希望国际农经学界紧紧围绕世界农业的可持续发展进行广泛而深入的研究，为农业发展提供有力的理论和政策支撑。

国际农经大会每3年召开一次。今年恰逢国际农经学会成立80周年，中国作为国际农经学会创始会员首次举办这样的会议，由中国农业科学院和国际农经学会共同主办，中国农业经济学会、世界银行、联合国粮农组织、国际食物政策研究所等协办。此次会议的主题是“全球农业的新景观”，旨在对今后十年以及未来的农业前景作出科学评估。来自世界70个国家、地区和国际组织的1000多名代表出席了会议。

中国一年来首度较大规模减持美国国债

根据美国财政部17日公布的数据，截至6月末我国持有美国国债7764亿美元，相比较5月份8015亿美元的持有量，减少了251亿美元，减持幅度超过3%。这也是一年来我国首度较大规模减持美国国债。

商务部派代表团赴美交涉轮胎特保案

商务部副部长钟山率代表团赴美，将与美国白宫安全委员会、财政部、贸易代表办公室、商务部和国务院等部门举行会谈，就轮胎特保案与美方进行交涉和磋商，表达中国政府坚决反对特保措施的立场和关切。

商务部再度回应中美出版物市场准入案

商务部新闻发言人姚坚对中美出版物市场准入案问题进一步表态，强调中方对文化产品的管理措施，是正当合理的。

姚坚同时指出：中国的文化产品比如电影，在国际贸易中有高额逆差，竞争力还比较弱。在这种背景下，中国采取符合本国经济发展水平、历史文化传统的一些措施，是正当和合理的。

他表示，根据WTO规则，中方将继续评估专家组报告，不排除上诉的可能性。同时，中国市场仍将进一步开放。

国防部部长梁光烈在兰州军区国防动员委员会第五次全体会议上强调要适应新的形势和任务推动国防动员建设创新发展

梁光烈充分肯定了近年来兰州战区国防动员建设取得的成绩，要求各级充分认清国防动员建设在御外稳内上的特殊地位和作用，充分认清国防动员建设的时代性要求，充分认清战区国防动员建设的有利条件，进一步增强忧患意识和使命意识，努力形成与维护西北安全稳定相适应的强大动员能力。

梁光烈指出，要从实际出发，统筹好应战与应急能力建设，统筹好后备力量与其他动员领域的建设，统筹好各省(区)国防动员建设。要坚持重点建设，集中资源和力量抓好重点工作落实，带动国防动员建设整体发展。要坚持军民一体，在更大范围、更高层次、更深程度上推进军民融合式发展。要坚持改革创新，谋求国防动员建设跨越发展。

梁光烈强调，各级要充分认清与"三股势力"斗争的长期性、复杂性、艰巨性，坚持用党中央、胡主席的一系列决策指示统一思想，始终高举维护社会稳定、维护社会主义法制、维护人民群众根本利益、维护民族团结的旗帜，坚决打击"三股势力"的分裂破坏活动。国防动员系统要在地方党委、政府的统一领导下，积极参与、主动作为，为维护西北长治久安作出更大贡献。

欧美同学会·中国留学人员联谊会海外留学人员座谈会在北京召开

全国人大常委会副委员长、欧美同学会·中国留学人员联谊会会长韩启德，全国政协副主席、中央统战部部长杜青林出席开幕式。

韩启德在致辞中说，新世纪新阶段，欧美同学会·中国留学人员联谊会将和海内外留学人员组织一道，高举留学报国的爱国主义旗帜，大力弘扬留学报国的光荣传统，广泛团结和凝聚广大留学人员，宣传党和政府关于留学人员的方针政策，关心留学人员的工作、学习和生活，维护留学人员的合法权益，为留学人员回国工作牵线搭桥，积极营造留学报国、回国工作、创业、发展的良好环境。

杜青林在讲话中指出，海外留学人员是国家现代化建设的特需资源，是祖国的宝贵财富。希望广大留学人员把握机遇，进一步增强回国服务、报效祖国的使命感、责任感和紧迫感，继承优良传统，做甘于奉献的爱国者；深入了解国情，做埋头实干的创业者；勇于开拓进取，做自主创新的实践者；加强国际交流，做人类优秀文明成果的传播者。

会上，中组部副部长李智勇向与会人员作关于"国家人才引进计划"进展情况的报告。来自美、英、法等10多个国家和地区的海外留学人员与国内部分省区市留学人员团体负责人，中央有关部门负责人约110人参加会议。

8月18日

国务院总理温家宝在全国新型农村社会养老保险试点工作会议上的讲话

根据党的十七大精神和十七届三中全会的要求，今年政府工作报告宣布了要在部分县(市)进行新型农村社会养老保险的试点。国务院常务会议研究了关于试点工作的指导意见，决定从今年下半年开始进行试点工作。这不仅是一项重大的惠农政策，更是整个国家朝着促进社会公平正义、破除城乡二元结构、逐步实现基本公共服务均等化的一个重大步骤。

一、充分认识开展新型农村社会养老保险试点工作的重大意义

社会公平正义是中国特色社会主义的本质属性。我们强调要在促进科学发展的同时，努力构建和谐社会。这就必须在不断发展的基础上逐步实现社会公平与正义。改革开放以来，我们在逐步建立公共财政体制、扩大基本公共服务方面不断迈出新的步伐、取得新的成效。但总体看，由于城乡二元结构的体制还没有根本改变，因此在公共财政的覆盖范围、公共服务的提供水平等方面，城乡之间还存在明显的差距。我们的目标是，通过不断地推进改革发展，在实现有中国特色社会主义现代化的道路上，逐步缩小乃至最终消除城乡差距。在这方面，我们已经并将继续进行不懈的努力。

农村改革三十年来，我们迈出了三大步。第一步主要是实行以土地家庭承包经营为核心的农村经营体制改革，使农民获得了生产经营自主权。第二步是实行以农村税费改革为核心的国民收入分配关系改革，主要是减免并最终取消农业税，使农民负担大为减轻。第三步是实行以促进农村上层建筑变革为核心的农村综合改革，主要是改革乡镇机构、转变政府职能、加强基层政府对农村的社会管理和公共服务，推进农村义务教育和县乡财政管理体制改革。这三步改革都已取得明显成效，但都有待继续深化并不断完善制度性的成果。在国家财力逐步增强的背景下，近十年来，我们在公共财政覆盖农村方面，按照多予、少取、放活的方针，做了几件大事。一是从2000年开始进行农村税费改革，用了六年时间最终取消了农业"四税"，直接减轻农民税费负担约1250亿元，加上制止了各种摊派、集资、乱罚款等，农民实行减负总额在1600亿元左右。二是从2004年起，国家建立了对农业生产者的直

接补贴制度,即对农民的种粮直补、良种补贴、农机购置补贴、农业生产资料价格综合补贴等,从145亿元起步,今年这四项补贴总额已达到1230多亿元。三是从2006年起建立了农村义务教育经费保障机制,在农村率先实现了义务教育阶段免除学杂费、免费提供教科书、对家庭经济困难的寄宿生提供生活费补助,并提高了公用经费标准及中西部地区农村校舍维修改造的补助标准。今年安排的农村义务教育经费达到662亿元,为实现"不让一个农村孩子因家庭经济困难而失学"的目标提供了坚实的保障。四是从2003年开始逐步扩大新型农村合作医疗制度的试点范围,先从人均每年筹资30元的水平起步,逐步提高到50元、100元的水平,其中财政补贴始终占大头,今年中央财政的补贴已达到253亿元,参加新型农村合作医疗制度的人数已达8.15亿,基本实现了对农业人口的全覆盖。五是从2007年起,在全国普遍建立了农村最低生活保障制度,今年上半年有4472万多农村人口纳入了低保,平均每人每月实际领取60元。这些重大的强农惠农政策,不仅极大地保护了农民的利益,调动了农民的积极性,实现了近年来农业发展、农民增收、农村稳定的好局面,而且对促进整个经济社会的发展、实现统筹城乡协调发展具有制度创新性的重大意义。不少农民质朴地说,由于这些新制度,农民终于盼来了"种地不交税、上学不付费、看病不太贵"的好光景。当然,我们还要清醒地看到,限于当前的发展阶段和国家财力,政府对农民提供的公共服务,覆盖面还不够广、水平还比较低,必须继续加大这方面的工作力度。

开展新型农村社会养老保险试点,是我们根据经济社会发展出现新的阶段性特征和农民的期盼,进行的又一项具有重大意义的工作。自古以来,中国农民都讲养儿防老。在过去很长时间中,限于国家的财力,农民的养老保障主要也只能靠土地、家庭和集体组织解决。随着工业化、城镇化的推进,农村青壮年劳动力大量外出务工,农民的养老保障面临着一系列新情况新问题。有些地方从当地实际情况出发,已对农民的社会养老保险开展了一些局部性的试点,收到了一定的成效。但这些局部性的试点主要是在经济较发达、农村集体组织较有实力、农民收入水平相对较高的地区进行,在其他地区难以推行。而我们当前要开展的这项试点工作,是由国家财政来全额支付农民的最低标准基础养老金,这就可以使经济不发达乃至贫困地区的农民也能纳入新农保制度之中,从而使全国农村居民都有了社会养老保障。农民在实现"种地不交税、上学不付费、看病不太贵"的基础上,再加一句"养老不犯愁",从而逐步消除农民的后顾之忧、对实现农村社会的和谐稳定发挥巨大作用。

建立新型农村社会养老保险制度,有着重大的现实意义和深远的历史意义。第一,在当前应对金融危机的背景下,对亿万农民发出国家将为他们建立由财政全额支付的最低标准基础养老金这一信号,使他们老有所养。农民无后顾之忧,就会敢于消费,这对开拓农村市场、扩大国内消费需求,无疑将产生强大而持久的动力。第二,从整个国家的经济社会发展来看,建立新农保制度,就实现了城乡居民在社会养老保险方面的制度平等,随着经济发展、国力增强,就可以逐步缩小乃至最终消除城乡居民在这方面的差距,这对于改变城乡二元结构、逐步做到基本公共服务均等化,无疑是一项重要的基础性工程。第三,从农村当前的新情况来看,建立新农保制度,有利于化解农村社会中的各种矛盾。首先,它将极大地提高农村老年人的经济自立能力,从而提高他们的生活质量、增强他们对生活的自信心;其次,它减轻了子女的经济负担,在相当程度上避免了因经济利益引发的家庭矛盾,从而有利于形成敬老爱幼的风气与更为和谐的家庭关系;再次,它将有效化解一些农村集体组织无钱办事的困境,使它们能够集中有限财力更好地为老年人提供服务,从而形成文明的乡村风气与和睦的邻里、干群关系,有利于扎实推进社会主义新农村建设。

二、牢牢把握新型农村社会养老保险试点的本质特征

新农保的制度创新,最主要有两个方面:一是实行基础养老金和个人账户养老金相结合的养老待遇,国家财政全额支付最低标准基础养老金;二是实行个人缴费、集体补助、政府补贴相结合的筹资办法,地方财政对农民缴费实行补贴。新农保制度的这两个显著特点,强调了国家对农民老有所养承担的重要责任,明确了政府资金投入的原则要求,这是与老农保仅靠农民自我储蓄积累的最大区别。

国家财政支付最低标准基础养老金,是实现"保基本"目标的基础。中央财政对中西部地区最低标准基础养老金给予全额补助,对东部地区补助50%。这样,无论在发达地区还是贫困地区,无论集体经济组织有无能力补助,同一地区参保农民将来领取的基础养老金水平是相同的,体现了党和国家对广大农民的关怀,体现了新农保制度的基本性、公平性和普惠性。

地方财政对农民缴费实行补贴,是实现"广覆盖"目标的支撑。从农村当前情况看,不少地方的农村集体经济组织实际上没有多少能力对参保农民进行补助。部分农民个人缴费也有一定困难。由地方财政对所有参保农民给予缴费补贴,对农村重度残疾人等困难群体代缴部分或全部最低标准保险费,对选择较高档次标准缴费的农民给予适当鼓励,有利于调动农民

参保积极性,有利于帮助困难群众参保,也有利于增加个人账户积累。农民的个人缴费、集体经济组织的补助、其他社会组织对参保人缴费的资助,以及地方政府对参保人缴费的补贴,全部进入参保人的个人账户。个人账户养老金依据本人缴费多少和年限长短,有高有低,多缴多得、长缴多得,反映了个人收入、地区发展、集体组织实力等方面的差距,体现了权利与义务相对应的原则。

建立新农保制度,关键是中央财政和地方财政相结合的基础养老金必须到位,地方政府对农民个人缴费的补助必须到位。当前和今后一个时期,受国际金融危机的影响,国家财政遇到了很大困难。但我们必须看到,支持新农保制度建设,关系经济发展社会稳定的大局,关系广大农民的福祉,各级政府责无旁贷,宁可少上点项目、压缩其他方面的开支,也要挤出钱来把这件大事办好。

三、切实做好新型农村社会养老保险试点工作

一要坚持试点先行。建立新农保制度,是一项宏大的社会系统工程,是一项艰巨复杂的工作任务。能否顺利推进和完善这项制度,取决于农村经济社会发展水平,取决于中央和地方财政的支付能力,也取决于农民的认识和接受程度。2009年试点范围为全国10%的县(市、区、旗),以后逐步扩大试点,到2020年前基本实现全覆盖。中央决定用10年左右的时间推进这项制度,就是因为这项制度本身极为复杂,农村的情况又千差万别,必须先行试点、取得经验后再逐步推进。各地区、各部门对新农保建设的复杂性、艰巨性和长期性要有足够估计,切实加强组织领导,扎实搞好试点工作。

二要坚持农民自愿。新农保是为农民谋福利的。试点地区一定要坚持农民自觉自愿,切实把好事办好,让农民满意。为此,要注意做好两方面的工作。一方面要加强宣传,让农民充分理解参加新农保的好处。要运用通俗易懂的语言和群众易于接受的方式,对试点工作的重要意义、基本原则、各项政策进行广泛宣传,使这项重大惠农政策深入人心,使符合条件的农民在理解的基础上自觉自愿地参保缴费。对广大农民来说,新农保是一个前所未闻的新事物,要允许他们有一个理解过程。试点时,不能搞强迫命令,不能片面追求参保率。另一方面要让农民见到实实在在的利益。农民是讲实惠的,眼见为实。养老保险要到未来才受益,交了钱要到规定的年龄后才能领到养老金,这个时间差往往会使许多农民心里不踏实。对已经年满60岁的农民,只要他符合参保条件的子女参保缴费,就可以直接享受最低标准的基础养老金。这个立竿见影的做法将具有很强的说服力。

三要坚持因地制宜。试点地区的经济发展水平、集体经济实力和农民收入水平都各不相同,在个人缴费、集体补助、地方补贴、养老待遇等方面,都要从当地实际出发。目前的指导意见中,设置了参保农民每人每年缴费标准的不同档次。要让农民自主选择,不要脱离实际、盲目追求高标准。对新农保试点,中央确定基本原则和主要政策,由各地结合本地实际制订具体办法。各地要充分调研、多方论证、周密测算,提出切实可行的试点实施方案。

四要坚持发挥农村传统养老保障方式的积极作用。我们过去一直讲农村养老靠土地、子女和集体,现在有了农村社会养老保险,但传统的有效方式仍要发挥作用。这不单是个经济问题,更是个社会问题。以家庭承包经营为基础、统分结合的双层经营体制,是我国农村的基本经营制度,要长期坚持并不断完善。实行新农保后,农村土地承包关系,包括老年人的土地承包关系,也要保持稳定并长久不变。老年人的承包地可以自己经营、可以给子女经营,如子女外出务工、老年人自己无力经营的,也可以采取多种方式依法自愿有偿流转土地承包经营权,这对农村老年人也是一份稳定的财产性收入。孝敬老人是中华民族的优良传统,这在什么时候都不能丢。有了新农保,农村老人在经济上就有了最低限度的保障,但子女仍然要承担赡养老人的责任。同时,要按指导意见的规定,做好新、老农保制度之间的衔接,并妥善做好新农保制度与农村计划生育家庭奖励扶助政策、农村五保供养、农村最低生活保障制度等的配套衔接工作。

全国政协主席贾庆林在钓鱼台国宾馆会见克罗地亚议长卢卡·贝比奇

贾庆林说,中克友好交往源远流长。建交17年来,双边关系平稳发展。双方在政治、经贸、文化、科教和国际事务等领域进行了富有成效的合作,为两国和两国人民带来了实实在在的利益。中方对此表示满意。当前,国际形势继续发生复杂深刻变化,中方愿同克方携手努力,发扬两国友好传统,共同应对国际金融危机的冲击,推动中克全面合作伙伴关系迈上新台阶,为世界和平、和谐作出更大贡献。贾庆林对克罗地亚政府、议会和人民长期以来坚持一个中国政策表示赞赏。

贾庆林向客人介绍了中国全国政协的性质、职能和作用。他说,中国全国政协和克罗地亚议会在各自国家政治和社会生活中都发挥着重要作用。我们愿进一步加强同克罗地亚议会的友好交往,积极开展多层次、多渠道的合作,为推动两国关系深入发展发挥更大作用。

贝比奇说,通过此次访问,我们真切地感受到了中国人民对克罗地亚人民的深情厚谊。新中国成立60

年来,中国人民在中国共产党的领导下进行社会主义现代化建设,取得巨大成就,使中国成为世界上举足轻重的大国。作为中国的真诚朋友,我们感到由衷的高兴。积极发展对华与中国共产党的关系,是克罗地亚政府、社会各界和各政党的共识。克方高兴地看到,在双方的共同努力下,两国关系已进入持续、快速发展轨道。克罗地亚议会愿通过自身努力,为双边各领域的务实合作作出新的贡献。

国务院副总理回良玉在吉林考察

8月18日至19日,回良玉先后来到吉林省白城市、松原市、长春市,仔细查看秋粮生产状况,详细询问农民就业情况,全面了解农村工作中的困难,与干部群众共同研究探讨促进农业农村发展的政策措施。

回良玉对吉林的"三农"工作予以充分肯定。他强调,吉林的粮食生产和农业发展在全国具有重要的地位,对全局贡献很大。当前要高度重视干旱等自然灾害对粮食生产的影响,继续加大抗旱力度,深入开展农业技术服务,加强秋粮后期田间管理,加强病虫害防治,力争秋粮有个好收成。

回良玉强调,在保增长、保民生、保稳定的过程中,要高度重视加强农业基础,促进农村全面发展。一要增加投入,加强基础设施建设,夯实农田水利基础,发展现代农业,全面提高农业综合生产能力。二要加强市场调控,继续增加对农民的补贴,完善农产品最低收购价政策,保障农民基本收益。三要推进农业农村经济结构调整,提高农业效益,发展非农产业,壮大县域经济实力。四要改善农村道路、供水、用电等条件,发展农村文化、教育和卫生。五要继续深化农村改革。积极发展农业社会化服务,深入推进农村集体林权制度改革,搞好新型农村社会养老保险制度改革试点。

纪念邓小平诞辰105周年主题影展系列活动启动

在邓小平同志诞辰105周年之际,中共中央文献研究室邓小平研究组、中国电影博物馆和邓小平故里管理局在中国电影博物馆联合举办的《永远的小平》主题影展系列活动。全国政协副主席邓朴方出席开幕式。

中国科协党组书记、副主席邓楠,中央文献研究室常务副主任杨胜群,国家广播电影电视总局副局长张丕民等先后发言,深切缅怀邓小平同志的光辉业绩和崇高品德,并追思邓小平同志夫人卓琳同志的崇高风范。开幕式上放映了纪录影片《小平您好·情趣篇》。在随后举行的邓小平银幕形象创作座谈会上,首都理论、宣传、影视界20多位专家、学者围绕进一步贯彻落实党的十七大精神,加强中国特色社会主义理论体系的研究、宣传工作,繁荣革命领袖题材的影视创作等进行了充分的讨论。

中宣部副部长、国家广电总局局长王太华,中央文献研究室主任冷溶,北京市委常委、宣传部部长、北京市副市长蔡赴朝等参加开幕式。

《人民日报》发表评论员文章《取向不动摇 政策要稳定》

国际金融危机冲击带来严重挑战,但是,全国上下共克时艰保增长,上半年我国经济出现企稳回升好势头。抓住关键期,巩固好势头,就要保持宏观经济政策的连续性和稳定性,坚持宏观调控政策取向不动摇。

好势头得益于好政策,巩固好势头仍需坚持好政策。面对国际金融危机带来的严重冲击,党中央、国务院出台了应对冲击的一揽子计划,实施积极的财政政策和适度宽松的货币政策,坚持扩大国内需求,保增长,调结构,促改革,惠民生。实施这些政策措施,扩大了消费,拉动了投资,有效遏制了经济下滑态势。实践证明,中央应对危机的方针政策和一揽子计划是完全正确、及时有效的。当前经济向好势头还不稳定、不巩固、不平衡。综观全球经济,总体仍未摆脱衰退的困扰,复苏之路缓慢曲折,外部环境依然严峻。从国内看,制约内需扩大的因素仍然较多,一些体制机制有待完善,经济自主增长动力不强,民间投资和社会投资作用还不明显,消费需求再扩展的难度在增大。关键时期,保持宏观经济政策的连续性和稳定性,让好政策发挥更大效应,对实现全年经济增长目标非常必要、非常重要。

保持宏观经济政策的连续性和稳定性,就是要继续把促进经济平稳较快发展作为经济工作的首要任务,继续实施积极的财政政策和适度宽松的货币政策,并根据形势变化不断充实和完善一揽子计划,千方百计扩大国内需求,增强经济发展动力,确保实现今年经济社会发展预期目标。继续扩大消费,保持投资拉动,稳定外贸出口,进一步加强农业和农村经济。落实好积极财政政策的各项措施,更好地发挥货币政策支持经济增长的作用。

保持宏观经济政策的连续性和稳定性,就是要在全力保增长的同时,更加注重结构调整和发展方式转变,力争经济增长与结构调整互促进,应对危机与经济转型相统一,在经济发展上水平、有后劲、可持续方面做更多文章。充分发挥市场机制和宏观调控"两只手"的作用,大力推动重点产业调整振兴,积极发展民营经济,培育新兴产业。政策支持的重点进一步向农业农村、欠发达地区倾斜,积极稳妥推进城镇化,不断拓展经济发展空间。突出扩大内需的惠民导向,扩大投资、促进消费、调整结构等政策向民生领域倾斜，大力加强就业、社保、教育、卫生、住房等民生领域各项保障制度建设，使城乡百姓得到更多实惠。

保持宏观经济政策的连续性和稳定性，就是要加强调查研究，充实和完善政策，及时发现和解决经济社会发展中的苗头性、倾向性问题，不断提高政策的针对性、有效性和可持续性，进一步增强宏观调控的预见性和主动性。

下半年经济工作的大政方针已经明确，关键在狠抓落实。让我们更加自觉地深入贯彻落实科学发展观，团结一致，振奋精神，改进作风，狠抓落实，努力夺取经济社会发展新的更大成绩。

财政部 国家税务总局发出《关于境内证券市场转持部分国有股充实全国社会保障基金有关证券(股票)交易印花税政策的通知》

国务院副总理李克强在中南海紫光阁会见世界银行高级副行长兼首席经济学家林毅夫

第十一届亚洲艺术节在内蒙古自治区鄂尔多斯市举行

主题为“吉祥草原，祝福亚洲”的第十一届亚洲艺术节在内蒙古自治区鄂尔多斯市开幕，国务委员刘延东出席开幕式并宣布艺术节开幕，全国人大常委会副委员长乌云其木格出席仪式，来自亚洲16国的文化部长及其代表、各国驻华使节与观众一同欣赏了开幕式晚会演出，共同感受亚洲各国文化艺术的魅力。

第十一届亚洲艺术节开幕式晚会由包括中国在内的亚洲19个国家的演职人员联袂打造，凸显了亚洲各国艺术的风采，充满了浓郁的内蒙古民族特色。

艺术节期间，将举办亚洲文化部长圆桌会议，中国少数民族非物质文化遗产展演、“四海一家——第四届驻华使馆艺术藏品展”、建立亚洲艺术雕塑主题公园等活动，持续到8月26日。

国务院深化医药卫生体制改革领导小组办公室在北京召开电视电话会议启动和部署国家基本药物制度工作

卫生部发展改革委等部门印发《国家基本药物目录管理办法(暂行)》并发出通知

各省、自治区、直辖市和新疆生产建设兵团卫生厅(局)、发展改革委、物价局、工业和信息化主管部门、监察厅(局)、财政厅(局)、人力资源和社会保障厅(局)、商务厅(局)、食品药品监管局、中医药局：

为贯彻落实《中共中央　国务院关于深化医药卫生体制改革的意见》，根据《国务院关于印发医药卫生体制改革近期重点实施方案(2009—2011年)的通知》，卫生部、国家发展改革委、工业和信息化部、监察部、财政部、人力资源和社会保障部、商务部、食品药品监管局、中医药局制定了《国家基本药物目录管理办法(暂行)》。现印发给你们，请遵照执行。

卫生部　发展改革委　工业和信息化部
监察部　财政部　人力资源和社会保障部
商务部　食品药品监管局　中医药局
2009年8月18日

国家基本药物目录管理办法(暂行)

为落实《中共中央　国务院关于深化医药卫生体制改革的意见》和《国务院关于印发医药卫生体制改革近期重点实施方案(2009—2011年)的通知》精神，建立国家基本药物目录遴选调整管理机制，制定本办法。

第一条　基本药物是适应基本医疗卫生需求，剂型适宜，价格合理，能够保障供应，公众可公平获得的药品。政府举办的基层医疗卫生机构全部配备和使用基本药物，其他各类医疗机构也都必须按规定使用基本药物。

第二条　国家基本药物目录中的药品包括化学药品、生物制品、中成药。化学药品和生物制品主要依据临床药理学分类，中成药主要依据功能分类。

第三条　国家基本药物工作委员会负责协调解决制定和实施国家基本药物制度过程中各个环节的相关政策问题，确定国家基本药物制度框架，确定国家基本药物目录遴选和调整的原则、范围、程序和工作方案，审核国家基本药物目录，各有关部门在职责范围内做好国家基本药物遴选调整工作。委员会由卫生部、国家发展和改革委员会、工业和信息化部、监察部、财政部、人力资源和社会保障部、商务部、国家食品药品监督管理局、国家中医药管理局组成。办公室设在卫生部，承担国家基本药物工作委员会的日常工作。

第四条　国家基本药物遴选应当按照防治必需、安全有效、价格合理、使用方便、中西药并重、基本保障、临床首选和基层能够配备的原则，结合我国用药特点，参照国际经验，合理确定品种(剂型)和数量。

国家基本药物目录的制定应当与基本公共卫生服务体系、基本医疗服务体系、基本医疗保障体系相衔接。

第五条　国家基本药物目录中的化学药品、生物制品、中成药，应当是《中华人民共和国药典》收载的，卫生部、国家食品药品监督管理局颁布药品标准的品种。除急救、抢救用药外，独家生产品种纳入国家基本药物目录应当经过单独论证。

化学药品和生物制品名称采用中文通用名称和英文国际非专利药名中表达的化学成分的部分,剂型单列;中成药采用药品通用名称。

第六条 下列药品不纳入国家基本药物目录遴选范围:

(一)含有国家濒危野生动植物药材的;

(二)主要用于滋补保健作用,易滥用的;

(三)非临床治疗首选的;

(四)因严重不良反应,国家食品药品监督管理部门明确规定暂停生产、销售或使用的;

(五)违背国家法律、法规,或不符合伦理要求的;

(六)国家基本药物工作委员会规定的其他情况。

第七条 按照国家基本药物工作委员会确定的原则,卫生部负责组织建立国家基本药物专家库,报国家基本药物工作委员会审核。专家库主要由医学、药学、药物经济学、医疗保险管理、卫生管理和价格管理等方面专家组成,负责国家基本药物的咨询和评审工作。

第八条 卫生部会同有关部门起草国家基本药物目录遴选工作方案和具体的遴选原则,经国家基本药物工作委员会审核后组织实施。制定国家基本药物目录的程序:

(一)从国家基本药物专家库中,随机抽取专家成立目录咨询专家组和目录评审专家组,咨询专家不参加目录评审工作,评审专家不参加目录制订的咨询工作;

(二)咨询专家组根据循证医学、药物经济学对纳入遴选范围的药品进行技术评价,提出遴选意见,形成备选目录;

(三)评审专家组对备选目录进行审核投票,形成目录初稿;

(四)将目录初稿征求有关部门意见,修改完善后形成送审稿;

(五)送审稿经国家基本药物工作委员会审核后,授权卫生部发布。

第九条 国家基本药物目录在保持数量相对稳定的基础上,实行动态管理,原则上3年调整一次。必要时,经国家基本药物工作委员会审核同意,可适时组织调整。调整的品种和数量应当根据以下因素确定:

(一)我国基本医疗卫生需求和基本医疗保障水平变化;

(二)我国疾病谱变化;

(三)药品不良反应监测评价;

(四)国家基本药物应用情况监测和评估;

(五)已上市药品循证医学、药物经济学评价;

(六)国家基本药物工作委员会规定的其他情况。

第十条 属于下列情形之一的品种,应当从国家基本药物目录中调出:

(一)药品标准被取消的;

(二)国家食品药品监督管理部门撤销其药品批准证明文件的;

(三)发生严重不良反应的;

(四)根据药物经济学评价,可被风险效益比或成本效益比更优的品种所替代的;

(五)国家基本药物工作委员会认为应当调出的其他情形。

第十一条 国家基本药物目录的调整应当遵循本办法第四条、第五条、第六条、第九条的规定,并按照本办法第八条规定的程序进行。属于第十条规定情形的品种,经国家基本药物工作委员会审核,调出目录。

第十二条 国家基本药物目录遴选调整应当坚持科学、公正、公开、透明。建立、健全循证医学、药物经济学评价标准和工作机制,科学合理地制定目录。广泛听取社会各界的意见和建议,接受社会监督。

第十三条 中药饮片的基本药物管理暂按国务院有关部门关于中药饮片定价、采购、配送、使用和基本医疗保险给付等政策规定执行。

第十四条 鼓励科研机构、医药企业、社会团体等开展国家基本药物循证医学、药物经济学评价工作。

第十五条 本办法由卫生部负责解释。

第十六条 本办法自发布之日起施行。

卫生部部长陈竺签署第69号令公布《国家基本药物目录(基层医疗卫生机构配备使用部分)》(2009版)

8月19日

中共中央总书记胡锦涛在人民大会堂会见高金素梅率领的台湾少数民族代表团全体成员并发表即席讲话

胡锦涛表示,中华民族历来有扶危济困、团结互助的优良传统。两岸同胞是血脉相连的一家人。台湾同胞的困难就是我们的困难。我们将继续向台湾同胞提供救灾援助,支持台湾同胞搞好灾后重建。

胡锦涛指出,台湾少数民族同胞是中华民族大家庭的重要成员。长期以来,你们为抵御外来侵略、捍卫民族尊严进行了不屈不挠的斗争,为中华民族的发展和台湾的开发建设作出了不懈努力,为推动两岸关系的改善和发展作出了重要贡献。你们以自己的行动证明,两岸同胞和衷共济、齐心协力,就一定能保护好、建设好我们的共同家园,开创两岸关系和平发展的新局面。

胡锦涛表示，过去一年多来，两岸关系实现了历史性转折，取得一系列重要成果，这符合两岸同胞的根本利益，是人心所向，大势所趋。我衷心希望，两岸同胞更紧密地携起手来，为实现中华民族的伟大复兴而共同努力奋斗。

全国人大常委会委员长吴邦国在人民大会堂会见美国国会众议院外委会主席伯曼率领的美国议员代表团

吴邦国积极评价了中美关系。他说，落实两国元首达成的共识，把中美互利合作提升到更高水平，不仅符合两国和两国人民的共同利益，也是维护世界和平、稳定与发展的根本需要。中方一贯高度重视中美关系，愿与美方一道，坚持从战略高度和长远角度出发，加强对话、交流与合作，尊重彼此核心利益和关切，推动中美关系沿着积极合作全面的轨道不断取得新的发展。

吴邦国说，中国全国人大与美国国会参众两院的友好交流与合作为中美关系发展发挥了重要作用。希望双方继续保持交往势头，增进了解与互信，促进务实合作，使中美关系的发展更好地造福两国人民。

伯曼等议员说，高兴地看到美中关系呈现良好局面，面对21世纪全球性挑战，双方应共同努力，使两国关系更加密切，作为美国国会议员将继续为美中关系发展作出积极贡献。

国务院总理温家宝在中南海紫光阁会见英国前首相布莱尔

国务院总理温家宝主持召开国务院常务会议研究部署促进中小企业发展

会议审议并原则通过《全民健身条例(草案)》和《外国企业或者个人在中国境内设立合伙企业管理办法(草案)》。

会议指出，中小企业是我国国民经济和社会发展的重要力量。促进中小企业发展，是保持国民经济平稳较快发展的重要基础，是关系民生和社会稳定的重大战略任务。受国际金融危机冲击，去年下半年以来，我国中小企业生产经营困难。中央及时出台相关政策措施，加大财税、信贷等扶持力度，改善中小企业经营环境，中小企业生产经营出现了积极变化，但发展形势依然严峻。必须采取更加积极有效的政策措施，帮助中小企业克服困难，转变发展方式，实现又好又快发展。

会议指出，促进中小企业发展要坚持解决当前问题与着眼全面发展相结合，坚持保持平稳较快发展与推进结构调整和技术进步相结合，坚持改善外部环境与引导企业加强管理相结合，注重提高企业素质，走可持续发展之路。当前，要继续落实促进中小企业发展的政策措施，在此基础上进一步采取新的扶持措施：(一)完善政策法律体系，为中小企业发展营造公开、公平竞争的市场环境和法律环境。扩大市场准入范围，降低准入门槛。制定政府采购扶持中小企业发展的具体办法。对困难中小企业的阶段性缓缴社会保险费或降低费率政策执行期延长至2010年年底。(二)切实缓解中小企业融资难。鼓励各地建立小企业贷款风险补偿基金，对金融机构小企业贷款按增量给予适度补助。对商业银行开展中小企业信贷业务实行差异化的监管政策。加快创业板市场建设，增加中小企业直接融资规模。稳步扩大中小企业短期融资券和集合债券的发行规模。设立包括中央、地方财政出资和企业联合组建的多层次中小企业贷款担保基金和担保机构。(三)加大对中小企业的财税扶持。逐步扩大中央财政预算扶持中小企业发展的专项资金规模，重点支持中小企业技术创新、结构调整、扩大就业。加快设立国家中小企业发展基金，引导社会资金支持中小企业发展。研究对小型微利企业的税收扶持政策。坚决清理和禁止不合理收费，减轻中小企业社会负担。(四)加快中小企业技术进步和结构调整。中央预算内技术改造专项投资和地方政府都要安排专项资金，支持中小企业技术改造。鼓励大型企业加强与中小企业协作配套。支持中小企业在科技研发、工业设计等生产性服务业和软件开发、网络动漫等新兴产业发展。(五)支持符合条件的中小企业参与家电、农机、汽车摩托车下乡和家电、汽车以旧换新等业务。落实出口退税等政策，支持中小企业开拓国际市场。(六)加强和改善对中小企业的服务。积极培育各类中小企业服务机构，加快建设中小企业公共服务平台、小企业创业基地和中小企业信息服务网络。全面清理并进一步减少、合并行政审批事项，为中小企业提供便捷服务。

会议审议并原则通过了《全民健身条例(草案)》和《外国企业或者个人在中国境内设立合伙企业管理办法(草案)》。会议决定，上述草案经进一步修改后，由国务院公布施行。

全国政协主席贾庆林在北京会见中国侨商投资企业协会一届二次理事会全体代表

贾庆林充分肯定了广大侨资企业家在我国改革开放和现代化事业中作出的突出贡献，并对侨胞们在中国成功举办北京奥运会、残奥会和抗雪、抗震救灾中的积极参与和义善之举予以高度赞扬。贾庆林说，改革开放30多年来，华侨华人积极参与国家现代化建设，倾力奉献社会公益事业，为中国的发展进步发挥了不可替代的重要作用。

贾庆林指出，去年以来的国际金融危机，给中国经济带来了许多影响，侨资企业的生产经营也遇到了不同程度的困难和挑战，党中央和国务院十分关注侨资企业的生产经营状况，关心侨资企业的发展前景。广大侨商要树立必胜信心，勇敢应对挑战，不断提升产业水平和科技含量，做中国现代化建设的积极参与者；要围绕中国实施“走出去”战略，积极拓展中外经贸文化交流的渠道，做中国对外经贸文化交流的积极促进者；要积极参与和推动两岸侨界交流，坚决维护民族团结和社会稳定，做维护民族团结、促进祖国统一的坚定支持者。贾庆林希望中国侨商投资企业协会深化各项服务，为推动国家经济社会发展和侨资企业发展发挥更大作用。

国务院侨办主任李海峰参加会见。

国务院副总理李克强在中南海会见出席中华护理学会百年华诞代表及部分获奖者

李克强代表党中央、国务院，向中华护理学会百年华诞及获奖者表示热烈祝贺，向辛勤工作在医疗卫生战线的全国165万护理工作者致以崇高敬意。

李克强指出，常言说“三分治疗、七分护理”，护理工作与人民群众的健康利益和生命安全密切相关，是医疗卫生事业的重要组成部分，护士和医生都是白衣天使。多年来，广大护理工作者发扬救死扶伤的人道主义精神，辛勤工作在临床第一线，冲在抗击汶川特大地震等重大自然灾害、应对甲型流感等突发公共卫生事件的前面，不顾个人安危，忠实履行职责，在平凡的岗位创造了不平凡的业绩，为我国医疗卫生事业发展作出了无私奉献。

李克强强调，当前医药卫生体制改革正在有序推进，广大护理工作者是改革顺利进行的重要力量，是一支值得信赖和依靠的队伍。医改方案的实施要坚持以人为本，紧紧依靠广大医生和护理工作者，充分发挥医护人员的主动性积极性创造性，尤其在公立医院改革中发挥他们的主力军作用，形成各方推动医改的合力，促进我国医疗卫生事业改革和发展。

王建荣、吴欣娟、赵继军、姜小鹰、董立芹、曾铁英、成守珍、成翼娟、江智霞、沈莹共10名中华护理学会科技奖获得者，聂淑娟等6名曾经获得南丁格尔奖的护士代表，以及部分护理界代表参加了会见。卫生部部长陈竺、党组书记张茅陪同会见。

国务院副总理张德江出席全国新农保试点工作并作总结讲话

全国新型农村社会养老保险试点工作会议19日在北京闭幕。国务院副总理、国务院新型农村社会养老保险试点工作领导小组组长张德江出席会议并作总结讲话。他强调，要深入贯彻落实科学发展观，坚持贯彻落实中央开展新农保试点的重大决策，严格遵循基本原则，认真落实政策措施，加强领导，精心组织，扎扎实实做好新农保试点工作，确保开好局、起好步。

张德江指出，开展新农保试点是党中央、国务院作出的一项重大决策。建立新农保制度是深入贯彻落实科学发展观的根本要求，是加快建立覆盖城乡居民社会保障体系的重要工程，是促进农村改革发展的重大惠农政策，也是应对国际金融危机的重要举措。各地区、各有关部门一定要把思想统一到党中央、国务院的决策部署上来，认真领会、贯彻落实温家宝总理的重要讲话精神，深刻认识建立新农保制度的极端重要性，增强使命感、责任感和紧迫感，把新农保试点工作做细、做实、做好。

张德江要求，新农保试点工作是一项政策性、群众性强的工作，各地区、各有关部门务必高度重视。要加强组织领导，精心组织，周密部署，确保试点顺利实施。要加强协调配合，各有关部门要切实履行职责，相互支持，形成合力。要加强督促检查，指导政策落实，督促资金到位，及时解决试点问题，及时掌握试点进度。要加强舆论宣传，采取通俗易懂的形式，大力宣传开展新农保试点的重要意义、基本原则和各项政策给农民带来的实惠，使广大农民群众听得懂、能理解、好接受，自愿踊跃参加新农保。

财政部部长谢旭人、人力资源和社会保障部部长尹蔚民分别在会上作了说明，江苏、广东、四川、陕西四省负责同志发了言。国务院新农保试点工作领导小组各单位成员，各省、自治区、直辖市人民政府和新疆生产建设兵团的负责同志及有关部门的负责同志，中央和国家机关有关部门的负责同志出席了会议。

《人民日报》发表评论员文章《全新的制度　惠民的工程》

近日，国家基本药物制度启动实施，《关于建立国家基本药物制度实施的意见》《国家基本药物目录管理办法(暂行)》和《国家基本药物目录(基层部分)》同时发布，这是建立我国基本医疗卫生制度的又一重大举措。

实施国家基本药物制度是深化医药卫生体制改革五项重点工作之一，是惠及千家万户的民生工程。建立国家基本药物制度，有利于保证基本药物足额供应和合理使用，转变医疗机构“以药补医”机制，促进药品生产流通企业资源优化整合。这一制度对于保障群众基本用药需求和安全，减轻群众基本用药负担，解决看病贵、看病难问题，具有十分重要的意义。

国家基本药物制度是一项全新的制度。这一制度所包含的一系列配套措施多为初次制定实施，首次涉及基本药物目录制定、生产供应、采购配送、合理使用、价格管理、支付报销、质量安全等多个环节。实施国家基本药物制度，需要妥善处理好各方面的利益关系，做好每一个环节的衔接和应对工作。例如，要合理确定基本药物价格；确保基本药物生产供应；规范基本药物流通领域；促进医疗卫生机构优先合理使用基本药物；完善基本药物支付报销政策；推进基层医疗卫生机构运行机制改革；加强基本药物制度的绩效评估。

建立国家基本药物制度是实实在在的惠民举措。国家基本药物制度着眼于实现人人享有基本医疗卫生服务的目标，着力解决当前人民群众最关心、最现实的利益问题，力求让广大人民群众得到实惠。具体表现为：在基本药物定价环节，纳入2009年国家基本药物目录的药品零售指导价格，原则上按药品通用名称制定公布，药品价格较前相比有一定幅度降低；在招标采购配送环节，各省在国家零售指导价格规定的幅度内，确定本地区基本药物统一采购价格，基本药物采购价格将低于国家零售指导价；在基本药物使用环节，国家要求基本药物在基层医疗卫生机构全部配备使用，其他各类医疗卫生机构须按规定使用，并确定使用比例，同时，基本药物在基层实行零差率销售，取消药品加成；在支付报销环节，基本药物报销比例明显高于非基本药物；在药品质量环节，国家对辖区内生产使用的基本药物品种加强监管，确保基本药物质量，保证群众用药安全。

建立国家基本药物制度是重大体制机制改革，是一项涉及面广、难度大的系统工程，也是医改的重点和难点。各地各部门要高度重视，精心组织，密切配合，加强财力保障，开展广泛宣传，争取全社会的理解、支持和参与，共同推动基本药物制度的全面实施。

中办 国办印发《关于开展工程建设领域突出问题专项治理工作的意见》

为认真贯彻落实《中共中央关于印发〈建立、健全惩治和预防腐败体系2008—2012年工作规划〉的通知》(中发〔2008〕9号)的有关要求，规范工程建设领域市场交易行为和领导干部从政行为，维护社会主义市场经济秩序，促进反腐倡廉建设，现就开展工程建设领域突出问题专项治理工作提出如下意见。

一、治理工作的重要性和紧迫性

近年来，各地区各部门采取有效措施，认真治理工程建设领域中存在的问题，工程建设市场不断健全，监管体制日益完善，钱权交易、商业贿赂等腐败现象滋生蔓延的势头得到了一定程度的遏制。但是，必须清醒地看到，我国工程建设领域依然存在许多突出问题。一是一些领导干部利用职权插手干预工程建设，索贿受贿；二是一些部门违法违规决策上马项目和审批规划，违法违规审批和出让土地，擅自改变土地用途、提高建筑容积率；三是一些招标人和投标人规避招标、虚假招标，围标串标，转包和违法分包；四是一些招标代理机构违规操作，有的专家评标不公正；五是一些单位在工程建设过程中违规征地拆迁、损害群众利益、破坏生态环境、质量和安全责任不落实；六是一些地方违背科学决策、民主决策的原则，乱上项目，存在劳民伤财的"形象工程"、脱离实际的"政绩工程"和威胁人民生命财产安全的"豆腐渣"工程。上述这些问题严重损害公共利益，影响党群干群关系，破坏社会主义市场经济秩序，妨碍科学发展和社会和谐稳定，人民群众反映强烈。为此，中央决定，用两年左右的时间，集中开展工程建设领域突出问题专项治理工作。

各地区各部门要充分认识开展工程建设领域突出问题专项治理工作的重要性和紧迫性，切实采取措施，加大治理力度，维护公平竞争的市场原则，推动以完善惩治和预防腐败体系为重点的反腐倡廉建设深入开展，促进工程建设项目高效、安全、廉洁运行，保证中央关于扩大内需促进经济平稳较快发展政策措施的贯彻落实，维护人民群众的根本利益，促进科学发展，保持社会和谐稳定。

二、治理工作的总体要求、主要任务和阶段性目标

(一)总体要求

高举中国特色社会主义伟大旗帜，以邓小平理论和"三个代表"重要思想为指导，深入贯彻落实科学发展观，全面贯彻落实党的十七大精神，紧紧围绕扩大内需、加快发展方式转变和结构调整、深化重点领域和关键环节改革、改善民生、促进和谐等任务，以政府投资和使用国有资金的项目为重点，以改革创新、科学务实的精神，坚持围绕中心、统筹协调，标本兼治、惩防并举，坚持集中治理与加强日常监管相结合，着力解决工程建设领域存在的突出问题，切实维护人民群众的根本利益，为经济社会又好又快发展提供坚强保证。

(二)主要任务

进一步规范招标投标活动，促进招标投标市场健康发展；进一步落实经营性土地使用权和矿业权招标拍卖挂牌出让制度，规范市场交易行为；进一步推进决策和规划管理工作公开透明，确保规划和项目审批依法实施；进一步加强监督管理，确保行政行为、市场行为更加规范；进一步深化有关体制机制制度改革，建立规范的工程建设市场体系；进一步落实工程建设质量和安全责任制，确保建设安全。

（三）阶段性目标

工程建设领域市场交易活动依法透明运行，统一规范的工程建设有形市场建立、健全，互联互通的诚信体系初步建立，法律、法规制度比较完善，相关改革不断深化，工程建设健康有序发展的长效机制基本形成，领导干部违法违规插手干预工程建设的行为受到严肃查处，腐败现象易发多发的势头得到进一步遏制。

三、治理工作的重点和主要措施

（一）认真进行排查，找准突出问题

深入开展自查。各地区各有关部门要对照有关法律、法规和政策规定，认真查找项目决策、城乡规划审批、项目核准、土地审批和出让、环境评价、勘察设计和工程招标投标、征地拆迁、物资采购、资金拨付和使用、施工监理、工程质量、工程建设实施等重点部位和关键环节存在的突出问题。要紧密结合实际，认真开展自查，摸清存在问题的底数，掌握涉及问题单位和人员的基本情况。

深刻分析原因。针对发现的问题和隐患，从主观认识、法规制度、权力制约、行政监管、市场环境等方面，分析产生的根源，查找存在的漏洞和薄弱环节，提出改进的措施和办法，明确治理工作的目标和责任要求，增强治理工作的科学性、预见性和实效性。

严肃自查纪律。对不认真自查的地方和部门，要加强督导；对拒不自查、掩盖问题或弄虚作假的，要严肃处理。对自查出的违纪问题，要根据情节轻重、影响大小等作出处理。对虽有问题但能主动认识和纠正的，可以按照有关规定从轻、减轻或免予处分。各地区各部门要将自查情况书面报告中央治理工程建设领域突出问题工作领导小组。领导小组适时对自查情况进行重点检查。

（二）加大监管力度，增强监管效果

突出监管重点。着重加强项目建设程序的监管，严格执行投资项目审批、核准、备案管理程序，规范项目决策，科学确定项目规模、工程造价和标准，认真落实开工报告制度、施工许可证制度和安全生产许可证制度，确保工程项目审批和建设依法合规、公开透明运行。着重加强对招标投标活动的监管，规范招标方式确定、招标文件编制、资格审查、标段划分、评标定标、招标代理等行为，改进和完善评标办法，确保招标投标活动公开、公平、公正。着重加强土地、矿产供应及开发利用情况的监管，完善土地及矿业权审批、供应、使用等管理的综合监管平台。着重加强控制性详细规划制定和实施监管，严格控制性详细规划的制定和修改程序。着重加强项目建设实施过程监管，严格依法征地拆迁，坚持合理工期、合理标价、合理标段，严格合同订立和履约，规范设计变更，科学组织施工，加强资金管理，控制建设成本，禁止转包和违法分包。着重加强工程质量与安全监管，落实工程质量和安全生产领导责任制，进一步完善质量与安全管理法规制度，明确质量标准，细化安全措施，强化施工监理，防止重、特大质量与安全事故的发生。

落实监管职责。各级政府要加强对工程建设项目全过程的监管，认真履行对政府投资项目的立项审批、项目管理、资金使用和实施效果等方面的职责。发展改革、工业和信息化、财政、国土资源、环境保护、住房城乡建设、安全监管等有关部门要依照有关法律、法规，认真履行对项目决策、资金安排和管理、土地及矿业权审批和出让、节能评估审查、环境影响评价、城乡规划审批、安全生产等环节的行政管理职责。发展改革、工业和信息化、住房城乡建设、交通运输、铁道、水利、电监等部门要按照职责分工，重点做好对工程建设项目的监管。财政、审计部门要重点做好对政府投资项目资金和国有企业投资项目资金的监管，确保资金规范、高效、安全、廉洁使用。对因监管不力、行政不作为和乱作为以及行政过失等失职渎职行为造成重大损失的，要严肃追究责任单位领导和有关人员的责任。

创新监管方式。充分发挥招标投标部际联席会议机制作用，健全招标投标行政监督机制。建立、健全相关制度，加强对招标投标从业机构和人员的规范管理。加大工程建设项目行政执法力度。组织实施对政府重大投资项目的跟踪审计。积极推进项目标准化、精细化、规范化和扁平化管理。发挥工程监理机构的专业监督作用，加强工程建设质量和安全生产的过程监管。推行管理骨干基本固定、劳务用工相对灵活、职责明确、高效运作的劳务管理模式。充分发挥新闻媒体的作用，加强对工程建设领域的舆论监督和社会监督。

（三）深化体制改革，创新机制制度

加快改革步伐。加强重大项目决策管理，推行专家评议和论证制度、公示和责任追究制度。发布招标投标法实施条例，抓紧研究起草政府投资条例、建筑市场管理条例。继续做好《标准施工招标资格预审文件》《标准施工招标文件》贯彻实施工作，加快编制完成行业标准文件，实现招标投标规则统一。不断深化国库集中支付制度改革，加强工程项目政府采购管理。科学编制、严格实施土地利用总体规划，严格土地用途管制，严格土地使用权、矿业权出让审批管理。制定控制性详细规划编制审批管理办法，规范自由裁量权行使。严格执行国家有关法律、法规，提高法律、法规的执行力和落实度。

加强市场建设。按照政府建立、规范管理、公共服务、公平交易的原则，坚持政事分开、政企分开，打破地区封锁和行业垄断，整合和利用好各类有形建筑和建设市场资源，建立、健全统一规范的工程建设有形市场，为工程交易提供场所，为交易各方提供服务，为信息发布提供平台，为政府监管提供条件。按规定必须招标的工程建设项目要实行统一进场、集中交易、行业监管、行政监察。建立、健全统一规范的土地、矿业权等要素市场，大力推进土地市场、矿业权市场建设，探索显化土地使用权和矿业权转让市场的有效形式，规范土地使用权和矿业权市场交易行为。充分利用网络技术等现代科技手段，积极推行电子化招标投标。加强评标专家库管理，提高专家的职业道德水平。制定全国统一的评标专家分类标准和专家管理办法。加强中介组织管理，严格土地使用权、矿业权价格评估的监管，规范招标代理行为。

健全诚信体系。完善工程建设领域信誉评价、项目考核、合同履约、黑名单等市场信用记录，整合有关部门和行业信用信息资源，建立综合性数据库。充分利用各种信息平台，逐步形成全国互联互通的工程建设领域诚信体系，实现全行业诚信信息共建共享，并将相关信用信息纳入全国统一的企业和个人征信系统。建立、健全失信惩戒制度和守信激励制度，严格市场准入。

（四）加大办案力度，坚决惩治腐败

严肃查处违纪违法案件。要坚决查办工程建设领域的腐败案件，发现一起，查处一起，决不姑息。重点查办国家工作人员特别是领导干部利用职权插手干预城乡规划审批、招标投标、土地审批和出让以谋取私利甚至索贿受贿的大案要案。严厉查处违法违规审批立项，规避和虚假招标，非法批地，低价出让土地，擅自变更规划和设计、改变土地用途和提高容积率，严重侵害群众利益等违纪违法案件。坚决查处在工程项目规划、立项审批中因违反决策程序或决策失误而造成重大损失或恶劣影响的案件。依法查处生产安全责任事故，严肃追究有关领导人的责任。既要坚决惩处受贿行为，又要严厉惩处行贿行为。坚决杜绝瞒案不报、压案不查的行为。

积极拓宽案源渠道。充分发挥各级纪检监察、司法、审计等机关和部门信访举报系统的作用，形成有效的举报投诉网络，健全举报投诉处理机制。注重在审计、财政监察、项目稽察、执法监察、专项检查、案件调查和新闻媒体报道中发现案件线索，深挖工程质量问题和安全事故背后的腐败问题。

健全办案协调机制。各级纪检监察机关、司法机关、审计部门和金融机构等要加强协作配合，完善情况通报、案件线索移送、案件协查、信息共享机制，形成查办案件的合力。对涉嫌犯罪案件，要及时移送司法机关依法查处。充分发挥查办案件的治本功能，深入剖析大案要案，严肃开展警示教育，认真查找体制机制制度方面存在的缺陷和漏洞，做到查处一起案件，教育一批干部，完善一套制度。

四、加强对治理工作的组织领导

成立中央治理工程建设领域突出问题工作领导小组，由中央纪委牵头，最高人民检察院、国家发展改革委、工业和信息化部、公安部、监察部、财政部、国土资源部、环境保护部、住房城乡建设部、交通运输部、铁道部、水利部、中国人民银行、审计署、国务院国资委、工商总局、安全监管总局、国务院法制办、电监会等为成员单位。领导小组下设办公室，承担日常工作。各地区各有关部门要切实加强领导，把治理工作作为一项重要任务列入工作日程，认真完成职责范围内的任务。各职能部门主要领导同志负总责，确定1名领导同志具体负责，落实责任分工。各级纪检监察机关要加强组织协调，会同有关部门作出总体部署，搞好任务分解，推动工作落实。各有关部门要及时沟通情况，加强协作配合，形成工作合力。

各地区各有关部门要结合实际，制定贯彻落实本意见的具体方案，确定治理重点，明确目标任务、工作进度、方式方法和时间要求。要深入排查问题、认真进行整改，完善体制机制制度，分阶段、有步骤地落实好专项治理工作的各项任务。中央治理工程建设领域突出问题工作领导小组适时组织对各地区各有关部门工作进展情况进行抽查。

各地区各有关部门要将专项治理工作与深入学习实践科学发展观活动相结合，着力解决影响和制约科学发展的突出问题以及党员干部党性党风党纪方面群众反映强烈的突出问题。要将专项治理工作与治理商业贿赂工作相结合，依法查处工程建设领域的商业贿赂案件，进一步规范市场秩序，维护公平竞争。要将专项治理工作与推进政务公开相结合，利用政府门户网站建立工程建设项目信息平台，向社会公示项目建设相关信息，明确审批流程，及时公布审批结果，实行行政审批电子监察。要将专项治理工作与纠正损害群众利益的不正之风相结合，大力加强部门和行业作风建设，着力解决工程建设领域侵害群众利益的突出问题。

各地区各有关部门要加强监督检查，开展分类指导，督促工作落实。要加强调查研究，注意解决苗头性、倾向性问题，总结经验，推动工作。对组织领导不到位、方法措施不得力、治理效果不明显的地方、部门和单位要提出整改要求，重点督查，限期整改，确保治理工作达到预期目标。

商务部 财政部下发《关于推进下乡产品流通网络建设的通知》

为贯彻落实《中共中央国务院关于促进农业稳定

发展农民持续增收的若干意见》(中发〔2009〕1号)和《国务院办公厅关于搞活流通扩大消费的意见》(国办发〔2008〕134号) 精神,健全家电、汽车、摩托车下乡产品流通网络,开拓农村市场,拉动农村消费,现就有关工作通知如下:

一、充分认识下乡产品流通网络建设的重要意义

当前,在金融危机影响持续蔓延,经济发展面临严峻挑战的背景下,保持经济平稳较快发展的关键在于扩大内需,而扩大内需的重点则在于开拓农村市场。为提高农村居民生活质量,不断扩大农村消费需求,国家先后实施了家电下乡、汽车摩托车下乡等一系列惠农工程。这些工程的实施对于激活农民购买能力,加快农村消费升级,扩大农村消费发挥了积极作用。但由于我国农村市场体系建设相对滞后,下乡产品流通网络不健全,在一定程度上制约了政策作用的发挥。

推进下乡产品流通网络建设,有利于规范下乡产品流通渠道,确保下乡产品质量;有利于提高流通效率,降低下乡产品流通成本;有利于健全下乡产品服务体系,提高服务农民的水平。各地商务、财政主管部门应从统筹城乡发展的高度,把下乡产品流通网络建设作为贯彻落实党中央、国务院"保增长、扩内需、调结构"总体要求的重要举措,采取有效措施,积极推进。

二、下乡产品流通网络范围和建设内容

下乡产品流通网络包括下乡家电流通网络、下乡汽车摩托车流通和报废车辆回收网络。建设内容包括:

(一)销售网点项目。即面向农民销售下乡家电、汽车摩托车的乡村销售网点建设改造项目。

(二)配送体系项目。即为下乡产品销售网点提供产品统一配送服务的配送中心项目建设和配送车辆,以及报废车辆回收等运输工具购置等。

(三)服务体系项目。即下乡产品销售网点售后服务体系项目建设,包括售后服务网点建设改造,安装、维修设备购置和技术人员培训等。

(四)信息系统项目。即下乡产品网点销售、报废车辆回收信息录入系统项目建设,包括电脑等硬件设备购置和操作人员培训等。

汽车摩托车销售、维修网点建设标准另行发布。

三、有关工作要求

(一)加强领导,认真组织实施。下乡产品流通网络建设是党中央、国务院为搞活流通、扩大消费采取的又一重要举措,对于确保家电下乡、汽车摩托车下乡等一系列惠农政策真正落实到位,拉动产业发展,促进农村消费具有重要作用。各地商务、财政部门要充分认识下乡产品流通网络建设的重要性,加强组织领导,充分发挥各自职能,认真组织实施。

(二)整合资源,提升现有网络水平。近年来,在家电下乡、汽车摩托车下乡、"万村千乡市场工程"等政策的推动下,我国农村家电、汽车摩托车流通网络得到较快发展。各地在推进下乡产品流通网络建设的过程中,要注重统筹规划,合理布局,整合、利用现有网络资源,不断完善网络体系,逐步提升网络水平。

(三)密切配合,共同做好推进工作。各地商务、财政部门在项目实施过程中,要加强沟通和协调,注重调查研究,认真总结经验;要积极与地方政府、协会等有关部门沟通,争取相关支持政策,帮助企业解决在推进过程中遇到的实际问题;要加强监督和管理,严肃查处推进过程中发现的违规问题,确保项目建设质量。

(四)认真研究,制定详细实施办法。各省级商务、财政部门要根据本通知精神,结合当地实际,研究制定具体实施方案(抄送商务部、财政部)。有关工作动态情况及推进实施过程中发现的问题,应及时向商务部(市场建设司)、财政部(经济建设司)反映。

商务部 财政部

2009年8月19日

全国政协副主席王刚出席在长春举行的全国各省区市政协外事工作座谈会并讲话

王刚在讲话时指出,人民政协对外交往工作,要积极服务于经济社会发展,注重研究对外开放的重大问题,努力推动对外经贸合作和招贤引智工作,切实维护全方位对外开放条件下我国的发展利益;要积极服务于人民政协事业,在更好履行职能上迈出新步伐,在促进大团结大联合上实现新突破,在加强对外宣传上取得新成效;要积极服务于国家外交总体布局,继续促进高层互访,着力加强公共外交和扩大人文外交,努力为全面建设小康社会、加快推进社会主义现代化营造良好国际环境和外部条件贡献力量。

中共吉林省委副书记、省长韩长赋出席会议并致词,全国政协外事委员会主任赵启正主持了会议。

这次座谈会是全国政协第一次就政协对外工作进行专门研究部署的会议,来自全国31个省区市的130多名代表参加了会议。

由中宣部文艺局 国家广电总局电影局联合主办的"向祖国汇报"系列电影展映展播活动在全国启动

8月20日

国家主席胡锦涛在人民大会堂与塞尔维亚总统鲍里斯·塔迪奇举行会谈

胡锦涛就建立和发展中塞战略伙伴关系提出四点建议:(一)密切政治交往。双方要保持两国高层交往,

进一步加强两国政府、立法机构和政党的交流与合作，共同落实好中塞关于建立战略伙伴关系联合声明提出的各项任务。(二)扩大经贸往来。双方要共同采取措施，积极挖掘潜力，努力培育新的增长点，保持两国贸易持续稳定增长，在发展中逐步改善两国贸易平衡状况。中方愿加强与塞方在基础设施、石化、能源、高新技术等重点领域的合作，鼓励双方企业扩大相互投资。(三)促进人文交流。双方要扩大文教、科技、卫生、体育、旅游等领域的交流与合作，鼓励两国青少年、民间团体、地方政府开展多种形式的交流活动，丰富两国关系内涵。(四)加强多边合作。双方在联合国和其他多边组织中要保持沟通和磋商，就重大国际和地区问题及时交换看法、协调立场，共同应对国际金融危机、气候变化、可持续发展、国际反恐等各种全球性挑战，促进不同文明对话与交流，维护世界和平、促进共同发展。

塔迪奇表示，塞方愿同中方保持高层及其他各级别交往，增进相互了解与信任。塞方感谢中方为塞尔维亚经济发展提供的支持和帮助，希望同中方共同探讨扩大双边经贸合作的新领域和新途径，欢迎中国企业赴塞尔维亚投资，在基础设施建设等重点领域开展合作。塞方将全力配合中方今秋在塞尔维亚举办“中国文化节”，支持贝尔格莱德同北京开展友城交往，将积极参加2010年上海世博会。塞方愿同中方加强在重大国际和地区问题上的沟通与合作。

会谈后，双方发表了《中华人民共和国和塞尔维亚共和国关于建立战略伙伴关系的联合声明》。两国元首出席了有关基础设施领域、经济技术合作、旅游等双边合作文件的签字仪式。

中华人民共和国和塞尔维亚共和国关于建立战略伙伴关系的联合声明

应中华人民共和国主席胡锦涛的邀请，塞尔维亚共和国总统鲍里斯·塔迪奇于2009年8月19日至25日对中华人民共和国进行国事访问。

访问期间，两国元首在坦诚、友好的气氛中就进一步加强和深化中塞各领域互利合作及共同关心的国际和地区问题深入交换意见，并达成广泛共识。

一、双方全面回顾并高度评价双边关系发展成果，一致认为，中塞传统友谊是两国人民共同创造的宝贵财富，是进一步发展两国关系的坚实基础。双方指出，两国关系成功发展的经验证明，历史背景、社会制度、意识形态、发展模式的差异不会成为发展国家关系的障碍。

二、双方强调，拓展和深化中塞传统友好关系符合两国人民的共同愿望和两国的根本利益，有助于促进世界各国的和谐相处。为全面促进两国关系，双方决定建立战略伙伴关系。

三、双方同意，继续加强和充实各级别对话，增加两国政府、立法机构、政党间的交流与合作，不断深化互信平等的政治关系。

四、塞方重申坚定奉行一个中国政策，承认世界上只有一个中国，中华人民共和国政府是代表全中国的唯一合法政府，台湾是中国不可分割的一部分，不与台湾当局建立官方关系和进行官方往来，反对任何形式的“台湾独立”，支持中国和平统一大业。

五、中方尊重塞尔维亚人民根据本国国情选择的发展道路，理解塞方为融入欧洲大家庭所做努力，赞赏塞方奉行睦邻友好政策，促进巴尔干地区的稳定与发展，积极推动区域合作。

六、中方重申尊重塞尔维亚主权和领土完整。中方认为，应该根据《联合国宪章》宗旨和原则及安理会相关决议，在国际法框架内，由塞尔维亚政府和科索沃当局通过对话和谈判达成彼此均可接受的方案，才是解决科索沃问题的最佳办法，任何单方面行动都无助于问题的解决，国际社会应该为此创造积极条件。

七、双方表示，将本着平等互利、互惠双赢的原则，全力推动两国经贸合作，扩大相互投资，确保双边贸易持续稳步增长，在发展中逐步改善两国贸易平衡状况。充分发挥两国政府职能部门和中塞政府经贸混委会的宏观指导作用，激发双方企业的合作意愿。双方商定，支持双方企业加快推进塞桥梁、电站、道路等基础设施建设合作项目，并积极推动双方企业重点加强在通信、石化、能源、高新技术、工业和食品加工等方面的合作。

八、双方同意，将继续扩大在文化、教育、体育、科技、军事、警务领域的传统合作，重点拓展旅游、航空、卫生、广电、新闻等领域的交流，积极鼓励两国青少年和民间团体扩大友好交往。

双方表示，将全力办好今年秋季在塞尔维亚举行的中国文化节活动，支持北京市和贝尔格莱德市共同办好建立友好城市关系三十周年庆祝活动。

九、双方表示，将遵守《联合国宪章》的宗旨和原则，支持联合国在维护国际和平与安全、促进各国共同发展、和平解决国际争端、解决人类所共同面临的问题方面发挥主导作用，主张加强联合国及其安理会的作用与权威，尊重世界文明多样性和发展模式多样化。

双方愿继续加强在联合国及其他国际组织中的合作，及时就共同关心的国际问题进行沟通与磋商，共同推动建立持久和平、共同繁荣的和谐世界。

十、双方认为，国际金融危机给世界各国经济发展和人民生活带来严重影响。国际社会应进一步加强宏观经济政策协调，反对贸易保护主义，深化金融监管合作，推动世界经济早日复苏，尽量减少危机对发展中国家造成的损害，共同应对这一全球性挑战。

2009年8月20日于北京

国务院总理温家宝主持西部地区开发领导小组会议

国务院副总理、国务院西部地区开发领导小组副组长李克强出席会议。

会议认为，实施西部大开发战略十年来，西部地区经济发展、社会进步、民族团结、边疆稳定，各项事业都取得了显著成就，为全国经济发展开辟了新的广阔空间，也有力地促进了区域经济协调发展，为应对国际金融危机奠定了坚实的物质和技术基础。实践证明，党中央、国务院的决策是完全正确的，西部大开发的政策措施和重点任务是符合实际的。要坚定不移地深入推进西部大开发，支持西部地区抓住机遇，加快转变发展方式，积极调整经济结构，着力提高发展质量，不断创新体制机制，化解国际金融危机影响，继续保持经济平稳较快发展，提高各族人民的物质文化生活水平。

（一）充分发挥西部地区在扩大内需中的重要作用。西部地区具有巨大的市场需求和发展潜力，是扩大内需的重要发展区域。全面实施应对国际金融危机的一揽子计划，要把西部大开发放在更加突出的重要位置，财政转移支付和扩大内需新增投资要继续向西部倾斜，重点投向民生工程、基础设施、生态环境和灾后重建等领域，促进西部地区经济社会平稳较快发展。

（二）进一步加大基础设施建设和生态环境保护力度。构建和完善适度超前、功能配套、安全高效的现代化基础设施体系。扩大铁路网规模，加快干线公路网、水运、枢纽机场和支线机场建设，加强水利、能源、信息和城镇等领域的重点基础设施建设。巩固退耕还林、退牧还草成果，推进京津风沙源治理、青海“三江源”自然保护区等重点生态工程建设，强化环境综合治理。西部地区所有新上项目，都要严把产业政策关、环境保护关和资源集约利用关。

（三）大力调整产业结构和转变经济发展方式。加快发展特色农业，扶持优质农产品生产基地建设和农业产业化龙头企业发展，加强先进实用技术应用和科技服务。推进工业优化升级，积极发展技术引领型产业，优化发展资源利用型产业，特别要推进兼并重组、淘汰落后产能、落实节能减排和防止重复建设。提升现代服务业发展水平，重点发展旅游、信息服务、电子商务、文化、会展、创意、服务外包和地方金融业。大力提高自主创新能力。继续保持和加大对西部高新区的政策支持力度，扶持科技型中小企业发展。推动重点区域率先发展，成为引领和带动西部大开发的战略高地。

（四）加快以改善民生为重点的社会事业发展。千方百计增加就业，提高社会保障水平，加快保障性安居工程建设，改善城乡居民居住条件。力争用2—3年时间，基本解决农村人口饮用水安全问题。优先发展教育，加大人才开发力度。提高基本医疗卫生服务水平，完善基层公共文化服务体系。大力支持革命老区、民族地区、边疆地区扶贫开发，积极推动东部发达地区对口帮扶西部贫困地区工作。认真落实中央关于支持西藏、新疆、宁夏自治区和青海等藏区经济社会发展的政策措施。推进兴边富民行动规划。重点解决好革命老区的交通、教育、卫生等突出问题。

（五）深化改革开放，构建对内对外开放新格局。切实转变政府职能，强化社会管理和公共服务。加快非公有制经济发展，深化国有企业改革，积极培育大企业、大集团。积极稳妥地推进资源税改革。开展建立生态补偿机制试点。加快建立、健全区域协调互动机制，抓紧研究制定中西部地区承接产业转移的具体政策，引导东部地区产业向西部地区有序转移。积极推进对外经济交流与合作，探索边境地区开发和对外开放的新模式。

（六）加快地震灾区灾后重建，全面完成规划任务。认真实施好《汶川地震灾后恢复重建总体规划》。优先保障灾区群众住房建设，抓好学校、医院等公共服务设施恢复重建，加快基础设施和产业恢复重建，切实保证工程质量。统筹用好政府投入、对口支援、社会募集、国外优惠紧急贷款、企业自筹等资金。完善对口支援实施方案。切实解决灾后重建工作中的重大问题。开展灾区长期稳定发展规划研究。

会议要求，国务院西部地区开发领导小组各成员单位要按照职能分工要求，积极做好协调，完善西部大开发的政策措施，切实落实好各项任务。西部地区要坚定信心和决心，继续发扬自力更生、艰苦奋斗精神，共同推动西部地区经济社会继续保持平稳较快发展。

公安部部长孟建柱向全国公安英烈家属发出慰问信

孟建柱在慰问信中指出，新中国成立以来的60年，是人民公安事业不断发展进步的60年。全国公安机关和广大公安民警为巩固共产党执政地位、维护国家长治久安、保障人民安居乐业、促进经济社会发展作出了重要贡献。特别是面对血与火、生与死的严峻考验，广大公安民警临危不惧、挺身而出，舍生忘死、前仆后继，用鲜血和生命谱写了一曲曲人民公安为人民的光辉乐章。新中国成立以来，全国公安机关有1万多名公安民警英勇牺牲，15万多名公安民警光荣负伤。

孟建柱在慰问信中说，公安工作的发展、进步，公安队伍取得的成绩和荣誉，与广大民警家属的关心、理解和支持密不可分。特别是公安英烈和负伤民警的家属，默默承受着失去至亲或亲人伤残的精神痛苦，克服着常人难以想象的生活困难和压力，勇敢直面各种生活的艰辛，付出了巨大的辛劳和牺牲。我们不会忘记公安英烈的卓著功勋，更不会忘记广大公安民警家属的无私奉献。

孟建柱希望广大公安民警家属特别是英烈家属，一如既往地关心、支持公安工作和公安队伍建设，激励广大公安民警始终以奋发有为、昂扬向上的精神状态投身公安事业，为党和人民再立新功。

《人民日报》发表评论员文章《人民不会忘记》

国泰民安，人民公安功不可没，共和国公安英烈功勋卓著。

金色盾牌热血铸就。万余名共和国公安英烈，用铁血丹心书写着对党、国家和人民的无限忠诚，用青春和生命建立了不朽功勋，也给人们留下了永恒记忆。

人民不会忘记，公安烈士的英雄壮举。公安英烈的事迹，人们大多耳熟能详。人们含泪送英烈的场面，一次次感动着你我，慰藉着英烈。各地公安英烈纪念广场逐渐增多，诉说着人们对英雄的敬仰。当媒体报道《共和国公安英烈》后，网民一句句朴实的留言，表达着敬意，寄托着哀思："公安民警用生命维护了人民利益，人民会永远怀念他们。""你们是共和国的骄傲，无愧为坚强的共和国之盾。"所有这些，无不证明，人民没有忘记、也不会忘记共和国公安英烈，没有忘记、也不会忘记他们的不朽功勋。

人民不会忘记，英烈亲属的奉献和支持。警察职业的特殊性，注定了忠孝难以两全。抚育子女、赡养双亲、陪伴爱人，往往无暇顾及。特别是英雄离开后，英烈家属要承受失去亲人的巨大精神痛苦，还要克服生活中的种种困难，他们无怨无悔、默默奉献。父亲马玉清牺牲，儿子马忠学毅然踏上父辈的脚印。吴光林牺牲，妻子接过了他的枪。这样可歌可泣的感人故事不胜枚举，英烈的牺牲并未阻挡亲人为公安事业的发展进步做贡献的信念。礼遇逝者，善待生者。人们永远不会忘记公安英模的卓著功勋，更不会忘记民警家属的无私奉献。为传送党和政府的关爱，公安部部署全国公安机关对新中国成立以来牺牲的公安英烈家属进行集中走访慰问，并着手制定《公安部关于进一步加强公安英烈优抚工作的意见》。

人民不会忘记，默默奉献的广大公安民警。"有困难找警察。"这是老百姓常挂嘴边、记在心间的一句话，它道出人民群众对人民警察的无限信任和期盼。和平建设时期，公安民警是牺牲最多的职业群体，哪里有危险，哪里就有警察。诚如一位民警在怀念牺牲的战友时所说："如果是我碰上，牺牲的就是我。"新中国成立60年来的实践证明，人民公安队伍始终保持着忠于党、忠于祖国、忠于人民、忠于法律的政治本色，用鲜血和生命捍卫国家和人民的利益，维护法律的尊严，是一支党和人民完全可以信赖的有坚强战斗力的队伍。

人民不会忘记，社会安宁也有自己的一份责任。人民公安60年的光辉业绩，与每个公民的理解、支持、配合密不可分，公安专业力量与群众力量相结合，是我们维护社会稳定、人民安居乐业的法宝。历史昭示未来，站在新的历史起点上，人民公安的事业，更加离不开广大人民群众的支持。在深入贯彻落实科学发展观，落实"保增长、保民生、保稳定"的今天，和谐的警民关系显得尤为重要。在公安民警不断增强服务理念、改进执法方式的同时，也需要群众理解警察执勤可能造成的不便。在群防群治工作中，还需要我们每个公民贡献自己的一份力量，为建设社会主义和谐社会添砖加瓦。

国务院副总理张德江在陕西考察

8月20日至22日，张德江在延安、西安、咸阳市深入制药、汽车、有色、电子信息、装备制造企业和科研院所调查研究，并参观了延安革命纪念馆。张德江对陕西应对国际金融危机、促进全省经济社会发展所取得的成绩给予充分肯定。

张德江强调，要处理好当前经济发展与长远经济发展的关系，既要努力增加经济总量，又要着力提高经济发展质量。要大力推进工业结构优化升级，积极培育和发展新兴产业，坚决淘汰落后产能，防止重复建设。要充分发挥骨干企业、支柱产业对经济发展的支撑作用，同时，要采取更加有效的措施，促进中小企业发展壮大。要加大技术改造和自主创新力度，积极开发独具特色的新产品，把自主品牌做精、做大、做强。要加强和完善企业管理，提高产品质量，改善售后服务，向管理要市场、要效益、要竞争力。要关心职工、爱护职工，激发职工的积极性和创造性。

全国政协副主席王刚带领全国政协调研组就"三农"问题在黑龙江省调研

8月20日至25日，王刚一行先后到哈尔滨、佳木斯、七台河、牡丹江等地实地考察农业和农村经济社会发展情况。

王刚一行深入田间地头、农场企业、科研院所，察生产、看农情、访农户。王刚指出，解决新形势下的"三农"问题，要注重把发展粮食生产与调整农业结构结合起来，注重把挖掘农业增收潜力与拓宽非农增收渠道结合起来,注重把加大对农业支持保护与增强农业农村活力结合起来,注重把加快农村经济发展与促进农村社会进步结合起来,努力走出一条符合实际的现代化大农业的新路子。

调研期间,调研组对黑龙江省经济社会发展特别是农业和农村发展取得的成绩给予充分肯定,并就做好新形势下的农业和农村工作提出意见和建议。

国防部官方网站上线试运行

经中央军委批准,中华人民共和国国防部网站开始上线试运行。中华人民共和国国防部网站域名为www.mod.gov.cn,目前开通中英文两种版本。

中华人民共和国国防部网站是国防部官方网站,主要发布中国国防和军队建设的权威信息,旨在对外传播中国国防政策,加强对外交流与合作,展示中国军队威武之师、文明之师、和平之师的良好形象,促进国防和军队现代化建设。

"3rd-IFIP 计算机辅助创新(CAI)国际会议"在哈尔滨市举行

8月21日

全国人大常委会委员长吴邦国 国务院总理温家宝在北京分别会见塞尔维亚总统鲍里斯·塔迪奇

吴邦国在会见塔迪奇时说,中塞是传统友好国家,彼此不存在任何历史遗留问题和现实障碍,双方相互尊重、相互信任、相互支持、互利合作。中塞战略伙伴关系的建立,进一步提升了双边友好合作关系的水平,符合两国的根本利益和两国人民的共同愿望。中方愿与塞方携手努力,保持政治对话,加强经贸合作,扩大人文交流,推动中塞关系不断向前发展。他强调,中国全国人大重视同塞尔维亚议会的关系,愿继续保持双方友好交往,为两国关系发展注入新活力。

塔迪奇表示,相信在塞中战略伙伴关系精神的指引下,两国各领域合作将取得更多成果。

温家宝在会见塔迪奇时说,中塞关系有着坚实的政治基础和良好的社会基础,两国在广泛领域存在共同利益。双方要以建立战略伙伴关系为契机,深化互信与合作,更好地造福两国人民。他表示,中国政府愿与塞方密切配合,认真落实达成的各项共识和协议。当前重点是携手应对国际金融危机,要积极促进企业之间的人员和信息交流,支持相互投资和开拓市场,鼓励金融机构为重大项目提供融资服务。相信通过双方共同努力,中塞经贸合作将会达到新的水平。

塔迪奇表示,塞方愿同中方进一步加强政府各部门之间的往来和对话,扩大经贸和投资合作,推进基础设施建设等领域重点合作项目。

甲型H1N1流感应对与准备国际科学研讨会在北京举行

国务院副总理李克强出席开幕式并致辞。

李克强说,人类的进步、世界的繁荣,总是在克服各种困难中不断前行的。重大传染病是人类面临的共同挑战。在经济全球化、信息全球化深入发展的今天,公共卫生事件也呈现全球化的趋势。国际社会应凝聚力量、携手合作,共同遏制包括甲型H1N1流感在内的重大传染病在全球的传播。中国愿进一步加强国际合作,不断提高科学应对公共卫生事件的能力,有效地防控重大传染病,为维护中国人民和世界人民的健康权益作出应有贡献。

本次会议由中国卫生部、世界卫生组织和《柳叶刀传染病学》医学杂志共同举办。有关国家(地区)卫生机构负责人、国际组织和非政府组织代表、国内外专家学者等共600多人参加了会议。会期从21日至23日。中国卫生部部长陈竺主持了21日上午的开幕式。

2009中国青岛国际海洋节国际帆船周开幕

此次帆船周共安排了六项帆船赛事。其中三项,即山东省帆船帆板青少年锦标赛、"城投杯"国际青少年OP级帆船赛、"中能杯"海上舢板比赛已经结束;帆船周活动中将迎来"鲁商杯"青岛国际帆船赛、"城投杯"全国470级帆船精英赛和"市长杯"大连—青岛胜利股份帆船拉力赛三项赛事。

全国近四千家景点免费开放

据国家发改委网站介绍,全国共免费开放博物馆、纪念馆、全国爱国主义教育示范基地和城市休闲公园3955个,其中,免费开放博物馆、纪念馆和全国爱国主义教育示范基地1007个。

最高人民法院原副院长黄松有被开除党籍和公职

《人民日报》报道,中共中央纪委对最高人民法院原副院长黄松有严重违纪违法问题日前进行了立案检查。经查,黄松有利用职务上的便利,为他人谋取利益,收受巨额钱款;违反规定,收受礼金;生活腐化。

黄松有的上述行为严重违反党纪政纪,其中有的问题已涉嫌犯罪。根据《中国共产党纪律处分条例》《中华人民共和国公务员法》的有关规定,经中央纪委常委会审议并报中共中央批准,决定给予黄松有开除党籍、开除公职处分;将其涉嫌犯罪问题及线索移送司法机关依法处理。

8月22日

中共中央总书记胡锦涛在新疆考察

8月22日至25日，胡锦涛在新疆维吾尔自治区党委书记王乐泉和自治区政府主席努尔·白克力等陪同下，到阿克苏、昌吉、克拉玛依、石河子、乌鲁木齐等地，深入乡村、林场、社区、企业和部队营区，实地了解新疆经济社会发展情况，看望慰问各族干部群众和执行维稳戍边任务的部队官兵。总书记勉励新疆各族干部群众一手抓改革发展，一手抓团结稳定，加快建设繁荣富裕和谐的社会主义新疆，努力在中国特色社会主义道路上创造新疆更加美好的明天。

考察期间，胡锦涛听取了新疆维吾尔自治区党委和政府的工作汇报。

国务院总理温家宝在浙江考察

8月22日至24日，温家宝先后来到丽水、温州的多家企业，就经济运行尤其是中小企业生产经营情况进行调研。他还于22日、23日晚两次主持召开会议，分别听取企业负责人意见和浙江省委、省政府工作汇报。

温家宝指出，要全面、正确地理解中央确定的宏观经济政策和应对国际金融危机的一揽子计划的内涵：一是加大财政投入，全面扩大内需，重点加强民生工程、基础设施、生态环保项目建设，实行结构性减税，增强消费需求对经济增长的拉动力，使中国经济向更加均衡、可持续的发展方式转变。二是实施适度宽松的货币政策，保持市场流动性合理充裕，着重调整信贷结构，提高信贷质量和效益，加强对农业、中小企业等薄弱环节的支持，努力增强信贷对经济社会发展支持的均衡性和可持续性。三是大范围实施产业振兴规划，全面推进产业结构调整和优化升级。实行兼并重组，淘汰落后产能，防止重复建设，发展先进生产力。四是大力推进科技进步和创新，加快实施国家中长期科学和技术发展规划，突破一批核心技术和关键共性技术，加快企业技术改造，为可持续发展提供科技支撑。五是大幅度提高社会保障水平。继续提高企业退休人员基本养老金、失业保险金和工伤保险金标准，提高城乡低保和农村五保等保障水平，在全国开展新农保试点，积极推进医药卫生体制改革。实施更加积极的就业政策，重点解决高校毕业生和农民工就业问题。他强调，一揽子计划决不是单纯的基本建设投资计划，而是扩大国内需求、调整振兴产业、加强科技支撑、强化社会保障有机结合，拉动经济增长和改善民生、增加就业有机结合，克服当前困难和促进长远发展有机结合，标本兼治、远近结合的综合性计划，既是保增长、保民生、保稳定的应急之举，也是推动中国经济实现科学发展的长远之策。一揽子计划最直接、最重要的目标，是扭转经济增速下滑趋势、保持经济平稳较快增长，其实质和核心是解决制约中国经济发展的结构性问题，加快转变发展方式，全面提升经济发展的质量和水平。

温家宝指出，虽然我国经济运行中的积极因素不断增多，出现了企稳向好的势头，但也要清醒地看到，经济回升的基础还不稳定、不巩固、不平衡，决不能盲目乐观。一是国际金融危机的前景还有较大不确定性，外部需求下滑的压力依然很大，可能延续较长时间。二是经济发展还缺乏应对危机、克服困难的内在动力和活力，国家政策的支持对于企业和经济的发展还起着重要的支撑作用。三是因外需减弱使国内一些行业产能过剩的矛盾凸显，对工业和经济增速回升形成较大制约。四是受客观条件限制特别是经济运行规律制约，短期内大幅度扩大内需的难度很大。一些短期政策的效应有可能逐步递减，中长期政策见效尚需时日，经济运行还面临不少新的困难和问题。因此，保持宏观政策的连续性和稳定性，促进经济平稳较快发展仍然是我们的首要任务，不能有丝毫的懈怠和动摇。必须把保增长、保就业、保稳定与防范风险、调整结构结合起来，切不可顾此失彼。必须坚定不移地贯彻执行中央已经确定的方针政策，继续巩固经济企稳回升的势头。

国家副主席习近平在内蒙古调研

8月22日至25日，习近平先后来到呼伦贝尔、满洲里、包头、鄂尔多斯、呼和浩特等地，深入农牧区、边防口岸、企业、社区、学校等进行调研。习近平对改革开放以来特别是近些年来内蒙古经济社会发展和民族团结进步取得的显著成绩给予充分肯定。

调研中，习近平来到呼和浩特市政务服务中心和大召前街棚户区改造工程现场，实地察看改善民生、为民办实事情况。他指出，各级党委和政府要在推动科学发展进程中切实解决好民生问题，多办顺民心、解民忧、增民利的实事好事，让各族群众共享改革发展成果。在呼和浩特市赛罕区学府花园路社区退休干部杨仲黎家，习近平征求他对加强社区建设的意见，对他讲真话、讲实话、坦诚提出自己的建议表示赞赏。

习近平还实地考察了党建工作，详细了解学习实践活动情况，要求在做好第二批活动收尾工作的同时，精心做好第三批活动的准备工作。习近平强调，发展民族地区经济文化和各项社会事业，关键在于有一支素质高、作风实、形象好的干部队伍。要坚持德才兼备、以德为先的用人标准，形成选人用人靠工作、靠实绩、靠人品、靠公认的风气。要认真落实基层党建工作责任制，统筹抓好农牧区、国有企业、城市社区和机关、学校、“两新”组织等各个领域基层党组织建设，不断提高基层党建工作水平。

调研结束时，习近平召开了内蒙古各级干部座谈会。

公安部部长孟建柱在北京走访慰问公安英烈家属和公安英模

由公安部组织的全国公安机关“弘扬英烈精神、永葆忠诚本色”主题慰问活动22日启动。国务委员、公安部部长孟建柱上午在北京走访慰问公安英烈家属和公安英模时强调，公安机关要满怀真情地去走访慰问，传递党和政府的温暖，大力弘扬公安英烈精神，激励公安民警永葆忠诚本色，坚定不移地做中国特色社会主义事业的建设者和捍卫者。

孟建柱在走访慰问时强调，各级公安机关要在全力以赴做好新中国成立60周年大庆活动安保工作的同时，扎实开展好走访慰问活动，传递党和国家的关心、爱护、体恤，帮助解决实际困难和问题。还要结合走访慰问情况，进一步加强和改进公安优抚工作，不断增强公安机关的凝聚力和战斗力。

由教育部 中央电视台共同制作的大型公益节目《开学第一课》在北京长城脚下录制完成

今年《开学第一课》以爱国主义教育为主题，全国中小学生将在秋季新学期开学时收看，并以主题班会的辅助形式，思考“我们应该怎样爱国”。

北京奥组委正式宣布解散

北京奥组委下午在北京奥运大厦举行简短仪式，国际奥委会会旗、国际残奥委会会旗、北京奥运会会旗、北京残奥会会旗在音乐声中徐徐降下。北京奥组委机关部分代表和闻讯赶来的一些原奥组委工作人员参加了降旗仪式。

北京奥组委成立于2001年12月13日，在党中央、国务院坚强领导下，在全国人民的支持参与下，圆满完成了北京奥运会、北京残奥会的各项筹备工作，成功举办了一届“有特色、高水平”的北京奥运会和残奥会。

北京奥组委解散后，个别未尽事宜将由北京奥组委善后办公室继续处理。

8月23日

国务院副总理李克强在青海考察

8月23日至25日，李克强先后来到西宁市、海西蒙古族藏族自治州和海东地区，深入企业车间，走进田间地头和农户家庭，着重就西部地区经济发展和西部大开发情况进行调研。

考察期间，李克强听取了青海省委省政府的工作汇报，充分肯定近年来青海经济社会发展取得的成绩和广大干部群众为推进西部大开发、维护民族团结社会稳定作出的重要贡献。希望他们再接再厉，锐意进取，努力建设富裕文明和谐的新青海，不断巩固各民族共同团结奋斗、共同繁荣发展的良好局面。

中央纪委印发《设立“小金库”和使用“小金库”款项违纪行为适用〈中国共产党纪律处分条例〉若干问题的解释》

为规范财政秩序，严肃财经纪律，深入贯彻落实科学发展观，惩处设立“小金库”和使用“小金库”款项违纪行为，确保“小金库”治理工作取得实效，现对设立“小金库”和使用“小金库”款项违纪行为适用《中国共产党纪律处分条例》若干问题解释如下：

一、本解释所称“小金库”，是指违反法律、法规及其他有关规定，应列入而未列入符合规定的单位账簿的各项资金(含有价证券)及其形成的资产。

二、党和国家机关、人民团体、事业单位、国有和国有控股企业及其内设机构有设立“小金库”行为的，对负有责任的领导人员和其他直接责任人员中的共产党员(以下统称有关责任人员)，依照本解释追究责任。

三、有设立“小金库”行为的，对有关责任人员，依照《中国共产党纪律处分条例》第一百二十六条的规定追究责任。

四、使用“小金库”款项吃喝、旅游、送礼、进行娱乐活动或者以其他方式挥霍的，对有关责任人员，依照《中国共产党纪律处分条例》第七十八条的规定追究责任。

五、使用“小金库”款项新建、改建、扩建、装修办公楼或者培训中心等的，对有关责任人员，依照《中国共产党纪律处分条例》第一百二十六条的规定追究责任。

六、使用“小金库”款项提高福利补贴标准或者扩大福利补贴范围、滥发奖金实物或者有其他超标准支出行为的，对有关责任人员，依照《中国共产党纪律处分条例》第一百二十六条的规定追究责任。

七、使用“小金库”款项报销应由个人负担的费用的，对有关责任人员，依照《中国共产党纪律处分条例》第七十二条的规定追究责任。

八、以单位名义将“小金库”财物集体私分给单位职工的，对有关责任人员，依照《中国共产党纪律处分条例》第八十四条的规定追究责任。

九、有设立“小金库”或者使用“小金库”款项行为,并且有本解释规定之外的其他违纪行为需要合并处理的,对有关责任人员,依照《中国共产党纪律处分条例》第二十五条的规定追究责任。

十、对在治理“小金库”工作中有弄虚作假、压案不查、对抗检查、拒不纠正、销毁证据、突击花钱、打击报复举报人等行为的,从重处理。

对在治理“小金库”工作中不负责任,造成严重不良后果的部门和单位,追究主要负责人的责任。

十一、有设立“小金库”或者使用“小金库”款项行为,情节较轻,且能够按照有关规定认真自查自纠的,可以免予处分。

有设立“小金库”或者使用“小金库”款项行为,情节较重,但能够按照有关规定自查自纠的,可以减轻或者从轻处分。

有设立“小金库”或者使用“小金库”款项行为,情节严重,但能够按照有关规定自查自纠的,可以从轻处分。

十二、中共中央办公厅、国务院办公厅《关于深入开展“小金库”治理工作的意见》(中办发〔2009〕18号)印发后再设立或者变换方式继续设立“小金库”的,对有关责任人员,按照组织程序先予免职,再依据本解释追究责任。

国务委员刘延东出席西藏三大重点文物维修工程竣工庆典并讲话

刘延东指出,保护文化遗产,事关文化传承、历史延续,事关民族团结、祖国统一。随着西藏三大重点文物保护维修工程竣工,更大规模的文化遗产保护工作即将拉开序幕。她要求从国家、民族、历史负责的高度,重视和加强文化遗产保护工作,贯彻基本方针,凝聚工作合力,服务科学发展,充分发挥文化遗产在传承优秀历史文化传统,增强民族凝聚力,实现经济社会又好又快发展中的重要作用。

中国运动员白雪获得在柏林举行的田径世锦赛女子马拉松项目冠军

8月24日

十一届全国人大常委会第十次会议在人民大会堂举行

会议继续审议人民武装警察法草案、关于修改部分法律的决定草案、行政强制法草案,审议可再生能源法修正案草案、国务院关于应对气候变化工作情况的报告等。

吴邦国委员长主持会议。

根据通过的议程,会议首先听取了全国人大法律委员会副主任委员刘锡荣作的关于人民武装警察法草案审议结果的报告。法律委员会认为,为了规范和保障人民武装警察部队依法履行职责,制定人民武装警察法是必要的,草案基本可行,建议本次常委会会议审议通过。

会议听取了全国人大法律委员会副主任委员李适时作的关于全国人大常委会关于修改部分法律的决定草案审议结果的报告。法律委员会认为,为了使正在形成并不断完善的中国特色社会主义法律体系更加科学、统一、和谐,通过法律清理,对现行法律中存在的与经济社会发展不相适应,法律之间明显不一致、不衔接的规定作出修改,是必要的,草案基本可行,建议本次常委会会议审议通过。

行政强制法是一部规范行政强制的设定和实施,保障和监督行政机关依法履行职责,维护公共利益和社会秩序,保护公民、法人合法权益的重要法律。草案于2005年12月十届全国人大常委会第十九次会议进行了初次审议,于2007年10月十届全国人大常委会第三十次会议进行了再次审议。根据本届常委会立法规划,法律委员会、法制工作委员会在前两次审议的基础上,认真研究了常委会组成人员和各方面的意见,对草案作了进一步修改。会议听取了全国人大法律委员会副主任委员乔晓阳作的关于行政强制法草案修改情况的汇报。

可再生能源法通过实施后,对加快推动我国可再生能源开发利用产生了非常重要的作用,不仅成为我国可再生能源发展的重要法律保障,在国际上也产生了积极良好的影响。但随着近年来我国可再生能源产业快速发展,可再生能源法实施中存在的一些问题逐步暴露出来。对此全国人大代表也通过代表议案和代表建议多次反映。为认真办理代表议案和建议,有效解决法律实施中的突出问题,全国人大环境与资源保护委员会讨论通过了可再生能源法修正案草案。全国人大环境与资源保护委员会主任委员汪光焘对修正案草案作了说明。

受国务院委托,国家发展和改革委员会副主任解振华向会议作了国务院关于应对气候变化工作情况的报告。解振华说,气候变化是人类社会可持续发展面临的重大挑战。引起气候变化的原因,既有自然因素,也有人为因素,在人为因素中,主要是由于工业革命以来人类活动特别是发达国家工业化过程的经济活动引起的。面对气候变化的严峻挑战,我国以对中华民族和全人类长远发展高度负责的精神,主张通过切实有效的国际合作,坚持《联合国气候变化框架公约》和《京都议定书》基本框架,坚持“共同但有区别的责任”原则,坚持可持续发展,携手努力,共同应对。气候变化既是环境问题，也是发展问题，但归根到底是发展问题，最终要靠可持续发展加以解决。我国坚定不移地走可持续发展道路，结合国民经济和社会发展规划，制定了应对气候变化国家方案，采取了一系列政策和措施，取得了积极成效。下一阶段，重点做好七个方面的工作：一是将应对气候变化纳入国民经济和社会发展规划；二是继续抓好国家方案的落实；三是大力发展绿色经济；四是增强适应气候变化能力；五是强化应对气候变化综合能力建设；六是加强法制和体制机制建设；七是积极开展国际交流与合作。

会议还听取了全国人大常委会代表资格审查委员会主任委员黄镇东作的关于个别代表的代表资格的报告，审议了有关任免案。

全国人大常委会副委员长王兆国、路甬祥、乌云其木格、韩启德、华建敏、陈至立、周铁农、李建国、司马义·铁力瓦尔地、蒋树声、陈昌智、严隽琪、桑国卫出席会议。国务委员兼国务院秘书长马凯、最高人民法院院长王胜俊、最高人民检察院检察长曹建明等列席会议。

全国政协主席贾庆林在人民大会堂会见韩国国会议员前副议长李相得和来京出席第九届“中韩知名人士论坛”的韩方代表团

贾庆林向客人介绍了中国应对国际金融危机的主要举措，并就当前东北亚地区安全局势与对方交换了意见。

李相得表示，在当前国际金融危机蔓延的情况下，韩中两国进一步加强合作意义重大。韩方珍视与中方的友谊，愿通过加强各领域的交流与合作，推动两国战略合作伙伴关系持续发展。

国务院副总理回良玉参加国家防总国家减灾委召开的联席会议并讲话

回良玉指出，今年以来，我国遭受了比较严重的自然灾害，区域性极端暴雨、阶段性严重干旱、局地性强风飑线、高频次登陆台风历史罕见，给我国经济社会发展和人民生命财产安全带来严重影响。在党中央、国务院的正确领导下，各地区各有关部门高度重视、密切配合，国家防总和国家减灾委精心组织、科学调度，广大军民团结协作、全力抗灾救灾，暴雨强度大但防范有序，台风影响广但防御有力，干旱程度重但减灾有效，夺取了防汛抗旱减灾的阶段性重大胜利。

回良玉指出，当前我国北方部分地区降水偏少，旱情严重，且旱情主要发生在粮食主产区，发生在秋季作物形成产量的关键乳熟期，目前还没有大的缓解，同时南方部分地区旱象开始露头。我们必须充分认识当前旱情的严峻性和抗旱工作的艰巨性。同时，我们还必须看到，受全球气候变暖影响，我国气候变化起伏大、差异大，突发性极端灾害天气频发多发，监测预报和抗灾救灾工作的难度不断增加，我们必须充分认识天气形势的复杂性，充分估计发生各种灾害的可能性。

回良玉强调，当前我国经济出现企稳向好的态势，秋季作物正处产量形成的关键时节，做好防汛抗旱和减灾救灾工作，对巩固和发展农业农村好形势，对稳定经济社会大局，具有至关重要的意义，我们必须毫不松懈地做好防汛抗旱和减灾救灾工作。一要加强领导，落实责任。各级领导干部要继续深入一线，靠前指挥，协调好人力、物力、财力，及时研究解决防汛抗旱和减灾救灾工作中的困难和问题。二要坚持以人为本，科学防控。切实把确保人民生命安全和妥善安排受灾群众生活放在首位，进一步加强灾害性天气的监测和预警预报，加强防洪工程的安全管理，切实细化防范和应急措施。三要统筹兼顾，突出重点。对可能发生的各种灾害，都要作出全面的评估和有效的应对预案。当前要高度重视北方地区抗旱减灾工作，认真抓好防异常台风、防秋汛、防秋冬连旱工作。四要协调联动，强化配合。各地区、各有关部门要各负其责，紧密配合，团结协作，进一步形成防汛抗旱和减灾救灾合力。五要加强建设，提升能力。增加防灾投入，加强应急演练，完善基层抗灾救灾组织，提高有效保障能力。

国务院发出《关于进一步深化化肥流通体制改革的决定》

各省、自治区、直辖市人民政府，国务院各部委、各直属机构：

1998年以来，各地区、各有关部门认真贯彻落实《国务院关于深化化肥流通体制改革的通知》(国发〔1998〕39号)精神，积极稳妥地推进化肥流通体制改革，化肥产业得到持续快速发展。为进一步深化化肥流通体制改革，调动各方面参与化肥经营的积极性，不断提高为农服务水平，满足农业生产发展需要，现作出如下决定：

一、放开化肥经营限制

取消对化肥经营企业所有制性质的限制，允许具备条件的各种所有制及组织类型的企业、农民专业合作社和个体工商户等市场主体进入化肥流通领域，参与经营，公平竞争。申请从事化肥经营的企业要有相应的住所，申请从事化肥经营的个体工商户要有相应的经营场所；企业注册资本(金)、个体工商户的资金数额不得少于3万元人民币；申请在省域范围内设立分支机构、从事化肥经营的企业，企业总部的注册资本(金)不得少于1000万元人民币；申请跨省域设立分支机构、从事化肥经营的企业，企业总部的注册资本(金)

不得少于3000万元人民币。满足注册资本(金)、资金数额条件的企业、个体工商户等可直接向当地工商行政管理部门申请办理登记,从事化肥经营业务。企业从事化肥连锁经营的,可持企业总部的连锁经营相关文件和登记材料,直接到门店所在地工商行政管理部门申请办理登记手续。

二、规范企业经营行为

化肥经营者应建立进货验收制度、索证索票制度、进货台账和销售台账制度,相关记录必须保存至化肥销售后两年,以备查验。化肥经营应明码标价,化肥的包装、标识要符合有关法律、法规规定和国家标准。化肥生产和经营者不得在化肥中掺杂、掺假,以假充真、以次充好或者以不合格商品冒充合格商品。化肥经营者要对所销售化肥的质量负责,在销售时应主动出具质量保证证明,如果化肥存在质量问题,消费者可根据质量保证证明依法向销售者索赔。化肥经营者应掌握基本的化肥业务知识,并应主动向化肥使用者提供化肥特性、使用条件和方法等有关咨询服务。

三、鼓励连锁集约经营

国家鼓励大型化肥生产、流通企业以及具备一定实力和规模的社会资本通过兼并重组等方式,整合资源,发展连锁和集约化经营。对建设和完善区域性化肥交易市场以及化肥储备、经营与现代物流设施的,各级政府要积极予以扶持。化肥交易市场要建立、健全化肥产品质量管理制度,不断完善交易规则,有效保护客户的合法权益。

四、强化市场监督管理

各地区和有关部门要切实加强对化肥经营放开后的市场监管工作。农业部门应当定期对可能危害农产品质量安全的肥料进行监督抽查,并公布抽查结果。质检部门要加强化肥生产源头质量监管,加强检查,严厉查处有效含量不足、掺杂使假、标识欺诈、计量违法等行为。工商部门要加强化肥经营主体监管,加大对销售假冒伪劣化肥、虚假广告等坑农害农行为的查处力度,督促经营者建立和完善购销台账、索证索票制度,开展化肥市场信用分类监管,推进化肥市场信用体系建设。价格部门要加强对哄抬价格、串通涨价、价格欺诈以及不按规定明码标价等行为的查处。海关系统要严厉打击化肥走私。各有关部门要加强信息共享,协同开展农资打假,提高行政效能。要大力普及化肥知识,提高农民群众维权能力,畅通举报投诉渠道。要建立、健全有关法律、法规,依法加强监督管理工作。地方各级人民政府要维护公平竞争的市场秩序,坚决破除地方保护主义。

国务院

2009年8月24日

中宣部部长刘云山出席深入开展民族团结宣传教育活动电视电话会议并讲话

中宣部、教育部、国家民委今天召开深入开展民族团结宣传教育活动电视电话会议,中宣部部长刘云山在讲话中强调,要高举维护祖国统一、维护社会稳定、维护社会主义法制、维护人民群众根本利益的旗帜,高举各民族大团结的旗帜,牢牢把握各民族共同团结奋斗、共同繁荣发展的主题,深入开展民族团结宣传教育活动,引导全社会牢固树立汉族离不开少数民族、少数民族离不开汉族、各少数民族之间也相互离不开的思想观念,巩固发展平等团结互助和谐的社会主义民族关系,坚定自觉地维护国家统一和民族团结,坚定自觉地促进改革发展和社会和谐。

中宣部、教育部、国家民委的负责同志作了发言。中央和国家机关有关部门、中央新闻单位负责同志在主会场出席会议,各省区市有关方面负责同志在各地分会场出席会议。

国务院副总理王岐山在新加坡主持中新双边合作联委会第六次会议

国务院副总理王岐山和新加坡副总理黄根成共同主持会议。

王岐山说,新加坡在东盟有重要影响。中新加强合作,有利于两国关系和各自发展,也有利于推动中国与东盟合作,促进地区和平与繁荣。明年是两国建交20周年,希望双方以此为契机,进一步发掘潜力,推动两国关系再上新台阶。

黄根成表示,在互信、友谊和合作精神指导下,新中关系近年来得到迅速发展。今年1月1日正式生效的新中自由贸易协定为两国关系注入新的活力,也向世界发出共同抵御全球贸易保护主义的积极信息。他说,新方高度评价中华人民共和国成立60年尤其是改革开放30年取得的巨大成就,赞赏中国在当今国际事务中扮演着越来越重要的角色。他说,新方对中国的未来抱有信心,愿与中方在各方面紧密合作,将两国关系提升到新的水平。

联委会还就双方在高科技、新加坡参与中国地区发展、中国企业"走出去"、人力资源开发、中新自贸协定等方面合作,深入交换了意见,达成重要共识。

国务院副总理王岐山主持在新加坡召开的苏州工业园区联合协调理事会第十一次会议

国务院副总理王岐山在新加坡会见新加坡总理李显龙

王岐山说,刚刚结束的中新双边合作联合委员会第六次会议、苏州工业园区联合协调理事会第十一次会议和天津生态城联合协调理事会第二次会议取得圆满成功。双方就双边关系和各领域合作进行了系统的回顾和总结,就苏州工业园区的未来发展和天津生态城的规划建设进行了深入讨论,双方一致赞同,共同努力不断开辟双边合作的新领域。

李显龙首先祝贺王岐山与新方共同主持双边会议取得圆满成功。他表示近年来新中关系发展迅速,合作内涵不断扩大。双方在苏州工业园区方面的合作日益成熟,天津生态城建设合作有了良好开端。两国在合作中相互学习,相互受益。新中同处亚洲,在当前国际经济金融形势仍面临严峻挑战背景下,双方应加强合作,共同应对不断变化的外部环境的挑战,推动地区和全球经济加快复苏。

广州2010亚残运会组委会成立大会在广州举行

全国人大常委会副委员长桑国卫在北京参加由中国药学会组织的国家药品应急体系建设研究研讨会并讲话

桑国卫表示,药品应急体系是维护国家战略安全、社会稳定和人民群众利益的重要保障,针对目前我国救灾期间出现的药品保障信息不对称等问题,我国应切实加强国家药品应急体系建设。

桑国卫指出,建设国家药品应急体系,要坚持四个体现。一是体现科学发展观,以人为本;二是体现居安思危,预防为主;三是体现军地结合、军民结合;四是体现纵向、横向的衔接与联合。

桑国卫说,国家药品应急做得好不好主要靠的是平时储备,要把工作重点前移,注重日常的应急药品管理。要在平时练好内功,将应急药品配备好、储备足,才能在危急时派上大用场。医药企业和储备单位要特别重视这一点。应对突发事件,关键是要实行统一指挥、分级负责、协调配合、科学应对。国家药品应急体系建设也要坚持统一领导、协同应对,要建立统一和规范的管理指挥系统,确定平时如何统一管理,危急时如何统一指挥,从中央到地方如何传递信息,各部门间如何协调联络。此外,药品应急体系还要与国家医药卫生应急保障体系相匹配,融入国家整体的应急保障体系中。

浙江省委原常委省纪委原书记王华元被开除党籍和公职

《人民日报》报道,中央纪委对浙江省委原常委、省纪委原书记王华元严重违纪违法问题进行了立案检查。经查,王华元利用职务上的便利,为他人谋取利益,本人及亲属收受巨额钱款;违反规定,收受巨额礼金礼品;多次到境外赌博;生活腐化。

王华元的上述行为严重违反党纪政纪,其中有的问题已涉嫌犯罪。根据《中国共产党纪律处分条例》《中华人民共和国公务员法》的有关规定,经中央纪委常委会审议并报中共中央批准,决定给予王华元开除党籍、开除公职处分;将其涉嫌犯罪问题及线索移送司法机关依法处理。

8月25日

中共中央总书记胡锦涛出席新疆维吾尔自治区干部大会并发表重要讲话

胡锦涛在讲话中指出,乌鲁木齐"7·5"事件是一起由境内外"三股势力"精心策划组织的打砸抢烧严重暴力犯罪事件,给各族群众生命财产造成极大损失,给社会稳定造成严重破坏。在党中央、国务院坚强领导下,自治区党委和政府、中央和国家机关有关部门、部队、生产建设兵团紧急行动起来,紧紧依靠新疆各族干部群众,坚决制止暴力犯罪,恢复了乌鲁木齐社会稳定。胡锦涛代表党中央、国务院和中央军委,向全区各族干部群众,向部队官兵、民兵预备役人员和公安民警,向生产建设兵团干部职工,致以崇高的敬意,向在平息这起事件斗争中壮烈牺牲的同志和在这起事件中不幸遇难的无辜群众表示沉痛的哀悼,向他们的亲属表示诚挚的慰问。

胡锦涛强调,这场斗争的胜利充分显示了党和人民的力量,充分显示了我国社会主义制度的力量,充分显示了各族人民大团结的力量。事实证明,新疆各族人民共同团结奋斗的政治基础、思想基础、群众基础是深厚牢固的,分裂势力不得人心、是注定要失败的,他们的破坏活动动摇不了新疆改革发展稳定大局,动摇不了新疆各族人民在中国共产党领导下建设繁荣富裕和谐的社会主义新疆的坚强决心。

胡锦涛强调,新中国成立以来特别是改革开放以来,在党的正确领导下,在中央和全国各地大力支持下,新疆各族干部群众艰苦奋斗、锐意进取,使新疆一穷二白的落后面貌得到彻底改变,天山南北发生了翻天覆地的变化。新疆进入了经济社会快速发展、综合实力明显增强、各族群众得实惠最多的时期。面对新形势新任务,做好新疆工作要坚持以邓小平理论和"三个代表"重要思想为指导,深入贯彻落实科学发展观,坚定不移贯彻中央关于新疆发展和稳定的总体部署,大力实施稳疆兴疆、富民固边战略,坚持以经济建设为中心、进一步推动经济社会又好又快发展,坚持维护社会大局稳定、进一步促进安定和谐,坚持把加强民族团结作为实现长治久安的根本之策、进一步巩固和发展各民族大团结，着力推动科学发展，着力深化改革开放，着力改善人民生活，全面推进经济建设、政治建设、文化建设、社会建设以及生态文明建设，全面做好党的建设各项工作，加快建设繁荣富裕和谐的社会主义新疆，加快实现全面建设小康社会和社会主义现代化建设的宏伟目标。按照这个总体要求，做好新疆工作关键是要处理好发展和稳定的关系，始终坚持一手抓改革发展，一手抓团结稳定，自觉做到“三个不动摇”。

一是要坚持以经济建设为中心不动摇。新疆的问题归根到底要靠加快发展、科学发展来解决。只有坚持聚精会神搞建设、一心一意谋发展，使新疆经济社会发展取得长足进步、各族群众生活得到明显改善，才能更加坚定各族群众坚持和发展中国特色社会主义的信心和决心。要始终把走科学发展道路、加快发展作为解决新疆问题的根本途径，始终把提高各族人民生活水平作为一切工作的根本出发点和落脚点，不为任何困难所惧，不为任何干扰所惑，千方百计加快发展，切实抓好发展这个第一要务。要把中央关于加快新疆发展的决策部署同新疆实际紧密结合起来，转变发展观念、创新发展模式、提高发展质量，推动经济发展方式转变和经济结构调整，充分发挥自身优势和潜力，强化农业基础地位，加快优势资源开发，强化基础设施建设，继续推进改革开放，大力发展社会事业，着力保障和改善民生，切实做好应对国际金融危机冲击、保持经济平稳较快发展各项工作，把保增长、保民生、保稳定的要求落到实处，推动经济社会又好又快发展。

二是要坚持维护社会大局稳定不动摇。社会稳定是新疆发展的前提和保障。要坚持稳定压倒一切的思想，把维护新疆稳定作为当前新疆最重要最紧迫的任务，把促进改革发展同维护社会稳定有机结合起来，确保新疆社会大局稳定。历史和现实告诉我们，保持新疆社会稳定，首先要旗帜鲜明地维护祖国统一、反对民族分裂。要坚持标本兼治、重在治本，落实各项治本措施，提高各族干部群众思想觉悟，做好新形势下群众工作，正确处理人民内部矛盾，筑牢保持稳定的社会基础，切实维护祖国统一、维护民族团结、维护社会稳定。

三是要坚持各民族共同团结奋斗、共同繁荣发展不动摇。民族团结是新疆各族人民的生命线，是做好新疆一切工作的重要保证。要高举各民族大团结旗帜，坚定不移贯彻落实党的民族政策和宗教政策，坚持和完善民族区域自治制度，深入持久开展民族团结宣传教育活动，大力推进民族团结进步事业，引导各族干部群众牢固树立汉族离不开少数民族、少数民族离不开汉族、各少数民族之间也相互离不开的思想，打牢民族团结的思想基础，推动各民族和睦相处、和衷共济、和谐发展，始终做到同呼吸、共命运、心连心，巩固和发展平等团结互助和谐的社会主义民族关系。

胡锦涛指出，贯彻落实中央关于新疆工作的大政方针，加快推进新疆经济社会发展，切实维护祖国统一、维护民族团结、维护社会稳定，关键在党，关键在各级领导干部。要紧紧围绕党的十七大对党的建设作出的总体部署，以加强党的执政能力建设和先进性建设为主线，结合开展深入学习实践科学发展观活动，全面推进党的思想建设、组织建设、作风建设、制度建设和反腐倡廉建设，特别是要加强基层党组织建设和干部队伍建设，培养造就更多德才兼备的少数民族干部，增强各级党组织的创造力、凝聚力、战斗力，为新疆改革发展稳定提供坚强保证。新疆各族干部在十分艰苦的条件下忘我工作，付出了巨大辛劳和心血。党和人民将永远铭记新疆一代又一代各族干部为祖国建立的卓越功绩。希望新疆各族干部像天山雪松、绿洲白杨、戈壁红柳、沙漠胡杨一样植根和挺立于新疆大地，热爱新疆山山水水，热爱新疆各族人民，自觉肩负起党和人民的重托，以造福各族群众为己任，不断创造无愧于党、无愧于祖国、无愧于人民的业绩。

胡锦涛强调，支持少数民族和民族地区加快发展是中央的一项基本方针，也是推进西部大开发的首要任务。做好新疆工作决不仅仅是新疆的事情，而是整个国家的事情。实践证明，中央支持新疆加快发展的政策措施是有力有效的，不仅要继续贯彻落实，而且要不断加大力度。中央将一如既往大力支持新疆经济社会发展，采取重大措施改善各族群众生产生活条件，推动新疆实现跨越式发展。

胡锦涛在讲话中要求新疆生产建设兵团努力为新疆发展和稳定作出新的更大的贡献，要求驻疆部队增强卫国戍边的责任感和使命感，巩固和发展解放军离不开各族人民、各族人民离不开解放军的军政军民关系，积极参加和支持新疆开发建设。

会议由新疆维吾尔自治区党委书记王乐泉主持。

中央办公厅主任令计划，中央政策研究室主任王沪宁等出席会议。

新疆维吾尔自治区党政军和新疆生产建设兵团领导、区直各部门和各地州市主要负责人、兵团各师和有关单位主要负责人、驻疆部队正师职以上干部以及中央驻疆单位主要负责人等参加会议。

全国政协主席贾庆林在人民大会堂会见以美国前众议长纽特·金里奇为团长的美国对外政策理事会代表团

贾庆林说，今年是中美建交 30 周年。30 年来，中美关系取得了历史性进展,成为当今世界最重要、最具活力和发展潜力的双边关系之一,给两国和两国人民带来了实实在在的利益,也受到了世界人民的支持和欢迎。当今世界正处于大变革大调整时期,中美两国在事关人类和平与发展的一系列重大问题上肩负着重要责任,拥有广泛的共同利益和广阔的合作空间。希望两国从政府到民间各个层面都能抓住机遇,积极推进对话与合作,推动中美关系朝着积极合作全面的方向发展,共同为世界的和平稳定与繁荣发展作出新的更大的贡献。

金里奇说,当前国际金融危机仍在发展,世界经济发展前景不明,美国经济正在重大调整。中国的发展对世界具有重要意义。美国应加强与中国的战略互信与合作,共同应对各种挑战,建立和谐的美中关系,以实现两国和世界的繁荣与发展。

贾庆林还介绍了新中国成立60年来经济社会发展成就和应对当前国际金融危机的情况。

金里奇祝贺新中国成立60年来取得的惊人成就,相信中国未来60年会更加辉煌。

《人民日报》发表评论员文章《唱响各民族大团结的主旋律》

日前,中央办公厅、国务院办公厅印发了《关于深入开展民族团结宣传教育活动的意见》;8月24日,中央和国家有关部门又联合召开电视电话会议,就这项工作进行动员部署。中央决定在全国深入开展民族团结宣传教育活动,是巩固和发展平等团结互助和谐的社会主义民族关系、维护改革发展稳定大局的重要举措。

新中国成立60年来,我国民族团结进步事业走过了非凡历程,取得了伟大成就,令人鼓舞、催人奋进。但也要看到,我国民族关系不断巩固的同时,也面临着许多新情况、新问题。加强民族团结,事关实现全面建设小康社会的奋斗目标,事关建设中国特色社会主义事业全局,事关国家长治久安。开展民族团结宣传教育是一项长期的战略任务,也是一项现实的紧迫工作。

开展民族团结宣传教育活动,要牢牢把握主题、突出思想内涵,在全社会唱响各民族大团结大发展大繁荣的主旋律。各民族共同团结奋斗、共同繁荣发展是中国特色社会主义民族关系的本质要求,也是新时期我国民族工作的鲜明主题。教育活动一定要牢牢把握这个主题,引导全社会不断增强对中华民族的归属感、对中华文化的认同感、对伟大祖国的自豪感。活动还要注意突出内涵,从理论和实践、历史和现实的结合上,多角度地进行宣传阐释,把我国民族团结的历史渊源和现实基础讲清楚,把党的民族理论和民族政策讲透彻,把民族团结进步事业的成就和前景讲充分,大力普及民族知识。

开展民族团结宣传教育活动,要紧密联系实际、创新方式方法,切实增强宣传教育活动的针对性和吸引力。各地区发展情况千差万别,各民族风俗习惯也不一样,必须坚持从实际出发,区分层次、区别对象,努力增强宣传教育的针对性实效性,切实使宣传教育活动更好地贴近实际、贴近生活、贴近群众。还要注意创新方式方法,积极适应社会生活的新变化,适应现代传播手段发展的新趋势,适应群众参与意识日益增强的新形势,大力改进创新,多运用各族群众喜闻乐见的形式,多搭建各族群众乐于参与的平台,多开辟各族群众便于接受的传播渠道,努力增强宣传教育的吸引力、感染力。

开展民族团结宣传教育活动,要抓住重点、扩大覆盖,使宣传教育活动深入各族人民、走进千家万户。民族团结宣传教育是面向各个民族的宣传教育,既要在少数民族干部群众中开展,也要在汉族干部群众中开展。各地要采取切实有效的措施,拓宽教育渠道,扩大覆盖范围,把宣传教育活动覆盖到广大农村、企业、社区、学校、机关和军营等基层单位,覆盖到新经济组织和新社会组织,覆盖到各行各业和各族群众。同时,要突出重点。注重在青少年中,在广大党员干部特别是领导干部中,在理论界、教育界、知识界,在民族地区加大宣传教育力度,力争形成全民受教育、人人促团结的生动局面。

开展民族团结宣传教育,意义重大、责任重大,各地各部门要按照中央文件精神和任务分工要求,把民族团结宣传教育活动同新中国成立60周年庆祝活动结合起来,同深入学习实践科学发展观活动结合起来,同保增长、保民生、保稳定工作结合起来,以强烈责任感使命感把这项活动组织好、开展好,把民族团结进步事业维护好、发展好。

国务院副总理王岐山在新加坡分别会见新加坡内阁资政李光耀和总统纳丹

在会见李光耀时,王岐山高度评价李光耀长期以来为推动中新关系发展作出的重要贡献。王岐山还介绍了当前中国经济形势和应对国际金融危机的举措,表示面对外部环境变化,中国作为发展中大国最重要的就是把自己的事情做好,认真贯彻好科学发展观,在应对挑战中转变发展方式,调整产业结构,保持经济平稳较快增长。

李光耀欢迎王岐山访新并主持中新双边会议,认为这体现了中方对发展新中关系的重视。他说,新加坡对中国的发展始终充满信心,认为没有任何力量能阻挡中国前进的脚步。

在会见纳丹时，王岐山表示，此次访问新加坡并主持召开中新双边会议，主要是通过回顾总结就两国关系的发展和各重要领域的合作深入交换意见，双方就此达成广泛共识，一致同意要抓住新机遇，开拓新领域，推动两国关系有新发展。他指出，中新两国地缘、文化相近，共同利益广泛，合作前景广阔，已形成政治上高度互信、经济上互利共赢、多领域合作齐头并进的良好局面。中方对当前两国关系发展的良好势头感到满意。

王岐山说，今年1月1日正式生效的中新双边自贸协定是两国经济关系发展新的里程碑。双方应开拓进取，探讨新的合作方式，提升合作水平。中方愿与新方共同努力，在克服金融危机的不利影响、共同反对贸易保护主义等方面加强合作。

纳丹说，当前新中关系发展良好。两国间密切的高层交往和各领域合作的丰硕成果充分反映了两国关系发展强劲有力。新方在与中国的合作中受益良多。他说，新方高度关注并评价中国的发展和中国坚持和平友好、平等互利的外交政策。新中在经济等许多方面有着共同的利益和需求。双方今后应进一步加强互利合作，加强在重大国际问题上的沟通协调，共同应对挑战。

王岐山还介绍了上海世博会有关情况。纳丹表示，新方高度重视并将积极参与上海世博会。

五大自治区成就展在北京民族文化宫举行

这次展览通过图片、文字、影视展播和场景复原等多种形式，充分介绍和展示了我国内蒙古、新疆、广西、宁夏、西藏5个自治区经济社会发展、民族团结进步等各项事业取得的辉煌成就，用事实说明只有坚持中国共产党的领导、坚持中国特色社会主义道路、坚持民族区域自治制度、坚持各民族地区的全面发展进步，才能实现国家的繁荣稳定和中华民族的伟大复兴。

全国绿化委员会国家林业局授予山西省“全国生态建设突出贡献奖”

8月26日

全国人大常委会委员长吴邦国 国家副主席习近平等出席在人民大会堂举行的纪念耿飚同志诞辰100周年座谈会

全国人大常委会副委员长王兆国在座谈会上发表讲话。

座谈会由国务委员兼国务院秘书长马凯主持。中国人民解放军副总参谋长侯树森，外交部部长杨洁篪，中央对外联络部部长王家瑞，全国人大常委会副秘书长、机关党组书记王万宾，湖南省委副书记梅克保先后发言。有关方面负责人和耿飚同志的亲属、生前友好出席座谈会。

中共中央政治局委员 全国人大常委会副委员长王兆国在纪念耿飚同志诞辰100周年座谈会上的讲话

同志们，朋友们：

今天，我们怀着崇敬的心情在这里举行座谈会，纪念耿飚同志诞辰100周年，深切缅怀他为中国人民的解放事业和社会主义建设事业建立的不朽功勋，追思和学习他为国家、为民族、为人民不懈奋斗的崇高品质和始终不渝的革命精神。

耿飚同志是中国共产党的优秀党员，久经考验的忠诚的共产主义战士，无产阶级革命家、军事家、外交家。耿飚同志的一生，是革命的一生，光辉的一生，战斗的一生，全心全意为人民服务的一生。

1909年8月26日，耿飚同志生于湖南省醴陵县北乡严家冲一户贫苦农民家庭。他13岁到银矿局当童工，从小受尽地主资本家的残酷剥削和压迫。在党组织的教育和引导下，他开始懂得马克思主义的道理，立下救国救民，为共产主义事业奋斗终生的远大志向，走上为民族独立和人民幸福而奋斗的道路。他积极参加工人的罢工斗争，并于1925年5月加入了中国共产主义青年团。1926年冬，耿飚同志按照党的指示，同其他同志一道，从敌人的兵工厂秘密运出一批枪支，武装水口山工人赤卫队，开展革命武装斗争。不久耿飚同志受党派遣回醴陵，组建并率领农民赤卫队参加醴陵暴动和十万农军攻长沙。1928年8月他转为中国共产党党员。在大革命失败，党的组织和革命力量遭受严重损失后，他几经辗转，于1929年8月回到浏阳，找到党的组织，并担任中共浏(阳)醴(陵)县委直接领导的醴北游击队队长，积极开展游击斗争，配合主力红军作战。1930年9月，耿飚同志率领游击队参加红军。他历任师司令部参谋、师干部教导队队长、作战教育科科长、团长和参谋长，先后参加了中央苏区历次反“围剿”和漳州战役等重大作战行动，打了许多硬仗、恶仗。中央红军长征中，为掩护中央纵队和突破敌人四道封锁线，他率部攻克古陂，激战九峰山，夜渡潇水河，奔袭道州城，血战湘江边，强渡乌江，作出了重要贡献，得到毛泽东同志的赞扬。遵义会议召开前夕，耿飚同志率领红四团攻克天险娄山关，占领桐梓、牛栏关、松坎等地，并向北实施警戒，保证了遵义会议的顺利召开。1935年初遵义会议后，耿飚同志任红一军团第一师参谋长，协助师首长率部参加四渡赤水、再克遵义、南渡乌江，从云南境内巧渡金沙江，抢渡大渡河，配合兄弟部队夺占泸定桥等重要战役战斗。他积极贯彻毛泽东同志的军事战略方针，鼓舞部队斗志，为中央红军突破国民党军队的围追堵截，摆脱险境，赢得战略转移的主动权作出了贡献。红军长征抵达陕北后，他率部参加直罗镇战役和东征战役。在攻打甘泉时颈部负重伤，仍坚持指挥战斗。三大主力红军会师后，1936年12月，耿飚同志任红四方面军第四军参谋长。他认真执行党的政策，努力消除张国焘错误路线的影响，为加强红军内部团结做了大量工作，同时接应和救援了许多失散的红军西路军官兵。

抗日战争全面爆发后，耿飚同志担任八路军第一二九师第三八五旅副旅长兼参谋长，率部驻守陇东，保卫陕甘宁边区。针对国民党顽固派军队在陇东制造的反共摩擦事件，他坚决执行党的抗日民族统一战线方针政策，进行了有理、有利、有节的斗争，将摩擦制造者抓获，摧毁反共顽固派巢穴，击退了顽军的进攻。1944年秋，耿飚同志陪同美军驻延安观察组成员赴晋察冀抗日根据地，随后任晋察冀军区司令部副参谋长兼联络处处长。1945年8月，他与晋察冀军区其他首长果断指挥部队向盘踞在张家口的日伪军发起进攻，一举收复这座被日军占领多年的塞外重镇，为贯彻党中央的战略意图，开辟向东北进军的通道奠定了基础。在八年全国性抗战中，耿飚同志浴血杀敌，奋勇作战，为夺取抗战胜利做了贡献。

抗日战争胜利后，耿飚同志于1946年1月至9月任北平军事调处执行部中共代表团副参谋长兼交通处处长；并被授予少将军衔。他在叶剑英同志领导下，参加国共两党和美国方面组成的三方参谋长会议，同国民党破坏和平、挑起内战的阴谋进行了坚决斗争。

全国解放战争时期，耿飚同志回到晋察冀军区，任晋察冀军区副参谋长兼野战军参谋长。他先后参与组织了正太战役、青沧战役、保北战役。在战略进攻阶段，他参与指挥了著名的清风店战役、石家庄战役。1948年5月任华北军区第二兵团参谋长。1949年1月，任中国人民解放军第十九兵团(即著名的杨罗耿兵团)副司令员兼参谋长，率部参加了平津战役、太原战役、宁夏战役。平津战役发起后，中央军委命令第二兵团兵出紫荆关，切断平绥线，包围敌第三十五军，以保证全歼国民党军平津守军。耿飚同志与杨得志、罗瑞卿同志一起，率领部队顶风冒雪，昼夜兼程，以惊人的毅力长驱800里，包围并最终歼灭了敌第三十五军。杨罗耿兵团以卓著的战功威名远扬。耿飚同志戎马征程20余年，为全国解放战争的胜利作出了重要贡献。

新中国成立以后，耿飚同志投身于外交战线，于1950年年初到外交部工作。他先后担任中国驻瑞典大使兼驻丹麦、芬兰公使，驻巴基斯坦大使，外交部党委委员、副部长，驻缅甸、阿尔巴尼亚大使等职。在周恩来总理和陈毅副总理的直接领导下，耿飚同志认真贯彻中央的外交方针和政策。作为新中国派驻西方国家的第一位大使，他积极创造条件，认真开展对外交往，努力促进我国同驻在国的友好关系，深入宣传我国的内外政策和建设成就，为扩大新中国在西方国家的影响做了大量卓有成效的工作。他与瑞典、丹麦、芬兰三国的经贸部门及经贸界人士积极交往，创造了我国同西方国家开展贸易和经济合作的契机。在任驻巴基斯坦、缅甸大使期间，耿飚同志积极推动中巴、中缅政府和人民之间的友好往来以及经贸、文化等方面的交流与合作，为中巴、中缅睦邻友好关系的发展作出了不懈努力。巴基斯坦政府曾经专门向耿飚同志颁发勋章，以表彰他对增进中巴友谊的功绩。缅甸政府领导人也多次赞扬耿飚同志为发展中缅友好合作关系所做的贡献。担任外交部副部长期间，他协助陈毅副总理兼外交部部长处理了大量涉外事件，参与或主持起草了一批重要的外交文件。耿飚同志在20多年的外交生涯中，为开创和发展新中国的外交事业作出了重大贡献，树立了我国老一辈外交家的崇高风范。

“文化大革命”中，面对林彪、江青一伙的严重干扰和破坏，耿飚同志坚持原则，坚定不移地执行中央制定的各项政策，同林彪、江青一伙进行了针锋相对的斗争，遭受了残酷迫害。在逆境中，耿飚同志坚贞不屈，表现了无产阶级革命家无私无畏的气概。1969年，在党的九大上，他当选为中共中央委员。1971年1月起，耿飚同志任中共中央对外联络部部长，在艰难的环境中努力开拓党的对外工作新局面。他顶住压力，坚决落实党的干部政策，在一定范围内平反冤假错案，把一大批干部解放出来，从“五七干校”调回部里恢复工作，并充实到各级领导班子中去。他按照周恩来总理的指示，坚决纠正“四人帮”在对外交往工作中“左”的错误做法，积极恢复和扩大我党对外交往工作。他向中央提出恢复同南斯拉夫共产主义者联盟和其他一些共产党的关系，并同各国社会党、民族民主政党建立联系和交往的建议。他十分重视对国际问题的研究，强调将研究工作与党的对外工作相结合，并在总结历史经验的基础上，提出了发展党际关系的一些重要原则。1973年，在党的十大上，耿飚同志再次当选为中共中央委员。1976年10月6日，党中央粉碎“四人帮”反党集团，他当晚奉党中央之命，到中央广播事业局掌握了被“四人帮”长期控制的广播电台、电视台。他在担任中央宣传口负责人期间，为消除“四人帮”在宣传舆论战线的破坏和影响做了大量工作。他不同意“两个凡是”的主张，支持关于真理标准问题的讨论。他呼吁尽快让邓小平、陈云等一大批老同志重新出来工作,还就为“天安门事件”平反,审判“四人帮”等问题,向中央提出了建议。

1977年,在党的十一大和十一届一中全会上,耿飚同志当选为中央委员、中央政治局委员。1978年3月,耿飚同志任国务院副总理,负责处理外交事务,并分管民航总局、旅游总局和军工部门的工作。根据他的建议,国务院、中央军委决定将民航和空军分开。他多次召开会议,推动和规划我国旅游事业的发展。1979年1月,他担任中央军委常委、秘书长,协助军委主席、副主席处理中央军委日常工作。1981年3月兼任国防部部长。1982年5月任国务委员兼国防部部长。他坚决贯彻党的十一届三中全会的路线、方针、政策,贯彻党中央和中央军委的决策、指示,为推动我国改革开放和社会主义现代化建设事业,为新时期国防和军队现代化建设事业作出了重要贡献。他积极参与推动军队的改革和建设,在加强和改进政治思想工作、推动军事训练、恢复军队院校、加强军事科研、建立干部交流制度等方面,做了大量工作。1980年,根据邓小平同志关于军队要“消肿”和改革体制的指示精神,耿飚同志主持制定了《中央军委关于军队精简整编的方案》。这个方案经报军委常委会议和中央批准下发执行,对军队的精简整编起了重要作用。1982年至1992年,耿飚同志担任中共中央顾问委员会委员、常委。

1983年6月,耿飚同志当选为第六届全国人民代表大会常务委员会副委员长,并兼任全国人大外事委员会主任委员。在全国人大工作期间,他坚持党的基本路线,认真履行宪法赋予的职责,围绕改革开放和社会主义现代化建设大局积极开展工作,为坚持和完善人民代表大会制度,促进社会主义民主和法制建设作出了重要贡献。他主持起草了关于中华人民共和国全国人民代表大会加入各国议会联盟的报告,并率领全国人大代表团出席在日内瓦举行的“各国议会联盟”第七十一届大会。他兼任全国人大外事委员会主任委员期间,全国人大外事委员会根据我国的对外方针、政策,利用多种渠道,采取灵活多样的形式,积极开展同各国议会的交往和联系,坚持了我国独立自主的和平外交政策以及对一系列重大国际问题的原则立场,促进了国家之间友好关系的发展。

耿飚同志离开领导岗位后,仍然关心党和国家大事,多次给党中央、中央军委写信,提出有关经济建设、国防和军队建设的建议。他十分关心人民疾苦,多次为贫困地区和灾区群众捐款捐物。他热心老龄事业和农村精神文明建设。他坚持党的基本路线,在思想上和行动上始终同党中央保持高度一致,对党和国家的前途充满信心。

同志们,朋友们!

耿飚同志在70多年的革命生涯中,为党和人民事业呕心沥血,以毕生的精力实践了为共产主义事业奋斗终生的誓言。他的光辉业绩将永远载入中华民族的史册,他的高尚品格和革命精神,永远值得我们学习和怀念。

我们纪念耿飚同志,就是要学习他坚定的共产主义信念和坚强的党性原则,永远对党对人民赤胆忠心。耿飚同志一生历经革命斗争和各种艰难复杂环境的考验,遭受种种磨难,但他始终保持强烈的革命事业心和高度的政治责任感,不怕困难,不畏艰险,始终忠于革命,忠于党的事业。一张红军时期的党证,耿飚同志十分珍惜,伴随他经历了无数次枪林弹雨的洗礼,至今仍保存完好。在十年内乱中,耿飚同志始终立场坚定,旗帜鲜明,同林彪、江青反革命集团的倒行逆施进行坚决斗争。

我们纪念耿飚同志,就是要学习他求真务实,敢于说真话,反对弄虚作假和敷衍塞责的崇高品质。耿飚同志在外交工作中,善于将原则的坚定性和策略的灵活性统一起来,针对不断发展变化的形势提出自己的独到看法和创造性见解,表现出很高的政策水平和斗争艺术,积累了丰富的经验。在任驻阿尔巴尼亚大使期间,他向中央提出了关于改进外交和外援工作的意见。毛主席看了报告后说:“耿飚敢说真话,反映真实情况,是个好大使。”

我们纪念耿飚同志,就是要学习他勤于学习,注重调查研究,工作严谨细致的优良作风。耿飚同志十分重视调查研究,对于任何工作,他总是强调,要深入基层,深入实际,力求掌握真实情况,并根据形势发展变化适时提出政策建议。耿飚同志一生担任过许多部门和单位的领导职务,在每一个工作岗位,他总是注意进行实地考察,强调将研究工作与各项具体工作结合起来,总结历史经验,集中各方面智慧和力量,提出解决办法,为中央决策提供可靠依据。

我们纪念耿飚同志,就是要学习他严于律己,大公无私,从不计较个人名利地位的高尚品德。耿飚同志在生活上从不搞特殊,对家属子女和身边工作人员要求十分严格,始终保持了艰苦奋斗的政治本色。他待人宽厚,作风民主,善纳群言,勇于批评和自我批评,能够团结同志一道工作。他密切联系群众,注意体察民情,想方设法为群众解决实际困难,获得了人民的爱戴。

同志们,朋友们!

当前,全党全国各族人民正在全面贯彻党的十七大精神,深入贯彻落实科学发展观。我们纪念耿飚同志,就是要继承老一辈无产阶级革命家的遗志,做好今天的各项工作。让我们更加紧密地团结在以胡锦涛同志为总书记的党中央周围,高举中国特色社会主义伟大旗帜,以邓小平理论和“三个代表”重要思想为指导,深入贯彻落实科学发展观,继续解放思想,坚持改革开放,推动科学发展,促进社会和谐,以各方面工作的优异成绩迎接新中国成立60周年!

国务院总理温家宝主持召开国务院常务会议研究部署抑制部分行业产能过剩和重复建设

会议指出,为应对国际金融危机的冲击,今年以来,按照“保增长、扩内需、调结构”的总体要求,国家制订了重点产业调整和振兴规划,出台了控制总量、淘汰落后、兼并重组、自主创新等一系列推动结构调整的政策措施。目前,政策效应已初步显现,企业生产经营困难情况有所缓解,产业发展总体向好。但部分产业结构调整进展不快,一些行业产能过剩、重复建设问题仍很突出,不仅钢铁、水泥等产能过剩的传统产业仍在盲目扩张,风电、多晶硅等新兴产业也出现重复建设倾向。当前,我国经济正处于企稳回升的关键时期,必须认真落实科学发展观,在保增长中更加注重推进结构调整,坚决抑制部分行业的产能过剩和重复建设,大力发展符合市场需求的高新技术产业和服务业。要把握好调整的方向、力度和节奏,切实转变经济发展方式,提高经济发展的质量和效益,促进经济全面协调可持续发展。

会议强调,要坚持控制增量和优化存量相结合,分类指导和有保有压相结合,培育新兴产业和提升传统产业相结合,市场引导和宏观调控相结合,综合运用法律、经济、技术、标准以及必要的行政手段,协调产业、环保、土地和金融政策,形成引导产业健康发展的合力。当前要重点加强对钢铁、水泥、平板玻璃、煤化工、多晶硅、风电设备等行业发展的指导。一要严格市场准入。进一步加强钢铁等产能过剩行业项目审批管理,不得下放审批权限,严禁化整为零、违规审批。严格核发螺纹钢、线材、水泥等产品生产许可证。提高能源消耗、环境保护、资源综合利用等方面的准入门槛。对多晶硅等新兴产业要建立和完善准入标准。二要强化环境监管。加强对区域产业规划的环境影响评价,并将其作为受理审批区域内高耗能项目环境影响评价文件的前提。未通过环境评价审批的项目,一律不准开工建设。达不到污染物排放标准或超过排污总量指标的生产企业必须限期治理,限期治理不合格的必须停产处理。三要严格依法依规供地用地。对不符合产业政策和供地政策的项目,一律不批准用地。对未按规定履行审批手续的项目,一律不得供应土地。四要实行严格的有保有控的金融政策。按重点产业调整和振兴规划以及相关产业政策要求发放贷款。严格发债、资本市场融资审核程序。五要建立信息发布制度。建立部门联合发布信息制度,加强行业产能及产能利用率的统一监测,适时向社会发布产业政策导向及产业规模、社会需求等信息。充分发挥行业协会作用,引导企业和投资者落实国家产业政策和行业发展规划,加强行业自律,提高行业整体素质。要深化改革,从体制上解决产能过剩的深层次问题。

会议讨论并原则通过了《中华人民共和国石油天然气管道保护法(草案)》。会议决定,《中华人民共和国石油天然气管道保护法(草案)》经进一步修改后,由国务院提请全国人大常委会审议。

国务院发出《关于表彰全国民族团结进步模范集体和模范个人的决定》

各省、自治区、直辖市人民政府,国务院各部委、各直属机构:

2005年全国民族团结进步表彰大会以来,全国各族人民在党中央、国务院领导下,积极投身改革开放和社会主义现代化建设的伟大实践,各地区、各行业涌现出一大批认真贯彻执行党和国家民族政策,为巩固和发展平等、团结、互助、和谐的社会主义民族关系,促进少数民族和民族地区经济社会发展作出重要贡献的模范集体和模范个人,他们是推进我国民族团结进步事业的优秀代表。为彰显模范集体和模范个人的先进思想和模范事迹,促进我国民族团结进步事业的发展,进一步激励全国各族人民为夺取全面建设小康社会新胜利、开创中国特色社会主义事业新局面而努力奋斗,国务院决定授予739个集体全国民族团结进步模范集体荣誉称号,授予749人全国民族团结进步模范个人荣誉称号。希望受到表彰的模范集体和模范个人,珍惜荣誉,再接再厉,继续在改革开放和社会主义现代化建设中发挥模范表率作用,为民族团结进步事业作出新的更大贡献。

全国各族人民要以民族团结进步模范为榜样,学习他们热爱祖国、维护民族团结和国家统一的崇高品质,学习他们和睦相处、和衷共济的优良品德,学习他们积极进取、甘于奉献的高尚风格,学习他们求真务实、开拓创新的奋斗精神。要更加紧密地团结在以胡锦涛同志为总书记的党中央周围,高举中国特色社会主义伟大旗帜,以邓小平理论和“三个代表”重要思想为指导,深入贯彻落实科学发展观,紧紧围绕“共同团结奋斗,共同繁荣发展”的民族工作主题,全面贯彻执行党和国家的民族政策和民族法律、法规,坚持和完善民族区域自治制度,开拓进取,扎实工作,为夺取全面建设小康社会新胜利,实现中华民族的伟大复兴而努力奋斗。

国务院

2009年9月26日

国务院副总理李克强在北京主持召开全国污染源普查领导小组会议

李克强强调，解决污染问题，既要做好“治”，更要注重“防”。要加大结构调整力度，促进产业升级，淘汰落后产能，大力发展循环经济、绿色经济和环保产业，最大程度地提高资源利用效率，最大限度地减少污染排放。他指出，治理污染必须依法严格监管，要进一步加大环境执法力度，健全环境保护激励和约束机制，落实环保责任和问责制度，推动环境管理从末端监管向全方位监管转变，建设资源节约型、环境友好型社会。

李克强说，全国污染源普查是一次重大的国情调查。要继续做好普查工作，为普查成果开发应用做好准备，全面掌握环境污染的新情况新特征，准确把握环境状况的新变化新趋势，统筹处理好经济发展与环境保护等关系，探寻新思路，谋划新举措，推动环保工作不断迈上新水平，推动生态文明建设不断取得新进展。

全国污染源普查领导小组成员单位和有关部门负责人参加了会议。环境保护部部长周生贤等在会上就污染源普查工作情况作了汇报。

《人民日报》发表评论员文章《民族区域自治制度成功实践的生动展示》

60年风雨兼程，60年春华秋实。在即将迎来新中国成立60周年的喜庆日子里，内蒙古、新疆、广西、宁夏、西藏五个少数民族自治区成就展在北京开幕了。透过一幅幅富有冲击力的图片、一组组翔实有力的数据，少数民族地区流光溢彩的发展成就跃然眼前，民族区域自治制度的巨大优越性自然呈现。展览是我国民族区域自治制度成功实践的一次生动展示，是献给新中国60华诞的一份厚礼。

自1947年在内蒙古成立第一个省级自治区起，我国民族区域自治制度已走过60多年的历程。60多年来，我国民族区域自治制度坚持将民族因素与区域因素相结合，既充分考虑了促进少数民族和民族地区发展的要求，又充分考虑了维护国家统一、促进民族团结的要求；既充分尊重我国多民族发展的历史传统，又正确反映我国现实国情的客观要求，成为中国特色社会主义政治发展道路的重要组成部分。作为我国的一项基本政治制度，民族区域自治制度早在1954年召开的第一届全国人民代表大会上，就被载入了《中华人民共和国宪法》。此后，我国《宪法》虽经多次修改，但有关民族区域自治制度的规定基本没变。迄今为止，我国共建立了155个民族自治地方，包括5个自治区、30个自治州、120个自治县(旗)，并以1173个民族乡作为补充。

通过这个展览，我们看到了60年来少数民族地区经济、政治、文化、社会各个方面所取得的巨大进步，更看到了民族区域自治这一“中国模式”的强大生命力。

“多谢了……我今已有好茶饭，更有山歌敬亲人。”一曲悠扬的山歌响起在广西展厅，富裕起来的壮乡儿女自改歌词，表达喜悦之情。数据之中见真章，数据之中看变化。五大自治区中，内蒙古自治区国内生产总值由1947年成立时的5.3亿元跃升至2008年的7761.8亿元，经济发展增速7年位居全国第一；宁夏回族自治区由1958年成立时的3.29亿元增至2008年的1070亿元；西藏自治区由1965年成立时的3.27亿元增至2008年的395.91亿元，连续8年保持12%以上的增长速度；新疆维吾尔自治区由1955年成立时的12亿元增至2008年的4203亿元；广西壮族自治区则由1958年成立时的146亿元增至2008年的7171亿元……

60年的实践证明，民族区域自治制度已经成为中国特色社会主义不可缺少的组成部分，社会主义政治文明在民族问题上得到了集中体现。因为这个制度，我们巩固了平等、团结、互助、和谐的社会主义民族关系，体现了中华民族多元一体的基本格局，保证了中华民族大家庭的根本利益。

从贫穷走向富庶，从封闭走向开放，从落后走向进步——历史趋势鼓舞人心，巨大成就催人奋进！我们坚信，有中国共产党的坚强领导，有中国特色社会主义的正确道路，有民族区域自治制度的巨大优势，我国各少数民族和民族地区一定能够以更加坚定的步伐，走向充满希望的明天！

中国与美国海上军事安全磋商机制专门会议在北京举行

双方代表团团长分别为国防部外事办公室副主任关友飞和美军太平洋总部政策计划局局长鲁道夫·阿勒斯。海军副参谋长肖新年作为顾问参会。美方代表团主要成员有美国助理国防部长帮办诺尔菲·希弗。磋商后，海军参谋长苏士亮会见了美方代表团成员。

中方指出，美方在中国专属经济区海域及其上空频繁的海空侦察测量活动是造成中美海空军事安全问题的根源。美方调整舰机侦察政策，减少直至停止舰机侦察活动，是解决中美海空军事安全问题的根本方法。美方表示，愿通过中美海上军事安全磋商机制，与中方继续探讨确保双方舰机安全的有效方法。

双方同意通过中美海上军事安全磋商机制，继续就有关议题进行磋商，逐步解决中美海空军事安全问题。

中国国史学会第四届理事会成立大会在人民大会堂召开

中宣部部长刘云山出席会议，并会见与会代表。全国政协副主席、中国社会科学院院长、中华人民共和国国史学会第四届理事会会长陈奎元出席会议并讲话。

国史学会是1992年成立的旨在团结海内外一切从事国史研究的专家学者和热心国史工作的人士，推进国史研究、宣传和教育事业的学术性社会团体。根据规定，国史学会选举产生了第四届理事会。陈奎元再次当选为会长，朱佳木、张启华、李捷、张翔、李明华、王炳林等当选为副会长。

国史学会第四届理事会理事和来自中央机关、科研院所、高等院校的领导和专家学者共150余人出席了大会。

8月27日

十一届全国大常委会第十次会议在人民大会堂闭幕

会议经过表决，通过了人民武装警察法、全国人大常委会关于修改部分法律的决定，国家主席胡锦涛分别签署第17号、第18号主席令予以公布。

吴邦国委员长主持会议。

会议表决通过了全国人大常委会关于积极应对气候变化的决议。决议指出，十一届全国人大常委会第十次会议听取和审议了国务院关于应对气候变化工作情况的报告。会议充分肯定国务院在应对气候变化方面作出的不懈努力和取得的显著成效，同意报告提出的今后工作安排。会议认为，工业革命以来，人类活动特别是发达国家工业化过程中的经济活动是造成气候变化的主要人为因素。气候变化是环境问题，但归根到底是发展问题。我国正处于工业化的中期阶段、全面建设小康社会的关键时期，必须按照党的十七大提出的“把建设资源节约型、环境友好型社会放在工业化、现代化发展战略的突出位置”和“加强应对气候变化能力建设，为保护全球气候作出新贡献”的要求，坚定不移地走可持续发展道路，从我国基本国情和发展的阶段性特征出发，采取有力的政策措施，积极应对气候变化。决议内容为六个方面：一、应对气候变化是我国经济社会发展面临的重要机遇和挑战，二、应对气候变化必须深入贯彻落实科学发展观，三、采取切实措施积极应对气候变化，四、加强应对气候变化的法制建设，五、努力提高全社会应对气候变化的参与意识和能力，六、积极参与应对气候变化领域的国际合作。

会议表决通过了全国人大常委会代表资格审查委员会关于个别代表的代表资格的报告。根据全国人大常委会发布的公告，十一届全国人大代表现在实有2979人。

会议还表决通过了任免案。

完成各项议程后，吴邦国发表讲话。他说，集中开展法律清理工作，是保证中国特色社会主义法律体系科学、统一、和谐，确保到2010年形成中国特色社会主义法律体系的一项重要举措，也是本届全国人大常委会立法工作的一个重点。这次会议通过的全国人大常委会关于修改部分法律的决定，一揽子对59部法律的141个条文进行了修改，基本解决了现行法律规定中存在的与经济社会发展明显不适应、不协调的问题。这是继6月份常委会会议作出废止部分法律的决定后，法律清理工作取得的又一重要成果。下一步，就法律清理后续工作而言，我们还要抓好三件事：一是对清理中明确需要修改的其他法律，要抓紧修改工作；二是督促国务院及其有关部门抓紧制定法律的配套法规，以确保法律的有效实施；三是督促和指导有关方面进一步做好行政法规、地方性法规的清理工作。

吴邦国说，会议通过的人民武装警察法，对武警部队的性质、领导指挥体制、职责范围、义务和权利以及保障措施等作了明确规定，为武警部队执行国家赋予的安全保卫任务，履行维护国家安全和社会稳定，保护公民、法人和其他组织合法权益的职责，提供了有力的法律保障。

吴邦国说，对畜牧法进行执法检查，是这部法律实施以来的第一次。执法检查报告既充分肯定了畜牧法贯彻实施取得的成效，又指出了存在的主要问题，并提出了防止畜产品价格大起大落、开展对“瘦肉精”和磺胺类药物添加使用的集中整治、支持畜禽养殖无害化处理和资源化利用等重要建议。审议中，常委会组成人员和列席会议的同志希望有关方面高度重视，采取切实措施，促进我国畜牧业持续健康发展。

吴邦国指出，应对气候变化是全国人大代表和常委会组成人员普遍关心的问题。会议期间，常委会组成人员和列席会议的同志，认真审议国务院的专项工作报告和环资委提出的决议草案，提出了不少好的意见和建议。大家认为，全球气候变化是当今人类社会面临的共同挑战，需要国际社会携手合作、共同应对。我国作为负责任的国家，一贯高度重视气候变化问题，把资源节约、环境保护作为基本国策，把实现可持续发展作为国家战略，制定了涵盖影响气候变化各领域的法律、法规，将节能减排作为国家中长期发展规划的约束性指标，并采取了一系列相关政策措施，还积极参与应对气候变化的国际合作，为减缓和适应气候变化作出了积极贡献。全国人大常委会除积极制定和及时修改相关法律外，每年都安排听取有关专项工作报告，开展资源环境方面的执法检查，有力地支持了国务院的工作。会议经过表决，通过了全国人大常委会关于积极应对气候变化的决议。这是本次会议取得的又一项重大成果，也是全国人大常委会为应对气候变化采取的又一重大举措。决议充分肯定国务院及其有关部门的工作和取得的成效，强调应对气候变化的重要性，进一步明确了应对气候变化的指导思想、基本原则和措施要求，进一步表明了我国积极参与应对气候变化国际合作的原则立场，强调要坚持“共同但有区别的责任”原则，本着对人类生存和长远发展高度负责的精神，与国际社会一道，促进《联合国气候变化框架公约》及《京都议定书》的全面、有效和持续实施，为保护全球气候作出新的贡献。

吴邦国强调，加强对经济工作的监督，一直是常委会监督工作的一个重点。针对复杂严峻的国内外经济形势，常委会把推动中央重大决策部署贯彻落实作为今年人大监督工作的重中之重，进行统筹安排。4 月份以来的每次常委会会议都有听取审议国务院有关报告的议程。为督促今年 9080 亿元中央政府公共投资计划的有效实施，还根据人大代表的建议，选择保障性住房建设等题目主动开展专题调研，将已形成的调研情况及时转有关方面研究，并计划在 10 月份的常委会会议上听取审议有关专门委员会的专题调研报告。这些工作对推动中央重大决策部署贯彻落实，促进经济平稳较快发展，发挥了重要作用。

吴邦国说，这次会议除按惯例听取审议国务院关于今年以来国民经济和社会发展计划执行情况的报告外，还专门安排听取审议了国务院关于转变发展方式、调整经济结构情况的报告。审议中，常委会组成人员和列席会议的同志，对国务院及其有关部门所做的工作和取得的成效给予充分肯定。大家认为，在国际金融危机蔓延深化、去年四季度经济增长明显下滑的背景下，今年上半年国内生产总值实现 7.1% 的增长，国民经济呈现企稳向好势头，是相当不容易的。这是全国上下共同努力的结果。这充分说明，中央关于应对国际金融危机冲击，进一步扩大内需、促进经济增长的决策部署是完全正确的，采取的一系列政策措施是及时有效的。会议要求，各地区、各部门要把思想和行动进一步统一到中央对形势的分析判断和对工作的总体部署上来，深入贯彻落实科学发展观，促进经济平稳较快发展，确保全年经济社会发展目标顺利实现。大家指出，我国经济发展遇到的较大困难，既是遭受国际金融危机严重冲击的结果，也反映我国经济发展方式总体粗放、结构不合理的问题。大家强调，转变发展方式、调整经济结构、促进产业升级，是贯彻落实科学发展观的内在要求，是党的十七大提出的关系国民经济发展全局紧迫而重大的战略任务，也是提高我国经济国际竞争力和抗风险能力的根本举措。各地区、各部门要充分认识这项工作的重要性、紧迫性和艰巨性，妥善处理保增长与调结构的关系，坚持立足当前、着眼长远、标本兼治，化严峻挑战为发展机遇，变市场压力为调整动力，在保持经济平稳较快发展的同时，把转变发展方式、调整经济结构、促进产业升级作为主攻方向，着力做好解决当前困难与实现长远发展相结合这篇大文章，努力在转变经济发展方式上取得实质性进展。

全国人大常委会副委员长王兆国、路甬祥、乌云其木格、韩启德、华建敏、陈至立、周铁农、李建国、司马义·铁力瓦尔地、蒋树声、陈昌智、严隽琪、桑国卫出席会议。国务委员刘延东、最高人民法院院长王胜俊、最高人民检察院检察长曹建明等列席会议。

全国人大常委会公告

（十一届）第十一号

河南省人大常委会接受了崔明杰提出的辞去第十一届全国人民代表大会代表职务的请求。广东省人大常委会罢免了许宗衡、刘友君的第十一届全国人民代表大会代表职务。依照代表法的有关规定，崔明杰、许宗衡、刘友君的代表资格终止。

现在，第十一届全国人民代表大会实有代表 2979 人。

特此公告。

全国人民代表大会常务委员会

2009 年 8 月 27 日

全国人大常委会批准免职的名单

（2009 年 8 月 27 日第十一届全国人民代表大会常务委员会第十次会议通过）

批准免去柯汉民的山西省人民检察院检察长职务。

全国人大常委会免职名单

（2009 年 8 月 27 日第十一届全国人民代表大会常务委员会第十次会议通过）

一、免去王建明的最高人民检察院检察委员会委员、检察员职务。

二、免去吴德昌的最高人民检察院检察员职务。

全国人大常委会任免名单

（2009年8月27日第十一届全国人民代表大会常务委员会第十次会议通过）

一、任命刘学文为最高人民法院立案一庭庭长，免去其最高人民法院立案庭庭长职务。

二、任命郑学林为最高人民法院立案二庭庭长，免去其最高人民法院立案庭副庭长职务。

三、任命周峰为最高人民法院刑事审判第一庭庭长。

四、任命孔祥俊为最高人民法院民事审判第三庭庭长。

五、任命马迎新、姜启波为最高人民法院立案一庭副庭长，免去其最高人民法院立案庭副庭长职务。

六、任命曹巍（女）为最高人民法院立案二庭副庭长，免去其最高人民法院立案庭副庭长职务。

七、任命颜茂昆为最高人民法院刑事审判第一庭副庭长。

八、免去黄尔梅（女）的最高人民法院刑事审判第一庭庭长职务。

九、免去李武清的最高人民法院刑事审判第一庭副庭长、审判员职务。

国家主席胡锦涛签署第17号令公布《中华人民共和国人民武装警察法》

《中华人民共和国人民武装警察法》已由中华人民共和国第十一届全国人民代表大会常务委员会第十次会议于2009年8月27日通过，现予公布，自公布之日起施行。

中华人民共和国主席　胡锦涛

2009年8月27日

中华人民共和国人民武装警察法

（2009年8月27日第十一届全国人民代表大会常务委员会第十次会议通过）

第一章　总　则

第一条　为了规范和保障人民武装警察部队依法履行职责，维护国家安全和社会稳定，保护公民、法人和其他组织的合法权益，制定本法。

第二条　人民武装警察部队担负国家赋予的安全保卫任务以及防卫作战、抢险救灾、参加国家经济建设等任务。

人民武装警察部队是国家武装力量的组成部分。

第三条　人民武装警察部队由国务院、中央军事委员会领导，实行统一领导与分级指挥相结合的体制。

第四条　人民武装警察部队应当遵守宪法和法律，忠于职守，依照本法和其他有关法律的规定履行职责。

人民武装警察部队依法履行职责的行为受法律保护。

第五条　对在执行任务中作出突出贡献的人民武装警察以及协助人民武装警察执行任务有突出贡献的公民、法人和其他组织，依照有关法律、法规的规定给予表彰和奖励。

第六条　人民武装警察部队实行警衔制度，具体办法由国务院、中央军事委员会规定。

第二章　任务和职责

第七条　人民武装警察部队执行下列安全保卫任务：

（一）国家规定的警卫对象、目标和重大活动的武装警卫；

（二）关系国计民生的重要公共设施、企业、仓库、水源地、水利工程、电力设施、通信枢纽的重要部位的武装守卫；

（三）主要交通干线重要位置的桥梁、隧道的武装守护；

（四）监狱和看守所的外围武装警戒；

（五）直辖市，省、自治区人民政府所在地的市，以及其他重要城市的重点区域、特殊时期的武装巡逻；

（六）协助公安机关、国家安全机关、司法行政机关、检察机关、审判机关依法执行逮捕、追捕、押解、押运任务，协助其他有关机关执行重要的押运任务；

（七）参加处置暴乱、骚乱、严重暴力犯罪事件、恐怖袭击事件和其他社会安全事件；

（八）国家赋予的其他安全保卫任务。

第八条　调动、使用人民武装警察部队执行安全保卫任务，应当坚持严格审批、依法用警的原则。具体的批准权限和程序由国务院、中央军事委员会规定。

任何单位或者个人不得违反规定调动、使用人民武装警察部队。对违反规定调动、使用人民武装警察部队的，人民武装警察部队应当拒绝执行，并立即向上级报告。

第九条　执勤目标单位可以对在本单位担负执勤任务的人民武装警察进行执勤业务指导。

第十条　人民武装警察部队按照县级以上人民政府公安机关的部署执行安全保卫任务，可以采取以下措施：

（一）对进出警戒区域的人员、物品、交通工具进行检查，对按照规定不允许进出的，予以阻止；对强行进出的，采取必要措施予以制止；

（二）在武装巡逻中，经现场指挥员同意，对有违法犯罪嫌疑的人员当场进行盘问并查验其证件，对可疑物品和交通工具进行检查；

（三）协助执行道路交通管制或者现场管制；

（四）对聚众危害社会秩序或者执勤目标安全的，采取必要措施予以制止、驱散；

（五）根据执行任务的需要，向相关单位和人员了解有关情况或者在现场实施必要的侦察。

第十一条　人民武装警察执行安全保卫任务，发现有下列情形的人员，经现场指挥员同意，应当及时予以控制并移交公安机关、国家安全机关或者其他有管辖权的机关处理：

（一）正在实施犯罪的；

（二）通缉在案的；

（三）违法携带危及公共安全的物品的；

（四）正在实施危害执勤目标安全行为的。

第十二条　人民武装警察因执行安全保卫任务的紧急需要，经出示人民武装警察证件，可以优先乘坐公共交通工具；遇交通阻碍时，优先通行。

第十三条　人民武装警察部队因执行安全保卫任务的需要，在特别紧急情况下，经现场最高指挥员出示人民武装警察证件，可以临时使用有关单位或者个人的设备、设施、场地、交通工具以及其他物资，使用后应当及时返还，并支付适当费用；造成损失的，按照国家有关规定给予补偿。

第十四条　人民武装警察部队协助公安机关、国家安全机关执行逮捕、追捕任务，根据所协助机关的决定，协助搜查犯罪嫌疑人、被告人、罪犯的人身和住所以及涉嫌藏匿犯罪嫌疑人、被告人、罪犯或者违法物品的场所、交通工具等。

第十五条　人民武装警察执行安全保卫任务使用警械和武器，依照人民警察使用警械和武器的有关法律、行政法规的规定执行。

第十六条　人民武装警察部队执行防卫作战、抢险救灾、参加国家经济建设等任务，依照有关法律、行政法规和国务院、中央军事委员会的有关规定执行。

第三章　义务和权利

第十七条　人民武装警察执行任务，应当服从命令、听从指挥，不得滥用职权、玩忽职守。

第十八条　人民武装警察遇到公民人身、财产安全受到侵犯或者处于其他危难情形，应当及时救助。

第十九条　人民武装警察不得有下列行为：

（一）非法剥夺、限制他人人身自由，非法搜查他人的身体、物品、交通工具、住所、场所；

（二）包庇、纵容违法犯罪活动；

（三）泄露国家秘密、军事秘密；

（四）其他违法违纪行为。

第二十条　人民武装警察执行任务，应当按照规定着装，持有人民武装警察证件。

第二十一条　人民武装警察应当举止文明，礼貌待人，遵守社会公德，尊重公民的宗教信仰和风俗习惯。

第二十二条　人民武装警察享有《中华人民共和国国防法》和有关法律、行政法规规定的现役军人的权益。

人民武装警察因执行任务伤亡的，按照国家有关军人抚恤优待的规定给予抚恤优待。

第四章　保障措施

第二十三条　为了保障人民武装警察部队执行安全保卫任务，国务院有关部门、县级以上地方人民政府及其有关部门应当及时向人民武装警察部队总部、驻本行政区域的人民武装警察部队通报有关社会治安形势以及突发事件的情况。

第二十四条　人民武装警察部队执行安全保卫任务，公民、法人和其他组织应当给予必要的支持和协助。

公民、法人和其他组织对人民武装警察部队执行安全保卫任务给予协助的行为受法律保护。

第二十五条　公民、法人和其他组织协助人民武装警察部队执行任务造成人身伤亡和财产损失的，按照国家有关规定给予抚恤优待和补偿。

第二十六条　人民武装警察部队执行国家赋予的安全保卫任务及相关建设所需经费，列入中央和县级以上地方财政预算，按照国家有关规定给予保障。

第二十七条　执勤目标单位及其上级主管部门应当按照国家有关规定，为担负执勤任务的人民武装警察部队提供执勤设施、生活设施等必要的保障。

第二十八条　在有毒、粉尘、辐射、噪声等严重污染或者高温、低温、缺氧以及其他恶劣环境下的执勤目标单位执行安全保卫任务的人民武装警察，享有与执勤目标单位工作人员同等的保护条件和福利补助，并由执勤目标单位或者其上级主管部门给予保障。

第二十九条　人民武装警察部队应当根据执行任务的需要，加强对所属人民武装警察的教育和训练，提高依法执行任务的能力。

第五章　监督检查

第三十条　人民武装警察执行任务，应当接受人民政府及其有关部门以及公民、法人和其他组织的监督。

公民、法人和其他组织对人民武装警察的违法违纪行为，有权向县级以上人民政府及其有关部门或者人民武装警察部队检举、控告。

第三十一条　县级以上人民政府及其有关部门接到公民、法人和其他组织对人民武装警察违法违纪行为的检举、控告，或者发现人民武装警察在执行任务中有违法违纪行为的，应当及时通报人民武装警察部队。

第三十二条　人民武装警察部队接到公民、法人和其他组织的检举、控告，或者接到县级以上人民政府及其有关部门对人民武装警察违法违纪行为的情况通报后，应当及时查处。

第三十三条　人民武装警察部队应当对所属人民武装警察执行法律、行政法规和遵守纪律的情况进行监督检查。

第六章　法律责任

第三十四条　人民武装警察在执行任务中，不履行职责或者违抗上级决定、命令的，违反规定使用警械、武器的，或者有本法第十九条所列行为之一的，按照中央军事委员会的有关规定给予纪律处分；构成犯罪的，依法追究刑事责任。

第三十五条　违反规定调动、使用人民武装警察部队的，对直接负责的主管人员和其他直接责任人员，依法给予处分。

第三十六条　公民、法人或者其他组织妨碍人民武装警察依法执行任务，有违反治安管理行为的，由公安机关依法给予治安管理处罚；构成犯罪的，依法追究刑事责任。

第七章　附　则

第三十七条　人民武装警察部队执行戒严任务，依照《中华人民共和国戒严法》的有关规定执行。

第三十八条　本法自公布之日起施行。

国家主席胡锦涛签署第18号令公布《全国人民代表大会常务委员会关于修改部分法律的决定》

《全国人民代表大会常务委员会关于修改部分法律的决定》已由中华人民共和国第十一届全国人民代表大会常务委员会第十次会议于2009年8月27日通过，现予公布，自公布之日起施行。

中华人民共和国主席　胡锦涛

2009年8月27日

全国人民代表大会常务委员会关于修改部分法律的决定

（2009年8月27日第十一届全国人民代表大会常务委员会第十次会议通过）

第十一届全国人民代表大会常务委员会第十次会议决定：

一、对下列法律中明显不适应社会主义市场经济和社会发展要求的规定作出修改

1. 将《中华人民共和国民法通则》第七条修改为：“民事活动应当尊重社会公德，不得损害社会公共利益，扰乱社会经济秩序。”

删去第五十八条第一款第六项。

2. 删去《中华人民共和国全民所有制工业企业法》第二条第四款、第二十三条、第三十五条第一款、第五十五条。

3. 删去《中华人民共和国体育法》第四十七条。

4. 删去《中华人民共和国教育法》第五十七条第三款、第五十九条。

5. 删去《中华人民共和国防洪法》第五十二条。

二、对下列法律和法律解释中关于“征用”的规定作出修改

（一）将下列法律和法律解释中的“征用”修改为“征收、征用”

6.《中华人民共和国森林法》第十八条

7.《中华人民共和国军事设施保护法》第十二条

8.《中华人民共和国国防法》第四十八条

9.《中华人民共和国归侨侨眷权益保护法》第十三条

10.《中华人民共和国农村土地承包法》第十六条、第五十九条

11.《中华人民共和国草原法》第三十八条、第三十九条、第六十三条

12.《中华人民共和国刑法》第三百八十一条、第四百一十条

13. 全国人民代表大会常务委员会关于《中华人民共和国刑法》第九十三条第二款的解释

14. 全国人民代表大会常务委员会关于《中华人民共和国刑法》第二百二十八条、第三百四十二条、第四百一十条的解释

（二）将下列法律中的“征用”修改为“征收”

15.《中华人民共和国渔业法》第十四条

16.《中华人民共和国铁路法》第三十六条

17.《中华人民共和国城市房地产管理法》第九条

18.《中华人民共和国电力法》第十六条

19.《中华人民共和国煤炭法》第二十条

20.《中华人民共和国行政复议法》第三十条

21.《中华人民共和国农业法》第七十一条

三、对下列法律中关于刑事责任的规定作出修改

（一）将下列法律中的“依照刑法第×条的规定”、“比照刑法第×条的规定”修改为“依照刑法有关规定”

22.《中华人民共和国计量法》第二十九条

23.《中华人民共和国矿产资源法》第三十九条、第四十条、第四十三条、第四十四条、第四十八条

24.《中华人民共和国国境卫生检疫法》第二十二条

25.《中华人民共和国全民所有制工业企业法》第六十二条、第六十三条

26.《中华人民共和国野生动物保护法》第三十二

条、第三十七条

27.《中华人民共和国集会游行示威法》第二十九条

28.《中华人民共和国军事设施保护法》第三十三条、第三十四条

29.《中华人民共和国铁路法》第六十条、第六十四条、第六十五条

30.《中华人民共和国进出境动植物检疫法》第四十二条、第四十三条

31.《中华人民共和国全国人民代表大会和地方各级人民代表大会代表法》第三十九条

32.《中华人民共和国矿山安全法》第四十六条、第四十七条

33.《中华人民共和国国家安全法》第二十六条、第二十七条、第三十二条

34.《中华人民共和国教师法》第三十六条

35.《中华人民共和国红十字会法》第十五条

36.《中华人民共和国劳动法》第九十二条

37.《中华人民共和国母婴保健法》第三十六条

38.《中华人民共和国民用航空法》第一百九十四条、第一百九十六条、第一百九十八条、第一百九十九条

39.《中华人民共和国电力法》第七十一条、第七十二条、第七十四条

40.《中华人民共和国行政处罚法》第六十一条

41.《中华人民共和国枪支管理法》第四十条、第四十二条、第四十三条

42.《中华人民共和国煤炭法》第七十八条、第七十九条

(二)将下列法律中引用已纳入刑法并被废止的关于惩治犯罪的决定的规定修改为“依照刑法有关规定”

43.《中华人民共和国野生动物保护法》第三十一条

44.《中华人民共和国军事设施保护法》第三十五条

45.《中华人民共和国铁路法》第六十九条

46.《中华人民共和国烟草专卖法》第四十条、第四十二条

47.《中华人民共和国民用航空法》第一百九十一条

(三)删去下列法律中关于“投机倒把”、“投机倒把罪”的规定,并作出修改

48.将《中华人民共和国计量法》第二十八条修改为:“制造、销售、使用以欺骗消费者为目的的计量器具的,没收计量器具和违法所得,处以罚款;情节严重的,并对个人或者单位直接责任人员依照刑法有关规定追究刑事责任。”

49.将《中华人民共和国野生动物保护法》第三十五条第二款修改为:“违反本法规定,出售、收购国家重点保护野生动物或者其产品,情节严重,构成犯罪的,依照刑法有关规定追究刑事责任。”

50.将《中华人民共和国铁路法》第七十条修改为:“铁路职工利用职务之便走私的,或者与其他人员勾结走私的,依照刑法有关规定追究刑事责任。”

51.将《中华人民共和国烟草专卖法》第三十八条第一款修改为:“倒卖烟草专卖品,构成犯罪的,依法追究刑事责任;情节轻微,不构成犯罪的,由工商行政管理部门没收倒卖的烟草专卖品和违法所得,可以并处罚款。”

(四)对下列法律中关于追究刑事责任的具体规定作出修改

52.将《中华人民共和国公民出境入境管理法》第十六条修改为:“执行本法的国家工作人员,利用职权索取、收受贿赂,或者有其他违法失职行为,情节严重,构成犯罪的,依法追究刑事责任。”

53.将《中华人民共和国铁路法》第六十一条修改为:“故意损毁、移动铁路行车信号装置或者在铁路线路上放置足以使列车倾覆的障碍物的,依照刑法有关规定追究刑事责任。”

第六十二条修改为:“盗窃铁路线路上行车设施的零件、部件或者铁路线路上的器材,危及行车安全的,依照刑法有关规定追究刑事责任。”

第六十三条修改为:“聚众拦截列车、冲击铁路行车调度机构不听制止的,对首要分子和骨干分子依照刑法有关规定追究刑事责任。”

第六十六条修改为:“倒卖旅客车票,构成犯罪的,依照刑法有关规定追究刑事责任。铁路职工倒卖旅客车票或者与其他人员勾结倒卖旅客车票的,依照刑法有关规定追究刑事责任。”

54.将《中华人民共和国烟草专卖法》第三十九条修改为:“伪造、变造、买卖本法规定的烟草专卖生产企业许可证、烟草专卖经营许可证等许可证件和准运证的,依照刑法有关规定追究刑事责任。

“烟草专卖行政主管部门和烟草公司工作人员利用职务上的便利犯前款罪的,依法从重处罚。”

55.将《中华人民共和国城市房地产管理法》第七十一条第二款修改为:“房产管理部门、土地管理部门工作人员利用职务上的便利,索取他人财物,或者非法收受他人财物为他人谋取利益,构成犯罪的,依法追究刑事责任;不构成犯罪的,给予行政处分。”

56.将《中华人民共和国民用航空法》第一百九十二条修改为:“对飞行中的民用航空器上的人

员使用暴力，危及飞行安全的，依照刑法有关规定追究刑事责任。”

第一百九十三条第一款修改为：“违反本法规定，隐匿携带炸药、雷管或者其他危险品乘坐民用航空器，或者以非危险品品名托运危险品的，依照刑法有关规定追究刑事责任。”

第三款修改为：“隐匿携带枪支子弹、管制刀具乘坐民用航空器的，依照刑法有关规定追究刑事责任。”

第一百九十五条修改为：“故意在使用中的民用航空器上放置危险品或者唆使他人放置危险品，足以毁坏该民用航空器，危及飞行安全的，依照刑法有关规定追究刑事责任。”

第一百九十七条修改为：“盗窃或者故意损毁、移动使用中的航行设施，危及飞行安全，足以使民用航空器发生坠落、毁坏危险的，依照刑法有关规定追究刑事责任。”

57. 将《中华人民共和国枪支管理法》第三十九条修改为：“违反本法规定，未经许可制造、买卖或者运输枪支的，依照刑法有关规定追究刑事责任。

“单位有前款行为的，对单位判处罚金，并对其直接负责的主管人员和其他直接责任人员依照刑法有关规定追究刑事责任。”

第四十一条修改为：“违反本法规定，非法持有、私藏枪支的，非法运输、携带枪支入境、出境的，依照刑法有关规定追究刑事责任。”

58. 将《中华人民共和国兵役法》第六十二条第一款修改为：“现役军人以逃避服兵役为目的，拒绝履行职责或者逃离部队的，按照中央军事委员会的规定给予处分；构成犯罪的，依法追究刑事责任。”

四、对下列法律和有关法律问题的决定中关于治安管理处罚的规定作出修改

（一）将下列法律和有关法律问题的决定中引用的“治安管理处罚条例”修改为“治安管理处罚法”

59.《中华人民共和国兵役法》第六十四条

60.《中华人民共和国矿产资源法》第四十一条、第四十八条

61.《中华人民共和国野生动物保护法》第三十九条

62.《中华人民共和国集会游行示威法》第二十八条、第三十二条

63.《中华人民共和国铁路法》第六十七条

64.《中华人民共和国水土保持法》第三十七条

65.《中华人民共和国烟草专卖法》第四十一条

66.《中华人民共和国工会法》第五十一条

67.《中华人民共和国产品质量法》第六十九条

68.《中华人民共和国消费者权益保护法》第五十二条

69.《中华人民共和国体育法》第五十一条至第五十三条

70.《中华人民共和国民用航空法》第二百条

71.《中华人民共和国电力法》第七十条

72.《中华人民共和国行政处罚法》第四十二条

73.《中华人民共和国煤炭法》第七十六条

74.《中华人民共和国老年人权益保障法》第四十六条、第四十八条

75.《中华人民共和国人民防空法》第五十条

76.《中华人民共和国防洪法》第六十一条、第六十二条、第六十四条

77.《中华人民共和国执业医师法》第四十条

78.《中华人民共和国安全生产法》第九十四条

79.《中华人民共和国水法》第七十二条

80.《全国人民代表大会常务委员会关于惩治走私、制作、贩卖、传播淫秽物品的犯罪分子的决定》第二条、第三条

81.《全国人民代表大会常务委员会关于严惩拐卖、绑架妇女、儿童的犯罪分子的决定》第四条

82.《全国人民代表大会常务委员会关于维护互联网安全的决定》第六条

（二）对下列法律和有关法律问题的决定中关于治安管理处罚的具体规定作出修改

83. 删去《中华人民共和国全民所有制工业企业法》第六十四条第一款；

第二款修改为：“扰乱企业的秩序，致使生产、营业、工作不能正常进行，尚未造成严重损失的，由企业所在地公安机关依照《中华人民共和国治安管理处罚法》的规定处罚。”

84. 将《中华人民共和国野生动物保护法》第三十三条第二款修改为：“违反本法规定，未取得持枪证持枪猎捕野生动物的，由公安机关依照治安管理处罚法第三十二条的规定处罚。”

85. 将《中华人民共和国军事设施保护法》第三十二条、第三十三条、第三十四条中的“比照治安管理处罚条例第十九条的规定处罚”修改为“适用《中华人民共和国治安管理处罚法》第二十三条的处罚规定”。

86. 将《中华人民共和国国旗法》第十九条修改为：“在公共场合故意以焚烧、毁损、涂划、玷污、践踏等方式侮辱中华人民共和国国旗的，依法追究刑事责任；情节较轻的，由公安机关处以十五日以下拘留。”

87. 将《中华人民共和国国徽法》第十三条修改为：“在公共场合故意以焚烧、毁损、涂划、玷污、践踏等方式侮辱中华人民共和国国徽的，依法追究刑事责任；

情节较轻的,由公安机关处以十五日以下拘留。”

88.将《中华人民共和国全国人民代表大会和地方各级人民代表大会代表法》第三十九条第三款中的“依照治安管理处罚条例第十九条的规定处罚”修改为“适用《中华人民共和国治安管理处罚法》第五十条的处罚规定”。

89.将《中华人民共和国红十字会法》第十五条第二款中的“比照治安管理处罚条例第十九条的规定处罚”修改为“适用《中华人民共和国治安管理处罚法》第五十条的处罚规定”。

90.将《中华人民共和国公路法》第八十三条修改为:“阻碍公路建设或者公路抢修,致使公路建设或者抢修不能正常进行,尚未造成严重损失的,依照《中华人民共和国治安管理处罚法》的规定处罚。

“损毁公路或者擅自移动公路标志,可能影响交通安全,尚不够刑事处罚的,适用《中华人民共和国道路交通安全法》第九十九条的处罚规定。

“拒绝、阻碍公路监督检查人员依法执行职务未使用暴力、威胁方法的,依照《中华人民共和国治安管理处罚法》的规定处罚。”

91.将《全国人民代表大会常务委员会关于严禁卖淫嫖娼的决定》第三条、第四条中的“依照治安管理处罚条例第三十条的规定处罚”修改为“依照《中华人民共和国治安管理处罚法》的规定处罚”。

五、对下列法律中引用其他法律名称或者条文不对应的规定作出修改

92.将《中华人民共和国兵役法》第二十七条中的“中国人民解放军军官服役条例”修改为“《中华人民共和国现役军官法》和《中华人民共和国预备役军官法》”。

93.将《中华人民共和国气象法》第三十五条第二款中的“《中华人民共和国城市规划法》”修改为“《中华人民共和国城乡规划法》”。

94.将《中华人民共和国人民警察警衔条例》第二条修改为“人民警察实行警衔制度”。

95.将《中华人民共和国仲裁法》第六十三条中的“民事诉讼法第二百一十七条第二款”修改为“民事诉讼法第二百一十三条第二款”;第七十条、第七十一条中的“民事诉讼法第二百六十条第一款”修改为“民事诉讼法第二百五十八条第一款”。

本决定自公布之日起施行。

全国人大常委会关于积极应对气候变化的决议

(2009年8月27日第十一届全国人民代表大会常务委员会第十次会议通过)

第十一届全国人民代表大会常务委员会第十次会议听取和审议了国务院《关于应对气候变化工作情况的报告》。会议充分肯定国务院在应对气候变化方面作出的不懈努力和取得的显著成效,同意报告提出的今后工作安排。

会议认为,工业革命以来,人类活动特别是发达国家工业化过程中的经济活动是造成气候变化的主要人为因素。气候变化是环境问题,但归根到底是发展问题。我国正处于工业化的中期阶段、全面建设小康社会的关键时期,必须按照党的十七大提出的“把建设资源节约型、环境友好型社会放在工业化、现代化发展战略的突出位置”和“加强应对气候变化能力建设,为保护全球气候作出新贡献”的要求,坚定不移地走可持续发展道路,从我国基本国情和发展的阶段性特征出发,采取有力的政策措施,积极应对气候变化。为此,特做决议如下。

一、应对气候变化是我国经济社会发展面临的重要机遇和挑战

积极应对气候变化,事关我国经济社会发展全局和人民群众切身利益,事关人类生存和各国发展。长期以来,我国十分重视应对气候变化工作。1992年6月我国政府签署了《联合国气候变化框架公约》,同年底全国人大常委会正式批准。全国人大常委会先后制定和修订了节约能源法、可再生能源法、循环经济促进法、清洁生产促进法、森林法、草原法等一系列与应对气候变化相关的法律。2006年全国人民代表大会批准的《中华人民共和国国民经济和社会发展第十一个五年规划纲要》,确定了节能减排的目标任务。我国政府制定了应对气候变化国家方案,明确了应对气候变化基本原则、具体目标、重点领域、政策措施和步骤,完善了应对气候变化工作机制,实施了一系列应对气候变化的行动,为保护全球气候作出了积极贡献。我国是一个发展中国家,人口众多、资源相对不足、生态环境脆弱,正处于工业化、现代化的过程中,既要通过发展满足人民群众的需要,维护其生存权、发展权,又要切实解决长期存在的经济结构不合理、发展方式粗放、资源利用率低等问题。积极应对气候变化,既是顺应当今世界发展趋势的客观要求,也是我国实现可持续发展的内在需要和历史机遇。必须以对中华民族和全人类长远发展高度负责的精神,进一步增强应对气候变化意识,根据自身能力做好应对气候变化工作,在新的内外环境和条件下促进我国经济社会又好又快发展。

二、应对气候变化必须深入贯彻落实科学发展观

应对气候变化涉及许多领域,是复杂的系统工程。必须深入贯彻落实科学发展观,坚持节约资源和保护环境的基本国策,以增强可持续发展能力为目标,以保障经济发展为核心,以科学技术进步为支撑,加快转

变发展方式，努力控制温室气体排放，不断提高应对气候变化的能力，在新的更高起点上全面建设小康社会。坚持在可持续发展框架下，统筹国内与国际、当前与长远、经济社会发展与生态文明建设；坚持应对气候变化政策与其他相关政策相结合，协调推进各项建设；坚持减缓与适应并重，强化节能、提高能效和优化能源结构；坚持依靠科技进步和技术创新，增强控制温室气体排放和适应气候变化能力；坚持通过结构调整和产业升级促进节能减排，通过转变发展方式实现可持续发展。

三、采取切实措施积极应对气候变化

要强化节能减排，努力控制温室气体排放。大力推广节能技术和节能产品，改善能源生产和消费结构，鼓励和支持使用洁净煤技术，积极科学地发展水电、风电、太阳能、生物质能等可再生能源，推进核电建设。大力发展循环经济，淘汰落后产能和产品，不断提高资源综合利用效率。实施重点生态建设工程，增强碳汇能力。继续推进植树造林，积极发展碳汇林业，增强森林碳汇功能。采取保护性耕作、草原生态建设等措施，增加农田和草地碳汇。

要增强适应气候变化能力。加强对各类极端天气与气候事件的监测、预警、预报，科学防范和应对极端天气与气候灾害及其衍生灾害。加强农田基础设施建设，推进农业结构调整，提高农业综合生产能力。强化水资源管理，加大综合节水等技术的研发和推广力度。加强海洋和海岸带生态系统监测和保护，提高沿海地区抵御海洋灾害的能力。

要充分发挥科学技术的支撑和引领作用。加大宏观管理、政策引导、组织协调和投入力度，加强应对气候变化基础研究，增强科学判断能力。加快应对气候变化领域重大技术特别是节能和提高能效、洁净煤、可再生能源、核能及相关低碳等技术的研发和应用，探索发展碳捕获及其封存、利用技术，注重相关领域先进技术的引进、消化、吸收和再创新。

要立足国情发展绿色经济、低碳经济。这是促进节能减排、解决我国资源能源环境问题的内在要求，也是积极应对气候变化、创造我国未来发展新优势的重要举措。研究制定发展绿色经济、低碳经济的政策措施，加大绿色投资，倡导绿色消费，促进绿色增长。要紧紧抓住当今世界开始重视发展低碳经济的机遇，加快发展高碳能源低碳化利用和低碳产业，建设低碳型工业、建筑和交通体系，大力发展清洁能源汽车、轨道交通，创造以低碳排放为特征的新的经济增长点，促进经济发展模式向高能效、低能耗、低排放模式转型，为实现我国经济社会可持续发展提供新的不竭动力。

要把积极应对气候变化作为实现可持续发展战略的长期任务纳入国民经济和社会发展规划，明确目标、任务和要求。综合运用经济、科技、法律、行政等手段，全面加强应对气候变化能力建设。各级政府预算要作出相应安排，加大支持力度。不断完善产业政策、财税政策、金融政策、投资政策，建立、健全生态补偿机制，形成有利于积极应对气候变化的政策导向和体制机制。

四、加强应对气候变化的法制建设

要把加强应对气候变化的相关立法作为形成和完善中国特色社会主义法律体系的一项重要任务，纳入立法工作议程。适时修改完善与应对气候变化、环境保护相关的法律，及时出台配套法规，并根据实际情况制定新的法律、法规，为应对气候变化提供更加有力的法制保障。按照积极应对气候变化的总体要求，严格执行节约能源法、可再生能源法、循环经济促进法、清洁生产促进法、森林法、草原法等相关法律、法规，依法推进我国应对气候变化工作。要把应对气候变化方面的工作作为人大监督工作的重点之一，加强对有关法律实施情况的监督检查，保证法律、法规的有效实施。

五、努力提高全社会应对气候变化的参与意识和能力

要进一步宣传普及保护资源环境、应对气候变化的科学知识和法律、法规，充分介绍和展示我国在应对气候变化方面的措施和成效。加强对全社会尤其是青少年应对气候变化的教育，提高全民对气候变化问题的科学认识，增强企业、公众节约利用资源的自觉意识。坚持勤俭节约，倡导绿色低碳、健康文明的生活方式和消费方式，动员全社会广泛参与到应对气候变化的行动中，营造积极应对气候变化的良好社会氛围，推动整个社会走上生产发展、生活富裕、生态良好的文明发展道路。

六、积极参与应对气候变化领域的国际合作

气候变化问题是21世纪人类社会面临的严峻挑战之一，需要国际社会携手合作，共同应对。要坚持《联合国气候变化框架公约》以及《京都议定书》确定的应对气候变化基本框架，坚持“共同但有区别的责任”原则，坚持可持续发展原则。发达国家应当正视其历史累积排放的责任和当前高人均排放的现实，率先大幅度减少温室气体排放，切实兑现向发展中国家提供资金和技术转让的承诺。发展中国家在可持续发展框架下积极采取行动应对气候变化。积极开展政府、议会等多个层面和多种形式的国际合作，加强多边交流与协商，增进互信，扩大共识。坚决维护我国作为发展中国家的发展权益，坚决反对借气候变化实施任何形式的贸易保护。我国将继续建设性地参加气候变化国际会议和国际谈判，促进公约及其议定书的全面、有效和持续实施，为保护全球气候作出新贡献。

政协第十一届全国委员会第十七次主席会议在北京召开

全国政协主席贾庆林主持会议并讲话。

会议审议通过了政协第十一届全国委员会常务委员会第七次会议议程(草案)和日程,决定于9月下旬召开全国政协十一届常委会第七次会议。全国政协副主席兼秘书长钱运录对有关议题作了说明。

贾庆林在讲话中对做好近期全国政协的工作提出了三点要求。第一,以庆祝新中国成立60周年和人民政协成立60周年为契机,进一步加强坚持中国特色社会主义政治发展道路的教育。他强调,要按照中央的统一部署,把组织好庆祝新中国成立60周年和人民政协成立60周年的各项活动作为重大政治任务,高度重视,统筹兼顾,确保庆祝活动隆重、喜庆、节俭、祥和。要通过举办主题鲜明、形式多样、特色突出的庆祝活动,深入开展中国共产党领导的多党合作和政治协商制度的教育,着力引导广大政协委员和统一战线成员深刻认识中国共产党是中国特色社会主义事业的坚强领导核心,深刻认识中国共产党领导的多党合作和政治协商制度具有历史必然性和巨大优越性,深刻认识中国特色政党制度与西方政党制度的本质区别,旗帜鲜明地抵制西方多党制、两院制的影响,进一步增强走中国特色社会主义政治发展道路的自觉性和坚定性,把中国共产党领导的多党合作事业和人民政协事业不断推向前进。

第二,以学习贯彻中共十七届四中全会和庆祝人民政协成立60周年大会精神为主题,开好政协十一届第七次常委会议。他说,即将召开的中共十七届四中全会,是在国际局势发生深刻变化、我国改革发展处于关键时期召开的一次十分重要的会议。我们要认真学习贯彻中共十七届四中全会精神,精心筹备并开好政协十一届第七次常委会议,把思想和行动统一到中共中央关于推进新形势下党的建设和人民政协工作的新部署、新要求上来,不断开创人民政协工作新局面。

第三,以促进经济平稳较快发展和社会和谐稳定为重点,扎实做好献计出力的各项工作。当前,我国正处在应对国际金融危机、保持经济平稳较快发展的关键时期。发展是硬道理,稳定是硬任务。我们要更加自觉地把政协工作放到党和国家事业发展的大局中来思考和谋划,牢牢把握团结和民主两大主题,努力为保增长、保民生、保稳定贡献力量。积极为实现今年国民经济发展的各项目标任务建言献策,为保持社会和谐稳定献计出力,维护好、发展好统一战线内部各方面的和谐关系,为促进经济社会又好又快发展提供强大的力量支持。

全国政协副主席王刚、杜青林、白立忱、陈奎元、阿不来提·阿不都热西提、李兆焯、董建华、张梅颖、张榕明、孙家正、李金华、邓朴方、万钢、林文漪、厉无畏、罗富和、陈宗兴、王志珍出席会议。

最高人民法院院长王胜俊在江苏调研

8月27日至31日,王胜俊在江苏调研。王胜俊强调,要调整理念,增强能动司法的自觉性。过去人们常常把被动性视为司法自身的规律,这从"不告不理"和每一个具体个案中来看有其一定的合理性。但从我国司法制度的本质属性和现实国情来看,能动司法更加符合当代中国经济社会发展的现实需求。

王胜俊强调,要调查研究,增强能动司法的前瞻性。只有加强调查研究,及时准确地掌握经济社会发展的动态,深入了解人民群众的司法需求,才能掌握司法应对工作的主动权,才能增强能动司法的预见性和前瞻性;要健全机制,增强能动司法的有序性。健全信息汇总梳理和分析机制、重大司法问题的应对和协调机制和审判监督指导机制;要有效服务,增强能动司法的针对性。在保增长、保民生、保稳定中发挥能动司法的积极作用;要提高能力,增强能动司法的规范性。必须遵循司法工作自身的规律,保持司法权最基本的特征,努力提高法院队伍的司法能力,确保能动司法的规范性、公正性和权威性。

2009年中国经济社会论坛在北京开幕

本次论坛以"应对金融危机中的中国经济与民生"为主题,由中国经济社会理事会和北京市政协共同主办,有关省市党政领导、部分专家学者和企业家代表共150余人参加。

东星航空宣告破产

武汉市中级人民法院发布公告,该院于26日依法裁定宣告东星航空有限公司破产清算。东星航空也由此成为我国首个破产的航空公司。

国台办发言人表示无论达赖以什么形式和身份赴台都坚决反对

国务院台湾事务办公室发言人就台湾民进党部分势力邀请达赖访台一事表示:达赖不是单纯的宗教人士,他打着宗教的旗号,一直在进行分裂国家的活动。无论达赖以什么形式和身份赴台,我们都坚决反对。

国台办发言人指出,正当大陆各界纷纷伸出援手,倾力支持台湾早日战胜风灾、重建家园之时,民进党的一些人竟趁机策划达赖到台活动,显然不是为了救灾,而是试图破坏两岸关系得来不易的良好局面,这一险恶用心必将遭到两岸同胞的共同反对。

第二期全国地方科技交流中心工作培训班在银川举办

由中宣部文化部主办中央民族乐团演出的大型民族音乐会“江山如此多娇”在国家大剧院上演

由中央电视台和深圳市委宣传部主办的大型交响音乐会《祖国颂》在深圳举行

2010年版《中国药典》编制已基本完成

2010年版《中国药典》是新中国成立以来的第九版药典，将分中药、化学药、生物制品三部出版。新版药典收载药品品种达到4615个，新增品种1358个，增幅达42%，修订幅度达69%，均为历版最高，形成了中药材、中药饮片、中成药等门类齐全的药品标准体系，基本覆盖国家基本药物目录品种的需要。

此版药典具有3个特点：一是新增与淘汰并举，收载品种有较大幅度增加；二是新版药典鼓励技术创新，科技含量进一步提升；三是更注重药品安全性控制，安全性保障进一步加强。

广东省政协原主席陈绍基被开除党籍和公职

《人民日报》报道，中央纪委对广东省政协原主席陈绍基严重违纪违法问题进行了立案检查。经查，陈绍基利用职务上的便利，为他人谋取利益，收受巨额钱款；生活腐化。

陈绍基的上述行为严重违反党纪政纪，其中有的问题已涉嫌犯罪。根据《中国共产党纪律处分条例》《中华人民共和国公务员法》的有关规定，经中央纪委常委会审议并报中共中央批准，决定给予陈绍基开除党籍、开除公职处分；将其涉嫌犯罪问题及线索移送司法机关依法处理。

8月28日

国家主席胡锦涛在人民大会堂接受七国新任或首任驻华大使递交的国书

这7位大使分别是：萨摩亚首任驻华大使托欧玛塔、吉尔吉斯斯坦驻华大使库鲁巴耶夫、加拿大驻华大使马大维、秘鲁驻华大使福塞斯、瓦努阿图驻华大使吉米、印度驻华大使杰尚卡和美国驻华大使洪博培。

国务院总理温家宝在内蒙古检查指导抗旱减灾工作

8月28日至29日，温家宝来到内蒙古自治区赤峰市敖汉旗、通辽市奈曼旗，这里旱灾发生范围广、面积大、程度重。他深入田间地头，实地察看农作物受灾和当地抗旱情况，走访农户，了解人畜饮水和口粮供应情况，代表党中央、国务院看望慰问灾区群众，检查指导抗旱救灾工作。

28日晚，温家宝在敖汉旗主持召开座谈会听取了抗旱救灾情况汇报。他指出，当前干旱主要发生在粮食主产区和农作物生长的关键期，对粮食生产危害很大。因此，必须坚决打好抗旱夺丰收这一仗。一要加大各项抗旱措施力度，最大限度地利用现有水利设施进行抢浇抢灌，尽最大努力减轻灾害损失。要千方百计增加抗旱水源，加强对水资源的统一管理和科学调配，加强作物田间管理，做好抗旱技术服务。二要深入发动群众开展生产自救，帮助群众将能收的作物尽量收回来，同时尽可能抢种晚熟作物。鼓励农民多渠道增加收入，减少和弥补旱灾给农业生产和农民收入造成的损失。

温家宝指出，要千方百计保障灾区群众生活。首先要确保灾区人畜饮水，坚持“先生活、后生产”的原则，把保障群众生活用水放在首位，加快实施饮水安全工程，特别要抓好应急水源工程建设，尽快解决人畜饮水困难。第二，要切实做好困难群众的救济救助。抓紧核查灾情，逐村逐户了解受灾和生活情况。对特困户、低保户要及时发放救济粮款，对缺粮群众务必送粮到户，确保今冬明春受灾群众有饭吃、不挨饿。第三，努力增加农民收入。要开动脑筋，多想办法，尽最大努力增加受灾群众收入。加大劳务输出工作力度，积极开辟新的外出务工经商渠道。及时进行农业保险理赔，确保保险赔偿款早日兑现给受灾群众。

温家宝强调，要切实加强水利等农业基础设施建设。农业是我国国民经济最薄弱的环节，农业发展的最大制约是基础设施，必须充分认识以农田水利为重点的农业基础设施建设的特殊重要性，要下更大的决心，千方百计增加投入，进一步加快农业基础设施建设。在干旱缺水地区因地制宜地建设一批蓄水、引水、提水工程，搞好雨水集蓄利用，想方设法增辟水源；加大政府投入力度，采取多种形式调动群众建设小型农田水利工程的积极性；加快灌区续建配套和节水改造，在适宜地区新建一批重点灌区，努力增加和恢复灌溉面积；大力推进节水灌溉，有条件的地方要搞滴灌、微灌、喷灌和管灌，发展设施农业；加快病险水库除险加固，充分发挥现有水利设施利用；实施土地整治，加快中低产田改造，提高高产稳产农田比重。只有这样，才能从根本上增强农业抵御自然灾害的能力。

深入学习实践科学发展观活动第二批总结暨第三批动员会议在北京召开

中国和平统一促进会七届五次常务理事会在北京召开

全国政协副主席、中共中央统战部部长、中国和平统一促进会执行副会长杜青林主持会议并讲话。

杜青林充分肯定了七届常务理事会的工作。他说，中国和平统一促进会坚持“和平统一、一国两制”方针，牢牢把握两岸关系和平发展主题，紧密配合中央对台工作部署，开展了大量卓有成效的工作，发挥了不可替代的重要作用。他希望各位常务理事一如既往地关心、支持祖国和平统一大业，共同努力，开拓进取，扎实工作，切实肩负起历史赋予的重任，携手开创两岸关系和平发展新局面，合力谱写祖国和平统一事业新篇章。

会议听取了第八届理事大会筹备情况的报告，审议通过了第七届理事会工作报告(审议稿)、八届理事大会议程和向八届理事大会提交的相关人事事项，决定于 9 月 23 日至 24 日在北京召开中国和平统一促进会第八届理事大会。

中国和平统一促进会副会长何鲁丽、韩启德、罗豪才、张克辉及常务理事出席会议。

财政部印发《中央级事业单位国有资产使用管理暂行办法》并发出通知

党中央有关部门，国务院各部委、各直属机构，全国人大常委会办公厅，全国政协办公厅，高法院，高检院，有关人民团体，有关中央企业，新疆生产建设兵团财务局：

为进一步加强中央级事业单位的国有资产管理，根据《事业单位财务规则》(财政部令第 8 号)、《事业单位国有资产管理暂行办法》(财政部令第 36 号)、《中央级事业单位国有资产管理暂行办法》(财教〔2008〕13 号)的有关规定，我们制定了《中央级事业单位国有资产使用管理暂行办法》。现印发给你们，请遵照执行。

财政部

2009 年 8 月 28 日

中央级事业单位国有资产使用管理暂行办法

第一章　总　则

第一条　为了规范和加强中央级事业单位国有资产使用管理，提高资产使用效益，防止国有资产流失，根据《事业单位财务规则》《事业单位国有资产管理暂行办法》《中央级事业单位国有资产管理暂行办法》，制定本办法。

第二条　本办法适用于执行事业单位财务和会计制度的中央级各类事业单位。

第三条　中央级事业单位国有资产使用应遵循权属清晰、安全完整、风险控制、注重绩效的原则。

第四条　中央级事业单位国有资产使用包括单位自用、对外投资和出租、出借等，国有资产使用应首先保证事业发展的需要。

第五条　财政部、中央级事业单位主管部门(以下简称主管部门)按照规定权限对中央级事业单位国有资产对外投资和出租、出借等事项进行审批(审核)或备案。中央级事业单位负责本单位国有资产使用的具体管理。

第六条　财政部、主管部门对中央级事业单位国有资产使用事项的批复，以及中央级事业单位报主管部门备案的文件，是中央级事业单位办理产权登记和账务处理的重要依据。账务处理按照国家事业单位财务和会计制度的有关规定执行。

第七条　中央级事业单位应对本单位对外投资和出租、出借资产实行专项管理，并在单位财务会计报告中对相关信息进行披露。

第八条　中央级事业单位国有资产使用应按照国有资产信息化管理的要求，及时将资产变动信息录入管理信息系统，对本单位国有资产实行动态管理。

第九条　中央级事业单位拟对外投资和出租、出借的国有资产的权属应当清晰。权属关系不明确或者存在权属纠纷的资产不得进行对外投资和出租、出借。

第二章　资产自用

第十条　中央级事业单位资产自用管理应本着实物量和价值量并重的原则，对实物资产进行定期清查，完善资产管理账表及有关资料，做到账账、账卡、账实相符，并对资产丢失、毁损等情况实行责任追究制度。

第十一条　中央级事业单位要建立、健全自用资产的验收、领用、使用、保管和维护等内部管理流程，并加强审计监督和绩效考评。

第十二条　中央级事业单位国有资产管理部门对单位购置、接受捐赠、无偿划拨等方式获得的资产应及时办理验收入库手续，严把数量、质量关，验收合格后送达具体使用部门；自建资产应及时办理竣工验收、竣工财务决算编报以及按要求办理资产移交和产权登记。中央级事业单位财务管理部门应根据资产的相关凭证或文件及时进行账务处理。

第十三条　中央级事业单位应建立资产领用交回制度。资产领用应经主管领导批准。资产出库时保管人员应及时办理出库手续。办公用资产应落实到人，使用人员离职时，所用资产应按规定交回。

第十四条　中央级事业单位应认真做好自用资产使用管理，经常检查并改善资产使用状况，减少资产的非正常损耗，做到高效节约、物尽其用，充分发挥国有资产使用效益，防止国有资产使用过程中的损失和浪费。

第十五条　财政部、主管部门应积极引导和鼓励中央级事业单位实行国有资产共享共用,建立资产共享共用与资产绩效、资产配置、单位预算挂钩的联动机制。中央级事业单位应积极推进本单位国有资产的共享共用工作,提高国有资产使用效益。

第十六条　中央级事业单位应加强对无形资产的管理和保护,并结合国家知识产权战略的实施,促进科技成果转化。

第十七条　中央级事业单位应建立资产统计报告制度,定期向单位领导报送资产统计报告,及时反映本单位资产使用以及变动情况。

第三章　对外投资

第十八条　中央级事业单位利用国有资产对外投资,单项或批量价值(账面原值,下同)在800万元人民币以上(含800万元)的,经主管部门审核后报财政部审批;单项或批量价值在800万元以下的,由主管部门按照有关规定进行审批,并于批复之日起15个工作日内将审批文件(一式三份)报财政部备案。

第十九条　中央级事业单位应在科学论证、公开决策的基础上提出对外投资申请,附相关材料,报主管部门审核或者审批。主管部门应对中央级事业单位申报材料的完整性、决策过程的合规性、拟投资项目资金来源的合理性等进行审查,并报财政部审批或者备案。

中央级事业单位对外投资效益情况是主管部门审核新增对外投资事项的参考依据。主管部门要严格控制资产负债率过高的中央级事业单位的对外投资行为。

第二十条　中央级事业单位申请利用国有资产对外投资,应提供如下材料,并对材料的真实性、有效性、准确性负责:

(一)中央级事业单位对外投资事项的书面申请;

(二)拟对外投资资产的价值凭证及权属证明,如购货发票或收据、工程决算副本、国有土地使用权证、房屋所有权证、股权证等凭据的复印件(加盖单位公章);

(三)中央级事业单位进行对外投资的可行性分析报告;

(四)中央级事业单位拟同意利用国有资产对外投资的会议决议或会议纪要复印件;

(五)中央级事业单位法人证书复印件、拟合作方法人证书复印件或企业营业执照复印件、个人身份证复印件等;

(六)拟创办经济实体的章程和工商行政管理部门下发的企业名称预先核准通知书;

(七)中央级事业单位与拟合作方签订的合作意向书、协议草案或合同草案;

(八)中央级事业单位上年度财务报表;

(九)经中介机构审计的拟合作方上年财务报表;

(十)其他材料。

第二十一条　中央级事业单位转让(减持)对外投资形成的股权,按照《中央级事业单位国有资产处置管理暂行办法》的有关规定办理。

第二十二条　中央级事业单位经批准利用国有资产进行对外投资的,应聘请具有相应资质的中介机构,对拟投资资产进行资产评估。资产评估事项按规定履行备案或核准手续。

第二十三条　中央级事业单位不得从事以下对外投资事项:

(一)买卖期货、股票,国家另有规定的除外;

(二)购买各种企业债券、各类投资基金和其他任何形式的金融衍生品或进行任何形式的金融风险投资,国家另有规定的除外;

(三)利用国外贷款的事业单位,在国外债务尚未清偿前利用该贷款形成的资产对外投资;

(四)其他违反法律、行政法规规定的。

第二十四条　中央级事业单位应在保证单位正常运转和事业发展的前提下,严格控制货币性资金对外投资。不得利用财政拨款和财政拨款结余对外投资。

第二十五条　中央级事业单位应加强无形资产对外投资的管理,防止国有资产流失。

第二十六条　中央级事业单位利用国有资产进行境外投资的,应遵循国家境外投资项目核准和外汇管理等相关规定,履行报批手续。

第二十七条　中央级事业单位应加强对外投资形成的股权的管理,依法履行出资人的职能。

第二十八条　中央级事业单位利用国有资产对外投资取得的收益,应按照预算管理及事业单位财务和会计制度的有关规定纳入单位预算,统一核算,统一管理。

第二十九条　财政部、主管部门应加强对中央级事业单位国有资产对外投资的考核。中央级事业单位应建立和完善国有资产内控机制和保值增值机制,确保国有资产的安全完整,实现国有资产的保值增值。

第四章　出租、出借

第三十条　中央级事业单位国有资产出租、出借,资产单项或批量价值在800万元人民币以上(含800万元)的,经主管部门审核后报财政部审批;资产单项或批量价值在800万元以下的,由主管部门按照有关规定进行审批,并于15个工作日内将审批结果(一式三份)报财政部备案。

第三十一条　中央级事业单位国有资产出租、出借,应在严格论证的基础上提出申请,附相关材料,报主管部门审核或者审批。主管部门应对中央级事业单位申报材料的完整性、决策过程的合规性进行审查,按规定报财政部审批或者备案。

第三十二条 中央级事业单位申请出租、出借国有资产,应提供如下材料,并对材料的真实性、有效性、准确性负责:

(一)中央级事业单位拟出租、出借事项的书面申请;

(二)拟出租、出借资产的价值凭证及权属证明,如购货发票或收据、工程决算副本、国有土地使用权证、房屋所有权证、股权证等凭据的复印件(加盖单位公章);

(三)中央级事业单位进行出租、出借的可行性分析报告;

(四)中央级事业单位同意利用国有资产出租、出借的内部决议或会议纪要复印件;

(五)中央级事业单位法人证书复印件、拟出租出借方的事业单位法人证书复印件或企业营业执照复印件、个人身份证复印件等;

(六)其他材料。

第三十三条 中央级事业单位国有资产有下列情形之一的,不得出租、出借:

(一)已被依法查封、冻结的;

(二)未取得其他共有人同意的;

(三)产权有争议的;

(四)其他违反法律、行政法规规定的。

第三十四条 中央级事业单位国有资产出租,原则上应采取公开招租的形式确定出租的价格,必要时可采取评审或者资产评估的办法确定出租的价格。中央级事业单位利用国有资产出租、出借的,期限一般不得超过五年。

第三十五条 中央级事业单位国有资产出租、出借取得的收入,应按照预算管理及事业单位财务和会计制度的有关规定纳入单位预算,统一核算、统一管理。

第五章 监督管理

第三十六条 财政部、主管部门应加强对中央级事业单位国有资产使用行为及其收入的日常监督和专项检查。

财政部驻各地财政监察专员办事处(以下简称专员办)对所在地的中央级事业单位国有资产使用情况进行监督检查。

第三十七条 财政部批复的中央级事业单位国有资产对外投资和出租、出借文件,应抄送相关的专员办;中央级事业单位收到主管部门对其国有资产对外投资和出租、出借的批复文件后,应将复印件报当地专员办备案。

第三十八条 主管部门、中央级事业单位在国有资产使用过程中不得有下列行为:

(一)未按规定权限申报,擅自对规定限额以上的国有资产进行对外投资和出租、出借;

(二)对不符合规定的对外投资和出租、出借事项予以审批;

(三)串通作弊,暗箱操作,违规利用国有资产对外投资和出租、出借;

(四)其他违反国家有关规定造成单位资产损失的行为。

第三十九条 主管部门、中央级事业单位违反本办法规定的,依照《财政违法行为处罚处分条例》等国家有关规定追究法律责任。

第四十条 中央级事业单位应依照《中华人民共和国企业国有资产法》《中华人民共和国公司法》《企业财务通则》和《企业国有产权转让管理暂行办法》等企业国有资产监管的有关规定,加强对所投资全资企业和控股企业的监督管理。

第四十一条 中央级事业单位应于每个会计年度终了后,按照财政部规定的部门决算报表格式、内容和要求,对其国有资产使用情况作出报告,报主管部门的同时抄送当地专员办备案,由主管部门汇总后报财政部。

第六章 附 则

第四十二条 参照《中华人民共和国公务员法》管理并执行事业单位财务和会计制度的中央级事业单位国有资产使用管理,按照本办法执行。

执行《民间非营利组织会计制度》的中央级社会团体及民办非企业单位国有资产使用管理,参照本办法执行。

实行企业化管理并执行企业财务和会计制度的中央级事业单位,其国有资产使用按照企业国有资产监督管理的有关规定实施监督管理。

第四十三条 主管部门应依据本办法,结合本部门实际制定本部门所属事业单位(包括驻外机构)国有资产使用的具体实施办法,报财政部备案。主管部门可以根据实际工作需要,授予所属事业单位一定限额的国有资产使用权限并报财政部备案。

第四十四条 对涉及国家安全的中央级事业单位国有资产使用管理活动,应按照国家有关保密制度的规定,做好保密工作,防止失密和泄密。

第四十五条 本办法自2009年9月1日起施行。此前颁布的有关规定与本办法不一致的,以本办法为准。

2009库布其国际沙漠论坛在内蒙古自治区库布其沙漠七星湖畔召开

论坛以“沙漠·科技·新能源”为主题。来自联合国以及中国、美国、德国、日本、伊朗、埃及、瑞典、苏丹、乌干达、哈萨克斯坦、埃塞俄比亚、博茨瓦纳等国家和地区的政府官员以及国际组织的领导人、驻华使节、防沙治沙专家学者、海内外著名企业家共200余人出席论坛。

目前，荒漠化已经威胁到全球近1/3的土地和20亿人的生活，中国是世界上荒漠化严重的国家之一。虽然经过长期的探索和努力，防沙治沙仍然难以摆脱局部治理、整体恶化、“只投入，无产出”的困境。如何解决生态治理与经济发展的矛盾，寻找新能源开发与利用的出路，成为本届论坛热议的核心话题。

在为期两天的论坛上，与会嘉宾将围绕“荒漠化防治与生态建设”“新能源、新经济”两个主题，分别作“全球和中国荒漠化总体形势及趋势”“国内外新能源开发与利用的最新成果”“沙漠地区太阳能、风能利用的可行性问题”等主题报告。

2009库布其国际沙漠论坛由科技部、农业部、国家林业局、内蒙古自治区人民政府、全国工商联、中国光彩事业促进会等共同主办，鄂尔多斯市人民政府、内蒙古亿利资源集团公司、中国21世纪议程管理中心承办。

由中国伊斯兰教协会举办的“中国各族穆斯林喜迎新中国成立60周年书画艺术展”在北京民族文化宫开展

展览共展出来自全国25个省区市的书画作品300余幅，包括国画、油画、经字画和书法等，作者来自回族、维吾尔族、哈萨克族、撒拉族、东乡族等民族。

阿拉伯、伊斯兰国家驻华使节，中央统战部、国家民委、国家宗教事务局和中国伊斯兰教协会、北京市伊斯兰教协会有关人员，部分在京穆斯林书画艺术家和学者共约300人出席了开幕式。

太行山大峡谷国际攀岩节在山西长治开幕

2009中国长治太行山大峡谷国际攀岩节于8月28日至9月4日在山西省长治市举行，来自亚洲、欧洲、美洲和大洋洲的20多个国家和地区的顶尖攀岩高手参赛。本届攀岩节由国际攀岩精英赛、第十七届全国攀岩锦标赛等15项活动组成。

青海省海西州发生6.4级地震

8月28日9时52分，青海省海西蒙古族藏族自治州大柴旦地区东南部发生6.4级地震，震源位于北纬37.6度，东经95.8度。中国地震局已启动Ⅳ级应急响应。国家减灾委、民政部于10时30分紧急启动国家四级救灾应急响应。

8月29日

《人民日报》发表评论员文章《一手抓改革发展 一手抓团结稳定——学习贯彻胡锦涛总书记在新疆干部大会上的重要讲话之一》

“做好新疆工作关键是要处理好发展和稳定的关系”。近日，胡锦涛总书记在新疆维吾尔自治区干部大会上发表重要讲话，强调要坚持一手抓改革发展，一手抓团结稳定，努力在中国特色社会主义道路上创造新疆更加美好的明天。

胡锦涛总书记的重要讲话，从改革开放和社会主义现代化建设的大局出发，从理论和实践、历史和现实的结合上，深刻总结了新疆60年团结稳定、繁荣发展的巨大成就，深刻阐述了坚定不移维护祖国统一、维护社会稳定、维护民族团结的重要意义，深刻论述了在现代化建设中“改革发展”和“团结稳定”的密切关系。这一重要讲话，不仅是建设繁荣富裕和谐的社会主义新疆的思想指南，也是其他少数民族地区乃至全国各地处理好改革发展稳定关系、推动经济社会又好又快发展的重要遵循。

发展是目的，是主题；改革是发展的动力，也是发展的条件；稳定是发展和改革不可缺少的社会环境和基本前提。正确处理好改革、发展与稳定的关系，是中国共产党人的一条重要执政经验。新疆60年的发展历程证明，新疆之所以能彻底改变一穷二白的落后面貌，发生翻天覆地的变化，进入经济社会快速发展、综合实力明显增强、各族群众得实惠最多的时期，正是因为这60年来，新疆很好地处理了改革发展与团结稳定的关系。

没有团结稳定的社会环境，就不会有改革发展的大好形势。乌鲁木齐“7·5”事件给各族群众生命财产造成极大损失，给社会稳定造成严重破坏，充分表明，动乱是祸害之根，稳定是幸福之源，社会不稳定，什么事情也干不成，已经取得的成果也会失去。这场斗争的胜利充分证明，新疆各族人民共同团结奋斗的政治基础、思想基础、群众基础是深厚牢固的，分裂势力不得人心、是注定要失败的。

坚持以经济建设为中心不动摇，坚持维护社会大局稳定不动摇，坚持各民族共同团结奋斗、共同繁荣发展不动摇，这是做好新疆工作的根本之策，也是推动社会主义现代化航船顺利前行的根本要求。

只有坚持以经济建设为中心不动摇，使经济社会发展取得长足进步、各族群众生活得到明显改善，才能更加坚定各族群众坚持和发展中国特色社会主义的信心和决心，不断增强对中华民族的归属感、对中华文化的认同感、对伟大祖国的自豪感。只有坚持维护社会大局稳定不动摇，把促进改革发展同维护社会稳定有机结合起来，筑牢保持稳定的社会基础，才能获得改革发展的前提和保障。只有坚持各民族共同团结奋斗、共同繁荣发展不动摇，推动各民族和睦相处、和衷共济、和谐发展，才能维护祖国统一这一各族人民的最高利益。

一手抓改革发展，一手抓团结稳定，这是我们的宝贵经验。党的各级组织和领导干部要认真学习贯彻胡锦涛总书记的重要讲话，始终坚持“三个不动摇”，进一步凝聚各族人民的智慧，形成推动科学发展、促进社会和谐的强大合力；自觉做到“三个不动摇”，加快推进社会主义现代化事业，实现中华民族的伟大复兴。

国务委员兼国防部部长梁光烈参加成都军区国防动员委员会第五次全体会议

梁光烈充分肯定近年来成都战区国防动员建设取得的成绩，要求各级进一步认清军事斗争准备深化对国防动员提出的新要求，认清非传统安全威胁对国防动员提出的新挑战，认清社会主义市场经济深入发展给国防动员带来的新情况，准确把握新任务新特点，努力增强工作的针对性实效性。

梁光烈指出，西南是国家的重要战略方向，地位十分重要，军事斗争准备任务繁重。各级要牢牢把握提高国防动员核心能力这个根本，进一步强化保障“打赢”的意识，同步推进经济社会各个领域的动员工作，使之共同服务于国防动员核心能力的提高。要把握西南各地的特点，因地制宜地开展工作，把区位优势和资源优势转化为动员强势，努力形成战区国防动员建设协调发展的整体格局。要坚定不移地走军民融合式发展路子，不断拓展融合的领域和途径，使国防动员能力的生成提高深深根植于经济社会发展之中。

梁光烈强调，各级要认真总结参与四川汶川特大地震抗震救灾等行动的经验，大力加强国防动员应急力量建设，建立、健全国防动员综合保障机制，努力促进国防动员机制与政府应急管理机制的有机衔接，全面提升国防动员应急能力，为遂行应急任务提供有力支撑，带动和促进应战能力的巩固提高。

8月30日

《人民日报》发表评论员文章《坚持以经济建设为中心不动摇——学习贯彻胡锦涛总书记在新疆干部大会上的重要讲话之二》

“新疆的问题归根到底要靠加快发展、科学发展来解决。”胡锦涛总书记在新疆干部大会上的重要讲话中提出的这一论断，不仅对于做好新疆工作具有重要指导作用，对于我们解决前进中的问题、战胜困难风险、创造美好未来，也具有极为深刻的启示。

新中国成立以来特别是改革开放以来，新疆发生翻天覆地的变化，经济社会快速发展、综合实力明显增强、各族群众得实惠最多；我国改革开放和社会主义现代化建设取得巨大成就，中国人民走上富裕安康的广阔道路，根本原因都在于坚持了发展是硬道理的战略思想，坚持了发展这个党执政兴国的第一要务。

发展是当代中国的主题，是解决中国所有问题的关键。只有牢牢扭住经济建设这个中心，坚持聚精会神搞建设、一心一意谋发展，不断增强我国的经济实力和综合国力，不断提高人民群众的生活水平，才能更好解决经济社会生活中的各种矛盾和问题，更加坚定各族群众坚持和发展中国特色社会主义的信心和决心，进一步增强各族人民对中华民族的认同感、归属感和凝聚力、向心力。

立足当前，新疆的发展面临新的历史起点。60年中央的重视和关怀，60年各族人民的团结和奋斗，使新疆一穷二白的落后面貌得到彻底改变，人均GDP达到近3000美元，农民人均收入居西北五省区之首。发展是解决新疆问题的根本途径。紧紧抓住国家深入实施西部大开发战略的宝贵机遇，把中央关于加快新疆发展的决策部署同新疆实际紧密结合起来，加大新农村建设力度，加快新型工业化进程，走科学发展道路，新疆就必定能够实现新的历史性跨越。

纵观全局，我们整个国家正处于重要的战略机遇期。在当前国际国内环境条件下，保增长、保民生、保稳定的任务十分繁重。我们要更加自觉、更加坚定地走科学发展道路，始终把提高各族人民生活水平作为一切工作的根本出发点和落脚点，不为任何困难所惧，不为任何干扰所惑，千方百计加快发展，把科学发展观的要求落实到经济社会发展的各个领域、各个方面、各个环节。特别是要着力保障和改善民生，切实解决各族群众最关心、最直接、最现实的利益问题，切实维护各族人民的经济、政治、文化、社会权益，不断促进社会和谐稳定。

以经济建设为中心，是国家兴旺发达和长治久安的根本要求。毫不动摇地坚持经济建设这个中心，坚持不懈地推动经济社会又好又快发展，新疆的明天就一定更加灿烂美好，我们伟大祖国就一定更加繁荣富强。

最高人民法院院长王胜俊在全国法院审理刑事大案要案工作座谈会上要求全国各级法院要进一步依法做好刑事大案要案审判工作

王胜俊强调，在当前形势下，各级人民法院务必增强政权意识、忧患意识和责任意识，从维护国家安全、巩固国家政权、确保社会稳定的高度，切实增强做好刑事大案要案审判工作的责任感和使命感，务必要把刑事大案要案审判工作放在全党全国工作大局之中。要坚持严格依法办案，统筹兼顾程序公正与实体公正、司法公正与审判效率，坚持实现法律效果和社会效果的统一。

王胜俊指出，当前及今后一个时期，刑事大案要案的审判工作任务将会更加繁重，形势将会更为严峻，全国各级人民法院必须做好充分准备，进一步加强刑事大案要案审判工作的组织领导。一要进一步提升组织领导能力。要建立有效的领导机制和工作机制，确保刑事大案要案审判工作的指导思想、工作思路、工作机制、目标要求与时俱进。二要进一步提升统筹协调能力。要强化上级人民法院的监督和指导，健全和落实案件信息报告制度，针对案件审理中遇到的新问题、新情况，及时研究，提出指导意见。三要进一步规范和加强宣传报道工作。在审理刑事大案要案的过程中，各级人民法院要高度重视宣传工作，及时发布权威信息，自觉接受舆论监督。

国办发言人就达赖抵台活动发表谈话

民进党策动长期从事分裂活动的达赖赴台湾，是别有用心的。我们对此坚决反对，这一立场是明确的，也是坚定的。达赖赴台势必对两岸关系造成不利影响。我们将密切关注事态的发展。

国务院总理温家宝签署第560号令公布《全民健身条例》

《全民健身条例》已经2009年8月19日国务院第77次常务会议通过，现予公布，自2009年10月1日起施行。

总理　温家宝

2009年8月30日

全民健身条例

第一章　总　则

第一条　为了促进全民健身活动的开展，保障公民在全民健身活动中的合法权益，提高公民身体素质，制定本条例。

第二条　县级以上地方人民政府应当将全民健身事业纳入本级国民经济和社会发展规划，有计划地建设公共体育设施，加大对农村地区和城市社区等基层公共体育设施建设的投入，促进全民健身事业均衡协调发展。

国家支持、鼓励、推动与人民群众生活水平相适应的体育消费以及体育产业的发展。

第三条　国家推动基层文化体育组织建设，鼓励体育类社会团体、体育类民办非企业单位等群众性体育组织开展全民健身活动。

第四条　公民有依法参加全民健身活动的权利。

地方各级人民政府应当依法保障公民参加全民健身活动的权利。

第五条　国务院体育主管部门负责全国的全民健身工作，国务院其他有关部门在各自职责范围内负责有关的全民健身工作。

县级以上地方人民政府主管体育工作的部门(以下简称体育主管部门)负责本行政区域内的全民健身工作，县级以上地方人民政府其他有关部门在各自职责范围内负责有关的全民健身工作。

第六条　国家鼓励对全民健身事业提供捐赠和赞助。

自然人、法人或者其他组织对全民健身事业提供捐赠的，依法享受税收优惠。

第七条　对在发展全民健身事业中作出突出贡献的组织和个人，按照国家有关规定给予表彰、奖励。

第二章　全民健身计划

第八条　国务院制定全民健身计划，明确全民健身工作的目标、任务、措施、保障等内容。

县级以上地方人民政府根据本地区的实际情况制定本行政区域的全民健身实施计划。

制定全民健身计划和全民健身实施计划，应当充分考虑学生、老年人、残疾人和农村居民的特殊需求。

第九条　国家定期开展公民体质监测和全民健身活动状况调查。

公民体质监测由国务院体育主管部门会同有关部门组织实施；其中，对学生的体质监测由国务院教育主管部门组织实施。

全民健身活动状况调查由国务院体育主管部门组织实施。

第十条　国务院根据公民体质监测结果和全民健身活动状况调查结果，修订全民健身计划。

县级以上地方人民政府根据公民体质监测结果和全民健身活动状况调查结果，修订全民健身实施计划。

第十一条　全民健身计划由县级以上人民政府体育主管部门会同有关部门组织实施。县级以上地方人民政府应当加强组织和协调，对本行政区域全民健身计划实施情况负责。

县级以上人民政府体育主管部门应当在本级人民政府任期届满时会同有关部门对全民健身计划实施情况进行评估，并将评估结果向本级人民政府报告。

第三章　全民健身活动

第十二条　每年8月8日为全民健身日。县级以上人民政府及其有关部门应当在全民健身日加强全民健身宣传。

国家机关、企业事业单位和其他组织应当在全民健身日结合自身条件组织本单位人员开展全民健身活动。

县级以上人民政府体育主管部门应当在全民健身日组织开展免费健身指导服务。

公共体育设施应当在全民健身日向公众免费开放;国家鼓励其他各类体育设施在全民健身日向公众免费开放。

第十三条 国务院体育主管部门应当定期举办全国性群众体育比赛活动;国务院其他有关部门、全国性社会团体等,可以根据需要举办相应的全国性群众体育比赛活动。

地方人民政府应当定期举办本行政区域的群众体育比赛活动。

第十四条 县级人民政府体育主管部门应当在传统节日和农闲季节组织开展与农村生产劳动和文化生活相适应的全民健身活动。

第十五条 国家机关、企业事业单位和其他组织应当组织本单位人员开展工间(前)操和业余健身活动;有条件的,可以举办运动会,开展体育锻炼测验、体质测定等活动。

第十六条 工会、共青团、妇联、残联等社会团体应当结合自身特点,组织成员开展全民健身活动。

单项体育协会应当将普及推广体育项目和组织开展全民健身活动列入工作计划,并对全民健身活动给予指导和支持。

第十七条 基层文化体育组织、居民委员会和村民委员会应当组织居民开展全民健身活动,协助政府做好相关工作。

第十八条 鼓励全民健身活动站点、体育俱乐部等群众性体育组织开展全民健身活动,宣传科学健身知识;县级以上人民政府体育主管部门和其他有关部门应当给予支持。

第十九条 对于依法举办的群众体育比赛等全民健身活动,任何组织或者个人不得非法设置审批和收取审批费用。

第二十条 广播电台、电视台、报刊和互联网站等应当加强对全民健身活动的宣传报道,普及科学健身知识,增强公民健身意识。

第二十一条 学校应当按照《中华人民共和国体育法》和《学校体育工作条例》的规定,根据学生的年龄、性别和体质状况,组织实施体育课教学,开展广播体操、眼保健操等体育活动,指导学生的体育锻炼,提高学生的身体素质。

学校应当保证学生在校期间每天参加1小时的体育活动。

第二十二条 学校每学年至少举办一次全校性的运动会;有条件的,还可以有计划地组织学生参加远足、野营、体育夏(冬)令营等活动。

第二十三条 基层文化体育组织、学校、家庭应当加强合作,支持和引导学生参加校外体育活动。

青少年活动中心、少年宫、妇女儿童中心等应当为学生开展体育活动提供便利。

第二十四条 组织大型全民健身活动,应当按照国家有关大型群众性活动安全管理的规定,做好安全工作。

第二十五条 任何组织或者个人不得利用健身活动从事宣扬封建迷信、违背社会公德、扰乱公共秩序、损害公民身心健康的行为。

第四章 全民健身保障

第二十六条 县级以上人民政府应当将全民健身工作所需经费列入本级财政预算,并随着国民经济的发展逐步增加对全民健身的投入。

按照国家有关彩票公益金的分配政策由体育主管部门分配使用的彩票公益金,应当根据国家有关规定用于全民健身事业。

第二十七条 公共体育设施的规划、建设、使用、管理、保护和公共体育设施管理单位提供服务,应当遵守《公共文化体育设施条例》的规定。

公共体育设施的规划、建设应当与当地经济发展水平相适应,方便群众就近参加健身活动;农村地区公共体育设施的规划、建设还应当考虑农村生产劳动和文化生活习惯。

第二十八条 学校应当在课余时间和节假日向学生开放体育设施。公办学校应当积极创造条件向公众开放体育设施;国家鼓励民办学校向公众开放体育设施。

县级人民政府对向公众开放体育设施的学校给予支持,为向公众开放体育设施的学校办理有关责任保险。

学校可以根据维持设施运营的需要向使用体育设施的公众收取必要的费用。

第二十九条 公园、绿地等公共场所的管理单位,应当根据自身条件安排全民健身活动场地。县级以上地方人民政府体育主管部门根据实际情况免费提供健身器材。

居民住宅区的设计应当安排健身活动场地。

第三十条 公园、绿地、广场等公共场所和居民住宅区的管理单位,应当对该公共场所和居民住宅区配置的全民健身器材明确管理和维护责任人。

第三十一条　国家加强社会体育指导人员队伍建设,对全民健身活动进行科学指导。

国家对不以收取报酬为目的向公众提供传授健身技能、组织健身活动、宣传科学健身知识等服务的社会体育指导人员实行技术等级制度。县级以上地方人民政府体育主管部门应当免费为其提供相关知识和技能培训,并建立档案。

国家对以健身指导为职业的社会体育指导人员实行职业资格证书制度。以对高危险性体育项目进行健身指导为职业的社会体育指导人员,应当依照国家有关规定取得职业资格证书。

第三十二条　经营高危险性体育项目的,应当符合下列条件,并向县级以上人民政府体育主管部门提出申请:

(一)相关体育设施符合国家标准;

(二)具有达到规定数量的取得国家职业资格证书的社会体育指导人员和救助人员;

(三)具有相应的安全保障制度和措施。

县级以上人民政府体育主管部门应当自收到申请之日起30日内进行实地核查,作出批准或者不予批准的决定。批准的,应当发给许可证;不予批准的,应当书面通知申请人并说明理由。

申请经营高危险性体育项目的,应当持县级以上人民政府体育主管部门的批准文件,到工商行政管理部门依法办理相关登记手续。

国务院体育主管部门应当会同有关部门制定、调整高危险性体育项目目录,经国务院批准后予以公布。

第三十三条　国家鼓励全民健身活动组织者和健身场所管理者依法投保有关责任保险。

国家鼓励参加全民健身活动的公民依法投保意外伤害保险。

第三十四条　县级以上地方人民政府体育主管部门对高危险性体育项目经营活动,应当依法履行监督检查职责。

第五章　法律责任

第三十五条　学校违反本条例规定的,由县级以上人民政府教育主管部门按照管理权限责令改正;拒不改正的,对负有责任的主管人员和其他直接责任人员依法给予处分。

第三十六条　未经批准,擅自经营高危险性体育项目的,由县级以上地方人民政府体育主管部门按照管理权限责令改正;有违法所得的,没收违法所得;违法所得不足3万元或者没有违法所得的,并处3万元以上10万元以下的罚款;违法所得3万元以上的,并处违法所得2倍以上5倍以下的罚款。

第三十七条　高危险性体育项目经营者取得许可证后,不再符合本条例规定条件仍经营该体育项目的,由县级以上地方人民政府体育主管部门按照管理权限责令改正;有违法所得的,没收违法所得;违法所得不足3万元或者没有违法所得的,并处3万元以上10万元以下的罚款;违法所得3万元以上的,并处违法所得2倍以上5倍以下的罚款;拒不改正的,由原发证机关吊销许可证。

第三十八条　利用健身活动从事宣扬封建迷信、违背社会公德、扰乱公共秩序、损害公民身心健康的行为的,由公安机关依照《中华人民共和国治安管理处罚法》的规定给予处罚;构成犯罪的,依法追究刑事责任。

第三十九条　县级以上人民政府及其有关部门的工作人员在全民健身工作中玩忽职守、滥用职权、徇私舞弊的,依法给予处分;构成犯罪的,依法追究刑事责任。

第六章　附　则

第四十条　本条例自2009年10月1日起施行。

中国女队在巴西圣保罗2009年世界桥牌锦标赛上首次获得团体冠军

中国柔道选手佟文在荷兰鹿特丹举行的世界柔道锦标赛上获得女子78公斤级冠军

8月31日

《人民日报》发表评论员文章《坚持维护社会大局稳定不动摇——学习贯彻胡锦涛总书记在新疆干部大会上的重要讲话之三》

社会稳定与每个人的利益息息相关,是各族人民的根本利益之所在。坚持维护社会大局稳定不动摇,是全国各族人民的共同期盼,是实现人民利益的根本要求。

胡锦涛总书记在新疆干部大会上的重要讲话中强调指出:“社会稳定是新疆发展的前提和保障。要坚持稳定压倒一切的思想,把维护新疆稳定作为当前新疆最重要最紧迫的任务,把促进改革发展同维护社会稳定有机结合起来,确保新疆社会大局稳定。”这一深刻阐述,是对新疆维护社会稳定工作作出的重要指导和部署,对于维护新疆稳定乃至做好全国稳定工作,都具有十分重要的意义。

稳定是福,动乱是祸。只有稳定,才能聚精会神搞建设、一心一意谋发展,使经济社会发展取得长足进步、各族群众生活得到明显改善;只有稳定,社会才能安定和谐,人民才能安居乐业,国家才能长治久安。乌鲁木齐"7·5"严重暴力犯罪事件的平息表明,人心思稳、人心思定,分裂势力不得人心、是注定要失败的,维护社会大局稳定合乎新疆各族人民的共同愿望、是新疆繁荣发展和各族群众生活幸福的根本保证。

历史和现实告诉我们,保持新疆社会稳定,首先要旗帜鲜明地维护祖国统一,反对民族分裂。我们伟大祖国是由56个民族共同建设的,每一个民族的命运都和祖国的命运紧密相连。祖国统一是各族人民的最高利益,民族团结是祖国统一的重要保证。坚定不移维护祖国统一,把爱祖国与爱民族、爱家乡统一起来;坚定不移维护民族团结,像爱护自己的眼睛一样爱护民族团结,这是新疆各族干部群众的切身体会,是每一个公民都应当自觉担负的神圣责任。

基础不牢,地动山摇。坚持维护社会大局稳定不动摇,必须筑牢保持社会稳定的思想基础、法制基础、群众基础。只有高举各民族大团结旗帜,倍加珍惜各民族共同团结奋斗、共同繁荣发展的大好局面,提高各族干部群众思想觉悟,才能形成维护社会稳定的强大力量。只有坚持维护社会主义法制,依法打击各种违法犯罪活动,才能为维护社会稳定提供重要保障。只有坚决维护人民群众根本利益,切实解决群众反映强烈的切身利益问题,才能最大限度地巩固和扩大维护社会稳定的坚实基石。

我国正处于重要战略机遇期,这是发展的关键期,也是矛盾的凸显期。面对错综复杂的形势和艰巨繁重的任务,维护稳定尤为重要。坚持维护社会大局稳定不动摇,从而心无旁骛地推动经济社会又好又快发展,我们就必定能够更快实现国家繁荣富强,更好谱写人民美好生活新篇。

全国人大常委会委员长吴邦国在温哥华会见加拿大国际贸易部长斯托克韦尔·戴

国务院总理温家宝在中南海紫光阁会见土耳其总理特别代表国务部长恰拉扬

温家宝在会见时指出,相互尊重主权和领土完整、互不干涉内政是国际关系的重要准则,也是中土友好合作的政治基础。中国和土耳其都面临民族分裂势力、宗教极端势力和暴力恐怖势力的威胁,又同为多民族的发展中国家,更应当在涉及彼此核心利益的重大问题上相互理解和支持,携手应对严峻挑战。这有利于各自国家的安定团结大局,也有利于地区和世界和平与发展。中方从战略高度重视与土耳其的关系,珍视两国人民之间的友好感情,愿与土方一道,坚决打击"三股势力",增进政治互信和互利合作,加强文化交流,更好地维护和发展双方的共同利益。

温家宝介绍了乌鲁木齐"7·5"严重暴力犯罪事件真相,强调中国政府有能力维护新疆的稳定和正常的社会秩序,将采取更加有力的措施支持新疆经济发展和社会进步,依靠新疆各族人民团结奋斗,把新疆建设得更加美好。

恰拉扬说,土方理解中国政府处理乌鲁木齐"7·5"事件所采取的措施,感谢中方邀请土耳其记者和土驻华大使赴新疆参观访问。土中有相同的关切和利益,都不希望双边关系受到损害。中国是土耳其重要的贸易伙伴,土方愿加强与中方在经贸、投资以及基础设施建设、造船等领域的合作,共同应对国际金融危机的挑战。

全国政协主席贾庆林出席北京数字电视产业园暨京东方8代线奠基仪式

国务院副总理李克强在吉林考察

8月31日至9月1日,李克强先后来到延边、长春等地,深入边疆林区和群众家中,走进工厂车间和科研单位,就经济社会发展情况进行考察调研。

李克强在考察时强调,要认真贯彻党中央、国务院关于下半年工作的部署,全面落实应对国际金融危机的一揽子计划,立足于扩大内需、开拓市场,依靠创新推进结构调整,加大投入切实改善民生,努力实现全年经济增长和社会发展的各项预期目标。

关于公布首都中华人民共和国成立60周年庆祝活动标志和使用规定的通知

为庆祝中华人民共和国成立60周年,经首都中华人民共和国成立60周年庆祝活动北京市筹备委员会(以下简称北京市庆祝活动筹委会)批准,首都中华人民共和国成立60周年庆祝活动标志(以下简称活动标志)即日起向社会公布。现就标志使用规定如下:

1.活动标志的所有权属于北京市庆祝活动筹委会。

2.未经北京市庆祝活动筹委会(或其指定工作部门)批准,任何组织和个人不得为商业目的(含潜在商业目的)使用本活动标志。

3.经北京市庆祝活动筹委会(或其指定工作部门)批准后,相关部门可以在规定范围内使用活动标志,使用时应保持活动标志的完整、准确,不得改动。

4.活动标志主要用于中华人民共和国成立60周年举行的各项庆祝活动中的设施、设备、新闻报道、道具、用品、纪念品以及各类证件、请柬、门票等。

5.被授权使用单位应当在庆祝活动的设施、设备、新闻报道、道具、用品、纪念品以及各类证件、请柬、门票等适当位置使用活动标志。

6. 本规定自颁布之日起实施。

附：首都中华人民共和国成立60周年庆祝活动标志图案

首都国庆60周年北京市筹备委员会办公室

2009年8月31日

教育部办公厅发出《关于进一步落实学校秋季开学甲型H1N1流感防控措施的紧急通知》

9月1日

国务院总理温家宝在中南海紫光阁会见世界银行行长佐利克

温家宝说，当前世界经济出现企稳迹象，但全面复苏将是缓慢、曲折和复杂的过程，各国需要加强对话，协调政策，深化合作，作出长期不懈的努力。中国应对国际金融危机的宏观经济政策和措施是符合实际的，也是及时、有力、有效的。中国经济正处在企稳回升的关键时期，我们不会改变政策方向。我们将继续实行积极的财政政策和适度宽松的货币政策，全面落实并丰富完善应对国际金融危机的一揽子计划，努力实现经济社会发展的预期目标。

温家宝指出，全球经济不平衡的根源是发展的不平衡。国际社会应特别关注发展中国家尤其是最不发达国家的困难，通过增加援助、减免债务、开放市场、转让技术等方式缩小南北差距。中国政府愿加强同世界银行的合作，为实现联合国千年发展目标和世界的可持续发展作出新的贡献。

佐利克充分肯定中国改革开放和现代化建设事业取得的成就，高度评价中国为应对金融危机采取的财政、货币政策措施以及对全球经济复苏发挥的重要作用。他表示，世界银行愿意加强与中国在国际发展援助和国际金融组织改革以及应对气候变化等领域的合作，共同应对全球性挑战。

《求是》杂志发表署名秋石的文章《从爱国主义到中国特色社会主义》(摘要)

文章指出，近代以来，面对西方列强灭亡中国的罪恶企图，爱国主义成为中国人民争取民族独立、实现国家富强的一面旗帜。在新中国成立60周年的今天，追溯近代以来中国先进分子寻求国家出路、探索救国真理的历程，我们可以清楚地看到，把爱国主义的理想追求同争取社会主义的前途相联结，走中国特色社会主义道路，是中国历史不可抗拒的发展轨迹。

文章说，走中国特色社会主义道路，是几代共产党人艰辛探索的伟大成果。中国特色社会主义是实现中华民族伟大复兴的必由之路，是当代爱国主义最辉煌的篇章。坚持和发展中国特色社会主义是爱国主义的时代主题。

文章指出，当前我国的发展正站在新的历史起点上，面临的机遇和挑战前所未有。要实现在本世纪头20年全面建设惠及十几亿人口的更高水平的小康社会、在本世纪中叶建设富强民主文明和谐的社会主义现代化国家的伟大目标，必须继续高举中国特色社会主义的旗帜，将人民群众的爱国热情吸引和凝聚到中国特色社会主义的伟大实践中来。

文章强调，中国共产党88年的辉煌历程，新中国60年特别是改革开放30年的伟大成就充分说明，只有在中国共产党的领导下，走中国特色社会主义道路，爱国主义的理想才能化为美好的现实。爱国主义和社会主义相结合、相统一的中国特色社会主义，是我们已经取得巨大成就的力量源泉，也是我们夺取新胜利的根本保证。

中央党校校长习近平出席中央党校秋季学期开学典礼并讲话

习近平在讲话中指出，结合新中国成立60年我们党、我们国家走过的伟大历程，可以从党的建设实践中得到许多重要启示。第一，必须坚持把马克思主义基本原理同中国具体实际和时代特征相结合，坚定不移地走中国特色社会主义道路。第二，必须紧紧围绕党的中心任务尤其是发展这个党执政兴国的第一要务来加强和改进党的建设，确保党建工作始终服务于经济社会发展。第三，必须坚持立党为公、执政为民，把实现好、维护好、发展好最广大人民的根本利益作为党的建设必须始终遵循的宗旨、方向和目的，始终保持党同人民群众的血肉联系。第四，必须坚持和健全民主集中制，发展党内民主，维护中央权威，不断增强党的蓬勃活力和团结统一。第五，必须以党的执政能力建设和先进性建设为主线，以改革创新为动力，推动党的思想建设、组织建设、作风建设、制度建设和反腐倡廉建设相互促进，从整体上提高党的建设水平。

中组部部长李源潮，中央办公厅主任令计划出席开学典礼。

中央党校常务副校长李景田主持开学典礼。有关部门负责人、中央党校负责人以及2009年秋季学期全体学员、党校教职员工，共1800多人参加了开学典礼。

国务院发布《关于开展新型农村社会养老保险试点的指导意见》

各省、自治区、直辖市人民政府，国务院各部委、各直属机构：

根据党的十七大和十七届三中全会精神，国务院决定，从2009年起开展新型农村社会养老保险(以下简称新农保)试点。现就试点工作提出以下指导意见：

一、基本原则

新农保工作要高举中国特色社会主义伟大旗帜，以邓小平理论和“三个代表”重要思想为指导，深入贯彻落实科学发展观，按照加快建立覆盖城乡居民的社会保障体系的要求，逐步解决农村居民老有所养问题。新农保试点的基本原则是“保基本、广覆盖、有弹性、可持续”。一是从农村实际出发,低水平起步,筹资标准和待遇标准要与经济发展及各方面承受能力相适应;二是个人(家庭)、集体、政府合理分担责任,权利与义务相对应;三是政府主导和农民自愿相结合,引导农村居民普遍参保;四是中央确定基本原则和主要政策,地方制订具体办法,对参保居民实行属地管理。

二、任务目标

探索建立个人缴费、集体补助、政府补贴相结合的新农保制度,实行社会统筹与个人账户相结合,与家庭养老、土地保障、社会救助等其他社会保障政策措施相配套,保障农村居民老年基本生活。2009年试点覆盖面为全国10%的县(市、区、旗),以后逐步扩大试点,在全国普遍实施,2020年之前基本实现对农村适龄居民的全覆盖。

三、参保范围

年满16周岁(不含在校学生)、未参加城镇职工基本养老保险的农村居民,可以在户籍地自愿参加新农保。

四、基金筹集

新农保基金由个人缴费、集体补助、政府补贴构成。

(一)个人缴费。参加新农保的农村居民应当按规定缴纳养老保险费。缴费标准目前设为每年100元、200元、300元、400元、500元5个档次,地方可以根据实际情况增设缴费档次。参保人自主选择档次缴费,多缴多得。国家依据农村居民人均纯收入增长等情况适时调整缴费档次。

(二)集体补助。有条件的村集体应当对参保人缴费给予补助,补助标准由村民委员会召开村民会议民主确定。鼓励其他经济组织、社会公益组织、个人为参保人缴费提供资助。

(三)政府补贴。政府对符合领取条件的参保人全额支付新农保基础养老金,其中中央财政对中西部地区按中央确定的基础养老金标准给予全额补助,对东部地区给予50%的补助。

地方政府应当对参保人缴费给予补贴,补贴标准不低于每人每年30元;对选择较高档次标准缴费的,可给予适当鼓励,具体标准和办法由省(区、市)人民政府确定。对农村重度残疾人等缴费困难群体,地方政府为其代缴部分或全部最低标准的养老保险费。

五、建立个人账户

国家为每个新农保参保人建立终身记录的养老保险个人账户。个人缴费,集体补助及其他经济组织、社会公益组织、个人对参保人缴费的资助,地方政府对参保人的缴费补贴,全部记入个人账户。个人账户储存额目前每年参考中国人民银行公布的金融机构人民币一年期存款利率计息。

六、养老金待遇

养老金待遇由基础养老金和个人账户养老金组成,支付终身。

中央确定的基础养老金标准为每人每月55元。地方政府可以根据实际情况提高基础养老金标准,对于长期缴费的农村居民,可适当加发基础养老金,提高和加发部分的资金由地方政府支出。

个人账户养老金的月计发标准为个人账户全部储存额除以139(与现行城镇职工基本养老保险个人账户养老金计发系数相同)。参保人死亡,个人账户中的资金余额,除政府补贴外,可以依法继承;政府补贴余额用于继续支付其他参保人的养老金。

七、养老金待遇领取条件

年满60周岁、未享受城镇职工基本养老保险待遇的农村有户籍的老年人,可以按月领取养老金。

新农保制度实施时,已年满60周岁、未享受城镇职工基本养老保险待遇的,不用缴费,可以按月领取基础养老金,但其符合参保条件的子女应当参保缴费;距领取年龄不足15年的,应按年缴费,也允许补缴,累计缴费不超过15年;距领取年龄超过15年的,应按年缴费,累计缴费不少于15年。

要引导中青年农民积极参保、长期缴费,长缴多得。具体办法由省(区、市)人民政府规定。

八、待遇调整

国家根据经济发展和物价变动等情况,适时调整全国新农保基础养老金的最低标准。

九、基金管理

建立、健全新农保基金财务会计制度。新农保基金纳入社会保障基金财政专户,实行收支两条线管理,单独记账、核算,按有关规定实现保值增值。试点阶段,新农保基金暂实行县级管理,随着试点扩大和推开,逐步提高管理层次;有条件的地方也可直接实行省级管理。

十、基金监督

各级人力资源社会保障部门要切实履行新农保基金的监管职责,制定完善新农保各项业务管理规章制度,规范业务程序,建立、健全内控制度和基金稽核制度,对基金的筹集、上解、划拨、发放进行监控和定期检查,并定期披露新农保基金筹集和支付信息,做到公开透明,加强社会监督。财政、监察、审计部门按各自职责实施监督,严禁挤占挪用,确保基金安全。试点地区新农保经办机构和村民委员会每年在行政村范围内对村内参保人缴费和待遇领取资格进行公示,接受群众监督。

十一、经办管理服务

开展新农保试点的地区,要认真记录农村居民参保缴费和领取待遇情况，建立参保档案，长期妥善保存；建立全国统一的新农保信息管理系统，纳入社会保障信息管理系统（“金保工程”）建设，并与其他公民信息管理系统实现信息资源共享；要大力推行社会保障卡，方便参保人持卡缴费、领取待遇和查询本人参保信息。试点地区要按照精简效能原则，整合现有农村社会服务资源，加强新农保经办能力建设，运用现代管理方式和政府购买服务方式，降低行政成本，提高工作效率。新农保工作经费纳入同级财政预算，不得从新农保基金中开支。

十二、相关制度衔接

原来已开展以个人缴费为主、完全个人账户农村社会养老保险（以下称老农保）的地区，要在妥善处理老农保基金债权问题的基础上，做好与新农保制度衔接。在新农保试点地区，凡已参加了老农保、年满60周岁且已领取老农保养老金的参保人，可直接享受新农保基础养老金；对已参加老农保、未满60周岁且没有领取养老金的参保人，应将老农保个人账户资金并入新农保个人账户，按新农保的缴费标准继续缴费，待符合规定条件时享受相应待遇。

新农保与城镇职工基本养老保险等其他养老保险制度的衔接办法，由人力资源社会保障部会同财政部制定。要妥善做好新农保制度与被征地农民社会保障、水库移民后期扶持政策、农村计划生育家庭奖励扶助政策、农村五保供养、社会优抚、农村最低生活保障制度等政策制度的配套衔接工作，具体办法由人力资源社会保障部、财政部会同有关部门研究制定。

十三、加强组织领导

国务院成立新农保试点工作领导小组，研究制定相关政策并督促检查政策的落实情况，总结评估试点工作，协调解决试点工作中出现的问题。

地方各级人民政府要充分认识开展新农保试点工作的重大意义，将其列入当地经济社会发展规划和年度目标管理考核体系，切实加强组织领导。各级人力资源社会保障部门要切实履行新农保工作行政主管部门的职责，会同有关部门做好新农保的统筹规划、政策制定、统一管理、综合协调等工作。试点地区也要成立试点工作领导小组，负责本地区试点工作。

十四、制定具体办法和试点实施方案

省（区、市）人民政府要根据本指导意见，结合本地区实际情况，制定试点具体办法，并报国务院新农保试点工作领导小组备案；要在充分调研、多方论证、周密测算的基础上，提出切实可行的试点实施方案，按要求选择试点地区，报国务院新农保试点工作领导小组审定。试点县（市、区、旗）的试点实施方案由各省（区、市）人民政府批准后实施，并报国务院新农保试点工作领导小组备案。

十五、做好舆论宣传工作

建立新农保制度是深入贯彻落实科学发展观、加快建设覆盖城乡居民社会保障体系的重大决策，是应对国际金融危机、扩大国内消费需求的重大举措，是逐步缩小城乡差距、改变城乡二元结构、推进基本公共服务均等化的重要基础性工程，是实现广大农村居民老有所养、促进家庭和谐、增加农民收入的重大惠民政策。

各地区和有关部门要坚持正确的舆论导向，运用通俗易懂的宣传方式，加强对试点工作重要意义、基本原则和各项政策的宣传，使这项惠民政策深入人心，引导适龄农民积极参保。

各地要注意研究试点过程中出现的新情况、新问题，积极探索和总结解决新问题的办法和经验，妥善处理改革、发展和稳定的关系，把好事办好。重要情况要及时向国务院新农保试点工作领导小组报告。

国务院

2009年9月1日

国务院副总理李克强在吉林出席第五届中国吉林·东北亚投资贸易博览会开幕式与东北亚经济贸易合作高层论坛

全国总工会主席王兆国在北京会见全国优秀工会干部先进事迹报告团

在会见时，王兆国强调，当前我国处于应对国际金融危机的关键时期，广大工会干部要引导职工充分认识到只有改革才能促进发展、只有发展才能实现利益，在团结动员广大职工为保增长促发展作出新贡献中大有可为、大有作为。要倾听职工呼声，反映职工意愿，切实为职工群众办实事做好事，在维护职工合法权益方面大有可为、大有作为。要切实承担起维护稳定的责任，积极协调劳动关系，努力化解矛盾，在维护职工队伍和社会稳定中大有可为、大有作为。工会工作是党的群众工作的重要组成部分，各级党委要关心工会干部的成长，积极帮助他们解决工作和生活中的困难。广大工会干部要始终牢记党的重托，不辜负职工群众的期盼，忠诚于党的工运事业，脚踏实地、真抓实干，坚定不移地走中国特色社会主义工会发展道路，不断开创工会工作的新局面。

庆祝政协西藏自治区委员会成立50周年大会在拉萨举行

全国政协副主席全国政协代表团团长王刚出席并讲话。

王刚强调，要以庆祝西藏自治区人民政协成立50周年为契机，大力弘扬“老西藏”精神，更加自觉地肩负起时代赋予的光荣使命，更加自觉地服务于西藏改革发展稳定大局，团结一致、扎实工作，为建设团结、民主、富强、和谐的社会主义新西藏贡献智慧和力量。要切实把促进西藏经济社会跨越式发展作为履行职能的第一要务，继续为推动西藏经济社会又好又快发展作出新贡献；切实把反对分裂、维护稳定作为履行职能的政治责任，继续为促进西藏社会和谐稳定做贡献；切实把加强民族团结作为履行职能的重大使命，继续为巩固和发展平等、团结、互助、和谐的社会主义民族关系作出新贡献。

庆祝大会上，民进中央常务副主席罗富和宣读了全国政协致西藏自治区政协的贺电。统战部、国家民委以及全国政协副主席阿沛·阿旺晋美分别发来贺电、贺信。

西藏自治区党委书记张庆黎在大会上讲话，代表区党委向自治区政协成立50周年表示热烈祝贺。

自治区政协各界别的委员代表分别发言。

十届全国人大常委会副委员长热地，西藏自治区党政军和各有关方面负责同志以及云南、四川、甘肃、青海四省区政协负责同志到会祝贺，社会各界500余人参加庆祝大会。

庆祝大会由西藏自治区政协主席帕巴拉·格列朗杰主持。

财政部公布《金融控股公司财务管理若干规定》

9月2日

全国人大常委会委员长吴邦国在古巴革命宫会见古共中央第二书记国务委员会主席兼部长会议主席劳尔·卡斯特罗

在谈到中拉关系时，吴邦国说，当前中拉友好合作正处在历史上最好的时期。双方高层互访频繁，政治互信日益加深，各领域交流与合作成果丰硕，中国已成为拉美第二大贸易伙伴国。去年，中国政府发布了《中国对拉美和加勒比政策文件》，进一步明确了加强中拉合作的指导原则和政策主张。中方愿同拉美各国一道，拓展合作领域，创新合作方式，充实合作内容，努力构筑中拉平等互利、共同发展的全面合作伙伴关系。

双方还就当前重大国际和地区问题深入交换了意见，达成广泛共识。

全国人大常委会委员长吴邦国在哈瓦那与古巴全国人民政权代表大会主席里卡多·阿拉尔孔·德克萨达举行会谈

吴邦国指出，中国全国人大与古巴全国人大的友好交往是国家关系重要组成部分。双方有着很好的合作基础，希望通过此访进一步提升中国全国人大与古巴全国人大的关系，更好地服务国家关系发展大局。在保持高层交往的同时，双方应进一步加强专门委员会、友好小组和办事机构之间的交流与合作，密切在各国议会联盟和拉美议会等国际和地区议会组织中的协调与配合，为中古关系发展注入新的活力、增添新的内涵。

阿拉尔孔完全赞同吴邦国对发展两国关系和两国议会交往的建议。

会谈后，吴邦国和阿拉尔孔共同出席了中古两国政府经济技术合作协定等8个双边合作文件的签字仪式。

国务院总理温家宝主持召开国务院常务会议

会议决定在公共卫生与基层医疗卫生事业单位和其他事业单位实施绩效工资。

会议指出，实施绩效工资是事业单位收入分配制度改革的重要内容。在规范津贴补贴的同时实施绩效工资，逐步形成合理的绩效工资水平决定机制、完善的分配激励机制和健全的分配宏观调控机制，对于调动事业单位工作人员积极性，促进社会事业发展、提高公益服务水平，具有重要意义。事业单位实施绩效工资分三步展开。第一步从2009年1月1日起先在义务教育学校实施；第二步配合医药卫生体制改革，特别是实行基本药物制度，从2009年10月1日起，在疾病预防控制、健康教育、妇幼保健、精神卫生、应急救治、采供血、卫生监督等专业公共卫生机构和乡镇卫生院、城市社区卫生服务机构等基层医疗卫生事业单位实施；第三步从2010年1月1日起，在其他事业单位实施。事业单位实施绩效工资的同时，对离退休人员发放生活补贴。

会议明确了事业单位实施绩效工资的基本原则。一是实施绩效工资与清理规范津贴补贴相结合，规范事业单位财务管理和收入分配秩序，严肃分配纪律。二是以促进提高公益服务水平为导向，建立、健全绩效考核制度，搞活事业单位内部分配。三是分级分类管理，因地制宜，强化地方和部门职责。四是统筹事业单位在职人员与离退休人员的收入分配关系，不断完善绩效工资政策。

会议确定，公共卫生与基层医疗卫生事业单位实施绩效工资所需经费由县级财政保障，省级财政统筹，中央财政对中西部及东部部分财力薄弱地区给予适当补助。其他事业单位实施绩效工资所需经费，按单位类型不同，分别由财政和事业单位负担。会议强调，实施绩效工资涉及广大事业单位工作人员的切身利益，政策性强,工作任务重。各地区、各有关部门要高度重视,周密安排,精心组织,加强指导,妥善处理各方面关系,切实解决好实施中出现的问题,确保绩效工资实施工作平稳进行。

会议审议并原则通过了《防治船舶污染海洋环境管理条例(草案)》,决定该草案经进一步修改后,由国务院公布施行。

全国政协主席贾庆林在北京会见老挝建国阵线中央委员会主席西沙瓦·乔本潘

中宣部在北京举行庆祝新中国成立60周年宣传工作座谈会

《朱镕基答记者问》由人民出版社出版发行

该书收录了朱镕基同志在担任国务院副总理、总理期间回答中外记者提问和在境外发表的部分演讲。内容包括4部分:在九届全国人大会议5次记者招待会上回答中外记者提问、接受外国记者采访、在境外发表演讲并回答提问以及在出访期间接受香港记者随行采访。

中国棋手包揽恒丰杯第十一届象棋世锦赛全部冠军

第十一届世界象棋锦标赛2日在山东省新泰市落幕。中国国家象棋队包揽全部3枚金牌,赵鑫鑫、尤颖钦分获男女个人冠军,赵鑫鑫、赵国荣合力摘取男团桂冠。中国队实现了男子个人和团体十一连冠,女子个人八连冠。

本次世锦赛由世界象棋联合会主办,中国象棋协会承办,山东省体育局、新泰市人民政府联合协办。

河南省教育厅明确新安三中暴发甲型H1N1流感是一起典型的责任事故

环境保护部在陕西召开全国重金属污染防治工作会议

周生贤部长在会上强调,要把重金属污染防治摆在更加紧迫更加重要的位置,采取有力措施,大力防控和应对重金属污染,切实解决危害群众健康的突出环境问题。

会议提出,当前和今后一段时期,首先要妥善处置突发涉重金属环境污染事件。同时,将铅、汞、镉、铬和类重金属砷等重金属污染作为防控重点。

赤峰发现四千年前古城遗址

这处遗址距赤峰市区约15公里。据介绍,这是一座沉睡于地下4000年的迄今为止国内保存最完好的一座夏家店下层文化部落古城遗址,该古城遗址面积达到3.8万多平方米,现已揭露城里部分3500平方米。

蔡诚逝世

司法部原部长、党组书记蔡诚同志,因病医治无效于9月2日在北京逝世,享年82岁。

蔡诚,原名伍毅鸿,广东普宁人。1927年11月生,1940年12月参加工作,1945年1月加入中国共产党。1949年10月,任西北军政委员会公安部办公室研究科副科长。1950年5月,调广州市公安局、广东省公安厅,历任侦察科长、办公室副主任、主任。1965年1月,任广东省公安厅副厅长。"文化大革命"期间受到迫害。1973年3月,恢复广东省公安厅副厅长职务,并兼任深圳口岸党委书记。1978年5月,调公安部任办公厅副主任。1983年8月起,任公安部研究室主任、中国人民公安大学校长、公安部党组成员。1985年5月至1993年3月,先后任司法部副部长、部长、党组书记。

蔡诚是第八届全国人大常委会委员、全国人大法律委员会副主任委员,中国共产党第十三次、十四次全国代表大会代表,中共第十三届中央委员会委员。

9月3日

全国人大常委会委员长吴邦国在哈瓦那探望古巴共产党中央委员会第一书记菲德尔·卡斯特罗

全国政协主席贾庆林在人民大会堂会见波德斯塔率领的美国进步中心代表团

贾庆林说,当前世界经济复苏仍面临很多困难,能源安全、气候变化等全球性挑战日益突出,国际、地区热点问题依然严峻。中美两国在事关和平与发展的重大、紧迫问题上肩负着重要共同责任。中方愿与美方共同努力,不断加强对话、交流与合作,尊重彼此核心利益和关切,把中美互利合作提升到更高水平,更好地造福于两国人民和世界人民。

波德斯塔表示,美中加强互利合作,符合两国的利益,也有利于亚太乃至世界的稳定和发展。美方愿与中方一道,加强在各领域的交流与合作,共同推动中美关系健康稳定发展。

全国政协主席贾庆林在宁夏调研

9月3日至7日,贾庆林和随行的全国政协副主席兼秘书长钱运录等,先后来到中卫、固原、吴忠、银川等地,深入企业车间、种植基地、城市社区、居民家庭，就做好新形势下的统战和政协工作、民族和宗教工作，促进少数民族和民族地区经济平稳较快发展，维护社会和谐稳定大局，进行调研。调研期间，贾庆林听取了宁夏回族自治区党委、政府的工作汇报，对宁夏经济社会发展取得的巨大成就给予充分肯定。

贾庆林在调研时强调，要认真学习贯彻胡锦涛总书记在新疆考察工作时的重要讲话精神，加快发展惠民生，加强团结促和谐，巩固和发展各民族共同团结奋斗、共同繁荣发展的大好局面。

国务院任免国家工作人员

任命陈智敏、黄明为公安部副部长；任命杨少林为驻世界银行中国执行董事，杨英明为驻亚洲开发银行中国执行董事。

免去邹加怡（女）的驻世界银行中国执行董事职务，张文才的驻亚洲开发银行中国执行董事职务。

全国煤矿瓦斯防治工作会议在南昌召开

会议于9月3日至4日召开。国务院副总理张德江出席会议并讲话，他强调，搞好瓦斯抽采利用，是煤矿瓦斯防治的治本之策。要继续深化煤矿瓦斯综合治理，推进瓦斯防治工作体系建设，抓紧理顺体制机制，落实和完善国家瓦斯抽采利用的政策措施，确保完成“十一五”期间瓦斯抽采利用的目标任务，努力化害为利、变废为宝，消除煤矿瓦斯事故隐患。要进一步推进“三项行动”和“三项建设”，依法严厉打击非法违法生产行为，继续做好煤矿整顿关闭工作。要努力提高技术装备水平，增强安全生产科技保障能力。要切实加强班组建设，狠抓煤矿安全基础管理。要落实安全生产责任，进一步加强煤矿安全监管，有效防范和遏制煤矿重特大安全生产事故发生。要按照中央的统一部署，切实加强国庆期间的安全生产工作，确保人民群众过一个欢乐、祥和、安定的节日。同时，要坚决克服麻痹松懈思想，切实防止节后生产安全事故反弹。

会议期间，发展改革委副主任、国家能源局局长张国宝做了工作报告，安监总局局长骆琳等发了言。煤矿瓦斯防治部际协调领导小组成员及联络员，各产煤省（区、市）政府、部分煤炭企业和煤炭科研机构负责人约300人参加了会议。

9月4日

国家主席胡锦涛在人民大会堂接受5国新任驻华大使递交的国书

这5位大使分别是：比利时驻华大使奈斯、中非驻华大使图阿布瓦、乌克兰驻华大使科斯坚科、芬兰驻华大使岚涛和埃及驻华大使里兹克。

全国人大常委会委员长吴邦国在巴哈马内阁办公楼与巴哈马总理休伯特·英格拉哈姆举行会谈

吴邦国说，中方高度重视发展中巴关系，视巴哈马为中国在加勒比地区重要的合作伙伴。此次来访就是为了增进相互了解，加深人民友谊，深化务实合作，促进中巴友好合作关系深入发展。为此，吴邦国提出四点建议：一是保持高层交往，加强两国政府、议会和政党间的交流与合作，在涉及对方核心利益和重大关切问题上继续相互理解、坚定支持；二是加强经贸合作，尤其是贸易、旅游、基础设施建设、农业等领域的互利合作，进一步挖掘合作潜力，创新合作方式，充实合作内涵；三是开展多种形式的人文交流，增进两国人民的了解和友谊；四是密切在联合国、世界卫生组织等多边机构中的沟通与协作，保持在重大国际和地区问题上相互协调与配合。

英格拉哈姆完全赞同吴邦国的建议。他表示，发展对华关系是巴哈马政府的既定方针，巴方将继续与中方加强在国际和地区事务中的沟通与协调。欢迎更多的中国企业到巴哈马投资兴业，扩大双方投资与经济技术合作，巴哈马政府愿为此创造良好的环境。

双方还就应对国际金融危机、气候变化等共同关心的重大问题深入交换意见，达成广泛共识。

会见结束后，吴邦国与英格拉哈姆共同出席了《中华人民共和国政府和巴哈马国政府经济技术合作协定》等5个项目的签字仪式。

国务院总理温家宝在北京市第三十五中学调研并与老师座谈

温家宝看望全校师生并在学校主持召开北京市教师代表座谈会，并向全国广大教师致以节日的祝贺和诚挚的问候。他强调，教育是一项神圣而光荣的事业。国运兴衰系于教育，只有一流的教育，才有一流的人才，才能建设一流的国家。希望广大教师充满爱心，忠诚事业，学为人师，行为世范，做一名合格的人民教师。

公安部部长孟建柱赴乌鲁木齐检查指导维护稳定工作

受党中央、国务院委派，公安部部长孟建柱专程来到乌鲁木齐，检查指导维护稳定工作，看望慰问各族干部群众、部队官兵、公安民警，并实地查看社会治安秩序。

孟建柱在检查指导中强调，稳定是福，动乱是祸。社会稳定是新疆发展的前提和保障，没有稳定的社会环境，什么事情都干不成，已经取得的成果也会丧失。

不法分子制造混乱，就是要破坏稳定团结的大好局面。这是一场分裂与反分裂、破坏民族团结与维护民族团结的严肃政治斗争。新疆各级党委政府必须充分认识这次事件的严重性、危害性和复杂性，深入贯彻落实胡锦涛总书记在新疆考察工作时的重要讲话精神，坚决按照中央的决策部署，采取更加有力措施，进一步巩固和发展前一阶段工作成果，确保新疆和全国社会大局稳定。

国务院副总理王岐山在中南海会见美国联邦参议员坎特韦尔女士一行

王岐山表示，美国新政府就职以来，经过中美双方共同努力，中美关系开局良好，经贸、能源、科技等各领域合作进展顺利。建设21世纪积极合作全面的中美关系符合两国人民的根本利益。王岐山对坎特韦尔为中美关系发展、清洁能源合作作出的贡献表示赞赏。

9月5日

中国浦东 井冈山 延安干部学院举行秋季开学典礼

中共中央政治局委员、中央书记处书记、中组部部长李源潮在开学典礼上指出，今年是新中国成立60周年，保持干部队伍清正廉洁，是我们党60年来始终赢得人民拥护的重要经验。新形势下党的干部面临的诱惑越来越多，必须把保持清正廉洁作为干部教育的重要任务和党性锻炼的核心内容。"清"，就是党的干部要政治清醒。要深入学习中国特色社会主义理论体系，增强政治敏锐性，不断提高贯彻落实科学发展观的自觉性和坚定性。要深刻认识经济社会快速发展和急剧转型带来的风险与挑战，冷静对待成绩，清醒分析问题。要永远与人民在一起，把人民群众当主人、当亲人、当老师。"正"就是党的干部要正气在身。做人要正派，办事要公正，从政要走正道。要坚持原则、敢于负责，不以私情废公事，不拿原则做交易。"廉"就是党的干部要为政以廉。要坚守信念防线、道德防线、法纪防线，不用公权谋取私利。要以最坚决的态度和最扎实的措施同用人上的不正之风和腐败现象作斗争，一手抓改革，从源头上防范用人腐败，一手抓整治，坚决不让跑官要官、买官卖官、拉票贿选者得利。"洁"就是党的干部要洁身自好。要加强品行修养，培养健康情趣，节制不良欲望，不去低俗场所。要择善而交，见贤思齐。

李源潮要求，中国浦东、井冈山、延安三所干部学院要把加强党性锻炼、坚定理想信念、弘扬优良作风作为教育培训的重要任务，在促进干部清正廉洁方面发挥独特作用。

上海、江西、陕西三省市党委有关负责同志，中国浦东、井冈山、延安干部学院的学员和教职工分别在各自学院参加了开学典礼。

第二十一届夏季听障奥林匹克运动会在台北市举办

在本届听障奥运会上，大陆运动员参加了田径、游泳、乒乓球、羽毛球、网球和篮球6大项的比赛，共获得12枚金牌、9枚银牌、17枚铜牌。

杜义德逝世

原中央顾问委员会委员、中央军委原委员、兰州军区原司令员杜义德同志，因病医治无效，于9月5日在北京逝世，享年98岁。

杜义德是湖北省黄陂县(今武汉市黄陂区)人，1927年参加农民协会，同年加入中国共产主义青年团，1928年参加农民赤卫军，1929年4月参加中国工农红军，1930年3月加入中国共产党。土地革命战争时期，他历任排长、连长、指导员、营政治委员、团政治委员、师政治委员、作战参谋、红四方面军直属纵队司令员兼第四局局长、骑兵师师长等职，参加了红军长征。抗日战争时期，他历任队长、支队长、副校长、副旅长、军分区司令员兼政治委员、冀南地委书记、冀南军区司令员等职。解放战争时期，他历任晋冀鲁豫野战军第六纵队政治委员，第二野战军第三兵团副司令员兼第十军军长、政治委员。新中国成立后，他历任川南军区司令员，兵团副政治委员、代理政治委员，兵团政治委员、沈阳军区副政治委员兼旅大警备区政治委员、海军副政治委员、海军第二政治委员、兰州军区司令员等职。

杜义德是中共第十一届中央委员，第十二、十三届中央顾问委员会委员，第十一届中央军委委员。他1955年被授予中将军衔，曾荣获一级八一勋章、一级独立自由勋章、一级解放勋章和一级红星功勋荣誉章。

9月6日

全国人大常委会委员长吴邦国在下榻饭店会见亚利桑那州州长珍·布鲁尔

全国人大常委会委员长吴邦国考察美国霍尼韦尔公司和第一太阳能公司

在考察时，吴邦国详细了解这两家高科技企业的新产品研发、市场营销、与中国企业合作等情况。他指出，中美经济互补性很强，经贸合作基础良好，又都面临经济结构调整的艰巨任务,这给两国经贸合作带来挑战、更带来机遇。希望两国企业将低碳经济、可再生能源和清洁能源以及高新技术的合作培育成中美经贸合作新的增长点,在互利合作中实现产业升级。

中宣部中央文明办在贵州省遵义市召开全国农村精神文明建设工作经验交流会

中宣部部长刘云山作书面讲话。

会议总结交流了近年来农村精神文明建设的成功经验。各省(区、市)、新疆生产建设兵团和副省级城市文明办主任,中央文明委成员单位和有关司局负责同志,全国文明城市(区)和先进城市(区)文明办主任,全国文明村镇代表参加会议。

第四届“全国十大社会公益之星”暨“全国优秀公益人物”表彰大会在全国政协礼堂召开

全国人大常委会副委员长、中国红十字会总会会长彭珮云,全国政协副主席邓朴方,民政部副部长李立国出席大会并为获奖者颁奖。北京各界人士及高校学生代表共千余人出席大会。

在本届评选中,身残志坚的复转军人刘学军、妙手仁心的百岁中医王昌松、维吾尔族好阿妈阿尼帕·阿力马洪、著名表演艺术家赵本山、治沙英雄张永举、中国首善陈光标、泽被桑梓的民营企业家陈绍常、痴情的古稀园丁李振华、爱心妈妈王琳达、坚守山区教育的志愿者潘世鹏等10人荣获第四届“全国十大社会公益之星”。隐身的助学团体“辛文”获集体奖。女船王包陪庆、白衣天使李丽珠、热血青年潘庆伟等20人被评为“全国优秀公益人物”。

9月7日

国务院总理温家宝主持召开国务院常务会议研究部署做好秋冬季甲型H1N1流感防控工作

会议强调,根据当前疫情发展的特点、趋势和我国的实际情况,下一阶段要在内防扩散、外堵输入的基础上,进一步强化预防措施,严控社区传播,加强重症救治,全力减少疫情危害。要坚持和完善前一阶段行之有效的各项防控措施,使之规范化、程序化,并与免疫接种等预防手段相结合。要坚持因地制宜、分类指导,突出抓好重点时期、重点地区(场所)、重点人群和重点环节的疫情防控工作。(一)加强重点时期和重点地区的防控工作。完善跨部门、跨地区信息通报和协调机制、信息发布机制。制定和完善针对人员密集流动情况下的铁路、民航甲型H1N1流感防控应急预案。加强应急值守、卫生应急队伍和技术准备、应急物资调用等工作。当前尤其要搞好国庆节前后的疫情防控。(二)做好学校等重点场所的疫情防控工作。一旦发生疫情,要科学合理地实施停课等措施,努力减少聚集性疫情发生。加强对农村和城市社区的疫情防控工作,努力减少疫情对正常生产生活秩序的影响。(三)完善和加强医疗救治工作。完善治疗方案,加强医务人员培训,做好大规模救治患者特别是救治重症病例的预案和准备。(四)加强疫苗及抗病毒药物储备,积极稳妥做好疫苗接种工作。疫苗研发已通过专家评审,可在安全有效的前提下分批开始使用。加强基础、临床和防控等方面科技研究,加大科技储备。重视发挥中医药的作用。(五)加强疫情监测和预防工作。密切关注疫情变化,科学研判疫情发展趋势,有针对性地制订和完善相关工作方案。公开、透明、科学、客观地向公众介绍疫情发展情况,帮助公众了解、掌握防控知识,积极参与社会性防控工作,提高全社会的预防意识和能力。加强甲型H1N1流感防控工作的国际交流与合作。

人口和计划生育工作座谈会在国家行政学院召开

国务院副总理李克强出席座谈会并讲话。

座谈会上,河南、吉林、湖北、广东、湖南、江苏等省政府负责人就人口计生工作交流了经验、提出了建议,国家人口计生委负责人通报了近年来人口计生工作情况,国家行政学院负责人介绍了人口计划生育工作研讨班的情况。

在认真听取大家的发言后,李克强作了讲话。他强调,人口计生工作与经济社会发展和人民生活水平提高密切相关,既是发展问题,也是民生问题。要坚持人口与发展综合协调,继续稳定低生育水平,更加重视提高人口素质,更加重视优化人口结构。保持现行计划生育政策的稳定性和连续性,做好重点地区和重点人群的计划生育工作,全面开展出生缺陷预防工作,综合治理出生人口性别比偏高问题,积极应对人口老龄化现象。进一步增加人力资本投入,着力加强人力资本储备,努力把我国人口多的压力转化为人力资源丰富的优势。

李克强说,新形势下搞好人口计生管理,要遵循客观规律,增强服务功能,健全和完善计划生育利益导向机制,积极拓展人口计生服务范围,不断提高人口计生服务能力,进一步开展人口战略研究;切实加强流动人口服务与管理,发挥好人口计生系统服务网络在医药卫生体制改革中的作用,解决好关系人民群众切身利益的实际问题,促进人的全面发展。

国务院副秘书长尤权主持座谈会。国家人口计生委主任李斌、国家行政学院常务副院长魏礼群参加座谈会。省部级领导干部人口和计划生育工作研讨班学员以及省级人口计生委主任研修班学员、国家人口计生委兼职委员、国务院有关部门和单位负责人参加座谈会。

最高人民检察院发布公告决定向河北 山西 内蒙古 辽宁 河南五省、自治区人民检察院派出接访工作组

公告称，最高检派出的接访工作组将履行最高人民检察院来访接待室职责，负责接待、受理依法应当由最高人民检察院管辖的、已经省级人民检察院审查处理的申诉案件，以及应当由最高人民检察院查处的贪污贿赂、渎职侵权等职务犯罪的举报案件。对未经省级人民检察院接访的越级上访案件，按照“分级负责，属地管辖”原则，由本省、自治区相关人民检察院接待，接访工作组不予接待。

国家副主席习近平在人民大会堂会见来访的阿根廷外长豪尔赫·塔亚纳

习近平表示，中阿两国建立战略伙伴关系以来，两国经贸等领域务实合作日益深化，科技文化交流进一步加强，在涉及各自核心利益的重大问题上相互理解和支持，中方对此表示满意。中方高度重视发展同阿根廷的关系，愿同阿方携手努力，保持高层交往，深化互利合作，加强在重大国际问题上协调和配合，推动中阿战略伙伴关系全面深入发展，造福两国人民。

塔亚纳高度评价两国关系的发展，表示阿根廷政府优先发展对华关系，愿与中方共同推动阿中战略伙伴关系发展到更高水平。

国务院副总理王岐山在中南海会见英国商务大臣彼得·曼德尔森

9月8日

中共中央政治局召开会议讨论十七届三中全会以来中央政治局的工作及研究加强和改进新形势下党的建设等问题

中共中央总书记胡锦涛主持会议。

会议决定，中国共产党第十七届中央委员会第四次全体会议于9月15日至18日在北京召开。

中共中央政治局听取了《中共中央关于加强和改进新形势下党的建设若干重大问题的决定》稿在党内外一定范围征求意见的情况报告，决定根据这次会议讨论的意见进行修改后将文件稿提请十七届四中全会审议。

会议认为，在这次征求意见的过程中，各地区各部门各有关方面和党的十七大代表对文件稿提出了许多很好的意见和建议，要充分吸收和反映，以集中全党和各方面智慧制定好文件，使之成为加强和改进新形势下党的建设的指导性文件。

会议强调，当今世界正处在大发展大变革大调整时期。我国经济建设、政治建设、文化建设、社会建设以及生态文明建设全面推进，正在新的历史起点上向前迈进。党要适应这样的新形势，统筹国内国际两个大局，更好带领全国各族人民聚精会神搞建设、一心一意谋发展，实现党的十七大描绘的宏伟蓝图，必须进一步加强和改进自身建设。总结新中国成立60年来我们党加强自身建设的丰富实践，加强和改进新形势下党的建设，必须坚持把思想理论建设放在首位，始终坚持以马克思列宁主义、毛泽东思想、邓小平理论和“三个代表”重要思想为指导，深入贯彻落实科学发展观，使党的理论和实践始终体现时代性、把握规律性、富于创造性；必须坚持把推进党的建设伟大工程同推进党领导的伟大事业紧密结合起来，着力提高党的创造力、凝聚力、战斗力，为抓好发展这个党执政兴国的第一要务、建设富强民主文明和谐的社会主义现代化国家、坚持和发展中国特色社会主义提供根本保证；必须坚持以执政能力建设和先进性建设为主线，坚持科学执政、民主执政、依法执政，着力提高党总揽全局、协调各方能力和水平，使党始终代表中国先进生产力发展要求、中国先进文化前进方向、中国最广大人民根本利益；必须坚持立党为公、执政为民，坚持全心全意为人民服务根本宗旨，坚持以人为本，实现好、维护好、发展好最广大人民根本利益，做到权为民所用、情为民所系、利为民所谋，保持党同人民群众的血肉联系；必须坚持改革创新，坚持用时代发展要求审视自己、以改革创新精神提高和完善自己，不断推进党的建设实践创新、理论创新、制度创新，推进党的建设科学化、制度化、规范化；必须坚持党要管党、从严治党，坚持严格要求、严格教育、严格管理、严格监督，开展批评和自我批评，严肃党的纪律，加强党风廉政建设，不断解决自身存在的问题，始终保持党的先进性和纯洁性。

会议指出，加强和改进新形势下党的建设，是全党的重大政治责任。各级党组织要全面落实党建工作责任制，加强党建工作调查研究，推进党建理论创新，确保党的建设各项部署落到实处。

会议还研究了其他事项。

全国人大常委会委员长吴邦国出席在亚利桑那州菲尼克斯市举行的中美经贸合作论坛开幕式并致辞

论坛上举行了中美经贸合作文件的签字仪式，两国政府、企业和有关方面签署的投资和经济技术合作协议或合同共计41项，总额达123.8亿美元，涉及新能源及原材料、通信、电子、机械、旅游等多个领域。

本次中美经贸合作论坛是由中国商务部和美国商务部、中国机电产品进出口商会和亚利桑那州商务厅等联合举办的，主题是“新科技，新能源，无限合作商机”。美国商务部、贸易发展署和亚利桑那等7个州的政府官员，美国117家企业的150多名企业家，中国95家企业的200多名企业负责人及美社会各界人士约500人参加了论坛。

全国人大常委会委员长吴邦国在中美经贸合作论坛开幕式上的致辞

（2009年9月8日 菲尼克斯）

女士们，先生们，朋友们：

大家早上好！

很高兴在我访美的第一站，有机会出席中美经贸合作论坛，与各位新老朋友一起，探讨新形势下加强和改善中美经贸合作的问题，共同推动两国企业合作。首先，我谨向论坛的成功举办表示热烈的祝贺，向与会各界人士致以诚挚的问候和良好的祝愿，对两国有关方面为此付出的努力表示衷心的感谢。

国际金融危机的蔓延和深化，给中美两国经济造成重大冲击，也严重影响了中美经贸合作尤其是企业合作。据统计，今年1至7月份，中美贸易额同比下降了16.1%，美在华投资同比下降19.1%。尽快遏制和扭转这一下滑势头，实现中美经贸合作的可持续发展，是摆在我们面前的共同任务。在当前困难的形势下，要完成这一共同任务，首先也是最重要的，就是要提振合作信心。朋友们也许会问，面对困难局面，信心从何而来。我想告诉朋友们的是，虽然世界经济复苏的迹象还不明显，国际金融危机的长远影响也不可忽视，但中美经贸合作前途光明。

一是中美经贸合作的大势不会改变。这里包括两个方面：一方面中美经济互补优势没有改变。中国是世界上最大的发展中国家，发展是中国的第一要务。改革开放30年来，中国经济年均增长9.8%，即使今年上半年也实现了7.1%的增长，全年有望实现8%左右的增长目标。中国正处在工业化、城镇化加速推进的过程中，有大量的投资需求，还有13亿人的消费市场。中国的发展、中国巨大的市场，为包括美国在内的各国经济复苏与发展提供不竭的商机与动力。美国是世界上最大的发达国家，国内生产总值占世界总量的18.3%，国民消费占世界消费品市场总额的43%，对外贸易额居世界首位，尤其是在科技、人才、管理、营销等方面具有明显优势。中美经济这种互补优势并没有因为国际金融危机的影响而改变。另一方面中美经贸合作基础良好。2008年双边贸易额达3337.4亿美元，已互为第二大贸易伙伴。在过去的5年间，美对华出口年均增长20%，去年中国从美国进口的大豆和棉花，分别占美出口总量的49%和34%。美在华投资项目累计达5.7万多个，投资额超过610亿美元。今年1至7月份，中美签订技术引进合同888项，合同金额达32.6亿美元，同比增长41.3%，占中国技术引进合同总额的25.3%，在中国技术引进来源地中列第一位。虽然今年上半年中美贸易额同比下降，但降幅低于中国外贸总额降幅近7个百分点。这些数据足以说明，中美经贸关系已经形成合作共赢的基本格局，这一基本格局没有因为国际金融危机的影响而改变。

二是中美两国实施的刺激经济增长计划带来新的合作商机。为应对国际金融危机的冲击，保持国民经济平稳较快发展，中国政府实施积极的财政政策和适度宽松的货币政策，推出了进一步扩大内需、促进经济增长的一揽子计划，包括大规模增加政府公共投资和实行结构性减税，制定和实施产业调整振兴规划，大力拓展国内消费市场尤其是农村市场，开展重点民生工程建设和铁路、电信、水利等基础设施建设，大幅度提高社会保障水平，着力改善低收入家庭生活。为摆脱经济危机困扰，美国政府也推出了自上世纪30年代以来力度最大的刺激经济复苏计划，涉及金融、房地产、税收、基础设施、汽车、环保、能源、科技、医保改革等众多领域。中美两国刺激经济增长计划的实施，给两国经贸合作带来了新的商机。在今天的论坛前，两国企业和有关方面又签署了41项投资和经济技术合作协议与合同，总额达123.8亿美元，涉及新能源及原材料、通信、电子、机械、旅游等领域。这再次说明双方合作的机会很多，只要善于危中觅机，是可以大有作为的。

三是中美两国经济结构调整战略将拓展新的合作领域。虽然中美两国经济发展阶段不同，但都面临艰巨的调整任务。要看到，即使没有国际金融危机也面临经济发展方式调整的压力，只是国际金融危机使调整任务变得更加迫切。据说美国公众普遍认为，过度依靠超前消费的增长方式是不可持续的。美国政府提出把应对金融危机与解决发展模式问题结合起来，以绿色技术作为促进经济增长、提高国际竞争力和创造就业的根本。同样，中国在努力保持经济平稳较快发展的同时，注重把解决当前困难与实现可持续发展结合起来，着力调整经济结构、促进产业升级，下大决心扩大国内需求特别是消费需求，促进经济发展方式转变。也就是说，中美两国经济结构调整，将使低碳经济、可再生能源和清洁能源、洁净煤和碳捕捉及封存、智能电网、建筑能效、新能源汽车等方面的合作，成为中美经贸合作尤其是经济技术合作与企业合作新的增长点。我们高兴地看到，前不久在华盛顿举行的首轮中美战略与经济对话,再次重申《中美能源环境十年合作框架文件》下的各项行动计划,拟就关于加强气候变化、能源和环境合作的谅解备忘录,进一步表达了双方在上述领域加强合作的愿望,预示着两国经贸合作前景更加广阔。

女士们,先生们,朋友们:

经贸合作是中美关系的物质基础,也是两国关系持续充满活力的重要保障。要克服当前困难,把双方加强和改善经贸合作的愿望转化为现实,很重要的一条是要充分发挥企业在经贸合作中的主体作用。希望双方企业发挥各自优势,积极探索合作的新途径,通过开展联合研究、建设示范工程、共同开发技术、扩大相互投资等形式,共同开拓合作的新领域。希望两国政府及有关方面把企业合作作为加强和改善中美经贸合作的优先方向,积极为企业合作牵线搭桥,加强知识产权保护,努力改善政策和法制环境,推动双边贸易和投资便利化。在当前情况下,尤其要坚持自由贸易原则,防止各种形式的贸易保护主义。应充分发挥中美战略与经济对话以及商贸联委会等其他相关机制的作用,从中美经贸合作大局出发,及时妥善解决合作中出现的问题,为两国经贸合作尤其是企业合作创造良好的环境、提供更多的便利。我相信,经过中美两国企业和有关方面的共同努力,一定能够战胜眼前的困难,迎来中美经贸合作更加美好的明天。

最后,祝中美经贸合作论坛取得成功!

卫生部办公厅发出《关于做好应对甲型H1N1流感大流行医疗救治准备工作的通知》

全国妇联主席陈至立参加在哈尔滨召开的全国妇联维权工作会议

陈至立在会议上指出,党和国家历来高度重视男女平等和妇女权益保障,为落实男女平等基本国策、推动妇女儿童事业发展提供了坚实的制度保障,各级党委、政府及有关部门大力实施《中国妇女发展纲要》和《中国儿童发展纲要》,各级妇联组织坚持一手抓发展、一手抓维权的工作方针,推动维权工作取得了显著成效。妇联组织之所以建立和存在,一项根本的使命就是维护和争取好妇女的权益。各级妇联要进一步增强责任感、使命感,突出重点,务求实效,不断开创妇联维权工作新局面。各级妇联要以科学发展观为指导,准确把握新形势下妇联维权工作的规律,增强工作针对性和有效性,不断提高维权工作的服务性、专业性和权威性,进一步推动维权工作的社会化。要高度重视妇联维权干部队伍建设,培养一支作风过硬、本领过硬、善于协调合作的维权队伍。

第二十七届中国电视剧"飞天奖"颁奖典礼在北京"水立方"举行

《潜伏》《闯关东》《士兵突击》《戈壁母亲》《金婚》《静静的白桦林》《周恩来在重庆》《十万人家》《喜耕田的故事》9部电视剧获得最佳长篇电视剧一等奖。《士兵突击》编剧兰晓龙,《闯关东》编剧高满堂、孙建业,《潜伏》编剧姜伟获得优秀编剧奖;《士兵突击》导演康洪雷、《金婚》导演郑晓龙获得优秀导演奖;孙红雷、张国立获得优秀男演员奖;闫妮、萨日娜获得优秀女演员奖。

本届"飞天奖"还评选出60位杰出贡献艺术家,陈道明、唐国强、高希希、胡玫等艺术家共沐中国电视剧的这一荣光。

平顶山新华四矿发生瓦斯爆炸事故

9月9日

中共中央总书记胡锦涛主持中共中央政治局第十六次集体学习

中共中央总书记胡锦涛在主持学习时强调,我们要以新中国成立60周年为新的起点,高举中国特色社会主义伟大旗帜,以邓小平理论和"三个代表"重要思想为指导,深入贯彻落实科学发展观,总结经验,把握规律,开拓创新,在新的时代条件下继续推进社会主义现代化,不断夺取全面建设小康社会新胜利、开创中国特色社会主义事业新局面。

中央党史研究室第二研究部郑谦研究员、国务院发展研究中心发展战略和区域经济研究部张军扩研究员就这个问题进行讲解,并谈了他们的意见和建议。

中共中央政治局各位同志认真听取了他们的讲解,并就有关问题进行了讨论。

胡锦涛在主持学习时发表了讲话。他指出,振兴中华,赶上世界发展潮流,使中华民族屹立于世界民族之林,是长期以来中国人民和中华民族孜孜以求的夙愿。1949年新中国成立,中华民族从此开启了自身发展新的历史纪元。几十年来,我们党团结带领全国各族人民承前启后、继往开来,为实现社会主义现代化进行不懈探索和顽强奋斗,经历和战胜种种艰难曲折,取得了举世瞩目的伟大成就。今天,中华民族迎来了社会主义现代化和伟大复兴的光明前景。

胡锦涛强调,回顾和总结新中国成立以来我们党团结带领人民推进社会主义现代化的长期实践,可以得出很多重要启示,感受最深的有四点。一是要坚持解放思想、实事求是、与时俱进,着力探索和把握我国社会主义现代化规律。我国社会主义现代化建设是在我国具体国情的基础上和时代发展的条件下进行的，这就要求我们既要深刻认识和把握现代化的一般规律和社会主义现代化的普遍规律，又要深刻认识和把握我国社会主义现代化的特殊规律。我们必须坚持党的思想路线，发扬求真务实精神，继续从我国实际出发，坚持不懈地探索和把握我国社会主义现代化规律，不断创造性地研究和解决改革开放和社会主义现代化建设中的重大理论和实践问题。二是要坚持以经济建设为中心，着力推进全面协调可持续的科学发展。要深入贯彻落实科学发展观，按照中国特色社会主义事业总体布局，坚持以经济建设为中心，全面推进社会主义经济建设、政治建设、文化建设、社会建设以及生态文明建设，促进现代化建设各个环节、各个方面相协调，促进经济社会发展与人的全面发展相统一。三是要坚持加强制度建设，着力构建有利于科学发展的体制机制。改革开放是社会主义现代化的活力源泉，制度建设是推进社会主义现代化的重要着力点。要毫不动摇地坚持改革方向，提高改革决策的科学性、增强改革措施的协调性，深化经济体制、政治体制、文化体制、社会体制以及其他各方面体制改革，积极构建更加健全、充满活力的制度体系。四是要坚持正确处理改革发展稳定关系，着力保持社会大局稳定。发展是硬道理，稳定是硬任务；没有稳定，什么事情也办不成，已经取得的成果也会失去。要始终从维护我国发展的重要战略机遇期、维护国家安全、维护最广大人民根本利益的高度出发，高度重视和正确处理人民内部矛盾，加强思想政治工作，加强基层基础工作，加强群众工作，加强法制教育，有效应对影响社会稳定的各种问题和挑战，确保人民安居乐业、社会安定有序、国家长治久安。

胡锦涛指出，我国社会主义现代化事业是全国各族人民的共同事业，人民是实现我国社会主义现代化的根本力量。各级党委和政府要充分发挥人民首创精神，坚持发展为了人民、发展依靠人民、发展成果由人民共享，切实解决人民最关心最直接最现实的利益问题，使全体人民朝着共同富裕方向稳步前进，进一步把全国各族人民的智慧和力量凝聚到全面建设小康社会、加快推进社会主义现代化的伟大事业上来。

中共中央总书记 国家主席胡锦涛在人民大会堂与老挝人民革命党中央委员会总书记 国家主席朱马利·赛雅贡举行会谈

胡锦涛在会谈时表示，中方愿在长期稳定、睦邻友好、彼此信赖、全面合作精神指导下，同老方携手努力，从以下四个方面推进中老全面战略合作伙伴关系：一是保持两党两国领导人经常互访的优良传统，加强双方在双边关系和彼此关切的重大问题上的沟通和协调；二是继续深化治党治国经验交流，进一步搞好干部培训合作，使这一合作更加富有成效；三是双方要按照平等互利、讲求实效、形式多样、共同发展的原则，进一步拓宽经贸合作领域，提高合作水平；四是加强两国在东盟“10 + 1”、“10 + 3”、东盟地区论坛和大湄公河次区域等地区框架内的合作，共同促进本地区的和平与发展。

朱马利完全赞同胡锦涛对两党两国关系的评价和促进双边合作进一步向前发展的四点建议。

会谈中，双方还就共同关心的国际和地区问题深入交换了意见并达成广泛共识。

全国人大常委会委员长吴邦国在美国国会大厦会见美国国会代理临时参议长井上健

吴邦国对井上健等参议员为中美议会交往和两国关系发展所做的工作表示赞赏。他说，地方交往是国家关系重要组成部分。中美地方合作尤其是中西部地区合作潜力巨大。中国正在实施区域发展总体战略，深入推进西部大开发，大力促进中部地区崛起，中西部地区发展步伐明显加快。美国的中西部地区发展有许多成功范例，积累了宝贵经验，当前又面临调整与发展的新挑战，这为扩大两国中西部地区合作带来了新的机遇。希望两国议会发挥议员来自地方、联系广泛的独特优势，积极促进中美地方合作。

井上健等议员表示，将继续推动美国国会参议院与中国全国人大定期交流机制建设，努力促进所在选区与中国有关地方的交流与合作，为美中关系发展多做实事。

全国人大常委会委员长吴邦国在美国国会大厦集体会见美国国会众议院美中工作小组共同主席拉森等众议院涉华议员小组负责人

吴邦国对拉森等议员为促进中美议会交往和两国关系发展所做的积极努力表示赞赏，希望美国议员朋友继续关心和支持中美合作，为促进两国关系发展多做工作。吴邦国还应询介绍了中国在应对气候变化问题上的原则立场及采取的政策措施。

国务院总理温家宝在人民大会堂会见英国内阁首席大臣兼商业创新和技能大臣彼得·曼德尔森

温家宝说，国际金融危机爆发以来，中英高层进行了密切沟通和协调，积极促进两国企业加强合作，推动国际社会共同应对挑战，体现了中英全面战略伙伴关系的活力。温家宝指出，欧盟应当尽早承认中国市场经济地位，这对中欧关系有利，对自由贸易有利，对世界经济复苏和增长有利，希望英国为此发挥积极作用。

曼德尔森表示，中国应对国际金融危机的一揽子计划不仅保持了中国经济增长,也在国际上发挥了重要作用。英方愿与中方加强宏观经济政策协调和务实合作,继续推动英中、欧中关系取得进展。

国务院总理温家宝在中南海紫光阁会见非洲联盟委员会主席让·平

温家宝指出,在应对国际金融危机、气候变化等重大国际问题上,中方高度重视非洲的立场和关切。我们一定会落实好中非合作论坛北京峰会各项后续行动,并根据非洲的实际需要,采取进一步举措帮助非洲国家克服困难,积极扩大中非在贸易和投资领域的互利合作,推动国际社会增加对非援助,实现共同发展。

让·平表示,非盟高度重视中国在国际事务中发挥的建设性作用,感谢中国为非洲和平与发展事业作出的积极贡献。当前,非洲面临着发展经济和应对全球性问题等诸多挑战,迫切希望加强与中国在各领域的合作。让·平表示,非盟将一如既往在事关中国核心和重大利益问题给予中方坚定支持。

国务院总理温家宝签署第561号令公布《防治船舶污染海洋环境管理条例》

《防治船舶污染海洋环境管理条例》已经2009年9月2日国务院第79次常务会议通过,现予公布,自2010年3月1日起施行。

总理 温家宝

2009年9月9日

防治船舶污染海洋环境管理条例(略)

全国政协主席贾庆林在北京接见中国扶贫开发典型人物代表并参观中国扶贫开发典型人物展

贾庆林在接见时发表讲话强调,我们要深入贯彻落实科学发展观,认真落实党和国家关于扶贫开发的各项决策部署,切实把扶贫开发摆在更加突出的位置,继续坚持开发式扶贫方针,强化扶贫责任,完善扶贫机制,提高扶贫实效,奋力开创扶贫开发工作的新局面。

全国政协副主席杜青林、黄孟复参加接见并参观中国扶贫开发典型人物展。

中国扶贫开发协会对73名全国扶贫开发典型人物进行了表彰。

庆祝教师节暨全国教育系统先进集体先进个人表彰大会在人民大会堂举行

中共中央总书记胡锦涛,国务院总理温家宝,中共中央政治局常委李长春,国家副主席习近平亲切会见全体与会代表。

胡锦涛等向受到表彰的先进集体和先进个人表示热烈祝贺,向全国广大教师和教育工作者致以节日的祝贺和亲切的问候,向60年来为祖国教育事业贡献智慧和力量的所有教师和教育工作者致以崇高的敬意。

刘云山、刘延东、李源潮、令计划参加了会见。

刘延东出席表彰大会并讲话。刘延东强调,教师是教育事业的第一资源。建设中国特色社会主义伟大事业需要一支高素质、高水平的教师队伍。她希望广大教师忠诚敬业、学为人师、开拓创新、行为世范,培养造就更多的社会主义合格建设者和可靠接班人。

教育部部长周济主持大会。会上,人力资源和社会保障部、教育部联合表彰了500个“全国教育系统先进集体”,831名“全国模范教师”和“全国教育系统先进工作者”。教育部还表彰了2014名“全国优秀教师”和“全国优秀教育工作者”,授予651项教改项目“第六届高等教育国家级教学成果奖”,授予100名高校教师“第五届高等学校教学名师奖”。

全国模范教师代表、湖南省桃江县桃花江小学教师黄丽君,全国模范教师代表、上海交通大学教授王如竹,先进集体代表、海南省农业学校校长陆红专分别在会上发言。

最高人民法院成立涉诉信访立案庭

国务院发出《关于进一步实施东北地区等老工业基地振兴战略的若干意见》(摘要)

实施东北地区等老工业基地振兴战略五年多来,振兴东北地区等老工业基地工作取得了重要的阶段性成果。以国有企业改革为重点的体制机制创新取得重大突破,多种所有制经济蓬勃发展,经济结构进一步优化,自主创新能力显著提升,对外开放水平明显提高,基础设施条件得到改善,重点民生问题逐步解决,城乡面貌发生很大变化。实践证明,中央实施振兴东北地区等老工业基地战略的决策是及时的、正确的。但也要清醒看到,东北地区等老工业基地体制性、结构性等深层次矛盾有待进一步解决,已经取得的成果有待进一步巩固,加快发展的巨大潜力有待进一步发挥。在当前形势下,认真总结振兴工作实践经验,进一步充实振兴战略的内涵,及时制定新的政策措施,既是应对国际金融危机、促进全国经济平稳较快发展的需要,也是推进东北地区等老工业基地全面振兴的需要。

国务院副总理李克强在人民大会堂会见新加坡国务资政吴作栋

李克强与客人就国际经济形势交换了看法。他指出,当前世界经济出现积极变化,但复苏的过程将是缓慢和曲折的。各国应继续加强合作,协调政策,携手巩固和发展积极成果，促进世界经济复苏和健康发展。

吴作栋表示，新加坡高度重视新中关系，愿与中方进一步扩大友好互利合作，实现共同发展。他高度评价了中国应对国际金融危机的努力。

第六届国际数字地球会议在北京开幕

来自40多个国家的1000余位科学家、企业家和管理专家将围绕数字地球理论、技术及其应用深入探讨，涉及全球定位系统、虚拟现实、网络通讯技术和地球科学等诸多领域。本次会议期间还将举办数字地球技术与应用展览会，通过实物模型、多媒体放映、系统演示与现场互动操作等方式，展示数字流域、数字减灾、数字城市等数字地球理论、技术及应用等方面取得的重要成就。

9月10日

《人民日报》发表评论员文章《让教师成为最受尊敬的职业》

在第二十五个教师节来临之际，一批优秀教师站在人民大会堂领奖台上，接受党和政府的表彰。他们是光荣的，因为他们从事的是人类最神圣的事业；他们是幸福的，因为全社会都向他们投去了尊敬的目光。

教师是人类文明的传承者。有高水平的教师，才能有高质量的教育。推动教育事业又好又快发展，培养造就高素质人才，教师是关键。尊重教师是发展教育事业的必然要求，是社会文明进步的重要标志，也是尊重劳动、尊重知识、尊重人才、尊重创造的具体体现。在新中国成立60年来的风雨历程中，伴随着教育事业的改革发展，人们逐渐形成了这样的共识，确立了这样的理念。

教师是神圣的职业。中华民族历来有尊师重教的优良传统和文化积淀。新中国成立以来特别是改革开放以来，党和政府在高度重视发展教育的同时，一直高度重视教师队伍建设，先后出台了一系列重大举措，包括改善教师的工作和生活状况，稳定提高教师收入水平，完善教师医疗、养老、住房等社会保障，千方百计帮助农村教师排忧解难等，大大提升了教师的政治地位、社会地位、职业地位，使尊师重教蔚然成风。

教师是人类灵魂的工程师。长期以来，广大教师特别是农村和边远贫困地区的教师，在艰苦清贫的条件下，恪尽职守，默默耕耘，为祖国的教育事业无私奉献，涌现出了如孟二冬、冯志远、刘亚春、刘让贤、谭千秋等无数可歌可泣的先进人物，他们用自己的心血、汗水甚至生命，生动诠释了什么是爱心、奉献和责任，什么是“学为人师，行为世范”。

伴随着我国由教育大国向教育强国的迈进，我们清醒地认识到，实现教育事业的可持续发展，必须吸引和鼓励大量优秀人才从事教育工作。各级党委和政府应制定切实可行的政策措施，吸引和鼓励优秀人才长期从教、终身从教，鼓励有志青年到农村、到边远贫困地区，为教育事业建功立业；应高度重视教师的培养和培训，加大对师范教育的支持力度，积极推进教师教育创新，着力提高教师的整体素质；应进一步改革和完善教师管理制度，严格教师资格准入制度，健全教师考核评价机制，鼓励教师不断提高教育教学质量。

在教育面向现代化、面向世界、面向未来的今天，人民群众对优质教育有了更多需求，对教师的职业道德和业务素质有着更高期待。人民教师肩负着党和人民赋予的新使命，面临着时代变革提出的新挑战。广大教师应切实承担起作为教育者的社会责任，爱岗敬业，关爱学生；刻苦钻研，严谨笃学；勇于创新，奋发进取；淡泊名利，志存高远；甘为人梯，乐于奉献；静下心来教书，潜下心来育人，努力做学生爱戴、人民满意的教师，无愧于“人类灵魂工程师”的光荣称号。

国家主席胡锦涛在人民大会堂与中非共和国总统弗朗索瓦·博齐泽举行会谈

胡锦涛说，中国同中非是朋友，也是友好合作伙伴，中方高度重视同中非的关系，在真诚互信、平等互利的基础上，发展两国长期稳定的友好合作关系，是中国政府的一贯政策。我们愿与中非方一道，共同开创两国关系新局面。为实现这一目标，建议双方：一、进一步夯实两国关系的政治基础。双方要共同总结两国关系发展的成功经验，加强在重大问题上的沟通与协调。两国政府部门、立法机构和政党要根据各自特点，加强交流，促进合作，为两国关系健康稳定发展作出贡献。二、进一步扩大和推进两国经贸合作。中方愿同中非方加强经贸和经济技术合作，实现互利双赢，共同发展。双方要确保正在实施的合作项目按期保质完成，同时要创新合作思路，深挖合作潜力，拓宽合作领域，积极探讨在基础设施建设、矿业和油气勘探开发等领域开展合作的可能性。三、进一步丰富两国人文交流与合作。双方要创造条件，搭建新的平台，扩大两国文化、教育、卫生、媒体和民间友好往来，加深了解，发展友谊。四、进一步加强多边事务的协调与配合。中方愿同中非方在联合国、中非合作论坛等多边场合，以及在应对全球性热点问题上保持磋商与协调，共同维护发展中国家的利益。总之，中方希望通过以上举措，促进双方合作全面发展，以新的业绩和成果造福两国和两国人民。

博齐泽表示，完全赞同胡锦涛主席关于发展两国关系的意见。他说,此次来华表明了中非愿进一步发展两国关系,使双方合作更加扎实有效、充满活力。愿与中方共同努力,充分挖掘双方合作的潜力,加强在矿业、森林、农业和能源资源等领域的合作。中非欢迎中国企业前来投资兴业,将继续向中方提供支持,推动两国关系迈上新的台阶。

会谈后,两国元首共同出席了《中华人民共和国政府和中非共和国政府经济技术合作协定》等双边合作文件的签字仪式。

全国人大常委会委员长吴邦国在白宫会见美国总统奥巴马

吴邦国说,美国新政府就职以来,在双方共同努力下,中美关系实现平稳过渡,取得良好开局并保持积极发展势头。两国元首确立了共同努力建设21世纪积极合作全面中美关系新定位,建立了中美战略与经济对话新机制,包括议会关系在内的各领域交流与合作取得新进展。访问期间,我与美国国会和工商企业界及地方政府等各界人士进行了广泛接触,大家都认为,新形势下,中美关系的战略意义和全球影响日益突出,在事关人类和平发展的重大问题上拥有广泛共同利益。中方愿与美方一道,坚持从战略高度和长远角度出发,牢牢把握两国关系大局,保持高层交往和战略对话,妥善处理两国关系中的矛盾和问题,加强各领域交流与合作,密切在国际地区事务中的沟通协调,推动中美关系朝着积极合作全面的方向不断向前发展。

奥巴马表示,期待着在第64届联大等会议期间与胡锦涛主席再次会晤,期待着对中国的访问。他说,中国是一个伟大的国家,拥有古老的文明。我很高兴地看到,在过去几个月里,美中在一系列全球性问题上进行战略性的互动与合作。美中两国的这种战略伙伴关系不仅造福两国,也造福全世界。美方愿与中方共同努力,推动美中关系取得更大更好的发展。

双方还就其他共同关心的问题交换了看法。

国务院总理温家宝在大连出席第三届夏季达沃斯年会开幕式并致辞

世界经济论坛第三届新领军者年会(2009年大连夏季达沃斯年会)10日下午在大连世界博览广场开幕,国务院总理温家宝出席开幕式并致辞。

世界经济论坛主席施瓦布、拉脱维亚总统扎特莱尔斯、马其顿总理格鲁埃夫斯基、新加坡国务资政吴作栋以及来自世界86个国家和地区的政界、商界、学术界和新闻界代表1400余人出席会议。

为期3天的本届年会以“重振增长”为主题,密集安排了70多场讨论会,与会者将围绕“去杠杆化”世界中的新型商业模式、绿色经济中蕴藏的机遇、重新思考亚洲发展模式、以科技进步推动经济增长、以创新满足社会需求等五大议题展开讨论。

国务院总理温家宝在2009年夏季达沃斯论坛上发表《全面提升中国经济发展内在动力》的致辞

尊敬的克劳斯·施瓦布主席,尊敬的各位来宾,女士们,先生们:

首先,我对第三届夏季达沃斯论坛的召开,表示热烈祝贺!对各位嘉宾的到来,表示诚挚欢迎!

过去的一年,世界经济经受了上世纪大萧条以来最为严峻的挑战。年初在冬季达沃斯论坛上,许多人忧心忡忡。经过国际社会共同努力,加强合作,同舟共济,积极应对,当前世界经济形势出现一些积极变化,开始缓慢、曲折的复苏。人们看到了曙光。值此关键时刻,各国政要、企业家和专家学者相聚在这里,共同探讨“重振增长”问题,具有十分重要的意义。我衷心祝愿本次论坛获得圆满成功!

这场百年罕见的国际金融危机对中国经济的冲击是巨大的。我们坚定信心,迎难而上,从容应对,已经取得初步成效。

我们遏制住了经济增速下滑趋势,上半年国内生产总值增速达到7.1%,投资增速持续加快,消费稳定较快增长,国内需求对经济增长的拉动作用不断增强;前7个月,城镇新增就业666万人,城乡居民收入增加,社会大局保持稳定。我们有效控制财政和金融风险,财政赤字和国债规模分别控制在国内生产总值的3%和20%左右;银行资产质量和抗风险能力提高,6月末商业银行不良贷款率1.8%,比年初下降0.64个百分点,资本充足率为11.1%。

在世界经济深度衰退的环境下,取得这样的成绩实属不易。这些成绩不是从天上掉下来的,而是中国政府和人民根据自身国情,坚持积极的财政政策和适度宽松的货币政策,实施应对国际金融危机一揽子计划的结果。有人把一揽子计划简单说成是4万亿投资,这是一种误解。

——我们实施的一揽子计划,是以扩大内需为主、消费与投资拉动相结合的计划。新增4万亿元的两年投资计划中,中央政府投资1.18万亿元,主要起四两拨千斤的作用,带动地方和社会资金参与建设。我们大力刺激消费,推动经济增长向内需特别是居民消费需求拉动转变。增加农民补贴,提高粮食最低收购价,实施中小学教师绩效工资,提高城乡低保补助水平,增强城乡居民消费能力。对家电、农机、汽车、摩托车下乡以及汽车、家电“以旧换新”给予财政补贴,对购买小排量、节能环保型汽车减半征收车辆购置税,拉动消费增长。前7个月，累计销售汽车731万辆，社会商品零售总额累计增长15%。

——我们实施的一揽子计划，是当前和长远相结合、保增长与调结构相统一的计划。截至今年7月底，中央下达的投资中，保障性住房、农村民生工程、社会事业投资占52.4%，自主创新和结构调整、节能减排和生态建设投资占24.7%，重大基础设施建设占22.9%。中央扩大投资的方向非常明确，主要用于加强经济社会发展薄弱环节，消除国民经济瓶颈制约，在积极拉动内需的同时，促进结构调整和发展方式转变。我们制定实施10个重点产业调整和振兴规划，既着眼于解决当前困难，又致力于产业的长远发展，特别是加强技术改造和科技创新，抑制产能过剩，支持战略性新兴产业发展，将大大增强中国经济的可持续发展能力。

——我们实施的一揽子计划，是政府与市场作用相统一、发展与改革相促进的计划。政府资金主要投向公共领域，并发挥对社会资金的引导作用；结构性减税约5500亿元，旨在增强企业的投资能力和居民的消费能力。运用财政贴息、税收等手段，引导企业调整结构，兼并重组。调低利率和存款准备金率，保持银行体系流动性合理充裕。今年重点推进的各项改革，都着眼于消除体制性、结构性矛盾，增强经济发展的活力与动力。

——我们实施的一揽子计划，是既保增长、又惠民生的计划。我们将公共资源配置向民生工程倾斜。在全国10%的县市区试点新型农村社会养老保险，覆盖9000万人。全面推进医药卫生体制改革，3年各级政府新增投入8500亿元，缓解城乡居民“看病难、看病贵”问题；中央财政还安排429亿元，解决关闭破产国有企业退休人员的医疗保障问题。千方百计扩大就业，特别是高校毕业生和农民工等重点群体就业。2009年，中央财政安排用于教育、医疗卫生、社会保障和就业、保障性安居工程等民生方面的支出比上年增长29.4%。

总的来看，我们应对国际金融危机采取的宏观经济政策和一揽子计划是符合中国实际的，也是及时的、有力的、有效的。但是，中国经济企稳回升的态势还不稳定、不巩固、不平衡。世界经济前景还存在诸多不确定因素，外需下滑的压力仍然很大；扩大内需在短期内受到多方面制约，一些行业、企业经营仍然困难，结构调整的任务十分艰巨；一些刺激政策的效应会递减，一些着眼长远的政策收到成效需要时间。因此，我们不能也不会在不适当的条件下改变政策方向。我们将继续把保持经济平稳较快发展作为首要任务，坚定不移地继续实施积极的财政政策和适度宽松的货币政策，全面落实并不断丰富和完善一揽子计划，及时发现和解决经济运行中的新情况、新问题，提高政策的针对性、有效性和可持续性，同时，警惕和防范包括通胀在内的各种潜在风险，推动中国经济平稳较快发展与社会和谐稳定。

女士们，先生们：

国际金融危机对世界经济的影响是深远的，中国也不例外，应对国际金融危机将是一项长期艰巨的任务。我们政策的着力点不仅在于克服短期困难，更要着眼于长远发展，从根本上解决制约中国经济健康发展的体制性、结构性矛盾，全面增强经济发展的内在动力，全面增强经济、社会的整体素质和可持续发展能力，为全面建成惠及十几亿人口的更高水平的小康社会打下更加牢固的基础。

我们要把调整经济结构作为主攻方向，更加注重以内需、特别是最终消费拉动经济增长。扩大内需是中国经济发展的长期战略方针，是应对国际金融危机、抵御外部风险的必由之路。必须大力调整内需外需结构，不断增强内需对经济增长的拉动力。特别要提高消费在内需中的比重，努力增加城乡居民收入，改善居民消费预期，提高居民消费意愿和能力。保持投资合理增长，优化投资结构，提高投资效益，淘汰落后产能，推动兼并重组，防止重复建设。我们要把加快发展服务业作为结构调整的关键环节，作为扩大内需的重点任务，作为促进供需平衡增长的重要结合点。把发展服务业与调整需求结构结合起来，与鼓励民营经济发展结合起来，与扩大就业结合起来，不断提高服务业占国内生产总值的比重，提高服务业市场化、产业化、社会化水平。

我们要把深化改革开放作为根本动力，更加注重构建充满活力的体制机制。要全面提升中国经济发展的内在动力与活力，关键是要进一步深化改革开放。当前的重要任务是：深化收入分配体制改革，调整国民收入分配格局，提高居民收入比重，缩小收入分配差距；加快建立反映市场供求关系、资源稀缺程度、环境损害成本的生产要素和资源价格形成机制，推进资源性产品价格和环保收费改革；继续深化财税金融体制改革，健全资本市场和银行体系，完善人民币汇率形成机制；毫不动摇地巩固和发展公有制经济，毫不动摇地鼓励、支持、引导非公有制经济发展。在全面推进经济体制改革的同时，积极稳妥地推进政治体制改革。要坚定不移地深入实施互利共赢的开放战略，努力提高开放型经济水平。

我们要把科技创新作为重要支撑，更加注重扶持战略性新兴产业发展。科学技术是经济发展的强大动力。战胜当前这场严重的国际金融危机，必须更加注重利用科学技术寻求突破，依靠科技进步促进发展，全面建设创新型国家。一方面,要突破制约产业转型升级的关键技术,促进战略性新兴产业加快发展,重点支持新能源、新材料、生物医药、第三代移动通信、三网融合等产业的技术研发和产业化,加快发展低碳经济、绿色经济,努力占领国际产业竞争的制高点。另一方面,要加快运用高新技术和先进适用技术改造传统产业,大幅提升农业、制造业和传统服务业的现代化水平。

我们要把统筹城乡区域协调发展和推动城镇化作为战略重点,更加注重拓展新的发展空间。统筹城乡区域协调发展,既是支撑中国经济长期较快发展的强大内在动力,也是全面建设小康社会的难点、重点。既是我们应对国际金融危机的回旋余地所在,更是中国经济和社会自我改造的伟大工程。要始终不渝地做好"三农"工作,巩固和加强农业基础。协调推进城镇化和新农村建设。统筹考虑人口集聚、土地集约、产业发展和公共服务等因素,积极稳妥地推进工业化、城镇化,提高城镇综合承载能力,为经济的持久发展开拓新的空间。继续实施区域发展总体战略,加快形成新的区域增长极。

我们要把保障与改善民生作为出发点和落脚点,更加注重完善社会保障体系和发展社会事业。应对国际金融危机,根本目的是实现强国与富民的统一,不断满足人民群众日益增长的物质文化需求,让人民群众过上好生活。要实施更加积极的就业政策,千方百计增加就业岗位;抓紧完善社会保障体系,进一步健全养老、医疗、失业等保障体系,扩大覆盖面,提高统筹层级和保障水平;全面发展教育、医药卫生、文化体育等社会事业,促进基本公共服务逐步均等化。努力使全体人民学有所教、劳有所得、病有所医、老有所养、住有所居。

女士们、先生们:

世界经济正在经历深刻变革和转型,各国的前途和命运从未像今天这样紧密相连。我们要把眼光放得更长远一点,把胸怀放得更宽广一些,为推动世界的和谐与繁荣,我倡议:

一要共同应对全球气候变化。气候变化是人类面临的共同挑战,需要每个国家、企业和个人承担起相应的责任。中国高度重视气候变化问题,制订了应对气候变化国家方案,不断增加科研投入,大力调整产业结构,推动节能减排。经过3年努力,单位GDP能耗累计下降10%,二氧化硫和化学需氧量排放累计下降9%和6.6%。我们还在进一步采取措施,努力减缓温室气体排放。应对气候变化必须加强国际合作。要依据《联合国气候变化框架公约》和《京都议定书》的原则与规定,开展广泛对话和务实合作。充分考虑各国基本国情、发展阶段、历史责任、人均排放等多种因素,坚持可持续发展的框架,坚持共同但有区别责任的原则。发达国家应正视自己的历史责任和高人均排放现实,大幅度降低温室气体排放,并为发展中国家应对气候变化提供资金、技术和能力建设支持。发展中国家也应尽最大努力,为应对气候变化作出积极贡献。

二要共同反对贸易和投资保护主义。保护主义只会拖累世界经济复苏,最终受害的是各国企业和人民。国际金融危机的影响远未消除,全球反对保护主义的决心不能动摇,行动不能松懈,更不能说一套做一套。要警惕和纠正形形色色的隐性保护主义行为。中国积极参与经济全球化进程,决不搞贸易和投资保护主义。我们言必信,行必果。在国际金融危机肆虐之际,组织多个投资贸易促进团,赴欧美各地采购商品和扩大投资合作。我们以实际行动履行了反对保护主义的诺言,我们也期待各国的共同行动。

三要共同促进全球经济的可持续复苏。国际金融危机的影响并没有减弱,短期内也很难消除。经济复苏的"绿芽"需要"阳光雨露",需要悉心爱护。各国要增进共识,加强宏观政策协调,实施符合本国国情和负责任的财政货币政策,保持宏观经济政策方向的一致性。要加快推动国际金融体系改革,加强国际金融监管合作,建立有效的危机预警和处置机制,提高金融市场透明度,增强防范和应对潜在风险隐患的能力,促进金融稳定和可持续的经济增长。

四要共同保护知识产权。保护知识产权是激励创新、推动发展的必然要求。保护知识产权,就是保护创新的原动力。国际社会要共同提升知识产权创造、运用、保护和管理能力,尊重各国国情、兼顾各方特别是发展中国家的利益,在平等互利基础上开展对话和合作,推动建立平衡有效的知识产权保护制度。中国保护知识产权的立场是坚定不移的,我们将继续全面实施国家知识产权战略,大力营造保护知识产权的法制、市场和文化氛围,让一切创新成果得到尊重和回报,促进各种发明创造转化为现实生产力。

女士们、先生们!在国际金融危机爆发之初,我呼吁要坚定信心,信心比黄金和货币更重要。在应对危机最困难的时候,我呼吁要充满希望,希望会带来力量。在当前应对危机的关键时刻,我呼吁务必坚持,坚持到底就是胜利。国际金融危机的阴霾终将散去,让我们共同开创更加光辉灿烂的美好明天!

谢谢大家!

国办印发《关于进一步做好甲型H1N1流感疫情防控工作的通知》

各省、自治区、直辖市人民政府,国务院各部委、各直属机构:

2009年4月份以来,针对全球暴发甲型H1N1流感疫情,党中央、国务院果断决策,统一部署,各地区、各有关部门高度重视,积极应对,联防联控,依法科学处置,扎实做好各项防控工作,有效减轻了疫情对人民群众健康的危害,保障了经济社会生活的正常秩序。目前,疫情在全球持续快速蔓延,病毒传播力大于季节性流感;我国疫情呈现增速发展趋势,本土病例持续增多,聚集性疫情明显增加,重症病例连续出现。据专家预测,今年秋冬季节,甲型H1N1流感在北半球发生第二波疫情流行将不可避免,危害可能更大。我国疫情防控工作面临严峻形势。为进一步做好甲型H1N1流感疫情防控工作,最大限度地减轻疫情对人民群众健康危害,保障经济社会生活正常秩序,经国务院同意,现将有关事项通知如下:

一、高度重视,有效防控。各地区、各有关部门要清醒认识当前疫情防控形势的严峻性,克服麻痹和松懈思想,切实加强领导,完善工作机制,强化督促检查,狠抓措施落实。要坚持和完善前一阶段行之有效的防控措施,在内防扩散、外堵输入的基础上,把工作重点放到强化预防措施、严控社区传播、加强重症救治、减少疫情危害上。要加强分类指导,突出抓好重点时期、重点地区(场所)、重点人群和重点环节的疫情防控,有效防范疫情大面积扩散和聚集性暴发,努力减少重症病例和病例死亡的发生。

二、切实做好国庆等重大活动疫情防控工作。按照属地管理原则,做好重大活动疫情防控工作。北京等国庆活动重点地区要进一步加强疫情防控工作,做好工作预案,完善跨部门、跨地区信息通报发布机制和协调机制,加强应急值守、应急队伍和技术准备、应急物资调用等工作。铁路、民航、交通、旅游等部门要制订和完善针对人员密集流动情况的疫情防控应急预案。

三、强化学校等重点场所疫情防控。各级各类学校要落实各项防控措施,一旦发生疫情,科学合理地实施停课等措施。政府机关、大型企事业单位等国家机构和社会基本服务提供部门要做好应对预案,制定并落实备班、轮休和错时上班等工作制度。加强对农村和城市社区的疫情防控,努力减少聚集性疫情发生,防止疫情大规模扩散。

四、完善和加强医疗救治。各地要指定符合呼吸道传染病收治要求的医院收治甲型H1N1流感病例,必要时可征用宾馆、学校等场所收治病人。实行分级分类救治原则,重症病例优先收治在定点三级医院;轻症病例可居家隔离治疗,基层医疗机构上门服务,并做好登记随访。要制订完善相关工作方案,对医务人员开展培训和演练。加强医院感染控制,避免医院成为感染场所。注重发挥中医药作用。做好呼吸机、药品、防护用品等必需医疗物资储备,保证完好可用。认真落实相关政策,保障医疗救治经费。

五、加快疫苗和药物的生产收储。有关部门要研究制订疫苗供应计划,在确保质量安全前提下,组织动员有资质、有能力的企业扩大疫苗产能,加快疫苗生产,按期完成收储任务。要进一步加强抗病毒药物达菲和扎那米韦的储备,确保救治需要。加强预防和治疗用中药储备,建立跨地区调用机制。

六、积极稳妥开展疫苗接种工作。坚持知情同意、自愿、免费原则,根据疫情防控需要,适时开展重点地区和重点人群的疫苗应急接种。一线医疗卫生人员,口岸检疫和边检、民航、铁路、交通等岗位公共服务人员,有组织参加国庆活动的人员,集中执行维稳任务的解放军和武警官兵、公安干警,中小学校的学生和教师,以及有呼吸系统疾病、心脑血管病等基础性疾病的慢性病患者等优先接种。具体人群类型和接种顺序由各省(区、市)确定。各省(区、市)人民政府要周密制订本地区接种实施方案,提出本地区重点接种地区和重点接种人群和疫苗需求,精心组织接种工作。各省级财政要落实疫苗及接种相关经费,中央财政对中西部地区给予适当补助。卫生部门要认真做好人员培训、接种点设置、疫苗冷链管理、接种实施管理等工作,严格掌握接种禁忌症。有关部门要加强疫苗接种不良反应监测工作,尽快建立完善疫苗不良反应监测体系、疫苗不良反应事件处理机制和接种工作紧急停止机制,明确疫苗接种的叫停标准,及时有效处置可能出现的偶合事件或疫苗不良反应事件,防止影响社会稳定事件的发生。

七、加强疫情监测。要加强流感监测哨点医院和网络实验室工作,不断提高监测工作质量,确保及时准确掌握疫情流行强度、病毒传播力和毒力变化以及耐药性等重要信息,组织专家科学研判疫情发展趋势,不断完善疫情防控工作方案。卫生部要加强对各地疫情监测工作的指导。要继续做好口岸检验检疫工作,减少输入性病例的传播和蔓延。继续做好动物感染甲型H1N1流感监测,加强养殖场防疫管理。

八、加强防治技术研究。要积极组织开展防治关键技术的科研攻关,加强甲型H1N1流感的基础、临床和防控等方面的科技研究,特别是要研究、分析临床重症病例的发生机理和机制,力争突破关键技术,为制定和完善相关防控策略和措施提供科学依据,为有效防控疫情提供技术储备。

九、加强公众自我防护。要加强群众性防控工作,多种方式帮助群众掌握有关防控知识,养成良好个人卫生习惯,提高自我防护意识和能力。要大力开展爱国卫生运动,倡导健康文明生活方式,动员群众搞好环境卫生，积极参与社会性防控工作。

十、做好宣传和舆论引导工作。要公开、透明、科学、客观地向公众介绍疫情发展情况，及时准确发布疫情信息和政府采取的防控措施。科学、准确、适度地做好疫苗接种的宣传工作，重点宣传我国疫苗研发成果和接种政策。要加强舆情监测，及时发现苗头性问题，积极主动地进行引导，确保社会稳定。

国务院办公厅

2009年9月10日

全国“双百”评选活动组委会 揭晓“双百”人物评选名单

为推动群众性爱国主义教育活动深入开展，迎接新中国成立60周年，经中央批准，中央宣传部、中组部、中央统战部、中央文献研究室、中央党史研究室、民政部、人力资源和社会保障部、全国总工会、共青团中央、全国妇联、解放军总政治部等11个部门联合组织开展评选“100位为新中国成立作出突出贡献的英雄模范人物和100位新中国成立以来感动中国人物”活动。活动自5月中旬启动以来，广大干部群众积极响应、广泛参与，纷纷通过各种形式提名推荐候选人。7月20日至8月10日，根据提名情况确定的150位为新中国成立作出突出贡献的英雄模范人物候选人和150位新中国成立以来感动中国人物候选人，向社会公布并接受群众投票。20天时间内，群众参与投票总数近1亿。在投票评选的基础上，经过有关部门审核、组委会评审组专家投票等程序，最终评选出“100位为新中国成立作出突出贡献的英雄模范人物和100位新中国成立以来感动中国人物”。现予公布。

100位为新中国成立作出突出贡献的英雄模范人物名单(按姓氏笔画排序)：

八女投江、于化虎、小叶丹、马本斋、马立训、方志敏、毛泽民、毛泽覃、王尔琢、王尽美、王克勤、王若飞、邓萍、邓中夏、邓恩铭、韦拔群、冯平、卢德铭、叶挺、叶成焕、左权、白求恩、任常伦、关向应、刘老庄连、刘伯坚、刘志丹、刘胡兰、吉鸿昌、向警予、寻淮洲、戎冠秀、朱瑞、江上青、江竹筠、许继慎、阮啸仙、何叔衡、佟麟阁、吴运铎、吴焕先、张太雷、张自忠、张学良、张思德、旷继勋、李白、李林、李大钊、李公朴、李兆麟、李硕勋、杨殷、杨子荣、杨开慧、杨虎城、杨靖宇、杨闇公、萧楚女、苏兆征、邹韬奋、陈延年、陈树湘、陈嘉庚、陈潭秋、冼星海、周文雍和陈铁军夫妇、周逸群、明德英、林祥谦、罗亦农、罗忠毅、罗炳辉、郑律成、恽代英、段德昌、贺英、赵一曼、赵世炎、赵尚志、赵博生、赵登禹、闻一多、埃德加·斯诺、夏明翰、格里戈里·库里申科、狼牙山五壮士、聂耳、郭俊卿、钱壮飞、黄公略、彭湃、彭雪枫、董存瑞、董振堂、谢子长、鲁迅、蔡和森、戴安澜、瞿秋白。

100位新中国成立以来感动中国人物名单(按姓氏笔画排序)：

丁晓兵、马万水、马永顺、马恒昌、马海德、中国女排五连冠群体、孔祥瑞、孔繁森、文花枝、方永刚、方红霄、毛岸英、王杰、王选、王瑛、王乐义、王有德、王启民、王进喜、王顺友、邓平寿、邓建军、邓稼先、丛飞、包起帆、史光柱、史来贺、叶欣、甘远志、申纪兰、白芳礼、任长霞、刘文学、刘英俊、华罗庚、向秀丽、廷·巴特尔、许振超、达吾提·阿西木、邢燕子、吴大观、吴仁宝、吴天祥、吴金印、吴登云、宋鱼水、张华、张云泉、张秉贵、张海迪、时传祥、李四光、李春燕、李桂林和陆建芬夫妇、李素芝、李梦桃、李登海、杨利伟、杨怀远、杨根思、苏宁、谷文昌、郤丽华、邱少云、邱光华、邱娥国、陈景润、麦贤得、孟泰、孟二冬、林浩、林巧稚、林秀贞、欧阳海、罗映珍、罗健夫、罗盛教、草原英雄小姐妹、赵梦桃、钟南山、唐山十三农民、容国团、徐虎、秦文贵、袁隆平、钱学森、常香玉、黄继光、彭加木、焦裕禄、蒋筑英、谢延信、韩素云、窦铁成、赖宁、雷锋、谭彦、谭千秋、谭竹青、樊锦诗。

全国“双百”评选活动组委会

2009年9月10日

国务委员 公安部部长 武警部队第一政委孟建柱在武警部队学习宣传贯彻《人民武装警察法》动员部署会上强调 要提高维护国家安全和社会稳定的能力

国务委员、公安部部长、武警部队第一政委孟建柱今天在武警部队学习宣传贯彻《人民武装警察法》(以下简称《武警法》)动员部署全国电视会议上强调，《武警法》的颁布施行，充分体现了党中央、国务院、中央军委和胡锦涛主席对武警部队建设发展的高度重视和广大武警官兵的关心爱护，武警部队和全体官兵要站在贯彻落实依法治国基本方略的高度，切实增强贯彻执行《武警法》的自觉性和坚定性，依法履行职责使命、依法加强部队建设，切实提高武警部队维护国家安全和社会稳定的能力和水平。

孟建柱指出，各级党委、政府及公安机关在加强武警部队建设、依法指挥使用武警部队等方面担负着重要责任。要认真学习贯彻《武警法》，充分履行加强武警部队建设的重要职责，严格执行双重领导的管理体制，依法指挥武警部队行动；准确把握武警部队的职责范围，依法使用武警部队执行任务；积极落实各项保障措施，依法支持武警部队建设，确保武警部队圆满完成安全保卫任务。

孟建柱强调，国庆60周年即将到来，武警部队和全体官兵要保持高度的政治警觉性，扎扎实实做好维护社会稳定各项工作。

第四届全国杰出专业技术人才表彰大会在北京举行

国家副主席习近平会见与会代表并讲话。

习近平强调，各级人才工作部门要坚持党管人才原则，进一步创新人才工作体制机制，坚持用宏伟事业凝聚人才，用良好环境感召人才，用优质服务吸引人才，用合理待遇激励人才，积极营造促进优秀人才脱颖而出的社会氛围，充分调动各类人才的积极性和创造性，为全面建设小康社会提供强有力的人才支撑。

中宣部部长刘云山，国务委员刘延东，中组部部长李源潮，国务院副总理张德江等参加会见。

表彰大会上，中组部、中宣部、人力资源和社会保障部、科学技术部联合授予来自科技、教育、文化、卫生等领域科研和生产第一线的50名同志全国“杰出专业技术人才”荣誉称号，授予30个集体“全国专业技术人才先进集体”荣誉称号。

全国“杰出专业技术人才”李南方、邓运华和“专业技术人才先进集体”中国科学院西安光机所光学遥感团队代表先后发言。

全国科技政策研讨会在青海省西宁市召开

中国作协七届八次主席团会议全票通过聘请作家金庸为中国作协第七届全国委员会名誉副主席

9月11日

国家主席胡锦涛与密克罗尼西亚联邦总统伊曼纽尔·莫里就两国建交20周年互致贺电

全国政协主席贾庆林在人民大会堂会见中非总统弗朗索瓦·博齐泽

《人民日报》发表评论员文章《群众性爱国主义教育的成功实践》

由中宣部、中组部、中央统战部等11个部门联合组织开展的“100位为新中国成立作出突出贡献的英雄模范人物和100位新中国成立以来感动中国人物”评选活动，今天隆重揭晓。

这项旨在推动群众性爱国主义教育活动、弘扬爱国主义精神的“双百”人物评选活动，自今年5月中旬启动以来，社会各界反响热烈，广大干部群众表现出巨大热情。在7月20日至8月10日的社会群众投票阶段，群众参与投票总数近1亿。这每一张选票，都表达了对英雄模范的崇敬，都凝聚着对人生价值的思考，都寄托着对伟大祖国的美好祝福。

今年是新中国成立60周年。在创立和建设新中国的伟大历程中，涌现出无数可歌可泣的英雄模范，他们是民族的脊梁、时代的先锋、祖国的骄傲，是爱国主义教育最生动、最直接的教材，是激励全体人民团结奋斗的精神力量。

这次“双百”人物评选活动，党中央高度重视，全国各地各有关部门以高度的政治责任感和光荣的使命感，积极主动、严肃认真地开展评选活动，将其作为当前群众性爱国主义教育活动的重中之重。评选活动坚持正确导向，严格按程序推进，多渠道动员、多层次组织、多领域发动，通过召开会议、开展宣传、加强指导、强化督促等方式，把广大干部群众充分组织和吸引到评选活动中来。

这次“双百”人物评选活动，是集中学习宣传英雄模范人物的大好契机。通过这次活动，在全社会唱响了共产党好、社会主义好、改革开放好、伟大祖国好、各族人民好的时代主旋律，激发了爱国热情，陶冶了道德情操，提升了思想境界，振奋了民族精神。

这次“双百”人物评选活动，为开展群众性爱国主义教育搭建了一个平台，是社会主义核心价值体系建设的一个载体，是先进典型学习宣传的一个创举。评选重在过程、重在群众参与，评选对象突出人民群众中涌现的英雄模范和先进人物，评选过程始终贯彻群众路线，评选成效着眼于群众自我教育、自我提高，使活动真正成为广大干部群众了解英雄模范先进事迹和崇高精神的过程，成为学习英雄模范先进事迹和崇高精神的过程。

承前为了启后，继往才能开来。我们看到，英雄模范的光辉事迹和崇高精神正在转化成广大干部群众做好本职工作的强大动力，各地止掀起学英雄、赶先进的热潮。我们相信，“双百”人物评选将进一步激励全国各族人民继续解放思想，坚持改革开放，推动科学发展，促进社会和谐，为实现中华民族伟大复兴而努力奋斗。

中国机车首次批量出口新西兰

中国北车中车进出口有限责任公司与新西兰凯威公司签署向新西兰出口20台内燃机车的合同，这标志着中国机车首次批量出口发达国家。

国家副主席习近平在人民大会堂会见亚美尼亚外长爱德华·纳尔班江

国务院新闻办举行新中国60年教育改革发展成就新闻发布会

浦通修逝世

教育部原副部长浦通修同志,因病医治无效,于9月11日在北京逝世,享年89岁。

浦通修是上海嘉定人,1920年10月生,1936年参加革命,1940年1月加入中国共产党。1939年在抗大一分校学习,后任抗大一分校、总校政治教员、政治文化主任教员。1944年在太岳军分区四分区政治部任科长,1946年至1947年,任太行山区民主建国军第一师、晋冀鲁豫野战军十纵队三十旅政治部主任。1948年任桐柏军区一分区政治部主任兼88团政委。后任42军126师政委。1959年"庐山会议"后受到不公正对待。1960年4月任军委总政治部八一杂志社副总编辑,1961年8月任防化兵学院政治部主任。1964年任中央粮食部党组成员、政治部主任。1977年任教育部副部长。

浦通修1955年被授予三级独立自由勋章、二级解放勋章和大校军衔,是第六、七、八届全国政协委员。

9月12日

中国自主研制的第三架ARJ21—700新支线飞机在上海成功首飞

9月13日

中国对美国部分产品启动"两反"审查

商务部依照我国法律和世贸组织规则,对原产于美国的部分进口汽车产品和肉鸡产品启动反倾销和反补贴立案审查程序。据介绍,近期,商务部收到国内产业申请,反映上述产品以倾销、补贴等不公平贸易方式进入我国市场,对我国内产业造成冲击,要求商务部发起反倾销和反补贴调查。

全国人大常委会副委员长华建敏代表吴邦国委员长出席在罗马举行的首届八国集团与新兴国家议长峰会

华建敏发言中就加强国际合作、共同应对毒品走私和有组织犯罪问题提出三点主张。一是切实贯彻落实联合国有关公约规定,充分发挥履约机制的平台作用,广泛合作,有效打击犯罪行为;二是积极开展灵活多样的议会间合作,推动立法、执法和监督等领域的务实合作;三是稳步推动国家间平等互利合作,不断增进合作共识,实现打击毒品走私和有组织犯罪的共同使命。

首届中国职业院校教学名师第二届中国职业教育杰出校长表彰大会在北京召开

305名职业院校教学名师和130名杰出院校校长受到表彰。全国人大常委会副委员长陈至立、全国政协副主席黄孟复等出席大会,并为获奖代表颁发奖章和证书。

教育部副部长鲁昕在大会上讲话表示,职业教育的发展,为我国各行各业输送了大批高素质技能型、应用型人才,大大改善了从业人员的技术结构,有力地支持了经济结构的调整、产业的升级和国家竞争力的提高,为国家发展经济、消除贫困、改善民生、稳定社会,以及社会主义现代化建设作出了突出的贡献。

来自31个省、自治区、直辖市和新疆生产建设兵团的获奖代表和地方职业技术教育学会、部分行业协会负责人等共550人参加了大会。

上海世博会永久性标志建筑之一——上海世博轴的主体结构完工

9月14日

国家主席胡锦涛根据全国人大常委会的决定任免驻外大使

一、免去唐国强的中华人民共和国常驻联合国维也纳办事处和其他国际组织代表、特命全权大使职务;任命胡小笛为中华人民共和国常驻联合国维也纳办事处和其他国际组织代表、特命全权大使。

二、免去高建(女)的中华人民共和国驻挪威王国特命全权大使职务;任命唐国强为中华人民共和国驻挪威王国特命全权大使。

三、免去马克卿(女)的中华人民共和国驻芬兰共和国特命全权大使职务;任命黄兴为中华人民共和国驻芬兰共和国特命全权大使。

四、免去苏格的中华人民共和国驻苏里南共和国特命全权大使职务;任命袁南生为中华人民共和国驻苏里南共和国特命全权大使。

五、免去张克远的中华人民共和国驻冰岛共和国特命全权大使职务;任命苏格为中华人民共和国驻冰岛共和国特命全权大使。

"双百"人物代表座谈会在人民大会堂举行

胡锦涛、吴邦国、温家宝、贾庆林、李长春、习近平、李克强、贺国强等亲切会见全体与会代表。胡锦涛等向当选的"双百"人物代表表示热烈祝贺,向"双百"人物亲属表示亲切慰问,向为新中国成立、建设和改革发展作出突出贡献的英雄模范人物致以崇高敬意。

李长春出席座谈会并讲话。他强调,"双百"人物虽然身处不同年代、不同环境、不同岗位,但他们身上所体现出来的崇高精神,在本质上是一致的,那就是:忠于祖国、热爱人民,追求真理、坚持理想,艰苦奋斗、敢于胜利,锐意进取、开拓创新,淡泊名利、无私奉献。这是我们党领导全国各族人民在革命、建设、改革各个历史时期孕育、积累的宝贵精神财富,是以爱国主义为核心的民族精神和以改革创新为核心的时代精神的重要组成部分,是建设社会主义核心价值体系的丰厚精神资源。在建设中国特色社会主义事业的伟大征程中,必须深入挖掘和升华这些精神,大力继承和弘扬这些精神,并不断赋予其新的时代内涵,进一步巩固全党全国各族人民团结奋斗的共同思想基础。要在全社会深入开展学习宣传“双百”人物活动,大力宣传“双百”人物,使他们的感人事迹和崇高精神深入人心、世代相传;广泛组织学习“双百”人物活动,努力在全社会掀起学习英雄模范、崇尚英雄模范的热潮;激励人们以“双百”人物为榜样,在全面推进中国特色社会主义伟大事业的进程中争当先进、建功立业,努力把“双百”人物评选活动的成果转化为广大干部群众继续解放思想、坚持改革开放、推动科学发展、促进社会和谐的实际行动。

中宣部部长刘云山主持座谈会。

参加会见和座谈会的还有刘延东、李源潮、令计划、马凯、陈奎元等。

国务院总理温家宝签署第562号令公布《放射性物品运输安全管理条例》(摘要)

条例包括7章68条,制定的目的是为了加强对放射性物品运输的安全管理,保障人体健康,保护环境,促进核能、核技术的开发与和平利用。

条例指出,根据放射性物品的特性及其对人体健康和环境的潜在危害程度,将放射性物品分为一类、二类和三类。放射性物品的具体分类和名录,由国务院核安全监管部门会同国务院公安、卫生、海关、交通运输、铁路、民航、核工业行业主管部门制定。条例规定,国务院核安全监管部门对放射性物品运输的核与辐射安全实施监督管理。国务院公安、交通运输、铁路、民航等有关主管部门依照本条例规定和各自的职责,负责放射性物品运输安全的有关监督管理工作。条例自2010年1月1日起施行。

中国海南航天发射场在海南省文昌市破土动工

经叔平逝世

中国现代民族工商业者的优秀代表,著名的社会活动家,全国工商联的杰出领导人,中国共产党的亲密朋友,中国人民政治协商会议第九届全国委员会副主席,全国工商联原主席,中国民生银行名誉董事长经叔平同志,因病于9月14日在北京逝世,享年91岁。

经叔平1918年7月出生于浙江上虞驿亭,1934年至1939年在上海圣约翰大学学习;1957年至1979年任全国工商联副秘书长、全国工商联常委;1993年任全国政协常务委员、全国工商联主席;1995年筹建中国民生银行并出任董事长;1998年3月当选全国政协副主席。

经叔平是政协第二、三、四、五届全国委员会委员,政协第六、七、八届全国委员会常务委员,政协第八届全国委员会副秘书长、经济委员会副主任,政协第九届全国委员会副主席。

9月15日

国务院任免国家工作人员

免去金人庆的国务院发展研究中心副主任职务。

中宣部等六部门作出《关于表彰第二批全国道德模范的决定》

各省、自治区、直辖市党委宣传部、文明办、总工会、团委、妇联,各军区、各军兵种、各总部、军事科学院、国防大学、国防科学技术大学、武警部队政治部,中央文明委各成员单位:

2007年9月,中央文明办、全国总工会、共青团中央、全国妇联评选表彰了首批全国道德模范,产生了广泛的社会影响。两年来,在以胡锦涛同志为总书记的党中央坚强领导下,各地各部门认真贯彻落实党的十七大关于加强精神文明建设的部署,以建设社会主义核心价值体系为根本,广泛开展学习宣传道德模范活动,大力推进公民道德建设,践行社会主义荣辱观,涌现出了一大批体现社会主义道德要求的先进人物,形成了学习道德模范、崇尚道德模范、争当道德模范的热潮,树立了知荣辱、树正气、促和谐的良好风尚。

今年是新中国成立60周年,是《公民道德建设实施纲要》颁布实施8周年。为集中展示公民道德建设的丰硕成果,更广泛地动员人民群众支持和参与道德建设,中共中央宣传部、中央文明办、解放军总政治部、全国总工会、共青团中央、全国妇联组织开展了第二届全国道德模范评选表彰活动。经群众推荐、审核公示和群众投票、评委评选等程序,裴春亮等55名同志荣获“全国道德模范”称号;陈荣超等262名同志荣获“全国道德模范提名奖”。希望受到表彰的同志,珍惜荣誉,再接再厉,在公民道德建设中作出新成绩。要在全社会大力宣传道德模范的先进事迹和高尚品德,深入持久地运用榜样的力量弘扬社会主义核心价值体系，推进精神文明建设，为全面建设小康社会、实现中华民族伟大复兴作出更大贡献。

中共中央宣传部　中央文明办
解放军总政治部　全国总工会
共青团中央　全国妇联
2009年9月15日

三峡工程175米试验性蓄水启动

经国务院同意，国家防总和长江防总14日批复，三峡工程2009年175米试验性蓄水将于15日凌晨启动。按设计规定，175米为三峡工程最终蓄水水位，175米蓄水完成后，三峡工程将由初期运行期转入正常运行阶段，全面发挥防洪、发电和通航等综合效益。

文化部颁布《乡镇综合文化站管理办法》

该办法以公共文化体育设施条例和关于进一步加强农村文化建设的意见、关于加强公共文化服务体系建设的若干意见等为依据，进一步明确了乡镇综合文化站的性质、职能、任务，从规划、人员、经费、设施设备等方面对乡镇综合文化站的建设和管理作了明确规定。

办法规定，乡镇综合文化站是由政府设立的公益性文化机构，乡镇人民政府负责文化站日常工作的管理，县级以上人民政府文化行政部门负责对文化站的监督和检查，县级文化馆、图书馆和博物馆等文化单位负责开展对口业务指导和辅导。文化站主要任务是为所在乡镇居民提供基本公共文化服务、指导农村文化活动、协助管理农村文化市场。

关于乡镇综合文化站的规划和建设，办法规定：文化站建设应纳入当地国民经济和社会发展计划，与当地经济社会发展水平相适应，建设规模应符合国家有关规定；文化站建设应纳入当地城乡建设规划，优先安排用地指标，无偿划拨建设用地；各级人民政府应对少数民族地区、边远贫困地区的文化站建设予以重点扶持；文化站应位于交通便利、人口集中、便于群众参与活动的区域，一般不建在乡镇人民政府办公场所内；文化站的选址、设计、功能安排等应征得县级文化行政部门的同意；因乡镇建设规划需拆除文化站或者改变其功能、用途的，办法要求，乡镇人民政府在作出决定前，应组织专家论证，并征得县级文化行政部门同意，报县级人民政府批准。经批准拆除文化站或者改变其功能、用途的，应依照国家有关法律、法规的规定择地重建。

关于乡镇综合文化站的职能和服务，办法规定：文化站主要职能包括开展书报刊借阅、时政法制科普教育、文艺演出活动、数字文化信息服务、公共文化资源配送和流动服务、体育健身和青少年校外活动等；文化站应向公众开放，并建立、健全服务标准规范，开展公益性服务，服务内容和开放时间应公示。

9月16日

国务院总理温家宝电贺鸠山由纪夫就任日本首相

温家宝在贺电中表示，中日互为重要邻邦，深化互信与合作符合两国和两国人民的根本利益。希望双方共同努力，推动中日战略互惠关系在新的历史起点上取得更大发展。

新中国成立60周年纪念币发行

中国人民银行发行中华人民共和国成立60周年金银纪念币一套。该套纪念币共5枚，包括金币3枚、银币2枚，均为中华人民共和国法定货币。

国家副主席习近平在钓鱼台国宾馆会见柬埔寨国王诺罗敦·西哈莫尼

中国科技馆新馆正式开馆

位于国家体育场"鸟巢"北侧的中国科技馆新馆是目前为止世界上最大的科技馆之一，科技馆占地面积4.8万平方米，建筑面积10.2万平方米，总投资近20亿元人民币。新馆常设的展览包括科学乐园、华夏之光、探索与发现、科技与生活、挑战与未来五大主题展厅，公共空间展示区，还有宇宙剧场、巨幕影院、动感影院、4D影院等特效影院。

1988年，中国科技馆作为我国第一座科技馆建成开放，科技馆老馆今年6月30日闭馆。

9月17日

国务院总理温家宝签署第563号令公布《农业机械安全监督管理条例》

《农业机械安全监督管理条例》已经2009年9月7日国务院第80次常务会议通过，现予公布，自2009年11月1日起施行。

总理　温家宝
2009年9月17日

农业机械安全监督管理条例

第一章　总　则

第一条　为了加强农业机械安全监督管理，预防和减少农业机械事故，保障人民生命和财产安全，制定本条例。

第二条　在中华人民共和国境内从事农业机械的

生产、销售、维修、使用操作以及安全监督管理等活动，应当遵守本条例。

本条例所称农业机械，是指用于农业生产及其产品初加工等相关农事活动的机械、设备。

第三条　农业机械安全监督管理应当遵循以人为本、预防事故、保障安全、促进发展的原则。

第四条　县级以上人民政府应当加强对农业机械安全监督管理工作的领导，完善农业机械安全监督管理体系，增加对农民购买农业机械的补贴，保障农业机械安全的财政投入，建立、健全农业机械安全生产责任制。

第五条　国务院有关部门和地方各级人民政府、有关部门应当加强农业机械安全法律、法规、标准和知识的宣传教育。

农业生产经营组织、农业机械所有人应当对农业机械操作人员及相关人员进行农业机械安全使用教育，提高其安全意识。

第六条　国家鼓励和支持开发、生产、推广、应用先进适用、安全可靠、节能环保的农业机械，建立、健全农业机械安全技术标准和安全操作规程。

第七条　国家鼓励农业机械操作人员、维修技术人员参加职业技能培训和依法成立安全互助组织，提高农业机械安全操作水平。

第八条　国家建立落后农业机械淘汰制度和危及人身财产安全的农业机械报废制度，并对淘汰和报废的农业机械依法实行回收。

第九条　国务院农业机械化主管部门、工业主管部门、质量监督部门和工商行政管理部门等有关部门依照本条例和国务院规定的职责，负责农业机械安全监督管理工作。

县级以上地方人民政府农业机械化主管部门、工业主管部门和县级以上地方质量监督部门、工商行政管理部门等有关部门按照各自职责，负责本行政区域的农业机械安全监督管理工作。

第二章　生产、销售和维修

第十条　国务院工业主管部门负责制定并组织实施农业机械工业产业政策和有关规划。

国务院标准化主管部门负责制定发布农业机械安全技术国家标准，并根据实际情况及时修订。农业机械安全技术标准是强制执行的标准。

第十一条　农业机械生产者应当依据农业机械工业产业政策和有关规划，按照农业机械安全技术标准组织生产，并建立、健全质量保障控制体系。

对依法实行工业产品生产许可证管理的农业机械，其生产者应当取得相应资质，并按照许可的范围和条件组织生产。

第十二条　农业机械生产者应当按照农业机械安全技术标准对生产的农业机械进行检验；农业机械经检验合格并附具详尽的安全操作说明书和标注安全警示标志后，方可出厂销售；依法必须进行认证的农业机械，在出厂前应当标注认证标志。

上道路行驶的拖拉机，依法必须经过认证的，在出厂前应当标注认证标志，并符合机动车国家安全技术标准。

农业机械生产者应当建立产品出厂记录制度，如实记录农业机械的名称、规格、数量、生产日期、生产批号、检验合格证号、购货者名称及联系方式、销售日期等内容。出厂记录保存期限不得少于3年。

第十三条　进口的农业机械应当符合我国农业机械安全技术标准，并依法由出入境检验、检疫机构检验合格。依法必须进行认证的农业机械，还应当由出入境检验检疫机构进行入境验证。

第十四条　农业机械销售者对购进的农业机械应当查验产品合格证明。对依法实行工业产品生产许可证管理、依法必须进行认证的农业机械，还应当验明相应的证明文件或者标志。

农业机械销售者应当建立销售记录制度，如实记录农业机械的名称、规格、生产批号、供货者名称及联系方式、销售流向等内容。销售记录保存期限不得少于3年。

农业机械销售者应当向购买者说明农业机械操作方法和安全注意事项，并依法开具销售发票。

第十五条　农业机械生产者、销售者应当建立、健全农业机械销售服务体系，依法承担产品质量责任。

第十六条　农业机械生产者、销售者发现其生产、销售的农业机械存在设计、制造等缺陷，可能对人身财产安全造成损害的，应当立即停止生产、销售，及时报告当地质量监督部门、工商行政管理部门，通知农业机械使用者停止使用。农业机械生产者应当及时召回存在设计、制造等缺陷的农业机械。

农业机械生产者、销售者不履行本条第一款义务的，质量监督部门、工商行政管理部门可以责令生产者召回农业机械，责令销售者停止销售农业机械。

第十七条　禁止生产、销售下列农业机械：

(一)不符合农业机械安全技术标准的；

(二)依法实行工业产品生产许可证管理而未取得许可证的；

(三)依法必须进行认证而未经认证的；

(四)利用残次零配件或者报废农业机械的发动机、方向机、变速器、车架等部件拼装的；

(五)国家明令淘汰的。

第十八条　从事农业机械维修经营，应当有必要的维修场地，有必要的维修设施、设备和检测仪器，有相应的维修技术人员，有安全防护和环境保护措施，取得相应的维修技术合格证书，并依法办理工商登记手续。

申请农业机械维修技术合格证书，应当向当地县级人民政府农业机械化主管部门提交下列材料：

（一）农业机械维修业务申请表；

（二）申请人身份证明、企业名称预先核准通知书；

（三）维修场所使用证明；

（四）主要维修设施、设备和检测仪器清单；

（五）主要维修技术人员的国家职业资格证书。

农业机械化主管部门应当自收到申请之日起20个工作日内，对符合条件的，核发维修技术合格证书；对不符合条件的，书面通知申请人并说明理由。

维修技术合格证书有效期为3年；有效期满需要继续从事农业机械维修的，应当在有效期满前申请续展。

第十九条　农业机械维修经营者应当遵守国家有关维修质量安全技术规范和维修质量保证期的规定，确保维修质量。

从事农业机械维修不得有下列行为：

（一）使用不符合农业机械安全技术标准的零配件；

（二）拼装、改装农业机械整机；

（三）承揽维修已经达到报废条件的农业机械；

（四）法律、法规和国务院农业机械化主管部门规定的其他禁止性行为。

第三章　使用操作

第二十条　农业机械操作人员可以参加农业机械操作人员的技能培训，可以向有关农业机械化主管部门、人力资源和社会保障部门申请职业技能鉴定，获取相应等级的国家职业资格证书。

第二十一条　拖拉机、联合收割机投入使用前，其所有人应当按照国务院农业机械化主管部门的规定，持本人身份证明和机具来源证明，向所在地县级人民政府农业机械化主管部门申请登记。拖拉机、联合收割机经安全检验合格的，农业机械化主管部门应当在2个工作日内予以登记并核发相应的证书和牌照。

拖拉机、联合收割机使用期间登记事项发生变更的，其所有人应当按照国务院农业机械化主管部门的规定申请变更登记。

第二十二条　拖拉机、联合收割机操作人员经过培训后，应当按照国务院农业机械化主管部门的规定，参加县级人民政府农业机械化主管部门组织的考试。考试合格的，农业机械化主管部门应当在2个工作日内核发相应的操作证件。

拖拉机、联合收割机操作证件有效期为6年；有效期满，拖拉机、联合收割机操作人员可以向原发证机关申请续展。未满18周岁不得操作拖拉机、联合收割机。操作人员年满70周岁的，县级人民政府农业机械化主管部门应当注销其操作证件。

第二十三条　拖拉机、联合收割机应当悬挂牌照。拖拉机上道路行驶，联合收割机因转场作业、维修、安全检验等需要转移的，其操作人员应当携带操作证件。

拖拉机、联合收割机操作人员不得有下列行为：

（一）操作与本人操作证件规定不相符的拖拉机、联合收割机；

（二）操作未按照规定登记、检验或者检验不合格、安全设施不全、机件失效的拖拉机、联合收割机；

（三）使用国家管制的精神药品、麻醉品后操作拖拉机、联合收割机；

（四）患有妨碍安全操作的疾病操作拖拉机、联合收割机；

（五）国务院农业机械化主管部门规定的其他禁止行为。

禁止使用拖拉机、联合收割机违反规定载人。

第二十四条　农业机械操作人员作业前，应当对农业机械进行安全查验；作业时，应当遵守国务院农业机械化主管部门和省、自治区、直辖市人民政府农业机械化主管部门制定的安全操作规程。

第四章　事故处理

第二十五条　县级以上地方人民政府农业机械化主管部门负责农业机械事故责任的认定和调解处理。

本条例所称农业机械事故，是指农业机械在作业或者转移等过程中造成人身伤亡、财产损失的事件。

农业机械在道路上发生的交通事故，由公安机关交通管理部门依照道路交通安全法律、法规处理；拖拉机在道路以外通行时发生的事故，公安机关交通管理部门接到报案的，参照道路交通安全法律、法规处理。农业机械事故造成公路及其附属设施损坏的，由交通主管部门依照公路法律、法规处理。

第二十六条　在道路以外发生的农业机械事故，操作人员和现场其他人员应当立即停止作业或者停止农业机械的转移，保护现场，造成人员伤害的，应当向事故发生地农业机械化主管部门报告；造成人员死亡的，还应当向事故发生地公安机关报告。造成人身伤害的，应当立即采取措施，抢救受伤人员。因抢救受伤人员变动现场的，应当标明位置。

接到报告的农业机械化主管部门和公安机关应当立即派人赶赴现场进行勘验、检查，收集证据，组织抢救受伤人员，尽快恢复正常的生产秩序。

第二十七条　对经过现场勘验、检查的农业机械事故，农业机械化主管部门应当在10个工作日内制作完成农业机械事故认定书；需要进行农业机械鉴定的，应当自收到农业机械鉴定机构出具的鉴定结论之日起5个工作日内制作农业机械事故认定书。

农业机械事故认定书应当载明农业机械事故的基本事实、成因和当事人的责任，并在制作完成农业机械事故认定书之日起3个工作日内送达当事人。

第二十八条　当事人对农业机械事故损害赔偿有争议，请求调解的，应当自收到事故认定书之日起10个工作日内向农业机械化主管部门书面提出调解申请。

调解达成协议的，农业机械化主管部门应当制作调解书送交各方当事人。调解书经各方当事人共同签字后生效。调解不能达成协议或者当事人向人民法院提起诉讼的，农业机械化主管部门应当终止调解并书面通知当事人。调解达成协议后当事人反悔的，可以向人民法院提起诉讼。

第二十九条　农业机械化主管部门应当为当事人处理农业机械事故损害赔偿等后续事宜提供帮助和便利。因农业机械产品质量原因导致事故的，农业机械化主管部门应当依法出具有关证明材料。

农业机械化主管部门应当定期将农业机械事故统计情况及说明材料报送上级农业机械化主管部门并抄送同级安全生产监督管理部门。

农业机械事故构成生产安全事故的，应当依照相关法律、行政法规的规定调查处理并追究责任。

第五章　服务与监督

第三十条　县级以上地方人民政府农业机械化主管部门应当定期对危及人身财产安全的农业机械进行免费实地安全检验。但是道路交通安全法律对拖拉机的安全检验另有规定的，从其规定。

拖拉机、联合收割机的安全检验为每年1次。

实施安全技术检验的机构应当对检验结果承担法律责任。

第三十一条　农业机械化主管部门在安全检验中发现农业机械存在事故隐患的，应当告知其所有人停止使用并及时排除隐患。

实施安全检验的农业机械化主管部门应当对安全检验情况进行汇总，建立农业机械安全监督管理档案。

第三十二条　联合收割机跨行政区域作业前，当地县级人民政府农业机械化主管部门应当会同有关部门，对跨行政区域作业的联合收割机进行必要的安全检查，并对操作人员进行安全教育。

第三十三条　国务院农业机械化主管部门应当定期对农业机械安全使用状况进行分析评估，发布相关信息。

第三十四条　国务院工业主管部门应当定期对农业机械生产行业运行态势进行监测和分析，并按照先进适用、安全可靠、节能环保的要求，会同国务院农业机械化主管部门、质量监督部门等有关部门制定、公布国家明令淘汰的农业机械产品目录。

第三十五条　危及人身财产安全的农业机械达到报废条件的，应当停止使用，予以报废。农业机械的报废条件由国务院农业机械化主管部门会同国务院质量监督部门、工业主管部门规定。

县级人民政府农业机械化主管部门对达到报废条件的危及人身财产安全的农业机械，应当书面告知其所有人。

第三十六条　国家对达到报废条件或者正在使用的国家已经明令淘汰的农业机械实行回收。农业机械回收办法由国务院农业机械化主管部门会同国务院财政部门、商务主管部门制定。

第三十七条　回收的农业机械由县级人民政府农业机械化主管部门监督回收单位进行解体或者销毁。

第三十八条　使用操作过程中发现农业机械存在产品质量、维修质量问题的，当事人可以向县级以上地方人民政府农业机械化主管部门或者县级以上地方质量监督部门、工商行政管理部门投诉。接到投诉的部门对属于职责范围内的事项，应当依法及时处理；对不属于职责范围内的事项，应当及时移交有权处理的部门，有权处理的部门应当立即处理，不得推诿。

县级以上地方人民政府农业机械化主管部门和县级以上地方质量监督部门、工商行政管理部门应当定期汇总农业机械产品质量、维修质量投诉情况并逐级上报。

第三十九条　国务院农业机械化主管部门和省、自治区、直辖市人民政府农业机械化主管部门应当根据投诉情况和农业安全生产需要，组织开展在用的特定种类农业机械的安全鉴定和重点检查，并公布结果。

第四十条　农业机械安全监督管理执法人员在农田、场院等场所进行农业机械安全监督检查时，可以采取下列措施：

（一）向有关单位和个人了解情况，查阅、复制有关资料；

（二）查验拖拉机、联合收割机证书、牌照及有关操作证件；

（三）检查危及人身财产安全的农业机械的安全状况，对存在重大事故隐患的农业机械，责令当事人立即停止作业或者停止农业机械的转移，并进行维修；

（四）责令农业机械操作人员改正违规操作行为。

第四十一条　发生农业机械事故后企图逃逸的、拒不停止存在重大事故隐患农业机械的作业或者转移的，县级以上地方人民政府农业机械化主管部门可以扣押有关农业机械及证书、牌照、操作证件。案件处理完毕或者农业机械事故肇事方提供担保的，县级以上地方人民政府农业机械化主管部门应当及时退还被扣押的农业机械及证书、牌照、操作证件。存在重大事故隐患的农业机械，其所有人或者使用人排除隐患前不得继续使用。

第四十二条　农业机械安全监督管理执法人员进行安全监督检查时，应当佩戴统一标志，出示行政执法证件。农业机械安全监督检查、事故勘察车辆应当在车身喷涂统一标识。

第四十三条　农业机械化主管部门不得为农业机械指定维修经营者。

第四十四条　农业机械化主管部门应当定期向同级公安机关交通管理部门通报拖拉机登记、检验以及有关证书、牌照、操作证件发放情况。公安机关交通管理部门应当定期向同级农业机械化主管部门通报农业机械在道路上发生的交通事故及处理情况。

第六章　法律责任

第四十五条　县级以上地方人民政府农业机械化主管部门、工业主管部门、质量监督部门和工商行政管理部门及其工作人员有下列行为之一的，对直接负责的主管人员和其他直接责任人员，依法给予处分，构成犯罪的，依法追究刑事责任：

(一)不依法对拖拉机、联合收割机实施安全检验、登记，或者不依法核发拖拉机、联合收割机证书、牌照的；

(二)对未经考试合格者核发拖拉机、联合收割机操作证件，或者对经考试合格者拒不核发拖拉机、联合收割机操作证件的；

(三)对不符合条件者核发农业机械维修技术合格证书，或者对符合条件者拒不核发农业机械维修技术合格证书的；

(四)不依法处理农业机械事故，或者不依法出具农业机械事故认定书和其他证明材料的；

(五)在农业机械生产、销售等过程中不依法履行监督管理职责的；

(六)其他未依照本条例的规定履行职责的行为。

第四十六条　生产、销售利用残次零配件或者报废农业机械的发动机、方向机、变速器、车架等部件拼装的农业机械的，由县级以上质量监督部门、工商行政管理部门按照职责权限责令停止生产、销售，没收违法所得和违法生产、销售的农业机械，并处违法产品货值金额1倍以上3倍以下罚款；情节严重的，吊销营业执照。

农业机械生产者、销售者违反工业产品生产许可证管理、认证认可管理、安全技术标准管理以及产品质量管理的，依照有关法律、行政法规处罚。

第四十七条　农业机械销售者未依照本条例的规定建立、保存销售记录的，由县级以上工商行政管理部门责令改正，给予警告；拒不改正的，处1000元以上1万元以下罚款，并责令停业整顿；情节严重的，吊销营业执照。

第四十八条　未取得维修技术合格证书或者使用伪造、变造、过期的维修技术合格证书从事维修经营的，由县级以上地方人民政府农业机械化主管部门收缴伪造、变造、过期的维修技术合格证书，限期补办有关手续，没收违法所得，并处违法经营额1倍以上2倍以下罚款；逾期不补办的，处违法经营额2倍以上5倍以下罚款，并通知工商行政管理部门依法处理。

第四十九条　农业机械维修经营者使用不符合农业机械安全技术标准的配件维修农业机械，或者拼装、改装农业机械整机，或者承揽维修已经达到报废条件的农业机械的，由县级以上地方人民政府农业机械化主管部门责令改正，没收违法所得，并处违法经营额1倍以上2倍以下罚款；拒不改正的，处违法经营额2倍以上5倍以下罚款；情节严重的，吊销维修技术合格证。

第五十条　未按照规定办理登记手续并取得相应的证书和牌照，擅自将拖拉机、联合收割机投入使用，或者未按照规定办理变更登记手续的，由县级以上地方人民政府农业机械化主管部门责令限期补办相关手续；逾期不补办的，责令停止使用；拒不停止使用的，扣押拖拉机、联合收割机，并处200元以上2000元以下罚款。

当事人补办相关手续的，应当及时退还扣押的拖拉机、联合收割机。

第五十一条　伪造、变造或者使用伪造、变造的拖拉机、联合收割机证书和牌照的，或者使用其他拖拉机、联合收割机的证书和牌照的，由县级以上地方人民政府农业机械化主管部门收缴伪造、变造或者使用的证书和牌照，对违法行为人予以批评教育，并处200元以上2000元以下罚款。

第五十二条　未取得拖拉机、联合收割机操作证件而操作拖拉机、联合收割机的，由县级以上地方人民政府农业机械化主管部门责令改正，处100元以上500元以下罚款。

第五十三条　拖拉机、联合收割机操作人员操作与本人操作证件规定不相符的拖拉机、联合收割机，或者操作未按照规定登记、检验或者检验不合格、安全设施不全、机件失效的拖拉机、联合收割机，或者使用国家管制的精神药品、麻醉品后操作拖拉机、联合收割机，或者患有妨碍安全操作的疾病操作拖拉机、联合收割机的，由县级以上地方人民政府农业机械化主管部门对违法行为人予以批评教育，责令改正；拒不改正的，处100元以上500元以下罚款；情节严重的，吊销有关人员的操作证件。

第五十四条　使用拖拉机、联合收割机违反规定载人的，由县级以上地方人民政府农业机械化主管部门对违法行为人予以批评教育，责令改正；拒不改正的，扣押拖拉机、联合收割机的证书、牌照；情节严重的，吊销有关人员的操作证件。非法从事经营性道路旅客运输的，由交通主管部门依照道路运输管理法律、行政法规处罚。

当事人改正违法行为的，应当及时退还扣押的拖拉机、联合收割机的证书、牌照。

第五十五条　经检验、检查发现农业机械存在事故隐患，经农业机械化主管部门告知拒不排除并继续使用的，由县级以上地方人民政府农业机械化主管部门对违法行为人予以批评教育，责令改正；拒不改正的，责令停止使用；拒不停止使用的，扣押存在事故隐患的农业机械。

事故隐患排除后，应当及时退还扣押的农业机械。

第五十六条　违反本条例规定，造成他人人身伤亡或者财产损失的，依法承担民事责任；构成违反治安管理行为的，依法给予治安管理处罚；构成犯罪的，依法追究刑事责任。

第七章　附　则

第五十七条　本条例所称危及人身财产安全的农业机械，是指对人身财产安全可能造成损害的农业机械，包括拖拉机、联合收割机、机动植保机械、机动脱粒机、饲料粉碎机、插秧机、铡草机等。

第五十八条　本条例规定的农业机械证书、牌照、操作证件和维修技术合格证，由国务院农业机械化主管部门会同国务院有关部门统一规定式样，由国务院农业机械化主管部门监制。

第五十九条　拖拉机操作证件考试收费、安全技术检验收费和牌证的工本费，应当严格执行国务院价格主管部门核定的收费标准。

第六十条　本条例自2009年11月1日起施行。

杨遵仪逝世

中国共产党的优秀党员、九三学社社员，我国杰出的地质学家、地质教育家，中国科学院资深院士、中国地质大学教授杨遵仪，因病医治无效，于9月17日在北京逝世，享年101岁。

杨遵仪1908年10月生于广东揭阳，1933年毕业于清华大学，留校任教，后赴美国耶鲁大学留学，获得博士学位。回国后，历任中山大学教授、系主任，清华大学教授，1952年参与创办北京地质学院（中国地质大学前身）并长期在此任教，1980年当选为中国科学院学部委员（院士）。杨遵仪先生是我国古生物学和地层学的奠基人、新中国地层古生物事业的开创者之一和新中国地层古生物教育事业的开拓者。

9月18日

中国共产党第十七届中央委员会第四次全体会议公报

（2009年9月18日中国共产党第十七届中央委员会第四次全体会议通过）

中国共产党第十七届中央委员会第四次全体会议，于2009年9月15日至18日在北京举行。

出席这次全会的有，中央委员194人，候补中央委员163人。中央纪律检查委员会委员和有关方面负责同志列席了会议。党的十七大代表中部分基层党务工作者、基层党员和从事党建工作研究的专家学者也列席了会议。

全会由中央政治局主持。中央委员会总书记胡锦涛作了重要讲话。

全会听取和讨论了胡锦涛受中央政治局委托作的工作报告，审议通过了《中共中央关于加强和改进新形势下党的建设若干重大问题的决定》。习近平就《决定（讨论稿）》向全会作了说明。

全会充分肯定党的十七届三中全会以来中央政治局的工作。一致认为，中央政治局全面贯彻党的十七大和十七届一中、二中、三中全会精神，高举中国特色社会主义伟大旗帜，以邓小平理论和“三个代表”重要思想为指导，深入贯彻落实科学发展观，隆重纪念党的十一届三中全会召开30周年，团结带领全党全国各族人民大力弘扬伟大抗震救灾精神、北京奥运精神、载人航天精神，万众一心，迎难而上，锐意改革，共克时艰，全力保增长、保民生、保稳定，加大转变经济发展方式和调整经济结构力度，取得应对国际金融危机冲击、保持经济平稳较快发展的明显成效，推动深入学习实践科学发展观活动健康开展，加快推进地震灾区灾后恢复重建，维护民族地区社会大局稳定，全面推进社会主义经济建设、政治建设、文化建设、社会建设以及生态文明建设，全面推进党的建设新的伟大工程，各项工作取得新进展。

全会研究了加强和改进新形势下党的建设若干重大问题，认为在新中国成立60周年之际，进一步研究和部署以改革创新精神推进党的建设新的伟大工程，对于全面贯彻党的十七大精神，深入贯彻落实科学发展观，有效应对国际金融危机冲击、保持经济平稳较快发展，夺取全面建设小康社会新胜利、开创中国特色社会主义事业新局面，具有重大而深远的意义。

全会指出，中国共产党成立88年、执政60年、领导改革开放30年来，几代中国共产党人始终以实现中华民族伟大复兴为己任，坚持把马克思主义基本原理同中国具体实际相结合，团结带领全国各族人民不懈奋斗，战胜各种艰难险阻，不断取得革命、建设、改革的伟大胜利。我国相继实现了从半殖民地半封建社会到民族独立、人民当家做主新社会的历史性转变，从新民主主义革命到社会主义革命和建设的历史性转变，从高度集中的计划经济体制到充满活力的社会主义市场经济体制、从封闭半封闭到全方位开放的历史性转变，中华民族巍然屹立于世界民族之林。这是中国共产党人认识世界、改造世界的伟大创举，是根本改变中华民族命运、深刻影响人类历史进程的伟大变革。实践证明，没有中国共产党就没有新中国，就没有中国特色社会主义。办好中国的事情，关键在党。坚持中国特色社会主义道路，推进社会主义现代化，实现中华民族伟大复兴，必须毫不动摇地坚持中国共产党的领导。

全会指出，当今世界正处在大发展、大变革、大调整时期。世界多极化、经济全球化深入发展，科技进步日新月异，国际金融危机影响深远，世界经济格局发生新变化，国际力量对比出现新态势，全球思想文化交流交融交锋呈现新特点，综合国力竞争和各种力量较量更趋激烈，给我国发展带来新的机遇和挑战。我国经济建设、政治建设、文化建设、社会建设以及生态文明建设全面推进，工业化、信息化、城镇化、市场化、国际化深入发展，我国正处在进一步发展的重要战略机遇期，在新的历史起点上向前迈进。在我们这个十几亿人口的发展中大国，党在推进改革开放和社会主义现代化建设中肩负任务的艰巨性、复杂性、繁重性世所罕见。党要适应这样的新形势，统筹国内国际两个大局，更好带领全国各族人民聚精会神搞建设、一心一意谋发展，实现党的十七大描绘的宏伟蓝图，必须进一步加强和改进自身建设。

全会指出，当前，党的领导水平和执政水平、党的建设状况、党员队伍素质总体上同党肩负的历史使命是适应的。同时，党内也存在不少不适应新形势新任务要求、不符合党的性质和宗旨的问题。这些问题严重削弱党的创造力、凝聚力、战斗力，严重损害党同人民群众的血肉联系，严重影响党的执政地位巩固和执政使命实现，必须引起全党警醒，抓紧加以解决。

全会指出，世情、国情、党情的深刻变化对党的建设提出了新的要求，党面临的执政考验、改革开放考验、市场经济考验、外部环境考验是长期的、复杂的、严峻的，落实党要管党、从严治党的任务比过去任何时候都更为繁重和紧迫。全党必须居安思危，增强忧患意识，常怀忧党之心，恪尽兴党之责，勇于变革、勇于创新，永不僵化、永不停滞，继续推进党的建设新的伟大工程，确保党在世界形势深刻变化的历史进程中始终走在时代前列，在应对国内外各种风险和考验的历史进程中始终成为全国人民的主心骨，在发展中国特色社会主义的历史进程中始终成为坚强的领导核心。

全会认为，我们党在长期执政实践中，探索形成了我们党作为马克思主义执政党加强自身建设的基本经验，这就是：坚持把思想理论建设放在首位，提高全党马克思主义水平；坚持把推进党的建设伟大工程同推进党领导的伟大事业紧密结合起来，保证党始终成为社会主义事业的坚强领导核心；坚持以执政能力建设和先进性建设为主线，保证党始终走在时代前列；坚持立党为公、执政为民，保持党同人民群众的血肉联系；坚持改革创新，增强党的生机与活力；坚持党要管党、从严治党，提高管党治党水平。这些基本经验，必须倍加重视、倍加珍惜，必须作为加强和改进新形势下党的建设的重要指导原则长期坚持，并在实践中不断丰富发展。

全会提出，加强和改进新形势下党的建设，必须全面贯彻党的十七大关于党的建设总体部署，按照党章要求，着眼于继续解放思想、坚持改革开放、推动科学发展、促进社会和谐，着眼于提高党的执政能力、保持和发展党的先进性，着眼于增强全党为党和人民事业不懈奋斗的使命感和责任感，着眼于保持党同人民群众的血肉联系，突出重点，突破难点，全面推进思想建设、组织建设、作风建设、制度建设和反腐倡廉建设，提高党的建设科学化水平，进一步把党建设成为立党为公、执政为民，求真务实、改革创新，艰苦奋斗、清正廉洁，富有活力、团结和谐的马克思主义执政党，确保党始终是中国工人阶级的先锋队、同时是中国人民和中华民族的先锋队。

全会对当前和今后一个时期加强和改进党的建设作出了部署，强调要建设马克思主义学习型政党、提高全党思想政治水平，坚持和健全民主集中制、积极发展党内民主，深化干部人事制度改革、建设善于推动科学发展和促进社会和谐的高素质干部队伍，做好抓基层打基础工作、夯实党执政的组织基础，弘扬党的优良作风、保持党同人民群众的血肉联系，加快推进惩治和预防腐败体系建设、深入开展反腐败斗争。

全会提出，世界在变化，形势在发展，中国特色社会主义实践在深入，不断学习、善于学习，努力掌握和运用一切科学的新思想、新知识、新经验，是党始终走在时代前列引领中国发展进步的决定性因素。必须按照科学理论武装、具有世界眼光、善于把握规律、富有创新精神的要求，把建设马克思主义学习型政党作为重大而紧迫的战略任务抓紧抓好。要推进马克思主义中国化、时代化、大众化，用中国特色社会主义理论体系武装全党，开展社会主义核心价值体系学习教育，建设学习型党组织。

全会提出，党内民主是党的生命，集中统一是党的力量保证。必须坚持民主基础上的集中和集中指导下的民主相结合，以保障党员民主权利为根本，以加强党内基层民主建设为基础，切实推进党内民主，广泛凝聚全党意愿和主张，充分发挥各级党组织和广大党员的积极性、主动性、创造性，坚决维护党的集中统一。坚持以党内民主带动人民民主，以党的坚强团结保证全国各族人民的大团结。要坚持和完善党的领导制度，保障党员主体地位和民主权利，完善党代表大会制度和党内选举制度，完善党内民主决策机制，维护党的集中统一。

全会提出，坚持民主、公开、竞争、择优，提高选人用人公信度，形成充满活力的选人用人机制，促进优秀人才脱颖而出，是培养造就高素质干部队伍的关键。必须坚持党管干部原则，全面贯彻干部队伍革命化、年轻化、知识化、专业化方针，坚持五湖四海，拓宽视野选拔干部，广辟途径培养干部，满腔热情爱护干部，严格要求管理干部，把各方面优秀人才集聚到党和国家事业中来。要坚持德才兼备、以德为先用人标准，完善干部选拔任用机制，提高领导班子和领导干部推动科学发展、促进社会和谐能力，培养造就大批优秀年轻干部，健全干部管理机制。

全会提出，党的基层组织是党全部工作和战斗力的基础，是落实党的路线方针政策和各项工作任务的战斗堡垒。必须坚持围绕中心、服务大局、拓宽领域、强化功能，进一步巩固和加强党的基层组织，着力扩大覆盖面、增强生机活力，使党的基层组织充分发挥推动发展、服务群众、凝聚人心、促进和谐的作用，使广大党员牢记宗旨、心系群众。要推进基层党组织工作创新，增强党员队伍生机活力，建设高素质基层党组织带头人队伍，构建城乡统筹的基层党建新格局。

全会提出，执政党的党风，关系党的形象，关系党和人民事业成败。必须在全党大力弘扬理论联系实际、密切联系群众、批评和自我批评的作风，始终谦虚谨慎、艰苦奋斗，以思想教育、完善制度、集中整顿、严肃纪律为抓手，下大气力解决突出问题，以优良党风促政风带民风，形成凝聚党心民心的强大力量。要大兴密切联系群众之风，大兴求真务实之风，大兴艰苦奋斗之风，大兴批评和自我批评之风，以坚强党性保证党的作风建设。

全会提出，坚决反对腐败，是党必须始终抓好的重大政治任务。必须充分认识反腐败斗争的长期性、复杂性、艰巨性，把反腐倡廉建设放在更加突出的位置，坚持标本兼治、综合治理、惩防并举、注重预防的方针，严格执行党风廉政建设责任制，在坚决惩治腐败的同时加大教育、监督、改革、制度创新力度，更有效地预防腐败，不断取得反腐败斗争新成效。要加强廉洁从政教育和领导干部廉洁自律，加大查办违纪、违法案件工作力度，健全权力运行制约和监督机制，推进反腐倡廉制度创新。

全会强调，加强和改进新形势下党的建设，是全党的重大政治责任。各级党组织要认真贯彻全会决定精神，坚持党要管党、从严治党，全面落实党建工作责任制，加强党建工作调查研究，全面认识和自觉运用马克思主义执政党建设规律，推动党的建设创新，确保党的建设各项部署落到实处，努力在以科学理论指导党的建设、以科学制度保障党的建设、以科学方法推进党的建设上见到成效，不断提高党的建设科学化水平。

全会全面分析了当前形势和任务，强调经过全党全国共同努力，去年下半年以来我国经济增长明显下滑趋势得到遏制，经济形势总体呈现企稳向好势头。同时，世界经济复苏将是一个缓慢曲折的过程，我国经济回升基础还不稳定、不巩固、不平衡，国际国内不稳定不确定因素仍然很多，我国经济发展仍处在保增长的关键阶段。我们必须增强信心，增强忧患意识和风险意识，科学判断国际国内经济形势，继续把保持经济平稳较快发展作为经济工作的首要任务，继续实施积极的财政政策和适度宽松的货币政策，保持宏观经济政策的连续性和稳定性，充实完善应对国际金融危机冲击的一揽子计划和政策措施，更加注重推进结构调整，更加注重加快自主创新，更加注重加强节能环保，更加注重城乡统筹和区域协调发展，更加注重深化改革开放，更加注重保障和改善民生，切实抓好维护社会大局稳定工作，有效防范各种潜在风险，善于趋利避害，积极化危为机，努力实现今年经济社会发展预期目标。

全会强调，做好民族工作，在新形势下把民族团结进步事业继续推向前进，对维护和发展各族人民根本利益、保持社会和谐稳定、实现国家长治久安和中华民族伟大复兴具有重大意义。要牢牢把握各民族共同团结奋斗、共同繁荣发展的主题，全面贯彻落实党的民族政策和民族区域自治制度，加快少数民族和民族地区经济社会发展，广泛、深入、持久开展民族团结宣传教育活动，有效防范和坚决打击民族分裂活动，巩固和发展平等团结互助和谐的社会主义民族关系。

全会号召，全党要紧密团结在以胡锦涛同志为总书记的党中央周围，高举中国特色社会主义伟大旗帜，全面贯彻党的十七大精神，以改革创新精神全面推进党的建设新的伟大工程，团结带领全国各族人民为把党和国家事业继续推向前进而努力奋斗，永远不辜负人民的信任和期望！

中共中央关于加强和改进新形势下党的建设若干重大问题的决定

（2009年9月18日中国共产党第十七届中央委员会第四次全体会议通过）

中国共产党第十七届中央委员会第四次全体会议，全面分析形势和任务，认为在新中国成立六十周年之际，进一步研究和部署以改革创新精神推进党的建设新的伟大工程，对于全面贯彻党的十七大精神，深入贯彻落实科学发展观，有效应对国际金融危机冲击、保持经济平稳较快发展，夺取全面建设小康社会新胜利、开创中国特色社会主义事业新局面，具有重大而深远的意义。全会就加强和改进新形势下党的建设若干重大问题作出如下决定。

一、加强和改进新形势下党的建设的重要性和紧迫性

中国共产党成立八十八年、执政六十年、领导改革开放三十年来，几代中国共产党人始终以实现中华民族伟大复兴为己任，坚持把马克思主义基本原理同中国具体实际相结合，团结带领全国各族人民不懈奋斗，战胜各种艰难险阻，不断取得革命、建设、改革的伟大胜利。我国相继实现了从半殖民地半封建社会到民族独立、人民当家做主新社会的历史性转变，从新民主主义革命到社会主义革命和建设的历史性转变，从高度集中的计划经济体制到充满活力的社会主义市场经济体制、从封闭半封闭到全方位开放的历史性转变，综合国力大幅跃升，人民生活明显改善，国际地位显著提高，中华民族巍然屹立于世界民族之林。这是中国共产党人认识世界、改造世界的伟大创举，是根本改变中华民族命运、深刻影响人类历史进程的伟大变革。实践证明，没有中国共产党就没有新中国，就没有中国特色社会主义。办好中国的事情，关键在党。坚持中国特色社会主义道路，推进社会主义现代化，实现中华民族伟大复兴，必须毫不动摇地坚持中国共产党的领导。

当今世界正处在大发展大变革大调整时期。世界多极化、经济全球化深入发展，科技进步日新月异，国际金融危机影响深远，世界经济格局发生新变化，国际力量对比出现新态势，全球思想文化交流交融交锋呈现新特点，发达国家在经济、科技等方面仍占优势，综合国力竞争和各种力量较量更趋激烈，不稳定不确定因素增多，给我国发展带来新的机遇和挑战。我国经济建设、政治建设、文化建设、社会建设以及生态文明建设全面推进，工业化、信息化、城镇化、市场化、国际化深入发展，我国正处在进一步发展的重要战略机遇期，在新的历史起点上向前迈进。总的来看，我国仍处于并将长期处于社会主义初级阶段的基本国情没有变，人民日益增长的物质文化需要同落后的社会生产之间的矛盾这一社会主要矛盾没有变，同时我国发展呈现一系列新的阶段性特征，出现一系列新情况新问题。在我们这个十几亿人口的发展中大国，党在推进改革开放和社会主义现代化建设中肩负任务的艰巨性、复杂性、繁重性世所罕见。党要适应这样的新形势，统筹国内国际两个大局，更好带领全国各族人民聚精会神搞建设、一心一意谋发展，实现党的十七大描绘的宏伟蓝图，必须进一步加强和改进自身建设。

党的建设是党领导的伟大事业不断取得胜利的重要法宝。新中国成立以来特别是改革开放以来，我们党根据自身历史方位和中心任务的变化，不断提高领导水平和执政水平、提高拒腐防变和抵御风险能力，取得巨大成就。当前，党的领导水平和执政水平、党的建设状况、党员队伍素质总体上同党肩负的历史使命是适应的。同时，党内也存在不少不适应新形势新任务要求、不符合党的性质和宗旨的问题，主要是：一些党员、干部忽视理论学习、学用脱节，理想信念动摇，对马克思主义信仰不坚定，对中国特色社会主义缺乏信心；一些党组织贯彻民主集中制不力，有的对中央决策部署执行不认真，有的对党员民主权利保障落实不到位，一些党员干部法治意识、纪律观念淡薄；一些领导班子整体作用发挥不够，推动科学发展、处理复杂问题能力不够，一些地方和部门选人用人公信度不高，跑官要官、买官卖官等问题屡禁不止；一些基层党组织战斗堡垒作用不强，有的软弱涣散，有的领域党组织覆盖面不广，部分党员党员意识淡化、先锋模范作用不明显；有些领导干部宗旨意识淡薄，脱离群众、脱离实际，不讲原则、不负责任，言行不一、弄虚作假，铺张浪费、奢靡享乐，个人主义突出，形式主义、官僚主义严重；一些领导干部特别是高级干部中发生的腐败案件影响恶劣，一些领域腐败现象易发多发。这些问题严重削弱党的创造力、凝聚力、战斗力，严重损害党同人民群众的血肉联系，严重影响党的执政地位巩固和执政使命实现，必须引起全党警醒，抓紧加以解决。

全党必须牢记，党的先进性和党的执政地位都不是一劳永逸、一成不变的，过去先进不等于现在先进，现在先进不等于永远先进；过去拥有不等于现在拥有，现在拥有不等于永远拥有。世情、国情、党情的深刻变化对党的建设提出了新的要求，党面临的执政考验、改革开放考验、市场经济考验、外部环境考验是长期的、复杂的、严峻的，落实党要管党、从严治党的任务比过

去任何时候都更为繁重和紧迫。全党必须居安思危，增强忧患意识，常怀忧党之心，恪尽兴党之责，勇于变革、勇于创新，永不僵化、永不停滞，继续推进党的建设新的伟大工程，确保党在世界形势深刻变化的历史进程中始终走在时代前列，在应对国内外各种风险和考验的历史进程中始终成为全国人民的主心骨，在发展中国特色社会主义的历史进程中始终成为坚强的领导核心。

二、总结运用和丰富发展执政党建设基本经验

我们党在长期执政实践中，围绕建设什么样的党、怎样建设党这个重大课题，不断总结和运用自身建设正反两方面经验，借鉴世界上一些执政党兴衰成败的经验教训，探索形成了我们党作为马克思主义执政党加强自身建设的基本经验。

第一，坚持把思想理论建设放在首位，提高全党马克思主义水平。始终以思想理论建设为根本建设，坚持党的思想路线，解放思想、实事求是、与时俱进，坚持真理、修正错误，不断推进马克思主义中国化、时代化、大众化，坚持以马克思列宁主义、毛泽东思想、邓小平理论和"三个代表"重要思想为指导，深入贯彻落实科学发展观，提高运用科学理论改造主观世界和客观世界能力，使党的理论和实践始终体现时代性、把握规律性、富于创造性。

第二，坚持把推进党的建设伟大工程同推进党领导的伟大事业紧密结合起来，保证党始终成为社会主义事业的坚强领导核心。党的建设必须紧紧围绕和服务党领导的伟大事业，按照党的政治路线来进行，围绕党的中心任务来展开，朝着党的建设总目标来加强，着力提高党的创造力、凝聚力、战斗力，为抓好发展这个党执政兴国的第一要务、建设富强民主文明和谐的社会主义现代化国家、坚持和发展中国特色社会主义提供根本保证。

第三，坚持以执政能力建设和先进性建设为主线，保证党始终走在时代前列。把执政能力建设和先进性建设作为执政党建设的根本任务，坚持科学执政、民主执政、依法执政，着力提高党总揽全局、协调各方能力和水平，建设高素质干部队伍，凝聚各方面人才和力量，充分发挥党委领导核心作用、基层党组织战斗堡垒作用、共产党员先锋模范作用，使党始终代表中国先进生产力发展要求、中国先进文化前进方向、中国最广大人民根本利益。

第四，坚持立党为公、执政为民，保持党同人民群众的血肉联系。坚持全心全意为人民服务根本宗旨，坚持以人为本，贯彻马克思主义群众观点和党的群众路线，实现好、维护好、发展好最广大人民根本利益，做到权为民所用、情为民所系、利为民所谋，不断增强党的阶级基础、扩大党的群众基础，使党始终得到人民群众支持和拥护。

第五，坚持改革创新，增强党的生机活力。坚持继承和创新相结合，坚持用时代发展要求审视自己、以改革创新精神提高和完善自己，不断推进党的建设实践创新、理论创新、制度创新，建立、健全以党章为根本、以民主集中制为核心的制度体系，推进党的建设科学化、制度化、规范化，发展党内民主，保障党的团结统一，增强党的创造活力。

第六，坚持党要管党、从严治党，提高管党治党水平。治国必先治党、治党务必从严，实行党建工作责任制，坚持严格要求、严格教育、严格管理、严格监督，开展批评和自我批评，严肃党的纪律，从关系人心向背和党的生死存亡的战略高度加强党风廉政建设，坚持不懈地开展反腐败斗争，坚决纠正损害群众利益的不正之风，不断解决党内存在的问题，始终保持党的先进性和纯洁性。

这些基本经验，体现和深化了对共产党执政规律、社会主义建设规律、人类社会发展规律的认识，必须倍加重视、倍加珍惜，必须作为加强和改进新形势下党的建设的重要指导原则长期坚持，并在实践中不断丰富发展。

加强和改进新形势下党的建设，必须全面贯彻党的十七大关于党的建设总体部署，按照党章要求，着眼于继续解放思想、坚持改革开放、推动科学发展、促进社会和谐，着眼于提高党的执政能力、保持和发展党的先进性，着眼于增强全党为党和人民事业不懈奋斗的使命感和责任感，着眼于保持党同人民群众的血肉联系，突出重点，突破难点，全面推进思想建设、组织建设、作风建设、制度建设和反腐倡廉建设，提高党的建设科学化水平，进一步把党建设成为立党为公、执政为民，求真务实、改革创新，艰苦奋斗、清正廉洁，富有活力、团结和谐的马克思主义执政党，确保党始终是中国工人阶级的先锋队、同时是中国人民和中华民族的先锋队。

三、建设马克思主义学习型政党，提高全党思想政治水平

世界在变化，形势在发展，中国特色社会主义实践在深入，不断学习、善于学习，努力掌握和运用一切科学的新思想、新知识、新经验，是党始终走在时代前列引领中国发展进步的决定性因素。必须按照科学理论武装、具有世界眼光、善于把握规律、富有创新精神的要求，把建设马克思主义学习型政党作为重大而紧迫的战略任务抓紧抓好。

（一）推进马克思主义中国化、时代化、大众化。坚持把马克思主义作为立党立国的根本指导思想，紧密

结合我国国情和时代特征大力推进理论创新，在实践中检验真理、发展真理，用发展着的马克思主义指导新的实践，是建设马克思主义学习型政党的首要任务。坚持运用马克思主义立场、观点、方法准确把握当今世界发展大势，准确把握社会主义初级阶段基本国情，准确把握改革发展实际，及时总结党领导人民创造的新鲜经验，围绕什么是马克思主义、怎样对待马克思主义，什么是社会主义、怎样建设社会主义，建设什么样的党、怎样建设党，实现什么样的发展、怎样发展等重大问题，不断作出新的理论概括，增强理论说服力和感召力，丰富发展中国特色社会主义理论体系，为进一步认识世界和改造世界、推动党和国家事业发展提供强有力的理论指导。深入实施马克思主义理论研究和建设工程，建设充分反映马克思主义中国化最新成果的学科体系和教材体系，培养造就一大批马克思主义理论家特别是中青年理论家，推动中国特色社会主义理论体系进教材、进课堂、进头脑，增强科学理论教育引导群众作用。

（二）用中国特色社会主义理论体系武装全党。组织党员、干部深入学习马克思列宁主义、毛泽东思想、邓小平理论、“三个代表”重要思想以及科学发展观，牢固树立辩证唯物主义和历史唯物主义世界观和方法论，系统掌握中国特色社会主义理论体系。认真总结深入学习实践科学发展观活动成功经验，形成有利于学习研究和贯彻落实科学发展观的政策导向、舆论导向、用人导向和体制机制，不断推动学习实践向深度和广度发展。党员领导干部要作真学、真懂、真信、真用的表率，着力提高理论素养和解决实际问题能力。中央委员和省部级领导干部要认真研读马克思主义特别是中国特色社会主义理论体系基本著作，切实提高战略思维、创新思维、辩证思维能力，带头探索回答重大理论和实践问题。大力弘扬理论联系实际的学风，引导党员、干部把学习理论同研究解决人民最关心最直接最现实的利益问题、本地区本部门改革发展稳定的重大问题、党的建设突出问题结合起来，增强工作的原则性、系统性、预见性、创造性。

（三）开展社会主义核心价值体系学习教育。党员、干部模范学习践行社会主义核心价值体系，是建设马克思主义学习型政党的重要任务。把理想信念教育作为全党学习践行社会主义核心价值体系的重中之重，教育引导党员着力增强贯彻党的基本理论、基本路线、基本纲领、基本经验的自觉性和坚定性，增强走中国特色社会主义道路、为党和人民事业不懈奋斗的自觉性和坚定性，做共产主义远大理想和中国特色社会主义共同理想的坚定信仰者。引导党员、干部增强党的意识、宗旨意识、执政意识、大局意识、责任意识，做到为党分忧、为国尽责、为民奉献。加强党的意识形态工作和思想政治工作，引导党员、干部增强政治敏锐性和政治鉴别力，筑牢思想防线，自觉划清马克思主义同反马克思主义的界限，社会主义公有制为主体、多种所有制经济共同发展的基本经济制度同私有化和单一公有制的界限，中国特色社会主义民主同西方资本主义民主的界限，社会主义思想文化同封建主义、资本主义腐朽思想文化的界限，坚决抵制各种错误思想影响，始终保持立场坚定、头脑清醒。加强思想道德建设，加强党的优良传统教育，加强中华优秀文化传统教育，引导党员、干部带头弘扬以爱国主义为核心的民族精神和以改革创新为核心的时代精神，自觉践行社会主义荣辱观，培养高尚道德情操和健康生活情趣，保持昂扬奋发的精神状态。

（四）建设学习型党组织。在全党营造崇尚学习的浓厚氛围，积极向书本学习、向实践学习、向群众学习，优化知识结构，提高综合素质，增强创新能力，使各级党组织成为学习型党组织、各级领导班子成为学习型领导班子。组织党员、干部重点学习马克思主义理论，学习党的路线方针政策和国家法律、法规，学习党的历史，同时广泛学习现代化建设所需要的经济、政治、文化、科技、社会和国际等各方面知识。加强对全党学习的指导和服务，加强理论宣讲队伍建设，完善和落实党委（党组）中心组学习制度。把理论素养、学习能力作为选拔任用领导干部重要依据。充分发挥党校、行政学院、干部学院和国民教育体系在建设马克思主义学习型政党中的重要作用。

四、坚持和健全民主集中制，积极发展党内民主

党内民主是党的生命，集中统一是党的力量保证。必须坚持民主基础上的集中和集中指导下的民主相结合，以保障党员民主权利为根本，以加强党内基层民主建设为基础，切实推进党内民主，广泛凝聚全党意愿和主张，充分发挥各级党组织和广大党员的积极性、主动性、创造性，坚决维护党的集中统一。坚持以党内民主带动人民民主，以党的坚强团结保证全国各族人民的大团结。

（一）坚持和完善党的领导制度。科学的领导制度是党有效治国理政的根本保证。坚持党总览全局、协调各方的领导核心作用，坚持党的领导、人民当家做主、依法治国有机统一，改革和完善党的领导方式和执政方式，提高党的领导水平和执政水平。党委既要支持人大、政府、政协、司法机关和人民团体依照法律和各自章程独立负责、协调一致地开展工作，又要发挥这些组织中党组的领导核心作用，保证党的路线方针政策和党委决策部署贯彻落实。坚持和完善人民代表大会制度，支持人大及其常委会依法履行职能，善于通过

国家政权组织实施党对国家和社会的领导。加强和改进党的群众工作，充分发挥工会、共青团、妇联等人民团体联系和服务群众作用。以明确权责为重点，完善地方党委领导体制和工作机制，健全部门党组（党委）工作机制，健全党对国有企业和事业单位领导的体制机制。坚持党对军队绝对领导的根本原则和制度，在全面建设小康社会进程中实现富国和强军的统一。

坚持和完善中国共产党领导的多党合作和政治协商制度，坚持长期共存、互相监督、肝胆相照、荣辱与共的方针，完善党同民主党派合作共事机制，支持民主党派加强自身建设和更好履行参政议政、民主监督职能，真诚接受民主党派和无党派人士监督，鼓励党外人士做我们党的挚友和诤友。加强对统一战线的领导，促进政党关系、民族关系、宗教关系、阶层关系、海内外同胞关系的和谐。

（二）保障党员主体地位和民主权利。以落实党员知情权、参与权、选举权、监督权为重点，进一步提高党员对党内事务的参与度，充分发挥党员在党内生活中的主体作用。推进党务公开，健全党内情况通报制度，及时公布党内信息，畅通党内信息上下互通渠道。建立党委新闻发言人制度，办好党报党刊和党建网站。拓宽党员意见表达渠道，建立、健全党内事务听证咨询、党员定期评议基层党组织领导班子成员等制度。鼓励和保护党员讲真话、讲心里话，营造党内民主讨论、民主监督环境。扩大党内基层民主，发挥党的基层组织在保障党员民主权利方面的作用。加强民主集中制教育，提高党员民主素质，引导党员正确行使权利、认真履行义务。

（三）完善党代表大会制度和党内选举制度。改善党代表大会代表结构，提高基层一线代表比例，增强代表广泛性。扩大党代表大会代表对提名推荐候选人的参与，改进候选人提名方式。建立各级党代表大会代表提案制度。落实和完善党代表大会代表任期制，建立、健全代表参与重大决策、参加重要干部推荐和民主评议、列席党委有关会议、联系党员群众等制度和办法，做好代表联络工作，保障代表充分行使各项权利，充分反映党员意见和建议。继续选择一些县（市、区）试行党代表大会常任制。完善党内选举办法，改进和规范选举程序和投票方式，改进候选人介绍办法。推广基层党组织领导班子成员由党员和群众公开推荐与上级党组织推荐相结合的办法，逐步扩大基层党组织领导班子直接选举范围。党的任何组织和个人不得以任何方式妨碍选举人依照规定自主行使选举权。严格控制选任制领导干部任期内职务变动，维护选举结果严肃性。

（四）完善党内民主决策机制。党的各级委员会按照集体领导、民主集中、个别酝酿、会议决定的原则决定重大事项。发挥全委会对重大问题的决策作用，完善常委会议事规则和决策程序，推行和完善地方党委讨论决定重大问题和任用重要干部票决制，健全和规范党委常委会向全委会定期报告工作并接受监督制度。提高科学决策、民主决策、依法决策水平，加强党委决策咨询工作，做好重大问题前瞻性、对策性研究，广泛听取党员、群众、基层干部意见和建议，发挥咨询研究机构、专家学者、社会听证在决策过程中的作用。落实重大决策报告制度，健全决策失误纠错改正机制和责任追究制度。完善集体领导与个人分工负责相结合的制度，提高运用民主方法形成共识、开展工作本领，注意听取不同意见，防止个人或少数人说了算。

（五）维护党的集中统一。全党同志必须时刻把党和人民放在心中最高位置，坚持党员个人服从党的组织、少数服从多数、下级组织服从上级组织、全党各个组织和全体党员服从党的全国代表大会和中央委员会，其中最重要的是坚持全党服从中央。始终同党中央在思想上政治上行动上保持高度一致，坚持把发挥地方积极性同维护中央权威结合起来，把局部利益同全局利益统一起来，严守党的纪律特别是政治纪律，保证中央政令畅通。健全对中央重大决策部署执行情况定期检查和专项督查制度、纪律保障机制，坚决纠正有令不行、有禁不止现象。党员对党的决议和政策如有不同意见，在坚决执行的前提下可以向上级组织直至中央提出，但不得公开发表和散布同中央决定相反的意见。对违反党的政治纪律的行为，必须严肃处理。

五、深化干部人事制度改革，建设善于推动科学发展、促进社会和谐的高素质干部队伍

坚持民主、公开、竞争、择优，提高选人用人公信度，形成充满活力的选人用人机制，促进优秀人才脱颖而出，是培养造就高素质干部队伍的关键。必须坚持党管干部原则，全面贯彻干部队伍革命化、年轻化、知识化、专业化方针，坚持五湖四海，拓宽视野选拔干部，广辟途径培养干部，满腔热情爱护干部，严格要求管理干部，把各方面优秀人才集聚到党和国家事业中来。

（一）坚持德才兼备、以德为先用人标准。把干部的德放在首要位置，是保持马克思主义执政党先进性和纯洁性的根本要求和重要保证。选拔任用干部既要看才、更要看德，把政治上靠得住、工作上有本事、作风上过得硬、人民群众信得过的干部选拔上来。从政治品质和道德品行等方面完善干部德的评价标准，重点看是否忠于党、忠于国家、忠于人民，是否确立正确的世界观、权力观、事业观，是否真抓实干、敢于负责、锐意进取，是否作风正派、清正廉洁、情趣健康。注重从履行岗位职责、完成急难险重任务、关键时刻表现、对

待个人名利等方面考察干部的德。坚持正确用人导向,使选拔出来的干部组织放心、群众满意,让能干事者有机会、干成事者有舞台,不让老实人吃亏,不让投机钻营者得利。

(二)完善干部选拔任用机制。扩大选人用人民主,建立、健全主体清晰、程序科学、责任明确的干部选拔任用提名制度。正确分析和运用民主推荐、民主测评结果,增强科学性和真实性。鼓励多种渠道推荐干部,广开举贤荐能之路,拓宽党政干部选拔来源。健全干部考察制度,完善考察标准,落实领导干部任用延伸考察办法,增强考察准确性。完善公开选拔、竞争上岗等竞争性选拔干部方式,突出岗位特点,注重能力实绩。完善差额选拔干部办法,推行差额推荐、考察、酝酿。扩大干部工作信息公开,健全干部选拔任用监督机制和干部选拔任用责任追究制度。坚持党管人才,创新人才工作体制机制,增强人才资源配置机制活力,完善人才培养、吸引、使用、评价、激励办法,以高层次人才、高技能人才为重点统筹抓好各类人才队伍建设。匡正选人用人风气,坚决整治跑官要官、买官卖官、拉票贿选等问题。

(三)提高领导班子和领导干部推动科学发展、促进社会和谐能力。以高举旗帜、坚定信念、践行宗旨为根本,加强领导班子思想政治建设,增强班子成员顾全大局、团结协作的自觉性,提高运用科学发展观干事创业水平。加强领导班子和领导干部领导能力培养,贯彻发展是硬道理、稳定是硬任务的战略思想,重点提高谋划发展、统筹发展、优化发展、推动发展的本领和群众工作、公共服务、社会管理、维护稳定的本领,注重增强新形势下依法办事能力和应急管理、舆论引导、新兴媒体运用、做好民族宗教工作等方面能力,切实抓好发展这个第一要务、履行好维护稳定这个第一责任。优化领导班子配备,形成班子成员年龄、经历、专长、性格互补的合理结构,增强班子整体功能与合力。按照政治上强、具有领导科学发展能力、能够驾驭全局、善于抓班子带队伍、民主作风好、清正廉洁的要求,选好配强党政正职领导干部,着力抓好县委书记队伍建设。建立领导班子定期务虚制度,加强对本地区本部门重大问题研究。注重多岗位锻炼干部,加强和改进干部教育培训工作,增强培训实效,更好完成大规模培训干部、大幅度提高干部素质的任务。健全促进科学发展的领导班子和领导干部考核评价机制,强化考核结果运用,引导各级领导干部树立正确政绩观,作出经得起实践、人民、历史检验的实绩。

(四)培养造就大批优秀年轻干部。源源不断地培养大批优秀年轻干部是关系党和国家事业的根本大计。加大培养选拔优秀年轻干部力度,重点加强年轻干部党性修养和实践锻炼,使他们切实做到忠诚党的事业、心系人民群众、专心做好工作、不断完善自己。鼓励年轻干部到基层工作,有计划安排年轻干部到艰苦地区、复杂环境、关键岗位砥砺品质、锤炼作风、增长才干。建立来自基层一线党政领导干部培养选拔链,大力选拔经过艰苦复杂环境磨炼、重大斗争考验、实践证明优秀、有培养前途的年轻干部,扎实抓好后备干部队伍建设。加强女干部、少数民族干部、党外干部培养选拔,做到系统培养、择优使用。合理使用各年龄段干部,切实解决领导干部任职年龄层层递减问题。

(五)健全干部管理机制。干部管理要坚持严格要求与关心爱护相结合。加强干部队伍宏观管理,深化干部分类管理改革,完善公务员制度,推进企事业单位人事制度改革,制定符合企事业单位特点的人事管理办法。完善干部交流制度,加大重要部门、关键岗位、东中西部地区干部交流力度,疏通党政机关干部、企事业单位干部交流渠道。深入了解干部情况,完善谈心谈话制度,对干部存在的苗头性问题早发现、早提醒、早纠正。加大治懒治庸力度,着力解决干部管理不严问题。健全干部退出机制,切实解决干部能上不能下、能进不能出问题。严格按照领导职数配备干部,切实解决违反规定超职数配备干部问题。建立、健全干部职务与职级并行制度,实行干部职级与待遇挂钩。对长期在基层和艰苦边远地区工作的干部、长期担任县乡党政领导职务的干部实行工资福利倾斜政策。全面做好离退休干部工作。

六、做好抓基层打基础工作,夯实党执政的组织基础

党的基层组织是党全部工作和战斗力的基础,是落实党的路线方针政策和各项工作任务的战斗堡垒。必须坚持围绕中心、服务大局、拓宽领域、强化功能,进一步巩固和加强党的基层组织,着力扩大覆盖面、增强生机活力,使党的基层组织充分发挥推动发展、服务群众、凝聚人心、促进和谐的作用,使广大党员牢记宗旨、心系群众。

(一)扩大基层党组织覆盖面。全面推进各领域党的基层组织建设,实现党组织和党的工作全社会覆盖,做到哪里有群众哪里就有党的工作,哪里有党员哪里就有党组织,哪里有党组织哪里就有健全的组织生活和党组织作用的充分发挥。在以地域、单位为主设置基层党组织的基础上,按照便于党员参加活动、党组织发挥作用的要求,探索完善基层党组织设置形式,推广在农民专业合作社、专业协会、产业链、外出务工经商人员相对集中点建立党组织的做法,抓紧在非公有制经济组织建立党组织,加大在中介机构、协会、学会以及各类新社会组织中建立党组织力度。以党的基层组

织建设带动其他各类基层组织建设，活跃基层，打牢基础。

（二）推进基层党组织工作创新。党的基层组织要适应新形势新任务要求，创新活动内容方式，找准开展活动、发挥作用的着力点，在扩大党员参与面、提高实效性上下功夫，增强创造力、凝聚力、战斗力。把发展现代农业、培养新型农民、带领群众致富、维护农村稳定贯穿农村基层党组织活动始终，发挥党组织在建设社会主义新农村中的领导核心作用。把建设高素质经营管理者队伍、人才队伍、党员队伍、职工队伍和增强国有经济活力、控制力、影响力贯穿国有企业党组织活动始终，保证党组织参与决策、带头执行、有效监督，发挥政治核心作用。把服务群众、凝聚人心、优化管理、维护稳定贯穿街道社区党组织活动始终，发挥党组织在建设文明和谐社区中的领导核心作用。把服务中心、建设队伍贯穿机关党组织活动始终，发挥党组织在完成本部门各项任务中的协助和监督作用。把全面贯彻党的教育方针、培养社会主义建设者和接班人贯穿高等学校党组织活动始终，发挥党组织在推进教育改革、搞好教书育人、加强教师队伍建设中的领导核心作用。把做好思想政治工作、促进事业发展贯穿科研、文化、卫生、体育和中小学等事业单位党组织活动始终，发挥党组织在本单位履行职责中的政治核心作用。非公有制经济组织、新社会组织中的党组织要围绕贯彻党的方针政策、引导和监督遵守国家法律、法规、团结凝聚职工群众、维护各方合法权益、促进健康发展等职能探索发挥作用的途径和方法。民族地区基层党组织要在团结各族群众推动发展、促进和谐、反对分裂、维护稳定中发挥战斗堡垒作用。普遍开展创先争优活动，深化基层党建工作三级联创活动，坚持和完善“三会一课”制度，推进基层党组织工作信息化。

（三）增强党员队伍生机活力。以提高素质为重点，抓紧抓好党员队伍建设这一基础工程。建立、健全教育、管理、服务党员长效机制，激发党员增强光荣感和责任感、保持先进性内在动力。注重质量、优化结构，改进发展党员工作，加强思想上入党教育，加大在工人、农民中发展党员力度，重视在高知识群体、在大学生等各领域优秀青年中发展党员，积极做好在非公有制经济组织、新社会组织中发展党员工作。从思想、工作、生活上关心党员，做好党员服务工作，健全党内激励、关怀、帮扶机制，健全党内表彰制度，加强对老党员、生活困难党员的关怀帮扶。落实基层党员教育培训规划，建立基层党员轮训制度，拓宽党员受教育渠道。鼓励党员带头参与志愿服务，推广党员承诺制等做法，探索建立党员在居住地发挥作用机制。严格党内组织生活，坚持民主评议党员，表彰优秀党员，及时处置不合格党员。

（四）建设高素质基层党组织带头人队伍。按照守信念、讲奉献、有本领、重品行的要求，加强基层党组织书记队伍建设。拓宽农村基层干部来源，选拔优秀党员担任村党组织书记，推进选聘高校毕业生到村任职工作，鼓励转业退伍军人到乡、村工作，及时调整软弱涣散农村基层党组织班子，加强乡镇党委书记队伍建设。选好配强街道社区、非公有制经济组织、新社会组织等党组织负责人。符合条件的农村、社区、国有企业党组织书记，可以通过法定程序担任村委会主任、居委会主任、企业董事长。以明确责任、考核监督、保障服务为重点，加强对基层党组织领导班子管理。加大从农村、社区优秀基层干部中考录公务员力度。切实解决农村基层组织负责人基本报酬和社会保障问题。

（五）构建城乡统筹的基层党建新格局。统筹城乡基层党建工作，促进以城带乡、资源共享、优势互补、协调发展。建立全国党员信息库，加强党员动态管理，健全城乡一体、流入地党组织为主、流出地党组织配合的流动党员教育管理服务工作制度。实行城乡基层党组织一方为主、接续培养、两地考察、相互衔接的优秀农民工入党办法。加强城乡基层党建资源整合，普遍推行机关、企业、社区党组织同农村党组织结对帮扶等做法，推动城乡基层党组织互相促进。通过财政转移支付等建立稳定规范的基层组织工作经费保障制度。2010年年底基本完成村级组织活动场所、农村党员干部现代远程教育网络一体化建设任务。加强条条为主管理和条块共管单位的基层党组织建设。加强对革命老区、民族地区、边疆地区、贫困地区基层党建工作的支持。

七、弘扬党的优良作风，保持党同人民群众的血肉联系

执政党的党风，关系党的形象，关系党和人民事业成败。必须在全党大力弘扬理论联系实际、密切联系群众、批评和自我批评的作风，始终谦虚谨慎、艰苦奋斗，以思想教育、完善制度、集中整顿、严肃纪律为抓手，下大气力解决突出问题，以优良党风促政风带民风，形成凝聚党心民心的强大力量。

（一）大兴密切联系群众之风。全党要认真贯彻党的群众路线，坚定不移依靠群众，适应群众工作新特点新要求，深入做好组织群众、宣传群众、教育群众工作，虚心向群众学习，热心为群众服务，诚心受群众监督。坚持问政于民、问需于民、问计于民，作决策、定政策充分考虑群众利益和承受能力，统筹协调各方面利益关系，切实办好顺民意、解民忧、惠民生的实事，让人民共享改革发展成果。健全服务群众制度，充分发挥党组织和党员在服务群众中的带头、推动、督促、保证作用。

健全联系群众制度,创新联系群众方式,机关工作要重心下移,基层干部要坚守一线,领导干部要定期深入基层特别是经济落后、问题较多的地方调查研究,了解群众疾苦,倾听群众呼声,帮助解决困难。领导干部下基层要轻车简从,不扰民,不搞层层陪同,不组织群众迎送。拓宽社情民意反映渠道,加强和改进信访工作,健全信访联席会议制度,坚持领导干部定期下访、定期接访、及时阅处群众来信,注重分析网络舆情。健全党和政府主导的维护群众权益机制,认真解决群众反映强烈的教育医疗、环境保护、安全生产、食品药品安全、企业改制、征地拆迁、涉农利益、涉法涉诉等方面的突出问题。完善矛盾纠纷排查化解机制,引导群众依法表达合理诉求,切实维护群众权益。

(二)大兴求真务实之风。把求真务实贯彻到治党治国各个方面各个环节,真正做到真抓实干、开拓创新。建立、健全工作责任制,营造求真务实良好氛围,使党员、干部真正把心思用到干事业上,把功夫下到察实情、出实招、办实事上,努力在推动科学发展、促进社会和谐等方面不断取得实效。从领导机关做起,大力整治文风会风,提倡开短会、讲短话、讲管用的话,力戒空话套话。积极运用信息化手段,严格控制发文数量和范围,严格控制会议数量、经费、规模。大力清理检查评比达标表彰活动,切实解决节庆剪彩过多过滥问题,改进各级领导干部活动报道。坚决制止搞劳民伤财的"形象工程"和沽名钓誉的"政绩工程"。对作风飘浮、敷衍塞责引发重大事件或造成重大损失的,对弄虚作假、虚报浮夸的,必须严肃追究责任。

(三)大兴艰苦奋斗之风。全党要始终与人民群众同甘共苦、为人民利益不懈奋斗,永葆共产党人政治本色。党政机关带头厉行节约,进一步控制办公经费,把有限资金和资源更多用在发展经济、改善民生上。严格执行财经制度和经济工作纪律,从严控制楼堂馆所建设,严禁超预算超标准装修办公用房,严禁为领导干部违反规定购买、建造住房和配置用车,严格控制出国(境)团组数量和规模。对铺张浪费、奢靡享乐、挥霍公款的,必须严肃处理。对党员干部社会交往、休闲娱乐、生活作风方面的不良现象,要及时提醒、批评、制止。

(四)大兴批评和自我批评之风。增强党内生活原则性和实效性,坚决反对上下级和干部之间逢迎讨好、相互吹捧,坚决反对党内生活庸俗化。领导班子要开展严肃认真的批评和自我批评,做到知无不言、言无不尽,言者无罪、闻者足戒,有则改之、无则加勉。完善领导干部双重组织生活会制度,提高民主生活会质量,发挥民主生活会开展思想交流、提高党性修养、增进班子团结的重要作用。建立、健全通过民意调查等征求群众批评意见制度,自觉接受批评,积极进行整改。领导干部特别是主要领导干部要坚持原则、敢抓敢管,勇于揭露和纠正缺点错误,及时提出改进工作的要求和建议,反对和克服好人主义。保护坚持党性原则的党员,不准压制批评,严禁打击报复。

(五)以坚强党性保证党的作风建设。把加强党性修养作为优良作风养成的重要基础和动力,教育引导全体党员加强学习、加强实践、加强党内生活锻炼,自觉学习党章、遵守党章、贯彻党章、维护党章,增强党员意识、党性观念,继承发扬党的优良传统和作风。建立党性定期分析制度,把党性分析作为民主生活会主要内容,把作风状况作为党性分析重点内容。加大对党政机关和领导干部作风方面突出问题的整顿力度。把作风建设情况纳入党风廉政建设责任制考核范围,把考核结果作为选拔任用干部重要依据。深入开展讲党性、重品行、作表率活动,广泛宣传和认真学习先进典型,使广大党员永葆蓬勃朝气、昂扬锐气、浩然正气。

八、加快推进惩治和预防腐败体系建设,深入开展反腐败斗争

坚决反对腐败,是党必须始终抓好的重大政治任务。必须充分认识反腐败斗争的长期性、复杂性、艰巨性,把反腐倡廉建设放在更加突出的位置,坚持标本兼治、综合治理、惩防并举、注重预防的方针,严格执行党风廉政建设责任制,在坚决惩治腐败的同时加大教育、监督、改革、制度创新力度,更有效地预防腐败,不断取得反腐败斗争新成效。

(一)加强廉洁从政教育和领导干部廉洁自律。贯彻为民、务实、清廉的要求,在全党深入开展党性党风党纪教育,把廉政教育列入干部教育培训规划,有针对性地开展示范教育、警示教育、岗位廉政教育,改进教育方式,提高教育实效。加强廉政文化建设。领导干部要严格遵守廉洁自律各项规定,严格要求自己和配偶子女、身边工作人员。依纪依法查处和整治领导干部利用职务便利为本人或特定关系人谋取不正当利益等问题。完善党员领导干部报告个人有关事项制度,把住房、投资、配偶子女从业等情况列入报告内容。加强对配偶子女均已移居国(境)外的公职人员管理。进一步规范离退休领导干部在企业和各类学会、协会、基金会任职行为。按照节俭、高效、廉洁的原则,继续推进公务消费和公务接待制度改革。

(二)加大查办违纪违法案件工作力度。保持惩治腐败高压态势,坚决遏制一些领域腐败现象易发多发势头,决不让任何腐败分子逃脱党纪国法惩处。严肃查办发生在领导机关和领导干部中滥用职权、贪污贿赂、腐化堕落、失职渎职案件,严肃查办商业贿赂案件和严重侵害群众利益案件,严肃查办群体性事件和重大责任事故背后的腐败案件。加强工程建设、房地产

开发、土地管理和矿产资源开发、国有资产管理、金融、司法等领域专项治理。健全反腐败协调工作机制，加强查办大案要案组织协调，形成整体合力。健全反腐倡廉网络举报和受理机制、网络信息收集和处置机制。坚持依纪依法办案，完善举报人和证人保护制度，保障被调查人合法权益，依法追究诬告陷害行为。完善重大案件剖析制度和通报制度，发挥查办案件惩戒功能和治本功能。

(三)健全权力运行制约和监督机制。以加强领导干部特别是主要领导干部监督为重点，建立、健全决策权、执行权、监督权既相互制约又相互协调的权力结构和运行机制，推进权力运行程序化和公开透明。凡涉及群众切身利益的重大决策都要向社会公开，接受群众监督。严格执行和不断完善领导干部述职述廉、诫勉谈话、函询、质询、罢免或撤换等制度，地方党委常委会要把廉政勤政、选人用人等方面工作作为向全委会报告的重要内容。推行党政领导干部问责制、廉政承诺制、行政执法责任制。加强和改进巡视工作，健全巡视工作领导机制，选好配强巡视干部，完善巡视程序和方式，提高巡视成效。完善纪检监察机关派驻机构统一管理，健全对驻在部门领导班子及其成员监督的制度。完善党政主要领导干部和国有企业领导人员经济责任审计，加强对财政资金和重大投资项目审计。坚持党内监督与党外监督、专门机关监督与群众监督相结合，发挥好舆论监督作用，增强监督合力。

(四)推进反腐倡廉制度创新。坚持用制度管权、管事、管人，深化重要领域和关键环节改革，最大限度减少体制障碍和制度漏洞，完善防治腐败体制机制，提高反腐倡廉制度化、法制化水平。深化行政管理体制改革，加快推进政企分开、政资分开、政事分开、政府与市场中介组织分开，进一步减少和规范行政审批。深化司法体制和工作机制改革，加强对司法活动的监督，健全执法过错、违纪违法责任追究等制度，保证公正司法。深化预算管理制度改革，完善和规范财政转移支付制度，加强财政性资金和社会公共资金管理，彻底清理“小金库”。健全金融市场机制，加强金融监管和内控机制建设，完善金融账户实名制，有效防止和严厉惩处利用证券市场和资本运作等手段进行腐败活动。完善政府重大投资项目公示制和责任追究制。按照加快形成统一开放竞争有序现代市场体系要求推进相关改革，建立、健全防止利益冲突制度，完善公共资源配置、公共资产交易、公共产品生产领域市场运行机制。完善国有企业权力运行制衡机制、薪酬激励和约束机制。加强反腐倡廉制度执行情况监督检查，提高制度执行力，维护制度权威性。

加强和改进新形势下党的建设，是全党的重大政治责任。各级党组织要认真贯彻本决定精神，坚持党要管党、从严治党，全面落实党建工作责任制，建立、健全党建工作长效机制，确保党的建设各项部署落到实处。健全党委统一领导、部门齐抓共管、一级抓一级、层层抓落实的党建工作格局，充分发挥党的建设工作领导小组职能作用。各级党组织书记要切实履行抓党建第一责任人职责。完善党建工作考核综合评价体系，加强分类指导、统筹协调、监督检查，建设高素质党务工作队伍。加强党建工作调查研究，研究新情况、解决新问题、总结新经验，全面认识和自觉运用马克思主义执政党建设规律，推进党建理论创新，为加强和改进新形势下党的建设提供科学指导。

中国人民解放军和中国人民武装警察部队党的建设工作，由中央军委根据本决定精神作出部署。

全党要紧密团结在以胡锦涛同志为总书记的党中央周围，高举中国特色社会主义伟大旗帜，全面贯彻党的十七大精神，以改革创新精神全面推进党的建设新的伟大工程，团结带领全国各族人民为把党和国家事业继续推向前进而努力奋斗，永远不辜负人民的信任和期望！

由中国常驻联合国代表团和新华社联合主办的“中国印象——庆祝中华人民共和国成立60周年”图片展在联合国总部开幕

中国政府和巴基斯坦政府在伊斯兰堡签署中国向巴基斯坦通信卫星项目提供优惠贷款的框架协议

根据双方协议，中国政府将向巴基斯坦提供不超过13.5亿元人民币的优惠贷款，用于实施巴基斯坦的通信卫星项目。这一项目将由巴基斯坦空间和外大气层研究委员会与中国长城工业总公司共同合作实施。

中国驻巴大使罗照辉和巴经济事务部常务秘书法拉克·卡尤姆分别代表两国政府在框架协议上签字。

国办发出《关于发布吉林松花江三湖等16处新建国家级自然保护区名单的通知》

各省、自治区、直辖市人民政府，国务院各部委、各直属机构：

吉林松花江三湖等16处新建国家级自然保护区已经国务院审定，现将名单予以发布。新建国家级自然保护区的面积、范围和功能分区等由环境保护部另行公布。

建立自然保护区是保护自然环境、自然资源和生物多样性的有效途径，是经济社会可持续发展的客观要求，是促进人与自然和谐发展、积极应对气候变化的重要手段，是建设生态文明和环境友好型社会的重要内容。吉林松花江三湖等16处国家级自然保护区主要保护对象的典型性、稀有性、濒危性、代表性较强,在保护生物多样性和生物资源、维持生态系统良性循环等方面具有重要作用。有关地区和部门要切实加强领导、协调和监督,尽快组织编制和实施自然保护区总体规划,健全管理机构,增加资金投入,开展检查评估,不断提高国家级自然保护区建设和管理水平。

有关地区要按照批准的自然保护区面积和范围组织勘界,落实土地权属,并在规定的时限内标明区界,予以公告。自然保护区的面积、范围和功能分区等一经确定,不得擅自调整。

要妥善处理好自然保护区与当地经济建设和居民生产生活的关系,研究建立生态补偿机制。严格执行《中华人民共和国自然保护区条例》等有关规定,不得在自然保护区的核心区和缓冲区内开展旅游活动及建设任何生产设施;在自然保护区的实验区内按规定建设设施,必须进行环境影响评价并依法履行审批手续。对涉及自然保护区的环境影响评价要严格把关,采取各种预防和保护措施,尽可能减少项目对自然保护区的不良影响,并责成项目开发单位落实生态恢复治理和补偿措施;措施未落实的,暂停相关地区涉及自然保护区的建设项目环评审批。

国务院办公厅

2009年9月18日

新建国家级自然保护区名单

(共计16处)

吉林省

松花江三湖国家级自然保护区

哈泥国家级自然保护区

黑龙江省

东方红湿地国家级自然保护区

大沾河湿地国家级自然保护区

穆棱东北红豆杉国家级自然保护区

湖北省

龙感湖国家级自然保护区

湖南省

阳明山国家级自然保护区

六步溪国家级自然保护区

舜皇山国家级自然保护区

广西壮族自治区

雅长兰科植物国家级自然保护区

四川省

长沙贡玛国家级自然保护区

陕西省

青木川国家级自然保护区

桑园国家级自然保护区

陇县秦岭细鳞鲑国家级自然保护区

甘肃省

洮河国家级自然保护区

敦煌阳关国家级自然保护区

9月19日

中共中央就《关于加强和改进新形势下党的建设若干重大问题的决定的意见》在中南海召开党外人士座谈会

中共中央总书记胡锦涛主持座谈会。

中共中央政治局常委贾庆林、习近平、贺国强出席座谈会。

座谈会上,胡锦涛介绍了中共中央对起草中共十七届四中全会文件的考虑和文件稿形成的过程。他希望各民主党派中央、全国工商联领导人和无党派人士畅所欲言,对文件稿提出修改意见和建议。

民革中央主席周铁农、民盟中央主席蒋树声、民建中央主席陈昌智、民进中央主席严隽琪、农工党中央主席桑国卫、致公党中央主席万钢、九三学社中央主席韩启德、台盟中央主席林文漪、全国工商联主席黄孟复、无党派人士陈竺先后发言。他们围绕新形势下加强中国共产党的思想建设、加强领导班子建设和干部队伍建设、推进党内民主建设、改善领导方式和执政方式、密切同人民群众联系、推进惩治和预防腐败体系建设、加强基层组织建设、加强非公有制经济组织中中国共产党的建设等提出了意见和建议。

在认真听取了大家的发言后,胡锦涛发表了重要讲话。他说,大家各抒己见,提出了许多有价值、有见地的意见和建议,体现了中国共产党和民主党派的亲密合作关系,我们将认真研究并尽量吸收。

胡锦涛指出,在我们这个十几亿人口的发展中大国执政,我们党肩负任务的艰巨性和繁重性世所罕见。要适应国内外形势的新变化,顺应各族人民过上更好生活的新期待,把握经济社会发展趋势和规律,带领人民不断把改革开放和社会主义现代化建设推向前进,必须始终坚持党要管党、从严治党,始终注重加强自身建设,切实把自身建设抓好。只有这样,才能永远不辜负人民的信任和期望。长期以来,我们党高度重视自身建设,围绕提高领导水平和执政水平、提高拒腐防变和抵御风险能力,围绕提高执政能力、保持和发展先进性,不断加以推进。今年是新中国成立60周年,中共中央决定中共十七届四中全会研究加强和改进新形势下我们党自身建设问题。当前,国内外形势的新发展,全面建设小康社会、加快推进社会主义现代化的新形势,迫切需要我们党提高领导水平和执政水平,提高统筹国内国际两个大局能力，提高把握发展机遇、应对风险挑战能力，更好团结带领全国各族人民夺取全面建设小康社会新胜利、开创中国特色社会主义事业新局面，实现中共十七大描绘的宏伟蓝图。

胡锦涛强调，改革开放30年来，我们党自身建设在求真务实、开拓创新中与时俱进，取得重要成绩，同时也存在不少亟待解决的新情况新问题。这就要求对我们党自身建设的一些重大问题进行集中研究和再部署，努力推进理论创新、制度创新、工作创新、方法创新，进一步全面推进思想建设、组织建设、作风建设、制度建设和反腐倡廉建设，进一步解决好我们党内存在的突出问题，进一步提高执政能力、保持和发展先进性。

胡锦涛强调，中共十七届四中全会之后，学习贯彻全会精神将是中国共产党全党的一项重要政治任务。希望各民主党派积极协助和支持我们党抓好全会精神贯彻落实。同时，希望各民主党派加强自身建设，更好履行参政议政、民主监督职能，推动参政党建设和执政党建设相互促进、共同提高，齐心协力为全面建设小康社会、坚持和发展中国特色社会主义而继续奋斗。

刘云山、李源潮、何勇、令计划、王沪宁、杜青林，中央有关部门负责人出席座谈会。

出席座谈会的党外人士还有张梅颖、张榕明、厉无畏、罗富和、陈宗兴、王志珍和张宝文、马培华、王钦敏、陈抗甫、汪毅夫、谢经荣、唐晓青等。

中国共产党第十七届中央纪律检查委员会第四次全体会议公报

（2009年9月19日中国共产党第十七届中央纪律检查委员会第四次全体会议通过）

中国共产党第十七届中央纪律检查委员会第四次全体会议，于2009年9月19日在北京举行。出席会议的中央纪委委员118人，列席28人。中央纪委常委会主持了会议。

这次全会的主要任务是：认真学习贯彻党的十七届四中全会精神，分析研究党的作风建设和反腐倡廉建设面临的形势与任务，深入推进党风廉政建设和反腐败斗争，为加强和改进新形势下党的建设、夺取全面建设小康社会新胜利、开创中国特色社会主义事业新局面提供坚强有力的保证。全会审议通过了贺国强同志代表中央纪委常委会所作的《认真贯彻落实党的十七届四中全会精神，深入推进党风廉政建设和反腐败斗争》的报告。

全会认为，党的十七届四中全会是在新中国成立60周年之际，在应对国际国内重大挑战、推动党和国家事业实现新发展的关键一年召开的一次具有重要意义的会议。会议审议通过的《中共中央关于加强和改进新形势下党的建设若干重大问题的决定》，是指导当前和今后一个时期党的建设的纲领性文件。全会一致拥护十七届四中全会审议通过的《决定》，一致拥护胡锦涛同志在十七届四中全会上的重要讲话。

全会强调，党的建设是党领导的伟大事业不断取得胜利的重要法宝。各级党组织和广大党员干部一定要全面领会十七届四中全会精神，进一步增强加强和改进新形势下党的建设的责任感和紧迫感，认真理解执政党建设的基本经验，准确把握党中央对加强和改进新形势下党的建设提出的新部署、新要求，以更加坚决的态度、更加有力的措施，深入扎实地推进党的建设新的伟大工程。

全会要求，全国纪检监察系统要迅速掀起学习、宣传、贯彻四中全会精神的热潮，集中时间、集中精力，组织广大纪检监察干部认真学习十七届四中全会文件，紧密结合纪检监察工作实际，在武装头脑、指导实践、推动工作上下功夫，把思想统一到全会精神上来，把力量凝聚到实现全会确定的各项任务上来。各级纪委要在党委的领导下，切实增强政治责任感，认真履行党章赋予的职责，推动十七届四中全会重大部署和各项任务的贯彻落实。按照建设马克思主义学习型政党的要求，加强党性党风党纪教育和反腐倡廉教育；按照坚持和健全民主集中制的要求，加强党内民主建设，保障党员民主权利；按照深化干部人事制度改革的要求，匡正选人用人风气，坚决整治跑官要官、买官卖官、拉票贿选等问题；按照做好抓基层打基础工作的要求，扎实推进基层党风廉政建设；按照弘扬党的优良作风的要求，协助党委抓好党的作风建设；按照加快推进惩治和预防腐败体系建设的要求，在坚决惩治腐败的同时加大教育、监督、改革、制度创新力度，更有效地预防腐败。要按照党建工作责任制的要求，协助党委加强监督检查，严明党的纪律，督促有关部门切实抓好职责范围内的党建工作，保证和促进十七届四中全会精神的贯彻落实。

全会指出，党的事业愈发展，党的建设愈深入，党风廉政建设和反腐败工作就愈要抓得紧而又紧。各级纪检监察机关要全面贯彻十七届四中全会关于加强党风廉政建设和反腐败斗争的一系列部署和要求，坚持标本兼治、综合治理、惩防并举、注重预防的方针，认真落实《建立、健全惩治和预防腐败体系2008—2012年工作规划》，严格执行党风廉政建设责任制，切实加大查办违纪违法案件力度，坚决查处一批大案要案，严肃查办发生在领导机关和领导干部中滥用职权、贪污贿赂、腐化堕落、失职渎职案件，严肃查办商业贿赂案件和严重侵害群众利益案件，严肃查办群体性事件和重大责任事故背后的腐败案件,保持惩治腐败高压态势;严肃纠正一批损害群众利益的不正之风,切实维护群众切身利益;认真解决一批涉及领导干部廉洁自律的突出问题,依纪依法查处和整治领导干部利用职务便利为本人或特定关系人谋取不正当利益等问题,在认真贯彻落实好《关于领导干部报告个人重大事项的规定》的基础上,把住房、投资、配偶子女从业等情况列入报告内容,加强对配偶子女均已移居国(境)外的公职人员管理;抓紧制定一批反腐倡廉法规制度,提高反腐倡廉制度化、法制化水平;扎实推进一批改革措施,坚持不懈地把党风廉政建设和反腐败工作引向深入。各级纪检监察机关要围绕中心、服务大局,切实加强对中央重大决策部署贯彻执行情况的监督检查;立场坚定、旗帜鲜明,坚决维护党的政治纪律;心系群众、服务人民,切实加强和改进党的作风建设;惩防并举、注重预防,加快推进惩治和预防腐败体系建设;解放思想、与时俱进,以改革创新精神推进纪检监察工作,提高反腐倡廉科学化水平,努力开创党风廉政建设和反腐败斗争新局面,为继续推进党的建设新的伟大工程、继续推动党和国家事业向前发展提供有力保证。

全会强调,各级纪检监察机关一定要深刻领会十七届四中全会精神,充分认识加强自身建设的重要性和紧迫性,把它作为一项基础工程切实抓紧抓好,进一步教育和引导广大纪检监察干部切实做到对党和国家无限忠诚、对腐败分子和消极腐败现象坚决斗争、对广大干部和群众关心爱护、对自己和亲属严格要求,努力建设一支政治坚强、公正廉洁、纪律严明、业务精通、作风优良的纪检监察干部队伍,树立纪检监察干部可亲、可信、可敬的良好形象。

全会号召,全党同志要更加紧密地团结在以胡锦涛同志为总书记的党中央周围,高举中国特色社会主义伟大旗帜,以邓小平理论和"三个代表"重要思想为指导,深入贯彻落实科学发展观,进一步统一思想、坚定信心,开拓创新、真抓实干,以党风廉政建设和反腐败斗争的新成效,保证党的十七届四中全会精神的贯彻落实。

中央纪委书记贺国强在中国共产党第十七届中央纪律检查委员会第四次全体会议上的报告

(2009年9月19日)

我代表中央纪律检查委员会常务委员会向第四次全体会议报告工作,请予审议。

这次全会的主要任务是:认真学习贯彻党的十七届四中全会精神,分析研究党的作风建设和反腐倡廉建设面临的形势和任务,深入推进党风廉政建设和反腐败斗争,为加强和改进新形势下党的建设、夺取全面建设小康社会新胜利、开创中国特色社会主义事业新局面提供坚强有力的保证。

党的十七届四中全会是在新中国成立六十周年之际,在应对国际国内重大挑战、推动党和国家事业实现新发展的关键一年召开的一次具有重要意义的会议。全会审议通过的《中共中央关于加强和改进新形势下党的建设若干重大问题的决定》(以下简称《决定》),从全局和战略的高度,对加强和改进新形势下党的建设作出战略部署,充分体现了我们党对加强自身建设的高度重视和科学态度,是指导当前和今后一个时期党的建设的纲领性文件。胡锦涛同志在全会上的重要讲话,全面总结了中央政治局一年来的工作,深刻阐述了四中全会召开的重要意义,对学习贯彻四中全会精神、做好当前党和国家的工作提出明确要求,特别是对进一步加强党风廉政建设和反腐败斗争作了深刻阐述,这对于我们落实好四中全会作出的部署,全面推进当前各项工作,具有十分重要的指导作用。

中央纪委委员列席了十七届四中全会,认真学习和讨论了全会文件,一致拥护全会审议通过的《决定》,一致拥护胡锦涛同志的重要讲话。当前,全国纪检监察系统的首要政治任务,就是要紧密结合纪检监察工作实际,认真学习贯彻四中全会精神。

一、充分认识加强和改进新形势下党的建设的重要性和紧迫性,切实保证党的十七届四中全会精神的贯彻落实

党的建设是党领导的伟大事业不断取得胜利的重要法宝。党的十七大强调,党要站在时代前列带领人民不断开创事业发展新局面,必须以改革创新精神加强自身建设,始终成为中国特色社会主义事业的坚强领导核心。十七届四中全会坚持以党的十七大精神为指导,在深入分析世情、国情、党情的深刻变化,认真总结我们党作为马克思主义执政党加强自身建设基本经验的基础上,提出了加强和改进新形势下党的建设的一系列新思想、新要求、新举措,对于全面推进党的建设新的伟大工程具有十分重要的意义。我们要认真学习,深刻领会,全面贯彻落实。

(一)统一思想认识,进一步增强加强和改进新形势下党的建设的责任感和紧迫感。当今世界正处在大发展大变革大调整时期。世界多极化、经济全球化深入发展,科技进步日新月异,国际金融危机影响深远,世界经济格局发生新变化,国际力量对比出现新态势,全球思想文化交流交融交锋呈现新特点,发达国家在经济、科技等方面仍占优势,综合国力竞争和各种力量较量更趋激烈,不稳定不确定因素增多,给我国发展带来新的机遇和挑战。当前我国改革发展正处在关键阶段。随着我国经济建设、政治建设、文化建设、社会建

设以及生态文明建设全面推进，工业化、信息化、城镇化、市场化、国际化深入发展，我国正处在进一步发展的重要战略机遇期，在新的历史起点上向前迈进。在我们这个十几亿人口的发展中大国，党在推进改革开放和社会主义现代化建设中肩负任务的艰巨性、复杂性、繁重性世所罕见。党面临的执政考验、改革开放考验、市场经济考验、外部环境考验是长期的、复杂的、严峻的，落实党要管党、从严治党的任务比过去任何时候都更为繁重和紧迫。当前，党内还存在不少不适应新形势新任务要求、不符合党的性质和宗旨的问题，有些问题在部分党员干部特别是领导干部身上还相当突出。这些问题严重削弱党的创造力、凝聚力、战斗力，严重损害党同人民群众的血肉联系，严重影响党的执政地位巩固和执政使命实现。我们一定要居安思危，增强忧患意识，常怀忧党之心，恪尽兴党之责，从关系党的生死存亡和国家长治久安的战略高度，充分认识加强和改进新形势下党的建设的重要性和紧迫性，以高度的政治责任感和历史使命感，以改革创新精神继续推进党的建设新的伟大工程，确保党在世界形势深刻变化的历史进程中始终走在时代前列，在应对国内外各种风险和考验的历史进程中始终成为全国人民的主心骨，在发展中国特色社会主义的历史进程中始终成为坚强的领导核心。

（二）领会精神实质，准确把握执政党建设的基本经验和新形势下党的建设的主要任务。十七届四中全会《决定》深入分析党的建设面临的新形势新任务，认真总结我们党作为马克思主义执政党加强自身建设的基本经验，明确提出加强和改进党的建设的总体要求、目标任务、重要举措，对加强和改进新形势下党的建设作出战略部署。《决定》紧密结合新中国成立以来党的建设成功实践，总结了执政党建设的六条基本经验，即：坚持把思想理论建设放在首位，提高全党马克思主义水平；坚持把推进党的建设伟大工程同推进党领导的伟大事业紧密结合起来，保证党始终成为社会主义事业的坚强领导核心；坚持以执政能力建设和先进性建设为主线，保证党始终走在时代前列；坚持立党为公、执政为民，保持党同人民群众的血肉联系；坚持改革创新，增强党的生机活力；坚持党要管党、从严治党，提高管党治党水平。这些基本经验来之不易，凝聚了一代又一代中国共产党人为新中国建设和改革开放事业付出的心血和汗水，凝聚了全党同志的智慧和力量，体现和深化了对共产党执政规律、社会主义建设规律、人类社会发展规律的认识，丰富和发展了马克思主义关于执政党建设的理论，是加强和改进新形势下党的建设必须遵循的重要指导原则。《决定》从新形势下党的建设的实际出发，提出了建设马克思主义学习型政党、坚持和健全民主集中制、深化干部人事制度改革、做好抓基层打基础工作、弘扬党的优良作风、加快推进惩治和预防腐败体系建设等重大任务。这些重大部署，具有很强的针对性和指导性，为加强和改进新形势下党的建设指明了方向。我们一定要全面领会四中全会《决定》精神实质，认真理解执政党建设的基本经验，准确把握党中央对加强和改进新形势下党的建设提出的新部署、新要求，以更加坚决的态度、更加有力的措施，深入扎实地推进党的建设新的伟大工程。

（三）认真履行职责，切实保证十七届四中全会精神的贯彻落实。深入学习和贯彻落实四中全会精神是当前和今后一个时期全党的一项重大政治任务。全国纪检监察系统要迅速掀起学习、宣传、贯彻四中全会精神的热潮，集中时间、集中精力，组织广大纪检监察干部认真学习四中全会文件，紧密结合纪检监察工作实际，在武装头脑、指导实践、推动工作上下功夫，把思想统一到全会精神上来，把力量凝聚到实现全会确定的各项任务上来。各级纪委要在党委的领导下，切实增强政治责任感，认真履行党章赋予的职责，推动四中全会重大部署和各项任务的贯彻落实。要按照建设马克思主义学习型政党的要求，加强党性、党风、党纪教育和反腐倡廉教育；按照坚持和健全民主集中制的要求，加强党内民主建设，保障党员民主权利；按照深化干部人事制度改革的要求，匡正选人用人风气，坚决整治跑官要官、买官卖官、拉票贿选等问题；按照做好抓基层打基础工作的要求，扎实推进基层党风廉政建设；按照弘扬党的优良作风的要求，协助党委抓好党的作风建设；按照加快推进惩治和预防腐败体系建设的要求，在坚决惩治腐败的同时加大教育、监督、改革、制度创新力度，更有效地预防腐败。要按照党建工作责任制的要求，积极协助党委根据四中全会部署制定具体措施，促进四中全会各项任务的落实。要加强对四中全会精神贯彻落实情况的监督检查，督促有关部门切实抓好职责范围内的党建工作。要把开展党的纪律教育同学习贯彻四中全会精神结合起来，教育引导广大党员干部进一步增强政治意识和纪律观念，为加强和改进新形势下党的建设积极献策、努力工作。总之，要认真履行党章赋予的职责，加强监督检查，严明党的纪律，保证和促进四中全会精神的全面贯彻落实。

二、以党的十七届四中全会精神为指导，深入推进党风廉政建设和反腐败工作

胡锦涛同志在十七届四中全会上的重要讲话中指出，坚决反对腐败，防止党在长期执政条件下腐化变质，是党必须始终抓好的重大政治任务。我们党执政六十年特别是改革开放三十年来，始终旗帜鲜明地反对腐败，坚定不移地推进党风廉政建设和反腐败斗争，

根据党在不同历史时期的中心任务，作出了一系列反腐倡廉的重大决策和部署，走出了一条中国特色反腐倡廉道路，反腐倡廉建设取得明显成效，探索和积累了许多宝贵经验，为加强和改进党的建设发挥了重要作用，为改革发展稳定提供了坚强保证。通过广泛开展理想信念教育、思想道德教育、党风党纪教育和领导干部廉洁从政教育，增强广大党员干部拒腐防变意识和抵御风险能力；通过完善党内法规，健全规章制度，推进党的建设制度化、规范化；通过建立、健全权力运行制约和监督机制，加强对领导干部特别是主要领导干部的监督，保证人民赋予的权力始终用来为人民谋利益；通过严肃查办违纪违法案件，清除不合格党员，纯洁党的组织，保持党的先进性和纯洁性；通过坚决纠正损害群众利益的不正之风，认真解决人民群众反映强烈的问题，切实维护人民群众的根本利益；通过不断推进理念思路、方式方法、体制机制创新，使党风廉政建设和反腐败工作体现时代性、把握规律性、富于创造性。实践证明，我们党对反腐败斗争的认识是十分清醒的，惩治腐败的态度是非常坚决的，作出的重大决策和战略部署是完全正确的。当前，党风廉政建设和反腐败斗争方向更加明确、思路更加清晰、措施更加有力，总体呈现良好发展态势。我们党有信心、有能力解决腐败问题，永葆党的先进性和纯洁性。

党的事业愈发展，党的建设愈深入，党风廉政建设和反腐败工作就愈要抓得紧而又紧。当前，一些领导干部特别是高级干部中发生的腐败案件影响恶劣，一些领域腐败现象易发多发，损害群众利益的问题仍然比较突出，反腐倡廉形势依然严峻、任务依然艰巨。各级纪检监察机关要高举中国特色社会主义伟大旗帜，以邓小平理论和“三个代表”重要思想为指导，深入贯彻落实科学发展观，全面贯彻十七届四中全会关于加强党风廉政建设和反腐败斗争的一系列部署和要求，坚持标本兼治、综合治理、惩防并举、注重预防的方针，认真落实《建立、健全惩治和预防腐败体系2008—2012年工作规划》，严格执行党风廉政建设责任制，坚决查处一批大案要案，严肃纠正一批损害群众利益的不正之风，认真解决一批涉及领导干部廉洁自律的突出问题，抓紧制定一批反腐倡廉法规制度，扎实推进一批改革措施，坚持不懈地把党风廉政建设和反腐败工作引向深入，为继续推进党的建设新的伟大工程、继续推动党和国家事业向前发展提供有力保证。

（一）围绕中心、服务大局，切实加强对中央重大决策部署贯彻执行情况的监督检查。纪检监察工作作为党和国家工作的重要组成部分，必须坚持党的基本路线，围绕中心、服务大局，为深化改革、促进发展、维护稳定服务。各级纪检监察机关要按照十七届四中全会《决定》提出的健全对中央重大决策部署执行情况定期检查和专项督查制度的要求，认真履行职责，加强监督检查。要加强对贯彻落实科学发展观情况的监督检查，确保中央关于结构调整、自主创新、关注民生、资源节约、环境保护、节约用地等政策的贯彻落实，更好地服务、保障和促进科学发展；按照四中全会《决定》提出的建立、健全落实科学发展观纪律保障机制的要求，明确工作职责，制定相关制度，严格纪律要求，切实解决影响和制约科学发展观贯彻落实的突出问题，切实解决群众反映强烈的突出问题，切实解决党员干部党性党风党纪方面违背科学发展观要求的突出问题。要加强对中央扩大内需促进经济增长政策落实情况的监督检查，落实责任、及时跟进，实行监督关口前移，确保中央一揽子计划和政策措施取得明显成效。要加强对中央关于维护社会稳定各项决策部署贯彻落实情况的监督检查，积极协助党委、政府和有关部门做好工作，完善矛盾纠纷排查化解机制，引导群众依法表达合理诉求，维护社会和谐稳定。要严格执行《关于实行党政领导干部问责的暂行规定》，坚持问责原则，严格责任追究，切实增强各级领导干部的责任意识。

（二）立场坚定、旗帜鲜明，坚决维护党的政治纪律。十七届四中全会《决定》强调，全党同志必须时刻把党和人民放在心中最高位置，坚持党员个人服从党的组织、少数服从多数、下级组织服从上级组织、全党各个组织和全体党员服从党的全国代表大会和中央委员会，其中最重要的是坚持全党服从中央；坚持把发挥地方积极性同维护中央权威结合起来，把局部利益同全局利益统一起来，保证中央政令畅通。要深刻认识新形势下严明党的政治纪律的极端重要性，越是深化改革、扩大开放，越是发展社会主义市场经济，越是长期执政，越要严格执行党的政治纪律，坚决维护党的集中统一。要深入开展党的政治纪律教育，引导党员干部坚定政治立场，不断提高政治敏锐性和政治鉴别力，坚定中国特色社会主义信念，增强政治意识、政权意识、责任意识、忧患意识，自觉做到坚持党的基本路线不动摇，在重大问题上立场坚定、旗帜鲜明，在关键时刻和重大事件中经得起考验，坚决同以胡锦涛同志为总书记的党中央保持高度一致。当前，特别要认真学习胡锦涛总书记的重要讲话，严格执行中央关于处置去年3月14日拉萨等地和今年7月5日乌鲁木齐发生的打砸抢烧严重暴力犯罪事件的决策部署，充分认识达赖集团和“三股势力”的分裂本质，坚决反对分裂破坏活动，坚决抵制破坏民族团结、挑拨民族关系、制造民族矛盾的言论和行为，在反对分裂、维护祖国统一这个大是大非面前，始终做到头脑清醒、斗争坚决。必须严肃党的政治纪律，坚决防止和纠正散布违背党的理论和路线方针政策的意见、公开发表同中央的决定相违背的言论、泄露党和国家的秘密、传播政治谣言等行为。要加大执行政治纪律的力度，严肃查处违反政治纪律的行为，区别不同情况，对情节较轻的，要予以批评教育或组织处理；对造成严重后果的，要依纪依法严肃处理。

（三）心系群众、服务人民，切实加强和改进党的作风建设。执政党的党风，关系党的形象，关系党和人民事业成败。各级纪委要按照十七届四中全会要求，切实履行协助党委抓党风职责，以思想教育、完善制度、集中整顿、严肃纪律为抓手，下大气力解决突出问题，以优良党风促政风带民风，形成凝聚党心民心的强大力量。要大力弘扬理论联系实际的学风，引导党员干部把学习理论同研究解决人民群众最关心最直接最现实的利益问题、本地区本部门本单位改革发展稳定和党的建设的重大问题、本人在思想和工作中存在的突出问题等结合起来，增强学习的针对性和工作的有效性。要大兴密切联系群众之风，加强对服务群众、联系群众制度和维护群众权益机制建设及执行情况的监督检查，加强和改进信访工作，切实办好顺民意、解民忧、惠民生的实事，认真解决群众反映强烈的教育医疗、环境保护、安全生产、食品药品安全、企业改制、征地拆迁、涉农利益、涉法涉诉等方面的突出问题，切实维护群众权益。要大兴求真务实之风，督促党员干部真正把心思用到干事业上，把功夫下到察实情、出实招、办实事上，坚决制止搞劳民伤财的“形象工程”和沽名钓誉的“政绩工程”，努力在推动科学发展、促进社会和谐等方面不断取得实效；对作风漂浮、敷衍塞责引发重大事件或造成重大损失的，对弄虚作假、虚报浮夸的，必须严肃追究责任。要大兴艰苦奋斗之风，督促各级领导干部牢记“两个务必”，严格执行财经制度和经济工作纪律，严肃查处奢侈浪费、挥霍公款的行为。要大兴批评和自我批评之风，督促各级领导班子带头开好民主生活会，开展严肃认真的批评和自我批评，增强党内生活原则性和实效性，坚决反对上下级和干部之间逢迎讨好、相互吹捧，坚决反对党内生活庸俗化；领导干部特别是主要领导干部要坚持原则、敢抓敢管，勇于揭露和纠正缺点错误，及时提出改进工作的要求和建议，反对和克服好人主义；保护坚持党性原则的党员，不准压制批评，严禁打击报复。要加大对党政机关和领导干部作风方面突出问题的整顿力度，把作风建设情况纳入党风廉政建设责任制考核范围，定期开展专项检查，把考核结果作为选拔任用干部的重要依据。要加强思想道德建设，培养健康生活情趣，对党员干部社会交往、休闲娱乐、生活作风方面的不良现象要及时提醒、批评、制止。要把加强党性修养作为优良作风养成的重要基础和动力，教育引导全体党员加强学习、加强实践、加强党内生活锻炼，增强党员意识、党性观念，继承发扬党的优良传统和作风。要根据基层党组织建设的新发展新变化，大力加强农村基层、国有企业、高等学校、公用事业单位、非公有制经济组织和新社会组织、城市社区党风廉政建设，实现基层党风廉政建设全方位、全覆盖，不断夯实党的执政基础。

（四）惩防并举、注重预防，加快推进惩治和预防腐败体系建设。建立、健全惩治和预防腐败体系，是深入贯彻落实科学发展观的重要内容，是深入推进党风廉政建设和反腐败斗争的重点任务。我们一定要按照十七届四中全会《决定》要求，进一步加大领导干部廉洁自律、查办违纪违法案件、健全权力运行制约和监督机制、推进反腐倡廉制度创新工作力度，加快推进惩治和预防腐败体系建设，确保取得明显成效。要按照建立、健全防止利益冲突制度的要求，认真解决涉及领导干部廉洁自律的突出问题。这里特别强调的是，要按照四中全会提出的要求，依纪依法查处和整治领导干部利用职务便利为本人或特定关系人谋取不正当利益等问题；在认真贯彻落实好《关于党员领导干部报告个人有关事项的规定》的基础上，把住房、投资、配偶子女从业等情况列入报告内容；加强对配偶子女均已移居国（境）外的公职人员管理。要按照胡锦涛同志提出的要求，教育党员领导干部牢固树立马克思主义的世界观、人生观、价值观和正确的权力观、地位观、利益观，做到拒腐蚀、永不沾，经受住权力、金钱、美色这“三关”的考验。切实加大查办违纪违法案件工作力度，严肃查办发生在领导机关和领导干部中滥用职权、贪污贿赂、腐化堕落、失职渎职案件，严肃查办商业贿赂案件和严重侵害群众利益案件，严肃查办群体性事件和重大责任事故背后的腐败案件，保持惩治腐败高压态势，坚决遏制一些领域腐败现象易发多发势头，决不让任何腐败分子逃脱党纪国法惩处。认真贯彻《中国共产党党内监督条例（试行）》，严格执行《中国共产党巡视工作条例（试行）》，切实加强对领导班子和主要领导干部的监督，建立、健全决策权、执行权、监督权既相互制约又相互协调的权力结构和运行机制，推进权力运行程序化和公开透明。严格执行和不断完善领导干部述职述廉、诫勉谈话、函询、质询、罢免或撤换等制度。坚持党内监督与党外监督、专门机关监督与群众监督相结合，发挥好舆论监督作用，增强监督合力。按照四中全会《决定》提出的积极发展党内民主的要求，以保障党员民主权利为根本，深入推进党务公开，健全党内情况通报制度，及时公布党内信息，畅通党内信息上下互通渠道。完善党政主要领导干部和国有企业领导人员经济责任审计，加强对财政资金和重大投资项目审计。坚持用制度管权、管事、管人,深化重要领域和关键环节改革,最大限度减少体制障碍和制度漏洞,完善防治腐败体制机制,提高反腐倡廉制度化、法制化水平。积极推进廉政风险防范机制建设,善于运用现代科技手段惩治和预防腐败,加强对行政权力运行的全过程、全方位监控。按照中央统一部署,彻底清理"小金库",抓好工程建设领域突出问题专项治理工作。

(五)解放思想、与时俱进,以改革创新精神推进纪检监察工作。贯彻落实十七届四中全会精神,深入推进党风廉政建设和反腐败工作,有许多新情况需要研究、新问题需要解决、新领域需要探索。对《决定》已有明确规定的,要制订实施方案和配套细则;对《决定》已提出指导性要求的,要列出专题,紧密结合纪检监察工作实际,在调查研究的基础上,提出可行性意见。要积极适应形势和任务的发展变化,坚持从实际出发,不断推进纪检监察工作理念思路创新、方式方法创新和体制机制创新,提高反腐倡廉科学化水平,增强工作的前瞻性、针对性和实效性。要大力推进纪检监察工作理念思路创新,坚持以发展着的马克思主义为指导,按照中国特色社会主义理论体系的要求,用辩证的、全面的、发展的观点分析形势,准确把握反腐倡廉建设的新任务、新部署、新要求,围绕解决纪检监察工作中的一些突出问题,不断作出新的理论概括,提出新的工作思路,提高纪检监察工作的整体水平。要大力推进纪检监察工作方式方法创新,既要坚持和发展多年来纪检监察机关探索形成的行之有效的办法和措施,又要加强对新任务、新措施、新课题的调查研究,把握特点规律,坚持超前谋划、统筹安排,牢牢掌握工作主动权。要大力推进纪检监察工作体制机制创新,坚持和完善反腐败领导体制和工作机制,不断完善组织协调机制,加强各地区各部门纪检监察机关之间的协调配合,加强纪检监察机关与审判、检察、公安、审计等执纪执法机关以及组织人事部门之间的协调配合,创新工作机制,增强工作合力。总之,要坚持解放思想、实事求是、与时俱进,从纪检监察工作实际出发,努力营造支持改革、鼓励创新、勇于探索的良好氛围。

三、按照党的十七届四中全会要求,进一步加强纪检监察机关自身建设

党的十七届四中全会作出加强和改进新形势下党的建设的战略部署,对进一步加强纪检监察机关自身建设提出了新的更高要求。党的十七大以来,各级纪检监察机关扎实开展深入学习实践科学发展观活动,以开展"做党的忠诚卫士、当群众的贴心人"主题实践活动为载体,教育和引导广大纪检监察干部努力做到对党和国家无限忠诚、对腐败分子和消极腐败现象坚决斗争、对广大干部和群众关心爱护、对自己和亲属严格要求,在队伍自身建设方面取得了重要进展和明显成效。实践证明,我们这支队伍是一支党和人民完全可以信赖的队伍,这些年来涌现出的王瑛、姜瑞峰、李彬同志等一大批先进典型就是其中的优秀代表。但也要看到,与四中全会提出的新任务新要求相比,我们还存在一些不适应不符合的问题。特别是随着社会主义市场经济的发展和反腐败斗争的深入,纪检监察干部面临诱惑与抗诱惑、腐蚀与反腐蚀的严峻考验。近年来,极个别纪检监察领导干部严重违纪违法,损害了纪检监察机关的良好形象,教训十分深刻。各级纪检监察机关一定要深刻领会四中全会精神,充分认识加强自身建设的重要性,把它作为一项基础工程切实抓紧抓好,努力建设一支政治坚强、公正廉洁、纪律严明、业务精通、作风优良的纪检监察干部队伍。

(一)加强学习型机关建设,努力提高纪检监察干部的政治素质和业务能力。四中全会《决定》提出要建设马克思主义学习型政党,用中国特色社会主义理论体系武装全党。各级纪检监察机关要加强学习,加大教育培训力度,努力提高纪检监察干部的政治素质和业务能力。要把思想理论建设放在首位,深入学习马克思列宁主义、毛泽东思想、邓小平理论、"三个代表"重要思想以及科学发展观,牢固树立辩证唯物主义和历史唯物主义世界观和方法论,系统掌握中国特色社会主义理论体系。要深刻理解科学发展观的科学内涵和精神实质,全面把握科学发展观对党风廉政建设和反腐败工作提出的新要求,进一步用科学发展观所体现的马克思主义立场、观点、方法谋划和推进纪检监察工作。要深入钻研业务,广泛学习历史、哲学、经济、法律、社会管理以及科学技术等各方面知识,不断增加知识储备,提高业务水平。要坚持理论联系实际,着力提高运用所掌握的理论知识解决实际问题的本领。切实增强促进科学发展的能力,不断探索和拓宽促进科学发展的有效途径,努力为贯彻落实科学发展观提供坚强的纪律保证。切实增强维护社会稳定的能力,积极协助党委、政府防范和应对各种可能出现的风险和挑战,及时化解矛盾纠纷,妥善处理群体性事件,维护群众切身利益,促进社会和谐稳定。切实增强有效防治腐败的能力,既要坚决惩治腐败,震慑腐败分子,又要努力把握预防腐败工作的特点和规律,积极探索有效预防腐败的办法和措施。

(二)加强纪检监察机关领导班子和干部队伍建设,为深入推进反腐倡廉建设提供坚强的组织保证。深入贯彻落实十七届四中全会关于加强和改进新形势下党的建设的各项部署,不断推进党风廉政建设和反

腐败工作,必须进一步加强纪检监察机关领导班子和干部队伍建设。要选好配强纪检监察机关领导班子,真正把那些党性好、作风正、能力强、威信高的干部选入领导班子,进一步优化领导班子年龄、知识和专业结构,提高领导班子整体素质。要认真贯彻执行民主集中制,进一步完善领导班子工作机制、议事规则和决策程序,充分发扬民主,着力提高领导班子和领导干部的执行能力和创造性工作能力。要加大纪检监察机关领导干部交流力度,使领导干部在多种环境和岗位得到锻炼和提高,增强领导班子的生机与活力。要深化纪检监察干部人事制度改革,扩大干部公开选拔和竞争上岗范围,注重选拔有基层工作经验的干部,切实把德才兼备的优秀干部充实到领导岗位上来。要严格把好"进人关",选调和录用一批熟悉经济、法律、审计等业务的干部,改善纪检监察干部队伍结构。要认真贯彻落实《关于加强地方县级纪检监察机关建设的若干意见》,切实加强地方和基层纪检监察机关建设。要关心爱护纪检监察干部,努力解决他们工作和生活中的实际困难,积极为他们的成长进步创造条件。

(三)加强管理和监督,树立纪检监察干部可亲、可信、可敬的良好形象。坚强的党性、良好的作风和严明的纪律,是纪检监察干部正确履行职责的重要保证。我们一定要按照十七届四中全会要求,从严管干部、从严带队伍,切实加强对纪检监察干部的管理和监督。各级纪检监察领导干部特别是主要负责人要发挥表率作用,带头加强党性修养,模范学习践行社会主义核心价值体系;带头发扬民主,严格执行民主集中制;带头廉洁自律,严格要求配偶、子女和身边工作人员。对纪检监察干部要严格要求、严格教育、严格管理、严格监督,强化政治纪律、办案纪律和保密纪律,加强内部管理,完善监督约束机制,督促纪检监察干部秉公用权、严格自律,筑牢思想道德和党纪国法两道防线,自觉维护纪检监察机关的良好形象。广大纪检监察干部要不断加强党性锻炼和作风养成,树立监督者更要接受监督的意识,严格遵守党的纪律和国家法律,自觉坚持党委的统一领导,主动接受党组织、党员干部和人民群众的监督,接受社会和新闻舆论的监督。上级纪检监察机关要加强对下级纪检监察机关领导班子的考察和考核,上级党委巡视组要注意加强对下级纪委领导班子的巡视和监督。完善纪检监察机关派驻机构统一管理,规范未派驻部门和单位纪检监察机构建设。要强化纪律约束,发现苗头性倾向性问题要早打招呼早提醒,对不适合从事纪检监察工作的要坚决调离;对违纪违法的干部,不管是谁都要一查到底、严肃处理。各级党委、政府要按照中央的要求,自觉承担推进反腐倡廉建设的政治责任和领导责任,认真贯彻落实党风廉政建设责任制,切实加强对党风廉政建设和反腐败工作的领导,高度重视和关心纪检监察机关建设,支持纪检监察机关履行职责、开展工作。

加强和改进新形势下党的建设是全党的一项重大政治任务,纪检监察系统责任重大、使命光荣。让我们更加紧密地团结在以胡锦涛同志为总书记的党中央周围,高举中国特色社会主义伟大旗帜,以邓小平理论和"三个代表"重要思想为指导,深入贯彻落实科学发展观,进一步统一思想、坚定信心,开拓创新、真抓实干,以党风廉政建设和反腐败斗争的新成效,保证党的十七届四中全会精神的贯彻落实。

《人民日报》发表社论《永远不辜负人民的信任和期望》

在全国各族人民喜迎新中国60华诞的金秋时节,中国共产党第十七届中央委员会第四次全体会议胜利闭幕。

这次全会,是在国际形势继续发生深刻变化,我国处在进一步发展的重要战略机遇期召开的一次重要会议。全会听取和讨论了胡锦涛同志受中央政治局委托作的工作报告,审议通过了《中共中央关于加强和改进新形势下党的建设若干重大问题的决定》。党的十七届四中全会的召开,对于全面贯彻党的十七大精神,以邓小平理论和"三个代表"重要思想为指导,深入贯彻落实科学发展观,有效应对国际金融危机冲击、保持经济平稳较快发展,夺取全面建设小康社会新胜利、开创中国特色社会主义事业新局面,具有重大而深远的意义。

全会充分肯定党的十七届三中全会以来中央政治局的工作,高度评价以胡锦涛同志为总书记的党中央团结带领全党全军全国各族人民着力保增长、保民生、保稳定,推进社会主义经济建设、政治建设、文化建设、社会建设以及生态文明建设,推进党的建设新的伟大工程,所取得的新进展新成就。面对国际金融危机蔓延深化和国内改革发展稳定的艰巨繁重任务,近一年来我们党在应对重大挑战、完成重大任务的实践中经受住了考验,积累了驾驭党和国家工作大局的实践经验,进一步凝聚了全国各族人民的智慧和力量,赢得了全国各族人民支持和拥护。

这次全会研究了加强和改进新形势下党的建设问题。在新中国成立60周年之际,认真总结党执政以来加强自身建设的宝贵经验,深入分析党的建设面临的新情况新问题,进一步研究部署以改革创新精神推进党的建设新的伟大工程,是在新的历史起点上推进党领导的伟大事业的迫切需要,是在新的时代条件下永葆党的生机活力的必然要求,反映了全党同志的愿望和心声。全会通过的《决定》，符合党和人民事业发展要求，符合新形势下党的建设的需要，体现了党的建设理论创新、实践创新、制度创新、工作创新的丰富成果，体现了全党加强自身建设的共同意志。《决定》着眼于推动党的十七大关于党的建设总体部署的贯彻落实，重点研究解决当前党的建设中带有战略性、根本性、紧迫性的重大理论和实际问题，具有很强的思想性、指导性、针对性，是指导当前和今后一个时期党的建设的纲领性文件。

党的建设是党领导的伟大事业不断取得胜利的重要法宝。在党和人民事业发展的重要关头，我们党总是紧紧抓住党的建设这个关键，确保党始终与时代发展同步伐、与人民群众共命运，更好团结带领全国各族人民战胜各种艰难险阻，不断夺取新的胜利。历史和现实深刻表明，办好中国的事情，关键在党。党要适应新形势新任务的要求，实现全党全国人民共同的奋斗目标，经受住执政考验、改革开放考验、市场经济考验、外部环境考验，成为全国人民的主心骨和中国特色社会主义事业的坚强领导核心，必须进一步加强和改进自身建设。

一个执政党能不能科学总结实践经验，善不善于坚持和发展这些经验，关系这个执政党的生命力和创造力。《决定》概括了我们党作为马克思主义执政党在长期执政实践中探索形成的基本经验。这些基本经验，体现和深化了对共产党执政规律、社会主义建设规律、人类社会发展规律的认识，是加强和改进新形势下党的建设的重要指导原则。这些基本经验，我们必须倍加珍惜，长期坚持，并在实践中不断丰富发展。

这次全会通过的《决定》，充分发扬党内民主，是全党和各方面智慧的结晶。贯彻落实《决定》，加强和改进新形势下党的建设，是全党的重大政治责任。党的各级组织、全体党员特别是党员领导干部要认真学习《决定》精神，坚持党要管党、从严治党，深入落实党建工作责任制，按照《决定》作出的全面推进思想建设、组织建设、作风建设、制度建设和反腐倡廉建设的各项部署和要求，扎扎实实抓好贯彻落实，切实提升党的建设科学化水平，进一步提高党的执政能力、保持和发展党的先进性。

人民的信任和期望，永远是党开拓奋进的动力。我们党成立88年、执政60年、领导改革开放30年来，始终为带领中国人民创造幸福生活、实现中华民族伟大复兴而不懈奋斗。今天，我们伟大祖国已经发生历史性变化，综合国力大幅跃升，人民生活明显改善，国际地位显著提高，中华民族巍然屹立于世界民族之林。我们正在新的历史起点上向前迈进，党在推进改革开放和社会主义现代化建设中肩负任务的艰巨性、复杂性、繁重性世所罕见，落实党要管党、从严治党的任务比过去任何时候也都更为繁重和紧迫。全党必须居安思危，增强忧患意识，常怀忧党之心，恪尽兴党之责，勇于变革、勇于创新，永不僵化、永不停滞，继续推进党的建设新的伟大工程，确保党始终走在时代前列引领中国发展进步，永远不辜负人民的信任和期望。

让我们紧密团结在以胡锦涛同志为总书记的党中央周围，高举中国特色社会主义伟大旗帜，全面贯彻党的十七大精神，为绘就祖国繁荣富强新画卷、谱写人民美好生活新篇章而共同奋斗。

“辉煌60年——中华人民共和国成立60周年成就展”在北京展览馆开幕

展览系统展示了新中国成立60年来特别是改革开放以来中国共产党领导全国各族人民不懈探索中国特色社会主义道路的伟大历程；系统展示了新中国成立60年来特别是改革开放以来经济建设、政治建设、文化建设、社会建设和党的建设取得的巨大成就；展望2020年全面建成小康社会和到本世纪中叶基本实现现代化的美好前景。

成就展在展览布局上分为序展、综合展、专题展和展望4个部分。序展分为导言和伟大的历程两个单元；综合展分为经济建设、政治建设、文化建设、社会建设和党的建设5个单元；专题展分为农业、工业、基础设施、科教、文化、人口健康社保、对外开放、资源环境、少数民族、国防、一国两制和外交12个单元。

首都各民族人士庆祝中华人民共和国成立60周年座谈会在人民大会堂召开

国务院副总理回良玉出席座谈会并讲话。

座谈会由统战部、全国人大民委、国家民委、全国政协民宗委、北京市人民政府联合举办，全国政协副主席、统战部部长杜青林主持。铁木尔·达瓦买提、马启智、江家福、拉巴平措、郝时远、赵书等在会上发言。出席会议的还有乌云其木格、司马义·铁力瓦尔地、阿不来提·阿不都热西提、李兆焯、布赫、热地、赵南起，在京的老民族工作者代表，宗教界、教育科技界、文化艺术界等方面的少数民族代表，以及中央和国家有关部门、北京市的负责同志。

全国政协副主席 中央统战部部长杜青林受中央委托向各民主党派中央全国工商联领导人和无党派人士通报中共十七届四中全会精神

国务院发布《关于进一步促进中小企业发展的若干意见》

各省、自治区、直辖市人民政府,国务院各部委、各直属机构:

中小企业是我国国民经济和社会发展的重要力量,促进中小企业发展,是保持国民经济平稳较快发展的重要基础,是关系民生和社会稳定的重大战略任务。受国际金融危机冲击,去年下半年以来,我国中小企业生产经营困难。中央及时出台相关政策措施,加大财税、信贷等扶持力度,改善中小企业经营环境,中小企业生产经营出现了积极变化,但发展形势依然严峻。主要表现在:融资难、担保难问题依然突出,部分扶持政策尚未落实到位,企业负担重,市场需求不足,产能过剩,经济效益大幅下降,亏损加大等。必须采取更加积极有效的政策措施,帮助中小企业克服困难,转变发展方式,实现又好又快发展。现就进一步促进中小企业发展提出以下意见:

一、进一步营造有利于中小企业发展的良好环境

(一)完善中小企业政策法律体系。落实扶持中小企业发展的政策措施,清理不利于中小企业发展的法律、法规和规章制度。深化垄断行业改革,扩大市场准入范围,降低准入门槛,进一步营造公开、公平的市场环境。加快制定融资性担保管理办法,修订《贷款通则》,修订中小企业划型标准,明确对小型企业的扶持政策。

(二)完善政府采购支持中小企业的有关制度。制定政府采购扶持中小企业发展的具体办法,提高采购中小企业货物、工程和服务的比例。进一步提高政府采购信息发布透明度,完善政府公共服务外包制度,为中小企业创造更多的参与机会。

(三)加强对中小企业的权益保护。组织开展对中小企业相关法律和政策特别是金融、财税政策贯彻落实情况的监督检查,发挥新闻舆论和社会监督的作用,加强政策效果评价。坚持依法行政,保护中小企业及其职工的合法权益。

(四)构建和谐劳动关系。采取切实有效措施,加大对劳动密集型中小企业的支持,鼓励中小企业不裁员、少裁员,稳定和增加就业岗位。对中小企业吸纳困难人员就业、签订劳动合同并缴纳社会保险费的,在相应期限内给予基本养老保险补贴、基本医疗保险补贴、失业保险补贴。对受金融危机影响较大的困难中小企业,将阶段性缓缴社会保险费或降低费率政策执行期延长至2010年年底,并按规定给予一定期限的社会保险补贴或岗位补贴、在岗培训补贴等。中小企业可与职工就工资、工时、劳动定额进行协商,符合条件的,可向当地人力资源社会保障部门申请实行综合计算工时和不定时工作制。

二、切实缓解中小企业融资困难

(五)全面落实支持小企业发展的金融政策。完善小企业信贷考核体系,提高小企业贷款呆账核销效率,建立完善信贷人员尽职免责机制。鼓励建立小企业贷款风险补偿基金,对金融机构发放小企业贷款按增量给予适度补助,对小企业不良贷款损失给予适度风险补偿。

(六)加强和改善对中小企业的金融服务。国有商业银行和股份制银行都要建立小企业金融服务专营机构,完善中小企业授信业务制度,逐步提高中小企业中长期贷款的规模和比重。提高贷款审批效率,创新金融产品和服务方式。完善财产抵押制度和贷款抵押物认定办法,采取动产、应收账款、仓单、股权和知识产权质押等方式,缓解中小企业贷款抵质押不足的矛盾。对商业银行开展中小企业信贷业务实行差异化的监管政策。建立和完善中小企业金融服务体系。加快研究鼓励民间资本参与发起设立村镇银行、贷款公司等股份制金融机构的办法;积极支持民间资本以投资入股的方式,参与农村信用社改制为农村商业(合作)银行、城市信用社改制为城市商业银行以及城市商业银行的增资扩股。支持、规范发展小额贷款公司,鼓励有条件的小额贷款公司转为村镇银行。

(七)进一步拓宽中小企业融资渠道。加快创业板市场建设,完善中小企业上市育成机制,扩大中小企业上市规模,增加直接融资。完善创业投资和融资租赁政策,大力发展创业投资和融资租赁企业。鼓励有关部门和地方政府设立创业投资引导基金,引导社会资金设立主要支持中小企业的创业投资企业,积极发展股权投资基金。发挥融资租赁、典当、信托等融资方式在中小企业融资中的作用。稳步扩大中小企业集合债券和短期融资券的发行规模,积极培育和规范发展产权交易市场,为中小企业产权和股权交易提供服务。

(八)完善中小企业信用担保体系。设立包括中央、地方财政出资和企业联合组建的多层次中小企业融资担保基金和担保机构。各级财政要加大支持力度,综合运用资本注入、风险补偿和奖励补助等多种方式,提高担保机构对中小企业的融资担保能力。落实好对符合条件的中小企业信用担保机构免征营业税、准备金提取和代偿损失税前扣除的政策。国土资源、住房城乡建设、金融、工商等部门要为中小企业和担保机构开展抵押物与出质的登记、确权、转让等提供优质服务。加强对融资性担保机构的监管,引导其规范发展。鼓励保险机构积极开发为中小企业服务的保险产品。

(九)发挥信用信息服务在中小企业融资中的作用。推进中小企业信用制度建设,建立和完善中小企

业信用信息征集机制和评价体系，提高中小企业的融资信用等级。完善个人和企业征信系统，为中小企业融资提供方便快速的查询服务。构建守信受益、失信惩戒的信用约束机制，增强中小企业信用意识。

三、加大对中小企业的财税扶持力度

（十）加大财政资金支持力度。逐步扩大中央财政预算扶持中小企业发展的专项资金规模，重点支持中小企业技术创新、结构调整、节能减排、开拓市场、扩大就业，以及改善对中小企业的公共服务。加快设立国家中小企业发展基金，发挥财政资金的引导作用，带动社会资金支持中小企业发展。地方财政也要加大对中小企业的支持力度。

（十一）落实和完善税收优惠政策。国家运用税收政策促进中小企业发展，具体政策由财政部、税务总局会同有关部门研究制定。为有效应对国际金融危机，扶持中小企业发展，自2010年1月1日至12月31日，对年应纳税所得额低于3万元（含3万元）的小型微利企业，其所得减按50%计入应纳税所得额，按20%的税率缴纳企业所得税。中小企业投资国家鼓励类项目，除《国内投资项目不予免税的进口商品目录》所列商品外，所需的进口自用设备以及按照合同随设备进口的技术及配套件、备件，免征进口关税。中小企业缴纳城镇土地使用税确有困难的，可按有关规定向省级财税部门或省级人民政府提出减免税申请。中小企业因有特殊困难不能按期纳税的，可依法申请在三个月内延期缴纳。

（十二）进一步减轻中小企业社会负担。凡未按规定权限和程序批准的行政事业性收费项目与政府性基金项目，均一律取消。全面清理整顿涉及中小企业的收费，重点是行政许可和强制准入的中介服务收费、具有垄断性的经营服务收费，能免则免，能减则减，能缓则缓。严格执行收费项目公示制度，公开前置性审批项目、程序和收费标准，严禁地方和部门越权设立行政事业性收费项目，不得擅自将行政事业性收费转为经营服务性收费。进一步规范执收行为，全面实行中小企业缴费登记卡制度，设立各级政府中小企业负担举报电话。健全各级政府中小企业负担监督制度，严肃查处乱收费、乱罚款及各种摊派行为。任何部门和单位不得通过强制中小企业购买产品、接受指定服务等手段牟利。严格执行税收征收管理法律、法规，不得违规向中小企业提前征税或者摊派税款。

四、加快中小企业技术进步和结构调整

（十三）支持中小企业提高技术创新能力和产品质量。支持中小企业加大研发投入，开发先进适用的技术、工艺和设备，研制适销对路的新产品，提高产品质量。加强产学研联合和资源整合，加强知识产权保护，重点在轻工、纺织、电子等行业推进品牌建设，引导和支持中小企业创建自主品牌。支持中华老字号等传统优势中小企业申请商标注册，保护商标专用权，鼓励挖掘、保护、改造民间特色传统工艺，提升特色产业。

（十四）支持中小企业加快技术改造。按照重点产业调整和振兴规划要求，支持中小企业采用新技术、新工艺、新设备、新材料进行技术改造。中央预算内技术改造专项投资中，要安排中小企业技术改造资金，地方政府也要安排中小企业技术改造专项资金。中小企业的固定资产由于技术进步原因需加速折旧的，可按规定缩短折旧年限或者采取加速折旧的方法。

（十五）推进中小企业节能减排和清洁生产。促进重点节能减排技术和高效节能环保产品、设备在中小企业的推广应用。按照发展循环经济的要求，鼓励中小企业间资源循环利用。鼓励专业服务机构为中小企业提供合同能源管理、节能设备租赁等服务。充分发挥市场机制作用，综合运用金融、环保、土地、产业政策等手段，依法淘汰中小企业中的落后技术、工艺、设备和产品，防止落后产能异地转移。严格控制过剩产能和“两高一资”行业盲目发展。对纳入环境保护、节能节水企业所得税优惠目录的投资项目，按规定给予企业所得税优惠。

（十六）提高企业协作配套水平。鼓励中小企业与大型企业开展多种形式的经济技术合作，建立稳定的供应、生产、销售等协作关系。鼓励大型企业通过专业分工、服务外包、订单生产等方式，加强与中小企业的协作配套，积极向中小企业提供技术、人才、设备、资金支持，及时支付货款和服务费用。

（十七）引导中小企业集聚发展。按照布局合理、特色鲜明、用地集约、生态环保的原则，支持培育一批重点示范产业集群。加强产业集群环境建设，改善产业集聚条件，完善服务功能，壮大龙头骨干企业，延长产业链，提高专业化协作水平。鼓励东部地区先进的中小企业通过收购、兼并、重组、联营等多种形式，加强与中西部地区中小企业的合作，实现产业有序转移。

（十八）加快发展生产性服务业。鼓励支持中小企业在科技研发、工业设计、技术咨询、信息服务、现代物流等生产性服务业领域发展。积极促进中小企业在软件开发、服务外包、网络动漫、广告创意、电子商务等新兴领域拓展，扩大就业渠道，培育新的经济增长点。

五、支持中小企业开拓市场

（十九）支持引导中小企业积极开拓国内市场。支持符合条件的中小企业参与家电、农机、汽车摩托车下乡和家电、汽车“以旧换新”等业务。中小企业专项资金、技术改造资金等要重点支持销售渠道稳定、市场占有率高的中小企业。采取财政补助、降低展费标准等方式,支持中小企业参加各类展览展销活动。支持建立各类中小企业产品技术展示中心,办好中国国际中小企业博览会等展览展销活动。鼓励电信、网络运营企业以及新闻媒体积极发布市场信息,帮助中小企业宣传产品,开拓市场。

(二十)支持中小企业开拓国际市场。进一步落实出口退税等支持政策,研究完善稳定外需、促进外贸发展的相关政策措施,稳定和开拓国际市场。充分发挥中小企业国际市场开拓资金和出口信用保险的作用,加大优惠出口信贷对中小企业的支持力度。鼓励支持有条件的中小企业到境外开展并购等投资业务,收购技术和品牌,带动产品和服务出口。

(二十一)支持中小企业提高自身市场开拓能力。引导中小企业加强市场分析预测,把握市场机遇,增强质量、品牌和营销意识,改善售后服务,提高市场竞争力。提升和改造商贸流通业,推广连锁经营、特许经营等现代经营方式和新型业态,帮助和鼓励中小企业采用电子商务,降低市场开拓成本。支持餐饮、旅游、休闲、家政、物业、社区服务等行业拓展服务领域,创新服务方式,促进扩大消费。

六、努力改进对中小企业的服务

(二十二)加快推进中小企业服务体系建设。加强统筹规划,完善服务网络和服务设施,积极培育各级中小企业综合服务机构。通过资格认定、业务委托、奖励等方式,发挥工商联以及行业协会(商会)和综合服务机构的作用,引导和带动专业服务机构的发展。建立和完善财政补助机制,支持服务机构开展信息、培训、技术、创业、质量检验、企业管理等服务。

(二十三)加快中小企业公共服务基础设施建设。通过引导社会投资、财政资金支持等多种方式,重点支持在轻工、纺织、电子信息等领域建设一批产品研发、检验检测、技术推广等公共服务平台。支持小企业创业基地建设,改善创业和发展环境。鼓励高等院校、科研院所、企业技术中心开放科技资源,开展共性关键技术研究,提高服务中小企业的水平。完善中小企业信息服务网络,加快发展政策解读、技术推广、人才交流、业务培训和市场营销等重点信息服务。

(二十四)完善政府对中小企业的服务。深化行政审批制度改革,全面清理并进一步减少、合并行政审批事项,实现审批内容、标准和程序的公开化、规范化。投资、工商、税务、质检、环保等部门要简化程序、缩短时限、提高效率,为中小企业设立、生产经营等提供便捷服务。地方各级政府在制定和实施土地利用总体规划和年度计划时,要统筹考虑中小企业投资项目用地需求,合理安排用地指标。

七、提高中小企业经营管理水平

(二十五)引导和支持中小企业加强管理。支持培育中小企业管理咨询机构,开展管理咨询活动。引导中小企业加强基础管理,强化营销和风险管理,完善治理结构,推进管理创新,提高经营管理水平。督促中小企业苦练内功、降本增效,严格遵守安全、环保、质量、卫生、劳动保障等法律、法规,诚实守信经营,履行社会责任。

(二十六)大力开展对中小企业各类人员的培训。实施中小企业银河培训工程,加大财政支持力度,充分发挥行业协会(商会)、中小企业培训机构的作用,广泛采用网络技术等手段,开展政策法规、企业管理、市场营销、专业技能、客户服务等各类培训。高度重视对企业经营管理者的培训,在3年内选择100万家成长型中小企业,对其经营管理者实施全面培训。

(二十七)加快推进中小企业信息化。继续实施中小企业信息化推进工程,加快推进重点区域中小企业信息化试点,引导中小企业利用信息技术提高研发、管理、制造和服务水平,提高市场营销和售后服务能力。鼓励信息技术企业开发和搭建行业应用平台,为中小企业信息化提供软硬件工具、项目外包、工业设计等社会化服务。

八、加强对中小企业工作的领导

(二十八)加强指导协调。成立国务院促进中小企业发展工作领导小组,加强对中小企业工作的统筹规划、组织领导和政策协调,领导小组办公室设在工业和信息化部。各地可根据工作需要,建立相应的组织机构和工作机制。

(二十九)建立中小企业统计监测制度。统计部门要建立和完善对中小企业的分类统计、监测、分析和发布制度,加强对规模以下企业的统计分析工作。有关部门要及时向社会公开发布发展规划、产业政策、行业动态等信息,逐步建立中小企业市场监测、风险防范和预警机制。

促进中小企业健康发展既是一项长期战略任务,也是当前保增长、扩内需、调结构、促发展、惠民生的紧迫任务。各地区、各有关部门要进一步提高认识,统一思想,结合实际,尽快制定贯彻本意见的具体办法,并切实抓好落实。

国务院

2009年9月19日

上海地面交通工具风洞中心在同济大学正式落成

这是国内第一个"汽车风洞"。作为公共性汽车和轨道车辆技术平台,该风洞中心将为我国汽车和轨道车辆工业的自主研发提供重要的基础性服务。

由同济大学承建的这一总投资4.9亿元人民币的风洞中心项目，是上海市重大产业科技攻关项目。上海地面交通工具风洞中心包括国内首座汽车气动声学整车风洞、国内首座热环境整车风洞和一个集汽车造型、加工、设备维护、科研和管理于一体的多功能中心。它与上海嘉定国际汽车城先期建设完成的同济大学新能源汽车工程中心、上海汽车质量检测中心、汽车试验场共同组成国际一流、配套齐全的地面交通工具测试研究基地。

第五届全国特奥会的会徽和吉祥物在福州发布

第五届全国特奥会会徽以福州市市花——茉莉花与形象化的运动员为设计元素组合创意而成。动态的写意运动员形象顺时针组成一朵盛开的茉莉花造型，动感十足。

吉祥物以福州地区的传统名果——福桔为原型，通过卡通化的艺术处理，塑造出一个活泼可爱、动感十足的福乐娃的形象。吉祥物命名为“福乐娃”：福，取福建和福州的第一个字，也寓意幸福和福气；乐，寓意欢乐、快乐。

第五届全国特奥会于9月19日在福州举行。

9月20日

首都各界代表在全国政协礼堂庆祝中国人民政治协商会议成立60周年

中共中央总书记、国家主席、中央军委主席胡锦涛出席大会并发表重要讲话。

党和国家领导人吴邦国、温家宝、李长春、习近平、李克强、贺国强等出席大会。大会由全国政协主席贾庆林主持。

贾庆林在主持大会时说，胡锦涛总书记的重要讲话全面回顾了人民政协60年来与祖国和人民共同发展进步的光辉历程，高度评价了人民政协在我国社会主义革命和建设、社会主义改革进程中作出的重大贡献，科学总结了人民政协事业发展积累的宝贵经验，深刻阐述了人民政协在党和国家事业发展大局中的重要地位和作用，明确提出了新形势下开展人民政协工作的方针原则和工作要求。这对于我们在新形势下充分发挥人民政协的优势，把各方面智慧和力量凝聚到党和国家事业中来，更好团结动员各党派团体和各族各界人士为夺取全面建设小康社会新胜利、开创中国特色社会主义事业新局面而共同奋斗，具有十分重要的指导意义。我们要认真学习贯彻，把中国共产党领导的多党合作和政治协商制度进一步坚持好、完善好，把最广泛的爱国统一战线进一步巩固好、发展好，把人民政协的优势进一步运用好、发挥好，在中国特色社会主义道路上继续把人民政协事业推向前进，为坚持和发展中国特色社会主义、实现祖国完全统一、实现中华民族伟大复兴作出新的更大的贡献。

出席大会的还有：王刚、王兆国、王岐山、回良玉、刘淇、刘云山、刘延东、李源潮、张德江、何勇、令计划、王沪宁、路甬祥、乌云其木格、韩启德、华建敏、陈至立、周铁农、李建国、司马义·铁力瓦尔地、蒋树声、陈昌智、严隽琪、桑国卫、梁光烈、马凯、孟建柱、戴秉国、曹建明、杜青林、帕巴拉·格列朗杰、陈奎元、阿不来提·阿不都热西提、李兆焯、黄孟复、董建华、张梅颖、张榕明、钱运录、孙家正、李金华、郑万通、邓朴方、万钢、林文漪、厉无畏、罗富和、陈宗兴、王志珍和何鲁丽、叶选平、杨汝岱、宋健、钱正英、孙孚凌、胡启立、陈锦华、赵南起、毛致用、王文元、王忠禹、李贵鲜、张思卿、张克辉、郝建秀、徐匡迪、张怀西、李蒙等。

在京中央党政军群有关部门负责同志，各民主党派中央、全国工商联负责人和无党派人士代表等出席了庆祝大会。

中共中央总书记 国家主席 中央军委主席胡锦涛在庆祝中国人民政治协商会议成立60周年大会上的讲话

同志们，朋友们：

今天，我们在这里隆重集会，庆祝中国人民政治协商会议成立60周年。首先，我代表中共中央，向中国人民政治协商会议成立60周年，表示热烈的祝贺！向共同致力于中国特色社会主义事业、为人民政协事业作出突出贡献的各民主党派和无党派人士、各人民团体和各族各界人士，表示崇高的敬意！向香港特别行政区同胞、澳门特别行政区同胞、台湾同胞和海外侨胞，表示诚挚的问候！

中国人民政治协商会议是中国人民爱国统一战线的组织，是中国共产党领导的多党合作和政治协商的重要机构，是我国政治生活中发扬社会主义民主的重要形式。中国人民政治协商会议是中国共产党把马克思列宁主义统一战线理论、政党理论、社会主义民主政治理论同中国具体实践相结合的伟大创造，是中国共产党同各民主党派和无党派人士、各人民团体和各族各界人士风雨同舟、团结奋斗的伟大成果。

60年来，人民政协走过了不平凡历程，取得了巨大成就。人民政协事业的60年，是同人民共和国一起成长的60年，是同全国各族人民为实现国家富强、人民幸福、祖国统一而奋斗一道前行的60年。

中国人民政治协商会议是同新中国一起诞生的。上世纪40年代末，中国进入了决定自身前途命运的历史关头,中国共产党团结带领全国各族人民为争取民族独立、人民解放、建立新中国进行着最后的决战。我们党深刻认识到,要夺取中国人民革命事业胜利,必须最大限度扩大政治联盟,团结一切可以团结的力量。在毛泽东同志正确领导下,我们党同各民主党派和无党派人士、各人民团体和各族各界人士建立了广泛的统一战线,为夺取新民主主义革命胜利提供了重要力量支持。随着中国人民革命取得全面胜利,建立人民当家做主的全国政权、带领全国各族人民建设新生活的历史重任提到了我们党面前。1948年4月30日,中共中央发布"五一口号",提出"各民主党派、各人民团体、各社会贤达迅速召开政治协商会议,讨论并实现召集人民代表大会,成立民主联合政府"。这一正确主张立即得到各民主党派和无党派人士、各人民团体和各族各界人士响应和拥护。"五一口号"的发布成为创立人民政协、建立新中国的动员令。

1949年9月,中国人民政治协商会议第一届全体会议隆重召开,标志着人民政协正式成立。这次会议代表全国各族人民意志,代行全国人民代表大会职权,通过了具有临时宪法性质的《中国人民政治协商会议共同纲领》和《中国人民政治协商会议组织法》《中华人民共和国中央人民政府组织法》,作出了关于中华人民共和国国都、国旗、国歌、纪年4个重要决议,选举产生了中国人民政治协商会议全国委员会和中华人民共和国中央人民政府委员会,宣告了中华人民共和国的成立。中华人民共和国的成立,实现了我国从几千年封建专制制度向人民民主制度的历史性跨越,开辟了中国历史新纪元。人民政协的成立,标志着中国共产党领导的多党合作和政治协商制度的确立。从此,人民政协在我国政治生活中发挥着不可替代的作用,为恢复和发展国民经济、巩固新生人民政权、推动各项社会改革,促进社会主义革命和建设、促进改革开放和社会主义现代化建设作出了重大贡献。

人民政协成立60年来,中国共产党始终高度重视和积极支持人民政协工作,坚持把人民政协事业发展纳入党和国家事业发展总体布局,推动人民政协事业不断发展壮大。以毛泽东同志为核心的中国共产党第一代中央领导集体,就人民政协的共同政治基础、中国共产党对统一战线和人民政协的领导、人民政协的性质和任务及工作方针提出一系列独创性的重要思想,明确阐述了人民代表大会成立后人民政协长期存在的必要性及其在国家政治生活中的地位和作用。毛泽东同志提出了中国共产党同各民主党派长期共存、互相监督的方针,确立了社会主义条件下我国多党合作的基本格局。这一时期,人民政协作为统一战线组织和民主协商机构,在完成社会主义改造、推动各种社会力量为实现党和国家总任务而奋斗、活跃国家政治生活、调整统一战线内部关系、扩大国际交往方面发挥了重要作用。

1978年中共十一届三中全会以后,以邓小平同志为核心的中国共产党第二代中央领导集体明确提出新时期统一战线和人民政协的性质与任务,确立了中国共产党同各民主党派长期共存、互相监督、肝胆相照、荣辱与共的方针,人民政协事业进入新的发展时期。邓小平同志明确指出:"人民政协是发扬人民民主、联系各方面人民群众的一个重要组织。中国的社会主义现代化建设事业,继续需要政协就有关国家的大政方针、政治生活和四个现代化建设中的各项社会经济问题,进行协商、讨论,实行互相监督,发挥对宪法和法律实施的监督作用。"人民政协的性质和作用被庄严载入宪法。这一时期,人民政协坚持以经济建设为中心,在协助拨乱反正、落实统一战线政策、实现"一国两制"构想、开展人民外交等方面做了大量工作,开创了人民政协事业新局面。

1989年中共十三届四中全会以后,以江泽民同志为核心的中国共产党第三代中央领导集体,着眼于党和国家事业发展全局,把中国共产党领导的多党合作和政治协商制度确立为我国的一项基本政治制度,并通过修改宪法规定这项基本政治制度将长期存在和发展。中共中央明确新形势下政协工作的方针政策和原则,支持人民政协履行政治协商、民主监督、参政议政职能,推动人民政协履行职能各项工作走向制度化、规范化、程序化,推动人民政协事业取得新的长足发展。这一时期,人民政协适应国内外形势发展变化和中国特色社会主义事业发展要求,在促进社会主义物质文明、政治文明、精神文明建设等方面发挥了积极建言、广献良策的作用,在畅通党和政府同各界人士的联系、协调各方面关系等方面发挥了凝聚人心、汇聚力量的作用,在实现香港和澳门顺利回归祖国、促进祖国和平统一中发挥了独特作用。

中共十六大以来,中共中央在新的历史起点上继续把人民政协事业推向前进。中共中央从全面建设小康社会、加快推进社会主义现代化的新要求出发,先后颁发《关于进一步加强中国共产党领导的多党合作和政治协商制度建设的意见》《关于加强人民政协工作的意见》《关于巩固和壮大新世纪新阶段统一战线的意见》等与人民政协事业发展密切相关的重要文件,为新世纪新阶段人民政协事业发展提供了理论基础、政策依据、制度保障。中共十七大从发展社会主义民主政治、建设社会主义政治文明的战略高度,对加强和改进人民政协工作作出全面部署,要求人民政协推动制度创新和工作创新,更加奋发有为地履行好自身职能。这一时期，人民政协积极投身科学发展实践，为推进全面建设小康社会进程，为战胜历史罕见的特大自然灾害，为应对国际金融危机冲击、保持经济平稳较快发展，为促进社会和谐稳定，为推进“一国两制”实践和祖国和平统一，为维护世界和平、促进共同发展，作出了重要贡献，发挥着越来越重要的作用。

60年来，人民政协事业深深植根于党和人民建设社会主义的伟大实践，融汇于实现中华民族伟大复兴的历史进程，为国家、为民族、为人民建立了不朽业绩。回顾历史，展望未来，人民政协事业创造了辉煌的过去，也必将创造出更加璀璨的未来！

此时此刻，我们更加深切地缅怀毛泽东同志、周恩来同志、邓小平同志、邓颖超同志、李先念同志等老一辈人民政协事业的伟大开拓者和卓越领导人。我们永远铭记所有为人民共和国建设和人民政协事业发展作出贡献的人们。他们的宝贵精神和历史功绩将永远激励我们在中国特色社会主义道路上继续把人民政协事业推向前进！

同志们、朋友们！

经过60年的实践，人民政协积累了丰富经验，形成了优良传统，为我们继续推进人民政协事业提供了重要启示。

——必须坚持把人民政协事业作为中国特色社会主义事业的重要组成部分，放在党和国家事业发展全局中部署和推进。中国特色社会主义事业是全国各族人民在中国共产党领导下创造自己美好生活的事业。人民政协的命运始终与党和人民事业紧密相连。我们要始终着眼于坚持和发展中国特色社会主义，更加自觉地坚持党关于人民政协的一系列方针政策，支持人民政协依照章程独立负责、协调一致地履行职能、开展工作，更好发挥在党和国家工作全局中的重要作用。围绕中心、服务大局是人民政协履行职能必须始终遵循的重要原则。人民政协要自觉围绕党和国家中心工作开展工作，自觉围绕党和国家决策部署谋划工作，始终做到同党和国家方向一致、目标一致、工作一致，为党和国家各项工作顺利开展作出贡献。

——必须坚持发挥人民政协作为中国共产党领导的多党合作和政治协商的重要机构作用，不断巩固和发展我国多党合作的政治格局。中国共产党领导的多党合作和政治协商制度作为我国的一项基本政治制度，是符合我国国情、具有鲜明中国特色的社会主义新型政党制度，能够在中国特色社会主义共同目标下把中国共产党领导和多党派合作有机结合起来，实现广泛参与和集中领导的统一、社会进步和国家稳定的统一、充满活力和富有效率的统一。人民政协对促进参加政协各党派和无党派人士团结合作，充分发挥各民主党派和无党派人士作用，推动党和国家决策科学化、民主化，改善中国共产党领导和加强各民主党派建设，巩固坚持和发展中国特色社会主义的共同政治基础具有重要作用。只有认真贯彻中国共产党同各民主党派长期共存、互相监督、肝胆相照、荣辱与共的方针，才能把中国共产党领导的多党合作和政治协商制度坚持好、完善好、发展好。

——必须坚持发挥人民政协作为大团结大联合组织的作用，不断为中华民族伟大复兴增添新力量。实现中华民族伟大复兴，必须紧紧依靠全国各族人民、紧紧依靠全体中华儿女。统一战线是中国共产党不断夺取革命、建设、改革事业胜利的重要法宝，也是实现祖国完全统一和中华民族伟大复兴的重要法宝。人民政协作为中国共产党领导的各党派、各团体、各民族、各阶层、各界人士大团结大联合的组织，是党和政府联系群众、团结各界的重要桥梁和纽带，是中华民族强大凝聚力的重要实现形式。要坚定不移支持人民政协高举爱国主义、社会主义旗帜，按照团结和民主两大主题履行职能、发挥优势，充分调动各方面积极性和主动性、广泛凝聚各方面智慧和力量，共同为实现党和国家奋斗目标而不懈努力。

——必须坚持以改革创新精神推进人民政协事业，永葆人民政协生机活力。中国特色社会主义事业需要一代又一代人继往开来、接力奋斗，人民政协事业也需要随着中国特色社会主义事业发展而发展。人民政协事业发展壮大是我们党不断着眼于新实践新发展、不断进行探索和创新的结果。只有牢牢把握时代脉搏，始终保持蓬勃朝气，不断推进人民政协理论创新、制度创新、工作创新，人民政协事业才能保持旺盛活力，在坚持和发展中国特色社会主义中发挥更大作用。

同志们、朋友们！

60年前，毛泽东同志在中国人民政治协商会议第一届全体会议上庄严宣告：“我们的民族将从此列入爱好和平自由的世界各民族的大家庭，以勇敢而勤劳的姿态工作着，创造自己的文明和幸福，同时也促进世界的和平和自由。我们的民族将再也不是一个被人侮辱的民族了，我们已经站起来了。”“我们将以一个具有高度文化的民族出现于世界。”60年来，中国共产党团结带领全国各族人民以自强不息、一往无前的进取精神，团结奋斗、艰苦创业、锐意进取，战胜各种艰难险阻，取得了举世瞩目的建设成就。我国相继实现了从半殖民地半封建社会到民族独立、人民当家做主新社会的历史性转变，从新民主主义革命到社会主义革命和建设的历史性转变，从高度集中的计划经济体制到充满活力的社会主义市场经济体制、从封闭半封闭到全方位开放的历史性转变，综合国力大幅跃升，人民生活明显改善，国际地位显著提高，彻底改变了旧中国积贫积弱、一穷二白的落后面貌。我们这个拥有5000多年悠久历史、为人类文明进步作出重大贡献的古老民族以崭新的面貌屹立在世界东方，我们伟大的祖国正在朝着建设富强民主文明和谐的社会主义现代化国家的宏伟目标阔步前进。

当前，我国正处在改革发展的关键阶段，机遇前所未有，挑战也前所未有，机遇大于挑战。当今世界正处在大发展大变革大调整之中，世界多极化、经济全球化深入发展，科技进步日新月异，国际金融危机影响深远，综合国力竞争更趋激烈，不稳定不确定因素增多。经过新中国成立以来特别是改革开放以来不懈努力，我国发展已经站在新的历史起点上，但仍处于并将长期处于社会主义初级阶段的基本国情没有变，人民日益增长的物质文化需要同落后的社会生产之间的矛盾这一社会主要矛盾没有变，同时我国发展呈现一系列新的阶段性特征、面临一系列新情况新问题。我国改革开放和社会主义现代化建设任务繁重，应对国际金融危机冲击、保持经济平稳较快发展任务繁重，推动科学发展、促进社会和谐任务繁重，保障和改善民生、维护社会稳定任务繁重。我们必须继续抓住和用好重要战略机遇期，全面推进经济建设、政治建设、文化建设、社会建设以及生态文明建设，全面建设小康社会、加快推进社会主义现代化、发展中国特色社会主义。

为了完成我们肩负的崇高使命，必须充分调动全民族的积极性、主动性、创造性，把各方面智慧和力量凝聚到党和国家事业中来。这就要求我们以保证人民当家做主为根本，以增强党和国家活力、调动人民积极性为目标，扩大社会主义民主，建设社会主义法治国家，发展社会主义政治文明。在这个伟大实践中，人民政协应该也完全可以发挥更大作用。

历史充分证明，人民政协这一中国特色政治组织和民主形式，是我国社会主义民主政治建设的伟大创造，既顺应世界民主发展潮流，又体现中国共产党和中国人民的政治智慧，具有强大生命力和远大前程，值得我们倍加珍惜、长期坚持。在新的历史条件下，人民政协要高举中国特色社会主义伟大旗帜，以邓小平理论和“三个代表”重要思想为指导，深入贯彻落实科学发展观，继承和发扬人民政协优良传统和宝贵经验，牢牢把握团结和民主两大主题，紧紧围绕党和国家工作大局，继续扎实有效地履行好政治协商、民主监督、参政议政职能，切实发挥好协调关系、汇聚力量、建言献策、服务大局的重要作用，为推进改革开放和社会主义现代化建设、推进祖国和平统一大业、维护世界和平与促进共同发展作出新的贡献。

第一，继续走中国特色社会主义政治发展道路。一个国家选择什么样的政治发展道路，是由这个国家的国情和国家性质决定的。中国特色社会主义政治发展道路是中国共产党领导中国人民在长期实践中走出的一条符合我国国情、顺应时代潮流，能够实现坚持党的领导、人民当家做主、依法治国有机统一，能够为国家富强、民族振兴、人民幸福、社会和谐提供根本政治保证的政治发展道路。人民政协要坚持走中国特色社会主义政治发展道路，不断夯实参加人民政协各党派、各团体、各民族、各阶层、各界人士团结奋斗的共同思想基础；坚定不移坚持中国共产党对人民政协的领导，紧紧围绕党的重大决策和工作部署履行职能、开展工作，确保党的路线方针政策在人民政协得到全面贯彻落实；充分发挥人民政协在扩大公民有序政治参与中的重要渠道和平台作用，广泛吸收各党派、各团体、各民族、各阶层、各界人士参与国事。人民通过选举、投票行使权利和人民内部各方面在重大决策之前进行充分协商，尽可能就共同性问题取得一致意见，是我国社会主义民主的两种重要形式。坚持通过充分协商增进共识、凝聚力量，对坚持党的领导、人民当家做主、依法治国有机统一，对发展我国社会主义民主政治、充分调动各方面坚持和发展中国特色社会主义的积极性和主动性，具有十分重要的意义。发展社会主义民主政治需要借鉴人类政治文明有益成果，但绝不照搬西方政治制度模式。人民政协要积极引导和推动参加人民政协各党派、各团体、各民族、各阶层、各界人士不断增进对中国特色社会主义的政治认同和思想认同，不断增强走中国特色社会主义政治发展道路的自觉性和坚定性。

第二，继续把推动科学发展作为履行职能的第一要务。人民政协人才荟萃、智力密集，能够为推动科学发展提供强大智力支持、奠定坚实群众基础。人民政协要深入学习领会科学发展观的科学内涵、精神实质、根本要求，切实把政协各参加单位和广大政协委员的思想和行动统一到中共中央决策部署上来，把积极性、主动性、创造性引导到推动科学发展上来，共同为转变发展方式、破解发展难题献计出力，形成推动科学发展的强大合力。要牢牢扭住经济建设这个中心，坚持聚精会神搞建设、一心一意谋发展，注重研究国外经济环境变化和国内经济运行新情况新问题，注意选择具有综合性、全局性、前瞻性的重大课题开展专题调研和协商议政活动，多想科学发展大事，多谋科学发展大计，努力为实现以人为本、全面协调可持续的科学发展建睿智之言、献务实之策。

第三，继续在促进社会和谐中发挥重要作用。在经济体制深刻变革、社会结构深刻变动、利益格局深刻调整、思想观念深刻变化的新形势下，人民政协要坚持把发扬民主、增进团结、协调关系、化解矛盾作为履行职能的重要着力点,努力为促进政党关系、民族关系、宗教关系、阶层关系、海内外同胞关系的和谐发挥积极作用。要坚持民主协商、平等议事、求同存异、体谅包容的原则,搞好中国共产党同各民主党派和无党派人士在人民政协的合作共事,支持各民主党派和无党派人士参与国家重大方针政策讨论协商及履行职责各项活动,维护和促进民主团结、生动活泼的政党关系。要认真贯彻党的民族政策和宗教政策,充分发挥民族、宗教界代表人士在人民政协中的作用,协助党和政府做好民族工作和宗教工作,促进民族团结、宗教和睦、社会稳定。要关注不同阶层利益诉求,协助党和政府妥善处理好各方面利益关系,团结和鼓励各阶层人士共同致力于中国特色社会主义事业。要坚持以人为本,倾听群众呼声,关心群众疾苦,围绕群众普遍关心的民生问题开展调查研究,反映社情民意,积极建言献策,促进实现全体人民学有所教、劳有所得、病有所医、老有所养、住有所居,推动形成社会和谐人人有责、和谐社会人人共享的生动局面。要高举爱国主义旗帜,广泛团结归侨侨眷和海外侨胞,密切同留学人员的联系,支持他们关心和参与祖国现代化建设与和平统一大业,增进海外华侨华人特别是新一代华侨华人对我国的了解和认同,增强中华民族凝聚力和向心力。要高举和平、发展、合作旗帜,贯彻独立自主的和平外交政策,弘扬民主、和睦、协作、共赢精神,按照国家外交总体部署和目标,加强同各国人民的友好往来,努力为推动建设持久和平、共同繁荣的和谐世界作出新的贡献。

第四,继续为推进祖国和平统一大业贡献力量。人民政协要贯彻中共中央对台工作方针政策,坚持一个中国原则,牢牢把握两岸关系和平发展的主题,充分发挥自身优势和作用,积极拓展同台湾岛内有关党派团体、社会组织、各界人士的联系和沟通,推动两岸交流合作向更广领域拓展,使两岸同胞联系更广泛、感情更融洽、合作更深化,推动两岸关系在新的起点上向前发展。要坚定不移贯彻"一国两制"、"港人治港"、"澳人治澳"、高度自治的方针,积极推动内地同香港、澳门的交流合作,加强同香港和澳门政团、社团及代表人士的联系,支持港澳委员在香港、澳门社会政治事务中发挥积极作用,鼓励他们为香港、澳门长期繁荣稳定和国家发展献计出力,不断发展壮大爱国爱港、爱国爱澳力量。要坚定不移维护祖国统一,坚定不移维护国家主权、安全、领土完整,坚决反对一切分裂势力和分裂行径。

第五,继续加强人民政协自身建设。人民政协要坚持解放思想、实事求是、与时俱进,弘扬求真务实精神,大兴求真务实之风,主动适应新形势新任务的要求,按照宪法和政协章程的规定,不断加强自身各项建设。要注重发挥人民政协界别优势,扩大人民政协团结面和包容性,切实发挥政协界别作为扩大社会各界有序政治参与的重要渠道作用,积极探索开展界别活动新方法新途径,充分调动各界别参政议政积极性。要注重加强政协委员队伍建设,完善委员推选制度,优化委员构成,强化委员学习培训、提高委员整体素质,尊重委员首创精神、维护委员民主权利,鼓励和引导广大委员深入实际、走向基层、贴近群众,在报效国家、服务人民实践中施展才华、建功立业。各级政协委员要切实发挥在本职工作中的带头作用、政协工作中的主体作用、界别群众中的代表作用,自觉树立和展示政协委员良好形象。要切实发挥好政协专门委员会作用,提高专门委员会组成人员政治和业务素质,积极探索专门委员会工作新思路新方式,切实增强工作活力和成效。要加强政协机关建设,着力提高全局观念、服务意识,增强政务性服务能力和统筹协调能力,为人民政协有效履行职能、顺利开展工作提供有力保障。

同志们、朋友们!

加强和改善对人民政协的领导,推动人民政协卓有成效地开展工作,充分发挥人民政协在国家政治生活中的作用,是中国共产党加强和改善党的领导的重要内容,对提高党的执政能力、巩固党的执政地位具有重要意义。各级党委要从发展社会主义民主、推动科学发展、促进社会和谐的战略高度,进一步提高对人民政协工作重要性的认识,进一步加强和改善对人民政协的领导,保证中央关于加强人民政协工作各项方针政策落到实处,更好运用人民政协这一政治组织和民主形式为实现党的总目标总任务服务。

开展政治协商、民主监督、参政议政是人民政协的主要职能。各级党委要按照党的十七大作出的战略部署,切实支持人民政协围绕团结和民主两大主题履行职能,积极推进政治协商、民主监督、参政议政制度建设。要增强开展政治协商的自觉性和主动性,规范协商内容,丰富协商形式和层次,切实把政治协商纳入决策程序。要积极探索和完善民主监督机制,畅通民主监督渠道,建立、健全制度,寓民主监督于政协委员提案、进行视察、参与工作检查等活动之中,提高民主监督质量和成效。要积极采纳人民政协提出的真知灼见,真正使人民政协参政议政成为充分反映民意、广泛集中民智、切实改进工作、提高党的执政能力的有效方式和重要途径。

各级党委要善于通过人民政协中的党组织和党员干部贯彻党的理论和路线方针政策,贯彻党委的重大决策和工作部署。要关心支持政协党组工作,定期听取政协党组工作汇报,及时研究并统筹解决政协工作中的重大问题。要着眼于统一战线和人民政协事业长远发展，充分发挥政协党组在政协委员队伍建设中的作用。各级政协党组要坚定不移贯彻党的基本理论、基本路线、基本纲领、基本经验，坚定不移贯彻执行党关于人民政协的方针政策，把党的重大决策和工作部署贯彻到人民政协全部工作中去，使党的主张成为各民主党派和无党派人士、各人民团体和各族各界人士的广泛共识。要重视发挥政协委员中的共产党员和政协机关中的共产党员作用，使他们真正成为合作共事的模范、发扬民主的模范、求真务实的模范、廉洁奉公的模范。各级党委要重视人民政协理论建设，发挥各级人民政协理论研究会作用，切实把人民政协理论研究纳入马克思主义理论研究和建设工程，纳入我国哲学社会科学总体发展规划。要把人民政协理论列入各级党校、行政学院、干部学院、社会主义学院的教学计划，加大对领导干部有关统一战线和人民政协理论知识培训力度。要广泛宣传中国共产党领导的多党合作和政治协商制度，宣传人民政协性质、地位、作用以及人民政协履行职能情况，形成有利于人民政协事业发展的良好社会氛围。

各级人民政协组织的干部是做好政协工作的重要组织保证。各级党委要统筹政协领导班子和同级党政领导班子配备，把政治坚定、作风民主、年富力强、热心和熟悉政协工作的同志充实到政协领导班子中去。要关心政协干部成长和进步，把政协干部培养选拔使用纳入干部队伍建设总体规划，推进政协组织和党委、政府之间的干部交流，充分调动政协干部工作积极性、主动性、创造性，努力培养造就一支政治坚定、作风优良、学识丰富、业务熟练的高素质政协干部队伍。

同志们、朋友们！

人民政协60年的伟大历程已经载入人民共和国的光辉史册，人民政协事业更新更美的图画正等待我们去描绘。让我们更加紧密地团结起来，高举中国特色社会主义伟大旗帜，坚持和完善中国共产党领导的多党合作和政治协商制度，巩固和壮大最广泛的爱国统一战线，为夺取全面建设小康社会新胜利、开创中国特色社会主义事业新局面、谱写中华民族伟大复兴新篇章而共同奋斗！

第二届全国道德模范评选表彰颁奖典礼——《道德的力量》在北京举行

中共中央政治局常委李长春出席颁奖典礼并讲话。他强调，要大力学习宣传道德模范的感人事迹和高尚精神，推进社会主义核心价值体系建设，用榜样的力量引导全社会积极践行社会主义荣辱观，努力形成学习道德模范、崇尚道德模范、关爱道德模范、争当道德模范的浓厚氛围。

颁奖典礼由中宣部、中央文明办、解放军总政治部、全国总工会、共青团中央、全国妇联共同主办。刘云山、刘延东、陈至立、陈奎元出席颁奖典礼。

大型音乐舞蹈史诗《复兴之路》在人民大会堂成功首演

9月21日

国家主席胡锦涛在纽约会见法国总统萨科齐

胡锦涛表示，我们注意到，在各国金融救援措施和经济刺激政策作用下，近一个时期世界经济出现一些积极变化。中国为应对国际金融危机冲击采取了一揽子计划，已收到明显成效。下一阶段，中国将继续实施积极的财政政策和适度宽松的货币政策，着力扩大国内需求特别是居民消费，加快推动重点产业调整振兴，着力增强自主创新能力，努力改善民生，同时将密切关注国内外经济形势变化，积极准备新的应对方案。我们有信心克服困难，全力推动中国经济平稳较快发展。随着中国经济形势企稳向好，中法经贸合作将有更多机会和空间。

萨科齐表示，中国对全球经济增长作出了非常重要的贡献，中方在二十国集团领导人伦敦峰会上作出的承诺已完全兑现。中国是推动世界经济复苏和发展的重要力量。

关于气候变化问题，胡锦涛表示，即将召开的哥本哈根大会是一次重要的会议，我们希望这次会议取得成功。关键是做到以下几点：一是坚持《联合国气候变化框架公约》及其《京都议定书》主渠道地位；二是坚持共同但有区别的责任原则；三是坚持在可持续发展框架内应对气候变化，减缓和适应并重；四是坚持互利共赢、务实有效的原则，推动各方就开展资金和技术合作达成共识，特别是加大对发展中国家的资金支持，并建立有效的技术转让和推广机制。

胡锦涛强调，中国本着对本国和世界负责任的态度，采取了应对气候变化的政策措施，制订和实施应对气候变化国家方案，在节能和减缓排放方面取得初步成效。今后，我们愿意为应对气候变化继续作出贡献，也愿意为哥本哈根大会取得成功发挥积极的建设性作用。

萨科齐表示，在哥本哈根大会上，中国将发挥举足轻重的作用。法方对中方为应对气候变化的举措表示赞赏，愿同中方一道努力，推动哥本哈根大会取得成功。

双方还就国际货币体系改革等问题交换了意见。

国家主席胡锦涛在纽约会见日本首相鸠山由纪夫

胡锦涛指出，中国始终从战略高度和长远角度看待和发展中日关系，我们将继续奉行中日友好政策，同日方一道致力于实现两国和平共处、世代友好、互利合作、共同发展的大目标。当前，国际形势正在发生复杂深刻变化。中日拥有的共同利益和面临的共同挑战都在增多，两国关系面临向更高层次、更广空间发展的重要机遇。中方愿同日方一道，着眼两国人民根本利益，顺应世界发展潮流，推动中日战略互惠关系持续深入向前发展。

胡锦涛就中日关系发展提出五点意见：一、加强高层交往，增进政治互信。两国领导人可以继续保持接触，为两国关系发展不断注入政治动力。二、加强经贸合作，强化利益纽带。中日都是世界主要经济体，互为最重要经贸伙伴，加强经贸合作有利于两国尽早克服国际金融危机冲击，推动各自和世界经济复苏。今年6月第二次中日经济高层对话在日本成功举行，确定了当前和今后一个时期两国经贸合作目标。双方有关部门应该采取切实措施，全面落实对话成果，推动两国经贸合作向更高层次迈进。三、增进国民感情，夯实民意基础。双方应该着眼中日友好的时代潮流，持之以恒地开展青少年、中青年干部、文化、媒体交流，推动两国国民感情不断改善。四、加强亚洲事务合作，推动国际事务协调。中日作为本地区重要国家，应该共同致力于推动朝鲜半岛无核化，维护东北亚和平稳定。双方还可以就共同应对国际金融危机、气候变化、环境及能源等全球性挑战进行对话、协调、合作。五、妥善处理分歧，维护友好大局。中日作为交往密切的近邻，两国关系中难免会出现一些问题和分歧，对此双方应该从大处着眼，准确把握定位，慎重妥善处理，防止影响两国关系稳定发展大局。

胡锦涛强调，历史问题和台湾问题事关中日关系政治基础。慎重妥善处理这两大问题，是中日关系健康稳定发展的基本前提和关键所在。中方希望日方恪守承诺，从中日关系大局出发，慎重妥善处理有关重大问题。

鸠山祝贺中华人民共和国成立60周年，表示中国的发展为世界和平与经济发展作出了重大贡献。鸠山完全赞同胡锦涛关于进一步发展两国关系的意见，表示日本政府和人民希望同中国发展友好关系，日方致力于推动日中战略互惠关系向前发展、充实内涵，进一步加强高层往来，加强相互了解和信任，深化两国经贸等各领域务实合作，增进两国国民感情，加强亚洲地区合作。

鸠山表示，日本政府在历史问题上将坚持“村山谈话”精神，在台湾问题上将继续恪守日中联合声明。

双方还就气候变化、朝鲜半岛局势等交换了意见。

国家主席胡锦涛在纽约会见玻利维亚总统胡安·埃沃·莫拉莱斯·艾马

胡锦涛表示，近年来，在双方共同努力下，中玻关系取得积极进展，经贸、文化、教育、科技、体育等领域合作富有成果。中方高度重视发展同玻利维亚的友好合作关系，愿同玻方一道推动两国关系不断深入发展，为两国人民带来更多实实在在的利益。

胡锦涛就加强中玻合作提出四点建议。一、深化真诚友好的政治关系。中方愿同玻方继续保持高层往来和接触，不断增强政治互信，在彼此关注的问题上相互理解和支持。二、扩大互利双赢的务实合作。中方愿扩大进口玻利维亚产品，鼓励和支持有实力的中国企业赴玻投资，支持两国企业在油气、矿业、农业、基础设施建设等领域开展务实合作。三、推动丰富多彩的人文交流。中方愿促进双方人员往来，扩大文化、教育、医疗卫生、体育、旅游等领域交流合作。四、密切国际和地区事务合作。中方愿同玻方加强在重大国际和地区问题上的沟通和协调，共同维护两国和广大发展中国家正当权益。

莫拉莱斯代表玻利维亚政府和人民对中国政府和人民给予的支持和帮助表示衷心感谢，对中国经济社会发展取得巨大成就表示钦佩，表示双方政治领域合作良好，共同历史遭遇使双方有着广泛共同利益，玻方愿同中方一道努力，继续深化交通、通信、教育等领域合作，推动两国关系进一步向前发展。

国家主席胡锦涛在纽约会见土库曼斯坦总统库尔班古力·别尔德穆哈梅多夫

胡锦涛表示，当前，中土关系发展势头良好，成果丰硕。两国高层交往密切，政治互信日益增强，经贸、能源、人文等各领域合作不断深化。双方在彼此关切的重大问题上相互坚定支持，在联合国等多边框架内合作良好，为促进地区乃至世界和平与发展作出了积极贡献。

胡锦涛就推动中土关系进一步发展提出5点建议。一、保持密切交往，完善合作机制，保持高层交往势头。二、实施好天然气管道项目。中土天然气管道是惠及两国乃至本地区各国的重大经济项目，中方愿意同土方一道努力，确保管道如期建成通气。三、加强非资源领域合作。中土在纺织、化工、电信、基础设施建设等非资源领域合作潜力巨大，双方可以制订中长期合作规划，确定合作重点方向，实施好双方商定的项目。四、促进人文合作，夯实中土友好基础。中方愿同土方加强教育、文化、体育、旅游等领域交流合作，欢迎更多土方青年赴华留学。中方愿积极协助土方建立孔子学院。五、深化安全合作,应对中亚地区安全挑战,共同严厉打击包括“东突”在内的“三股势力”,切实维护两国和中亚地区安全稳定。

别尔德穆哈梅多夫高度评价土中双边关系和良好合作,表示在双方共同努力下,土中各领域合作进展顺利,特别是能源、化工、建筑、交通、教育等方面合作不断深化。土中天然气管道是一条“友谊管道”,要确保管道如期通气。感谢中方理解并支持土方关于能源安全的立场和主张。土方愿意在联合国宪章基础上同中方就地区安全加强合作,共同维护地区和平稳定。

国务院总理温家宝在北京主持召开新兴战略性产业发展座谈会

座谈会9月21日和22日召开,温家宝在座谈会上听取经济、科技专家的意见和建议。47名中科院院士和工程院院士,大学和科研院所教授、专家,企业和行业协会负责人参加了会议。与会同志就发展新能源、节能环保、电动汽车、新材料、新医药、生物育种和信息产业建言献策。温家宝边听边记,不时就有关产业的战略方向、技术路线、发展布局、科研攻关和政策支撑等问题,同大家一起讨论交流。

国务院副总理李克强、回良玉,国务委员刘延东,国务委员兼国务院秘书长马凯出席会议。

政协十一届全国委员会常务委员会第七次会议在北京开幕

这次会议的主要议题是学习贯彻中共十七届四中全会精神、学习贯彻胡锦涛同志在庆祝中国人民政治协商会议成立60周年大会上的重要讲话精神。全国政协主席贾庆林主持开幕会。国家副主席习近平出席会议,并作了关于中共十七届四中全会会议情况和会议精神的报告。

贾庆林在主持讲话中指出,刚刚闭幕的中共十七届四中全会,对于全面贯彻党的十七大精神,以邓小平理论和“三个代表”重要思想为指导,深入贯彻落实科学发展观,有效应对国际金融危机冲击、保持经济平稳较快发展,夺取全面建设小康社会新胜利、开创中国特色社会主义事业新局面,具有重大而深远的意义。昨天,胡锦涛同志在庆祝中国人民政治协商会议成立60周年大会上发表了十分重要的讲话,全面回顾了人民政协60年来与祖国和人民共同发展进步的光辉历程,高度评价了人民政协在我国社会主义革命和建设、社会主义改革进程中作出的重大贡献,科学总结了人民政协事业发展积累的宝贵经验,深刻阐述了人民政协在党和国家事业发展大局中的重要地位和作用,明确提出了新形势下开展人民政协工作的方针原则和工作要求,对于我们在新形势下充分发挥人民政协的优势,把各方面智慧和力量凝聚到党和国家事业中来,在中国特色社会主义道路上继续把人民政协事业推向前进,具有十分重要的指导意义。

贾庆林强调,人民政协已经走过了60年的光辉历程,站在新的历史起点上,我们肩负的任务十分繁重。我们要把学习贯彻中共十七届四中全会精神与学习贯彻胡锦涛同志在庆祝人民政协成立60周年大会上的重要讲话精神结合起来,与人民政协履行职能的实践结合起来,切实把思想和行动统一到中共中央关于推进党的建设新的伟大工程和推进人民政协事业发展的新部署新要求上来,努力开创人民政协工作新局面。

习近平从五个方面介绍了中共十七届四中全会精神:一、中共十七届四中全会专题研究党的建设的战略考虑和《决定》的起草过程;二、我们党在全国执政以来加强自身建设的基本经验;三、加强和改进新形势下党的建设的总体要求和主要任务;四、加强和改进新形势下党的建设的新要求新举措;五、加强对党的建设的领导,全面贯彻落实好《决定》。习近平说,《决定》的起草工作是在中共中央政治局和中共中央政治局常委会领导下进行的,起草过程中始终坚持群众路线,充分发扬民主,广泛集中全党智慧,不断凝聚全党共识,听取和吸收了包括人民政协在内的方方面面的建设性意见,体现了科学决策、民主决策的要求,具有坚实的实践基础和群众基础。

习近平指出,中国共产党在全国执政60年来,围绕长期执政、改革开放和发展社会主义市场经济条件下建设什么样的党、怎样建设党进行深入探索和实践,走过的历程波澜壮阔、很不寻常,积累的经验承前启后、十分丰富。《决定》总结的六条基本经验,凝聚了几代中国共产党人的心血,是我们党极其宝贵的财富,是加强和改进新形势下党的建设必须长期坚持的重要指导原则。

习近平介绍说,为贯彻落实好全会精神,中共中央要求各级党委抓好全会文件的学习,深刻领会精神,认真制定贯彻落实《决定》的具体措施,作出工作部署,扎扎实实做好党的建设各项工作。他说,人民政协群英荟萃、人才济济,长期以来认真履行政治协商、民主监督、参政议政职能,在我国政治生活中发挥不可替代的作用。我们真诚地希望人民政协对中共十七届四中全会《决定》的贯彻落实、对我们党的自身建设进行监督,提出宝贵意见。

全国政协副主席王刚、杜青林、帕巴拉·格列朗杰、白立忱、陈奎元、阿不来提·阿不都热西提、李兆焯、黄孟复、董建华、张梅颖、张榕明、钱运录、孙家正、李金华、郑万通、邓朴方、万钢、林文漪、厉无畏、罗富和、陈宗兴、王志珍出席会议。

中共中央和国务院有关部门负责人应邀参加开幕会。

全国妇联发出《关于授予2000名全国三八红旗手1000个全国三八红旗集体荣誉称号的决定》

《决定》指出，近年来，全国各族各界妇女在党中央的坚强领导下，深入贯彻科学发展观，满腔热情投身中国特色社会主义伟大事业，共促科学发展、共建和谐社会、共创美好生活，涌现出大批先进个人和先进集体。这些先进个人和集体在各自岗位上兢兢业业、勤勉工作、开拓创新、甘于奉献，尤其是在抗击冰雪和特大地震灾害、成功举办北京奥运会、成功发射“神舟”七号载人飞船以及积极应对国际金融危机中，表现出坚忍不拔、不畏艰难的崇高精神，作出了突出贡献。为表彰先进，凝聚力量，激励广大妇女为社会主义现代化建设再立新功，在隆重庆祝中华人民共和国成立60周年之际，全国妇联决定授予康佳等2000名同志全国三八红旗手、北京协和医院妇产科等1000个单位全国三八红旗集体荣誉称号。

全国三八红旗手(集体)是中国妇女界最具影响的至高荣誉，是亿万妇女的先进典范。该项评选表彰活动始于1960年，迄今已有近50年的历史，其表彰对象均是各个时期为国家建设作出突出贡献的先进妇女典型。目前，全国已经有3.3万多名优秀女性和1万多个先进集体获此殊荣。

国际和平日座谈会在北京举行

全国人大常委会副委员长、中国人民争取和平与裁军协会会长韩启德出席并发表讲话，和裁会顾问、中联部副部长李进军致词，与会各界代表发言，联合国秘书长潘基文发来贺信。

全军“四会”优秀政治教员授课演示汇报暨表彰会在北京召开

第十一届精神文明建设“五个一工程”评选结果揭晓

第十一届精神文明建设“五个一工程”(2007—2009)评选结果21日揭晓。《梅兰芳》等26部电影、《闯关东》等33部电视剧、《福娃奥运漫游记》等6部动画片、《矸子山上的男人女人》等30部戏剧、《我和你》等26首歌曲、《京城第一家》等15部广播剧、《八月狂想曲》等28部文艺类图书，共164部作品入选。北京、江苏、浙江、福建、江西、山东、河南等7个省(区、市)党委宣传部和解放军总政治部获得“组织工作奖”。

9月22日

国家主席胡锦涛在纽约出席联合国气候变化峰会开幕式并发表重要讲话

峰会在联合国总部大会厅开幕，开幕式由联合国秘书长潘基文主持。这次峰会旨在为12月在丹麦哥本哈根召开的联合国气候变化大会凝聚政治共识，注入政治推动力。潘基文在开幕式上致辞后，胡锦涛和其他国家领导人及各界代表先后发言。

胡锦涛发表了题为《携手应对气候变化挑战》的重要讲话。

国家主席胡锦涛在联合国气候变化峰会开幕式上发表题为《携手应对气候变化挑战》的讲话

(2009年9月22日，美国纽约)

潘基文秘书长，各位同事：

今天，各国领导人汇聚联合国，共商应对气候变化大计，这对推动国际社会有力应对气候变化这一全球性挑战具有十分重要的意义。

全球气候变化深刻影响着人类生存和发展，是各国共同面临的重大挑战。37年来，从斯德哥尔摩到里约热内卢，从京都到巴厘岛，我们为保护全球环境、应对气候变化共同努力，取得显著成就。这是世界各国不断加深认知、不断凝聚共识、不断应对挑战的历史进程。《联合国气候变化框架公约》及其《京都议定书》已成为各方公认的应对气候变化主渠道，共同但有区别的责任原则已成为各方加强合作的基础，走可持续发展道路、实现人与自然相和谐已成为各方共同追求的目标。

气候变化是人类发展进程中出现的问题，既受自然因素影响，也受人类活动影响，既是环境问题，更是发展问题，同各国发展阶段、生活方式、人口规模、资源禀赋以及国际产业分工等因素密切相关。归根到底，应对气候变化问题应该也只能在发展过程中推进，应该也只能靠共同发展来解决。

应对气候变化，涉及全球共同利益，更关乎广大发展中国家发展利益和人民福祉。在应对气候变化过程中，必须充分考虑发展中国家的发展阶段和基本需求。发展中国家历史排放少、人均排放低，目前受发展水平所限，缺少资金和技术，缺乏应对气候变化能力和手段，在经济全球化进程中处于国际产业链低端，承担着大量转移排放。当前，发展中国家的首要任务仍是发展经济、消除贫困、改善民生。国际社会应该重视发展中国家特别是小岛屿国家、最不发达国家、内陆国家、非洲国家的困难处境，倾听发展中国家声音，尊重发展中国家诉求，把应对气候变化和促进发展中国家发展、提高发展中国家发展内在动力和可持续发展能力紧密结合起来。

各位同事！

应对气候变化，实现可持续发展，是摆在我们面前一项紧迫而又长期的任务，事关人类生存环境和各国发展前途，需要各国进行不懈努力。当前，我们在共同应对气候变化方面应该坚持以下几点。

第一，履行各自责任是核心。共同但有区别的责任原则凝聚了国际社会共识。坚持这一原则，对确保国际社会应对气候变化努力在正确轨道上前行至关重要。发达国家和发展中国家都应该积极采取行动应对气候变化。根据《联合国气候变化框架公约》及其《京都议定书》的要求，积极落实"巴厘路线图"谈判。发达国家应该完成《京都议定书》确定的减排任务，继续承担中期大幅量化减排指标，并为发展中国家应对气候变化提供支持。发展中国家应该根据本国国情，在发达国家资金和技术转让支持下，努力适应气候变化，尽可能减缓温室气体排放。

第二，实现互利共赢是目标。气候变化没有国界。任何国家都不可能独善其身。应对这一挑战，需要国际社会同舟共济、齐心协力。支持发展中国家应对气候变化，既是发达国家应尽的责任，也符合发达国家长远利益。我们应该树立帮助别人就是帮助自己的观念，努力实现发达国家和发展中国家双赢，实现各国利益和全人类利益共赢。

第三，促进共同发展是基础。发展中国家应该统筹协调经济增长、社会发展、环境保护，增强可持续发展能力，摆脱先污染、后治理的老路。同时，不能要求发展中国家承担超越发展阶段、应负责任、实际能力的义务。从长期看，没有各国共同发展，特别是没有发展中国家发展，应对气候变化就没有广泛而坚实的基础。

第四，确保资金技术是关键。发达国家应该担起责任，向发展中国家提供新的额外的充足的可预期的资金支持。这是对人类未来的共同投资。气候友好技术应该更好服务于全人类共同利益。应该建立政府主导、企业参与、市场运作的良性互动机制，让发展中国家用得上气候友好技术。

各位同事！

中国取得了巨大发展成就，人民生活和社会面貌发生了深刻变化。中国经济总量虽然已处于世界前列，但人均国内生产总值仍排在全球100位之后。中国仍是世界上最大发展中国家，人口占世界五分之一，城乡、区域、经济社会发展不平衡，面临的困难还很多，实现现代化还有很长的路要走。中国从对本国人民和世界人民负责任的高度，充分认识到应对气候变化的重要性和紧迫性，已经并将继续坚定不移为应对气候变化作出切实努力，并向其他发展中国家提供力所能及的帮助，继续支持小岛屿国家、最不发达国家、内陆国家、非洲国家提高适应气候变化能力。

中国高度重视和积极推动以人为本、全面协调可持续的科学发展，明确提出了建设生态文明的重大战略任务，强调要坚持节约资源和保护环境的基本国策，坚持走可持续发展道路，在加快建设资源节约型、环境友好型社会和建设创新型国家的进程中不断为应对气候变化作出贡献。

中国已经制定和实施了《应对气候变化国家方案》，明确提出2005年到2010年降低单位国内生产总值能耗和主要污染物排放、提高森林覆盖率和可再生能源比重等有约束力的国家指标。仅通过降低能耗一项，中国5年内可以节省能源6.2亿吨标准煤，相当于少排放15亿吨二氧化碳。

今后，中国将进一步把应对气候变化纳入经济社会发展规划，并继续采取强有力的措施。一是加强节能、提高能效工作，争取到2020年单位国内生产总值二氧化碳排放比2005年有显著下降。二是大力发展可再生能源和核能，争取到2020年非化石能源占一次能源消费比重达到15%左右。三是大力增加森林碳汇，争取到2020年森林面积比2005年增加4000万公顷，森林蓄积量比2005年增加13亿立方米。四是大力发展绿色经济，积极发展低碳经济和循环经济，研发和推广气候友好技术。

各位同事！

世界期待着我们就事关人类生存和发展的气候变化问题作出抉择。我相信，只要我们本着对各自国家和人类社会负责任的态度，立足现实，着眼未来，坚持《联合国气候变化框架公约》及其《京都议定书》主渠道地位，坚持共同但有区别的责任原则，坚持"巴厘路线图"的授权，哥本哈根大会就会成为国际社会合作应对气候变化新的里程碑。中国愿同各国携手努力，共同为子孙后代创造更加美好的未来！

谢谢各位。

国家主席胡锦涛在纽约会见美国总统奥巴马

胡锦涛在会见时就进一步发展两国关系提出重要意见。一、保持密切的高层交往。中方期待着奥巴马总统今年11月对中国进行国事访问，相信通过双方共同努力，这次访问将取得成功。二、做好首轮中美战略与经济对话后续工作，同时推动两国在应对国际金融危机方面和经贸、反恐、防扩散、执法、能源、环境、人文等双边领域交流合作不断取得积极成果。三、深化在重大国际和地区问题上的协调和合作,努力推动朝核、伊朗核、南亚等地区热点问题的妥善解决,加强在应对气候变化、粮食安全、全球核安全以及传染性疾病防治等全球性问题上的沟通和协调。四、加强人文交流。双方应该推进两国人员交流、人才培养、语言学习等方面交流合作,夯实两国支持中美关系发展的社会基础。

胡锦涛强调,双方应该尊重和照顾彼此利益和关切。台湾、涉藏、涉疆等问题事关中国主权和领土完整,牵动13亿中国人民的民族感情。我们重视美方多次重申坚持一个中国政策、遵守中美三个联合公报。希望美方以实际行动支持两岸关系和平发展。我们赞赏美方承认西藏是中国一部分、反对"西藏独立"的立场,希望美方理解和尊重中方在涉藏问题上的关切。乌鲁木齐"7·5"事件是一起由境内外"三股势力"策划组织的打砸抢烧严重暴力犯罪事件。希望美方理解和支持中方为打击暴力恐怖犯罪、维护国家统一、维护社会稳定所采取的措施,不允许"东突"分裂势力利用美国领土从事反华分裂活动。

奥巴马感谢胡锦涛就进一步发展美中两国关系、扩大双方合作阐述的重要意见。他表示,美方致力于同中国建立积极合作全面的双边关系,并使其富有活力。发展同中国的合作对美国十分重要。他期待着即将对中国进行的访问,希望通过此访在全球、地区和双边各方面把两国关系提升到新的层次。

奥巴马表示,扩大美中两国人文交流十分重要,两国政府应该全力支持民间往来。在台湾问题上,美方坚持一个中国政策立场没有改变。美方对两岸关系缓和表示赞赏,认为这有利于亚洲和平稳定。美国不支持"西藏独立"。在涉藏、涉疆问题上,美国尊重中国主权和领土完整。

胡锦涛表示,美方对中国输美轮胎采取特保措施不符合两国利益,类似事情不应该再次发生。在当前经济金融形势下,中美双方更应该坚定反对贸易和投资保护主义。中方愿同美方一道,继续拓展经贸领域互利合作,通过平等协商妥善处理经贸摩擦,维护中美经贸关系健康稳定发展。国际金融危机发生以来,中国在面临经济困难的情况下保持人民币汇率稳定,这是对亚洲乃至世界的一个贡献。

奥巴马表示,美国支持自由贸易,致力于继续拓展同中国的贸易关系。美方愿同中方通过对话和磋商解决经贸领域问题。为应对国际金融危机冲击,中国努力扩大内需、保持人民币汇率稳定,美方对此表示赞赏。

胡锦涛指出,气候变化问题是国际社会面临的共同挑战,需要各国合作应对。发达国家应该按照《联合国气候变化框架公约》及其《京都议定书》确立的原则和"巴厘路线图"提出的要求,在2012年后继续率先减排,并为发展中国家应对气候变化提供帮助。中国高度重视气候变化问题并为此作出积极努力。相信在双方共同努力下,中美能源、环境、气候变化领域合作将取得更多成果。中方将以积极和建设性态度,为推动哥本哈根大会取得成功发挥应有作用。

奥巴马表示,希望加强两国气候变化特别是清洁能源领域合作,把它作为两国关系的一个重要支柱,扩大两国共同利益,造福两国人民,共同为哥本哈根大会取得成功作出努力。

双方还就朝鲜半岛局势、伊朗核问题等交换了看法。

国家主席胡锦涛在纽约会见南非总统祖马

胡锦涛表示,中国一贯重视非洲。加强同非洲国家的团结合作始终是中国对外政策的重要基石。在当前国际金融危机影响深刻的背景下,中国致力于发展中非友好合作的信心和决心没有改变,我们也不会因国际金融危机而减少对非援助。今年11月,中非双方将在埃及举办中非合作论坛第四届部长级会议。中方愿同包括南非在内的非洲国家加强沟通、密切配合,共同开好这次论坛会议,推动中非合作再上新台阶。

胡锦涛指出,即将举行的二十国集团领导人第三次金融峰会是国际社会合作应对国际金融危机的一次重要会议。中南两国在应对国际金融危机、实现联合国千年发展目标、改革国际金融体系等方面有着广泛共识。中方愿同南方加强协调、凝聚共识,推动这次峰会取得更多务实成果。

胡锦涛表示,中南都主张国际社会应该本着共同但有区别的责任原则,携手应对气候变化这一全球性问题。中方愿同南方加强沟通和协调,维护发展中国家团结,共同敦促发达国家履行其义务和承诺,为推动哥本哈根大会取得成功发挥应有作用。

祖马完全赞同胡锦涛关于发展双边关系的意见,表示南非同中国的关系十分重要,双方关系具有战略意义。南中两国在许多问题上有着广泛共同利益。中国在国际舞台上为维护广大发展中国家利益发挥着至关重要的作用。南非愿进一步发展对华关系,加强各领域合作,推进双边贸易关系,就应对国际金融危机、气候变化等重大全球性问题进行磋商、协调立场。南非将为促进中国同非洲关系继续发挥积极作用。南非将参加2010年上海世博会。

国家副主席习近平出席在大庆市举行的大庆油田发现50周年庆祝大会并讲话

习近平在讲话中强调，随着我国发展对能源需求的持续增长，油气供需矛盾日益突出，迫切要求我们进一步把石油资源的开发利用这件关系国家安全和国民经济命脉的大事办好。大庆油田和石油战线的干部职工要一如既往地保持艰苦奋斗、锐意进取的精神风貌，进一步做好油田开发建设的各项工作，以油田科学发展、和谐发展的骄人业绩，为做强做大我国石油工业作出新的更大贡献。习近平对大庆油田提出五点希望：一要胸怀全局，站在党和国家事业发展的高度思考问题、谋划发展，立足自身优势和条件履行责任、多做贡献。二要坚持改革创新，保持锐气、焕发朝气、增添勇气，奋力开拓大庆油田更为广阔的发展前景。三要牢记"两个务必"，深刻认识激烈的国际竞争带来的机遇和挑战，奋发进取、求真务实、埋头苦干，创造经得起实践、人民、历史检验的业绩。四要坚定不移地依靠职工群众，切实解决广大职工最关心、最直接、最现实的利益问题，关心"老会战"、老职工的生活和健康，使企业的发展成果更好地惠及职工群众。五要加强和改进新形势下企业党建工作，完善领导体制，强化领导班子整体功能，充分发挥党组织的政治核心作用，切实提高党组织的创造力、凝聚力、战斗力。

香港社会各界庆祝国庆60周年座谈会在香港会议展览中心举行

香港特区政府、中央政府驻香港联络办公室、外交部驻港特派员公署及解放军驻港部队在香港会议展览中心联合举办座谈会，庆祝中华人民共和国成立60周年。国家副主席习近平致信表示祝贺。

全国政协副主席董建华，香港特区行政长官曾荫权，中联办主任彭清华，外交部驻港特派员吕新华和驻港部队司令员张仕波、政委刘良凯等出席座谈会。

"时代领跑者——新中国成立以来最具影响的劳动模范"颁奖盛典在北京举行

中华全国总工会主席王兆国和民进中央主席严隽琪，全国政协副主席白立忱等出席并会见参加颁奖盛典的劳模。

王兆国在讲话中指出，全总开展"时代领跑者——新中国成立以来最具影响的劳动模范"评选活动，就是为了大力弘扬劳模精神，广泛宣传我国工人阶级和劳动模范的伟大历史贡献，鼓舞广大职工以更大的热情投身改革开放和社会主义现代化建设事业。评选活动开展以来，社会各界反响热烈，全国职工积极参与，取得了预期效果。评选产生的60名"时代领跑者"，涵盖了新中国成立以来各个历史时期和各行各业的劳模，他们是亿万劳动群众的杰出代表，为国家发展、民族振兴、人民幸福建立了不可磨灭的功绩。他们所体现出伟大的劳模精神，已成为激励我国工人阶级和广大劳动群众奋勇前进的强大精神动力，共和国的历史丰碑上会永远铭刻他们的卓越功勋。

这60名"最具影响的劳动模范"是：马万水、马六孩、马永顺、马恒昌、孔祥瑞、孔繁森、王顺友、王乐义、王有德、王全禄、王进喜、王启民、王选、王洪军、王崇伦、邓亚萍、邓建军、邓稼先、包起帆、史来贺、田桂英、申纪兰、任长霞、多吉、许振超、达吾提·阿西木、吴仁宝、吴运铎、吴登云、宋鱼水、张云泉、张秉贵、时传祥、李双良、李斌、杨丽、杨怀远、邱娥国、陈刚毅、陈峰、孟泰、柳传志、赵占魁、赵国峰、赵桂兰、赵梦桃、钟南山、徐虎、袁隆平、郭凤莲、常香玉、梁军、尉凤英、彭隆荣、智呼声、蒋筑英、鲁冠球、窦铁成、樊锦诗、潘兰英。

由中宣部 文化部 财政部主办的"国家重大历史题材美术创作工程"作品展在北京中国美术馆开幕

由八一电影制片厂摄制的重大现实题材影片《惊天动地》在北京举行首映式

9月23日

国家主席胡锦涛在第六十四届联大一般性辩论时发表题为《同舟共济　共创未来》的讲话

（2009年9月23日，美国纽约）

主席先生，各位同事，女士们，先生们：

当今世界正处在大发展大变革大调整时期，和平、发展、合作的时代潮流更加强劲。世界多极化、经济全球化深入发展，多边主义和国际关系民主化深入人心，开放合作、互利共赢成为国际社会广泛共识，国与国相互依存更加紧密。

同时，国际金融危机影响仍在持续，世界经济复苏前景还不明朗，全球失业和贫困人口数量上升，发展不平衡更加突出，气候变化、粮食安全、能源资源安全、公共卫生安全等全球性问题进一步显现，恐怖主义、大规模杀伤性武器扩散、跨国有组织犯罪、重大传染性疾病等非传统安全威胁依然存在，一些热点问题长期得不到解决，地区局部冲突此起彼伏，国际形势中的不稳定不确定因素给世界和平与发展带来严峻挑战。

面对前所未有的机遇和挑战，国际社会应该继续携手并进，秉持和平、发展、合作、共赢、包容理念，推动建设持久和平、共同繁荣的和谐世界，为人类和平与发展的崇高事业不懈努力。

第一,用更广阔的视野审视安全,维护世界和平稳定。在人类历史上,各国安全从未像今天这样紧密相连。安全内涵不断扩大,传统安全威胁和非传统安全威胁相互交织,涉及政治、军事、经济、文化等诸多领域,对各国构成共同挑战,需要采用综合手段共同应对。安全不是孤立的、零和的、绝对的,没有世界和地区和平稳定,就没有一国安全稳定。

我们应该坚持互信、互利、平等、协作的新安全观,既维护本国安全,又尊重别国安全关切,促进人类共同安全。坚持联合国宪章宗旨和原则,坚持用和平方式解决地区热点问题和国际争端,反对任意使用武力或以武力相威胁。支持联合国在国际安全领域继续发挥重要作用。坚持平等、互利、合作精神,保障全球经济金融稳定。坚持反对一切形式的恐怖主义、分裂主义、极端主义,不断深化国际安全合作。

全面禁止和彻底销毁核武器,建立无核武器世界,是中国的一贯主张。国际社会应该切实推进核裁军进程,消除核武器扩散风险,促进核能和平利用及其国际合作。

第二,用更全面的观点看待发展,促进共同繁荣。在经济全球化深入发展的大背景下,各国发展息息相关。没有发展中国家普遍发展和平等参与,就没有世界共同繁荣,就无法建立更加公正合理的国际经济秩序。受国际金融危机冲击,发展中国家外部发展环境恶化,经济增长普遍减速,发展遇到严重困难。

我们应该把促进共同发展作为解决全球发展不平衡和实现可持续发展的重要途径。联合国应该加大对发展问题的投入,促进经济全球化朝着均衡、普惠、共赢方向发展,努力营造有利于发展中国家发展的国际环境。国际金融机构应该把新增资源首先用于帮助发展中国家脱困,以更加灵活多样、更加便利快捷的方式提供贷款支持。国际金融体系改革应该着力提高发展中国家代表性和发言权。

我们应该采取负责任的应对国际金融危机举措,坚定反对保护主义,积极推动多哈回合谈判早日取得全面、均衡的成果。发达国家应该向发展中国家开放市场、减免关税,兑现官方发展援助和减债承诺,特别是加大对最不发达国家援助力度,重点解决其面临的饥饿、医疗、教育等问题。

发展中国家应该立足自主发展,探索有利于实现发展、消除贫困的发展模式。发展中国家之间应该扩大贸易和投资合作,相互开放市场,提升南南合作水平。

第三,用更开放的态度开展合作,推动互利共赢。在气候变化、粮食安全、能源资源安全、公共卫生安全等全球性挑战面前,任何国家都不可能独善其身。加强国际合作,是应对挑战、确保和睦安宁的必由之路。我们应该树立共赢理念,把本国人民利益同世界人民共同利益结合起来,扩大各方利益汇合点。

气候变化是人类生存和发展面临的严峻挑战之一。国际合作是应对气候变化的关键。我们应该坚持《联合国气候变化框架公约》及其《京都议定书》主渠道地位,坚持共同但有区别的责任原则,坚持"巴厘路线图"的授权,推动哥本哈根大会取得成功,努力实现互利共赢。

粮食和能源问题事关各国民生、发展、稳定。我们应该加大农业投入,发展先进技术,抑制市场投机,增加粮食援助,加强农业和粮食合作。加强能源开发利用方面的互利合作,加紧研发新能源和可再生能源,构建先进能源技术研发和推广体系,实现能源供应多元化。

甲型流感持续蔓延,已成为国际社会共同面临的全球性公共卫生挑战。中国愿为发展中国家防控甲型流感提供力所能及的帮助。

第四,用更宽广的胸襟相互包容,实现和谐共处。不同文明交流借鉴、兼容并蓄,是社会进步的不竭动力。国家不分大小、强弱、贫富一律平等。我们应该承认各国文化传统、社会制度、价值观念的差异,尊重各国自主选择发展道路的权利。积极促进和保障人权,加强对话,消除隔阂。倡导开放包容精神,使不同文明和发展模式在竞争比较中取长补短、在求同存异中共同发展。

主席先生、各位同事!

中国人民即将迎来中华人民共和国成立60周年。60年前,中国人民经过长期艰苦奋斗实现了民族独立、人民解放,建立起人民当家做主的新中国。30年前,中国人民开始了改革开放和社会主义现代化建设的伟大历史征程。中国社会迸发出前所未有的活力和创造力。而今的中国,综合国力显著增强,人民生活总体上达到小康水平。中国发展对世界和平与发展作出了重大贡献。

历史是继续前进的基础,是开创未来的启示。我们清醒地认识到,中国仍然是发展中国家,我们在发展进程中遇到的矛盾和问题无论规模还是复杂性都世所罕见。中国要全面建成惠及十几亿人口的更高水平的小康社会,进而基本实现现代化、实现全体人民共同富裕,还有很长的路要走。中国将继续从本国国情出发,坚持走中国特色社会主义道路,坚持以经济建设为中心,坚持改革开放,全面推进经济建设、政治建设、文化建设、社会建设以及生态文明建设,真正做到发展为了人民、发展依靠人民、发展成果由人民共享,努力实现以人为本、全面协调可持续的科学发展。

中国的前途命运日益紧密地同世界的前途命运联系在一起。中国越是发展，对世界的贡献就越大，给世界带来的机遇也越大。中国将始终不渝走和平发展道路，始终不渝奉行互利共赢的开放战略，坚持在和平共处五项原则的基础上同所有国家发展友好合作。中国过去、现在、将来都是维护世界和平、促进共同发展的积极力量。

中国作为一个负责任的发展中大国，历来把促进共同发展作为外交政策的重要内容，尽力向其他发展中国家提供支持和帮助，已兑现对联合国《千年宣言》所作承诺。截至目前，中国向120多个国家提供了援助，累计免除49个重债穷国和最不发达国家债务，对40多个最不发达国家的商品给予零关税待遇。

国际金融危机发生以来，中国在面临巨大困难的情况下，保持人民币汇率基本稳定，为维护国际贸易健康发展发挥了重要作用。我们积极参与国际金融公司贸易融资计划，向国际货币基金组织提供融资支持并主要用于帮助发展中国家。我们同有关发展中国家签署双边货币互换协议。我们设立“中国—东盟投资合作基金”，为上海合作组织成员国提供信贷支持，积极参与东亚区域外汇储备库建设。

为进一步帮助发展中国家，中国还将采取以下举措。

——继续加强对受国际金融危机影响严重的发展中国家的支持，认真落实有关增资融资计划，加强贸易和投资合作，增强有关国家抵御金融风险和可持续发展能力。

——继续落实中国在联合国千年发展目标高级别会议上提出的帮助发展中国家加快发展的举措，促进联合国千年发展目标的实现。

——继续落实中非合作论坛北京峰会确定的各项援非举措，增加对非援助，减免非洲重债穷国和最不发达国家债务，扩大对非贸易和投资，在农业、卫生、教育、防灾减灾等领域向非洲国家提供人力和技术支持，加大面向非洲的人力资源培训。

——继续参与和推动地区货币金融合作，维护地区金融和经济形势稳定，促进地区金融合作和贸易发展。

主席先生、各位同事！

同舟共济、互利共赢是时代对我们的客观要求，也是实现各国共同发展繁荣的必由之路。让我们携起手来，共同分享发展机遇，共同应对各种挑战，为建设持久和平、共同繁荣的和谐世界而不懈努力！

谢谢各位。

国家主席胡锦涛在纽约会见韩国总统李明博

胡锦涛强调，通过各方努力，近来东北亚局势有所缓和。我们应该抓住这一有利时机，推动形势继续朝着好的方向发展，争取使朝核问题尽快重回对话协商解决的正确轨道。中方愿继续同韩方一道，为实现半岛无核化、维护半岛和东北亚和平稳定发挥建设性作用。

胡锦涛还向李明博介绍了中国经济形势，强调在当前国际经济形势下中韩应该加强合作，推动两国经济共同发展。

李明博完全赞同胡锦涛关于两国关系的评价，表示韩中战略伙伴关系不断发展，韩方愿同中方密切合作，加强交流，使韩中两国关系更上一层楼。他表示，中国经济企稳回升，对促进韩中经贸关系起到非常重要的作用，也有利于推动世界经济复苏。胡锦涛主席在联合国气候变化峰会上的讲话体现了中方的积极立场，得到世界各国高度评价。韩方愿同中方就地区和全球问题加强协调和合作。

李明博表示，中国在朝核问题六方会谈中一直发挥重要作用，韩方对此高度评价并表示衷心感谢，愿同中方继续保持沟通和合作。随着亚洲地位和作用日益上升，韩中日要加强紧密合作关系。

国家主席胡锦涛在纽约会见俄罗斯总统梅德韦杰夫

胡锦涛指出，中俄双方这次正式批准《中国东北地区同俄罗斯远东及东西伯利亚地区合作规划纲要》，这是一份内容充实、很有分量的文件，对推动中俄毗邻地区合作具有重要意义。希望两国有关部门抓紧落实，推动两国地方合作不断迈上新台阶。中俄双方签署天然气领域合作谅解备忘录，成为两国能源合作的又一重大突破。中方高度重视同俄方开展能源领域合作，希望双方共同努力，推动双方能源领域合作不断取得新成果。今年6月成立的中俄海关合作分委会第一次会议不久前在北京成功举行，这是双方为规范双边贸易秩序采取的切实举措。希望两国海关等部门继续努力，强化海关监管，促进通关便利化，推动双边贸易步入健康有序的发展轨道。中方愿同俄方在现有基础上加强环保合作。今年举行的两国和平使命联合军事演习非常成功，希望继续加强有关合作。

胡锦涛表示，中国新疆维吾尔自治区乌鲁木齐“7·5”事件发生后，俄罗斯政府给予中方坚定有力支持。中方对此予以高度评价并深表感谢。

胡锦涛向梅德韦杰夫介绍了中国经济形势，表示中国制定实施的应对国际金融危机冲击的一揽子计划和相关措施已收到明显成效，同时中国经济发展仍面临一些困难。中国将继续实施积极的财政政策和适度宽松的货币政策，着力扩大国内需求特别是消费需求，加快推动重点产业调整振兴，增强自主创新能力，努力改善民生，同时密切关注国内外经济形势变化，积极准备新的应对方案。为应对国际金融危机冲击，中俄双方保持密切沟通和协调，开展了卓有成效的合作。今后，双方应该加强交流合作，推进国际金融体系改革，维护中俄和广大发展中国家的共同利益。

梅德韦杰夫完全赞同胡锦涛对于两国关系的评价，表示胡锦涛主席对俄罗斯进行的国事访问十分成功，双方就双边关系及各领域合作深入交换意见，确定了两国未来合作的计划，对于双边关系发展具有里程碑意义。

梅德韦杰夫表示，俄中关系是真正的战略协作伙伴关系，俄罗斯对此十分珍视并高度评价。今年双方要共同庆祝俄中建交60周年。双方这次正式批准《中国东北地区同俄罗斯远东及东西伯利亚地区合作规划纲要》，这是双边关系成熟稳健的重要标志，俄方将认真落实。双方能源领域合作已经达到很高水平，俄方愿继续同中方发展电力、核能等领域有关合作。两国海关应该积极合作，促进双边贸易健康发展。俄方希望继续同中方加强环保、移民等领域合作。中国经济的出色表现有利于经济复苏，俄方愿同中方就国际金融合作加强协调。

梅德韦杰夫表示，新疆事务完全属于中国内部事务，任何外部势力都不能干涉。

双方还就朝鲜半岛局势、伊朗核问题等重大国际和地区问题交换了看法。

国务院总理温家宝在北京主持召开国务院常务会议讨论并原则通过《促进中部地区崛起规划》

会议指出，包括山西、安徽、江西、河南、湖北和湖南六省在内的中部地区，是我国重要粮食生产基地、能源原材料基地、装备制造业基地和综合交通运输枢纽，在经济社会发展格局中占有重要地位。实施促进中部崛起战略以来，中部六省发展速度明显加快，城乡人民生活水平稳步提高。但是，中部地区也面临着诸多制约长远发展的矛盾和问题。在应对国际金融危机冲击、保持经济平稳较快增长过程中，要进一步发挥中部地区比较优势，增强对全国发展的支撑能力。

会议提出，实施《促进中部地区崛起规划》，争取到2015年，中部地区实现经济发展水平显著提高、发展活力进一步增强、可持续发展能力明显提升、和谐社会建设取得新进展的目标。为此，一要以加强粮食生产基地建设为重点，积极发展现代农业。加快农业结构调整，大力推进农业产业化经营，加强农业农村基础设施建设，不断提高农业综合生产能力，持续增加农民收入，切实改变农村面貌。二要按照优化布局、集中开发、高效利用、精深加工、安全环保的原则，巩固和提升重要能源原材料基地地位。推进大型煤矿建设，加快电力和电网建设，大力发展原材料精深加工。三要以核心技术、关键技术研发为着力点，建设现代装备制造业及高技术产业基地。增强自主创新能力，提升装备制造业整体实力和水平。加快发展高技术产业，以高新技术和先进适用技术改造传统制造业。四要优化交通资源配置，强化综合交通运输枢纽地位。加快铁路网和机场建设，完善公路干线网络，提高水运、管道运输能力。五要加快形成沿长江、陇海、京广和京九“两横两纵”经济带，积极培育充满活力的城市群；推进老工业基地振兴和资源型城市转型，发展县域经济，加快革命老区、民族地区和贫困地区发展。六要努力发展循环经济，提高资源节约和综合利用水平。加强耕地保护，提高水资源利用综合效益。七要优先发展教育，繁荣文化体育事业，增强基本医疗和公共卫生服务能力，千方百计扩大就业，完善社会保障体系。八要以薄弱环节为突破口，加快改革开放和体制机制创新，不断增强发展动力和活力。进一步完善支持中部崛起的政策体系。

会议要求，国务院有关部门要加强对规划实施的指导协调，有关地方要结合本地实际，切实抓好落实，确保规划目标顺利实现。

政协十一届全国委员会常务委员会第七次会议在北京闭幕

全国政协主席贾庆林出席闭幕会并讲话。

全国政协副主席王刚主持闭幕会。

这次常委会议的主要议题是学习贯彻中共十七届四中全会精神和学习贯彻胡锦涛同志在庆祝中国人民政治协商会议成立60周年大会上的重要讲话精神。中共中央对开好这次会议高度重视，书记处书记、国家副主席习近平同志到会作了关于中共十七届四中全会会议情况和会议精神的报告。会议期间，常委会组成人员认真学习中共十七届四中全会文件和会议公报，学习了胡锦涛同志的重要讲话，并进行了热烈讨论。与会同志完全赞同和拥护《中共中央关于加强和改进新形势下党的建设若干重大问题的决定》，完全赞同和拥护胡锦涛同志在庆祝人民政协成立60周年大会上的重要讲话。

贾庆林在讲话中指出，当前人民政协的一项重大政治任务，就是深入学习贯彻中共十七届四中全会精神和胡锦涛同志在庆祝人民政协成立60周年大会上的重要讲话，切实把思想和行动统一到中共中央关于推进党的建设新的伟大工程和推进人民政协事业发展的新部署新要求上来，继续扎实有效地履行政治协商、民主监督、参政议政职能,充分发挥协调关系、汇聚力量、建言献策、服务大局的重要作用,为推进改革开放和社会主义现代化建设、推进祖国和平统一大业、维护世界和平与促进共同发展作出新的贡献。

贾庆林强调,第一,要坚持正确的政治方向,坚定不移走中国特色社会主义政治发展道路。要始终不渝坚持中国共产党对人民政协的领导,巩固和发展我国多党合作的政治格局,充分发挥人民政协这种民主形式的重要作用。第二,要坚持把推动科学发展作为履行职能的第一要务,为促进经济平稳较快发展献计出力。要发挥人民政协人才荟萃、智力密集的优势,注重研究国外经济环境变化和国内经济运行新情况新问题,注意选择具有综合性、全局性、战略性的重大课题开展专题调研和协商议政活动。要更加关注扩大国内需求、经济结构调整、自主创新和节能减排、城乡统筹和区域协调发展、深化改革开放、保障和改善民生等问题,积极建睿智之言、献务实之策。第三,要坚持把促进政党关系、民族关系、宗教关系、阶层关系、海内外同胞关系的和谐作为重要职责,切实维护社会和谐稳定大局。要坚定不移贯彻落实党的民族政策和民族区域自治制度,深刻认识分裂与反分裂斗争的长期性和复杂性,积极参与民族团结宣传教育活动,为筑牢各族人民共同维护祖国统一、维护民族团结、维护社会稳定的钢铁长城作出积极的努力。

会议听取了各小组学习和讨论情况的汇报。

会议决定,增补马健为政协第十一届全国委员会委员;决定任命庄国荣为全国政协人口资源环境委员会副主任(驻会)、马健为全国政协港澳台侨委员会副主任(驻会);同意郭炎委员因工作变动辞去政协第十一届全国委员会委员、人口资源环境委员会副主任职务。

全国政协副主席廖晖、杜青林、帕巴拉·格列朗杰、白立忱、陈奎元、阿不来提·阿不都热西提、李兆焯、黄孟复、张梅颖、钱运录、孙家正、李金华、郑万通、邓朴方、林文漪、厉无畏、罗富和、陈宗兴、王志珍出席闭幕会。

中共中央和国务院有关部门负责人应邀参加闭幕会。

财政部国家发展改革委科技部等九部门印发《关于鼓励政府和企业发包促进我国服务外包产业发展的指导意见》

各省、自治区、直辖市、计划单列市财政厅(局)、发展改革委、科技厅(局)、工业和信息化主管部门、商务主管部门、国资委、银监局、证监局、保监局:

服务外包产业是智力人才密集型的现代服务业,具有信息技术承载度高、附加值大、资源消耗低、环境污染少、吸纳大学生就业能力强、国际化水平高等特点。贯彻落实科学发展观,按照保增长、扩内需、调结构的工作要求,支持和鼓励服务外包产业的发展,对当前和今后的经济发展具有重要意义。根据《国务院办公厅关于促进服务外包产业发展问题的复函》(国办发〔2009〕9号)的精神,为鼓励政府和企业通过购买服务等方式,将数据处理等不涉及秘密的业务外包给专业公司,促进我国服务外包产业又好又快发展,现提出如下指导意见:

一、积极支持服务外包产业发展,各级政府要抓住服务外包产业发展的难得机遇,把促进政府和企业发包作为推动我国服务外包产业的重点。加大服务外包的宣传力度,改变国内对外包模式的传统观念,让服务外包得到各级政府和大中型企业的认可。

二、积极发挥服务外包示范城市的示范和带动作用,在发展政务信息化建设、电子政务,以及企业信息化建设、电子商务过程中,鼓励政府和相关部门整合资源,将信息技术的开发、应用和部分流程性业务发包给专业的服务供应商,扩大内需市场,培育国内服务外包业的发展。

三、本着合理配置,节约资源的原则,进一步发挥政府采购的政策功能作用,鼓励采购人将涉及信息技术咨询、运营维护、软件开发和部署、测试、数据处理、系统集成、培训及租赁等不涉及秘密的可外包业务发包给专业企业,不断拓宽购买服务的领域。凡购买达到政府采购限额标准以上的外包服务,必须按照政府采购有关规定,采购我国符合国家相关标准要求、具备相应专业资质的外包企业的服务。

四、制定相关的发包规范和服务供应商提供服务的技术标准,积极引导和促进中央企业和地方企业加大外包力度,让服务外包企业有更多的机会参与国内企业外包业务。

五、研究建立服务外包企业服务评价制度机制,选择具有一定承接能力的信息技术服务等服务外包企业,优先承接政府服务外包业务。扶持服务外包企业做强做大,尽早形成一批服务外包龙头企业。

六、积极研究政府职能部门或大中型企业将其现有的IT和相关服务部门进行业务剥离,采用多种形式与专业的服务外包供应商整合,扩大服务对象和业务规模,提升业务水平。

七、在已有软件与信息服务外包公共支撑平台基础上,进一步建立和完善发包项目信息和接包企业对接平台,促进发、接包业务的顺利对接。积极搭建大中型企业和服务外包企业之间的桥梁,组织安排大中型企业和服务外包商的洽谈会,建立两者之间的沟通渠道。研究支持组建服务外包企业与大中型企业的合作联盟,加强业务交流和沟通,鼓励大中型企业分步骤地将业务外包。

八、加强对地方政府和企业相关人员的培训,培养一批熟悉服务外包业务,深入了解市场的中高层管理人员,做好政府和企业发包的工作。

九、综合运用财政、金融、税收、政府采购等政策手段,积极推动服务外包产业的快速发展。通过政策扶持加强对服务外包企业的品牌宣传和推介,打造中国服务外包品牌。

十、政府或企业在开展服务外包业务时要遵守国家法律,严格按照《中华人民共和国保守国家秘密法》的规定,加强保密管理。同时增强服务外包过程中的发包、接包、分包、转包等环节的法律风险意识,促进服务外包行业的规范运作。

财政部 国家发展改革委 科技部
工业和信息化部 商务部 国资委
银监会 证监会 保监会
2009年9月23日

唐子奇逝世

原林业部党组成员、副部长(部长级待遇)唐子奇同志,因病于9月23日在北京逝世,享年102岁。

唐子奇是湖南省浏阳县人,1907年3月生,1932年加入中国共产党。1927年参加八一南昌起义,起义失败后,不幸被捕入狱。被营救出狱后,1928年在洪湖市从事党的秘密工作。1931年参加中国工农红军。参加了湘赣苏区第二、三、四、五次反"围剿"斗争和长征。1936年入延安军政大学学习。抗日战争期间,任八路军一二○师司令部参谋。1938年任八路军一二○师三五九旅参谋长。1945年10月起历任晋绥军区第六军分区司令员、晋绥军区总兵站站长、西北野战军六纵队参谋长。1950年任林业部林政司司长,1959年任林业部副部长、党组成员。1978年起,历任农林部顾问、国家林业总局顾问、林业部副部长、党组成员。1982年退居二线。1995年5月离职休养。

唐子奇是第五、六届全国政协委员。

9月24日

国家主席胡锦涛在安理会核不扩散与核裁军峰会上发表《共同缔造普遍安全的世界》的讲话

(2009年9月24日,美国纽约)

主席先生,各位同事:

当前,国际安全环境复杂多变,核扩散问题依然突出,核裁军任重道远。为缔造普遍安全的世界,我们要努力做到以下几点。

——努力营造和平稳定的国际大环境,通过和平方式解决国际争端,增加各国安全感,促进发展,消除贫困,消除冲突和动荡根源。

——充分尊重和照顾各国正当合理的安全关切,不把本国安全凌驾于别国安全之上,通过互利共赢实现普遍安全。

——致力于建立相互理解和信赖的国家关系,化解分歧和猜疑,在平等基础上开展对话和合作。

——坚持多边主义,巩固以联合国为核心的集体安全体系,增强其公正性和合理性,使之在国际安全合作中发挥强大作用。

一个普遍安全的世界,首先应该摆脱核战争威胁。借此机会,我愿提出5点主张。

第一,维护全球战略平衡和稳定,积极推进核裁军进程。所有核武器国家应该切实履行《不扩散核武器条约》第六条规定的义务,并公开承诺不寻求永远拥有核武器。拥有最大核武库的国家应该继续率先大幅度实质性削减其核武器。《全面禁止核试验条约》应该早日生效。应该尽快就"禁止生产核武器用裂变材料条约"进行谈判。条件成熟时,其他核武器国家也应该加入多边核裁军谈判进程。为最终实现全面彻底核裁军,国际社会应该适时制定一项切实可行的分阶段的长远规划,包括缔结《全面禁止核武器公约》。

第二,放弃以首先使用核武器为基础的核威慑政策,切实减少核武器威胁。所有核武器国家应该明确承诺无条件不对无核武器国家和无核武器区使用或威胁使用核武器,并就此达成有法律约束力的国际文书。同时,核武器国家之间应该谈判缔结互不首先使用核武器条约。

第三,巩固国际核不扩散机制,防止核武器扩散。所有国家应该加入《不扩散核武器条约》,切实维护和加强条约权威性和有效性。强化国际原子能机构保障监督职能。所有国家应该严格履行防扩散义务,不搞双重标准,加强和改进防扩散出口管制。

第四,充分尊重各国和平利用核能的权利,积极开展国际合作。发达国家应该积极帮助发展中国家为和平目的开发利用核能。国际原子能机构应该加大投入,推动核电、核安全、核技术应用等方面技术合作和援助。

第五,大力加强核安全,切实减少核风险。各国应该严格遵守核安全领域各项国际法律文书,采取切实措施,确保其核设施和核材料安全,有效防止核材料流失。国际社会应该加强合作,共同打击核恐怖主义。

中国一贯主张全面禁止和彻底销毁核武器,我愿在这里郑重重申,中国坚定奉行自卫防御的核战略,始终恪守在任何时候和任何情况下不首先使用核武器政策,明确承诺无条件不对无核武器国家和无核武器区使用或威胁使用核武器。中国不参加任何形式的核军备竞赛,将继续把自身核力量维持在国家安全需要的最低水平,将继续为推进国际核裁军进程作出努力。中国愿继续为维护国际核不扩散体系发挥建设性作用。

谢谢各位。

国务院总理温家宝在四川地震灾区考察指导灾后恢复重建工作并看望慰问广大干部群众

9月24日至26日,温家宝先后来到北川县中学、新北川县城建筑工地,青川县东河口村、凉华村,绵竹市孝德镇年画村及东方汽轮机有限公司,都江堰市新建小学、向荣新村,汶川县映秀镇、水磨镇,就灾后恢复重建情况进行调研,广泛听取灾区基层干部群众的意见和建议。24日晚和25日晚,他分别主持召开会议听取四川省委、省政府的汇报,并就灾后恢复重建作重要讲话。

温家宝强调,灾后恢复重建,是今年政府工作的一项重要任务,也是应对国际金融危机一揽子计划的重要组成部分,是一项艰巨复杂的系统工程。当前要重点抓好十件事:一是确保灾区群众早日住上永久性住房。住房重建仍然是灾后恢复重建的首要任务。要重点落实解决农村贫困户住房重建困难的各项措施,努力实现今年年底前全面完成农村住房重建的目标。加强城镇廉租住房和经济适用住房建设,合理安排普通商品住房建设,力争在明年5月底前基本完成灾区城镇居民住房重建任务。二是尽快全面恢复公共服务功能。要使义务教育、基本医疗、文化体育、社会福利等基本公共服务达到或超过灾前水平。首要的是抓好学校的恢复重建,今年年底前确保95%以上的灾区学生进入永久性校舍上课,明年春季开学时所有的学生都能迁入新校舍学习。灾区县级医院和疾病预防控制、妇幼保健、计划生育服务机构以及乡镇卫生院,要在明年9月底前基本完成重建任务。三是恢复和提高基础设施保障能力。进一步加快交通、通信、水利、能源等基础设施恢复重建。力争明年9月底前,基本完成干线公路恢复重建任务。加快市政公用设施和农村基础设施建设,完善城乡居民生产生活服务体系。力争到明年9月底,北川、汶川、青川县城和映秀、汉旺等重灾镇建成城镇基本框架,形成城镇基本功能,其他城镇完成重建主体任务。四是高度重视余震监测和地质灾害防治。完善群测群防监测网络,增强防灾减灾能力,有效预防自然灾害威胁。五是积极促进特色优势产业发展。全面恢复工业、农业、旅游业、市场服务设施,大力发展特色优势产业和农业生产基地,积极承接产业转移,加强重点旅游区和精品旅游线建设。六是有序推动生态恢复建设。在自然修复的基础上加强人工治理,恢复受损植被、水源涵养、水土保持等生态功能。加强污染源和环境敏感区域的监督管理,改善灾区环境质量。所有恢复重建和产业转移项目,都要严把生态环境关、节能减排关。七是全力做好对口支援工作。各对口支援省市要保持原定对灾区的支持力度不变。鼓励支援省与受援县在巩固援建成果、互利共赢的基础上,探索建立长期合作机制。八是加强资金使用全程监督和审计。灾区各级政府统筹安排使用好各类资金。对社会各界捐赠资金的安排使用,要充分尊重捐赠者意愿和知情权。要采取更加严格的监管措施,切实做到全过程监督检查,确保各类资金使用安全。九是认真做好规划实施中期评估工作。每一项工程都要严格执行国家建设标准和技术规范,经得起实践和历史的检验。十是确保灾区社会和谐稳定。要有针对性地做好灾区群众的思想工作,采取措施化解社会矛盾,进一步加强社会治安综合治理,增强灾区群众的安全感。

温家宝强调,灾后恢复重建工作要把确保工程质量和安全放在第一位。我们讲的加快进度,是建立在确保质量安全基础上的,决不能为了赶进度而降低标准、要求和质量。要从实际出发,制定科学、切实可行的规划,保质保量地把恢复重建工作做好,对国家负责,对人民负责,对子孙后代负责。

国务院副总理李克强在江西考察

9月24日至26日,李克强先后来到吉安、九江、南昌等地进行考察调研。每到一处,李克强与干部群众一起分析经济形势,详细探讨进一步发展之策。他指出,当前世界经济正在深刻调整,要立足当前、着眼长远、把握全局,在保增长中加快推进经济结构战略性调整,深化改革,创新体制机制,逐步形成有利于全面协调可持续发展的增长方式和经济模式。

李克强在考察时强调,要全面贯彻党的十七大和十七届四中全会精神,深入贯彻落实科学发展观,坚持改革开放,调整经济结构,加快经济转型,创新发展模式,促进经济长期平稳较快发展。

在赣期间,李克强听取了江西省委省政府的工作汇报,充分肯定近年来江西经济社会发展取得的成绩,希望江西进一步发挥优势,在中部崛起中有更大作为,在新的征程中不断谱写新的篇章。

澳门社会各界在澳门世界贸易中心举行庆祝中华人民共和国成立60周年座谈会

为庆祝新中国成立60周年,由澳门特别行政区政府、中央驻澳联络办公室联合召开的“澳门社会各界庆祝中华人民共和国成立60周年座谈会”隆重举行。

座谈会由中央驻澳联络办公室主任白志健主持，澳门特别行政区行政长官何厚铧、外交部驻澳特派员公署特派员卢树民、中国人民解放军驻澳门部队司令员王玉仁及澳门各界人士代表300多人出席了座谈会。

纪念孔子诞辰2560周年国际学术研讨会暨国际儒学联合会第四届会员大会在北京举行

全国政协主席贾庆林出席并讲话。大会由国际儒学联合会会长叶选平致开幕词，顾秀莲参加了会议。

会议邀请了来自世界27个国家和地区的300位儒学界学者以及北京市大专院校、文化界和知识界的部分代表参加。北京大学教授汤一介、美国夏威夷大学教授成中英、德国波恩大学教授顾彬、日本东京大学名誉教授池田知久等在大会上发言。

中国女篮获得在印度钦奈举行的女篮亚锦赛冠军

9月25日

国家主席胡锦涛在美国匹兹堡出席二十国集团领导人第三次金融峰会并发表题为《全力促进增长推动平衡发展》的讲话

（2009年9月25日，美国匹兹堡）

尊敬的奥巴马总统，各位同事：

很高兴来到匹兹堡参加二十国集团领导人第三次金融峰会。首先，我对奥巴马总统为本次峰会所作的精心准备和周到安排，表示衷心的感谢！

经过华盛顿和伦敦两次金融峰会，国际社会信心增强，金融市场趋于稳定，世界经济出现积极变化。同时，我们也清醒地看到，世界经济形势好转的基础并不牢固，不确定因素仍然很多，实现全面复苏将是缓慢和曲折的过程。当前，我们的首要任务仍然是应对国际金融危机、推动世界经济健康复苏，同时要坚定不移推进国际金融体系改革，在解决全球发展不平衡进程中实现世界经济全面持续平衡发展。

第一，坚定不移刺激经济增长。我们应该充分利用二十国集团这一平台，继续加强宏观经济政策协调，保持政策导向总体一致性、时效性、前瞻性。各国应该保持经济刺激方案力度，无论是发达国家还是发展中国家都应该采取更加扎实有效的举措，在促进消费、扩大内需上多下功夫。主要储备货币发行国要平衡和兼顾货币政策对国内经济和国际经济的影响，切实维护国际金融市场稳定。要坚决反对和抵制各种形式的保护主义，维护公正自由开放的全球贸易和投资体系，继续承诺不对商品、投资、服务设置新的限制措施，在锁定现有成果的基础上推动多哈回合谈判早日取得成功。我们应该大力推动国际新兴产业合作尤其是节能减排、环保、新能源等领域合作，积极培育世界经济新的增长点。我们应该大力加强国际科技合作，充分依靠科技进步增强世界经济增长内在动力。与此同时，我们应该对刺激措施可能产生的负面影响尤其是潜在通胀风险保持警惕。

第二，坚定不移推进国际金融体系改革。二十国集团领导人在前两次金融峰会上达成了推进国际金融体系改革的政治共识，这是我们向全世界作出的庄严承诺。现在，国际经济金融形势有所好转，但我们推进改革的决心不能减弱、目标不能降低。我们应该落实伦敦峰会确定的时间表和路线图，着力提高发展中国家代表性和发言权，不断推动改革取得实质性进展。我们应该完善国际金融机构现行决策程序和机制，推动各方更加广泛有效参与。我们应该推进国际金融监管体系改革，改革应该触及最根本的监管原则和目标，未来金融监管体系要简单易行、便于问责。我们应该加强金融监管合作，扩大金融监管覆盖面，尽快制订普遍接受的金融监管标准，高质量落实各项改革措施。

第三，坚定不移推动世界经济平衡发展。当前，国际社会十分关注全球经济失衡问题。失衡既表现为部分国家储蓄消费失衡、贸易收支失衡，更表现为世界财富分配失衡、资源拥有和消耗失衡、国际货币体系失衡。导致失衡的原因是复杂的、多方面的，既有经济全球化深入发展、国际产业分工转移、国际资本流动的因素，也同现行国际经济体系、主要经济体宏观经济政策、各国消费文化和生活方式密切相关。从根本上看，失衡根源是南北发展严重不平衡。只有广大发展中国家有效实现发展，世界经济复苏步伐才会坚实，世界经济增长才能持久。我们应该完善促进平衡发展的国际机制，支持联合国在解决发展问题方面更好发挥指导和协调作用，推动世界银行增加发展资源、增强减贫和发展职能，敦促国际货币基金组织建立快速有效的金融救援机制，优先向最不发达国家提供融资支持。我们应该加大形式多样的发展投入，二十国集团领导人峰会推动筹集的大量资金应该优先用于解决发展不平衡问题，发达国家应该认真落实蒙特雷共识，切实增加对发展中国家的援助规模，推动联合国千年发展目标的实现。我们应该高度重视技术合作对促进平衡发展的重要意义，降低人为技术转让壁垒，为广大发展中国家缩小发展差距创造条件，尤其要加强绿色技术领域合作，确保发展中国家用得上、用得起绿色技术，避免形成新的“绿色鸿沟”。我们应该着力转变经济发展方式，既要增强紧迫感、积极推进，又要区别情况、从实际出发，允许不同发展阶段的国家在转变经济发展方式过程中选择适合本国国情的路子和节奏，不能挤压发展中国家应有的发展空间。

各位同事！

中国高度重视经济社会全面协调可持续发展。我们坚持把扩大内需特别是消费需求作为应对国际金融危机冲击的基本立足点，积极调整内外需结构和投资消费结构，在经济发展中努力实现速度与结构、质量、效益相统一。国际金融危机发生以来，中国推出一系列扩大内需、调整结构、促进增长、改善民生的政策措施，并取得初步成效。今年上半年，在外需严重萎缩的情况下，中国国内生产总值同比增长7.1%。这表明中国通过扩大内需拉动经济增长的政策是有效的，中国经济增长为世界经济复苏作出了贡献。

长期以来，中国积极参加国际发展合作。国际金融危机发生后，中国在自身面临巨大困难和严峻挑战的形势下，仍然积极参加应对国际金融危机的国际合作。中国将继续本着负责任的态度，认真落实各项对外援助承诺和举措，在力所能及的范围内向发展中国家尤其是非洲最不发达国家提供更多帮助。

各位同事！

二十国集团领导人在不到一年的时间内举行了3次峰会，取得了积极成效。我相信，在国际社会共同努力下，我们一定能够最终战胜这场国际金融危机，迎来世界经济更加繁荣的明天。

谢谢各位。

我国首次在青海省祁连山发现“可燃冰”

国土资源部25日宣布，我国在青海省祁连山南缘永久冻土带成功钻获天然气水合物实物样品，我国成为世界上第一次在中低纬度冻土区发现天然气水合物的国家。

首次在我国陆域发现天然气水合物，使我国成为世界上第一次在中低纬度冻土区发现天然气水合物的国家，也是继加拿大1992年在北美麦肯齐三角洲、美国2007年在阿拉斯加山北坡通过国家计划钻探发现天然气水合物之后，在陆域通过钻探获得天然气水合物样品的第三个国家。天然气水合物又称“可燃冰”，是由水和天然气在高压、低温条件下混合而成的一种固态物质，外貌极像冰雪或固体酒精，遇火即可燃烧，具有使用方便、燃烧值高、清洁无污染等特点，被公认为地球上尚未开发的最大新型能源，21世纪最有希望的战略资源。

国家博物馆举办《复兴之路》大型展览

展览通过150多件珍贵文物和980多张历史照片，真实再现了自1840年鸦片战争以来100多年间，陷入半殖民地半封建社会深渊的中国人民在屈辱和苦难中奋起抗争，为实现民族复兴上下求索，特别是中国共产党领导各族人民争取民族独立、人民解放、国家富强、人民幸福的奋斗历程，展示了盛世中华团结和谐的繁荣景象。

展览共分五部分：中国沦为半殖民地半封建社会；探索救亡图存的道路；中国共产党肩负起民族独立人民解放历史重任；建设社会主义新中国；走中国特色社会主义道路。首次以陈列的方式全面展示了中华民族近170年复兴之路的宏大主题。

9月26日

中央党校举行学习贯彻党的十七届四中全会精神报告会

国家副主席、中央党校校长习近平作了题为《加强和改进新形势下党的建设的纲领性文献》的报告。他强调，学习四中全会审议通过的《中共中央关于加强和改进新形势下党的建设若干重大问题的决定》，一定要认认真真、原原本本、深刻理解；落实四中全会精神，一定要不折不扣、踏踏实实、务求成效。

习近平在报告中深刻论述了加强和改进新形势下党的建设的重要性和紧迫性，系统介绍了《决定》在起草过程中充分发扬民主、广泛集中全党智慧、反复征求和听取各方面意见，实行科学决策、民主决策的情况。他指出，《决定》深入贯彻党的十七大精神，从夺取全面建设小康社会新胜利、开创中国特色社会主义事业新局面的要求出发，在建设马克思主义学习型政党、坚持和健全民主集中制、建设善于推动科学发展和促进社会和谐的高素质干部队伍、做好抓基层打基础工作、弘扬党的优良作风、加快推进惩治和预防腐败体系建设等6个方面提出了目标任务和一系列重要举措，是加强和改进党的建设的纲领性文献。

习近平强调，我们党在中国执政60年来，走过的历程波澜壮阔、很不寻常，积累的经验承前启后、十分丰富。《决定》总结的党在长期执政实践中加强自身建设的6条基本经验，凝聚了几代中国共产党人的心血，深化了对共产党执政规律、社会主义建设规律、人类社会发展规律的认识，是极为宝贵的财富，必须倍加重视、倍加珍惜，必须作为加强和改进新形势下党的建设的重要指导原则长期坚持、切实运用，并在实践中不断丰富发展。

习近平指出，《决定》着眼于研究解决当前党的建设中带有战略性、根本性、紧迫性的重大问题，研究解决党员干部队伍中存在的突出问题和广大党员、干部、群众关注的热点问题，坚持继承和创新相结合、科学性和实效性相结合，在思想理论上、政策取向上、工作部署上提出了许多新要求新举措。习近平从30个方面列举和解说了《决定》提出的新要求新举措后指出，这些新要求新举措是多年来党的建设实践经验的新总结，反映了全党在推进党的建设新的伟大工程一系列重大问题上的新认识，体现了开创中国特色社会主义事业新局面的新要求，要作为重点认真学习、深刻领会、深入贯彻。

习近平强调，学习贯彻党的十七届四中全会精神是当前和今后一个时期全党的重要政治任务。各级党组织要加强组织领导，采取有效措施，作出工作部署，明确领导责任，确保党的建设各项任务落到实处、落到基层。要把学习贯彻全会精神与正在开展的深入学习实践科学发展观活动结合起来，按照中央的要求扎扎实实抓好第三批学习实践活动。

习近平指出，中央党校和地方各级党校是轮训和培训党员领导干部，培养党的理论队伍，研究马克思列宁主义、毛泽东思想和中国特色社会主义理论体系的重要阵地，是领导干部加强党性锻炼的熔炉，在加强党的建设方面担负着重要责任。《决定》提出的加强和改进新形势下党的建设的总体要求、目标任务、重要举措，对党校具有重要指导意义；各级党校要把全会精神贯彻落实到党校教学科研及各项工作中去，进一步发挥党校在推进党的理论创新方面的生力军作用，在推进党的理论武装工作、建设学习型政党中的重要作用，进一步提高党校工作水平。

中央党校常务副校长李景田主持报告会。中央党校全体学员、教职员工共1800人参加报告会。

国务院批转发展改革委等部门《关于抑制部分行业产能过剩和重复建设引导产业健康发展的若干意见》并发出通知

各省、自治区、直辖市人民政府，国务院各部委、各直属机构：

国务院同意发展改革委等部门《关于抑制部分行业产能过剩和重复建设引导产业健康发展的若干意见》，现转发给你们，请认真贯彻执行。

为应对国际金融危机的冲击和影响，党中央、国务院审时度势，及时制订和实施了扩大内需、促进经济增长的一揽子计划。按照"保增长、扩内需、调结构"的总体要求，出台了钢铁等十个重点产业调整和振兴规划，在推动结构调整方面提出了控制总量、淘汰落后、兼并重组、技术改造、自主创新等一系列对策措施，各地也相继出台了一些扶持产业发展的政策措施。目前，政策效应已初步显现，企业生产经营困难情况有所缓解，产业发展总体向好。但从当前产业发展状况看，结构调整虽取得一定进展，但总体进展不快，各地区、各行业也不平衡。不少领域产能过剩、重复建设问题仍很突出，有的甚至还在加剧。特别需要关注的是，不仅钢铁、水泥等产能过剩的传统产业仍在盲目扩张，风电设备、多晶硅等新兴产业也出现了重复建设倾向，一些地区违法、违规审批，未批先建、边批边建现象又有所抬头。

对于部分行业出现的产能过剩和重复建设，如不及时加以调控和引导，任其发展，市场恶性竞争难以避免，经济效益难以提高，并将导致企业倒闭或开工不足、人员下岗失业、银行不良资产大量增加等一系列问题，不仅严重影响国家扩大内需一揽子计划的实施效果和来之不易的企稳向好的形势，而且将错失利用国际金融危机形成的市场形势推动结构调整的历史机遇。

各地区、各部门要根据本通知精神，切实把思想和行动统一到党中央、国务院的决策部署上来，认真贯彻落实科学发展观，进一步增强大局意识、责任意识和忧患意识，在保增长中更加注重推进结构调整，坚持产业政策导向，严格执行环境监管、用地管理、金融政策和项目投资管理有关规定，将坚决抑制部分行业产能过剩和重复建设作为结构调整的重点工作抓紧抓好。要大力发展符合市场需求的高新技术产业和服务业，把握好调整的方向、力度和节奏，切实转变经济发展方式，提高经济发展的质量和效益，促进经济社会全面协调可持续发展。

国务院

2009年9月26日

关于抑制部分行业产能过剩和重复建设引导产业健康发展的若干意见

发展改革委、工业和信息化部、监察部、财政部、国土资源部、环境保护部、人民银行、质检总局、银监会、证监会：

为切实将党中央、国务院应对国际金融危机的一揽子计划落到实处，巩固和发展当前经济企稳向好的势头，加快推动结构调整，坚决抑制部分行业的产能过剩和重复建设，引导新兴产业有序发展，现提出以下意见：

一、部分行业产能过剩和重复建设问题需引起高度重视

为应对国际金融危机的冲击和影响，党中央、国务院审时度势，及时制订和实施了扩大内需、促进经济增长的一揽子计划。按照"保增长、扩内需、调结构"的总体要求，出台了钢铁等十个重点产业调整和振兴规划，在推动结构调整方面提出了控制总量、淘汰落后、兼并重组、技术改造、自主创新等一系列对策措施，各

地也相继出台了一些扶持产业发展的政策措施。目前政策效应已初步显现，工业增速稳中趋升，企业生产经营困难情况有所缓解，产业发展总体向好。

但从当前产业发展状况看，结构调整虽取得一定进展，但总体进展不快，各地区、各行业也不平衡。不少领域产能过剩、重复建设问题仍很突出，有的甚至还在加剧。特别需要关注的是，不仅钢铁、水泥等产能过剩的传统产业仍在盲目扩张，风电设备、多晶硅等新兴产业也出现了重复建设倾向，一些地区违法、违规审批，未批先建、边批边建现象又有所抬头。

（一）钢铁。2008年我国粗钢产能6.6亿吨，需求仅5亿吨左右，约四分之一的钢铁及制成品依赖国际市场。2009年上半年全行业完成投资1405.5亿元，目前在建项目粗钢产能5800万吨，多数为违规建设，如不及时加以控制，粗钢产能将超过7亿吨，产能过剩矛盾将进一步加剧。

（二）水泥。2008年我国水泥产能18.7亿吨，其中新型干法水泥11亿吨，特种水泥与粉磨站产能2.7亿吨，落后产能约5亿吨，当年水泥产量14亿吨。目前在建水泥生产线418条，产能6.2亿吨，另外还有已核准尚未开工的生产线147条，产能2.1亿吨。这些产能全部建成后，水泥产能将达到27亿吨，市场需求仅为16亿吨，产能将严重过剩。

（三）平板玻璃。2008年全国平板玻璃产能6.5亿重箱，产量5.74亿重箱，约占全球产量的50%，其中浮法玻璃产量为4.79亿重箱，占平板玻璃总量的80%。2009年上半年新投产13条生产线，新增产能4848万重箱，目前各地还有30余条在建和拟建浮法玻璃生产线，平板玻璃产能将超过8亿重箱，产能明显过剩。

（四）煤化工。近年来，一些煤炭资源产地片面追求经济发展速度，不顾生态环境、水资源承载能力和现代煤化工工艺技术仍处于示范阶段的现实，不注重能源转化效率和全生命周期能效评价，盲目发展煤化工。传统煤化工重复建设严重，产能过剩30%，在进口产品的冲击下，2009年上半年甲醇装置开工率只有40%左右。目前煤制油示范工程正处于试生产阶段，煤制烯烃等示范工程尚处于建设或前期工作阶段，但一些地区盲目规划现代煤化工项目，若不及时合理引导，势必出现“逢煤必化、遍地开花”的混乱局面。

（五）多晶硅。多晶硅是信息产业和光伏产业的基础材料，属于高耗能和高污染产品。从生产工业硅到太阳能电池全过程综合电耗约220万千瓦时/兆瓦。2008年我国多晶硅产能2万吨，产量4000吨左右，在建产能约8万吨，产能已明显过剩。我国光伏发电市场发展缓慢，国内太阳能电池98%用于出口，相当于大量输出国内紧缺的能源。

（六）风电设备。风电是国家鼓励发展的新兴产业。2008年年底已安装风电机组11638台，总装机容量1217万千瓦。近年来风电产业快速发展，出现了风电设备投资一哄而上、重复引进和重复建设现象。目前，我国风电机组整机制造企业超过80家，还有许多企业准备进入风电装备制造业，2010年我国风电装备产能将超过2000万千瓦，而每年风电装机规模为1000万千瓦左右，若不及时调控和引导，产能过剩将不可避免。

此外，电解铝、造船、大豆压榨等行业产能过剩矛盾也十分突出，一些地区和企业还在规划新上项目。目前，全球范围内电解铝供过于求，我国电解铝产能为1800万吨，占全球42.9%，产能利用率仅为73.2%；我国造船能力为6600万载重吨，占全球的36%，而2008年国内消费量仅为1000万载重吨左右，70%以上产量靠出口；大型锻件存在着产能过剩的隐忧；化肥行业氮肥和磷肥自给有余，钾肥严重短缺，产业结构亟待进一步优化。

必须清醒地认识到，2008年第四季度以来我国工业生产经营出现的困难，一方面是国际金融危机冲击的外因影响；另一方面也有我国经济发展方式粗放的内因，不少行业重复建设、盲目扩张，在外需严重萎缩的情况下产能过剩矛盾加剧。当前我国经济回升的基础还不够稳固，应对国际金融危机取得的成果还是初步的、阶段性的。对于部分行业出现的产能过剩和重复建设，如不及时加以调控和引导，任其发展，市场恶性竞争难以避免，经济效益难以提高，并将导致企业倒闭或开工不足、人员下岗失业、银行不良资产大量增加等一系列问题，不仅严重影响国家扩大内需一揽子计划的实施效果和来之不易的企稳向好的形势，而且将错失利用国际金融危机形成的市场形势推动结构调整的历史机遇。因此，尽快抑制产能过剩和重复建设，把有限的要素资源引导和配置到优化存量、培育新的增长点上来，大力发展符合市场需求的高新技术产业和服务业，不仅对实现产业的良性发展，而且对转变发展方式，实现经济社会可持续发展具有重要的意义。

二、正确把握抑制产能过剩和重复建设的政策导向

当前，我国经济正处于企稳回升的关键时期，必须认真贯彻落实科学发展观，进一步统一思想，增强忧患意识，在保增长中更加注重推进结构调整，将坚决抑制部分行业产能过剩和重复建设作为结构调整的重点工作抓紧、抓实，抓出成效。抑制产能过剩和重复建设所涉及的行业具有很强的市场性和全球资源配置特点，既要充分发挥市场机制的作用，又要辅之必要的调控措施，注意把握好以下原则和产业政策导向：

(一)主要原则。

一是控制增量和优化存量相结合。严格控制产能过剩行业盲目扩张和重复建设，推进企业兼并重组和联合重组，加快淘汰落后产能；结合实施“走出去”战略，支持有条件的企业转移产能，形成参与国际产业竞争的新格局；依靠技术进步，优化存量，调整产品结构，谋求有效益、有质量、可持续的发展。

二是分类指导和有保有压相结合。对钢铁、水泥等高耗能、高污染产业，要坚决控制总量、抑制产能过剩；鼓励发展高技术、高附加值、低消耗、低排放的新工艺和新产品，延长产业链，形成新的增长点。对多晶硅、风电设备等新兴产业，要集中有效资源，支持企业提高关键环节和关键部件自主创新能力，积极开展产业化示范，防止投资过热和重复建设，引导有序发展。

三是培育新兴产业和提升传统产业相结合。立足于新一轮国际竞争和可持续发展的需要，尽快培育一批科技含量高、发展潜力大、带动作用强的新兴产业，及时制定出台专项产业政策和规划，明确技术装备路线，建立和完善准入标准；抓紧改造提升传统产业，及时修订产业政策，提高准入标准，对结构调整给予明确产业政策引导。

四是市场引导和宏观调控相结合。加强行业产销形势的监测、分析和国内外市场需求的信息发布，发挥市场配置资源的基础性作用；综合运用法律、经济、技术、标准以及必要的行政手段，协调产业、环保、土地和金融政策，形成抑制产能过剩、引导产业健康发展的合力；同时，坚持深化改革，标本兼治，通过体制机制创新解决重复建设的深层次矛盾。

(二)产业政策导向。

钢铁：充分利用当前市场倒逼机制，在减少或不增加产能的前提下，通过淘汰落后、联合重组和城市钢厂搬迁，加快结构调整和技术进步，推动钢铁工业实现由大到强的转变。不再核准和支持单纯新建、扩建产能的钢铁项目。严禁各地借等量淘汰落后产能之名，避开国家环保、土地和投资主管部门的监管、审批，自行建设钢铁项目。重点支持有条件的大型钢铁企业发展百万千瓦火电及核电用特厚板和高压锅炉管、25万千伏安以上变压器用高磁感低铁损取向硅钢、高档工模具钢等关键品种。尽快完善建筑用钢标准及设计规范，加快淘汰强度335兆帕以下热轧带肋钢筋，推广强度400兆帕及以上钢筋，促进建筑钢材升级换代。2011年年底前，坚决淘汰400立方米及以下高炉、30吨及以下转炉和电炉，碳钢企业吨钢综合能耗应低于620千克标准煤，吨钢耗用新水量低于5吨，吨钢烟粉尘排放量低于1.0千克，吨钢二氧化硫排放量低于1.8千克，二次能源基本实现100%回收利用。

水泥：严格控制新增水泥产能，执行等量淘汰落后产能的原则，对2009年9月30日前尚未开工水泥项目一律暂停建设并进行一次认真清理，对不符合上述原则的项目严禁开工建设。各省(区、市)必须尽快制定三年内彻底淘汰落后产能时间表。支持企业在现有生产线上进行余热发电、粉磨系统节能改造和处置工业废弃物、城市污泥及垃圾等。新项目水泥熟料烧成热耗要低于105公斤标煤/吨熟料，水泥综合电耗小于90千瓦时/吨水泥；石灰石储量服务年限必须满足30年以上；废气粉尘排放浓度小于50毫克/标准立方米。落后水泥产能比较多的省份，要加大对企业联合重组的支持力度，通过等量置换落后产能建设新线，推动淘汰落后工作。

平板玻璃：严格控制新增平板玻璃产能，遵循调整结构、淘汰落后、市场导向、合理布局的原则，发展高档用途及深加工玻璃。对现有在建项目和未开工项目进行认真清理，对所有拟建的玻璃项目，各地方一律不得备案。各省(区、市)要制定三年内彻底淘汰“平拉法”(含格法)落后平板玻璃产能时间表。新项目能源消耗应低于16.5公斤标煤/重箱；硅质原料的选矿回收率要达到80%以上；严格环保治理措施，二氧化硫排放低于500毫克/标准立方米、氮氧化物排放低于700毫克/标准立方米、颗粒物排放浓度低于50毫克/标准立方米。鼓励企业联合重组，在符合规划的前提下，支持大企业集团发展电子平板显示玻璃、光伏太阳能玻璃、低辐射镀膜等技术含量高的玻璃以及优质浮法玻璃项目。

煤化工：要严格执行煤化工产业政策，遏制传统煤化工盲目发展，今后三年停止审批单纯扩大产能的焦炭、电石项目。禁止建设不符合《焦化行业准入条件(2008年修订)》和《电石行业准入条件(2007年修订)》的焦化、电石项目。综合运用节能环保等标准提高准入门槛，加强清洁生产审核，实施差别电价等手段，加快淘汰落后产能。对焦炭和电石实施等量替代方式，淘汰不符合准入条件的落后产能。对合成氨和甲醇实施上大压小、产能置换等方式，降低成本、提高竞争力。稳步开展现代煤化工示范工程建设，今后三年原则上不再安排新的现代煤化工试点项目。

多晶硅：研究扩大光伏市场国内消费的政策，支持用国内多晶硅原料生产的太阳能电池以满足国内需求为主，兼顾国际市场。严格控制在能源短缺、电价较高的地区新建多晶硅项目，对缺乏配套综合利用、环保不达标的多晶硅项目不予核准或备案；鼓励多晶硅生产企业与下游太阳能电池生产企业加强联合与合作，延伸产业链。新建多晶硅项目规模必须大于3000吨/年，占地面积小于6公顷/千吨多晶硅，太阳能级多晶硅还原电耗小于60千瓦时/千克,还原尾气中四氯化硅、氯化氢、氢气回收利用率不低于98.5%、99%、99%;引导、支持多晶硅企业以多种方式实现多晶硅—电厂—化工联营,支持节能环保太阳能级多晶硅技术开发,降低生产成本。到2011年前,淘汰综合电耗大于200千瓦时/千克的多晶硅产能。

风电设备:抓住大力发展风电等可再生能源的历史机遇,把我国的风电装备制造业培育成具有自主创新能力和国际竞争力的新兴产业。严格控制风电装备产能盲目扩张,鼓励优势企业做大做强,优化产业结构,维护市场秩序。原则上不再核准或备案建设新的整机制造厂;严禁风电项目招标中设立要求投资者使用本地风电装备、在当地投资建设风电装备制造项目的条款;建立和完善风电装备标准、产品检测和认证体系,禁止落后技术产品和非准入企业产品进入市场。依托优势企业和科研院所,加强风电技术路线和海上风电技术研究,重点支持自主研发2.5兆瓦及以上风电整机和轴承、控制系统等关键零部件及产业化示范,完善质量控制体系。积极推进风电装备产业大型化、国际化,培育具有国际竞争力的风电装备制造业。

此外,严格执行国家产业政策,今后三年原则上不再核准新建、扩建电解铝项目。现有重点骨干电解铝厂吨铝直流电耗要下降到12500千瓦时以下,吨铝外排氟化物量大幅减少,到2010年年底淘汰落后小预焙槽电解铝产能80万吨。要严格执行船舶工业调整和振兴规划及船舶工业中长期发展规划,今后三年各级土地、海洋、环保、金融等相关部门不再受理新建船坞、船台项目的申请,暂停审批现有造船企业船坞、船台的扩建项目,要优化存量,引导企业利用现有造船设施发展海洋工程装备。

三、坚决抑制产能过剩和重复建设的对策措施

各地区、各部门要认真贯彻落实《中共中央国务院转发〈国家发展和改革委员会关于上半年经济形势和做好下半年经济工作的建议〉的通知》(中发〔2009〕8号)以及重点产业调整和振兴规划中关于坚决抑制产能过剩行业盲目重复建设的有关要求,把思想和行动统一到党中央、国务院的决策部署上来,把握好调整的方向、力度和节奏,切实转变经济发展方式,进一步增强大局意识、责任意识,各司其职,密切配合,采取措施坚决抑制产能过剩和重复建设势头。

(一)严格市场准入。相关行业管理部门要切实履行职责,抓紧制定、完善相关产业政策,尽快修订发布《产业结构调整指导目录》,进一步提高钢铁、水泥、平板玻璃、传统煤化工等产业的能源消耗、环境保护、资源综合利用等方面的准入门槛。加快编制或修订专项规划,对多晶硅、风电设备等新兴产业要及时建立和完善准入标准,避免盲目和无序建设。质量管理部门要切实负起监管责任,按照产业政策的要求和企业的质量保证能力,严格核发螺纹钢、线材、水泥等产品生产许可证,坚决查处无证生产。依法加强产品质量监督,加大处罚力度。建设主管部门要禁止落后水泥进入重点建设工程和建筑结构工程。

(二)强化环境监管。推进开展区域产业规划的环境影响评价。区域内的钢铁、水泥、平板玻璃、传统煤化工、多晶硅等高耗能、高污染项目环境影响评价文件必须在产业规划环评通过后才能受理和审批。未通过环境评价审批的项目一律不准开工建设。环保部门要切实负起监管责任,定期发布环保不达标的生产企业名单。对使用有毒、有害原料进行生产或者在生产中排放有毒、有害物质的企业限期完成清洁生产审核,对达不到排放标准或超过排污总量指标的生产企业实行限期治理,未完成限期治理任务的,依法予以关闭。对主要污染物排放超总量控制指标的地区,要暂停增加主要污染物排放项目的环评审批。

(三)依法依规供地用地。切实加强对各类建设项目用地监管。对不符合产业政策和供地政策、未达到现行《工业项目建设用地控制指标》或相关工程建设项目用地指标要求的项目,一律不批准用地;对未按规定履行审批或核准手续的项目,一律不得供应土地。国土资源部门要切实负起监管责任。对未经依法批准擅自占地开工建设的,要依法从重处理;对有关责任人要追究政纪法律责任,构成犯罪的,依法追究刑事责任。

(四)实行有保有控的金融政策。要加强宏观信贷政策指导和监管,引导和督促金融机构改进和完善信贷审核。对不符合重点产业调整和振兴规划以及相关产业政策要求,未按规定程序审批或核准的项目,金融机构一律不得发放贷款,已发放贷款的要采取适当方式予以纠正。严格发债、资本市场融资审核程序。对不符合重点产业调整和振兴规划以及相关产业政策要求,不按规定程序审批或核准的项目及项目发起人,一律不得通过企业债、项目债、短期融资券、中期票据、可转换债、首次公开发行股票、增资扩股等方式进行融资。人民银行、银监会、证监会、发展改革委要对违反规定的金融机构和有关单位予以严肃处理。

(五)严格项目审批管理。各级投资主管部门要进一步加强钢铁、水泥、平板玻璃、煤化工、多晶硅、风电设备等产能过剩行业项目审批管理,原则上不再批准扩大产能的项目,不得下放审批权限,严禁化整为零、违规审批。严格防止各级政府的财政性资金流向产能过剩行业的扩大产能项目。尽快修订完善政府投资项目核准目录,在新的核准目录出台前,上述产能过剩行

业确有必要建设的项目，需报国家发展改革委组织论证和核准。

（六）做好企业兼并重组工作。产能过剩行业企业兼并和联合重组的任务十分紧迫和艰巨，结构调整、控制总量和淘汰落后产能均需要企业组织结构进行相应的调整。要抓紧建立科学规范、行之有效的工作程序，同时要扎实做好企业改组、改制中的思想政治工作，切实维护群众利益，保持社会稳定，防止国有资产流失。按照重点产业调整和振兴规划要求，尽快制定出台加快企业兼并重组的指导意见。

（七）建立信息发布制度。发展改革委会同有关部门，建立部门联合发布信息制度，加强行业产能及产能利用率的统一监测，适时向社会发布产业政策导向及产业规模、社会需求、生产销售库存、淘汰落后、企业重组、污染排放等信息。充分发挥行业协会作用，及时反映行业问题和企业诉求，为企业提供信息服务，引导企业和投资者落实国家产业政策与行业发展规划，加强行业自律，提高行业整体素质。

（八）实行问责制。地方各级人民政府不得强制企业投资低水平产能过剩行业。政府各有关部门及金融机构要认真履行职责，依法依纪把好土地关、环保关、信贷关、产业政策关和项目审批（核准）关，并加强政策研究、信息共享和工作协调，形成合力，有效抑制部分行业产能过剩和重复建设，引导产业健康发展，促进结构调整和发展方式转变。要按照《中共中央办公厅国务院办公厅印发〈关于实行党政领导干部问责的暂行规定〉的通知》（中办发〔2009〕25号）的有关要求，对违反国家土地、环保法律、法规和信贷政策、产业政策规定，工作严重失职或失误造成重大损失或恶劣影响的行为要进行问责，严肃处理。

（九）深化体制改革。要着眼于推进产业结构调整以及解决长期困扰我国产业良性发展的深层次矛盾，进一步深化财税体制、投融资体制、价格体制、社会保障体制等方面的改革，完善干部考核制度，形成有力促进经济结构战略性调整，推动我国工业实现由大到强转变的体制环境。

《人民日报》发表评论员文章《一幅民族复兴历程的壮丽画卷》

在中华人民共和国即将迎来60华诞之际，国家博物馆隆重推出了《复兴之路》基本陈列。众多珍贵文物和历史照片，生动地见证了中国人民从半殖民地半封建社会走向民族独立的上下求索，见证了中国共产党领导新民主主义革命、争取民族独立和人民解放、实现民族复兴的波澜壮阔的历程。

道光皇帝的朱批、林则徐报告销烟经过的奏折、八国联军分区占领北京图、武昌起义的大炮、清宣统帝溥仪的退位诏书……但凡对中国历史有所了解的人，通过这些展品都会忆起1840年鸦片战争以后中国陷入半殖民地半封建深渊的灾难历史，“数千年未有之变局”带来的仓皇与绝望、“四万万人齐下泪，天涯何处是神州”的无奈，曾经的积贫积弱与丧权辱国是那样的不堪回首！

五四运动期间印制宣传品的印刷机、李大钊英勇就义时的绞刑架、1920年印刷的《共产党宣言》、中共一大旧址的大门、渡江作战的木船、中国人民政治协商会议第一届全体会议代表的签名册、1949年开国大典时升起的第一面五星红旗……但凡对中国历史有所了解的人都会被中国共产党领导各族人民争取民族独立和人民解放的勇气与智慧所折服，中华人民共和国的成立是一个伟大的转折点，它从根本上改变了中华民族的命运，为实现中华民族的伟大复兴迈出了关键的一步。

恢复高考时刘学红的准考证、安徽小岗村的“红手印”、沈阳防爆器械厂的破产通告、多哈会议宣布中国加入世贸组织时使用的木槌、“5·12”汶川特大地震发生后首先到达现场的第一支救援队的队旗、2008年北京奥运会开幕式使用的缶、中国首次探月绘就的全月球影像图……从封闭半封闭走向全面改革开放、从计划经济走向社会主义市场经济，30年过去，一个繁荣昌盛、充满生机的社会主义中国呈现在世界的东方，几代中国人的强国之梦、复兴之梦在中国共产党的领导下正一步步变为现实。

温故知新，鉴往知来。《复兴之路》以历史为经，以世界为纬，忠实地记录了几代中国人走过的足迹，为我们浓缩了170年来中华民族复兴历程的壮丽画卷。走进国家博物馆，在历史的沧海桑田翻天覆地中体会峥嵘岁月留下的清晰脉络，你会明白一个千疮百孔、四分五裂的旧中国是如何变成团结统一、前途光明的新中国；你也会明白一个百废待兴、一穷二白的国家是如何变成一个繁荣昌盛、充满生机的社会主义国家；你也就会明白历史和人民是怎样选择了中国共产党，怎样选择了社会主义道路，怎样选择了改革开放。

国务院公布《文化产业振兴规划》

党的十七大明确提出，要积极发展公益性文化事业，大力发展文化产业，激发全民族文化创造活力，更加自觉、更加主动地推动文化大发展大繁荣。为贯彻落实中央精神，在重视发展公益性文化事业的同时，加快振兴文化产业，充分发挥文化产业在调整结构、扩大内需、增加就业、推动发展中的重要作用，结合当前应对国际金融危机的新形势和文化领域改革发展的迫切需要，特制定本规划。

一、加快文化产业振兴的重要性紧迫性

文化产业是市场经济条件下繁荣发展社会主义文化的重要载体，是满足人民群众多样化、多层次、多方面精神文化需求的重要途径，也是推动经济结构调整、转变经济发展方式的重要着力点。党的十六大以来，党中央、国务院高度重视发展文化产业，采取了一系列政策措施，深入推进文化体制改革，加快推动文化产业发展。国有经营性文化单位转企改制取得重要进展，涌现出一批具有较强实力和竞争力的文化企业和企业集团，文化产业规模逐步壮大，以公有制为主体、多种所有制共同发展的文化产业格局初步形成。文化“走出去”步伐加快，文化进出口贸易逆差逐步缩小，我国文化产业的国际竞争力不断增强。总的看，我国文化产业呈现出健康向上、蓬勃发展的良好态势，正在成为推动社会主义文化大发展大繁荣的重要引擎和经济发展新的增长点。

同时要看到，我国文化产业的发展水平还不高、活力还不强，与人民群众日益增长的精神文化需求还不相适应，与日趋完善的社会主义市场经济体制还不相适应，与现代科学技术迅猛发展及广泛应用还不相适应，与我国对外开放不断扩大的新形势还不相适应。当前，国际金融危机仍未见底，并对文化产业发展产生诸多影响，但困难和挑战中蕴含着新的机遇和有利条件，文化具有反向调节功能，面对经济下滑，文化产业有逆势而上的特点，这为创新文化体制机制、做大做强文化产业带来了契机。要抓住机遇，大力振兴文化产业，为“保增长、扩内需、调结构、促改革、惠民生”作出贡献。

二、指导思想、基本原则和规划目标

（一）指导思想。全面贯彻党的十七大精神，坚持以邓小平理论和“三个代表”重要思想为指导，深入贯彻落实科学发展观，紧紧围绕《国家“十一五”时期文化发展规划纲要》确定的文化产业发展的各项目标任务和当前文化体制改革的重点，大力培育市场主体，加快转变文化产业发展方式，进一步解放和发展文化生产力，切实维护我国文化安全，推动文化产业又好又快发展，将文化产业培育成国民经济新的增长点。

（二）基本原则。坚持把社会效益放在首位，努力实现社会效益和经济效益的统一；坚持以体制改革和科技进步为动力，增强文化产业发展活力，提升文化创新能力；坚持走中国特色文化产业发展道路，学习借鉴世界优秀文化，积极推动中华民族文化繁荣发展；坚持以结构调整为主线，加快推进重大工程项目，扩大产业规模，增强文化产业整体实力和竞争力；坚持内外并举，积极开拓国内国际文化市场，增强中华文化在国际上的影响力。

（三）规划目标。完成经营性文化单位转企改制，文化市场主体进一步完善，活力进一步增强，文化产业规模不断扩大，推动经济社会发展的功能和作用得到较好发挥。

1. 文化市场主体进一步完善。按照创新体制、转换机制、面向市场、增强活力的原则，基本完成经营性文化单位转企改制，文化市场主体进一步完善，活力进一步增强。

2. 文化产业结构进一步优化。重点行业和项目对文化的拉动作用明显增强，文化创意、影视制作、出版发行、印刷复制、广告、演艺娱乐、文化会展、数字内容和动漫等产业得到较快发展，以资本为纽带推进文化企业兼并重组取得重要进展，力争形成一批跨地区跨行业经营、有较强市场竞争力、产值超百亿的骨干文化企业和企业集团。

3. 文化创新能力进一步提升。文化体制机制创新取得实质性进展，文化产业发展活力明显增强，以企业为主体、市场为导向、产学研相结合的文化创新体系初步形成，文化原创能力进一步提高，数字化、网络化技术广泛运用，文化企业装备水平和科技含量显著提高。

4. 现代文化市场体系进一步完善。市场在文化资源配置中的基础性作用得到更好的发挥，文化产品和生产要素合理流动，城乡文化市场进一步发展，现代流通组织和流通形式逐步成为文化流通领域的主要力量，文化消费领域不断拓展，在城乡居民消费结构中的比重明显增加。

5. 文化产品和服务出口进一步扩大。一批外向型骨干文化企业和国际知名品牌初步形成，对外文化贸易渠道和网络进一步拓展，文化产品和服务出口大幅增长，文化贸易逆差明显缩小，成为我国服务贸易出口的重要增长点。

二、重点任务

当前和今后一个时期，要着力做好以下八个方面工作：

（一）发展重点文化产业。以文化创意、影视制作、出版发行、印刷复制、广告、演艺娱乐、文化会展、数字内容和动漫等产业为重点，加大扶持力度，完善产业政策体系，实现跨越式发展。文化创意产业要着重发展文化科技、音乐制作、艺术创作、动漫游戏等企业，增强影响力和带动力，拉动相关服务业和制造业的发展。影视制作业要提升影片、电视剧和电视节目的生产能力，扩大影视制作、发行、播映和后产品开发，满足多种媒体、多种终端对影视数字内容的需求。出版业要推动产业结构调整和升级，加快从主要依赖传统纸介质出版物向多种介质形态出版物的数字出版产业转型。出版物发行业要积极开展跨地区、跨行业、跨所有制经营,形成若干大型发行集团,提高整体实力和竞争力。印刷复制业要发展高新技术印刷、特色印刷,建成若干各具特色、技术先进的印刷复制基地。演艺业要加快形成一批大型演艺集团,加强演出网络建设。动漫产业要着力打造深受观众喜爱的国际化动漫形象和品牌,成为文化产业的重要增长点。

(二)实施重大项目带动战略。以文化企业为主体,加大政策扶持力度,充分调动社会各方面的力量,加快建设一批具有重大示范效应和产业拉动作用的重大文化产业项目。继续推进国产动漫振兴工程、国家数字电影制作基地建设工程、多媒体数据库和经济信息平台、"中华字库"工程、国家"知识资源数据库"出版工程等重大文化建设项目。选择一批具备实施条件的重点项目给予支持。

(三)培育骨干文化企业。着力培育一批有实力、有竞争力的骨干文化企业,增强我国文化产业的整体实力和国际竞争力。坚持政府引导、市场运作,科学规划、合理布局,在重点文化产业中选择一批成长性好、竞争力强的文化企业或企业集团,加大政策扶持力度,推动跨地区、跨行业联合或重组,尽快壮大企业规模,提高集约化经营水平,促进文化领域资源整合和结构调整。鼓励和引导有条件的文化企业面向资本市场融资,培育一批文化领域战略投资者,实现低成本扩张,进一步做大做强。

(四)加快文化产业园区和基地建设。加强对文化产业园区和基地布局的统筹规划,坚持标准、突出特色、提高水平,促进各种资源合理配置和产业分工。对符合规划的产业园区和基地,在基础设施建设、土地使用、税收政策等方面给予支持。建设若干辐射全国的区域文化产品物流中心,建设一批文化创意、影视制作、出版发行、印刷复制、演艺娱乐和动漫等产业示范基地,支持和加快发展具有地域和民族特色的文化产业群。

(五)扩大文化消费。不断适应当前城乡居民消费结构的新变化和审美的新需求,创新文化产品和服务,提高文化消费意识,培育新的消费热点。加强原创性作品的创作,打造一批具有核心竞争力的知名文化品牌。努力降低成本,提供价格合理、丰富多样的精神文化产品和服务。加快建设具有自主知识产权、科技含量高、富有中国文化特色的主题公园。开发与文化结合的教育培训、健身、旅游、休闲等服务性消费,带动相关产业发展。

(六)建设现代文化市场体系。建立、健全门类齐全的文化产品市场和文化要素市场,促进文化产品和生产要素的合理流动。重点建设传输快捷、覆盖广泛的文化传播渠道。发展文艺演出院线,推动主要城市演出场所连锁经营。支持全国文化票务网络建设。推进有线电视网络整合,鼓励通过并购、重组等方式,进行广电网络的区域整合和跨地区经营。推进电影院线、数字电影院线的跨地区整合以及数字影院的建设和改造。支持国有出版发行企业以资本为纽带实行跨地区兼并重组。鼓励非公有资本进入文化创意、影视制作、演艺娱乐、动漫等领域。支持优先选用拥有自主知识产权、产品质量水平高的文化设备及产品。

(七)发展新兴文化业态。采用数字、网络等高新技术,大力推动文化产业升级。支持发展移动多媒体广播电视、网络广播影视、数字多媒体广播、手机广播电视,开发移动文化信息服务、数字娱乐产品等增值业务,为各种便携显示终端提供内容服务。加快广播电视传播和电影放映数字化进程。积极推进下一代广播电视网建设,发挥第三代移动通信网络、宽带光纤接入网络等网络基础设施的作用,制定和完善网络标准,促进互联互通和资源共享,推进三网融合。积极发展纸质有声读物、电子书、手机报和网络出版物等新兴出版发行业态。发展高新技术印刷。运用高新技术改造传统娱乐设施和舞台技术,鼓励文化设备提供商研发新型电影院、数字电影娱乐设备、便携式音响系统、流动演出系统及多功能集成化音响产品。加强数字技术、数字内容、网络技术等核心技术的研发,加快关键技术设备改造更新。

(八)扩大对外文化贸易。落实国家鼓励和支持文化产品和服务出口的优惠政策,在市场开拓、技术创新、海关通关等方面给予支持。制定《2009—2010年度国家文化出口重点企业和项目目录》,形成鼓励、支持文化产品和服务出口的长效机制。重点扶持具有民族特色的文化艺术、展览、电影、电视剧、动画片、网络游戏、出版物、民族音乐舞蹈和杂技等产品和服务的出口,抓好国际营销网络建设。支持动漫、网络游戏、电子出版物等文化产品进入国际市场。鼓励文化企业通过独资、合资、控股、参股等多种形式,在国外兴办文化实体,建立文化产品营销网点,实现落地经营。办好国家重点支持的文化会展,通过中国(深圳)国际文化产业博览会、中国国际广播影视博览会、北京国际图书博览会等推动文化产品和服务出口。支持文化企业参加境外图书展、影视展、艺术节等国际大型展会和文化活动。

四、政策措施

(一)降低准入门槛。落实国家关于非公有资本、外资进入文化产业的有关规定,根据文化产业不同类别,通过独资、合资、合作等多种途径,积极吸收社会资本和外资进入政策允许的文化产业领域,参与国有文化企业的股份制改造,形成以公有制为主体、多种所有制共同发展的文化产业格局。

(二)加大政府投入。中央和地方各级人民政府要加大对文化产业的投入,通过贷款贴息、项目补贴、补充资本金等方式,支持国家级文化产业基地建设,支持文化产业重点项目及跨区域整合,支持国有控股文化企业股份制改造,支持文化领域新产品、新技术的研发。支持大宗文化产品和服务的出口。大幅增加中央财政"扶持文化产业发展专项资金"和文化体制改革专项资金规模,不断加大对文化产业发展和文化体制改革的支持力度。

(三)落实税收政策。贯彻落实《国务院办公厅关于印发文化体制改革中经营性文化事业单位转制为企业和支持文化企业发展两个规定的通知》中的相关税收优惠政策,研究确定文化产业支撑技术的具体范围,加大税收扶持力度,支持文化产业发展。

(四)加大金融支持。鼓励银行业金融机构加大对文化企业的金融支持力度。积极倡导鼓励担保和再担保机构大力开发支持文化产业发展、文化企业"走出去"的贷款担保业务品种。支持有条件的文化企业进入主板、创业板上市融资,鼓励已上市文化企业通过公开增发、定向增发等再融资方式进行并购和重组,迅速做大做强。支持符合条件的文化企业发行企业债券。

(五)设立中国文化产业投资基金。按照有关管理办法,由中央财政注资引导,吸收国有骨干文化企业、大型国有企业和金融机构认购。基金由专门机构进行管理,实行市场化运作,通过股权投资等方式,推动资源重组和结构调整,促进国家文化发展战略目标的实现。

五、保障条件

(一)加强组织领导。地方各级人民政府要按照科学发展观的要求,切实将《规划》的实施列入重要议事日程,把《规划》提出的目标任务纳入经济社会发展总体规划,建立相关的考核、评价和责任制度,作为评价地区发展水平、衡量发展质量和领导干部工作实绩的重要内容。文化行政主管部门在党委宣传部门协调指导下,具体组织实施,相关部门密切配合,确保《规划》提出的各项任务落到实处。

(二)深化文化体制改革。通过深化文化体制改革,进一步解放和发展文化生产力,激发全社会的文化创造活力。要紧紧抓住转企改制、重塑市场主体这个中心环节,加快推进出版发行单位转企改制和兼并重组,加快电影制片、发行、放映单位和文艺院团转企改制,抓好党报党刊发行体制和广播电视节目制播分离改革。大力推动行政管理体制改革和政府职能转变,建立统一高效的文化市场综合执法机构。

(三)培养文化产业人才。继续抓好全国宣传文化系统"四个一批"人才培养工程,着力加强领军人物和各类专门人才的培养。继续办好经营管理人才培训班,培养一批熟悉市场经济规律,懂经营、善管理的人才。吸引财经、金融、科技等领域的优秀人才进入文化产业领域。注重海外文化创意、研发、管理等高端人才的引进,为我国文化产业发展提供强有力的人才保障。

(四)加强立法工作。进一步完善法律体系,依法加强对文化产业发展的规范管理。完善国家知识产权保护体系,严厉打击各类盗版侵权行为,促进国家文化创新能力建设。

9月27日

商务部发布公告决定自即日起对原产于美国的进口肉鸡产品发起反倾销和反补贴调查

商务部进出口公平贸易局负责人表示,近期国内肉鸡产业向商务部提交申请,请求对原产于美国的进口肉鸡产品发起反倾销和反补贴调查。根据《中华人民共和国反倾销条例》和《中华人民共和国反补贴条例》规定,商务部对该申请进行了认真审查,认为该申请已符合法定立案条件,决定自即日起对原产于美国的肉鸡产品的倾销及补贴等不公平贸易行为进行调查,并将依据法律和事实作出裁决。

《人民日报》发表评论员文章《推动文化产业振兴的重大举措》

我国第一部文化产业专项规划——《文化产业振兴规划》(以下简称《规划》)已由国务院常务会议审议通过,并向社会公开发布。这是继钢铁、汽车、纺织等十大产业振兴规划后出台的又一个重要的产业振兴规划,标志着文化产业已经上升为国家的战略性产业。

党中央、国务院高度重视文化建设,把文化建设作为中国特色社会主义事业"四位一体"总体布局的重要组成部分。党的十七大明确提出要兴起社会主义文化建设新高潮,更加自觉、更加主动地推动社会主义文化大发展大繁荣,提高国家文化软实力。《规划》是贯彻落实党中央、国务院战略决策,适应文化建设面临的新形势和人民群众的新期待,加快文化产业发展的重大举措,对于繁荣文化市场,满足人民群众多层次、多方面、多样化的文化需求,提高文化产业占国民经济的比重,增强国际竞争力具有十分重要的意义。

去年以来发生的国际金融危机,凸显了文化的特殊优势和特殊功能,也给文化产业带来了新的机遇和条件,为创新体制机制、优化产业结构、逆势快速发展带来了契机。同时,文化产业的发展,也将在当前应对国际金融危机中发挥其调整结构、扩大内需、增加就业、推动发展的重要作用。加快振兴文化产业,将会拉动其他相关产业发展,为"保增长、扩内需、调结构、促改革、惠民生"作出积极贡献。

《规划》提出了到2011年年末文化产业发展要在现有基础上实现五个"进一步"的目标,即文化市场主体进一步完善,文化产业结构进一步优化,文化创新能力进一步提升,现代文化市场体系进一步完善,文化产品和服务出口进一步扩大。围绕这一目标,《规划》提出在当前要着重发展重点文化产业、实施重大项目带动战略、培育骨干文化企业、加快文化产业园区和基地建设、扩大文化消费、建设现代文化市场体系、发展新兴文化业态和扩大对外文化贸易8个方面的重点任务。《规划》目标明确、思路清晰、重点突出、振奋人心,必将极大地推动我国文化产业快速发展。

落实好《规划》,必须深化文化体制改革,以体制机制的创新,促进文化产业发展。要大力推进国有经营性文化单位转制,完善法人治理结构,培育新型文化市场主体。要积极推进结构调整和资源整合,推动文化资源向优势企业集中。鼓励有实力的文化企业跨地区、跨行业经营和重组,培育骨干文化企业,打造文化领域的战略投资者。要建立、健全文化市场。要推动文化与科技的融合,积极运用高新技术改造传统产业,大力发展新兴文化业态,推动文化产业升级,形成一批有影响力的文化品牌。要加快政府职能转变,为文化产业发展营造良好环境。

落实好《规划》,要靠政策的大力推动。要积极吸收社会资本和外资进入政策允许的文化产业领域,参与国有文化企业的股份制改造,形成以公有制为主体、多种所有制共同发展的文化产业格局。要加大对文化产业的投入,支持国家级文化产业基地建设,支持文化产业重点项目及跨地区整合,支持国有控股文化企业股份制改造,支持文化领域新产品、新技术的研发,支持大宗文化产品和服务的出口。

我们有理由相信,《规划》付诸实施,必将推动我国文化产业发展进入一个崭新阶段。时代赋予了重大机遇,我们要把宏伟蓝图变为美好现实。

国务院新闻办发布《中国的民族政策与各民族共同繁荣发展》白皮书(摘要)

白皮书包括统一的多民族国家和中华民族的多元一体、坚持各民族一律平等、巩固和发展全国各族人民的大团结、坚持和完善民族区域自治制度、加快少数民族和民族地区经济社会发展、保护和发展少数民族文化、加强少数民族干部和人才队伍建设等七部分,全文共2.4万多字。

白皮书说,符合国情的正确的民族政策,促进了中国各族人民同心同德、和睦相处、和衷共济,开创了经济发展、政治安定、文化繁荣、社会和谐的良好局面,少数民族的面貌、民族地区的面貌、民族关系的面貌发生了历史性巨大变化。

白皮书说,新中国60年的实践充分证明,中国的民族政策适合中国国情,符合各族人民的根本利益,得到各族人民的拥护,是正确和行之有效的。在这一政策指引下,中国各族人民维护了国家统一,维护了社会稳定,维护了民族团结,开辟了一条实现各民族共同繁荣发展的光明大道。

这是继1999年《中国的少数民族政策及其实践》、2005年《中国的民族区域自治》两个白皮书之后,中国政府发布的第三个关于中国民族政策的白皮书。

白皮书说,新中国成立以来,中国共产党和中国政府牢牢把握各民族共同团结奋斗、共同繁荣发展的主题,坚持从本国国情出发,总结历史经验,借鉴世界其他国家的有益做法,开创了具有中国特色的解决民族问题的正确道路,确立并实施了以民族平等、民族团结、民族区域自治和各民族共同繁荣为基本内容的民族政策,形成了比较完备的民族政策体系。

白皮书表示,民族平等是中国民族政策的基石。经过60年的不懈努力,中国已经基本形成了一个具有中国特色的保障民族平等的法律规范体系,各民族平等权利依法得到保障。鉴于少数民族在经济社会发展等方面与汉族相比有一定差距,中国的少数民族公民不仅平等地享有宪法和法律规定的所有公民权利,还依法享有一些特殊的权益保障。

白皮书说,国家坚决反对任何形式的民族歧视和压迫。在中国,任何煽动民族仇视和歧视、破坏民族平等团结的言行都是违法的。

白皮书说,民族团结是中国处理民族问题的根本原则,也是中国民族政策的核心内容。多年来,国家采取各种措施,努力消除一切不利于民族团结的因素,坚定不移地维护民族团结,努力实现各民族共同团结奋斗、共同繁荣发展。

白皮书强调,中国的民族问题是中国的内部事务。中国政府坚决反对和抵制一切外部势力打着"民族"、"宗教"、"人权"的旗号插手、干预中国的民族问题,严密防范和依法打击境内外各种恐怖主义势力、分裂主义势力、极端主义势力对中国的渗透、破坏、颠覆活动。

白皮书指出,民族区域自治,是中国解决民族问题的基本政策,也是中国的一项基本政治制度。中国实行民族区域自治，是尊重历史、合乎国情、顺应民心的必然选择。

白皮书说，坚持各民族共同繁荣发展，是中国民族政策的根本立场。在中央政府的领导下，在全国各地的大力支持下，经过民族地区各族人民的艰苦努力和团结奋斗，民族地区经济社会发展取得了巨大成就，人民生活水平显著提高。

白皮书说，少数民族文化是中华文化的重要组成部分，是中华民族的共有精神财富。中国政府通过各种政策措施，尊重和保护少数民族文化，支持少数民族文化的传承、发展和创新，鼓励各民族加强文化交流，繁荣发展少数民族文化事业。

白皮书表示，长期以来，国家把加强少数民族干部队伍和人才队伍建设，作为促进各民族繁荣发展、搞好民族地区工作、解决民族问题的关键，作为管长远、管根本的大事，不断采取有力措施，加大培养选拔力度。多年来，国家不断加大向西藏、新疆等民族地区选派干部和人才的工作力度。这些支边干部和人才艰苦创业、无私奉献，对促进民族地区发展发挥了重要作用。

9月28日

党和国家领导人胡锦涛 江泽民等与首都各界群众一起在人民大会堂观看大型音乐舞蹈史诗《复兴之路》

《复兴之路》是继《东方红》《中国革命之歌》后的第三部大型音乐舞蹈史诗，由“山河祭”、“热血赋”、“创业图”、“大潮曲”、“中华颂”5个篇章构成，以磅礴气势和精美艺术将一个多世纪中国人民的革命史、创业史、奋斗史浓缩在近3个小时的表演中，全面展现了中华民族在苦难中崛起、在拼搏中前进的光辉历程，集中描述了在以毛泽东、邓小平、江泽民同志为核心的党的三代中央领导集体和以胡锦涛同志为总书记的党中央领导下我国发生的历史性巨变，热情讴歌了我国各族人民自强不息、顽强奋进的精神风貌，深刻诠释了只有社会主义才能救中国，只有改革开放才能发展中国、发展社会主义、发展马克思主义的主题。

今晚观看演出的党和国家领导人有胡锦涛、江泽民、吴邦国、温家宝、贾庆林、李长春、习近平、李克强、贺国强等。观看演出的领导同志还有：王刚、王兆国、王岐山、回良玉、刘淇、刘云山、刘延东、李源潮、张德江、尉健行、李岚清、曾庆红、吴官正、罗干、何勇、令计划、王沪宁、路甬祥、乌云其木格、韩启德、华建敏、陈至立、周铁农、李建国、司马义·铁力瓦尔地、陈昌智、严隽琪、桑国卫、梁光烈、马凯、孟建柱、戴秉国等。

中央政府60亿元人民币国债发行仪式在香港举行

中华人民共和国香港特别行政区署理行政长官唐英年、中华人民共和国财政部副部长李勇、中央政府驻香港特别行政区联络办公室副主任王志民、外交部驻香港特别行政区特派员公署署理特派员詹永新、中国人民解放军驻香港部队副司令员张明、香港特别行政区署理财政司司长陈家强，香港财经事务及库务局、香港金融管理局、香港证券及期货事务监察委员会等部门和两家联席牵头行及入账行、各配售银行的代表出席了发行仪式。

国办发出《关于调整天津古海岸与湿地等5处国家级自然保护区的通知》

天津市、安徽省、河南省、甘肃省、宁夏回族自治区人民政府，环境保护部、林业局：

环境保护部《关于调整天津古海岸与湿地等5处国家级自然保护区范围的请示》（环发〔2009〕104号）收悉。经国务院批准，现通知如下：

一、国务院同意调整天津古海岸与湿地、安徽扬子鳄、河南太行山猕猴、甘肃白水江和宁夏中卫沙坡头等5处国家级自然保护区的范围。调整后保护区的面积、范围和功能分区等由环境保护部予以公布。

二、有关地区和部门要严格执行《中华人民共和国自然保护区条例》及其他有关规定，切实加强对自然保护区工作的领导、协调和监督，确保各项管理措施得到落实，高标准建设国家级自然保护区。要按照批准的调整方案组织勘界，落实自然保护区土地权属，并在规定的时限内标明区界，予以公告。自然保护区的面积、范围和功能分区等一经确定，不得擅自调整。

三、在自然保护区的核心区和缓冲区内，不得开展旅游活动及建设任何生产设施。在自然保护区的实验区内按规定建设设施，必须进行环境影响评价并依法履行报批手续。对涉及自然保护区的环境影响评价要严格把关，采取各种预防和保护措施，尽可能减少项目对自然保护区的不良影响，并责成项目开发单位落实生态恢复治理和补偿措施；措施未落实的，暂停相关地区涉及自然保护区的建设项目环评审批。

国务院办公厅

2009年9月28日

卫生部办公厅发出《关于进一步加强血液管理工作的通知》

9月29日

国务院第五次全国民族团结进步表彰大会在北京举行

中共中央总书记、国家主席、中央军委主席胡锦涛出席大会并发表重要讲话。

党和国家领导人吴邦国、温家宝、贾庆林、李长春、习近平、李克强、贺国强等出席大会。大会由温家宝主持。

这次会议的任务是：表彰近年来各条战线上涌现的民族团结进步模范，大力宣传他们的先进事迹，营造珍惜和维护民族团结、实现共同进步的良好社会氛围。总结新中国成立60年来民族团结进步事业的成就和经验，分析面临的机遇和挑战，提出当前和今后一个时期的主要任务。动员全国各族人民向民族团结进步模范学习，高举各民族大团结的旗帜，共同团结奋斗、共同繁荣发展，为夺取全面建设小康社会新胜利、开创中国特色社会主义新局面、实现中华民族伟大复兴而奋斗。

大会首先表彰了全国民族团结进步模范集体和模范个人。胡锦涛等党和国家领导人为受表彰的模范集体和模范个人代表颁奖。国务院副总理回良玉宣读了《国务院关于表彰全国民族团结进步模范集体和模范个人的决定》，包头市人民政府等739个模范集体、周晓红等749个模范个人受到表彰。

出席国务院第五次全国民族团结进步表彰大会的765名代表，全国民族团结进步创建活动经验交流会的183名代表，中央和国家机关及军队有关单位负责同志以及首都各界代表1300多人参加了大会。

中共中央总书记胡锦涛在第五次全国民族团结进步表彰大会上的讲话

同志们，朋友们：

在全国各族人民满怀喜悦庆祝中华人民共和国成立60周年之际，我们隆重召开国务院第五次全国民族团结进步表彰大会，对继续推进我国民族团结进步事业、巩固和发展我国各族人民大团结具有十分重要的意义。这次大会是一次展现我国各族人民时代风貌的盛会，是一次弘扬中华民族伟大爱国主义精神的盛会，是一次显示中华民族团结奋进伟大力量的盛会。首先，我代表党中央、国务院，向受到表彰的模范集体和模范个人，表示热烈的祝贺！向为我国民族团结进步事业作出贡献的广大干部群众和社会各界人士，向民族工作战线的同志们，致以崇高的敬意！向关心支持我国民族团结进步事业的香港特别行政区同胞、澳门特别行政区同胞、台湾同胞以及海外华侨华人，表示衷心的感谢！

60年前，新中国的成立开启了中华民族发展进步的历史新纪元，翻开了我国民族关系发展的历史新篇章。60年来，在中国共产党坚强领导下，我国各族人民同呼吸、共命运、心连心，共同谱写了人民共和国繁荣富强的壮丽史诗，共同奏响了中华民族伟大复兴的时代强音。新中国的60年，是我国各族儿女在祖国大家庭中团结友爱、休戚与共的60年，是我国各民族共同团结奋斗、共同繁荣发展的60年，是我国民族团结进步事业蓬勃发展、胜利前进的60年。

回首60年，我国民族团结进步事业历程波澜壮阔。我国是统一的多民族国家，民族问题始终是我们坚持和发展中国特色社会主义必须处理好的一个重大问题，民族工作始终是关系党和人民事业发展全局的一项重大工作。以毛泽东同志为核心的党的第一代中央领导集体，确立了以民族平等、民族团结、民族区域自治、各民族共同繁荣为核心的民族理论和民族政策，引导我国各民族走上社会主义道路，实现了中华民族发展史上最广泛最深刻的社会变革，开创了中国特色解决民族问题的正确道路。以邓小平同志为核心的党的第二代中央领导集体，重新确立了我国民族工作的正确方向，把民族工作重心转向为经济建设服务，巩固和发展社会主义新型民族关系，开辟了历史新时期我国各民族蓬勃发展的崭新局面，推动我国民族团结进步事业在改革开放进程中迈出了崭新步伐。以江泽民同志为核心的党的第三代中央领导集体，深化和发展党的民族理论和民族政策，制定并实施西部大开发战略，采取一系列重大举措加快少数民族和民族地区发展，有力维护了民族团结、社会稳定、国家统一，把我国民族团结进步事业全面推向了21世纪。党的十六大以来，根据新世纪新阶段我国民族工作面临的新形势新任务，党中央确立了各民族共同团结奋斗、共同繁荣发展的民族工作主题，强调促进民族团结、实现共同进步是民族工作的根本任务，作出一系列加强和改进民族工作的重大部署，我国各族人民大团结不断巩固和发展，我国民族团结进步事业焕发出新的生机活力。

回首60年，我国民族团结进步事业成就举世瞩目。60年来，我国各民族实现了政治上完全平等，各族人民共同当家做主、管理国家事务，民族区域自治制度得到坚持和完善，少数民族合法权益得到有力保障，全国各族人民大团结的政治基础日益深厚牢固。民族地区经济社会发展实现历史性进步，少数民族和民族地区面貌发生翻天覆地的历史性变化，我国各民族共享经济社会发展成果，全国各族人民大团结的物质基础日益深厚牢固。以爱国主义为核心的民族精神更加高扬,社会主义核心价值体系深入人心,我国各民族优秀文化得到切实尊重和保护,全国各族人民大团结的思想基础日益深厚牢固。我国各民族交往和交流不断扩大、互助和合作不断加强、感情和信任不断深化,全国各族人民大团结的群众基础日益深厚牢固。党的民族理论和民族政策不断发展,国家民族法律、法规不断健全,民族工作体制机制不断完善,全国各族人民大团结的制度基础日益深厚牢固。60年来,我国民族团结进步事业取得的伟大成就,为我们推动党和人民事业不断发展、战胜国内外各种困难和风险挑战、保持社会和谐稳定奠定了坚实基础。

回首60年,我国民族团结进步事业经验弥足珍贵。在长期实践中,我们深化了对我国社会主义初级阶段民族问题和民族工作规律的认识,积累了推进我国民族团结进步事业的成功经验。

——必须坚持中国特色社会主义道路不动摇。我国民族问题只有在坚持和发展中国特色社会主义、实现中华民族伟大复兴的历史进程中才能得到正确解决。只有中国共产党才能团结带领人民解放各民族、振兴各民族,只有中国特色社会主义才能繁荣各民族、发展各民族。

——必须坚持党的民族政策不动摇。坚持我国各民族一律平等,在民族地区实行民族区域自治,加快少数民族和民族地区发展,保障各少数民族合法权益,巩固和发展平等团结互助和谐的社会主义民族关系,是党的民族政策的基本内容,也是我国各民族团结进步的生命线。我国各族人民大团结只有在党的民族政策得到全面贯彻执行的前提下才能得到切实加强,党的民族政策只有在我国各族人民大团结不断巩固和发展的基础上才能得到全面贯彻。

——必须坚持共同团结奋斗、共同繁荣发展不动摇。共同团结奋斗是我国各族人民的深切愿望,共同繁荣发展是解决我国民族问题的根本途径。共同团结奋斗、共同繁荣发展,核心是我国各民族始终紧密团结,坚持同呼吸、共命运、心连心,共同建设伟大的社会主义祖国,共同为实现中华民族伟大复兴而奋斗。抓住共同团结奋斗、共同繁荣发展这个主题,就抓住了新形势下正确处理民族问题、做好民族工作的根本,就能把全国各族人民的意志和力量凝聚到国家发展上来,就能不断开拓我国民族工作更为广阔的发展前景。

——必须坚持维护祖国统一不动摇。祖国统一是我国各民族的最高利益。只有我国各民族都坚持祖国利益高于一切,大力发扬爱国主义精神,以热爱祖国、贡献全部力量建设社会主义祖国为最大光荣,以损害社会主义祖国利益、尊严和荣誉为最大耻辱,共同维护伟大祖国统一安全,共同反对一切民族分裂活动,我国各民族团结进步才能具有不可动摇的根基。

60年的经验归结到一点,就是必须坚持一切从我国民族问题实际出发,坚定不移走中国特色解决民族问题的正确道路。

事实雄辩地证明,我国解决民族问题的实践是成功的,我国各族人民大团结是牢不可破的,党的民族政策是完全正确的,我国实行的民族区域自治制度也是完全正确的。对这些实践证明正确的行之有效的政策和制度,必须坚定不移坚持并不断加以完善。

同志们、朋友们!

当今世界正在发生广泛而深刻的变化,当代中国正在发生广泛而深刻的变革。我国发展既面临难得机遇,也面临重大挑战。我们要抓住机遇、应对挑战,就必须不断巩固和发展平等团结互助和谐的社会主义民族关系,继续把我国民族团结进步事业推向前进。我们要站在党和国家事业发展全局的战略高度,充分认识继续推进我国民族团结进步事业的极端重要性和现实紧迫性。

我国民族团结进步事业,是中国特色社会主义事业的重要组成部分。我国各民族团结进步是中华民族的生命所在、力量所在、希望所在。几千年来,我国各族人民在祖国大地上自强不息、团结拼搏,共同创造了悠久灿烂的中华文化,共同建设了幅员辽阔的锦绣河山,共同缔造了统一的多民族国家。在长期发展进程中,我国各民族密切交往、相互依存,形成了中华民族多元一体的格局。我国每一个民族都是祖国大家庭不可或缺的重要成员,我国每一个民族都为中华民族发展壮大作出了重要贡献,我国每一个民族都是全面建设小康社会、加快推进社会主义现代化、坚持和发展中国特色社会主义的重要力量。只有56个民族拧成一股绳,中华民族才能拥有强大民族凝聚力,才能不断创造历史伟业,才能战胜各种困难和风险挑战,才能维护祖国统一安全,才能巍然屹立于世界民族之林。我国民族团结进步事业反映了全国各族人民共同意志,符合全国各族人民根本利益。要大力增强我国各民族对中华民族的归属感、对中华文化的认同感、对伟大祖国的自豪感,大力促进我国各民族在社会主义大家庭中和衷共济、和睦相处、和谐发展,不断形成实现国家兴旺发达、人民幸福安康的强大力量,不断形成实现社会和谐稳定、国家长治久安的强大力量,不断形成实现中华民族伟大复兴、为人类作出更大贡献的强大力量。

新形势下,我们要全面贯彻党的十七大和十七届三中、四中全会精神,高举中国特色社会主义伟大旗帜,以邓小平理论和“三个代表”重要思想为指导,深入贯彻落实科学发展观，认真贯彻党的民族政策，正确认识和把握新形势下的民族问题，扎扎实实做好民族工作，奋力开创我国民族团结进步事业新局面。

第一，进一步推动各民族共同团结奋斗、共同繁荣发展。推进我国民族团结进步事业，必须牢牢把握各民族共同团结奋斗、共同繁荣发展的主题，紧紧围绕促进民族团结、实现共同进步的主线。团结和进步是民族团结进步事业相辅相成的统一体。团结是进步的前提，进步是团结的基础。促进民族团结，就是要高举各民族大团结旗帜，不断巩固和发展平等团结互助和谐的社会主义民族关系，不断打牢民族团结的社会基础。实现共同进步，就是要把加快少数民族和民族地区发展作为现阶段民族工作的主要任务，采取更加有力的措施，显著加快民族地区经济社会发展，显著加快民族地区保障和改善民生进程，全面推进民族地区社会主义经济建设、政治建设、文化建设、社会建设以及生态文明建设，维护各族人民根本利益，让各族人民共享改革发展成果。促进民族团结，实现共同进步，归根到底就是要把各族人民智慧和力量凝聚起来，同心同德为实现社会主义祖国繁荣昌盛、维护社会主义祖国统一安全、实现中华民族伟大复兴而奋斗。中华民族伟大复兴体现了我国各民族的共同追求，必须通过我国各民族共同奋斗来实现。没有我国各民族团结奋斗就没有祖国繁荣富强，没有我国各民族共同繁荣就没有中华民族伟大复兴。为全面建设小康社会而奋斗，为坚持和发展中国特色社会主义而奋斗，为实现中华民族伟大复兴而奋斗，是全国各族人民的共同任务，也是我国民族团结进步事业的前进方向。

第二，进一步推动民族团结进步事业创新发展。推进我国民族团结进步事业，需要不断总结和发扬成功经验，也需要不断探索和创新工作思路。要坚持解放思想、实事求是、与时俱进，发扬求真务实精神，从我国国情出发，深刻认识和全面把握我国民族问题实际，既坚持和发扬在长期实践中形成的优良传统和成功做法，又根据新形势新任务推进制度创新、工作创新、方法创新，切实把党的民族政策和民族工作部署落到实处，不断取得扎扎实实的工作成效。要突出我国民族团结进步事业的群众性，充分尊重和体现各族人民主体地位，把实现好、维护好、发展好各族人民根本利益作为民族团结进步事业的出发点和落脚点，动员各族群众广泛参与，在共同推进民族团结进步事业中不断创造美好生活。要突出我国民族团结进步事业的实践性，鼓励基层和群众积极探索实践，鼓励各地区因地制宜开展工作，为民族团结进步事业源源不断注入活力。要突出我国民族团结进步事业的时代性，根据党和国家事业发展要求，适应我国各族群众利益关系发展变化，不断丰富民族团结进步事业内涵、创新民族团结进步事业活动，增强民族团结进步事业的感召力、亲和力、影响力。

第三，进一步动员全社会投身民族团结进步事业。我国民族团结进步事业是全社会的事业，需要全社会共同努力，需要全体人民积极参与。全国各级党政机关、乡村、企事业单位、社区、学校、军队等都要自觉把促进民族团结进步贯穿于自身工作。要在全社会广泛开展民族团结进步宣传教育活动，既要教育群众，更要教育干部特别是领导干部，使党的民族理论和民族政策、国家民族法律、法规为广大干部群众所掌握，增强广大干部群众维护民族团结的自觉性和坚定性，增强全社会贯彻落实党的民族理论和民族政策、国家民族法律、法规的自觉性和坚定性。要落实好中央关于在各级各类学校广泛开展民族团结教育的决策部署，推动党的民族理论和民族政策、国家民族法律、法规进课堂、进教材、进头脑，使汉族离不开少数民族、少数民族离不开汉族、各少数民族之间也相互离不开的思想深深扎根于各族青少年心中，使我国各民族同呼吸、共命运、心连心的优良传统代代相传。要广泛运用文艺作品、影视节目、报刊书籍、新闻宣传等形式以及各类新兴媒体灵活多样地开展宣传教育，使维护民族团结、维护社会稳定、维护祖国统一成为各族人民的共同意志和自觉行动。促进民族团结进步是每一位公民的神圣职责和光荣义务。要把民族团结教育纳入公民道德教育全过程、社会主义精神文明建设全过程，形成有利于民族团结进步的公民道德准则，培育有利于民族团结进步的社会文明风尚，使每一位公民都自觉做民族团结进步事业的维护者和建设者。要深入开展社会主义法制教育，引导各族群众自觉遵守国家法律，学会运用法律维护自己的合法权益，做知法守法的公民，坚决同各种违反国家法律、破坏民族团结和社会稳定、制造民族分裂的行为作斗争。

第四，进一步加强和改进党对民族团结进步事业的领导。加强党的领导，是推进我国民族团结进步事业的根本保证。能否正确处理民族问题、切实做好民族工作，是衡量党的执政能力和各级党政组织领导水平的重要标志。各级党委和政府要增强政治意识、大局意识、责任意识，把民族工作摆上重要议事日程，建立、健全民族工作责任制，及时研究解决民族团结进步事业发展中出现的新情况新问题。各级领导干部特别是中高级干部，要认真学习贯彻党的民族理论和民族政策，认真学习和遵守国家民族法律、法规，坚持从全局和战略高度研究和做好民族工作，切实加强调查研究，正确把握规律，认真总结经验，创新思路方法，不断提高驾驭和解决新形势下民族问题能力。在推进民族团结进步事业过程中，对不同地区和单位，既要有统一规范，也要有不同要求，切实提高工作针对性和实效性。要完善民族工作体制机制，加强民族工作部门建设，推进民族工作制度化、规范化。要以学习贯彻党的十七届四中全会精神为契机，进一步加强和改进民族地区党的建设，不断增强党委领导核心作用、基层党组织战斗堡垒作用、共产党员先锋模范作用，为推进民族团结进步事业提供坚强保证。

我国民族团结进步事业中涌现的先进典型是全社会学习的楷模，是民族工作的宝贵财富。要认真组织开展民族团结进步创建和表彰活动，善于发现典型、总结典型、弘扬典型，使民族团结进步模范的先进事迹广为人知、深入人心，充分发挥各类先进典型作用，用群众身边的人和事教育群众，带动各族群众积极参与民族团结进步事业。各级党委和政府要关心先进典型，既要充分发挥他们的作用，又要主动为他们解决生产生活中的实际困难。

大力培养选拔少数民族干部和各类人才，是做好民族工作的重要条件。新中国成立60年来，广大少数民族干部和各类人才始终与党和人民同心同德、风雨同舟，为我国民族团结进步事业作出了重要贡献。要把选拔少数民族干部和各类人才工作摆在突出位置，采取更加有力的措施，努力建设一支政治上跟党走、群众中有威望、工作上有实绩的高素质少数民族干部和人才队伍。在民族地区工作的汉族同志要努力学习少数民族语言，了解当地民族历史文化，密切同少数民族群众的关系。民族地区各族干部要相互学习、彼此尊重、紧密团结、密切合作，发挥模范带头作用，全心全意为各族群众谋利益，共同担负起促进发展、维护稳定、加强团结的历史重任。

同志们、朋友们！

国务院第五次全国民族团结进步表彰大会的召开，标志着我国民族团结进步事业迈上了一个新起点。全国各族人民要更加紧密地团结起来，携手奋进，开拓创新，继续推进我国民族团结进步事业，继续为夺取全面建设小康社会新胜利、开创中国特色社会主义事业新局面、谱写人民美好生活新篇章而努力奋斗！

全国政协办公厅 统战部 国务院侨办 国务院港澳办 国务院台办在人民大会堂联合举行国庆招待会

全国政协主席贾庆林，国家副主席习近平，国务院副总理李克强与来自海内外的新老朋友4000余人欢聚一堂，共同庆祝中华人民共和国成立60周年。

贾庆林在招待会上致辞。他代表中共中央、国务院，向参加国庆招待会的各位嘉宾表示热烈的欢迎，向香港特别行政区同胞、澳门特别行政区同胞、台湾同胞和海外侨胞，致以诚挚的问候和良好的祝愿。

贾庆林指出，香港回归祖国已有12年，澳门也即将迎来回归祖国10周年。我们高兴地看到，"一国两制"、"港人治港"、"澳人治澳"、高度自治的方针，在港澳两个特别行政区得到了成功实践。在中央政府和祖国内地的大力支持下，两个特别行政区政府团结带领港澳同胞开拓进取、自强不息，保持了港澳经济繁荣发展、社会安定和谐的良好局面。事实已经并将继续证明，广大港澳同胞完全有智慧、有能力、有办法把两个特别行政区管理好、建设好、发展好。中央政府将继续坚定不移地贯彻执行"一国两制"方针和基本法，全力支持两个特别行政区行政长官和特区政府依法施政，进一步加强与祖国内地的交流合作，继续致力于发展经济、改善民生、推进民主、促进和谐，开创香港、澳门更加美好的明天。

贾庆林强调，促进两岸关系和平发展，实现祖国完全统一，是海内外中华儿女的共同心愿。60年来，中国共产党和中国政府为解决台湾问题进行了长期不懈的努力。我们坚持"和平统一、一国两制"基本方针，最广泛地团结台湾同胞，反对任何"台独"分裂图谋，推动两岸关系不断向前发展。去年5月以来，两岸关系实现历史性转折，两岸人员往来和各项交流出现新局面，两岸关系和平发展呈现出光明前景。两岸同胞应倍加珍惜并共同维护两岸关系改善和发展的良好势头。我们将继续贯彻对台工作大政方针，牢牢把握两岸关系和平发展的主题，增进互信，排除干扰，促进两岸协商，深化经济合作，拓展文化教育交流。通过加强两岸各界往来，促进两岸同胞增进感情融合、扩大共同利益。真诚为台湾同胞谋福祉，为台海地区谋和平，为中华民族谋振兴。两岸同胞团结奋斗，就一定能够不断开创两岸关系和平发展新局面。

贾庆林说，广大海外侨胞和归侨侨眷是我国改革开放和经济社会发展的重要资源，是维护国家稳定、促进祖国统一的强大力量，是中国走向世界、世界了解中国的宝贵桥梁。中国政府将一如既往地坚持"以人为本、为侨服务"的侨务工作宗旨，依法保护广大海外侨胞和归侨侨眷的正当合法权益，关心海外侨胞在驻在国的长期生存和发展，最大限度地把海内外中华儿女的力量凝聚起来，共同为实现祖国的完全统一和中华民族的伟大复兴而不懈努力。

招待会由国务委员戴秉国主持。王刚、王兆国、王岐山、刘淇、刘云山、刘延东、李源潮等出席了招待会。

"祖国万岁——庆祝中华人民共和国成立60周年大型文艺晚会"在北京举行

9月30日

国务院在人民大会堂举行国庆招待会庆祝中华人民共和国成立60周年

胡锦涛、江泽民、吴邦国、温家宝、贾庆林、李长春、习近平、李克强、贺国强等党和国家领导人同4000余名中外人士欢聚一堂,共庆佳节。

国务院总理温家宝发表了热情洋溢的讲话。

招待会由国务委员兼国务院秘书长马凯主持。

出席招待会的还有:王刚、王乐泉、王兆国、王岐山、回良玉、刘淇、刘云山、刘延东、李源潮、汪洋、张高丽、张德江、俞正声、李鹏、李瑞环、宋平、尉健行、李岚清、曾庆红、吴官正、罗干、何勇、令计划、路甬祥、乌云其木格、韩启德、华建敏、陈至立、周铁农、李建国、司马义·铁力瓦尔地、蒋树声、陈昌智、严隽琪、桑国卫、梁光烈、孟建柱、戴秉国、王胜俊、曹建明、廖晖、杜青林、帕巴拉·格列朗杰、白立忱、陈奎元、阿不来提·阿不都热西提、李兆焯、黄孟复、董建华、张梅颖、张榕明、钱运录、孙家正、李金华、郑万通、邓朴方、万钢、林文漪、厉无畏、罗富和、陈宗兴、王志珍和刘复之、杨白冰、丁关根、田纪云、迟浩田、张万年、姜春云、吴仪、曹刚川、曾培炎、王汉斌、倪志福、邹家华、布赫、铁木尔·达瓦买提、彭珮云、周光召、曹志、李铁映、司马义·艾买提、何鲁丽、成思危、许嘉璐、蒋正华、顾秀莲、热地、盛华仁、唐家璇、肖扬、贾春旺、杨汝岱、任建新、宋健、钱正英、孙孚凌、胡启立、陈锦华、赵南起、毛致用、王文元、王忠禹、李贵鲜、张思卿、罗豪才、张克辉、郝建秀、徐匡迪、张怀西、李蒙,中央军委委员陈炳德、李继耐、廖锡龙、常万全、靖志远、吴胜利、许其亮以及傅全有、于永波、王克、王瑞林、乔清晨等。

在京的中共中央委员、候补委员,在京的原中央顾问委员会委员,在京的中央纪律检查委员会委员,在京的第十一届全国人大常委会委员,在京的政协第十一届全国委员会常务委员;党中央、国务院各部门及中央管理的在京金融机构、在京国有重要骨干企业负责人,全国人大常委会办公厅、全国政协办公厅负责人,最高人民法院、最高人民检察院负责人,解放军各总部、各军兵种和北京军区、武警部队、中央军委办公厅、北京卫戍区负责人,各民主党派、全国工商联负责人和无党派人士代表,各人民团体负责人,北京市负责人;教育、科技、文化艺术、新闻、出版、卫生、体育、宗教等各界知名人士,全国劳动模范和先进人物代表,全国著名拥军模范、烈士家属、革命伤残军人、退役军人代表,全国民族团结进步表彰大会代表及少数民族代表等;在京的知名全国人大代表、全国政协委员和其他爱国人士;老将军、老红军、老干部代表;已故的党和国家领导人、元帅、大将的配偶;海外归国高层次人才和优秀留学人才代表;香港特别行政区人士,澳门特别行政区人士,台湾同胞、华侨、华人代表;在京的重要外宾、国际知名人士和配偶,各国驻华使节、国际组织驻华代表和配偶以及部分外国专家及其配偶,也出席了招待会。

国务院总理温家宝在庆祝中华人民共和国成立60周年招待会上的讲话

各位来宾、各位朋友、各位同志:

今天,我们欢聚一堂,热烈庆祝中华人民共和国成立60周年。我代表党中央、国务院,向全国各族人民和各界人士,致以节日的祝贺!向港澳同胞、台湾同胞和海外侨胞,致以亲切的问候!向出席招待会的各国朋友和所有关心、支持我国现代化建设的国际友人,表示诚挚的感谢!

1949年10月1日,中华人民共和国宣告成立,开辟了中国历史新纪元。站立起来的中国人民,掌握着自己的命运,创造着共和国的历史。

60年来,中国共产党领导全国各族人民,团结奋斗,艰苦创业,中华大地发生了沧桑巨变。国家经济实力和综合国力极大增强,人民生活显著改善,社会文明程度大幅提升,国际地位空前提高。波澜壮阔的历史变迁,翻天覆地的社会进步,激励着每一个中华儿女。我们为祖国的日益强盛和欣欣向荣而倍感自豪!

古老的中华民族何以能重新焕发青春活力?积贫积弱的中国何以能迅速赶上时代发展的潮流?从根本上说,就是中国人民在毛泽东思想、邓小平理论和“三个代表”重要思想的指引下,解放思想、实事求是,成功探索了一条符合中国国情的社会主义现代化道路。改革开放是具有划时代意义的伟大变革。没有改革开放,就没有中国特色社会主义;没有中国特色社会主义,就没有今天中国的繁荣和进步。中国特色社会主义,是指引我们胜利前进的旗帜!

60年的辉煌成就,归功于伟大的中国人民,归功于伟大的中国共产党,归功于充满生机和活力的中国特色社会主义。

60年的经验告诉我们:在整个社会主义初级阶段,必须始终坚持以经济建设为中心,以改革开放为动力,全面推进社会主义经济建设、政治建设、文化建设、社会建设以及生态文明建设;必须通过经济体制改革、政治体制改革和其他领域的改革,充分发挥全体人民的积极性、主动性和创造性,实现社会公平正义,使整个国家充满活力;必须发扬社会主义民主,健全社会主义法制,坚持依法治国,实现国家长治久安;必须加强和改进党的建设,深入开展反腐败斗争,密切党和政府同人民群众的血肉联系。

同志们,朋友们!

今年以来,世界经济经受着上世纪大萧条以来最为严峻的挑战,我国经济也遭受巨大冲击。我们坚定信心,从容应对,及时果断采取正确的政策措施,有效遏制了经济增速下滑的势头。我们要保持宏观经济政策的连续性和稳定性,增强宏观调控的针对性、有效性和可持续性,实现经济平稳较快发展,并为世界经济的可持续复苏作出贡献。

国家的安定,民族的团结,社会的和谐,是各项事业健康发展的可靠保证。我们要坚定不移地维护社会稳定,维护人民群众根本利益;坚定不移地坚持民族区域自治制度和国家民族宗教政策,巩固和发展平等团结互助和谐的社会主义民族关系。

我们要坚决贯彻"一国两制"方针,保持香港、澳门长期繁荣稳定!我们将坚持一个中国原则,同台湾同胞一道,开创两岸关系和平发展新局面,推进祖国和平统一大业!

中国离不开世界,世界也需要中国。我国将坚持独立自主的和平外交政策,始终不渝地走和平发展道路,推动建设持久和平、共同繁荣的和谐世界!

同志们、朋友们!

我们正站在新的历史起点上。再过40年,将迎来新中国成立100周年。到那时,一个富强民主文明和谐的社会主义现代化国家,将巍然屹立在世界东方。我们前面的道路还很长,也不平坦,还会遇到许多可以预见和不可预见的困难。我们务必保持谦虚、谨慎、不骄、不躁的作风,务必保持艰苦奋斗的作风,增强忧患意识,居安思危,励精图治。展望未来,我们清醒、自信、坚定。让我们紧密团结在以胡锦涛同志为总书记的党中央周围,高举中国特色社会主义伟大旗帜,以邓小平理论和"三个代表"重要思想为指导,深入贯彻落实科学发展观,万众一心、开拓进取,谱写中华民族伟大复兴的新篇章!

现在,我提议:

为庆祝中华人民共和国成立60周年,

为祖国的繁荣富强和各族人民的幸福,

为中国人民同世界人民的友谊与合作,

为各位来宾、朋友和同志们的健康,

干杯!

国务院总理温家宝在人民大会堂会见44位到任驻华使节

温家宝欢迎各位使节来华工作,表示中国政府将为他们在华期间的工作提供便利和支持,希望他们在任期内积极促进与中国友好合作关系的发展。

参加会见的新任大使是:匈牙利驻华大使库绍伊、保加利亚驻华大使佩伊奇诺夫、塞拉利昂驻华大使科罗马、荷兰驻华大使裴靖康、沙特阿拉伯驻华大使叶海亚、韩国驻华大使辛正承、阿根廷驻华大使马约拉尔、马拉维驻华大使纳蒙德维、巴哈马驻华大使坎贝尔(女)、喀麦隆驻华大使姆帕纳、越南驻华大使阮文诗、巴基斯坦驻华大使马苏德·汗、巴西驻华大使胡格内、瑞士驻华大使顾博礼、克罗地亚驻华大使西莫尼奇、亚美尼亚驻华大使萨尔基相、肯尼亚驻华大使松库利、牙买加驻华大使拉特雷、黑山驻华大使托什科维奇(女)、摩洛哥驻华大使哈基姆、拉脱维亚驻华大使乐音(女)、格林纳达驻华大使盖里(女)、土库曼斯坦驻华大使纳扎罗夫、希腊驻华大使耶奥卡凯罗斯、汤加驻华大使图普尼瓦、叙利亚驻华大使杰拉德、格鲁吉亚驻华大使西哈鲁利泽、土耳其驻华大使埃森利、新西兰驻华大使伍开文、阿富汗驻华大使巴辛、尼日利亚驻华大使瓦利、萨摩亚驻华大使托欧玛塔、吉尔吉斯斯坦驻华大使库鲁巴耶夫、加拿大驻华大使马大维、秘鲁驻华大使福塞斯、瓦努阿图驻华大使吉米、印度驻华大使苏杰生、美国驻华大使洪博培、比利时驻华大使奈斯、中非驻华大使图阿布瓦、乌克兰驻华大使科斯坚科、芬兰驻华大使岚涛、埃及驻华大使里兹克、斯洛文尼亚驻华大使阿达尼娅(女)。

国务院总理温家宝在人民大会堂亲切会见荣获2009年度中国政府"友谊奖"的100名外国专家和他们的眷属

国办印发《关于应对国际金融危机保持西部地区经济平稳较快发展的意见》

各省、自治区、直辖市人民政府,国务院各部委、各直属机构:

今年以来,西部地区按照党中央、国务院的统一部署,全面落实应对国际金融危机的一揽子计划和相关政策措施,各项工作取得积极成效,经济企稳向好的势头日趋明显。但西部地区经济总量小,产品处于产业链低端,生产方式比较粗放,自我调整能力弱,目前经济回升的基础还不稳定、不巩固、不平衡。有效应对国际金融危机的冲击,保持西部地区经济平稳较快发展的良好势头,是坚定不移地深入推进西部大开发的客观需要,是贯彻落实科学发展观、构建社会主义和谐社会的必然要求,对于扩大国内需求、挖掘发展潜力、拓展回旋空间,促进全国区域协调发展具有重要的战略意义。西部地区要坚定信心,抓住国家扩大内需的机遇,更加注重推进结构调整,更加注重保障和改善民生,更加注重深化改革开放,化解国际金融危机影响,继续保持经济平稳较快发展。经国务院同意，现提出以下意见：

一、加强基础设施建设，打牢长远发展基础

扩大铁路网规模。加强西部铁路客运专线、区际通道和“三西”煤运通道建设。强化既有线路扩能改造，加快神朔线扩能改造和兰渝、南广、贵广、太中银等一批重点铁路建设。开工建设西安至宝鸡客运专线、西安至安康铁路增建二线等。

加快干线公路网和水运基础设施建设。推进银川至武汉、西安至合肥等8条西部开发干线公路建设。开工建设连霍高速安西至星星峡段、库尔勒至西宁西部通道敦煌至当金山口段等重点公路。加强西部地区国省道改造，继续实施西部地区乡村“畅通工程”和“通达工程”，重点解决乡镇、行政村通公路和乡镇通沥青（水泥）路问题。继续开展农村乡镇客运站、农村公路渡口码头改造和渡改桥等专项建设。进一步推进长江黄金水道、北部湾沿海港口等水运基础设施建设。

加快枢纽机场和支线机场建设。加快推进西安、成都、重庆等区域枢纽机场改扩建，以及阿尔山、固原、吐鲁番等支线机场建设。完善干线机场功能，新开工建设一批支线机场，积极促进支线航空发展。

大力推进实施重点水利工程。继续推进病险水库除险加固和防洪工程建设，支持“润滇”、“泽渝”、“兴蜀”、“滋黔”等水源工程建设。加大四川都江堰、宁夏青铜峡、内蒙古河套等大型灌区续建配套与节水改造力度。开工建设四川亭子口、内蒙古海勃湾、西藏旁多等水利枢纽工程。

推进能源基础设施建设。加快西气东输二线、骨架电网、农村电网改造等重点基础设施项目建设，完善西电东送电网。推进宁东等大型煤电基地建设，尽快竣工投产发挥效益。

加强城镇、信息等基础设施建设。加快重庆、成都、西安等西部中心城市轨道交通建设。加快推进城镇污水、垃圾处理设施建设。做好电信基础设施共建共享，大力推进第三代移动通信网络建设。推动西部地区统一电子政务网络建设。

做好重点项目储备和前期工作。抓紧做好中亚、泛亚、南亚等国际运输通道规划研究。加快国家高速公路、西安—成都和重庆—贵阳—南宁等铁路通道以及中国至周边国家（地区）铁路通道前期工作步伐。推进陆上能源资源战略安全大通道建设。开展引汉济渭、重庆观景口、新疆布尔津河西水东引一期工程、卡拉贝利水利枢纽工程等项目前期工作。

二、加大环境保护和生态建设力度，促进建设资源节约型和环境友好型社会

巩固退耕还林、退牧还草成果。组织实施好巩固退耕还林成果规划，落实基本口粮田、农村能源、生态移民、后续产业发展、补植补造和退耕农户培训等各项措施，解决退耕农户当前困难和长远生计问题。做好荒山荒地造林工作。完善退牧还草政策，加快实施退牧还草工程，扩大实施范围，加强人工饲草地、牧区水利和棚圈建设，以建促退推动草畜平衡和舍饲圈养。

继续推进重点生态工程建设。扎实推进三北防护林、京津风沙源治理、天然林保护、青海“三江源”自然保护区建设、甘肃石羊河流域综合治理、甘肃甘南黄河重要水源补给区生态保护与建设等重点工程。抓好黑河、塔里木河流域综合治理，推动黄河、长江中上游水土保持和黄土高原淤地坝建设。加快编制祁连山水源涵养区、青藏高原东南缘生态环境保护与建设规划。加大云南迪庆两江流域生态保护力度。推进石漠化水土流失治理。

强化环境综合治理。加大丹江口库区及上游、三峡库区、黄河中上游、滇池等重点流域、区域水污染防治力度，继续开展排污权有偿使用和交易试点。做好环境监测，加强农村环境综合治理和工业污染治理。深化第二批国家循环经济示范试点，支持建设一批循环经济重点项目，全面推行清洁生产，加快淘汰和关闭浪费资源、污染严重和不具备安全生产条件的企业。加强地质灾害防治，积极推进矿山地质环境恢复治理和重点地区土地开发与复垦。推进灾区建筑废弃物等资源化。

三、调整产业结构，转变经济发展方式

加快发展特色农业。积极改造中低产田，大力发展旱作农业、节水农业。启动坡耕地水土流失综合治理工程，建设一批高标准基本农田。加强四川成都平原、陕西关中平原、内蒙古河套地区、宁夏沿黄地区、甘肃河西走廊等粮食生产能力建设。积极推进优质棉、糖料、油料、烟叶、水果、花卉、茶叶、蚕桑、马铃薯、畜产品、中药材、天然橡胶等生产基地建设，建成一批农产品加工示范基地，培育一批带动力强的龙头企业。支持陕西杨凌农业高新技术产业示范区、甘肃天水航天育种示范区和广西、云南亚热带农业示范区建设。扶持优质农产品生产基地建设和农业产业化龙头企业发展，提高产业化水平，加强农业农村先进实用技术转化应用和科技服务。

推进工业优化升级。组织实施和认真落实国家重点产业调整和振兴规划。积极发展技术引领型产业，提高航天航空、现代装备制造、电子信息、国防科技、新能源、新材料等产业发展规模和水平，推动陕西阎良民用航空、甘肃金昌新材料、四川成都生物、德阳重大装备制造等高技术产业基地建设。优化发展资源利用型产业，促进能源化工及矿产资源加工业集约发展，提高

资源综合利用水平。建成新疆独山子石化1000万吨炼油、100万吨乙烯项目，加快长庆、涩北等一批重点油气产能建设。逐步建设鄂尔多斯、塔里木、准噶尔、柴达木、四川盆地石油天然气的开发、综合利用和外输基地。进一步加大企业技术改造步伐，提升技术水平和产品竞争力。

提升自主创新能力。加强在西部地区部署国家科技基础设施，继续建设一批国家级重点实验室、工程技术研究中心。支持科研院所、企业承担国家重大科技专项，围绕西部地区面临的共性关键问题开展科技攻关。继续保持和加大对西部高新区的政策支持力度，扶持科技型中小企业发展。发挥国防工业科技优势，鼓励军民结合、军地结合，支持绵阳科技城发展。

提升现代服务业发展水平。加强旅游基础设施建设，完善旅游区基础设施，积极发展自然生态旅游、乡村民俗旅游，培育和开发一批精品旅游景区线路。继续推进“农产品批发市场升级改造”、“万村千乡市场工程”、“双百市场工程”及农村商务信息服务工程。积极培育电子商务服务业，着力发展文化、会展、创意等现代服务业，加快发展服务外包。加大地方金融资源整合力度，大力完善地方法人银行机构的公司治理，鼓励股份制商业银行和外资银行到西部地区设立分支机构。完善中小企业融资担保体系，推动村镇银行等农村新型金融机构发展，扩大西部地区农村小额贷款覆盖面。

引导产业有序转移。发挥东部地区资金、技术、人才、管理优势和西部地区资源、市场、劳动力优势，引导东部地区产业向西部地区梯度转移。依托交通干线、枢纽，选择一批具备一定基础条件的城市开展承接东部地区产业转移试点，推动建立承接产业转移的示范园区和东西部地区互动产业合作示范园区。严把产业政策关、环境保护关和资源集约利用关，防止落后产能向西部地区转移。研究制定中西部地区承接产业转移的具体政策。国家审批、核准的重大产业项目优先在西部地区布局。

四、加强民生工程建设，促进社会和谐

加快保障性安居工程建设。加快城市廉租住房建设，加大国有林区(场)、垦区、矿区棚户区、城市棚户区以及中央下放地方煤矿棚户区的改造力度。扩大游牧民定居工程和农村危房改造试点范围，加快完成边境一线地区茅草房、危房改造。推进边远地区乡镇教师、医务人员周转房建设。

改善农村生产生活条件。增加农村基础设施投入，逐步取消公益性建设项目县及县以下资金配套。力争用2—3年时间，基本解决西部地区农村人口饮水安全问题。到2010年基本实现乡镇通沥青(水泥)路、建制村通公路。加快发展小水电代燃料及农村沼气。完善农产品市场体系，支持西部地区大宗农副产品批发市场、集贸市场等流通基础设施建设，推动连锁经营向农村延伸。建立农村客运政策性补贴制度。

加大扶贫开发力度。继续增加扶贫资金投入，落实对低收入人口全面实施扶贫政策的措施。加大整村推进力度，提升产业化扶贫水平，积极稳妥地推进移民扶贫工作，提高农村贫困人口的自我发展能力。优先支持革命老区、民族地区、边疆地区扶贫开发，加大对特殊类型贫困地区扶持力度。制定农村最低生活保障制度与扶贫开发政策有效衔接办法。

做好农民创业就业工作。在总结四川南充、甘孜和甘肃甘南等地试点工作经验的基础上，选择部分条件成熟的县(市)，扩大农民创业促进工程试点范围。加强农村劳动力转移就业服务和职业技能培训体系建设，继续实施农村劳动力技能就业计划、农村劳动力转移培训阳光工程、星火科技培训、雨露培训计划。引导农民有序外出就业，鼓励农民就地就近就业，扶持农民工返乡创业，提高非农收入。

五、加快社会事业发展，提高基本公共服务水平

优先发展教育。进一步普及巩固九年义务教育，继续支持并尽快完成西部地区剩余42个县的“两基”攻坚任务。争取3年内基本解决农村“普九”债务问题。支持民族地区“双语”教育。继续实施农村初中校舍改造工程和中小学校舍安全工程，加大危房改造和农村寄宿制学校建设力度。加快发展农村中等职业教育，改善办学条件，加强基础能力建设，逐步实行中等职业教育免费。基本实现每个地级市和30万人口以上的县有1所独立设置的特殊教育学校。继续支持高等教育发展，逐步提高西部高等教育资源短缺地区的高考录取率。

提高基本医疗卫生服务水平。积极推进医疗卫生体制改革，优化区域卫生规划，加强公共卫生服务体系建设，在县医院标准化等医疗卫生专项建设经费中给予西部地区更大倾斜。大力发展中医药和民族医药。巩固和发展新型农村合作医疗，扩大参合农民受益面，提高受益程度。加强重大疾病、地方病预防控制和突发公共卫生事件处置等工作。加快妇幼卫生、基层计划生育服务体系建设，稳定低生育水平，扩大少生快富工程实施范围。

完善基层公共文化服务体系。加快广播电视村村通、乡镇综合文化站、西新工程第四期、全国文化信息资源共享、流动舞台车和农村电影放映等工程建设，提高县级文化馆、图书馆等级标准。做好西部地区自然遗产、非物质文化遗产和大遗址保护，加强重点文物保护工程等建设。加强抢救性文物、历史文化名城名镇

名村等保护工作。继续实施农民体育健身工程。

提高就业和社会保障水平。落实促进高校毕业生、农民工和困难群体就业的政策，努力提高就业水平。进一步扩大各项社会保险覆盖范围，加强基本养老服务体系建设，启动新型农村社会养老保险试点，全面建立被征地农民社会保障制度，实行先保后征。提高优抚对象抚恤补助标准，适当提高城市低保标准和补助水平。

加大人才开发力度。进一步完善西部地区人才开发政策措施，建立、健全吸引人才、留住人才、用好人才的体制机制。采取多种形式，积极培养一批农村实用人才、专业人才和高层次人才等西部开发急需的各类人才。鼓励和支持设立不同层次、多种形式的西部人才开发资金渠道。积极引进智力，大力吸引海内外高层次人才到西部地区创业。增加中央财政资金投入，对长期坚持在基层工作的教师、医务人员给予奖励，对符合国家有关政策的支援西部边远贫困地区的教师、医务人员给予资助。完善干部交流机制，引导人才向西部地区流动，鼓励社会志愿者到西部基层服务。

六、统筹区域发展，积极培育经济增长极

推动重点经济区率先发展。积极推进成渝、关中—天水、广西北部湾等重点经济区成为引领和带动西部大开发的战略高地。加快重庆、成都统筹城乡综合配套改革步伐，推动关中—天水经济区率先构建创新型区域，支持西安建设统筹科技资源改革示范基地。推动广西北部湾地区开发开放，加快国家高新技术产业带建设。积极推进广西钦州、重庆两路寸滩保税港区建设。研究设立西安陆港型综合保税区的可行性。开展成渝经济区、陕甘宁革命老区、内蒙古呼包鄂、新疆天山北坡等重点地区发展规划编制工作。积极推进跨区域城市一体化建设，加快成渝城乡一体化以及西安—咸阳、乌鲁木齐—昌吉等城市一体化进程，引导各类要素跨区域合理流动。

引导资源富集区可持续发展。抓紧在青海柴达木、内蒙古鄂尔多斯、四川攀枝花、新疆准噶尔、贵州六盘水等资源富集区开展循环经济区试点，推进资源有序开发。加大矿产资源勘探力度，形成一批能源、矿产资源重要接替区。加快甘肃白银、宁夏石嘴山、云南个旧、陕西铜川、重庆万盛区等资源枯竭城市转型。研究制定资源富集区可持续发展指导意见。

加快少数民族地区和革命老区发展。认真落实党中央、国务院关于支持西藏、新疆、宁夏以及青海等省藏区经济社会发展的政策措施。加大对贵州南部、广西北部、云南东部以及新疆南疆三地州、武陵山区、川北地区、甘南地区等集中连片特困民族地区发展的支持力度，探索开发模式。支持发达地区与少数民族地区开展劳务输出对口支援工作。加大对人口较少民族地区发展的扶持力度，扶持一批特困人口集中的民族自治县发展县域经济。进一步推进兴边富民行动计划，组织编制边境地区开发开放规划。增强革命老区自我发展能力，重点解决好革命老区的交通、水利、教育、卫生等突出问题，鼓励依托能源、矿产、农业、红色旅游等优势，发展特色优势产业。开展《陕甘宁革命老区振兴规划》编制前期工作。

推动重点边境城镇跨越式发展。加快重点边境口岸城镇建设步伐，完善边境经济合作区功能，扩大边境互市贸易规模，提高出口加工水平。积极推动广西东兴、云南瑞丽、新疆伊宁、内蒙古满洲里进一步扩大开放，加强与周边国家和地区的资源能源开发利用合作，建成沿边开放的桥头堡。

七、深化改革开放，构建对内对外开放新格局

推进体制机制改革。切实转变政府职能，减少和规范行政审批，提高行政效率。强化社会公共管理和服务，构建责任型政府和服务型政府。加快非公有制经济发展，优化发展环境，提高其在国民经济中的比重。加快国有经济布局和结构调整，深化国有企业改革，积极培育大企业、大集团。加快推进资源税改革，进一步完善矿产资源补偿费中央与地方的分配关系。研究建立生态补偿机制，先期在青海"三江源"等大江大河源头区、生态位置极为重要的区域开展生态补偿试点，建立国家生态保护综合试验区。进一步完善西部大开发长期稳定的资金渠道。

加强东中西部地区互动。坚持政府推动、市场运作、机制创新、互利共赢的原则，鼓励东中部地区设立各类区域合作专项资金，促进各类生产要素合理流动。推动东西部地区共建长期稳定的能源及矿产资源开发基地。建立和完善各类跨行政区的区域经济协作组织和行业性组织。继续建设好东西部合作与投资贸易洽谈会、西部国际博览会等东西部地区互动平台。积极推动东部发达地区对口帮扶西部贫困地区工作。加快建立、健全区域协调互动机制，形成东中西部地区协调互动、相互促进、共同发展的新格局。

开展对外经济交流与合作。加大引进国际产业资本和金融资本力度，提高西部地区利用外资的质量和水平，支持国际资本通过创业投资基金、股权投资基金投资符合国家政策导向的重点项目和企业。实施"走出去"战略，引导、鼓励和支持西部地区企业积极参与对外投资、对外承包工程和对外劳务合作。充分利用国际区域合作组织的平台作用，广泛参与大湄公河次区域经济合作和中亚区域经济合作。建立中亚投资经贸合作示范中心，加快霍尔果斯国际合作中心、凭祥综合保税区建设。大力发展边境贸易，积极探索边境地

区开发和对外开放的新模式。

八、加快地震灾区灾后重建，全面完成规划任务

全面推进民生工程恢复重建。实施好《汶川地震灾后恢复重建总体规划》。优先保障灾区群众的住房建设，2009年年底基本完成农村居民住房重建任务，全面启动城镇住房重建工作。抓好学校、医院等公共服务设施的恢复重建。重视解决边远贫困地区群众的困难。

加快基础设施和产业恢复重建。优先安排干线公路、农村公路、县乡公路客运站、通信、电网和供电设施等建设，积极推进农村饮水和新建城镇水源工程建设。加强地质灾害防治和生态修复，做好受损堤防、水库的除险加固和堰塞湖治理，确保汛期防洪安全。结合群众就业推进产业重建，加快农业生产设施和农产品市场恢复，促进旅游业振兴。

加强综合协调。完善综合协调机制，切实解决灾后恢复重建工作中的重大问题。加强督促检查，落实财税、金融、土地、环保、产业等方面政策。统筹用好政府投入、对口支援、社会募集、国外优惠紧急贷款、企业自筹等资金，提高资金使用效益，确保工程质量。完善对口支援实施方案，做好项目、资金、物资等衔接工作。完成灾后恢复重建总体规划中期评估，根据实际及时调整、充实和完善，开展灾区长期稳定发展规划研究。

九、加大投入力度，落实组织保障

继续加大政策支持力度。中央资金投入要继续向西部地区倾斜，逐步增加对西部地区一般性转移支付和专项转移支付。中央扩大内需新增投资继续向西部地区倾斜，重点投向西部地区民生工程、基础设施、生态环境和灾后恢复重建等领域，增加投资规模，优化投资结构，促进西部地区经济社会平稳较快发展。充分发挥中央和地方两个积极性，通过政府投入带动银行贷款和社会投资，引导民间资本投向符合国家产业政策的项目。

狠抓政策和工作落实。国务院西部地区开发领导小组各成员单位要结合实际，按照职能分工，切实落实好各项任务。发展改革委要积极做好综合协调，完善西部大开发的政策措施，研究解决西部大开发的重大问题，推动西部地区经济社会平稳较快发展。

国务院办公厅

2009年9月30日

10月1日

首都各界庆祝中华人民共和国成立60周年大会在天安门广场举行

中共中央总书记、国家主席、中央军委主席胡锦涛检阅受阅部队，并发表重要讲话。江泽民、吴邦国、温家宝、贾庆林、李长春、习近平、李克强、贺国强等出席庆祝大会。20万军民以盛大的阅兵仪式和群众游行欢庆伟大祖国的这一盛大节日。

中共中央总书记 国家主席 中央军委主席胡锦涛在庆祝中华人民共和国成立60周年大会上的讲话

全国同胞们，同志们，朋友们：

今天，我们隆重集会，庆祝中华人民共和国成立60周年。在这个喜庆而又庄严的时刻，全国各族人民都为伟大祖国的发展进步感到无比自豪，都对实现中华民族伟大复兴的光明前景充满信心。

在这里，我代表党中央、全国人大、国务院、全国政协和中央军委，向一切为民族独立和人民解放、国家富强和人民幸福建立了不朽功勋的革命先辈和烈士们，表示深切的怀念！向全国各族人民和海内外爱国同胞，致以热烈的祝贺！向关心和支持中国发展的各国朋友，表示衷心的感谢！

60年前的今天，中国人民经过近代以来100多年的浴血奋战终于夺取了中国革命的伟大胜利，毛泽东主席在这里向世界庄严宣告了中华人民共和国的成立。中国人民从此站起来了，具有5000多年文明历史的中华民族从此进入了发展进步的历史新纪元。

60年来，在以毛泽东同志、邓小平同志、江泽民同志为核心的党的三代中央领导集体和党的十六大以来的党中央领导下，勤劳智慧的我国各族人民同心同德、艰苦奋斗，战胜各种艰难曲折和风险考验，取得了举世瞩目的伟大成就，谱写了自强不息的壮丽凯歌。今天，一个面向现代化、面向世界、面向未来的社会主义中国巍然屹立在世界东方。

新中国60年的发展进步充分证明，只有社会主义才能救中国，只有改革开放才能发展中国、发展社会主义、发展马克思主义。中国人民有信心、有能力建设好自己的国家，也有信心、有能力为世界作出自己应有的贡献。

我们将坚定不移坚持中国特色社会主义道路，全面贯彻执行党的基本理论、基本路线、基本纲领、基本经验，继续解放思想，坚持改革开放，推动科学发展，促进社会和谐，推进全面建设小康社会进程，不断开创中国特色社会主义事业新局面、谱写人民美好生活新篇章。

我们将坚定不移坚持“和平统一、一国两制”的方针，保持香港、澳门长期繁荣稳定，推动海峡两岸关系和平发展，继续为实现祖国完全统一这一中华民族的共同心愿而奋斗。

我们将坚定不移坚持独立自主的和平外交政策，坚持和平发展道路，奉行互利共赢的开放战略，在和平共处五项原则基础上同所有国家发展友好合作，继续同世界各国人民一道推进人类和平与发展的崇高事业，推动建设持久和平、共同繁荣的和谐世界。

中国人民解放军和人民武装警察部队要发扬光荣传统，加强自身建设，切实履行使命，为维护国家主权、安全、领土完整，为维护世界和平再立新功。

历史启示我们，前进道路从来不是一帆风顺的，但掌握了自己命运、团结起来的人民必将战胜一切艰难险阻，不断创造历史伟业。

展望未来，中国的发展前景无限美好。全党全军全国各族人民要更加紧密地团结起来，高举中国特色社会主义伟大旗帜，与时俱进，锐意进取，继续朝着建设富强民主文明和谐的社会主义现代化国家、实现中华民族伟大复兴的宏伟目标奋勇前进，继续以自己的辛勤劳动和不懈奋斗为人类作出新的更大的贡献！

伟大的中华人民共和国万岁！

伟大的中国共产党万岁！

伟大的中国人民万岁！

《人民日报》发表社论《迎着中华民族伟大复兴的曙光——热烈庆祝中华人民共和国成立六十周年》

今天，中华人民共和国迎来六十华诞。

60年前的今天，毛泽东同志庄严地向全世界宣告中华人民共和国成立。这一彪炳史册的历史时刻，标志着中国人民从此站立起来掌握自己的前途命运，标志着我们伟大祖国从此告别落后屈辱走向繁荣富强，标志着中华民族从此迈向伟大复兴的新纪元。

新中国成立以来，中国共产党团结带领全国各族人民以一往无前的进取精神，探索社会主义建设规律，在革命、建设、改革的伟大实践中，取得了举世瞩目的巨大成就，谱写了中华民族自强不息、顽强奋进的壮丽史诗。

60年沧桑巨变，中国共产党坚定不移地引领当代中国的进步潮流，我们伟大的祖国实现了从半殖民地半封建社会到民族独立、人民当家做主新社会的历史性转变，从新民主主义革命到社会主义革命和建设的历史性转变，从高度集中的计划经济体制到充满活力的社会主义市场经济体制、从封闭半封闭到全方位开放的历史性转变。社会主义中国在广泛而深刻的变革中，探寻出一条生机勃勃的现代化道路。共和国60年艰辛探索和成功实践，向世界展现了社会主义制度的优越性和生命力。

60年团结奋斗，我们将几代人矢志追求的现代化梦想和民族复兴进程不断向前推进。从一穷二白到经济总量跃居世界第三，从温饱不足到总体小康，从“站起来了”到“举足轻重”。中国的国力从来不曾如此强大，百姓的生活从来不曾如此富足，亿万人民的精神面貌从来不曾如此昂扬奋发。共和国60年辉煌历程和光辉业绩，铸就了中华民族走向复兴的伟大丰碑。

振兴中华，赶上世界潮流，使中华民族屹立世界民族之林，这是长期以来中国人民的夙愿。纵观近代以来实现中华民族伟大复兴的历史进程，新中国的60年，前承几代人艰苦卓绝的探索和奋斗，后启一个民族走向复兴的变革与创新，凝结着亿万中华儿女一个多世纪以来改天换地的豪情壮志，开创了现代中国富强民主文明和谐的灿烂前景。

为了中华民族的伟大复兴，19世纪中叶以来，无数仁人志士奋起寻求救国救民的道路。鸦片战争后的近百年间，中华民族走过了历史长河中最为屈辱的一段。抵御外侮、变法图强，推翻帝制、建立共和……面对民族危亡、生灵涂炭的悲惨境遇，中华儿女为救亡图存上下求索，进行了反压迫、反奴役、反侵略的英勇斗争，书写下中华民族不屈不挠、顽强抗争的悲壮一页。

为了中华民族的伟大复兴，中国共产党人勇敢肩负起民族独立、人民解放，国家富强、人民幸福的神圣使命。为有牺牲多壮志，敢教日月换新天，我们党团结带领人民，历经几十年艰苦奋斗，完成了新民主主义革命任务，建立了中华人民共和国，全面确立了社会主义基本制度，从根本上改变了中国人民的前途命运，为当代中国一切发展进步奠定了根本政治前提和制度基础。

为了中华民族的伟大复兴，中国共产党在新的时代条件下带领人民进行新的伟大革命，开辟了中国特色社会主义道路。在国家民族的重大历史关头，我们党以巨大的政治勇气和理论勇气，吹响思想解放的号角。改革开放这一决定当代中国命运的关键抉择，极大地解放和发展社会生产力，赋予社会主义新的生机活力，使中华民族大踏步赶上时代潮流，使中国人民走上富裕幸福的康庄大道，使社会主义中国更加自信地面向现代化、面向世界、面向未来。

新中国60年光辉历程，是中国共产党人认识世界、改造世界的伟大创举，是根本改变中华民族命运、深刻影响人类历史进程的伟大变革。60年光辉历程，凝聚成宝贵的历史经验，启示中华民族走向复兴的光明未来：没有共产党就没有新中国，就没有中国特色社会主义；只有社会主义才能救中国，只有改革开放才能发展中国、发展社会主义、发展马克思主义。

我们正处在进一步发展的重要战略机遇期，在新的历史起点上向前迈进。到中国共产党成立100年时建成惠及十几亿人口的更高水平的小康社会，到新中国成立100年时基本实现现代化，建成富强民主文明和谐的社会主义现代化国家，这是我们的伟大目标。面对大发展大变革大调整的世界大势，面对前进道路上各种困难风险，我们肩负的任务艰巨而繁重，我们面临的考验复杂而严峻。我们走过的60年征程，只是民族复兴万里长征的第一步。居安思危，永不懈怠，艰苦奋斗，埋头苦干，我们才能承续无数先辈英烈们所开创的伟大基业。

这是一个充满生机、富有活力的时代，一个开拓未来、创造历史的时代。目睹我们国家沧海桑田的巨变，亲历中华民族迈向复兴的航程，时代给予我们光荣与梦想，更赋予我们责任与使命。迎着中华民族伟大复兴的曙光，紧密团结在以胡锦涛同志为总书记的党中央周围，亿万人民必将在中国特色社会主义道路上谱写中华民族自强不息、顽强奋进的崭新篇章。

首都各界群众在天安门广场举行盛大联欢晚会庆祝中华人民共和国成立60周年

党和国家领导人胡锦涛、江泽民、吴邦国、温家宝、贾庆林、李长春、习近平、李克强、贺国强等同各界群众欢度国庆之夜。晚会包括4个乐章：第一乐章“这是伟大的祖国”，以各族人民亲如一家、团结奋进为主题；第二乐章“是我生长的地方”，以抒发各族人民对祖国的挚爱之情为主题；第三乐章“在这片辽阔的土地上”，以彰显改革开放、科学发展新成就为主题；第四乐章“到处充满明媚的阳光”，以祝愿和平、继往开来为主题。

国家主席胡锦涛同俄罗斯总统梅德韦杰夫互致贺电庆祝两国建交60周年

胡锦涛在贺电中说，回首60年，中俄关系走过了不平凡的历程，已发展成为顺应时代潮流的新型国家关系。双方政治互信不断提升，务实合作全面深化，人文交流日益拓展，在国际和地区事务中紧密协作。中俄世代友好、共同发展的理念深入人心。中俄关系的发展不仅给两国人民带来了切实利益，也促进了地区乃至世界的和平、稳定与发展。展望未来，我对中俄关系的美好前景充满信心。中方愿同俄方一道，遵循《中俄睦邻友好合作条约》的原则和精神，进一步加强两国全方位、宽领域、多层次的交流与合作，努力把中俄睦邻友好与战略协作推上更高水平，为维护世界和平、促进共同发展而不懈努力。

梅德韦杰夫在贺电中表示，今天我们共同庆祝中华人民共和国成立60周年和俄中建交60周年这两个重大节日，具有特殊的象征意义。上述重大事件开辟了两国历史的新纪元，从根本上影响了世界的格局。现在的中国是具有重要影响力的大国，为维护全球稳定作出了重大贡献。俄罗斯为中国改革开放所取得的成就感到由衷的高兴。俄中睦邻友好经受住了时间的考验。目前俄中战略协作伙伴关系处于前所未有的高水平。我相信，两国关系将更加稳固，具有更加辉煌的前景。

中央军委主席胡锦涛签署通令嘉奖参加国庆受阅解放军和武警部队全体官兵 民兵 预备役人员

中共中央政治局常委李长春在钓鱼台国宾馆会见纳米比亚人组党前主席纳米比亚前总统萨姆·努乔马

李长春首先对努乔马出席新中国成立60周年庆祝活动表示热烈欢迎。李长春说，60年前的今天，新中国宣告成立。60年来，特别是改革开放以来，中国人民的面貌、社会主义中国的面貌、中国共产党的面貌发生了历史性变化。作为中国党、政府和人民的老朋友，作为中纳两党两国友谊和合作关系的开拓者，努乔马前总统既见证了双边关系发展的历史，也亲眼目睹了新中国的发展历程。我们非常高兴与努乔马前总统一起分享中国人民的喜悦心情。

努乔马说，我非常激动能在天安门与中国人民同庆中华人民共和国成立60周年。60年来，伟大的中国共产党带领中国人民实现民族独立和国家富强。我是这光荣历史的见证者。中国一直是纳米比亚和广大发展中国家的朋友。我们为中国的成就深感自豪、深受鼓舞，坚信中国的未来一定更美好，一定能为世界和平和繁荣作出更大贡献。

《营业性演出管理条例实施细则》今日起正式实施

10月2日

由中国驻朝鲜大使馆和朝中友好协会共同举办的“纪念中朝建交60周年图片展”在平壤人民文化宫开幕

此次展览是中朝友好年的重要内容之一，中国驻朝鲜大使刘晓明和朝鲜保健相、朝中友协中央委员会委员长崔昌植等出席了开幕式。

胡锦涛《在庆祝中华人民共和国成立60周年大会上的讲话》单行本出版

单行本由人民出版社出版，即日起在全国新华书店发行。

10月3日

国办转发财政部《关于加快发展我国注册会计师行业的若干意见》并发出通知

各省、自治区、直辖市人民政府，国务院各部委、各直属机构：

财政部《关于加快发展我国注册会计师行业的若干意见》已经国务院同意，现转发给你们，请认真贯彻执行。

建立和完善社会主义市场经济体制，促进我国经济社会持续健康发展，需要大力发展会计、审计等经济鉴证类中介行业。加快发展我国注册会计师行业，对于提高经济发展质量，维护国家经济信息安全具有重要意义。各地区、各部门要高度重视、加强领导，密切配合、落实责任，根据若干意见提出的要求，创新体制机制，完善政策措施，优化发展环境，加强行业监管，提高自律水平，引导和促进我国注册会计师行业又好又快发展。

国务院办公厅

2009年10月3日

关于加快发展我国注册会计师行业的若干意见

注册会计师行业是运用专业特长，对企事业单位会计信息进行鉴证，并提供会计、税务、管理咨询等商务服务的中介行业。改革开放以来，我国注册会计师行业经过恢复重建和不断发展，取得了显著成绩。目前，会计师事务所超过7400家，执业注册会计师超过8.5万人，从业人员近30万人，注册会计师执业范围和服务对象日益拓展，执业能力和行业监管水平稳步提高，相关法律制度体系基本健全，社会影响力和国际话语权逐步增强，注册会计师行业已经成为促进经济社会健康发展不可或缺的力量。但是，由于起步较晚、基础薄弱等多种原因，我国注册会计师行业的整体水平与经济社会发展要求和全球会计行业发展水平还有较大差距。为加快我国注册会计师行业健康发展，现提出以下意见：

一、充分认识加快发展注册会计师行业的重要意义

(一)加快发展注册会计师行业，是建立和完善社会主义市场经济体制的必然要求。

注册会计师行业服务领域已从传统的会计审计向管理咨询、内部控制、资信调查、投资决策等领域延伸，规模较大的会计师事务所汇聚了会计、审计、金融、税

务、法律、财务管理、风险控制、战略规划等方面的专家,在提高经济信息质量、引导资源合理配置、优化企业治理结构、维护市场经济秩序和社会公众利益等方面发挥着重要作用。

(二)加快发展注册会计师行业,是贯彻中央“走出去”战略的重要举措。

会计是国际通用的商业语言,企业跨国经营、资本跨境流动离不开注册会计师行业的专业支持。注册会计师行业为我国企业进入国际市场提供会计、税务、管理咨询等综合性服务,有助于我国企业在经营管理上与国际接轨,在更高层次和更广领域内参与国际竞争。

(三)加快发展注册会计师行业,是应对国际金融危机、促进经济平稳较快发展的迫切需要。

当前,我国应对国际金融危机取得了明显成效,经济运行正处在企稳回升的关键时期。注册会计师行业作为经济工作的基础和社会审计监督体系的重要力量,充分发挥其在保增长、调结构中的作用,有助于落实国家重大宏观经济政策,确保投资安全和投资效益,为建立经济运行风险防范机制提供强有力的专业支持。

二、加快发展注册会计师行业的指导思想、基本原则和主要目标

(一)指导思想。

以邓小平理论和“三个代表”重要思想为指导,深入贯彻落实科学发展观,全面总结行业发展经验,针对当前困扰行业发展的突出问题,着力从体制机制上深化改革、开拓创新,加强行业监管,推动诚信建设和组织建设,通过必要的扶持政策和鼓励措施,引导会计师事务所协调发展和走向国际,不断扩大执业领域和执业范围,全面提升执业质量和服务能力,大力改善执业环境和内部治理,促进注册会计师行业又好又快发展。

(二)基本原则。

一是坚持解放思想、开拓创新。要立足我国国情,借鉴国际经验,在遵循法制要求和市场规则的前提下,大力支持会计师事务所改革创新,积极探索加快行业发展的多种模式、途径和方法,鼓励优化组合、兼并重组、强强联合,促进行业走跨越式发展道路。

二是坚持科学发展、规范管理。要以科学发展观指导行业发展,形成大型、中型和小型会计师事务所执业领域各有侧重、市场定位各有特色、服务对象各有倾斜、地域分布较为合理,不同规模的会计师事务所有序竞争、接续发展的格局。同时,强化政府行政管理和监督,充分发挥行业协会的服务、协调和行业自律管理作用,健全会计师事务所组织形式、治理机制和行业制度,确保行业健康发展。

三是坚持诚信为本、质量第一。要始终把诚信建设作为行业发展的生命线,以维护社会公众利益为宗旨,以职业道德建设为核心,坚守独立、客观、公正的职业立场,全面提升行业的诚信度和公信力,使注册会计师行业成为受社会尊重和信赖的专业服务行业。

(三)主要目标。

力争通过5年左右的时间,努力实现以下主要发展目标:

——会计师事务所的规模结构优化合理。重点扶持10家左右具有核心竞争力、能够跨国经营并提供综合服务的大型会计师事务所。积极促进中型会计师事务所健康发展,努力形成200家左右能够为大中型企事业单位及上市公司提供高质量服务、管理规范的中型会计师事务所。科学引导小型会计师事务所规范有序发展。

——会计师事务所执业领域大幅度拓展。认真落实《中华人民共和国公司法》“公司应当在每一会计年度终了时编制财务会计报告,并依法经会计师事务所审计”的规定,确保公司依法接受注册会计师审计。同时,将医院等医疗卫生机构、大中专院校以及基金会等非营利组织的财务报表纳入注册会计师审计范围。在巩固财务会计报告审计、资本验证、涉税鉴证等业务的基础上,积极向企事业单位内部控制、管理咨询、并购重组、资信调查、专项审计、业绩评价、司法鉴定、投资决策、政府购买服务等相关业务领域延伸,推动大型会计师事务所业务转变和升级,加速向高端型、高附加值、国际化业务发展。

——会计师事务所执业环境显著改善。切实打破制约会计师事务所发展的行政壁垒、业务限制和地方保护,有效治理指定业务、索取回扣等不当行为,为会计师事务所创造更加公平的执业环境。各地区、各部门、各单位不得人为限制会计师事务所执业,不得干预注册会计师独立发表审计意见。

——会计师事务所组织形式、治理机制和管理制度更加科学。本着有利于注册会计师行业健康发展、提高会计师事务所治理水平、增强会计师事务所竞争能力的原则,支持会计师事务所依法采用与其发展战略、业务特点和规模相适应的组织形式。进一步健全透明高效、相互制衡的治理结构和内控机制,不断完善内部管理制度和执业责任保险制度。全面提高会计师事务所内部管理信息化水平,基本实现大中型会计师事务所利用信息化手段实施财务报告审计、内部控制审计和提供其他相关服务。

——注册会计师队伍职业道德水平和专业胜任能力显著提高。通过制定和实施注册会计师行业人才战略规划,有计划、有步骤地培养造就一大批适应行业发展要求的国际化、复合型人才,建设一支诚信执业、素质过硬的注册会计师队伍。

三、加快形成大中小会计师事务所协调发展的合理布局

(一)重点扶持大型会计师事务所加快发展。

大型会计师事务所是在人才、品牌、规模、技术标准、执业质量和管理水平等方面居于行业领先地位,能够为我国企业"走出去"提供国际化综合服务的会计师事务所。要积极探索适应大型会计师事务所发展需要的组织形式,大力推进特殊普通合伙制。鼓励执业质量优良、治理机制科学、发展势头良好的中型会计师事务所采用多种科学有效的形式进行强强联合,发展成为大型会计师事务所。会计师事务所在结构调整、兼并重组、做强做大过程中,要重视资源的优化配置和集中管理,完善治理结构、打造强有力的后台支持系统,实现人事、财务、业务、技术标准和信息管理等方面的实质统一。

(二)积极促进中型会计师事务所健康发展。

中型会计师事务所是在人才、品牌、规模、技术标准、执业质量和管理水平等方面具有较高水准,能够为大中型企事业单位、上市公司提供专业或综合服务的会计师事务所。要稳步扩大中型会计师事务所数量,不断提高中型会计师事务所专业服务能力和内部管理水平。鼓励信誉良好、成长快速的小型会计师事务所重组联合,成为中型会计师事务所或其分所,提高为市场服务的能力和水平。

(三)科学引导小型会计师事务所规范发展。

小型会计师事务所是规模较小,主要提供相关专项服务的会计师事务所。小型会计师事务所要突出服务特色,重在做精做专。要科学引导小型会计师事务所在规范管理运作、严格质量控制的基础上,创新发展模式、服务方式和技术手段,不断挖掘市场需求,深化专项领域服务,使小型会计师事务所成为面向小规模企事业单位和广大农村提供优质服务的主体力量。

四、切实加大促进注册会计师行业发展的政策扶持和引导力度

(一)完善扶持政策,合力促进发展。

财政部要会同有关部门进一步建立、健全促进注册会计师行业加快发展的支持政策,在优秀人才引进与合理流动、从业人员培养培训、外事外汇、税收政策、规范执业收费、优化发展环境等方面给予支持。要支持会计师事务所按照市场规律和平等互利、公平自愿的原则,采用多种发展模式进行优化组合、做大做强,确保合并、分立、重组和联合规范运作。要把注册会计师行业作为发展现代服务业的重要内容来抓,突出工作重点,更好地发挥其在经济社会发展中的服务职能。

(二)坚持统筹兼顾,加强分类指导。

境外上市企业,金融、能源、通信企业以及其他关系国计民生的大型骨干国有企业,应当优先选择有利于保障国家经济信息安全的大型会计师事务所提供相关服务。鼓励大型会计师事务所通过收购、合并等方式在境外设立成员所或分所,重视发挥其窗口和平台作用,为增强境外业务竞争力创造必要条件。要为大型会计师事务所"走出去"提供便利条件,在境外投资促进、扶持、保障、服务、核准等方面给予支持,并在资质认可、信息咨询、市场考察和对外联络等方面予以帮助。加快现有中外合作会计师事务所本土化进程,在我国法律框架和统一市场规则下公平竞争。支持我国会计师事务所在平等互利的基础上加盟国际会计公司。

各级财政部门和注册会计师协会要研究探索引导社会合理选聘中小型会计师事务所的评价机制和措施。促进中型会计师事务所业务范围不断拓展和服务能力不断提升。支持小型会计师事务所扩大代理记账、税务代理、外包业务、IT支持、个人理财、社区事业等咨询服务领域,积极承办社会主义新农村建设中"村账乡管"代理记账业务。

五、全面实施注册会计师行业人才战略

(一)重视人才培养,抓好队伍建设。

会计师事务所要在行业人才培养中发挥基础性、主渠道作用。要制定员工职业发展规划和各层次人才培养计划,分阶段、分步骤抓好组织实施。加盟国际会计公司的中国成员所,要与国际会计公司签署人才培养协议。要积极参与注册会计师行业领军人才培养计划,加强业务练兵和岗位培训,致力于培养一批专业扎实、技术过硬、品德优良的领军人才。要改革完善人力资源制度,进一步优化激励约束机制、考核分配制度及合伙人进入与退出机制,把加快培养中青年管理团队和业务骨干列入重要议事日程,推动从业人员队伍顺利实现新老交替、平稳过渡。要培育尊重人才、保护人才的企业文化,形成以事业留人、待遇留人、感情留人、合伙文化留人的良好氛围。

(二)搭建良好平台,创新培养机制。

各级财政部门和注册会计师协会要大力抓好行业领军人才和后备人才培养工作,力争用5年左右的时间,打造一批在业内具有较高声望、在行业"走出去"过程中能够发挥关键作用、承担国际化业务的复合型领军人物。要进一步完善注册会计师行业领军人才培养机制,健全选拔、培养、考核和使用制度。要进一步加大继续教育培训力度,着力提高行业从业人员的整体素质。要积极选聘高校应届优秀毕业生和海内外优秀人才,抓好人才储备,优化队伍结构,为我国注册会计师行业发展提供人才保障。

六、严格注册会计师行业行政监管和自律约束

(一)加强行政许可,严格市场准入。

财政部和各省级财政部门要根据注册会计师法、

行政许可法的要求和设立会计师事务所的规定，按照公开、公平、公正、便民、高效的原则，依照法定程序严格审批会计师事务所。未持有中国注册会计师证书的人员、不在会计师事务所专职执业人员、在申请设立会计师事务所前3年内因执业行为受到行政处罚的人员，不得担任会计师事务所的合伙人(股东)。在执业活动中受到行政处罚、刑事处罚，自处罚决定生效之日起不满3年的会计师事务所，不得申请设立证券期货资格会计师事务所。要及时跟踪了解会计师事务所有关信息和动态，监督会计师事务所业务活动，防止出现重审批、轻监管等现象。会计师事务所之外的其他中介机构和个人不得承办注册会计师审计业务。不具备证券期货资格的会计师事务所，不得承接证券期货相关业务。禁止会计师事务所一所多章分头签发业务报告等行为。

(二)加强行政监管，提高监管效能。

财政部和各省级财政部门要加强对注册会计师行业的行政监管，健全行业监管跨部门沟通协调机制，建立财政部门和审计、银行、证券、保险等监管部门的信息共享制度，不断提高监管效能。要建立并实施会计师事务所及其注册会计师退出机制，严厉惩治通同舞弊、挂名签字、兼职执业等违法违规行为。财政部要重点加强对大中型会计师事务所及其注册会计师的监管。各省级财政部门要重点加强对小型会计师事务所的监管。采取多种形式交流监管经验，建立完善定期检查制度。要研究建立注册会计师监管责任追究制度，寓监管于服务之中，将强化监管与改进服务结合起来，将打击不良风气、违规行为与表彰先进、弘扬正气结合起来。要加强国际交流，把握全球行业发展动向，推动注册会计师行业始终保持良性快速发展态势。

(三)加强协会建设，严格自律约束。

要充分发挥注册会计师协会的作用，不断提高管理和服务水平，促进行业又好又快发展。要加强注册会计师协会自身组织建设，严格注册会计师注册及考试制度，大力开展继续教育，夯实行业自律基础。要加强对注册会计师执业质量的自律检查和惩戒力度，建立、健全行业诚信信息监控体系，不断丰富和创新行业自律手段。要进一步完善执业准则体系和职业道德准则体系，促进注册会计师执业质量和诚信水平不断提高。

七、不断加强注册会计师行业诚信建设和内部治理

(一)深化诚信建设，铸造诚信精神。

诚信是注册会计师行业的安身立命之本和长远发展之基。要进一步大力弘扬诚信为本、操守为重、坚持准则的职业风尚，深入推进行业法制教育和诚信建设。要不断完善行业信用管理制度和诚信档案制度，积极探索会计师事务所信用评级制度，建立推广行业从业人员诚信宣誓制度和会计师事务所诚信公约制度，有力推动独立、客观、公正的执业精神深入人心，不断提升行业的诚信度和公信力。

(二)狠抓内部治理，建设人合文化。

会计师事务所要确立可持续发展战略目标，立足于打造“百年老店”。要吸收借鉴国际同行先进管理经验，充分利用现代信息技术手段，狠抓内部治理、严格质量控制，加快完善“权责清晰、决策科学、管理严格、和谐发展”的治理机制，建立、健全以决策程序、风险控制、人才培养、收益分配、执业网络协调为重点的内部管理制度，增强管理的科学性和透明度，规范和理顺合伙人(股东)之间、合伙人(股东)与注册会计师和员工之间的关系。倡导大中型会计师事务所设立专门的技术支持部门、质量管控部门和信息技术部门，建立、健全并有效实施全过程质量控制规程。各级财政部门和注册会计师协会在考察、评价会计师事务所时，要将其内部治理情况作为重要衡量标准。要采取切实有效的措施，积极培育人合、事合、心合、志合的合伙文化。主任会计师、合伙人(股东)和高级管理团队要在文化建设中发挥主导作用，同时引导和规范从业人员行为，形成整体团队的向心力，促进会计师事务所长远发展。

八、进一步强化注册会计师行业加快发展的组织领导

(一)加强行业党建，提供政治保障。

要加强注册会计师行业党建工作，健全行业党建工作机制，落实行业党建工作责任，加大行业党组织组建力度，发挥中国注册会计师行业党委的重要作用，不断扩大党的组织和工作覆盖面。要加强行业党员教育、管理和服务工作，不断提高行业党员队伍素质。要创新行业党建工作方式，增强党的工作活力，充分发挥行业基层党组织战斗堡垒作用和党员先锋模范作用，为加快发展注册会计师行业提供坚强的政治保证。

(二)强化行政领导，明确职责任务。

财政部作为我国注册会计师行业的主管部门，要全面把握加快发展注册会计师行业的形势和任务，加强领导、落实责任，科学筹划、认真实施，确保加快发展注册会计师行业的各项政策措施落到实处、抓出实效。

各省、自治区、直辖市人民政府财政部门要充分认识加快发展我国注册会计师行业的重要意义，结合本地区经济社会发展实际，积极研究制定支持注册会计师行业加快发展的具体措施和办法，共同促进注册会计师行业加快发展。

各级财政部门在推进注册会计师行业发展中，要

重视发挥注册会计师协会的作用。

(三)加大宣传力度,营造良好氛围。

各级财政部门和注册会计师协会要加大对注册会计师行业执业性质、职能作用、发展状况、先进事迹等的宣传力度,加深全社会对注册会计师行业的认知度和认同感,营造理解、支持、尊重注册会计师行业的有利氛围,为加快发展注册会计师行业凝聚共识、汇聚力量,创造更加良好的外部发展环境。

全国千家重点零售企业10月1日至3日实现销售额140亿元

商务部监测,这三天全国千家重点零售企业实现销售额140亿元,同比增长15%。从主要商品来看,家电、金银珠宝、秋冬服装、主副食品、汽车等呈现旺销态势。

10月4日

国家主席胡锦涛同保加利亚总统格奥尔基·珀尔瓦诺夫罗马尼亚总统特拉扬·伯塞斯库互致贺电庆祝中保中罗建交60周年

国务院总理温家宝在平壤万寿台议事堂同朝鲜总理金英日举行会谈

温家宝说,回顾中朝关系60年的发展历程,有几点重要启示:一是相互尊重、平等相待。两国一直相互尊重主权和领土完整,尊重各自选择的发展道路。二是相互帮助,深化友谊。中方向朝方提供力所能及的援助,帮助朝鲜发展经济,改善民生。朝鲜也给予了中国帮助和支持。三是互利合作,互通有无,给两国人民带来实实在在的利益。四是协调配合,维护本地区的和平与稳定。

温家宝强调,总结历史是为了更好地开辟未来。我们愿同朝方一道,继续本着"继承传统、面向未来、睦邻友好、加强合作"的精神,切实维护好、巩固好、发展好中朝友好合作关系,使之更好地造福两国人民,促进地区的稳定和发展。中方愿与朝方保持各领域、各层次的交往,加强在重大问题上的沟通协调;发挥互补优势,提升两国经贸合作水平;扩大人文交流,夯实中朝友好的社会基础。

金英日说,朝中友好年通过开展丰富多彩的庆祝活动,使朝中传统友谊进一步得到传承和发展。朝方珍视朝中传统友谊,感谢中国长期以来提供的支持和帮助,希望以两国建交60年为新的起点,推动朝中关系进一步向前发展。朝方愿同中方在以下方面共同努力:加强高层及其他各级别交往,深化政治互信;在平等互利基础上深化务实合作,朝方欢迎中国企业来朝投资;在地区和国际事务中保持沟通合作。

关于朝核问题,温家宝表示,中方对朝方坚持朝鲜半岛无核化目标表示赞赏。坚持这一目标,维护半岛和东北亚和平稳定,符合包括朝方在内的有关各方的利益。通过对话协商实现半岛无核化,是国际社会的普遍共识,也是解决朝核问题的必由之路。中方愿同朝方加强沟通协商。

金英日表示,实现无核化是金日成主席的遗训,朝方从未放弃,愿通过双边、多边对话实现这一目标。朝方希望同中方继续保持密切沟通协调。

会谈后,两国总理共同出席了两国政府经济技术合作协定等双边合作文件的签字仪式。双方就新建中朝鸭绿江界河公路大桥达成一致,决定正式启动大桥建设相关工作。

10月5日

中朝两国领导人互致贺电庆祝建交60周年

国务院总理温家宝在平壤同朝鲜劳动党总书记国防委员会委员长金正日会谈

温家宝表示,中朝友谊和友好合作关系来之不易,是双方几代人共同努力的结果,凝聚着两国老一辈领导人的心血,符合两国人民的愿望。抚今追昔,继往开来。我们一定要把中朝友好世世代代传承下去,这既是对历史和先辈的尊重,也是对未来和子孙负责。中方愿同朝方一道,保持高层交往,深化务实合作,加强在重大问题上的沟通协调,推动中朝睦邻友好合作关系不断向前发展。

金正日表示,温家宝总理在朝中建交60周年和中朝友好年之际对朝鲜进行正式友好访问,体现了中国党和政府对发展中朝关系的重视。双方有关庆祝活动很成功,加深了朝中传统友谊。朝方愿同中方共同努力,不断巩固和加强朝中友好合作关系。

金正日表示,实现半岛无核化是金日成主席的遗训,朝方致力于实现半岛无核化的目标没有改变。通过朝美双边会谈,朝美之间的敌对关系必须转变为和平关系。朝方愿视朝美会谈情况,进行包括六方会谈在内的多边会谈。

温家宝对朝方坚持半岛无核化目标、坚持通过包括六方会谈在内的多边对话实现这一目标表示赞赏。温家宝表示,中方愿与朝方及其他有关各方共同努力,为实现半岛无核化、维护东北亚地区和平、稳定和发展作出积极贡献。

国务院总理温家宝在平壤会见朝鲜最高人民会议常任委员会委员长金永南

山东日照获联合国人居奖

美国当地时间10月5日上午,联合国人居署在华盛顿国家建筑博物馆举行"2009世界人居日活动及颁奖仪式"。山东省日照市因出色的人居环境和生态环境规划而获颁这一全球人居领域的最高荣誉。

联合国大会于1985年12月通过决议,将每年10月第一个星期一定为"世界人居日"。"联合国人居奖"创立于1989年,以表彰为改善人类居住环境作出杰出贡献的政府、组织、个人和人居项目。

当天是第24个"世界人居日",其主题为"规划我们城市的未来"。

10月6日

中匈中斯中波领导人互致贺电庆祝建交60周年

国家主席胡锦涛同匈牙利总统绍约姆、斯洛伐克总统加什帕罗维奇、波兰总统卡钦斯基互致贺电,热烈庆祝中匈、中斯、中波建交60周年。

华裔科学家高锟获诺贝尔物理学奖

诺贝尔奖评审委员会今天宣布,因对光纤通讯研究有重大贡献,香港中文大学前任校长、"光纤之父"高锟,与美国科学家史密斯和博伊尔分享今年的诺贝尔物理学奖。

诺贝尔评审委员会称,高锟研究光纤的通讯用途,史密斯和博伊尔则曾成功研发半导体影像电路(CCD)。光纤科技提升了通讯系统的能力,令网络传输速度大幅提高,CCD则令数码相机及影像系统得到普及,两者都有助于建立今天网络世界的基础。三位科学家的发明,为科学的进一步开拓提供了工具,贡献巨大。高锟将获得诺贝尔物理学奖奖金的1/2,两位美国教授各获得1/4。

高锟教授1933年生于上海,1987年出任香港中文大学校长,1996年卸任。他主要从事光纤通讯、电机工程研究,有"光纤之父"之称。他1996年当选为中国科学院外籍院士,也是美国国家工程院院士、英国皇家工程科学院院士。

我国内地报告首例甲型H1N1流感死亡病例

西藏自治区卫生厅6日通报,西藏一名甲型H1N1流感患者于10月4日经抢救无效死亡,结果已经中国疾病预防控制中心复核确认,这是我国内地报告的首例甲型H1N1流感死亡病例。

10月7日

国家副主席习近平在布鲁塞尔公爵夫人谷城堡同比利时首相赫尔曼·范龙佩举行会谈

习近平说,中国政府一贯重视中比关系,愿与比方携手努力,共同落实好双方达成的重要共识,巩固政治互信,深化务实合作,推动两国关系不断取得新进展。习近平就发展两国关系提出四点建议。第一,继续保持高层交往和政治对话。中方欢迎阿尔贝二世国王明年来华出席上海世博会,也欢迎首相先生等比利时领导人在双方方便的时候访华。希望两国政府部门、议会、政党加强交流和磋商,增进相互了解和信任。第二,切实照顾彼此核心利益和重要关切。希望双方继续从战略高度和长远角度看待和处理彼此关系,本着相互尊重、平等相待、互不干涉内政的原则,妥善处理分歧和摩擦,共同推动两国关系健康稳定发展。第三,大力推进务实合作。希望双方不断深化和拓展互利合作,发挥在市场、技术、资金等方面的互补优势,进一步扩大双向投资和技术合作。中国政府欢迎比利时企业继续在中国投资兴业,也鼓励有实力、信誉好的中国企业到比投资。第四,积极扩大人文交流。中方愿配合比方做好明年上海世博会参展工作,进一步加强双方在文化、教育、旅游等领域的交流合作,巩固中比、中欧友好的社会基础。

范龙佩表示完全赞同习近平副主席对两国关系的积极评价和发展两国关系的主张。他说,习近平副主席访问比利时并出席"欧罗巴利亚—中国艺术节"表明了中方对比中关系的重视,比方愿与中方共同努力,保持高层交往,加强各领域合作,扩大议会、政党和人文等领域的交流,积极参加上海世博会的参展。他说,比方高度评价中国在应对国际金融危机和气候变化等问题上的政策立场,愿进一步加强与中方在国际和地区问题上的协调合作。范龙佩重申,比方坚持一个中国立场,遵循不干涉内政原则,不支持任何分裂活动。

双方还就中欧关系、国际经济金融、全球气候变化等重大问题广泛深入地交换了意见。

全国妇联主席陈至立出席在美国迈阿密市举行的国际妇女论坛世界领导人会议

陈至立在发言中说,中华人民共和国成立60年来,中国妇女的地位发生了翻天覆地的变化,如今已经成为国家、社会和自己命运的主人,中国妇女自尊、自信、自立、自强,在国家和社会事务管理、工农业生产和科学、教育、文化、卫生等各项事业中发挥着不可替代的作用。

国际妇女论坛创建于1982年,总部设在美国首都华盛顿,是一个高层职业妇女联谊会性质的组织,其宗旨是通过相互支持,帮助妇女走上领导岗位。来自50余个国家和地区的女性代表将在此次为期3天的会议上就“变得更好:更好的世界、更好的事业、更好的生活”这一主题交流彼此的见解。

10月8日

国家副主席习近平在欧盟委员会总部会见欧盟委员会主席巴罗佐

习近平说,过去的五年,巴罗佐主席为促进中欧全面战略伙伴关系的深入发展作出了积极努力,中方对此表示感谢。相信在新的任期里,主席将与欧委会的同事一道,积极推动中欧扩大交流与合作,增进相互了解与信任,促进中欧全面战略伙伴关系继续健康稳定发展。

习近平说,中欧建交30多年来,双方关系显示出强大生命力。已经形成全方位、宽领域、多层次的合作格局,中欧已成为塑造未来国际格局演变、推动多极化发展的两支重要力量。当前中欧关系处在承上启下的关键时期。双方应顺应新形势、新变化,与时俱进,对未来中欧关系的发展进行深入思考和全面规划。习近平指出,深化中欧关系应把握三点:

第一,要牢牢把握中欧关系的战略方向。中欧建交30多年来,中国始终从战略高度和长远角度看待中欧关系,从未因暂时和局部的困难动摇发展中欧关系的方向和信心。中欧全面战略伙伴关系的深化与发展符合中欧双方共同利益,也是惠及中欧人民和整个国际社会的正确选择。

第二,要始终坚持互利共赢的合作信念。中欧经济优势互补,已建立起了利益交融、互利双赢的合作框架,为两国人民带来了实实在在的好处。当前气候变化等全球性问题既是双方需要共同应对的挑战,更是中欧深化合作、提升关系水平的新契机、新动力。双方要切实研究对策,妥善处理摩擦,不断挖掘和培育新的合作增长点,坚决抵制各种形式的贸易和投资保护主义。

第三,要始终坚持平等互信的原则。中欧关系发展的历史经验证明,只要双方坚持“互尊互信,平等协商,求同存异”的原则,始终从中欧关系大局出发,切实尊重彼此的重大关切,中欧关系就一定能排除各种干扰向前发展。我们愿同欧方共同努力,将中欧关系塑造成为世界上不同文明、不同社会制度、不同发展模式的国家之间和谐共处、友好交往的典范。

巴罗佐首先祝贺中国成功举行令人惊叹的国庆庆典活动,高度评价中华人民共和国成立60年来取得的巨大成就。他说,过去五年欧中关系发展成效显著,双方高层交往频繁,人员文化交流富有成果,经贸合作快速发展,令人印象深刻。双方在应对国际金融危机、气候变化等全球性问题上的共同点日益增多,双方都反对贸易和投资保护主义,认为应建立公正的国际秩序。巴罗佐说,在未来五年里,愿继续致力于发展提升欧中战略伙伴关系,努力以成熟和负责任的精神处理双方分歧,推动欧中关系取得更大发展。巴罗佐并预祝“欧罗巴利亚—中国艺术节”取得圆满成功。

国家副主席习近平在拉肯宫会见比利时国王阿尔贝二世

国家副主席习近平出席在布鲁塞尔美术宫举行的“欧罗巴利亚—中国艺术节”开幕式并参观艺术节首场展览

习近平高度评价“欧罗巴利亚—中国艺术节”的重要意义,表示艺术节是阿尔贝二世国王在2005年访华期间与胡锦涛主席共同确定的重要文化活动,是两国文化交流史上的一件大事,也是面向欧洲的一次盛会。通过举办艺术节,两国优秀灿烂的文化相互交流,相互学习借鉴,将有力增进两国人民相互了解和友好感情,为两国关系全面深入发展奠定更加牢固的民意基础。中方感谢比方在“欧罗巴利亚—中国艺术节”筹备过程中给予的支持和配合,相信为期4个月的艺术节将在中比、中欧文化交流史上写下令人难忘的重要篇章。

10月9日

国家主席胡锦涛出席在人民大会堂举行的世界媒体峰会开幕式并发表重要讲话

中共中央政治局常委李长春出席开幕式。

胡锦涛在讲话中首先代表中国政府和人民,对这次世界媒体峰会的召开表示诚挚的祝贺,对各位朋友的到来表示热烈的欢迎。

胡锦涛强调,当今世界正处在大发展大变革大调整时期。面对前所未有的机遇和挑战,世界各地媒体应该顺应时代发展潮流,携手并进,努力为建设持久和平、共同繁荣的和谐世界作出贡献。当今社会,媒体对国际政治、经济、社会、文化等各领域的辐射日益加强,对人们思想、工作、生活等各方面的影响日益深入。世界各地媒体要充分运用自身特点和优势,广泛传播和平、发展、合作、共赢、包容理念;要坚持平等互信、互利共赢、共同发展,更好开展交流合作;要切实承担社会责任,促进新闻信息真实、准确、全面、客观传播。

胡锦涛指出,几天前,中国人民热烈庆祝了中华人民共和国成立60周年。经过60年特别是改革开放30年的不懈奋斗,中国的面貌、中国人民的面貌发生了历史性变化。同时,我们清醒地认识到,中国仍然是世界上最大的发展中国家,中国要全面建成惠及十几亿人口的更高水平的小康社会,进而基本实现现代化、实现全体人民共同富裕,还有很长的路要走。中国将继续从本国国情出发,坚持中国特色社会主义道路,全面推进经济建设、政治建设、文化建设、社会建设以及生态文明建设,全力做到发展为了人民、发展依靠人民、发展成果由人民共享。中国将始终不渝走和平发展道路,始终不渝奉行互利共赢的开放战略,坚持在和平共处五项原则的基础上同所有国家发展友好合作。

胡锦涛在讲话中强调,在推进改革开放和社会主义现代化建设的过程中,中国政府始终高度重视媒体发展,鼓励和支持中国媒体贴近实际、贴近生活、贴近群众,创新观念、创新内容、创新形式、创新方法、创新手段,增强亲和力、吸引力、感染力,在弘扬社会正气、通达社情民意、引导社会热点、疏导公众情绪、搞好舆论监督和保障人民知情权、参与权、表达权、监督权等方面发挥重要作用。我们将按照有关法律、法规,继续推动政务公开,加强信息发布,保障外国新闻机构和记者合法权益,为外国媒体在华从事采访报道业务提供便利。我们真诚希望世界各地媒体为增进各国人民对中国的了解、为巩固和发展各国人民同中国人民的友谊作出新的贡献。

刘云山、马凯、戴秉国等出席开幕式。开幕式由峰会承办方新华通讯社社长李从军主持。

这次世界媒体峰会主题是合作、应对、共赢、发展,由新华通讯社、新闻集团、美联社、路透社、俄塔社、共同社、英国广播公司、时代华纳特纳广播集团和谷歌等9家媒体机构共同发起,是全球报刊、通讯社、广播电视、新媒体的高端盛会。9家媒体机构的负责人在峰会开幕式上分别致辞。

来自世界各地170多家媒体机构的负责人出席会议。

国家副主席习近平在布鲁塞尔出席“中国—比利时经贸论坛”开幕式并发表讲话

比利时菲利普王储、外交大臣莱特姆、企业联合会主席莱森以及中比和欧盟工商界人士约500人出席。

习近平说,中比建交38年来,两国关系总体发展顺利。经贸、金融、投资、环保等各领域合作全面推进,为两国人民带来了实实在在的利益。去年尽管受到国际金融危机冲击,但双边贸易额仍达到202亿美元,是建交时的1000倍。两国相互投资在国际金融危机背景下也实现逆势增长,显示出巨大的发展潜力。前天两国有关部门和企业签署加强投资、税收、金融和相关技术等领域合作文件,用实际行动发出了我们两国携手应对国际金融危机的积极信号。

习近平指出,新形势下中比应该进一步挖掘合作潜力,提升经贸合作水平;努力扩大技术交流合作,丰富双边互利合作内涵;继续改善服务和管理,营造良好贸易投资环境。

习近平表示,中比关系的发展是中欧关系蓬勃发展的缩影。中欧合作的广度和深度已达到前所未有的水平,双方贸易额在30年内增加了100倍。欧盟长期保持中国第一大贸易伙伴和出口市场地位,成为中国第一大进口来源地。中国已成为欧盟第二大贸易伙伴。

习近平说,面对国际金融危机、气候变化、能源和粮食安全等全球性问题,中欧关系发展既面临新的挑战、也面临新的机遇。只要我们从战略高度和长远角度认识和发展彼此关系,恪守相互尊重、平等相待的原则,深化相互认知和了解,中欧共同利益将更加增多,联结中欧关系的纽带将更为增强。双方应该坚持全面战略伙伴关系定位,紧紧抓住务实合作的主线,以实际行动反对任何形式的贸易和投资保护主义。

习近平希望各位比利时和欧洲经济工商界朋友把握机遇,精诚合作,为深化中比、中欧经贸合作继续发挥积极作用。

莱特姆表示,在去年以来国际金融危机席卷世界,当前国际经济处在克服困难和复苏的关键时期,习副主席作为对世界有重要影响的国家领导人来比出席论坛并发表演讲,具有重要意义。中国积极扩大内需,应对国际金融危机,向世界输出重要“产品”— 信心;始终强调“信心比黄金重要”,对世界各国振兴经济、合作应对挑战产生积极影响。他说,比利时作为较早在华投资参与中国改革开放的国家而倍感自豪,愿在新形势下全面加强比中合作。

国务院副总理王岐山在绥芬河市会见由联邦政府副总理茹科夫率领的统一俄罗斯党代表团

王岐山说,中俄建立战略协作伙伴关系以来,两国高层及各级别交往密切,能源、经贸、科技、人文等领域合作全面深化,中俄关系已站在新的历史起点上,面临新的发展机遇。两党今年正式启动中俄执政党对话机制,签署新的合作协议和合作备忘录,为两党关系发展规划了蓝图。当前两国执政党需要进一步携手努力,共同应对金融危机,促进经济复苏,尤其需要加强两国边境地区合作。中俄政党论坛是两党两国交往的一个重要平台,相信本届论坛能够取得圆满成功。

茹科夫首先对中华人民共和国成立60周年、中俄建交60周年表示祝贺。他说,中俄两国关系迅速发展,执政党加强合作非常重要。执政党对政府决策具有重要影响,两党应为推动两国经贸等务实领域合作发挥更积极的作用。

外交部部长杨洁篪在北京同日本外相冈田克也举行会晤

双方就朝鲜半岛局势、东亚区域合作等国际和地区问题交换了意见。

我国最大屋顶光伏发电项目并网发电

《人民日报》报道,我国最大屋顶光伏发电项目——浙江杭州能源与环境产业园区2兆瓦屋顶光伏电站日前并网发电。该电站由浙江节能实业发展有限公司投资建设,预计年均发电量可达200万千瓦时,相当于1000户三口之家的一年用电量。与相同发电量的火电厂相比,该电站每年可节约标煤700余吨,减少二氧化碳排放超过1000吨、二氧化硫近10吨、氮氧化合物6.2吨。

10月10日

国家主席胡锦涛在钓鱼台国宾馆会见前来出席第二次中日韩领导人会议的韩国总统李明博与日本首相鸠山由纪夫

胡锦涛积极评价中韩关系、中日关系。他说,当前,中韩关系、中日关系保持良好发展势头。中韩正积极发展战略合作伙伴关系,两国各领域务实合作进一步扩大。中日正着力构筑两国战略互惠关系,推进各领域交流合作。中方愿与韩方、日方共同努力,继续落实好相互达成的有关共识,推动中韩战略合作伙伴关系、中日战略互惠关系深入健康稳定发展。

胡锦涛祝贺第二次中日韩领导人会议取得成功。他说,中日韩三国要把握历史机遇,发扬三国合作的成功经验,进一步巩固战略互信,尊重和照顾彼此重大利益关切,为实现互利共赢、共同发展而不懈努力。要进一步推动东亚区域合作,共同应对地区热点问题和各种全球性挑战,努力开创东亚地区和平、合作与发展的新局面。

李明博对胡锦涛主席在联合国气候变化峰会上发表重要讲话给予高度评价,表示中方为推进朝鲜半岛无核化进程、重启六方会谈作出重要贡献,韩方对此表示赞赏。

鸠山由纪夫表示,日本政府愿本着以史为鉴、面向未来的精神,同中方密切合作,共同推动日中关系发展。

国务院总理温家宝在人民大会堂分别会见来华出席第二次中日韩领导人会议的日本首相鸠山由纪夫韩国总统李明博

国务院总理温家宝在北京人民大会堂参加第二次中国日本韩国领导人会议并发表讲话

同时出席的还有韩国总统李明博、日本首相鸠山由纪夫出席会议。会议由温家宝主持。

温家宝在发言中指出,中日韩互为近邻,又是亚洲大国,加强合作不仅符合三国各自的利益,也对亚洲乃至世界有利。今年是中日韩合作10周年。10年来,三国合作取得长足进展:政治上,高层交往频繁,对话机制日臻完善,相互信任不断增强。经济上,彼此成为重要贸易伙伴,在多个重点领域开展合作。各种人文交流丰富多彩,增进了人民之间的相互了解和友好感情。在区域合作进程中,与其他合作机制相互补充、相互促进。

温家宝说,回顾走过的历程,有以下重要启示:一是坚持从长远角度和战略高度看待和把握三国关系至关重要。相互尊重、睦邻友好、照顾彼此重大关切和核心利益,是中日韩合作的政治基础;二是加强互利合作,为三国人民谋取实实在在的利益,是深化三国合作的重要推动力;三是密切三国人民之间的联系,坚持世代友好,利在当代,功在千秋;四是加强在地区和国际事务中的沟通协调,有利于更好地维护共同利益。

温家宝强调,在世界经历大变革、大调整、大发展的时代,中日韩三国面临新机遇、新挑战。只有全面深化合作,才能更好地促进各自发展,推动东亚地区融合和一体化进程,为世界和平、发展与繁荣作出贡献。中日韩合作顺应时代潮流,大有可为。

温家宝倡议,在以下几方面加强中日韩合作:

第一,履行政治承诺,增进战略互信。保持高层交往,充分利用各层次对话磋商机制,加强在重大问题上的沟通协调,推动三国伙伴关系稳定健康持久发展。

第二,加强优势互补,提升三国合作水平。继续把应对国际金融危机、促进经济复苏作为首要任务,加强宏观经济政策协调,共同反对贸易保护主义。加快推进中日韩自贸区联合研究,尽早达成平衡、务实、共赢的中日韩投资协议;加强财金合作,积极支持和推进东盟和中日韩区域外汇储备库建设和亚洲债券市场建设,维护和促进地区经济金融稳定;扩大交通、物流、海关、信息、科技、环境保护、绿色经济、公共卫生等领域合作。

第三,密切人员交流,巩固三国友好的社会基础。扩大三国民间友好交流,推动三国青少年交流实现经常化、制度化。加强在文化、教育、媒体、旅游、公共人事管理、警务等领域的交流合作。

第四,加强在本地区事务中的协调与合作。支持东盟一体化和东亚一体化建设,推进多种形式的区域、次区域合作,促进东亚经济和社会发展;坚持以对话协商方式解决争端,求同存异,相互包容,互谅互让,共同促进东北亚和平、稳定与和谐。

第五,携手应对全球性挑战,推动可持续发展。推进国际金融体系改革,建立公平、公正、包容、有序的国际金融新秩序;在气候变化问题上,积极采取符合本国国情的应对措施,参与国际合作,推动哥本哈根会议取得成功;切实履行对贫困国家的援助承诺,确保如期实现联合国千年发展目标。

李明博和鸠山由纪夫高度评价中日韩合作取得的进展,表示中日韩都是东亚重要国家,加强三国合作,符合三国共同利益,对促进地区和世界和平、稳定和发展具有重大和深远意义。三国应本着相互尊重、共同繁荣的精神,推动中日韩务实合作迈上更高水平。要携手克服国际金融危机,推动本地区经济尽快复苏,推进国际金融体系改革;要扩大三国贸易和投资规模,积极探讨加快推进三国自贸区建设,进一步改善商务环境,共同抵制贸易保护主义;要在环境保护、气候变化、甲型流感、防灾减灾等领域加强合作,本着“共同但有区别的责任”原则,推动哥本哈根联合国气候变化会议取得成功;要着眼长远,促进人文,特别是青少年交流和大学之间的合作;要加强在地区和国际事务中的沟通协调,逐步推动实现东亚共同体的目标。

三国领导人就朝鲜半岛核问题交换了看法。温家宝通报了最近访问朝鲜的情况。李明博和鸠山由纪夫表示,重视温家宝总理访朝取得的重要成果,注意到朝方在恢复六方会谈问题上显示出灵活性,韩、日高度赞赏和感谢中方为推动半岛无核化进程所发挥的重要和建设性作用,愿同中方保持沟通合作,共同推动六方会谈早日重启,实现半岛无核化目标。

三国领导人还就世界和地区经济形势、气候变化、东亚合作等问题交换了看法。

会议发表了《中日韩合作十周年联合声明》和《中日韩可持续发展联合声明》,并在以下方面取得成果:2010年在韩国举行第三次中日韩领导人会议,加快推进由政府、产业、学界共同参加的中日韩自贸区联合研究,建立中日韩经济团体合作交流机制并举行中日韩工商峰会,在中国建立中日韩循环经济示范基地,建立中日韩水资源主管部长会议机制,开展三国航空安全合作,2010年在中国举行第四次中日韩青少年友好会见活动,进一步扩大三国人员交流,开通中日韩合作网络秘书处。

中日韩合作十周年联合声明

在中日韩三国合作十周年之际,我们,中华人民共和国、日本国和大韩民国的政府首脑/国家元首,于2009年10月10日在中国北京举行会议,回顾了三国合作历程,规划了三国合作的未来。

我们一致认为:自1999年三国合作启动以来,三国共同利益不断增长,对话机制日臻完善,各领域合作稳步推进,成果丰硕。三国确立了面向未来和全方位合作的伙伴关系,政治互信增强。三国经贸和投资合作生机勃勃,彼此成为重要的贸易伙伴。三国人文交流活跃而密切,人民相互了解和友谊不断加深。三国致力于在开放、透明、包容原则基础上建设东亚共同体的长远目标,致力于区域合作,在地区和国际事务上的沟通与协调日益加强。

我们一致确认,过去十年的成果证明,中日韩三国加强合作,符合三国和三国人民的根本利益,也有利于维护本地区的和平、稳定和繁荣。鉴此,三国确认日本福冈首次中日韩领导人会议发表的《三国伙伴关系联合声明》具有重要意义。

我们一致认为:当今世界处于大变革、大调整之中。今后十年将是中日韩合作面临众多机遇的十年。我们将从战略视角审视和把握三国合作关系,不断推动三国合作迈上新台阶。

我们一致认为:相互尊重、平等互利、开放透明、尊重彼此文化差异是三国合作的基础和保障,也是今后三国合作应该遵循的原则。三国将秉承正视历史、面向未来的精神,挖掘合作潜力,拓展合作空间,推动三国关系朝着睦邻互信、全面合作、互惠互利、共同发展的方向前进。我们确信这将为世界的和平、稳定和繁荣作出贡献。

为此,我们一致同意:

一、增进政治互信。加强高层交往和战略对话,增进了解,扩大共识,构筑稳定的战略互信;相互视为合作共赢的伙伴;相互支持对方和平发展,并视之为机遇;尊重对方重大关切和核心利益,妥善处理敏感问题,坚持通过对话协商解决分歧。我们将加强安全对话,促进三国国防或军事人员之间的交流与合作。

二、深化互利合作。充分利用三国经济互补性强、合作潜力大的优越条件,在经贸、金融、投资、物流、知识产权、海关、信息、科技、节能、环保、循环经济等重点领域开展更高水平的合作,大力发展绿色经济,提高三国经济发展质量。反对各种形式的贸易保护主义,维护公正自由开放的全球贸易和投资体系,决心根据其授权,在包括模式等已有进展基础上,寻求多哈发展回合在2010年取得丰硕、平衡的结果。充分利用现有机制,包括东盟和中日韩、东亚峰会、亚太经合组织以及二十国集团，为亚洲乃至世界经济恢复增长和稳定发展不断注入新活力。

三、扩大人文交流。持之以恒地开展三国社会各界尤其是青少年的友好交流和大学间交流，探讨建立青少年交流和媒体交流长效机制，鼓励学术机构和民间扩大交往，推动三国在灾害管理、卫生、旅游、人力资源、教育和体育等领域加强合作，尊重彼此文化，弘扬和平友好精神，增进国民感情，巩固三国关系稳定、健康、友好发展的社会基础。

四、促进亚洲和平稳定与繁荣。三国将加强合作，支持东盟一体化和共同体建设，促进东盟和中日韩、东亚峰会、东盟地区论坛、亚太经合组织等多形式的区域、次区域合作。三国将坚持通过对话协商、以和平方式实现朝鲜半岛无核化。三国将与其他各方共同努力，争取早日重启六方会谈，维护东北亚和平稳定，建设和平、和谐、开放、繁荣的亚洲。

五、积极应对全球性问题。三国将在诸如气候变化、金融风险、能源安全、公共卫生、自然灾害、恐怖主义、军控、裁军与防扩散、联合国改革等国际和地区事务中加强沟通协商，积极参与国际政治、经济、金融等领域的变革，同国际社会一道，为促进世界和平、发展与繁荣作出不懈努力。

展望未来十年，我们对加强中日韩三国伙伴关系和全方位合作充满信心和希望。我们深信，伴随时代潮流与三国发展步伐，中日韩合作一定会迎来更加光明的未来，造福于三国，也造福于世界。

2009年10月10日于中国北京

中日韩可持续发展联合声明

2009年10月10日，我们，中华人民共和国、日本国和大韩民国政府首脑/国家元首，在中国北京举行的第二次中日韩领导人会议上：

满意回顾了三国落实2003年10月7日《中日韩推进三国合作联合宣言》、2008年12月13日《三国伙伴关系联合声明》和《推进中日韩合作行动计划》的进展，包括在可持续发展领域卓有成效的合作；

重申三国为本地区和国际社会创造和平、繁荣及可持续发展未来的共同愿望和责任；

强调可持续发展关系各国的生存与发展，关系世界的和平与稳定，在积极应对国际金融危机、促进经济复苏的同时，三国应大力发展绿色经济，共同致力于促进社会经济系统和自然生态系统良性循环，促进经济社会和谐发展，为实现可持续发展作出积极贡献；

决心本着互利共赢的精神，在以下领域，特别是发展绿色经济方面加强合作：

——批准第十一次三国环境部长会议确立的包括生物多样性保护和提高环境意识在内的10大优先合作领域，鼓励2010年第十二次三国环境部长会议通过《三国环境合作联合行动计划》，共同采取具体行动实现合作目标，继续推动可持续环境管理。

——根据“减量化、再利用、资源化”的原则，探讨建立“中日韩循环经济示范基地”，为促进形成资源节约型、环境友好型的产业结构、增长方式和消费模式而共同努力。

——推进中日韩科技联合研究计划，开展多种形式的交流与合作，发挥科技进步和创新在解决共同面临的地区问题和经济发展中的支撑作用。

——适时启动水资源主管部长会议机制，重点研究“应对气候变化的河流综合管理和水资源管理”。

——推动在森林可持续经营与野生动植物保护方面的合作，共同促进人与自然和谐发展。

——在国际能源合作框架内紧密合作，率先作出努力，通过使用清洁能源并提高能效，实现可持续发展。

——探讨三国在农业领域的合作机制。

——三国将加强对话，紧密合作，根据《联合国气候变化框架公约》的原则，特别是共同但有区别责任的原则共同推动哥本哈根会议取得积极成果，包括建立2012年后应对气候变化的有效国际合作框架。

我们将为三国与本地区的可持续发展作出不懈努力。

2009年10月10日于中国北京

首届中日韩工商峰会在北京举行

韩国总统李明博、日本首相鸠山由纪夫共同出席。温家宝出席会议并发表讲话。

本届峰会由中国贸促会、日本经济团体联合会、韩国全国经济人联合会共同举办。100多名三国工商企业界人士与会，围绕合作应对国际金融危机，反对贸易保护主义、促进三国自由贸易区建设，推动节能环保领域合作等议题展开交流。

国务院总理温家宝在首届中日韩工商峰会上的讲话

尊敬的李明博总统，尊敬的鸠山由纪夫首相，各位工商界朋友们，女士们，先生们：

很高兴在第二次中日韩领导人会议期间，同李明博总统和鸠山首相一起与大家见面。首先，我谨代表中国政府对首届中日韩工商峰会的召开表示热烈祝贺，向三国工商界朋友们致以诚挚的问候！

十年来，中日韩经贸合作取得巨大成就，三国贸易额翻了两番，从1300多亿美元增长到目前的5000亿美元。三国经济总量已占东亚的90%、全球的近17%，东亚成为全球经济最有活力的地区之一，为推动亚洲乃至世界经济增长发挥了重要作用。在当前应对国际金融危机的关键时刻，国际社会对东亚经济的复苏和稳定增长寄予厚望。

在中日韩合作十周年之际，举行首届中日韩工商峰会，具有特殊的意义。这一重要机制的建立，反映了中日韩日益紧密的经贸关系，表达了三国工商界加强对话交流的真诚愿望，顺应了深化合作、共同发展的时代潮流。不仅有利于三国更有效地应对国际金融危机，促进经济增长，而且对增进三国人民之间的相互了解和友谊，带动其他领域的交流与合作，将产生广泛的积极影响。

在此，我想对三国企业家们提几点希望：

一是开拓创新。创新是企业的竞争力和生命力。当今世界经济的竞争从根本上讲是科学技术的竞争。应对国际金融危机，实际上已成为一场新的科技竞赛。中日韩都有较丰富的人才资源，较好的科研条件，较强的生产和服务体系，较完整的产业基础。企业家们要在立足自主创新同时，利用三国地理相邻，文化相通，经济互补和融合度高的优势，加大合作研发和生产的力度，形成具有地区特点的创新体系和制造体系，在未来世界经济格局中占据主动地位。

二是要和衷共济。这场国际金融危机的影响是广泛而深刻的。企业是直接的受害者，也是重振增长的中坚力量。但企业的生存和发展离不开良好的社会和国际环境。这就要求企业家有宽广的视野和开阔的思路，在克服自身困难同时，勇于承担社会责任和国际责任。要发扬同舟共济、共克时艰的精神，在共同发展、和谐发展中实现自身的可持续发展。

三是要建言献策。上午我在三国领导人会议上讲，领导人要倾听企业家的声音，政府要为企业发展提供更多便利条件和良好的服务。企业家对国家、地区和全球经济、科技发展动向最为敏感，与社会有着广泛深入的接触，了解人们在想什么，需要什么，在关乎国计民生的重大问题上有独到的见解。欢迎你们利用三国工商峰会这一崭新平台，在充分讨论酝酿基础上，向三国领导人提出意见和建议。这将有助于我们全面、准确、及时掌握情况，作出科学的判断和决策，推动三国合作又快又好发展。

最后，我想用一幅画同大家共勉。刚才，我同李明博总统和鸠山首相一同参观了中日韩水墨画展。其中一幅由三国画家共同创作的画给我留下很深的印象。画中韩国的木槿花、日本的樱花和中国的翠竹相依相偎，各展风采，构成了多姿多彩的傲雪迎春图。我以为，这是三国艺术家的心声，也是三国人民的心声，应该成为三国企业家的精神，成为中日韩合作的精神！

谢谢大家。

国务院副总理李克强在北京出席第二届中国招标投标高层论坛开幕式并致辞

第二届中国招标投标高层论坛由中国国家发展改革委、工业和信息化部、财政部、住房和城乡建设部、交通运输部、铁道部、水利部、商务部和世界银行、亚洲开发银行等单位共同主办。本届论坛的主题是：维护公开公平公正、竞争有序的市场秩序，为扩大内需、促进经济平稳较快发展创造良好市场环境。李克强出席论坛开幕式并发表致辞。

李克强在致辞中指出，随着经济增长和投资规模扩大，要把质量和效益放在更加突出的位置。当前应对国际金融危机，着力扩大内需特别是消费需求，需要继续发挥好投资拉动经济的作用。保持经济长期平稳较快发展，还需要筹划新的重点建设和民生工程。只有不断改善投资质量和效益，才能适应经济结构战略性调整的要求，适应人民生活质量提高的要求，适应未来发展和国际竞争的要求。这就需要从制度上更好地发挥市场配置资源的基础性作用，形成有利于投资健康发展的宏观调控体系。招标投标、政府采购等投资管理和资金使用制度，作为社会主义市场经济体制的一个有机组成部分，对于提高经济增长质量和效益具有重要作用。

李克强强调，安全和质量是一切工程项目的生命线，高效廉洁对于投资建设至关重要。无论是支撑发展、增强后劲的重点项目，还是面向基层、惠及群众的民生工程，都要按客观规律办事，加强规划论证，遵循建设程序，推进决策科学化民主化，提高信息公开性透明度，严格监督管理，严肃法规纲纪，预防和惩治腐败，保证施工安全，保证工程质量，保证投资效益，保证廉洁透明，服务于现代化建设，服务于人民群众。

全国人大有关委员会、国务院有关部门负责人，来自中央和地方招投标管理部门、国家大型建设单位和施工企业、招标代理机构的代表，招投标领域资深专家，世界银行、亚洲开发银行等国际组织代表约340人参加论坛。国家发展改革委主任张平主持论坛开幕式。

中俄人文合作委员会第十次会议在大连举行

国务委员、中俄人文合作委员会中方主席刘延东与俄罗斯副总理、中俄人文合作委员会俄方主席茹科夫共同主持会议。

刘延东说，人文合作是人与人、心与心之间的交流，对消除认识差异、增进互信友谊具有不可替代的作用。人文交流和经贸合作如同鸟之两翼，都是两国关系中缺一不可的重要内容。在中俄建交60周年和互办“国家年”、“语言年”的背景下，中俄人文合作委员会框架下各领域合作都实现了新的突破，中国“俄语年”活动取得丰硕成果。当前,中国把人文合作提升到国家外交的战略层面,中俄人文合作也纳入了两国总理定期会晤机制,深化人文合作前景广阔,大有可为。中方愿与俄方一道,抓住机遇,官民并举,整合资源,创造条件,不断深化和丰富各领域交流合作,开创两国人文合作新局面,让中俄友好的大树更加根深叶茂。

茹科夫表示,近年来,在双方的共同努力下,俄中战略协作伙伴关系得到了进一步发展,达到了新的更高水平。双方相继举办“国家年”、“语言年”活动,人文各领域合作迅速发展,极大地促进了两国和两国人民之间的相互了解和友谊。

会议全面总结了中俄人文合作委员会第九次会议以来两国人文合作的主要进展,并就进一步深化教育、文化、卫生、体育、旅游、媒体、电影和档案等领域务实合作及举办2010年俄罗斯“汉语年”活动等事项达成了广泛共识。

会议结束后,刘延东和茹科夫共同出席了两国旅游部门合作文件签字仪式。

卫生部印发《国家基本公共卫生服务规范(2009年版)》

张香山逝世

中联部原副部长、顾问张香山同志于10月10日在北京病逝,享年95岁。

张香山是浙江人。1932年参加“左联”。1937年参加八路军,次年加入中国共产党,曾任一二九师政治部敌工部副部长等职。新中国成立后,历任王稼祥政治秘书、中联部秘书长、中国亚非团结委员会副主席等职。上世纪70年代初,任外交部顾问,在周恩来总理领导下,为中日恢复邦交作出积极贡献。在粉碎“四人帮”的斗争中,协助耿飚接管中央广播事业局,任中宣部副部长兼广播局党组书记、局长。1982年后任中联部顾问、中日友好21世纪委员会中方首席委员等职,为新时期党的对外工作新发展和民间外交开拓创新作出重要贡献。

张香山是中共十一、十二大代表,第五、六、七届全国政协常委。

10月11日

刘义权同志先进事迹首场报告会在人民大会堂举行

中共中央总书记、国家主席、中央军委主席胡锦涛就学习刘义权同志先进事迹作出重要指示,希望全国档案工作者学习刘义权同志的先进事迹和崇高精神。李长春出席会议并发表讲话。

李长春在报告会上指出,刘义权同志的先进事迹生动感人,催人泪下,平凡中见伟大,具有鲜明的时代价值,集中反映了共产党人的高尚情操和革命军人的优秀品格。38年来,刘义权同志立足本职岗位,无私奉献,忘我工作,为党和军队档案事业作出了突出贡献,不愧为全国档案战线的优秀楷模,不愧为在平凡岗位上创造非凡业绩的先进战士,不愧为模范践行社会主义核心价值体系的时代先锋。刘义权同志的先进事迹和成长经历启示我们,不论岗位多么平凡,不论工作多么普通,只要把本职工作当作崇高事业来追求,脚踏实地、勤奋敬业,就能在平凡的岗位创造出非凡的业绩,就能赢得社会的广泛认同和尊重。

李长春指出,要通过开展学习刘义权同志的活动,进一步在全社会形成积极践行社会主义核心价值体系的浓厚氛围,激励和引导广大干部群众更加紧密地团结在以胡锦涛同志为总书记的党中央周围,高举中国特色社会主义伟大旗帜,以邓小平理论和“三个代表”重要思想为指导,深入贯彻落实科学发展观,以饱满的热情、奋发有为的精神和脚踏实地的工作,为夺取全面建设小康社会新胜利、开创中国特色社会主义事业新局面、实现中华民族伟大复兴而努力奋斗。

刘云山、令计划和陈炳德、李继耐等参加了会见。

报告会由中宣部、解放军总参谋部、解放军总政治部和国家档案局联合举办。中央和国家机关干部代表,在京档案系统工作人员、部分高校师生代表,驻京部队大单位和武警部队的领导同志及官兵代表等5000余人参加报告会。

国家副主席习近平在德国柏林视察柏林中国文化中心

中央纪委书记贺国强在上海考察

10月11日至15日,贺国强在上海市委书记俞正声,市长韩正的陪同下,深入上海市的建设工地、港口码头、企业农村,就学习贯彻党的十七届四中全会精神、促进经济平稳较快发展、加强党风廉政建设和反腐败工作、筹办好上海世博会等问题进行调研。

考察期间,贺国强听取了上海市委、市政府和市纪委的工作汇报,他充分肯定了近年来上海市各项工作取得的成绩,希望上海各级党委、政府按照胡锦涛同志关于“四个率先”的要求,着力保持经济平稳较快发展、推进经济结构调整、提高自主创新能力、加快改革开放步伐、促进城乡区域协调发展、维护社会和谐稳定,在全面建设小康社会、加快推进社会主义现代化的新征程中继续走在全国前列。贺国强还专程看望了上海市纪委监察局机关干部,他要求各级纪检监察机关要认真学习、深刻领会、全面把握党的十七届四中全会的新思想新要求新举措，在做好反腐倡廉经常性工作的同时，针对群众反映强烈的问题，着力抓好厉行节约、反对奢侈浪费，完善党员领导干部报告个人有关事项制度，治理工程建设领域突出问题和"小金库"，严肃查处群体性事件背后的腐败问题，加强反腐倡廉舆情收集、研判和处理，推进党务公开特别是基层党务公开等工作，以党风廉政建设和反腐败工作新成效取信于民。

国务院副总理回良玉在中南海紫光阁会见国际农业发展基金总裁恩万泽

回良玉高度评价国际农发基金在促进中国农村减贫方面所提供的帮助，简要介绍了中国经济社会和农业农村发展情况，指出在与国际农发基金进行合作的过程中，中国的农村发展经验也丰富了国际发展理论，为全球减贫事业作出了重大贡献。回良玉表示，中国还是一个发展中国家，中国支持国际农发基金在全球农业发展和农村减贫工作中发挥更大作用，希望双方进一步拓展良好合作关系，积极推动联合国千年发展目标的实现。

恩万泽高度赞赏中国改革开放所取得的成就和中国为农村扶贫开发所制定的政策和采取的实际行动，高度评价四川汶川特大地震的灾后重建工作。他表示，愿进一步加强双方合作，共同推进国际减贫事业。

国务委员戴秉国在北京会见美国前国务卿基辛格一行

10月12日

国务院总理温家宝在中南海紫光阁会见出席中美"二轨"高层对话的美方主席美国前国务卿基辛格等美方代表

温家宝说，中美关系30多年的历程证明，合则两利，斗则俱伤，互信则进，猜忌则退。国际金融危机正深刻影响着世界政治、经济格局，保持中美关系健康、稳定发展任重而道远，需要两国政治家的远见和胆识，也离不开各界人士的智慧和支持。温家宝高度评价基辛格等美国朋友为中美关系发展作出的重要贡献，希望他们利用中美"二轨"高层对话机制，为增进两国互信与合作继续发挥积极作用。

美方表示，发展美中关系是美国民主、共和两党的共识。两国建交30年的经验表明，美中关系具有全球影响，美中合作可以对维护世界和平、促进人类进步、应对各种挑战发挥关键作用。他们愿通过中美"二轨"高层对话这一新平台为加深双方理解、信任和合作作出新的贡献。

全国政协主席贾庆林在北京会见由主席普拉昌达率领的尼泊尔联合共产党(毛主义)代表团

贾庆林高度评价中尼关系。他说，中尼建交以来，在双方的共同努力下，两国关系始终健康稳定发展，彼此之间平等相待、友好相处、互利合作，堪称典范。他赞赏尼方在涉及中国核心利益问题上给予中方的坚定支持，重申中方支持尼各方积极推进国内和平进程。

贾庆林指出，在当前国际和地区形势下，进一步巩固中尼传统友谊、深化两国战略合作具有重要意义，面临历史机遇。中方愿同尼方一道，继续深化双方务实合作，加强党际友好交流，共同推进中尼睦邻伙伴关系向前发展。

普拉昌达说，尼泊尔联合共产党(毛主义)高度评价中国党和政府长期奉行独立自主的和平外交政策，坚定支持中方为维护领土和主权完整所作出的种种努力，愿意通过党际交流，学习和借鉴中共的治国理政经验，共同为促进尼中传统友谊不断向前发展作出贡献。

国务院任命国家工作人员

任命朱民为中国人民银行副行长。

国家副主席习近平在总统府会见德国总统霍斯特·克勒

习近平在会见时表示，中国政府高度重视同德国的关系，始终从战略高度和长远角度看待和把握两国关系。中方主张，发展中德关系既要立足当前、也要着眼长远，既要深化双边领域合作、也要加强多边领域交流。进一步加强中德合作，有利于共同应对国际金融危机，有利于推动世界经济早日走出困境，也有利于维护世界和平、促进共同发展。中方对中德合作前景充满信心。我们愿同德方一道努力，本着相互尊重、平等互利的原则，理解和照顾彼此核心利益，在政治领域增进互信，在经济领域深化合作，在文化领域加强交流，在国际和地区事务中增进协调，推动中德关系再上新台阶。

习近平说，明天法兰克福国际书展中国主宾国活动将正式启动，这是推进中德友好合作的新平台，将进一步增进两国人民相互了解和友谊。

克勒感谢中国领导人的问候，并转达了他对胡锦涛主席的亲切问候和良好祝愿。克勒积极评价当前德中关系，表示中国是一个伟大的国家，在国际和地区事务中发挥着日益重要的作用。他说，德中两国的发展与繁荣得益于并取决于经济全球化，两国拥有广泛的共同利益，也都面临应对国际金融危机、气候变化以及实现可持续发展等全球性挑战。两国作为贸易大国，应加强对话合作，通过扩大内需，反对贸易和投资保护主义，向世界说明两国的发展并不单纯依赖扩大外需。

国家副主席习近平在柏林同德国总理默克尔举行会谈

习近平首先祝贺默克尔领导的联盟党在大选中获胜。他说，昨天是中德建交纪念日，建交37年来，在双方共同努力下，两国关系得到长足发展，各领域互利合作不断扩大，给两国和两国人民带来了实实在在的好处。目前，中德关系面临新的发展机遇。在国际金融危机冲击下，中国和德国作为世界两大重要经济体，作为对国际和地区事务有重要影响的国家，既面临共同挑战，也肩负共同责任。

习近平在会谈时说，中国政府高度重视同德国的关系，愿同新一届联邦政府携手努力，推动中德关系持续稳定健康发展。习近平就今后一个时期发展两国关系提出五点建议：

一是保持密切交往，深化政治互信。两国政府、议会和政党应加强交流合作，继续本着相互尊重和照顾彼此核心利益与关切的原则，通过对话和协商，进一步增进相互了解和政治互信。

二是深化经贸合作，携手应对危机。为稳定发展中德贸易，中方已两次派出贸易投资促进团赴德。希望德方也能采取切实措施，支持和推动两国贸易和投资合作特别是高新技术领域合作。

三是进一步加强在气候变化、新能源、环保等领域的合作。双方可通过加强政策对话、推进示范项目、构建民间企业技术转让体系等方式，挖掘潜力，探索新的合作领域和方式，不断培育双边合作新的增长点。

四是加强两国文化、教育、新闻、旅游、青年、地方等领域交流合作，使中德友好更加深入人心。中方将扩大邀请德国教师和学生赴华进修、开展夏令营交流等活动，愿通过法兰克福国际书展中国主宾国活动，让德国人民更多了解中国文化，扩大两国关系民意基础。

五是加强国际合作，促进世界和平与发展。中方支持德国在联合国等国际组织中发挥更大作用，愿同德方就国际金融体系改革、气候变化、粮食和能源安全等重大问题保持沟通和协调，共同为世界和平与发展作出贡献。

默克尔高度评价中国经济发展及去年以来采取的刺激内需政策取得的成果，认为这对促进世界经济复苏发挥了积极作用。默克尔说，完全赞同习副主席对发展两国关系的五点建议，表示德新一届政府将一如既往把对华关系放在优先位置，愿与中国共同努力，继续加强双方合作，不断赋予双边关系新的内涵。默克尔感谢江泽民先生所赠书籍，表示这两本专著的英文版，有助于外国读者更好地阅读和了解，希借此机会转达对江泽民先生的亲切问候和良好祝愿。

国务院副总理李克强在人民大会堂会见蒙古国对外关系与贸易部部长巴特包勒德

中国启动WTO争端解决专家组审理程序

商务部条法司负责人指出，中国政府坚决反对任何滥用贸易救济措施、助长贸易保护主义的做法。在全球经济面临挑战和艰难复苏的关键时刻，中方认为，欧方应当给各国政府和业界传递一个维护公平贸易的正确信息。中国政府有信心也有决心维护中国产业的正当利益，营造公平的贸易环境。

中德亚毫米波望远镜奠基仪式在海拔4300米的西藏当雄县羊八井举行

这将是中国首架可用于常规天文观测的亚毫米波望远镜，也是目前北半球海拔最高的亚毫米波望远镜。

这一项目由中国科学院国家天文台联合国内多家单位与德国科隆大学共同合作。项目总负责人、国家天文台王俊杰研究员介绍，羊八井亚毫米波望远镜观测站位于中国科学院羊八井宇宙线观测站内，建筑主体为外方内圆的格局，即放置望远镜的圆顶居于建筑中心，附属建筑围绕圆顶四周，象征天圆地方、人类与宇宙的相互融合，紧密相依。中德双方的科学家将在这里进行亚毫米波天体物理研究工作，同时与其他学科研究人员合作进行高能物理及大气物理的交叉学科研究工作。

据介绍，羊八井亚毫米波望远镜观测站基础建设将于2009年11月前完工，2010年将放置中德合作改造拆迁的3米口径KOSMA亚毫米波天文望远镜。目前这一天文望远镜仍放置于瑞士阿尔卑斯山海拔3200米GORNERGRAT。在完成望远镜的技术准备、改造、拆卸、搬迁、安装及调试工作后，预计于2011年年初开始试观测运行。

中国小将刘诗雯在2009年女子乒乓球世界杯冠军争夺战中首次捧得女乒世界杯

10月13日

国家主席胡锦涛在人民大会堂会见巴基斯坦总理赛义德·优素福·拉扎·吉拉尼

胡锦涛在会见时表示，中巴关系有着坚实的社会基础和旺盛的生命力，进一步巩固和发展中巴关系不仅符合两国人民的根本利益和共同意愿，对维护和促进本地区的和平、稳定与发展也具有重要意义。中方始终把发展中巴关系作为中国周边外交的优先方向之一，我们愿与巴方携手努力，不断增进战略互信，深化全方位合作，共同开创中巴战略合作更加美好的未来。

胡锦涛还表示，中巴经贸合作是两国关系的重要组成部分。我们高兴地看到，在双方共同努力下，尼鲁姆·杰卢姆水电站、喀喇昆仑公路升级改造等一些重大合作项目顺利实施。今年年初，两国又签署了《中国—巴基斯坦自由贸易区服务贸易协定》，为两国经贸合作开辟了更广阔的前景。中方重视中巴经贸合作，愿在平等互利、合作共赢、务实有序的基础上，推动中巴经贸合作取得更丰硕的成果。

吉拉尼表示，巴中友谊经受了时间考验，巴中友好深入人心。巴基斯坦珍惜和赞赏中方对巴方的坚定支持。吉拉尼强调，巴中友谊和巴中战略合作伙伴关系是确保本地区和平稳定的重要因素。巴方愿与中方密切合作，巩固传统友谊，推进各领域务实合作，推动双方重大合作项目不断取得更多新进展。巴方愿进一步加强两国反恐合作，巴方将继续采取有力措施，确保中国在巴机构、人员的安全。吉拉尼还表示，巴方将继续加强与中方在地区和国际问题上的相互支持，希中方为维护南亚地区的和平稳定发挥自己的重要作用。吉拉尼重申，巴基斯坦政府将继续坚定地支持中方在涉台、涉藏、涉疆等核心利益问题上的立场。

中共中央总书记胡锦涛致信祝贺中国少先队建队六十周年

胡锦涛在贺信中指出，少先队是我们党在新中国成立伊始创立的少年儿童群众组织。60年来，在党的领导下，在共青团的带领下，少先队主动适应时代要求，充分发挥自身优势，广泛开展一系列适合少年儿童特点的活动，为促进少年儿童健康成长发挥了不可替代的重要作用。60年来，在党的阳光雨露哺育下，在星星火炬照耀下，一代又一代少先队员开启了人生的奋斗航程，逐步成长为党和人民需要的合格建设者和可靠接班人，为推进我国社会主义革命、建设、改革事业作出了突出贡献。

胡锦涛强调，经过60年的奋斗，中国特色社会主义事业取得了举世瞩目的巨大成就。要实现中华民族伟大复兴的宏伟目标，还需要一代又一代人长期艰苦奋斗。今天的预备队必将成为明天的生力军。希望全国少先队员牢记党和人民的重托，在德、智、体、美等方面全面发展，争当热爱祖国、理想远大的好少年，争当勤奋学习、追求上进的好少年，争当品德优良、团结友爱的好少年，争当体魄强健、活泼开朗的好少年，时刻准备着为建设富强民主文明和谐的社会主义现代化国家贡献智慧和力量。

胡锦涛要求，少先队组织和少先队工作者要大力发扬优良传统，积极探索当代少年儿童成长规律，不断开创少先队工作的新局面。共青团组织要切实履行全团带队的光荣职责，更好地发挥少先队团结、教育、引导少年儿童的重要作用。

胡锦涛表示相信，有党和政府的高度重视，有全社会的热情关爱，有全国少先队员的共同努力，星星火炬在发展中国特色社会主义的伟大进程中一定能够放射出更加灿烂的光芒。

国务院总理温家宝与俄罗斯总理普京在北京举行中俄总理第十四次定期会晤

两国总理就进一步加强中俄合作达成以下共识：

一、增强政治互信，照顾彼此核心利益和重大关切，坚定支持对方为维护国家主权、安全和领土完整所采取的措施，巩固两国关系的政治基础。

二、深化经贸合作。建设好大型合作项目，创新合作模式；进一步扩大机电产品贸易，优化贸易结构；规范市场秩序；加强金融合作，扩大本币结算；扩大相互投资和经济技术合作，促进贸易便利化，反对贸易和投资保护主义。

三、扩大能源合作。落实好中俄在石油领域合作的政府间协议，深化石油领域上下游一体化合作，确保中俄原油管道2010年年底前全线贯通并于2011年起稳定供油，扩大铁路原油贸易；签署中俄天然气合作路线图，决定东西两线同步启动，并于2014年至2015年供气；推进核能、煤炭等领域重大合作项目。

四、加强在航天航空、科技、交通运输、通信和信息技术、林业、质检、环保等领域合作。

五、落实《中国东北地区与俄远东及东西伯利亚地区合作规划纲要》，深化两国地方合作。

六、促进人文合作。尽早建成两国文化中心，办好明年俄罗斯“汉语年”，继续推进卫生、体育、媒体、旅游等领域合作，加强青少年交流。

七、密切在国际事务中的协调配合，积极应对全球性挑战。共同推动建立公平、公正、包容、有序的国际金融新秩序，提高发展中国家和新兴经济国家的代表性和发言权。

会后，两国总理签署了《中俄总理第十四次定期会晤联合公报》。

中俄总理第十四次定期会晤联合公报

应中华人民共和国国务院总理温家宝邀请，俄罗斯联邦政府总理弗·弗·普京于2009年10月12日至

14日对中华人民共和国进行正式访问。10月13日在北京举行了中俄总理第十四次定期会晤。

中国国家主席胡锦涛、全国人民代表大会常务委员会委员长吴邦国分别会见了普京总理。两国总理共同出席了中俄建交60周年庆祝大会暨中国"俄语年"闭幕式。

一

胡锦涛主席会见普京总理时,双方满意地指出,中俄战略协作伙伴关系持续快速发展,相互支持和互信水平不断提高,各领域务实合作不断扩大。双方认为,在当前国际形势发生复杂深刻变化的大背景下,全面发展中俄关系,造福两国和两国人民,有着特殊的重要意义,为维护世界和平与稳定作出了重大贡献。双方就双边战略协作和当前国际形势坦诚深入地交换了意见,就进一步深化全面合作的重点领域,共同应对国际金融危机,以及当前重大国际和地区问题达成广泛共识。

两国总理在会谈中,总结了一年来中俄各领域合作成果,高度评价2008年10月28日中俄总理第十三次定期会晤以来双方在经贸、能源、人文、地方等各务实领域合作取得的进展,研究了深化互利合作、应对全球金融经济危机和促进共同发展的途径,确定了下一步全面合作的原则方向和措施。

两国总理充分肯定中俄总理定期会晤委员会、人文合作委员会、中俄能源谈判机制及其各分委会及工作组的工作,并对《中俄总理定期会晤委员会第十三次会议纪要》和《中俄人文合作委员会第十次会议纪要》予以确认。

双方强调,中俄总理定期会晤机制对推进两国各领域务实合作发展发挥了重要作用。为进一步完善该机制和提高其效率,双方同意在总理定期会晤委员会框架下设立海关合作分委会,并批准了分委会条例;扩大银行合作分委会职能,将保险等领域合作纳入银行合作分委会范畴,并将其更名为金融合作分委会。

中俄总理第十四次定期会晤期间签署了以下文件:

——《中俄总理第十四次定期会晤联合公报》

——《中俄总理定期会晤委员会第十三次会议纪要》

——《中俄人文合作委员会第十次会议纪要》

——《落实2009年6月24日签署的〈关于天然气领域合作的谅解备忘录〉路线图》

——《中华人民共和国政府和俄罗斯联邦政府关于相互通报弹道导弹和航天运载火箭发射的协定》

——《中华人民共和国政府和俄罗斯联邦政府关于互设文化中心的协定》

——《中华人民共和国铁道部、俄罗斯联邦运输部和俄罗斯铁路股份公司关于在俄罗斯联邦境内组织和发展快速及高速铁路运输的谅解备忘录》

——《中华人民共和国海关总署和俄罗斯联邦海关署关于规范通关监管秩序的合作备忘录》

——《2010—2012年中俄航天合作大纲》

——《关于俄罗斯向中国出口天然气的框架协议》

——《中国石油天然气集团公司与俄罗斯石油股份公司关于推进上下游项目合作的谅解备忘录》

——《中国核工业集团公司与俄罗斯原子能公司关于田湾核电站有关问题的谅解备忘录》

——《中俄合作建设中国示范快堆预先设计研究合同》

二

双方一致认为,中俄战略协作伙伴关系达到前所未有的高水平并保持加速发展的良好势头,已成为维护两国利益、促进世界和平与稳定的重要因素。双方重申发展中俄战略协作伙伴关系是各自外交政策的优先方向。双方将本着《中俄睦邻友好合作条约》的原则和精神,坚定不移地深化两国战略协作和务实合作,共同应对新威胁和新挑战,促进共同发展繁荣,推动世界多极化和国际关系民主化进程。

双方重申,支持对方为维护国家主权、安全和领土完整所采取的措施。

俄方重申其在台湾问题上的一贯原则立场,认为台湾是中国不可分割的一部分,承诺不与台进行任何官方接触和往来。俄方支持台海两岸关系和平发展和中国和平统一大业。

中方支持俄方为维护高加索地区和平与稳定所做的努力。

双方坚决谴责恐怖主义、分裂主义和极端主义,表示将继续加强中俄在双边和多边框架内打击"三股势力"的合作,落实《打击恐怖主义、分裂主义和极端主义上海公约》,共同促进本地区的和平与安全。

双方高度评价两国执法合作,将继续加强两国执法部门间合作,共同打击毒品走私、经济犯罪、非法移民及其他跨国犯罪,有效保护两国公民的合法权益。

三

双方对两国经贸合作现状给予客观评价,认为,在国际金融和经济危机带来的前所未有的困难条件下,通过双方共同努力,中俄经贸合作整体保持不断扩大和深化的势头,重点领域合作有所突破。尽管双边贸易受经济危机影响有所下降,但两国在各自对外贸易关系中的重要性上升,贸易结构逐步改善,俄机电产品对华出口增长。投资合作取得进展,双方在俄境内木材深加工、资源开发、基础设施建设等领域合作项目增加，能源合作尤其是石油领域合作取得长足发展。

双方将采取有力措施，深化经贸、科技等领域务实合作，携手应对国际金融危机，促进本国经济发展，实现共同繁荣。为实现这一目标，双方商定：

(一)研究和制定拉动贸易额增长的新举措，及早扭转贸易额下滑局面，反对各种形式的贸易保护主义，努力实现双方确定的到2010年的贸易额增长目标。进一步为双方商品进入对方市场创造长期稳定的条件，减少贸易和技术壁垒，促进改善贸易结构，大力推动机电和高技术产品贸易。

中方启动设立促进中俄机电产品贸易专项资金。双方同意加强相关产业合作。

(二)双方积极评价两国投资合作取得的进展，表示将切实组织好两国元首批准的《中俄投资合作规划纲要》实施工作；进一步扶持正处于实施阶段的投资项目；加大力度鼓励中国企业向俄罗斯经济特区投资，以及俄罗斯企业向中国经济特区投资；加强中俄投资促进会议机制框架内的合作；在基础设施建设、加工制造、高技术、能源和资源开发等双方共同感兴趣的领域，进一步拓展新的投资合作项目与合作方式。

(三)规范双边贸易秩序，推动其健康持续发展。双方高度评价中俄海关合作分委会第一次会议取得的积极成果，认为积极开展规范通关秩序、提高海关监管效率、打击走私违法等方面的合作是中俄海关部门当前和今后的主要任务。双方商定，尽快启动中俄海关信息交换试点工作，开展中俄海关价格信息交换合作，加强中俄海关执法合作，加大中俄海关贸易统计合作力度，互相交换与办理海关通关手续有关的单证样本，充分发挥两国海关院校的作用，为企业提供海关通关和监管方面的政策宣讲、通关知识培训等服务，使其遵守外贸和海关法规，推动使用先进检查设备，共同研究“经认证的报关企业”互认合作和向收货人签发进口货物“报关单证明联”制度等，有效维护进出口企业合法权益，进一步促进中俄贸易发展。

(四)双方指出，中俄地区间合作取得新突破，对两国关系发展具有重要意义。双方将全力落实两国元首2009年9月23日批准的《中华人民共和国东北地区与俄罗斯联邦远东及东西伯利亚地区合作规划纲要(2009—2018)》，为此双方将确定协调落实纲要的办法。

(五)双方高度评价两国能源合作取得的重大突破。

双方认为，中俄原油管道开工建设标志着双方在石油领域进入长期战略合作的新阶段，并相信中俄两国企业将全面落实业已签署的一揽子协定。

双方指出，应积极推进天然气领域合作，将根据2009年6月签署的《关于天然气领域合作的谅解备忘录》，推进中国自俄罗斯进口天然气项目。

双方认为，修建电网、发电设施以及变电站将有助于加快落实由俄罗斯向中国输电的项目。

双方将根据《中俄关于煤炭领域合作的谅解备忘录》，支持双方企业在煤炭资源开发及加工转化、煤炭及煤机贸易与服务、煤炭设计等优先领域开展合作。

(六)双方认为核能领域合作是两国经济合作的优先方向之一。

双方责成授权单位加快商签关于共同建设田湾核电站二期工程的文件。

双方对铀浓缩工厂建设项目的高水平合作表示满意。

双方将继续在核电、军转民、核科技、核安全等领域开展合作。

(七)双方对两国在民用航空领域的合作表示满意，将进一步促进民用航空技术领域的互利合作，为该领域合作创造有利条件。

(八)双方高度评价航天领域合作取得的成果。将推动落实中俄2010—2012年航天合作大纲，推动落实基础航天研究(月球及深空探测)、卫星对地观测、基础元器件及材料、导航设备元器件等项目。

(九)双方对中俄科技领域合作表示满意，将深化中俄高技术和创新领域合作，实施具有投资和市场潜力的联合创新项目，共同开展技术研发和产业化，大力推进纳米技术合作，加强尖端科技领域其他重点项目合作，推进两国地区间科技合作。

(十)双方积极评价两国在通讯和信息技术领域开展的合作。双方将在实施一系列共同项目上深化合作，包括在边境地区开展通信业务合作，改造并铺设新的通信线路，加强两国信息技术领域相互协作。双方将继续努力，争取在2010年年底前完成“中俄两国频率清单”内列入的模拟电视和FM调频广播台站的频率指配协调工作。双方责成两国主管部门继续就协调卫星频率进行合作，包括联合测量信号。双方欢迎对在戈尔诺阿尔泰斯克—阿列套地区开设中俄边境光缆通道进行可行性研究和在两国边境地区建立新的邮政交换点。

(十一)双方对中俄林业合作进展表示满意，愿在落实和总结中俄林业一期规划基础上，确定后续规划编制等下一步工作方向，包括在建设俄境内林业交通基础设施、开办原木采伐和深加工企业等领域加强投资合作。

(十二)双方同意进一步推动交通运输及交通基础设施领域合作。

双方同意大力提高两国间铁路货运量，继续采取措施提高运输量。

双方对落实《中华人民共和国政府和俄罗斯联邦政府关于在黑龙江同江市(中华人民共和国)和犹太自治州下列宁斯阔耶(俄罗斯联邦)地区共同建设和运营跨黑龙江(阿穆尔河)界河铁路桥协定》的进展情况表示满意。

双方将采取切实措施，尽快落实中俄两国政府关于修建黑河—布拉格维申斯克公路大桥的协定，继续研究在洛古河—波克罗夫卡地区建设跨黑龙江(阿穆尔河)界河公路桥的可能性。

本着中俄战略协作伙伴关系精神和互利合作的原则，双方将努力解决扩大两国特定航空企业在两国间及第三国飞越权的问题。

(十三)双方认为，财政和金融合作是中俄经济合作的重要组成部分。双方将继续利用中俄财长对话机制，加强在宏观经济、财税与金融、重大国际经济问题上的政策沟通与协作，共同应对全球金融危机。

(十四)双方满意地指出，两国商业银行间合作及边贸本币结算业务稳步发展，贸易融资继续拓展，项目融资成果丰硕，银行卡领域的合作不断加强。

双方将深化金融、投资和保险合作，研究进一步拓展双边本币结算业务。

(十五)双方积极评价两国在知识产权保护领域的合作，将继续拓展和深化该领域有关合作。

(十六)双方将继续不断推进反垄断及竞争政策领域的双边活动，特别是在落实1996年4月25日签署的《中俄政府间反不正当竞争和反垄断领域交流合作协定》框架内，积极推动在广告竞争法律适用领域开展地方间合作。

(十七)双方将加强在标准、计量、认证、检验监管等方面的合作。双方认为有必要积极解决食品安全问题，并全面加强卫生检疫、动植物检验检疫和保护消费者权益方面的合作。

(十八)双方高度评价两国环保领域合作取得的成果，并指出，环保合作发展迅速，已成为中俄战略协作伙伴关系的重要组成部分。双方共同建立了环保合作机制，为解决该领域存在的问题奠定了基础。双方将加强环保分委会与中俄合理利用和保护跨界水联委会在相关事项上的协调。

双方将继续联合监测跨界水体水质，充分利用两国跨界突发环境事件通报和信息交换机制，加强在应对跨界突发环境事件方面的合作。

双方将进一步加强在跨界自然保护区和生物多样性保护方面的合作，加快黑龙江流域跨界自然保护区网络建设战略草案的制定工作。双方有关部门将尽快就《中俄候鸟和栖息地保护协定》草案及其附件进行磋商。

四

双方指出，积极拓展并深化人文合作对于推动中俄战略协作伙伴关系持续健康发展具有不可替代的作用。双方对两国人文交流的快速发展表示满意，并认为，2006—2007年两国互办“国家年”，以及2009—2010年互办“语言年”活动为人文交流注入了强大动力。

双方强调，互办“语言年”活动对于增进两国传统友谊、促进各领域交流与合作具有重要意义。双方高度评价2009年在中国举办的“俄语年”，并满意地指出，中国“俄语年”活动取得丰硕成果，极大激发了中国青年学生学习俄语的热情，加深了中国人民对俄罗斯文化的了解。

双方将继续努力，共同夯实两国关系的社会基础和精神基础，巩固两国人民的相互理解和友谊。为此，双方商定如下：

(一)俄方在总结2009年中国“俄语年”经验的基础上，将协助中方办好2010年俄罗斯“汉语年”。

(二)双方将继续组织和举办好中俄大学生艺术联欢节、中俄青少年夏(冬)令营、中俄青少年学生俄(汉)语比赛、中俄大学校长论坛和中俄高等教育展等中俄“国家年”教育领域机制化项目，大力开展两国青少年之间的友好交流，大力开展高层次人才联合培养和高水平科研合作。

(三)中方对俄方热情接待第二批547名中国四川、甘肃、陕西等地震灾区中小学生赴俄疗养表示感谢，愿与俄方密切配合，全力做好1000名俄罗斯儿童2010年来华参加夏令营的准备工作。中方邀请500名俄中小学生来华参加汉语夏令营活动，并向俄方增加提供100个来华汉语奖学金名额。

(四)双方认为，文化领域的交流合作对于增进两国人民间的相互了解和友谊，增强民间友好的基础具有积极意义。双方一致同意2010年在俄举办“中国文化节”。双方高度评价《中俄政府关于互设文化中心的协定》的签署，将为互设文化中心提供必要的支持和便利，以使文化中心尽早运行，为推动两国文化交流与合作发挥实效。

(五)双方认为，深化两国卫生合作对维护两国人民健康和地区公共卫生安全具有重要意义。双方将加强传染病防治、传统医学、药品监管、灾害卫生应急等领域合作，支持边境地区及对口医疗科研机构加强交流，共同努力提高卫生防疫措施的质量和效率，并在世界卫生组织、上海合作组织等多边机制中加强协调合作。

(六)双方积极评价两国体育领域交流合作。中方支持俄方举办2014年索契冬奥会,愿以此为契机,推动两国体育部门在冬季运动项目和其他方面扩大交流。双方将相互支持对方举办深圳2011年第26届和喀山2013年第27届世界大学生夏季运动会。

(七)双方高度评价两国旅游领域的合作与交流。目前,中国已成为俄罗斯第二大客源国,俄罗斯是中国的第三大客源国。双方将进一步加强旅游交流与合作,鼓励和支持本国旅游企业参加对方主办的旅游促销等活动。

(八)双方将继续加强两国媒体、档案、电影等领域合作。围绕两国建交60周年、互办"语言年"和2010年上海世博会等重大主题,扩大相互宣传力度,通过举办媒体研讨、档案展览、电影交流等活动,贯彻"世代友好"的和平思想,增进中俄人民的相互了解与友谊。

五

双方认为,世界经济正处于从危机走向复苏的关键时期,虽然近期出现回暖迹象,但复苏基础仍不稳固,复苏前景仍然存在诸多不确定因素,需要国际社会高度关注。

中俄两国总理指出,二十国集团领导人峰会应在应对国际金融危机、加强全球经济治理中发挥重要作用,支持加强国际合作推动国际金融体系改革,提高发展中国家和转型经济国家在国际金融体制中的代表性和发言权。

双方重申,应在遵循多极化、法律至上原则及顾及相互利益的基础上建立公正和包容的国际经济金融新秩序。为此,两国将在"金砖四国"等多边组织和论坛框架内积极开展合作。

双方认为,应反对一切形式的贸易和投资保护主义。

六

双方认为,中俄总理第十四次定期会晤在友好、坦诚、务实的气氛中进行,取得了重要成果。双方对会晤成果表示满意。

双方商定,中俄总理第十五次定期会晤将于2010年在俄罗斯举行,具体日期通过外交途径另行商定。

中华人民共和国国务院总理　俄罗斯联邦政府总理
温家宝　弗·弗·普京

2009年10月13日于北京

国务院总理温家宝在人民大会堂参加中俄建交60周年庆祝大会暨中国"俄语年"闭幕式

温家宝和普京先后致辞。两国总理回顾了中俄建交60年来走过的不平凡历程,高度评价中俄战略协作伙伴关系取得的丰硕成果,热情赞扬两国人民之间深厚的传统友谊。双方一致表示,中俄作为邻国、大国和联合国安理会常任理事国,要不断增进政治互信,深化互利合作,加强战略协作,弘扬传统友谊,更好地造福两国人民,为促进世界和平和共同发展作出更大贡献。

国务院总理温家宝在中俄建交60周年庆祝大会暨中国"俄语年"闭幕式上发表《继往开来,携手奋进》的讲话

尊敬的普京总理,各位来宾,女士们,先生们:

很高兴同老朋友普京总理一起,出席中俄建交60周年庆祝大会暨中国"俄语年"闭幕式。首先,我谨代表中国政府和人民,向远道而来的普京总理和俄罗斯朋友们表示热烈欢迎,向全体俄罗斯人民致以诚挚的问候和良好的祝愿!

今年是中俄建交60周年。这60年,是世界局势跌宕起伏、风云变幻的60年;是中俄两国人民上下求索,奋发图强的60年;是中俄关系历经曲折,走向成熟的60年。抚今追昔,我们深刻地体会到,和平与发展是人心所向,大势所趋,不可阻挡;热爱真理、追求进步、百折不挠的民族,一定拥有光明的前途;平等、互信、合作的中俄关系对两国有利,对世界有利。

1996年,中俄宣布建立战略协作伙伴关系,这是两国关系发展史上重要的里程碑。在双方共同努力下,中俄关系日趋紧密,各领域合作取得丰硕成果。两国彻底解决了历史遗留的边界问题,中俄4300公里边界线成为睦邻友好、和谐共处的纽带;《中俄睦邻友好合作条约》的签订,为两国关系发展奠定了坚实的法律基础;双方建立了30多个交流合作机制,双边贸易额增长了7倍多;中俄互办"国家年"和"语言年",使两国传统友谊深入人心。今天,中俄关系处于历史最好时期,正在向更高水平迈进。

岁月如梭,真情永恒。我们不会忘记,俄罗斯人民为新中国的建设提供过宝贵援助和支持。我们不会忘记俄罗斯人民在去年中国抗震救灾中表达的深情厚谊。中俄永远是朋友。借此机会,请允许我向所有为促进中俄友好事业作出贡献的两国各界人士致以崇高的敬意!

女士们,先生们:

当今世界正经历大变革、大调整、大发展,这场罕见的国际金融危机对全球的影响是广泛而深远的。中俄作为邻国、大国和联合国安理会常任理事国,应该也可以为推动建立公平、公正、合理的国际新秩序、促进世界和平与发展作出更大贡献。

我们一定要坚持相互尊重,平等相待,深化政治互信,加强战略协作,维护共同利益,为两国人民和世界人民谋福祉。

我们一定要坚持互利共赢,和衷共济,扩大务实合作,促进贸易和投资稳定增长,实现共同发展、持续发展、和谐发展。

我们一定要弘扬传统友谊,加强人文交流,增进两国人民之间的相互了解和感情,使中俄友谊之树永远枝繁叶茂。

女士们,先生们:

伟大的俄罗斯作家列夫·托尔斯泰曾说过,“正确的道路是这样的:吸收你的前辈所做的一切,然后再往前走。”中国有句古话,“以史为镜,可以知兴替”。让我们站在新的历史起点上,继往开来,携手奋进,共同开创更加美好的明天!

谢谢。

国务院总理温家宝签署第564号令公布《保安服务管理条例》

《保安服务管理条例》已经2009年9月28日国务院第82次常务会议通过,现予公布,自2010年1月1日起施行。

总理 温家宝

2009年10月13日

保安服务管理条例

第一章 总 则

第一条 为了规范保安服务活动,加强对从事保安服务的单位和保安员的管理,保护人身安全和财产安全,维护社会治安,制定本条例。

第二条 本条例所称保安服务是指:

(一)保安服务公司根据保安服务合同,派出保安员为客户单位提供的门卫、巡逻、守护、押运、随身护卫、安全检查以及安全技术防范、安全风险评估等服务;

(二)机关、团体、企业、事业单位招用人员从事的本单位门卫、巡逻、守护等安全防范工作;

(三)物业服务企业招用人员在物业管理区域内开展的门卫、巡逻、秩序维护等服务。

前款第(二)项、第(三)项中的机关、团体、企业、事业单位和物业服务企业,统称自行招用保安员的单位。

第三条 国务院公安部门负责全国保安服务活动的监督管理工作。县级以上地方人民政府公安机关负责本行政区域内保安服务活动的监督管理工作。

保安服务行业协会在公安机关的指导下,依法开展保安服务行业自律活动。

第四条 保安服务公司和自行招用保安员的单位(以下统称保安从业单位)应当建立、健全保安服务管理制度、岗位责任制度和保安员管理制度,加强对保安员的管理、教育和培训,提高保安员的职业道德水平、业务素质和责任意识。

第五条 保安从业单位应当依法保障保安员在社会保险、劳动用工、劳动保护、工资福利、教育培训等方面的合法权益。

第六条 保安服务活动应当文明、合法,不得损害社会公共利益或者侵犯他人合法权益。

保安员依法从事保安服务活动,受法律保护。

第七条 对在保护公共财产和人民群众生命财产安全、预防和制止违法犯罪活动中有突出贡献的保安从业单位和保安员,公安机关和其他有关部门应当给予表彰、奖励。

第二章 保安服务公司

第八条 保安服务公司应当具备下列条件:

(一)有不低于人民币100万元的注册资本;

(二)拟任的保安服务公司法定代表人和主要管理人员应当具备任职所需的专业知识和有关业务工作经验,无被刑事处罚、劳动教养、收容教育、强制隔离戒毒或者被开除公职、开除军籍等不良记录;

(三)有与所提供的保安服务相适应的专业技术人员,其中法律、行政法规有资格要求的专业技术人员,应当取得相应的资格;

(四)有住所和提供保安服务所需的设施、装备;

(五)有健全的组织机构和保安服务管理制度、岗位责任制度、保安员管理制度。

第九条 申请设立保安服务公司,应当向所在地设区的市级人民政府公安机关提交申请书以及能够证明其符合本条例第八条规定条件的材料。

受理的公安机关应当自收到申请材料之日起15日内进行审核,并将审核意见报所在地的省、自治区、直辖市人民政府公安机关。省、自治区、直辖市人民政府公安机关应当自收到审核意见之日起15日内作出决定,对符合条件的,核发保安服务许可证;对不符合条件的,书面通知申请人并说明理由。

第十条 从事武装守护押运服务的保安服务公司,应当符合国务院公安部门对武装守护押运服务的规划、布局要求,具备本条例第八条规定的条件,并符合下列条件:

(一)有不低于人民币1000万元的注册资本;

(二)国有独资或者国有资本占注册资本总额的51%以上;

(三)有符合《专职守护押运人员枪支使用管理条例》规定条件的守护押运人员;

(四)有符合国家标准或者行业标准的专用运输车辆以及通信、报警设备。

第十一条 申请设立从事武装守护押运服务的保安服务公司,应当向所在地设区的市级人民政府公安机关提交申请书以及能够证明其符合本条例第八条、

第十条规定条件的材料。保安服务公司申请增设武装守护押运业务的，无需再次提交证明其符合本条例第八条规定条件的材料。

受理的公安机关应当自收到申请材料之日起15日内进行审核，并将审核意见报所在地的省、自治区、直辖市人民政府公安机关。省、自治区、直辖市人民政府公安机关应当自收到审核意见之日起15日内作出决定，对符合条件的，核发从事武装守护押运业务的保安服务许可证或者在已有的保安服务许可证上增注武装守护押运服务；对不符合条件的，书面通知申请人并说明理由。

第十二条　取得保安服务许可证的申请人，凭保安服务许可证到工商行政管理机关办理工商登记。取得保安服务许可证后超过6个月未办理工商登记的，取得的保安服务许可证失效。

保安服务公司设立分公司的，应当向分公司所在地设区的市级人民政府公安机关备案。备案应当提供总公司的保安服务许可证和工商营业执照，总公司法定代表人、分公司负责人和保安员的基本情况。

保安服务公司的法定代表人变更的，应当经原审批公安机关审核，持审核文件到工商行政管理机关办理变更登记。

第三章　自行招用保安员的单位

第十三条　自行招用保安员的单位应当具有法人资格，有符合本条例规定条件的保安员，有健全的保安服务管理制度、岗位责任制度和保安员管理制度。

娱乐场所应当依照《娱乐场所管理条例》的规定，从保安服务公司聘用保安员，不得自行招用保安员。

第十四条　自行招用保安员的单位，应当自开始保安服务之日起30日内向所在地设区的市级人民政府公安机关备案，备案应当提供下列材料：

（一）法人资格证明；

（二）法定代表人（主要负责人）、分管负责人和保安员的基本情况；

（三）保安服务区域的基本情况；

（四）建立保安服务管理制度、岗位责任制度、保安员管理制度的情况。

自行招用保安员的单位不再招用保安员进行保安服务的，应当自停止保安服务之日起30日内到备案的公安机关撤销备案。

第十五条　自行招用保安员的单位不得在本单位以外或者物业管理区域以外提供保安服务。

第四章　保安员

第十六条　年满18周岁，身体健康，品行良好，具有初中以上学历的中国公民可以申领保安员证，从事保安服务工作。申请人经设区的市级人民政府公安机关考试、审查合格并留存指纹等人体生物信息的，发给保安员证。

提取、留存保安员指纹等人体生物信息的具体办法，由国务院公安部门规定。

第十七条　有下列情形之一的，不得担任保安员：

（一）曾被收容教育、强制隔离戒毒、劳动教养或者3次以上行政拘留的；

（二）曾因故意犯罪被刑事处罚的；

（三）被吊销保安员证未满3年的；

（四）曾两次被吊销保安员证的。

第十八条　保安从业单位应当招用符合保安员条件的人员担任保安员，并与被招用的保安员依法签订劳动合同。保安从业单位及其保安员应当依法参加社会保险。

保安从业单位应当根据保安服务岗位需要定期对保安员进行法律、保安专业知识和技能培训。

第十九条　保安从业单位应当定期对保安员进行考核，发现保安员不合格或者严重违反管理制度，需要解除劳动合同的，应当依法办理。

第二十条　保安从业单位应当根据保安服务岗位的风险程度为保安员投保意外伤害保险。

保安员因工伤亡的，依照国家有关工伤保险的规定享受工伤保险待遇；保安员牺牲被批准为烈士的，依照国家有关烈士褒扬的规定享受抚恤优待。

第五章　保安服务

第二十一条　保安服务公司提供保安服务应当与客户单位签订保安服务合同，明确规定服务的项目、内容以及双方的权利义务。保安服务合同终止后，保安服务公司应当将保安服务合同至少留存2年备查。

保安服务公司应当对客户单位要求提供的保安服务的合法性进行核查，对违法的保安服务要求应当拒绝，并向公安机关报告。

第二十二条　设区的市级以上地方人民政府确定的关系国家安全、涉及国家秘密等治安保卫重点单位不得聘请外商独资、中外合资、中外合作的保安服务公司提供保安服务。

第二十三条　保安服务公司派出保安员跨省、自治区、直辖市为客户单位提供保安服务的，应当向服务所在地设区的市级人民政府公安机关备案。备案应当提供保安服务公司的保安服务许可证和工商营业执照、保安服务合同、服务项目负责人和保安员的基本情况。

第二十四条　保安服务公司应当按照保安服务业服务标准提供规范的保安服务，保安服务公司派出的保安员应当遵守客户单位的有关规章制度。客户单位应当为保安员从事保安服务提供必要的条件和保障。

第二十五条　保安服务中使用的技术防范产品，应当符合有关的产品质量要求。保安服务中安装监控设备应当遵守国家有关技术规范，使用监控设备不得侵犯他人合法权益或者个人隐私。

保安服务中形成的监控影像资料、报警记录，应当至少留存30日备查，保安从业单位和客户单位不得删改或者扩散。

第二十六条　保安从业单位对保安服务中获知的国家秘密、商业秘密以及客户单位明确要求保密的信息，应当予以保密。

保安从业单位不得指使、纵容保安员阻碍依法执行公务、参与追索债务、采用暴力或者以暴力相威胁的手段处置纠纷。

第二十七条　保安员上岗应当着保安员服装，佩带全国统一的保安服务标志。保安员服装和保安服务标志应当与人民解放军、人民武装警察和人民警察、工商税务等行政执法机关以及人民法院、人民检察院工作人员的制式服装、标志服饰有明显区别。

保安员服装由全国保安服务行业协会推荐式样，由保安服务从业单位在推荐式样范围内选用。保安服务标志式样由全国保安服务行业协会确定。

第二十八条　保安从业单位应当根据保安服务岗位的需要为保安员配备所需的装备。保安服务岗位装备配备标准由国务院公安部门规定。

第二十九条　在保安服务中，为履行保安服务职责，保安员可以采取下列措施：

(一)查验出入服务区域的人员的证件，登记出入的车辆和物品；

(二)在服务区域内进行巡逻、守护、安全检查、报警监控；

(三)在机场、车站、码头等公共场所对人员及其所携带的物品进行安全检查，维护公共秩序；

(四)执行武装守护押运任务，可以根据任务需要设立临时隔离区，但应当尽可能减少对公民正常活动的妨碍。

保安员应当及时制止发生在服务区域内的违法犯罪行为，对制止无效的违法犯罪行为应当立即报警，同时采取措施保护现场。

从事武装守护押运服务的保安员执行武装守护押运任务使用枪支，依照《专职守护押运人员枪支使用管理条例》的规定执行。

第三十条　保安员不得有下列行为：

(一)限制他人人身自由、搜查他人身体或者侮辱、殴打他人；

(二)扣押、没收他人证件、财物；

(三)阻碍依法执行公务；

(四)参与追索债务、采用暴力或者以暴力相威胁的手段处置纠纷；

(五)删改或者扩散保安服务中形成的监控影像资料、报警记录；

(六)侵犯个人隐私或者泄露在保安服务中获知的国家秘密、商业秘密以及客户单位明确要求保密的信息；

(七)违反法律、行政法规的其他行为。

第三十一条　保安员有权拒绝执行保安从业单位或者客户单位的违法指令。保安从业单位不得因保安员不执行违法指令而解除与保安员的劳动合同，降低其劳动报酬和其他待遇，或者停缴、少缴依法应当为其缴纳的社会保险费。

第六章　保安培训单位

第三十二条　保安培训单位应当具备下列条件：

(一)是依法设立的保安服务公司或者依法设立的具有法人资格的学校、职业培训机构；

(二)有保安培训所需的师资力量，其中保安专业师资人员应当具有大学本科以上学历或者10年以上治安保卫管理工作经历；

(三)有保安培训所需的场所、设施等教学条件。

第三十三条　申请从事保安培训的单位，应当向所在地设区的市级人民政府公安机关提交申请书以及能够证明其符合本条例第三十二条规定条件的材料。

受理的公安机关应当自收到申请材料之日起15日内进行审核，并将审核意见报所在地的省、自治区、直辖市人民政府公安机关。省、自治区、直辖市人民政府公安机关应当自收到审核意见之日起15日内作出决定，对符合条件的，核发保安培训许可证；对不符合条件的，书面通知申请人并说明理由。

第三十四条　从事武装守护押运服务的保安员的枪支使用培训，应当由人民警察院校、人民警察培训机构负责。承担培训工作的人民警察院校、人民警察培训机构应当向所在地的省、自治区、直辖市人民政府公安机关备案。

第三十五条　保安培训单位应当按照保安员培训教学大纲制订教学计划，对接受培训的人员进行法律、保安专业知识和技能培训以及职业道德教育。

保安员培训教学大纲由国务院公安部门审定。

第七章　监督管理

第三十六条　公安机关应当指导保安从业单位建立、健全保安服务管理制度、岗位责任制度、保安员管理制度和紧急情况应急预案，督促保安从业单位落实相关管理制度。

保安从业单位、保安培训单位和保安员应当接受公安机关的监督检查。

第三十七条 公安机关建立保安服务监督管理信息系统，记录保安从业单位、保安培训单位和保安员的相关信息。

公安机关应当对提取、留存的保安员指纹等人体生物信息予以保密。

第三十八条 公安机关的人民警察对保安从业单位、保安培训单位实施监督检查应当出示证件，对监督检查中发现的问题，应当督促其整改。监督检查的情况和处理结果应当如实记录，并由公安机关的监督检查人员和保安从业单位、保安培训单位的有关负责人签字。

第三十九条 县级以上人民政府公安机关应当公布投诉方式，受理社会公众对保安从业单位、保安培训单位和保安员的投诉。接到投诉的公安机关应当及时调查处理，并反馈查处结果。

第四十条 国家机关及其工作人员不得设立保安服务公司，不得参与或者变相参与保安服务公司的经营活动。

第八章 法律责任

第四十一条 任何组织或者个人未经许可，擅自从事保安服务、保安培训的，依法给予治安管理处罚，并没收违法所得；构成犯罪的，依法追究刑事责任。

第四十二条 保安从业单位有下列情形之一的，责令限期改正，给予警告；情节严重的，并处1万元以上5万元以下的罚款；有违法所得的，没收违法所得：

(一)保安服务公司法定代表人变更未经公安机关审核的；

(二)未按照本条例的规定进行备案或者撤销备案的；

(三)自行招用保安员的单位在本单位以外或者物业管理区域以外开展保安服务的；

(四)招用不符合本条例规定条件的人员担任保安员的；

(五)保安服务公司未对客户单位要求提供的保安服务的合法性进行核查的，或者未将违法的保安服务要求向公安机关报告的；

(六)保安服务公司未按照本条例的规定签订、留存保安服务合同的；

(七)未按照本条例的规定留存保安服务中形成的监控影像资料、报警记录的。

客户单位未按照本条例的规定留存保安服务中形成的监控影像资料、报警记录的，依照前款规定处罚。

第四十三条 保安从业单位有下列情形之一的，责令限期改正，处2万元以上10万元以下的罚款；违反治安管理的，依法给予治安管理处罚；构成犯罪的，依法追究直接负责的主管人员和其他直接责任人员的刑事责任：

(一)泄露在保安服务中获知的国家秘密、商业秘密以及客户单位明确要求保密的信息的；

(二)使用监控设备侵犯他人合法权益或者个人隐私的；

(三)删改或者扩散保安服务中形成的监控影像资料、报警记录的；

(四)指使、纵容保安员阻碍依法执行公务、参与追索债务、采用暴力或者以暴力相威胁的手段处置纠纷的；

(五)对保安员疏于管理、教育和培训，发生保安员违法犯罪案件，造成严重后果的。

客户单位删改或者扩散保安服务中形成的监控影像资料、报警记录的，依照前款规定处罚。

第四十四条 保安从业单位因保安员不执行违法指令而解除与保安员的劳动合同，降低其劳动报酬和其他待遇，或者停缴、少缴依法应当为其缴纳的社会保险费的，对保安从业单位的处罚和对保安员的赔偿依照有关劳动合同和社会保险的法律、行政法规的规定执行。

第四十五条 保安员有下列行为之一的，由公安机关予以训诫；情节严重的，吊销其保安员证；违反治安管理的，依法给予治安管理处罚；构成犯罪的，依法追究刑事责任：

(一)限制他人人身自由、搜查他人身体或者侮辱、殴打他人的；

(二)扣押、没收他人证件、财物的；

(三)阻碍依法执行公务的；

(四)参与追索债务、采用暴力或者以暴力相威胁的手段处置纠纷的；

(五)删改或者扩散保安服务中形成的监控影像资料、报警记录的；

(六)侵犯个人隐私或者泄露在保安服务中获知的国家秘密、商业秘密以及客户单位明确要求保密的信息的；

(七)有违反法律、行政法规的其他行为的。

从事武装守护押运的保安员违反规定使用枪支的，依照《专职守护押运人员枪支使用管理条例》的规定处罚。

第四十六条 保安员在保安服务中造成他人人身伤亡、财产损失的，由保安从业单位赔付；保安员有故意或者重大过失的，保安从业单位可以依法向保安员追偿。

第四十七条 保安培训单位未按照保安员培训教学大纲的规定进行培训的，责令限期改正，给予警告；情节严重的，并处1万元以上5万元以下的罚款；以保安培训为名进行诈骗活动的，依法给予治安管理处罚；构成犯罪的，依法追究刑事责任。

第四十八条 国家机关及其工作人员设立保安服务公司，参与或者变相参与保安服务公司经营活动的，对直接负责的主管人员和其他直接责任人员依法给予处分。

第四十九条 公安机关的人民警察在保安服务活动监督管理工作中滥用职权、玩忽职守、徇私舞弊的，依法给予处分；构成犯罪的，依法追究刑事责任。

第九章 附 则

第五十条 保安服务许可证、保安培训许可证以及保安员证的式样由国务院公安部门规定。

第五十一条 本条例施行前已经设立的保安服务公司、保安培训单位，应当自本条例施行之日起6个月内重新申请保安服务许可证、保安培训许可证。本条例施行前自行招用保安员的单位，应当自本条例施行之日起3个月内向公安机关备案。

本条例施行前已经从事保安服务的保安员，自本条例施行之日起1年内由保安员所在单位组织培训，经设区的市级人民政府公安机关考试、审查合格并留存指纹等人体生物信息的，发给保安员证。

第五十二条 本条例自2010年1月1日起施行。

全国政协主席贾庆林出席在北京举行的中国人民政治协商会议成立60周年理论研讨会开幕会并讲话

全国政协副主席王刚主持会议。

贾庆林在讲话中说，前不久召开的中共十七届四中全会，明确提出了加强和改进党的建设的总体要求、目标任务和重要举措，进一步强调了多党合作和人民政协事业在党的工作中的重要地位和作用，对于加强党对统一战线的领导、推进多党合作和人民政协事业发展，具有重大意义。胡锦涛同志在庆祝中国人民政治协商会议成立60周年大会上的重要讲话，全面回顾了人民政协60年来的光辉历程，高度评价了人民政协在我国社会主义革命和建设、改革开放进程中作出的重大贡献，科学总结了人民政协事业积累的宝贵经验，明确提出了新形势下开展人民政协工作的方针原则和工作要求，是指导多党合作和人民政协事业发展的纲领性文献。我们要认真学习贯彻中共十七届四中全会精神和胡锦涛同志重要讲话精神，按照中共中央关于新形势下加强和改进党的建设、推动多党合作和人民政协事业发展的新部署新要求，进一步探索和把握新形势下多党合作和人民政协事业发展的特点和规律，不断开创多党合作和人民政协事业新局面。

贾庆林就进一步坚持和完善中国共产党领导的多党合作和政治协商制度强调了四个方面内容。第一，中国共产党领导的多党合作和政治协商制度是中国社会政治发展的必然选择，是马克思列宁统一战线理论、政党理论、社会主义民主政治理论同中国具体实践相结合的伟大创造，是中国共产党同各民主党派和无党派人士、各人民团体和各族各界人士风雨同舟、团结奋斗的伟大成果。坚持中国特色社会主义，必须坚持中国共产党领导的多党合作和政治协商制度，充分发挥人民政协的独特优势，巩固和发展中国共产党同各民主党派民主团结、生动活泼的良好政治关系。第二，中国共产党领导的多党合作和政治协商制度是符合我国国情、具有鲜明中国特色的社会主义新型政党制度。这一制度在政党关系上，坚持共产党领导、多党派合作；在政权运作方式上，坚持共产党执政、多党派参政；在协调利益关系上，坚持维护国家和人民的根本利益、照顾同盟者的具体利益；在民主形式上，坚持充分协商、广泛参与。第三，中国共产党领导的多党合作和政治协商制度为我国社会主义现代化建设作出了重要贡献。新中国成立60年来，我们始终坚持这一基本政治制度，服从服务大局、广泛凝聚力量，为党和国家事业发展提供强有力支持；充分发扬民主、扩大有序参与，推动社会主义民主政治发展；积极协调关系、努力化解矛盾，维护社会和谐稳定；高举爱国主义和社会主义旗帜、加强团结联谊，促进祖国和平统一大业。这一制度在促进我国社会主义革命、建设和改革开放事业，全面建设小康社会，实现中华民族伟大复兴的历史进程中发挥了不可替代的作用。第四，在中国特色社会主义道路上不断完善和发展中国共产党领导的多党合作和政治协商制度。要坚持长期共存、互相监督、肝胆相照、荣辱与共的方针，总结运用和丰富发展多党合作和政治协商的宝贵经验，不断推进理论创新、制度创新和工作创新，进一步巩固多党合作的思想政治基础，增强人民政协和各民主党派服务大局的能力，完善我国社会主义民主的形式，提高多党合作和政治协商的科学化水平，不断谱写多党合作和人民政协事业的新篇章，为夺取全面建设小康社会新胜利、开创中国特色社会主义新局面作出新的更大贡献。

全国政协副主席杜青林、白立忱、阿不来提·阿不都热西提、钱运录、郑万通、陈宗兴，全国政协原副主席罗豪才等出席开幕会。本次理论研讨会为期两天，中国人民政协理论研究会有关领导同志和理事、部分地方政协代表和提交论文的作者代表300余人参加会议。陈宗兴等五位同志在上午的会议上作了大会发言。

国家副主席习近平出席法兰克福国际书展开幕式并发表演讲

正在德国进行正式访问的国家副主席习近平与德

国总理默克尔共同出席了法兰克福国际书展开幕式，并发表了题为《加强文化交流　促进世界和平》的重要演讲。来自中德以及各国出版、文化等各界人士约2000人出席。

习近平说，我们主张建设持久和平、共同繁荣的和谐世界。加强世界各国文化交流，扩大不同文化背景下人们的心灵沟通，是推动建设和谐世界的重要途径。文化因交流而丰富，因交融而多彩。正是不同文化的彼此交流，才使我们的生活精彩纷呈、充满活力，才让不同国度的人们知道了中国的孔子、德国的歌德、英国的莎士比亚。推动文化交流不但是各国人民的热切愿望，也是推动人类文明进步与世界和平发展的重要动力。

习近平说，文化的交流既需要理解和尊重，也需要超越偏见和误解。文明的多样性是人类社会的客观现实，是当代世界的基本特征。意识形态、社会制度、发展模式的差异，不应成为人类文明交流的障碍，更不能成为相互对抗的理由。应积极维护文明多样性，推动不同文明对话交流，相互借鉴而不是相互排斥，让世界更加丰富多彩。我们愿意在坚持民族优秀传统文化基础上，兼收并蓄，博采世界各种文明之长，借鉴各国有益文化，进一步丰富中国人民的精神世界。

默克尔总理、德国有关方面代表、中国作协主席铁凝、作家莫言等分别在开幕式上致辞。默克尔等在致辞中欢迎习副主席出席开幕式，祝贺中国成为法兰克福书展主宾国，相信书展必将增进文化大国中国与世界的相互理解与信任。

书展开幕式后，习近平在德国国务部长诺伊曼等的陪同下，参观了中国主题馆，并出席了中国主宾国活动开幕式，亲自按亮了以“书”字为造型的背景彩灯。

国务院副总理李克强在人民大会堂会见乌兹别克斯坦总理沙夫卡特·米罗莫诺维奇·米尔济亚耶夫

“腾飞的起点——纪念中国重返国际奥林匹克大家庭30周年展览”在北京开幕

吕正操逝世

中国共产党的优秀党员，久经考验的忠诚的共产主义战士，无产阶级革命家、军事家，我国铁路交通战线杰出的领导者，原中共中央顾问委员会委员，中国人民政治协商会议第六届全国委员会副主席，中央军委原委员，中国人民解放军原铁道兵政治委员吕正操同志，因病于10月13日在北京逝世，享年106岁。

吕正操1904年1月4日出生于辽宁海城，曾任东北军张学良的副官、秘书，1937年加入中国共产党。“七七事变”发生后，日本全面侵华，吕正操率部脱离国民党军，改称“人民自卫军”，后历任冀中军区司令员兼八路军第三纵队司令员，晋绥军区司令员，中共中央晋绥分局委员(后任常委)。解放战争时期，吕正操同志任中共中央东北局委员、西满分局常委，东北人民自治军第一副总司令员，西满(辽热)军区司令员，东北民主联军副总司令员，东北军区兼东北野战军副司令员。新中国成立后，吕正操同志任铁道部副部长、党组副书记兼铁道兵团副司令员。抗美援朝战争期间，他兼任中央军委军事运输司令员，负责铁路运输和抢修工作。抗美援朝战争结束后，吕正操同志兼任解放军总参谋部军事交通部部长。1958年起至1967年6月，吕正操同志先后担任铁道部代部长、部长、党组书记，并兼任铁道兵第一政治委员、西南铁路建设总指挥部副总指挥。1967年7月起，吕正操同志受林彪、江青等人迫害，被非法监护审查、关押达7年之久。1975年重新工作后，历任铁道兵政治委员、第一政治委员。他按照邓小平同志有关指示精神，积极推动铁道兵部队“兵改工”工作。1980年1月，中共铁道部党组作出了为吕正操同志平反的决定，并经中央正式批复同意。1983年，吕正操同志当选为政协第六届全国委员会副主席，为巩固和加强中国共产党领导的多党合作和政治协商制度作出了积极贡献。从1956年起，他一直担任全国网球协会主席，几十年来为推动我国网球运动开展倾注了大量心血，1990年获国际网联最高荣誉奖。

1991年5月，吕正操同志受中共中央委托，专程赴美国看望张学良将军，为改善两岸关系作出了贡献。

吕正操同志是中共第七届中央候补委员，第八届、十一届中央委员，中共十一届　中全会任中央军委委员，中共十二大当选为中央顾问委员会委员，第四届全国人大常委会委员，政协第二届、三届全国委员会常务委员，政协第四届全国委员会委员。1955年被授予上将军衔。曾荣获一级独立自由勋章、一级解放勋章。1988年被授予中国人民解放军一级红星功勋荣誉章。

10月14日

国家主席胡锦涛在人民大会堂会见来京出席上海合作组织成员国第八次总理会议的五个国家总理

这五个国家的总理是：哈萨克斯坦总理马西莫夫、吉尔吉斯斯坦总理丘季诺夫、俄罗斯总理普京、塔吉克斯坦总理阿基洛夫和乌兹别克斯坦总理米尔济亚耶夫，胡锦涛并祝贺本次总理会议成功举行。

胡锦涛说，当前，国际形势复杂多变，国际格局深刻调整，影响本地区安全与发展的不稳定不确定因素有增无减。无论是抵御国际金融危机冲击,推动世界经济复苏,还是妥善处理地区热点问题,有效应对各种全球性挑战,都需要进一步加强上海合作组织的建设与合作。为此,各成员国要以更长远的眼光看待上海合作组织的建设和发展,锲而不舍地巩固睦邻互信,加强团结合作。要以更开放的姿态参与本组织框架内的区域经济合作,扩大成员国相互贸易和投资,实现互利共赢、共同发展。要以更宽广的视野加强上海合作组织同本组织观察员、对话伙伴和其他友好国家、国际组织的关系,共同维护和促进世界的和平、稳定与发展。

各国总理对中华人民共和国成立60周年表示最热烈祝贺,对本次总理会议成功举行感到满意,高度赞赏中国为推动上海合作组织建设与发展作出的重要贡献,一致认为,在成员国共同努力下,上海合作组织合作富有实质性成果,各成员高度重视上海合作组织框架内的务实合作,愿进一步加强经贸、能源、基础设施以及人文、卫生、教育、科学、文化等领域合作,打击恐怖主义、分裂主义和极端主义,维护国际和地区安全稳定,共同推动上海合作组织不断向前发展。

国家主席胡锦涛在钓鱼台国宾馆会见俄罗斯总理普京

胡锦涛表示,中俄战略协作伙伴关系的发展给两国人民带来了实实在在的利益,也对促进世界的和平稳定与发展繁荣发挥了重要作用。中方高度重视对俄关系,始终把发展中俄关系作为中国外交优先方向之一。中方愿与俄方共同努力,把握机遇,继往开来,进一步增强政治互信,加强战略协作,深化务实合作,特别是能源、高科技、人文等领域的合作,把中俄战略协作伙伴关系推上新的高度。

普京表示,我这次访华非常成功,为加强俄中两国合作迈出了重要一步。俄中领导人有力地推进了双边关系,两国经贸、能源、人文等领域合作取得新的进展。《中国东北地区与俄罗斯远东及东西伯利亚地区合作规划纲要》正在落实。中国"俄语年"顺利进行,明年将在俄举办"汉语年"。俄方对双边关系的进展感到满意,愿同中方一道,不断推进俄中战略协作伙伴关系。

全国人大常委会委员长吴邦国在人民大会堂会见俄罗斯总理普京

吴邦国在会见时强调,在国际形势经历深刻复杂演变的背景下,深化中俄战略协作意义重大。中方高度重视发展中俄关系,愿与俄方一道,加强高层交往,保持两国关系发展的良好势头;抓住经济结构调整和产业升级的重要机遇,全面提升双方合作水平;密切在国际事务中的协调配合,促进世界和平与发展。他表示,中国全国人大愿加强同俄联邦委员会和国家杜马的交往与合作,为中俄关系发展作出新贡献。

普京说,俄中合作基础坚实、发展潜力巨大。俄方愿落实好双方达成的各项协议,加强经贸、能源、科技、航空航天、地方等领域合作,促进人文交流。他表示,两国议会关系对促进俄中关系发展非常重要,俄方全力支持双方开展友好交流与合作。

上海合作组织成员国总理第八次会议在北京人民大会堂举行

会议由中国国务院总理温家宝主持。哈萨克斯坦总理马西莫夫、吉尔吉斯斯坦总理丘季诺夫、俄罗斯总理普京、塔吉克斯坦总理阿基洛夫、乌兹别克斯坦总理米尔济亚耶夫以及本组织观察员国代表巴基斯坦总理吉拉尼、伊朗第一副总统拉希米、蒙古国对外关系与贸易部长巴特包勒德、印度石油和天然气部长德奥拉与会。阿富汗第二副总统哈利利作为东道国客人出席会议。

会议全面总结了近一年来本组织经济、人文等领域合作进展情况,就落实《上海合作组织成员国长期睦邻友好合作条约》和6月叶卡捷琳堡峰会共识,深化各领域务实合作,共同抵御国际金融危机深入交换意见,达成广泛共识,取得圆满成功。

温家宝发表讲话,积极评价本组织各成员国携手应对国际金融危机取得的积极成效,指出世界正经历大发展、大变革、大调整。国际金融危机、"三股势力"、毒品、跨国犯罪等威胁本地区和平、稳定与发展。面对挑战,本地区国家深化合作、联合自强的愿望更加迫切。上海合作组织应在加强成员国团结互助、推进区域合作方面发挥更大作用。温家宝表示,中国坚持"与邻为善、以邻为伴"的周边外交方针,坚持互利共赢的开放战略,坚持以自身发展促进本地区发展。中方高度重视上海合作组织建设,将本组织成员国视为好邻居、好朋友、好伙伴,愿与各方一道,共迎挑战、共享机遇,共同促进本地区持久和平与繁荣。

温家宝提出以下建议:

一、深化财政金融合作。加强金融货币政策交流,完善贸易结算支付体系。协力推动国际金融体系改革,促进国际货币体系多元化、合理化,共同维护金融稳定。

二、促进贸易投资安全与便利化。商签《鼓励和相互保护投资协定》、尽快制定《上海合作组织成员国政府间国际道路运输便利化协定》附件。研究制定公路网络协调发展规划,加强口岸管理合作。协调解决成员国贸易中的产品质量安全问题。

三、加快实施大型经济技术合作项目。重点推进公路、铁路等基础设施建设，开发利用清洁环保型能源，挖掘新的经济增长点。充分发挥实业家委员会和银行联合体的作用，为中小企业合作创造良好条件。

四、拓宽合作渠道。深化农业合作，保障粮食安全，研究建立边境农产品贸易促进机制。加强科技合作，促进传统产业转型、升级和现代化改造，提高自主创新能力，推进科学成果产业化。

五、中方将全力落实已宣布的对成员国100亿美元信贷支持，并将继续向其他成员国派贸易投资代表团，以实际行动反对贸易和投资保护主义，拉动成员国间贸易，促进成员国经济社会发展。

六、促进人文交流，大力推进卫生、教育、防灾救灾、人力资源等领域合作。中方将为上海合作组织参加2010年上海世博会提供资金支持。

七、深化安全合作，加大打击“三股势力”，在涉及主权、安全、发展等核心利益的重大问题上继续坚定相互支持。

其他各方在发言中对中国积极帮助其他国家、推动上海合作组织发展表示赞赏和感谢，认为上海合作组织是维护地区稳定，促进共同发展的重要力量。各国应加强团结，深化合作，携手应对挑战。

会议取得以下突出成果：

一、制定了加强多边经济合作、应对全球金融危机、保障经济持续发展的共同措施。商定建立上海合作组织经济发展监测机制。

二、加强财金对话与合作。继续改善投资环境，提高相互投资合作水平和质量；加快建立上海合作组织专门账户，解决大项目合作融资问题；研究举行成员国财长和央行行长会晤。

三、继续推进贸易便利化，完善各国口岸基础设施建设，提高通关能力和工作效率；支持协调解决区域贸易中的产品质量安全问题，促进区域内商品流通。

四、深化农业合作，开展科技合作。制订和实施一批共同项目，提高成员国应对全球性挑战的能力；尽快启动上海合作组织信息高速公路。

会议决定，上海合作组织成员国总理第九次会议明年在吉尔吉斯斯坦举行。

上海合作组织秘书长努尔加利耶夫及本组织地区反恐怖机构执委会、实业家委员会、银行联合体负责人列席会议。

会议结束后，成员国总理签署了《联合公报》，通过了会议决议，并共同会见了记者。温家宝代表与会各方阐述了会议取得的成果和达成的共识，强调信心、决心、恒心是摆脱危机、战胜困难、不断前进的力量源泉。只要各成员国携起手来，锲而不舍地深化合作，就一定能创造本地区持久和平、共同繁荣的光明未来。

上海合作组织成员国政府首脑(总理)理事会会议联合公报

2009年10月14日，上海合作组织(以下简称本组织)成员国政府首脑(总理)理事会例行会议在北京举行。哈萨克斯坦共和国总理马西莫夫、中华人民共和国国务院总理温家宝、吉尔吉斯共和国总理丘季诺夫、俄罗斯联邦政府总理普京、塔吉克斯坦共和国总理阿基洛夫、乌兹别克斯坦共和国总理米尔济亚耶夫出席。

会议由中华人民共和国国务院总理温家宝主持。

本组织秘书长努尔加利耶夫、本组织地区反恐怖机构执行委员会主任苏班诺夫列席。

印度共和国石油和天然气部长德奥拉、伊朗伊斯兰共和国第一副总统拉希米、蒙古国对外关系与贸易部长巴特包勒德、巴基斯坦伊斯兰共和国总理吉拉尼作为本组织观察员国代表，以及阿富汗副总统哈利利作为东道国客人与会并发言。

中华人民共和国国家主席胡锦涛会见了出席会议的各成员国总理。

总理们在友好和建设性气氛中研究、分析了当前国际政治经济形势及其带来的机遇和挑战，就深化本组织各领域务实合作、共同应对国际金融经济危机等问题深入交换意见，达成广泛共识。

一、总理们满意地指出，阿斯塔纳总理会议(2008年10月30日)以来，本组织政治、经济和人文领域合作取得长足进展，成员国睦邻友好、相互信任与全面协作进一步加强。

总理们强调，在当前的国际和地区形势下，成员国应继续落实2007年8月16日缔结的《上海合作组织成员国长期睦邻友好合作条约》和叶卡捷琳堡峰会(2009年6月15日至16日)共识，确保本组织稳定发展，维护共同利益。

二、总理们指出，本组织成员国正在采取切实措施，保持各自经济稳定。为有效应对国际金融经济危机，迫切需要促进地区发展，落实《〈上海合作组织成员国多边经贸合作纲要〉落实措施计划》，以提高各国防范风险的能力，加强本组织经济职能。

总理们认为，本次总理会议期间批准的《上海合作组织成员国关于加强多边经济合作、应对全球金融经济危机、保障经济持续发展的共同倡议》非常及时。

总理们指出，成员国实业界交流应为加强本组织经贸和投资合作发挥更加重要的作用。总理们高度评价本次总理理事会会议期间在北京举行的上海合作组织工商论坛。

三、总理们认为应深化本组织金融合作。根据叶卡捷琳堡峰会共识，成员国财金部门应就应对国际金融经济危机加强信息交流。成员国将研究举行财长和央行行长会晤。

总理们责成成员国相关机构会同国家协调员理事会尽快完成《上海合作组织专门账户组建和运作基本原则》商谈工作。

四、总理们支持本组织实业家委员会和银联体作为重要平台，为加强本组织经济金融合作、规划落实富有前景的区域性共同项目发挥重要作用。

五、总理们责成主管部门采取必要措施，更有效地利用成员国现有过境运输潜力，进一步完善交通基础设施，加强交通运输合作的法律基础。

六、总理们支持尽快启动"上海合作组织信息高速公路"和"利用电子数字签名进行跨界电子合作"两个示范性项目。

七、总理们强调，开展农业合作意义重大，责成加快首次农业部长会议的筹备工作，尽快研究《上海合作组织成员国农业合作协定》草案。

八、总理们重申，在当前形势下，开展科技合作有利于提高成员国应对全球威胁与挑战的能力。因此，应重视从成员国感兴趣的科技和创新发展的优先领域出发，采取一致步骤，制订和实施一批共同计划和项目。成员国首次科技部门领导人会晤应对形成共同立场发挥重要作用。

九、总理们支持进一步深化海关合作，简化贸易手续，提高口岸通关能力和工作效率，完善口岸基础设施建设，为区域经贸合作服务。

十、总理们认为，应加强成员国间标准、计量、技术法规、合格评定和检验监管领域合作，协调解决区域贸易中的产品质量和安全问题，便利区域内的商品流通。

十一、总理们指出，应采取一致措施，共同应对自然和人为灾害，提高应急救灾能力。

十二、总理们积极评价人文合作成果，主张不断巩固和完善合作机制。其中，应继续做好定期举办高校校长论坛和本组织成员国"教育周"的工作。

十三、总理们指出，深化卫生合作，建立本组织成员国相关医疗机构间的伙伴关系，加强共同防治传染病工作具有现实意义。因此，总理们认为本次总理理事会会议期间通过的《上海合作组织地区防治传染病联合声明》非常重要。

十四、总理们指出，本组织成员国同观察员国务实合作取得积极进展，欢迎观察员国和对话伙伴参加本组织框架内的经济和人文合作，促进本地区的共同发展与繁荣。

十五、总理们批准了《上海合作组织秘书处关于〈上海合作组织成员国多边经贸合作纲要〉实施情况的报告》。

总理们审议了本组织常设机构财务和内部建设相关问题，批准了本组织2010年预算。

会议期间，本组织成员国海关部门授权代表签署了《上海合作组织成员国海关培训和提高海关关员专业技能合作议定书》。

总理们高度评价本次总理理事会会议的组织工作和会议情况，对中方的热情接待表示感谢。下次本组织成员国总理理事会例行会议将于2010年在吉尔吉斯共和国举行。

哈萨克斯坦共和国总理　马西莫夫
中华人民共和国国务院总理　温家宝
吉尔吉斯共和国总理　丘季诺夫
俄罗斯联邦政府总理　普京
塔吉克斯坦共和国总理　阿基洛夫
乌兹别克斯坦共和国总理　米尔济亚耶夫

2009年10月14日于北京

全国政协主席贾庆林在钓鱼台国宾馆会见巴基斯坦总理赛义德·优素福·拉扎·吉拉尼

上海合作组织工商论坛在北京召开

国务院副总理李克强出席论坛并发表的《携手应对国际金融危机　实现互利共赢共同发展》讲话。

李克强说，中国应对国际金融危机的一揽子计划已经取得积极成效，投资保持增长，消费需求趋旺，经济增长回升，社会就业稳定，经济形势逐季趋好。我们将保持宏观经济政策的连续性和稳定性，增强政策的针对性、有效性和可持续性，中国有条件也有能力实现今年经济和社会发展的主要预期目标。

李克强说，当前世界经济正在经历复杂而深刻的变化，发展中国家发展面临新形势、新机遇。上海合作组织成员国联结欧亚大陆，能源资源丰富，地缘位置重要。一年来，在国际金融危机冲击的背景下，中国与上海合作组织一些成员国之间贸易额仍然保持快速增长。危机没有改变各国加强合作、密切交流的基础，而是增加了各方携手前进、共同发展的机会。

李克强指出，上海合作组织成员国人口和面积分别占世界的四分之一和五分之一，但经济总量和贸易总额分别仅占世界的九分之一和十分之一，扩大经济技术合作规模的潜力很大。各方应落实好应对国际金融危机的共同措施，加快贸易和投资自由化便利化进程，推动多方参与、多边受益的项目合作建设步伐，构筑快捷高效的交通、通信、能源等基础设施网络。同时，加强现代农业、新兴产业、高科技和社会事业等领域合作,开拓新的合作增长点,关注民生、改善民生,使合作的成果惠及人民。

李克强强调,国与国之间只要相互沟通和包容,就能够彼此友好;只要加强交流与合作,就可以带来收益。中国将始终不渝地走和平发展道路,坚持与邻为善、以邻为伴,更加积极地参与上海合作组织事务,全面参与区域经济合作和安全合作,共同造福于上海合作组织各国15亿人民。

吉尔吉斯斯坦总理丘季诺夫、上海合作组织秘书长努尔加利耶夫等出席论坛并致辞。哈萨克斯坦、中国、吉尔吉斯斯坦、俄罗斯、塔吉克斯坦、乌兹别克斯坦6个上海合作组织成员国经贸部门负责人,上海合作组织实业家委员会各分会和银行间联合体各成员行代表,各成员国和有关观察国企业界代表,共约500人参加论坛。

上海合作组织工商论坛是上海合作组织总理第八次会议框架内的一项重要活动,由上海合作组织实业家委员会、中国商务部、中国国际贸易促进委员会主办。论坛的主题是"推进务实合作、共创区域繁荣"。

国务院副总理回良玉在黑龙江省考察农业农村工作

回良玉强调,今年我国粮食和农业生产有望再获好收成,农业农村形势总体好于预期,各地区各有关部门要再接再厉,毫不松懈地抓好当前农业农村各项工作。一要切实抓好秋粮收割晾晒和收购入库,落实粮食最低收购价政策,搞好农副产品购销调运,适时启动主要农产品临时收储。二要切实抓好秋冬种,加强科技服务,保障农资供应,加大补贴政策力度,引导农民稳定秋冬种面积。三要切实抓好秋冬季农田水利建设,加快大中型灌区续建配套和节水改造,推进小型农田水利工程建设,努力提高抗旱保障能力。四要切实抓好动物疫病防控和森林草原防火工作,落实免疫措施和防火责任制。五要切实抓好农村民生工程,加快农村水电路气房等工程进度。六要切实抓好困难群众生活保障工作,帮助灾区群众尽快恢复生产,妥善安排好他们的生活,确保安全过冬。

考察期间,回良玉在哈尔滨主持召开农业农村工作座谈会,分析当前农业农村形势,听取部分省(区、市)党委、政府分管负责同志对当前和明年农村工作的意见和建议。

国家副主席习近平在保加利亚总统府与副总统安格尔·马林举行会谈

习近平就推动中保关系深入发展提出五点建议。

(一)以建交60周年为契机,进一步深化传统友好。希望两国政府、议会、政党进一步加强各层次各领域交流合作,增进相互理解和信任,确保两国关系在新形势下更好更快发展。

(二)拓展经贸合作,实现互利双赢。中国政府鼓励两国企业加强接触、共拓商机,两国政府有关部门应该为此提供便利条件。建议双方进一步挖掘在环境保护、农业技术、科技创新、人力资源等领域的合作潜力,共同打造新的合作亮点。

(三)深化人文领域交流,扩大民间特别是青年交往。希望通过签署两国文化部合作协议,更好促进文化交流合作;支持两国地方开展合作,优势互补,共同发展;充分发挥贵国已成为中国公民出境旅游目的地国的有利条件,促进两国旅游合作。

(四)继续加强在多边领域协调和配合,共同推进世界和平与发展。两国在许多重大国际和地区问题上观点相同或相近,进一步密切协作符合双方利益。

(五)共同推动中欧关系持续稳定健康发展。中国政府始终从全局和战略的高度看待和发展中欧关系。中欧深化全面战略伙伴关系符合双方根本利益,有助于推动亚欧合作,也有利于促进世界和平、稳定、繁荣。

马林表示,保方完全赞同习副主席提出的发展两国关系的方向性建议,愿同中国一道增进政治互信,加强在经贸、投资、旅游和文化教育等方面合作,推动两国关系取得更大发展。马林并重申,保坚定奉行一个中国政策,支持中国在涉藏、涉疆问题上的立场。

会谈后,习近平副主席和马林副总统共同出席了双边合作文件签字仪式。

全国人大常委会副委员长陈至立在开罗与埃及人民议会议长苏鲁尔进行会晤

全国政协副主席王刚出席在全国友协礼堂举行的庆祝中罗建交60周年招待会

罗洪标逝世

副兵团职离休干部、兰州军区司令部原副参谋长罗洪标同志,因病医治无效,于10月14日在北京逝世,享年93岁。

罗洪标是福建长汀人,1929年参加革命,1930年1月加入中国共产主义青年团,同年6月参加红军,1931年加入中国共产党。土地革命战争时期,他历任勤务员、司号员、排长、干事、指导员、分队长等职,参加了创建中央苏区和历次反"围剿",参加了二万五千里长征。抗日战争时期,他历任科长,团副主任、主任、副政委、政委等职,参加了反"扫荡"、百团大战、保卫陕甘宁边区等战役战斗。解放战争时期,他历任团长等职,参加了绥远、集宁、青化砭、羊马河、蟠龙、清涧、榆林、沙家店等战役战斗。新中国成立后,他历任师副政委、师政委,工程兵干部部副部长、器材部部长、科学研究部部长、科学研究设计院副院长、工程指挥部副主任、技术学校副校长、工程学院副院长等职,参加了抗美援朝,为部队革命化、现代化、正规化建设作出了贡献。

罗洪标1955年被授予大校军衔,1961年晋升为少将军衔,曾荣获二级八一勋章、二级独立自由勋章、二级解放勋章和一级红星功勋荣誉章。

10月15日

国家主席胡锦涛在人民大会堂会见吉尔吉斯斯坦总理伊戈尔·丘季诺夫

胡锦涛说,建交17年来,中吉传统友好关系不断巩固和发展。两国高层交往频繁,政治上高度互信。双方在经贸、交通、安全、人文等领域进行了富有成效的合作,取得了显著成果。在联合国、上海合作组织等多边框架内相互支持,密切配合。中吉是好邻居、好朋友、好伙伴。中国政府高度重视中吉关系。不断深化睦邻互信,加强双边互利合作,实现两国共同发展是我们的坚定不移的政策。中方愿与吉方共同努力,推动中吉睦邻友好合作关系更好更快地发展。

丘季诺夫表示,吉中之间不存在任何政治分歧和发展两国关系的障碍。吉方珍视吉中之间的良好政治互信和相互理解,愿与中方密切合作,恪守双方达成的共识和各项协议,深化互利合作,推动吉中睦邻友好关系深入发展。

国家主席胡锦涛与蒙古国总统查希亚·额勒贝格道尔吉互致贺电庆祝两国建交60周年

全国人大常委会委员长吴邦国在人民大会堂会见来京出席亚太经合组织反腐败研讨会各代表团团长

吴邦国积极评价了研讨会在加强各经济体间的反腐败交流与合作、推动亚太地区反腐败和廉政建设、促进亚太地区经济发展与社会和谐方面发挥的积极作用。在应询介绍中国经济社会发展情况后,吴邦国说,中国党和政府在致力于改革开放和现代化建设的同时,始终高度重视反腐倡廉工作,严厉查处腐败案件,并注重体制机制建设,不断铲除滋生腐败的土壤,取得了重大成效。他指出,腐败现象是人类社会危害严重的痼疾,反对腐败是国际社会面临的共同课题。中方愿继续加强反腐败国际合作,加强立法、执法交流与合作,丰富亚太经合组织合作内涵,促进地区繁荣与稳定。

美国政府道德署署长库西克等介绍了研讨会情况,赞赏中国经济建设和反腐倡廉工作取得的成效。虽然我们来自不同的经济体,但反腐倡廉是我们的共同责任。大家表示,将通过这次会议进一步加深相互了解,密切相互合作,共同推动反腐倡廉工作不断向前发展。

全国人大常委会委员长吴邦国在人民大会堂会见吉尔吉斯斯坦总理伊戈尔·丘季诺夫

吴邦国强调,发展中吉关系符合两国和两国人民的根本利益,有利于地区的稳定与繁荣。中方愿与吉方一道,密切政府、议会、政党等方面的友好往来,深化经贸、人文等领域的务实合作,共同打击"东突"等"三股势力",推动中吉睦邻友好关系全面发展。

丘季诺夫指出,中国60年发展取得的伟大成就充分证明中国人民选择的发展道路是完全正确的。吉方珍视吉中睦邻友好,愿与中方加强治国理政的经验交流,开展交通、能源等大项目合作,密切人员往来,欢迎中国企业到吉投资兴业。他重申,吉方坚定奉行一个中国政策,坚定支持中方为维护新疆稳定与祥和所采取的措施,表示愿进一步加强与中方在打击"东突"等"三股势力"等安全领域的合作。

国务院总理温家宝在人民大会堂同吉尔吉斯斯坦总理伊戈尔·丘季诺夫举行会谈

温家宝表示,中吉地缘相近,经济互补性强,深化务实合作具有优势。中吉经贸合作委员会要积极研究措施,扩大边贸和口岸合作,共同应对国际金融危机,保持双边贸易额稳定增长;落实好交通、电信等基础设施重点合作项目;积极开展农业领域合作,开辟两国农产品贸易绿色通道,在吉建立中国农业技术示范区。

丘季诺夫说,新中国成立60年来,中国发生了翻天覆地的变化,社会经济取得巨大成就,在国际舞台的影响力与日俱增。中国取得的发展成就取决于中国领导层采取的正确政策以及中国人民的勤劳、智慧和勇气。丘季诺夫表示,吉方视中国为最重要的政治、经济合作伙伴,发展吉中友好合作是吉外交的优先方向。吉政府坚定支持中方在涉台、涉藏、涉疆等问题上的立场。丘季诺夫还表示,吉方愿与中方携手努力,认真落实两国签署的各项合作协议,深化在水电、交通、电信、农业、油气、教育、人文等领域的互利合作,推动吉中关系迈向更高水平。

会谈后,两国总理共同出席了中吉两国政府联合公报以及经济技术、公路、金融等双边合作文件的签字仪式。

中华人民共和国政府和吉尔吉斯共和国政府联合公报

一、应中华人民共和国国务院总理温家宝邀请，吉尔吉斯共和国总理伊戈尔·维塔利耶维奇·丘季诺夫于2009年10月13日至15日对中华人民共和国进行正式访问，并出席上海合作组织成员国政府首脑（总理）理事会第八次会议。

访问期间，中国国家主席胡锦涛、中国全国人民代表大会常务委员会委员长吴邦国分别会见了丘季诺夫总理，中国国务院总理温家宝与丘季诺夫总理举行了正式会谈，中国国务院副总理李克强会见了丘季诺夫总理。双方就中吉关系以及共同关心的国际和地区问题深入交换意见，达成广泛共识。

二、双方高度评价建交以来中吉长期稳定的睦邻友好合作关系的发展成果，一致认为，这种关系的建立与发展符合两国和两国人民的根本利益，有利于促进地区乃至世界的和平、稳定与发展。双方表示，将继续恪守双方建交以来签署和发表的政治文件所确定的各项方针和原则，进一步深化政治互信，积极落实双方业已达成的共识，推动中吉关系不断迈上新的台阶。

三、双方认为，保持经常性高层政治对话和磋商，对进一步巩固两国人民睦邻友好与传统友谊，增进双方政治上的相互理解和信任，推动各领域合作具有重要意义。双方重申愿继续密切两国政府和各部门之间的联系。

四、吉方认为，中华人民共和国成立60周年特别是改革开放30年以来，中国经济快速发展，社会和谐进步，人民生活水平显著提高，中国国际地位不断提升。吉方对此表示衷心的祝贺。吉方视中国为促进国际政治稳定、经济发展的重要力量，欢迎中国为建设持久和平、共同繁荣的和谐世界继续发挥积极作用。

五、吉方重申，世界上只有一个中国，中华人民共和国政府是代表全中国的唯一合法政府，台湾是中国不可分割的一部分。吉方反对任何形式的“台湾独立”，反对台湾加入任何仅限主权国家参加的国际和地区组织。吉方重申不与台湾建立任何形式的官方关系和进行官方往来。中方对此表示高度赞赏。

六、双方表示反对任何破坏两国国家主权和领土完整的行为和企图，不允许在本国领土上成立危害另一方主权、安全和领土完整的组织。双方指出，恐怖主义、分裂主义、极端主义仍是本地区安全与稳定的主要威胁。双方将加强两国有关部门的协调与合作，并在上海合作组织框架内继续采取有力措施，共同打击包括“东突”在内的“三股势力”，维护和促进两国及本地区的和平与安宁。

七、中方重申支持吉方为维护国家独立、主权以及发展民族经济、实施社会经济改革所做的努力，愿意看到吉政局保持稳定，经济不断发展，人民安居乐业。

八、双方高度评价中吉政府经贸合作委员会在落实两国领导人达成的共识和推动各领域务实合作方面所发挥的重要作用，并表示将进一步完善两国经贸合作机制的法律基础和组织机构。

双方指出，保持双边贸易额持续增长，顺利实施现阶段两国重点合作项目是中吉经济合作的优先方向。鉴此，双方将致力于改善投资环境，探讨建立新的合作模式，不断完善贸易结构，加强经济技术合作，相互为两国企业在对方境内开展经营活动创造条件，并采取措施保护在本国领土上的对方国家公民和法人的合法权益。

九、双方指出，进一步扩大交通运输领域合作对促进两国务实合作具有重要意义。双方表示将采取积极措施，建成并开通连接中国、吉尔吉斯斯坦、乌兹别克斯坦的国际运输公路。双方同意采取积极措施推动建设中吉乌（兹别克斯坦）铁路项目，共同探讨解决上述铁路吉境内路段建设融资问题。

双方将扩大过境运输的潜力，在铁路、航空和公路运输方面相互提供便利。

十、双方对两国开展燃料能源领域合作持积极态度，愿探讨在该领域合作的可能性。

十一、双方认为，中吉地方合作是双边经贸合作的重要组成部分，双方将在现有合作基础上按照务实渐进的原则逐步深化合作。

十二、双方表示将进一步扩大和深化两国海关、边检领域交流与合作，共同防范和打击各类跨境违法犯罪活动，确保两国边境地区的安全与稳定。

鉴于两国人员和货物往来不断增长，双方将采取措施扩大吐尔尕特口岸功能，以提高两国及第三国人员、货物、交通工具通行能力。

十三、双方一致认为，在国际金融危机背景下继续密切两国金融领域合作，加强金融监管，交流经验及信息，对两国共同应对金融危机和金融风险具有重要意义。

十四、双方强调重视两国农业领域合作，将在互利基础上充分利用两国地缘相近优势，加强有关部门的协调与合作，加快实施农业领域合作项目，并于近期就在吉建立农业技术园区采取实际步骤。

十五、双方认为，两国科技合作具有很大潜力。双方将在科技特别是高新技术领域开展互利合作，加强双方专家交流，开展两国在重点领域的科研合作。中方欢迎吉方参加中方举办的各类科技培训活动。

十六、双方表示将继续扩大人文领域交流，深化文化、教育、卫生、体育、旅游、新闻及其他领域合作。双方同意进行联合考古及历史档案研究，鼓励两国青年及妇女组织开展交流与合作，支持扩大两国高等院校及其科研机构的交流合作。双方愿积极探讨在2012年两国建交20周年之际举办一系列庆祝活动。

十七、双方满意地指出，中华人民共和国和吉尔吉斯共和国在国际事务中保持良好合作，两国在许多重大国际和地区问题上立场相同或相近。双方将继续加强在多边事务中的协作，为两国发展创造更加良好的国际环境。

十八、吉方对中方2009年10月14日在北京成功举办上海合作组织成员国政府首脑（总理）理事会第八次会议予以高度评价。双方指出，上海合作组织发展顺利，已经成为维护成员国共同利益的有效机制，不仅促进成员国的共同发展，同时在国际和地区事务中发挥着重要的建设性作用。

十九、吉尔吉斯共和国总理伊·丘季诺夫对访问期间中方给予的热情友好接待表示感谢，邀请中华人民共和国国务院总理温家宝在双方方便的时候对吉尔吉斯共和国进行正式访问。温家宝总理表示感谢并愉快地接受了邀请。

中华人民共和国国务院总理　吉尔吉斯共和国总理
温家宝　伊·丘季诺夫

2009年10月15日于北京

国务院总理温家宝在人民大会堂会见巴基斯坦总理赛义德·优素福·拉扎·吉拉尼

温家宝在会见时表示，中方把巩固和发展对巴关系作为中国外交的优先方向之一，愿与巴方保持高层交往，加强在重大国际地区事务中的沟通与协调，共同应对恐怖威胁，挖掘潜力，推进各领域务实合作，落实好双方已签署的协议和在建项目，加强水利、水电、农业、渔业、公路、铁路、金融领域合作，促进在教育、文化等领域的交流，使中巴友谊代代相传。

吉拉尼表示，中国是巴基斯坦最可依赖、值得信赖的朋友和战略合作伙伴。进一步发展巴中睦邻友好是巴政府和人民的共同愿望，巴方愿与中方携手共进，将巴中战略合作伙伴关系提高到新高度。吉拉尼还表示，巴方愿加强两国在经贸、农业、水利、公路、铁路和金融领域的合作。吉拉尼重申巴方将继续坚定支持中方在台湾问题和涉藏、涉疆问题上的立场和举措。

国务院总理温家宝在人民大会堂分别会见哈萨克斯坦 塔吉克斯坦 伊朗和阿富汗领导人

全国政协主席贾庆林在河北唐山调研

10月15日至16日，贾庆林一行来到唐山南湖生态城和曹妃甸，就推进曹妃甸开发建设，保持经济平稳较快发展进行调研。调研期间，贾庆林充分肯定河北省和唐山市近年来经济社会发展取得的巨大成绩，鼓励他们再接再厉，率先走出一条科学发展的新路子。

中共中央政治局常委李长春在安徽考察

10月15日至19日，李长春先后到安徽芜湖、铜陵、池州、合肥等地，深入企业、农村、科研和宣传文化单位，就学习宣传贯彻党的十七届四中全会精神、提高自主创新能力、深化文化体制改革等进行调研，听取安徽省委省政府工作汇报，对安徽经济社会发展取得的成绩给予充分肯定。

李长春指出，当前，全国各族人民正以国庆系列活动激发出的爱国热情为强大动力，加快推进改革开放和社会主义现代化建设。在这次国庆系列活动中，伟大的民族精神和时代精神得到新的发展和升华，形成了宝贵精神财富，这就是：高举旗帜、爱党爱国，昂扬向上、开放自信，敬业奉献、开拓创新，团结奋进、继往开来。我们要大力弘扬这些宝贵精神财富，使之转化为广大干部群众继续解放思想、坚持改革开放、推动科学发展、促进社会和谐的实际行动，不断开创中国特色社会主义事业新局面。

中国ARJ21客机订数达240架

10月15日，中国商用飞机有限责任公司与鹰联航空有限公司正式签订了30架ARJ21—700飞机购机合同。至此，我国自主研发的ARJ21新型涡扇喷气客机国内外订单总数已达到240架。据了解，该合同是ARJ21—700飞机继去年与美国GECAS公司一次签订25架购机协议以来最大的一笔订单。本次签约对于加快我国西南航空市场开发特别是支线航空市场开发具有积极的意义。

第106届广交会在广州琶洲展馆正式开幕

国家副主席习近平在保加利亚总统府会见保加利亚总统格奥尔基·珀尔瓦诺夫

习近平在会见时说，回顾中保关系60年发展历程，有三条重要经验具有长期指导作用：一是坚持相互尊重、平等互利、互不干涉内政，始终相互照顾对方关切，通过协商和对话解决双边关系中出现的问题。二是两国领导人始终从战略高度和长远角度看待中保关系，牢牢把握两国关系的发展方向。去年胡锦涛主席与总统先生举行会晤，达成重要共识，对双边关系发展具有重要意义。三是双方不断巩固中保友好合作的社会基础，两国政党保持交往、增进互信，两国地方和民间交流日益扩大。

珀尔瓦诺夫说,保加利亚一直以在世界上第二个承认新中国而自豪,始终将发展对华关系放在最优先位置,这一政策不会因政府的变化而改变。

国家副主席习近平在保加利亚总理府会见保加利亚总理博伊科·鲍里索夫

习近平在会见时表示,中方高度重视发展对保关系,视保加利亚为真诚的朋友和可信赖的伙伴。不论国际和地区形势如何变化,中方的这一方针不会改变。中方愿以中保建交60周年为契机,同保方一道努力,推进两国关系在新形势下不断向前发展。

鲍里索夫说,保中两国有着深厚的传统友谊。中国是保加利亚的重要合作伙伴,无论保哪个政党和政治派别执政,对华政策都不会改变。现在是保中开展合作的最好时期,希望中国企业把保作为走向欧洲的桥梁,来保投资兴业,扩大双方在经贸、农业、旅游等方面合作,推动两国关系取得更大发展。鲍里索夫并重申,保方坚定奉行一个中国政策,支持中国在台湾、涉藏和涉疆问题上的立场。

会见后,习近平还与鲍里索夫共同出席了有关双边经贸、金融等领域合作协议签字仪式。

国务院副总理李克强在钓鱼台国宾馆会见吉尔吉斯斯坦总理伊戈尔·丘季诺夫

全国伤病残军人退役安置工作会议在北京召开

会议传达学习了胡锦涛总书记的重要批示和国务院、中央军委关于做好伤病残军人退役安置工作的指示精神,总结了近年来伤病残军人退役安置工作的经验做法,分析了移交安置面临的形势和矛盾问题,研究落实《伤病残军人退役安置规定》的措施办法,部署了当前和今后一个时期的移交安置任务。

国务院办公厅、民政部、财政部、总参谋部、总政治部、总后勤部和军委办公厅领导出席会议。各省、自治区、直辖市及计划单列市、新疆生产建设兵团分管民政工作的领导和民政厅(局)、财政厅(局)负责同志,军队各大单位有关部门负责同志参加了会议。

国家体育总局和第十一届全运会组委会共同主办的中国体育六十年辉煌成就展在山东省济南市开幕

10月16日

第十一届全国运动会在山东省济南市开幕

中共中央总书记、国家主席、中央军委主席胡锦涛出席开幕式并宣布运动会开幕。

出席开幕式的领导同志还有:刘云山、刘延东、令计划、王沪宁、李建国、林文漪和姜春云、郝建秀、李继耐。

国际奥委会主席罗格,部分国际奥委会委员和应邀观摩第十一届全运会的外国来宾也出席了开幕式。

开幕式由第十一届全运会组委会执行主任、山东省省长姜大明主持。

第十一届全运会是北京奥运会、残奥会后我国举办的第一个大型综合性赛事,主赛区设在济南市,山东省其他16个地市均设有分赛区,共有10900多名运动员参加33个大项、362个小项的比赛。

《人民日报》发表社论《谱写体育新篇 展现时代风貌——热烈祝贺第十一届全国运动会开幕》

今天,第十一届全国运动会在济南隆重开幕。

金秋时节,硕果累累。全国各族人民刚刚以团结奋斗、开拓进取的精神面貌欢庆新中国成立60周年,齐鲁大地又汇聚一万多名生气勃勃的体育健儿,用拼搏与奋进谱写我国体育事业新的华章。作为北京奥运会、残奥会后我国举办的水平最高、规模最大的全国综合性运动会,第十一届全运会是2010年广州亚运会、2012年伦敦奥运会前的一次大练兵,是对我国体育发展整体水平的一次大检阅,是促进体育事业发展、发挥体育综合效益的重要平台,也是全国各族人民参与体育、享受体育的又一个盛大节日。

今年是全运会创办50周年。半个世纪以来,具有中国特色的全运会作为我国竞技体育发展的重要载体和鲜明标志,发挥着不可替代的导向与杠杆作用。全运会是推动我国体育运动水平提高,实现奥运会成绩跨越式发展进程中的关键环节,为奥运争光计划作出了巨大贡献;同时有力促进了我国群众体育活动的开展,使“发展体育运动,增强人民体质”的号召更加深入人心。全运会的社会功能和多元价值日益彰显,充分展示出综合性运动会的社会影响力和广泛群众性。

北京奥运会上,中国体育代表团夺得51枚金牌,取得空前佳绩。回首过去的辉煌,成就鼓舞人心;展望未来的蓝图,百尺竿头更进。随着经济社会的进步,人们对发展体育事业的期望不断提升,这是前所未有的重要机遇,与此同时,新的发展环境也带来了新的问题。体育事业发展的活力在于改革和创新,积极面对挑战,勇于探索和实践,以科学务实的态度努力开创我国体育事业的新局面,全运会肩负新的使命。在深化改革中进步,在不断创新中传承,充分发挥龙头作用,将改革创新与体育事业的健康协调发展紧密联系起来,全运会大有可为。

“和谐中国,全民全运”。第十一届全运会的主题口号生动体现了时代风貌。体育是社会发展和人类文明进步的重要标志，是综合国力和社会文明程度的重要体现。从体育大国向体育强国迈进的征程中，体育所承载的意义和作用不断丰富。胡锦涛总书记提出："要坚持以增强人民体质、提高全民族身体素质和生活质量为目标，高度重视并充分发挥体育在促进人的全面发展、促进经济社会发展中的重要作用，实现竞技体育和群众体育协调发展"。运动健儿在场上奋力拼搏、摘金夺银；志愿者们无私奉献，引领社会新风；场馆建设与城市发展协调一致，更好发挥体育设施效益。让人民群众充分参与、享受到全运会带来的各项成果，全运会必将增添更动人的风采。

在筹办第十一届全运会的四年多时间里，山东省秉持"开放办全运、创新办全运、节俭办全运、文明办全运"的思路，为全运会搭就了新的广阔舞台。山东省举办赛事的各城市高度重视开发体育赛事的综合功能，统筹谋划，精心布局，努力创造多元效应，为将全运会打造成集体育、经济、文化、环境等为一体的大型公众活动做了充分准备。第十一届全运会将成为展现山东人民奋发进取精神风貌的窗口，也将对经济社会发展起到有力推动作用。

"会当凌绝顶，一览众山小"。在"更快、更高、更强"的奥林匹克精神鼓舞下，来自全国的运动健儿们跃跃欲试，全运会是他们实现人生理想的一座舞台，也是迈向更高远目标的一级台阶。相信各代表团的教练员、运动员一定能够自觉维护良好赛风，严格遵守赛会纪律，赛出风格、赛出水平，确保运动成绩和精神文明的新收获。今日的成功预示着明日的希望。在我国体育事业的发展进程中，第十一届全运会将写下新的辉煌，绽放夺目光彩。

我们预祝第十一届全国运动会圆满成功！

国家主席胡锦涛在山东济南会见国际奥委会主席雅克·罗格

胡锦涛在会见时表示，北京奥运会、残奥会结束后，我们积极运用北京奥运会、残奥会的成果，在13亿中国人民中推动奥林匹克运动的普及和发展。特别是我们颁布了《全民健身条例》，将每年8月8日定为"全民健身日"，以立法形式保障和促进全民健身活动。这既是为了培养人民健康意识和习惯，增强人民体质特别是青少年体质，也是为了弘扬奥林匹克精神，支持国际奥林匹克运动发展。

胡锦涛说，本届全国运动会正逢我们举办全国运动会50周年，也是继北京奥运会、残奥会之后我们举办的第一个全国综合性运动会。不管是运动员、教练员还是济南广大市民，都对这次全运会倾注了极大热情。

罗格表示，这是我第三次有机会参加中国全运会。这些运动会展示了中国体育运动的强大活力。感谢中国对于整个奥林匹克运动和世界体育运动作出的贡献。

中共中央总书记胡锦涛在济南接见新中国体育发展60年来涌现出的优秀运动员教练员和全国体育先进集体先进个人代表

胡锦涛在接见时发表了重要讲话。他指出，国运盛则体育兴。新中国成立60年来，伴随着共和国波澜壮阔的发展历程，我国体育事业也取得了举世瞩目的辉煌成就。特别是北京奥运会和残奥会成功举办，有力推动了我国体育事业的长足发展，极大激发了中华儿女的爱国热情和民族自豪感。体育战线的同志们为祖国和人民赢得的无上荣光、作出的突出贡献，将永载共和国的史册。

胡锦涛强调，体育是综合国力的重要组成部分，是社会文明的重要标志。他希望体育战线的同志们牢记肩负的历史使命，全面贯彻党的体育工作方针，大力弘扬伟大民族精神，深入开展全民健身运动，不断提高竞技体育水平，努力推动我国由体育大国向体育强国迈进，为构建社会主义和谐社会、促进人的全面发展作出更大贡献。

国务院总理温家宝出席在成都举行的第十届中国西部国际博览会暨第二届中国西部国际合作论坛开幕式并致辞

温家宝强调，中国将把全面提高西部地区开发开放水平放在更加突出的战略地位，努力把西部地区建设成为现代产业发展的重要集聚区域、统筹城乡改革发展的示范区域、生态文明建设的先行区域，加快构建具有全局和战略意义的新的经济增长极。

柬埔寨首相洪森、科特迪瓦总理索罗、肯尼亚总理奥廷加、斯里兰卡总理维克勒马纳亚克、东帝汶总理沙纳纳、越南总理阮晋勇出席开幕式。

开幕式上，越南总理阮晋勇、柬埔寨首相洪森分别致辞。

中国西部国际博览会始创于2000年，是经国务院批准、为加快西部大开发而专门举办的国家级国际盛会。第十届中国西部国际博览会由国务院有关部门、中央有关单位和西部12个省(区、市)和新疆生产建设兵团联合主办，四川省人民政府承办。

国务院总理温家宝在第十届中国西部国际博览会暨第二届中国西部国际合作论坛上发表题为《全面提高中国西部地区开发开放水平》的致辞

女士们，先生们，朋友们：

金秋十月,蜀地飘香。今天,来自世界各国的朋友聚首成都,共商中国西部地区开放、合作、发展大计。首先,我谨代表中国政府对各位来宾表示诚挚的欢迎!衷心祝愿本届博览会和论坛取得圆满成功!

中国西部地域辽阔,人口众多,山河壮美,资源富集,与周边14个国家接壤,发展潜力巨大。实施西部大开发战略,是中国政府十年前作出的一项重大战略决策,对于改变西部地区落后面貌、实现全面建设小康目标,对于优化国土开发格局、促进区域协调发展,对于扩大对内对外开放、培育新的经济增长地带,都具有十分重要的战略意义。近10年来,中国政府在规划指导、政策扶持、资金投入、项目安排、人才交流等方面不断加大对西部地区的支持力度,向西部地区转移支付和专项补助超过3.5万亿元,安排中央财政性建设资金7300多亿元。西部地区经济建设、社会建设、文化建设和生态建设取得重大成就,进入了增长速度最快、发展质量最好、城乡面貌变化最大、人民群众受惠最多的时期。

——综合经济实力大幅跃升。2000—2008年,西部地区生产总值从1.66万亿元增加到5.82万亿元,年均增长11.7%;地方财政收入从1127亿元增加到5159亿元,年均增长19.6%;固定资产投资由6111亿元增加到3.58万亿元,年均增长22.9%。这几项主要指标增速均高于全国平均水平。

——基础设施建设取得重大突破。10年间,西部地区新增公路通车里程88.8万公里,其中高速公路1.39万公里;新增铁路营业里程8000多公里;民用机场达到79个,占全国机场总数的49.4%。青藏铁路、西气东输、西电东送等标志性工程相继建成投入运营,重大水利、能源、通信设施建设全面推进。

——生态环境保护明显加强。我们在西部地区深入实施退耕还林、退牧还草、天然林保护、京津风沙源治理、三峡库区国土整治及水污染治理、三江源保护等重点生态工程。环境综合治理初见成效,一批循环经济试点积极推进。今天的西部天更蓝、地更绿、水更清,发展环境更加优美。

——保障改善民生成效显著。西部地区教育、医疗、文化、就业和社会保障事业全面发展,人民生活水平不断提高。2008年城镇居民人均可支配收入和农民人均纯收入,分别比1999年增长105%和74%;农村贫困人口减少了954万人,贫困发生率下降了1.6个百分点。各族群众生产生活条件得到很大改善。

——特色优势产业快速发展。能源及化学工业、优势矿产资源开采及加工业、特色农牧产品加工业、装备制造业、高技术产业、旅游产业发展势头良好,涌现一批具有较强竞争力的名优品牌和企业集团。成渝、关中、北部湾等重点经济区,加快形成引领和带动西部大开发的战略高地。

——改革开放深入推进。国有企业改革取得积极进展,非公有制经济加快发展。已有近20万家东部企业到西部地区投资创业,投资总额超过2.2万亿元。2008年,西部地区实际利用外资总额达到66.2亿美元,进出口贸易总额达到1068亿美元。改革开放成为西部地区加快发展的重要动力。

今天的西部地区经济发展、社会进步、民族团结、边疆稳定,正在成为我国重要的生态安全屏障、战略资源接续地和沿边开放的前沿阵地。这不仅为西部地区加快经济社会发展、缩小同东部地区的发展差距奠定了坚实的物质技术基础,也为进一步扩大国内有效需求、推进改革开放和现代化进程开辟了更为广阔的市场空间。实践证明,中国政府实施西部大开发的战略决策是完全正确的!

女士们,先生们,朋友们:

去年以来,中国西部地区经受了特大自然灾害和国际金融危机的双重冲击。中国政府在全面实施应对国际金融危机的一揽子计划中,继续坚定不移地深入推进西部大开发。中央扩大内需投资43%以上投向西部地区民生工程、基础设施、生态环境、产业振兴、技术创新和灾后重建等领域,并且带动了地方和社会资金投入西部大开发。今年上半年,西部地区生产总值增速达到11.8%,城镇固定资产投资增长42.1%,地方财政收入增长12.8%,社会消费品零售总额增长19%,均高于全国平均增速。特别需要指出的,汶川地震灾后恢复重建取得重大阶段性成果,一座座学校、医院、工厂、村庄、城镇在废墟上拔地而起。这场惊天动地、气壮山河的抗震救灾斗争,所弘扬的伟大的中华民族精神,所体现的高尚的国际人道主义精神,将永载中国和人类社会文明进步的光辉史册!

当前,中国西部地区经济社会继续保持良好发展势头。但长期积累的结构性、体制性问题还很突出,国际金融危机的影响日益显现。中国政府前不久出台了《关于应对国际金融危机保持西部地区经济平稳较快发展的意见》,就是要进一步加大对西部大开发的支持力度,充分发挥西部回旋余地大、增长潜力大的优势,为巩固全国经济企稳回升势头作出更大贡献。一要围绕建立贯通国内外的大枢纽和大通道,加快构建适度超前、功能配套、安全高效的现代化基础设施体系;二要支持西部地区大力调整产业结构,形成特色优势产业、高新技术产业、新兴战略性产业协调发展的新格局;三要加大生态环境保护和建设力度,积极推动清洁发展、循环发展、安全发展,建设以低碳排放为特征的工业、建筑、交通体系;四要加快发展以改善民生为重点的社会事业，切实解决教育、医疗卫生、就业、社会保障领域存在的突出矛盾，努力提高政府公共服务水平；五要大力加强人力资源素质建设，积极引进海内外优秀人才和智力到西部创业，着力培养西部经济社会发展急需的各类人才队伍；六要继续深化改革开放，推动西部地区同国内外的交流合作向更广领域、更大规模、更高层次迈进。中国政府将逐步增加对西部地区财政转移支付规模，扩大内需新增投资继续向西部地区倾斜，继续落实和完善财税、金融、土地、环保、产业等方面政策，为加快西部地区开发开放创造更好的市场环境。

明年1月是中国实施西部大开发战略10周年，我们正在研究制定新的10年深入推进西部大开发的政策。我在这里可以告诉大家，中国政府实施西部大开发战略的决心不会动摇，政策不会改变，力度不会减弱。这是因为西部地区的开发水平将决定中国现代化的进程，西部地区的开放水平将决定中国对外开放的广度和深度。我们将统筹国际国内两个大局，把全面提高西部地区开发开放水平放在更加突出的战略地位，努力把西部地区建设成为现代产业发展的重要集聚区域、统筹城乡改革发展的示范区域、生态文明建设的先行区域，加快构建具有全局和战略意义的新的经济增长极！

女士们，先生们，朋友们：

这场百年罕见的国际金融危机正推动世界经济政治格局大调整、大变革。但和平与发展的时代主题没有变，经济全球化和区域合作的趋势没有变，科技革命引领未来发展的方向没有变。中国政府将始终不渝坚持对外开放的基本国策，加快完善内外联动、互利共赢、安全高效的开放型经济体系。把西部地区作为新时期开发开放的战略重点。推动西部地区与周边国家的全面合作，推动中国与世界各国共同发展繁荣。为此，我提出以下倡议：

第一，深化能源和交通合作。中国西部地区和周边国家能源资源互补性很强，具有良好的合作基础和发展前景。我们将继续巩固发展同周边国家能源资源合作成果，不断探索扩大合作的领域和方式。同时，大力吸引国际能源企业参与我国西部地区提高能源利用效率、煤矿灾害防治、煤层气开发等能源项目建设。中国政府将积极构建西南、西北进出境国际交通大动脉。我们期待与相关国家就建设新亚欧大陆桥达成共识，共同规划和兴建一个国际经贸之桥、人文交流之桥、友谊合作之桥。

第二，深化经贸和投资合作。中国西部地区拥有各类口岸100多个，已经形成边境地区综合口岸体系。中国政府支持西部沿边地区与周边国家进一步扩大经贸往来和边民互市，推进国际合作中心和沿边开发开放区建设，加强在基础设施领域的交流与合作，在进出口商品经营范围、进出口商品配额、许可证管理、人员往来等方面，简化手续，放宽准入。我们将合理规划建设产业转移重点承接地区和示范园区，引导外资投向西部地区高新技术产业、先进制造业、现代农业和现代服务业。中国西部地区与周边国家拥有丰富的旅游资源，应该共同打造跨国旅游精品和世界古文明旅游走廊。我们欢迎各国朋友到中国西部、到中国各地观光游览和度假，亲身感受中国的发展变化和投资环境。

第三，深化节能和环保合作。中国政府高度重视气候变化，积极支持西部地区同周边国家和其他国家开展节能和环保领域的国际合作，鼓励引进先进技术、设备和管理经验，支持联合开发利用新能源和可再生能源，加强污染治理、生态恢复、土地复垦、灾害预防、水土保持等方面的合作，引导外商投资发展绿色经济、循环经济。中国已经并将继续为应对气候变化作出切实努力。我们愿同国际社会一道携手推动哥本哈根会议取得积极成果。

第四，深化区域和国际合作。近些年来，中国西部地区与周边国家开展双边与多边合作取得积极进展。中国政府欢迎中国—东盟自由贸易区明年如期全面建成，并将继续深入拓展与上海合作组织国家经贸合作，积极推进“澜沧江—湄公河次区域合作”，积极办好广西南宁中国—东盟国际博览会、中国西部国际博览会和中国南亚商务论坛。我们将继续加强和深化区域金融合作，设立并完善“中国—东盟投资合作基金”，为上海合作组织成员国提供信贷支持，参与东亚区域外汇储备库建设。我们呼吁世界各国加强宏观政策协调，坚决反对贸易和投资保护主义，促进多哈回合谈判早日取得均衡、普惠、共赢的成果，建立更加公正合理的国际经济新秩序。

女士们，先生们，朋友们：

中国西部地区已经进入全面开发开放的新阶段，这里将是一片充满美好发展前景的投资热土。我们一如既往地欢迎和支持国内外有识之士到中国西部投资兴业，播种美好希望，收获光明未来！

谢谢大家！

国务院总理温家宝在成都分别会见出席第十届中国西部国际博览会的外国领导人

温家宝会见的领导人有越南总理阮晋勇、柬埔寨首相洪森、科特迪瓦总理索罗、肯尼亚总理奥廷加、东帝汶总理沙纳纳和斯里兰卡总理维克勒马纳亚克。

温家宝欢迎六国总理出席西博会，表示中国政府支持西部地区拓展与上述各国的交往与合作。

中央纪委书记贺国强在北京会见出席亚太经合组织反腐败研讨会的中外代表

贺国强在会见时说，亚太经合组织是亚太地区级别最高、机制最完善、影响最大的经济合作论坛，亚太经合组织反腐败研讨会是亚太地区各经济体加强反腐败交流与合作的重要平台。此次会议，与会代表围绕“APEC廉政准则——防止利益冲突”这一主题进行了深入研讨，交流了各自经验，探讨了加强反腐败国际合作的有效方式，达成了广泛共识，增进了彼此的理解和友谊。我们也从大家的发言中学到了很多经验，得到了很多启示。

贺国强指出，这次研讨会的主题很重要，也是中国政府当前关注的问题。关于反腐败廉政准则，我们前些年已经制定了相关规定，并取得了较好成效，根据近些年来的实践和面临的新形势，现正在进一步修改这一准则。在修改过程中，将充分借鉴这次研讨会的成果。建立防止利益冲突机制，是上个月刚刚闭幕的中共十七届四中全会提出的一个重要课题，我们将结合这次研讨会的成果，吸收各国的有益经验，抓紧研究制定相关制度。

贺国强强调，新中国成立60年特别是改革开放30年来，中国政府在积极发展经济和推进改革开放的同时，始终把反腐倡廉工作摆在十分重要的位置来抓，成功地走出了一条中国特色反腐倡廉道路。关于中国当前的反腐败工作形势，可以归纳为两句话。第一句话是，成效明显，必须坚定信心；第二句话是，形势严峻，必须坚定决心。我们将认真贯彻落实中共十七届四中全会精神，充分认识反腐败斗争的长期性、复杂性、艰巨性，把反腐倡廉建设放在更加突出的位置，以反腐败斗争的新成效取信于民。

贺国强指出，腐败是人类社会的公害，有效防治腐败、维护公平正义、促进经济发展和社会和谐，是各国政府的共同愿望和责任。我们愿同包括亚太地区各经济体在内的世界各国、各地区及有关国际组织一道，进一步加强反腐败领域的国际交流与合作，共同促进反腐败工作的深入开展，为人类社会的和谐与进步作出新的贡献。

此次亚太经合组织反腐败研讨会是由中国监察部、外交部、国家预防腐败局与美国政府道德署、国务院共同举办的。来自亚太地区21个经济体和有关国际组织的约150名代表出席了会议。

国务院副总理张德江在湖南考察

10月16日至17日，张德江在益阳、长沙先后召开座谈会，深入社保服务中心、农户了解新农保试点工作进展情况，听取意见和建议。他指出，建立新农保制度是一项惠及数亿农民、造福亿万农村家庭的德政工程，开展新农保试点是党中央、国务院作出的重大决策。我们一定要把思想统一到中央的决策部署上来，增强紧迫感、责任感和使命感，扎扎实实地把这件惠民利民的好事做细、做实、做好。

张德江强调，新农保试点是一项开创性的工作，十分复杂艰巨，必须加强领导，精心组织，周密部署，确保新农保试点起好步、开好局、取得经验。一要坚持“保基本、广覆盖、有弹性、可持续”的基本原则，认真落实中央确定的各项政策，确保新农保试点工作扎实有序推进。二要坚持农民自愿原则，加强政策引导，吸引农民自觉参保，使广大农民满意。三要坚持从实际出发，鼓励试点地区创造性地开展工作，及时总结经验，为其他地区提供示范和借鉴。四要坚持调查研究，及时掌握试点工作中出现的新情况，研究解决新问题，完善有关政策措施。五要坚持开展宣传动员，把握正确舆论导向，并采取通俗易懂的方式，使试点地区农民听得懂、能理解、好接受，让广大农民群众积极参保。

张德江在湖南期间还考察了工业经济运行和劳动就业、社会保障工作。

全国人大常委会副委员长王兆国出席在北京召开的中国青年企业家协会第十次会员代表大会开幕式并讲话

王兆国指出，广大青年企业家要以更加昂扬的精神状态和更加出色的经营业绩，为促进我国经济平稳较快发展作出积极贡献。他希望广大青年企业家把自身事业追求同国家发展目标结合起来，在与祖国共奋进的实践中实现人生最大价值；始终坚持改革方向，大力推进自主创新，加快转变企业发展模式，积极为保持经济平稳较快发展做贡献；努力在企业建立社会主义新型劳动关系，把以人为本贯穿于企业发展的全过程，切实维护职工合法权益，履行社会责任，促进社会和谐；加强自身修养，提高综合素质，自觉树立和维护良好的社会形象。

王兆国强调，各级党委和政府要积极为青年企业家成长发展创造良好条件。共青团要加强对青企协工作的领导。各级青企协组织要创新工作思路，丰富活动形式，不断增强吸引力、凝聚力和影响力，进一步提高为青年企业家发展事业、发挥作用服务的能力和水平。

澳门特别行政区第四届立法会议员宣誓就职

本届特区立法会由29名议员组成，包括12名直选议员、10名间选议员和7名委任议员，任期4年。

澳门特别行政区第四届立法会今天下午举行第一

次全体大会,以不记名投票选举立法会主席,刘焯华当选新一届立法会主席。

财政部 商务部印发《家电下乡中标企业考核及管理办法》并发出通知

各省、自治区、直辖市、计划单列市财政厅(局),商务主管部门,新疆生产建设兵团财务局、商务主管部门:

为进一步强化对参与家电下乡工作中标企业的管理,有序推进家电下乡工作,我们研究制定了《家电下乡中标企业考核及管理办法》,现印发给你们,请遵照执行。执行中有何问题,请及时反馈。

家电下乡中标企业考核及管理办法

第一章 总 则

第一条 为有序推进家电下乡工作,有效监督管理参与家电下乡工作的中标企业,依据《家电下乡操作细则》等有关规定,制定本办法。

第二条 本办法所称家电下乡中标企业考核及管理是指家电下乡工作主管部门依据家电下乡产品生产、销售、投诉处理等因素对各中标生产企业、销售企业(以下简称生产企业、销售企业)考核评价并进行表彰和处理的行为。

第三条 家电下乡中标企业考核及管理遵循“优胜劣汰公开透明”的原则。

第二章 中标企业考核方式及内容

第四条 中标企业采取季度考核方式,次季度月初公告上季度考核结果。生产企业按产品类别考核排名,销售企业按地区(省、自治区、直辖市)考核排名。

第五条 生产企业考核的内容包括:标识卡申请有效率、产品销售率、产品销售量、产品退换货率、投诉处理率以及企业档案、产品资料等维护情况。

销售企业考核的内容包括:产品销售量、产品销售率、补贴通过率、投诉处理率、企业网点数量、企业档案维护情况。

第六条 考核内容相关指标均为考核当期季度数据,考核所依据的数据以家电下乡信息管理系统中的数据为准。

第七条 考核采用打分排名的办法,满分 100 分。具体考核指标及计分方法见附。

第八条 财政部、商务部对考核优秀的企业进行表彰,对考核排名后 5%的企业给予黄牌警示,连续 2 次考核排名后 5%且得分均低于 60 分的企业,取消其中标资格。

第三章 产品标识卡管理

第九条 生产企业要指定专人负责产品标识卡申领工作。申请标识卡需填写《家电下乡产品标识卡申请单》,由企业相关负责人签字,并加盖公章。

第十条 生产企业要严格遵守产品标识卡使用要求,标识卡要粘贴在产品说明书封面指定位置,并随机装入包装箱内。

第十一条 生产企业对一台产品只能附一张标识卡,不允许对非家电下乡产品配标识卡。

第十二条 生产企业产品发货量低于申请标识卡数量的 80%,不予发放标识卡号,直至达到 80%以上方可申请。

第十三条 销售网点不得抽卡销售、一台产品附多张标识卡,或对非家电下乡产品配标识卡。

第四章 法律责任

第十四条 生产企业对一台产品附多张标识卡,或对非家电下乡产品配标识卡,取消该生产企业中标资格,并视情节轻重部分或全部扣除履约保证金,情节严重的取消该企业下一次家电下乡投标资格。

第十五条 生产企业所有中标产品自中标之日起 3 个月内没有生产,或 6 个月内没有实现销售,取消该生产企业的中标资格。

第十六条 生产企业中标产品未达到投标时确定的标准及要求、以次充好、擅自更换对安全或性能有影响的关键零部件的,视情节轻重取消该型号产品的中标资格直至取消该企业的中标资格及下一次家电下乡投标资格,并部分或全部扣除履约保证金。

第十七条 生产企业出现质量或安全等重大事故的,取消其中标资格。

第十八条 生产企业出现重大环境违法行为的,取消其中标资格。

第十九条 销售网点出现抽卡销售、一台产品附多张标识卡,或对非家电下乡产品配标识卡、盗用农民信息骗取国家财政补贴等行为,取消该网点销售家电下乡产品资格,并视情节轻重部分或全部扣除上级销售企业履约保证金。

第二十条 销售网点出现虚假宣传、超过中标价格销售中标产品等行为,取消该网点家电下乡产品的销售资格。

第二十一条 因销售网点没有及时开具发票或没有及时将销售信息录入系统,造成农民不能及时领取补贴引起投诉的,累计三次及以上,取消该网点家电下乡产品的销售资格。

第二十二条 对被取消家电下乡产品销售资格的销售网点半年内不予再次备案。家电下乡销售网点资格取消后所导致的补贴领取、产品退换、售后服务等有关问题,由其上级销售企业负责妥善处理。

第二十三条 对下属销售网点存在违规行为的销售企业,视情节轻重责令该销售企业限期整改、暂停或取消其中标资格,并部分或全部扣除履约保证金。

第二十四条　生产企业和销售企业中标资格取消所导致的经营损失由中标企业自行承担。剩余履约保证金一年后视该企业的善后处理情况予以相应返还。

第二十五条　对违反《家电下乡操作细则》、投标承诺及中标协议有关规定的企业及个人，将严格按照违约责任予以处理。

第二十六条　对销售网点违规行为的处理，由县级及以上商务、财政部门负责；对销售企业违规行为的处理，由省级商务、财政部门负责；对生产企业违规行为的处理，由国务院有关部门负责。

第五章　附　则

第二十七条　财政部、商务部负责中标企业考核及管理工作的组织实施。各地财政、商务部门可参照本办法制定本地区中标企业考核管理办法。

第二十八条　家电下乡部际联席会议各成员单位依据职责分工，分别负责调查、核实有关情况。

第二十九条　本办法自2010年1月1日起执行。

第三十条　本办法由财政部、商务部按职责分工负责解释。

国家副主席习近平在匈牙利总统府与绍约姆·拉斯洛总统举行会谈

习近平并就当前形势下深化中匈关系提出四点建议。第一，保持高层交往，巩固传统友好。加强两国政府、议会、政党交往，增进相互理解和政治互信，提升双边关系水平。第二，深化经贸合作，扩大相互投资，继续推动两国贸易平衡发展，实现互利双赢，共同发展。第三，加强人文交流，增进人民友谊。中方欢迎匈方赴华举办文化、教育展览和旅游宣传活动，继续支持匈中双语学校和孔子学院建设，鼓励加强双方青少年交流。第四，共同促进中欧关系健康发展。中方赞赏贵国为促进中欧关系发展所做努力，希望匈方在欧盟内继续发挥积极作用，推动中欧关系持续健康稳定发展。

绍约姆说，很自豪匈中建交与新中国成立历史一样长。两国建交以来双方合作硕果累累。2004年胡锦涛主席访问匈牙利，两国建立友好合作伙伴关系，意义重大。匈方高度评价中国的发展进步和在国际上日益重要的作用，完全赞同习副主席发展两国关系的建议，愿进一步扩大与中国交往，加强在经贸、文化、教育、科技、环保等方面的合作，把两国关系推向新阶段。匈方也愿为推动中欧关系深入发展发挥积极作用。

国家副主席习近平在匈牙利国会大厦会见总理鲍伊瑙伊·戈尔东

习近平在会见时说，经贸合作是双边关系的重要组成部分。在当前形势下，双方加强经贸合作，反对贸易和投资保护主义，对共同应对国际金融危机冲击、推动实现各自经济复苏和发展具有现实意义。中国政府将继续鼓励有实力的中国企业来匈牙利投资办厂，欢迎匈牙利企业积极开拓中国市场，进一步拓展双方在金融、旅游、农业科技和基础设施建设等领域互利合作，欢迎匈方在重庆设立总领馆，欢迎匈牙利企业积极参加今年11月深圳高交会，感谢匈方对上海世博会的大力支持和积极参与。

鲍伊瑙伊总理说，习副主席在匈中建交60周年之际来访是对两国建交的最好庆祝和纪念。过去60年显示了匈中良好关系，为双方今后关系发展奠定坚实基础。中国目前是匈牙利在亚洲最重要的经济伙伴。在当前复杂的国际经济金融形势下，匈方愿成为中方强有力的合作伙伴，共同反对贸易和投资保护主义，进一步加强双方在各领域务实合作。匈牙利有独特的区位优势，良好的投资环境，欢迎有意到匈牙利和欧洲发展的中国企业来匈投资兴业，匈政府愿为此提供便利条件。

会见后，两国领导人共同出席了双边合作文件的签字仪式。

国家副主席习近平出席在国会大厦举行的中匈企业家座谈会并发表讲话

习近平在座谈会上说，经贸关系是双边关系的重要组成部分。希望双方有关部门和企业家加强沟通协调，深挖合作潜力，推动双边经贸合作持续稳定发展。习近平就此提出四点建议：

一、扩大双边贸易，推动平衡发展。希望双方共同努力，在现有基础上进一步扩大贸易规模，寻找和挖掘更多具有互补性的产品。我们将继续鼓励中方企业扩大自匈牙利进口，同时也希望匈方企业积极扩大对中国市场开拓力度，把更多适合中国市场需求的产品销往中国。

二、加强相互投资，拓宽合作领域。双方应该鼓励和支持两国企业积极开展包括相互投资、高新技术研发、新能源、保险、旅游、环保等多形式、多领域的合作，丰富合作内涵，提升合作档次。

三、用好合作机制，服务双边合作。要加强两国经贸主管部门间的合作，充分发挥经济联委会这一政府间磋商平台的作用，研究、规划两国经贸合作发展，推动解决合作中出现的问题，为企业提供更好服务，为双边经贸合作顺利发展提供有力保障。

四、加强中欧合作，推动共同发展。匈牙利是中国的好朋友、好伙伴，也是欧盟的重要新成员，中方愿同匈方在中欧合作框架内加强沟通和合作，共同推动中欧全面战略伙伴关系和中匈经贸关系不断向前发展。

习近平表示相信，在中匈两国政府和工商界朋友不懈努力下，中匈经贸合作一定能取得更加辉煌的成就。

全国政协副主席王刚在北京会见以马尔代夫总统政治顾问哈桑·阿非夫为团长的马尔代夫民主党代表团

10月17日

中共中央电贺中国国民党第十八次代表大会召开及中国国民党中央委员会表示感谢的复电

中国共产党中央委员会致电中国国民党中央委员会暨马英九主席，祝贺中国国民党第十八次代表大会召开。贺电如下：

中国国民党中央委员会暨马英九主席：

值此贵党召开第十八次代表大会之际，谨致祝贺！

近年来，贵我两党共同努力，积极推进双方达成的两岸关系和平发展重要共识，开启了两岸关系的历史新篇。由衷期望贵我两党继续共同落实"两岸和平发展共同愿景"，在坚持"九二共识"、反对"台独"的既有政治基础上，深化互信，加强交流，扩大共识，不断增进两岸同胞福祉，共创中华民族美好未来。

中国共产党中央委员会

2009年10月17日

同日，中国国民党中央委员会复电中国共产党中央委员会暨胡锦涛总书记，感谢中共中央和胡锦涛总书记对中国国民党第十八次代表大会召开的祝贺。复电如下：

中国共产党中央委员会暨胡锦涛总书记：

贺电收悉，谨致谢忱。

贵我两党本着务实沟通、开创未来的共同体认，建立了推动两岸关系和平发展的共识。至盼共同继续努力，增强互信，共创双赢，为两岸人民谋幸福，为炎黄子孙开太平。

中国国民党中央委员会

10月17日

全国政协主席贾庆林在内蒙古自治区调研

10月17日至19日，贾庆林和随行的全国政协副主席兼秘书长钱运录等，先后到包头、鄂尔多斯、呼和浩特等地，深入工矿企业、城镇社区，就深入学习贯彻党的十七届四中全会精神，进一步做好统一战线和人民政协工作，促进少数民族和民族地区经济发展和社会稳定，进行调查研究。调研期间，贾庆林听取了内蒙古自治区党委、政府的工作汇报，对内蒙古自治区经济社会发展取得的显著成就给予充分肯定。

调研期间，贾庆林看望了内蒙古自治区政协、党委统战部机关干部以及各民主党派、工商联负责人和无党派人士。他指出，各级政协组织和统战部门要认真学习贯彻胡锦涛同志在庆祝中国人民政治协商会议成立60周年大会上的重要讲话精神，在前进道路上始终把握正确的政治方向，在履行职能中自觉服务经济社会发展的全局，在民族团结旗帜下广泛凝聚各族人民的智慧和力量，在新的起点上创造性地开创工作新局面，不断把统一战线和人民政协事业推向前进。他强调，各级党委要从发展社会主义民主、推动科学发展、促进社会和谐的战略高度，进一步加强和改善对统一战线和人民政协的领导，坚持和完善中国共产党领导的多党合作和政治协商制度，支持人民政协推进政治协商、民主监督、参政议政制度建设，最大限度地团结和动员各党派团体和各族各界人士，为实现党的总目标总任务共同奋斗。

国务院副总理李克强在贵州考察

10月17日至19日，李克强轻车简从，一路翻山越岭，深入高原村寨、田间地头察访民情，来到企业车间、建设工地了解经济发展，走进社区群众、基层干部中间调查研究。

考察中，李克强多次强调，群众对致富奔小康充满渴望，也充满信心。加快贫困地区发展，保障和改善民生，不仅可以解决群众的生产生活困难，也有利于增加消费、扩大国内需求，促进经济转型和长期平稳较快发展。要加大扶贫开发力度，加快改善这些地区经济发展环境，促进各族群众脱贫致富，让人民生活得幸福快乐。

在黔期间，李克强听取了贵州省委省政府的工作汇报，充分肯定近年来贵州经济社会发展取得的成绩，希望贵州各族干部群众抓住新机遇，发挥后发优势，努力实现跨越式发展。

由国务院扶贫办与联合国驻华系统联合主办的"金融危机与减贫：挑战与行动"高层论坛在北京举行

国务院副总理回良玉出席开幕式并代表中国政府致辞。

回良玉指出，面对严峻的国际金融经济形势，中国政府审时度势，果断决策，及时实行积极的财政政策和适度宽松的货币政策，及时推出应对国际金融危机的一揽子计划，及时部署保增长、保民生、保稳定的各项举措，目前已取得明显成效，经济发展呈现企稳回升的良好态势。在这一过程中，我们根据贫困人口绝大部分集中在农村的客观现实，坚持把扩大内需的着力点瞄准农村，把稳定农产品市场和价格作为增加农民收入的关键举措，把解决农民工就业问题作为扩大就业的重中之重，把社会事业发展的重点放在农村，把加大扶贫开发力度作为重要政策取向，提高了农村扶贫标准，加大了扶贫开发投入，有力地促进了我国减贫事业的持续稳定发展。

回良玉强调，虽然中国在应对国际金融危机、促进减贫事业发展方面取得了显著成就，但中国目前仍是人均收入水平较低的发展中国家，地区和城乡发展不平衡的问题相当突出，国际金融危机对减贫事业的影响依然存在，扶贫开发任务相当艰巨，必须进行坚持不懈的努力。我们将进一步完善国家扶贫开发战略和政策体系，加大扶贫开发力度，促进贫困地区经济社会又好又快发展，让贫困地区和贫困人口共享发展成果。中国将以自身不断减少贫困、坚持和平发展、走向繁荣富强的行动，为推进世界减贫事业、促进共同发展贡献自己的力量。

联合国秘书长潘基文为论坛发来书面致辞。

9月份全国财政收入5609亿元

财政部最新公布的数据显示：9月份，全国财政收入5609.35亿元，比去年同月增加1392.13亿元，增长33%。据财政部分析，9月收入增长较快，除经济企稳回升有关税收增长外，主要是受去年9月收入基数较低以及成品油税费改革后消费税增收较多等因素的影响。

河北选手李雪妹在第十一届全运会自行车女子500米计时赛中以33秒898的成绩超越亚洲及全国纪录夺得冠军

10月18日

国办下发《关于加强基层应急队伍建设的意见》(摘要)

《关于加强基层应急队伍建设的意见》(以下简称《意见》)要求各地要在全面加强各专业应急救援队伍建设同时，组织动员社会各方面力量重点加强以下几个方面工作：加强基层防汛抗旱队伍组建工作；深入推进森林草原消防队伍建设；加强气象灾害、地质灾害应急队伍建设；加强矿山、危险化学品应急救援队伍建设；推进公用事业保障应急队伍建设；强化卫生应急队伍建设；加强重大动物疫情应急队伍建设。

《意见》就基层应急队伍建设的基本原则和建设目标、加强基层综合性应急救援队伍建设、完善基层专业应急救援队伍体系、完善基层应急队伍管理体制机制和保障制度等作出规定。

《意见》指出，基层应急队伍是我国应急体系的重要组成部分，是防范和应对突发事件的重要力量。多年来，我国基层应急队伍不断发展，在应急工作中发挥着越来越重要的作用。但是，各地基层应急队伍建设中还存在着组织管理不规范、任务不明确、进展不平衡等问题。

根据《意见》，基本原则是，坚持专业化与社会化相结合，着力提高基层应急队伍的应急能力和社会参与程度；坚持立足实际、按需发展，兼顾县乡级政府财力和人力，充分依托现有资源，避免重复建设；坚持统筹规划、突出重点，逐步加强和完善基层应急队伍建设，形成规模适度、管理规范的基层应急队伍体系。

《意见》提出的建设目标是，通过三年左右的努力，县级综合性应急救援队伍基本建成，重点领域专业应急救援队伍得到全面加强；乡镇、街道、企业等基层组织和单位应急救援队伍普遍建立，应急志愿服务进一步规范，基本形成统一领导、协调有序、专兼并存、优势互补、保障有力的基层应急队伍体系，应急救援能力基本满足本区域和重点领域突发事件应对工作需要，为最大程度地减少突发事件及其造成的人员财产损失、维护国家安全和社会稳定提供有力保障。

《意见》要求，全面建设县级综合性应急救援队伍，深入推进街道、乡镇综合性应急救援队伍建设。

《意见》还要求，完善基层应急队伍管理体制机制和保障制度。进一步明确组织领导责任；完善基层应急队伍运行机制；积极动员社会力量参与应急工作；加大基层应急队伍经费保障力度；完善基层应急队伍建设相关政策。

全国人大常委会副委员长桑国卫在开罗会见埃及执政党民族民主党总书记协商会议主席谢里夫

2009中国(长沙)科技成果转化交易会成功举行

交易会于10月18日至19日在长沙举行。这是继2007、2008科交会成功举行后，由教育部、科技部、中国科学院、湖南省人民政府主办，科技部火炬中心、湖南省科技厅、湖南省教育厅、长沙市人民政府承办的第三届全国科技成果转化盛会。1491项科技成果在大会展示、推介和对接，6万人次参观成果展，备受海内外关注。

第十一届中国上海国际艺术节在上海东方艺术中心开幕

10月19日

全国人大常委会第三十一次委员长会议在北京召开

全国人大常委会委员长吴邦国主持会议。

会议决定十一届全国人大常委会第十一次会议10月27日至31日在北京举行。

委员长会议建议十一届全国人大常委会第十一次会议继续审议驻外外交人员法草案、国家赔偿法修正案草案、侵权责任法草案、海岛保护法草案；首次审议选举法修正案草案、石油天然气管道保护法草案。

委员长会议建议常委会第十一次会议的议程还有：审议批准《中华人民共和国和巴西联邦共和国关于民事和商事司法协助的条约》；审议国务院关于今年政府重大公共投资及其实施情况的报告；审议最高人民法院关于加强民事执行工作、维护法制权威和司法公正情况的报告，最高人民检察院关于加强渎职侵权检察工作、促进依法行政和公正司法情况的报告；审议全国人大常委会执法检查组关于检查工会法实施情况的报告，全国人大常委会专题调研组关于部分重大公共投资项目实施情况的调研报告。

常委会第十一次会议还将审议全国人大内务司法委员会、财政经济委员会、外事委员会关于第十一届全国人大第二次会议主席团交付审议的代表提出的议案审议结果的报告；审议吴邦国委员长访问美国、古巴、巴哈马三国情况的书面报告；审议有关任免案等。

委员长会议上，全国人大常委会副委员长兼秘书长李建国就常委会第十一次会议议程草案、日程安排意见作了汇报。全国人大有关专门委员会、全国人大常委会有关工作委员会负责人就常委会第十一次会议的相关议程作了汇报。

全国人大常委会副委员长王兆国、路甬祥、乌云其木格、韩启德、华建敏、陈至立、周铁农、司马义·铁力瓦尔地、蒋树声、陈昌智、严隽琪出席会议。

共青团中央 教育部 全国少工委发出《关于表彰全国优秀少先队员 全国优秀少先队辅导员 全国优秀少先队集体的决定》

全国和谐社区建设工作会议在江苏省苏州市召开

国务院副总理回良玉在会上强调，社区是社会的基本单元，加强社会管理的重心在社区，改善民生的依托在社区，维护稳定的根基在社区。

回良玉还强调，推进和谐社区建设，一要坚持把服务居民、造福群众作为和谐社区建设的出发点和落脚点，把居民群众满意不满意、高兴不高兴作为想事情、做工作的标准。二要坚持把建设管理有序、服务完善、文明祥和的社会生活共同体作为和谐社区建设的基本目标，建立、健全社区组织、完善社区服务体系，优化社区环境，实现居民邻里间的和睦相处。三要坚持把统筹推进城乡社区建设作为和谐社区建设的重要方针，推进城乡社区交流与合作，形成以城带乡、以乡促城、优势互补、共同提高的城乡社区和谐发展新格局。四要坚持把体制机制创新作为和谐社区建设的根本动力，把创新贯穿于和谐社区建设的各个环节、各个领域，构建党委领导、政府负责、民政部门组织协调、相关部门协同配合、社会力量广泛参与的工作格局。五要坚持把加强以社区党组织为核心的社区组织体系和社区工作者队伍建设作为和谐社区建设的基础保证，发挥社区党组织在和谐社区建设中的领导核心作用，培养和造就一支政治可靠、业务过硬、作风扎实、结构合理的社区工作者队伍。

民政部部长李学举在会上作了工作报告。

会议对全国和谐社区建设示范城区(市)、街道、社区进行了命名表彰。

全国农业科技创新与推广工作会议在江苏南京召开

国务院副总理回良玉在会上强调，当前，我国已进入加快改造传统农业、走中国特色农业现代化道路的关键时刻，农业农村经历着广泛而深刻的变革，世界范围也正在孕育一场新的农业科技革命，农业科技的支撑作用更加突出。我们一定要从全局和战略的高度，充分认识加快农业科技进步的极端重要性和紧迫性，切实把农业科技工作放在整个科技工作的首要位置，把农业科技创新与推广作为加强“三农”的重要举措，创新体制机制，加大投入力度，壮大人才队伍，着力建立与我国农业大国地位相适应、具有国际先进水平的新型农业科技创新体系，着力健全基层农业科技推广体系，促进农业农村又好又快发展。

国家副主席习近平在罗马尼亚总统府与特莱扬·伯塞斯库总统举行会谈

习近平在会见时说，中罗关系能经受60年风雨的考验历久弥新，主要得益于双方始终本着相互尊重和平等互利原则，坦诚相待，相互信任，彼此照顾对方关切；得益于两国领导人始终从战略高度和长远角度看待和发展双边关系，牢牢把握两国关系发展的前进方向；得益于中罗友谊深深植根于两国人民心中，两国友好合作的社会基础稳固。

习近平指出，当前两国面临的共同任务是以建交60周年为新的起点，巩固友谊，深化合作，习近平就此提出四点建议。

(一)保持高层交往连续性。加强政治对话,扩大政府、立法机构和政党间交流,加深相互理解和互信,夯实两国关系政治基础。

(二)提高经贸合作质量。中国政府鼓励和支持有实力的中国企业积极参与罗马尼亚基础设施建设等项目,探讨投资、旅游、工程承包等领域合作,加强农业交流合作。

(三)扩大人文交流。继续加强教育、科技、文化、卫生等领域交流,不断丰富合作内涵。欢迎罗方在华设立文化中心,积极参加上海世博会。

(四)加强国际合作。在国际舞台上继续加强协调和配合,共同致力于维护世界和平、促进共同发展。

特莱扬·伯塞斯库总统说,2200万罗马尼亚人民对中国人民怀有友好情谊,两国在国际和地区事务中一贯相互支持。新形势下,罗愿进一步加强对华关系,扩大经济合作。伯塞斯库确认,无论届时政局发生怎样变动,罗总统都将出席上海世博会。他并重申,罗坚定奉行一个中国政策,支持中国在台湾、涉藏、涉疆问题上的立场。

双方还就国际和地区热点问题深入交换了意见。

国家副主席习近平在布加勒斯特分别会见罗马尼亚参议长米尔恰·杰瓦纳和众议长罗伯塔·阿纳斯塔塞

国家副主席习近平出席在罗马尼亚议会宫举行的中罗经贸论坛暨企业家洽谈会开幕式并发表讲话

习近平说,经贸合作是中罗友好合作的重要内容。近年来,在双方共同努力下,两国经贸合作呈现出勃勃生机。2008年双边贸易额比2000年增长了近10倍。中方在罗马尼亚投资也不断增长,罗马尼亚已成为中国在中东欧地区第四大贸易伙伴和投资最多的国家之一。

在当前形势下,双方有必要深入规划两国合作的发展途径,推动互利合作迈上新台阶。习近平就此提出四点建议:

第一,巩固传统友谊,深化互利合作。两国经贸合作既有良好的政治基础、融洽的社会环境、富有成效的合作传统,又面临新的发展机遇。两国经济都处在加快发展的重要时期,扩大互利合作的内在动力都很强。希望双方加强协调,抓住机遇,扩大共识,深化合作,不断充实和丰富两国关系内涵。

第二,扩大贸易规模,优化贸易结构。两国企业家应加强合作,努力挖掘符合市场需要的产品,不断优化贸易结构。罗马尼亚拥有丰富的自然资源和良好的工业基础,在冶金、化工、汽车以及葡萄酒酿造等领域拥有先进技术和较强竞争力,中方欢迎罗企业加强产品宣传,扩大对华出口。

第三,拓宽合作领域,创新合作方式。要鼓励和支持双方探讨在家电、电信、旅游以及基础设施建设和工程承包等领域的合作,扩大相互投资,培育双边经贸关系新的增长点。中国政府鼓励有实力、信誉好的中国大企业、大集团到罗马尼亚投资兴业,也欢迎罗马尼亚企业积极开拓中国市场。

第四,发挥企业作用,提高服务水平。两国政府已签署了一系列涉及贸易和投资的法律文件,建立了政府间经济合作联委会,为双边经贸合作特别是企业间合作提供了有力保障。两国政府部门、中介组织应该更加卓有成效地为企业合作搭建平台、创造环境、提供服务。

习近平表示相信,在两国政府和工商界的不懈努力下,中罗经贸合作一定会结出更加丰硕的果实,中罗全面友好合作伙伴关系一定会进一步向前发展。

中罗两国外交、经贸方面负责人和两国工商企业界代表共500多人出席了开幕式。

国务院副总理李克强在南宁分别会见出席第六届中国—东盟博览会的东盟国家领导人

李克强会见的东盟国家领导人有老挝总理波松、越南常务副总理阮生雄、缅甸国家和平与发展委员会第一秘书长丁昂敏乌。李克强高度评价中国—东盟战略伙伴关系的良好发展,表示中国愿与东盟各国一道把区域合作推向更高水平。

国务委员戴秉国在伦敦唐宁街10号首相府会见英国首相布朗

教育部 公安部公布《高等学校消防安全管理规定》

中国首个无人值守地震台在海拔4255米的西藏日喀则地区定日县扎西宗乡建成

中国籍散货轮“德新海”轮在印度洋被海盗武装劫持

事件发生后,中国政府高度重视,有关部门和企业积极开展营救,确保被劫船员船只安全。

10月20日

国务院副总理李克强出席在广西南宁国际会展中心举行的第六届中国—东盟博览会开幕式并发表主旨演讲

李克强在演讲中指出,要立足当前,着眼未来,保持经济平稳较快发展，抓住中国一东盟自贸区即将建成的机遇，拓展和加深经贸合作，促进区域经济朝着更大规模、更高质量、更可持续的方向发展。

李克强在演讲中说，过去一年，在各国的共同努力下，应对国际金融危机取得初步成效。目前，中国经济形势总体向好，经济增幅逐月回升，东盟国家一些主要经济指标也开始好转。综观全球，世界经济正经历大变革、大调整。我们应立足当前，继续应对国际金融危机，保持宏观经济政策的连续性和稳定性，增强政策的针对性、有效性和可持续性，保持经济长期平稳较快发展，推动世界经济走向全面复苏；着眼未来，考虑“后危机”甚至更长一些时间，做好适应未来发展的准备，促进经济转型，创新发展模式，实现经济全面持续平衡发展。

李克强指出，中国一东盟自贸区人口众多，地处太平洋和印度洋交汇处，是重要的国际贸易通道、能源走廊和经济纽带，已成为全球经济体系中重要的新兴力量，发展前景十分广阔。他强调，中国一东盟自贸区将于明年1月1日如期建成，届时双方90%的贸易产品将实现零关税，并实质性开放服务贸易市场，这是区域经济一体化进程中具有里程碑意义的一件大事，标志着双方经贸关系站在了一个新的起点上。在当前背景下如期建成自贸区，充分表明中国和东盟携手推进贸易和投资便利化、共同反对贸易和投资保护主义的决心和信心。我们应当顺势而为，推动双方经贸合作不断向纵深发展，促进全球经济复苏和持续稳定繁荣。

李克强说，中国东盟各领域合作方兴未艾。各国应全面扩大货物贸易和服务贸易，不断提高贸易水平，大力推动基础设施互联互通以及农业、资源开发利用、新兴产业等投资合作，更多地关注民生工程建设，加强泛北部湾、大湄公河等次区域合作，推动经济融合，造福本地区各国人民。

此次峰会的主题是“中国一东盟自由贸易区与东盟一体化：合作共进”。

《人民日报》发表冷溶的文章《我们党领导人民实现的伟大历史变革》

党的十七届四中全会深刻阐述了中国共产党自诞生之日起，坚持把马克思主义基本原理同中国具体实际相结合，领导人民在中华民族复兴道路上实现的社会巨变和取得的辉煌成就，指出：“这是中国共产党人认识世界、改造世界的伟大创举，是根本改变中华民族命运、深刻影响人类历史进程的伟大变革。”

三次历史性转变

中国发生的伟大变革，集中体现为《中共中央关于加强和改进新形势下党的建设若干重大问题的决定》(以下简称《决定》)中所说的我们党成立88年、执政60年、领导改革开放30年来相继实现的三次历史性转变，即：“从半殖民地半封建社会到民族独立、人民当家做主新社会的历史性转变，从新民主主义革命到社会主义革命和建设的历史性转变，从高度集中的计划经济体制到充满活力的社会主义市场经济体制、从封闭半封闭到全方位开放的历史性转变”。

这三次转变是怎样实现的、又具有怎样的伟大意义呢？

第一次转变，发生在1949年新中国成立的时候。

近代以来，在历史上曾经十分辉煌的中华民族跌入谷底，几乎所有的西方列强都侵略过我们。中国面临着亡国灭种、豆剖瓜分的境遇。在那段漫长的黑暗时期，作为中国人曾经是个耻辱。多少仁人志士，各种党派、学说，为改变中华民族的悲惨命运，寻求着救国图存的道路，但无一能够成功。1921年中国共产党诞生，以马克思列宁主义为指导，中国革命的面貌为之一新。经过28年的艰苦奋斗，到1949年新中国成立，才彻底结束了这一状况。我们推翻了“三座大山”，完成了新民主主义革命的任务，实现了民族独立和人民解放。中国人民从此站了起来，成为国家的主人。

新中国的成立是一个伟大的转折点，是中华民族走向复兴的关键一步。所谓“根本改变中华民族命运”，就是说，以这一时间点为标志，不但结束了自1840年鸦片战争以来中华民族百年屈辱的历史，同时也结束了自明朝中叶以来几百年中华民族衰落的历史。

旧中国的落后、衰败，不但来自外患，而且源于内忧。长期的封建制度，阻碍了中国社会的进步和发展。就在欧洲经过文艺复兴开始走向资本主义大发展的时候，中国却偏离了世界文明大道，与欧洲强国逐渐拉开了距离。曾经有过的康乾盛世，也只是落日的辉煌。这种衰落的趋势一直延续下来，直到新中国的成立，彻底埋葬了落后的封建制度，才有了根本扭转。正是从这一刻起，我们实现了由衰至兴的历史转折。

新中国成立后，我们经历了第二次转变。

从新中国成立起，我们就不停顿地向社会主义转变。经过一段过渡时期，在1956年党的八大召开时，完成了社会主义改造，建立了社会主义基本制度，并开始全面建设社会主义。实现这一转变，把一个占世界人口1/4的东方大国引导到社会主义这一人类社会发展的正确方向上，意义重大。

当初，社会主义之所以产生，就是因为进步的人们看到资本主义的丑恶和残酷，希望寻求一种合理、公正的社会制度。马克思主义的创立，使这一人类理想的实现有了科学的依据。中国完成了新民主主义革命后，能不能避免资本主义发展阶段而马上开始向社会主义转变呢？曾经深受剥削压迫的中国人民当然不愿意经历资本主义这样一个痛苦的过程。

在中国建立社会主义制度，是一件极不容易的事情。列宁在落后的俄国成功地建立了社会主义，但毕竟还是在资本主义基础上搞的。而我们是在半殖民地半封建社会的基础上建立社会主义制度的，这是一个历史性的跨越。尽管历经曲折，但毕竟让我们党搞成了，坚持住了，而且越搞越好。这确实是个伟大的创举。

中国革命的成功，社会主义制度的确立，是中国历史上最伟大、最深刻的社会变革，也对人类社会发展产生了重大影响。这是在毛泽东同志和我们党领导下实现的，是在毛泽东思想指导下实现的。这充分说明，我们党伟大，毛泽东同志伟大。尽管毛泽东同志晚年犯了一些错误，但是从他创建了社会主义新中国这一点上讲，他就是中华民族的一代伟人，是中国和世界历史上的一位巨人。

第三次转变的标志，是1978年党的十一届三中全会。

从党的十一届三中全会开始，我们进入了新的历史时期。新时期最鲜明的特点是改革开放，突出地表现在经济体制和对外开放这两个方面发生的革命性变革。

过去我们搞的是计划经济，起过积极作用。但随着条件的变化，这种体制越来越不适应现代化建设的要求，不利于生产力的发展。从计划经济转变为社会主义市场经济，迈出了改革开放最为关键的一步，实现了历史性突破。这是我们能够快速发展起来的关键所在。

由于种种原因，我们过去在很长的时间里处于封闭半封闭状态，信息不通，陷入孤立，发展受到限制。我们抓住机遇，毅然决然地打开国门，形成了全方位开放格局。一个有着13亿人口的大国走向世界，这不但对中国本身，而且对全人类的发展，都具有重大而深远的影响。

这两个方面的突破，之所以是历史性的，之所以意义重大，就在于它们集中反映了我们党对社会主义认识的重大转变。在社会主义条件下发展市场经济、实行全面开放，这是前无古人的伟大创举，破除了过去对社会主义的很多错误理解，使我们对社会主义有了全新的认识。正是在这样一系列重大理论和实践问题上的创新发展，我们终于走出了一条中国特色社会主义的成功道路。这条道路是以邓小平同志为核心的党的第二代中央领导集体带领全党全国各族人民开辟的，是以江泽民同志为核心的党的第三代中央领导集体和以胡锦涛同志为总书记的党中央继续推进和发展的。找到这样一条道路，是我们党对马克思主义的发展作出的历史性贡献。

新中国的建立，社会主义制度的确立，中国特色社会主义道路的开辟和发展，是三次历史性转变的必然结果。正如胡锦涛同志指出的："这三件大事，从根本上改变了中国人民的前途命运，决定了中国历史的发展方向，在世界上产生了深刻而广泛的影响。"

走向辉煌的60年

三次历史性转变，带来了中国社会翻天覆地的沧桑巨变，彻底改变了旧中国贫穷落后的面貌，成就了新中国的辉煌。《决定》指出：这60年，我国"综合国力大幅跃升，人民生活明显改善，国际地位显著提高，中华民族巍然屹立于世界民族之林"。

从综合国力看。旧中国积贫积弱，新中国成立初期国内生产总值只有679亿元。而到2008年，我国国内生产总值达到30万亿元，进出口总额达2.5万亿美元，均跃升至世界第三位；外汇储备居世界第一，高达2万亿美元。钢铁、水泥、粮食、棉花等主要工农业产品产量居世界首位。科技、教育、文化和社会事业蓬勃发展，众多尖端科技领域处于世界领先地位，国防和军队建设取得巨大成绩，祖国统一大业迈出重大步伐。

从人民生活看。2008年，我国城镇居民人均可支配收入达到15781元，农村居民人均纯收入达到4761元，均比新中国成立初期增长了100多倍。人民过上了殷实的生活，基本权益得到保障，精神生活丰富多彩，总体上达到小康水平。特别是我们解决了十几亿人的吃饭问题，贫困人口大幅下降。这是一件了不起的事情，是对全人类作出的重大贡献。

从国际地位看。过去，中国人被称作"东亚病夫"，长期被人家看不起。这种状况早已成为历史。由于快速发展和巨大的经济实力，中国的一举一动越来越受到世界的关注。现在，任何一个国家都不能忽视中国的存在，中国同世界的关系发生了历史性的变化。奥运会、残奥会的成功举办，显示了中国的力量，扩大了中国的影响。中国创造的奇迹，令世人惊叹；中国的发展前景，影响世界走向。今天的中国人，在世界上扬眉吐气。

所有这一切，是由几代中国共产党人带领人民不懈奋斗而取得的。这是一个一步步走向辉煌的伟大历史进程。

毛泽东同志以及周恩来、刘少奇、朱德等开国元勋们，是这一历史进程的开启者。

对于我们这样一个长期落后、备受欺辱的国家来讲，迅速改变面貌的心情是很急迫的。"追赶"，是当时全党和全国各族人民的热切愿望，也是整个60年国家发展的一个显著特点。新中国的成立，总算有了条件和可能，中国人民就以千百倍的热情干了起来。我们只用了短短3年时间就恢复了国民经济，在1952年达到历史最好水平。以后，又通过几个五年计划，初步建立了独立的比较完整的工业体系和国民经济体系，农业基础设施等生产条件显著改善。“两弹一星”集中代表了那个时期我国科学技术的成就。

在这个过程中，毛泽东同志和我们党对于怎样走出一条符合中国实际的社会主义革命和建设道路进行了积极探索，在很多方面是相当成功的，这是我们在这一时期能够取得很大成就的重要原因。党的八大和毛泽东同志发表的《论十大关系》《关于正确处理人民内部矛盾的问题》等著作，提出很多关于社会主义建设的深刻思想，至今仍有重要指导意义。但是，发展的道路并不平坦。在20世纪60年代前后，我们经历了一段比较严重的曲折。毛泽东同志开始认识到，我们对社会主义“还有一个很大的盲目性”，对经济建设规律的认识“必须有一个过程”。他对社会主义建设的复杂性和长期性有了较深的感受。特别是他提出了社会主义“可能分为两个阶段”、我国还处在“不发达的社会主义”的思想，这已经接触到了问题的实质。可惜，他没有沿着这个正确的思路继续深入下去，而把主要精力和注意力很快转到以阶级斗争为纲的错误方向上，与真理擦肩而过。

万事开头难。毛泽东同志这一代人的奋斗是非常不容易的。在没有任何建设经验，严重缺少资金、技术和人才，而搞建设的外部环境在很长一段时间又十分恶劣的情况下，能取得这样的成就，是很伟大的。他们做的所有这一切，为我们今后的发展奠定了可靠的基础。

改革开放以后，我们党找到了一条中国特色社会主义的正确道路，创立了包括邓小平理论、“三个代表”重要思想以及科学发展观等重大战略思想在内的中国特色社会主义理论体系，我国社会主义建设进入健康发展的快车道。

总结过去的经验和教训，我们深刻认识到，核心的问题在于要一切从实际出发，做到实事求是。我们还处在社会主义初级阶段，在生产力发展水平比较低的情况下，不能搞马克思当初设想的那种很高程度的社会主义。我们过去之所以经受那样大的曲折，就在于对这个问题没有认识清楚；而后来的成功，又首先在于对这个问题有了正确认识。

从我国的实际出发，我们制定了现代化的“三步走”发展战略。在20世纪80年代，提前完成第一步翻一番的目标，解决了温饱问题，国家发展上了个大台阶；在20世纪90年代，提前完成第二步再翻一番的目标，实现了总体小康，又上了一个大台阶；进入新世纪，我们开始全面建设小康社会，向第三步目标奋进，发展速度越来越快、质量越来越好，国内生产总值在世界上的排位从2000年的第六位跃升到2008年的第三位，再次上了一个大台阶。这30年，我国经济发展的平均速度达到9.8%，而同期世界仅有3%。这样大的一个国家，能长期地、持续地保持如此高的增长，这是绝无仅有的。

取得这样的成就，关键在于我们坚持了改革开放，特别是在一些关节点上的重大突破，极大地解放和发展了生产力。还有一个重要原因，就是我们党的发展理念是不落后的，是随着时代的发展而不断进步的。

新中国成立初期，我们提出要实现工业化，不久又提出实现四个现代化的目标。从“工业化”到“现代化”，说明当时我们党对世界生产力发展的趋势是了解的。但后来封闭了起来，落在了时代后面。改革开放以后，我们高度关注世界变化的情况，提出了“中国式的现代化”、“翻两番”、“小康社会”等新概念。“小康社会”是从人民生活多方面改善的角度，从人均的、可以与国际上相比较的角度提出来的。用来衡量小康水平的国内生产总值，包括了第三产业的发展情况，在当时是一个很新的统计指标。这些都反映了那个时候国际上先进的发展理念。20世纪90年代，面对扑面而来的信息化浪潮，我们提出走新型工业化道路，就是要以信息化带动工业化，加快调整产业结构，实现跨越式发展。历史上几次科技革命带来生产力大发展的机遇我们都错过了，但这一次我们抓住了。我们现在不但是一个工业大国，而且是名副其实的信息大国。进入新世纪，我们党在全面建设小康社会的进程中，根据时代的变化，提出了以人为本、科学发展、和谐社会等新的发展理念，继承和发展了几代领导人的思想，站在了当今世界发展潮流的最前头。上述发展理念的不断进步，反映了我们党对世界变化的敏锐和与时俱进的创新精神。

纵观新中国成立以来的60年，我们取得了其他国家用几个世纪才取得的成就，大大缩短了与发达国家的差距。回顾这一发展历程，深感今天的成就来之不易。我们要永远铭记以毛泽东同志、邓小平同志、江泽民同志为核心的党的三代中央领导集体为中华民族复兴作出的历史性贡献，更加坚定地在以胡锦涛同志为总书记的党中央领导下，把中国特色社会主义事业推向前进。我们对国家和民族的未来充满信心。

一个根本结论

一部中国社会巨变的历史充分证明：没有中国共产党，就没有新中国，就没有中国特色社会主义，就不可能实现中华民族的伟大复兴。

我们党为什么能够承担起这一伟大的任务呢？

第一,我们党是始终以实现中华民族伟大复兴为己任、具有高度历史责任感和使命感的党。

中国共产党是由一批有着崇高理想、远大抱负、献身精神、高度负责的先进分子组成的,是中国工人阶级的先锋队,同时是中国人民和中华民族的先锋队。从诞生之日起,我们党就承担起领导民族复兴的历史重任,并为之进行了艰苦卓绝、前仆后继的不懈奋斗。在民族复兴道路上的每一步,共产党人总是冲在最前头,以大无畏的牺牲精神带领和感动着中国人民。他们是革命的先锋,建设的英模,改革的闯将。没有中国共产党的坚强领导和浴血奋斗,就不会有国家和民族今天的辉煌。我们要用已经取得的成就来鼓舞人民,更要看到与世界在很多方面仍然存在的巨大差距,必须时刻牢记"两个务必",做到居安思危。

第二,我们党是以马克思主义为指导、用先进理论武装起来的党。

中国在近代历史上之所以落后,关键是思想理念落后;中华民族的无数次奋争之所以失败,关键是没有正确的理论指导。产生于19世纪中叶欧洲的马克思主义,集人类文明之精华,揭示了社会发展的科学真理。尽管当时中国相当落后,但是由于中国人学习和接受了马克思主义,就一下子与人类最为先进的理念和由此造成的世界革命形势联系了起来。用这一科学的世界观、方法论武装起来的中国共产党人,深入而详尽地分析中国的问题,有效地不断解决中国的问题,领导人民一步步走向胜利,中华民族的复兴展现出无限光明的前景。在这个过程中,我们深刻认识到,马克思主义必须与中国实际相结合,必须随着时代的发展而发展,必须为全党所掌握并教育人民。毫不动摇地坚持马克思主义,毫不动摇地坚持马克思主义中国化、时代化、大众化,这是我们能够取得成功的根本原因。

第三,我们党是以全心全意为人民服务为根本宗旨、有着光荣传统和优良作风的党。

中国共产党之所以能够赢得人民的支持,就在于她完全是为了人民的,而没有任何自己的特殊利益。全心全意为人民服务,集中体现了我们党的性质和宗旨。这不仅表现在党的路线方针政策上,很重要的还表现在共产党人的作风上。我们过去靠这个感动了中国人民这个"上帝",推翻了"三座大山"。在改革开放的今天,仍然有一个怎样继续感动"上帝"的问题。党的优良传统作风,是我们的特殊政治优势。今天,我们要把这一宗旨和作风体现在党和国家的决策上,体现在各个方面的工作上,体现在涉及群众切身利益的具体问题的解决上,体现在党员干部的一言一行上。特别是在利益日益多元、复杂的情况下,要始终站在大多数人民群众的立场上想问题、办事情,首先要有这种强烈的意识。人民群众对我们党的态度,是衡量我们党是否保持了先进性、执政地位是否巩固的试金石。

第四,我们党是高度重视自身建设、以改革创新精神不断自我完善和发展的党。

改造中国,其任务的艰巨性、复杂性、繁重性世所罕见,需要领导这一事业的党无比坚强。党的建设被称为革命和建设的一大法宝,原因就在这里。我们曾经把一个党内成分绝大多数是农民的党成功地改造为一个工人阶级先锋队组织,完成了领导中国革命的重任。这是一个伟大工程,也是一个伟大创举。现在,我们又面临着在长期执政、世情国情党情发生巨大变化的情况下,怎样把党建设好的艰巨任务。要继续发扬这种创新精神,完成这一新的伟大工程。我们党从不掩盖自己的缺点,是一个勇于进行自我批评、不断完善自己的党。要按照《决定》的要求,针对党自身存在的突出问题,从思想建设、组织建设、作风建设、制度建设和反腐倡廉建设等方面,全面加强和改进党的建设。特别需要根据历史条件的变化,创新党的领导方式、组织方式、活动方式等,把《决定》提出的新举措、新办法真正落实好。

商务部裁定美欧等进口锦纶6切片存在倾销

商务部发布公告,公布了对原产于美国、欧盟、俄罗斯和台湾地区的进口锦纶6切片(学名聚己内酰胺,又称聚酰胺—6切片或尼龙6切片。英文名称Polycaprolactam)反倾销调查的初裁决定。

据悉,调查机关初步认定原产于上述国家和地区的进口被调查产品存在倾销,中国大陆锦纶6切片产业受到了实质损害,而且倾销与实质损害之间存在因果关系,并决定自2009年10月20日起,对进口自上述国家和地区的该产品征收保证金。调查机关将根据进一步调查的结果,作出最终裁定。

国家副主席习近平在罗马尼亚总理府会见罗马尼亚总理埃米尔·博克

习近平在会见时说,近年来,中罗经贸关系得到长足发展。双边贸易额由2000年的不足3亿美元跃升至2008年的32亿美元,增长了10倍。深化两国经贸合作,对共同应对国际金融危机冲击、推动各自国家的经济复苏和发展具有重要意义。双方应该迎难而上、开拓思路,努力保持并扩大两国经贸关系发展的好势头。

会见后,习近平还与博克共同出席了两国有关经济、金融、科技和文化等领域双边合作文件的签字仪式。

10月21日

国家主席胡锦涛就双边关系气候变化等问题应约同美国总统奥巴马通电话

胡锦涛在通话时表示，将于今年12月召开的哥本哈根会议是国际社会应对气候变化的一次重要会议。在《联合国气候变化框架公约》及其《京都议定书》的基础上，按照共同但有区别的责任原则和“巴厘路线图”确定的正确轨道，凝聚各方共识，推动哥本哈根会议取得成功，符合包括中美在内的有关各方共同利益。尽管目前谈判还存在许多问题需要解决，但只要各方携手努力，哥本哈根会议取得积极成果是有希望的，关键是要体现《联合国气候变化框架公约》及其《京都议定书》的基本原则，锁定“巴厘路线图”谈判已经取得的成果。

胡锦涛强调，中美两国在气候变化领域面临共同挑战，拥有共同利益。双方在气候变化问题上开展合作，不仅有利于国际社会共同应对气候变化，而且对促进中美关系发展也具有重要意义。中方愿同包括美方在内的有关各方加强沟通、协调、合作，继续以积极的建设性态度为推动哥本哈根会议取得积极成果、共同应对气候变化挑战、促进全球可持续发展作出贡献。

奥巴马说，哥本哈根会议即将召开，美方愿同各方一道推动会议取得成果。美中两国为应对气候变化分别采取了重要行动。双方应该共同努力推动哥本哈根会议为应对气候变化挑战采取具体的有意义的步骤，使会议取得成功。

全国人大常委会委员长吴邦国在人民大会堂会见菲律宾众议院议长诺格拉莱斯

吴邦国说，当前中菲关系日益深化，政治互信不断增强，贸易、投资、金融、农业、渔业、矿业和基础设施建设等方面的合作顺利发展，科技、教育、文化、旅游等领域的交流积极推进，中方对此表示满意。他强调，我们高度重视发展与菲律宾的关系，愿与菲方一道，加强政党、议会、政府和民间的友好交往，扩大经贸等领域的互利合作，推动中菲战略性合作关系全面发展。

诺格拉莱斯说，中国的持续快速发展不仅造福本国人民，也惠及亚洲和全球。菲中合作基础良好、前景广阔，菲方希望与中方保持高层交往，增进相互了解，深化全面合作，实现互利共赢。

全国人大常委会委员长吴邦国在人民大会堂会见哥斯达黎加民族解放党主席议长帕切科

在会见时，吴邦国说，中哥建交时间虽然不长，但两国关系发展迅速，经济、政治、文化等领域的交流与合作积极展开，给两国和两国人民带来了实实在在的利益。中方充分肯定中哥党际交往为两国关系正常化所发挥的重要作用，高度赞赏贵党、贵国政府和议会在台湾、涉藏和涉疆等重大问题上坚持一个中国政策。他表示，中方愿与哥方保持高层交往，深化政治互信，全面推进各领域务实合作，使中哥关系持续稳定向前发展。

帕切科说，哥方高度赞赏中国在维护地区与世界和平、促进共同繁荣上发挥的重要作用，愿与中方密切各层次、各领域友好往来，加强经贸、科技等方面的互利合作，让哥中关系不断结出新硕果。他重申，哥方坚定奉行一个中国政策。

国务院总理温家宝在中南海紫光阁会见美国前副总统阿尔·戈尔等出席“中美清洁能源务实合作战略论坛”的美方代表

温家宝表示，中美都是能源生产和消费大国，在发展清洁能源和应对气候变化领域有着共同利益，合作前景广阔，具有战略意义。双方要认真落实《中美能源环境十年合作框架》文件，发挥有关对话机制的作用，通过政府、企业、科研学术机构共同努力，扎实推进这项对两国有利、对世界有利的重要工作，造福全人类，造福子孙后代。

戈尔等在发言中对中国在发展清洁能源和应对气候变化方面所作的努力表示赞赏。希望两国确立共同目标，开展建设性和务实性合作，动员各方面积极参与，推动中美在清洁能源和环境保护领域的合作取得更大进展。

国务院总理温家宝主持召开国务院常务会议分析当前经济形势并研究部署今年后几个月经济工作

会议指出，去年四季度以来，我国经历了进入新世纪以来最为困难的一年。面对国际金融危机带来的严峻挑战和极其复杂的国际国内形势，党中央、国务院科学判断形势，果断决策，及时出台、全面实施并不断丰富完善应对国际金融危机的一揽子计划及相关政策措施，牢牢把握经济工作的主动权，较快扭转了经济增速下滑态势，保增长、调结构、促改革、惠民生取得了明显成效。今年前三季度，经济增速逐季加快，需求结构明显改善，内需对经济增长的拉动作用显著增强，农业生产再获丰收，产业结构调整和节能减排积极推进，保障和改善民生工作成效明显，城镇新增就业稳定增加，财政状况逐步好转，货币信贷保持快速增长，重点领域改革取得新的进展，经济社会发展情况好于年初的预期，回升向好的趋势得到巩固。同时，我们也清醒地看到，我国经济社会发展仍然面临不少困难和问题。从外部环境看，虽然一些发达国家经济开始复苏，但基础不稳固、动力不足，全球经济复苏将是一个缓慢曲折的过程。从国内经济看，经济回升的基础还不稳定、不巩固、不平衡，一些深层次矛盾特别是结构性矛盾仍然突出。外需萎缩的局面及影响还在持续；经济增长的内生动力不足，民间投资意愿不强；产能过剩的问题更加凸显，产业结构调整压力和难度加大；推进节能减排任务仍然艰巨；农业稳定发展和农民持续增收难度较大；财政收支矛盾突出，信贷结构不合理，流动性管理难度增加。

会议要求，重点抓好以下方面工作：(一)保持需求稳定增长。继续落实、完善促进消费和提高居民收入的各项政策，积极推动最终消费。科学合理地安排投资计划，推进中央投资项目建设，确保项目质量和安全。抓紧出台鼓励和促进民间投资健康发展的办法。落实好中央外贸发展基金、出口信用保险和融资担保政策，稳定和逐步恢复外贸进出口。提高利用外资和对外投资合作的水平。(二)认真抓好农业生产特别是秋冬种工作。加强秋粮收获、收购工作，确保秋粮和棉花集中上市期间不出现“卖难”现象。认真落实近期国务院关于做好秋冬种工作的部署，加大政策扶持力度，加强科技服务，稳定秋冬种面积。落实好农用柴油、化肥的供应保障措施。大力开展冬春农田水利等农业基础设施建设。做好秋冬季重大动物疫病防控。(三)积极推进结构调整和节能减排。继续抓好重点产业调整振兴规划和实施细则的贯彻落实。推动企业加快技术改造，修订《产业结构调整指导目录》，研究出台鼓励淘汰落后产能、促进兼并重组的政策措施。坚决抑制部分产能过剩行业新上项目。抓紧研究提出促进战略性新兴产业发展的总体思路和近期工作安排，设立创业投资基金支持新兴产业发展。认真落实国务院促进中小企业发展的各项政策。毫不放松地抓好节能减排工作。(四)加强煤电油气运调节。做好煤炭产运需的组织协调。完善电力应急预案和有序用电方案，保障电网平稳安全运行和元旦、春节期间的电力供应。保持成品油市场供求平衡和居民生活用气需要。加强重点时段和重点地区运输协调。提前做好春运准备工作。(五)继续推进重点改革。积极做好医药卫生体制改革五项重点工作。扎实推进新型农村社会养老保险试点。抓好涉及企业的收费清理整顿，加强行政事业性收费管理。(六)进一步做好财政金融工作。大力推进增收节支。规范地方政府及其平台公司的举债和担保承诺行为。保持流动性合理充裕。引导金融机构优化信贷结构，增强贷款增长的可持续性。促进资本市场平稳健康发展。(七)高度重视并妥善安排好群众生活。继续实施各项促进就业的政策措施，着力做好高校未就业毕业生、农民工和困难群体等的就业工作。落实好完善社会保障体系和提高中低收入者收入政策。加快保障性安居工程建设。推进社会事业和公共服务能力建设。继续做好扶贫开发工作，妥善安排好生活困难群体和灾区人民群众的基本生活。积极推进汶川地震灾区恢复重建，年底前基本完成农村住房重建任务，确保95%以上的灾区学生进入永久性校舍上课。全面落实防治甲型H1N1流感疫情的各项措施。继续强化安全生产监管，坚决遏制重特大安全事故发生。妥善化解社会矛盾，努力维护社会和谐稳定。

国务院副总理李克强在第六届中国—东盟商务与投资峰会开幕式上发表题为《立足当前着眼长远　在新的起点上合作共进》的讲话

尊敬的波松总理，各位贵宾，女士们、先生们、朋友们：

第六届中国—东盟博览会刚刚开幕，中国—东盟商务与投资峰会又隆重举行。此次峰会以“中国—东盟自贸区与东盟一体化：合作共进”为主题，表明了中国东盟携手应对国际金融危机、推动经济融合、促进发展繁荣的共同意愿和行动。在此，我谨代表中国政府，对峰会的召开表示热烈的祝贺，对出席会议的东盟国家领导人和各位嘉宾表示诚挚的欢迎！

中国与东盟各国地缘相近，文化相通，友好交往的历史源远流长。多年来，双方各领域合作不断深入，睦邻友好关系顺利发展，经贸合作作为中国东盟战略伙伴关系的重要基石，结出了丰硕成果。中国—东盟自贸区建设进程启动以来，双方贸易和投资快速增长，经济联系日益加深。目前，中国东盟已互为第四大贸易伙伴，今年前9个月尽管受到国际金融危机冲击，双边贸易额仍接近1500亿美元。双方相互投资不断扩大，至今累计已超过600亿美元。中国东盟经贸合作已经达到一个新的水平。

过去一年，世界经历了国际金融危机的严峻挑战。中国政府及时出台了应对国际金融危机的一揽子计划，东盟国家也采取了一系列刺激经济增长的举措。各国同舟共济，加强协作，应对危机取得初步成效。当前，中国经济形势总体向好，经济增幅逐月回升；东盟经济下滑趋势得到遏制，一些主要经济指标开始好转。中国和东盟经济出现积极变化，得益于各自的有效应对和有力举措，双方日益紧密的经贸合作也为克服困难提供了有力支撑。中国设立了总规模为100亿美元的“中国—东盟投资合作基金”，并将在今后3—5年内向东盟国家提供150亿美元贷款；中国还与印尼、马来西亚签署了双边本币互换协议，开展了跨境贸易人民币结算试点，促进了金融合作和经济发展。

女士们、先生们!

中国和东盟国家人口达19亿,约占世界的1/3;经济总规模近6万亿美元,约占全球的1/9。中国—东盟自由贸易区地处太平洋和印度洋的交会处,是世界上人口最多的自贸区,也是重要的国际贸易通道、能源走廊和经济纽带,在世界经济格局中扮演着重要角色。中国和东盟作为全球经济体系中一个十分重要的新兴力量,近些年来经济快速发展,已成为当今世界上最具活力的经济体之一。中国与东盟大多数国家又处在工业化、城镇化发展时期,市场空间和增长潜力巨大,合作发展的前景十分广阔。

经过10年的不懈努力,中国—东盟自由贸易区将于明年1月1日如期建成。届时,中国和东盟国家90%的贸易产品将实现零关税,并将实质性地开放服务贸易市场。这是区域经济一体化进程中具有里程碑意义的一件大事,标志着双方经贸关系站在一个新的起点上。在世界经济尚未复苏的大背景下,如期建成中国—东盟自贸区,充分表明中国和东盟携手推进贸易和投资便利化、共同反对任何形式的贸易和投资保护主义的决心和信心。

综观全球,世界经济结构、国际金融经济秩序正酝酿重大变革和调整,能源、粮食等市场引人关注,应对气候变化成为热门话题,世界发展不平衡尤其是南北发展不平衡的状况需要改变。我们应当立足当前,继续应对国际金融危机,保持宏观经济政策的连续性和稳定性,增强政策的针对性、有效性和可持续性,促进经济长期平稳较快发展,推动世界经济全面复苏;同时着眼长远,考虑"后危机"乃至更长一些时间,为适应未来发展变化做充分准备,调整经济结构,创新发展模式,促进经济转型,推动世界经济全面持续平衡发展。中国和东盟各国应顺势而为,抓住自贸区即将建成的机遇,拓展和加深经贸合作,促进彼此经济朝着更大规模、更高质量、更可持续的方向发展,为全球经济恢复增长和稳定繁荣作出贡献。在此,我提三点建议:

一是全面深化贸易合作。双方应根据已经达成的货物贸易、服务贸易的安排,充分交流意见,密切协作配合,简化政策程序,加大宣传力度,把自贸协定的优惠政策转化为实实在在的行动。在此基础上,进一步探讨和完善有利于贸易便利化的政策措施,为企业提供更为充分的法律保护,创造更为有利的贸易环境。在巩固传统商品贸易的同时,努力增加机电、高新技术等高附加值产品的进出口,不断扩大贸易规模,让企业实现更大的发展,使人民得到更多的实惠。

二是突出加强投资合作。中国与东盟国家经济互补性强,生产要素各有优势,加强多边与双边投资合作,有利于优化区域资源配置。中国—东盟投资协议已全面生效,双方应共同努力,将投资便利化的措施落到实处。中国支持本国企业到东盟国家建立若干经济贸易合作区,推动集群式投资,发展地区经济,回报当地社会,同时欢迎东盟国家企业来华投资。公路、铁路、水运、通信等基础设施互联互通十分重要,应当予以重点投资。双方还应发挥各自优势,进一步加强农业、资源开发利用和新兴产业等方面的投资合作,更多地关注民生工程建设,以投资带贸易促发展,实现互利共赢。

三是积极推进次区域合作。开展次区域合作,可以更好地发挥地缘优势,更有针对性地推动地区发展。中方积极支持东盟经济一体化建设,鼓励企业参与东盟东部增长区、大湄公河、泛北部湾等次区域合作,使其成为经贸合作的新亮点。广西作为中国—东盟交流合作的重要窗口,在实施西部大开发战略的带动下,经济社会发展取得显著成就。去年,广西北部湾经济区开发开放规划已由中国政府批准实施。在应对国际金融危机中,广西经济保持了平稳较快发展的良好势头。面向未来,我们深入推进西部大开发的决心不会动摇,政策不会改变,力度还会加大。欢迎更多东盟企业到广西、到中国西部地区来投资兴业、共谋发展。

女士们、先生们!

中国—东盟博览会、中国—东盟商务与投资峰会已连续举办六次。东盟国家领导人多次出席,各国工商界踊跃参加。会议办出了实效,得到了肯定。希望各位企业家、专家学者和政府官员充分利用博览会和峰会的平台,深入探讨发展之计,广泛寻求合作机遇,具体落实合作项目,努力开创中国—东盟合作共进的新局面。

最后,祝第六届中国—东盟商务与投资峰会取得圆满成功!祝出席会议的东盟国家领导人和各位来宾在华工作愉快,身体健康!谢谢大家。

中央纪委书记贺国强在人民大会堂会见老挝人民革命党中央政治局委员国会主席通辛·坦马冯等客人

刘子歌在第十一届全国运动会女子200米蝶泳决赛中以2分01秒81打破世界纪录并夺得金牌

10月22日

全国政协主席贾庆林在人民大会堂会见由总书记格扎维埃·贝特朗率领的法国人民运动联盟代表团

贾庆林说,中方高度重视中法关系,希望与法方一道,从中法友好的大局出发,牢牢把握两国关系发展的正确方向,推动中法全面战略伙伴关系长期、稳定、健康发展。贾庆林还应邀介绍了中国在节能减排和应对气候变化方面所采取的措施和取得的积极成效，并表示中国将继续为应对气候变化作出力所能及的贡献，也愿为哥本哈根气候变化大会取得成功发挥建设性作用。

贾庆林赞赏人民运动联盟对发展中法、中欧关系的积极态度。他指出，两党交流与合作谅解备忘录的签署必将推动两党友好合作进入新时期，希望两党加强在各领域的交流，增进了解，扩大共识，深化互信，加强合作，推动中法、中欧关系不断迈上新台阶。

贝特朗说，法方高度评价中国在国际事务中的重要地位和负责任作用，赞赏中国在节能减排和应对气候变化上作出的重要贡献，希望与中方加强沟通和协调，推动哥本哈根会议取得成功。人民运动联盟愿与中国共产党建立面向未来、互相信任、密切合作的关系，积极致力于法中关系发展。

国务院副总理李克强在北京出席中美清洁能源务实合作战略论坛并讲话

李克强说，当前世界经济开始出现积极变化，中国应对国际金融危机取得明显成效。但实现世界经济恢复增长和稳定上升，不可能沿袭以往的发展模式，而需要走既能促进经济复苏，又能实现可持续发展的新路子。近年来，随着全球能源结构的调整，中国新能源、可再生能源快速发展，能源科技进步方兴未艾。

李克强指出，气候变化是各国共同面临的重大挑战。应在《联合国气候变化框架公约》及《京都议定书》的基础上，按照共同但有区别责任的原则和“巴厘路线图”的轨道，积极采取节能减排、发展清洁能源等措施，携手努力共同应对。

李克强强调，历史经验表明，每次重大危机的发生，必然带来经济结构的重大调整，往往催生出新的技术、新的产业和新的发展方式，使人类社会在新的起点上获得新的进步。我们既要看到气候变化挑战的严峻性、紧迫性，更应抓住机遇、迎难而上，在新的环境中创新前进，培育新的经济增长点，抢占国际竞争制高点，走新型工业化、城镇化和现代化道路。

李克强说，中美两国国情不同，所处发展阶段不同，但在应对气候变化、推动可持续发展上都面临共同挑战，具有日益增多的共同利益。两国都是能源生产和消费大国，也都是煤炭开采和使用大国，清洁能源领域合作潜力很大。应加强节能、洁净煤、煤层气、核电、电动汽车等方面技术研发和应用，鼓励形成产学研结合的创新联盟，开展多种形式的能源政策对话协商，服务于双方企业，造福于两国人民。

国务院副总理李克强在中南海紫光阁会见来华出席全球核能合作伙伴执行委员会第三次部长级会议的部分代表团团长

第二届“中国西藏发展论坛”在罗马开幕并发表《罗马声明》

第二届“中国西藏发展论坛”由中国国务院新闻办公室、中国驻意大利大使馆和意中基金会联合主办，旨在增进国外对西藏当今真实情况的了解，并促进西藏的对外交流与合作。来自中国、意大利、奥地利、美国、印度、澳大利亚、西班牙、比利时等国家的政界、学术界、商界和文化界的400多人出席了开幕式。中国国务院新闻办公室主任王晨、意大利文化部长桑德罗·邦迪、意大利旅游部长米凯拉·布兰比拉、意大利前总理朱利奥·安德烈奥迪、中国驻意大利大使孙玉玺、意大利意中基金会主席切萨雷·罗米蒂等出席了开幕式并致辞。

在论坛闭幕当天发表《罗马声明》。声明全文如下：

2009年10月22日至10月23日，在罗马举办了第二届“中国西藏发展论坛”，来自中国、意大利、奥地利、美国、印度、澳大利亚、西班牙、比利时等国的政府官员、专家学者、企业代表、中外媒体界人士共400余人参加了论坛。

由意中基金会、中国国务院新闻办公室和中国驻意大利使馆共同组织的本届论坛，以增进世界各国对西藏的了解，加强中国、意大利和世界各国在西藏发展方面的合作为宗旨，以“西藏：发展的前景、合作的机遇”为主题，就西藏的经济改革、中小企业发展、文化保护、环境保护、教育、卫生事业、旅游业等有关西藏发展的各方面话题展开了深入的探讨。

来自西藏的与会者均直接参与西藏发展，他们介绍了中国中央政府对西藏的政策，介绍了西藏在经济、文化、教育、卫生、旅游、环境保护等各方面的发展状况，介绍了西藏现代化发展面临的机遇和挑战。

来自意大利、奥地利、美国、印度、澳大利亚、西班牙、比利时等国的与会者有许多人曾多次去过西藏，对西藏的发展问题有深入研究和独到见解。他们根据各自的所见所闻和研究成果，从不同角度阐述了对西藏现代化发展的看法，提出了许多建设性的意见和建议。中意企业界人士还就经济、社会、文化等领域的交流合作进行了商谈。

与会者指出，现代化发展是世界各国、各地区的共同追求，也是西藏社会发展的内在要求。半个世纪以来，西藏已经从落后的封建式经济模式发展成为开放式经济发展模式，现代化发展取得了令人鼓舞的成就，西藏人民的生活得到巨大改善。

与会者增进了对中国中央政府不断发展西藏现代化,提出以人为本政策的了解,中意年轻人共同合作的合资企业模式成为了两国合作的主要目标。

与会者强调,除了加强教育、经济、科技、卫生和旅游发展,中国政府应继续重视西藏传统文化和环境保护。

与会者认为,西藏面临着加快发展的良好机遇。重要的是,国际社会有机会更好地了解西藏的各方面情况以此促进交流与合作。

与会者感谢本次西藏发展论坛举办者——意中基金会、中国国务院新闻办公室和中国驻意大利使馆,认为成功举办西藏发展论坛非常有意义,有助于国际社会深入了解西藏,寻找合作模式,推动西藏更好更快发展,造福西藏各族人民。

国务院副总理王岐山应邀与中美商贸联委会美方共同主席美国商务部长骆家辉贸易代表柯克通话

双方就第二十届中美商贸联委会筹备工作交换意见。双方表示,将共同努力,确保此次中美商贸联委会圆满成功,推动21世纪积极合作全面的中美关系不断向前发展。

"2009创新方法高层论坛"在北京召开

本次论坛由创新方法研究会、中国21世纪议程管理中心联合主办,得到了科技部、教育部、中国科协、国家知识产权局等单位的大力支持。论坛主题为"推广创新方法、促进自主创新、服务经济振兴",旨在积极应对全球金融危机,大力推进自主创新,切实加强创新方法工作。

济南奥体中心游泳馆内有两项亚洲纪录被改写

解放军队选手齐晖在第十一届全国运动会女子200米蛙泳决赛中以2分21秒37的成绩创造了新的亚洲纪录,并夺得金牌。

上海选手庞佳颖在第十一届全国运动会女子100米自由泳决赛中以53秒13摘得冠军,并打破亚洲纪录。

"南澳Ⅰ号"古沉船打捞拉开帷幕

"南澳Ⅰ号"古沉船是一艘沉睡了460余年的明代古商船,是古代海上丝绸之路上又一座实物例证。据考古人员初步判断,船载文物主要为明代粤东或者闽南及江西一带民窑产青花瓷,数量应在万件以上。

10月23日

全国人大常委会委员长吴邦国在人民大会堂会见肯尼亚国民议会议长马伦德

吴邦国说,长期以来,中国全国人大与肯尼亚国民议会开展了友好交往,巩固了两国关系的政治和社会基础,推动了各领域的交流与合作,希望双方继续保持高层交往势头,深化各专门委员会、友好小组和办事机构间的合作,加强治国理政、立法监督等方面的经验交流,密切在国际和地区议会组织的配合,为中肯关系的全面发展注入新的活力。

吴邦国还应询向客人介绍了中国经济社会发展情况。

马伦德说,作为中国人民的坚定的朋友,肯尼亚人民为中国取得的伟大成就感到由衷的骄傲,愿认真学习中国经济社会发展的成功经验,积极推进双方在农业、旅游、教育等领域合作。肯尼亚国民议会愿加强与中国全国人大的友好往来,为增进两国人民间的了解和友谊、促进肯中关系的发展作出新的贡献。他重申,肯尼亚将一如既往地坚持一个中国政策,永远站在中国人民一边。

国务院副总理李克强在北京出席第十一次李四光地质科学奖颁奖大会并讲话

李克强在讲话中深切缅怀了李四光的不朽业绩,充分肯定了新中国成立60年特别是改革开放30年地质事业取得的巨大成就。他说,我国地质事业从小到大、由弱渐强,在建立新中国工业和经济体系、推进改革开放大业、全面建设小康社会中,都作出了重要贡献。

李克强说,地质工作是开启地球奥秘的钥匙,具有广阔的服务空间。要面向发展建设和人民生活,不断拓展地质服务新领域,为城乡规划、产业发展、工程建设、防灾减灾等提供更多地质技术支持和信息服务,促进资源利用效率和经济社会效益的提高。他强调,要加快地质科技创新和体制创新步伐,力争在成矿理论、找矿方法和勘探技术上取得新突破,在地质调查、勘查开发、投入保障等运行机制上取得新突破,抢占发展的制高点,推动我国从地质大国向地质强国转变。

李克强最后说,广大地质人员尤其是野外地质队员任务繁重,条件艰苦。要关心他们的工作和生活,营造创业创新的好环境,不断加强地质人才队伍建设。各方面共同努力,推动我国地质事业发展再上新台阶,为现代化建设铸造新业绩、谱写新篇章。

会上,李克强为第十一次李四光地质科学奖获奖者颁了奖。

全国人大常委会副委员长韩启德，全国政协副主席李金华出席会议。

中央和国家有关部委、有关单位及李四光地质科学奖委员会负责人，地质科技界院士专家、能源资源企业和在京地质院校及中小学师生代表，李四光亲属和生前身边工作人员等共700多人参加会议。颁奖大会由国土资源部、中国科学技术协会、中国科学院联合举办。国土资源部部长徐绍史主持会议。

中国创业板市场正式启动

从最初酝酿到筹备建设历经十年，我国创业板市场今天正式启动。下午，创业板开板仪式在深圳举行，广东省委书记汪洋和中国证监会主席尚福林共同为创业板开板。

据此前深交所负责人介绍，创业板开板仪式后，深交所上市委员会将对创业板首批28家公司的上市申请进行审议。经深交所批准同意后，10月26日刊登上市公告书，10月30日首批创业板上市公司集中挂牌上市。

第十一届全国运动会打破两项亚洲纪录

山东选手陈倩在女子800米自由泳决赛中以8分20秒36将亚洲纪录提高3秒多；湖南选手龙清泉在男子举重56公斤级比赛中以总成绩302公斤打破挺举世界纪录。

王星逝世

原第七机械工业部副部长、党组副书记王星同志，因病医治无效，于10月23日在北京逝世，享年94岁。

王星1914年12月出生于四川省古蔺县，1935年11月加入中国共产主义青年团，1936年6月转为中国共产党党员。王星1935年1月参加中国工农红军，参加了二万五千里长征。历任红一军团一师宣传、组织、干部干事，晋察冀一分区特务营教导员、营教导队政委、分区政治部巡视团主任，晋察冀一分区一团冀热辽27旅70团政委，解放军第四野战军48军424团、430团团长，锦州炮兵第五基地代参谋长，志愿军高炮62师、64师师长，军事学院炮兵系副主任、炮兵学院副院长，石油部军管会主任，燃化部革委会副主任，第七机械工业部副部长、党组副书记。1982年12月离职休养，2002年1月经中央批准享受部长级医疗待遇。

10月24日

国务院总理温家宝出席在泰国华欣举行的第十二次中国与东盟领导人会议（10+1）

泰国总理阿披实主持会议。双方回顾总结了一年多来共同应对国际金融危机等挑战的历程，表达了同舟共济、共谋发展的意愿，就全面深化合作达成广泛共识。

温家宝在会上发表讲话，他说，中国和东盟山水相连，彼此怀有深厚的情谊，拥有广泛的共同利益。面对国际金融危机的严峻挑战，中国和东盟相互帮助，加强合作，在携手应对挑战中促进共同发展。今年4月，中国政府宣布设立总规模100亿美元的中国—东盟投资合作基金、向东盟国家提供150亿美元信贷支持、向东盟欠发达国家提供2.7亿元人民币特别援助等一系列措施和倡议，表达了中国与东盟国家迎难而上，共克时艰的信心和决心。即将于2010年如期全面建成的中国—东盟自贸区将成为双方关系史上又一重要里程碑。今天，中国同东盟之间的互信更加牢固，联系更加紧密，合作更加有力。

温家宝指出，经过艰苦努力，中国和东盟国家金融保持基本稳定，经济总体出现企稳向好势头，双方贸易正进入恢复性增长阶段。作为近邻和战略合作伙伴，中国将始终同东盟休戚与共，并肩奋进。关于下一阶段合作，温家宝建议：

第一，发挥中国—东盟自贸区作用。一是加强自贸区政策法规宣传和培训，帮助企业利用好自贸区优惠条件。中方愿于明年举办中国—东盟自贸区论坛，并同东盟共建自贸区商务门户网站。二是在东盟国家建立经济合作区，不断扩大中国对东盟投资。三是保护知识产权，消除技术性贸易壁垒，建立统一的动植物进出境检验检疫体系。

第二，加快基础设施建设。尽快商定《中国—东盟交通合作战略规划》优先项目，尽早就《中国—东盟海关合作谅解备忘录》达成一致，签署《中国—东盟区域航空运输协定》，构筑互联互通的区域基础设施网络。"中国—东盟投资合作基金"首期基金10亿美元募资工作已近完成，年内可开始投资动作。中方决定将向东盟国家提供的150亿美元信贷中的优惠性质贷款额度增加到67亿美元，加大对中国与东盟基础设施建设合作的支持力度。

第三，深化农业和农村合作。积极推进"中国—东盟粮食综合生产能力提升行动计划"，帮助东盟提高粮食生产水平。实施"中国—东盟农村发展推进计划"，帮助东盟国家增强农村综合发展能力。

第四，促进可持续发展。尽早通过《中国—东盟环保合作战略》，加强在生物多样性保护、生态保护、清洁生产、环保产业、新能源和可再生能源等领域的合作。中国将在未来3年内为东盟国家培训100名环境官员。

第五，加强社会文化交流。中方愿同东盟在防控甲型H1N1流感、防务、文化、教育、旅游、打击跨国犯罪等领域加强合作；尽快建成“中国—东盟中心”。

第六，推进多层次的区域合作。中方支持东盟一体化进程和东盟在区域合作中的主导作用，将设立常驻东盟机构，积极推进湄公河次区域开发、中国同东盟东部增长区经济合作以及泛北部湾经济合作。

温家宝倡议，制订2011年至2015年《落实中国—东盟面向和平与繁荣的战略伙伴关系联合宣言的行动计划》，推动中国—东盟关系迈上新台阶。

国务院总理温家宝出席在泰国华欣举行的第十二次东盟与中日韩领导人会议

一同出席会议的还有日本首相鸠山由纪夫、韩国总统李明博、东盟10国领导人。各国领导人就应对国际金融危机、深化务实合作深入交换了意见。

温家宝说，12年前，亚洲金融风暴催生了“10+3”合作。东亚各国携手应对危机，保持了经济长期快速发展，为南南合作、南北合作注入了新的活力。今天，“10+3”国家经济基础更加坚实，经济融合更加紧密，合作意愿更加强烈，合作机制更加成熟。面对当前国际金融危机等各种严峻挑战，我们要坚定信心，团结合作，共克时艰，将东亚合作推向新的高度。

温家宝表示，“10+3”合作要继续把应对国际金融危机作为当务之急。同时，要着眼长远，充实各领域合作，推动地区一体化建设，促进地区和平与繁荣。温家宝建议：

第一，巩固经济复苏势头。当前应对国际金融危机的决心不能动摇，政策不能改变，力度不能减弱。本地区各国要继续采取适当的财政和货币政策，促进经济稳定增长。

第二，深化财金合作。力争年底前签署清迈倡议多边化协议，建成区域外汇储备库；加紧建立独立的区域经济监测机构；加快亚洲债券市场建设；中方愿为区域信用担保和投资机制基金提供2亿美元。

第三，扩大域内贸易和投资。简化通关和投资审批手续；大力扶持中小企业；以“10+1”为基础，发挥“10+3”的主渠道作用，以贸易便利化为先导，稳步推进“10+3”东亚自贸区建设。中方愿牵头推进“10+3”经贸合作。

第四，实现区域互联互通。各国要发挥自身优势，加强规划协调，构筑通畅、高效的区域基础设施网络。

第五，促进共同发展。继续向本地区欠发达国家提供援助，同时探索新的有效方式和途径，扩大务实合作，实现互利共赢。

第六，提升区域整体竞争力。各国既要发展特色产业，优势互补，使东亚产业布局更加合理，又要顺应世界经济新一轮发展潮流，加强在现代农业和制造业、绿色经济、循环经济、节能环保等领域合作，促进经济可持续发展。

其他各国领导人积极评价“10+3”合作取得的成果，认为东亚合作潜力巨大、前景广阔。“10+3”国家要携起手来，扎实推进经贸、财金、能源、粮食安全、传染病防控、防灾减灾、人文等领域的交流与合作，在国际金融体系改革、气候变化等问题上加强协调配合。各国领导人普遍赞赏中国有效应对国际金融危机，积极推动东亚合作，为保持本地区金融稳定、促进经济增长和一体化进程作出了重要贡献。

国务院总理温家宝在泰国华欣分别会见澳大利亚总理陆克文 印度总理辛格 新西兰总理约翰·基 缅甸总理登盛

第十五届东盟峰会发表主席声明(摘要)

由东盟10国参加的第十五届东盟峰会于24日结束并发表主席声明说，东盟各国领导人就一系列问题进行了讨论，并批准了关于加强东盟教育合作和关于气候变化的联合声明。

声明指出，本届峰会讨论了全球经济和金融形势及对本地区的冲击，并呼吁邀请东盟主席国领导人和东盟秘书长参加以后的二十国集团峰会，表达东盟的声音，协调该地区与全球性经济措施。

声明说，与会领导人承诺在粮食生产和分配领域加强合作以促进粮食安全，并加快东盟“10+3”紧急大米储备库的建立。东盟各国对《东盟宪章》执行方面的进展感到满意，并在峰会上通过了关于东盟政府间人权委员会成立的宣言，对该委员会的成立表示欢迎。

关于东盟共同体建设问题，声明说，本届峰会承认加强地区连通的重要性，同意促进东盟连通重点在于发展基础设施建设。

声明同时重申了东盟在气候变化问题上的共同立场，即《联合国气候变化框架公约》缔约方应在平等基础上，承担共同但有区别的责任。

10月25日

国务院总理温家宝出席在泰国华欣举行的第四届东亚峰会

一同出席的其他国家领导人有日本首相鸠山由纪夫、韩国总统李明博、印度总理辛格、澳大利亚总理陆克文、新西兰总理约翰·基和东盟10国领导人出席。各国领导人就推动地区合作和共同关心的问题交换了意见。

温家宝提出，本地区各国要秉持相互尊重、睦邻友好的原则，求同存异，妥善解决分歧，维护稳定、安宁大局；要发扬同舟共济、共克时艰的精神，携手应对国际金融危机、气候变化、能源粮食安全、贫困和疾病等各种挑战，推动地区经济和社会持续健康发展；要本着兼收并蓄、相互借鉴的理念，促进文明的多样性与和谐共存；要遵循开放包容、循序渐进的原则，凝聚共识，深化合作，朝着建立东亚共同体的长远目标不断迈进。

各国领导人就应对国际金融危机和气候变化，加强在粮食和能源安全、防灾减灾、教育、人力资源开发等领域合作交换了意见。温家宝表示，中方支持东亚峰会在上述领域推进交流合作，将在未来5年向峰会中的发展中国家新增2000个政府奖学金名额，提供200个公共管理硕士奖学金名额。

会后，温家宝与东盟各国领导人共同见证了多项合作文件的签署，包括：《建立中国—东盟中心谅解备忘录》《中国—东盟知识产权领域合作谅解备忘录》《中国—东盟关于技术法规、标准和合格评定程序谅解备忘录》。此外，中方同文莱、印度尼西亚、马来西亚、菲律宾共同签署了《中国—东盟东部增长区经济合作框架》。各方还共同发表了《10 + 3粮食安全和生物能源开发合作华欣声明》《东亚峰会灾害管理华欣声明》《东亚峰会关于重建那烂陀大学的联合新闻声明》。

国务院总理温家宝在泰国华欣会见泰国总理阿披实

温家宝表示，中泰关系经受住时间和国际风云变幻的考验，双方要把“中泰一家亲”传承好，维护好，发展好。祝愿泰国社会稳定、经济发展、人民安居乐业。明年是中泰建交35周年，中方愿与泰方共同努力，加强高层及其他各级别交往，深化合作，充实两国战略性合作内涵。温家宝说，泰国是中国在东盟的重要贸易伙伴，中泰经济互补性强，合作基础牢固。双方要充分利用中国—东盟自贸区全面建成提供的有利条件，拓展各领域交流合作，将中泰关系提升到更高水平。温家宝积极评价泰方为成功举办此次东亚领导人系列会议所做的大量工作，表示中方愿与泰方一道，推动中国与东盟关系取得新进展。

阿披实说，泰中关系发展顺利。我今年6月访华时，同中方就两国合作达成的多项重要共识正得到落实，双边贸易呈现良好势头。泰方希望同中方加强在地区和国际事务中的沟通与协调，为推动东盟—中国关系发展作出积极贡献。此外，中泰两国总理还共同见证了双方《跨湄公河大桥融资安排协议》的签署。

10月26日

第三届国际税收对话机制全球大会在北京开幕

国务院副总理李克强出席开幕式并讲话。本次大会的主题是“金融机构和金融工具——税收的挑战和对策”。来自84个国家财税系统以及有关国际组织的高级官员，中国政府有关部门负责人和部分企业、金融机构和研究单位的代表等共约400人参加会议。财政部长谢旭人主持开幕式。国务院副秘书长尤权、国家税务总局局长肖捷等出席开幕式。

国务院副总理李克强在第三届国际税收对话机制全球大会开幕式上发表题为《发挥好财税政策促进发展改善民生的作用》的讲话

尊敬的各位贵宾，各位代表，女士们、先生们，朋友们：

很高兴参加第三届国际税收对话机制全球大会。在继续应对国际金融危机的大背景下，本次会议以金融危机对税收的挑战和对策为主题，深入探讨金融发展形势、财政税收政策等问题，这对于推动全球经济健康复苏和平衡发展很有意义。在此，我谨代表中国政府，对大会召开表示热烈的祝贺！对各位来宾表示诚挚的欢迎！

这次国际金融危机影响范围之广、冲击强度之大、破坏程度之深，为上世纪30年代经济大萧条以来所罕见。在危机面前，国际社会表现出高超的智慧、充分的协调与紧密的合作。各国都出台了一系列应对危机的政策措施，主要经济体大多采取增支和减税的行动。通过共同努力，目前国际社会信心增强，金融市场趋于稳定，世界经济出现回暖迹象。能够有这种局面很不容易，我们应当坚持有效做法，完善政策措施，把好的趋势巩固和发展下去。

国际金融危机使中国经济经历了新世纪以来最为困难的一年。中国政府及时果断决策，实施积极的财政政策和适度宽松的货币政策，出台应对国际金融危机的一揽子计划。积极的财政政策，既表现在大规模增加政府公共支出、以建设民生工程为重点扩大国内需求上，又反映在采取一系列减税措施、减轻企业和居民负担上，增强了各方面抵御危机的信心和能力。今年中国的减税规模达到5500亿元，相当于财政预算收入的8.3%，力度之大前所未有。

在税收政策运用中，我们注重统筹兼顾，注重结构性取向，不仅立足当前扩内需、保增长，而且着眼长远调结构、上水平，着力加强对改革和民生的支持力度，增强经济社会发展的内在力量。如全面实施增值税转型，增加了微观主体的活力；完善金融税收政策，支持了金融企业健康发展。特别是去年年底抓住国际油价下跌的有利时机，果断实施燃油税费改革，通过提高成品油消费税率、取消养路费等多项收费，规范了税费秩序，促进了节能环保，也刺激了居民消费。这项改革在中国已经酝酿了十年，在应对国际金融危机中适时推出，体现了保增长与调结构、促改革、惠民生的有机结合，在实践中取得了好的效果。

目前，中国经济回升向好的趋势得到巩固，经济社会发展情况好于年初的预期。经济增速逐季加快，前三季度GDP同比增长7.7%，其中第三季度增长8.9%。投资和消费需求呈现出强劲的增长势头，内需成为中国经济的重要拉动力量。民生工作力度加大，群众得到新的实惠。财政增支减税等政策的实施促进了经济发展，经济回升反过来也有利于财政增收。近几个月，财税收入增长由负转正。1—9月财政收入和税收同比分别增长5.3%和2.2%，其中9月份分别增长33%和30.1%。实践表明，我们应对危机的举措是符合中国实际的，也是及时有力有效的。

中国有信心有条件有能力实现今年全年经济社会发展的预期目标，保持经济平稳较快发展。同时应当清醒地认识到，经济社会发展仍然面临不少困难、问题和挑战。我们将保持宏观经济政策的连续性、稳定性，把握好政策的力度和节奏，增强政策的灵活性和可持续性，在保增长的同时更加重视推进经济结构战略性调整，更加重视转变发展方式、创新发展模式，更加重视提高经济增长的质量和效益，努力实现可持续发展。

财政是庶政之母，税收取之于民、用之于民。税收政策不仅是调控经济的重要杠杆，而且是改善民生的有效手段。我们将在继续实行结构性减税的同时，进一步完善税收制度，以简税制、宽税基、低税率、严征管为取向，积极稳妥地推进税收体制改革，为保持经济增长、优化经济结构、改善人民生活提供更好的税制保障，形成有利于科学发展的体制机制，推动中国经济更大规模、更高质量、更可持续地向前发展。这不仅会为全体中国人民谋得更多福祉，也有利于促进世界经济的复苏与繁荣。

女士们、先生们！

当前世界经济好转的基础并不牢固，不确定因素仍然很多，世界贸易还在严重萎缩之中，失业率居高不下，实现全球经济复苏将是一个缓慢曲折的过程。与此同时，世界正处于大变革、大调整之中。国际经济结构正在深度调整，科技进步正在酝酿新的突破，构建国际金融经济新秩序日益迫切，能源资源和粮食安全、气候变化、公共卫生等重大问题广受关注，我们既面临诸多挑战，也有着难得机遇。在此形势下，加强国际合作、携手应对挑战、实现互利共赢，显得更为重要和迫切。财税政策在优化资源配置、促进经济增长、推动结构调整中具有十分重要的作用。在经济全球化深入发展的情况下，需要在世界范围内考虑税收政策的协作与配合，共同解决存在的问题和困难，共同营造有利于发展的环境和条件。在此，我提三点建议：

一是保持税收政策稳定。中国有句古话，“逆水行舟，不进则退”。目前，世界经济正处于复苏的关键时期，各国应本着负责任的态度，继续实施有力的应对措施。财政税收政策也应保持稳定性，增强时效性，把握前瞻性，进一步发挥对经济复苏的支持作用。现在，国际贸易保护主义有所抬头，利用关税等手段提高市场准入门槛的现象有所增多。历史经验表明，这会妨碍经济复苏，伤害彼此关系，损人而不利己。我们应引以为戒，加强协作，坚决反对任何形式的贸易和投资保护主义。

二是发挥好税收调节作用。金融危机终将过去。我们在立足当前、继续消除危机带来影响、推动全球经济全面复苏的同时，还应着眼未来，考虑“后危机”、“危机后”甚至更长一段时间，考虑世界经济深刻调整对经济体系转型和发展模式创新的要求。现在，全球经济不平衡的问题十分突出。这种不平衡既有消费与储蓄、内需与外需的不平衡，更有南北发展的不平衡。各国应在合理把握自身经济平衡的同时，着力促进南北不平衡状况的改善，这样才能实现世界经济持续稳定发展。国际社会应加大对发展中国家尤其是不发达国家的支持和援助，提高其自我发展能力。还应适应新技术革命的趋势，加大对科技创新和新兴产业的支持，培育新的经济增长点。在这些方面，财政税收政策具有较强的调控作用，也有很大的作为空间。要根据形势的变化和要求，适时调整完善税收措施，不断优化税收制度，更好地发挥税收调节作用。

三是注重税收政策协调。这次国际金融危机，留下的不应仅是对共克时艰的记忆，还应有对危机发生根源和避免危机再度重演的深度思考。我们应当站在全球和战略的高度，从体制机制等基础性问题入手，建立公平公正、包容有序的新秩序，在趋利避害中推动经济全球化持续发展。这次金融危机发端于金融，对金融衍生产品疏于监管、不加区别地实行税收优惠，是风险聚集的一个重要因素。因此，需要适应现代金融的特点，处理好虚拟经济与实体经济的关系，把握好创新与监管的平衡，解决好促进发展与改善税收管理的问题。还需要加强税收政策和征管的协调，完善税收争端解决机制，保护纳税人合法权益，反对有害税收竞争，规范国际税收秩序，共同维护良好的发展环境。

女士们、先生们！

当今时代，国际社会只有加强政策协调，才能共同应对挑战；只有深化合作交流，才能共谋新的发展。国际税收对话机制全球大会是世界财税人士开阔视野、结识朋友、增进友谊的一个窗口，也是交流经验、创新思想、推进合作的一个平台。希望各位来宾利用好这一对话机制，畅所欲言，各抒己见，提供更多有益成果，为推动世界经济全面平衡可持续发展作出积极贡献。

最后，祝会议取得圆满成功！祝各位来宾工作愉快，身体健康！谢谢大家。

国务院副总理张德江在基辅与乌克兰总理尤利娅·季莫申科举行会谈

张德江说，中乌建交17年来，双边关系得到健康、顺利发展。中方高度重视发展对乌关系，视乌为值得信赖的朋友和可靠的合作伙伴。张德江感谢乌方在台湾、涉藏、涉疆、“法轮功”等问题上对中方的支持。

季莫申科说，希望中国企业能在对乌具有战略意义的广泛领域加强与乌方合作，特别是在资源能源开发、飞机汽车制造、体育和公路设施建设、农业合作等方面。

会谈结束后，张德江和季莫申科共同出席了中乌经贸合作协议签字仪式。

全国人大常委会副委员长陈至立出席在杭州举行的2009年高等教育国际论坛开幕式并致辞

团中央 教育部 全国少工委联合发出通知要求学习贯彻胡锦涛致少先队60周年贺信

据《人民日报》报道，团中央、教育部、全国少工委日前联合发出通知，对学习贯彻胡锦涛总书记致中国少年先锋队建队60周年的贺信工作作出全面部署。

通知指出，胡锦涛总书记致少先队建队60周年的贺信，充分体现了党中央对少年儿童和少先队事业的亲切关怀和高度重视，为当代少年儿童的健康成长和少先队事业的发展指明了方向。

通知要求，各级共青团、少先队组织和教育行政部门、中小学校要把认真学习贯彻胡锦涛总书记贺信作为当前一项重要任务，采取扎实有效的多种方式，组织广大少先队工作者、团干部和教育工作者认真学习，把贺信精神学深、学透。

由文化部 财政部 教育部 科技部 工业和信息化部等单位共同主办的首届中国动漫艺术大展在中国美术馆举行

湖南省邵阳市北塔区人民法院对王佳俊冒名顶替罗彩霞上大学事件案作出一审判决

王佳俊的父亲、原湖南省隆回县公安局干警王峥嵘犯伪造国家机关证件罪，被法院判处有期徒刑二年，与原犯的受贿罪所判处的有期徒刑三年刑罚数罪并罚，决定执行有期徒刑四年。

10月27日

十一届全国人大常委会第十一次会议在人民大会堂举行第一次全体会议

会议继续审议驻外外交人员法草案、国家赔偿法修正案草案、侵权责任法草案、海岛保护法草案，首次审议选举法修正案草案、石油天然气管道保护法草案等。

吴邦国委员长主持会议。

根据通过的议程，会议听取了全国人大法律委员会副主任委员乔晓阳作的关于驻外外交人员法草案审议结果的报告，听取了全国人大法律委员会副主任委员洪虎作的关于国家赔偿法修正案草案审议结果的报告。法律委员会建议，这两部法律草案经本次常委会会议审议，如果意见比较一致，作进一步修改后，由本次常委会会议审议通过。

会议还听取了全国人大法律委员会副主任委员张柏林、李重庵分别作的关于侵权责任法草案修改情况的汇报、关于海岛保护法草案修改情况的汇报。法律委员会建议本次常委会会议继续审议。

受委员长会议委托，全国人大常委会法制工作委员会主任李适时向会议就选举法修改的指导思想、工作原则和草案关于城乡按相同人口比例选举人大代表的有关规定作了详细说明。李适时说，这次修改选举法的指导思想是，以邓小平理论和“三个代表”重要思想为指导，深入贯彻落实科学发展观，按照党的十七大的要求，总结实践经验，完善选举制度，实行城乡按相同人口比例选举人大代表，更好地体现人人平等、地区平等和民族平等原则，扩大人民民主，保证人民当家做主，为坚持和完善人民代表大会制度、发展社会主义民主政治提供坚实的制度保障。他说，改革开放以来，我国城乡经济社会快速发展，城镇化进程不断推进，农村经济文化水平大幅提高。与此同时，我国各级人大已经历了十几届选举，积累了丰富的经验，社会主义民主政治建设和法制建设取得巨大成就，一步到位实行城乡按相同人口比例选举人大代表，客观条件已经具备，有利于更好地保证城乡人民享有平等的选举权，进一步调动全体人民的积极性和创造性，统筹城乡发展和促进社会和谐。此外，李适时还就草案中的其他主要内容一一作了说明。

管道运输作为现代五大运输方式之一，承担着我国大部分原油和天然气的运输，现行《石油天然气管道保护条例》对保护管道设施安全,维护国家能源安全和公共安全发挥了积极作用。但随着我国经济社会迅猛发展和城乡建设不断加快,管道保护的外部环境发生了很大变化,管道保护出现一些新问题,迫切需要制定石油天然气管道保护的专门法律。受国务院委托,国务院法制办主任曹康泰就立法的必要性、管道保护的管理体制、管道的规划与建设、管道运行中的保护措施、管道与其他建设工程相遇关系的处理等内容作了说明。

会议听取了外交部副部长武大伟受国务院委托所作的国务院关于提请审议批准《中华人民共和国和巴西联邦共和国关于民事和商事司法协助的条约》的议案的说明。

会议还审议了有关任免案。

全国人大常委会副委员长王兆国、路甬祥、乌云其木格、韩启德、陈至立、周铁农、李建国、司马义·铁力瓦尔地、蒋树声、陈昌智、严隽琪、桑国卫出席会议。国务委员梁光烈、最高人民法院院长王胜俊、最高人民检察院检察长曹建明等列席会议。

全国人大常委会委员长吴邦国在人民大会堂会见蒙古国国家大呼拉尔副主席巴特呼

吴邦国说,议会交往是两国关系的重要组成部分。中国全国人大重视发展同蒙古国国家大呼拉尔的关系,希望双方保持高层互访势头,进一步加强各专门委员会、友好小组和办事机构间的合作,扩大在治国理政和民主法制建设等方面的经验交流,为双边关系的深入发展注入新的内容和活力。

巴特呼表示,蒙古国人民对中国人民怀有深厚感情,积极发展对华关系是蒙古国朝野各界的共识。中国的快速发展为深化蒙中务实合作开辟了广阔空间。蒙方对蒙中关系的发展表示满意。蒙古国欢迎更多的中国企业赴蒙投资,并将提供更加便利的条件和政策。蒙古国国家大呼拉尔愿发挥自身优势,加强与中国全国人大的友好往来,为蒙中各领域的务实合作与两国友好的世代相传贡献力量。

全国政协主席贾庆林在人民大会堂会见巴基斯坦参议院副主席贾迈利率领的巴基斯坦参议院宗教界议员代表团

贾庆林在会见时表示,中国全国政协和巴基斯坦参议院多年来保持着友好关系和密切联系,为推动两国关系的发展作出了积极贡献。他希望两组织继续开展多层次多领域的交往与合作,为推动中巴战略合作伙伴关系而不懈努力。

贾庆林还介绍了我国宗教政策和穆斯林生活现状。

贾迈利表示巴中两国和人民有着兄弟般的友谊。巴方感谢中方一直以来提供的真诚援助,愿与中方一道努力,深化各领域的交流与合作,推动两国关系深入发展。贾迈利表示巴方坚定支持一个中国的政策,反对任何分裂中国的活动。

政协十一届全国委员会第四期委员学习研讨班在北京举行开班式

全国政协主席贾庆林会见全体学员。全国政协副主席王刚出席开班式并讲话。全国政协副主席兼秘书长钱运录主持开班式。这期学习研讨班为期4天,有240多位全国政协委员参加。

部分省区市学习实践科学发展观活动座谈会在北京举行

国家副主席、中央深入学习实践科学发展观活动领导小组组长习近平出席会议并讲话。他强调,加强党的基层组织建设,既是贯彻落实党的十七届四中全会精神的重要内容,又是第三批学习实践活动要实现的一个重要目标。街道、社区党组织要切实按照党的十七届四中全会要求,把服务群众、凝聚人心、优化管理、维护稳定贯穿学习实践活动始终,充分发挥党组织在建设文明和谐社区中的领导核心作用。

中组部部长、中央深入学习实践科学发展观活动领导小组副组长李源潮出席座谈会。北京、天津、辽宁、浙江、江西、云南、陕西、新疆学习实践活动领导小组负责同志在座谈会上发言。

中央纪委 监察部在北京召开部分专家学者座谈会听取对党风廉政建设和反腐败工作的意见和建议

中央纪委书记贺国强出席会议并讲话,他强调,各级纪检监察机关要认真学习贯彻党的十七届四中全会精神,以改革创新精神推进党风廉政建设和反腐败工作,着力解决人民群众反映强烈的突出问题,加快推进惩治和预防腐败体系建设,以党风廉政建设和反腐败工作的新成效取信于民。

中央纪委副书记何勇主持会议。

国务院副总理王岐山在浙江省考察

王岐山在浙江考察时强调,在当前我国经济发展仍处于企稳回升的关键时期,要继续落实中央关于稳定外需的各项政策措施,加快转变外贸发展方式,促进外贸又好又快发展。

外交部部长杨洁篪出席在印度班加罗尔举行的中俄印三国外长会晤

杨洁篪外长与俄罗斯外交部部长拉夫罗夫、印度外交部部长克里希纳就深化三国合作和共同关心的国际地区问题深入交换意见,达成重要共识。会晤后,三国外长发表了《中华人民共和国、俄罗斯联邦和印度共和国外交部部长会晤联合公报》,并共同会见了记者。

中华人民共和国 俄罗斯联邦和印度共和国外交部部长会晤联合公报

一、2009年10月27日,中华人民共和国、印度共和国、俄罗斯联邦外交部部长在印度班加罗尔举行第九次会晤。

二、三国外长注意到中国、俄罗斯和印度三方正在推进的合作,探讨了如何拓展新渠道,以深化和加强三方各领域合作,造福三国人民,促进区域和平与稳定。

三、尽管受到国际金融危机影响,三国经济发展状况已获改善,将有助于实现更快增长。三国加强接触有利于提升整体影响力,推动国际关系民主化进程,推进多极世界发展,反映世界文化和文明的多样性。

四、在评估落实三方倡议时,三国外长满意地注意到,中俄印减灾救灾专家会议于2008年7月29日在俄罗斯萨马拉举行。三国确认未来在该领域的合作包括:研究机构间的交流;专家学者交流;重大灾害应对经验交流;紧急情况下国家灾害管理部门间的信息交流;联合举办会议和研讨会。下一次专家会议将于2009年适时在中国举行。

五、三国外长欢迎于2009年11月或12月在新德里举行中俄印农业合作下一次专家会议。

六、三国外长注意到,根据2008年9月在印度召开的首次中俄印医药卫生专家会议共识,确定下一次医药卫生专家会议将于2010年在俄罗斯举行。

七、三国外长回顾了三国工商领域开展交流的情况,讨论了2009年9月17日至19日在中国长春举行的三国企业家论坛第二次会议成果。三国外长注意到,三国工商界的交流在增加,制药、基础设施、信息通讯技术和能源成为重点领域。三国外长讨论了未来如何使上述形式的会议对三国工商界更具意义,以抓住新机遇,扩大三国间贸易和投资。三国外长期待着在俄罗斯举行下一次会议。

八、三国外长讨论了加强三方互动的方式。中国、俄罗斯、印度三国领土占全球陆地面积的20%,拥有全球人口的39%,是国际社会的重要成员,在国际事务中发挥着重要作用。三国外长一致同意,在当今相互依存的世界中,三国在全球经济治理机制、气候变化、贸易政策、发展合作等领域开展对话,将为全球和平与繁荣作出重大贡献;三国在打击恐怖主义、跨国犯罪和贩毒方面采取的共同行动,将促进世界的稳定和全面发展。

九、三国外长研究了国际形势并讨论了全球性重要变化。三国外长欢迎匹兹堡峰会将G20作为国际经济合作的主要平台,强调未来全球经济治理机制应体现代表性、平等性、实效性,确保新兴市场和发展中国家的发言权和代表性。三国主张,G20未来峰会应根据透明、公平的原则在发达国家、新兴市场和发展中国家轮流主办。三国外长强调,国际金融治理结构改革最终目标是实现发达国家和发展中国家之间投票权的平等分配。三国外长敦促尽快落实G20匹兹堡峰会有关国际金融机构治理结构改革的量化目标,尽快实现国际货币基金组织向新兴市场和发展中国家至少转移5%的份额,世界银行实质性增加发展中和转轨国家至少3%的投票权,同时确保发展中国家份额非自愿不稀释。

十、三方重申高度重视气候变化问题,愿为进一步加强国际合作、共同应对气候变化挑战作出积极努力。三方强调联合国气候变化哥本哈根会议是加强国际合作应对气候变化的重要机遇,重申应对气候变化应遵循《联合国气候变化框架公约》的原则和规定以及“巴厘行动计划”,同时考虑共同但有区别的责任原则和各自能力原则。三国外长强调,愿为推动哥本哈根会议取得成功作出贡献。

十一、三国外长重申,需要对联合国进行全面改革,使其更民主、更具代表性、更富效率,以更有效地应对当今各种全球性挑战。中俄外长重申,两国重视印度在国际事务中的地位,理解并支持印度在联合国发挥更大作用的愿望。

十二、三国外长重申,各种形式的恐怖主义及任何恐怖行径,无论发生在何地,均应予以强烈谴责。三国外长强调,反恐需要强有力的国际合作,特别是需要在联合国框架内开展。所有相关方必须落实联合国大会和安理会有关决议,特别是安理会第1267、第1373、第1540号决议,以及有关反恐的国际公约和议定书,推动实施联合国全球反恐战略。为加强国际反恐合作,三国外长敦促所有联合国成员国尽快完成全面反恐公约谈判并予通过。

十三、三国外长同意,中国、俄罗斯、印度三国在能源领域具有互补性。俄罗斯是石油和天然气的重要供应者;中国和印度是能源进口国,但也是工业品和服务的重要提供方。可通过建立能源领域的互惠关系进一步加强三国关系。中国、俄罗斯和印度欢迎多边论坛加强讨论能源安全问题。建立一个能源消费国和能源生产国间长远利益的协调框架，能源问题方可获得最好的解决。中国、俄罗斯和印度期待在新的基础上加强能源领域的国际合作，推动能源市场的公开、透明和竞争性，平衡体现有关各方的利益。

十四、三国外长注意到2009年8月20日举行的阿富汗总统选举和省级议会选举，同时注意到阿富汗第二轮总统选举将于2009年11月7日举行。三国外长希望选举是在和平中进行的，阿富汗人民能够踊跃参加。三国外长强调，国际社会有必要恪守承诺，向阿富汗政府和人民提供援助，确保实现安全和发展，恢复和平与稳定，建设一个民主、多元和繁荣的阿富汗。三国外长同意，国际社会必须坚决打击恐怖主义，对恐怖袭击导致阿富汗安全局势持续恶化表示关切。三国外长谴责2009年10月8日对印度驻阿富汗使馆的恐怖袭击。三国外长强调，须将参与所有恐怖袭击的人员绳之以法，须严格执行针对联合国安理会1267委员会所列名单中的个人和实体的制裁。

十五、三国外长强调，国际社会需要对阿富汗毒品生产和走私进行持续有效的打击。鉴此，三国外长呼吁国际安全援助部队和多国联军加强同阿富汗政府的合作，共同消除对地区稳定和安全的威胁。

十六、三国外长欢迎最近中、美、俄、英、法、德六国及欧盟与伊朗代表在日内瓦会晤，强调需要继续努力以实现通过政治和外交途径解决伊朗核问题。三国外长一致认为，伊朗享有和平利用核能的权利，同时也应履行相应的国际义务。三国外长还强调，必须竭尽全力通过对话和谈判和平解决伊朗核问题，国际原子能机构在解决上述问题中应发挥重要作用。

十七、三国外长注意到上海合作组织正稳步成为亚洲安全、经济、人文合作的重要机制。三国外长赞同进一步加强上海合作组织成员国同观察员国、对话伙伴国、其他国家及有关国际组织的互动，以加强地区的安全与稳定。

十八、印度首次派总理出席上海合作组织峰会，并在适当级别参与了上合组织在2009年的其他会议，中国和俄罗斯两国外长对此表示满意。印度外长表达了参加上合组织活动、尤其是经济领域(上合组织工商论坛、上合组织能源俱乐部和银行联合体)、反恐(地区反恐怖机构)及上合组织—阿富汗联络组的意愿。中国和俄罗斯外长欢迎印度对上合组织活动的建设性参与。

十九、中国和印度外长支持俄罗斯为维护高加索地区和平与稳定所作出的努力。

二十、中国和印度外长欢迎俄罗斯决定在布鲁塞尔召开的亚欧峰会上正式申请加入亚欧会议机制。

二十一、三国外长重申支持朝核问题六方会谈，以实现朝鲜半岛的无核化，呼吁所有有关各方致力于促进该地区的和平与稳定。

二十二、三国外长对此次会议的成果表示满意，并决定将在中国举行下一次外长会议。

2009年10月27日于班加罗尔

中国红十字会第九次全国会员代表大会在北京召开

中共中央总书记、国家主席、中央军委主席、中国红十字会名誉会长胡锦涛，国务院总理温家宝，中共中央政治局常委李长春，国家副主席习近平，国务院副总理李克强出席开幕式。

开幕式上，举行了颁奖仪式。胡锦涛为6名中国获得第四十二届南丁格尔奖章者颁发奖章，向她们表示热烈祝贺。胡锦涛等领导同志还为受到表彰的全国红十字会系统31个先进集体、10名先进工作者代表颁了奖，对他们为我国红十字事业发展作出的显著成绩表示敬意。

开幕式由中国红十字会会长彭珮云主持。国务院副总理回良玉代表党中央、国务院在开幕式上致祝词。

会议在29日闭幕。中国红十字会九届一次理事会根据中国红十字会章程，继续聘请国家主席胡锦涛为中国红十字会名誉会长。

中国红十字会九届一次理事会同时聘请全国人大常委会副委员长韩启德、桑国卫和全国政协副主席黄孟复、张榕明、李金华为中国红十字会名誉副会长；选举全国人大常委会副委员长华建敏为中国红十字会会长。

闭幕会上，中国红十字会原会长彭珮云、新任会长华建敏分别讲话。

闭幕会审议通过了《关于中国红十字会第八届理事会工作报告的决议》《关于中国红十字事业2010—2014年发展规划的决议》《关于修改中国红十字会章程的决议》《关于中国红十字会会费管理办法的决议》。

《人民日报》发表评论员文章《实现中国特色红十字事业新跨越——祝贺中国红十字会第九次全国会员代表大会召开》

中国红十字会第九次全国会员代表大会今天在京隆重召开。这次代表大会是在我国改革发展进入关键阶段、新中国成立60周年庆典之后召开的一次大会，是中国红十字事业发展历程中的一件盛事。开好这次大会，对于凝聚人道力量，实现中国特色红十字事业新跨越具有重要意义。

新中国成立60年特别是改革开放30年来，中国红十字会在党和政府的支持下，动员社会各界参与，努力发挥自身作用,已成为我国重要的人道救助团体,成为政府人道领域不可或缺的助手。特别是中国红十字会第八次全国会员代表大会以来的5年,中国红十字会抓住前所未有的发展机遇,经历了前所未有的严峻挑战,取得了前所未有的突出成就,实现了又好又快的发展,在中国红十字会发展史上写下了浓墨重彩的一笔。

从印度洋海啸国际救援到四川汶川特大地震灾害救援和灾后恢复重建,从北京奥运会赛场救护到台湾“莫拉克”台风救助,都留下了中国红十字会奋斗的足迹。5年来,中国红十字会的社会知晓度和公信力空前提高,成为我国最具影响力的人道救援组织;灾害救援工作成绩显著,成为国家应急体系的重要组成部分;人道救助领域亮点凸显,成为改善民生、促进和谐的重要力量;国际交流与合作成绩斐然,成为我国民间外交的重要渠道。

党的十七大提出进一步贯彻落实科学发展观,建设社会主义和谐社会。社会和谐是中国特色社会主义的本质属性。中国红十字会是从事人道主义工作的社会救助团体,以保护人的生命和健康,发扬人道主义精神,促进人类和平进步为宗旨。和谐社会的理念不仅为中国红十字会提供了广阔的空间和舞台,而且也对今后的工作提出了更高的要求。今后5年是中国红十字事业的重要发展机遇期。中国红十字事业将在新的历史起点上阔步前行,全面深入贯彻落实科学发展观,围绕发展这个第一要义,协助政府发展社会救助事业,保持社会稳定,促进社会和谐。围绕以人为本这个核心,着眼于保护人的生命和健康,尤其要关注最易受损害的人群,深入持久地开展人道主义救助工作。按照全面、协调、可持续发展的基本要求和统筹兼顾的根本方法,积极创造条件,加强农村和贫困地区的红十字会工作,为促进城乡和区域协调发展贡献力量。

潮平两岸阔,风正一帆悬。在全面建设小康社会和促进人类和平进步的历史进程中,中国红十字会将高扬起红十字人道旗帜,凝聚海内外人道力量,沿着建设中国特色红十字事业道路,为实现中华民族的伟大复兴和谱写人民美好生活新篇章而努力奋斗!

距今约11.1万年的早期智人(现代人)下颌骨在崇左市江州区木榄山智人洞内被发现

中国科学院古脊椎动物与古人类研究所、北京大学崇左生物多样性研究基地和广西壮族自治区崇左市联合宣布这一重大成果,这次发现为探索东亚现代人的起源提供了新证据。

2009年度中国十大寿星揭晓

十大寿星颁奖仪式在山东莱州市举行。新疆喀什的萨迪克·萨伍提以122岁蝉联中国十大寿星榜首,十大寿星平均年龄117.6岁。

10月28日

十一届全国人大常委会第十一次会议在人民大会堂举行第二次全体会议

会议审议最高人民法院关于加强民事执行工作、维护法制权威和司法公正情况的报告和最高人民检察院关于加强渎职侵权检察工作、促进依法行政和公正司法情况的报告,审议国务院关于今年中央政府投资安排及实施情况的报告、全国人大常委会专题调研组关于部分重大公共投资项目实施情况的调研报告。

吴邦国委员长出席会议。会议由陈昌智副委员长主持。

最高人民法院院长王胜俊向会议报告了最高人民法院关于加强民事执行工作、维护法制权威和司法公正情况。

最高人民检察院检察长曹建明向会议报告了最高人民检察院关于加强渎职侵权检察工作、促进依法行政和公正司法情况。

受国务院委托,国家发展和改革委员会主任张平向会议报告了今年中央政府投资安排及实施情况。

全国人大财政经济委员会主任委员石秀诗代表专题调研组向会议作了关于部分重大公共投资项目实施情况的调研报告。

全国人大常委会副委员长王兆国、路甬祥、乌云其木格、韩启德、陈至立、周铁农、李建国、司马义·铁力瓦尔地、严隽琪、桑国卫出席会议。国务院副总理回良玉等列席会议。

中共中央总书记 国家主席胡锦涛在人民大会堂会见以朝鲜劳动党中央政治局候补委员中央书记崔泰福为团长的朝鲜劳动党代表团

中办印发《关于建立促进科学发展的党政领导班子和领导干部考核评价机制的意见》(摘要)

新华网报道:中共中央办公厅最近印发了《关于建立促进科学发展的党政领导班子和领导干部考核评价机制的意见》(以下简称《意见》)。同时,为了深入贯彻落实《意见》,经中央批准,中组部制定了《地方党政领导班子和领导干部综合考核评价办法(试行)》《党政工作部门领导班子和领导干部综合考核评价办法(试行)》《党政领导班子和领导干部年度考核办法(试行)》(以下分别简称《地方考核办法》《部门考核办法》《年度考核办法》),与《意见》一起形成促进科学发展的党政领导班子和领导干部考核评价机制。

《意见》及三个试行《办法》的印发和实施，是深入贯彻落实党的十七大、十七届四中全会精神的重要举措，对于进一步巩固深入学习实践科学发展观活动成果，完善体现科学发展观和正确政绩观要求的干部考核评价体系，着力构建有利于科学发展的体制机制；对于进一步改进和完善干部考核评价工作，推进干部工作的科学化、民主化、制度化，具有十分重要的意义。

《意见》共4个部分12条，阐述了建立促进科学发展的干部考核评价机制的重要性和紧迫性，明确了建立促进科学发展的干部考核评价机制的指导思想、基本原则、工作目标和重点任务，并就切实做好这项工作对各级党委(党组)和组织人事部门提出了具体要求。

《意见》强调，要立足为科学发展选干部、配班子、建队伍、聚人才，进一步健全考核制度，完善考核内容，改进考核方式，扩大考核民主，强化考核结果运用，努力把平时考核、年度考核与换届(任期)考察、任职考察结合起来，把考核评价与干部选拔任用、培养教育、管理监督、激励约束结合起来，全面加强对党政领导班子和领导干部的考核工作，着力形成有利于科学发展的用人导向，建立有机联系、相互配套并有效运行的干部考核评价机制，为贯彻落实科学发展观提供坚强的政治和组织保证。

《意见》指出，要完善考核内容，增强考核内容的科学性，充分体现科学发展观和正确政绩观的要求，充分体现把政治标准放在首位，充分体现不同区域、不同层次、不同类型的特点，充分体现考核内容的激励性和约束性。既注重考核发展速度，又注重考核发展方式、发展质量；既注重考核经济建设情况，又注重考核经济社会协调发展、人与自然和谐发展，特别是履行维护稳定第一责任、保障和改善民生的实际成效；既注重考核已经取得的显绩，又注重考核打基础、利长远的潜绩。

《意见》明确，要改进考核方式，增强考核方式的完整性和系统性。坚持以平时考核、年度考核为基础，以换届(任期)考察、任职考察为重点，合理安排，相互印证。加强平时考核，注重在应对重大事件、完成重大任务以及涉及个人利益时，跟踪考核领导班子和领导干部。健全年度考核，发挥年度考核对领导班子和领导干部的管理监督和激励鞭策作用。完善换届(任期)考察，在坚持民主推荐、民主测评、个别谈话的基础上，进一步完善民意调查、实绩分析、综合评价等方法，强化实地调查和延伸考察。改进任职考察，充分发挥地方各级党委全委会在推荐提名、党委(党组)在研究确定考察对象时的作用，推广运用二次会议投票推荐方法，实行差额考察和考察公示，加强综合分析，切实防止干部“带病提拔”、“带病上岗”。

《意见》强调，要扩大考核民主，强化党内外干部群众的参与和监督。进一步公开考核内容、考核程序、考核方法、考核结果，增强考核工作的透明度。探索实绩“公开、公示、公议”等做法，加大群众满意度在考核评价中的分量。坚持民主与集中相结合，加强集体研究和综合分析，既尊重民意，又不简单地以票取人。

《意见》要求，强化考核结果运用，充分发挥考核的积极作用。坚持把考核结果作为领导班子建设和领导干部选拔任用、培养教育、管理监督、激励约束的重要依据，坚持从严治党、奖惩分明，对自觉坚持科学发展、善于领导科学发展，坚持原则、勇于负责，敢抓善管、真抓实干，实绩突出、群众公认的优秀干部，要表彰奖励、提拔重用；对不按照科学发展观要求办事，急功近利、搞形式主义和形象工程，不负责任、不讲原则、怕得罪人，以及完成约束性指标方面发生问题的，要批评教育、诫勉谈话、督促整改；对群众意见较大、不胜任现职岗位的，要及时进行组织调整，着力形成注重品行、科学发展、崇尚实干、重视基层、鼓励创新、群众公认的正确用人导向。

《意见》指出，各级党委(党组)要把建立促进科学发展的干部考核评价机制摆上重要位置，加强组织领导，强化组织协调，抓好组织实施，坚持求实创新，注意与其他考核方式的衔接，避免重复考核，切实用好干部考核结果，有力推动各级领导班子建设。各地区各部门要把三个试行《办法》与《意见》结合起来，从实际出发制定具体的实施细则，推动干部考核评价机制逐步完善。

围绕贯彻《意见》精神，《地方考核办法》《部门考核办法》《年度考核办法》分别对县级以上地方党政领导班子换届考察、领导干部个别提拔任职考察，县级以上党政工作部门、办事机构、派出机构以及其他直属机构领导班子任期考察、领导干部个别提拔任职考察，党政领导班子及其成员的年度考核，作出了具体规定。

全国政协主席贾庆林在人民大会堂会见台湾海基会董事长江丙坤率领的海基会新闻交流团一行

纪念李大钊同志诞辰120周年座谈会在北京举行

国家副主席习近平出席座谈会并发表讲话。他强调，在李大钊同志等革命先烈为之献身的道路上，中国共产党领导中国人民勇往直前，历经80多年的艰苦奋斗，创造了亘古未有的历史伟业。面对党和人民事业取得的辉煌成就，展望中国发展的美好前景，我们永远铭记那些为民族独立、人民解放作出不朽贡献的革命先烈。

座谈会由中组部部长李源潮主持。中宣部部长刘云山，中央办公厅主任令计划，全国政协副主席、中共中央统战部部长杜青林和中央军委委员、总政治部主任李继耐出席。座谈会上，中央党史研究室主任欧阳淞、中央文献研究室副主任杨胜群、中宣部副部长翟卫华、北京大学党委副书记杨河、河北省委书记张云川先后发言。

出席座谈会的还有中央和国家机关有关部门、民主党派、人民团体、解放军和北京市、河北省的负责同志，李大钊同志的亲属等。

国家副主席习近平在纪念李大钊同志诞辰120周年座谈会上的讲话

同志们，朋友们：

今天，我们怀着十分崇敬的心情在这里隆重集会，纪念李大钊同志诞辰120周年。

李大钊同志是中国共产主义运动的先驱，伟大的马克思主义者，杰出的无产阶级革命家，中国共产党的主要创始人之一。

李大钊同志1889年10月出生于河北省乐亭县。那时，中国正处在帝国主义列强加紧侵略和封建统治愈益腐朽而造成的深重灾难之中，国家和民族濒于危亡的边缘。进入二十世纪，辛亥革命爆发、新文化运动涌起，特别是五四运动的发生，使中国社会出现了曙光初现的变化。李大钊同志是在这样的历史背景下走上探索救国救民道路的。1913年，他东渡日本，就读于东京早稻田大学，开始接触社会主义思想和马克思主义学说。1916年回国后，他积极投身新文化运动，宣传民主、科学精神，抨击旧礼教、旧道德，向封建顽固势力展开猛烈斗争。他和他的战友们改造旧中国的决心和激情，有力激发了当时中国青年的蓬勃朝气和进取精神。

1917年俄国十月革命胜利后，李大钊同志备受鼓舞，连续发表《法俄革命之比较观》《庶民的胜利》《布尔什维主义的胜利》《新纪元》等文章和演讲，热情讴歌十月革命。他以敏锐的眼光，深刻认识到这场革命将对二十世纪世界历史进程产生划时代的影响，也从中看到了中华民族争取独立和中国人民求得解放的希望。在宣传十月革命的过程中，他自己的觉悟得到迅速提高，从一个爱国的民主主义者转变为一个马克思主义者，并且成为我国最早的马克思主义传播者。1919年，伟大的五四运动爆发，这是中国近代历史上第一次彻底地不妥协地反帝反封建的爱国运动。李大钊同志热情投入并参与领导了五四运动。在这场运动中和运动之后，他更加致力于马克思主义的宣传，做了大量工作。他在《新青年》发表的《我的马克思主义观》，系统介绍马克思主义理论，在当时的思想界产生了重要影响。

五四运动和马克思主义在中国的传播，为中国共产党的成立做了思想上和组织上的准备。1920年3月，李大钊同志在北京大学发起组织马克思学说研究会。同年秋，他又领导建立了北京的共产党早期组织和北京社会主义青年团，并积极推动建立全国范围的共产党组织。1921年，中国共产党宣告成立，这是中国近现代史上开天辟地的大事件，中国革命的面貌从此焕然一新。李大钊同志对中国共产党的创建作出了至关重要的贡献。

中国共产党成立后，李大钊同志代表党中央指导北方地区党的工作，在北方广大地区领导宣传马克思主义，开展工人运动，建立党的组织。1922年8月到1924年年初，他受党的委托，几次往返于北京、上海、广州之间，同孙中山先生商谈国共合作，为建立国民革命统一战线、实现第一次国共合作作出了重大贡献。他领导北方党组织发动群众，开展了轰轰烈烈的反帝反军阀斗争，猛烈冲击了帝国主义势力和北洋军阀统治。

1927年4月，在反动军阀的白色恐怖中，李大钊同志在北京被捕入狱。他受尽各种严刑拷问，始终坚贞不屈、大义凛然，惨遭反动军阀杀害，牺牲时年仅38岁。

同志们、朋友们！

李大钊同志开创的伟大事业和留下的思想遗产永远不可磨灭，他播撒的革命种子已经在中国大地上生根、开花、结果。正因为如此，今天，我们更加感受到李大钊同志历史眼光的深邃和思想价值的珍贵，更加感受到他革命精神的崇高和人格力量的伟大。李大钊同志永远是共产党人学习的楷模和榜样。

我们要学习李大钊同志坚定的爱国主义精神。李大钊同志是一位伟大的爱国者。青年时代，面对多灾多难的祖国，李大钊同志表现出忧国忧民的赤子之心。辛亥革命后，面对封建军阀篡夺政权、新生的共和国有名无实的现状，他不得不发出自己的“隐忧”和“大哀”。他忧国之所忧，哀民之所哀，下定决心为挽救“神州陆沉”、“再造中华”而努力奋斗。当日本提出旨在灭亡中国的“二十一条”时，他大声疾呼中国人民用卧薪尝胆的精神进行抗争。他因参加反日斗争而被当时就读的学校除名，但他毫不后悔。他认为，同国家和民族的前途相比，自己的学业微不足道。他始终把自己的学识与拯救国家和民族的命运紧紧联系在一起。正是强烈的爱国之心和对社会、对人民的高度责任感，促使李大钊同志奋不顾身、英勇战斗。他身上体现出的时刻牵挂国家兴亡、时刻不忘人民疾苦并为之奋斗的精神和风范，永远值得我们敬仰和提倡。

我们要学习李大钊同志对马克思主义的坚定信仰。李大钊同志率先在中国介绍、宣传和研究马克思主义，是二十世纪初中国的播火者。俄国十月革命胜利后，他接受了他认为是真正能够拯救中国的马克思主义学说，开始在中国宣传马克思主义。在北洋军阀统治下的中国，传播马克思主义何其艰难，但他以开拓者的无畏姿态，旗帜鲜明地指出马克思主义是我们时代的真理，是"拯救中国的导星"，并积极付诸行动。正是李大钊同志等一批革命家的艰辛努力，使马克思主义在中国得到广泛传播，使大批先进青年接受马克思主义走上革命道路，也推动马克思主义与工人运动密切结合，使中国工人阶级发展成为用马克思主义武装起来的自为阶级。这一切，为中国新民主主义革命的发展和胜利打下了坚实的基础。李大钊同志对信仰和真理矢志不移，为传播和实践马克思主义而英勇献身，真正做到了自己所说的"勇往奋进以赴之"、"瘅精瘁力以成之"、"断头流血以从之"。

我们要学习李大钊同志以科学态度学习和运用马克思主义理论，紧跟历史发展和时代进步潮流不断探索的精神。李大钊同志比较早地认识到，马克思主义是科学而不是抽象的学理和不变的教条，研究马克思主义必须研究它"怎样应用于中国今日的政治经济情形"，并在这个过程中把这门科学推向前进。他强调正确认识国情非常重要，考虑中国的问题，是不能置国情于不顾的。他认为，这个国情问题，不可求于外人。他成为马克思主义者以后，十分重视马克思主义在中国具体情况下的实际运用。他指出，马克思主义"是一个时代的产物"，"不要忘了他的时代环境和我们的时代环境"。他强调，社会主义"用以为实际的运动"时，它会"因时、因所、因事的性质"发生"适应环境的变化"，是要在运用中加以发展的。同时他认为，"社会主义的实现，离开人民本身，是万万作不到的"。因此，在研究和传播马克思主义的过程中，他重视工人阶级在革命中的先锋作用，直接从事工人运动；他重视农民在革命中的主力军作用，积极发动和组织农民斗争。李大钊同志有着在实践中探索前进的强烈进取精神，所以当思想条件和组织条件逐渐成熟的时候，他毅然提出了应该组织一个"强固精密"的统一的"劳动家政党"即中国共产党的主张。注重理论联系实际，紧跟时代潮流，使李大钊同志当之无愧地成为把马克思主义运用于中国实际的先驱。

我们要学习李大钊同志勇于献身的革命精神和无私奉献的高尚品德。李大钊同志书写过"铁肩担道义，妙手著文章"的著名对联。这副对联，是他光辉一生的真实写照。为了追求革命真理、追求民族独立和人民解放，李大钊同志把个人生死置之度外。他说过："牺牲永是成功的代价"，"高尚的生活，常在壮烈的牺牲中"。正因为有这样的境界，当面对生与死考验的时候，他从容地选择了为他认定的主义和事业献出生命。李大钊同志的道德和操守非常崇高。在他身上，凝结着中华民族传统美德，体现着中国知识分子的优秀品格。他作风质朴，不驰于空想，不骛于虚声。他坚持真理，待人宽厚，团结同志，正如后人所赞誉的，"没有宗派气，内外从如云"。他一生俭朴清廉，淡泊名利。在北京大学任职期间，他经常倾家纾难，接济贫寒的青年和支持革命活动，以至学校发薪水时不得不预先扣下一部分直接交予他的夫人，以免家庭生活无以为继。他牺牲后遗体下葬，棺椁衣裳都是朋友帮助提供的。李大钊同志是一位真正的革命者，他的伟大人格和崇高风范，将永载中国共产党和中国人民革命斗争的史册。

同志们、朋友们！

李大钊同志用自己短暂的生命，在中国革命史上谱写了壮丽的篇章。在李大钊同志等革命先烈为之献身的道路上，中国共产党领导中国人民勇往直前，历经八十多年的艰苦奋斗，创造了亘古未有的历史伟业。如今，一个面向现代化、面向世界、面向未来的社会主义中国巍然屹立在世界东方。面对党和人民事业取得的辉煌成就，展望中国发展的美好前景，我们永远铭记那些为民族独立、人民解放作出不朽贡献的革命先烈。让我们紧密团结在以胡锦涛同志为总书记的党中央周围，全面贯彻党的十七大和十七届三中、四中全会精神，高举中国特色社会主义伟大旗帜，以邓小平理论和"三个代表"重要思想为指导，深入贯彻落实科学发展观，坚定信心，扎实工作，积极应对国际金融危机冲击，全力完成保增长、保民生、保稳定各项任务，为夺取全面建设小康社会新胜利、开创中国特色社会主义事业新局面而不懈奋斗！

海协会会长陈云林在北京会见台湾海基会董事长江丙坤和海基会新闻交流团一行

陈云林对海基会新闻交流团的来访表示欢迎，对两会为推动两岸新闻交流所做的努力表示肯定，希望在两岸关系新形势下，两岸新闻媒体及从业人员密切接触，加强交流，为两岸关系和平发展创造积极的舆论环境。

陈云林说，两会第四次会谈将于12月中下旬在台中市举行。双方将就两岸渔工合作、两岸农产品检验检疫合作、两岸标准计量检验认证认可合作、两岸避免双重征税四项议题商签协议。他期待第四次会谈顺利举行，并取得预期成果。

江丙坤对海协会和大陆方面的热情接待和妥善安排表示感谢。他表示，这次有这么多的台湾媒体高层人士组团来访,意义很大。有助于台湾媒体人深度观察大陆发展,思考台湾在其中可以扮演的角色,希望年底的两会第四次会谈成果丰硕,海基会将为陈会长在台湾参访作出妥善安排。

中央纪委 监察部统一开通全国纪检监察举报网站

举报网站受理群众对党员、党组织和行政监察对象违反党纪政纪行为的检举控告,以及对党风廉政建设和反腐败工作的意见建议。举报人在互联网上登录www.12388.gov.cn之后,即可按照网站说明向中央纪委监察部以及全国各省级纪检监察机关举报网站反映有关问题。

财政部印发《中央财政现代农业生产发展资金使用管理办法》

国务院副总理李克强在中南海紫光阁会见法国经济工业和就业部长克里斯蒂娜·拉加德

第十一届全国运动会在济南闭幕

闭幕式在济南奥体中心体育馆举行。晚上8时,十一运会闭幕式正式开始。国务院总理温家宝宣布第十一届全运会闭幕。刘延东、蒋树声、王志珍,中央军委委员李继耐以及有关方面负责人出席闭幕式。

第十一届全运会主赛区设在济南市,山东省其他16个地市均设有分赛区,共有10900多名运动员参加33个大项、362个小项的比赛。在本届全运会上,有7人9次创超5项世界纪录,3队12人21次创16项亚洲纪录,5队29人52次创39项全国纪录,5人12次创8项全国青年纪录。

10月29日

《人民日报》发表评论员文章《健全考核机制 促进科学发展》

最近,中共中央办公厅印发了《关于建立促进科学发展的党政领导班子和领导干部考核评价机制的意见》(以下简称《意见》),中组部印发了与之配套的地方考核、部门考核、年度考核三个考核办法。《意见》及三个考核办法贯彻了中央对干部工作的新要求,吸收了近年来干部人事制度改革的成功经验,是指导新形势下干部考核工作的重要文件和基本法规,也是深入学习实践科学发展观活动的制度成果。《意见》及三个考核办法的印发和实施,对于贯彻党的十七大和十七届四中全会精神,进一步巩固深入学习实践科学发展观活动成果,构建有利于科学发展的体制机制,具有十分重要的意义。

党的十七届四中全会明确提出,要提高领导班子和领导干部推动科学发展、促进社会和谐能力,强调要健全促进科学发展的领导班子和领导干部考核评价机制。考核是干部选拔任用和管理监督的基础环节,对促进科学发展具有重要的导向作用、评价作用和监督作用。为科学发展选干部、配班子、建队伍、聚人才,必须要形成有利于科学发展的干部考核评价机制。只有坚持科学发展观和正确政绩观的有机统一,坚持从实绩看德才,全面加强对领导班子和领导干部的综合考核评价,才能促使领导班子和领导干部围绕科学发展改进工作、提高水平、增强能力,引导各级领导干部树立正确政绩观,从而以正确政绩观贯彻落实科学发展观,作出经得起实践、人民、历史检验的实绩。

各级党委(党组)及其组织人事部门要切实抓好《意见》及三个考核办法的贯彻落实,加强组织领导,结合实际制定具体细则,认真组织实施。要突出重点,坚持德才兼备、以德为先用人标准,完善干部德的评价标准,加强对干部德的考核。要根据不同区域、不同层次、不同类型干部的特点,抓紧确定和建立各有侧重、各具特色的考核内容和指标,把平时考核、年度考核和完善换届(任期)考察、任职考察有机结合起来,增强考核的全面性和准确性。要扩大考核民主,增强考核工作的透明度,加大群众满意度在考核评价中的分量。同时,切实用好考核结果,着力形成注重品行、科学发展、崇尚实干、重视基层、鼓励创新、群众公认的用人导向。要加强学习宣传,使《意见》及三个考核办法不仅为各级领导干部全面了解、组工干部准确把握,而且为干部群众广泛知晓,营造良好舆论环境,推动干部考核评价机制逐步完善,为科学发展观的贯彻落实提供可靠的制度和组织保证。

国家林业局国家发改委等5部委联合下发《林业产业振兴规划(2010—2012)》(摘要)

根据规划,到2012年,全国林业产业总产值将达2.26万亿元,林产品国际贸易总量将达900亿美元以上。这是记者从此间召开的第二届全国林业产业大会上获悉的。

《林业产业振兴规划(2010—2012)》作为指导林业应对国际金融危机的行动计划方案,调整振兴的方向和重点是受国际金融危机冲击最严重的人造板等木材工业及相关产业。规划提出,用两年时间对已颁布的70种人造板国家标准和行业标准进行全面清理;3年内重点扶持100家国家级林业重点企业和10大特色产业集群;加快各类工业原料林基地建设,增加国内林产品后备资源储备,力争到2012年速生丰产用材林基地建设总规模超过1亿亩。

第二十届中美商贸联委会在杭州举行

国务院副总理王岐山与美国商务部部长骆家辉、美国贸易代表柯克共同主持会议。中美双方在一系列议题上达成许多共识，取得积极成果。

中国商务部部长陈德铭，农业部部长孙政才，国家质检总局局长王勇，国家发展和改革委员会副主任、国家能源局局长张国宝以及外交部等部门负责人，美国农业部部长维尔萨克、美国驻华大使洪博培出席了本届联委会。

当天下午，参加第二十届中美商贸联委会的中美双方，在杭州举行了中美经贸合作签字仪式。王岐山与骆家辉、柯克等出席签字仪式。此次签署了11个经贸合作文件，包括《促进两国民间投资的意向备忘录》《中美扩大高技术与战略贸易合作行动计划》等。

贝时璋逝世

著名生物学家和教育家、我国生物物理学的奠基人和开拓者、中国科学院最年长的院士贝时璋先生10月29日在北京逝世，享年107岁。

1903年10月10日，贝时璋生于浙江镇海县。1921年，从上海同济医工专门学校医学预科毕业后，赴德留学，1928年获自然科学博士学位，1929年回国。1930年至1950年，在浙江大学工作，创建了生物系。1949年，参与中科院生物学科各研究所的筹建工作，并于1950年出任实验生物学研究所所长。1958年，在贝时璋的主持下，中国科学院生物物理研究所成立，成为当时世界上少数几个生物物理学专业研究机构之一，标志着生物物理学作为一门独立的学科在中国正式确立。同年，贝时璋在中国科技大学创立了生物物理系并任系主任。从1958年至1983年，贝时璋一直担任中科院生物物理研究所所长。作为我国现代生物学研究和教育的先行者，贝时璋开创了我国生物物理学、放射生物学和宇宙生物学，为我国生命科学和载人航天事业作出了突出贡献。

10月30日

十一届全国人大常委会第十一次会议在人民大会堂举行第三次全体会议

会议审议全国人大常委会执法检查组关于检查《中华人民共和国工会法》实施情况的报告和全国人大有关专门委员会关于代表提出的议案审议结果的报告等。

吴邦国委员长出席会议。会议由严隽琪副委员长主持。

为了进一步推动工会法的贯彻实施，全国人大常委会于今年7月上旬至8月下旬开展工会法执法检查。受李建国副委员长兼秘书长的委托，全国人大内务司法委员会主任委员黄镇东向会议报告了这次执法检查的情况。

全国人大内务司法委员会副主任委员张学忠、财政经济委员会主任委员石秀诗、外事委员会主任委员李肇星分别作了关于十一届全国人大二次会议主席团交付审议的代表提出的议案审议结果的报告。

会议审议了吴邦国委员长访问美国、古巴、巴哈马三国情况的书面报告。

会议还听取了全国人大法律委员会主任委员胡康生作的关于驻外外交人员法草案修改意见的报告。

全国人大常委会副委员长王兆国、路甬祥、乌云其木格、韩启德、华建敏、陈至立、周铁农、李建国、司马义·铁力瓦尔地、蒋树声、陈昌智、桑国卫出席会议。国务委员戴秉国、最高人民法院院长王胜俊、最高人民检察院检察长曹建明列席会议。

国务院任免国家工作人员

免去蔡名照的国务院新闻办公室副主任职务。

任命黄守宏为国务院研究室副主任。

国务院副总理李克强在澳大利亚首都堪培拉会见澳大利亚总理陆克文

李克强在会见时指出，近来，在双方共同努力下，中澳关系得到改善并继续向前发展。

在当前新形势下，中澳应该加强对话、协调与合作，始终坚持从战略高度和长远角度看待和处理两国关系，牢牢把握两国关系的正确方向，携手应对挑战，实现共同发展。一、加强交往，增进互信，保持高层和其他各层级的交往。二、深化务实合作，实现互利共赢。中澳经济互补性很强，各有优势。我们注意到，澳方表示对中国投资采取开放和非歧视性政策，希望澳方坚持这一政策。两国政府应为企业开展互利合作创造良好的政策环境。双方应在能源、矿产资源、农牧业等传统合作领域的基础上，积极拓展在高科技、新能源、节能环保、生物医药、应对气候变化、金融服务等新领域的务实合作，提升合作层次，实现互利共赢。三、尊重和照顾彼此核心利益和重大关切。这是中澳关系顺利健康发展的重要政治基础。台湾、涉藏、涉疆等问题事关中国主权、领土完整和国家安全，是中方的核心利益所在。希望澳方切实尊重并照顾中方在这些问题上的关切，谨慎妥善处理。四、加强多边事务协调。中方愿与澳方继续加强在联合国、二十国集团、亚太经合组织、东亚峰会、太平洋岛国论坛等多边机制中的沟通与协调，就应对金融危机、气候变化、流行性疾病防治及防止大规模杀伤性武器扩散和跨国犯罪等问题加强磋商，为建立更加公正合理的国际经济金融秩序、促进世界和平与稳定作出更大贡献。五、深化人文交流。双方应进一步扩大两国地方政府间的友好交流与合作，积极推动双方在教育、文化、体育、旅游和新闻等领域的交往。中方欢迎澳方明年在中国举办“澳大利亚文化年”，中方也将随后在澳举办“中国文化年”。

李克强指出，一个健康稳定发展的中澳关系符合两国人民的根本利益，也有利于促进本地区乃至世界和平、稳定与繁荣。这需要中澳双方共同努力，相向而行。我们愿与澳方一道，继续加强对话，增进互信，扩大合作，在相互尊重、平等互利基础上，推动中澳关系不断取得更大的发展。

陆克文表示，目前澳中关系有两个显著的特点，一是经贸关系不断扩大，生机勃勃；二是双方不仅在区域组织，而且在二十国集团等国际机制中密切合作。我们应在过去坚实的基础上，把两国关系提升到新的高度。

陆克文表示，我理解中国政府和中国领导人对国家统一的重视，因为我十分了解中国的历史。澳大利亚政府尊重中方的核心利益，坚定不移地奉行一个中国政策，这包括在台湾、涉藏和涉疆等问题上。

双方还就二十国集团合作、气候变化、自贸区谈判等交换意见。双方表示愿本着积极、务实、平衡、互利的精神推动自贸区谈判进程。

中澳联合声明

中国和澳大利亚两国领导人都十分关心中澳关系的发展。根据两国领导人的共识，双方就如何规划、指导下一步两国关系的发展进行了商谈，一致同意发表《中澳联合声明》。联合声明全文如下：

应澳大利亚联邦政府邀请，中国国务院副总理李克强于2009年10月29日至11月1日对澳大利亚进行正式访问。李副总理会见了陆克文总理，并与吉拉德副总理举行了会谈。双方就中澳关系及共同关心的其他问题深入交换了意见，达成重要共识。访问期间，双方有关政府部门签署了涉及打击木材非法采伐、文物保护、教育培训等领域的合作文件。访问是建设性和富有成果的。

一、双方一致认为，中澳两国合作潜力巨大，前景广阔。在当前全球环境下，中澳加强务实合作，实现互利双赢，符合两国和两国人民的根本利益，也有利于亚太地区和世界的和平、稳定与繁荣。双方将保持和加强高层及各级别对话与交往，提升各领域合作，在相互尊重、平等互利的基础上推动中澳全面合作关系长期健康稳定发展。

二、双方表示，中澳两国国情不同，会产生这样那样的分歧。双方应尊重并充分考虑彼此的核心利益和重大关切，本着相互尊重、互不干涉和平等的原则妥善处理分歧和敏感问题，采取切实措施维护中澳关系健康稳定发展的大局。澳方重申其在1972年12月21日《中澳建交联合公报》中关于台湾问题的一个中国立场。澳方确认1972年以来澳历届政府的一贯立场，即澳在包括涉及西藏、新疆等问题上尊重中国主权和领土完整。

三、中澳两国国内生产总值之和超过5万亿美元，双方一致认为，中澳经济互补性强，在互惠互利的基础上推进经贸与投资合作符合双方共同利益。澳大利亚是中国长期稳定的矿产和能源资源供应国。中国是澳大利亚有竞争力的商品供应国。双方愿根据市场原则继续开展互惠贸易。双方重申坚持开放的贸易和投资政策，反对任何形式的保护主义，支持早日完成世界贸易组织多哈回合谈判。双方认为，通过谈判达成全面、高质量、平衡和互利的双边自由贸易协定符合两国长远利益。考虑到谈判已进行了4年，双方同意共同努力，本着积极、务实的精神，尽早结束谈判。澳方明确表示欢迎中国投资，中方也同样欢迎澳大利亚投资。澳方认为，中国对澳投资不断增长是积极进展，将进一步巩固中澳经济关系。中方认为，澳大利亚增加对中国投资拥有广阔空间。双方将采取积极措施为两国企业开展贸易和投资合作提供便利。双方对近期双向贸易、投资的增长表示欢迎。

四、双方同意，中澳在促进亚太地区和平、稳定和发展方面拥有重要的共同利益。中方欢迎澳方在国际和地区事务中的重要作用。双方将继续加强在联合国、二十国集团、亚太经合组织、东亚峰会、太平洋岛国论坛等多边机制和机构中的沟通与协调，并就应对金融危机、气候变化、防治流行性疾病、防止大规模杀伤性武器扩散和打击跨国犯罪等问题加强磋商与合作。中方欢迎澳大利亚提出的“亚太共同体”倡议，将派高级别代表团参加由澳总理于12月在悉尼主持召开的探讨倡议未来发展的一轨半国际会议。中方欢迎澳大利亚2010年加入亚欧会议。双方认识到就太平洋岛国事务加强对话与协调的重要性以及太平洋岛国论坛的重要作用。

五、双方同意，两国人民之间的相互了解和友谊是中澳关系的重要基础。双方愿共同努力，扩大两国地方政府间的友好交流与合作，并推动教育、文化、体育、旅游和新闻等领域的民间交往。双方期待2010年上海世博会取得成功。双方同意于2010年至2011年在中国举办“澳大利亚文化年”，2011年至2012年在澳大利亚举办“中国文化年”。

2009年10月30日于澳大利亚堪培拉

国务院副总理李克强在悉尼与澳大利亚副总理朱莉娅·吉拉德举行会谈

会谈后，李克强和吉拉德共同出席了中澳关于电信、林业、文物保护、教育培训等合作文件的签字仪式。

中国海军第四批护航编队赴亚丁湾索马里海域接替第三批护航编队执行护航任务

第四批护航编队由海军东海舰队“马鞍山”号、“温州”号两艘国产新型导弹护卫舰和第三批护航编队中的“千岛湖”号综合补给舰及两架舰载直升机、数十名特战队员组成，整个编队共计700多人。

第四批护航编队在执行护航任务期间，将定期组织各舰船靠港补给、休整，视情与外军进行友好互访，积极参与国际人道主义救援活动。

中国科学院建院60周年纪念会在北京举行

在中国科学院建院60周年之际，中共中央总书记、国家主席、中央军委主席胡锦涛致信中国科学院，向为我国科学技术发展作出突出贡献的全体院士和科技工作者致以热烈的祝贺和诚挚的问候。

国务委员刘延东宣读贺信并讲话。刘延东在讲话中说，胡锦涛总书记的贺信充分体现了中央对中国科学院的亲切关怀，为中国科学院的发展指明了方向，希望中国科学院认真学习领会、坚决贯彻落实胡锦涛总书记的贺信精神。

纪念会上，全国人大常委会副委员长、中国科学院院长路甬祥，全国人大常委会副委员长、中国科协主席韩启德分别致辞。中国科学院遗传发育所李振声院士、中国科技大学潘建伟教授、中国科学院电子所博士毕业生仇晓兰分别代表老科学家、中青年科学家和研究生发言。

万钢、王志珍和宋健出席纪念会。

纪念会由中国科学院常务副院长白春礼主持。中央和国家机关有关部门负责同志，在京部分院士代表，中青年科学家代表等近600人参加会议。

张一民逝世

军事科学院原战史研究部部长张一民同志(副兵团职待遇)，因病医治无效，于10月30日在北京逝世，享年94岁。

张一民是河北安平人，1937年入伍，同年加入中国共产党。土地革命战争时期，他历任学员、文化教员等职。抗日战争时期，他历任团政治教员、政治主任教员、政治指导员、干事、抗大总校干部训练队组长、科长等职。解放战争时期，他历任政治协理员、军委总卫生部秘书主任、军委作战部参谋训练班副主任，军委作战部一局参谋、组长、科长等职。新中国成立后，他历任军委作战部一局一处处长、军事学院高级速成系学员，军事学院防空教授会主任、军事科学研究部研究处处长、训练部战史教研室主任、军事科学研究部副部长、训练研究部副部长，山西省军区副司令员等职。

张一民1955年被授予上校军衔，1960年晋升为大校军衔，曾荣获二级红星功勋荣誉章。

10月31日

全国人大常委会第十一次会议在京闭幕

会议经过表决，通过了驻外外交人员法；决定免去周济的教育部部长职务，任命袁贵仁为教育部部长。国家主席胡锦涛签署主席令，公布了有关法律和任免。

吴邦国委员长主持会议。

会议表决通过全国人大常委会关于批准《中华人民共和国和巴西联邦共和国关于民事和商事司法协助的条约》的决定，批准了这一条约。

会议分别表决通过了全国人大内务司法委员会、财政经济委员会、外事委员会关于十一届全国人大二次会议主席团交付审议的代表提出的议案审议结果的报告。

会议经表决，免去高来夫的中国人民解放军军事检察院检察长职务，任命李晓峰为中国人民解放军军事检察院检察长。

完成各项议程后，吴邦国发表讲话。

他说，会议通过的驻外外交人员法，从法律上明确了驻外外交人员的职责、条件、权利和义务，规定了外交衔级和职务制度，规范了驻外外交人员管理体制，对于建设高素质外交人员队伍，保证驻外外交机构依法履行职责，更好地贯彻落实独立自主的和平外交政策，将发挥重要作用。

吴邦国说，为贯彻落实党的十七大提出的逐步实行城乡按相同人口比例选举人大代表的要求，我们把修改选举法作为本届全国人大及其常委会立法工作的一个重点，及时启动修改工作。在认真梳理代表议案建议、充分调查研究、广泛听取意见、反复测算论证的基础上，形成了选举法修正案草案，提请本次会议审议。常委会组成人员和列席会议的同志，普遍赞成这次选举法修改的指导思想、主要原则，认为一步到位实行城乡按相同人口比例选举人大代表，并保证各地区、各民族、各方面都有适当数量的人大代表的修改方案，符合党的十七大精神，符合我国经济社会发展实际，能够更好地体现人人平等、地区平等和民族平等，有利于进一步扩大人民民主，保证人民当家做主。大家强调，不断推进中国特色社会主义选举制度的自我完善与发展，是坚持和完善人民代表大会制度的重要基础，是发展社会主义民主政治的重要内容。选举法的修改，必须坚持党的领导、人民当家做主、依法治国有机统一，坚持中国特色社会主义政治发展道路，坚持从中国国情和实际出发，使中国特色社会主义选举制度的优势得到更好发挥。审议中，大家对草案也提出了一些很好的修改意见和建议。考虑到选举法是保障公民依法行使选举权和被选举权的重要法律，政治性强，各方面都很关注，草案拟进一步广泛征求人民群众和社会各界意见，请法律委会同法工委根据各方面意见认真修改，经12月份常委会会议继续审议后，再提请明年3月召开的十一届全国人大三次会议审议。

吴邦国在讲话中还回顾了今年的人大监督工作，并对进一步做好监督工作提出了要求。

全国人大常委会副委员长王兆国、路甬祥、乌云其木格、韩启德、华建敏、陈至立、周铁农、李建国、司马义·铁力瓦尔地、蒋树声、陈昌智、严隽琪、桑国卫出席会议。国务委员梁光烈、最高人民法院院长王胜俊、最高人民检察院检察长曹建明等列席会议。

全国人大常委会委员长吴邦国主持人大常委会第十二讲专题讲座

讲座题目是《我国可再生能源发展战略的若干问题》。吴邦国委员长主持讲座。

今年8月，十一届全国人大常委会第十次会议首次审议了可再生能源法修正案草案，为了配合常委会组成人员更好地修改完善这部法律案，特别安排了这次专题讲座。讲座主讲人、国家发展和改革委员会宏观经济研究院能源研究所所长韩文科从我国可再生能源发展的基本情况、主要成就和存在的问题，以及发展战略和政策措施等方面作了详细讲解。

韩文科说，能源的可持续发展事关我国经济社会发展的全局。随着工业化、城市化的快速发展，在依赖大量消耗化石能源资源创造巨大物质财富的同时，我国的能源资源和环境问题也越来越突出，以气候变化为代表的全球性环境问题更是成为世界各国的共同挑战。他从风电技术、太阳能技术、生物质能技术、水电技术、地热和海洋能技术等方面分析了可再生能源技术发展现状和趋势。

在介绍我国可再生能源产业发展取得的一系列成就后，韩文科也指出了其在产业化、规模化发展中存在的不足。韩文科说，我们需要清晰认识可再生能源的特点，既要在战略上给予足够的重视，也应充分估计发展可再生能源的艰巨性和长期性，充分发挥各种可再生能源各自的优势，在综合进行技术、经济和环境论证的基础上，加快可再生能源技术整体的推进和发展。他提出，从满足国内市场发展需求、建立具有国际竞争力产业体系的需要出发，必须加强立法、建立完善的政策框架、加强基础性研究以及完善包括人才培养在内的整体服务体系，全面推进可再生能源的发展。

全国人大常委会副委员长王兆国、路甬祥、乌云其木格、韩启德、华建敏、陈至立、周铁农、李建国、司马义·铁力瓦尔地、蒋树声、陈昌智、严隽琪、桑国卫等听取讲座。

全国人大常委会关于批准《中华人民共和国和巴西联邦共和国关于民事和商事司法协助的条约》的决定

（2009年10月31日第十一届全国人民代表大会常务委员会第十一次会议通过）

第十一届全国人民代表大会常务委员会第十一次会议决定：批准2009年5月19日由外交部部长杨洁篪代表中华人民共和国在北京签署的《中华人民共和国和巴西联邦共和国关于民事和商事司法协助的条约》。

全国人大常委会任免名单

（2009年10月31日第十一届全国人民代表大会常务委员会第十一次会议通过）

免去高来夫的中国人民解放军军事检察院检察长职务；

任命李晓峰为中国人民解放军军事检察院检察长。

全国人大常委会任免名单

（2009年10月31日第十一届全国人民代表大会常务委员会第十一次会议通过）

一、任命李如林为最高人民检察院检察委员会委员。

二、免去尹晋华的最高人民检察院检察员职务。

国家主席胡锦涛签署第19号令公布《中华人民共和国驻外外交人员法》

《中华人民共和国驻外外交人员法》已由中华人民共和国第十一届全国人民代表大会常务委员会第十一次会议于2009年10月31日通过，现予公布，自2010年1月1日起施行。

中华人民共和国主席　胡锦涛

2009年10月31日

中华人民共和国驻外外交人员法

第一章　总　则

第一条　为了建设高素质的驻外外交人员队伍，保证驻外外交机构依法履行职责，规范驻外外交人员的管理，保障驻外外交人员的合法权益，根据宪法和公务员法，制定本法。

第二条　本法所称驻外外交人员，是指在中华人民共和国驻外外交机构中从事外交、领事等工作，使用驻外行政编制，具有外交衔级的人员。

本法所称驻外外交机构，是指中华人民共和国驻外国的使馆、领馆以及常驻联合国等政府间国际组织的代表团等代表机构。

驻外外交人员的义务、权利和管理，适用本法。本法未作规定的，适用公务员法的规定。

第三条　驻外外交人员依法履行职责，受法律保护。

第四条　外交部统一领导驻外外交机构的工作，会同其他派出部门对驻外外交人员实施管理。

第二章　职责、条件、义务和权利

第五条　驻外外交人员应当根据职务和工作分工，履行下列职责：

（一）维护国家主权、安全、荣誉和利益；

（二）贯彻执行国家外交方针政策；

（三）代表国家提出外交交涉；

（四）发展中国与驻在国之间的关系，参与国际组织活动，促进双边和多边友好交流与合作；

（五）维护中国公民和法人在国外的正当权益；

（六）报告驻在国情况和有关地区、国际形势；

（七）介绍中国情况和内外政策，增进驻在国和世界对中国的了解；

（八）履行其他外交或者领事职责。

特命全权大使是中华人民共和国在驻在国的代表。

第六条　驻外外交人员应当具备下列条件：

（一）具有中华人民共和国国籍；

（二）年满二十三周岁；

（三）拥护中华人民共和国宪法；

（四）具有良好的政治素质和品行；

（五）具有胜任工作所需的专业知识、工作能力和语言能力；

（六）具有常驻国外所要求的身体条件、心理素质和适应能力；

（七）法律规定的其他条件。

第七条　有下列情形之一的，不得任用为驻外外交人员：

（一）曾因犯罪受过刑事处罚的；

（二）曾被开除公职的；

（三）曾被国家机关辞退的；

（四）持有外国长期或者永久居留许可的；

（五）配偶具有外国国籍、持有外国长期或者永久居留许可的；

（六）不得任用为驻外外交人员的其他情形。

第八条　驻外外交人员应当履行下列义务：

（一）忠于祖国和人民，维护国家尊严；

（二）忠于中华人民共和国宪法和法律，尊重驻在国的法律和风俗习惯；

（三）忠于职守，勤勉尽责，完成各项工作任务；

（四）服从派出部门的调遣，遵守驻外外交机构规章制度和工作纪律；

（五）严守国家秘密和工作秘密；

（六）不得在驻外工作期间辞职；

（七）按照规定向驻外外交机构和派出部门报告个人重大事项；

（八）法律规定的其他义务。

第九条　驻外外交人员享有下列权利：

（一）获得履行职责应当具有的工作条件；

（二）获得与常驻国外工作、生活相适应的工资福利保险待遇；

（三）在驻外工作期间不被辞退；

（四）派遣前和驻外工作期间参加培训；

（五）法律规定的其他权利。

第十条　驻外外交人员依照中华人民共和国缔结或者参加的国际条约，在驻外工作期间享有相应的特权和豁免。

驻外外交人员不得滥用特权和豁免，未经批准不得放弃特权和豁免。

第三章　职务和衔级

第十一条　驻外外交人员的职务分为外交职务和领事职务。

外交职务分为：特命全权大使、代表、副代表、公使、公使衔参赞、参赞、一等秘书、二等秘书、三等秘书、随员。

领事职务分为：总领事、副总领事、领事、副领事、领事随员。

第十二条　驻外外交人员实行外交衔级制度。

外交衔级设七级：大使衔、公使衔、参赞衔、一等秘书衔、二等秘书衔、三等秘书衔、随员衔。

驻外外交人员的外交衔级，根据其在驻外外交机构中担任的职务、公务员职务级别和外交工作需要确定。

第十三条　外交职务与外交衔级的基本对应关系为：

(一)特命全权大使：大使衔；

(二)代表、副代表：大使衔、公使衔、参赞衔；

(三)公使、公使衔参赞：公使衔；

(四)参赞：参赞衔；

(五)一等秘书：一等秘书衔；

(六)二等秘书：二等秘书衔；

(七)三等秘书：三等秘书衔；

(八)随员：随员衔。

第十四条　领事职务与外交衔级的基本对应关系为：

(一)总领事：大使衔、公使衔、参赞衔；

(二)副总领事：参赞衔；

(三)领事：参赞衔、一等秘书衔、二等秘书衔；

(四)副领事：三等秘书衔、随员衔；

(五)领事随员：随员衔。

第十五条　驻外外交人员的职务和外交衔级与公务员职务级别的对应关系另行规定。

第十六条　驻外外交人员的职务按照下列权限决定：

(一)特命全权大使和代表、副代表为特命全权大使的，由全国人民代表大会常务委员会决定；

(二)前项之外的代表、副代表，由国务院决定；

(三)总领事，由外交部决定；

(四)公使、公使衔参赞、参赞、副总领事以及其他驻外外交人员的职务，由外交部或者其他派出部门决定；其中，三等秘书、副领事以下职务，在驻外工作期间由驻外外交机构决定。

第十七条　外交衔级按照下列权限批准和授予：

(一)大使衔，由国务院总理批准授予；

(二)公使衔、参赞衔，由外交部或者其他派出部门批准，外交部部长授予；

(二)一等秘书衔、二等秘书衔，派遣时由派出部门批准和授予，驻外工作期间由派出部门根据驻外外交机构的意见批准和授予；

(四)二等秘书衔、随员衔，派遣时由派出部门批准和授予，驻外工作期间由驻外外交机构批准和授予。

第十八条　驻外外交人员晋升三等秘书、副领事以及相应的衔级，按照规定的晋升条件、期限，分别依照本法第十六条、第十七条规定的权限逐级晋升；经考核不具备晋升条件的，根据驻外外交机构的意见，经派出部门批准，延期晋升。

驻外外交人员晋升二等秘书、一等秘书、参赞、公使衔参赞、公使或者领事、副总领事以及相应的衔级，根据晋升条件、期限和驻外外交机构提出的晋升意见，分别依照本法第十六条、第十七条规定的权限，逐级择优晋升。

驻外外交人员晋升职务和衔级的条件、期限另行规定。

第十九条　驻外外交人员在受处分期间，其职务和衔级不予晋升。

第二十条　驻外外交人员受到降级、撤职处分的，应当按照规定降低衔级。降低衔级不适用于随员衔。

驻外外交人员离任回国，其衔级相应终止。从事外交工作确有需要的，可以保留。具体办法由外交部会同国务院有关部门另行规定。

第四章　馆　长

第二十一条　馆长是驻外外交机构的行政首长。特命全权大使为大使馆的馆长。代表为常驻联合国等政府间国际组织的代表机构的馆长。总领事为总领事馆的馆长。领事为领事馆的馆长。

驻外外交机构实行馆长负责制。馆长统一领导驻外外交机构的各项工作。

第二十二条　馆长缺位或者因故不能执行职务时，由被指定的人员代理馆长行使职责。

第二十三条　馆长应当向派出部门提交到任和离任的书面报告。

馆长应当按期回国述职。

第五章　派遣、召回和调回

第二十四条　特命全权大使和代表、副代表为特命全权大使的，由中华人民共和国主席根据全国人民代表大会常务委员会的决定派遣和召回。

前款以外的代表、副代表，由国务院或者派出部门派遣和调回。

其他驻外外交人员，由外交部或者其他派出部门派遣和调回。

第二十五条　驻外外交人员实行任期制度。根据工作需要，经派出部门批准，驻外外交人员的任职期限可以适当缩短或者延长。

第二十六条　驻外外交人员有下列情形之一的，应当提前调回：

(一)另有工作安排的；

(二)不能履行职责的；

(三)触犯法律或者严重违纪的；

(四)配偶取得外国国籍、外国长期或者永久居留许可的；

(五)不宜继续在驻外外交机构工作的其他情形。

第二十七条　国家可以根据需要紧急召回、调回或者撤出相关驻外外交机构的部分人员或者全部人员。

第六章　考核、培训和交流

第二十八条　对驻外外交人员的考核分为平时考核和定期考核，由驻外外交机构或者派出部门按照国家规定组织实施。

对驻外外交人员的考核,以其承担的职责和工作任务为基本依据,全面考核德、能、勤、绩、廉,重点考核工作实绩。

考核的结果作为调整驻外外交人员职务、衔级、级别、工资以及对驻外外交人员进行奖励、培训等的依据。

第二十九条　派遣前和驻外工作期间,根据工作职责的要求,应当对驻外外交人员进行任职和专业培训。

第三十条　驻外外交人员应当在驻外外交机构之间进行任职交流;根据工作需要,也可以在派出部门或者其他机关之间进行任职交流。

第三十一条　驻外外交人员的培训情况和任职交流经历,列入考核内容。

第七章　奖励和惩戒

第三十二条　驻外外交机构或者驻外外交人员有下列情形之一的,依法给予奖励:

(一)为维护国家主权、安全、荣誉和利益作出重大贡献的;

(二)为维护中国公民和法人在国外的人身、财产安全或者其他正当权益作出突出贡献的;

(三)在应对重大突发事件中作出重大贡献的;

(四)在战乱等特定艰苦环境中有突出事迹的;

(五)为保护国家秘密作出突出贡献的;

(六)遵守纪律,廉洁奉公,作风正派,办事公道,模范作用突出的;

(七)尽职尽责,工作实绩突出的;

(八)有其他突出表现应当给予奖励的。

第三十三条　驻外外交人员有下列行为之一的,依法给予相应的处分;构成犯罪的,依法追究刑事责任:

(一)损害国家主权、安全、荣誉和利益的;

(二)擅自脱离驻外外交机构的;

(三)泄露国家秘密或者工作秘密的;

(四)利用职务之便为自己或者他人谋取私利的;

(五)从事或者参与营利性活动,在企业或者其他营利性组织中兼任职务的;

(六)玩忽职守,贻误工作的;

(七)不服从调遣,拒绝赴派往的岗位工作的;

(八)有其他违法或者违纪行为的。

第三十四条　外交部或者其他派出部门依照法定的权限和程序对驻外外交机构进行奖励,对驻外外交人员给予奖励或者惩戒。

第八章　工资和福利

第三十五条　驻外外交人员实行职务、衔级与级别相结合的驻外工资制度。

第三十六条　国家建立驻外外交人员工资调整机制,适时调整驻外外交人员的工资和生活待遇。

第三十七条　驻外外交人员按照国家规定享受津贴、补贴。

第三十八条　国家为驻外外交人员提供必要的医疗保障和安全措施,并按照有关规定提供必要的人身意外伤害保险。

第三十九条　驻外外交人员享受国家规定的带薪年休假和任期假。

第九章　配偶和子女

第四十条　驻外外交人员办理结婚手续前,应当按照规定如实向派出部门报告结婚对象的身份等情况。

驻外外交人员离婚,应当及时向派出部门报告。

第四十一条　驻外外交人员的配偶随任,应当经派出部门批准。

驻外外交人员任期结束或者提前调回的,随任配偶应当同时结束随任。

第四十二条　驻外外交人员配偶随任期间,根据驻外外交人员的职务和衔级、任职年限和驻在国生活条件,享受规定的休假待遇。

第四十三条　驻外外交人员配偶为国家机关、事业单位在编人员,国有独资企业、国有独资公司、国有资本控股公司人员或者现役军人的,随任期间和结束随任回国后在原单位的工作安排,按照国家规定办理;原单位不得因其随任将其开除、辞退或者收取补偿金、管理费等费用。

第四十四条　驻外外交人员配偶未随任的,经派出部门批准,可以赴驻外外交机构探亲,按照规定享受相应的探亲假、旅费和补贴。

第四十五条　驻外外交人员的未成年子女,经派出部门批准,可以赴驻外外交机构随居或者探亲。

国家采取多种措施,保障驻外外交人员的未成年子女依法享有受教育的权利。

第四十六条　随任、随居和探亲的驻外外交人员配偶、子女,应当遵守驻外外交机构规章制度,尊重驻在国的法律和风俗习惯。

第十章　附　则

第四十七条　驻外外交机构武官参照本法管理,具体办法由中央军事委员会制定。

第四十八条　本法自2010年1月1日起施行。

国家主席胡锦涛签署第20号令公布任免名单

根据中华人民共和国第十一届全国人民代表大会常务委员会第十一次会议于2009年10月31日的

决定：

免去周济的教育部部长职务；

任命袁贵仁为教育部部长。

中华人民共和国主席 胡锦涛

2009年10月31日

国务院总理温家宝在北京儿童医院考察甲型H1N1流感防控工作

钱学森逝世

中国共产党的优秀党员，忠诚的共产主义战士，享誉海内外的杰出科学家和我国航天事业的奠基人，中国科学院、中国工程院资深院士，中国人民政治协商会议第六届、七届、八届全国委员会副主席钱学森同志因病于10月31日在北京逝世，享年98岁。

钱学森原籍浙江杭州，1911年12月11日生于上海。1929年至1934年在上海交通大学机械工程系学习，1935年至1939年在美国麻省理工学院航空工程系学习，获硕士学位。1936年至1939年在美国加州理工学院航空与数学系学习，获博士学位。1938年7月至1955年8月，钱学森先后任美国加州理工学院航空系助教、讲师、副教授，麻省理工学院航空系副教授、教授，加州理工学院航空系教授和喷气推进中心主任等职，从事空气动力学、固体力学和火箭、导弹等领域的研究。

1955年10月回到祖国，筹建中国科学院力学研究所。1956年1月，任中国科学院力学研究所所长。1958年10月，加入中国共产党。1960年2月，指导设计的我国第一枚液体探空火箭发射成功。同年11月，成功组织我国第一枚近程地地导弹发射试验。1964年6月，组织指挥我国第一枚改进后的中近程地地导弹飞行试验。1965年1月，任第七机械工业部副部长，组织领导地地导弹、地空导弹、岸舰导弹和固体火箭发动机、固体燃料导弹、运载火箭以及卫星研制试验等任务。1966年10月，组织实施我国首次导弹与原子弹“两弹结合”试验。1968年2月，兼任新成立的中国空间技术研究院院长。1970年4月，组织实施我国第一颗人造地球卫星发射任务。1970年6月至1987年7月，先后担任国防科学技术委员会副主任、国防科工委科学技术委员会副主任。1971年3月，组织完成“实践一号”卫星发射试验。1972年至1976年，参与组织领导运载火箭和洲际导弹研制工作，提出建立导弹航天测控网概念；领导设计制造我国第一艘核动力潜艇；组织启动远洋测量船基地建设工程；指挥成功发射我国第一颗返回式卫星。1980年5月、1982年10月、1984年4月先后参与组织领导我国洲际导弹第一次全程飞行、潜艇水下发射导弹和地球静止轨道试验通信卫星发射任务。1980年至1991年，先后担任中国科学技术协会副主席、主席，1991年5月担任中国科学技术协会名誉主席。

钱学森是中国共产党第九届、十届、十一届、十二届中央候补委员，第二届、三届、四届、五届全国人大代表，政协第二届全国委员会委员。他是中国力学学会、中国自动化学会第一届理事会理事长，国际自动控制联合会第一届理事会常务理事，中国宇航学会、中国力学学会、中国系统工程学会名誉理事长。1957年被增聘为中国科学院学部委员（院士），1994年被选聘为中国工程院首批院士。先后获1956年度中国科学院自然科学奖一等奖、1985年度国家科技进步奖特等奖。著有《工程控制论》《物理力学讲义》《星际航行概论》《论系统工程》等。1989年6月获得“小罗克韦尔奖章”和“世界级科学与工程名人”、“国际理工研究所名誉成员”称号。1991年10月被国务院、中央军委授予“国家杰出贡献科学家”荣誉称号，被中央军委授予一级英雄模范奖章。1999年9月被党中央、国务院、中央军委授予“两弹一星功勋奖章”。2009年9月被评为“100位新中国成立以来感动中国人物”。

11月1日

国务院副总理李克强在新西兰基督城出席坎特伯雷大学孔子学院成立仪式并发表讲话

李克强说，文化教育合作是中新全面合作关系的重要组成部分。中国已成为新西兰最大的留学生来源国和成长最快的海外游客来源国，新西兰民众学习中文、了解中国文化的愿望也十分迫切。坎特伯雷大学与中国华中科技大学强强联手在新西兰建立又一所孔子学院，也是新西兰南岛地区第一所孔子学院，是中新两国在人文领域开展友好交流与务实合作取得的又一重要成果，这表明，中新双方的交流与合作不仅涉及经贸领域，而且涵盖文化、教育、科技等诸多领域。

李克强表示，中新之间虽然历史文化不同，但是双方相互学习借鉴，两国人民之间的友谊不断加深。语言作为文化和文明的载体，是人与人开展交流不可或缺的工具和媒介。希望在新西兰开办的孔子学院，成为加强中新双方相互学习的纽带，在文化教育交流方面发挥重要的桥梁作用。孔子说，“德不孤，必有邻”。只要我们讲道德，守诚信，就一定会成为紧密合作的伙伴和朋友。中新双方相互尊重，彼此信任，已经成为好朋友、好伙伴。相信双方可以通过进一步加强沟通，增加互信，巩固和发展传统友谊，推动中新两国全面合作关系再上新台阶。

全国公安厅局长座谈会在安徽合肥召开

公安部部长孟建柱在会上强调，面对新形势新任务对公安工作提出的新要求新挑战，各级公安机关要深入学习贯彻党的十七届四中全会精神，立足于公安工作的长远发展，坚持政治建警，进一步深化“三基”工程建设和“三项建设”，全面提升公安机关维护国家安全和社会稳定的能力和水平，不断增强人民群众安全感和满意度。

各省、自治区、直辖市和新疆生产建设兵团公安厅局长，省会市、副省级市公安局长，公安部部属局级单位主要负责同志参加会议。

第十六届中国杨凌农业高新科技成果博览会在陕西杨凌召开

博览会由科技部等部委和陕西省政府共同主办。为期5天的本届农高会以“科技引领·创业推动·现代农业”为主题，主要内容包括展览展示、国际合作交流与论坛研讨、信息发布、交易洽谈、咨询培训、评奖颁奖6个板块。

清华大学今日复建国学研究院

因有“国学四大导师”——王国维、梁启超、陈寅恪、赵元任执教的清华大学国学研究院，成就了近代教育史上的一段佳话：创办不过4年，70名毕业生中后来成为著名学者的就有50人，因为各种原因，研究院在1929年停办。今天，清华大学复建国学研究院。

复建的国学研究院为校属、跨院系的研究机构，将秉承老清华国学研究院的精神，接续20世纪三四十年代清华人文研究的传统，参与新时期以来清华文科的恢复振兴，办成具有世界影响的中国文化研究中心。

中国羽毛球队在巴黎举行的法国羽毛球公开赛上获得女单女双和男单三项冠军

11月2日

全国人大常委会委员长吴邦国在人民大会堂会见澳大利亚参议长约翰·霍格

吴邦国强调，中澳同为亚太地区有重要影响力的国家，两国没有根本利害冲突，无论是在维护地区和平稳定、促进区域合作，还是在推动地区和全球经济增长、应对全球性挑战等方面，两国拥有广泛的共同利益与合作基础。谈到议会交往时，吴邦国说，中国全国人大愿同澳大利亚议会一道，不断发展和完善双方定期交流机制，开展多层次、多渠道、多领域的交往与合作，为两国关系注入新的活力，使议会成为中澳关系发展的建设性力量。

霍格表示，积极发展对华关系是澳大利亚朝野和社会各界的共识。此次率领的代表团既有来自执政党的成员，也有来自在野各党派的成员，既要访问北京、上海这样的都市，也要访问四川、西藏那样的西部地区，目的就是加深两国和两国人民的了解和友谊，深化两国业已存在的友好关系，扩大双方的互利合作。他重申，澳方将一如既往坚定奉行一个中国政策。

国务院总理温家宝在北京参观中国科学院建院60周年展

国务院总理温家宝应约与欧盟委员会主席巴罗佐就气候变化等问题通电话

温家宝说，哥本哈根会议即将举行，中方认为，这次会议的目标是要在全面、有效和持续实施《联合国气候变化框架公约》及其《京都议定书》方面取得积极成果，重点是就减缓、适应、技术转让、资金支持作出明确、具体的安排。会议取得成功的关键是坚持《公约》及其《议定书》，坚持“共同但有区别的责任”原则，坚持“巴厘路线图”授权。各方要坚定信心、凝聚共识、积极努力、加强合作，防止有关谈判背离《公约》及其《议定书》的原则和规定、偏离“巴厘路线图”授权。温家宝表示，今年9月，胡锦涛主席已在联合国气候变化峰会上明确了中方的立场和具体措施。

巴罗佐介绍了欧盟在气候变化问题上的立场和有关倡议。

国务院总理温家宝签署565号令公布《政府参事工作条例》

《政府参事工作条例》已经2009年10月28日国务院第85次常务会议通过，现予公布，自2010年1月1日起施行。

总理　温家宝

2009年11月2日

政府参事工作条例

第一条　为了规范和加强政府参事工作，保障参事依法履行职责，发挥参事参政议政、建言献策、咨询国是、民主监督、统战联谊的作用，制定本条例。

第二条　国务院和省、自治区、直辖市以及设区的市人民政府设立的参事工作机构，主管本级人民政府的参事工作。上级人民政府参事工作机构指导下级人民政府参事工作机构的工作。

第三条　参事实行聘任制。国务院参事由国务院总理聘任，省、自治区、直辖市人民政府参事分别由省长、自治区主席、市长聘任，设区的市人民政府参事由市长聘任。

第四条　参事主要从民主党派成员和无党派人士中聘任，也可以从中国共产党党员专家学者中聘任。

第五条　参事应当符合下列条件：

（一）拥护中华人民共和国宪法；

（二）具有一定的代表性、较大的社会影响和较高的知名度；

（三）具有较强的参政咨询能力；

（四）具备履行职责的身体条件和意愿。

参事的首聘年龄不得低于55周岁，不得高于65周岁。参事任职的最高年龄不得超过70周岁。

第六条　聘任参事应当依照下列程序：

（一）本级人民政府领导人员和各有关单位向参事工作机构推荐参事人选；

（二）参事工作机构会同有关部门根据本条例第五条规定的条件，研究确定考察人选并进行考察；

（三）参事工作机构与有关部门根据考察情况研究确定参事拟聘人选，报本级人民政府审定；

（四）本级人民政府主要负责人签发聘书。

第七条　参事每届任期不超过5年。政府工作需要且符合本条例第五条规定条件的，可以续聘。

第八条　参事在任期内不再符合本条例第五条规定的条件或者不能继续履行职责的，参事工作机构应当及时报本级人民政府主要负责人予以解聘。

第九条　参事在任期内可以向参事工作机构申请离任。参事申请离任的，由参事工作机构报本级人民政府批准。

第十条　参事履行下列职责：

（一）围绕本级人民政府的中心工作开展调查研究，了解、反映社情民意；

（二）对本级人民政府的工作进行监督，提出意见、建议和批评；

（三）对有关法律文件草案、本级人民政府工作报告稿和其他重要文件草案提出修改意见和建议；

（四）参加爱国统一战线工作；

（五）承担本级人民政府交办的其他工作。

第十一条　参事享有下列权利：

（一）直接向本级人民政府领导人员反映情况，提出意见和建议；

（二）根据履行职责的需要，向本级和下级人民政府有关部门了解情况；

（三）应邀参加本级人民政府有关会议；

（四）享受国家规定的工作待遇。

第十二条　参事应当履行工作职责，遵守工作纪律，保守国家秘密，遵守廉政规定，不得利用职务之便谋取不正当利益。

第十三条　设立参事工作机构的人民政府应当为本级人民政府参事工作提供经费保障，为参事依法履行职责提供便利条件。

第十四条　设立参事工作机构的人民政府应当根据科学民主依法决策的需要，安排本级人民政府参事开展参政咨询工作的重点任务，定期向参事通报政府重大决策、工作部署和经济社会发展情况，采取座谈会、论证会等方式直接听取参事的意见和建议，接受参事对政府工作的民主监督。

设立参事工作机构的人民政府有关部门和下级人民政府应当支持、配合参事的工作，及时办理参事建议并向参事工作机构反馈办理情况。

第十五条　参事工作机构负责对本级人民政府参事的组织管理和服务，履行下列职责：

（一）组织参事学习党和国家的方针政策；

（二）组织参事围绕本级人民政府的中心工作开展调查研究；

（三）组织参事开展同外国政府咨询机构的交流与合作；

（四）组织参事参加爱国统一战线工作；

（五）为参事依法履行职责提供保障和服务；

（六）对参事履行职责的情况进行考评；

（七）承办本级人民政府交办的其他事项。

第十六条　参事的人事关系所在单位应当为参事履行职责提供必要的工作条件，落实国家规定的待遇。

第十七条　参事的人事关系在党政机关、事业单位的，其编制管理按照国家有关规定执行。

第十八条　参事在参事工作中成绩显著、为政府科学民主依法决策作出突出贡献的，由本级人民政府给予表彰奖励。

第十九条　参事不依法履行职责或者从事与参事身份不符的活动、造成不良后果的，参事工作机构应当报本级人民政府主要负责人予以辞聘。

第二十条　本条例自 2010 年 1 月 1 日起施行。

全国检察机关技术信息工作会议在江苏省苏州市召开

最高人民检察院检察长曹建明出席会议并讲话。

曹建明指出，要进一步采取有力措施加强检察技术人才、设备、机构和技术用房等基础建设。当前要首先按照高检院制定的人民检察院司法鉴定实验室建设规划抓好司法鉴定工作，切实把司法鉴定实验室建设和国家认可工作作为提高法律监督能力的重要举措，有计划、有步骤地建成一批通过国家认可、满足检察业务需要的司法鉴定实验室。

曹建明强调，要以检察工作需求为导向，以检察信息资源管理为核心，加快建设全国检察机关统一的信息交换与资源共享平台及服务体系，大力推进应用系统互联互通、资源共享，争取到 2013 年建成覆盖全国各级检察机关的检察信息化综合体系。

农业部发布《农业机械化标准体系建设规划（2010—2015）》（摘要）

规划首次明确了农业机械化标准体系的建设内容和建设目标，将在 2015 年前基本建立起科学、统一、协调的农业机械化标准体系。

近年来，农业机械化标准范围向重点机具、主要作物、关键环节拓展。目前，现行农业机械化国家标准 8 项、农业行业标准 205 项，正在制修订的农业机械化国家标准和农业行业标准 69 项。农业部决定未来 3 年（2010—2012 年）重点建设联合收获机械安全标志、水稻插秧机可靠性评价方法、温室灌溉系统设计规范等 75 项农业机械化标准。

国务院副总理李克强与新西兰副总理英格利希在惠灵顿举行会谈

李克强表示，中方愿与新方一道，共同努力推动中新互利共赢的全面合作关系不断迈上新台阶。一是加强两国高层及各级别交往，进一步增进相互了解与信任。二是继续积极推进自贸协定实施工作，推动经贸合作取得更多成果。三是积极鼓励两国企业开展在节能环保、资源开发等领域的项目合作，培育双边合作新的增长点。四是努力扩大文化、教育、旅游、科技等领域的务实合作与友好交流。五是继续加强在多边事务中的沟通与磋商，密切在气候变化、多边合作等问题上的对话与协调，共同构建和平、稳定与繁荣的亚太地区。

会谈后，李克强与英格利希共同出席了关于中国公民临时赴新工作、教育培训、食品安全、检验检疫等合作文件的签字仪式。

第八届孙子兵法国际研讨会在北京举行

本次研讨会由军事科学院和中国孙子兵法研究会主办。来自两岸及港澳以及美国、英国、日本、韩国、马来西亚、瑞典、罗马尼亚、德国、奥地利等 10 多个国家和地区的 150 多名专家学者，围绕“孙子兵法与和谐世界”、“孙子兵法与中国传统军事思想”、“孙子兵法与战争控制”、“孙子兵法在其他领域的应用”等议题展开讨论和交流。

云南宾川发生 5.0 级地震

据中国地震台网测定，北京时间 11 月 2 日 5 时 7 分，云南省大理白族自治州宾川县（北纬 26.0 度，东经 100.7 度）发生 5.0 级地震。震中位于宾川县平川镇，震源深度约 10 公里。

11 月 3 日

国家主席胡锦涛电贺哈米德·卡尔扎伊再次当选阿富汗伊斯兰共和国总统

国务院总理温家宝出席在人民大会堂举行的首都科技界大会并发表讲话

国务院总理温家宝向首都科技界发表了题为《让科技引领中国可持续发展》的讲话。温家宝指出，中国的现代化是人类历史上前所未有的大变革。科学技术是推动这场变革的重要动力。只要用现代科学技术武装起来，中国这艘巨轮就能产生无尽的力量，任何人都阻挡不了我们前进的步伐。中国科技一定能够支撑和引领我们伟大的祖国实现现代化宏伟目标。

温家宝指出，新中国成立60年来，党和国家始终把科技摆在重要战略地位，我们独立自主地建立起现代科学技术体系，走出了一条中国特色的科技发展道路，许多重要科研领域达到国际先进水平。历史告诉我们，科学技术决定民族兴衰和国家命运。我们必须依靠科学技术全面建成惠及十几亿人口的更高水平的小康社会，依靠科学技术加快建成富强民主文明和谐的现代化国家。

温家宝说，世界正在经历一场百年罕见的金融危机。历史经验表明，经济危机往往孕育着新的科技革命。正是科技上的重大突破和创新，推动经济结构的重大调整，提供新的增长引擎，使经济重新恢复平衡并提升到新的更高水平。谁能在科技创新方面占据优势，谁就能掌握发展的主动权，率先复苏并走向繁荣。在应对这场国际金融危机中，各国正在进行抢占经济科技制高点的竞赛，全球将进入空前的创新密集和产业振兴时代。我们必须在这场竞争中努力实现跨越式发展。

温家宝指出，要推动中国经济在更长时期内全面协调可持续发展，走上创新驱动、内生增长的轨道，就必须把建设创新型国家作为战略目标，把可持续发展作为战略方向，把争夺经济科技制高点作为战略重点，逐步使新兴战略性产业成为经济社会发展的主导力量。

温家宝强调，科学选择新兴战略性产业非常重要，选对了就能跨越发展，选错了将会贻误时机。我国发展新兴战略性产业，具备一定的比较优势和广阔的发展空间，完全可以有所作为。一要高度重视新能源产业发展，创新发展可再生能源技术、节能减排技术、清洁煤技术及核能技术，大力推进节能环保和资源循环利用，加快构建以低碳排放为特征的工业、建筑、交通体系。要努力走在全球新能源汽车发展的前列，尽快确定新能源汽车的技术路线和市场推进措施，推动中国汽车工业跨越发展。二要着力突破传感网、物联网关键技术，及早部署后IP时代相关技术研发，使信息网络产业成为推动产业升级、迈向信息社会的“发动机”。三要加快微电子和光电子材料和器件、新型功能材料、高性能结构材料、纳米技术和材料等领域的科技攻关，尽快形成具有世界先进水平的新材料与智能绿色制造体系。四要运用生命科学推动农业和医药产业发展。积极发展转基因育种技术，努力提高农产品的产量和质量。突破创新药物和基本医疗器械关键核心技术，形成以创新药物研发和先进医疗设备制造为龙头的医药研发产业链条。五要大胆探索空间、海洋和地球深部，实施好载人航天计划和嫦娥计划，有效进入并和平利用空间，切实加强海岸带可持续发展研究，促进海洋资源合理开发和海洋产业发展，努力提高地球深部资源探测水平，充分挖掘和利用好各种资源。

温家宝说，要更加重视基础研究和战略高技术研究。原始创新是一个国家竞争力的源泉。中国要抢占未来经济科技发展的制高点，就不能总是跟踪模仿别人，也不能坐等技术转移，必须依靠自己的力量拿出原创成果。

温家宝强调，要深化科技体制改革，大胆革除阻碍科技生产力发展的一切体制机制障碍，进一步促进科技与经济的结合。要营造有利于创新火花竞相迸发、创新思想不断涌流、创新成果有效转化的环境，让科技工作者更加自由地讨论、更加专心地钻研、更加自主地探索。

温家宝最后说，中国科技和经济发展需要更多世界级的科学家和科技领军人物。老一代科学家要继续在重点科技攻关和创新领域发挥关键作用，善于发现和培养青年才俊；青年科学家要继承发扬老一代科学家献身祖国的高尚品质和甘于寂寞的奉献精神。只有大批青年科学家不断地成长起来，站在前辈的肩上攀登新的科技高峰，中国的科技事业才能兴旺发达，后继有人。

国务委员刘延东，中国科学院院长路甬祥，全国人大常委会副委员长桑国卫，科技部部长万钢，全国政协副主席王志珍以及中国科学院和中国工程院院士代表，国家科技重大专项课题组部分专家，首都高等院校科技专业教师代表和有关部门负责人约700人出席了会议。

全国政协主席贾庆林在北京会见出席“2009海峡两岸工会论坛”的台湾工会界主要代表

贾庆林在会见时表示，海峡两岸工会论坛以“国际金融危机与工会作用”为主题，彼此交流心得与经验，共同研讨应对之策，具有重要意义。面对国际金融危机的挑战，两岸加强经济合作，相互支持，共克时艰，取得了很好成效。当前世界经济形势虽已出现积极变化，但还存在潜在风险，两岸需要进一步加强合作。他衷心希望台湾经济能够尽快走出阴影，表示大陆愿意继续尽最大努力提供帮助，在这一过程中，我们将加强两岸协商，切实维护两岸职工的正当权益。

贾庆林指出，当前两岸关系呈现和平发展的光明前景，为两岸交流提供了前所未有的机遇和空间。两岸同胞应抓住这难得历史契机，把两岸交流合作推向民间、推向基层、推向更广泛的领域。他希望台湾更多的工会界人士参与到两岸交流合作中来，共同为两岸关系和平发展，为中华民族伟大复兴贡献力量。

中华全国总工会副主席、书记处第一书记孙春兰，中共中央台办、国务院台办主任王毅等参加了会见。

中共中央政治局常委李长春在人民大会堂会见由事务总长张光根率领的韩国大国家党代表团一行

“.中国”将成为纯中文全球顶级域名

国际互联网名称与数字地址分配机构(ICANN)近日在韩国通过一项计划,宣布互联网今后可以使用中文、阿拉伯文和韩文等非拉丁字母文字注册域名。这意味着,互联网诞生以来的最大变革——国际互联网域名体系向包括中文在内的诸多语言文字开放迈出了实质性一步。

11月4日

全国人大常委会委员长吴邦国考察中国工程院并与部分院士进行座谈

吴邦国在路甬祥、蒋树声、桑国卫等陪同下考察中国工程院,走进学术报告厅、院士办公室、休息室和餐厅,详细了解院士开展科研与学术交流活动的情形,实地察看服务保障情况,驻足欣赏院士书画与风采作品展。他叮嘱随行的有关负责同志,700多位工程院院士,在学术上都有很深的造诣,是我国工程科技界的领军人物,是国家的宝贵财富,也是工程院立院之本。我们一定要加强组织协调,搞好服务保障,为院士们开展科学研究与学术交流创造良好的环境和条件。

随后,吴邦国与部分院士就“十二五”规划纲要编制和增强自主创新能力等问题进行座谈。中国工程院院长徐匡迪介绍了工程院的情况,朱高峰、李国杰、刘玠、王淀佐、谢克昌、杜祥琬、李宁、王礼恒、王永志、傅志寰、陆佑楣、曹湘洪等院士先后发言。吴邦国在听完大家的发言后说,我们每一项重大建设成就,都离不开科技突破和技术创新,都凝聚着院士、专家们的心血与汗水。中国工程院成立15年来,院士队伍不断发展壮大,学术交流日益活跃,科研成果层出不穷,大大提升了我国工程科技总体水平,在我国经济社会发展中发挥了重要科技支撑与推动作用。随后,吴邦国就自主创新提出三点希望:

一要瞄准世界科技前沿实现重点突破。要深入分析全球产业发展趋势,加强低碳技术、新能源、新材料、生物医药、信息技术、节能环保、智能电网、新能源汽车等方面的研发,努力占领国际产业竞争制高点,为推动以节能降耗为核心的新一轮企业技术改造,促进传统产业升级换代,培育经济发展新的增长点提供有力科技支撑。

二要构筑科技创新平台促进科技体制机制改革。要优化科技资源配置,组织协调科研院所和大专院校的科技力量,围绕重点课题开展专题研究。要建立以企业为主体、市场为导向、产学研相结合的技术创新体系,形成科技创新与经济发展、产业升级紧密结合的新机制,加快科技成果向现实生产力的转化,为深化科技体制改革进行积极探索和出谋划策。

三要加强科技人才培养建好学术梯队。科技创新,关键靠人才。要建立和完善培养人才、聚积人才、激励人才和人尽其才的机制和制度,鼓励创新、宽容失败,为人才施展才华开辟空间、提供舞台,为人才的成长和使用提供机制和制度保障。希望院士们在带领、指导科研工作的同时,继续全力培养创新型科技人才,为年轻科技工作者加快成长铺路搭桥,建设好各领域的学术梯队,使工程科技事业人才辈出。

国务院总理温家宝主持召开国务院常务会议讨论并原则通过《关于加快供销合作社改革发展的若干意见》

会议指出,供销合作社是为农服务的合作经济组织,是农村商品流通的重要渠道,是推动农村经济发展和社会进步的重要力量。近年来,全国供销合作社系统不断深化体制改革、创新经营机制、拓展服务领域,为促进农业发展、农民增收、农村繁荣作出了重要贡献。在新形势下加快供销合作社改革发展,对于拉动农村消费需求,发展现代农业,推进社会主义新农村建设,促进形成城乡经济社会发展一体化新格局,具有重要意义。

会议强调,加快供销合作社改革发展,必须坚持为农服务宗旨,坚持社会主义市场经济改革方向,坚持合作制基本原则,大力推进经营、组织和服务创新,构建运转高效、功能完备、城乡并举、工贸并重的农村现代经营服务新体系,使供销合作社成为农业社会化服务的骨干力量、农村现代流通的主导力量、农民专业合作的带动力量。为此,一要加快发展农业生产资料、农村日用消费品和农副产品现代经营服务和购销网络,营造便利实惠、安全放心的消费环境,扩大和活跃农村市场。二要通过加强专业合作服务、行业协会服务和农村综合服务,不断密切与农民的联系,强化为农服务功能。三要通过调整建制、优化布局、盘活资产、民主管理,加强基层社建设,增强基层社和联合社服务功能。四要创新社有企业经营机制,建立、健全现代企业制度,提高市场竞争能力,发挥供销合作社联系农民、产业众多、熟悉市场的综合优势,推动社有企业参与农业产业化经营。五要切实加大对供销合作社改革发展的支持力度,妥善解决历史遗留问题,加强人才队伍建设。会议要求各地区、各有关部门高度重视,精心组织,确保各项政策措施落到实处。

国务院副总理李克强在莫尔斯比港分别会见巴布亚新几内亚总督马塔内和副总理坦穆

在会见总督马塔内时，李克强表示，中方赞赏巴新政府坚定奉行一个中国政策，支持中国和平统一大业。中巴新经济互补性强，合作领域广泛，发展前景广阔。中方希望与巴新方一道，深化传统友谊，促进互利合作，进一步深化和拓展在贸易、投资、农林渔业、基础设施、高科技、人文等领域的交流与合作。

马塔内表示，中国是巴新重要的出口市场，瑞木镍矿是中国在太平洋岛国最大的投资项目。巴新方希望保持和拓展两国在贸易、投资、农业、渔业、制造业、航运、高新技术、教育等领域合作，密切在国际和地区多边事务中的沟通协作。马塔内重申，巴新历届政府坚定奉行一个中国政策。

在会见副总理坦穆时，李克强说，中方支持巴新在地区事务中发挥积极作用，愿同巴新方加强在国际和地区组织中的沟通配合，共同应对气候变化等全球性挑战。双方应进一步深化经贸、农林渔业、高科技和科教文卫等领域合作，拓展合作领域，加强优势互补，扩大互利双赢，推动两国关系迈上新台阶。

坦穆表示，巴新方愿同中方不断增进政治互信，进一步挖掘合作潜力，深化贸易、投资、能源领域合作，鼓励地方交流，拓展在农业、渔业、旅游业、航运、高新技术等方面的合作。

会见后，李克强与坦穆共同出席了中国政府援建巴新国际会议中心以及经济技术合作项目贷款、瑞木项目社区建设、液化天然气购买等文件的签字仪式。

王芳逝世

中国共产党的优秀党员，久经考验的忠诚的共产主义战士，无产阶级革命家，我国公安政法战线的杰出领导人，原国务委员王芳同志因病于11月4日在杭州逝世，享年90岁。王芳同志是中共第十二届中央委员会委员，在中共十三大上当选为中央顾问委员会委员。

11月5日

中国海军“郑和”号训练舰访问日本

中国人民解放军海军“郑和”号训练舰5日上午在日本海上自卫队“山雾”号训练舰的引导下顺利抵达日本广岛县，进行为期4天的友好访问。这是“郑和”号训练舰首次访日，也是中国人民解放军海军第二次派军舰访日。

五名校联合自主招生开始网上报名

2010年，上海交通大学、中国科学技术大学、西安交通大学、南京大学、清华大学5所高校的联合自主招生将于5日零时启动，可接受网上报名。为方便考生，5所高校采用了统一的报名网站。考生可同时选择两所高校，分为首选高校和次选高校，被选择的两所高校将各自独立进行初审。

卫生部发布第17号公告严厉打击标识“消字号”产品冒充药品的行为

我国大陆第一条海底隧道——厦门翔安海底隧道全线贯通

该隧道全长8695米，最深潜海约70米，设计使用寿命100年，能抗8级地震。通车后，厦门岛至翔安区的车程将由1个半小时缩短至8分钟，成为继厦门大桥、海沧大桥、集美大桥和杏林大桥后厦门岛连接大陆的第五条出岛通道。

11月6日

中央军委主席胡锦涛在人民大会堂会见参加庆祝中国人民解放军空军成立60周年“和平与发展国际论坛”的外国空军代表团团长

胡锦涛在会见时说，在庆祝中国人民解放军空军成立60周年之际很高兴同各位将军见面。这次中国空军主办的“和平与发展国际论坛”，以“超越、展望、合作”为主题，目的是促进各国空军之间的交流与合作，探讨共建空天安全环境。

胡锦涛指出，空气空间是人类生存和发展的重要资源，也是保护人类安全的重要屏障。随着世界文明的进步，人类活动由陆地、海洋向空中拓展，并不断向新的高度进发。空天已日益成为世界各国人民友好交往的重要纽带和人类文明发展的重要领域。维护空天安全、构建和谐空天，已成为各国人民的共同追求和美好愿望。胡锦涛说，空军是伴随人类航空活动诞生和发展起来的军种。随着人类生存和发展对空天领域依赖程度越来越高，加强各国空军之间的交流，推动国际空天安全合作，也越来越重要。

胡锦涛郑重重申，中国将始终不渝地走和平发展道路，坚持在和平共处五项原则的基础上同所有国家发展友好合作，致力于推动建设持久和平、共同繁荣的和谐世界。中国将始终不渝地坚持防御性的国防政策，永远不搞军事扩张和军备竞赛，不会对任何国家构成军事威胁。

外国空军代表团代表、巴基斯坦空军参谋长

劳·卡玛尔·苏莱曼上将对胡锦涛的会见表示感谢，对中国人民解放军空军成立60周年表示热烈祝贺，对中国政府和军队坚持和平开发利用空天作出的不懈努力表示赞赏。

第三届全国非公有制经济人士优秀中国特色社会主义事业建设者表彰大会在北京召开

全国政协主席贾庆林出席大会并讲话。

全国政协副主席、中央统战部部长杜青林主持大会。人力资源和社会保障部部长尹蔚民宣读表彰决定。优秀建设者高德康、何伟、王玉锁等在大会上发言。王蓓代表优秀建设者宣读《推动科学发展　勇担社会责任》倡议书。

国务院副总理张德江，全国人大常委会副委员长、民建中央主席陈昌智，全国政协副主席、全国工商联主席黄孟复等出席大会。

表彰大会由中央统战部、工业和信息化部、人力资源和社会保障部、国家工商总局和全国工商联共同举办。100名非公有制经济人士和其他新的社会阶层人士获得"优秀建设者"荣誉称号。

中央和国家机关有关部门负责同志，有关团体负责人以及荣获"优秀建设者"称号的企业家参加大会。

全国政协主席贾庆林在江苏浙江调研

11月6日至10日，贾庆林和随行的全国政协副主席兼秘书长钱运录等，先后来到江苏南京和浙江宁波、杭州等地，深入工厂企业、港口码头、农村乡镇，就做好统一战线和人民政协工作，为保增长、促和谐贡献力量进行调研。调研期间，贾庆林对江苏、浙江两省在经济社会发展中取得的显著成绩给予充分肯定。

中组部追授王彦生"全国优秀组工干部"并号召广大组工干部向王彦生同志学习

《人民日报》报道，中共中组部近日作出决定，追授河北省邯郸市丛台区原区委常委、组织部长王彦生"全国优秀组织工作干部"，号召广大党员干部，特别是组工干部向王彦生同志学习。

决定指出，王彦生同志是基层领导干部的优秀代表，是新时期组工干部"讲党性、重品行、作表率"的典范。他在担任组织部门领导职务的近20年时间里，始终保持对党忠诚、为党奉献的政治品格，忠于职守、知人善任，勤学善思、勇于开拓，心系群众、无私奉献，以自己的模范行为和崇高品德，赢得了广大干部群众的衷心赞誉。

决定强调，王彦生的先进事迹和高尚情操，感人至深，催人奋进。广大党员干部，特别是组工干部，要学习王彦生同志信念坚定、对党忠诚，恪尽职守、鞠躬尽瘁的政治品格；学习他牢记宗旨、永葆本色，执政为民、求真务实的公仆情怀；学习他坚持原则、公道正派，知人善任、甘做"人梯"的职业操守；学习他勤勉敬业、注重学习，勇于开拓、锐意创新的进取精神；学习他作风俭朴、淡泊名利，严于律己、清正廉洁的优良品行。

决定要求，广大组工干部要以王彦生同志为榜样，牢固树立和坚持正确的事业观、工作观、政绩观，自觉加强党性锻炼，弘扬优良作风，认真履职尽责，进一步树立组工干部"可信、可靠、可敬、可亲"的新形象。各级组织部门要把开展向王彦生同志学习活动，作为深化拓展"讲党性、重品行、作表率"活动的一项重要内容，加强领导、精心组织，迅速掀起学习热潮。要把向王彦生同志学习与推动当前工作紧密结合起来，努力提高组织工作服务科学发展的水平，更好地为党和国家工作大局服务，为党员、干部和各类人才服务，为人民群众服务，努力使组织工作让全党满意，让人民满意。

中国对美国部分进口车启动"两反"调查

商务部进出口公平贸易局负责人表示，国内汽车产业近期向商务部提交申请，要求对原产于美国的上述进口汽车产品进行反倾销和反补贴调查。商务部依照《中华人民共和国反倾销条例》和《中华人民共和国反补贴条例》对该申请进行了认真审查，认为该申请已符合法定立案条件，决定自2009年11月6日起立案调查。

这位负责人说，中国贸易救济调查机关在调查过程中始终严格遵守中国法律和世贸组织规则，坚持公平合理、程序正当和透明度原则，尊重各利害关系方的权利，并将依据法律和事实对本案作出公正合理的裁决，维护公平贸易秩序。

财政部发出通知要求各地坚决制止财政违规担保向社会公众集资行为

通知指出，当前，一些基层政府出现了政府融资平台公司（以下简称平台公司）等主体由财政担保，向行政事业单位职工等社会公众集资，用于开发区、工业园等的拆迁及基础设施建设的现象。这些做法违反了相关法律、法规和有关文件的规定，如任其发展，势必扰乱社会主义市场经济秩序，损害政府的声誉和形象，甚至危及地方社会稳定，必须采取有效措施坚决予以制止。

通知要求，严禁发生新的财政违规担保向社会公众集资行为。地方进行基础设施建设,必须量力而行。严禁违反或规避相关法律的规定,为平台公司向社会公众集资等直接或变相提供财政担保。立即停止财政违规担保向社会公众集资行为。财政担保正在向社会公众集资的,要立即终止。拟由财政担保向社会公众集资的,要及时终止集资计划。已经使用财政资金提供担保并集资的,要按照有关规定抓紧组织资金予以清退,依法保证干部群众等社会公众的集资款不受侵害,同时要密切关注清退过程中出现的问题,及时审慎地加以解决。

财政部驻各地财政监察专员办事处及各省财政监督部门要加大对地方财政部门违规担保向社会公众集资行为的监督检查力度。

国家林业局发布《应对气候变化林业行动计划》(摘要)

《应对气候变化林业行动计划》(以下简称《林业行动计划》)确定了5项基本原则、3个阶段性目标,实施22项主要行动,指导各级林业部门开展应对气候变化工作。

《林业行动计划》规定的5项基本原则是:坚持林业发展目标和国家应对气候变化战略相结合,坚持扩大森林面积和提高森林质量相结合,坚持增加碳汇和控制排放相结合,坚持政府主导和社会参与相结合,坚持减缓与适应相结合。3个阶段性目标是:到2010年,年均造林育林面积400万公顷以上,全国森林覆盖率达到20%,森林蓄积量达到132亿立方米,全国森林碳汇能力得到较大增长;到2020年,年均造林育林面积500万公顷以上,全国森林覆盖率增加到23%,森林蓄积量达到140亿立方米,森林碳汇能力得到进一步提高;到2050年,比2020年净增森林面积4700万公顷,森林覆盖率达到并稳定在26%以上,森林碳汇能力保持相对稳定。

《林业行动计划》规定实施的22项主要行动,包括林业减缓气候变化的15项行动和林业适应气候变化的7项行动。

林业减缓气候变化的15项行动是:大力推进全民义务植树,实施重点工程造林,加快珍贵树种用材林培育,实施能源林培育和加工利用一体化项目,实施全国森林可持续经营,扩大封山育林面积,加强森林资源采伐管理,加强林地征占用管理,提高林业执法能力,提高森林火灾防控能力,提高森林病虫鼠兔危害的防控能力,合理开发和利用生物质材料,加强木材高效循环利用,开展重要湿地的抢救性保护与恢复,开展农牧渔业可持续利用示范。

林业适应气候变化的7项行动是:提高人工林生态系统的适应性,建立典型森林物种自然保护区,加大重点物种保护力度,提高野生动物疫源疫病监测预警能力,加强荒漠化地区的植被保护,加强湿地保护的基础工作,建立和完善湿地自然保护区网络。

庆祝中国人民解放军空军成立60周年"和平与发展国际论坛"在北京开幕

国务委员兼国防部部长梁光烈出席开幕式并致辞。

梁光烈指出,60年来人民空军由小到大、由弱到强,走过了光辉历程,取得了历史性进步。目前,中国空军已初步发展成为一支多兵种组成,具有较强作战能力的高技术兵种,为保卫国家安全、支援国家经济建设、维护地区乃至世界和平,发挥了重要作用。

梁光烈强调,在庆祝新中国成立60周年的庄严时刻,中共中央总书记、国家主席、中央军委主席胡锦涛向全世界宣告,中国将坚定不移坚持独立自主的和平外交政策,坚持和平发展道路,奉行互利共赢的开放战略,在和平共处五项原则基础上同所有国家发展友好合作,继续同世界各国人民一道推进人类和平与发展的崇高事业,推动建设持久和平、共同繁荣的和谐世界。中国军队将贯彻积极防御的军事战略方针,不断增强履行新世纪新阶段我军历史使命,努力与各国军队一道维护世界和平与稳定。

梁光烈表示,相信通过这次论坛,与会代表一定会形成广泛共识,有效促进各国空军的交流合作,对地区的安全稳定、世界的和平发展产生积极影响。

空军司令员许其亮在论坛上发表了主旨演讲。许其亮阐述了新世纪人民空军的使命、责任、文化、理想和抱负,指出中国是一个负责任的发展中大国,建设支强大的人民空军,是捍卫国家主权、安全和领土完整,保障国家发展和保护人民利益的需要,也有利于维护地区稳定和世界和平。人民空军将锐意变革,加快以信息化为核心的战略转型,不断提高应对多种安全威胁、完成多样化军事任务的能力;将积极开展与外军的合作,与各国空军比翼齐飞,共同担当国际责任,共同参与维护地区稳定和世界和平。

这次主题为"超越、展望、合作"的论坛,旨在通过对21世纪空军建设发展问题的探讨和交流,进一步深化各国空军之间的了解、合作与友谊,共同携手应对21世纪多种安全威胁和挑战,为建设和平与繁荣的世界贡献力量。

谷牧逝世

中国共产党的优秀党员,久经考验的忠诚的共产主义战士,无产阶级革命家,我国经济建设战线的杰出领导人，中国共产党第十一届、十二届中央书记处书记，原国务委员，国务院原副总理，中国人民政治协商会议第七届全国委员会副主席谷牧同志因病于11月6日在北京逝世，享年96岁。

1914年9月，谷牧出生于山东荣成。1931年加入中国共产主义青年团，1932年春转为中国共产党党员。曾任中共党支部书记。1934年到北平参加"左翼作家联盟"，是"左联"的主要负责人之一。抗日战争期间，在东北军第一二〇师、一〇七师、一一二师开展党的工作，任中共东北军一一二师工作委员会书记。1940年后，任中共中央山东分局秘书主任、统战部部长，中共滨海地委书记兼军分区政治委员，中共中央华东局秘书长，中共新海连特委书记兼警备区政治委员，鲁中南区党委副书记兼军区副政治委员。中华人民共和国成立后，历任中共济南市委书记、济南市市长、济南警备区政治委员，中共上海市委宣传部部长、市委副书记。1954年后，任国家基本建设委员会副主任，国家经济建设委员会副主任、党组副书记，国务院第三办公室副主任，中共中央工交政治部主任。1965年后，任国家基本建设委员会主任、党组书记，国家计划委员会副主任、党的核心小组副组长。1966年兼任中国人民解放军基本建设工程兵政委。1975年后，任国务院副总理兼国家基本建设委员会主任，国家进出口管理委员会、国家外国投资管理委员会主任、党组书记。1980年任中共中央书记处书记。1982年任国务委员。1988年3月至1993年3月任政协全国委员会副主席、中共政协全国委员会党组成员、政协全国委员会经济委员会主任。

谷牧是中共第十、十一、十二届中央委员。

胡德华逝世

全国妇联原党组副书记、书记处书记胡德华因病医治无效，于11月6日在北京逝世，享年84岁。

胡德华1925年12月出生于浙江上虞。1940年7月参加革命工作，1941年5月加入中国共产党。1942年9月至1943年2月，在苏北根据地新四军华中局江淮印钞厂工作。1943年2月至1945年2月，先后在上海从事地下工作、在浙东根据地敌工部工作。1945年2月至1949年6月，按党的指示在上海地下党学委做党内联系工作及担任《新少年报》编辑。新中国成立后，先后任《新少年报》总编辑、社长，上海少年儿童出版社副社长兼副总编辑，中国少年儿童出版社总编辑、社长。"文化大革命"中受冲击，下放"五七"干校劳动。1977年7月至1978年9月，任共青团中央机关临时领导小组副组长、组长。1978年9月至1981年3月，任共青团中央第十届书记处书记。1981年3月至1983年9月，任全国妇联党组成员、书记处书记。1983年9月至1988年9月，任全国妇联党组副书记、书记处书记。

胡德华是中国共产党第十一次全国代表大会代表，中央纪律检查委员会委员。第三、六、七届全国人大代表。

11月7日

国务院总理温家宝在开罗访问阿拉伯国家联盟(阿盟)总部并发表演讲

阿盟秘书长穆萨、阿盟22个成员国代表与阿盟秘书处和各理事会高官、各国驻埃使节及埃及各界知名人士400多人出席了演讲会。

国务院总理温家宝在开罗阿拉伯国家联盟总部发表题为《尊重文明的多样性》的演讲

尊敬的阿姆鲁·穆萨秘书长，尊敬的各位使节，女士们，先生们：

萨拉姆—阿莱控(大家好)！

今天，我很高兴来到开罗阿拉伯国家联盟总部，同各位使节和埃及各界朋友们交流。阿盟是阿拉伯国家团结、联合、自强的象征。首先，请允许我代表中国政府和人民，向阿拉伯国家和人民，致以崇高的敬意和美好的祝愿！

有句阿拉伯谚语："喝了尼罗河的水，一定会再来。"三年前，我在尼罗河畔的金字塔前，与中埃各界人士共同庆祝两国建交50周年。今天，我再次踏上这片承载着厚重文明的神奇土地，倍感亲切。

中国同阿拉伯国家之间的友谊，源远流长。近代以来，中国和阿拉伯国家都经历了沧桑巨变，走上了民族复兴的道路。相似的经历和追求发展的共同目标，使中国同阿拉伯各国风雨同舟、休戚与共，结下了深厚情谊。中国人民视阿拉伯人民为好朋友、好伙伴、好兄弟，为你们在发展道路上所取得的每一个成就感到由衷的高兴，表示热烈的祝贺！

今天，我演讲的题目是：尊重文明的多样性。

文明具有多样性，就如同自然界物种具有多样性一样。当今世界，有200多个国家和地区，2500多个民族，6000多种语言。正是这些不同民族、不同肤色、不同历史文化背景的人们，共同创造了丰富多彩的世界，就如同有了七音八调的差异，才能演奏出美妙动听的音乐。不同文明之间的对话、交流、融合，汇成了人类文明奔流不息的长河。

伊斯兰文明和中华文明都是人类文明的瑰宝，都对人类社会的进步和发展有着不可磨灭的贡献。

中华文明同伊斯兰文明之间的对话和交流，有着悠久的历史。闻名中外的古丝绸之路，就是生动有力的见证。两千多年前，通过丝绸古道传入中国的胡桃、胡椒、胡萝卜等，早已成为中国人喜爱的食物。阿拉伯鼎盛时期的文学经典《一千零一夜》，在中国家喻户晓。伊斯兰风格的音乐、舞蹈和服饰、建筑，在中国深受欢迎。同样，中国古代文化和技术，也传到了阿拉伯国家。中国的瓷器、丝绸、茶叶、造纸术，就是通过阿拉伯国家传入欧洲的。六百年前，中国穆斯林航海家郑和七下西洋，多次到达阿拉伯地区，成为传播友谊和知识的使者。中国与阿拉伯世界的交流不断扩大和加深，不仅有力促进了双方的文化繁荣和经济发展，还推动了东西方文明的交流。

文明存在差异，但没有优劣之分。各种文明都包含有人类发展进步所积淀的共同理念、共同追求。在中华文明中，早就有"和为贵"、"和而不同"、"己所不欲，勿施于人"等伟大思想。伊斯兰文明也蕴含着崇尚和平、倡导宽容的理念。《古兰经》就有一百多处讲到和平。在多样中求同一，在差异中求和谐，在交流中求发展，是人类社会应有的文明观。

谈到尊重文明的多样性，必须看到各个民族、各种宗教都是多样性文明的重要载体。中国是一个多民族、多宗教的国家。我们有56个民族，本土的道教与相继传入的佛教、伊斯兰教、天主教、基督教等长期和谐共处。中国政府的基本政策是，坚定不移地坚持和完善民族区域自治制度，切实保障各民族一律平等，加快少数民族和民族地区经济社会发展；坚定不移地坚持宗教信仰自由政策，发挥宗教界人士和信教群众在促进经济社会发展中的积极作用。

在中国，信仰伊斯兰教的有10个民族，2000多万人口。他们都是中华民族大家庭的重要成员，他们的宗教信仰、文化传统和生活习俗受到了充分尊重。目前在中国城乡，有35000多座清真寺。在中国任何的一个城市，都可以找到清真餐厅。像上海这样国际化的大都市，专门为保障清真食品的供应立了法。在民间生活中，不管工厂、学校和机关，只要有穆斯林，就开清真灶；连朋友聚会，只要其中有一位是穆斯林，大家都自觉用清真餐。中国政府制定了一系列政策，扶持少数民族和民族地区的经济、文化和社会发展。信仰伊斯兰教的民族，同其他各个民族和睦相处，共同推动了国家发展和社会进步。

女士们，先生们：

新中国成立以来，中阿始终相互同情，相互支持。上世纪五十年代，一批阿拉伯国家排除种种干扰，毅然同中华人民共和国建立外交关系。七十年代，在阿拉伯国家和其他友好的发展中国家大力支持和不懈努力下，新中国恢复了在联合国的合法席位。对阿拉伯国家争取民族合法权利的正义事业和谋求发展的愿望，中国政府和人民感同身受，给予了政治和道义上的有力支持，提供了力所能及的帮助。许多中国工程技术人员为支援阿拉伯国家的建设献出了宝贵的生命，长眠在这块土地上。

21世纪，是经济全球化的世纪，也是多样文明大放光彩的世纪。拥有13亿人口的中国同拥有数亿人口的阿拉伯世界，都肩负着让古老文明焕发青春的神圣使命。回眸近二百多年来的历史，中国和阿拉伯国家被耽误的历史机遇太多太多了。我们有一百个理由、一千个理由振奋起来，加强合作、加快发展，追上时代前进的步伐，而没有任何一个理由可以心存疑虑、踌躇不前。任何对国家、对民族负责任的政治家，任何有抱负、有作为的企业家和社会各界人士，都应该清醒地看到自己肩负的历史责任。让我们携起手来，把中国同阿拉伯各国的友好合作推向新阶段！

中国要同阿拉伯国家巩固政治互信、加强战略合作。当今世界正在经历大变革大调整大发展，国际政治经济格局正在发生深刻的变化，包括阿拉伯国家在内的发展中国家地位和影响力不断提高。在这种新的历史条件下，中国同阿拉伯国家巩固政治互信，加强战略合作，是我们双方的根本利益之所在。"中阿合作论坛"的创立和发展，为双方加强集体对话与协作开辟了广阔前景。中阿要做和平稳定的维护者，坚持通过对话和协商解决国际争端和地区冲突，反对一切形式的恐怖主义、分裂主义和极端主义，反对把恐怖主义与特定的民族和宗教混为一谈。共同营造安全、安宁的国际环境。中国愿同阿方加强合作，携手应对气候变化、能源、非传统安全威胁等全球性挑战，推动实现千年发展目标。中阿双方在重大国际和地区事务上要继续相互支持、相互配合，共同维护广大发展中国家的利益，致力于建立公正、合理的国际新秩序。

中国将继续推动中东和平进程。中东应该有一个和平美好的未来。二战以来，中东战火不断，生灵涂炭，百姓流离失所。严酷的事实表明，冤冤相报只能加深仇恨，铸剑为犁才能迎来和平。"阿拉伯和平倡议"向全世界表明了阿拉伯国家和平解决中东问题的真诚意愿和战略选择，中方对此高度赞赏。以对话代替对抗，以理解促进和解，停止流血冲突，是解决中东问题的根本途径。我们期盼中东早日结束纷争和战乱，恢复和平与安宁。中国愿与阿拉伯国家和其他有关各方加强沟通，发挥建设性作用，推动中东问题早日得到全面、公正、持久的解决，实现中东地区的和平、安全和稳定。

中国积极发展同阿拉伯各国的经贸合作。上世纪八十年代以来特别是近几年来，中阿双方互惠互利的经贸关系发展迅速。中国同阿拉伯国家的贸易额从2004年的367亿美元攀升至2008年的1328亿美元，五年间增长了3.6倍。截至2008年年底，双方工程承包合同累计接近1000亿美元。发展中阿经贸合作，空间广阔，潜力巨大。特别是当前面对国际金融危机的严重冲击，中阿要采取更加切实有效的措施，扩大双方在经贸、能源、投资、金融、旅游和人力资源培训等领域的务实合作。中国政府鼓励有实力的企业到阿拉伯国家投资兴业。中国政府和中国企业将更加注重促进伙伴国自身经济实力的增强，更加注重促进当地的就业、资源的综合利用和环境的保护。中国将一如既往地向欠发达国家提供人道主义援助，帮助改善民生，消除贫困，增强自我发展能力。

中国愿同阿拉伯各国加强文化交流与合作。阿拉伯地区是人类古老文明的交汇之地，绚烂的文学艺术，美妙的音乐舞蹈，独特的饮食服饰，精湛的手工技艺，构成了多彩多姿的文化图景。中国政府鼓励发展同阿拉伯国家之间的教育、文化、旅游和其他方面的交流。中国政府鼓励更多的青年学生到阿拉伯国家留学，也欢迎阿拉伯青年学子到中国学习、访问。文化的沟通，有利于双方加深对彼此历史和现状的了解，增进感情，夯实中阿友好的社会基础。

半个多世纪来，阿拉伯国家联盟一直致力于加强成员国之间的密切合作，维护阿拉伯国家的独立与主权。我们希望看到，阿盟在当代国际社会尤其在促进中东的和平与发展方面发挥更大的作用。

女士们，先生们：

在座的朋友们可能很关心中国的情况。新中国成立60年来，特别是改革开放30年来，中国经济发展和社会进步有目共睹。同时，我们也清醒地认识到，中国仍然是发展中国家。中国的经济总量块头不小，但人均水平还很低。这次全球金融危机，对中国的影响和冲击也是很大的。经过努力，我们全年有可能保持8%的增长速度。但是，全面复苏的基础还不够牢固。毋庸讳言，中国在现代化进程中还面临着许许多多亟待解决的困难和问题。这就需要推进改革开放、经济建设和社会进步。这就需要兼顾改革、发展和稳定。我们始终把维护国家统一、民族团结和社会稳定，放在十分重要的位置上，否则一切无从谈起。我想，这个道理对世界各国都是一样的。

我这次埃及之行，是推进文明对话之旅，也是发展友好合作之旅。中国同埃及的友好合作，是尊重文明多样性的典范，也是发展中国家关系和南南合作的典范。我们永远不会忘记，在阿拉伯世界和非洲，埃及是第一个同新中国建交的国家，也是第一个同中国建立战略合作关系的国家。中埃两国一直保持着十分友好的关系，各领域合作不断推进，在维护和平、促进发展等全局性、战略性问题上相互协调、坚定支持。中埃战略合作已取得丰硕成果，为两国人民带来了实实在在的福祉。中国将继续支持埃及在地区和国际事务中发挥更大的作用。

中华民族是一个重友谊、讲感情、恪守承诺的民族。中国同阿拉伯世界，过去是朋友，今天是朋友，将来还是朋友！不管国际风云如何变幻，中国人民永远是阿拉伯各国人民值得信赖的好兄弟！让我们共同为建设一个持久和平、共同繁荣的和谐世界而努力！

谢谢大家！

舒克兰！（谢谢）

国务院总理温家宝在开罗阿拉伯国家联盟总部会见阿盟秘书长阿姆鲁·马哈茂德·穆萨

温家宝在会见时说，阿拉伯国家是世界上一支重要力量。中国和阿拉伯国家同属发展中国家。在当前国际政治、经济格局深刻调整和变化的背景下，中阿加强合作，符合双方共同利益，也有利于世界的和平、稳定与发展。中方愿与阿盟和阿拉伯各国共同努力，把“中阿合作论坛”打造得更加坚实和富有成效。

穆萨说，温家宝总理的演讲充分体现了中国政府和人民对阿盟和阿拉伯国家的高度重视和友好感情。阿盟和阿拉伯国家感谢中国一贯支持阿拉伯人民的正义事业，同样坚定支持中国维护国家统一和领土完整。阿方希望在新形势下，推进“阿中合作论坛”，加强双方全方位合作，共同致力于维护世界和地区的和平、稳定与发展。

国务院总理温家宝在开罗会见埃及总统穆巴拉克

温家宝在会见时说，埃及是第一个与新中国建交、第一个与中国建立战略合作关系的阿拉伯国家和非洲国家。中方感谢埃方在涉及中国主权和领土完整的重大问题上一贯给予的坚定支持。中埃关系堪称中阿、中非关系和南南合作的典范。

穆巴拉克表示，埃及的大门始终对中国敞开。埃中之间不存在任何问题。

国务院总理温家宝在开罗同埃及总理艾哈迈德·马哈茂德·穆罕默德·纳齐夫举行会谈

温家宝说，《中埃关于深化战略合作关系的实施纲要》有力地推动了两国各领域务实合作。中国对埃及投资取得积极进展，双方人员往来大幅增加。建议双方今后重点做好以下工作：一是加强协调，办好苏伊士经贸合作区。中方愿推动更多有实力、信誉好的中国企业进入合作区，扩大对埃及的投资规模。二是加强在通讯、交通等基础设施建设和能源领域合作，扎实推进重大项目。三是双方要积极采取措施，克服国际金融危机的影响，扩大相互进口，保持贸易平稳增长。四是联合开拓非洲、中东和欧洲市场，在更广范围实现优势互补、互利共赢。五是扩大文化教育领域的交流合作，特别是青少年之间的交流，巩固中埃传统友谊。

纳齐夫说，埃及政府和人民感谢中国长期以来为埃及经济社会发展提供的援助，对中国的巨大发展感到由衷高兴。埃中建立战略合作关系10年来，两国政治、经济、人文等领域合作得到长足发展。面对当前国际金融危机，埃方希望进一步深化两国经贸合作，欢迎更多中国企业来埃及投资，参与埃及经济建设。埃方愿与中方一道，积极推进苏伊士经贸合作区建设，加强技术转让、人员培训合作，并共同开拓第三方市场。埃方致力于促进两国文化交流。

会谈后，两国总理共同见证了中埃政府经济技术合作协定及文化、海关双边合作文件的签署，并为苏伊士经贸合作区揭牌。

全国政协主席贾庆林在宁波会见亲民党主席宋楚瑜 新党主席郁慕明和出席两岸农渔水利合作交流会的台湾人士

贾庆林强调，中华民族正迎来伟大复兴的光明前景，这是一个历史性机遇。海峡两岸中国人应当珍惜这个机遇，抓住这个机遇，用好这个机遇，携手同心，和衷共济，把两岸关系的前途掌握在我们自己手中。尽管在前进道路上会遇到一些干扰和阻碍，但这动摇不了我们的决心和信心，更阻挡不了两岸关系沿着和平发展的正确方向继续向前迈进。推动两岸关系和平发展，实现中华民族伟大复兴，要靠两岸同胞和全体中华儿女团结奋斗，要靠大家多做具体扎实的工作。这次两岸农渔水利合作交流会研讨的议题，事关两岸广大农民、渔民切身利益，事关两岸基层民众安居乐业，做好这方面的工作十分重要，尤其是在台湾“八·八风灾”之后，更有积极意义。有益于两岸同胞福祉的事，做得越多越好，参与的民众和团体越多越好。我们要联合一切支持两岸关系和平发展的力量，团结一切反对“台独”、坚持一个中国原则的朋友，不断开创两岸关系和平发展新局面。

宋楚瑜表示，台湾是中国不可分割的领土，台湾同胞是中华民族不可割舍的骨肉。两岸人民的交流应当更广泛、更深入，以增进了解，扩大认同，让两岸能够在患难时相互支援，在产业上互相合作，在交流中互蒙其利，形成唇齿相依的共同体。要扩大两岸的认同，就必须坚定“两岸同属一个中国”的立场，完全排除“台独”作为台湾未来的选项。亲民党将一如既往地为积极推动两岸关系和平发展努力奉献。

郁慕明说，两岸应加强农渔业、水利方面的技术交流和产业合作，创造两岸关系和平发展的“经济奇迹”。

第三届中国产学研合作(滨海)高峰论坛暨2009中国产学研合作促进会年会在天津滨海高新区召开

国务院副总理张德江，中国科学院院长路甬祥为大会发来贺信。全国政协副主席张梅颖，科技部党组书记、副部长李学勇出席并讲话。

中国产学研合作促进会公布了首届中国产学研合作创新与促进奖获奖名单。中国建筑材料科学研究总院等68家单位，中国钢研科技集团公司总经理、中国工程院院士干勇等30位个人获产学研合作创新奖；北京市科委、天津市科委等50家单位，中国工程院院士左铁镛等48位个人获产学研合作促进奖。科技日报、张景安社长分别获得产学研合作促进奖先进单位和个人。

中国产学研合作创新与促进奖由科技部批准设立，该奖项是我国在产学研合作方面的第一个全国性奖项，是面向国内在促进产学研合作及创新方面作出突出贡献的单位及个人所颁发的年度荣誉奖，每年评选一次，分为中国产学研合作创新奖和中国产学研合作促进奖。

会上还公布了第二批全国产学研合作创新示范基地试点单位名单，天津滨海高新区、杭州经济技术开发区等18家单位榜上有名。论坛上，中国产学研合作促进会副会长、秘书长王建华向大会宣读了《滨海宣言：构筑创新发展平台引领区域经济振兴》。

中国选手王濛在蒙特利尔举行的短道速滑世界杯加拿大站女子500米决赛中以44秒124的成绩夺魁

11月8日

中央军委主席胡锦涛在北京空军礼堂会见空军老同志英雄模范和飞行员代表

胡锦涛代表党中央、中央军委，向为空军建设和发展作出重要贡献的老领导、老专家、老同志，向英雄模范和飞行员代表，致以崇高敬意，向空军全体官兵表示诚挚问候。

胡锦涛强调，当前，国防和军队现代化建设面临新的形势和任务，空军建设和发展也处在关键时期。希望空军的同志们全面贯彻党的十七大和十七届三中、四中全会精神，高举中国特色社会主义伟大旗帜，以邓小平理论和“三个代表”重要思想为指导，深入贯彻落实科学发展观，着眼有效履行新世纪新阶段军队历史使命，推动空军建设又好又快发展。要继承和发扬我党我军优良传统，大力培育当代革命军人核心价值观，努力建设先进军事文化。要按照攻防兼备的要求，大力加强军事力量体系建设。要深入研究新形势下空军建设的特点规律，全面加强部队建设，不断开创空军建设的新局面，谱写空军发展的新篇章。

中非合作论坛第四届部长级会议开幕式在埃及沙姆沙伊赫举行

国务院总理温家宝与论坛49个非洲成员国领导人或高级官员共同出席。

温家宝发表了题为《全面推进中非新型战略伙伴关系》的讲话。

温家宝说，中非合作论坛创立9年来，发挥着引领和推动中非关系发展的重要作用，日益成为中非加深友谊的桥梁、加强合作的平台。特别是论坛北京峰会召开3年来，中非致力于共建政治上平等互信、经济上合作共赢、文化上交流互鉴的新型战略伙伴关系，开创了中非合作的新局面。双方政治互信不断增强，经贸合作日益深化，中国扩大对非援助取得实效，人文交流蓬勃开展。

温家宝强调，中国不是近年来突然出现在非洲的，非洲也不是近年来才支持中国的。早在上世纪五、六十年代，中非就在反帝、反殖、反霸的历史浪潮中并肩战斗，在振兴民族经济的艰辛历程中携手同行。中国政府和人民始终尊重非洲国家自主选择社会制度的权利，支持非洲人民探索适合本国国情的发展道路，坚信非洲国家有能力以非洲方式处理好自己的问题。中非经贸合作是建立在互利共赢、开放透明基础之上的，中国对非洲的支持和援助，过去没有、将来也永远不会附加任何政治条件。

温家宝说，中非关系能够经受住国际风云变幻的考验，始终保持蓬勃发展势头。患难与共、相互支持是基础；相互尊重、平等相待是核心；互利合作、共同发展是关键。当今世界正经历空前的大变革、大调整。中非进一步加强互利合作，有利于充分发挥各自优势，实现共同发展；有利于带动国际社会更加关注非洲，帮助非洲加快实现千年发展目标；有利于促进南南合作，提升发展中国家在国际政治、经济格局中的整体地位；有利于推动国际关系民主化和国际秩序公正化，建设持久和平、共同繁荣的和谐世界。

温家宝说，当前，非洲面临着国际金融危机、气候变化等全球性挑战，非洲的可持续发展面临严重威胁。中国对非洲面临的困难和挑战感同身受，呼吁国际社会切实有效地支持非洲发展，愿同非洲国家不断深化各领域务实合作，全面推进中非新型战略伙伴关系。

温家宝说，中国人民对非洲人民的感情是真诚的，中国对非洲发展的支持是实实在在的。今后不管世界风云如何变化，我们同非洲人民的友谊不会变，与非洲深化互利合作、实现共同发展的决心不会变，支持非洲经济社会发展的政策不会变。在今后3年，中国政府将采取8项新举措推进中非合作：

一、倡议建立中非应对气候变化伙伴关系，不定期举行高官磋商，在卫星气象监测、新能源开发利用、沙漠化防治、城市环境保护等领域加强合作。中方决定为非洲援建太阳能、沼气、小水电等100个清洁能源项目。

二、加强科技合作，倡议启动"中非科技伙伴计划"，实施100个中非联合科技研究示范项目，接收100名非洲博士后来华进行科研工作。

三、增加非洲融资能力，向非洲国家提供100亿美元优惠性质贷款；支持中国金融机构设立金额为10亿美元的非洲中小企业发展专项贷款。对非洲与中国建交的重债穷国和最不发达国家，免除截至2009年年底对华到期未还的政府无息贷款债务。

四、扩大对非产品开放市场，逐步给予非洲与中国建交的最不发达国家95%的产品免关税待遇，2010年年内首先对60%的产品实施免关税。

五、进一步加强农业合作，为非洲国家援建的农业示范中心增至20个，向非洲派遣50个农业技术组，为非洲国家培训2000名农业技术人才，提高非洲实现粮食安全的能力。

六、深化医疗卫生合作，为援非30所医院和30个疟疾防治中心提供价值5亿元人民币的医疗设备和抗疟物资，为非洲培训3000名医护人员。

七、加强人力资源开发和教育合作，为非洲国家援助50所中非友好学校，培训1500名校长和教师；到2012年，向非洲提供的中国政府奖学金名额将增至5500名；今后3年为非洲培训各类人才总计2万名。

八、扩大人文交流，倡议实施"中非联合研究交流计划"，促进学者、智库交往合作，交流发展经验。

温家宝指出，中非合作论坛第四届部长级会议将成为中非关系进一步发展的新起点。只要中非双方同心协力、开拓进取、平等互利，就完全能够抓住机遇、战胜挑战，中非新型战略伙伴关系就一定会迈上新的台阶，中非友谊与合作就一定会结出更加丰硕的成果。

埃及总统穆巴拉克和其他非洲国家领导人在发言中赞扬中非合作论坛体现了非中传统友谊和平等相待、相互尊重、互利共赢的精神，是南南合作的典范。他们表示，论坛北京峰会各项合作举措得到顺利实施，有效帮助了非洲经济和社会发展，推动了非中关系取得显著进展。温家宝总理在本届会议上宣布的对非合作8项新举措,将推动非中合作进入新阶段。非洲国家珍视同中国的传统友谊与伙伴关系,愿同中方一道,落实好双方达成的新共识、新措施,加强对话、交流、合作,相互帮助、共同发展、携手并进,开创非中关系更加美好的未来。

第三届中非企业家大会在埃及沙姆沙伊赫举行

国务院总理温家宝与埃及总理纳齐夫共同出席。中国和非洲国家企业界代表近千人参加大会。

温家宝在致辞中说,在双方共同努力下,中非经贸合作已经结出了累累硕果。双边贸易大幅上升,投资合作蓬勃发展,双方工程合作成效明显,对非援助深入人心。实践证明,中国和非洲的传统友谊是牢不可破的,经贸合作是平等互利的。我们既是风雨同舟、患难与共的好朋友,又是优势互补、合作共赢的好伙伴!

温家宝说,中国和非洲都在发展的关键阶段,双方共同利益在扩大,相互需求也在增加。中非经贸合作存在巨大潜力,发展前景十分广阔。我们应继续本着“平等互利、注重实效、形式多样、共同发展”的原则,积极推动中非经贸关系向更大规模、更宽领域和更高水平发展。

温家宝就加强中非经贸合作提出几点建议:

第一,扩大双边贸易规模。中方愿意进一步对非洲产品开放市场,逐步给予非洲最不发达国家绝大多数商品免关税待遇,鼓励中国企业进口非洲商品,加强金融、电信、旅游等领域的合作。

第二,加强投资合作。中方将继续鼓励有实力、有信誉的中国企业到非洲国家投资兴业,积极推进中非经贸合作区建设,加强资源合作开发。中国将向非洲国家提供更多新的无息贷款、优惠性质贷款和商业贷款,同时逐步扩充中非发展基金。中国将引导中国企业更多承担社会责任。

第三,提高援助效益。中国将在力所能及的范围内逐步扩大对非援助规模,同时更加注重优化援外项目结构,更多投向民生领域,帮助非洲国家尽快实现联合国千年发展目标。更加注重对非技术转让,帮助非洲培养更多技术和管理人才,提高非洲自主发展能力。

第四,促进企业交流与合作。中非经贸合作应坚持政府引导、企业为主、市场运作的方向,充分发挥企业的作用。中方愿意为中非企业交流合作搭建更多有效平台。

温家宝最后说,发展互利共赢的中非经贸关系符合双方人民的共同愿望,有利于促进世界和平和共同发展。希望中非企业家抢抓机遇,迎难而上,以更长远和更开阔的眼光,把中非经贸合作提高到新水平。

纳齐夫表示,中国是非洲重要的合作伙伴。非洲国家感谢中国长期支持和帮助非洲,高度评价中方在中非合作论坛北京峰会上宣布支持非洲发展的8项举措及其全面落实,愿同中国深化友谊与合作。面对当前国际金融危机,双方企业加强合作具有重要意义,不仅为各自经济发展注入新的活力,也为非中关系长远发展奠定更坚实的基础。非洲国家欢迎中国投资,愿为此创造良好条件。

中非企业家大会是由中国国际贸易促进会和非洲工商会联盟共同举办。

中央纪委书记贺国强在江西考察

11月8日至11日,贺国强深入江西省景德镇、九江、南昌等地的农村、企业、社区,就学习贯彻党的十七届四中全会精神、促进经济平稳较快发展、加强党风廉政建设和反腐败工作等进行调研。

北京大学公布《北京大学关于试行“中学校长实名推荐制”的实施方案》

第十九届中国新闻奖 第十届长江韬奋奖 全国优秀新闻工作者颁奖报告会在北京举行

中共中央政治局常委李长春出席并讲话。中宣部部长刘云山,中国社会科学院院长陈奎元出席报告会。中国记协主席田聪明在会上致辞。

报告会上,人民日报社记者董宏君、西藏日报社副总编辑崔士鑫、内蒙古人民广播电台记者山丹、新疆日报社汉文编辑部主任王定贵、中央电视台记者张泉灵、大众日报社记者陈中华等6位获奖代表和先进集体代表先后发言。中央宣传文化部门负责同志和来自全国各地约450名编辑记者参加了报告会。

由中国华夏文化遗产基金会主办的“华夏魂——首届海峡两岸大型交流活动”在人民大会堂开幕

11月9日

国务院正式批复同意天津市调整滨海新区行政区划

在天津市滨海新区管理体制改革动员大会上,国务院批复了天津市报送的《关于调整天津市部分行政区划的请示》,同意撤销天津市塘沽区、汉沽区、大港区,设立天津市滨海新区,以原塘沽区、汉沽区、大港区的行政区域为滨海新区的行政区域。新的滨海新区人民政府将坐落在新港街道新港二号路。

国务院要求，上述行政区划调整涉及的各类机构要按照"精简、统一、效能"的原则设置，涉及的行政区域界线要按规定及时勘定，所需人员编制和经费由天津市自行解决。

国务院副总理李克强在北京考察甲型H1N1流感疫苗研发与检验工作

李克强在考察时强调，要按照党中央、国务院的部署，继续坚持依法、科学、有序防治的原则，坚持联防联控的工作机制，坚持强化预防、突出重点、加强救治、减少危害的防控策略，进一步做好甲型H1N1流感防控工作，切实保障人民群众健康和社会生产生活秩序正常稳定。

国务院副总理王岐山在辽宁大连考察服务外包工作

大连是国务院批准设立的20个服务外包示范城市之一，今年以来服务外包产业逆势增长，1—10月份服务外包执行金额同比增长158%。王岐山来到大连腾飞软件园和大连华信计算机技术股份有限公司等企业，仔细询问企业承接订单、产品研发、吸纳就业等情况。他说，发展服务外包产业，根本上要靠人才、靠科技、靠创新。要解放思想，扩大开放，把人才优势、技术优势与市场优势充分结合起来。在大连东软信息技术学院图书馆，王岐山与自习的学生亲切交谈，鼓励他们刻苦学习，增强自信，敢于创新。

考察期间，王岐山对辽宁省及大连市经济社会发展取得的成绩给予充分肯定。他强调，商务、金融等部门要加强与地方政府的协调配合，寓管理于服务之中，努力促进东北老工业基地振兴和发展。

辽宁省和国务院有关部门负责同志参加了座谈会和考察。

国务委员马凯出席在北京举行的上海合作组织国家行政学院院长论坛

马凯在会上指出，通过这次论坛，各成员国交流了在应对危机和开展公务员培训方面的做法和经验，并且发表了《上海合作组织国家行政学院院长论坛联合声明》，这对于促进成员国国家行政学院之间的合作具有重要意义。中方愿意进一步加强与成员国国家行政学院之间的交流，相互学习和分享有益经验，不断增进相互了解和友谊。

中组织部 人力资源和社会保障部公布《公务员录用考试违纪违规行为处理办法(试行)》

第一条 为规范公务员录用考试违纪违规行为的认定与处理，严肃考试纪律，确保录用工作公平、公正，根据公务员法、《公务员录用规定(试行)》和有关规定，制定本办法。

第二条 报考者和录用工作人员在公务员录用考试及相关环节中违纪违规行为的认定与处理适用本办法。

第三条 对违纪违规行为的认定与处理，应当事实清楚、证据确凿、程序规范、适用规定准确。

第四条 公务员主管部门、招录机关和公务员录用考试机构及其他相关机构依据本办法，按照职责权限，对报考者和录用工作人员违纪违规行为进行认定与处理。

第五条 报考者提供的涉及报考资格的申请材料或信息不实的，由招录机关或者公务员主管部门取消其本次报考资格。

报考者恶意注册报名信息，扰乱报名秩序或者伪造学历证明及其他有关证件骗取考试资格的，由省级以上公务员主管部门给予其取消本次报考资格且5年内不得报考公务员的处理。

第六条 报考者在考试过程中有下列行为之一，当场发现经警告仍不改正的，由公务员考试工作人员责令其离开考场，该科目(场次)考试成绩无效；事后发现的，由公务员考试机构或者招录机关给予其该科目(场次)考试成绩无效的处理：

(一)将规定以外的物品带入考场且未按要求放在指定位置的；

(二)未在指定座位参加考试，或者未经工作人员允许擅自离开座位或者考场的；

(三)不按规定填写(填涂)本人信息的；

(四)未用规定的答题用笔作答的；

(五)故意损毁试卷、答题纸、答题卡，或者将试卷、答题纸、答题卡带出考场的；

(六)在答卷(答题卡)上做特殊标记的；

(七)其他一般违纪违规行为。

第七条 报考者在考试过程中有下列行为之一的，由公务员考试机构或者招录机关给予其取消本次考试资格的处理，并由省级以上公务员主管部门给予其5年内不得报考公务员的处理：

(一)抄袭、协助抄袭的；

(二)持假证件参加考试的；

(三)使用禁止自带的通讯设备或者具有计算、存储功能电子设备的；

(四)其他严重违纪违规行为。

第八条 在考试或阅卷过程中认定报考者有下列情形之一的，由公务员考试机构或者招录机关给予其取消本次考试资格的处理，并由省级以上公务员主管部门给予其终身不得报考公务员的处理：

（一）经查实认定为串通作弊或者有组织作弊的；

（二）由他人替考或者冒名顶替他人参加考试的；

（三）其他情节特别严重、影响恶劣的违纪违规行为。

第九条 报考者在考察过程中有弄虚作假、隐瞒事实真相或有其他妨碍考察工作正常进行行为的，由招录机关给予其不予录用的处理；情节严重的，由省级以上公务员主管部门给予其5年内不得报考公务员的处理。

第十条 报考者在体检过程中有意隐瞒影响录用的疾病或者病史的，由招录机关给予其不予录用的处理。

报考者在体检过程中有串通体检工作人员作弊或者请他人顶替体检以及交换、替换化验样本等作弊行为的，体检结果无效，由省级以上公务员主管部门给予其5年内不得报考公务员的处理。

第十一条 在试用期间查明报考者有本办法所列违纪违规行为的，由招录机关或者省级以上公务员主管部门取消录用并按照本办法的有关规定给予其相应的处理。

任职定级后查明的，按照有关规定给予其相应的处分。

第十二条 报考者在录用过程中的其他违纪违规行为，依照有关法律、法规处理；构成犯罪的，依法追究刑事责任。

第十三条 对报考者的违纪违规行为当场处理的，由两名以上考试工作人员予以记录、签字并存档。对报考者违纪违规行为事后认定与处理的，应当制作公务员录用考试违纪违规行为告知书（式样附后），告知书应当寄送报考者，或者以公告形式送达。

第十四条 中央公务员主管部门建立全国统一的公务员录用报考者诚信档案库。

第十五条 录用工作人员违反有关法律、法规，或者有《公务员录用规定（试行）》第三十三、三十四条规定情形的，按照有关规定给予处分。其中，公务员协助作弊的，按有关规定给予相应处分；组织、领导有组织作弊或者在有组织作弊中起主要作用的，给予开除处分。

索取或者非法收受他人财物的，徇私舞弊、情节严重、构成犯罪的，依法追究刑事责任。

第十六条 报考者对所认定的违纪违规事实有异议的，可以向作出处理的机关（机构）进行陈述和申辩。取消录用的，可以依照有关规定申请复核或者提出申诉。

录用工作人员对违纪违规行为处理决定不服的，公务员和参照公务员法管理工作人员可以按照有关规定申请复核或者申诉，其他工作人员可以根据有关法律规定申请行政复议或者提起行政诉讼。

第十七条 参照公务员法管理工作人员录用中违纪违规行为的认定与处理适用本办法。

第十八条 省级公务员主管部门可以根据本办法制定实施细则。

第十九条 本办法由中央公务员主管部门负责解释。

第二十条 本办法自发布之日起施行。

国务院在河南郑州召开全国冬春农田水利基本建设工作会议

会议研究部署今冬明春农田水利基本建设和农业农村工作。国务院副总理回良玉在会上强调，要把农田水利基本建设作为加强农业基础、促进经济平稳较快发展和解决民生问题的基础性工作来抓，紧紧围绕提高农业综合生产能力、防灾减灾能力和水土资源保护能力，多渠道增加投入，创新体制机制，激发农民和社会的积极性，全面掀起冬春农田水利基本建设的热潮，为保障国家粮食安全、防洪安全、饮水安全和生态安全提供有力支撑。

世界银行副行长兼首席经济学家林毅夫表示人民币升值可能会阻滞全球经济复苏

全国人大常委会副委员长王兆国在路易港会见毛里求斯总理纳文钱德拉·拉姆古兰

王兆国说，中国全国人大代表团此访旨在进一步推动中毛友好合作关系的发展。中方愿与毛方进一步加强交往，相互学习，相互借鉴，共同发展，推动中毛友好合作关系迈上新台阶。王兆国对毛里求斯在经济社会发展方面取得的成就，坚持民族团结和多元文化政策、各民族人民和睦相处，在促进地区团结合作方面发挥的重要作用表示赞赏。他衷心祝愿毛里求斯在国家建设中取得新的成就。

拉姆古兰说，毛里求斯对毛中长期保持友好合作关系感到高兴，感谢中国对毛里求斯的发展提供大力支持和帮助。毛方愿同中方加强在各领域互利合作，给两国和两国人民带来实实在在的利益。他重申，毛里求斯永远坚持一个中国的政策。

国务委员兼国防部部长梁光烈在八一大楼会见由塞尔维亚国防部国务秘书约维契奇率领的塞尔维亚军事代表团

国家发改委 卫生部和人社部联合发布《改革药品和医疗服务价格形成机制的意见》

各省、自治区、直辖市及计划单列市发展改革委、物价局、卫生厅(局)、人力资源社会保障(劳动保障)厅(局):

根据《中共中央、国务院关于深化医药卫生体制改革的意见》(中发〔2009〕6号)和《国务院关于印发医药卫生体制改革近期重点实施方案(2009—2011年)的通知》(国发〔2009〕12号)的有关精神,我们研究制定了《改革药品和医疗服务价格形成机制的意见》,现印发你们,请按照执行。

国家发展改革委

卫生部

人力资源社会保障部

2009年11月9日

改革药品和医疗服务价格形成机制的意见

为贯彻落实《中共中央、国务院关于深化医药卫生体制改革的意见》(中发〔2009〕6号)和《国务院关于印发医药卫生体制改革近期重点实施方案(2009—2011年)的通知》(国发〔2009〕12号)的精神,现就改革药品和医疗服务价格形成机制,提出以下意见:

一、改革的指导思想、基本原则和目标任务

(一)指导思想

按照贯彻落实科学发展观和构建社会主义和谐社会的要求,从我国医药产业发展现状和医疗服务特点出发,充分发挥价格杠杆调节作用,合理调控药品和医疗服务价格水平,促进卫生事业和医药产业健康发展,满足人民群众不断增长的医疗卫生需求。

(二)基本原则

一是坚持政府调控和市场调节相结合。按照建立社会主义市场经济的要求,根据卫生事业公益性特点,在强化政府对医药价格监管的同时,注意充分发挥市场机制作用,促进生产经营企业和医疗机构加强管理、提高效率,形成公开、公平、公正和有序竞争的药品和医疗服务市场。

二是鼓励研发创新与使用基本药物和适宜技术并重。医药价格制定要有利于激发企业和医疗机构提高创新能力和动力,研究开发新产品和新技术,保护和扶持中医药发展,提高医药行业整体竞争能力,同时要兼顾经济发展水平、基本医疗保障水平和群众承受能力,鼓励使用基本药物和适宜技术,减轻群众不合理的医药费用负担。

三是促进企业和医疗机构不断提高产品质量和服务水平。政府制定药品和医疗服务价格,要体现质量差别,鼓励企业提升产品质量,促进医疗机构改善医疗服务条件和提高诊疗技术,满足群众多层次的用药及医疗服务需求。

四是医药价格改革与医药卫生体制改革协调推进。医药价格改革要有利于促进医药卫生体制改革,与相关政策协调配套,同步推进。价格调整要充分考虑社会各方面利益和群众承受能力,统筹兼顾,逐步疏导矛盾。

(三)目标任务

到2011年,政府管理医药价格方法进一步完善,企业和医疗机构价格行为比较规范,市场价格秩序逐步好转,药品价格趋于合理,医疗服务价格结构性矛盾明显缓解。

到2020年,建立、健全政府调控与市场调节相结合,符合医药卫生事业发展规律的医药价格形成机制;医药价格能够客观及时反映生产服务成本变化和市场供求;医药价格管理体系完善,调控方法科学;医药价格秩序良好,市场竞争行为规范。

2009—2011年的主要任务:

——完善医药价格管理政策。调整政府管理药品及医疗服务价格范围,改进价格管理方法,进一步完善价格决策程序,提高价格监管的科学性和透明度。

——合理调整药品价格。在全面核定政府管理的药品价格基础上,进一步降低偏高的药品价格,适当提高临床必需的廉价药品价格。科学制定国家基本药物价格。

——进一步理顺医疗服务比价关系。在规范医疗服务价格项目的基础上,适当提高临床诊疗、护理、手术以及其他体现医务人员技术劳务价值的医疗服务价格,同时降低大型医用设备检查和治疗价格。加强对植(介)入类等高值医疗器械价格的监管。

——强化成本价格监测和监督检查。完善药品成本价格监测制度,加强药品价格形势分析,公开市场价格信息,发挥社会舆论监督作用。定期开展医药价格检查,规范生产经营企业、医疗机构价格行为。进一步健全医疗机构医药费用清单制度,提高收费透明度。

二、改革药品价格管理

(四)调整政府管理药品价格范围。政府管理药品价格的重点是国家基本药物、国家基本医疗保障用药及生产经营具有垄断性的特殊药品。其他药品实行市场调节价,对其中临床使用量大面广的处方药品,要通过试点逐步探索加强价格监管的有效方法。

(五)药品价格实行分级管理。国务院价格主管部门负责制定药品价格的政策、原则和方法;制定国家基本药物、国家基本医疗保障用药中的处方药及生产经营具有垄断性的特殊药品价格。

各省、自治区、直辖市价格主管部门根据国家统一政策,负责制定国家基本医疗保障用药中的非处方药

(不含国家基本药物)、地方增补的医疗保障用药价格。非营利性医疗机构自配的药物制剂价格,由各省、自治区、直辖市根据本地实际情况确定价格管理权限、形式和内容。

(六)政府制定公布药品指导价格,生产经营单位自主确定实际购销价格。纳入政府价格管理范围的药品,除国家免疫规划和计划生育药具实行政府定价外,其他药品实行政府指导价。麻醉药品、一类精神药品由政府定价形式改为政府指导价,并对流通环节按全国性批发和区域性批发分别制定进销差价率的上限标准。

实行政府指导价的药品,生产经营单位在不突破政府规定价格的前提下,根据市场供求情况自主确定实际购销价格。

(七)政府制定药品价格原则上按照通用名称制定统一价格。政府制定药品价格,一般情况下不区分具体生产经营企业,按照药品通用名称制定统一的指导价格。已针对特定企业制定的价格,与统一指导价有较大价差的,要加大调整力度,逐步缩小价差。今后对于符合国家鼓励扶持发展政策且具有明显不同质量标准的药品,可以依据按质论价的原则,实行有差别的价格政策。

(八)政府制定药品价格以社会平均成本为基础,综合考虑其他相关因素。政府制定药品价格,应遵循"补偿成本、合理盈利、反映供求"的基本原则,同时考虑社会经济发展水平、基本医疗保障水平、群众承受能力、国家宏观调控及产业发展政策、药品临床价值等因素。对于临床必需但市场不能保证供应的普通药品,可以适当提高价格。

(九)科学确定药品之间的差比价关系。进一步完善药品差价比价规则,合理确定同种药品中代表剂型规格品及价格,其他剂型规格品价格按照规定差价或比价关系制定。对可替代药品和创新药品定价逐步引入药物经济性评价方法,促进不同种类药品保持合理比价关系。

(十)鼓励药品研发创新。在合理审核药品成本基础上,根据药品创新程度,对销售利润实行差别控制。允许创新程度较高的药品在合理期限内保持较高销售利润率,促进企业研制开发创新药品。

(十一)引导仿制药品有序生产和竞争。对今后国内首先仿制上市的药品,价格参照被仿制药品价格制定;被仿制药品在国内尚未上市的,首先仿制药品的价格依据其合理成本制定。再仿制上市的药品,价格按照低于首先仿制药品价格的一定比例制定。同种仿制药品生产企业达到一定数量时,应根据社会平均成本等情况制定统一价格。

(十二)鼓励基本药物生产供应。按照通用名称合理制定基本药物零售指导价格,不区分具体生产经营企业。核定基本药物零售价格,要严格控制营销费用,压缩流通环节差价率。保持基本药物价格相对稳定,保障国家基本药物正常生产和供应。

(十三)控制药品流通环节差价率。逐步降低政府指导价药品的流通差价率,对流通环节差价率(额)实行上限控制,并对高价和低价药品实行差别差率控制,低价药品差价率从高,高价药品差价率从低,利用价格杠杆促进药品流通领域兼并重组,扩大规模,集约经营,降低成本,减少流通费用。

(十四)改革医疗卫生机构药品销售加成政策。按照"医药分开"的要求,改革医疗机构补偿机制,逐步取消医疗机构销售药品加成。改革过渡期间,要逐步降低医疗机构药品加价率,在总体不突破15%的前提下,可按价格高低实行差别加价政策。必要时对高价药品实行最高加价额限制。中药饮片加价率标准适当放宽。

鼓励地方结合公立医院试点改革,统筹开展公立医院销售药品零差率改革。公立医院取消药品加成后减少的收入,可通过增加财政补助,提高医疗服务价格和设立"药事服务费"项目等措施进行必要补偿。

(十五)规范药品市场交易价格行为。药品生产经营单位应按照诚实守信的原则合理制定购销价格,要加强行业自律,公开价格信息,提高价格形成的透明度,禁止价格欺诈、价格垄断、价格歧视及其他损害消费者合法权益的行为。

三、改革医疗服务价格管理

(十六)医疗服务价格实行政府指导价和市场调节价相结合的管理方式。非营利性医疗机构提供的基本医疗服务,实行政府指导价;营利性医疗机构提供的各种医疗服务和非营利性医疗机构提供的特需医疗服务实行市场调节价。

(十七)医疗服务价格实行统一政策、分级管理。国务院价格主管部门商相关部门制定医疗服务价格政策及项目、定价原则和方法,加强对地方制定医疗服务价格的指导和协调。基本医疗服务的指导价格,由省或市级价格主管部门会同同级卫生、人力资源社会保障部门制定。

(十八)基本医疗服务价格要体现公益性质。基本医疗服务价格要按照"合理补偿成本、兼顾群众和基本医疗保障承受能力"的原则核定。制定基本医疗服务价格所依据的合理成本,按照扣除财政补助、医疗机构销售药品和医疗器械(耗材)差价收益核算。

(十九)改革医疗服务定价方式。根据医疗技术发展和临床诊疗需要,完善医疗服务价格项目规范,合理设立医疗服务价格项目。从严控制简单以新设备、新试剂、新方法等名义新增医疗检查检验项目，进一步规范医疗服务价格项目名称和服务内容。逐步改革医疗服务以项目为主的定价方式，积极探索有利于控制费用、公开透明、方便操作的医疗服务定价方式。社区、乡镇卫生院等基层医疗机构开展的便民个性化服务，可以按照服务时间、服务次数等方式制定价格。

(二十)合理制定不同级别医疗机构和不同职级医师的服务价格。根据医疗机构等级、医师级别和市场需求等因素，对医疗服务可以制定不同的指导价格。要逐步拉开价格差距，促进患者合理分流。

(二十一)提高体现技术和劳务价值的医疗服务价格。按照医疗服务补偿合理成本的要求，结合政府财政投入情况，合理调整非营利性医疗机构基本医疗服务价格，逐步提高中医和体现医务人员技术劳务价值的诊疗、手术、护理等项目价格。

(二十二)降低大型医用设备检查和治疗价格。加强医用检查和治疗设备价格监测。完善服务成本审核方法，医用检查和治疗设备折旧费用按额定工作量测算。降低偏高的医用设备检查和治疗价格，促进医用检查和治疗设备集约化使用。

(二十三)加强医疗器械价格管理。合理控制医疗服务价格项目外单独收费的医疗器械范围。对单独收费的品种，要建立目录进行管理。对高值特别是植(介)入类医疗器械，可通过限制流通环节差价率、发布市场价格信息等措施，引导价格合理形成。

四、建立、健全制度，加强基础工作

(二十四)加强价格评审，健全成本调查和价格监测体系。完善药品和医疗服务价格评审制度，加强价格评审专家队伍建设，健全药品和医疗服务成本核算方法。建立和完善医药市场价格调查、监测和信息采集分析系统。

(二十五)进一步完善价格决策程序。公开政府定价程序和方法，增强价格决策透明度。建立药品和医疗服务价格动态调整制度。完善地区间医药价格信息交流协调机制。制定和调整价格要广泛听取生产经营企业、医疗服务单位、医疗保险经办机构、消费者以及相关部门的意见，充分调动社会各方面参与药品和医疗服务价格管理的积极性。

(二十六)积极探索建立医药费用供需双方谈判机制。在政府制定药品和医疗服务价格的基础上，改革医疗保险支付方式，逐步实行按病种付费、按服务单元付费和总额预付。积极探索医疗保险经办机构与医疗机构(医院协会)、药品供应商通过协商谈判，合理确定医药费用及付费方式。鼓励有条件的地方开展支付方式和费用谈判机制的试点。

(二十七)加强价格监督检查。进一步强化医药价格明码标价工作，全面推行医疗机构医疗服务、医疗器械和药品价格公示及住院费用“一日清单”等制度。定期开展医药价格专项检查工作。研究探索建立医药价格监督的长效机制，规范生产经营企业、医疗卫生机构价格行为。

世界第一高悬索桥巴东四渡河特大桥通过交工验收

四渡河特大桥位于巴东县野三关镇四渡河，大桥主跨900米，桥面距峡谷谷底达560米，相当于200层楼高，比法国米约大桥还要高290米。被誉为“世界第一高悬索桥”。

11月10日

国家主席胡锦涛在吉隆坡会见马来西亚最高元首米詹·扎因·阿比丁

国务院总理温家宝签署第566号令公布《广播电台电视台播放录音制品支付报酬暂行办法》

《广播电台电视台播放录音制品支付报酬暂行办法》已经2009年5月6日国务院第62次常务会议通过，国务院总理温家宝签署中华人民共和国国务院第566号令予以公布，自2010年1月1日起施行。

总理　温家宝

2009年11月10日

广播电台电视台播放录音制品支付报酬暂行办法

第一条　为了保障著作权人依法行使广播权，方便广播电台、电视台播放录音制品，根据《中华人民共和国著作权法》(以下称著作权法)第四十四条的规定，制定本办法。

第二条　广播电台、电视台可以就播放已经发表的音乐作品向著作权人支付报酬的方式、数额等有关事项与管理相关权利的著作权集体管理组织进行约定。

广播电台、电视台播放已经出版的录音制品，已经与著作权人订立许可使用合同的，按照合同约定的方式和标准支付报酬。

广播电台、电视台依照著作权法第四十四条的规定，未经著作权人的许可播放已经出版的录音制品(以下称播放录音制品)的，依照本办法向著作权人支付报酬。

第三条　本办法所称播放，是指广播电台、电视台以无线或者有线的方式进行的首播、重播和转播。

第四条　广播电台、电视台播放录音制品，可以与管理相关权利的著作权集体管理组织约定每年向著作权人支付固定数额的报酬；没有就固定数额进行约定或者约定不成的，广播电台、电视台与管理相关权利的著作权集体管理组织可以以下列方式之一为基础，协商向著作权人支付报酬：

（一）以本台或者本台各频道（频率）本年度广告收入扣除15%成本费用后的余额，乘以本办法第五条或者第六条规定的付酬标准，计算支付报酬的数额；

（二）以本台本年度播放录音制品的时间总量，乘以本办法第七条规定的单位时间付酬标准，计算支付报酬的数额。

第五条　以本办法第四条第（一）项规定方式确定向著作权人支付报酬的数额的，自本办法施行之日起5年内，按照下列付酬标准协商支付报酬的数额：

（一）播放录音制品的时间占本台或者本频道（频率）播放节目总时间的比例（以下称播放时间比例）不足1%的，付酬标准为0.01%；

（二）播放时间比例为1%以上不足3%的，付酬标准为0.02%；

（三）播放时间比例为3%以上不足6%的，相应的付酬标准为0.09%到0.15%，播放时间比例每增加1%，付酬标准相应增加0.03%；

（四）播放时间比例为6%以上10%以下的，相应的付酬标准为0.24%到0.4%，播放时间比例每增加1%，付酬标准相应增加0.04%；

（五）播放时间比例超过10%不足30%的，付酬标准为0.5%；

（六）播放时间比例为30%以上不足50%的，付酬标准为0.6%；

（七）播放时间比例为50%以上不足80%的，付酬标准为0.7%；

（八）播放时间比例为80%以上的，付酬标准为0.8%。

第六条　以本办法第四条第（一）项规定方式确定向著作权人支付报酬的数额的，自本办法施行届满5年之日起，按照下列付酬标准协商支付报酬的数额：

（一）播放时间比例不足1%的，付酬标准为0.02%；

（二）播放时间比例为1%以上不足3%的，付酬标准为0.03%；

（三）播放时间比例为3%以上不足6%的，相应的付酬标准为0.12%到0.2%，播放时间比例每增加1%，付酬标准相应增加0.04%；

（四）播放时间比例为6%以上10%以下的，相应的付酬标准为0.3%到0.5%，播放时间比例每增加1%，付酬标准相应增加0.05%；

（五）播放时间比例超过10%不足30%的，付酬标准为0.6%；

（六）播放时间比例为30%以上不足50%的，付酬标准为0.7%；

（七）播放时间比例为50%以上不足80%的，付酬标准为0.8%；

（八）播放时间比例为80%以上的，付酬标准为0.9%。

第七条　以本办法第四条第（二）项规定的方式确定向著作权人支付报酬的数额的，按照下列付酬标准协商支付报酬的数额：

（一）广播电台的单位时间付酬标准为每分钟0.30元；

（二）电视台的单位时间付酬标准自本办法施行之日起5年内为每分钟1.50元，自本办法施行届满5年之日起为每分钟2元。

第八条　广播电台、电视台播放录音制品，未能依照本办法第四条的规定与管理相关权利的著作权集体管理组织约定支付报酬的固定数额，也未能协商确定应支付报酬的，应当依照本办法第四条第（一）项规定的方式和第五条、第六条规定的标准，确定向管理相关权利的著作权集体管理组织支付报酬的数额。

第九条　广播电台、电视台转播其他广播电台、电视台播放的录音制品的，其播放录音制品的时间按照实际播放时间的10%计算。

第十条　中部地区的广播电台、电视台依照本办法规定方式向著作权人支付报酬的数额，自本办法施行之日起5年内，按照依据本办法规定计算出的数额的50%计算。

西部地区的广播电台、电视台以及全国专门对少年儿童、少数民族和农村地区等播出的专业频道（频率），依照本办法规定方式向著作权人支付报酬的数额，自本办法施行之日起5年内，按照依据本办法规定计算出的数额的10%计算；自本办法施行届满5年之日起，按照依据本办法规定计算出的数额的50%计算。

第十一条　县级以上人民政府财政部门将本级人民政府设立的广播电台、电视台播放录音制品向著作权人支付报酬的支出作为核定其收支的因素，根据本地区财政情况综合考虑，统筹安排。

第十二条　广播电台、电视台向著作权人支付报酬，以年度为结算期。

广播电台、电视台应当于每年度第一季度将其上年度应当支付的报酬交由著作权集体管理组织转付给著作权人。

广播电台、电视台通过著作权集体管理组织向著作权人支付报酬时，应当提供其播放作品的名称、著作权人姓名或者名称、播放时间等情况，双方已有约定的除外。

第十三条 广播电台、电视台播放录音制品，未向管理相关权利的著作权集体管理组织会员以外的著作权人支付报酬的，应当按照本办法第十二条的规定将应支付的报酬送交管理相关权利的著作权集体管理组织；管理相关权利的著作权集体管理组织应当向著作权人转付。

第十四条 著作权集体管理组织向著作权人转付报酬，除本办法已有规定外，适用《著作权集体管理条例》的有关规定。

第十五条 广播电台、电视台依照本办法规定将应当向著作权人支付的报酬交给著作权集体管理组织后，对著作权集体管理组织与著作权人之间的纠纷不承担责任。

第十六条 广播电台、电视台与著作权人或者著作权集体管理组织因依照本办法规定支付报酬产生纠纷的，可以依法向人民法院提起民事诉讼，或者根据双方达成的书面仲裁协议向仲裁机构申请仲裁。

第十七条 本办法自2010年1月1日起施行。

国务院副总理张德江在人民大会堂会见来华参加上海合作组织交通部长第四次会议的交通部长和部长代表

科技部在北京召开国家重点实验室工作会议

会议总结国家重点实验室发展现状与成绩，分析面临的发展机遇和形势，探讨国家重点实验室今后发展思路，重点将围绕实验室科研组织模式创新、专项经费管理相关措施等开展研讨并做相应工作部署。会议由科技部基础研究司张先恩司长主持，科技部曹健林副部长出席并做重要讲话，基础研究司廖小罕副司长做国家重点实验室工作报告，中组部人才工作局胡建华副巡视员、财政部教科文司宋秋玲副巡视员出席会议并讲话，牵引动力等4个国家重点实验室做经验交流发言。教育部、中国科学院、工信部、农业部、卫生部、总后卫生部等主管部门相关司局和地方科技厅(委)负责同志，国家重点实验室及其依托单位代表近400人参加了会议。

2009诺贝尔奖获得者北京论坛开幕式在人民大会堂举行

在为期3天的论坛上，四位诺贝尔经济学奖获得者、两位世界级金融机构负责人和两位著名专家学者将共论“金融重建与经济振兴”这一主题。全国人大常委会副委员长陈至立出席开幕式并发表了主旨讲话。

中国选手赵菁在世界杯短池游泳系列赛斯德哥尔摩站比赛中以25秒82的成绩打破女子50米仰泳短池世界纪录并夺冠

11月11日

国家主席胡锦涛在新加坡会见新加坡总统纳丹

胡锦涛指出，建交以来，中新两国关系发展迅速。双方高层交往频繁，各领域合作成果显著。胡锦涛表示，明年两国将迎来建交20周年。为进一步增进中新人民友好感情，中方愿向新加坡提供一对大熊猫进行合作研究。

胡锦涛还向纳丹介绍了中国应对国际金融危机冲击、保持经济平稳较快发展采取的政策举措和取得的成效。

纳丹表示，新中关系十分紧密，各领域合作发展良好，新方希望同中方进一步加强经贸、旅游、教育等领域交流合作，扩大同中国地方的合作。中方决定向新方提供一对大熊猫进行合作研究，这是新中两国人民友好感情的象征。在人力资源开发领域，新方愿同中方加强合作。亚洲自然灾害频发，中国抗击四川汶川特大地震灾害和推进灾后恢复重建的成功经验值得借鉴。

国家主席胡锦涛在新加坡会见新加坡内阁资政李光耀

胡锦涛强调，当前和今后一个时期，双方应该重点做好三件事：一是保持两国领导人密切交往，坦诚交换意见，推动两国关系沿着正确方向不断向前发展；二是充分发挥中新自由贸易协定和中国—东盟自由贸易区的作用，加强两国各领域务实合作，培养新的合作增长点；三是密切两国人员交流、文化交流、知识交流，加强相互学习和借鉴，促进各自经济社会发展。

李光耀对中国发展取得巨大成就表示祝贺，认为中国发展保持稳定性和连续性对本地区具有重大影响。中国是东盟最大贸易伙伴之一，全面加强东盟—中国关系有利于整个地区和平、稳定、繁荣。

国家主席胡锦涛在吉隆坡会见马来西亚总理纳吉布

胡锦涛强调，为进一步推动中马关系发展，双方应该落实好两国《战略性合作共同行动计划》，积极开拓新的合作领域，寻求新的合作方式，培育新的合作增长点，实现共同发展。为此，中方提出以下建议。第一，深化经贸合作。稳定双边贸易，充分利用明年中国—东盟自由贸易区建成的有利条件，努力挖掘潜力，促进双边贸易稳步增长；加强投资合作，中国政府支持中国相关企业参与马来西亚基础设施项目建设,利用多种融资渠道,推动两国投资合作取得新进展;扩大能源资源合作,扩大合作领域,提高合作水平;拓展金融合作,加强两国央行和金融监管当局交流,加强多边协调和配合,共同推进东亚地区财金合作,共同维护地区和国际金融稳定。第二,深化教育、科技、文化、旅游等领域合作。中方欢迎更多马来西亚青年学生来华留学。希望双方密切配合,办好在马孔子学院。中方期待马方在2010年上海世博会上的精彩展示,希望这一盛会为促进中马交流合作搭建新的平台。第三,加强防务安全合作。加强交流,增进互信,扩大合作。第四,密切国际和地区事务合作。中方重视马来西亚在东盟、伊斯兰世界、发展中国家中的地位,将一如既往支持东盟一体化进程和共同体建设,继续积极发展同伊斯兰国家的友好合作,共同维护发展中国家权益。

纳吉布完全同意胡锦涛关于进一步发展两国关系的重要建议。他说,马中关系经历了时间的考验,相互尊重和相互信任是两国关系发展的核心价值。今年前9个月,中国已经成为马来西亚最大贸易伙伴,双方经贸关系发展仍有很大空间。马方愿扩大同中方在经贸、金融、能源、农业、渔业、教育、科技、旅游、防务安全等领域的交流合作。

会谈结束后,胡锦涛和纳吉布总理出席两国合作文件签字仪式。

国务院总理温家宝在中南海紫光阁会见以池田澄江为团长的日本遗孤感谢中国人民养育之恩访华团

国务院副总理李克强在北京出席中国环境与发展国际合作委员会2009年年会开幕式并讲话

中国环境与发展国际合作委员会成立于1992年,是一个由中外环境领域高层人士和专家组成的、向中国政府提供政策建议的咨询机构。本次年会主题是"能源、环境与发展"。

国务院副总理、中国环境与发展国际合作委员会主席李克强在开幕式上说,应对国际金融危机的过程,是人们思想革故鼎新的过程,也是世界经济创新发展的过程。当前,世界经济正处于大变革、大调整之中,全球气候变化、能源资源安全等重大课题提上重要议程,清洁能源、节能减排等新技术革命方兴未艾,发展绿色经济、循环经济、低碳经济成为国际上一个重要趋势。这既给我们带来了一系列重大挑战,也带来了新的发展机遇。

李克强指出,中国正处于工业化、城镇化快速发展阶段,现代化建设任重道远,环境保护任务十分艰巨。加强生态环境保护,与节约能源资源一样,都是经济结构调整的重要抓手和发展方式转变的关键环节。通过加大环保工作力度、建设环境设施、发展环保产业,有利于抑制高能耗、高排放、高污染的落后生产能力,鼓励清洁发展、节约发展、安全发展的先进生产要素;也有利于构建环境友好型产业结构、增长方式和消费模式,形成新的经济增长点,从而促进经济结构调整、实现可持续发展。

李克强强调,环境攸关发展和民生,安全的饮用水和清洁的空气是人类生存发展的必需品,优良的环境是人民生活质量改善和提高的必要条件。一年来,中国政府在扩大内需新增投资计划中,用于节能环保和生态建设的投资达2000多亿元。面向未来,中国将继续把环境保护作为生态文明建设和资源节约型、环境友好型社会建设的重大任务,持之以恒地加以推进,努力使生态环境逐步得到改善。坚持环保为民,优先解决危害群众健康的突出环境问题,进一步加强水、空气、土壤污染防治,积极有效防范突发环境事件,使天更蓝、水更清、地更绿,为广大群众创造宜居环境。坚持环保与发展相促进,全面推进生态环境建设,大力发展环保产业,重视解决新的环境问题,以环境的可持续发展促进经济的可持续发展。同时,继续完善环境政策法规,健全环保成本和价格机制,加快环保科技进步,动员全社会力量保护和改善环境。

李克强指出,气候变化涉及全球共同利益,既是环境问题,也是发展问题,应当在发展中加以解决。中国高度重视气候变化,制定并正在实施应对气候变化国家方案。我们将本着《联合国气候变化框架公约》《京都议定书》和"巴厘路线图"的基本精神,坚持共同但有区别的责任原则,推动哥本哈根会议取得积极成果,努力为应对气候变化作出应有贡献。

李克强积极评价国合会对中国环保事业作出的贡献,希望各位委员继续发挥自身优势,研究中国环境与发展的重大现实问题,积极推动研究成果创新和应用,为中国环境事业贡献智慧和力量。

国合会中外委员、有关国家和国际组织驻华使节代表、国内外专家学者200余人参加了国合会2009年年会开幕式。国合会中方执行副主席、中国环境保护部部长周生贤主持开幕式。国合会外方执行副主席、加拿大国际发展署署长比格斯出席开幕式。

纪念"两航"起义60周年座谈会在人民大会堂举行

全国政协副主席、中央统战部部长杜青林在座谈会上讲话。国务院副总理张德江,全国人大常委会副委员长周铁农,全国政协副主席林文漪等出席座谈会。中央和国家机关有关部门负责同志,来自海内外的

“两航”起义人员代表和家属近200人参加座谈会。

1949年11月9日,在中国共产党直接领导下,原中国航空公司总经理刘敬宜和中央航空公司总经理陈卓林,率领2000多名员工在香港宣布起义,两公司的12架飞机胜利飞抵北京、天津,回到了新中国的怀抱。这就是震惊中外的“两航”起义。

解放军空军成立60周年庆祝大会在北京举行

卫生部印发《消毒产品卫生安全评价规定》的通知

第十六届亚运会代表团团长大会在广州开幕

中国选手在世界杯短池游泳系列赛斯德哥尔摩站两破世界纪录

赵菁以58秒40的成绩打破女子100米个人混合泳世界纪录;刘子歌在女子200米蝶泳决赛中以2分2秒50的成绩打破世界纪录。

贵州省政协主席黄瑶被免职

政协贵州省第十届委员会常务委员会召开第九次会议,根据中共中央和中共贵州省委的通知精神以及《中国人民政治协商会议章程》的相关规定,鉴于黄瑶严重违反党的纪律,决定免去其贵州省政协主席职务,并撤销其委员资格。

11月12日

国家主席胡锦涛在新加坡会见新加坡总理李显龙

胡锦涛在会见时就深化中新互利合作提出六点建议。第一,保持高层交往势头。两国领导人往来密切是中新关系的显著特点,为两国关系持续发展奠定了坚实政治基础。第二,充分发挥双边合作机制作用。利用好这些机制,着眼长远,不断拓展和深化各领域交流合作。第三,深化经贸合作。继续做好苏州工业园区和天津生态城两个政府间合作的旗舰项目。结合中新自由贸易协定实施,拓展中国企业在新加坡投资兴业的途径和空间,探讨开展环境保护、循环经济等领域合作。第四,扩大人文合作。这次两国有关部门要签署新的人才合作协议。两国教育、文化领域交流活跃,将合作建设新加坡第四所公立大学并在新加坡设立中国文化中心。为庆祝明年两国建交20周年,中方愿向新加坡提供一对大熊猫进行合作研究。第五,加强防务安全合作。希望双方加强交流,提升合作水平,大力开展人道主义救援、海上联合搜救、维护马六甲通道安全、反恐等非传统安全领域合作。第六,密切多边合作。中方支持双方就世界经济形势发展变化和应对经济全球化带来的挑战开展研讨。两国也可以继续加强在东亚合作、亚太经合组织、联合国等多边场合的协调和配合,为本地区乃至世界和平、稳定、繁荣作出新的贡献。

胡锦涛对今年亚太经合组织领导人非正式会议提出三点希望。一是希望会议为国际社会合作应对国际金融危机作出积极贡献,特别是提出一些加强区域合作、促进经济增长的具体措施。二是希望会议发出明确而强烈的信号,反对贸易和投资保护主义,支持多哈回合谈判在锁定已有成果的基础上早日取得全面、均衡的成果。三是希望会议在推进区域一体化、改善贸易和投资环境、加强区域联系、支持发展中成员能力建设等方面取得新的进展。中方愿同包括新方在内的亚太经合组织各成员一道为此作出积极努力。

李显龙完全赞同胡锦涛关于发展两国关系的意见,表示新中关系充满活力,各领域、各层次合作进展非常顺利,高技术、中国企业“走出去”、新加坡同中国地方合作、人力培训等重点领域取得很好成就。苏州工业园区15年来成果显著,天津生态城项目进展顺利。两国合作关系不仅对新中两国有利,也对国际社会有利。

会见后,胡锦涛和李显龙出席了两国有关合作文件签字仪式。

国家主席胡锦涛在新加坡会见新加坡国务资政吴作栋

国家主席胡锦涛出席新加坡工商界及友好团体举行的欢迎宴会并发表致辞

胡锦涛在致辞中对长期以来致力于中新友好互利合作的各位朋友表示感谢,向新加坡人民转达中国人民的诚挚问候和良好祝愿。

胡锦涛表示,1990年中新建交以来,两国高层交往密切,各领域合作成果丰硕。新加坡已成为中国在东盟的重要合作伙伴。双边经贸合作不断迈上新台阶。中新友好互利合作不仅给两国人民带来实实在在的利益,也促进了本地区和平、稳定、繁荣。

胡锦涛指出,中国将坚持独立自主的和平外交政策,始终不渝走和平发展道路,始终不渝奉行互利共赢的开放战略,在和平共处五项原则的基础上同所有国家发展友好合作,继续同世界各国一道推进人类和平与发展的崇高事业,推动建设持久和平、共同繁荣的和谐世界。

胡锦涛强调,中新经贸合作一直走在中国同东盟国家经贸合作的前列。在世界经济增长面临挑战的情况下,中新两国更应该挖掘潜力、开拓进取、创造新的合作机遇,争取早日实现经济复苏。我们对中新经贸合作前景充满信心。

新加坡副总理黄根成等300多人出席晚宴。新加坡中华总商会会长张松声致感谢词,代表新加坡各界热烈欢迎胡锦涛主席访问新加坡,认为中国经济不断发展,国际地位和影响日益增强,一个繁荣稳定的中国将使地区乃至整个世界受益,新加坡工商界愿继续为促进中新互利合作、推动中新关系进一步发展发挥更加积极的作用。

国务院总理温家宝赶赴河北受暴雪影响地区指导工作

12日下午,温家宝和中共中央政治局委员、国务院副总理张德江,国务委员兼国务院秘书长马凯一起前往降雪量最大的石家庄。一上火车,就立即召开现场办公会,听取了气象、交通运输、铁路、民航、公安、发展改革、商务、财政、民政、电力等部门和总参负责人的汇报。他强调,要加强领导,科学组织,狠抓落实,做好应对暴雪的各项工作,实现保民生、保生产、保运输的目标。

11月8日以来,受冷暖空气共同影响,陕西、山西、河北、河南、湖北等地普降大到暴雪,其中,河北省中南部降雪量之大、持续时间之长均为历史罕见,石家庄降雪创历史纪录。党中央、国务院高度重视,有关地方和部门紧急启动应急机制和预案,及早动手,准备充分,采取各种措施应对暴雪。

中共中央政治局常委李长春在河南调研

11月12日至16日,李长春先后到洛阳、郑州、开封、新乡、安阳等地,深入企业、农村、社区和基层文化单位,就保持经济平稳较快发展、加强和改进宣传思想工作、深化文化体制改革等进行调研,听取河南省委省政府工作汇报,对河南改革开放和现代化建设取得的成就给予充分肯定。

调研期间,李长春主持召开加强和改进宣传思想文化工作座谈会,听取基层干部群众的意见和建议。他强调,宣传思想文化战线要顺应时代发展的新要求,顺应信息技术迅猛发展的新形势,顺应人民群众的所思所盼,在认真总结近年来成功经验的基础上,大力推动观念创新、体制创新、机制创新、内容创新、形式创新、传播手段创新、业态创新、科技创新,不断开创宣传思想文化工作新局面。

中央党校校长习近平出席中央党校2009年秋季学期第二批进修班开学典礼并讲话

习近平在讲话中强调,学习是文明传承之途、人生成长之梯、政党巩固之基、国家兴盛之要。要切实贯彻落实党的十七届四中全会精神,按照科学理论武装、具有世界眼光、善于把握规律、富有创新精神的要求,把建设马克思主义学习型政党作为重大而紧迫的战略任务抓紧抓好。

习近平在讲话中从四个方面谈了对建设马克思主义学习型政党的学习体会和认识:一、提出建设马克思主义学习型政党的主要依据和重大意义;二、建设马克思主义学习型政党的基本要求;三、建设马克思主义学习型政党的重要着力点;四、为建设马克思主义学习型政党提供有力保证。

中组部部长李源潮,中央纪委副书记何勇出席开学典礼。

开学典礼由中央党校常务副校长李景田主持。中央有关部门负责人、中央党校负责人,第46期省部级干部进修班、第53期地厅级干部进修班、市地党政主要领导干部进修班全体学员,以及部分在校学员、中央党校研究生院研究生等共600多人参加了开学典礼。

全国政协在北京中山公园中山堂举行仪式纪念孙中山先生诞辰143周年

财政部发出《关于企业加强职工福利费财务管理的通知》

党中央有关部门,国务院各部委、各直属机构,全国人大常委会办公厅,全国政协办公厅,解放军总后勤部,武警总部,各省、自治区、直辖市、计划单列市财政厅(局),新疆生产建设兵团财务局,各中央管理企业:

为加强企业职工福利费财务管理,维护正常的收入分配秩序,保护国家、股东、企业和职工的合法权益,根据《公司法》《企业财务通则》(财政部令第41号)等有关精神,现通知如下:

一、企业职工福利费是指企业为职工提供的除职工工资、奖金、津贴、纳入工资总额管理的补贴、职工教育经费、社会保险费和补充养老保险费(年金)、补充医疗保险费及住房公积金以外的福利待遇支出,包括发放给职工或为职工支付的以下各项现金补贴和非货币性集体福利:

(一)为职工卫生保健、生活等发放或支付的各项现金补贴和非货币性福利,包括职工因公外地就医费用、暂未实行医疗统筹企业职工医疗费用、职工供养直系亲属医疗补贴、职工疗养费用、自办职工食堂经费补贴或未办职工食堂统一供应午餐支出、符合国家有关财务规定的供暖费补贴、防暑降温费等。

(二)企业尚未分离的内设集体福利部门所发生的设备、设施和人员费用,包括职工食堂、职工浴室、理发室、医务所、托儿所、疗养院、集体宿舍等集体福利部门设备、设施的折旧、维修保养费用以及集体福利部门工作人员的工资薪金、社会保险费、住房公积金、劳务费等人工费用。

（三）职工困难补助，或者企业统筹建立和管理的专门用于帮助、救济困难职工的基金支出。

（四）离退休人员统筹外费用，包括离休人员的医疗费及离退休人员其他统筹外费用。企业重组涉及的离退休人员统筹外费用，按照《财政部关于企业重组有关职工安置费用财务管理问题的通知》（财企〔2009〕117号）执行。国家另有规定的，从其规定。

（五）按规定发生的其他职工福利费，包括丧葬补助费、抚恤费、职工异地安家费、独生子女费、探亲假路费，以及符合企业职工福利费定义但没有包括在本通知各条款项目中的其他支出。

二、企业为职工提供的交通、住房、通讯待遇，已经实行货币化改革的，按月按标准发放或支付的住房补贴、交通补贴或者车改补贴、通讯补贴，应当纳入职工工资总额，不再纳入职工福利费管理；尚未实行货币化改革的，企业发生的相关支出作为职工福利费管理，但根据国家有关企业住房制度改革政策的统一规定，不得再为职工购建住房。

企业给职工发放的节日补助、未统一供餐而按月发放的午餐费补贴，应当纳入工资总额管理。

三、职工福利是企业对职工劳动补偿的辅助形式，企业应当参照历史一般水平合理控制职工福利费在职工总收入的比重。按照《企业财务通则》第四十六条规定，应当由个人承担的有关支出，企业不得作为职工福利费开支。

四、企业应当逐步推进内设集体福利部门的分离改革，通过市场化方式解决职工福利待遇问题。同时，结合企业薪酬制度改革，逐步建立完整的人工成本管理制度，将职工福利纳入职工工资总额管理。

对实行年薪制等薪酬制度改革的企业负责人，企业应当将符合国家规定的各项福利性货币补贴纳入薪酬体系统筹管理，发放或支付的福利性货币补贴从其个人应发薪酬中列支。

五、企业职工福利一般应以货币形式为主。对以本企业产品和服务作为职工福利的，企业要严格控制。国家出资的电信、电力、交通、热力、供水、燃气等企业，将本企业产品和服务作为职工福利的，应当按商业化原则实行公平交易，不得直接供职工及其亲属免费或者低价使用。

六、企业职工福利费财务管理应当遵循以下原则和要求：

（一）制度健全。企业应当依法制定职工福利费的管理制度，并经股东会或董事会批准，明确职工福利费开支的项目、标准、审批程序、审计监督。

（二）标准合理。国家对企业职工福利费支出有明确规定的，企业应当严格执行。国家没有明确规定的，企业应当参照当地物价水平、职工收入情况、企业财务状况等要求，按照职工福利项目制定合理标准。

（三）管理科学。企业应当统筹规划职工福利费开支，实行预算控制和管理。职工福利费预算应当经过职工代表大会审议后，纳入企业财务预算，按规定批准执行，并在企业内部向职工公开相关信息。

（四）核算规范。企业发生的职工福利费，应当按规定进行明细核算，准确反映开支项目和金额。

七、企业按照企业内部管理制度，履行内部审批程序后，发生的职工福利费，按照《企业会计准则》等有关规定进行核算，并在年度财务会计报告中按规定予以披露。

在计算应纳税所得额时，企业职工福利费财务管理同税收法律、行政法规的规定不一致的，应当依照税收法律、行政法规的规定计算纳税。

八、本通知自印发之日起施行。以前有关企业职工福利费的财务规定与本通知不符的，以本通知为准。金融企业另有规定的，从其规定。

外交部部长杨洁篪 商务部部长陈德铭出席在新加坡举行的亚太经济合作组织第二十一届部长级会议

对外友协在人民大会堂举行伟大的国际主义战士白求恩逝世70周年暨毛泽东《纪念白求恩》一文发表70周年纪念大会

全国国防教育工作会议在北京召开

“节能减排与应对全球气候变化高层论坛”在北京国际饭店召开

用于空间科学与技术试验的“实践十一号01星”在酒泉卫星发射中心成功发射

11月13日

国家主席胡锦涛在新加坡出席2009年亚太经合组织工商领导人峰会并发表重要演讲

亚太经合组织工商领导人峰会是亚太经合组织年会期间的一个重要论坛。今年峰会的主题是“重建世界经济：危机和机遇”，重点探讨如何应对国际金融危机、推动世界经济复苏、加强企业管理等问题。本次工商领导人峰会在新达会展中心举行。

胡锦涛发表了题为《坚定合作信心　振兴世界经济》的重要演讲。

胡锦涛发表演讲后，宝洁集团亚洲总裁戴碧涵致辞。她表示，在世界经济复苏的关键时刻，胡锦涛主席出席峰会并发表主旨演讲，对亚太工商界是巨大的鼓舞，极大增强了大家的信心。我们高度赞赏中国在胡锦涛主席领导下为应对国际金融危机采取积极有效政策措施，以及中国为推动世界经济复苏发挥的重要作用。

国家主席胡锦涛在2009年亚太经合组织工商领导人峰会上发表《坚定合作信心　振兴世界经济》的演讲

尊敬的主席女士，女士们，先生们，朋友们：

非常高兴同亚太工商界朋友们相聚在新加坡，围绕“重建世界经济：危机和机遇”的主题交换看法。

当前，世界经济出现企稳回升的积极迹象。这是国际社会齐心协力、共同应对的结果，有助于各方进一步提振信心、深化合作。同时，我们也要看到，这场国际金融危机充分暴露了世界经济发展方式不可持续、国际金融体系存在重大缺陷等突出问题。当前，国际金融危机的深层次影响依然存在，世界经济形势好转的基础并不牢固，国际经济体系的内在矛盾尚未得到根本解决，推动世界经济全面恢复增长还面临诸多不确定不稳定因素。

从世界经济长远发展考虑，我们在努力应对当前困难的同时，还应该从多方入手，切实解决世界经济中的深层次、结构性问题，化危机为契机，为世界经济全面恢复增长奠定坚实基础。为此，我愿提出以下几点主张。

第一，坚定立场，积极推动贸易和投资自由化便利化。贸易和投资自由化便利化是恢复和保持世界经济增长的必要条件。在国际金融危机冲击下，各种形式的贸易和投资保护主义明显抬头，这不仅无助于各国摆脱危机影响，反而对世界经济复苏的脆弱势头构成威胁。我们应该继续推动贸易和投资自由化便利化，反对任何形式的保护主义，特别是要反对对发展中国家采取不合理的贸易和投资限制。我们应该推动多哈回合谈判在锁定已有成果、尊重多哈授权的基础上，抓紧解决遗留问题，早日取得全面、均衡的成果，实现发展回合目标。亚太经合组织发达成员应该采取有效措施，确保明年如期实现茂物目标，为本地区经济贸易持续增长注入新的活力。

第二，多管齐下，积极推动区域经济一体化。区域经济一体化有助于增强区域内贸易和投资活力，是推动地区和世界经济增长的重要途径。我们应该继续探讨通过多种途径加快亚太经济一体化进程，本着自主自愿、灵活务实的原则，推动以规制改革为重点的经济体制改革，不断改善商业运营环境，便利商业跨境运营。我们应该不断改进本地区贸易、通信、运输网络，加强基础设施建设，为区域经济一体化提供物质基础和机制保障。

第三，再接再厉，积极推进国际金融体系改革。当前，世界经济形势有所好转，但我们不能因此放慢国际金融体系改革的步伐。我们应该继续努力，坚持全面性、均衡性、渐进性、实效性的原则，推动国际金融体系改革朝着公平、公正、包容、有序方向发展，营造有利于世界经济健康发展的制度环境。我们应该继续提高发展中国家在国际金融机构中的代表性和发言权，尽快落实二十国集团领导人匹兹堡峰会确定的量化改革目标，完善国际金融机构决策程序和机制。我们应该推进国际金融监管体系改革，完善最根本的监管原则和目标。我们应该推动国际社会加强金融监管合作，扩大金融监管覆盖面，尽快制订普遍接受的金融监管标准。

第四，创新思路，积极推动经济发展方式转变。转变经济发展方式是实现世界经济平衡有序发展的根本途径。历史经验表明，每次重大经济危机都会伴生重大科技突破和产业调整，强力推动经济发展方式转变。我们应该加快实施科技创新和产业改造，大力发展绿色经济、循环经济，充分依靠科技进步增强世界经济增长内在动力。我们应该加强经济技术合作，降低人为技术转让壁垒，缩小发展中成员同发达成员的技术差距特别是绿色技术差距，避免形成新的“绿色鸿沟”。发达成员应该帮助发展中成员获得有助于转变经济发展方式的资金和技术，推动世界经济平衡有序发展。

女士们、先生们！

国际金融危机也给中国经济发展带来了前所未有的困难和挑战。危机发生后，中国及时调整宏观经济政策，果断实施积极的财政政策和适度宽松的货币政策，实施并不断完善应对国际金融危机冲击的一揽子计划和政策措施，坚持把扩大内需特别是消费需求作为应对国际金融危机的基本立足点。具体讲，主要有以下几个方面。

一是扩大内需、增强发展动力。我们通过大规模政府投资带动民间投资，重点用于民生工程、生态工程、技术创新等领域；改善消费环境，调整分配关系，增强消费能力，积极培育新的消费热点；实行结构性减税政策，减轻企业和居民负担，同时增加对企业信贷支持。通过这些措施，推动形成消费、投资、出口协调拉动经济增长的新格局。我们加快经济发展方式转变和经济结构调整，大范围实施产业调整振兴规划，加大科技创新力度，拓展国内市场特别是农村市场，控制污染物排放总量，促进自然生态系统和社会经济系统良性循环。

二是深化改革、激发经济活力。我们加大重点领域和关键环节改革力度，推进资源型产品价格、财税体制、金融体制、国有企业等方面改革，增强全社会创造活力。

三是改善民生、巩固发展基础。我们把刺激经济增长的政策措施向民生领域倾斜，集中力量加快推进重点民生工程建设，着力解决就业、医疗、住房、养老、环保等关系人民切身利益的实际问题，尤其是加快完善社会保障体系、大幅提高社会保障水平，既增加投资、释放社会消费潜力，也为经济长远发展奠定坚实基础。

四是扩大开放、寻求互利共赢发展。我们奉行互利共赢的开放战略，在努力稳定出口的同时，推进加工贸易升级转型，不断优化贸易结构；同时努力扩大进口，重点引进先进技术装备、关键零部件、重要能源资源和原材料；加快实施自由贸易区战略，积极推动区域经济一体化，同其他经济体共享扩大市场、深化分工带来的利益。

这些政策措施已取得积极成效，既保持了中国经济平稳较快发展势头，也为中国经济持续发展积蓄了后劲。中国将进一步扩大内需，大力开拓国内市场，推动内需和外需平衡发展；进一步推动经济发展方式转变，促进产业升级、节能减排，推动经济建设和环境保护平衡发展；进一步改善民生，重点推动教育、医疗、养老、住房等社会事业进步，推动经济建设和社会建设平衡发展；进一步实施区域发展战略，推动各地区平衡发展。

中国的发展离不开世界，世界的发展也需要中国。中国越是发展，给世界带来的机遇和作出的贡献就越大。中国应对国际金融危机冲击的一系列措施，有利于保持中国经济平稳较快发展，有利于缓解国际金融危机影响、推动恢复世界经济增长，也为其他国家发展提供了更多机遇，为亚太工商界提供了更多商机。我们欢迎亚太工商界人士积极参与中国发展进程，使你们的事业同中国经济发展实现互利共赢。

女士们、先生们！

前不久，中国人民热烈庆祝了中华人民共和国成立60周年。60年来特别是改革开放30年来，中国取得了举世瞩目的发展成就，经济实力和综合国力显著增强，各项社会事业全面进步，人民生活从温饱不足发展到总体小康，中国社会迸发出前所未有的活力和创造力。同时，我们清醒地认识到，中国仍然是世界上最大的发展中国家，中国在发展进程中遇到的矛盾和问题无论规模还是复杂性都世所罕见。要全面建成惠及十几亿人口的更高水平的小康社会，进而基本实现现代化、实现全体人民共同富裕，还有很长的路要走。我们将继续从本国国情出发，坚持中国特色社会主义道路，坚持改革开放，推动科学发展，促进社会和谐，全面推进经济建设、政治建设、文化建设、社会建设以及生态文明建设，全力做到发展为了人民、发展依靠人民、发展成果由人民共享。

女士们、先生们！

作为近年来世界经济发展最快和最具活力的地区，亚太地区已经成为世界经济发展的重要推动力量，在世界经济格局中的作用和影响日益增强。工商界是亚太经济发展的主力军和国际经贸发展的重要推动力量，在应对国际金融危机冲击、引领亚太经济复苏、促进世界经济增长方面发挥着重要作用。在座各位都是亚太工商界的领军人物，有着远见卓识和丰富的国际合作经验，应该把握世界经济调整的重要时机，在危机中寻找新的发展机遇，为推动世界经济全面复苏和长远发展发挥积极作用。

我相信，只要我们携手努力、深化合作，不断推动亚太大家庭建设，就一定能够创造亚太地区持久和平、共同繁荣的美好未来！

谢谢各位。

国家主席胡锦涛在新加坡分别会见秘鲁总统阿兰·加西亚·佩雷斯 智利总统米歇尔·巴切莱特 印尼总统苏西洛·班邦·尤多约诺

国务院总理温家宝在中南海紫光阁会见出席中国环境与发展国际合作委员会年会的外方代表

温家宝说，中国政府从国家战略高度重视生态文明建设，促进经济社会的可持续发展。在应对国际金融危机中，我们没有放松对节能减排和环境保护的要求，并努力把环境保护和生态建设培育成新的经济增长点。中国将把应对气候变化、降低二氧化碳排放强度纳入国民经济和社会发展规划，采取法律、经济、科技等综合措施，全面推进应对气候变化的各项工作。中国将积极参加年底在哥本哈根举行的联合国气候变化会议，为国际社会合作应对气候变化问题作出贡献。

外方代表充分肯定中国在应对国际金融危机、保护环境、减贫等方面取得的显著成效，赞扬中方促进可持续发展的决心和能力。他们就环境与发展问题提出了政策建议。

全国政协主席贾庆林在钓鱼台国宾馆会见赞比亚前总统卡翁达

贾庆林说，中赞建交45年来，两国关系得到全面发展，双方高层互访频繁，各领域合作成果丰硕，举世闻名的坦赞铁路就是中赞两国合作与友谊的结晶。我们赞赏赞比亚政府在台湾、人权等问题上给予中国的坚定支持，愿与赞方共同努力，把两国友好关系推向新的阶段。

卡翁达说，长期以来，中国对包括赞比亚在内的非洲国家给予了无私的支持和帮助。中国是非洲人民全天候的朋友，相信在新的时期，非中友好合作关系将得到进一步的发展。

国家副主席习近平出席在广州举行的世界城市和地方政府联合组织世界理事会会议暨广州国际友城大会并发表重要演讲

世界城市和地方政府联合组织(UCLG)成立于2004年5月，是目前世界上最大的地方政府联合组织。广州市市长目前担任该组织联合主席。世界理事会是该组织主要决策机构。本次大会由中国人民对外友好协会、广州市人民政府联合举办，会议主题是“城市智慧应对全球金融危机”。来自60多个国家、210多个城市和地方组织逾千名代表出席大会。

习近平首先代表中国政府和人民向大会召开表示热烈祝贺，向各位与会代表特别是远道而来的外国朋友表示诚挚欢迎。他说，世界城市和地方政府联合组织已成为全球城市开展多边交往合作的重要平台，成为世界各国城市增进友谊、加强合作的桥梁和纽带。习近平还说，中国政府高度重视和积极支持国际友城活动。这一活动在促进中国同各国交流合作、增进中国人民同世界各国人民相互了解和友谊方面发挥了不可替代的重要作用。他表示，中国政府愿同世界各友好城市一道，共同把这项活动不断提高到新水平。

习近平指出，当前，世界经济正处在从国际金融危机导致的衰退走向复苏的关键时刻。这次会议以“城市智慧应对全球金融危机”为主题，是审时度势之举、顺势而为之策。习近平就各国城市和地方政府共同应对国际金融危机问题提出三点建议：一是深化务实合作，继续同舟共济、共克时艰，进一步深化和拓展经贸、科技、人文等各领域交流合作，为推动世界经济尽快恢复增长、实现互利共赢各展所长、各尽其力。二是坚持对外开放，彼此尊重、相互开放、互信包容、精诚合作，充分利用经济互补优势，促进市场开放和共同发展，以实际行动抵制贸易和投资保护主义。三是加快创新发展，充分运用智力资源，积极调整发展战略、创新发展模式，加快培育和打造新的经济增长点，催生国际产业结构新一轮调整，增强城市经济增长内在动力和创新活力。

习近平在演讲中介绍了新中国成立60年来特别是改革开放30年来经济社会发展的成就和中国工业化、城市化进程明显加快的情况。还介绍了中国为应对国际金融危机采取的政策措施和成效。

广东省省委书记汪洋在开幕式上致辞，广东省省长黄华华、中国人民对外友好协会会长陈昊苏等出席开幕式。

国家副主席习近平在陕西调研

11月13日至16日，习近平先后来到延安、西安等地，顶风冒雪深入农村、企业、学校和科研单位，围绕贯彻落实党的十七届四中全会精神、开展学习实践科学发展观活动和实施西部大开发战略进行调研。在延安常泰药业公司、陕西法士特汽车传动集团公司和中国航天科技集团公司第六研究院，习近平兴致勃勃地走进车间，听介绍、看产品、谈发展，详细了解生产经营和自主创新情况。他指出，陕西要继续紧紧抓住西部大开发历史机遇，认真落实中央关于应对国际金融危机、保增长保民生保稳定的各项政策措施，加快建设现代化基础设施体系，坚持走新型工业化道路，积极发展优势产业和具有国际竞争力的先进制造业，加快建设西部经济强省。

在调研时，习近平强调，伟大的延安精神是党的性质和宗旨的集中体现，是党的优良传统和作风的集中体现。要结合新的实际大力弘扬延安精神，以求真务实作风切实加强和改进新形势下党的建设，为推动科学发展、促进社会和谐提供强大精神动力和坚强组织保证。

调研期间，习近平召开陕西省党政干部座谈会，听取陕西省委、省政府工作汇报。

中组部部长李源潮参加了在西安的调研活动。

国务院副总理李克强主持召开基本药物制度实施工作座谈会并讲话

座谈会上，31个省、自治区、直辖市和新疆生产建设兵团负责同志介绍了当地医药卫生体制改革及基本药物制度实施工作情况，提出了一些意见和建议。在认真听取大家的发言后，国务院副总理、国务院深化医药卫生体制改革领导小组组长李克强说，今年4月医改方案出台以来，各方面做了大量艰苦细致的工作，五项重点改革措施正在有序推进，得到了全社会广泛拥护和支持。医药卫生体制改革是一个世界性难题，也是一个需要考虑中国特殊情况的问题。我们要坚定信心，迎难而上，把医改的各项任务落到实处，逐步建立、健全基本医疗卫生制度，实现人人享有基本医疗卫生服务。

李克强指出，建立国家基本药物制度是医改的重点，也是难点。今年底明年初要在30%基层医疗卫生机构建立起新的制度，三年内全面实行。这项改革关系医药卫生事业健康发展，关系人民群众切身利益，关系中华民族整体素质。要从全局出发深刻认识建立基本药物制度的重要意义，立足我国基本国情，遵循"保基本、广覆盖、可持续"的总体原则，着眼于人民群众最关心、反映最迫切的现实问题，切实加大改革力度，有序推进基本药物制度建设。

各省、自治区、直辖市、计划单列市和新疆生产建设兵团以及各地发展改革、财政、人力资源社会保障、卫生及食品药品监管部门负责人，国务院深化医药卫生体制改革领导小组各成员单位和有关部门负责人参加了座谈会。

国办发出关于做好强降雪防范应对工作的通知（摘要）

通知指出，当前我国正处在应对国际金融危机的关键时期，也是电煤迎峰度冬以及防治甲型H1N1流感疫情的重要时期，做好强降雪防范应对工作具有重要意义。各地区、各有关部门要把保民生、保运输、保生产放在突出位置，密切关注气象变化，相应完善、及时启动并组织实施应对预案，切实维护人民群众生命财产安全和生产生活秩序，最大程度减少可能造成的损失。

通知要求确保城乡群众正常生活秩序。各地区、各有关部门要采取有力措施，保障暴风雨雪等灾害天气情况下群众的正常生活。要组织好粮油、肉、蛋、菜、奶等市场供应，保持价格基本稳定，满足市场需求。要切实保证居民的水、电、暖、气供应，做好各项应急准备。要排查房屋特别是中小学校、卫生院、敬老院房屋隐患，防止出现人身伤亡。旅游部门要加强对各旅游景点设施设备的安全管理。卫生部门要组织做好医疗救助准备工作，满足群众就医需要。对生活发生困难的群众，要及时进行救助。

通知要求努力保障交通运输安全畅通。公安、交通部门要加强对事故易发路段的巡逻，一旦发生雪情，采取科学疏导车辆、除雪除冰防滑等措施，全力保障高速公路、主要国道、省道的安全畅通。铁道部门要充分考虑雨雪天气对铁路运输的影响，加大运力配置，确保旅客及电煤等重要物资的运输。民航部门要针对暴风雪、大雾、霜冻对机场和飞行器可能造成的影响，组织制订和落实各项安全防范措施，及时除雪除冰，确保飞行安全。各地区、各有关部门要密切协调配合，妥善安排好滞留旅客和司乘人员的吃饭、饮水、保暖、医疗等服务工作，切实维护良好的交通运输秩序。

通知要求切实保证工农业生产正常运行。有关生产经营企业要认真做好暴雪可能造成的生产安全事故的防范应对工作准备，特别是要加强对电力、通信、供水、供热、供气等设施的安全检查，确保安全正常运行。要指导农民做好农林作物、牲畜的防寒防冻和冻后救助工作，尽快恢复受损的蔬菜大棚、禽畜栏舍等生产设施，努力保护生产能力，保障蔬菜及鲜活农副产品的供应。

通知指出，各级气象部门要做好暴风雪、强降温天气过程的监测、预报、预警工作，及时发布信息，搞好气象服务。这场暴雪过后，各有关地区和部门还要高度重视可能出现的低温冰冻以及大雾天气带来的危害，做好防范工作。

国务院副总理王岐山在中南海会见卡塔尔副首相兼能源和工业大臣阿卜杜拉·本·哈马德·阿提亚

王岐山说，近年来中卡两国交往密切，能源、经贸等领域合作取得长足进步。中国的工业化、城镇化正在加快推进，能源需求很大，卡塔尔天然气储量丰富，两国合作前景广阔。希望双方全面加强在天然气、石油以及能源运输等领域的合作，实现互利共赢。

阿提亚对中国经济发展的成就给予高度评价，并表示愿与中方加强能源等各领域的合作，如同古代的"丝绸之路"一样，共同建立现代"海上能源之路"。

卫生部办公厅印发《关于加强甲型H1N1流感医疗救治工作的通知》

由国家体育总局主办的首届全国智力运动会在四川成都开幕

11月14日

中共中央总书记胡锦涛在新加坡会见中国国民党荣誉主席连战

胡锦涛指出，近一段时间以来，两岸关系取得重要进展，实现了历史性转折。这符合两岸同胞共同利益和愿望，也得到了国际社会的普遍欢迎和肯定。当前，两岸关系发展面临重要历史机遇。我们应该牢牢把握两岸关系和平发展的主题，坚持正确方向，拓宽前进道路，不断开创两岸关系和平发展新局面。

胡锦涛强调，希望国共两党和两岸双方加强交流对话，增强良性互动，增进政治互信，坚定信心，多做实事，积极推动两岸关系取得新进展。要继续按照先易后难、先经后政的步骤推进两岸协商，争取年内启动两岸经济合作框架协议协商进程。同时，双方也要为今后共同破解政治难题积极创造条件。

连战赞成胡锦涛的意见，表示去年以来两岸关系和平发展在稳定中持续向前迈进，取得令人欣喜的成就。两岸经济合作不断扩大和深化，希望下一步加快商签两岸经济合作框架协议进程。两岸携手合作应对金融海啸也收到良好效果。连战再次感谢大陆各界和民众在台湾遭受"莫拉克"风灾后积极援手，让台湾民众充分感受到了大陆同胞的善意和血浓于水的情怀。

连战表示，两岸之间的互信非常难得，值得珍惜，双方应在"九二共识"基础上持续累积与强化互信，同时坚定两岸和平发展方向，共同书写中华民族历史新的一页。

国家主席胡锦涛在新加坡会见俄罗斯总统梅德韦杰夫

国家主席胡锦涛出席在新加坡举行的亚太经济合作组织第十七次领导人非正式会议并作引导性发言

胡锦涛指出，近来，各种形式的贸易保护主义明显抬头，为了进一步应对国际金融危机，推动世界经济全面恢复增长，我们反对保护主义的决心不能动摇、行动不能松懈。我们应该履行已经作出的承诺，坚决反对任何形式的贸易保护主义，警惕和纠正形形色色的隐性保护主义行为，减少和消除贸易壁垒，通过对话协商解决贸易摩擦，为世界经济全面复苏和长远发展创造良好条件。

胡锦涛指出，中国是贸易和投资自由化便利化的坚定支持者，始终致力于建立公平、合理、非歧视的多边贸易体制，一直以建设性姿态参与多哈回合谈判。我们愿同各方一道努力，推动多哈回合谈判在锁定已有成果、尊重多哈授权的基础上，抓紧解决遗留问题，早日取得全面、均衡的成果，实现发展回合目标。

胡锦涛强调，经过20年的发展，亚太经合组织自身也面临一些新的挑战和问题。回首过去，展望未来，为充分发挥职能和作用、保持活力和动力、提升地位和影响，我们认为，亚太经合组织应该与时俱进、顺应形势，不断改革完善，提升合作效率。胡锦涛就此提出三点建议。第一，突出特色，继续推动贸易和投资自由化便利化进程。亚太经合组织是本地区贸易和投资自由化便利化的倡导者和开拓者，应该坚持不懈开展区域经济合作，不断推进区域经济一体化，提高各成员经济发展水平。中国支持将发达成员如期实现茂物目标作为亚太经合组织近期工作重点，稳步加以推进。第二，加大投入，推动经济技术合作取得更大成果。经济技术合作是推动贸易和投资自由化便利化的重要保证，也是缩小成员间发展差距、实现共同繁荣的必要手段。我们应该加大经济技术合作投入，积极探索新形势下开展合作的新方式，切实帮助发展中成员开展能力建设，扩大技术转让，提高经济技术合作水平。中国政府将拨款1000万美元设立中国亚太经合组织合作基金，用于鼓励和支持中国相关部门和企业参与亚太经合组织经济技术合作。第三，改革创新，不断增强机制生机活力。当前形势下，亚太经合组织应该主动适应新情况、积极应对新挑战，继续稳步推进自身改革和机制建设，提高工作效率，增强合作效能，为促进区域经济社会发展和人民生活改善作出新的更大的贡献。

全国人大常委会副委员长王兆国在马斯喀特会见阿曼国家委员会副主席萨伊德

外交部部长杨洁篪在新加坡会见美国国务卿希拉里·克林顿

杨洁篪表示，新时期中美关系有了一个好的开局。我们明确了共同努力建设21世纪积极合作全面的中美关系新定位，建立了中美战略与经济对话机制并成功举行首轮对话，为新时期中美关系长期健康稳定发展打下了好的基础。今后一个时期，中美关系发展面临新的机遇。双方要继续落实好今年两国高层交往取得的成果，进一步夯实两国关系发展的基础。

杨洁篪指出，应胡锦涛主席邀请，奥巴马总统即将对中国进行首次国事访问。这次访问对新时期中美关系发展具有重要意义。胡锦涛主席届时将与奥巴马总统就中美关系及共同关心的重大问题广泛、深入交换意见，共商进一步发展中美关系大计。中国政府高度重视中美关系，愿与美方一道，以奥巴马总统访华为新起点，抓住机遇、把握大局，加强对话、交流与合作，共同推动21世纪积极合作全面的中美关系不断向前发展。

希拉里表示，奥巴马总统即将对中国进行的国事访问对于美中关系具有里程碑意义。奥巴马总统期待着与胡锦涛主席就美中关系及共同关心的地区和全球性问题广泛交换意见。美方愿与中方一道，扩大各领域务实合作，进一步深化和拓展积极合作全面的美中关系。

双方还就气候变化、二十国集团合作、朝鲜半岛核问题、伊朗核问题等交换了意见。

中国选手申雪 赵宏博以201.40分的总成绩获得2009世界花样滑冰大奖赛美国站双人滑冠军

11月15日

国家主席胡锦涛在新加坡出席亚太经济合作组织第十七次领导人非正式会议第二阶段会议并发表讲话

与会成员领导人重点围绕如何"促进持续增长"

交换意见。胡锦涛出席会议并就世界经济增长发表重要讲话。

会上，其他成员领导人也发表了讲话，表示将继续采取经济刺激政策，巩固经济复苏的基础，共同努力促进世界经济平衡增长、包容性增长、可持续增长；支持多边贸易体制，加快区域经济一体化，致力于实现茂物目标确定的自由开放的贸易和投资，加强经济技术合作；在加强人类安全、提高治理水平和透明度等方面作出努力。

会后，胡锦涛出席了《促进持续增长，密切区域联系——亚太经合组织第十七次领导人非正式会议宣言》宣读仪式。

国家主席胡锦涛在亚太经合组织第十七次领导人非正式会议上发表题为《合力应对挑战 推动持续发展》的讲话

尊敬的李显龙总理，各位同事：

很高兴同大家再次相聚，就共同关心的国际和地区问题交换意见。李显龙总理和新加坡政府为会议作了周到细致的安排，我对此表示感谢。

亚太经合组织21个经济体拥有世界40%的人口、54%的经济总量、44%的贸易量。世界关注我们的声音，我们达成的共识将对世界特别是本地区发展产生重要影响。

去年，我们在利马作出同舟共济、积极应对国际金融经济危机的坚定承诺。一年来，国际社会的协调努力初见成效。世界经济出现企稳回升的积极迹象，亚太地区经济复苏好于预期，有望成为世界经济全面复苏的重要推动力量。

当前，国际金融危机的深层次影响依然存在，世界经济形势好转的基础并不牢固，各种形式的贸易和投资保护主义明显抬头，国际经济体系的内在矛盾尚未得到根本解决，推动世界经济全面恢复增长还面临诸多不确定不稳定因素。与此同时，多哈回合谈判进程艰难曲折，气候变化、粮食安全、能源资源安全、公共卫生安全、重大自然灾害等全球性问题日益突出。这些对亚太和世界经济全面复苏和长远发展带来严峻挑战。

在这样的关键时刻，我们更应该团结一致，秉持开放合作、互利共赢的理念，加强协调，携手努力，巩固世界经济复苏势头、推动世界经济平衡有序发展。同时，我们应该以应对国际金融危机为契机，认真审视导致危机发生的深层次原因和各经济体在危机中暴露出来的深层次矛盾，加快转变经济发展方式，切实解决经济发展中的深层次、结构性问题，为经济又好又快发展奠定坚实基础。为此，中方提出以下主张。

第一，坚持不懈，推动世界经济全面恢复增长。不久前，二十国集团领导人匹兹堡峰会明确提出，必须继续实施经济刺激计划以促进经济活动，直到经济复苏势头得到巩固。各经济体应该保持宏观经济政策的连续性和稳定性，采取更加扎实有效的举措，在促进消费、扩大内需上下功夫。我们应该坚决维护公正自由开放的全球贸易和投资体系，努力保持商品、投资、服务自由流通。这对世界经济全面复苏和长远发展至关重要。

第二，着眼长远，促进可持续增长。要实现经济可持续增长，必须形成资源节约、环境友好的生产方式、生活方式、消费模式，实现经济增长、社会发展、环境保护相协调。我们应该统筹考虑当前增长和长远发展，在推动经济恢复增长的同时，优化能源结构，推进产业升级，大力发展绿色经济，培育新的经济增长点，为经济可持续增长创造条件。发达成员应该向发展中成员提供资金、技术转让、能力建设支持，确保发展中成员用得上气候友好技术，让气候友好技术更好服务于全人类共同利益。发展中成员应该立足实际，努力探索符合自身情况和发展阶段的可持续增长道路。

第三，统筹兼顾，倡导包容性增长。让经济全球化和经济发展成果惠及所有国家和地区、惠及所有人群，是可持续发展在社会领域的必然要求。实现包容性增长，既有利于解决经济发展过程中出现的社会问题，也有利于为推进贸易和投资自由化、实现经济长远发展奠定坚实社会基础。我们应该结合应对国际金融危机，优化产业结构，提高经济发展质量，提高全社会就业水平，增强抵御危机和风险能力。我们应该加强社会保障网络建设，着力解决教育、医疗、养老、住房等民生问题，实现发展为了人民、发展依靠人民、发展成果由人民共享的目标。明年，中国将主办亚太经合组织第五届人力资源开发部长级会议，为各方应对国际金融危机带来的社会问题、探讨实现包容性增长提供交流合作平台。希望各方积极支持和参与。

第四，全面协调，推动平衡增长。促进平衡增长、推动世界经济平衡有序发展是实现共同繁荣的必由之路。世界经济失衡根源是南北发展严重不平衡。发展中成员可以成为推动世界经济全面复苏和长远发展的重要力量。国际社会特别是发达成员应该以更广阔的视野和更长远的眼光审视发展问题，尽快落实在发展援助、贸易融资、优惠贷款等方面所作的承诺，向发展中成员开放市场，帮助发展中成员提高经济发展水平。国际金融机构应该帮助发展中成员保持金融稳定、促进经济增长，增强发展中成员危机承受能力和经济修复能力。只有兼顾发达成员和发展中成员利益和需求，实现双方经济均衡协调增长，才能真正实现世界经济平衡有序发展。

各位同事!

全球性挑战需要全球共同应对。一段时间以来,世界多国领导人越来越经常地聚集在一起,探讨解决全球性问题之道。这说明,国际社会已经认识到,随着经济全球化深入发展,和衷共济、合作共赢是我们的必然选择。亚太各经济体具有丰富多样性和高度互补性,在合作应对挑战方面积累了宝贵经验,为亚太经合组织合作奠定了良好基础。结合本次会议议程,我愿就当前世界和地区经济社会发展中的突出问题谈几点看法。

——坚定信心,支持多边贸易体制健康发展。维护多边贸易体制稳定,推动多哈回合谈判加快进程并取得成功,有利于提升国际贸易开放水平、抑制贸易保护主义、推动世界经济复苏,符合各方共同利益。中国是贸易和投资自由化便利化的坚定支持者,始终致力于建立公平、合理、非歧视的多边贸易体制,一直以建设性姿态参与多哈回合谈判。我们愿同各方一道努力,推动多哈回合谈判在锁定已有成果、尊重多哈授权的基础上,抓紧解决遗留问题,早日取得全面、均衡的成果,实现发展回合目标。我们应该履行已经作出的承诺,坚决反对任何形式的保护主义,警惕和纠正形形色色的隐性保护主义行为,减少和消除贸易壁垒,通过对话协商解决贸易摩擦。

——通力合作,携手应对气候变化挑战。气候变化是全人类面临的重大挑战,需要国际社会合力应对。《联合国气候变化框架公约》及其《京都议定书》是国际社会共同应对气候变化的主渠道,相关国际合作应该坚持共同但有区别的责任原则。发达国家应该按照《联合国气候变化框架公约》确定的原则和“巴厘路线图”提出的要求,在2012年后继续率先减排,同时为发展中国家应对气候变化提供资金、转让技术,提高发展中国家应对气候变化能力。发展中国家也应该通过实施可持续发展战略为应对气候变化作出自己的努力。在不久前召开的联合国气候变化峰会上,我代表中国政府明确表示,中国将继续在节能减排、发展可再生能源和核能、增加森林碳汇、发展绿色经济等方面采取强有力措施,为国际社会共同应对气候变化作出力所能及的贡献。哥本哈根大会是国际社会合作应对气候变化的一次重要会议。中方愿以积极和建设性的态度参与谈判,同各方一道推动哥本哈根大会取得积极成果。近年来,亚太经合组织在合作应对气候变化方面进行了有益尝试,特别是结合本地区特点,在森林保护方面采取了具体举措。希望各方继续支持和参与去年成立的亚太森林恢复与可持续管理网络各项活动,共同为本地区增加碳汇、减缓气候变化献计出力。

——多管齐下,积极推动区域经济一体化。加快区域经济一体化对本地区具有重要现实意义。亚太经合组织成员处在不同发展阶段,多样性明显。我们应该在不同层次、不同范围、通过多种途径推动区域经济一体化。我们应该加强经济结构改革领域合作,促进各成员改善商业环境,降低运营成本,帮助工商界特别是中小企业渡过难关。我们应该加强各成员基础设施等领域互联互通,改善本地区贸易、通信、运输网络,促进贸易、投资、人员更加便捷、顺畅、安全流动。本月初,中国成功举办亚太经合组织港口服务网络港口发展大会,探讨深化本地区港口及相关行业合作、加强港口和航运业在综合运输及国际供应链中的作用,为密切区域联系作出了积极贡献。

——团结协作,共同应对非传统安全威胁。近年来,各种全球性问题日益突出,对本地区经济社会发展和人民生活造成重大影响。我们应该本着平等、互利、共赢的全球发展伙伴精神,加强合作,共同维护世界粮食安全。我们应该树立和落实互利合作、多元发展、协同保障的新能源安全观,稳定能源价格,改善能源结构,促进能源技术转让,减少能源贫困。我们应该加强在甲型H1N1流感防控方面的协调,开展信息交流、早期预警、危机管理、防疫互助等合作,更好保障民众福祉。我们应该继续深化防灾减灾领域合作,总结合作中的有效做法和成功经验,加强交流和互助,共同抗击自然灾害。

各位同事!

今年是亚太经合组织成立20周年。20年来,亚太经合组织逐步建立起全方位、多层次、宽领域合作机制,推动了地区经济合作,提升了亚太大家庭意识;尊重本地区多样性突出、经济社会发展阶段不同的现实,以自主自愿、协商一致、循序渐进的方式开辟了区域合作新途径;通过单边和集体行动计划相结合的方式,为推进本地区贸易和投资自由化便利化进行了有益探索;不断创新经济技术合作方式,为缩小成员间发展差距、促进共同繁荣发挥了重要作用。

中国作为亚太大家庭的一员,一贯重视并积极参与亚太经合组织各领域合作。中国积极推进区域贸易和投资自由化便利化,支持加快区域经济一体化。中国是经济技术合作的积极倡导者和参与者,提出了多项合作倡议,推动本地区经济合作走向深入。中国致力于亚太大家庭团结,积极推动建设持久和平、共同繁荣的和谐亚太。中国通过参与亚太经合组织合作促进了自身发展,也为本地区乃至世界经济发展作出了重要贡献。

亚太和世界经济正在经历深刻变革。经过20年的发展,亚太经合组织自身也面临一些新的挑战和问题。回首过去，展望未来，为充分发挥职能和作用、保持活力和动力、提升地位和影响，我们认为，亚太经合组织应该与时俱进、顺应形势，不断改革完善，提升合作效率。

第一，突出特色，继续推动贸易和投资自由化便利化进程。亚太经合组织是本地区贸易和投资自由化便利化的倡导者和开拓者，应该坚持不懈开展区域经济合作，不断推进区域经济一体化，提高各成员经济发展水平。茂物目标事关亚太经合组织的信誉、凝聚力和未来发展。发达成员如期实现茂物目标，将展现亚太经合组织推动贸易和投资自由化、反对贸易保护主义的决心，对提振各方信心、扩大区域贸易、推进区域经济一体化具有重要意义。中国支持将发达成员如期实现茂物目标作为亚太经合组织近期工作重点，稳步加以推进。

第二，加大投入，推动经济技术合作取得更大成果。经济技术合作是亚太经合组织的两大支柱之一，是推动贸易和投资自由化便利化的重要保证，也是缩小成员间发展差距、实现共同繁荣的必要手段。我们应该从促进全体成员平衡有序发展的高度重视经济技术合作问题，加大经济技术合作投入，积极探索新形势下开展合作的新方式，切实帮助发展中成员开展能力建设，扩大技术转让，提高经济技术合作水平。

为推动亚太经合组织经济技术合作进程，中国政府将拨款1000万美元设立中国亚太经合组织合作基金，用于鼓励和支持中国相关部门和企业参与亚太经合组织经济技术合作。

第三，改革创新，不断增强机制生机活力。近年来，亚太经合组织运作机制改革取得重要进展，为自身未来发展奠定了良好基础。当前形势下，亚太经合组织应该主动适应新情况、积极应对新挑战，继续稳步推进自身改革和机制建设。同时，应该优化资源配置，提高工作效率，增强合作效能，提升在应对重大经济问题方面的相关性、针对性、时效性，巩固和提高在区域合作中的影响力，为促进区域经济社会发展和人民生活改善作出新的更大的贡献。

各位同事！

前不久，中国人民热烈庆祝了中华人民共和国成立60周年。60年来特别是改革开放30年来，中国取得了举世瞩目的发展成就，发生了翻天覆地的巨大变化，实现了从高度集中的计划经济体制到充满活力的社会主义市场经济体制、从封闭半封闭到全方位对外开放的历史性转变，中国的前途命运日益紧密地同世界的前途命运联系在一起。中国需要和平稳定、和谐合作的国际发展环境，也愿意为营造这样的环境贡献自己的力量。中国将同国际社会携手合作、同舟共济，合力应对挑战，努力寻求包容性、可持续、平衡的经济增长。中国将始终不渝走和平发展道路，始终不渝奉行互利共赢的开放战略，始终不渝谋求和平的发展、开放的发展、合作的发展，为推动建设持久和平、共同繁荣的和谐世界作出不懈努力。

谢谢各位。

中国研制出世界最大超重型机床

《人民日报》报道，我国自主研发的世界最大超重型双立柱数控落地铣镗床日前在黑龙江省齐齐哈尔第二机床集团公司研制成功。该机床镗轴直径达到320毫米，立柱行程41米，主轴箱行程8米，滑枕行程2米，总重量达760吨。

11月16日

国家主席胡锦涛根据全国人大常委会的决定任免驻外大使

一、免去黄兴的中华人民共和国驻特立尼达和多巴哥共和国特命全权大使职务；任命杨优明为中华人民共和国驻特立尼达和多巴哥共和国特命全权大使。

二、免去赵亚力的中华人民共和国驻塞浦路斯共和国特命全权大使职务；任命李国邦为中华人民共和国驻塞浦路斯共和国特命全权大使。

三、免去李志国的中华人民共和国驻巴林王国特命全权大使职务；任命杨伟国为中华人民共和国驻巴林王国特命全权大使。

四、免去陈公来的中华人民共和国驻尼日尔共和国特命全权大使职务；任命夏煌为中华人民共和国驻尼日尔共和国特命全权大使。

五、免去卢沙野的中华人民共和国驻塞内加尔共和国特命全权大使职务；任命龚元兴为中华人民共和国驻塞内加尔共和国特命全权大使。

第三届欧亚经济论坛在西安举行

来自欧亚地区20多个国家的政府官员、驻华使节及国际组织代表、国内外企业界代表、专家学者齐聚古城西安，共商深化区域合作、促进世界经济复苏大计。国家副主席习近平出席开幕式并发表重要演讲。

习近平在演讲中指出，本届论坛是在世界经济从危机走向复苏的关键时刻召开的。论坛以“携手合作，促进经济复苏”为主题，以推动落实上海合作组织成员国元首峰会和政府首脑会议共识为宗旨，具有很强的现实针对性，必将对凝聚共识、增强信心、深化合作、战胜危机起到积极的促进作用。

习近平强调，越是面临挑战，越要加强合作。只有深化合作，才能变压力为动力、化危机为生机。他表示，中国愿以更加开放、更加积极的态度，同欧亚地区各国一道，促进区域合作向更高层次和更广领域发展。习近平在演讲中还介绍了新中国成立60年来特别是改革开放30年来经济社会发展重要成就，介绍了中国在实施西部大开发战略、推动区域经济协调发展方面取得的初步成效。

习近平表示，中国的发展离不开世界，世界的发展也需要中国。中国将始终不渝奉行与邻为善、以邻为伴的周边外交方针和睦邻、安邻、富邻的周边外交政策，加强同周边地区各国的睦邻友好和互利合作，共同营造和平稳定、平等互信、合作共赢的地区环境。中国作为欧亚地区负责任的发展中大国，愿同欧亚地区各国携手努力，在共同促进世界经济复苏的同时，不断开创欧亚地区经济合作新局面。

亚美尼亚副议长彼得罗相、中共陕西省委书记赵乐际、国家开发银行董事长陈元等在开幕式上分别致辞。欧亚经济论坛秘书长张德广主持开幕式。

本届论坛由上海合作组织秘书处、联合国开发计划署、商务部、海关总署、国家文物局、中国资促会、国家开发银行、中国进出口银行、陕西省人民政府、中国石油天然气集团公司主办，博鳌亚洲论坛协办，西安市人民政府、陕西煤业化工集团有限责任公司、陕西延长石油(集团)有限责任公司、北京当代世界发展研究院承办。论坛共设全体大会和能源、金融、教育、海关与商界合作四个平行分会。

国务院副总理回良玉在罗马出席世界粮食安全峰会并发表讲话

回良玉首先代表中国政府对世界粮食安全峰会的召开表示热烈祝贺。他说，粮食安全是经济发展和社会稳定的基础，是国家自立与世界和平的重要前提。国际社会应从人类生存和发展的高度看待和处理粮食问题，加强合作，携手努力，共同维护全球粮食安全。为此，回良玉提出增加投入，提高粮食生产水平、互利共赢，创造良好市场环境、推进改革，完善全球治理机制、统筹兼顾，实现全面均衡发展等四点建议。

回良玉说，中国政府始终高度重视农业和粮食问题，用占世界9%左右的耕地和占世界6.5%左右的淡水资源，解决了世界20%左右人口的温饱问题，实现了人民生活从温饱不足向总体小康的历史性跨越，提前达到联合国千年发展目标中的减贫目标。这是中国人民创造出的历史奇迹，也是中国为全球粮食安全以及世界和平与发展作出的巨大贡献。

回良玉表示，中国是一个发展中国家，中国始终在力所能及的范围内，为其他发展中国家发展提供帮助，为世界粮食和农业发展贡献力量。中国将一如既往地继续加大对国际粮农机构的支持，愿与国际社会一道，携手努力，共同维护世界粮食安全，推动建立持久和平、共同繁荣的和谐世界。

科技部 中科院 深圳市政府在深圳举行国家超级计算深圳中心建设启动仪式

加快研制具有世界先进计算理论与方法、浮点运算能力每秒超千万亿次的新一代超级计算机，是中国科技战略的重大部署。华南地区作为中国经济最为发达和活跃的区域之一，其在产业、科研和公共服务方面对高性能计算需求总量峰值达一千六百万亿次以上，其中深圳有超过八百万亿次的计算需求，此外，港澳台及东南亚地区也有三百万亿次的计算需求。但是华南地区高性能计算基础设施薄弱。广东现有超算能力不足百万亿次，且计算资源分散。在深圳建设公共超级计算中心，不仅能扭转华南地区计算能力不足的问题，还可以实现华南地区计算资源共享和协同，降低社会计算成本和维护成本。该中心将服务华南，面向港澳台及东南亚，建成科技服务、产业创新、科技研发、人才聚集四大平台。

高性能高铁养护列车下线

目前世界上打磨作业头最多、打磨精度最高、自运行速度最快的钢轨打磨列车在中国北车二七装备公司完成研制竣工下线。这是我国大型养路机械产品研制领域的重大创新成果，填补了我国在此高端市场的技术空白。

中国文字博物馆开馆仪式在河南安阳举行

江泽民同志为博物馆题写馆名。中共中央政治局常委李长春出席开馆仪式。

中国文字博物馆是经国务院批准的国家级博物馆，是“十一五”期间国家重大文化工程。作为我国第一座以文字为主题的博物馆，中国文字博物馆共入藏文物4123件，其中一级文物305件，涉及甲骨文、金文、简牍和帛书、汉字发展史、汉字书法史、少数民族文字、世界文字等多个方面。

11月17日

国家主席胡锦涛在人民大会堂同美国总统奥巴马举行会谈

胡锦涛说，美国新一届政府就职以来，在双方共同努力下，中美关系开局良好，呈现积极发展势头。两国领导人就共同努力建设21世纪积极合作全面的中美关系达成重要共识。双方成功举行首轮中美战略与经济对话,有力加强了两国战略互信和合作。两国共同应对国际金融危机,加强双边重要领域交流合作,并就许多国际和地区热点问题及全球性问题保持有效沟通和协调,打开了互利合作新局面。两军关系得到改善和发展。胡锦涛就进一步推进中美关系发展,提出五点重要主张:

一、持之以恒增进中美战略互信。信任和合作是新时期处理国与国关系的唯一可行途径。全世界已经进入相互依存的时代,双方要以新的视角看待世界、看待对方、看待中美关系。中国的发展对包括美国在内的世界各国是机遇而不是挑战,更不是威胁。中美两国不应互为对手,而要做相互信赖、真诚合作的伙伴。尊重对方核心利益和重大关切是中美两国建立战略互信的前提。中方赞赏美方表示坚持一个中国政策、遵守中美三个联合公报,在台湾等问题上尊重中国主权和领土完整,不支持任何分裂中国的活动。我们希望美方理解和支持中国政府有关立场和关切,妥善处理台湾问题,不允许“藏独”、“东突”分裂势力利用美国领土从事反华分裂活动。

二、保持密切高层交往和其他各级别对话磋商。双方要继续通过互访、通话、通信和在多边场合会晤等方式就彼此关切的重大问题及时进行沟通和磋商。中美战略与经济对话机制已成为加强两国交流合作的重要平台,双方要继续落实首轮战略与经济对话的成果,并尽早着手为明年夏天在北京举行第二轮对话做准备。

三、加强宏观经济金融政策协调。双方有必要在加强宏观经济金融政策协调、推进国际金融体系改革、完善全球经济治理结构等方面加强合作,为推动世界经济全面恢复和长远发展发挥更大作用。当前形势下,两国应该以更加坚决的态度反对和抵制各种形式的保护主义,坚持通过平等协商妥善处理两国经贸摩擦问题。中方希望美方尽快放宽对华高技术产品出口限制,承认中国市场经济地位,并为双方企业扩大贸易和投资合作提供便利,以更加积极的态度推动双边经贸关系健康稳定发展。

四、继续推进各领域交流合作。双方应在已有合作领域和成果的基础上,继续推进两国全方位交流合作。中方愿同美方在空间探索、高速铁路基础设施建设等领域开展合作。双方要共同落实《中美关于加强气候变化、能源和环境合作的谅解备忘录》等合作文件,以中美清洁能源联合研究中心正式启动为契机,深化节能减排、新能源、可再生能源、清洁能源、提高能效、环境治理等领域合作,使之成为两国关系新亮点。双方已就加强两国人文交流和互派留学人员合作达成共识。中方欢迎美方今后4年派遣10万名留学人员来华学习。希望两国有关部门加紧协商有关具体安排。中方愿继续本着双向互利的原则同美方加强反恐合作,也愿在平等、相互尊重、互不干涉内政的基础上就人权和宗教等问题开展对话交流,以增进了解、减少分歧、扩大共识。

五、共同应对各种地区和全球性挑战。近年来,中美两国就地区热点问题和气候变化、核安全与核不扩散、打击跨国犯罪、减灾防灾、跨国传染病防治等全球性问题开展了密切协调和合作,使中美关系的战略水平和全球影响显著提升。双方应该继续加强沟通、协调、合作,共同维护地区和平与稳定,共同促进世界和平与发展。

奥巴马完全同意胡锦涛关于进一步加强两国关系的五点意见。他表示,21世纪不同于20世纪,应对各种全球性挑战需要开展国际合作。国与国关系不是零和游戏,要超越“冷战”思维。美国新政府的对外政策与以往相比有很大不同,强调与各国对话与接触,主张多边合作。美国不寻求遏制中国,欢迎一个强大、繁荣、成功和在国际事务中发挥更大作用的中国。两国的接触对于增进相互信任和了解十分重要,符合美中双方利益。要加强两国间对话和磋商,就经济、安全及区域和全球性问题进行有效合作。应该大力开展民间交流,增进两国人民之间的相互了解。双方要加强宏观经济政策协调,为世界经济复苏和发展创造良好条件。美国支持中国在国际金融机构中发挥重要作用。美方愿与中方一道,以建设性方式解决贸易摩擦,共同反对保护主义,并为实现全球经济的均衡发展打下基础。共同应对全球性问题对美中合作至关重要,美方期待着同中国进一步加强在核不扩散等领域的合作。

奥巴马强调,在台湾等问题上,美国承认和尊重中国的主权和领土完整,无意干涉中国的核心利益。美方重申坚持一个中国政策和中美三个联合公报,支持海峡两岸改善关系。美国的一个中国的政策是坚定的、不会改变。

关于气候变化问题,胡锦涛表示,气候变化是全人类面临的重大挑战。哥本哈根大会是国际社会合作应对气候变化的一次重要会议。哥本哈根大会达成的成果文件,应该坚持《联合国气候变化框架公约》及其《京都议定书》的基本原则尤其是共同但有区别的责任原则,坚持“巴厘路线图”为国际社会合作应对气候变化指明的方向,反映当前谈判进展和原则共识,并为下一步谈判提供正确的政治指导。中方愿同美方一道,继续以积极和建设性的态度参与气候变化国际谈判,为推动哥本哈根大会取得积极成果作出贡献,为应对气候变化发挥应有作用。奥巴马表示,美方十分重视两国就应对气候变化挑战加强合作的重要性，希望双方密切合作，使哥本哈根会议取得成功。

关于朝鲜半岛核问题，胡锦涛表示，中方在朝核问题上的目标是一贯的、明确的。当前，半岛局势趋于缓和，有关各方应该抓住时机，因势利导，推动朝核问题重回对话协商解决的正确轨道。希望有关各方抓住机遇，为尽早恢复六方会谈创造条件。奥巴马表示，美方赞赏中国为推动解决朝鲜半岛核问题发挥的重要作用，愿同中方共同努力，推动实现朝鲜半岛无核化的目标，尽早重启六方会谈。

关于伊朗核问题，奥巴马表示，美方赞赏中国为推动解决伊朗核问题所作的努力。胡锦涛强调，各方应该抓住有利时机，加大外交努力，保持并推动对话和谈判进程。

双方还就南亚局势、苏丹达尔富尔等问题交换了意见。

中美联合声明

（2009年11月17日，北京）

应中华人民共和国主席胡锦涛邀请，美利坚合众国总统贝拉克·奥巴马于2009年11月15日至18日对中国进行国事访问。两国元首就中美关系和其他共同关心的问题进行了深入、坦诚的会谈，成果丰富。双方积极评价中美建交三十年来两国关系取得的巨大发展，并就推进新时期中美关系发展达成一致。奥巴马总统将分别与中国全国人大常委会委员长吴邦国、国务院总理温家宝举行会见。奥巴马总统还与中国青年人进行了交流并回答他们的提问。

一、中美关系

双方认为，两国领导人保持密切交往对确保中美关系长期健康稳定发展至关重要。双方认为两国元首今年以来的三次会晤和两国其他重要双边交往加强了两国关系。奥巴马总统邀请胡锦涛主席于明年访问美国，胡主席愉快地接受了邀请。两国领导人将继续通过互访、会晤、通话、书信等方式保持密切沟通。

双方高度评价中美战略与经济对话机制的重要作用，认为对话为两国增进理解、扩大共识、减少分歧、寻求对共同问题的解决办法提供了独特的平台。双方认为今年七月在华盛顿举行的首轮对话成果丰硕，同意切实履行双方在首轮对话中所作承诺并将于2010年夏天在北京举行第二轮对话。双方同意继续利用高层领导人的直接联系渠道就重大敏感问题保持及时沟通，将两国外长年度互访机制化，并鼓励两国其他部门高级官员经常互访。

双方积极评价中国中央军事委员会副主席徐才厚上将今年十月访美成果，表示将采取具体措施推进两军关系未来持续、可靠地向前发展。双方将共同做好2010年中国人民解放军总参谋长陈炳德上将访美和美国国防部长罗伯特·盖茨、美军参谋长联席会议主席迈克尔·马伦上将访华有关准备工作，积极落实两军已商定的各项交流与合作计划，包括提高两军交往的级别和频率。上述措施旨在加强双方开展务实合作的能力，增进对彼此意图和国际安全环境的理解。

双方同意在平等互利基础上深化反恐磋商与合作，加强执法合作。双方同意以对等的方式及时就执法事务交换证据和情报。双方将就共同关心的案件开展联合调查，并为对方提供调查协助。双方将加强在刑事调查方面的合作，深化在打击贪污、禁毒和前体化学品控制、打击非法移民活动方面的合作，加强在打击跨国犯罪和犯罪集团以及反洗钱和包括打击制造伪钞、追讨非法资金在内的反恐融资领域的共同努力，并打击走私和贩卖人口。

美方重申支持中国上海举办2010年世博会。

双方积极评价《中美科技合作协定》签署30年来两国科技合作与交流取得的丰硕成果，同意通过中美科技合作联委会进一步提升两国在科技创新领域交流与合作的水平。

双方期待本着透明、对等和互利原则，就航天科学合作加强讨论并在载人航天飞行和航天探索方面开启对话。双方欢迎美国国家航空航天局局长和中方相应官员在2010年实现互访。

双方同意加强民用航空领域合作，确认愿扩大《中国民用航空局与美国联邦航空局民航技术合作协议备忘录》。双方欢迎两国公共和私营机构在高速铁路基础设施建设方面进行合作。

双方承诺将落实最近签署的《中美两国农业部关于农业合作的谅解备忘录》。

双方同意就卫生健康领域进一步开展联合研究，包括干细胞联合研究等。双方将深化在全球公共卫生领域的合作，包括甲型H1N1流感的预防、监控、报告和控制以及禽流感、艾滋病毒及艾滋病、肺结核、疟疾。双方还将加强在食品安全和产品质量方面的合作。

双方强调各国及各国人民都有权选择自身发展道路。各国应相互尊重对方对于发展模式的选择。双方都认识到，中国与美国在人权领域存在分歧。双方本着平等和相互尊重的精神处理有关分歧，并按照国际人权文书促进和保护人权，决定于2010年2月底前在华盛顿举行下一轮中美人权对话。双方认为在法律领域促进合作并就法治问题交流符合两国人民和政府的利益和需要。双方决定尽早举行中美法律专家对话。

双方认为，人文交流对促进更加紧密的中美关系具有重要作用。为促进人文交流，双方原则同意建立一个新的双边机制。双方高兴地看到近年来在彼此国家留学的人数不断增加。目前在美国的中国留学人员已接近十万人,美方将接受更多中国留学人员赴美学习并为中国留学人员赴美提供签证便利。美国在华留学人员约有两万名。美方将启动一个鼓励更多美国人来华留学的新倡议,今后四年向中国派遣十万名留学人员。中方欢迎美方上述决定。双方同意加紧商谈并于2010年续签《中华人民共和国政府和美利坚合众国政府文化协定2010年至2012年执行计划》,并适时在美合作举办第二届"中美文化论坛"。

二、建立和深化双边战略互信

双方认为,21世纪全球性挑战日益增多,世界各国相互依存不断加深,对和平、发展与合作的需求增强。中美在事关全球稳定与繁荣的众多重大问题上,拥有更加广泛的合作基础,肩负更加重要的共同责任。两国应进一步加强协调与合作,共同应对挑战,为促进世界和平、安全、繁荣而努力。

双方认为,培育和深化双边战略互信对新时期中美关系发展至关重要。在双方讨论中,中方表示,中国始终不渝走和平发展道路,始终不渝奉行互利共赢的开放战略,致力于推动建立持久和平、共同繁荣的和谐世界。美方重申,美方欢迎一个强大、繁荣、成功、在国际事务中发挥更大作用的中国。美方表示,美国致力于与其他国家共同努力应对所面临的最困难的国际问题。中方表示,欢迎美国作为一个亚太国家为本地区和平、稳定与繁荣作出努力。双方重申致力于建设21世纪积极合作全面的中美关系,并将采取切实行动稳步建立应对共同挑战的伙伴关系。

双方强调台湾问题在中美关系中的重要性。中方强调,台湾问题涉及中国主权和领土完整,希望美方信守有关承诺,理解和支持中方在此问题上的立场。美方表示奉行一个中国政策,遵守中美三个联合公报的原则。美方欢迎台湾海峡两岸关系和平发展,期待两岸加强经济、政治及其他领域的对话与互动,建立更加积极、稳定的关系。

双方重申,互相尊重主权和领土完整这一根本原则是指导中美关系的中美三个联合公报的核心。双方均不支持任何势力破坏这一原则的任何行动。双方一致认为,尊重彼此核心利益对确保中美关系稳定发展极端重要。

双方认为,中美两国在共同应对全球挑战方面开展合作,有助于促进世界繁荣与安全。双方重申1998年6月27日作出的关于不把各自控制下的战略核武器瞄准对方的承诺。双方认为,两国在推动和平利用外空方面拥有共同利益,双方同意采取步骤加强外空安全。双方同意通过中美战略与经济对话、两军交往等渠道就具有战略重要性的问题进行讨论。

双方同意通过现有磋商和对话渠道,根据国际法准则,在相互尊重管辖权和利益的基础上妥善处理军事安全和海上安全问题。

三、经济合作和全球复苏

双方决心共同努力,推动全球经济实现更加可持续和平衡的增长。为此,双方注意到彼此强有力和及时的政策措施有助于遏制全球产出下降和稳定金融市场。双方同意延续现有举措以确保强健、可持续的全球经济复苏和金融体系。双方重申将继续在宏观经济政策领域加强对话与合作。双方承诺履行在首轮中美战略与经济对话、二十国集团峰会和在新加坡举行的亚太经合组织会议中作出的所有承诺。

双方积极评价二十国集团三次金融峰会在应对国际金融危机方面所发挥的重要作用,愿与二十国集团其他成员一道努力提高作为国际经济合作主要论坛的二十国集团的效力。双方同意共同努力,包括通过合作推动二十国集团的"相互评估进程",推动二十国集团"为了实现强有力、可持续、平衡增长框架"取得成功。双方欢迎二十国集团近期达成的共识,即确保国际金融机构享有充分资源,改革其治理机制以提高国际金融机构的可信性、合法性和有效性。双方强调应及早落实国际金融机构份额和投票权量化改革目标,按照匹兹堡峰会领导人声明增加新兴市场和发展中国家在这些机构中的发言权和代表性。双方同意共同加强这些国际金融机构的能力,以防范和应对未来的危机。

双方将进一步加强宏观经济政策的沟通与信息交流,共同努力采取调整国内需求和相关价格的政策,促进更加可持续和平衡的贸易与增长。中方将继续落实政策,调整经济结构,提高家庭收入,扩大内需,增加消费对国内生产总值的贡献,改革社会保障体系。美国将采取措施提高国内储蓄占国内生产总值的比重,推动可持续的、非通货膨胀式的增长。为此,美方致力于将联邦预算赤字降到一个可持续发展的水平并采取措施鼓励私人储蓄。双方将采取前瞻性的货币政策,并适当关注货币政策对国际经济的影响。

双方认识到开放贸易和投资对本国经济和全球经济的重要性,并致力于共同反对各种形式的保护主义。双方同意本着建设性、合作性和互利性的态度,积极解决双边贸易和投资争端。双方将加快《双边投资协定》谈判。双方承诺推动多哈发展回合在2010年达成一个积极、富有雄心、平衡的最终成果。

双方积极评价第二十届中美商贸联委会会议成果。双方重申在会议中所作承诺并期待其得到全面落实。

四、地区及全球性挑战

双方认识到,在当前国际形势发生复杂深刻变化的情况下,中美在合作应对地区和全球安全挑战方面拥有共同责任。双方强调中美在亚太地区拥有广泛共同利益,支持构建和完善开放、包容、共赢的地区合作框架。双方将努力推动亚太经合组织在促进地区贸易投资自由化和经济技术合作以及东盟地区论坛在促进地区安全合作方面发挥更有效作用。

双方认为遵守《不扩散核武器条约》、国际原子能机构相关规定以及实施联合国安理会所有相关决议对两国合作阻止核武器扩散的努力取得成功至关重要。两国元首忆及2009年9月24日出席联合国安理会核不扩散与核裁军峰会,表示欢迎峰会成果并坚决支持联合国安理会1887号决议。

双方重申继续推动六方会谈进程并落实2005年"九·一九"共同声明的重要性,包括朝鲜半岛无核化、关系正常化及在东北亚地区建立永久和平机制。双方表示,愿与有关各方共同努力,通过协商对话,全面实现六方会谈宗旨和总体目标。中方对美朝开始高级别接触表示欢迎。双方希望六方会谈多边机制早日重启。

双方关切地注意到伊朗核问题的最新动向。双方同意,伊朗根据《不扩散核武器条约》拥有和平利用核能的权利,同时伊朗也应履行该条约规定的相应国际义务。六国与伊朗于10月1日在日内瓦举行的会晤对解决国际社会对伊朗核项目的关切是一个有希望的开端,双方对此表示欢迎,并表示愿尽快继续此类接触。双方强调应全力采取建立信任措施,呼吁伊朗对国际原子能机构总干事的提议作出积极反应。双方重申大力支持通过谈判寻求全面、长期解决伊核问题的办法,呼吁伊朗继续与六国进行建设性接触,并与国际原子能机构全面合作,以取得令人满意的结果。

双方欢迎一切有助于南亚和平、稳定、发展的努力,支持阿富汗、巴基斯坦为打击恐怖主义、维护国内稳定、实现经济社会可持续发展作出的努力,支持印度和巴基斯坦改善和发展关系。双方愿就南亚问题加强沟通、对话与合作,共同促进南亚和平、稳定和发展。

双方强调致力于最终实现无核武器世界。双方重申反对大规模杀伤性武器扩散,将共同维护国际核不扩散体系。双方同意在相互尊重和平等的基础上加强防扩散领域的合作。双方将共同努力确保2010年《不扩散核武器条约》审议大会取得成功。双方致力于尽早批准《全面禁止核试验条约》,并将共同努力推动该条约早日生效。双方支持日内瓦裁谈会尽早启动"禁止生产核武器用裂变材料条约"谈判,愿加强在核安全和打击核恐怖主义领域的沟通与合作。中方重视美方有关于2010年4月举行核安全峰会的倡议,将积极参加峰会筹备进程。

双方还讨论了联合国维和行动对维护国际和平与安全的重要性。

双方同意就发展问题加强对话,探讨双方就此开展协调与合作的领域,并确保两国有关努力有利于取得可持续成果。

五、气候变化、能源与环境

双方就气候变化问题进行了建设性和富有成效的对话。双方强调气候变化是我们时代的重大挑战之一。双方认为应对这一挑战需要强有力的回应,国际合作是不可或缺的组成部分。双方相信,应对气候变化应该尊重发展中国家把经济和社会发展作为优先事项,并相信向低碳经济转型是促进所有国家经济持续增长和可持续发展的机会。

关于即将召开的哥本哈根会议,双方同意,依据"巴厘行动计划"积极促进《联合国气候变化框架公约》全面、有效和可持续实施具有重要意义。双方决心根据各自国情采取重要减缓行动,并认识到两国在促成加强世界应对气候变化能力的可持续成果方面具有重要作用。双方决心支持这些承诺。

在此背景下,双方致力于在哥本哈根会议达成最终的法律协议,同时相信,在共同但有区别的责任原则和各自能力的基础上,达成的成果应包括发达国家的减排目标和发展中国家的国内适当减缓行动。该项成果也应实质性地增加给发展中国家的资金帮助,促进技术开发、推广和转让,尤其应该注意最贫穷国家和最脆弱国家适应气候变化的需要,促进保护和增强森林作用的措施,并在执行减缓措施以及提供资金、技术和能力建设支持方面保持充分的透明度。

双方将共同并与其他国家一道在未来几周内为哥本哈根会议的成功而努力。

双方一致认为,向绿色经济、低碳经济转型十分关键,未来数年清洁能源产业将为两国民众提供大量机会,欢迎在今年七月首轮中美战略与经济对话期间宣布并于奥巴马总统访华期间正式签署的《中美关于加强气候变化、能源和环境合作的谅解备忘录》基础上,双方为推进气候变化、能源和环境的政策对话和务实合作采取重要步骤。

双方认识到《能源和环境合作十年框架》的重要性,并致力于加强清洁的大气、水、交通、电力和资源保护领域的合作。根据在十年合作框架下新制订的中美能效行动计划,中美两国将通过技术合作、示范和政策交流,共同努力以成本效益高的方式提高工业、建筑和消费品领域的能效。注意到两国在能效领域的巨大投资,双方强调,通过能源节约将带来创造就业和促进经济增长的大量机遇。

双方欢迎《中国科技部、国家能源局与美国能源部关于中美清洁能源联合研究中心合作议定书》的签署。中美清洁能源联合研究中心将为两国科学家和工程技术人员从事清洁能源联合研发提供便利，并为两国研究人员提供交流平台。双方同意在未来五年对中美清洁能源联合研究中心投入至少1.5亿美元，两国各出资一半。中心在两国各设一总部。优先研究课题将包括建筑能效、清洁煤(包括碳捕集与封存)及清洁汽车。

双方欢迎启动中美电动汽车倡议，使两国在未来数年有几百万辆电动汽车投入使用。基于中美两国在电动汽车领域的巨大投资，两国政府宣布在十几个城市开展联合示范项目，并努力开发共同的技术标准以推动此产业规模快速增长。双方一致认为两国对清洁汽车的快速利用拥有很大的共同利益。

双方非常欢迎两国在发展二十一世纪煤炭技术方面的努力。双方同意促进大规模碳捕集与封存示范项目方面的合作，并就碳捕集与封存技术的开发、利用、推广和转让立即开展工作。双方欢迎中美两国企业、大学和研究机构最近就碳捕集与封存、煤炭高效利用技术开展合作达成的协议。

双方欢迎《中国国家发展和改革委员会与美国环境保护局关于应对气候变化能力建设合作备忘录》的签署。

双方欢迎中美可再生能源伙伴关系的启动。通过该伙伴关系，两国将就大规模利用风能、太阳能、先进生物燃料和现代电网制定路线，在设计和执行实现这一远景所需的政策和技术手段方面进行合作。鉴于两国相加市场规模巨大，中美可再生能源的加速利用将在全球范围内极大降低这些技术的成本。

双方欢迎建立中美能源合作项目——一种政府和产业间的伙伴关系，旨在加强能源安全和应对气候变化。该项目将利用私营部门资源和专长，加快清洁能源技术的应用。

双方对近期举办的第四届中美能源政策对话和第九届中美石油和天然气产业论坛表示赞许，并对加速中国非常规天然气资源发展的中美页岩气合作倡议的启动表示欢迎。该倡议旨在利用美国近期的经验，以提高中美两国能源安全，帮助中国向低碳经济转型。

双方同意促进核能和平利用的全球努力，并欢迎近期举行的全球核能伙伴关系第三次执行委员会会议，以及该伙伴关系寻求方法强化民用核能合作的国际框架的承诺。双方同意互相协商，以便寻找包括保障燃料供应和全程核燃料管理的办法，从而使各国在核扩散风险最小化的同时，能够和平利用核能。

国家主席胡锦涛和美国总统奥巴马在人民大会堂共同会见中外记者

全国人大常委会委员长吴邦国在人民大会堂会见美国总统奥巴马

吴邦国请奥巴马转达他对美国副总统兼参议长拜登和众议长佩洛西的问候。奥巴马也转达了拜登和佩洛西对吴邦国的问候。

吴邦国表示，奥巴马总统此次访华期间，同胡锦涛主席就推动中美关系及共同关心的重大问题深入交换了意见，相信你的访问将有力地促进中美关系的进一步发展。

吴邦国还介绍了中国的政治体制改革及民主法治建设的情况。他强调，中国的改革是全面的改革，我们在推进经济体制改革的同时，积极稳妥地推进政治体制改革，发展社会主义民主，健全社会主义法制，全面落实依法治国基本方略。中国社会主义民主政治展现出旺盛的生命力。中国全国人大在促进国家经济、政治、文化、社会建设方面发挥着日益重要的作用。

奥巴马表示，我对中国的民主政治和法制建设取得的成就感到高兴。美方希望两国议会间的对话和交往取得更多成果，增进相互了解，使两国关系更加成熟。美方还支持两国民间及青年加强交流，赋予两国关系更多的活力。

国务院印发《关于加快供销合作社改革发展的若干意见》

各省、自治区、直辖市人民政府，国务院各部委、各直属机构：

供销合作社是为农服务的合作经济组织，是推动农村经济发展和社会进步的重要力量。加快供销合作社改革发展，对于活跃农村流通，完善商品流通体系，建设现代农业，拉动农村需求，推进社会主义新农村建设，促进形成城乡经济社会发展一体化新格局，具有重大意义。现就新形势下加快供销合作社改革发展的若干问题，提出如下意见：

一、新形势下供销合作社改革发展的目标任务

(一)供销合作社改革发展取得显著成就。近年来，全国供销合作社系统认真贯彻党中央、国务院决策部署，始终坚持为农服务宗旨，不断深化体制改革、创新经营机制、拓展服务领域，全面推进基层社、社有企业、联合社、经营网络改造，成功实现扭亏为盈，发展活力明显增强，经济实力明显提升，服务能力明显提高，为促进农业发展、农民增收、农村繁荣作出了重要贡献。经过多年改革发展，供销合作社正在从传统经营方式向现代流通业态转变，从单纯购销业务向综合经营服

务转变，从单一供销合作向多领域全面合作转变，成为经营性服务功能充分发挥、公益性服务作用不断体现的新型农村合作经济组织。

（二）供销合作社改革发展面临的新形势新任务。当前，我国改革发展进入关键阶段，农村正在发生深刻变革。发展现代农业，要求供销合作社发挥组织体系完整的优势，积极参与构建新型农业社会化服务体系，推进农业产业化经营，提高农民组织化程度；建设社会主义新农村，要求供销合作社发挥扎根基层的优势，广泛凝聚各类社会资源，大力开展农村社区综合服务，不断提高农民的生活质量；扩大国内需求，要求供销合作社发挥流通网络覆盖城乡的优势，加快推进新农村现代流通服务网络建设，改善农村消费环境，开拓农村市场，促进城乡经济社会统筹发展。

（三）供销合作社改革发展的总体要求。新形势下推进供销合作社改革发展，要全面贯彻党的十七大和十七届三中、四中全会精神，以邓小平理论和“三个代表”重要思想为指导，深入贯彻落实科学发展观，坚持为农服务宗旨，坚持社会主义市场经济改革方向，坚持合作制基本原则，大力推进经营创新、组织创新、服务创新，加快构建运转高效、功能完备、城乡并举、工贸并重的农村现代经营服务新体系，努力成为农业社会化服务的骨干力量、农村现代流通的主导力量、农民专业合作的带动力量，真正办成农民的合作经济组织，不断开创中国特色供销合作事业新局面。

二、加快推进供销合作社现代流通网络建设

（四）加快发展农业生产资料现代经营服务网络。依托供销合作社建设一批统一采购、跨地区配送的大型农资企业集团，在粮食主产区和交通枢纽，完善农资仓储物流基础设施，建设区域物流配送中心。加快推进农资连锁经营，大力发展统一配送、统一价格、统一标识、统一服务的农资放心店。支持符合条件的供销合作社从事种子、农机具、成品油等商品经营，办好庄稼医院，面向农民开展各种技术服务。支持供销合作社符合条件的企业，利用现有设施承担化肥、农药等重要物资的国家商业储备、救灾储备任务。

（五）加快发展农村日用消费品现代经营网络。支持供销合作社培育壮大日用消费品连锁骨干企业，加快传统经营网络改造升级，加强区域物流配送中心、连锁超市和便利店等农村零售终端建设，逐步形成县有配送中心、乡有超市、村有便利店的连锁经营体系，营造便利实惠、安全放心的消费环境。鼓励供销合作社发挥“一网多用”优势，依法开展家电、图书、药品、烟花爆竹等连锁经营业务。

（六）加快发展农副产品现代购销网络。支持供销合作社开办的农产品批发市场升级改造和功能提升，增强仓储运输、冷链物流能力，建立、健全检验检测、资金结算、信息服务系统。引导供销合作社创新农产品流通方式，推动大型连锁超市与农民专业合作社、生产基地、专业大户等直接建立采购关系，培育品牌产品，降低流通成本，提高流通效率。支持供销合作社在棉花主产区和主销区建设仓储物流设施，符合条件的企业可以接受政府委托，承担国家棉花储备、进出口等任务。鼓励供销合作社承担边销茶、羊毛等储备和经营任务。

（七）加快发展再生资源回收利用网络。鼓励供销合作社积极参与再生资源回收利用体系建设，规范建设社区和村镇回收网点、专业化分拣中心、区域集散交易市场和综合利用处理基地。支持供销合作社有条件的企业依法开展废旧家电、报废汽车等回收拆解业务，形成回收、分拣和加工利用一体化经营的再生资源回收利用体系，实现再生资源产业化经营、资源化利用和无害化处理。

三、着力强化供销合作社服务功能

（八）加强专业合作服务。立足当地优势资源和特色产业，利用供销合作社人才、网络、设施等条件，采取多种方式积极领办农民专业合作社。带动农民专业合作社开展信息、营销、技术、农产品加工储运等服务，推进规模化种养、标准化生产、品牌化经营，提高农产品质量安全水平和市场竞争力。帮助农民专业合作社开拓市场，开辟合作社产品进超市、进社区、进批发市场的便捷通道。积极参与农民专业合作社示范社建设，加强人员培训，各级财政根据实际情况，给予必要的经费支持。

（九）完善行业协会服务。加强供销合作社系统行业协会建设，增强服务功能，强化行业自律，反映行业诉求，推动行业诚信建设。推进协会内部改革，建立、健全规范的运行机制。在农资、棉花、茶叶、果品、食用菌、蜂产品、畜产品、烟花爆竹和再生资源等传统优势领域，重视发挥供销合作社系统行业协会在制定产业政策、行业规划、产品标准等方面的积极作用。

（十）强化农村综合服务。按照政府引导、多方参与、整合资源、市场运作原则，支持供销合作社参与建设主体多元、功能完备、便民实用的农村社区综合服务中心。按照农民生产生活实际需要，进一步拓展服务领域，创新服务方式，在继续搞好农资、农副产品、日用消费品经营基础上，积极开展文体娱乐、养老幼教、劳动就业等服务。各级政府要制定相关扶持政策，推进公共服务向农村延伸，调动社会各方面力量，共同打造农村社区综合服务平台。

四、不断加强供销合作社组织建设

（十一）继续加强基层社建设。基层社是植根农村、贴近农民、强化为农服务的基本环节，只能加强，不能削弱。根据县域经济发展特点和城镇建设规划要求，调整建制，优化布局，改造建设一批辐射带动能力强的基层社。加强基层社民主管理，建立完善社员代表大会制度，引导社员参与基层社经营管理活动，密切与农民社员的经济联系，逐步结成利益共同体。维护供销合作社资产完整性，基层社改制后的剩余资产，由县联社代为行使所有权和管理权。

（十二）增强联合社的服务功能。各级联合社要认真履行指导、协调、监督、服务、教育培训职能。推进开放办社，广泛吸纳各类合作经济组织、龙头企业、专业大户，积极组建行业协会、农产品经纪人协会，为农民专业合作搭建服务平台。强化社有资产监管，切实行使出资人职责，落实资产保值增值责任。积极探索建立与绩效挂钩的激励约束机制，充分调动管理者和经营者积极性。监督社有企业依法合规经营，督促其完善内部管理、加强风险控制。建立、健全民主管理制度，按期召开社员代表大会，做好换届选举工作。

（十三）依法维护供销合作社权益。各级供销合作社联合社理事会是本级社集体财产和所属企事业单位财产的所有权代表，任何部门和单位不得随意侵占、平调其财产，不得随意改变供销合作社及其所属企事业单位的隶属关系，保持供销合作社组织体系的完整性。各级政府根据实际需要，积极创造条件，将可以由供销合作社承担的任务和职能委托或赋予供销合作社。县及县以上联合社在严格核定人员的情况下，所需经费列入同级财政预算。对未参照公务员法管理的联合社机关，由地方政府依据有关法律、法规，结合实际制定管理办法。

五、积极创新社有企业经营机制

（十四）推动社有企业参与农业产业化经营。供销合作社具有联系农民、产业众多、熟悉市场的综合优势，有条件的社有企业都要积极参与农业产业化经营。引导社有企业与农户结成更紧密的利益关系，为生产者提供全方位服务，把更多的利润返还给农民。依托农民专业合作经济组织，按照标准化生产的规范，加快建立水平较高的优质农产品基地，引导农民发展集约化、规模化生产。在果品、茶叶、畜产品、蜂产品、食用菌等传统优势领域，加大品牌整合培育力度，加快技术含量和附加值高的产品开发，拓展国内外市场，提升农产品竞争力。支持社有企业参与国家农业产业化、标准化示范、农业技术研发推广等项目，加大对农业综合开发供销合作社项目的支持力度。

（十五）推进社有企业健全现代企业制度。采取经营者和职工持股、引进社会资本等多种形式，加快推进投资主体多元化，不断健全法人治理结构，完善企业经营机制，提高市场竞争能力。对为农服务的骨干龙头企业，要保持供销合作社控股地位。规范企业改制行为，切实防止社有资产流失。完善企业财务、投资和风险控制机制，加强内部审计监督，提高管理水平。鼓励具备条件的企业在境内外资本市场上市。

（十六）做大做强社有企业。调整优化社有资本布局，促进优势资源向骨干企业集中。推进企业并购重组，加快纵向整合和横向联合，着力在农资、棉花、农副产品、日用消费品、再生资源等领域培育一批主业突出、市场竞争力强、行业影响力大的企业集团，增强供销合作社为农服务实力。拓展社有企业经营范围和服务领域，促进工农产品双向流通、城乡产业紧密融合。支持社有企业参与“万村千乡”和“双百”市场工程以及农超对接、家电下乡、以旧换新等工作，鼓励社有企业积极利用农村物流服务体系发展专项资金、服务业发展专项资金、中小商贸企业发展专项资金开拓农村市场。

六、切实加大对供销合作社改革发展的支持力度

（十七）妥善解决历史遗留问题。对2002年财政部等七部门共同核复的供销合作社系统地方政策性财务挂账，地方政府要尽快采取有效措施，抓紧落实处理；支持供销合作社多渠道消化经营性财务挂账，有关金融机构加快处置供销合作社拖欠的金融债务。要尊重历史，注重现实，根据实际使用情况，依照法律、法规和有关政策确定土地权属，加快供销合作社土地登记颁证工作。供销合作社使用的原国有划拨建设用地，经批准可采取出让、租赁方式处置，收益实行“收支两条线”，优先用于支付供销合作社破产和改制企业职工安置费用、改善农村流通基础设施。抓紧落实相关政策，切实解决好供销合作社企业职工基本养老保险问题。

（十八）支持发展供销合作事业。抓紧完善新农村现代流通服务网络工程建设规划，扩大实施范围，充实建设内容，中央和省级财政继续加大资金扶持力度。鼓励供销合作社的企业法人按照市场准入条件参与组建村镇银行，支持供销合作社领办的农民专业合作社开展农村资金互助社和互助合作保险试点工作。银行业金融机构要加强与供销合作社系统企业的业务合作，积极探索发展适合当地农村特点的金融产品和服务方式。支持供销合作社系统科研机构承担国家科研和农业成果转化项目。支持供销合作社开展农村信息化网络建设。支持利用供销合作社教育培训资源，开展农民专业合作社带头人、农产品经纪人、农民技能培训，发展农村中等职业教育。

（十九）加强供销合作社人才队伍建设。健全理事会、监事会机构设置，保持领导班子相对稳定。实行人

才兴社战略，大力引进和培养各类经营管理与专业技术人才，积极吸纳高校毕业生，不断优化干部职工知识和年龄结构。大力弘扬供销合作社“扁担精神”、“背篓精神”，培育造就一支甘于奉献、勇于创新、善于开拓的高素质干部职工队伍。

国务院

2009年11月17日

政协第十一届全国委员会第二十次主席会议在北京召开

全国政协主席贾庆林主持会议，就深入学习贯彻胡锦涛同志在庆祝人民政协成立60周年大会上的重要讲话精神，做好当前和今后一个时期的政协工作作了讲话。

会议听取了全国政协副主席兼秘书长钱运录关于庆祝中国人民政治协商会议成立60周年系列活动情况的报告；听取了全国政协副主席杜青林关于撤销黄瑶十一届全国政协委员资格的说明，审议通过了《关于撤销黄瑶中国人民政治协商会议第十一届全国委员会委员资格的决定》。

贾庆林就深入学习贯彻胡锦涛同志重要讲话精神，做好当前和今后一个时期的政协工作，提出三点要求。第一，始终坚持坚定正确的政治方向。这是做好政协工作的生命线。要自觉坚持中国共产党对人民政协的领导，使党的主张成为各民主党派和无党派人士、各人民团体和各族各界人士的广泛共识。坚持中国共产党领导的多党合作和政治协商制度，充分展示我国社会主义政党制度的优越性。坚持我国社会主义民主的两种重要形式，充分运用人民政协这一中国特色政治组织和民主形式的优势，发挥人民政协在扩大公民有序政治参与中的重要渠道和平台作用，广泛吸收各党派团体和各族各界人士参与国事。第二，紧紧围绕推动科学发展这个第一要务献计出力。要密切关注国内外经济形势的发展变化，关注我国发展呈现出的一系列阶段性特征，对宏观经济政策、环境保护、公共资源配置、收入分配制度改革等重大问题进行深入调研、分析论证，为促进经济社会又好又快发展建睿智之言、献务实之策。第三，不断提高履行职能的科学化水平。要把学习贯彻中共十七届四中全会精神同学习贯彻胡锦涛同志重要讲话结合起来，不断加强政协自身建设，扎实推进理论创新、制度创新、工作创新，在提高履行职能的科学化水平上下功夫见成效，努力把政协工作提高到一个新水平。

全国政协副主席王刚、廖晖、白立忱、陈奎元、阿不来提·阿不都热西提、李兆焯、黄孟复、张梅颖、张榕明、孙家正、李金华、郑万通、邓朴方、万钢、林文漪、厉无畏、罗富和、王志珍出席会议。

世界首届低碳与生态经济大会暨技术博览会在江西南昌开幕

本届大会由发展改革委、科技部、工业和信息化部、财政部、环境保护部、住房和城乡建设部、国资委等7部委和江西省政府共同主办。大会以“节能减排·绿色生态”为主题，旨在打好低碳大会“国际牌”、低碳与生态经济“时代牌”、良好生态优势与巨大发展后劲的“潜力牌”，会期5天。部分世界500强企业、国内200强企业负责人，外国驻华使节、国际机构代表，以及有关专家学者等1300余人，与会共谋低碳经济发展之路。

由全国政协经济委员会办公室等单位主办的“银行业与和谐中国论坛”在北京举行

全国政协副主席厉无畏出席并讲话。厉无畏说，当前这场金融危机表明，要实现经济社会持续健康发展，不能完全依赖虚拟经济和资本运作。通过新的技术变革，培育新的主导产业，是引领经济走出危机、实现新一轮增长的根本途径。他指出，中国经济长期可持续甚至跨越性发展有赖于能够占领制高点的产业。当前应该利用金融危机所带来的机遇，采取积极措施抢占制高点的产业，而不应只满足于近期的较高经济增长率。否则在世界经济全面复苏后，也只能继续跟在发达国家后面“跑龙套”。

中国森林覆盖率达20%

国家林业局今天在国务院新闻办新闻发布会上发布第七次全国森林资源清查(2004—2008)结果，全国森林面积1.95亿公顷，森林覆盖率20.36%，提前两年实现森林覆盖率20%的目标，人工林保存面积0.62亿公顷，继续保持世界首位。这次清查首次公布了我国森林生态效益定量调查结果，仅固碳释氧、涵养水源、保育土壤、净化大气环境、积累营养物质及生物多样性保护6项生态服务功能年价值达10.01万亿元。

国务院副总理李克强在人民大会堂会见美国政要并出席中美清洁能源合作签字仪式

李克强会见的有美国商务部长骆家辉、能源部长朱棣文、贸易代表柯克、贸易和开发署代理署长扎克，并出席中美清洁能源合作签字仪式。

会见后，李克强出席了中美清洁能源合作签字仪式。作为《中美联合声明》中关于推进清洁能源合作的内容，双方签署了《中美关于在页岩气领域开展合作的谅解备忘录》《中美关于建立可再生能源伙伴关系的合作备忘录》《关于中美能源合作项目的谅解备忘录》3项政府部门间合作文件，以及多项企业间协议。

中美清洁能源科技合作指导委员会首次会议在钓鱼台国宾馆召开

双方同意成立中美清洁能源科技合作指导委员会，对中美清洁能源联合研究中心下的研究活动及方向进行指导、监督和评估；委员会每年会晤一次，轮流在中美两国举行。双方同意成立高层联合顾问组，由来自双方大学、企业和科研机构的专家组成，负责向中心提供建议。双方同意在未来5年期间由中美两国共同出资1.5亿美元，共同支持清洁煤、清洁能源汽车和建筑节能等优先领域的联合研发。双方有关代表还就清洁煤、清洁能源汽车和建筑节能等领域的具体合作进行了研讨。

教育部成立学风建设协调小组遏制学术不端行为

教育部学风建设协调小组组长由教育部党组副书记、副部长陈希担任。协调小组下设社科类学风建设办公室和科技类学风建设办公室，分别设在社会科学司和科学技术司，主任分别由社会科学司和科学技术司司长兼任。办公室主要职责为：制定高校学风建设相关政策；组织开展学术道德和学风建设研究及宣传教育；受理直属高校学风问题举报并组织对重大学风问题进行调查核实，提出处理建议；宏观指导、督促高校加强学风建设等。

11月18日

全国人大常委会委员长吴邦国在人民大会堂与韩国国会议长金炯旿举行会谈

吴邦国积极评价中韩战略伙伴关系取得的新进展，以及两国议会交往为双边关系发展所发挥的建设性推动作用。吴邦国提出四点建议：一是保持高层交往，增进战略互信，理解和尊重照顾彼此重大关切，在国际和地区事务中加强协调合作，维护共同利益。二是拓展经贸合作领域，提升经贸合作水平，共同应对国际金融危机，加强在低碳经济、绿色经济、节能环保等方面的合作，培育新的合作增长点，为两国人民带来更多实际利益。三是加强人文交流，扩大人员往来，加深人民间的感情，为两国友好奠定更加坚实的民意基础。四是密切议会各层次的交往，完善和发展两国议会定期交流机制，扩大两国年轻代表与议员的友好往来，加强在治国理政、民主法制建设等方面的经验交流，提升交往水平，为中韩战略合作伙伴关系注入新的活力。

金炯旿说，我多次访华，每次都能体会到中国的发展与变化，这次也不例外。中国积极应对国际金融危机，保持经济平稳较快发展，为世界经济尽快复苏作出了重要贡献，韩方乐见中国在国际舞台上发挥越来越重要的作用。

国务院总理温家宝在钓鱼台国宾馆会见美国总统奥巴马

温家宝在会见时强调，中国高度重视中美关系。一个稳定、合作、向上的中美关系不仅有利于两国，也有利于世界。我们不赞成有关"两国集团"提法的主要原因是：第一，中国是一个人口众多的发展中国家，要建成一个现代化国家还有很长的路要走，对此我们始终保持清醒；第二，中国奉行独立自主的和平外交政策，不与任何国家或国家集团结盟；第三，中国主张世界上的事情应该由各国共同决定，不能由一两个国家说了算。同时我们认为，中美合作可以发挥独特作用，推动建立国际政治、经济新秩序，促进世界和平、稳定和繁荣。

温家宝指出，中美建交30年来，双边贸易额大幅度增长，这符合两国和两国人民的根本利益。中国不追求贸易顺差，希望美国改变对华出口管制政策，提高高技术产品出口比重。同时两国应加强在能源、环保、高科技等领域的相互投资与合作，促进双边贸易趋于平衡。世界贸易和投资的活跃，有利于应对国际金融危机，加快世界经济复苏。中美要共同反对贸易和投资保护主义。

奥巴马表示，美方赞赏和支持中国政府发展经济、消除贫困所作的努力。中国的发展对世界有利。美中互为重要的贸易伙伴，这给两国带来了巨大的利益。搞贸易保护主义对双方都不利。美方致力于促进美中经贸关系平稳发展，实现互利共赢。中国调整经济结构，扩大内需，保护知识产权，改革人民币汇率形成机制，有利于解决两国贸易不平衡问题，美方对此表示赞赏，并愿妥善处理双边贸易摩擦，避免损害两国关系。美方认识到中方在美对华出口管制等问题上的关切，愿采取措施，增加对华高技术产品出口。

双方还就气候变化、朝鲜半岛局势、中东问题、多哈回合贸易谈判等交换了看法。

中共中央政治局常委李长春在广东调研

11月18日至22日，李长春在广东省委书记汪洋陪同下，先后到广州、东莞、深圳等地，深入企业、学校、青少年校外活动场所和宣传文化单位，就应对国际金融危机冲击、深化文化体制改革、加强和改进未成年人思想道德建设等进行调研，听取广东省委省政府工作汇报，对广东改革开放和现代化建设取得的成就给予充分肯定。

调研期间，李长春召开加强和改进宣传思想文化工作座谈会，听取基层干部群众的意见建议。他强调，宣传思想文化战线要认真贯彻党的十七大和十七届三中、四中全会精神，按照胡锦涛总书记提出的高举旗帜、围绕大局、服务人民、改革创新的总要求，着力推进马克思主义学习型党组织建设、提高全党思想政治水平，着力提高舆论引导能力、为改革发展稳定创造良好氛围，着力推进社会主义核心价值体系建设、凝聚全国各族人民团结奋进的强大精神力量，着力深化文化体制改革、推动社会主义文化大发展大繁荣，着力加强互联网等新兴媒体的建设和管理、努力形成网上正面舆论强势，不断开创宣传思想文化工作新局面。

中央纪委书记贺国强考察中央纪委监察部网络信息工作

贺国强在考察后与大家座谈研究如何进一步加强和改进反腐倡廉网络信息工作。

座谈会上，贺国强认真听取了与会同志的发言。他指出，网络发展也对我们的工作提出了更高要求，给包括反腐倡廉建设在内的党的建设提出新的课题和挑战。我们要充分认识做好新形势下反腐倡廉网络信息工作的重要性，深入研究互联网等新型传媒对反腐倡廉建设的影响，深刻把握新形势下反腐倡廉网络信息工作的规律，创新理念思路、方式方法和体制机制，不断提高做好网络信息工作能力和水平。

贺国强强调，要加强反腐倡廉信息收集、研判和处置工作，健全制度、完善机制，及时了解把握情况，准确判断舆情发展趋势，掌握工作的主动权。要广泛宣传党中央关于反腐倡廉的方针政策、重大决策部署，宣传反腐倡廉工作进展和取得的成效，宣传先进典型。要高度重视网民对反腐倡廉建设的意见和建议，积极回应网民关切，对大案要案以及群众关心的其他反腐倡廉热点问题，及时发布权威信息，解疑释惑。要加强纪检监察系统互联网阵地建设，通过开办互联网站、反腐倡廉网页等形式，巩固和扩大网上舆论阵地，推动网络廉政文化建设。

贺国强指出，要高度重视网络举报在反腐倡廉建设中的积极作用，充分发挥全国纪检监察统一举报网站的重要作用，切实加强管理，完善网络举报法规制度建设，健全网络举报受理机制，完善线索运用和反馈制度，真正为群众提供一条便捷、畅通的监督渠道，进一步调动和保护广大群众参与反腐倡廉的积极性。要继续推进全国纪检监察网络举报系统建设，完善中央、省、市、县四级统一的纪检监察网络举报体系。

中央纪委副书记何勇一同考察并座谈。

中央纪委副书记李玉赋，中央纪委常委、秘书长吴玉良，中央纪委副部长级室主任张立军参加考察并出席座谈会。

国家副主席习近平在人民大会堂会见中俄友好和平与发展委员会第八次全体会议与会委员及代表

习近平说，中俄友好、和平与发展委员会是在两国元首倡议下成立的，得到两国政府大力支持和社会各界代表广泛参与，为促进中俄民间交往、发展中俄世代友好做了大量卓有成效的工作。中俄民间交往是两国战略协作伙伴关系的重要基础，是两国世代友好的可靠保障，作为中俄民间交往的主渠道，委员会要为加深两国人民的相互了解、推动各领域友好交流与合作、促进中俄世代友好不断作出新的贡献。

委员会俄方主席德拉切夫斯基说，感谢中方领导人对委员会的高度重视。此次全会开得非常成功。俄方愿同中方一道，为推动中俄睦邻友好和互利合作而不懈努力。

国家副主席习近平在人民大会堂会见巴西国防部长内尔松·阿泽维多·若宾

习近平在会见时说，中国和巴西分别是东西半球最大的发展中国家。中巴建交35年来，特别是1993年建立战略伙伴关系以来，双边关系取得长足发展，高层互访频繁，政治互信不断加深，经贸合作快速发展，科技、文化合作和人员往来日益密切，在各种多边机制框架内有着密切的沟通，在国际事务中保持了良好的协调与配合。在当前国际形势发生深刻复杂变化的背景下，中巴作为具有重要影响的发展中大国，进一步加强对话、扩大合作具有十分重要的现实意义。中方愿与巴方一道，继续深化各领域交流与合作，推动中巴战略伙伴关系不断取得发展。中巴两军关系是两国关系的重要组成部分，加强两军间的交流与合作，有益于增进彼此的战略互信，深化两国战略伙伴关系。

若宾说，巴西和中国都是发展中大国，都倡导多边主义，在国际事务中保持着密切合作，希望两国两军进一步加强协调与交流，共同致力于构建国际政治经济新秩序。

中俄友好和平与发展委员会第八次全体会议在北京钓鱼台国宾馆举行

中国国家主席胡锦涛和俄罗斯总统梅德韦杰夫分别向会议致贺词。

胡锦涛在贺词中表示，中俄友好、和平与发展委员会成立12年来,秉承增进友谊、加强交流、促进合作、共同发展的宗旨,为增进中俄两国人民传统友谊、促进睦邻友好合作做了大量卓有成效的工作,为推动中俄战略协作伙伴关系健康稳定发展发挥了重要作用。在新形势下,希望中俄友好、和平与发展委员会继续遵循《中俄睦邻友好合作条约》的原则和精神,以促进中俄世代友好和共同发展繁荣为己任,充分发挥委员会的独特优势,在已取得成果的基础上,总结经验,开拓进取,进一步扩大交流规模、丰富活动内容、充实合作内涵,为推动中俄战略协作伙伴关系向更高水平迈进作出新贡献。

梅德韦杰夫在贺词中表示,俄中友好、和平与发展委员会是推动俄中两国人文合作与民间交往的有效机制,为扩大俄中关系的社会基础、巩固两国睦邻友好与互利合作作出了重要贡献。相信本次全会将进一步推动落实双方达成的各项协议,加强两国务实合作,增进人文和地区交流,扩大民间组织友好往来。

委员会中方主席、全国人大常委会副委员长华建敏和俄方主席德拉切夫斯基分别在全会上作了主旨发言。

中国越南陆地边界勘界文件签字仪式在北京举行

中越陆地边界经过双方历时10年的共同努力已全线勘定,今天签署的文件包括《中越陆地边界勘界议定书》及其附图、《中越陆地边界管理制度协定》和《中越陆地边境口岸及其管理制度协定》。

外交部副部长武大伟与越南副外长胡春山分别代表两国政府签署了上述文件。外交部部长杨洁篪出席了签字仪式。

11月19日

全国政协主席贾庆林在马尼拉会见菲律宾参议长胡安·庞塞·恩里莱

贾庆林在会见时说,中菲互为友好邻邦。建交34年来,中菲关系保持健康发展,在诸多领域开展了富有成效的合作。2005年两国领导人确立了中菲战略性合作关系,开创了两国关系的新局面。他说,中菲有着广泛的共同利益,两国政治互信不断增强,经贸合作快速发展,人文交流日益频繁,在国际和地区事务中保持密切配合。中方赞赏菲律宾议会在台湾问题上坚定奉行一个中国政策。

贾庆林指出,中菲两国经济都受到国际金融危机的影响,双方更应加强合作,共同应对挑战。

恩里莱说,中国是菲律宾人民的真诚朋友,相信此访将进一步加强两国日益紧密牢固的友好合作关系。实践证明,1975年菲作出与中国建交的决定是完全正确的。他说,菲方衷心感谢中国政府在菲遭受风灾时提供的宝贵援助,感谢中国人民的友好情谊。菲方高度重视对华关系,对中国发展充满期待,愿同中国发展更加密切的关系。恩里莱重申,一个中国政策是菲中关系的基础,菲方将坚定信守这一承诺。

贾庆林与恩里莱一同出席了两国经济、教育和赈灾等领域合作文件的签字仪式。

共青团中央 中国青少年发展基金会在北京举行希望工程20年座谈会

全国人大常委会副委员长王兆国出席会议并讲话。

王兆国指出,20年来,在党中央的高度重视和亲切关怀下,在各级团组织和青基会的倡导和推动下,希望工程牢牢把握围绕中心、服务大局的正确方向,竭诚服务青少年最普遍、最迫切的需求,在全社会倡导和弘扬了尊师重教、扶贫济困、助人为乐的传统美德和时代新风,走出了一条社会化筹资、社会化救助和取之于社会、用之于社会的道路,为促进贫困地区基础教育事业的发展、弘扬社会新风、服务青少年成长发展作出了重要贡献。

王兆国强调,各级团组织和青基会要切实增强责任感和使命感,深入总结希望工程20年来积累的好做法、好经验,紧紧围绕科教兴国、人才强国战略的实施,帮助更多的青少年成长成才。要牢牢把握社会主义核心价值体系的新要求,进一步弘扬时代新风。要主动适应社会发展的趋势,进一步提高社会动员能力。要切实加强希望工程的管理和建设,推动希望工程不断取得创新发展。各级党委和政府要继续关心希望工程,提供更多的支持和保障,社会各方面都要积极支持和参与希望工程,为青少年一代的健康成长创造良好的社会环境。

座谈会由共青团中央书记处第一书记陆昊主持。教育部、民政部有关负责同志、获得"希望工程20年特殊贡献奖"的106个单位和个人代表、共青团各省(区、市)委分管负责同志、各省级青基会负责人参加了座谈会。

国务院副总理李克强在北京出席中欧战略伙伴关系研讨会开幕式并讲话

李克强在开幕式上指出,要顺应经济全球化继续发展的大趋势,把握世界经济大变革大调整的新形势,加大经济结构战略性调整力度,加强资源节约和生态环保,提高经济增长的质量和效益,保持中国经济长期平稳较快发展。

李克强表示，中国是世界上最大的发展中国家，欧盟是世界上最大的发达经济体，双方经贸等各领域合作的空间广阔、潜力巨大。中欧作为国际社会的两支重要力量，对推动世界和平合作发展负有重要责任。进一步发展中欧关系，不仅符合双方的根本利益，也越来越具有全球意义。双方应从战略高度出发，增强共赢意识和包容意识，深化各领域务实合作，进一步提升投资贸易规模和水平，拓展高新科技、节能环保、绿色经济等新的合作领域，尊重彼此核心利益和重大关切，推动中欧全面战略伙伴关系再上新水平，促进世界经济全面平衡可持续发展。

2009中国(北京)国际妇女儿童产业博览会在北京开幕

本届博览会集成就展示、主题展览、论坛讲座、互动体验、推介签约五项活动为一体，集中展示了新中国成立60年特别是改革开放30年来北京市妇女儿童事业取得的显著成就。全国妇联、北京市有关部门负责人，外国驻华大使、大使夫人、外交官以及各界妇女代表出席了开幕式。陈至立出席开幕式并致辞。

中国拒绝美国 欧盟 墨西哥就原材料出口问题设世贸组织专家组的要求

在世界贸易组织争端解决机构会议上，中国拒绝了美国、欧盟和墨西哥提出的就所谓中国限制原材料出口问题设立专家组的要求，并重申中国的相关出口管理措施符合世贸组织规则。

中国代表团在一项声明中说，中国方面对美欧墨三方在此次会议上提出设立专家组要求感到失望。与三方的指控相反，中国一直尊重和遵守世贸组织规则以及自身承诺，中国的相关出口政策符合世贸组织的原则和规则。

声明说，中国与美欧墨三方分别于7月份和9月份就原材料出口问题举行了两轮建设性磋商，中方在磋商中就相关出口管理措施进行了澄清，并指明这些措施的主要目的是保护环境和自然资源。此外，美欧十多年来一直对中国的部分涉案原材料采取反倾销措施，因此中方质疑其是否真的需要这些原材料。在磋商中，中方还表达了继续与三方沟通以解决问题的意愿。

外交部部长杨洁篪在东京同日本外相冈田克也举行会谈

杨洁篪表示，中日关系实现良好开局，面临进一步发展的新机遇。为此，提出四点意见：一是抓住当前有利时机，进一步加大对中日关系的投入，保持和加强高层交往，推动两国关系取得更大发展；二是彼此奉行更加积极的政策，继续不断提高战略互信水平，充分利用中日经济高层对话等机制推动两国经贸合作，以上海世博会为契机扩大人文和青年交流；三是把加强在亚洲的合作作为发展中日关系的一个重点方向，从战略高度共同推进中日韩合作和东亚区域合作，着眼东北亚长治久安，与有关各方一道，致力于推动六方会谈和朝鲜半岛无核化进程；四是牢牢把握中日关系健康稳定发展大局，相互照顾对方的核心利益和重大关切，对有关具体问题和分歧，始终从大局出发，通过对话协商谋求妥善处理。

冈田克也表示，日方愿同中方共同努力，推进战略互惠关系取得丰硕成果。上海世博会是加强两国人员往来的重要机遇，日方鼓励国民积极参与上海世博会。

双方同意组成新一届中日友好21世纪委员会，中方首席委员由唐家璇担任，日方首席委员由西室泰之担任，委员会将于明年初举行首次会议。

第六届中国教育家大会在北京开幕

全国政协副主席阿不来提·阿不都热西提出席开幕式。

据了解，中国教育家大会创立于2004年。本届大会由中国人才研究会教育人才专业委员会与中国未来研究会共同主办。为期3天的大会共设有近现代中国教育家精神解读、呼唤新时代教育家、教育厅局长论坛、教育艺术与文化论坛、名师论坛、教育改革论坛、中小学名校长论坛、民办职业教育论坛、特色教育培训机构发展论坛、学前(幼儿)教育论坛等板块，涵盖中国教育发展的各个层面。

袁隆逝世

水利部黄河水利委员会原主任、党委书记、中共河南省委原顾问委员会常委袁隆同志(副部长级)，于11月19日在郑州市逝世，享年92岁。

袁隆，原名袁青春，1918年6月出生于山东莘县。1935年年底参加革命工作并加入中国共产党。1938年参加鲁西抗日五支队。1941年担任豫南三分区永肥县武装部长、抗联主任。1947年担任冀鲁豫区黄河水利委员会秘书处处长。1949年担任平原省黄河河务局副局长。新中国成立初期，袁隆先后担任黄河水利委员会办公室主任兼人事处处长，河南省黄河河务局局长，黄河水利委员会委员、党委副书记等职务。1956年，受错误处理被调往河南省水利厅从事秘书工作。错误纠正后，先后担任河南省水利厅农田水利局局长，水利厅副厅长、党组副书记等职务。1980年调任黄河水利委员会副主任、党委副书记。1982年任黄河水利委员会主任、党委书记。1984年任中共河南省委顾问委员会常委。1990年12月离职休养。

11月20日

国家主席胡锦涛在人民大会堂会见韩国国会议长金炯旿

胡锦涛说，近年来，中韩关系发展顺利，势头良好。两国领导人交往频繁，经常就一系列重大问题交换意见，达成广泛共识，有力地推动了双边关系的发展。双方在经贸、环保、能源等重点领域合作成果显著。两国议会、政党、人文交流十分活跃。双方在国际地区事务中也保持密切沟通和协调。在当前复杂多变的国际形势下，中韩两国都面临着推动经济复苏、改善国计民生、维护和平稳定的重要任务。保持双边关系持续健康稳定发展，不仅有利于两国和两国人民，也有利于促进地区和世界的和平与发展。中方愿与韩方共同努力，不断加强两国各层次友好交往，扩大各领域务实合作，把中韩战略合作伙伴关系推上更高水平。中国政府支持两国立法机构加强交流，开展合作。我们希望韩国国会议员朋友为中韩友好事业作出积极贡献。

金炯旿高度评价中国积极应对国际金融危机，经济保持平稳较快发展。他表示，韩中两国政治、经济、人文等各领域的交流与合作都取得重要成果，双边关系处于历史最好时期。韩国国会将与中国全国人大一道，共同推动两国战略合作伙伴关系继续向前发展。

国务院总理温家宝在中南海紫光阁会见出席“中欧战略伙伴关系研讨会”的欧方代表

温家宝说，欧盟首脑会议选举产生了欧洲理事会首位常设主席和外交与安全政策高级代表。作为战略伙伴，中方对此感到高兴，并表示祝贺。欧盟是世界上重要的一极，欧洲一体化进程有利于欧盟在国际事务中发挥更大的作用。深化中欧关系需要双方政治家的远见和胆识，也离不开社会各界的支持和参与。中国政府愿同欧方一道，增进互信，深化合作，推动中欧全面战略伙伴关系达到更高水平。

欧方表示，欧中双方均主张世界多极化，欧中战略伙伴关系不仅符合双方利益，也对全世界有利。当今世界已进入全球化的新时代，欧中双方肩负重大责任，不仅应解决双方关系中的具体问题，还应着眼长远，规划未来，共同应对气候变化等重大挑战。双方学术界应积极建言献策，推动双方关系发展。

全国政协主席贾庆林在马尼拉会见菲律宾总统阿罗约

贾庆林在会见时说，进入新世纪，特别是胡锦涛主席与阿罗约总统确立两国战略性合作关系以来，双方政治互信加深，各领域合作取得积极进展，在国际和地区事务中进行了密切的协调与配合。贾庆林表示，中国政府积极鼓励海外华侨华人融入当地社会，推动住在国经济社会发展，在中国人民和世界人民之间发挥桥梁纽带作用。

阿罗约表示菲中两国有着悠久的友好交往，菲苏禄国王公元15世纪访问中国的友好佳话即是两国传统友谊的象征。近年来两国关系日益密切，既有现实需要，也得益于两国人民友谊源远流长。菲中合作造福两国人民，也为菲有效克服金融危机影响作出了贡献。

全国政协主席贾庆林在马尼拉出席第十届世界华商大会开幕式并发表演讲

全国政协主席贾庆林在第十届世界华商大会开幕式并发表演讲。菲律宾总统阿罗约出席开幕式并致辞，来自世界各地的3000多名华商和各界人士出席大会。

贾庆林首先代表中国政府和人民向大会的召开表示热烈祝贺，向各位华商朋友和各界人士致以亲切的问候和良好的祝愿，向为本次大会成功召开给予大力支持和帮助的菲律宾政府表示衷心的感谢。贾庆林表示，世界华商大会是全球华商两年一度的盛事，自1991年创办以来规模不断扩大，为全世界华商提供了一个增进相互了解、加强交流合作的重要平台，在推动举办国、中国以及华商所在国家和地区的经济发展，扩大华侨华人国际影响等方面发挥着重要作用。本届华商大会以“加强华商联系、促进世界繁荣”为主题，体现了当今时代的要求和广大华商的愿望。

贾庆林介绍了新中国成立60年来取得的举世瞩目的伟大成就和中国应对国际金融危机取得的积极成效。他指出，中国经济社会发展之所以能够取得辉煌成就，几千万海外侨胞贡献卓著，功不可没。广大华侨华人始终关心、关注中国的发展和进步，积极投身改革开放和现代化建设，向住在国政府、人民广泛介绍中国政府和平统一的立场和政策主张，促进中国同世界各国发展友好关系，扩大中国对外影响，增进了中国人民和世界各国人民的友谊。

贾庆林强调，中国的发展，将给全世界作出越来越大的贡献，给全世界带来越来越多的机遇，也给包括海外华商在内的广大华侨华人提供更加广阔的舞台。他希望广大华侨华人主动融入当地社会，不断推动住在国经济社会发展；继承爱国爱乡传统，积极参与中国现代化建设；推动两岸交流交往，努力促进中国和平统一大业；发挥桥梁纽带作用，切实增进中国人民和世界各国人民的相互了解和友谊，为中国的繁荣与进步、为世界的和平与发展作出更大的贡献。

阿罗约在致辞中祝贺第十届世界华商大会在菲召开，欢迎来自世界各地的华商和各界朋友，感谢各方为举办本届大会所做的努力。

国家副主席习近平在人民大会堂会见意大利经济和财政部部长朱利奥·特雷蒙蒂一行

中国—欧盟第二十八次人权对话在北京举行

中欧双方在对话中介绍了各自在人权领域最新进展，并围绕法治、国际人权领域合作等议题进行了深入、坦诚的讨论。欧盟积极评价中国在促进和保护人权方面所做的努力和取得的成就。

纪念中国极地考察25周年座谈会在北京召开

国务院副总理李克强指出，极地考察是探索地球科学、认识自然奥秘的重要工作，关系我国发展的长远利益，对研究和应对全球气候变化也有现实意义。希望广大极地工作者继续发扬爱国、求实、创新、拼搏的“南极精神”，进一步发展极地事业，不断加强极地考察能力建设，扎实开展极地战略和科学研究，积极参与国际极地事务合作，谱写我国极地和海洋考察事业的新篇章，为造福人类社会、促进世界可持续发展作出应有贡献。

与会代表表示，李克强副总理的要求，是对全体极地考察工作者的鼓舞和鞭策，将激励极地考察工作者奋发努力，把我国极地考察事业推向新的发展阶段。要贯彻落实李克强副总理的要求，紧密围绕国家发展需求和极地考察国家目标，进一步拓展考察领域，开展更加广泛的国际合作与交流，努力增强在国际极地事务中的影响力，不断提升极地科研水平与后勤保障能力，努力维护中国在极地领域的权益，为建设海洋强国作出新的更大的贡献。

王诚汉逝世

原中顾委委员、军事科学院政治委员王诚汉同志，因病医治无效，于11月20日在北京逝世，享年92岁。

王诚汉是湖北省黄安县(今红安县)人，1930年参加革命，同年7月加入中国共产主义青年团，1933年加入中国共产党。土地革命战争时期，他历任班长、排长、副连长、连长、团长等职，参加了郭家河、杨泗寨、九里关、独树镇、商县、雒南、榆林桥、直罗镇、瓦窑堡等战役战斗，参加了二万五千里长征；抗日战争时期，他历任副营长、营长、教导员、科长、大队长、团长等职，参加了反“扫荡”、反“蚕食”、白栗坪、佛光峪、龙尾、禹西、伏牛山等战役战斗；解放战争时期，他历任团长、团长兼政治委员、旅长、师长等职，参加了桐柏、“两淮”、盐城、鲁南、莱芜、孟良崮、胶东、临汾、晋中、太原、咸阳、秦岭等战役战斗。新中国成立后，他历任师长兼军分区司令员、副军长、副军长兼参谋长、军长、西藏军区副司令员，成都军区副司令员、司令员等职。

王诚汉1955年被授予少将军衔，1988年被授予上将军衔，荣获二级八一勋章、二级独立自由勋章、一级解放勋章和一级红星功勋荣誉章。他是第五届全国人大代表，中共第十二届中央委员，中共第十三届全国代表大会当选为中央顾问委员会委员。

11月21日

国家主席胡锦涛 国务院总理温家宝分别电贺比利时首相赫尔曼·范龙佩当选首任欧洲理事会常设主席

全国政协主席贾庆林在马尼拉会见菲律宾代众议长维拉罗萨

贾庆林在会见时说，中菲经贸合作卓有成效，给两国人民带来了实实在在的利益。中国企业积极参与菲民生项目，取得较好的社会经济效益。中国政府将继续鼓励有实力的企业赴菲投资，积极推动双方在基础设施建设、农业、旅游等领域的合作。中方愿与菲方积极探讨促进经贸合作的新思路新途径，继续着眼民生和可持续发展，挖掘合作潜力，提升合作水平，造福两国人民。

贾庆林向维拉罗萨简要介绍了中国全国政协和政党制度的情况，表示中方重视发展同菲律宾议会的友好关系，希望双方加强交流，密切合作，不断增进彼此的了解和友谊。贾庆林对菲议会长期以来在台湾问题上坚持一个中国政策表示高度赞赏。

维拉罗萨祝贺新中国成立60周年，感谢中国政府在菲律宾遭受台风袭击时提供的宝贵援助。她说，菲中互为友好邻邦，对华关系在菲外交中占有特殊位置。阿罗约总统近年来先后9次访问中国，还深入到四川地震灾区，充分显示了菲中之间的特殊友好关系。菲众议院愿积极推动两国各领域的友好交往，包括加强在防灾减灾、抗击自然灾害方面的合作，使两国关系内涵更加丰富，基础更加稳固。

安徽207万停电用户恢复供电

经过6天抢修，今日18时，安徽电网因雪灾受损停运的输配电线路、配电台区全部安全恢复运行。

11月15日起，安徽江淮及沿江江南地区突降大到暴雪，降雪相对集中的巢湖、安庆、池州、六安等9个地市，无为、枞阳、庐江、桐城等43个县区电网设施，因覆冰和树木倒伏等遭到不同程度破坏。全省低压输电线路受损总长1.19万公里，城市和农村配电网先后停电用户数达207万户。

黑龙江省龙煤控股集团鹤岗分公司新兴煤矿发生爆炸事故造成108名矿工遇难

11月22日

全国人大常委会副委员长严隽琪出席2009全球创业周中国站闭幕式暨创业家年会并讲话

严隽琪说，实施创新型国家战略，重在建设具备整体性、战略性以及规律性的合理创新型体系。这个体系须包含丰富的内容和合理的框架：一是由科学发现、技术突破、产品换代、市场开拓、制度变革等多个角度构成；二是由企业、学校、科研院所，国有单位和民营单位，大企业、中企业和小企业等多元主体构成；三是由人才、资金、制度等多种资源要素构成。

严隽琪同时指出，在创新体系建设中，风险投资不能缺席。并且须鼓励和支持大学生科技创业，以推动高校科技成果转化、高校教育改革。严隽琪说，只有把科技进步和创新摆在国家发展战略的地位，才能做到后来居上，把我国经济社会发展的动力真正转移到依靠科技进步和提高劳动者素质上来。

第五届北京国际金融博览会在北京开幕

本届金融博览会已发展成为国内展出规模最大、参展机构最全、参观人数最多的金融大展，为金融机构与企业、区域经济、市民百姓间搭建起了一个交流、洽谈、合作、共赢的高端商务平台，共有130多家金融机构参展。

财政部 国家税务总局发出《关于房产税城镇土地使用税有关问题的通知》

各省、自治区、直辖市、计划单列市财政厅(局)、地方税务局，西藏、宁夏、青海省(自治区)国家税务局，新疆生产建设兵团财务局：

为完善房产税、城镇土地使用税政策，堵塞税收征管漏洞，现将房产税、城镇土地使用税有关问题明确如下：

一、关于无租使用其他单位房产的房产税问题

无租使用其他单位房产的应税单位和个人，依照房产余值代缴纳房产税。

二、关于出典房产的房产税问题

产权出典的房产，由承典人依照房产余值缴纳房产税。

三、关于融资租赁房产的房产税问题

融资租赁的房产，由承租人自融资租赁合同约定开始日的次月起依照房产余值缴纳房产税。合同未约定开始日的，由承租人自合同签订的次月起依照房产余值缴纳房产税。

四、关于地下建筑用地的城镇土地使用税问题

对在城镇土地使用税征税范围内单独建造的地下建筑用地，按规定征收城镇土地使用税。其中，已取得地下土地使用权证的，按土地使用权证确认的土地面积计算应征税款；未取得地下土地使用权证或地下土地使用权证上未标明土地面积的，按地下建筑垂直投影面积计算应征税款。

对上述地下建筑用地暂按应征税款的50%征收城镇土地使用税。

五、本通知自2009年12月1日起执行。《财政部、税务总局关于房产税若干具体问题的解释和暂行规定》〔(86)财税地字第008号〕第七条、《国家税务总局关于安徽省若干房产税业务问题的批复》(国税函发〔1993〕368号)第二条同时废止。

2009年中国R&D总经费达5802.1亿元

今天，第二次全国科学研究与试验发展(以下简称R&D)资源清查主要数据公报出炉。公报显示，2009年我国R&D总经费5802.1亿元，已跻身R&D经费投入大国之列；2009年全国参与R&D活动的人员达到318.4万人，按实际工作时间计算的全时当量为229.1万人年，我国已成为世界上投入R&D人力资源最多的国家。

本次资源清查由国家统计局、科技部、国家发展改革委、教育部、财政部、国防科工局于2009年联合开展，清查对象是国民经济中R&D活动相对密集行业的法人单位，清查的主要内容包括R&D人员、R&D经费、R&D项目(课题)、各类研究开发机构以及R&D活动产出等情况。

内蒙古森林面积居全国第一

据最新公布的第七次全国森林资源清查结果显示：到2008年，内蒙古有林业用地6.6亿亩，占土地总面积的37.2%；森林面积3.55亿亩，居全国第一位。

11月23日

国家主席胡锦涛同阿尔巴尼亚总统巴米尔·托皮互致贺电庆祝两国建交60周年

全国政协主席贾庆林在利马与秘鲁国会主席阿尔瓦举行会谈

贾庆林表示，当前中秘两国都处在快速发展的重要时期，都面临着发展经济、改善民生的共同任务，深化两国互利友好合作符合两国和两国人民的根本利益。贾庆林就进一步发展两国关系提出三点建议：一是继续深化政治互信，不断开创两国关系发展的新局面；二是进一步加强务实合作，相互借鉴，优势互补，深挖合作潜力，创新合作模式，提高合作水平；三是扩大两国政党、议会、地方政府、媒体、民间机构的友好往来，增进两国人民之间的了解和友谊。

贾庆林说，秘鲁国会许多议员都是中国人民的老朋友，长期以来为中秘关系的健康发展做了大量工作。去年中国四川汶川特大地震发生后，秘鲁国会两次通过动议，向中国人民表示慰问；不久前再次通过动议，祝贺新中国成立60周年，体现了中秘之间的深厚友谊，中方对此表示高度赞赏和感谢。

阿尔瓦说，中国在历史上就与秘鲁等拉美国家有密切联系，秘鲁人民对中国人民怀有亲切感情，秘方感谢中国对秘鲁的帮助，高度评价中国发展对世界的贡献。

全国政协主席贾庆林在利马出席中国—秘鲁经贸合作论坛开幕式并发表演讲

国务院任命澳门特别行政区第三届政府主要官员和检察长

依照澳门特别行政区基本法的有关规定，根据澳门特别行政区第三任行政长官崔世安的提名，国务院2009年11月23日任命了澳门特别行政区第三届政府主要官员和检察长。任命情况如下：

任命陈丽敏(女)为行政法务司司长，

任命谭伯源为经济财政司司长；

任命张国华为保安司司长；

任命张裕为社会文化司司长；

任命刘仕尧为运输工务司司长；

任命冯文庄为廉政公署廉政专员；

任命何永安为审计署审计长；

任命白英伟为警察总局局长；

任命徐礼恒为海关关长；

任命何超明为检察院检察长。

根据澳门特别行政区基本法的规定，上述官员将于2009年12月20日起履行职责。

国务院任命国家工作人员

任命王仲伟、董云虎为国务院新闻办公室副主任。

中国林业产权交易所在北京正式揭牌运营

2009年国家科技重大专项组织实施推进会在北京召开

11月23日和24日，国务委员刘延东主持召开2009年国家科技重大专项组织实施推进会。刘延东强调，要认真贯彻落实党中央、国务院关于科技工作的最新要求，着眼于提高综合国力和确保国家安全，超前布局科技发展，加快关键领域的科技创新，大力培育战略性新兴产业。要发扬“两弹一星”和载人航天精神，增强紧迫感和责任感，高质量、高效率推进重大专项的组织实施工作。

会议宣布了各重大专项第一行政责任人和专职技术责任人。全国人大常委会副委员长桑国卫，全国政协副主席、科技部部长万钢，各重大专项有关负责人出席会议。

“范季融·胡盈莹捐赠交接仪式”在北京国子监彝伦堂隆重举行

本次由美籍华裔收藏家范季融、胡盈莹捐赠的晋伯卣、晋侯苏鼎、秦公鼎等9件秦公晋侯青铜器，生产于西周到东周初期，基本反映了当时晋、秦两国青铜器发展的轨迹。甘肃秦公墓出土的青铜器，是研究秦国早期历史乃至中华文明史的珍贵资料。晋侯墓出土的青铜器对历史学、考古学特别是夏商周断代工程的研究都有着尤为重要的意义。全国政协副主席、台盟中央主席林文漪，文化部部长蔡武，国家文物局局长单霁翔等出席。

中宣部 中央文明办 教育部 共青团中央 全国妇联开展的全国优秀童谣评选揭晓

经各地推荐上报、网上投票评选和评委会评审，《忙坏老出租》等10首童谣获得优秀童谣一等奖，《小企鹅上学》等10首童谣获得优秀童谣二等奖，《量词歌》等20首童谣获得优秀童谣三等奖，《竹简》等40首童谣获优秀奖。

四川汶川发生4.8级地震

据中国地震台网测定，北京时间11月23日15时25分，四川省阿坝藏族羌族自治州汶川县(北纬31.0度，东经103.2度)发生4.8级地震，震源深度约21公里。成都市区震感明显，持续时间较长。

杨宪益逝世

我国著名翻译家、外国文学研究专家、文化史学家、诗人，第六届全国政协委员、第五届民革中央委员，中国外文局《中国文学》杂志社原总编辑、外文出版社离休干部杨宪益因病医治无效，于11月23日在北京逝世，享年95岁。

杨宪益1915年生于天津，祖籍安徽盱眙(今属江苏省淮安市)。1934年天津英国教会学校新学书院毕业后到牛津大学莫顿学院研究古希腊罗马文学、中古法国文学及英国文学。1940年回国任重庆大学副教授。1941至1942年任贵州贵阳师范学院英语系主任，1942年至1943年任成都光华大学教授，1943年后在重庆北碚及南京任编译馆编纂。自1953年起，杨宪益任外文出版社翻译专家，与夫人戴乃迭翻译了中国古典小说《魏晋南北朝小说选》《唐代传奇选》《宋明平话小说选》《聊斋选》《儒林外史》《老残游记》及《离骚》《资治通鉴》《长生殿》《牡丹亭》《唐宋诗歌文选》等经典作品。20世纪60年代初，杨宪益、戴乃迭夫妇开始翻译《红楼梦》，最终于1974年完成并由外文出版社分三卷出版。该三卷本《红楼梦》在国内外皆获好评，有着广泛影响，与英国两位汉学家合译的五卷本(译名《石头记》)，被誉为西方世界最认可的《红楼梦》英译本。1993年，杨宪益获香港大学名誉博士学位。1982年，杨宪益发起并主持了旨在弥补西方对中国文学了解的空白“熊猫丛书”系列，重新打开了中国文学对外沟通窗口。这套丛书里，既有《诗经》《聊斋志异》《西游记》《三国演义》《镜花缘》等中国古典文学经典，也收录了《芙蓉镇》《沉重的翅膀》以及巴金、沈从文、孙犁、新凤霞、王蒙等人的中国现当代文学作品。2009年，杨宪益以其在文化翻译和中外文化交流方面的杰出贡献，被中国翻译协会授予“翻译文化终身成就奖”。

11月24日

中共中央在中南海召开座谈会征求党外人士对经济工作的意见和建议

中共中央总书记胡锦涛主持座谈会并发表重要讲话。中共中央政治局常委温家宝、习近平、李克强出席座谈会。温家宝通报了经济工作的有关情况，介绍了中共中央、国务院关于做好明年经济工作的考虑。

座谈会上，民革中央主席周铁农、民盟中央主席蒋树声、民建中央主席陈昌智、民进中央主席严隽琪、农工党中央主席桑国卫、致公党中央主席万钢、九三学社中央主席韩启德、台盟中央主席林文漪、全国工商联副主席孙安民、无党派人士袁驷先后发言。他们认为，今年以来，中共中央、国务院全面实施并不断丰富完善应对国际金融危机冲击的政策措施，牢牢把握经济工作主动权，保增长、调结构、促改革、惠民生取得明显成效。他们赞同中共中央、国务院关于当前经济形势的分析判断和明年经济工作的思路，表示要动员广大成员积极行动起来，为保持经济平稳较快发展献计出力。他们还就扩大内需、推进城乡统筹发展、加快经济结构调整、营造中小企业良好发展环境、防范金融风险、加强节能减排等问题提出了意见和建议。

在认真听取了大家发言后，胡锦涛作了重要讲话。他表示，大家实事求是地评价和分析了今年经济工作取得的成绩和面临的问题，提出许多好的意见和建议，对我们安排好明年经济工作很有帮助。我们将认真研究、积极采纳。

胡锦涛指出，2009年是新世纪以来我国经济发展最为困难的一年。一年来，面对国际金融危机的巨大冲击，我们坚持把保持经济平稳较快发展作为经济工作的首要任务，全面落实和充实完善应对国际金融危机冲击的一揽子计划和政策措施，努力化挑战为机遇，在全球率先实现经济形势总体企稳回升，应对国际金融危机冲击、保持经济平稳较快发展取得了重大成就。各民主党派中央、全国工商联和无党派人士紧紧围绕保增长、保民生、保稳定建言献策，作出了重要贡献。胡锦涛代表中共中央、国务院，向各民主党派、工商联和无党派人士表示衷心的感谢。

胡锦涛强调，必须清醒地看到，当前我国经济回升基础还不牢固，经济运行中的新老矛盾和问题相互交织，保持经济平稳较快发展、推动经济发展方式转变和经济结构调整难度进一步增大。2010年是实施“十一五”规划最后一年，做好经济社会发展工作，对于进一步有效应对国际金融危机冲击、为“十二五”时期发展奠定良好基础具有十分重要的意义。一是要加强和改善宏观调控，保持经济发展势头，同时下更大功夫推动经济发展方式转变和经济结构调整。二是要加大结构调整力度，坚持长期发展目标和短期增长目标相协调，坚持需求结构调整和供给结构调整相促进，增强内需特别是消费需求对经济增长的拉动作用，从抑制产能过剩和培育新兴产业两方面入手促进产业结构优化升级，加大运用新技术改造和提升传统产业力度，加强节能减排工作，积极稳妥推进城镇化，继续实施区域发展总体战略，特别是要采取有效措施加快推动中西部地区特别是边疆民族地区经济社会发展。三是要夯实“三农”发展基础，扩大内需增长空间，全面落实和不断完善强农惠农政策，保持农业稳定增产，合理引导农业生产结构调整，提高种粮农民收入，提高农业生产比较效益。四是要深化改革开放，增强经济发展动力，围绕建立、健全有利于科学发展的体制机制，积极推进重点领域和关键环节改革，推动政府职能转变，推进国有企业改革，支持和引导非公有制经济和中小企业发展，加快转变外贸增长方式，做好利用外资工作，大力实施“走出去”战略。五是要加大保障和改善民生工作力度,采取有效措施增加就业,加快社会保障体系建设,稳步落实医药卫生体制改革各项举措,扎实做好帮扶困难群众工作,全力维护社会和谐稳定。

胡锦涛最后希望各民主党派、全国工商联和无党派人士坚持把推动科学发展作为履行职责的第一要务,注重研究国际经济环境新变化和国内经济运行新情况,着重围绕中央确定的明年经济工作目标任务建睿智之言、献务实之策,围绕人民群众普遍关心的问题积极反映社情民意,协助做好理顺情绪、化解矛盾工作,继续为推动经济社会又好又快发展作出贡献。

王岐山、回良玉、张德江、令计划、王沪宁、马凯、杜青林和中共中央、国务院有关部门负责人出席座谈会。出席座谈会的党外人士还有张梅颖、张榕明、厉无畏、罗富和、陈宗兴和马培华、王钦敏、陈抗甫、汪毅夫、谢经荣、郝如玉等。

全国政协主席贾庆林在利马会见秘鲁总统阿兰·加西亚·佩雷斯

贾庆林在会见时说,中秘友好源远流长,两国人民在漫长的岁月中相互理解、相互支持,结下了深厚友谊。中秘友好已深深扎根于两国人民的心中。去年胡锦涛主席和加西亚总统成功互访,共同宣布中秘建立战略伙伴关系,为两国关系长远发展指明了方向。今年4月,两国签署自由贸易协定,为两国提升经贸合作水平提供了新的契机。贾庆林表示,中秘关系现在处于历史最好水平。为确保两国关系持续稳定向前发展,双方应在三个方面继续作出努力:一是更加积极地照顾彼此核心利益,着力落实两国领导人达成的重要共识,深化政治互信;二是更加积极地推进两国务实合作,中国政府鼓励和支持中国企业赴秘鲁投资和开展合作,也欢迎秘鲁企业积极开拓中国市场,促进双方经贸合作多元化;三是更加积极地开展人文交流,加强两国在文化、教育、科技、旅游等方面的合作,增进两国人民的相互了解,让中秘友好世代相传。

加西亚感谢胡锦涛主席的问候,欢迎贾庆林访秘。加西亚说,秘方愿全方位加强与中国的合作,分享中国的发展经验,不断拓展秘中合作领域,把两国关系推向更高水平。

会见后,加西亚总统向贾庆林授予了秘鲁太阳大十字勋章,与贾庆林共同出席了两国经济技术合作文件的签字仪式。

全国政协主席贾庆林在基多会见厄瓜多尔总统拉斐尔·科雷亚·德尔加多

贾庆林在会见时说,中国古语“相知无远近,万里尚为邻”是两国友好合作关系的生动写照。在两国领导人亲自关心和双方共同努力下,中厄关系近年来进入了快速发展的新时期。两国政治互信不断增强,互利合作不断深化,人文交流日益扩大,中方高度赞赏厄瓜多尔政府在台湾、涉藏等问题上坚定奉行一个中国政策,感谢厄瓜多尔政府和人民支持北京奥运会和残奥会。

贾庆林说,中国有句话叫“三十而立”。明年将迎来中厄建交30周年,这意味着两国关系进入了成熟发展时期。希望双方以此为新的历史起点,携手共进,共同谱写两国关系的新篇章。

会见后,贾庆林和科雷亚共同出席了两国经济技术合作等文件的签字仪式。

全国政协主席贾庆林在基多与厄瓜多尔国民代表大会主席科尔德罗举行会谈

国务院副总理李克强考察国土资源部数据中心并主持召开第二次全国土地调查领导小组全体会议

在国土资源部数据中心综合信息监管平台,国务院副总理、国务院第二次全国土地调查领导小组组长李克强听取了第二次全国土地调查成果计算机投影汇报,通过调看卫星图片,察看了一些地方基本农田、耕地和城镇建设用地的分布和利用现状。他还走进数据处理工作室,详细询问土地调查数据库的整合、建设和利用情况,并向辛勤工作在一线的工作人员表示慰问。

李克强说,我国人口多、底子薄、资源相对不足,随着经济快速增长,土地、淡水、能源、矿产等资源短缺的矛盾日益突出。加快现代化建设步伐,必须从我们的基本国情出发,珍惜资源,节约资源,集约使用资源,提高资源利用效率。坚持节约集约用地,不仅是节约资源的重大措施,也是调整经济结构的重要手段。当前做好土地管理工作,要把保增长与调结构更好地结合起来,把严格监管与优质服务更好地结合起来,服务于提高经济增长质量和效益。

李克强最后说,加强土地调查,摸清家底,是节约集约用地的基础性工作。第二次全国土地调查是一次重大的国情国力调查。要加大资料核查力度,确保土地调查数据真实准确可靠。充分利用土地调查成果,为提高土地管理水平提供数据支撑,为制定经济社会发展规划和政策提供科学依据。

国务院第二次全国土地调查领导小组成员和有关部门负责人以及领导小组联络员、办公室工作人员参加了会议。国土资源部部长徐绍史在会上作了汇报。

中央扩大内需促进经济增长政策落实检查组第三轮检查汇报会在北京召开

中央纪委书记贺国强出席会议并讲话。

中共中央书记处书记、中央纪委副书记、中央扩大内需促进经济增长政策落实检查工作领导小组组长何勇主持会议。

贺国强充分肯定了中央扩大内需促进经济增长政策落实监督检查工作取得的成效。他指出，去年 11 月以来，在党中央、国务院的正确领导下，在各地区各部门的大力支持下，中央扩大内需促进经济增长政策落实检查工作领导小组认真履行牵头抓总职责，领导小组成员单位充分发挥职能作用，24 个中央检查组深入 31 个省(区、市)和新疆生产建设兵团以及有关行业和企业，重点围绕中央投资项目的实施情况，开展了三轮认真细致的检查，有力地推动了中央扩大内需促进经济增长政策措施的落实。据统计，仅第二、第三轮就实地检查 2472 个项目，发现各种问题 2151 个，目前第二轮检查发现的问题已基本整改到位，第三轮检查中发现的问题正在整改之中；全国纪检监察机关共查办扩大内需促进经济增长政策落实工作中的违纪违法案件 88 件，查处党员干部 198 人。一年来，参与监督检查工作的同志们以高度的责任感和使命感，坚持围绕中心、服务大局，坚持督促整改、严肃执纪，坚持健全体系、增强合力，坚持深化改革、完善制度，坚持勇于实践、大胆探索，创造了不少行之有效的好经验好做法，既保证了中央扩大内需促进经济增长政策落实监督检查工作的顺利进行，也为今后进一步加强对中央重大决策部署情况的监督检查工作积累了经验、提供了借鉴。

中央纪委副书记、监察部部长马馼主持了汇报会。

11 月 25 日

国务院总理温家宝主持召开国务院常务会议讨论并原则通过《关于加快发展旅游业的意见》

会议认为，旅游业兼具经济和社会功能，资源消耗低，带动系数大，就业机会多，综合效益好。我国幅员辽阔，旅游资源丰富，人民群众日益增长的多样化消费需求为旅游业发展提供了新的机遇。近年来，我国旅游业快速发展，但仍面临发展方式粗放、基础设施建设滞后、服务质量水平不高等问题，必须加强统筹规划，从改革、开放、服务、管理入手，着力提升发展质量，把旅游业培育成国民经济的战略性支柱产业和人民群众更加满意的现代服务业。

会议指出，加快发展旅游业，必须坚持改革开放，坚持以人为本，提高服务和管理水平；坚持以国内旅游为重点，积极发展入境旅游，有序发展出境旅游；坚持因地制宜，合理利用资源，推动旅游业特色化发展和可持续发展。一是放宽旅游市场准入，鼓励社会资本和各种所有制企业公平参与。推进国有旅游企业改组改制，支持民营和中小旅游企业发展，积极引进外资旅游企业。二是优化旅游消费环境。加快以旅游交通、游客服务、旅游安全等为重点的基础设施建设。加强旅游景区门票价格管理，完善旅游信息服务，促进旅游消费便利化。三是推动旅游产品多样化发展。实施乡村旅游富民工程，合理建设特色景观旅游村镇，积极发展休闲度假旅游，继续发展红色旅游。大力推进旅游与文化、体育、农业、工业、林业、商业、水利、地质、海洋、环保、气象等相关产业和行业的融合发展，培育新的旅游消费热点，丰富旅游文化内涵。四是加强旅游从业人员素质建设和旅游市场监管。大力发展旅游职业教育，加强旅游从业人员培训。健全服务标准体系，全面提升旅游服务质量。健全监管体系，维护游客合法权益。加强旅游诚信体系建设，提高行业自律水平。五是推进节能环保。大力倡导健康旅游、文明旅游、绿色旅游。严格执行旅游项目环境影响评价制度，妥善保护自然生态、原居环境和历史文化遗产，保护生态环境。建立、健全旅游安全保障机制。

会议要求，各地区、各有关部门要高度重视，加强协调配合，完善配套政策措施，切实抓好意见的贯彻落实。

国务院总理温家宝签署第 567 号令公布《外国企业或者个人在中国境内设立合伙企业管理办法》

《外国企业或者个人在中国境内设立合伙企业管理办法》已经 2009 年 8 月 19 日国务院第 77 次常务会议通过，现予公布，自 2010 年 3 月 1 日起施行。

总理　温家宝

2009 年 11 月 25 日

外国企业或者个人在中国境内设立合伙企业管理办法

第一条　为了规范外国企业或者个人在中国境内设立合伙企业的行为，便于外国企业或者个人以设立合伙企业的方式在中国境内投资，扩大对外经济合作和技术交流，根据《中华人民共和国合伙企业法》(以下称《合伙企业法》)，制定本办法。

第二条　本办法所称外国企业或者个人在中国境内设立合伙企业，是指 2 个以上外国企业或者个人在中国境内设立合伙企业，以及外国企业或者个人与中国的自然人、法人和其他组织在中国境内设立合伙企业。

第三条　外国企业或者个人在中国境内设立合伙

企业，应当遵守《合伙企业法》以及其他有关法律、行政法规、规章的规定，符合有关外商投资的产业政策。

外国企业或者个人在中国境内设立合伙企业，其合法权益受法律保护。

国家鼓励具有先进技术和管理经验的外国企业或者个人在中国境内设立合伙企业，促进现代服务业等产业的发展。

第四条　外国企业或者个人用于出资的货币应当是可自由兑换的外币，也可以是依法获得的人民币。

第五条　外国企业或者个人在中国境内设立合伙企业，应当由全体合伙人指定的代表或者共同委托的代理人向国务院工商行政管理部门授权的地方工商行政管理部门(以下称企业登记机关)申请设立登记。

申请设立登记，应当向企业登记机关提交《中华人民共和国合伙企业登记管理办法》规定的文件以及符合外商投资产业政策的说明。

企业登记机关予以登记的，应当同时将有关登记信息向同级商务主管部门通报。

第六条　外国企业或者个人在中国境内设立的合伙企业(以下称外商投资合伙企业)的登记事项发生变更的，应当依法向企业登记机关申请变更登记。

第七条　外商投资合伙企业解散的，应当依照《合伙企业法》的规定进行清算。清算人应当自清算结束之日起15日内，依法向企业登记机关办理注销登记。

第八条　外商投资合伙企业的外国合伙人全部退伙，该合伙企业继续存续的，应当依法向企业登记机关申请变更登记。

第九条　外商投资合伙企业变更登记或者注销登记的，企业登记机关应当同时将有关变更登记或者注销登记的信息向同级商务主管部门通报。

第十条　外商投资合伙企业的登记管理事宜，本办法未作规定的，依照《中华人民共和国合伙企业登记管理办法》和国家有关规定执行。

第十一条　外国企业或者个人在中国境内设立合伙企业涉及的财务会计、税务、外汇以及海关、人员出入境等事宜，依照有关法律、行政法规和国家有关规定办理。

第十二条　中国的自然人、法人和其他组织在中国境内设立的合伙企业，外国企业或者个人入伙的，应当符合本办法的有关规定，并依法向企业登记机关申请变更登记。

第十三条　外国企业或者个人在中国境内设立合伙企业涉及须经政府核准的投资项目的，依照国家有关规定办理投资项目核准手续。

第十四条　国家对外国企业或者个人在中国境内设立以投资为主要业务的合伙企业另有规定的，依照其规定。

第十五条　香港特别行政区、澳门特别行政区和台湾地区的企业或者个人在内地设立合伙企业，参照本办法的规定执行。

第十六条　本办法自2010年3月1日起施行。

全国政协主席贾庆林在巴西利亚会见巴西众议长米歇尔·特梅尔

贾庆林就深化中巴关系提出三点建议：一是从战略高度出发，加强两国政治互信，及时就双边关系中的重大问题和全球性问题交换看法，进一步推动战略合作。二是从长远出发，深化各领域务实合作，不断挖掘科技互补潜力，积极培育高科技合作新亮点。三是从维护世界和平与发展出发，加强在国际事务中的协调与合作，当前应继续就气候变化问题协调立场，推动哥本哈根会议取得有利于发展中国家的成果。

特梅尔说，当前巴中关系日益牢固和密切，双方都从良好的双边关系中受益。巴西众院近年来与中国的交往日益增多，愿进一步加强与中国的关系。巴中在气候变化问题上有广泛的共同利益，两国应加强团结协调，共同捍卫发展中国家的利益。

中央书记处书记习近平在北京出席深入学习实践科学发展观活动汇报交流会议并讲话

中央书记处书记、中央深入学习实践科学发展观活动领导小组组长习近平在大家发言后作了讲话。他指出，在党中央坚强有力领导下，在各地区各部门各单位共同努力下，在广大党员、干部积极参与和人民群众大力支持下，第一批、第二批、第三批学习实践活动有序、有力、有效地不断向前推进。通过开展学习实践活动，广大党员干部加深了对科学发展观的理解，在事关科学发展的一些重大问题上进一步理清了思路、统一了思想、形成了共识，集中解决了一批影响和制约科学发展的突出问题以及党员干部党性党风党纪方面群众反映强烈的突出问题，办了一批群众普遍期待的实事好事，健全了一批保障和促进科学发展的体制机制、推动科学发展的政策法规和符合科学发展要求的规章制度。实践证明，党的十七大作出的在全党开展深入学习实践科学发展观活动的战略决策是完全正确的。

习近平对抓好学习实践活动下一步的工作提出了明确要求。他强调，各地各单位要把第三批学习实践活动作为工作重点，扎扎实实抓好学习调研、分析检查、整改落实不同阶段的工作，坚持把深化理论学习贯穿始终、把解决突出问题贯穿始终、把加强分类指导贯穿始终、把加强作风建设贯穿始终、把加强基层组织贯穿始终，确保取得实效。同时，要加强批次衔接，认真做好第二批学习实践活动整改落实后续工作，加大整改力度，加强督促检查，切实兑现整改落实方案中向群众作出的承诺。

中组部部长、中央深入学习实践科学发展观活动领导小组副组长李源潮主持会议。

中央学习实践活动领导小组部分成员，各省(区、市)和新疆生产建设兵团学习实践活动领导小组负责同志，中央学习实践活动巡回检查组副组长，非公有制经济组织、新社会组织、中等职业学校和中小学、基层医疗卫生单位学习实践活动指导小组副组长参加了会议。

全国优秀复员退伍军人表彰大会在北京举行

回良玉出席表彰大会并讲话。

大会由民政部部长李学举主持。大会表彰了214名全国优秀复员退伍军人，并为获奖者代表颁发证书。

国务院副总理王岐山在中南海紫光阁会见由香港金融管理局总裁陈德霖率领的香港银行公会代表团

财政部 水利部印发《全国重点地区中小河流治理项目管理暂行办法》

国务院副总理李克强在人民大会堂会见联合国副秘书长兼艾滋病规划署执行主任西迪贝博士

李克强在会见时说，防治艾滋病关系人民身体健康，关系民族素质和国家未来。中国政府对此高度重视，坚持综合防治、依法防治、科学防治，发挥专业人员和群防群治的作用，使疫情上升速度有所减缓。但中国艾滋病防治任务仍然严峻。我们将继续加强重点地区重点人群防治工作，进一步提高发现率和治疗率，全面落实免费治疗、人文关怀等政策，强化宣传教育，广泛动员社会力量参与防控，最大限度地缩小艾滋病带来的危害和影响。

李克强与西迪贝就艾滋病防治形势交换了意见。他表示，艾滋病是人类共同面对的重大疾病和社会问题，需要国际社会共同解决。中方愿进一步加强国际合作，扩大信息技术交流，分享防治经验，承担国际义务，为维护人类健康安全作出贡献。

西迪贝高度评价中国艾滋病防治工作，表示将进一步加强联合国与中国在艾滋病预防、治疗、关怀等方面的合作。

中国对美国宣布对华油井管反补贴终裁结果表示强烈不满和坚决反对

商务部新闻发言人姚坚就美对华油井管反补贴终裁裁定发表谈话，他表示："美方继续沿用其反补贴初裁调查中的歧视性做法，错误认定存在补贴并任意提高反补贴税率，中方对此表示强烈不满和坚决反对。"

姚坚说，美方的歧视性做法主要在于：一是不顾客观事实，错误地认为中国企业采购的生产油井管所用的所有圆钢都构成补贴。二是无视中国市场经济建设的巨大成就，错误地认定中国政府通过干预圆钢的供应市场而扭曲了圆钢的市场价格，拒绝中国政府和企业提出的国内市场价格信息，执意使用其他国家市场价格作为比较基准，人为抬高了所谓的补贴幅度。

姚坚表示，美方在补贴认定和计算方面的错误做法，极大地损害了中方的利益，是中国政府和产业界都不能接受的。这些错误做法已在其他案件中被美国法院裁定为不当，中方敦促美方正视客观事实，采取有效的措施纠正错误做法。

他同时重申，美方应恪守G20峰会的承诺和前不久两国领导人达成的共识，反对贸易保护主义，避免滥用贸易救济措施。

对外友协在北京举行宴会庆祝中国与阿尔巴尼亚建交60周年

驻港部队顺利完成第十二次轮换

根据《中华人民共和国香港特别行政区驻军法》和中央军委的命令，解放军驻港部队陆、海、空三军部分建制单位、装备于11月25日实施了轮换，这也是驻港部队进驻香港以来进行的第十二次建制单位轮换行动。轮换后，驻军在香港特区的部队员额和装备数量与轮换前没有变化。此次部队轮换行动得到了香港特区政府和内地有关部门的通力合作与大力支持。

国务院安全生产委员会通报黑龙江新兴煤矿事故的初步调查结论

通报指出，事故发生后，党中央、国务院高度重视。经初步分析，这起事故的主要原因是井下施工的三水平探煤巷发生煤与瓦斯突出，引起风流逆向，突出的大量瓦斯进入二水平进风系统，遇火发生瓦斯爆炸，波及全矿井。

国务院安委会的通报称，事故暴露出企业采掘布置不合理，井下现场管理和劳动组织混乱，超强度组织生产，通风系统复杂，抗灾能力弱，应急预案不完善等问题，反映出企业安全生产责任不落实，隐患排查不认真、不彻底，是一起责任事故。

《人民日报》发表评论员文章《安全这根弦一刻也不能松》

近日，黑龙江省鹤岗市新兴煤矿发生瓦斯爆炸事故,逾百名矿工不幸遇难。惨痛事实再一次警醒人们:安全生产人命关天,一刻也不能放松。

今年以来,全国安全生产继续保持了总体稳定、趋于好转的发展态势。但是,部分行业、部分地区重大事故上升,重特大事故时有发生,安全生产形势依然严峻。透过新兴煤矿矿难等一系列令人痛心的事故,人们发现:安全责任不落实,隐患排查不认真,安全管理有疏漏,生产运行有问题,这些安全生产的"怪圈"还远未打破,"痼疾"还远未去除,"漏洞"还远未堵住。安全生产形势紧迫,任重道远。

安全生产、安全运营,一头连着人民群众生命财产安全,一头连着经济发展和社会稳定。重视安全生产,怎样强调都不为过;抓好安全生产,任何时候都不能疏忽。

时下正值隆冬,历来是安全事故易发期、多发期。一定要提高责任意识,及早部署,狠抓安全生产各项政策、制度、措施的落实,认真做好煤矿、非煤矿山、油气井以及易燃易爆、危险化学品、交通运输、旅游、环境、消防安全等重点工作。深入排查安全隐患,全面落实安全责任,使之细化到每一家企业、每一个岗位、每一名员工、每一个细节上,努力做到"为之于未有,治之于未乱,防患于未然"。

"祸之作,不作于作之日,亦必有所由兆。"近期的一些安全生产事故,暴露出少数部门和企业存在安全运行质量低下、管理水平不高、安全执行力不强等突出问题。健全和落实领导干部安全生产政绩考核和问责制度,将安全工作重点从"事后处理"转移到"事前预防"和"事中监督"上来,强化国家监督、部门负责、企业自律、职工尽责的安全生产管理和运行机制,才能使安全生产建立在更加科学合理的长效机制基础之上,形成齐抓共管的最大合力,不断增强防范和应对安全事故的能力。

当前,随着国民经济企稳回升,能源原材料、交通运输等市场需求增长,国家和地方政府为扩大内需、拉动经济而投入资金建设的大量项目,将集中进入开工建设、试车试产阶段,安全监管的难度增加,安全生产任务更加繁重。越是这个时候,就越要把安全生产放在首要位置,全面落实安全第一、预防为主、综合治理的方针,做到制度保证上严密有效、技术支撑上坚强有力、监督检查上严格细致、事故处理上严肃认真,坚决遏制重特大事故抬头的势头。

人的生命至高无上,安全生产当警钟长鸣。

贵州省原政协主席黄瑶被依法罢免贵州省人大代表职务

贵州省人大常委会发布公告称,黔西南布依族苗族自治州人大常委会依法罢免了黄瑶的贵州省第十一届人民代表大会代表职务,依照代表法的有关规定,黄瑶的代表资格终止。

11月26日

国务院总理温家宝在中南海紫光阁会见联合国开发计划署署长海伦·伊丽莎白·克拉克

国务院总理温家宝主持召开国务院常务会议研究部署应对气候变化工作

会议认为,妥善应对气候变化,事关我国经济社会发展全局和人民群众根本利益,事关各国人民的福祉和长远发展。中国作为负责任的发展中国家,主张通过切实有效的国际合作,共同应对气候变化。我们将坚持《联合国气候变化框架公约》和《京都议定书》基本框架,坚持"共同但有区别的责任"原则,主张严格遵循巴厘路线图授权,加强《公约》及《议定书》的全面、有效和持续实施,统筹考虑减缓、适应、技术转让和资金支持,推动哥本哈根会议取得积极成果。

会议指出,在不久前联合国召开的气候变化峰会上,胡锦涛主席代表中国政府向国际社会表明了中方在气候变化问题上的原则立场,明确提出了我国应对气候变化将采取的重大举措。全国人大常委会作出了关于积极应对气候变化的决议。中国的立场和主张,赢得了世界各国的充分理解和广泛认同。

会议指出,我国始终高度重视气候变化问题,坚定不移地走可持续发展道路,从国情和实际出发,制定应对气候变化国家方案,积极推进经济和产业结构调整、优化能源结构、实施鼓励节能、提高能效等政策措施,不断增加应对气候变化科技研发投入,努力减缓温室气体排放,增加森林碳汇,提高适应能力,取得了积极成效。

会议提出,面对气候变化的严峻挑战,我们必须深入贯彻落实科学发展观,采取更加强有力的政策措施与行动,加快转变发展方式,努力控制温室气体排放,建设资源节约型和环境友好型社会。会议决定,到2020年我国单位国内生产总值二氧化碳排放比2005年下降40%—45%,作为约束性指标纳入国民经济和社会发展中长期规划,并制定相应的国内统计、监测、考核办法。会议还决定,通过大力发展可再生能源、积极推进核电建设等行动,到2020年我国非化石能源占一次能源消费的比重达到15%左右;通过植树造林和加强森林管理,森林面积比2005年增加4000万公顷,森林蓄积量比2005年增加13亿立方米。这是我国根据国情采取的自主行动,是我国为全球应对气候变化作出的巨大努力。

全国政协主席贾庆林在巴西利亚与巴西参议长兼国会主席萨尔内举行会谈

贾庆林在会见时说，萨尔内先生是中国人民尊敬和熟悉的老朋友。20年前邓小平先生会见萨尔内参议长时，对世界和平和中巴关系发展的著名论断已成为现实。今天中巴关系的政治基础更加稳固，务实合作领域更为宽广，在国际事务中的沟通与协调更加密切。中国已成为巴西最大的贸易伙伴。双方在能源、金融、基础设施建设等领域的重大合作项目稳步推进，中巴地球资源卫星项目堪称南南合作典范。两国在联合国、世贸组织、二十国集团、“金砖四国”等国际组织和多边机制中密切配合，共同维护了发展中国家的利益。

萨尔内表示，贾庆林主席来访正值巴中关系迈上历史最好水平的重要时刻。巴西参院带着对中国人民的友好感情来接待贾庆林主席。他说，我经常愉快地回忆起20年前荣幸同邓小平先生的会面，很高兴今天巴中日益密切的伙伴关系印证了当年邓小平先生的预言。他强调，巴中加强团结合作，符合两国人民的利益，有利于世界的和平与发展。一个强大的巴西和中国，意味着一个更加平衡的世界。

全国政协主席贾庆林在巴西国会发表题为《深化互利合作　携手开创未来》的重要演讲(摘要)

贾庆林首先代表中国政府和人民向巴西人民致以诚挚的问候和良好的祝愿，祝贺里约热内卢赢得2016年奥运会主办权。他说，巴西是中国人民熟悉和喜欢的国家。我们高兴地看到，巴西在加快经济发展、提高人民生活水平、促进社会公正等方面取得了显著成就，在国际和地区事务中发挥着越来越重要的作用，成为最早走出国际金融危机、恢复经济增长的国家之一。

贾庆林指出，巴西是第一个与中国建立战略伙伴关系的发展中国家，是中国在拉美的好朋友、好伙伴。2004年，胡锦涛主席和卢拉总统成功实现互访，共同确立了指导双边关系发展的四项原则，对推动两国关系发展产生了重大而深远的影响。他说，中方始终从战略高度重视中巴关系，愿与巴西人民相互学习借鉴，真诚友好合作，共同应对全球性挑战，为实现世界各国的互利共赢、共同发展而不懈努力。

贾庆林介绍了新中国成立60年来取得的伟大成就。他说，60年来，我们坚定不移推进经济建设，极大地解放和发展了生产力；我们大力发展社会主义民主政治，极大地激发了亿万人民的积极性；我们不断促进社会主义文化大发展大繁荣，极大地增强了中华民族的凝聚力；我们着力保障和改善民生，极大地提高了人民生活水平；我们基本形成全方位对外开放格局，极大地提升了开放型经济水平。

贾庆林强调，中国人民深知，中国发展离不开世界，世界繁荣稳定也离不开中国。我们将坚定不移坚持独立自主的和平外交政策，坚持和平发展道路，奉行互利共赢的开放战略，继续以自己的发展促进地区和世界共同发展，扩大同各方利益的汇合点，推动建设持久和平、共同繁荣的和谐世界。

贾庆林指出，拉美国家是发展中国家的重要组成部分，是当今国际舞台上的一支重要力量。加强同拉美国家的团结合作，是中国政府坚定不移的外交方针。2008年胡锦涛主席访问拉美期间提出发展中拉关系的三项重要方针，为中拉关系长远发展指明了方向。中方愿继续同拉美国家携手合作，把握时代机遇，应对共同挑战，从以下四个方面推动中拉关系迈上新台阶：一、坚持平等互信，深化政治关系。二、坚持互利共赢，扩大务实合作。三、坚持世代友好，密切人文交流。四、坚持求同存异，加强多边协作，共同促进人类和平和发展的崇高事业。

贾庆林阐述了中国在应对气候变化问题上的立场。他表示，气候变化是对人类生存和发展的重大挑战。妥善应对气候变化，事关世界人民的福祉和长远发展。中国作为负责任的发展中国家，主张通过切实有效的国际合作，共同应对气候变化。日前中国政府确立了控制温室气体排放行动目标，体现了中方所能够作出的最大努力，蕴含了13亿中国人民为应对全球气候变化、为促进哥本哈根会议取得积极成果的最真诚意愿。尽管实现这些目标面临种种困难，但我们仍将采取一切可能的措施，确保目标的实现。

国家副主席习近平在北京会见王彦生先进事迹报告报告团成员并讲话

王彦生同志生前任河北省邯郸市丛台区委常委、组织部长，2005年被确诊患脑动脉瘤后，他仍然恪尽职守，忘我工作，2009年2月逝世，年仅49岁。在担任组织部门领导职务的近20年间，王彦生同志以自己的模范行为和崇高品德，赢得了广大干部群众的衷心赞誉，被中组部追授为“全国优秀组织工作干部”。

习近平指出，榜样的力量是无穷的。王彦生同志以实际行动诠释了组工干部对党的忠诚，对群众的大爱，对事业的执着，对名利的淡泊。在他身上，集中体现了新时期共产党人的精神风貌，集中体现了组工干部为党和人民事业尽职尽责、鞠躬尽瘁的高尚品格。

王彦生同志的事迹，细微中见精神、平凡中见伟大，可敬、可信、可鉴、可学。

习近平强调，向王彦生同志学习，要学习他坚持原则、公道正派的政治品格，学习他知人善任、甘为“人梯”的职业操守，学习他牢记宗旨、执政为民的公仆情怀，学习他淡泊名利、清正廉洁的优良作风。要把王彦生同志的先进事迹作为学习实践科学发展观活动的生动教材，广泛深入地进行宣传，用王彦生同志的崇高精神感染党员、教育干部。组工干部要以王彦生同志为楷模，对照检查自己，明确努力方向，坚持公道正派，敢于坚持原则，加强党性修养，勇于开拓进取，进一步树立组工干部的良好形象。

会见时，习近平向王彦生的妻子芦爱花颁发了“全国优秀组织工作干部”奖牌。中宣部部长刘云山，中组部部长李源潮参加了会见。

国务院副总理李克强在人民大会堂会见法国国务部长兼环境与可持续发展部长博洛

李克强指出，应对气候变化需要各国共同努力。中国作为一个人口多、底子薄的发展中国家，为推动节能减排、促进可持续发展做了大量工作。最近，中国政府又研究决定了中国控制温室气体排放行动目标，到2020年单位国内生产总值二氧化碳排放比2005年下降40%—45%，作为约束性指标纳入国民经济和社会发展中长期规划，这是中国加快转变经济发展方式的自主行动，也是为全球应对气候变化作出的巨大努力。国际社会应坚持《联合国气候变化框架公约》和《京都议定书》的基本框架，坚持“共同但有区别的责任”原则，在“巴厘路线图”授权的基础上继续前进，加强沟通协调，推动哥本哈根会议取得积极成果。

博洛高度评价中国为推动国际社会共同应对气候变化发挥的重要作用，希望继续与中方沟通协调，使哥本哈根会议取得成功。

11月27日

中共中央总书记胡锦涛主持召开会议分析研究明年经济工作

会议认为，今年是新世纪以来我国经济社会发展最为困难的一年，也是我们砥砺奋进、经受严峻考验的一年。面对历史罕见的国际金融危机严重冲击和自然灾害频发等困难和挑战，党中央、国务院全面分析、准确判断、果断决策、从容应对，坚持把保持经济平稳较快发展作为经济工作的首要任务，坚持积极的财政政策和适度宽松的货币政策，全面实施并不断丰富完善应对国际金融危机冲击的一揽子计划，全党全国坚定信心、共度时艰，全力做好保增长、保民生、保稳定各项工作，我国经济回升向好趋势不断巩固，经济社会发展取得显著成效。在国际金融严重动荡、世界经济陷入衰退、国内外形势严峻复杂的情况下，取得这样的成绩极为不易。

会议指出，明年保持我国经济平稳较快发展具有不少有利条件，但也面临不少困难和矛盾。全党全国必须统一思想认识，坚定信心，更加周全地做好应对各种困难和挑战的准备。

会议强调，明年是实施“十一五”规划的最后一年，做好经济工作，对于进一步有效应对国际金融危机冲击、巩固经济回升基础，为“十二五”规划启动实施创造良好条件至关重要。要全面贯彻党的十七大和十七届三中、四中全会精神，以邓小平理论和“三个代表”重要思想为指导，深入贯彻落实科学发展观，保持宏观经济政策的连续性和稳定性，继续实施积极的财政政策和适度宽松的货币政策，根据新形势新情况着力提高政策的针对性和灵活性，特别是要更加注重提高经济增长质量和效益，更加注重推动经济发展方式转变和经济结构调整，更加注重推进改革开放和自主创新、增强经济增长活力和动力，更加注重改善民生、保持社会和谐稳定，更加注重统筹国内国际两个大局，努力实现经济平稳较快发展。

会议提出，明年要继续加强和改善宏观调控，保持宏观政策的基本取向，把握好政策实施的力度、节奏、重点，落实和丰富完善应对国际金融危机冲击的一揽子计划，提高经济发展的稳定性、协调性、可持续性。要促进国内需求特别是消费需求持续增长，增强居民特别是低收入群众消费能力，完善促进消费的政策，保持投资合理增长，完善和落实鼓励民间投资相关政策，加大对“三农”、科技、教育、卫生、文化、社会保障、节能环保等领域的支持力度，扎实推进汶川特大地震灾后恢复重建。要着力推动经济结构调整和战略性新兴产业发展，落实重点产业调整振兴规划，加大用新技术改造和提升传统产业力度，加大研发投入，加大自主创新力度，加快培育战略性新兴产业，积极支持小企业和服务业发展。要巩固农业农村经济发展和农民增收的基础，完善强农惠农政策，加强农业农村基础设施建设，搞好农产品市场调控。要切实抓好节能减排工作，强化目标责任制，加快节能环保重点工程建设，积极应对气候变化。要提升开放型经济水平，完善稳定外需政策，促进对外贸易平稳增长，积极扩大进口，提高利用外资水平，促进企业对外投资合作。要积极推进城镇化和区域协调发展，提高城镇综合承载能力，落实好国家促进区域发展各项规划和政策，积极扶持革命老区、民族地区、边疆地区、贫困地区加快发展。要深化重点领域和关键环节改革。要加快解决涉及人民群众切身利益的问题,加大就业促进政策力度,加强住房保障,完善社会保障体系,加大对困难群众帮扶救助力度,积极改善农村和贫困地区办学条件,深化医疗卫生体制改革,切实抓好安全生产工作,积极应对重大公共卫生事件。

国务院总理温家宝在中南海紫光阁会见参加中国 印度 巴西 南非"基础四国"气候变化部长级协调会的外方代表和七十七国集团代表

全国政协主席贾庆林在巴西利亚会见巴西总统路易斯·伊纳西奥·卢拉·达席尔瓦

贾庆林在会见时指出,中方一贯从战略高度重视中巴关系,愿同巴方携手努力,不断推动两国战略伙伴关系迈上新台阶:一、增进政治互信,落实好两国元首达成的共识,保持密切的高层交往,及时就共同关心的重大问题交换看法。二、深化务实合作,巩固两国关系纽带,提升两国经贸合作水平,拓展在科技、能源、金融和基础设施领域合作。三、加强人文交流,在文化、教育、新闻、体育、旅游等领域进一步开展形式多样的合作与交流,为中巴友好奠定社会基础。

贾庆林介绍了中国在应对气候变化问题上的立场和中国政府确定的控制温室气体排放行动目标的具体内容。

卢拉感谢胡锦涛主席的亲切问候,表示很高兴在任内与胡锦涛主席共同推动巴中战略伙伴关系取得积极进展。巴中在应对气候变化问题上有不少共同之处,应共同推动发达国家履行按照《联合国气候变化框架公约》原则承担的量化减排和向发展中国家提供资金和技术转让的义务。

国务委员兼国防部部长梁光烈在东京会见日本首相鸠山由纪夫

鸠山说,在短短的时间内中国外交部部长、国防部长相继访问日本,充分体现了日中两国致力于加强双边关系。他说,他就任首相只有两个月,但已经与胡锦涛主席、温家宝总理多次会面,两国距离拉近了很多。日中两国不仅在经济领域而且在防务等领域加强合作,有助于双边关系深入发展,也有助于亚洲乃至世界的和平与稳定。

梁光烈说,中方将继续奉行中日友好政策,与日方一道致力于实现两国和平共处、世代友好、互利合作、共同发展的大目标。中方对发展中日防务关系持积极态度,希望双方继续努力,扩大人员往来,增进安全互信,深化务实交流,促进中日战略互惠关系持续、全面、深入向前发展。

中日防务部门联合新闻公报

一、根据2009年3月中国国防部长与日本防卫大臣会晤时达成的共识,应日本防卫大臣北泽俊美的邀请,中国国务委员兼国防部部长梁光烈上将于2009年11月26日至12月1日访问日本。11月27日,梁光烈部长与北泽防卫大臣举行了会谈,并拜会了鸠山由纪夫内阁总理大臣。

二、会谈中,双方在友好的气氛中就两国防卫政策、防务交流、国际和地区安全形势等议题广泛交换了意见,一致同意继续为地区及世界的和平、稳定与繁荣作出积极贡献。双方高度评价2009年3月中日防务部门领导人会晤后两国防务交流在各层次、各领域的进展情况,并一致同意,今后将努力通过持续稳定的防务交流,进一步增进相互理解和相互信任,推动中日战略互惠关系的全面发展。

三、会谈中,双方一致同意,继续根据两国领导人及防务部门领导人间达成的共识稳步开展和推进交流,并就今后的主要交流达成以下共识:

(一)继续开展防务部门领导人互访。作为对梁光烈国防部长访日的回访,日本防卫大臣将于2010年内访问中国。

(二)继续开展中国人民解放军总参谋长、副总参谋长、军种司令和日本自卫队各参谋长的互访。日本陆上自卫队参谋长将于2010年内访问中国,中方拟考虑派高级军事代表团访日。

(三)每年举行中日防务安全磋商。尽早在东京举行第九次防务安全磋商。适时举行部门领导人磋商。

(四)从2010年开始开展中国人民解放军大军区与日本陆上自卫队方面队之间的交流。

(五)继续开展舰艇互访。日本海上自卫队训练舰队将于2010年内访问中国。

(六)适时举行海上联合搜救训练,并就在灾害救援、联合国维和行动等非传统安全领域开展经验交流与合作交换意见(包括就开展两国人道救援、救灾联合训练等具体合作交换意见)。

(七)为尽早建立中日防务部门海上联络机制,尽早在东京举行第二次联合工作组磋商。

(八)开展各专业领域人员交流。

(九)加强双方在多边安全框架中的合作。

四、中方对梁光烈部长访日期间北泽防卫大臣及日方给予的热情友好接待表示感谢。

2009年11月27日于东京

11月28日

中共中央总书记胡锦涛在北京主持中共中央政治局第十七次集体学习

中共中央政治局就贯彻落实党的十七届四中全会精神，努力提高党的建设科学化水平进行第十七次集体学习。国防大学军队建设与军队政治工作教研部齐彪教授、中组部党建研究所张守华研究员就这个问题进行讲解，并谈了他们的意见和建议。

中共中央政治局各位同志认真听取了他们的讲解，并就有关问题进行了讨论。

胡锦涛在主持学习时发表了讲话。他指出，当今世界正处在大发展大变革大调整时期，当代中国正在新的历史起点上向前迈进，我们党正处在新的历史方位，面临的执政考验、改革开放考验、市场经济考验、外部环境考验是长期的、复杂的、严峻的。党的十七届四中全会对加强和改进新形势下党的建设作出战略部署。全党要深刻认识加强和改进新形势下党的建设是深入贯彻落实科学发展观、抓好发展这个党执政兴国的第一要务的迫切要求，是有效应对国际金融危机冲击、保持经济平稳较快发展的迫切要求，是实现好、维护好、发展好最广大人民根本利益的迫切要求，扎扎实实做好党的建设各项工作，努力开创党的建设新局面。

胡锦涛强调，加强和改进新形势下党的建设，必须着眼于继续解放思想、坚持改革开放、推动科学发展、促进社会和谐，着眼于提高党的执政能力、保持和发展党的先进性，全面推进思想建设、组织建设、作风建设、制度建设和反腐倡廉建设，提高党的建设科学化水平。提高党的建设科学化水平，是加强和改进新形势下党的建设的一项重大任务，也是需要在实践中不断探索、不断总结、不断推进的一个重大命题。

胡锦涛指出，今天，我们党拥有370多万个基层组织、7500多万名党员，正领导人民在一个拥有13亿人口的发展中大国发展中国特色社会主义，管理好、建设好这样一个大党任务十分艰巨。深入贯彻落实科学发展观、推动经济社会又好又快发展，坚持科学执政、民主执政、依法执政，推进党和国家决策科学化、民主化，切实解决党内存在的突出问题，提高党的执政能力、保持和发展党的先进性，都要求我们提高党的建设科学化水平。加强和改进党的建设，要努力在以科学理论指导党的建设、以科学制度保障党的建设、以科学方法推进党的建设上见到实效。

胡锦涛强调，要坚持用中国特色社会主义理论体系武装全党，高度重视探索和把握马克思主义政党建设规律，高度重视总结运用和丰富发展马克思主义执政党建设经验，不断丰富和发展党建理论，为加强和改进新形势下党的建设提供理论指导。要建立、健全以党章为根本、以民主集中制为核心的制度体系，既要坚持我们党在长期实践中形成的一系列行之有效的制度，又要以改革创新精神推进党的制度建设创新，增强制度建设的系统性、协调性、科学性，通过制度建设保障党的团结统一、增强党的创造活力。要继承和发展党在长期实践中形成的成功方法，又要不断创新和丰富党的建设有效管用的新方法，积极探索运用现代科学方法，创造性地研究和解决时代发展、社会变革对党的建设提出的新课题。

胡锦涛强调，认真贯彻落实党的十七届四中全会精神，切实做好加强和改进新形势下党的建设各项工作，是全党的重大政治责任。各级党委要结合开展深入学习实践科学发展观活动，结合应对国际金融危机冲击、保持经济平稳较快发展的实践，确保全会作出的党的建设各项部署落到实处、落到基层，切实把党的政治优势和组织优势转化为推动经济社会又好又快发展的强大力量。

国务院总理温家宝在上海江苏考察工作

温家宝走访了多家高新技术企业和科研院所，就加快转变经济发展方式、产业结构调整和升级等进行调研。他强调，转变经济发展方式，是当前和今后我国面临的重大战略任务，必须加快推动我国经济增长由主要依靠投资、出口拉动向依靠消费、投资和出口协调拉动转变，由主要依靠第二产业带动向依靠第一、二、三产业协同带动转变，由主要依靠增加物资消耗向依靠科技进步、提高劳动者素质和管理创新转变。

中共中央政治局常委李长春在湖南调研

11月28日至12月2日，李长春和同行的中宣部部长刘云山先后到长沙、株洲、湘潭、岳阳等地，深入企业、农村、学校、爱国主义教育基地和宣传文化单位，就应对国际金融危机冲击、建设社会主义核心价值体系、深化文化体制改革等进行调研。国务委员刘延东参加了在长沙的调研。

李长春在调研时强调，宣传思想战线要认真贯彻落实党的十七大和十七届三中、四中全会精神，紧密联系我国改革开放和现代化建设取得的伟大成就，紧密联系各地区各部门应对国际金融危机冲击、保持经济平稳较快发展的生动实践，紧密联系广大干部群众的思想实际，深入开展社会主义核心价值体系学习教育，大力宣传中国特色社会主义的勃勃生机和光明前景，不断巩固全党全国各族人民团结奋斗的共同思想基础，激励广大干部群众坚定信心、鼓舞斗志，为实现经济社会发展目标而努力奋斗。

国务院副总理李克强在安徽考察

11月28日至29日，李克强冒雨来到芜湖、合肥，深入企业车间、科研院所、能源供应调度单位，走进基层医院和居民家中，着重就经济运行和民生情况进行考察调研。

李克强在考察时强调，要在巩固经济回升势头的同时，适应世界经济变革调整的新形势，针对经济发展的新情况，以节能增效和生态环保为重要抓手，以科技创新和改革开放为动力，加快结构调整和产业升级步伐，加大民生工程实施力度，提高发展质量和效益，实现经济长期平稳较快发展和社会不断进步。

中央纪委书记贺国强在湖北考察

11月28日至12月1日，贺国强深入咸宁市、仙桃市、十堰市等地，就保持经济平稳较快发展以及加强党风廉政建设和反腐败工作等进行调研。

贺国强在考察时强调，要认真学习贯彻党的十七届四中全会精神和最近中央政治局会议关于明年经济工作的总体要求和部署，统一思想、坚定信心，再接再厉、扎实工作，保持宏观经济政策的连续性和稳定性，根据新形势新情况着力提高政策的针对性和灵活性，努力实现经济平稳较快发展。

中国伊斯兰教协会在北京举行招待会庆祝伊斯兰教传统节日古尔邦节

卫生部办公厅发出《关于进一步加强卫生监督与食品安全工作的通知》

一架津巴布韦籍货机在上海浦东机场失火4人获救3人死亡

11月29日

国务院总理温家宝在南京会见欧元集团“三驾马车”领导人

温家宝会见的欧元集团领导人是欧元集团主席、卢森堡首相兼国库大臣容克，欧洲中央银行行长特里谢和欧盟委员会经济与货币事务委员阿尔穆尼亚。温家宝同他们就世界经济形势、货币汇率政策等问题深入交换了意见。

国务院总理温家宝在南京会见来华出席第十二次中欧领导人会晤的欧盟委员会主席巴罗佐

温家宝说，世界正经历大发展、大变革、大调整，中欧关系要增强战略性、全面性和稳定性。增强战略性就是扩大双方在重大问题上的共识，推动建立公正、合理的国际政治、经济新秩序；增强全面性就是加强在各领域的务实合作，更好地实现互利共赢；增强稳定性就是照顾彼此核心利益和重大关切，确保双方关系沿着正确轨道健康、持续向前发展。中国高度重视对欧关系，欢迎欧洲一体化不断取得进展，认为一个强大、联合、繁荣的欧洲对世界有利。中方愿与欧方共同努力，充分发挥中欧领导人会晤的引领作用，推动双方全面战略伙伴关系迈上新台阶。

巴罗佐表示，《里斯本条约》生效后，欧盟机构进行改革，内外协调能力加强，欧洲一体化进程加快，这有利于欧中关系的发展。欧盟高度重视中国，将一如既往加强同中国的合作，拓展共同利益，携手应对各种全球性问题和挑战。

中共中央政治局常委李长春出席在长沙召开的全国未成年人思想道德建设经验交流会并发表讲话

李长春强调，加强和改进未成年人思想道德建设，是关系中华民族伟大复兴的战略工程，是关系中国特色社会主义事业兴旺发达的希望工程，是关系千家万户切身利益的民心工程，是社会主义精神文明建设的基础工程。要全面贯彻党的十七大和十七届三中、四中全会精神，以邓小平理论和“三个代表”重要思想为指导，深入贯彻落实科学发展观，高举旗帜、围绕大局、服务人民、改革创新，坚持解放思想、实事求是、与时俱进，贴近实际、贴近生活、贴近未成年人，大力开展社会主义核心价值体系学习教育，不断深化中小学校德育工作，努力提供优秀文化产品和优质文化服务，稳步推进长效工作机制建设，推动未成年人思想道德建设持续深入发展。当前，要以依法打击互联网、手机淫秽色情不良信息为重点，加大力度、综合治理，努力营造有利于未成年人健康成长的社会文化环境。

李长春指出，各级党委政府要高度重视未成年人思想道德建设，纳入党委政府重要议事日程，纳入经济社会发展总体规划，纳入科学发展考核评价体系，加强统筹协调，推进改革创新，营造求真务实良好氛围，不断开创未成年人思想道德建设新局面。

中宣部部长、中央文明委副主任刘云山主持会议，国务委员、中央文明委副主任刘延东宣读《中央精神文明建设指导委员会关于表彰第二届全国未成年人思想道德建设工作先进城市的决定》。

中央外宣办、教育部、工业和信息化部、公安部、文化部、国家广电总局、新闻出版总署的负责同志作了大会发言。中央文明委部分成员单位，各省(区、市)、新疆生产建设兵团和副省级城市党委宣传部、文明办等部门负责同志参加会议。

11 月 30 日

中共中央总书记胡锦涛 国务院副总理李克强在国家会议中心参加首都防治艾滋病志愿者活动

国务院总理温家宝致电祝贺联合国“声援巴勒斯坦人民国际日”纪念大会在纽约总部召开

电文全文如下：

值此“声援巴勒斯坦人民国际日”纪念大会召开之际，我谨代表中国政府向纪念大会致以热烈的祝贺。

巴勒斯坦问题是中东问题的核心。中方坚定支持巴勒斯坦人民恢复合法民族权利、建立独立主权国家的要求。中东和平进程正处在新的十字路口。我们希望以巴双方把握和谈方向，坚持和平道路，在联合国大会和安理会有关决议、“土地换和平”原则、“阿拉伯和平倡议”基础上，通过谈判早日实现巴以两个国家、阿以两个民族和平共处。

巴勒斯坦问题早日得到全面、公正、持久解决，不仅将维护巴勒斯坦人民的福祉，也有利于整个中东地区的和平与稳定。作为安理会常任理事国，中国将继续致力于中东和平进程，愿同国际社会一道，为促进中东地区的和平、稳定和发展发挥建设性作用。

国务院总理温家宝在南京会见来华出席第十二次中欧领导人会晤的欧盟轮值主席国瑞典首相赖因费尔特

温家宝首先对瑞典作为欧盟轮值主席国为成功举办第十二次中欧领导人会晤所做的积极努力表示赞赏。他说，瑞典是第一个同新中国建交的西方国家，也是第一批与中国签订贸易协定和投资保护协定的国家，并早在 1982 年就在中国建立了首家合资企业。这些“第一”充分说明，瑞典政治家和企业家们富有战略眼光和开拓精神。中方高度重视发展中瑞关系，愿以明年两国建交 60 周年为契机，同瑞方保持高层交往，深化务实合作，加强人文交流，把两国关系推向新的高度。

赖因费尔特说，瑞中关系发展良好，两国交往日益密切，合作富有成果。瑞典看好中国的发展前景，鼓励本国企业来华投资，重点在节能、清洁能源等领域开展合作、共同应对气候变化。瑞方支持两国民间，特别是青年加强交往，增进相互了解。

第十二次中欧领导人会晤在南京举行

中国国务院总理温家宝与欧盟轮值主席国瑞典首相赖因费尔特、欧盟委员会主席巴罗佐在南京举行第十二次中欧领导人会晤。双方就中欧关系及重大国际问题深入交换了意见，一致同意，深化中欧全面战略伙伴关系，共同应对全球性挑战。

温家宝对《里斯本条约》即将生效表示祝贺，希望欧洲一体化建设不断取得进展，并对中欧关系发展产生积极影响。温家宝强调，中欧要彻底摒弃歧视、对抗和遏制，倡导平等、对话与合作，增强战略互信，永远做朋友，不做对手；要旗帜鲜明地反对霸权主义，推动世界多极化，支持多边主义；要把发展作为首要任务，走互利共赢、共同发展的道路；要加强文明对话，尊重彼此的文化传统、社会制度和价值观念，秉持开放包容的精神，在交流借鉴中实现创新和进步；要致力于解决国际关系中深层次结构性问题，促进世界和谐与可持续发展。这些应该成为中欧关系的战略方向。

欧方表示，欧盟高度重视中国的发展。欧中在许多重大问题上有相同的看法和利益。解决重大全球性问题和挑战，离不开欧中合作。发展欧中全面战略伙伴关系是欧盟从长远角度作出的重大抉择。欧盟希望超越差异和分歧，深化同中国的全方位对话与合作，愿以《里斯本条约》生效为契机，更有力地推进欧中关系发展。

欧方表示，希望同中国加强高层接触及各级别对话；尽早完成欧中伙伴合作协定谈判，推动各领域合作；进一步密切欧中贸易伙伴关系，反对贸易和投资保护主义；促进人文交流，增进相互了解。希望在二十国集团等框架内同中方保持协调与合作。

温家宝说，中国政府高度重视气候变化问题，采取了一系列政策措施，取得显著成效。上周又宣布了控制温室气体排放的具体目标。我们“言必信，行必果”，坚定不移地走可持续发展道路。

中方高度重视即将召开的哥本哈根会议。《联合国气候变化框架公约》及其《京都议定书》是国际社会应对气候变化的主渠道和法律基础，各国应遵循“共同但有区别的责任”原则，这是哥本哈根会议取得成功的关键。中方愿与包括欧盟在内的各方共同努力，推动会议朝着正确方向前进，取得公正、合理、可实现的成果。希望欧盟通过自身大幅度减排，在发达国家中发挥表率和带动作用，积极呼应发展中国家的合理诉求，在坚持公约、议定书和“巴厘路线图”授权问题上坚定立场。

欧方表示，欢迎并赞赏中方控制碳排放强度的国内量化行动目标及其政策措施，认为中国为应对气候变化作出了贡献。欧盟承认发达国家在气候变化问题上的历史责任，将继续坚持“共同但有区别的责任”原则，同中方加强沟通与合作，推动哥本哈根会议取得积极成果。

会晤后，中欧领导人共同见证签署了《中欧科技合作协定》以及在节能减排、贸易和投资、环境治理等领域合作文件,并会见了记者。双方发表了联合声明。

第十二次中国—欧盟领导人会晤联合声明

(2009年11月30日,中国南京)

第十二次中欧领导人会晤于2009年11月30日在中国江苏省南京市举行。中华人民共和国国务院总理温家宝代表中国出席了会晤。欧洲理事会主席瑞典首相弗雷德里克·赖因费尔特和欧盟委员会主席若泽·曼努埃尔·巴罗佐代表欧盟出席了会晤。

一、双方领导人认为,国际社会面临严峻挑战,需要全球共同应对。气候变化、金融危机、能源资源安全、粮食安全、环境以及公共卫生安全等全球性问题日益显现,恐怖主义、大规模杀伤性武器扩散、跨国有组织犯罪、重大传染性疾病等非传统安全威胁已成为全球共同关切,国际形势中的不稳定不确定因素给世界和平与发展带来挑战。国际社会密切合作、协调应对全球性挑战的使命更加迫切。

二、双方强调,在当前国际形势复杂多变的背景下,中欧关系日益超越双边范畴,具有国际意义。中欧作为全面战略伙伴,在国际问题上拥有诸多共识,积极应对全球性挑战,推动实现世界的和平、可持续发展和繁荣。实现上述目标,离不开中欧双方的密切合作和共同努力。中欧关系有广泛的战略基础,中欧合作的重要意义日益突出。双方重申积极致力于世界的和平和可持续发展,主张和平解决争端。双方强调有效多边主义的重要性,支持联合国在国际事务中的中心作用。

三、双方积极评价中欧关系发展成就,对中欧全面战略伙伴关系日臻成熟和深入表示满意,认为双方政治互信不断提升,经贸等各领域务实合作不断扩大和深化,人文交流的水平不断提高。双方表示将继续支持彼此的和平和可持续发展。中方欢迎《里斯本条约》获得批准,祝贺欧盟推选出新领导人和欧盟机构调整,重申将继续坚定支持欧盟一体化建设。欧方积极评价新中国六十年取得的成就,欢迎中国继续改革开放政策。欧方重申支持中国的和平发展,尊重中国的主权和领土完整。双方强调中欧合作潜力巨大,双方关系前景广阔。双方决心继续坚持中欧关系的战略定位,在相互尊重、平等互利、开放和合作共赢的基础上,全力推动中欧全面战略伙伴关系在新形势下取得更大发展。

四、领导人强调中欧政治和行业对话在促进双方战略关系方面的重要作用,特别是领导人会晤机制对中欧关系的战略引领作用。双方表示决心就双边及国际和地区问题加强政治对话与合作,进一步增进了解,扩大共识,构筑稳定的战略互信。

双方认为,2008年欧盟委员会主席偕委员访华和温家宝总理2009年回访欧盟总部以战略性和前瞻性的方式全面推进了双方关系,同意应继续保持此类互访。

五、双方领导人肯定中欧伙伴合作协定谈判/完善1985年中欧经贸合作协定谈判取得的进展,鼓励工作层加速谈判,争取早日达成一致。

六、欧盟重申坚持一个中国政策,支持两岸关系和平发展。

七、双方重申坚持防扩散和裁军等领域的国际条约体系,同意在裁谈会等有关国际会议中开展建设性合作。双方特别强调《全面禁止核试验条约》早日生效的重要性。双方坚决反对一切形式的恐怖主义,认为任何防止和打击恐怖主义的措施都必须遵守国际法规定的义务。双方同意加强防扩散和反恐等专题对话。

八、双方强调致力于促进和保护人权,推进法治建设,在平等和相互尊重的基础上,加强在人权领域的对话与合作。双方高度重视中欧人权对话,包括配套的司法研讨会,愿共同努力推动对话不断取得切实进展。欧盟欢迎中国承诺尽早批准《公民权利和政治权利国际公约》。双方确认将与联合国人权机制开展合作。

九、双方认为气候变化是当今国际社会面临的最重大挑战之一,需立即采取合作行动加以应对,同意进一步加强该领域的务实合作。双方将按照《联合国气候变化框架公约》《京都议定书》和"巴厘路线图"的要求,在"共同但有区别的责任"原则基础上,同国际社会一道推动2009年12月在哥本哈根举行的联合国气候变化会议达成全面、公平和具有雄心的结果。

双方认为,发达国家大幅提高对发展中国家的资金支持,并就向发展中国家转让技术作出安排,将是哥本哈根会议的重要成果。双方强调,发达国家承担具有雄心的、透明的温室气体减排指标,发展中国家在发达国家资金、技术和能力建设支持下采取适当国内减缓行动,以促进向低碳经济转型,对进一步致力于应对气候变化至关重要。

欧方欢迎并赞赏中方决定设立限制碳排放强度的国内量化行动目标,以及其他数字目标和政策措施,为应对气候变化作出贡献。

中方欢迎并赞赏欧方在应对气候变化方面已经发挥的引领作用和作出的很大努力。

十、双方肯定中欧在气候变化领域开展的全面合作,同意通过加强协调与合作进一步落实《中欧气候变化联合宣言》,并同意提升气候变化伙伴关系。双方将在伙伴关系框架下,强化气候变化领域的政策对话和务实合作,包括但不限于可再生能源、能效、气候友好技术的联合开发、示范与转让、可持续城市发展、能力建设和区域合作,以促进伙伴关系不断向前发展。双方认识到,向低碳经济过渡是实现可持续发展的重要途径。

在此框架下,双方欢迎近期就能源问题深化对话,以促进清洁、可持续能源的利用和全球能源安全。双方同时欢迎在可再生能源、清洁煤炭、生物燃料和能源效率领域开展的具体合作。为此,双方希望进一步深化能源领域的合作。

十一、双方重申,在中国和欧盟成员国境内通过二氧化碳捕获与封存技术,开发和示范先进的近零排放发电技术。

中方欢迎欧盟环境理事会2009年10月21日关于中欧近零排放发电合作项目的结论,以及欧盟委员会承诺向该项目提供高达5700万欧元的资金。

十二、领导人欢迎双方外长就朝鲜半岛无核化、伊朗核问题以及缅甸、斯里兰卡、阿富汗和巴基斯坦局势等共同关心的国际和地区问题进行充分讨论。双方强调了亚欧会议作为亚洲和欧洲对话与合作的平台所发挥的重要作用。

十三、中国和欧盟欢迎中国、欧盟和非洲三边对话,同意探讨合作的适当领域。双方重申支持全面、及时地实现千年发展目标,支持非洲可持续发展和经济早日复苏。

十四、双方积极评价二十国集团(G20)前三次峰会在应对国际金融危机方面发挥的重要作用,支持G20作为国际经济合作的主要论坛,继续关注世界经济、金融和发展问题。双方同意本着平等伙伴的精神,就G20峰会未来发展问题保持密切沟通与合作,并表示致力于同全球其他国家和地区共同努力,建立公平、公正、包容、富有韧性和稳定的国际金融体系。双方同意切实支持各自所在地区和全球经济可持续增长,特别是要抵制一切形式的保护主义,保持开放和自由的贸易,加强对发展中国家的支持。按照G20三次金融峰会公报精神,双方领导人重申将加强国际金融机构的有效性、代表性和合法性,并在规定的时限内落实G20领导人关于国际金融机构治理结构改革的目标。双方同意进一步加强国际金融监管,表示支持金融稳定理事会的重要作用,愿意确保充分、及时地实施各自改革计划。双方同意进一步开展宏观经济政策协调与合作,支持G20新达成的"强劲、可持续和平衡增长框架",改革国际金融机制,为全球经济复苏和实现可持续增长作出贡献。

十五、双方领导人欢迎11月29日欧元区代表与中国有关部门在南京就宏观经济政策问题开展讨论。

十六、双方认识到中欧在世界贸易中的重要作用和责任,一致认为经贸关系是中欧全面战略伙伴关系重要且不可分割的组成部分。为应对当前经济金融危机,双方同意进一步促进贸易和投资,扩大有效市场准入。欧盟赞赏经济下行期间中国向欧盟派遣贸易投资促进团的努力。

十七、双方领导人决心努力于2010年完成关于多哈发展议程的谈判,达成有雄心、全面和平衡的协议。双方认为应根据多哈回合授权及在包括有关模式在内的进展基础上结束多哈回合谈判。双方呼吁世界贸易组织(WTO)全体成员共同努力,以在2010年前结束多哈回合谈判。

十八、双方重申致力于中欧高层经贸对话,并认为对话的战略性、前瞻性和规划性有助于推动双方经贸关系。高层经贸对话为现有的双边经济对话和机制注入强大政治动力,促进其寻求具体措施推动贸易和投资的平衡发展。中国和欧盟认为,采取各种途径促进经济开放非常重要,同意改善双边关系和各自经济确保开放、稳定和可预测的环境,以创造新的商机。中国和欧盟将努力为中小企业贸易和投资提供便利,寻求在包括贸易融资和技术贸易在内的其他领域合作的可能性。在走向绿色经济发展过程中,双方将共同努力促进由此带来的贸易和投资机会。在此背景下,双方对第五届中欧工商峰会的召开并以"绿色经济、持续增长"为主题表示欢迎。

十九、中欧同意在对外资企业透明和非歧视的基础上,努力刺激需求。双方认为公开、非歧视的政府采购政策很重要,同意加大力度,增进双方在此领域的交流。欧盟表示支持中国努力加入世界贸易组织《政府采购协定》,鼓励中国准备改进出价清单。

二十、双方领导人认为需要建立一个积极、执法有效和运作良好的知识产权保护体系,推动经济持续发展。双方领导人致力于就知识产权保护加强合作,欢迎启动中欧地理标识双边合作协定的谈判。

二十一、双方领导人讨论了市场经济地位这一重要的政治议题。双方期待尽早更新上一份市场经济地位报告。双方领导人认为,中方在符合尚未解决的技术标准方面取得了重要进展,为此,欢迎启动关于中国会计标准执行情况的研究。

二十二、双方对11月"中欧战略伙伴关系研讨会"在北京成功举行表示欢迎。中国欢迎欧盟积极参加2010年上海世博会。

二十三、双方积极评价中欧在科技、人员往来、教育、文化、海关、卫生、应急管理等各领域开展富有成效的交流与合作,并对会晤相关配套活动以及会晤期间签署有关合作协议和备忘录表示欢迎和满意。

二十四、双方同意加强各领域交流与合作,决定:

——深化海关合作,在当前经济危机和国际贸易放缓的形势下加强合作,促进和便利双方贸易,争取在实施海关知识产权保护合作行动计划方面取得稳步进展，争取中国和欧共体联合海关合作委员会就安全智能贸易航线试点计划下一阶段合作达成协议，加强经认证经营者项目(AEO)互认的合作；

——在就统计方法和实践开展对话的基础上，在相互视为优先的领域加强中欧间的统计合作；

——继续加强中欧在工业品安全、WTO/TBT、消费品安全、SPS和食品安全领域的更紧密的机制化合作，以保护消费者健康、增强公民信心并促进贸易；

——继续加强民航合作，包括调整欧盟成员国与中国的航空服务协定，以及加强在航空安全、安保、环境、经济法规和空中交通管理等方面的合作；

——在业已存在的良好文化关系的基础上进一步加强交流与合作，继续开展中欧文化政策对话，并在推动实施《保护和促进文化表现形式多样性公约》方面密切协作；

——继续推进教育政策对话磋商机制，加大对高层次人才培养、联合研究、各自国家/地区语言教学与培训以及师生交流方面的支持力度，大幅增加学生双向访问；

——启动 2011 中欧青年年，以进一步促进和深化中欧伙伴关系；

——支持中国经济社会理事会与欧盟经济社会委员会继续开展建设性对话；

——加强中欧智库间的高层次对话与交流，推动并支持这一交流机制化；

二十五、欧方领导人对会晤举办地江苏省表示感谢。双方领导人支持包括江苏省在内的中欧之间不断增长的地方合作。

国务院总理温家宝在第五届中欧工商峰会上发表题为《发展绿色经济　促进持续增长》的演讲

尊敬的赖因费尔特首相，尊敬的巴罗佐主席，女士们、先生们、朋友们：

我很高兴出席第五届中欧工商峰会。借此机会，我谨向长期以来为促进中欧经贸关系发展、增进中欧人民友谊作出积极贡献的各界人士，表示诚挚的敬意和衷心的感谢！在应对国际金融危机的关键时期，进一步加强中欧经贸合作不仅有利于推动双方经济发展，而且有利于促进世界经济稳定复苏、持久繁荣。我衷心祝愿本届峰会取得圆满成功！

“绿色经济、持续增长”是本届峰会的主题，也是加强中欧合作的重要课题。回顾世界 200 多年的工业化历程，只有不到 10 亿人口的发达国家实现了现代化，但全球资源和生态却付出了沉重代价。《世界自然资源保护大纲》中有一句名言：“地球不是我们从父辈那里继承来的，而是我们从自己的后代那儿借来的。”我们要为子孙后代留下一个赖以生存和发展的地球家园，必须建设低投入、高产出，低消耗、少排放，能循环、可持续的国民经济体系，转变现有发展模式和消费模式，推动人类社会走上生产发展、生活富裕、生态良好的发展道路。

为了让人类的家园更美好，1992 年联合国环境与发展大会通过了《里约宣言》和《21 世纪议程》这两个纲领性文件以及关于森林问题的原则声明，签署了《联合国气候变化框架公约》和《生物多样性公约》。从此，绿色文明引起世界各国的高度关注，可持续发展成为国际社会的广泛共识。1997 年通过的《京都议定书》和 2007 年确定的“巴厘路线图”，明确了不同发展阶段国家应对气候变化的责任，全球逐步兴起环境与经济协调发展的绿色浪潮。即将召开的哥本哈根会议，将是国际社会合作应对气候变化的又一个重要时刻。世界各国在此表达的意愿和作出的承诺，必将推动绿色经济和可持续发展的历史进程。中国政府将以积极的建设性态度参加会议，衷心期待会议取得积极成果。

今年是中国进入新世纪以来经济社会发展最为困难的一年，也是我们在逆境中从容应对、攻坚克难、经受考验的一年。由于国际金融危机的严重冲击，我国外部需求大幅萎缩，产能过剩矛盾突出，企业生产经营困难，失业人员增多，经济增速明显下滑。中国政府迅速出台扩大内需、促进经济平稳较快发展的十项措施，果断实行积极的财政政策和适度宽松的货币政策，全面实施并不断丰富完善应对国际金融危机的一揽子计划，在较短的时间内扭转了经济下滑趋势。今年前 10 个月，社会消费品零售总额同比增长 15.3%，城镇固定资产投资增长 33.1%，前三季度国内生产总值增长 7.7%。我们在努力办好自己事情的同时，还积极发展与世界各国的经贸合作与交流，扩大商品进口、对外投资和对外援助，加强同有关国家宏观经济政策协调，推动国际经贸和金融体系改革，为世界经济复苏作出了积极努力。

面对极其严峻复杂的国内外经济环境，中国政府坚持资源节约和环境保护的基本国策，全面落实《中国应对气候变化国家方案》，今年新增投资的 14.6% 用于结构调整、科技创新、节能环保和生态建设，推进了绿色发展、循环发展和持续发展。节能减排成效显著，预计全年单位国内生产总值能耗比上年有较大幅度下降，二氧化硫排放总量和化学需氧量分别下降 2.1% 和 2.7%；淘汰落后产能取得积极成效，全年关停小火电机组超过 2100 万千瓦，关闭各类小煤矿 1000 多处；森林碳汇能力增强，2008 年中国森林覆盖率已提高到 20.36%，提前两年实现了向世界承诺的目标；环保设施建设加快，全年新增城市污水日处理能力1125万立方米、燃煤电厂烟气脱硫装置7000万千瓦；绿色经济产业快速发展，2008年可再生能源和清洁能源占一次能源消费总量的比重达到9%，水电装机容量、核电在建规模、太阳能热水器集热面积和太阳能光伏发电累计容量均居世界第一位，风电装机跃居世界第四位。这些既是中国调整经济结构、转变发展方式的重大成果，也是对全球发展绿色经济、应对气候变化的积极贡献。

前几天，中国政府刚刚宣布，到2020年我国单位国内生产总值二氧化碳排放比2005年下降40%—45%，非化石能源占一次能源消费的比重达到15%左右，森林面积、森林蓄积量分别比2005年增加4000万公顷和13亿立方米。这是我国根据国情采取的自主行动，也是为应对全球气候变化作出的巨大努力，充分体现了中国对中华民族和全人类高度负责的精神。实现这些目标，需要付出艰苦卓绝的努力，我们要下更大的决心，采取更有力的行动，实施更有效的政策来履行我们的承诺。

女士们、先生们、朋友们：

中国政府一贯重视发展中欧关系，将欧盟视为重要的战略伙伴之一。中国和欧盟建交34年来，在双方精心维护和共同努力下，中欧经贸关系稳步发展、日臻成熟，成为中欧全面战略伙伴关系的重要组成部分。目前，欧盟是中国第一大贸易伙伴、第一大出口市场、第一大技术供应方和第四大利用外资来源地。中国是欧盟第二大贸易伙伴、第一大进口来源地，并跃居欧盟第三大出口市场。今年以来，尽管受到国际金融危机的严重影响，中欧经贸合作仍然实现了平稳发展。前10个月，中欧贸易额2924亿美元，占中国外贸总额的16.7%。截至今年9月，欧盟累计对华直接投资项目3.1万个，实际投资665亿美元；中国自欧盟引进技术3.16万项，累计合同金额1250多亿美元。实践证明：经贸合作是中欧全面战略伙伴关系的重要引擎，也有利于推动世界经济平衡有序发展。

今天上午，我与赖因费尔特首相和巴罗佐主席等领导人举行了会晤，共同商讨中欧关系的未来发展。我们一致认为，发展中欧全面战略伙伴关系，要以经贸合作为基础，以高新科技为引领，以绿色经济为重点，加强互信，着眼长远，互利共赢。为此，我提出以下建议：

第一，深化节能环保合作，共同应对气候变化。中欧自2005年建立气候变化伙伴关系以来举行的7次双边磋商很有成效，开展了一系列能源和环保合作项目，双方应就制度保障、资金安排、技术合作等问题进一步磋商，建立政府引导、企业参与、市场运作的运行机制，全面提高应对气候变化能力。欧盟拥有先进的节能环保技术和丰富的管理经验，在工业、交通、建筑等领域制定了行之有效的节能环保政策，中方愿意学习和借鉴。希望双方企业充分发掘和利用应对气候变化带来的贸易和投资机会，广泛开展技术合作与交流。

第二，进一步开放市场，反对各种形式的保护主义。中欧经贸合作的深度和广度，已不单单是货物贸易数据所能反映的。双方应站在战略和全局的高度看待中欧贸易的现状和前景。应充分利用双方经济的互补性，推动贸易投资自由化便利化，承诺互不采取保护主义措施。加强世贸组织多哈回合谈判中的协调和沟通，推动谈判早日达成全面、均衡的成果。中国严格履行加入世贸组织承诺，积极开放市场，采取的外贸、金融等政策均符合世贸组织规则。中国不追求过大的贸易顺差。为了缓解双边贸易不平衡的矛盾，已经派出多批贸易投资促进团赴欧开展经贸活动，今后中方还将继续采取措施积极扩大自欧进口。

第三，促进服务贸易和高技术产品贸易。中国正在加快经济结构调整，高新技术产业和第三产业发展是战略重点。欧盟在服务贸易领域具有较强的优势，在许多高科技领域处于世界领先地位。中欧加强服务贸易和高技术产品贸易合作的前景十分广阔。目前，双方已成立高技术贸易工作组，希望尽快启动相关工作，制定发展和促进双边服务贸易和高技术贸易的原则和方法，确定优先领域，推动合作取得实质性进展。希望欧方放宽对华高技术产品出口管制，为双方企业松绑，充分释放欧盟的产业优势。中方愿意扩大中欧知识产权合作，进一步加大知识产权保护和执法力度，维护包括欧盟企业在内的各国企业的合法权益。

第四，进一步拓展中小企业的合作。中小企业是中欧经济的主体，也是未来中欧经贸合作的主要增长点。欧盟中小企业资金实力强、融资渠道多、经营领域广，在资金技术密集型产业和服务业领域具有竞争力。中国中小企业目前仍以劳动密集型的生产加工企业为主，在科技研发、文化创意、工业设计与品牌创立等方面缺少技术支持。双方中小企业有着广阔的合作前景。双方应加强中小企业政策对话，加大融资、参展、投资和贸易便利化等方面的支持力度，中国政府愿意为双方中小企业合作铺路搭桥。

女士们、先生们、朋友们：

欧盟是世界上最大的经济体，中国是世界上最大的发展中国家，加强中欧合作符合双方的根本利益。今天在座各位都是中欧经济工商界的领军人物，中欧经贸合作的巨大发展潜力有待你们来挖掘。我深信，只要大家以开放的心态把握机遇，以合作的精神面向未来，一定能够不断开拓中欧经贸合作的新局面！

谢谢大家！

中央精神文明建设指导委员会印发《关于表彰第二届全国未成年人思想道德建设工作先进城市的决定》

各省、自治区、直辖市和新疆生产建设兵团文明委，中央文明委各成员单位：

《中共中央国务院关于进一步加强和改进未成年人思想道德建设的若干意见》下发以来，在以胡锦涛同志为总书记的党中央坚强领导下，五年来未成年人思想道德建设工作扎实有力，积极推进，各项工作取得明显进展，呈现出积极健康向上的良好态势。各地各部门认真贯彻落实党中央的决策部署，深入推进未成年人思想道德建设，涌现出一批成绩突出的先进典型。

为充分展示加强和改进未成年人思想道德建设的成果，进一步调动全社会的积极性，推动未成年人思想道德建设深入发展，中央文明委决定：授予北京市西城区等32个城市(区)为第二届全国未成年人思想道德建设工作先进城市称号。

希望受表彰的先进地区珍惜荣誉，发扬成绩，再接再厉，在未成年人思想道德建设工作中更好地发挥示范带头作用。各地各部门要全面贯彻落实党的十七大和十七届三中、四中全会精神，高举中国特色社会主义伟大旗帜，以邓小平理论和"三个代表"重要思想为指导，深入贯彻落实科学发展观，认真学习受表彰地区的先进经验，与时俱进、开拓创新、扎实工作，更加广泛深入地推进未成年人思想道德建设，为促进未成年人健康成长作出新贡献。

中央精神文明建设指导委员会

2009年11月30日

第三届全国就业与社会保障先进民营企业表彰大会在北京召开

国务院副总理张德江出席会议并讲话，全国政协副主席、全国工商联主席黄孟复出席会议。张德江在会上强调，要深入贯彻落实科学发展观，继续狠抓政策措施的落实，齐心协力，扎实工作，促进民营企业发展，稳定和扩大就业，完善社会保障体系，为经济社会发展和改善民生作出更大贡献。

本届表彰大会是由全国工商联、人力资源和社会保障部、全国总工会联合召开的，授予196家民营企业为"全国就业与社会保障先进民营企业"荣誉称号，通报表扬了在2009年全国民营企业招聘周活动中组织工作优秀的49个城市(区)。

卫生部印发《2009年卫生标准制(修)订项目计划》

12月1日

国家主席胡锦涛在人民大会堂会见欧盟轮值主席国瑞典首相弗雷德里克·赖因费尔特和欧盟委员会主席巴罗佐

胡锦涛积极评价中欧关系和第十二次中欧领导人会晤，表示中国政府始终把发展对欧关系置于中国外交的优先方向之一，愿同欧方共同努力，推动中欧关系向更高水平迈进。一是着眼长远，坚持发展中欧全面战略伙伴关系的大方向。二是着眼共赢，不断扩大合作领域，提高合作水平。三是着眼大局，妥善处理中欧关系发展中遇到的新情况、新问题。

赖因费尔特和巴罗佐完全赞同胡锦涛对中欧关系的评价和关于进一步发展双方关系的重要意见，对第十二次中欧领导人会晤取得积极成果表示高兴。

国务院总理温家宝在北京考察艾滋病防治工作并主持召开座谈会听取专家对艾滋病防治工作的意见和建议

《人民日报》发表评论员文章《为未成年人创造美好明天》

加强和改进未成年人思想道德建设，是以胡锦涛同志为总书记的党中央作出的一项重大战略决策。这项重大战略决策自《中共中央国务院关于进一步加强和改进未成年人思想道德建设的若干意见》作出部署以来，已在实践中取得了多方面的积极进展。今天，在深入学习贯彻党的十七届四中全会精神的新形势下，全国未成年人思想道德建设工作经验交流会的召开，必将有力地推动全社会把未成年人思想道德建设提高到一个新水平。

党的十六大以来特别是2004年中央8号文件颁发以来，各地各部门把未成年人思想道德建设作为精神文明建设的重中之重，使未成年人成长的社会环境逐步改善，学校家庭社会“三结合”的教育网络不断完善，形成了全党全社会关心支持未成年人思想道德建设的良好局面。但也要看到，社会上还存在种种不利于未成年人健康成长的文化现象和消极因素，学校教育中重智育轻德育、重课堂教学轻社会实践的倾向还没有完全扭转，社会文化环境特别是网络文化环境还需要进一步净化，校外活动场所建设和公益性文化设施对未成年人免费开放还需要进一步推进，有利于未成年人思想道德建设的长效机制还没有完全建立起来。因此，未成年人思想道德建设工作只能大力加强，不能有丝毫松懈，只能继续推进，不能止步不前。

“少年强则国强。”未成年人的健康成长，关系家庭幸福、社会和谐，关系国家前途、民族命运。面对国际国内环境的新变化、经济社会发展的新要求、人民群众的新期待，牢牢掌握主动权，切实把社会主义核心价值体系寓于未成年人思想道德建设之中，使其深深融入未成年人的思想意识和精神世界；不断深化中小学德育，培养未成年人的高尚思想品质和良好道德情操；坚持以文化人，积极营造有利于未成年人健康成长的社会文化环境；努力提供优秀文化产品和优质文化服务，更好地满足未成年人的精神文化需求，特别是要用先进文化占领网络、手机等新媒体新阵地；关爱农村留守儿童、进城务工人员子女、流浪儿童、艾滋病致孤儿童等特殊群体未成年人的学习和生活问题，让他们在祖国大家庭中健康成长；继续改革创新，不断增强未成年人思想道德建设的吸引力感染力；努力实现未成年人思想道德建设科学化制度化规范化，不断开创未成年人思想道德建设工作新局面。

加强和改进未成年人思想道德建设，是一个复杂的系统工程。应积极构建社会化的共建机制，让所有的部门、所有的单位、所有的家庭和方方面面的力量都参与进来。加强和改进未成年人思想道德建设，是一项长期的历史任务。各级党委政府和社会各方面都要坚持重在建设，常抓不懈，以更加得力的措施、更加扎实的工作，为培养造就中国特色社会主义事业合格建设者和可靠接班人作出积极贡献。

吉林省第十一届人大常委会第十六次会议任命王儒林为吉林省副省长代理省长

吉林省第十一届人大常委会第十六次会议决定接受王珉辞去省人大常委会主任职务 韩长赋辞去省长职务

《国家人权行动计划(2009—2010年)》执行情况中期评估会在北京举行

评估显示，行动计划执行情况良好，相关部门和单位负责人表示对如期完成行动计划所确定的目标任务充满信心。

今年4月13日，经国务院批准，授权国务院新闻办公室发布了《国家人权行动计划(2009—2010年)》。这是我国第一个以人权为主题的国家规划，它明确了未来两年中国政府在促进和保护人权方面的工作目标和具体措施。

国务院新闻办公室主任王晨在评估会上发表讲话。王晨说，从评估情况看，截至目前，行动计划各项目标任务和具体指标均如期得到落实，大部分需两年完成的量化指标的落实程度达到50%左右，有的达65%，为全面完成行动计划目标任务打下了良好的基础。

今年1至9月，我国城乡居民收入分别实际增长105%和92%，城乡新增就业851万人，下岗失业人员再就业402万人，就业困难人员实现就业120万人。同时，农村扶贫标准提高到1196元，扶贫对象覆盖4007万人，对农村低收入人口全面实施扶贫政策。我国少数民族、妇女、儿童、老年人和残疾人的权利也得到了进一步保障。据统计，中央政府今年投入124亿元用于帮助人口较少民族聚居地区的基础设施建设、少数民族群众生产生活条件改善、群众增收。通过在全国开展打击拐卖儿童妇女犯罪专项行动，破获拐卖妇女案件3104起，解救被拐卖儿童2471人、妇女5322人。残疾人状况和残疾人参与社会生活的环境继续得到改善。

王晨强调，全面完成《国家人权行动计划(2009—2010年)》还有一年时间，各有关部门、有关单位、各级政府要以高度的责任感和紧迫感，把落实好行动计划的各项目标任务摆到重要的议事日程上，采取有力措施，确保2010年如期完成行动计划的各项任务和目标，为不断推进中国人权事业的发展，为全面建设小康社会而努力奋斗。

国家人权行动计划是在中国政府各有关部门和社会各界广泛参与下制定的。为制定好本行动计划，中国政府专门设立了由国务院新闻办公室和外交部牵头的国家人权行动计划联席会议机制。最近，该会议机制责成50多个有关部门和单位对该行动计划颁布以来的执行情况展开调研，并作出报告，分析执行过程中存在的问题，对下一阶段如何进一步执行好该行动计划提出意见和建议。

国务院发出《关于加快发展旅游业的意见》

各省、自治区、直辖市人民政府，国务院各部委、各直属机构：

旅游业是战略性产业，资源消耗低，带动系数大，就业机会多，综合效益好。改革开放以来，我国旅游业快速发展，产业规模不断扩大，产业体系日趋完善。当前我国正处于工业化、城镇化快速发展时期，日益增长的大众化、多样化消费需求为旅游业发展提供了新的机遇。为充分发挥旅游业在保增长、扩内需、调结构等方面的积极作用，现就加快发展旅游业提出如下意见：

一、总体要求

(一)指导思想。以邓小平理论和“三个代表”重要思想为指导，深入贯彻落实科学发展观，进一步解放思想，深化改革开放，加强统筹协调，转变发展方式，提升发展质量，把旅游业培育成国民经济的战略性支柱产业和人民群众更加满意的现代服务业。

(二)基本原则。坚持改革开放，破除体制机制性障碍，充分发挥市场配置资源的基础性作用，走内涵式发展道路，实现速度、结构、质量、效益相统一；坚持以人为本，安全第一，寓管理于服务之中，不断满足人民群众日益增长的旅游消费需求；坚持以国内旅游为重点，积极发展入境旅游，有序发展出境旅游；坚持因地制宜，突出优势，推动各地旅游业特色化发展；坚持节能环保，合理利用资源，实现旅游业可持续发展。

(三)发展目标。到2015年，旅游市场规模进一步扩大，国内旅游人数达33亿人次，年均增长10%；入境过夜游客人数达9000万人次，年均增长8%；出境旅游人数达8300万人次，年均增长9%。旅游消费稳步增长，城乡居民年均出游超过2次，旅游消费相当于居民消费总量的10%。经济社会效益更加明显，旅游业总收入年均增长12%以上，旅游业增加值占全国GDP的比重提高到4.5%，占服务业增加值的比重达到12%。每年新增旅游就业50万人。旅游服务质量明显提高，市场秩序明显好转，可持续发展能力明显增强，力争到2020年我国旅游产业规模、质量、效益基本达到世界旅游强国水平。

二、主要任务

(四)深化旅游业改革开放。放宽旅游市场准入，打破行业、地区壁垒，简化审批手续，鼓励社会资本公平参与旅游业发展，鼓励各种所有制企业依法投资旅游产业。推进国有旅游企业改组改制，支持民营和中小旅游企业发展，支持各类企业跨行业、跨地区、跨所有制兼并重组，培育一批具有竞争力的大型旅游企业集团。积极引进外资旅游企业。在试点的基础上，逐步对外商投资旅行社开放经营中国公民出境旅游业务。支持有条件的旅游企业“走出去”。要按照统筹协调、形成合力的要求，创新体制机制，推进旅游管理体制改革。支持各地开展旅游综合改革和专项改革试点，鼓励有条件的地方探索旅游资源一体化管理。旅游行政管理及相关部门要加快职能转变，把应当由企业、行业协会和中介组织承担的职能和机构转移出去。五年内，各级各类旅游行业协会的人员和财务关系要与旅游行政管理等部门脱钩。

(五)优化旅游消费环境。逐步建立以游客评价为主的旅游目的地评价机制。景区门票价格调整要提前半年向社会公布，所有旅游收费均应按规定向社会公示。全面落实旅游景区对老年人和学生等特殊人群门票优惠政策。增加旅游目的地与主要客源地间的航线航班、旅游列车，完善旅客列车车票的预售和异地购票办法。城市公交服务网络要逐步延伸到周边主要景区和乡村旅游点，公路服务区要拓展旅游服务功能。进一步完善自驾车旅游服务体系。规范引导自发性旅游活动。博物馆、金融服务网点、邮政服务网点等在旅游旺季应适当延长开放和服务时间。各类经营场所的公用厕所要对游客开放。建立、健全旅游信息服务平台，促进旅游信息资源共享。广播、电视、报刊、网站等公共媒体要积极开设旅游栏目，加大旅游公益宣传力度。

（六）倡导文明健康的旅游方式。在全社会大力倡导健康旅游、文明旅游、绿色旅游，使城乡居民在旅游活动中增长知识、开阔视野、陶冶情操。景区景点、宾馆饭店和旅行社等旅游企业要通过多种形式，引导每一位旅游者自觉按照《中国公民国内旅游文明行为公约》和《中国公民出境旅游文明行为指南》文明出行、文明消费。旅游者要尊重自然，尊重当地文化，尊重服务者，抵制不良风气，摒弃不文明行为。出境旅游者要维护良好的对外形象，做传播中华文明的使者。

（七）加快旅游基础设施建设。重点建设旅游道路、景区停车场、游客服务中心、旅游安全以及资源环境保护等基础设施。实施旅游厕所改扩建工程。加强主要景区连接交通干线的旅游公路建设。规划建设水路客运码头要充分考虑旅游业发展需求。加快推进中西部支线机场建设，完善旅游航线网络。确保景区和交通沿线通信顺畅。加强重点城市游客集散中心建设。力争通过五年努力，全国所有A级景区旅游交通基本畅通，旅游标识系统基本完善，旅游厕所基本达标，景区停车场基本满足需要。

（八）推动旅游产品多样化发展。实施乡村旅游富民工程。开展各具特色的农业观光和体验性旅游活动。在妥善保护自然生态、原居环境和历史文化遗存的前提下，合理利用民族村寨、古村古镇，建设特色景观旅游村镇，规范发展“农家乐”、休闲农庄等旅游产品。依托国家级文化、自然遗产地，打造有代表性的精品景区。积极发展休闲度假旅游，引导城市周边休闲度假带建设。有序推进国家旅游度假区发展。规范发展高尔夫球场、大型主题公园等。继续发展红色旅游。

（九）培育新的旅游消费热点。大力推进旅游与文化、体育、农业、工业、林业、商业、水利、地质、海洋、环保、气象等相关产业和行业的融合发展。支持有条件的地区发展生态旅游、森林旅游、商务旅游、体育旅游、工业旅游、医疗健康旅游、邮轮游艇旅游。把旅游房车、邮轮游艇、景区索道、游乐设施和数字导览设施等旅游装备制造业纳入国家鼓励类产业目录，大力培育发展具有自主知识产权的休闲、登山、滑雪、潜水、露营、探险、高尔夫等各类户外活动用品及宾馆饭店专用产品。大力发展旅游购物，提高旅游商品、旅游纪念品在旅游消费中的比重。以大型国际展会、重要文化活动和体育赛事为平台，培育新的旅游消费热点，特别要抓住举办2010年上海世界博览会的机遇，扩大旅游消费。

（十）提高旅游服务水平。以游客满意度为基准，全面实施《旅游服务质量提升纲要》。以人性化服务为方向，提升从业人员服务意识和服务水平。以品牌化为导向，鼓励专业化旅游管理公司推进品牌连锁，促进旅游服务创新。以标准化为手段，健全旅游标准体系，抓紧制定并实施旅游环境卫生、旅游安全、节能环保等标准，重点保障餐饮、住宿、厕所的卫生质量。以信息化为主要途径，提高旅游服务效率。积极开展旅游在线服务、网络营销、网络预订和网上支付，充分利用社会资源构建旅游数据中心、呼叫中心，全面提升旅游企业、景区和重点旅游城市的旅游信息化服务水平。

（十一）丰富旅游文化内涵。把提升文化内涵贯穿到吃住行游购娱各环节和旅游业发展全过程。旅游开发建设要加强自然文化遗产保护，深挖文化内涵，普及科学知识。旅游商品要提高文化创意水平，旅游餐饮要突出文化特色，旅游经营服务要体现人文特质。要发挥文化资源优势，推出具有地方特色和民族特色的演艺、节庆等文化旅游产品。充分利用博物馆、纪念馆、体育场馆等设施，开展多种形式的文体旅游活动。集中力量塑造中国国家旅游整体形象，提升文化软实力。

（十二）推进节能环保。实施旅游节能节水减排工程。支持宾馆饭店、景区景点、乡村旅游经营户和其他旅游经营单位积极利用新能源新材料，广泛运用节能节水减排技术，实行合同能源管理，实施高效照明改造，减少温室气体排放，积极发展循环经济，创建绿色环保企业。五年内将星级饭店、A级景区用水用电量降低20%。合理确定景区游客容量，严格执行旅游项目环境影响评价制度，加强水资源保护和水土保持。倡导低碳旅游方式。

（十三）促进区域旅游协调发展。中西部和边疆民族地区要利用自然、人文旅游资源，培育特色优势产业。东部发达地区、东北等老工业基地要通过经济结构调整，提升旅游发展水平。有序推进香格里拉、丝绸之路、长江三峡、青藏铁路沿线和东北老工业基地、环渤海地区、长江中下游地区、黄河中下游地区、泛珠三角地区、海峡西岸、北部湾地区等区域旅游业发展，完善旅游交通、信息和服务网络。积极推动海南国际旅游岛建设。继续促进内地居民赴香港、澳门旅游。加强海峡两岸旅游交流与合作。

三、保障措施

（十四）加强规划和法制建设。制定全国旅游业发展规划。旅游基础设施和重点旅游项目建设要纳入国民经济和社会发展规划。编制和调整城市总体规划、土地利用规划、海洋功能区划、基础设施规划、村镇规划要充分考虑旅游业发展需要。制定国民旅游休闲纲要。设立“中国旅游日”。落实带薪休假制度。抓紧旅游综合立法，加快制定旅游市场监管、资源保护、从业规范等专项法规，不断完善相关法律、法规。

（十五）加强旅游市场监管和诚信建设。落实地方政府、经营主体、相关部门的监管责任。健全旅游监管体系，完善旅游质量监管机构，加强旅游服务质量监督管理和旅游投诉处理。旅游、工商、公安、商务、卫生、质检、价格等部门要加强联合执法，开展打击非法从事旅游经营活动，整治“零负团费”、虚假广告、强迫或变相强迫消费等欺诈行为，维护游客合法权益。加强旅游诚信体系建设，开展诚信旅游创建活动，制订旅游从业人员诚信服务准则，建立旅行社、旅游购物店信用等级制度。发挥旅游行业协会的作用，提高行业自律水平。

（十六）加强旅游从业人员素质建设。整合旅游教育资源，加强学科建设，优化专业设置，深化专业教学改革，大力发展旅游职业教育，提高旅游教育水平。建立和完善旅游职业资格和职称制度，健全职业技能鉴定体系，培育职业经理人市场。抓紧改革完善导游等级制度，提高导游人员专业素质和能力，鼓励专业技术人员特别是离退休老专家、老教师从事导游工作。实施全国旅游培训计划，加强对红色旅游、乡村旅游和文化遗产旅游从业人员培训，五年内完成对旅游企业全部中高级管理人员和导游人员的分级分类培训。

（十七）加强旅游安全保障体系建设。以旅游交通、旅游设施、旅游餐饮安全为重点，严格安全标准，完善安全设施，加强安全检查，落实安全责任，消除安全隐患，建立、健全旅游安全保障机制。严格执行安全事故报告制度和重大责任追究制度。完善旅游安全提示预警制度，重点旅游地区要建立旅游专业气象、地质灾害、生态环境等监测和预报预警系统。防止重大突发疫情通过旅行途径扩散。推动建立旅游紧急救援体系，完善应急处置机制，健全出境游客紧急救助机制，增强应急处置能力。搞好旅游保险服务，增加保险品种，扩大投保范围，提高理赔效率。

（十八）加大政府投入。地方各级政府要加大对旅游基础设施建设的投入。各级财政要加大对旅游宣传推广、人才培训、公共服务的支持力度。中央政府投资重点支持中西部地区重点景区、红色旅游、乡村旅游等的基础设施建设。国家旅游发展基金重点用于国家旅游形象宣传、规划编制、人才培训、旅游公共服务体系建设等。安排中央财政促进服务业发展专项资金、扶持中小企业发展专项资金、外贸发展基金以及节能减排专项资金时，要对符合条件的旅游企业给予支持。要把旅游促进就业纳入就业发展规划和职业培训计划，落实好相关扶持政策。完善“家电下乡”政策，支持从事“农家乐”等乡村旅游的农民批量购买家电产品和汽车摩托车。

（十九）加大金融支持。对符合旅游市场准入条件和信贷原则的旅游企业和旅游项目，要加大多种形式的融资授信支持，合理确定贷款期限和贷款利率。符合条件的旅游企业可享受中小企业贷款优惠政策。对有资源优势和市场潜力但暂时经营困难的旅游企业，金融机构要按规定积极给予信贷支持。进一步完善旅游企业融资担保等信用增强体系，加大各类信用担保机构对旅游企业和旅游项目的担保力度。拓宽旅游企业融资渠道，金融机构对商业性开发景区可以开办依托景区经营权和门票收入等质押贷款业务。鼓励中小旅游企业和乡村旅游经营户以互助联保方式实现小额融资。支持符合条件的旅游企业发行短期融资券、企业债券和中期票据，积极鼓励符合条件的旅游企业在中小企业板和创业板上市融资。鼓励消费金融公司在试点过程中积极提供旅游消费信贷服务。积极推进金融机构和旅游企业开展多种方式的业务合作，探索开发适合旅游消费需要的金融产品，增强银行卡的旅游服务功能。

（二十）完善配套政策和措施。落实宾馆饭店与一般工业企业同等的用水、用电、用气价格政策。允许旅行社参与政府采购和服务外包。旅行社按营业收入缴纳的各种收费，计征基数应扣除各类代收服务费。排放污染物达到国家标准或地方标准并已进入城市污水处理管网的旅游企业，缴纳污水处理费后，免征排污费。旅游企业用于宣传促销的费用依法纳入企业经营成本。鼓励银行卡收费对旅行社、景区售票商户参照超市和加油站档次进行计费，进一步研究适当降低对宾馆饭店的收费标准。年度土地供应要适当增加旅游业发展用地。积极支持利用荒地、荒坡、荒滩、垃圾场、废弃矿山、边远海岛和可以开发利用的石漠化土地等开发旅游项目。支持企事业单位利用存量房产、土地资源兴办旅游业。

各地区、各有关部门要提高对加快发展旅游业重要意义的认识，强化大旅游和综合性产业观念，把旅游业作为新兴产业和新的经济增长点加以培育、重点扶持，切实抓好本意见的贯彻落实。国家发展改革委负责综合协调，国家旅游局会同有关部门进行业务指导并对本意见的贯彻执行情况开展督促检查。各级旅游行政管理及相关部门要充分发挥职能优势，加强协调配合，推动旅游业又好又快发展。

国务院

2009年12月1日

中国人民解放军新一代司令部条例"子本"施行

新一代司令部条例体系由1个"母本"和9个"子本"组成。"母本"即《中国人民解放军司令部条例》;9个"子本"分别为《中国人民解放军军区(战区)司令部工作条例》《中国人民解放军陆军集团军和兵种专业部队司令部工作条例》《中国人民解放军省军区军分区预备役部队司令部工作条例》《中国人民解放军海军司令部工作条例》《中国人民解放军空军司令部工作条例》《中国人民解放军第二炮兵司令部工作条例》《中国人民解放军后勤司令部工作条例》《中国人民解放军装备司令部工作条例》和《中国人民武装警察部队司令部工作条例》,规范主体覆盖全军各级各类司令部,"子本"也由原来的41个大幅精减为9个。

12月2日

国务院总理温家宝主持国务院常务会议决定对公办中等职业学校全日制在校学生中农村家庭经济困难学生和涉农专业学生逐步免除学费

免学费标准按各省(区、市)人民政府批准的学费标准确定。对因免除学费导致学校收入减少的部分,通过财政给予补助和学校开展校企合作及顶岗实习解决。对在政府职业教育行政管理部门依法批准的民办中等职业学校就读的一、二年级符合免学费政策条件的学生,按照当地同类型同专业公办中等职业学校免除学费标准,由财政给予补助。免学费补助资金,由中央和地方财政按比例分担。

会议指出,党中央、国务院高度重视中等职业教育,采取了一系列政策措施促进中等职业教育发展。为减轻学生及其家庭经济负担,目前已有90%的中职学生一、二年级享受每年1500元国家助学金。在此基础上,国家又推出逐步实施中等职业教育免费政策,这是继全部免除城乡义务教育阶段学生学杂费之后优化教育结构、促进教育公平的又一重大举措。各地区、各有关部门要高度重视,精心组织,落实经费,强化管理,严格收费审批,规范收费行为,加强监督检查,确保中等职业学校农村家庭经济困难学生和涉农专业学生免学费工作顺利实施。同时,要大力推进中等职业教育改革,坚持多元化办学,创新办学模式,加强师资队伍建设,提高教育质量和水平。

国务院南水北调工程建设委员会第四次全体会议在北京召开

国务院副总理、国务院南水北调工程建设委员会主任李克强主持会议。

会上,南水北调建委会办公室、南水北调建委会专家委员会负责人分别就工程建设情况、工程质量情况作了汇报。北京、天津、河北、江苏、山东、河南、湖北等南水北调沿线省市和国家有关部门负责人发了言。在认真听取汇报和大家的意见与建议后,李克强指出,今年是南水北调开工以来投资规模最大的一年,明年南水北调工程投资量将超过以往七年总和。面对新形势,要进一步增强工程建设的紧迫感,加强组织领导,加大工作力度,又好又快地推进南水北调工程建设,保证投资项目如期竣工,以尽快发挥经济和社会效益。

李克强强调,质量和安全是南水北调工程的生命线。必须把工程质量作为工程建设的核心任务,全面落实质量管理责任制,严格质量监督检查,做到安全生产常抓不懈,不给工程留隐患,不给后代留遗憾,把南水北调工程建成经得起时间和历史检验的精品工程、放心工程。

李克强指出,做好征地移民工作是南水北调工程的基础。要坚持以人为本,妥善进行移民搬迁安置,改善群众生产生活条件,努力做到移得出、稳得住、在发展中能致富,使南水北调工程成为促进社会发展与和谐稳定的利民工程、惠民工程。

李克强最后说,治污环保关系南水北调成败与否。要坚持先节水后调水、先治污后通水、先环保后用水的原则,不断增强干部群众的节水意识和环保意识,把治污工作放在更加突出的位置,加大水源地和沿线地区污染治理与生态环境保护建设力度,确保一渠清水顺利北送。

国务院副总理、国务院南水北调工程建设委员会副主任回良玉出席会议并讲话。

全国政协副主席、科技部部长万钢出席了会议。国务院南水北调工程建委会各成员单位和有关部门负责人、工程沿线省(市)政府负责人、南水北调工程建委会专家出席了会议。

国家副主席习近平在人民大会堂会见匈牙利前总理青民盟主席欧尔班·维克多尔一行

第六届东亚运动会会徽和吉祥物在天津揭晓

飞腾向上的"吉祥鸟"成为会徽,友谊天使"津津"、和谐天使"东东"则是吉祥物。

卫生部办公厅印发《2009年中西部地区二级以上医疗卫生机构对口支援乡镇卫生院项目管理方案》

山东发现古代盐业遗址群

《人民日报》报道,山东省潍坊市文物普查队日前在潍坊滨海经济开发区发现4处由100余个古代盐业遗址组成的大规模盐业遗址群，其中龙山文化遗址 1 个、商代至西周早期遗址 14 个、东周遗址 86 个、金元遗址 8 个。

12 月 3 日

国家主席胡锦涛在人民大会堂会见加拿大总理蒂芬·哈珀

国务院总理温家宝在人民大会堂同加拿大总理蒂芬·哈珀举行会谈

温家宝在会见时表示，面对国际金融危机、气候变化、能源安全等全球性挑战，两国要加强磋商，深化合作，互利共赢。欢迎加方采取贸易多元化战略，扩大对华出口，这有利于促进双边贸易平衡增长。要加快中加投资保护协定的谈判，为扩大相互投资提供法律保障。中方愿意在港口、铁路、公路、电信等基础设施建设方面，更多参与加方实施“亚太门户计划”。加方在环保产业、绿色经济、能矿领域优势突出，中加合作前景广阔。中国决定开放加拿大为中国公民出国旅游目的地，双方要扩大在教育、文化、体育、旅游、媒体等方面的交流，增进两国人民之间的了解和友谊。

哈珀表示，加中两国经济互补性强，互利合作潜力巨大。加拿大将中国作为“亚太门户计划”的重点对象国，希望同中方共同探讨扩大经贸投资合作的新领域、新途径。加拿大反对贸易保护主义，对外国在加投资不搞歧视，希望双方尽早签署投资保护协定。加方愿以双方签署有关协议为契机，推进两国在环保、能源等领域的合作。加方支持扩大两国人文、教育交流，将简化签证审批程序，便利两国人员往来。

双方还就哥本哈根气候变化会议、二十国集团金融经济合作、世贸组织多哈回合谈判等问题交换了看法，同意加强两国在重大国际事务中的沟通与协调。

会谈后，两国总理共同见证了气候变化、矿产资源、文化、农业教育等领域双边合作文件的签署。双方还发表了中加联合声明。

中加联合声明

（2009 年 12 月 3 日）

一、应温家宝总理邀请，加拿大总理斯蒂芬·哈珀于 2009 年 12 月 2 日至 6 日对中国进行正式访问，先后访问北京、上海和香港特别行政区。

二、胡锦涛主席、温家宝总理分别与哈珀总理会见、会谈，全国人大常委会吴邦国委员长将会见哈珀总理。双方就中加关系及共同关心的重大国际和地区问题深入、坦诚、富有成果地交换了意见，达成许多共识。访问期间，双方签署了一系列旨在促进气候变化、矿产资源、文化和农业教育等领域双边合作的协议（详见附件）。

三、双方对中加建交 39 年来双边关系的发展给予积极评价，认为中加同为亚太地区有重要影响的国家，拥有广泛共同利益和广阔合作前景。以诺尔曼·白求恩大夫等人物以及加拿大拥有 130 万华裔公民的事实为象征的中加友好关系源远流长。在相互尊重和平等互利基础上发展长期稳定的合作关系，符合中加两国和两国人民的根本利益。在中加关系进入新时期之际，双方同意共同努力，进一步促进在双边和国际事务各领域中的合作。

四、双方一致认为，包括领导人在内的经常性交往对推动中加关系发展十分重要。双方同意加强战略工作组这一于 2005 年建立的旨在促进定期、高级别交流的双边机制的作用。双方副部长级官员将于 2010 年尽早举行该工作组会议，讨论促进该机制及包括贸易与投资、能源和环境、卫生以及治理在内的可能的重点议题。双方还同意充分发挥业已建立的 40 多个双边磋商机制的作用，加强各领域对话与沟通。

五、双方致力于保持中加关系稳定积极向前发展的势头，重申尊重彼此主权和领土完整、核心利益和重大关切这一根本原则，任何一方均不支持任何势力破坏以上原则的任何行动。中方强调，台湾问题事关中国主权和领土完整。加方重申建交时确立的长期一贯的一个中国政策，强调支持台湾海峡两岸关系和平发展，包括两岸加强经济、政治及其他领域对话与互动的努力。

六、双方承认各国及各国人民有权选择自己的道路，各国应该尊重彼此对发展模式的选择。双方承认不同的历史和国情会使彼此在人权等问题上产生一些不同看法。双方同意在平等和相互尊重的基础上就人权问题加强对话与交流，按照国际人权文书促进和保护人权。

七、双方一致认为，中国和加拿大经贸互补性很强。双方应加强务实合作，扩大两国贸易与投资。双方重申保持开放的投资与贸易政策，反对任何形式的保护主义，减少投资壁垒并鼓励两国企业合作。加拿大欢迎中国赴加投资。中国欢迎加拿大来华投资。双方承诺加快《中加投资保护协定》谈判，为增强投资者信心提供可预测及稳定的法律框架，以造福中加两国。双方同意有必要在现有水平上促进双边贸易进一步增加，扩大在能源资源、基础设施、电信交通、先进技术、旅游、农业、金融服务等各领域的货物和服务贸易。双方同意加强双边科技关系。中加双方还同意加强清洁能源合作。哈珀总理宣布为亚太清洁发展和气候伙伴关系提供第二批资助。

八、两国领导人一致认为,促进教育、文化、商业及人民之间联系、增进两国人民相互了解将有利于中加关系的长远发展。双方同意以建交四十周年为契机,扩大两国各界交往。中加双方欢迎旨在增进两国人民交往的两个新的渠道,即中国在蒙特利尔设立总领事馆,以及中方在访问期间宣布加拿大为中国公民出境旅游目的地,以进一步促进中加之间游客、学生及商务人士的往来。

九、近年来,中加通过2008年建立的双边司法执法合作定期磋商机制以及警务合作等渠道,不断扩大双边司法执法合作。双方重申愿根据各自国家法律在打击跨国犯罪和遣返逃犯方面加强合作。双方还同意早日签署《打击犯罪合作谅解备忘录》,并同意就签署分享犯罪所得协定进行谈判。双方表示愿就上述及其他双方将在今后考虑的相关问题保持沟通,以进一步扩大在该领域的合作。

十、双方就当前世界经济金融形势深入交换了看法,认为世界经济出现企稳回升的积极迹象,但这一复苏仍旧脆弱。双方同意加强宏观经济金融政策对话与协调,不断增强二十国集团在全球经济治理中的作用,支持二十国集团强劲、可持续和平衡增长框架。双方还同意继续进行必要的金融管理改革,抵制保护主义,为国际金融体系改革做出贡献。中方欢迎加拿大2010年6月主办二十国集团峰会。双方表示愿与其他各方一道努力,推动峰会取得积极成果。双方同意有必要与其他伙伴共同推动世界贸易组织多哈回合谈判取得成功。

十一、加方欢迎中国通过主持六方会谈进程对地区和平与安全做出的贡献,并希望这一旨在实现朝鲜半岛无核化的机制能够很快得以恢复。双方注意到彼此在阿富汗问题上发挥的积极作用,希望看到阿富汗实现和平、稳定和发展,并愿为此继续作出努力。双方一致认为,中加在促进地区和世界和平、安全及可持续发展方面拥有重要的共同利益。为推动实现上述目标,两国领导人同意加强在联合国、亚太经合组织和其他多边机构及在核安全、核不扩散和裁军、粮食安全、全球卫生威胁、气候变化及其他重大国际和地区问题上的协调和合作。

十二、双方讨论了当前迫切的全球卫生问题以及加强多、双边合作应对甲型H1N1流感等快速扩散的新发及再发疾病问题。双方还同意继续就医疗改革、食品安全和公共卫生等两国重要的卫生问题进行合作。双方应继续重点加强在卫生领域的务实合作。

十三、双方认为气候变化问题是人类面临的共同挑战,国际合作应对这一挑战至关重要。各方应在已取得的进展基础上,共同推动哥本哈根大会达成符合《联合国气候变化框架公约》确立的原则,特别是共同但有区别的责任原则以及各自能力和“巴厘路线图”的协商一致的结果。双方也同意在气候变化问题上和清洁能源技术领域加强政策对话与双边合作,作为对《联合国气候变化框架公约》及其《京都议定书》的补充。

十四、展望新的一年,双方欢迎一个基础深厚、充满活力并不断发展的中加关系。中方注意到奥运会火炬已经传递给加拿大,欢迎即将到来的2010年温哥华冬季奥运会。中方将派出大规模体育代表团参加温哥华冬季奥运会。加方重申支持上海2010年世博会。自2010年5月起,加拿大展馆将为大量的中国公民参观欣赏众多的加拿大艺术、文化及其他公共活动提供机会,同时也借此纪念两国建交四十周年,继续增进中加相互理解和友谊。

附件:

一、《中华人民共和国国家发展和改革委员会与加拿大环境部、加拿大外交和国际贸易部和加拿大自然资源部关于气候变化合作的谅解备忘录》(略)

二、《中华人民共和国国家发展和改革委员会与加拿大自然资源部关于建立矿产资源合作对话机制的谅解备忘录》(略)

三、《中华人民共和国政府和加拿大政府文化协定2010—2012年度合作计划》(略)

四、《中华人民共和国教育部和加拿大农业与农业食品部关于科学技术合作与人才培养的谅解备忘录》(略)

中办印发《2010—2020年深化干部人事制度改革规划纲要》并发出通知

各省、自治区、直辖市党委,中央各部委,国家机关各部委党组(党委),解放军各总部、各大单位党委,各人民团体党组:

《2010—2020年深化干部人事制度改革规划纲要》(以下简称《规划纲要》)已经中央同意,现印发给你们,请结合实际认真贯彻执行。

干部人事制度改革是党的建设的重要内容,也是政治体制改革的重要组成部分。《规划纲要》根据党的十七大和十七届四中全会关于党的建设的总体部署,对2010—2020年深化干部人事制度改革作出了全面规划,是新形势下推进干部人事制度改革的纲领性文件。各级党委(党组)要按照中央的要求,切实加强领导,积极探索创新,稳妥有序推进干部人事制度改革。要紧密结合各地区各部门实际,制定具体实施意见,抓好《规划纲要》的贯彻落实。对已经出台的相关改革措施和制度规定,要认真贯彻执行,并在实践中加以完善。要通过深化干部人事制度改革,不断提高干部人事工作的科学化、民主化、制度化水平,努力建设善于推动科学发展、促进社会和谐的高素质干部队伍,为实现全面建设小康社会奋斗目标提供坚强组织保证。

中共中央办公厅

2009 年 12 月 3 日

2010—2020 年深化干部人事制度改革规划纲要

2000 年《深化干部人事制度改革纲要》颁布实施以来,特别是党的十六大以来,各地区各部门按照中央决策部署,积极探索、开拓创新,干部人事制度改革在许多方面取得了重大进展。但也要看到,干部人事工作中一些深层次矛盾和问题还没有得到根本解决,新情况新问题也不断出现。到 2020 年实现全面建设小康社会奋斗目标,关键在于以改革创新精神全面推进党的建设新的伟大工程,不断深化干部人事制度改革,建设善于推动科学发展、促进社会和谐的高素质干部队伍。为适应新形势新任务的需要,进一步推进干部人事制度改革,根据党的十七大和十七届四中全会的有关部署和要求,制定 2010—2020 年深化干部人事制度改革规划纲要。

一、深化干部人事制度改革的指导思想和基本目标

(一)指导思想

高举中国特色社会主义伟大旗帜,坚持以邓小平理论和"三个代表"重要思想为指导,深入贯彻落实科学发展观,按照加强党的执政能力建设和先进性建设的要求,坚持党管干部原则,坚持德才兼备、以德为先用人标准,坚持民主、公开、竞争、择优方针,坚持科学化、民主化、制度化方向,解放思想、勇于创新,着力解决领导班子和干部队伍建设中的关键问题、干部人事工作中的重点难点问题和干部群众反映强烈的突出问题,树立坚定信念、注重品行、科学发展、崇尚实干、重视基层、鼓励创新、群众公认的正确用人导向,提高选人用人公信度,把各方面优秀人才集聚到党和国家事业中来,为实现全面建设小康社会奋斗目标提供坚强组织保证。

(二)基本目标

通过坚持不懈的努力,逐步形成广纳群贤、人尽其才、能上能下、公平公正、充满活力的中国特色社会主义干部人事制度,培养造就一支适应推进中国特色社会主义伟大事业和党的建设新的伟大工程要求的高素质干部队伍。

——扩大干部工作民主,提高干部群众参与度。在干部选拔任用、考核评价、管理监督等环节充分发扬民主,信息更加公开,透明度进一步提高,干部群众的知情权、参与权、选择权和监督权得到保障和落实。

——健全竞争择优机制,促进优秀人才脱颖而出。广开举贤荐能之路,选人用人渠道进一步拓宽,选拔任用方法进一步完善,竞争性选拔力度进一步加大,形成各类人才公平竞争和优秀人才不断涌现、健康成长的生动局面。

——完善干部管理制度,增强干部队伍的生机和活力。干部考核科学规范,评价客观准确;流动渠道畅通,资源配置优化;管理约束严格,权力责任统一;激励措施完善,保障体系健全,形成有利于充分调动干部积极性、鼓励干事创业的有效机制。

——加强干部选拔任用监督,有效遏制用人上的不正之风。用人行为规范,工作责任明确,监督制约有力,形成风清气正的用人环境,群众满意度明显提高。

——深化分级分类管理,健全干部人事制度体系。建立、健全统一领导、科学分类、分级管理、调控有效的宏观管理体制,完善符合党政机关、国有企业、事业单位各自特点的分类管理制度,形成内容完备、结构合理、功能健全、科学管用的干部人事制度体系,实现干部人事工作的依法管理和科学管理。

二、党政干部制度改革重点突破项目

当前和今后一个时期,党政干部制度改革要抓住以下重点难点问题,加大工作力度,取得突破性进展。

(一)规范干部选拔任用提名制度

明确干部选拔任用提名主体,规范提名形式、提名程序,合理界定提名责任,扩大提名环节的民主和监督。2010 年制定和实施试行办法,逐步形成主体清晰、程序科学、责任明确的干部选拔任用提名制度。

(二)健全促进科学发展的党政领导班子和领导干部考核评价机制

认真实行并不断完善地方党政领导班子和领导干部综合考核评价办法(试行)、党政工作部门领导班子和领导干部综合考核评价办法(试行)、党政领导班子和领导干部年度考核办法(试行)。2012 年前在省、市、县全面实施。到 2015 年年初步建立符合不同区域、不同层次、不同类型领导班子和领导干部特点的考核评价体系,形成比较完善的考核评价机制,不断提高考核评价工作的科学化水平。

(三)推行差额选拔干部制度

推行差额推荐、差额考察、差额酝酿,完善地方党委全委会、常委会决定任用重要干部票决制度。探索地方党委差额票决干部办法,2012 年前在一些地方进行试点,认真总结经验。

(四)加大竞争性选拔干部工作力度

完善公开选拔、竞争上岗制度,积极探索多种形式竞争性选拔干部办法。坚持标准条件,突出岗位特点,

注重能力实绩，完善程序方法，改进考试测评工作，提高竞争性选拔干部工作的质量。到2015年，每年新提拔厅局级以下委任制党政领导干部中，通过竞争性选拔方式产生的，应不少于三分之一。

(五)逐步扩大基层党组织领导班子成员公推直选范围

推广基层党组织领导班子成员由党员和群众公开推荐与上级党组织推荐相结合的办法，逐步扩大基层党组织领导班子直接选举范围。2012年前继续开展乡镇党委领导班子成员公推直选试点工作，认真总结经验。

(六)坚持和完善从基层一线选拔干部制度

加大从农村、社区优秀基层干部中考录公务员力度。畅通从优秀村干部中选拔乡镇领导干部渠道。注重从优秀乡镇(街道)领导干部中选拔县级党政领导班子成员，县级党委、政府领导班子中要保持半数以上有3年以上乡镇(街道)、企事业单位等领导工作经历的成员。注重从县、乡党政机关选调优秀干部到市级以上党政机关工作。到2012年，中央机关和省级机关录用公务员，除部分特殊职位外，均应从具有两年以上基层工作经历的人员中考录。到2015年，中央机关和省级机关工作部门领导班子成员中，具有基层领导工作经历的，应达到一半以上；中央机关司局级领导干部和省级机关处级领导干部中，具有两年以上基层工作经历的，应达到三分之二以上。对缺乏基层工作经历的机关年轻干部，要有计划地安排到基层培养锻炼。

(七)建立、健全干部职务与职级并行制度

完善干部职级晋升制度，探索依据德才表现和工作实绩晋升职级的相关政策。实行干部职级与待遇挂钩，强化职级在确定干部工资、福利等方面的作用。2012年前制定和试行干部职级晋升和管理办法。

(八)健全调整不适宜担任现职干部制度

合理界定干部不适宜担任现职的情形，规范调整的原则、程序，及时调整不适宜担任现职的干部。拓宽干部调整后的安排渠道，完善相关保障性配套措施。2012年前制定实施调整不适宜担任现职干部办法，并进行试点，逐步做到调整不适宜担任现职干部工作常态化、制度化。

(九)探索建立拟提拔干部廉政报告制度

认真执行党员领导干部报告个人有关事项制度。探索试行拟提拔干部向组织报告本人执行党风廉政建设规定情况、本人涉及当地干部群众反映突出问题的情况、公示中群众反映问题的有关情况及其他方面廉政情况的制度，2012年前进行试点，条件成熟后逐步推行。

(十)深入整治用人上的不正之风

匡正选人用人风气，坚决整治跑官要官、买官卖官、拉票贿选等问题。畅通电话举报、信访举报和网络举报渠道，加大对干部选拔任用工作的监督检查和巡视力度。健全严重违规用人问题立项督查制度，实行干部选拔任用工作责任追究等用人问责制度，落实深入整治用人上不正之风工作责任制。到2012年，用人上不正之风得到有效遏制，初步形成比较完善的防治用人上不正之风长效机制。

(十一)实行干部工作信息公开制度

适应发展党内民主和人民民主要求，扩大干部工作信息公开范围。实行干部任用提名情况和民主推荐、民主测评结果在领导班子内部公开制度，探索干部考核结果在一定范围内公开。建立、健全干部工作信息向社会公开制度，适时发布干部工作政策法规、领导班子职位空缺情况及其岗位职责要求、考察对象或拟任人选的基本情况、干部选拔任用结果、选人用人严重违纪违法案件的查处情况等。建立党委组织部门新闻发言人制度。坚持和完善干部工作社会评价制度。到2012年基本实现干部工作信息公开的制度化、规范化。

三、党政干部制度改革整体推进任务

在党政干部制度改革重点突破项目的带动下，逐步健全干部选拔任用、考核评价、管理监督和激励保障机制，整体推进党政干部制度改革。

(一)健全选拔任用机制

1. 完善民主推荐制度。探索建立民主推荐职位预告制度。健全不同类型、不同职位干部民主推荐的办法，按照代表性、知情度和相关性原则，合理确定参加民主推荐人员范围，改进民主推荐方式方法，增强民主推荐的科学性和真实性。正确分析和运用民主推荐结果，综合考虑岗位需求和干部近年考核评价情况、工作实绩、发展潜力等因素确定考察人选，既要尊重民意，又不简单以票数高低取人，注意保护真抓实干、坚持原则、敢于负责、锐意进取的干部。

2. 改进任职考察工作。完善干部德才考察标准，注重从履行岗位职责、完成急难险重任务、关键时刻表现、对待个人名利等方面考察干部的德。完善考察预告制度、考察对象公示制度。坚持差额考察，落实延伸考察，增强考察准确性，防止失真失实。

3. 规范酝酿和讨论决定程序。完善干部选拔任用酝酿制度。地方党委常委会讨论决定干部任用前，要经书记与副书记及分管组织、纪检等工作的常委共同酝酿，并征求同级分管领导的意见。实行讨论决定干部向党委(党组)领导班子成员预告制度。完善人选介绍内容，改进介绍方法。规范讨论决定干部的程序和方法。

4. 完善任前公示和任职试用期制度。完善领导干部任前公示制度，丰富公示内容，改进公示方式，推进媒体公示。探索扩大公示对象范围。加强对领导干部任职试用期间的管理，严格试用期考核工作。

5. 规范干部破格提拔办法。坚持不拘一格选拔优秀干部。制定出台干部破格提拔办法，明确破格提拔条件，规范破格提拔程序。

6. 推进党内选举制度改革。适当扩大地方党的代表大会差额选举的比例和范围。扩大党代表大会代表对提名推荐候选人的参与，改进候选人提名方式。完善选举办法，改进和规范选举程序和投票方式，改进候选人介绍办法。创造有利于选举人表达意愿的环境和条件，切实保证选举人依照规定自主行使选举权。

7. 建立党政机关部分职位聘任制。根据工作需要，对部分专业性较强的职位和辅助性职位实行聘任制。研究制定聘任制公务员管理办法，明确聘任职位，规范聘任条件、程序、待遇及聘期管理等。

(二)健全考核评价机制

1. 建立岗位职责规范。根据岗位的性质、任务和要求，逐步建立、健全干部岗位职责规范及其能力素质标准，作为干部考核评价的基础和依据。

2. 实行平时考核与定期考核相结合。规范干部平时考核制度，加强对干部的经常性考核。综合运用平时考核、年度考核与换届(任期)考察、任职考察等方式，全面准确地评价干部。

3. 改进考核方法。完善民意调查、实绩分析等方法。坚持定性考核与定量考核相结合。整合考核信息，注意综合运用巡视、审计、统计及部门(行业)专项考评等结果。根据考核任务和考核对象，合理运用考核方法。

4. 强化考核结果运用。把考核结果作为干部选拔任用的重要依据，并与干部的培养教育、管理监督、激励约束等结合起来。建立、健全考核结果反馈和通报制度。建立、健全干部考核信息库。

(三)健全管理监督机制

1. 坚持和完善党政领导干部职务任期制。严格执行任期、连任限制和最高任职年限的规定。严格控制选任制领导干部尤其是地方党政主要领导法定任期内职务变动，保持领导班子和领导干部任期内稳定。建立任期目标责任制，强化任期考核。探索扩大任期制的适用范围。

2. 完善干部交流回避制度。加大重要部门、关键岗位、东中西部地区干部交流力度，疏通党政机关干部、企事业单位干部交流渠道，推进上下级机关干部交流，加强少数民族地区干部交流，完善相关配套措施。健全党政机关内部管理人、财、物和执纪、执法等岗位干部的定期轮岗制度，推进机关干部跨部门跨单位交流。坚持选派年轻干部到艰苦地区、复杂环境、关键岗位培养锻炼，规范和改进干部挂职锻炼工作。引入竞争机制，改进交流人选产生方式。坚持干部任职回避制度，完善公务回避办法。

3. 创新干部教育培训制度。完善干部教育培训管理体制，创新干部教育培训方式方法，增强教育培训实效。健全党委(党组)中心组学习制度，完善组织调训制度，规范干部在职自学制度。建立、健全干部教育培训的计划生成、自主选学、考核评估和资源整合等机制。充分发挥党校、行政学院和干部学院在干部教育培训中的主渠道、主阵地作用。

4. 完善公务员职位分类制度。健全综合管理类公务员管理办法，建立专业技术类、行政执法类公务员职务序列和管理办法。根据公务员队伍建设和管理的需要，探索增设新的职位类别。

5. 健全干部双重管理体制。完善干部双重管理办法，科学界定双重管理的标准和范围，合理划分主管方与协管方的权限和职责，进一步理顺干部双重管理体制。

6. 加强领导干部日常管理和监督。坚持严格管理和关心爱护相结合。加强上级党组织对领导干部的监督，健全领导班子成员之间的监督。坚持和完善民主生活会制度、谈心谈话制度。坚持和完善领导干部述职述廉、诫勉谈话和函询、个人有关事项报告、经济责任审计等制度。推行和完善党政领导干部问责制。建立、健全质询、罢免或撤换等制度。探索有效发挥党代会代表、人大代表、政协委员监督的途径和方法，积极发挥群众监督、舆论监督的作用。

7. 加强干部选拔任用工作全过程监督。坚持和完善干部选拔任用工作监督检查办法。坚持和完善干部选拔任用工作有关事项报告、干部任用前征求纪检监察机关意见、干部监督工作联席会议等制度。坚持和完善干部选拔任用工作"一报告两评议"制度。规范领导干部特别是主要领导干部用人行为。探索实行市、县党委书记履行干部选拔任用工作职责离任检查制度。探索有效发挥巡视工作对干部选拔任用工作监督作用的途径和方法。健全组织部门干部选拔任用工作内部监督机制。建立、健全干部选拔任用工作全程纪实制度。

(四)健全激励保障机制

1. 深化工资制度改革。健全公务员工资的正常增长机制。建立工资支付保障机制。对长期在基层和艰苦边远地区工作的干部、长期担任县乡党政领导职务的干部实行工资福利倾斜政策。继续推进规范公务员津贴补贴工作，实施地区附加津贴制度。推进公务员福利制度改革。改革完善公务员社会保障制度。

2. 健全奖惩制度。坚持精神奖励与物质奖励相结合,丰富奖励形式,规范奖励种类。坚持和健全惩戒制度。

3. 坚持和完善权益保障制度。关心干部身心健康,坚持和健全干部休假、健康检查等制度。完善申诉控告制度,畅通申诉控告渠道,保障干部的合法权益。

4. 坚持和完善离退休制度。严格执行干部离退休制度。坚持和完善有关离退休干部政治待遇的各项制度。完善离休干部离休费和医药费保障机制,健全财政支持机制。完善离退休干部服务管理机制。进一步加强对离退休干部兼职的管理。

四、统筹推进国有企业、事业单位人事制度改革

适应国有企业、事业单位改革发展的要求,统筹推进国有企业、事业单位人事制度改革。

(一)深化国有企业人事制度改革

深化国有企业人事制度改革,要坚持党管干部原则,以改革和完善企业领导人员管理制度为重点,逐步完善与公司治理结构相适应的企业领导人员管理体制,健全符合中国特色现代国有企业制度要求的企业人事制度。

国有企业人事制度改革的主要任务是:健全中央和地方党委对国有重要骨干企业领导班子和领导人员的管理体制,积极探索建立符合现代企业制度要求的企业领导人员管理办法,依法落实董事会和企业经营管理者的选人用人权。完善企业领导人员选拔方式,把组织选拔与市场化选聘结合起来。建立企业领导人员任期制。着眼促进科学发展,建立以任期目标为依据,全面反映企业经济责任、政治责任、社会责任以及企业领导人员履职表现、廉洁从业情况的综合考核评价机制。健全以考核评价为基础,与岗位职责和工作业绩挂钩,精神激励与物质激励并重,短期激励与中长期激励相结合的企业领导人员激励办法。规范和完善企业领导人员薪酬管理办法。健全企业领导人员监督约束机制,建立企业领导人员责任追究制度。深化企业内部人力资源管理改革。推进国有金融机构人事制度改革,建立符合中国特色现代金融企业特点的人事制度。

(二)深化事业单位人事制度改革

深化事业单位人事制度改革,要按照加快推进事业单位分类改革的总体要求,以健全聘用制度和岗位管理制度为重点,创新管理体制,转换用人机制,形成权责清晰、分类科学、机制灵活、监管有力,符合事业单位特点的人事制度。

事业单位人事制度改革的主要任务是:健全事业单位领导人员选拔任用制度,完善委任、聘任、选任等任用方式,制定符合不同行业特点的事业单位领导班子和领导人员综合考核评价办法。健全以合同管理为基础的事业单位用人机制,探索不同行业、不同类型事业单位实行聘用合同制度的具体办法。完善岗位设置管理制度,全面推行公开招聘和竞聘上岗。建立、健全以聘用合同和岗位职责为依据、以工作绩效为重点内容、以服务对象满意度为基础的事业单位工作人员考核办法。完善事业单位收入分配制度,健全事业单位社会保障制度。建立事业单位人员编制总量调控体系,进一步加强和规范机构编制管理。加快事业单位人事管理法规体系建设,制定事业单位人事管理条例。

五、加强对干部人事制度改革中长期问题的研究探索

深化干部人事制度改革,必须着眼长远,加强对一些全局性、前瞻性、基础性问题的研究探索,推进改革向纵深发展。

(一)加强在深化改革扩大开放中同步推进干部人事制度改革的研究探索

研究探索在改革开放和社会主义市场经济条件下,如何坚持党管干部原则,完善党管干部的体制机制,改进党管干部的方式方法;研究探索在完善社会主义市场经济体制条件下,如何推进党政机关干部、企业事业单位人员和其他各类人才资源的合理流动和优化配置;研究探索适应发展党内民主和扩大人民民主的要求,如何丰富内容、拓宽渠道、改进方法,从体制机制上保障和落实干部群众在选人用人中的民主权利;研究探索在建设社会主义法治国家进程中,如何按照依法执政的要求,推进干部人事工作法制建设,建立、健全干部人事工作政策法规体系,完善对干部队伍的依法管理。

(二)加强对中国特色干部管理体制的研究探索

研究探索如何创新干部管理理念,健全干部管理体制,合理划分干部管理权限,实行分级管理与重点岗位管理相结合,提高干部管理的科学化水平;研究探索如何适应改进党的领导方式和转变政府职能的需要,完善党政机关机构设置、领导职数和编制管理,加强对领导班子规模、结构的调控;研究探索如何深化干部分类管理改革,在党政机关、企业、事业单位人员分类管理的基础上,对选任制和委任制党政领导干部,对企业、事业单位中不同类别人员实行不同的管理模式。

(三)加强对长期制约干部人事工作发展的重点难点问题的研究探索

研究探索如何立足于未来10年、20年对领导人才的战略需求,打破论资排辈、平衡照顾等观念和各种条条框框的束缚,创新优秀年轻干部培养选拔机制,畅通优秀人才脱颖而出的渠道,为党和人民事业永续发展提供可靠保证;研究探索如何从严格执行退休制度

和任期制度入手，健全干部退出机制，实现干部能上能下、能进能出；研究探索如何着眼于解决干部人事工作中的深层次矛盾和问题，从思想观念和体制机制上破除“官本位”的影响，树立正确的权力观，巩固深化干部人事制度改革的思想基础。

(四)加强干部人事制度改革理论研究

深入研究干部人事制度改革的时代特征、历史责任和发展趋势，深化对改革方针原则、目标任务和推进方式的认识；深入研究新中国成立以来特别是改革开放以来干部人事工作和干部人事制度改革的实践经验，进行理论概括，深化对干部人事制度改革自身规律的认识；深入研究我国古代吏治的成败得失、国外人力资源管理的经验教训，深化对人才成长规律和人力资源开发管理规律的认识。着力构建中国特色干部人事工作理论体系，充分发挥理论研究对改革实践的指导作用。

六、加强对干部人事制度改革的领导

(一)落实领导责任

各级党委和政府要高度重视干部人事制度改革，切实把这项工作摆上重要议事日程。各级领导干部要站在改革的前列，做改革的倡导者和推动者。党委(党组)书记要亲自动手抓干部人事制度改革。完善党委(党组)统一领导，组织部门牵头协调，有关部门各司其职、密切配合，干部群众共同参与的干部人事制度改革工作格局。建立、健全干部人事制度改革工作联席会议制度，调动各方面力量共同推进改革。各地区各部门要结合实际，制定本规划纲要的实施意见，明确职责任务，抓好贯彻落实。要加强自上而下的工作指导，每年都要制定工作计划，做到有部署、有检查。

(二)鼓励探索创新

坚持自下而上的探索与自上而下的推进相结合，尊重基层首创精神，鼓励从实际出发，积极探索、大胆创新；对经实践检验比较成熟的做法，及时总结规范并加以推广。坚持重点突破与整体推进相结合，抓住重点难点，加大攻关力度，努力取得突破，同时注意改革措施的衔接配套，从整体上推进改革。坚持探索创新与贯彻落实相结合，一手抓制度创新，一手抓制度执行，并在实践中不断完善。对改革中出现的失误和不足，不能求全责备，要及时加以指导，帮助改进提高。坚持把思想政治工作贯穿于改革全过程，引导干部群众积极支持和参与改革。

(三)坚持稳妥有序推进

认真贯彻中央关于深化干部人事制度改革的方针政策和决策部署，从政治和全局的高度，通盘考虑、统筹兼顾，有计划有步骤地推进改革。坚持党的领导、发扬民主和依法办事有机统一，全面考虑党的事业需要、人民群众期待和干部队伍建设的实际情况，把握好改革的时机和力度，保证改革有序可控。坚持用唯物辩证法指导改革，充分发挥各项改革措施的积极作用，注意防止和克服其消极影响。重大创新性探索要加强调查研究，先行试点，注重实效，防止形式主义。

(四)加强舆论引导

充分利用党报党刊等新闻媒体，深入宣传党的干部路线方针政策和中央关于深化干部人事制度改革的决策部署，宣传改革实践中创造的好经验好做法，宣传改革的进展和成效，营造有利于推进改革的良好社会环境和舆论氛围。注意把握宣传的力度和方式，重大改革举措的报道要由党委及组织部门认真审核把关。重视和加强网络宣传，正确引导网上舆论。

(五)搞好阶段性评估

中组部为本规划纲要组织实施的牵头单位，要会同有关部门加强对实施情况的跟踪分析，适时进行阶段性评估，并根据形势任务的发展变化和实施过程中遇到的问题，对本规划纲要的有关任务和要求进行必要调整，提出阶段性实施意见。

国务院批复《黄河三角洲高效生态经济区发展规划》(摘要)

黄河三角洲位于渤海南部黄河入海口沿岸地区，包括山东省的东营市、滨州市和潍坊、德州、淄博、烟台市的部分地区，共涉及19个县(市、区)，总面积265万平方公里，占全省1/6，总人口约985万。该区域土地资源优势突出，地理区位条件优越，自然资源较为丰富，生态系统独具特色，产业发展基础较好，具有发展高效生态经济的良好条件。

加快发展黄河三角洲高效生态经济，不仅关系到环渤海地区整体实力的提升和区域协调发展的全局，也关系到环渤海和黄河下游生态环境的保护。国务院指出，要把《规划》实施作为应对国际金融危机、贯彻区域发展总体战略、保护环渤海和黄河下游生态环境的重大举措，把生态建设和经济社会发展有机结合起来，促进发展方式根本性转变，推动这一地区科学发展。

国务院要求，《黄河三角洲高效生态经济区发展规划》(以下简称《规划》)实施要以资源高效利用和生态环境改善为主线，着力优化产业结构，着力完善基础设施，着力推进基本公共服务均等化，着力创新体制机制，率先转变发展方式，提高核心竞争力和综合实力，打造环渤海地区具有高效生态经济特色的重要增长区域，在促进区域可持续发展和参与东北亚经济合作中发挥更大作用。

依据《规划》，黄河三角洲高效生态经济区的战略定位是：建设全国重要的高效生态经济示范区、特色产业基地、后备土地资源开发区和环渤海地区重要的增长区域。《规划》明确了发展的近期和远期目标，到2015年，基本形成经济社会发展与资源环境承载力相适应的高效生态经济发展新模式；到2020年，率先建成经济繁荣、环境优美、生活富裕的国家级高效生态经济区。

最高人民法院院长王胜俊在唐山调研社会治安综合治理工作

王胜俊在调研时指出，当前面对复杂多变的国际国内形势，必须将社会治安综合治理工作纳入维护社会稳定大局中去谋划，要高度重视对新社会组织的管理，积极探索适应这些组织特点的管理方式，切实建立、健全有效的管理机制，实施有效管理。

王胜俊强调，当前加强社会治安综合治理，必须着力做好几项重点工作：一要切实贯彻好宽严相济的刑事政策。一方面要依法严厉打击严重危害治安的刑事犯罪活动，另一方面对于那些轻微犯罪、过失犯罪、初犯偶犯、未成年人犯罪等，要注意体现政策。二要及时排查化解各种社会矛盾纠纷，充分发挥人民调解、行政调解、司法调解等衔接联动的“大调解”工作机制的作用。三要进一步加强社会管理。要高度重视加强对社会治安混乱地区的排查和整治，以及对流动人口、刑释解教人员和互联网的管理，切实解决治安突出问题。

重庆市第三届人大常委会第十四次会议决定接受王鸿举辞去重庆市市长职务并任命黄奇帆为重庆市代理市长

陈波逝世

第二炮兵后勤部原顾问陈波同志，因病医治无效，于12月3日在北京逝世，享年101岁。

陈波是河南新县人，1929年加入中国共产党，同年参加中国工农红军。土地革命战争时期，他历任战士、班长、排长、指导员、副营长、参谋、副团长、科长等职，参加了鄂豫皖苏区第三、四、五次反“围剿”，反“六路围攻”等战役战斗，参加了二万五千里长征。抗日战争时期，他历任团参谋长、副团长、太行荣誉军人学校校长、东北通化保安司令部参谋长等职。解放战争时期，他历任东北军区后方司令部参谋长、分区司令员、辽宁军区副参谋长、东北护路军南满指挥部司令员、东北铁路公安总队副总队长、东北铁路公安局副局长等职。新中国成立后，他历任东北铁路公安总队总队长、司令员，师长、公安军后方勤务部政委、总参警备部后勤部政委、武警部队后勤部政委、二炮后勤部政委等职，为部队革命化、现代化、正规化建设作出了贡献。

陈波1955年被授予少将军衔，曾荣获二级八一勋章、二级独立自由勋章、二级解放勋章和一级红星功勋荣誉章。

12月4日

全国人大常委会委员长吴邦国在人民大会堂会见加拿大总理蒂芬·哈珀

全国人大常委会委员长吴邦国在人民大会堂会见哈萨克斯坦第一副总理中哈合作委员会哈方主席舒克耶夫

吴邦国表示，中方高度评价哈方在涉台、涉藏、打击“东突”等问题上给予中方坚定支持，将一如既往地支持哈为维护国家主权、安全和促进社会经济发展所做努力。中哈合作委员会在指导和协调两国各领域务实合作方面发挥了积极作用，取得显著成绩。希望双方抓紧落实委员会第五次会议成果，进一步深化和扩大务实领域合作，夯实双边关系物质基础。

舒克耶夫表示，哈萨克斯坦高度重视对华关系，愿与中方共同努力，充分发挥哈中合作委员会机制作用，全面落实双方达成的共识和协议，推进各领域互利合作，为促进哈中战略伙伴关系发展作出应有贡献。

纪念澳门特别行政区基本法实施10周年座谈会在人民大会堂举行

全国人大常委会委员长吴邦国在会上发表重要讲话。国家副主席习近平出席座谈会。

王兆国、刘延东、令计划、韩启德、李建国、廖晖、杜青林和王汉斌等出席了座谈会，马万祺发来贺电。

澳门特别行政区行政长官何厚铧在发言中说，澳门基本法是澳门特别行政区10年来成功建设和发展的制度保障和法治基石，是特区所有法律、制度和政策的基础，是克服特区发展过程中各种重大挑战的智慧源泉，是特区经济社会全面发展、各阶层居民共享发展成果的根本保证。澳门基本法的成功实施是与国家的全力支持分不开的，特区政府及广大澳门居民将不断加深对基本法的理解，努力促进基本法全面贯彻实施。张晓明、李成俊、曹其真、许崇德也在会上发了言。

中央有关部门和广东省负责同志，原澳门基本法起草委员会部分委员，原澳门特别行政区筹备委员会部分委员，澳门地区部分全国人大代表和全国政协委员，澳门特别行政区政府部分主要官员、立法会主席、终审法院院长、检察长，以及内地和澳门部分专家学者共180多人参加了座谈会。

全国人大常委会委员长吴邦国在纪念《中华人民共和国澳门特别行政区基本法》实施10周年座谈会上的讲话

同志们、朋友们：

再过半个月，澳门回到祖国怀抱就整整10年了。今天，我们在这里隆重召开座谈会，纪念澳门特别行政区基本法实施10周年，就是要充分肯定澳门回归以来取得的巨大成就，认真总结基本法实施的成功经验，增强贯彻实施"一国两制"方针和基本法的自觉性和坚定性，增强维护促进澳门长期繁荣稳定的自觉性和坚定性，把"一国两制"的伟大实践不断推向前进。刚才，何厚铧先生、张晓明同志、曹其真女士、李成俊先生、许崇德教授围绕座谈会主题，结合各自的工作与经历，作了很好的发言。下面，我讲几点意见，同大家一起交流。

1999年12月20日，我国政府对澳门恢复行使主权，成立中华人民共和国澳门特别行政区，基本法正式开始实施，澳门进入"一国两制"、"澳人治澳"、高度自治的历史新时期。这是继香港回归之后，我们成功实施"一国两制"方针、实现祖国和平统一大业的又一里程碑。抚今追昔，是邓小平同志创造性地提出"一个国家，两种制度"的伟大构想，亲自领导制定对香港、澳门的一系列基本方针政策，开辟了解决历史遗留的香港、澳门问题的切实可行道路，指引着实现祖国和平统一大业的前进方向；是以江泽民同志为核心的党的第三代中央领导集体，妥善应对各种复杂矛盾和挑战，进行开创性的实践，确保了香港、澳门的顺利回归和平稳过渡，使"一国两制"从科学构想变成生动现实；是以胡锦涛同志为总书记的党中央，继往开来，与时俱进，把保持香港、澳门长期繁荣稳定作为新形势下治国理政的重大课题，进一步丰富和发展了"一国两制"的理论和实践。实践充分证明，作为中国特色社会主义理论体系重要组成部分的"一国两制"方针，具有强大的生命力；作为中国特色社会主义道路重要组成部分的祖国和平统一道路，具有强大的生命力。

澳门特别行政区基本法是全国人民代表大会以宪法为依据、以"一国两制"方针为指导，在澳门同胞广泛参与下制定的全国性法律，在澳门特别行政区具有宪制性地位，体现了包括澳门同胞在内的全国各族人民的共同意志，是各方面都要一体遵循的行为规范。它把"一国两制"伟大构想和国家对澳门的一系列方针政策用法律的形式固定下来，为澳门的顺利回归、平稳过渡和长期繁荣稳定提供了坚实的法律保障。澳门回归以来，特别行政区行政长官和特区政府认真贯彻"一国两制"方针，严格依照基本法办事，团结带领广大澳门同胞，积极应对挑战，努力开拓进取，实现了澳门经济繁荣、民生改善、民主发展和社会全面进步，使古老的澳门焕发出勃勃生机。总结基本法实施的成功经验，给我们的重要启示是，深入贯彻实施基本法，把"一国两制"伟大实践不断推向前进，必须牢牢把握以下几点：

一、始终高举爱国爱澳旗帜。这是贯彻实施基本法，把"一国两制"伟大实践不断推向前进的政治保障。爱国爱澳就是要尊重自己的民族，热爱自己的祖国，诚心诚意地拥护我国政府对澳门恢复行使主权，一心一意地维护澳门的繁荣稳定。澳门特别行政区实行资本主义制度和政策，是以坚持一个中国、国家主体实行社会主义制度为前提的。这是"一国两制"方针的根本，也是基本法的根本。坚持一个中国，维护国家主权、统一和领土完整，是包括澳门同胞在内的全国各族人民义不容辞的责任。

澳门同胞素有光荣的爱国主义传统，始终与祖国人民血脉相连、心心相印。澳门回归后，澳门同胞真正成为国家和澳门的主人，享有广泛的自由和民主权利，抒发出前所未有的爱国爱澳情怀，以崭新的面貌投身于"一国两制"的伟大实践。他们打心眼里拥护我国政府对澳门恢复行使主权，坚持澳门是祖国不可分离的部分，高度认同澳门事务是中国的内政，自觉维护国家的核心利益和中央的权威，坚决反对和抵御外部势力干预。他们坚持以爱国者为主体的"澳人治澳"，坚持在爱国爱澳旗帜下的最广泛团结，以强烈的使命感和责任感参与管理澳门各项事务，努力建设自己的美好家园。他们坚信社会主义祖国是澳门的坚强后盾，积极参与祖国改革开放和现代化建设，大力支持内地抗灾救灾和社会公益事业，衷心为祖国的发展成就感到骄傲和自豪，充分体现了心系祖国、血浓于水的同胞亲情。这里还值得一提的是，按照基本法第23条关于澳门特别行政区应自行立法禁止危害国家安全行为的规定，澳门特别行政区政府经过充分准备，适时启动相关立法工作，在广大澳门居民踊跃参与、积极讨论的基础上，特别行政区立法会经过认真审议，于今年年初通过《维护国家安全法》，进一步增强了澳门社会的国家观念，有力维护了国家的核心利益。

二、充分发挥制度体制功效。这是贯彻实施基本法，把"一国两制"伟大实践不断推向前进的必然要求。基本法从我国国情以及澳门的历史与现实出发，为澳门特别行政区规定了一套有特色的崭新制度和体制。这当中最重要的有两条，一条是明确澳门特别行政区的法律地位，既表明澳门特别行政区处于国家的完全主权之下，又赋予澳门特别行政区高度的自治权。也就是说，澳门特别行政区的高度自治权不是澳门固有的而是中央授予的。从这个角度讲，基本法是一部授权法律。另一条是确定澳门特别行政区实行以行政为主导的政治体制，行政与立法既互相制衡，又互相配合，司法独立。这套政治体制既保留了澳门原有政治体制中行之有效的部分，也适应了澳门回归祖国后的现实需要，是实现“澳人治澳”、高度自治最好的政权组织形式。全面正确把握这两点，对于保证“一国两制”方针和基本法的贯彻实施至关重要。

澳门特别行政区成立以来，严格按照基本法办事，充分发挥基本法规定的制度体制功效。一是依法行使高度自治权，正确处理中央与特别行政区的关系，坚决维护中央依法享有的权力，对中央负责管辖的事务予以密切配合，严格依照基本法和法律规定的权限行使行政管理权、立法权、独立的司法权和终审权，充分保障澳门居民依法享有的广泛自由和权利，充分调动澳门社会各界人士的积极性、主动性和创造性。二是依法实行行政主导体制，正确处理行政、立法和司法三者的关系，自觉维护行政长官的权威，全力支持行政长官的工作，行政、立法、司法机关恪守定位、各司其职、各负其责，实施良好管治，共同推动澳门各项事业向前发展。实践证明，澳门同胞是完全有智慧、有能力、有办法管理好建设好发展好澳门的。

三、全力保障稳定发展。这是贯彻实施基本法，把“一国两制”伟大实践不断推向前进的根本目的。实现澳门社会长治久安与社会和谐包容，不断满足澳门居民日益增长的物质文化需要，让广大澳门同胞在祖国大家庭中日子过得越来越好，是澳门50万同胞的最大福祉所在，也是基本法的精神实质所在。只有社会稳定，经济繁荣发展才有保障；也只有经济繁荣发展，社会才能实现长期稳定。澳门回归以来，特别行政区把贯彻“一国两制”方针、实施基本法的过程，作为维护社会稳定和促进经济发展的过程，通过维护社会稳定促进经济发展，又通过加快经济发展实现社会长期稳定，得到了广大澳门同胞的衷心拥护。

治安不靖和经济下滑是澳门过渡时期面临的两个突出问题。特别行政区政府成立后，一是把解决治安问题作为当务之急，采取切实有效措施，努力营造稳定社会环境，严厉打击各种违法犯罪行为，使社会治安状况得到明显改善。二是把发展作为第一要务，努力克服亚洲金融危机带来的困难，大力发展旅游等服务业，促进经济适度多元发展，经济得到全面复苏并一直保持良好发展势头。从1999年到2008年，澳门本地生产总值由47287亿澳门元增加到171867亿澳门元，年均增长133%，人均GDP居亚洲前列，政府财政收入由16943亿澳门元上升到51076亿澳门元，是原来的3倍多。三是认真回应广大居民的愿望和诉求，积极推进法律、行政等方面改革和各项社会事业发展，努力扩大就业、改善民生，促进了澳门社会的全面进步。从1999年到2008年，澳门失业率由63%下降到3%，居民月工资中位数由4920澳门元上升到8000澳门元，实行了从幼儿教育到高中教育的15年免费教育，建立和完善了养老金制度，期间还先后两次顺利完成行政长官及立法会换届选举，保障了澳门同胞当家做主的民主权利。澳门回归以来，社会各界始终从维护澳门繁荣稳定的大局出发，坚持求同存异，积极开展协商，讲求社会和谐，不把矛盾和问题简单政治化，以建设性态度提出改进工作的意见和建议，形成相互理解、和衷共济的良好社会氛围，各方面都把力量真正凝聚到建设澳门、发展澳门、繁荣澳门的共同事业上来。

这里我还要指出的是，澳门回归祖国10年来，积累的有益经验，取得的发展成就，是特别行政区行政长官和特区政府团结带领澳门社会各界共同努力的结果，也是与中央和祖国内地的大力支持分不开的。中央政府坚定不移地贯彻“一国两制”、“澳人治澳”、高度自治的方针，严格按照基本法办事，始终把保持澳门长期繁荣稳定作为处理涉澳事务的根本出发点和落脚点，不干预特别行政区自治范围内的事务，全力支持特别行政区行政长官和特区政府依法施政，全力支持特别行政区发展经济、改善民生、推进民主。为加强内地与澳门的交流合作，实现优势互补、共同发展，及时实施内地与澳门更紧密经贸关系安排，积极促进粤港澳合作和泛珠江三角洲区域合作，及时批准港珠澳大桥建设和横琴岛开发规划。为支持澳门妥善应对国际金融危机，去年下半年以来，先后出台9项支持澳门经济稳定发展的政策措施。为充分发挥澳门同葡语国家和欧盟传统经济联系的优势，大力支持澳门加强对外经济合作，继续保持了澳门自由港的国际地位。为支持澳门发展教育和培养人才，今年6月，全国人大常委会专门作出决定，在珠海横琴岛划出一片土地作为澳门大学新校区，并授权特别行政区依照澳门法律实施管辖。这充分表明，澳门的命运与祖国的命运从来都是紧密联系在一起的，伟大的社会主义祖国始终是澳门的坚强后盾，祖国的日益昌盛为澳门的繁荣发展不断注入新的活力。

同志们、朋友们！

澳门回归祖国的10年，是“一国两制”方针和基本法成功贯彻实施的10年，是澳门同胞真正当家做主的10年，是澳门经济社会全面发展的10年。实践已经证明并将继续证明，“一国两制”方针和基本法是符合中国国情和澳门实际的，是经得起实践和历史检验的。我相信，澳门特别行政区行政长官和特区政府一定会一如既往，继续带领澳门社会各界人士讲团结、求稳定、谋发展，不断开创澳门繁荣和谐的新局面。这里，我想结合澳门实际，再提三点希望。

一要全面增强法制观念。基本法是“一国两制”方针的法律体现，是澳门长期繁荣稳定的法律保障，是实施依法治澳的法律基石。贯彻实施基本法是一项长期的任务。要进一步加强基本法的宣传推介工作，通过多种形式，全面准确地阐述“一国两制”方针和基本法的精神实质，广泛深入地宣传“一国两制”方针和基本法的深刻内涵与生动实践，深入浅出地解读基本法的有关规定，使“一国两制”方针和基本法更加深入人心，在全社会牢固树立基本法意识和法制观念，不断巩固和发展贯彻实施基本法的社会基础。澳门的未来寄托在年轻人身上，必须十分注重对澳门年轻一代的教育，特别是国家、民族观念教育和基本法理论实践教育，推动基本法课程进学校、进课堂，把年轻一代培养成“一国两制”方针和基本法的忠实维护者与积极践行者，使爱国爱澳传统薪火相传。基本法的稳定是实现澳门长期繁荣稳定的前提，同时也要看到，随着澳门社会的发展，基本法实施中会遇到这样或那样的情况。我们在贯彻实施“一国两制”方针和基本法的同时，要加强对基本法的研究，认真总结基本法实施中的好经验好做法，研究解决基本法实施中的新情况新问题，不断丰富基本法的理论和实践，把基本法贯彻好实施好。

二要大力加强制度建设。“一国两制”方针和基本法的全面贯彻实施，需要有具体制度予以落实和保障，澳门经济社会的发展变化，也迫切需要健全完善各项制度。澳门特别行政区要把制度建设摆在突出位置，当作一件大事来抓，尽快制定完善高度自治范围内事务的具体制度。制度建设要坚持以基本法为依据，澳门的一切制度都必须遵循基本法，不能违反基本法，涉及中央管理的事务和中央与特别行政区关系的事务，要依法向中央报告，需要批准的要报中央批准，需要备案的要报中央备案。要坚持从澳门实际出发，充分发扬民主，理性务实探讨，广泛凝聚共识，使制定的制度符合澳门实际、切实可行。

三要努力提高依法管治能力。澳门特别行政区行政、立法和司法机关，在保障基本法正确实施、维护澳门稳定发展上负有重大责任，要严格依照基本法办事，努力提高依法管治能力。一方面，要着力加强公务员队伍建设，提高公务员素质，使他们熟悉基本法，忠于基本法，遵守基本法，自觉维护基本法，全心全意为国家、为澳门贡献自己的聪明才智。另一方面，要坚持以人为本，适应澳门发展的新需要和广大居民的新期望，认真研究解决影响澳门经济社会发展的深层次矛盾和问题，妥善处理各方面诉求，统筹兼顾各方面利益，不断提高科学决策、民主决策水平，推动澳门经济持续发展、社会全面进步。

同志们、朋友们！

今年是新中国成立60周年。60年来特别是改革开放30年来，中国共产党团结带领全国各族人民以一往无前的进取精神，进行着根本改变中华民族命运、深刻影响人类历史进程的伟大创举，谱写了中华民族自强不息、顽强奋进的壮丽史诗。今天的祖国内地，正沿着中国特色社会主义道路阔步前进。今天的澳门，正处在历史发展的新时期。我们坚信，伟大祖国的前程会更加辉煌，澳门的明天会更加美好。我们一定要坚定不移地贯彻实施澳门特别行政区基本法，把“一国两制”的伟大实践不断推向前进，为伟大祖国和澳门的繁荣进步作出新的更大的贡献！

中国和哈萨克斯坦合作委员会第五次会议在北京举行

会议由委员会双方主席国务院副总理王岐山和哈萨克斯坦第一副总理舒克耶夫共同主持。

王岐山在会上强调，作为两国政府间重要合作机制，中哈合作委员会对促进双方各领域务实合作发挥了重要作用。中方愿同哈方一道，继续利用中哈合作委员会这一重要平台，加强沟通，增进共识，扩大合作，共同推动中哈战略伙伴关系不断向前发展。

舒克耶夫说，哈萨克斯坦高度重视发展哈中战略伙伴关系，视之为本国重要外交优先方向。哈方坚定奉行一个中国政策，愿与中方加强在打击“三股势力”方面的合作。哈中合作委员会成立5年来工作成效明显。哈方愿与中方继续发挥哈中合作委员会及各分委会作用，进一步深化双方全方位、多领域互利合作，促进两国社会经济共同发展。

会议全面总结了中哈合作委员会第四次会议以来，双方在经贸、交通、口岸和海关、科技、金融、能源、地矿、人文、安全、铁路、跨界河流利用和保护等领域合作情况，高度评价上述领域取得成果，并就委员会下一阶段工作重点达成共识。

王岐山副总理和舒克耶夫第一副总理共同签署了中哈合作委员会第五次会议纪要。

中科院增选35名院士

在中国科学院院士增选结果新闻发布会上，全国人大常委会副委员长、中国科学院院长、中国科学院学部主席团执行主席路甬祥院士宣布，35名中国科学家当选为中国科学院院士，6名外国科学家当选为中国科学院外籍院士。

此次新当选的35名院士年龄最大的73岁，最小的42岁，其中60岁以下的27名，占77%。35名新当选的院士中有5名女科学家。经过此次增选，中国科学院院士总人数为714名，中国科学院外籍院士总人数为56名。

路甬祥介绍说，根据《中国科学院院士章程》的规定，中国科学院增选院士每两年进行一次，每次增选总名额不超过60名。

张世简逝世

中央文史研究馆馆员、国画家张世简同志因病于12月4日在北京逝世，享年83岁。

张世简，浙江浦江人，1926年1月出生，中国民主同盟盟员。中学肄业后曾任浦江县小学教员。1951年7月于中央美术学院华东分院(今中国美术学院)毕业后，分配至华东军政委员会文化部科普处工作。1953年至1979年在北京幻灯公司美编室工作。1979年后在中央工艺美术学院(今清华大学美术学院)任教。1994年被聘为中央文史研究馆馆员。曾任中国美术家协会会员、中国书画函授大学国画部主任、海峡书画联谊会理事、国际文人画家联谊会常务理事等职。

张世简曾获世界和平文化奖“宝鼎艺术大奖”和联合国教科文组织金质奖章。

12月5日

中央经济工作会议在北京举行

胡锦涛、吴邦国、温家宝、贾庆林、李长春、习近平、李克强、贺国强等出席会议。

胡锦涛在会上发表重要讲话，全面分析了当前国际国内经济形势，深刻阐述了加快经济发展方式转变的重要性和紧迫性，明确提出了明年经济工作的总体要求、重要原则、主要任务。温家宝在讲话中全面总结了今年经济工作，阐述了明年经济社会发展主要预期目标和宏观经济政策，具体部署了明年经济工作。

会议指出，2009年是新世纪以来我国经济发展最为困难的一年。2008年第四季度以后，世界经济形势险象环生，国际金融危机持续扩散蔓延，世界经济严重衰退。受国际金融危机严重冲击，我国经济社会发展遇到严重困难。面对严峻复杂的经济形势，党中央、国务院全面分析、准确判断、果断决策、从容应对，团结带领全国各族人民坚定信心、迎难而上、共克时艰，努力化挑战为机遇，有效遏止了经济增长明显下滑态势，率先实现经济形势总体回升向好。我们隆重庆祝新中国成立60周年，极大激发了全国各族人民的爱国热情。我们对加强和改进新形势下党的建设作出全面部署，继续开展深入学习实践科学发展观活动，为推动经济社会又好又快发展提供坚强政治保证。经过全党全国共同努力，我国社会主义经济建设、政治建设、文化建设、社会建设以及生态文明建设和党的建设都取得了新的重大进展。今年我国经济社会发展取得这样的成绩极其不易。这是党中央、国务院科学应对、坚强领导的结果，是充分发挥中央和地方两个积极性，各地区各部门齐心协力、扎实工作的结果，是充分发挥社会主义制度优势的结果，是全党全国各族人民团结一心、共同奋斗的结果。

会议强调，在应对国际金融危机冲击、保持经济平稳较快发展这场重大考验中，我们既取得了显著经济成果，又积累了在复杂经济环境中推动经济社会又好又快发展的重要经验。我们必须坚持市场机制和宏观调控有机结合，充分发挥市场在资源配置中的基础性作用，不断加强和改善宏观调控，通过推进改革为经济社会发展提供强大动力和制度保障；必须坚持长期发展目标和短期增长目标有机结合，注意把握好宏观经济政策实施的力度和节奏，增强政策针对性和有效性，着力提高经济增长质量和效益、提高可持续发展能力；必须坚持扩大内需和稳定外需协调发展，更加自觉、更加主动地坚持扩大国内需求特别是消费需求的方针，实现内需和外需有效互补；必须坚持改善民生和扩大内需内在统一，更加注重围绕保障和改善民生来谋划发展，把增加居民消费作为扩大内需的重点，通过保障和改善民生促进经济结构优化、增强经济发展拉动力。

会议指出，在充分肯定成绩的同时，我们也要清醒地认识到，当前我国经济回升的基础还不牢固，积极变化和不利影响同时显现，短期问题和长期问题相互交织，国内因素和国际因素相互影响，保持经济平稳较快发展、推动经济发展方式转变和经济结构调整难度增大。从外部环境看，世界经济复苏基础并不稳固，国际金融危机影响仍然存在，全球性挑战压力增大。从国内环境看，经济回升内在动力仍然不足，结构性矛盾仍很突出，农业基础仍不稳固，就业形势依然严峻。全党全国既要增强必胜信心，又要增强忧患意识，努力在新的起点上把改革发展稳定各项工作做得更好。

会议强调，这场国际金融危机使我国转变经济发展方式问题更加突显出来。综合国际国内经济形势看，转变经济发展方式已刻不容缓。我们要把加快经济发展方式转变作为深入贯彻落实科学发展观的重要目标和战略举措，从制度安排入手，以优化经济结构、提高自主创新能力为重点，以完善政绩考核评价机制为抓手，增强加快经济发展方式转变的自觉性和主动性，不断在经济发展方式转变上取得实质性进展。做好明年经济工作，重点要在促进发展方式转变上下功夫，真正把保持经济平稳较快发展和加快经济发展方式转变有机统一起来，在发展中促转变，在转变中谋发展。

会议强调，2010年是实施“十一五”规划的最后一年。做好明年经济社会发展工作，对夺取应对国际金融危机冲击全面胜利、保持经济平稳较快发展、为“十二五”规划启动实施奠定良好基础具有十分重要的意义。会议提出，明年经济工作的总体要求是：全面贯彻党的十七大和十七届三中、四中全会精神，以邓小平理论和“三个代表”重要思想为指导，深入贯彻落实科学发展观，保持宏观经济政策的连续性和稳定性，继续实施积极的财政政策和适度宽松的货币政策，根据新形势新情况着力提高政策的针对性和灵活性，特别是要更加注重提高经济增长质量和效益，更加注重推动经济发展方式转变和经济结构调整，更加注重推进改革开放和自主创新、增强经济增长活力和动力，更加注重改善民生、保持社会和谐稳定，更加注重统筹国内国际两个大局，努力实现经济平稳较快发展。

会议提出了明年经济工作的主要任务。

一、提高宏观调控水平，保持经济平稳较快发展。要处理好保持经济平稳较快发展、调整经济结构、管理通胀预期的关系，巩固和增强经济回升向好势头。要继续实施积极的财政政策和适度宽松的货币政策，把握好政策实施的力度、节奏、重点。要突出财政政策实施重点，加大对民生领域和社会事业支持保障力度，增加对“三农”、科技、教育、卫生、文化、社会保障、保障性住房、节能环保等方面和中小企业、居民消费、欠发达地区支持力度，支持重点领域改革。要保持投资适度增长，重点用于完成在建项目，严格控制新上项目。要加强税收征管和非税收入管理，继续从严控制一般性支出。货币政策要保持连续性和稳定性，增强针对性和灵活性。要密切跟踪国内外经济形势变化，把握好货币信贷增长速度，加大信贷政策对经济社会薄弱环节、就业、战略性新兴产业、产业转移等方面的支持，有效缓解小企业融资难问题，保证重点建设项目贷款需要，严格控制对高耗能、高排放行业和产能过剩行业的贷款，着力提高信贷质量和效益。要积极扩大直接融资，引导和规范资本市场健康发展。

二、加大经济结构调整力度，提高经济发展质量和效益。要以扩大内需特别是增加居民消费需求为重点，以稳步推进城镇化为依托，优化产业结构，努力使经济结构调整取得明显进展。一是扩大居民消费需求，增强消费对经济增长的拉动作用。要加大国民收入分配调整力度，增强居民特别是低收入群众消费能力。要保持政策连续性，进一步做好家电、汽车、摩托车下乡工作，继续实施家电和汽车以旧换新政策，增加农机购置补贴，增加普通商品住房供给，支持居民自住和改善性购房需求，加大农村危房改造支持力度。要适应群众生活多样性、个性化的需要，引导消费结构升级。二是积极稳妥推进城镇化，提升城镇发展质量和水平。要坚持走中国特色城镇化道路，促进大中小城市和小城镇协调发展，着力提高城镇综合承载能力，发挥好城市对农村的辐射带动作用，壮大县域经济。当前，要把重点放在加强中小城市和小城镇发展上。要把解决符合条件的农业转移人口逐步在城镇就业和落户作为推进城镇化的重要任务，放宽中小城市和城镇户籍限制，提高城市规划水平，加强市政基础设施建设，完善城市管理，全方位提高城镇化发展水平。三是发展战略性新兴产业，推进产业结构调整。要抓紧研究提出培育我国战略性新兴产业的总体思路，强化政策支持，加大财政投入，培育新的经济增长点。要抓紧落实国家重大科技专项，落实重点产业调整振兴规划，大力推进技术改造，加快传统产业优化升级。四是推进节能减排，抑制过剩产能。要强化节能减排目标责任制，加强节能减排重点工程建设，坚决管住产能过剩行业新上项目，开展低碳经济试点，努力控制温室气体排放，加强生态保护和环境治理，加快建设资源节约型、环境友好型社会。五是推进基本公共服务均等化和引导产业有序转移，促进区域协调发展。要继续实施西部大开发、东北地区等老工业基地振兴、中部地区崛起、东部地区率先发展的区域发展总体战略，积极扶持革命老区、民族地区、边疆地区、贫困地区加快发展，加大扶贫开发力度，提高自主发展能力，改善群众生产生活条件，让各族人民共享改革发展成果。

三、夯实“三农”发展基础，扩大内需增长空间。要坚持中国特色农业现代化道路，完善强农惠农政策，增加涉农补贴规模，加快发展现代农业，扎实推进社会主义新农村建设，稳步扩大农村需求，巩固和发展农业农村好形势。要巩固农产品保障供给能力、促进农民增收，提高农业综合生产能力，完善农业补贴和价格支持制度，保持主要农产品价格基本稳定，提高主要粮食品种最低收购价格水平。要搞好主要农产品市场调控，深入推进农业结构调整，加强对农民创业的金融和财税支持，培育农民收入新的增长点。要大力加强农业农村基础设施建设，重点加强农业综合生产能力建设，实施新增千亿斤粮食生产能力规划，全面完成大中型水库除险加固任务，加强水利特别是中小型农田水利建设，加快建设高标准农田，推进电网改造、饮水安全、农村道路等建设。要加强农村公共服务能力建设，改进教育培训、医疗卫生、公共文化服务，强化乡村正常运转的财力保障，培育农村新型金融组织，解决好农村融资难问题。要推动农村改革创新，加快健全有利于农业农村发展的制度体系，完善农业经营体制，引导家庭经营向生产集约化方向发展，鼓励农户运用现代科技和物质装备，加快发展农民专业合作组织，培育发展专业化、市场化的农业社会化服务体系。

四、深化经济体制改革，增强经济发展动力和活力。要坚持社会主义市场经济的改革方向，坚定信心、锐意改革，统筹兼顾、综合配套，加强调查研究和战略规划，不失时机地推进重要领域和关键环节改革。一是进一步推动政府职能转变，建设服务型政府。要深化行政审批制度改革，减少和规范行政审批；深化资源价格和财税体制改革，完善财政转移支付制度，扎实推进综合配套改革试验。二是进一步深化金融体制改革，增强金融对经济服务功能。要加强金融监管机制建设，改善境外投资外汇管理和服务，继续推进跨境贸易人民币结算试点。三是进一步优化所有制结构，完善市场竞争机制。要推进国有经济战略性调整，深化国有企业改革，推进垄断性行业体制改革。要增强非公有制经济和小企业参与市场竞争、增加就业、发展经济的活力和竞争力，放宽市场准入，保护民间投资合法权益。

五、推动出口稳定增长，促进国际收支平衡。要坚持开拓国际市场和扩大国内市场并举，坚持"引进来"和"走出去"相结合，拓展对外开放广度和深度，健全开放型经济体系。一是努力促进出口稳步回升，加快转变外贸发展方式。要保持外需政策的连续性和稳定性，深入实施市场多元化战略，稳定传统市场，开拓新兴市场，提高出口产品档次、附加值、竞争力，继续严格控制"两高一资"产品出口，努力增加进口，促进贸易平衡。二是做好利用外资工作，提高引资质量。要发挥利用外资在推动科技创新、产业升级、区域协调发展等方面的积极作用，坚持以我为主、择优选择，积极稳妥推进服务业开放，促进"引资"与"引智"相结合，引导外资向中西部地区转移和增加投资。三是大力实施"走出去"战略，拓展经济发展空间。要加强同周边国家的协力共建和优势互补，积极支持有条件的企业对外投资，加快完善境外投资促进体系。

六、着力保障和改善民生，全力维护社会稳定。保障和改善民生是我们发展经济的最终目的，也是实施扩大内需战略和推动经济发展方式转变的重大举措。明年要把改善民生、发展社会事业作为扩大内需、调整经济结构的重点，坚定不移加以推进。要坚持更加积极的就业政策，努力扩大就业。引导和促进劳动密集型企业、中小企业、民营经济、各种服务业加快发展，积极鼓励和支持劳动者自主创业和自谋职业，鼓励高校毕业生到城乡基层、中西部地区、中小企业就业和自主创业；加强农民工职业技能培训，鼓励就地就近就业和返乡创业。各级政府要加强职业技能培训和公共就业服务，加强对就业困难人员和零就业家庭的就业援助，鼓励有实力的大企业创造更多智力密集型就业机会。要完善社会保障体系，提高社会保障水平。加大对低收入群众的帮扶救助力度，提高城乡低保标准，提高企业退休人员基本养老金和部分优抚对象待遇水平，抓紧制定实施全国统一的社会保险关系转移接续办法，深入扎实地做好新型农村社会养老保险试点的各项工作。加快落实医药卫生体制改革近期重点实施方案，提高应对突发公共卫生事件能力。加强廉租住房等保障性住房建设，支持棚户区改造。要优先发展教育，改善教育办学条件。提高教育现代化水平，健全教育投入保障机制，促进城乡、区域教育均衡发展，提高教育质量，解决好困难家庭子女上学问题。要大力发展文化事业和文化产业，把满足人民日益增长的文化需求作为扩大内需的重要组成部分，积极推进广播影视、新闻出版等领域重大文化建设项目和产品创新，精心组织和办好上海世博会和广州亚运会。

会议强调，各级党委和政府要加强对影响社会稳定因素的分析和把握，完善维护社会稳定的体制机制，高度重视和正确处理新形势下人民内部矛盾，加强源头治理，依法按政策及时妥善处理群众反映的问题，加强社会治安综合治理，有效防范和坚决遏制重特大安全事故，切实抓好维护社会大局稳定工作，切实维护国家安全。

会议指出，在明年经济工作中，必须把保持经济平稳较快发展与结构调整结合起来，切实提高发展的可持续性；把扩大内需特别是消费需求与稳定外需结合起来，着力增强经济发展的均衡性；把统筹城乡区域协调发展与推进城镇化结合起来，大力拓展发展空间；把推动自主创新与培育战略性新兴产业结合起来，努力实现创新发展；把深化改革与促进发展结合起来，全面提升经济发展的内生动力；把发展经济与改善民生结合起来，进一步提高经济社会发展的协调性。

会议强调，完成明年经济工作各项任务，必须加强和改进党对经济工作的领导，统一认识、顾全大局，统筹兼顾、创新发展，用好干部、提高素质，转变作风、真抓实干。各级党委和政府要把思想认识统一到中央对国内外经济形势的判断上来，坚决贯彻中央对明年经济工作的总体要求，理清发展思路，创新发展模式，突破重点难题，坚持有利于科学发展的正确用人导向，务必在保持经济平稳较快发展、转变经济发展方式上取得新成效，不断在推动科学发展、促进社会和谐方面取得新进展。要坚持立党为公、执政为民，加强党的作风建设，加强反腐倡廉建设，坚决克服形式主义、官僚主义，反对铺张浪费，以优良党风促政风带民风，形成凝聚党心民心的强大力量。

会议强调，全党全国要更加紧密地团结在以胡锦涛同志为总书记的党中央周围，高举中国特色社会主义伟大旗帜,同心同德,顽强拼搏,为全面实现“十一五”时期经济社会发展目标、夺取全面建设小康社会新胜利而努力奋斗。

出席会议的中央领导同志还有:王刚、王乐泉、王兆国、王岐山、回良玉、刘淇、刘云山、刘延东、李源潮、汪洋、张高丽、张德江、何勇、令计划、王沪宁、路甬祥、陈至立、李建国、梁光烈、马凯、孟建柱、戴秉国、王胜俊、曹建明、廖晖、杜青林、陈奎元、钱运录、孙家正、万钢和徐匡迪,以及中央军委委员陈炳德、李继耐、廖锡龙、常万全、靖志远、吴胜利、许其亮等。

各省、自治区、直辖市和计划单列市、新疆生产建设兵团的党政主要负责人,党中央有关部门、国务院有关部委和有关单位的主要负责人,中央管理的部分企业负责人,军队及武警部队有关负责人出席了会议。

第五届东亚运动会开幕式在香港维多利亚港举行

王淳逝世

正兵团职离休干部、原武汉军区政治部主任王淳同志,因病医治无效,于12月5日在广州逝世,享年89岁。

王淳是山东省掖县(今莱州市)人,1938年参加八路军,1940年加入中国共产党。抗日战争时期,他历任学员、干事、政治指导员、营副政治教导员、营政治教导员等职,先后参加了胶东地区反“扫荡”、反“封锁”和创建胶东根据地等战役战斗。解放战争时期,他历任团政治处主任、团代理政治委员、支队政治委员、团政治委员兼政治处主任、团政治委员等职,参加了营口、沙子岭、“三下江南、四保临江”、辽沈、平津、衡宝和粤桂边追歼战等战役战斗。新中国成立后,他历任团政治委员、师政治部副主任、师政治部主任、师政治委员、军政治部副主任、军政治部主任、军副政治委员、广西军区副政治委员、广州军区后勤部副政治委员、广州军区政治部主任等职,为我军革命化、现代化、正规化建设作出了贡献。

王淳是第六届全国人大代表。他1955年被授予上校军衔,1960年晋升为大校军衔,曾荣获三级独立自由勋章、二级解放勋章和独立功勋荣誉章。

12月6日

国务委员刘延东出席2009博鳌青年论坛(香港)酒会并发表演讲

2009博鳌青年论坛(香港)是博鳌亚洲论坛第二次在港举办的主题论坛,以“金融危机下的中国外交、经济与文化”为主题。

刘延东说,青年代表着未来和希望,是社会中最具活力和创造力的群体。当前,海内外中华儿女迎来了共创民族荣耀辉煌的伟大时代。她希望香港、澳门和两岸青年肩负历史使命,勇担时代重任,为实现中华民族伟大复兴努力奋斗;融合同胞感情,厚植共同利益,为促进祖国和平统一大业贡献力量;弘扬中华优秀文化,借鉴其他文明有益成果,为提升中华文化的影响力发挥积极作用。

国土资源部和农业部在湖北省仙桃市联合召开全国基本农田保护工作座谈会

座谈会明确提出,建立基本农田保护制度是党中央、国务院立足资源国情和发展阶段,审时度势作出的战略决策,今后一个时期,“吃饭与建设”的矛盾将更加突出,这项制度必须长期坚持。

中航工业首次并购海外公司

《人民日报》报道,中航工业西飞与奥地利FACC公司(未来先进复合材料股份公司)股东近日在奥地利维也纳举行了股权交割仪式,这是我国航空工业首次实现海外并购,也是亚洲航空制造业首次并购欧美航空制造企业。

12月7日

全国人大常委会委员长吴邦国 全国政协主席贾庆林在人民大会堂分别会见印度尼西亚人民协商会议主席陶菲克

全国政协副主席杜青林向各民主党派中央 全国工商联和无党派代表人士通报中央经济工作会议精神

在传达了胡锦涛、温家宝同志的重要讲话和中央经济工作会议的主要精神之后,杜青林强调,这次中央经济工作会议,是在认真贯彻落实中共十七届四中全会精神,应对国际金融危机冲击取得明显成效、处于关键时期召开的一次重要会议,对于在国内外经济形势仍然十分复杂的情况下,巩固我国经济回升向好趋势,努力实现经济平稳较快发展,具有十分重要的意义。统一战线广大成员,要切实把思想认识统一到中央关于国际国内经济形势的科学判断上来,统一到中央关于加快经济发展方式转变这个战略重点上来,统一到中央关于做好明年经济工作的总体部署和原则要求上来,在新起点上把改革发展稳定工作做得更好。

杜青林指出,统一战线要把会议精神真正把握到位、贯彻到位,关键是要把中央统一部署与自身实际紧密结合起来,找准角色定位,明确功能作用,努力成为保持经济平稳较快发展的促进者,改革创新的支持者,社会和谐稳定的维护者,为经济平稳较快发展提供智力支持、人才支持、力量支持和环境支持。

杜青林强调,各民主党派、工商联和无党派人士,在贯彻落实中央经济工作会议精神中,要把保持经济平稳较快发展作为服务科学发展的首要任务,充分发挥政治优势、组织优势和智力优势,最大限度地把各自成员的积极性、主动性、创造性充分调动起来,为完成明年经济工作任务提供有力支持。要坚持求真务实,深入实际、深入基层搞好考察调研,真正做到为民谋福祉、为国建诤言;坚持狠抓落实,精心安排部署,使参政议政工作出成果、出精品、出实效;坚持开拓创新,在围绕中心服务大局中不断有新的思路、新的举措和新的作为。

蒋树声、陈昌智、桑国卫、黄孟复、张榕明、陈宗兴等出席了通报会。各民主党派中央、全国工商联负责人和无党派人士参加了会议。

由国务院新闻办主办的“中阿媒体座谈会”在北京举行

国务院新闻办公室国际局局长江伟强出席会议并致欢迎辞,外交部亚非司姚匡乙大使及阿拉伯国家媒体人士访华团团长、埃及广电总局联盟秘书长萨尔瓦特·迈基分别致辞。

本次座谈会共分“媒体在中阿关系中的角色”和“如何提高发展中国家在国际舆论中的话语权”两个议题。新华社国际新闻编辑部副主任吴毅宏、《人民日报》国际部副主任刘水明、巴林新闻文化部广播电视司总司长哈桑·哈勒沃、黎巴嫩新闻部总司长哈桑·法勒哈等参会人士在座谈会上踊跃发言。

由全国工商联和美国全国商会共同主办的中美商会合作发展论坛在北京召开

本次论坛以“履行社会责任,构建和谐社会”为主题,从企业、政府和社会组织、新闻媒体等多个角度对中外不同文化背景下的企业社会责任理念、现状和发展进行了探讨和交流。这也是中国与美国工商界之间搭建民间合作交流平台的一次积极尝试。

王照华逝世

中组部原副部长王照华同志,于12月7日在北京病逝,享年88岁。

王照华是山东泰安人。1938年2月参加山东西区人民抗敌自卫团,同年5月加入中国共产党,先后任山东青年联合会宣传部部长、华东野战军支前政治部青年科科长等。1954年后任共青团北京市委第一书记,团中央书记处书记,中华全国青年联合会副主席,中国人民对外友好协会副会长等。1975年后任七机部第五研究院党委书记兼院长。1979年后任中组部秘书长、副部长,中国老龄问题全国委员会主任,中国关心下一代工作委员会执行主任等。

王照华是中共十二大代表,第三、四、五、七、八届全国政协委员,第四、八届全国政协常委。

12月8日

《人民日报》发表社论《加快转变经济发展方式　促进经济平稳较快发展》

这次中央经济工作会议,是在全党全国认真贯彻落实党的十七届四中全会精神、应对国际金融危机冲击取得明显成效、经济回升向好,但国内外经济环境仍然十分复杂的背景下召开的一次重要会议。会议科学判断当前国际国内经济形势,认真总结今年经济工作,全面部署明年经济工作。中央关于经济工作的决策部署,统筹兼顾,符合实际,充分体现了科学发展观的要求,对于统一全党认识,凝聚全国力量,确保经济发展方式转变取得新突破,确保经济平稳较快发展,具有十分重要的意义。

今年是新世纪以来我国经济发展最为困难的一年,也是我们砥砺奋进、经受严峻考验的一年。历史罕见的国际金融危机来势汹汹,世界经济陷入衰退,外部环境剧变,自然灾害频发,我国经济发展受到严重冲击。面对严峻形势,党中央、国务院全面分析、准确判断、果断决策、从容应对,全面实施并不断丰富完善应对国际金融危机冲击的一揽子计划和政策措施,统筹做好保增长、保民生、保稳定各项工作,有效遏止了经济增长明显下滑态势,在全球率先实现经济形势总体回升向好。在国内外形势十分复杂的情况下,取得这样的成就极为不易,应该倍加珍惜。

但是,必须清醒地看到,明年我国经济发展面临的形势依然十分复杂,积极变化和不利影响同时显现,短期问题和长期问题相互交织,国内因素和国际因素相互影响。目前,我国经济回升的基础还不牢固,内在动力仍然不足,结构性矛盾仍很突出,农业基础仍不稳固,就业形势依然严峻。世界经济全面复苏曲折漫长,仍然有诸多不确定因素。我们必须密切关注国内外形势的变化,更加周全地做好应对各种困难和挑战的准备。

明年是实施“十一五”规划的最后一年。做好明年经济社会发展工作,对夺取应对国际金融危机冲击全面胜利、保持经济平稳较快发展、为“十二五”规划启动实施奠定良好基础,意义十分重大。我们要准确把握做好明年经济工作的总体要求:全面贯彻党的十七大和十七届三中、四中全会精神,以邓小平理论和"三个代表"重要思想为指导,深入贯彻落实科学发展观,保持宏观经济政策的连续性和稳定性,继续实施积极的财政政策和适度宽松的货币政策,根据新形势、新情况着力提高政策的针对性和灵活性,特别是要更加注重提高经济增长质量和效益,更加注重推动经济发展方式转变和经济结构调整,更加注重推进改革开放和自主创新、增强经济增长活力和动力,更加注重改善民生、保持社会和谐稳定,更加注重统筹国内国际两个大局,努力实现经济平稳较快发展。

贯彻这个总体要求,一定要抓住关键,把加快经济发展方式转变作为深入贯彻落实科学发展观的重要目标和战略举措,坚持走中国特色新型工业化道路,坚定不移调结构,脚踏实地促转变,不断在经济发展方式转变上取得实质性进展。

应当深刻认识到,这场国际金融危机使我国转变发展方式问题更加凸显出来。国际金融危机对我国经济的冲击,表面上是对经济增长速度的冲击,实质上是对不合理的经济发展方式的冲击。目前我们面临的不少困难和问题根源于经济发展方式转变的缓慢和滞后。这又一次警示我们,主要依靠物质投入、外延扩张的传统经济发展方式再也继续不下去了,转变经济发展方式已刻不容缓。

我国是一个发展中大国,只有坚定不移谋发展,国家才能强盛、人民才能幸福。但是,发展不仅要看速度和规模,更要看经济结构是否优化,自主创新水平是否提高,就业规模是否扩大,收入分配是否合理,人民生活是否改善,社会是否和谐稳定,生态环境是否得到保护,可持续发展能力是否增强。一句话,我们谋求的发展,是好字当头、又好又快的发展。我们要紧紧抓住国际经济结构调整提供的难得机遇,突出战略重点,明确主攻方向,在发展中促转变,在转变中谋发展。

围绕加快经济发展方式转变、保持经济平稳较快发展,明年经济工作要突出以下重点。

继续加强和改善宏观调控,巩固和增强经济向好回升势头。保持宏观经济政策的连续性和稳定性,继续实施积极的财政政策和适度宽松的货币政策,同时根据形势变化,把握好政策实施的力度、节奏、重点,增强政策的针对性、灵活性、有效性,防范各类潜在风险,处理好保持经济平稳较快发展、调整经济结构、管理好通胀预期的关系。不盲目追求更高的速度,下更大功夫转变经济发展方式。

加大经济结构调整力度,提高经济发展质量和效益。经济结构优化是转变经济发展方式的基本要求。明年要进一步扩大居民消费需求,增强消费对经济增长的拉动作用;积极稳妥推进城镇化,把稳步推进城镇化作为扩大国内需求和调整经济结构的重要抓手;发展战略性新兴产业,推进产业结构调整;推进节能减排,淘汰落后产能。进一步夯实"三农"发展基础,完善强农惠农政策,巩固和发展农业农村好形势。推进基本公共服务均等化,引导产业有序转移,促进区域协调发展,努力使经济结构调整取得明显进展。

深化经济体制改革,坚持扩大对外开放。进一步推动政府职能转变,深化金融体制改革,优化所有制结构,完善市场竞争机制,增强经济发展动力和活力。推进财税体制、收入分配制度、生产要素价格形成机制改革,完善干部政绩考核评价机制,形成有利于加快经济发展方式转变的体制机制和政策导向。推动出口稳定增长,促进国际收支平衡,做好利用外资工作,大力实施"走出去"战略。

着力保障和改善民生,全力维护社会稳定。明年要把改善民生、发展社会事业作为扩大内需和调整结构的重点,加快解决涉及人民群众切身利益问题,坚持更加积极的就业政策,努力扩大就业;进一步完善社会保障体系,提高社会保障水平;优先发展教育,改善办学条件;大力发展文化事业和文化产业,满足人民日益增长的文化需求。加大公共支出,加强公共服务,尽力而为,量力而行,把惠民生的事情办好办实。

明年经济社会发展的大政方针已定,任务艰巨,工作繁重。各级党委和政府要深刻认识做好明年经济工作的重大意义,增强紧迫感和自觉性,创造性地开展工作,把中央决策部署落到实处。让我们更加紧密地团结在以胡锦涛同志为总书记的党中央周围,坚定信心,开拓奋进,埋头苦干,务求实效,在转变经济发展方式上取得新突破,在推动科学发展上取得新进展。

国家主席胡锦涛在人民大会堂会见俄罗斯联邦安全会议秘书帕特鲁舍夫·尼古拉·波拉丹诺维奇

胡锦涛说,当今世界正处在大变革大调整之中,世界经济格局发生新变化,国际力量对比出现新态势。这不仅给中俄两国的发展带来了新机遇新挑战,也给中俄战略协作伙伴关系的发展提出了新任务新要求。中方愿与俄方携手努力,抓住机遇,本着《中俄睦邻友好合作条约》的原则和精神,加强全方位战略协作,深化各领域务实合作,推动中俄战略协作伙伴关系在新的一年里再上新台阶。胡锦涛希望中俄双方进一步办好中俄战略安全磋商机制,更好地发挥这一机制的作用和潜力,为提升中俄战略协作伙伴关系水平作出更大贡献。

帕特鲁舍夫说,俄方愿同中方一道,加强磋商与合作,推动两国战略协作伙伴关系进一步发展。

国务院总理温家宝就两国关系和应对气候变化问题应约与德国总理默克尔通电话

全国政协主席贾庆林在人民大会堂会见来华参加“中国缘·十大国际友人”评选颁奖活动的泰国公主诗琳通等国际友人

国务院副总理李克强考察中国环境科学研究院和中国环境监测总站并主持召开环境保护工作座谈会

由中国马克思主义研究基金会主办的“中国马克思主义论坛2009”在中央党校举行

论坛开幕式上，中央党校常务副校长李景田宣读习近平的贺信并讲话。中国社会科学院常务副院长、中国马克思主义研究基金会理事长王伟光向论坛提交了书面演讲稿。马克思主义研究领域的12位知名专家，围绕新中国60年来马克思主义中国化的历史经验、马克思主义中国化与改革开放、进一步推进和深化马克思主义中国化研究等专题发表了大会学术演讲。来自全国党校系统、高校系统、科研院所等单位的专家学者以及中央党校学员代表共计600余人出席论坛。

本届论坛还开展了2009年度“马克思主义中国化研究优秀论文”征集评选活动，从606篇征集论文中评选出32篇获奖论文。论坛上举行了颁奖仪式。

第三届全国职工职业技能大赛总结表彰大会在北京召开

会上，王兆国宣读了授予第三届全国职工职业技能大赛优秀选手“全国技术能手”荣誉称号的决定，以及授予第三届全国职工职业技能大赛各工种比赛第一名选手全国五一劳动奖章的决定。

第三届全国职工职业技能大赛自今年5月开始，历时7个月，全国有1300多万职工参加了各个层次的比赛。本次大赛共设焊工、钳工、维修电工、速录师、数控车工、数控铣工、加工中心操作工、数控机床装调维修工8个工种的比赛。

“中国缘·十大国际友人”网络评选活动颁奖仪式在人民大会堂举行

国家广电总局局长王太华、评选活动的三个主办方——中国国际广播电台、中国人民对外友好协会、国家外国专家局的领导，向泰王国诗琳通公主、日本大分县“一村一品”国际交流推进协会理事长平松守彦这两位当选者，以及白求恩、拉贝、萨马兰奇、斯诺、李约瑟、爱泼斯坦、路易·艾黎、柯棣华这八位当选者的亲属或代表颁发了纪念奖章和证书。

科技部“重大新药创制”科技重大专项总体组第七次会议在北京召开

会议首先听取了专项近期工作进展及下一步工作安排的通报，与会专家经过热烈讨论，原则通过了第三批经费安排原则与支持重点；讨论通过了前两批立项课题任务合同书签订原则与办法；研究讨论了“十二五”实施计划的编制框架。会议还研究部署了总体专家组对立项课题检查指导工作方案，并商讨了专项实施管理的其他有关事项。

中宣部新闻出版总署在人民大会堂召开《辞海》第六版出版总结表彰大会

中宣部部长刘云山出席会议并讲话。国务委员刘延东，《辞海》第六版主编陈至立，最高人民检察院检察长、《辞海》第六版副主编曹建明出席会议。

中宣部、中央外宣办、文化部、教育部、新闻出版总署、解放军总政治部和上海市委宣传部等部门负责同志出席会议。《辞海》第六版编纂者代表和出版单位代表分别发言。参加《辞海》第六版编纂工作的专家学者代表、出版工作者代表近300人参加会议。

12月9日

全国人大常委会委员长吴邦国在人民大会堂会见来华参加中埃议会定期交流机制第三次会议的埃及人民议会副议长伊纳布·拉德旺

吴邦国说，在双方领导人积极推动下，2007年中国全国人大与埃及人民议会建立了定期交流机制，不仅保持了两国议会交往的连续性，也拓展了双方交流的深度和广度。实践证明，定期交流机制为双方提供了直接、深入、有效的沟通渠道，成为议会交往的重要平台。希望双方共同努力，坚持围绕国家关系发展大局展开交流，坚持顺应两国人民愿望推动合作，把定期交流机制建设好完善好发展好。

吴邦国指出，中方高度重视对埃关系，将埃及视为在阿拉伯和非洲国家中最重要战略合作伙伴之一，愿保持高层交往，密切友好往来，深化互利合作，加强在国际事务中的协调配合，促进共同发展，造福两国人民。吴邦国对埃方长期以来在台湾、涉藏、涉疆等问题上给予的坚定支持表示感谢。

拉德旺表示，愿与中方一道，继续开展各领域的交流与合作。

国务院总理温家宝主持召开国务院常务会议研究完善促进消费的若干政策措施

会议认为，去年四季度以来，为应对国际金融危机的影响,中央采取了一系列惠民生、促消费的政策措施,有效激发了城乡居民的消费潜力,促进了家电、汽车、住房、节能环保产品等行业的生产和结构调整,使人民群众特别是农民和城市低收入家庭得到实实在在的好处,对我国经济企稳回升发挥了重要作用。

会议指出,明年我国经济发展面临的困难和挑战仍然很多,为实现经济平稳较快发展,仍然需要坚持扩大内需特别是增强消费对经济增长的拉动作用。总的原则是,促进消费的政策必须进一步加强,现行政策大部分要继续执行,同时为了进一步加强对农民和困难群众的消费支持,并且根据经济结构调整和环境保护的要求,对一些政策进行必要的调整和完善。(一)继续实施家电下乡政策。大幅提高下乡家电产品最高限价,进一步完善下乡家电产品补贴标准和办法;各省(区、市)可根据本地实际增选1个品种纳入补贴范围。(二)将汽车下乡政策延长实施至明年年底,已纳入汽车下乡补贴渠道的摩托车下乡政策执行到2013年1月31日。(三)家电以旧换新明年5月底试点结束后,继续实施这项政策,并在具有拆解能力等条件的地区推广实施。(四)继续实施农机具购置补贴政策,适当增加补贴资金规模。(五)继续实施节能产品惠民工程,加大高效照明产品推广力度,将节能与新能源汽车示范推广试点城市由13个扩大到20个,选择5个城市进行对私人购买节能与新能源汽车给予补贴试点。(六)将减征16升及以下小排量乘用车车辆购置税的政策延长至2010年年底,减按75%征收。汽车以旧换新的单车补贴金额标准提高到5000元至18万元。(七)个人住房转让营业税征免时限由2年恢复到5年,其他住房消费政策继续实施。(八)将支持困难企业的缓缴社会保险费、降低部分保险费率、提供相关补贴及下岗失业人员再就业税收优惠和灵活就业人员社会保险补贴政策执行期延长1年。

由中国人权发展基金会主办的首届世界大型基金会北京高峰论坛在北京举行

这次论坛的主题为“和平发展、和谐进步”。全国政协副主席、中国人权发展基金会理事长黄孟复,国务院新闻办公室主任王晨出席开幕式并致辞。联合国儿童基金会、美国比尔与梅琳达·盖茨基金会、中国残疾人福利基金会和中华红丝带基金会等中外26个大型基金会的负责人和代表出席。

全军援外工作会议在北京召开

第六届中国青少年科技创新奖颁奖大会在人民大会堂举行

这次大会由共青团中央、全国青联、全国学联、全国少工委联合举办。全国人大常委会副委员长王兆国,国务委员刘延东,中国残联名誉主席邓朴方接见全体获奖学生并为获奖学生代表颁奖。

本届评选表彰在各地、各学校层层严格选拔、认真推荐的基础上,经过由国内科技教育领域知名专家学者组成的评审委员会的审核评定,并经中国青少年科技创新奖励基金管理委员会确认,北京大学化学与分子工程学院学生周淼、重庆市南开中学学生张琳兰、上海市寓园路第一小学学生还忆晨等96名内地同学,香港中文大学吴敌、香港专业教育学院李燕洲、澳门镜平学校(中学部)李卓华等3名港澳地区同学和英国剑桥大学高峰等1名海外留学生荣获第六届中国青少年科技创新奖。获奖学生中,小学生10人、初中生11人、高中生26人、大学生24人、研究生29人。

团中央书记处第一书记陆昊宣读表彰决定。团中央书记处书记卢雍政主持颁奖大会。

12月10日

中共中央总书记胡锦涛在人民大会堂会见以民主党干事长小泽一郎为团长的日本民主党代表团主要成员

胡锦涛说,今年9月,日本民主党执政后,中日双方积极互动,两国关系实现平稳过渡。我同鸠山首相就新形势下进一步发展中日战略互惠关系达成重要共识,推动中日关系进入新的发展阶段。中方愿与日方携手努力,按照中日四个政治文件的原则和精神,进一步密切各领域各层次的交流与合作,妥善处理两国间重大敏感问题,共同应对各种全球性挑战,推动中日战略互惠关系向更高层次更广领域发展。胡锦涛表示,中国共产党重视同日本民主党的友好交流,愿与民主党一道,不断健全和完善两党交流机制,共同把这一机制打造成两国执政党开展对话、增进互信、促进合作、共谋发展的重要平台,为中日战略互惠关系长期健康深入发展作出贡献。

小泽一郎高度评价中国经济社会发展取得的新成就和在国际地区事务中发挥的重要建设性作用。他表示,深刻变化的国际地区形势为两国深化各领域的友好合作开辟了广阔的前景。民主党一直以促进日中关系的全面发展为己任,今后将继续以两党交流机制为平台,加强与中方合作,努力推动日中战略互惠关系不断迈上新台阶。

全国人大常委会委员长吴邦国在人民大会堂会见美国百人会代表团

吴邦国积极评价了百人会长期以来在支持中国改

革开放和现代化建设、推动中美关系发展、促进中美两国人民的相互了解和友谊等方面所做的工作。他说，美国新政府就职以来，在双方的共同努力下，中美关系实现平稳过渡，取得良好开局，总体保持积极发展势头。两国领导人频繁接触，就两国关系和共同关心的国际和地区问题深入交换意见，达成许多共识，合作领域不断拓宽，交流对话更加深入。新形势下，中美关系的战略意义和全球影响更加突出，双方共同利益远远大于分歧。中方愿与美方一道，落实两国元首达成的共识，推动中美关系沿着积极合作全面的轨道不断向前发展，更好地造福两国人民和世界人民。希望百人会继续在增进了解、扩大交流、促进合作等方面多做工作，为中美关系发展添砖加瓦。

百人会会长程守宗等代表团成员纷纷表示，今年9月吴邦国委员长成功访美，掀开了美中议会交往和美中关系新的一页，有力地推动了美中关系的发展，也令在美华人华侨倍感亲切和鼓舞。美中关系的健康稳定发展不仅符合两国和两国人民的根本利益，也有利于世界的和平、稳定与繁荣。百人会将继续发挥自身优势，为中国的改革开放和现代化建设献计献策，为增进美中友好和促进美中文化、教育、科技、经贸等领域的交流与合做贡献更大力量。

国务院副总理李克强在北京出席全国发展改革工作座谈会并讲话

座谈会上，天津、吉林、上海、江苏、河南、海南、云南、甘肃等省(市)负责同志对做好明年发展改革工作发表了看法、提出了建议。在认真听取大家的发言后，李克强作了讲话。

李克强说，今年是新世纪以来我国经济发展最为困难的一年，也是应对国际金融危机取得明显成效的一年。发展改革系统认真履行职责，在扩大国内需求、促进经济增长、深化体制改革等方面做了大量有效工作，为保持经济平稳较快发展作出了重要贡献。

李克强强调，当前世界经济正面临大变革大调整，发展绿色经济、促进结构优化成为重要趋势。节能增效和生态环保是经济结构调整的重要抓手，也是发展方式转变的现实突破口。要加强政策支持，引导企业跟进，切实加大资源节约和环保工作力度。同时，推动技术进步和产业升级，培育壮大战略性新兴产业，巩固和加强农业基础，提高服务业比重，推进城镇化稳步发展和区域协调发展，使结构优化调整成为未来发展的重要带动力量。

李克强指出，改革是解决发展中难题的根本办法，要正确处理政府与市场的关系，加快重点领域和关键环节改革步伐，完善体制机制，以改革开放的新举措保持经济平稳较快发展，推动经济结构调整和发展方式转变不断取得新成效。

各省、自治区、直辖市和计划单列市、副省级省会城市、新疆生产建设兵团及其发展改革部门负责人，中央和国家机关有关部门负责人，中央管理的部分企业、在国家计划中实行单列的企业集团负责人参加了会议。国家发展改革委主任张平主持了座谈会。

科技部2009年审计见面暨动员部署会在北京召开

科技审计局副局长杨明宣读了审计署关于审计科技部2009年度预算执行财政收支情况以及决算草案的通知书，介绍了今年审计工作的范围、要求以及审计组成员。副组长汪照全就本次审计的重点、具体内容和审计要求进行了着重说明。

2009年全国教育外事工作会议在北京召开

国务委员刘延东在会议上强调，要以服从服务党和国家工作大局为宗旨，以配合国家外交总体战略为取向，以促进教育改革发展为重点，以推进人文交流合作为载体，创新思路，注重内涵，完善体制机制，加强队伍建设，提高教育外事工作整体水平，为建设中国特色社会主义现代教育体系做贡献。

12月11日

党和国家领导人胡锦涛 吴邦国 温家宝等在首都博物馆参观澳门特别行政区10周年成就展

全国人大常委会委员长吴邦国 全国政协主席贾庆林在人民大会堂分别会见喀麦隆国民议会议长卡瓦耶

吴邦国在会见时说，中喀建交38年来，关系始终健康稳定发展，政治、经济、人文等领域的合作取得了积极进展，堪称南南合作和中非合作的典范。事实证明，进一步发展中喀友好合作关系符合两国和两国人民的根本利益。中方愿与喀方共同努力，加强议会、政党和政府间的友好往来，密切议会各层次的交流与合作，挖掘在基础设施建设、农业、能源资源开发、人力资源培训等领域的合作潜力，推动中喀关系不断迈上新台阶。吴邦国对喀方长期以来在涉及中国国家主权、领土完整等核心利益问题上给予中方的坚定支持表示感谢。

贾庆林在会见时说，中喀建交以来，双方始终相互尊重、平等相待，双边关系发展顺利。中喀都是发展中国家，有着共同的发展任务。当前两国经济又都受到国际金融危机的影响，双方更应加强合作，共同应对挑战。中方重视发展中喀关系，愿与喀方一道，扩大和深化双方各领域务实合作，促进两国关系全面深入发展。

卡瓦耶高度评价了中国的内外政策，对中国人民以自己的勤劳智慧创造举世瞩目的发展成就，对中国在世界舞台上发挥的重要建设性作用感到由衷高兴。喀方高度重视发展对华关系，愿学习中国在发展经济、保持稳定、改善民生等方面的宝贵经验，加强双方各领域的务实合作。喀麦隆国民议会愿与中方一道，为促进喀中关系的发展作出新的贡献。他重申，喀方将一如既往地坚定奉行一个中国政策。

国务院总理温家宝在中国气象局考察并主持召开座谈会

温家宝在考察时强调，做好新形势下的气象工作，要坚持公共气象的发展方向，把提高气象服务水平放在首位，大力推进气象科技创新，加强一流装备、一流技术、一流人才、一流台站建设，构建整体实力雄厚、具有世界先进水平的气象现代化体系，为经济社会发展、人民生活和国家安全提供一流的气象服务。

随后，温家宝主持召开座谈会，听取了中国气象局工作汇报，丁一汇、孙鸿烈、周大地、秦大河、张小曳等专家就应对气候变化提出意见和建议。在听取发言后，温家宝对气象工作提出四点要求：一要加强气象灾害监测预报。提高对气象灾害的综合监测能力和重大气象灾害预报的准确性和时效性。增强气象灾害应急处置能力，健全气象灾害防御体系，完善气象灾害应急预案。二要提高气象服务质量。适应经济社会发展多样化需求，为各行各业提供最及时、最准确、最优质的服务。三要积极应对气候变化。加强全球和区域气候变化对国家粮食、经济、能源、生态安全等方面的影响研究和应对工作。采取坚决有力措施，实现我国政府提出的减缓温室气体排放的行动目标。四要加强气象工作法制建设。全面贯彻落实气象法，建立配套法规体系，提高全社会气象法律意识。要完善气象标准体系，健全气象科技创新体系，积极开展国际气象交流与合作。各级政府和有关部门要大力支持气象事业的发展。

国务院总理温家宝就应对气候变化问题应约与联合国秘书长潘基文通电话

温家宝表示，联合国在凝聚国际社会共识，推动哥本哈根会议取得积极成果方面发挥着重要作用。中方愿与联合国保持密切沟通，共同为此作出努力。

潘基文高度赞赏中国政府在控制温室气体排放方面所作的努力和宣布的行动目标，认为这是对气候变化国际合作的重大贡献。联合国愿与中方加强合作，使哥本哈根会议取得成功。

国家副主席习近平出席全国组织部长会议并讲话

习近平指出，德才兼备、以德为先是党的十七大之后胡锦涛同志多次强调、中央反复要求的用人标准。选拔任用干部既要看才、更要看德，把政治上靠得住、工作上有本事、作风上过得硬、人民群众信得过的干部选拔上来。要在干部队伍中营造坚守政治品质、注重道德修养的良好氛围，大力宣传表彰德才兼优的干部，充分激活干部重德、养德的内在动力。要拓宽选人用人视野，坚持五湖四海、任人唯贤，特别关注各条战线、各个领域的基层和生产一线，特别关注环境艰苦、工作困难、矛盾复杂、长期默默奉献的岗位，特别关注那些心系群众、埋头苦干、不拉关系、不走门子的老实人、正派人，使选出来的干部组织放心、群众满意。

习近平强调，树立正确用人导向，把人选准用好，必须继续坚定不移地推进干部人事制度改革，在干部选拔任用的提名、考察、决定等环节进一步完善工作机制，匡正选人用人风气。要建立、健全主体清晰、程序科学、责任明确的干部选拔任用提名制度，探索实行多种提名方式，进一步扩大提名环节的民主。要正确分析和运用民主推荐、民主测评结果，增强科学性和真实性，既要把民主推荐结果作为选拔任用干部的重要依据，又不能简单地以票取人。要完善公开选拔、竞争上岗和差额选拔等竞争性选拔干部方式，突出岗位特点，注重实际能力，坚持考试的科学合理导向，让干得好的考得好，能力强的选得上，作风实的出得来，使优秀人才能够脱颖而出。

习近平指出，我国要在激烈的国际竞争中赢得主动、实现发展目标，关键取决于各级领导班子和领导干部的素质与能力，归根到底取决于一批又一批年轻干部的健康成长。各级党委和组织部门要加强调查研究，深入了解培养选拔年轻干部工作面临的新情况新问题，认真研究和把握新一代年轻干部的特点和成长规律，增强培养选拔年轻干部工作的针对性和有效性。要在各级领导班子中形成合理的年龄梯次配备，既激励年轻干部奋发进取，又充分发挥其他年龄段干部的作用。

习近平强调，要坚持和健全民主集中制，把切实推进党内民主、促进党内和谐与维护党的纪律、增进党的团结有机统一起来，充分发挥各级党组织和广大党员的积极性、主动性、创造性。要切实尊重广大党员在党内生活中的主体地位，用健全的制度体系落实和保障党员的知情权、参与权、选举权、监督权，鼓励党员积极建言献策。要进一步探索扩大党内基层民主的多种实现形式，发挥党的基层组织在保障党员民主权利方面的作用。

习近平强调，党要管党、从严治党，关键是从严抓好班子、带好队伍、管好干部。各级党委和组织部门要认真履行好从严管理干部的职责,坚持原则,敢抓敢管,加强经常性教育,健全干部日常管理机制,不断提高干部管理水平和效果。各级领导干部要善于、乐于在约束、监督下行使权力,时刻绷紧廉洁自律这根弦,始终保持共产党人的浩然正气。要始终把群众利益放在第一位,通过各种形式深入到群众之中,体察民情、体验民生、体会民意,在群众最盼的时候慰民心,在群众最急的时候解民忧,在群众最难的时候办实事,真正做到权为民所用、情为民所系、利为民所谋。

习近平还对加强基层党组织建设和党员队伍建设、加强组织部门自身建设等提出了明确要求。

中组部部长李源潮主持会议。

中央政法委员会第九次全体会议在北京召开

会上,中央政法委组成人员和有关方面负责同志认真总结今年的政法工作,对明年工作进行了热烈讨论。

广西军区在百色召开纪念百色起义 龙州起义80周年大会

国务委员刘延东出席在北京举行的第四届孔子学院大会

刘延东在会上强调,办好孔子学院是一项需要长期努力的崇高事业。要立足当前,谋划长远,制定规划,从体制机制、法律政策、经费投入等方面为国际汉语教育与推广提供支撑。要注重质量,抓好教师、教材和教学方法三个环节,提高教师汉语教学技能与跨文化交际能力,精心打造品牌教材和课件,创新汉语教学本土化方法,办好网络孔子学院。要鼓励孔子学院大胆创新、办出特色,开发特色课程和服务项目,创新管理模式,动员社会力量参与,积极培育汉语学习市场。要加强中外合作,争取各国政府和社会各界更多的关心与支持,齐心协力推进孔子学院蓬勃发展。

刘延东鼓励孔子学院积极服务社区,为当地中小学发展孔子课堂提供帮助,并通过教育、科技、经贸、文化等信息和咨询服务,开展丰富多彩的文化活动,发挥孔子学院综合效益。她希望加强和发展汉学研究,既研究古老厚重的中国,又研究现代多彩的中国,为孔子学院可持续发展奠定基础,为世界了解一个真实的中国、为推进和谐世界建设作出新的贡献。

12月12日

国家主席胡锦涛在阿斯塔纳同哈萨克斯坦总统努尔苏丹·阿比舍维奇·纳扎尔巴耶夫举行会谈

胡锦涛在会见时就发展中哈关系提出五点建议。一是增强政治互信。保持两国高层密切交往势头,扩大两国议会和政府各部门交流合作。进一步发挥中哈合作委员会作用,及时就双边关系发展有关问题进行指导和协调。加强在涉及对方核心利益的重大问题上的相互支持,增进相互理解和信任。二是深化能源领域合作。切实落实好中哈天然气管道运营和保障工作,加强两国矿产领域合作。三是推进非资源领域合作。加紧落实非资源领域合作规划及其落实措施计划,推动实施首批合作项目,尽快形成非资源领域合作规模化和效益化,带动两国各领域务实合作全面发展。四是加强金融领域合作,特别是融资贷款、金融监管、风险防范、反洗钱等方面合作。加紧落实双方签署的100亿美元贷款相关协议,为深化两国能源、矿产和非资源领域合作创造条件。五是扩大人文领域合作。加强科技、教育、文化、体育、旅游等领域合作。中方欢迎更多哈方青年赴华留学,决定自2010年起将哈萨克斯坦赴华政府奖学金留学生名额由每年100人增加到200人。两国有关部门继续密切合作,共同办好孔子学院和文化团组互访活动。

纳扎尔巴耶夫完全赞同胡锦涛关于发展双边关系的五点建议,表示中哈睦邻友好、相互信任的战略伙伴关系不断发展,哈方对此十分满意。哈方愿意加强双方在上海合作组织、亚信等组织中的合作,对中国政府决定增加哈萨克斯坦赴华留学生名额表示感谢,愿同中方共同办好在哈两所孔子学院。

会谈结束后,两国元首出席两国有关合作文件签字仪式并共同会见记者。

全国政协主席贾庆林在云南调研

12月12日至16日,贾庆林来到西双版纳、保山、曲靖和昆明等地,深入工厂企业、科研院所和少数民族村寨进行调查研究。他听取了云南省委、省政府的工作汇报,对云南经济社会发展取得的成就给予充分肯定,勉励云南的同志们认真总结经验,再接再厉,千方百计抓机遇、抓发展、抓创新,努力建设富裕民主文明开放和谐的新云南。

贾庆林在调研时强调,要认真贯彻中央经济工作会议精神,充分发挥统一战线和人民政协的优势和作用,加快经济发展方式转变,加强民族团结进步事业,更好地造福各族人民群众。

国务院副总理张德江出席在武汉召开的内河航运发展座谈会

河北探明十亿吨特大铁矿

河北地质找矿工作者新近在冀东地区探明的马城

铁矿资源储量达10.44亿吨,这是自20世纪80年代以来,我国探明的单矿床规模最大铁矿资源产地。马城铁矿位于唐山市滦南县境内。经勘查,该矿区共查明14个矿体。矿体呈近南北走向,矿带延长近6公里,埋深100—600米,单孔穿矿最大厚度达31336米,主矿体平均厚度4143—10895米。

12月13日

国家主席胡锦涛在阿什哈巴德同土库曼斯坦总统库尔班古力·别尔德穆哈梅多夫举行会谈

胡锦涛就加强中土务实合作提出四点建议。一是尽快启动中土合作委员会机制,发挥该机制对两国务实合作的指导和协调作用。二是深化两国能源领域合作。中国—中亚天然气管道是惠及两国和整个地区的合作项目。中方愿同土方一道努力,确保中国—中亚天然气管道顺利运营,本着友好协商、互利双赢的原则,继续推动两国天然气领域合作,并带动两国经贸等相关产业发展。三是加强非资源领域合作。中方愿同土方开展交通、通信、建材、基础设施建设等领域合作,研究制定中土非资源领域中长期合作规划。四是落实好双方商定的贷款项目,推动有关合作项目尽快启动实施。

胡锦涛表示,当前"三股势力"在中亚地区的活动对地区各国安全稳定构成严重威胁。中方愿同土方加强沟通,就打击"三股势力"、跨国犯罪等共同关注的问题开展交流合作,有效维护地区安全稳定。

胡锦涛强调,人文合作是中土友好合作关系的重要组成部分。中方愿同土方一道,不断加强文化、体育、教育、新闻、卫生、旅游等领域交流合作,积极开展文化交流和民间交往,推动文艺团体、民间组织、新闻媒体、学术机构交往,加强教育领域合作。中方决定,从2009—2010年起,中方向土方提供的中国政府奖学金名额将由目前的每年45人增加到每年90人,中方愿在汉语教学方面向土方提供帮助。

会谈结束后,胡锦涛同别尔德穆哈梅多夫出席签字仪式。

国家主席胡锦涛在土库曼斯坦首都阿什哈巴德会见乌兹别克斯坦总统伊斯兰·阿卜杜加尼耶维奇·卡里莫夫

胡锦涛就深化中乌双边务实合作提出重要建议,强调中方愿同乌方加强沟通和协调,确保中国—中亚天然气管道安全顺利运营,落实好有关扩大中乌油气领域合作协议;深化矿产开发领域合作,共同落实双方达成的有关协议;建立长期稳定、务实互惠的贸易合作关系;充分发挥中乌政府间经贸合作委员会作用,深入落实中乌经贸混委会第八次会议成果,加强两国经贸、交通、电信、轻工、农业等领域合作。

胡锦涛指出,当前,中亚地区安全形势仍面临严峻挑战。打击"三股势力"、维护安全稳定,是包括中乌在内的本地区各国的共同责任。中方愿继续加强两国执法安全部门交流合作,更好维护两国安全利益和本地区安全稳定。

卡里莫夫高度评价乌中关系发展,他表示,中国是乌兹别克斯坦最可靠、最可信赖的朋友。乌方愿加强同中国各领域的合作。卡里莫夫强调,乌方坚持一个中国政策,坚定支持中方反对"台独"、反对"藏独"及打击"三股势力"。

第五届东亚运动会闭幕中国代表团金牌总数居首

在历时9天的比赛中,来自9个国家和地区的2300多名运动员,在22个项目的比赛中奋力拼搏,取得了不俗的成绩。中国、日本、韩国代表团分别以113枚、62枚和39枚金牌的成绩,排在金牌榜前三位。

12月14日

全国人大常委会第三十五次委员长会议在人民大会堂召开

全国人大常委会委员长吴邦国主持会议,会议决定十一届全国人大常委会第十二次会议12月22日至26日在北京举行。

委员长会议建议十一届全国人大常委会第十二次会议继续审议侵权责任法草案、海岛保护法草案、可再生能源法修正案草案、社会保险法草案、国防动员法草案、选举法修正案草案;首次审议村民委员会组织法修订草案。

根据委员长会议的建议,常委会第十二次会议还将审议关于提请审议《全国人民代表大会常务委员会关于召开第十一届全国人民代表大会第三次会议的决定(草案)》的议案;审议国务院关于提请审议加入《联合国打击跨国有组织犯罪公约关于预防、禁止和惩治贩运人口特别是妇女和儿童行为的补充议定书》的议案;审议国务院关于提请审议批准《中华人民共和国和马耳他关于刑事司法协助的条约》的议案。

委员长会议建议常委会第十二次会议的议程还有:审议国务院关于促进中小企业发展情况的报告、关于促进就业和再就业工作情况的报告;审议全国人大农业与农村委员会关于农村社会保障体系建设情况跟踪检查报告;审议全国人大法律委员会、教育科学文化卫生委员会、环境与资源保护委员会、农业与农村委员会关于第十一届全国人民代表大会第二次会议主席团交付审议的代表提出的议案审议结果的报告。

常委会第十二次会议还将听取全国人大常委会办公厅关于第十一届全国人民代表大会第二次会议代表建议、批评和意见处理情况的报告,卫生部关于第十一届全国人民代表大会第二次会议代表建议、批评和意见办理情况的报告;听取十一届全国人大常委会代表资格审查委员会关于个别代表的代表资格的报告;审议有关任免案。

委员长会议上,全国人大常委会副委员长兼秘书长李建国就常委会第十二次会议议程草案、日程安排意见作了汇报。全国人大常委会有关副秘书长、全国人大有关专门委员会、全国人大常委会代表资格审查委员会负责人就常委会第十二次会议的相关议程作了汇报。

全国人大常委会副委员长王兆国、路甬祥、乌云其木格、韩启德、华建敏、陈至立、周铁农、司马义·铁力瓦尔地、蒋树声、陈昌智、严隽琪、桑国卫出席会议。

全国人大常委会委员长吴邦国在人民大会堂会见白俄罗斯国民会议代表院主席弗拉基米尔·安德烈琴科

国务院总理温家宝主持召开国务院常务会议研究完善促进房地产市场健康发展的政策措施并全面启动城市和国有工矿棚户区改造工作

为保持房地产市场的平稳健康发展,会议要求,按照稳定完善政策、增加有效供给、加强市场监管、完善相关制度的原则,继续综合运用土地、金融、税收等手段,加强和改善对房地产市场的调控。重点是在保持政策连续性和稳定性的同时,加快保障性住房建设,加强市场监管,稳定市场预期,遏制部分城市房价过快上涨的势头。一要增加普通商品住房的有效供给。适当增加中低价位、中小套型普通商品住房和公共租赁房用地供应,提高土地供应和使用效率。在保证质量前提下,加快普通商品住房建设。二要继续支持居民自住和改善型住房消费,抑制投资投机性购房。加大差别化信贷政策执行力度,切实防范各类住房按揭贷款风险。三要加强市场监管。继续整顿房地产市场秩序,加强房地产市场监测,完善土地招拍挂和商品房预售等制度。加强房地产信贷风险管理。四要继续大规模推进保障性安居工程建设。力争到2012年年末,基本解决1540万户低收入住房困难家庭的住房问题。

会议指出,随着经济持续快速发展,各地加大了对建筑质量差、设施简陋、居住密度高的棚户区的改造力度,大批居民住进新居,群众生活质量和城市环境得到明显改善。但目前我国一些城市和国有工矿及林区、垦区仍有近1000万户家庭居住在棚户区。会议决定,用5年左右时间基本完成城市和国有工矿集中成片棚户区改造,有条件的地方争取用3年时间基本完成。中央财政对城市和国有工矿棚户区改造给予适当支持,省和市、县人民政府应切实加大资金投入。鼓励采取共建的方式改造国有工矿棚户区,引导社会资金积极参与。鼓励金融机构向符合条件的城市和国有工矿棚户区改造项目提供贷款。免征相关改造项目的城市基础设施配套费等行政事业性收费和政府性基金,优先安排土地供应。继续按现有政策推进国有林区、垦区和中央下放地方煤矿的棚户区改造。

会议要求,地方各级政府要切实负起责任,结合当地具体情况,采取针对性措施,促进房地产市场健康发展。

国务院总理温家宝就应对气候变化问题应约与丹麦首相安诺斯·福格·拉斯穆森通电话

国务院副总理李克强在广东考察

12月14日至16日,李克强在广东省委书记汪洋等陪同下,先后来到珠海、中山、佛山等地,深入农村乡镇、城市社区和企业车间,重点就推进城镇化进行调查研究。

李克强在考察时强调,要按照中央经济工作会议的部署,把积极稳妥推进城镇化作为应对国际金融危机、扩大国内需求和调整经济结构的重要抓手,为经济长期平稳较快发展开拓新空间,为社会主义现代化建设增添新动力。

在粤期间,李克强实地考察了珠海横琴岛规划和开发建设情况。他还听取了广东省工作汇报,充分肯定一年来广东省经济社会发展取得的成绩,希望广东省广大干部群众深入贯彻落实科学发展观,争创新优势,再上新台阶。

国务院副总理张德江在北京出席中央企业负责人会议并发表讲话

张德江充分肯定了中央企业在应对国际金融危机、促进企业改革发展、履行社会责任等方面取得的显著成绩。他强调,中央企业要把思想认识统一到中央对国内外形势的科学判断上来,按照中央经济工作会议确定的目标任务和方针政策,重点做好以下工作:一要确保中央企业平稳较快发展,认真贯彻落实中央的政策措施,抓住机遇,采取措施,进一步开拓国内外市场,拓展企业发展空间。二要进一步推进企业改革和布局调整,继续深化公司制股份制改革和企业内部改革,加快推进中央企业的重组整合,突出和做强主业,增强中央企业发展活力、影响力、控制力。三要着力提升自主创新能力,完善科技创新体系,加大研发投入,攻克核心共性关键技术,大力实施名牌战略,加强企业技术改造,加快实现由"中国制造"向"中国创造"的转变。四要大力推进产业结构调整升级,认真贯彻落实重点产业调整振兴规划,加快信息化与工业化融合,加快培育和发展新兴战略性产业,加快淘汰落后产能,加快提升企业在全球产业分工体系中的地位。五要大力推进管理创新,全面加强投资管理、资金管理、风险管理、质量管理,向管理要效益,要竞争力。六要加快"走出去"步伐,实施海外投资和企业兼并,增强中央企业在全球范围内资源优化配置能力。七要更加自觉履行社会责任,稳定和增加就业岗位,及时足额为企业职工交纳各项社会保险,大力推进节能减排,加强安全生产工作,关心职工群众生活,维护企业和社会稳定。八要继续加强和改进企业党建工作,充分发挥党组织的政治核心作用和党员的先锋模范作用,巩固和扩大中央企业深入学习实践科学发展观活动成果,努力建设高素质的经营管理者队伍、人才队伍、党员队伍、职工队伍。九要努力为中央企业健康发展创造良好的政策舆论环境,共同研究解决制约企业发展的突出问题,帮助企业解决实际困难。

中国首次完成大熊猫基因组精细图

由深圳华大基因研究院、中国科学院昆明动物研究所等单位共同参与的大熊猫基因组测序研究项目近日完成,项目组绘制出大熊猫基因组精细图。这是我国科学家第一次全面系统地对大熊猫基因组进行测序研究。

文化部下发通知取消八个县市区"全国文化先进县"称号

文化部官方网站发布关于全国文化先进县复查结果的通知,决定取消河北省赞皇县、深州市、涿州市,黑龙江省木兰县,安徽省亳州市谯城区、宣城市宣州区,陕西省户县、三原县共8个县(市、区)"全国文化先进县"荣誉称号。

12月15日

全国人大常委会委员长吴邦国在人民大会堂会见众议院运营委员长松本刚明率领的日本国会代表团

国务院副总理李克强在广东珠海出席港珠澳大桥工程开工仪式

李克强现场听取了国务院有关部门关于港珠澳大桥工作情况汇报。他说,港珠澳大桥是连接粤港澳三地的超大型交通基础设施,也是举世瞩目的重大基建工程。粤港澳三地民众对港珠澳大桥充满着期盼,三地政府为促成这一工程付出了辛勤努力。大桥的建设,不仅是香港、澳门和珠三角地区应对危机、拉动投资、提振人心的措施,而且将进一步密切香港与澳门之间、港澳与珠三角地区之间,进而与广大内地之间的联系,对于改善珠三角地区投资环境,加快产业结构调整和布局,拓展经济发展空间,促进内地和港澳经济紧密合作与融合发展,保持香港、澳门长期繁荣稳定,增强区域整体竞争力,都具有十分重要的意义。

广东省委书记汪洋,香港特别行政区行政长官曾荫权,澳门特别行政区行政长官何厚铧和候任行政长官崔世安参加开工活动。曾荫权、何厚铧和广东省、国家发展改革委、中国交通建设集团负责人在开工仪式上致辞。

河北省第十一届人大常委会第十三次会议接受胡春华辞去省长职务的请求 任命陈全国为副省长代理省长

国家副主席习近平在东京日本皇宫会见日本天皇明仁

习近平向明仁天皇转达了胡锦涛主席的诚挚问候和良好祝愿。习近平说,我这次应日本政府邀请前来访问,目的是进一步推动中日友好合作,增进两国人民友好感情。我同鸠山首相进行了富有成效的会谈,广泛接触了各界人士,还将到北九州地区参观访问。我希望通过此访为促进中日友好合作尽一份力量。

明仁天皇感谢胡锦涛主席的问候和祝愿,表示胡锦涛主席去年对日本的访问非常成功,习近平副主席对日本的访问将进一步加强日中友好关系。天皇愉快地回忆起1992年对中国的访问,表示访问期间受到了中国人民的热烈欢迎,留下了深刻印象。天皇祝习副主席访问圆满成功。

全国人大与日本国会众议院合作委员会第五次会议在北京举行

双方积极评价2009年中日关系发展取得的重要进展。双方一致认为,发展长期稳定健康的中日关系符合两国和两国人民的根本利益,也有利于本地区和世界的和平与繁荣。双方应抓住当前有利时机,进一步落实两国领导人达成的共识,不断增进政治互信,加强各领域交流与合作,妥善处理有关问题,推动中日战略互惠关系沿着正确轨道健康稳定发展。

双方还介绍了各自国内情况并就经贸合作、节能环保、气候变化、金融危机以及国际和地区热点问题交换了意见。中方介绍了中国应对国际金融危机的主要措施和取得的成效，提议中日双方充分发挥自身优势，加强协调，推动双边经贸合作尽快恢复与发展。日方表示愿在节能环保、应对气候变化等方面加强与中方的合作。双方认为，加强人文交流尤其是青少年之间的交流，对夯实两国友好的民意基础和社会基础具有重要意义。

双方定于明年在日本举行交流机制第六次会议。

第四届全国妇女健身活动展示大赛在广东省东莞市开幕

大赛由全国妇联、国家体育总局和广东省政府主办。全国人大常委会副委员长、全国妇联主席陈至立出席开幕式并宣布大赛开幕。

来自全国29个省市区和新疆生产建设兵团、香港特别行政区、澳门特别行政区的32个代表团1047名妇女运动员参赛。从明天起至12月17日，她们将在毽球、健美操、体育舞蹈和健身秧歌四大类项目中展示自己的"健康风采"。

12月16日

全国政协主席贾庆林在人民大会堂会见白俄罗斯国民会议代表院主席弗拉基米尔·安德烈琴科

贾庆林说，中白建交以来，双边关系始终保持健康稳定发展。双方在政治、经济、人文、国际事务等领域的合作蓬勃开展，在彼此关切的重大问题上相互支持，给两国和两国人民带来了实实在在的利益。贾庆林说，中国全国政协和白俄罗斯国民会议在各自国家政治生活中发挥着重要作用，都汇聚了各方面代表人士。希望双方加强交流与合作，发挥各自优势，为两国地方交流和企业合作牵线搭桥，共同为推动中白各领域、多层次合作献计出力。

安德烈琴科表示，白方重视发展对华关系，白中关系为外交优先方向之一，愿与中方一道，加强各领域的务实合作，相互支持，相互维护对方的核心利益，把两国关系推向更高层次。白议会将发挥自身作用，为白中关系的深入发展作出贡献。

国务院副总理王岐山在湖南省长沙 湘潭考察农村信用社改革发展等工作

王岐山来到长沙县农村信用联社、湘潭县响水乡农村信用社及青竹村生猪养殖专业户家，详细了解涉农贷款、资产质量、队伍建设等情况。他说，农业收益低、风险大，农民抵押物少，办好农村信用社不容易，关键要靠基层信贷员对农情、乡情、社情的把握，要靠改革创新，不断提高服务"三农"的水平。

在农村信用社改革发展座谈会上，王岐山认真听取了与会代表的发言，对湖南省近年来经济社会发展特别是应对国际金融危机的显著成绩给予充分肯定。他强调，没有农业农村的现代化就没有全国的现代化，没有农民的小康就没有全国人民的小康。农村信用社改革发展，事关整个农村金融体系和"三农"的大局。要有信心，有目标，因地制宜，分类指导，通过加快发展、深化改革、扩大开放、优化服务和强化管理逐步破解这一难题。在总结经验的基础上，继续推进农村信用社管理体制、产权制度和法人治理改革，保持农村信用社县域独立法人地位稳定。农村信用社要扎根农村，安心服务"三农"，更好地发挥支农主力军作用。各级党委政府、各有关部门要加大支持力度，指导农村信用社加强班子和队伍建设，切实防范金融风险。

在湖南期间，王岐山专程前往韶山瞻仰了毛泽东同志故居，并向毛泽东铜像敬献了花篮。

湖南省和国务院有关部门负责同志参加了考察。

中国常驻美洲国家组织观察员驻美国大使周文重和美洲国家组织秘书长因苏尔萨在华盛顿该组织总部共同签署两项协议

这两项协议是《中华人民共和国政府和美洲国家组织秘书处关于建立中国—美洲国家组织合作基金的协议的补充议定书》和《中华人民共和国教育部和美洲国家组织秘书处关于人力资源开发和奖学金项目的谅解备忘录》。

根据协议，未来5年，中国政府将继续提供总额为100万美元的"中国—美洲国家组织合作基金"，用于支持该组织实施各项目；中国教育部每年将向该组织提供10个政府奖学金名额，资助其成员国青年赴华学习深造。

文化部 国家文物局发出《关于表彰全国文物工作先进县的决定》

各省、自治区、直辖市文化厅(局)、文物局(文管会)：

近年来，各地党委、政府坚持以邓小平理论和"三个代表"重要思想为指导，学习实践科学发展观，深入贯彻《文物保护法》以及党和国家"保护为主、抢救第一、合理利用、加强管理"的文物工作方针，高度重视、大力支持文物工作，依法履行政府保护文物的职责，积极落实文物保护"五纳入"，组织动员广大人民群众热情参与文物保护工作，努力使文物保护的成果惠及人民群众，取得显著成绩，涌现出一批先进典型。

为了鼓励地方各级人民政府更加重视、关心和支持文物工作，激励各地文物行政部门和广大文物工作者团结进取、奋发向上，文化部、国家文物局决定授予北京市通州区等 36 个县(市、区)为“全国文物工作先进县”。

希望受到表彰的全国文物工作先进县珍惜荣誉，再接再厉，为推进文物事业发展再创新的业绩。同时号召全国各级文物行政部门和广大文物工作者在党的十七大精神指引下，高举中国特色社会主义伟大旗帜，继续解放思想，坚持改革开放，推进文化遗产事业科学发展，为全面建设小康社会作出更大的贡献！

附件：2009 年全国文物工作先进县名单

文化部　国家文物局

2009 年 12 月 16 日

2009 年全国文物工作先进县名单

北京市通州区
天津市宝坻区
河北省张家口市桥西区
河北省武安市
山西省榆社县
山西省翼城县
内蒙古自治区扎兰屯市
辽宁省本溪县
吉林省柳河县
黑龙江省林口县
上海市静安区
江苏省太仓市
浙江省杭州市余杭区
浙江省平湖市
安徽省固镇县
福建省长汀县
江西省南昌县
山东省莒县
河南省光山县
河南省渑池县
湖北省秭归县
湖南省凤凰县
广东省佛山市高明区
广西壮族自治区容县
重庆市南岸区
四川省泸县
四川省木里藏族自治县
贵州省务川仡佬族苗族自治县
云南省通海县
西藏自治区江孜县
陕西省富县
陕西省旬阳县
甘肃省庆城县
青海省湟中县
宁夏回族自治区灵武市
新疆维吾尔自治区昭苏县

12 月 17 日

国务院总理温家宝在哥本哈根分别会见丹麦首相安诺斯·福格·拉斯穆森和联合国秘书长潘基文

在会见拉斯穆森时，温家宝对丹麦为筹办哥本哈根气候变化会议作出的积极努力表示赞赏。他说，哥本哈根会议已经到了最后关头，各国必须着眼大局，立足现实，照顾彼此关切，按照“共同但有区别的责任”原则，锁定已作出的承诺，迅速凝聚共识，有效推进谈判，达成一个显示国际社会共同政治意愿、体现各国应对气候变化的努力、为各方所接受的成果文件，为未来的国际合作提供新的动力。中方将继续坚定支持东道国的工作，与各方密切沟通协调，争取获得最好的结果。

在会见潘基文时，温家宝表示，中方高度重视联合国及秘书长为促进气候变化国际合作发挥的独特和重要的作用，将一如既往支持秘书长的工作。全世界人民都期待哥本哈根会议取得成功，各国领导人要为此提供强大的政治动力并作出切实努力，展示人类有信心、有能力应对气候变化的挑战。

国务院总理温家宝在哥本哈根会见巴西总统路易斯·伊纳西奥·卢拉·达席尔瓦

温家宝说，中国和巴西都是发展中大国，在应对气候变化国际合作上有着广泛的共识。两国坚定地同其他广大发展中国家站在一起，维护共同利益。同时，与有关各方加强沟通协调，增信释疑，凝聚共识，为推动哥本哈根会议谈判进程发挥了重要的建设性作用，体现了对世界和未来负责的严肃态度。发达国家应该支持发展中国家走可持续发展道路的努力，这有利于共同应对气候变化。

卢拉表示，巴西对哥本哈根会议谈判的立场与中方完全一致。巴西和中国都在发展经济的同时，积极应对气候变化。应对气候变化国际合作必须遵循“共同但有区别的责任”原则，不能要求发展中国家做超出自身发展水平和能力的事。巴西愿与中方保持沟通协调，加强发展中国家的团结，与各方共同努力，争取哥本哈根会议取得成果。

国务院总理温家宝在哥本哈根会见马尔代夫 埃塞俄比亚 孟加拉国 格林纳达 苏丹五国领导人

温家宝集体会见的领导人是马尔代夫总统纳希

德、埃塞俄比亚总理梅莱斯、孟加拉国总理哈西娜、格林纳达总理托马斯和苏丹总统助理纳菲阿。

温家宝说,中国和欠发达国家、小岛国和非洲国家同属发展中国家,有着相似的历史遭遇,都面临发展经济、消除贫困的迫切任务。广大发展中国家受气候变化的影响最大,在应对这一全球性挑战方面有着广泛的共同利益、共同关切和一致的目标。中方理解和同情欠发达国家、小岛国和非洲国家在气候变化问题上的特殊处境和需求,主张并敦促发达国家提供应对气候变化的资金、技术和能力建设支持。中国在这方面不仅没有私利,而且将一如既往地在南南合作和双边合作框架下,为欠发达国家、小岛国和非洲国家提供力所能及的粮食、医疗卫生、教育以及应对气候变化方面的支持和援助。

五国领导人表示,对广大发展中国家来说,发展是首要任务。应对气候变化决不能以牺牲发展中国家的发展权益为代价。中国自主采取的控制温室气体排放的行动目标,为国际社会应对气候变化树立了表率,证明中国是一个积极合作、负责任的大国。欠发达国家、小岛国和非洲国家感谢中国的同情、理解和援助,愿同中方加强沟通协调,维护共同利益,共同推动哥本哈根会议取得积极成果。

国务院总理温家宝在哥本哈根分别会见英国首相布朗 德国总理默克尔和日本首相鸠山由纪夫

温家宝说,近来,许多发达国家提出了量化减排指标,一些发展中国家也提出了自主减缓目标,这是前所未有的,标志着应对气候变化国际合作取得新进展。哥本哈根会议已到了最后关头,各方要锁定共识,求同存异,面向未来,给世界人民以信心和希望。

温家宝指出,应对气候变化,关键是要坚持"共同但有区别的责任"原则。各国要切实履行各自承诺,增强互信,而不是相互猜忌,甚至对抗。中国历来言必信,行必果,我们将克服一切困难,努力实现控制温室气体排放的目标。我们的工作不仅公开透明,而且受到国内法律和舆论的监督。中国愿在信息公开方面开展国际交流、对话与合作。

布朗、默克尔和鸠山由纪夫积极评价中方为应对气候变化所做的努力,并介绍了各自对哥本哈根会议谈判的考虑,表示愿同中方加强合作,争取会议取得成果。

"以旧换新"销售家电 1213 亿元

截至 12 月 17 日,9 个试点省市共回收五大类旧家电 3525 万台,销售五大类新家电 310 万台,销售额共计达 1213 亿元。在回收的旧家电中,电视机 2569 万台,冰箱 279 万台,洗衣机 44 万台,空调 46 万台,电脑 191 万台;在销售的新家电中,电视机 1403 万台,冰箱 455 万台,洗衣机 506 万台,空调 406 万台,电脑 33 万台。

国家副主席习近平在首尔会见韩国总统李明博

习近平表示,中方一向高度重视中韩关系,把发展同韩国的关系放在中国对外关系的重要位置。当前两国关系呈现全面快速发展势头。去年双边贸易额超过 1800 亿美元,人员往来达到 530 万人次。双方为应对国际金融危机密切合作,取得积极成效。我们愿同韩方一道努力,继续推动中韩战略合作伙伴关系向前发展,更好地造福两国人民。

李明博说,韩中建交 17 年来,两国关系取得巨大发展。中国已成为韩国最大的贸易伙伴和投资对象国。双方在地区和国际事务中保持密切协调与合作,如此活跃的双边关系在世界上是罕见的。韩方愿与中方共同努力,以 2010 年上海世博会和 2012 年丽水世博会为平台,推动两国人文交流和友好合作关系取得更大发展。

国务院副总理李克强在人民大会堂会见白俄罗斯国民会议代表院主席弗拉基米尔·安德烈琴科

科技型中小企业创新基金实施十周年总结大会在北京召开

国务委员刘延东专门发来贺信。全国政协副主席、科技部部长万钢,科技部党组书记、副部长李学勇,财政部副部长丁学东、科技部副部长杜占元等领导出席会议。来自全国各省、自治区、直辖市及计划单列市科技、财政厅(委、局)以及新疆生产建设兵团科技局、财政局的相关负责人、部分创新基金专家咨询委员会的专家以及创新基金项目承担过企业的代表近 200 多人参加会议。

"2009 中国动画年会"在海口举行

本次年会由中国动画学会、中央电视台、海口市政府共同主办。国家广电总局拿出 890 万元,重奖国产原创动画及创作人才。其中,长篇动画片《小鲤鱼历险记》获得一等奖,奖励 180 万元;《喜羊羊与灰太狼》获得二等奖,奖励 100 万元,国产动画创作人才扶持项目获奖每人奖金 8 万元。

山东省政协主席孙淑义被免职

政协山东省第十届委员会常务委员会 17 日下午召开第九次会议,根据《中国人民政治协商会议章程》

的有关规定，决定免去孙淑义山东省政协主席职务，并撤销其省政协委员资格。

12月18日

中共中央总书记胡锦涛作出重要指示强调要毫不动摇地推进干部人事制度

中共中央总书记、国家主席、中央军委主席胡锦涛近日作出重要指示强调，要抓住当前干部群众反映突出的重点难点问题，毫不动摇地推进干部人事制度改革，既要积极探索创新，又要稳妥有序推进。

中共中央政治局常委、中央书记处书记、国家副主席习近平也作出指示，要求认真贯彻《2010—2020年深化干部人事制度改革规划纲要》(以下简称《规划纲要》)，在建立、健全科学的选人用人机制上迈出更大步伐、取得更大成效。

经中央批准，《规划纲要》已正式印发。《规划纲要》在总结以往改革经验基础上，提出了今后10年深化干部人事制度改革的指导思想、基本目标、重点突破项目和整体推进任务，并对统筹推进国有企事业单位人事制度改革、加强对干部人事制度改革中长期问题的研究探索、加强对干部人事制度改革的领导提出了明确要求。《规划纲要》提出，要坚持党管干部原则，坚持德才兼备、以德为先标准，坚持民主、公开、竞争、择优方针，坚持科学化、民主化、制度化方向，解放思想、勇于创新，着力解决领导班子和干部队伍建设的关键问题、干部人事工作中的重点难点问题和干部群众反映强烈的突出问题，树立坚定信念、注重品行、科学发展、崇尚实干、重视基层、鼓励创新、群众公认的正确用人导向，提高选人用人公信度，通过坚持不懈的努力，逐步形成广纳群贤、人尽其才、能上能下、公平公正、充满活力的中国特色社会主义干部人事制度。

干部人事制度改革是我国政治体制改革的重要组成部分。2000年中央颁布了《深化干部人事制度改革纲要》(以下简称《改革纲要》)，10年来干部人事制度改革取得重大进展，《改革纲要》提出的任务已经基本完成。

国务院总理温家宝在哥本哈根会见美国总统奥巴马

温家宝表示，气候变化是全球性挑战，也是中美两国合作的重要领域。应对气候变化，关键是坚持“共同但有区别的责任”原则。中国政府宣布了控制温室气体排放的目标，体现了积极应对气候变化，与国际社会携手应对挑战的诚意和决心。我们自主采取缓减行动，并受国内法律和舆论监督。在有关信息的披露方面，我们愿积极开展国际交流对话与合作。中方对美国作出向最不发达国家提供融资支持的承诺表示欢迎，关键是采取切实行动，帮助发展中国家应对气候变化。中方愿与美方加强沟通与协商，增进互信，推动会议取得公平、合理、可实现的成果，向世界传递希望和信心。

奥巴马表示，应对气候变化，应遵循“共同但有区别的责任”原则。中国宣布的控制温室气体排放目标是雄心勃勃的，令人印象深刻，这对世界很重要。中国是发展中国家，面临的最大挑战是发展经济、消除贫困，不能苛求中国采取美国等发达国家应采取的步骤。美方对中方愿增加自主减排信息的透明度表示赞赏，愿同中方共同推动哥本哈根会议取得成果，并加强在气候变化领域的长期合作。

国务院总理温家宝在哥本哈根会见印度总理辛格

两国总理就哥本哈根会议进展情况交换了看法。温家宝说，应对气候变化关乎人类生存和发展。哥本哈根会议的目的是推动全球合作应对这一挑战。各方应坚持“共同但有区别的责任”原则，相互尊重，平等协商，争取会议取得公平、合理、可实现的成果。中印两国都为哥本哈根会议作出了巨大努力，中国对印度自主提出的减缓目标表示理解和支持，愿与印方加强团结与协作，为应对气候变化国际合作作出贡献。

辛格表示，应对气候变化不能背离《联合国气候变化框架公约》及其《京都议定书》，不能否定“共同但有区别的责任”原则。印中两国对此有共同利益和相同立场。印度对印中双方在气候变化谈判中的协调配合表示满意，愿继续同中国加强沟通与合作。

国务院总理温家宝在哥本哈根气候变化会议领导人会议上发表《凝聚共识　加强合作　推进应对气候变化历史进程》的讲话

拉斯穆森首相阁下，各位同事：

此时此刻，全世界几十亿人都在注视着哥本哈根。我们在此表达的意愿和作出的承诺，应当有利于推动人类应对气候变化的历史进程。站在这个讲坛上，我深感责任重大。

气候变化是当今全球面临的重大挑战。遏制气候变暖，拯救地球家园，是全人类共同的使命，每个国家和民族，每个企业和个人，都应当责无旁贷地行动起来。

近三十年来，中国现代化建设取得的成就已为世人瞩目。在这里我还要告诉各位，中国在发展的进程中高度重视气候变化问题，从中国人民和人类长远发展的根本利益出发，为应对气候变化作出了不懈努力和积极贡献。

——中国是最早制订实施《应对气候变化国家方案》的发展中国家。先后制定和修订了节约能源法、可再生能源法、循环经济促进法、清洁生产促进法、森林法、草原法和民用建筑节能条例等一系列法律、法规,把法律、法规作为应对气候变化的重要手段。

——中国是近年来节能减排力度最大的国家。我们不断完善税收制度,积极推进资源性产品价格改革,加快建立能够充分反映市场供求关系、资源稀缺程度、环境损害成本的价格形成机制。全面实施十大重点节能工程和千家企业节能计划,在工业、交通、建筑等重点领域开展节能行动。深入推进循环经济试点,大力推广节能环保汽车,实施节能产品惠民工程。推动淘汰高耗能、高污染的落后产能,2006年至2008年共淘汰低能效的炼铁产能6059万吨、炼钢产能4347万吨、水泥产能14亿吨、焦炭产能6445万吨。截至今年上半年,中国单位国内生产总值能耗比2005年降低13%,相当于少排放8亿吨二氧化碳。

——中国是新能源和可再生能源增长速度最快的国家。我们在保护生态基础上,有序发展水电,积极发展核电,鼓励支持农村、边远地区和条件适宜地区大力发展生物质能、太阳能、地热、风能等新型可再生能源。2005年至2008年,可再生能源增长51%,年均增长14.7%。2008年可再生能源利用量达到2.5亿吨标准煤。农村有3050万户用上沼气,相当于少排放二氧化碳4900多万吨。水电装机容量、核电在建规模、太阳能热水器集热面积和光伏发电容量均居世界第一位。

——中国是世界人工造林面积最大的国家。我们持续大规模开展退耕还林和植树造林,大力增加森林碳汇。2003年至2008年,森林面积净增2054万公顷,森林蓄积量净增11.23亿立方米。目前人工造林面积达5400万公顷,居世界第一。

中国有13亿人口,人均国内生产总值刚刚超过3000美元,按照联合国标准,还有1.5亿人生活在贫困线以下,发展经济、改善民生的任务十分艰巨。我国正处于工业化、城镇化快速发展的关键阶段,能源结构以煤为主,降低排放存在特殊困难。但是,我们始终把应对气候变化作为重要战略任务。1990年至2005年,单位国内生产总值二氧化碳排放强度下降46%。在此基础上,我们又提出,到2020年单位国内生产总值二氧化碳排放比2005年下降40%—45%,在如此长时间内这样大规模降低二氧化碳排放,需要付出艰苦卓绝的努力。我们的减排目标将作为约束性指标纳入国民经济和社会发展的中长期规划,保证承诺的执行受到法律和舆论的监督。我们将进一步完善国内统计、监测、考核办法,改进减排信息的披露方式,增加透明度,积极开展国际交流、对话与合作。

各位同事:

应对气候变化需要国际社会坚定信心,凝聚共识,积极努力,加强合作。必须始终牢牢把握以下几点:

第一,保持成果的一致性。应对气候变化不是从零开始的,国际社会已经为之奋斗了几十年。《联合国气候变化框架公约》及其《京都议定书》是各国经过长期艰苦努力取得的成果,凝聚了各方的广泛共识,是国际合作应对气候变化的法律基础和行动指南,必须倍加珍惜、巩固发展。本次会议的成果必须坚持而不能模糊公约及其议定书的基本原则,必须遵循而不能偏离"巴厘路线图"的授权,必须锁定而不能否定业已达成的共识和谈判取得的进展。

第二,坚持规则的公平性。"共同但有区别的责任"原则是国际合作应对气候变化的核心和基石,应当始终坚持。近代工业革命200年来,发达国家排放的二氧化碳占全球排放总量的80%。如果说二氧化碳排放是气候变化的直接原因,谁该承担主要责任就不言自明。无视历史责任,无视人均排放和各国的发展水平,要求近几十年才开始工业化、还有大量人口处于绝对贫困状态的发展中国家承担超出其应尽义务和能力范围的减排目标,是毫无道理的。发达国家如今已经过上富裕生活,但仍维持着远高于发展中国家的人均排放,且大多属于消费型排放;相比之下,发展中国家的排放主要是生存排放和国际转移排放。今天全球仍有24亿人以煤炭、木炭、秸秆为主要燃料,有16亿人没有用上电。应对气候变化必须在可持续发展的框架下统筹安排,决不能以延续发展中国家的贫穷和落后为代价。发达国家必须率先大幅量化减排并向发展中国家提供资金和技术支持,这是不可推卸的道义责任,也是必须履行的法律义务。发展中国家应根据本国国情,在发达国家资金和技术转让支持下,尽可能减缓温室气体排放,适应气候变化。

第三,注重目标的合理性。中国有句成语:千里之行,始于足下。西方也有句谚语:罗马不是一天建成的。应对气候变化既要着眼长远,更要立足当前。《京都议定书》明确规定了发达国家至2012年第一承诺期的减排指标。但从实际执行情况看,不少发达国家的排放不减反增。目前发达国家已经公布的中期减排目标与协议的要求和国际社会的期望仍有相当距离。确定一个长远的努力方向是必要的,更重要的是把重点放在完成近期和中期减排目标上,放在兑现业已作出的承诺上,放在行动上。一打纲领不如一个行动,我们应该通过切实的行动,让人们看到希望。

第四,确保机制的有效性。应对气候变化,贵在落实行动,重在机制保障。国际社会要在公约框架下作出切实有效的制度安排,促使发达国家兑现承诺,向发展中国家持续提供充足的资金支持，加快转让气候友好技术，有效帮助发展中国家、特别是小岛屿国家、最不发达国家、内陆国家、非洲国家加强应对气候变化的能力建设。

最后，我要强调的是，中国政府确定减缓温室气体排放的目标是中国根据国情采取的自主行动，是对中国人民和全人类负责的，不附加任何条件，不与任何国家的减排目标挂钩。我们言必信、行必果，无论本次会议达成什么成果，都将坚定不移地为实现、甚至超过这个目标而努力。

谢谢！

全国政协主席贾庆林在人民大会堂会见以书记局局长金完洙为团长的朝鲜祖国战线代表团

国务院副总理李克强主持召开国务院人口普查领导小组第一次全体会议

国务院副总理、国务院第六次全国人口普查领导小组组长李克强指出，人口状况与经济社会结构密切相关，掌握人口结构及其空间分布等方面的准确信息，对于调整经济结构、优化生产力布局、促进经济社会协调发展，具有重要意义。人口也是民生工作的基础，无论是扩大消费、增加就业、建立社会保障，还是提供义务教育、基本医疗以及保障性住房，都离不开对人口状况的调查和分析。在摸清人口底数的基础上，加大人才开发力度，增加人力资本投入，还有利于把我国人口多的特点转化为人力资源的优势，这是我们建设创新型国家、占领未来发展制高点的关键所在。

李克强强调，在新的形势下做好人口普查工作，必须坚持科学普查、依法普查，从制度方法上确保普查数据真实、准确和完整。要通过深入细致的工作，查准人口总量，查清人口自然构成、地域和城乡分布，查实教育、就业、住房、养老等生活特征，掌握流动人口真实情况，及时开发应用普查成果。

李克强说，当前第六次全国人口普查已进入准备的关键阶段。要加强组织领导和协调配合，扩大试点范围，搞好人员培训，动员社会力量，确保普查顺利开展并取得成功，以便深入掌握我国基本国情，促进人的全面发展。

国家统计局负责人就人口普查准备工作作了汇报。国务院第六次全国人口普查领导小组成员和有关部门负责人参加了会议。

中央纪委书记贺国强在北京参加中央巡视工作领导小组第一次会议并讲话

中央纪委书记、中央巡视工作领导小组组长贺国强指出，建立和完善巡视制度，是党中央从加强党内监督、提高党的执政能力、保持和发展党的先进性的战略高度作出的一项重大决策。党的十六大以来，在党中央的正确领导下，中央纪委、中组部和各省（区、市）及新疆生产建设兵团党委把巡视工作列入重要议事日程，加强组织领导，健全体制机制，创新方式方法，精心组织实施，巡视工作取得了重要进展和明显成效，在贯彻党要管党、从严治党方针，加强党内监督、维护党的纪律、推进党的建设，保证中央政令畅通、促进改革发展、维护社会稳定中发挥了重要作用。

贺国强强调，今年以来，中央先后颁发了《中国共产党巡视工作条例（试行）》、作出了成立中央巡视工作领导小组和巡视机构更名等重要决策部署，充分体现了中央对巡视工作的高度重视，体现了中央进一步加强和改进巡视工作的坚定决心，标志着巡视工作进入规范化、制度化的新阶段。要结合新的形势和任务，从党和国家事业发展全局的高度充分认识加强和改进巡视工作的重要意义，进一步增强做好新形势下巡视工作的责任感和紧迫感，牢记使命、不负重托，恪尽职守、扎实工作，不断把巡视工作提高到一个新的水平。要把维护党的政治纪律作为提高巡视工作水平的首要任务，切实加强对各地区各部门贯彻落实党的十七大以及十七届三中、四中全会精神情况的监督检查，推动全党全社会认真贯彻落实中央的重大决策部署，为深入贯彻落实科学发展观、加强和改进新形势下党的建设、维护改革发展稳定大局提供有力保证；要把严格依纪依法办事作为提高巡视工作水平的基本要求，严明政治纪律、工作纪律、保密纪律，严格按照党内法规和国家法律、法规开展工作，特别是要严格按照巡视工作条例所规定的巡视范围、对象、任务以及工作程序、方式方法办事；要把注重成果运用作为提高巡视工作水平的重要内容，为中央决策提供参考、为中央和国家有关部门工作提供依据、为被巡视地区和单位改进工作做好反馈；要把健全制度作为提高巡视工作水平的重要保障，逐步建立、健全覆盖巡视情况报告、意见反馈、责任分解、整改落实、督促检查、成果运用、人员管理等方面的巡视工作制度体系，不断增强巡视制度的系统性、协调性、科学性；要把加强巡视干部队伍建设作为提高巡视工作水平的关键环节，坚持高标准严要求选配巡视干部，加强对巡视干部的教育、管理和监督，督促巡视干部秉公执纪、廉洁自律、谦虚谨慎、平等待人；要把推进理论创新和实践创新作为提高巡视工作水平的重要动力，深入研究巡视工作面临的重大理论课题，努力把握工作规律，及时总结各地区各部门创造的新鲜经验，积极借鉴古今中外有益做法，不断改进巡视工作的方式方法，增强巡视工作的针对性和实效性。

贺国强指出，加强和改进巡视工作，中央巡视工作领导小组肩负着重要责任。领导小组要坚持在中央统一领导下开展工作，切实履行职责，认真执行民主集中制，加强对巡视工作的领导和指导，加强对中央巡视组的管理和监督，加强自身建设，发挥领导小组办公室的职能作用，充分调动各地区各部门的积极性、主动性和创造性，推动巡视工作健康深入发展。

中组部部长、中央巡视工作领导小组副组长李源潮，中央纪委副书记、中央巡视工作领导小组副组长何勇出席会议。会议审议通过了《中央巡视工作领导小组工作规则》和《中央巡视工作领导小组办公室工作规则》。

《人民日报》发表评论员文章《完善党内监督制度的重大举措》

2009年7月2日，中共中央颁布实施了《中国共产党巡视工作条例(试行)》(以下简称《巡视工作条例》)。它的颁布实施，对于完善巡视制度，规范巡视工作，进一步加强党内监督，加强领导班子和干部队伍建设，推动中央各项重大决策的贯彻落实，促进党风廉政建设和反腐败斗争的深入开展，具有十分重要的意义。

《巡视工作条例》的发布施行，是贯彻落实党章的规定，进一步加强党内监督、完善党内监督制度的重大举措。加强党内监督，是保持党的先进性和纯洁性，增强党的凝聚力和战斗力，提高党的执政能力和拒腐防变能力的重要手段，是推进党的建设新的伟大工程的现实需要。我们党历来高度重视党内监督工作，尤其是党的十六大以来，党内监督工作不断取得新成效：党内监督被列入全党的重要议事日程，党内监督机构的职能作用不断强化，党内监督的途径和手段不断拓展，党内监督制度和法规体系不断健全和完善。党中央对巡视制度给予了充分肯定，将巡视制度写入党章，党的十七大报告明确要求要进一步“完善巡视制度”。《巡视工作条例》明确了巡视工作的领导体制，拓展了巡视监督的内容，完善了巡视监督的程序，是对《党内监督条例》关于巡视制度的进一步细化和完善，是加强党内监督，完善党内监督制度的又一重大成果。

《巡视工作条例》的发布施行，是对多年巡视工作实践的科学总结。自2003年确立巡视制度以来，根据中央的部署和要求，中央纪委、中组部以及各省(区、市)党委组建专门巡视机构和专职巡视队伍，积极开展巡视工作，在巡视工作应当坚持的原则、巡视监督的重点、巡视工作的领导体制和工作机制、巡视工作的方法、巡视成果的运用、增强监督合力和实效、加强巡视干部队伍建设等方面也积累了丰富的经验，为进一步规范和完善巡视工作奠定了良好的实践基础。《巡视工作条例》正是在对各级、各地多年巡视工作实践进行科学总结的基础上，将实践证明行得通、有实效的做法上升为党内法规，作为制度固定下来，从而更好地指导和推动巡视工作的深入开展。

《巡视工作条例》的发布施行，是巡视工作制度化、规范化的重要标志。加强巡视制度建设，是提高巡视工作质量和水平、推动巡视工作健康深入发展的重要保证。《巡视工作条例》的出台，为进一步加强巡视工作提供了依据。作为巡视工作的一项基础性法规，《巡视工作条例》对中央巡视组和各省(区、市)党委巡视组开展巡视工作作了统一规范，是今后开展巡视工作的基本依据，是建立内容完备、科学有效的巡视制度的重要标志，提高了巡视工作的制度化、规范化水平。

党的十七届四中全会通过的《关于加强和改进新形势下党的建设若干重大问题的决定》要求“以加强领导干部特别是主要领导干部监督为重点，建立、健全决策权、执行权、监督权既相互制约又相互协调的权力结构和运行机制，推进权力运行程序化和公开透明”，“加强和改进巡视工作，健全巡视工作领导机制，选好配强巡视干部，完善巡视程序和方式，提高巡视成效”。各级党组织要把认真学习贯彻《巡视工作条例》和学习贯彻党的十七届四中全会精神结合起来，把贯彻落实《巡视工作条例》作为加快推进惩治和预防腐败体系建设、深入开展反腐败斗争的重要内容，深入学习宣传，认真组织实施。要使广大党员特别是党员领导干部通过学习，深刻领会和准确把握《巡视工作条例》的主要内容和精神实质。要采取多种形式，广泛宣传，切实增强党员领导干部接受监督的意识。各级党组织以及巡视工作机构，要严格执行《巡视工作条例》，认真履行职责，充分发挥职能作用。被巡视党组织领导班子及其成员要自觉接受巡视监督，积极配合巡视工作，坚决纠正不符合中央要求的各种行为。

全国政法工作电视电话会议在北京召开

公安部部长孟建柱主持会议并作总结讲话。孟建柱要求各级政法机关统一思想认识，增强抓紧抓好三项重点工作的自觉性；加强组织领导，把深入推进三项重点工作纳入第一责任、纳入经济社会发展规划、纳入政法机关的整体部署、纳入绩效考核范围，推动三项重点工作不断向纵深发展；转变工作作风，狠抓各项部署的贯彻落实，全力维护国家安全和社会和谐稳定。

会上，最高人民法院院长王胜俊、最高人民检察院检察长曹建明、公安部常务副部长杨焕宁、司法部部长吴爱英分别就贯彻落实中央精神、做好明年本系统工作作了具体部署。

各省、市、县党委和政府主要负责同志，中央、地方和军队政法各单位以及有关部门负责同志分别在主会场、各地分会场参加了会议。

国务院副总理张德江出席在北京召开的全国人力资源和社会保障工作会议并讲话

张德江在会上分析了 2010 年人力资源和社会保障工作面临的新形势、新任务。强调要采取更加有力的措施，花费更大的气力，全面做好人力资源和社会保障各项工作。重点要做好以下几项工作：一是千方百计稳定和扩大就业。坚持更加积极的就业政策，保持政策的连续性。重点做好高校毕业生、农民工和就业困难人员的就业工作。加强就业培训工作，强化就业组织指导，切实保护劳动者合法权益。二是进一步完善社会保险制度。稳步提高各项社会保险待遇水平，扩大社保覆盖范围。加强对新农保试点工作的组织指导，抓紧研究解决其他社会保障遗留问题。三是积极稳妥推进人事制度和工资制度改革。深化干部人事制度改革和事业单位人事制度改革，进一步完善公务员工资制度，落实规范中央企业负责人薪酬规定。四是加强公务员队伍建设和人才队伍建设。加快公务员法配套法规建设步伐，大力推进公务员分类改革。加强公务员培训，从严管理公务员队伍。以高层次人才和高技能人才为重点，统筹推进各类人才队伍建设。大力引进海外高层次人才和紧缺人才。

中宣部等 14 单位联合发出《关于 2010 年深入开展文化科技卫生"三下乡"活动的通知》

各省、自治区、直辖市党委宣传部，文明办，教育厅(教委)，科技厅(科委、科技局)，司法厅(局)，农业厅(委、局)，文化厅(局)，卫生厅(局)，人口计生委，广播影视局，新闻出版局，共青团委员会，妇联，科学技术协会：

2010 年是实施"十一五"规划的最后一年，也是在复杂经济环境中推动经济社会又好又快发展的关键之年。为动员社会各方面力量促进农村改革发展、推动社会主义新农村建设，中央宣传部、中央文明办、教育部、科技部、司法部、农业部、文化部、卫生部、国家人口计生委、国家广电总局、新闻出版总署、共青团中央、全国妇联、中国科协决定，继续深入推进文化、科技、卫生"三下乡"活动。

2010 年的"三下乡"活动，要坚持以邓小平理论和"三个代表"重要思想为指导，深入贯彻落实科学发展观，贯彻落实党的十七届四中全会和中央经济工作会议精神，紧紧围绕党和国家工作大局、围绕农村改革发展、围绕农民群众实际需要来谋划和开展。要进一步加大送理论政策下乡的力度，通过专家巡讲、文艺演出、宣传挂图等多种形式，深入宣传阐释马克思主义中国化最新成果，宣传阐释党的十七届四中全会和中央经济工作会议精神，帮助农村干部群众加深对党的理论路线、方针政策的理解，不断增强贯彻落实的自觉性。要进一步加大送优秀精神文化产品、文艺演出活动、科技卫生服务下乡的力度，提升农村文化科技卫生公共服务能力，不断满足农民群众日益增长的物质和精神文化需求。要进一步加大农村人才培养的力度，加强各种职业技能培训，培育有文化懂技术会经营的新型农民，提高农民群众整体素质和发展创业能力。要进一步加大"三下乡"长效机制建设的力度，健全城市支援农村和各种共建机制，大力发展农村志愿服务体系，积极调动社会力量和各种资源参与"三下乡"活动，推动形成服务"三农"的合力。

2010 年元旦、春节前后，中央有关部门将集中组织开展以下活动：1. 在贵州省黔西县举行今冬明春全国文化科技卫生"三下乡"活动启动仪式，组织文化、科技、卫生工作者现场开展文艺演出、法律咨询、科普宣传、义诊体检等惠民服务活动。2. 组织高校师生深入农村基层开展科学发展观宣讲、民族团结教育、社会调查和志愿服务活动。开展农村青年就业技能培训和富有特色的乡村青年文化活动，推进农村青年中心建设。3. 组织国家京剧院、中国歌剧舞剧院、中国国家话剧院、中央民族乐团、中国儿童艺术剧院等中央文艺院团赴四川、陕西、甘肃地震灾区，广西、贵州、重庆、青海等地的少数民族地区和革命老区进行慰问演出。4. 开展庆祝新中国成立 60 周年重点国产影片农村献映活动，充实农村数字电影放映资源，组织农村电影队广泛开展放映活动。5. 继续推进"农家书屋"工程，依托书屋开展科技知识讲座、读书征文、灯谜竞猜等多种形式的群众文化活动。举办全国"农家书屋"阅读讲演大赛，引导广大农民群众多读书、读好书。6. 开展法律进乡村活动，组织法律工作者进村入户进行法制宣传教育，集中开展村"两委"干部法制培训，加强农村法制宣传队伍和阵地建设。7. 开展婚育新风进万家和关爱女孩行动，广泛进行以倡导男女平等、坚持计划生育基本国策为主要内容的宣传教育，为西部贫困地区捐建新家庭文化屋和人口计生宣教远程工作站。启动少生快富扶贫工程试点，帮助计划生育困难家庭脱贫致富。8. 组织"送温暖、三下乡"活动，广泛开展农村妇科疾病检查诊治、妇女创业致富小额信贷项目，慰问少数民族地区、贫困山区的妇女儿童，继续开展"春蕾计划"、"安康计划"、"母亲水窖"、"母亲健康快车"等活动。9. 开展科技下乡活动，继续推进农村科技特派员、科技服务小分队进村入户，基层农技推广体系改革与建设，基层农技人员和农村实用人才培训等工作。举办"送科技下乡、保粮食安全"主题示范活动。开展"全国百名科技专家和致富能手科技下乡”活动,组织各级科普工作队进村服务,为农村特别是少数民族地区捐建科普图书室。继续开展科技列车下乡和院士专家科技下乡活动。10.深入实施“万名医师支援农村卫生工程”,开展“部属部管医院支援西部地区农村卫生工作”项目,举办“走进西部”万名县级医院医师培训,组织三级医院对县级医院进行巡回指导。组织开展艾滋病科普宣教与培训活动。各地要在配合上述工作的同时,结合实际精心组织开展富有特色、农民群众欢迎的活动,积极打造一批“三下乡”活动知名品牌。要坚持服务农民,推动“我们的节日”主题活动深入开展,进一步丰富基层群众文化生活。

各地各有关部门要高度重视2010年“三下乡”活动,切实负起责任,摆上重要日程,加强组织领导。要把“三下乡”与深入学习实践科学发展观活动结合起来,与群众性爱国主义教育活动和民族团结宣传教育活动结合起来,统筹协调、科学安排、有序推进。要落实和完善相关政策,建立、健全激励机制,在人员、资金等方面为“三下乡”活动提供可靠保障。要突出重点、注重实效,加大对少数民族地区、革命老区、边疆地区、贫困地区和受灾地区的支持力度,多为困难群众提供实实在在的帮助和服务。党委宣传部门要牵头做好组织协调工作,加强与各部门的沟通,推动形成工作合力。要做好“三下乡”活动的宣传报道工作,营造社会各方面积极参与“三下乡”活动、共同支农惠农的良好舆论氛围。

2009年12月18日

全国妇联主席陈至立在湖南考察妇女工作并召开妇女工作座谈会

创新基金十周年成绩斐然

科技部12月18日消息,自1999年6月正式实施到现在,科技型中小企业技术创新基金(以下简称创新基金)已经走过了整整10年的发展历程。10年间,创新基金培育了一大批具有中国特色的科技型中小企业,催生了一大批高新技术成果和项目,形成了一大批有竞争力的新型产业,有力地推动了我国高新技术产业的发展。

组织实施10年来,创新基金坚持以支持创新型中小企业为重点,在企业规模上,创新基金支持的主体都是人数不足500人、成立时间较短的中小企业;在项目进度上,创新基金支持的主要是拥有处于种子期的技术项目,即尚处于中试阶段并未实现产业化的创新项目。据统计,10年来,创新基金共立项14450项,立项金额88.4亿元,平均每个项目支持金额61.18万元。截至2008年,创新基金共完成创新基金项目验收7921项,其中合格的5523项,占验收项目总数69.73%;基本合格的1113项,占验收项目总数的14.05%;不合格和终止的1295项,占验收项目总数的16.35%。

通过10年组织实施,创新基金得到了各级政府和社会各界的广泛关注,已经成为我国科技型中小企业技术创新活动最重要的财政支持渠道;同时,创新基金管理机制及采取的相关管理措施在社会上也得到了广泛的认同和好评。2008年,创新基金写入被科技界称为“科技宪法”的《科技进步法》,从法律上保证了创新基金的资金来源。

专家们认为,10年间,创新基金以不大的财政投入,引导了政策性金融资金、商业银行信贷以及保险资金等多种金融资本支持中小企业技术创新格局的形成,使科技型中小企业创新创业的投融资环境得到明显改善。据介绍,1999年,创新基金立项数仅为1089项,支持金额为8.16亿元。到2008年,创新基金立项数已经达到了2470项,支持金额达到14亿元。目前全国37个省、自治区、直辖市、计划单列市、新疆生产建设兵团全都设立了地方创新基金,基金总额36亿元。

2009年度全民健身志愿服务暨全民健身万里行活动总结表彰大会在北京举行

由体育总局发起的2009年“全民健身万里行”活动自8月在京举办首发仪式以来,之后的近4个月中先后在南京、西安、深圳举办了三站主题活动,并将社区百姓健身服务覆盖至全国35座城市,近400个社区,共计有40余名奥运冠军、优秀运动员参与其中,他们走到健身群众身边,以实际行动践行“以己之长、服务社会”的承诺。

在今天举行的总结表彰大会上,主办方共表彰了16个获得优秀组织奖、9个突出贡献奖的单位以及23名获得优秀个人奖的健身教练,并展示了在活动中深受百姓喜爱的有氧搏击操等健身运动。

12月19日

国家主席胡锦涛在澳门会见澳门特别行政区行政长官何厚铧

胡锦涛在会见时对何厚铧表示,你担任澳门特别行政区行政长官已经10年了。10年来,你在这个使命崇高、责任重大的重要岗位上,忠于职守,勤勉工作,锐意进取,为“一国两制”在澳门的成功实践做了许多开创性工作。中央对你的工作、对你为澳门和国家所做的贡献予以高度评价。

胡锦涛希望何厚铧离开行政长官岗位之后，继续关注澳门的发展，支持行政长官崔世安和新一届特别行政区政府依法施政，为推进"一国两制"事业作出新的贡献。

何厚铧感谢胡锦涛和中央政府给予澳门和他本人的关心和支持。他表示，担任澳门特别行政区行政长官10年，深刻体会到伟大祖国是澳门保持繁荣稳定的坚强后盾。他很荣幸能够在这个岗位上为澳门、为国家做了一些事情。今后，会继续尽己所能，为澳门、为国家作出应有贡献。

国家主席胡锦涛在澳门会见前来出席庆祝澳门回归祖国10周年活动的香港特别行政区行政长官曾荫权和随行主要官员

胡锦涛指出，今年以来，在行政长官曾荫权领导下，香港特别行政区政府和社会各界群策群力，积极应对国际金融危机冲击，保持了香港繁荣稳定。中央政府对香港特别行政区行政长官和特区政府所做的大量工作和取得的成绩是充分肯定的。

胡锦涛表示相信，香港特别行政区政府和社会各界团结一心，奋发努力，一定能够尽快实现香港经济全面复苏，使市民生活不断改善，一定能够妥善处理政制发展问题，继续营造和谐稳定的良好社会环境。

曾荫权感谢胡锦涛的肯定和鼓励，感谢中央政府对香港的关心和支持。他表示，香港特别行政区政府将团结一致，尽心竭力，做好各方面工作，全力维护香港繁荣稳定的局面。

国家主席胡锦涛出席澳门特别行政区政府欢迎晚宴并发表重要讲话

晚宴在澳门东亚运动会体育馆宴会厅举行。

胡锦涛发表了热情洋溢的讲话。

何厚铧在欢迎辞中代表澳门特别行政区政府和全体澳门市民，对胡锦涛亲临澳门表示热烈的欢迎和崇高的敬意。他说，今天的澳门社会民心稳定、综合实力有所提升、市民生活持续改善、制度建设逐步完善、爱国传统薪火相传，"一国两制"、"澳人治澳"、高度自治的实践初见成效，并充分展现出其科学正确和强大生命力。我们深信，在中央正确领导和全力支持下，第三任行政长官崔世安先生必将带领新一届澳门特别行政区政府和广大澳门居民，努力开创澳门繁荣和谐新局面，确保"一国两制"伟大实践不断取得新的成功。

刘延东、令计划、王沪宁、李建国、廖晖和陈炳德等出席晚宴。

香港特别行政区行政长官曾荫权，澳门特别行政区候任行政长官崔世安，澳门特别行政区政府主要官员，澳门各界代表和其他嘉宾也出席晚宴。

国家主席胡锦涛在澳门特别行政区政府欢迎晚宴上的讲话

同胞们，朋友们：

时隔5年再次来到美丽的澳门，同大家一起欢庆澳门回归祖国10周年，我感到十分高兴。首先，我代表中央政府和全国各族人民，向在座各位，并通过你们向全体澳门市民，致以诚挚的问候和良好的祝愿！

10年前的12月20日，历经400多年沧桑的澳门回到祖国怀抱。10年来，"一国两制"、"澳人治澳"、高度自治的方针在澳门得到全面贯彻实施，澳门经济实现持续增长，各项社会事业蓬勃发展，社会保持稳定，同祖国内地的联系和合作日益加深，对外交往更加活跃，国际影响不断扩大，取得了前所未有的发展成就。事实雄辩地证明，"一国两制"事业具有强大生命力。

我愿在这里重申，中央政府将继续坚定不移贯彻"一国两制"、"澳人治澳"、高度自治的方针，严格按照澳门基本法办事，全力支持澳门特别行政区行政长官和特区政府依法施政，全力支持澳门发展经济、改善民生、推进民主、促进和谐，全力支持澳门加强同祖国内地的交流合作，全力支持澳门扩大对外交往，坚定不移维护澳门长期繁荣稳定。

经过10年不懈努力，澳门已经站在一个新的发展起点上。中央政府对何厚铧先生10年来的施政成绩予以高度评价，对明天即将宣誓就职的崔世安先生和新一届澳门特别行政区政府寄予厚望。继往开来，把澳门管理、建设、发展得更好，这是新一届澳门特别行政区政府和澳门各界人士共同面临的重要课题。

开创澳门更加美好的未来，既要坚持继承，也要锐意创新。坚持继承，就是要认真总结澳门回归祖国10年来贯彻实施"一国两制"、"澳人治澳"、高度自治方针和澳门基本法积累的成功经验，把在实践中形成的行之有效的好做法、好传统保持下去，特别是要使澳门同胞素有的爱国爱澳光荣传统薪火相传、发扬光大。锐意创新，就是要清醒认识澳门内外环境变化带来的挑战，深刻认识澳门经济社会发展面临的突出矛盾和问题，增强忧患意识，紧跟时代步伐，在思想观念、体制机制、工作方式等方面不断改进和创新。坚持继承和锐意创新有机结合，我们才能在已有成就的基础上继续前进，不断开创澳门发展新局面。

同胞们、朋友们！

两个多月前，我们一起满怀喜悦地庆祝了新中国60华诞。60年来国家发展取得的辉煌成就，是全国各族人民在中国共产党领导下团结一心、艰苦奋斗的结果,也凝聚着澳门同胞的勤劳和智慧。我们坚信,在实现中华民族伟大复兴的历史进程中,澳门同胞和全国各族人民携手并肩、不懈奋斗,一定能够创造国家和澳门发展的新辉煌!

在这里,我还要向大家宣布一个好消息:为庆贺澳门特别行政区成立10周年,应澳门特别行政区政府的请求,中央政府决定向澳门特别行政区赠送一对大熊猫。我们相信,这对可爱的大熊猫一定会将祖国内地人民的深情厚谊带给澳门市民,并为澳门增添吉祥欢乐。

现在,我提议:

为澳门更加美好的明天,

为我们伟大祖国更加繁荣富强,

为在座各位朋友身体健康、事业成功、家庭幸福,

干杯!

12月20日

庆祝澳门回归祖国10周年大会暨澳门特别行政区第三届政府就职典礼在澳门东亚运动会体育馆举行

国家主席胡锦涛在庆祝澳门回归祖国10周年大会暨澳门特别行政区第三届政府就职典礼上的讲话

同胞们,朋友们:

今天,我们怀着喜悦的心情,在这里隆重庆祝澳门回归祖国10周年。10年前的今天,中葡两国政府举行了澳门政权交接仪式,中国政府庄严宣告对澳门恢复行使主权,中华人民共和国澳门特别行政区成立。澳门回归祖国,实现了包括广大澳门同胞在内的全国各族人民的夙愿,标志着澳门同胞从此真正成为这块土地上的主人,澳门从此进入历史发展新纪元。这是中华民族发展史上的一座重要里程碑。

在这里,我代表中央政府和全国各族人民,向全体澳门市民,致以诚挚的问候!向新就任的澳门特别行政区行政长官崔世安先生和特别行政区主要官员、行政会委员,表示热烈的祝贺!

我相信,新一届澳门特别行政区政府一定能够总结经验、继往开来,团结带领广大澳门市民把澳门建设得更加美好!

此时此刻,我们要向创造性地提出"一国两制"科学构想、为澳门回归祖国开辟了正确道路的邓小平先生,表示深深的怀念!向为实现澳门顺利交接和成功落实"一国两制"作出了历史性贡献的江泽民先生,致以崇高的敬意!借此机会,我们还要向所有关心澳门、为澳门保持繁荣稳定作出贡献的海内外同胞和国际友人,表示衷心的感谢!

澳门回归祖国10年来,在中央政府和祖国内地大力支持下,澳门特别行政区行政长官何厚铧先生和特区政府带领澳门各界人士团结奋斗、务实进取,积极应对亚洲金融危机、非典疫情、国际金融危机等带来的严峻挑战,努力克服澳门发展进程中遇到的种种困难,保持澳门繁荣稳定,各项事业取得长足进步,使澳门这座历史悠久的商埠名城焕发出前所未有的生机活力。"一国两制"在澳门的成功实践,为澳门发展谱写出新的辉煌篇章,为国家发展增添了夺目光彩!

澳门回归祖国以来的10年,是"一国两制"在澳门成功实践的10年,是澳门基本法顺利实施的10年,也是澳门各界人士积极探索符合澳门实际的发展道路、不断取得进步的10年。回顾澳门回归祖国10年来的不平凡历程,可以得出以下重要启示。

第一,必须全面准确理解和贯彻"一国两制"方针。"一国两制"是一个完整的概念,"一国"和"两制"紧密相连。要全面准确理解和贯彻"一国两制"方针,关键是要把爱国和爱澳有机统一起来。既要维护澳门原有的社会经济制度、生活方式,又要维护国家主权、统一、安全,尊重国家主体实行的社会主义制度;既要维护澳门特别行政区依法享有的高度自治权,充分保障澳门同胞当家做主的主人翁地位,又要尊重中央政府依法享有的权力,坚决反对任何外部势力干预澳门事务。今年年初,澳门基本法第二十三条立法顺利完成,充分体现了澳门特别行政区政府、立法会和澳门各界人士对维护国家安全和利益的高度责任感,也为澳门长治久安提供了坚实保障。只要澳门同胞继续发扬光荣传统,在爱国爱澳旗帜下实现最广泛的团结,就一定能够构筑起澳门长期繁荣稳定的牢固政治基础。

第二,必须严格依照澳门基本法办事。澳门基本法在澳门特别行政区法律体系中具有最高地位。依法治澳,就是要按照澳门基本法办事,坚决维护澳门基本法的权威。澳门回归祖国以来,特别行政区政府和各社会团体坚持不懈宣传推广澳门基本法,自觉以澳门基本法规范行政、立法、司法行为和处理政制发展等重大问题。这是澳门特别行政区10年来所取得的一项重要成就。要在这一基础上进一步健全澳门特别行政区各项法律、法规,加强制度建设,特别是要按照以人为本、勤政、廉洁、高效的要求,完善政府行政规章制度,促进澳门特别行政区政府管治水平不断提高。

第三,必须集中精力推动发展。发展是硬道理。澳门特别行政区政府和社会各界人士在过去10年中始终牢牢把握发展这个主题,避免政治纷争和社会内耗,形成了经济快速增长、民生明显改善的良好局面。在今后的发展中,要更加注重集民智、聚民心、汇民力,更加注重发展的全面性、协调性、可持续性,切实提高

澳门抵御各种经济金融风险能力。当前，特别要充分利用中央政府已经采取的一系列支持澳门发展的政策措施以及国家颁布实施《珠江三角洲地区改革发展规划纲要》《横琴总体发展规划》的有利机遇，加强同内地特别是广东省的合作。要继续加强和完善对博彩业的管理，努力推动澳门经济适度多元发展。要统筹规划，加大教育、科技、文化、卫生、体育等社会事业投入，使发展成果惠及广大澳门市民，致力于提高市民生活综合素质，促进澳门经济社会全面协调可持续发展。

第四，必须坚持维护社会和谐稳定。澳门是一个多元化社会。各阶层各界别虽然利益多元、诉求多样，但根本利益是一致的。良好的治安环境、融洽的社会氛围、稳定的发展局面是澳门全社会的共同福祉。包容共济是促进澳门社会和谐稳定的良方益策。澳门同胞向来讲团结、重协商，只要大家在维护澳门长期繁荣稳定的大目标下相互尊重、求同存异、加强沟通、顾全大局，就一定能够找到解决矛盾和问题的办法，为澳门各项事业发展营造良好社会氛围。

第五，必须着力培养各类人才。人才是各项事业发展之本。不断提升澳门竞争力，最关键的支撑因素是人才。要着眼长远，增强紧迫感，大力发展教育、科技、文化事业，培养造就一大批澳门社会发展需要的政治人才、经济人才、专业技术人才以及其他各方面人才。要高度重视和加强爱国爱澳优秀年轻人才培养，使澳门同胞素有的爱国爱澳传统薪火相传、发扬光大，使“一国两制”事业后继有人。

同胞们、朋友们！

“一国两制”事业是香港特别行政区、澳门特别行政区和祖国内地共同发展繁荣的事业，也是中华民族伟大复兴事业的重要组成部分。在已经取得成功经验的基础上，把这一伟大事业继续推向前进，需要中央政府和香港特别行政区政府、澳门特别行政区政府以及社会各界人士共同努力。在这里，我郑重重申，中央政府将继续坚定不移贯彻“一国两制”、“港人治港”、“澳人治澳”、高度自治的方针，严格按照香港基本法、澳门基本法办事，全力支持香港特别行政区、澳门特别行政区行政长官和特区政府依法施政。中央政府对香港、澳门采取的任何方针政策措施，都会始终坚持有利于保持香港、澳门长期繁荣稳定，有利于增进香港、澳门全体市民福祉，有利于推动香港、澳门和国家共同发展的原则。伟大的祖国始终是香港、澳门繁荣稳定的坚强后盾。

同胞们、朋友们！

新中国成立60年来，经过包括澳门同胞在内的全国各族人民共同奋斗，国家建设取得了举世瞩目的伟大成就，综合国力大幅增强，人民生活显著改善，国际地位和影响空前提高。国际金融危机发生以来，我国各族人民坚定信心、团结奋斗、共克时艰，取得了应对国际金融危机冲击、保持经济平稳较快发展的显著成绩。当前，全国各族人民正沿着中国特色社会主义道路，继续解放思想，坚持改革开放，推动科学发展，促进社会和谐，继续为建设惠及十几亿人口的更高水平的小康社会而奋斗，继续朝着建设富强民主文明和谐的社会主义现代化国家、实现中华民族伟大复兴的宏伟目标奋勇前进。

澳门同胞既是澳门特别行政区的主人，也是国家的主人。澳门特别行政区成立以来，不仅从祖国内地快速发展中获得了源源不竭的发展动力和越来越多的发展机遇，在国际上分享着伟大祖国的尊严和荣耀，也为国家发展作出了重要贡献。对澳门同胞长期以来为国家改革开放和社会主义现代化建设、为祖国和平统一大业作出的重要贡献，全国各族人民不会忘记。

展望未来，我们坚信，澳门的明天与伟大祖国一样，一定会更加美好！澳门同胞的未来生活与全国各族人民一样，一定会更加幸福！

谢谢大家。

国家主席胡锦涛在澳门会见刚刚就职的澳门特别行政区行政长官崔世安和新任行政立法司法机关负责人

胡锦涛向崔世安指出，中央政府对你高度信任，广大澳门市民对你充满期待。希望你不辱使命、不负重托，带领澳门特别行政区政府坚持贯彻“一国两制”、“澳人治澳”、高度自治的方针，严格依照澳门基本法办事，紧密团结澳门各界人士，把澳门各项建设事业推上一个新台阶。中央政府将全力支持你和澳门特别行政区政府的工作。

胡锦涛强调，澳门正站在一个新的历史起点上。在以崔世安为行政长官的新一届特别行政区政府领导下，澳门各界人士齐心协力，开拓创新，一定能够开创澳门更加美好的明天。

崔世安感谢中央政府对澳门的关心和支持，表示将牢记使命，恪尽职守，带领澳门特别行政区政府和各界人士团结奋斗，全力促进澳门更好更快发展。

胡锦涛在会见新任行政立法司法机关负责人时说，在你们身上，寄托着中央政府的信任，寄托着50多万澳门市民的期盼。希望你们不辱使命、不负重托，在行政长官崔世安领导下，紧紧依靠广大澳门市民，切实把澳门管理好、建设好、发展好。胡锦涛对大家提出四点希望：一是要爱民为民，牢固树立和认真践行以人为本的理念，尽心尽力为市民服务。二是要团结一心，做到心往一处想，劲往一处使，共同维护澳门长期繁荣稳定。三是要勤政高效,做到决策科学民主、执行高效有力,不断提高管治水平。四是要清正廉洁,以自己的模范行动带动整个公务人员队伍廉洁从政。

胡锦涛表示相信,新一届澳门特别行政区政府管治团队一定能够继往开来,同澳门各界人士一道,开创澳门发展新局面。

中央军委主席胡锦涛视察中国人民解放军驻澳门部队并发表讲话

胡锦涛在接见驻澳门部队连以上干部时说,10年来,驻澳门部队坚决贯彻党中央、中央军委的决策指示,坚持我军根本宗旨和优良传统,依法履行防务职责,圆满完成各项任务,为澳门繁荣稳定发挥了重要作用,以实际行动展示了我军威武、文明之师的良好形象,赢得了广大澳门民众的赞誉。

胡锦涛指出,履行澳门防务,使命光荣,责任重大。他希望官兵们高举中国特色社会主义伟大旗帜,进一步加强思想政治建设,大力培育当代革命军人核心价值观,确保经受住特殊任务和复杂环境的考验。要坚决贯彻“一国两制”、“澳人治澳”、高度自治的方针和澳门特别行政区基本法,支持澳门特别行政区政府依法施政,始终做到爱国爱澳、守法亲民。要深入扎实地抓好军事训练,不断提高履行防务能力。要坚持依法治军、从严治军,加强科学管理,确保部队安全稳定。

中共中央总书记胡锦涛在广东省珠海市考察

12月20日至21日,胡锦涛总书记在广东省委书记汪洋等陪同下,深入到企业、研发机构和技工学校,同当地干部群众共商加快经济发展方式转变、提高自主创新能力、实现经济平稳较快发展大计。

考察期间,胡锦涛听取了广东省委和省政府的工作汇报,对广东近年来的工作给予充分肯定。胡锦涛强调,要把加快经济发展方式转变作为深入贯彻落实科学发展观的重要目标和战略举措,坚定不移调结构,脚踏实地促转变,着力推动经济发展从要素驱动向创新驱动转变,真正打好转变经济发展方式这场硬仗。要扎实推进保障和改善民生工作,切实解决人民最关心最直接最现实的利益问题,在惠民生上见到更大成效。要扎实推进社会主义文化建设,努力营造健康向上的社会文化环境。要扎实推进社会管理体制建设,确保社会和谐安定。要扎实推进新形势下党的建设,把党的政治优势和组织优势转化为推动经济社会又好又快发展的强大力量,尤其要教育引导各级干部特别是领导干部自觉加强党性修养,始终谦虚谨慎、艰苦奋斗,真正做到为民、务实、清廉。

外交部部长杨洁篪在钓鱼台国宾馆芳菲苑举行外交部2010年新年招待会

“爱国侨领陈沙立资助贫困地区22所华侨小学捐赠仪式”在北京举行

陈沙立向全国人大常委会副委员长、民建中央主席、中华思源工程扶贫基金会理事长陈昌智递交捐赠支票1110万元。来自新疆、西藏、广西、宁夏、贵州、河南、内蒙古等16省区22所贫困小学接受了中华思源工程扶贫基金会陈沙立慈善基金的捐赠。

12月21日

国务院总理温家宝在人民大会堂与法国总理弗朗索瓦·菲永举行会谈

温家宝建议,以应对国际金融危机、气候变化、能源安全等全球性挑战为契机,创新思路,深化合作,把两国经贸关系提升到新水平。一是坚持开放、共赢的原则,反对贸易保护主义,采取有效措施,促进双边贸易尽快恢复增长;二是推进核能、航空、交通运输等领域重大项目合作;三是把节能环保、新能源、绿色经济培育为新的增长点;四是扩大相互投资,支持中小企业的交流合作,使双边经贸关系更加富有活力。中方还愿同法方加强文化交流和人员往来,扩大两国友好的民意基础。

菲永赞同温家宝对双边关系的评价和关于发展两国关系的建议,表示法中关系是独一无二的战略伙伴关系,两国人民之间的友谊源远流长。40多年前,戴高乐将军作出承认新中国的富有远见的决定,40多年来,两国关系取得长足发展,各领域合作不断增强,法国人民同中国人民的友谊日益深厚。在新形势下,两国政府应该在相互尊重、平等相待基础上,继续努力,推动核能、航空、交通运输、文化等各领域合作取得新的进展。两国应该共同促进不同文明、不同体制国家之间相互对话,促进世界多极化。

会谈后,两国总理共同出席了中法两国在科技、信息、水利、文化、财政、核能、航空等领域合作文件的签字仪式。

全国人大常委会在北京举行纪念地方人大设立常委会30周年座谈会

全国人大常委会副委员长王兆国出席座谈会并讲话。

王兆国指出,县级以上地方人大设立常委会,是新时期我国社会主义民主法制建设的一件大事,是健全地方政权体制的重要举措,是人民代表大会制度的一次重大发展和完善。30年来,地方人大及其常委会紧紧围绕党和国家工作大局，从本地实际出发，认真履行宪法和法律规定的职责，以经济建设为中心，有力地推动了经济社会又好又快发展；以实现人民当家做主为己任，有力地巩固和发展了民主团结、生动活泼、安定和谐的政治局面；以保障和改善民生为重点，有力地促进了社会主义和谐社会建设；以实现可持续发展为目标，有力地加强了资源节约型、环境友好型社会建设；以实行民族区域自治为载体，有力地维护了国家统一和民族团结。

王兆国指出，30年来，地方人大及其常委会的工作积累了许多重要经验：一是坚持党的领导，牢牢把握正确的政治方向；二是坚持充分发扬人民民主，实现好、维护好、发展好最广大人民的根本利益；三是坚持围绕中心、服务大局，全面促进中国特色社会主义各项事业发展；四是坚持民主集中制，充分发挥人民代表大会制度的特点和优势；五是坚持解放思想、实事求是、与时俱进，不断推动人大工作迈出新步伐。

王兆国强调，我们要从新的历史起点出发，深刻认识和把握我国的基本国情和当前发展的阶段性特征，适应时代发展的新要求，顺应人民群众的新期待，不断加强和改进地方人大及其常委会工作，更好地行使宪法和法律赋予的职权，更好地发挥国家权力机关的作用。要进一步加强和改进地方立法工作，进一步加强和改进地方人大及其常委会的监督工作，进一步做好地方人大及其常委会重大事项决定工作，进一步发挥人大代表的作用，进一步加强人大常委会自身建设。

全国人大常委会副委员长兼秘书长李建国主持座谈会。

全国人大常委会副委员长乌云其木格、蒋树声、陈昌智等出席会议。西藏、黑龙江、河南、广东四省区人大常委会负责人发了言。

纪念聂荣臻同志诞辰110周年座谈会在北京召开

这次座谈会由教育部、科技部、中科院、中国工程院、国家自然科学基金委、国防科工局、中国科协和中国人民解放军总装备部等8部门在北京联合召开。

全国政协副主席、科技部部长万钢在座谈会上指出，聂荣臻同志是新中国科学技术事业的奠基者和拓荒者，是“两弹一星”事业的主要组织者和领导者，是贯彻党的知识分子政策的典范，是尊重知识、尊重人才的楷模。聂帅等老一辈无产阶级革命家的伟大实践，为我们和我们这个时代留下了宝贵的思想和精神财富。

国务院副总理张德江在北京出席全国工业和信息化工作会议并讲话

张德江在会上充分肯定了2009年工业和信息化工作取得的显著成绩，分析了我国工业发展存在的问题，并指出，工业仍然是我国国民经济的主体，2010年是我国工业发展的重要一年，要科学分析、正确把握工业经济发展的新形势、新任务、新要求，把思想统一到中央对形势的科学判断上来，把行动统一到中央的决策部署上来，采取更加有力措施，全面做好各项工作，促进工业化、信息化持续健康发展。

张德江强调，明年工业和信息化系统要以调结构、上水平为主线，重点抓好以下几个方面：一要加快产业结构优化升级。要着眼于世界产业转移和产业升级的趋势，结合我国实际，科学谋划和强力推动产业结构调整升级，进一步增强国际竞争能力。要认真贯彻落实重点产业调整振兴规划，大力推进信息化与工业化融合，以调整、优化和提高为方向，不断提高产业的核心竞争力和产品附加值。要大力培育和发展新兴战略性产业，抢占国际经济竞争制高点。要坚决抑制产能过剩和重复建设，加大落后产能淘汰力度，防止盲目重复建设，下大力气做好节能降耗和减排治污工作。二要着力提高科技和管理水平。要加大自主创新力度，力争形成一批“以我为主”的技术和产品标准。要大力实施名牌战略，提高我国工业产品的国际影响力和国际竞争力。要加强工业技术改造，提高工业生产的自动化、信息化、智能化水平。要加强企业管理基础工作，打牢企业科学管理、严格管理的根基，狠抓工业产品质量，下大力气改变我国企业管理粗放的状况。三要大力支持中小企业发展。要抓好支持中小企业发展的政策措施的贯彻落实，下大力气解决制约中小企业发展的突出问题，健全中小企业社会化服务体系，特别是要努力改善小企业发展环境。四要努力促进信息产业发展和网络信息安全。要抓住和培育新的增长点，促进电子信息和现代通信业的更大发展，大幅提高在国民经济中的比重。要高度重视日益突出的网络与信息安全问题，加强保障手段和技术能力建设，依法加强网络监管，确保国家经济安全、国防安全、政治安全、文化安全。五要积极推进部门职能转变和自身建设。要不断提高指导行业科学发展的能力、依法行政的能力、加强行业管理的能力。要加强协调，拓宽工作思路、提高工作效能，充分调动地方的工作积极性，更好地发挥工业行业协会的作用。

广东台山核电站一期工程开工

国家副主席习近平在金边与柬埔寨首相洪森举行会谈

习近平就全面加强和深化中柬互利合作提出四点建议。第一，继续保持两国高层接触。中方欢迎首相先生、西哈莫尼国王和其他柬埔寨领导人经常到中国走一走、看一看，并就发展中柬关系深入交换看法。第二，加强治国理政经验交流。当前两国都面临应对国际金融危机冲击、促进经济增长和改善民生的共同任务。两国政府各部门可以开展多层次、多领域交流，就治国理政经验和经济社会发展交流思路和方法。第三，深化经贸合作。双方可抓住明年中国—东盟自由贸易区全面建成的契机，努力促进两国贸易稳定、平衡增长。中国政府将继续支持有实力的中国企业到柬埔寨投资，对具有良好经济和社会效益的项目提供政策和资金支持。第四，加强在国际和地区事务中的合作。中柬应进一步密切双方在"10 + 1"、"10 + 3"、东亚峰会、联合国等机制中的协调和配合，更好维护共同利益。中方希望柬方为促进中国—东盟合作继续发挥积极作用。

洪森说，完全赞同习副主席对发展两国关系的四点建议，表示柬方愿与中方共同努力，加强柬中在政治、经贸、文化、旅游和安全等领域的合作，加强两国政党、国会、民间组织以及地方省市之间的交流，推动两国关系向更高水平发展。洪森强调，柬埔寨政府将坚持一个中国政策，不会允许任何势力在柬从事反对中国的活动。

中国社科院发布《社会蓝皮书：2010 年中国社会形势分析与预测》

《社会蓝皮书：2010 年中国社会形势分析与预测》(以下简称《社会蓝皮书》)指出，2009 年城乡居民总体生活满意度基本稳定，处于接近"比较满意"的水平。

就业形势基本稳定，大学毕业生初职工资明显下降

就业形势方面，《社会蓝皮书》的数据显示，2009 年前三季度，我国就业形势保持总体稳定，劳动力市场上岗位空缺与求职人数的比率持续上升，城镇新增就业 851 万人，下岗失业人员再就业 402 万人，就业困难人员实现就业 120 万人。全国城镇登记失业人员 915 万人，城镇登记失业率为 4.3%。

此外，农民工就业形势明显比 2009 年年初预期的要好。据国家统计局监测，西部成为农村外出劳动力就业增长最快的地区。

通过实施促进高校毕业生就业的一系列措施，大学毕业生的就业情况也好于预期。但是根据调查，受市场不景气的影响，大学毕业生初职的平均工资水平明显下降。

部分企业劳动关系紧张，社会保障成为农民工维权重点

《社会蓝皮书》显示，上半年，仅全国法院系统受理的劳动争议案件就达到近 17 万件，与上年相比增长 30%。劳动争议纠纷案件已经成为全国法院系统受理的民事案件中增长幅度最大、涉及范围最广、影响程度最深、社会关注最多的案件类型。

其中，农民工是提起劳动争议最多的雇工群体，他们的维权意识日益增强。与以往相比，2009 年，农民工维权的重点已经开始从讨回欠薪转向社会保障，最受他们关注的是养老保险政策方面的实际问题。

明年进入新一轮增长周期，社会变迁进入破除城乡二元结构新阶段

《社会蓝皮书》认为，2010 年我国将进入新一轮的增长周期：社会结构变迁进入破除城乡二元结构的新成长阶段；人民生活进入大众消费的新成长阶段；高等教育进入大众教育的新成长阶段；社会保障进入构建覆盖全民体系的新成长阶段；改革从主要是经济改革过渡到全面改革的新成长阶段。

台湾少数民族历史文化展在北京民族文化宫开幕

这是祖国大陆首次举办的全面、系统介绍台湾少数民族文化和历史的大型主题展览。全国政协副主席、台盟中央主席林文漪出席开幕式并宣布开幕，全国人大常委会委员、全国台联会长梁国扬致开幕词。首次、全面、系统、原汁原味是本次展览的最大特色。展览共设"历史馆"、"文化馆"和"生活馆"3 个展馆，所用图片、影像资料和实物都是从台湾岛内运来的。

12 月 22 日

全国人大常委会第十二次会议在北京举行

为期 5 天、共有二十项议程的十一届全国人大常委会第十二次会议 22 日上午在北京人民大会堂举行第一次全体会议，继续审议侵权责任法草案、海岛保护法草案、可再生能源法修正案草案、社会保险法草案、国防动员法草案、选举法修正案草案；首次审议村民委员会组织法修订草案。

吴邦国委员长主持会议。

通过本次常委会会议的议程后，会议听取了全国人大法律委员会副主任委员张柏林、李重庵、刘锡荣、洪虎分别作的关于侵权责任法草案、海岛保护法草案、可再生能源法修正案草案审议结果的报告和关于社会保险法草案、国防动员法草案修改情况的汇报。

侵权责任法草案四次审议稿进一步明确了民事权益的内容，对建筑物倒塌严重危害人民群众的人身、财产安全的责任作出了更严格的规定等。海岛保护法草案三次审议稿增加了海岛开发建设应当进行环境影响评价和在未经批准利用的无居民海岛组织开展旅游活动的法律责任等规定。关于修改可再生能源法的决定草案完善了电网企业应全额收购其电网覆盖范围内可再生能源并网发电项目上网电量的规定。社会保险法草案三次审议稿总结一些地方的经验,增加规定,参保人达到法定退休年龄时累计缴费不足15年的,可以缴费至满15年,按月领取基本养老金,也可以领取一次性养老保险待遇等。国防动员法草案二次审议稿进一步明确了国防动员的建设目标,预备役人员储备制度和储备原则等。

会议还听取了全国人大法律委员会主任委员胡康生作的关于选举法修正案草案修改情况的汇报。修正案草案二次审议稿进一步明确了基层代表的含义,规定了选举委员会应当根据选民的要求组织代表候选人与选民见面,明确了及时查处破坏选举行为的调查处理机关及其责任等。法律委员会建议本次常委会会议继续审议并作出提请十一届全国人大三次会议审议的决定。

村民委员会组织法自1998年11月公布施行以来,对推进以民主选举、民主决策、民主管理和民主监督为主要内容的村民自治发挥了重要作用,村民自治制度已经发展成为中国特色的社会主义民主政治的重要组成部分。但是随着农村经济社会的发展,特别是城乡户籍制度、农村税费制度改革的深化,在实行村民自治中也遇到一些新的情况和问题,有必要在总结实践经验的基础上,尽快修订法律。受国务院委托,民政部部长李学举向会议作了关于村民委员会组织法修订草案的说明。修订草案进一步完善了村民委员会成员的选举和罢免程序,完善了民主议事制度、民主管理和民主监督制度。

受国务院委托,外交部副部长李金章向会议作了关于提请审议加入《联合国打击跨国有组织犯罪公约关于预防、禁止和惩治贩运人口特别是妇女和儿童行为的补充议定书》的议案的说明、关于提请审议批准《中华人民共和国和马耳他关于刑事司法协助的条约》的议案的说明。

会议还审议了全国人大常委会委员长会议关于提请审议全国人大常委会关于召开十一届全国人大三次会议的决定草案的议案,听取了全国人大常委会代表资格审查委员会主任委员黄镇东作的关于个别代表的代表资格的报告,审议了有关任免案等。

全国人大常委会副委员长王兆国、路甬祥、乌云其木格、韩启德、华建敏、陈至立、周铁农、李建国、司马义·铁力瓦尔地、蒋树声、陈昌智、严隽琪、桑国卫出席会议。

国务委员兼国务院秘书长马凯、最高人民法院院长王胜俊、最高人民检察院检察长曹建明等列席会议。

国家主席胡锦涛 全国人大常委会委员长吴邦国在人民大会堂分别会见法国总理朗索瓦·菲永

胡锦涛在会见时表示,中法两国都是联合国安理会常任理事国,双方在许多重大国际和地区问题上有着相同或相似的看法,在国际事务中有着广泛的共同利益并肩负重要责任。双方应本着相互尊重、平等互利、合作共赢的精神,通过对话协商,妥善处理两国关系中的敏感问题,不断增进政治互信,扩大务实合作,努力把中法全面战略伙伴关系推上更高水平。

菲永说,两国元首成功会晤后,法中关系取得快速发展。法中关系是与众不同的伙伴关系,双方合作具有长远战略意义。展望未来,双方在核能、经贸、科技、教育、文化等领域合作前景广阔。希望双方共同努力,落实二十国集团领导人第三次金融峰会达成的共识,反对贸易保护主义,尽快摆脱经济金融危机冲击,改革国际金融体系,构建新型伙伴关系。法方愿同中方一道,推动两国关系取得新的更大发展。

吴邦国在会见时表示,中国全国人大同法国议会在促进国家关系发展方面发挥着重要作用。希望双方在良好的合作基础上,进一步扩大各层次友好往来,增进两国人民之间的友好感情,为双边关系发展奠定更加坚实的社会基础。

菲永表示,法国一直以战略眼光看待对华关系,高度重视中国的发展,愿同中国加强政府、议会、政党、地方等各领域交往,在经贸、能源、可持续发展等领域开展长期合作。

国务院总理温家宝主持召开国务院常务会议决定再次提高企业退休人员基本养老金

会议确定,从2010年1月1日起,再次提高企业退休人员基本养老金水平,提高幅度按2009年企业退休人员月人均基本养老金的10%左右确定,全国月人均增加120元左右。在普遍调整的基础上,对具有高级职称的企业退休科技人员、新中国成立前老工人、1953年年底以前参加工作的人员和原工商业者等退休早、基本养老金相对偏低的人员以及艰苦边远地区的企业退休人员,再适当提高。对基本养老金偏低的企业退休军转干部,按有关规定适当倾斜。今后,还要根据经济发展、职工工资增长和物价水平等情况,综合考虑各方面承受能力,逐步形成企业退休人员基本养老金正常的调整机制。

会议决定,从2010年1月1日起施行《城镇企业职工基本养老保险关系转移接续暂行办法》。包括农民工在内的参加城镇企业职工基本养老保险的所有人员,其基本养老保险关系可在跨省就业时随同转移;在转移个人账户储存额的同时,还转移部分单位缴费;参保人员在各地的缴费年限合并计算，个人账户储存额累计计算，对农民工一视同仁。为避免参保人员因办理转续关系而在两地往返奔波，暂行办法规定了统一的办理流程，参保人员离开就业地，由社保经办机构发给参保缴费凭证；在新就业地参保，只需提出转续关系的书面申请，转入和转出地社保经办机构为其协调办理审核、确认和跨地区转续手续。国家将建立全国统一的社保机构信息库和基本养老保险参保缴费信息查询服务系统，发行全国通用的社会保障卡。

全国统战部部长会议在北京举行

全国政协主席贾庆林出席会议并讲话。

贾庆林强调，当前，国内国际大局都在发生深刻变化。要科学分析国内外形势的发展变化，树立世界眼光，增强战略思维，努力在国内国际两个大局中科学谋划工作布局、灵活掌握政策策略、统筹配置两种资源，推动统战工作取得更大发展。统一战线要充分发挥人才荟萃、智力密集的优势，紧紧围绕加快经济发展方式转变的重点、难点和政策措施的制定，认真研究具有综合性、全局性、前瞻性的重大问题，及时提出有价值、有分量的意见和建议。要积极引导和支持非公有制企业抓住国家实施重点产业调整振兴规划的契机，充分发挥非公有制企业在技术创新和实施“走出去”战略中的生力军作用，不断提升非公有制企业的发展质量和水平。要积极引导统一战线成员积极参与实施西部大开发等区域发展总体战略，充分发挥安排社会就业的主渠道作用，开展光彩事业、温暖工程、兴教办学、医疗卫生等社会服务事业，为保障和改善民生做贡献。

贾庆林指出，中国共产党领导的多党合作和政治协商制度，是符合我国国情、具有鲜明中国特色的社会主义新型政党制度。坚持和完善这一基本政治制度，根本在于坚持走中国特色社会主义政治发展道路，关键在于加强制度化、规范化建设，基础在于加强党外代表人士队伍建设。要全面贯彻党的民族理论和民族政策，着力推动少数民族和民族地区加快发展，扎实推进民族团结进步创建活动，严密防范和坚决打击民族分裂势力和破坏活动，不断巩固各民族共同团结奋斗、共同繁荣发展的良好局面。要全面贯彻党的宗教工作基本方针，认真总结贯彻执行《宗教事务条例》的好经验和好做法，支持和引导宗教界大力弘扬爱国爱教、服务社会的优良传统，着力推动宗教领域重点、难点问题的解决，不断开创宗教工作新局面。

贾庆林强调，推动统战工作科学化水平，是推进党的建设科学化的重要方面。要不断探索统一战线发展的规律，建立、健全统一战线各领域、各方面制度和机制，进一步提高统战干部素质，为服务科学发展和实现自身科学发展奠定坚实基础。各级党委要切实加强对统战工作的领导，及时研究解决统一战线中的重大问题，高度重视统战和民族、宗教工作部门建设，特别是要充实基层工作力量、改善基层工作条件，为他们更好地履行职责、发挥作用创造有利条件。

全国政协副主席、中央统战部部长杜青林主持会议。各省、自治区、直辖市、新疆生产建设兵团和副省级城市党委统战部长、民委主任，以及中央国家机关有关部门、有关人民团体和统战系统有关单位负责人出席会议。

国务院副总理李克强在北京主持召开深化医药卫生体制改革领导小组第五次会议

这次会议主要研究部署进一步推进国家基本药物制度实施工作，审议公立医院改革试点指导意见。

国务院副总理、国务院深化医药卫生体制改革领导小组组长李克强强调，公立医院改革是深化医药卫生体制改革的一个重点，也是难点，涉及面广，影响大，需要从实际出发，先行试点，积极探索，稳步推开。要坚持政事分开、管办分开、医药分开、营利性和非营利性分开，推进公立医院改革创新。要科学调整公立医院的布局和结构，完善公立医院管理体制和运行、补偿、监管等机制，探索建立公立医院与基层医疗机构之间的分工协作机制，保障公立医院的公益性质和主体地位，提高公立医院的服务质量、管理水平和运行效率，健全公立医疗服务体系。同时，鼓励和引导社会力量举办医疗机构，逐步形成多元办医格局，满足群众多层次、多元化医疗服务需求。

国务院深化医药卫生体制改革领导小组成员单位和有关部门负责人参加了会议。卫生部和发改委的负责同志在会上作了汇报。

海峡两岸关系协会会长陈云林与台湾海峡交流基金会董事长江丙坤在台中市举行两会恢复协商以来的第四次会谈

会谈上签署《海峡两岸渔船船员劳务合作协议》《海峡两岸农产品检疫检验合作协议》《海峡两岸标准计量检验认证合作协议》3 项协议。至此，两会共签署了 12 项协议，并达成 1 项共识。

至于两岸避免双重征税及加强税务合作议题，因为技术层面的原因，待进一步交换意见，等时机成熟再行签署。

国务院总理温家宝签署第 568 号令公布《行政学院工作条例》

《行政学院工作条例》已经 2009 年 12 月 14 日国

务院第92次常务会议通过，现予公布，自2010年1月1日起施行。

总理 温家宝

2009年12月22日

行政学院工作条例

第一章 总 则

第一条 为了加强行政学院工作，推进行政学院工作的科学化、规范化、制度化，根据《中华人民共和国公务员法》，制定本条例。

第二条 行政学院是培训公务员、培养公共管理人员和政策研究人员、开展社会科学研究和决策咨询的机构，是政府直属单位。

行政学院应当发挥公务员教育培训的主渠道作用、公共行政理论和政府管理创新研究的重要基地作用、政府决策咨询的思想库作用。

第三条 行政学院工作坚持以马克思列宁主义、毛泽东思想、邓小平理论和"三个代表"重要思想为指导，深入贯彻落实科学发展观，坚持中国特色社会主义的方向，紧紧围绕党和政府的中心任务，以增强公务员素质和行政能力、提高公共行政管理水平为目标，开展教学培训、科学研究、决策咨询，为建设高素质的公务员队伍服务，为繁荣哲学社会科学服务，为党和国家事业发展服务。

第四条 行政学院工作应当遵循下列方针：

(一)坚持解放思想、实事求是、与时俱进，注重理论联系实际，推进理论创新和实践创新；

(二)坚持科学发展，突出特色，发挥优势，以政府工作为主题，建设特色鲜明的教学培训体系、科学研究体系和决策咨询服务体系；

(三)坚持教学培训、科学研究、决策咨询三位一体，紧密结合，相互促进，协调发展；

(四)坚持开放办学，立足国内、面向世界，广泛开展与境内外有关方面的合作和交流；

(五)坚持从严治院、从严施教、从严管理，加强学风院风建设。

第五条 行政学院的主要职责是：

(一)培训公务员、国有企业管理人员、政策研究人员，承办党委、政府举办的专题研讨班，开展多种形式的委托培训和合作培训；

(二)开展哲学社会科学研究，行政管理体制改革、科学行政、依法行政、社会管理、公共服务等方面的理论和实践问题研究；

(三)开展决策咨询工作，主要为党委、政府提供决策咨询；

(四)国家行政学院和具备条件的地方行政学院，开展与境内外有关机构的合作和交流；

(五)国家行政学院依照有关法律、法规和政策规定开展研究生学位教育；

(六)承办政府交办的其他事项。

第六条 行政学院应当着重提高学员的下列能力：

(一)学习掌握马克思列宁主义、毛泽东思想和中国特色社会主义理论体系，树立马克思主义的世界观、人生观和价值观，坚定理想信念，提高贯彻执行党的路线方针政策的能力；

(二)坚持以人为本、执政为民，践行全心全意为人民服务宗旨，增强责任感和事业心，提高公共服务的能力；

(三)勇于改革，开拓创新，提高领导科学发展、促进社会和谐的能力；

(四)熟悉有关法律、法规知识，提高科学民主决策和依法行政的能力；

(五)坚持理论联系实际，提高运用科学理论判断形势和分析解决实际问题的能力；

(六)学习掌握社会主义市场经济知识、社会管理知识和科学文化知识，具有胜任本职工作所需的基本知识和领导能力；

(七)发扬优良作风，密切联系群众，求真务实，艰苦奋斗，清正廉洁，提高反腐倡廉的能力。

第二章 行政学院的设置和领导体制

第七条 行政学院包括国务院设立的国家行政学院，省、自治区、直辖市人民政府设立的行政学院，设区的市级人民政府设立的行政学院，新疆生产建设兵团设立的行政学院。

省、自治区、直辖市人民政府根据实际情况，可以决定在县级人民政府设立设区的市级人民政府行政学院分院。

行政学院与其他培训机构合办的，应当依法履行行政学院职责，注重体现行政学院的功能和特色。

第八条 行政学院院长由本级人民政府领导人员兼任。行政学院设置常务副院长主持日常工作，常务副院长按本级人民政府工作部门正职领导人员配备。

第九条 上级人民政府设立的行政学院应当对下级人民政府设立的行政学院进行业务指导，主要包括：

(一)对贯彻执行党和国家有关行政学院工作的方针政策提出指导性意见；

(二)对教学培训、科学研究、决策咨询、师资培训、开放办学、信息化建设等工作提出改进意见；

(三)制定科学的工作质量评估体系和办法，与公务员主管部门共同对下级人民政府设立的行政学院的业务工作进行评估；

(四)对教材编写、学科建设、科研课题立项、合作交流等工作进行指导和协调；

（五）加强行政学院之间的工作交流和信息沟通。

第三章　教学培训

第十条　教学培训是行政学院的中心工作，行政学院各项工作应当为完成教学培训任务、提高教学培训水平服务。

教学培训应当坚持按需施教方针，在教学布局、学科体系、班次设置、教学内容、教材建设、教学方法、教学管理等方面形成行政学院的特色。

第十一条　行政学院应当根据时代和形势发展要求，不断充实和更新教学培训内容，以提高公务员素质和行政能力为核心，以公仆意识、政府管理、依法行政作为教学培训的重点，构建具有行政学院特色的教学培训布局。

第十二条　行政学院应当立足于政府工作需要，着重建设行政管理学、经济管理学、行政法学、领导科学、社会管理学以及应急管理等学科体系。

第十三条　行政学院应当根据公务员主管部门的培训规划和年度培训计划举办各类公务员培训。

行政学院公务员培训的班次主要包括进修班、专题研讨班、任职培训班、初任培训班、师资培训班和涉外培训班等。

行政学院根据需要可以举办专项业务培训班、知识更新培训班等其他班次。

行政学院各类班次的学制根据实际需要确定。

第十四条　行政学院根据公务员培训分级负责的要求和公务员培训规划举办进修班，完成各级人民政府公务员的培训任务。

国家行政学院主要培训部分省部级公务员、厅局级公务员和处级公务员。

省、自治区、直辖市人民政府设立的行政学院主要培训厅局级副职公务员、县处级正职公务员和乡（镇）长。

设区的市级人民政府设立的行政学院主要培训县处级副职公务员和乡科级正职公务员。

在县级人民政府设立的行政学院分院主要培训乡科级副职及其以下职级的公务员。

第十五条　设区的市级以上人民政府可以在行政学院举办各类专题研讨班，研讨经济社会发展中的重大问题。

第十六条　设区的市级以上人民政府设立的行政学院举办提高公务员履行职责能力的任职培训班。

国家行政学院主要举办厅局级公务员任职培训班。

省、自治区、直辖市人民政府设立的行政学院主要举办县处级公务员任职培训班。

设区的市级人民政府设立的行政学院主要举办乡科级公务员任职培训班。

第十七条　设区的市级以上地方人民政府设立的行政学院可以承担本级人民政府公务员的初任培训。

第十八条　国家行政学院和省、自治区、直辖市人民政府设立的行政学院可以举办以行政学院教师为主要对象的师资培训班。

第十九条　行政学院应当坚持理论联系实际，学用一致，不断创新教学方式方法，推行研究式教学，综合运用讲授式、研究式、互动式、案例式、体验式、模拟式等教学方法，调动教师和学员两个方面的积极性，实现教学相长、学学相长。

行政学院应当建立培训需求调研制度，重视利用现代信息技术手段，积极稳妥发展远程教育和网络教育。

第二十条　行政学院应当根据教学需要，完善通用教材、学位教育教材、专题教材、案例教材和电子音像教材，重视案例库建设，建立特色鲜明、针对性和实用性强的教材体系。

第二十一条　行政学院应当建立、健全管理制度，形成职责明确、分工协作、程序规范的教学运行机制，建立和完善教学效果考核评估体系。

第二十二条　行政学院可以根据教学培训、科学研究、决策咨询工作的需要，与有关部门和单位合作建设教学科研基地，制定教学科研基地建设和使用的评估标准。

各级人民政府及其有关部门对行政学院的教学科研基地建设应当予以积极支持。

第二十三条　国家行政学院依法申请取得与本院主要学科有关的硕士、博士学位授予权，并经国务院教育行政部门同意后，招收攻读硕士、博士学位的研究生，纳入国家学位管理体系。

第四章　科学研究

第二十四条　行政学院开展科学研究应当紧密围绕党委、政府工作和教学培训的需要，在进行基础性研究的同时，注重开展应用性研究，为理论创新服务，为提高培训质量服务，为党委、政府决策服务，为社会主义经济建设、政治建设、文化建设、社会建设以及生态文明建设服务。

第二十五条　行政学院开展科学研究应当建立、健全科学研究体制和项目管理机制，正确贯彻百花齐放、百家争鸣的方针，坚持实事求是的科学精神和严谨的学术规范。

第二十六条　行政学院的报刊和出版工作应当坚持正确的政治方向，宣传党和国家的路线方针政策和法律、法规，交流推广优秀教学培训、科学研究、决策咨询成果，推进理论和实践创新。

第二十七条　行政学院应当重视科研成果的考核、评价和推介，鼓励科研创新，按照国家有关规定对作出突出贡献的人员给予表彰。

第五章　决策咨询

第二十八条　行政学院应当围绕党委和政府工作部署，跟踪国际国内形势变化，开展决策咨询研究工作。

第二十九条　行政学院应当履行决策咨询的职责，提高决策咨询的质量和水平。

第三十条　行政学院应当组织教师和学员，针对经济社会发展中的重大问题进行前瞻性、对策性研究，主动为党委、政府提供决策咨询。

第三十一条　行政学院应当加强对决策咨询成果的考核和评价，对作出突出贡献的人员给予表彰。

第六章　开放办学

第三十二条　国家行政学院和具备条件的地方行政学院应当坚持开放办学，积极利用境内外各种教学科研资源，拓展与境内外组织以及政府机构、行政院校、高等院校、学术机构、社会组织的合作和交流。

第三十三条　开展对外合作和交流应当遵循以我为主、为我所用、相互学习、取长补短的原则。

第三十四条　开展对外合作和交流可以采取以下形式：

（一）选派教学科研人员和管理人员赴境外学习、讲学、开展学术交流，选送学员到境外培训和考察；

（二）聘请境外学者和知名人士到境内讲学、考察、学术交流，开展合作研究；

（三）与境外机构开展合作培训和研究生学位教育；

（四）举办或者参加国际会议、论坛。

第七章　学员管理

第三十五条　行政学院应当加强学员管理，按照以人为本、严格管理、完善制度、注重实效的要求，健全科学、规范的学员管理办法，提高科学管理水平。

第三十六条　行政学院应当充分调动学员的积极性，增强教学效果，开展各种有益活动，丰富学员生活。

第三十七条　行政学院应当健全班委会制度、学籍制度、学员档案管理制度、学习制度和考勤制度，严格院规院纪。

第三十八条　行政学院的学员管理实行班主任制度。

行政学院各班次设专职班主任，承担学员的思想政治教育、学习管理、组织管理、生活管理等工作。

行政学院根据不同的培训对象，配备相应级别的班主任。

第三十九条　行政学院应当加强对学员的考核，把学员的思想、学习、遵守院规院纪等情况提交给学员派出单位的组织人事部门，作为学员考核的内容和任职、晋升的依据之一。

行政学院应当同组织人事部门、学员派出单位加强联系，形成严格管理、严格监督的制度和机制。

第四十条　学员应当遵守法律、法规和学院管理制度，努力提高政治素质和业务能力，掌握相关专业理论知识，完成规定的学习培训任务。

第四十一条　行政学院学业证书是学员在行政学院学绩的凭证。行政学院学员按照教学培训计划完成学习任务，经考核合格的，取得行政学院学业证书。

第八章　队伍建设

第四十二条　行政学院应当加强教学培训、科学研究、决策咨询、行政管理和后勤服务队伍建设，建立一支素质优良、规模适当、结构合理的工作人员队伍。

第四十三条　行政学院应当加强教师队伍建设，培养、引进高层次的学科带头人，重视青年人才的培养。

行政学院教师应当做到：

（一）忠诚于中国特色社会主义，自觉遵守法律、法规；

（二）具有良好的思想道德修养和职业情操，品德高尚，为人师表；

（三）理论功底扎实，专业知识丰富，学风严谨，具有较强的教学培训、科学研究、决策咨询的能力。

第四十四条　行政学院应当采取有效措施，有计划地安排教师脱产培训和挂职锻炼，提高教师队伍的素质和能力，各级人民政府及其有关部门应当给予支持。

第四十五条　各级人民政府应当支持和帮助行政学院做好优秀人才选调工作，建立行政学院干部内外交流制度。

第四十六条　行政学院按照专职与兼职相结合的原则，根据需要选聘理论水平较高、实践经验丰富的党政机关公务员、专家学者、企业事业单位管理人员担任兼职教师。

行政学院建立兼职教师管理制度，加强对兼职教师的服务与管理。

第四十七条　列入参照《中华人民共和国公务员法》管理范围的行政学院工作人员，其人事管理按照公务员管理的相关法律、法规和政策执行；未列入参照《中华人民共和国公务员法》管理范围的行政学院工作人员，按照事业单位的人事管理制度执行。

行政学院的教师按照国家规定，享受有关待遇。

第四十八条　行政学院应当建立学院工作人员考试录（聘）用、学习进修、实践锻炼、职级晋升、职称评定、绩效评估和考核制度。

第九章 办学保障

第四十九条 行政学院工作所需经费列入本级政府年度财政预算，保障行政学院教学科研咨询、学科建设和行政后勤等方面的工作需要。

设区的市级以上人民政府及其有关部门应当重视行政学院教学设施建设，保障学院发展的基本建设经费投入，不断改善学员和教职工学习、工作、生活条件。

第五十条 行政学院应当加快信息化建设，实现管理高效、流程科学、资源共享。

行政学院应当加强图书馆建设，提高图书馆的数字化水平。国家行政学院和省、自治区、直辖市人民政府设立的行政学院图书馆应当办成现代化的文献资料中心。

第五十一条 行政学院应当重视学院文化生活，形成有利于学员勤奋学习、教职工积极进取的文化氛围。

第五十二条 设区的市级以上地方人民政府及其有关部门、行政学院、学员所在单位和学员本人，应当严格执行本条例，自觉接受组织监督、群众监督和社会监督。

第五十三条 设区的市级以上人民政府及其有关部门应当依据职责对执行本条例的情况进行监督检查，对违反本条例的单位和个人，责令改正，并给予通报批评。

第十章 附 则

第五十四条 本条例自2010年1月1日起施行。

国家副主席习近平在金边会见柬埔寨国王诺罗敦·西哈莫尼

中国国际战略学会2009年年会在北京举行

中国国际战略学会会长、中国人民解放军副总参谋长马晓天中将主持年会并作了题为《积极适应大变革大调整的国际形势发展，全方位多层次宽领域推进对外军事交往》的报告。近200名老将军、老外交官和有关部门领导出席了年会。

卫生部办公厅印发《2009年中西部地区新型农村合作医疗管理能力建设项目管理方案》

12月23日

国务院任免国家工作人员

免去张穹的国务院法制办公室副主任职务。

商务部发布公告决定对欧盟碳钢紧固件采取临时反倾销措施

公告称，根据碳钢紧固件反倾销调查的初裁决定，认定原产于欧盟的进口碳钢紧固件存在倾销，中国国内碳钢紧固件产业受到了实质损害，而且倾销与实质损害之间存在因果关系，并决定对该产品采取保证金形式的临时反倾销措施。

根据初裁决定，自2009年12月28日起，进口经营者在进口上述来源的该产品时，应依据初裁决定所确定的各公司的倾销幅度(168%—246%)，向中国海关提供相应的保证金。

上海外高桥示范区初步形成10大专业贸易平台

随着两大专业化贸易平台建成及海关事务服务中心的启用，浦东外高桥保税区国际贸易示范区形成了包括汽车、钟表、医药分销、酒类、机电、文化服务、化妆品、进口水果等10大专业贸易平台，贸易便利化水平显著提升。由此，上海建设国际贸易中心的重大战略部署也有了破题之作。

我国最大核电工程合同在北京签约

中国核工业建设集团和中国广东核电集团公司今天在北京一次签订了8台核电机组的核岛安装工程合同，金额达53亿元。这是我国核电建造史上核岛安装工程数量最多、金额最高的一笔工程合同。

科技部在埃及开罗国际会议中心成功举办“中非科技合作圆桌会”

来自埃及高教与科研部等9个埃方政府部门和相关机构的官员代表、来自23个非洲国家驻埃使馆的使节代表和非盟代表、中国科技部访埃代表团、我国驻埃及使馆代表以及来自中埃新闻机构的媒体代表等共约100人与会。科技部万钢部长特别代表、副秘书长郑国安与中国驻埃及大使武春华代表中方出席会议。

《邓小平年谱(1904—1974)》出版发行

经中共中央批准，由中共中央文献研究室编撰、中央文献出版社出版的《邓小平年谱(1904—1974)》，从23日起在全国发行。这部年谱是在2004年《邓小平年谱(1975—1997)》出版之后编撰的。

“新中国60年优秀中短篇报告文学奖”在北京颁奖

中国报告文学学会为检阅60年中短篇报告文学的创作成果，特别举办了“新中国六十年优秀中短篇报告文学奖”评选活动。

获奖的作品中，既有像魏巍的《谁是最可爱的人》，穆青、冯健、周原的《县委书记的榜样——焦裕禄》，徐迟的《哥德巴赫猜想》，理由的《扬眉剑出鞘》，孟晓云的《胡杨泪》，赵瑜的《强国梦》，朱晓军的《天使在作战》,李春雷的《木棉花开》等在社会和读者中曾经产生了广泛影响的作品,也囊括了在不同的社会历史时期报告各种重大社会问题和事件的作品,作品涉及的社会生活面非常广阔,内容丰富厚重。

阿沛·阿旺晋美逝世

伟大的爱国主义者,著名的社会活动家,藏族人民的优秀儿子,我国民族工作的杰出领导人,中国共产党的亲密朋友,第三、四、五、六、七届全国人民代表大会常务委员会副委员长,中国人民政治协商会议第三、八、九、十、十一届全国委员会副主席,中国西藏文化保护与发展协会会长阿沛·阿旺晋美同志因病于12月23日在北京逝世,享年100岁。

阿沛·阿旺晋美1910年2月生于西藏拉萨人,藏族。1936年至1952年任西藏地方政府昌都粮官、民事法官、孜本(审计官)、噶伦、昌都总管。1951年任西藏地方政府赴北京谈判的首席代表,同中央人民政府代表签订了关于和平解放西藏办法的协议。1952年至1959年任西藏军区副司令员,西藏自治区筹委会秘书长、副主任。1959年3月至1964年任第三届全国政协副主席,西藏自治区筹委会副主任。1964年至1965年任全国人大常委会副委员长,西藏自治区筹委会副主任。1965年至1979年任全国人大常委会副委员长,西藏自治区人民委员会主席、革委会副主任。1979年至1981年任全国人大常委会副委员长、全国人大民族委员会主任委员,西藏自治区人大常委会主任。1981年至1983年任全国人大常委会副委员长、全国人大民族委员会主任委员,西藏自治区人民政府主席。1983年至1993年任全国人大常委会副委员长、全国人大民族委员会主任委员,西藏自治区人大常委会主任。1993年3月当选第八届全国政协副主席。1994年4月当选为中华名人协会名誉会长。1995年10月任中国西部研究与发展促进会名誉会长。1998年3月当选第九届全国政协副主席。

阿沛·阿旺晋美1955年获一级解放勋章并被授予中将军衔。是第一至七届全国人大代表,第一届全国政协委员(少数民族),第五至七届全国人大民族委员会主委,第三至七届全国人大常委会副委员长。

12月24日

国务院任免国家工作人员

任命崔天凯、傅莹(女)、翟隽为外交部副部长;免去何亚非、武大伟的外交部副部长职务。

免去刘燕华的科学技术部副部长职务。

任命罗黎明为国家民族事务委员会副主任;免去杨健强的国家民族事务委员会副主任职务。

任命孙毅彪为海关总署副署长;免去孙松璞的海关总署副署长职务。

国务院副总理李克强到国家税务总局考察纳税服务和税收管理情况

李克强在电子税务管理中心,听取了信息化建设汇报,并通过视频察看了基层纳税服务和税收工作实况。在随后召开的座谈会上,李克强认真听取了国家税务总局负责同志和北京、辽宁、江苏、河南、四川、广西等地税务工作者的意见和建议。他说,我国应对国际金融危机取得显著成果。但世界经济复苏的基础并不稳固,我国经济发展面临的环境仍然十分复杂。要保持宏观经济政策的连续性和稳定性,根据新形势新情况着力提高政策的针对性和灵活性。把促进发展与增加税收有机结合起来,既落实各项减税措施,发挥税收对结构调整的引导作用,又依法组织收入,应收尽收,不收过头税,实现税收平稳增长,把经济平稳较快发展的势头长期保持下去。

李克强说,税收是市场经济中十分灵敏的调节杠杆,完善税收制度是深化改革的重要内容。要认真总结成品油税费改革、增值税转型等做法,着眼长远发展,针对现实问题,把握有利时机,加快改革步伐,建立、健全有利于科学发展的财税制度。

国务院有关部门负责同志、各省(区、市)税务部门负责人参加座谈会。

全国国有资产监督管理工作会议在北京召开

国务院副总理张德江出席会议并讲话,要求国有资产监管系统深入贯彻落实科学发展观,全面落实中央经济工作会议精神,围绕提高国有企业发展质量效益、促进国有资产保值增值,切实转变发展方式,大力调整产业结构,深化改革,加强监管,促进国有经济又好又快发展,为保持国民经济平稳较快发展作出更大贡献。

中组部 中宣部 中共教育部党组在北京召开第十八次全国高等学校党的建设工作会议

刘云山出席会议并讲话。

他强调,要从贯彻落实党的十七届四中全会精神的高度充分认识加强和改进高校党的建设的重要性紧迫性,全面落实高校党的建设各项任务,着力提高党员干部的党性修养,着力增强党组织的凝聚力创造力战斗力,着力提高高校党建科学化水平,为促进高校科学发展,培养造就中国特色社会主义建设者和接班人提供坚强有力的政治保证、思想保证和组织保证。要按照建设马克思主义学习型政党的要求，以提高思想理论素养为重点，在推进用马克思主义中国化最新成果武装头脑、指导教学科研实践上取得新成效；按照建设社会主义核心价值体系的要求，以坚定理想信念为重点，在加强和改进大学生思想政治教育上取得新成效；按照围绕中心服务大局、拓宽领域强化功能的要求，以扩大覆盖、增强活力为重点，在发挥高校基层党组织战斗堡垒和党员先锋模范作用上取得新成效；按照党要管党、从严治党的要求，以加强高校党风廉政建设为重点，在以优良党风促校风带学风上取得新成效；按照德才兼备、以德为先的要求，以提高思想政治素质、增强办学治校能力为重点，在加强高校领导班子和干部队伍建设上取得新成效。

刘延东主持会议，李源潮出席会议。中央和国家机关有关部门负责同志，解放军总政治部、各省区市和新疆生产建设兵团有关负责同志，全国部分高校党委书记、校长参加会议。

全国第二代居民身份证集中换发完毕

从今天召开的全国公安机关集中换发第二代居民身份证工作总结电视电话会议上获悉：截至目前，全国已制发“二代证”超过10亿张，90%以上的16周岁以上应换证人口领取了“二代证”，全国公安机关超额完成了国务院下达的为8亿人口集中换发“二代证”的任务。

据了解，“二代证”发放范围进一步扩大，已有2000余万16周岁以下未成年人申领了“二代证”，并首次为现役军人和人民武装警察发放居民身份证。

12月25日

政协第十一届全国委员会第二十一次主席会议在北京召开

全国政协主席贾庆林主持会议并讲话。

这次主席会议的主要任务是为召开政协十一届第八次常委会议和政协十一届第三次会议做准备。会议审议通过了政协第十一届全国委员会常务委员会第八次会议议程(草案)和日程；关于召开政协第十一届全国委员会第三次会议的决定(草案)，会议建议明年3月3日召开政协十一届三次会议；审议通过了政协第十一届全国委员会第三次会议秘书长、副秘书长名单(草案)、新闻发言人名单、政协第十一届全国委员会委员调整界别名单和专门委员会委员增补、调整名单。会议决定将上述有关草案提请政协十一届第八次常委会议审议。

会议决定，政协十一届第八次常委会议于2010年2月26日至28日在北京举行，建议第八次常委会议的主要议程为：审议通过关于召开政协第十一届全国委员会第三次会议的决定，审议通过政协第十一届全国委员会第三次会议议程(草案)和日程，审议通过提交政协十一届全国委员会第三次会议审议的常务委员会工作报告和关于政协十一届二次会议以来提案工作情况的报告，审议通过政协第十一届全国委员会第三次会议秘书长、副秘书长名单，听取全国政协各专门委员会主任关于本委员会2009年度工作情况的汇报等。

会议听取了全国政协副主席兼秘书长钱运录，全国政协副秘书长杨崇汇、蒋作君、仝广成对有关事项所作的说明。

会议确定全国政协外事委员会主任赵启正为政协十一届三次会议新闻发言人。

贾庆林在讲话中指出，一年一度的两会，是我国政治生活中的大事。在我国经济总体回升向好，但国内外经济环境仍然十分复杂的背景下，开好明年两会，贯彻落实好中共中央的重大决策部署，团结动员全国各族人民做好明年改革发展稳定的各项工作，对夺取应对国际金融危机冲击全面胜利、推动经济社会又好又快发展、为“十二五”规划启动实施奠定良好基础，具有十分重要的意义。他要求办公厅和有关部门高度重视、精心部署，早动手、抓落实。要按照会议筹备工作的进程和会议议程，制定工作计划，明确工作职责，切实做好会议的各项准备工作。同时要认真做好今年的总结工作，周密安排好新年及春节期间的各项工作和活动。

全国政协副主席王刚、杜青林、白立忱、陈奎元、阿不来提·阿不都热西提、李兆焯、黄孟复、董建华、张梅颖、张榕明、孙家正、李金华、郑万通、万钢、林文漪、厉无畏、罗富和、陈宗兴、王志珍出席会议。

全国关心下一代工作理论研讨会在北京召开

国务院第二次全国经济普查领导小组办公室国家统计局发布第二次全国经济普查主要数据公报

《人民日报》发表评论员文章《为平稳增长提供统计数据支撑》

第二次全国经济普查汇总数据25日向社会各界发布。这是在党中央、国务院领导下，在各级政府和各有关部门的组织和支持下，数百万普查工作者两年多辛勤努力和扎实工作的成果，对今后一段时期中国经济和社会的发展将发挥重要的作用。

今年是中国经济进入新世纪以来最为困难的一

年。党中央、国务院果断决策,全国人民共同努力,应对国际金融危机冲击,经济保持了平稳较快发展势头。我们也要看到,中国经济在2010年仍然要面对一系列挑战。首先是国际金融危机阴影尚在,世界经济复苏的局面还不明朗,我们仍然要继续努力扩大内需,以克服外需持续萎缩对国民经济带来的冲击。其次,虽然我们完成了今年保增长的目标,但中国经济深层次的矛盾进一步暴露。明年,我们要实现保持国民经济平稳增长的目标,还要在结构调整方面迈出实质性的步伐。复杂的环境,艰巨的任务,只有准确认识我国经济的总体规模和重大比例,我们才能在工作中正确处理好速度、结构、质量和效益的关系。

2004年首次进行的全国经济普查,摸清了我国第二、三产业的"家底",查实了国内生产总值和三次产业的比重,全面掌握了我国基本经济单位等反映重大国情国力的大量基础信息。第二次全国经济普查是又一次重大的国情国力调查,它不仅进一步摸清了我国二、三产业的规模、布局和结构,查明了二、三产业单位的基本情况和个体经营户情况,更是第一次把我国能源和水资源消耗情况纳入调查范围,并增加了高耗能行业通用设备情况调查。这对于推动经济结构战略性调整,推动节能减排工作,促进全面协调可持续发展,具有重要的现实意义。

2010年是完成"十一五"规划的最后一年,中国将为下一个五年发展绘制宏伟蓝图。第二次全国经济普查数据的出炉,无疑为我们继续应对国际金融危机冲击、科学制订"十二五"规划、促进经济长期平稳较快增长提供了翔实的统计数据支撑。

第二次全国经济普查是在应对国际金融危机冲击背景下进行的,涉及范围广、参与部门多、技术要求高、工作难度高。普查任务的完成,靠的是数百万普查工作者高度的责任心和辛勤的劳动,也离不开广大普查对象的积极配合。在此,我们向这次普查的所有组织者、参与者表示衷心的感谢!

《马克思恩格斯文集》《列宁专题文集》出版座谈会在北京举行

中共中央政治局常委李长春出席会议并讲话,他强调,马克思主义经典著作是人类文明的瑰宝,是马克思主义政党的精神支柱和强大思想武器,要紧密联系中国特色社会主义伟大事业,紧密联系用科学理论武装全党、教育人民的长期任务,学习好运用好马克思主义经典著作,不断推动用发展着的马克思主义指导新的实践。

中宣部部长刘云山主持会议,全国政协副主席、中国社会科学院院长陈奎元出席会议。

中央宣传文化各单位主要负责同志,马克思主义理论研究和建设工程咨询委员、工程课题组专家和理论界专家学者及青年学生代表,共220多人参加会议。韦建桦、顾锦屏、邢贲思、李卫红、王伟光、黄书元作了发言。

12月26日

十一届全国人大常委会第十二次会议在人民大会堂闭幕

会议表决通过了侵权责任法、海岛保护法、关于修改可再生能源法的决定;会议表决决定,免去孙政才的农业部部长职务,任命韩长赋为农业部部长。国家主席胡锦涛签署主席令,公布了有关法律和任免。

吴邦国委员长主持会议。

会议表决通过了全国人大常委会关于提请审议选举法修正案草案的议案,决定将草案提请十一届全国人大三次会议审议。王兆国副委员长受委员长会议委托,将代表常委会向大会作说明。

会议表决通过了全国人大常委会关于召开十一届全国人大三次会议的决定。根据这一决定,十一届全国人大三次会议定于2010年3月5日在北京召开。

会议表决通过了全国人大常委会关于加入《联合国打击跨国有组织犯罪公约关于预防、禁止和惩治贩运人口特别是妇女和儿童行为的补充议定书》的决定,决定加入这个补充议定书;表决通过了全国人大常委会关于批准《中华人民共和国和马耳他关于刑事司法协助的条约》的决定,决定批准这个条约。

会议表决通过了全国人大法律委员会、教育科学文化卫生委员会、环境与资源保护委员会、农业与农村委员会关于十一届全国人大二次会议主席团交付审议的代表提出的议案审议结果的报告。

会议表决通过了关于任命全国人大专门委员会个别副主任委员、委员的名单,任命储波、徐光春为全国人大财政经济委员会副主任委员,任命张文岳、王鸿举为全国人大环境与资源保护委员会副主任委员,任命洛桑灵智多杰为全国人大民族委员会委员。

会议表决通过了全国人大常委会澳门特别行政区基本法委员会组成人员名单。

会议还表决通过了其他任免案。

在完成各项议程后,吴邦国发表重要讲话。

吴邦国指出,修改选举法是本届全国人大及其常委会立法工作的一个重点。这次会议对修改后的选举法修正案草案进行了再审,并决定提请明年3月召开的十一届全国人大三次会议审议。选举法的修改政治性强、代表关心、社会关注,会后常委会办公厅要会同有关方面组织全国人大代表集中阅读讨论选举法修正案草案，为十一届全国人大三次会议审议选举法修正案草案做好充分准备。

吴邦国说，新制定的侵权责任法，对保护民事主体合法权益，预防并制裁侵权行为，减少和化解社会矛盾，促进社会和谐稳定具有重要意义。修改后的可再生能源法，将有力地推动我国可再生能源产业的健康快速发展，促进能源结构调整，加强环境友好型和资源节约型社会建设。会议通过的海岛保护法，对保护海岛及其周边海域生态系统，合理开发利用海岛自然资源，维护国家海洋权益等将发挥重要作用。

吴邦国说，常委会一直把促进就业再就业和社会保障体系建设，作为推动解决民生问题的一个重点，做了大量工作。这次会议又专门安排听取审议了农业与农村委员会关于农村社会保障体系建设情况的跟踪检查报告，听取审议了国务院关于就业再就业工作情况的报告。审议中，大家充分肯定近年来就业再就业工作取得的成绩，同时强调就业是民生之本，各地区各部门要按照中央经济工作会议精神，实施更加积极的就业政策，千方百计扩大就业和促进再就业。一要充分发挥政府公共投资和重大建设项目对就业再就业的带动作用，努力实现扩大就业与经济发展良性互动。二要重点做好高校毕业生、农民工和城镇困难群众就业再就业工作，尤其要加强对就业困难群体和零就业家庭的就业援助。三要进一步加强职业技能培训工作，努力提高劳动者素质。同时要加强择业观念教育，不断改善就业服务，切实维护劳动者合法权益。审议中，大家对农业与农村委员会开展的跟踪检查工作给予充分肯定，普遍赞同跟踪检查报告。大家强调，要充分认识农村社会保障体系的重要性和艰巨性，树立长期奋斗的思想，切实把这项造福当代、荫及子孙的惠民工程建设好，有效解除农民的后顾之忧。一要在总结第一批新型农村养老保险试点经验的基础上，加快推进步伐，尽快实现全国覆盖。二要增强财政资金的引领作用，引导农民积极参加农村社保，建立稳定的农村社保筹资机制。三要坚持统筹兼顾，不断完善农村社保体系，既要注重农村社保相关制度间的统筹衔接，又要注意城乡社会保障制度间的统筹，为进一步改革发展留下空间。大家在审议中还积极评价了这一跟踪检查方式，认为常委会在听取审议国务院专项工作报告的基础上开展跟踪检查，并形成检查报告提请常委会会议审议，就同一个问题持续进行监督，督促国务院及其有关部门加强和改进工作，这是加大人大监督工作力度、提高人大监督工作水平的又一次有益尝试，不仅增强了人大监督工作的实效，也丰富了人大监督工作的方式。希望认真总结这一实践经验，在今后的工作中灵活加以运用，使人大监督工作更具活力、更有深度。

吴邦国说，这次会议还听取审议了国务院关于促进中小企业发展情况的报告。大家在审议中指出，促进中小企业健康发展是保持国民经济平稳较快发展的重要基础，是关系国计民生和社会稳定的重大战略任务。各地区各部门要充分认识促进中小企业发展的重大意义，针对面临的新情况新问题，采取更加有效的措施，促进中小企业又好又快发展。一要加紧制定完善支持、鼓励与促进中小企业发展的相关政策，加大实施力度，确保政策措施落到实处。二要加大财政扶持力度，加快设立中小企业发展基金，创新完善中小企业融资担保机制，拓宽中小企业融资渠道。三要大力推进中小企业结构调整和优化升级，鼓励中小企业加强技术改造和科技创新，着力做好品牌与设计、物流与销售两篇大文章，掌握发展主动权，提高企业抗御风险的能力。

吴邦国强调，这次会议作出了关于召开十一届全国人大三次会议的决定。从现在到明年3月大会召开，只有两个多月的时间。当前要着重做好以下三个方面的工作。一是认真做好大会的筹备组织工作，确保大会的顺利召开。二是认真做好常委会第十三次会议的准备工作，确保有关法律草案和报告如期提请审议。三是统筹安排明年的各项工作，为做好新一年的各项工作打下坚实基础。

全国人大常委会副委员长王兆国、路甬祥、乌云其木格、韩启德、华建敏、陈至立、周铁农、李建国、司马义·铁力瓦尔地、蒋树声、陈昌智、严隽琪、桑国卫出席会议。国务院副总理王岐山、最高人民法院院长王胜俊、最高人民检察院检察长曹建明等列席会议。

本次会议闭幕后，常委会举行了任命书颁发仪式，吴邦国向澳门基本法委员会组成人员颁发了任命书。

国家主席胡锦涛签署第21号令公布《中华人民共和国侵权责任法》

《中华人民共和国侵权责任法》已由中华人民共和国第十一届全国人民代表大会常务委员会第十二次会议于2009年12月26日通过，现予公布，自2010年7月1日起施行。

中华人民共和国主席　胡锦涛

2009年12月26日

中华人民共和国侵权责任法

第一章　一般规定

第一条　为保护民事主体的合法权益，明确侵权责任，预防并制裁侵权行为，促进社会和谐稳定，制定本法。

第二条　侵害民事权益，应当依照本法承担侵权责任。

本法所称民事权益，包括生命权、健康权、姓名权、名誉权、荣誉权、肖像权、隐私权、婚姻自主权、监护权、所有权、用益物权、担保物权、著作权、专利权、商标专用权、发现权、股权、继承权等人身、财产权益。

第三条　被侵权人有权请求侵权人承担侵权责任。

第四条　侵权人因同一行为应当承担行政责任或者刑事责任的，不影响依法承担侵权责任。

因同一行为应当承担侵权责任和行政责任、刑事责任，侵权人的财产不足以支付的，先承担侵权责任。

第五条　其他法律对侵权责任另有特别规定的，依照其规定。

第二章　责任构成和责任方式

第六条　行为人因过错侵害他人民事权益，应当承担侵权责任。

根据法律规定推定行为人有过错，行为人不能证明自己没有过错的，应当承担侵权责任。

第七条　行为人损害他人民事权益，不论行为人有无过错，法律规定应当承担侵权责任的，依照其规定。

第八条　二人以上共同实施侵权行为，造成他人损害的，应当承担连带责任。

第九条　教唆、帮助他人实施侵权行为的，应当与行为人承担连带责任。

教唆、帮助无民事行为能力人、限制民事行为能力人实施侵权行为的，应当承担侵权责任；该无民事行为能力人、限制民事行为能力人的监护人未尽到监护责任的，应当承担相应的责任。

第十条　二人以上实施危及他人人身、财产安全的行为，其中一人或者数人的行为造成他人损害，能够确定具体侵权人的，由侵权人承担责任；不能确定具体侵权人的，行为人承担连带责任。

第十一条　二人以上分别实施侵权行为造成同一损害，每个人的侵权行为都足以造成全部损害的，行为人承担连带责任。

第十二条　二人以上分别实施侵权行为造成同一损害，能够确定责任大小的，各自承担相应的责任；难以确定责任大小的，平均承担赔偿责任。

第十三条　法律规定承担连带责任的，被侵权人有权请求部分或者全部连带责任人承担责任。

第十四条　连带责任人根据各自责任大小确定相应的赔偿数额；难以确定责任大小的，平均承担赔偿责任。

支付超出自己赔偿数额的连带责任人，有权向其他连带责任人追偿。

第十五条　承担侵权责任的方式主要有：

(一)停止侵害；

(二)排除妨碍；

(三)消除危险；

(四)返还财产；

(五)恢复原状；

(六)赔偿损失；

(七)赔礼道歉；

(八)消除影响、恢复名誉。

以上承担侵权责任的方式，可以单独适用，也可以合并适用。

第十六条　侵害他人造成人身损害的，应当赔偿医疗费、护理费、交通费等为治疗和康复支出的合理费用，以及因误工减少的收入。造成残疾的，还应当赔偿残疾生活辅助具费和残疾赔偿金。造成死亡的，还应当赔偿丧葬费和死亡赔偿金。

第十七条　因同一侵权行为造成多人死亡的，可以以相同数额确定死亡赔偿金。

第十八条　被侵权人死亡的，其近亲属有权请求侵权人承担侵权责任。被侵权人为单位，该单位分立、合并的，承继权利的单位有权请求侵权人承担侵权责任。

被侵权人死亡的，支付被侵权人医疗费、丧葬费等合理费用的人有权请求侵权人赔偿费用，但侵权人已支付该费用的除外。

第十九条　侵害他人财产的，财产损失按照损失发生时的市场价格或者其他方式计算。

第二十条　侵害他人人身权益造成财产损失的，按照被侵权人因此受到的损失赔偿；被侵权人的损失难以确定，侵权人因此获得利益的，按照其获得的利益赔偿；侵权人因此获得的利益难以确定，被侵权人和侵权人就赔偿数额协商不一致，向人民法院提起诉讼的，由人民法院根据实际情况确定赔偿数额。

第二十一条　侵权行为危及他人人身、财产安全的，被侵权人可以请求侵权人承担停止侵害、排除妨碍、消除危险等侵权责任。

第二十二条　侵害他人人身权益，造成他人严重精神损害的，被侵权人可以请求精神损害赔偿。

第二十三条　因防止、制止他人民事权益被侵害而使自己受到损害的，由侵权人承担责任。侵权人逃逸或者无力承担责任，被侵权人请求补偿的，受益人应当给予适当补偿。

第二十四条　受害人和行为人对损害的发生都没有过错的，可以根据实际情况，由双方分担损失。

第二十五条　损害发生后，当事人可以协商赔偿费用的支付方式。协商不一致的，赔偿费用应当一次性支付；一次性支付确有困难的，可以分期支付，但应当提供相应的担保。

第三章　不承担责任和减轻责任的情形

第二十六条　被侵权人对损害的发生也有过错的，可以减轻侵权人的责任。

第二十七条　损害是因受害人故意造成的，行为人不承担责任。

第二十八条　损害是因第三人造成的，第三人应当承担侵权责任。

第二十九条　因不可抗力造成他人损害的，不承担责任。法律另有规定的，依照其规定。

第三十条　因正当防卫造成损害的，不承担责任。正当防卫超过必要的限度，造成不应有的损害的，正当防卫人应当承担适当的责任。

第三十一条　因紧急避险造成损害的，由引起险情发生的人承担责任。如果危险是由自然原因引起的，紧急避险人不承担责任或者给予适当补偿。紧急避险采取措施不当或者超过必要的限度，造成不应有的损害的，紧急避险人应当承担适当的责任。

第四章　关于责任主体的特殊规定

第三十二条　无民事行为能力人、限制民事行为能力人造成他人损害的，由监护人承担侵权责任。监护人尽到监护责任的，可以减轻其侵权责任。

有财产的无民事行为能力人、限制民事行为能力人造成他人损害的，从本人财产中支付赔偿费用。不足部分，由监护人赔偿。

第三十三条　完全民事行为能力人对自己的行为暂时没有意识或者失去控制造成他人损害有过错的，应当承担侵权责任；没有过错的，根据行为人的经济状况对受害人适当补偿。

完全民事行为能力人因醉酒、滥用麻醉药品或者精神药品对自己的行为暂时没有意识或者失去控制造成他人损害的，应当承担侵权责任。

第三十四条　用人单位的工作人员因执行工作任务造成他人损害的，由用人单位承担侵权责任。

劳务派遣期间，被派遣的工作人员因执行工作任务造成他人损害的，由接受劳务派遣的用工单位承担侵权责任；劳务派遣单位有过错的，承担相应的补充责任。

第三十五条　个人之间形成劳务关系，提供劳务一方因劳务造成他人损害的，由接受劳务一方承担侵权责任。提供劳务一方因劳务自己受到损害的，根据双方各自的过错承担相应的责任。

第三十六条　网络用户、网络服务提供者利用网络侵害他人民事权益的，应当承担侵权责任。

网络用户利用网络服务实施侵权行为的，被侵权人有权通知网络服务提供者采取删除、屏蔽、断开链接等必要措施。网络服务提供者接到通知后未及时采取必要措施的，对损害的扩大部分与该网络用户承担连带责任。

网络服务提供者知道网络用户利用其网络服务侵害他人民事权益，未采取必要措施的，与该网络用户承担连带责任。

第三十七条　宾馆、商场、银行、车站、娱乐场所等公共场所的管理人或者群众性活动的组织者，未尽到安全保障义务，造成他人损害的，应当承担侵权责任。

因第三人的行为造成他人损害的，由第三人承担侵权责任；管理人或者组织者未尽到安全保障义务的，承担相应的补充责任。

第三十八条　无民事行为能力人在幼儿园、学校或者其他教育机构学习、生活期间受到人身损害的，幼儿园、学校或者其他教育机构应当承担责任，但能够证明尽到教育、管理职责的，不承担责任。

第三十九条　限制民事行为能力人在学校或者其他教育机构学习、生活期间受到人身损害，学校或者其他教育机构未尽到教育、管理职责的，应当承担责任。

第四十条　无民事行为能力人或者限制民事行为能力人在幼儿园、学校或者其他教育机构学习、生活期间，受到幼儿园、学校或者其他教育机构以外的人员人身损害的，由侵权人承担侵权责任；幼儿园、学校或者其他教育机构未尽到管理职责的，承担相应的补充责任。

第五章　产品责任

第四十一条　因产品存在缺陷造成他人损害的，生产者应当承担侵权责任。

第四十二条　因销售者的过错使产品存在缺陷，造成他人损害的，销售者应当承担侵权责任。

销售者不能指明缺陷产品的生产者也不能指明缺陷产品的供货者的，销售者应当承担侵权责任。

第四十三条　因产品存在缺陷造成损害的，被侵权人可以向产品的生产者请求赔偿，也可以向产品的销售者请求赔偿。

产品缺陷由生产者造成的，销售者赔偿后，有权向生产者追偿。

因销售者的过错使产品存在缺陷的，生产者赔偿后，有权向销售者追偿。

第四十四条　因运输者、仓储者等第三人的过错使产品存在缺陷，造成他人损害的，产品的生产者、销售者赔偿后，有权向第三人追偿。

第四十五条　因产品缺陷危及他人人身、财产安全的，被侵权人有权请求生产者、销售者承担排除妨碍、消除危险等侵权责任。

第四十六条 产品投入流通后发现存在缺陷的，生产者、销售者应当及时采取警示、召回等补救措施。未及时采取补救措施或者补救措施不力造成损害的，应当承担侵权责任。

第四十七条 明知产品存在缺陷仍然生产、销售，造成他人死亡或者健康严重损害的，被侵权人有权请求相应的惩罚性赔偿。

第六章 机动车交通事故责任

第四十八条 机动车发生交通事故造成损害的，依照道路交通安全法的有关规定承担赔偿责任。

第四十九条 因租赁、借用等情形机动车所有人与使用人不是同一人时，发生交通事故后属于该机动车一方责任的，由保险公司在机动车强制保险责任限额范围内予以赔偿。不足部分，由机动车使用人承担赔偿责任；机动车所有人对损害的发生有过错的，承担相应的赔偿责任。

第五十条 当事人之间已经以买卖等方式转让并交付机动车但未办理所有权转移登记，发生交通事故后属于该机动车一方责任的，由保险公司在机动车强制保险责任限额范围内予以赔偿。不足部分，由受让人承担赔偿责任。

第五十一条 以买卖等方式转让拼装或者已达到报废标准的机动车，发生交通事故造成损害的，由转让人和受让人承担连带责任。

第五十二条 盗窃、抢劫或者抢夺的机动车发生交通事故造成损害的，由盗窃人、抢劫人或者抢夺人承担赔偿责任。保险公司在机动车强制保险责任限额范围内垫付抢救费用的，有权向交通事故责任人追偿。

第五十三条 机动车驾驶人发生交通事故后逃逸，该机动车参加强制保险的，由保险公司在机动车强制保险责任限额范围内予以赔偿；机动车不明或者该机动车未参加强制保险，需要支付被侵权人人身伤亡的抢救、丧葬等费用的，由道路交通事故社会救助基金垫付。道路交通事故社会救助基金垫付后，其管理机构有权向交通事故责任人追偿。

第七章 医疗损害责任

第五十四条 患者在诊疗活动中受到损害，医疗机构及其医务人员有过错的，由医疗机构承担赔偿责任。

第五十五条 医务人员在诊疗活动中应当向患者说明病情和医疗措施。需要实施手术、特殊检查、特殊治疗的，医务人员应当及时向患者说明医疗风险、替代医疗方案等情况，并取得其书面同意；不宜向患者说明的，应当向患者的近亲属说明，并取得其书面同意。

医务人员未尽到前款义务，造成患者损害的，医疗机构应当承担赔偿责任。

第五十六条 因抢救生命垂危的患者等紧急情况，不能取得患者或者其近亲属意见的，经医疗机构负责人或者授权的负责人批准，可以立即实施相应的医疗措施。

第五十七条 医务人员在诊疗活动中未尽到与当时的医疗水平相应的诊疗义务，造成患者损害的，医疗机构应当承担赔偿责任。

第五十八条 患者有损害，因下列情形之一的，推定医疗机构有过错：

(一)违反法律、行政法规、规章以及其他有关诊疗规范的规定；

(二)隐匿或者拒绝提供与纠纷有关的病历资料；

(三)伪造、篡改或者销毁病历资料。

第五十九条 因药品、消毒药剂、医疗器械的缺陷，或者输入不合格的血液造成患者损害的，患者可以向生产者或者血液提供机构请求赔偿，也可以向医疗机构请求赔偿。患者向医疗机构请求赔偿的，医疗机构赔偿后，有权向负有责任的生产者或者血液提供机构追偿。

第六十条 患者有损害，因下列情形之一的，医疗机构不承担赔偿责任：

(一)患者或者其近亲属不配合医疗机构进行符合诊疗规范的诊疗；

(二)医务人员在抢救生命垂危的患者等紧急情况下已经尽到合理诊疗义务；

(三)限于当时的医疗水平难以诊疗。

前款第一项情形中，医疗机构及其医务人员也有过错的，应当承担相应的赔偿责任。

第六十一条 医疗机构及其医务人员应当按照规定填写并妥善保管住院志、医嘱单、检验报告、手术及麻醉记录、病理资料、护理记录、医疗费用等病历资料。

患者要求查阅、复制前款规定的病历资料的，医疗机构应当提供。

第六十二条 医疗机构及其医务人员应当对患者的隐私保密。泄露患者隐私或者未经患者同意公开其病历资料，造成患者损害的，应当承担侵权责任。

第六十三条 医疗机构及其医务人员不得违反诊疗规范实施不必要的检查。

第六十四条 医疗机构及其医务人员的合法权益受法律保护。干扰医疗秩序，妨害医务人员工作、生活的，应当依法承担法律责任。

第八章 环境污染责任

第六十五条 因污染环境造成损害的，污染者应当承担侵权责任。

第六十六条 因污染环境发生纠纷，污染者应当就法律规定的不承担责任或者减轻责任的情形及其行为与损害之间不存在因果关系承担举证责任。

第六十七条　两个以上污染者污染环境，污染者承担责任的大小，根据污染物的种类、排放量等因素确定。

第六十八条　因第三人的过错污染环境造成损害的，被侵权人可以向污染者请求赔偿，也可以向第三人请求赔偿。污染者赔偿后，有权向第三人追偿。

第九章　高度危险责任

第六十九条　从事高度危险作业造成他人损害的，应当承担侵权责任。

第七十条　民用核设施发生核事故造成他人损害的，民用核设施的经营者应当承担侵权责任，但能够证明损害是因战争等情形或者受害人故意造成的，不承担责任。

第七十一条　民用航空器造成他人损害的，民用航空器的经营者应当承担侵权责任，但能够证明损害是因受害人故意造成的，不承担责任。

第七十二条　占有或者使用易燃、易爆、剧毒、放射性等高度危险物造成他人损害的，占有人或者使用人应当承担侵权责任，但能够证明损害是因受害人故意或者不可抗力造成的，不承担责任。被侵权人对损害的发生有重大过失的，可以减轻占有人或者使用人的责任。

第七十三条　从事高空、高压、地下挖掘活动或者使用高速轨道运输工具造成他人损害的，经营者应当承担侵权责任，但能够证明损害是因受害人故意或者不可抗力造成的，不承担责任。被侵权人对损害的发生有过失的，可以减轻经营者的责任。

第七十四条　遗失、抛弃高度危险物造成他人损害的，由所有人承担侵权责任。所有人将高度危险物交由他人管理的，由管理人承担侵权责任；所有人有过错的，与管理人承担连带责任。

第七十五条　非法占有高度危险物造成他人损害的，由非法占有人承担侵权责任。所有人、管理人不能证明对防止他人非法占有尽到高度注意义务的，与非法占有人承担连带责任。

第七十六条　未经许可进入高度危险活动区域或者高度危险物存放区域受到损害，管理人已经采取安全措施并尽到警示义务的，可以减轻或者不承担责任。

第七十七条　承担高度危险责任，法律规定赔偿限额的，依照其规定。

第十章　饲养动物损害责任

第七十八条　饲养的动物造成他人损害的，动物饲养人或者管理人应当承担侵权责任，但能够证明损害是因被侵权人故意或者重大过失造成的，可以不承担或者减轻责任。

第七十九条　违反管理规定，未对动物采取安全措施造成他人损害的，动物饲养人或者管理人应当承担侵权责任。

第八十条　禁止饲养的烈性犬等危险动物造成他人损害的，动物饲养人或者管理人应当承担侵权责任。

第八十一条　动物园的动物造成他人损害的，动物园应当承担侵权责任，但能够证明尽到管理职责的，不承担责任。

第八十二条　遗弃、逃逸的动物在遗弃、逃逸期间造成他人损害的，由原动物饲养人或者管理人承担侵权责任。

第八十三条　因第三人的过错致使动物造成他人损害的，被侵权人可以向动物饲养人或者管理人请求赔偿，也可以向第三人请求赔偿。动物饲养人或者管理人赔偿后，有权向第三人追偿。

第八十四条　饲养动物应当遵守法律，尊重社会公德，不得妨害他人生活。

第十一章　物件损害责任

第八十五条　建筑物、构筑物或者其他设施及其搁置物、悬挂物发生脱落、坠落造成他人损害，所有人、管理人或者使用人不能证明自己没有过错的，应当承担侵权责任。所有人、管理人或者使用人赔偿后，有其他责任人的，有权向其他责任人追偿。

第八十六条　建筑物、构筑物或者其他设施倒塌造成他人损害的，由建设单位与施工单位承担连带责任。建设单位、施工单位赔偿后，有其他责任人的，有权向其他责任人追偿。

因其他责任人的原因，建筑物、构筑物或者其他设施倒塌造成他人损害的，由其他责任人承担侵权责任。

第八十七条　从建筑物中抛掷物品或者从建筑物上坠落的物品造成他人损害，难以确定具体侵权人的，除能够证明自己不是侵权人的外，由可能加害的建筑物使用人给予补偿。

第八十八条　堆放物倒塌造成他人损害，堆放人不能证明自己没有过错的，应当承担侵权责任。

第八十九条　在公共道路上堆放、倾倒、遗撒妨碍通行的物品造成他人损害的，有关单位或者个人应当承担侵权责任。

第九十条　因林木折断造成他人损害，林木的所有人或者管理人不能证明自己没有过错的，应当承担侵权责任。

第九十一条　在公共场所或者道路上挖坑、修缮安装地下设施等，没有设置明显标志和采取安全措施造成他人损害的，施工人应当承担侵权责任。

窨井等地下设施造成他人损害，管理人不能证明尽到管理职责的，应当承担侵权责任。

第十二章 附 则

第九十二条 本法自2010年7月1日起施行。

国家主席胡锦涛签署第22号令公布《中华人民共和国海岛保护法》

《中华人民共和国海岛保护法》已由中华人民共和国第十一届全国人民代表大会常务委员会第十二次会议于2009年12月26日通过,现予公布,自2010年3月1日起施行。

中华人民共和国主席 胡锦涛

2009年12月26日

中华人民共和国海岛保护法

第一章 总 则

第一条 为了保护海岛及其周边海域生态系统,合理开发利用海岛自然资源,维护国家海洋权益,促进经济社会可持续发展,制定本法。

第二条 从事中华人民共和国所属海岛的保护、开发利用及相关管理活动,适用本法。

本法所称海岛,是指四面环海水并在高潮时高于水面的自然形成的陆地区域,包括有居民海岛和无居民海岛。

本法所称海岛保护,是指海岛及其周边海域生态系统保护,无居民海岛自然资源保护和特殊用途海岛保护。

第三条 国家对海岛实行科学规划、保护优先、合理开发、永续利用的原则。

国务院和沿海地方各级人民政府应当将海岛保护和合理开发利用纳入国民经济和社会发展规划,采取有效措施,加强对海岛的保护和管理,防止海岛及其周边海域生态系统遭受破坏。

第四条 无居民海岛属于国家所有,国务院代表国家行使无居民海岛所有权。

第五条 国务院海洋主管部门和国务院其他有关部门依照法律和国务院规定的职责分工,负责全国有居民海岛及其周边海域生态保护工作。沿海县级以上地方人民政府海洋主管部门和其他有关部门按照各自的职责,负责本行政区域内有居民海岛及其周边海域生态保护工作。

国务院海洋主管部门负责全国无居民海岛保护和开发利用的管理工作。沿海县级以上地方人民政府海洋主管部门负责本行政区域内无居民海岛保护和开发利用管理的有关工作。

第六条 海岛的名称,由国家地名管理机构和国务院海洋主管部门按照国务院有关规定确定和发布。

沿海县级以上地方人民政府应当按照国家规定,在需要设置海岛名称标志的海岛设置海岛名称标志。

禁止损毁或者擅自移动海岛名称标志。

第七条 国务院和沿海地方各级人民政府应当加强对海岛保护的宣传教育工作,增强公民的海岛保护意识,并对在海岛保护以及有关科学研究工作中作出显著成绩的单位和个人予以奖励。

任何单位和个人都有遵守海岛保护法律的义务,并有权向海洋主管部门或者其他有关部门举报违反海岛保护法律、破坏海岛生态的行为。

第二章 海岛保护规划

第八条 国家实行海岛保护规划制度。海岛保护规划是从事海岛保护、利用活动的依据。

制定海岛保护规划应当遵循有利于保护和改善海岛及其周边海域生态系统,促进海岛经济社会可持续发展的原则。

海岛保护规划报送审批前,应当征求有关专家和公众的意见,经批准后应当及时向社会公布。但是,涉及国家秘密的除外。

第九条 国务院海洋主管部门会同本级人民政府有关部门、军事机关,依据国民经济和社会发展规划、全国海洋功能区划,组织编制全国海岛保护规划,报国务院审批。

全国海岛保护规划应当按照海岛的区位、自然资源、环境等自然属性及保护、利用状况,确定海岛分类保护的原则和可利用的无居民海岛,以及需要重点修复的海岛等。

全国海岛保护规划应当与全国城镇体系规划和全国土地利用总体规划相衔接。

第十条 沿海省、自治区人民政府海洋主管部门会同本级人民政府有关部门、军事机关,依据全国海岛保护规划、省域城镇体系规划和省、自治区土地利用总体规划,组织编制省域海岛保护规划,报省、自治区人民政府审批,并报国务院备案。

沿海直辖市人民政府组织编制的城市总体规划,应当包括本行政区域内海岛保护专项规划。

省域海岛保护规划和直辖市海岛保护专项规划,应当规定海岛分类保护的具体措施。

第十一条 省、自治区人民政府根据实际情况,可以要求本行政区域内的沿海城市、县、镇人民政府组织编制海岛保护专项规划,并纳入城市总体规划、镇总体规划;可以要求沿海县人民政府组织编制县域海岛保护规划。

沿海城市、镇海岛保护专项规划和县域海岛保护规划,应当符合全国海岛保护规划和省域海岛保护规划。

编制沿海城市、镇海岛保护专项规划,应当征求上一级人民政府海洋主管部门的意见。

县域海岛保护规划报省、自治区人民政府审批，并报国务院海洋主管部门备案。

第十二条　沿海县级人民政府可以组织编制全国海岛保护规划确定的可利用无居民海岛的保护和利用规划。

第十三条　修改海岛保护规划，应当依照本法第九条、第十条、第十一条规定的审批程序报经批准。

第十四条　国家建立完善海岛统计调查制度。国务院海洋主管部门会同有关部门拟定海岛综合统计调查计划，依法经批准后组织实施，并发布海岛统计调查公报。

第十五条　国家建立海岛管理信息系统，开展海岛自然资源的调查评估，对海岛的保护与利用等状况实施监视、监测。

第三章　海岛的保护

第一节　一般规定

第十六条　国务院和沿海地方各级人民政府应当采取措施，保护海岛的自然资源、自然景观以及历史、人文遗迹。

禁止改变自然保护区内海岛的海岸线。禁止采挖、破坏珊瑚和珊瑚礁。禁止砍伐海岛周边海域的红树林。

第十七条　国家保护海岛植被，促进海岛淡水资源的涵养；支持有居民海岛淡水储存、海水淡化和岛外淡水引入工程设施的建设。

第十八条　国家支持利用海岛开展科学研究活动。在海岛从事科学研究活动不得造成海岛及其周边海域生态系统破坏。

第十九条　国家开展海岛物种登记，依法保护和管理海岛生物物种。

第二十条　国家支持在海岛建立可再生能源开发利用、生态建设等实验基地。

第二十一条　国家安排海岛保护专项资金，用于海岛的保护、生态修复和科学研究活动。

第二十二条　国家保护设置在海岛的军事设施，禁止破坏、危害军事设施的行为。

国家保护依法设置在海岛的助航导航、测量、气象观测、海洋监测和地震监测等公益设施，禁止损毁或者擅自移动，妨碍其正常使用。

第二节　有居民海岛生态系统的保护

第二十三条　有居民海岛的开发、建设应当遵守有关城乡规划、环境保护、土地管理、海域使用管理、水资源和森林保护等法律、法规的规定，保护海岛及其周边海域生态系统。

第二十四条　有居民海岛的开发、建设应当对海岛土地资源、水资源及能源状况进行调查评估，依法进行环境影响评价。海岛的开发、建设不得超出海岛的环境容量。新建、改建、扩建建设项目，必须符合海岛主要污染物排放、建设用地和用水总量控制指标的要求。

有居民海岛的开发、建设应当优先采用风能、海洋能、太阳能等可再生能源和雨水集蓄、海水淡化、污水再生利用等技术。

有居民海岛及其周边海域应当划定禁止开发、限制开发区域，并采取措施保护海岛生物栖息地，防止海岛植被退化和生物多样性降低。

第二十五条　在有居民海岛进行工程建设，应当坚持先规划后建设、生态保护设施优先建设或者与工程项目同步建设的原则。

进行工程建设造成生态破坏的，应当负责修复；无力修复的，由县级以上人民政府责令停止建设，并可以指定有关部门组织修复，修复费用由造成生态破坏的单位、个人承担。

第二十六条　严格限制在有居民海岛沙滩建造建筑物或者设施；确需建造的，应当依照有关城乡规划、土地管理、环境保护等法律、法规的规定执行。未经依法批准在有居民海岛沙滩建造的建筑物或者设施，对海岛及其周边海域生态系统造成严重破坏的，应当依法拆除。

严格限制在有居民海岛沙滩采挖海砂；确需采挖的，应当依照有关海域使用管理、矿产资源的法律、法规的规定执行。

第二十七条　严格限制填海、围海等改变有居民海岛海岸线的行为，严格限制填海连岛工程建设；确需填海、围海改变海岛海岸线，或者填海连岛的，项目申请人应当提交项目论证报告、经批准的环境影响评价报告等申请文件，依照《中华人民共和国海域使用管理法》的规定报经批准。

本法施行前在有居民海岛建设的填海连岛工程，对海岛及其周边海域生态系统造成严重破坏的，由海岛所在省、自治区、直辖市人民政府海洋主管部门会同本级人民政府有关部门制定生态修复方案，报本级人民政府批准后组织实施。

第三节　无居民海岛的保护

第二十八条　未经批准利用的无居民海岛，应当维持现状；禁止采石、挖海砂、采伐林木以及进行生产、建设、旅游等活动。

第二十九条　严格限制在无居民海岛采集生物和非生物样本；因教学、科学研究确需采集的，应当报经海岛所在县级以上地方人民政府海洋主管部门批准。

第三十条　从事全国海岛保护规划确定的可利用无居民海岛的开发利用活动，应当遵守可利用无居民海岛保护和利用规划，采取严格的生态保护措施，避免造成海岛及其周边海域生态系统破坏。

开发利用前款规定的可利用无居民海岛，应当向省、自治区、直辖市人民政府海洋主管部门提出申请，并提交项目论证报告、开发利用具体方案等申请文件，由海洋主管部门组织有关部门和专家审查，提出审查意见，报省、自治区、直辖市人民政府审批。

无居民海岛的开发利用涉及利用特殊用途海岛，或者确需填海连岛以及其他严重改变海岛自然地形、地貌的，由国务院审批。

无居民海岛开发利用审查批准的具体办法，由国务院规定。

第三十一条　经批准开发利用无居民海岛的，应当依法缴纳使用金。但是，因国防、公务、教学、防灾减灾、非经营性公用基础设施建设和基础测绘、气象观测等公益事业使用无居民海岛的除外。

无居民海岛使用金征收使用管理办法，由国务院财政部门会同国务院海洋主管部门规定。

第三十二条　经批准在可利用无居民海岛建造建筑物或者设施，应当按照可利用无居民海岛保护和利用规划限制建筑物、设施的建设总量、高度以及与海岸线的距离，使其与周围植被和景观相协调。

第三十三条　无居民海岛利用过程中产生的废水，应当按照规定进行处理和排放。

无居民海岛利用过程中产生的固体废物，应当按照规定进行无害化处理、处置，禁止在无居民海岛弃置或者向其周边海域倾倒。

第三十四条　临时性利用无居民海岛的，不得在所利用的海岛建造永久性建筑物或者设施。

第三十五条　在依法确定为开展旅游活动的可利用无居民海岛及其周边海域，不得建造居民定居场所，不得从事生产性养殖活动；已经存在生产性养殖活动的，应当在编制可利用无居民海岛保护和利用规划中确定相应的污染防治措施。

第四节　特殊用途海岛的保护

第三十六条　国家对领海基点所在海岛、国防用途海岛、海洋自然保护区内的海岛等具有特殊用途或者特殊保护价值的海岛，实行特别保护。

第三十七条　领海基点所在的海岛，应当由海岛所在省、自治区、直辖市人民政府划定保护范围，报国务院海洋主管部门备案。领海基点及其保护范围周边应当设置明显标志。

禁止在领海基点保护范围内进行工程建设以及其他可能改变该区域地形、地貌的活动。确需进行以保护领海基点为目的的工程建设的，应当经过科学论证，报国务院海洋主管部门同意后依法办理审批手续。

禁止损毁或者擅自移动领海基点标志。

县级以上人民政府海洋主管部门应当按照国家规定，对领海基点所在海岛及其周边海域生态系统实施监视、监测。

任何单位和个人都有保护海岛领海基点的义务。发现领海基点以及领海基点保护范围内的地形、地貌受到破坏的，应当及时向当地人民政府或者海洋主管部门报告。

第三十八条　禁止破坏国防用途无居民海岛的自然地形、地貌和有居民海岛国防用途区域及其周边的地形、地貌。

禁止将国防用途无居民海岛用于与国防无关的目的。国防用途终止时，经军事机关批准后，应当将海岛及其有关生态保护的资料等一并移交该海岛所在省、自治区、直辖市人民政府。

第三十九条　国务院、国务院有关部门和沿海省、自治区、直辖市人民政府，根据海岛自然资源、自然景观以及历史、人文遗迹保护的需要，对具有特殊保护价值的海岛及其周边海域，依法批准设立海洋自然保护区或者海洋特别保护区。

第四章　监督检查

第四十条　县级以上人民政府有关部门应当依法对有居民海岛保护和开发、建设进行监督检查。

第四十一条　海洋主管部门应当依法对无居民海岛保护和合理利用情况进行监督检查。

海洋主管部门及其海监机构依法对海岛周边海域生态系统保护情况进行监督检查。

第四十二条　海洋主管部门依法履行监督检查职责，有权要求被检查单位和个人就海岛利用的有关问题作出说明，提供海岛利用的有关文件和资料；有权进入被检查单位和个人所利用的海岛实施现场检查。

检查人员在履行检查职责时，应当出示有效的执法证件。有关单位和个人对检查工作应当予以配合，如实反映情况，提供有关文件和资料等；不得拒绝或者阻碍检查工作。

第四十三条　检查人员必须忠于职守、秉公执法、清正廉洁、文明服务，并依法接受监督。在依法查处违反本法规定的行为时，发现国家机关工作人员有违法行为应当给予处分的，应当向其任免机关或者监察机关提出处分建议。

第五章　法律责任

第四十四条　海洋主管部门或者其他对海岛保护负有监督管理职责的部门，发现违法行为或者接到对违法行为的举报后不依法予以查处，或者有其他未依照本法规定履行职责的行为的，由本级人民政府或者上一级人民政府有关主管部门责令改正，对直接负责的主管人员和其他直接责任人员依法给予处分。

第四十五条　违反本法规定，改变自然保护区内海岛的海岸线，填海、围海改变海岛海岸线，或者进行填海连岛的，依照《中华人民共和国海域使用管理法》的规定处罚。

第四十六条　违反本法规定，采挖、破坏珊瑚、珊瑚礁，或者砍伐海岛周边海域红树林的，依照《中华人民共和国海洋环境保护法》的规定处罚。

第四十七条　违反本法规定，在无居民海岛采石、挖海砂、采伐林木或者采集生物、非生物样本的，由县级以上人民政府海洋主管部门责令停止违法行为，没收违法所得，可以并处二万元以下的罚款。

违反本法规定，在无居民海岛进行生产、建设活动或者组织开展旅游活动的，由县级以上人民政府海洋主管部门责令停止违法行为，没收违法所得，并处二万元以上二十万元以下的罚款。

第四十八条　违反本法规定，进行严重改变无居民海岛自然地形、地貌的活动的，由县级以上人民政府海洋主管部门责令停止违法行为，处以五万元以上五十万元以下的罚款。

第四十九条　在海岛及其周边海域违法排放污染物的，依照有关环境保护法律的规定处罚。

第五十条　违反本法规定，在领海基点保护范围内进行工程建设或者其他可能改变该区域地形、地貌活动，在临时性利用的无居民海岛建造永久性建筑物或者设施，或者在依法确定为开展旅游活动的可利用无居民海岛建造居民定居场所的，由县级以上人民政府海洋主管部门责令停止违法行为，处以二万元以上二十万元以下的罚款。

第五十一条　损毁或者擅自移动领海基点标志的，依法给予治安管理处罚。

第五十二条　破坏、危害设置在海岛的军事设施，或者损毁、擅自移动设置在海岛的助航导航、测量、气象观测、海洋监测和地震监测等公益设施的，依照有关法律、行政法规的规定处罚。

第五十三条　无权批准开发利用无居民海岛而批准，超越批准权限批准开发利用无居民海岛，或者违反海岛保护规划批准开发利用无居民海岛的，批准文件无效；对直接负责的主管人员和其他直接责任人员依法给予处分。

第五十四条　违反本法规定，拒绝海洋主管部门监督检查，在接受监督检查时弄虚作假，或者不提供有关文件和资料的，由县级以上人民政府海洋主管部门责令改正，可以处二万元以下的罚款。

第五十五条　违反本法规定，构成犯罪的，依法追究刑事责任。

造成海岛及其周边海域生态系统破坏的，依法承担民事责任。

第六章　附　则

第五十六条　低潮高地的保护及相关管理活动，比照本法有关规定执行。

第五十七条　本法中下列用语的含义：

(一)海岛及其周边海域生态系统，是指由维持海岛存在的岛体、海岸线、沙滩、植被、淡水和周边海域等生物群落和非生物环境组成的有机复合体。

(二)无居民海岛，是指不属于居民户籍管理的住址登记地的海岛。

(三)低潮高地，是指在低潮时四面环海水并高于水面但在高潮时没入水中的自然形成的陆地区域。

(四)填海连岛，是指通过填海造地等方式将海岛与陆地或者海岛与海岛连接起来的行为。

(五)临时性利用无居民海岛，是指因公务、教学、科学调查、救灾、避险等需要而短期登临、停靠无居民海岛的行为。

第五十八条　本法自2010年3月1日起施行。

国家主席胡锦涛签署第23号令公布《全国人民代表大会常务委员会关于修改〈中华人民共和国可再生能源法〉的决定》

《全国人民代表大会常务委员会关于修改〈中华人民共和国可再生能源法〉的决定》已由中华人民共和国第十一届全国人民代表大会常务委员会第十二次会议于2009年12月26日通过，现予公布，自2010年4月1日起施行。

中华人民共和国主席　胡锦涛

2009年12月26日

全国人民代表大会常务委员会关于修改《中华人民共和国可再生能源法》的决定

第十一届全国人民代表大会常务委员会第十二次会议决定对《中华人民共和国可再生能源法》做如下修改：

一、将第八条第一款修改为："国务院能源主管部门会同国务院有关部门，根据全国可再生能源开发利用中长期总量目标和可再生能源技术发展状况，编制全国可再生能源开发利用规划，报国务院批准后实施。"

增加一款，作为第二款："国务院有关部门应当制定有利于促进全国可再生能源开发利用中长期总量目标实现的相关规划。"

第二款改为第三款，修改为："省、自治区、直辖市人民政府管理能源工作的部门会同本级人民政府有关部门，依据全国可再生能源开发利用规划和本行政区域可再生能源开发利用中长期目标，编制本行政区域可再生能源开发利用规划,经本级人民政府批准后,报国务院能源主管部门和国家电力监管机构备案,并组织实施。”

第三款、第四款分别改为第四款、第五款。

二、将第九条修改为:“编制可再生能源开发利用规划,应当遵循因地制宜、统筹兼顾、合理布局、有序发展的原则,对风能、太阳能、水能、生物质能、地热能、海洋能等可再生能源的开发利用作出统筹安排。规划内容应当包括发展目标、主要任务、区域布局、重点项目、实施进度、配套电网建设、服务体系和保障措施等。

“组织编制机关应当征求有关单位、专家和公众的意见,进行科学论证。”

三、将第十四条修改为:“国家实行可再生能源发电全额保障性收购制度。

“国务院能源主管部门会同国家电力监管机构和国务院财政部门,按照全国可再生能源开发利用规划,确定在规划期内应当达到的可再生能源发电量占全部发电量的比重,制定电网企业优先调度和全额收购可再生能源发电的具体办法,并由国务院能源主管部门会同国家电力监管机构在年度中督促落实。

“电网企业应当与按照可再生能源开发利用规划建设,依法取得行政许可或者报送备案的可再生能源发电企业签订并网协议,全额收购其电网覆盖范围内符合并网技术标准的可再生能源并网发电项目的上网电量。发电企业有义务配合电网企业保障电网安全。

“电网企业应当加强电网建设,扩大可再生能源电力配置范围,发展和应用智能电网、储能等技术,完善电网运行管理,提高吸纳可再生能源电力的能力,为可再生能源发电提供上网服务。”

四、将第五章章名修改为“价格管理与费用补偿”。

五、将第二十条修改为:“电网企业依照本法第十九条规定确定的上网电价收购可再生能源电量所发生的费用,高于按照常规能源发电平均上网电价计算所发生费用之间的差额,由在全国范围对销售电量征收可再生能源电价附加补偿。”

六、将第二十二条修改为:“国家投资或者补贴建设的公共可再生能源独立电力系统的销售电价,执行同一地区分类销售电价,其合理的运行和管理费用超出销售电价的部分,依照本法第二十条的规定补偿。”

七、将第二十四条修改为:“国家财政设立可再生能源发展基金,资金来源包括国家财政年度安排的专项资金和依法征收的可再生能源电价附加收入等。

“可再生能源发展基金用于补偿本法第二十条、第二十二条规定的差额费用,并用于支持以下事项:

(一)可再生能源开发利用的科学技术研究、标准制定和示范工程;

(二)农村、牧区的可再生能源利用项目;

(三)偏远地区和海岛可再生能源独立电力系统建设;

(四)可再生能源的资源勘查、评价和相关信息系统建设;

(五)促进可再生能源开发利用设备的本地化生产。

“本法第二十一条规定的接网费用以及其他相关费用,电网企业不能通过销售电价回收的,可以申请可再生能源发展基金补助。

“可再生能源发展基金征收使用管理的具体办法,由国务院财政部门会同国务院能源、价格主管部门制定。”

八、将第二十九条修改为:“违反本法第十四条规定,电网企业未按照规定完成收购可再生能源电量,造成可再生能源发电企业经济损失的,应当承担赔偿责任,并由国家电力监管机构责令限期改正;拒不改正的,处以可再生能源发电企业经济损失额一倍以下的罚款。”

本决定自2010年4月1日起施行。

《中华人民共和国可再生能源法》根据本决定作相应修改并对条款顺序做相应调整,重新公布。

中华人民共和国可再生能源法

第一章 总 则

第一条 为了促进可再生能源的开发利用,增加能源供应,改善能源结构,保障能源安全,保护环境,实现经济社会的可持续发展,制定本法。

第二条 本法所称可再生能源,是指风能、太阳能、水能、生物质能、地热能、海洋能等非化石能源。

水力发电对本法的适用,由国务院能源主管部门规定,报国务院批准。

通过低效率炉灶直接燃烧方式利用秸秆、薪柴、粪便等,不适用本法。

第三条 本法适用于中华人民共和国领域和管辖的其他海域。

第四条 国家将可再生能源的开发利用列为能源发展的优先领域,通过制定可再生能源开发利用总量目标和采取相应措施,推动可再生能源市场的建立和发展。

国家鼓励各种所有制经济主体参与可再生能源的开发利用,依法保护可再生能源开发利用者的合法权益。

第五条 国务院能源主管部门对全国可再生能源的开发利用实施统一管理。国务院有关部门在各自的职责范围内负责有关的可再生能源开发利用管理工作。

县级以上地方人民政府管理能源工作的部门负责本行政区域内可再生能源开发利用的管理工作。县级以上地方人民政府有关部门在各自的职责范围内负责有关的可再生能源开发利用管理工作。

第二章 资源调查与发展规划

第六条 国务院能源主管部门负责组织和协调全国可再生能源资源的调查,并会同国务院有关部门组织制定资源调查的技术规范。

国务院有关部门在各自的职责范围内负责相关可再生能源资源的调查,调查结果报国务院能源主管部门汇总。

可再生能源资源的调查结果应当公布;但是,国家规定需要保密的内容除外。

第七条 国务院能源主管部门根据全国能源需求与可再生能源资源实际状况,制定全国可再生能源开发利用中长期总量目标,报国务院批准后执行,并予公布。

国务院能源主管部门根据前款规定的总量目标和省、自治区、直辖市经济发展与可再生能源资源实际状况,会同省、自治区、直辖市人民政府确定各行政区域可再生能源开发利用中长期目标,并予公布。

第八条 国务院能源主管部门会同国务院有关部门,根据全国可再生能源开发利用中长期总量目标和可再生能源技术发展状况,编制全国可再生能源开发利用规划,报国务院批准后实施。

国务院有关部门应当制定有利于促进全国可再生能源开发利用中长期总量目标实现的相关规划。

省、自治区、直辖市人民政府管理能源工作的部门会同本级人民政府有关部门,依据全国可再生能源开发利用规划和本行政区域可再生能源开发利用中长期目标,编制本行政区域可再生能源开发利用规划,经本级人民政府批准后,报国务院能源主管部门和国家电力监管机构备案,并组织实施。

经批准的规划应当公布;但是,国家规定需要保密的内容除外。

经批准的规划需要修改的,须经原批准机关批准。

第九条 编制可再生能源开发利用规划,应当遵循因地制宜、统筹兼顾、合理布局、有序发展的原则,对风能、太阳能、水能、生物质能、地热能、海洋能等可再生能源的开发利用作出统筹安排。规划内容应当包括发展目标、主要任务、区域布局、重点项目、实施进度、配套电网建设、服务体系和保障措施等。

组织编制机关应当征求有关单位、专家和公众的意见,进行科学论证。

第三章 产业指导与技术支持

第十条 国务院能源主管部门根据全国可再生能源开发利用规划,制定、公布可再生能源产业发展指导目录。

第十一条 国务院标准化行政主管部门应当制定、公布国家可再生能源电力的并网技术标准和其他需要在全国范围内统一技术要求的有关可再生能源技术和产品的国家标准。

对前款规定的国家标准中未作规定的技术要求,国务院有关部门可以制定相关的行业标准,并报国务院标准化行政主管部门备案。

第十二条 国家将可再生能源开发利用的科学技术研究和产业化发展列为科技发展与高技术产业发展的优先领域,纳入国家科技发展规划和高技术产业发展规划,并安排资金支持可再生能源开发利用的科学技术研究、应用示范和产业化发展,促进可再生能源开发利用的技术进步,降低可再生能源产品的生产成本,提高产品质量。

国务院教育行政部门应当将可再生能源知识和技术纳入普通教育、职业教育课程。

第四章 推广与应用

第十三条 国家鼓励和支持可再生能源并网发电。

建设可再生能源并网发电项目,应当依照法律和国务院的规定取得行政许可或者报送备案。

建设应当取得行政许可的可再生能源并网发电项目,有多人申请同一项目许可的,应当依法通过招标确定被许可人。

第十四条 国家实行可再生能源发电全额保障性收购制度。

国务院能源主管部门会同国家电力监管机构和国务院财政部门,按照全国可再生能源开发利用规划,确定在规划期内应当达到的可再生能源发电量占全部发电量的比重,制定电网企业优先调度和全额收购可再生能源发电的具体办法,并由国务院能源主管部门会同国家电力监管机构在年度中督促落实。

电网企业应当与按照可再生能源开发利用规划建设,依法取得行政许可或者报送备案的可再生能源发电企业签订并网协议,全额收购其电网覆盖范围内符合并网技术标准的可再生能源并网发电项目的上网电量。发电企业有义务配合电网企业保障电网安全。

电网企业应当加强电网建设,扩大可再生能源电力配置范围,发展和应用智能电网、储能等技术,完善电网运行管理,提高吸纳可再生能源电力的能力,为可再生能源发电提供上网服务。

第十五条 国家扶持在电网未覆盖的地区建设可再生能源独立电力系统,为当地生产和生活提供电力服务。

第十六条　国家鼓励清洁、高效地开发利用生物质燃料，鼓励发展能源作物。

利用生物质资源生产的燃气和热力，符合城市燃气管网、热力管网的入网技术标准的，经营燃气管网、热力管网的企业应当接收其入网。

国家鼓励生产和利用生物液体燃料。石油销售企业应当按照国务院能源主管部门或者省级人民政府的规定，将符合国家标准的生物液体燃料纳入其燃料销售体系。

第十七条　国家鼓励单位和个人安装和使用太阳能热水系统、太阳能供热采暖和制冷系统、太阳能光伏发电系统等太阳能利用系统。

国务院建设行政主管部门会同国务院有关部门制定太阳能利用系统与建筑结合的技术经济政策和技术规范。

房地产开发企业应当根据前款规定的技术规范，在建筑物的设计和施工中，为太阳能利用提供必备条件。

对已建成的建筑物，住户可以在不影响其质量与安全的前提下安装符合技术规范和产品标准的太阳能利用系统；但是，当事人另有约定的除外。

第十八条　国家鼓励和支持农村地区的可再生能源开发利用。

县级以上地方人民政府管理能源工作的部门会同有关部门，根据当地经济社会发展、生态保护和卫生综合治理需要等实际情况，制定农村地区可再生能源发展规划，因地制宜地推广应用沼气等生物质资源转化、户用太阳能、小型风能、小型水能等技术。

县级以上人民政府应当对农村地区的可再生能源利用项目提供财政支持。

第五章　价格管理与费用补偿

第十九条　可再生能源发电项目的上网电价，由国务院价格主管部门根据不同类型可再生能源发电的特点和不同地区的情况，按照有利于促进可再生能源开发利用和经济合理的原则确定，并根据可再生能源开发利用技术的发展适时调整。上网电价应当公布。

依照本法第十三条第三款规定实行招标的可再生能源发电项目的上网电价，按照中标确定的价格执行；但是，不得高于依照前款规定确定的同类可再生能源发电项目的上网电价水平。

第二十条　电网企业依照本法第十九条规定确定的上网电价收购可再生能源电量所发生的费用，高于按照常规能源发电平均上网电价计算所发生费用之间的差额，由在全国范围对销售电量征收可再生能源电价附加补偿。

第二十一条　电网企业为收购可再生能源电量而支付的合理的接网费用以及其他合理的相关费用，可以计入电网企业输电成本，并从销售电价中回收。

第二十二条　国家投资或者补贴建设的公共可再生能源独立电力系统的销售电价，执行同一地区分类销售电价，其合理的运行和管理费用超出销售电价的部分，依照本法第二十条的规定补偿。

第二十三条　进入城市管网的可再生能源热力和燃气的价格，按照有利于促进可再生能源开发利用和经济合理的原则，根据价格管理权限确定。

第六章　经济激励与监督措施

第二十四条　国家财政设立可再生能源发展基金，资金来源包括国家财政年度安排的专项资金和依法征收的可再生能源电价附加收入等。

可再生能源发展基金用于补偿本法第二十条、第二十二条规定的差额费用，并用于支持以下事项：

（一）可再生能源开发利用的科学技术研究、标准制定和示范工程；

（二）农村、牧区的可再生能源利用项目；

（三）偏远地区和海岛可再生能源独立电力系统建设；

（四）可再生能源的资源勘查、评价和相关信息系统建设；

（五）促进可再生能源开发利用设备的本地化生产。

本法第二十一条规定的接网费用以及其他相关费用，电网企业不能通过销售电价回收的，可以申请可再生能源发展基金补助。

可再生能源发展基金征收使用管理的具体办法，由国务院财政部门会同国务院能源、价格主管部门制定。

第二十五条　对列入国家可再生能源产业发展指导目录、符合信贷条件的可再生能源开发利用项目，金融机构可以提供有财政贴息的优惠贷款。

第二十六条　国家对列入可再生能源产业发展指导目录的项目给予税收优惠。具体办法由国务院规定。

第二十七条　电力企业应当真实、完整地记载和保存可再生能源发电的有关资料，并接受电力监管机构的检查和监督。

电力监管机构进行检查时，应当依照规定的程序进行，并为被检查单位保守商业秘密和其他秘密。

第七章　法律责任

第二十八条　国务院能源主管部门和县级以上地方人民政府管理能源工作的部门和其他有关部门在可再生能源开发利用监督管理工作中，违反本法规定，有下列行为之一的，由本级人民政府或者上级人民政府有关部门责令改正，对负有责任的主管人员和其他直接责任人员依法给予行政处分；构成犯罪的，依法追究刑事责任：

(一)不依法作出行政许可决定的;

(二)发现违法行为不予查处的;

(三)有不依法履行监督管理职责的其他行为的。

第二十九条　违反本法第十四条规定,电网企业未按照规定完成收购可再生能源电量,造成可再生能源发电企业经济损失的,应当承担赔偿责任,并由国家电力监管机构责令限期改正;拒不改正的,处以可再生能源发电企业经济损失额一倍以下的罚款。

第三十条　违反本法第十六条第二款规定,经营燃气管网、热力管网的企业不准许符合入网技术标准的燃气、热力入网,造成燃气、热力生产企业经济损失的,应当承担赔偿责任,并由省级人民政府管理能源工作的部门责令限期改正;拒不改正的,处以燃气、热力生产企业经济损失额一倍以下的罚款。

第三十一条　违反本法第十六条第三款规定,石油销售企业未按照规定将符合国家标准的生物液体燃料纳入其燃料销售体系,造成生物液体燃料生产企业经济损失的,应当承担赔偿责任,并由国务院能源主管部门或者省级人民政府管理能源工作的部门责令限期改正;拒不改正的,处以生物液体燃料生产企业经济损失额一倍以下的罚款。

第八章　附　则

第三十二条　本法中下列用语的含义:

(一)生物质能,是指利用自然界的植物、粪便以及城乡有机废物转化成的能源。

(二)可再生能源独立电力系统,是指不与电网连接的单独运行的可再生能源电力系统。

(三)能源作物,是指经专门种植,用以提供能源原料的草本和木本植物。

(四)生物液体燃料,是指利用生物质资源生产的甲醇、乙醇和生物柴油等液体燃料。

第三十三条　本法自2006年1月1日起施行。

国家主席胡锦涛签署第24号令

根据中华人民共和国第十一届全国人民代表大会常务委员会第十二次会议于2009年12月26日的决定:

免去孙政才的农业部部长职务;

任命韩长赋为农业部部长。

中华人民共和国主席　胡锦涛

2009年12月26日

全国人大常委会关于加入《联合国打击跨国有组织犯罪公约关于预防 禁止和惩治贩运人口特别是妇女和儿童行为的补充议定书》的决定

(2009年12月26日第十一届全国人民代表大会常务委员会第十二次会议通过)

第十一届全国人民代表大会常务委员会第十二次会议决定:加入2000年11月15日由第五十五届联合国大会通过的《联合国打击跨国有组织犯罪公约关于预防、禁止和惩治贩运人口特别是妇女和儿童行为的补充议定书》(以下简称《补充议定书》),同时声明:

一、中华人民共和国不受《补充议定书》第十五条第二款规定的约束。

二、在中华人民共和国政府另行通知前,《补充议定书》暂不适用于中华人民共和国香港特别行政区。

全国人大常委会公告

(十一届)第十二号

第十一届全国人民代表大会代表崔雷平因病去世,崔雷平的代表资格自然终止。

全国人民代表大会常务委员会对崔雷平代表的去世表示哀悼。

现在,第十一届全国人民代表大会实有代表2978人。

特此公告。

全国人民代表大会常务委员会

2009年12月26日

全国人大常委会澳门特别行政区基本法委员会组成人员名单

(2009年12月26日第十一届全国人民代表大会常务委员会第十二次会议通过)

主任　乔晓阳　副主任　曹其真(女)　李　飞

委员(按姓名笔画排序)

王振民　李沛霖　张晓明　林笑云(女)　徐　泽

崔世昌　黎日隆

全国人大常委会任命名单

(2009年12月26日第十一届全国人民代表大会常务委员会第十二次会议通过)

一、任命储波、徐光春为第十一届全国人民代表大会财政经济委员会副主任委员。

二、任命张文岳、王鸿举为第十一届全国人民代表大会环境与资源保护委员会副主任委员。

三、任命洛桑灵智多杰(藏族)为第十一届全国人民代表大会民族委员会委员。

全国人大常委会任免名单

(2009年12月26日第十一届全国人民代表大会常务委员会第十二次会议通过)

一、任命袁其国为最高人民检察院检察员。

二、免去喻中升、张文仓的最高人民检察院检察员职务。

全国人大常委会任免名单

(2009年12月26日第十一届全国人民代表大会常务委员会第十二次会议通过)

一、任命高莎薇(女)为最高人民法院立案一庭副庭长。

二、任命林文学为最高人民法院立案二庭副庭长。

三、任命李勇为最高人民法院刑事审判第一庭副庭长。

四、任命金克胜为最高人民法院民事审判第三庭副庭长。

五、任命虞政平为最高人民法院审判监督庭副庭长。

六、免去邵文虹(女)的最高人民法院审判委员会委员、审判员职务。

七、免去刘志新(女)、张爱群(女)、许淑琴(女)、张文斌的最高人民法院审判员职务。

全国人大常委会关于批准《中华人民共和国和马耳他关于刑事司法协助的条约》的决定

(2009年12月26日第十一届全国人民代表大会常务委员会第十二次会议通过)

第十一届全国人民代表大会常务委员会第十二次会议决定:批准2009年2月22日由外交部副部长李金章代表中华人民共和国在瓦莱塔签署的《中华人民共和国和马耳他关于刑事司法协助的条约》。

全国人大常委会关于召开第十一届全国人民代表大会第三次会议的决定

(2009年12月26日第十一届全国人民代表大会常务委员会第十二次会议通过)

第十一届全国人民代表大会常务委员会第十二次会议决定:中华人民共和国第十一届全国人民代表大会第三次会议于2010年3月5日在北京召开。建议会议的议程是:听取和审议政府工作报告;审查和批准2009年国民经济和社会发展计划执行情况与2010年国民经济和社会发展计划草案的报告,批准2010年国民经济和社会发展计划;审查和批准2009年中央和地方预算执行情况与2010年中央和地方预算草案的报告,批准2010年中央预算;审议全国人民代表大会常务委员会关于提请审议《中华人民共和国全国人民代表大会和地方各级人民代表大会选举法修正案(草案)》的议案;听取和审议全国人民代表大会常务委员会工作报告;听取和审议最高人民法院工作报告;听取和审议最高人民检察院工作报告等。

十一届全国人大常委会在人民大会堂举行《2009年的国际形势和中国外交》的专题讲座

第九届中国经济论坛在哈尔滨举行

来自十几个相关部委、近百个城市以及200多家知名企业与机构的代表参加论坛,共同讨论“节能减排与生态文明”这一话题。论坛发布了一份由20位市长与20位城市代表共同签署的《第九届中国经济论坛哈尔滨城市宣言》,这也是中国第一个在节能减排与生态文明领域的城市间宣言。论坛还揭晓了节能减排“二十佳城市”、“二十佳市长”和“二十佳企业”等3个奖项,以及两个特别贡献奖,62个单位与个人获得荣誉。

武广高速铁路正式运营

武广高铁是我国《中长期铁路网规划》中京广高速铁路的重要组成部分,线路纵跨湖北、湖南、广东三省,北起武汉站,途经咸宁、岳阳、长沙、株洲、衡阳、郴州、韶关、清远等市,南到广州南站,运营里程1069公里,全线铺设无碴轨道,桥隧比667%,共设15个车站。

李尔重逝世

河北省原省委书记、省长,原湖北省顾问委员会副主任李尔重同志,因病医治无效于12月26日在武汉逝世,享年96岁。

李尔重是河北省丰润县人,1929年加入中国共产主义青年团,1932年加入中国共产党。1938年后,历任冀南军区政治部宣传部长、冀南军区武装部长,鸡西县委书记,牡丹江省委民运部长,铁道兵团政治部宣传部长等职。新中国成立后,历任武汉市委常委、宣传部长、市委书记处第三书记,中共中央中南局常委、宣传部长、农委主任,广东省农委主任,广东省委常委、海南行政区党委书记,陕西省委书记,河北省委书记、省长,中共湖北省顾问委员会副主任。

李尔重是中共八大、十二大候补代表,第五届全国人大代表。

12月27日

国务院总理温家宝在中南海紫光阁就当前经济形势明年我国经济工作等问题接受新华社专访

国务院副总理李克强在山西大同考察

12月27日至28日,李克强深入大同市的乡村农户、城镇社区和居民家庭,看望慰问困难群众,实地考察重点民生工作。

李克强对随行的同志说,解决好基本民生问题是党和政府的重要职责。要区分基本与非基本,对困难群众的基本生活,政府应切实帮助和扶持。要按照保基本、广覆盖、可持续的原则,进一步做好促进就业、义务教育、基本医疗、公共卫生、保障性住房等基本民生工作,建立、健全社会保障的安全网,加大扶危济困力度,把纾民困的事做实做深做细。这不仅可以使发展成果更多地惠及群众,而且有利于更好地扩内需、促发展、调结构。

在晋期间,李克强听取了山西省委省政府的工作汇报,充分肯定山西近年来经济社会发展和结构调整所取得的成绩。他希望山西充分发挥比较优势,在保持经济平稳较快发展中加快发展方式转变,在中部崛起中努力实现新跨越。

最高人民检察院 全国妇联 云南省委联合表彰“检察官妈妈”杨竹芳

12月28日

国家主席胡锦涛 国务院总理温家宝分别在中南海会见来京述职的香港特别行政区行政长官曾荫权

胡锦涛说,去年下半年以来,由于受国际金融危机的冲击,香港经济遇到较大困难,中央政府对此高度关注,迅速采取一系列政策措施,支持香港稳定金融、发展经济、改善民生。我们高兴地看到,一年来,在你和特别行政区政府的带领下,香港社会各界同舟共济、群策群力、共克时艰,取得了明显成效。中央政府对此给予充分肯定。

胡锦涛希望香港特别行政区政府和社会各界同心同德、再接再厉,不懈努力,扭住稳定金融、发展经济、改善民生不放松,妥善处理政制发展问题,维护社会和谐稳定,巩固和发展当前的良好局面,携手开创香港更加美好的未来。

温家宝充分肯定香港特别行政区政府带领社会各界人士为应对国际金融危机所作的努力和取得的成效。温家宝指出,在新的一年,香港特区政府要继续做好应对国际金融危机的工作,保持经济稳定发展。同时,要重视和加强宏观和战略问题研究,统筹全局,谋划长远,更好地解决深层次问题。要充分发挥香港的优势,提高香港的竞争力,注重发展社会事业和改善民生,增强港人对未来的信心。中央政府将一如既往地支持香港巩固国际金融中心地位,保持香港繁荣和稳定。

温家宝表示,只要香港特别行政区政府与各界人士继续以勇于拼搏的精神推动发展,以包容共济的态度促进和谐,香港就一定能够迎来美好的前景。

国务院总理温家宝在北京会见全国审计工作会议暨全国审计系统先进集体和先进工作者表彰大会代表

温家宝在会见时指出,2010年是实施“十一五”规划的最后一年,经济社会发展任务艰巨而繁重。审计系统要重点做好以下工作:一是加强对公共投资项目的跟踪审计。特别是对有财政资金投入的建设项目,做到及时跟进、全程监督,坚决防止出现劳民伤财的“半拉子”工程、“豆腐渣”工程和不切实际的形象工程、政绩工程,确保项目都能经得起实践和历史的检验。二是加强预算执行审计。通过审计使各级财政预算更加公开透明,自觉接受广大人民群众的监督。规范和拓展对党政领导干部和国有企业领导人员的经济责任审计,促进各级领导干部树立科学的政绩观,增强法制观念和责任意识。三是维护国家经济安全。通过审计及时发现和反映经济运行中存在的风险,当前尤其要重视防范财政和金融风险。四是严肃查处大案要案。要深入推进反腐倡廉建设,继续加大对重大违法违规问题的揭露和查处力度,充分发挥审计在反腐败中的重要作用。五是推进政府职能转变和制度建设。要把查处问题与促进改革、完善制度、强化管理结合起来,从完善制度、机制上提出意见和建议。

温家宝最后说,在新的形势下,审计工作任务更加艰巨,使命更加光荣。党和人民对审计工作寄予厚望,要求也越来越高。审计系统要切实加强自身建设,做好干部教育培训工作,提高素质,严格管理,严明纪律,规范行为,努力造就一支政治过硬、业务熟练、执法公正、清正廉洁的审计队伍。

国务委员兼国务院秘书长马凯一同参加会见。

国务院副总理李克强出席在山西省大同市召开的全国城市和国有工矿棚户区改造会议

会上,住房和城乡建设部负责人对棚户区改造工作有关指导意见作了说明,北京、吉林、山西、江西、重庆及沈阳等地政府负责同志通报了情况,交流了经验。在认真听取大家的发言后,李克强作了讲话。他说,住房是民生之要,城市和国有工矿棚户区房屋破旧简陋、设施很差,还居住着近千万户家庭,绝大多数为低收入群体。实施棚户区改造,顺民意、惠民生,有利于扩内需、促发展、调结构,是一举多得的重大民生工程。

李克强指出,棚户区改造是保障性安居工程建设的重要组成部分。要力争在全国范围内用5年时间完成城市和国有工矿集中连片棚户区改造任务,有条件的地方可提前完成；国有林区垦区煤矿棚户区改造也要争取用3年时间完成。同时，加快推进廉租住房建设。

李克强强调，要坚持以人为本、执政为民，坚持把保障群众基本住房需求作为棚户区改造的根本目的，抓住重点环节，扎实有序推进。一是确保群众得到实惠，通过改造使困难居民住房条件有明显改善，使群众有恒产有恒心。二是确保资金及时到位，各类政府资金统筹安排统筹使用，引导社会资金投入改造。三是确保政策有效落实，减免相关税费，优先安排用地，以优惠的政策支持改造。四是确保改造规范有序，优先改造连片规模大、住房条件差、安全隐患重、群众要求迫切的项目，既尽力而为，又量力而行，防止借改造之名盲目大拆大建。五是确保操作过程公开透明、分配结果公平公正，尊重群众意愿，保障群众权益，防止滋生腐败，对各类侵犯群众利益、以权谋私的行为要依法查处，把棚改工程建成廉政工程、德政工程，把这一民生工程办成民心工程。

党中央、国务院有关部门负责同志，各省、自治区、直辖市政府负责同志及有关部门负责人，各计划单列市、新疆生产建设兵团及各省会城市负责同志参加了会议。

中央农村工作会议在北京召开

中央农村工作会议12月27日至28日在北京举行。会议认真贯彻党的十七大和十七届三中、四中全会以及中央经济工作会议精神，系统总结2009年农业农村工作，重点研究加大统筹城乡发展力度、进一步夯实农业农村发展基础的政策措施，全面部署2010年的农业农村工作。

党中央、国务院高度重视这次会议。会前，中央政治局常委会议、国务院常务会议和中央农村工作领导小组会议专门研究审议了会议文件，对开好会议提出了明确要求。

会议讨论了《中共中央、国务院关于加大统筹城乡发展力度，进一步夯实农业农村发展基础的若干意见(讨论稿)》。国务院副总理回良玉出席会议并讲话。

会议指出，2009年是新世纪以来我国经济发展最为困难的一年，也是“三农”工作攻坚克难、砥砺奋进的一年。全国上下在党中央、国务院的坚强领导下，面对历史罕见国际金融危机的严重冲击，面对多年不遇自然灾害的重大考验，面对国内外农产品市场异常波动的不利影响，迎难而上，顽强拼搏，巩固和发展了农业农村好形势。全国粮食总产量预计10616亿斤，再创历史新高，连续6年增产，首次实现连续3年超万亿斤。农民人均纯收入首次突破5000元大关，实际增幅6%以上。农村民生改善和基础设施建设取得重大进展，农村改革有了新突破，农村社会保持和谐稳定。会议指出，我国“三农”发展取得的显著成就，为党和国家战胜困难、共克时艰赢得了战略主动，为扩大内需、推动经济回升向好提供了基础支撑，为保障和改善民生、促进社会和谐稳定作出了突出贡献。

会议强调，当前农业农村发展面临的形势依然十分严峻，长期制约因素尚未根本消除、有些还会进一步加重，新的矛盾问题不断显现、有些还难以预料，2010年将是更为复杂而又十分困难的一年。我们必须进一步增强责任感、紧迫感、使命感，坚定信心、振奋精神、乘势而上，着力在经济发展方式转变和经济结构调整中继续加强农业基础，在统筹城乡发展中继续加快农村经济社会发展，在保障和改善民生中继续增进农民福祉。

会议强调，2010年是实施“十一五”规划的最后一年，是夺取应对国际金融危机冲击新胜利、保持经济平稳较快发展的关键一年。做好农业农村工作，关系全局、意义重大。会议指出，2010年农业农村工作的总体要求是：全面贯彻落实党的十七大和十七届三中、四中全会以及中央经济工作会议精神，高举中国特色社会主义伟大旗帜，以邓小平理论和“三个代表”重要思想为指导，深入贯彻落实科学发展观，把统筹城乡发展作为全面建设小康社会的根本要求，把改善农村民生作为调整国民收入分配格局的重要内容，把扩大农村需求作为拉动内需的关键举措，把建设现代农业作为转变经济发展方式的重大任务，把建设社会主义新农村和推进城镇化作为保持经济平稳较快发展的持久动力，按照稳粮保供给、增收惠民生、改革促统筹、强基增后劲的基本思路，毫不松懈地抓好“三农”工作，继续为改革发展稳定大局作出新的贡献。

会议对坚持统筹城乡发展，全面优化农业农村发展环境进行了深刻阐述，强调指出，做好新形势下的统筹城乡发展工作，必须深入领会和准确把握其科学内涵、目标任务、本质要求，牢牢把握加强“三农”这个根本立足点，牢牢把握推动资源要素向农村配置这个重要着力点，牢牢把握城镇化与新农村建设协调推进这个战略着眼点，牢牢把握城乡改革联动这个关键切入点，加强领导、周密部署、精心安排、扎实推进。

会议强调，明年中央指导农业农村工作的文件，以加大统筹城乡发展力度、进一步夯实农业农村发展基础为主题，这是中央站在战略和全局的高度，认真研判“三农”形势，广泛听取各方意见，经过慎重考虑作出的重大决策。

会议提出了明年农业农村工作的重点任务：

一、毫不松懈抓好主要农产品生产供给。要努力保持粮食生产稳定发展，稳定发展粮食生产的信号不能变、要求不能松、支持不能减。积极推进菜篮子产品生产方式转变，大力推动菜篮子产品集约化、设施化、规模化、标准化生产。加强和改进农产品市场调控，综合运用多种调控手段，努力稳定农产品市场，保持价格合理水平。

二、持之以恒增强农业发展支撑能力。要抓好农田水利建设，尽快改变抗灾能力弱的局面。抓好高标准农田建设，加快建成一批高产稳产基本农田，着力提高耕地的持续增产能力。抓好农业科技创新和推广能力建设，力争在关键领域和核心技术上实现重大突破，切实把加快良种培育、做大做强种业作为战略举措来抓。抓好农业机械装备建设，进一步推动我国农业机械化和农机工业发展。

三、千方百计促进农民多渠道就业。要加快城镇化步伐，拓展农民外出就业空间，把解决符合条件的农业转移人口逐步在城镇就业落户作为推进城镇化的重要任务。壮大县域经济，积极促进农民就地就近就业。加强技能培训，着力提高农民就业创业能力。

四、下大力气推进农村公共事业发展。要进一步加大农村基础设施建设力度，支持农村住房建设，加快农村电网改造升级。进一步加快农村社会事业发展，着力提高农村义务教育水平、基本医疗服务水平、公共文化体系建设水平和社会保障水平。进一步推进生态建设，推动重点林业生态工程和林业产业发展，推动草原生态建设，实施国家水土保持重点工程建设，推进农村环境治理。进一步抓好农村扶贫开发。

五、坚定不移深化农村改革。要稳定和完善农村基本经营制度，确保农村现有土地承包关系保持稳定并长久不变，继续深化集体林权制度改革，继续推进草原基本经营制度改革，大力发展农民专业合作社。有序推进农村土地管理制度改革，坚持最严格的耕地保护制度和最严格的节约用地制度。加快农村金融改革步伐，加快推进农村金融制度创新、产品创新和服务创新。继续深化农村综合改革。

会议强调，要贯彻落实党的十七届四中全会精神，顺应农村改革发展稳定新任务新要求，进一步加强和改进农村党的建设，提升党领导农村科学发展的能力和水平，促进农业农村工作再上新台阶。

会议强调，做好明年农业农村工作，任务繁重、责任重大、使命光荣。我们要紧密团结在以胡锦涛同志为总书记的党中央周围，振奋精神，再接再厉，扎实工作，再创农业稳定发展、农民持续增收新佳绩，为实现经济社会又好又快发展作出新贡献。

国务委员兼国务院秘书长马凯主持了第一次全体会议。黑龙江、江苏、山东、湖北、广西、青海等省、自治区有关负责同志在大会上发了言。

参加这次会议的有中央农村工作领导小组成员，各省、自治区、直辖市及计划单列市党委和政府分管农业和农村工作的负责同志，新疆生产建设兵团负责同志，中央和国家机关及军队有关部门负责同志等。

“全国基层科技工作座谈会”在北京召开

会议表彰了2007—2008年度840个全国科技进步考核先进县(市)，2585名全国县(市)科技进步工作先进个人，湖北省科技厅等16个全国科技进步考核优秀组织单位，启动了第三批全国科技进步示范县(市)建设工作。山东省副省长李兆前，新疆维吾尔自治区副主席靳诺，以及来自上海、江苏、浙江、新疆、河南、宁夏、福建等省(市、区)的部分先进县(市)和优秀组织单位代表作了大会交流发言。会议代表进行了分组座谈讨论，交流了各地基层科技工作的做法和经验，对进一步加强基层科技工作进行了认真研讨。

国办转发人力资源和社会保障部 财政部《城镇企业职工基本养老保险关系转移接续暂行办法》

办法共13条，从2010年1月1日起施行，旨在切实保障参加城镇企业职工基本养老保险人员的合法权益，促进人力资源合理配置和有序流动，保证参保人员跨省流动并在城镇就业时基本养老保险关系的顺畅转移接续。

办法适用于参加城镇企业职工基本养老保险的所有人员，包括农民工。已经按国家规定领取基本养老保险待遇的人员，不再转移基本养老保险关系。

张文寿逝世

国务院原副秘书长张文寿同志因病医治无效，于12月28日在北京逝世，享年83岁。

张文寿1926年10月出生于河北省南宫县，1945年1月参加革命，1945年3月加入中国共产党，历任冀南抗日滏阳中学文书，华北大学党委保卫干事、校团委组织部副部长。新中国成立后，历任中国人民大学党委委员、团委副书记兼业余政治学校副校长，中央国家机关团委宣教组组长、办公室主任、第一副书记，中央国家机关团委书记，共青团中组部副部长，中组部整团组副组长兼组织组组长，第四机械工业部政治部干部部副部长、政治部副主任、直属机关党委常务副书记，国务院直属机关临时党委副书记兼人事局局长，国务院机关党组纪律检查组副组长，中央国家机关党委常务委员，国务院秘书长助理兼国务院直属机关党委书记、国办人事行政局局长，国务院副秘书长、国务院机关党组成员兼国务院机关党委书记、中央保密委员会副主任等职。

张文寿是第七、八届全国政协委员。

12 月 29 日

中共中央政治局在北京召开会议研究部署党风廉政建设和反腐败工作

会议听取中央纪律检查委员会 2009 年工作汇报，分析当前党风廉政建设和反腐败工作形势，研究部署 2010 年党风廉政建设和反腐败工作。会议审议并通过《中国共产党党员领导干部廉洁从政若干准则》。中共中央总书记胡锦涛主持会议。

会议指出，2009 年，在党中央、国务院坚强有力领导下，各级纪检监察机关加强对中央保增长、保民生、保稳定等一系列重大决策部署执行情况的监督检查，严肃查处违法违纪案件，解决涉及领导干部廉洁自律的突出问题，纠正损害群众利益的不正之风，研究制定反腐倡廉法规制度，不断推进改革措施，加强领导干部党性修养和作风建设，党风廉政建设和反腐败斗争方向更加明确、思路更加清晰、措施更加有力，取得了新的明显成效。同时，必须清醒地看到，当前反腐倡廉建设面临不少新情况新问题，形势依然严峻，任务依然艰巨。全党必须充分认识反腐败斗争的长期性、复杂性、艰巨性，把反腐倡廉建设放在更加突出的位置，做到反腐倡廉常抓不懈、拒腐防变警钟长鸣。

会议强调，2010 年，各级党委、政府和纪检监察机关要全面贯彻党的十七大和十七届三中、四中全会精神，高举中国特色社会主义伟大旗帜，以邓小平理论和“三个代表”重要思想为指导，深入贯彻落实科学发展观，坚持标本兼治、综合治理、惩防并举、注重预防的方针，加强以保持党同人民群众血肉联系为重点的作风建设，加强以完善惩治和预防腐败体系为重点的反腐倡廉建设，抓紧解决反腐倡廉建设中人民群众反映强烈的突出问题，着力推进反腐倡廉制度建设，围绕中心、服务大局，开拓创新、狠抓落实，不断取得党风廉政建设和反腐败斗争新成效。要继续加强对中央重大决策部署贯彻落实情况的监督检查，坚决查处违纪违法案件，严厉惩处腐败分子和整治消极腐败现象，坚决纠正损害群众利益的不正之风。要以改革创新的精神，加大教育、监督、改革、制度创新力度，更加有效地预防腐败。要进一步落实党风廉政建设责任制，各级党委和政府要切实负起责任，加强组织领导，协调各部门搞好反腐倡廉工作。全党要同心同德、狠抓落实，深入推进党风廉政建设和反腐败斗争，为改革发展稳定提供坚强保证。

会议强调，党员领导干部廉洁从政是全面贯彻党的理论和路线方针政策的重要保障，是从严治党、不断加强党的执政能力建设和先进性建设的重要内容。促进党员领导干部廉洁从政，必须按照建立、健全惩治和预防腐败体系的要求，加强教育，健全制度，强化监督，深化改革，严肃纪律，坚持自律和他律相结合。《中国共产党党员领导干部廉洁从政若干准则》是规范党员领导干部从政行为的重要基础性法规，对保证党员领导干部廉洁从政、加强领导干部廉洁自律工作和干部队伍建设、进一步提高管党治党水平和深入推进反腐倡廉建设具有十分重要的意义。各级党组织要结合贯彻落实党的十七届四中全会精神，深入学习宣传，认真组织实施。各级党员领导干部要深入学习理解准则，严格遵照执行，认真自查自纠，真正做到为民、务实、清廉。各级纪检机关和有关部门要协助党委抓好督促检查，严肃处理违反准则的行为，保证贯彻落实。

会议同意明年 1 月召开第十七届中央纪律检查委员会第五次全体会议。

国务院总理温家宝在人民大会堂与尼泊尔总理马达夫·库马尔·尼帕尔举行会谈

温家宝表示，两国要通过经贸联委会等机制，密切经贸合作关系。中方将采取积极措施，促进尼泊尔商品对华出口。同时鼓励和支持企业到尼泊尔参加基础设施建设。双方可以在山地农牧业、动植物卫生检疫、人员培训等方面扩大合作。

温家宝强调，中国尊重尼泊尔人民自主选择的社会制度和发展道路，坚定支持尼泊尔政府为维护主权独立和领土完整所作的努力，继续为尼泊尔经济社会发展提供力所能及的帮助。

尼帕尔表示，尼中关系建立在和平共处五项原则基础上，突出特点是友好、真诚，相互理解和支持彼此愿望，是国与国关系的典范。尼方愿全面加强对华合作，推动两国关系不断向前发展。尼帕尔重申，尼政府坚定奉行一个中国原则，认为台湾和西藏是中国领土不可分割的一部分，决不允许任何势力利用尼领土从事反华活动。

会谈后，两国总理共同出席了经贸、青年交流等领域双边合作文件的签署仪式。

《人民日报》发表社论《统筹城乡发展　夯实农业基础》

辞旧迎新之际，中央农村工作会议胜利闭幕。这次会议是党的十七届四中全会和中央经济工作会议之后中央召开的又一次重要会议。会议深入分析了当前农业农村形势，全面部署了明年“三农”工作，围绕加大统筹城乡发展力度、进一步夯实农业农村发展基础的主题，研究提出了一系列含金量高、针对性强的政策措施，对于贯彻党的十七大和十七届三中、四中全会以及中央经济工作会议精神，加快转变经济发展方式，保持农业农村发展的好势头具有重要意义。

今年是新世纪以来我国经济发展最为困难的一年，也是"三农"工作攻坚克难、奋发前行的一年。历史罕见的国际金融危机冲击、多年不遇的自然灾害以及各种挑战接踵而至，农业农村经济发展经受了严峻考验。党中央、国务院果断决策，沉着应对，及时采取加强"三农"的重大举措。全国上下团结一心、顽强拼搏，粮食生产再获丰收，农民收入较快增长，农村民生加快改善，农村基础设施建设取得重大进展。"三农"发展的巨大成就，为党和国家战胜困难、应对冲击赢得了战略主动，提供了基础支撑，作出了重大贡献。

好成绩来之不易，应当倍加珍惜。同时，必须清醒地认识到，当前农业农村发展环境复杂多变，形势依然十分严峻。长期制约因素尚未根除，新的矛盾问题又不断显现，农业农村发展面临着基础设施脆弱、比较效益下降、科技创新滞后、农民转移就业困难、资源要素流失等瓶颈制约，保持农业稳定发展、农民较快增收的难度越来越大。对此，我们要有足够的思想准备，居安思危，警钟长鸣，切实防止忽视和放松"三农"工作的倾向，努力确保粮食生产不滑坡、农民收入不徘徊、农村发展好势头不逆转。

明年是实施"十一五"规划的最后一年，是夺取应对国际金融危机冲击新胜利、保持经济平稳较快发展的关键一年。做好农业农村工作，意义十分重大。我们要按照中央农村工作会议的要求，稳粮保供给，增收惠民生，改革促统筹，强基增后劲，继续为改革发展稳定大局作出新的贡献。

应当深刻认识到，农业比重大，农村人口多，是我们这样一个发展中大国的基本国情。越是困难的时候，越要重视农业，支持农村，关心农民。应对国际金融危机冲击的成功实践再次告诫我们，必须站在全局和战略的高度，看待"三农"问题。主要农产品供给充足，经济社会发展大局才有稳固支撑；农民购买力不断提高，保增长、扩内需才有持久动力；农村面貌日新月异，整个国家才能安定和谐。

当前，农业农村进入历史上最好的发展时期之一，但是城乡发展不平衡仍是我国现代化建设面临的突出问题。党中央强调加大统筹城乡发展力度，根本原因在于农业基础仍然薄弱，最需要加强；农村发展仍然滞后，最需要扶持；农民增收仍然困难，最需要加快。衡量城乡统筹发展的成效，关键要看农业基础是否不断加强，国民收入分配是否真正向农村倾斜，公共事业发展的重点是否切实向农村倾斜，改善民生的举措是否更多惠及农民。归根结底，要看立足点是否真正放在加强"三农"上。决不能以牺牲农业农村为代价推进工业化城镇化，决不能借统筹城乡之名削弱农业农村、损害农民利益。

统筹城乡发展，夯实农业基础，要立足当前，着眼长远，明确方向，突出重点，在关键环节上花气力、下功夫。

继续加大对农业农村的投入力度。总量持续增加，比例稳步提高。稳定发展粮食生产的政策信号不能变、支持不能减。完善农业补贴制度，调动农民务农种粮和地方重农抓粮的积极性。加强和改进农产品市场调控，保持价格合理水平。

不断增强农业发展支撑能力。抓好农田水利基础设施和高标准农田建设，提高农业科技创新和推广能力，健全农业社会化服务体系，提升农业机械装备水平，健全农产品市场体系，促进农业综合生产能力再上新台阶。

加快改善农村民生。将政府的公共资源更多地投向农村，引导资金、技术、人才、管理等要素向农村聚集，千方百计促进农民多渠道就业，加快解决农村发展最急需、农民要求最迫切的饮水、用电、教育、医疗等问题，提高农村社会保障水平，加大扶贫开发力度。促进城乡基本公共服务均等化。

坚定不移深化农村改革。更加注重城乡联动、协调推进，更加注重制度建设。稳定和完善农村基本经营制度，有序推进农村土地管理制度改革，加快农村金融改革步伐，继续深化农村综合改革。当前和今后一个时期，要把积极稳妥推进城镇化，促进农民工融入城镇、有序转变为城镇居民，作为城乡改革联动的突破口。

明年农业农村发展的大政方针已定，任务艰巨，工作繁重。各级党委和政府要进一步加强组织领导，增强责任感和紧迫感，确保抓"三农"工作精力不转移，劲头不减弱，工作不松懈，再创农业稳定发展、农民持续增收新佳绩。

全国粮食生产先进单位和个人表彰活动在北京举行

国务院副总理回良玉出席农业部在京举行的全国粮食生产先进单位和个人、中华农业英才奖及中华农业科技奖表彰活动，并向获奖单位和个人表示祝贺，勉励他们珍惜荣誉，再接再厉，充分发挥模范带头作用，为保持粮食稳定发展、推动农业科技创新和促进农业农村经济发展再立新功。

2009年，面对国际金融危机的严重冲击和多年不遇自然灾害的重大考验，在党中央、国务院的坚强领导下，各级农业部门认真贯彻落实各项强农惠农政策，农业和农村保持了良好的发展势头。特别是粮食产量再创历史新高，实现42年来首次连续6年增产，为保增长、保民生、保稳定提供了强有力的基础支撑。农业重大关键技术攻关能力不断加强，农业物质技术装备水平逐步提高，农业科技推广体系进一步完善，为农业稳定发展作出了不可替代的重要贡献。

为继续调动地方政府重农抓粮、农民务农种粮的积极性，进一步彰显人才兴农、科技促农的重要意义，积极营造重视科技、勇于创新的良好氛围，农业部决定对在2009年粮食生产和农业科技工作中作出突出贡献的单位和个人进行表彰与奖励，授予河北省藁城市等20个市(县、区、旗)“全国粮食生产先进县标兵”称号，授予王培泉等20名同志“全国粮食生产先进工作者标兵”称号，授予孙圣海等20名同志“全国粮食生产大户标兵”称号；授予吉林省公主岭市等300个市(县、区、旗、农场)“全国粮食生产先进县”称号，授予陶恒长等400名同志“全国粮食生产先进工作者”称号，授予柳学友等500名同志“全国粮食生产大户”称号；授予于振文等10名同志“中华农业英才奖”。农业部还颁发了其他相关奖项。

2009年度践行当代革命军人核心价值观新闻人物颁奖典礼在北京举行

颁奖典礼紧紧围绕当代革命军人核心价值观这个主题，采用多样化的表现形式，形象地展示了一年来全军部队深入开展学习培育活动的生动实践和广大官兵有效履行我军历史使命的时代风采。现场播放的电视短片凝练精致，浓缩了每位新闻人物的不凡人生经历和崇高价值追求。访谈互动真挚生动，讲述了新闻人物不为人知的感人故事和内心世界。评委会的颁奖辞、新闻人物的获奖感言质朴深刻，进一步升华了活动主题。

总政治部副主任童世平、贾廷安、杜金才，主任助理年福纯、许耀元，中宣部、国家广电总局、中央电视台有关领导，军委办公厅、驻京各大单位政治部领导和驻京部队官兵代表参加典礼。

“科学与中国”院士专家巡讲团“纪念伽利略用天文望远镜进行天文观测400周年”专题报告会在北京举行

全国人大常委会副委员长、中国科学院院长路甬祥作了题为《从仰望星空到走向太空》的专题报告。

路甬祥说，作为科学实验方法的创始人和现代科学的奠基人，伽利略给后人留下了极其宝贵的精神财富；伽利略身上闪耀着渴望认知和驾驭客观世界的科学精神，值得我们有志献身科学的每一个人用毕生的精力去坚持，并发扬光大。

路甬祥指出，我们纪念伽利略，不仅是为了纪念他对科学的巨大贡献，更要学习、继承和发扬他勇于创新、善于创新和为科学真理而献身的精神，为提高我国的自主创新能力和建设创新型国家作出科技工作者应有的贡献。

第六次全国社会主义学院院长会议在北京召开

中央社会主义学院院长严隽琪出席并讲话。

严隽琪指出，社会主义学院正面临大好的发展时机，要充分发挥学院作为统一战线“三个基地”的作用，为中共中央提出的“大规模培训干部、大幅度提高干部素质”的战略任务服务，为各民主党派以共产党为师、努力建设学习型参政党服务。要继续深入贯彻胡锦涛同志在中央社会主义学院建院50周年庆祝大会上的贺信精神，抓住开展新一轮大规模培训干部和召开第二次社会主义学院工作会议的契机，凸显社会主义学院党外人士培养主渠道的作用。

全国政协副主席、中共中央统战部部长杜青林对会议提出三点希望。中央社会主义学院党组书记、第一副院长叶小文作主题报告。

12月30日

国家主席胡锦涛在人民大会堂会见尼泊尔总理马达夫·库马尔·尼帕尔

胡锦涛积极评价中尼关系并表示，中尼双方决定将两国关系提升为全面合作伙伴关系，标志着两国关系进入了新的发展阶段。中方愿同尼方一道，为深入发展两国全面合作伙伴关系而共同努力。为此，双方要巩固两国关系政治基础。密切两国高层交往，加强各层次交流，进一步发挥各磋商协调机制的作用，在彼此关切的重大问题上继续相互给予坚定支持。双方要夯实两国关系经济基础。进一步挖掘经贸、基础设施建设、农业、人力资源开发、旅游、边贸等领域的合作潜力，积极推动上述领域合作取得实实在在的进展。双方要强化两国关系社会基础。密切两国人民友好交往，使中尼传统友谊薪火相继，代代相传。双方要维护两国的共同利益。进一步加强在国际和地区事务中的沟通与协调，合作应对气候变化、能源和粮食安全等全球性问题，共同促进世界和本地区的和平与发展。

尼帕尔对中国经济社会发展取得的巨大成就表示热烈祝贺。他说，在新形势下，尼方愿同中方加强经贸、旅游、农业、基础设施、人力资源等各领域合作，以及在气候变化等国际和全球问题上的协调，推动尼中全面合作伙伴关系不断向前发展。

尼帕尔强调,尼泊尔坚定不移地奉行一个中国政策,坚定支持中方维护国家主权、统一和领土完整所作努力,不允许任何势力利用尼泊尔领土从事反华活动。

全国人大常委会委员长吴邦国在人民大会堂会见尼泊尔总理马达夫·库马尔·尼帕尔

中尼联合声明

(2009年12月30日)

应中华人民共和国国务院总理温家宝的邀请,尼泊尔联邦民主共和国总理马达夫·库马尔·尼帕尔于2009年12月26日至31日对中国进行正式访问。

访问期间,国家主席胡锦涛和全国人大常委会委员长吴邦国会见了尼帕尔总理,温家宝总理同尼帕尔总理举行了会谈。两国领导人在诚挚、友好的气氛中,就中尼关系发展和共同关心的国际和地区问题深入交换意见,达成广泛共识。

一、双方回顾了中尼之间源远流长的友好交往。双方满意地指出,自1955年建交以来,中尼关系历经国际风云变幻的考验,始终持续、稳定、健康发展。两国关系的特点是平等相待、和睦共处、世代友好。

双方认为,巩固睦邻友好,深化互利合作,符合中尼两国根本利益和两国人民共同愿望,有利于本地区乃至世界的和平与发展。双方决定,在和平共处五项原则基础上,建立和发展中尼世代友好的全面合作伙伴关系。

双方同意,相互尊重独立、主权和领土完整,相互尊重彼此根据本国国情选择的社会制度和发展道路,相互尊重和照顾彼此重大关切和核心利益。双方同意,坚持和平共处、不结盟和互不干涉内政的原则,在平等互利的基础上开展全方位友好交流与合作,分享发展经验和机遇,为两国睦邻友好合作增添活力,增进世代友好,实现共同发展。

双方同意,进一步促进两国高层互访和各层次交往,充分利用现有的外交磋商、经贸联委会、民间合作论坛等机制,扩大政府各部门、议会、政党、地方和企业之间的交流与合作。

二、双方认为,经贸合作是中尼全面合作伙伴关系的重要组成部分。双方同意,在平等互利的基础上,进一步加强在贸易、投资、信息技术、交通、农业、基础设施建设和扶贫等领域的合作。两国领导人一致同意,指示双边磋商机制评估双方现有合作领域,探索新的合作领域,加强协调,向两国高层提出建议。

尼方感谢中方多年来为尼经济建设提供的宝贵援助,热情欢迎中国企业积极参与尼泊尔水电开发和基础设施建设,愿与中方探讨在尼合作设立经济特区,吸引中资企业投资开发。

中方表示,中国政府鼓励和支持有实力、有信誉的中资企业赴尼投资。中方将根据有关项目经济和技术可行性,在水电开发、基础设施建设、医疗、教育、人力资源开发等领域向尼方提供必要支持和帮助。中方愿继续向尼提供力所能及的援助,进一步开展双边经济技术合作和人员交流,为尼转型期间经济发展作出积极贡献。

双方对中方为尼经济社会发展援建的诸多工程的进展感到满意。尼方表示,对国家处于转型期的尼泊尔人民来说,中方持续且不断加强的合作格外重要。中方表示注意到尼泊尔发展面临的挑战,将尽力为双方商定的合作项目提供适当激励措施和优惠融资。尼方对中方的善意和理解表示衷心感谢。

中方表示,根据中国在联合国千年发展目标高级别会议上作出的承诺,将逐步给予尼泊尔95%的产品零关税待遇。双方同意采取措施扩大双边贸易规模,实现持续、稳步、平衡发展。

双方同意,将发挥两国地理相邻的特点,进一步加强两国陆路和航空联系,并通过改善中尼间陆路交通基础设施,为加强双方交流合作和经贸往来提供便利。

中方表示,支持尼方以农业为重点发展领域,愿同尼方在种质资源交换、人员培训和共同培育良种方面加强交流与合作。中方愿在师资和能力建设方面为尼泊尔的农业高等院校提供力所能及的帮助。

双方同意,在扶贫领域分享经验,加强合作。中方将帮助尼方加快在农村地区的减贫进程。

三、双方同意,进一步扩大人文领域的交流与合作,促进两国人民之间的相互理解和友谊。

双方同意,在可持续基础上建立青年交流项目,成员为社会各界青年,规模将逐渐扩展到每年100人。

中方将继续向尼方提供政府奖学金名额,也欢迎尼泊尔学生通过其他渠道和项目来华深造。

双方同意,通过发展旅游业进一步增进双方人员接触,支持对方在本国开展宣传推广活动。中方同意积极鼓励中国企业投资开发尼泊尔旅游基础设施。

双方同意,推动两国媒体、智库、学者、友好团体之间的接触与交流。

双方认为,中国西藏自治区和尼泊尔应充分发挥地缘优势,建立更多边贸点,加强边民往来,深化传统友谊与互利合作。

四、双方认为,中尼在应对国际金融危机、气候变化、能源和粮食安全以及其他涉及发展中国家诉求和挑战的重大国际问题上立场相同或相近。双方同意,继续就此保持密切协调与配合,维护中尼两国和广大发展中国家的共同利益。

双方注意到,两国一直支持并积极参与联合国维和行动。双方同意就此开展交流与合作。

双方积极看待并支持对方参与区域合作进程,同意加强在各个地区合作机制中的协调与合作。

五、尼方重申,世界上只有一个中国,中华人民共和国政府是代表全中国的唯一合法政府,台湾和西藏是中国领土不可分割的一部分。尼方坚定支持中方为维护国家主权、统一和领土完整所做的努力,不允许任何势力利用尼领土从事任何反华分裂活动。

中方高度赞赏尼方上述立场,坚定支持尼泊尔为维护其主权、独立、领土完整、国家统一和稳定所作的努力。中方对尼泊尔和平进程取得的进展感到高兴,衷心希望尼实现和平、稳定和繁荣。

六、双方认为,尼帕尔总理对中华人民共和国的正式访问标志着中尼关系提升到新水平,是两国友好合作史上的重要里程碑。

尼帕尔总理诚挚邀请胡锦涛主席、温家宝总理和其他中国领导人在双方方便的时候正式访问尼泊尔。中国领导人对此表示感谢,并愉快地接受了邀请。具体访问日期将通过外交渠道商定。

尼帕尔总理代表尼泊尔政府和人民,向中国政府和人民对他本人及代表团的热情友好接待表示感谢。

访问期间,双方签署了《中华人民共和国政府与尼泊尔联邦民主共和国政府经济技术合作协定》和《中华人民共和国政府和尼泊尔政府关于加强中尼青年交流的谅解备忘录》。

国务院总理温家宝在北京主持召开国务院常务会议研究部署进一步做好利用外资工作和治理淮河工作

会议指出,利用外资是我国对外开放基本国策的重要内容,外商投资企业已成为国民经济的重要组成部分。在应对国际金融危机、保持经济平稳较快发展过程中,要充分发挥我国的比较优势,创造更加开放、更加优化的投资环境,不断提高利用外资质量,更好地发挥利用外资在推动科技创新、产业升级和区域协调发展等方面的积极作用。为此,要重点做好五项工作:(一)优化利用外资结构。修订《外商投资产业指导目录》,扩大开放领域,鼓励外资投向高端制造业、高新技术产业、现代服务业、新能源和节能环保等产业。国家产业调整和振兴规划中的政策措施同样适用于符合条件的外商投资企业,对用地集约的国家鼓励类外商投资项目优先供应土地。(二)引导外资向中西部地区转移和增加投资。鼓励外商在中西部地区发展符合环保要求的劳动密集型产业。对到中西部地区投资的外商企业加大政策开放和技术资金配套支持力度。(三)促进利用外资方式多样化。鼓励外资以并购方式参与国内企业改组改造和兼并重组。加快推进利用外资设立中小企业担保公司试点工作。拓宽外商投资企业境内融资渠道,引导金融机构继续加大对外商投资企业的信贷支持。(四)深化外商投资管理体制改革。全面清理涉及外商投资的审批事项,最大限度缩小审批、核准范围,增加审批透明度。(五)营造良好投资环境。规范和促进开发区发展,加快边境经济合作区建设。完善外商投资企业外汇管理,简化其外汇资本金结汇手续。

会议指出,党中央、国务院高度重视淮河治理。有关地区和部门坚决贯彻中央决策部署,全面加快治淮工程建设进度,目前原定的山丘区水库建设、扩大和整治淮河干流行洪通道、行蓄洪区和重点易涝地区治理等19项骨干工程基本建成,已形成较为完整有效的防洪减灾工程体系,流域总体防洪排涝标准明显提高,综合减灾效益显著,洪涝灾害损失大幅减少。但是,由于淮河流域地理气候条件特殊,暴雨洪水十分频繁,河流水系复杂,治理任务仍然艰巨繁重。必须继续贯彻“蓄泄兼筹”的方针,进一步推进治淮工作,为淮河流域经济社会又好又快发展提供更加有力的支撑和保障。要坚持以人为本,着力解决好沿淮群众最关心的洪涝干旱问题和行蓄洪区人民群众生存和发展问题,改善生产生活条件,实现安居乐业。一是调整干流和重要支流行蓄洪区,扩大中游河道泄洪能力,实现洪水分得进、蓄得住、退得出,行蓄洪时基本不需要临时转移群众。二是加快重点平原洼地治理,提高排涝标准,改善水利条件,提高农业综合生产能力。三是加快淮河入海水道二期工程建设,提高洪泽湖防洪标准,增强下游分洪泄洪能力。四是推进堤防达标等工程建设,适时兴建上游防洪水库,增强拦蓄洪水能力。五是保障城乡饮水安全。强化水利工程管理,确保建得起、管得好、长受益。实行最严格的水资源管理制度,强化对水质的监督管理,保护水资源,防治水污染,到2013年全面解决农村饮水安全问题。

国务院总理温家宝应约与联合国秘书长潘基文通电话

温家宝说,哥本哈根会议取得的成果为推进应对气候变化国际合作奠定了基础,也为今后的谈判指明了方向,这是具有历史价值的进展。世界各国应该团结一致向前看,继续凝聚共识,弥合分歧,加强合作,不断破解人类生存发展的难题,造福子孙后代。无论前进的道路上遇到多少困难,中国都将努力实现控制温室气体排放的行动目标,并及时向国际社会提供充分的信息，加强国际交流与合作。中方支持联合国和秘书长发挥更大的积极作用，愿同国际社会一道，为推动应对气候变化国际合作取得新进展贡献力量。

潘基文表示，哥本哈根会议朝着正确的方向迈出了重要一步。联合国高度赞赏并感谢中国在会议上发挥了重要的建设性作用。中国坚定致力于实现自主确定的控制温室气体排放目标，为国际社会树立了榜样。联合国希望加强同中国在应对气候变化领域的合作。

学习贯彻胡锦涛总书记重要讲话座谈会在人民大会堂举行

全国政协主席贾庆林出席并发表重要讲话。他强调，胡锦涛总书记去年12月31日在纪念《告台湾同胞书》发表30周年座谈会上发表的题为《携手推动两岸关系和平发展　同心实现中华民族伟大复兴》的重要讲话，首次全面系统地阐述了两岸关系和平发展的思想，首次明确提出了推动两岸关系和平发展的六点意见，确立了推动两岸关系和平发展的目标、任务和各项政策，为在历史新起点上推动两岸关系发展指明了前进方向。我们一定要把胡锦涛总书记的重要讲话作为统一思想、推进工作的行动指南，把学习贯彻讲话精神作为当前和今后一个时期对台工作的主要任务，切实推动各项对台工作取得新成效，不断开创两岸关系和平发展新局面。

贾庆林指出，胡锦涛总书记的重要讲话，是新形势下指导对台工作的纲领性文件，是开创两岸关系和平发展新局面的根本指针。这一重要讲话深刻揭示了完成祖国统一是实现中华民族伟大复兴的历史必然，充分体现了维护和发展全民族利益的高度责任感；全面阐述了两岸关系和平发展的重要思想，充分体现了总览全局的战略思考；擘画了推动两岸关系和平发展的宏伟蓝图，充分体现了奋力开拓两岸关系前进道路的政治智慧和务实思路；突出强调了两岸同胞在两岸关系和平发展中的主体地位，充分体现了以人为本的科学理念。

贾庆林强调，胡锦涛总书记的重要讲话丰富和发展了中央对台工作大政方针。讲话阐述的两岸关系和平发展的思想，立足于对台工作长期的丰富实践，体现了实事求是的科学精神，反映了对两岸关系发展规律的深刻认识。牢牢把握两岸关系和平发展的主题，既符合当前推动两岸关系的实际需要，又反映了两岸关系发展的客观趋势，同时也是坚持和平统一方针的必然要求。从根本上说，推动两岸关系和平发展，是我们国家发展战略的一个重要组成部分，是走中国特色社会主义道路、实现中华民族伟大复兴的战略选择。

贾庆林指出，在胡锦涛总书记重要讲话精神的指引下，在两岸同胞的共同努力下，两岸关系在实现历史性转折基础上，继续沿着和平发展的正确轨道稳步向前迈进。两岸关系的重大和积极变化表明，两岸关系和平发展符合两岸同胞的共同愿望，给两岸同胞带来了实实在在的利益。实践也进一步证明，只要选择了两岸关系的正确方向，两岸同胞推动两岸关系发展的热情就会连绵不绝地迸发出来，两岸各界扩大深化合作、促进共同发展的潜力就会持续不断地显现出来，两岸关系的发展就会不断取得新的成就，造福两岸同胞，增进中华民族的整体利益。

贾庆林强调，两岸关系和平发展正处在进一步向前推进的重要历史机遇期。我们要继续全面贯彻推动两岸关系和平发展的六点意见，不断巩固两岸关系发展的政治基础、物质基础、文化基础和社会基础，不断增进两岸经济、文化、社会和人民思想感情的大融合，不断增强两岸同胞对中华文化和中华民族的认同，努力构建基础坚实、支撑有力、内涵丰富的两岸关系和平发展框架。

贾庆林强调，我们要继续秉持建立互信、搁置争议、求同存异、共创双赢的精神，推动两岸双方保持良性互动，努力扩大共识，不断排除各种干扰，不断拓宽前进道路，不断为两岸关系和平发展注入强劲动力。要继续按照先易后难、先经后政、把握节奏、循序渐进的思路，稳步扎实地推进两岸协商和两岸关系发展进程。要坚持以人为本，鼓励更多的两岸同胞支持并参与推动两岸关系和平发展，维护和增进两岸同胞的切身利益。要把寄希望于台湾人民的方针切实贯彻到各项对台工作中，为台湾同胞多办实事、多做好事，使各界各阶层更广大的台湾同胞都享受到两岸关系和平发展的成果，增强对两岸关系发展的信心。

座谈会由国务委员戴秉国主持。他说，贾庆林主席在讲话中精辟概括了胡锦涛总书记重要讲话的主要内涵，高度评价两岸关系和平发展思想的深远意义，充分肯定一年来两岸关系取得的积极进展，充分肯定各地各部门对台工作取得的丰硕成果，充分肯定两岸同胞为促进两岸关系和平发展作出的积极贡献，并对进一步贯彻落实胡锦涛总书记重要讲话精神、做好新形势下的对台工作提出了明确要求。各地各部门要以高度的政治责任感和使命感，再接再厉，不断推动对台工作取得新进展，不断开创两岸关系和平发展新局面。

座谈会上，中共中央台办、国务院台办主任王毅，商务部部长陈德铭，文化部副部长赵少华，国家旅游局局长邵琪伟分别发言。

中办主任令计划，全国政协副主席、中央统战部部长杜青林等出席座谈会。出席座谈会的还有：中央党政军有关部门和北京市的负责同志，各民主党派、全国工商联和人民团体负责人，有关部门对台工作机构负责人，在京台胞、台商和台湾学生代表，部分涉台研究专家学者等共150多人。

中办 国办印发《中央企业领导人员管理暂行规定》

近日，中共中央办公厅、国务院办公厅印发了《中央企业领导人员管理暂行规定》(以下简称《管理规定》)。同时，为深入贯彻落实《管理规定》，中共中组部、国务院国资委党委联合下发了《中央企业领导班子和领导人员综合考核评价办法(试行)》(以下简称《考评办法》)。

《管理规定》是中央企业领导人员管理的基本规章，坚持以邓小平理论和"三个代表"重要思想为指导，深入贯彻落实科学发展观，从中央企业实际出发，着眼于建设"政治素质好、经营业绩好、团结协作好、作风形象好"的领导班子，以完善领导体制和健全选拔任用、考核评价和激励约束机制为重点，规范程序，明确要求，努力造就一支高素质的中央企业领导人员队伍，保证中央企业又好又快发展。《管理规定》明确了中央企业领导人员的资格条件，不仅要有突出的工作业绩和良好的职业素养，还要有较高的政治素质；规定了中央企业董事会、经理班子和党委(党组)的职数，实行任期制，明确了董事、总经理和党委的任期；选拔中央企业领导人员主要采取组织选拔、公开招聘、竞争上岗等方式，任用中央企业领导人员可以采取委任制、聘任制、选任制；对中央企业领导班子和领导人员实行任期和年度考核评价；建立以考核评价为基础，与岗位职责和工作业绩挂钩，短期激励与中长期激励、精神鼓励与物质奖励相结合的中央企业领导人员激励机制；坚持以预防为主、事前监督为主，强化对中央企业领导人员的日常监督管理；健全了中央企业领导人员退出机制，明确了中央企业领导人员免职(解聘)、撤职、辞职、退休制度，对任期届满未被续聘的、考核评价中被确定为不称职等予以免职(解聘)，对达到规定的退休年龄的，应当退休并及时办理退休手续。

《考评办法》结合企业实际，坚持党管干部原则和德才兼备、以德为先的用人标准，把出资人认可、职工群众认可和市场认可结合起来，运用多维度测评、定量考核与定性评价相结合等方法，对中央企业领导班子和领导人员进行综合考核评价，力求客观公正、注重实绩、简便易行。《考评办法》注重体现国有企业特点，要求领导班子在完成经济指标的同时，还要坚决贯彻执行党的路线方针政策，突出考评的业绩导向，在考评内容中赋予业绩50%的权重，并将国资委经营业绩考核和财务绩效评价结果直接运用到领导班子和领导人员考核评价内容中。注重体现科学发展观要求，将保护生态环境、节约能源资源、优化产业结构等科学发展内容作为考核要点及标准，增加了政治责任和社会责任方面的考核，引导企业实现全面协调可持续发展。注重体现综合评价，对领导班子考核评价政治素质、经营业绩、团结协作和作风形象，对领导人员考评素质、能力和业绩。同时，吸收360度考核的理念，形成了多维度的立体评价，探索建立了综合考核评价的量化评分体系。

《管理规定》和《考评办法》的颁布实施，将推动中央企业领导班子建设和领导人员管理迈上新的台阶，将对国有企业领导人员管理监督和建设高素质的国有企业领导人员队伍发挥十分重要的作用，进而为国有企业实现科学发展提供坚强的政治保证和组织保证。

12月31日

国家主席胡锦涛发表题为《共创世界和平与发展的美好未来》的新年贺词

新年的钟声就要敲响，2010年的帷幕即将拉开。在这辞旧迎新的美好时刻，我很高兴通过中国国际广播电台、中央人民广播电台和中央电视台，向全国各族人民，向香港特别行政区同胞、澳门特别行政区同胞、台湾同胞和海外侨胞，向世界各国的朋友们，致以新年的祝福！

2009年是中华人民共和国历史上十分重要的一年。中国各族人民隆重庆祝新中国成立60周年，为伟大祖国的发展进步感到无比自豪，决心在新的起点上把中国特色社会主义事业继续推向前进。面对国际金融危机的严重冲击，中国各族人民坚定信心、迎难而上、万众一心、共克时艰，坚持把保持经济平稳较快发展作为经济工作的首要任务，统筹做好保增长、保民生、保稳定各项工作，实现了经济总体回升向好。中国改革开放和社会主义现代化建设取得新的显著成就，人民生活继续改善，社会保持和谐稳定。中国积极参加应对国际金融危机、气候变化等问题国际合作，扩大同世界各国交流合作，为世界和平与发展作出了新的贡献。

2010年是中国实施"十一五"规划的最后一年。在新的一年里，我们将坚定不移高举中国特色社会主义伟大旗帜，以邓小平理论和"三个代表"重要思想为指导，深入贯彻落实科学发展观，保持宏观经济政策的连续性和稳定性，继续实施积极的财政政策和适度宽松的货币政策，根据新形势新情况着力提高政策的针对性和灵活性，更加注重提高经济增长质量和效益，更

加注重推动经济发展方式转变和经济结构调整，更加注重推进改革开放和自主创新、增强经济增长活

力和动力，更加注重改善民生、保持社会和谐稳定，更加注重统筹国内国际两个大局，努力实现经济平稳较快发展，继续推进全面建设小康社会进程。我们将坚持"一国两制"、"港人治港"、"澳人治澳"、高度自治的方针，同广大香港同胞、澳门同胞携手努力，保持香港、澳门长期繁荣稳定。我们将坚持"和平统一、一国两制"的方针，牢牢把握两岸关系和平发展的主题，加强两岸交流合作，更好造福两岸同胞。

当今世界正处在大发展、大变革、大调整时期。世界多极化和经济全球化深入发展，国际金融危机影响继续显现，气候变化、能源资源、公共卫生安全等全球性问题突出，国际和地区热点问题此起彼伏。继续推进人类和平与发展的崇高事业，需要世界各国人民加强合作、同舟共济。借此机会，我愿郑重重申，中国将高举和平、发展、合作旗帜，恪守维护世界和平、促进共同发展的外交政策宗旨，始终不渝走和平发展道路，始终不渝奉行互利共赢的开放战略，坚持在和平共处五项原则的基础上同所有国家发展友好合作，继续积极参加应对国际金融危机、气候变化等问题国际合作，同各国人民一道推动建设持久和平、共同繁荣的和谐世界。

此时此刻，在我们共同生活的这个星球上，还有不少民众正蒙受着战争、贫穷、疾病、自然灾害等苦难的煎熬。中国人民深切同情他们的不幸境遇，将一如既往向他们提供力所能及的帮助。我相信，经过世界各国人民不懈努力，世界文明必将不断发展，人类福祉必将不断增进。

2010年，以"城市，让生活更美好"为主题的世界博览会将在中国上海举行。我们热忱欢迎五大洲的朋友们共襄这一盛举，共同谱写增进相互了解和友谊的新篇章。

最后，我从北京祝大家在新的一年里幸福安康！

国家主席胡锦涛和俄罗斯总统梅德韦杰夫互致新年贺电并宣布正式启动俄罗斯"汉语年"

中共中央 国务院发布《关于加大统筹城乡发展力度 进一步夯实农业农村发展基础的若干意见》

2009年，是新世纪以来我国经济发展最为困难的一年。面对历史罕见国际金融危机的严重冲击，面对多年不遇自然灾害的重大考验，面对国内外农产品市场异常波动的不利影响，各地区各部门在党中央、国务院的坚强领导下，迎难而上，奋力拼搏，巩固和发展了农业农村好形势。粮食生产再获丰收，连续6年实现增产；农民工就业快速回升，农民收入连续6年较快增长；集体林权制度改革全面推进，农村体制创新取得新的突破；农村水电路气房建设继续加强，农民生产生活条件加快改变；农村教育、医疗、社保制度不断健全，农村民生状况明显改善；农村基层组织进一步巩固，农村社会和谐稳定。这为党和国家战胜困难、共克时艰赢得了战略主动，为保增长保民生保稳定提供了基础支撑。

当前，我国农业的开放度不断提高，城乡经济的关联度显著增强，气候变化对农业生产的影响日益加大，农业农村发展的有利条件和积极因素在积累增多，各种传统和非传统的挑战也在叠加凸显。面对复杂多变的发展环境，促进农业生产上新台阶的制约越来越多，保持农民收入较快增长的难度越来越大，转变农业发展方式的要求越来越高，破除城乡二元结构的任务越来越重。全党务必居安思危，切实防止忽视和放松"三农"工作的倾向，努力确保粮食生产不滑坡、农民收入不徘徊、农村发展好势头不逆转。必须不断深化把解决好"三农"问题作为全党工作重中之重的基本认识，稳定和完善党在农村的基本政策，突出强化农业农村的基础设施，建立、健全农业社会化服务的基层体系，大力加强农村以党组织为核心的基层组织，夯实打牢农业农村发展基础，协调推进工业化、城镇化和农业现代化，努力形成城乡经济社会发展一体化新格局。

2010年农业农村工作的总体要求是：全面贯彻党的十七大和十七届三中、四中全会以及中央经济工作会议精神，高举中国特色社会主义伟大旗帜，以邓小平理论和"三个代表"重要思想为指导，深入贯彻落实科学发展观，把统筹城乡发展作为全面建设小康社会的根本要求，把改善农村民生作为调整国民收入分配格局的重要内容，把扩大农村需求作为拉动内需的关键举措，把发展现代农业作为转变经济发展方式的重大任务，把建设社会主义新农村和推进城镇化作为保持经济平稳较快发展的持久动力，按照稳粮保供给、增收惠民生、改革促统筹、强基增后劲的基本思路，毫不松懈地抓好农业农村工作，继续为改革发展稳定大局作出新的贡献。

一、健全强农惠农政策体系，推动资源要素向农村配置

1. 继续加大国家对农业农村的投入力度。按照总量持续增加、比例稳步提高的要求，不断增加"三农"投入。要确保财政支出优先支持农业农村发展，预算内固定资产投资优先投向农业基础设施和农村民生工程，土地出让收益优先用于农业土地开发和农村基础设施建设。各级财政对农业的投入增长幅度都要高于财政经常性收入增长幅度。预算内固定资产投资要继

续向重大农业农村建设项目倾斜。耕地占用税税率提高后,新增收入全部用于农业。严格按照有关规定计提和使用用于农业土地开发的土地出让收入,严格执行新增建设用地土地有偿使用费全部用于耕地开发和土地整理的规定。对各地土地收入用于农业农村的各项资金征收和使用情况进行专项检查。继续增加现代农业生产发展资金和农业综合开发资金规模。

2. 完善农业补贴制度和市场调控机制。坚持对种粮农民实行直接补贴。增加良种补贴,扩大马铃薯补贴范围,启动青稞良种补贴,实施花生良种补贴试点。进一步增加农机具购置补贴,扩大补贴种类,把牧业、林业和抗旱、节水机械设备纳入补贴范围。落实和完善农资综合补贴动态调整机制。按照存量不动、增量倾斜的原则,新增农业补贴适当向种粮大户、农民专业合作社倾斜。逐步完善适合牧区、林区、垦区特点的农业补贴政策。加强对农业补贴对象、种类、资金结算的监督检查,确保补贴政策落到实处,不准将补贴资金用于抵扣农民交费。落实小麦最低收购价政策,继续提高稻谷最低收购价。扩大销区粮食储备规模。适时采取玉米、大豆、油菜籽等临时收储政策,支持企业参与收储,健全国家收储农产品的拍卖机制,做好棉花、食糖、猪肉调控预案,保持农产品市场稳定和价格合理水平。

3. 提高农村金融服务质量和水平。加强财税政策与农村金融政策的有效衔接,引导更多信贷资金投向"三农",切实解决农村融资难问题。落实和完善涉农贷款税收优惠、定向费用补贴、增量奖励等政策。进一步完善县域内银行业金融机构新吸收存款主要用于当地发放贷款政策。加大政策性金融对农村改革发展重点领域和薄弱环节支持力度,拓展农业发展银行支农领域,大力开展农业开发和农村基础设施建设中长期政策性信贷业务。农业银行、农村信用社、邮政储蓄银行等银行业金融机构都要进一步增加涉农信贷投放。积极推广农村小额信用贷款。加快培育村镇银行、贷款公司、农村资金互助社,有序发展小额贷款组织,引导社会资金投资设立适应"三农"需要的各类新型金融组织。抓紧制定对偏远地区新设农村金融机构费用补贴等办法,确保3年内消除基础金融服务空白乡镇。针对农业农村特点,创新金融产品和服务方式,搞好农村信用环境建设,加强和改进农村金融监管。建立农业产业发展基金。积极扩大农业保险保费补贴的品种和区域覆盖范围,加大中央财政对中西部地区保费补贴力度。鼓励各地对特色农业、农房等保险进行保费补贴。发展农村小额保险。健全农业再保险体系,建立财政支持的巨灾风险分散机制。支持符合条件的涉农企业上市。

4. 积极引导社会资源投向农业农村。各部门各行业要主动服务"三农",在制定规划、安排项目、增加资金时切实向农村倾斜。大中城市要发挥对农村的辐射带动作用。鼓励各种社会力量开展与乡村结对帮扶,参与农村产业发展和公共设施建设。企业通过公益性社会团体、县级以上人民政府及其部门或者设立专项的农村公益基金会,用于建设农村公益事业项目的捐赠支出,不超过年度利润总额12%的部分准予在计算企业所得税前扣除。有关部门要抓紧健全科技、教育、文化、卫生等下乡支农制度,通过完善精神物质奖励、职务职称晋升、定向免费培养等措施,引导更多城市教师下乡支教、城市文化和科研机构到农村拓展服务、城市医师支援农村。健全农业气象服务体系和农村气象灾害防御体系,充分发挥气象服务"三农"的重要作用。

5. 大力开拓农村市场。针对经济发展和农民生产生活需要,适时出台刺激农村消费需求的新办法新措施。加大家电、汽车、摩托车等下乡实施力度,大幅度提高家电下乡产品最高限价,对现行限价内的产品继续实行13%的补贴标准,超出限价的实行定额补贴,允许各省(自治区、直辖市)根据本地实际增选一个品种纳入补贴范围,补贴对象扩大到国有农林场(区)职工。改善售后服务,加强市场监管,严禁假冒伪劣产品流入农村。大力发展物流配送、连锁超市、电子商务等现代流通方式,支持商贸、邮政等企业向农村延伸服务,建设日用消费品、农产品、生产资料等经营网点,继续支持供销合作社新农村现代流通网络工程建设,提升"万村千乡"超市和农家店服务功能质量。鼓励农村金融机构对农民建房、购买汽车和家电等提供消费信贷,加大对兴办农家店的信贷投放。

二、提高现代农业装备水平,促进农业发展方式转变

6. 稳定发展粮食等大宗农产品生产。在稳定粮食播种面积基础上,大力优化品种结构,着力提高粮食单产和品质。全面实施全国新增千亿斤粮食生产能力规划,尽快形成生产能力。加快建立、健全粮食主产区利益补偿制度,增加产粮大县奖励补助资金,提高产粮大县人均财力水平。有关扶持政策要向商品粮调出量大、对国家粮食安全贡献突出的产粮大县(农场)倾斜。继续减少直至取消主产区粮食风险基金地方资金配套。大力发展油料生产,加快优质油菜、花生生产基地县建设,积极发展油茶、核桃等木本油料。支持优势产区发展棉花、糖料生产。继续实施粮食丰产科技工程。扩大粮棉油糖高产创建实施规模,年内覆盖全国所有农业县(农场)。大力推进农作物病虫害专业化统防统治。支持垦区率先发展现代化大农业,建设大型农产品基

地，带动周边农村经济社会发展。

7. 推进菜篮子产品标准化生产。实施新一轮菜篮子工程建设，加快园艺作物生产设施化、畜禽水产养殖规模化。支持建设生猪、奶牛规模养殖场（小区），发展园艺作物标准生产基地和水产健康养殖示范场，开展标准化创建活动，推进畜禽养殖加工一体化。支持畜禽良种繁育体系建设。加强重大动物疫病防控，完善扑杀补贴政策，推进基层防疫体系建设，健全工作经费保障机制。增加渔政、渔港、渔船安全设施等建设投入，搞好水生生物增殖放流，支持发展远洋渔业。加快农产品质量安全监管体系和检验检测体系建设，积极发展无公害农产品、绿色食品、有机农产品。

8. 突出抓好水利基础设施建设。国家固定资产投资要把水利建设放在重要位置。继续加强大江大河大湖治理，逐步推进重点中小河流治理。加快大中型水利枢纽工程建设，搞好蓄滞洪区建设和山洪灾害防治。大力推进大中型灌区续建配套和节水改造，加快末级渠系建设。按期完成规划内病险水库除险加固任务，统筹安排其余病险水库除险加固。在科学规划论证基础上，启动大中型病险水闸除险加固。加快大型灌排泵站更新改造。拓宽水利建设基金筹资渠道。大幅度增加中央和省级财政小型农田水利设施建设补助专项资金规模，新增一批小型农田水利建设重点县。大力发展高效节水灌溉，支持山丘区建设雨水集蓄等小微型水利设施。通过一事一议、财政补助等办法，鼓励农民自愿投工投劳开展直接受益的小型水利设施建设。深化水利工程管理体制改革。推广农民用水户参与管理模式，加大财政对农民用水合作组织的扶持力度。加强基层抗旱排涝和农村水利技术服务体系建设。

9. 大力建设高标准农田。按照统筹规划、分工协作、集中投入、连片推进的要求，加快建设高产稳产基本农田。重视耕地质量建设，加大投入力度，安排中长期政策性贷款，支持农田排灌、土地整治、土壤改良、机耕道路和农田林网建设，把800个产粮大县的基本农田加快建成高标准农田，建立稳固的商品粮基地。继续增加农业综合开发、农村土地整治投入，有计划分片推进中低产田改造。扩大测土配方施肥、土壤有机质提升补贴规模和范围。推广保护性耕作技术，实施旱作农业示范工程，对应用旱作农业技术给予补助。

10. 提高农业科技创新和推广能力。切实把农业科技的重点放在良种培育上，加快农业生物育种创新和推广应用体系建设。继续实施转基因生物新品种培育科技重大专项，抓紧开发具有重要应用价值和自主知识产权的功能基因和生物新品种，在科学评估、依法管理基础上，推进转基因新品种产业化。推动国内种业加快企业并购和产业整合，引导种子企业与科研单位联合，抓紧培育有核心竞争力的大型种子企业。培养农业科技领军人才，发展农业产学研联盟，加强农业重点实验室、工程技术中心、科技基础条件平台建设。实施农村科技创业行动、科技富民强县专项行动计划、科普惠农兴村计划，推进现代农业产业技术体系建设。抓紧建设乡镇或区域性农技推广等公共服务机构，扩大基层农技推广体系改革与建设示范县范围。积极发展多元化、社会化农技推广服务组织。启动基层农技推广机构特设岗位计划，鼓励高校涉农专业毕业生到基层农技推广机构工作。推进农用工业技术改造。加快发展农业机械化，大力推广机械深松整地，支持秸秆还田、水稻育插秧等农机作业。创建国家现代农业示范区。

11. 健全农产品市场体系。统筹制定全国农产品批发市场布局规划，支持重点农产品批发市场建设和升级改造，落实农产品批发市场用地等扶持政策，发展农产品大市场大流通。加大力度建设粮棉油糖等大宗农产品仓储设施，完善鲜活农产品冷链物流体系，支持大型涉农企业投资建设农产品物流设施。加快发展农产品期货市场，逐步拓展交易品种，鼓励生产经营者运用期货交易机制规避市场风险。发展农业会展经济，支持农产品营销。全面推进双百市场工程和农超对接，重点扶持农产品生产基地与大型连锁超市、学校及大企业等产销对接，减少流通环节，降低流通成本。大力培育农村经纪人，充分运用地理标志和农产品商标促进特色农业发展。加强市场动态监测和信息服务。完善全国鲜活农产品绿色通道政策。

12. 构筑牢固的生态安全屏障。巩固退耕还林成果，在重点生态脆弱区和重要生态区位，结合扶贫开发和库区移民，适当增加安排退耕还林。延长天然林保护工程实施期限，抓紧制定实施办法。继续推进三北、沿海、长江等防护林体系和京津风沙源治理、湿地保护与恢复等重点林业生态工程建设。统筹推进青海三江源生态保护和建设。加大力度筹集森林、草原、水土保持等生态效益补偿资金。从2010年起提高中央财政对属集体林的国家级公益林森林生态效益补偿标准。建立造林、抚育、保护、管理投入补贴制度，开展造林苗木、森林抚育补贴试点，中央财政对林木良种生产使用、中幼林和低产林抚育给予补贴。编制林地保护利用规划，启动森林经营工程，增强森林生态服务功能，提高林地综合产出能力。大力增加森林碳汇。切实加强草原生态保护建设，加大退牧还草工程实施力度，延长实施年限，适当提高补贴标准。落实草畜平衡制度，继续推行禁牧休牧轮牧，发展舍饲圈养，搞好人工饲草地和牧区水利建设。推进西藏草原生态保护奖励机制试点工作。加大草原鼠虫害防治力度。加强草原监理体系建设，强化草原执法监督。实施国家水土保持重点建设工程，加快岩溶地区石漠化和南方崩岗治理，启动坡耕地水土流失综合治理工程，搞好清洁小流域建设。加强农业面源污染治理，发展循环农业和生态农业。

三、加快改善农村民生，缩小城乡公共事业发展差距

13.努力促进农民就业创业。建立覆盖城乡的公共就业服务体系，积极开展农业生产技术和农民务工技能培训，整合培训资源，规范培训工作，增强农民科学种田和就业创业能力。因地制宜发展特色高效农业、林下种养业，挖掘农业内部就业潜力。推进乡镇企业结构调整和产业升级，扶持发展农产品加工业，积极发展休闲农业、乡村旅游、森林旅游和农村服务业，拓展农村非农就业空间。完善促进创业带动就业的政策措施，将农民工返乡创业和农民就地就近创业纳入政策扶持范围。加大农民外出务工就业指导和服务力度，切实维护农民工合法权益，促进农村劳动力平稳有序转移。健全农民工社会保障制度，深入开展工伤保险全覆盖行动，加强职业病防治和农民工健康服务，将与企业建立稳定劳动关系的农民工纳入城镇职工基本医疗保险，抓紧落实包括农民工在内的城镇企业职工基本养老保险关系转移接续办法。落实以公办学校为主、以输入地为主解决好农民工子女入学问题的政策，关心农村留守儿童。

14.提高农村教育卫生文化事业发展水平。巩固和完善农村义务教育经费保障机制，落实好教师培训制度和绩效工资制度。农村学校布局要符合实际，方便学生上学，保证学生安全。继续实施中小学校舍安全工程。逐步改善贫困地区农村学生营养状况。大力发展中等职业教育，继续推进农村中等职业教育免费进程。逐步实施农村新成长劳动力免费劳动预备制培训。完善农村三级医疗卫生服务网络，落实乡镇卫生院人员绩效工资和乡村医生公共卫生服务补助政策，逐步实施免费为农村定向培养全科医生和招聘执业医师计划。搞好农村地区妇幼卫生工作和疾病防治，加强农村食品和药品监管。积极发展农村远程教育、远程医疗。稳定农村低生育水平，继续推进新农村新家庭计划和少生快富工程，完善农村部分计划生育家庭奖励扶助制度和计划生育家庭特别扶持制度，加强和创新农村流动人口计划生育服务管理。建立稳定的农村文化投入保障机制，推进广播电视村村通、文化信息资源共享、乡镇综合文化站和村文化室、农村电影放映、农家书屋等重点文化惠民工程建设和综合利用，广泛开展群众性精神文明创建活动和农民健身活动。

15.提高农村社会保障水平。逐步提高新型农村合作医疗筹资水平、政府补助标准和保障水平。做好新型农村合作医疗、农村医疗救助、城镇居民基本医疗保险、城镇职工基本医疗保险制度的政策衔接。继续抓好新型农村社会养老保险试点，有条件的地方可加快试点步伐。积极引导试点地区适龄农村居民参保，确保符合规定条件的老年居民按时足额领取养老金。合理确定农村最低生活保障标准和补助水平，实现动态管理下的应保尽保。落实和完善被征地农民社会保障政策。健全临时救助制度。逐步提高农村五保户集中供养水平。搞好农村养老院建设，发展农村养老服务，探索应对农村人口老龄化的有效办法。加大对农村残疾人生产扶助和生活救助力度，农村各项社会保障政策优先覆盖残疾人。做好农村防灾减灾工作。

16.加强农村水电路气房建设。搞好新农村建设规划引导，合理布局，完善功能，加快改变农村面貌。加大农村饮水安全工程投入，加强水源保护、水质监测和工程运行管理，确保如期完成规划任务。鼓励有条件的地方推行城乡区域供水。适应农村用电需求快速增长的趋势，结合推进农村电力体制改革，抓紧实施新一轮农村电网改造升级工程，提升农网供电可靠性和供电能力。继续实施小水电代燃料工程，推进水电新农村电气化县建设。全面完成“十一五”农村公路建设任务，落实农村公路管理养护责任，推进城乡客运交通一体化。加快推进农村户用沼气、大中型沼气和集中供气工程建设，加强沼气技术创新、维护管理和配套服务。支持农村开发利用新能源，推进农林废弃物资源化、清洁化利用。加快推进农村危房改造和国有林区(场)、垦区棚户区改造，继续实施游牧民定居工程。抓住当前农村建房快速增长和建筑材料供给充裕的时机，把支持农民建房作为扩大内需的重大举措，采取有效措施推动建材下乡，鼓励有条件的地方通过多种形式支持农民依法依规建设自用住房。加强村镇规划，引导农民建设富有地方特点、民族特色、传统风貌的安全节能环保型住房。实行以奖促治政策，稳步推进农村环境综合整治，开展农村排水、河道疏浚等试点，搞好垃圾、污水处理，改善农村人居环境。采取有效措施防止城市、工业污染向农村扩散。推进农村信息化，积极支持农村电信和互联网基础设施建设，健全农村综合信息服务体系。

17.继续抓好扶贫开发工作。坚持农村开发式扶贫方针，加大投入力度，逐步扩大扶贫开发和农村低保制度有效衔接试点，对农村低收入人口全面实施扶贫政策，着力提高贫困地区群众自我发展能力，确保扶贫开发工作重点县农民人均纯收入增长幅度高于全国平均水平。因地制宜加大整村推进、劳动力转移培训、产业化扶贫、以工代赈等各项扶贫工作力度，加快贫困地

区基础设施建设和社会事业发展。积极稳妥实行扶贫易地搬迁，妥善解决移民后续发展问题。对特殊类型贫困地区进行综合治理。扩大贫困村互助资金、连片开发以及彩票公益金支持革命老区建设等试点。动员社会各界参与扶贫事业，充分发挥行业扶贫作用，积极开展反贫困领域国际交流合作。研究制定未来10年扶贫开发纲要和相关规划。

四、协调推进城乡改革，增强农业农村发展活力

18.稳定和完善农村基本经营制度。完善农村土地承包法律、法规和政策，加快制定具体办法，确保农村现有土地承包关系保持稳定并长久不变。继续做好土地承包管理工作，全面落实承包地块、面积、合同、证书"四到户"，扩大农村土地承包经营权登记试点范围，保障必要的工作经费。加强土地承包经营权流转管理和服务，健全流转市场，在依法自愿有偿流转的基础上发展多种形式的适度规模经营。严格执行农村土地承包经营纠纷调解仲裁法，加快构建农村土地承包经营纠纷调解仲裁体系。按照权属明确、管理规范、承包到户的要求，继续推进草原基本经营制度改革。稳定渔民水域滩涂养殖使用权。鼓励有条件的地方开展农村集体产权制度改革试点。

19.有序推进农村土地管理制度改革。坚决守住耕地保护红线，建立保护补偿机制，加快划定基本农田，实行永久保护。落实政府耕地保护目标责任制，上级审计、监察、组织等部门参与考核。加快农村集体土地所有权、宅基地使用权、集体建设用地使用权等确权登记颁证工作，工作经费纳入财政预算。力争用3年时间把农村集体土地所有权证确认到每个具有所有权的农民集体经济组织。有序开展农村土地整治，城乡建设用地增减挂钩要严格限定在试点范围内，周转指标纳入年度土地利用计划统一管理，农村宅基地和村庄整理后节约的土地仍属农民集体所有，确保城乡建设用地总规模不突破，确保复垦耕地质量，确保维护农民利益。按照严格审批、局部试点、封闭运行、风险可控的原则，规范农村土地管理制度改革试点。加快修改土地管理法。

20.着力提高农业生产经营组织化程度。推动家庭经营向采用先进科技和生产手段的方向转变，推动统一经营向发展农户联合与合作，形成多元化、多层次、多形式经营服务体系的方向转变。壮大农村集体经济组织实力，为农民提供多种有效服务。大力发展农民专业合作社，深入推进示范社建设行动，对服务能力强、民主管理好的合作社给予补助。各级政府扶持的贷款担保公司要把农民专业合作社纳入服务范围，支持有条件的合作社兴办农村资金互助社。扶持农民专业合作社自办农产品加工企业。积极发展农业农村各种社会化服务组织，为农民提供便捷高效、质优价廉的各种专业服务。支持龙头企业提高辐射带动能力，增加农业产业化专项资金，扶持建设标准化生产基地，建立农业产业化示范区。推进"一村一品"强村富民工程和专业示范村镇建设。

21.积极推进林业改革。健全林业支持保护体系，建立现代林业管理制度。深化以明晰产权、承包到户为重点的集体林权制度改革，加快推进配套改革。规范集体林权流转，支持发展林农专业合作社。深化集体林采伐管理改革，建立森林采伐管理新机制和森林可持续经营新体系。完善林权抵押贷款办法，建立森林资源资产评估制度和评估师制度。逐步扩大政策性森林保险试点范围。扶持林业产业发展，促进林农增收致富。启动国有林场改革，支持国有林场基础设施建设。开展国有林区管理体制和国有森林资源统一管理改革试点。

22.继续深化农村综合改革。深入推进乡镇机构改革。继续推进省直管县财政管理体制改革，提高县乡基本财力保障水平，落实村级组织运转经费保障政策。按相关规划和要求，中央和省级财政继续支持农村义务教育历史债务的清理化解，推进其他公益性乡村债务清理化解试点，防止发生新的乡村债务。坚持政府引导、分级负责、农民自愿、上限控制、财政补助的原则，探索建立新形势下村级公益事业建设的有效机制，认真总结一事一议财政奖补试点经验，加大财政奖补力度，扩大试点范围。继续开展农民负担重点治理，坚决防止农民负担反弹。加快落实推进供销合作社改革发展的相关政策，加强基层社建设，强化县联合社服务功能。深化农垦体制改革，分离企业办社会职能，健全社会保障制度。加强对新形势下农村改革试验区工作的指导。

23.推进城镇化发展的制度创新。积极稳妥推进城镇化，提高城镇规划水平和发展质量，当前要把加强中小城市和小城镇发展作为重点。深化户籍制度改革，加快落实放宽中小城市、小城镇特别是县城和中心镇落户条件的政策，促进符合条件的农业转移人口在城镇落户并享有与当地城镇居民同等的权益。多渠道多形式改善农民工居住条件，鼓励有条件的城市将有稳定职业并在城市居住一定年限的农民工逐步纳入城镇住房保障体系。采取有针对性的措施，着力解决新生代农民工问题。统筹研究农业转移人口进城落户后城乡出现的新情况新问题。大力发展县域经济，抓住产业转移有利时机，促进特色产业、优势项目向县城和重点镇集聚，提高城镇综合承载能力，吸纳农村人口加快向小城镇集中。完善加快小城镇发展的财税、投融资等配套政策，安排年度土地利用计划要支持中小城市

和小城镇发展。农村宅基地和村庄整理所节约的土地首先要补充耕地，调剂为建设用地的，在县域内按照土地利用总体规划使用，纳入年度土地利用计划，主要用于产业集聚发展，方便农民就近转移就业。继续推进扩权强县改革试点，推动经济发展快、人口吸纳能力强的镇行政管理体制改革，根据经济社会发展需要，下放管理权限，合理设置机构和配备人员编制。

24. 提高农业对外开放水平。支持优势农产品扩大出口，提供出口通关、检验检疫便利和优惠。推进农产品质量可追溯体系建设，支持建设出口基地。推动农产品出口信贷创新，探索建立出口信用保险与农业保险相结合的风险防范机制。积极应对国际贸易壁垒，支持行业协会和龙头企业维护自身权益。充分利用海关特殊监管区域及保税加工物流等措施，发展农产品加工贸易。加强国际农业科技和农业资源开发合作，制定鼓励政策，支持有条件的企业"走出去"。引导外资投向鼓励类产业，提高农业利用外资水平。加强农产品进出口调控，实行灵活高效的农产品进出口政策，建立、健全农产品和农用物资进出口监测预警机制，严厉打击农产品走私违法犯罪行为，切实加强进出口农产品质量监督。

五、加强农村基层组织建设，巩固党在农村的执政基础

25. 加强和改进农村基层党的建设。推动农村基层党组织工作创新，扩大基层党组织对农村新型组织的覆盖面，推广在农民专业合作社、专业协会、外出务工经商人员相对集中点建立党组织的做法。加强乡镇党委书记队伍建设，选好配强乡镇党委班子。提高村党组织带头人队伍素质，注重从转业退伍军人、务工回乡青年、致富能手等党员中选拔村党组织书记。以明确责任、考核监督、保障服务为重点，加强乡、村党组织领导班子管理，及时调整软弱涣散农村基层党组织班子。抓紧落实对长期在基层和艰苦边远地区工作的干部、长期担任县乡党政领导职务的干部实行工资福利倾斜的政策，进一步完善村干部"一定三有"政策，推进从优秀村干部中考录乡镇公务员、选任乡镇领导干部工作。建立稳定规范的农村基层组织工作经费保障制度，加快村级组织活动场所、农村党员干部现代远程教育网络建设。继续选聘高校毕业生到村任职，完善下得去、待得住、干得好、流得动的长效机制。不断深化农村党的建设三级联创活动，统筹城乡基层党建工作，创新完善农村流动党员教育管理服务制度，切实加强农民工中党的工作。深入开展党性党风党纪教育，加强农村基层党风廉政建设。

26. 进一步完善符合国情的农村基层治理机制。发展和完善党领导的村级民主自治机制，规范村级民主选举、民主决策、民主管理、民主监督程序。总结各地实践经验，因地制宜推广本村重大事项由村党支部提议、支委会和村委会联席会议商议、全村党员大会审议、村民代表会议或村民会议决议，以及决议公开、实施结果公开等做法。加强对村党支部、村委会换届选举的领导和指导，严肃查处拉票、贿选等行为，确保选举平稳有序，防范和制止利用宗教、宗族等势力干预农村公共事务。加强农村集体资金、资产、资源管理，推进村务公开和民主管理"难点村"治理。开展农村社区建设创建活动，加强服务设施建设，培育发展社区服务性、公益性、互助性社会组织。强化乡镇政府社会管理和公共服务职能，建立综合服务平台，有条件的乡镇要设立便民服务中心、村设立代办点，为农民提供一站式服务。

27. 切实维护农村社会稳定。完善党和政府主导的维护群众权益机制，切实解决好农村征地、环境污染、移民安置、集体资产管理等方面损害农民利益的突出问题。加强农村法制教育，畅通农村信访渠道，引导农民群众依法理性表达合理诉求、维护自身权益。推进农业综合执法。深入开展农村平安创建活动，坚持群防群治、依靠群众，加强和改进农村社会治安综合治理，进一步推进农村警务建设，严厉打击黑恶势力和各类违法犯罪活动。加强农村消防工作，健全农村应急反应机制。全面贯彻落实党的民族政策和宗教工作基本方针，加快民族地区经济社会发展，依法管理农村宗教事务。

各级党委和政府要站在经济社会发展全局和巩固党的执政基础的战略高度，切实加强和改善党对农村工作的领导。巩固农村基层深入学习实践科学发展观活动成果，建立党员干部受教育、科学发展上水平、农民群众得实惠的长效机制。按照促进科学发展的党政领导班子和领导干部考核评价办法的要求，指导地方细化考核指标，把粮食生产、农民增收、耕地保护、环境治理、和谐稳定等纳入地方党政领导班子绩效考核。完善农村工作领导体制和工作机制，把重中之重的要求落实到领导分工、机构设置、干部配备上，不断提高农村工作领导水平。切实加大农村政策落实力度，及时组织专项督查。各级领导干部要弘扬党的优良作风，密切联系群众，创造性开展工作。充分发挥民主党派、人民团体、社会组织和工商企业的作用，形成发展现代农业和建设社会主义新农村的强大合力。

做好2010年农业农村工作意义十分重大。我们要紧密团结在以胡锦涛同志为总书记的党中央周围，振奋精神，开拓进取，扎实工作，奋力开创农业农村工作新局面！

王伯祥同志先进事迹报告会在人民大会堂举行

报告会由中组部、中宣部、中央深入学习实践科学

发展观活动领导小组和山东省委联合举办。中央国家机关有关部门、北京市基层干部代表和中央党校县委书记培训班学员代表700余人参加了报告会。

2009年全国粮食总产量10616亿斤

国家统计局今天发布了2009年全国粮食总产量的公告。根据国家统计局对全国31个省(区、市)的抽样调查,2009年全国粮食总产量10616亿斤,比上年增加42亿斤,增长0.4%。其中,全国夏粮产量2467亿斤,比上年增加52亿斤,增长22%。全国早稻产量665亿斤,比上年增加33亿斤。全国秋粮产量为7484亿斤,比上年减少43亿斤,减少0.6%。

财政部 国家税务总局 证监会发出《关于个人转让上市公司限售股所得征收个人所得税有关问题的通知》

各省、自治区、直辖市、计划单列市财政厅(局)、国家税务局、地方税务局,新疆生产建设兵团财务局,上海、深圳证券交易所,中国证券登记结算公司:

为进一步完善股权分置改革后的相关制度,发挥税收对高收入者的调节作用,促进资本市场长期稳定发展,经国务院批准,现就个人转让上市公司限售流通股(以下简称限售股)取得的所得征收个人所得税有关问题通知如下:

一、自2010年1月1日起,对个人转让限售股取得的所得,按照“财产转让所得”,适用20%的比例税率征收个人所得税。

二、本通知所称限售股,包括:

1.上市公司股权分置改革完成后股票复牌日之前股东所持原非流通股股份,以及股票复牌日至解禁日期间由上述股份孳生的送、转股(以下统称股改限售股);

2.2006年股权分置改革新老划断后,首次公开发行股票并上市的公司形成的限售股,以及上市首日至解禁日期间由上述股份孳生的送、转股(以下统称新股限售股);

3.财政部、税务总局、法制办和证监会共同确定的其他限售股。

三、个人转让限售股,以每次限售股转让收入,减除股票原值和合理税费后的余额,为应纳税所得额。即:

应纳税所得额=限售股转让收入-(限售股原值+合理税费)

应纳税额=应纳税所得额 ×20%

本通知所称的限售股转让收入,是指转让限售股股票实际取得的收入。限售股原值,是指限售股买入时的买入价及按照规定缴纳的有关费用。合理税费,是指转让限售股过程中发生的印花税、佣金、过户费等与交易相关的税费。

如果纳税人未能提供完整、真实的限售股原值凭证的,不能准确计算限售股原值的,主管税务机关一律按限售股转让收入的15%核定限售股原值及合理税费。

四、限售股转让所得个人所得税,以限售股持有者为纳税义务人,以个人股东开户的证券机构为扣缴义务人。限售股个人所得税由证券机构所在地主管税务机关负责征收管理。

五、限售股转让所得个人所得税,采取证券机构预扣预缴、纳税人自行申报清算和证券机构直接扣缴相结合的方式征收。证券机构预扣预缴的税款,于次月7日内以纳税保证金形式向主管税务机关缴纳。主管税务机关在收取纳税保证金时,应向证券机构开具《中华人民共和国纳税保证金收据》,并纳入专户存储。

根据证券机构技术和制度准备完成情况,对不同阶段形成的限售股,采取不同的征收管理办法。

(一)证券机构技术和制度准备完成前形成的限售股,证券机构按照股改限售股股改复牌日收盘价,或新股限售股上市首日收盘价计算转让收入,按照计算出的转让收入的15%确定限售股原值和合理税费,以转让收入减去原值和合理税费后的余额,适用20%税率,计算预扣预缴个人所得税额。

纳税人按照实际转让收入与实际成本计算出的应纳税额,与证券机构预扣预缴税额有差异的,纳税人应自证券机构代扣并解缴税款的次月1日起3个月内,持加盖证券机构印章的交易记录和相关完整、真实凭证,向主管税务机关提出清算申报并办理清算事宜。主管税务机关审核确认后,按照重新计算的应纳税额,办理退(补)税手续。纳税人在规定期限内未到主管税务机关办理清算事宜的,税务机关不再办理清算事宜,已预扣预缴的税款从纳税保证金账户全额缴入国库。

(二)证券机构技术和制度准备完成后新上市公司的限售股,按照证券机构事先植入结算系统的限售股成本原值和发生的合理税费,以实际转让收入减去原值和合理税费后的余额,适用20%税率,计算直接扣缴个人所得税额。

六、纳税人同时持有限售股及该股流通股的,其股票转让所得,按照限售股优先原则,即:转让股票视同为先转让限售股,按规定计算缴纳个人所得税。

七、证券机构等应积极配合税务机关做好各项征收管理工作,并于每月15日前,将上月限售股减持的有关信息传递至主管税务机关。限售股减持信息包括:股东姓名、公民身份号码、开户证券公司名称及地址、限售股股票代码、本期减持股数及减持取得的收入总额。证券机构有义务向纳税人提供加盖印章的限售股交易记录。

八、对个人在上海证券交易所、深圳证券交易所转让从上市公司公开发行和转让市场取得的上市公司股票所得，继续免征个人所得税。

九、财政、税务、证监等部门要加强协调、通力合作，切实做好政策实施的各项工作。

请遵照执行。

我国2009年报告甲型H1N1流感病例12万多例

截至2009年12月31日，全国31个省份累计报告甲型H1N1流感确诊病例120498例，包括境内118244例，境外输入2254例；其中已治愈110064例，死亡648例。随着疫情向社区和农村扩散，局部地区出现暴发疫情的风险仍然存在，每周新增重症和死亡病例数仍将维持在较高水平。农村地区是下一阶段防控重点；孕妇、基础性疾病患者、农村地区的学生是当前重点防控人群。

公安部原党委委员部长助理郑少东严重违纪违法被开除党籍和公职

中共中央纪委对公安部原党委委员部长助理郑少东严重违纪违法问题进行了立案检查，经查，郑少东利用职务上的便利为他人谋取利益，收受巨额贿赂，其亲属收受他人巨额钱款。郑少东的上述行为严重违纪，其中有的问题已涉嫌犯罪。根据《中国共产党纪律处分条例》《中华人民共和国公务员法》的有关规定，经中央纪委常委会审议并报中共中央批准，决定给予郑少东开除党籍处分，经国务院研究决定给予其开除公职处分；收缴其违纪所得；将其涉嫌犯罪问题移送司法机关依法处理。